# NOUVEAU DICTIONNAIRE UNIVERSEL

## DES ARTS ET DES SCIENCES,

### *FRANÇOIS, LATIN ET ANGLOIS,*

CONTENANT LA SIGNIFICATION DES MOTS DE CES TROIS LANGUES ET DES TERMES PROPRES DE CHAQUE ETAT ET PROFESSION.

*AVEC L'EXPLICATION DE TOUT CE QUE RENFERMENT LES ARTS ET LES SCIENCES, SÇAVOIR:*

| | | | |
|---|---|---|---|
| L'AGRICULTURE. | LA BOTANIQUE. | LE JARDINAGE. | LA NAVIGATION. |
| L'ALGEBRE. | LA CHASSE. | LA JURISPRUDENCE. | LA PEINTURE. |
| L'ANATOMIE. | LA CHIRURGIE. | LA LOGIQUE. | LA POESIE. |
| L'ARCHITECTURE. | LA CHYMIE. | LE MANEGE. | LA RHETORIQUE. |
| L'ARITHMETIQUE. | LA FAUCONNERIE. | LES MATHEMATIQUES. | LA SCULPTURE. |
| L'ASTRONOMIE. | LA GRAMMAIRE. | LA MECANIQUE. | LA TACTIQUE. |
| LE BLAZON. | L'HISTOIRE. | LA MUSIQUE. | LA THEOLOGIE, &c. |

*TRADUIT DE L'ANGLOIS DE THOMAS DYCHE.*

TOME SECOND.

L—Z

A AVIGNON,

Chez la Veuve de FR. GIRARD, Imp. Lib. Place S. Didier.
Et se vend à Paris chez GUILLYN, Libraire, Quay des Augustins, du côté du Pont S. Michel, au Lys d'or.

M. DCC. LVI.

*AVEC PERMISSION DES SUPERIEURS.*

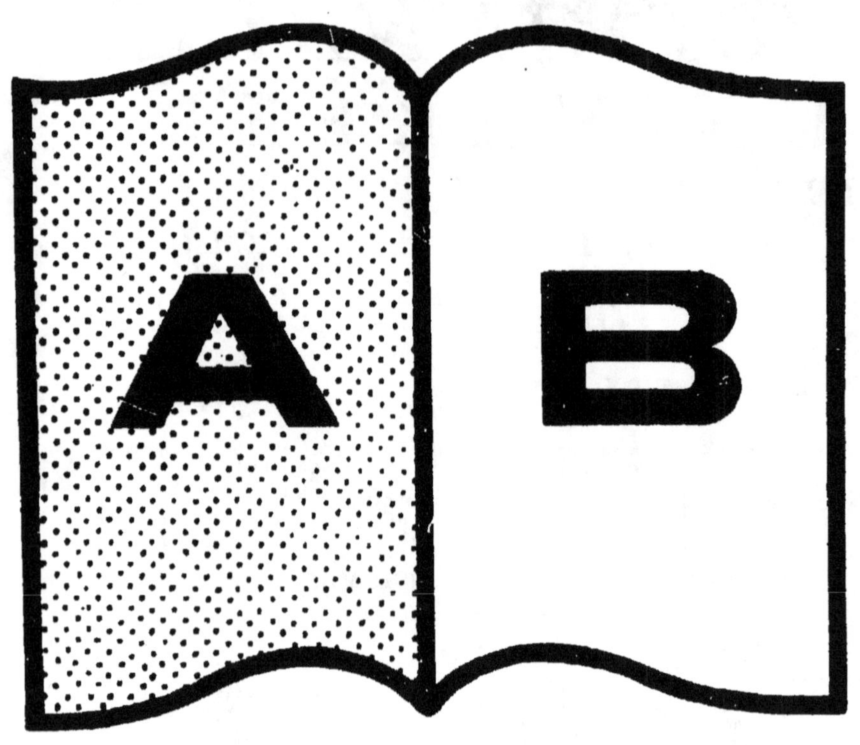
A
B

# NOUVEAU
# DICTIONNAIRE UNIVERSEL
# DES ARTS ET DES SCIENCES,
# *FRANÇOIS, LATIN ET ANGLOIS.*

## L

EST la onzième Lettre de notre Alphabet & l'une des consonnes qu'on appelle liquides, parce que le son ou la prononciation de cette lettre a beaucoup de douceur & qu'étant placée entre une consonne muette & une voyelle, elle rend la syllabe plus douce que lorsqu'elle rencontre deux consonnes. Cette lettre est aussi numérale & lorsqu'elle est seule, elle signifie 50. & avec un trait au dessus L̄, elle signifie 50, 000.... L. Caractère dont on marque la monnoie de Bayonne.

### L A

LA. *adv.* lat. *Hic.* angl. *there.* Marque le tems & le lieu; & sert d'article pour dénoter le genre feminin.

### L A B

LABARUM. *s. m.* Enseigne, étendart Romain, composé d'une longue lance, traversée par le haut d'un bâton, duquel pendoit un riche voile de couleur de pourpre, orné quelquefois de pierreries. Il y avoit une aigle peinte ou tissue d'or sur le voile jusqu'à *Constantin*, qui y fit mettre une croix avec un chiffre qui marquoit le nom de Jesus.



LABDANUM. *voy.* Ladanum.

LABEUR. *s. masc.* lat. *Labor*, *opera*, *opus.* angl. *labour.* Travail corporel.

LABIALES. *adj. s. pl.* lat. *Verbo tenùs*, *ore tenùs.* angl. *labial.* Terme de *Palais* qui se dit des offres qui se font simplement de bouche & même par écrit, quand il n'y a point de deniers effectifs qui soient offerts. Les *Grammairiens* appellent lettres *Labiales*, celles qui se prononcent des lèvres. lat. *Labiales.* ang. *labial.*

LABILE. *adj.* lat. *Labilis.* angl. *weak*, *bad*, *treacherous.* Qui se dit d'une memoire qui laisse tout échapper, qui ne peut rien retenir.

LABIZA. *s. m.* Espèce d'ambre ou de succin d'une odeur agréable qui coule par incision d'un arbre qui croît dans la Caroline.

LABORATOIRE. *s. m.* lat. *Officina*, *pharmacopæa.* ang. *laboratory.* Lieu où les Chymistes font leurs opérations, où sont leurs fourneaux. Appartement dans un hôpital où l'on prépare les remédes.

LABORIEUSEMENT, *adv.* lat. *Ægrè*, *operosè*, angl. *laboriously*. D'une façon laborieuse.

LABORIEUX, euse. *adj.* lat. *Laboris patiens.* ang. *laborious*. Homme qui s'applique au travail & qui y resiste .... Pénible.

LABORUM. *voy.* Labarum.

LABOUR. *s. m.* lat. *Cultura terræ.* anglois. *tillage*, *ploughing*. Remuement de la terre fait à dessein de la rendre fertile.

LABOURABLE. *adj.* lat. *Culturæ idoneus.* anglois. *arable.* Terre qui peut rapporter des grains.

LABOURAGE. *s. m.* lat. *Agricultura.* angl. *tillage*, *husbandry.* Art de labourer la terre. Action du laboureur.

LABOURER. *v. act.* lat. *Terram arare.* angl. *to till*, *to plough.* Cultiver la terre en la remuant. En termes de *Marine* une Ancre *Laboure* quand le fond du terrain n'est pas ferme pour retenir l ancre.

LABOUREUR. *s. m.* lat. *Agricola.* angl. *a plough-man.* Homme de campagne qui laboure des terres.

LABURNUM. *s. m.* Espèce de citise, qui ressemble à l'anagyris, excepté qu'il n'est point puant. Ses fleurs sont légumineuses, semblables à celles du petit genêt, de couleur jaune. Il leur succéde des gousses qui contiennent des semences grosses comme des lentilles.

LABYRINTHE. *s. m.* lat. *Labyrinthus.* angl. *a labyrinth.* Lieu où il est aisé de s'égarer, qui est coupé de divers chemins qui rentrent l'un dans l'autre, & dont on a de la peine de trouver l'issuë, qui est cachée ou embarassée. L'histoire ancienne nous fournit quatre *Labyrinthes* fameux ; le premier bâti par *Dedale* dans l'isle de *Crète* pour renfermer le minotaure : le second bâti par ordre de *Psammeticus* Roi d'*Egypte*, dans l'isle de *Meris.* On dit qu'il étoit composé de 3000. édifices, parmi lesquels étoient 12. Palais : le 3^e^. est celui de *Lemnos* fameux par ses colomnes magnifiques ; le 4^e^. celui d'*Italie* que *Porsenna* Roi d'*Italie* destina pour sa sépulture & pour celle de ses Successeurs. C'est aujourd'hui une chose commune de voir un *Labyrinthe* dans un coin de jardin. Dans le discours ordinaire, ce mot signifie une affaire où l'on est si embarrassé qu'on n'en sçauroit sortir. Parmi les *Anatomistes* c'est la 2^e^. cavité de l'oreille interne, qui est creusée dans l'*os pierreux.*

## L A C

LAC. *s. m.* lat. *Lacus.* angl. *a lake.* Grand amas, grande étenduë d'eaux douces & dormantes, qui ne tarissent jamais & qui ne se communiquent à la mer, que par quelques rivières, ou quelques canaux souterrains. Il y a des *Lacs* si grands qu'on les appelle Mers, comme la mer *Caspienne*, la mer de *Galilée*, & la mer *Morte.* Les autres *Lacs* les plus considérables sont le *Lac* de *Genève*, de *Constance*, de *Ladoga* & de *Onega* en *Europe* & plusieurs autres dans le reste du monde ; quelques-uns reçoivent des rivières & en produisent, d'autres en produisent seulement, d'autres ne font que les recevoir, & d'autres n'en reçoivent ni n'en produisent aucune & ceux-ci se forment par la seule chute des eaux pluviales dans de grandes vallées ou dans des ouvertures qu'on a fait exprès pour recevoir les eaux de la pluie, ou par les inondations de quelques rivières particulières, comme dans le *Nil*, &c. Ce qui est fréquent dans les *Indes* & dans les autres Païs chauds & secs.

LACAYOTA. *s. f.* Espèce de citrouille, qui croît dans l'Amérique méridionale.

LACER. *v. act.* lat. *Loro illigare.* anglois. *to lace.* Passer un cordon, ruban, ou lacet dans des œillets ou petits trous. Il se dit aussi de l'accouplement des chiens.

LACÉRATION. *s. f.* lat. *Laceratio.* angl. *laceration.* Déchirure d'un écrit, d'un livre.

LACÉRER. *v. act.* lat. *Lacerare.* angl. *to lacerate.* Déchirer une procédure, un livre, un écrit.

LACERET. *s. mas.* Petite tariére. lat. *Terebella.* angl. *a little terebra.*

LACERNE. *s. f.* lat. & angl. *lacerna.* Espèce de manteau que les Romains portoient par dessus leurs autres habits.

LACERON. *s. m.* lat. *Cicerbita.* angl. *sow-thistle.* Plante qui rend un suc laiteux & qui est bonne à manger. On l'appelle autrement *Laiteron* ou *Laitron*, *bresseron*, & *Palais de liévre*, parce que les liévres en sont fort friands. Il y en a deux espèces : elles sont humectantes, rafraichissantes & apéritives. On s'en sert pour les inflammations du foie & de la poitrine, & pour purifier le sang.

LACET. *s. m.* lat. *Laqueus.* angl. *a lace.* Petit cordon ferré par les deux bouts, qui sert à serrer un corps de juppe, une chemisette, &c.

LACHE, *adjectif.* latin. *Laxus*, *remissus.* anglois. *slack*, *loose.* Qui n'est point assés tendu, qui céde pour n'être pas assez bandé. Qui manque de vigueur ; qui est efféminé, mou, foible, paresseux, poltron.

LACHEMENT. *adv.* lat. *Ignavè*, *molliter.* ang. *cowardly*, *remissly.* Foiblement, mollement, nonchalamment, honteusement.

LACHER. *v. act.* lat. *Laxare*, *remittere.* ang. *to slack*, *to loosen.* Détendre, laisser aller ; abandonner à son poids. Décocher, débander.

LACHÉSIS. *s. f.* La plus jeune des trois parques qui tient la quenouille pendant que sa sœur *Clotho* file le fil de la vie & qu'*Atropos* le coupe.

LACHETÉ. *s. f.* lat. *Debilitas*, *ignavia.* ang. *cowardliness.* Foiblesse de corps qui empêche l'application au travail. Poltronerie.

LACHOMANCIE. *s. f.* Divination par le jet des dés.

LACINIÉ, ée. *adj.* (Botanique.) Se dit des feuilles, qui sont composées de plusieurs autres feuilles longues & étroites, comme celles du fenouil.

LACIS. *s. m.* lat. *Textura hamata.* ang. *network.* Ouvrage de fil ou de soie fait en forme de filet ou de reseau dont les brins sont entrelacés les uns dans les autres.

LACK. *s. m.* Monnoie de compte en Perse, qui vaut environ 200, 000 francs.

LACONIQUE. *adj.* lat. *Laconicus.* angl. *laconick.* Discours concis, repartie briéve & sententieuse à la manière des *Lacedemoniens.*

LACONIQUEMENT. *adv.* latin. *Laconicè.* angl. *laconically.* Briévement, avec précision.

LACONISME. *s. m.* lat. *Laconismus.* anglois. *laconism.* Langage bref, animé & sententieux, formé sur celui des *Lacedemoniens.* Manière de s'énoncer succincte & serrée.

LACQUE. *voy.* Laque.

LACRE. *s. m.* Monnoie de compte des Etats du Mogol, qui vaut 100, 000.

LACRYMAL, ale. *adj.* lat. *Lacrymalis.* ang. *lacbrymal.* Terme d'*Anatomie*, qui se dit d'une glande située au dessus de l'œil, proche le petit angle : elle filtre une serosité qui sert à humecter le globe de l'œil, & à faciliter son mouvement. Il se dit aussi d'une fistule qui se fait au grand coin de l'œil.

LACRYMATOIRE. *s. m.* lat. *Lacrymatorium vas.* ang. *a lachrymatory.* Etoit chez les *Anciens* un vaisseau ou petite phiole où l'on recueilloit les larmes versées pour un défunt, qu'on enfermoit dans son tombeau.

LACS. *s. mas. pl.* lat. *Laquei.* angl. *a gin, snare, nooze.* Un ou plusieurs cordons lacés, noués ou entremêlés pour servir à divers usages. Piéges, embuches, embaras où l'on fait tomber quelqu'un.

LACTAIRE. (Colonne.) *adj.* Colonne élevée dans le marché aux herbes de l'ancienne Rome. C'étoit là que l'on exposoit les enfans abandonnés, afin qu'ils fussent nourris aux dépens du public.

LACTÉE. *adj.* lat. *Lacteus.* angl. *lacteal.* Qui a la couleur ou la nature du lait. La voie *Lactée* est un cercle lumineux qui paroît dans les cieux, pendant une nuit claire, & qui comme une bande enveloppe les Constellations de Cassiopée, l'Aigle, une partie du Sagittaire, la queuë du Scorpion, le Centaure, le Navire Argo, les pieds des Gemeaux, Persée, &c. Elle paroît d'une blancheur de lait, à cause de la lueur d'une infinité des petites étoiles qui paroissent fort voisines les unes des autres, en comparaison de la distance apparente des autres étoiles. L'éloignement prodigieux qui est d'elles à nous nous empêche d'appercevoir la grande distance qui est réellement entr'elles, & n'offre à nos yeux qu'une trace continuë de lumière. Les anciens Poëtes ont feint qu'elle avoit été formée par une coupe de nectar que Ganymede laissa répandre. C'étoit aussi, selon eux, le chemin par lequel les Dieux se rendoient au conseil de Jupiter.

LACUI. *s. m.* Oiseau de la Chine, qui apprend sans peine tout ce qu'on lui montre.

LACUNE. *s. f.* lat. *Lacuna.* angl. *a gap.* Défaut de suite, interruption, intervalle vuide dans un livre.

## L A D

LADANUM. *s. m.* (Pharmacie.) Matière resineuse qui sort des feuilles d'une espèce de Ciste.

LADRE. *adj.* & *s. m.* lat. *Elephantiacus, leprosus.* angl. *leprous.* Malade atteint, infecté de lèpre. Avare, vilain & mal propre. Insensible.

LADRERIE. *s. f.* lat. *Elephantiasis.* ang. *leprosy.* Lèpre. Hôpital des lépreux. Avarice sordide.

LADRESSE. *s. f.* lat. *Elephantiaca.* angl. *a leprous woman.* Femme atteinte, infectée de la Lèpre.

## L A G

LAGA. *voy.* Conduri.

LAGÉNITE. *s. f.* Pierre qui représente une bouteille.

LAGON. *s. m.* (Relations.) Espèce de lac.

LAGOPHTALMIE. *s. f.* ang. *lagophtalmy.* Maladie des paupières, dans laquelle l'œil ne peut être fermé, & demeure ouvert, quand on dort, comme aux liévres.

LAGOPUS. *s. m.* Espèce de tréfle, autrement nommé *pied de liévre.*

LAGUE. *s. f.* (Marine.) Endroit par où un vaisseau passe.

LAGUNES. *s. f.* Marais, lieux marécageux, lieu plein de lacs.

## L A I

LAI, *ou* Lay. *adj.* lat. *Laicus.* ang. *lay.* Seculier. Moine *Lay*, frère oblat.

LAÏC. *voy.* Laique.

LAICHE. *s. f.* Herbe qui croît dans les prés, & qui se mêlant avec le foin blesse la langue des chevaux... Laiche. *voy.* Achée.

LAÏCOCÉPHALE. *s. mas.* Qui reconnoit un Laïc pour chef de l'Eglise, comme les Anglicans.

LAID, Laide. *adj.* lat. *Deformis.* ang. *ugly homely.* Difforme, qui a quelque défaut remarquable dans les proportions ou dans les couleurs requises pour la beauté. Vilain & incommode.

LAIDERON *ou* Laidron. *s. f.* lat. *Invenusta.* ang. *a homely puss.* Jeune fille ou femme qui est laide.

LAIDEUR. *s. f.* lat. *Deformitas.* ang. *ugliness.* Qualité de ce qui est laid.

LAIE. *s. f.* lat. *Aper femina.* ang. *a wild sow.* Femelle d'un sanglier. Route coupée dans une forêt. Marteau de tailleur de pierre, bretelé & dentelé, qui laisse des rayes.

LAIER. *verb. act.* Faire des routes dans une forêt. Tailler une pierre avec une laie.

LAIETTE, Laiettier, *voy.* Layette, layettier.

LAIEUR. *s. masc.* Celui qui marque le bois qu'on veut laier.

LAINAGE. *s. m.* lat. *Lanea merces, laneum opificium.* ang. *wool.* Qui consiste en laine... Façon que l'on donne aux draps en les tirant avec des chardons, pour y faire venir le poil. On dit aussi lanage.

LAINE. *s. f.* lat. *Lana.* ánglois. *wool.* Poil, toison des moutons.

LAINER, *ou* Laner. *v. act.* Faire venir le poil à un drap, par le moyen des chardons.

LAINERIE. *s. f.* Qui est de laine, qui est fabriqué de laine.

LAINEUR, *ou* Laneur. *s. m.* Ouvrier qui laine les étoffes.

LAINEUX, euse. *adj.* latin. *Lanosus.* ang. *woolly.* Qui a beaucoup de laine.

LAINIER, ière. *s. m.* & *f.* latin. *Lanarius.* ang. *woollen seller.* Marchand de laines.

LAÏQUE. *adj.* & *s. m.* & *f.* lat. *Laicus.* ang. *lay.* Qui vit en personne du monde, qui n'a aucun engagement dans l'ordre Ecclésiastique ou Religieux.

LAIS. *s. m.* lat. *Arbor reses, proletaria.* angl. *a tiller or stander.* Jeune bailliveau de l'âge du bois, qu'on laisse en coupant le taillis.

LAISSE. *voy.* Lesse.

LAISSÉES. *s. f. pl.* lat. *Apri stercus.* ang. *lesses.* Fiente du Loup, du Sanglier, des bêtes noires.

LAISSER. *v. act.* lat. *Relinquere.* anglois. *to leave.* Mettre, déposer quelque chose en certain endroit. Quitter, abandonner. Demeurer malgré quelque obstacle. Donner, céder, transporter. Endurer, permettre. Communiquer, donner, faire rester.

LAISSES. *s. f. pl.* Les terres que la mer a laissées sur le rivage.... *Laisses*, voy. Laissées.

LAIT. *s. mas.* latin. *Lac.* ang. *milk.* Liqueur blanche que la nature prépare dans les mammelles des femmes pour nourrir leurs enfans, ou dans les tettes des animaux pour nourrir leurs petits. Il se fait par la séparation du chyle d'avec le sang arteriel au moyen des glandes des mammelles ou des tettes & il vient aux femmes ordinairement quand elles sont grosses de quatre mois, ou un peu avant leurs couches. Il continue long-tems dans certaines femmes & fort peu dans d'autres. Les unes en ont beaucoup, les autres peu. Il cesse naturellement dans celles qui par leur âge ou par d'autres infirmités sont incapables d'avoir des enfans. Dans quelques animaux le *Lait* continuë long-tems & en grande abondance, &c. Quelques uns appellent *Lait* le chyle même; mais c'est une méprise, le *Lait* étant plus épais, plus doux & plus blanc. Par les *observations microscopiques* on trouve qu'il est composé de globules qui nagent dans une liqueur claire & transparente, qu'on appelle *Petit lait.* La grande fermentation du *Lait* qui se fait aux trois ou quatre premiers jours qu'une femme est accouchée, lui donne souvent la fiévre & si l'on n'en a pas grand soin elle produit des ulcères, &c. Il y a aussi plusieurs liqueurs qui sortent de différentes herbes & qui portent ce nom, à cause de la ressemblance Il y a encore différentes compositions artificielles qui portent ce nom, comme le *Lait de souffre* qui est une préparation de fleur de souffre & de sel de tartre & qui sert de sudorifique. Le *lait Virginal* qui est composé d'alun de roche, d'eau de source, de litharge & de vinaigre. C'est un cosmétique pour guerir les pustules & autres éruptions cutanées. *Herbe au lait.* voy. *Glaux.*

LAITAGE. *s. mas.* lat. *Lactaria.* ang. *milk-meats.* Ce qui se fait de lait, beurre, crême, fromage.

LAITE, *ou* Laitance. *s. fem.* lat. *Piscis lactea pulpa.* ang. *the soft roe.* La partie des poissons mâles ou est contenuë leur semence, & dont on exprime une liqueur blanche qui ressemble au lait.

LAITÉ, ée. *adj.* Poisson qui a de la laite. lat. *Pinguis lactariâ pulpâ.* ang. *that has a soft roe.*

LAITÉE. *s. f.* (Chasseur.) Portée d'une lice, tous les petits de la ventrée.

LAITERIE. *s. f.* lat. *Cella lactaria.* ang. *a dairy.* Lieu où l'on serre le lait, où l'on bat le beurre, où se fait le fromage.

LAITERON. *voy.* Laceron.

LAITEUX, euse. *adj.* latin. *Lactarius.* ang. *lacteous, milky.* Ce qui rend un suc blanc semblable au lait.

LAITIER. *s. masc.* Matière écumeuse qui sort des fourneaux à fer.

LAITIÈRE. *s. f.* lat. *Lactaria.* angl. *a milk-woman, a milk-maid.* Femme de village qui vient vendre son lait à la ville.

LAITON. *voy.* Leton.

LAITRON. *voy.* Laceron.

LAITUË. *s. f.* lat. *Lactuca.* ang. *lettice.* Herbe potagère fort bonne pour les salades.

LAIZE. *s. fem.* Largeur qu'une étoffe ou une toile doit avoir entre les deux lisières.

## L A M

LAMA. *s. m.* Ordre de Prêtres parmi les *Tartares* Occidentaux, qui est dans une grande vénération. On regarde le grand *Lama* ou souverain Prêtre comme la seconde personne du Royaume & dont l'autorité approche de celle du Roi. Il est non seulement respecté du peuple, mais encore des Rois voisins qui lui envoyent des ambassadeurs lorsqu'ils montent sur le trône, pour recevoir sa bénédiction. Les *Lamas* sont extrêmement superstitieux & s'adonnent à la magie.

LAMANAGE. *s. m.* lat. *Res naucleraria.* ang. *lodemanage.* Travail ou salaire du lamaneur.

LAMANEUR. *s. m.* lat. *Nauclerus littorarius, portuarius.* ang. *lodesman, a coast-pilot.* Pilote qui conduit les vaisseaux à l'entrée & à la sortie des ports, & près des côtes.

LAMARIE. *s. f.* Nom donné par quelques-uns à la plante qui sert à faire la soude.

LAMBDOÏDE. *adj. s.* ang. *lambdoides, lambdoidal suture.* Terme d'*Anatomie* qui se dit de la troisième suture du crâne.

LAMBEAU. *s. m.* lat. *Texti segmentum.* ang. *rag, shred, tatter.* Morceau d'une étoffe vieille ou dechirée.

LAMBEL. *s. m.* lat. *Tesserarius, parma limbus.* angl. *a label.* Sorte de brisure de l'écu.

LAMBIN, ine. *s. m.* & *fem.* lat. *Lentus, a.* ang. *a hum-drum.* Qui est lent jusqu'à chagriner, jusqu'à donner de l'ennui.

LAMBINER. *v. n.* lat. *Lentè agere.* ang. *to be a hum-drum.* Agir lentement.

LAMBIS. *s. m.* Grand limaçon, qui se trouve dans les mers des isles d'Amérique. lat. *Major cochlea.* angl. *a great perwinkle...* Coquillage du genre des murex. C'est une espèce d'araignée, dont la queue, ainsi que la clavicule est pointue.

LAMBITIF, ive. *adj.* & *s.* angl. *Lambitives.* Médicament qu'on fait succer aux malades. Eclegme.

LAMBOURDE. *s. f.* lat. *Laquearium, tigilla.* ang. *a joyst.* Piéce de bois de sciage qui a trois pouces en quarré & qui sert à soutenir le parquet ou les ais d'un plancher & que pour l'ordinaire on pose obliquement à quelques deux pieds de distance. C'est aussi une piéce de pierre tendre qui se tire derrière les Chartreux à Paris.

LAMBREQUIN. *s. m.* lat. *Fluentes per ambitum laciniæ.* ang. *mantles.* Terme de *Blason.* Ce sont des morceaux d'étoffe découpés qui descendent du casque & qui coeffent & embrassent l'écu.

LAMBRIS. *s. m.* lat. *Laquear.* ang. *the cieling.* Plafond, ornement de menuiserie dont on couvre le plancher du haut d'une salle, ou d'une chambre de parade. Enduit de plâtre soutenu par des lattes. Menuiserie dont on couvre les murailles.

LAMBRISSER. *v. act.* lat. *Lacunare.* ang. *to ciel; to wainscot.* Couvrir d'un lambris de plâtre ou de menuiserie.

LAMBRUSQUE, *ou* Lambruche. *s. f.* latin. *Labrusca.* ang. *a wild vine.* Espèce de vigne sauvage qui croît sans culture au bord des chemins & dans des hayes.

LAME. *s. f.* lat. *Lamina.* ang. *a thin plate.* Piéce de métail battuë & étenduë en long, ou en large, en sorte qu'elle soit mince & deliée. En termes de *Marine*, *Lame* se dit des houles ou vagues de la mer qui coulent les unes sur les autres.

LAMENTABLE. *adj.* lat. *Lamentabilis.* ang. *lamentable, doleful.* Déplorable, qui mérite d'être plaint, ou pleuré, qui excite à compassion.

LAMENTABLEMENT. *adv.* lat. *Miserabiliter.* ang. *lamentably.* D'une manière pitoyable & triste.

LAMENTATION. *s. f.* lat. *Lamentatio.* ang. *Lamentation.* Plainte, doléance, avec pleurs & gémissemens.

LAMENTER. *v. act.* lat. *Lugere, lamentari.* ang. *to lament.* Pleurer, faire des plaintes sur quelque perte, ou accident facheux.

LAMENTIN. *s. mas.* Gros poisson de mer, qu'on trouve vers la rivière des Amazones. Il a le corps de la baleine, la tête d'une taupe, le museau de la vache, les yeux d'un porc, les mâchoires d'un cheval, excepté qu'il n'a point de dents. C'est le meilleur de tous les animaux pour la nourriture de l'homme.

LAMIES. *s. f. pl.* lat. & angl. *Lamiæ.* Selon les idées poëtiques des *Anciens*, c'étoient des démons qui sous la figure de belles femmes dévoroient les enfans. Quelques-uns ont dit qu'elles avoient des yeux qui pouvoient s'ôter & se mettre à volonté & qu'elles paroissoient belles & tentantes ou laides & piteuses. *Lamie* est aussi un monstre marin ou plûtôt un gros poisson qui dévore les hommes lorsqu'ils sortent de l'eau & qui ne leur fait aucun mal tant qu'ils sont dans l'eau.

LAMINAGE. *s. m.* Action de passer des métaux entre des rouleaux, pour les réduire en lame.

LAMINER. *v. act.* Mettre en lames.

LAMINOIR. *s. m.* Machine où l'on fait passer les lames d'or ou d'argent, & où on leur donne l'épaisseur dans laquelle la monnoie doit être fabriquée.

LAMIS. (Draps.) *s. m.* Nom donné à Smyrne à une des sortes de draps d'or de Venise.

LAMPADAIRE. *s. m.* lat. *Lampadarium.* angl. *lampadary.* Instrument propre à porter, à soutenir des lampes.... Officier dans l'Eglise Greque, qui avoit soin des lampes. Il portoit aussi une torche devant l'Empereur, l'Impératrice & le Patriarche.

LAMPADOPHORIES. *s. f. pl.* Fête des lampes, chez les Anciens.

LAMPARILLAS. *s. m.* Petits camelots très légers, fabriqués en Flandre.

LAMPAS. *s. m.* lat. *Tumor in ore equino.* ang. *lampas, lampers, lamperas.* Enflure qui vient dans le haut de la bouche du cheval.

LAMPASSÉ, ée. *adj.* lat. *Exertâ linguâ.* ang. *langued, lampasse.* (Blason.) Se dit des animaux dont la langue paroît hors de leur gueule, lorsque cette langue est d'un émail différent de celui du corps de l'animal.

LAMPASSES. *s. f. pl.* Toiles peintes des Indes Orientales.

LAMPE. *s. f.* lat. *Lucerna.* ang. *a lamp.* Vaisseau propre à faire brûler de l'huile pour éclairer. Les anciens prétendoient avoir des *Lampes* qui ne s'éteignoient jamais tant qu'elles n'avoient aucune communication avec l'air extérieur. D'autres ont enseigné la manière de préparer des *Lampes* qui jettent une lumière disposée de telle sorte, qu'elle fait paroître les visages de ceux qui sont présens, noirs, livides, rouges ou de quelque autre couleur.

LAMPÉE. *s. f.* lat. *Haustus largior.* angl. *a brimmer.* Grand verre de vin pur.

LAMPER. *v. n.* lat. *Capacia haurire pocula.* ang. *to guzzle.* Boire de grands verres de vin.

LAMPERON. *s. m.* lat. *Lingula.* anglois. *the tongue of a lamp.* Petit tuyau ou languette qui tient la mêche dans une lampe.

LAMPETIENS. *s. masc. pl.* ang. *lampetians.* Secte dont le chef & fondateur se nommoit *Lampetius.* Ils soutenoit les opinions des *Ariens* & il disoit que c'étoit contre la liberté des enfans de Dieu de se lier par aucune sorte de vœux, même d'obéissance.

LAMPION. *s. m.* lat. *Lucernula.* ang. *a sort of earthen lamp.* Petit vaisseau de terre où l'on met de l'huile pour brûler.

LAMPROPHORES. *s. m. pl.* lat. & ang. *lamprophori.* Nom donné aux nouveaux convertis dans l'Eglise d'Orient pendant sept jours après le baptême, durant lequel tems ils portoient un habit blanc.

LAMPRILLON. *voy.* Lamproyon.

LAMPROYE. *s. f.* lat. *Muræna, bedella.* angl. *lamprey.* Poisson de mer qui se pêche aussi dans les rivières, qui est de figure de serpent ou d'anguille.

LAMPROYON. *s. m.* Petite lamproie.

LAMPSANE. *s. f.* Plante qui rend un suc laiteux amer. Elle lache le ventre, & sert aussi à ôter les taches d'huile.

## LAN

LANAGE. *voy.* Lainage, *à la fin.*

LANCE. *s. f.* lat. *Lancea.* ang. *a lance.* Arme offensive du cavalier, faite d'un bois long comme une demie-pique, pointu & ferré par le bout, & pesant du côté de la main.

LANCELETTE. *voy.* Lonchite.

LANCER. *v. act.* lat. *Vibrare, torquere.* ang. *to dart, throw, shoot.* Jetter avec violence.

LANCETTE. *s. f.* lat. *Scalpellus.* ang. *a lancet.* Petit instrument de chirurgie fait d'un acier fort pliant & pointu, qui sert principalement à ouvrir la veine.

LANCI. *s. m.* (Archit.) Les lancis sont dans le jambage d'une porte, ou d'une croisée, les deux pierres plus longues que le pié droit qui est d'une piéce.

LANCIER. *s. m.* lat. *Hastatus eques.* ang. *a lancier.* Cavalier qui combattoit avec la lance.

LANÇOIR. *s. m.* Palle qui arrête l'eau du moulin.

LANCIÈRE. *s. f.* (Coutumes.) Ouverture par où l'eau s'écoule quand les moulins ne vont pas.

LANDAN. *s. m.* Arbre des Isles Moluques, qui n'est composé que d'écorce & de mouelle, dont on fait du pain. Aussi quoiqu'il soit si gros qu'à peine un homme peut l'embrasser, on le coupe cependant fort aisément avec un couteau.

LANDE. *s. f.* lat. *Sabuletum.* ang. *a heath.* Grande étenduë de terre mal propre au labour & qui ne produit que des genêts, des bruyeres, des brossailles.

LANDGRAVE. *s. m.* lat. *Comes.* ang. *landgrave.* Prince, Seigneur ou Comte *Allemand* qui a le gouvernement d'une province, d'un païs, ou d'une grande étendue de terre.

LANDGRAVIAT. *s. mas.* ang. *landgraviate.* Office, jurisdiction, autorité d'un Landgrave.

LANDGRAVINE. *sub. f.* Femme d'un Landgrave. Princesse qui posséde un Landgraviat.

LANDIER. *s. m.* lat. *Canterius focarius.* ang. *a great andiron.* Grand chenêt de cuisine.

LANDSQUENET. *s. m.* lat. *Pedes germanus.* ang. *a lansquenet.* Soldat qui sert en *Allemagne* dans les corps d'Infanterie. Jeu de carte fort commun parmi les laquais.

LANER. *voy.* Lainer.

LANERET, *ou* Lanier. *s. m.* lat. *Tertiarius, asterias.* ang. *the lanneret or he-lanner.* Oiseau de proye.

LANFET, *ou* Lenfet. *s. m.* La plus fine étoffe du chanvre.

LANGAGE. *s. m.* l. *Lingua.* ang. *language.* Suite de paroles dont chaque peuple est convenu pour expliquer les uns aux autres ce que l'on pense. Le *Langage* est prodigieusément varié parce que le rapport entre certaines paroles & les objets que l'on veut exprimer est purement arbitraire & qu'il peut changer par la diversité des lieux, des tems & des personnes. C'est pour cela que les langues vivantes flottent continuellement & varient sans cesse par le mélange des langues étrangères, par les circonstances qui se forment & par les changemens des personnes, des lieux & des tems. Mais il est certain que le premier *Langage*, de quelque espèce qu'il soit, a été inspiré de Dieu à *Adam* & que Dieu dans la suite communiqua ses ordres par des paroles & non par de simples visions. Dieu inspira aussi après le déluge à ceux qui bâtissoient la tour de *Babel*, les différents *Langages* qui les obligérent à abandonner cette entreprise, ne pouvant pas s'entendre les uns les autres. L'opinion commune est que le *Langage Hebraique* est celui qu'*Adam* a parlé. D'autres disent que l'*Hebreu*, le *Caldeen* & l'*Arabe* ne sont que des dialectes de la première langue, qui a été pendant long-tems perduë & inconnuë. Et ils appuyent leurs preuves contre l'*Hebreu* en soutenant que ce langage est fort sec, grossier & défectueux. C'est pour cela que n'ayant pas assez d'expressions pour varier leurs phrases, ils font revenir souvent la même période. D'un autre côté les Rabins disent que ce *Langage* est si pur & chaste qu'il n'a point de mots pour exprimer les parties de la génération ni celles par où le corps se décharge. Le *Langage* Arabique est si abondant, qu'il y a mille mots pour exprimer une épée, cinq cent pour un Lion & deux cent pour un Serpent.

LANGAYEUR. *voy.* Langueyeur.

LANGE. *s. femin.* lat. *Fascia.* ang. *swaddling-cloaths.* Piéce d'étoffe dont on envelope les enfans en maillot.

LANGEAIS. *s. m.* Mélon excellent.

LANGOBERT. *s. m.* Poire allés grosse, longue, colorée d'un côté & d'un gris roussâtre de l'autre.

LANGOUREUSEMENT. *adv.* lat. *Languidè.* anglois. *languishingly.* D'une manière langoureuse.

LANGOUREUX, euse. *adj.* lat. *Languidus.* ang. *languishing.* Infirme, valetudinaire, qui languit, qui est triste.

LANGOUSTE. *s. f.* lat. *Locusta.* ang. *locust.* Petit insecte ailé & fort en jambes, qui vole par la campagne, qui dépeuple les bleds. On l'appelle autrement *Sauterelle. Langouste* de mer est une espèce d'écrevisse. ang. *a kind of lobster.*

LANGRENUS. *s. m.* 39e. Tache de la lune, selon Riccioli.

LANGUE. *s. f.* lat. *Lingua.* anglois. *tongue.* Partie charnuë & mobile qui est dans la bouche de l'animal. Parole. Langage, suite de paroles.

LANGUETTE. *s. f.* lat. *Lingula.* ang. *the tongue.* Ce qui est taillé en forme d'une petite langue.

LANGUEUR. *s. f.* lat. *Langor.* ang. *languidness, languishing.* Foiblesse, infirmité, abatement, diminution de forces & de santé.

LANGUEYER. *v. act.* lat. *Suariam linguam inspicere.* ang. *to search a hog's tongue.* Tirer la langue d'un porc, la considérer, pour voir s'il est ladre ou non.

LANGUEYEUR. *s. m.* lat. *Inspector suarius.* ang. *a searcher of hog's tongue.* Officier établi ans les marchés pour visiter les cochons.

LANGUIER. *s. m.* lat. *Lingua suilla.* ang. *dry'd hog's tongue.* Partie d'un cochon qui ontient la gorge, & la langue, qu'on sale & et à la fumée.

LANGUIR. *v. n.* lat. *Languere.* ang. *to lanuish.* Vivre en langueur ; avoir peu de santé, tre consumé peu-à peu.

LANGUISSAMMENT. *adv.* latin. *Languidè.* nglois. *languishingly.* D'une manière foible, endre & languissante.

LANGUISSANT, ante. *adj.* lat. *Languidus.* ngl. *languishing.* Qui languit, qui n'a plus de orce. Fade, ennuyeux, mou.

LANICE. (Bourre.) *adj. f.* Bourre douce, ui se tire de la laine de mouton.

LANIER. *s. m.* lat. *Laniarius.* ang. *a laner.* Oiseau de proye, espèce de faucon de leurre.

LANIÈRE. *s. f.* lat. *Habena, lorum.* ang. *a ong strap of leather.* Bande de cuir coupée en ong & assés étroite.

LANIFÈRE. *adj.* lat. *Lanigerus.* Se dit des rbres qui portent une substance laineuse ou otonneuse.

LANQUERRE. *s. f.* Peau en forme de bourre, qui soutient un homme sur l'eau.

LANSBERGIUS. *s. m.* Neuvième tache de a lune, selon Riccioli.

LANSON. *s. m.* Petit poisson de mer, dont a morue est fort friande.

LANTER, *ou* Lenter. *v. act.* (Chaudronier.) Faire avec la tête du marteau de petits grémens sur le cuivre qu'on a mis en œuvre.

LANTERNE. *s. f.* lat. *Laterna.* ang. *a lantern r lanthorn.* Vaisseau fait de matière transparente, servant à conserver la lumière qu'on ransporte, ou qui est exposée au vent & à la luie.

LANTERNER. *v. act.* lat. *Tædium afferre.* ng. *to tire.* Fatiguer, importuner par des disours & des entretiens de néant. S'amuser à la agatelle, n'aller point au solide, ne concluré ien.

LANTERNERIE. *s. f.* lat. *Inania verba.* ang. *rifles, fooleries.* Discours ou choses de peu d'importance.

LANTERNISTES. *s. m. pl.* ang. *lanternists.* Nom des membres d'une Académie de gens de Lettres, établie à *Toulouse*, de la manière que e vais dire. Quelques Conseillers du Parlement & plusieurs autres gentilshommes projetterent de former une société, pour leur utilité eciproque, & fixerent pour cela un endroit où ls pussent s'assembler. Dans la vue d'être moins nterrompus, ils résolurent de s'y trouver ensemble sur le soir, après le tems des visites. Pour tenir leur dessein plus secret, ils ne prient point de flambeau pour se faire éclairer, nais seulement une lanterne de poche, qu'ils portoient avec eux. Dans la suite ayant été découverts & leur projet étant fort approuvé, ils ormerent une compagnie qui prit le nom de *Lanternistes*, & pour perpetuer leur origine, ils hoisirent pour leur devise une étoile avec ce mot *Lucerna in nocte.* Ils proposerent un prix pour toutes les années à celui qui feroit la meilleure pièce de vers à la louange du Roi. Ce prix est une médaille où l'on voit d'un côté une étoile avec la legende, & de l'autre *Apollon* jouant de la lyre, assis sur le sommet du Parnasse avec ces mots *Apollini Tolosano.*

LANTERNIER. *s. m.* lat. *Lentus, molestus.* ang. *a trifler.* Homme badin, impertinent, qui ne dit rien de considerable. Homme vetilleux, qui ne resout rien, que la moindre difficulté arrête. C'est aussi celui qui a soin d'allumer les lanternes des rues.

LANTIPONAGE. *s. m.* lat. *Importunitas, cessatio.* ang. *teazing.* Importunité ridicule.

LANTIPONER. *v. neut.* lat. *Cessare.* ang. *to teaze.* Faire les choses mal adroitement.

LANTURE. *s. f.* Petits agrémens qu'on fait avec le marteau, sur le cuivre.

LANUGINEUX, euse. *adj.* Rempli de poil, & fait comme de la laine.

LANUSURE. *s. f.* (Archit.) Piéce de plomb, qui est au droit des arêtiers, & sous les amortissemens.

## L A P

LAPATHUM. *s. m.* Sorte de plante, qu'on appelle autrement *Parelle* ou *Patience.* On prétend qu'elle est purgative.

LAPER. *v. n.* lat. *More canum bibere.* ang. *to lap.* Boire en tirant l'eau avec la langue.

LAPEREAU. *s. m.* lat. *Tener cuniculus.* ang. *a young rabbet.* Petit lapin de l'année.

LAPIDAIRE. *s. m.* lat. *Gemmarius.* ang. *a lapidary.* Ouvrier qui taille les pierres précieuses, marchand qui les vend.

LAPIDATION. *s. f.* lat. *Lapidatio.* ang. *lapidation.* Mort ou blessure causée par des coups de pierres jettées par le peuple.

LAPIDER. *v. actif.* lat. *Lapidibus obruere.* ang. *to stone.* Tuer quelqu'un à coups de pierre. Parmi les *Juifs* c'étoit une peine capitale pour les plus grands crimes & pour les coupables que la loi condamnoit à la mort sans spécifier le genre de supplice. Lorsqu'un homme étoit condamné à cette peine, on le conduisoit hors de la ville, avec un Officier qui marchoit devant lui la pique à la main & un morceau de linge au haut de la pique pour être vûë de loin, & afin que ceux qui avoient quelque chose à dire en faveur du criminel, eussent à se présenter sans aller plus avant. Si personne ne se présentoit, on le conduisoit au lieu de l'exécution & on l'exhortoit à reconnoître & à avouer son crime. Alors il étoit lapidé ; c'étoient ordinairement les témoins qui commençoient à lui jetter des pierres & l'on continuoit jusques a ce qu'il fût mort. Quelquefois on le conduisoit dans un lieu élevé, dont la hauteur devoit être au moins de deux toises, & de-là un des témoins le précipitoit & l'autre faisoit rouler sur lui une grosse pierre. Si cela ne suffisoit pas pour lui donner la mort, on continuoit de lui jetter des pierres jusques à ce qu'il ne donnât plus aucun signe de vie.

LAPIDIFICATION. *s. f.* lat. *Lapidificatio.* ang. *lapidification.* Action par laquelle on convertit quelque substance en pierre.

LAPIDIFIER. *v. act.* lat. *In lapidem conver-*

*tere.* ang. *to lapidify.* Reduire les métaux en pierre, par le moyen de leur calcination.

LAPIDIFIQUE. ( Suc ) *adj.* lat. *In lapidem convertens.* ang. *lapidescent*, *lapidifical.* Qui change les choses en pierre.

LAPIN, ine. *s. m.* & *f.* lat. *Cuniculus.* ang. *rabbet.* Petit animal sauvage qui se retire dans les bois & y creuse des terrières.

LAPIS LAZULI. *s. m.* lat. *Stellatus lapis.* ang. *lapis lazuli.* Pierre minérale de couleur bleue, avec des filets ou étoiles d'or. S'il est bon il resiste au feu & à la fumée & si on le met au feu, il y prend un nouveau lustre.

LAPPA. *voy.* Bardane.

LAPPMUDE. *s. f.* Robe de peaux de Rennes, dont on se sert en Suéde & en Laponie.

LAPS. *s. m.* lat. *Decursus temporis.* ang. *process or trail of time.* Grand espace de tems écoulé qui change l'usage, ou qui efface la memoire de quelque chose.

## L A Q

LAQUAIS. *s. m.* lat. *Pedisequus.* ang. *a lackey, a foot-boy.* Valet roturier, qui suit à pied son maître, & qui porte ses livrées.

LAQUE. *s. f.* ou *Gomme lacque.* lat. *Laccha.* ang. *lacca or lack.* Est une gomme, ou plûtôt une cire, dure, rouge, fragile, claire & transparente, qui vient du *Malabar*, de *Bengale* & du *Pegu*; on s'en sert pour teindre en écarlate, pour peindre, pour vernisser, &c. Quelques-uns disent que ce sont de petites fourmis ou mouches, d'autres que c'est une humidité que ces animaux laissent ou forment sur les branches des arbres, fort semblable au miel des abeilles. Il y en a de differente espèce, l'une naturelle & l'autre artificielle .... *s. m.* Vernis de la Chine, noir ou rouge.

## L A R

LARA. *s. f.* Nymphe de laquelle *Mercure*, selon la théologie des Payens, eut les Dieux Lares.

LARAIRE. *s. masc.* Temple dans lequel on rendoit le culte aux Dieux *Lares*. *Lararium.*

LARCIN. *s. m.* lat. *Furtum.* ang. *theft*, *robbery.* Action de celui qui dérobe, qui prend furtivement.

LARD. *s. m.* lat. *Laridum.* ang. *bacon*, *lard.* Graisse ferme qui est entre la chair & la peau des animaux.

LARDER. *v. act.* lat. *Larido figere.* ang. *to lard.* Piquer une viande, y appliquer de petits filets de lard.

LARDOIRE. *s. f.* lat. *Veruculum laridarium.* ang. *a larding pin.* Petit instrument qui sert à larder.

LARDON. *s. m.* lat. *Laridi lingula.* ang. *a small slice of bacon.* Petit morceau de lard coupé en long qu'on fait entrer dans la viande.

LARES. *s. m. pl.* lat. & ang. *lares.* Parmi les *Anciens Payens* étoient une espèce inférieure de divinités qui présidoient aux maisons, rues, chemins, &c. ou qui les gardoient & protégeoient.

LARGE. *adj.* lat. *Latus.* ang. *broad*, *wide*, *large.* Etendu d'un côté à l'autre. Ample, commode.

LARGEMENT. *adv.* lat. *Copiosè*, *largiter.* ang. *largely*, *fully.* Abondamment, sans épargne, avec profusion, pleinement.

LARGESSE. *s. f.* lat. *Largitio.* ang. *largess.* Don, libéralité.

LARGEUR. *s. f.* lat. *Latitudo.* ang. *largeness, breadth.* Etendue d'un côté à un autre, opposée à longueur.

LARGUE. *s. m.* ( Marine. ) lat. *Altum.* ang. *sea-room.* Haute mer .... *adj.* lat. *Obliquus ventus.* ang. *a quarter wind.* Vent *largue* dans la *Marine* est celui qui est entre le vent arrière & le vent de quartier : le vent arrière est paralléle à la quille & le vent de quartier lui est perpendiculaire.

LARGUER. *v. act.* ( Mar. ) Lâcher les manœuvres, quand elles sont halées, à la rencontre de quelque vaisseau qui crie le qui vive. lat. *Remittere.* ang. *to let loose* .... Tirer à côté, mettre à la largue.

LARIGOT. *s. m.* lat. *Fistula.* ang. *a kind of flute or pipe.* Flageolet ou espèce de flûte champêtre.

LARIX. *s. m.* Arbre qui comme la Térébenthine jette par les ouvertures des larmes odorantes, qu'on appelle du nom commun de *Térébenthine.*

LARME. *s. f.* lat. *Lacryma.* ang. *a tear.* Eau qui sort du coin de l'œil par la compression des muscles, causée par quelque douleur, affliction, fluxion, ou par quelque agent extérieur.

LARME DE JOB. *s. f.* Plante arundinacée, qui porte pour fruits des coques, dont chacune renferme une semence dure & lisse, faite en forme de larme.

LARMIER. *s. m.* lat. *Summi parietis corona:* ang. *the brow of a wall.* En *Architecture* se dit de cette avance ou petite corniche qui est au haut du toit, & qui préserve les murs de la chute des eaux en empêchant que la pluie ne tombe le long des pierres.

LARMIÈRES. *s. f. pl.* ( Chasse. ) Endroit auprès des yeux du cerf, par où il lui coule quelque larme ou gomme qui s'épaissit.

LARMOIE. *s. f.* Tulipe gris de lin & blanc de larmes.

LARMOYANT, ante. *adj.* lat. *Lacrymabundus.* ang. *weeping.* Qui pleure, qui répand des larmes.

LARMOYER. *v. n.* lat. *Lacrymari.* ang. *to weep.* Pleurer, témoigner sa douleur par les larmes qui sortent des yeux.

LARRÉS. *s. m. pl.* Monnoie dont on se sert aux Maldives. 5. Larrés font une piastre.

LARRON, nesse. *s. m.* & *f.* lat. *Fur*, *latro.* ang. *a thief*, *a stealer.* Qui prend le bien d'autrui en cachette ou avec subtilité.

LARRONNEAU. *s. m.* lat. *Furunculus.* ang. *a young or little thief.* Petit larron.

LARVES. *s. f. pl.* lat. & ang. *larvæ.* Esprits ou ames des méchans qui selon les anciens rouloient

rouloient après leur mort, tourmentoient les méchans & quelquefois effrayoient les gens de bien.

LARUNDA. *voy.* Lara.

LARYNGOTOMIE. *voy.* Bronchotomie.

LARYNX. *s. m.* En *Anatomie*, est la partie supérieure ou la tête de la trachée artère, placée sous la racine de la langue & devant le Pharynx. C'est un des organes de la respiration & principal instrument de la voix. Il est tout cartilagineux & de figure circulaire.

L A S

LAS. *s. m.* ou Laissière. *s. f.* Est dans une grange un endroit à côté de l'aire, où l'on entasse les gerbes de blé.

LAS, Lasse. *adj.* lat. *Lassus, fessus.* angl. *weary, tired.* Fatigué, qui a dissipé une partie de ses forces pour avoir trop marché ou fatigué.

LASCIF, ive. *adj.* lat. *Lascivus, procax.* ang. *lascivious, lecherous.* Qui est addonné, ou qui porte à la luxure, à l'incontinence.

LASCIVEMENT. *adv.* lat, *Salaciter.* angl. *lasciviously, lecherously.* D'une manière lascive.

LASCIVITÉ. *s. fem.* lat. *Fœditas, lascivia.* ang. *lasciviousness, lechery.* Forte inclination à la luxure, mouvement indécent. Ce qui porte à la luxure.

LASCIS. *voy.* Lassis.

LASER, *voy.* Assa-fœtida.

LASERPITIUM, *voy.* Assa-fœtida.

LASSANT, ante. *adj.* lat. *Lassans, fatigans.* ang. *wearisom.* Qui lasse; fatiguant, ennuyeux.

LASSER. *v. act.* lat. *Lassare, fatigare.* ang. *to weary.* Epuiser ses forces, fatiguer jusqu'à avoir besoin de repos.

LASSIS. *s. m.* Bourre de soie ... étoffe faite de capiton.

LASSITUDE. *s. f.* lat. *Lassitudo, defatigatio.* ang. *lassitude, weariness.* Dissipation d'esprit, épuisement de forces naturelles, qui ont besoin d'être réparées par le repos; occasionné par une obstruction des conduits des esprits animaux dans les nerfs & les muscles.

LASTE. *s. m.* (Marine.) Mesure, poids, ou charge qui varie selon les lieux & les denrées. Ordinairement en France, il se prend pour deux tonneaux.

L A T

LATANIER. *s. m.* Espèce de palmier des Isles Antilles.

LATE. *s. f.* lat. *Assula, ambrices.* ang. *a lath.* Piéce de bois longue & plate.

LATENT, ente. *adj.* (Palais.) lat. *Latens.* ang. *latent.* Caché.

LATER. *v. act.* lat. *Assulas sternere.* ang. *to lath.* Garnir de lates.

LATÉRAL, ale. *adj.* lat. *Lateralis.* ang. *lateral.* Qui est à côté.

LATÉRALEMENT. *adv.* lat. *Ex latere.* ang. *laterally.* A côté.

LATÉRE. (Légat à) *s. m.* Cardinal envoyé par le Pape, en qualité de légat.

LATICLAVE. *s. m.* Habillement de distinction & de dignité chez les Romains. *Latticlavium.*



LATIN, ine. *adj.* lat. *Latinus.* ang. *latin or latine.* Langue que l'on parloit autrefois à *Rome*, qui est à présent en *Europe* la langue de tous les sçavans; mais c'est une langue morte, parce qu'on ne la parle pas universellement, & qu'elle n'est pas la langue mère d'une nation ou d'un peuple.

LATINEUR. *s. m.* Pédant qui ne sait que du latin. lat. *Litterator.* anglois. *a pedantick latinist.*

LATINISATION. *substant. fem.* Action de latiniser.

LATINISER. *v. act.* Parler presque toujours latin; faire parade de son latin à tout propos ou mal à propos. Faire des mots qui ayent l'air ou la terminaison latine. latin. *Latinâ linguâ donare.* ang. *to latinize.*

LATINISME. *s. m.* lat. *Latinismus.* angl. *a latinism.* Expression latine.

LATINISTE. *s. m.* Qui sçait le latin.

LATINITÉ. *s. f.* lat. *Latinitas.* ang. *latin, the latin tongue.* Langage latin.

LATIS. *s. m.* lat. *Assulæ stratæ.* ang. *a covering of laths.* Couverture de lates.

LATITER. *v. act.* lat. *Abdere.* ang. *to conceal.* Dans le *Palais*, c'est cacher.

LATITUDE. *s. f.* lat. *Latitudo.* ang. *latitude.* En *Astronomie* est la distance d'un astre à l'*Ecliptique* & comme le soleil est toujours dans l'écliptique, il n'a point de *Latitude*; les autres planetes s'en écartent quelquefois jusques à neuf degrés; mais les étoiles fixes peuvent avoir jusques à 90. degrés de *Latitude.* Elle est Nord ou Sud selon la situation de l'astre. En *Géographie* la latitude est la distance de l'équateur au zenith, ou au point du ciel qui repond directement sur notre tête ou à un point de la terre. Ou c'est un arc du méridien compris entre l'équateur & un pais, & on l'appelle Nord ou Sud selon qu'on est du côté du pole Nord ou du pole Sud. Elle est égale à l'élévation du pole au dessus de l'horizon. Dans les *Planispheres & globes artificiels,* il y a une quantité de lignes paralleles à l'équateur jusques vers les poles qu'on appelle cercles de *Latitude.*

LATITUDINAIRES, *ou* Latitudinariens. *s. m. pl.* lat. *Liberiores in fidei christianæ dogmatis statuendis.* angl. *latitudinarians.* Ceux qui n'aiment pas à être genés dans les dogmes de religion, qui parlent & agissent trop librement en matière de religion.

LATOMIE, *ou* Lautumies. *s. f.* & *pl.* Carrière; lieu d'où l'on a tiré la pierre.

LATREUTIQUE. *adj.* lat. *Latreuticus.* ang. *latreutick.* Se dit du sacrifice qu'on offre à Dieu comme au souverain Etre.

LATRIE. *s. f.* lat. *Latria.* ang. *the service or worship due to god.* Culte de religion qui n'appartient qu'à Dieu seul.

LATRINES. *s. f. pl.* lat. *Latrina, forica.* ang. *a privy.* Lieu destiné à décharger le ventre, à vuider les gros excrémens.

LATTE, Latter, Lattis. *voy.* Late, Later, Latis.

LAV

*LAVABO. s. m.* Carte qu'on met au côté droit de l'Autel, où sont ces mots *Lavabo inter innocentes*, &c.... Linge auquel le Prêtre s'essuie les droits, après se les être lavés ensuite de l'offertoire.

LAVAGE. *s. m.* lat. *Aquæ copia*, *eluvies.* ang. *slap*, *slapping.* Eau ramassée qui lave. Action de laver. Liqueur trop claire.

LAVANDE. *s. f.* lat. *Pseudonardum*, *lavandula.* ang. *lavender.* Plante aromatique dont on se sert en plusieurs occasions. Les femmes l'emploient surtout pour en mettre dans leur linge, lorsqu'il est sec & lui donner une odeur agréable.

LAVANDER. *s. m.* Espèce de linge ouvré qui se manufacture en quelques lieux de Flandres.

LAVANDIER. *s. m.* lat. *Lotor regius.* angl. *a yeoman of the laundry.* Officier du Roi, qui a soin de blanchir le linge.

LAVANDIÈRE. *s. f.* lat. *Lotrix.* ang. *laundress.* Femme qui blanchit du linge, des toiles. Oiseau. *voy. Motacille.*

LAVANGE. *s. f.* Amas de neiges, qui se détache tout d'un coup des montagnes & des hauts rochers.

LAVARET. *s. m.* Poisson qui se trouve dans les lacs de Savoie. C'est une espèce de Saumon ou de truite.... C'est aussi un oiseau de proie.

LAVARONUS. *s. m.* Poisson de mer, qui ressemble beaucoup au Lavaret poisson de rivière.

LAVASSE. *s. f.* lat. *Diluvies.* anglois. *a great shower.* Pluie subite & impétueuse.

LAUDANUM. *s. masc.* Préparation d'opium dont les Médecins se servent avec succès dans un grand nombre de cas, surtout pour provoquer le sommeil aux Malades à qui la violence de leurs maux ne permet pas de dormir.

LAUDES. *s. f. pl.* lat. *Laudes.* ang. *lauds.* La seconde partie de l'office du Bréviaire *Romain*, qui se dit maintenant après matines. Les Laudes sont composées de Pseaumes, Hymnes, *&c.*

LAVEDAN. *s. m.* Espèce de cheval.

LAVÉ, ée. *adject.* Se dit de certaines couleurs peu vives & peu chargées.

LAVÉE ( De laine. ) *s. f.* Tas de laine tiré de l'eau & exposé à l'air, pour s'égoutter.

LAVÉGE. *s. f.* Pierre dont on fait des marmites, pots, & autres ustenciles de cuisine.

LAVEMAIN. *s. m.* lat. *Malluvium*, *labrum.* ang. *a standing-ewer.* Petit reservoir d'eau, ou manière d'auge de pierre, ou de plomb avec robinets, pour distribuer l'eau & qui sert à laver les mains à l'entrée d'une sacristie ou d'un refectoire.

LAVEMENT. *s. m.* lat. *Lavatio*, *lotura.* ang. *washing.* Action par laquelle on lave. C'est aussi un clistere ou remède qu'on prend par le fondement.

LAVER. *v. act.* lat. *Lavare*, *abluere.* ang. *to wash.* Nettoyer quelque chose avec de l'eau, ou avec d'autres liqueurs.

LAVERNE. *s. f.* lat. & ang. *Laverna.* Etoit chez les Payens la Déesse des voleurs.

LAVES. *s. f. pl.* Ruisseaux de matière enflammée que vomit le Vesuve.

LAVETON. *sub. mas.* ang. *short wool.* Grosse laine qui reste dans les moulins où l'on foule les draps.

LAVETTE. *s. f.* Petit torchon qui sert à laver les écuelles dans de l'eau chaude.

LAVEUR, euse. *s. m.* & *f.* lat. *Lotor.* angl. *he that washes.* Celui qui lave.

LAVEURE. *s. f.* lat. *Elutia.* ang. *dish-water.* Eau qui a servi à laver la vaisselle.

LAVIGNON. *s. m.* Petit coquillage marin à coquille blanche. Le petit poisson qu'elle renferme est tout au plus gros comme celui de la moule, de couleur blanche & de facile digestion.

LAVIS. *s. m.* ang. *wash.* Terme de dessinateur, qui se dit des adoucissemens qui se font sur des desseins faits avec la plume ou le crayon, en y appliquant de la sanguine, de la suie détrempée, de l'encre de la Chine & autres sortes de couleurs.

LAVOIR. *s. m.* lat. *Lavacrum.* ang. *a wash-house.* Reservoir d'eau destiné pour y laver le linge, auprès d'une source ou d'un ruisseau. Lieu préparé pour laver les mains. Lieu où on lave la vaisselle.

LAURE. *s. fem.* *Laura.* Lieu où demeuroient autrefois les moines. C'étoient des espèces de village, dont chaque maison étoit habitée par un ou deux moines.

LAURÉAT. *adjectif.* Se dit d'un Poëte déclaré tel par la cérémonie du couronnement de laurier.

LAURÉE. *s. f.* Couronne de laurier. lat. *Corona laurea.* ang. *laurels.*

LAUREL. *s. masculin.* Arbrisseau du Chilli : espèce de laurier, dont le bois est blanc & fort leger.

LAURÉOLE. *s. f.* lat. *Laureola.* ang. *spurge-laurel.* Espèce de petit laurier... Lauréole. *v.* Aureole.... *Lauréole femelle.* voy. Mézereum.

LAURIER. *s. m.* lat. *Laurus.* ang. *the laurel or bay-tree.* Arbre toujours verd & dont la tige est sans nœuds. Récompense des Poëtes que l'on couronnoit de *Laurier.* Il étoit autrefois consacré à *Jupiter* & à *Apollon* : parce que la foudre ne le brûle pas comme les autres. Dans les *Hieroglyphes* il signifie honneur, conquête, faveur & préservation.

LAUTUMIES, *voy.* Latomie.

LAVURE. *voy.* Laveure.

LAX

LAXATIF, ive. *adj.* lat. *Laxativus.* ang. *laxative.* Remède qui purge, qui rend le ventre lâche.

LAY

LAY, Laye, Layer, Layeur, *voyez* Lai, Laie, *&c.*

LAYETIER. *s. m.* lat. *Capsarius.* anglois. *a box-maker.* Faiseur de layettes.

LAYETTE. *s. f.* lat. *Capsa*, *capsula.* ang. *a box.* Petit coffre de bois où l'on serre ordinairement du linge & autres menues hardes.

LAZ

LAZARET. *f. m.* lat. *Nosocomium suburbicanum.* ang. *lazaretto.* Hôpital pour recevoir les pestiferés, ou pour faire la quarantaine.

LAZZI. *f. m.* Jeu muet de théatre dans la représentation des comédies italiennes.

L E

LÉ. *f. m.* lat. *Panni latitudo.* ang. *the breadth.* Largeur d'une étoffe entre deux lisières. Espace que les riverains des rivières doivent laisser pour ne pas empêcher la navigation.

L E B

LEBBES. *f. m.* Espèce de pierre, dont on fait des vases au tour.

LEBESCHE. *f. m.* Nom qu'on donne sur la mer Méditerranée au vent de Sud Ouest, qui souffle entre le midi & le couchant. lat. *Africus.* ang. *south-west.*

L E C

LÉCANOMANCIE. *f. f.* Divination superstitieuse qui se faisoit par le moyen d'un plat.

LÉCHE. *f. f.* lat. *Offella.* ang. *a slice.* Tranche fort mince de quelque chose à manger.

LÉCHEFRITE. *f. f.* lat. *Assaria cucuma.* ang. *a dripping-pan.* Utencile de cuisine qui est long & plat & à deux goulots, qu'on met sous la broche pour recevoir la graisse des viandes qu'on y rotit.

LÉCHER. *v. act.* lat. *Lambere, lingere.* ang. *to lick.* Passer la langue sur quelque chose.... Travailler & finir un ouvrage avec beaucoup & même trop de soin.

LECHE-Y-MIEL. *f. m.* Nom que les Espagnols ont donné à un fruit de l'Orinoque, parce qu'en effet il a le gout du miel & du lait.

LEÇON. *f. f.* lat. *Lectio.* angl. *lesson.* Instruction du maître à ses écoliers. Manière de lire le texte des auteurs.

LECTEUR. *f. m.* lat. *Lector.* ang. *a reader.* Qui lit un livre, un écrit. Professeur.

LECTH. *f. m.* (Marine.) Mesure qui contient 12. barils.... dans l'Indostan, il signifie 100, 000.

LECTURE. *f. f.* lat. *Lectio.* anglois. *reading.* Action de celui qui lit. Erudition, science profonde.

L E D

LÉDE, *ou* Lédum. *f. m.* Espèce de ciste, qui porte le ladanum.

L E G

LÉGAL, ale. *adj.* lat. *Fidelis.* ang. *faithful.* Qui vit bien & selon les loix, qui ne fait tort à personne. En *Théologie* c'est ce qui est selon la loi des Juifs. lat. *Legalis.* angl. *legal.*

LÉGALEMENT. *adv.* lat. *Fideliter.* ang. *honestly.* Selon les loix & la raison.

LÉGALISATION. *f. f.* Certificat donné par autorité de Justice, ou par une personne publique, & confirmé par l'attestation, la signature & le sceau du Magistrat, afin qu'on y ajoute foi.

LÉGALISER. *v. act.* lat. *Auctoritate publicâ firmare.* ang. *to make authentick.* Rendre un acte autentique, afin que par tout pays on y ajoute foi.

LÉGALITÉ. *f. f.* lat. *Fides, fidelitas.* angl. *legality, legalness.* Qualité de l'action qui est faite selon la loi.

LÉGAT. *f. m.* lat. *Legatum.* ang. *a legacy.* Legs testamentaire. C'est aussi un Cardinal que le Pape envoie comme Ambassadeur vers quelque Prince souverain, avec pompe. Il est égal en dignité aux Ambassadeurs extraordinaires des autres Princes. lat. *Legatus.* ang. *legate.*

LÉGATAIRE. *f. m.* lat. *Legatarius.* ang. *legatee.* Celui à qui on a fait quelques legs par un testament.

LÉGATINE. *f. f.* Etoffe qui est de même nature que la papeline. Elle est moitié fleuret & moitié soie, ou moitié laine.

LÉGATION. *f. f.* lat. *Legatio.* ang. *legation, legateship.* Charge ou fonction de Légat, ou sa cour & son tribunal.

LÉGATURE. *voy.* Brocatelle.

LÉGE. *adj.* (Mar.) Se dit d'un vaisseau vuide & sans charge.

LÉGEMENT. *adv.* (Droit.) En hommage lige.

LÉGENDAIRE. *f. m.* Auteur de légende. lat. *Legendæ auctor.* angl. *legendary.*

LÉGENDE. *f. f.* lat. *Legenda.* ang. *legend.* Ce qui se doit lire. Les vies des Saints ont été appellées *Legendes*, parce qu'on les devoit lire dans les leçons de matines. La *Legende dorée* est une ancienne compilation des vies des Saints, qui a eu cours depuis le 13e. jusqu'au 15e. siécle & qui a été reformée depuis. On appelle aussi *Legende* un écrit ennuyeux. Ce mot se dit encore des paroles qui sont gravées au tour des monnoies des médailles, &c.

LÉGER, ère. *adj.* lat. *Levis.* ang. *light.* Qui ne pese gueres, qui a moins de matière qu'un autre sous un même volume. Qui a grande disposition à se mouvoir, à sauter, &c. Qui n'est point solide. Qui change aisément de sentimens & d'affections.

LÉGÉREMENT. *adv.* lat. *Perniciter, leviter.* ang. *lightly.* A la légére, d'une manière prompte, agile. Superficiellement, imprudemment.

LÉGÉRETÉ. *f. f.* lat. *Levitas.* ang. *lightness, levity.* Qualité de ce qui est léger, de ce qui est peu pesant, ou qui ne pese point du tout. Agilité, vitesse, promptitude. Foiblesse d'esprit, inconstance, imprudènce, &c.

LÉGILE. *f. f.* Echarpe dont on couvre le pupitre sur lequel on chante l'Evangile.

LÉGION. *f. f.* lat. *Legio.* ang. *legion.* Corps de soldats parmi les *Romains* de 5 ou 6. mille Fantassins & de 4 ou 5. mille Cavaliers. Au tems de *Romulus* elle n'étoit que de 3000. hommes; du tems des Consuls de 4000 & de 2 ou 3. cent chevaux, qui dans la suite devint comme ci devant de 5 ou 6. mille, contenant 10. cohortes lesquelles étoient quelquefois de 5 ou 6. cens hommes. Ces *légions* qui étoient composées de citoyens *Romains*, formoient un corps séparé par elles mêmes, & celles des alliés formoient un autre corps d'Infanterie & de Cavalerie, qu'ils appelloient extraordinaire. Les légions étoient divisées en *Velites*, *hastati*, *principes* & *triarii*. Les *Velites* étoient une Infanterie légére armée d'une longue épée, d'une lance de trois pieds de long, & d'un petit bouclier rond, qu'on appelloit *Parma Tripedalis*. Ils se couvroient la tête d'un bonnet qu'on nommoit *Galea* & qui étoit fait de cuir ou de la peau de quelque animal. Ces *Velites* étoient choisis parmi toutes les Troupes, pour suivre la Cavalerie dans les plus promptes & les plus perilleuses entreprises. Ils ne furent établis pour la première fois que dans la seconde guerre *Punique*. Ceux que l'on nommoit *Hastati*, *principes* & *triarii*, portoient un bouclier long de quatre pieds, & large de deux. Leur épée étoit longue, à deux tranchants & ferme de pointe; leur casque étoit d'airain avec sa crête de même matière. Ils avoient une espèce de bottes qui couvroient particuliérement le devant de la jambe. Ils portoient deux javelines, l'une plus grande qui étoit ronde ou quarrée & l'autre plus petite. On les nommoit *Veruta*. Les Cavaliers portoient une javeline, une épée, une cuirasse, un casque & un écu. Les Porte-enseignes, étoient appellés *Imaginiferi*, parce qu'ils portoient l'image du Prince. Les autres étoient nommés *Aquiliferi*, parce qu'ils portoient une aigle au bout d'une pique. D'autres portoient une main en signe de concorde; d'autres un dragon dont la tête étoit d'argent & le reste de taffetas. Le *Labarum* qui étoit l'enseigne particulière de l'Empereur, ne paroissoit que quand il étoit dans le camp. Il étoit de couleur de pourpre, bordé d'une grande frange d'or & enrichi de pierreries. Les Archers à cheval portoient un arc, un carquois & des fléches. Les Officiers que nous appellons cornette de Cavalerie, portoient une aigle au bout d'une lance, & par dessus leur casque se couvroient de la dépouille d'un Lion, d'un Ours, ou de quelque autre bête sauvage, comme faisoient aussi ceux qui portoient les enseignes dans l'Infanterie. *Josephe* dit qu'ils portoient une longue épée au côté droit & une autre courte au côté gauche.

LEGIS. (Soies.) Viennent de Perse.

LÉGIONNAIRE. *s. m.* lat. *Legionarius*. ang. *legionary*. Soldat qui faisoit partie d'une légion.

LÉGISLATEUR, atrice. *s. m.* & *f.* lat. *Legislator*. ang. *law-giver*. Celui qui fait les loix d'un Royaume, d'un Etat qu'il fonde.

LÉGISLATIF, ive. *adj.* Pouvoir *législatif*, puissance *législative*. Pouvoir, puissance de faire des loix.

LÉGISLATION. *s. f.* Droit de faire des loix.

LÉGISTE. *s. m.* lat. *Legis doctor*. ang. *a lawyer*. Jurisconsulte.

LÉGITIMAIRE. *adj.* (Jurispr.) Qui appartient à la légitime.

LÉGITIMATION. *s. f.* lat. *Spuriorum liberorum adoptio*. ang. *legitimation*. Acte par lequel on rend légitime un enfant naturel.

LÉGITIME. *adj.* lat. *Legitimus*. ang. *lawful*. Qui est selon les loix divines & humaines; qui est juste, équitable.

LÉGITIME. *s. f.* lat. *Legitima portio hæreditatis*. ang. *portion*. Part; droit que la loi donne aux enfans sur les biens de leur père & mère.

LÉGITIMEMENT. *adv.* lat. *Legitimè*. angl. *lawfully*. Justement, d'une manière licite & suivant les loix.

LÉGITIMER. *v. act.* lat. *Ingenui jus spurio attribuere*. ang. *to legitimate*. Rendre légitime.

LÉGITIMITÉ. *s. f.* Etat, qualité d'un enfant qui est légitime.

LEGS. *s. m.* lat. *Legatum*. ang. *legacy*. Don que fait un testateur à quelque particulier, ou communauté.

LÉGUER. *v. act.* lat. *Legare*. ang. *to bequeath*. Donner, laisser par son testament quelque chose à quelqu'un.

LÉGUME. *s. m.* lat. *Legumen*. ang. *pulse*. Grains semés qui se cueillent avec la main, comme pois, féves, lentilles:

LÉGUMINEUX, euse. *adj.* lat. *Leguminosus*. ang. *leguminous*. Qui est de la nature des légumes.

## L E I

LEICHE. *voy.* Laiche.

LEIENTERIE. *voy.* Lienterie.

LEIPZIS. Sorte de serge qui se fabrique à Amiens.

## L E K

LEK. *s. m.* 100, 000. roupies, qui font environ 50, 000. écus de notre monnoie.

## L E M

LEMMATIQUE. *adj.* Proposition *Lemmatique*, proposition préparatoire.

LEMME. *s. m.* lat. & ang. *Lemma*. Proposition préparatoire qu'on démontre pour servir à quelques autres démonstrations dont on a besoin dans la suite, afin que ces démonstrations soient moins embarassées.

LEMMER. *s. m.* Petit animal de Laponie, qui ressèmble à une souris, mais il est roux & marqueté de noir.

LÉMUNCULE. *s. m.* lat. *Lemunculus*. ang. *a little boat*. Petit bâteau, dont les anciens se servoient pour pêcher.

LÉMURES. *s. m. pl.* lat. & ang. *lemures*. Lutins; esprits, ames des morts inquiets, qui, selon l'opinion des *Anciens*, revenoient tourmenter les vivants. C'est le même que *Larves*.

## L E N

LENDEMAIN. *s. m.* lat. *Postridiè*. ang. *the next day*. Le jour qui suit celui dont on a parlé.

LENDORE. *adj.* lat. *Languidus*. ang. *humdrum*. Lent, paresseux, qui semble toujours dormir.

**LÉNIFIER.** *verb. act.* lat. *Lenire*, *mitigare.* ang. *to lenify*, *to soften.* Adoucir.

**LÉNITIF.** *adj.* & *s. m.* latin. *Mitigatorius.* ang. *a lenitive.* Remède adoucissant & resolutif.

**LENPE.** Sorte de perle qui se pêche dans quelques Isles du Bréfil.

**LENT**, lente. *adj.* lat. *Lentus*, *tardus.* ang. *slow*, *slack*, *dull*, *lazy.* Tardif, peu prompt, peu actif; qui n'avance gueres.

**LENTE.** *s. f.* lat. *Lens.* angl. *a nit.* Œuf dont s'engendre le pou, ou bien le pou même.

**LENTEMENT.** *adv.* lat. *Lentè.* ang. *slowly.* D'une manière lente.

**LENTEUR.** *s. f.* lat. *Tarditas*, *lentor.* angl. *slowness.* Mouvement doux & lent; défaut d'activité & de promptitude.

**LENTICULAIRE.** *adj.* latin. *Lenticularis.* anglois. *lenticular.* Terme d'*Optique* qui se dit d'un verre convexe de lunette, qui approche de la figure d'une lentille, qui est plat, rond & plus épais par le milieu que par les bords.

**LENTILLE.** *s. f.* lat. *Lenticula.* ang. *lentil.* Sorte de légume. L'écriture nous apprend qu'*Esau* vendit son droit d'ainesse à son frère *Jacob* pour une écuelée de lentilles.

**LENTILLEUX**, euse. *adj.* lat. *Lentiginosus.* ang. *lentiginous.* Qui est semé de taches ou de lentilles.

**LENTISQUE.** *s. m.* lat. *Lentiscus.* angl. *lentisck.* Arbre dont les feuilles ressemblent a celles du Myrthe, & dont les branches sont très flexibles, ce qui lui a fait donner ce nom. Il en découle une resine appellée *Mastic....* *adj.* Il se dit d'un miroir ardent de verre, parce qu'il est composé d'une ou de deux lentilles de verre.

## L E O

**LÉONDALE.** *s. f.* Monnoie qui dans les États du Grand-Seigneur vaut 40. âpres.

**LÉONESSES.** ( Segovies. ) Laines d'Espagne très-belles, qui se tirent du Roiaume de Leon.

**LÉONIMETÉ.** *s. f.* Sorte de Poëfie ancienne, dont les vers riment au milieu ainsi qu'à la fin.

**LÉONIN**, ine. *adj.* lat. *Leoninus.* ang. *Leonine.* Qui vient du Lion. Société *Leonine* est celle où toute la perte est d'un côté & tout le profit de l'autre. Vers *Leonins* font des vers latins rimés tant à l'hemistiche, qu'à la fin du vers.

**LEONTIASIS.** *s. m.* Goutte des Arabes.

**LÉONTOPÉTALON.** *s. mas.* Plante dont la feuille ressemble au pied d'un Lion, appellée pour cela *pied*, ou *patte de Lion.*

**LÉONTOPODIUM.** *voy.* Alchimile.

**LÉOPARD.** *s. f.* lat. *Leopardus.* ang. *leopard.* Animal cruel & féroce, qui a la peau tachetée, les yeux petits & blancs, l'ouverture de la gueule grande, les dents aigues, les oreilles rondes, le cou & le dos longs, une grande queuë & cinq griffes fort aigues aux pieds de devant, & quatre à ceux de derrière. On dit qu'il est engendré d'un Lion & d'une Panthere ou d'une Lionne & du mâle de la Panthere.

**LÉOPARDÉ.** *adj.* ( Blason. ) Se dit du Lion passant.

## L E P

**LÉPAS.** *s. m.* Coquillage univalve, appellé autrement *Patelle* ou *œil de bouc.* Il est toujours adhérent aux rochers ou à quelque autre corps dur.

**LEPIDIUM.** *s. m.* Plante autrement appellée *Passerage.*

**LEPIDOÏDE.** *s. f.* ( Anat. ) Suture écailleuse du crâne.

**LEPIDOSARCOME.** *s. mas.* *Lepidosarcoma.* Sarcome formé dans la bouche & couvert d'écailles irrégulières.

**LÉPRAS.** *s. m.* Poisson de mer long d'environ un pied, couvert d'écailles larges, & parsemé de taches, qui ont quelque ressemblance avec la Lépre & la Gale, ce qui lui a fait donner aussi le nom de *Psorus.*

**LÉPRE.** *s. f.* lat. *Lepra.* angl. *leprosy.* Maladie contagieuse, qui attaque la peau & qui ressemble presque à la gale. Elle étoit fort commune parmi les *Juifs* & autres peuples Orientaux; mais assez rare dans les pays froids.

**LÉPREUX**, euse *adj.* & *s. m* & *f.* lat. *Leprosus.* ang. *leprous : a leper.* Qui a la lépre. La loi des *Juifs* séparoit les *Lépreux* du commerce des hommes & on les reléguoit dans des lieux inhabités. Leurs Rois mêmes étoient chassés de leurs palais & de la société & privés de leur autorité s'ils étoient infectés de cette maladie, comme le fut *Ozias* ou *Azarias* Roi de *Juda.* Lorsqu'un *Lépreux* étoit guéri, il se présentoit à la porte de la Ville & le Prêtre examinoit s'il étoit parfaitement guéri. Ensuite il venoit au Temple, prenoit deux oiseaux purs, faisoit un aspersoir avec une branche de cedre & une autre d'hysope liées ensemble par un ruban d'écarlate ou une tresse de laine; on remplissoit d'eau un vase de terre & l'on attachoit à l'aspersoir un des oiseaux vivans; le *Lepreux* qui avoit été guéri tuoit l'autre oiseau & en faisoit couler le sang dans le vaisseau plein d'eau; ensuite le Prêtre prenoit l'aspersoir avec l'oiseau vivant, trempoit l'un & l'autre dans l'eau teinte de sang, & en arrosoit le *Lépreux*; il donnoit la liberté à l'oiseau vivant & le malade rentroit dans la société.

**LÉPROSERIE.** *s. f.* lat. *Leprosorum nosocomium.* ang. *a lazaretto.* Hôpital pour les Lépreux ou maladrerie.

**LEPTOLOGIE.** *s. f.* ang. *leptology.* Description des bagatelles, des petites choses.

**LEPTURGIE.** *voy.* Miniature.

## L E S

**LESCIVE**, *ou* LESSIVE. *s. f.* lat. *Lixivium.* angl. *lye.* Ce qui sert à blanchir le linge sale. Elle est composée de cendres de bois neuf, de soude ou de gravelée & d'eau chaude.

**LESCIVER**, *ou* Lessiver. *v. act.* lat. *Lixivio lavare.* ang. *to wash with lye.* Blanchir quelque chose par le moyen de la lessive.

**LÉSER.** *voy.* Lezer.

**LESINE.** *s. f.* lat. *Nimia parcitas.* angl. *sparingness.* Epargne industrieuse, sordide & outrée.

LESINER. *v. n.* lat. *Præparcum esse.* ang. *to be sparing.* Epargner, rogner quelque chose sur la dépense.

LÉSION, *voy.* Lezion.

LESSE. *s. f.* lat. *Lorum.* ang. *a leash.* Longue corde qui sert à accoupler des chiens, & sur tout les lévriers : ou autrement trait.

LESSIVE, Lessiver. *voy.* Lescive, Lesciver.

LEST. *s. m.* lat. *Saburra.* ang. *the last of a ship.* Quantité de sable ou de cailloux, mise à fond de cale pour tenir le Navire en assiete ou en estive.

LESTAGE. *s. m.* lat. *Saburræ in navem impositio.* ang. *lastage.* Embarquement du lest dans le Navire.

LESTE. *adj.* lat. *Alacris, expeditus.* anglois. *spruce.* Qui est brave, en bon état & en bon équipage pour paroître

LESTEMENT. *adv.* lat. *Expeditè.* ang. *neatly, finely.* D'une manière leste.

LESTER. *v. act.* lat. *Saburrare.* ang. *to ballast.* Mettre le lest au fond d'un Vaisseau.

LESTEUR. *s. m.* Bâteau qui porte le lest.

### L E T

LÉTHARGIE. *s. f.* lat. *Lethargus, lethargia.* ang. *lethargy.* Maladie qui produit un assoupissement profond, une stupidité, pesanteur, accompagnée de fiévre & d'insensibilité.

LÉTHARGIQUE. *adj.* lat. *Lethargicus.* ang. *lethargick.* Qui appartient à la lethargie. Paresseux, indolent, insensible.

LÉTHÉ. *s. masc.* Rivière que les Poëtes ont placé aux Enfers & dont l'eau faisoit perdre le souvenir de toutes choses à ceux qui en bûvoient.

LÉTIFÈRE. *adj.* Mortel, qui donne la mort. lat. *Letifer.* ang. *deadly.*

LETON, *ou* Laiton. *s. m.* latin. *Oricalchum.* angl. *yellow brass.* Métal factice, qui se fait avec du cuivre rouge, dans lequel on mêle de la calamine, qui est un minéral jaune.

LETTRE. *s. f.* lat. *Littera.* ang. *letter.* Figure, caractère, ou trait de plume qui entre dans la composition de l'Alphabet des différentes langues. *Lettre* se dit aussi d'un écrit qu'on envoie à un absent pour lui faire entendre sa pensée. Dans le *commerce*, *Lettre* de change est un ordre de compter une somme à quelqu'un & *Lettre d'avis* est un écrit qu'on envoie à celui qui doit compter la somme pour lui apprendre qu'on a tiré sur lui. *Lettre* de crédit est une lettre d'un marchand ou d'un banquier à son correspondant pour le prier de fournir à une personne l'argent qu'elle demandera jusqu'à la concurrence d'une somme déterminée. *Lettres* Patentes du Roi sont des écrits par où il accorde certains privilèges, &c.

LETTRÉ, ée. *adj.* lat. *Litteratus.* ang. *littered, learned.* Celui qui a étudié, qui est sçavant.

LETTRINE. *s. f.* (Imprimerie.) Petite lettre qui sert de renvoi à la marge. lat. *Litterula.* angl. *a small letter.*

LETTRISÉ, ée. *adj.* Se dit d'un Poëme & des vers dont tous les mots commencent par une même lettre.

### L E V

LEVAIN. *s. m.* lat. *Fermentum.* angl. *leaven, ferment.* Tout ce qui peut faire qu'un corps se gonfle, comme il arrive dans la pâte quand elle se leve & se fermente. C'est aussi un morceau de pâte aigrie ou imbibée de quelque acide, qui fait lever & fermenter l'autre pâte avec laquelle on la mêle.

LEVANT. *s. m.* lat. *Oriens.* ang. *the east, the levant.* La partie du ciel sur l'horison du côté où les astres s'élevent. Il se dit aussi de tous les pays situés à l'Orient à notre égard.

LEVANTIN. *s. m.* Qui est né au Levant.

LEVANTIS. *s. m.* Soldats des galères des Turcs,

LEUCACANTHA. *s. fem.* Espèce de carline qu'on nomme autrement *Cameléon noir.*

LEUCANTHÈME. *s. m.* Plante entièrement semblable au chrysanthême, excepté que ses fleurons sont blancs.

LEUCAS. *s. f.* Espèce de lamium, ou d'ortie morte.

LEUCÉ. *voy.* Alphos.

LEUCOIUM. *s. m.* Giroflier ou violier.

LEUCOMA. *s. mas.* (Médec.) Petite tache blanche qui vient dans la cornée & qu'on appelle aussi *Albugo.*

LEUCOPHLEGMATIE. *voy. Anasarque.*

LÉVE. *s. f.* lat. *Coclea tudicularis.* ang. *a hollow mallet.* Instrument qui sert à jouer au mail.

LEVÉE. *s. f.* lat. *Frugum coactio.* angl. *gathering of fruits.* Recolte de grains qu'on leve de dessus la terre. Elevation de terre, de pierres, &c. Action par laquelle on léve, on découvre. Il se dit aussi des troupes qu'on met sur pied ; des impositions de deniers ordinaires ou extraordinaires qu'on léve sur les peuples. latin. *Nummorum exactio, collectio.* anglois. *a levying.*

LEVENT. *s. m.* Soldat de marine, chez les Turcs.

LEVER. *s. m.* lat. *Tempus è lecto surgendi.* ang. *rising, levee.* L'heure où l'on sort du lit. Il se dit aussi du soleil ou des astres quand ils montent sur l'horison ou quand on commence à les appercevoir. lat. *Ortus.* angl. *rising.*

LEVER. *v. act.* lat. *Erigere.* angl. *to lift, raise up.* Hausser ; découvrir ; couper, détacher. Oter, effacer. S'enfler, se fermenter. Recueillir, emporter les fruits d'un héritage ; abandonner. Tirer l'ancre du fond de l'eau. *Lever* le plan d'une ville, c'est en faire une description sur le papier.

LEVEUR. *s. m.* lat. *Coactor.* ang. *a gatherer of taxes.* Celui qui a soin de lever des droits seigneuriaux, des dîmes, tailles, impositions.

LEVEURE. *s. f.* lat. *Laridi pars crassior desecta.* angl. *the sward of bacon.* Coêne de lard qu'on léve. Écume de bière qui sert de levain.

LÉVIATHAN. *s. m.* Dont il est parlé dans *Job.* Ceux qui sont le plus versés dans la langue

*Hébraïque* prétendent que c'est le crocodile; d'autres disent que c'est la baleine; mais tous conviennnent que c'est un animal fort monstrueux tant pour la figure que pour la grandeur. En *Théologie* ce mot signifie le Démon & quelquefois l'Enfer.

LEVIER. *s. m.* lat. *Vectis*. ang. *lever*. C'est dans la *Méchanique* l'une des six puissances qui ne différe réellement de la balance qu'en ce que le centre du mouvement dans la balance est au milieu & que dans le levier il se trouve dans un point quelconque; c'est un bâton, ou une barre de fer, &c. avec quoi on éleve où l'on fait avancer de grandes pierres ou autres grands poids.

LÉVIGATION. *s. f.* Action de léviger. latin. *Levigatio*. ang. *levigation*.

LÉVIGER. *v. act.* lat. *Levigare*. ang. *to levigate*. En *Chymie* c'est rendre un corps dur en poudre impalpable sur le porphyre ou sur le marbre.

LEVIS. *adj.* lat. *Arrectarius*, *ductarius*. ang. *a draw-bridge*. Qui peut se lever & se baisser; ce qui se dit sur tout des ponts devant la porte des villes & châteaux.

LÉVITES. *s. m. pl.* lat. *Levitæ*. ang. *levites*. Parmi les *Juifs*, ce sont tous les descendans de *Levi*; mais sur tout ceux qui étoient emploiés aux ministères inférieurs du temple, par où ils étoient distingués des Prêtres, qui étant issus d'*Aaron* étoient aussi de la race de *Levi* par *Kobath*; mais ils étoient emploiés aux offices plus relevés. Les *Levites* s'appliquoient à l'étude de la loi, à chanter, & à jouer des instrumens dans le temple & ils étoient juges inférieurs dans le pays, toujours subordonnés aux Prêtres. Comme on ne leur avoit donné en héritage aucune portion de terre: ils ne subsistoient que par la dîme du bled, des fruits & du bétail dans *Israël* & ils en payoient eux-mêmes la dîme ou la dixième partie aux Prêtres, *Nom.* XVIII. 21. 22. 23. 24. Il y avoit 48. villes avec leurs campagnes, pâturages & jardins, destinées à leur habitation. De ces 48. il y en avoit 13. pour les Prêtres & de celles-ci six étoient privilegiées ou villes de refuge. C'est de là que sont venus les Azyles dans l'Eglise *Romaine*. Parmi nous, *Levite* signifie un Ministre de l'Autel, ou un Diacre.

LÉVITIQUE. *s. m.* latin. & ang. *leviticus*. C'est le troisième livre de l'ancien Testament; ainsi nommé parce qu'il y est traité principalement des loix & des cérémonies qui regardent les Prêtres, les *Levites* & les sacrifices. Tout le monde regarde ce livre comme canonique & l'on croit que *Moïse* l'a composé vers l'an du monde 2514 ou 1490. avant Jesus-Christ.

LEVRAUT. *s. m.* lat. *Lepusculus*. ang. *a leveret*. Jeune liévre & tendre qu'on mange rôti.

LÉVRE. *s. f.* lat. *Labrum*, *labium*. ang. *the lip*. Partie du visage qui est double, qui ferme & ouvre la bouche. En termes de *Médecine* ce sont les deux bords d'une plaie.

LÉVRETTE. *s. f.* lat. *Vertagus fœmina*. ang. *a grey-hound bitch*. La femelle du Lévrier.

LÉVRETTER. *v. n.* lat. *Lepores insequi*. ang. *to hunt hares*. Chasser au Liévre avec des Lévriers. C'est aussi faire des liévres, en parlant de la femelle des liévres qui fait ses petits.

LÉVRETTERIE. *s. f.* Méthode d'élever des liévres.

LÉVRETTEUR. *s. m.* Celui qui a soin d'élever des liévres.

LÉVRICHE. *s. f.* lat. *Vertagus junior fœmina*. ang. *a young grey-hound-bitch*. Femelle d'un petit Lévrier.

LÉVRIER. *s. m.* lat. *Vertagus*. ang. *a grey-hound*. Chien qui chasse particulièrement le Liévre, qui le saisit au corps.

LÉVRON. *s. m.* lat. *Junior vertagus*. ang. *a young grey-hound*. Jeune Lévrier pour la chasse.

LEURRE. *s. m.* lat. *Illicium plumatile*. ang. *a lure*. Morceau de cuir rouge, façonné en forme d'oiseau, ou éteuf garni de bec, d'ongles & d'aîles, étant pendu à une lesse, à un crochet de corne dont les fauconniers se servent pour réclamer leurs oiseaux. Appas trompeurs qui nous peuvent inviter ou exciter à faire ou à entreprendre quelque chose.

LEURRER. *v. act.* lat. *Illicio assuefacere*. ang. *to lure*. Duire un oiseau à leurre, ou y appeller l'oiseau qui de son gré ne revient pas sur le poing sans être convié par le leurre qu'on jette en l'air. Tromper par de belles espérances.

## L E X

LEXICOGRAPHE. *s. m.* lat. *Lexicographus*. angl. *a lexicographer*. Dictionnariste; auteur d'un Dictionnaire.

LEXIQUE. *s. m.* Dictionaire. *Lexicon*.

LEXIVIAL. *adj.* lat. *Lixivialis*. ang. *lixiviate*. Se dit, en *Chymie*, des sels qui se tirent par le moien de la lescive, ou la fréquente lotion des corps où ils sont contenus.

## L E Z

LÉZARD. *s. m.* lat. *Lacertus*. ang. *a lizard*. Petit reptile de couleur verte, fort commun dans les païs chauds. La loi du *Levitique* le met au rang des animaux impurs. Il y en a en *Arabie* qui sont grands d'une coudée, & dans les *Indes* il y en a de 16. coudées; on les mange dans certains païs & on les trouve de bon gout. *Bec de Lezard*: Pincettes applaties: espèce de tire-balle.

LÉZARDE. *s. f.* ou Lézard. *s. m.* (Maçonnerie.) Crevace, fente.

LÉZE. *adj.* lat. *Læsus*. ang. *wronged*. Lèze-Majesté. Signifie majesté offensée. Crime contre le souverain.

LÉZER. *v. act.* lat. *Lædere*. ang. *to wrong*. Porter dommage, préjudice à quelqu'un.

LÉZION. *s. f.* lat. *Læsio*. angl. *wrong*. Bris, fracture, rupture. *Lésion* énorme, en *Jurisprudence*, est celle que souffre un acheteur, quand il a été trompé d'outre moitié du juste prix.

## L I A

LIAGE. *substantif masculin*. Union des trois

matières qui entrent dans la composition de la poudre à canon.

LIAIS. *ʃ. m.* ang. *a very hard free-ſtone.* Pierre dure dont le grain eſt fort menu.

LIAISON. *ʃ. f.* lat. *Connexio*, *unio.* anglois. *binding*, *faſtening.* Union, jonction de pluſieurs choſes enſemble. Bonne intelligence.

LIAISONNER. *v. act.* ( Maçonnerie. ) Arranger les pierres, enſorte que les joints des unes portent ſur le milieu des autres.

LIANES *ou* Lienes. *ʃ. f. pl.* Se dit dans les Iſles de l'Amérique de toutes les plantes qui rampent ſur les haïes ou ſur les arbres.

LIANT, ante. *adj.* Doux, complaiſant, affable.

LIARD. *ʃ. m.* lat. *Teruncius.* angl. *a french farthing.* Monnoie qui vaut trois deniers.

LIASSE. *ʃ. f.* lat. *Faſciculus chartarum.* ang. *a bundle of papers.* Terme de *Palais*, qui ſe dit de pluſieurs papiers attachés enſemble.

## L I B

LIBAGE. *ʃ. maſc.* Gros moilon, morceau de pierre de taille ruſtique & moindre que les carreaux. lat. *Rudus*, *cæmentum.* anglois. *a rough piece of ſtone.*

LIBAN. *ʃ. m.* lat. & ang. *Libanus.* Fameuſe montagne dont il eſt ſouvent parlé dans l'ancien Teſtament. Elle ſépare la *Syrie* de la *Paleſtine.* Elle forme dans ſa longueur une eſpèce de fer de cheval, commençant à trois ou quatre lieues de diſtance de la *Méditerranée* au deſſus de *Smyrne* & s'étendant du Nord au Sud vers *Sidon*, de-là elle ſe replie de l'Oueſt à l'Eſt depuis *Sidon* vers *Damas* juſques à *Laodicée* ; la partie Occidentale de cette chaîne de montagnes eſt ce qu'on appelle proprement le *Liban*, qui eſt fameux par ſes cédres. On la croit plus haute que les *Alpes* ou les *Pyrenées* ; ſon ſommet eſt en pluſieurs endroits toujours couvert de neige & le terrain y eſt couvert d'ardoiſes blanches fort fines & polies. Elle a environ 800. lieues de circuit. Elle eſt compoſée de quatre ceintures de montagnes les unes ſur les autres. La première eſt extrêmement fertile en grains & en fruits. La ſeconde eſt pleine de cailloux & d'épines, heriſſée de pointes de rochers & tout à fait ſterile. La troiſième quoique plus élevée, jouit d'un printems perpétuel, les arbres y étant toujours verds, les jardins & les vergers remplis de fruits. La quatrième eſt ſi élevée qu'on ne peut pas y habiter, à cauſe de ſon froid extrême & qu'elle eſt toujours couverte de neige. On a appellé quelquefois le Temple, *Liban* Zach. XI. 1. & le Palais de *Salomon* a été nommé Maiſon du *Liban* à cauſe de ſa blancheur & de ſa hauteur extraordinaire. L'arbre de l'encens ſe nomme arbre du *Liban.*

LIBANOMANCIE. *ʃ. f.* Divination qui ſe faiſoit chez les Paiens par l'inſpection de l'encens qu'on brûloit en l'honneur des faux Dieux. lat. *Libanomantia.* ang. *libanomancy.*

LIBANOTIS. *ʃ. maſc.* Eſpèce de laſerpitium dont la racine a l'odeur de l'encens, d'où elle tire ſon nom.

LIBATION. *ʃ. f.* lat. *Libatio*, *libamen.* ang. *libation.* Infuſion de vin ou d'autre liqueur ſur la victime qui devoit être ſacrifiée. Parmi les *Juifs* la meſure de cette infuſion étoit la quatrième partie du Hin, ou environ une quarte d'*Angleterre.* Les *Grecs* & les *Romains* faiſoient auſſi des *Libations* & leurs Prêtres goutoient la liqueur avant que de l'emploier.

LIBELLE. *ʃ. m.* lat. *Libellus maledicus.* ang. *a libel.* Ecrit qui contient des injures, des reproches, des accuſations mal fondées ou exaggerées contre l'honneur & la réputation de quelqu'un.

LIBELLER. *v. act* lat. *Præſcribere vadimonium.* ang. *to declare upon an action of treſpaſs.* Expliquer une demande qu'on fait en juſtice.

LIBÉRAL, ale. *adj.* lat. *Liberalis.* ang. *liberal.* Qui donne abondamment, mais avec raiſon & jugement, en ſorte qu'il ne ſoit ni prodigue ni avare. Les arts *Liberaux* ſont ceux qui participent plus de l'eſprit que du travail de la main comme la Grammaire, Rhétorique, Peinture, &c.

LIBÉRALEMENT. *adv.* latin. *Liberaliter.* angl. *liberally.* Abondamment, d'une manière libérale.

LIBÉRALITÉ. *ʃ. f.* lat. *Liberalitas.* angl. *liberality.* Vertu morale qui tient le milieu entre la prodigalité & l'avarice ; vertu de celui qui ſçait donner quand il faut & ſans intérêt, ou qui ne donne ni trop ni trop peu. Générosité, charité.

LIBÉRATEUR, trice. *ʃ. m.* & *f.* lat. *Liberator.* angl. *a deliverer.* Qui ſauve, qui conſerve une perſonne, qui la délivre de la mort, de la priſon, ou de quelque oppreſſion.

LIBÉRATION. *ʃ. f.* lat. *Liberatio*, *exemptio.* ang. *freedom*, *exemption.* Décharge d'une dette, d'une ſervitude.

LIBÉRER. *v. act.* lat. *Liberare*, *eximere.* ang. *to free*, *to exempt.* Décharger de quelque dette, pourſuite, ou autre mal.

LIBERTÉ. *ʃ. f.* lat. *Libertas.* angl. *liberty*, *free will.* Divinité adorée par les *Romains*, à qui ils avoient dreſſé un Temple à *Rome.* Parmi les *Grecs* on la nommoit *Eleutheria* & on la repréſentoit comme une Dame vêtuë de blanc, portant un ſceptre à la main droite & un bonnet à la gauche, avec un chat à ſes côtés. Dans le *langage ordinaire*, la *Liberté* eſt le pouvoir de faire & de penſer ce qu'on veut, ſans contrainte, ni ſervitude. Mais en *Juriſprudence* c'eſt le droit de faire quelque choſe avec la permiſſion ou ſous l'autorité des loix & des magiſtrats. En *Théologie* c'eſt l'indifférence de la volonté pour le bien & pour le mal ; le pouvoir de faire l'un ou l'autre.

LIBERTIN. *voy.* Libertins.

LIBERTINAGE. *ʃ. m.* lat. *Intemperans licentia.* ang. *libertiniſm.* *licentiouſneſs.* Débauche, deſordre, déreglement dans les mœurs. Il ſe dit auſſi en *Théologie* du peu de reſpect qu'on a pour les myſtéres de la religion.

LIBERTINER. *v. n.* Faire le libertin.

LIBERTINS. *ʃ. m. pl.* lat. *Libertini.* angl. *libertines.* Secte d'hérétiques qui avoient pour chefs *Quintin* & *Corin*, leſquels environ l'an

1525.

1715. soutenoient que tout ce que les hommes faisoient étoit fait par l'esprit de Dieu; d'où ils concluoient qu'il n'y avoit point de péché. Ils ajoutoient que vivre sans scrupule, c'étoit revenir à l'état d'innocence & ils permettoient à leurs Sectateurs de se dire catholiques ou protestans selon la compagnie où ils se trouvoient; assurant de plus que l'ame mouroit avec le corps, que le Ciel étoit une chimere, l'Enfer un phantome, la Religion une politique, à quoi ils ajoutoient beaucoup d'autres opinions monstrueuses. On nomme aussi *Libertins* tous ceux qui passent leur vie dans le desordre quoiqu'ils ne soutiennent pas des sentimens aussi étranges. lat. *Licentior*, *justo solutior*. ang. *lewd*, *licentious*.

LIBETTE. *f. f.* Petit insecte autrement appellé *Coupe-bourgeon*.

LIBITINAIRES, *voy.* Libitine.

LIBITINE. *f. f.* lat. & ang. *libitina*. Divinité Payenne, qui avoit un Temple à *Rome*, où l'on gardoit tout ce qui étoit nécessaire aux funerailles des morts. Il y avoit des hommes appellés *Libitinaires* ou Entrepreneurs, ausquels on s'adressoit pour acheter ou prendre à louage toutes les choses nécessaires aux pompes funebres. Quelques-uns appelloient aussi cette Déesse *Proserpine* ou Déesse de l'Enfer; d'autres l'appelloient *Venus*.

LIBOURET. *f. m.* Espèce de ligne à pêcher des maquereaux, qui a 2 ou 3. petites cordes où est attaché le hameçon & l'appât. lat. *Linea piscatoria*. ang. *a fishing-line*.

LIBRAIRE. *f. m.* lat. *Bibliopola*. ang. *a bookseller*. Marchand qui imprime, ou qui vend des livres.

LIBRAIRIE. *f. f.* lat. *Biblipolarum ars aut societas*. ang. *book-trade*. Métier des libraires & leur société. Il signifioit autrefois bibliotheque.

LIBRATION. *f. f.* lat. *Libratio*. ang. *libration*. C'est en *Astronomie* l'irrégularité apparente du mouvement de la lune, qui la fait balancer autour de son axe tantôt de l'Est à l'Ouest & tantôt de l'Ouest à l'Est. C'est aussi le mouvement qui retient tellement la terre dans son orbite, que son axe reste constamment paralléle à l'axe du monde.

LIBRE. *adj.* latin. *Liber*. angl. *free*. Qui a la liberté du choix. Qui agit sans obstacle; qui peut disposer de sa personne. Qui est exempt de passion. Indiscret, imprudent. Familier. Franc.

LIBREMENT. *adv.* lat. *Liberè*. ang. *freely*. D'une manière libre & sincére. Sans contrainte. Familiérement.

LIBURNE. *f. f. Liburna*. Bâtiment à rames dont les Anciens se servoient. Il alloit fort vîte.

### L I C

LICANTHROPE. *voy.* Lycantrope.

LICE. *f. f.* lat. *Stadium*, *curriculum*. ang. *lists*. Champs clos, carrière où combattoient les anciens Chevaliers... Femelle de chien de chasse, destinée à faire race.

LICENCE. *f. f.* lat. *Facultas*, *potestas*. ang. *permission*, *power*. Congé, permission d'un supérieur. Liberté qu'on prend de soi-même. Libertinage, il se dit aussi des lettres qu'on prend dans les universités, tant en théologie, qu'en droit & en médecine. En *Sorbonne* c'est le tems de deux années que les Bacheliers passent à assister aux actes & à y disputer pour se mettre en état d'être reçus docteurs. Les *Licences* en Peinture & Poësie sont les cas où l'on se donne trop de liberté.

LICENCIEMENT. *f. m.* lat. *Militum missio*. ang. *a disbanding*. Congé donné aux troupes.

LICENCIER. *verb. act.* lat. *Milites missos facere*. ang. *to disband*. Donner congé à des troupes. S'émanciper, sortir de son devoir.

LICENCIEUSEMENT. *adv.* lat. *Justo licentiùs*. anglois. *licentiously*. D'une manière trop libre ou déreglée.

LICENCIEUX, euse. *adj.* lat. *Justo solutior*. ang. *licentious*. Qui prend trop de liberté & de licence; hardi, peu retenu.

LICHEN. *f. m.* Plante parasite, qui vient sur l'écorce des arbres, & qui est faite comme une espèce de croûte mêlée de jaune & d'un blanc sale.... Plante propre pour la teinture en rouge, dont on se sert comme de la pérelle d'Auvergne.

LICITATION. *f. f.* lat. *Licitatio*. ang. *auction*. Enchère, en termes de *Palais*.

LICITE. *adj.* lat. *Licitus*. ang. *lawful*. Qui est permis par les loix divines & humaines.

LICITEMENT. *adv.* lat. *Jure*. ang. *lawfully*. D'une manière licite & permise.

LICITER. *v. actif.* Poursuivre une action de licitation en justice.

LICOL, *voy.* Licou.

LICORNE. *f. f.* lat. *Monoceros*, *unicornis*. angl. *an unicorn*. Animal qui n'a qu'une corne & dont il est parlé dans la Ste Ecriture & dans les Auteurs profanes; on en dit tant de choses extraordinaires qu'on seroit porté de revoquer en doute son existence; mais les découvertes des voyageurs modernes nous rendent compte de différentes espèces d'animaux de différentes natures & de diverses formes tant sur mer que sur terre, & qui n'ont qu'une corne à la tête, d'où il resulte que les anciens ont réuni tous ces caractères pour en faire un monstre.

LICOU *ou* Licol. *f. m.* lat. *Capistrum*. ang. *a halter*. Têtiére montée d'une longe de cuir pour attacher les chevaux.

LICTEURS. *f. m. pl.* lat. *Lictores*. aug. *lictors*. C'étoient douze officiers *Romains* qui portoient des haches enveloppées dans des faisseaux de verges & marchoient devant le principal Magistrat pour lui ouvrir le chemin, & lorsqu'ils machoient devant les Généraux à qui on avoit accordé l'honneur du triomphe, leurs faisseaux étoient entourés de laurier & ils en portoient aussi une branche à la main.

LICTI. *f. m.* Arbre du Chilli. Son ombre fait enfler le corps de ceux qui dorment dessous.

### L I E

LIE. *f. f.* lat. *Fæx*, *sedimen*. ang. *dregs*. La partie la plus crasse, la plus épaisse & la plus grossière du vin, de l'huile, &c.

LIÉGE. *f. m.* lat. *Suber*. angl. *the cork-tree*.

Arbre de moyenne hauteur, ressemblant beaucoup au chêne verd ; ses feuilles sont vertes en dessus & blanches en dessous & son fruit est comme un gland. L'écorce de cet arbre, est ce qu'on appelle proprement *Liége*. On s'en sert principalement pour faire des bouchons de bouteilles, de tonneaux & autres vaisseaux & pour en mettre sous des pantoufles, & des patins, *&c.*

LIÉGER. *v. act.* (Pêcheur.) Mettre le liége au filet.

LIEN. *s. m.* lat. *Vinculum.* ang. *a string, tie, bond.* Ce qui joint ensemble ; ce qui attache & unit des choses ensemble. *Liens* ou *contresiches* : piéces qui font partie d'un assemblage de charpente, qui servent à en lier d'autres, ou à les soutenir, à les arcbouter.

LIENES. *voy.* Lianes.

LIENNE. *s. f.* (Tisserand.) Fils de la chaîne, dans lesquels la trême n'a point passé.

LIENTERIE. *s. f.* lat. *Lienteria.* angl. *lientery.* Espèce de dévoyement dans lequel on rend les alimens comme on les a pris.

LIENTERIQUE. *adj.* & *s.* Malade de ou sujet à la lienterie. ang. *lienterick.*

LIER. *v. act.* lat. *Ligare, vincire.* ang. *to tie, bind, fasten.* Attacher, joindre avec un lien plusieurs choses ensemble. Nouer, arrêter quelque chose. Captiver, ôter la liberté du mouvement, des membres du corps. Brider, obliger quelqu'un à certaines conditions.

LIERNE. *s. f.* (Charpenterie.) Piéce de bois qui sert à faire les planchers en galetas, & qui s'assemble d'un poinçon à l'autre au dessous des faites.... nervures des voutes gothiques qui lient le nerf appellé *Tierceron* avec celui de la diagonale, qu'on appelle *Ogive.*

LIERNER. Attacher des liernes.

LIERRE. *s. m.* lat. *Hedera.* angl. *ivy.* Plante dont les rameaux s'attachent aux arbres voisins, comme au chêne, & aux murailles, ou rampent sur la terre selon leur situation, pour se soutenir. Ses feuilles sont toujours vertes & les anciens consacroient cette plante à *Bacchus*, dont les dévots portoient à la main une feuille de *Lierre* gravée avec un fer chaud.

LIEU. *s. m.* lat. *Locus.* angl. *place, room.* Espace dans lequel un corps est placé. Endroit destiné à placer quelque chose. Le vrai *Lieu* d'un astre est le point du firmament où on le verroit, si l'on étoit au centre de la terre. Le *Lieu* apparent est celui ou il paroit en le regardant de dessus la terre.... *Hauts-lieux.* angl. *High-places.* Montagnes ou lieux élevés, où les Payens & les Juifs à leur imitation adoroient les Idoles & commettoient toute sorte d'abominations. Dans les premiers tems, les Payens étoient si éloignés d'avoir des Temples pour leur culte religieux, qu'ils croyoient défendu d'en bâtir. Car regardant le Soleil comme le Dieu suprême, ils pensoient qu'il ne convenoit point de le renfermer dans les bornes d'un édifice. Ils avoient coutume de dire, que *le monde entier est le temple du Soleil.* Aussi quand ils commencerent à bâtir des Temples, ils laisserent ouverts le toit ou la voute, & eurent soin de planter des arbres tout autour, pour rendre le lieu plus sombre & plus champêtre. Les Israëlites les imiterent, jusques au point d'avoir un collége de Prêtres consacrés au culte des Idoles, qui étoient au nombre de 400. I. Rois. XVIII. 19.

LIEUË. *s. f.* lat. *Leuca.* ang. *a league.* Mesure de trois miles, qui en différens pays sont de différentes longueurs.

LIÉVE. *s. f.* Extrait du Terrier d'une Seigneurie, qui sert de mémoire au Receveur, pour faire payer les cens & rentes & autres droits Seigneuriaux.

LIEUR. *s. mas.* lat. *Manipulorum collector.* angl. *a gatherer of sheafs.* Homme de journée qu'on prend pour lier les gerbes pendant la moisson.

LIEURE. *s. f.* lat. *Nexus, ligamen.* angl. *a bond.* Corde qui sert à lier.

LIÉVRE. *s. m.* lat. *Lepus.* angl. *a hare* Petit animal qu'on chasse avec des chiens & qui est une venaison.... Constellation méridionale.... *Liévre marin.* Poisson venimeux qui nait dans la mer & dans les étangs fangeux. Il ressemble au liévre seulement en sa couleur. latin. *Lepus marinus.* angl. *a sea-hare.... Bec de liévre* : Lévre d'en haut fenduë comme celle des liévres. *Palais de liévre.* voy. *Laceron... Pied de liévre.* voy. *Lagopus.*

LIÉVRETAU. *s. m.* Se dit des petits du liévre, pendant qu'ils sont encore sous la garde des père & mère.

LIEUTENANCE. *s. f.* lat. *Legataria functio.* anglois. *lieutenantship, lieutenancy.* Charge de Lieutenant, soit dans la justice, soit dans la guerre. La *Lieutenance* est quelquefois exercée par un corps, comme celle de la Ville de *Londres* qui est exercée par un conseil ou un nombre choisi d'Officiers d'artillerie qui ont la direction & le commandement de tout ce qui a rapport à la milice ou à la bourgeosie de cette Ville.

LIEUTENANT. *s. m.* lat. *Legatus, vicarius.* angl. *a lieutenant.* Officier qui tient le lieu d'un supérieur, qui exerce une charge en son absence. Le *Lieutenant* est quelquefois civil & militaire, comme les *Lords lieutenans* d'*Irlande*, qui sont Vice-rois ou représentent immédiatement la personne du Roi. Ainsi lord *Lieutenant*, parmi les *gens de guerre* est un nom appellatif qui convient à différens emplois, comme le *Lieutenant* général qui est le second général d'une armée & a le commandement sous le général. Le *Lieutenant général d'artillerie* est celui qui a la charge, la direction & le commandement de l'artillerie, des batteries, *&c.* Sous le Grand Maître. *Lieutenant colonel d'infanterie* est le second Officier d'un Régiment, qui commande en l'absence du Colonel & qui dans un combat prend son poste à la gauche du Colonel.

## L I G

LIGAMENT. *s. m.* lat. *Vinculum, ligamen.* ang. *ligament.* Ce qui lie & attache une partie à une autre. Dans les animaux, c'est un corps dur & ferme, lache neanmoins & flexible qui lie & contient les jointures. Il n'a point de senriment & il est différent suivant les parties où il se trouve.

LIGAMENTEUX, euse. *adj.* lat. *Ligamentosus.* anglois. *full of ligaments.* Se dit des plantes qui ont leurs racines pleines de ligamens.

LIGATURE. *s. f.* lat. *Fascia.* ang. *ligature.* En *Chirurgie*, bande de drap ou de linge qui sert aux Chirurgiens pour serrer le bras, & faciliter l'opération de la saignée & autres opérations. En *Imprimerie*, ce sont des caractères qui expriment deux lettres ensemble.

LIGE. *adj.* lat. *Dedititius.* ang. *liege.* Vassal qui tient une certaine sorte de fief qui le lie envers son Seigneur dominant d'une obligation plus étroite que les autres.

LIGEMENT. *adv.* En hommage lige.

LIGENCE. *s. f.* Qualité d'un fief qu'on tient en hommage lige.

LIGNAGE. *s. m.* lat. *Genus.* ang. *family*, *linage.* Parenté issuë d'une même souche. Il se dit aussi d'un certain vin rouge fait de toutes sortes de raisins.

LIGNAGER, ère. *adj.* lat. *Eâdem generis stirpe natus.* ang. *of the same family.* Qui est de la même parenté, du même lignage.

LIGNE. *s. f.* lat. *Linea.* ang. *line.* En *Géométrie*, est une simple longueur sans faire attention aux autres dimensions. Il y a des lignes droites & des lignes courbes. En *Généalogie* c'est une suite de parens en divers degrés, tous descendans d'une même souche. La *ligne* directe est celle qui va de pere en fils, aussi loin qu'on peut la tracer. La *ligne* collatérale est celle où sont placés, les oncles, tantes, cousins, neveux. Dans les *Fortifications*, la ligne est quelquefois une tranchée avec un parapet, & quelquefois un rang de sacs de terre ou de gabions, placés en *ligne* pour se défendre du feu de l'ennemi. En termes d'*Ecrivain* & d'*Imprimeur*, c'est une rangée ou suite de caractères couchés selon la largeur du papier. En *France*, c'est la 12e. partie d'un pouce ou la 144e. d'un pied. En termes de *Marine*, *ligne* de sonde est le cordeau où est attachée la sonde, &c.

LIGNÉE. *s. f.* lat. *Stirps*, *soboles.* ang. *offspring*, *issue*, *race.* Race, enfans & descendans.

LIGNER. *verb. n.* (Chasse.) Couvrir une louve.

LIGNETTE. *s. f.* Médiocre ficelle, à faire des filets.

LIGNEUL. *s. m.* lat. *Filum picatum.* ang. *shoe-maker's thread.* Cordon qui se fait de plusieurs fils attachés ensemble par de la poix, qui sert aux savetiers & autres ouvriers à faire un assemblage de leurs cuirs.

LIGNEUX, euse. *adj.* lat. *Lignosus.* angl. *ligneous*, *woody.* Se dit de la partie solide des plantes, qui forme le bois.

LIGNIFIER. (Se) *verb. n.* Se convertir en bois.

LIGNIPERDA. *s. m.* Espèce de ver ou de chenille, dont les Pêcheurs se servent pour amorce, parce que les poissons en sont fort friands.

LIGUE. *s. f.* lat. *Fœdus.* ang. *league.* Traité d'alliance entre des Princes ou des Etats pour attaquer un ennemi commun ou s'en défendre. Complot ou cabale de plusieurs particuliers.

LIGUER. *v. act.* lat. *Fœdere devincire.* ang. *to join in a league.* Unir & confédérer plusieurs Princes ensemble dans les mêmes intérêts.

LIGUEUR. *adj.* & *s. m.* lat. *Factiosus homo.* angl. *a leaguer.* Qui est d'une ligue, sur tout contre son Prince.

LIGUSTICUM. *voy.* Livêche.

## L I L

LILAC, *ou* Lilas. *s. m.* lat. *Syringa cærulea.* angl. *the lilach*, *pipe-tree*, *arabian bean.* Arbrisseau qui est tout chargé de feuilles tous les ans au printems & qui porte des fleurs bleues, blanches ou purpurines.

## L I M

LIMACE. *s. f.* Vis d'Archiméde: canal appliqué en forme de vis autour d'un Cylindre, dont on se sert pour faire monter l'eau.... *Limace* insecte. voy. *Limaçon.*

LIMAÇON. *s. m.* lat. *Cochlea*, *limax.* ang. *a slug*, *a slug-nail*, *a dew-nail.* Reptile qui vit dans les jardins, qui porte sur le dos sa maison ou coquille, qui jette une humeur gluante, qui est sans os, & qu'on dit être fort bon contre les maux de consomption, lorsqu'on l'a fait bouillir dans le lait.... Escalier à *Limaçon*, qui est fait en forme de vis... *Limaçon* (Horlogerie.) Cercle tourné spiralement & divisé en 12. degrés, pour régler les coups de marteau d'une repétition.

LIMAILLE. *s. m.* lat. *Scobs*, *ramentum.* ang. *file-dust.* Poudre ou petits filets qui se détachent des métaux qu'on use avec la lime.

LIMAIRE. Se dit du Ton, lorsqu'il commence à grossir. lat. *Thunnulus.* anglois. *a young Tunny.*

LIMANDE. *s. f.* lat. *Solea piscis.* ang. *a burt or bret-fish.* Petit poisson de mer plat.

LIMAS. *s. m.* lat. *Limax.* angl. *a slug.* Petit insecte qui mange les fruits.... coquillage de mer.

LIMBE. *s. m.* lat. *Limbus.* ang. *limb.* Chez les *Mathématiciens*, est le bord extérieur d'un instrument gradué. C'est aussi le bord du soleil, de la lune, qui paroît lorsque le milieu ou le disque en est caché par quelque éclipse centrale. Parmi les *Fleuristes*, c'est la bordure des plantes, de leurs fleurs & de leurs feuilles. En *Théologie*, les *limbes* sont le lieu où l'Eglise croît que les ames des Patriarches attendoient la redemption du genre humain, & où J. C. descendit après sa resurrection. C'est aussi le lieu destiné à recevoir les ames des enfans morts sans baptême, comme n'étant pas coupables de crimes qui méritent l'enfer, ni assez purs pour aller au ciel. lat. *Limbus*, *limbi.* ang. *limbus or limbo.*

LIME. *s. f.* lat. *Lima.* ang. *a file.* Instrument d'acier trempé & incisé en forme de plusieurs petits sillons dont les ouvriers se servent pour ronger & polir les métaux.

LIMER. *v. act.* lat. *Limare.* ang. *to file or file off.* Polir, user le fer avec une lime. Corriger, polir un ouvrage.

LIMESTRE. (Serge de) Serge drappée & croisée de Rouen.

LIMEURE. *s. f.* lat. *Limæ ductus.* ang. *filing.* Action de limer.

LIMIER. *s. m.* lat. *Indagator.* ang. *blood-hound, lime-hound.* Gros chien de chasse qui sert à dompter le cerf.

LIMINAIRE. *adj.* lat. *Præliminaris.* angl. *dedicatory.* Ne se dit guéres que d'une épitre dédicatoire.

LIMITATION. *s. f.* lat. *Finitio.* ang. *limitation.* Fixation, détermination d'un terme, de la valeur d'une chose, prescription de certaines bornes. Restriction, exception, modification.

LIMITER. *v. act.* lat. *Definire.* ang. *to limit.* Donner des bornes, des limites à une chose. restreindre, modifier.

LIMITES. *s. f. pl.* lat. *Fines, limites.* ang. *limits.* Bornes, extrémités d'une Terre, d'une Province, d'un Etat.

LIMITROPHE. *adj.* & *s. m.* & *f.* lat. *Finitimus.* ang. *neighbouring.* Qui est voisin, attenant les limites d'une Province, d'un Etat.

LIMODORUM. *s. m.* Espèce d'orobranche, dont la fleur ressemble à celle de l'orchis.

LIMOINE. *s. f.* *Limonium.* Herbe dont les feuilles ressemblent à celles de la bette.

LIMON. *s. m.* lat. *Limus.* ang. *mud or slime.* Terre détrempée avec de l'eau, qui fait de la boüe. Sédiment, lie de quelques corps liquides. *Limon* est aussi une des deux principales piéces de bois qui composent la charrette, entre lesquelles on met le plus fort cheval qui la tire. C'est encore le fruit du Limonnier. lat. *Citreum minus.* ang. *a lemon.*

LIMONADE. *s. f.* Breuvage qu'on fait avec de l'eau, du sucre & du jus de citron ou de limon, dans les pays chauds. angl. *limonade.*

LIMONADIER, ière. *s. m.* & *f.* ang. *a maker or seller of limonade.* Qui vend de la limonade & plusieurs autres sortes de liqueurs.

LIMONER. *v. n.* (Eaux & forêts) Se dit des arbres qui sont assez gros, pour faire des limons.

LIMONEUX, euse. *adj.* lat. *Limosus, lutosus.* ang. *slimy, muddy,* Boüeux, bourbeux, fangeux, plein de limon.

LIMONIER. *s. m.* lat. *Carrucarius.* ang. *a filler, a thill-horse.* Cheval qu'on met au limon d'une charrette. C'est aussi l'arbre qui porte les limons ou citrons. lat. *Malus limonia.* ang. *a lemon-tree.*

LIMONIUM. *s. m.* Plante qui croît dans les prés. Ses feuilles ont la figure de celles du lapathum.

LIMOSIN. *s. m.* Maçon qui fait les murailles avec du moilon & de la terre ou du mortier. La plupart de ces maçons viennent du Limosin.

LIMOSINAGE. *s. m.* ou Limosinerie. *s. fem.* Ouvrage de limosin.

LIMPIDE. *adj.* lat. *Limpidus.* ang. *limpid, clear.* Clair & net.

LIMPIDITÉ. *s. f.* lat. *Limpitudo.* ang. *limpidity; limpitude.* Qualité de ce qui est limpide.

LIMURE. *voy.* Limeure.

## LIN

LIN. *s. m.* lat. *Linum.* ang. *line or flax.* Plante dont l'écorce sert à faire de la toile déliée.

LINAIRE. *s. f.* *Linaria.* Plante dont les feuilles ressemblent à celles du lin.

LINCEUL. *s. m.* lat. *Linteum, sindon.* ang. *a sheet.* Drap délié qu'on fait de lin ou de toile.

LINÇOIR. *s. m.* Pièce de bois qui soutient les chevrons au droit d'une lucarne.

LINDOT. *s. masc.* Tulipe rouge, brune & blanche.

LINÉAIRE. *adj.* (Géom.) Qui appartient à la ligne. lat. *Linearis.* ang. *linear....* En *Algébre*, problême *lineaire* est celui qui n'est capable que d'une solution géométrique par l'intersection de deux lignes.

LINÉAMENT. *s. m.* lat. *Lineamentum.* ang. *lineament, feature.* Trait ou ligne délicate qu'on observe sur le visage, qui en compose la beauté, qui en fait conserver l'image & connoître le rapport ou la ressemblance avec quelque autre.

LINÉE. *s. f.* Sorte de satins de la Chine.

LINETTE. *s. fem.* Graine ou semence de la plante qui produit le lin.

LINGE. *s. m.* lat. *Linteum.* ang. *linnen, linnen-cloaths.* Toile pour servir au menage ou à la personne.

LINGER, ère. *s. mas.* & *f.* lat. *Opifex vel mercator lintearius.* anglois. *a seamster, a seamstress.* Marchand qui vend de la toile ou du linge, ou l'ouvrier qui le fait.

LINGERIE. *s. f.* lat. *Merces linteariæ.* angl. *linnen-trade.* Marchandise de linge & de toiles. Lieu où sont les boutiques des linges.

LINGETTE. *sub. f.* Flanelle.... *Lingettes.* Petites serges.

LINGOT. *s. m.* ang. *an ingot.* Barre ou morceau d'or ou d'argent ou autre métal tel qu'il vient des mines.... Morceau de métal fondu.

LINGOTIÈRE. *s. f.* lat. *Cylindraceum proplasma ærarium.* ang. *a ingot mould.* Moule, ou creux dans lequel on jette le métal pour le reduire en lingot.

LINGUAL, ale. *adj.* (Anat.) Qui appartient à la langue. lat. *Lingualis.* angl. *lingual.*

LINGUE. *sub. f.* Sorte de morue verte, qui n'a presque que la peau & l'arête.

LINGUET. *s. m.* (Marine.) Piéce de bois attachée sur le tillac pour arrêter le cabestan, de peur qu'il ne détourne & ne dérive. lat. *Retinaculum.* ang. *stay, stop.*

LINIER, ière. *sub. mas.* & *f.* Marchand ou marchande qui fait négoce de lin.

LINIÈRE. *s. f.* lat. *Terra lino consita.* ang. *a flax-plot.* Terre semée de graine de lin.

LINIMENT. *s. m.* lat. *Illitus.* ang. *a liniment.* Reméde topique, adoucissant les apretés du cuir, humectant les parties qu'il faut ramollir, pour en resoudre les humeurs qui affligent le patient & en ôter la douleur.

LINON, ou Linomple. *s. m.* lat. *Carbasus.* angl. *lawn.* Toile fort deliée faite de fin lin, qu'on vend en coupon, & dont on fait des rabats & des manchettes.

LINOT. *s. m.* lat. *Œgithus.* ang. *a linnet.* C'est le mâle de la linotte.

LINOTTE. *s. f.* lat. *Œgithus.* ang. *a she linnet.* Petit oiseau de couleur grise qu'on nourrit en cage, qui chante agréablement, & qui vit cinq ou six ans, quand on en a grand soin.

LINTEAU. *s. m.* lat. *Antepagmentum superius.* ang. *lintel.* Piéce de bois qu'on met au dessus d'une porte, opposée à seuil.

LINTHÉES. *s. f. pl.* Etoffes de soie qui se fabriquent à la Chine.

LINX, *voy.* Lynx.

L I O

LION, Lionne. *s. m.* lat. *Leo*, *leæna.* ang. *a lion*, *a lioness.* Animal dont il est souvent parlé dans les écritures, & que l'on regarde comme le Roi des animaux à quatre pieds. Son poil est rougeâtre ou d'un jaune enfoncé. Il a le devant de la tête quarré, le nez grand & plat, les yeux terribles, une grande gueule, le cou couvert d'une crinière épaisse, le ventre delié, les jambes & les cuisses grandes & nerveuses, la queuë large, longue & très forte, il a cinq ongles crochus aux pieds de devant & quatre à ceux de derrière ; les *Hébreux* ont sept mots pour exprimer les divers états de sa vie. Sa langue est âpre & armée de deux rangs de pointes comme des aiguilles, avec quoi il brise & sépare des os, sa nourriture. Il jette son urine en arrière & s'accouple ainsi avec la femelle. Celle-ci n'a point de crinière.... *Lion marin*, animal qui a quelque chose du Lion, & qui vit sur la terre & dans l'eau. latin. *Leo thalassicus.* ang. *a sea-lion*.... L'un des 12. signes du Zodiaque & le 5e. depuis Aries. lat. & ang. *Leo.* Il a 40. étoiles, selon Képler, & Bayer lui en donne 43.... *pied de Lion.* voy. Alchimile.

LIONCEAU. *s. masc.* lat. *Leunculus.* ang. *a lion's whelp.* Le petit de la Lionne.

LIONNÉ, ée. *adj.* lat. *In modum leonis positus.* ang. *rampant like a lion.* Terme de *Blason* qui se dit du Leopart rampant comme le Lion.

LIOUBE. *s. fem.* (Charpent.) Entaille qu'il faut faire pour faire entrer un bout de mât sur ce qui en est resté debout, lorsqu'un vaisseau a été démâté par la tempête.

L I P

LIPIRIE. *voy.* Lipyrie.

LIPOGRAMMATIQUE. *adj.* Se dit d'un ouvrage duquel on affecte d'exclure certaines lettres de l'Alphabet. Ainsi Triphiodore a fait une odyssée, dans le premier livre de laquelle il n'y a point d'*a*, point de *b* dans le deuxième.

LIPOME. *s. m.* lat. & ang. *Lipoma.* Loupe graisseuse : tumeur enkystée, espèce de loupe, formée par une graisse épaissie dans quelque cellule de la membrane adipeuse.

LIPOPSYCHIE, *ou* Lipothymie. *s. f.* latin. *Lipothymia*, *animi defectio.* ang. *lipothymy*, *swoon.* Défaillance, pamoison, évanouissement.

LIPPE. *s. f.* lat. *Labium.* ang. *a great pouting under-lip.* Grosse lèvre d'en bas & qui avance au dehors.

LIPPÉE. *s. f.* latin. *Bolus*, *mensa gratuita.* anglois. *a mouthful.* Un chercheur de franches *lippées* est un écornifleur, qui cherche des repas qui ne coutent rien.

LIPPITUDE. *s. f.* lat. *Lippitudo.* ang *lippitude*, *blearedness.* Maladie des yeux, que l'on appelle autrement *Chassie* ; elle consiste dans l'écoulement d'une humeur crasse & visqueuse qui attache les paupières l'une à l'autre. Quelques-uns donnent ce nom à l'*Ophtalmie.*

LIPPU, uë. *adj.* lat. *Labrosus*, *labeo.* ang. *blubber-lipped.* Qui a la levre d'en bas trop grosse & en saillie.

LIPYRIE. *s. f.* latin. *Lypirias.* ang. *lipyria.* Fiévre ardente & maligne, accompagnée d'une grande chaleur interne & d'un grand froid aux parties externes.

L I Q

LIQUÉFACTION. *s. fem.* lat. *Liquefaciendi actio.* ang. *liquation*, *liquefaction.* Action qui réduit les corps durs en fluides.

LIQUÉFIER. *v. actif.* lat. *Liquefacere*, *liquare.* angl. *to liquefy.* Rendre ou devenir liquide.

LIQUET. *s. f.* Poire très-petite. Elle est d'un beau rouge, & excellente à cuire. On l'appelle autrement *la vallée.*

LIQUEUR. *s. fem.* lat. & ang. *liquor.* Corps fluide, dont les parties coulent aisément. Vin, boisson, brandevin, &c.

LIQUIDAMBAR. *s. masc.* Resine liquide, comme la terebenthine, claire, rougeâtre ou jaunâtre, d'une odeur agréable, approchante de celle de l'ambre. Elle coule par incision d'un arbre de la nouvelle Espagne. lat. *Ambarum liquidum.* ang. *liquidambar.*

LIQUIDATION. *s. f.* lat. *Decisio.* ang. *a settling or clearing.* Supputation, ou éclaircissement qu'on fait des droits incertains qu'on réduit à une somme fixe & certaine.

LIQUIDE. *adj.* lat. *Liquidus.* ang. *liquid.* Corps fluide ; qui est en mouvement. Bien certain, sans contestation. On appelle *liquides*, ou *demi-voyelles*, en *Grammaire*, les consonnes L, M, N, R, à cause de leur prononciation aisée.

LIQUIDEMENT. *adv.* lat. *Liquidò*, *planè.* ang. *clearly.* D'une manière liquide.

LIQUIDER. *v. act.* lat. *Decidere.* ang. *to clear or settle.* Fixer à une somme liquide des prétentions contentieuses.

LIQUIDITÉ. *s. f.* lat. *Liquiditas.* ang. *liquidity.* Qualité des corps liquides.

LIQUOREUX, euse. *adj.* Qui a de la liqueur.

L I R

LIRE. *s. f. voy.* Lyre.

LIRE. *v. act.* lat. *Legere.* ang. *to read.* Connoître, & comprendre la figure ou le son &

la force des caractères écrits, imprimés ou gravés, par lesquels un autre à voulu exprimer sa pensée. Prononcer à haute voix le contenu de quelque livre ou écrit, qu'on a devant les yeux.

LIRON. *voy.* Loir.

## L I S

LIS. *s. m.* lat. *Lilium.* ang. *lilly.* Fleur commune qui est quelquefois jaune & quelquefois blanche. On se sert de ses racines pour faire crever les ulcères & pour les faire suppurer.

LISA. *s. f.* Tulipe, rouge, orangé & jaune.

LISATZ. Toiles qui viennent des Indes, de Perse & de la Mecque.

LISERAGE. *s. m.* Action de liserer.

LISÉRÉ. *s. m.* Lisiére, bordure.

LISÉRER. *v. act.* lat. *Simulacris limbum ornare.* ang. *to border.* Border des fleurs, des figures, des ramages sur une étoffe.

LISERON, *ou* Liset. *s. m.* lat. *Convolvulus.* ang. *bind-weed, rope-weed, withy-weed.* Herbe aux cloches.

LISETTE. *s. f. ou* Liset. *s. m.* lat. *Volvox, convolvulus, volucra.* ang. *vine-fretter, the devil's goldring.* Petite insecte verdâtre qui en Mai & en Juin gâte les jeunes jets des arbres fruitiers.

LISEUR, euse. *s. m. & f.* lat. *Lector, lectrix.* ang. *reader.* Celui qui lit beaucoup.

LISIBLE. *adj.* lat. *Lectu facilis.* ang. *legible.* Qui est aisé à lire.

LISIBLEMENT. *adv.* lat. *Distinctè.* ang. *legibly.* D'une manière lisible.

LISIÉRE. *s. f.* lat. *Limbus, ora.* ang. *list.* Le bord d'une étoffe, ce qui borne sa largeur des deux côtés. Bornes d'un champ.... En termes de fortifications, *voy.* Berme.

LISIMACHIE. *s. f.* Plante, *voy.* Corneille *à la fin.*

LISOIR. *s. m.* Piéce de bois qui est au dessus des aissieux d'un carosse, laquelle porte les moutons qui soutient le corps du carrosse.

LISSE. *adj.* lat. *Lævis.* ang. *sleek, smooth.* Ce qui est poli, uni & luisant.

LISSE. *s. f.* lat. *Licium.* Assemblage de plusieurs filets de soie, ou de laine, ou de corde, étendus sur les mêtiers des Sergiers, Rubaniers, Tapissiers, *&c.*... *Lisse.* ( Marine. ) voyez *Ceintes*.... instrument dont les Lingères & les Corroyeurs se servent pour lisser leurs ouvrages... *Carreaux de lisse :* voy. *Ceintes. Lisse de Hourdi.* voy. *Hourdi.*

LISSÉ. ( Sucre à ) Premier degré de cuisson du sucre, lorsqu'en le prenant avec les doigts il ne coule point, mais y demeure rond comme un petit pois.

LISSER. *v. act.* lat. *Lævigare, polire.* ang. *to sleek, smooth.* Frotter quelque chose avec un instrument poli pour la faire paroître unie & luisante.

LISSES. *voy.* Ceintes.

LISSERON. *s. m.* Partie du mêtier des Tissuriers, qui soutient les lisses.

LISSEURE. *s. f.* lat. *Politura.* ang. *a polishing.* Polissure faite avec un lissoir.

LISSOIR. *s. m. ou* Lissoire. *s. f.* lat. *Instrumentum lævigatorium.* ang. *a sleek-stone.* Instrument qui sert à lisser. On en fait de verre, de marbre, *&c.*

LISTAOS. Toiles rayées de blanc & de bleu, qui viennent d'Allemagne.

LISTE. *s. f.* lat. *Syllabus, album.* ang. *list, roll, catalogue.* Catalogue ou rôle de plusieurs personnes, pays, ou choses.

LISTEAU, *ou* Listel. *s. m.* lat. *Stria.* ang. *a small square.* Moulure quarrée ; petite bande ou régle qu'on met en quelques endroits pour servir d'ornement dans l'Architecture.

LISTON. *s. m.* ( Blason. ) Petite bande en forme de ruban, que l'on mêle ordinairement avec les ornemens de l'écu, & sur laquelle on écrit quelquefois la devise.

## L I T

LIT. *s. masc.* lat. *Lectus, cubile.* ang. *a bed.* Meuble où l'on se couche pour reposer ou pour dormir. Canal d'une rivière. lat. *Alveus.* ang. *the channel of a river*.... Couche de quelque chose, comme de fumier. lat. *Stratum.* ang. *bed, lay*.... *Lit du vent,* ligne par laquelle le vent souffle.... arrière-faix d'un enfant.... Situation de la pierre dans la carrière... Surface sur laquelle on pose une pierre.

LITAGE. *s. m.* Action de liter les étoffes.

LITANIES. *s. f.* lat. *Litaniæ.* ang. *the litany.* Formule de prière qu'on chante dans l'Eglise à l'honneur des Saints ou de quelques mistères surtout dans les processions & occasions extraordinaires.

LITEAU. *s. masc.* lat. *Cubile lupi.* ang. *a wolf's bed.* ( Chasse. ) Lieu où se repose le Loup durant le jour... Raies de différentes couleurs que l'on conserve le long des piéces de drap, entre la lisiére & l'étoffe... Raies bleues qui traversent les toiles d'une lisiére à l'autre.

LITER. *v. act.* Arranger du poisson salé par lits dans les barils.... *Liter* un drap ; coudre le long de la piéce, entre l'étoffe & la lisiére, de petites cordes.

LITES. *s. f. pl.* latin. *&* ang. *Litæ.* Dans la *Théologie payenne*, surtout selon *Homere,* sont des Déesses filles de *Jupiter*, qui étoient médiatrices entre les Dieux & les hommes, pour obtenir à ceux-ci les graces qu'ils demandoient.

LITHARGE. *s. f.* lat. *Lithargyrium.* ang. *litharge.* Est regardée par quelques-uns comme l'écume qu'on retire en purifiant l'or ou l'argent avec le plomb & qui en conséquence prend son nom du métal supérieur ; mais celle qui est communement en usage, n'est que le plomb même que l'on retire des coupelles dans les fournaises que l'on allume avec de grands soufflets pour extraire l'argent du plomb, ce qui se fait en cette manière : la coupelle étant bien préparée & placée en dedans de la fournaise, ayant fait l'épreuve du plomb que l'on veut rafiner, on en met par degrés les barres dans la fournaise, dont la chaleur les met en fusion ; elles coulent au milieu de la coupelle & les soufflets agissant continuellement, la partie supérieure est forcée de sortir par un trou qui est au côté opposé de la fournaise, pendant que l'argent se sépare dans le centre de la coupelle. Le plomb ainsi poussé dehors, venant à tomber dans un trou sous la fournaise se change en une espèce de poudre à gros grains semblable à une sciure grossière & d'une couleur jaune ou rougeâtre; par cette opération il s'évapore environ $\frac{1}{40}$ du plomb.

LITHEMANGHITS. *voy.* Alouchi.

LITHIASIE. *s. f.* *Lithiasis.* Gravelles. Petites tumeurs dures & petrifiées, engendrées sur les bords des paupières.

LITHIASIS. *s. f.* Calcul, maladie calculeuse.

LITHOCOLLE. *s. f.* Ciment avec lequel on attache les pierres pour les tailler sous la meule. *Lithocolla.*

LITHOGRAPHE. *s. m.* lat. *Lithographus.* ang. *a lithographer.* Naturaliste qui s'applique à la lithologie.

LITHOGRAPHIE. *s. f.* lat. *Lithrographia.* ang. *lithography.* L'art de graver ou de couper les pierres précieuses. Description des pierres.

LITHOLABE. *s. m.* Pincette dont on se sert dans la lithotomie pour saisir le calcul.

LITHOLOGIE. *s. f.* lat. *Lithologia.* angl. *lithology.* Connoissance des différentes sortes de pierres.

LITHOLOGUE. *voy.* Lithographe.

LITHOMANCIE. *s. f.* lat. *Lithomantia.* ang. *lithomancy.* Divination prétenduë par le moyen d'une pierre précieuse qu'on nomme Sidorites, qui étoit lavée dans de l'eau de source pendant la nuit à la chandelle; le devin devoit être bien purifié & avoir les yeux bandés; alors il répétoit certaines prières & rangeoit certains caractères, prétendant que la pierre se mouvoit d'elle même & que d'une petite voix perçante elle lui donnoit la réponse à la question qu'il faisoit.

LITHONTRIBON. *s. m.* Poudre propre à briser la pierre qui se forme dans les reins & dans la vessie.

LITHONTRIPTIQUES. *s. mas. pl.* ang. *lithontripticks.* Medicamens propres à briser ou a dissoudre la pierre qui se forme dans les reins ou dans la vessie.

LITHOPHAGE. *s. m.* Petit ver qui se trouve dans les pierres & qui les ronge.

LITHOPHYTE. *s. mas.* Pierre-plante. Production qui tient de la plante & de la pierre.

LITHOTOME. *s. m.* Bistouri avec lequel on fait à la vessie une ouverture propre à tirer la pierre.

LITHOTOMIE. *s. f.* lat. *Lithotomia.* angl. *lithotomy.* Partie de la Chirurgie qui enseigne l'opération de tirer la pierre de la vessie ou de la couper. Ce qui se fait en trois manières différentes, sçavoir, par le *petit appareil* qui consiste à couper par le perinée auprès de la suture au côté gauche, après que la pierre y a été conduite par les doigts de l'opérateur; mais cette méthode à été abandonnée à cause du danger & des inconvéniens qui la suivent. Le *grand appareil*, qui est le plus en usage, se fait avec un instrument que l'on fait entrer par le passage de l'urine dans la vessie pour trouver la pierre. Ce qui étant fait, on le retire & on y fait entrer un autre instrument à rainure, qui touchant au perinée dirige le couteau vers le cou de la vessie. Après l'incision, on fait entrer un troisième instrument dans cette ouverture pour joindre le premier que l'on retire ensuite & ce 3e. reste pour guider les ciseaux directement dans la vessie & en arracher la pierre. La troisième méthode se nomme le *haut appareil.* Elle consiste à injecter d'abord une grande quantité d'eau chaude dans la vessie; ce qui étant fait & le malade étant dans une situation convenable, l'Opérateur fait doucement une incision au dessus de l'*os pubis* le long de la *ligne blanche* jusques a la rencontre de la vessie, où l'on plonge directement le couteau pour en arracher la pierre. Par cette méthode la playe se guérit aisément, on y prévient la dilaceration qui est fréquente dans les autres méthodes & il n'y a pas danger de voir l'urine couler continuellement sans pouvoir la contenir. Mais aussi on ne sçauroit la mettre en pratique sur les personnes chargées de graisse, ou la gangrene est à craindre, ni sur les personnes avancées en âge, de peur qu'elles ne meurent dans l'opération. Elle réussit fort bien communément dans les jeunes gens qui sont maigres.

LITHOTOMISTE. *s. mas.* ang. *lithotomist.* Celui qui exerce la Lithotomie.

LITIÉRE. *s. f.* lat. *Lectica.* ang. *litter.* Corps de carrosse suspendu sur des brancarts & porté ordinairement par des mulets, pour transporter des malades dans des endroits éloignés. *Litiére* est aussi de la paille ou vieux fourage, qu'on met sous les chevaux & autres bestiaux, pour se coucher, quand ils veulent dormir ou quand ils sont malades.

LITIGANT, ante. *adj.* lat. *Contendens.* ang. *litigating.* Qui plaide en justice.

LITIGE. *s. m.* lat. *Lis, dissidium.* ang. *litigation.* Procès, différend, contestation en justice.

LITIGIEUX, euse. *adj.* lat. *Litigiosus, contentiosus.* ang. *litigious.* Contentieux; qui est contesté en justice; sujet à discution.

LITISPENDANCE. *s. f.* lat. *Litis inchoatæ prolatio.* ang. *litispendence.* Durée d'un différend dont la justice est saisie.

LITORNE. *s. f.* Espèce de grive.

LITRE. *s. m.* lat. *Zona tesseraria funebris.* ang. *a black girdle.* Ceinture peinte de noir avec des armoiries autour d'une Eglise.

LITRON. *s. m.* lat. *Modii 16a. pars.* ang. *a measure containing somewhat more than a pint.* Petite mesure ronde de choses séches, comme graines, pois, sel, farine. Il contient la 16e. partie d'un boisseau de Paris. Il doit avoir trois pouces & demi de hauteur sur 3. pouces 10. lignes de diametre.

LITTÉRAL, ale. *adj.* lat. *Litteralis.* ang. *literal.* Qui est suivant la lettre, qu'on prend au pied de la lettre.

LITTÉRALEMENT. *adv.* lat. *Secundum sensum litteralem.* ang. *literally.* Dans le sens littéral.

LITTÉRATEUR. *s. mas.* Homme de belles lettres. lat. *Eruditus.* ang. *learned.*

LITTÉRATURE. *s. f.* lat. *Doctrina*, *litteratura.* ang. *literature.* Doctrine, connoissance profonde des lettres.

LITURGIE. *s. f.* lat. *Liturgia.* ang. *a liturgy.* En *Général*, signifie toutes les cérémonies qui appartiennent au culte public de la religion, mais on les restraint particulièrement à celles de la Communion. Parmi les *Grecs* & les Catholiques *Romains* la *Liturgie* ne signifie que les cérémonies de la Messe ou du saint sacrifice de l'Autel: & parmi les *Anglois* c'est la priere commune. Il est bon de remarquer que dans les premiers siécles de l'Eglise, on offroit le sacrifice de la Messe tous les Dimanches, les Fêtes des Martirs, les jours de jeûne & quelquefois plus souvent. Quelquefois on disoit plusieurs Messes en un jour, comme quand l'office de quelque Saint concouroit avec une autre fête, ou quand il y avoit quelque enterrement. On y observoit l'ordre suivant: les Chrétiens étant assemblés dans l'Eglise, le Lecteur faisoit d'abord quelque lecture de l'ancien Testament, puis du nouveau, c'est-à-dire, des Actes ou des Epitres des Apôtres. Cette lecture étoit entremêlée de Pseaumes & d'Antiennes & du chant d'*Alleluia.* Ensuite l'Evêque faisoit le Sermon, expliquant une partie de l'Evangile. Le Sermon étant fini, les Diacres faisoient sortir tous ceux qui ne devoient pas assister au sacrifice. On renvoyoit premièrement les infidelles, puis les catechumenes & les pénitens. L'Evêque ayant beni le pain & le vin & offert l'encens, disoit tout bas les prières que l'on appelle dans l'Eglise *Romaine* le canon de la Messe. Après la consécration le Prélat prenoit la communion, puis la donnoit aux Prêtres, aux Diacres & aux autres Clercs; ensuite aux Moines, aux Diaconesses, aux Vierges & aux autres Religieuses; aux Enfans & enfin à tout le Peuple. Pour abréger le tems de cette action, lorsqu'il y avoit grand nombre de communians, plusieurs Prêtres distribuoient le corps de Notre-Seigneur, & plusieurs Diacres le calice: On donnoit aux Enfans les particules qui restoient de l'Eucharistie: & on donnoit à ceux qui ne communioient pas, les restes du pain qui avoit été béni & non consacré. Anciennement les *Liturgies* étoient composées de peu de cérémonies & de prières; mais dans la suite elles se sont multipliées. La *Liturgie* actuelle de l'Eglise *Anglicane* fut composée, approuvée & confirmée par le Parlement en 1548. Les offices du matin & les prières du soir eurent d'abord la même forme qu'elles ont à présent; excepté qu'il n'y avoit point de confession ni d'absolution & que l'office commençoit par l'Oraison Dominicale. On avoit omis dans le service pour la comunion les dix commandemens; mais à cela près c'étoit presque la même chose qu'aprésent. L'offertoire se faisoit avec du pain & du vin mêlé avec l'eau, & dans la prière pour l'Eglise de J. C. on rendoit graces à Dieu des prodiges qu'il avoit operé dans les Saints, dans la bienheureuse Vierge, dans les Patriarches, les Prophêtes, les Apôtres & les Martirs. On recommandoit les ames des défunts à la miséricorde de Dieu, afin qu'au jour de la resurrection nous fussions tous assis à sa droite. A cela l'on joignit les prières de la consécration qui sont maintenant en usage, excepté qu'on en a ôté ces paroles: *Daignés par le S. Esprit be†nir & sancti†fier ces dons & creatures du pain & du vin afin qu'elles puissent devenir pour nous le Corps & le Sang de votre Fils bien aimé*, &c. Le pain étoit rond, sans levain, mais sans empreinte. Dans le *Baptême* outre la forme qu'on a toujours conservée, on faisoit une croix sur le front & sur la poitrine de l'enfant & une conjuration au Démon d'en sortir. Ensuite le Prêtre prenoit l'enfant par la main droite & le plaçoit dans les fonds baptismaux, où il le plongeoit trois fois, s'il se portoit bien, sinon il lui jettoit un peu d'eau. Ensuite le Prêtre lui donnoit un habit blanc pour marquer son innocence & lui faisoit une onction à la tête avec une prière pour l'onction du S. Esprit. Dans l'office pour les malades, ceux qui vouloient recevoir l'onction sacrée, la recevoient seulement au front & à la poitrine, avec cette prière, *que comme leur corps recevoit extérieurement l'onction de l'huile, ainsi leur ame recevroit le S. Esprit, avec la santé & la victoire sur le péché & sur la mort.* Aux funerailles on recommandoit le défunt à la miséricorde de Dieu, on le prioit de lui pardonner ses péchés, de délivrer son ame de l'Enfer, de la conduire au Ciel & de ressusciter son corps au dernier jour. A la sollicitation de *Calvin* & de quelques autres, en 1551. cette *Liturgie* fut reformée & alterée au point à peu près où elle est aujourd'hui.

LITURGISTE. *s. m.* Se dit de ceux qui ont écrit sur les différentes liturgies.

*LITUUS.* *s. mas.* (Médaillisle.) Bâton des Augures fait en forme de crosse.

## L I V

LIVANE. *voy.* Pélican.

LIVARDE. *s. f.* (Corderie.) Corde d'étoupe, autour de laquelle on tortille le fil, pour lui faire perdre le tortillement & le rendre plus uni.

LIVÊCHE. *s. f.* Espèce de plante. Sa racine & sa semence fortifient l'estomach, résistent, au venin, & excitent l'urine. latin. *Ligustum.* ang. *lovage.*

LIVET. *s. m.* Au jeu de billard est celui qui joue le dernier.

LIVIDE. *adj.* lat. *Lividus.* anglois. *livid.* Se dit de la peau, lorsqu'elle est offensée par des coups, ou corrompuë par quelque cause interne, & qu'elle devient noire & bleuâtre.

LIVIDITÉ. *s. f.* lat. *Lividitas.* ang. *livor.* Ce qui rend une chose livide.

LIVIE, *ou* Livia. Tulipe qui a de fort jolis panaches violets sur du blanc.

LIVRAISON. *s. f.* lat. *Exhibitio.* ang. *delivery.* Action par laquelle on met une chose mobiliaire entre les mains de quelque personne.

LIURE. *voy.* Lieure.

LIVRE. *s. m.* lat. *Liber*, *codex*, *volumen*. angl. *a book*. Travail, ou composition, que fait un sçavant ou un homme d'esprit pour faire part au public ou à la posterité, de ce qu'il a appris, recueilli, inventé ou experimenté. *Livre* se dit aussi des Regîtres des marchands, banquiers, greffiers & autres gens, qui contiennent tout leur négoce. *Livre* de raison est un livre dans lequel un bon ménager écrit tout ce qu'il reçoit & dépense, pour se rendre compte & raison à lui-même de toutes ses affaires. *Livre s. f.* Est aussi une monnoie imaginaire en *France*, qui sert à tenir les comptes. Il y en a de deux sortes, la *livre Tournois* & la *livre Parisis*. Celle-ci surpasse l'autre d'un cinquième. C'est à-dire que cinq *livres Tournois* valent quatre *livres Parisis*. lat. *Libra*. anglois *a pound*. *Livre* est encore une mesure du poids des corps. Elle est composée de 16. onces.

LIVRÉE. *s. f.* lat. *Vestiaria tessera*. ang. *livery*. Couleur qu'une personne aime & dont elle se sert pour se distinguer des autres. Habits de couleur dont on habille les laquais, cochers, &c.

LIVRER. *v. act.* lat. *Tradere*. ang. *to deliver*. Donner, mettre entre les mains de quelqu'un, en sa possession, en son pouvoir.

LIVRET. *s. m.* lat. *Libellus*. ang. *a little book*. Petit livre. En *Arihtmétique*, c'est la table de *Pythagore* ou de multiplication.

## L I X

LIXIVIATION. *s. f.* (Chymie.) lat. *Lixiviatio*. ang. *lixiviation*. Action de tirer des sels par la lessive.

LIXIVIEL, elle. *ou* Lixivieux, euse. *adject.* (Chymie.) lat. *Lixiviosus*. ang. *lixiviate*, *lixivial*, *lixivious*. Se dit des sels qui se tirent par la lessive, par la lotion.

## L I Z

LIZARDES. *s. f. pl.* Toiles qui se fabriquent au caire.

LIZER. *v. act.* Tirer une piéce de drap par les lisiéres, afin de la bien étendre.

## L O

LO. Sorte de gaze de la Chine.

## L O B

LOBES. *s. m. pl.* lat. *Lobi*. ang. *lobes*. Sont les deux parties qui composent le poumon. C'est aussi le bout de l'oreille qui est plus gras & charnu. Il se dit encore des parties qui composent les fruits & les graines, comme les féves, les pois, &c.

LOBULE. *s. masc.* lat. *Lobulus*. ang. *a little lobe*. Petit lobe.

## L O C

LOCAL, ale. *adj.* lat. *Localis*. ang. *local*. Qui concerne le lieu. *Coutumes locales* sont celles qui sont particulières à un lieu, à une seigneurie. *Problême local* en *Mathématique* est celui qui est susceptible d'une grande varieté ou d'un nombre infini de réponses... *Couleurs locales*, dans la *Peinture*, sont celles qui sont naturelles & propres de chaque objet en particulier.... *Médicamens locaux*, ou *topiques*, sont ceux qui s'appliquent extérieurement, comme emplâtres, fomentations, &c.



LOCANDE. *adj.* lat. *Locanda*, *conductitia*. ang. *a hired lodging*. Chambre qu'on loüe.

LOCATAIRE. *s. m.* & *f.* lat. *Conductor*, *locator*. ang. *a tenant or lodger*. Celui qui prend une portion de maison, ou une maison entière de loyer, à bail.

LOCATI. *s. m.* Carrosse de loüage. lat. *Rheda conductitia*. ang. *a hackney-coach*.

LOCATION. *s. f.* lat. *Locatio*. ang. *a letting out*. Action par laquelle on donne à ferme.

LOCATIVES. *adj. f. pl.* lat. *Conductitius*. ang. *of or belonging to the tenant*. Se dit des réparations que le Proprietaire est obligé de faire à une maison, pour la rendre logeable.

LOCHE. *s. fem.* lat. *Apua*, *cobites*. angl. *a loach*. Petit poisson de la taille d'un éperlant, qu'on trouve dans les petites rivières, qui se darde avec une grande vivacité & qui est le plus friand de tous les poissons.

LOCHER. *v. n.* Branler.

LOCHIES. *sub. f. pl.* Evacuation qu'ont les femmes immédiatement après leurs couches.

LOCMAN. *voy.* Lamaneur.

LOCOMOTRICE. (Faculté.) *adj. f.* (Philosophie.) Qui peut transporter le corps d'un lieu à un autre. *Locomotrix*.

LOCRENAN, *voy.* Olone.

LOCULAR. *voy.* Blé.

LOCUSTA. *s. f.* Femme fameuse par son habileté à composer des poisons, qui vivoit du tems de *Néron*, qui s'en servit pour empoisonner *Britannicus* & d'autres Romains. L'Empereur lui donna des gardes, pour l'empêcher de le quitter. Il lui avoit assigné de grands appointemens, & il mit sous elle des disciples, pour apprendre cet art diabolique.

LOCUSTE, *voy.* Sauterelle.

LOCUTION. *s. f.* lat. *Locutio*. ang. *locution*. Parole qui fait partie d'un discours.

## L O D

LODIER. *s. mas.* lat. *Lodix*. ang. *a quilted counterpain*. Grosse couverture de lit, piquée & garnie de bourre ou de laine entre deux toiles.

LODS. *s. m. pl.* lat. *Jus ratæ emptionis*. ang. *fines of alienation*. C'est un droit en argent que doit un héritage au Seigneur dont il releve immédiatement, quand on en fait la vente.

## L O F

LOF. *s. m.* lat. *Intercapedo ab navis malo ad latus*. ang. *the loof of a ship*. (Marine.) Partie du vaisseau depuis le mât jusqu'à un de ses bords, ou la moitié du vaisseau divisé par une ligne tirée de poupe en proue.

## L O G

LOG, *voy*. Lok.

LOGARITHMES. *s. m. pl.* lat. *Logarithmi.* ang. *logarithms.* Ce sont des nombres artificiels en progression arithmétique, tellement appliqués aux nombres naturels, que si l'on multiplie deux nombres naturels l'un par l'autre, ou si on les divise, les nombres proportionnels correspondans ou exposans répondent à toutes ces conclusions par l'addition ou la soustraction. Leur premier inventeur est le Baron de *Merchiston*, *Jean Neper Écossois.* Il y a plusieurs tables de ces nombres & plusieurs méthodes pour les former ou trouver, qui ont été publiées par les plus célébres Mathématiciens. Leur usage en trigonometrie, dans le calcul des intérêts, *&c.* est trop évident pour avoir besoin de recommandation.

LOGARITHMIQUE. (Courbe.) *adj. f.* Est telle, que ses abscisses étant prises en progression arithmétique, les ordonnées correspondantes sont en progression géométrique.

LOGE. *s. f.* lat. *Casa, tugurium.* ang. *shed, lodge.* Sorte de hutte; petit lieu serré où l'on se retire en quelques occasions. Petite boutique qu'on loüe pour un tems ou pendant une foire. Petite prison séparée ou l'on resserre les foux. Séparations qui se font dans des galeries au tour d'un théatre, pour y voir plus commodement les spectacles.

LOGEABLE. *adj.* lat. *Commodam habens habitationem.* ang. *convenient.* Ce qui est commode pour loger.

LOGEMENT. *s. m.* lat. *Habitatio, diversorium.* ang. *lodging.* Lieu où l'on se retire, où l'on fait sa demeure. En termes de guerre, c'est un campement, un poste dangereux qu'on met en défense.

LOGER. *v. n.* & *act.* lat. *Habitare, diversari.* ang. *to lodge.* Occuper quelque chambre, maison ou logement. Donner retraite à quelqu'un. lat. *Hospitio excipere.* ang. *to lodge, to harbour.*

LOGETTE. *s. f.* lat. *Tuguriolum.* ang. *a little lodge.* Petite loge.

LOGICIEN. *s. m.* lat. *Logicus.* ang. *a logician.* Qui étudie, pratique ou connoît l'art de la logique.

LOGIQUE. *s. f.* lat. *Logica.* ang. *logick.* L'art de raisonner ou de disputer selon une méthode par laquelle les facultés de concevoir, de juger, & de conclure sont conduites régulièrement pas à pas jusques à leur perfection. La *Logique naturelle* est la méthode d'argumenter, qui vient naturellement dans l'esprit, sans le secours de l'art.

LOGIS. *s. m.* lat. *Domicilium, ædes.* ang. *house, home, lodging.* Lieu où l'on loge, où l'on habite. Corps de *logis* est la principale partie d'un bâtiment. Maréchal des *logis* est un Officier qui a soin du logement des troupes.

LOGISTIQUE. *s. f.* lat. *Logistica.* ang. *logistick.* Avant la découverte des logarithmes & les autres progrès qu'on a fait en géometrie & en algébre, c'étoit l'arithmétique des fractions sexagesimales; aujourd'hui c'est l'application des logarithmes aux parties sexagesimales, ou selon d'autres ce sont les quatre régles générales de l'algébre ou même toutes les opérations algébriques.

LOGOGRIPHE. *s. m.* lat. *Logogriphus.* ang. *logogryph.* Sorte de symbole en paroles énigmatiques; petite énigme qu'on propose a deviner à des écoliers pour leur éveiller l'esprit.

LOGOMACHIE. *s. f.* lat. *Logomachia.* ang. *logomachy.* Dispute sur les mots. Question de nom.

LOGOTHÉTE. *s. m.* *Logotheta.* Maître des comptes, dans l'Empire Grec.

LOGUE. *s. m.* Etoit chez les Hébreux une mesure pour les liquides, qui contenoit environ un setier.

## L O I

LOI. *s. f.* lat. *Lex.* ang. *law.* Réglement fait par un peuple, une nation, un prince pour se bien conduire dans le commerce & dans le gouvernement. La puissance de faire des loix reside en différentes personnes selon les différens pays. En *Théologie* la loi de *Moïse* renferme les rites ou cérémonies que *Moïse* a donné aux *Juifs* & dont les Chrétiens sont dispensés. La *loi de nature* est celle qui est conforme à la nature raisonnable & à la société des hommes. La *loi des nations* est celle qui regarde les Ambassadeurs, les étrangers, le commerce, les armes, *&c.* La *loi du commerce* est celle qui regarde les coutumes particulières aux commerçans.

LOIN. *adv.* lat. *Longè, procul.* angl. *far, far off.* A grande distance. Eloigné.

LOINTAIN, aine. *adj.* latin. *Longinquus.* ang. *far, remote.* Qui est fort éloigné.

LOIR. *s. m.* lat. *Glis.* ang. *a dormouse.* Rat des Alpes, animal qu'on croit être endormi tout l'hiver.

LOISER. (Marine.) Eclairer.

LOISIBLE. *adj.* lat. *Licitus.* ang. *lawful.* Ce qui est permis.

LOISIR. *s. m.* lat. *Otium, vacatio ab opere.* ang. *leisure.* Etat d'une personne qui n'a rien a faire, & qui dispose de son tems comme il lui plaît. Espace de tems suffisant pour faire quelque chose.

LOISIR. (à) *adv.* lat. *Otiosè.* ang. *leisurely, at leisure.* Tout à son aise. Sans se presser. En y prenant plaisir.

## L O K

LOK. *s. m.* (Marine.) Morceau de bois qu'on charge d'un peu de plomb, afin qu'il demeure sur l'eau dans l'endroit où on le jette. On l'attache à une petite corde, & on s'en sert pour estimer le chemin du vaisseau.

## L O L

LOLLARDS. *s. m. pl.* Nom d'une secte qui s'éleva en *Allemagne* l'an 1315. On a aussi donné ce nom aux sectateurs de *Wicleff* à cause que leurs opinions étoient fort approchantes de celles de ces sectaires.

L O M

LOMBAIRE. *adj.* lat. *Lumbaris.* ang. *lumbar, lumbary.* Se dit des rameaux de l'artere aorte descendante qui porte le sang aux muscles des lombes. Il se dit aussi de quelques nerfs.

LOMBES. *s. m pl.* lat. *Lumbi.* ang. *the loyns.* Partie inférieure de l'épine du dos, composée de cinq vertebres qui sont plus grosses que celles du dos, leur servant de base. Ils sont placés auprès de la hanche.

LOMBIS. *s. m.* Grosse coquille vermeille. lat. *Cochlea rubicunda.* ang. *a red shell.*

LOMBRICAL. *adj.* lat. *Vermiformis.* ang. *lumbrical.* Se dit de quatre muscles qui sont à chaque main & à chaque pied, & qui ont la figure de vers.

L O N

LONCHITE, *ou* Lonkite. *s. fem.* Genre de plante, qui ressemble à la fougère, excepté que ses feuilles ont une oreillette à la base de leurs découpures. Elles sont pointuës & en forme de lance, d'où vient le nom de la plante, *Lonchitis.*

LONCLOATH. *s. m.* Toiles de coton blanches ou bleuës, qu'on tire de la côte de Coromandel.

LONDRE. *s. m.* Vaisseau de bas bord en façon de galére. lat. *Triremis crassior.* ang. *a kind of galley.*

LONDRINS. *s. m. pl.* Sorte de draps de laine.

LONG, Longue. *adj.* lat. *Longus.* ang. *long.* Etendu d'un bout à un autre. Il se dit aussi du tems.

LONGANIME. *adj.* lat. *Longanimus.* ang. *patient, suffering.* Celui qui supporte, long tems & sans s'irriter, toutes sortes d'offenses.

LONGANIMITÉ. *s. f.* lat. *Longanimitas.* ang. *longanimity.* Grande patience, persévérance, oubli des injures.

LONGE. *s. f.* lat. *Lorum.* ang. *a strap or thong of leather.* Lanière de cuir étroite & longue, qui sert à divers usages. *Longe de veau* est la partie du veau qui est depuis les côtés jusqu'à la queuë & où le rognon est attaché. lat. *Lumbus vitulinus.* ang. *a loyn of veal.*

LONGE-CUL. *s. m.* (Fauconnerie.) Ficelle qu'on attache au pied de l'oiseau, quand il n'est pas assuré.

LONGER. *v. actif.* (Chasse.) Se dit d'une bête qui méne loin la chasse.

LONGIMÉTRIE. *s. f.* lat. *Longimetria.* ang. *longimetry.* Art de mesurer les distances accessibles & inaccessibles.

LOING-JOINTÉ, ée. *adj.* (Manége.) ang. *long-jointed.* Se dit d'un cheval qui a le pâturon long, effilé & pliant.

LONGIS. *s. m.* ang. *a lungis.* Homme froid & paresseux, lent à faire ce qu'il entreprend... Faisceaux de fil qui ne sont point tortillés.

LONGITUDE. *s. f.* lat. *Longitudo.* ang. *longitude.* En *Astronomie* se compte dans le Zodiaque depuis le premier degré du *Belier* jusques au dernier des *Poissons* par des cercles qui se coupent aux deux poles du Zodiaque & qui coupent chacun de ses degrés en deux points opposés. De sorte que l'arc de l'écliptique compris entre le premier degré du *Belier* & le cercle qui passe par le centre d'un astre; est sa *longitude.* En *Géographie* c'est un arc de l'équateur compris entre le premier méridien & le méridien du lieu, & cet arc fait voir combien ce lieu est plus à l'Est ou à l'Ouest qu'un autre, car plus la *longitude* d'un pays est grande plus ce pays est à l'Est, & par conséquent le Soleil s'y léve plutôt & arrive plutôt au méridien.

LONGITUDINAL, ale. *adj.* ang. *longitudinal.* En longueur.

LONGITUDINALEMENT. *adv.* En forme longitudinale.

LONG-TEMS. *adverb.* *Diù.* ang. *a great, a long while.* Pendant un grand espace de tems.

LONGUEMENT. *adv.* lat. *Diù.* ang. *long.* Pendant un long-tems.

LONGUET, ette. *adj.* latin. *Longiusculus.* ang. *pretty long.* Un peu long.

LONGUEUR. *s. f.* lat. *Longitudo.* ang. *length.* Etendue ou durée de ce qui est long. Lenteur.

LONKITE. *voy.* Lonchite.

L O O

LOOCH. *s. masc.* lat. *Linctus, eclegma.* angl. *loch or lohoch.* Composition de pharmacie qui est d'une consistence moyenne entre celle du Syrop & celle des Opiates, destinée pour les maladies du poumon.

LOOM. *s. m.* lat. *Loomus.* ang. *loom.* Oiseau de riviére des Païs septentrionaux.

L O P

LOPIN. *s. mas.* lat. *Frustum, resegmen.* ang. *gob, gobbet, morsel.* Morceau de chair ou de pain qu'on attrape, dont on se saisit à la hâte.

L O Q

LOQUET. *s. m.* lat. *Cadivus pessulus.* ang. *the latch of a door.* Petit morceau de fer plat, qui sert à fermer une porte lorsqu'il s'abaisse par son propre poids, dans le cran d'une autre piéce posée en travers.

LOQUETEAU. *s. m.* lat. *Pessulus elatorius.* ang. *the latch.* Espéce de petit loquet qui se met au haut des volets & contre-vents.

LOQUETEUX, euse. *adject.* lat. *Pannosus.* ang. *poor.* Pauvre, déchiré.

LOQUIS. *s. m. pl.* Verroterie rouge en forme de petit cylindre.

L O R

LORD. *s. m.* Titre d'honneur parmi les *Anglois* qui signifie Seigneur, & qu'on applique diversement. On le donne quelquefois à ceux qui sont nobles par leur naissance ou par création & pour les distinguer on les nomme *Lords* du Parlement & Pairs du Royaume. Quelquefois on donne ce titre par compliment ou courtoisie comme à tous les enfans d'un Duc & d'un Marquis & au Fils aîné d'un Comte; quelquefois à ceux qui ont des emplois honorables, comme le *Lord* chef de la justice, le *Lord* mayor, &c. Ce qui ne va pas plus loin. Et quelquefois à une personne d'un rang inférieur qui posséde un fief & à qui par conséquent ses tenans doivent un hommage dans sa Seigneurie. On le nomme *Lord* de ce fief, quoiqu'il soit d'ailleurs pauvre & de basse extraction. On l'appelle aussi quelquefois *Land lord* ou Seigneur de cette terre. Et ce sont là les principaux usages de ce mot dans les loix d'*Angleterre* où ils sont divisés en *Lord paramourt* ou Suzerain & *Lord mesne* ou Lord d'un fief servant. Dans l'*État*, on appelle *Lords* certains grands Officiers, comme le *Lord* haut Amiral d'*Angleterre* qui est une si grande dignité d'Angleterre qu'on ne la donne presque jamais qu'au second Fils du Roi ou à son plus proche parent. Cet Officier a la direction de toute la marine tant pour la jurisdiction que pour la protection & il a le pouvoir de décider de toutes les contreverses & procès concernant la marine, tant au civil qu'au criminel. Dans les écritures de l'ancien & du nouveau Testament, on donne ce nom à la suprême Majesté de Dieu & de Jesus-Christ, & dans ce sens on ne peut l'appliquer à aucun autre. Le *Lord du sceau privé*, avant le tems d'*Henri* VIII. étoit ordinairement un Ecclésiastique; depuis lors cette charge à été donnée communément aux Lords séculiers au dessus des Barons. On fait passer sous ce sceau, toutes les chartres, graces de la Couronne, pardons & autres lettres signées par le Souverain avant qu'elles soient scellées du grand sceau. Le *Lord grand Maître de la maison du Roi* a le gouvernement civil & la jurisdiction sur ceux qui composent la maison inférieure du Roi. On l'établit en lui livrant le bâton blanc, qui est regardé comme sa commission. Son emploi à l'ouverture du Parlement est de suivre le Roi & de recevoir les sermens de fidelité & de supremacie de tous les membres de la Chambre des communes. A la mort du Souverain il brise son bâton sur le cercueil où le corps du Roi est deposé & par-là il est déchargé de tous ses emplois. Les *Lords Lieutenans des Comtés* sont des Officiers de grande distinction, commis par le Roi pour veiller sur la milice qui est sur pied & sur toutes les affaires militaires dans leur district. En cas de rebellion, ils sont obligés de lever la milice & de marcher à leur tête par tout où le Roi le juge à propos.

LORGNER. *v. act.* lat. *Torvis oculis intueri.* ang. *to ogle.* Regarder quelqu'un de travers & du coin de l'œil.

LORGNERIE. *s. fem.* Regard à la dérobée. ang. *ogle*, *ogling.*

LORGNETTE. *s. f.* lat. *Conspicillum minus.* ang. *a spying glass.* Petite lunette, dont on se sert pour lorgner.

LORGNEUR, euse. *s. m.* & *f.* ang. *an ogler.* Qui lorgne.

LORIOT. *s. masc.* Oiseau de plumage verd-jaunâtre, & de la grosseur d'un merle. Il vit dans les bois & fréquente les bords des ruisseaux. lat. *Galbulus*, *vireo.* ang. *loriot*, *wit-wall.*

LORMERIE. *s. f.* Menus ouvrages de fer. lat. *Minutum opus ferrarium.* ang. *lorimery.*

LORMIER. *s. m.* lat. *Minuti operis ferrarii faber.* anglois. *a lorimer or loriner.* Compagnie ou Communauté d'artisans à *Londres* dont l'emploi est de faire des brides pour les chevaux, des éperons, des selles, &c.

LORRÉ. *adj.* (Blason.) Se dit des nageoires des poissons.

LORS. *adv.* lat. *Tunc*, *tùm.* ang. *when.* Alors, en ce tems-là.

LORS. (Dès) *adv.* lat. *Jam tùm.* ang. *ever since.* Dès ce moment là.

LORS. (Pour) *adv.* latin. *Tùm*, *tunc.* ang. *then.* Alors.

LORSQUE. *adv.* lat. *Cùm*, *dùm*, *quando.* ang. *when.* Quand; dans le tems que.

## L O S

LOSANGE. *s. f.* lat. *Rhombus.* ang. *losenge.* Parallelogramme de quatre côtés égaux, dont les angles ne sont point droits. C'est aussi un terme de *Blason.*

## L O T

LOT. *s. masc.* lat. *Portio.* ang. *lot*, *portion*, *share.* Portion d'une chose, divisée en plusieurs parties, pour la partager entre plusieurs personnes.

LOTE. *s. f.* lat. *Lota*, *morella.* ang. *eel-powt.* Poisson bon & friand qui ressemble à la lamproie.

LOTERIE. *s. f.* lat. *Ludicra sortio schedularum.* ang. *a lottery.* Exposition de marchandises, d'argent, de revenus, &c. pour être gagnées par le hazard que courent ceux qui payent une certaine somme. Les billets qu'on tire au hazard sont en grand nombre, les uns sont marqués pour un bon lot & les autres ne donnent rien. Lorsqu'on tire d'une boëte un billet qui porte un nombre particulier, on tire en même tems d'une autre boëte un autre billet qui est blanc ou noir, bon ou mauvais, selon le sort qui en décide.

LOTION. *s. f.* lat. *Lotio.* ang. *lotion*, *washing.* Préparation de médicamens qui se fait en les lavant de quelque liqueur. C'est aussi un reméde qui tient le milieu entre la fomentation & le bain.

LOTIR. *v. actif.* lat. *Partiri.* ang. *to share.* Faire des lots, des portions de succession à partager entre plusieurs personnes.

LOTISSAGE, *ou* Lotissement. *s. m.* Division d'une chose en differentes parts. lat. *Partitio.* ang. *a sharing*, *or dividing into lots.*

LOTISSEUR. *s. m.* lat. *Qui dividit in partes.* ang. *that divides into lots.* Celui qui fait les lots de marchandises.

LOTIZÉ, ée. *adjectif.* (Coutumes.) Divisé en lots.

LOU

LOUABLE. *adj.* lat. *Laudabilis.* ang. *laudable.* Ce qui mérite l'estime.

LOUABLEMENT. *adv.* lat. *Laudabiliter.* ang. *laudably.* D'une manière loüable.

LOUAGE. *s. m.* lat. *Locatio, conductus.* ang. *a letting out, a hiring.* La chose qu'on loüe. Prix qu'on en donne.

LOUANGE. *s. f.* lat. *Laus, laudatio.* ang. *praise.* Témoignage d'estime qu'on donne à la vertu, au mérite.

LOUANGEUR. *s. m.* lat. *Laudator.* ang. *a praiser.* Donneur de loüanges.

LOUCHE. *adj.* lat. *Strabo, luscus.* anglois. *squint-eyed.* Bigle, qui regarde de travers. Ce qui est trouble, ce qui n'est pas bien clair. Phrase qui n'est pas nette, qui est ambigue.

LOUCHER. *v. n.* lat. *Oculos distorquere.* ang. *to squint.* Avoir la vûë de travers.

LOUCHET. *s. m.* lat. *Ama, hama.* angl. *a kind of mattock.* Espèce de bêche à fouir la terre.

LOUCHETTE. *s. f.* Instrument pour empêcher de loucher.

LOUDIER. *voy.* Lodier.

LOUER. *v. act.* lat. *Laudare.* ang. *to praise.* Donner des témoignages d'estime au mérite, à la vertu. Remercier. Se *loüer*, c'est être satisfait de quelqu'un. *Loüer* signifie aussi donner à ferme, à loüage.

LOVER. (Marine.) Plier un cable rond, en forme de cerceaux.

LOUEUR, euse. *s. m. & f.* lat. *Locator.* ang. *that letts out.* Qui donne des meubles, ou des voitures à loüage. Qui vante excessivement.

LOUIS. *s. mas.* lat. *Nummus aureus.* ang *a lewis d'or.* Monnoie qui a cours en *France* depuis *Louis* XIII. & qui vaut à présent 24. liv. tournois.

LOUNG. *s. m.* Drogue pour peindre en jaune dont on se sert aux Indes Orientales.

LOUP. *s. m.* lat. *Lupus.* ang. *a wolf.* Animal farouche qui demeure dans les bois, ennemi du betail, sur tout du plus petit, carnassier, rusé, d'un odorat exquis, ayant la tête un peu carrée, le poil grisatre, & très vorace. Il y en a de plusieurs espèces, comme le *Loup matin*, qui ne se nourrit que de charogne. Le *Loup lévrier*, qui vit de rapine qu'il attrape par sa légereté. Le *Loup cervier*, que quelques-uns confondent avec le Lynx & d'autres avec le Chat sauvage. On dit que les Chiens d'*Europe* ont dégenerés en *Loups* dans la *nouvelle Espagne*. *Loup garou*, est dans l'esprit du peuple un esprit malin qui court les champs & les rues la nuit. On le dit d'un homme bourru & fantasque, qui vit seul & éloigné de toute compagnie.

LOUPE. *s. f.* lat. *Ganglion, panus.* ang. *a wen.* Tumeur contre nature, qui prend naissance communément aux lieux durs, secs & nerveux, surtout au cou. En termes d'*Optique*, c'est un verre convexe des deux côtés, qui grossit les objets.

LOUPES. *s. fem. pl.* (Monnoie.) Briques & carreaux des vieux fourneaux qui ont servi à la fonte de l'or & de l'argent.

LOUPEUX, euse. *adj.* Qui a des loupes.

LOURD, Lourde. *s. f.* lat. *Prægravis.* ang. *heavy, clutterly.* Pesant, massif, difficile à mouvoir.

LOURDAUT, aude. *s. m. & f.* lat. *Bardus, tardus.* ang. *a dunce, block-head.* Pesant, grossier, sot, mal-adroit, stupide.

LOURDEMENT. *s. masc.* lat. *Stolidè.* ang. *blockishly* D'une manière lourde & grossière.

LOURDERIE, ou Lourdise. *s. f.* lat. *Stoliditas, ineptia.* angl. *blockishness.* Action de lourdaut. Faute grossière contre le bon sens, la bienséance ou la civilité.

LOUTARY. *s. mas.* Poisson de Madagascar, qui porte avec lui sa sauce. Dès qu'on l'ouvre il rend un suc délicieux qui lui sert d'assaisonnement.

LOUTRE. *s. m. & f.* lat. *Lutra.* ang. *an otter.* Animal qui habite dans l'eau & sur la terre & qui vit de poisson. Il donne beaucoup de plaisir à la chasse. Il fait de grands dégats dans les rivières.

LOUVE. *s. f.* lat. *Lupa.* ang. *a she-wolf.* Femelle du loup. Elle ne porte que deux fois & fait cinq ou six petits. Piéce de fer qu'on attache à la corde d'une gruë pour élever le pierres de taille.

LOUVER. *v. actif.* Faire un trou dans une pierre, pour y faire entrer la louve.

LOUVET. *s. m.* lat. *Lupus minor.* angl. *a wolf of an indifferent bigness.* Loup de mediocre taille.

LOUVETEAU. *s. m.* lat. *Catulus lupæ.* ang. *a young wolf.* Petit d'un loup sous sa mere.

LOUVETER. *v. n.* lat. *Catulos lupinos edere.* ang. *to bring forth a young wolf.* Se dit de la louve qui fait ses petits.

LOUVETERIE. *s. f.* lat. *Instructus luparius.* ang. *wolf-hunting.* Equipage de la chasse d'un loup.

LOUVETIER. *s. m.* lat. *Venator luparius.* angl. *the master of wolf-hunters.* Officier qui commande à l'équipage du Roi entretenu pour la chasse du loup.

LOUVEUR. *s. m.* Celui qui dans les atteliers louve les pierres.

LOUVIER, ou Louvoyer. *v. n.* lat. *Ad loxodromiam navigare.* ang. *to board.* C'est dans la *Marine*, courir plusieurs bordées, ou faire plusieurs routes, tantôt à bas bord, tantôt à stribord, pour chicaner le vent.

LOUVRE. *s. m.* *Lupara.* Palais où demeuroit le Roi de France.

LOX

LOXODROMIE. *s. f.* lat. *Loxodromia.* ang. *loxodromy.* Dans la *Marine*, c'est la route oblique d'un navire, ou le rumb de vent qu'il suit entre le Nord ou le Sud, l'Est ou l'Ouest.

LOXODROMIQUE. *adjectif.* latin. *Loxodromicus.* anglois. *Loxodromick.* Qui concerne la loxodromie.

L O Y

LOYAL, ale. *adj.* lat. *Fidus*, *probus.* ang. *loyal*, *faithful.* Fidéle, plein d'honneur & de probité. Bon & marchand.

LOYALEMENT. *adv.* lat. *Fideliter.* angl. *loyally*, *faithfully.* D'une manière franche & loyale.

LOYAUTÉ. *s. f.* lat. *Fidelitas.* ang. *loyalty*, *fidelity.* Qualité de ce qui est loyal.

LOYER. *s. m.* lat. *Pretium locationis.* ang. *rent.* Prix du loüage.

L U B

LUBERNE. *s. f.* Panthère, femelle du Léopard.

LUBRICITÉ. *s. f.* lat. *Salacia*, *impudicitia.* ang. *lechery*, *wantonness.* Impudicité, lasciveté, incontinence, amour brutal.... Qualité d'une chose glissante.

LUBRIFIER. *v. act.* ( Médecine. ) Oindre & rendre glissant.

LUBRIQUE. *adj.* lat. *Salax*, *impudicus.* ang. *leacherous*, *wanton.* Incontinent, lascif, impudique.

LUBRIQUEMENT. *adv.* lat. *Impudicè.* ang. *lasciviously*, *wantonly.* D'une manière lubrique.

L U C

LUCARNE. *s. f.* lat. *Scandularia fenestra.* ang. *a loover.* Petite fenêtre qui est au dessus de l'entablement d'une maison, ou dans les toits, pour éclairer les greniers, ou les chambres & galetas.

LUCCIOLE. *s. f.* Mouche luisante.

LUCIDE. *adj.* lat. *Lucidus.* ang. *lucid.* Qui jette de la lumière. *Intervalles lucides* sont les tems où les fous & frénetiques ont l'usage de leur raison.

LUCIFER. *s. m.* lat. & ang. *lucifer.* Dans les *Ecritures*, a plusieurs significations. On le prend quelquefois pour l'étoile du matin, d'autrefois pour J. C. même qui est la lumière du monde & d'autrefois pour le Démon. C'est aussi le nom du premier des Anges rebelles, qui pour son orgueil fut précipité du Ciel en Enfer avec la troisième partie des Anges. Parmi les *Poëtes*, c'est le fils de *Jupiter* & de l'*Aurore* & selon les *Astronomes*, c'est l'étoile brillante de *Venus*, qui paroît le matin avant le Soleil & se voit à la pointe du jour & lorsque le soir elle suit le Soleil, on l'appelle *Hesperus* ou *étoile du soir.*

LUCINE. *s. f.* lat. & ang. *Lucina.* L'un des noms poëtiques de *Junon* ou selon quelques-uns de *Venus.* On croyoit qu'elle secouroit les femmes dans leurs accouchemens & elles l'invoquoient pour cela.... Espèce de poire autrement *Citron verd.*

LUCQUE. *s. f.* Tulipe panachée de gris de lin, sur un beau blanc.

LUCRATIF, ive. *adj.* lat. *Quæstuosus.* ang. *lucrative.* Qui apporte du gain, du profit.

LUCRE. *substantif masculin.* latin. *Lucrum*, *quæstus.* anglois. *lucre.* Gains, profit.

L U E

LUETTE. *s. f.* latin. *Uvula*, *gurgulio.* angl. *the palate or uvula.* Morceau de chair molasse qui couvre la trachée artère & est suspendue entre deux petites glandes qu'on appelle *Amygdales*, au dessus de la fente du Larynx. C'est une substance qui paroît glanduleuse, spongieuse, rouge & d'une figure ronde & oblongue, plus épaisse en haut qu'en bas, & se terminant en pointe. Elle sert à rompre l'impétuosité de l'air trop froid, & à empêcher que l'eau que l'on boit n'entre dans les narines. Quelquefois elle s'avance trop en dehors à cause des humeurs qui lui tombent dessus & qui ne peuvent pas revenir par les vaisseaux limphatiques ; ce qui occasionne l'incommodité qu'on appelle ordinairement chute de la luette.

LUEUR. *s. f.* lat. *Fulgor*, *splendor.* angl. *light.* Clarté sombre ou passagère. Lumière, splendeur. Apparence.

L U G

LUGUBRE. *adj.* lat. *Lugubris*, *luctuosus.* ang. *mournful*, *moanful.* Triste, mélancolique, qui fait songer à la mort.

LUGUBREMENT. *adv.* lat. *Luctuosè*, *flebiliter.* anglois. *mournfully.* D'une manière lugubre.

L U I

LUIRE. *v. n.* lat. *Lucere.* ang. *to shine.* Eclairer, jetter, répandre de la lumière. Refléchir la lumière.

LUISANT, ante. *adj.* lat. *Lucidus*, *collucens.* ang. *shining.* Qui jette, ou qui reflèchit quelque lumière.

LUITES. ( Chasse. ) Testicules d'un Sanglier.

L U M

LUMIÈRE. *s. f.* lat. *Lux*, *lumen.* ang. *light*, *brightness.* Qualité par laquelle nous apercevons avec les yeux seuls les couleurs, la figure & la proportion des corps. On la prend quelquefois pour le corps des rayons qui nous sont renvoyés par quelque corps lumineux & quelquefois pour la sensation qu'ils produisent dans nous. Ce mot signifie aussi une connoissance ou information que l'on prend dans une affaire & qu'on n'avoit pas auparavant. C'est encore une torche, une chandelle, une lampe, &c.

LUMIGNON. *s. m.* lat. *Elychnii pars extans.* ang. *snuff*, *match.* Méche de la chandelle, bougie ou lampe qui est allumée & qui se consume.

LUMINAIRE. *s. m.* lat. *Luminare.* ang. *luminary.* Qui répand de la lumière.

LUMINEUX, euse. *adj.* lat. *Lucens*, *lucidus.* ang. *luminous.* Qui éclaire, ou qui est éclairé.

L U N

LUNAIRE. *adj.* lat. *Lunaris.* ang. *lunar.* Qui appartient à la Lune.

LUNAISON. *s. f.* lat. *Menstruus lunæ cursus.* ang. *lunation.* Révolution de la Lune ou tems compris entre deux nouvelles Lunes.

LUNATIQUE. *adj.* lat. *Lunaticus.* anglois. *lunatick.* Qui se gouverne selon la Lune. Les gens fantasques & distraits sont appellés *Lunatiques.* On a aussi donné ce nom aux fous & aux épileptiques, qui se trouvent beaucoup plus mal au changement ou accroissement de la Lune que dans les autres tems ; ce qui a fait imaginer qu'ils étoient possédés par quelque Démon ou mauvais esprit.

LUNDI. *s. m.* Le second jour de la semaine. lat. *Dies lunæ.* ang. *monday.*

LUNE. *s. f.* lat. *Luna.* ang. *the moon.* C'est la plus basse des sept planetes ou la plus proche de la terre. Elle emprunte sa lumière du Soleil. On lui attribue des qualités passives & de l'humidité. Selon les *Astrologues* elle préside au cerveau, aux entrailles & au phlegme. Elle acheve son cours en 27. jours 7. heures 41. minutes ; mais il lui faut 29. jours 12. heures & 44. minutes pour joindre le Soleil. De-là viennent les trois espèces de mois 1°. le mois *Periodique*, pendant lequel elle fait sa révolution. 2°. Le mois *Synodique*, qui est l'espace de tems nécessaire pour rejoindre le Soleil. 3°. Le mois d'*Illumination*, qui est le tems où elle est visible. Ce mois est d'environ 26. jours & 12. heures. En termes de *Chymie*, la Lune signifie l'argent. Le retour périodique des marées & les accès extraordinaires de folie qui affligent certaines personnes selon que la Lune croît ou décroît, donnent lieu de croire avec beaucoup de vrai-semblance que la Lune agit sur nous par ses influences.

LUNEL. *s. m.* ( Blason. ) Quatre croissans appointés.

LUNETTE. *s. f.* lat. *Conspicillum.* ang. *glass.* Instrument qui sert à grossir les objets, & a conserver la vûë. Dans les *Fortifications*, les lunettes sont des contre-gardes ou élevations de terre que l'on fait au devant de la courtine. Elles ont cinq toises de large & se construisent ordinairement dans des fossés pleins d'eau. En termes de *Manége*, ce sont deux petites piéces de feutre relevées en bosse, qu'on applique sur les yeux d'un cheval vicieux, ou qui ne veut point se laisser ferrer, ni monter.

LUNETTIER. *s. m.* lat. *Specularius faber.* ang. *a spectacle-maker.* Ouvrier qui fait ou qui vend des lunettes.

LUNI-SOLAIRE. *adj.* ang. *lunisolar.* Période ou année *Luni-solaire*, est celle qui est le produit de la multiplication du cycle du Soleil par celui de la Lune. Ce produit 532. fait voir que ces deux luminaires reviennent au même point après 532. ans.

LUNULE. *s. f.* lat. *Lunula.* ang. *lune or lunula.* En *Géometrie*, est un plan qui a la figure d'une demi-lune, terminé par la circonférence de deux cercles qui se coupent mutuellement.... Il se dit aussi des Satellites de Jupiter & de Saturne.... *Lunule* ( Antiquité. ) Ornement que les Patriciens portoient sur leurs souliers.

L U P

LUPERCALES. *s. f. pl.* lat. & ang. *lupercalia.* Fêtes que les *Romains* célébroient le 15e. des calendes de *Mars* à l'honneur de *Pan*, dont les Prêtres se nommoient *Luperci* & étoient en usage de courir dans ce tems-là tout nuds dans toute la ville & de frapper les femmes avec une peau de chevre. Ces fêtes ont été continuées jusques a l'année 496. de Jesus-Christ ou elles furent abolies totalement par le Pape *Gelase* à cause des grands désordres & des indécences qui s'y commettoient.

LUPIN. *s. m.* lat. *Lupinum, lupinus.* ang. *lupine.* Espèce de légume. Pois sauvage.

L U S

LUSEAU. *s. m.* Lieu où l'on met les morts. Châsse de Sant.

LUSERNE, Lusernière. *voy.* Luzerne, luzernière.

LUSTRALE. *adj. f.* lat. *Lustralis.* ang. *lustral.* L'eau *Lustrale* servoit aux anciennes cérémonies des Payens, pour arroser les peuples.

LUSTRATIONS. *s. f. pl.* lat. *Lustrationes.* ang. *lustrations.* Sacrifices, cérémonies par lesquelles les *Payens*, & les *Juifs* purifioient ou une ville, ou un champ, ou une armée, ou les personnes souillées par quelque crime, ou par quelque impureté. On y emploioit quelquefois le feu & les fumigations, aussi bien que les sacrifices qui étoient ou publics ou personnels. Les *Grecs* y joignoient un Anathême, c'est-à-dire, une victime humaine qu'ils immoloient après avoir fait sur cet homme toutes les imprécations imaginables. Il y avoit plusieurs sortes de *Lustrations* selon les divers usages.

LUSTRE. *s. m.* lat. & ang. *Lustrum.* Espace de cinq ans. Au commencement de chaque *Lustre* les *Romains* payoient le tribut qui avoit été imposé par les censeurs, dont la charge duroit cinq ans par leur première institution. Ils faisoient alors une revûë générale de tous les Citoyens & de tous leurs biens. *Servius Tullius* leur premier Roi avoit établi cette coutume environ l'an 180. de la fondation de Rome. *Lustre* étoit aussi une cérémonie ou sacrifice que faisoient alors les Romains. On appelle encore *Lustre* le brillant qui résulte des choses polies. lat. *Fulgor, nitor.* ang. *luster or lustre....* Agrément qu'on donne aux chapeaux en leur abatant le poil. C'est aussi un chandelier de cristal qu'on suspend au plancher, ou des plaques de miroir où il y a des branches de chandeliers attachées. lat. *Speculum lycnophorum, candelabrum multifidum pensile.* anglois. *a branched candlestick.*

LUSTRER. *v. act.* lat. *Fulgorem addere.* ang. *to set a gloss upon.* Donner du lustre aux étoffes, manchons & chapeaux.

LUSTREUR. *s. m.* lat. *Sericæ vestis concin-*

*nator.* ang. *that sets a gloss upon.* Celui qui lustre, qui donne du lustre.

LUSTRINE. *s. f.* Etoffe de soie à fleurs, qui a beaucoup de brillant.

L U T

LUT. *s. m.* lat. *Lutum.* ang. *lute.* En *Chymie*, se dit de toute sorte de ciment & d'enduit, que l'on met au-tour des vaisseaux de verre & de terre qui doivent resister à un feu violent & de ce qui sert à lutter les chappes avec les cucurbites ou récipiens & à réparer les fentes des vaisseaux.

LUTATION. *s. f.* (Chymie.) Action de lutter. lat. *Lutatio.* ang. *lutation.*

LUTER, *voy.* *Lutter*, dernier article.

LUTH. *s. masc.* lat. *Cithara*, *testudo.* ang. *a lute.* Instrument de musique inventé depuis long-tems. Tous les instrumens à cordes lui ressemblent beaucoup & ce ne sont proprement qu'autant de *Luths* diversement modifiés. Mais à présent en *Angleterre* on a abandonné le véritable *Luth*, comme étant trop embarassant & difficile à accorder.

LUTHÉE. *adj. f.* Se dit de la mandore, lorsqu'elle a plus de quatre rangs de cordes.

LUTHÉRANISME. *s. m.* lat. *Lutheranismus.* ang. *lutheranism.* Opinions des sectateurs de *Luther* en matiere de Religion. *Luther* étoit un Théologien *Allemand* qui vers l'an 1517. commença à s'élever contre l'Eglise en prêchant contre les Indulgences. Il passa d'un dogme à un autre & attira dans son parti un grand nombre de Gentilshommes, d'Ecclésiastiques & de Laïques, ce qui occasionna la prétendue reforme de plusieurs Royaumes & Electorats.

LUTHÉRIEN, enne. *s. m.* & *f.* lat. *Lutheranus.* ang. *lutheran.* Celui qui suit les sentimens de *Luther.*

LUTIER, *voy.* Luttier.

LUTIN. *s. m.* lat. *Lemur*, *lamia.* ang. *a hob goblin.* Espèce de Démon ou esprit follet, qu'on croit revenir dans les maisons pour faire des malices, du desordre, ou de la peine.

LUTINER. *v. n.* lat. *Lemurem agere.* ang. *to make a deadly noise.* Faire le Lutin.

LUTRIN. *s. m.* lat. *Pluteus.* ang. *a reading desk.* Pupitre sur lequel on met les livres d'Eglise.

LUTTE. *s. fem.* lat. *Lucta.* ang. *wrestling.* Combat de deux hommes corps à corps pour éprouver leurs forces.

LUTTER. *v. n.* lat. *Luctari.* ang. *to wrestle.* Combattre corps à corps pour se renverser à terre.... *v. act.* (Chymie.) Enduire de lut, boucher un vaisseau avec du Lut. lat. *Lutare*, *luto illinere.* ang. *to lute.*

LUTTEUR. *s. m.* lat. *Luctator.* ang. *a wrestler.* Qui combat corps à corps, qui lutte.

LUTTIER. *s. m.* lat. *Musicorum instrumentorum opifex.* ang. *a musick instrument-maker.* Artisan qui fait & qui vend des instrumens de musique, comme violons, &c.

L U X

LUXATION. *s. f.* lat. *Luxatio.* ang. *a luxation.* Relâchement de tendons ou de ligamens, qui est cause que les os se déboitent, ou ne sont pas fermes dans leur situation naturelle.

LUXE. *s. m.* lat. *Luxus.* ang. *luxury.* Dépense superfluë, somptuosité excessive dans les habits, meubles, &c.

LUXURE. *s. f.* lat. *Impudicitia.* ang. *lechery.* Lubricité, incontinence.

LUXURIEUX, euse. lat. *Impudicus.* ang. *lecherous.* Qui commet un péché de luxure.

L U Z

LUZERNE. *s. f.* lat. *Medica.* ang. *medick-fodder*, *spanish-trefoil.* Herbe dont on seme les prés, qui est excellente à nourrir les chevaux.

LUZERNIÈRE. *s. f.* Terre où l'on a semé de la luzerne.

LUZIN. *s. m.* (Marine.) lat. *Funiculus.* ang. *a small rope.* Menus cordages qui servent à faire des enfléchures.

L Y A

LYANTE. *s. f.* Tulipe amaranthe, tirant sur le violet & blanc.

L Y C

LYCANTROPE. *s. m.* lat. *Lycantropus.* ang. *lycanthropist.* Fou, furieux & mélancolique qui court la nuit, & outrage ceux qu'il rencontre.

LYCANTROPIE. *s. fem.* lat. *Lycanthropia.* ang. *lycanthropy.* Fureur ou maladie qui fait courir la nuit les ruës & les champs. Cette maladie dérange tellement l'imagination, qu'on se croit changé, en loup, en cheval ou en bœuf. Elle est occasionnée par la morsure d'un de ces animaux. On prétend que telle étoit la folie de Nabuchodonosor.

LYCE. *voy.* *Lice*, dernier article.

LYCÉE. *s. m.* lat. *Lycæum.* ang. *lyceum.* Ecole où *Aristote* expliquoit sa philosophie à *Athenes.*

LYCHNIS. *s. m.* Plante qui porte ce nom, à cause de la couleur resplendissante de sa fleur.

LYCHNITE. *s. f.* Pierre précieuse fort resplendissante & raionante. *Lychnites.*

LYCHNOMANTIE. *s. f.* l. *Lychnomantia*, ang. *lychnomancy.* Divination par le moyen d'une lampe.

LYCIUM. *s. m.* Arbrisseau épineux qui porte une graine dont les Teinturiers se servent pour teindre en jaune, & qui a plusieurs noms *grainette*, *graine jaune*, *graine d'Avignon.*

LYCOPIS. *s. f.* Plante à qui on a donné ce nom qui signifie *face de loup*, parce que ses feuilles & sa tige sont couvertes d'un poil rude, comme la peau du loup.

L Y M

LYMPHATIQUE. *adj.* lat. *Lymphaticus.* ang. *lymphatick.* Se dit des vaisseaux contenant une humeur aqueuse qui se sépare en plusieurs endroits du corps & qui passe dans les veines par ces petits conduits.

LYMPHE. *s. f.* lat. & ang. *lympha.* Humeurs aqueuses qui passent par les petits conduits du corps.

L Y N

LYNGODE. *f. f.* Fiévre fingultueufe, accompagnée de hoquets. *Lyngodes.*

LYNX. *f. m.* lat. & ang. *lynx.* Bête fauvage tachetée fur tout fon corps, d'une vûë prompte & perçante. ... *Pierre de Lynx* : voy. Belemnite.

L Y O

LYON. *voy.* Lion.

L Y P

LYPIRIE. *voy.* Lipyrie.

LYPY. *f. m.* Tulipe rouge-brûlée, & jaunetemi.

L Y R

LYRE. *f. f.* lat. *Lyra, chelys, testudo.* ang. *a lyre.* Harpe ou autre inftrument à cordes. Ces cordes font quelquefois de boyau & quelquefois des fils de fer. Les Peintres, les Statuaires, &c. repréfentent toujours *Apollon* avec une *Lyre* à la main. En *Aftronomie* c'eft une conftellation Septentrionale qui eft composée de 13. étoiles.

LYRIQUE. *adj.* lat. *Lyricus.* ang. *lyrick.* Ce qui appartient à la Lyre. On le dit des Odes & des Stances des *Anciens* qui étoient compofées en vers *Lyriques* qui répondent à nos airs ou à nos chanfons, &c. On les varioit avec art, on y emploioit toute la délicateffe de la langue & le tour des penfées pour les rendre agréables & amufantes.

L Y S

LYSIMACHIE. *f. f.* Efpèce de plante autrement appellée *Corneille.* voy. ce mot.

# M

M

EST la douzième Lettre de l'Alphabet *François* & *Anglois* & l'une des confonnes qu'on nomme liquide ou demi voyelle. *Quintilien* remarque que M. ne fe trouve jamais à la fin d'un mot *grec*, mais qu'elle fe change toujour en N. pour la douceur de la prononciation. Dans l'*Imprimerie* où l'on emploie fouvent l'ancienne maniére de chifrer des *Romains*, elle fignifie mille & anciennement lorfqu'elle avoit un trait au deffus, comme, M̄, elle fignifioit mille fois mille ou un million. Dans les tables Aftronomiques, dans les cartes, &c. elle marque le midi ou le Sud. Dans les ordonnances des Médecins, *m* fignifie *Mifce* mêlés, ou *Manipulus*, poignée. M. Sur les monnoies eft la marque de la Ville de Toulouse

M A A

MAAMAR-BASCHI. *f. m.* Surintendant des bâtimens du Roi de Perfe.

MAAYPOOSTEN. *f. m.* Étoffe de foie des Indes Orientales.

M A B

MABOUJA. *f. f.* Racine de l'Amérique, dont les Sauvages font leurs maffues. Elle eft plus dure & plus pefante que le bois de fer.

M A C

MABOUYAS. *f. m.* Sorte de Lezard qui fe trouve dans les Ifles de l'Amérique, & qui eft le plus hideux de tous ceux que l'on y voit.

MABY. *f. m.* Breuvage dont ont fe fert dans les Ifles. Il eft compofé d'eau, de firop de cannes clarifié, de patates & d'oranges aigres. Il enyvre facilement & donne la colique, pour peu qu'on en faffe excès.

M A C

MACADOSSIN. *voy.* Méchoacan.

MACAF. *f. m.* (Imprim.) Trait qui joint deux mots enfemble, comme *Arrière-ban.*

MAÇAM. *f. m.* Nom Portugais d'un fruit des Indes Orientales ainfi appellé parce qu'il reffemble à une petite pomme. L'arbre qui le porte reffemble affez au coignaffier.

MACANDON. *f. m.* Arbre conifére du Malabar, dont le fruit reffemble à la pomme de pin, & les fleurs à celles du mélinet.

MACARISME. *f. m.* (Liturgie.) lat. *Macharifmus.* ang. *macharifm.* C'eft dans l'Eglife greque un hymne à l'honneur des Saints.

MACARON. *f. mafc.* Sorte de mets dont les *Italiens* font fort friands, comme les *Anglois* le font du *Boudin*, les Hollandois des *Harangs*, &c.

MACARONÉE. *f. f.* Piéce de vers en ftile burlefque.

MACARONIQUE. *adj.* lat. *Macaronicus.* angl. *macaronick.* Espèce de Poësie burlesque faite de mots écorchés du latin & de la langue maternelle. On dit que les *Italiens* l'ont inventée en 1510. & que de là elle s'est répanduë dans les autre Nations excepté en *Angleterre* où l'on n'en a vû que quelques légers essais.

MACARONISME. *f. m.* Piéce macaronique.

MACAXOCOTL. *f. m.* Fruit des Indes Occidentales. Il est d'une douceur mêlée d'acidité & lâche le ventre.

MACCABÉES. *f. m. pl.* lat. *Maccabei.* ang. *maccabees.* C'est le nom particulier de sept frères, parmi les *Juifs*, du tems d'*Antiochus Epiphanes* & on l'a étendu à tous ceux qui souffrirent alors persécution pour leur zèle & constance dans la défense de la liberté de leur partie & de la religion de leurs Pères. Il y a quatre livres qui portent ce nom & qui sont admis par l'Eglise *Romaines* les deux premiers comme canoniques & les deux autres comme apocryphes. Mais l'Eglise *Anglicane* n'admet les deux premiers que comme apocryphes. Le premier livre a été écrit originairement en *Hebreu* ou en *Syriaque* selon l'opinion de quelques Pères; mais à présent on prend le *Grec* pour l'original, n'y ayant point de texte *Hébraique.* Il contient le détail des actions les plus remarquables des *Juifs* pendant 40. ans, sçavoir, depuis le regne d'*Antiochus Epiphanes* jusques à la mort du Grand-prêtre *Simon*, c'est-à-dire depuis 3820 jusques à 3860 ou 135 ans avant Jesus-Christ. On n'en connoit pas l'auteur. Le second livre est un abregé d'un autre livre plus grand, composé par *Jason* & il contient l'histoire des persécutions d'*Epiphanes* & d'*Eupator* contre les *Juifs.* L'ouvrage de *Jason* n'existe plus & l'auteur dec cet abregé est inconnu. Ce second livre contient l'histoire de 15. ans, depuis 3828 jusques à 3843, depuis qu'*Heliodore* eut exécuté la commission que *Seleucus* lui avoit donné de tacher d'enlever les trésors du temple, jusques à la victoire que *Judas Maccabée* remporta sur *Nicanor.* Le troisième livre contient l'histoire de *Ptolemée Philopator* Roi d'*Egypte* contre les Juifs qui étoient dans son Royaume. Le quatrième livre est si peu connu, qu'on ne sçait pas trop ce qu'il contient. Dans les anciennes éditions *Greques* de la Bible, il y a un livre concernant le *Gouvernement de la raison*, que quelques-uns adoptent, à cause qu'il étend l'histoire d'*Eleazar* & des sept frères qui souffrirent le martyre à *Antioche* avec leur Mère.

MACÉDONIENS. *f. m. pl.* lat. *Macedoniani.* ang. *macedonians.* Hérétiques qui nioient la divinité du S. Esprit. L'auteur de cette hérésie fut *Macedonius* Evêque de Constantinople; il fut condamné dans un Concile de 150. Evêques, tenu dans la même ville.

MACER. *f. m.* lat. *Macer.* ang. *mace.* Ecorce du tronc d'un arbre du même nom qui croît en Barbarie. Elle est grosse, rougeâtre, d'un gout amer, astringente & propre pour arrêter la dissenterie & les autres cours de ventre.

MACÉRATION. *f. f.* lat. *Maceratio.* angl. *maceration.* Mortification, en matière de *dévotion.* En *Pharmacie*, c'est la digestion de certains ingrédiens qui les rend propres aux usages de la médecine, comme lorsqu'on fait infuser certaines herbes ou fleurs dans la graisse, l'huile, le vin, *&c.* sans l'action du feu, pour extraire la vertu de la plante.

MACÉRER. *v. act.* lat. *Macerare.* ang. *to macerate.* Mortifier son corps par le jeûne ou autres austerités. C'est aussi mettre dans un vaisseau des sucs ou d'autres matières avec une liqueur qui en dégage les principes.

MACERON. *f. m.* Plante dont les feuilles sont semblables à celles de l'ache, mais plus grandes, d'une odeur aromatique & d'un goût approchant de celui du persil. On se sert en médecine de sa racine & de sa semence. *Smyrnium matthioli.*

MACHACOIRE, *ou* Maque. *f. f.* Instrument à rompre & à broier le chanvre, pour en séparer la filasse de la chenevotte.

MACHA-MONA. *f. f.* Calebasse de Guinée, ou d'Afrique.

MACHAO. *f. m.* Oiseau du Brésil, d'un plumage noir mêlé d'un verd qui le rend très-luisant, ayant les pieds jaunes, le bec & les yeux rougeâtres.

MACHE. *f. f.* Plante qui ressemble à la valeriane, d'où elle a été appellée *Valerianella.*

MACHE-COULIS. *f. mas.* Fortification ancienne. Galérie qu'on faisoit au haut des tours & des châteaux.... galérie basse, ou passage qui va tout autour d'un château.

MACHE-FER. *f. m.* lat. *Ferri recrementum.* ang. *the droff of iron.* Écume de fer, scorie qui sort des forges & fourneaux & du fer quand on le bat sur l'enclume.

MACHELIÈRE. *adj. f.* lat. *Molaris, maxillaris.* ang. *cheek-tooth.* Se dit des grosses dents de la bouche qui servent à briser les gros alimens.

MACHEMOURE. *f. f.* (Marine.) lat. *Panis nautici mica.* ang. *the crums of sea-bisket.* Débris ou miettes du biscuit.

MACHER. *verb. act.* lat. *Mandere.* ang. *to chaw.* Moudre avec les dents. Manger beaucoup & avec avidité. *Mâcher le chanvre.* voy. *Maquer.*

MACHEUR, euse. *f. m.* & *f.* lat. *Mando, comedo.* ang. *a great eater.* Qui mange, qui mâche bien.

MACHIAVÉLISME. *f. m.* lat. *Machiavellismus.* ang. *machiavilianism.* Maximes de *Machiavel* touchant la politique & l'art de regner. Maximes injustes, & deshonorantes par où des monarques ambitieux tachent de s'élever contre les régles de l'équité.

MACHIAVÉLISTE. *f. mas.* & *f.* Qui suit la doctrine de Machiavel.

MACHICATOIRE. *f. m.* lat. *Masticatorium.* ang. *masticatory.* Qui se mâche, qui se consomme en mâchant, surtout du tabac.

MACHICOULIS. *voy.* Machecoulis.

MACHINAL, ale. *adj.* Se dit des mouvemens, où la volonté n'a point de part.

MACHINALEMENT. *adv.* D'une manière machinale.

MACHINATEUR. *s. m.* lat. & ang. *machinator.* Celui qui machine un crime, qui se sert de ruses & d'artifices pour tromper.

MACHINATION. *s. f.* lat. *Machinatio.* ang. *machination.* Action par laquelle on dresse des embûches à quelqu'un pour le surprendre par adresse & artifice.

MACHINE. *s. f.* lat. *Machina.* ang. *a machine.* Signifie en *Général* l'assemblage de plusieurs piéces fait par l'art des méchaniques, qui sert à augmenter ou à diriger la vertu des forces mouvantes, & d'épargner par ce moien le tems & la dépense qu'un travail pénible exige pour parvenir au même but. Ainsi on donne ce nom à tous les instrumens comme poulies, roües, &c. dont on fait usage & qui ont des noms particuliers, selon l'application qu'on en fait; quoique toutes les *machines* ne soient que différentes manières d'appliquer les forces méchaniques de la balance, du lévier, de la poulie, de la roüe, du coin & de la vis. Dans la *Poësie dramatique*, on appelle *machine* l'artifice par lequel on introduit quelque divinité sur le théatre, pour exécuter une chose qui est au dessus des forces de la nature.

MACHINER. *v. act.* lat. *Machinari.* ang. *to machinate.* Former, projetter quelque mauvais dessein. Conspirer contre quelqu'un; faire agir plusieurs ressorts secrets pour le perdre, pour lui nuire.

MACHINEUR. *voy.* Machinateur.

MACHINISTE. *s. m.* lat. *Machinarius.* ang. *a machinist.* Ingénieur qui invente, qui fait construire des machines.

MACHINOIR. *s. m.* Outil dont se servent les Cordonniers, pour blanchir les points du derriére des souliers.

MACHO. (Quintal) *s. m.* Est en Espagne un poids de 150. livres.

MACHOIRE. *s. f.* lat. *Maxilla*, *mandibula.* ang. *the jaw*, *the chops.* Partie de la tête de l'animal qui lui sert à macher & broyer les viandes. *Machoires* d'étau sont les deux extrémités d'un étau de Serrurier, qui se lachent & se serrent pour tenir le fer.

MACHONNER. *v. act.* Mâcher avec difficulté quelque chose, la tenir long-tems dans sa bouche. Parler entre ses dents, n'articuler pas distinctement.

MACHORAN. *s. masc.* Poisson des côtes du Pérou, appellé par quelques-uns *Chat marin*, ou *Chat de mer*, parce qu'il a des deux côtés de la tête des espèces de filandres ou barbes, à peu près semblables à la barbe d'un chat.

MACHURAT. *s. m.* Apprentif Imprimeur.

MACHURER. *verb. act.* lat. *Denigrare.* ang. *to dawb.* Barbouiller ou noircir quelqu'un, ou quelque chose.

MACIS. *s. m.* lat. *Macis.* ang. *mace.* C'est la deuxième écorce de la noix muscade. On l'appelle communément *fleur* de muscade. Elle est odorante, astringente, séche & utile pour corriger les compositions cordiales & cathartiques.

MACLE. *s. fem.* Espèce de châtaigne aquatique.... dans le *Blason*, c'est une piéce de l'écu faite en lozange percée en quarré. ang. *mascle.* (Marine.) Il se dit des cordes, traversantes, ridées ou bandées en lozange, qui font des mailles de cette figure.

MACOCO. *sub. m.* Animal du Royaume de Congo, de la grosseur d'un cheval, portant deux cornes extrêmement longues, minces & aiguës.

MACOCQUER. *s. masc.* Fruit d'Amérique presque semblable à nos melons & citrouilles, & d'un goût fort agréable.

MAÇON. *s. m.* lat. *Faber lapidarius.* ang. *a mason.* Ouvrier emploié sous la direction d'un architecte, à construire un bâtiment, une muraille, une église, une place publique, un palais, &c.

MAÇONNAGE. *s. m.* lat. *Structura muralis.* ang. *mason's work.* Ouvrage de maçon.

MAÇONNER. *v. act.* lat. *Fabrile opus saxeum exercere.* ang. *to build.* Travailler du métier de maçon. Former avec du plâtre & du moilon les ouvertures d'un mur. Travailler grossièrement.

MAÇONNERIE. *s. f.* lat. *Ars fabricæ lapidariæ*, *structura.* ang. *masonry.* Art de maçonner; arrangement de pierres avec le mortier.

MAÇONNES. *s. f. pl.* Espèce d'Abeilles solitaires. Elles bâtissent leur nid séparément les unes des autres, & le composent de sable qu'elles lient avec une liqueur visqueuse qu'elles tirent de leur estomach, & qui en fait le ciment. Il y a aussi des Guêpes maçonnes du genre des Ichneumons, qui font parmi ces insectes le métier des oiseaux de proie.

MACOQUER. *voy.* Macocquer.

MACQUE. *voy.* Machacoire. (Marine.) *voy. Macle.*

MACRE. *s. f.* Tribule aquatique.

MACREUSE. *s. fem.* lat. *Anaticula marina.* ang. *a sea-duck.* Oiseau maritime qui ressemble à un Canard, & qui passe pour poisson, à cause qu'il a le sang froid.

MACROBIE. *s. m.* Qui a vêcu un nombre d'années extraordinaire.

MACROCÉPHALE. *s. m.* lat. & ang. *Macrocephalus.* Homme qui a la tête fort grosse & peu proportionée au reste du corps.

MACROCOSME. *s. m.* ang. *Macrocosm.* Le monde considéré dans sa totalité, sans faire attention aux différentes parties dont il est composé.

MACROLOGIE. *s. f.* lat. *Macrologia.* ang. *macrology.* Prolixité dans le discours, abondance de periphrases & d'expressioes synonymes.

MACROPHYSOCÉPHALE. *s. mas.* Celui à qui quelque affection flatulente a distendu la tête au-delà de sa longueur naturelle.

MACUCAGUA. *s. m.* Oiseau du Brésil, qui ressemble fort au Faisan.

MACULATURE. *s. f.* latin. *Folium maculosum.* ang. *a macle.* Feuille d'imprimerie, ou mal séche, dont les caractères sont pochés, ou peu lisible, soit qu'elle soit mal tirée ou trop tôt battuë. Méchante feuille d'imprimerie, qui sert à des enveloppes. Méchant papier, qu'on fait avec du drapeau, où l'on mêle du charbon, pour le rendre noir.

MACULE. *s. f.* lat. *Macula.* ang. *spot*, *blot*, *stain.* Terme de l'écriture Sainte qui signifie tache dans une victime. En *Astronomie*, ce sont les taches obscures & irrégulières qu'on observe dans le soleil. *Scheiner* les découvrit le premier en 1611. & ensuite *Galilée*, Flamsteed, &c. les observerent avec soin. Sang ou marque que les enfans apportent du ventre de leur mère.

M A D

MADAME. *s. f.* lat. *Domina.* ang. *my lady*, *madam.* Terme de compliment ou titre d'honneur qu'on donne en parlant, ou en écrivant aux femmes qui ont quelque apparence ou qui font quelque figure dans le monde; quoiqu'autrefois on ne le donnât qu'aux femmes de qualité.

MADEMOISELLE. *s. f.* lat. *Puella nobilis.* ang. *miss.* Titre d'honneur qu'on donne aux filles qui ne sont pas mariées & aux femmes des simples gentilshommes.

MADIERS. *s. m. pl.* Piéces de bois clouées en égale distance sur la carene d'une galére.

MADOUINE. *s. f.* Pistole de Piémont. 10. liv. 16. s. 8. d. de France.

MADRAGUE. *s. f.* Pécherie faite de cables & de filets, pour prendre des Thons, qui occupe un très-grand espace en quarré.

MADRÉ, ée. *adj.* lat. *Varius*, *maculosus.* ang. *speckled*, *spotted.* Qui a des taches ou diversité de couleurs. Fin, adroit, qui trompe facilement.

MADREPORE. *s. f.* (Botanique.) Se dit de certaines plantes que l'on trouve pétrifiées dans la mer. *Madrepora.* Elles ne différent du corail qu'en ce que leurs branches sont percées de plusieurs trous disposés assés souvent en étoile.

MADREURE. *s. f.* lat. *Maculosa varietas.* ang. *speck*, *spot.* Tache ou marque sur la peau d'un animal, ou veines qui paroissent sur du bois.

MADRIER. *s. m.* lat. *Pyloclastri asserculus.* ang. *a thick plank.* Poutre plate ou grosse planche & épaisse de 5 ou 6. pouces. L'effet du pétard se fait par le moien d'un *Madrier* qu'on applique sur la bouche du pétard lorsqu'il est chargé. Le *Madrier*, sert aussi de défense contre les feux d'artifices & de soutien à un mur.

MADRIGAL. *s. masc.* ang. *madrigal.* Petite Poësie amoureuse, composée d'un nombre de vers libres & inégaux.

MADRIGALIER. *s. m.* Qui fait des madrigaux.

MADRISE, *ou* Mandise. Arbre de Madagascar. Son bois est marbré & de couleur violette au milieu. Il a les feuilles petites comme l'ébenier.

MADRURE. *voy.* Madreure.

M A E

MÆNA. *s. masc.* Espèce de hareng marqué à chaque côté d'une tache ronde, noire, azurée ou jaune, & quelquefois varié par tout le corps de beaucoup de couleurs différentes.

MAËSTRAL, *ou* Mestral. *s. m.* ang. *the north-west wind.* Nom que l'on donne au Nord-Ouest sur la méditerranée.

MAËSTRALISER, *ou* Mestraliser. *v. n.* Se dit, sur la méditerranée, de la boussole, lorsque sa variation est occidentale.

M A F

MAFLÉ, ée. *adj.* lat. *Crassus*, *pinguis.* ang. *chub-cheek'd.* Qui a le visage large, ou la taille grossière.

MAFORTE. *s. f.* Manteau que portoient les anciens moines.

M A G

MAGA. *s. m.* Arbre des Indes Occidentales dont le bois est extrêmement dur & non sujet à la vermoulure.

MAGALAISE. *voy.* Magnesie.

MAGALEP. *voy.* Mahaleb.

MAGASINAGE. *s. m.* Ce que les négocians passent en compte à leurs correspondans pour le loüage des magazins.

MAGASIN. *s. m.* lat. *Apotheca*, *penu*, *horreum.* ang. *a magazine.* Lieu où l'on serre, où l'on fait provision de marchandises, de vivres, de munitions.

MAGASINER. *v. act.* Mettre des marchandises en magasin.

MAGASINIER. *s. m.* Garde-magasin. Commis chargé du détail d'un magasin.

MAGDALEON. *s. m.* Petit cylindre de souffre, d'emplâtre, &c.

MAGDELONNETES. *s. fem. pl.* Couvent où l'on enferme les filles de mauvaise vie pour les châtier ou retirer de leurs desordres. Le Pape *Clement* VIII. leur à fixé un revenu à *Rome* & à ordonné de plus que les effets de toutes les femmes prostituées qui mourroient sans Testament, seroient donnés à ce couvent & que leurs Testamens seroient nuls si elles ne lui donnoient au moins un cinquième de leurs biens.

MAGE. (Juge.) *s. m.* Est dans plusieurs jurisdictions le Lieutenant du Sénéchal.

MAGES. *s. m. pl.* lat. & ang. *magi.* Noms que les *Persans* donnent à leurs sages, Prêtres & Philosophes, qui ont le gouvernement civil & ecclésiastique. Ils sont fort attachés à l'*Astrologie.* *Zoroastre* est leur fondateur & il paroît que leur doctrine n'est qu'une espèce de théologie naturelle.

MAGICIEN, enne. *s. m.* & *f.* lat. *Magus.* ang. *a magician*, *a wizard.* Il se prend ordinairement en mauvais sens, & signifie un homme qui prétend faire des choses extraordinaires par l'assistance des Démons ou des esprits.

MAGIE. *s. f.* lat. *Magia.* ang. *magick.* Art qui apprend à faire des choses surprenantes & merveilleuses, à interpréter des mistères obscurs ou à vaincre de grandes difficultés. Il y en a de trois sortes, la magie *naturelle*, *artificielle* & *diabolique.* La *magie naturelle* n'emploie que des moyens naturels & produit par-là des effets surprenans & merveilleux aux yeux du vulgaire. La *magie artificielle* produit aussi des effets surprenans par les régles des mathématiques, comme par la combinaison des miroirs, &c. La *magie diabolique* est une profanation du texte des écritures Saintes par voye d'enchantement, prétendant faire des prodiges par le secours de quelque démon ou esprit familier, comme de guerir le maladies, les blessures, &c. sans l'application des remédes, &c.

MAGIQUE. *adj.* lat. *Magicus.* ang. *magical, magick.* Qui se fait par la magie naturelle ou artificielle ou par la magie noire. La lanterne *magique* est une invention d'optique qui fait paroître contre une muraille toutes sortes de spectres & de figures par le moïen de plusieurs verres diversement colorés.

MAGISME. *s. m.* Ancienne religion des Mages de Perse.

MAGISTER. *s. masc.* lat. *Magister paganus.* ang. *a school-master.* Maître d'école de village, qui enseigne à lire aux jeunes païsans.

MAGISTÈRE. *s. m.* lat. *Magisterium.* ang. *magistery.* Gouvernement du Grand-maître de *Malthe.* C'est aussi un *terme de Chymie*, qui signifie un précipité de quelque dissolution, fait par un sel, ou par quelque autre corps qui rompt la force du dissolvant. Quelques-uns prétendent que le *Magistère* est le changement d'un corps en un autre d'une espèce différente, comme lorsqu'on change le fer ou le cuivre en cristaux de *Mars* & de *Venus.*

MAGISTRAL, ale. *adject.* lat. *Imperiosus.* ang. *magisterial.* Qui tient du maître.... En *Médecine*, il se dit des médicamens composés que les Médecins ordonnent sur le champ.... chez les *Ingénieurs*, ligne *magistrale* est le principal trait qu'ils tracent sur le terrain ou sur le papier pour représenter iconographiquement le plan d'une ville, d'une fortification.

MAGISTRALEMENT. *adv.* lat. *Superbius, despoticè.* ang. *magisterially.* D'une manière magistrale.

MAGISTRAT. *s. m.* lat. *Magistratus.* ang. *a magistrate.* Officier public à qui on confie le pouvoir d'exécuter les loix en tout ou en partie.

MAGISTRATURE. *s. fem.* lat. *Magistratus.* ang. *magistracy.* La charge, dignité de Magistrat, & le tems qu'on l'exerce.

MAGMA. *s. m.* Partie la plus épaisse, ou la résidence d'une matière liquide qui a été exprimée.

MAGNANIME. *adject.* lat. *Magnanimus.* ang. *magnanimous.* Qui a une grandeur d'ame & de courage, qui l'éleve au dessus du commun des hommes.

MAGNANIMEMENT. *adv.* lat. *Fortiter, magno animo.* ang. *magnanimously.* D'une manière magnanime.

MAGNANIMITÉ. *s. f.* lat. *Magnanimitas.* ang. *magnanimity.* Grandeur, élevation d'ame & de courage, qui fait vaincre toutes les difcultés & que rien ne rebute.

MAGNÉ. *voy.* Magnésie.

MAGNÈS ARSENICAL. *s. m.* ( Chymie. ) Mélange de parties égales d'arsenic, de soufre, & d'antimoine fondus ensemble sur le feu & condensés en forme de pierre.

MAGNÉSIE, MAGNÈSE, *ou* Magne. *s. f.* Minéral assez semblable à l'antimoine, à la reserve qu'il est plus tendre & qu'au lieu d'aiguilles, on y voit de petits brillans.

MAGNÉTIQUE. *adj.* lat. *Magneticus.* ang. *magnetical, magnetick.* Qui appartient à l'aimant.

MAGNÉTISME. *s. masc.* lat. *Magnetismus.* ang. *magnetism.* Propriété qu'une chose à d'en attirer une autre.

MAGNETTES. *s. f. pl.* Toiles de Hollande.

MAGNÈZE. *voy.* Magnésie.

MAGNIFICENCE. *s. f.* lat. *Magnificentia.* ang. *magnificence, magnificentness.* Vertu qui enseigne à dépenser son bien avec honneur & avec éclat. Splendeur, grandeur, éclat.

MAGNIFIER. *v. act.* lat. *Extollere.* ang. *to magnify.* Loüer, exalter, élever.

MAGNIFIQUE. *adj.* lat. *Magnificus.* ang. *magnificent.* Splendide, somptueux, qui se plait à donner, & à faire des dépenses éclatantes. C'est aussi un titre que l'on donne aux Recteurs des Universités de *France* & d'*Allemagne.*

MAGNIFIQUEMENT. *adv.* lat. *Magnificè.* ang. *magnificently.* D'une manière magnifique.

MAGNOLIA. *s. f.* Sorte de plante.

MAGOT. *s. masc.* lat. *Thesaurus absconditus.* ang. *a hidden threasure.* Amas d'argent caché. Gros singe. Homme difforme, laid, mal bâti.

MAGUEY. *voy.* Karaouta.

MAH

MAHALEB. *s. m.* Espèce de Cerisier sauvage, dont les feuilles ressemblent à celles du bouleau, ou à celles du peuplier noir, & les fleurs à celles du cerisier ordinaire. Le fruit qu'il porte est rond & noir, ayant la figure de nos cerises, contenant un noyau, dans lequel on trouve une amande amère, qu'on appelle aussi *Mahaleb.*

MAHOMÉTAN, ane. *s. m.* & *f.* lat. *Mahumetanus.* ang. *mahometan.* Celui qui fait profession de croire les dogmes de *Mahomet.*

MAHOMÉTISME. *s. m.* lat. *Mahumetismus.* ang. *mahometanism.* Sentimens de *Mahomet* en matière de religion.

MAHONNE. *s. f.* lat. *Navium turcicarum genus.* ang. *mahone.* Vaisseau Turc en forme de galéasse.

MAHOT. *s. m.* Arbrisseau rampant qu'on trouve aux Antilles. Son écorce est composée de fibres extrêmement fortes, qui servent à faire des cordes.

MAHOUTS. *s. m. pl.* Sorte de draps de laine.

MAHUTES. ( Fauconnerie. ) Le haut des aîles de l'oiseau, près du corps.

MAI

MAI. *voy.* May.

MAIDIN. *voy.* Meidin.

MAJESTÉ. *s. f.* lat. *Majestas.* ang. *majesty.* Caractère de grandeur & de supériorité qui fait reverer les puissances souveraines. C'est le titre qu'on ne donne aujourd'hui qu'aux Rois & aux Empereurs, mais qu'on donnoit autrefois aux Papes & aux Archevêques. Les Empereurs d'*Allemagne* ont taché de s'aproprier ce titre avec la couronne fermée. *François* I. le rendit commun aux Rois de *France*. Depuis que *Charles* V. a été élû Empereur d'*Allemagne*, les Rois d'*Espagne* ont conservé le titre de *Majesté*. Ils n'avoient auparavant que celui d'*Altesse*. *Henri* VIII. fut le premier Roi d'*Angleterre* qui prit ce titre; ses prédécesseurs n'ayant pris que celui de *Grace* ou d'*Altesse*. A présent ce titre est devenu commun à tous les Rois. Parmi les anciens *Romains* c'étoit le titre de la Republique & de ses grands Officiers, mais dans la suite il ne fut donné qu'à l'Empereur & à la famille Impériale.

MAJESTUEUSEMENT. *adv.* lat. *Multâ cum majestate.* ang. *majestically.* D'une manière majestueuse.

MAJESTUEUX, euse. *adject.* lat. *Majestate venerandus.* ang. *majestical.* Noble, grand, auguste; qui marque de la grandeur; qui attire du respect, de la vénération.

MAJEUR, euse. *adj.* lat. *Major.* ang. *greater.* Qui est plus grand, plus fort, plus considérable qu'un autre. Qui est en âge de gouverner son bien. lat. *Egressus annos alienæ tutelæ.* ang. *of age.*

MAJEURE. *f. f.* lat. *Propositio major.* angl. *the major proposition.* Première proposition d'un syllogisme régulier. *Majeure*, se dit en *musique* d'une consonance qui surpasse la mineure d'un demi-ton.

MAIGRE. *adj.* lat. *Macer*, *macilentus.* ang. *lean*, *meager.* Animal qui a peu ou point de graisse. Terre aride, séche, sabloneuse.

MAIGRELET, ette. *adj.* Diminutif de *Maigret.*

MAIGREMENT. *adverb.* lat. *Exiliter.* ang. *poorly.* D'une manière maigre.

MAIGRET, ette. *adj.* lat. *Submacer.* angl. *lean.* Un peu maigre.

MAIGREUR. *f. f.* lat. *Macies.* ang. *leanness.* Etat d'un homme qui est devenu sec & maigre.

MAIGRIR. *v. n.* lat. *Macescere.* ang. *to grow lean.* Devenir maigre.

MAIGUE. *f. f.* lat. *Mesga*, *thynnus.* Espèce de poisson de mer.

MAIL. *f. m.* lat. *Ludus tudicularis sphera minoris.* ang. *mall.* Jeu d'exercice, où l'on pousse avec grande violence & adresse une boule de buis qu'on doit faire à la fin passer par un petit arc de fer qu'on nomme la passe. L'instrument avec lequel on pousse la balle, se nomme aussi *mail.*

MAIL-AMSCHI. *f. m.* Espèce de rhamnus qui croît au Malabar.

MAIL-ÉLOU. *f. m.* Grand arbre du Malabar, qui est toujours verd, & qui porte fleurs & fruits en même tems & même deux fois l'année.

MAILLE. *f. f.* lat. *Obolus.* ang. *half a denier.* Petite monnoie de cuivre qui valoit autrefois en *France* la moitié d'un denier. C'est aussi l'ouverture qui demeure entre les ouvrages de fil, de ficelle, de laine, ou de soie, qui sont noüés ou tricotés. L'ouverture qu'on laisse dans un treillis de fer. Le tissu de plusieurs filets de fer dont on fait une arme deffensive. En termes de *Blason* c'est une boucle ronde sans ardillon. En termes d'*Orfévre* c'est la quatrième partie d'une once. *Mailles*: voy. *Yeux de Piès*, au mot *Œuil.*

MAILLEAU. *f. m.* Petit instrument de bois en forme de maillet.

MAILLER. *v. act.* lat. *Lamatili armaturâ tegere.* ang. *to arm with a coat of mail.* Armer de mailles.

MAILLET. *f. m.* lat. *Malleus.* ang. *a mallet.* Marteau fait d'un gros billot de bois, qui sert aux *Maçons* pour tailler leurs pierres, aux *Menuisiers* pour faire leurs mortoises, tenons, &c. & aux *Sculpteurs*, *Tonneliers* & divers autres ouvriers.

MAILLIER. *voy.* Chaînettier.

MAILLOCHE. *f. f.* Maillet de bois.

MAILLON. *sub. masc.* (Horlogerie.) Petite piéce d'une forme ovale percée de deux trous, pour faire des chaînes de montre.

MAILLOT. *f. m.* lat. *Panniculi.* ang. *swadling-clouts.* Couches & langes avec lesquelles on enveloppe un enfant à sa naissance, & pendant sa première année.

MAILLURE. *f. f.* (Fauconnerie.) Taches, mouchetures, qui forment des mailles sur les plumes de l'oiseau de proie.

MAIN. *f. m.* lat. *Manus.* ang. *hand.* Partie très utile du corps de l'homme qui est a l'extrémité de ses bras & qui pour un plus grand avantage est divisée en cinq branches qu'on appelle doigts, qui ont leurs jointures, &c. Tous les hommes en ont naturellement deux, la *main* droite & la *main* gauche. Mais les *Anatomistes* appellent *main* toute la partie du corps qui s'étend depuis l'épaule jusques aux doigts; ce qui s'appelle dans le *stile ordinaire*, le bras. En termes de *Fauconnerie*, *main* se dit du faucon, par exemple qu'il a la main habile, gluante, fine, &c. *Faire main basse* en termes de *Guerre*, c'est passer tout au fil de l'épée. *Changer de main* en *jurisprudence*, c'est changer de maître. *Coup de main* est un coup hardi & dangereux. *Homme de main* est un homme d'exécution, hardi & capable de tout. Donner les *mains*, c'est consentir.

MAIN-FORTE. *f. f.* lat. *Præsidium.* ang. *help.* Se dit du secours qu'on prête à la justice, &c.

MAIN-GARNIE. *f. f.* Possession de la chose contestée.

MAIN-LEVÉE. *f. f.* lat. *Vindiciarum datio.* ang. *replevy.* Permission de joüir d'une chose qui avoit été saisie.

MAIN-MISE. *f. f.* lat. *Manus injecta.* ang. *seizure.* Action de frapper, de battre. Saisie.

MAIN-METTRE. *v. act.* Affranchir de condition servile.

MAIN-MORTABLE. *adjectif.* lat. *Servitus.* ang. *in mortmain.* Se dit des gens serfs, dont les biens appartiennent au Seigneur, quand ils sont décédés sans hoirs issus de leurs corps.

MAIN-MORTE. *f. f.* lat. *Homo servus.* ang. *mortmain.* Celui qui est main-mortable, qui est de condition servile. On appelle aussi *main-*

*morte*, ces corps & sociétés, qui sont immortels par leur constitution, dont les terres & les biens ne peuvent revenir au Seigneur & à la communauté, & qui ne sont sujets à aucun service feudal. Tels sont les gens d'Eglise, les Religieux, les Hôpitaux.

MAINT, MAINTE. *adj.* lat. *Creber*, *multus.* anglois. *many*, *several.* Plusieurs; un bon nombre.

MAINTEFOIS. *adv.* lat. *Sæpe*, *sæpius.* ang. *many a time*, *often.* Souvent.

MAINTENANT. *adv.* lat. *Nunc.* ang. *now*, *at this time.* Présentement, à cette heure, au siécle présent.

MAINTENIR. *verb. act.* lat. *Asserere*, *tueri.* ang. *to maintain.* Défendre, soutenir la vérité d'une chose qu'on affirme. Rendre ferme, appuyer, conserver en état.

MAINTENON. *s. f.* Petite croix que les femmes portent au cou, dont le bâton & la traverse sont ronds. On y met quelquefois trois boutons aux trois extrémités d'enhaut.

MAINTENUË. *s. fem.* lat. *Possessio.* ang. *a possession adjuged upon a full trial.* (Palais.) Se dit des jugemens donnés sur les complaintes, sur les actions possessoires en matière bénéficiale.

MAINTIEN. *s. m.* lat. *Conservatio*, *integritas.* ang. *maintenance.* Affermissement d'une chose pour la conserver dans le même état. Posture, contenance, la mine, l'air.

MAJOR. *s. m.* lat. *Major*, *præfectus.* ang. *a major.* Officier de guerre qui a différentes qualités & fonctions. Le *Major* d'un Régiment d'Infanterie est celui qui a soin de former le bataillon du régiment, de lui faire faire l'exercice, de le rallier, s'il plie dans une bataille, de lui porter tous les ordres & c'est le seul Officier d'Infanterie qui ait permission d'aller à cheval. Le *Major* d'un Régiment de Cavalerie est le premier Capitaine du Régiment & celui qui le commande en l'absence du Mestre de Camp. Le *Major d'une Brigade* soit Cavalerie, soit Infanterie, est celui qui reçoit l'ordre & le mot du *Major* général & qui le donne aux *Majors* inférieurs. Le *Major* d'une Place fortifiée, &c. a soin de la garde, de la patrouille & des sentinelles. Le *Major général*, est celui qui reçoit les ordres du Général & les donne aux *Majors* des Brigades. Il est sous le Lieutenant général & commande à la gauche lorsqu'il y a deux attaques dans un Siége. *Majordome*, est le Maître d'hôtel.

MAJORAT, Majorasque, *ou* Mayorasque. *s. masc.* Droit d'ainesse établi en Espagne, par lequel les aînés des grands succedent à leurs principales terres, sans aucun partage avec les cadets, & sans aucune charge d'hypotheques. lat. *Majoratus.* ang. *majorate.*

MAJORDOME. *s. m.* Maître d'hôtel.

MAJORITÉ. *s. f.* lat. *Justa agendi & gerendi ætas.* ang. *majority.* Age fixé par les loix pour avoir l'administration de son bien. C'est aussi la charge de Major. lat. *Majoris munus*, *dignitas.* ang. *a major's place.*

MAIRAIN. *s. mas.* (Menuiserie.) Bois de chêne refendu en petites planches minces.

MAIRE. *s. mascul.* lat. *Major civitatis.* ang. *mayor.* Premier Officier de ville qui préside aux Echevins & aux Consuls. Le *Maire* de Londres ou *Lord mayor* est le premier Magistrat chargé du gouvernement civil de la Ville de Londres.

MAIRIE. *s. f.* lat. *Tribunatus politicus popularis.* ang. *majoralty*, *mayoralty.* Qualité ou office de Maire. Tems qu'on a exercé la charge de Maire.

MAÏS. voy. Mays.

MAISON. *s. f.* lat. *Domus*, *ædes*, *mansio.* ang. *house*, *home.* Logis; demeure, habitation. *Maison de ville*, est le lieu où s'assemblent les Officiers qui ont la police de la ville. *Maison de campagne* ou *de plaisance* est une maison qu'on prend plaisir à embellir pour s'y aller divertir. En *Astrologie*, *Maison* est la 12e. partie ou division du Ciel.

MAISONNAGE. *s. m.* (Coutumes.) Bois de haute futaie qu'on coupe pour bâtir des maisons.

MAISONNETTE. *s. f.* lat. *Ædicula*, *domuncula.* anglois. *a little house.* Petite maison. On appelle *Petites maisons* à *Paris*, l'hôpital où l'on renferme ceux qui ont l'esprit aliené.

MAITRE, esse. *s. m.* & *f.* lat. *Dominus.* ang. *master.* Qui est Seigneur, propriétaire de quelque chose. C'est aussi une qualité qu'on donne à plusieurs Officiers, comme le *Maître* d'un navire, *Maître* des ports, *Maître* des requêtes, &c. Il se dit encore de celui qui enseigne les autres, qui a droit d'avoir boutique, qui est supérieur à l'égard d'un autre, &c. latin. *Magister.* ang. *master. Maître de chambre*: voy. Camerier.

MAITRISE. *s. f.* Dignité ou charge qui donne la qualité de maître. Qualité d'un artisan qui est reçu maître. lat. *Magistri titulus.* ang. *freedom....* Logement destiné aux Enfans de chœur & à leur Maître.

MAITRISER. *v. act.* lat. *Regere imperio.* ang. *to domineer.* Dominer, l'emporter, se rendre Maître de quelqu'un pour le gouverner avec autorité.

MAJUSCULE. *adj.* lat. *Majuscula littera.* anglois. *a capital letter.* Se dit des grandes lettres ou capitales.

## MAL

MAL. *s. m.* lat. *Malum.* ang. *ill*, *evil*, *mischief.* Douleur, infirmité corporelle. *Mal caduc* est l'épilepsie. *Mal* signifie aussi, déplaisir, peine, fatigue, affliction, perte, ruine, dommage qu'on souffre.

MAL. *adverbe.* latin. *Malè.* anglois. *ill*, *not well.* De mauvaise manière.

MALABATRUM. *s. m.* Feuille d'inde. Elle entre dans la composition de la thériaque.

MALACHITE. *s. f.* *Malachites.* Pierre précieuse qui approche de la Turquoise.

MALACIE. *s. f.* Appetit excessif. *Malacia.*

MALACODERME. *adj.* Se dit des animaux qui ont la peau molle.

MALACOÏDE. *s. f.* Plante qui a la fleur & la figure de la mauve, elle en a aussi les propriétés.

MALACTIQUE. *adj.* & *s. m.* (Médecine.) Médicament émollient & résolutif. lat. *Emolliens.* ang. *emollient*, *malactick.*

MALADE. *adj.* & *s. m.* & *f.* lat. *Æger*, *ægrotus.* ang. *sick*, *ill*, *sickly.* Qui se porte mal.

MALADERIE. *s. f.* lat. *Nosocomium.* ang. *a lazaretto.* Lieu fondé pour assister les malades.

MALADIE. *s. f.* lat. *Morbus*, *infirmitas.* ang. *disease*, *distemper.* Mal, indisposition, infirmité.

MALADIF, ive. *adj.* lat. *Valetudinarius.* ang. *sickly*, *weakly*, *infirm.* Qui est infirme, sujet à être souvent malade.

MALADRERIE. *voy.* Maladerie.

MAL-ADRESSE. *s. f.* Malhabileté. Défaut d'adresse.

MAL-ADROIT, oite. *adject.* lat. *Ineptus*, *parùm dexter.* ang. *unhandy*, *aukward.* Qui manque de dexterité, d'adresse tant du corps que de l'esprit.

MAL-ADROITEMENT. *adv.* lat. *Ineptè.* ang. *aukwardly.* D'une manière mal-adroite.

MALA-ELENGI. *s. masc.* Arbre du Malabar toujours verd. Ses feuilles sont utiles en médecine.

MALAGME. *s. m.* lat. & ang. *Malagma.* Médicament topique, cataplasme.

MALAGUETTE. *voy.* Malaquette.

MALAIS. *s. m.* Malaise. *s.* & *adj. f.* la langue des Savans & des Docteurs des Indes Orientales.

MALAISE. *s. m.* lat. *Miseria.* ang. *trouble.* Incommodité.

MALAISÉ, ée. *adj.* lat. *Difficilis*, *arduus.* ang. *hard*, *difficult.* Difficile, incommode.

MALAISÉMENT. *adv.* lat. *Ægrè*, *difficulter.* ang. *hardly.* Difficilement, avec peine.

MALANDRE. *s. f.* Gale ou crevasse, qui vient à la jointure du genou des chevaux.... Nœud gâté & pourri dans les piéces de bois.

MALANDREUX, euse. *adj.* Se dit des piéces de bois, qui ont des malandres.

MALAQUETTE. *s. f.* Poivre de la Jamaïque, graine de girofle.

MALAVANTURE. *s. fem.* lat. *Infortunium.* ang. *a mischance*, *a misfortune.* Rencontre facheuse, qui se fait par hazard, par mauvaise fortune.

MALAVISÉ, ée. *adj.* lat. *Imprudens*, *incautus.* ang. *ill-advised*, *unwise.* Imprudent, qui dit ou fait des choses mal à propos, & sans y prendre garde.

MALAUTRU. *voy.* Malotru.

MALAXER. *v. act.* (Pharmacie.) Amollir, pêtrir des drogues pour les lier ensemble.

MAL-BATI, ie. *adj.* lat. *Sine arte factus*, *distortus.* ang. *ill-shaped.* Qui est mal fait, contrefait, laid.

MALBÊTE. *voy.* Male-bête.

MALCHUS. *s. m.* Demi-confessional, qui n'a qu'une oreille.

MAL-CONTENT, ente. *adj.* lat. *Non contentus.* ang. *discontented.* Qui n'a pas eu satisfaction d'une chose ou la récompense qu'il en attendoit.

MALE. *adj.* lat. *Mas*, *masculus.* ang. *male.* Qui a les parties de la génération extérieures; noble, ferme, vigoureux.

MALE. *s. fem.* lat. *Hippopera*, *saccus sarcinarius.* anglois. *a mail.* Espèce de coffre pour le voyage.

MALE-BÊTE. *s. f.* lat. *Nequam.* ang. *an ill or wicked man.* Qui est dangereux, dont on doit se défier.... (Marine.) *Peterasse:* Espèce de hache à marteau, qui a le côté du taillant fait comme un calfat double, qui sert à pousser l'étoupe dans les grandes coutures.

MALÉDICTION. *s. f.* lat. *Execratio.* ang. *malediction*, *curse.* Imprécation qu'on fait contre quelqu'un, en souhaitant qu'il lui arrive du mal.

MALEFAÇON. *s. f.* lat. *Vitium*, *defectus.* ang. *a defect in a piece of work.* Défaut dans la manière dont une chose est faite. Infidélité.

MALÉFICE. *s. masc.* lat. *Maleficium.* ang. *witchcraft.* Crime. Sortilege pour nuire à quelqu'un.

MALÉFICIÉ, ée. *adj.* lat. *Fascino illigatus.* angl. *bewitched.* Ensorcelé, enchanté; à qui on a donné quelque sort, à qui on a nuit par maléfice.

MALÉFIQUE. *adj.* lat. *Maleficus.* ang. *maleficious.* En *Astrologie*, se dit d'un astre dont on croit l'influence mauvaise.

MALEGUETE, *ou* Malegete. *voy.* Cardamome.

MALENCONTRE. *s. m.* lat. *Sors adversa.* ang. *mischief.* Malheur, disgrace; cas fortuit & desavantageux.

MALENCONTREUSEMENT. *adverb.* latin. *Inauspicatò.* ang. *unfortunately.* Malheureusement.

MALENCONTREUX, euse. *adj.* lat. *Inauspicatus.* angl. *unlucky*, *fatal.* Celui qui porte malencontre, ou à qui il arrive quelque malencontre.

MALENPOINT. *adv.* En mauvais état, soit pour la santé, soit pour la fortune.

MALENTENDU. *s. masc.* lat. *Error.* ang. *a mistake.* Erreur & surprise.

MALENUIT. *s. f.* lat. *Nox infausta.* ang. *ill night.* Nuit avec insomnie, inquiétude, &c.

MALEPESTE. lat. *Væ!* ang. *udsbudikins.* Imprécation qu'on fait contre quelque chose avec admiration.

MALETÔTE. *s. f.* lat. *Acerba tributi exactio.* ang. *a tax or exaction upon the people.* Imposition faite sans fondement, sans nécessité, sans autorité légitime.

MALETÔTIER. *s. masc.* lat. *Acerbi tributi exactor.* ang. *a tax-gatherer.* Celui qui exige des droits qui ne sont pas dus, ou qui sont imposés sans autorité légitime.

MALETTE. *s. f.* lat. *Sarcinula.* ang. *a scrip.* Petite malle.

MALETTIER. *s. m.* lat. *Sarcinularius opifex.* ang. *a mail-maker.* Ouvrier qui fait des males.

MALFAÇON. *voy.* Malefaçon.

MALFAIRE. *v. act.* lat. *Nocere.* ang. *to do mischief.* Faire du mal.

MALFAISANT, ante. *adj.* lat. *Noxius*, *maleficus.*

*leficus*. ang. *mischievous*. Qui nuit, qui fait du mal, qui est malin.

MALFAIT, aite. *adj*. lat. *Deformis*. angl. *deformed*. Qui n'est pas fait dans les régles, qui n'a pas les qualités & les agremens requis.

MALFAITEUR. *f. m.* lat. *Facinorosus*. ang. *a malefactor*. Criminel, scélerat.

MALFAMÉ, ée. *adject*. lat. *Infamis*, *malo nomine*. ang. *defamed*. Qui a mauvaise réputation.

MALGRACIEUSEMENT. *adv*. lat. *Inurbanè*. angl. *uncivilly*. Rudement, incivilement.

MALGRACIEUX, euse. *adj*. lat. *Agrestis*, *rusticus*. ang. *uncivil*. Grossier, maussade, incivil, rebarbatif.

MALGRÉ. *Prép*. lat. *Invitè*, *invitò*. ang. *in spite of*, *maugre*. Contre la volonté de quelqu'un. En dépit de. Bon gré, *malgré*, signifie en dépit qu'on en ait.

MALHABILE. *adj*. lat. *Ineptus*. ang. *silly*, *ignorant*, *aukward*. Qui n'a ni adresse, ni capacité, ni disposition à faire quelque chose.

MALHABILETÉ. *f. f.* Manque d'adresse, de capacité, d'habileté.

MALHERBE. *f. f.* Plante d'une odeur forte qui sert aux Teinturiers.

MALHEUR. *f. m.* lat. *Calamitas*, *infelicitas*. ang. *misfortune*. Infortune, desastre, disgrace, accident, rencontre facheuse, dommageable.

MALHEURE. (à la) *adv*. Malheureusement.

MALHEUREUSEMENT. *adv*. lat. *Infeliciter*. ang. *unfortunately*. Par malheur.

MALHEUREUX, euse. *adj*. lat. *Infelix*, *miser*. ang. *unhappy*. Misérable, qui manque des choses nécessaires, qui mene une vie triste & desagréable. Méchant, scélerat. Celui a qui tout ce qu'il entreprend succéde mal. Damné. *Malheureux* signifie aussi ce qui cause du malheur. Ce qui est vil, mauvais, &c.

MALHONNÊTE. *adj*. lat. *Turpis*, *indecorus*. ang. *dishonest*. Ce qui n'est pas dans les régles de la bienséance, de la vertu, de la civilité, de la droiture & de la probité.

MALHONNÊTEMENT. *adv*. lat. *Illiberaliter*, *inurbanè*. ang. *uncivilly*. D'une manière malhonnête, incivile.

MALHONNÊTETÉ. *f. fem.* lat. *Illiberalitas*. ang. *uncivility*. Action malhonnête.

MALICE. *f. f.* lat. *Malitia*, *malignitas*. ang. *malice*. Méchanceté, inclination à faire du mal. Tour de gayeté pour se divertir.

MALICIEUSEMENT. *adv*. lat. *Malitiosè*. angl. *maliciously*. Avec malice.

MALICIEUX, euse. *adject*. lat. *Malitiosus*. ang. *malicious*. Méchant, qui est plein de malice.

MALICORIUM. *f. mas.* Ecorce de la Grenade.

MALIGNEMENT. *adv*. lat. *Malignè*. ang. *maliciously*. Avec mauvaise intention.

MALIGNITÉ. *f. f.* lat. *Malignitas*. ang. *mischievousness*, *malice*. Qualité de ce qui est malin.

MALIER. *f. m.* lat. *Equus sarcinarius*. ang. *a sumpter horse*, *a pack-horse*. Cheval qui porte la male.

MALIN, igne. *adj*. lat. *Malignus*. ang. *mischievous*, *malicious*. Enclin a faire du mal. Méchant, mordant. Nuisible. Les fiévres *malignes* sont celles qui durent long-tems & se communiquent.

MALINES. *f. f. pl.* lat. *Æstus maris major*. ang. *high water*. (Marine.). Grandes marées, à la nouvelle ou pleine Lune.

MALINGRE. *adj*. lat. *Æger*. ang. *peaking*, *sickly*. Qui n'est pas en bonne santé, qui est valétudinaire, convalescent.

MALINTENTIONNÉ, ée. *adj*. lat. *Malè affectus*. ang. *ill affected*. Qui a dessein de nuire, de faire du mal.

MALJUGÉ. *f. mas.* lat. *Sententiæ iniquitas*. ang. *an illegal decree*. Arrêt mal rendu; défaut d'une sentence, injustice qu'elle contient.

MALLE. *voy*. Male.

MALLÉABILITÉ. *f. fem.* lat. *Malleabilitas*. ang. *malleability*, *malleableness*. Qualité des métaux qui les rend ductiles & propres à être travaillés au marteau.

MALLÉABLE. *adj*. lat. *Malleabilis*, *ductilis*. ang. *malleable*. Ce qui peut se battre, forger & étendre sous le marteau.

MALLEMOLLE. *voy*. Abrohani.

MALLÉOLE. *f. f.* Cheville du pied. lat. *Malleolus*. ang. *the ancle-bone*.

MALLETIER, Mallette. *voyez*. Malettier, Malette.

MALLIER. *voy*. Malier.

MALMENER. *v. act.* lat. *Malè multare*. ang. *to use ill*, *to abuse*. Battre, reprimender, faire du mal à quelqu'un.

MAL-MORT. *f. m.* Espèce de lépre ou de gale très maligne.

MAL-NOMMÉE. *f. f.* Herbe qui entre dans la composition du remede dont on se sert contre la morsure du Serpent.

MAL-ORDONNÉ, ée. *adj*. lat. *Malè dispositus*. ang. *ill ordered*. (Blason.) Se dit des piéces qui ne sont pas disposées selon les régles ordinaires, comme lorsque de trois fleurs de lis il y en a une seule en chef & deux en pointe.

MALOTRU, uë. *adj*. & *f. m.* & *f.* lat. *Vilis*, *ineptus*. ang. *ungainly*, *wretched*. Mal fait, mal bati, incommodé.

MALPLAISANT, ante. *adj*. lat. *Insuavis*, *infacetus*. anglois. *unpleasant*. Facheux, ce qui n'agrée pas.

MALPROPRE. *adj*. lat. *Sordidus*, *squallidus*. anglois. *slovenly*, *sluttish*. Sale, vilain, maussade. Qui n'a pas les dispositions requises pour réussir.

MALPROPREMENT. *adv*. lat. *Sordidè*. ang. *slovenly*. D'une manière malpropre.

MALPROPRETÉ. *f. fem.* lat. *Squalor*. ang. *slovenliness*. Saleté, ordure, qualité de la chose mal propre.

MALSAIN, aine. *adj*. lat. *Infirmus*. angl. *unhealthy*. Qui n'a point de santé, ou qui nuit à la santé. lat. *Valetudini nocens*. ang. *unhealthful*.

MALSÉANT, ante. *adj*. lat. *Indecens*. ang. *unseemly*, *unbecoming*. Qui n'est pas honnête, ni convenable à l'état d'une personne.

MALSONNANT, ante. *adject.* Se dit d'une proposition qui sans être hérétique, à quelque chose qui choque & qui révolte. lat. *Malè sonans.* ang. *ill-sounding.*

MALTALENT. *s. m.* lat. *Inimica simultas.* ang. *ill-will.* Mauvaise volonté qu'on a contre quelqu'un.

MALTE. *s. f.* lat. *Melita.* ang. *malta.* Ordre Religieux militaire de Chevaliers qui ont eu différens noms, comme *Hospitaliers de Saint Jean de Jerusalem*, *Chevaliers de Rhodes*, &c. Ils furent fondés en cette manière. Quelques Marchands de la Ville de *Melphe*, dans le Royaume de *Naples*, qui négocioient en *Levant*, quelque tems avant le voyage de *Godefroy* de *Bouillon* dans la *Terre sainte*, eurent permission du Caliphe d'*Egypte* de bâtir à *Jerusalem* une Maison pour eux & pour ceux de leur Nation qui viendroient en pélerinage dans la *Palestine*, en payant pour cela un tribut annuel. Quelque tems après ils bâtirent deux Eglises & ils y reçurent les Pélerins avec beaucoup de zèle & de charité. Ce dessein donna courage à quelques autres de s'emploier aux mêmes exercices de charité & à fonder une Eglise en l'honneur de S. Jean, avec un Hôpital où l'on avoit soin de traiter les malades ; ce qui les fit nommer *Hospitaliers.* Quelque tems après lorsque *Godefroy* prit *Jerusalem* en 1099, on leur donna des habits noirs, avec une croix à huit pointes, & on leur fit faire les trois vœux de Religion, ausquels on ajouta un quatrième, par lequel ils s'engageoient de recevoir, traiter & défendre les Pélerins. La fondation est de l'an 1104, sous le régne de *Baudouin* I. & c'est ainsi que cette Ordre devint militaire & s'attira quantité de noblesse, qui changerent les Hospitaliers en Chevaliers. La ruine des affaires des Chrétiens au Levant, lorsqu'ils eurent perdu *Jerusalem*, obligea les Chevaliers de se retirer à *Margat* & ensuite à *Acre*, qu'ils défendirent vaillamment en 1290, & suivirent *Jean* de *Luzignan*, Roi de *Chypre*, qui leur donna *Limisson* où ils demeurerent jusqu'en 1310. Cette même année ils prirent *Rhodes*, sous la conduite de leur grand Maître *Foulques de Villaret* & la suivante ils la défendirent contre une armée de *Sarrazins*, avec le secours d'*Amé* Duc de *Savoye*. C'est de lui que ses successeurs ont pris pour devise ces quatre lettres F. E. R. T. qui signifient *Fortitudo ejus Rhodum tenuit.* Il a conservé *Rhodes* par sa valeur. De-là ils prirent le nom de Chevaliers de *Rhodes*. Mais *Solyman* ayant pris cette Isle en 1522, ils se retirent en *Candie*, de là en *Sicile* & le *Pape* leur donna *Viterbe* pour retraite. En 1530. l'Empereur *Charles* V. leur donna l'isle de *Malte* où ils ont toujours été depuis lors & d'où ils ont tiré leur nom. Ils étoient anciennement divisés en huit langues ou nations, mais depuis le changement de Religion en *Angleterre* ils n'en ont plus que sept. Ceux qui sont reçus dans cet Ordre doivent être nobles de quatre races, du côté paternel & maternel & issus de légitime mariage, excepté les fils naturels des Rois & des Princes.

MALTHE. *s. f.* Espèce de ciment dont on se servoit autrefois, qui étoit un mélange de poix, de cire, de plâtre & de graisse ... La *Malthe* naturelle est une espèce de bitume .... Les Romains enduisoient le dedans des Aqueducs d'une sorte de *Malthe*, composée de chaux vive fusée au vin, incorporée avec sain de pourceau, & chair de figue fraiche ou poix fondue. *Maltha.*

MALTOTE, Maltôtier. *voy.* Maletôte, Maletôtier.

MALTRAITER. *v. act.* lat. *Inclementer accipere.* ang. *to use ill.* Outrager quelqu'un soit de paroles, soit de coups de main.

MALVEILLANCE. *s. f.* lat. *Malevolentia.* ang. *malevolence.* Mauvaise volonté, dessein qu'on a de nuire à quelqu'un.

MALVEILLANT, ante. *adj.* lat. *Malevolus.* ang. *malevolent.* Qui a de la haine, de l'envie contre quelqu'un.

MALVERSATION. *s. f.* lat. *Prævaricatio*, *concussio.* angl. *misdemeanour.* Prévarication commise en l'exercice d'une charge, d'une commission, d'un maniement ; concussion, exaction, divertissement de deniers.

MALVERSER. *v. n.* lat. *Rem malè gerere.* ang. *to be guilty of some misdemeanour.* Prévariquer en l'exercice de sa charge, y commettre des malversations.

MALVOISIE. *s. f.* lat. *Vinum arvisium.* ang. *malmsey.* Vin grec qui étoit autrefois fort recherché, mais qui a perdu de sa réputation depuis peu. C'est aussi un vin muscat qui vient de *Provence.*

MALVOULU, uë. *adj.* lat. *Odiosus.* ang. *hated.* Qui est haï, à qui on veut du mal.

## M A M

MAMAN. *s. fem.* lat. *Mater*, *mamma.* ang. *mamma.* Terme dont les enfans se servent pour appeller leur mère.

MAMANGA. *s. m.* Arbrisseau du Brésil, dont les feuilles, qui approchent de celles du citronnier, sont vulnéraires & détersives. On tire de ses gousses un suc huileux, propre à faire résoudre les abscès.

MAMANT. *sub. m.* Production de la nature toute semblable à l'yvoire. On la trouve en Siberie. Quelques-uns croient que c'est un fossile, d'autres que ce sont les cornes d'un animal extraordinaire.

MAMELLE. *s. f.* lat. *Mamma*, *uber.* ang. *the breast.* Teton d'une femme .... Tetes des animaux. lat. *Ubera.* ang. *the teat.*

MAMELON. *s. m.* lat. *Papilla.* ang. *nipple.* Petit bout des mamelles. *Mamelon* de porte : *voy.* Gond.

MAMELU, uë. *adj.* lat. *Mammosus.* ang. *that has a great breast.* Qui a de grosses mamelles.

MAMEYA, Mameyes, *ou* Mamey. *sub. m.* Arbre des Indes Occidentales, remarquable par la beauté d'un feuillage toujours verd, & la bonté d'un fruit semblable à peu près à nos pavies, mais souvent aussi gros que la tête d'un enfant.

MAMMAIRE. *adj.* lat. *Mammarius.* anglois. *mammary.* Se dit de deux artères, qui portent le sang aux mammelles, & de deux veines qui reportent le sang des mammelles dans les veines sousclavieres.

MAMMELLE, Mammelon, Mammelu. *voy.* Mamelle, Mamelon, Mamelu.

MAMMELUS. *s. m. pl.* ang. *mamalukes.* Nom d'une Dynastie qui a regné long-tems en *Egypte.* C'étoient originairement des Esclaves *Turcs* & *Circassiens* que *Melis Caleh* avoit acheté des *Tartares*, au nombre de mille; il les forma aux exercices de la guerre, & en éleva quelques-uns aux principales dignités de l'Empire. Ils tuérent le Sultan *Maodam*, & lui donnerent pour successeur l'un d'entr'eux qui fut le Sultan *Ageddin.*

MAMMEYE. *s. f.* Fruit du mameya.

MAMMILLAIRE. *adj.* Les apophyses *Mammillaires*, sont deux petits boutons, qui ressemblent à des bouts de mamelle, qui sont sous les ventricules antérieurs du cerveau, & qu'on tient pour organes de l'odorat.... muscle *Mammillaire*, ou *Mastoïde*, sert à baisser la tête.

MAMMO. *s. m.* Arbre du païs des Noirs qui produit un fruit d'un suc piquant, & qui ressemble à des prunes blanches.

MAMMONE. *s. f.* lat. *Mammona.* anglois. *mammock.* Selon la Théologie des *Payens* étoit le Dieu des richesses.

MAMOERA, *ou* Papaya, *ou* Papayer. *sub. m.* Arbre des Isles Antilles, dont le fruit ressemble en quelque sorte aux mamelles.

MAMOTBANI. Mousseline ou toile de coton blanche, fine & rayée, qui vient des Indes Occidentales.

MAMOUDI. *s. f.* Monnoie d'argent qui a cours en Perse. 9. s. 3. d.

M'AMOUR, M'amie. *s. m.* & *f.* lat. *Meum corculum.* ang. *dear love*, *honey.* Termes de cageollerie familière, abrégés de mon amour, mon amie.

M A N

MANACA. *s. m.* Arbrisseau du Brésil, dont les feuilles approchent de celles du poirier. Ses fleurs ont une odeur de violette très forte, & sur le même arbrisseau on en trouve de bleues, de purpurines & de blanches.

MANAGUAIL. *s. m.* Herisson d'Amérique, dont les pointes ont environ un pied de longueur. latin. *Herinaceus Americanus.* ang. *the American urchin.*

MANANT. *s. m.* lat. *Incola rusticus.* ang. *a clown.* Païsan, habitant en un village, ou en une métairie à la campagne.

MANATI. *s. m.* Vache marine qui est fort commune dans l'Orinoque. Sa peau est plus dure que celle du bœuf dont elle a le mugissement. Sa chair est fort tendre.

MANCARVILLIER. *voy.* Mancenillier.

MANCELLE. *s. f.* lat. *Catena tractoria.* ang. *great iron rings.* Petite chaîne qui tient au collier du cheval, au bout de laquelle il y a un grand anneau qu'on met au limon, & qu'on arrête avec l'atteloire, pour pouvoir tirer.

MANCENILLE. *s. f.* Fruit du mancenillier, tout semblable à une pomme d'Apis & fort doux, mais si venimeux, qu'il tue en fort peu de tems.

MANCENILLIER. *s. m.* Arbre des Isles Antilles. Ses feuilles ressemblent à celles des poiriers ou des pommiers sauvages & son fruit à la pomme d'Apis. *voy.* Mancenille.

MANCHE. *s. f.* lat. *Manica.* angl. *a sleeve.* Partie de la chemise ou de l'habillement qui couvre le bras en tout ou en partie... *Manche. s. m.* Est une partie d'un corps qui sert à le prendre, à le manier ou à s'en servir, comme le *manche* d'un ballai, de la charruë, des instrumens de musique, &c. lat. *Manubrium.* ang. *handle.*

MANCHERONS. *s. mas. pl.* lat. *Manicula stivæ, aratri.* angl. *the plough-tail.* Ce sont les parties de la charruë que l'on tient avec les mains, lorsqu'on laboure.

MANCHETTE. *s. f.* lat. *Imæ manicæ, fimbria.* ang. *a ruffle.* Petit ornement de toile qu'on met sur le poignet au bout des manches.

MANCHON. *s. m.* lat. *Pellita manica.* ang. *a muff.* Fourrure qu'on porte en hiver, propre pour y mettre ses mains, afin de les tenir chaudement.

MANCHOT, ote. *adj.* lat. *Mancus*, *manu captus.* ang. *maimed.* Qui n'a qu'une main ou un bras dont il se puisse aider, soit qu'il ait l'autre main ou l'autre bras coupé, soit qu'il ait quelque maladie qui lui en ôte l'usage.

MANDARINAT. *s. masc.* Charge, dignité, office de Mandarin.

MANDARINS. *s. m. pl.* Grands de la *Chine*, qui sont ordinairement Gouverneurs de quelques Provinces. On les choisit entre les *Loitias*, qui sont les plus sçavans de la secte de *Confucius.* Dans leur gouvernement, qui est toujours éloigné du païs de leur naissance, ils ont un fort beau palais & dans la princpale sale, il y a un lieu élevé où est la Statuë du Roi, devant laquelle le *Madarin* se met à genoux, avant que de s'asseoir sur le siége de justice. On a un si grand respect pour eux, qu'on ne leur parle qu'à genoux. Il y a des *Mandarins* militaires qui commandent les Troupes; & des *Mandarins* de lettres, qui exercent les charges de la justice.

MANDARU. *s. m.* Arbre du Malabar portant des siliques & des feuilles divisées en deux.

MANDAT. *s. masc.* lat. *Mandatum.* ang. *a mandamus*, *mandate.* Grace expectative, rescrit du Pape, par lequel il mande à un Collateur ordinaire, de pourvoir celui qu'il lui nomme du premier bénéfice qui vaquera à sa collation. En *Angleterre*, *Mandat* ou *Mandamus* est un rescrit qui mande à une Communauté de rétablir un Alderman ou autre Officier en sa place, ou dignité, lorsqu'il a été injustement déposé. C'est aussi un rescrit addressé à l'*Escheateur* de la trésorerie pour lui mander de trouver un office après la mort de l'un des tenans du Roi. C'est aussi un ordre à un cherif de mettre entre les mains du Roi ou en sa possession, toutes les terres & tenemens de la veuve du Roi, qui malgré son serment s'est mariée ſans le conſentement du Souverain. C'eſt encore un commandement du Roi ou de ſes Juges de faire quelque choſe pour faciliter la juſtice.

MANDATAIRE. *ſ. maſc.* lat. *Mandatarius.* anglois. *mandatary.* Celui qui eſt porteur d'un mandat. Procureur, Commiſſionnaire, celui qui a reçu une commiſſion pour agir, ou pour faire quelque choſe.

MANDATUM. *ſ. m.* La cérémonie du Jeudi Saint pour le lavement des pieds.

MANDEGLOIRE. *voy.* Mandragore.

MANDEMENT. *ſ. m.* lat. *Mandatum.* ang. *an order, or mandate.* Ordre qu'un ſupérieur envoye afin qu'on l'exécute. Commiſſion, injonction de venir.

MANDER. *verb. act.* lat. *Mandare.* ang. *to order, command.* Donner un ordre à un inférieur de faire quelque choſe. Convoquer. Inviter à ſe trouver à quelque cérémonie. Ecrire à quelqu'un.

MANDIANT. *voy.* Mendiant.

MANDIBULE. *ſ. fem.* lat. *Mandibula.* ang. *mandible.* (Anatomie.) C'eſt la mâchoire ſupérieure ou inférieure. La mandibule ſupérieure dans les jeunes gens eſt compoſée de douze os, ſix de chaque côté, qui n'en font qu'un ſeul fort dur, dans un âge mûr.

MANDICITÉ, Mandier. *voy.* Mendicité, Mendier.

MANDIL. *ſ. m.* Eſt un bonnet ou turban que portent les *Perſans*, il eſt compoſé d'une piéce de mouſſeline blanche & fine de cinq ou ſix aunes de long, qu'ils tournent autour de leur tête & d'une écharpe de ſoie de même longueur qu'ils tournent de même pardeſſus, de manière que ſes différentes couleurs en ſe rencontrant dans les différens plis forment des ondes. La grande quantité de matière qui entre dans ce turban, met la tête à couvert du grand froid & de l'ardeur exceſſive du ſoleil. Il eſt ſi ſerré, que le coutelas ne peut pas le percer, à ce qu'on dit. En tems de pluie on le couvre d'une eſpèce de gros drap rouge

MANDILLE. *ſ. f.* lat. *Penula.* ang. *a mandilion.* Manteau que portoient autrefois les Laquais & qui les diſtinguoit des autres valets. Il étoit de trois piéces dont l'une pendoit ſur le dos & les autres ſur les épaules.

MANDISE. *voy.* Madriſe.

MANDORE. *ſ. fem.* lat. *Pandoron, cithara minor.* ang. *mandore.* Inſtrument de muſique qui a la figure d'un petit luth.

MANDOUAVATÉ. *ſ. maſ.* Arbre de Madagaſcar, qui produit un fruit ſemblable à la noiſette.

MANDOUTS. *ſ. m.* Serpent qui ſe trouve à Madagaſcar ; il n'eſt point vénimeux.

MANDRAGORE. *ſ. f.* lat. *Mandragora.* ang. *a mandrake.* Eſpèce de plante qui ſtupefie & qui quelquefois produit la frenezie. On dit qu'elle eſt provocative & c'eſt pour cela qu'on l'emploie dans les philtres & charmes d'amour. Il y en a de deux ſortes. L'une eſt noire & ſe nomme *Mandragore femelle*, ſes feuilles reſſemblent aſſez à celles de la laituë, quoique plus étroites & plus petites, répandues à terre, & d'un odeur forte & puante. Elle porte des fruits qui reſſemblent un peu aux cormes, d'une couleur pâle & d'une odeur forte. Ils ont des ſemences comme celles des poires. Cette plante a deux ou trois racines fort grandes liées enſemble, noires en dehors & blanches en dedans, couvertes d'une écorce épaiſſe. La *Mandragore mâle*, ſe nomme auſſi *Folie*, par quelques auteurs ; parce qu'elle ôte l'uſage des ſens. Ses fruits ſont auſſi gros que ceux de la femelle, d'une odeur & couleur de ſaffran ; ſes feuilles ſont grandes, blanches, larges, & liſſes, comme celles du Hêtre. Sa racine reſſemble à celle de la femelle, mais elle eſt plus épaiſſe & plus groſſe. Cette plante ſtupéfie ceux qui en uſent & quelquefois les prive de l'uſage de la raiſon. Souvent elle produit de ſi grands vertiges & léthargies, que ſi ceux qui en ont pris ne ſont pas promptement ſecourus, ils meurent dans les convulſions.

MANDRENAQUE. *ſ. f.* Toile dont la trême eſt de coton & la chaîne de fil de palmier.

MANDRERIE. *ſ. f.* Cette partie du métier des vanniers, où l'on fait de gros ouvrages.

MANDRIER. *ſ. m.* Vannier, qui fait des ouvrages de mandrerie.

MANDRIN. *ſ. maſc.* C'eſt le principal outil d'un tourneur, l'arbre qui tourne dans la lunette, au bout duquel on monte ou on attache les piéces que l'on veut tourner en l'air.

MANDSJADI. *ſ. m.* Arbre Indien, qui porte des Siliques, dont la fleur eſt pentapétale & en épi. Il vit 200. ans.

MANDUCABLE. *adj.* Mangeable.

MANDUCATION. *ſ. fem.* lat. *Manducatio.* ang. *manducation.* Terme de Théologie, qui ne ſe dit que de l'uſage de l'Euchariſtie.

MANÉAGE. *ſ. m.* (Marine.) Charge & décharge que les matelots doivent faire des planches, du merrein, du poiſſon ver & ſec, ſans en demander ſalaire au marchand.

MANÉGE. *ſ. m.* lat. *Hippodromus, equaria palæſtra.* ang. *manage.* Lieu deſtiné à manier & à faire travailler les chevaux dans les Academies. C'eſt auſſi l'exercice du cheval, & la façon particulière de le faire travailler. ... Art de manier les eſprits & de les conduire à ſes fins.

MANÉQUE. *ſ. f.* Muſcade mâle.

MANEQUIN. *ſ. m.* lat. *Ciſta, ciſtula.* ang. *a great basket.* Ouvrage d'oſier. En termes de *Peinture*, c'eſt une ſtatuë de cire & quelquefois de bois, dont les jointures ſont faites de manière à lui pouvoir donner telle attitude qu'on deſire.

MANEQUINAGE. *ſ. m.* lat. *Sculptura.* ang. *carving.* (Architecture.) Sculpture qu'on emploie dans les édifices.

MANES. *ſ. m. pl.* lat. & ang. *manes.* Certaines divinités parmi les anciens, qui étoient, ſelon quelques-uns, les ames des défunts ſéparées de leurs corps & ſelon d'autres c'étoient des Dieux infernaux ou les Dieux des morts, d'autres diſoient que c'étoient les Dieux de la nuit, & qu'ils régnoient entre le ciel & la terre, qu'ils présidoient aux vapeurs de la nuit, & qu'ils prenoient plaisir à tourmenter les hommes.

MANEUVRE. *voy.* Manœuvre.

MANGA, *ou* Mangas. *s. m.* Fruit d'un arbre qui croît dans les *Indes Orientales*, assez semblable à nos petits melons, ou gros concombres, on le prépare d'une manière particulière & on le fait entrer dans les sauces.

MANGAYBA. *s. m.* Grand & bel arbre du Brésil. Son fruit est rond, ressemblant à un Abricot & bon à manger.

MANGALIS. *s. mas.* Petit poids des Indes Occidentales à peser les pierreries. Il pese environ 5. grains.

MANGANÈSE. *s. f.* lat. *Manganesia.* anglois. *manganese.* Terre minerale qui est obscure comme le fer.

MANGARZAHOC. *s. m.* Ane sauvage de Madagascar.

MANGAS. *voy.* Manga.

MANGEABLE. *adj.* lat. *Edulis.* ang. *eatable.* Ce qui est propre à servir d'aliment aux animaux.

MANGEAILLE. *s. f.* lat. *Esca, cibus.* ang. *eatables, victuals.* Ce qu'on prépare pour nourrir quelques animaux & sur tout les oiseaux.

MANGELIN. *s. m.* Poids pour les diamans. Il est de 7. grains.

MANGEOIRE. *s. f.* lat. *Præsepe.* ang. *a manger.* Creche où l'on met la nourriture des chevaux.

MANGER. *v. act.* lat. *Mandere, edere.* ang. *to eat.* Mâcher, avaler, prendre des alimens solides par la bouche, pour se nourrir. Faire un repas. Dissiper son bien. Détruire, ronger. Elider.

MANGER. *s. m.* lat. *Cibus, esca.* ang. *meat, food.* Mets, alimens dont on se nourrit.

MANGERIE. *s. f.* lat. *Edacitas.* ang. *merry-making.* Goinfrerie. Exaction, concussion.

MANGEUR, euse. *s. m.* & *f.* lat. *Edo, edax, belluo.* ang. *eater.* Qui mange. Qui fait des concussions.

MANGEURE. *s. f.* lat. *Abrosio.* ang. *nibling, gnawing.* Marque que laisse la vermine sur ce qu'elle a mangé.

MANGLE. *s. m.* Arbre des Indes Occidentales, dont les feuilles sont semblables aux grandes feuilles du poirier. Il porte des gousses remplies d'une pulpe semblable à la moëlle des os, d'un gout amer.

MANGLIER. *voy.* Mangle.

MANGOSTANS. *s. masc.* Fruit de l'isle de Java dont la chair ressemble à celle de l'orange, d'un goût doux & agréable. Il vient sur un petit arbre semblable au pomier, & dont les feuilles approchent de celles du laurier.

MANGOUSTE. *s. m.* Animal des Indes, qui ressemble à nos belettes.

MANGUA, *ou* Mangue. *voy.* Mangle.

MANGUIER. *voy.* Manga.

MANJA. *s. m.* Poids de Perse. 12. livres un peu légères.

MANIABLE. *adj.* lat. *Tactilis, tractabilis.* ang. *weildy.* Ce qu'on touche, ce qu'on manie facilement, ce qui est facile à mettre en œuvre. Qui est doux, traitable.

MANIACAL. *adj. m.* Se dit d'un délire un peu violent.

MANJAPUMERAM. *s. m.* Grand arbre des Isles Occidentales. Les fleurs ont l'odeur du miel & sont un peu amères au goût. On en tire une eau bonne pour les yeux.

MANIAQUE. *s. m.* & *s. f.* & *adj.* lat. *Furiosus.* ang. *maniack.* Furieux, transporté, hors de soi.

MANICHÉENS. *s. m. pl.* lat. *Manichæi.* ang. *manichees.* Secte d'anciens hérétiques, qui commencerent à infecter une partie de l'Eglise chrétienne vers l'an 277. & qui se répandirent beaucoup dans le levant, sur tout en *Egypte*, en *Arabie* & en *Afrique.* Le chef de cette hérésie étoit un certain *Cubricus* qui affecta de se faire appeller *Manés* ou *Vase.* Une veuve fort riche dont il étoit l'esclave, & qui mourut sans enfans, lui laissa par testament beaucoup de biens. Il prit le titre d'Apôtre ou envoïé de Jesus-Christ & dit qu'il étoit le Paraclet ou consolateur que J. C. avoit promis d'envoyer. Il établissoit deux principes, sçavoir un bon & un mauvais. Le premier qu'il nommoit *lumière* ne faisoit que du bien ; & le second qu'il appelloit *ténébres*, ne faisoit que du mal. Les ames, selon lui, avoient été faites par le bon principe & les corps par le mauvais. C'étoit plutôt une secte de philosophes que de véritables chrétiens. Ils faisoient profession d'astronomie & d'astrologie & ils se servoient d'amulettes. Ils ne croyoient pas que J.C. eût pris une veritable nature humaine, mais seulement une imaginaire. Ils prétendoient que la loi de *Moïse* ne venoit pas de Dieu ou du bon principe, mais du mauvais & que c'est pour cela qu'elle avoit été abregée. Ils s'abstenoient entièrement de manger de la chair d'aucun animal & quoiqu'ils fissent profession de recevoir les livres du nouveau Testament, ils n'en prenoient que ce qui s'accordoit avec leurs idées, prétendant que ce qui n'y étoit pas conforme avoit été inseré dans ces livres par des écrivains Posterieurs, qui étoient demi-Juifs. D'un autre côté ils faisoient passer des fables & des livres Apocryphes pour des ouvrages Apostoliques & on leur reprochoit fortement d'en avoir forgé plusieurs. Il sortit plusieurs autres sectes de celle-là sous diverses dénominations.

MANICLES. *s. f. pl.* lat. *Manicæ.* ang *hand fetters.* Fer qu'on met aux mains des prisonniers.

MANICORDION. *s. m.* ang. *claricord.* Instrument de musique fait en forme d'épinette, qui a 49 ou 50. touches & 70. cordes, qui portent sur cinq chevalets, dont le premier est le plus haut, les autres vont en diminuant à proportion. Il y a quelques rangs de cordes à l'unisson, parce qu'il y en a plus que de touches. Il y a plusieurs petites mortaises pour faire passer les sautereaux armés de petits crampons d'airain, qui touchent & haussent les cordes au lieu de la plume qu'ont ceux des clavessins & des épinettes. Il a plusieurs morceaux de drap qui couvrent les cordes & rendent le son plus doux & plus étouffé, en sorte qu'on ne le peut entendre de loin. D'où vient qu'on le nomme *épi-*

*nette sourde* ou *muette* & qu'il est particulièrement en usage chez les Religieuses. Cet instrument est plus ancien que le clavessin & l'épinette.

MANIE. *s. f.* lat. *Furor*, *insania*. ang. *madness*, *mania*. En *Médecine*, est un délire sans fiévre, avec fureur & perte totale de la raison.

MANIEMENT. *s. m.* lat. *Contrectatio*. ang. *handling*. Action de toucher, de manier. Conduite des affaires. Administration.

MANIER. *v. act.* lat. *Contrectare*. ang. *to handle*. Toucher avec la main. Conduire, gouverner, régler. Mener un cheval avec art.

MANIÉRE. *s. f.* lat. *Modus*, *ratio*. ang. *fashion*. Sorte, façon, guise. Coutume. Art.

MANIÉRÉ, ée. *adj.* Qui a des manières affectées, trop recherchées, trop étudiées.... Peintre *maniéré* : voy. Maniériste.

MANIÉRISTE. *s. m.* Peintre qui s'est fait une manière qui n'a rien ni de la nature, ni de l'antique.

MANIEUR. *s. m.* Qui manie, qui touche, qui a en sa disposition.... *Manieurs de blé* : Ceux qui gagnent leur vie à remuer le blé avec des pelles. latin. *Versatores*. anglois. *stirrers of corn*.

MANIFESTATION. *s. f.* lat. *Indicatio*, *significatio*. ang. *manifestation*. Découverte, connoissance qu'on donne.

MANIFESTE. *adj.* lat. *Manifestus*, *clarus*, *apertus*. ang. *manifest*. Clair & évident. Public, connu de tout le monde.

MANIFESTE. *s. m.* lat. *Apologeticus*. angl. *a manifesto*. Déclaration que fait un Prince par un écrit public, de l'intention qu'il a en commençant quelque guerre.

MANIFESTEMENT. *adv.* latin. *Manifestè*. ang. *manifestly*. Clairement, évidemment.

MANIFESTER. *v. act.* lat. *Exhibere*. ang. *to manifest*. Découvrir, faire voir en public.

MANIGANCE. *s. f.* lat. *Dolus*, *astutia*. ang. *intreague*. Finesse, intrigue des petites gens pour tromper le bourgeois.

MANIGUETE. *voy.* Cardamome.

MANIHOT. *s. mas.* Plante d'Amérique originaire du Brésil, dont la racine se met en farine, & donne un pain qu'on peut comparer au meilleur qui se fasse avec le froment.

MANILIUS. *s. m.* 24^e. Tache de la Lune.

MANILLE. *s. f.* Dans le jeu d'*Hombre*, c'est en noir le deux & en rouge le sept de la couleur dont on joue.

MANIMA. *s. masc.* Serpent du Brésil qui vit dans l'eau, & qui a des taches de differentes couleurs.

MANIOC, *ou* Manioque. *voy.* Manihot.

MANIPULAIRE. *s. masc.* Chef d'une petite troupe de Soldats appellée *Manipule*.

MANIPULE. *s. m.* lat. *Manipulus*. ang. *a maniple*. Ornement ecclésiastique que les Prêtres dans l'Eglise *Romaine* portent au bras gauche. En termes de *Médecine*, c'est une mesure d'herbes, ou de fleurs qui s'entend de ce que la main peut serrer. Chez les *Romains* c'étoit une petite troupe d'Infanterie, laquelle étoit du tems de *Romulus* de 100. hommes & dans la suite de 200. Elle étoit commandée par deux Centurions.

MANIQUE. *s. f.* lat. *Manica sutoria*. angl. *hand-leather*. Morceau de cuir que quelques Artisans se mettent à la main.

MANISSIÉRE. *s. fem.* Tulipe qui a un rouge ferme, un peu de rouge couvert & un très beau blanc & bien net.

MANITOU. *s. m.* Bon génie, dans l'opinion des Algonquins du Canada.... Animal qui a la tête d'un cochon, la queuë comme un loir, avec un sac sous le ventre dans lequel il porte ses petits.

MANIVEAU. *s. m.* lat. *Cista*, *cistella*. ang. *a basket*. Petit panier plat & sans anses.

MANIVELLE. *s. m.* lat. *Manubrium*. angl. *handle*. Manche pour faire tourner une machine.

MANNE. *s. f.* lat. & ang. *Manna*. Drogue médicinale qui purge doucement & qu'on prend dans quelque liqueur. Celle qu'on vend dans les boutiques & qu'on nomme communément *Manne* de *Calabre* est une liqueur blanche, douce, qui coule d'elle même, ou par incision des branches & des feuilles des frênes tant ordinaires que sauvages ; pendant la canicule & un peu auparavant, on la trouve sur ces arbres & on l'amasse en plein soleil, lequel la séche & la condense. Elle sort d'elle même des branches de l'arbre dès le mois de *Juillet*. On la retire par incision au mois d'*Août*, lorsqu'elle a cessé de couler & il en sort ensuite une troisiéme d'une qualité inférieure. Il y a une autre sorte de *Manne* qu'on trouve en *Arabie*, en *Pologne*, en *Calabre*, au mont *Liban*, & en *Dauphiné*. Elle tombe des feuilles des arbres, des herbes & des rochers. C'est une espèce de miel condensé, de la même figure que celle que *Moïse* donne à la *Manne* qui servit de nourriture aux enfans d'*Israël* dans le desert. Il y a beaucoup d'opinions & de conjectures au sujet de cette *Manne d'Israël* qui ne conviennent pas ici.

MANNEQUIN. *voy.* Manequin.

MANNETTE. *s. f.* Grand panier d'osier à deux anses.

MANOBI. *s. m.* Fruit du Brésil & des Antilles, qui vient sous terre comme les truffes. C'est une gousse qui contient deux noyaux gros comme une aveline, dont le dedans a le gout des pistaches.

MANŒUVRE. *s. m.* & *f.* lat. *Opera*, *operarius*. ang. *a labourer*. Celui qui travaille de ses mains. Aide à maçon, à couvreur. *Manœuvres* en termes de *Marine*, sont les cordages qui servent à manier les voiles en diverses façons. *Manœuvre*, est aussi l'usage & le service de ces cordages.

MANŒUVRÉE. *s. f.* ( Coutumes. ) Ouvrage, travail des mains.

MANŒUVRER. *v. act.* lat. *Nauticos funes flectere*. ang. *to attend the tackling*. Travailler aux manœuvres ; faire agir & remuer les cordages à propos.

MANŒUVRIER. *s. masc.* lat. *Operis nautici peritus*. ang. *a skilful sea-man*. Qui entend bien la manœuvre.

MANOIR. *s. masc.* lat. *Domicilium*, *sedes*.

ang. *manour.* Maison. Lieu fixe où un homme est présumé faire sa demeure.

MANOMÈTRE, *ou* Manoscope. *s. m.* angl. *manometer*, *manoscope.* Instrument pour mesurer les variations & les degrés de densité de l'air.

MANOPLE. *s. m.* Ceste ou gantelet.

MANOSCOPE. *voy.* Manomètre.

MANOUF. *s. m.* Lin qui vient du Levant, par la voie de Marseille.

MANOUVRIER. *s. m.* lat. *Opera*, *operarius.* ang. *a labourer.* Compagnon artisan.

MANQUE. *s. m.* lat. *Defectus.* ang. *want.* Défaut, besoin, nécessité.

MANQUEMENT. *s. masc.* lat. *Culpa.* angl. *fault.* Faute.

MANQUER. *v. a.* & *n.* lat. *Amittere.* ang. *to miss.* Laisser échaper une occasion de faire quelque chose.... *v. n.* Faillir, faire une faute. Avoir besoin de quelque chose. Perir, tomber. Omettre, oublier.

MANSARDE. *s. f.* lat. *Depresso fastigio tectum.* Comble coupé ou brisé.

MANSFENY. *s. m.* Espèce de Faucon des Isles Antilles.

MANSIONAIRE. *s. m.* Officier qui demeuroit auprès des Eglises & avoit soin de les garder.

MANSUETUDE. *s. f.* lat. *Mansuetudo*, *lenitas.* angl.. *mansuetude.* Vertu qui rend un homme doux, traitable & facile.

MANTA, *ou* Mante. Poisson d'Amérique, qui ressemble à la Raye, mais il est d'une grandeur si énorme, qu'il envelope de son corps comme d'un manteau un homme qu'il a saisi, le serrant étroitement, jusqu'à ce qu'il l'ait étouffé.

MANTE. *s. f.* lat. *Peplum.* ang. *a deep mourning mantle.* Grand voile noir trainant jusqu'à terre, que portent les Dames dans les cérémonies & sur tout dans le deuil. Couverture de lit faite de laine. *Mante*, Poisson, *voy. Manta.*

MANTEAU. *s. m.* lat. *Pallium*, *lacerna.* ang. *a cloak.* Habillement de dessus ample & large, qu'on porte en été par ornement & l'hiver pour se défendre du froid & de la pluie. Dans l'*Architecture*, c'est ce qui paroit d'une cheminée dans une chambre.

MANTÉGUE. *s. f.* Sain-doux du porc Sanglier.

MANTELÉ, ée. *adj.* (Blason.) lat. *Lacernatus*, *palliatus.* anglois. *mantled.* Se dit d'un écu chargé d'une espèce de chape, dont la pointe prend sa naissance des angles de la pointe de l'écu, & finit au tiers vers le chef.

MANTELET. *s. mas.* lat. *Palliolum.* ang. *a short purple mantlet.* Petit manteau violet, que mettent les Evêques sur leur rochet, lorsqu'ils sont devant le Legat ou devant le Pape, pour témoigner que leur autorité est subordonnée. En termes de *Guerre*, c'est un parapet paratif & roulant sur des roues dont se couvrent les pionniers qui sont emploiés au travail d'un siége. Il est fait de gros madriers doublés de six pieds de haut & de trois de large, & de trois pouces d'épaisseur, attachés ensemble avec des barres de fer. Dans le *Blason*, c'est une espèce de lambrequin dont les Chevaliers couvroient leurs casques & leurs écus.

MANTELINE. *s. fem.* lat. *Lacernula.* ang. *a riding-hood.* Petit manteau, que portent les femmes à la campagne.

MANTELURES. *s. fem. pl.* Poil du dos du chien, différent en couleur du poil des autres parties.

MANTILLE. *s. f.* Espèce de grand fichu à trois pointes, dont celle de derrière est arrondie.

MANTUANE. *s. f.* Anémone de couleur de citron à fond incarnat.

MANUCODIATA. *s. m.* Oiseau de Paradis, d'un plumage très fin & très varié, de qui on raconte des choses trop extraordinaires, pour être croyables.

MANUEL, elle. *adj.* lat. *Manualis.* angl. *manual.* Qui est fait de la main. Ainsi les Rois ont leur seing & sceau *Manuel.* C'est aussi un livre qu'on peut porter à la main.

MANUELLEMENT. *adv.* lat. *In manum:* ang. *manually.* De la main à la main sans autre solemnité.

MANUFACTURE. *s. f.* lat. *Officina*, *opificium.* ang. *manufactory.* Travail, fabrique d'un ouvrage qui se fait à la main, comme pour les draps, les laines, &c. & sur tout lorsque la matière & l'ouvrage sont le produit du même païs. C'est aussi une grande maison ou boutique dans laquelle un grand nombre d'ouvriers travaillent à une même sorte d'ouvrages.

MANUFACTURER. *v. act.* lat. *Elaborare.* ang. *to manufacture*, *to work.* Travailler manuellement à plusieurs sortes d'ouvrages.

MANUFACTURIER. *s. m.* lat. *Opifex*, *operarius.* ang. *a manufacturer.* Maître d'une manufacture, qui travaille dans une manufacture.

MANUMISSION. *s. f.* lat. *Manumissio.* ang. *manumission.* Action par laquelle on donne la liberté à un Esclave. Les *Romains* le faisoient en trois manières différentes. Car ou l'Esclave, du consentement de son Maître, portoit son nom dans le regître; ou le Préteur le touchoit à la tête d'une baguette, ou son Maître lui donnoit la liberté dans son testament. Dans le premier cas, il falloit que l'Esclave eut quelque fonds à lui d'une certaine valeur, ou si son Maître vouloit le lui donner, c'étoit la même chose; avec ce fonds, si son Maître lui ordonnoit de se faire enregistrer parmi les Citoyens, il obtenoit la liberté. La seconde manière étoit au commencement un privilège des Consuls, mais il fut ensuite accordé au Préteur de la ville, qui en touchant la tête d'un Esclave avec une baguette, nommée *Vindicta*, le mettoit en liberté; sur cela le Licteur ou le Sergent étoit en usage de frapper l'Esclave, & alors le Notaire public enregistroit son nom avec la raison de sa liberté. Quelquefois les *Romains* faisoient tourner en rond leurs Esclaves & leur ayant donné un soufflet, ils les laissoient aller. Ceux qui étoient affranchis de la troisième manière, ou par testament, se rasoient la tête & portoient un bonnet comme une marque de leur liberté. Quelques-uns étoient délivrés dans un amusement d'une compagnie privée, ou par lettres, mais ceux là ne jouissoient pas d'une liberté parfaite comme les autres. Si quelqu'un pendant son esclavage avoit été marqué d'un fer chaud pour sa mauvaise conduite, ou avoit été mis en prison sur quelque soupçon & qu'ayant reconnu sa faute, il fut rentré en faveur auprès de son Maître ; si dans la suite il étoit affranchi, on l'appelloit *Libertus dedititius* & il n'avoit que le dernier degré de la liberté. Parmi les *Atheniens* les Esclaves, avec une petite somme, sans le consentement de leurs Maîtres, obtenoient leur liberté & quelquefois si dans une occasion extraordinaire, ils se comportoient bien dans une bataille, l'Etat les affranchissoit. Ceux qui étoient affranchis étoient en usage de changer de nom ou d'y joindre une ou deux nouvelles syllabes. Ils se rasoient aussi d'une manière différente. L'Empereur Constantin, fit faire tous les Actes de *Manumission* dans l'Eglise, en présence de l'assemblée & de l'Evêque & voulut que les Seigneurs & Maîtres y signassent comme témoins. Après quoi ils prenoient l'Acte & demandoient que l'Evêque donnât son consentement à la liberté de l'Esclave. Ainsi les *Manumissions* se faisoient au pied de l'Autel. Il y avoit aussi plusieurs autres manières de faire la même chose, tant parmi les *Juifs* que dans les autres Nations, mais qui ne sont plus en usage. Par exemple en *Angleterre* dans le tems du Conquerant, le Maître les délivroit en présentant leur main droite au Vicomte en pleine cour, leur montrant la porte, leur donnant une lance & une épée & les proclamant libres ; on le faisoit aussi d'un autre manière, comme par des charités, &c.

MANUSCRIT, ite. *adj.* & *s.* lat. *Manuscriptus liber*, *manuscriptum*. ang. *writ by hand*: *a manuscript*. Livre ou ouvrage écrit à la main. Original d'un livre.

MANUTENTION. *s. fem.* lat. *Conservatio*. ang. *a maintaining*. Action par laquelle on confirme, on conserve en même état quelque chose, ou soin qu'on prend pour faire exécuter une chose.

MANZEL. *s. m.* Caravansera de Perse.

M A P

MAPPARIUS. *s. m.* Officier parmi les *Romains* qui dans les jeux publics du *Cirque* & des *Gladiateurs*, &c. donnoit le signal pour commencer, en jettant un mouchoir qu'il avoit reçu de l'Empereur, du Consul ou de quelque autre Officier suprême qui étoit présent.

MAPPE. *s. f.* Torchon. Serviette de grosse toile, dont on se sert pour torcher les meubles.

MAPPEMONDE. *s. f.* lat. *Universi orbis delineatio*. ang. *a general map*. Description ou de la figure du monde ou plutôt de la terre sur un plan ou dans une carte.

MAPPER. *v. act.* Torcher, nettoyer en frottant avec une mappe.

M A Q

MAQUE. *voy.* Machacoire.

MAQUER. *v. act.* Rompre le chanvre avec la machacoire.

MAQUEREAU. *s. m.* lat. *Scomber*. ang. *mackerel*. Poisson de mer fort bon à manger qu'on pêche ordinairement aux mois de *Mai* & de *Juin*.... *Maquereau*, *maquerelle* est celui, ou celle qui tient un lieu de prostitution, qui fait métier de débaucher des filles. lat. *Leno*, *lena*. ang. *a pimp*, *a bawd*.

MAQUERELLAGE. *s. m.* lat. *Lenocinium*. anglois. *pimping*, *a bawds strade*. Adresse & moyens dont on se sert pour débaucher & prostituer les femmes & les filles.

MAQUERELLE. *v.* Maquereau, *à la fin*... Petit poisson dont les Pêcheurs se servent comme d'appât.

MAQUETTE. *s. fem.* Ebauche faite par un Peintre, ou par un Sculpteur, pour un ouvrage qu'il a dessein de faire.

MAQUIGNON. *s. m.* lat. *Mango*. ang. *a jockey*. Qui vend des chevaux, qui les refait, qui couvre leurs défauts. Intriguant, qui fait des mariages, fait vendre des offices, des bénéfices.

MAQUIGNONAGE. *s. m.* l. *Mangonium*. ang. *a jockey's trade*. Adresse de vendre & de refaire les chevaux. Négociation peu honnête.

MAQUIGNONER. *v. act.* lat. *Mangonisare*, *mangonare*. ang. *to jocky*. Faire le maquignon.

MAQUILLEUR. *s. m.* lat. *Navicula scombris piscandis*. ang. *a mackerel-boat*. Bâteau pour aller à la pêche du maquereau.

M A R

MARABOUT. *s. m.* (Marine.) Voile de galére, qu'on ne met que de beau tems.

MARABOUTIN. *s. m.* Grande voile du grand mât des galéres.

MARACAS, *ou* Cochines. Vases qui servent à renfermer le baume précieux du Pérou.

MARACOC. *s. masc.* Grenadille, fleur de la Passion.

MARAIS. *s. m.* lat. *Palus*. ang. *marsh*, *morass*, *moor*. Terres basses & humides, couvertes d'eaux croupissantes qui n'ont point de pente pour s'écouler. *Marais salants* sont les marais où l'on fait le sel.

MARAICHER. *s. m.* lat. *Olitor paludanus*. ang. *a gardener*. Jardinier qui cultive un marais, où l'on fait venir des légumes, des herbes.

MARANATHA. *s. m.* C'est le plus haut degré de l'excommunication.

MARANDA. *sub. masc.* Myrthe de l'Isle de Zeilan.

MARANE. *voy.* Marrane.

MARASME. *s. mas.* latin. & ang. *marasmus*. (Médecine.) Se dit d'une fiévre lente & continue, qui consume peu à peu toute la substance du corps.

MARATRE. *s. f.* lat. *Noverca*. ang. *a stepmother*. Belle mère, femme d'un second lit, qui maltraite les enfans d'un premier lit pour avantager les siens. C'est aussi une mère dénaturée, qui expose ses enfans, &c.

MARAUD, aude. *adj.* lat. *Improbus*, *nequam*,

*quam*. angl. *a rascal*. Gueux, coquin, fripon, belitre, qui n'a ni bien, ni honneur.

MARAUDAILLE. *s. f.* Canaille, troupe de gueux.

MARAUDE. *s. f.* La petite guerre que font les Soldats, lorsque sans ordre & sans chef ils vont piller les Païsans.

MARAUDER. *v. n.* Aller en maraude. ang. *to go marauding*.

MARAUDEUR. *s. m.* ang. *a marauder*. Soldat qui va en maraude ou à la petite guerre sans ordre & sans chef.

MARAVEDIS. *s. m.* Monnoie de cuivre d'*Espagne* qui vaut un peu plus d'un denier de *France*. Les *Espagnols* comptent ordinairement par *Maravedis* tant dans le commerce que dans les finances ; quoique cette monnoie n'ait pas grand cours parmi eux. Il en faut 63. pour une reale d'argent & la piastre ou piéce de huit reales en contient 504. la pistole 2016. De sorte qu'un compte de marchandises d'une valeur considérable paroît une somme monstrueuse aux ignorans. Il y en a de différentes sortes, comme les Alphonsins, les blancs, les noirs, les vieux, &c. *Maravedis*, qui ont différentes valeurs ; mais lorsqu'on ne les nomme pas, on entend toujours les premiers dont on vient de parler.

MARBRE. *s. m.* lat. *Marmor*. ang. *marble*. Pierre extrêmement dure & solide, que l'on tire des carrières, qui reçoit un beau poli & dont on fait les ornemens des beaux édifices, comme les colomnes, les autels, les statuës, &c. Il y a une infinité de sortes de marbre, qui n'est distingué que par le païs d'où on le tire & quelquefois par sa couleur. Il n'y a que le *marbre* blanc qui soit transparent, quand il est debité par tranches minces. Les *Marbres d'Arondel* sont des tables d'ancien marbre où est gravée une chronique des Athéniens, commençant 263. ans avant J. C., elles furent présentées à l'Université d'*Oxford*, par le Comte d'*Arondel* qui les tira du Levant où elles étoient, en 1676. Mr. *Prideaux* publia l'explication des inscriptions.

MARBRER. *v. act.* lat. *In modum marmoris variare*. ang. *to marble*. Peindre ou disposer des couleurs, en sorte qu'elles imitent les veines du *marbre*. On *marbre* les livres tant sur cuir que sur tranche. On *marbre* le papier, &c.

MARBREUR. *s. m.* ang. *a marbler*. Artisan qui marbre la tranche des livres & fait du papier marbré.

MARBRIER. *s. m.* lat. *Marmorarius*. ang. *a stone-cutter*. Ouvrier qui taille, qui polit le marbre, qui le tire des carrières.

MARBRURE. *s. f.* ang. *marbling*. Imitation du marbre sur le papier marbré, ou sur la couverture d'un livre.

MARC. *s. masc.* lat. *Selibra francica*. ang. *a mark*. Poids qui sert à peser les choses précieuses ou qui sont en petit volume. Il est de 8. onces. Il signifie aussi, ce qui reste des fruits ou des herbes dont on a tiré le jus. S. *Marc* est un des Evangélistes, qui étoit Disciple & interpréte de S. Pierre. Quelques-uns disent que c'étoit un des 70. Disciples, mais qu'il abandonna Notre Sauveur, lorsqu'il leur dit. Jo. VI. 55. *Si vous ne mangés pas la chair du Fils de l'homme, & si vous ne beuvés pas son Sang, vous n'aurés pas la vie dans vous ;* mais que S. *Pierre* l'ayant fait revenir de son erreur, il persista dans la foi & accompagna S. *Pierre* à *Rome* où il écrivit son Evangile. Les Auteurs sont partagés sur la langue dans laquelle il a écrit cet Evangile ; quelques uns disent qu'ayant été écrit à *Rome* & à l'usage des chrétiens de cette ville, il a dû être écrit en *Latin* ; d'autres disent qu'il a été écrit en *Grec*. Mais il n'y a pas grand inconvenient d'imaginer que S. *Marc* a écrit son Evangile en latin pour l'usage des *Romains* & qu'il l'a traduit en *Grec* pour les autres, &c. Il y a aussi un Ordre Religieux de Chanoines reguliers fondé à *Mantoüe* par un Prêtre nommé *Albert Spinola* vers la fin du 12e. siécle, qu'on nomme la Congrégation de S. *Marc*. L'ordre de S. *Marc* est l'Ordre de Chevalerie de la Republique de *Venise* qui n'est donné qu'a ceux qui ont rendu de grands services à la Republique. *Marc* est encore le nom d'une ancienne monnoie, dont on se sert encore dans les amendes qu'on impose en *Angleterre*, & qui vaut 13 s. 4. d. sterlings.

MARCAIGE. *s. m.* Droit, qui est dû au Roi, sur les panniers de poisson de mer, qui se vendent à la halle.

MARCASSIN. *s. masc.* lat. *Anniculus aper*. ang. *a young wild boar*. Petit sanglier qui est encore à la suite de la mère, & qui est au dessous d'un an.

MARCASSITE. *s. f.* lat. *Cadmia*, *calcitis*. ang. *marcassite*. Mineral métallique contenant la semence ou la première matière des métaux. Ce mot s'applique à tout corps minéral qui contient des particules métalliques.

MARCGRAVE, Marcgraviat, Marcgravine. *voy.* Margrave.

MARCHAGE. *s. m.* (Coutume.) Action de marcher.

MARCHAND, ande. *s. m.* & *f.* lat. *Mercator*, *propola*. ang. *a merchant*. Qui fait manufacturer toutes sortes d'ouvrages, pour les exposer en vente en boutique, en magasin, en foire. Revendeur ou détalier.

MARCHAND, ande. *adj.* Se dit de ce qui se vend, ou qui a rapport aux marchands ou aux marchandises.

MARCHANDER. *v. act.* lat. *Mercari*. ang. *to cheapen*, *to haggle*. Faire des offres pour acheter quelque chose, pour convenir du prix.

MARCHANDISE. *s. f.* lat. *Merx*, *mercimonium*. ang. *ware*. Trafic. Choses qui se vendent.

MARCHASITE. *voy.* Marcassite.

MARCHÉ. *s. m.* lat. *Licitatio*. ang. *bargain*. Traité, convention, par le moyen duquel on achete, ou on troque quelque chose, ou on fait quelque acte de commerce. Prix de la chose venduë. Lieu où l'on étale, où l'on vend des marchandises. *Bracton* nous apprend qu'anciennement les *Marchés* devoient être éloignés l'un de l'autre au moins de six milles & demi en *Angleterre*; mais le peuple s'étant multiplié, il a fallu étendre le privilège de tenir les *marchés*. Dans les grandes villes les *marchés* sont restraints presque aux seules denrées & provisions, mais chaque boutique est une espèce de *marché* pour les autres manufactures. Anciennement la plûpart des *marchés* se tenoient communement le Dimanche à l'entrée de l'Eglise, à cause de l'éloignement des habitans, de sorte que les affaires de la religion & du commerce se traitoient en même tems; & quoique plusieurs Rois eussent interdit cette coûtume, elle fut observée jusques au tems d'*Henri* VI, qui la supprima efficacement. On en voit pourtant encore quelques restes dans les parties les plus septentrionales de ce Royaume. On a fait beaucoup de loix sous différentes peines pour régler les *marchés*, pour prévenir les monopoles & autres injustices, qui ne seroient pas impunies si l'on n'étoit pas négligent à les faire exécuter. Le *Clerc du marché*, est un Officier chargé de l'étalon de tous les poids & mesures conforme à celui du Roi qui est dans l'exchiquier. Il doit faire ensorte que tous les poids & mesures du marché soient conformes à cet étalon.

MARCHE. *s. f.* lat. *Iter*, *via*. ang. *march*, *marching*. Action de marcher. Traite, chemin. Degré qui sert à monter. Frontière.

MARCHE-COULIS. *voy.* Machecoulis.

MARCHE-PALIER. *s. m.* Marche qui fait le bord d'un palier.

MARCHE-PIÉ. *s. mas.* lat. *Pediolum*, *pedaneum scabellum*. ang. *foot-stool.* Petite *marche* ou escabeau qu'on met sous les pieds pour s'élever ou pour empêcher qu'on ne touche à terre.

MARCHER. *v. n.* lat. *Ingredi*, *ire.* ang. *to march*, *go*, *walk*. Aller; s'avancer; faire des pas en avant; comme fait une armée & une personne qui passe d'un lieu à un autre.

MARCHER. *s. m*, lat. *Incessus*, *gressus.* angl. *one's gate*, *going.* Action de celui qui marche.

MARCHES, *ou* Terres Marchissantes. *s. f. pl.* Terres limitrophes, telles que celles qui étoient ci-devant entre l'*Angleterre* & la principauté de *Galles*, l'*Angleterre* & l'*Écosse*.

MARCHETTE. *s. f.* Petit bâton qui tient en état une machine à prendre des oiseaux, qui venant à y marcher dessus, font détendre la machine, & se mettent au hazard d'être pris. lat. *Veruculum decipulæ.* ang. *a kind of trap for birds.*

MARCHEUR, euse. *s. m.* & *f.* lat. *Agili pede.* ang. *a walker.* Qui va bien du pied.

MARCHIS. *s. m.* Se dit de ceux qui possédent les marches, ou terres marchissantes.

MARCHISSANTES. (Terres.) *v.* Marches.

MARCO. *s. m.* Poids de Goa. 8. onces Portugaises.

MARCOTTE. *s. fem.* lat. *Viviradix.* ang. *a layer*, *put in the ground for increase.* Rejetton ou branche d'une plante, qu'on couche en terre & qui prend racine.

MARCOTTER. *v. act.* lat. *Viviradicibus propagare.* ang. *to lay layers.* Provigner, coucher des marcottes de vigne ou planter des marcottes d'œillets.

MARDELLE, *ou* Margelle. *s. f.* lat. *Putei margo.* ang. *kerb-stone.* Grand pierre ronde & percée, posée à hauteur d'appui, qui couvre tout le bord d'un puits ou son ouverture supérieure.

MARDI. *s. m.* lat. *Dies martis.* ang. *tuesday.* Troisième jour de la semaine, ainsi nommé parce que les Astrologues croyent que Mars préside à la première heure de ce jour.

MARE. *s. fem.* lat. *Lacus*, *aquarium.* ang. *a pool*, *a meer.* Eau qui s'amasse dans des terres basses, & qui n'a point d'issuë, qui se séche souvent dans les grandes chaleurs.

MARÉCAGE. *s. m.* lat. *Locus palustris.* ang. *a marshy place.* Lieu abreuvé d'eaux qui ne s'écoulent point.

MARÉCAGEUX, euse. *adj.* lat. *Paludosus.* ang. *marshy*, *moorish.* Qualité du terroir humide & bourbeux à cause des eaux qui y croupissent.

MARÉCHAIS. *s. masc.* Jardinier de marais. Celui qui cultive un jardin d'herbages.

MARÉCHAL. *s. m.* lat. *Polemarchus*, *marescallus.* ang. *a marshal.* C'est une dignité considérable dans les *Armées* de *France*. C'étoient proprement les anciens Ecuyers du Roi. Par leur institution ils avoient le commandement de l'avant garde, pour observer l'ennemi & pour choisir un lieu propre à placer un camp; aujourd'hui ils décident de toutes les affaires militaires ou par eux-mêmes ou par leurs Lieutenans. Jusques au tems de *François* premier, ils n'étoient que deux & ils n'avoient que 500. livres tournois d'appointemens pendant la guerre, & rien pendant la paix. Mais leur nombre a beaucoup augmenté depuis, aussi bien que leur dignité & leurs appointemens. Ils sont à présent les arbitres des différens qui naissent parmi la noblesse. Leur charge est attachée à la Couronne & on ne peut la leur ôter qu'avec la vie. Mais le Roi peut les suspendre de l'exercice de leur fonction. Cet honneur n'est pas héréditaire; c'est la récompense du mérite & des grandes actions. Outre les *Maréchaux* de *France*, il y a les *Maréchaux* de *Camp*, &c. qui sont leurs inférieurs en honneur, en dignité & dans le commandement. *Maréchal ferrant* est un artisan qui ferre les chevaux & qui les panse quand ils sont malades. lat. *Faber ferrarius.* ang. *a farrier.*

MARÉCHALE. *s. f.* Femme d'un maréchal.

MARÉCHALERIE. *s. f.* L'art des maréchaux, ou de traiter les chevaux.

MARÉCHAUSSÉE. *s. f.* lat. *Marescallorum jurisdictio.* angl. *marshalsey.* Jurisdiction des Prévôts des maréchaux.

MARÉE. *s. f.* lat. *Æstus marinus.* ang. *tide.* Flus & reflus de la mer, & de quelques riviéres. On a vent & *marée*, lorsqu'on a le cours de l'eau & le vent favorables. Alors les *marées* sont plus hautes. On appelle aussi *marée* le poisson de mer qui est apporté fraichement, & *chassemarée* le voiturier qui l'apporte.

MARESCAGE, Marescageux. *voy.* Marécage, &c.

MARFIL. *s. m.* Yvoire.

MARFORIO. *s. m.* Est une fameuse statuë de la Ville de *Rome* placée vis-à-vis d'une autre qui se nomme *Pasquin* & à laquelle on attache les réponses qu'on fait aux Satyres qui se trouvent sur *Pasquin*.

MARGANATIQUE. *adj.* Se dit, en Allemagne, d'un mariage contracté avec une femme d'une condition inférieure à celle du mari.

MARGE. *s. f.* lat. *Margo.* ang. *margin.* Blanc qu'on laisse à chaque côté d'une page écrite ou imprimée, pour mettre quelques notes ou apostilles, qu'on appelle pour cela notes *marginales*.

MARGELLE, *ou* Margeole. *voy.* Mardelle.

MARGER. *v. act.* lat. *Margines aptare.* ang. *to proportion the margins of a book.* Faire des marges & les compasser.

MARGINAL, ale. *adj.* lat. *Marginalis.* ang. *marginal.* Ecrit en marge.

MARGOT. *s. f.* latin. *Pica.* ang. *a mag-pye.* Sorte d'oiseau qu'on appelle autrement *Pie*... Oiseau de mer, qui est oiseau de proie.

MARGOTER. *v. n.* Se dit des cailles lorsqu'elles font un cri enroué de la gorge avant que de chanter.

MARGOUILLIS. *s. m.* lat. *Volutabrum.* ang. *plash, puddle.* Petit endroit sale & bourbeux, gachis qui s'est fait en répandant de l'eau.

MARGRAVINE. *s. f.* C'est en Allemagne une Marquise, ou la femme d'un Margrave.

MARGRAVE. *s. m.* lat. *Margravius.* anglois. *marcgrave.* Comte dans l'Empire d'Allemagne.

MARGRAVIAT. *subst. masc.* Comté d'Allemagne.

MARGRIETTE. *s. f.* Grosse verroterie, ordinairement d'un bleu foncé, tirant sur le noir, avec des raies ou jaunes ou blanches.

MARGRITIN. *s. m.* Espèce de rassade ou de rocaille très-fine.

MARGUERITE. *s. f.* lat. *Bellis.* ang. *a dazy.* Sorte de plante & de fleur jaune... Petite étoffe mêlée de soie, de laine & de fil.

MARGUILLERIE. *s. f.* lat. *Æditui munus.* ang. *church-wardenship.* Charge de marguillier.

MARGUILLIER. *s. m.* lat. *Æditiuus.* ang. *a church-warden.* Celui qui a l'administration des affaires temporelles d'une Eglise, d'une Paroisse, qui a soin de la fabrique & de l'œuvre.

MARI. *s. m.* lat. *Maritus.* ang. *a husband.* Celui qui est joint & uni à une femme par un contrat selon les usages du païs où il se trouve. Le *mari* a différens degrés d'autorité en différens païs. En *Angleterre*, la loi suppose que la femme n'a point de volontés mais qu'elle est entièrement sous l'empire de son *mari* pour ne faire & ne vouloir que ce qu'il lui prescrit.

MARIABLE. *adj.* lat. *Nubilis.* ang. *marrigeable.* Qui est en âge de se marier.

MARIAGE. *s. m.* lat. *Matrimonium, connubium.* ang. *marriage.* Contrat que font deux personnes de différens sexes, qui s'obligent à vivre ensemble de bonne intelligence. Les *mariages* sont la source des vrais biens de tous les Royaumes & Communautés, en leur donnant des enfans qui perpétuent les états & les rendent plus considérables; car leurs parens étant connus par le *mariage* sont obligés de faire leurs derniers efforts par toutes les voies légitimes, pour les soutenir & les élever sans qu'ils soient à charge à l'état. Pour rendre ce contrat plus sacré, les nations les plus civilisées l'ont accompagné de différentes cérémonies religieuses, & les ont confiées aux Prêtres plutôt qu'au Magistrat civil, pour faire plus d'impression sur les esprits & pour rendre les contractans plus attentifs à remplir leurs obligations. Dans l'Eglise *Romaine* ce contrat est un vrai sacrement. Les *Turcs* ont trois sortes de femmes; sçavoir les femmes légitimes auxquelles ils sont unis par un contrat légitime; les concubines, qu'ils prennent à loüage pour un tems déterminé & qui peuvent se retirer lorsqu'il leur plaît & les esclaves qu'ils achetent comme un autre marchandise. Les *mariages* ne sont pas permis aujourd'hui à certains degrés de consanguinité; quoiqu'anciennement ils fussent permis par nécessité. Autrefois les hommes ne recevoient rien de leurs femmes; mais au contraire ils les achetoient de leurs parens ou au moins leur faisoient des présens considérables selon leurs facultés.

MARIE. (Herbe de sainte.) *s. f.* On la trouve en Amérique sur les bords de l'Orinoque. On en forme des emplâtres qu'on applique sur les cancers, & en peu de jours on est guéri.

MARIÉ, ée. *adj.* Se dit des rimes plattes & non croisées, lorsque les masculines ne sont point entrelassées avec les feminines.

MARIER. *v. act.* lat. *Matrimonio conjungere.* ang. *to marry, to match.* Joindre un homme & une femme par le lien conjugal; conferer le Sacrement de mariage ou le recevoir.

MARIGNY. *s. m.* Moucheron du Brésil, dont la piquure est fort douloureuse.

MARIN, ine. *adj.* lat. *Marinus.* ang. *marine.* Qui vient de la mer, qui appartient à la mer.

MARINADE. *s. f.* lat. *Embamma nauticum.* ang. *marinade.* Ragout, préparation de viandes qu'on fait en les laissant tremper dans une sauce de vinaigre, poivre, sel, épice, clou, citron, &c.

MARINE. (la) *s. f.* lat. *Res nautica.* anglois. *marine.* Est la science de la navigation, ou l'art de naviger, inconnu avant l'invention de la Boussole.

MARINER. *v. actif.* lat. *Marino affectu imbuere.* ang. *to marinate.* Préparer de la viande, du poisson, en sorte qu'on lui donne un goût de marine.

MARINGOUIN. *s. m.* Insecte fort incommode, dans les Isles d'Amérique: espèce de cousin. lat. *Culex.* ang. *a kind of gnat.*

MARINIER. *s. m.* lat. *nauta.* ang. *a mariner, a sea-man.* Officier qui commande à un équipage de matelots.

MARJOLAINE. *s. f.* Herbe odorante. latin. *Amaracus.* ang. *marjeroin.*

MARIONETTE. *s. f.* lat. *Simulacrum.* ang. *a puppet.* Petite poupée qui se remuë par ressorts, & qui paroît animée.

MARIPENDA. *s. m.* Arbrisseau des Indes Occidentales, dont les rejettons & les rameaux, coupés menus & mis bouillir dans l'eau, donnent un baume très-utile.

MARISQUE. *s. f. Marisca.* Figue grosse & sans goût.... Excrescence charnuë, molle, fongueuse, indolente : espèce de fic, ainsi appellé de sa ressemblance avec la figue appellée *marisque.*

MARITACACA. *s. m.* Animal du Brésil approchant de la figure d'un furet. Quoiqu'il soit friand d'ambre, il ne laisse pas d'être d'une puanteur très pénétrante & même mortelle.

MARITAL, ale. *adj.* lat. *Maritalis.* anglois. *marital.* Qui appartient au mari.

MARITALEMENT. *adv.*ang. *like a husband.* En mari, comme doit faire un mari.

MARITIME. *adj.* lat. *Maritimus.* ang. *maritime.* Qui a du rapport à la mer.

MARLE. *voy.* Marne.

MARLER. *v. actif.* Améliorer, engraisser une terre avec de la marle. lat. *Opimare injectâ terrâ fossili.* ang. *to marl grounds.*

MARLIÉRE. *voy.* Marnière.

MARMAILLE. *s. f.* lat. *Puerilis turba.* angl. *shitten-arse children.* Troupe de petits enfans.

MARMELADE. *s. fem.* lat. *Pulpa fructuum conditorum.* anglois. *a marmalade or marmalet.* Pâte confite, à demi liquide, faite de la chair des fruits qui ont quelque consistance, comme les prunes, les coins, les abricots.

MARMENTAU. *s. masc.* (Eaux & Forêts.) Bois de haute futaie, qui est en reserve.

MARMITE. *s. f.* lat. *Lebes, olla, cacabus.* ang. *a kettle.* Pot, vaisseau où l'on fait bouillir la viande.

MARMITEUX, euse. *adj.* lat. *Miser, indigus.* ang. *whimpering.* Gueux & misérable qui vit aux dépens des autres & de leur marmite.

MARMITON. *s. f.* lat. *Lixa culinarius.* ang. *a scullion.* Valet de cuisine qui prend garde à sa marmite, qui a soin de la faire bouillir.

MARMOT. *s. m.* lat. *Cercopithecus.* anglois. *marmoset, a monkey.* Espèce de gros singe à longue queuë. Figure laide, petite & malfaite.

MARMOTE. *s. f.* Animal fort farouche, qui vit dans les montagnes. Il dort 6. mois comme le Loir. Ce qu'il a de plus singulier, c'est que son épiploon est double, triple & même quadruple. lat. *Mus montanus.* angl. *a marmotte, a mountain rat.*

MARMOTER. *v. act.* lat. *Mussitare, mutire.* anglois. *to mutter, to mumble.* Parler entre ses dents, remuer les levres sans se faire entendre.

MARMOUSET. *s. m.* lat. *Efformata ridiculum in modum effigies.* ang. *marmoset.* Figure d'homme mal peinte, mal faite.

MARMOUSTIERS. *s. m.* Célébre Abbaye de Bénédictins près de Tours.

MARNE. *s. f.* lat. *Marga.* ang. *marl.* Terre fossile, grasse & molle, qui sert à engraisser les terres, & à les rendre fertiles. Il y en a de différentes couleurs & qualités. On s'en sert quelquefois à faire de la chaux & on la cuit comme les autres pierres.

MARNER. *v. act.* lat. *Margâ stercorare.* ang. *to marl.* Mettre de la marne sur les terres, pour les rendre fertiles.

MARNERON. *s. m.* lat. *Margariarum fossor.* Ouvrier qui tire la marne des carrières & qui perce les marnières.

MARNIÉRE. *s. f.* lat. *Margaria.* ang. *a marle-pit.* Lieu d'où l'on tire la marne.

MAROCOSTIN, ine. *adj.* Se dit d'un extrait cathartique, composé de marum & de costus.

MARONITES. *s. m. pl.* lat. *Maronitæ.* angl. *maronites or maronists.* Chrétiens du Levant dont le fondateur étoit un Abbé nommé *Maron.* On prétend qu'ils avoient embrassé les erreurs des Jacobites, des Nestoriens & des Monothelites, mais ils sont à présent réunis à l'Eglise *Romaine.* Ils parlent une espèce de *Syriaque.* Ils ont un Patriarche, des Archevêques, des Evêques & environ 150. Curés ; mais ils sont tellement opprimés par les *Turcs* que leur Clergé est forcé de travailler pour vivre. Ils exercent fort l'hospitalité & reçoivent bien les Pélerins selon leurs facultés. Ils observent le Carême selon l'ancienne rigueur, ne prenant qu'un repas par jour & jamais avant la Messe qu'ils entendent sur les quatre heures après midi. Ils ont un grand respect pour leurs Prêtres, qui sont distingués par une écharpe bleuë qu'ils portent seuls autour de leur bonnet. Les gens mariés peuvent devenir Prêtres, mais ceux qui sont entrés dans les Ordres sacrés ne peuvent plus se marier. Le Pape *Gregoire* XIII. a fondé un Collège à *Rome* où leurs enfans sont élevés par les Jesuites & ensuite renvoiés dans leur païs. Leur Clergé ne porte point de surplis ni de bonets quarrés. Ils ont des fêtes particulières & des jeûnes que l'on n'observe pas dans l'Eglise *Romaine.* Leur Patriarche est un Moine de l'Ordre de S. *Antoine* & il prend le titre de Patriarche d'*Antioche.* Il se nomme toujours *Pierre*, quoique son nom veritable soit *Jean*, &c. Ils font le service divin en langue vulgaire & en *Latin.*

MAROQUIN, *voy.* Marroquin.

MAROTIQUE. *adj.* angl. *marotick.* Stile *marotique* est une espèce particulière de Poësie en *France*, gaye & badine, simple & naturelle, introduite par *Marot* & perfectionnée par *Voiture* & la *Fontaine.*

MAROTTE. *s. fem.* lat. *Ridiculum sigillum quod præfert morio.* ang. *a fool's bawble.* Ce que les fous portent à la main pour les faire reconnoître. C'est aussi une fantaisie, passion violente, attachement qui approche de la folie. lat. *Error.* ang. *folly, fancy.*

MAROTTI. *s. m.* Grand arbre du Malabar, dont les feuilles ressemblent à celles du laurier.

MAROUCHIN. *s. m.* Est le moindre de tous les pastels.

MAROUFLE. *s. m.* lat. *Homo agrestis.* ang. *a booby.* Terme injurieux qu'on donne aux gens gros de corps & grossiers d'esprit.

MAROUFLER. *v. act.* (Peinture.) Coller un tableau peint sur toile, & l'appliquer sur du bois ou sur une muraille. On se sert pour cela de couleurs grasses, ou de colle forte,

MARQUADISSE. *substantif feminin.* Se dit dans le Levant des veines & points couleur d'or, qui se trouvent dans le lapis lazuli.

MARQUARDERIE. *s. f.* Lieu où l'on séche les fromages, ou celui où on les vend.

MARQUE. *s. f.* lat. *Indicium, nota, signum.* ang. *mark.* Caractère particulier qui fait reconnoître une chose & la distingue d'une autre semblable. Trace, impression que laisse un corps quand il a passé sur un autre. Distinction, autorité, crédit, caractère qui s'imprime par autorité publique sur plusieurs choses. *Lettres de marque* sont des lettres de représailles qu'un Prince accorde pour autoriser ses sujets à prendre les vaisseaux d'un autre Prince en réparation des dommages dont il se plaint.

MARQUER. *v. act.* lat. *Notare, indicare.* ang. *to mark.* Avoir ou porter un signe naturel de ce qu'on est, de ce qu'on doit être, ou de ce qu'on a été. Mettre, appliquer une marque pour reconnoître une chose. Spécifier quelque chose, la faire voir en détail. Destiner à quelque emploi.

MARQUESEC. *s. m.* Filet qui a les mailles plus petites que les autres.

MARQUETER. *v. act.* lat. *Variegare.* angl. *to speckle or spot.* Diversifier de plusieurs couleurs ou marques différentes. Faire un ouvrage par piéce de rapport. lat. *Tessellatum opus concinnare.* ang. *to inlay.*

MARQUETERIE. *s. f.* lat. *Opus vermiculatum.* ang. *in-laid work, marquetry.* Ouvrage fait de plusieurs piéces rapportées, & de différentes couleurs séparées d'ordinaire par des filets d'étain, de cuivre, ou d'ivoire, qui forment dans les compartimens diverses figures, d'oiseaux, de fleurs, &c. & divers ornemens. On en fait avec des écailles de tortue, de la nacre de perle, de l'argent, &c. On en fait aussi avec des verres de différentes couleurs & souvent avec des pierres précieuses, avec de beaux marbres & alors on l'appelle ouvrage à la *Mosaïque.*

MARQUEUR, euse. *s. m. & f.* lat. *Signator.* angl. *a marker.* Celui qui marque.

MARQUIS. *s. m.* lat. *Marchio.* ang. *a marquess or marquis.* Titre de noblesse entre un Duc & un Comte, qui fut introduit en *Angleterre* par *Richard II*, lequel en 1337, donna à son favori *Robert Vere* qui étoit alors Comte d'Oxford, le titre de *Marquis* de *Dublin.* Le titre qu'on donne a un *Marquis* en lui écrivant, est *très-noble, très-honorable & puissant Prince,* & le Roi le nomme, *notre sincère, féal & très-bien-aimé Cousin.* Cet honneur est héréditaire & le fils aîné, par politesse, durant la vie de son Pére, se nomme Comte ou Lord d'une place, mais les cadets se nomment tous par leurs noms, *Jean, Thomas, Joseph,* &c. Le bonnet d'un *Marquis* est le même que celui d'un Duc, mais leurs couronnes sont différentes; celle d'un Duc a des fleurs & des feuilles & celle d'un Marquis des fleurs ou des pyramides couvertes de perles.

MARQUISAT. *s. m.* lat. *Marchionatus.* ang. *marquisate.* Terre à laquelle le titre de Marquis a été donné.

MARQUISE. *s. f.* lat. *Marchionissa.* ang. *a marchioness.* Femme d'un Marquis; Dame qui posséde un marquisat.

MARQUOTE, Marquoter. *voy.* Marcote, Marcoter.

MARRAJO. *s. m.* Poisson monstrueux, qui a la gueule si grande, qu'il dévore les hommes tous entiers. On le trouve dans les mers des Indes Orientales.

MARRANE. *s. m.* lat. *Proles arabum, mahumetanus.* ang. *an infidel, a miscreant.* Terme injurieux qu'on dit aux Espagnols ou à ceux d'entr'eux qui sont descendus des Mahometans ou des Juifs.

MARRE. *s. f.* lat. *Marra.* ang. *mattock or pick-ax.* Espéce de houë qui sert aux vignerons à labourer leurs vignes.

MARRAIN. *voy.* Merrain.

MARRAINE. *s. f.* lat. *Mater lustrica, matrina.* ang. *godmother.* Celle qui a tenu un enfant sur les fonts de baptême.

MARRELLE. *voy.* Merelle.

MARRI, ie. *adj.* lat. *Dolens.* ang. *sorry, grieved, concerned.* Repentant, fâché, qui a du regret d'avoir fait quelque chose.

MARRON. *s. m.* lat. *Balanitis.* ang. *chesnut.* La plus grosse & la plus excellente sorte de chataigne. C'est aussi un terme dont on se sert dans les Isles Antilles pour signifier un esclave fugitif.... Grosse boucle de cheveux.

MARRONNER. *verb. act.* Friser en grosses boucles.

MARRONNIER. *s. mas.* lat. *Arbor castanea.* ang. *the great chesnut-tree.* Arbre qui porte les marrons.... *Marronnier d'Inde:* Arbre fort grand, beau & rameux, qui seroit le plus propre a faire des allées, si ses fleurs & ses fruits ne les salissoient pas. On s'en est dégouté pour ce sujet.

MARROQUIN. *s. masc.* lat. *Caprina aluta.* ang. *spanish leather.* Cuir de bouc ou de chevre passé en galle, qu'on apporte teint du Levant; on en a du rouge, du jaune, du bleu, &c.

MARROQUINER. *v. act.* lat. *Caprinam alutam imitari.* ang. *to dress leather with galls.* Façonner du veau en guise de marroquin, en sorte qu'il paroisse marroquin à ceux qui ne s'y connoissent pas bien.

MARROQUINERIE. *s. f.* lat. *Ars effingendi hircini corii.* anglois. *the art of making spanish leather.* Art & ouvrage de faiseur de marroquin.

MARROQUINIER. *s. m.* lat. *Hircinæ pellis concinnator.* ang. *a spanish-leather-dresser.* Ouvrier qui travaille en marroquin: faiseur de marroquin.

MARRUBE. *s. m.* lat. *Marrubium.* ang. *horehound.* Plante dont il y a deux espèces; le *blanc,* dont les feuilles sont ridées, blanchâtres & comme fletries, & qui rend une odeur forte & aromatique; & le *noir,* qui est puant, dont les feuilles sont semblables à celles de la melisse, mais plus rondes & plus noires, velues, molles, ridées & puantes... *Marrube aquatique:* Plante qui a beaucoup de rapport avec le marrube noir. Elle croît aux lieux aquatiques. *Lycopus palustris.*

MARRUBIASTRE. *s. masc. Marrubiastrum.* Plante ainsi nommée, parce que ses fleurs sont semblables à celles du marrube.

MARS. *s. m.* Parmi les anciens *Payens*, étoit le Dieu de la guerre. Ils disoient qu'il étoit fils de *Junon* qui le mit au monde par l'attouchement d'une fleur que *Flore* lui montra. On feint qu'elle en usa ainsi pour se venger de *Jupiter* son mari qui avoit engendré *Pallas* de son cerveau sans son concours. On dit que Mars est né en *Thrace*. Les Poëtes parlent de ses amours avec *Venus* Déesse de l'amour & de la beauté, & disent que *Vulcain* son mari les surprit l'un & l'autre. Les anciens idolâtres sacrifioient un cheval, un loup, & un chien à *Mars*. Parmi les *Chymistes*, *Mars* exprime le fer. Les Astronomes en font la troisième plante en descendant au soleil, d'une nature chaude & séche, terminant sa révolution presque en 12. ans. Elle a le soleil pour centre, en sorte que lorsqu'il est achronique & opposé au soleil il paroît être sous le soleil, plus près de la terre & presque aussi grand que *Venus*, ayant une parallaxe plus grande que le soleil, c'est-à-dire, de quatre minutes en certains tems. Lorsqu'il est dans l'apside inférieure de son orbe, on doit y éprouver une grande intension de la chaleur si c'est en été, & une plus grande diminution du froid si c'est en hiver; la distance entre *Mars* & le soleil ayant été trouvée de 1690280. mille. Les Astrologues l'appellent *Petite infortune*, parce que c'est une planete ennemie du genre humain, étant chaude & séche. Selon eux il préside aux gens de guerre, aux chirurgiens, aux forgerons, &c. & aux maladies qui viennent d'une bile échaufée, & de la chaleur du sang, comme les fiévres aigues, la jaunisse, la petite verole, &c. *Mars* est aussi le troisième mois de l'année, selon la manière de compter ordinaire; mais dans le calcul ecclésiastique & en *Angleterre* c'est le premier mois, l'année commençant au 25. de ce mois. Les anciens peintres le représentoient sous la figure d'un homme qui avoit le teint brûlé & l'aspect sauvage, avec un pot en-tête, appuyé sur une béche, tenant le signe du Belier dans sa main droite, des fleurs & des rejettons d'amandier en sa main gauche, & un panier de semences sous le bras; mais on doit remarquer que ces simboles ne conviennent pas à tous païs & climats. ang. *march.*

MARSILIANE. *s. f.* lat. *Oneraria veneta major.* ang. *a kind of venitian ship.* Vaisseau *Venitien* à poupe quarrée.

MARSOUIN. *s. m.* lat. *Tursio*, *sus marinus.* ang. *a porpoise or sea-hog.* Grand poisson de mer fort gras, qu'on appelle aussi *Pourceau de mer* & qui est bon à manger.

MARTAGON. *s. mas.* Plante qui ressemble beaucoup au lis. Il y en a de blancs, d'orangés, de pourprés. lat. *Lilium miniatum*, *lirium.* ang. *the mountain or many flower'd lily.*

MARTE. *voy.* Martre.

MARTEAU. *s. m.* lat. *Malleus*, *tudes.* ang. *hammer.* Instrument de fer qui sert à battre le fer, le cuivre, l'argent, à pousser les clouds, &c. & qui est nécessaire à presque tous les ouvriers. Il y en a de différentes grandeurs, selon l'ouvrage où on l'applique. Il est composé d'une tête de fer & d'un manche qui la prend au milieu. L'œil du *Marteau* est le trou où l'on fourre le manche. *Marteau de porte* est un gros anneau ou quelque autre piéce de fer ou de bronze, qui frappe sur un clou pour avertir ceux de la maison de la venir ouvrir. *Marteau* en termes de *Marine*, est un traversier de l'arbalete à prendre hauteur.... Espèce d'huitre qui a la figure d'un marteau.

MARTEL. *s. m.* Marteau, avoir *Martel* en tête, c'est avoir du chagrin, de l'inquiétude. ang. *to have a flea in one's ear.*

MARTELAGE. *s. m.* (Eaux & Forêts.) Marque faite par les Officiers sur les arbres avec un marteau.... Action d'imprimer un nouveau revers sur une médaille, après avoir limé l'ancien.

MARTELÉ, ée. *adj.* Se dit d'une médaille, où l'on a imprimé un nouveau revers après avoir effacé l ancien.

MARTELÉES. *s. f. pl.* Fientes ou fumées des bêtes fauves, qui n'ont point d'aiguillon au bout.

MARTELER. *v. act.* lat. *Malleo tundere.* ang. *to hammer.* Battre à coups de marteaux.

MARTELET. *s. m.* lat. *Malleolus.* ang. *a little hammer.* Petit marteau.

MARTELEUR. *s. m.* C'est dans une forge celui qui est chargé de faire travailler le marteau, & de faire les barres de fer.

MARTELINE. *s. f.* lat. *Denticulatus malleolus.* ang. *a pick.* Espèce de marteau de Sculpteur servant à gruger le marbre, qui a une pointe d'un côté & des dents de l'autre.

MARTIAL, ale. *adj.* lat. *Martialis*, *bellicosus.* ang. *martial*, *warlike.* Belliqueux, guerrier, courageux. Les loix *Martiales* en *Angleterre* sont les loix de la guerre, qui dépendent de la volonté du Roi en tems de guerre, ou de ses Lieutenans. Car le Roi d'*Angleterre* ne fait jamais aucune loi en tems de paix que de l'aveu du Parlement, mais en tems de guerre il a un pouvoir absolu. Cependant en ces dernières années, ce pouvoir a été donné au Roi ou à ses Généraux par acte du Parlement, sous certaines restrictions.

MARTICLES. (Marine.) Petites cordes qui embrassent les voiles quand on les veut ferler.

MARTINET. *s. m.* lat. *Apus.* ang. *martlet*, *sand-martin.* Espèce de grande hirondelle qui a la gorge & le ventre blanc, & le dos noir. C'est aussi un marteau qui est mû par la force d'un moulin. lat. *Moletrina ferraria.* ang. *hammer*.... Petit chandelier plat à manche.... (Marine.) Cargues-point.... Manœuvre qui sert de balance à la vergue d'artimon... *Martinet pêcheur*: espèce d'Alcyon: petit oiseau de plumage bleu, qui hante les eaux. lat. *Alcedo.* ang. *the king's fisher.*

MARTINGALE. *s. f.* ang. *a martingal.* C'est une large courroye de cuir qui est attachée par un bout aux sangles sous le ventre du cheval, & de l'autre au dessous de la muserolle, pour empêcher qu'il ne porte au vent, & ne batte à la main.

MARTIN-SEC. *f. m.* Poire rouſſe & pierreuſe, ang. *a ſtony kind of pear.*

MARTIN-SIRE. *f. m.* Poire autrement appellée *Rouville.*

MARTRE. *f. fem.* lat. *Iĉtis*, *muſtela martes*: ang. *a marten or martin.* Petit animal qui a le poil doux & fort beau, & dont les excremens ont l'odeur du muſc. On appelle auſſi *martre* la peau de cet animal, dont on fait des fourures fort eſtimées. lat. *Iĉtis corium*, *pellis.* ang. *a marten-skin* .... *Martre zibeline*, ou *ſouris de Moſcovie*: animal ſauvage qui ſe trouve dans les païs ſeptentrionaux, qui a le poil doux & noir ; on croît que c'eſt une eſpèce de belette. ang. *a ſable.*

MARTYR, yre. *f. m. & f.* lat. & ang. *martyr.* Celui qui ſouffre des peines, des ſupplices & même la mort pour la défenſe de J. C. & de ſon Egliſe ; pour rendre témoignage de la vérité de ſon Evangile. Le mot de *martyr* ſignifie proprement témoin & dans ce ſens il convient principalement à ceux qui au commencement furent perſécutés parce qu'ils ſoutenoient la vérité des faits contenus dans l'Evangile, rélativement aux miracles, à la mort, à la réſurrection, &c. de J. C. Dans la ſuite on a donné ce nom à tous ceux qui ont ſouffert des tourmens ou des afflictions pour défendre la religion chrétienne. On l'applique auſſi quelquefois à ceux qui s'attachent fortement au vice comme martyr de l'amour, de l'ambition, de la débauche, &c. Il ſe dit auſſi hyperboliquement de ceux qui ſouffrent quelque douleur, qui ont de la peine à avoir quelque choſe.

MARTYRAIRE. *voy.* Manſionaire.

MARTYRE. *f. m.* lat. *Martyrium.* ang. *martyrdom.* Souffrance des tourmens, ou de la mort, en ſoutenant la vraie religion.

MARTYRISER. *v. act.* lat. *Cruciare*, *martyrio afficere.* ang. *to make one ſuffer martyrdom.* Faire endurer le martyre. Faire endurer de grands tourmens.

MARTYROLOGE. *f. m.* lat. *Martyrologium.* ang. *martyrology.* Catalogue ou hiſtoire des perſonnes qui ont ſouffert pour la religion. On l'entend principalement de ceux qui ont ſouffert perſécution pour la religion chrétienne ſous les Rois & Empereurs payens ou dans leurs Etats. Dans ces courtes hiſtoires on trouve le nom des perſécuteurs & de ceux qui ont été perſécutés, avec la raiſon de leur martyre, le tems, la manière, &c.

MARTYROLOGISTE. *f. m.* lat. *Martyrologii auctor*, *ſcriptor.* ang. *martyrologiſt.* Auteur d'un martyrologe.

MARUM. *f. m.* Nom donné à deux ſortes de plantes. La première eſt une eſpèce de thymbre, dont les feuilles reſſemblent à celles de la marjolaine & les fleurs & les graines à celles du thim, mais les fleurs ſont verticillées. Toute cette plante a une odeur aromatique... l'autre ſorte de *Marum* eſt une eſpèce de germandrée : ſes feuilles approchent de celles du ſerpolet, & ſes fleurs ſont ſemblables à celles de la germandrée ordinaire.

MARZEAU. *f. m.* Petite croiſſance de chair, groſſe & longue comme le doigt, fort ordinaire à la gorge des cochons.

## M A S

MASARANDIBA. *f. maſc.* Arbre du Bréſil, ſemblable en tout à nos ceriſiers, à cela près que le fruit qu'il produit n'eſt pas rond comme nos ceriſes.

MASCARADE. *f. f.* lat. *Larvatorum ludicra caterva.* ang. *a maſquerade.* Troupe de perſonnes maſquées qui vont danſer & ſe divertir ſur tout en carnaval, où ſous prétexte d'amuſemens, il ſe commet de grands deſordres.

MASCARET. *f. m.* lat. *Æſtus refluus.* ang. *an eddy of water.* Reflus violent de la mer, qui remonte impétueuſement dans la rivière de Dordogne & la Garone, & qui les fait remonter vers leur ſource.

MASCARON. *f. m.* (Architecture.) Tête chargée ou ridicule & faite à fantaiſie, qu'on met au deſſus des portes, aux fontaines, aux grottes.

MASCHE, Maſcheſer, Maſcher, &c. *voy.* Mâche, &c.

MASCULIN, ine. *adj.* lat. *Maſculinus*, *mas.* ang. *maſculine*, *male.* Qui convient au mâle & au plus fort des deux ſexes. Les *Aſtrologues* ont des planetes & des ſignes *maſculins*, non pas pour marquer aucune diſtinction de ſexes dans les corps céléſtes, mais ſeulement pour déſigner par analogie les qualités qu'ils leur attribuent. Les planetes qui excellent dans les qualités actives, c'eſt-à-dire, dans le chaud ou dans le froid, ſe nomment *maſculines* & celles qui ont des qualités paſſives ou de l'humidité & de la ſéchereſſe ſe nomment feminines. Dans la poëſie *Françoiſe* la rime maſculine eſt celle qui ſe fait d'un mot qui a une prononciation forte, ouverte, ou accentuée, comme ſont tous les mots, à la reſerve de ceux qui ont un *e* feminin à leur dernière ſyllabe, qui n'eſt compté que pour une demi-ſyllabe. En *Grammaire*, le genre maſculin eſt celui qui appartient au mâle ou à quelque choſe d'analogue, ſelon l'uſage.

MASCULINITÉ. *f. f.* Condition des mâles.

MASCULIT. *f. m.* lat. *Limbus indicus.* ang. *an indian ſhallop.* Chaloupe des Indes, dont les bordages ſont couverts avec du fil d'herbe, & dont le calfatage eſt de mouſſe.

MASETTE. *f. m.* lat. *Strigoſus equus.* angl. *a tit*, *a ſorry little horſe.* Petit cheval, ou cheval ruiné qu'on ne ſçauroit faire aller, ni avec le foüet, ni avec l'éperon.

MASLE. *voy.* Mâle.

MASORAH. *f. m.* C'eſt le titre d'une critique ou commentaire de la Bible par les Docteurs *Juifs.* On y a inſeré les différentes leçons, la forme ſous laquelle chaque mot ſe rencontre dans toute la Bible ; le nombre des verſets, des mots & des lettres qu'elle contient ; par où ils prétendent la préſerver de toute altération. Cela fut exécuté par certains Rabins, qui ſous *Eſdras* purgerent la Bible hébraïque des erreurs qui s'y étoient gliſſées pendant la captivité de *Babylone* ; ils diviſent toute la Bible en 22.

livres canoniques & chacun en chapitres & versets.

MASQUASPENNÉ. *s. f.* Racine qu'on trouve dans la virginie. Elle est rouge comme du sang, & les habitans s'en servent à peindre leurs utenciles.

MASQUE. *s. masc.* lat. *Personatus*, *larvatus*. ang. *masker*. Personne deguisée, qui s'est couvert le visage pour n'être point connuë. Il se dit aussi d'un morceau de velours noir que les Dames mettent sur leur visage pour se garentir du hâle, *&c.* tout ce qu'on met devant les yeux pour se cacher. lat. *larva*, *persona*. ang. *a mask*. En termes d'*Architecture*, ce sont certaines sculptures, qui représentent des formes de visages hideux, ou grotesques, ou de Satyres, pour remplir & orner quelques lieux vuides, comme frises, panneaux de portes, clefs des voutes, & sur tout dans les grottes.... Poinçon dont se servent les Ciseleurs.

MASQUER. *v. act.* lat. *Personam obducere*. ang. *to mask*. Mettre un masque sur le visage de quelqu'un. Couvrir, deguiser ses actions. lat. *Legere*, *obnubere*. ang. *to mask*, *cover*, *disguise*... Cacher une chose de manière qu'on en ôte la vuë... Murer les portes, les fenêtres.

MASSACRE. *s. masc.* lat. *Cædes*, *internecio*. ang. *massacre*, *slaughter*. Tuerie cruelle d'un grand nombre de peuple par le feu, l'épée, *&c.*

MASSACRER. *v. act.* lat. *Trucidare*, *mactare*. ang. *to massacre*, *to butcher*. Tuer, assassiner, assommer cruellement un grand nombre de personnes par surprise, & par des motifs légers.

MASSACREUR. *s. m.* lat. *Mactator*, *trucidator*. ang. *a butcher*, *a murderer*. Qui fait un massacre.

MASSALIENS. *s. m. pl.* lat. *Massaliani*. ang. *massalians*. Secte qui infecta l'église dans le quatrième siécle, vers l'an 361. & qui furent aussi appellés *Euchistes*. Ils disoient que la prière seule suppléoit à toutes les bonnes œuvres. Ils étoient autorisés par certains moines de *Mesopotamie* qui ennuiés du travail des mains en quoi consistoit alors la moitié de la discipline monastique, prétendirent que la prière seule leur donnoit la force de resister à toutes les tentations, qu'elle mettoit le Démon en fuite, détruisoit tous les péchés. Ils disoient aussi que chaque homme avoit deux ames, l'une qu'ils appelloient Céléste, l'autre un Démon qui sortoit par la prière. Ils se vantoient d'être Prophéres, & de voir la Trinité de leurs yeux corporels, de parvenir à la ressemblanc avec Dieu, & de ne point pécher pour lors, pas même de pensée. Ils ajoutoient à cela plusieurs autres erreurs, s'imaginant que le S. Esprit descendoit visiblement sur eux, sur tout dans leurs Ordinations, ou ils se mettoient à danser, disant qu'ils dansoient sur le Diable; d'où on les nomma *Enthousiastes*, c'est-à-dire, possedés. Ils défendoient de donner l'aumône, hors à ceux de leur secte, rompoient les mariages & persuadoient aux enfans d'abandonner leurs pères pour les suivre. Ils portoient de grands cheveux à la façon des femmes, & des robes magnifiques. L'Empereur *Theodose* publia un Edit contre eux, & les Evêques dans un Concile tenu en 427, ordonnerent qu'à cause de leurs fréquentes rechutes, on ne les recevroit plus à l'Eglise, quelques promesses qu'ils fissent de se repentir.

MASSANE. *s. fem.* Cordon de la poupe, qui sépare le corps de la galére de l'aissade de poupe.

MASSAPÉE. *s. m.* Instrument de mer, qui sert à mouvoir les cordages d'un bâtiment.

MASSE. *s. fem.* lat. *Massa*, *moles*. ang. *mass*, *lump*. Amas de plusieurs choses ensemble qui composent un tout. Matière d'un corps qui se meut ou gravite avec lui. Grandeur d'un édifice. *Masse* est encore un gros marteau. Dans le *Blason*, ce sont des bâtons à têtes garnis d'argent, qu'on porte par honneur devant le Roi & devant le Chancelier, qui les met en sautoir derrière l'écu de ses armes pour marque de sa dignité. On en porte aussi devant quelques chapitres & universités. C'est encore une massue & un billard, & au jeu de tritrac c'est l'amas des Dames qu'on place à un coin, au commencement du jeu.

MASSELOTTE. *s. f.* (Fondeur.) Superfluité du métal, qui se trouve aux moules des piéces de canon, & des mortiers, après qu'ils ont été coulés. lat. *Metalli reliquiæ*. ang. *the remainder of the metal*.

MASSEMILLÉ. *s. masc.* Arbre d'Amérique grand & bien touffu. Il porte un fruit qui ressemble aux pommes d'Europe; sinon qu'il est plus petit. Il tient beaucoup de la pomme d'Api. Il découle de cet arbre une gomme, dont une seule goute tombant sur la peau y forme un ulcére, qui s'étend de plus en plus, si on n'arrête la contagion par quelque remède extérieur. Le fruit fait enfler tout le corps.

MASSE-MORE. *s. f.* (Marine.) Biscuit pilé.

MASSEPAIN. *s. m.* lat. *Massa panis amygdalina*. ang. *march-pane*. Patisserie ou confiture faite d'amendes pilées avec du sucre.

MASSER. *verb. act.* lat. *Indicare*, *significare*. ang. *to mass*. Marquer ce qu'on veut jouer en un coup de dez.

MASSETER. *s. m.* (Anat.) Se dit de 2. des 12. muscles de la mâchoire.

MASSICOT. *s. m.* lat. *Color luteus*. anglois. *masticot or masticote*. C'est de la ceruse qu'on a calcinée par un feu moderé.

MASSIER. *s. m.* lat. *Claviger*. ang. *a macebearer*. Celui qui porte une masse.

MASSIF, ive. *adj.* lat. *Solidus*. ang *massive*, *massy*. Qui est gros & solide. Qui est plein en dedans & qui a de l'épaisseur. En *Architecture*, une colomne *massive* est celle qui est trop courte.

MASSIVEMENT. *adv.* lat. *Solidè*. ang. *massively*. D'une manière massive.

MASSON, Massonner, *&c. voyez* Maçon, Maçonner.

MASSORE. *voy.* Massorah.

MASSORETE. *s. m.* Docteur Juif qui a travaillé à la massore. *Massoretha*.

MASSORÉTIQUE. *adj.* lat. *Massorethicus*. ang. *massoretick*. Qui appartient à la massore.

MASSUË. *sub. fem.* lat. *Clava*. ang. *a clob*. Manière de bâton qui a le bout d'en haut fort gros

gros & fort pesant, & qui est propre à assommer.

MASTIC. *s. m.* lat. *Mastiche.* ang. *mastick.* Gomme qui sort du lentisque & qui sert en bien des occasions.

MASTICATION. *s. f.* lat. *Masticatio.* ang. *mastication*, *chewing.* Agitation des alimens pour les broyer entre les dents & les briser.

MASTICATOIRES. *s. m. pl.* lat. *Masticatoria.* ang. *masticatories.* Remédes qu'on prend par la bouche, & qu'on mâche pour faire sortir l'humeur salivale, comme le tabac, l'iris, le pyretre, le gingembre, le poivre, la moutarde, la sauge, le romarin, &c.

MASTIGADOUR. *s. m.* (Manége.) Mors, uni, garni d'anneaux.

MASTIN, Mastiner. *voy.* Mâtin, Mâtiner.

MASTIQUER. *v. act.* lat. *Lithocollâ glutinare.* ang. *to simon.* Joindre avec du mastic.

MASTOÏDE. *adject.* (Médecine.) Se dit du muscle qui sert à baisser la tête.

MASTURE. *voy.* Mâture.

MASULIPATAN. *s. m.* Toiles & mouchoirs des Indes très-fins & très-estimés.

MASULIT. *voy.* Masculit.

MASURE. *s. fem.* lat. *Maceria.* ang. *a house ruined.* Petite maison mal bâtie.

## M A T

MAT. *s. masc.* lat. *Malus.* ang. *mast.* Grand arbre posé dans les vaisseaux, où l'on attache les vergues & les voiles. Il y en a de différente espèce, selon l'endroit du vaisseau où ils sont placés: comme le grand *mât*, le *mât* d'avant, le *mât* de mizaine; & parce que dans les grands vaisseaux un arbre ne peut pas être assés long, pour former un mât, & que d'ailleurs il seroit trop difficile à manier, on le fait de plusieurs parties, qui se nomment chacune *mât*, comme le grand *mât*, le *mât* de hune & le *mât* de perroquet, qui tous trois ensemble composent celui qui est proprement le grand *mât*. Pour en avoir la longueur on multiplie par 3. les quatre cinquièmes de la largeur du navire en pieds. Les autres mâts sont proportionnels à celui-ci & pour chaque verge de longueur on leur donne un pouce d'épaisseur, &c.

MAT, Matte. *adj.* latin. *Rudis*, *impolitus.* ang. *unpolished.* Mal poli, peu clair, qui réfléchit peu de lumière.... Il se dit aussi des couleurs ternies, & d'une broderie trop chargée. C'est aussi le dernier coup qui fait gagner la partie au jeu des échecs.

MATACON. *s. m.* Noisette qui s'engendre dans la terre, comme les truffes, & dont les Insulaires de Madagascar font du pain.

MATADOR. *s. m.* Se dit des trois premières triomphes du jeu d'Hombre, *Spadille*, ou l'as de pique, *Manille*, qui est le deux en noir, & le sept en rouge, *Baste*, ou l'as de tréfle.

MATAFIONS. *s. m.* (Marine.) Très petits cordages, qui servent à attacher les petites piéces d'une galére.

MATAMORE. *s. f.* Prison où l'on enferme sous terre les esclaves toutes les nuits, en Turquie & en Afrique. lat. *Barathrum.* anglois. *a dungeon.*

MATASSE. *s. f.* (Négoce.) Soies non filées qui sont encore en pelotes. lat. *Sericum crudum.* ang. *raw silk.*

MATASSINADE. *s. f.* lat. *Actio mimica.* ang. *a frolick.* Action folâtre.

MATASSINER. *v. n.* lat. *Mimicum saltatorem agere.* ang. *to play the fool.* Faire le matassin; danser les matassins; folâtrer.

MATASSINS. *s. m.* lat. *Mimica saltatio.* ang. *a matachin dance.* Danse folâtre. Ceux qui la dansent.

MATAVANES. *s. f.* Grands vaisseaux de terre, vernis dedans & dehors, qui se font aux Indes.

MATÉ. *s. m.* Herbe du Paraguay.

MATECLU. *s. m.* Herbe du Perou. En la mâchant on en tire un suc, qui guérit, à ce qu'on prétend, toute sorte de maux d'yeux.

MATELAS. *s. m.* lat. *Culcitra.* ang. *a quilt or mattress.* Grand & ample coussin qui tient toute l'étenduë d'un lit.

MATELASSER. *v. act.* lat. *Minoribus culcitris induere.* ang. *to quilt.* Garnir un carrosse de petits matelats.

MATELASSIER. *s. m.* lat. *Culcitrarius artifex.* ang. *a quilt-maker.* Ouvrier qui fait des matelas, ou qui carde la bourre pour les matelas.

MATELOT. *s. m.* lat. *Nauta.* ang. *a sea man.* Homme de mer, qui sert à la conduite, à la manœuvre d'un vaisseau. On appelle un vaisseau *matelot*, un vaisseau destiné pour secourir un autre. lat. *Navis in subsidium sociata.* ang. *a consort ship appointed to assist another in the fight.*

MATELOTAGE. *s. m.* lat. *Nauticum opus*, *pretium nauticum.* ang. *a sea-man's pay.* Salaire des matelots.

MATELOTE. *s. f.* Manière d'accommoder le poisson frais avec force sel & poivre... *à la matelote:* lat. *Nautarum more.* ang. *sea-man-like.* A la manière des matelots.

MATER. *v. act.* lat. *Malo instruere.* ang. *to mast.* Garnir un vaisseau de mâts.

MATEREAU. *s. m.* lat. *Malus minor.* ang. *a piece of a broken mast.* Partie d'un mât rompu.

MATE'RIALISME. *s. m.* Dogme très-dangereux, suivant lequel tout est matière. A quelles affreuses conséquences ne conduit pas cet affreux sistême, qui nie l'immortalité de l'ame? car si notre ame n'est point esprit, elle meurt avec le corps: si l'ame meurt, il n'y a plus de religion, plus de principe de mœurs: chacun devient sa propre fin, & de là le désordre de l'univers dans le choc de tant d'intérêts divers, la plûpart contradictoires & tous fondés sur le même droit.

MATÉRIALISTES. *s. m. pl.* lat. *Materialistæ.* ang. *materialists.* Secte qui soutient que Dieu n'a pas fait la matière, mais qu'elle est éternelle & qu'il lui a seulement donné ses formes particulières selon ses vûes.... Prétendus Philosophes qui soutiennent que tout est matière.

MATÉRIALITÉ. *s. f.* lat. *Materialitas.* ang. *materiality.* Substance de la matière.

MATÉRIAUX. *s. m. pl.* lat. *Materies.* angl.

*materials.* Corps qui servent à construire les bâtimens, comme pierre, bois, sable, &c.

MATÉRIEL, elle. *adj.* lat. *Materialis.* ang. *material.* Qui est composé de matière. Massif, grossier.

MATÉRIELLEMENT. *adv.* lat. *Materialiter.* ang. *materially.* Eû égard à la matière, ou par rapport à la matière.

MATERNEL, elle. *adj.* lat. *Maternus.* ang. *motherly*, *maternal.* Qui concerne la mère.

MATERNELLEMENT. *adv.* lat. *Maternè.* ang. *motherly.* D'une manière maternelle.

MATERNISER. *v. n.* Tenir de sa mère, lui ressembler.

MATERNITÉ. *s. fem.* lat. *Maternitas.* ang. *maternity*, *motherhood.* Qualité de mère.

MATEUR. *s. m.* Ouvrier qui fait & proportione les mâts des vaisseaux. lat. *Qui malos accommodat.* ang. *a mast-maker.*

MATHÉMATICIEN. *s. m.* lat. *Mathematicus.* ang. *a mathematician.* Celui qui sçait, qui pratique les mathématiques, qui y est bien versé sur tout dans la théorie.

MATHÉMATIQUE. *s. f.* lat. *Mathesis.* angl. *mathematicks.* Ce mot *anciennement* signifioit toutes sortes de sciences, mais alors, comme à présent, on l'attachoit principalement à l'idée des sciences qui ont pour objet les nombres & la quantité & dans ce sens on peut dire sans craindre de se tromper que cette science ou plutôt ces sciences étoient connues avant le *Deluge.* Mais les derniers siécles les ont tellement perfectionnées qu'on en a tiré des conclusions surprenantes dans les nombres, dans l'Optique & dans les Méchaniques. La division générale contient les *Mathématiques speculatives*, qui ne roulent que sur les raisons, proportions, ou propriétés des nombres & des figures dans leurs différentes combinaisons, & les *Mathématiques* pratiques, qui reduisent & appliquent les différentes régles trouvées par la spéculation, aux vûes particulières & à la pratique des arts, comme au calcul des intérêts, de la valeur des marchandises, de la distance des païs, de la quantité de liqueur contenue dans un vaisseau, de la quantité de terrain dans une campagne, &c, & ces différentes branches ont différens noms comme Arithmétique, Arpentage, Jaugeage, &c.

MATHÉMATIQUE. *adj.* lat. *Mathematicus.* ang. *mathematical.* Qui regarde les mathématiques.

MATHÉMATIQUEMENT. *adv.* lat *Mathematicè.* angl. *mathematically.* D'une manière certaine & geométrique.

MATIÈRE. *s. f.* lat. *Materia.* ang. *matter.* Substance dont la liaison compose tous les corps. Sujet d'écrire. Selon les *Philosophes*, c'est une substance commune, solide, divisible, passible dont tous les corps sont composés, qui ont différentes propriétés, selon les différentes modifications de cette *matière.* Elle n'est pas plus portée par sa nature au repos qu'au mouvement. C'est aussi le pus qui sort d'un apostume.

MATIN, ine. *s. m.* & *f.* l. *Molossus.* ang. *a mastiff-dog.* Gros chien de cuisine ou de bassecour.

MATIN. *s. m.* lat. *Mane*, *matutinum tempus.* ang. *morning.* Commencement ou première partie du jour.

MATINAL, ale. *adj.* lat. *Matutinus.* ang. *that rises betimes.* Qui se leve matin.

MATINÉE. *s. f.* lat. *Matutinum tempus.* ang. *the morning.* L'espace du jour jusqu'à midi.

MATINER. *v. act.* lat. *Vilis in morem canis tractare.* ang. *to rattle.* Gourmander, maltraiter de paroles.

MATINES. *s. f. pl.* lat. *Horæ matutinæ.* ang. *mattins.* Office de l'Eglise qu'on dit de grand matin, & quelquefois la veille.

MATINEUX, euse. *adj.* latin. *Matutinus.* ang. *early riser.* Qui se leve matin.

MATITE. *s. f.* Pierre figurée, couleur de cendre, qui imite les mammelles de la femme.

MATOIS, oise. *adj.* & *s. m.* & *f.* lat. *Vafer*, *versutus.* ang. *cunning*, *sharp.* Rusé, difficile à être trompé; adroit à tromper les autres.

MATOISERIE. *s. f.* lat. *Vafrities*, *astutia.* ang. *cunning.* Finesse de matois, fourberie.

MATOU. *s. m.* lat. *Catus*, *feles mas.* angl. *a great cat.* Chât mâle & entier.

MATRALES. *s. f. pl.* lat. *Matralia.* ang. *matrales.* Fête que les Romains célébroient à l'honneur de la Déesse *Matuta* le 11e. de Juin. Dans cette solemnité les femmes seules entroient dans le Temple de la Déesse, pour y sacrifier. Elles prenoient seulement avec elles une Esclave, à qui elles donnoient des coups de poing, parce qu'*Ino*, qui est la même que *Matuta* étant femme d'Athamas Roi de Thebes avoit conçû de la jalousie d'une Esclave que son Époux aimoit. Une autre cérémonie singulière qui s'observoit dans cette fête étoit que ces femmes prioient non pour leurs propres enfans, mais pour ceux de leurs sœurs.

MATRAS. *s. m.* lat. *Vitreus excipulus.* ang. *a matrass.* Vaisseau de verre dont se servent les Chymistes pour leurs distillations. C'est une bouteille qui a un col fort long & étroit, & que l'on attache à l'alembic. On le nomme quelquefois récipient.

MATRICAIRE. *s. f.* lat. *Matricaria.* ang. *mother-wort.* Plante très-utile dans les maladies de la matrice.

MATRICE. *s. f.* lat. *Vulva*, *matrix*, *uterus.* ang. *womb*, *matrix*, *mother.* La partie des femelles des animaux où se fait la conception & la nourriture du fœtus ou des petits jusqu'à leur naissance. Dans l'*Imprimerie* les matrices sont les moules dans lesquels on fond les caractères qui servent à imprimer. On appelle aussi *Matrices* les moules des médailles & monnoies. lat. *Archetypum*, *prototypum.* ang. *matrices.*

MATRICE. *adj. f.* lat. *Primaria*, *matrix.* ang. *matrice.* (Teinturiers.) Se dit des cinq couleurs simples dont les autres dérivent, le blanc, le bleu, le rouge, le fauve & le noir.... Langue *Matrice*, qui n'est point tirée d'une autre. lat. *Lingua primaria.* ang. *mother tongue.* Eglise *Matrice*: celle qui est la plus ancienne du lieu, & le modèle des autres: monastère chef d'ordre. ang. *mother-church.*

MATRICIDE. *s. m.* lat. *Matricida.* ang. *ma-*

*tricide.* La personne qui a tué sa mère ou le crime de cette personne. lat. *Matricidium.* angl. *matricide.*

MATRICULAIRE. *s. m.* & *f.* Celui ou celle dont le nom est dans la matricule.

MATRICULE. *s. f.* lat. *Album*, *catalogus.* ang. *a matricular-book.* Regître qu'on tient des receptions d'officiers, des personnes qui entrent en quelque corps ou société, dont on fait une liste, un catalogue. On le dit particuliérement de la réception des Avocats. On appelle aussi *Matricule*, l'extrait de ce regître... La *Matricule* de l'Empire est le dénombrement des Princes & des États qui ont séance aux diétes.

MATRICULIER. *voy.* Matriculaire.

MATRIMONIAL, ale. *adj.* lat. *Conjugalis.* ang. *matrimonial.* Qui appartient au mariage.

MATRISYLVA. *voy.* Chevre-feuille.

MATROLOGUE. *s. m.* Regître sur lequel on écrit tout ce qui regarde une ville.

MATRONALES. *s. f. pl.* lat. *Matronalia.* ang. *matronales*, *matronalia.* Fête célébrée par les Dames *Romaines* le premier de *Mars*, à l'honneur du Dieu *Mars*, parce qu'elles s'imaginoient qu'il avoit le pouvoir de les rendre fertiles.

MATRONE. *s. f.* lat. *Matrona.* ang. *a matron.* Femme sage & vertueuse, qui gouverne honnêtement sa famille, sous la conduite de laquelle on peut confier de jeunes filles. C'est aussi le nom de celle qu'on appelle proprement *sage femme*, qui a étudié en Anatomie, qui est examinée par les Juges de Police, & par les Officiaux, dont chacun d'eux lui donne une commission, & un titre pour pouvoir accoucher les femmes enceintes, visiter les filles déflorées, & ceux qu'on accuse d'impuissance, pour être juges de congrès & en faire rapport en justice, où pour cet effet elles font serment.

MATRONÉE, *ou* Matronique. *s. m.* Lieu destiné autrefois aux femmes dans les Eglises & séparé de celui des hommes.

MATTELINS. *s. m. pl.* Sortes de laines qui viennent du Levant.

MATTER. *v. act.* l. *Exercere*, *fatigare*, *frangere*, ang. *to mortify*, *to macerate.* Lasser, fatiguer, affoiblir, mortifier, abbattre, humilier, tourmenter.... donner un échec & mat à quelqu'un, au jeu des échecs. lat. *Conficere ludum*, *vincere.* ang. *to mate.*

MATTIR. *v. act.* lat. *Impolitum efficere.* ang. *to unpolish.* Rendre de l'argent ou de l'or mat, les mettre en œuvre sans les brunir.

MATTOIR. *s. m.* Petit outil de fer qui sert aux Graveurs & Damasquineurs pour amattir l'or, & le faire tenir dans les ciselures qu'ils ont préparées pour cela.

MATTOWME. *s. m.* Plante de la Virginie, semblable au panais. Sa semence dont on fait un pain fort délicat, au goût des habitans, ressemble au seigle, mais elle est plus petite.

MATULE. *s. f.* *Matula.* Vaisseau où les Romains mettoient de l'huile.

MATURATIF. *s. m.* Reméde qui hâte la formation de la matiére purulente, lat. *Maturans.* ang. *maturating.*

MATURATION. *s. f.* lat. *Maturatio.* ang. *maturation.* Terme de *Pharmacie.* Coction qui se fait des remédes & des fruits qui ont été cueillis avant leur maturité, pour les rendre en état de pouvoir être pris ou mangés.

MATURE. *s. f.* lat. *Modus mali instruendi.* ang. *masting.* Façon de mâter un vaisseau.

MATURITÉ. *s. f.* lat. *Maturitas.* ang. *maturity*, *ripeness.* L'état de bonté ou de perfection d'un fruit ; le tems où on le doit cueillir. Avec *maturité* signifie, avec circonspection & jugement.

MATUTA. *s. f.* Ino, fille de Cadmus, femme d'Athamas, nourrice de Bacchus. Déesse de l'antiquité payenne.

MATUTINAIRE. *s. m.* Livre qui contenoit l'Office de matines.

MATUTINAL, *ou* Matutinel. *adj.* Qui appartient à matines.

MATUTINEL. *voy.* Matinal.

## M A V

MAVALI. *s. m.* Poisson extraordinaire des Indes Occidentales, il a 20. pieds de longueur & 10. de grosseur. Il a quelque ressemblance avec le bœuf & a le cuir fort dur.

MAUDIRE. *v. act.* lat. *Malè precari.* ang. *to curse.* Souhaiter du mal à quelqu'un, faire des imprécations contre lui.

MAUG-BUND. *s. m.* La moindre espèce parmi les 6. qui se recueillent dans les Etats du Grand Mogol.

MAUGERES, *ou* Mauges. *s. f. pl.* Petits canaux de cuir ou de toile goudronnée, par lesquels l'eau s'écoule du vaisseau dans la mer. lat. *Navis stillicidia.* ang. *the gutters of a ship.*

MAUGÉROU. *s. m.* Espèce de prune.

MAUGRÉER. *v. act.* lat. *Execrari.* ang. *to curse*, *to swear.* Pester, jurer, détester.

MAUNE. *s. m.* Poids dont on se sert dans les Etats du Grand-Mogol. Il pése 55. livres d'Angleterre, ou 50. liv. un 20e. de Paris.

MAUPITEUX, euse. *adj.* Faire le *Maupiteux* ou le misérable, se plaindre, se lamenter, sans en avoir autant de sujet qu'on voudroit le persuader. lat. *Fingere se miserum.* ang. *to whine.*

MAURE. *voy.* More.

MAURELLE. *s. f.* Tournesol, Heliotropium, Ricionoïdes. Plante propre à la teinture.

MAURESQUE. *voy.* Moresque.

MAURICAUD, aude. *adj.* & *s. m.* & *f.* lat. *Nigellus*, *subniger.* ang. *a black man or woman.* Qui tient du maure, qui en approche pour être noiraud de visage.

MAURIS. *s. m.* Percale : toile de coton blanche des Indes Orientales.

MAUSOLÉE. *s. m.* lat. *Mausoleum.* ang. *mausoleum.* Tombeau magnifique qu'on éleve pour faire honneur à quelque Prince ou autre personne illustre. On le dit aussi des représentations de tombeaux qui se font dans les pompes funébres. Ce mot a été emprunté du nom de *Mausole* Roi de Carie, à qui sa veuve *Artemise* fit bâtir un tombeau si magnifique, qu'il a passé pour une des sept merveilles du monde.

MAUSSADE. *adj.* lat. *Insulsus.* ang. *slovenly.* Qui est dégoutant & désagréable.

MAUSSADEMENT. *adv.* lat. *Inconditè, rusticè.* ang. *slovenly.* D'une manière maussade.

MAUSSADERIE. *s. f.* Mauvaise grace, façon désagréable.

MAUVAIS, aise. *adj.* lat. *Malus, nequam.* ang. *ill, bad, evil.* Qui n'a pas les qualités qu'il devroit avoir, qui est opposé à bon. Ce qui est nuisible, dangereux.

MAUVE. *s. fem.* lat. *Malva.* ang. *mallows:* Plante dont il y a plusieurs espèces. La commune est fort émolliente, & on s'en sert pour les lavemens, fomentations & cataplâmes... Mauve oiseau, *voy.* Mouette.

MAUVIETE. *s. f.* Espèce d'alouette.

MAUVIS. *s. m.* Oiseau gros comme un pigeon, qui se plait à voler sur les eaux... Grive de la troisième grandeur... Alouette hupée.

MAUX. *voyez* Mal.

M A X

MAXILLAIRE. *adj.* lat. *Maxillaris.* angl. *maxillar.* Qui appartient aux mâchoires

*MAXIMA & MINIMA. s. m. pl.* C'est un usage particulier des fluxions pour résoudre un grand nombre de problemes mathématiques très difficiles, d'une manière courte & aisée, en recherchant les plus grandes quantités ou les plus petites.

MAXIME. *s. f.* lat. *Axioma, sententia, effatum.* ang. *maxim, rule, principle, axiom.* Régle, principe, fondement de quelque art ou science. En *Mathématiques*, c'est axiome, ou proposition évidente par elle même, connuë de tout le monde, & reçue de tous ceux qui ont l'usage de la raison.

M A Y

MAY. *s. m.* lat. *Maius.* ang. *may.* Le 5e. mois de l'année selon la manière ordinaire de compter & troisième selon les loix d'Angleterre. Les anciens représentoient ce mois comme un jeune homme d'un maintien amoureux, avec une robe blanche & verte bordée d'une plante nommée Asphodele, d'Aubepine, & de Barbeau; ayant sur la tête une Guirlande de roses blanches & rouges, un Luth à la main & un Rossignol sur un doigt de l'autre. *May* est aussi un arbre ou gros rameau de verdure, que par honneur on plante devant la porte d'une personne qu'on veut honorer le premier jour de *May.* Il est quelquefois orné de guirlandes & de fleurs. *Pomme de may.* voy. Anapodophyllon. *Vers de may.* voy. Cantarelli.

MAYENCE. *s. f.* Tulipe qui entre en fleur incarnate & chamois, puis elle fait paroître du colombin & du rouge.

MAYON. *s. masc.* C'est à la Chine 9. sols de notre monnoie.

MAYOR. *s. m.* Principal Magistrat de plusieurs villes d'*Angleterre.*

MAYORASQUE. *voy.* Majorat.

MAYS. *s. m.* lat. *Frumentum indicum.* ang. *maize.* Blé d'*Inde* & de *Turquie.*

M A Z

MAZETTE. *voy.* Masette.

M E A

MÉANDRE. *s. m.* Detour & sinuosité d'une rivière, ainsi appellés, parce que le fleuve Méandre en étoit rempli.... On dit aussi, au figuré, un discours, un ouvrage, rempli de *méandres.*

M E C

MÉCANISME. *voy.* Méchanisme.

MÉCASULNIL. *s. m.* Gousse qui renferme la graine de vanille.

MÉCAXOCHITL. *s. mas.* Petit poivre long Amériquain. On en met dans le chocolat, auquel il donne un goût agréable. Il est chaud, sec, & corroboratif.

MÉCÉNE. *s. m. Mecenas.* Chevalier Romain, favori d'Auguste. Il s'est rendu immortel par la protection qu'il accorda aux gens de lettres & sur tout aux Poëtes. On a depuis donné son nom à tous les Grands-Seigneurs qui favorisent les sciences & protégent les auteurs.

MÉCHAMMENT. *adv.* lat. *Perversè, improbè, nequiter.* angl. *wickedly, treacherously.* Avec un mauvais dessein, par méchanceté.

MÉCHANCETÉ. *s. f.* lat. *Nequitia, improbitas.* ang. *wickedness or wicked act.* Scéleratesse, malignité; action noire. C'est aussi une malice innocente.

MÉCHANICIEN. *s. mas.* Homme habile en méchanique. Ouvrier qui fait, ou qui invente des ouvrages de méchanique.

MÉCHANIQUE. *adj.* lat. *Mechanicus.* ang. *mechanical, mechanick.* Ce qui est fait par le travail des mains, ou qui agit sans intelligence, raison, ou sentiment, comme le mouvement d'une horloge, &c. Il se dit aussi d'un homme pauvre ou qui vit d'une manière vile & sordide. Les affections *méchaniques* sont les propriétés qui resultent de la matière diversément modifiée. Les puissances *méchaniques* sont les machines simples dont toutes les autres sont composées & qu'on nomme le levier, la balance, la roüe, la poulie, le coin & la vis. Les arts *méchaniques* sont les arts serviles.

MÉCHANIQUEMENT. *adv.* lat. *Mechanicè.* ang. *mechanically.* Sans une exactitude géométrique.

MÉCHANIQUES. *s. f. pl.* lat. *Mechanica.* ang. *mechanicks.* Sont toutes les opérations que l'on fait tant par le travail des mains que par le génie & l'habileté qui rend un ouvrier capable de perfectionner un ouvrage & de le faire tel qu'il a été déterminé par un Mathématicien. C'est aussi la partie des mathématiques qui entreprend de démontrer la force des machines, &c.

MÉCHANISME. *s. m.* lat. *Mechanismus.* ang. *mechanism.* Manière d'agir selon les loix de la méchanique. On le dit aussi au *figuré*; le *méchanisme* d'un discours, d'une piéce, d'un ouvrage.

MÉCHANT, ante. *adj.* lat. *Improbus, ma-*

*lus.* ang. *ill, evil, bad.* Mauvais, qui ne vaut rien, qui eſt dépourvû de bonnes qualités.

MÉCHE. *ſ. f.* lat. *Ellychnium, lucernæ fomes.* ang. *match or cotton of a lamp, the wick of a candle.* Matière qu'on met dans une lampe, dans une chandelle, dans un flambeau où l'on met le feu & qui éclaire. Matière ſéche pour communiquer le feu. lat. *Igniarius funiculus.* ang. *tinder*... Partie du flambeau où on met la chandelle; petit morceau de fer blanc qu'on applique au haut pour tenir la bougie plus ferme.... Partie d'un tire-bouchon, qui eſt en forme de vis, & qu'on inſinuë en tournant dans le bouchon de liége, quand on veut décoiffer une bouteille.

MÉCHER. *verb. act.* Soufrer le vin avec une mèche ſoufrée.

MÉCHOACAN. *ſ. m.* Ou Rhubarbe blanche. *ſ. f.* Racine qu'on apporte de la nouvelle Eſpagne. Elle eſt toute ſemblable à la racine de la coleuvrée vulgaire. Elle purge ſans violence les ſeroſités, & on s'en ſert dans l'hydropiſie & les rhumatiſmes.

MÉCOMPTE. *ſ. m.* lat. *Error in numero.* ang. *a miſtake or miſreckoning.* Erreur de calcul & de ſupputation.

MÉCOMPTER. (Se) *verb. rec.* lat. *Errare in numero.* ang. *to miſreckon.* Se tromper en ſon calcul, en ſes conjectures.

MÉCONITE. *ſ. f.* Pierre composée d'un amas des grains de ſable marin conglutinés, qui imite les graines du pavot.

MÉCONIUM. *ſ. m.* Suc de pavot tiré par expreſſion & ſéché. Il diffère de l'opium, en ce que celui-ci eſt une larme qui en découle, après une inciſion des têtes du pavot.... excrement noir & épais, qui s'eſt amaſſé dans les inteſtins d'un enfant, pendant la groſſeſſe de ſa mère.

MÉCONNOISSABLE. *adj.* lat. *Qui agnoſci non poteſt.* ang. *not eaſily to be known again.* Ce qui eſt tellement changé, qu'on ne le peut reconnoître.

MÉCONNOISSANCE. *ſ. f.* lat. *Ingrati animi vitium.* ang. *ungratefulneſſ.* Ingratitude.

MÉCONNOISSANT, ante. *adj.* lat. *Beneficiorum immemor.* ang. *ungrateful.* Ingrat.

MÉCONNOITRE. *v. act.* lat. *Non agnoſcere.* ang. *not to know.* Ne connoître pas une perſonne. Ne vouloir pas reconnoître ceux qui ont été autrefois nos égaux ou qui nous ont fait du bien.

MÉCONTENT, ente. *adj.* lat. *Non contentus.* ang. *diſcontented.* Qui a ſujet de ſe plaindre, qui eſt mal ſatisfait de quelqu'un.

MÉCONTENTEMENT. *adv.* lat. *Offenſio.* ang. *diſcontent.* Déplaiſir, mauvaiſe ſatisfaction.

MÉCONTENTER. *v. act.* lat. *Non ſatisfacere, offendere.* anglois. *to diſcontent.* Facher, donner du déplaiſir à quelqu'un.

MÉCRÉANCE. *ſ. f.* Irréligion.

MÉCRÉANT. *ſ. m.* lat. *Incredulus.* ang. *a miſcreant.* Infidéle, libertin, qui ne croît point les vérités de la religion.

MÉCREDI, *ou* Mercredi. *ſ. m.* lat. *Dies mercurii.* ang. *wedneſday.* Quatrième jour de la ſemaine, il eſt ainſi nommé parce que la planete de *Mercure* domine dans ſa première heure ſelon les Aſtrologues.

## MED

MÉDAILLE. *ſ. f.* lat. *Numiſma.* ang. *a medal.* Piéce de métail qui repréſente la tête d'un Prince ou de quelque autre perſonne illuſtre dans les arts, ſciences, armes, &c. d'un côté, & quelques figures ou emblêmes de l'autre côté ou du revers. Tous ceux qui aiment l'antiquité admirent les *Médailles* à cauſe que par la legende qui eſt tout au tour ou en deſſous des figures, &c. Ils trouvent ſouvent l'explication de ce qu'ils auroient ignoré ſans cela; quoique de vouloir juger par les anciennes *Médailles* de la phiſionomie d'une perſonne, c'eſt aſſurément beaucoup hazarder, s'en trouvant fort peu qui ayent été frappées par des artiſtes habiles & pluſieurs l'ayant été après la mort des perſonnes qu'elles repréſentent, par ordre de leurs enfans ou de leurs Etats. Il y en a un grand nombre de cette ſorte, *Greques, Siciliennes, Latines ou Romaines* qui ſubſiſtent encore & qui ne ſont pas moins recommandables par leur beauté que par leur antiquité. Les plus belles *Médailles Romaines* ont commencé vers le regne d'*Auguſte* & ont continué juſques environ au tems de *Severe.* Dans cet intervalle on en a fait ſur toutes ſortes de métaux, & on en a vû d'une fineſſe merveilleuſe où l'art ne pouvoit rien ajouter, mais à meſure que l'Empire tomba en décadence, la beauté des monnoies & des *Médailles* tomba auſſi. Les ſçavans ont donné beaucoup d'étenduë à l'uſage des médailles; ils ont cherché à connoître par les legendes, les caractères qui étoient en uſage dans le tems où elles ont été frappées, pour en conclure l'antiquité & la vérité des manuſcrits. On peut par leur moyen découvrir le rapport des caractères *Grecs & Romains* & ce que ceux-ci ont emprunté des premiers; les différens changemens & altérations qui y ſont ſurvenues en différens tems, &c. On en a encore conclu les abbréviations & l'ortographe qui étoient en uſage chez les Anciens, & par ce moyen on a pu réduire les diverſes altérations de la langue *Latine* à des périodes de tems convenables. Outre cela, rien n'eſt plus propre à fixer les éres chronologiques & les périodes des tems que les monnoies & les *Médailles*, qui étoient frappées par autorité publique & dans des occaſions ſolemnelles, ſur tout parmi les *Romains*, qui s'en ſervoient pour deſigner ce qu'il y avoit de plus remarquable dans ce vaſte Empire. Par-là on apprend quelle étoit la figure de leurs anciennes galères & de leurs autres navires & de quelle manière on les conduiſoit à la mer. On y trouve des témoignages inconteſtables des actions de leurs plus grands généraux, de leurs expéditions militaires, légions, diſcipline, campemens, victoires, triomphes, actions publiques de bonté de leurs Empereurs, ſoit en faiſant des largeſſes au peuple, ſoit en ſe relâchant des impôts, leurs alliances & trèves, la dignité & l'habillement de leurs Magiſtrats, les titres & les dates de leurs loix, &c. On y voit encore leurs Temples & leurs Cours publiques de justice, leurs Théâtres & Amphithéatres. On y prend une idée de leurs processions solemnelles, de l'extérieur de leur religion, de ce qui appartient à leurs sacrifices, des harangues que les Empereurs faisoient à leurs troupes, de l'audience qu'ils donnoient aux Ambassadeurs, des couronnes qu'ils accordoient aux Princes Orientaux & des soumissions que leur faisoient les Nations conquises. Les grands avantages qu'on retire des vraies médailles n'empêchent pas qu'on n'en retire aussi de celles qui sont fausses. Les premières de cette espèce sont celles que les Modernes ont imaginé & qui n'ont jamais existé parmi les anciens, comme celles de *Priam*, d'*Enée*, de *Tullius*, *Virgile*, des Sages de la *Grece*, &c. & d'autres qui ont des revers inconnus aux anciens, &c. On s'apperçoit que celles-ci sont modernes en ce qu'elles n'ont pas le trait aussi hardi ou aussi délicat que celles des anciens; une autre manière de les découvrir c'est d'examiner s'il n'y a pas du sable, &c. Dans celles qui ont été fondues sur les vrais originaux & ensuite réparées, le champ ou les bords ne sont pas assés arrondis & polis, comme celles qui sont frappées au marteau. Le poids est aussi une autre méthode de découvrir les fausses médailles. Tous les Princes de l'*Europe* font battre des *Médailles* dans les occasions extraordinaires & c'est ce qu'on appelle *Médailles* modernes. Les *Hollandois* ont été fort exacts à nous transmettre par leurs *Médailles* tout ce qui s'est passé de remarquable parmi eux, depuis qu'ils ont secoüé le joug de l'*Espagne*.

MÉDAILLIER. *s. m.* Tablier comme celui du Trictrac, mais moins creux, où un antiquaire place ses médailles selon leur ordre & dans de petites loges creusées... petit cabinet rempli de tiroirs, dans lesquels on range des médailles.

MÉDAILLISTE. *s. m.* lat. *Qui de nummismatibus scripsit.* ang. *a medallist.* Auteur qui a écrit des médailles; curieux qui en a fait un grand amas, une grande recherche. Antiquaire qui connoît bien les médailles.

MÉDAILLON. *s. masc.* lat. *Nummus majoris modi.* ang. *a great medal, a medallion.* Médaille d'une grandeur extraordinaire. Les Princes en faisoient présent à ceux qu'ils favorisoient de leur estime. Les *médaillons* n'étoient point des monnoies courantes comme la plûpart des autres médailles. On les frappoit seulement pour servir de monumens publics ou pour gratifier ceux qui avoient fait de grands exploits.

MÉDECIN. *s. m.* lat. *Medicus.* ang. *Physician.* Celui qui a étudié la nature du corps humain, & des maladies qui lui arrivent, qui fait profession de les guérir; qui sçait l'art de rendre, ou de conserver la santé.

MÉDECINAL, ale. *adject.* lat. *Medicinalis.* ang. *physical, medicinal.* Qui contient en soi-même quelque vertu qui sert à la guérison des maladies.

MÉDECINE. *s. f.* lat. *Medicina.* ang. *physick.* L'art de conserver la santé présente, & de rétablir celle qui est altérée. C'est aussi une purgation qu'on prend par la bouche, composée de plusieurs drogues convenables. Anciennement la connoissance des Médecins se bornoit aux maladies extérieures, comme plaies, meurtrissures, coups, &c. mais ils ne s'attachoient pas à guérir les maladies internes, comme les fiévres, la goute, les douleurs d'entrailles, &c. On croyoit que celles-ci étoient les effets de la colère & de la vengeance de Dieu ou de la malice des Démons, ou même de l'art des Magiciens, &c. de-là sont venues ces impostures innombrables de charmes, de philtres, de talismans, &c. qui ont tellement disparu par l'application à l'étude de la nature & de la vertu des plantes, de l'économie dans la structure du corps humain, & de la circulation du sang, que même les plus ignorans ne se laissent plus surprendre par ces prétendus devins & sorciers. lat. *Medicamentum, potio medica, pharmacum.* ang. *medecine, physick, purge.*

MÉDECINER. (Se) *v. rec.* lat. *Medicamenta frequentiùs adhibere.* ang. *to medecine, to physick.* Prendre trop souvent des médecines, des remédes.

MÉDIANE. *s. f.* lat. *Mediana vena.* ang. *the median vein.* C'est une veine ou petit vaisseau qui se fait par l'union de la basilique & de la cephalique dans le pli du coude... *adj.* (Astronomie.) Planéte mediane est celle qui est au milieu des astres, & qui en a autant au dessous qu'au dessus d'elle. Tel est le soleil.

MÉDIANOCHÉ. *s. m.* Repas qui se fait au milieu de la nuit, sur tout dans le passage d'un jour maigre à un jour gras, après quelque bal ou réjouissance.

MÉDIANTE. *s. fem.* (Musique.) Son élevé d'une tierce au dessus de la finale.

MÉDIASTIN. *s. m.* *Mediastinum.* (Anatom.) Continuation de la pleure. Quand cette membrane est arrivée au milieu de la poitrine, elle se double de part & d'autre & va de l'épine du dos au brechet, séparant le côté droit d'avec le gauche, & c'est ce qu'on appelle vulgairement le *Médiastin*, qui s'étend en longueur depuis les clavicules jusqu'au diaphragme & en hauteur depuis l'os de la poitrine jusqu'au corps des vertébres.

MÉDIASTINE. *adj. f.* Se dit d'une veine du médiastin.

MÉDIAT, ate. *adj.* lat. *Mediatus.* ang. *mediate.* Qui est au milieu, ou moyen entre deux extrémes.

MÉDIATEMENT. *adv.* latin. *Mediatè.* ang. *mediately.* D'une manière médiate.

MÉDIATEUR, trice. *s. m. & f.* lat. & ang. *mediator.* Qui emploie ses soins, son entremise pour remettre quelqu'un en grace, pour accorder une affaire, pour faire une paix. En *Théologie* Jesus-Christ est le *Médiateur* de la rédemption entre Dieu & les hommes. Il est caution, victime, Prêtre & intercesseur de la nouvelle alliance; il l'a scellée de son sang & il en a donné les pactes & conditions dans son Evangile, il en a institué la forme dans le baptême & il l'a ratifiée dans le sacrement de son corps & de son sang. Ce terme s'étend aussi aux Prêtres & aux Ministres de la religion, aux personnes saintes & pieuses qui vivent encore sur la terre, aux Saints & aux Anges qui sont dans le Ciel.

MÉDIATION. *s. f.* lat. *Reconciliatio.* angl. *mediation.* Entremise de celui qui accommode les parties qui sont en guerre ou en querelle.

MÉDICA. *voy.* Luzerne.

MÉDICAL, ale, *adject.* Qui appartient à la médecine.

MÉDICAMENT. *s. m.* lat. *Medicamentum.* anglois. *medicament.* Reméde qui peut changer notre nature en mieux, reméde dont on se sert pour guérir une maladie.

MÉDICAMENTAIRE. *adj.* Qui concerne la préparation des remédes.

MÉDICAMENTER. *v. act.* lat. *Medicationem adhibere.* ang. *to physick.* Panser un malade, un blessé, lui donner les médicamens nécessaires.

MÉDICAMENTEUX, euse. *adj.* Qui sert de médicament.

MÉDICINAL. *voy.* Médecinal.

MEDIÉTETÉ. *s. f.* Quand on a seulement trois nombres proportionels, c'est une médiéteté Arithmétique, Géométrique ou Harmonique selon la qualité de la proportion. ang. *moiety, half.*

MÉDIMNE. *s. m.* *Medimna.* Mesure attique, qui valoit environ quatre des nos boisseaux.

MÉDIN. *s. m.* Monnoie de Turquie, d'argent fin, 18. d. de France, ou 2. apres de Turquie.

MÉDIOCRE. *adj.* lat. *Mediocris.* ang. *moderate, mean, middle.* Qui est au milieu de deux extrémités, qui n'a ni excès, ni défaut, qui est entre le grand & le petit, le bon & le mauvais.

MÉDIOCREMENT. *adv.* lat. *Mediocriter.* ang. *indifferently.* D'une manière médiocre.

MÉDIOCRITÉ. *s. f.* lat. *Mediocritas.* anglois. *mediocrity.* Qualité qui tient un juste milieu entre deux extrémes, qui n'a ni excès ni défaut.

MÉDIONNER. *verb. actif.* (Architecture.) Compenser.

MÉDIOXIME. *voy.* Mitoyen.

MÉDIRE. *v. act.* lat. *Detrahere.* ang. *to slander.* Parler mal de quelqu'un; découvrir ses défauts, soit qu'ils soient vrais, soit qu'ils soient controuvés.

MÉDISANCE. *s. f.* lat. *Detractio.* ang. *slander, slandering.* Discours injurieux, & contre l'honneur de quelqu'un.

MÉDISANT, ante. *adj.* lat. *detractor, maledicus.* ang. *slanderous.* Celui qui médit.

MÉDITATIF, ive. *adj.* lat. *Meditationi intentus.* ang. *meditative.* Réveur; qui s'applique à méditer, à peser, à considérer avec attention.

MÉDITATION. *s. f.* lat. *Meditatio.* anglois. *meditation.* Action par laquelle on considère exactement la nature & les propriétés d'une chose. Ce qui s'entend principalement de la considération pieuse des mystères & des grandes vérités de la foi; des réflexions sur les ouvrages & sur la miséricorde de Dieu. Cette disposition pieuse des premiers chrétiens a occasionné l'établissement des monastères & de plusieurs sociétés religieuses d'hommes & de femmes.

MÉDITER. *v. act.* lat. *Meditari.* ang. *to meditate.* S'attacher attentivement à la considération d'une chose; faire des reflexions; penser profondement à quelque chose, pour découvrir la vérité d'une proposition. C'est aussi avoir un dessein de faire quelque chose.

MÉDITERRANÉE. *adj.* & *s. f.* lat. *Mediterraneus: mediterraneum mare.* ang. *mediterranean, the mediterranean.* Qui est enfermé dans les terres. On le dit sur tout de la mer qui s'étend entre l'*Europe*, l'*Asie* & l'*Afrique.* Elle est séparée de la mer Occidentale ou *Atlantique* par le détroit de *Gibraltar*; elle a l'*Europe* au Nord, l'*Asie* à l'Est & l'*Afrique* au Sud. Ses différentes parties ont différens noms, celle qui est entre l'*Espagne*, la *France* & l'*Italie* se nomme mer de *Toscane*; celle qui a l'*Italie* à l'Ouest, la *Grece* & la *Dalmatie* à l'Est, se nomme mer *Adriatique* (& plus communement Golphe de *Venise*) & mer *Ioniene*; celle qui sépare la *Gréce* de l'*Asie* jusques aux *Dardannelles*, se nommoit autrefois mer *Egée* & aujourd'hui *Archipel*; celle qui s'étend entre la *Gréce* & l'*Asie* jusques à *Constantinople* se nomme la *Propontide* & celle qui s'étend encore plus au Nord de *Constantinople* entre l'*Europe* au Nord & à l'Ouest, l'*Asie* à l'Est & l'*Anatolie* au Sud, se nomme *Pont euxin* ou *Mer noire.*

MÉDITRINE. *s. f.* *Meditrina.* Déesse *Payenne* que les anciens croioient présider à tous les médicamens, ils avoient institués des fêtes en son honneur, qu'on appelloit *Méditrinalia*, dans lesquelles ils lui offroient du vin vieux & du vin nouveau. Ils buvoient un peu de l'un & de l'autre par manière de médicament, dans la pensée que le vin pris avec mesure, étoit un merveilleux reméde & un excellent préservatif contre la plûpart des maladies.

MÉDIUM. *s. m.* Moyen, milieu, & comme on dit en Italie *Mezzo termino* .... Argument qu'on propose contre une Thèse qu'on soutient en l'Ecole .... Plante dont les feuilles ressemblent à celles de l'échium & dont les fleurs sont des cloches semblables à celles de la Campanule.

MÉDOC. (Pierre de) *s. m.* Caillou brillant: espèce de diamant, qu'on trouve dans le païs *Médoc.*

MÉDOISE. *voy.* Luzerne.

MÉDONNER. *v. act.* (Joueurs.) Maldonner: lorsqu'on distribue les cartes, en donner trop ou trop peu.

MÉDOR. *s. m.* Œillet pourpre-clair.

MÉDRASCHIM. *s. m.* Nom que les Juifs donnent à des commentaires Allégoriques sur l'écriture Sainte & sur tout sur le Pentateuque.

MÉDULLAIRE. *adj.* (Anat.) Qui appartient à la moëlle, qui en a la nature.

MÉDUSE. (Tête de) *voy.* Algol.

## M E F

MÉFIANCE. *s. f.* lat. *Diffidentia.* ang. *dis-*

*trust, mistrust, diffidence.* Soupçon, défiance; crainte d'être trompé.

MÉFIANT, ante *adj.* lat. *Suspiciosus.* angl. *distrustful, mistrustful.* Défiant, qui se méfie.

MÉFIER. (Se) *v. rec.* lat. *Diffidere.* ang. *to distrust, mistrust, suspect.* Ne se fier pas en quelque personne.

M E G

MÉGALÉSIENS *f. m. pl.* lat. & ang. *megalesia.* Les fêtes *Mégalésiennes* se célébroient parmi les *Romains* le 12. d'*Avril* à l'honneur de *Cibele* ou *Rhea* mère des Dieux. Elles étoient accompagnées de jeux & de combats devant le Temple de cette Déesse. Les femmes dansoient dans la procession & les Magistrats y alloient en robes, la figure de la Déesse les précédoit.

MÉGALOGRAPHIE. *f. f.* lat. *Megalographia.* ang. *megalography.* Nom que les anciens donnoient à la Peinture, qui traitoit les grands sujets.

MEGANÈSE. *voy.* Magnésie.

MÉGARDE. *f. fem.* lat. *Error, imprudentia.* angl. *oversight, heedlesness.* Erreur, inadvertance, malheur.

MÉGÈRE. *f. fem.* Méchante femme. ang. *a shrew, a bitter scold.*

MÉGIE. *f. f.* lat. *Ars alutaria.* ang. *the tawing of skins.* Art de préparer les peaux de mouton ou autres peaux délicates pour les manufactures.

MÉGISSERIE. *f. fem.* lat. *Alutarum commercium.* angl. *the tawyer's trade.* Trafic de mégissier.

MÉGISSIER. *f. m.* lat. *Alutarius.* ang. *a tawer or tawyer.* Artisan qui prépare & teint les peaux.

M E H

MEHON, *ou* Meu. *f. m.* Plante médecinale, dont la racine entre dans la composition de la Thériaque. On l'appelle aussi *Anet* & *Fenouil tortu.*

M E I

MEIDIN, *ou* Maidin. *f. m.* Petite monnoie d'argent, qui a cours dans toute l'Egypte. 33. *Meidins* font la piastre. Ses autres noms sont *para, parat, parasi.* Elle vaut depuis 18. jusqu'à 21. d. de France.

MEIGE, *ou* Mézance. *f. f.* La chambre d'un Comite de galère.

MEIGLE. *f. f.* Espèce de pioche dont les vignerons se servent pour labourer la vigne. lat. *Ligonis species.* ang. *a kind of pickax.*

MEILLEUR, eure. *adj.* lat. *Melior, potior.* ang. *better.* Ce qui a des qualités qui lui donnent de l'avantage sur un autre.

MEISTRAL. *voy.* Maëstral.

M E L

MÉLANAGOGUE. *adj.* & *f. m.* Médicament propre à purger la bile noire.

MÉLANCOLIE. *f. f.* lat. *Melancholia.* ang. *melancholy.* C'est une des quatre humeurs du corps, la plus incommode. Elle vient d'une abondance de bile échaufée & brûlée. C'est aussi une maladie qui consiste dans une rêverie sans fiévre accompagnée ordinairement de crainte & de tristesse sans occasion apparente. C'est encore une rêverie agréable, un triste plaisir qu'on trouve dans la solitude.

MÉLANCOLIQUE. *adj.* lat. *Melancholicus.* ang. *melancholy.* Sombre, triste; qui a de la mélancolie. Qui donne de la mélancolie.

MÉLANCOLIQUEMENT. *adv.* lat. *Tristem in modum.* ang. *melancholily.* D'une manière triste & mélancolique.

MÉLANGE. *f. m.* lat. *Mixtio, confusio.* ang. *mixture, medley.* Mixtion, confusion des choses mêlées ensemble.

MÉLANGER. *v. act.* lat. *Permiscere, confundere.* ang. *to mingle or mix together.* Faire un mélange.

MÉLANTERIA. *f. m.* Matière minérale & vitriolique, aujourd'hui inconnue.

MÉLAONS, *ou* Mélons. *f. m. pl.* Vers noirs qu'on trouve dans les prés, & qui broiés rendent une odeur agréable.

MÉLAS. *voy.* Alphos.

MÉLASSE. *substan. f.* Sucre en sirop. angl. *melasses.*

MÉLÉAGRIS. *f. m.* Poule de barbarie, ou pintade.

MÊLÉE. *f. f.* lat. *Pugna, acies, conflictus.* ang. *a fight or battel.* Bataille; querelle de plusieurs personnes; émotion publique.

MÊLER. *verb. act.* lat. *Miscere, permiscere.* ang. *to mingle.* Confondre l'un avec l'autre; mettre diverses choses ensemble; les brouiler. Se *mêler*, c'est s'entremettre, se fourrer, s'appliquer.

MÉLÈSE. *f. f.* lat. *Larix.* ang. *the larch-tree.* Arbre resineux fort haut de la nature des pins & sapins.

MÉLETTE. *f. f.* ang. *the sea-groundling, or sprat.* Petit poisson de mer fort bon à manger.

MÉLIANTHE. *f. f.* Plante ainsi appellée, parce que le calice de sa fleur contient une liqueur mielleuse rouge, & qui dans sa douceur a un goût vineux & fort agréable.

MÉLICA. *f. m.* Espèce de millet qu'on appelle aussi *blé barbu.*

MÉLICERIS. *f. m.* (Médecine.) Espèce de tumeur formée par une matière semblable à du miel.

MÉLIER, *ou* Mellier. *f. m.* Espèce de raisin blanc agréable au goût, & qui fait du bon vin.

MÉLICTUAGIAAR. *f. m.* Prévôt des marchands, Juge des marchands chés les Perses.

MÉLIDORE. *f. f.* Anémone toute de couleur de feu, brune à fond blanc.

MÉLIE. *voy.* Miélat.

MÉLILOT. *f. m.* lat. *Melilotus.* ang. *melilot.* Espèce de trefle qui a fort bonne odeur, propre pour la digestion & pour amollir. On tire de son jus un onguent qui porte ce nom & on l'applique aux engelures & autres inflammations.

MÉLINDE. *f. m.* Tulipe d'un beau pourpre rouge très vif, & d'un beau blanc de lait.

MÉLIORATION.

MÉLIORATION. *s. f.* lat. *Incrementum*, *perfectio*. ang. *improvement*. Action par laquelle on rend une chose meilleure.

MÉLIORER. *v. act.* lat. *In meliorem statum deducere*. ang. *to improve*. Amender, rendre une chose meilleure ; retablir ses terres, *&c.*

MÉLISSE. *s. fem.* lat. *Melissa*. ang. *balm or balm gentle*. Plante aromatique qu'on mêle dans le vin pour le rendre plus cordial. Mélisse-moluque, ou mélisse des moluques. *voy.* Molucca.

MÉLISSÉE. *s. f.* Tulipe couleur de rose, incarnat & blanc.

MÉLITITE. *s. f.* Pierre toute semblable aux Galactites, à celà près qu'elle est plus douce au goût, & qu'étant pulverisée elle rend une liqueur laiteuse qui a la saveur du miel. *Melitites*.

MELLIER, *ou* Psautier. *s. m.* ( Boucher. ) Troisième ventricule du bœuf & des autres animaux qui ruminent.... Raisin blanc. *voy.* Mêlier.

MELOCARDUUS. *s. f.* Chardon des Indes Occidentales.

MÉLOCHIA. *s. f.* Plante d'Egypte, dont les feuilles sont semblables à celles de la Mercuriale, mais plus grandes. Ses semences purgent copieusement. Le suc de ses feuilles appaise la toux.

MÉLOCHITE. *voy.* Arménienne.

MÉLOCORCOPALI. *s. m.* Fruit des Indes, gros comme un coing, ayant la figure d'un melon & le goût de la cérise. Il vient sur un arbre qui ressemble au coignassier en sa grandeur & en ses feuilles.

MÉLODIE. *s. f.* lat. *Melos*, *suavis concentus*. ang. *melody*. Harmonie, mélange de sons agréables à l'oreille.

MÉLODIEUSEMENT. *adv.* lat. *Suaviter*. ang. *melodiously*. Avec mélodie.

MÉLODIEUX, euse. *adj.* lat. *Suavis*, *harmonicus*. ang. *melodious*. Harmonieux, musical, agréable à l'oreille.

MELON. *s. m.* lat. *Pepon*, *pepo*, *melo*. ang. *a melon*. Fruit d'été & rampant comme le concombre, & qui est fort agréable au gout. *Mélons*: *voy.* Mélaons.

MELONNIER. *s. m.* lat. *Peponarius propola*. ang. *one that sells melons*. Celui qui vend des melons.

MELONNIÈRE. *s. f.* lat. *Peponetum*. ang. *a bed of melons*. Lieu où l'on éleve les melons.

MÉLOPÉE. *voy.* Modulation.

MÉLOTE. *s. f.* Peau de brebis avec la laine.

MELPOMENE. *s. f.* lat. & ang. *Melpomene*. L'une des neuf Muses, à qui l'on attribuë l'invention de la Tragédie. On la représentoit ordinairement avec un visage sérieux, couverte d'un habit de théatre, tenant des sceptres & des couronnes d'une main, & un poignard de l'autre.

MELTE. *s. f.* ( Coutumes. ) Territoire d'un Juge, étendue de sa charge, de son office. On le dit aussi de l'étendue de l'office d'un sergent.

M E M

MÊMARCHURE. *s. f.* latin. *Pedis distortio*. ang. *a sprain*. Entorse que se fait un cheval par un faux pas.

MEMBRANE. *s. f.* latin. *Membrana*, *cutis*. ang. *membrane*. Peau, enveloppe des chairs & autres parties du corps humain qui les lie, qui les borne & les enferme. Elle a un sentiment vif & piquant.

MEMBRANEUX, euse. *adj.* lat. *Membranosus*. angl. *membranous*. Qui participe de la membrane, qui est de la nature de la membrane.

MEMBRE. *s. m.* lat. *Membrum*. ang. *limb or member*. En *Anatomie*, est un corps organique composé de différentes parties, destiné à exécuter les actions volontaires. Ce sont aussi toutes les parties extérieures qui naissent du tronc du corps d'un animal, comme les branches des arbres de leur tronc. Dans la *société*, *membre* signifie une partie d'un corps politique, comme les *membres* d'un Parlement, d'un Chapitre, *&c.* ou en général d'une Communauté.

MEMBRÉ, ée. *adj.* lat. *Membris variatis*. anglois. *membred*. Se dit d'un oiseau qui a les jambes d'un autre émail que celui du corps.

MEMBRU, uë. *adj.* lat. *Grandibus membris præditus*. ang. *well-limbed*. Qui a les membres gros & vigoureux.

MEMBRURE. *s. f.* lat. *Asser*, *trigillus*. ang. *a split board or shingle*. C'est la partie la plus solide de la menuiserie, dans laquelle s'enchassent les paneaux qui sont moins épais, & qui en fait l'assemblage. Il se dit aussi des mesures du bois à brûler qui ont quatre pieds en tout sens & de toute grosse piéce de bois de Sciage servant à la charpenterie & à la menuiserie.

MÊME. *Pronom personel*. lat. *Idem*. ang. *same*. Qui n'est point différent.

MÉMOIRE. *s. f.* lat. *Memoria*. ang. *memory*. Faculté de l'ame par laquelle les choses passées lui sont représentées comme si elles étoient présentes. En *Anatomie*, la *mémoire* consiste dans les traces que les esprits animaux ont imprimées dans le cerveau, lesquelles sont causes de la facilité que nous avons à nous souvenir des choses. *Mémoire. sub. mas.* Est aussi un monument qu'on éleve pour conserver le souvenir de quelque personne, ou de quelque action signalée. C'est encore un écrit sommaire qu'on donne à quelqu'un pour le faire souvenir de quelque chose. Les *mémoires* sont des livres d'Historiens, écrits par ceux qui ont eu part aux affaires, ou qui en ont été témoins oculaires, ou qui contiennent leurs vies ou leurs principales actions ; quoique plusieurs livres ayent paru sous ce nom, qui n'ont pas ces qualités. Ce sont aussi les Journaux des sociétés sçavantes, & quelquefois les représentations que les Ambassadeurs font par écrit aux Rois, aux Princes ou aux Etats. lat. *Commentarium*. ang. *a memorandum*.

MÉMORABLE. *adj.* lat. *Memoriâ dignus*. ang. *memorable*. Remarquable, qui mérite qu'on en conserve la mémoire, comme la révolution de 1688. en *Angleterre* & l'incendie de *Londres* en 1666.

MÉMORATIF, ive. *adj.* lat. *Memor*. ang.

*mindful*. Qui peut se souvenir d'une chose.

MÉMORIAL. *s. m.* lat. *Signum*, *memoriale*. anglois. *a memorial*. Qui regarde la mémoire. Signe, figure qui renouvelle le souvenir d'une chose. Un mémoire ou remontrance qu'un Prince ou un Etat fait à un autre sur quelque sujet de plainte.

MÉMORIALISTE. *s. masc.* Auteur de mémoire.

MEMPHITIQUE. *adj.* lat. *Lapis memphites*. ang. *memphites*. C'est le nom d'une pierre d'E*gypte* qui a la propriété, qu'étant pulverisée & enduite sur une partie qu'on veut couper, elle l'amortit tellement que le patient ne souffre aucune douleur durant l'opération.

MEN

MENAC. *s. m.* Arbrisseau de Madagascar, qui a une feuille comme la vigne. On tire des grains renfermés dans ses coques une huile du même nom.

MENAÇANT, ante. *adj.* lat. *Minax*. ang. *threatning*. Qui tache de faire peur à son adversaire.

MENACE. *s. f.* lat. *Minæ*, *comminatio*. ang. *threat*, *threatning*. Peur qu'on veut donner à quelqu'un, en lui annonçant avec colère le mal qu'on a dessein de lui faire.

MENACER. *v. act.* lat. *Minari*, *minas intentare*. angl. *to threaten*. Faire des menaces; faire peur à quelqu'un.

MÉNADE. *s. f.* lat. *Mænades*. ang. *bacchants*. Bacchantes; femmes en fureur qui chez les Payens célébroient les Orgies.

MÉNAGE. *s. m.* lat. *Familia*. ang. *house*, *housbold*, *family*. Les personnes qui composent une famille. Le revenu, la subsistance de la famille. Meubles nécessaires pour la famille. Epargne du bien acquis & soin d'en aquérir d'autre.

MÉNAGEMENT. *s. m.* lat. *Ratio*, *observantia*. ang. *regard*, *respect*. Egard, considération, retenuë; manière circonspecte de traiter ou d'agir avec des gens à qui on doit du respect, ou dont on a besoin.

MÉNAGER, ère. *s.* & *adj. m.* & *f.* lat. *Parcus*. ang. *saving*, *sparing*. Bon économe de son bien; qui épargne, qui ne fait point de dépense superfluë, qui fait bien valoir ce qu'on lui donne à manier.

MÉNAGER. *v. act.* lat. *Benè administrare*. ang. *to husband*. Epargner, conduire son bien, sa fortune avec œconomie, avec jugement, sans profusion. Tirer avantage de quelque chose.

MÉNAGERIE. *s. f.* lat. *Villa voluptuaria*. ang. *a yard*. Lieu destiné à nourrir des bestiaux & à faire le ménage de la campagne.

MENDIANT, ante. *adj.* lat. *Mendicus*. ang. *a beggar*. Gueux, qui demande l'aumône. Il se dit aussi des Religieux qui vivent d'aumône, qui vont quêter de porte en porte. Il y en a quatre principaux qui sont les Carmes, Jacobins, Cordeliers & Augustins. Les Capucins, Recollets, Minimes & autres sont aussi Religieux *Mendians* de plus fraiche date.

MENDICITÉ. *s. f.* lat. *Mendicitas*. anglois. *beggary*. Etat misérable de celui qui est réduit à demander l'aumône pour vivre.

MENDIER. *v. act.* lat. *Mendicare*. ang. *to beg or beg for*. Gueuser, demander l'aumône. Recourir à autrui.

MENDOLE. *s. m.* Sorte de poisson, autrement appellé *Gerre*, *cagarel*, & *jusele*.

MÉNEAU. *s. mas.* (Architecture.) Séparation des ouvertures des fenêtres, ou grandes croisées.

MENÉE. *s. f.* lat. *Molitio*. ang. *secret practice*, *plot*. Intrigue & cabale secrete dont on se sert pour faire réussir une affaire.

MENELAUS. *s. m.* 25e. tache de la Lune, selon le P. Riccioli.

MENER. *v. act.* lat. *Ducere*, *deducere*. angl. *to carry*, *to lead*. Guider, conduire, marcher le premier pour montrer le chemin.

MENÊTRIER. *s. m.* lat. *Auletes*, *aulædus*. ang. *a minstrel*. Violon & joueur d'instrumens ou maître à danser.

MENEUR. *s. m.* lat. *Ductor*. ang. *a gentleman-usher*. Celui qui mene une Dame, qui conduit un autre en certaines cérémonies.

MENI. *sub. fem.* C'est le nom d'une ancienne Déesse, que les Juifs adoroient, dans les accès de leur idolâtrie, comme les Prophétes Isaie & Jérémie, le leur reprochent, le premier sous le nom de la Lune, ou de la Reine du Ciel, & l'autre sous celui de *Meni*, qu'on croit être la même qu'Astarte ou Venus céleste.

MENIN, Menine. *s. m.* & *f.* lat. *Puer honorarius*. angl. *a minion*, *a favourite*. Favori, mignon d'un Prince élevé avec lui.

MENINGES. *s. f. pl.* lat. & ang. *meninges*. Les deux tuniques ou membranes fines qui enveloppent la substance du cerveau.

MENINGOPHYLAX. *s. mas.* Instrument de *Chirurgie*, dont on se sert au pansement du trépan.

MENISQUE. *adj.* lat. & ang. *meniscus*. Figure d'un verre de lunette qui est convexe d'un côté & de l'autre concave, comme les verres que l'on met sur les montres ou sur les cadrans.

MENOLE. *s. m.* Petit poisson de mer, qui semble naître de l'écume de la mer.

ME'NOLOGE. *s. m.* Martyrologe, ou calendrier des Grecs.

MENOLOGUE. *s. m.* (Médecine.) Traité des purgations des femmes.

MENON. *s. m.* Animal semblable au bouc ou à la chèvre.

MENOTTE. *s. fem.* lat. *Ferrea manica*. ang. *manacle*, *hand-fetter*. Anneau de fer qu'on met au poignet des prisonniers pour leur enchaîner les mains & leur en ôter l'usage.

MENSALE. *adj. f.* (Chiromancie.) Ligne qui traverse le milieu de la main depuis l'index jusqu'au petit doigt. On l'appelle autrement *Thorale*.

MENSE. *s. f.* ang. *the income for the table*: Revenu d'un Prélat ou d'une Communauté.

MENSOLE. *s. f.* lat. *Cameræ tholus*. ang. *the key-stone of a vault*. La clef d'une voute.

MENSONGE. *s. m.* lat. *Mendacium*. ang. *lie*.

Menterie concertée & étudiée, chose fausse & inventée que l'on veut faire passer pour vraie.

MENSONGER, ére. *adj.* lat. *Mendax.* ang. *false, deceitful.* Faux, trompeur.

MENSTRUAL, ale. *adj.* lat. *Menstruus.* ang. *menstrual, menstruons.* Terme de *Médecine* qui ne se dit que du sang qui coule tous les mois dans les purgations ordinaires des femmes.

MENSTRUES. *s. f. pl.* lat. *Menstrua, menses.* ang. *a woman's monthly terms or flowers.* Les purgations ordinaires des femmes qui leur viennent tous les mois. *Menstrue*, en termes de Chymie, est un dissolvant humide, qui pénétrant dans les plus intimes parties d'un corps sec, sert à en tirer les extraits & teintures, & ce qu'il y a de plus subtil & essentiel, comme le vinaigre, l'eau forte, l'esprit de vin, &c. lat. & ang. *Menstruum.*

MENSTRUEUX, euse. *adj.* Qui abonde en menstrue.

MENTAL, ale. *adj.* lat. *Mentalis.* ang. *mental.* Qui se dit de la conception ou opération de l'entendement. *Restrictions mentales* sont des paroles à double entendre, par lesquelles celui qui parle cache sa veritable intention, en retenant quelques paroles dans son esprit & ne parlant qu'à demi.

MENTALEMENT. *adv.* lat. *Mentaliter.* ang. *mentally.* D'une manière mentale.

MENTERIE. *s. f.* lat. *Mendacium, falsitas.* ang. *a lie or untruth.* Mensonge; allégation d'une chose fausse qu'on veut faire passer pour vraie.

MENTEUR, euse. *adj.* & *s. m.* & *f.* latin. *Mendax:* ang. *lying, false, liar.* Qui avance, qui soutient une chose fausse, qui parle contre sa conscience.

MENTHE. *sub. fem.* lat. *Mentha.* ang. *mint.* Plante qui rend une odeur forte & très-agréable, d'un gout aromatique.

MENTION. *s. f.* lat. *Mentio.* ang. *mention, mentioning.* Témoignage, rapport qu'on fait ou par ses paroles ou par ses écrits de quelque chose.

MENTIONNER. *v. act.* lat. *Mentionem facere.* ang. *to mention.* Faire mention.

MENTIR. *verb. n.* lat. *Mentiri.* ang. *to lie.* Parler contre sa propre connoissance, alléguer une chose fausse & la vouloir faire passer pour vraie.

MENTON. *s. m.* latin. *Mentum.* angl. *chin.* La partie inférieure du visage qui est au dessous de la bouche & qui se termine à la bouche.

MENTONNIÈRE. *s. f.* lat. *Paropidis inferior fascia.* ang. *chin-cloth.* Linge que les Demoiselles s'appliquoient sous le menton, quand elles portoient des masques quarrés. C'est aussi une partie du casque.

MENU, uë. *adj.* lat. *Exilis, tenuis.* angl. *slender, spare, small.* Delié, qui a peu de largeur ou de grosseur à proportion de sa hauteur. Ou qui est plus petit en son genre, comparé à un plus gros.

MENUAILLE. *s. f.* Menue monnoie.

MENUE Seizaine. *s. f.* Petite corde propre aux emballeurs. *voy. Fil-agor.*

MENUET. *s. m.* lat. *Demissa saltatio.* angl. *menuet.* Espèce de danse, dont les pas sont prompts & menus.

MENUF. *s. m.* Espèce de lin d'Egypte.

MENUISE. *s. fem.* La plus petite espèce de plomb à tirer.... Bois menu.

MENUISER. *v. actif.* lat. *Minutariam exercere.* ang. *to do joiner's work.* Travailler de l'art de Menuiserie.

MENUISERIE. *s. f.* lat. *Politior minutaria.* ang. *a joiner's trade.* Ouvrage de bois taillé & assemblé avec propreté & délicatesse. C'est aussi l'art de polir & d'assembler le bois.

MENUISIER. *s. m.* lat. *Minutarius.* angl. *a joiner.* Ouvrier qui travaille en menuiserie, qui travaille en bois avec le rabot, &c.

MENUISIÈRES. *s. f. pl.* Abeilles qui font leurs nids dans les bois.

MÉNYANTHE. *s. fem.* Plante d'un grand usage en medecine.

MEON. *voy.* Mehon.

## M E P

MÉPLAT, ate. *adj.* Qui a plus d'épaisseur que de largeur.

MÉPRENDRE. (Se) *v. n.* lat. *Labi, errare.* ang. *to mistake.* Se tromper, prendre une chose pour l'autre.

MÉPRIS. *s. masc.* lat. *Contemptus.* ang. *contempt, scorn.* Rebut; dedain; témoignage du peu d'estime qu'on fait d'une chose.

MÉPRISABLE. *adj.* lat. *Contemptu dignus.* ang. *contemptible.* Digne de mépris, qui mérite peu d'estime.

MÉPRISAMMENT. *adv.* Avec mépris. lat. *Contemptim.* ang. *scornfully.*

MÉPRISANT, ante. *adj.* lat. *Contemptor.* anglois. *scornful.* Qui ne fait point de cas des choses.

MÉPRISE. *s. f.* lat. *Error.* ang. *mistake.* Faute, erreur.

MÉPRISER. *v. act.* lat. *Contemnere, despicere.* ang. *to despise.* Dedaigner; témoigner du mépris.

## M E R

MER. *s. f.* lat. *Mare.* ang. *the sea.* Les *Hébreux* donnent ce nom à tous les grands amas d'eaux, quoique ce ne soient que des lacs, ou étangs. Ils le donnent aussi au grand lavoir de bronze qui étoit dans le temple de *Salomon.* C'est même l'usage commun des Orientaux de donner ce nom aux grandes rivières, &c. Mais parmi nous la *mer* est ce grand réservoir d'eau qui entoure toute la terre & qui se répand en plusieurs parties de son globe. On distingue pourtant les différentes *mers* rélativement aux Royaumes & aux païs qui les environnent comme la *mer* d'*Irlande*, la *mer Britanique*, &c.

MERA. *s. m.* Arbre de Madagascar, dont les feuilles ressemblent à celles de l'olivier.

MERCANTILLE. *s. f.* lat. *Mercatura.* angl. *mercantile.* Un homme de profession *mercantille* est un homme qui fait commerce ou marchandise.

MERCANTILLEMENT. *adverb.* D'une manière mercantille.

MERCELOT. *voy.* Mercerot.

MERCANTISTE. *s. m.* Marchand.

MERCANTORISTE. *adj.* Se dit de la manière de parler d'un marchand.

MERCENAIRE. *adject.* & *sub. m.* & *f.* latin. *Mercenarius.* ang. *mercenary.* Homme de journée ou artisan, qui travaille pour de l'argent, pour gagner sa vie. *Mercenaire* signifie aussi, intéressé, facile à corrompre, qui fait tout pour de l'argent.

MERCENAIREMENT. *adv.* latin. *Mercenarium in modum.* ang. *mercenarily*, D'une manière mercenaire.

MERCERIE. *s. f.* lat. *Minutæ merces.* angl. *mercery.* Marchandise. Il se dit plus particulièrement des menuës marchandises, & de celles qu'on vend en détail.

MERCEROT, *ou* Mercelot. *s. m.* lat. *Minutæ mercis propola.* ang. *a pedlar, or hawker.* Petit mercier de campagne, ou de menuë marchandise.

MERCI. *voy.* Mercy.

MERCIER, ière. *s. m.* & *f.* lat. *Mercator.* ang. *a mercer.* Marchand qui vend toutes sortes des marchandises dépendantes du corps de la mercerie.

MERCREDI. *voy.* Mécredi.

MERCURE. *s. m.* lat. *Mercurius.* ang. *mercury.* Qu'on nomme communément vif argent. Les Chymistes donnent ce nom à tous les liquides qui ne prennent pas feu, soit qu'ils soient spiritueux, acides ou aqueux. Quelques-uns donnent le même nom à l'esprit tiré des plantes ou des animaux; & d'autres le donnent à toutes les liqueurs chymiques acides. C'est un des principes chymiques par lesquels ils prétendent expliquer tous les phenoménes de la nature. Dans le *Blason* en *Angleterre*, *mercure* signifie la couleur de pourpre. En *Astronomie* c'est la plus petite de toutes les planetes & la plus basse, après la lune, quoique dans certains sistêmes elle soit placée dans le déferant du soleil, & qu'elle n'ait aucun orbe qui lui soit propre. Elle a seulement un épicycle, qui fait qu'elle se trouve quelquefois au dessus du soleil & qu'elle devient invisible. L'expérience nous apprend que *Mercure* n'est jamais éloigné du soleil de plus de 28. degrés, ni *Venus* de plus de 48. & par conséquent aucune de ces deux planetes ne peut former avec le soleil aucun autre aspect que la conjonction. Cette planete est d'une couleur obscure & on ne la voit que rarement. Son mouvement moyen est de 59. minutes & 8. secondes; mais elle va quelquefois si vite, qu'elle parcourt un degré entier & 40. minutes dans un jour. Les *Astrologues* disent que sa nature est variable & qu'elle participe de la nature des planetes qui lui sont voisines ou qui sont en aspect avec elle; mais que de son fonds elle est séche & froide. *Mercure* parmi les *Anciens* étoit le messager des Dieux & il étoit adoré comme une divinité qui présidoit immédiatement aux sciences, à l'éloquence & au commerce. Les *Grecs* l'appelloient *Hermès* ou interpréte de la volonté des Dieux. On lui attribuë l'invention de la musique, que d'autres attribuent à *Apollon.* On lui donne aussi d'autres titres, qu'il est inutile de rapporter ici, par exemple qu'il étoit fils de *Jupiter* & de *Maia....* *Mercure:* Tulipe rouge-incarnat & chamois.

MERCURIAL, ale. *adj.* lat. *Mercurialis.* ang. *mercurial.* Qui est de la nature de mercure.

MERCURIALE. *s. f.* lat. *Solemnis mercurii animadversio senatoria.* ang. *mercuriale.* Assemblée qui se fait dans le Parlement de *Paris*, le premier Mercredi après la S. Martin & le premier Mercredi après la semaine de *Pâques*, où le premier Président & l'un des Gens du Roi parlent contre les desordres qui se commettent dans l'administration de la justice. Cette harangue se nomme aussi *Mercuriale* & l'on donne ce nom à toutes les reprimandes publiques. lat. *Objurgatio, animadversio.* ang. *check, reprimand....* *Mercuriale*: plante dont il y a plusieurs espèces. lat. *Mercurialis.* ang. *mercury.*

MERCURIEL. *voy.* Mercurial.

MERCY. *s. m.* lat. *Gratia, venia.* ang. *mercy, pity, compassion.* Pardon, miséricorde, grace qu'on demande à celui qu'on a offensé.

MERDAILLE. *s. fem.* ang. *shit-breech boys:* Marmaille, troupe importune de petits enfans.

MERDE. *s. f.* lat. *Merda.* ang. *a turd.* Excrément; matière fécale de l'homme. *Merde d'Oie:* couleur entre le verd & le jaune. *Merde de fer:* voy. *Machefer.*

MERDEUX, euse. *adj.* lat. *Merdâ infectus.* ang. *beshit.* Souillé, gâté, rempli de merde.

MÈRE. *s. f.* lat. *Mater, parens.* ang. *mother:* Femelle qui a mis un enfant au monde. La *mère* perle est la plus grosse des perles. *Mère nourrice* est la femme qui nourrit un enfant au lieu de la vraie *mère.* lat. *Nutrix.* ang. *a nurse.* *Dure mère* & *pie mère* sont les deux meninges. *Mère-laine* c'est la laine de dessus le dos de la brebis. *Mère-goute* c'est le vin qui vient sans être pressuré. lat. *Vinum protopon.* ang. *unpressed wine.*

MEREAU. *s. m.* lat. *Symbolum, tessera.* ang. *a ticket or token.* Marque de plomb ou de carton que l'on donne dans certaines Eglises.

MERELLE. *s. f.* ang. *merils.* Jeu de petits garçons.

MÉRIDIEN. *s. m.* & *adj.* lat. *Meridianus.* ang. *meridian.* Grand cercle de la sphère qui va du Nord au Sud, sous lequel tous les païs par où il passe ont midi dans le même tems. Les Géographes se servent des *Méridiens*, pour marquer les longitudes, c'est-à-dire, pour faire voir combien un païs est plus à l'Est ou à l'Ouest qu'un autre, en prenant la longueur du monde de l'*Est* à l'*Ouest*; & pour avoir un terme fixe ils établissent un premier *Méridien* par où ils commencent à compter les longitudes en les prenant de l'Ouest à l'Est. La plûpart des Géographes ont choisi les Isles *Canaries* à l'Ouest de l'*Afrique* pour y faire passer le premier *Méridien*; les *Hollandois* le font passer par l'Isle de *Teneriff* & par le *Cap verd* & les François par la partie Occidentale de l'Isle de *Fer*, comme fait *Ptolomée* ; ce qui produit une différence de deux degrés 44. minutes. Les *Portugais* ont établi leur premier *Méridien* environ dix degrés au-delà de celui-là, c'est-à-dire à *Tercera* l'une des *Azores* vers l'*Amérique* ; parce que selon eux, l'aiguille aimantée, qui varie & décline presque par tout, pointe directement au Nord dans l'Isle de *Tercere*. On voit par ce détail que ceux qui lisent les voyages doivent faire attention au premier *Méridien* s'ils ne veulent pas tomber dans de grandes erreurs au sujet de la situation des païs par rapport à l'Est ou à l'Ouest. On voit aussi que la chose est par elle même arbitraire. Il y a sur le globe un *Méridien* de cuivre gradué, dans lequel le globe tourne sur son axe ; le haut & le bout de cet axe représentent les deux poles du monde. La *hauteur méridienne* est la plus grande hauteur du soleil ou d'un astre au dessus de l'horizon d'un païs & lorsque le soleil arrive à ce cercle, il est midi ou c'est le milieu du jour ; lorsqu'une étoile y arrive elle est au Sud ou au Nord.

MÉRIDIENNE. *s.* & *adj. f.* *Méridienne*, ou *ligne méridienne :* ligne qu'on trace du pole du Nord à celui du midi, qui designe sur un plan le cercle méridien .... ligne qui fait connoître juste quand il est midi, par un point du soleil, qui vient sur cette ligne .... faire la *méridienne* c'est se coucher, ou prendre un peu de repos après le dîner. ang. *to take a nap after dinner.*

MÉRIDIONAL, ale. *adj.* lat. *Meridianus.* ang. *southern*, *meridional.* Qui appartient au midi, au sud ou qui est vers le Sud.

MÉRIDIONELLE. *s. f.* Tulipe pourpre, couleur d'évêque & blanc, non d'entrée, printanière.

MÉRISE. *s. f.* lat. *Cerasa duracina.* ang. *a small bitter cherry.* Petite cerise & fort menuë.

MÉRISIER. *s. masc.* lat. *Cerasus sylvestris fructu nigro.* ang. *the small cherry-tree.* Arbre qui porte des mérises.

MÉRITE. *s. m.* lat. *Meritum*, *dotes.* angl. *desert*, *merit.* Assemblage de bonnes qualités en quelque personne, qui lui attire de l'estime & de la considération. Excellence, bonté d'un ouvrage. Prix & valeur des actions, en bonne & en mauvaise part. Les *Théologiens scholastiques* distinguent deux sortes de mérites, l'un de congruité ou de bienséance, lorsqu'il n'y a pas une juste proportion entre l'action & la récompense : ensorte que celui qui donne supplée par sa liberalité, ou par sa bonté, à ce qui manque à l'action. L'autre qu'ils appellent *mérite* de condignité, lorsqu'il se trouve une entière égalité & une juste estimation entre l'action & la récompense : tel est le salaire d'un ouvrier.

MÉRITER. *v. act.* lat. *Mereri.* ang. *to deserve*, *to merit*, *to be worthy.* Faire une action bonne, ou mauvaise ; digne de récompense ou de châtiment.

MÉRITOIRE. *adj.* lat. *Meritorius*, *mercede dignus.* ang. *meritorious.* Qui se dit des bonnes œuvres qui méritent le Paradis.

MÉRITOIREMENT. *adv.* lat. *Meritò*, *jure.* ang. *meritoriously*, *deservedly.* D'une manière méritoire.

MERLAN. *s. mas.* lat. *Asellus minor*, *apua.* ang. *a whiting.* Nom d'un fort bon poisson, qui est quelquefois assés gros pour suffire au repas d'une personne. Il est long & menu, fort blanc & d'une chair fort molle.

MERLE. *s. m.* lat. *Merula.* ang. *a black-bird.* Oiseau médiocre, de la taille d'une grive & de couleur noire.

MERLESSE. *s. f.* Femelle du merle. lat. *Merula femina.* ang. *a hen-black-bird.*

MERLET. *s. m.* lat. *Muri crepido.* ang. *pinnacle.* (Architecture.) Creneau ou embrasure de muraille.

MERLETTE. *s. f.* lat. *Merula mutila.* ang. *a marlet.* (Blason.) Oiseaux qui n'ont ni pieds ni bec.

MERLIN. *s. m.* lat. *Funiculus triplex.* ang. *a kind of rope in a ship.* Espèce de cordage à trois fils qui sert à faire des rabans.

MERLINER. *v. act.* (Marine.) Se dit de la voile, quand on l'attache à la ralingue avec du merlin. lat. *Funiculis alligare.* ang. *to tye with a rope.*

MERLON. *s. m.* lat. *Interjectus inter tormentorum fenestras peribolus.* ang *merlon.* (Fortification.) Plain du parapet qui est entre deux embrasures. Sa longueur est ordinairement de 9. pieds du côté des canons & de 6. du côté de la campagne ; sa hauteur de 6. pieds & son épaisseur de 18.

MERLUS. *s. m.* ou Merluche. *s. f.* lat. *Oniscus.* ang. *melwel.* Poisson de mer dont on fait la moruë.

MERLUT. (Peaux en) *s. m.* Peaux de bouc, de chèvre & de mouton en poil & en laine, qu'on a fait sécher sur la corde.

MÉRO. *s. m.* Poisson de l'Amérique méridionale, fait à peu près comme une carpe.

MÉROÏDE. *voy.* Ethiopienne.

MÉROPS. *s. masc.* Oiseau gros comme un étourneau, & qui ressemble au merle. Sa voix approche un peu de celle de l'homme & il prononce assés distinctement quelques mots. Il est fort friand de mouches & d'abeilles.

MERRAIN. *s. m.* lat. *Lignum fissile.* angl. *small timber.* Bois de charpente propre à bâtir.

MERVEILLE. *s. f.* lat. *Prodigium*, *portentum.* ang. *wonder*, *marvel.* Chose rare, extraordinaire, surprenante, qu'on ne peut gueres comprendre.

MERVEILLEUSEMENT. *adv.* lat. *Mirabiliter*, *mirificè.* ang. *wondrously*, *wonderfully.* D'une manière merveilleuse & surprenante.

MERVEILLEUX, euse. lat. *Mirabilis*, *mirificus.* ang. *wondrous.* Extraordinaire, admirable, excellent, rare, surprenant.

## M E S

MÉSAIR. *s. m.* (Manege.) Air qu'on donne au cheval, en le maniant entre le terre-à-terre & les courbettes.

MÉSAISE. *s. m.* lat. *Incommodum.* ang. *trouble*, *inconveniency.* Incommodité, fâcherie, chagrin.

MÉSALLIANCE. *s. f.* lat. *Inæqualis conjunctio.* ang. *under-match.* Alliance, mariage fait avec une personne de condition fort inférieure.

MÉSALLIER. (Se) *v. rec.* lat. *Inæquali cognatione se devincire.* anglois. *to under-match.* Prendre une femme ou un mari de basse condition, qui fait perdre quelques avantages de noblesse, d'honneur, ou de dignité.

MÉSANGE, *ou* Mezange. *s. f.* & *masc.* lat. *Ægithalus, spizetes, fringillago.* ang. *a titmouse or muskin.* Petit oiseau qui est une espèce de pinson.

MESARAGNE. *voy.* Musaragne.

MÉSARRIVER. *v. neut.* lat. *Inféliciter cadere.* anglois. *to come to no good.* Tourner mal; avoir une mauvaise issuë.

MÉSAVENTURE. *s. f.* lat. *Adversus casus.* ang. *misfortune, mischance.* Malheur, mauvais succès.

MÉSAULE. *s. m. Mesaulon.* C'étoit selon Vitruve, chez les Grecs & les Romains une petite cour entre deux corps de logis.

MESCAL. *s. m.* Demi-dragme des Persans, ou la centième partie d'une livre de France de 16. onces.

MESCOMPTE, Mescompter. *voy.* Mécompter, Mécompter.

MESCONNOISSABLE. *voy.* Méconnoissable.

MESCONNOISTRE. *voy.* Méconnoître.

MESCONTENT. *voy.* Mécontent.

MESCRÉANT. *vey.* Mécréant.

MESDISANT, &c. *voy.* Médisant.

MÉSENTÈRE. *s. m.* lat. *Mesenterium.* ang. *mesentery.* Membrane double du péritoine, pleine de petites glandes, de nerfs, d'artères, de veines, de vaisseaux lactées & lymphatiques. Il est placé au milieu de l'abdomen & il soutient les boyaux d'une manière surprenante. Il porte une grande glande au milieu, qu'on appelle le Pancreas d'Asellius; autour de celle-ci il y en a plusieurs autres petites, où se trouvent les vaisseaux lactées du premier genre. Après que le chyle a passé dans ces vaisseaux lactées & dans ces glandes, il rencontre des vaisseaux lymphatiques qui le dilaïent. Il passe ensuite par les vaisseaux lactées du second genre pour se rendre au reservoir du chyle. La figure du *Mesentère* est circulaire; le bout du colon & le commencement du rectum sont attachés à un petit prolongement de sa circonférence. Il a environ quatre doigts & demi de diametre, sa circonférence étant pleine de plis & de replis, a environ trois aunes de longueur. Il est fortement lié ou attaché aux trois premières vertebres des lombes.

MÉSENTÉRIQUE. *adj.* angl. *mesenterick.* Nom de deux artères qui viennent de l'aorte descendante & qui vont au mesentère.

MÉSESTIMER. *v. act.* lat, *Parvi facere.* ang. *to disesteem.* Mépriser, faire peu de cas de quelque chose.

MESGARDE. *voy.* Mégarde.

MÉSINTELLIGENCE. *s. f.* lat. *Dissidium, discordia.* ang. *misunderstanding.* Brouillerie, dissension entre personnes proches ou associées, qui sont partie du même corps, qui ont des intérêts communs, qui ont été ou qui devroient être bien ensemble.

MÉSIRE. *s. f.* Maladie du foie, accompagnée d'un sentiment de pesanteur, d'enflure, d'inflammation, de douleurs poignantes, & de la noirceur de la langue.

MESLANGE, Mesme, Mesnage, &c. *voy.* Mêlange, Même, Ménage, &c. &c.

MESLIS de Bretagne. Toiles à voiles.

MESOCOLON. *s. m.* (Anat.) Partie du mésentère, qui se continue avec les gros intestins, & qui est couchée sur le milieu du boyau appellé *Colon*, auquel il est joint dans toute son étendue. Par son extrémité la plus basse il est attaché à une partie du *Rectum. mesocolon.*

MÉSOFFRIR. *v. act.* lat. *Inæqualia offerre.* ang. *to underbid.* Faire des offres déraisonnables, bien loin au dessous du veritable prix d'une chose.

MÉSOLABE. *s. m.* lat. *Mesolabium.* anglois. *mesolabe or mesolabium.* Instrument de mathématique inventé par les anciens pour trouver méchaniquement deux moyennes proportionnelles; ce qu'on n'a pas pû faire encore géométriquement. Il est composé de trois parallélogrammes qu'on fait mouvoir dans une coulisse jusqu'à certaines intersections.

MÉSONYCTIQUE. *sub. masc.* (Lithurgie.) Hymne qui se chante au milieu de la nuit.

MÉSORE. C'est dans la *Liturgie grecque*, l'intervalle qu'il y a entre les heures de l'Office divin.

MESPLAT, Mesprendre, Mespris. *voyez* Méplat, Méprendre, Mépris, &c. &c. &c.

MESQUIN, ine. *adj.* lat. *Sordidus, tenax.* ang. *niggardly, sordid.* Qui épargne trop, dont le ménage va jusqu'à l'avarice, à la ladrerie; qui vit sordidement... *Figur.* de mauvais air, de mauvais goût.

MESQUINEMENT. *adv.* lat. *Sordidè, abjectè.* ang. *niggardly, sordidily.* D'une manière mesquine.

MESQUINERIE. *s. f.* lat. *Sordes, fœda tenacitas.* ang. *niggardlinesss.* Dépense sordide, avarice qui paroît au dehors.

MESQUITE. *s. masc.* Arbre de l'Amérique, grand & gros comme un chêne. Il porte des gousses semblables à celles de nos Haricots, dans lesquelle on trouve trois ou quatre grains plus petits que des Féveroles. On les appelle *Huitzasé*; & l'on s'en sert pour la composition de l'encre, comme de la noix de galle.

MESSAGE. *s. m.* lat. *Mandatum, nuncius.* ang. *message, errand.* Envoi qu'on fait d'une personne ou d'une lettre à une autre, pour lui porter, lui faire sçavoir ou apprendre d'elle quelque chose.

MESSAGER, ère. *s. m.* & *f.* lat. *Nuntius.* ang. *a messenger.* Celui qui fait les allées & venuës pour porter des messages. Il y a aussi plusieurs Officiers en *Angleterre* qui portent ce nom & qui sont entretenus par l'Etat. Quelques-uns sont immédiatement sous les ordres & sous la direction des Secrétaires d'Etat & ils sont toujours prêts à porter leurs depêches soit au dehors soit dans l'intérieur du Royaume. Ils sont aussi emploiés à se saisir des personnes accusées de haute trahison, ou d'autres crimes contre l'Etat, sous l'autorité des Secrétaires, comme étant des crimes qui ne tombent pas sous la connoissance des loix ordinaires & qu'il n'est pas quelquefois à propos de manifester au public; c'est pour cela que les maisons des *Messagers* sont destinées pour servir de prisons & que le gouvernement leur accorde 6. s. 8. d. par jour. Lorsqu'ils sont dépêchés hors du Royaume, les fraix de leurs voyages sont fixés, sçavoir pour *Paris* à 30. livres sterling. Pour la *Hollande* à 25. liv. Pour *Edimbourg* 30. liv. Pour l'*Irlande* 30. liv. & ainsi à proportion des distances plus ou moins grandes. Il y en a toujours vingt qui sont de garde & qui sont relevés tous les mois, quatre à la Cour, cinq au Bureau de chaque Secrétaire, trois au troisième Bureau pour le Nord de la grande Bretagne, trois au Bureau du Conseil & un chez le Lord Chamberlan. Leurs salaires sont de 45. livres par an & leur emploi se vend environ 300. liv. outre ces *Messagers* chaque Cour de justice a les siens, & sur tout l'exchiquier ou les quatre poursuivants portent ce nom. Il y a une personne qui est chargée par l'Etat de faire des recherches pour saisir les livres & libelles des traitres dans les boutiques ou maisons des Imprimeurs & Libraires. On le nomme pour cette raison, *Messager* de la presse.

MESSAGERIE. *s. f.* Bureau du messager, & le droit de le tenir, de faire transporter les lettres.

MESSALA. *s. m.* Trente-troisième tache de la Lune, selon Riccioli.

MESSALINES. *s. f. pl.* Toiles fabriquées en Egypte.

MESSAMIME. *s. f.* Plante de la Virginie qui porte une espèce de raisin aussi gros qu'une cerise.

MESSE. *s. f.* lat. *Missa*, *sacrum.* ang. *mass.* C'est dans l'Eglise *Romaine* le sacrifice non sanglant du corps & du sang de N. S. Jesus-Christ, qui est offert sur l'Autel sous les espèces du pain & du vin. Lorsque les Choristes chantent les prières & qu'on emploie toute la magnificence des cérémonies, on l'appelle grande *Messe* ou *Messe haute*; mais lorsqu'on n'y chante point & qu'il y a moins de cérémonie, on l'appelle *Messe basse.*

MESSÉANCE. *s. f.* lat. *Indecorum.* ang. *unseemliness*, *indecency.* Le contraire de la bienséance; qualité de ce qui ne sied pas bien, qui est indecent.

MESSÉANT, ante. *adj.* lat. *Indecorus.* ang. *undecent*, *misbecoming.* Ce qui ne sied pas bien, qui n'est pas convenable.

MESSEOIR. *v. n.* Il n'est usité que dans certains tems & toujours à la troisième personne. Il signifie n'être pas convenable au tems, à l'âge, à la personne. latin. *Dedecere.* anglois. *to be undecent.*

MESSIE. *s. m.* lat. *Messias.* ang. *messiah.* Signifie proprement oint & sacré & se dit par excellence du souverain liberateur que les Juifs attendoient & qu'ils attendent encore inutilement puisqu'il est deja venu au tems marqué dans la personne de notre Seigneur & Sauveur Jesus-Christ. Ils étoient en usage d'oindre les Rois, les souverains Prêtres, & quelquefois les Prophétes. Mais cette onction étoit extérieure, au lieu que celle de Jesus-Christ est plutôt symbolique & spirituelle; son ame étant doüée d'une sagesse spirituelle, d'une puissance divine & de la force du S. Esprit. Les anciens Prophétes ont prédit que le vrai *Messie* seroit Dieu & homme, élevé & abaissé, Maître & serviteur, Prêtre & victime, Roi & sujet, mortel & vainqueur de la mort, riche & pauvre, Roi, conquerant, glorieux, homme de douleur, chargé d'infirmités, inconnu, dans un état d'abjection & d'humiliation, né d'une Vierge, de la tribu de *Juda*, de la race de *David*, & dans le Village de *Bethléem.* Toutes ces contradictions apparentes, ont été pleinement vérifiées dans le *Messie* & se trouvent évidemment dans Jesus-Christ, qui continue d'exister pour toujours & qui remplit tout ce que les Prophétes en ont prédit. Mais comme les *Juifs* ont toujours nié & nient encore que les écritures doivent être prises dans le sens qu'elles ont évidemment, on leur fait voir qu'elles ne peuvent pas être pleinement vérifiées dans un autre sens. On en peut juger par les idées romanesques qu'ils ont imaginées & par les impostures innombrables où sont exposés les faux Prophétes, qui de tems en tems se sont donnés pour le *Messie.*

MESSIER. *s. m.* Villageois commis à la garde des fruits de la terre, au tems de la moisson & de la vendange.

MESSIEURS. *s. m. pl.* lat. *Viri ornatissimi.* ang. *Messieurs*, *sirs*, *gentlemen.* Titre d'honneur & de complimens que les *François* donnent en parlant ou en écrivant à plusieurs personnes ensemble qui sont de quelque considération ou par leur qualité ou par leur nombre. Les plaidoyers, les harangues commencent toujours par *Messieurs*.... On donne aussi ce nom aux gentils-hommes de race verrière, qui seuls ont le privilége de travailler au verre sans déroger.

MESSIRE. *s. masc.* lat. *Dominus.* ang. *lord.* Titre que prennent les Nobles dans les actes qu'ils passent.

MESSIRE-JEAN. *s. m.* lat. *Pirum saccharatum.* ang. *a kind of winter-pear.* Poire rousse fort succrée, qui est meure en automne.

MESTIVAGE. *s. m.* Redevance de bleds.

MESTRAL, Mestraliser. *voyez* Maëstral, Maëstraliser.

MESTRE DE CAMP. *s. mas.* lat. *Tribunus militum.* ang. *a colonel.* Grand Officier de Cavalerie. Arbre de *Mestre* est le grand mât d'une galère.

MESURABLE. *adj.* lat. *Mensurabilis.* ang. *measurable.* Qui se peut mesurer.

MESURAGE. *s. m.* lat. *Mensio.* ang. *measuring.* Action par laquelle on mesure, ou l'on examine si la mesure est bonne.

MESURE. *s. f.* lat. *Mensura.* ang. *measure.*

Ce qui sert de régle à connoître & à déterminer la grandeur, l'étenduë, la quantité de quelque corps. Mesure se dit aussi de la cadence & des tems qu'on doit observer en poësie, à la danse & en musique, pour les rendre agréables & régulières. Mesures sont encore les moyens qu'on prend pour arriver à quelque fin.

MESURER. *v. act.* lat. *Metiri.* ang. *to measure.* Connoître la grandeur, l'étenduë d'une quantité, en y appliquant une autre *Mesure* ou quantité réglée, certaine & connue.

MESUREUR. *s. m.* lat. *Mensor.* ang. *measurer.* Celui qui mesure.

MÉSUSER. *v. n.* lat. *Abuti.* ang. *to misuse or abuse.* User mal de quelque chose, en abuser.

## M E T

MÉTABASE. *s. f.* lat. & anglois. *Metabasis.* Passage d'une chose ou d'un sujet à un autre. Il se dit, en *médecine*, lorsque les indications ou la méthode varient; & dans l'*éloquence*, lorsque les *Orateurs* font des digressions & des transitions d'un sujet à un autre.

MÉTACARPE. *s. m.* lat. *Metacarpus.* ang. *the palm of one's hand.* Partie de la main qui est entre le poignet & les doigts.

MÉTACARPIEN. *s. m. Metacarpius.* Petit muscle très charnu, placé obliquement entre le gros ligament transversal, ou annulaire interne du carpe, & toute la face interne du quatrième Os du métacarpe.

MÉTACHRONISME. *s. m.* ang. *a metachronism.* Erreur dans la supputation des tems, soit par défaut ou par excès.

MÉTACISME. *s. m.* (Grammaire.) lat. *Metacismus.* ang. *metacism.* Défaut dans la prononciation de la lettre *m. m.* finale suivie d'une voyelle.

MÉTAIRIE. *s. fem.* lat. *Villa*, *rusticum prædium.* ang. *a farm.* Habitation d'un métayer avec les logemens convenables pour exploiter les terres qu'on lui donne à cultiver, soit pour y serrer les grains, soit pour y faire des nourritures des bestiaux.

MÉTAL. *s. m.* latin. *Metallum.* ang. *metal.* Corps simple & fossile, qui est capable de fusion & devient fluide par le feu, qui se coagule par le froid & se durcit en masse solide, & qui s'étend sous le marteau. Il y a des *métaux* purs ou naturels & d'autres factices ou composés. Les *métaux* naturels sont l'or, l'argent, le cuivre, le fer, &c. Les factices sont le bronze, le laiton, le tombac, &c. Les *métaux* dans l'art *Heraldique* sont l'or & l'argent. Les différentes propriétés des *métaux* sont un sujet trop vaste pour être traité ici; il suffit de remarquer que les plus purs ont le plus de pesanteur spécifique & que l'or est en même tems le plus pesant & le plus ductile. Dans l'*Artillerie* ce n'est pas tant la qualité que la quantité qu'il faut considérer & la manière de fondre les piéces d'ordonnance... *Métal.* (Architect.) Alliage du plomb avec un se. d'étain, dont ont fait des figures, des chapiteaux, des bas-reliefs, & qu'on peint en or ou en bronze.

MÉTALENT. *s. m.* Défaut de talent, inhabilité.

MÉTALLIQUE. *adj.* lat. *Metallicus.* angl. *metallick*, *metalline.* Qui concerne le métal. Qui regarde les médailles.

MÉTALLURGIE. *s. fem.* lat. *Metallurgia.* ang. *metallurgy.* L'art de trouver, de fondre, de dépurer les métaux.

MÉTALLURGISTE. *s. m.* Qui travaille aux métaux.

ME'TAMORPHISTES. *s. m. pl.* ang. *metamorphists.* Nom qu'on a donné à certains Sacramentaires qui dans le 15e. siécle soutenoient que le corps naturel de J. C. montant au Ciel, a été entièrement fait Dieu, sans considérer que la divinité, la circonscription & la divisibilité sont incompatibles.

ME'TAMORPHOSE. *s. f.* lat. & ang. *metamorphosis.* Subite, grande & imprévuë transformation ou altération d'une personne ou d'une chose; changement en une autre forme. C'est aussi la variation naturelle ou le changement des plantes, animaux, &c. depuis leurs semences jusques à leur état de perfection.

ME'TAMORPHOSER. *v. act.* lat. *In alienam naturam commutare.* anglois. *to metamorphize.* Transformer, changer de nature, passer d'une forme à l'autre; comme d'un homme à un animal & au contraire. Se déguiser, changeant d'habits, &c.

ME'TAPHORE. *s. f.* lat. *Metaphora*, *translatio.* ang. *a metaphor.* Figure de *Rhétorique* par laquelle on transporte le nom d'une chose à une autre & cette autre est plus élegamment expliquée par le nom transposé qu'on lui applique, que par celui qu'elle pourroit avoir naturellement.

ME'TAPHORIQUE. *adj.* lat. *Metaphoricus.* ang. *metaphorical.* De la nature de la métaphore, qui appartient à la métaphore.

ME'TAPHORIQUEMENT. *adv.* lat. *Metaphoricè.* angl. *metaphorically.* D'une manière métaphorique.

ME'TAPHRASE. *s. f.* lat. & ang. *metaphrasis.* Traduction simple ou littérale d'un discours, histoire, &c. en une autre langue.

ME'TAPHRASTE. *s. m.* lat. *Metraphrastes.* ang. *a translator*, *metaphrast.* Celui qui traduit de mot à mot ou littéralement un auteur.

ME'TAPHYSICIEN. *s. m.* Qui sçait la métaphysique.

ME'TAPHYSIQUE. *s. fem.* lat. *Metaphysica.* ang. *metaphysicks.* Science des raisonnemens abstraits ou qui considére l'existence des choses sans aucun rapport à la matière.

ME'TAPHYSIQUE. *adj.* lat. *Metaphysicus.* ang. *metaphysical.* Abstrait, au dessus de la nature ou de la physique.

ME'TAPHYSIQUEMENT. *adv.* lat. *Metaphysicè.* anglois. *metaphysically.* D'une manière métaphysique.

ME'TAPHYSIQUER. *v. act.* Traiter un sujet métaphysiquement & d'une manière abstraite.

ME'TAPLASME. *s. masc.* (Grammaire.) Transmutation, transformation.

ME'TAPTOSE. *s. f.* lat. & ang. *metaptosis.* Changement

changement d'une maladie en une autre, comme de la fiévre quarte, en fiévre tierce, ou de l'apoplexie en paralysie.

MÉTASTASE. *s. fem.* lat. & ang. *metastasis.* Le même que *Métaptose.*

MÉTATARSE. *s. m.* *Metatarsus.* Avant-pied: partie moyenne du petit pied, qui contient cinq os entre le talon & les orteils.

MÉTATARSIEN. *s. m.* Masse charnue située sous la plante du pied.

MÉTATHESE. *s. f.* lat. & ang. *metathesis.* (Grammaire.) Transposition des lettres dans un mot, comme *éprevier* pour *épervier*.... (Médecine.) Transport des causes morbifiques dans les lieux où elles ne peuvent pas causer beaucoup de dommage, quand on ne peut pas les évacuer.

MÉTAYER. *s. m.* lat. *Villicus.* ang. *a farmer.* Qui cultive & fait valoir des terres ou une métairie.

MÉTEIL. *s. m.* lat. *Mixtura*, *mixtiolum.* ang. *mescelline*, *meslin.* Bled moitié seigle & moitié froment.

MÉTEMPSYCHIENS, *ou* Métempsyques. *s. m. pl.* lat. & ang. *Metempsychi.* Hérétiques qui à l'imitation de Pythagore & des Indiens tenoient la métempsycose. Cette erreur fit de grands progrès, dans les premiers siécles du Christianisme.

MÉTEMPSYCHOSE. *s. f.* lat. & ang. *metempsychosis.* Passage ou transmigration de l'ame d'un homme dans le corps d'un autre. C'est une ancienne opinion des Philosophes soutenue tant par les *Juifs* que par quelques *Chrétiens* Les Docteurs *Juifs* ont donné à cette opinion un tour misterieux. Ils disent que Dieu a fixé pour toutes les ames un certain degré de perfection, où elles ne peuvent pas parvenir dans une vie seule, & que par conséquent elles sont obligées de revenir souvent sur la terre & d'animer successivement différens corps, pour pouvoir remplir toutes leurs obligations. Ils disent que cela se fait en deux manières; la première lorsqu'une ame entre dans un corps deja animé & la seconde lorsqu'elle entre dans un corps nouvellement formé, soit pour expier quelque crime qu'elle a commis dans un premier corps, ou pour acquerir un plus grand degré de sainteté. Tous les peuples de l'Orient sont fort attachés à cette opinion. Les *Chinois* disent que *Xekiah* philosophe *Indien* qui étoit né environ 1000. ans avant J. C. fut le premier qui enseigna cette doctrine & cela dans la 65e. année après J. C; qu'il étoit né 8000. fois & que la dernière fois il avoit paru sous la forme d'un Elephant blanc. Sur ce principe ils commettent souvent de grands desordres & tuent leurs enfans lorsqu'ils ne se croyent pas en état de les élever facilement. Ils sont aussi fort indifférens pour la vie. De-là vient encore la peine qu'ils ont de tuer les animaux vivans, de peur de blesser les ames de leurs péres ou de leurs proches parens, qui peuvent y résider.

MÉTEMPTOSE. *s. f.* lat. & ang. *metemptosis.* Terme de *Chronologie* pour marquer l'équation solaire qui empêche que les nouvelles lunes n'arrivent un jour trop tard dans le calcul.

MÉTÉORE. *s. masc.* lat. *Meteorum.* ang. *a meteor.* Mixte imparfait des élemens, attiré par le soleil, & qui prend la forme des cométes, étoiles tombantes, ou autres apparences dans l'air, comme *feux folets*, &c. mais plus ordinairement de la grêle, de la neige & de la gelée blanche.

MÉTÉOROLOGIE. *s. fem.* ang. *meteorology.* Science ou connoissance des météores

MÉTÉOROLOGIQUE. *adj.* ang. *meteorological.* Qui a rapport, qui appartient aux météores.

MÉTHODE. *s. f.* lat. *Methodus.* ang. *method.* Régle, art de disposer les choses d'une manière qu'on les puisse faire comprendre avec plus de facilité; soit pour découvrir la vérité quand nous l'ignorons, soit pour la prouver aux autres & les faire revenir de leurs erreurs. Lorsqu'on l'applique aux mathématiques, on distingue deux *méthodes*, la *résolution* & la *composition* La *résolution* est proprement analytique ou algébrique, parce qu'elle démontre les problémes en cherchant la nature & les principes d'une chose, que l'on décompose pour en réunir ensuite les parties. La *composition* qui se nomme ordinairement *synthetique* ne peut se pratiquer que dans les choses dont on connoit parfaitement les principes, & elle n'a pas lieu dans la physique, parce que la nature intime des choses & leur essence nous est inconnuë.

MÉTHODIQUE. *adj.* lat. *Methodicus.* angl. *methodical.* Ce qui se fait par art & avec un certain ordre.

MÉTHODIQUEMENT. *adv.* lat. *Methodicè.* ang. *methodically.* Avec méthode: d'une manière méthodique.

MÉTICE. *voy.* Métif.

MÉTIER. *s. m.* lat. *Ars illiberalis.* ang. *trade, handicraft.* Art mécanique. Profession en général. Machine d'un ouvrier, de tisserand, &c.

MÉTIF, *ou* Métis. *s. m.* lat. *Hybris*, *hybrida.* angl. *mongrel.* Nom que les Espagnols donnent aux enfans qui sont nés d'un Indien & d'une Espagnole ou d'un Espagnol & d'une Indienne. Les chiens *métis* sont aussi de différente race comme d'un lévron & d'une épagneule.

METL. *s. m.* Arbre du Mexique. Les épines dont ses feuilles sont munies servent d'aiguilles, d'épingles & de poinçons. Son tronc étant incisé donne une eau avec laquelle on fait du miel, du sucre & du vinaigre.

MÉTON. (Cycle de) *s. mas.* Nombre d'or: espace de 19. ans au bout desquels les lunations reviennent au même point. ang. *metonick year.*

MÉTONOMASIE. *sub. fem.* Changement de nom.

MÉTONYMIE. *s. fem.* lat. *Metonymia.* ang. *metonymy.* Figure de Rhétorique qui consiste dans un changement de noms, ce qui se fait en quatre manières différentes; premièrement quand on met l'Inventeur pour la chose inventée; secondement le contenant pour le contenu; troisièmement l'effet pour la cause; quatrièmement le signe pour la chose signifiée.

MÉTOPE. *s.m.* lat *Metopa.* ang. *metope.* C'est l'espace ou intervalle qu'on laisse entre les triglyphes de l'ordre Dorique. C'est aussi quelquefois l'espace entre les trous de mortoises des solives & planchers. Les Architectes ont toujours été fort curieux de ces ornemens & décorations. Les uns veulent qu'ils soient parfaitement quarrés & les autres les veulent un peu plus longs que larges; afin que par ce moyen ils puissent paroître quarrés à cause de la petite projection de la bordure qui les termine & qui en cache une partie; ce qui empêche qu'ils ne paroissent quarrés à l'œil. Les anciens ornoient ces intervalles de têtes de bœufs, de bassins ou autres vaisseaux dont on usoit dans les sacrifices; & quelques Architectes prétendent qu'on ne doit se servir de cet ordre que dans les Temples, Eglises, *&c.*

MÉTOPION. *s. m.* Espèce de ferule, d'où découle la gomme Ammoniac. *Ferula Ammonifera.*

MÉTOPOSCOPE. *s. masc.* Espèce de devins. *voy.* Métoposcopie.

MÉTOPOSCOPIE. *s. f.* lat. *Metoposcopia.* ang. *metoposcopy.* C'est la même chose que *Physionomie* ou l'art qui enseigne à connoître les inclinations & le temperament des hommes par l'inspection des traits du visage

MÉTRE. *s. m.* latin. *Metrum.* ang. *metre or meter.* Vers ou mesure, poësie.

MÉTRENCHYTE. *s. f.* (Médecine.) Instrument par le moyen duquel se fait l'injection de quelque liqueur dans la matrice.

MÉTRETE. *s. f. Metreta.* Mesure ancienne évaluée à 24. pintes, mesure de Paris.

MÉTRICOLI *ou* Mitricoli. Poids de Goa. C'est Partie d'une once.

MÉTRIQUE. *adj.* lat. *Metricus.* ang. *metrical.* Vers composé de syllabes longues ou bréves.

MÉTRIQUE. *s. f.* Partie de l'ancienne musique, qui s'occupoit de la quantité des syllabes.

MÉTROMANIE. *s. f.* Manie des vers, démangeaison de rimer.

MÉTROMÈTRE. *s.m.* Machine nouvellement inventée pour régler la mesure d'un air de musique. C'est un pendule qu'on fait aller plus vite ou plus lentement, selon la mesure de l'air.

MÉTROPOLE. *s. f.* lat. & ang. *metropolis.* Capitale d'une Province, Ville principale & qui est comme la mère des autres.

MÉTROPOLITAIN. *s. m.* lat. *Metropolitanus.* ang. *a metropolitan.* Il se dit de l'Archevêque & de son Eglise Cathédrale. Ce titre a été introduit par le Concile de *Nicée.* Par les anciens monumens de l'Eglise, on voit que le *Metropolitain* étoit au dessous de l'Archevêque & au dessus du Patriarche. L'Archevêque de *Cantorbery* est en même tems Primat & *Métropolitain* de toute l'*Angleterre* & l'Archevêque d'*York* a aussi le titre de Primat & *Métropolitain* d'*Angleterre.*

METS. *s. m.* lat. *Dapes, ferculum.* ang. *a mess of meat.* Ce qui est bon à manger, ce qu'on a préparé pour servir sur table.

METTABLE. *adj.* lat. *Admissibilis.* ang. *passable.* Qui se peut mettre, ou faire passer. Qui est de mise.

METTEUR. *s. m.* lat. *Qui collocat.* ang. *one that sets.* *Metteur* en œuvre est celui qui met en œuvre les pierres précieuses.

METTRE. *v. act.* lat. *Ponere, collocare.* ang. *to put, set, lay, place.* Poser en quelque situation, ou en quelque lieu. Enfermer, envelopper, serrer. Chasser, faire sortir. Assembler, joindre ensemble. Dépenser, emploier à quelque chose. Commencer, ou finir quelque chose.

## M E U

MEU. *voy.* Mehon.

MEUBLE. *s. m.* lat. *Supellex.* ang. *moveable.* Bien qui se peut transporter d'un lieu à un autre, qui se peut cacher ou détourner, qui n'est point attaché au sol, à la terre. Lit & chaises de même parure.

MEUBLER. *verb. act.* lat. *Instruere, ornare.* ang. *to furnish.* Mettre des meubles dans une maison pour la commodité, ou la nécessité.

MÉVENDRE. *v. act.* lat. *Infimo pretio vendere.* ang. *to undersell.* Vendre une marchandise moins qu'elle ne vaut.

MÉVÉLAVITES. *voy.* Dervis.

MÉVENTE. *s. f.* lat. *Venditio vili pretio.* ang. *an under-selling.* Vente à vil prix.

MEUGLEMENT. *s. m.* lat. *Mugitus, boatus.* ang. *bellowing.* Cri des bœufs.

MEUGLER. *v. n.* lat. *Mugire.* ang. *to bellow.* Faire des meuglemens.

MEULE. *s. f.* lat. *Moles.* ang. *a mow or cock of hay.* Monceau, pile, tas de foin qu'on laisse quelque tems dans le pré pour mieux sécher. Ce sont aussi de grosses pierres rondes & plattes, qui servent à broyer les grains dans les moulins, & à faire de la farine. Ce sont encore des pierres dures qui servent aux Couteliers & Taillandiers pour aiguiser les fers destinés à trancher & à couper. latin. *Mola.* ang. *a mill stone, a grind-stone.*

MEULIÈRE. *s. fem.* lat. *Lapicidina molaria.* ang. *a quarry of mill-stones.* Carrière d'où l'on tire les meules de moulin.

MEULLARDEAUX, *ou* Molardeaux. *s. m. pl.* Meules dont les Taillandiers se servent pour aiguiser les outils de fer qu'ils forgent.

MEULLARDES. *s. f. pl.* Grandes meules à Taillandiers.

MEULLEAUX, *ou* Œillards. *sub. masc. pl.* Moyennes meules à aiguiser.

MEUNIER. *s. m.* lat. *Pistrinarius, molitor.* ang. *a miller.* Celui qui fait aller un moulin. C'est aussi le nom d'un poisson de rivière.... Meûnier à foulon est celui qui a soin du moulin où l'on revique les étoffes, pour les dégorger.

MEUR, Meure, *ou* Mûr, Mûre. *adj.* lat. *Maturus.* anglois. *ripe.* Se dit d'un fruit qui est parvenu au plus haut degré de bonté ou de perfection, qu'il est tems de cueillir & de serrer.

MEURE. *s. f.* lat. *Morum.* ang. *a mulberry.* Petit fruit qui vient sur le Meurier.

MEUREMENT. *adv.* lat. *Attentè, considerate.* ang. *maturely.* Avec beaucoup d'attention & d'examen.

MEURIER. *s. m.* lat. *Morus.* ang. *a mulberry-tree.* Arbre dont les feuilles servent de pâture aux vers à soie.

MEURIR. *v. n.* & *act.* lat. *Maturescere.* ang. *to ripen*, *to grow ripe.* Devenir mûr. Rendre mûr. lat. *Maturare.* ang. *to ripen.*

MEURTRE. *s. m.* lat. *Homicidium*, *cædes.* ang. *murder or murther.* Homicide; action de celui qui donne la mort à quelqu'un. Effusion de sang. Chez les *Hébreux* un *meurtre* volontaire étoit toujours puni de mort, mais pour les *meurtres involontaires*, il n'y avoit que le bannissement. C'est pour ces cas que les Villes de refuge avoient été établies. Le meurtrier étoit obligé d'y demeurer jusques à la mort du Grand-Prêtre alors vivant.

MEURTRIER, ière. *s. m.* & *f.* lat. *Interfector*, *homicida.* ang. *a murderer.* Qui tue, qui fait un meurtre… *adj.* Ce qui sert à donner la mort, ce qui tuë. lat. *Letifer.* ang. *murdering.*

MEURTRIÈRES. *s. f. pl.* lat. *Specula jaculatoria.* ang. *port-holes.* Ouvertures d'une muraille, par où l'on peut tirer ou assommer ceux qui l'attaquent.

MEURTRIR. *verb. act.* lat. *Lædere.* ang. *to bruise.* Tuer, faire mourir. Se faire des contusions.

MEURTRISSURE. *s. f.* lat. *Livida contusio.* ang. *a bruise or contusion.* Amas de sang qui se fait en une partie du corps offensée par quelque chute, ou par quelque coup, & qui rend la peau livide.

MEUSNIER. *voy.* Meûnier.

MEUTE. *s. f.* lat. *Canum indagatorum caterva.* anglois. *a pack*, *a cry or kennel of hounds.* Compagnie, assemblage de plusieurs chiens dressés à courir le Lievre, & Cerf, &c.

### M E Y

MEYDAN. *s. m.* Marché, en Perse.

### M E Z

MÉZAIL. *s. m.* (Blason.) Le milieu du devant du heaume, qui s'avance à l'endroit du nés, & comprend le nazal & le ventail.

MÉZANCE. *s. f.* Chambre où se met le comite sur une galère.

MÉZANGE. *voy.* Mésange.

MÉZARAÏQUE. *adj.* lat. *Mesentericus.* ang. *mesaraick.* Terme d'*Anatomie*, qui se dit des veines du mesentère, ou mesentériques.

MÉZELINE. *s. fem.* Espèce de brocatelle: étoffe mêlée de soie & de laine. ang. *a kind of linsywoolsy.*

MÉZÉREUM. *s. m.* Espèce de Thymelæa, qu'on appelle autrement *Laureole femelle.* Il porte des baies qui étant séches ressemblent au poivre, & sont piquantes au goût, ce qui les a fait appeller *poivre de montagne.*

MÉZUZOTH. *s. masc.* C'est le nom que les Juifs donnent à certains morceaux de parchemin qu'ils mettent, cachent ou fixent aux jambages de la porte de leurs maisons, pour se conformer au *Deut.* VI. 9. & XI. 13. ou, afin qu'ils n'oublient pas les loix de Dieu, il est dit, *tu les écriras sur les portes & jambages de ta maison.* Pour remplir à la lettre ce commandement & pour éviter les railleries & les profanations des méchans, les Rabins prétendent qu'on doit au moins les écrire sur du parchemin & les enfermer dans quelque boite. C'est pour cela qu'ils écrivent sur un morceau quarré de parchemin préparé pour cela & avec une espèce d'encre particulière & d'un caractère quarré, ces paroles *Deut.* VI. 4, 5, 6, &c. *Ecoute*, *ô Israel*, *le Seigneur Notre Dieu est le seul Seigneur*, &c. ensuite ils laissent un petit espace & ils en viennent à, *Deut.* XI. 13. *& si tu gardes bien mes Commanmens*, &c. jusques à ces mots, *tu les écriras*, &c. Après quoi ils roulent le parchemin, le mettent dans une boëte & écrivent sur l'un des côtés *Shadaï* qui est l'un des noms de Dieu. Ils le mettent aux portes de leurs maisons, de leurs chambres & des endroits les plus fréquentés. Ils l'attachent au marteau des portes à main droite & toutes les fois qu'ils entrent ou qu'ils sortent ils le touchent du bout de leurs doigts qu'ils baisent ensuite dévotement.

MEZZABOUT. *voy.* Marabout.

MEZZANIN. *s. masc.* (Marine.) Troisième mât qu'on met quelquefois sur les galères, entre l'arbre de mestre & la poupe, qui est garni de sa voile.

MEZZANINE. *voy.* Entresol.

MEZZO-TINTO. *s. m.* Manière de graver sur le cuivre à l'imitation des desseins à l'encre de la Chine, ce que nous appellons en François, *piéce noire.*

### M I A

MIAULEMENT. *s. m.* lat. *Felinus clamor.* ang. *mewing.* Cri d'un chat qui demande ses nécessités.

MIAULER. *verb. n.* lat. *Felinum clamorem edere.* ang. *to mew.* Faire des miaulemens.

### M I B

MIBI. *s. m.* Espèce de Liane qu'on trouve dans les Isles. On se sert du *Mibi* pour faire de petits ouvrages & attacher les choses qui ont peu de force. Il n'est pas plus gros qu'une plume à écrire.

MIBIPI. *s. m.* Espèce de Liane, qui a quelque conformité avec le *Mibi*, mais qui est plus grande, plus grosse & plus forte.

MI-BIS. *adj.* Se dit d'un pain qui est à moitié bis.

### M I C

MICHE. *s. f.* lat. *Panis similagineus.* ang. *a loaf.* Petit pain de grosseur suffisante pour nourrir un homme à un repas.

MICHEL. *s. m.* lat. & ang. *michael.* La fête de S. *Michel* en *Angleterre* est un jour de payement des rentes, gages, salaires, &c. C'est une fête qu'on célèbre dans l'Eglise à l'honneur de l'Archange S. *Michel*, que l'on croit être le chef de la milice céleste, comme Lucifer l'est de la milice infernale. On croit aussi que Dieu l'avoit destiné pour être le protecteur du peuple d'*Israël* & pour le conduire dans le désert. La plûpart des chrétiens le regardent aujourd'hui comme le gardien & le défenseur de l'Eglise. Il y a plusieurs passages dans l'ancien & dans le nouveau Testament, où il est fait mention de lui sous ce nom, & d'autres où il est designé sous d'autres noms. Mais l'Eglise *Romaine* célèbre trois apparitions de S. Michel, dont l'écriture ne fait pas mention, parce qu'elles sont arrivées long tems après la publication de l'Evangile. La première est celle de *Colosse* en *Phrygie* dont on ne connoit pas le tems précis, mais dont on célebre la fête le 6. de *Septembre*; la seconde sur le Mont *Gargan* en *Italie* dans le Royaume de *Naples* vers la fin du 5e. siécle; on la solemnise le 8e. de *May* avec la Dédicace de la grotte où il apparut le 29. de *Septembre*. Enfin la 3e. apparition de S. *Michel* fut faite à *Aubert* Evêque d'*Avranches* sur un rocher où est aujourd'hui l'Abbaie de *S. Michel* au milieu de la mer, entre la *Normandie* & la *Bretagne*. On dit que cette apparition se fit en 706. & l'on en célebre la fête en *France* le 16. d'*Octobre*. *Louis* XI. Roi de *France* institua sous ce nom un ordre militaire à *Amboise* en 1469. & ordonna aux Chevaliers de porter tous les jours un collier d'or, fait à coquilles lassées l'une avec l'autre & posées sur une chainette d'or, d'où pend une médaille de S. *Michel* Archange, ancien protecteur de la *France*. Les statuts de cet ordre furent compris en 65. chapitres, dont le premier ordonne qu'il sera composé de 36. Chevaliers, dont le Roi sera le chef, & qu'ils quitteront toute sorte d'autre ordre, s'ils ne sont Empereurs, Rois ou Ducs. La devise étoit exprimée en ces termes: *Immensi tremor Oceani*. Cet Ordre avoit été en grand honneur sous quatre Rois: mais les femmes le rendirent venal sous le régne de Henri II. & la Reine *Catherine* de *Medicis* le donna à tout le monde; de sorte que les Seigneurs ne voulurent plus l'accepter.

MICHIBICHI. *s. m.* Animal quadrupéde de l'Amérique septentionale. Sa tête & sa taille sont comme d'un gros Loup, ses griffes, comme celles d'un Lion. Il dévore toutes les bêtes qu'il attrape, mais il n'attaque jamais les hommes.

MICMAC. *s. m.* lat. *Molitio*, *ars*. ang. *secret practice*, *knack*, *mystery*. Intrigue, négociation secrette & embrouillée, que font quelques petites gens, qui sert d'ordinaire à tromper quelqu'un & qu'on a de la peine à découvrir.

MICOCOULIER. *s. m.* Arbre dont les feuilles ressemblent à celles de l'ormeau, & les baies qu'il porte à de petites cerises. Son fruit & ses feuilles sont propres à arrêter les cours de ventre & les hémorrhagies. *voy.* Alizier.

MI-CÔTE. *s. masc.* Terrein qui est mitoyen entre le haut & le pied d'une montagne.

MICROCOSME. *s. m.* lat. *Microcosmus*. ang. *microcosm*. Petit monde. On appelle ainsi par excellence le corps de l'homme à cause de sa composition extraordinaire & de la varieté admirable de ses parties.

MICROCOUSTIQUE. *voy.* Microphone.

MICROGRAPHIE. *s. f.* ang. *micrography*. Description des petits insectes ou des objets que l'on ne peut découvrir qu'avec une loupe.

MICROMÈTRE. *s. m.* ang. *micrometer*. Instrument astronomique dont on se sert pour découvrir & mesurer les petites distances & autres curiosités dans le ciel, par exemple les diametres apparens des planetes, &c. Il y a plusieurs inventions curieuses qui rendent cet instrument fort exact & fort utile & qui viennent de plusieurs Sçavans qui ont beaucoup travaillé sur cette matière.

MICROPHONE. *s. masc.* ang. *microphone*. Instrument qui augmente les petits sons, en faveur de ceux qui sont portés à la surdité ou qui n'entendent qu'imparfaitement.

MICROSCOPE, *ou* Engyscope. *s. m.* lat. *Microscopium*. ang. *a microscope*, *a magnifying glass*. C'est un instrument de Dioptrique qui sert à rendre sensibles les objets qui sont naturellement imperceptibles aux yeux les plus perçans; parce qu'il les grossit extraordinairement selon les loix de la refraction. Il y a des *microscopes* qu'on appelle *simples* & d'autres qui sont *doubles* ou *composés*. Les *microscopes* simples n'ont qu'une seule lentille ou une petite boule de verre, les autres en ont plusieurs qui sont combinées régulièrement. Les *Opticiens* ont beaucoup perfectionné & varié cet instrument & selon le dessein qu'ils ont eû & l'usage qu'ils en font, ils appellent les uns *microscopes* de réflexion, les autres, *microscopes* d'eau, &c. Le *microscope* n'est proprement qu'un Telescope renversé, en éloignant seulement l'objectif de l'oculaire & comme la distance de l'image est différente selon la distance de l'objet au foyer & que l'objet est plus grossi selon que sa distance à l'objectif est plus grande, le même Telescope peut successivement se changer en *microscopes* différens qui grossiront plus ou moins les objets.

MICROSCOPIQUE. *adj.* Qui appartient au microscope.

MICROUSTIQUES. *s. m. pl.* ang. *microusticks*. Instrumens qui augmentent les sons & qui par conséquent sont utiles aux personnes attaquées de surdité.

## M I D

MIDI. *s. m.* lat. *Meridies*. ang. *noon*, *midday*. Milieu du jour, tems où le soleil est au plus haut point de son élevation sur l'horizon & d'où il commence à descendre. *Midi* signifie aussi le Sud. lat. *Meridies*. ang. *south*... *Figurément*, il signifie le plus grand éclat, la plus grande force.

MI-DOUAIRE. *s. m.* Pension adjugée à la femme dans certains cas, pour lui tenir lieu de douaire.

## M I E

MIE. *s. f.* lat. *Mica*. ang. *the crumb of bread*. Le dedans du pain; ce qui est enfermé sous la croute. C'est aussi un terme de caresse.

MIÉGE. *s. f. voy.* Mezance.

MIEL. *s. m.* lat. *Mel*. ang. *honey*. Suc doux,

épais & agréable que les Abeilles recueillent sur les fleurs, plantes, &c. & qu'elles portent & font dans leurs ruches, quoiqu'il soit quelquefois amer dans son origine. On appelle quelquefois *miel* un jus qui lui ressemble & que l'on tire des dates, &c. Il y a deux sortes de *miel*, le *blanc* & le *jaune*; le *blanc* se nomme *miel* Vierge & se tire sans art & sans force des ruches de *miel*; le *jaune* s'exprime avec une presse. On trouve le miel fort utile dans plusieurs remédes tant internes qu'externes, comme étant d'une nature chaude & détergente. Dans la loi des *Juifs* quoique les *Prêtres* dussent recevoir les premiers fruits du *miel* comme de tout le reste, il étoit cependant défendu expressément de l'offrir en sacrifice. *Levit.* II. 11. *tu ne brûleras ni levain ni* miel, *dans aucun sacrifice du Seigneur. Canaan* étoit une terre extrêmement abondante en *miel*, comme on voit par le *Deut.* XXXII. 13. où *Moïse* dit, *le Seigneur a conduit son peuple dans une terre dont les rochers découlent d'huile & dont les pierres produisent du* miel *en abondance.*

MIÉLAT. *s. m.* Exhalaison qui tombe à la pointe du jour sur les feuilles des arbres. ang. *honey-dew.*

MIELLEUX, euse. *adj.* lat. *Melleus.* ang. *honeyed.* Qui tient du miel; qui a quelque chose du miel.

MIEN, Mienne. Pronom possessif qui s'applique à la premiere personne. lat. *Meus*, *mea.* ang. *mine.*

MIEN. *s. m.* lat. *Meum*, *bona mea.* ang. *my own.* Le bien qui m'appartient.

MIETTE. *s. f.* lat. *Mica.* ang. *a little crumb.* Particule de pain emié.

MIÉVRE. *adj.* lat. *Alacer*, *malignus.* angl. *unlucky*, *roguish.* Enfant vif, remuant & malin, qui fait toujours quelque malice aux autres.

MIÉVRERIE, *ou* Miévreté. *s. f.* lat. *Puerilis alacritas.* ang. *a piece of roguery.* Petite niche ou malice qu'un enfant miévre a accoutumé de faire.

MIEUX. *adv. de comparaison.* lat. *Meliùs.* ang. *better.* Plus parfaitement; avec plus d'adresse; de meilleure grace. Meilleur.

## M I F

MIFORT *de l'épée.* Partie du milieu, qui est entre la garde & la pointe.

## M I G

MIGNARD, arde. *adj.* lat. *Venustus*, *blanditiarum appetens.* ang. *pretty*, *nice*, *fine*, *delicate.* Qui a une beauté fine & délicate; qui a les traits doux & agréables. Langage doux, poli & affecté. Faire le *mignard*, c'est faire le beau.

MIGNARDEMENT. *adv.* lat. *Blandè*, *eleganter.* ang. *nicely*, *tenderly.* D'une manière mignarde.

MIGNARDER. *v. act.* lat. *Blandiri.* ang. *to dandle*, *fondle.* Flatter, traiter avec délicatesse, dorloter.

MIGNARDISE. *s. f.* lat. *Blanditiæ*, *venustas.* ang. *delicacy.* Délicatesse de quelque chose, soit qu'elle vienne de la nature ou de l'art. Flatterie.

MIGNATURE. *voy.* Miniature.

MIGNON, onne. *adj.* lat. *Venustus*, *elegans.* ang. *pretty*, *delicate*, Beau, délicat, doux, qui a plusieurs petits agrémens. Favori.

MIGNONNE. *s. f.* Caractère d'imprimerie, qui est entre le petit texte & la nompareille. Espèce de pêche. Sorte de prunes.

MIGNONNEMENT. *adv.* lat. *Delicatè.* ang. *delicately.* D'une manière délicate & mignonne.

MIGNONETTE. *s. f.* Espèce de dentelle.... Caractère d'imprimerie très menu.... La plus petite espèce de poivre blanc, en grains... Espèce d'œillet.

MIGNOT, ote. *adj.* Celui ou celle qui se fâche aisément, avec qui on a peine à vivre, qu'on n'a pas eu soin de corriger de bonne heure.

MIGNOTER. *v. act.* lat. *Adblandiri.* ang. *to faddle*, *fondle.* Flatter, traiter délicatement.

MIGNOTIE. *s. f.* *Oculus Christi.* Fleur belle & double, ronde, radiée de couleur jaune.

MIGNOTISE. *s. f.* lat. *Blanditiæ.* ang. *fair or kind words*, *allurements.* Flatterie, caresse.

MIGRAINE. *s. f.* lat. *Hemicrania.* ang. *megrim.* Mal aigu qui afflige le devant de la tête & qui est souvent accompagné de vertiges, de bourdonnemens & de défaillances... Grenade, fruit du grenadier.

MIGRATION. *s. f.* Passage, voyage ou transport d'un lieu dans un autre.

## M I L

MIL. *voy.* Mille.

MIL. *voy.* Millet.

MILAN. *s. m.* lat. *Milvius.* ang. *a kite*, *a gurnard.* Grand oiseau de proie... Poisson de mer, qui vole un peu au dessus de l'eau & qui a la chair dure & séche... Fromage de Milan.

MILIAIRE. *adj.* lat. *Miliaris.* ang. *miliary.* Terme d'*Anatomie* qui se dit des petites glandes de la peau. Ces glandes sont innombrables & servent à la transpiration insensible & à filtrer la sueur. Elles ont chacune une branche d'une artère, d'une veine & d'un nerf avec un conduit excretoire par où la matière fluide sort & se filtre aux pores de la peau. On appelle *Fiévre miliaire*, une fiévre maligne dans laquelle le corps est tout parsemé de petites pustules en forme de grains de millet, on l'appelle communément *fiévre pourprée*.... *Herpe miliaire:* inflammation qui se répand en petits boutons jaunâtres, occasionés par des parties salines qui surchargent la peau. Lorsque l'humeur peccante abonde, elle sort par les pores, & forme une croute qui ronge les parties où elle séjourne.

MILIAIRE. *s. m.* Grand vase long & étroit, dont les Romains se servoient pour faire chauffer de l'eau.

MILICE. *s. f.* lat. *Exercitus*, *copiæ.* ang. *militia.* Gens de guerre. Habitans d'un païs qui s'arment soudainement pour le défendre. La milice d'*Angleterre* est de 200. mille hommes. Elle est sous les ordres des Lords Lieutenans de chaque Comté. Art militaire, discipline des troupes.

MILIEU. *f. m.* lat. *Medium;* ang. *middle*, *midst*. Ce qui est également distant des extrémités. Ce qui est environné de plusieurs choses de même nature. Temperamens & moyens pour accommoder une affaire.

MILITAIRE. *adj.* lat. *Militaris.* ang. *military.* Qui appartient à la milice, à la guerre. Architecture *militaire* est l'art de fortifier. Exécution *militaire*, est le ravage que les troupes font dans un païs qui refuse de payer la contribution.

MILITAIREMENT. *adv.* lat. *Bellicum in modum.* angl. *militarily.* D'une manière militaire.

MILITANTE. *adj. f.* lat. *Militans.* ang. *militant.* Se dit seulement de l'assemblée des chrétiens qui sont sur la terre.

MILITER. *v. neut.* lat. *Militare.* ang. *to do against or for.* Terme de palais & d'école. Cette raison *milite* pour moi, c'est-à-dire, sert à ma cause.

MILLE. lat. *Mille.* ang. *a thousand.* Terme d'*Arithmétique.* Le nombre de dix fois cent qui s'écrit 1000, ou M ou CIↃ. Il signifie quelquefois en général, beaucoup. *Mille* en *Géographie* est un espace ou mesure dont on se sert pour exprimer la distance d'un païs à un autre. On y rapporte toutes les autres mesures de distances qui sont en usage dans les autres Royaumes ou nations pour le même dessein ; mais les *milles* varient & sont de différentes longueurs parmi les différens peuples ou nations. On les réduits exactement au pied *Romain* ou au pied du Rhin & en voici les proportions.

| | |
|---|---|
| Les *Milles* d'*Italie* contiennent | 5000. pieds. |
| D'*Angleterre*, | 5454. |
| D'*Écosse*, | 6000. |
| De *Suede*, | 30000. |
| De *Moscovie*, | 3750. |
| De *Lithuanie*, | 18500. |
| De *Pologne*, | 19850. |
| D'*Allemagne*, le petit | 20000. |
| Le moyen, | 22500. |
| Le plus grand, | 25000. |
| De *France*, | 5250. |
| D'*Espagne*, | 7090. |
| De *Bourgogne*, | 6000. |
| De *Flandres*, | 6666. |
| D'*Hollande*, | 8000. |
| De *Perse* qu'on nomme aussi *Parsange*, | 18750. |
| D'*Egypte*, | 25000. |

MILLE-CANTON. *f. m.* Flux de petit poisson qui paroît de tems en tems en nombre innombrable.

MILLE FEUILLES. *f. fem.* lat. *Millefolium.* ang. *milfoil*, *yarrow*, *nose bleed.* Plante ainsi appellée à cause de la quantité de ses feuilles.

MILLE-FLEURS. *f. f.* Eau de *mille-fleurs :* urine de vache... Eau distillée de la bouze de vache. Quand au lieu d'eau c'est de l'huile, on l'appelle huile de *mille-fleurs*.... rossolì de *mille-fleurs ;* dans la composition duquel il entre quantité de fleurs distillées.

MILLE-FOIS. *adject.* lat. *Sexcenties*, *sæpe.* ang. *often.* Souvent. Beaucoup, extrémement.

MILLE-GRAINE. *f. f.* Piment.

MILLENAIRE. *adj.* lat. *Millenarius.* ang. *millenary.* Qui contient mille. Il y avoit parmi les premiers chrétiens une secte qu'on appelloit de ce nom & qui soutenoient que J. C. devoit venir régner sur la terre pendant mille ans, que durant son régne les fidèles jouiroient de toutes sortes de bénédictions temporelles & qu'à la fin de ce terme le jour du jugement arriveroit. Cette opinion a eu des sectateurs pendant les trois premiers siécles, avant qu'on l'eût examinée de près & qu'elle eut été condamnée comme erronée. Il y a encore des hérétiques qui soutiennent la même erreur, sur tout parmi les Anabaptistes. ang. *Millenarians.*

MILLE-PERTUIS. *f. mas.* Plante dont les feuilles ressemblent à celles de la Marjolaine, ou de la petite Centaurée, lisses, nerveuses, opposées le long des tiges & sans queuë. Il paroît sur ces feuilles lorsqu'on les regarde au Soleil une multitude de petits points transparens qui semblent autant de trous, d'où lui vient son nom. On en tire une huile excellente pour toutes sortes de blessures.

MILLE-PIEDS. *f. m.* lat. *Millepes.* ang. *hoglice.* Sorte d'insecte ainsi appellé à cause de la multitude presque innombrable de ses pieds. On s'en sert dans les obstructions de l'urine, parce qu'on a trouvé que leur nature étoit diuretique & absterfive.

MILLE-PORE. *f. m.* Production pierreuse, percée de quantité de trous.

MILLÉSIME. *f. m.* lat. *Millesimus.* ang. *a year or date of the money.* Le nombre des ans courans depuis la Nativité de Notre-Seigneur.

MILLET. *f. m.* lat. *Milium.* ang. *millet*, *hirse.* Petite & nombreuse semence dans la cosse où elle est produite. On s'en sert comme du ris pour faire du pain, &c.... Troisième ventricule des animaux qui ruminent.

MILLIAIRE. *f. masc.* *Milliarium.* Lieuë ou mille pas, chez les Romains... Pierres ou colomnes qui marquoient ces lieues... *voyez Miliaire.*

MILLARD *f. m.* Mille millions. ang. *a thousand millions.*

MILLIASSE. *f. f.* lat. *Numerus ingens.* ang. *thousands and thousands.* Grand nombre & incertain.... 1000. Milliards.

MILLIÈME. *adj.* lat. *Millesimus.* ang. *thousandth.* Qui en a 999. devant lui.

MILLIER. *f. m.* lat. *Mille.* ang. *a thousand.* Qui contient mille ou dix fois cent.

MILLIERS. (à) *adv.* lat. *Turmatim.* angl. *many*, *a great deal.* En grande quantité.

MILLION. *f. m.* lat. *Decies centena millia.* ang. *a million.* Figure qu'on place au septième rang des nombres en *Arithmétique ;* c'est la même chose que mille fois mille ou dix fois cent mille.

MILLIONAIRE. *f. m.* Celui qui a plusieurs millions de biens.

MILLIONIÉME. *adject.* Nombre numeral ordinal. Qui en a 999999. avant lui.

MILMILS. *f. m.* Toiles de coton des Indes Orientales.

MI-LODS. *f. m. pl.* Moitié de lods.

MILOHYODIEN. *f. m.* (Anat.) Se dit d'un des 10. muscles ausquels l'os hyoïde est attaché.

MILORD. *f. m.* lat. *Dynasta*, *dominus*. ang. *a lord*. Mot anglois qui signifie Seigneur.

MILORT. *f. m.* Sorte de serpent, qui n'est nullement venimeux.

MILTRAIN. *f. m.* Demi-pistole de Portugal.

M I M

MIMBOUHE. *f. fem.* Arbre de Madagascar, dont les feuilles sont odoriférantes & cordiales.

MIME. *f. m.* lat. *Mimus*. ang. *a mimick*, *a buffoon*. Terme de l'ancienne Comédie. Bouffon, acteur qui faisoit des postures conformes au sujet qu'il représentoit. On appelloit aussi ces comédiens *Pantomimes*, parce qu'ils contrefaisoient toutes sortes de gestes & de postures.

MIMIAMBE. *f. m.* Vers libres & obscènes, que les mimes emploient dans leurs farces.

MIMIQUE, *ou* Mimographe. *f. m.* lat. *Mimographus*. anglois. *a mimographer*. Auteur de comédies appellées *Mimes*.

MIMOLOGIE. *f. fem.* lat. *Mimologia*. ang. *mimology*. Imitation du discours d'une autre personne & de sa manière de parler. Discours mimique.

MIMOLOGUE. *f. m.* & *f.* Imitateur de la manière de parler d'un autre.

M I N

MINAGE. *f. masc.* lat. *Jus mensuræ*. ang. *a measuring of corn by the mine*. Droit seigneurial que le Roi & les Seigneurs prennent pour le mesurage des grains sur chaque mine de blé, d'avoine, *&c.*

MINALTOUN. *f. masc.* Mille deniers, en Perse.

MINARET. *f. m.* Tourelle ronde & à pans, menuë comme une colomne. Chez les Mahométans c'est une espèce de clocher placé auprès des mosquées, d'où l'on appelle le peuple à la prière.

MINAUDER. *v. n.* lat. *Elegantiam affectare*. ang. *to prim*. Avoir de certains gestes, ou façons de faire affectées & coquettes pour plaire, & pour paroître plus agréable & plus aimable.

MINAUDERIE. *f. f.* lat. *Affectata elegantia*. ang. *primming*. Affectation de plaire; grimace; petites façons, ou manières, qui sentent la coquetterie, & la vanité.

MINAUDIER, ière. *adject.* lat. *Elegantiæ affectator*. ang. *a prim*, *precise or affected man or woman*. Qui a des manières affectées: qui se rend ridicule, pour vouloir paroître agréable.

MINCE. *adj.* lat. *Exilis*, *tenuis*. ang. *thin*, *small*, *slender*. Delié, léger; qui est peu épais. Superficiel, médiocre, qui n'a guéres de solidité.

MINE. *f. f.* lat. *Oris species*. ang. *meen or mien*, *look*, *countenance*. Phisionomie; extérieur, air, disposition du corps & sur tout du visage, qui fait juger en quelque façon de l'intérieur. Gestes, contenances & marques extérieures qui font connoître ce qui est caché. *Mines* sont aussi les petites façons, les minauderies d'une femme ou coquette, ou précieuse. *Mine* signifie aussi dans l'*histoire naturelle* la partie de la terre où se forment les métaux & les minéraux; celle où l'on trouve les pierres précieuses, *&c.* lat. *Vena metallica*. ang. *a mine*. Les *mines* ont différens noms selon les différentes matières qu'on y trouve; comme *mines* de fer, de cuivre, de plomb, d'or; & celles-ci ont communément un creux profond ou un puits creusé au dessous de la surface des montagnes ou des vallées où se trouvent ces métaux. On y coupe au fonds & quelquefois à côté des passages & des rues pour suivre la veine du métal ou des pierres précieuses qu'on espère d'y trouver .... En *Fortification* ou dans l'art de la *guerre*, *mine* est un canal ou chemin souterrain qu'on conduit jusques sous la muraille ou rampart d'un ouvrage qu'on veut faire sauter par le moyen de la poudre. Ce canal est d'environ quatre pieds en quarré & il va souvent en serpentant. La chambre de la *mine* est au bout sous la piéce que l'on veut faire sauter. Plus on la pousse loin, plus on risque d'être surpris & découvert par l'ennemi. lat. *Cuniculus*. ang. *a mine* .... *Mine* est aussi une mesure de grains, de charbons, de chaux; ou autres choses semblables, qui contient deux minots ou la moitié d'un septier de Paris. latin. *Medimnus & quadrans*. anglois. *half a sextier*. C'est encore une mesure de terre, dont l'étendue a besoin de deux minots de grains pour être semée, ou environ un demi arpent de Paris. Enfin c'est une ancienne monnoie qui pesoit chez les *Grecs* cent drachmes ou une livre. La petite étoit de 75. drachmes. Chez les *Hébreux* elle étoit de 70. sicles.

MINER. *v. act.* lat. *Cuniculum agere*. angl. *to mine or undermine*. Faire une mine, conduire une mine. Ruiner, caver petit à petit. Détruire peu à peu.

MINÉRAL, ale. *adj.* lat. *mineralis*. angl. *mineral*. Qui tient quelque chose des mines, qui croît dans les mines, qui passe par les mines. Les eaux minérales sont des eaux vitriolées ou alumineuses qui passent par des mines de vitriol, d'alun, ou autres semblables. Les Cours *minérales* en *Angleterre* sont celles qui jugent des procès concernans les mines de plomb, *&c.* Les Loix & Coûtumes *minérales* sont celles qui ont été observées de tems immémorial dans les endroits où les mines sont abondantes, & par où l'on doit terminer tous les procès qui concernent les mines.

MINÉRAL. *subst. m.* lat. *Fossile metallicæ concretionis*. angl. *a mineral*. Ce sont des corps que l'on tire des minieres, qui ne sont ni végetaux ni animaux, comme les six métaux parfaits, l'or, l'argent, l'étain, le cuivre, le fer & le plomb; & les métaux imparfaits que l'on appelle plus particuliérement *minéraux*, comme l'antimoine, le cinnabre naturel, le souffre, les marcassites, la craye, l'orpiment, l'argent-vif, le bol & quelques autres sortes de pierres ; à quoi on peut ajoûter le salpêtre, le sel gemme, le sel marin, l'alun, &c.

MINÉRALOGIE. *s. f.* lat. *mineralogia.* angl. *mineralogy.* Partie de la Chimie, qui traite des minéraux.

MINÉRALOGUE. *s. m.* Qui traite de la nature des minéraux, de leur formation, de leur progrès, de leur figure & généralement de tout ce qui les concerne. . . . On donne aussi ce nom aux Curieux qui amassent dans leurs cabinets toutes sortes de minéraux & métaux.

MINÉROLOGIE. *voyez* Minéralogie.

MINERVE. *s. f.* Déesse de la Sagesse & des Arts. Elle est aussi appellé *Pallas* ou Déesse de la guerre. Selon la fiction des Poëtes, elle sortit toute armée de la tête de Jupiter, après que *Vulcain* l'eut ouverte à grands coups de marteau. On célébroit chez les Romains des Fêtes en son honneur le 3e. Janvier & le 16e. de Mars. A cette occasion on faisoit des présents aux Maîtres d'école. Les Peintres représentent Minerve avec un manteau bleu, brodé en argent.

MINETTE *s. f. ou* Minon. *s. m.* lat. *Felis.* angl. *a puss*, *a cat.* Nom que les enfans donnent aux chats, quand ils les appellent.

MINEUR. *s. m.* lat. *Fossor metallicus ; agens cuniculos.* angl. *a miner.* Celui qui fait une mine, qui travaille à une mine. . . . Enfant ou jeune homme qui par les loix ou les coûtumes n'a pas encore l'administration de ses biens. lat. *Annis minor.* angl. *a minor*, *one under age.*

MINEUR, eure. *adj.* lat. *minor.* angl. *lesser*, *minor.* Qui est en bas âge. . . . Les Ordres *mineurs* sont les quatre petits Ordres qu'on reçoit avant le Soûdiaconat aprez la Tonsure. La *mineure en Logique* est la seconde partie d'un syllogisme. Les frères *Mineurs* sont les Religieux de l'Ordre de S. François, qui sont divisés en *Conventuels*, *Observantins*, *Recollets* & *Capucins*. *Mineure* en termes de *Musique*, se dit de certains accords de même nom qui sont différens du demiton. Comme tierce *mineure*, sexte *mineure*, &c.

MINEURE. *s. f.* lat. *Annis minor.* ang. *a minor*, *a maid under age.* Fille en bas âge.... Seconde proposition d'un syllogisme. lat. *Minor propositio*, *assumptio.* ang. *the minor proposition of a syllogism.*

MINGLE. *s. f.* Bouteille d'Amsterdam. 2. pintes de Paris.

MINIA. *s. m.* Sorte de serpent venimeux, si gros & si grand, qu'il avale des moutons & même des cerfs entiers. Il se trouve au païs des noirs.

MINIATEUR. *substan. masc.* Peintre en miniature.

MINIATURE. *s. fem.* lat. *Pictura miniata.* ang. *miniature.* Sorte de peinture délicate qui se fait à petits points.

MINIÈRE. *s. f.* lat. *Fodina*, *metallum.* ang. *mine.* Lieu d'où l'on tire les métaux & les minéraux.

MINIME. *s. m.* lat. *Minimus.* ang. *minim.* Est un ordre religieux institué par S. *François* de *Paule* vers l'an 1440. C'est aussi le nom d'une couleur très-sombre, telle que celle que portent ces religieux. C'est en termes de *Musique*, une note faite en losenge, qui a une queuë, qui vaut la moitié d'une mesure.... Couleur sombre. lat. *Ferrugineus color.* ang. *a brown or tawny colour.*

MINISTÈRE. *s. m.* lat. *Officium*, *munus.* ang. *office*, *place.* Profession, charge ou emploi où l'on rend service à Dieu, au public, ou à quelque particulier. Gouvernement de l'Etat sous l'autorité souveraine. lat. *Ministerium.* ang. *ministry.* C'est aussi le corps des ministres d'Etat. lat. *Regni administrorum collegium.* ang. *the ministry.*

MINISTÉRIAT. *s. m.* Ministère. Place d'un ministre d'Etat.

MINISTÉRIEL, elle. *adj.* ang. *ministerial.* Qui regarde le ministère soit de l'Eglise ou de l'Etat. C'est une des erreurs des Richéristes & de quelques partisans de Jansénius & de Quesnel, de dire que le Pape n'est que le chef *Ministériel* de l'Eglise, c'est à dire, un ministre subdélégué & subordonné, qui n'a de pouvoir, qu'autant qu'on veut bien lui en donner.

MINISTRE. *s. m.* lat. *Minister.* ang. a *minister.* Qui sert à Dieu, au public, aux particuliers. Les *Ministres* de l'Autel sont ceux qui servent le Prélat ou le Curé, quand il officie. *Ministre d'État* est celui sur qui un Prince se répose de l'administration de son Etat. Le premier *Ministre* est celui à qui tout se rapporte dans l'administration de l'Etat.

MINIUM. *s. m.* Couleur rouge & minerale qui sert aux Peintres & qui se tire du plomb calciné au feu de reverbère.

MINOIS. *s. m.* lat. *Vultus*, *os.* ang. *look*, *face.* Mine, visage de quelqu'un.

MINON. *s. m.* voy. Minette... petite fleur champêtre, qui fleurit jaune.

MINORATIF. *s. m.* Remède qui purge doucement.

MINORITÉ. *s. f.* lat. *Minoris ætas.* ang. *minority.* Age dans lequel on n'a pas l'administration de son bien.

MINOS. *s. m.* Roi de *Crête* qui le premier civiliza les habitans de son Royaume en les réduisant à vivre sous les loix. Les Poëtes ont feint qu'il étoit fils de *Jupiter* & d'*Europe.* Il contraignit les Atheniens, à lui payer un tribut de garçons & de filles ; pendant un tems considérable, jusques à ce que *Thesée* eut tué *Taurus* son fameux champion. La sévérité de ses jugemens l'a fait nommer juge des Enfers. Les *Peintres* le représentent avec des cheveux longs, bouclés & bruns, une couronne d'or à la tête, & une robe en bleu & en argent avec des bottines d'or.

MINOT. *s. m.* Mesure des grains, qui fait le quart d'un septier de Paris. lat. *Quadrans sextarii.* ang. *a measure containing a quarter of a sextier.*

MINOTAURE. *s. m.* lat. *Minotaurus.* ang. *minotaur.* Monstre imaginé par les Poëtes, moitié

moitié homme & moitié taureau, engendré de *Pasiphaé* femme de *Minos* Roi de Crete.

MINUCIE, Minucieux. *voy.* Minutie, Minutieux.

MINUIT. *f. m.* lat. *Media nox.* ang. *midnight.* Le milieu de la nuit.

MINUSCULAIRE. *f. m.* Petit sous-Fermier, chez les anciens Romains.

MINUSCULE. *f. f.* lat. *Minuscula littera.* ang. *a small letter.* Terme d'*Imprimerie* qui se dit des petites lettres & qui est opposé à *Majuscules* & *Capitales.*

MINUTE. *f. fem.* lat. *Minuscula scriptura.* ang. *a small hand.* Ecriture fort menuë semblable à la nompareille des Imprimeurs, dont on se sert quand on veut écrire un grand discours en petit volume. C'est aussi un brouillon, une écriture raturée & apostillée, qu'on fait en composant quelque ouvrage, en faisant le projet de quelque acte. C'est encore l'original des actes qui se passent chez les Notaires, des jugemens qui s'expédient dans les Greffes, *&c.* C'est en termes de *Geométrie* & d'*Astronomie* la 60e. partie d'un degré d'un cercle. Dans la mesure du *tems*, c'est-la 60e. partie d'une heure. lat. *Minutum.* ang. *a minute.* Dans l'*Architecture* c'est la 30e. partie d'une mesure commune qui se nomme module.

MINUTER. *v. act.* lat. *In commentarios referre.* anglois. *to draw up.* Dresser une minute. Projetter, avoir dessein de faire quelque chose, & sur-tout en cachette, à la sourdine.

MINUTIE, *ou* Minucie. *f. f.* lat. *Minutiæ, res frivola.* ang. *trifle.* Bagatelle ; petite chose & de peu de conséquence.

MINUTIEUX, euse. *adj.* Qui s'attache à des minuties.

## M I O

MION. *sub. masc.* lat. *Puer.* ang. *boy.* Petit garçon.

MIOSTADE. *f. fem.* Espèce de serge moins forte que les ostades.

## M I P

MI-PARTIR. *v. act.* lat. *Per medium dividere.* ang. *to part in the midst.* Partager par le milieu. *Mi-parti* dans le *Blason* se dit de deux écus coupés par la moitié qui joints ensemble en font un seul. lat. *Bipertitus.* ang. *bipartite.*

## M I Q

MIQUELETS. *f. m. pl.* lat. *Milites pyrenæi.* ang. *miquelets.* Soldats à pied qui vivent dans les *Pyrenées*, armés de pistolets à la ceinture, d'une carabine à roüet, & d'une dague au côté.

MIQUEMAC. *voy.* Micmac.

## M I R

MIRA. *f. f.* Etoile fixe, qui est au cou du cygne.

MIRABELLE. *f. fem.* Espèce de prune longuette.

MIRACLE. *f. m.* lat. *Miraculum.* ang. *miracle, wonder.* Effet extraordinaire & merveilleux, qui est au dessus des forces de la nature ; que Dieu fait pour manifester sa puissance & pour convaincre les hommes de quelque fait extraordinaire.

MIRACOR-BACHI. *f. m.* Grand-Écuyer du Roi de Perse.

MIRACULEUSEMENT. *adv.* lat. *Divinitùs.* anglois. *miraculously.* D'une manière miraculeuse.

MIRACULEUX, euse. *adject.* lat. *Miraculi plenus.* ang. *miraculous.* Qui appartient au miracle ; merveilleux, admirable.

MIRAILLÉ, ée. (Blason.) Se dit des taches que les Paons ont sur leurs queuës & les Papillons sur leurs aîles. lat. *Variatus.* ang. *speckled, spotted.*

MIRAMOLIN. *f. m.* Etoit chez les Maures un nom commun à tous les Princes. Il signifie *Chef ou Prince* fidéle.

MIRAUDER. *v. act.* Regarder avec attention.

MIRÉ. *adj. m.* (Chasse.) Se dit d'un vieux Sanglier dont les défenses ne sont plus dangereuses, parce qu'elles sont recourbées en dedans.

MIRE. *f. f.* lat. *Specularis pinnula.* anglois. *aim.* Point où l'on vise pour tirer une arme & l'action de celui qui vise.

MIRER. *v. act.* lat. *Collineare, collimare.* ang. *to aim, to take one's aim.* Viser à un certain point éloigné. Se *mirer*, c'est se regarder dans un miroir.

MIRLIPOT. *f. mas.* Sauge infusée dans de l'eau chaude, qu'on prend en guise de thé.

MIRLIROT. *f. m.* Herbe champêtre, qui fleurit jaune, pousse une tige haute & a une odeur assez forte.

MIRMIDON. *f. m.* ang. *a shrimp or short-arse.* Petit homme.

MIROIR. *f. m.* lat. *Speculum.* ang. *a glass or looking-glass.* Surface d'un corps opaque tellement polie & accommodée qu'elle est capable de réflechir les rayons de lumière qu'elle reçoit. Il y a des *miroirs* d'acier, de cuivre ou d'autres métaux ; mais la plûpart sont de verre bien poli & étamé par derrière avec l'argent vif pour rendre le verre opaque, *&c.* On appelle aussi quelquefois *miroir* ce qui nous représente quelque chose, ou qui la met devant nos yeux. Une personne est un *miroir* de vertu, ou de patience si c'est un modéle d'une parfaite vertu, ou d'une patience à toute épreuve.

MIROITERIE. *f. fem.* lat. *Speculorum commercium.* angl. *a looking-glass-maker's trade.* Commerce de miroirs.

MIROITIER. *f. m.* lat. *Qui specula vendit aut elaborat.* angl. *a looking-glass maker or seller.* Artisan & marchand de miroirs.

MIROU. *f. m.* Sorte de ballon ou vaisseau à rames en usage chez les Siamois.

MIROUETTÉ, ée. *adj.* Se dit d'un cheval noir pommelé, qui a des taches plus noires & plus luisantes que le reste de son poil.

MIRRE, Mirte. *voy.* Myrrhe, Myrte.

MIRTILLE. *voy.* Myrtille.

MIS

MIS. *s. m.* (Palais.) Datte du jour qu'on a mis un procès au greffe.

MISAINE. *s. f.* lat. *Medianus malus.* angl. *the fore-mast.* C'est le second mât d'un vaisseau, qui est vers la proüe, entre le beaupré & le grand mât. On le nomme aussi mât d'avant.

MISANTHROPE. *s. mas.* lat. *Misanthropos.* ang. *a misanthropist.* Qui hait les hommes & tout le genre humain. Bourru, avare.

MISANTHROPIE. *s. f.* lat. *Diritas, rusticitas.* ang. *misanthropy.* Haine générale qu'on a pour les hommes.

MISCHNE. *voy.* Misna.

MISE. *s. f.* lat. *Sumptus, expensum.* angl. *the expence.* Dépense d'un compte. Action par laquelle on fait passer quelque chose. *Mise* en *Angleterre* signifie un présent ou don gratuit que faisoit le peuple de *Galles* à chaque nouveau Roi ou Prince de *Galles* lorsqu'ils entroient pour la première fois dans leur Principauté. Ce présent se faisoit anciennement en bétail, vin, bled, &c. pour l'entretien de la maison du Prince; mais depuis que cet état a été annexé à la Couronne d'*Angleterre*, le présent s'est fait en argent, la Comté de *Flint* payant 2000. marcs, &c. celle de *Chester* 5000. à chaque nouveau Comte, pour jouir des privilèges de ce Palatinat. On tient à *Chester* un livre de *mise* où est marqué ce que doit fournir chaque Ville & Village. *Mise* signifie aussi en *Angleterre* les profits que rendent les terres, les taxes, &c. Il signifie encore le rapport des jurés sur un procès.

MISÉRABLE. *adj.* lat. *Miser, infelix.* angl. *miserable.* Malheureux; qui est dans la douleur, dans la pauvreté, dans l'affliction ou l'oppression. Méchant, pécheur; vil.

MISÉRABLEMENT. *adv.* lat. *Miserè, calamitosè.* ang. *miserably.* Tristement, malheureusement.

MISÈRE. *s. f.* lat. *Miseria, calamitas.* angl. *misery,* Etat misérable, disgrace, infortune, douleur, disette, pauvreté. Difficulté.

MISÉRÉRÉ. *s. m.* lat. *Ilei implexi cruciatus.* anglois. *the twisting of the guts.* C'est le nom qu'on a donné à une maladie violente des intestins, qui vient de leur inflammation ou de ce qu'ils s'envelopent & de ce que le mouvement péristaltique est renversé, ce qui fait que les excrémens sont rendus par la bouche. On l'appelle autrement Volvulus & passion Liaque.

MISÉRICORDE. *s. f.* lat. *Misericordia, miseratio.* ang. *mercy, pity.* Vertu qui porte à soulager les miséres d'autrui. Pitié, compassion, grace, pardon.

MISÉRICORDIEUSEMENT. *adv.* lat. *Misericorditer.* anglois. *mercifully.* D'une manière miséricordieuse.

MISÉRICORDIEUX, euse. latin. *Misericors.* ang. *merciful.* Qui use de grace & de miséricorde.

MISNA. *s. f.* C'est proprement le code ou le corps des loix civiles & communes des *Juifs*, ou une explication de la loi de *Moïse*. Car les *Juifs* croyent que lorsque Dieu donna la loi écrite à *Moïse*, il lui en donna aussi une autre non écrite, qui fut conservée parmi les Docteurs de la Synagogue jusques au tems du fameux Rabin *Juda* le Saint, qui écrivit la *Misna* vers l'an de J. C. 180, pour ne point laisser périr la mémoire de ces traditions. Elle est divisée en six parties; la première roule sur les distinctions des semences dans un champ, sur les arbres, fruits, dîmes, &c. La deuxième régle la manière d'observer les fêtes. La troisième traite des femmes & des cas matrimoniaux. La quatrième est sur les procès occasionnés par le commerce. La cinquième est sur les oblations, sacrifices & tout ce qui y a rapport. La sixième traite des différentes sortes de purifications.

MISOGAMIE. *s. f.* ang. *misogamy.* Aversion pour le mariage.

MISOGYNIE. *s. f.* Haine pour les femmes, ang. *misogyny.*

MISSEL. *s. m.* lat. *Missale.* ang. *a mass-book.* Livre qui sert à dire la Messe, qui contient les messes différentes selon les fêtes.

MISSION. *s. fem.* latin. *Missio.* ang. *mission.* Ordre, pouvoir, commission; envoi pour prêcher l'Evangile, sur-tout à ceux qui n'en ont aucune connoissance, comme aux *Indes* Orientales & Occidentales, &c. Les Catholiques sont fort zélés en cette matière & ils ont des séminaires pour élever la jeunesse à ces fonctions & un ordre religieux de Prêtres qui sont institués sous le nom de Congrégation de la *Mission* & qui s'obligent d'aller continuellement à la campagne pour enseigner & instruire le peuple des petites Villes, Villages, &c. Ils s'obligent aussi, par leurs statuts de n'aller prêcher dans aucune Ville où il y ait Archevêché, Évêché, ou Présidial; parce qu'ils supposent que dans ces Villes on n'a pas besoin d'instruction. *Mission* est aussi une suite de prédications pour instruire le peuple.

MISSIONAIRE. *s. m.* lat. *Missionarius.* ang. *missionary.* Est un Ecclésiastique qui s'adonne au soin des Missions soit pour l'instruction & la confirmation des orthodoxes, la conviction des hérétiques ou la conversion des infidéles. L'Église *Romaine* en a un grand nombre répandus par tout le monde, qui pour mieux s'introduire chez les infidéles font profession de Physique & de Mathématiques. C'est par-là qu'ils se sont introduits dans la *Chine* & en plusieurs autres endroits. Ces *Missionaires* sont ordinairement *Jesuites*, *Carmes* & *Capucins*.

MISSIVE. *s. fem.* lat. *Epistola.* ang. *letter, epistle.* Lettre qu'on envoie pour menues affaires Domestiques à des Procureurs, Fermiers ou autres gens. Ce mot est opposé aux lettres de galanterie, de doctrine, de dépêches, ou autres plus importantes.

MISTÈRE. *voy.* Mystère.

MISTRANCE. *s. f.* (Marine.) Le corps des bas Officiers d'une galère.

MISTURE. *s. f.* (Médecine.) lat. *Mistura.* ang. *mixture.* Potion qu'on prend par cuellerées.

MISY. *s. m.* Espèce de chalcitis.

MIT

MITAINE. *s. f.* lat. *Chirotheca hiberna.* ang. *a mittan.* Gros gand fourré où il n'y a point de séparation pour mettre les doigts, à la réserve du pouce.

MITE. *s. f.* lat. *Midas.* angl. *a mite.* Très-petit insecte qui naît dans le fromage.

MITELLA. *s. f.* Plante ainsi appellée, parce que son fruit a la figure d'une Mite.

MI-TERME. *substantif masculin.* Moitié de terme.

MITHRIDATE. *s. m.* lat. *Antidotus mithridatica.* angl. *mithridate.* Préparation de Médecine composée par le Roi de Pont, qui portoit ce nom. On le regardoit autrefois comme un grand antidote contre le poison; mais on ne s'en sert plus aujourd'hui; on le regarde comme une opiate.

MITIGATION. *s. f.* lat. *Mitigatio.* ang. *mitigation.* Modération.

MITIGER. *v. act.* lat. *Mitigare.* angl. *to mitigate.* Adoucir, modérer, relâcher quelque chose de la régle, de la peine.

MITON. *s. m.* Sorte de mitaine, qui ne couvre point la main.

MITONNIER. *substantif masculin.* Faiseur de mitons.

MITONNER. *v. act.* lat. *Lento igne coquere.* angl. *to let soak.* Faire cuire ou chauffer quelque chose à petit feu dans quelque sauce ou liqueur, afin qu'elle en soit bien imbibée. Caresser, choyer une personne.

MITOU. *s. m.* lat. *Felis.* angl. *a cat.* Signifie un chat.

MITOYEN, enne. *adj.* lat. *Medius.* angl. *middle.* Mur qui apartient aux deux voisins, dont il sépare les héritages.

MITOYERIE. *s. f.* Séparation de deux héritages contigus & qui appartiennent à deux ou à plusieurs Propriétaires.

MITRAILLE. *s. f.* lat. *Æs flavum.* anglois. *broken brass or copper.* Vieux fers, comme têtes de clous & autres menues ferrailles, dont on charge les canons, ou pierriers, principalement sur la mer. On le dit aussi du menu cuivre.

MITRALE. *adj.* Se dit des deux valvules de la veine du poûmon, parce qu'elles ressemblent à une mitre.

MITRE. *s. f.* lat. *Mitra, sacræ infulæ.* angl. *mitre.* Ornement Pontifical que les Evêques & les Abbés réguliers ont sur leur tête, quand ils marchent, ou officient pontificalement en certaines occasions solemnelles. C'est un bonnet rond, pointu & fendu par le haut, ayant deux fanons qui pendent sur les épaules. Les Abbés portent la Mitre tournée de profil & la crosse en dedans, pour montrer qu'ils n'ont jurisdiction spirituelle que dans leurs Cloîtres. Les Papes ont dans certains tems accordé à quelques Chanoines des Cathédrales le privilége de porter la *Mitre.* Les Comtes de *Lyon*, en *France* assistent à l'Eglise avec des *Mitres.* En *Allemagne* plusieurs maisons portent la *Mitre* en cimier, pour montrer qu'ils sont avoués ou feudataires des anciennes Abbayes ou Officiers des Evêques, &c. Les Papes ont quatre *Mitres* plus ou moins magnifiques, selon la solemnité des fêtes qui se célèbrent. La *Mitre* étoit originairement une coëffure de femme, comme le chapeau est aujourd'hui celle des hommes. Les Cardinaux anciennement portoient des *Mitres*; mais au Concile de *Lyon* en 1245, il leur fut accordé de porter un chapeau; ce qui subsiste encore aujourd'hui.

MITRÉ, ée. *adj.* lat. *Infulatus.* ang. *mitred.* Qui a droit de porter la mitre.

MITRICOLI. *voy.* Metricoli.

MITRON. *s. m.* lat. *Pistoris minister.* angl. *a baker's boy.* C'est le nom qu'on donne au maître garçon d'un Boulanger.

MITULE. *s. f.* Espèce de moule.

MIV

MIVE. *s. f.* En terme de *Pharmacie*, signifie suc.

MIURUS. *voy.* Myurus.

MIX

MIXTE. *adj.* lat. *Mistus.* ang. *mixt.* Composé du mélange de plusieurs choses. Ainsi en *Arithmétique* un nombre *mixte* est celui qui est composé de nombres entiers & de nombres rompus, comme $3\frac{1}{4}$, &c. En *Géométrie* un angle *mixte* est celui qui se forme par la rencontre d'une ligne droite avec une ligne courbe & les solides ou figures qui sont terminées par des lignes droites & des lignes courbes se nomment figures *mixtes.* Les Mathématiques *mixtes* sont les branches ou parties pratiques des Mathématiques qui appliquent les propriétés de la quantité aux objets matériels, comme l'arithmétique au commerce, la géométrie à l'arpentage, ou jaugeage, à l'astronomie, à la navigation, &c. Corps *mixte* est un composé du mélange des élemens.

MIXTION. *s. f.* lat. *Mistura, mistio.* angl. *mixture.* Mélange artificiel de plusieurs drogues ou liqueurs qui entrent en la composition d'une chose, & sur-tout d'un médicament.

MIXTIONNER. *v. act.* lat. *Miscere.* ang. *to mix or mingle.* Faire un mélange de drogues ou de liqueurs.

MIZ

MIZAINE. *voy.* Misaine.

MIZQUITL. *s. mas.* Arbre de la nouvelle Espagne, dont les feuilles sont aussi déliées que celles de l'ail, & qui porte des gousses pendantes, comme le tamarin, & presque de même forme.

MOA

MOABITES. *s. m. pl.* lat. *Moabitæ.* ang. *moabites.* Peuple descendu de *Moab* fils de *Loth*, par sa fille aînée. Ils habitoient le païs qui est au-delà du *Jourdain* & de la *mer rouge*, de chaque côté de la rivière *Arnon*. Ce païs fut au commencement habité par une race de Geants, qu'on nommoit *Emims*. Les *Moabites* le leur enlévèrent & dans la suite les *Amorites* en prirent une partie. *Moïse* s'empara de cette partie des *Amorites*; mais Dieu lui défendit d'inquiéter les *Moabites*, quoiqu'il y eut toujours une grande antipathie entre les *Moabites* & les *Israëlites*, qui dans la suite des tems occasionna de grandes guerres entr'eux. *Balack* Roi de *Moab* ayant taché d'engager *Balaam* à maudire *Israël*, Dieu défendit aux *Moabites* d'entrer dans le corps de son peuple, même jusqu'à la dixième génération, parce qu'ils avoient refusé aux *Israëlites* le passage dans leurs Etats & qu'ils n'avoient pas voulu leur fournir du pain & de l'eau dans une extréme nécessité.

MOATRA, *voy.* Mohatra.

## M O B

MOBILE. *adj.* lat. *Mobilis.* ang. *moveable.* Ce qui se meut ou se peut mouvoir. Dans l'ancienne *Astronomie* on supposoit un neuvième ciel ou globe au dessus de ceux des planetes & des étoiles fixes qu'on croyoit être le premier *mobile* qui entrainoit par son mouvement toutes les sphères inférieures & leur communiquoit une rapidité si grande qu'elles faisoient leur révolution en 24. heures. *Fètes mobiles* sont celles qui ne se célèbrent pas le même jour du mois toutes les années, mais le même jour de la semaine & en différens jours du mois & même en différens mois, comme la fête de *Pâques* & celles qui en dépendent; de même les jours du Seigneur ou les Dimanches qui ont des noms particuliers dans nos calendriers. S'il y a un Dimanche entre la fête de la *Circoncision* qu'on appelle communement le *Jour de l'an* & celle de l'*Epiphanie* ou apparition de l'étoile aux mages, qui se célèbre le six de Janvier, ce Dimanche n'a point de nom particulier; mais les Dimanches qui suivent l'*Epiphanie* se nomment 1, 2, 3, *&c.* Dimanches après l'*Epiphanie*, qui sont quelquefois en plus grand nombre & d'autres fois en moindre nombre selon que *Pâques* tombe plus tard ou plutôt, & ils cédent la place à la *Septuagesime*, qui est toujours le dixième Dimanche inclusivement avant *Pâques*; le Dimanche suivant se nomme *Sexagésime*; celui d'après, *Quinquagésime* & communément *Dimanche gras* avant le commencement du *Carême*, dont le premier jour se nomme *Mécredi des cendres*, qui est le Mécredi de cette même semaine & qui prend son nom des sacs couverts de cendres qu'on portoit ce jour-là sur la tête; le Dimanche suivant se nomme *Quadragésime* ou premier Dimanche du *Carême*. On le nomme aussi, *Invocavit*; le second, *Reminiscere*; le 3e. *Oculi*; le 4e. *Lætare*; ces noms sont tirés du commencement de la Messe de ces Dimanches; ce 4e. est au milieu du Carême & le Pape porte ce jour-là une rose d'or en présence du peuple. Le 5e. se nomme *Judica*; le 6e. est le Dimanche des *Rameaux*, à cause des branches de palmiers que le peuple jetta devant le Sauveur lorsqu'il le reçût en triomphe dans *Jerusalem*. Ensuite vient le Dimanche de *Pâques* qui se célèbre en memoire de la Résurrection de Notre-Sauveur & c'est de ce Dimanche que dépendent toutes les *Fêtes mobiles*. Après ce Dimanche viennent les cinquante jours jusques à la *Pentecôte*. Les premiers chrétiens en faisoient une fête continuelle, qui contient six Dimanches, le premier *Quasimodo geniti*, se nomme aussi *Dominica in albis*; parce que ceux qui avoient été baptisés à *Pâques*, portoient des habits blancs toute la semaine. Le second Dimanche se nomme *Misericordia*, le 3e. *Jubilate*; le 4e. *Cantate*; le 5e. *Vocem jucunditatis*; par la même raison que ci-devant; celui-ci se nomme parmi nous *Dimanche des Rogations* & cette semaine se nomme *Semaine des Rogations*, parce qu'on fait alors des Processions dans les Campagnes, qu'on appelle Litanies, où l'on fait des priéres (*Rogations*) publiques à Dieu. Le Jeudi de cette semaine se nomme le *jour de l'Ascension*; c'est une fête qu'on célèbre en memoire de l'Ascension de Notre-Sauveur dans le Ciel. Le Dimanche suivant se nomme *Exaudi*. Ensuite vient la grande fête de la *Pentecôte*; & comme les Juifs célébroient leur Pentecôte en memoire de la promulgation de la loi au mont Sinai cinquante jours après leur Pâques; ainsi les Chrétiens la célèbrent le septième Dimanche après *Pâques*, en mémoire de la descente du S. Esprit sur les Apôtres, qui reçurent alors le don des langues, des propheties, *&c.* Le Dimanche suivant se nomme *Dimanche de la Trinité* & les Dimanches qui suivent se comptent par ordre, premier, 2e., 3e. *&c.* Dimanches après la *Pentecôte*, jusques au premier Dimanche de l'*Avent* qui est le tems où les Chrétiens se préparent à la fête de *Noël* ou de la Nativité de Jesus-Christ. Ce tems contient quatre Dimanches qui se suivent & se nomment premier, 2e, *&c.* Dimanches de l'Avent... Les *Signes mobiles* parmi les *Astrologues* sont ceux qu'on nomme autrement signes Cardinaux, sçavoir, le *Belier*, l'*Ecrevisse*, la *Balance* & le *Capricorne*; on les appelle ainsi parce qu'ils indiquent le changement des saisons, du Printems, de l'Été, de l'Automne & de l'Hiver, qui commencent lorsque le Soleil entre dans ces quatre signes.

MOBILIAIRE, *ou* Mobilier, ère. *adj.* lat. *Movens*, *mobilis.* angl. *moveable.* Terme de *Palais*, qui se dit des meubles, biens & effets qui se peuvent transporter.

MOBILITÉ. *s. f.* lat. *Mobilitas.* ang. *mobility*, *moveableness.* Facilité qu'un corps a de se mouvoir. Action de ce qui se meut. C'est en ce sens que les Astronomes modernes soutiennent la *mobilité* de la terre. Le Pape Paul V. donna des Commissaires pour examiner l'opinion de *Copernic* sur la *mobilité* de la terre. Ils ne défendirent pas d'assurer qu'elle fût possible comme hypothese, mais seulement d'assurer qu'elle fût actuellement mobile, comme si c'étoit une vérité connuë & démontrée; parce qu'ils crurent que cette *mobilité* étoit contraire à divers textes de l'Écriture Sainte.

## M O C

MOCA. *s. m.* Espèce de Séné très-mauvais qu'on appelle *Séné à la pique.*

MOCADE. *voy.* Moquette.

MOCHE. *s. f.* Soies en *moche* : soies non encore teintes, & qui n'ont point eu tous leurs apprêts.... *Moches :* écheveaux de fil en paquet de 10. liv. chacun, & qui ne sont point tors;

MOCHOS. *voy.* Dendrite.

MOCQUER. *voy.* Moquer.

## M O D

MODAL, ale. *adj.* lat. *Modalis.* ang. *modal.* Terme de *Logique* qui se dit des propositions qui contiennent quelques conditions, manières ou restrictions.

MODE. *s. f.* & *m.* lat. *Ritus mos.* ang. *mode, fashion.* Coutume; usage; manière de vivre, de s'habiller, qui a lieu pendant un certain tems & qui communément varie. Parmi les *Philosophes* le mode est ce qui détermine une chose à être ou à exister d'une certaine manière & sans quoi elle ne peut pas être de cette manière. Par conséquent on ne peut pas concevoir le mode sans concevoir auparavant quelque substance où il existe; comme on ne peut pas concevoir la rondeur sans concevoir que quelque chose à cette qualité, cette forme ou ce *mode*, quoiqu'on puisse concevoir une grande variété de choses différentes qui existent de la même manière ou qui ont le même *mode.* lat. *Modus, modalitas.* angl. *modality. Mode* en *Logique* est une manière de varier un syllogisme. En *Grammaire* c'est une manière de conjuguer les verbes; en *Musique* c'est la diverse manière de chanter. lat. *Modus concentûs.* ang. *modulation.*

MODÈLE. *s. masc.* lat. *Exemplum, archetypum,* ang. *model, pattern.* Original qu'on se propose pour le copier. C'est en *Architecture* un patron artificiel qu'on fait de bois, de pierre, de plâtre, ou d'autre matière avec toutes ses proportions, afin de conduire plus sûrement l'exécution d'un grand ouvrage. Dans la *Sculpture* on appelle *modèles*, les figures de terre ou de cire qu'on ne fait qu'ébaucher pour servir de dessein, & en faire de plus grandes soit de marbre soit d'une autre matière.

MODÉLER. *v. act.* lat. *Typum effingere.* ang. *to make a model.* Faire un modèle, un patron. Faire des moules.

MODÉRATEUR. *s. m.* lat. *Moderator.* ang. *director, moderator.* Qui conduit, qui gouverne.

MODÉRATION. *s. f.* lat. *Modus, moderatio.* ang. *moderation.* Relâchement; tempérament; adoucissement. Modestie.

MODÉRÉ, ée. *adj.* lat. *Moderatus, sapiens.* anglois. *moderate.* Sage, retenu, prudent... Tempéré, adouci. lat. *Moderatus.* angl. *moderated.*

MODÉRÉMENT. *adv.* lat. *Moderatè.* angl. *moderately.* Avec modération, avec retenue.

MODÉRER. *v. act.* lat. *Moderari, temperare.* anglois. *to moderate.* Adoucir; tempérer, contenir; rendre moins violent. Se *modérer* c'est se retenir, se posséder. *Modéré*, sage, retenu, prudent, réglé.

MODERNE. *adj.* lat. *Recens.* ang. *modern.* Nouveau; qui est de notre tems; ou qui n'est pas ancien, qui n'est connu que depuis les derniers siécles. Ce qui varie suivant le sujet; par exemple, les médailles qui ont été frappées les trois derniers siécles, se nomment *Modernes.* L'Astronomie & l'Architecture qui sont maintenant reçues généralement, quoiqu'elles soient empruntées de celles qui étoient connues il y a quelques mille ans, ne laissent pas de se nommer *modernes.* On appelle aussi *modernes* tous les auteurs qui ont écrit en latin depuis *Boëce.*

MODESNE. *s. f.* Petite étoffe mêlée de fleuret, de poil, de fil, de laine ou de coton.

MODESTE. *adj.* lat. *Modestus.* ang. *modest.* Qui a de la modération, de la sagesse, de la pudeur.

MODESTEMENT. *adv.* lat. *Modestè.* angl. *modestly.* D'une manière modeste.

MODESTIE. *s. f.* lat. *Modestia.* angl. *modesty.* Pudeur, retenuë. Les [illegible] la représentent comme une très-belle fille vêtuë de bleu.

MODICITÉ. *s. f.* lat. *Tenuitas, paucitas.* ang. *smallness.* Petite quantité.

MODIFICATIF, ive. *adj.* (Grammaire.) Se dit des mots qui ne servent qu'à modifier le nom & le verbe.

MODIFICATION. *s. fem.* lat. *Modificatio.* ang. *modification.* Ce qui fait que les Etres sont de telle & telle manière. Restriction, limitation. Adoucissement, relâchement de sévérité, de peine.

MODIFIER. *v. act.* lat. *Modificare, modum adhibere.* ang. *to modify.* Donner certaine forme, certaine manière d'être aux corps naturels. Adoucir, limiter, restreindre, diminuer.

MODILLON. *s. m.* lat. *Mutulus.* ang. *modillion.* Partie de la corniche *Ionique*, *corinthienne* & *composite*, qui semble soutenir le larmier, & qui n'y sert toutefois que d'ornement. Ce sont de petits tasseaux ou consoles que l'on met au plafond de la corniche. On doit toujours les placer exactement au dessus du milieu de la colomne. Ils sont principalement affectés à l'ordre *Corinthien* où ils sont souvent enrichis de sculpture. Ils sont faits en forme d'une S renversée.

MODIQUE. *adj.* lat. *modicus.* ang. *moderate, small.* Qui est en petite quantité, qui est médiocre, qui suffit à peine.

MODIQUEMENT. *adv.* latin. *modicè.* ang. *moderately, but a little.* D'une manière modique.

MODIUS. *s. m.* (Antiquités.) Mesure des choses arides. 16. septiers. Boisseau.

MODULATION. *s. f.* lat. *Modulatio.* angl. *modulation.* Art de changer d'un son à un autre suivant certaines notes ou consonances qui sont agréables à l'oreille.

MODULE. *s. m.* lat. *Modulus.* angl. *a module.* Mesure arbitraire à chaque Architecte, ou grandeur déterminée pour régler les proportions des colomnes & la symmetrie ou la distribution de l'édifice. On peut le diviser en un plus grand ou plus petit nombre de parties selon l'ordre que l'on choisit. On prend ordinairement pour *module* le diametre inférieur de la colomne dans chaque ordre & on le divise en 60. parties que l'on appelle quelquefois *modules*.

M O E

MOËLLE. *s. f.* lat. *Medulla*. ang. *marrow*. Substance délicate & oleagineuse contenuë dans le creux des os. C'est aussi la substance blanche du cerveau, située au dessous de la cendrée ou corticale; on l'appelle autrement *substance medullaire*. *Moëlle* est encore au figuré, la substance, l'extrait d'un livre, ou ce qu'il y a de plus utile dans une science.

MOËLLEUX, euse. *adj.* lat. *Medullà fartus*. anglois. *full of marrow*. Qui est plein de moëlle.

MOËLLON, *ou* Moilon. *s. m.* lat. *Cæmentum*. ang. *rough pieces of stones, shards or sherds*. Blocage; pierre à bâtir, qui se tire des carrières en médiocres morceaux moindres que les pierres de taille.

MOËLLONNIER. *s. m.* Le plus petit coin dont se servent les carriers pour couper la pierre.

MŒUF. *s. m.* lat. *Modus*. ang. *a mood of verb*. Terme de *Grammaire*; c'est la même chose que mode.

MŒURS. *s. f. pl.* lat. *Mores*. ang. *manners, customs*. Façon de vivre ou d'agir bonne, ou mauvaise; habitudes naturelles, ou acquises, pour le bien ou pour le mal, & suivant lesquelles les peuples ou les particuliers conduisent les actions de leur vie. Usages, coutumes.

M O F

MOFUMA. *s. m.* Grand arbre, qui se trouve sur les bords des rivières, dans la basse Éthiopie. Son bois est comme le Liége : il n'enfonce pas.

M O G

MOGOL. *s. m.* On le prend quelquefois pour un Empire ou Royaume, qui se nomme aussi *Indostan* & qui comprend la plus grande partie du continent des *Indes*. Cet Empire a la *Tartarie* au Nord, la *Perse* à l'Ouest, le fleuve du *Gange* avec quelques montagnes au Sud & d'autres montagnes à l'Est. Il a 650. lieues de longueur de l'Est à l'Ouest & environ 450. du Nord au Sud. Il contient 40. Royaumes qui tirent leurs noms de celui des Villes capitales. Le plus remarquables sont *Agra* & *Belli*; parce que l'Empereur y fait sa résidence. Ce païs est fort peuplé aux environs de ses grandes rivières. Il est fertile en bled, en ris, en millet, en citrons, en oranges, &c. Les peuples y sont communément bruns & olivatres & ils ont les cheveux noirs. Ils aiment les *Européens*. Le fleuve du *Gange* traverse ce païs du Nord au Sud & ses eaux étant fort bonnes & fort douces, les *Indiens* s'imaginent qu'elles ont le pouvoir de les sanctifier. C'est en conséquence de cette opinion qu'on y voit en certains tems 4 ou 5. cent mille personnes qui s'y baignent. *Mogol* signifie quelquefois l'Empereur, dont on célèbre la fête le jour de sa naissance & elle dure cinq jours. Alors on a coutume de le peser & s'il pese plus que l'année précédente, il se fait de grandes réjouissances. Lorsqu'il a été pesé, il va s'asseoir sur le plus riche de ses Thrônes, où tous les Grands du Royaume viennent le saluer & lui faire des présens. Les Dames de la Cour & les Gouverneurs des Provinces & des Villes lui en envoyent aussi; de sorte qu'il reçoit ce jour-là en Diamants, Rubis, Émeraudes, Or, Argent, Elephants, &c. environ deux ou trois millions de livres sterlings.

M O H

MOHABUT. *s. m.* Toile de coton de couleur, qui vient des Indes.

MOHATRA. (Contrat.) *s. m.* Contrat par lequel on vend au plus haut prix, & on rachete sur le champ la même chose au prix le plus bas, abusant ainsi de la nécessité où un acheteur se trouve.

MOHÉRE, *ou* Moire. *s. f.* lat. *Bombyx spissiori filo texta*. ang. *mohair*. Etoffe toute de soie, tant en chaîne qu'en trême, & qui a le grain fort serré.... *Mohère tabisée* : espèce de gros de tours, passé sous la calendre, pour y faire paroître des ondes, comme au tabis.

M O I

MOIGNON. *s. f.* lat. *mutilati membri extremitas*. angl. *a stump*. Charnure; morceau de chair; partie d'un membre, soit du bras, soit de la cuisse, ou de la jambe, lorsque le reste en est retranché.

MOILON. *voy.* Moëllon.

MOINDRE. *adj.* lat. *minor, inferior*. ang. *less, lesser*. Petit à l'égard d'un plus grand.

MOINE. *s. m.* lat. *monachus*. angl. *a monk*. C'étoit anciennement celui qui s'étoit retiré du monde pour se donner entièrement à Dieu, & vivre dans la solitude : aujourd'hui on appelle *moines* les Cénobites qui vivent en commun, qui font des vœux de vivre selon la régle établie par leur Fondateur. Il y en a de différentes espèces. *Moine* est aussi un jeu d'Écolier; & un Chauffe-lit qui sert à pendre un réchaut qu'on met entre deux draps. .... *Tête de moine* : voyez Cantal.

MOINEAU. *s. m.* lat. *Passer*. angl. *a sparrow*. Passereau, petit oiseau de couleur grise.

MOINERIE. *s. f. monachorum claustrum, monachismus*. ang. *monks, monkery*. Se dit odieusement en parlant de la clôture des Moines.

MOINESSE, *ou* Moinette. *subst. f.* Terme odieux, dont on se sert en parlant d'une Réligieuse qu'on veut mépriser. lat. *monialis*. ang. *a nun*.

MOINS. *adv.* lat. *minùs*. angl. *less*. Pas tant. En *moins* de rien, c'est-à-dire, En fort peu de tems.

MOIRE. *voyez* Mohere.

MOIRÉ, ée. *adj.* Qui est ondé comme la Moire.

MOIS. *s. m.* Portion de tems qui a quelquefois relation au mouvement de la Lune. Anciennement les *Juifs* n'avoient point de noms particuliers pour leurs Mois ; mais ils les appelloient premier, second, troisiéme, *&c*, quoique *Moyse* emploie le nom d'*Abib* qui est le *mois* des nouveaux épis de bled, ou des fruits nouveaux, que les *Juifs* appellerent dans la suite *Nisan*, & qui étoit le premier Mois de l'année sainte. Au tems de *Salomon* le second *mois* fut nommé *Sio* ou *Zif*, & dans la suite on le nomma *Jiar*. Mais ces noms furent ensuite totalement oubliés ; & après la captivité de *Babylone*, on prit les noms des *mois* tels qu'on les trouva chez les *Chaldéens* & les *Perses*. Ainsi ils ont deux manieres de compter les *mois*, l'une qui contient les noms des *mois Hebreux* selon l'ordre de l'année sainte, en cette maniere.

| | |
|---|---|
| 1. *Nisan* qui repond à nôtre mois de | *Mars.* |
| 2. *Jiar* | *Avril.* |
| 3. *Swan* | *May.* |
| 4. *Thammux* | *Juin.* |
| 5. *Ab* | *Juillet.* |
| 6. *Elul* | *Août.* |
| 7. *Tizri* | *Septembre* |
| 8. *Marschevan* | *Octobre.* |
| 9. *Casleu* | *Novembre.* |
| 10. *Thebet* | *Décembre.* |
| 11. *Sebat* | *Janvier.* |
| 12. *Adar* | *Fevrier.* |

L'autre méthode est selon l'année civile, en cette maniere :

| | |
|---|---|
| 1. *Tizri* qui répond à nôtre | *Septembre.* |
| 2. *Marschevan* | *Octobre.* |
| 3. *Casleu* | *Novembre.* |
| 4. *Thebet* | *Décembre.* |
| 5. *Sebat* | *Janvier.* |
| 6. *Adar* | *Février.* |
| 7. *Nisan* | *Mars.* |
| 8. *Jiar* | *Avril.* |
| 9. *Swan* | *May.* |
| 10. *Thammux* | *Juin.* |
| 11. *Ab* | *Juillet.* |
| 12. *Elul* | *Août.* |

Ces *mois* étoient lunaires, quoique l'année fut solaire; c'est-à-dire, que le premier étoit de 30. jours, & le second de 29. & ainsi alternativement. Ils faisoient commencer leur mois au tems où la Lune commençoit à paroître; c'est pour cela qu'on étoit attentif à sa première apparition & qu'on l'annonçoit par le son de la trompette. Pour faire accorder les *mois* avec l'année, on ajoutoit tous les trois ans un *mois* qu'on appelloit le second *Adar*. Mais les mois présens d'*Europe* sont un peu différens, n'étant pas d'une longueur égale & l'on ajoute tous les quatre ans un jour au mois de *Février*, pour faire convenir l'année civile avec le vrai mouvement du Soleil, ce qui en approche assés. Le *mois* Philosophique parmi les *Chymistes* est composé de quarante jours & de quarante nuits. Les Astronomes appellent mois de *Consecution*, mois *Synodique*, ou de progression l'espace de tems entre deux conjonctions de lune avec le soleil. lat. *Mensis.* anglois. *month.*

MOISE. *s. f.* ( Charpenterie. ) Lien qui affermit & lie les piéces de bois, qui sont à plomb, ou inclinées dans un engin, une machine, un pont, ou une charpente.

MOISIR. *v. act.* & *n.* lat. *Mucere*, *situm concipere.* anglois. *to make or grow mouldy*, *or hoary.* Se corrompre à l'air par quelque principe d'humidité ; ce qui se manifeste par une certaine mousse blanche.

MOISISSURE. *s. f.* lat. *Mucor*, *situs.* angl. *mouldiness*, *hoariness.* Corruption de ce qui est moisi, petite barbe blanche ou verte qui vient sur les corps qui se gâtent, qui se corrompent par quelque humidité.

MOISON. *s. f.* lat. *Coloni fructuaria pensio.* ang. *the rent of a farm.* Espèce de bail à ferme, ou de traité qu'on fait avec un Laboureur, ou Métayer, par lequel il s'oblige à labourer, fumer & ensemencer une terre pour en partager les fruits avec le propriétaire, ou lui en donner certaine portion.... *Moison* signifie quelquefois mesure, & en parlant des étoffes c'est la longueur de la chaîne.

MOISSE. *s. f.* Cheval marin.

MOISSON. *s. f.* lat. *Messis.* ang. *harvest.* Récolte de grains.

MOISSONNER, *v. act.* lat. *Metere.* ang. *to reap*, *to harvest.* Recueillir les grains & les serrer.

MOISSONNEUR. *s. m.* lat. *Messor.* ang. *a reaper*, *a harvest-man.* Ouvrier qui travaille à couper ou à serrer la moisson.

MOITE. *adj.* lat. *Uvidus.* ang. *wet*, *moist.* Corps humide, un peu mouillé, ou qui n'a pas été bien seché.

MOITEUR. *s. f.* lat. *Mador*, *humor.* angl. *wet*, *moisture.* Petite humidité qui rend une chose moite.

MOITIÉ. *s. fem.* lat. *Dimidium.* ang. *half*, *moiety.* L'une des parties d'un tout divisé également en deux.

## MOL

MOL, *ou* Mou, Molle. *adj.* lat. *Mollis.* ang. *soft.* Qui n'est pas dur, qui céde en dedans quand on le presse, qui ne résiste que médiocrement au toucher & au mouvement. Homme lâche, indolent.

MOLAINE. *s. f.* Plante : Bouillon-blanc.

MOLAIRE. *adj.* lat. *Molaris.* ang. *grinder*, *cheek-tooth.* Terme d'*Anatomie* qui se dit des grosses dents.

MOLASSE. *adj.* lat. *Mollior*, *remissus.* ang. *flabby.* Qui est mou, qui n'est pas ferme.

MOLDAVICA. *s. f.* Espèce de melisse, qui a l'odeur & le goût de la melisse ordinaire, mais plus fort & moins agréable. On lui attribue les mêmes vertus.

MÔLE. *s. m.* & *s. f.* l. *Moles.* ang. *mole.* Massif de

maçonnerie ; ou jettée de grosses pierres dans la mer en forme de digue, qu'on fait à dessein de fermer un port pour y mettre des vaisseaux à couvert de l'impétuosité des vagues, ou pour en empêcher l'entrée aux vaisseaux étrangers. Parmi les *Romains* on appelloit un Môle, une espèce de mausolée bâti en manière de tour ronde sur une base quarrée, isolé, avec colomnes en son portour, & couvert d'un Dôme. Le Môle de l'Empereur *Adrien*, aujourd'hui le Château S. *Ange* étoit le plus grand & le plus superbe. Il étoit couronné d'une pomme de pin en bronze, qui contenoit une Urne d'or ou étoient les cendres de cet Empereur. Une *Môle* est aussi une masse de chair dure & informe qui s'engendre dans la matrice des femmes en la place du fœtus. Elle dure quelquefois dans le ventre de la femme deux ou trois ans. Elle différe de l'embryon, en ce qu'elle n'a point de placenta pour recevoir sa nourriture de la mère & qu'elle est jointe immédiatement à la matrice qui la nourrit, & lui donne une espèce de vie vegetative qui la fait croître. On la distingue d'une vraie conception par son mouvement de palpitation, en ce qu'elle roule d'un côté à l'autre & en ce que le ventre est également enflé de tous les côtés. Les mammelles s'enflent comme dans le vrai embryon, mais elles ne sont pas pleines de vrai lait. Ce n'est qu'une matière cruë. Pour délivrer de la *môle* on emploie souvent des saignées & des purgations violentes & si les remédes intérieurs ne réussissent pas on a recours à l'opération manuelle qui dans ce cas est souvent fort dangereuse. lat. & ang. *mola*.... Espèce de cochon de mer, ayant la figure d'une môle informe.

MOLÉCULE. *s. f.* ( Physique & Médecine. ) *Molecula*. Petite masse, partie de quelque chose.

MOLER. *v. n.* ( Marine. ) Faire vent arrière, ou prendre le vent en poupe. On dit aussi *ponger*: mais ces deux termes ne sont en usage que sur la mer méditerranée.

MOLESTER. *v. act. Vexare.* angl. *to molest.* Tourmenter quelqu'un, le vexer, l'inquiéter par de mauvaises chicanes.

MOLETTE. *s. f.* ( Horlogerie. ) Petite roue qu'on emploie aux conduites des cadrans des grosses horloges.

MOLIENNE. ( Laine. ) *s. f.* Est une des 3. sortes de laines qui viennent de Barcelone.

MOLIÉRE. *s. f.* latin. *Lapicidina molaris.* angl. *a quarry of mill-stones* Carrière de pierre dure, d'où l'on tire les meules de moulin. *adj.* Molaire.

MOLINE. ( Sorie. ) *voyez* Molienne.

MOLINISME. *s. m.* lat. *Molinæ sensus.* ang. *molinism.* Sentiment de Molina sur les matiéres de la grace.

MOLINISTES. *s. masc. pl.* latin. *Molinistæ.* angl. *molinists.* Sectateurs de *Molina* Jésuite *Espagnol*, qui a enseigné la Théologie pendant 20 ans dans l'Université d'*Evora* en *Portugal* & qui mourut à *Madrid* en 1604. âgé de 65. ans. Dans son Livre sur la concorde de la grace avec la liberté, il donna lieu aux disputes qui s'éleverent au sujet de la grace & de la prédestination, & qui ont fait tant de bruit dans le monde, surtout par l'opposition des *Dominicains*, qui non-seulement soûtinrent des Thèses publiques contre ce Livre, mais le déférerent à l'Inquisition de *Walladolid* & à celle du Royaume de *Castille*. Cette cause fut ensuite portée à *Rome* où le Pape Clement VIII. la fit examiner dans une Congrégation qui fut nommé *de auxiliis* en 1597. Après plusieurs séances des Cardinaux & autres qui y furent appellés pour être consultés, on voulut entendre les *Dominicains* & les *Jésuites* en présence du Pape & de la Congrégation. Après qu'on les eût entendus, la dispute continua sous le Pontificat de Paul V; les Théologiens qui furent alors consultés, étoient opposés à la Doctrine de *Molina* & dresserent un projet de Bulle pour la condamner. Mais le Pape ne voulut pas la signer & renvoya les deux parties, le 31 Août 1607, leur déclarant qu'il donneroit sa décision lorsqu'il le jugeroit à propos, défendant en même tems aux parties de se censurer mutuellement & enjoignant aux Supérieurs des deux Ordres de punir sévérement ceux qui contreviendroient à cette défense.

MOLINOSISME. *s. m.* latin. *Molinosismus.* angl. *molinosism.* Sentiment de Molinos. Quiétisme outré & accompagné de ses pernicieuses conséquences.

MOLINOSISTE. *s. m.* lat. *Molinosista.* angl. *molinosist.* Disciple de Molinos, ou celui qui suit les sentimens de ce Docteur sur le Quiétisme.

MOLLASSE. *voy.* Molasse.

MOLLE. *s. m.* Arbre du Perou, dont les feuilles ressemblent à celles du lentisque & les baies à celles de l'asperge pour la figure, & pour l'odeur & le gout à celles du geniévre. On fait de son fruit une boisson agréable. On emploie ses petits rameaux pour des cure-dents. Son écorce, ses feuilles & sa gomme sont utiles en Médecine.... On le dit aussi des bottes d'osier & de cerceaux.

MOLLEMENT. *adv.* lat. *Molliter.* ang. *faintly*, *slackly.* Doucement ; d'une manière effeminée. Lâchement, foiblement.

MOLLESSE. *s. f.* lat. *Mollitia.* ang. *softness.* Qualité qui rend les corps mous & faciles à presser. Lâcheté, langueur, foiblesse du corps & de l'esprit ; nonchalance ; vie effeminée.... ( Musique. ) Délicatesse.

MOLLET. *s. m.* Petite frange large d'un travers de doigt, qui sert à garnir les ameublemens. lat. *Fimbria*, *lacinia minor.* ang. *small fringe*... *Mollets* : pincettes d'orfévre. lat. *Volsella*, *forficulus.* ang. *a nipper or pincer*.... On appelle aussi *mollet* le gras de jambe. latin. *Sura.* ang. *the calf of the leg*...*adj.* Qui est maniable, doux au toucher, qui céde, qui obéit, qui n'est pas dur.

MOLLETON. *s. m.* lat. *Textum laneum molliculum.* ang. *a kind of flannel.* Sorte de petite étoffe de laine très douce & très molette, dont on fait ordinairement des camisoles & des doublures.... Oiseau fait comme un petit Canard dont le plumage tire sur le noir. Il vient de la mer,

mer, & on en mange les jours maigres.

MOLLETTE. *s. f.* lat. *Pigmentarii tritûs coticula.* ang. *muller or mollar.* Petite pierre plate & unie par-dessous qu'on tient à la main, qui sert aux Peintres à broyer leurs couleurs sur le marbre. C'est aussi l'extrémité de l'éperon qui sert à piquer les chevaux & qui est faite en forme d'étoile à six pointes, ou d'une petite rose. lat. *Stellatum calcar.* ang. *the rowel of a spur....* Epi ou marque qui est au front du cheval..... Tumeur molle qui vient au cheval à côté du boulet... Melon ou concombre d'une mauvaise figure.

MOLLIFIER. *v. act.* (Médecine.) Rendre mou & fluide. ang. *to mollify.*

MOLLIR. *v. n.* lat. *Mollescere.* ang. *to soften.* Devenir mol. N'être pas ferme dans ses résolutions; plier, céder, broncher.... Diminuer de prix.... *v. act.* Lâcher une corde afin qu'elle ne soit pas si roide.

MOLOCH. *s. mascul.* Idole des *Ammonites.* *Moïse* défend en plusieurs endroits aux *Israëlites* de sacrifier leurs enfans à *Moloch*, en les faisant passer par le feu à l'honneur de cette divinité. Ceux qui commettoient ce crime étoient punis de mort & Dieu menaçoit terriblement les coupables. Il paroît par cette précaution & par les chutes fréquentes des *Israëlites* en cette matière, qu'ils s'étoient accoutumés à cette idolâtrie lorsqu'ils étoient en *Egypte.* *Salomon* bâtit dans la suite un Temple à *Moloch* sur le mont des *Olives*, & *Manassés* longtems après imita son impieté, en faisant passer son fils par le feu à l'honneur de *Moloch.* C'étoit sur-tout dans la vallée de *Tophet* & d'*Hinnem* à l'Est de *Jerusalem*, que se commettoit cette idolâtrie. Il y a des commentateurs qui disent qu'on faisoit seulement passer les enfans entre deux buchers que l'on allumoit devant cette idole, pour être purifiés; ce qui se pratiquoit chez les Payens dans d'autres occasions; mais les autres croyent qu'ils brûloient actuellement leurs enfans & les sacrifioient à cette fausse divinité. Les Rabins nous assurent, que l'idole de *Moloch* étoit de bronze, assise sur un trône de même métal, portant une Couronne Royale; qu'elle avoit une tête de veau & tenoit les bras étendus, comme si elle vouloit embrasser quelqu'un. Lorsqu'on vouloit lui offrir quelque enfant, on mettoit entre ses bras la misérable victime qui étoit bien-tôt consumée par la violence du feu; & de peur que l'on n'entendit les cris des enfans, on faisoit un grand bruit avec des tambours & autres instrumens. Quelques-uns prétendent que *Moloch* étoit la même chose que *Saturne*, à qui l'on offroit aussi des victimes humaines; d'autres disent que c'étoit *Mercure*, *Venus* ou *Mars.*

MOLOSSE. *s. m.* Pied de vers composé de trois longues.

MOLUCCA. *s. f.* Plante qui nous est venuë des Isles Moluques. Elle a beaucoup de rapport avec la mélisse.

MOLY. *s. m.* Plante qui pousse de sa racine cinq feuilles vertes, couvertes d'une poudre qui se sépare facilement. Ses fleurs sont blanches ou rougeâtres; ses semences presque rondes, noires & semblables à celles de l'oignon; sa racine bulbeuse, grosse comme le poing, noire en dehors, blanche en dedans.

MOLYBDITE. *s. f.* Marchassite de plomb.

MOLYBDOÏDE. *s. fem.* Espèce de mine de plomb moins pesante, mais beaucoup plus dure que la commune.

## M O M

MOMENT. *s. m.* lat. *Momentum:* ang. *moment, minute.* Instant; espace de tems très-court & indéterminé. La moindre portion du tems qu'on puisse imaginer. Dans la nouvelle Théorie des infinis, c'est la partie infiniment petite d'une quantité, ou le principe qui produit une grandeur, n'ayant d'elle-même aucune grandeur déterminée, mais en étant le commencement. En *Méchanique* c'est la même chose que la quantité de mouvement d'un corps ou l'*Impetus.* On le prend quelquefois pour le mouvement même & d'autres fois pour la puissance qui fait mouvoir les corps.

MOMENTANÉE. *adj.* latin. *Momentaneus.* ang. *momentaneous, momentary.* Ce qui se fait en un instant, en un moment; qui dure très-peu.

MOMERIE. *s. fem.* lat. *Mimica larvatorum chorea.* ang. *mummery.* Mascarade, bouffonnerie, déguisement de gens masqués pour se réjouir. C'est aussi l'hypocrisie, les grimaces, déguisemens, &c. lat. *Ridicula simulatio, hypocrisis.* ang. *grimace, hypocrisy.*

MOMIE, ou Mumie. *s. fem.* lat. *Mummia; pissasphaltus condimentaria.* anglois. *mummy.* Corps anciennement embaumé & enveloppé de certaines toiles pénétrées de gommes, cires, &c. qui résistent à la corruption. On les trouve en *Egypte* aux environs d'un Village nommé *Sakara*, à une petite distance du *Caire.* Le terrain où on les trouve, est comme un vaste cimetière, orné de plusieurs Pyramides dispersées en divers endroits. Il y a sous terre un grand nombre de grottes ou chambres voutées, taillées dans des carrières de pierre blanche, avec une ouverture en forme de puits par où l'on y descend. Ces puits sont quarrés & bâtis de bonne pierre: on les remplit de sable pour fermer la grotte: & l'on fait tirer ce sable lorsqu'on y veut entrer pour les voir. Ceux qui y descendent ont une corde liée sous les bras, que ceux qui sont en haut lâchent doucement jusques au fonds, où est la porte de la grotte. Ces chambres bâties sous terre sont ordinairement quarrées, & contiennent plusieurs réduits où l'on trouve des *Momies*, les unes dans des tombeaux de pierre, les autres dans des caisses ou bières faites de bois de Sycomore avec plusieurs ornemens. Ces corps sont envelopés de petites bandes de toile de lin, trempées dans une composition propre à empêcher la pourriture. Ces bandes font tant de tours & de retours, qu'il y en a quelquefois plus de mille aunes. Souvent la bande qui regne en long depuis la face jusqu'aux pieds, est ornée de diverses figures hieroglyphiques peintes en or, qui marquent la qualité & les illustres actions du mort. Il y a aussi des *momies* qui ont sur le visage une feuille d'or appliquée fort délicatement. D'autres ont une manière de casque fait de toile & accommodé avec du plâtre, sur lequel est représenté en or le visage de la personne. En les développant on trouve quelquefois de petites idoles de bronze ou d'autre matière, admirablement bien travaillées, & quelques-unes ont une petite piéce d'or sous la langue. On voit des *momies* enfermées dans des caisses faites de plusieurs toiles colées ensemble, qui sont aussi fortes que celles de bois & ne se pourrissent point. Le baume qui conserve ces corps est noir, dur & luisant comme de la poix & a une odeur agréable. On trouve de ces *momies* qui ont 3000. ans d'antiquité.... *Momie* est aussi une composition de médecine dont il y a quatre espèces. 1. Celle d'*Arabie* qui est une substance liquide qui découle des sépulcres où sont les cadavres embaumés avec de l'Aloës, de la Myrrhe & du Baume. 2. Celle d'*Egypte*, qui est une liqueur qui découle des cadavres embaumés avec le Pissasphalte ou espèce de poix tirée de la *Palestine* & dont on se servoit pour embaumer les corps des personnes d'un moindre rang ; on la vend quelquefois aux Européens. La 3e. sorte est un Pissasphalte factice, qui est un mélange de Poix & de Résine, que l'on vend pour la vraie *Momie*. La 4e. espèce est celle des corps desséchés par les ardeurs du Soleil dans les sables, sur-tout dans le païs des *Hammoniens* entre *Cyrenaïque* & *Alexandrie*, où les Voyageurs sont souvent ensévelis dans les sables par la violence des vents. La première espèce passe pour être la meilleure.... Corps de pendu dont on a ôté la cervelle & les entrailles qu'on a séché au four, & trempé dans de la poix noire & autres drogues, & que les Charlatans vendent pour vraie momie d'Egypte.

MOMIN. *s. m.* Sorte de fruit des Antilles, qui est du même genre que le Corosol, mais il n'est pas si bon.... il est dans les mêmes Isles un autre fruit appellé prunes de *Momin* ou *monbain*. voy. Ce dernier mot.

MOMON. *s. m.* lat. *Aleatorium ac silens certamen.* ang. *the money that maskers offer to play at dice.* Deffi d'un coup de dez, qu'on fait quand on est déguisé en masque.

MOMUS. *s. m.* Dieu de la raillerie, selon les Poëtes, qui étoit fils du sommeil & de la nuit. Il s'occupoit uniquement à examiner les actions des Dieux & des hommes dans la vuë de les reprendre & de les tourner en ridicule. La fable rapporte qu'ayant été choisi par *Neptune*, *Vulcain* & *Minerve*, pour juger de l'excellence de leurs ouvrages, il les blâma tous trois. Il trouva mauvais que *Neptune* qui avoit fait le Taureau, ne lui eut pas mis les cornes devant les yeux, pour frapper plus sûrement, ou du moins aux épaules pour donner des coups plus forts. La maison de *Minerve* lui parut mal bâtie, parce qu'on ne pouvoit pas la transporter ailleurs lorsqu'on avoit un mauvais voisin. Quant à l'homme de *Vulcain*, il vouloit qu'on fit une petite fenêtre au cœur pour laisser voir ses pensées les plus secretes & ses mauvais desseins. Les Peintres représentent *Momus* avec une robe tirant sur le noir, la barbe & les cheveux de différentes couleurs.

## MON

MONACAL, ale. *adjectif.* latin. *Monachalis.* ang. *monkish, monachal.* Qui concerne le moine.

MONACALEMENT. *adv.* lat. *Monachorum in modum.* ang. *like a monk.* D'une manière monacale.

MONACHISME. *s. masc.* lat. *Monachismus.* ang. *monachism.* Etat des moines.

MONACO. *s. m.* Monnoie battue aux armes du Prince de Morgues ou Monaco, dont l'écu ne vaut que 54. sols.

MONADE. *s. f.* (Métaphysique.) Les *Monades* sont, selon *Leibnitz*, des corps simples, immuables, indissolubles, solides, individuels, ayant toujours la même figure & la même masse. C'est en ces *Monades* qu'il fait consister l'essence.

MONARCHIE. *s. f.* lat. *Monarchia.* ang. *monarchy.* Grand Etat ou Royaume gouverné par un Magistrat en qui réside le pouvoir suprême. Ce pouvoir est quelquefois absolu & renferme la puissance législative & exécutive. C'est ce qu'on appelle le gouvernement arbitraire, comme en *France*, &c. Souvent il est tempéré par l'intervention des Etats ou des Grands du Royaume, tirés de la grande & petite noblesse & des Communautés & c'est ce qu'on appelle *Monarchie* mixte, comme en *Angleterre* où la puissance législative est entre les mains des Etats ou du Parlement & la puissance exécutive réside entièrement dans la personne du Roi ou du Monarque. On doit seulement remarquer que le Roi a un pouvoir négatif dans les loix proposées pour y obliger le peuple & qu'il a aussi le pouvoir de dissoudre, de proroger & d'ajourner le Parlement, mais il ne peut battre monnoie qu'en vertu des loix acceptées par le Parlement. La division générale de l'ancienne chronologie se tire des quatre grandes *Monarchies* qui sont celles des *Assyriens*, des *Perses*, des *Grecs* & des *Romains*, quoique quelques-uns n'en comptent que deux, celle des *Babyloniens* & celle des *Romains*. L'usage ordinaire est que les *Monarchies* soient héréditaires, de Père en Fils, *&c.* Cependant il y en a d'électives, comme celle de *Pologne*, &c. & on a même des exemples dans les *Monarchies* les plus absolues où la succession n'a pas été héréditaire.

MONARCHIQUE. *adj.* lat. *Monarchicus.* anglois. *monarchical.* Qui appartient à la monarchie.

MONARCHIQUES. *s. m. pl.* Hérétiques qui parurent vers l'an 196. sous le Pontificat de Victor, & qui furent appellés ainsi, à cause qu'ils ne reconoissoient qu'une seule personne dans la sainte Trinité, ce qui leur faisoit dire que le Père avoit été crucifié.

MONARQUE. *s. m.* lat. *Monarcha.* angl. *a monarch.* Roi ou Prince qui a un gouvernement absolu & despotique sur un païs, dans un Royaume.

MONASTÈRE. *s. m.* lat. *Monasterium.* angl. *a monastery.* C'étoit proprement une cellule pour loger un solitaire; mais dans la suite on a ainsi appellé une maison bâtie pour y loger des Religieux ou Religieuses. Le premier qui introduisit les Moines dans les grandes Villes en Occident fut *Eusebe* Evêque de *Verceil.* On dit que S. *Basile* en *Orient* donna les régles pour ces sociétés dans le 4e. siécle & S. *Benoît* en Occident dans le 6e. siécle. L'Ordre de S. *Benoît* a été sous divisé en un grand nombre d'autres. Au commencement la discipline & l'austérité étoient rigides dans les *Monastères* & c'étoient des écoles publiques pour l'instruction & l'éducation de la jeunesse. On nommoit autresois *Monastères* les Palais Épiscopaux, où les chrétiens de tems en tems se retiroient du monde, pour avoir plus de facilité de lire & d'expliquer les Saintes Écritures & pour former la jeunesse à la piété. Durant les ravages des *Goths*, des *Vandales*, des *Huns*, des *Francs* & des *Almains*, les *Monastères* furent des sanctuaires & des aziles sacrés pour toutes sortes de sciences & de sçavans & il en sortit un grand nombre de personnes distinguées pour le gouvernement & la conversion des peuples. Ce qui leur attira l'estime universelle du public & un grand nombre de privilèges que les Princes leur accordérent, ayant reçu d'eux leur éducation aussi bien que leurs sujets. Mais vers l'an 1001. où l'on établit des Universités & des Collèges pour apprendre les sciences, les *Monastères* furent bornés aux observations religieuses & plus resserrés qu'auparavant; de manière qu'ils perdirent un peu de leur réputation, jusques au 13e. siécle où les frères *Mendians* s'efforcerent de rétablir leur ancienne gloire en mêlant la Philosophie & la Théologie scholastique avec leurs autres occupations. Il y a des *Monastères* qu'on appelle Royaux, c'est à-dire fondés par la libéralité des Rois, & ces *Monastères* sont devenus peu à-peu si considérables, qu'ils ont été exemps de toute jurisdiction Épiscopale & Patriarchale, relevant uniquement du Roi ou de l'Empereur. Leurs Abbés ou supérieurs n'étoient élus anciennement que par les Rois ou les Empereurs, ou au moins par leur direction, & comme ils possédoient des terres qui appartenoient immédiatement à la couronne, ils étoient obligés de servir les Princes à la guerre.

MONASTÉRIENS. *s. m. pl.* Sectateurs de *Jean de Leyde* qui de tailleur devint chef des Anabaptistes avec *Jean Matthieu* qui étoit Boulanger. Ils furent ainsi appellés du mot latin *Monasterium* Munster, dont ils se rendirent maîtres, & où ils commirent des profanations abominables.

MONASTIQUE. *adj.* lat. *Monasticus.* angl. *monastick.* Qui concerne les Moines.

MONBAIN. *s. m.* Grand arbre d'Amérique, qui porte des fruits semblables en grosseur & en figure à nos prunes, succulens, jaunes, d'un goût aigre & de bonne odeur. On les appelle *Prunes de Monbain* ou *Momin.* On en fait du vin capable d'enyvrer quand il est vieux; & quand on en mange, elles arrêtent le vomissement & le cours de ventre. Le bois du *Monbain* est léger comme le liége, au lieu duquel on peut s'en servir.

MONBELLIARD. *s. m.* Toile à matelas.

MONCAYAR. *s. masc.* Serge, ou étoffe de laine croisée & fort déliée, dont on fait des habits longs.

MONCEAU. *s. m.* lat. *Acervus, cumulus.* ang. *heap.* Assemblage, amas de plusieurs choses ensemble & en un tas.

MONÇON. *voy.* Monson.

MONDAIN, aine. *s.* & *adj. m.* & *f.* latin. *Mundanus, humanæ vitæ deliciis deditus.* ang. *a worldling.* Qui suit les maximes du monde. Vain, glorieux, fastueux.... Mondain se prend toujours au *figuré*, & on ne l'emploie jamais dans le *propre.*

MONDAINEMENT. *adv.* lat. *Mundanum in modum, profanorum more.* ang. *after a worldly manner.* D'une manière mondaine.

MONDANITÉ. *sub. fem.* lat. *Licentioris vitæ oblectamenta.* angl. *worldliness.* Vanité mondaine.

MONDE. *s. m.* lat. *Mundus, orbis universus, rerum universitas.* ang. *the world, the universe.* Assemblage de toutes les parties qui composent l'univers. Vie présente, ou future. Hommes en général, le genre humain. Société civile. La terre. La vie purement séculière. Les hommes vicieux & corrompus qui ont des sentimens contraires aux maximes du Christianisme. Domestiques & ceux qui sont à la suite de quelqu'un.... (Blason.) représentation du monde, globe d'or surmonté d'une croix.

MONDE. *adj.* lat. *Mundus.* ang. *clean.* Qui est pur & net: opposé à immonde. Ce terme n'a lieu que dans les traductions de l'Écriture.

MONDER. *verb. act.* lat. *Mundare.* ang. *to cleanse.* Nettoyer, rendre pur & net quelque corps.

MONDIFICATIF, ive. *adj.* lat. *Mundificativus.* ang. *mundatory, mundificative.* Terme de médecine qui se dit des remédes ou onguens déterfifs, qui par une tenuité de substance, accompagnée de siccité nettoïent & purgent une ulcère de deux sortes d'excrémens, dont l'un est la boüe & l'autre la sanie.

MONDIFIER. *v. act.* lat. *Purgare.* angl. *to mundify.* Nettoyer une plaie ou ulcère.

MONDIQUE. *s. fem.* Espèce de marcassite. *voy. Pyrite.*

MONDRAIN. *s. m.* (Marine.) Petite montagne.

MONÉTAIRE. *s. m.* lat. *Monetarius.* angl. *the warden or master of the mint.* Fabricateur des anciennes monnoies.

MONGOPOES. *s. f. pl.* Toiles de coton des Indes Orientales.

MONIAL, ale. *adj.* lat. *Monialis.* anglois. *monkish, monastical.* Religieux ou Religieuse qui vit en retraite & en solitude.

MONITEUR. *s. masc.* lat. & ang. *monitor.* Qui avertit, qui donne des conseils.

MONITION. *s. f.* lat. *Monitio*, *admonitio.* ang. *monition.* Avertissement par autorité ecclésiastique à un clerc de corriger ses mœurs qui portent scandale. C'est aussi la publication d'un monitoire.

MONITOIRE. *s. m.* lat. *Monitorium.* ang. *a monitory.* Lettres qui s'obtiennent du juge d'Eglise & qu'on publie au prône des paroisses, pour obliger les fidéles de venir déposer ce qu'ils sçavent des faits qui y sont contenus, sous peine d'excommunication; c'est pour découvrir les crimes cachés.

MONITORIAL, ale. *adj.* lat. *Monitorius.* ang. *monitorial.* Lettres *monitoriales.*

MONNOÏAGE. *s. masc.* lat. *Actio cudendi nummi.* ang. *the minting or coyning of money.* Action de faire de la monnoie, & le droit qu'on prend pour la façon sur la fonte de la monnoie.

MONNOIE. *s. f.* lat. *Moneta*, *nummus*, *numisma*, ang. *money.* Piéce de métal marquée au coin & aux armes d'un Prince ou d'un Etat, aïant ordinairement d'un côté la tête d'un Prince, Roi, &c. & de l'autre les armes de l'Etat, ou du Royaume avec quelque légende tout au tour. Elle est ordinairement d'or ou d'argent d'une certaine finesse déterminée, ce qui fait que les autres nations sont en état d'ajuster sa valeur à proportion de celle de leurs propres *monnoies.* Ces *monnoies* ainsi faites sont pour ainsi dire, un étalon pour toutes les autres marchandises qui sont évaluées un certain nombre d'écus, de piéces de huit, de livres, &c. & quoique cette manière de commercer soit en usage depuis long-tems & que l'écriture parle souvent d'or, d'argent & de cuivre, de certaines sommes de *monnoie*, d'achats faits avec de la *monnoie*, de *monnoie* d'un certain poids, &c. cependant on croit que ce n'étoit pas une *monnoie* battuë ou frappée à un coin, mais seulement de l'or & de l'argent en masse, ou de petits morceaux, qu'on prenoit au poids & qu'on évaluoit selon la finesse du métal; car le commerce se faisoit anciennement par troc. Les modernes ont introduit la *monnoie* de cuivre pour la facilité du commerce & dans les endroits où l'or & l'argent ne sont pas abondans, comme en *Suede* où un *Doller* de cuivre est aussi gros qu'une piéce d'argent d'un demi écu. Outre la *monnoie* réelle qui a cours dans chaque nation, il y a encore une *monnoie* imaginaire ou *monnoie* de compte à laquelle on rapporte toutes les *monnoies* réelles.... Lieu où se fabrique la monnoie. lat. *Officina monetalis.* ang. *the mint*... Petites espéces. lat. *Moneta.* ang. *small money.*

MONNOÏER. *v. act.* lat. *Nummum cudere.* angl. *to mint*, *to coin.* Faire de la monnoïe. Donner l'empreinte à la monnoie. lat. *Numismati signum imprimere.* angl. *to stamp.*

MONNOÏER. *substantif masculin.* *voyez* Monnoïeur.

MONNOÏÉRE. *s. f.* Plante qui rampe par terre. Ses tiges ressemblent à des joncs & sont garnies depuis la racine jusqu'à la cime de feuilles rondes & épaisses comme des piéces de monnoie. On l'appelle autrement *herbe à cent maladies*, à cause du grand nombre de ses vertus.

MONNOÏERIE. *s. f.* lat. *Monetalis officina.* angl. *the mint.* Lieu particulier d'une monnoie, où on la marque de l'empreinte qu'elle doit avoir.

MONNOÏEUR. *s. m.* lat. *Signator monetalis.* angl. *a monnoyer*, *a coyner*, *a mint-man.* Celui qui frape la monnoie.

MONOCÉROS. *s. m.* lat. *Unicornis.* anglois. *monoceros.* Que l'on appelle aussi *Licorne*, est un animal terrestre qui n'a qu'une corne, ou un petit poisson qu'on prend dans les Antilles & qui porte une petite épine droite comme une corde au defaut de la tête. Grand poisson cétacée, qui a une corne qui lui sort de la mâchoire.

MONOCHORDE. *s. m.* lat. *Monochordum.* angl. *monochord.* Est un instrument pour éprouver la variété & la proportion des sons de Muuque. Il est composé d'une régle divisée & subdivisée en plusieurs parties, sur laquelle il y a une corde de boyau ou de métail médiocrement tenduë sur deux chevalets par ses extrémités, au milieu desquels il y a un chevalet mobile, qu'on applique aux différentes divisions de la ligne, pour voir si les sons sont entr'eux en même proportion que les divisions de la ligne coupée par le chevalet. On l'appelle aussi régle harmonique ou canonique. On en fait qui ont 48 chevalets immobiles pour s'épargner la peine de mouvoir le chevalet mobile. *Monochorde* est aussi un instrument de Musique qui n'a qu'une seule chorde, comme la trompette marine, &c.

MONOCHROMATE. *subst.* & *adject.* *voyez* Monochrome.

MONOCHROME. *s. m.* latin. *Monochroma.* Peinture d'une seule couleur. Camayeu.

MONOCULE. *s. m.* Bandage pour la fistule lacrymale & les maladies des joues. *Monoculus*... Verre *omphaloptre*, c'est-à-dire convexe des deux côtés, enchassé dans de l'argent, de la corne ou autre matière, en forme de verre de lunette, avec un pied par lequel on le tient.

MONODIE. *s. f.* Espèce de chant lugubre. *Monodia.*

MONOGAMIE. *s. f.* lat. *Monogamia.* angl. *monogamy.* État de celui qui n'a été marié qu'une fois.

MONOGAME. *s. m.* & *f.* Qui n'a été marié qu'une fois.

MONOGRAMME. *s. m.* lat. *Monogrammon.* angl. *monogram.* Chiffre ou caractère composé d'une ou de plusieurs lettres entrelassées, qui étoit autrefois une abbréviation de nom, & servoit de signe, de sceau & d'armoiries. On s'en est servi autrefois en différentes occasions & l'on a aujourd'hui plusieurs traités qui en donnent l'intelligence.

MONOLOGUE. *s. m.* lat. *Monologium.* ang. *monologue or monology.* Scéne dramatique, où un Acteur parle tout seul.

MONOMACHIE. *s. f.* latin. *Monomachia*, *certamen singulare*. anglois. *monomachy*. Duel, combat singulier d'homme à homme,

MONOME. *s. m.* lat. *Monomus*. angl. *monome or monomia*. Terme d'*Algèbre*, qui marque les quantités qui n'ont qu'un seul nom, comme *a*, ou *b*, &c.

MONOPÉTALE. *adj.* anglois. *monopetalous*. Terme de *Botanique* qui convient aux fleurs qui n'ont qu'une feuille.

MONOPHYSISME. *s. m.* Sentiment, opinion des Monophysites.

MONOPHYSITE. *s. m.* & *f.* Hérétique qui n'admet qu'une nature en Jesus-Christ.

MONOPOLE. *s. m.* lat. *Monopolium*. angl. *monopoly*. Trafic illicite, que fait celui qui se rend tout seul le maître d'une marchandise, en sorte que tout ceux qui en ont besoin, sont obligés de passer par ses mains & de lui en payer le prix qu'il y veut mettre. Le *Monopole* se fait aussi lorsqu'on surprend quelques lettres du Prince, qui portent deffenses à toutes sortes de personnes de vendre une sorte de marchandise, à la réserve d'un seul qui en obtient la permission. Intelligence frauduleuse entre les Marchands d'un même corps pour enchérir de concert les marchandises, ou y faire quelque altération.

MONOPOLER. *v. n.* latin. *Clandestinâ factione coire*. angl. *to cabale*. Faire des Monopoles, des cabales.

MONOPOLEUR. *s. m.* lat. *Monopolii auctor*. ang. *a monopolizer*, *or monopolist*. Celui qui est seul à faire le commerce de quelque chose, particulièrement de ce qui est nécessaire à la vie. Toutes les nations ont fait des loix sévéres contre cette pratique, surtout en ce qui regarde le bled, &c.

MONOPS. *s. m.* Animal de *Pæonie*, aussi grand qu'un taureau ordinaire. Il a cela de particulier, que quand il est poursuivi de près, il jette une ordure si puante qu'elle tue ceux sur qui elle tombe immédiatement.

MONOPTÈRE. *s. m.* lat. *Monopterium*. ang. *monoptere*. Dans l'ancienne *Architecture*, étoit une espèce de temple rond & sans murailles, dont la couverture faite en croupe n'étoit soutenuë que par des colomnes. Ce mot signifie *qui n'a qu'une aîle*.

MONOPTIQUE. *s. m.* & *f.* Borgne. anglois. *monoptick*.

MONORIME. *s. m.* lat. *Monorithmus*. angl. *monoryme*. Ouvrage de Poësie, dont tous les vers sont d'une même rime.

MONOSTIQUE. *s. m.* *monostichon*. Epigramme qui consiste en un seul vers.

MONOSYLLABE. *s. m.* lat. *Monosyllabus*. angl. *a monosyllable*. Mot d'une seule syllabe, & composé d'une ou de plusieurs lettres qui se prononcent toutes à la fois.

MONOSYLLABIQUE. *adj.* lat. *Monosyllabicus*. ang. *monosyllabical*. Se dit des ouvrages qui ne sont composés que de monosyllabes.

MONOTHÉLITES. *s. m. pl.* Anciens sectaires, dont l'erreur ne fut qu'un rejetton de celle d'Eutyches. Ils ne reconnoissoient dans J. C. qu'une seule volonté. Théodore Évêque de Paran, Cyrus Évêque d'Alexandrie, Sergius & Pyrrhus de Constantinople en furent les auteurs vers l'an 630. Ils furent condamnés par le 6e. Concile général. *Monothelitæ*.

MONOTONE. *adj.* Qui parle toujours sur le même ton... égal, uniforme, gardant toujours la même teneur.

MONOTONIE. *s. f.* lat. *Unus idemque vocis tenor*. angl. *monotony*. Défaut de variation d'inflexion de voix, prononciation sur un même ton.

MONOTRIGLYPHE. *s. m.* (Architecture.) Espace d'un triglyphe entre deux colonnes ou deux pilastres. lat. *Monotriglyphus*. ang. *monotriglipb*.

MONSEIGNEUR. *s. m.* lat. *Dominus*. ang. *my lord*. Titre d'honneur & de respect dont on use lorsqu'on écrit ou qu'on parle à des personnes fort qualifiées & d'un rang supérieur.... C'est aussi le titre qu'on donne à présent au Dauphin de France, qu'on appelle absolument *Monseigneur*.

MONSEIGNEURISER. *v. actif.* Donner à quelqu'un le titre de *Monseigneur*.

MONSIEUR. *s. m.* lat. *Dominus*. ang. *sir*, *or master*. Titre de civilité qu'on donne à celui à qui on parle, ou de qui on parle, quand il est de condition égale, ou peu inférieure.... *Monsieur*, dit absolument, est la qualité qu'on donne au Frère du Roi.

MONSON, *ou* Monçon. *s. m.* Vents réglés qui soufflent toujours du même côté durant 6. mois sur la mer des Indes. lat. *Ethesia flabra*. ang. *monsoons*, *a trade-wind*.

MONSTERCULLE. *s. fem.* Tulipe panachée d'un cramoisi vif sur beaucoup de blanc.

MONSTRE. *s. m.* lat. *Monstrum*, *portentum*. ang. *a monster*. Prodige qui est contre l'ordre de la nature, qu'on admire, ou qui fait peur. Ce qui est extraordinairement gros ou laid. Mal fait, mal ordonné. Qui a des passions excessives ou des sentimens détestables. Scélérat. Dénaturé.

MONSTRUEUSEMENT. *adv.* lat. *Monstrosè*, *prodigiosè*. anglois. *monstrously*, *prodigiously*. D'une manière monstrueuse & prodigieuse.

MONSTRUEUX, *adj.* lat. *Monstrosus*, *prodigiosus*. ang. *monstrous*. Prodigieux, extraordinaire; contre l'ordre de la nature.

MONT. *s. m.* lat. *Mons*. ang. *hill*, *mount*, *mountain*. Grande élevation de terre ou de roche au dessus du niveau ordinaire de la terre, du rez de chaussée. *Monts de piété* sont des maisons où l'on prête de l'argent à ceux qui en ont besoin, en donnant quelques nantissemens, ou à des conditions honnêtes.

MONTAGE. *s. m.* lat. *Ascensio*, *evectio*. ang. *the coming up*. Action de monter.

MONTAGNARD, arde. *adj.* & *s.* lat. *Montanus*. ang. *mountaineer*. Qui habite les montagnes.

MONTAGNE. *s. f.* lat. *Mons*. ang. *mountain*. Mont, grande élevation de terre ou de roche.

MONTAGNEUX, euse. *adj.* lat. *Montibus*

*frequens.* ang. *mountainous.* Qui est plein de montagnes, où il y a beaucoup de montagnes.

MONTANAGES. *voy.* Moutonnage.

MONTANISTES. *s. m. pl.* lat. *Montanistæ.* ang. *montanists.* Sectateurs de l'héresiarque *Montanus* dans le second siécle, qui trompa tellement le monde par son hypocrisie, qu'on le regarda comme ayant le don de prophetie & des miracles. Il se donna pour le consolateur promis par Jesus-Christ, il condamna les secondes nôces, comme une fornication. Il permit la dissolution du mariage ; il défendit de fuir le martyre & il ordonna un jeûne rigoureux de trois Carêmes. Il se pendit avec *Maximilla* l'une de ses écolieres. Ses disciples disoient que Dieu le Père ayant voulu sauver le monde par la loi & par les Prophétes, & n'ayant pû venir à bout de ce dessein, s'étoit incarné dans le sein de la Vierge, avoit prêché en Jesus-Christ, & souffert la mort sous sa figure : que depuis il habitoit par le S. Esprit dans *Montan* & ses disciples. Ils mettoient les Évêques au troisième rang après leurs Patriarches & ceux qu'ils appelloient *Cenons.* Au reste ils étoient si rigides que pour les plus petites fautes, ils chassoient & excommunioient leurs sectateurs, qui furent divisés en *Cataphryges*, & en disciples de *Proclus* & *Æschines.*

MONTANT. *adj.* lat. *Ascendens.* ang. *mounting, ascending.* Qui monte, qui tend vers un lieu plus haut.... Dans le *Blason*, il se dit du croissant qui a les pointes en haut.

MONTANT. *s. m.* lat. *Summa.* ang. *the sum, or whole sum.* Somme d'argent à quoi monte un compte. Piéce de bois ou de fer, qui s'éleve à plomb. lat. *Rectum, perpendiculare.* angl. *an upright beam, stone or iron-bar....* Le *montant* de la marée, le flux.... *Montant* se dit aussi de la vivacité des liqueurs spiritueuses.... Académiste qui apprend à monter à cheval.... Le *montant* d'une colline.

MONTANUS. *s. m.* (Anat.) 3e. muscle des lévres, autrement appellé *Carré.* Il appartient à la lèvre inférieure.

MONTASSINS, *ou* Montasins. Sorte de coton filé qui se tire du Levant par la voie de Marseille. On l'appelle quelquefois *Payas de montasin.*

MONTÉE. *s. f.* lat. *Ascensus, clivus, collis.* ang. *the rising.* Chemin pour monter sur une montagne ou une colline ; lieu qui va en montant. Escalier d'une petite maison, d'un degré dérobé. Exhaussement des murs, voutes, colonnes.

MONTER. *v. act.* & *n.* lat. *Ascendere, conscendere.* ang. *to mount, to ascend, to go, come, or get up.* Etre élevé en haut. S'élever, s'enfler, tendre en haut. Hausser de prix, croître, s'accroître. Porter ou élever en haut. Assembler les piéces d'un ouvrage. S'embarquer sur un vaisseau.... (Manége.) Instruire un cheval, lui donner des allures... *Monter la garde* en termes de *Guerre*, c'est aller pour être de garde. *Monter la tranchée*, aller à la tranchée. *Monter à la bréche* c'est aller à la bréche dans un assaut.

MONTIA. *s. f.* Plante dont la fleur est en entonnoir & d'une seule piéce. Il lui succéde un fruit applati divisé en deux lobes & entouré de filets comme d'autant de rayons.

MONTICHICOURS. *s. f. pl.* Etoffes soie & coton des Indes Orientales.

MONTICULE. *s. m.* Petite montagne.

MONT-JOYE. *s. fem.* Enseigne des chemins, qui se disoit particuliérement de ceux qui montoient aux lieux Saints. Ce n'étoient souvent que des monceaux de pierres ou d'herbes qui enseignoient le chemin aux passans. *Mont-joie S. Denis* est l'ancien cri de guerre des Rois de France.

MONTOIR. *s. masc.* lat. *Equitis scandula, anabathrum.* ang. *a mounting or jossing-block.* Pierre qui sert à monter à cheval, qui donne avantage pour monter dessus. C'est aujourd'hui l'appui qu'on fait sur l'étrier pour monter en selle.

MONT-PAGNOTE. *s. masc.* lat. *Statio tormentis inaccessa.* ang. *a place out of arm's way to see an attack.* Poste élevé & inaccessible au canon de la ville assiégée, où les curieux se logent pour voir le camp.

MONTRE. *s. f.* lat. *Specimen.* ang. *a shew.* Ce qui est exposé aux yeux, & qui paroit à découvert. Exposition d'une marchandise. Signe qui donne quelque espérance. Platine qui indique les heures dans une horloge.... Tuyaux d'orgue extérieurs... (Guerre.) Revuë : solde qu'on paye aux Soldats dans les revuës... Horloge en petit volume.... Ostentation, parade.

MONTRER. *v. act.* lat. *Ostendere, exhibere.* ang. *to shew.* Exposer à la vuë, découvrir, mettre en évidence, faire voir. Enseigner, apprendre à quelqu'un quelque art ou science. Prouver, persuader. Marquer, indiquer.

MONTUEUX, euse. *adj.* lat. *Montibus frequens.* ang. *hilly, mountainous.* Païs mal uni & raboteux plein de collines & de montagnes.

MONTURE. *s. f.* lat. *Jumentum.* ang. *any beast for the saddle.* Bête de charge qui sert à porter un homme. Ce qui sert à monter quelque chose, comme la *Monture* d'un fusil, d'une scie, &c. Travail de l'ouvrier qui a monté un ouvrage... Armement, équipement d'un vaisseau.

MONUMENT. *s. m.* lat. *Monumentum.* ang. *monument.* Témoignage qui nous reste de quelque grande puissance, ou grandeur des siécles passés ; bâtiment élevé pour conserver la mémoire de quelque évenement.... Témoignages qui nous restent dans les histoires & chez les auteurs des actions passées.... tombeau.

## M O O

MOOSE. *s. masc.* Gros animal que l'on voit dans la nouvelle Jerzai occidentale. On fait de son cuir des mufles qui sont admirables.

## M O Q

MOQUE. *s. f.* (Marine.) Espèce de mouffle sans poulie, qui est percée en rond par le milieu.

MOQUER. (Se) *v. rec.* lat. *Irridere*, *ludificare*. anglois. *to laugh at*, *to ridicule*, *mock*, *deride*. Faire quelque dérision, tourner en raillerie, en ridicule quelque chose. Mépriser, ne se soucier point des choses. Ne parler pas sérieusement. N'agir pas raisonnablement.

MOQUERIE. *s. f.* lat. *Irrisio*, *ludibrium*. anglois. *mockery*, *raillery*. Dérision, raillerie. Chose déraisonnable. lat. *Illusio*, *ridiculum*. ang. *a foolish or silly thing*.

MOQUETTE. *s. f.* lat. *Pannus heterromalli contextu vel specie*. ang. *mockadoes*. Etoffe de laine qui se travaille à la manière du velours.

MOQUEUR, euse. *s.* & *adj. m.* & *f.* latin. *Irrisor*, *derisor*. ang. *a mocker*, *a jeerer*. Qui se moque, qui se raille.... *Moqueur*: Oiseau de la Virgine, qui imite si bien la voix humaine, qu'à tous momens on y est attrapé.

MOQUOISEAU. *s. m.* Cerise ainsi appellée, parce qu'elle ne rougit point, & n'est point mangée des oiseaux, qui la voient toujours blanche.

## M O R

MORABITES. *s. m. pl.* Ceux qui en Afrique font profession de science & de sainteté.

MORAILLER. (Le verre.) *v. act.* Se servir des morailles pour l'allonger.

MORAILLES. *s. f. pl.* Espèces de tenailles, dont les Maréchaux se servent pour serrer le nés du cheval, lorsqu'on lui fait quelque opération. lat. *Lupatum*. ang. *a kind of pincers*.

MORAILLON. *s. m.* Morceau de fer attaché au couvercle d'un coffre, qui entre dans la serrure pour la fermer. lat. *Scaterium*, *cadivus pessulus*. ang. *a bolt*.

MORAINE. *s. fem.* Laine qu'on fait tomber avec la chaux de dessus les peaux de moutons & de brebis.

MORAL, ale. *adj.* lat. *Moralis*, *ethicus*. ang. *moral*. Qui concerne les mœurs, la conduite de la vie. On le dit aussi de l'instruction qu'on tire des fables, sous le voile desquelles on reprend les défauts des hommes & sur-tout ceux des grands. La justice, tempérance, &c. sont des vertus *morales*. La Théologie *morale* est celle qui traite des cas de conscience. La preuve d'une action qui dépend de l'évidence de plusieurs témoins oculaires est une certitude *morale*. Une difficulté qui est presque insurmontable, se nomme impossibilité *morale*. La Philosophie qui aprend à se bien conduire dans ses actions se nomme, philosophie *morale*; & toutes les actions produites par un Agent libre & capable d'élection & qui par conséquent sont dignes de récompense ou méritent quelque peine, se nomment actions *morales*.

MORALE. *s. f.* lat. *Scientia morum*, *moralis*, *ethica*. ang. *morals*. Doctrine des mœurs, art de bien vivre; science qui enseigne à conduire sa vie.

MORALEMENT. *adv.* lat. *Probis moribus*, *congruenter*. ang. *morally*. Suivant la bonne morale... Ordinairement.

MORALISER. *v. act.* & *n.* lat. *De moribus disputare*. ang. *to moralize*. Faire des discours, des leçons, ou des commentaires de morale.

MORALISEUR. *s. m.* Qui moralise, qui débite des maximes de morale.

MORALISTE. *s. m.* lat. *Qui de moribus disputat*. ang. *a moralist*. Auteur qui écrit, qui traite de la morale. Qui moralise.

MORALITÉ. *s. f.* lat. *Morale documentum*. ang. *morality*. Instruction; réflexion morale. Sens moral enveloppé sous quelque discours fabuleux.

MORBIDE. *adj.* lat. *Morbidus*. ang. *morbid*. Dans la *Peinture* se dit de la chair grasse & vivement exprimée.

MORBIFIQUE. *adj.* lat. *Morbosus*, *morbificus*. ang. *morbifick*. En *Médecine*, qui regarde la maladie, qui cause la maladie.

MORBIEU, Morbleu. Sortes de juremens burlesques.

MORCE. *s. fem.* (Architecture) Se dit des pavés, qui commençant un revers, font des manières de harpes, afin de faire liaison avec les autres pavés.

MORCEAU. *s. m.* lat. *Frustum*, *resegmen*. ang. *a bit or piece of any thing*. Partie d'une chose coupée & divisée, qui est considerée à part. Il se dit plus particulièrement de ce qu'on mange, de ce qu'on mord. lat. *Frustum*, *buccella*. ang. *a bit*, *morsel*, *gobbet*.... Il se dit d'un tout ou d'une partie remarquables; & des fragmens des anciens.

MORCELER. *v. act.* lat. *In frusta minuere*. ang. *to disjoint or divide*. Mettre en morceaux.

MORDACHE. *s. f.* lat. *Forceps*. ang. *pincers*. Tenaille propre à remuer le gros bois dans le feu.

MORDACITÉ. *s. f.* lat. *Mordacitas*. anglois. *mordacity*, *corrosiveness*. Qualité corrosive, qui par son acide mord, ronge & divise les corps.. *Figur*. Langue ou plume mordante & satyrique.

MORDANT, ante. *adj.* lat. *Mordax*. angl. *biting*, Ce qui est acide & piquant.... Médisant, satyrique.

MORDANT. *s. masc.* Nom qu'on donne aux deux grandes pattes des écrevisses, qu'on appelle aussi *serres* ou *tenailles*.... Vernis qui sert à retenir l'or, lorsqu'on veut dorer sur papier ou autre chose... (Imprimerie.) Petite piéce qui arrête & tient la copie sur le visorion, & qui montre la ligne.... Clou de cuivre doré à deux pointes qu'on fiche dans les goutières d'un carrosse pour leur servir d'ornement.

MORDICANT, ante. *adj.* lat. *Morsu pungens*. ang. *sharp*, *corrosive*. Ce qui est acide & piquant.... Qui aime à médire, a railler amèrement, à critiquer.

MORDRE. *v. act.* lat. *Mordere*. ang. *to bite*. Happer, saisir avec les dents. Piquer. Il se dit aussi de plusieurs choses inanimées corrosives & perçantes. Médire, attaquer, dechirer la réputation. Aspirer, parvenir à quelque chose.... Dans la *Teinture*, c'est prendre la couleur en plus ou moins de tems... En termes de *Marine*, il se dit de la pate de l'ancre, lorsqu'elle tombe sur le fond, & qu'elle s'y enfonce; & dans l'*Imprimerie*, lorsque la frisquette couvre ce qui doit paroitre.... Ficher plus avant.

MORDS, *ou* Mors. *f. m.* lat. *Frenum*, *frena*, *freni*. ang. *bit*, *a horse-bit*. Fer qu'on met dans la bouche du cheval.... Extrémités de l'étau des ouvriers qui tient & serre l'ouvrage qu'ils liment & sur lequel ils travaillent. lat. *Torculi extrema labra*. ang. *the vice-chops*... *Mords du diable*: espèce de scabieuse, ainsi appellée à cause de sa racine, qui est comme mordue ou rongée.

MORE. *f. m.* lat. *Maurus*. ang. *a moor*, *a blackamore*. Celui qui est de Mauritanie, un noir. Langage des mores. *Tête de more*: voyez Chouquet.

MOREAU, *ou* More. *adj.* lat. *Spadix*, *leucophæo mixtus capite nigrior*. ang. *black*, *shining black*. Se dit d'un cheval qui a le poil d'un noir enfoncé, vif & luisant.

MOREAU. *f. m.* Espèce de cabas de corde, ou de jonc, dans quoi on donne à manger du foin aux mulets, lorsqu'ils marchent. lat. *Fiscina ori admota mulorum*. ang. *a corded thing*, *net-like*, *that hangs on a mule's muzzle*.

MORELLE. *f. femin. Solanum*. Plante dont il y a plusieurs espèces, à fruit noir, rouge, ou jaune.

MORESQUE. *adj.* & *f. f.* lat. *Maurica pictura*. ang. *moorish-work*. Peinture faite à la manière des Mores, qui consiste en plusieurs grotesques & compartimens qui n'ont aucune figure parfaite d'hommes ni d'animaux. *Danses moresques* sont celles qui se font à la manière des mores, comme les sarabandes & chacognes qui se dansent avec des castagnetes & tambours de basque. Anémone qui est un mêlé d'incarnat. Sa peluche est étroite.

MORETTE. *f. m.* Anémone couleur de chair, la peluche est blanche, aux pointes rouges.

MORFIL. *f. m.* lat. *Acuta ferri acies inæqualis*. ang. *a rough edge*, *or wire-edge*. Partie de fer qui se trouve au taillant des rasoirs & autres instrumens tranchans, quand on les a aiguisés sur la meule.... *Morfil* ou *Marfil*: dents de l'Eléphant, avant qu'elles aient été travaillées.

MORFONDRE. *v. actif.* lat. *Nimio frigore lædere*. ang. *to make one catch cold upon heat*. Refroidir, causer un froid qui saisit.

MORFONDURE. *f. f.* lat. *Vitiati sanguinis ægrotatio*. anglois. *a cold upon heat*. Maladie de cheval morfondu.

MORGELINE. *f. f.* Plante dont il y a plusieurs espèces. Elle aime les bois & les lieux ombrageux.

MORGUANT, ante. *adj.* lat. *Fronte arrogans*. ang. *insolent*. Qui a accoutumé de morguer, de regarder fièrement & dédaigneusement.

MORGUE. *f. fem.* Le second guichet où l'on tient quelque tems ceux qui entrent en prison, afin que les guichetiers les regardent fixément & qu'ils puissent les reconnoître. C'est aussi un regard fixe & sevère qui témoigne de l'orgueil. lat. *Audax intuitus*. ang. *a proud*, *big*, *haughty look*.

MORGUER. *v. act.* Regarder fixément un prisonnier. Braver par des regards fiers. latin. *Arrogantis vultum ducere*. ang. *to brave*, *bully*, *huff*.

MORGUEUR. *f. m.* Guichetier qui tient le guichet de la morgue. Orgueilleux. lat. *Vultu procaci intuens*. ang. *an insolent*, *or a saucy man*.

MORIBOND, onde. *adj.* lat. *Morti proximus*. ang. *a dying*. Mourant; homme valétudinaire, menacé de mourir bientôt.

MORICAUD. *voy.* Mauricaud.

MORIGINER. *v. act.* lat. *Erudire*, *bonis moribus imbuere*. ang. *to tutor*, *bring up*, *educate*. Corriger; instruire, former aux bonnes mœurs.

MORILLE. *f. f.* lat. *Fungus pumicosus*. ang. *the smallest and daintiest kind of red mushroom*. Espèce de champignon poreux & spongieux.

MORILLON. *f. m.* lat. *Nigella uva*. ang. *a black grape*. Raisin doux & fort noir, qui fait de bon vin. *voyez*. *Auvernat*.... Emeraudes brutes qui se vendent au marc.... Espèce d'oiseau.

MORINE. *f. f.* Plante apportée du Levant.... Mauvaise laine.

MORINGA. *f. m.* Arbre des Indes ressemblant au lentisque en sa grandeur & en ses feuilles. Ses fleurs ont le gout de celles du navet. Il porte un fruit long d'un pied & gros comme une rave contenant des semences petites & semblables à celles de l'ers.

MORION. *f. m.* lat. *Galea*, *cassis*. ang. *murrian*. Armure de Soldat, pot qu'il met sur la tête pour sa défense. C'est aussi un châtiment qu'on donne aux jeunes Soldats dans les corps-de garde.... Espèce d'onyx noir, mêlé de la couleur de carboucle, resplendissant & transparent.

MORISQUE. *f. m.* Monnoie de compte d'Alger. Le simple est estimé 7. f. 6. d. de France; le double vaut 15. sols.

MORNE. *f. m.* Se dit en Amérique des petites montagnes.

MORNE. *adj.* lat. *Tristis*, *tacitus*. anglois. *dull*, *sad*, *pensive*. Qui est sombre, triste, & taciturne. Tems obscur & couvert.

MORNÉ, ée. *adjectif.* Ferré Emoussé.... (Blason.) Sans dents, bec, langue, ongles, griffes & queuë.

MORNIFLE. *f. f.* Soufflet; coup de la main sur le visage.

MOROCTHUS. *f. m.* Pierre tendre, tantôt verte, tantôt noire, tantôt jaune, qui rend une liqueur laiteuse. Elle a bien des qualités salutaires. On s'en sert aussi quelquefois comme d'un crayon pour écrire.

MOROËJE. *f. f.* Monnoie d'argent de Perse, Il en faut 7. pour faire un écu monnoie de Hollande.

MOROSIF, ive. *adject.* (Jurisprud.) Lent, négligent, tardif.

MORPION. *f. m.* lat. *Pediculus inguinalis*. ang. *a crab-louse*. Vermine qui s'engendre dans la peau & qui se multiplie infiniment.

MORRAILLES. *voy.* Morailles.

MORS. *voy.* Mords.

MORSURE. *subst. femin.* lat. *Morsus*. ang. *a bite or biting*. Action de mordre, & la marque

que des dents qui ont mordu. Médisance.

MORT. *s. f.* lat. *Mors, obitus, interitus.* ang. *death.* Trépas, décès; séparation de l'ame d'avec le corps. . . . *Figurément* on le dit de la séparation du reste des hommes; *Hyperboliquement* des douleurs qui conduisent à la mort, ou qui font haïr la vie; & *populairement* de la peine qu'on a à faire une chose; & de ce qui consume beaucoup d'une chose . . . *Mort-aux-rats*: Arsenic. *Mort-aux-vers*: Barbotine . . . Mort-au-chien. *s. m.* *Colchicum.* Plante dont les feuilles ressemblent à celles du lis. Sa racine qui est fort bonne, appliquée extérieurement, est très-dangereuse, quand on la prend intérieurement. *voy.* Apocyn.

MORT, Morte. *adj.* lat. *Mortuus, defunctus.* ang. *dead, deceased.* Qui n'a plus de vie, ou de principe de mouvement. Argent *mort* est celui qui ne porte ni profit ni intérêts. Chair *morte* est une chair pourrie & insensible. Couleur *morte* est une couleur sombre, tannée ou effacée. Eau *morte*, celle qui n'a point de mouvement. Feuille *morte*, feuille séche qui tombe de l'arbre. Main *morte* sont des habitans de condition servile, dont les Seigneurs héritent. Mer *morte* est un grand Lac dans la *Palestine.* Œuvres *mortes*, dans la *Marine*, sont les parties du vaisseau qui ne trempent point dans l'eau & qui sont au dessus de la flotaison. *Mort* né, est un enfant qu'on tire mort du ventre de la mère. *Morte* paye est un vieux Soldat qu'on entretient dans les garnisons & qui n'en sort point. Tête *morte* est en *Chymie* le marc ou les feces qui restent après la distillation. *Morte-eau.* Eau de la mer la plus basse. *Morte saison.* Le tems où l'on manque de quelque chose.

MORTADELLE. *s. f.* lat. *Crassior lucanica.* ang. *a kind of thick sausage.* Gros saucisson venant de Boulogne.

MORTAILLABLE. *adj.* lat. *Servus, cliens.* anglois. *mortmain.* Se dit des personnes de condition servile dont le Seigneur hérite.

MORTAILLE. *s. f.* (Coutumes.) Succession qui vient à un Seigneur, son serf étant décédé sans parens communs.

MORTAILLIER. *s. m.* Qui est taillable à la volonté & discrétion du Seigneur.

MORTAISE, *ou* Mortoise. *s. f.* lat. *Loculus cardinis cavus.* ang. *a mortise.* Entaille, ou trou fait dans l'épaisseur du bois & équarri avec le ciseau, pour y faire entrer le tenon d'une autre piéce de bois.

MORTALITÉ. *s. f.* lat. *Mortalitas, moriendi necessitas.* ang. *mortality.* Etat, condition, ou nature des choses mortelles. Il se dit aussi des maladies contagieuses qui font mourir beaucoup de personnes ou de bestiaux. On appelle en *Angleterre* billets des *mortalités* des listes qui contiennent les noms des personnes qui meurent chaque semaine & qui sont publiés par les clercs des Paroisses.

MORT-AUX-RATS, Mort-aux-vers, Mort-au-chien. *voy.* Mort. *s. f.*

MORTE-CHARGE. *s. f.* Se dit d'un vaisseau qui n'a pas sa charge entière.

MORTE-EAU, *substantif feminin. ou* Mort-d'eau. *voyez* Mort, Morte. *adjectif.*

MORTEL, elle. *adj.* lat. *Mortalis.* anglois. *mortal.* Qui est sujet à la mort. Dangereux, qui cause la mort. Qui cause une grande douleur, sensible, extrême.

MORTELLEMENT. *adverb.* lat. *Lethaliter.* anglois. *mortally.* D'une manière qui cause la mort.

MORTE-PAYE, Morte-saison. *voy.* Mort. *adject.*

MORTIER. *s. m.* lat. *Arenarium intritum.* ang. *mortar.* En *Architecture*, est une préparation de chaux & de sable, de brique pilée, détrempée avec l'eau pour lier & joindre les pierres des bâtimens. C'est aussi chez les *Apothicaires* un vaisseau propre à piler, à égrûger, à réduire en poudre des drogues solides. Il y en a de fonte, de marbre, de bois, &c. selon l'occasion. En termes de *Guerre*, c'est une grosse piéce de fonte, faite en forme de gros canon fort court, avec un calibre fort large, propre à jetter des bombes, des carcasses, des pierres & des cailloux. Il est monté sur un affut porté sur des roües fort basses. Il a son ouverture tournée en haut pour faire monter la bombe qui tombe ensuite avec plus de force & fait de grands ravages dans une ville assiégée. *Mortier*, en termes de *Palais*, est une marque de dignité que portent les Grands-Présidens du Parlement. *Mortier à veille* est un grand morceau de cire jaune dans lequel il y a une méche qu'on allume pour avoir de la lumiere toute la nuit.

MORTIFÈRE. *adj.* lat. *Mortifer.* ang. *Deadly.* Qui est capable de causer la mort.

MORTIFICATION. *s. f.* lat. *Mortificatio.* ang. *mortification.* Action par laquelle une chose se corrompt, s'altère, se *mortifie.* Extinction de la chaleur naturelle, privation du sentiment. En Théologie il signifie aussi jeûnes, austerités, qui servent à dompter la chair & les sens. Revers de fortune, rebuffades, honte & déplaisir qui les accompagnent. En *Chymie*, c'est le changement de la figure d'un mixte.

MORTIFIER. *v. act.* lat. *Corpus macerare, conficere.* angl. *to mortify or macerate.* Altérer un corps naturel, le rendre plus tendre, plus mol. Causer quelque honte, quelque déplaisir. Exténuer le corps par les austérités, pour soumettre les passions à la raison. C'est aussi en termes de *Chymie*, changer la forme extérieure d'un mixte. Il se dit aussi des esprits acides que l'on mêle avec d'autres qui détruisent leur force.

MORT-NÉ. *voyez* Mort, morte. *adjectif.*

MORTOISE. *voyez* Mortaise.

MORTUAIRE. *adj.* lat. *Funebris, funerarius.* angl. *funeral.* Ce qui regarde la mort. Extrait *mortuaire* est un Certificat du jour de l'enterrement.

MORTUMNON. *s. m.* Sorte de fruit fort commun au Perou. Il est noir & un peu plus petit qu'une prune de Damas. Quand on en mange trop, il endort & enyvre au grand péril de la vie.

MORUE. *s. f.* lat. *Morhua, Ichthyocolla.* ang. *stock-fish, cod-fish.* Poisson de mer qu'on pêche en abondance vers le Canada, & qui fait la plus grande partie de ce qu'on appelle *Saline*.

MORVE. *s. f.* lat. *Mucus*. angl. *snot*. Excrément qui sort par les narines & dont on se décharge en se mouchant. C'est aussi une maladie dangereuse des chevaux, une humeur glaireuse, maligne & sanguinolente qui vient d'un poumon gâté & qui se décharge par les nazeaux. . . . Il se dit aussi de plusieurs fruits qui n'ont pas encore la consistence qu'ils doivent avoir.

MORVER. *v. n.* ( Jardinier. ) Avoir la morve. Il se dit de la Laitue & de la Chicorée. latin. *Mucum contrahere*. anglois. *to be snotty*.

MORVEUX, euse. *adj.* lat. *Mucosus*. ang. *snotty*. Qui a de la Morve qui lui pend au nez. On appelle les Enfans par mépris, *petits Morveux*.

## M O S

MOSAÏQUE. *s. f.* lat. *Opus musivum*, *vermiculatum*. anglois. *Mosaick-work*. Ouvrage composé de plusieurs petites piéces de rapport, & diversifié de couleurs & de figures, pour représenter ou un paysage ou quelqu'autre dessein imité de la Peinture. Les connoisseurs distinguent la *Mosaïque* d'avec les ouvrages de piéces rapportées, & disent que dans la *Mosaïque* chaque petite pierre n'a qu'une couleur de même que les points de tapisserie à l'éguille ; de sorte qu'étant cubiques & jointes parfaitement l'une contre l'autre, elles imitent les figures & les nuances de la Peinture : mais dans les ouvrages de piéces rapportées, on choisit des pierres qui aient naturellement les nuances & les couleurs dont on a besoin, en-sorte qu'une pierre a tout ensemble & l'ombre & le jour, ce qui fait qu'on les taille de différentes figures. Les pavés peints & travaillés avec industrie sont venus des *Grecs*. Le pavé du Chœur de l'Église de St. *Remy* à *Rheims* est un de ces ouvrages que les curieux admirent. On y voit 1. la figure de *David* joüant de la harpe, avec ces mots au dessus de sa tête, *Rex David* ; 2. Une image de St. *Jerome* au tour duquel sont les figures & les noms de tous les Prophetes, Apôtres & Évangelistes. 3. Les quatres Fleuves du Paradis terrestre, désignés par ces mots, *Tigris*, *Euphrates*, *Geon*, *Fison*. 4. Les quatre Saisons de l'année. 5. Les sept Arts liberaux. 6. Les douze Mois de l'année. 7. Les douze Signes du Zodiaque. 8. La figure de *Moïse* assis en une chaise, & soutenant un Ange sur l'un de ses genoux. 9. Les quatre Vertus cardinales. 10. Les quatre côtés du monde, *&c.* le tout de pierres dont les plus grosses n'excédent pas la largeur de l'ongle, si ce n'est quelques tombes noires & blanches, & quelques piéces rondes de jaspe de diverses couleurs. On fait aussi des *Mosaïques* en plâtre.

MOSCH. *s. m.* Plante qui porte la semence appellée *Ambrette*, *graine de musc*, *abelmusc*. Elle croît en Égypte, & aux Antilles.

MOSCHATELLINE. *s. f.* Plante ainsi appellée, parce que ses fleurs & ses feuilles ont une odeur de musc.

MOSCHITES. *voy.* Mosquites.

MOSCOUADE. *s. f.* Sucre brut & non raffiné.

MOSQUÉE. *s. f.* lat. *Mahometanum delubrum*. angl. *a mosk or mosque*. Nom que les Mahométans donnent aux lieux publics où ils s'assemblent pour faire leurs priéres. On dit que toutes les *Mosquées* sont quarrées & bâties de bonnes pierres. Il y a devant la principale porte une cour quarrée & pavée de marbre blanc, avec des galeries basses à l'entour dont la voute est soutenuë par des colomnes de marbres, où les Turcs se lavent avant que d'entrer dans la Mosquée, même pendant la plus grande rigueur de l'hiver. Les murailles en sont toutes blanches, si ce n'est que le nom de Dieu y est écrit en gros caractères arabes. Il y a un grand nombre de lampes dans chaque Mosquée, qui sont penduës à la hauteur d'une pique. Entre les lampes, il y a plusieurs boucles de cristal, & des œufs d'autruche avec toutes les curiosités qui y ont été envoyées des pays étrangers, ou des présents que des personnes riches y ont fait : ce qui donne un spectacle agréable lorsque les lampes sont allumées. A l'entour de chaque Mosquée il y a six petites tours fort hautes, qui ont chacune trois petites galeries découvertes, l'une plus haute que l'autre. Ces tours aussi bien que les Mosquées sont couvertes de plomb, enrichies de dorures & autres ornemens. On nomme ces tours *Minarets* ; & au-lieu de cloches, on y voit des hommes nommés *Muezzins*, qui appellent les Musulmans à la priére. Il n'y a guéres de Mosquée qui n'ait son hôpital, où tous les passans de quelque réligion que ce soit, sont nourris & logés pendant trois jours. De plus, chaque Mosquée a un lieu que les Turcs appellent *Tarbé*, qui est la sépulture de ceux qui les font bâtir. On voit au-dedans un tombeau d'environ six ou sept pieds de long, couvert d'un grand drap de velours ou de satin verd. Il y a à chaque bout du tombeau deux grands chandeliers avec 2. cierges, & plusieurs siéges à l'entour, où se mettent des personnes qui lisent l'Alcoran pour l'ame du défunt. Il n'est point permis d'entrer dans les Mosquées avec ses souliers ou autres chaussures. C'est pourquoi on en couvre le pavé d'étoffes cousuës par bandes, que l'on étend dessus, un peu éloignées l'une de l'autre. Sur chaque bande il se peut tenir un rang d'hommes à genoux, assis ou prosternés contre terre, selon les tems de leur cérémonie. il est défendu aux femmes d'y entrer ; elles se tiennent dans le portique du dehors. Au dedans il n'y a ni autel ni images ; mais lorsqu'ils prient, ils se tournent du côté de la *Mecque* où est le tombeau de Mahomet. Il y a au haut des Mosquées un croissant ou demie lune, qui sont les armes de l'Empire.

MOSQUITES, *ou* Moschites. *s. m. pl.* Nom que l'on donne dans l'Amérique aux Cousins, qui y sont beaucoup plus incommodes & plus nuisibles.

MOSSE. *s. f.* Animal de la nouvelle Angleterre, grand comme un Taureau, ayant la tête du Daim, le col du Cerf, & des cornes fort larges.

## M O T

MOT. *s. m.* lat. *Verbum, vocabulum, vox.* anglois. *word, term.* Parole d'une, ou de plusieurs syllabes. En termes de *Guerre*, c'est une parole de signal, de discernement, qu'on va prendre à l'ordre du Gouverneur ou du Général, pour s'assurer contre les surprises des ennemis.

MOTACILLE. *s. fem.* lat. *Motacilla.* ang. *a wag-tail.* Oiseau ainsi appellé parce qu'il remuë incessamment la queuë. Hoche-queuë.

MOTELLE. *voy.* Mottelle.

MOTET. *s. m.* lat. *Canticum musicum.* ang. *motet.* Composition de musique sur une période fort courte, sur quelques Versets ou Antiennes qui sont propres pour les Églises.

MOTEUR. *s. m.* Motrice. *s. f.* lat. *Motor.* ang. *mover.* Qui meut, qui fait mouvoir. Qui donne le branle à une affaire.

MOTIF. *s. m.* lat. *Causa, incitamentum.* ang. *motive, incitement.* Cause, raison; ce qui pousse; ce qui excite à faire quelque chose.

MOTION. *s. f.* lat. *Motio.* ang. *motion.* Action d'un corps qui se meut, qui s'agite.

MOTIVE. *adj. f.* lat. *Movens.* ang. *moving.* Cause qui meut, qui détermine à agir.

MOTIVER. *v. act.* Rendre raison, déclarer le motif de ce qu'on fait, de ce qu'on veut faire.

MOTRICE. *voy.* Moteur.

MOTTE. *s. fem.* lat. *Gleba.* ang. *clod or clot.* Glebbe, morceau de terre labourée. Terre qui tient aux racines des arbres. Tertre, colline, butte. Pain fait de tan qui a servi à préparer le cuir.

MOTTELLE. *s. f.* ang. *eel-powt.* Espèce de poisson de rivière & de lac.

MOTTER. *v. act.* Jetter des mottes de terre avec la houlette pour faire obéir les brebis.... *Se motter :* c'est, en parlant des perdrix, se cacher derrière les mottes.

## M O U

MOU. *voy.* Mol.

MOUAIRE. *voy.* Mohere.

MOUCHACHE. *s. f.* Espèce d'amydon que l'on fait dans les Isles avec du suc de manioc.

MOUCHARD. *s. m.* lat. *Auritus speculator.* ang. *a spy, a setter or informer.* Espion, flagorneur, qu'on met auprès de quelqu'un pour prendre garde à tout ce qu'il dit.

MOUCHE. *s. f.* lat. *Musca.* ang. *a fly.* Petit insecte volant qui est fort commun en Été. On appelle aussi *Mouche* un Espion, qui suit un homme pas à pas. C'est encore un petit morceau de taffetas noir, que les Dames mettent sur leur visage par ornement.... *Mouche Indienne :* constellation très méridionale, près du pole antarctique, qui ne paroit jamais sur notre horison. *Oiseau-mouche :* petit oiseau des Indes, gros comme une noisette.... *Mouche d'Espagne :* voyez Cantharide.

MOUCHER. *v. act.* lat. *Mucum emungere.* ang. *to blow the nose.* Presser les narines pour en faire sortir les superfluités; ôter la morve, les excrémens qui tombent dans le nez. C'est aussi, retrancher une partie du lumignon d'une chandelle, lorsqu'il est trop grand. lat. *Candelam emungere.* ang. *to snuff.*

MOUCHERIE. *s. f.* Action de se moucher.

MOUCHEROLE. *s. mas.* Oiseau gros à peu près comme un moineau. Il donne la chasse aux mouches dont il fait sa nourriture.

MOUCHERON. *s. masc.* lat. *Culex.* ang. *a gnat or little fly.* Petite mouche. Bout de la mèche d'une chandelle ou d'une bougie. latin. *Ellychnium.* ang. *the snuff of a candle.*

MOUCHET. *s. m.* Tiercelet ou mâle de l'Epervier. lat. *Tertiarius percos.* ang. *tassel.*

MOUCHETER. *v. act.* lat. *Maculis variare.* ang. *to spot.* Marquer un fond blanc de petites taches noires. Garnir une coiffe de petites mouches de soie.... *v. n.* Être barbouillé de petites taches de différentes couleurs, en parlant des fleurs.

MOUCHETTE. *s. f.* ( Architecture. ) Larmier, partie la plus haute & la plus avancée de la corniche.... Espèce de rabot de menuisier, dont le fer & le fût sont taillés en rond.

MOUCHETTES. *s. fem. pl.* lat. *Emunctoria.* ang. *snuffers.* Utencile qui sert à moucher les chandelles & les bougies.

MOUCHETURE. *s. f.* lat. *Variegatio.* angl. *spots.* Façon, ou ornement qu'on donne à une étoffe en la mouchetant.... En termes de *Fleuriste*, c'est un mêlange de plusieurs petites taches de différentes couleurs.... Scarification superficielle.

MOUCHEUR. *s. m.* lat. *Emunctor.* ang. *the snuffer.* Celui qui mouche les chandelles.

MOUCHEURE, ou Mouchure. *s. fem.* lat. *Emunctura.* ang. *the snuff.* Ce qu'on retranche d'un lumignon de chandelle, quand on la mouche.

MOUCHOIR. *s. m.* lat. *Sudariolum:* ang. *a handkerchief.* Linge qu'on porte dans la poche pour se moucher & pour s'essuyer.

MOUDRE. *v. act.* lat. *Molere.* ang. *to grind.* Broyer, reduire en farine, en poudre, entre deux meules.

MOUE. *s. f.* lat. *Labri projectio.* anglois. *a mouth, a wry face.* Avance des levres en dehors, pour marquer qu'on veut se moquer de quelqu'un, ou que ce qu'on dit déplait.

MOUÉE. *s. f.* Mêlange du sang de la bête avec du lait ou du potage, qu'on donne aux chiens, en leur faisant curée.

MOUET. *s. m.* Mesure d'usage dans les salines, tenant 10. carteaux.

MOUETTE. *s. f.* Poule d'eau. lat. *Gavia, larus.* ang. *a sea-mew.*

MOUFLARD, arde. *adj.* lat. *Vultuosus, bucceosus.* ang. *a bloated face.* Qui a le visage gras ou rebondi.

MOUFLE. *s. f.* lat. *Hybernæ manicæ.* ang. *mittan.* Mitaine; gros gand dont les doigts ne sont point divisés, à la réserve du pouce. Il se dit en *Méchanique* de plusieurs poulies qui se meuvent dans une piéce de bois, pour multiplier les forces mouvantes. *Moufle* signifie aussi, gros visage & trop plein.

MOUFLER. *v. act.* Prendre le nés & les joües ensemble à quelqu'un, en sorte qu'on lui fasse boursouffler les joües.

MOUFTI. *voy.* Muphti.

MOUGRIN. *s. m.* Fleur des Indes, qui en figure & en odeur ressemble assés au Jasmin d'Espagne.

MOUILLAGE. *s. m.* lat. *Statio navium.* ang. *anchorage.* Rade de mer, lieu propre pour l'ancrage.

MOUILLE-BOUCHE. *s. f.* lat. *Pirum vinosum.* ang. *a kind of wet pear.* Est une espèce de poire ronde qui a beaucoup d'eau.

MOUILLER. *v. act.* lat. *Humectare.* ang. *to wet or moisten.* Tremper quelque chose dans l'eau, l'abreuver, l'arroser de quelque liqueur. Dans la *Marine*, c'est jetter l'ancre. En *Grammaire*, il se dit d'une prononcation grasse & douce.

MOUILLETTE. *s. fem.* lat. *Frustulum panis oblongum.* ang. *a slice of bread.* Petit morceau de pain long & menu préparé pour tremper dans des œufs à la coque.

MOUILLOIR. *s. m.* lat. *Netricis vasculum.* angl. *a spinter's pot.* Sorte de petit vase dont les femmes se servent pour y mouiller le bout de leurs doigts, en filant leur quenouille.

MOUILLURE. *s. f.* lat. *Mador.* ang. *moistness.* Qualité de ce qui est mouillé.

MOUISSEAU. *s. m.* ( Marine des Galères ) Corde avec laquelle on lie aux aurails ou aux anneaux les cables qui servent à amarrer.

MOULAGE. *s. masc.* lat. *Molitura.* ang. *the grind, or mill-stones.* La partie du moulin qui sert à faire tourner les meules.... Carreaux moulés. lat. *Lateres efformati.* ang. *moulds....* Mesurage des bois à brûler.

MOULANT. *s. m.* lat. *Molitor.* ang. *a grinder.* Le garçon du meunier, qui est attaché à faire moudre.... Meule.

MOULATE. *voy.* Mulâtre.

MOULE. *s. m.* lat. *Typus, proplasma.* angl. *a mould.* Creux artistement taillé qui sert à former une figure ou un bas relief, soit par la voie de la fonte, soit par impastation. *Moule* signifie aussi modèle, qu'on se propose d'imiter. C'est encore le nom d'un petit poisson de mer enfermé dans une coquille bleüe ou noire. lat. *Mytulus, musculus.* ang. *muscle.*

MOULÉE. *s. f.* Poudre qui se trouve sous la meule des Taillandiers, qui est mêlée des petites parties du fer & de la pierre qui se détachent.

MOUL-ÉLAVOU. *s. m.* Limon des Indes, dont les fleurs sont en ombelles, & dont le fruit est extrêmement petit.

MOULER. *v. act.* lat. *Ex proplasmate exprimere.* ang. *to mould.* Jetter en moule. Tirer en moule; appliquer du plâtre sur un ouvrage de rélief pour en tirer un creux & en faire un moule. *Mouler* du bois, c'est le mesurer..... *Se mouler :* se former sur le modelle de quelqu'un.

MOULETTE. *s. f.* Petite coquille blanche, dont on se sert pour fermer & revetir des figures de rélief. lat. *Conchulæ.* ang. *small shells....* Tulipe d'un orangé tirant sur la brique & blanc.

MOULEUR. *s. masc.* lat. *Candicariæ struis mensor.* ang. *an assizer of wood.* Officier commis sur un port pour mouler & mesurer le bois. Ouvrier qui fait fondre les métaux pour les jetter en moule.

MOULIÈRE. *s. f.* Lieu où l'on pêche les moules.

MOULIN. *s. m.* lat. *Moletrina, pistrinum.* ang. *a mill.* Forte machine qui fait tourner des meules par le moyen des roues, soit pour moudre le bled, soit pour applatir les métaux ou pour une infinité d'autres manufactures, d'où elle tire ses différens noms, comme *moulins à bled, moulins à papier, moulins à foulons, moulins à caffé,* &c. On les met en mouvement par la force de la main, des chevaux, de l'eau, &c. selon l'usage qu'on en fait, ou la situation du lieu, &c.

MOULINAGE. *s. m.* Façon qu'on donne aux soies en les faisant passer par le moulin.

MOULINER. *v. act.* lat. *Perfodere.* ang. *to dig.* Terme de *Fleuriste*, qui se dit des vers quand ils creusent la terre.

MOULINET. *s. m.* lat. *Pistrillum.* angl. *a hand-mill.* Petit moulin. Le *moulinet* à faire du chocolat est un petit bâton qui sert à remuer le chocolat.

MOULINIER. *s. m.* Ouvrier à qui on donne la soie pour la filer, après qu'elle a été dévidée sur les bobines ou rochets.

MOULLA. *s. m.* Docteur de la loi de Mahomet, qui fait les prières sur le toit des mosquées le matin, à midi & au soir.

MOULLAVA. *s. fem.* Plante siliqueuse des Indes, qui donne une fleur composée de cinq pétales jaunes, & une silique qui renferme ordinairement 4. semences.

MOULTANS. *s. m. pl.* Toiles peintes qui se font dans les États du grand Mogol.

MOULURE. *s. f.* lat. *Thoreuma, anglypton.* ang. *a moulding.* Ce qui a été jetté en moule, ou qui semble y avoir été jetté, quoiqu'il ait été taillé au ciseau. On le dit de plusieurs ornemens d'Architecture en saillie, comme doucines, oves, astragales, denticules, &c.

MOUNÉE. *s. f.* Mouture.

MOURAILLE. *voy.* Morailles.

MOURANT, ante. *adj.* lat. *Moriens.* ang. *dying.* Qui se meurt, prêt à expirer. Languissant.

MOURGON. *s. m.* Plongeur.

MOURIR. *v. n.* lat. *Decedere, mori.* angl. *to die.* Expirer; déceder, finir ses jours; perdre la vie. Cesser d'être; finir, s'éteindre.

MOURIS. Toiles de coton des Indes Orientales.

MOURON. *s. m.* *Anagallis.* ang. *pimpernel.* Plante dont il y a plusieurs espèces. Le *Mouron* mâle à la fleur rouge, celle du *Mouron* femelle est bleuë. On appelle aussi de ce nom la *Morgeline*.... Lezard jaune tacheté, qui pique de sa queuë.

MOURRE. *f. f.* ang. *mora.* Jeu fort commun en *Italie* qui se joue se montrant les doigts en partie élevés & en partie fermés, & en devinant en même tems le nombre de ceux qui sont élevés.

MOUSQUE. *voy.* Mousse.

MOUSQUET. *f. masc.* lat. *Sclopus major.* ang. *a musket.* Arme à feu qu'on porte sur l'épaule, qui sert à la guerre; on y met le feu avec une mêche compassée sur le serpentin.

MOUSQUETADE. *f. f.* lat. *Catapultæ emissio.* ang. *musket-shot.* Coup de mousquet.

MOUSQUETAIRE. *f. m.* lat. *Sclopetarius.* angl. *a musketter.* Soldat qui porte le mousquet. dans chaque Régiment de Fantassins. Les *Mousquetaires* du Roi en *France* sont deux compagnies de gens à cheval portant le mousquet & qui combattent tantôt à pied & tantôt à cheval. Le Roi est leur Capitaine. Et celui qui les commande se nomme Capitaine Lieutenant. Chaque compagnie est de 250. La première compagnie est celle des grands *Mousquetaires.* Elle monte des chevaux blancs. Et la seconde est celle des *Mousquetaires* noirs qui montent des chevaux noirs.

MOUSQUETERIE. *f. f.* Art de bien manier le mousquet. Charges ou décharges de mousquets qui se font par honneur & sans balle.

MOUSQUETON. *f. m.* lat. *Catapulta minor.* ang. *a musketoon.* Petit mousquet qui est plus court; mais plus gros de calibre que les mousquets ordinaires. Il se tire avec un chien & une batterie, au lieu que le mousquet se tire avec une mêche.

MOUSQUETS. *f. m. pl.* Tapis de Turquie ou de Perse.

MOUSSE. *f. m.* lat. *Nauticus tyrunculus.* ang. *a ship-boy.* Jeune matelot qui sert de valet aux gens de l'équipage.

MOUSSE. (d'arbre.) *f. f.* lat. *Muscus.* ang. *moss.* Petite plante qui nait dans les crevasses & sur les écorces de plusieurs arbres, comme sur le chêne, sur le peuplier, sur l'orme, sur le bouleau, &c. *Mousse* marine, est une espèce de *mousse* qui se trouve attachée dans la mer à des rochers, à des coquillages, à des pierres. *Mousse* signifie aussi les petits bouillons qui se font par l'agitation des liqueurs, & qui y surnagent.

MOUSSE. *adj.* Émoussé. Lourd & pesant, en parlant de l'esprit.

MOUSSELINE. *f. f.* lat. *Tenuissima carbasus.* ang. *muslin.* Toile de cotton fort claire, fort fine & fort déliée, qui n'est pas unie, mais qui fait de petits bouillons comme de la mousse.

MOUSSEMBEY. *f. m.* Herbe potagère d'Amérique.

MOUSSER. *v. n.* lat. *Spumam agere.* angl. *to lather.* Faire venir de la mousse.

MOUSSERON. *f. m.* lat. *Boletus:* ang. *the white kind of mushroom.* Petit champignon blanc qui vient au mois de *Mai* auprès de la mousse.

MOUSSEUX, euse. *adj.* Se dit des liqueurs qui font beaucoup de mousse.

MOUSSON. *f. f.* Espèce de courant d'eau formé par des vents soufflans du même côté.

MOUSSU, uë. *adj.* lat. *Muscosus.* anglois. *mossy.* Qui est couvert de mousse.

MOUST. *voy.* Moût.

MOUSTACHE. *f. f.* lat. *Mystax.* ang. *whiskers.* Partie de la barbe qu'on laisse au dessus des levres.

MOUSTILLE. *f. f.* Espéce de belette très-sauvage.

MOUSTIQUES. *voy.* Mosquites.

MOUT. *f. m.* lat. *Mustum.* ang. *must.* Vin doux qui n'a point encore bouilli.

MOUTARDE. *f. f.* lat. *Sinapi.* ang. *mustard.* Petite graine qu'on appelle autrement du *senevé.* C'est aussi une composition qu'on fait pour servir de sauce avec cette graine broyée & du vinaigre ou du moût.

MOUTARDIER. *f. mas.* lat. *Sinapedochos.* ang. *a mustard-pot.* Petit vaisseau dans lequel on sert la moutarde sur la table. Celui qui fait & qui vend la moûtarde. lat. *Sinaparius artifex, propola.* ang. *a mustard-man.*

MOUTASSEN. *f. m.* Sorte de coton qui vient de Smyrne par la voie de Marseille.

MOUTE. *f. f.* On appelle droit de *moute* ce que payent les vassaux pour moudre leur bled au moulin banal du Seigneur.

MOUTIER. *f. m.* Église ou monastère.

MOUTON. *f. m.* lat. *Vervex.* ang. *a weather or sheep gelded.* Agneau qu'on châtre pour empêcher qu'il ne devienne belier, afin qu'il s'engraisse plus facilement & qu'il soit plus tendre. *Mouton*, est aussi une poutre ou un lourd billot de bois garni de fer, qu'on éleve & qu'on laisse retomber sur des pieux pour les enfoncer en terre. *Moutons sur mer* sont des vagues blanchissantes qui s'élevent lorsque la mer commence à s'agiter.

MOUTONNAGE. *f. m.* Droit Seigneurial qui se leve sur ceux qui vendent ou achetent du bétail ou autres marchandises sur le fief d'un Seigneur.

MOUTONNE. *f. f.* Est une coëffure qui a été long-tems en usage chez les femmes. C'est une tresse de cheveux fort touffuë & frisée, qui s'appliquoit sur le front.

MOUTONNER. *v. act.* lat *Crispare.* angl. *to crisp.* Rendre frisé & annelé comme la laine de la tête d'un mouton. Il se dit aussi de la mer, lorsqu'elle est agitée, & qu'il y a plusieurs vagues, houles, &c.

MOUTURE. *f. f.* latin. *Molitura.* anglois. *grinding.* Peine du Meunier qui fait moudre le bled & la façon ou action de le moudre.

MOUVANCE. *f. f.* lat. *Servilis conditio prædii beneficiarii.* angl. *the dependance of a fee upon another.* Supériorité d'un fief dominant à l'égard d'un autre qui en releve.

MOUVANT, ante. *adj.* lat. *Movens.* angl. *moving.* La force *mouvante* est celle qui fait mouvoir un corps. *Mouvant* signifie aussi ce qui n'est pas stable & ferme. Il se dit encore des fiefs considerés à l'égard d'un supérieur dont ils relevent; & dans le Blason, de ce qui sort de certain côté.

MOUVEMENT. *f. m.* lat. *Motus, motio.*

anglois. *motion*, *moving*. En *Physique* signifie changement de place. Il y en a une grande variété, comme le mouvement circulaire, direct, violent, prompt, lent, *&c.* En termes de *Guerre* c'est le changement d'un poste d'une armée, les marches, contre-marches, *&c.* Dans l'*Horlogerie* c'est le dedans d'une montre ou d'une horloge. En *Rétborique* exciter les *mouvemens*, c'est émouvoir les passions par la force de l'éloquence. En *Musique*, *mouvement* se dit de la maniere de battre la mesure pour presser ou alentir le tems de la prononciation des paroles ou du jeu marqué par les notes. Le fameux *Isaac Newton* a établi sa Physique sur trois principes que l'on appelle communément les loix du *mouvement*. 1. Que chaque corps continue dans son état de repos ou de *mouvement* uniforme en ligne droite, à moins qu'il ne soit forcé de changer de direction ou d'état par quelque force qui lui soit imprimée. 2. Que le changement de *mouvement* est proportionnel à la force mouvante, & qu'il est toûjours dans la direction de la ligne droite selon laquelle cette force lui est imprimée. 3. que l'action & la réaction sont égales & contraires... Guerres intestines, trouble, séditions... Pensée, sentiment, volonté. Passions. Gestes.

MOUVER. *v. act.* (Jardin.) Remuer la terre dans un pot ou dans un vase.

MOUVOIR. *v. act.* latin. *Movere.* angl. *to move or stir.* Faire changer de place, transporter d'un lieu à un autre. Remuer, agiter. Faire agir, déterminer. Il se dit aussi des fiefs en-tant qu'ils relevent, ou dépendent les uns des autres. *Mouvoir* signifie encore commencer un procès.

## MOX

MOXA. *s. f.* Plante de la Chine qui approche de l'Armoise ordinaire, excepté que ses feuilles sont plus grandes. On fait avec la bourre de ses feuilles des mèches dont on se sert pour guérir de la goute.

## MOY

MOYAC. *s. m.* Oiseau de Canada, gros comme une oie, qui a le cou court & le pied long.

MOYE. *s. f.* Endroit tendre d'une pierre dure, lequel suit son lit de carriére.

MOYEN, enne. *adj.* & *subst.* lat. *medius.* angl. *midle*, *mean.* Qui est au milieu, entre deux extrémités, *Moyen* en termes de *Logique* est une proposition qui sert de fondement à un syllogisme. Une preuve qu'on apporte pour éclaircir la vérité de quelque proposition. *Moyens de faux* au *Palais* sont des raisons alleguées par le Demandeur en inscription en faux, pour prouver la fausseté d'une piéce. *Moyen* se dit aussi des adresses, inventions, ou facilités dont on se sert pour parvenir à ses fins. Les *moyens* sont encore les biens & richesses d'une personne.

MOYENNANT. *adv.* A condition, supposé que, *&c.* Avec.

MOYENNE. *s. f.* L'un des deux petits canons qu'on met sur la conille des Galères.

MOYENNEMENT. *adv.* Entre deux extrémités; médiocrement.

MOYENNER. *v. act.* lat. *Conciliare.* ang. *to mediate.* Ménager; s'entremettre, servir quelqu'un auprès d'un autre, l'accommoder.

MOYENNES. *s. f. pl.* Piéces d'artillerie qui portent 5 à 6. livres de bale.

MOYER. *v. act.* Fendre une pierre selon la moye de son lit.

MOYEU. *s. m.* lat. *Vitillus.* ang. *the yolk of an egg.* Jaune d'œuf. Espèce de confiture faite de prunes qui portent ce nom. C'est aussi le noyau ou le milieu d'une roüe de carosse ou de harnois. lat. *Modiolus.* ang. *the nave or stock of a wheel.*

## MOZ

MOZARABE. *voy.* Musarabe.

MOZARABIQUE. *adj.* Qui appartient, qui a rapport aux Mozarabes.

## MUA

MUABLE. *adj.* lat. *Mutabilis.* ang. *mutable.* Passager, sujet à changer.

MUANCE. *s. f.* lat. *Mutatio toni.* ang. *division*, *in musick.* En *Musique*, c'est un passage d'un demi-ton à un ton.

## MUC

MUCILAGE. *s. m.* lat. *Mucilago.* ang. *mucilage.* Corps gluant & épais, qui est ainsi nommé, parce qu'il ressemble à de la morve. Matière crasse & pituiteuse qui sort avec les urines dans la gravelle.

MUCILAGINEUX, euse. *adj.* lat. *Mucilaginosus.* ang. *mucilaginous.* Qui contient du mucilage, ou qui est de la nature du mucilage.

MUCOSITÉ. *s. f.* lat. *Mucus.* ang. *snot.* Excrément qui sort par le nés; morve.

MUCUNA GUACU. *s. m.* La plus grande & la plus belle espèce de Phaséole qui croît au Brésil sur un arbre de même nom.

## MUD

MUDE. *s. f.* Étoffe faite d'écorce d'arbres.

## MUE

MUE. *s. f.* lat. *Spolium*, *vernatio.* ang. *mewing.* Changement de poil, de plumes, de peau, de cornes, de voix, & d'autres dispositions du corps, qui arrivent aux animaux ou tous les ans, ou en certains âges de leur vie. C'est aussi la dépouille que met bas l'animal dans de certaines saisons. C'est encore le lieu obscur & serré où l'on enferme les oiseaux pour les mettre en muë. Tems où les bêtes sont en muë.

MUER. *v. n.* lat. *Mutare.* ang. *to moult, or mew.* Changer de peau, de plumes, de poil, de cornes, de voix.

MUET, ette. *adj.* lat. *mutus, elinguis.* ang. *dumb, mute.* Qui ne peut parler, ou qui ne le veut point faire. Les consonnes *muettes* sont celles qu'on ne fait point entendre dans la prononciation.

MUETTE. *s. f.* C'est une maison bâtie dans une Capitainerie de chasse, tant pour y tenir la jurisdiction concernant les chasses, que pour y loger le Capitaine, ou quelques Officiers, ou même les chiens, & l'équipage de chasse.

## M U F

MUFFLE. *s. m.* lat. *Rostrum.* ang. *muzzle.* Partie inférieure de la tête de quelques animaux. Ornement d'*Architecture* qui imite les *muffles* des animaux.... *Muffle de Lion:* Plante dont la tige, quand on l'ouvre, représente en quelque sorte la gueule d'un Lion. *Leontostoma.*

## M U G

MUGE. *s. m.* lat. *mugil.* ang. *mullet.* Sorte de poisson qui a la tête grosse & grande, & qui est de mer, d'étang & de rivière.

MUGGLETONIENS. *s. m. pl.* ang. *muggletonians.* Secte qui naquit en *Angleterre*, durant la guerre civile, pendant le régne de *Charles* I. elle fut ainsi appellée de son auteur *Louis Muggleton*, vil Artisan, qui, entr'autres héréfies scandaleuses, assuroit que Dieu le Père laissant à *Elie* le gouvernement du Ciel, étoit descendu sur la terre & avoit souffert dans un corps humain. Ils nioient la Trinité, la création de la terre & de la mer, l'immortalité de l'ame, &c. Ils disoient pourtant qu'ils avoient le pouvoir de sauver & de damner.

MUGIR. *v. n.* lat. *mugire.* ang. *to bellow.* Terme qui explique le cri des bœufs & des vaches, on dit aussi *meugler.* On le dit *figurément* du bruit de la tempête, des vents & des flots. lat. *Sibilare.* ang. *to roar.*

MUGISSEMENT. *s. m.* lat. *mugitus.* angl. *bellowing.* Cri naturel des bœufs, des vaches & des taureaux.

MUGLEMENT, Mugler. *voy.* Mugissement, Mugir.

MUGUET. *s. m.* lat. *Ephemerum, hemerocalles.* ang. *lilly-convalley.* Plante que quelques modernes appellent *Lis des vallées* parce qu'elle croît dans les bois & dans les vallées. Sorte de fleur.

MUGUET. *adj.* & *s. m.* lat. *Amasius, adolescens calamistratus.* ang. *a spark, a beau, a fop.* Galant, coquet, qui fait l'amour aux Dames, qui est paré & bien mis pour plaire.

MUGUETTER. *v. act.* lat. *Puella gratiam captare.* ang. *to wheedle a woman.* Faire le galant, le cajolleur, tacher de se rendre agréable à une dame.

## M U I

MUID. *s. m.* lat. *modius, modium.* angl. *a hogshead.* Grande mesure de choses liquides. Celui de *Paris* contient 280. pintes; Celui d'*Angleterre* contient 63. galons. C'est aussi une grande mesure de grains. Le *muid* de blé de Paris est de 12. septiers & chaque septier de 4. minots. Il doit peser 2640. livres en blé. Celui du sel est aussi de 12. septiers.

## M U L

MULAT, *ou* Mulatre, Mulatresse. *s. m.* & *f.* lat. *Hybris, hybrida.* ang. *a mulatto.* Nom qu'on donne aux Indes à ceux qui sont fils d'un Negre & d'une Indienne ou d'un Indien & d'une Negre.

MULE. *s. f.* lat. *Crepida.* angl. *slippers.* Pantoufle, chaussure commode & sans quartiers, qu'on porte dans la chambre. Ulcère ou tumeur qui vient aux talons. lat. *Pernio.* ang. *kibe*.... Amas.

MULET. *s. m.* Mule. *s. f.* lat. *mulus, mula.* ang. *a mule, a she mule.* Bête de somme engendrée d'un âne & d'une cavale, ou d'un cheval & d'une ânesse. On les regarde comme une espèce de monstre, qui ne peut point contribuer à la propagation de l'espèce, quoique quelques-uns soient d'un sentiment contraire. Autrefois les Dames *Romaines* avoient des équipages trainés par des mules; & aujourd'hui même en *Espagne* les carosses des Grands ont un pareil attelage.... Les *Jardiniers* appellent souvent de ce nom les fleurs & les fruits qui viennent par Greffe ou par inoculation.... C'est aussi un poisson de mer. *voy.* Muge.

MULETIER. *s. m.* lat. *mulorum mulio.* ang. *a muleteer, a muledriver.* Qui conduit & qui panse les mulets & les mules.

MULETTE. *s. fem.* lat. *Avium ventriculus.* ang. *the gisern of a bird.* C'est le gesier des oiseaux de proie, où tombe la mangeaille du jabot pour la digérer. C'est aussi la partie du veau qui lui sert de sac, ou de poche, où est contenuë la présure. lat. *Vitulini coaguli vesicula.* ang. *the maw of a calf.*

MULIÉBRE. *adj.* (Médecine.) Qui a rapport aux femmes. lat. *muliebris.* angl. *belonging to the women.*

MULON. *voy.* Meule.

MULOT. *s. m.* lat. *Mus agrestis.* ang. *a field-mouse.* Petit animal qui fouit la terre comme les taupes, qui gâte les terres & les jardins, & qui ronge les oignons des plantes, & les racines des blés.

MULOTER. *v. n.* Se dit du Sanglier qui fouille les caveaux des mulots pour se repaître du grain qu'il y trouve.

MULTINOME. *s. m.* lat. *Multinomus.* ang. *multinomial.* En *Algébre* est une quantité composée de plusieurs quantités différentes jointes ensemble, comme $a + b - c + dd - ee$, &c.

MULTIPLE. *adj.* & *s. m.* & *f.* lat. *multiplus.* ang. *multiple.* Terme d'*Arithmétique*, C'est un nombre qui en contient exactement un autre plusieurs fois. Comme 20. est multiple de 2, 4, 5, &c. *Raison* ou *Proportion multiple* est celle qui est entre les nombres de cette nature, comme la raison entre 20, & 2, 4, 5, &c. dans laquelle la raison du plus grand aux plus petits est comme 10 à 1, 5 à 1, ou 4, à 1, &c. & si l'on compare les plus petits nombres au plus grand, la raison ou proportion se nomme *sous-multiple* & ces nombres se nomment aussi *sous-multiples*. Sous les termes généraux de *multiples* & *sous-multiples* sont contenues les différentes autres dénominations de doubles, triples, &c. & de sous-doubles, sous-triples, &c.

MULTIPLIABLE. *adj.* lat. *Multiplicabilis.* ang. *multipliable or multiplicable.* Qui se peut multiplier.

MULTIPLICANDE. *s. m.* lat. *Multiplicandus numerus.* ang. *multiplicand.* Terme d'*Arithmétique*, c'est le nombre qui dans la régle de multiplication est multiplié par un autre nombre & que l'on place ordinairement au dessus de l'autre

MULTIPLICATEUR. *s. m.* lat. & anglois. *multiplicator.* En *Arithmétique*, est le nombre qui en multiplie un autre ou qui répéte le multiplicande autant de fois qu'il a d'unités.

MULTIPLICATION. *s. f.* lat. *Multiplicatio.* ang. *multiplication.* Augmentation en nombre. C'est aussi la quatrième regle d'Arithmétique qui aprend à faire par une méthode abrégée ce qui par une longue addition, seroit extrémement ennuyeux. En *Géométrie* la *multiplication* change les espèces ; elle fait de deux lignes un plan & d'un plan avec une ligne, un solide.

MULTIPLICITÉ. *s. f.* lat. *Multitudo.* ang. *multiplicity.* Quantité redoublée. Variété, embaras de beaucoup de choses superflues.

MULTIPLIER. *v. n.* & *act.* lat. *Multiplicare.* ang. *to multiply.* Produire plusieurs fois son semblable. Croître, augmenter le nombre de quelque chose. Trouver un nombre qui en contienne autant de fois un autre, qu'il y a d'unités dans le multiplicateur.

MULTITUDE. *s. f.* lat. *Multitudo, copia.* ang. *multitude.* Amas d'un grand nombre de personnes, ou de choses ensemble.

MULTIVALVE. *adj.* Coquille composée de plusieurs pièces.

## M U M

MUMIE. *s. f.* Cadavre embaumé & desséché. *voy. Momie* .... ce mot est emploïé par quelques Médecins, pour signifier l'esprit implanté, surtout dans les cadavres, d'où les esprits influans se sont envolés.

## M U N

MUNGO. *s. m.* Semence d'Amérique, grosse comme celle de la coriandre, & qui verte au commencement devient noire en mûrissant. On l'estime propre pour guérir les fiévres, en en prenant la décoction & la pulpe.

MUNICIPAL, ale. *adj.* lat. *Municeps, municipalis.* ang. *municipal.* Qui a le droit & les privilèges des citoyens *Romains*. *Municipal* se dit aujourd'hui du droit coutumier qu'on observe dans quelque ville, ou province particulière, & qui n'a point d'autorité dans les autres lieux voisins. On appelle, Officiers *Municipaux*, ceux qui sont élus pour défendre les intérêts des villes, leurs droits, privilèges & y faire observer l'ordre & la Police, comme les Maires & Echevins, les Consuls, les Capitouls, les Sherifs, &c.

MUNIFICENCE. *s. fem.* lat. *Munificentia.* ang. *munificentness.* Liberalité Royale, ou de Grand Seigneur.

MUNIR. *v. act.* lat. *Munire.* ang. *to fortify, to furnish.* Fortifier une place, pourvoir à sa défense, soit par des constructions, soit par des provisions. Il se dit aussi des choses dont on se pourvoit pour se défendre contre les autres sortes d'attaques.

MUNITION. *s. f.* lat. *Commeatus.* ang. *ammunition.* Provisions qu'on met dans une place pour se défendre, ou dans des vaisseaux pour courir les mers ; ou qui suivent un camp pour le faire subsister.

MUNITIONNAIRE. *s. m.* lat. *Castrensis annonæ redemptor.* anglois. *the commissary of the stores.* Traitant qui est obligé de fournir le pain ou les munitions nécessaires à une armée, à une place.

## M U P

MUPHTI, *ou* Mouphti. *s. masc.* Souverain Prêtre, ou chef de la Religion des *Mahometans*, qui ne laisse pas de faire une grande figure dans l'Etat ; parce qu'on est obligé de s'addresser à lui lorsqu'il y a quelque débat pour la déposition du Sultan. On peut cependant le déposer lui-même, s'il vient à déplaire au Grand-Seigneur. Tant qu'il est en place on le regarde comme l'oracle de la Loi & l'on s'adresse à lui dans tous les cas douteux & difficiles.

## M U R

MUR. *s. m.* lat. *Murus, paries.* ang. *a wall.* Construction de pierre de taille, de moilon, de brique, de charpente, qui fait la principale partie d'un bâtiment, sur laquelle on pose le planchers & le toit. Les *murs* sont ordinairement la cloture d'une ville.

MUR, Mûrir. *voy.* Meur, Meurir.

MURAILLE. *s. f.* Mur.

MURALE. *adj.* lat. *Muralis, obsidionalis.* ang. *mural.* Couronnes *murales* étoient celles dont les *Romains* honoroient ceux qui les premiers avoient sauté sur les murs des ennemis. Elle étoit dentelée en haut comme les creneaux d'une muraille. *Arc mural* est un mur placé exactement dans le plan du méridien ou sur la ligne méridienne, pour y fixer un grand quart de cercle, sextant, &c. afin d'y observer la hauteur méridienne des corps célestes.

MURE. *voy.* Meure.

MURECI. *s. m.* Arbre du Brésil, dont le fruit ressemble à la groseille, & avec lequel les habitans du païs composent des potions cathartiques.

MURÈNE. *s. f.* lat. *Muræna.* ang. *lamprey.* Poisson semblable à la lamproie.

MURER. *v. act.* lat. *Muro cingere.* ang. *to wall.* Entourer, clorre de murailles. Boucher, fermer une porte, une fenêtre avec de la maçonnerie.

MUREX. *s. m.* Poisson à coquille, espèce de pourpre. Son sang teint en pourpre.

MURICHE. *s. m.* Palmier d'Amérique qui seul suffit à tous les besoins des habitans du païs. Ils y trouvent de quoi faire une espèce de pain, & deux sortes de liqueur agréables, & des vers dont on ne peut se rassasier, quand on s'y est accoutumé. L'écorce de l'arbre qui est épaisse fait les cloisons & les toits des cabanes. Les feuilles servent de parasols & de voiles pour les canots. Des filamens qui séparent ces feuilles on forme des cordages, des filets & des liens.

MURIER. *voyez* Meurier. Mûrir. *voyez* Meurir.

MURMURATEUR. *s. m.* lat. *Murmurator.* ang. *a murmurer.* Qui murmure.

MURMURE. *s. m.* lat. *Murmuratio, querimonia.* ang. *murmuring.* Plainte secrette de plusieurs personnes mal contentes, pour quelque cause que ce soit. Bruit confus qui resulte de la voix de plusieurs personnes qui parlent ensemble, sans qu'on en puisse discerner aucune en particulier. Bruit doux & agréable que font des choses inanimées. lat. & ang. *murmur.*

MURMURER. *v. n.* lat. *Murmurare.* ang. *to murmur.* Parler sourdement, ou incertainement; parler tout bas, & avec timidité. Gronder, se plaindre. Il se dit aussi du bruit confus que font les eaux & les vents.

MURRHINE. *s. f. Murrhina.* Boisson composée avec du vin doux & des aromates, qui lui conservoient toujours sa douceur.

MURTILLA. *s. m.* Arbre du Perou. Il porte des fruits en grappe, de la forme & couleur des grains de grenade, d'un goût moyen entre le doux & l'acre. Ceux du païs l'appellent Unni.

MURUCUCA. *s. fem.* Herbe du Brésil. Ses feuilles pilées avec un peu de calcanthe guérissent les ulcères malins.

MURUCUGE. *s. m.* Fruit d'un grand arbre du Brésil, semblable au poirier sauvage. Quand il est mûr il est de bon goût & de facile digestion.

MURUCUJA. Nom général que les sauvages de l'Amérique donnent à toutes ces plantes appellées *Coronadilles* par les Botanistes.

## M U S

MUSA. *s. m. voy.* Bananier.

MUSARABE. *s. m.* lat. *Musarabicus.* anglois. *musarabick.* C'est un nom qu'on donne en *Espagne* aux chrétiens qui vivoient sous la domination des *Arabes*; parce que *Musa* en *Arabe* signifie chrétien.

MUSARABIQUE. *voy.* Mozarabique.

MUSARAGNE. *s. m.* lat. *Mus araneus.* ang. *a shrew-mouse.* Espèce de rat ou de taupe. Il est gros comme une souris & de la couleur d'une belette.

MUSARD, arde. *adj.* lat. *Cessator, deses.* ang. *lazy.* Qui est lent, qui s'arrête en quelque endroit sans nécessité.

MUSC. *s. m.* lat. *Moschus.* ang. *musk.* Parfum très-fort, & qui n'est pas agréable, à moins qu'il ne soit temperé par d'autres parfums ou mélanges; l'opinion commune, qu'il vient des testicules d'un animal nommé castor, est fausse. On le trouve dans une espèce de sac ou de tumeur qui est environ de la grosseur d'une œuf de poule sous le ventre, vers les parties génitales d'une bête sauvage nommée *Musc*. & l'on a trouvé par des recherches exactes, que ce n'est qu'une quantité de sang caillé & presque corrompu qui produit cette odeur forte & putride.... *Herbe au musc:* voy. Mosch. *Graine de musc:* voy. Abelmusc.

MUSCADE. *s. f.* lat. *Nux myristica.* ang. *a nutmeg.* Noix ou épice aromatique qui nous vient des *Indes Orientales* & qui est d'un grand usage en bien des occasions. Elle est enfermée sous trois différentes écorces. La première, mince, rougeâtre, *&c.* qu'on nomme *Macis* & improprement, fleur de *muscade.* Elle environne la coque qui est dure, mince, noirâtre & sous laquelle il y a une peau verte qui contient ce que nous appellons noix *muscade.* C'est le noyau ou le fruit de la plante. Tout le commerce des *muscades* est entre les mains de la Compagnie Hollandoise des *Indes Orientales.* On dit que les oiseaux devorant la *muscade* lorsqu'elle est mûre, la rendent toute entière par les selles & qu'ainsi tombant à terre enveloppée de matière visqueuse, elle prend racine & produit cet arbre.

MUSCADELLE. *s. f.* lat. *Pyrum muscatum:* ang. *a muscadel pear.* Espèce de poire qui sent un peu le musc.

MUSCADET. *s. masc.* lat. *Apianum vinum.* ang. *muscadel.* Vin blanc qui a quelque petit goût du vin muscat.

MUSCADIER. *s. m.* lat. *Myristicus arbor.* anglois. *the nutmeg-tree.* Arbre qui porte la muscade.

MUSCADIN. *s. m.* lat. *Crustulum aromaticum.* ang. *muscadine.* Petite tablette parfumée avec un peu de musc; qui est faite de sucre, & qu'on mange pour avoir l'haleine plus douce.

MUSCARI. *s. m.* Plante ainsi appellée parceque sa fleur a une odeur de musc. Elle a beaucoup de rapport à la Jacinthe, & elle en diffère en ce que sa fleur est un grelot retréci par l'ouverture, au lieu que celle de la Jacinthe est fort évasée.

MUSCAT. *s.* & *adj. m.* lat. *Apiana uva.* ang. *muscadine grape.* Raisin & vin exquis qu'on met au rang des vins de liqueur, qui sent un peu le musc. Nom de quelques espèces de poires.

MUSCAT-FLEURI. *s. m.* Poire d'Automne, qui est excellente. Elle est ronde, roussâtre, de médiocre grosseur. Sa chair est tendre d'un goût fin & relevé. On la nomme aussi *muscat à longue queuë*.... *Muscat d'Août.* Espèce de poire, autrement *Robine*.... *Muscat-Robert:* poire d'Été, qui a la chair assés tendre & fort sucrée.

MUSCIPULE. *s. m.* Attrape-mouches. Sorte d'oiseau.

MUSCLE. *s. m.* lat. *Musculus.* ang. *a muscle.* En *Anatomie*, est une partie organique du corps des animaux, composée de plusieurs couches de fibres qui peuvent s'allonger & s'accourcir, destinée pour faire mouvoir les membres qui lui sont contigus. Les extrémités se nomment tendons & le milieu se nomme le ventre. Ce mouvement ou contraction du *muscle* vient des esprits animaux qui coulent du cerveau où ils résident & entrent par les nerfs dans les tendons & de là au milieu des *muscles* où ils les raccourcissent; ce qui étant fait, ils se retirent. Les anciens distinguoient la tête, le corps & la queuë du *muscle.* Les *muscles* sont destinés tant à l'usage des cavités que des membres & ils ont différens noms selon leurs figures, les endroits du corps où ils sont placés, ou selon les actions qu'ils exécutent; & par conséquent, ils sont en très-grand nombre.

MUSCOSITÉ. *s. f.* Espèce de mousse ou de velouté qui se trouve dans les ventricules des animaux qui ruminent.

MUSCULAIRE. *adj.* lat. *Muscularis.* ang. *muscular.* Qui appartient aux muscles. Les *Artères musculaires* sont deux Artères qui viennent des souclavières & qui se distribuent aux *muscles* postérieurs du cou. Les *Fibres musculaires* sont ces petits fils ou fibres qui composent le corps d'un muscle. La *Membrane musculaire* est celle qui enveloppe tout le corps immédiatement sous la membrane graisseuse. Le *Mouvement musculaire* est le même que le mouvement volontaire ou spontanée. Les veines *musculaires* est un nom commun à quelques veines. Il y en a deux qui viennent de la peau & des muscles posterieurs du cou & qui se terminent aux souclavières.

MUSCULE. *s. f.* Est le nom de deux veines de la cuisse, qui vont se rendre à la crurale.

MUSCULEUX, euse. *adj.* lat. *Musculosus.* ang. *musculous.* Qui concerne les muscles.

MUSES. *s. f. pl.* lat. *Musæ.* ang. *muses.* Certaines divinités parmi les anciens, qu'ils croyoient filles de *Jupiter* & de *Mnemosyne*, au nombre de neuf, & ausquelles ils attribuoient l'invention des sciences & sur tout des différens genres de Poësie. On les nommoit *Clio*, *Uranie*, *Calliope*, *Euterpe*, *Erato*, *Thalie*, *Melpomene*, *Terpsychore* & *Polyhymnie.* Quelques-uns les supposent filles du *Ciel* & de la *Terre*; pour marquer les qualités du corps & de l'esprit nécessaires aux sciences. Il n'y en avoit au commencement que trois, la *Méditation*, la *Mémoire* & le *Chant*; mais un certain Sculpteur ayant eu ordre de faire trois statues de ces trois *Muses* pour le Temple d'*Apollon*, en fit trois de chacune. Comme on les trouva fort bien faites, on les y plaça toutes, & de là vient qu'on en compta neuf; qu'on leur donna les noms précedens & qu'on attribua à chacune une science particulière comme si elle l'avoit inventée.

MUSEAU. *substantif mascul.* lat. *Rostrum.* anglois. *muzzle.* Partie extérieure de la tête de plusieurs animaux, qui aboutit en pointe.

MUSÉE. *s. m.* *Museum.* Lieu d'*Alexandrie* en *Egypte*, semblable au Prytanée d'*Athenes*, où les Sçavans d'un mérite extraordinaire étoient entretenus aux dépens du public, en considération des services considérables qu'ils rendoient à la République. On donne aussi ce nom à *Oxford* à un beau bâtiment dont le bas est un laboratoire chymique & le haut un cabinet de curiosités naturelles & artificielles.

MUSELIÈRE. *s. f.* lat. *Pastomis.* anglois. *a muzzle.* Courroye de cuir dont on lie la tête des animaux où est une piéce de fer pour les empêcher d'ouvrir la gueule & de mordre.

MUSER. *v. n.* lat. *Cessare.* ang. *to stand trifling.* Signifioit autrefois, avoir le visage fiché vers un endroit : mantenant il signifie, fainéanter, se distraire de son travail, de son service ordinaire, & s'amuser.

MUSEROLLE. *s. f.* lat. *Pars capistri ad nasum sita*, *prostomis.* ang. *muzrole.* Est la partie de la têtière du cheval qui se place au dessus de son nés.

MUSET, *ou* Musette. *voy.* Musaragne.

MUSETTE. *s. f.* lat. *Canorus uter.* anglois. *a bag-pipe.* Instrument à vent & à anche portatif, qui sert à faire une musique champêtre.

MUSICAL, ale. *adj.* lat. *Musicus.* anglois. *musical.* Qui est selon les regles de la musique.

MUSICALEMENT. *adv.* lat. *Musicè.* angl. *musically.* Harmonieusement.

MUSICIEN, enne. *s. m.* & *f.* lat. *Musicus.* ang. *musician.* Celui qui enseigne, ou qui sçait bien la musique, qui compose en musique.

MUSIQUE. *s. f.* lat. *Musica.* angl. *musick.* La science qui enseigne à former des accords & des sons agréables à l'oreille. Cela s'exécute par certaines regles ou proportions mathématiques, que l'on a trouvées par des expériences réiterées & que l'on a enfin réduites à une science démonstrative, en tout ce qui se rapporte aux tons, aux intervalles des sons. De sorte que la *musique* n'est que la convenance, la juste proportion & le mélange des sons aigus, graves & mixtes. Mais on la divise en différentes manières. Quelquefois on ne l'applique qu'au ton de la voix qui convient aux orateurs, aux comédiens, à ceux qui chantent, &c. Quelquefois on l'applique à la composition des piéces pour jouer des instrumens. On la divise encore en pratique & spéculative, &c. L'invention de la *musique* proprement dite ou de son exécution dans les instrumens de *musique* est fort ancienne, ayant précedé le déluge; car *Jubal* étoit le père ou le premier maître de ceux qui jouoient de la harpe ou des instrumens. Quelques Payens en attribuent l'invention à *Pythagore*, & disent qu'il trouva le *Diatessaron*, le *Diapente* & le *Diapason* en battant avec des marteaux sur l'enclume d'un forgeron. Les Poëtes disent que *Mercure* & *Apollon* sont les premiers musiciens. La Game qui est maintenant en usage a été inventée par un Abbé nommé *Guido*, il y a environ 700. ans. L'usage & le but de cet art est de recréer l'esprit & de le rendre tranquille, de modérer & d'exciter les passions. Les histoires sacrées & profanes sont pleines d'exemples des effets extraordinaires de la *musique* pratique ; c'est pour cela què les solemnités de toutes les religions ont été accompagnées du son des instrumens convenables. Les *Payens*, les *Juifs* & les *Chrétiens* ont joint la voix humaine aux sons artificiels pour rendre le service plus noble & plus touchant.

MUSQUER. *v. act.* lat. *Moscho inodorare.* anglois. *to musk.* Parfumer avec du musc mêlé avec quelque bonne odeur.

MUSSASOUS. *s. m.* Animal de la Virginie, qui sent le musc. Il a la figure & le naturel du rat aquatique.

MUSSE. *s. f.* Petit passage dans un fort, dans une haie pour les lapins & les liévres.

MUSSER. (Se) *v. rec.* Se cacher.

MUSULIPATAN. *voy.* Masulipatan.

MUSULMAN. *s. m.* lat. *Musulmanus.* angl. *mussulman.* Titre que se donnent les *Mahometans* & qui signifie en leur langue, vrai croyant.

MUSULMANISME. *s. m.* Religion musulmane.

MUSURGIE. *s. f.* L'art de la consonance & de la dissonance.

M U T

MUTABILITÉ. *s. f.* lat. *Mutabilitas.* ang. *mutability. mutableness.* Changement, instabilité.

MUTA-FARACA. *s. m.* Officier de la garde du Grand-Seigneur.

MUTATION. *s. f.* lat. *Mutatio.* angl. *mutation.* Changement, bouleversement.

MUTILATION. *s. f.* lat. *mutilatio.* anglois. *mutilation.* Retranchement de quelque membre.

MUTILER. *v. act.* lat. *mutilare.* anglois. *to mutilate or maim.* Couper, retrancher quelque membre ; estropier. Châtrer, rendre Eunuque pour servir dans le serail des Princes du Levant ; ce qui se pratique aussi en Italie pour donner aux hommes une voix aiguë.

MUTIME. *s. m.* Dieu du silence chez les Payens.

MUTIN, ine. *adj.* lat. *Seditiosus.* anglois. *refractory, stubborn.* Séditieux ; rebelle ; qui se révolte contre l'autorité légitime. Opiniatre, querelleur.

MUTINER. *v. n.* lat. *Seditionem concitare.* angl. *to mutiny.* Refuser d'obeir ; se revolter contre son maître, contre son devoir. Se dépiter.

MUTINERIE. *s. f.* lat. *Seditio, tumultus.* anglois. *mutiny.* Opiniatreté, emportement, révolte.

MUTIR. *v. n.* lat. *Stercus egerere.* anglois. *to mute.* En parlant des oiseaux, c'est fienter, se décharger le ventre.

MUTISME. *subst. m.* État d'une personne muette.

MUTU. *s. m.* Espèce de poule fort privée du Brésil, qui a une crête comme un coq.

MUTUEL, elle. *adj.* lat. *mutuus.* ang. *mutual.* Réciproque entre deux ou plusieurs personnes.

MUTUELLEMENT. *adv.* lat. *mutuò.* ang. *mutually.* D'une manière mutuelle & réciproque.

MUTULE. *s. m.* lat. *mutulus.* angl. *mutule.* Voyez *Modillon*, c'est la même chose, si ce n'est que le *Mutule* s'applique ordinairement à l'ordre Dorique, & le *Modillon* au Corinthien.

M Y A

MYAGRUM. *subst. masc.* Plante dont les feuilles sont semblables en quelque manière à celles du Pastel cultivé. Ses fleurs sont jaunes, ses fruits formés en petites poires renversées.

M Y D

MYDRIASE. *s. f.* Trop grande dilatation de la prunelle de l'œil, qui rend la vuë obscure.

M Y G

MYGLOSSUM. *s. m.* Se dit de deux muscles qui font mouvoir la langue en haut.

M Y I

MYIOLOGIE. *s. f.* Traité des Mouches.

M Y L

MYLOGLOSSES. *s. m. pl.* Se dit de deux muscles de la langue, parce qu'ils naissent des racines des dents molaires lat. *myloglossi.*

MYLOHYOÏDE. *adj.* & *subst. m.* Muscle qui occupe tout l'espace qui est entre la gencive inférieure & l'os Hyoïde.

MYLO-PHARYNGIEN. *s. m.* Nom d'un muscle du Pharynx.

M Y O

MYOCÉPHALE. *s. m.* (Anatom.) Petite partie de la tunique uvée, ainsi appellée, parce qu'elle ressemble à la tête d'une mouche.

MYOGRAPHIE. *s. f.* lat. *myographia.* ang. *myography.* Description des muscles d'un animal.

MYOLOGIE. *s. f.* lat. *myologia.* ang. *myology.* Dissertation ou discours sur les muscles.

MYOPE. *s. m.* lat. & angl. *myops.* Celui qui a la vuë fort courte, & qui ne voit que de près.

MYOPIE. *s. f.* lat. *myopia.* anglois. *myopy.* Vuë fort courte. Défaut des yeux qui ne voyent que de près.

MYOTOMIE. *s. f.* Partie de l'Anatomie, qui traite de la dissection des muscles.

M Y P

MYPINX. *s. m.* (Anatomie.) Tympan ou Tambour de l'oreille.

M Y R

MYRABOLAN. *voy.* Myrobolan.

MYRA-BOLTS, MYRA-GILET. Deux espèces de Myrrhe venant d'Arabie.

MYRE-FEUILLET. *voyez.* Millet, à la fin.

MYRIADE. *s. m.* Mot Grec rendu François, qui signifie spécialement 10,000. & indéterminément *sans nombre.* ang. *myriad.*

MYRIONYME. *adj.* Qui a mille noms.

MYRMÉCIE. *s. fem.* Espèce de verruë, ou de poireau.

MYRMÉCITE. *s. f.* Espèce de pierre ainsi appellée, parce qu'elle porte naturellement l'empreinte de la fourmi.

MYRMICOLEON. *voy.* Fourmi-Lion.

MYRMIDONS. *s. m. pl.* lat. *myrmidones.* angl. *myrmidons.* Peuples de *Thessalie*, qui suivirent *Achille* à la guerre de *Troye.* Ce mot signifie aussi un homme fort petit & incapable de résistance.

MYRMILLONS. *s. m. pl.* Espèce de Gladiateurs.

MYROBOLAN, *ou* MYRABOLAN. *s. m.* latin. *myrabolanus.* angl. *a myrobolan plum.* Espèce de fruit qu'on porte des Indes pour les usages de la Médecine; mais qui n'a plus à beaucoup près autant de reputation qu'il en avoit autrefois. Quelques uns croyent que ce ce n'est pas le même que les Anciens ont tant estimé. Il y en a de cinq sortes, de différentes couleurs & figures; & ils sont tous ordinairement de la même qualité, étant légérement purgatifs & astringens.

MYROBOLANIER. *s. m.* lat. *myrabolanus arbor.* angl. *the myrobolan-plum-tree.* Arbre qui porte les Myrobolans.

MYRRHE. *s. fem.* lat. *myrrha.* ang. *myrrh.* Espèce de gomme qui sort d'un arbre épineux, commun en *Arabie.* Cet arbre a environ cinq coudées de hauteur, son bois est dur, & son tronc se défend par ses épines. La *myrrhe* en découle quelquefois naturellement, & quelquefois par incision. On l'employoit autrefois dans les parfums & pour embaumer les cadavres, &c. La meilleure est en larmes claires, transparentes, légères, ridées, fragiles, d'une odeur douce, d'un gout acre & amer; ses qualités sont d'échauffer, de faire dormir; Elle est bonne dans les maladies froides de la tête, & dans plusieurs autres opérations de Médecine. On s'en servoit autrefois dans les sacrifices & offrandes & dans les Dédicaces, comme on le voit dans plusieurs textes de l'Écriture Sainte. Les Mages qui vinrent d'orient pour adorer Notre Sauveur, lui présenterent de l'or, de l'encens, & de la *myrrhe.*

MYRRHIS. *s. fem.* Plante ainsi appellée, parce que l'espèce à laquelle on a donné ce nom, sentoit la *myrrhe.* Quelques uns l'appellent *Cerfeuil musqué.* Elle est propre pour la Cachexie, l'Asthme, l'Épilepsie.

MYRTE. *s. m.* lat. *myrtus.* angl. *the myrtle-tree.* Arbrisseau fort commun en *Espagne*, quoiqu'on donne souvent ce nom à ses fleurs, & quelquefois au parfum qu'on en extrait, ou au fruit qu'il produit. On en fait grand usage en Médecine sur-tout en *France* où l'on en tire des huiles, des syrops, &c. Les Parfumeurs tirent de ses feuilles & de ses fleurs une essence ou un parfum; les Teinturiers *Allemands* en tirent une couleur bleüe; & en *Angleterre* on emploie ses feuilles & ses branches dans la Tannerie.

MYRTIFORME. *adj.* Qui a la figure d'une graine de *myrte.* Il se dit en *Anatomie* de quelques caroncules.

MYRTILLE. *voyez.* Airelle. . . . Baie du *myrte.* . . . Nom de Berger.

MYRTILLITE. *subst. fem.* Pierre figurée, cendrée, ronde & très-dure, qui imite les feuilles de *myrte.*

MYRUS. *substantif masculin.* Serpent de mer, dont il y a deux espèces, l'une noire, l'autre rouge.

## M Y S

MYSTAGOGUE. *s. m.* anglois. *mystagogue.* Écrivain mystique, interprète du sens mystique des Écritures.

MYSTÈRE. *s. m.* latin. *mysterium.* anglois. *mystery.* Chose cachée & secrette, impossible difficile à comprendre. Ce mot peut s'emploier en matière civile, réligieuse & scientifique. Toutes les Réligions vraies ou fausses, ont certains *mystères* ou secrets, qui ne sont connus que de ceux qui y sont initiés; ceux des *Payens* pour la plupart auroient dû rester inconnus, n'étant que des actes impurs & qui déshonorent la nature humaine & la Divinité. Les Divines Écritures parlent souvent des *mystères* infames d'*Astarte*, d'*Adonis*, de *Priape*, où se commettoient les crimes les plus honteux sous le voile de la Réligion. La Réligion des *Juifs* étoit pleine de *mystères*, n'étant qu'une représentation mystérieuse ou figurée de la *Réligion Chrétienne* qui devoit suivre. Il y aussi des *mystères* dans la *Réligion Chrétienne*, comme l'Incarnation du Verbe ou du Fils de Dieu, son Union Hypostatique avec la nature humaine, sa Naissance miraculeuse, sa Mort, sa Résurrection, son Ascension, &c. *Mystère* se dit quelquefois des secrets que Dieu s'est reservés à lui-même, comme la Prévision des événemens futurs, &c. On appelle encore *mystères* les merveilleuses proprietés des figures en *Géométrie*, & des nombres en *Arithmetique*, &c.

MYSTÉRIEUSEMENT. *adv.* latin. *mysticè.* angl. *mysteriously.* D'une maniere cachée & mystérieuse.

MYSTÉRIEUX, euse. *adj.* latin. *mysticus.* anglois. *mysterious* Qui renferme, qui cache quelque *mystère.* Obscur, secret, caché.

MYSTICITÈ. *s. f.* Recherche profonde en fait de spiritualité.

MYSTIQUE. *adjectif.* lat. *mysticus.* anglois. *mystical.* Allégorique; qui est mystérieux. Contemplatif.

MYSTIQUEMENT. *adv.* lat. *mysticè.* ang. *mystically.* D'une maniere mystique.

MYSTIQUERIE. *s. f.* Recherche superfluë en fait de spiritualité.

MYT

MYTHOLOGIE. *s. f.* lat. *mythologia.* ang. *mythology.* Histoire des Dieux & des Heros fabuleux de l'Antiquité ou de la réligion des Payens.

MYTHOLOGIQUE. *adj.* lat. *mythologicus.* angl. *mythological.* Qui appartient à la Mythologie.

MYTHOLOGISTE, *ou mieux* Mythologue. *s. m. & adj.* angl. *mythologist.* Qui a écrit sur la Mythologie.

MYTILE, *ou* MYTULE. *s. m.* Petit poisson à coquillage, oblong & ressemblant beaucoup à la Moulle. *Mytulus.*

MYU

MYURUS. *adj* (Médecine.) Pouls qui diminuë peu à peu.

# N

N

EST la treizième lettre de notre Alphabet & ceux qui les ont divisées en différentes classes, l'appellent consonne liquide. Les *Grecs*, les *Romains* & les *Hébreux* prononcent souvent la lettre suivante double & omettent l'*n*, sur-tout devant *p*, *b* & *m* comme *inludo illudo*, *inrigo irrigo*, &c. Chez les *Anciens* c'étoit une lettre numerale qui signifioit 900. & quand on mettoit une ligne au dessus en cette manière N̄, elle signifioit 9000. Les *Romains* écrivoient dans les loix N. L. pour *non liquet*, ce qui marquoit que l'évidence n'étoit pas assés grande contre un coupable pour le condamner; cela revient au mot *ignoramus* usité en *Angleterre*. Les anciens la plaçoient entre *e* & *s* pour adoucir la prononciation, comme *quotiens* pour *quoties*. Il y a en *Angleterre* une abbréviation qui vient des *Romains*, sçavoir, N. B. qui signifie, *nota bene*, prenez bien garde, soyez attentif; *&c.* N. est le caractère qui distingue la monnoie fabriquée à Montpellier. Dans une ordonnance de Médecin elle signifie *nombre*.

NAB

NABAL. *s. m.* Nom d'un riche *Juif* qui demeuroit auprès du *Carmel* dans la *Judée*, pendant le regne de *Saül*. *David* resolut de le faire périr à cause de sa brutalité & de ses cruautés: mais *Abigaïl* femme de *Nabal* fit si bien qu'elle l'appaisa. *Nabal* mourut quelques jours après & *David* épousa *Abigaïl*. Ce mot en *Hébreu* signifie un fou & un écervelé.

NABONASSAR. *s. m.* Roi de *Babylone* qui est nommé quelquefois *Baladan-Berodath*. ou *Merodach-Baladan* Isa. XXXIX. 1. & 2. Rois XX. 12. D'autres auteurs l'appellent *Belesis* ou *Belessus* & d'autres *Nabonassar*. Il regna 15. ans à *Babylone*, sçavoir, depuis l'an du monde 3257 jusques à 3272. L'ére ou l'époque si fameuse parmi les *Chronologistes*, qui porte son nom est de l'an 3967. de la période Julienne ou de l'an 747. avant J. C. *&c.* Les années de cette période sont *Egyptiennes* de 365. jours chacune, commençant au 26. de *Février* & le jour commence à midi.

NABIT. *s. m.* Sucre candi réduit en poudre, recommandé comme un bon remède pour les yeux.

NABOT. *s. m.* Nabote. *s. f.* lat. *Pusillus*, *a*. angl. *a little man or woman.* Qui est de petite taille.

NAC

NACARAT. *s. m.* lat. *Color ruber dilutior.* ang. *a lively orange red.* Couleur rouge, claire & unie.

NACELLE. *s. f.* lat. *Navicula, cymba.* ang. *a boat.* Petit bateau qui n'a ni mât ni voile & dont on se sert pour passer une rivière, ou pour faire un autre petit voyage.... Petit ornement d'Architecture, autrement *Chamfrain*, ou *gorge*. C'est un membre creux en demi-ovale. Il se dit plus particulièrement, & selon quelques-uns uniquement de la scotie.

NACQUETER. *voy.* Naqueter.

NACRE. *s. f.* lat. *Concha margaritifera.* ang. *naker.* Est le nœud qui est à l'extrémité d'une coquille, où l'on trouve les perles..... C'est aussi la belle couleur de perle, qu'on remarque dans les coquilles.

NACRÉ, ée. *adj.* Se dit d'une coquille dont le dedans est argenté comme la nacre.

NAD

NADIEU. *s. m.* Sorte de bures.

NADIR. *s. m.* En *Astronomie*, &c. est le point du ciel sous la terre diametralement opposé à celui qui est sur la tête d'un observateur & qu'on nomme Zenith, dans chaque partie du monde & par conséquent l'un devient l'autre selon la situation de l'observateur. Car le point du *Nadir* dans l'hemisphère Nord devient le Zenith dans l'hemisphère Sud & au contraire. Ainsi ils sont tous deux les poles de l'horizon & ils en sont éloignés de tous les côtés de 90. degrés. Par conséquent ils sont dans le Méridien, l'un au dessus & l'autre au dessous de la terre; en sorte que la distance de l'un de ces points à l'Equateur ou à quelque autre point du monde est la même que celle de l'autre vers le pole opposé & au côté opposé de l'Equateur.

## N A F

NAFFE, *ou* Naphe. *s. f.* lat. *Aqua naphtha.* ang. *orange-flower-water.* Eau de *Naffe* est l'eau de fleur d'orange.

## N A G

NAGAM. *s. m.* Grand arbre à Siliques des Indes Orientales. Le suc de ses feuilles, mêlé avec l'huile de la noix d'Inde, & emploïé en onguent, chasse les enflûres de ventre périodiques.

NAGE. (à la) *adv.* lat. *Nando.* ang. *swimming.* En nageant, à force de nager.

NAGÉE. *s. f.* Certain espace d'eau, qui se parcourt à la nage.

NAGEOIR. *s. m.* lat. *Balneum*, *natatio.* ang. *swimming place.* Lieu où l'on nage.

NAGEOIRE. *s. f.* lat. *Pinna.* angl. *the fin of a fish.* Partie du poisson qui est fait en forme d'aileron & qui lui sert à nager. Calebasse, ou vessie pleine de vent, qu'on se met sous les bras, pour apprendre à nager.

NAGER. *v. n.* lat. *Nare*, *natare.* anglois. *to swim.* Se soutenir sur l'eau par le mouvement des bras & des jambes. *Nager* signifie aussi voguer, ramer, agiter les rames pour faire avancer le bateau. . . . On le dit encore des choses inanimées, qui par leur légéreté se tiennent au dessus de l'eau sans enfoncer.

NAGEUR. *s. masc.* lat. *Natator*, *urinator.* ang. *a swimmer.* Qui sçait bien nager.

NAGUERE, *ou* Naguères. *adv.* lat. *Nuper.* ang. *newly*, *not long ago.* Il y a peu de tems.

NAHER. *s. m.* Noble Indien.

## N A I

NAÏADES. *s. f. pl.* lat. *Naiades.* ang. *naides.* Nymphes imaginaires ou divinités que les anciens Payens croïoient présider aux fontaines, rivières, &c. ou y resider. Les *Peintres* pour donner dans cette superstition, les ont représentées comme de fort belles filles, dont les cheveux étoient comme du cristal, la tête ornée de guirlandes ou de couronnes de cressons d'eau entrelassées de feuilles rouges, les bras & les jambes nues & faisant couler l'eau d'un vase, &c.

NAÏF, ive. *adj.* lat. *Sincerus*, *ingenuus.* ang. *genuine*, *native.* Vrai, sincere, ressemblant, naturel, sans fard, sans artifice. Trop ingenu.

NAIN, NAINE. *s. m.* & *f.* lat. *Pumilio*, *nanus.* ang. *a dwarf*, *a shrimp.* Qui est de taille excessivement petite. Arbres *nains* sont ceux qu'on éleve en buisson.

NAIN-LONDRINS. *s. masc. pl.* Draps fins d'Angleterre, tous fabriqués de laine d'Espagne.

NAÏPE. *s. m.* Juge de village. Bailli de village chez les Turcs.

NAIRE. *voy.* Naher.

NAISER, Naisuir. *voy.* Rouir, Routoir.

NAISSANCE. *s. f.* lat. *Ortus.* ang. *birth*, *nativity.* Commencement d'être, venuë au monde; sortie du ventre de la mère. *Naissance* de voute, c'est le commencement de la curvité d'une voute.

NAISSANT, ante. *adj.* lat. *Nascens*, *oriens.* ang. *growing*, *newly born.* Qui commence à venir au monde, ou à paroître. Il se dit, en termes de *Blason*, d'un lion ou de tout autre animal qui montre seulement la tête, les épaules, les pieds & jambes de devant avec le bout de la queuë.

NAITRE. *v. n.* lat. *Nasci*, *oriri.* ang. *to be born.* Venir au monde; commencer à paroitre au jour. Causer, produire.

NAÏVEMENT. *adverb.* lat. *Candidè.* ang. *plainly.* D'une manière naïve.

NAÏVETÉ. *s. f.* lat. *Ingenuitas*, *animi candor.* ang. *ingenuousness.* Pensée, expression naturelle, aisée; vérité dite simplement sans artifice.

## N A L

NALUGN. *s. m.* Arbrisseau baccifére, qui croît au Malabar, & fleurit deux fois l'an. Sa racine prise en décoction calme les coliques.

## N A N

NANCELLE. *voy.* Nacelle.

NANDI-ERVATAM. *s. m.* Petit arbrisseau des Indes Orientales dont toutes les parties rendent un suc laiteux, qui mêlé avec l'huile, guérit les maux d'yeux. Sa racine machée calme le mal de dents.

NANNA. *s. f.* Plante qui produit un fruit ressemblant à l'artichaut & dont la substance est semblable à celle d'une poire fort succulente. Elle croît en Amérique.

NANQUI. *s. m.* Demi-scrupule de la dragme d'Europe.

NANTIR. *v. act.* lat. *Creditori pignus dare.* ang. *to insure.* Donner des assurances pour le payement d'une dette, soit en meubles, effets ou autre nature de biens. Se faire inscrire dans un regître public pour avoir hypotheque sur les biens d'un débiteur. *Nantir* signifie aussi, payer ou consigner. *Se nantir* c'est se garnir, se pourvoir de quelque chose par précaution.

NANTISSEMENT. *s. mas.* lat. *Pigneratio*, *pignus.* ang. *security.* Sûreté, gage que donne un débiteur à son créancier en meubles, ou autres effets pour le payement de son dû. Ce *nantissement* est permis lorsque le gage est proportionnel à la valeur de la dette.

NANTOISE. *s. fem.* Cape dont les femmes se

couvrent tout le corps, quand elles sont en deshabillé.

NAO

NAON. *s. m.* Portion du temple des Grecs, où se mettoient les fidéles.

NAOS. *s. m.* Galion ou grand vaisseau Portugais.

NAP

NAPÉES. *s. f. pl.* lat. *Napææ.* ang. *napææ.* Nymphes des bois, montagnes, *&c.* que les Payens adoroient & croyoient présider aux forets & aux collines. Les *Peintres* les représentent avec une contenance agréable, couvertes de manteaux verds & une ceinture au milieu du corps, la tête ornée ou couronnée de guirlandes faites de chevre-feuilles, de roses, de thyms, *&c.* & ramassant des fleurs pour faire des guirlandes, ou dansant ensemble pour se réjouir.

NAPEL. *s. m.* Plante qui est un fort grand poison.... Sorte de souris qui vit de Napel.

NAPHE. *voy.* Nasse.

NAPHTE. *s. m.* lat. *Naphta.* ang. *naphtha or naphta.* Espéce de pétrole ou d'huile de roche qui se trouve en différentes parties du monde, qui est tantôt d'une couleur & tantôt d'une autre, selon la nature du roc ou du sol qui le produit. Il est quelquefois moins liquide & toujours très-inflammable, sulphureux & visqueux. Quelques-uns l'appellent Bitume ou poix. Il en vient une grande quantité dans certaines sources qui sont auprès de la ville de *Hit* en *Chaldée.* Les *Turcs* appellent le *Naphte* mastic noir pour le distinguer de la poix. On en trouve en plusieurs endroits de l'*Europe* comme en *Italie*, en *France*, &c. Mais il est fort différent de celui du Levant. S'il vient à s'allumer, il est difficile de l'éteindre; parce que l'eau en rend le feu plus ardent. La seule chaleur du soleil suffit pour l'allumer, lorsqu'on l'a mis en poudre & exposé à l'air.

NAPPE. *s. f.* lat. *Mappa.* ang. *cloth, table-cloth.* Linge qu'on étend sur un Autel pour célébrer la Messe, ou sur une table pour y faire quelque repas. Une *nappe* d'eau est une cascade.

NAQ

NAQUE-MOUCHE. *s. m.* Petit animal fort joli, qu'on voit dans l'isle Mévis. Il semble couvert de brocard d'or & d'argent avec un mêlange de verd & d'autres belles couleurs. Il chasse aux mouches avec tant d'agilité qu'on diroit qu'il vole. Il prend la couleur de la place où il se repose, comme le caméléon.

NAQUETER. *v. n.* lat. *Colere serviliter.* ang. *to wait.* Suivre quelqu'un, ou lui faire sa cour servilement.

NAR

NARCISSE. *s. m.* lat. & ang. *narcissus.* Dans l'*histoire des Payens* éoit fils du fleuve *Cephise* & de *Liriope.* On dit que c'étoit un jeune homme d'une beauté extraordinaire & qu'il méprisa la Nymphe *Echo* qui l'aimoit; & qu'ensuite en se mirant dans une fontaine, il devint amoureux de lui-même & que cette passion l'ayant consumé il fut métamorphosé en une fleur qu'on nomme *Narcisse*, dont il y a deux espéces, l'un blanc & l'autre jaune. lat. *Narcissus.* anglois. *daffodil.*

NARCISSITE. *s. f.* Pierre figurée, qui représente la fleur du narcisse par sa couleur & par sa transparence.

NARCOTIQUE. *adj.* lat. *Narcoticus.* angl. *narcotick.* Remède qui excite l'assoupissement & calme les esprits.

NARD. *s. m.* Grande Lavande, Aspic, nard d'Italie, nard bâtard mâle.... *nard bâtard femelle:* petite Lavande.... *nard celtique:* latin. *Saliuncula.... Nard des Indes:* ou spicanard.... *nard sauvage:* asarum ou cabaret.... *nard:* étoit chez les anciens une composition odorante, un parfum précieux.

NAREGAM. *s. m.* Nom commun à deux espéces de limons Indiens.

NARGUE. *adv.* lat. *Vah!* ang. *a fig for.* Terme de dépit, injurieux & méprisant. *Nargue* de vous, c'est peste de vous.

NARHVAL. *s. m.* Gros poisson de Groënlande, duquel on tire de l'huile & une espèce d'ivoire.

NARINE. *s. f.* lat. *Naris.* ang. *nostril.* Cavité du nés par où l'air entre & sort continuellement, & qui sert à recevoir les odeurs & à laisser écouler la pituite laquelle se sépare dans les sinus de la base du crâne.

NARQUOIS. *s. m.* lat. *Astutus.* ang. *a sharper.* Filoux adroit & rusé qui trompe les autres.

NARRATEUR. *s. mas.* lat. *Narrator.* angl. *relater, teller.* Celui qui narre, qui raconte.

NARRATIF, ive. *adj.* lat. *Narrativus.* ang. *narrative.* Qui appartient à la narration.

NARRATION. *s. f.* lat. *Narratio.* ang. *narration, account.* Narré; récit; déduction d'un fait, récit d'une histoire telle qu'elle est arrivée. Dans le *poëme épique*, c'est la partie principale où sont représentées les passions, les actions, *&c.* des principaux acteurs & accompagnées de tous les ornemens de l'art. Pour les rendre plus amusantes on y introduit de fréquentes excursions & épisodes.

NARRÉ. *s. m.* lat. *Narratio.* ang. *a narrative, a recital.* Discours par lequel on narre; récit familier de quelque fait, ou avanture.

NARRER. *v. act.* lat. *Narrare.* ang. *to relate, tell, report.* Faire un récit, une narration; raconter.

NARTHEX. *s. m.* Lieu des anciennes Eglises des Grecs, où se mettoient les cathécumenes, les Energuménes, & les Pénitens du 2d. & du 3e. rang. Il étoit en dehors de l'Eglise, tout proche de la porte.

NARWAL. *s. m.* Gros poisson des mers d'Islande, qui porte en sa partie antérieure une grande corne.

NAS

NASARD, Naseau, Nasiller. *voy.* Nazard, *&c.*

NASCALIES. *s. masc. pl.* Petits corps ronds qu'on fait de la même matière que les pessaires & qui servent à peu près aux mêmes usages.

NASI. *s. m.* Parmi les *Juifs* étoit le chef ou président du grand Sanhedrim, composé de 71. membres, qui lui rendoient de grands honneurs. Toute la compagnie ou assemblée se levoit lorsqu'il entroit dans le conseil & restoit debout jusques à ce qu'il les priât de s'asseoir. Ces *Nasi* & les souverains Prêtres ont été souvent déposés, vers la fin du gouvernement des *Juifs*, lorsque l'administration des affaires étoit arbitraire & dépendante de la volonté de ceux qui les avoient subjugués; avec cette seule différence, que lorsqu'on avoit deposé le souverain Prêtre, il conservoit toujours son titre & ses honneurs, sans remplir son emploi; au lieu que le *Nasi* deposé devenoit un simple particulier. De sorte que si l'un des deux venoit dans la suite à commettre quelque crime, le souverain Prêtre étoit obligé d'offrir un jeune bœuf; mais le *Nasi* n'offroit que ce qui convenoit à une personne privée. Les *Romains* étoient fort en usage de déposer tant le *Nasi* que le grand Prêtre, selon que leurs intérêts le demandoient. Les Rabins nous donnent le détail suivant du commencement & de la suite du Sanhedrim. *Moïse*, disent-ils, fut le premier *Nasi*. Après avoir expliqué la loi au peuple, on prétend qu'il fit 13. copies de la partie de cette loi qu'il avoit écrite de sa main & qu'il en distribua 12. aux 12. Tribus & déposa la 13e. dans l'Arche; mais il communiqua la loi orale à son successeur *Josué*, second *Nasi*, qui eut pour successeurs dans cet emploi les Juges, autant que l'État embrouillé des affaires dans ce tems-là pouvoit permettre au Sanhedrim d'agir. Ensuite le Roi fut le *Nasi* jusques au tems de la captivité. On croit qu'*Esdras* fut le premier *Nasi* après le retour de la captivité de *Babylone*, que *Simon le juste* lui succéda & ainsi de suite jusques après la destruction de *Jerusalem* par les *Romains*.

NASITORT. *voy.* Cresson.

NASONNER. *voy.* Naziller ou Nazonner.

NASSE. *s. f.* lat. *Nassa*, *rete.* ang. *a bow-net.* Filet propre à prendre du poisson. Piéges qu'on dresse à quelqu'un pour le tromper.

NASSELLE. *voy.* Nacelle.

NASSIP. *s. masc.* Nom que les *Mahométans* donnent au destin, qui se trouve, selon eux, dans un livre écrit au Ciel, & qui contient la bonne & la mauvaise fortune de tous les hommes, qu'ils ne peuvent éviter, en quelque manière que ce soit, dépendant d'un décret irrévocable.

NASTURCE. *voy.* Cresson.

## N A T

NATAL, ale. *adj.* lat. *Natalis.* ang. *native.* Se dit du tems, ou du lieu de la naissance.

NATES. *s. f. pl.* (Anat.) Protubérances orbiculaires du cerveau.

NATIF, ive. *adj.* lat. *Natus*, *ortus.* ang. *born*, *native.* Se dit des personnes considerées en tant qu'elles ont pris leur origine, ou leur naissance en un certain lieu.

NATION. *s. f.* lat. *Natio*, *gens.* ang. *nation or people.* Grand peuple qui habite une certaine étenduë de terre, renfermée en certaines limites ou sous une même domination.

NATIONAL, ale. *adj.* lat. *Gentilis*, *nationalis.* angl. *national.* Qui concerne toute une nation. Partial, prévenu pour sa propre nation.

NATIVITAIRES. *s. m. pl.* Nom qu'on a donné à ceux qui enseignoient que la naissance divine de J. C. avoit eu un commencement. Ils reconnoissoient l'éternité de son être, mais non pas de sa filiation.

NATIVITÉ. *s. f.* lát. *Natalis dies*, *nativitas.* ang. *nativity*, *birth.* Jour de la naissance. Chez les *Astrologues* c'est l'horoscope, theme ou figure céleste: la disposition des étoiles & des planétes au point de la naissance d'une personne. Dans l'Eglise *Greque* & *Romaine* il y a deux fêtes sous ce nom, sçavoir celle de la *Nativité* de J. C. qui est aussi célebrée par le commun des Protestans le 25. de *Décembre* & qui est fort ancienne dans l'Eglise. L'autre fête est celle de la Ste. Vierge que les Protestans ne célebrent point du tout. Le Pape *Sergius* I. vers l'an 690. institua cette fête à l'honneur de la *Nativité* de la bienheureuse Vierge, mais elle ne fut reçuë généralement en *France* & en *Allemagne* que vers l'an 1000. Les *Grecs* & les Chrétiens d'Orient ne l'ont célebrée que dans le 12e. siécle; mais à présent ils en font une grande solemnité.

NATRIX. *s. m.* Serpent aquatique.

NATRON. *s. m.* Espèce de sel noir & grisâtre qui vient d'un lac d'eau morte minerale, en Egypte, dans laquelle eau tous les os & pierres mal cuites se convertissent en nitre.

NATTA. *s. m.* (Médecine.) Espèce de tumeur.

NATTE. *s. f.* lat. *Matta*, *storea.* ang. *a mat.* Tissu plat fait de trois brins de paille battuë, & tortillée ensemble.

NATTER. *v. act.* lat. *Mattâ sternere.* angl. *to mat.* Tapisser, couvrir une muraille de natte. Mettre, tresser une chose en natte.

NATTIER. *s. m.* lat. *Storearum textor*, *propola.* ang. *a mat-maker.* Ouvrier qui fait & vend de la natte.

NATURALISATION. *s. f.* Acte par lequel quelqu'un est naturalisé. Droits qui en résultent. lat. *Jus civitatis.* ang. *naturalization.*

NATURALISER. *v. act.* lat. *Peregrinum civitate donare.* ang. *to naturalize.* Accorder à un étranger les privileges des habitans naturels d'un païs.

NATURALISME. *s. m.* Religion naturelle. Sistême de religion où l'on donne tout à la nature.

NATURALISTE. *s. m.* lat. *Naturæ indagator.* ang. *naturalist.* Celui qui a bien étudié la nature, qui connoit les êtres naturels, sur tout ce qui regarde les métaux, minéraux, pierreries, vegetaux & animaux.... Celui qui pour toute religion, écoute & suit la nature.

NATURALITÉ. *s. f.* Lettres de *naturalité* sont des lettres que des étrangers obtiennent en chancelerie pour jouir des privileges des habitans

tans naturels. lat. *Jus civitatis alienæ.* anglois. *a charter of naturalization.*

NATURE. *s. f.* lat. *Natura.* ang. *nature.* Ce mot a beaucoup de significations ; mais en général on le prend pour tout l'assemblage des êtres créés ; & pour l'ordre, le cours, la succession reglée de la matière & des causes secondes, selon les diverses loix que le Créateur leur a imposées. Les divines Écritures nous apprennent que la *nature* divine s'est unie à la *nature* humaine & que J. C. nous a fait participans de la *nature* divine. Agir contre la *nature*, dans le langage de l'Écriture, c'est agir contre les loix établies par le Créateur pour la propagation du genre humain : *nature* signifie aussi les parties des animaux qui servent à la génération. *Nature* signifie quelquefois la naissance d'une personne, comme *nous qui sommes Juifs par nature*, &c. Il signifie quelquefois l'instinct, l'inclination, ou la lumière que Dieu a donné à tous les hommes dans leur création. Les *loix de nature*, dans la *morale*, sont les loix générales & universelles que tous les hommes sont obligés de suivre & qui sont gravées dans l'esprit de tout homme raisonnable ; en sorte qu'on ne peut pas s'excuser lorsqu'on agit contre ces loix.

NATUREL, elle. *adj.* lat. *Physicus, nativus.* ang. *natural.* Qui concerne la nature ; qui appartient à la nature ; qui vient d'un principe de nature ; qui est conforme à l'ordre & au cours ordinaire de la nature. Qui n'est ni contrefait, ni artificiel, ni deguisé. Qui est vrai. Les *enfans naturels* sont ceux qui ne sont point nés en légitime mariage. *Concret naturel* en *philosophie* signifie un corps composé de différens principes mêlés ensemble. *Fonctions naturelles* sont les actions par lesquelles ce qui entre dans nos corps est changé, en sorte qu'il devient partie du corps. *Histoire naturelle* est la description des productions de la terre, de l'air, de l'eau, &c. dans un Royaume ou païs particulier. *Inclinations naturelles* sont les mouvemens ou tendances de notre ame vers quelque objet, ou les desirs excités par quelque objet extérieur. *Philosophie naturelle* est la connoissance ou étude des propriétés des corps naturels, par rapport à leur mouvement, à leur génération ou autres propriétés ; & c'est ce qu'on appelle aussi Physique.

NATURELLEMENT. *adv.* lat. *Commodè.* ang. *naturally.* Sans effort. Ordinairement. Selon le cours ordinaire de la nature.

## N A V

NAU, *ou* Noc. *s. m.* Grande piéce de bois creuse, dont on se sert pour faire l'égoût des étangs, & où on place la bonde avec un chapeau.

NAVAL, ale. *adj.* lat. *Navalis, nauticus.* ang. *naval.* Qui concerne les navires, la marine. *Couronne navale* parmi les *Romains* étoit une couronne d'or ou d'argent qui avoit la figure de l'éperon d'un vaisseau, & que l'on présentoit à ceux qui dans une expédition maritime étoient entrés les premiers à bord des vaisseaux ennemis.

NAUCHER. *voy.* Nocher.

NAVEAU, *ou* Navet. *s. mas.* lat. *Napus, bunias.* ang. *turnep.* C'est une espèce de rave oblongue.

NAVÉE. *s. f.* lat. *Navis onus.* ang. *a ship-full.* Charge d'un bateau.

NAVET. *voy.* Naveau .... en termes de *Fleuriste*, il se dit de la racine de toutes sortes de plantes.

NAVETTE. *s. f.* lat. *Napi semen.* ang. *rape, wild turnep.* Petite graine qu'on donne aux Linotes & à quelques autres oiseaux. C'est aussi un outil de Tisserand, qui lui sert à passer les fils de la toile transversalement sur son métier. lat. *Radius.* ang. *a weaver's shuttle.* C'est encore un petit vaisseau qui sert à l'Autel pour y mettre l'encens. lat. *Cymbium.* ang. *the navet.*

NAUFRAGE. *s. m.* lat. *Naufragium.* angl. *wrack, shipwrack.* Rupture, fracassement ou perte d'un vaisseau arrivée par la tempête ou par le choc contre un rocher ou contre des bancs. Debris de fortune, renversement d'affaires.

NAUFRAGÉ, ée. *adject.* Qui a été gâté par l'eau de la mer dans un naufrage.

NAVICULAIRE. *s. m.* (Anat.) Os du pied ainsi appellé parce qu'il ressemble à un petit navire, d'où il tire aussi son nom grec de *Scaphoïde.*

NAVIGABLE. *adj.* lat. *Navigabilis.* anglois. *navigable.* Eau qui peut porter bateaux ou navires chargés & sur laquelle on peut naviger.

NAVIGATEUR. *s. m.* lat. *Navigator.* ang. *sailer, navigator.* Qui a fait des voyages de long cours sur mer & des découvertes de terres ; qui fait profession de naviger.

NAVIGATION. *s. f.* lat. *Navigatio.* anglois. *navigation, sailing.* Voyage qui se fait sur les mers, ou sur les rivières ou les lacs. C'est aussi une partie composée des mathématiques pratiques, qui applique l'arithmétique, la géométrie & l'astronomie à conduire un vaisseau d'un port à un autre, le plus promptement & le plus sûrement qu'il est possible, en calculant les différentes routes, ayant égard aux courans & autres obstacles, & observant souvent la latitude des différens endroits par où l'on passe successivement, pour mieux diriger sa route.

NAVIGEANT, ante. *adj.* lat. *Navigans.* ang. *sailing.* Qui navige actuellement.

NAVIGER, *ou* Naviguer. *v. act. & n.* lat. *Navigare.* anglois. *to sail, to navigate.* Faire route, faire des voyages par eau & sur tout sur la mer. Mener, conduire un vaisseau.

NAVIRE. *s. m.* lat. *Navis.* ang. *a ship.* Vaisseau de haut bord pour aller sur la mer avec des voiles. C'est aussi le nom d'un ordre de Chevalerie, appellé autrement l'ordre d'*Outremer* ou double croissant, qui fut institué par S. *Louis* en 1269, pour encourager les Seigneurs de *France* à entreprendre l'expédition de la *Terre Sainte.* Le collier de cet ordre étoit entrelacé de coquilles & de doubles croissans avec un navire qui pendoit au bout. On permit aussi aux Chevaliers de cet ordre de mettre au chef ou au cimier de l'écu de leurs Armes, un navire d'argent aux banderoles de *France*, sur un champ d'or. Le premier qui reçut cet ordre, fut S. *Louis* & ses trois fils & plusieurs autres Seigneurs qui l'accompagnerent dans ce voyage. Cet ordre ne dura gueres en *France*, après la mort de S. *Louis*: mais il fut fort illustre au Royaume de *Naples* & de *Sicile*; car *Charles* de *France* Comte d'*Anjou*, frère du Roi S. *Louis*, prit cet ordre pour lui & ses successeurs Rois de Naples, qui le retablirent en 1448, sous le nom de l'ordre du croissant.

NAULAGE, *ou* Naulis. *s. m.* lat. *Naulum.* ang. *freight.* Le fret ou le louage d'un vaisseau; le prix que payent les passagers au Maître d'un navire pour leur passage.

NAULISER. *v. act.* Fretter un vaisseau.

NAUMACHIE. *s. f.* lat. & ang. *Naumachia.* Lieu fort spacieux à Rome, creusé en forme de bassin & qu'on pouvoit remplir d'eau. Il avoit des bâtimens tout au tour, qui servoient de théatre aux spectateurs des combats qu'on y faisoit sur des vaisseaux pour imiter un combat naval... Combat naval. lat. *Naumachia.* ang. *naumachy.*

NAVRER. *v. act.* Blesser.

NAUSÉE. *s. f.* lat. & ang. *nausea.* En *Médecine*, est une envie de vomir qui vient de dégout, & de différens autres principes, dans un grand nombre de maladies.

NAUTILE. *s. m.* Poisson à coquille univalve, dans laquelle il nage comme dans un bateau, la conduisant comme un nautonier fait sa barque. On donne ce nom par extension à toutes les coquilles des limaçons de mer.

NAUTIQUE. *adj.* lat. *Nauticus.* ang. *nautical or nautick.* Qui a rapport à la mer ou à la marine.

NAUTONIER. *s. m.* lat. *Nauta.* angl. *a sailer, a mariner.* Matelot, marinier; celui qui conduit, ou aide à conduire une barque, un navire.

## N A Z

NAZAL. *s. m.* (Blason.) Partie supérieure de l'ouverture d'un casque, qui tomboit sur le nés du Chevalier, quand il l'abaissoit.

NAZARD. *s. m.* C'est un des jeux de l'orgue, dont les tuyaux sont de plomb & d'environ 5 ou 6. pieds. *Nazard* ou *Nazillard* se dit aussi d'une personne qui parle du nés. lat. *Nasiloquus.* ang. *that speaks through the nose.*

NAZARDE. *s. f.* lat. *Incussum naso talitrum.* ang. *a fillip, or rap on the nose.* Chiquenaude que l'on donne au bout du nés.

NAZARDER. *v. act.* lat. *Incutere naso talitrum.* ang. *to jeer, to banter.* Donner des nazardes. Se moquer, se rire de quelqu'un.

NAZARÉAT. *s. m.* État, condition de Nazaréen.

NAZARÉEN. *s. m.* lat. *Nazaræus.* ang. *nazarite or nazarean.* Ce mot signifie quelquefois simplement celui qui est né à *Nazareth* ville de Juda; quelquefois c'est un nom de mépris & de dérision que les *Juifs* ont donné aux premiers Chrétiens & à J. C. On le prend aussi pour une secte d'hérétiques qui ont porté ce nom & d'autrefois pour une espèce d'ordre religieux parmi les *Juifs* où l'on s'obligeoit par vœu d'observer les regles des *Nazaréens.* Il y avoit des *Nazaréens* qui faisoient leur vœu pour toute leur vie, comme Samson & S. Jean Baptiste; & d'autres ne le faisoient que pour un certain tems. Enfin le nom de *Nazaréen* en quelques passages de la Ste Écriture indique un homme d'une distinction particulière & d'une grande dignité dans la cour de quelque Prince. La regle des *Nazaréens* parmi les *Anciens Juifs* consistoit à ne boire point de vin ni de liqueur forte, à ne point se faire couper les cheveux, à ne point entrer dans une maison qui fût souillée par la présence d'un corps mort, & à ne point assister aux funerailles. Si quelqu'un venoit à mourir par cas fortuit en leur présence, ils recommençoient toute la cérémonie de leur consécration, laquelle étoit ordinairement de huit jours & quelquefois d'un mois. Lorsque le tems de leur retraite ou séparation étoit accompli, le Prêtre les conduisoit à la porte du Temple, & offroit pour eux en holocauste un Agneau, en sacrifice d'expiation une Brebis, & en sacrifice de paix un Belier. On offroit aussi des pains & des gâteaux avec le vin nécessaire pour les libations. Après quoi le Prêtre ou quelque autre personne coupoit les cheveux du *Nazaréen* à la porte du Tabernacle & les jettoit au feu qui brûloit devant l'Autel. Ensuite le Prêtre mettoit entre les mains du *Nazaréen* une épaule du belier rotie avec un pain & un gâteau, & celui-ci les rendant au Prêtre, on les offroit au Seigneur en les élevant en présence du *Nazaréen.* Les *Nazaréens* perpetuels étoient consacrés dans leur enfance par leurs parens, & ils passoient toute leur vie sans boire du vin ou sans se couper les cheveux.

NAZE. *voy.* Nasse.

NAZEAU. *s. m.* lat. *Naris.* ang. *the nostril of a beast.* Ouverture du nés des animaux, particulièrement des chevaux, qui leur sert à la respiration.

NAZIÈRE. *s. f.* Lieu où l'on tend des Nazes ou Nasses, pour prendre du poisson.

NAZILLARD, arde. *adj.* lat. *Nasiloquus.* ang. *that speaks through the nose.* Qui parle du nés.

NAZILLER. *v. n.* lat. *Naso verba emittere.* ang. *to snuffle, to speak through the nose.* Parler du nés.

NAZILLEUR. *s. m.* Qui parle du nés. *voy.* Nazillard.

NAZIR. *s. m.* Cour souveraine en Perse.

NAZONNER. *voy.* Naziller.

## N E A

NÉANT. *s. mas.* lat. *Nihil, nihilum.* angl. *nothing.* Ce qui n'est point; ce qui n'est rien; privation de l'être. Vil, méprisable.

NÉANTMOINS, *ou* Néanmoins. *adv.* latin.

*Nihilominùs.* ang. *nevertheless.* Toutefois, cependant.

N E B

NÉBULÉ. *adj.* ( Blason. ) Qui a la forme de nue.

NÉBULEUX, euse. *adject.* lat. *Nebulosus*, *nubilus.* anglois. *nebulous*, *cloudy*, *dark.* Ciel obscurci par les nuages. Étoiles *nébuleuses* sont celles qu'on ne peut qu'à peine découvrir avec les yeux. Elles paroissent comme des taches blanches ; mais on voit au telescope que ce sont des amas de plusieurs étoiles.

NÉBULOSITÉ. *s. fem.* Nuage, obscurcissement.

N E C

NÉCANÉES. *s. f. pl.* Toiles rayées de bleu & de blanc, des Indes Orientales.

NÉCESSAIRE. *adj.* lat. *Necessarius.* ang. *necessary.* Qui doit arriver certainement ; inévitable, indispensable, infaillible. Il se dit aussi de ce dont on a besoin, de ce qui est utile, ou dont on ne peut se passer qu'avec peine, ou qu'on est obligé de faire.

NÉCESSAIRE. *s. m.* Attirail *nécessaire* pour faire, pour servir & pour prendre du caffé, thé, chocolat.

NÉCESSAIREMENT. *adv.* lat. *Necessariò.* angl. *necessarily.* Infailliblement, inévitablement.

NÉCESSITANT, ante. *adj.* lat. *Necessitatem imponens.* ang. *necessitating.* Qui force, qui contraint, qui nécessite.

NÉCESSITÉ. *s. f.* lat. *Necessitas.* ang. *necessity*, *need*, *want.* Ce qui se fait par des causes nécessaires, & qu'on ne peut éviter ; puissance à laquelle on ne peut resister. Obligation, devoir, engagement, besoin de faire certaines choses, afin que certains effets en résultent. Besoin, disette, indigence, pauvreté, misère. C'est aussi une Déesse que les Payens adoroient comme la divinité la plus absolue & la plus souveraine, à qui même *Jupiter* obéit. *Nécessités* se dit à l'égard des fonctions naturelles, des besoins qu'on a de les soulager.

NÉCESSITÉ. ( de ) *adv.* Nécessairement.

NÉCESSITER. *v. act.* lat. *Cogere.* angl. *to necessitate*, *force*, *compel.* Contraindre, obliger, reduire à la nécessité de faire une chose.

NÉCESSITEUX, euse. *adj.* lat. *Inops.* ang. *needy*, *poor.* Indigent, qui est dans la misère, dans la disette, dans la pauvreté.

NÉCROLOGIE. *s. f. ou* Necrologe. *s. masc.* ang. *necrology.* Livre ou regitre que l'on conservoit anciennement dans les Eglises, Monastères, &c. & dans lequel étoit le nom des bienfacteurs, le tems de leur mort, & le jour de leur commémoration, &c.

NÉCROMANCE, *ou* Necromancie. *s. fem.* lat. *Necromantia.* ang. *necromancy.* Art réel ou prétendu par lequel on évoque les morts pour les consulter. Les *Payens* s'imaginoient qu'il n'y avoit que ceux qui avoient été enlevés, avant le tems, ou qui s'étoient tués eux-mêmes qui fussent sujets aux mystères de cet art, parce qu'ils croïoient que les ames de ces gens-là étoient logées, pour ainsi dire, sur les confins de ce monde, sans pouvoir arriver à la partie inférieure des ombres, où ils supposoient que les esprits ne pouvoient arriver s'ils n'étoient pas morts après l'âge viril & d'une mort naturelle, & si leurs corps n'avoient pas été enterrés avec les solemnités & funerailles ordinaires. Les Praticiens de cet art font souvent usage des veines d'un homme mort. Quelquefois ils versent du sang tout chaud sur le cadavre, pour se procurer une réponse. On prétend aussi qu'ils ont communication avec les Démons ou mauvais esprits, qui répondent à leurs questions, &c. Cet art s'applique encore aux enchantemens de toutes les espèces, par où ils prétendent donner des maladies ou les guérir, &c. sans emploier aucun agent naturel. Ils ont aussi beaucoup d'autres prétentions & illusions étranges qui dupent ceux qui pratiquent cet art & ceux qui font la sottise de l'admirer.

NÉCROMANTIEN. *s. m.* lat. *Magus*, *necromantes.* ang. *a necromancer.* Magicien qui communique avec le Diable & qui l'invoque pour faire des choses extraordinaires & sur-tout par l'apparition des morts.

NÉCROMANTIQUE. *adj.* lat. *Necromanticus.* ang. *necromantick.* Qui a rapport à la nécromantie.

NÉCROSE. *s. f.* ( Médec. ) *Necrosis.* Mortification entière de la chair de quelque partie.

NECTAR. *s. m.* lat. & ang. *nectar.* Breuvage des Dieux, suivant les fictions des poëtes, qui a la propriété non seulement d'être extrémement agréable au goût, mais de rendre immortel celui qui en boit, &c. Dans le *discours ordinaire* on appelle *nectar* un vin excellent.

NÉCUNE. *s. f.* Monnoie des Indes Orientales 30. Nécunes font 420. piastres d'Espagne.

N E D

NEDUM-SCHETTI. *s. m.* Arbrisseau baccifére des Indes Orientales. Bouilli dans de l'huile, il donne un onguent, qu'on dit être bon dans les maladies prurigineuses.

N E F

NEF. *s. f.* Signifioit autrefois navire. C'est aujourd'hui la plus grande partie d'une Eglise, où se place le peuple, qui est depuis la croisée, le jubé ou le balustre du chœur, jusqu'à la porte de l'Eglise. lat. *Pronaos*, *pronaon.* angl. *the nave or body of the church* .... Moulin à *nef :* celui qui est construit sur un bateau.

NEFASTE. *adject.* lat. & ang. *nefastus.* Les *Romains* appelloient jours *nefastes* ceux où il n'étoit pas permis d'agir en justice.

NEFFLE. *s. f.* lat. *Mespilum.* ang. *medlar.* Fruit rond & qui a cinq noyaux fort durs.

NEFFLIER. *s. m.* lat. *Mespilus.* ang. *the medlar-tree.* Arbre qui porte des neffles.

N E G

NÉGATEUR. *s. masc.* S'est dit autrefois de

ceux, qui par la violence des tourmens renonçoient au christianisme.

NÉGATIF, ive. *adj.* lat. *Negativus.* angl. *negative.* Terme qui nie quelque chose. proposition qui nie ce qu'une autre affirme. En *Algébre* les quantités *negatives* sont celles qui sont précedées du signe de la soustraction.

NÉGATION. *s. f.* lat. *Negatio.* ang. *negation.* Action par laquelle on nie, on conteste la vérité d'une chose. C'est aussi l'absence d'une qualité dans un sujet qui n'en est pas capable.

NÉGATIVE. *s. f.* lat. *Negatio.* ang. *the negative.* Refus, air rebutant. Particule qui nie.

NÉGATIVEMENT. *adv.* lat. *Negativè.* ang. *negatively.* D'une manière qui nie, qui refuse.

NÉGER. *voy.* Neiger.

NEGINOTH. *s. m.* On lit ce terme au commencement de quelques Pseaumes. Il signifie un instrument de musique à cordes, que l'on jouoit en le pinçant avec les doigts.

NÉGLIGEMMENT. *adv.* lat. *Negligenter.* ang. *negligently.* Sans soin, sans application.

NÉGLIGENCE. *s. f.* lat. *Negligentia.* angl. *negligence.* Nonchalance; manque de soin, d'application.

NÉGLIGENT, ente. *adject.* lat. *Negligens.* ang. *negligent.* Paresseux, qui n'a point de soin de ses affaires.

NÉGLIGER. *v. act.* lat. *Negligere.* angl. *to neglect.* Manquer de soin; ne se point soucier; mépriser.

NÉGOCE. *s. m.* lat. *Negotiatio.* ang. *trade, traffick.* Trafic, ou commerce, soit en argent, soit en marchandises.

NÉGOCIABLE. *adj.* Qu'on peut négocier.

NÉGOCIANT. *s. m.* lat. *Negotiator.* angl. *a dealer or merchant.* Marchand ou Banquier qui fait le négoce.

NÉGOCIATEUR. *s. m.* lat. *Negotii administrator.* angl. *negociator.* Celui qui négocie, qui conduit quelque affaire, quelque intrigue.

NÉGOCIATION. *s. f.* lat. *Cambium.* angl. *negotiation.* Change & rechange de billets qui se fait sur la place du change. *Négociation* se dit principalement des grandes affaires, & signifie l'intrigue, l'adresse qu'on a de se conduire pour conclure des traités; former des ligues, &c.

NÉGŒIL. *s. m.* *Melanurus.* Poisson de mer ayant la queuë marquée de taches fort noires, d'où il a tiré son nom latin.

NÉGOTIER. *v. act.* & *n.* latin. *Negotiari, mercari.* ang. *to trade or deal.* Faire le négoce. Traiter une affaire, soit entre les particuliers, soit au nom des Princes. lat. *Negotium administrare.* ang. *to negotiate.*

NÉGRE. *s. m.* Poisson d'Amérique, ainsi appellé, parce qu'il a la tête fort noire. Il ressemble à la tanche & est d'un fort bon goût.

NÉGRERIE. *s. fem.* Lieu où les marchands gardent les Nègres qu'ils veulent vendre.

NÈGRES. *s. m. pl.* lat. *Negritæ.* angl. *negroes.* Peuple d'*Afrique* dont le païs, qu'on nomme *Nigritie*, s'étend des deux côtés du fleuve *Niger*, entre le *Zaara* & la *Guinée*. Le *Zaara* le borne vers le Nord & la *Guinée* vers le Sud. Il a l'Ocean *Atlantique* à l'Ouest. Il contient 14. Royaumes. Ceux qui habitent le long de la côte de l'Ocean, se sont un peu civilisés depuis que les *Portugais* ont commercé avec eux & plusieurs même ont embrassé le christianisme. Mais ceux qui demeurent au-dedans du païs sont farouches & brutaux. Ils se font continuellement la guerre; tous les prisonniers qu'ils peuvent faire sur leurs ennemis, hommes, femmes & enfans, sont vendus aux autres *Africains*, aux *Arabes* & aux *Portugais*. Ils ne sement ni blé, ni orge; mais seulement du millet; leur principale nourriture est de certaines racines, qu'ils appellent *Guames* & d'une espèce de chataignes qu'ils nomment *Gores*. Ils ont aussi des pois d'une grosseur extraordinaire & bigarrés de diverses couleurs & de grosses féves d'un rouge vif & éclatant. Les inondations du fleuve *Niger* occasionnent plusieurs lacs qui sont environnés de bois pleins d'Élephans. Il n'y a point de vignes dans tout le païs & par conséquent de vin; mais on y fait une liqueur que l'on tire de certains palmiers en donnant deux ou trois coups de coignée sur le tronc & mettant des calebasses dessous pour la recevoir. Cette liqueur est douce le premier jour qu'on la recueille; mais deux ou trois jours après elle devient plus forte. Elle ne se garde pas long tems; car au bout de quinze jours elle s'aigrit. Ce peuple est noir & à la chevelure fort courte; on les appelle communément *Mores* ou *Noirs*. Les Esclaves qu'on y achete sont transportés dans les colonies *Angloises*, *Hollandoises*, *Françoises* & *Espagnoles* pour travailler aux mines & faire les autres travaux des esclaves.

NÈGRES CARTES. *s. f. pl.* Emeraudes brutes de la première couleur.

NÉGRIER. *adj.* Se dit des navires qui servent à la traite des nègres.

NÉGRILLO. *s. m.* Minéral noir & assés semblable au mâchefer. On le trouve dans quelques mines d'argent du Chilli.

NÉGRILLON, onne. *s. m.* & *f.* Négre de l'un & l'autre sexe, qui n'a pas passé 10. ans.

NÉGROMANCE, Négromantien. *voy.* Nécromance, Nécromantien.

NÉGUNDO. *s. m.* Arbre des Indes, mâle & femelle. Les feuilles du premier sont faites comme celles du sureau, celles de l'autre sont semblables à celles du peuplier blanc. Les unes & les autres ont le goût & l'odeur de la sauge. Leurs fleurs approchent de celles du romarin, & il leur succéde des fruits semblables au poivre noir. On attribue à cet arbre un grand nombre de vertus.

NEGUS. (Le grand.) *s. m.* L'Empereur des Abyssins appellé autrement Prete-Jean.

## N E I

NEIGE. *s. f.* lat. *Nix.* ang. *snow.* Méteore engendré dans l'air par le froid & l'humidité & qui se rend sensible à nos yeux par de menus floccons de glace fort minces & larges, d'une couleur excessivement blanche, & d'une substance poreuse.

NEIGER. *v. imperf.* lat. *Ningere.* anglois: *to snow.* Se dit quand il tombe de la neige.

NEIGEUX, euse. *adj.* lat. *Nivosus, nivalis.* ang. *snowy.* Qui est couvert de neiges .... Nuageux.

N E K

NEKIR, *ou* NEKER. *f. m.* Nom de l'un des Anges inquisiteurs, qui examinent le mort dans le sépulcre, selon la doctrine de *Mahomet.* Il a debité que les ames & les corps sont dans leurs sépulcres, jusqu'au jour du jugement, & que d'abord après la sépulture, l'Ange *Munkir*, armé d'une pesante massuë, avec un autre nommé *Nekir*, se présente aux morts, & leur fait ces quatre demandes; 1. Qui est ton Dieu? 2. Qui est ton Prophéte? 3. Quelle est ta Créance? 4. Quel est le lieu de ta Dévotion? Ceux qui ont fait constamment profession de la religion *Mahometane*, ont permission de reposer tranquillement & de voir par une petite fenêtre ce que l'on fait dans le Ciel. Mais ceux qui meurent hors de la foi, prennent l'Ange pour un Dieu à cause de son extrême grandeur & l'adorent; ce qui leur attire un coup de massuë, & les fait renfermer dans leurs sépulcres, sans qu'ils voyent ce qui se passe dehors.

N E L

NELLE. *voy.* Nille. Article second.

N E M

NEMBROSI. *f. m.* Espèce de safran, qui croît en Egypte.

NÉMÉENS. *f. m. pl.* lat. *Nemæi ludi.* angl. *nemean games.* Les jeux *néméens* sont des divertissemens solemnels, des exercices ou des jeux, institués à l'honneur d'*Hercule.* Ils consistoient en courses de chevaux & de gens à pieds, en combats du ceste, jeux du palet, de la lutte, de la lance, &c. La récompense du victorieux, ou du plus habile étoit au commencement une couronne d'olivier & ensuite de persil ou ache.

NÉMÉONIQUE. *f. m.* Vainqueur dans les jeux néméens.

NEMESIS. *f. fem.* Déesse payenne qui étoit selon quelques-uns, fille de *Jupiter* & de la *nécessité*, & selon les autres, de l'*Ocean* & de la *nuit.* Elle avoit soin de vanger les crimes que la justice humaine laissoit impunis. On la nommoit aussi *Adrastée* & *Rhamnusie.*

NEMINE CONTRADICENTE. Phrase introduite dans la cour du Parlement d'*Angleterre* & en plusieurs autres endroits, pour marquer l'unanimité des suffrages, personne ne s'opposant à ce qui est proposé.

NÉMORAL. *f. m. ou* Némorales. *f. f. pl.* Sacrifice ou fête qui se faisoit dans les forêts à l'honneur de Diane.

N E N

NÉNIE. *f. f.* Espèce de vers qu'on chantoit aux obsèques des morts. Des femmes louées à ce dessein régloient par le son de leurs flutes & autres instrumens la voix des chanteurs, & donnoient aussi le signal à ceux qui accompagnoient le deuil de se frapper la poitrine, comme si eux ou ceux qu'ils représentoient, ressentoient une grande douleur de la mort de leurs parens ou de leurs amis. C'est aussi le nom d'une Déesse des anciens Romains, à qui ils bâtirent un Temple, hors de la ville vers la porte appellée viminalis, croyant qu'elle présidoit aux funérailles. lat. *Nenia.* ang. *nænia.*

NÉNUPHAR. *f. m.* Plante Aquatique, autrement appellée *blanc d'eau* ou *lis d'étang.* Ses feuilles ont la forme d'un fer de cheval. Ses fleurs sont blanches ou jaunes. La racine du *Nénuphar* blanc est fort adoucissante. On fait avec ses fleurs un sirop un peu somnifére.

N E O

NÉOCORES. *f. m. pl.* Étoient chés les Grecs ce que sont chés nous les sacristains.

NÉOGRAPHE. *f. m.* Qui orthographie d'une manière nouvelle & contraire à l'usage établi. ang. *a neographer.*

NÉOGRAPHISME. *f. m.* Nouvelle manière d'écrire les mots, en s'écartant de l'usage reçû. ang. *neography.*

NÉOLOGIQUE. *adj.* Qui concerne les mots nouveaux, les expressions hazardées, les phrases extraordinaires. ang. *neologick.*

NÉOLOGISME. *f. m.* Recherche d'expressions nouvelles. ang. *neologism.*

NÉOLOGUE. *f. m.* Qui affecte des expressions recherchées, un langage nouveau. angl. *neologist.*

NÉOMENIE. *f. fem.* lat. & angl. *neomenia.* Nouvelle lune, ou commencement du mois lunaire. Les *Juifs* ont toujours fait ce jour-là une grande fête. C'étoit au Sanhedrim de déterminer & publier cette fête. Il envoyoit deux hommes, qui revenoient avertir le Sanhedrim sitôt qu'ils avoient découvert la lune & sur leur rapport, on faisoit publier que le mois étoit commencé ce jour-là. Mais depuis la ruine du Temple, on imprime tous les ans un Almanac ou éphemeride, qui leur apprend les nouvelles & pleines lunes, les quatre saisons de l'année, les différentes fêtes, &c.

NÉOPHYTE. *f. m. & f.* lat. *Neophytus.* ang. *a neophyte.* On a appellé ainsi dans la *primitive Église* ceux qui venoient de quitter le Judaisme & le Paganisme pour embrasser la foi de l'Evangile. De-là vient qu'on a aussi donné ce nom aux Novices dans les monastères. *Neophyte* signifie proprement nouvelle plante, ou celle qui n'est pas encore dans sa perfection.

NÉOTÉRIQUE. *adj.* ang. *neoterick.* Nouveau, moderne.

N E P

NÉPENTHÈS. *f. m.* Il n'y a presque rien de plus célebre que le *Népenthès* d'*Homere* ni rien de plus inconnu. Quelques-uns ont crû que c'étoit la plante appellée *Helenium*, qu'*Helene* s'en servit pour charmer la mélancolie de ses hôtes. *Pline* lui attribuë cette qualité, lorsqu'on la prend avec du vin. Il y en a qui se sont persuadés que ce *Népenthès* étoit une fiction ingénieuse d'*Homere* & qui veulent que ce ne soit autre chose que les agréables discours dont *Helene* assaisonnoit le vin & les mets de la table & par lesquels elle charmoit l'ennui de ses hôtes. D'autres s'imaginent que c'étoit la buglose, le safran ou quelque autre plante réelle dont les vertus naturelles ont été fort exaggerées par l'imagination fertile du Poëte. On dit que l'Arec, que les *Arabes* appellent Faufel, inspire une gayeté si excessive, qu'elle va jusqu'à l'extravagance; ce qui fait que dans les païs du grand *Mogol* l'usage n'en est pas permis à tout le monde. L'herbe appellée Dutroa, fameuse dans l'*Amérique*, porte une graine assés semblable à celles des melons, qui étant mise dans du vin, cause une joie insensée à ceux qui en prennent, accompagnée d'un ris violent & continuel. D'autres plantes ont le pouvoir de rendre insensible aux coups, aux blessures, &c. pendant un tems; de sorte que ces plantes extraordinaires peuvent se nommer *Népenthès* & dans le stile de la *Médecine*, laudanum ou opium, &c. qui appaisent les douleurs, &c.

NEPETA. *s. m.* Herbe aux chats, ainsi appellée, parce que les chats en mangent, & aiment à se rouler dessus.

NÉPHALIES. *s. f. pl.* lat. & ang. *nephalia.* Fêtes ou sacrifices de sobrieté en usage chez les *Grecs* où ils offroient de l'hydromel au lieu du vin. Les *Athéniens* offroient ces sacrifices au Soleil & à la Lune, aux Nymphes, à l'*Aurore* & à *Venus* & y brûloient toutes sortes de bois hormis ceux de la vigne, du figuier & du meurier; parce que ces arbres sont le symbole de l'yvresse.

NÉPHRÉTIQUE. *adj.* lat. *Nephreticus.* ang. *nephritick.* Maladie causée ordinairement par quelque pierre ou gravelle qui se forme dans les reins. Il se dit aussi de certains remédes propres pour les maladies des reins, de la vessie, &c. Comme aussi d'une pierre & d'un bois qu'on croit salutaires dans la colique *néphrétique* & dans plusieurs maladies des reins.... *s. m.* & *f.* Celui ou celle, qui est affligé de la colique *néphrétique.*

NÉPHRITE *ou Renale.* (Anat.) Se dit de la premiére vertébre des lombes.

NÉPOTISME. *s. m.* lat. *Nepotismus.* angl. *nepotism.* Autorité que les Neveux d'un Pape vivant ont dans l'administration des affaires. Il se dit aussi du soin que les Papes prenoient d'élever & d'enrichir leurs Neveux. Le népotisme est à présent aboli.

NEPTUNALES. *s. f. pl.* lat. & ang. *neptunalia.* Fêtes que les Romains célébroient en l'honneur de Neptune dant le mois de Juillet.

NEPTUNE. *s. m.* lat. *Neptunus.* ang. *neptune.* Parmi les *Anciens Payens* étoit le Dieu prétendu de la mer, fils de *Saturne* & d'*Ops*, & frère de *Jupiter* & de *Pluton*, il épousa *Amphitrite.* On dit qu'ayant été chassé du Ciel avec *Apollon*, pour avoir conspiré contre *Jupiter*, il bâtit les murailles de *Troye* & qu'il eut un différend avec *Minerve*, lui disputant l'honneur de donner le nom à la ville d'*Athènes*; où il fit naitre un cheval d'un coup de trident. C'est pour cette raison, que les anciens lui sacrifioient cet animal & que les *Romains* avoient institué les jeux *Circenses*, où l'on faisoit des courses de chevaux en l'honneur de *Neptune.* D'autres disent que *Neptune* étoit un Pirate, qui s'étoit rendu si redoutable sur la mer, qu'après sa mort on crut qu'il en étoit devenu le Dieu & qu'il dépendoit de lui de la troubler quand il vouloit. Les Peintres le représentent couvert d'un manteau bleu ou de couleur de la mer, garni d'argent, avec de longs cheveux, assis sur un chariot bleu, trainé par des poissons monstrueux, ou même assis sur le dos d'un Dauphin, tenant à la main un trident d'argent.

## N E R

NÉRÉE. *s. mas.* L'un des Dieux des mers. *Nereus.*

NÉREIDES. *s. f. pl.* lat. *Nereides.* ang. *nereids.* Cinquante divinités imaginaires qu'on croyoit habiter dans la mer. Elles étoient filles de *Neptune* par la Nymphe *Doris.* On voit leurs noms & leurs généalogies dans *Hesiode* Poëte *Grec.*

NERF. *s. m.* lat. *Nervus.* ang. *finew*, *nerve.* Corps long, fibreux, rond, blanc & poreux, qui transmet les esprits animaux, pour faire mouvoir les parties du corps & les rendre sensibles. On leur donne différens noms selon leur situation & l'endroit où ils aboutissent, ou selon leur fonction. Quelques Chirurgiens, fort mal à propos, disent qu'un nerf, un tendon & un ligament ne sont qu'une même chose. (Architect.) *voy.* Nervures.... (Botanique.) Fibres qui paroissent élevées sur les feuilles des plantes.... (Relieur.) Ficelles sur lesquelles sont cousus les feuillets d'un livre. (Figurément.) Force, vigueur.

NERGAL. *s. m.* Idole des *Samaritains* qui étoit représentée sous la figure d'un coq, & ordinairement en bois. On dit qu'elle représentoit le soleil & c'est pour cela qu'ils entretenoient un feu continuel devant cette idole.

NÉRINDE. *s. f.* Sorte de taffetas étroit & assés grossier, qui vient des Indes Orientales.

NÉRITA. *s. m.* Espèce de coquillages, qu'on trouve dans la mer, & qui ressemblent en figure & en grosseur aux limaçons terrestres.

NÉRITE. *s. f.* Coquillage univalve d'eau douce, ou fluviatile.

NÉROLY. (Essence de) *s. m.* Essence qui se trouve sur l'eau de fleur d'orange. Son nom vient de la Princesse Nerola, depuis Duchesse de Bracciane.

NÉRON. *s. m.* Tyran cruel.

NERPRUN. *s. masc.* Sorte d'épine dont les baies sont purgatives & propres à la teinture: lat. *Spina infectoria.* ang. *buck thorn.*

NERVAISON. *s. f.* lat. *Nervorum compli-*

*tatio.* ang. *aponeurosis.* En *Anatomie*, se dit du mêlange & de l'assemblage des nerfs, fibres, & ligamens, qui forment une espèce de corde ou tendon à la queuë des muscles.

NERVAL, ale. *adject.* Qui est bon pour les nerfs.

NERVER. *v. act.* lat. *Nervis firmare.* ang. *to cover with sinews.* Garnir de nerfs quelque chose pour la rendre plus ferme.

NERVEUX, euse. *adj.* lat. *Nervosus.* angl. *sinewy, nervous.* Qui a de bons nerfs, qui est fort & vigoureux. Il se dit aussi d'un discours solide & convaincant.... Le genre *nerveux*: les nerfs du corps humain pris collectivement.

NERVÈZE. *s. f.* Écrivain enflé & obscur, dont le nom a passé au stile qui a les mêmes défauts.

NERVURE. *s. f.* Art d'appliquer des nerfs. On le dit des nerfs mêmes, quand ils sont appliqués.... passepoil qu'on met sur les coutures des habits.

NERVURES. *s. f. pl.* lat. *Toreumata.* angl. *the mouldings of the chief arches of a vault.* En *Architecture* sont les moulures des arcs doubleaux & du contour des consoles.

## N E S

NÈS. *voy.* Nez.

NESROCH. *voy.* Nisroch.

NESTORIANISME. *s. m.* Hérésie des Nestoriens.

NESTORIENS. *s. m. pl.* lat. *Nestoriani.* ang. *nestorians.* Secte particulière de chrétiens qui suivent les erreurs de *Nestorius*, lequel fut pendant quelque tems Évêque de *Constantinople.* Il est représenté par la plûpart des Historiens Ecclésiastiques, comme un hérétique qui soutenoit que la Vierge *Marie* étoit la Mère de J. C. en tant qu'elle n'étoit pas la Mère de Dieu, parce qu'aucune nature humaine ne peut donner à un autre ce qu'elle n'a pas elle-même; il ajoutoit que Dieu étoit uni à J. C. sous une personne, mais qu'il restoit aussi distinct dans sa nature & son essence que s'il n'avoit jamais été uni. Que cette union n'avoit produit aucune altération dans la nature humaine, mais qu'elle étoit sujette aux mêmes passions d'amour & de haine, de plaisir & de douleur, &c. que les autres hommes, excepté seulement qu'elles étoient mieux reglées, & appliquées à des objets plus convenables, que celles des autres hommes. La plûpart des chrétiens du *Levant* passent pour *Nestoriens*; ils administrent l'Eucharistie avec du pain levé & sous les deux espèces; ils permettent à leurs Prêtres de se marier, & ils n'emploient ni la confirmation ni la confession auriculaire, &c.

## N E T

NET, NETTE. *adj.* lat. *Mundus, nitidus.* ang. *clean, pure, neat.* Qui n'est souillé d'aucune ordure, crotte, immondice, ni saleté. Qui est pur & sans mêlange, sans tache, sans défauts; qui n'est point confus, ni troublé. Clair.

NET. (tout) *adv.* lat. *Planè, penitùs.* angl. *plainly, freely.* Sans déguisement, sans détour. Uniment, également.

NETTEMENT. *adv.* latin. *Integrè, mundè.* angl. *clearly, neatly.* D'une manière nette.

NETTETÉ. *s. feminin.* lat. *Munditia, nitor.* ang. *cleanness, neatness.* Qualité de ce qui est net.

NETTOYEMENT. *s. mas.* lat. *Expurgatio.* ang. *cleaning, scowring.* Enlévement des boües & immondices des ruës.

NETTOYER. *v. act.* lat. *Mundare, purgare.* ang. *to clean, to cleanse.* Ôter la saleté, les immondices de quelque endroit. Emporter tout ce qui dans un lieu.

## N E U

NEU, *ou* Neud. *voy.* Nœud.

NEVEU. *s. m.* lat. *Nepos.* angl. *a nephew.* Fils du frère ou de la sœur de celui dont on parle. *Neveux*, posterité.

NEUF. *s. m.* lat. *Novem.* ang. *nine.* Nombre qui suit immédiatement celui de huit, on l'exprime par le caractère 9. ou IX.

NEUF, NEUVE. *adj.* lat. *Novus, recens.* ang. *new.* Qui est fait il n'y a guère; qui a peu ou point servi, qui est opposé à vieil.

NEUFVAINE, Neufvième. *voy.* Neuvaine, Neuvième.

NEURE. *s. f.* Petit vaisseau de mer, espèce de flute d'environ 60. tonneaux.

NEURITIQUE. *adj.* lat. *Neuriticus.* angl. *neurotick.* Médicament propre à remédier aux incommodités des nerfs.

NEUROGRAPHIE. *s. f.* lat. *Neurographia.* anglois. *neurography.* Description des nerfs, de leur situation, de leur usage, maladie, &c.

NEUROLOGIE. *s. f.* lat. *Neurologia.* angl. *neurology.* Discours sur les nerfs, tel que ceux du Docteur Willis & de Raimond Vicussen.

NEUTONIANISME. *s. masc.* Doctrine de *Newton* célébre philosophe Anglois.

NEUTONIEN. *s. m.* Philosophe qui est dans les sentimens de *Newton.*

NEUTONISME. *s. m. voy.* Neutonianisme.

NEUTRALEMENT. *adv.* lat. *Neutraliter.* angl. *neutrally.* D'une manière neutre ou mitoyenne.

NEUTRALITÉ. *s. f.* lat. *Neutralitas.* angl. *neutrality.* Etat de celui qui ne prend point de parti entre l'ami & l'ennemi.

NEUTRE. *adj.* lat. *Neutram in partem inclinans.* angl. *neuter.* Libre, indifférent, qui n'épouse aucun parti, qui n'est ni ami, ni ennemi. En termes de *Grammaire*, il se dit des noms qui ne sont ni masculins, ni feminins.

NEUTRISER. *v. act.* Rendre neutre.

NEUVAINE. *s. f.* lat. *Numerus novenarius.* ang. *a nine days.* Troupe, bande de neuf personnes. Espace de neuf jours continuels.

NEUVIÈME. *adj.* lat. *Nonus.* angl. *ninth.* Celui qui suit immédiatement le huitième.

NEUVIÈMEMENT. *adv.* latin. *Nonò.* angl. *ninthly.* En neuvième lieu ; la neuvième raison.

## N E Y

NEYER. *voy.* Noyer.

## N E Z

NEZ. *s. m.* lat. *Nasus.* angl. *nose.* Partie éminente qui est au milieu du visage, qui est l'organe extérieur de l'odorat : elle a deux ouvertures qu'on appelle narines ou conduits, c'est par où s'introduisent les différentes odeurs jusques à l'organe immédiat de l'odorat ... *Nez-coupé. s. m.* pistache sauvage. *Nux vesicaria.* Son noyau ressemble à un bout de *nez* coupé : sa petite noix est enfermée dans une petite vessie & elle approche de la vraie pistache, voilà les fondemens de ses trois noms.

## N H A

NHAMDUI. *s. masc.* Espèce d'araignée du Brésil. Elle est venimeuse, & on s'en sert en amulette. On la pend au çou de ceux qui ont la fiévre quarte, dans le tems de l'accès, & l'on prétend que la fiévre cesse.

## N I A

NIABLE. *adj.* Qu'on peut nier.

NIAIS, aise. *adj.* & *s.* lat. *Ex nido exceptus.* ang. *a niass hawk.* Oiseau de proye qu'on prend dans le nid. Ce mot se dit aussi d'une personne sotte, simple & crédule, qui n'a pas vû le monde. lat. *Simplex, ineptus.* ang. *silly, simple.*

NIAISEMENT. *adv.* latin. *Ineptè, stolidè.* anglois. *simply, sillily.* D'une manière niaise, sottement, en niais.

NIAISER. *v. neut.* lat. *Ineptè agere.* ang. *to play the fool.* Faire l'innocent & le niais. Badiner, s'amuser à la bagatelle.

NIAISERIE. *s. fem.* lat. *Stoliditas.* ang. *a trifle, a foolery.* Entretien ou occupation de niais.

NIAUCOMI. *s. m.* Arbre qui croît au païs des Noirs. Son écorce est aussi chaude que le poivre ; elle sert de reméde pour diverses maladies.

## N I C

NICÉE. *s. f.* lat. *Nicea.* ang. *nice.* Ville qui étoit anciennement la métropole de la *Bythinie* dans l'*Asie mineure.* C'est là que fut tenu le premier Concile général, dans le Palais de l'Empereur *Constantin le Grand*, l'an 325, contre les *Ariens*, dans lequel se trouverent 318. Evêques des différentes Provinces de l'Empire, & où l'on regla la Doctrine de la T. S. Trinité, & le tems où il faut placer la Pâques. L'on y composa aussi le fameux symbole appellé du nom de cette ville *le symbole de Nicée* ... Tulipe rouge, sur fond blanc satiné.

NICHANDGI-BACHI. *s. mascul.* Garde des sceaux de l'Empire Turc. Au Divan il est à la droite du Grand-Vizir.

NICHE. *s. f.* lat. *Ludificatio.* ang. *a trick.* Petite tromperie, ou malice qu'on fait à quelqu'un. En *Architecture*, c'est un enfoncement, une cavité, une place qu'on menage dans l'épaisseur d'un mur pour y placer une statue ; ces *niches* sont ordinairement rondes & quelquefois quarrées. lat. *Scaphium, loculus.* ang. *niche.* On croit que *Moloch* & les autres divinités payennes qui étoient en usage parmi les *Juifs* idolatres, étoient portées dans des *niches* sur les épaules des hommes ou dans des chariots couverts. On portoit ordinairement à la guerre, les Dieux favoris sous des tentes.

NICHÉE. *s. f.* lat. *Pullities.* angl. *a whole nest of birds.* Oiseaux qui se trouvent ensemble dans un même nid.

NICHER. *v. n.* lat. *Nidificare.* ang. *to nestle.* Se retirer en quelque lieu, y faire son nid. Occuper quelque lieu avantageux pour sa sûreté. Se placer en quelque lieu élevé.

NICHET. *s. m.* Œuf ou figure d'œuf, qu'on met dans les nids qu'on prépare pour faire pondre les poules.

NICHOIR. *s. m.* Manière de cage particulière, propre pour mettre couver des serins.

NICOLAÏTES. *s. m. pl.* lat. *Nicolaitæ.* ang. *nicolaitans.* Secte qui, à ce qu'on croit, s'est élevée dans l'Eglise du vivant des Apôtres & qui a servi de fondement aux *Gnostiques.* On dit aussi qu'elle tiroit son nom de *Nicolas*, l'un des sept premiers Diacres : quoique d'autres l'excusent disant, qu'il permit à sa femme qui étoit très-belle, d'épouser qui elle voudroit, pour faire voir qu'il vouloit garder la continence de profession ; mais que ses disciples abuserent des paroles de leur maître & prétendirent soutenir la communauté des femmes ; ils prétendoient qu'il étoit permis de manger des viandes offertes aux Idoles comme de toutes les autres. Il est fait mention de cette secte dans l'*Apocalypse.*

NICOTIANE. *s. f.* lat. *Nicotiana, tabaccum.* ang. *nicotiana, tobacco.* C'est ce qu'on appelle communément Tabac. On la prend en poudre par le nez, ou en machicatoire par la bouche, ou en fumée avec une pipe, sur tout les Soldats & les gens de mer. Les Médecins en font beaucoup d'usage à cause de ses vertus médecinales qui sont merveilleuses. On la tire principalement des *Indes Occidentales* & c'est un des plus grands commerces de cette partie du monde.

## N I D

NID. *s. m.* lat. *Nidus.* ang. *nest.* Lieu que les oiseaux se préparent diversement pour pondre, & pour couver leurs œufs. Retraite où l'on se cache. Lieu où l'on s'établir.

NIDOREUX, euse. *adj.* lat. *Nidorosus.* ang. *nidorous.* Qui a une odeur de pourri & brûlé.

## N I E

NIÈCE. *substan. feminin.* latin. *Neptis.* ang. *neece.* Celle qui est fille du frère ou de la sœur de celui dont on parle.

NIELLE. *s. f.* lat. *Rubigo*, *nigella*. anglois. *mildew*, *blasting*. Petite pluie froide qui tombe en menu grêlon. Brouillard, ou rosée, ou espèce de rouille jaune qui gâte les blés qui sont prêts à meurir, en s'y attachant, & en les noircissant. Il y a aussi une plante de ce nom.

NIELLER. *v. act.* lat. *Rubigine vitiare*. ang. *to blast*. Gâter les blés par la nielle.

NIER. *v. act.* lat. *Negare*, *inficiari*. ang. *to deny*, *to gainsay*. Contester une proposition, n'en pas demeurer d'accord, la soutenir fausse.

## N I G

NIGAUD, aude. *adj.* lat. *Ineptus*, *stolidus*. ang. *silly*, *simple*. Grand mal bâti, sot, & impertinent qui ne fait ou ne dit que des bagatelles.

NIGAUDER. *v. n.* lat. *Ineptè agere*. ang. *to stand trifling*. S'amuser à la bagatelle, faineanter, dire des sottises.

NIGAUDERIE. *s. f.* lat. *Ineptia*. ang. *sillineß*. Badinerie impertinente, action d'un nigaud.

NIGLE. *voy.* Nille, *à la fin*.

NIGUA. *s. fem.* Espèce de vermisseau qui se trouve aux Indes, & qui est fort incommode.

## N I L

NIL. *s. m.* lat. *Nilus*. ang. *nile*. Grand fleuve en *Afrique* qui s'étend en différens païs, par différentes branches, & arrose plusieurs contrées ou Royaumes. Ce fleuve est nommé *conservateur de la haute Egypte* pour son débordement & *Père de la basse Egypte* à cause de son limon qu'il laisse sur la terre. Ce qui le rend plus remarquable, c'est qu'il déborde communement au fort de l'Été, lorsque les autres rivières sont basses & par-là il supplée au défaut de la pluie en *Egypte*. Aussi-tôt qu'il s'est abaissé suffisamment, on seme la terre. Les *Payens* s'imaginoient que leur Dieu *Serapis* étoit l'auteur de ce débordement merveilleux ; ainsi lorsqu'il retardoit, ils lui sacrifioient une fille la plus belle qu'ils pussent trouver & la noyoient richement parée dans ce fleuve, comme une victime qui devoit le leur rendre favorable. Cette barbare dévotion fut abolie, disent les Historiens *Arabes*, par le calife *Omar*, qui se contenta d'y faire jetter une lettre, par où il lui ordonnoit de se déborder, si c'étoit la volonté de Dieu.

NILICA-MARAM. *s. m.* Espèce de prunier Indien.

NILLAS. Étoffe d'écorce mêlée de soie, qui vient des Indes.

NILLE. *s. fem.* lat. *Pampinus*. ang. *tendrel*. Petit filet rond qui sort du bois de la vigne, lorsqu'elle est en fleur .... (Blason.) Espèce de croix ancrée, beaucoup plus étroite & menuë qu'à l'ordinaire.

NILOMETRE, *ou* Niloscope. *s. masc.* ang. *nilometer*. Colomne élevée au milieu du *Nil* sur laquelle sont marqués les degrés où l'eau monte. Il y en a plusieurs en différens endroits de ce fleuve : on a observé que lorsque le Nil ne s'éleve qu'à 12. coudées de hauteur perpendiculaire, il y a nécessairement une famine en *Egypte* & qu'aussi l'inondation est dangereuse lorsqu'il monte à 18. coudées. Anciennement on gardoit la mesure de l'accroissement du *Nil* comme une relique dans le Temple de *Serapis* ; mais l'Empereur *Constantin* la fit transporter dans l'Eglise d'*Alexandrie*. Les *Payens* assurerent qu'il y auroit une famine l'année suivante & que *Serapis* les puniroit de cet affront en empêchant le débordement ; mais l'évenement les ayant convaincus de faux, plusieurs embrasserent le christianisme.

## N I M

NIMBE. *s. m.* lat. *Nimbus*. ang. *nimbis*. Terme d'*Antiquaire*, c'est un cercle qu'on remarque sur certaines médailles autour de la tête de quelque Empereur, pareil aux cercles de lumière qu'on met aux images des Saints, de la *Vierge Marie*, de J. C. *&c*.

NIMBO. *s. m.* Arbre de l'Amérique qui ressemble au Frêne, & porte un fruit qui a la figure d'une petite olive, de couleur jaunâtre.

NIMERULAHIS. *s. m.* Ordre de Religieux Turcs.

NIMPHE, Nimphée. *voy.* Nymphe, Nymphée.

## N I O

NIOBÉ. *s. f.* Fille de *Tantale* & femme d'*Amphion* Roi de *Thebes*, qui s'étant enorgueillie de sa beauté & de sa fécondité, osa préferer ses enfans à ceux de *Latone*. Ce mépris irrita si fort celle-ci, qu'elle fit tuer tous les enfans de *Niobé* ; laquelle en témoigna une douleur extrême & fut métamorphosée en rocher.

NIOU. *s. m.* Mesure de Siam. Un pouce de pied de Roi moins un quart.

## N I P

NIPPES. *s. fem. pl.* lat. *Mundus muliebris*. ang. *cloaths*, *goods*. Habits, meubles & tout ce qui sert à l'ajustement & à la parure.

## N I Q

NIQUE. *s. f.* Moquerie, mépris qu'on fait de quelqu'un par quelque geste.

NIQUEDOUILLE. *s. masc.* Sot, niais, nigaud.

NIQUET, ette. *adj.* Familier, apprivoisé ... *s. m.* Vieille monnoie, qui valoit deux deniers tournois.

## N I S

NISAN. *s. m.* Nom d'un mois *Judaïque* qui répond à notre mois de *Mars* & qui prend quelquefois un peu sur *Février* ou *Avril*, selon le cours de la Lune. Lorsque les *Israëlites* sortirent d'*Egypte* ce mois fut destiné pour être le premier de l'année dans le stile *Ecclésiastique*. C'étoit le septième de l'année civile ; & *Moïse* le nomma *Abib* : *Esdras* au sortir de la captivité de *Babylone* le nomma *Nisan*: Il est remarquable par le sacrifice du premier jour & par la fête de Pâques. . . . Racine médicinale très estimée à la Chine, où on la vend 270. écus la livre. On la croit souveraine sur-tout dans les évanouissemens.

NISI. *voy.* Gin-Seng.

NISROCH, *ou* Nesroch. *s. m.* Dieu des *Assyriens*, qui n'est pas fort connu.

N I T

NITIOMÉTRE. *s. m.* lat. *Hygrometrum.* ang. *nitiometer.* Machine qui marque les différens degrés de la secheresse ou de l'humidité de l'air. Hygrométre.

NITOUCHE. (la sainte) *s. f.* L'hypocrite, qui fait semblant de n'y pas toucher.

NITRE. *s. m.* lat. *Nitrum.* ang. *niter.* Qu'on nomme communément salpêtre. C'est un sel d'un goût amer. Il y en a trois espèces. Le premier est un sel lixiviel tiré de la terre; le second se forme sur les murailles de pierre & le troisième sur les rochers. Il est empreint d'une grande abondance d'esprits qu'il tire de l'air & qui le rendent volatil. On en trouve aussi dans les caves & autres lieux humides; que la condensation de l'air y produit. On le tire quelquefois de l'urine des animaux qui tombe sur la terre ou sur les pierres, comme dans les étables. Le *nitre* naturel d'*Alexandrie* & de *Naples* tire sur la couleur de rose; mais celui de *Pouzzole* est jaune. Le plus transparent est le plus pur; & celui qui contient le moins de sel cummun est le meilleur. On en fait aisément l'épreuve en le jettant sur les charbons ardens, pour voir s'il se consume entièrement où s'il laisse quelque tache. On fait avec le *nitre*, l'eau forte, la poudre à canon, &c. *L'esprit de nitre* est l'eau forte la plus pure dont on se sert pour dissoudre & séparer les métaux.

NITREUX, euse. *adj.* lat. *Nitrosus.* anglois. *nitrous.* Qui est empreint de nitre.

NITRIERE. *s. f.* Lieu où se forme le nitre.

N I V

NIVEAU. *s. m.* lat. *Libra*, *libella.* ang. *a level.* Etat d'un plan qui n'a aucune inclinaison; superficie égale qui ne va ni en haussant, ni en baissant. *Niveau* signifie aussi, de plein pied. *Niveau* est encore un instrument dont se servent les Géométres pour tracer une ligne paralléle à l'horizon, pour poser horizontalement les assises de maçonnerie, dresser un terrein, regler les pentes, conduire les eaux.

NIVELER. *v. act.* lat. *Librare.* ang. *to level.* Chercher une ligne paralléle à l'horizon; prendre le niveau, la hauteur, ou la pente d'un terrain, d'une rivière.

NIVELEUR. *s. m.* lat. *Librator.* ang. *a leveller.* Géometre qui prend le niveau d'un terrain, d'une rivière.

NIVELLEMENT. *s. m.* lat. *Libramen.* ang. *levelling.* Action par laquelle on nivelle, on observe le niveau.

NIVETTE. *s. f.* Espèce de pêche.

N O A

NOAILLEUX. *voy.* Noueux.

N O B

NOBILIAIRE. *s. masc.* Recueil ou histoire des maisons, & personnes nobles d'une Province.

NOBILISSIME. *adj.* lat. *Nobilissimus.* angl. *nobilissim.* Qualité, qui dès le tems de *Justin* servoit à distinguer les Princes de la famille Impériale.

NOBLE. *adj.* lat. *Nobilis.* ang. *noble.* Gentilhomme; celui qui a un privilege, qui le met au dessus des Roturiers ou par sa naissance, ou par ses charges, ou par une grace du Prince. Grand, élevé, &c. Les *parties nobles* du corps sont celles sans lesquelles il ne peut vivre, le cœur, le cerveau, le foie.

NOBLEMENT. *adv.* lat. *Nobilium more.* ang. *nobly.* D'une manière noble.

NOBLESSE. *s. f.* lat. *Nobilitas.* ang. *nobleness*, *nobility.* Qualité qui rend une chose noble; prérogative de distinction qui éleve celui qui en est revêtu au dessus des roturiers. Rang des grands hommes d'un Royaume ou d'une Nation, qui sont honorés des titres de Seigneurs, Comtes, Ducs, &c. Parmi les *Romains*, on appelloit *nobles*, ceux qui avoient chez eux les statues de leurs ancêtres, lesquelles pour représenter plus vivement les originaux, étoient peintes au visage; on les plaçoit ordinairement dans les cours & dans des cabinets de bois. A mesure que les *Romains* devinrent plus polis, ils changerent les statues de bois en statues de bronze, de marbre, &c. Personne n'avoit le privilège de placer ces statues de leur famille, que ceux dont les Ancêtres avoient été *Magistrats Curules*, c'est-à-dire, qui dans les solemnités avoient paru sur des chariots & des chaises d'yvoire, ce qui n'étoit permis au commencement qu'aux Ædiles Curules, aux Préteurs, aux Censeurs & aux Consuls. Les jours de fête, les statues étoient ornées & exposées aux yeux du public; & lorsque quelqu'un de la famille mouroit, on les portoit devant le corps aux funerailles. Cet figures étoient habillées selon la qualité des personnes qu'elles représentoient; & cela se faisoit pour exciter la bravoure & le courage de leur posterité. Les *Athéniens* divisoient leur peuple en nobles, métayers & négocians. Les *Grecs* & les *Romains* ont toujours accordé de grands privilèges à la noblesse & pour la distinguer, les *Grecs* faisoient porter à leurs noblesses la figure d'une sauterelle dans leur chevelure & les *Romains* une demi-lune à leur chaussure. De-là sont venus les privilèges & la distinction de la noblesse parmi nous. Le Prince est en droit d'annoblir par son autorité, ceux qui sont nés de parens pauvres. La *noblesse*, quand il s'agit de l'esprit & du cœur, se dit des qualités excellentes qui font agir sur de grands principes, différens de ceux qui déterminent les ames basses. Un homme qui a le cœur noble est incapable de se laisser corrompre par des présens ou par toute autre voie illicite.

N O C

NOC. *voy.* Nau.

NOCE. *s. fem.* lat. *Nuptiæ*, *nuptiale convivium.* ang. *wedding.* Fête, réjouissance qu'on fait aux épousailles, repas qu'on donne à ses parens & amis en se mariant. *Nôces* signifie aussi le mariage.

NOCHER. *s. m.* lat. *Gubernator*, *nauclerus.* ang. *a pilot.* Pilote. En termes de *Marine* sur l'Ocean, c'est celui qui a soin des voiles d'un Navire & sur la mer méditerranée, c'est le maître ou patron de Navire ; celui qui le conduit.

NOCTAMBULE. *s. masc.* & *f.* *Noctambulus.* Se dit des personnes qui marchent en dormant, qui ouvrent les portes, les fenêtres, *&c.* vont sur les toits des maisons & le long des précipices, communément sans qu'il leur arrive aucun malheur, à moins qu'ils ne soient arrêtés par quelque obstacle qui les éveille.... On le dit aussi de ceux qui se promenent pendant la nuit de propos délibéré.

NOCTILUQUE. *s. m.* & *adj.* Corps lumineux pendant la nuit. ang. *noctiluca.*

NOCTURLABE. *s. masc.* lat. *Nocturlabium.* ang. *nocturlabe, or nocturnal.* Instrument de mathématique pour trouver le mouvement de l'étoile du Nord au tour du pole.

NOCTURNE. *adj.* lat. *Nocturnus.* ang. *nocturnal.* Qui se fait de nuit, ou qui appartient à la nuit. L'arc *nocturne* en *Astronomie* est l'espace du ciel que le soleil, la lune ou les étoiles parcourent depuis leur coucher jusqu'à leur lever.

NOCTURNE. *s. masc.* lat. *Nocturnum.* ang. *nocturnal.* Les catholiques *Romains* donnent ce nom à la partie de l'office qu'ils appellent aussi, Matines. Les Matines sont communément divisées en trois parties, portions ou *nocturnes*, parce qu'on les chantoit ordinairement pendant la nuit ; ce qui s'observe encore dans quelques Cathedrales, où l'on chante les Matines à minuit à l'imitation des premiers chrétiens, que la crainte des persécutions obligeoit de ne s'assembler que la nuit. C'est ce qui avoit donné lieu à leurs adversaires de leur imputer des crimes honteux.

NOCTURNEMENT. *adv.* Nuitamment, pendant la nuit.

N O D

NODUS. *voy.* Exostose.

N O E

NOËL. *s. m.* lat. *Christi natalis Dies.* angl. *Christ-mass.* Fête de la Nativité de J. C., qui se célébre le 25. de *Décembre.* Dans l'*Eglise primitive d'Orient*, Noël & l'*Epiphanie* n'étoient qu'une même fête & encore aujourd'hui l'Eglise universelle continue cette fête entre ces deux limites. *Diocletien* Empereur *Romain* tenant sa cour à *Nicomedie* fut informé que les chrétiens s'étoient assemblés en grand nombre pour célébrer la Nativité de J. C. Il ordonna qu'on fermât les portes de l'Eglise & qu'on y mit le feu. Ce qui en très-peu de tems détruisit l'Eglise & fit périr les chrétiens.... Cantique spirituel à l'honneur de la Nativité de J. C. lat. *Natalitium Christi canticum.* ang. *carol or Christmass song*.... Cri de joie par lequel on témoigne souhaiter l'âvenement du Messie.

NOËLA-TALI. Épine-vinette des Indes, à feuille d'oranger. On fait avec son écorce des cordes. Son fruit est délicieux & rafraichissant.

NOËTIENS. *s. mas. pl.* Anciens hérétiques qui étoient *Patripatiens*, c'est-à-dire qu'ils ne reconnoissoient qu'une seule personne en Dieu, qui est le Père, & qu'ils disoient que c'étoit le Père qui avoit souffert.

NŒUD. *s. m.* lat. *Nodus.* ang. *knot.* Partie de l'arbre par où il pousse ses branches & ses racines. En termes d'*Anatomie* c'est la jointure des doigts de la main, de certains os, *&c.* Il se dit aussi des cordes, courroyes, ou rubans qui servent à lier, à joindre, à attacher & nouer les choses l'une avec l'autre. En *Astronomie*, les *nœuds* sont les points d'intersection de l'orbite du Soleil ou de sa route qu'on nomme *écliptique* & des orbites des autres planétes qui ont quelque latitude ; de sorte que le point où la planéte passe sur l'écliptique de la latitude Sud à la latitude Nord, se nomme *Nœud* septentional ; & celui où elle descend du Nord au Sud, se nomme méridional. Ces *nœuds* changent de place dans le Zodiaque comme les planétes, mais par un mouvement contraire à la succession de signes. Ceux des trois planétes supérieures ont un mouvement insensible ; ceux des trois inférieures vont plus vite ; mais ceux de la Lune méritent plus d'attention & se nomment la *tête* & la *queuë* du *Dragon.* En termes de *Médecine* on appelle *nœud* une tuberosité qui se forme aux jointures des vieux goutteux, par l'amas d'une pituite crasse, visqueuse, creuse & indigeste.... Figurément il se dit des liaisons qui attachent ensemble les personnes ; de l'intrigue d'un Roman, d'une piéce dramatique ; de ce qui est difficile & embrouillé dans une affaire... Espèce de roseau jaunâtre qui croît dans les Indes Orientales.... *Nœud courant*, ou *coulant :* nœud qui se serre, ou se dessérre sans se dénouer.

N O G

NOGUET. *s. masc.* Espèce de grand panier d'osier.

N O I

NOIR, NOIRE. *adj.* latin. *Niger*, *pullus.* ang. *black.* Qualité d'un corps qui ne réfléchit point de lumière.

NOIR. *s. m.* lat. *Nigrum.* ang. *black.* Corps opaque & poreux qui imbibe la lumière, qui n'en réfléchit aucune partie ; qui est de la couleur la plus obscure de toutes & la plus opposée au blanc. Le *noir* selon la *Philosophie Newtonienne* n'est pas une couleur, mais un absorbant de tous les rayons de lumière qui peuvent exciter dans nous ce que nous appellons couleur. Parmi les *Peintres*, les *Teinturiers*, &c. il y a plusieurs sortes de noirs & plusieurs manières de le produire. Dans le *discours ordinaire* on le met au rang des couleurs.

NOIRATRE. *adj.* lat. *Subniger.* ang. *blackish.* Qui tire sur le noir ; qui approche du noir.

NOIRAUD, aude. *adj.* lat. *Nigellus.* angl. *black.* Qui a le poil noir.

NOIRCEUR. *s. f.* lat. *Nigritudo.* ang. *blackness.* Qualité qui rend une chose noire. Tache ou salissure... énormité d'un crime.

NOIRCIR. *v. act.* & *n.* lat. *Nigritie inficere : nigrescere.* ang. *to blacken.* Barbouiller de noir, rendre noir. Faire tort à la réputation de quelqu'un.

NOIRCISSURE. *s. f.* lat. *Nigritiei inductio.* ang. *blackning.* Enduit de noir.

NOIRLIS. *s. m.* Tulipe rouge, gris de lin & blanc.

NOIRON. *s. m.* Tulipe rouge de sang de bœuf & colombin, chargé sur du Chamois.... Anémone qui a les grandes feuilles rouges, sa peluche rouge, mêlée d'une couleur noirâtre.

NOIRPRUN. *voy.* Nerprun.

NOISE. *s. f.* lat. *Rixa, jurgium.* ang. *strife, quarrel.* Demêlé, querelle qui s'émeut dans les familles ou entre gens du peuple.

NOISETTE. *s. f.* lat. *Avellana.* ang. *haselnut or filberd.* Fruit du coudrier, appellé ainsi parce qu'il a une coque dure comme celle des noix. *Casse-noisette* est un instrument propre à casser les *Noisettes.*

NOISETTIER. *s. m.* lat. *Arbor avellana.* ang. *a filberd-tree.* Arbre qui porte des noisettes.

NOIX. *s. f.* lat. *Nux, juglans.* ang. *nut, walnut.* Fruit dur qui vient aux noyers. *Noix* de galle est une excroissance qui vient sur le chêne. *Noix* vomique est un petit fruit plat, rond & dur qui tue en peu de tems les animaux à quatre pieds qui en mangent. *Noix geroflée :* fruit d'un arbre de l'isle de Madagascar, qui a le goût & l'odeur du gerofle, mais plus foibles.... *Noix d'Inde.* voy. Coco. *Noix muscade :* voy. Muscade. *Noix methel :* espèce de *Stramonium* ; pomme du Pérou, pomme épineuse, *&c.* *Noix* se dit aussi de la partie du ressort d'un pistolet ou fusil, qui est courbée en demi-cercle.... Partie de gigot de mouton, ce qui fait l'emboitement de la cuisse avec la jambe.... Espèce de gesier, fait en forme de noix, qui est dans le corps d'une alouëtte.

## N O L

NOLIGER. *voy.* Naulifer.

NOLI ME TANGERE. En *Médecine* est une espèce de cancer au visage, sur-tout au dessus du menton. Il s'y forme une tumeur ou ulcère vers la bouche ou le nez, semblable à un cancer, qui croît lentement comme un petit bouton. Il dure tout un an & ainsi il est moins douloureux & dangereux qu'un cancer qui ronge & mange plus dans un jour que cette maladie ne fait dans un mois & c'est la différence essentielle entre ces deux ulcères. Il y a aussi une plante qui se nomme *noli me tangere*, à cause d'une propriété singulière qu'elle a de se détacher par pièces de son pédicule & de jetter toutes ces pièces bien loin, pour peu qu'on en touche le fruit lorsqu'il est mûr.

NOLIS, & NOLISSEMENT. *s. masc.* latin. *Naulum.* anglois. *freight.* Convention pour le louage d'un vaisseau.

NOLISER, ou Noliger. *voy.* Naulifer.

## N O M .

NOM. *s. m.* lat. *Nomen.* ang. *noun ; name.* Terme de distinction donné à une personne ou à une chose, pour la faire connoître & la distinguer des autres personnes, ou des autres choses de la même espèce. Les *noms* sont distingués en *noms propres* & en noms appellatifs. Les *noms propres* sont ceux qui servent à faire connoître chaque chose ou chaque personne en particulier. Les *Noms appellatifs* sont emploiés à distinguer les espèces entr'elles, comme *Arbre*, *Homme*, *Oiseau.* Les Religieux à leur entrée dans les monastères ont coutume de changer leurs *noms*, pour montrer qu'ils embrassent une nouvelle vie, & qu'ils ont renoncé au monde & à leurs familles. Les Papes le font aussi à leur exaltation au Pontificat.... *Nom*, en *Grammaire* est substantif ou adjectif. Le substantif marque une chose déterminée, & l'adjectif en marque les qualités. *Nom* signifie aussi réputation, gloire.

NOMADES. *s. m. pl.* Nom commun à plusieurs Nations ou peuples anciens qui s'addonnoient uniquement au soin de nourrir, d'entretenir, & de faire multiplier leurs troupeaux, comme le font encore aujourd'hui les *Tartares* & les *Arabes.*

NOMANCE, ou Nomancie. *s. f.* lat. *Onomantia.* ang. *nomancy.* Divination prétendue de ceux qui donnent la bonne fortune par la disposition des lettres qui forment le nom d'une personne.

NOMARCHIE. *s. f.* lat. *Nomarchia.* angl. *nomarchy.* Ancienne division ou portion de l'*Égypte* en districts particuliers. On appelloit *nomarque* l'Officier qui avoit le soin & le gouvernement de l'une de ces divisions.

NOMARQUE. *s. m. voy.* Nomarchie.

NOMBLES. *s. fem. pl.* lat. *Cervi petimen.* angl. *numbles or humbles of deer.* Terme de *Venerie* qui se dit de la partie du Cerf qui s'éleve entre ses cuisses.

NOMBRE. *s. m.* lat. *Numerus.* ang. *number.* Assemblage de plusieurs unités. Les Artistes leur ont donné différens noms, selon les différentes propriétés qu'ils ont découvertes. Il y en a qu'ils appellent *nombres plans* à cause de leur rapport avec les figures géometriques du même nom. Il y en a d'autres qu'ils appellent premiers, ou simples, parce qu'on ne peut les mesurer ou diviser exactement par aucun autre nombre que par eux-mêmes ou par l'unité, sans reste : & l'on peut remarquer en passant que tous ces *nombres* sont impairs ; parce que tous les *nombres* pairs peuvent au moins se partager en deux ou être divisés par 2. Les autres *nombres* se nomment composés ; parce qu'on peut les produire ou les composer par la multiplication continuelle de quelques nombres simples ; & depuis le grand usage qu'on fait de l'Algébre, on appelle *nombre* absolu, celui qui dans une équation reste seul sans qu'il soit multiplié ou divisé par aucune lettre ; il y a aussi des *nombres* sphériques, &c. On appelle encore livre des *nombres*, le quatrième livre de *Moïse* que quelques *Juifs* appellent *Vajedabber*, c'est-à-dire, & *il a parlé* ; d'autres *Bemidebbar*, c'est-à-dire, *dans le désert*, parce qu'il rend compte du voyage des *Israëlites* dans le désert. Les *Grecs*, les *Latins*, &c. l'appellent *nombres* à cause du dénombrement du peuple & des *Levites* dans les trois premiers chapitres.

NOMBRER. *v. act.* lat. *Dinumerare.* angl. *to number.* Exprimer combien il y a d'unités dans une quantité réelle ou imaginaire ; ce qui se fait par le discours ou par les caractères ou figures.

NOMBREUSEMENT. *adverb.* lat. *Copiosè.* ang. *manifold.* En grand nombre.

NOMBREUX, euse. *adj.* lat. *Numerosus.* ang. *numerous.* En grand nombre. Il signifie aussi harmonieux, agréable à l'oreille.

NOMBRIL. *subst. masc.* latin. *Umbilicus.* angl. *the navel.* C'est un grand nœud placé au milieu du ventre & formé de la réunion des vaisseaux umbilicaux que l'on coupe à l'enfant aussi-tôt qu'il est né. C'est le centre du corps humain ; car les *Statuaires* assurent, que si l'on fait coucher sur son dos un homme bien proportionné & qu'ayant étendu ses bras & ses jambes, on applique sur son *nombril* le pied d'un compas, l'autre pointe passera par les extrémités des doigts de la main & des pieds. En termes de *Blason* on appelle le *nombril* de l'écu un point qui est au milieu du dessous de la fasce, & qui la sépare de la pointe.... *Nombril marin :* plante qui vient au fond des eaux, & dont les feuilles ressemblent à de petits bassins. *voy.* Androsace... Couvercle de la coquille d'une espèce de limaçon de mer .... *Nombril de Venus :* plante dont les feuilles sont creusées en bassin. Elle est rafraîchissante & resolutive. *Umbilicus veneris.*... ( Conchyliologie. ) Trou dans le milieu de la base d'une coquille, à côté de sa bouche.

NOMENCLATEUR. *s. m.* lat. & ang. *nomenclator.* Chez les anciens *Romains* étoit un esclave qui accompagnoit les gens qui briguoient les magistratures, & qui leur suggeroit les noms de tous les Citoyens qu'ils rencontroient, afin de les saluer en les appellant par leur nom ; ce qui étoit la manière la plus civile & la plus respectueuse.

NOMENCLATURE. *s. f.* lat. *Nomenclatura.* ang. *nomenclature.* Catalogue de plusieurs noms les plus ordinaires d'une langue, pour en faciliter l'usage à ceux à qui on l'enseigne. C'est ce qu'on donne ordinairement à ceux qui commencent à apprendre le *Latin.*

NOMINALISME. *s. m.* Opinions des nominaux.

NOMINATAIRE. *s. masc.* lat. *Designatus.* ang. *the king's presentee.* Personne nommée par le Roi à quelque bénéfice.

NOMINATIF. *s. m.* lat. *Nominativus.* ang. *nominative.* Terme de *Grammaire.* C'est le premier des cas d'un nom qu'on décline. C'est la source d'où dérivent tous les autres cas.

NOMINATION. *s. f.* lat. *Nominatio.* angl. *nomination.* Action par laquelle on nomme & on choisit quelqu'un pour quelque fonction, ou quelque emploi. Il se dit plus particulièrement du droit de présentation à quelque bénéfice.

NOMINAUX. *s. m. pl.* lat. *Nominales.* ang. *nominals.* Secte de disputeurs qui prétendoient que les universaux n'étoient que des noms & non pas des choses ; & que pour devenir sçavant, il ne suffisoit pas d'avoir une idée claire & précise des choses, mais qu'il falloit aussi connoître les noms propres du genre & de l'espèce de chaque chose & les exprimer clairement & exactement.

NOMMÉMENT. *adv.* lat. *Nominatim.* ang. *namely.* Particulièrement & spécifiquement.

NOMMER. *v. actif.* lat. *Appellare, nominare.* ang. *to name.* Appeller une chose par son nom. Déclarer. Prononcer des paroles. Instituer. Donner sa voix en faveur de quelqu'un, le présenter à un bénéfice.

NOMOCANON. *s. m.* Recueil de canons & des loix Impériales qui y ont du rapport, ou qui y sont conformes.... Recueil des anciens Canons des Apôtres, des Conciles, des Pères, sans aucune rélation aux constitutions Impériales... Livres pénitentiaux des Grecs. lat. & ang. *nomocanon.*

NOMOGRAPHE. *s. m.* lat. *Nomographus.* angl. *nomographer.* Auteur qui a écrit sur les loix ou qui les a recueillies.

NOMOPHYLAX. *s. masc.* Conservateur des loix.

NOMOTHÈTE. *s. mas.* Magistrat chargé de faire des loix.

NOMPAREIL, eille. *adj.* lat. *Singularis, præstans.* ang. *incomparable.* Qui n'a point de semblable, tant il est excellent & au dessus des autres. Les *Imprimeurs* ont un caractère extrêmement petit, qu'ils appellent *nompareille.* Chez les *Marchands* le ruban le moins large porte ce nom. On appelle aussi chez les *Epiciers* la *nompareille* de Sedan, certaines dragées de sucre qui se font en grains les plus menus qu'il est possible.

## N O N

NONAGENAIRE. *adj.* lat. *Nonagenarius.* ang. *four-score and ten years of age.* Qui a quatre-vingt dix ans.

NONAGONE. *s. m.* lat. *Nonagonus.* anglois. *nonagon.* Figure géométrique qui a neuf côtés, ou polygone qui forme neuf angles.

NONANTE. *s. masc.* lat. *Nonaginta.* ang. *ninety.* Quatre-vingt dix. Nombre produit par la multiplication de 10 par 9. *Quart de nonante* est un quart de cercle qui sert à mesurer les angles.

NONANTER. *v. act.* (Jeux) Faire 90. points.

NONANTIÈME. *adject.* latin. *Nonagesimus.* angl. *ninetieth.* Qui est situé en un rang où il y en avoit quatre-vingt & neuf devant lui.

NONCE. *s. m.* lat. *Nuncius.* ang. *nuncio.* Ambassadeur du Pape vers un Prince ou un État catholique.... On le dit en Pologne des députés que la noblesse des petites Diètes envoie à la grande Diète.

NONCHALAMMENT. *adv.* lat. *Negligenter, supinè.* ang. *carelessly.* Négligemment, sans application.

NONCHALANCE. *s. f.* lat. *Negligentia, oscitantia.* ang. *carelessness.* Paresse, négligence, molesse; peu d'application à quelque chose.

NONCHALANT, ante. *adj.* lat. *Negligens, oscitans.* ang. *careless.* Mol, paresseux; qui fait ses affaires avec lenteur, avec négligence.

NONCIATURE. *s. f.* lat. *Nunciatura.* ang. *nunciature.* Fonction ou charge du Nonce & le tems de sa durée.

NON-CONFORMISTE. *s. m. & f.* ang. *nonconformist.* C'est celui qui ne se conforme pas à la discipline & aux cérémonies établies à présent dans l'Eglise d'*Angleterre*; mais ce terme ne s'applique pas aux *Catholiques Romains.* Il n'est en usage que pour désigner les *Protestans* d'*Angleterre* qui ne suivent pas le rit *Anglois.*

NONE. *s. f.* lat. *Nona.* ang. *none.* C'est dans le *Bréviaire Romain* la dernière des petites heures, qui se dit avant Vêpres. Cette heure répond à trois heures après midi. Dans la *primitive Eglise* c'étoit le tems du repas aux jours de jeûne, quoique quelques-uns attendoient la nuit.

NONES. *s. f. pl.* lat. *Nonæ.* ang. *nones.* Dans le *Calendrier Romain*, c'est le cinquième jour des mois de *Janvier, Février, Avril, Juin, Août, Septembre, Novembre,* & *Décembre* & le septième de *Mars, Mai, Juillet* & *Octobre.* Ces quatre derniers mois ayant six jours avant les *nones* & les huit autres en ayant 4. seulement.

NON-JOUÏSSANCE. *s. f.* Privation de jouïssance.

NONNAT. *s. masc.* Le plus petit de tous les poissons.

NONNE, Nonnette, Nonnain. *s. fem.* lat. *Monialis.* ang. *a nun.* Vieux mot qui signifioit autrefois, Religieuse.

NONOBSTANCES. *s. fem. pl.* (Jurisprud. Canon.) Se dit de la troisième partie des provisions de Rome, qui commence par *non obstantibus.*

NONOBSTANT. *adv.* lat. *Non obstante, non obstantibus.* ang. *notwhitstanding.* Sans avoir égard, malgré toutes choses.

NON-OUVRÉ, ée. *adjectif.* Qui n'a pas été travaillé, mis en œuvre.

NONPAIR. *adj.* Impair.

NONPAREIL. *voy.* Nompareil.

NONPARILLAS. Petit camelot de Flandre.

NON-PAYEMENT. *s. m.* Défaut, manque de payer.

NON-RÉSIDENCE. *s. f.* Absence du lieu où l'on devroit résider.

NONVALEUR. *s. f.* lat. *Debitum non exigibile.* ang. *a deficiency.* Dette non exigible par l'insolvabilité des débiteurs. Terres & fermes qui sont en desordre faute de culture ou de réparations.

NON-USAGE. *s. mas.* lat. *Desuetudo.* angl. *disuse or disusage.* Hors de l'usage présent.

NONVUË. *s. f.* (Marine.) Se dit lorsqu'on ne peut connoître le parage où l'on est.

## N O P

NOPAGE. *s. m.* Action d'arracher les nœuds des draps avec de petites pinces.

NOPCE. *voy.* Noce.

NOPER. *voy.* Enouer.

NOPEUSES. *voy.* Enoueuses.

## N O R

NORBETTE. *s. fem.* Espèce de mauvaises prunes.

NORD. *s. m.* lat. *Boreas, septentrio.* ang. *north.* L'une des quatre parties du monde, que l'on reconnoit en pleine campagne ou à la mer par l'étoile polaire qui est au dessus du *Nord.*

NORD-EST. *s. m.* lat. *Cæcias.* ang. *north-east.* Rhumb de vent entre le Nord & l'Est. Le *Nord-Ouest* est entre le *Nord* & l'Ouest. Le *Nord-Nord-Est* est entre le Nord & le Nord-Est. Le *Nord* quart de *Nord-Est* est auprès du Nord entre le *Nord* & le *Nord-Nord-Est*, &c.

NORDESTER. *v. neut.* ang. *to stand to the nort-east.* Terme de *Marine* qui se dit de l'aiguille aimantée lorsqu'elle décline du Nord vers l'Est.

NORD-OUEST. *s. m.* Rhumb de vent qui est entre le Nord & l'Ouest.

NORDOUESTER. *v. n.* Décliner vers le Nord-Ouest. lat. *Ad caciam declinare.* angl. *to stand to the nord-west.*

NORMAL, ale, *adj.* ang. *normal.* Perpendiculaire. Ligne *normale* est celle qui est à angles droits sur une autre.

NORMAND, ande. *s. m.* & *f.* & *adj.* lat. *Normannus.* ang. *norman.* Qui est né en *Normandie.* Les *Normands* sont venus de *Norvege*, de *Suede* & de *Dannemark.*

NOROLE. *s. f.* Brioche espèce de patisserie.

NORRAIN. *voy.* Nourrain.

## N O S

NOS, *ou* Noues. *s. f. pl.* Tripes de morues salées, qu'on apporte dans des bariques.

NOSOLOGIE. *s. feminin.* Explication des maladies.

NOSSARIS. Toiles de coton blanches, qui viennent des Indes Orientales. Elles sont du nombre de celles qu'on appelle *Baffetas.*

NOSSEIGNEURS. *s. masc. pl.* lat. *Domini nostri.* ang. *ours lords.* Se dit de plusieurs personnes à qui on doit de l'obéissance & du respect.

NOSTOCH. *s. f.* Espèce de plante ou champignon qu'on voit paroitre tout d'un coup & comme miraculeusement.

NOT

NOTA. *f. m.* lat. *Nota, observatio.* anglois. *note, mark.* Remarque. Explication, restriction.

NOTABLE. *adject.* lat. *Insignis, notabilis.* ang. *notable.* Qui est excellent, rare, singulier, remarquable, considérable.

NOTABLEMENT. *adj.* lat. *Insigniter, magnoperè.* ang. *notably.* D'une manière considérable.

NOTAIRE. *f. m.* lat. *Tabellio.* ang. *notary, scrivener.* Officier dépositaire de la foi publique, qui garde les nottes & minutes des Contrats que les parties ont passé par devant lui & qui en délivre des expéditions qui sont authentiques & obligatoires & portent hypotheques. Anciennement ce nom étoit commun à tous ceux qui écrivoient sous autrui.

NOTAMMENT. *adv.* lat. *Imprimis.* anglois. *notedly.* Particulièrement.

NOTARIAT. *f. m.* lat. *Libellionis munus.* ang. *a notary's place or office.* Qualité, charge, fonction de Notaire.

NOTARISÉ, ée. *adj.* Passé devant Notaire.

NOTE. *f. f.* lat. *Commentariolus.* ang. *note.* Minute d'un acte qu'on passe chez un Notaire. Marque qu'on fait à quelque feuillet ou passage d'un livre pour le retour au besoin. Remarque ou explication qu'on met à la marge, ou au bas de la page d'un livre, d'un écrit, pour en faciliter l'intelligence. Caractère, ou abbréviation. Tache, imperfection. *Note* en termes de *Musique* se dit des caractères qui marquent les tons, les élevations ou abaissemens de la voix. On les écrit ordinairement sur cinq lignes & on en ajoute une autre dans le besoin ou l'on change la clef.

NOTER. *v. act.* lat. *Notare, observare.* ang. *to note.* Remarquer. Donner une mauvaise marque. Marquer sur un livre les tons d'un air par le moyen des notes.

NOTICE. *f. f.* lat. *notitia.* ang. *notice.* Ce qui est venu à la connoissance de quelqu'un.

NOTIFICATION. *f. f.* lat. *notificatio.* angl. *notification.* Publication.

NOTIFIER. *v. act.* lat. *notum facere.* angl. *to notify.* Donner à connoître, faire sçavoir.

NOTION. *f. f.* lat. *notio.* ang. *notion.* Idée qu'on se forme de quelque chose.

NOTOIRE. *adject.* lat. *Apertus, manifestus.* ang. *notorious.* Connu, public, évident.

NOTOIREMENT. *adverbe.* lat. *Manifestè, apertè.* ang. *notoriously.* D'une manière claire & certaine.

NOTORIETÉ. *f. fem.* lat. *Publica notitia.* ang. *notoriousness.* Évidence, connoissance publique : certitude d'un fait dont on ne peut nier, ni obscurcir la vérité.

NÔTRE. *Pron. Possess.* lat. *noster.* ang. *our or ours.* Ce que nous possédons en commun & avec d'autres.

NOTTE. *voy.* Note.

NOTULE. *subst. femin.* Petite note, qu'on met en marge d'un livre. lat. *Explicatio brevis.* ang. *a little note.*

NOV

NOUAILLEUX. *voy.* Noueux.

NOVALE. *sub. f.* lat. *novalis.* ang. *novale.* Terre nouvellement défrichée & labourée, qu'on a mise en valeur & semence.

NOUASSE. *f. fem.* Espèce de noix muscade sauvage.

NOVATEUR. *f. masc.* lat. *novitatis author.* ang. *a novator.* Qui introduit quelque nouveauté, sur-tout en matière de Religion.

NOVATIENS. *f. m. pl.* Hérétiques qui ont pris leur nom de Novat Évêque d'Afrique, & de Novatien Prêtre de Rome. Ils soutenoient que l'Eglise n'a pas le pouvoir de remettre les péchés commis après le baptême & de recevoir de tels pécheurs à sa communion, n'y ayant que la seule voie de pénitence, qui se fait au baptême, par laquelle on pût entrer dans l'Eglise.

NOVATION. *f. f.* lat. *Innovatio.* ang. *novation.* Terme de *Droit*, qui signifie, altération ou changement de titre : changement dans l'obligation originaire, qui l'éteint & l'anéantit.

NOUE. *f. fem.* Terre humide & grasse.... Tuile faite en demi-canal.... Nouë. *voy.* Gèze.

NOUÉ, *adj.* ( Chasse. ) Se dit d'une chienne qui est pleine.

NOUÉES. *f. f. pl.* Fientes du cerf, depuis la mi-mai, jusqu'à la fin d'Août.

NOVELLE. *f. fem.* lat. *novella constitutio.* ang. *novel.* En *Jurisprudence* se dit des constitutions de plusieurs Empereurs & sur tout de celles de *Justinien.*

NOVEMBRE. *sub. m.* lat. & ang. *november.* Neuvième mois de l'année, selon les loix d'*Angleterre* & onzième mois dans la manière de compter ordinaire. Les *Peintres* le représentent comme un homme vêtu d'une robe verte & noire, ayant à la tête une guirlande de branches d'olivier avec leur fruit, tenant en sa main droite le signe du *Sagittaire* & en sa gauche des racines.

NOUEMENT. *f. m.* lat. *nodi nexus.* ang. *kniting.* Le *noüement* de l'aiguillette est une espèce de malefice qu'on attribuë aux sorciers.

NOVEMVIRS. *f. m. pl.* lat. & ang. *novemviri.* Magistrats d'Athènes au nombre de neuf.

NOVENDIAL. *adj.* Sacrifice offert pendant 9. jours. lat. *novendialis.* ang. *novendial.*

NOVENSILES. *f. m. pl.* lat. & ang. *novensiles.* C'étoient parmi les *anciens Romains* des espèces de Dieux nouveaux ou de Héros qui venoient de mourir, & qu'on recevoit parmi les Dieux. D'autres disent que c'étoient les Dieux des Royaumes ou Provinces nouvellement conquises, à qui ils offroient des sacrifices pour mériter leur faveur.

NOUER. *v. act.* lat. *nodare.* ang. *to tie, to knit.* Faire un nœud pour lier ou arrêter quelque chose.

NOUES. *voy.* Nos.

NOUET. *f. m.* lat. *nodulus pharmacorum.* ang. *a rag tied up into a knot.* Petit paquet de quelque drogue enfermée dans un nœud de linge, qu'on fait tremper ou bouillir dans une liqueur pour lui en donner le gout, ou lui en communiquer la vertu.

NOUEUX, euse. *adj.* lat. *nodosus.* anglois. *knotty.* Qui est plein de nœuds.

NOVICE. *s. m.* & *f.* & *adj.* lat. *novitius*, *tyro.* ang. *a novice.* Qui n'est pas encore fort expérimenté en un art, en une profession; qui est nouveau & peu exercé en quelque chose que ce soit. Dans la *primitive Eglise* on appelloit *novice* un Religieux qui étoit dans un état de probation. Il y en avoit de différentes espèces; quelques-uns portoient l'habit des laïques ou du clergé, d'autres portoient l'habit régulier; c'étoient ceux qui avoient été Moines ailleurs ou dans des monastères étrangers ou dans des cellules qui appartenoient à l'Abbaye principale.

NOVICIAT. *s. m.* lat. *novitiatus.* ang. *noviciate.* Année de probation, pendant laquelle on éprouve si un Religieux ou une Religieuse, ont des qualités propres pour vivre dans la régle dont ils doivent vouer l'observation. Il se dit aussi des maisons ou des lieux où l'on instruit les Novices. C'est encore l'apprentissage qu'on fait de quelque art, ou dans quelque profession.

NOURRAIN, *ou* Norrain. *s. mas.* Alevin, petit poisson qu'on jette dans les étangs pour repeupler.

NOURRI. *s. mascul.* Tout le bétail qu'on nourrit.

NOURRICE. *s. f.* lat. *nutrix.* ang. *a nurse.* Qui donne à têter à un enfant, qui a soin de l'élever dans ses premières années.

NOURRICIER. *s. m.* lat. *nutritius.* ang. *a foster-father.* Le mari de la nourrice, ou celui qui a soin d'élever un enfant.

NOURRIÇON, *ou* Nourrisson. *s. masc.* lat. *Alumnus.* angl. *a foster-child.* Enfant qu'une nourrice a soin de nourrir.

NOURRIR. *v. act.* lat. *Alere*, *nutrire.* ang. *to nourish or feed.* Fournir les alimens nécessaires pour entretenir la vie. Donner à têter à un enfant. Elever des bestiaux.

NOURRISSANT, ante. *adj.* lat. *Alibilis.* ang. *nourishing*, *nutritive.* Qui nourrit beaucoup; qui a des parties succulentes & propres à nourrir.

NOURRITURE, *s. f.* lat. *Cibus*, *esca.* angl. *nourishment*, *food.* Aliment qui se convertit en la substance du corps. . . . . Bestiaux qu'on éleve . . . Education . . . . Tout ce qui sert à nourrir ou à entretenir quelque chose.

NOUVEAU, *ou* Nouvel, elle. *adj.* latin. *novus*, *recens.* ang. *new.* Qui commence d'être ou de paroitre; qui est né, ou qui a paru depuis peu de tems, ou qui a été nouvellement inventé.

NOUVEAU-VENU. *s. m.* lat. *Hospes*, *adventitius.* anglois. *newly come.* Nouvellement arrivé.

NOUVEAUTÉ. *s. f.* *novitas.* ang. *newness*, *novelty.* Ce qui est rare ou nouveau; qu'on n'a point encore vû; chose qui n'est pas ancienne, ou qui vient de paroitre. Changement, innovation, brouillerie.

NOUVELLE. *s. f.* lat. *nuncius.* angl. *news.* Avis qu'on donne, ou qu'on reçoit de bouche, ou par écrit, de l'état de quelque chose, d'une action faite depuis peu. C'est aussi une histoire agréable & intriguée, ou un conte plaisant un peu étendu, soit qu'elle soit feinte ou véritable.

NOUVELLEMENT. *adverb.* lat. *Recenter*, *recens.* ang. *newly*, *lately.* Depuis peu.

NOUVELLETÉ. *s. f.* lat. *Usurpatio.* angl. *usurpation.* Terme de *Palais*, trouble ou innovation dans la possession.

NOUVELLISTE. *s. m.* lat. *nunciorum cupidus.* angl. *a news-monger.* Curieux de nouvelles.

N O Y

NOYAU. *s. m.* lat. *nucleus.* ang. *the stone of a fruit.* Partie dure & solide de certains fruits, qui enferme leur semence, laquelle est ordinairement une amande. En termes d'*Architecture*, il se dit de cette partie de l'escalier qui soutient les marches. En termes d'*Artillerie*, c'est la partie du canon dans laquelle roule le boulet, qu'on appelle autrement l'ame. En *Astronomie*, c'est le corps de la comete que quelques-uns appellent la tête. On applique quelquefois ce terme aux parties centrales de la terre.

NOYER. *s. m.* lat. *nux*, *nux juglans.* ang. *a walnut-tree.* Arbre qui porte des noix.

NOYER, *ou* Neyer. *v. act.* lat. *Demergere*, *suffocare.* ang. *to drown.* Inonder, submerger, suffoquer par le moyen de l'eau. Verser beaucoup de liqueur sur quelque chose. Ruiner, abimer.

N T O

NTOUPI. *s. m.* Nom que les Grecs donnent aux corps des excommuniés, après leur mort.

N U A

NU. *voy.* Nud.

NUAGE. *s. m.* lat. *nubes.* angl. *cloud.* Vapeur condensée; nuée épaisse.

NUAGÉ, ée. *adj.* (Blason.) Se dit des piéces représentées avec plusieurs ondes ou sinuosités.

NUAGEUX, euse. *adj.* Se dit d'une pierre fine & transparente qui n'est pas nette.

NUAISON. *s. f.* lat. *Flatûs æqualis duratio:* anglois. *a trade-wind.* Tems que dure un vent égal.

NUANCE. *s. f.* lat. *Umbræ colorum commissura.* angl. *shadowing.* Adoucissement, diminution d'une couleur, depuis la plus sombre jusqu'à la plus claire de la même espèce.

NUANCER. *v. act.* lat. *Umbris distinguere.* ang. *to shadow.* Mêler des choses de différente couleur. Nuer.

N U B

NUBÉCULE. *s. f.* lat. *nubecula oculi.* ang. *nubecula.* Vice de l'œil dans lequel on voit les objets comme au travers d'un nuage.

**NUBILE.** *adj.* lat. *Nubilis.* ang. *marriageable.* Qui est en âge de se marier.

N U D

**NUD**, *ou* Nu, uë. *adj.* lat. *Nudus.* angl. *naked*, *bare*, *uncovered.* Qui n'a aucuns habillemens qui le couvrent. Pauvre.

**NUD.** (à) *adv.* lat. *Nudè.* anglois. *naked*, *bare.* Sans voile, sans empêchement.

**NUDITÉ.** *s. f.* lat. *Nuditas.* ang. *nakedness.* Ce qui n'est point couvert d'habits ; parties que la pudeur oblige de cacher. Etat d'une personne qui est nuë. La nudité des pieds a été chez certains peuples une marque de respect, comme il paroit par le chap. III. de l'Exode, v. 5. où il est dit que Moïse quitta ses souliers, lors qu'il s'approcha du buisson ardent. Les anciens Prêtres Juifs marchoient les pieds nuds. Quelques-uns assurent que le commun des Israëlites quittoient leurs souliers & se lavoient les pieds, avant que d'entrer dans le Temple. Aujourd'hui même les Turcs se découvrent & se lavent les pieds & les mains avant que d'aller dans leurs Mosquées. Les Chrétiens d'*Ethiopie* observent la même chose quand ils sont sur le point d'entrer dans leurs Eglises. Les Brachmanes *Indiens* en font autant avant que d'entrer dans leurs Pagodes.

N U E

**NUË**, *ou* Nuée. *s. f.* lat. *Nubes.* ang. *a cloud.* C'est une eau élevée de la terre en vapeurs jusqu'à une certaine hauteur & qui retombe ordinairement en pluie.

**NUEMENT.** *adv.* lat. *Apertè*, *candidè.* ang. *nakedly*, *plainly.* Sans fard, sans ornement, sincèrement.

**NUER.** *v. act.* lat. *Colores variare*, *miscere.* anglois. *to shadow.* Disposer des couleurs selon leurs nuances, les diminuer ou augmenter doucement & insensiblement.

**NUESSE.** *s. f.* (Jurisprud.) Tenir un fief en *nuesse* ; quand il releve d'un Seigneur nuement & immédiatement.

N U I

**NUIRE.** *v. n.* lat. *Nocere*, *obesse.* ang. *to hurt*, *to prejudice.* S'opposer à quelqu'un, lui faire tort ; l'empêcher de réussir dans ses desseins, lui causer quelque perte ou dommage en sa personne, en ses biens, en son honneur, en ses affaires. Incommoder, donner quelque peine, faire quelque obstacle, traverser.

**NUISIBLE.** *adj.* lat. *Noxius*, *nocens.* ang. *hurtful.* Incommode, dommageable.

**NUIT.** *s. f.* lat. *Nox.* ang. *night.* Partie du jour naturel, pendant laquelle le soleil n'est point sur l'horizon. Espace de tems que le soleil est sous notre hemisphere. Ce tems dans quelques parties du monde est de plusieurs mois, au lieu que sous l'équateur, la *nuit* en ce sens est toujours égale au jour. Mais dans les autres parties du monde, les *nuits* sont quelquefois plus courtes & quelquefois plus longues selon la situation du païs. *Nuit* signifie quelquefois obscurité de l'esprit & quelquefois la punition éternelle, la mort, le malheur, l'affliction des reprouvés. Les *Peintres* représentent la nuit couverte d'un manteau bleu, avec des étoiles d'or, &c. Les anciens en faisoient une Déesse, qui avoit un pouvoir souverain sur les régions inférieures ; ils l'appelloient mère de la passion, de la tromperie, de la vieillesse, de la mort, du sommeil, des songes, des gémissemens, de la crainte & de l'obscurité. On lui offroit un coq en sacrifice & on la représentoit avec des cheveux noirs, couronnée de pavots, sur un chariot traîné par des chevaux noirs, environnée d'étoiles, tenant à la main deux enfans qui prenoient leur repos, l'un noir & l'autre blanc. Celui-ci représentoit le sommeil, & l'autre la mort.



**NUITAMMENT.** *adv.* lat. *Noctu.* ang. *by night.* Pendant la nuit.

**NUITTÉE.** *s. f.* lat. *Una nox*, *unius noctis spatium.* ang. *night.* L'espace de la nuit.

N U L

**NUL**, Nulle. *adj.* lat. *Nullus.* ang. *not one.* Pas un, qui que ce soit. Il se dit aussi des actes qui ne peuvent subsister pour être faits contre les loix ou contre les formes ou les conventions.

**NULLEMENT.** *adv.* lat. *Nullo modo.* ang. *no*, *by no means.* Aucunement. Contre les loix & les formes.

**NULLES.** *s. f. pl.* lat. *Typi inutiles.* angl. *nullo.* Caractères superflus ou inutiles qu'on insére dans les lettres en chiffres pour les rendre plus difficiles à déchiffrer.

**NULLITÉ.** *s. f.* lat. *Vitium*, *nullitas.* ang. *nullity.* Qualité d'une chose nulle, qui n'est pas valable ; defaut contre les loix, ou contre les formes.

N U M

**NUMÉRAL**, ale. *adj.* lat. *Numeralis.* ang. *numeral.* Qui appartient aux nombres. L'*algèbre numerale* ou *numerique* est celle qu'on appelloit anciennement l'art des *nombres cossiques*, c'est-à-dire, celle qui n'emploioit pas les lettres mais seulement les figures numerales. Les lettres *numerales* sont celles qui expriment des nombres, comme C qui exprime 100, V cinq ; D, 500, &c.... *Vers numeraux :* vers chronologiques dont toutes les lettres numerales marquent précisément le millesime de quelque événement.

**NUMÉRATEUR.** *s. m.* lat. & ang. *numerator.* Dans la partie de l'Arithmétique qui traite des fractions ou nombres rompus, le *numerateur* est le nombre qui exprime combien on prend de parties d'un tout divisé par le nombre inférieur qu'on appelle dénominateur. Le *numerateur* s'écrit ordinairement au dessus d'une petite ligne & le diviseur ou dénominateur au dessous ; comme $\frac{1}{4}$ qui exprime les trois quarts d'un tout, ou 3. parties d'une chose qui est divisée en 4. parties. 3. est le *numerateur*, 4. le dénominateur.

NUMÉRATION. *s. f.* lat. *Numeratio.* ang. *numeration.* Compte, payement actuel de deniers. C'est aussi la première regle d'*Arithmétique* qui apprend à ranger les nombres régulièrement & à en exprimer la valeur en paroles & par écrit.

NUMÉRIQUE. *adj.* Numéral.

NUMÉRO. *s. m.* lat. *Numero.* ang. *number.* Article du regître d'un banquier ou d'un marchand, cotté d'un certain nombre, faisant mention d'une certaine affaire, rescription, ou marchandise.

NUMÉROTER. *v. act.* lat. *Numeris signare.* ang. *to number.* Marquer le numero sur quelque chose.

NUMISMATIQUE. *adj.* Qui a rapport aux médailles.

NUMISMATOGRAPHIE. *s. f.* lat. *Numismatographia.* ang. *numismatography.* Description & connoissance des anciennes médailles.

NUMMULAIRE. *s. f.* Plante ainsi appellée parce que ses fleurs représentent par leur figure des piéces de monnoie rangées. Elle est fort astringente & vulneraire, bonne contre le scorbut, les ulcères au poumon, la dysenterie.

## N U N

NUNCUPATIF. *adj. m.* lat. *Nuncupativus.* ang. *nuncupative.* Se dit seulement d'un Testament fait verbalement & de vive voix.

NUNDINAL, ale. *adject.* lat. *Nundinalis.* ang. *nundinal.* Nom que les anciens Romains donnoient aux 8. premières lettres de l'Alphabet parce qu'elles servoient à marquer les jours de marché qui revenoient de 9. en 9. jours.

NUNNA. *s. f.* Toile blanche de la Chine.

## N U P

NUPTIAL, ale. *adj.* lat. *Nuptialis.* angl. *nuptial.* Qui concerne le mariage ou la nôce.

## N U Q

NUQUE. *s. f.* lat. *Fossa.* ang. *nape.* Le creux qui est entre la première & la seconde vertebre au plus haut du derrière du cou. Ce qui est au dessous s'appelle le chignon du cou.

## N U T

NUTRICAIRE. *s. masc.* Se dit de ceux qui étoient autrefois obligés de nourrir & d'élever les enfans trouvés.

NUTRITIF, ive. *adj.* lat. *Nutritivus.* ang. *nutritive.* Terme de *Médecine*, qui se dit tant de l'aliment qui nourrit, que de la puissance qui le convertit en la substance du corps qu'il entretient.

NUTRITION. *s. f.* lat. *Nutritio.* ang. *nutrition.* Changement qui se fait du suc nourricier en la substance des parties nourries. Ce changement est nécessaire pour reparer les déchets que le corps souffre continuellement.

## N Y A

NYALEL. *s. m.* Arbre du Malabar, haut de 40. pieds. Son fruit est délicat. Ses amandes broyées avec du gingembre récent & une addition de sucre provoquent les selles. On fait avec le suc de son fruit verd & avec du sucre un sirop bienfaisant à la poitrine.

## N Y C

NYCTALOPE. *s. m.* & *f.* lat. & ang. *nyctalops.* Celui ou celle qui voit mieux la nuit que le jour.

NYCTALOPIE. *s. f.* latin. *Nyctalopia.* angl. *nyctalopy.* Maladie des yeux qui fait qu'on ne voit pas si bien le jour, que la nuit.

NYCTELIES. *s. f. pl.* lat. & ang. *nyctelia.* Fêtes en l'honneur de *Bacchus*, ainsi nommées, parce qu'on les célébroit de nuit. Les peuples s'assembloient tous les trois ans pour les célébrer au commencement du Printems, avec des flambeaux & des brocs de vin, commettant une infinité d'insolences & d'impuretés. Ce qui alla si loin, que les *Romains* furent obligés de les prohiber, à cause des désordres épouvantables que la licence du peuple y avoit introduits.

## N Y M

NYMPHEA. *voy.* Nenuphar.

NYMPHÉE. *s. m.* lat. & ang. *nymphæum.* Bains publics dans la ville de *Rome* qui étoient au nombre de douze. Ils étoient ornés de fontaines agréables, de grottes fraiches & de belles statuës de Nymphes. On en voit encore des restes entre *Naples* & le *Mont Vesuve* en *Italie.* C'est un bâtiment quarré tout de marbre. On y entre par une seule porte, d'où l'on descend dans une grotte pavée de marbre de diverses couleurs. Les murailles en sont revêtuës d'un coquillage admirable, qui représente les douze mois de l'année & les quatre vertus politiques. L'eau d'une belle fontaine qui est à l'entrée de la grotte, remplit un canal qui régne tout autour & l'on y voit des statues & des tableaux de plusieurs Nymphes, avec quantités de figures fort divertissantes.

NYMPHES. *s. f. pl.* lat. *Nymphæ.* anglois. *nymphs.* Divinités payennes, que les Poëtes faisoient filles de l'*Ocean* & de *Thetis* & qu'ils supposoient présider aux rivières, aux sources, aux lacs & à la mer. On les divisoit en *Néréides* & *Naïades*; les premières avoient soin des eaux de la mer & les secondes, des rivières, des fontaines, &c. On donnoit aussi le nom de *Nymphes* aux Déesses de la campagne; leurs *Dryades* & *Hamadryades* étoient *Nymphes* des forêts; leurs *Napées* étoient *Nymphes* des prés & des bocages; & leurs *Orcades* étoient *Nymphes* des montagnes. Les *Grecs* & les *Phiniciens* donnoient ce nom aux ames des defunts, croyant que les ames des morts erroient autour des lieux qui leur avoient été les plus agréables pendant leur vie. C'est de-là qu'étoit venuë leur coutume de sacrifier sous les grands arbres & dans les boccages, dans la pensée que que quelque ame y faisoit son séjour. Ainsi les *Grecs* s'imaginoient que les ames de leurs ancêtres, des anciens habitans du païs, qui autrefois vivoient dans les bois, *&c.* étoient devenuës *Dryades*; que celles qui habitoient les montagnes étoient des *Orcades*, celles qui étoient au bord de la mer *Nereïdes* & celles de ceux qui faisoient leur séjour auprès des rivières & des fontaines, *&c.* des *Naïades*. On appelle aussi *Nymphe* la petite peau qui enveloppe les insectes lorsqu'ils sont enfermés dans l'œuf, ou lorsqu'il s'en fait une transformation apparente. En termes d'*Anatomie* ce sont de petits ailerons ou parties molles & spongieuses, qui sortent & avancent hors les levres de la matrice.

NYMPHOMANIE. *s. f.* Fureur utérine.

NYMPHOTOMIE. *s. f.* Retranchement qui se fait aux Nymphes.

# O

## O

EST la quatorzième lettre de notre Alphabet & la quatrième voyelle. L'O étoit chez les anciens une lettre numerale qui signifioit onze & quand on mettoit un trait au dessus, comme, Ō, il signifioit onze mille. Cette lettre sert aussi d'interjection, pour admirer, appeller, se plaindre, se moquer, invectiver, *&c.* Parmi les *Anciens* c'étoit un Hieroglyphe ou symbole de l'éternité.... O. est le caractère, par lequel on distingue la monnoie de Riom. O. désigne l'Alun & OO. l'Huile.

## O A R

OARISTE. *s. m.* Terme de *Poësie grecque*. Dialogue entre un mari & sa femme.

## O B E

OBÉDIENCE. *s. f.* lat. *Obedientia*. ang. *obedience*. Sujettion, obéissance qu'on rend à un supérieur ecclésiastique. C'est aussi un acte que donne un supérieur ecclésiastique à un inférieur pour le faire aller en quelque autre lieu. Il se dit encore des Ambassadeurs que des Princes envoyent au Pape, pour lui rendre hommage de quelques fiefs qui relevent de lui. Les païs d'*Obedience* sont ceux qui ne sont pas compris dans le concordat.... *Obédience* se dit encor de l'envoi d'un Religieux, qui va desservir un bénéfice dépendant d'un chef d'ordre, sans qu'il en soit le titulaire, mais étant revocable *Ad nutum*.

OBÉDIENCIER. *s. mas.* lat. *Obedientiarius*. ang. *an obediential*. Religieux qui va desservir un bénéfice dont il n'est point titulaire, par l'ordre d'un supérieur.

OBÉDIENTIEL, elle. *adj.* lat. *Obedientialis*. ang. *obediential*. Ce qui obéit aux causes supérieures.

## O B E

OBÉÏR. *v. n.* lat. *Obedire*. ang. *to obey*. Se soumettre à la volonté de quelqu'un, exécuter ses ordres. Céder à la force. Plier, ne résister pas.

OBÉÏSSANCE. *s. f.* latin. *Obedientia*. angl. *obedience*. Action de celui qui obéit; soumission aux volontés d'autrui.

OBÈLE. *s. m.* Petite ligne, petit trait semblable à une aiguille. *Obelus*.

OBÉLISCOTHECA. *s. m.* Petit tourne-sol Américain. Son ovaire ressemble à un obélisque renversé, & dont la base est creuse. Ses fleurs sont radiées: elles ont plusieurs fleurons fertiles, & des demi-fleurons stériles.

OBÉLISQUE. *s. m.* lat. *Obeliscus*. ang. *an obelisk*. En *Architecture* est une pyramide quadrangulaire, menuë, haute & perpendiculairement élevée en pointe, pour servir d'ornement à quelque place, ou pour exposer aux yeux la grandeur prodigieuse de quelque pierre particulière ou pour servir de monument à quelque action remarquable, étant souvent chargée d'inscriptions & d'hieroglyphes, rélativement à l'objet qu'on vouloit designer. Quelques-uns disent que l'*obélisque* différe de la pyramide; en ce que l'*obélisque* a une fort petite base & la pyramide une grande base. D'autres disent que l'*obélisque* doit être d'une seule pierre & que la pyramide peut être composée de plusieurs pierres. Les proportions des *obélisques*, sont que leur hauteur doit contenir de neuf à dix fois leur épaisseur & que l'épaisseur du sommet ne doit jamais être moindre que la moitié, ni plus grande que les trois quarts de l'épaisseur ou diametre de la base. Ces sortes de monumens étoient fort communs dans l'antiquité. Les Arabes les appellent Aiguilles de *Pharaon* & les Prêtres *Égyptiens* les nommoient doigts du Soleil. Ils différent beaucoup les uns des autres quant à la dépense, à la grandeur & à la magnificence; quelques-uns ayant été dressés par des Rois, d'autres par des nobles

& d'autres par des Prêtres. Mais ils sont tous de pierre fort dure, ou d'une espèce de marbre moucheté, jusques à la conquête de l'*Égypte* & au bannissement des Prêtres par *Cambyses*, &c. Lorsque les *Romains* eurent conquis cette partie du monde, ils firent transporter à *Rome* plusieurs de ces *obelisques*, où il en reste encore un.... *Obélisque d'eau* : espèce de pyramide à jour, posée sur un piedestal, laquelle a ses encognures de métal doré, & dont le nud des faces paroit d'un crystal liquide par le moyen des napes d'eau à divers étages.

*OBENIGNA*. *s. m.* Soumission, révérence, basse flatterie.

OBÉRER. *v. act.* lat. *Obærare.* ang. *to run in debt*. S'endetter, engager son bien.

OBÉSITÉ. *s. f.* lat. *Obesitas.* ang. *corpulence, bulkiness*. (Médecine.) Etat d'une personne trop chargée de graisse & de chair.

## O B J

OBJECTER. *v. actif.* lat. *Objicere, opponere.* ang. *to object.* Opposer quelque chose à une opinion pour la combattre. Blamer, reprocher.

OBJECTIF. *s. masc.* lat. *Vitrum objectivum.* ang. *the objective-glass*. C'est le verre qu'on met au bout des telescopes ou des microscopes du côté des objets.

OBJECTION. *s. f.* lat. *Objectio, oppositio.* ang. *objection, difficulty.* Ce qu'on oppose pour détruire une opinion.

OBIER. *voy.* Aubier.

OBIER, *ou* Opier. *s. m.* lat. *Opulus.* angl. *a mapple tree.* Arbrisseau dont il y a deux espèces. La première a les rameaux semblables à ceux du sureau. Ses feuilles sont plus petites & plus molles que celles de la vigne, du reste elles leur ressemblent fort. Ses fleurs, un peu odorantes, sont disposées en parasol. La seconde espèce différe de la précédente, en ce que ses fleurs sont ramassées en rond, ou en globe épais, ordinairement blanches, mais quelquefois purpurines.

OBJET. *s. masc.* lat. *Objectum, res objecta.* ang. *an object.* Ce qui est opposé à nôtre vuë, ou qui frappe nos autres sens, ou qui se représente à notre imagination. On le prend quelquefois pour la matière, le sujet d'une science ou d'un art & quelquefois pour la fin, le but qu'on se propose. En termes de *Pratique*, reproche, objection, réfutation.

OBIT. *s. masc.* lat. *Obitus, anniversarium.* ang. *obit.* Anniversaire; Messe fondée qu'on dit pour un défunt tous les ans à pareil jour de sa mort. Dans les *anciennes coutumes Angloises*, c'étoit la solemnité des funerailles, qui se faisoit ordinairement dans l'Eglise, le corps mort étant présent.

OBITUAIRE. *adject.* lat. *Mortualis codex.* anglois. *a book of burials.* Se dit des regitres où l'on écrit le nom des morts & le jour de leur sépulture. On le dit aussi du livre où l'on écrit la fondation des obits: On appelle encore *obituaire* un bénéficier pourvû d'un bénéfice vacant par mort. lat. *Obituarius.* anglois. *obituary.*

OBJURGATION. *s. f.* lat. *Objurgatio.* ang. *objurgation.* Reproche, réprimande. *Il est vieux.*

## O B L

OBLAT. *s. m.* lat. *Oblatus.* ang. *an oblat.* Enfant qu'on offroit à Dieu pour le rendre religieux dans une Abbaie. On a aussi appellé *oblats*, ceux qu'on nommoit autrement *donnés*, qui se donnoient entièrement à un monastère, eux, leur famille & leurs biens; jusques-là qu'ils y entroient en servitude eux & leurs descendans. La forme qu'on observoit en cette cérémonie étoit de leur mettre au tour du col la corde d'une des cloches. On a depuis appellé *oblat*, un Moine laïque que le Roi mettoit anciennement en chaque Abbaie ou Prieuré de sa nomination, auquel les Religieux étoient obligés de donner une portion monachale, à la charge qu'il balayeroit l'Eglise & la cour. Ces places étoient destinées à des Soldats estropiés & invalides.

OBLATION. *s. f.* lat. *Oblatio.* angl. *oblation, offering.* Sacrifice, offrande qu'on fait à Dieu. L'Eglise n'a eu d'autres revenus jusques au quatrième siécle que les offrandes & *oblations* du peuple.

OBLATIONNAIRE. *s. m.* Diacre ou Soudiacre qui recevoit les oblations des fidéles.

OBLIGATION. *s. f.* lat. *Obligatio.* ang. *obligation.* Ce qui oblige, qui contraint à faire quelque chose, comme le devoir, la nécessité, la loi, le précepte. Il y a différentes causes qui produisent des *obligations* différentes. Les *obligations civiles* sont celles qui ne se tirent que de la seule autorité civile, comme la soumission à un acte du Parlement, &c. Les *obligations morales* sont celles qui concernent des cas qui ne sont pas impossibles ni trop difficiles; comme *je vous irai voir ce soir*, ce qui suppose qu'il ne surviendra aucun événement extraordinaire qui m'empêche de tenir ma parole. *Obligations naturelles* sont celles qui viennent des loix de la nature. *Obligations perpétuelles* sont celles qui obligent en tout tems, comme de rendre honneur à Dieu, &c.... Acte civil ou lien de droit, par lequel on promet de faire ou de payer quelque chose. Engagement qui vient d'un bon office qu'on a reçu.

OBLIGATOIRE. *adj.* lat. *Obligatorius.* ang. *obligatory.* Qui oblige à faire quelque chose, qui entraine une espèce de nécessité.

OBLIGÉ. *s. m.* lat. *Syngraphus.* ang. *giving security.* Acte d'un cautionnement qu'on fait pour un valet, pour un garçon qu'on met en apprentissage.

OBLIGEAMMENT. *adv.* lat. *Officiosè.* ang. *obligingly.* Officieusement, d'une manière obligeante & honnête.

OBLIGEANT, ante. *adj.* lat. *Officiosus.* ang. *obliging.* Qui oblige, officieux, honnête, civil, prêt à faire plaisir.

OBLIGER. *v. act.* lat. *Cogere.* ang. *to oblige, force, compel.* Contraindre à faire quelque chose. C'est aussi, faire quelque faveur, quelque plaisir; rendre un bon office.

OBLIQUE. *adjectif.* latin. *Obliquus.* anglois. *oblique.* Qui n'est pas droit, ou perpendiculaire. En *Trigonométrie* tous les angles plus grands ou plus petits que l'angle droit se nomment angles *obliques.* Ainsi de deux lignes qui tombent sur une autre, celle qui ne forme pas avec cette autre ligne un angle droit se nomme ligne *oblique.* De même dans la *Gnomonique* un plan qui est incliné à l'horizon, se nomme plan *oblique.* Tous les peuples, païs ou nations dont l'horizon coupe l'équateur obliquement ou qui voyent le pole élevé au dessus de leur horizon, habitent la sphère *oblique* & ils n'ont le jour égal à la nuit que dans le tems des équinoxes. En *Grammaire* tous les cas où la terminaison du nom varie, se nomment, cas *obliques.* Dans la *Navigation* lorsqu'un vaisseau fait route entre deux des quatre points Cardinaux, on dit que sa route est *oblique.* En *Astronomie* l'arc de l'équateur compris entre le premier point du *Belier* & le point de l'équateur qui se leve avec un Astre, &c. se nomme ascension *oblique* & on la compte de l'Ouest à l'Est.... On le dit aussi des voies indirectes, des détours, des mauvais artifices dont on se sert pour venir à bout de quelque chose.

OBLIQUEMENT. *adv.* lat. *Obliquè.* angl. *obliquely.* D'une maniére oblique, qui n'est point droite. Indirectement. On dit aussi que les Astres se regardent *obliquement*, quand ils sont en tout autre aspect qu'en opposition, comme quand ils sont en sextil, en trigone, en quadrat.

OBLIQUITÉ. *s. f.* lat. *Obliquitas.* anglois. *obliquity.* Disposition d'une chose posée obliquement. Maniére d'agir détournée, injuste.

OBLONG, ongue. *adj.* lat. *Oblongus.* angl. *oblong.* Terme populaire pour exprimer ce que les Géométres appellent rectangle, parallélogramme, ou quarré long, comme un comptoir, une carte à joüer, &c. ce qui est plus long que large.

O B O

OBOLE. *s. f.* lat. *Obolus.* ang. *obole.* Ancienne monnoie d'argent qui valoit la sixiéme partie d'une drachme, ou qui vaudroit en *Angleterre* aujourd'hui 7. sols & demi sterlings. En *France* c'étoit une monnoie de cuivre valant la moitié d'un denier. En *Médecine* c'est un poids de dix grains ou un demi scrupule & il faut trois scrupules pour faire une drachme ou un gros. Chez les Juifs l'*obole* étoit une espèce de poids nommé *Gerah*, qui pesoit 16. grains d'orge: chez les Siciliens c'étoit un poids d'une livre, & une espèce de monnoie.

O B R

OBREPTICE. *adj.* lat. *Obreptitius.* ang. *obreptitious.* C'est une qualité qu'on donne à une lettre portant quelque grace, titre ou concession, quand elle a été obtenuë du supérieur par surprise, en lui cachant une vérité, qu'il étoit nécessaire d'exprimer pour la rendre valable; au lieu qu'on l'appelle *subreptice*, quand on a exprimé quelque fausseté pour la faire passer plus facilement.

OBREPTION. *s. f.* lat. *Obreptio.* ang. *obreption.* Surprise qu'on fait à quelque supérieur de qui on obtient quelque grace, en lui taisant une vérité dont la connoissance auroit été un obstacle à sa concession.

OBRON. *s. m.* (Serrurier.) Morceau de fer percé par le milieu, qui est attaché à l'obronnière d'un coffre, & dans lequel, par le moyen de la clef, on fait aller le pêne de la serrure, quand on ferme le coffre.

OBRONNIÈRE. *s. m.* Bande de fer à charnière, qui est attachée dedans au couvercle d'un coffre fort.

O B S

OBSCÈNE. *adj.* lat. *Spurcus*, *obscænus.* ang. *obscene.* Indécent, sale, impudique, lascif, deshonnête, qui blesse la pudeur, soit en paroles, soit en actions, ou en représentations.

OBSCÉNITÉ. *s. f.* lat. *Obscænitas*, *impuritas.* ang. *obscenity.* Saleté, ordure, indécence; qualité de ce qui est obscène.

OBSCUR, ure. *adj.* lat. *Obscurus.* anglois. *dark*, *gloomy*, *obscure.* Ténébreux, qui ne reçoit que peu ou point de lumière. Un homme est *obscur*, quand il vit dans la retraite, & qu'il n'est point connu. *Chambre obscure* est une chambre où la lumière n'entre que par un seul trou de la grandeur d'un écu. On fixe à ce trou un verre qui porte les rayons de lumière des objets extérieurs sur une muraille ou sur une feuille de papier placée au point où il faut pour les recevoir & sur laquelle on voit clairement tout ce qui se passe dehors.... (Figurément.) Qui n'est point connu, qui n'a point d'éclat, qui n'a point de réputation. Qui n'est pas clair, net, intelligible, qu'on n'entend point.

OBSCURCIR. *v. act.* lat. *Obscurare*, *caliginem inducere.* ang. *to darken.* Empêcher l'action de la lumière; rendre obscur ou plus sombre. Effacer, diminuer l'éclat; rendre moins brillant le mérite d'un autre. lat. *Obscurum reddere.* angl. *to obscure*.... Rendre moins clair, moins intelligible. lat. *Tenebras offundere.* ang. *to cloud*, *to darken.*

OBSCURCISSEMENT. *s. m.* lat. *Obscuratio.* ang. *an obscuring*, *darkening*, *dimming.* Etat d'une chose obscurcie.

OBSCURÉMENT. *adv.* lat. *Obscurè*, *ambiguè.* ang. *obscurely.* D'une manière obscure.

OBSCURITÉ. *s. f.* lat. *Obscuritas*, *caligo*, *tenebræ.* ang. *obscurity*, *darkness*, *gloominess.* Privation de lumière, soit en tout, soit en partie. Ce qui est caché, qui se dérobe aux yeux des hommes; qui n'a point de clarté.

OBSÉDER. *v. act.* lat. *Obsidere.* anglois. *to obsess.* Se dit originairement des Démons, qui sans entrer dans le corps d'une personne, la tourmentent & l'assiégent au dehors. C'est aussi se rendre maître de l'esprit, ou de la maison d'une personne; empêcher les autres d'en approcher. Importuner quelqu'un par son assiduité, par ses demandes.

OBSEQUES. *s. f. pl.* lat. *Exequiæ.* ang. *obsequies.* Funerailles, cérémonies qui se font à l'enterrement d'un illustre défunt; derniers honneurs qu'on rend à un mort. *voyez.* Funérailles.

OBSERVANCE. *s. f.* lat. *Observantia, observatio.* ang. *observance.* Action par laquelle on observe une regle ou des cérémonies légales, statut, regle, ordonnance.

OBSERVANTIN. *s. m.* lat. *Observantinus.* ang. *observantine.* Religieux Cordelier de l'observance ou qui fait vœu d'observer à la rigueur les regles de sa profession.

OBSERVATEUR. *s. m.* lat. *Observator.* ang. *observer.* Celui qui obéit aux loix & aux regles, qui les observe exactement. Celui qui dans les sciences observe, remarque. Qui fait des critiques, des censures sur des ouvrages. lat. & ang. *observator.*

OBSERVATION. *s. f.* lat. *Observatio.* ang. *observance.* Obéissance qu'on doit aux loix divines & humaines. Action par laquelle on remarque, on observe, on fait des expériences. Note, remarque critique sur un Auteur pour l'expliquer, le commenter ou le critiquer. Examen, pénétration. C'est aussi l'action par laquelle on prend les hauteurs, les distances, &c. du Soleil, de la Lune, des Etoiles, &c. avec les instrumens convenables, pour différentes vues & sur tout pour trouver la latitude & la longitude d'un païs, &c. lat. *Observatio.* ang. *observation.*

OBSERVATOIRE. *s. m.* lat. *Specula observatoria.* ang. *an observatory.* Lieu propre à observer les Astres; bâtiment accompagné de toutes sortes d'instrumens, &c. pour les observations astronomiques, pour perfectionner & regler le calcul des Eclipses, &c. Pour découvrir le vrai sistême des planétes & sur tout celui de la Lune dont les irrégularités demandent plus d'attention & de travail que toutes les autres, pour parvenir à un sistême parfait. C'est pour cela qu'on a bâti divers observatoires & qu'on les a fournis d'instrumens & d'observateurs. Les plus remarquables en *Europe* sont celui de *Tycho-brahe*, dans l'isle d'*Huen*, au milieu du détroit de *Sund*, dans la mer *Baltique*, où les travaux de 20. ans ont produit ce qu'on appelle son catalogue, &c. Celui de *Paris* bâti par ordre de *Louis* XIV. pour observer les étoiles & les planétes, aussi bien que le froid, le chaud, la pesanteur de l'atmosphère, la pluie & autres méteores. C'est pour cela qu'on a fait cet édifice de figure quarrée, dont les quatre faces sont tournées exactement vers les quatre points cardinaux du monde. Le bâtiment est élevé de 80. pieds au dessus du rez de chaussée & ses fondemens sont aussi de 80. pieds sous terre. Il a trois étages & est couvert d'une terrasse, de laquelle on découvre tout l'horizon. On descend sous l'édifice par un degré à vis très curieux & tellement construit qu'on voit d'embas les étoiles qui passent par le Zénith. Cet observatoire est fourni d'instrumens astronomiques pour faire des observations pendant le jour & pendant la nuit. On y a fait plusieurs découvertes utiles à l'Astronomie & à la Geographie, &c. L'*Observatoire* Royal de *Greenwich* auprès de *Londres* a été fondé par le Roi *Charles* II. & Mr. *Flamsteed* y a observé pendant un grand nombre d'années. Son industrie infatigable, son exactitude & sa dexterité ont produit de grands volumes très utiles à ceux qui sont zelés pour l'Astronomie. A peine y a-t'il aujourd'hui un collége ou une université dans laquelle on enseigne les mathématiques, qui n'ait un *observatoire* quoique d'un genre inférieur à ceux dont on vient de parler. Le dernier Empereur de la *Chine*, à la prière de quelques Missionnaires, fit élever à *Peking* un *observatoire* superbe, qui est fourni de quelques grands instrumens, mais qui ne sont pas aussi parfaits que ceux dont on se sert en *Europe.*

OBSERVER. *v. act.* lat. *Observare.* ang. *to observe.* Obéir; suivre une regle, garder une loi. Examiner attentivement quelque chose, en bien remarquer la nature, les mouvemens, les qualités, &c. Prendre garde à ce qu'on fait, à ce qu'on dit, ou le faire remarquer aux autres. lat. *Animadvertere.* ang. *to observe*.. *v. n.* Faire des observations astronomiques.

OBSESSION. *s. f.* lat. *Obsessio.* ang. *obsession.* Action d'obséder. La possession du Démon consiste en ce qu'il entre & qu'il réside dans le corps d'un homme & l'*obsession* en ce que sans entrer dans le corps il l'assiége dehors & le tourmente. On dit que les marques de l'*obsession* sont d'être élevés en l'air sans être blessés, de parler des langues étrangères & inconnues, &c.

OBSIDIANE. *s. f.* Pierre de couleur noire, transparente & ressemblante à la Sardoine.

OBSIDIONALE. *adjectif. feminin.* latin. *Obsidionalis.* anglois. *obsidional.* La couronne *Obsidionale* est celle dont les *Romains* honoroient les Généraux, qui avoient delivré une armée *Romaine* assiégée des ennemis & qui les avoient obligés à décamper. Cette couronne étoit faite du gramen, ou des herbes qui se trouvoient sur le terrain où l'action s'étoit passée, & c'étoient les Soldats qui la faisoient & qui la donnoient. On l'accordoit aussi à ceux qui faisoient lever le siége d'une ville, ou d'une fortéresse, &c.

OBSTACLE. *s. masc.* lat. *Obstaculum, obex.* ang. *obstacle, hindrance.* Empêchement qu'on trouve à faire réussir quelque dessein ou entreprise.

OBSTANCE. *s. f.* Obstacle qui pourroit démouvoir le Pape d'accorder une grace.

OBSTINATION. *s. f.* lat. *Obstinatio, pertinacia.* angl. *obstinacy.* Attachement à l'exécution de quelque chose; opiniâtreté à soutenir quelque opinion.

OBSTINÉMENT. *adv.* lat. *Obstinatè, pertinaciter.* ang. *obstinately.* D'une manière opiniâtre.

OBSTINER. *v. act.* lat. *Obstinare.* angl. *to make obstinate.* Rendre opiniâtre, ou s'opiniâtrer.

OBSTRUCTIF, ive. *adj.* lat. *Stypticus*, *obstruens meatus*. ang. *obstructive*. Qui cause des obstructions.

OBSTRUCTION. *s. f.* lat. *Obstructio*, *obductio*. angl. *obstruction*, *stoppage*. Empêchement qui se trouve au passage des humeurs dans le corps.

OBSTRUER. *v. act.* lat. *Obstruere*. ang. *to obstruct*. Boucher, arrêter, former une obstruction.

O B T

OBTEMPÉRER. *v. neut.* lat. *Obtemperare*. ang. *to obtemperate*. Obéir à justice.

OBTENIR. *verb. act.* lat. *Obtinere*, *assequi*. ang. *to obtain*, *to get*. Avoir; se faire accorder une chose qu'on demande ou qu'on poursuit.

OBTENTION. *s. f.* lat. *Impetratio*. ang. *an obtaining or getting*. Action par laquelle on obtient, ou la chose même qu'on obtient.

OBTURATEURS. *s. mas. pl.* (Anatomie.) Se dit de deux muscles de la cuisse, parce qu'ils bouchent le trou, qui est entre l'os pubis & celui de la hanche. lat. *Obturatores*. angl. *obturators*.

OBTUS. *adj.* lat. *Obtusus*. ang. *obtuse*. Qui n'est point subtil, ni pointu, qui est émoussé. En *Trigonométrie* un angle *obtus* est celui qui contient plus de 90. degrés ou qui est plus grand qu'un angle droit.

OBTUSANGLE. *voy.* Amblygone.

O B V

OBVENTION. *s. f.* Impôt ecclésiastique.

OBVERSE. *adject.* Exposé à ... Tourné du côté de ....

OBVERSEMENT. *adv.* Dans une situation obverse.

OBVIER. *v. neut.* lat. *Prævenire*, *occurrere*. ang. *to obviate*, *to prevent*. Prévenir, empêcher, aller au devant d'une difficulté, d'un inconvénient qu'on a prévu & y apporter remède.

OBUS. *s. m.* (Artillerie.) Mortier qui se tire horisontalement sur un affût à rouages.

O C A

OCA. *s. f.* Racine dont les Indiens Occidentaux se servent au lieu de maïs. Ils la mangent cruë, parce qu'elle est fort douce. Ils la font cuire aussi & sécher au soleil.

O C C

OCCASE. *adj. m. & fem.* (Astronomie.) Se dit de ce qui a rapport au coucher du soleil. lat. *Dyticus*. ang. *dytick*.

OCCASION. *s. f.* lat. *Occasio*, *facultas*. anglois. *occasion*, *opportunity*. Déesse honorée par les anciens payens, comme présidant au tems le plus propre à l'exécution d'un projet. Elle étoit peinte en femme nuë, ayant le derrière de la tête chauve, une touffe de cheveux en devant, un pied en l'air & l'autre sur une roüe, tenant un rasoir d'une main & un voile de l'autre. Elle avoit des aîles aux pieds & la roüe étoit dans un mouvement continuel, pour faire entendre que l'*Occasion* est toujours inconstante & qu'il ne faut pas la perdre d'un moment; en sorte que si on la laisse échaper, on ne la retrouve plus & qu'elle laisse après elle le repentir comme un compagne inséparable. Ce mot à parmi nous à présent différentes significations. Car quelquefois il signifie rencontre, conjoncture, moment où l'on trouve un temps, ou un lieu favorable pour faire quelque chose; hazard, fortune: & d'autres fois, cause, sujet, motif, &c.

OCCASIONNEL, elle. *adj.* lat. *Occasionalis*. ang. *occasional*. Qui donne occasion.

OCCASIONNER. *v. act.* lat. *Ansam vel occasionem prabere*. ang. *to give a handle to do a thing*. Donner, fournir l'occasion.

OCCIDENT. *s. masc.* lat. *Occasus*, *occidens*. ang. *west*. La partie Ouest du monde, c'est-à-dire, la partie de l'horizon où l'équateur & un Astre qui s'y trouve, descend dans l'hemisphère inférieur. Mais on le prend ordinairement, quoiqu'improprement, pour tout l'arc de l'horizon qui détermine l'amplitude occase des Astres. Anciennement on prenoit l'Ouest depuis les *Isles fortunées*; mais à présent on le prend communément depuis les *Açores*.

OCCIDENTAL, ale. *adj.* lat. *Occidentalis*, *occiduus*. ang. *westerly*, *occidental*. Qui appartient à l'Ouest, à l'Occident, qui incline vers l'Occident. Un Astre est dit *occidental* lorsqu'il se couche après le soleil.

OCCIPITAL, ale. *adj.* (Anat.) Se dit des parties de l'occiput. latin. *Occipitalis*. anglois. *occipital*

OCCIPITO-FRONTAL. *s. mas.* Muscle de la tête, antagoniste du corrugateur, servant à tirer la peau de la tête en arrière en même tems qu'il tire & qu'il ride celle du front. lat. & ang. *occipito-frontalis*.

OCCIPUT. *s. m.* lat. & ang. *occiput*. (Anat.) Le derrière de la tête.

OCCIRE. *v. act.* Tuer.

OCCISION. *s. f.* lat. *Occisio*, *strages*. angl. *slaughter*. Grand massacre, grande tuerie.

OCCULTATION. *s. f.* En *Astronomie* est le tems pendant lequel un Astre ou une planéte est cachée à nos yeux dans une Eclipse, &c.

OCCULTE. *adject.* lat. *Occultus*, *abditus*. ang. *occult*, *secret*, *hidden*. Caché, secret, qu'on ne voit pas. *Ligne occulte*, lorsqu'on fait une figure géométrique, est une ligne qu'on tire avec la pointe du compas ou avec le crayon pour achever la figure, & qui est par conséquent très-subtile, en sorte qu'on peut l'effacer quand l'ouvrage est achevé. Les *qualités occultés* sont les propriétés qu'ont divers corps & dont la cause est inconnuë, comme celles de la pierre d'aiman, &c. Les *sciences occultes* sont celles qui ne sont accompagnées d'aucune démonstration, mais qui dépendent de certains faits qu'on a imaginés & qui pour ordinaire n'ont rien de réel; comme la magie, l'Astrologie, &c.

OCCUPANT, ante. *adj.* lat. *Occupans, invadens.* ang. *occupant.* Qui se saisit d'une chose, qui s'en rend maître.... Il se dit aussi d'un Procureur institué pour l'instruction d'un procès.

OCCUPATION. *s. f. pl.* lat. *Occupatio.* ang. *occupation.* Action de ce qui remplit une place. Action de s'emparer, de se saisir de quelques postes avantageux. Emploi, amusement, travail, affaire. Habitation.

OCCUPER. *v. act.* lat. *Occupare, implere.* ang. *to take up.* Remplir quelque lieu ou espace déterminé. Habiter. S'emparer, se saisir, se rendre maître de quelque chose. Remplir, posséder. Faire servir, emploier. S'appliquer à quelque chose, y passer, y emploier tout son tems; s'y arrêter, s'y amuser. . . . (Palais.) Se déclarer Procureur dans une affaire, comparoir pour une partie.

OCCURRENCE. *s. f.* lat. *Casus, occasio.* ang. *occurrence.* Rencontre, conjoncture.

OCCURRENT, ente. *adj.* Qui se rencontre, qui survient fortuitement. lat. *Occurrens.* ang. *occurring.*

O C E

OCÉAN. *s. m.* lat. *Oceanus, mare oceanum.* ang. *the ocean.* Signifie quelquefois l'assemblage de toutes les eaux qui environnent la terre, & quelquefois une partie de ces eaux, ou une grande mer, comme l'*Océan atlantique*, ou celui qui est entre l'*Europe* & l'*Afrique* à l'Est & l'*Amérique* à l'Ouest, &c. de même l'*Océan germanique*, &c. Parmi les *Anciens l'Océan* étoit le Dieu de la mer & on le disoit fils du *Ciel* & de *Vesta*, mari de *Thetys* & père des *Rivières* & des *Fontaines.* On le nommoit aussi père de toutes choses sur le principe que l'eau est la semence de l'univers.

OCÉANE. (Mer.) *adj. f.* l'Océan.

OCÉANIEN, enne. *adj.* Qui appartient à l'Océan.

O C H

OCHE. *s. f.* lat. *Crena, incisura.* ang. *a jag or notch.* Entaille que les Tailleurs de pierre & les Charpentiers font sur des regles de bois.

OCHER. *v. act.* lat. *Crenis incidere.* ang. *to jag or notch.* Faire des oches, des entailles sur un morceau de bois.

OCHLOCRATIE. *s. f.* lat. *Ochlocratia.* ang. *ochlocracy.* Gouvernement où la populace a tout le pouvoir.

OCHRE. *s. f.* lat. *Ochre.* ang. *oker.* Terre jaune, séche, graisseuse, friable, douce au toucher; fossile, ou demi-métal, qui se trouve quelquefois dans les mines de cuivre, de plomb & d'argent, & quelquefois toute seule dans un lit ou mine particulière. Quelques-uns en font cas pour adoucir les métaux lorsqu'ils sont trop cassans. Mais son principal usage est dans la peinture pour les couleurs. Il y en a une espèce qu'on appelle *ochre rouge*, qui se fait de l'ochre jaune qu'on calcine au feu jusqu'à ce qu'elle ait aquis une couleur rouge. L'*ochre* est toujours empreinte de fer & c'est elle qui donne aux eaux minerales leurs vertus médicinales, comme on le voit en les laissant reposer: car on y trouve au fond de l'*ochre.*

OCHRUS. *s. m.* Plante qui croît dans les blés & qui tire son nom de ce que sa semence ressemble à l'ochre. Cette plante est détersive, astringente, résolutive & digestive.

O C O

OCOCOL, ou Ocosolt. *s. masc.* Arbre de la nouvelle Espagne d'où découle le *liquidambar.* Il est fort grand, beau & rameux. Ses feuilles ressemblent à celles du lierre. lat. *Ococolus.* ang. *ococol.*

OCOLOXOCHITL. *s. m. Flos tigris.* Plante dont la racine ressemble au poireau; les feuilles à celles du glayeul; la fleur est d'un rouge vif, blanche dans le milieu & tachetée comme la peau d'un tigre.

OCOS, OCQUA, ou Ocque. *s. m.* Poids de Turquie, 400. drachmes, ou 3. liv. deux onces, poids de Marseille.

OCOSOLT. *voy.* Ococol.

OCOZOALT. *s. m.* lat. *Ocozoaltus.* anglois. *ocozoalt.* Serpent du Mexique. Tête de Vipère, ventre blanc, tirant sur le jaune.

O C Q

OCQUA ou Ocque. *voy.* Ocos.

O C R

OCRE. *voy.* Ochre.

O C T

OCTACHORE. *s. m.* (Architec. ancienne.) Temple dont l'Abside étoit à 7. Voussoirs. *Octachorum.*

OCTAËDRE. *s. m.* lat. *Octaedrum.* anglois. *octaedron, or octahedron.* Solide géométrique compris sous huit triangles égaux & équilateraux.

OCTAËTÉRIDE. *s. f.* (Astron. & Chronol.) Espace, durée de 8. années. *Octaeteris.*

OCTANT. *s. m.* Instrument pour mesurer les angles, qui consiste en un arc de 45. degrés. C'est la 8e. partie d'un cercle.

OCTANTE. lat. *Octoginta.* ang. *four-score, eighty.* Quatre vingt; huit dixaines.

OCTANTIÈME. *adj.* lat. *Octuagesimus.* ang. *eightieth.* Rang de celui qui en a devant lui soixante & dix neuf.

OCTAPLES. *s. m. pl.* lat. & ang. *Octapla.* Bible polyglotte à 8. colomnes. *voy.* Hexaples.

OCTATEUQUE. *s. masc.* lat. *Octateuchus.* anglois. *octateuch.* Les huit premiers livres de l'Ancien Testament.

OCTAVAIRE. *s. m.* Livre qui contient ce qu'on doit réciter à l'office pendant les Octaves. *Octavarium*... Dans le droit *Romain*, il se disoit d'un impôt qui se levoit sur les choses vénales, & de ceux qui étoient préposés pour lever cet impôt. *Octavarius.*

OCTAVE. *s. f.* ang. *octave.* Terme de *Musique* qui signifie l'intervalle de huit tons ou les différens degrés des tons. Il y en a qui ne font point de différence entre l'unisson & l'*octave*; mais la vérité est qu'il y a une grande différence

différence de l'un à l'autre. Car les vibrations du ton le plus aigu sont répetés deux fois pour chaque vibration du ton le plus grave : de sorte que la proportion des sons qui forment les deux extrémités d'une *octave*, est en nombres ou en lignes comme 2 à 1, & que deux cordes de même matière, grosseur & tension, dont l'une est double en longueur de l'autre, font l'*octave*. On l'appelle aussi *diapason*. La division de l'*octave* contient tous les sons & toutes les cordes possibles & simples. *Octave* dans les *premiers tems du Christianisme* étoit la répetition du service des grandes fêtes, huit jours après la fête, ce qui s'est observé dans l'Eglise *Anglicane* jusques au tems des Saxons ; & dans l'Eglise Romaine c'est l'intervalle même de ces huit jours... Stance de 8. vers de la Poësie Italienne.

OCTAVINE. *s. f.* Petite épinette, qui n'a que le petit jeu du clavessin.

OCTAVO. (in) Parmi les *Imprimeurs* & les *Libraires* c'est un livre tellement imprimé que huit feuilles ou seize pages ne remplissent qu'une feuille de papier.

OCTIL. *s. m.* Aspect de deux planétes, qui sont éloignées l'une de l'autre de la huitième partie du Zodiaque, ou de 45.°

OCTOBRE. *s. m.* lat. & ang. *October*. Dans le stile ordinaire c'est le dixième mois de l'année ; mais dans les loix anciennes & *Angloises* c'est le huitième & c'est pour cela que les *Romains* l'avoient ainsi appellé. Les *Peintres* représentent ce mois avec un habit de couleur de feuilles & de fleurs mortes, avec une guirlande sur la tête de feuilles de chênes & de glands, tenant en sa main droite un scorpion & à la gauche un panier plein de chatagnes, de nefles, de sorbes, &c.

OCTOGAME. *s. m.* Qui a été marié 8. fois.

OCTOGENAIRE. *s. & adj. m. & f.* lat. *Octogenarius*. anglois. *fourscore years old*. Qui a 80. ans.

OCTOGONE. *adj. & s. m.* lat. *Octogonus*. ang. *octogonal*. Figure qui a huit angles & huit côtés. Place à huit bastions.

OCTOPHORE. *s. m.* Litière portée par huit hommes.

OCTOPODE. *s. m.* (Antiquités.) Bannière divisée en huit languettes.

OCTOSTYLE. *s. m.* lat. *Octostylum*. angl. *octostyle*. Bâtiment qui a huit colomnes de front.

OCTROI. *s. m.* lat. *Concessio, donum*. ang. *a grant*. Concession de quelque grace, ou privilège, faite par le Prince.

OCTROYER. *v. act.* lat. *Concedere*. angl. *to grant*. Accorder une demande, une grace.

OCTUPLE. *adj.* (Arithmet.) Répété huit fois. Huit fois aussi grand qu'un autre.

## O C U

OCULAIRE. *adj.* lat. *Ocularis*. ang. *ocular*. Qui a vû de ses yeux. On le dit aussi des verres des telescopes & microscopes qui sont du côté de l'œil.

OCULAIREMENT. *adverb.* lat. *Visibiliter*. ang. *visibly*. Visiblement, sensiblement.

OCULISTE. *s. mas.* lat. *Ocularius medicus*. ang. *oculist*. Chirurgien qui s'applique particulièrement à guérir les maladies des yeux, à bien connoître toutes les parties de l'œil & leur situation.

OCULUS CHRISTI. *s. m.* Espèce d'Asterisque, qu'on cultive dans les Jardins, à cause de sa fleur.

*OCULUS*. *s. m.* Tulipe qui a un beau rouge-brun, sur du blanc de lait.

## O D A

ODA. Chambrée des Janissaires.

ODA-BACHI. *s. mas.* Chef de la chambre, chez le Grand-Seigneur, ou premier Page de la cinquième chambre des Pages.

## O D E

ODE. *s. f.* lat. *Oda*, *ode*. ang. *an ode*. Parmi les anciens étoit un chant, ou composition poëtique propre pour le chant. On la chantoit ordinairement avec l'instrument qu'on appelle Lyre & qui étoit accompagné de la voix. Les *odes* se composoient à l'honneur des Dieux, des Héros, & des grands hommes, & quelquefois sur d'autres sujets. Delà vient qu'on les appelloit ordinairement Poëmes Lyriques. Dans la poësie moderne, on les appelle aussi Poëmes Lyriques & elles sont composées de grands & de petits vers, distinguées par stances ou strophes, dans lesquelles la même mesure est gardée. Elles sont faites communément pour louer les grands hommes ou les grandes actions, comme celles de *Prior*, de *Welsted*, &c. en *Angleterre*. Le caractère distinctif de ce genre de poësie est la *douceur* ; le Poëte tache de gagner ses Auditeurs ou ses Lecteurs par la variété des vers & la délicatesse des expressions, par la beauté de la cadence & le choix des matières les plus propres par elles-mêmes à frapper

ODÉE, ou Odeum. *s. m.* lat. & ang. *Odeum*. C'étoit chez les *Anciens* un lieu destiné pour la répetition de la musique qui devoit être chantée sur le théatre. C'étoit aussi le chœur d'une Eglise ou un salon pour chanter.

ODEUR. *s. f.* lat. *Odor*. ang. *odour*, *smell*, *flavour*. Senteur, impression que font sur le nez certaines petites particules qui s'exhalent continuellement des corps. Bonne ou mauvaise réputation. Impressions que les corps laissent dans l'air, qui n'est sentie que par les chiens ou autres animaux, qui ont un odorat exquis.

## O D I

ODIEUSEMENT. *adv.* lat. *Odiosè*. anglois. *odiously*. En un sens odieux.

ODIEUX, euse. *adject.* lat. *Odiosus*. ang. *odious*, *hateful*. Haïssable, détestable, qui excite l'aversion, l'indignation, le mépris. Facheux, défavorable.

ODIN. *s. masc.* Dieu adoré par les anciens *Danois* & qu'ils croïoient présider aux batailles & aux affaires de la guerre avec un autre Dieu appellé *Thor*.

O D O

ODOMÈTRE. *s. m.* Instrument qui sert à mesurer le chemin. Il marque les tours des roues d'un carrosse, jusqu'au nombre de 100, 000. & montre par-là le chemin qu'on a fait. Il est composé de 6. roues, 4. pignons & un ressort. lat. *Odometrum.* ang. *odometer.*

ODONTALGIE. *s. f.* lat. *Odontalgia.* ang. *odontalgy.* Mal des dents.

ODONTALGIQUE. *adj.* lat. *Odontalgicus.* ang. *odontick.* Remède pour le mal des dents.

ODONTIQUES. *s. mas. pl.* ang. *odonticks.* Remédes bons pour les maux de dents.

ODONTOÏDE. *adj.* (Anat.) Qui a la forme d'une dent. Il ne se dit que de l'apophyse de la vertèbre tournoyante, qui est la seconde. lat. *Odontoides.* ang. *odontoid.*

ODONTOTECHNIE. *s. f.* Partie de la chirurgie, dont l'objet est la conservation des dents.

ODORANT, ante. *adj.* lat. *Odorus, odoratus.* ang. *sweet-smelling.* Qui sent bon.

ODORAT. *s. m.* lat. *Odoratus.* ang. *smelling.* Organe qui reçoit les odeurs, qui les discerne.

ODORATION. *s. f.* (Physique.) Perfection des odeurs.

ODORER. *v. act.* lat. *Odorari, olfacere.* ang. *to smell.* Flairer, sentir par l'odorat.

ODORIFÉRANT, ante. *adj.* lat. *Odorifer.* ang. *odoriferous.* Qui contient une bonne odeur, qui l'exhale & la fait sentir.

O D Y

ODYSSÉE. *s. fem.* Relation qu'*Homére* a fait des avantures d'*Ulisse* au retour du siége de *Troye* & c'est le fameux Poëme Epique qui est regardé avec raison comme la plus belle piéce qui ait paru dans le monde.

O E C

ŒCONOMAT. *s. m.* lat. *Administratio.* ang. *stewardship.* Regie, gouvernement de biens.

ŒCONOME. *s. m.* & *adj.* lat. *Administrator.* ang. *a steward.* Celui qui est préposé pour regir & menager un bien ecclésiastique vacant ou ceux d'une communauté. Ce mot signifie aussi un homme prudent, menager, qui sçait regler ses affaires, sa dépense, l'administration de son bien.

ŒCONOMIE. *s. f.* lat. *Œconomia.* ang. *œconomy.* Conduite sage, ménagement prudent qu'on fait de son bien ou de celui d'autrui. Il se dit aussi du bon usage qu'on fait de son esprit & de ses autres qualités : de la prudence à les bien placer ou à les bien menager. L'*œconomie animale* en *médecine* est la disposition des parties du corps humain, leur usage, la nature & la cause de la vie, de la santé & ce qui produit les maladies, &c. C'est proprement tout l'objet de l'anatomie. En *Architecture* l'*œconomie* d'un bâtiment est le ménagement de la pl[illegible] & la belle & commode disposition des app[illegible]temens. Dans l'*Ecriture*, l'*œconomie* légale ou juive est la maniére dont Dieu jugea à propos de conduire son peuple tant par les loix cérémoniales pour la religion que par les loix morales. L'*œconomie* chrétienne est la dispensation de la grace & de la miséricorde par J. C. & ses Disciples. Dans l'*Art oratoire*, c'est l'ordre régulier ou l'arrangement d'un discours selon les régles de l'art.

ŒCONOMIQUE. *adj.* lat. *Œconomicus.* ang. *œconomical.* Qui appartient à l'œconomie.

ŒCONOMIQUEMENT. *adv.* lat. *Œconomicè.* ang. *œconomically.* Avec œconomie.

ŒCONOMISER. *v. act.* lat. *Sumptui parcere.* ang. *to husband.* Épargner, ménager, user avec œconomie.

ŒCUMÉNICITÉ. *s. fem.* Ce qui rend une chose œcuménique. Qualité de ce qui est œcuménique.

ŒCUMÉNIQUE. *adj.* lat. *Œcumenicus.* ang. *œcumenical.* Général, universel. C'est ainsi qu'on appelle les conciles reçus de toute l'Eglise & où toute l'Eglise a été mandée.

O E D

ŒDÉMATEUX, euse. *adj.* Qui tient de la nature de l'œdême, qui a rapport, qui appartient à l'œdême.

ŒDÊME. *s. masc.* lat. & ang. *Œdema.* C'est une tumeur contre nature, froide, lâche, molle, sans douleur, blanchâtre, qui enfonce quand on la presse du doigt, & y laisse la marque imprimée, procédant d'humeur phlegmatique. On la prend quelquefois pour toute sorte d'enflûre. Ce n'est souvent que la lymphe extravasée & transformée en une espèce de gêlée.

OÊDEMOSARQUE. *adj. fem.* Espèce de tumeur d'une nature mitoyenne entre l'œdême & le sarcome.

O E I

ŒIL. *voy.* Œuil. Et ses composés.

ŒILLET, Œilleton. *voy.* Œuillet, Œuilleton, &c. &c.

O E N

ŒNANTHE. *s. f.* Plante qui croît dans les lieux marécageux, & qui est propre pour ouvrir les obstructions.

ŒNAS. *s. m.* Espèce de pigeon sauvage.

ŒNÉLÉUM. *s. m.* (Pharm.) Mixtion composée de vin gros & d'huile rosat.

ŒNOMANTIE. *s. f.* Divination par le moyen du vin, dont l'on observoit la couleur & le mouvement pour en tirer des présages.

ŒNOMELI. *s. mas.* Vin mixtionné avec du miel.

ŒNOPHORE. *s. m.* Grand vase où les anciens mettoient du vin.... Bouteiller, celui qui portoit le vin.

ŒNOPTE. *s. mascul.* Inspecteur du vin, à Athènes.

## ŒO

ŒONISTICE. *s. f.* Augure.

## OES

ŒSOPHAGE. *s. m.* lat. *Œsophagus.* anglois. *œsophague.* Le conduit par-où entrent les viandes, ou le boire & le manger dans l'estomac. Il s'étend depuis l'entrée de la gorge jusqu'au ventricule.

ŒSOPHAGIEN. *s. m.* Muscle du pharynx, qu'il envelope comme un anneau. Autrement *déglutiteur .... adjectif.* Qui a rapport à l'œsophage.

ŒSYPHE. *s. mas.* Mucilage graisseux qu'on tire de la laine grasse qui nait à la gorge & entre les cuisses des brebis & des moutons.

## OEU

ŒUF. *s. m.* lat. *Ovum.* ang. *an egg.* Partie qui se trouve dans les femelles des animaux & qui renferme un petit animal de même espèce dont les parties se dévelopent & se gonflent par le suc nourricier. Mais on le prend communément pour ceux des poules & des cannes que l'on mange.

ŒUIL, *ou* Œil. *s. m.* lat. *Oculus.* ang. *eye.* Merveilleux organe ou instrument par lequel l'ame voit ou apperçoit les objets proches ou éloignés, &c. Sa forme est pour l'ordinaire globuleuse ou un peu sphérique, qui est la figure optique la plus commode, étant la plus propre à contenir les humeurs & à recevoir les images des objets extérieurs ; les humeurs y sont placées utilement pour former la réfraction, & la retine avec toutes les autres parties y est placée au point convenable pour recevoir les images de dehors & les porter à l'organe commun des sensations qui est dans le cerveau. On peut ajouter à cela que cette figure est propre pour le mouvement de l'*œil* de tous les côtés, en sorte qu'il peut se tourner vers tous les objets qu'on veut voir. Sa situation est aussi commode que sa figure, étant placé dans la tête, auprès du cerveau, qui est la partie vitale la plus sensible. Dans l'homme & dans quelques autres animaux, il est placé principalement, pour voir directement en avant & cependant il est tellement situé qu'il a presque tout l'hemisphére devant lui. Dans les oiseaux & quelques autres animaux, les yeux sont tellement placés qu'ils embrassent presque toute la sphére, pour pouvoir mieux chercher leur nourriture & éviter les dangers ; & dans quelques animaux ils sont placés de manière qu'ils voyent derrière eux & de chaque côté & qu'ainsi ils peuvent voir l'ennemi qui les poursuit & lui échapper. Le mouvement de l'œil se fait de tous les côtés pour mieux recevoir & plus aisément les rayons de lumière & afin qu'ils soient plus distincts. Mais lorsque la nature refuse le mouvement aux yeux & à la tête de certains animaux, elle y supplée merveilleusement en plaçant les yeux de ces animaux à une certaine distance ( comme dans les araignées, les limaçons, &c. ) En sorte qu'ils peuvent les faire rouler tantôt d'un côté, tantôt de l'autre comme il leur plait. Et dans les animaux dont les yeux sont sans aucun mouvement, comme il arrive à divers insectes, la nature leur à fourni plus de deux yeux, & même leurs yeux sont presque deux hemisphéres qui protuberent & qui sont composés chacun d'un nombre prodigieux de petits segmens de sphére. La grandeur de l'œil est différente : dans quelques animaux il est grand & dans d'autres petit, selon la grandeur & la destination de l'animal. Leur nombre est aumoins de deux & dans quelques-uns il est plus grand & cependant on ne voit jamais l'objet double. Le méchanisme des *yeux* est aussi admirable que l'usage en est grand & sans parler des veines, des artères, &c. qui leur sont communes avec les autres parties du corps, nous pouvons ici observer leurs muscles, leurs tuniques & leurs humeurs. Les muscles sont merveilleusement disposés pour les mouvoir de tous côtés & pour conserver toujours ce parallélisme des *yeux* qui est nécessaire à la vision parfaite. Selon la situation de l'animal, soit qu'il soit droit ou courbé, ils conservent un balancement exact & non-seulement ils empêchent les contorsions indécentes & les écarts incommodes, mais encore ils les appliquent avec beaucoup de facicilité & d'exactitude à tous les objets soit qu'ils soient proches ou qu'ils soient à de grandes distances. Quant aux tuniques ou envelopes de l'œil, il y a bien des choses à remarquer ; la finesse prodigeuse de l'Arachnoïde, le sentiment vif de la retine, la transparence délicate de la cornée & son tissu ferme & solide aussi bien que celui de la sclerotique. Elles sont toutes placées à tous égards, de la manière la plus exacte & la plus propre à leurs fonctions. Par exemple, on peut ici considérer la partie de l'uvée qui forme la prunelle. Comme on est forcé d'emploier différentes ouvertures aux objectifs des grandes lunettes, la nature en a fait une provision des plus completes dans les *yeux* des animaux, pour les fermer & les ouvrir autant qu'il est nécessaire par la dilatation & la contraction de la prunelle & pour n'y recevoir que la lumière dont on a besoin. Mais il est à remarquer que ces prunelles sont de différentes figures dans divers animaux, selon leurs besoins particuliers. La prunelle est ronde dans l'œuil de l'homme ; elle est ovale dans quelques autres animaux ; dans d'autres elle est en travers avec une grande ouverture ; dans d'autres la fente est perpendiculaire & capable de s'ouvrir beaucoup & de se fermer entièrement. Ce qui reste à observer sont les humeurs & sur-tout le crystallin & sans parler de sa transparence admirable, de sa forme lenticulaire exacte, de la membrane arachnoïde qui le resserre & le dilate & qui par ce moyen varie son foyer ( selon l'opinion de quelques observateurs curieux ) & du mouvement merveilleux qui le fait approcher ou s'éloigner de la retine avec le secours du ligament circulaire, selon que les objets sont proches ou éloignés; je me bornerai à observer en particulier l'art prodigieux & la finesse des parties qui le composent. On a découvert au microscope par des observations délicates, que le crystallin est composé de diverses écailles très-minces & que celles-ci ne sont composées que d'un seul fil ou d'une fibre très-menuë; laquelle tourne en spirale sans qu'un tour croise l'autre en aucun point, quoique les bouts se rencontrent, les uns en deux & les autres en plusieurs centres différens. C'est une toile qui n'a pû être tissuë & une lentille optique qui n'a pû être travaillée que par une sagesse infinie. Toute la construction & l'accompagnement de l'*œuil*, ne tendent qu'à faire entrer directement sous la prunelle au fond de l'*œil*, un amas vif & distinct de tous les rayons qui viennent de chaque point d'un objet & qui pénétrent l'humeur crystalline, en sorte que chaque point visible soit représenté distinctement au fond de l'*œil* & qu'il se forme une petite image de l'objet dans la retine. On donne aussi ce nom a plusieurs autres choses: car en *Architecture* on appelle *œil* de volute, le centre de la volute, qui est l'ornement du chapiteau Ionique. Dans le *Jardinage* le petit bouton qu'on insére dans un arbre se nomme l'*œuil*. Dans l'*Imprimerie œil* se dit de la grosseur des caractères & l'œil d'un *e* est la petite ouverture qui est à la tête de ce caractère & qui le distingue du *c*. *Œil* parmi les *jouailliers* se dit de l'éclat & du lustre des diamans & des pierres précieuses, que l'on nomme aussi l'eau. En *Astronomie* l'*œil* du taureau ou *Aldebaran* est une étoile de la première grandeur dans la constellation du taureau. Il y a une pierre précieuse que quelques-uns appellent *œil de chat* & d'autres *œil du soleil*, qui est luisante, transparente, de différentes couleurs, & de figure ordinairement oblongue. En *Médecine* il y a une maladie qu'on appelle *œil de liévre* qui oblige le malade de dormir la paupière ouverte. *Œil de chevre* est celui qui a une tache blanche à la cornée. Parmi les *Artisans* l'*œil* d'un marteau est le trou par où il est emmanché; l'*œil* d'un étau, le trou par où passe la vis, &c. Dans un *Navire œil* signifie les trous par où les cables entrent & sortent, &c. La chambre obscure se nomme aussi *œil* artificiel.... *Œil* en bien des occasions se prend pour un trou, une ouverture. Il se dit aussi du lustre & de l'éclat des marchandises; du melon, & c'est l'endroit d'où sort le bras; des poires & des pommes, & c'est l'extrémité opposée à la queuë; de certaines coquilles, & c'est le centre de leur volute, du pain & du fromage, & ce sont les trous qui les rendent moins compactes & moins solides.... *Œuil de dôme:* ouverture qui est au haut de la coupe d'un dôme... *Œuil de bœuf:* fenêtre ronde; poulie située vers le racage contre le milieu d'une vergue, qui sert à manœuvrer l'Itacle; espèce de plante. Ses feuilles sont cotonnées semblables à celles de la millefeuille, dentelées, mais beaucoup plus petites. Sa fleur est radiée, semblable à celle du chrysanthemum, de couleur jaune dans le disque & dans la couronne. *Buphtalmos*.... *Œil de chat:* plante, autrement *Mouron violet*: *Œil* qui voit la nuit, comme les chats... *Œil de cerf:* espèce de panais.... *Yeux d'écrevisse:* pierres qui naissent dans la tête des écrevisses, sur tout de celles des Indes Orientales... *Yeux de perdrix:* étoffe partie soie, partie laine, diversement ouvragée & façonnée..... *Yeux de pies* ou *mailles:* trous ou œillets le long du bas de la voile, au dessus de la ralingue, pour y attacher les bonnettes maillées... *Œil de bouc:* coquillage du genre des limaçons.... *Œil simple:* bandage qui ne couvre qu'un œil.... *Œil & batte:* espace contenu entre l'ouië ou l'*œil* du poisson, jusqu'à la queuë qu'on appelle sa *batte*.

ŒUILLADE. *s. f.* lat. *Obtutus, intuitus.* anglois. *look, a cast of the eye.* Regard, coup d'œil; action de la vuë.

ŒUILLADER. *verbe actif.* latin. *Avidius lumina conjicere.* anglois. *to ogle.* Jetter l'œil, regarder.

ŒUILLÉRE. *adj.* lat. *Ocularius.* ang. *the eye-teeth.* Se dit des deux dents canines qui sont en la bouche de l'homme entre les incisoires & les molières. *Œillere* est aussi une partie de la têtière du cheval de harnois. lat. *Oculorum tegmen.* ang. *an eye flap*.... (Blason.) Partie du casque, qui servoit de visière aux Chevaliers.

ŒUILLET. *s. m.* lat. *Ocellus.* ang. *pink.* Fleur agréable à la vue, d'une odeur aromatique approchant de celle du gerofle. C'est aussi une boucle que les matelots font au bout de quelques cordes. Trou entouré de points de soie ou de fil, qu'on met aux habits.... *Œillet d'Inde*: plante dont les feuilles ressemblent en quelque manière à la Tanesie. Ses fleurs sont radiées, rondes & belles de couleur jaune ou dorée.

ŒUILLETERIE. *s. f.* lat. *Ocellarium.* ang. *a place where pinks grow.* Lieu planté de différens œillets.

ŒUILLETON. *substantif mascul.* lat. *Ocelli surculus.* anglois. *a young sucker of a pink.* Rejetton d'œillets.

ŒUILLETONNER. *verb. act.* lat. *Surculos resecare.* ang. *to cut the young suckers of a pink.* Ôter les œilletons des œillets, des artichauds & des autres plantes.

ŒUVÉ, ée. *adj.* Qui porte des œufs.

ŒUVRE. *s. f. & m.* lat. *Opus.* angl. *work.* Acte, effet produit par quelque agent. Compositions d'esprit. Le *grand œuvre* en *Chymie*, est la pierre philosophale. C'est aussi la fabrique, le revenu d'une paroisse, destiné à la construction ou réparation des bâtimens, à l'entretien du service. *Œuvres vives* en termes de *Marine*, sont toutes les parties du navire qui entrent dans l'eau. En *Architecture* dans *œuvre* signifie par dedans & hors d'*œuvre* en dehors. *Hors d'œuvre* se dit aussi des petits ragouts qu'on sert aux bonnes tables, outre les plats d'entrée ou d'entre mets. Maître des basses-*œuvres* est celui qui cure les retraits. Maître des hautes *œuvres* est l'exécuteur de la haute justice.

## OFF

OFFAIRE. *s. m.* Espèce de pâtissier chez les Anciens.

OFFE. *s. f.* Espèce de jonc, qu'on tire d'Alicante, & dont on fait un grand usage en Provence, particulièrement pour faire des filets à prendre du poisson.

OFFENSANT, ante. *adj.* lat. *Contumeliosus.* anglois. *offensive, abusive.* Choquant, injurieux ; qui nuit, qui blesse.

OFFENSE. *s. f.* lat. *Offensa, offensio.* angl. *offence.* Injure, affront, outrage, tort qu'on fait à quelqu'un, soit en sa personne, soit en ses biens, ou en son honneur. Faute, péché.

OFFENSÉ. *s. m.* lat. *Offensus.* ang. *the injured party.* Celui qui a reçû une offense.

OFFENSER. *v. act.* lat. *Offendere, lædere:* ang. *to offend.* Outrager quelqu'un, lui nuire en sa personne, en ses biens, en sa réputation ; le piquer, le fâcher, lui faire affront. Blesser, choquer, incommoder. Transgresser les commandemens de Dieu ou de l'Eglise.

OFFENSEUR. *s. m.* lat. *Violator.* ang. *injurer.* Celui qui offense.

OFFENSIF, ive. *adj.* lat. *Offensivus, nocivus.* ang. *offensive.* Qui attaque, qui offense, qui sert à offenser.

OFFENSIVE. *s. f.* Assaut, attaque, aggression.

OFFENSIVEMENT. *adverb.* D'une manière offensive. lat. *Offensivo modo.* ang. *offensively.*

OFFERTE. *s. f.* lat. *Oblatio, oblatum.* ang. *offering.* Offre que le Prêtre fait à Dieu du pain & du vin avant qu'ils soient consacrés & un peu avant la préface.

OFFERTOIRE. *s. m.* lat. *Offertorium.* angl. *offertory.* Antienne qu'on chante & qu'on jouë sur l'orgue dans le tems que le peuple va à l'offrande.

OFFICE. *s. m.* lat. *Officium, obsequium:* ang. *office, duty.* Secours, ou devoir réciproque de la vie civile ; service, plaisir. Soin, médiation. Charge qui donne pouvoir, & autorise de faire quelque chose. On appelle *S. Office*, le tribunal de l'Inquisition. Experts nommés d'*office* sont ceux que le juge nomme de son chef. *Office* signifie encore le service divin qui se célèbre en public : il se dit aussi des heures du Bréviaire. *Office* signifie aussi le lieu près de la cuisine où mangent les domestiques & autres lieux qui servent à tous les besoins d'une grande maison.

OFFICIAL, ale. *adj.* (Médecine.) Se dit des parties du corps qui travaillent pour les autres.

OFFICIAL. *s. m.* lat. *Officialis.* ang. *official.* Lieutenant ou Vicaire de l'Evêque ; juge d'Église commis par un Prélat, ou un Abbé, ou un Chapitre.

OFFICIALITÉ. *s. f.* lat. *Forum ecclesiasticum.* ang. *an episcopal court.* Cour ou justice d'Eglise dont le chef est l'official. C'est aussi la charge du juge qui exerce cette jurisdiction & le lieu où elle se tient.

OFFICIANT. *adj.* & *s. m.* lat. *Celebrans.* anglois. *officiating.* Celui qui préside à l'office divin, qui le commence & le finit.

OFFICIER. *s. m.* lat. *Muneri præfectus.* ang. *an officer.* Est en général celui qui est pourvû d'une charge, d'un office. *Officiers de guerre*, sont ceux qui ont du commandement dans les Troupes. Les *Officiers généraux* sont le Général, les Lieutenans généraux, Maréchaux de camp, Brigadiers, qui commandent à quelque corps composé de plusieurs Compagnies, ou Régimens. Les autres *Officiers* sont les Mestres de camp, Colonels & Capitaines. Les *Officiers subalternes* sont les Lieutenans, sous Lieutenans, Cornettes & Enseignes. Les Sergens & Caporaux s'appellent *bas Officiers.* Les *Officiers* de Ville, sont le Prévôt des Marchands, Échevins, Procureur du Roi & Greffier. Les *Officiers* de Justice sont ceux qui sont pourvûs de charges pour rendre la justice.

OFFICIER. *v. n.* lat. *Rei sacræ praesse.* ang. *to officiate.* Présider à l'office divin.

OFFICIÈRE *s. f.* Celle qui dans un monastère de filles a quelque charge, ou quelque office.... Femme pourvuë de quelque office, comme il y en a dans la maison de la Reine.

OFFICIEUSEMENT. *adverb.* lat. *Officiosè.* ang. *officiously.* Obligeamment, d'une manière officieuse.

OFFICIEUX, euse. *adj.* lat. *Officiosus, obsequiosus.* ang. *officious.* Honnête, obligeant ; prompt à rendre service, un bon office.

OFFRANDE. *s. f.* lat. *Oblatio.* ang. *offering, oblation.* Sacrifice, oblation, présent qu'on fait à Dieu ou aux Saints. Il se dit aussi des présens qu'on fait aux Curés en allant baiser la paix ; & du tems où se fait l'*Offrande* qui est le milieu de la Messe.... Les Juifs avoient différentes sortes d'*Offrandes*, qu'ils présentoient au Temple. Les unes étoient des offrandes volontaires, les autres étoient d'obligation. Les premiers fruits, & les offrandes de propitiation pour les péchés étoient d'obligation : les offrandes pacifiques, les vœux, l'offrande du vin, de l'huile, du pain & autres choses qui étoient faites ou au Temple, ou aux ministres du Seigneur, étoient appellées *offrandes de devotion.* Les Hebreux donnoient le nom de *Corban* aux unes & aux autres.

OFFRE. *s. f.* lat. *Oblatio.* ang *offer.* Ce qu'on donne, ce qu'on présente volontairement.

OFFRIR. *v. act.* lat. *Offerre.* angl. *to offer.* Présenter à Dieu un sacrifice ou autre chose qui soit en notre pouvoir. Vouloir donner quelque chose à quelqu'un. Présenter, exposer, mettre devant les yeux.

OFFUSQUER. *v. act.* lat. *Obscurare, obumbrare.* ang. *to dimm, darken, or cloud.* Cacher à la vuë, empêcher ses fonctions, ou son étenduë ; empêcher de voir, d'être vû ; obscurcir. Empêcher la lumière du soleil. Eblouïr. Cacher les lumières de l'esprit. Surpasser quelqu'un, exceller par dessus lui, en sorte que sa gloire en soit diminuée.

## OGI

OGIVE. *s. f.* lat. *Arcus decussatus.* ang. *oges*

*or ogive.* En *Architecture*, est l'arc ou le trait d'une voute gothique, qui au lieu d'être en berceau ou en plein cintre, trace une diagonale en forme d'arrête. Les deux *ogives* diagonales en se croisant forment la clef de la voute; on coupe ordinairement ce centre en forme de rose ou de cul de lampe. Les arcs en berceau d'où les *ogives* sortent, s'appellent arcs *doubleaux*.

OGNON. *voy.* Oignon.

O G O

OGOESSES. (Blason.) Tourteaux de sable.

O G R

OGRE. *s. mas.* Monstre imaginaire, qu'on suppose manger la chair humaine.

O I E

OIE. *voyez* Oye.

O I G

OIGNEMENT. *s. m.* lat. *Unctio, unctura.* ang. *ointment.* Action par laquelle on oint, on parfume.

OIGNON. *s. m.* lat. *Capa, cape.* ang. *an onion.* Racine bonne à manger, salutaire & chaude. On donne aussi ce nom aux racines des plantes bulbeuses. Dureté qui vient au côté du pied & sous le gros orteil.

OIGNONETTE. *voy.* Porréte.

OIGNONNET. *s. m.* Espèce de poire.

O I L

OILLE. *s. fem.* Ramas des plus excellentes viandes, que l'on fait cuire dans une terrine avec toutes sortes de béatilles & quantité d'herbes fortes & aromatiques. ang. *olio.*

O I N

OINDRE. *v. act.* lat. *Ungere, linire.* angl. *to anoint.* Frotter d'huile ou de quelque autre chose semblable; étendre quelque chose de gras, d'onctueux sur quelque corps.

OING. *s. mas.* lat. *Axungia, suillus adeps.* ang. *hog's grease.* Graisse de porc qui tient aux reins.

O I S

OISEAU. *s. mas.* lat. *Avis, ales, volucris.* ang. *bird or fowl.* Animal à deux pieds, qui s'éleve en l'air, qui le traverse, qui s'y tient suspendu par le secours de ses plumes, & de ses aîles.... *Oiseau-mouche*: voy. Mouche.... *Oiseau solitaire*: voy. Berce.

OISELER. *v. actif.* Terme de Fauconnerie qui signifie, dresser un oiseau.... *v. n.* Tendre des filets & dresser des piéges pour prendre des oiseaux.

OISELERIE. *sub. feminin.* lat. *Aucupium.* anglois. *fowling.* Métier de prendre, d'élever & de vendre des oiseaux.

OISELET, ou Oisillon. *s. m.* lat. *Avicula.* ang. *a little bird.* Petit oiseau.

OISELEUR. *s. m.* lat. *Auceps.* ang. *a fowler, a bird-catcher.* Celui qui prend des oiseaux..... Vents *Oiseleurs.* voy. Etesiens.

OISELIER. *s. m.* lat. *Aviarius.* ang. *bird-seller.* Celui qui vend des oiseaux de volière, qui les éleve en cage.

OISEUX, euse. *adj.* lat. *Otiosus.* ang. *idle.* Faineant, inutile.

OISIF, ive. *adj.* lat. *Ignaviter vacans.* ang. *idle.* Qui ne s'occupe à rien, qui est inutile.

OISILLON. *voy.* Oiselet.

OISIVEMENT. *adv.* lat. *Otiosè, segniter.* ang. *idly.* D'une manière oisive.

OISIVETÉ. *s. f.* lat. *Cessatio, desidia, otium.* ang. *idleness, sloth.* Faineantise; paresse; inutilité, repos; manque d'occupation.

OISON. *s. m.* lat. *Anserculus.* ang. *a gosling, a young goose.* Jeune oye. C'étoit un des animaux particulièrement consacrés à Junon.

O K K

OKKI. *s. m.* Bon génie chez les Hurons.

O L A

OLAMPI. *s. mas.* Gomme très rare, qu'on apporte de l'Amérique. Elle est dure, jaune, tirant sur le blanc, transparente, ressemblante au copal, douce au goût avec tant soit peu d'astringence. Elle est éstimée déterfive, dessicative & résolutive.

O L D

OLDACHI. *s. mas.* Simple Soldat & Janissaire en Barbarie.

O L E

OLÉAGINEUX, euse. *s. f.* lat. *Oleaginosus.* anglois. *oleaginous.* Qui tient de la nature de l'huile. Huileux.

OLÉANDRE. *s. f.* Sorte de plante. Rosage.

OLEB. *s. m.* Sorte de lin qu'on recueille en Egypte.

OLECRANE, ou Olécrane. *s. masc.* Éminence située derrière le pli du coude, sur laquelle on s'appuie.

O L F

OLFACTIF, ou Olfactoire. *adj.* Ce qui a rapport au sens de l'odorat. Ainsi on appelle *nerfs olfactoires* ceux qui sont les instrumens immédiats de l'odorat.

O L I

OLIBAN. *s. m.* lat. & ang. *olibanum.* Encens mâle; resine qui vient en grosses larmes blanches tirant un peu sur le jaune & assés pesantes, d'un goût acre & amer, & d'une odeur pénétrante. Il est ainsi appellé, parce qu'il découle comme une huile d'un arbre qui croît au *Mont Liban*. Nom d'un œillet violet.

OLIBRIUS. *s. m.* Entendu, glorieux.

OLIGARCHIE. *s. f.* lat. *Oligarchia*. anglois. *oligarchy*. Empire, gouvernement de peu de personnes.

OLIGARCHIQUE. *adj.* lat. *Oligarchicus*. ang. *oligarchical*. Qui appartient à l'oligarchie.

OLIGOTROPHIE. *s. fem.* lat. *Oligotrophia*. ang. *oligotrophy*, Diminution de nutrition, petite nutrition.

*OLIM*. *s. masc.* Les plus anciens regîtres du Parlement de Paris portent ce nom.

OLINDE. *s. f.* Lame d'épée des plus fines & des meilleures, qui a pour marque une corne.

OLIVAIRES. (Corps.) *adj.* Sont deux protubérances de la moëlle allongée.

OLIVAISON. *s. f.* lat. *Olivitas*. ang. *olivity*. Saison où l'on fait la récolte des olives.

OLIVATRE. *adj.* lat. *Olivarius color*. ang. *olive-colonred*. Qui est de couleur d'olive. C'est un jaune mêlé de noir.

OLIVE. *s. f.* lat. *Olea*, *oliva*. ang. *olive*. Fruit à noyau dont on tire beaucoup d'huile.... (Architecture.) Ornement de sculpture, taillé en grains oblongs, enfilés en manière de chapelet, sur les astragales & baguettes.... Coquillage, qui est une espèce dans le genre des rouleaux.... Couleur d'*olive* : couleur verdâtre tirant un peu sur le jaune.

OLIVET. *s. m.* lat. *Olivetum*. ang. *an olive-yard*. Lieu planté d'oliviers.

OLIVETTE. *s. fem.* Plante faite à peu près comme le fénugrec. Elle graine en tête comme le pavot, & on fait de l'huile de sa graine.

OLIVETTES. *s. f. pl.* lat. *Citissima saltatio in orbem*. anglois. *the hay*. Espèce de danse de campagne qu'on fait en courant les uns après les autres, autour de trois points fixes.... Fausses perles, ordinairement blanches & de la figure d'une olive, dont on fait commerce avec les négres.

OLIVIER. *s. m.* lat. *Oliva*. ang. *an olive-tree*. Arbre qui porte les olives. Il y en a deux espèces, l'un sauvage ou naturel & l'autre cultivé. Celui qui est le plus estimé, est de moyenne grandeur ; son tronc est noueux ; son écorce lisse, de couleur cendrée ; son bois solide & jaunâtre. Ses feuilles sont oblongues, presque semblables à celles du saule, de couleur verte, obscures en dessus, blanchâtres en dessous. Il pousse dans le mois de *Juin* des fleurs blanches, disposées en grapes : chaque fleur est d'une seule piéce, évasée en haut, & fenduë en quatre parties. Quand cette fleur est passée, il lui succéde un fruit oblong & charnu ; ce fruit est d'abord verd, puis pâle & enfin noir, lorsqu'il est entièrement mûr. Il renferme dans sa chair un noyau templi d'une semence oblongue. *L'Olivier* sauvage différe du précédent en ce qu'il est plus petit en toutes ses parties. On tire de l'*olivier* trois sortes d'huile, la première & la plus pure est celle qu'on appelle huile Vierge ou huile pour les salades ; la seconde lui est inférieure tant pour le goût que pour l'odeur ; & la troisième qui est la plus mauvaise n'est bonne que pour les lampes & autres usages. On en marine le fruit & il est fort estimé. L'écriture sainte tire beaucoup de comparaisons de cet arbre qui est fort commun dans le païs de Canaan & principalement sur la montagne qui porte son nom. Le mont des *Oliviers* étoit situé à l'Est de la ville de *Jerusalem*, environ à la distance des trois quarts d'un mille, qui étoit la journée d'un jour de Sabbath. Il n'en étoit séparé que par le ruisseau de *Cedron* & par la vallée de *Josaphat*, qui s'étend du Nord au Sud. C'est sur cette montagne que *Salomon* avoit bâti des Temples aux Dieux des *Ammonites* & des *Moabites* ; c'est pour cela qu'on la nommoit aussi *montagne de corruption*. Elle a trois sommets, étant composée de trois différentes montagnes rangées l'une après l'autre du Nord au Sud. C'est de celle du milieu que notre Sauveur monta au Ciel, en présence de ses Disciples, & c'est pour cette raison que les chrétiens l'ont en grande vénération & prétendent que l'impression de ses pieds sacrés y étoit restée gravée si parfaitement, que quoique par dévotion on en eut constamment ratissé la terre, les marques s'étoient toujours reparées & conservées. On dit aussi que l'impératrice Sainte Helene ayant fait bâtir une Eglise magnifique, au milieu de laquelle étoit cette place, on ne pût jamais parvenir à la paver avec du marbre comme le reste de l'Eglise ; que tout ce qu'on y mettoit par ornement s'écartoit de soi-même & qu'on fut forcé d'abandonner cette entreprise. On ajoute qu'on y voit encore aujourd'hui l'impression du pied gauche de J. C. de la largeur de trois doigts environ & que la pierre où étoit l'impression du pied droit, avoit été enlevée au tems des *Croisades* & mise dans une Eglise qui est à présent une des principales Mosquées des *Turcs*.

## O L O

OLOGRAPHE. *adj.* lat. *Holographum*. ang. *holograph*. Testament écrit de la main du testateur.

OLONE. *s. f.* Sorte de toile propre à faire des voiles de vaisseaux.

OLOTHURION. *voy.* Holothurion.

## O L Y

OLYMPE. *s. m.* Montagne, qui est sur les confins de la Thessalie & de la Macédoine. Les Poëtes l'ont fait connoître en se servant de son nom pour exprimer le Ciel. *Olympus*.... *s. f.* Tulipe mêlée de chamois, avec une couleur de gorge de pigeon sur du blanc.

OLYMPIADE. *s. f.* lat. *Olympias*. anglois. *olympiad*. C'étoit un espace ou une période de quatre ans chez les *Grecs*, qui leur servoit à compter leurs années & sur-tout depuis la 27e. *Olympiade* ou *Chorebus* fut victorieux. De sorte qu'il se passa 108. ans depuis la première institution faite par *Iphitus*, avant qu'on tînt un regître exact de ceux qui remportoient le prix aux jeux publics ou *Olympiens.* On dit que *Timace* fut le premier Historien qui emploia cette methode & qu'il fut ensuite suivi par *Eratosthenes* & par *Polybe.* Avant eux les Historiens *Grecs* racontoient les faits sans déterminer précisément les tems. Ces jeux se célébroient tous les quatre ans dans la Province d'*Elide* auprès de la ville de *Pise* sur les bords du fleuve *Alphée*, auprès du Temple de *Jupiter.* Il y avoit toujours un grand concours de peuple qui y abordoient de toutes parts. Ils commencerent l'an du monde 3120, ou 884. avant J. C., selon l'ére vulgaire. Mais on attribue communément leur commencement à la 28. *Olympiade*, qui se trouve l'an 3128. du monde ou 776 avant J. C. Toute année Olympiade roule proprement sur deux années Juliennes ; sçavoir, les six premiers mois depuis *Juillet* jusqu'en *Janvier* ( car ces jeux se célébroient vers le solstice d'Eté ) appartenans à la précedente & les six derniers mois depuis *Janvier* jusqu'en *Juillet*, à la suivante. Quoique la plûpart des Auteurs parlent des *Olympiades*, comme si elles avoiens commencé au premier de *Janvier.* Ces jeux consistoient à courir, à sauter, & en d'autres exercices qui exigeoient beaucoup de force. Ils étoient institués à l'honneur d'*Hercule* pour exercer la jeunesse aux exercices de la guerre. Ceux qui étoient victorieux recevoient de grands honneurs tant de la republique que de tout le peuple: on les couronnoit d'une guirlande de branches d'olivier. On les conduisoit chez eux dans des chariots, & l'on rompoit les murailles de la ville pour les faire entrer par la brêche. Outre cela on leur faisoit des présens extraordinaires & on les traitoit avec tant de respect & de magnificence, que les *Athéniens* s'en trouvant surchargés, *Solon* fit une loi pour diminuer cette dépense & la fixa à 500. drachmes qui valent environ 13. livres sterling. Mais cette loi ne fut pas long-tems en vigueur, car peu de tems après ils furent entretenus dans le *Prytanæe* ou sale püblique. De plus ceux qui avoient gagnés trois prix dans ces jeux, étoient dispensés de payer aucune sorte de taxe, ou de remplir aucun emploi pénible & onéreux. A *Sparte* ils avoient un rang particulier dans l'armée & ils étoient emploiés pour servir de gardes à la personne du Roi. Ils avoient le privilége du sanctuaire & un habit à fleurs qui les distinguoit. C'est de leur corps que l'on tiroit ordinairement les Généraux d'armée & l'on poussa l'extravagance jusqu'à les déifier pendant leur vie, comme on le fit à *Euthimius* qui étoit revenu victorieux. Enfin c'étoit l'usage de graver sur des colomnes de marbre les noms des victorieux & l'histoire de leurs succès.

OLYMPIE. *s. f.* lat. & ang. *olympia* Ville d'*Elide* dans le *Peloponése*, qui étoit célébre par un temple dedié à *Jupiter olympien.* Ce Dieu tiroit son nom de celui de cette ville. La structure de ce Temple étoit admirable & on y avoit amassé des richesses immenses, à cause des oracles qui s'y rendoient & des jeux olympiques qu'on célébroit aux environs de ce Temple. On y admiroit surtout la statuë de *Jupiter* faite par *Phidias*, que l'on mettoit au nombre des merveilles du monde. Cette divinité étoit assise dans un thrône d'or & d'yvoire. Elle avoit sur la tête une couronne de branches d'olivier ; dans la main droite une victoire d'yvoire, avec une couronne d'or massif sur sa coëffure, elle tenoit à la main gauche un sceptre fait de l'alliage de tous les métaux & surmonté d'un Aigle. La chaussure de *Jupiter* étoit toute d'or, & sur sa draperie qui en étoit aussi, il y avoit des animaux & des fleurs de lys en grand nombre. Le thrône étoit enrichi d'yvoire, d'ébene, d'or, de pierreries, & de plusieurs figures en bas relief. Aux quatre pieds de ce thrône il y avoit quatre victoires & deux autres aux deux pieds de la statue. Aux deux pieds de devant du thrône, on avoit mis encore d'un côté des *Sphinx* qui enlevoient de jeunes *Thébains* & de l'autre, les enfans de *Niobé* qu'*Apollon* & *Diane* tuoient à coups de fléches. Entre les pieds de ce thrône, on avoit représenté *Thesée* & les autres Heros qui accompagnerent *Hercule*, pour aller faire la guerre aux *Amazones* & plusieurs Athletes. Tout le lieu qui environnoit le thrône étoit enrichi de tableaux, qui représentoient les travaux d'*Hercule*, &c. Au plus haut du thrône, on avoit mis d'un côté les *graces* & de l'autre les *heures* ; sur le marche pied des Lions d'or & le combat de *Thesée* avec les *Amazones.* Il y avoit aussi dans ce Temple un Autel dedié au Dieu inconnu, comme celui d'*Athénes.*

OLYMPIENS. *s. m. pl.* lat. & ang. *olympii.* Nom que les *Atheniens* donnoient à leurs douze Dieux principaux, ausquels ils avoient dedié un Autel fort magnifique. Ces fausses divinités étoient, *Jupiter*, *Mars*, *Mercure*, *Neptune*, *Vulcain*, *Apollon*, *Junon*, *Vesta*, *Minerve*, *Ceres*, *Diane* & *Venus.* On dit qu'*Alexandre* le grand après avoir conquis la *Perse*, voulut que sa statuë fut mise au nombre de ces Dieux & sur le même Autel ; ce que la basse flatterie des *Grecs* lui accorda.

OLYMPIONIQUES, *s. m.* Victorieux dans les jeux olympiques. lat. *Olympionices.* angl. *olympionaces.*

OLYMPIQUE. *adj.* lat. *Olympicus.* anglois. *olympick.* Ne se dit que des jeux institués à l'honneur d'Hercule.

OLYRA. *s. f.* Plante que les uns disent être une espèce d'épeautre, & les autres une espèce de seigle.

## O M A

OMAGRE. *s. f.* lat. & ang. *Omagra.* Goutte dans l'articulation de l'humerus avec l'omoplate.

OMAN. *s. masc.* Dieu des *Persans*, que les Mages étoient obligés d'adorer tous les jours & de lui chanter des Hymnes pendant une heure, ayant leur thiare sur la tête, & portant de la verveine à la main. D'autres le nomment *Aman.*

OMARA. *s. m.* Grand du Royaume Perse. *voy.* Omra.

OMBELLE.

## OMB

OMBELLE. *s. femin.* lat. *Umbella.* ang. *umbrella.* (Blason.) Espèce de parasol.... (Botanique.) Partie qui soutient les fleurs & les semences de quelques plantes. Elle est composée de plusieurs rayons, qui partant d'un même centre sont disposés à peu près comme les bâtons d'un parasol.... (Imprimerie.) Caractère dont on se sert pour distinguer les articles. Il est composé de huit ou dix rayons partans d'un même centre.

OMBELLIFÈRE. *adj.* lat. *Umbellifer.* ang. *umbrelliferous.* Se dit des plantes dont les fleurs sont en ombelle.

OMBIASSES. *s. m. pl.* Nom des Prêtres & Docteurs de la fausse religion des peuples de l'isle de *Madagascar.* Ils sont à peu près du génie de ceux qu'on nomme *Marabouts* au *Cap verd*, c'est-à-dire, médecins, magiciens, & sorciers. Il y en a parmi eux qui enseignent à écrire en *Arabe.* Ils font des *Hitidizié* ou Talismans & autres charmes, qu'ils vendent aux grands & aux riches, pour les préserver de mille accidens, & pour faire périr leurs ennemis, ou pour d'autres fins qu'on leur propose. Ils ont des écoles publiques où ils enseignent leurs superstitions & leurs sortiléges. Il y en a d'une autre sorte qui s'adonnent à la géomance & tracent leurs figures sur une petite planche couverte de menu sable. Les malades vont à eux pour connoître les moyens & le tems de leur guérison; les autres pour sçavoir l'événement de leurs affaires, le succès d'un voyage & semblables choses; car ces peuples n'entreprennent presque rien sans consulter ces géomanciens. En marquant leurs figures avec le doigt sur la planche, ils observent l'heure, la planéte, le signe & les autres superstitions de cet art. Ils se sont distingués en plusieurs ordres qui semblent avoir quelque rapport avec nos dignités ecclésiastiques; comme *Malé* ou clerc; *Ombiasse*, écrivain ou médecin; *Tibou* soudiâcre; *Mouladzi*, diâcre; *Faquibi*, prêtre; *Catibou*, évêque; *Lamlemacha*, archevêque; *Sabaha*, pape ou calife. Ces fourbes sont fort redoutés du peuple, & les grands les ont emploiés quelquefois contre les *François*, mais leurs artifices ont été inutiles.

OMBILIC, Ombilical. *voy.* Umbilic, Umbilical.

OMBLE. *s. m. Umbla.* Poisson de rivière, fait comme une truite. Son dos & ses côtés sont couleur de rose, son ventre est fort blanc.

OMBLET. *s. m.* Anneau de bois.

OMBRAGE. *s. mas.* lat. *Umbra*, *umbraculum.* ang. *shade.* Ombre que font les arbres; ou lieu qui est à l'ombre. Défiance, soupçon.

OMBRAGER. *v. act.* lat. *Umbris opacare.* ang. *to shade.* Donner de l'ombrage, causer de l'ombre, du soupçon, de la jalousie.

OMBRAGEUX, euse. *adject.* lat. *Umbrosus.* ang. *shaded.* Où il y a de l'ombre. Qui prend de l'ombrage, des soupçons.

OMBRE. *s. f.* lat. *Umbra.* ang. *shadow or shade.* Lieu où la lumière est affoiblie par l'interposition d'un corps opaque au devant d'un corps lumineux; obscurité causée par un corps opposé à la lumière. *Ombre* signifie aussi l'ame d'un mort, qu'on se représente sous la figure qu'il avoit vivant. *Sous ombre* signifie sous prétexte. Terre d'*ombre* en *Peinture* est une terre dont on fait une couleur obscure, qui sert à ombrer les tableaux. Le jeu de l'*ombre* est un fameux jeu de cartes à deux, trois ou cinq personnes.

OMBRE: *s. f.* Grand poisson de mer, autrement *Sciana*.... *s. m.* Poisson de rivière, qui est une espèce de truite. *Thymallus.*

OMBRER. *v. act.* lat. *Umbris variare.* angl. *to shadow.* Peindre ou représenter les ombres dans un tableau, dans une gravure; les placer où elles doivent être.

OMBREUX, euse. *adj.* lat. *Umbrosus.* ang. *shady.* Qui fait de l'ombre.

OMBRINE. *s. f.* Ombre, poisson de mer.

OMBU. *s. m.* Arbre du Brésil qui ressemble de loin à un Citronnier. Il porte une fleur blanchâtre & un fruit blanc tirant sur le jaune, semblable à une grosse prune.

## OME

OMÉGA. *s. m.* Dernière lettre de l'Alphabet *grec.* Dans l'écriture, Dieu se nomme Alpha & *Omega*, le commencement & la fin, *&c.*

OMELETTE. *s. f.* lat. *Ovorum intrita.* ang. *an omelet.* Sorte de préparation d'œufs battus qu'on fricasse dans la poële.... Coquillage, qui est une espèce de rouleau.

OMENTUM. *voy.* Epiploon.

OMER. *s. m.* Mesure des *Juifs* qui contenoit environ 3 ou 4. quartes *Angloises.* Cette mesure se nommoit aussi quelquefois Gomar ou Assaron & c'étoit la dixième partie d'un Epha.

OMETTRE. *v. act.* latin. *Omittere*, *prætermittere.* ang. *to omit.* Manquer à dire ou à faire quelque chose.

## OMH

OMHRAS. *voy.* Omras.

## OMI

OMISSION. *s. f.* lat. *Omissio*, *prætermissio.* ang. *omission.* Défaut; manquement de dire ou de faire quelque chose.

## OMO

OMOÏOTELEUTE, Omologation, Omologuer. *voyez* Homoïoteleute, Homologation, Homologuer.

OMOCOTYLE. *s. f.* Cavité située à l'extrémité du cou de l'omoplate, qui reçoit la tête de l'humerus.

OMOPHAGIES. *s. f. pl. Omophagia.* Fêtes de *Bacchus*, dans lesquelles les Payens contrefaisant les insensés mangeoient des chevres toutes en vie, en dechiroient les membres avec les ongles & les dents, & en dévoroient les entrailles.

OMOPHORIUM. *s. m.* Petit manteau, que les Evêques mettoient anciennement sur leurs épaules.

OMOPLATE. *s. femin.* ang. *omoplate, the shoulder-blade.* Terme d'*Anatomie* qui se prend en général pour l'épaule & se dit en particulier de deux os situés à la partie postérieure des côtes supérieures, un de chaque côté.

O M P

OMPANORAT. *s. m.* Nom que portent une partie des Ombiasses, ou Prêtres de Madagascar.

OMPHACIN, ine. *adj.* (Pharmacie.) Se dit d'une huile acerbe qu'on prétend tirer des olives avant leur maturité.

OMPHALMIQUE. *adj.* (Anat.) Se dit de la branche de la 4e. paire de nerfs, qui sert au mouvement de l'œil.

OMPHALOCELE. *s. m.* (Médecine.) Espèce d'hernie qui se fait au nombril.

OMPHALODES. *s. mas.* Plante qui est une espèce de symphitum. Ses feuilles sont semblables à celles de la pulmonaire. Le nom qu'elle porte vient de la figure de ses capsules qui approche de celle du nombril.

OMPHALOMANTIE. *s. f.* Espèce de divination pratiquée par quelques sages-femmes crédules. Elle consiste à prédire le nombre d'enfans qu'une femme doit avoir par le nombre des nœuds du cordon ombilical de l'enfant qui vient de naître.

OMPHALOPTRE. *adj.* Verre convexe des deux côtés. Loupe ou lentille.

O M R

OMRAS, *ou* Omhras. *s. m. pl.* Titre qu'on donne aux Seigneurs de la Cour du Grand-Mogol. Ils sont la plûpart étrangers & communément *Persans.* Ils ont les grands emplois de la Cour, mais ils ne possédent aucune terre en propre ; parce que le Grand-Mogol est le seul propriétaire des terres de son Empire. Les enfans de ces *Omras* ne peuvent hériter des biens de leurs Pères, qui reviennent au Mogol, comme héritier universel de tous ses sujets. Il leur accorde seulement quelques pensions légères, à moins que leur Père les ait avancés par sa faveur durant sa vie ; ce qui arrive lorsqu'ils sont bien faits, blanc de visage, & qu'ils peuvent passer pour vrais Mogols ; car ceux-ci sont tous blancs, au lieu que les *Indiens* originaires du païs sont noirs. Entre les *Omras*, les uns commandent mille chevaux, les autres deux mille, & ainsi en augmentant jusqu'à douze mille. Leur paye est plus ou moins grande, à proportion du nombre des chevaux, qui surpasse souvent celui des Cavaliers ; car pour être en état de servir dans ces païs chauds, un Cavalier doit avoir deux chevaux, afin de changer. Il y a toujours 25 ou 30. de ces *Omras* à la Cour ; ce sont ceux là qui parviennent aux Gouvernemens des Provinces & aux principales charges du Royaume. Outre ces grands Seigneurs, il y a de petits *Omras* qu'on nomme *Mansebdars* ; c'est-à-dire, Cavaliers à *Manseb*, qui est une paye plus considérable, que celles des autres Cavaliers. Ils n'ont point d'autre chef que le Roi, & de ce rang ils passent à la dignité d'*Omras.* On donne aussi ce nom aux Grands-Seigneurs dans le Royaume de *Golconde*, dans la presqu'isle de l'*Inde* au-deça du Golfe de *Bengala.* Ils sont la plûpart *Persans* ou fils de *Persans.* Lorsqu'ils vont par la ville ils sont précédés par un ou deux Élephans, sur lesquels il y a trois hommes qui portent des bannières. Après ces Élephans, marchent 50 ou 60. Cavaliers bien montés sur des chevaux de *Perse* ou de *Tartarie*, avec des arcs & des fléches, l'épée au côté & le bouclier sur le dos : & ceux-ci sont suivis d'autres gens à cheval, qui joüent des Trompettes & des Fifres. L'*Omra* vient après eux à cheval, entouré de 30 ou 40. Valets de pied. On voit ensuite le Palanquin porté par quatre hommes & cette pompe finit par un Chameau ou deux, montés par des gens qui battent des Tymbales. Lorsqu'il plait à l'*Omra*, il se met dans son Palanquin & alors son Cheval est mené en lesse.

O N A

ONAGRA. *s. fem.* Plante dont la semence a été apportée de l'Amérique. Il y en a plusieurs espèces.

ONAGRE. *sub. mas.* Ancienne machine de guerre, qui servoit à lancer des pierres.

O N B

ONBOU. *s. m.* Arbre des Indes Occidentales dont la feuille ressemble à celle du manga & le fruit à la pêche.

O N C

ONCE. *s. f.* lat. *Uncia.* ang. *an ounce.* La seizième partie de la livre commune. La *douzième* chez les *Apoticaires.* ... Espèce d'animal dont on se sert en Perse pour aller à la chasse des Gazelles. ... *Pierre d'once :* espèce d'ambre, à qui on attribue la vertu de briser le calcul.

ONCIALES. *adj. f.* lat. *Unciales.* ang. *ouncials.* Se dit de certaines lettres ou grands caractères emploiés dans les inscriptions & les épitaphes.

ONCLE. *s. m.* lat. *Avunculus, Patruus.* ang. *uncle.* Le Frère du Père ou de la Mère de celui de qui on parle.

ONCRE. Sorte de bâtiment de mer.

ONCTION. *s. f.* lat. *Unctio.* ang. *unction.* Action par laquelle on frotte d'huile, de graisse quelque chose.

ONCTUEUX, euse. *adject.* lat. *Unctuosus.* ang. *unctuous.* Qui contient quelque humeur grasse, visqueuse & sulfurée que poussent ou que contiennent quelques corps.

ONCTUOSITÉ. *s. f.* lat. *Unctuositas.* angl. *unctuosity.* Humeur grasse & onctueuse.

ONDE. *s. f.* lat. *Unda*, *fluctus*. anglois. *a wave*. Flot, soulevement de l'eau agitée; élevations & abaissemens de la surface de l'eau, quand elle est doucement émuë par le vent, ou par sa pente.

ONDÉ, ée. *adj.* lat. *Undulatus*. ang. *made in fashion of waves*. Qui est fait en ondes; qui est inégal, tortueux.

ONDÉCAGONE. *s. m.* lat. *Undecagonus*. ang. *undecagon*. Polygone regulier qui a onze côtés.

ONDÉE. *s. f.* lat. *Nimbus*. angl. *a shewer*: Pluie d'Été qui n'est pas de durée. Reprise.

ONDES. *s. f. pl.* Lignes des différentes couleurs, qui vont en serpentant sur la robe d'une coquille... Petites étoffes de soie, de laine & de fil, dont les façons sont ondées.

ONDIN. *s. m.* Nom que les cabalistes donnent à de prétendus esprits qui habitent les ondes.

ONDOYANT, ante. *adj.* lat. *Undosus*. ang. *waving*. Qui fait des ondes.

ONDOYEMENT. *s. m.* Baptême fait sans cérémonies.

ONDOYER. *v. n.* & *act.* latin. *Fluctuare*. ang. *to rise in waves*. Faire des ondes, floter par ondes. Jetter de l'eau sur la tête d'un enfant, en attendant les cérémonies du baptême. ang. *to sprinkle an infant*.

ONDULATION. *s. f.* lat. *Motus undulationis*. ang. *undulation*. Terme de *Physique*, qui se dit du mouvement qui se fait dans l'eau par des cercles qui se forment dans sa surface, quand on y jette une pierre.... (Chirurgie.) Mouvement de la matière contenuë dans un abscès, quand on le presse... (Médec.) Espèce de mouvement contre-nature, auquel le cœur est sujet.

### O N E

ONEIROCRITIE. *voy.* Onirocratie.

ONÉRAIRE. *adj.* lat. *Onerarius*. ang. *onerated*. Qui a le soin & la charge d'une chose dont un autre a l'honneur.

ONÉREUX, euse. *adj.* lat. *Onerosus*. ang. *burthensom*. Qui est à charge, qui porte plus de dommage que de profit.

### O N G

ONGLE. *s. m.* lat. *Unguis*. ang. *a nail*. Espèce de corne qui vient au bout des doigts de l'homme, & de plusieurs animaux, qui croît & qui est insensible. Les *ongles* s'engendrent comme les autres parties : ils prennent leur nourriture par leurs racines. Ils servent aux doigts de défenses & d'ornemens. Leur racine est jointe à un certain ligament, qui devient sensible par le tendon voisin. Ils sont composés d'un amas de petits tuyaux qui s'allongent & qui sont unis étroitement ensemble, comme on le voit lorsqu'on les plie avec violence, ce qui fait paroître divers petits trous, de sorte que l'*ongle* paroit comme un filet subtil. Il y a sous les ongles une espèce de chair excessivement sensible à la moindre ponction. Il y a des sectes en Orient qui laissent croître leurs *ongles* de manière qu'elles ressemblent aux griffes des Aigles ; au lieu que les anciens *Romains* se les faisoient tailler par des mains artistes.... Maladie de l'œil : excrescence nerveuse de la membrane conjonctive.... *ongle* ou *onglet* : tache qui a la figure d'une ongle & qui se trouve à la naissance des feuilles de certaines fleurs... *Ongle odorant* : petit coquillagequi a la figure d'un ongle ou de la griffe d'un animal. Il sert de couvercle à une coquille renfermant un petit poisson qui se nourrit de nard, ce qui lui communique une bonne odeur, qui l'a fait surnommer *Odorant*.

ONGLÉ, ée. *adj.* (Blason.) Se dit des ongles ou cornes des bêtes au pied fourchu. lat. *Ungulatus*. ang. *arm'd*.

ONGLÉE. *s. f.* lat. *Unguium rigor*. ang. *a whit-low*. Grande douleur qu'on sent auprès des *ongles* quand on a enduré un grand froid, & lorsqu'on commence à s'échauffer. Panaris, mal d'aventure.

ONGLET. *s. m.* lat. *Coestrum uncum*. ang. *a sharp graver*. Poinçon d'Orfévre, de Graveur, qui sert à tailler & à graver... (Imprimerie.) Guillemets.... Terme de fleuriste. *voy. Ongle*. Article pénultième.... *Onglet*: Maladie de l'œil. *voy. Ongle*.

ONGUENT. *s. m.* lat. *Unguen*, *unguentum*. ang. *unguent*. Composition dont se servent les Chirurgiens pour pancer les playes. Onguent de Venus : *voy. Apostolorum*.

### O N I

ONIROCRATIE, *ou* Onirocritie. *sub. fem.* L'art d'interpreter les songes.

ONIROCRITIQUE. *s. mas.* Interprete des songes.

ONIROMANCIE, Oniroscopie. *voy.* Onirocritie.

ONIROPOLE. *s. m.* Interprête des songes.

ONIX. *s. m.* Est une pierre précieuse ou espèce d'agathe opaque, de couleur blanchâtre & noire. C'étoit la onzième dans le Pectoral du grand Prêtre, qui en *Hébreu* se nomme *Shohem*.

### O N K

ONKOTOMIE. *s. m.* lat. *Onkotomia*. angl. *onkotomy*. Opération par laquelle on ouvre une tumeur, un abscès.

### O N O

ONOBRYCHIS. *s. m.* Sainfoin.

ONOCENTAURE. *s. m.* Monstre fabuleux moitié homme, moitié âne. lat. *Onocentaurus*. ang. *onocentaur*.

ONOCROTALE. *s. masc.* Oiseau de marais ainsi appellé parce que son cri imite le braiement d'un âne.

ONOMANCE, *ou* Onomancie. *s. f.* Art qui

enseigne à deviner par le nom d'une personne quel sera son sort.

ONOMATOPÉE. *s. fem.* ( Grammaire. ) Figure de mots & de noms formés sur la ressemblance de son de la chose qu'ils signifient, comme *Triquetrac.*

ONONIS. *voy.* Arrête-bœuf.

ONOSCÉLE, *ou* Onoscélide. *s. m.* Monstre qui a des cuisses d'âne. *Onoscelis.*

O N Y

ONYCE. *voy.* Onix.

ONYCHOMANCIE. *s. f.* lat. *Onychomantia.* ang. *onychomancy.* Sorte de divination dans laquelle on frotte d'huile & de suie les ongles d'un jeune enfant; ensuite les présentant au soleil, on considére les figures que l'on prétend que ses raïons forment, & qui sont les hiéroglyphiques de ce que l'on cherche.

ONYMANCE, *ou* Onymancie. *voy.* Onychomancie.

ONYX. *s. masc.* Coquillage de mer, appellé aussi *Cierge.*

O N Z

ONZE. *subst. & adject.* lat. *Undecim.* ang. *eleven.* Nombre composé de l'unité jointe à la dizaine.

ONZIÈME. *adj.* lat. *Undecimus.* ang. *eleventh.* Qui en a dix avant lui.

ONZIÈMEMENT. *adv.* lat. *Undecimò.* ang. *eleventhly.* En onzième lieu.

O O S

OOSCOPIE. *s. fem.* Art de deviner par le moyen des œufs.

O P A

OPACITÉ. *s. f.* lat. *Opacitas.* ang. *opacity.* Qualité d'un corps solide qui le rend impénétrable à la lumière.

OPALE. *s. f.* lat. *Opalus.* ang. *opal.* Pierre précieuse, qui selon sa situation pour recevoir & refléchir la lumière, paroit de diverses couleurs.

OPALIES. *s. f. pl.* lat. & ang. *opalia.* Fêtes en l'honneur de la Déesse *Ops*, femme de *Saturne*, que les *Romains* célébroient le 14. des Kalendes de *Janvier*, qui étoit le 3e. jour des *Saturnales. Saturne* & *Ops* étoient adorés comme des Dieux qui présidoient aux biens de la terre. C'est pourquoi on leur faisoit des sacrifices après avoir resserré tous les grains & tous les fruits; & l'on faisoit des festins aux Esclaves qui avoient travaillé à cultiver la terre, & à faire la moisson.

OPAQUE. *adject.* lat. *Opacus.* ang. *opaque.* Qui n'est point transparent ou diaphane; qui ne donne aucun passage à la lumière.

OPASSUM. *s. m.* Animal de la Virginie, de la grosseur d'un chat, avec un museau aigu comme les pourceaux. Il a une bourse sous le ventre, dans laquelle il porte ses petits.

O P E

OPÉRA. *s. m.* Représentation dramatique en musique & accompagnée de machines, d'instrumens & d'habits extraordinaires. Les *Venitiens* furent les premiers inventeurs de ce genre de poësie dramatique & ils en firent le fond de leur carnaval. Vers l'an 1669. l'Abbé *Perrin* obtint de *Louis* XIV. le privilége d'établir dans *Paris* un *Opéra*, qui en 1671. représenta *Pomone.* Les *Opéra* sont maintenant fort courus en *Angleterre* & mis en musique pour la plûpart par Mr. *Handel. Opéra* signifie aussi une chose qui se fait difficilement & extraordinairement, avec beaucoup de dépense, &c.

OPÉRATEUR, trice. *s. m. & f.* lat. & ang. *Operator.* Qui travaille de la main sur le corps de l'homme pour lui conserver, ou pour lui rétablir la santé. Il se dit aussi d'un Empyrique, d'un Charlatan qui vend ses drogues en public & sur le théatre. Arracheur de dents.

OPÉRATION. *s. f.* lat. *Operatio methodica manualis.* ang. *operation.* Action methodique de la main sur le corps de l'homme, par laquelle on lui conserve ou on lui retablit la santé. Action des remédes. Vertu d'une cause & l'effet qui en resulte. Action de l'esprit.

OPERCULE. *s. m.* ( Conchyliologie. ) Couvercle dont le poisson se sert pour défendre l'entrée de la bouche de sa coquille, & pour se renfermer en dedans.

OPÉRER. *v. act.* lat. *Operari manu.* ang. *to operate.* Travailler de la main, mettre en pratique, faire des expériences.

OPES. *s. mas. pl.* ( Architect. ) Trous qu'on laisse dans les murs à l'endroit où les chevrons sont posés.

O P H

OPHIOGLOSSE. *s. f.* Langue de serpent: espèce de plante dont le fruit a la figure de la langue d'un serpent.

OPHIOLATRIE. *s. f.* Religion de ceux qui adoroient des Serpens ou des Dragons. latin. *Ophiolatria.* ang. *ophiolatry.*

OPHIOMANTIE. *s. f.* Divination qui se fait par l'observation des serpens. lat. *Ophiomantia.* ang. *ophiomancy.*

OPHIOPHAGE. *s. m.* Qui mange des serpens.

OPHITE. *s. m.* Espèce de marbre de couleurs diversifiées & parsemé de tâches qu'on appelle autrement, *Serpentin*, ou pierre *Serpentine.*

OPHITES. *s. m. pl.* lat. *Ophitæ.* ang. *ophites.* Secte d'hérétiques, qui s'éleverent dans le 2e. siécle & qui étoient sortis des *Nicolaïtes* & des *Gnostiques.* On les accusoit d'honorer un Serpent; & l'on disoit que lorsque leurs Prêtres célébroient leurs mystères, ils faisoient sortir d'un trou l'un de ces animaux; & après qu'il s'étoit roulé sur les choses qui se devoient offrir en sacrifice, ils disoient que J. C. les avoit sanctifiées, & les donnoit au peuple qui les adoroit. Quelques-uns disent qu'ils prétendoient que c'étoit le vrai Serpent qui avoit tenté *Eve*, & qu'il étoit pourvu de toutes sortes de connoissances; que ce Serpent étoit le Christ & qu'il étoit bien différent de Jesus né de la Vierge ; que le Christ y descendit, & que c'étoit Jesus & non le Christ, qui souffrit la mort ; & en conséquence de cela ils obligeoient ceux de leur secte de renoncer à Jesus.

OPHIUCUS, Serpentaire, *ou* Esculape. *s. m.* En *Astronomie*, est une constellation de l'hemisphére septentrional qui contient selon le catalogue de *Ptolomée* 29. étoiles, selon *Tychon* 25. & selon *Flamstead* 69. On la représente comme un homme qui tient à la main un serpent ; la principale étoile est à la tête de cet homme. Elle est de la seconde grandeur.

OPHRIS. *s. f.* Plante qu'on appelle autrement *double-feuille.*

OPHTHALMIE. *s. f.* lat. *Ophthalmia.* ang. *ophthalmy*, *lippitude.* Maladie des yeux. C'est une inflammation des tuniques des yeux, produite par des humeurs extravasées.

OPHTHALMIQUE. *adj.* lat. *Ophthalmicus.* ang. *ophthalmick.* Qui concerne les yeux.... *Ophthalmiques :* remédes utiles dans les maladies des yeux. lat. *Ophthalmica.* ang. *ophthalmicks.*

OPHTHALMOGRAPHIE. *s. f.* lat. *Ophthalmographia.* anglois. *ophthalmography.* C'est une partie de l'*Anatomie*, qui traite de la composition de l'œil & de l'usage de ses parties, & en même tems des maladies qui empêchent la vision parfaite & de leurs remédes.

OPHTHALMOSCOPIE. *s. f.* ang. *ophthalmoscopy.* Cette partie de la Physiognomie qui prétend connoître le caractère d'une personne par l'inspection de ses yeux.

OPHTHALMOXYSTRE. *s. m.* Brosse pour la scarification des paupiéres, faite avec des épis d'orge.

## O P I

OPIAT. *s. m. ou* Opiate. *s. f.* lat. *Opiatum.* ang. *opiate.* Remède interne composé de poudres, de pulpes, de liqueurs, de sucre ou de miel, reduits en consistance molle.

OPIER. *voy.* Obier.

OPILATION, Opiler. *voyez* Oppilation, oppiler, &c. &c.

OPIME. *adj.* Se dit des dépouilles que remportoit le chef de l'armée Romaine sur le général des ennemis, après l'avoir tué de sa propre main.

OPINANT. *s. mas.* lat. *Opinans*, *opinator.* angl. *an opiner or voter.* Celui qui donne son avis en une compagnie, en une délibération.

OPINER. *v. n.* lat. *Sententiam dicere.* ang. *to opine*, *to vote.* Donner son suffrage, dire son avis, en une élection, en une déliberation, en une consultation de Juges, d'Avocats, de Docteurs, de Médecins.

OPINIATRE. *adj.* lat. *Pervicax*, *pertinax.* anglois. *opiniater*, *obstinate.* Entêté, obstiné ; qui ne démord point de ce qu'il s'est mis une fois dans la tête. Qui résiste, qui ne veut pas obéir.

OPINIATREMENT. *adv.* lat. *Pervicaciter*, *obstinaté.* ang. *obstinately.* D'une manière opiniâtre.

OPINIATRER. *v. actif.* lat. *Obstinatione mentem obdurare.* angl. *to contend obstinately.* Soutenir un fait, une proposition avec obstination, avec entêtement, obstiner, rendre opiniâtre, poursuivre avec opiniâtreté.

OPINIATRETÉ. *s. f.* lat. *Pertinacia*, *pervicacia.* ang. *stubbornness.* Obstination, entêtement, forte attache à ce qu'on a une fois conçu ou resolu.

OPINION. *s. f.* lat. *Opinio*, *sententia.* ang. *opinion.* Pensée, avis, sentiment de celui qui opine sur quelque chose, dont on délibere. Croyance probable, jugement de l'esprit douteux & incertain. C'étoit aussi une divinité des anciens Payens, qui présidoit, selon eux, à tous les sentimens des hommes. En effet, la plûpart des hommes ne parlent des choses que par *opinion.* Ils représentoient cette Déesse comme une jeune femme, d'un air & d'un regard hardi, mais d'une démarche & d'une contenance mal assurée.

OPIOLOGIE. *s. f.* ang. *opiology.* Description ou traité de l'opium & de ses différens usages.

OPISTHODOME. *s. m.* Partie postérieure d'un Temple.

OPISTHOGRAPHE. *adject.* Se dit d'un ouvrage écrit des deux côtés, ce que ne faisoient par les anciens, qui n'écrivoient pas ordinairement sur le revers du papier.

OPISTHOTONOS. *s. m.* ( Médecine. ) Convulsion dans laquelle le corps est plié en derrière, & courbé en arc.

OPIUM. *s. m.* Suc condensé des pavots. Quelquels-uns le confondent avec le *Meconium.* *L'opium* est le suc qui découle des incisions qu'on a faites aux têtes de pavot, lorsqu'elles approchent de leur maturité. Mais le *Meconium* est le suc qu'on en exprime en les pressant. *L'opium* le plus pur est composé de goutes blanches. Il vient dans la *Grece* au Royaume de Candie & dans les terres du *Grand-Caire* en *Égypte.* Il y en a de trois sortes, le noir, le blanc & le jaune. Les habitans du païs gardent pour eux le meilleur & ne nous envoyent que le méconium. Lorsqu'il est préparé pour les usages de la médecine, on l'appelle Laudanum & l'on s'en sert pour calmer les douleurs, pour exciter le sommeil, pour arrêter le vomissement & les cours de ventre. Les *Turcs* en usent pour se réjouir, parce qu'il a pendant quelque tems le même effet que le vin ou autres liqueurs fortes ; mais cet effet ne dure pas autant ; aussi en prennent-ils beaucoup, lorsqu'ils vont au combat, ou qu'ils entreprennent quelque ouvrage qui demande toutes leurs forces.

## O P L

OPLOMACHIE. *s. f.* Escrime : combat de gladiateurs avec des armes.

## O P O

OPOBALSAMUM. *s. m.* Dans la *Pharmacie* est un suc ou une liqueur épaisse blanchâtre, une gomme ou résine qui découle de l'incision qu'on a faite aux branches d'un arbrisseau nommé

*Balsamum* ou arbre du Baume. Il est blanchâtre, fort épais, transparent, & d'une odeur approchante de celle de la Terebentine, mais plus agréable. C'est la même chose que celui qu'on appelle *Balsamum verum* ou Baume du *Levant* ; & comme les autres Baumes, il est suppuratif, déterſif, propre à faire revenir les chairs, étant appliqué extérieurement aux blessures, ulcères ou tumeurs. Il a été long-tems fameux dans la médecine, de manière que toutes les autres huiles vulneraires & onctions en ont tiré leurs nom. Quelques-uns disent que le vrai Baume ne vient que dans la *Judée*.

OPOCARPASON. *f. m.* Suc de l'arbre appellé *Calpasi*. Il ressemble à la Myrrhe, mais il est vénéneux & cause une strangulation mortelle.

OPOPANAX. *f. m.* (Pharmacie.) Gomme jaune au dehors, blanche au dedans, grasse, assés fragile, d'un goût amer, d'une odeur forte & très-desagréable. On la tire par incision de la tige & de la racine d'une plante appellée *Grande berce*.

## O P P

OPPILATIF, ive. *adject.* lat. *Oppilativus.* ang. *oppilative.* Qui a la qualité de boucher les passages, les conduits du corps des animaux.

OPPILATION. *f. f.* lat. *Oppilatio.* anglois. *oppilation.* Obstruction des passages ou des conduits qui servent aux fonctions animales, par de mauvaises humeurs.

OPPILER. *verb. act.* lat. *Oppilare.* ang. *to oppilate.* Boucher les conduits du corps, & empêcher le passage des humeurs nécessaire à faire ses fonctions.

OPPORTUN, une. *adject.* lat. *Opportunus.* ang. *opportune.* Favorable, propice.

OPPORTUNITÉ. *f. fem.* lat. *Opportunitas.* ang. *opportunity.* Tems & lieu favorable, & propre à faire ou à demander quelque chose.

OPPOSANT, ante. *adj. & sub.* lat. *Adversarius.* ang. *opponent.* Celui qui a intérêt d'empêcher qu'une chose ne se fasse, qui y forme quelque obstacle.

OPPOSER. *v. act.* lat. *Opponere, objicere.* ang. *to oppose.* Mettre un obstacle, former une empêchement à quelque chose. Être contraire. Être vis-à-vis. Objecter.

OPPOSITE. *adj.* lat. *Oppositus.* ang. *opposite.* Qui est dans une situation opposée. Contraire. A l'*opposite*, vis à-vis.

OPPOSITION. *f. fem.* lat. *Impedimentum, obex.* ang. *opposition.* Obstacle, empêchement. Contrarieté. En *Astrologie* il se dit de deux planétes qui sont à 180. degrés de distance l'une de l'autre & diamétralement opposées ; ce que les Astrologues regardent comme un aspect de grande inimitié. En *Géométrie* c'est la rélation de deux choses entre lesquelles on peut tirer une ligne perpendiculaire à toutes les deux. En *Logique* il se dit de deux propositions contraires qui ont le même sujet & le même attribut. En *Rhétorique*, c'est une figure par laquelle on joint ensemble deux choses qui paroissent d'abord incompatibles, comme quand on parle d'une folle sagesse, &c.

OPPRESSER. *v. act.* lat. *Opprimere.* ang. *to oppress.* Charger, presser. Opprimer, imposer un joug rude, une servitude.

OPPRESSEUR. *f. masc.* lat. *Oppressor.* ang. *an oppressor.* Celui qui opprime.

OPPRESSION. *f. f.* lat. *Oppressio.* ang. *oppression.* Action de ce qui presse, qui charge, qui incommode, qui opprime.

OPPRIMER. *v. act.* lat. *Divexare.* ang. *to oppress.* Fouler, vexer, tourmenter un inférieur, une personne foible ; l'accabler par autorité, par violence.

OPPROBRE. *f. m.* lat. *Opprobrium, dedecus.* ang. *reproach, ignominy.* Honte qui est attachée à une vilaine action ; injure, affront, ignominie.

## O P R

OPRAS, Oyas. *f. m.* Homme d'un rang distingué dans le Royaume de Siam.

## O P S

OPSIGONE. *adj.* Se dit des dents molaires.

OPSONOME. *f. mas.* Magistrat de police à Athènes dont l'office étoit de veiller sur la poissonnerie.

## O P T

OPTATIF. *f. m.* lat. *Optativus.* ang. *optative.* Terme de *Grammaire*, c'est le 3^e^. mode des conjugaisons, qui sert à exprimer les souhaits.

OPTER. *v. act.* lat. *Optare.* ang. *to chuse.* Choisir entre deux choses celle qu'on aime le mieux.

OPTICIEN. *f. m.* lat. *Opticus magister.* ang. *one skilled in opticks.* Celui qui sçait ou qui enseigne l'optique.

OPTIMATIE. *f. f.* ang. *optimacy.* Gouvernement des nobles, Aristocratie.

OPTIMISME. *f. m.* Doctrine des optimistes.

OPTIMISTE. *f. m.* Philosophe qui soutient d'aprés M^r^. *Leibnitz* que Dieu est nécessité par la perfection de son Etre à faire toujours le meilleur, & qu'ainsi en créant le monde, il a fait le mieux qu'il a sçû, & le mieux qu'il a pû, d'où il resulte que l'Hypothése présente est la plus parfaite de toutes les Hypothéses possibles.

OPTION. *f. fem.* lat. *Potestas, facultas eligendi.* ang. *choice.* Pouvoir, faculté d'opter ; le choix qu'on fait de quelque chose.

OPTIQUE. *f. f. & adj.* lat. *Optica.* ang. *opticks.* En *Mathématiques*, est une science qui démontre les différentes modifications de la lumière tant directe que rompuë ou refléchie & lorsqu'on applique cette science à la description des figures, & à la batisse, on la nomme perspective. Les verres *optiques* sont des verres travaillés selon les regles des Mathématiques pour aider la vuë à discerner les animaux, les corps ou les grandeurs, que leur petitesse naturelle ou leur grande distance rendent imperceptibles à la vuë simple & qui aident aussi à voir parfaitement & distinctement ceux qui ne sont pas imperceptibles. Ces verres sont de différentes sortes, comme les microscopes, telescopes, *&c.*

## O P U

OPULEMMENT. *adv.* lat. *Opulenter.* angl. *plentifully.* D'une manière opulente.

OPULENCE. *s. f.* lat. *Opulentia.* ang. *opulency.* Richesses, abondance de biens.

OPULENT, ente. *adj.* lat. *Locuples.* angl. *opulent.* Riche.

OPUNTIA. *s. f.* Figuier d'Inde.

OPUSCULE. *s. m.* lat. *Opusculum.* angl. *a little book, a small piece.* Petit ouvrage, petit traité.

## O Q U

OQUE. *s. fem.* Poids de Smyrne qui équivaut à 3. livres de France.

## O R

OR. *s. m.* lat. *Aurum.* angl. *gold.* Métal le plus pur, le plus pesant, & le plus ductile de tous les métaux qui soient dans la nature; de là vient que du consentement de presque tous les hommes il a été regardé pendant un grand nombre de siécles, comme le plus précieux. Parmi les *Chymistes* qui caractérisent leurs métaux par les noms des planétes, on l'appelle *Soleil*, pour marquer sa prééminence. Son symbole ou caractère est ☉. Ses propriétés sont si nombreuses & si différentes de celles des autres métaux, qu'on ne peut pas les rapporter ici. On remarquera seulement qu'il a moins de soufre que tous les autres; ce qui est cause de son extrême ductilité, comme on le voit par les opérations des Tireurs d'*or*., & batteurs d'*or*. Car si l'on mêle la milliéme partie de souffre dans une masse d'*or*, elle n'est plus malleable. On connoit combien il est fixe par la force qu'il a de resister à l'action la plus violente du feu artificiel; mais il y a des miroirs ardens qui ramassent les rayons du soleil avec tant d'intensité que l'*or* y devient volatil. On a donné différens noms à ce métal; comme l'*or* Vierge qu'on dit être fort pâle & si mou, qu'on peut en faire des figures avec la main & qu'il peut recevoir l'impression d'un cachet, comme la cire chaude. Pour le durcir & pour relever sa couleur, on y mêle de l'émeril; l'*or* fin ou pur est celui que le feu a délivré de ses impuretés. L'*or* monnoié en *Angleterre* contient 22. parties d'*or* pur, une d'argent & l'autre de cuivre.

Toison d'*or*, dans l'*ancienne Mythologie*, étoit la peau ou toison d'un mouton, sur lequel on croyoit que *Phrinus* & *Hella* avoient été portés par mer à *Colchos*, & qui ayant été sacrifié à *Jupiter*, fut suspendu à un arbre dans la forêt de *Mars*, gardé par deux bœufs qui avoient aux pieds des cornes d'airain & par un Dragon monstrueux qui ne dormoit jamais; mais la toison fut prise & enlevée par *Jason* & par les *Argonautes*. Quelques Auteurs s'imaginent que c'est-là une représentation allégorique de quelque histoire veritable. *Philippe* le Bon, Duc de *Bourgogne* donna ce nom à un ordre militaire qu'il institua en 1429. Le Roi d'*Espagne* est maintenant Grand-Maître de cet Ordre, comme Duc de *Bourgogne*. Le nombre des Chevaliers est fixé a 31. On dit qu'il fut institué en memoire d'un grand gain que le Duc de *Bourgogne* fit sur des laines. Les premières solemnites se firent à *Bruges* au mariage de ce Prince avec *Isabelle* de *Portugal*. Les Chevaliers portoient un manteau d'écarlatte fourré d'hermines avec le collier ouvré de la devise du Duc, qui étoit en forme de B pour signifier *Bourgogne* & des pierres à fusil jettant des flammes, avec ces mots: *ante ferit quam flamma nocet.* Au bout de ce collier étoit suspenduë une *Toison d'or* avec cette devise; *Pretium non vile laborum.* Cet ordre est maintenant commun à tous les Princes de la maison d'*Autriche*, comme étant issus de *Marie* de *Bourgogne* fille de *Charles* le Hardi, dernier Duc de *Bourgogne*.

*Nombre d'or* est un nombre dont les Chronologistes font usage pour sçavoir quelle année du cycle lunaire repond à une année proposée. Dans le *Calendrier Julien* on marque ordinairement les jours de la nouvelle lune. Mais dans une suite de tems on doit remarquer que les *nombres d'or* par le défaut du cycle lunaire, s'écartent du but & ne marquent pas le vrai tems de la nouvelle Lune.

La *Regle d'or* est une regle par laquelle les Arithméticiens repondent à toutes les questions, qui concernent les proportions. On l'appelle ainsi par prééminence, comme étant d'un très-grand usage & très importante. On l'appelle quelquefois regle de trois, *&c.* parce que trois nombres étant donnés, on en conclut un 4e. qui est proportionnel aux trois autres. Cette regle est directe, lorsque le quatrième nombre ou celui que l'on cherche est en même proportion ou rélation au troisième (lorsqu'on les a bien arrangés) que le second au premier. Elle est inverse, lorsque le 4e. nombre requis est en même rélation ou proportion avec le premier que le second au troisième. Ces regles sont quelquefois doubles, c'est-à-dire, que cinq nombres étant donnés on en cherche un sixième; mais comme on peut toujours les reduire aux deux précédentes, je n'en dirai pas davantage.... *Or* en termes de *Blason* est la couleur jaune, qui représente le premier métal ou le premier des émaux. Il n'y a point d'armoirie sans *or* ou argent. On le représente dans la gravure par un nombre infini de petits points.

## O R A

ORACLE. *s. m.* lat. *Oraculum.* ang. *oracle.* Dans l'*Ancien Testament*, signifie quelquefois le dessus de l'Arche d'alliance où étoient renfermées les loix divines. Aux deux extrémités étoient deux Cherubins d'or massif qui étendoient leurs ailes l'un vers l'autre & formoient une espèce de Thrône, sur lequel on concevoit que le Seigneur étoit assis pour manifester sa volonté lorsqu'il répondoit à *Moïse*. On appelloit aussi *oracle*, le sanctuaire ou l'endroit dans lequel l'Arche étoit déposée ; & quelquefois ce mot s'appliquoit aux fausses divinités. Le plus fameux de tous les *oracles* de la *Palestine* étoit celui de *Belzebuth* que les *Juifs* eux-mêmes venoient souvent consulter. Il y avoit aussi les *Teraphims* & les faux Dieux adorés en *Samarie*. On ne sçait pas si ces oracles étoient réellement rendus par l'assistance du Démon, ou si les Prêtres & les faux Prophétes en imposoient au peuple & lui faisoient croire qu'ils étoient inspirés. Parmi les Juifs il y avoit plusieurs sortes de vrais *oracles*, comme 1°. ceux qui étoient rendus de vive voix, par exemple, lorsque Dieu parloit à *Moïse*. 2°. Les songes prophétiques, comme ceux de *Joseph*. 3°. Les visions, comme lorsqu'un Prophéte dans un extase n'étant proprement ni éveillé ni endormi, avoit des révelations surnaturelles. 4°. L'Urim & le Thummim qui étoient accompagnés de l'Ephod ou du Pectoral que portoit le Grand-Prêtre & à qui Dieu donna la faculté de prédire l'avenir dans certaines occasions extraordinaires. 5°. La consultation des Prophétes ou des messagers que Dieu envoyoit immédiatement. Dans les premiers commencemens du christianisme, le don de prophétie étoit fort commun. On a beaucoup raisonné sur les anciens *oracles* des Payens, mais on n'a rien dit de concluant, parce qu'ils étoient presque toujours si ambigus qu'on pouvoit les appliquer aux événemens les plus opposés : le fameux *Kircher* pour détromper ceux qui sont trop crédules & pour expliquer ce qui paroissoit surprenant dans le fameux *oracle* de *Delphes* inventa & plaça un tube dans la chambre où il couchoit, de manière que lorsque quelqu'un l'appelloit à la porte du jardin qui étoit à côté de son logement, sans élever la voix plus haut qu'à l'ordinaire, il l'entendoit aussi bien que s'il avoit été lui-même à cette porte & il repondoit & se faisoit entendre avec la même facilité. Il transporta ensuite ce tube dans son *Cabinet de mathématiques* & il le paça si bien dans l'intérieur d'une statuë, qu'on auroit dit qu'elle étoit animée, ouvrant les yeux & la bouche & paroissant parler. D'où il concluoit que les Prêtres *Payens* faisoient usage de tubes semblables pour faire accroire au peuple superstitieux que c'étoit l'idole même qui répondoit à leurs questions.

ORAIRE, *ou* Orarium. *s. masc.* C'est ainsi qu'on appelloit autrefois l'*étole*.

ORAGE. *s. m.* lat. *Procella*, *furens ventus*. angl. *storm*, *tempest*. Tempête ; grande agitation de l'air ; vent impétueux ; grosse pluië, ordinairement de peu de durée, accompagnée quelquefois de vent, de grêle, d'éclairs & de tonnerres. C'est aussi au figuré, un malheur passager, un trouble qui ne dure guéres.

ORAGEUX, euse. *adj.* lat. *Procellosus*. ang. *stormy*, *tempestuous*. Qui est sujet aux orages.

ORAISON. *s. f.* lat. *Concio*, *oratio*. angl. *oration*, *speech*. Discours, assemblage de plusieurs paroles, rangées avec ordre. Harangue, discours étudié & poli qu'on prononce en public, & qui est composé à ce dessein. En matière de religion, c'est une prière qu'on fait à Dieu ou pour lui demander des graces, ou pour le remercier de ses bienfaits.

ORAL. *s. masc.* Espèce de voile... Grand voile que le Pape met sur sa tête, qui se replie sur ses épaules & sur sa poitrine.

ORAL, ale. *adj.* lat. *Oralis*. ang. *oral*. Ce mot se dit en parlant de certaines loix, ou de certaines traditions des *Rabins*, & signifie, qui s'expose de bouche.

ORANGE, & ses composés. *voy.* Orenge.

ORATEUR. *s. m.* lat. & ang. *orator*. Éloquent, qui sçait bien la Rhétorique & qui la met en pratique. C'est aussi celui qui harangue en public ; qui fait des oraisons.

ORATOIRE. *adj.* & *s. mas.* lat. *Oratorius*. ang. *oratory*. Qui appartient à l'orateur. Ce mot signifie aussi une petite chapelle, ou lieu particulier d'une maison, où il y a quelque Autel, ou quelque image, & qui est destiné pour prier Dieu en particulier. La Congrégation de l'*Oratoire* est une société de Prêtres qui vivent en Communauté sans être obligés de faire des vœux, &c.

ORATOIREMENT. *adverb.* lat. *Oratorié*, *oratorio modo*. ang. *orator-like*, *rhetorically*. D'une manière éloquente & oratoire.

ORATORIEN. *s. m.* Qui est de la Congrégation des Prêtres de l'Oratoire.

## ORB

ORBE. *adj.* lat. *Orbis*. ang. *a heavy blow*. (Chirurgie.) Se dit des coups qui font des contusions.... (Maçonnerie.) Se dit d'un mur où l'on n'a percé ni porte, ni fenêtre.

ORBE. *s. m.* lat. *Orbis*. ang. *orb*. En *Astronomie*, est un globe ou corps sphérique contenu sous deux superficies, l'une concave & l'autre convexe. C'est aussi un grand cercle qui dans son épaisseur embrasse le corps d'une planéte & qu'on suppose être concentrique à la terre.

ORBICULAIRE. *adj.* lat. *Orbicularis*. ang. *orbicular*. De figure ronde & sphérique. Il se dit du muscle qui environne les deux lévres, comme un sphincter ; & de celui qui ferme les paupières, qu'on appelle aussi le *fermeur*.

ORBICULAIREMENT. *adv.* lat. *In orbem*. ang. *orbicularly*. En rond.

ORBIS. *s. m.* Gros poisson de mer, dont la forme est orbiculaire ou sphérique. On se sert de ses dents broyées pour arrêter le cours de ventre & les hémorrhagies.

ORBITAIRE. *adj.* (Anat.) Se dit de l'un des trous externes qui sont aux os de la tête.

ORBITÉ. *s. f.* État d'un Père qui n'a point d'enfans.

ORBITE. *s. f.* lat. *Orbita*. ang. *orbit*. Ligne que décrit le centre d'une planéte ou d'une comète

comète dans le Ciel par son mouvement propre. Les figures de ces *Orbites* sont différentes les unes des autres. Celles de la terre & de toutes les planétes principales sont des Ellipses, qui ont le soleil dans un de leurs foyers. Et elles observent cette loi dans leur mouvement, sçavoir que le rayon mené du centre du soleil au centre de la planéte, décrit toujours des aires proportionnelles aux tems. Les anciens Astronomes croyoient que les *orbites* des planétes étoient circulaires ; de sorte que pour expliquer dans cette hypothese leurs irrégularités, ils furent obligés d'introduire des excentriques & des épicycles. Les modernes ont découvert que non seulement elles se meuvent dans des *orbites* elliptiques, mais qu'elles ont aussi différentes vitesses en différens tems. En *Anatomie* les *orbites* sont les deux grandes cavités dans lesquelles les yeux sont placés. Il se dit aussi du tour de ces cavités.

ORBONE. *s. f.* Déesse qui faisoit mourir les enfans. D'autres disent qu'elle étoit la protectrine des orphelins. ( lat. & ang. *orbona.*) Les Romains l'honoroient pour détourner d'eux le malheur du veuvage, ou de la perte de leurs enfans. Elle avoit un Autel, dans *Rome*, auprès de celui des *Lares*.

### O R C

ORCHANETTE. *s. fem. Anchusa.* Espèce de Buglose. On se sert de sa racine pour donner une teinture rouge à l'huile, à des pommades & à la cire. Elle est aussi astringente.

ORCHEL. *voy.* Orseille.

ORCHÉSOGRAPHIE. *s. f.* Art & description de la danse, dont les pas sont nottés avec des nottes de musique.

ORCHESTIQUE. *s. f.* lat. *Orchestice.* ang. *orchesticks.* L'art de la danse.

ORCHESTRE. *s. f.* ou *m.* anglois. *orchester.* Retranchement au devant d'un théatre, où l'on place la symphonie. Chez les *Grecs* c'étoit la partie la plus basse du théatre, faite en demi-cercle ; chez les *Romains* c'étoit le lieu où se plaçoient les Senateurs & à peu près ce qu'on appelle aujourd'hui le parterre.

ORCHESTRIQUE. *adj.* Qui appartient à la danse.

ORCHIS. *s. m.* Plante ainsi appellée parce que ses racines ressemblent aux testicules d'un animal.

### O R D

ORDALIE. *s. m.* lat. *Ordalium.* ang. *ordeal.* Epreuves du feu, du fer chaud, de l'eau, du duel, établies autrefois pour découvrir la vérité. Les miracles qui ont autorisé ces épreuves quoique condamnables en elles-mêmes, prouvent ce que peut la simplicité & la bonne foi.

ORDINAIRE. *adj.* lat. *Ordinarius, consuetus.* ang. *ordinary.* Ce qui arrive souvent, ou toujours. Ce qui est commun, qui n'est pas rare. Ce qu'on a accoutumé de voir, de dire, de faire. On appelle *ordinaires* plusieurs Officiers qui servent toute l'année chez le Roi, comme l'Aumonier *ordinaire*, le Médecin *ordinaire*, &c. Ambassadeur *ordinaire* est celui qu'on envoye resider pendant plusieurs années en la Cour de quelque Prince ou Republique avec lesquels on vit en paix. Dans les *Loix civiles*, le Juge naturel du territoire où le défendeur est domicilié, se nomme Juge *ordinaire*. On appelle aussi *ordinaire* en jurisprudence *Canonique*, l'Evêque du Diocèse, ou celui qui a la jurisdiction Ecclésiastique *ordinaire* dans son territoire avec la collation des bénéfices. *Ordinaire* se dit quelquefois de la dépense qu'on fait tous les jours à sa table dans son domestique. Les *ordinaires* des femmes sont les maladies ou purgations qui leur viennent tous les mois ou leurs menstruës.

ORDINAIREMENT. *adv.* lat. *Ut mos est, ut fit.* ang. *ordinarily.* D'une manière ordinaire, commune, usitée.

ORDINAL. *adj.* lat. *Ordinalis.* ang. *ordinal.* Se dit des nombres qui marquent l'ordre des choses, en quel rang elles sont placées, comme troisiéme, septiéme, quarantiéme, &c.

ORDINAL. *s. masc.* Livre qui contenoit la manière de réciter & de faire l'office divin. *Ordinale.*

ORDINANT. *s. mas.* lat. *Ordines conferens.* ang. *a bishop that confers the holy orders.* Evêque ou Prélat qui donne les ordres ou celui qui les reçoit. lat. *Ordinandus.* ang. *one that is to be ordained.*

ORDINATION. *s. f.* lat. *Ordinatio.* anglois. *ordination.* Action par laquelle on confére les ordres, & le tems propre pour les conférer. Il y a eu de grandes contestations en *Angleterre* depuis la reforme pour sçavoir en qui résidoit le pouvoir de l'Ordination. L'Eglise *Anglicane* prétend qu'il ne réside que dans les seuls Evêques ; les autres veulent qu'il réside aussi dans les Prêtres & dans le consistoire ; d'autres ont soutenu que l'élection du peuple suffisoit & d'autres ont voulu que ce fut une prérogative du Magistrat civil. Dans l'Eglise d'*Angleterre* il n'y a que les Evêques qui fassent l'ordination & il y a des jours marqués pour la faire, qui sont le second Dimanche du *Carême*, le Dimanche de la *Trinité* & le Dimanche suivant, le premier Mécredi après le 14. de *Septembre* & le 13. de *Décembre*.

ORDONNANCE. *s. f.* lat. *Lex, edictum.* ang. *ordinance.* Loi, statut, commandement d'un Souverain, ou d'un supérieur. Ce sont en *France* principalement les loix qui sont établies par la seule autorité du Roi. On appelle aussi *ordonnance* ce qui est prescrit par un Médecin. *Ordonnance* en *Architecture* & en *Peinture* se dit de la différente disposition des parties des bâtimens, des tableaux, ou des autres ouvrages, qui consistent en quelque dessein ou figure. Et en particulier dans la *Peinture*, c'est la régularité, la proportion & l'harmonie des parties du tableau tant par rapport à toute l'histoire que par rapport à ses différentes traits, & ici l'on doit bien faire attention au païsage ou au terrain dans lequel s'est passée l'action, & voir si c'est un lieu habité ou inhabité ; car dans le dernier cas on peut se livrer à son imagination; mais si c'est un lieu habité il faut avoir égard aux mœurs du païs & à la façon de bâtir. Si ce sont des bâtimens rustiques, il n'est question que d'une forte imagination pour les peindre; mais si l'on observe dans ce païs les regles de l'architecture, le Peintre doit aussi y faire beaucoup d'attention. Dans l'histoire même on doit bien prendre garde que les différentes groupes de figures contenues dans tout le tableau ayent une rélation naturelle les unes avec les autres; que les attitudes de ces différentes figures ne soient pas forcées ou estropiées, qu'on n'y trouve aucune nudité qui puisse choquer les yeux les plus chastes & que la draperie soit flottante & dégagée, &c. Dans l'*Architecture* on doit avoir le même égard en général à l'uniformité, à l'apparence & aux convenances pour la distribution du dedans; de manière que la disposition regulière & exacte du plan doit déterminer tout le reste du bâtiment. Par où l'on voit aisément qu'on ne doit pas faire de petites chambres dans un grand palais ni de grandes sales dans un petit bâtiment. On doit aussi faire en-sorte que les chambres où l'on doit loger dans les grands bâtimens soient tournées au Levant; les bibliotheques, les galeries de peintures, les cabinets de curiosités, &c. au Nord. En termes de guerre, on le dit de la différente disposition des troupes soit pour le combat, soit pour la marche.

ORDONNATEUR. *s. m.* lat. *Ordinator.* ang. *orderer.* Celui qui ordonne.

ORDONNÉE. *adj.* & *s. f.* voy: Ordonner.

ORDONNER. *v. act.* lat. *Imperare, jubere.* angl. *to order.* Commander, donner ordre, prescrire. Conférer les ordres. Ranger, mettre par ordre. Regler, conduire. En *Géométrie* on appelle *ordonnées* les lignes qui sont menées de chaque point de la circonférence d'une Section conique perpendiculairement à l'axe & qui se terminent au point opposé de cette circonférence; de sorte que celle qui se termine à l'axe se nomme *demi-ordonnée.*

ORDRE. *s. m.* lat. *Ordo.* ang. *order.* Disposition regulière, situation des choses suivant l'état, la place & le rang qui conviennent à leur nature, ou à leurs fonctions. *Ordre* signifie aussi, commandement d'un supérieur; pouvoir; commission, mandement. Il signifie quelquefois une liste, un inventaire, un catalogue de livres ou d'autres effets; quelquefois il signifie la Prêtrise, ou un état Religieux, comme les *Moines blancs* qui sont les Chanoines reguliers de l'*ordre* de *S. Augustin*; les *Moines gris* qui sont de *Cisteaux* qui changérent leur habit noir en une couleur cendrée; les *Moines noirs* qui sont les *Benedictins.* *Ordre* se dit quelquefois des différens Chevaliers militaires, comme l'ordre de S. *George.* On l'applique encore aux différentes manieres de bâtir selon les regles reçues & établies d'*Architecture*, que l'on observe sur-tout dans la construction des Palais, des Eglises, &c. & ces *Ordres* ont des noms particuliers, sçavoir le *Toscan* qui est en usage dans les magasins & autres bâtimens d'une force moyenne; le *Dorique* qui est un peu plus leger, & qui s'emploie indifféremment en plusieurs sortes de bâtimens; L'*Ionique* qui est encore plus délié & pourtant assés solide. Quelques Auteurs disent que cet ordre a été inventé pour les Temples & autres lieux sacrés; & c'est pour cela qu'on y voit des victimes en relief sur l'entablement, des têtes de bœufs, &c. Quoiqu'à présent on s'en serve dans les bâtimens civils. Le *Corinthien* est le plus tendre & le plus délicat, & il est destiné pour les palais & autres bâtimens magnifiques, étant enrichi de toute la délicatesse que l'art de graver à pû imaginer pour l'embellir. Le *Composite* est mêlé du *Corinthien* & de l'*Ionique* & l'on s'en sert selon le goût de l'artiste en différens édifices. Les modernes ont ajouté d'autres *ordres* de leur invention & leur ont donné les noms de *Gothiques*, *François*, *Cariatiques*, *Persans*, &c. Dans une *armée* l'*ordre* signifie le commandement ou la direction qui vient des Officiers généraux, ou la discipline & gouvernement militaire & la disposition des bataillons pour marcher ou pour combattre.

ORDRYSE. *s. m.* Divinité particulière aux Thraces qui croyoient en tirer leur origine.

ORDURE. *s. f.* lat. *Sordes.* ang. *filth, dirt, dust.* Saleté, corruption, puanteur. Turpitude, infamie. Paroles obscènes.

ORDURIER, ière. *adj.* & *s. m.* & *f.* Obscène. Qui se plait à dire des obscénités. *s. m.* Porte-immondice.

## ORE

ORÉADE. *s. f.* lat. *Oreas.* ang. *oread.* Nymphe des montagnes.

ORÉE. *s. f.* lat. *Ora sylvæ.* ang. *the border of a wood.* Bord d'un bois.

OREILLARD, arde. *adj.* lat. *Laxè auritus equus.* ang. *wide-eared.* Cheval qui a l'oreille trop large ou qui l'agite trop, &c.

OREILLE. *s. f.* lat. *Auris*, *auricula.* ang. *the ear.* Organe de l'ouïe, ou partie de la tête qui sert à recevoir & à distinguer les sons. En termes de *Musique*, c'est le jugement que nous faisons des sons & de l'harmonie. En *Botanique* on appelle *oreilles*, les deux premières feuilles qui sortent des graines semées & qui sont différentes de celles qui viennent après... Petites avances qu'on applique aux bords d'une écuelle, pour la saisir & la tenir plus facilement.... Bord replié du feuillet d'un livre.... Coin de la toile qui enveloppe un balot, qui a la figure d'une oreille.... Petite courroye où se termine le quartier d'un soulier, & qui sert à serrer les boucles.... Parties plates & saillantes des deux côtés de la charnière d'une coquille, sur-tout de celle qu'on appelle *peigne.* *Oreilles*, ou *orillons*; retours aux coins des chambranles de porte ou de croisée.... *Oreilles* ou *oreillettes* du cœur: petites bourses situées à la base du cœur, une de chaque côté en forme d'oreilles. Elles ont les mouvemens de contraction & de dilatation de même que le cœur.... *Oreilles de liévre:* voiles latines triangulaires: plante autrement appellée *Bu-*

*pleurum* ou *percefeuille*, à qui on a donné le nom d'*oreille de Liévre*, à cause de la figure de ses feuilles.... *Oreille d'âne* : grande consoude.... *Oreille d'ours* : plante ainsi appellée à cause de la prétenduë ressemblance de ses feuilles avec les oreilles d'un ours.... *Oreille de souris* ou *de rat* : autre genre de plante dont il y a plusieurs espéces. Pilosélle... *Oreille de Judas* : espéce d'Agaric, qui se trouve attaché & adhérent au tronc d'un sureau.... *Oreille de mer* : coquillage ressemblant à notre oreille, qu'on nomme aussi *ormeau* & le *grand bourdin*.

OREILLÉ, ée. *adject.* (Blason.) Se dit des Dauphins & des coquilles dont les oreilles sont d'un émail différent.

OREILLER *s. m.* lat. *Pulvinar.* ang. *pillow.* Petit carreau rempli de duvet ou de plume, qu'on met sur le chevet ou traversin pour avoir la tête plus haute. C'est en *Architecture* & dans le chapiteau *Ionique* la face de côté des volutes. On l'appelle autrement balustre ou coussinet de chapiteau.

OREILLETTE. *s. f.* lat. *Auricula.* ang. *wire about a woman's ear.* Petit cercle d'or ou de cuivre que les femmes qui ne veulent pas se faire percer les oreilles y appliquent pour soutenir leurs boucles & pendans d'oreilles.... *Oreillettes* : parties latérales d'un casque, qui couvrent les oreilles. *Oreillettes du cœur.* voy. Oreilles.

OREILLON. *s. m.* On appelle *oreillons* en *Architecture*, les retours aux coins des chambranles de porte ou de croisée.... *Oreillons* : maladie des oreilles.

ORELLANE. *s. f.* Plante d'Amérique de laquelle on tire une teinture de même nom, & qui n'est pas moins bonne que l'indigo.

ORENGE. *s. f.* lat. *Malum auratum.* ang. *an orange.* Fruit rond & agréable, de couleur jaune, odorant, & dont il y a deux espéces. Les unes se nomment *oranges de la Chine* & sont fort douces & agréables au goût; les autres se nomment de *Seville* & ont une amertume agréable. On s'en sert principalement dans les sauces & on en fait cette liqueur forte que les *Anglois* nomment ponche.

ORENGÉ, ée. *adj.* lat. *Color aureus.* ang. *orange-coloured.* Couleur d'orenge, mitoyenne entre le rouge & le jaune.

ORENGEADE. *s. f. ou* Orengeat. *s. m.* lat. *Succus limoniacus.* ang. *a sort of cooling liquor.* Boisson qu'on fait avec du jus d'orenge, de l'eau & du sucre.

ORENGER. *s. m.* lat. *Citrus aureola.* angl. *an orange-tree.* Arbre qui produit les orenges toute l'année.

ORENGERIE. *s. f.* lat. *Limetum*, *citretum.* anglois. *a grove of orange-trees.* Endroit d'un grand jardin où sont placés les orangers & autres arbres qu'on éleve dans les caisses. C'est aussi la serre des orengers, le lieu où on les enferme l'Hiver pour les garentir de la gêlée. lat. *Cella citraria.* ang. *an orange-house*.... On le dit des orengers mêmes enfermés dans des caisses.

ORENGISTE. *substantif masculin.* Celui qui éleve des orengers, qui les cultive, qui en a soin.

O R F

ORFELIN. *s. m.* lat. *Orphanus.* ang. *an orphane.* Enfant mineur qui a perdu son pere, ou qui n'a ni pere ni mère qui puissent avoir soin de lui.

ORFELINAGE, Orfeline. *voy.* Orphelinage, Orpheline.

ORFÉVRE. *s. m.* lat. *Aurifex.* ang. *a goldsmith.* Celui qui vend ou fabrique de la vaisselle ou des ouvrages d'or ou d'argent.

ORFÉVRERIE. *s. f.* lat. *Aurificia ars*, *aurificium.* ang. *a gold-smit's trade or ware.* Travail, trafic, corps des orfévres.

ORFÉVRESSE. *s. f.* Femme d'orfévre.

ORFRAYE. *s. f.* lat. *Ossifraga.* ang. *osprey.* Oiseau nocturne & de mauvais augure, qui est une espéce d'aigle qui hante les eaux, qui vit de pêche, & qui a un pied d'oye. Il étoit défendu aux *Juifs* d'en manger, *Lev.* XI. 13. On l'appelle en latin *Ossifraga*, parce qu'elle brise les os des animaux pour en succer la moëlle. On dit qu'elle creuse dans les cimetières pour briser les os des morts & en tirer le suc. C'est pour cela qu'on la regarde comme un animal impur. Les *Arabes* & les *Persans* l'appellent *Humai* & disent que c'est le plus innocent de tous les oiseaux parce qu'il n'attaque que les corps morts.

ORFROY. *s. masc.* Broderie d'or ou de soie qu'on met sur les bords d'une chappe ou pluvial, d'un parement d'Autel, d'une écharpe, & même des anciens habits & chapeaux.

O R G

ORGAGIS. *s. m.* Toile blanche de coton des Indes Orientales. Sorte de bassetas.

ORGANDY. *s. m.* Sorte de mousseline.

ORGANE. *s. m.* lat. *Organum.* ang. *organ.* En *Anatomie*, partie de l'animal disposée d'une certaine maniere qui la rend propre aux usages ausquels elle est destinée, comme l'oreille pour entendre, l'œil pour voir, &c. *Organe* signifie aussi, moyen, instrument.

ORGANEAU. *voy.* Organeau *ou* Arganeau.

ORGANIQUE. *adj.* lat. *Organicus.* anglois. *organical.* Qui appartient à l'organe, qui agit par des organes.

ORGANISER. *v. act.* lat. *Corpus figurare.* ang. *to organise.* Former des organes. Faire un instrument de musique.

ORGANISME. *s. mas.* La qualité d'être organisé.

ORGANISTE. *s. m.* lat. *Organarius.* angl. *an organist.* Qui sçait toucher l'orgue, qui joüe des orgues.

ORGANSIN. *s. mas.* Soie torse, apprêtée & bien conditionnée, qui a passé deux fois par le moulin.

ORGASME. *s. masc.* lat. & ang. *orgasmus.* Agitation & mouvement impétueux des humeurs excrémentielles & superflues dans le corps humain, qui cherchent à s'évacuer.

ORGE. *s. m.* ou *f.* lat. *Hordeum.* ang. *barley.* Grain ou blé fort abondant en *Angleterre.* On en fait du pain. Mais son principal usage est d'en tirer différentes boissons ou différentes bières, selon la différente manière de le brasser. Les historiens disent que ce grain a été le principe des poids & mesures *Angloises*.... *Petite orge*: graine de la nouvelle Espagne, qui a la figure de l'*orge*, & qui naît sur une plante, qui porte un épi semblable à celui de l'orge. La *petite orge* est extrémement caustique & brûlante.

ORGEADE. *s. f.* ou Orgeat. *s. m.* lat. *Aqua cum hordeo cocta.* ang. *a sort of cooling liquor.* Eau d'orge, où il entre de la semence de melon, du sucre & quelque eau de senteur.... liqueur rafraichissante faite avec des amandes & les semences froides.

ORGEOLET. *s. m. Hordeolum.* Grain d'orge. Bouton qui vient aux paupières.

ORGIASTES. *s. fem. pl.* Femmes qui présidoient aux orgies.

ORGIES. *s. f. pl.* lat. & ang. *orgia.* Terme commun dont les *Grecs* se servent pour nommer les fêtes & sacrifices de *Bacchus*, qui étoient accompagnés de huées & de cris extraordinaires que faisoient les Prêtres & ceux qui assistoient à ses sacrifices, où ils donnoient plus de marques de folie que de dévotion.

ORGIOPHANTES. *s. m. pl.* Ministres des orgies.

ORGUANEAU. *s. m.* lat. *Anchoræ annulus.* ang. *the ring of an anchor.* Grand anneau qui est passé au bout de la verge de l'ancre.

ORGUE. *s. f.* ang. *an organ.* C'est le plus grand & le plus harmonieux de tous les instrumens de musique, qui est un amas ou une imitation de tous les autres. Il est particulièrement en usage dans les Eglises. Il y en a de différentes sortes à proportion de l'art du constructeur & des dimensions qu'on lui donne. On fait dans les maisons particulieres des *orgues portatives* & fort petites, qu'on appelle *cabinets d'orgues. Orgues* en termes de *Guerre*, est une machine composée de plusieurs gros canons de mousquet attachés ensemble, dont on se sert pour défendre les brèches & autres lieux qu'on attaque, parce qu'on tire par leur moyen plusieurs coups tout à la fois. C'est aussi une espèce de Herse, avec laquelle on ferme les portes des villes attaquées. Ce sont plusieurs grosses piéces de bois qu'on laisse tomber d'en haut, & qui ne sont point attachées l'une à l'autre par aucune traverse, comme sont les Herses ordinaires ou sarrasines.... *Orgues*, en termes de *Marine.* voy. Dalon.... *Orgue de mer*: plante pierreuse composée de beaucoup de petits tuyaux rangés l'un sur l'autre par étages, & assemblés en tuyaux d'*orgue.* Leur couleur est purpurine. On en prend en poudre pour arrêter le cours du ventre & les hémorrhagies.

ORGUEIL. *s. masc.* lat. *Superbia*, *elatio*, *fastus.* ang. *pride.* Fierté, arrogance, vanité; faste, ostentation, sotte gloire, présomption... Petite tumeur qui occupe quelquefois le coin de l'œil..... (Méchan.) voy. Hypomochlion.

ORGUEILLEUSEMENT. *adv.* lat. *Superbè.* angl. *proudly.* Fièrement, d'une manière orgueilleuse.

ORGUEILLEUX, euse. *adj.* lat. *Superbus, tumidus.* ang. *proud.* Qui a de l'orgueil; qui est vain, altier, fier, superbe.... *Vessie orgueilleuse.* voy. Orgueil, *à la fin.*

## O R I

ORIBATE. *s. m.* Danseur de corde, chés les Anciens.

ORICULAIRE. *voy.* Auriculaire.

ORIENT. *s. m.* lat. *Oriens.* ang. *east.* L'Est, celui des quatre points cardinaux où l'on voit lever le soleil & les astres. L'*Orient équinoctial* est le vrai point d'*Orient*, c'est-à-dire, celui où le soleil se leve lorsqu'il est dans l'équateur.

ORIENTAL, ale. *adj.* lat. *Orientalis.* ang. *oriental*, *eastern.* Qui est situé vers l'Orient à notre égard. Qui vient d'Orient. Qui est tourné vers l'Orient. En *Astronomie* on dit qu'une planéte est *Orientale* lorsqu'elle se leve le matin avant le soleil.

ORIENTER. *v. act.* lat. *Ad orientem vertere.* ang. *to set toward the east.* Tourner une chose vers l'Orient. *Orienter* les voiles dans la *Marine*, c'est les brasser de manière qu'elles reçoivent le vent.

ORIFICE. *s. m.* lat. *Os*, *orificium.* anglois. *orifice.* En *Anatomie* est l'ouverture de certains conduits ou vaisseaux.

ORIFLAME. *s. fem.* ang. *oriflamb.* Etendart de l'Abbaie de S. Denis & des anciens Rois de *France.*

ORIGÉNIENS. *s. masc. pl.* Hérétiques infames, qui se disoient disciples d'origène. S'ils avoient pris ses erreurs ils ne l'imitoient pas dans la pureté de ses mœurs. Ils étoient différens de *Origénistes.*

ORIGAN. *s. m.* lat. *Origanum.* ang. *origan*, *organy.* Plante médicinale dont on compte jusqu'à 16. espèces. Elle est propre dans les obstructions, la toux & l'ictère.

ORIGÉNISTES. *s. masc. pl.* lat. *Origeniani.* ang. *origenists.* Secte qui prétendoit tirer ses opinions des écrits ou livres d'*Origène* sur les principes. Ils soutenoient que J. C. n'étoit fils de Dieu que par grace ou par adoption; que comparé aux hommes, il n'étoit que vérité; mais que comparé à Dieu il n'étoit que mensonge: que les ames ont été créées avant les corps & qu'elles ont commis le péché dans le ciel: que le soleil, la lune, les étoiles & les eaux qui sont au dessous du firmament ont des ames: qu'à la resurrection les corps auront une forme ronde: que les tourmens des Démons & des Damnés finiront & que les Anges apostats seront rétablis en leur premier état. Ces erreurs & plusieurs autres troublerent l'Eglise dans le 4e, 5e & 6e. siécles & furent condamnées par les Conciles qui défendirent la lecture des livres d'*Origène.*

ORIGINAIRE. *adject.* latin. *Oriundus.* angl.

*originally come from.* Qui prend sa source, sa naissance, son commencement de quelque païs.

ORIGINAIREMENT. *adv.* ang. *originally.* Du commencement, dans son origine.

ORIGINAL. *subst.* & *adj.* lat. *Archetypus, exemplar.* ang. *original.* Minute ou grosse de contract; ce qui est fait le premier dans le dessein; la composition ou l'invention de quelque chose; ce qui sert aux autres de modèle pour l'imiter, pour le copier. On appelle un *original*, un homme qui a quelque chose d'extravagant.

ORIGINALITÉ. *s. f.* lat. *Originalitas.* ang. *originality.* Qualité qui fait qu'une chose est originale.... Singularité ridicule, sottise, impertinence.

ORIGINE. *s. f.* lat. *Origo.* anglois. *origin.* Commencement, naissance, principe, source de quelque chose.

ORIGINEL, elle. *adj.* lat. *Originalis.* ang. *original.* Se dit principalement du péché qu'en naissant on contracte par la désobéissance du premier homme.

ORIGINELLEMENT. *adv.* lat. *Ab origine.* angl. *originally.* Dès le commencement, dès l'origine.

ORIGNAC, *ou* Orignal. *s. m.* Élant *ou* Ellent.

ORILLON. *s. mas.* lat. *Auris propugnaculi.* ang. *orillon.* En termes de *Fortification* est une grosse masse de terre entourée d'une muraille, qui s'avance au-delà des épaules des bastions qui ont des casemates, pour couvrir l'artillerie qui y est contenue, empêcher qu'elle ne soit demontée par l'ennemi. On l'appelle *orillon*, quand elle est arrondie. Si elle est à peu près quarrée, on l'appelle épaulement.... Partie d'une écuelle, qui sert à la tenir à la main.... Maladie des oreilles: fluxion sur les glandes parotides. lat. *Parotides.* ang. *an imposthume or swelling about the ear...Orillons:* retours aux coins des chambranles de porte ou de croisée.

ORIN. *s. m.* Corde attachée d'un côté à la croisée de l'ancre & de l'autre à la bouée.

ORINDE. *s. f.* Sorte de semence, dont on faisoit du pain en Éthiopie.

ORION. *s. m.* En *Astronomie* est une constellation qui est dans le Ciel précisément avant le signe du *Taureau.* Il paroit au commencement de l'équinoxe d'Automne & c'est un pronostique du froid & des brouillards. Selon les fables des *Payens*, *Orion* étoit fils de *Jupiter*, de *Neptune*; d'autres disent d'*Apollon.* Ce que l'on raconte en cette manière. Un jour que ces trois Dieux voyagoient sur la terre, ils arrivérent en la cabane d'un pauvre villageois nommé *Hyriée* qui leur fit la meilleure chère qu'il put, jusqu'à les regaler d'un bœuf, qui faisoit toutes ses richesses. Ces Dieux admirant sa piété & voulant la récompenser lui donnérent le choix de ce qu'il souhaitoit le plus, avec assurance de le lui accorder. Il répondit qu'il ne desiroit rien tant que d'avoir un fils, sans toutefois être sujet à se marier. Aussi-tôt ces trois Dieux se firent apporter la peau du bœuf qu'on leur avoit servi; ils y verserent de leur urine, puis commanderent à *Hyriée* de la mettre en terre, avec défense de la remuer ou découvrir de plus de neuf mois. Ce tems étant expiré, il nâquit un enfant, qu'Hyriée appella *Orion.* Etant devenu grand, il s'adonna à la chasse & fut ensuite si téméraire que de se vanter de pouvoir prendre toutes sortes de bêtes, si sauvages qu'elles puissent être. La *Terre* irritée fit naitre un Scorpion, par la morsure duquel il mourut. Mais *Diane* Déesse de la chasse, transporta *Orion* au Ciel près du signe du *Taureau.* Cette constellation, selon le catalogue de *Ptolomée* est composée de 37. étoiles, selon celui de *Tychon* de 62. & selon le catalogue *Britannique* de 80.

ORIPEAU. *s. m.* lat. *Lamina aurichalcea.* ang. *tinsel.* C'est une lame de leton fort mince & fort battuë, qui de loin paroit comme de l'or.... Faux brillant.... *voyez* Orillon, *à la fin.*

ORIX. *s. m.* Animal crüel & farouche, inconnu aujourd'hui, peut être fabuleux.

## ORL

ORLE, Orlet, *ou* Ourlet. *s. m.* lat. *Margo.* ang. *hem.* Le bord de quelque chose qui se redouble, ou qui est plus épais, ou qui lui tient lieu de lisiére. En *Architecture* c'est un filet sous l'arc du chapiteau. *Orle* en termes de *Blason* se dit d'un filet qui est vers le bord de l'écu. Il est de moitié plus étroit que la bordure qui contient la sixiéme partie de l'écu, & celui-ci la douziéme seulement; mais l'*orle* est éloigné du bord de l'écu à pareille distance que sa largeur contient. lat. *Limbus apertus.* angl. *orl.*

ORLER, *ou* Ourler. *v. act.* lat. *Prætexere, circumdare.* ang. *to hem.* Faire des ourlets à du linge, à des étoffes.

ORLET. *voy.* Orle, & Alaque.

## ORM

ORMAIE, *ou* Ormoye. *s. f.* lat. *Ulmetum.* ang. *an elm-plot.* Lieu planté d'ormes.

ORME. *s. m.* lat. *Ulmus.* ang. *an elm.* Arbre de haute futaye qui sert à faire des allées dans les jardins & des avenuës.

ORMEAU. *s. m.* lat. *Ulmulus.* ang. *a young elm.* Orme ou petit orme. *Ormeau:* coquillage qui ressemble à l'oreille d'un homme. Oreille de mer.

ORMIN. *s. m.* lat. *Horminum.* ang. *a sort of clary.* Plante dont les feuilles ressemblent à celles de la sauge. Ses fleurs plus petites que celles de la sauge sont fermées en tuyaux découpés par le haut en deux lévres de couleur rouge & blanche. L'ormin est propre à exciter le mouvement des esprits.

ORMOIE. *voy.* Ormaye.

## ORN

ORNE. *s. m.* lat. *Fraxinus humilior.* ang. *a wild ash.* Frêne sauvage.

ORNEMENT. *s. m.* lat. *Ornamentum, orna-*

*tus.* angl. *ornament.* Parure, embelliſſemens. On appelle *ornemens* ſacerdotaux & pontificaux, ceux dont ſe revêtent les Prêtres & les Prélats quand ils officient. On appelle *ornemens* d'Architecture, les pilaſtres, les colomnes, les moulures & ſculptures, qui ornent & embelliſſent un bâtiment.

ORNER. *v. act.* lat. *Ornare.* ang. *to adorn.* Embellir, parer, rendre une choſe plus belle, & plus agréable, plus riche.

ORNIÈRE. *ſ. f.* lat. *Rotæ veſtigium.* angl. *the trail of a wheel.* Trace que les roües des harnois font dans les chemins qui ſont de terres molles, ou graſſes, ou qui ne ſont point pavés.

ORNITHIES. *ſub. f. pl.* Vents oiſeleurs ou éteſiens. *voy. Éteſiens.*

ORNITHOGALE. *ſ. fem. ou* Ornithogalon. *ſ. m.* ang. *the ſtar of bethlehem.* Fleur blanche en forme de grappe, qui fleurit en Juin.

ORNITHOLOGIE. *ſ. f.* ang. *ornithology.* Deſcription ou traité de différentes ſortes d'oiſeaux.

ORNITHOLOGISTE. *ſ. m.* ang. *ornithologiſt.* Qui s'applique à la connoiſſance des oiſeaux.

ORNITHOMANTIE. *ſ. fem.* ang. *ornithomancy.* Prétenduë divination par le vol des oiſeaux, que les Romains appelloient *Augure.*

## O R O

OROBANCHE. *ſ. f.* Plante ainſi appellée parce qu'elle fait périr les orobes & les veſſes parmi leſquelles elle naît. Elle eſt très-bonne dans les affections hypochondriaques. lat. *Orobanche.* anglois. *choke-vetch, ſtrangle-weed, broom-rape.*

OROBE. *ſ. f.* Plante : ſes feuilles ſont oblongues, comme celles de la pariétaire ; ſes fleurs naiſſent comme un épi, légumineuſes, rouges ou bleuës. Il leur ſuccéde des gouſſes qui renferment des ſemences preſque ovales & un peu amères, déterſives, apéritives & réſolutives.

ORORE *de bithios.* Plante d'éthiopie. Eſpèce de mauve ainſi appellée, parce qu'elle ſert à guérir le Bithios, qui eſt une eſpèce de dyſenterie.

OROSANGE. *ſ. m.* Terme d'*Antiquaire*, titre que les Perſes donnoient à leurs bienfacteurs.

## O R P

ORPHÉE. *ſ. m.* lat. & ang. *orpheus.* Homme fameux par toutes ſortes de ſciences parmi les anciens, & ſur tout par la muſique. C'eſt pour cela que les Poëtes ont feint qu'il étoit fils d'*Appollon*, que les rivières arrêtoient leurs cours, & que les arbres & les rochers marchoient pour l'entendre & que même les bêtes les plus farouches s'adouciſſoient au ſon de ſa voix. On ajoute qu'il endormit *Cerbere* dans les Enfers & obtint le retour de ſon épouſe *Euridice* ; que les femmes de Thrace le tuerent, parce qu'il vouloit perſuader aux hommes de ne pas ſe marier ; mais que les Muſes eurent ſoin de ſon corps & que ſa lire fut placée dans le Ciel parmi les étoiles, où elle eſt devenuë une conſtellation.

ORPHELIN. *voy.* Orfelin.

ORPHELINAGE. *ſ. m.* État d'orphelin.

ORPHELINE. *ſ. f.* Œillet violet brun, ſur un fin blanc.

ORPHIE. *ſ. f.* Sorte de poiſſon de mer.

ORPHIQUE. *adj. f.* Se dit parmi les Savans d'une vie réglée, ſage, où l'on pratique les vertus.

ORPIMENT, *ou* Orpin. *ſ. m.* ang. *orpine, orpiment.* C'eſt un minéral jaune dont les *Peintres* ſe ſervent dans quelques gros ouvrages. Il eſt dur, & pierreux, c'eſt un poiſon corroſif & quelques Auteurs le nomment Arſenic jaune.... Orpin plante. *voy. Anacampſeros*

## O R Q

ORQUE. *ſ. f.* Monſtre marin. lat. *Orcus.* ang. *a ſea-monſter.*

ORQUESTRE, Orqueſtique. *voy.* Orcheſtre, Orcheſtrique.

## O R S

ORSE. Sur la méditerranée ſignifie *main gauche, bas-bord.*

ORSER. (Marine.) Aller à orſe.

ORSEILLE. *ſ. f.* Eſpèce de mouſſe qui croît ſur les rochers & qui ſert à teindre en rouge. On dit auſſi *orchel* & *urſolle.*

ORSETTE. *ſ. f.* Sorte de petite étoffe.

## O R T

ORT. (Peſer.) Peſer les marchandiſes avec les emballages.

ORTACHIAOUS. *ſ. m.* Second officier des Janiſſaires.

ORTEIL. *ſ. m.* lat. *Pedis pollex.* ang. *a toe.* Le gros doigt du pied. ..... Berme.

ORTHODORE. *ſ. m. Orthodorum.* Meſure chez les Grecs. 11. Doigts de longueur.

ORTHODOXE. *adj.* lat. *Orthodoxus.* ang. *orthodox.* Catholique, qui croit les vérités décidées par l'Egliſe.

ORTHODOXIE. *ſ. fem.* lat. *Sana doctrina.* ang. *orthodoxy.* Saine doctrine, ſaine opinion ſur les points qui regardent la Religion.

ORTHODOXOGRAPHE. *ſ. m.* & *adj.* Se dit des Auteurs qui ont écrit ſur les dogmes catholiques & des ouvrages de ces auteurs.

ORTHODROMIE. *ſ. f.* ang. *orthodromica or orthodromy.* Navigation par un arc de grand cercle.

ORTHOGONALE, *ou* Orthogonelle. *adj.* lat. *Perpendicularis.* ang. *orthogonal.* Terme de *Géométrie* qui ſe dit d'une ligne qui tombe à angles droits ſur une autre ligne.

ORTHOGONALEMENT, *ou* Orthogonellement. *adv.* lat. *Perpendiculariter.* ang. *orthogonally.* Perpendiculairement, à plomb, à angles droits.

ORTHOGRAPHE. *ſ. f.* lat. *Recta ſcriptio:* ang. *orthography.* Manière d'écrire correctement les mots & avec toutes les lettres convenables & nécessaires.

ORTHOGRAPHIE. *s. f.* ang. *orthography.* Manière de peindre, de dessiner une fortification, un bâtiment selon leurs élevations & la hauteur de chaque membre. C'est une partie de la Perspective qui détermine la figure des choses par lignes perpendiculaires qui tombent sur le plan géométral.... Élevation géométrale d'un bâtiment qui en fait paroitre les parties selon leur véritable proportion.... Dans la *Peinture*, il se dit dans le même sens qu'*élévation*, & il est opposé à *plan.*

ORTHOGRAPHIER. *v. actif.* lat. *Correctè pingere.* ang. *to write true.* Écrire correctement & selon les loix de la Grammaire.

ORTHOGRAPHIQUE. *adj.* ang. *orthographical.* La projection *orthographique* de la sphére est celle qui se fait sur un plan qui la partage par le milieu, en supposant l'œil à une distance infinie du plan verticalement au dessus ou à une distance excessive; ce qui sert à l'Astronomie & à la Géographie.

ORTHOGRAPHISTE. *s. m.* ang. *orthographist or orthographer.* Auteur qui a traité de l'orthographe.

ORTHOPALE. *s. f.* Lutte des anciens, dans laquelle on combattoit debout, & l'on vainquoit en renversant son adversaire par terre.

ORTHOPÉDIE. *s. f.* Art de prévenir ou de corriger dans les enfans les difformités du corps.

ORTHOPNÉE. *s. fem.* Grande difficulté de respirer.

ORTIE. *s. f.* lat. *Urtica.* ang. *nettle.* Herbe ou plante qui a la propriété de piquer ou d'élever de petites pustules sur la peau pour peu qu'elle la touche.... *Ortie morte*: plante ainsi appellée, parce que ses feuilles ressemblent à celles de l'*ortie* sans être piquantes. On l'appelle aussi *ortie puante* à cause de sa mauvaise odeur... *Ortie de mer*: petit poisson mou, aqueux, très-lent en son mouvement. Il y en a plusieurs espèces: elles ont toutes la bouche placée au milieu de leur corps, garnie tout autour de dents menues. lat. *Urtica marina.* ang. *a sea-nettle.*

ORTIER. *v. act.* lat. *Urticâ urere.* ang. *to nettle.* Piquer avec des orties.

ORTIVE. *adj. f.* lat. *Ortiva.* ang. *ortive.* En *Astronomie*, amplitude ortive est l'arc de l'horizon compris entre le point d'Est & le point où un astre se leve.

ORTOLAN. *voy.* Hortolan.

ORTUGUE. *s. f.* Monnoie de Dannemark valant deux oboles.

## O R V

ORVALE. *s. f.* Plante qu'on appelle autrement *toute-bonne.*

ORVIÉTAN. *s. m.* lat. *Orvietanum antidotum.* ang. *orvietan.* Contre-poison ou fameux électuaire inventé par un Opérateur venu d'Orviette en *Italie.*

## O R Y

ORYX. *s. m.* Bouc sauvage, dont les cornes passent pour sudorifiques & bienfaisantes contre la morsure des animaux vénimeux, soit qu'on les prenne en poudre, ou en décoction.

## O S

OS. *s. m.* lat. *Os.* ang. *a bone.* Partie solide, séche & froide dans les animaux, composée de terre & de particules salines, destinée à soutenir tout le corps, à rendre son mouvement aisé & à défendre plusieurs de ses parties intérieures. Quelques auteurs en comptent dans le corps humain 249, d'autres 304, & d'autres 365. cependant il est certain que leur nombre est indéterminé; parce que le nombre des *os* des enfans est différent de celui des adultes. De plus ceux qu'on appelle sesamoïdes & les dents ne sont pas d'un nombre fixe. Dans les adultes & gens vieux la forme ou figure des dents n'est pas la même. Elles sont arrondies dans les uns, pointues, obtuses, creusées, spongieuses, oblongues, triangulaires, &c. dans les autres.

## O S C

OSCHÉOCÉLE. *s. f.* (Médecine.) Hernie ventrale, dans laquelle les intestins descendent dans le scrotum.

OSCILLATION. *s. f.* lat. *Oscillatio.* angl. *oscillancy, or oscillation.* Balancement, vibration en avant & en arrière, comme font les enfans lorsqu'ils jouent à l'escarpolette. En *Méchanique* l'oscillation des pendules est une des plus belles découvertes qu'on ait faites dans le dernier siécle, en fixant le nombre des battemens à chaque longueur déterminée & la quantité exacte du tems emploié dans ce mouvement; ce qui a perfectionné beaucoup les horloges à roües.

OSCILLATOIRE. (Mouvement.) *adj. m.* Oscillation.

OSCILLER. *v. n.* Balancer.

OSCILLES. *s. fem. pl.* Figures humaines en cire, qu'on substitua aux victimes humaines.

OSCINES. *s. m. pl.* Oiseaux qui apprenent l'avenir par leur chant.

OSCOPHORES. *s. f. pl.* lat. & ang. *oscophoria.* Fête que les *Athéniens* célébroient le 10e. jour d'*Octobre* en l'honneur de *Bacchus* & d'*Ariadne.* Ce fut *Thesée* qui institua cette fête, après qu'il eût délivré sa patrie, du tribut de sept jeunes garçons & de sept filles, que les *Athéniens* étoient obligés d'envoyer tous les ans au Roi de *Créte*, pour être dévorés par le Minotaure, ayant tué ce monstre avec le secours d'*Ariadne*, fille de *Minos* Roi de cette Isle. On choisissoit pour la cérémonie de cette fête, deux jeunes gentilshommes, qui prenoient des habits de fille, & portoient des branches de vigne à la main, marchant ainsi depuis le Temple de *Bacchus*, jusqu'à celui de *Minerve.* Ensuite tous les jeunes garçons nobles de la ville faisoient des courses pour remporter le prix, portant de semblables branches & courant d'un Temple à l'autre.

OSE

OSEILLE. *s. f.* lat. *Oxalis.* ang. *sorrel.* Herbe fort bonne & fort agréable pour les sauces & les salades.... *Oseille de guinée :* arbrisseau dont les feuilles ont le même goût & font le même effet que l'*oseille.* Ses fleurs ressemblent à des tulipes qui ne seroient pas bien ouvertes.

OSER. *v. act.* lat. *Audere.* ang. *to dare.* Entreprendre quelque chose avec hardiesse. *Osé*, signifie audacieux, téméraire.

OSERAIE. *s. f.* lat. *Viminetum.* ang. *a willow-plot.* Lieu planté d'osiers.

OSI

OSIER. *s. m.* lat. *Vimen.* ang. *ozier or water-willow.* Espèce de saule, qui jette beaucoup de rameaux menus, plians, couverts d'une écorce rouge noirâtre. Ses rameaux servent à lier des cercles pour les tonneaux, à faire des paniers, des hottes, & autres ouvrages du métier de Vanier.

OSIRIS. *s. mas.* Divinité fameuse parmi les *Egyptiens* qui disoient qu'il étoit fils, frère, & mari de la Déesse *Isis.* Les autres disent qu'il est fils de *Jupiter* & de *Niobé* fille de *Phoroncus.* Il fut d'abord Roi d'*Argos*; mais peu satisfait de ces peuples; il céda cet état à son frère *Egialée* & voyagea en *Égypte*, ou ayant établi des loix & policé le Royaume des *Égyptiens*, il s'en rendit maître. Depuis il épousa *Io*, que les *Égyptiens* nommerent *Isis.* On dit que ses ennemis le mirent en pièces & que son épouse *Isis* ramassant tous ses membres, leur donna une sépulture honorable & lui procura les honneurs divins. On prétend que les Dieux l'ayant transformé en bœuf, selon les principes de la *Métempsichose*, il fut adoré par les *Égyptiens* sous le nom d'*Apis* & de *Serapis.* De-là vient la grande vénération que les *Égyptiens* avoient pour les bœufs & le culte du veau d'or qui fut adoré par les *Israëlites* dans le desert & par les sujets de *Jeroboam* dans le Royaume des dix tribus. De-là les images d'*Osiris* portoient des cornes ou avoient la tête d'un fauçon, d'un loup, ou d'un serpent. On prétendoit aussi qu'*Osiris* étoit le soleil. Il est vraisemblable que le culte que les *Indiens* rendent à présent aux vaches vient du même principe. On a donné le nom d'*Osiris* au *Nil* & on lui a rendu les honneurs divins, comme à l'auteur de toute la fertilité de l'*Égypte.* On dit qu'*Osiris* apprit aux *Égyptiens* l'agriculture & plusieurs autres arts utiles, & que c'est pour cette raison qu'il en a reçu de si grands honneurs.

OSM

OSMONDE. *s. f.* *Osmunda.* Plante dont la racine est d'un grand usage en Médecine.

OSS

OSSEC. *s. m.* lat. *Sentina.* ang. *the sink of a ship.* Receptacle de la sentine.

OSSELET. *s. m.* lat. *Spondylus.* ang. *a little bone, a cockal.* Petit os qui est au derrière du gigot de mouton, dont se servent les enfans aux jeux qu'ils nomment des *osselets.* C'est aussi une espèce de gêne ou de violence qu'on fait à quelqu'un, pour lui faire dire où il a caché son argent, ou pour l'obliger à suivre, quand on le mene prisonnier. C'est un os de pied de mouton qui serre un nœud coulant qu'on met au pouce ou au poignet.... *Osselet de chypre* : pastille à brûler.

OSSEMENS. *s. m. pl.* lat. *Ossa nuda.* angl. *bones.* Os du corps humain, sur-tout d'hommes morts.

OSSERET. *s. m.* Couteaux de Boucher à deux tranchans, pour couper sur le billot les gros ossemens.

OSSEUX, euse. *adj.* lat. *Osseus.* ang. *bony.* Qui est de la nature, de la substance d'os.

OSSIFICATION. *s. f.* Formation des os.

OSSIFIER. (S') *v. rec.* Se changer en os.

OSSIFRAGUE. *s. f.* Aigle de la cinquième espèce. lat. *Ossifraga.* ang. *ossifrage.*

OSSILLON. *s. m.* Petit os. Os des petits oiseaux.

OSSU, uë. *adject.* latin. *Ossibus instructus.* ang. *bony, full of bones.* Plein d'os, qui a de gros os.

OST

OSTADE. *s. f.* Espèce d'étoffe ancienne.

OSTENSIF, ive. *adj.* lat. *Ostensivus.* angl. *writen on purpose to be shewn.* Lettre *ostensive* est une lettre faite exprès pour être montrée.

OSTENSIBLE. *adj.* Qu'on peut montrer.

OSTENTATEUR. *s. m.* Superbe, vain, orgueilleux, vantard.

OSTENTATION. *s. f.* lat. *Jactantia.* ang. *ostentation.* Vanité, vaine parade; faste, affectation de faire paroitre ce qu'on a de bonnes qualités.

OSTÉOCOLLE. *s. f.* ang. *osteocolla.* Pierre sablonneuse, de couleur cendrée ou blanchâtre, ayant la figure d'un os de différentes grosseurs. Elle se trouve en *Saxe* & dans la *Silesie*, & ailleurs. Elle est d'une nature molle & gluantte & elle est fort utile pour rejoindre & cimenter promptement les os rompus. C'est pourquoi on la mêle dans la composition des différens emplâtres destinés à cet usage.

OSTÉOCOPE. *s. fem.* Douleur aiguë dans laquelle il semble au malade qu'on lui brise les os.

OSTÉOLOGIE. *s. f.* ang. *osteology.* Partie de l'*Anatomie* qui décrit en particulier les os.

OSTERELLE. *voy.* Outarde.

OSTRACÉE. *adj.* Couvert d'une écaille ou coquille.

OSTRACISME. *s. m.* lat. *Ostracismus.* angl. *ostracism.* Punition par laquelle la republique d'*Athénes* à la pluralité des voix, condamnoit à dix

dix ans de bannissement ceux qui avoient ou trop de richesses ou trop d'autorité ou de crédit, de peur qu'ils ne devinssent les tirans de leur patrie, mais pourtant sans confiscation de leurs biens ou de leurs terres. On dit que c'est le Tiran *Hippias* fils de *Pisistrate* qui le premier introduisit cette coutume, comme une barrière contre ce qu'il avoit pratiqué lui-même. La chose se passoit ainsi : le peuple écrivoit sur de petits morceaux de tuiles ou d'écailles, les noms de ceux qui lui étoient le plus suspects ; on mettoit ces noms dans une urne ou dans une boëte, que l'on présentoit au Senat. Lorsqu'on en venoit au Scrutin, ceux dont les noms étoient le plus souvent écrits, étoient condamnés par le Senat au bannissement, *ab aris & focis* : mais on abusa dans la suite de cette loi & ceux dont le mérite avoit rendu de plus grands services à la Republique encoururent l'indignation du peuple, comme *Solon* leur Législateur, *Aristide* l'homme le plus distingué par son équité, *Miltiade* recommandable par ses victoires, *&c.* de sorte que cette loi fut abolie par la proscription d'*Hyperbolus* homme de néant.

OSTRACITE. *s. fem.* lat. & ang. *ostracites.* Sorte de pierre crouteuse, rougeâtre, faite en forme d'écaille d'huître, & qui se peut diviser en lames, comme l'envelope d'un oignon. On dit qu'elle est bonne contre la gravelle & la pierre.... Espèce de cadmie, qu'on trouve au bas des fourneaux où l'on purifie le cuivre.

OSTROGOT. *s. masc.* ang. *ostrogoth.* Nom qu'on a donné aux *Goths* qui sont venus d'Orient faire des incursions & des conquêtes dans les parties Méridionales & Occidentales de l'*Europe.*

O S Y

OSYRIS. *s. masc.* Arbrisseau qui a quelque chose d'astringent.

O T A

OTACOUSTIQUE. *adj.* Se dit des instrumens qui perfectionnent ou aident le sens de l'ouïe. lat. *Otaconsticus.* ang. *otacoustick.*

OTAGE. *s. m.* lat. *Obses.* ang. *hostage.* Personnes que deux partis ennemis se donnent réciproquement, quand ils sont sur le point de faire quelque traité ou capitulation, pour assurance de part & d'autre de l'exécution de ce qui sera convenu. Il se dit aussi des places qu'on donne pour sûreté à ceux d'un parti ennemi pour l'exécution d'une paix.

OTALGIE. *s. f.* ang. *otalgia.* Parmi les *Médecins* est le nom d'une douleur d'oreille si violente, qu'elle dégenère en une espèce de folie. Quelquefois elle se change en un abscès & l'on voit alors sortir des oreilles la pourriture.

OTARDE. *voy.* Outarde.

O T E

OTELLE. *s. f.* (Blason.) Figure qui a l'apparence ou d'un fer de lance ou d'une amande pelée.

OTENCHYTE. *s. f.* ang. *otenchyta.* Instrument dont les Chirurgiens se servent pour jetter ou infuser quelque chose dans les oreilles.

OTER. *verb. act.* lat. *Auferre.* ang. *to take away.* Transporter une chose d'un lieu à un autre. Soustraire, retrancher, diminuer. Arracher, enlever ou par violence ou par des remédes.

O T H

OTHONNA. *s. f.* Espèce d'œillet d'Inde.

O T I

OTIVA, *ou* Otova. *s. m.* Arbre d'Amérique dont le fruit est bon contre les douleurs d'estomac.

O T R

OTRUCHE. *voy.* Impératoire.

O T T

OTTOMAN. *adj.* Qui appartient aux loix, coutumes, ou empire des *Turcs.*

OTTUPLE. *s. f.* (Musique.) Mesure à 4. tems, qu'on marque par un C, ou par un C barré, ou par $\frac{12.}{8.}$

O U A

OUAGE. *voy.* Ouaiche.

OUAICHE. *s. f.* lat. *Navis in undis vestigium.* ang. *the rake or wake of a ship.* Sillage ou trace du vaisseau.

OUAILLE. *s. f.* lat. *Ovis.* ang. *sheep.* Brebis. Chrétien, par rapport à son Pasteur.

OVAIRE. *s. m.* lat. *Ovarium.* ang. *the ovarium.* Partie des oiseaux où se forment les œufs. (Botanique.) Endroit où les semences des plantes sont attachées, & où elles reçoivent leur nourriture.

OVALE. *s. m. & f. & adj.* lat. *Figura ovata.* ang. *oval.* Dans le discours ordinaire, c'est ce que les *Mathématiciens* appellent Ellipse, qui est une des sections du cone, que l'on peut définir, figure oblongue, curviligne, qui a deux diametres inégaux, l'un qu'on appelle grand axe & l'autre petit axe ou axe conjugué, ou c'est une figure enfermée dans une seule ligne courbe qui n'est pas parfaitement ronde. Mais l'*ovale* est une figure qui ressemble à un œuf, ronde & oblongue, de manière que les lignes menées du centre à sa surface extérieure ne sont pas égales & cependant elles se repondent assés bien aux côtés opposés. Elle différe de l'Ellipse en ce qu'elle est plus étroite dans un bout que dans l'autre ; au lieu que l'Ellipse est également large aux deux bouts.... Les Romains donnoient ce nom à la Couronne qu'on donnoit dans l'ovation.

OUATE. *s. f.* Espèce de coton qui croît autour de quelques fruits d'Orient... Première soie qui se trouve sur le cocon.

OUATERGAN. *sub. masc.* Fossé plein d'eau bourbeuse.

OVATION. *s. f.* lat. *Ovatio.* ang. *ovation.* Étoit un genre inférieur de Triomphe que les *Romains* accordoient aux Généraux de leurs armées, lorsque la victoire n'étoit pas considérable, ou que la guerre n'avoit pas été déclarée suivant les loix. Celui qui triomphoit ainsi, entroit à pied dans Rome ou à cheval, selon le sentiment de quelques Historiens. Il portoit une couronne de Myrthe, qui étoit un arbre dedié à *Venus.* C'est pourquoi *Marcus Crassus* ayant obtenu l'ovation, pria instamment le Senat que par grace on lui permit de porter une couronne de Laurier au lieu de Myrthe. Le Triomphant faisoit son entrée au son des Flutes & non pas des Trompétes & ne portoit point de robes brodées, comme celui qui recevoit l'honneur du grand Triomphe. Il étoit seulement accompagné des Senateurs & suivi de son armée. On appelloit ce petit Triomphe *ovation,* parce qu'étant arrivé au Capitole, on immoloit une Brebis, au lieu que dans le grand Tromphe on sacrifioit un Taureau. Le premier qui Triompha de cette manière fut P. *Posthumius Tubertus* l'an 250. de *Rome* aprés avoir défait les *Sabins.*

OUATREGAN. *voy.* Ouatergan.

### O U B

OUBLAYER. *voy.* Oublieur.

OUBLAYERIE. *sub. fem.* Art de faire des oublies.

OUBLI. *s. m.* lat. *Oblivio.* ang. *oblivion, forget-fulness.* Manque de souvenir, ce qui est sorti de la memoire.

OUBLIE. *s. f.* lat. *Crustula mellita.* angl. *a wafer.* Pâtisserie ronde, déliée & cuite entre deux fers.

OUBLIER. *verb. act.* lat. *Oblivisci.* ang. *to forget.* Perdre la memoire de quelque chose; ne s'en plus souvenir, n'y penser plus. Témoigner qu'on n'a plus de ressentiment; feindre qu'on a perdu le souvenir de quelque chose. Omettre, négliger. Manquer à ce qu'on se doit à soi, ou à autrui, perdre le respect; devenir fier; ne se plus souvenir de ce qu'on a été.

OUBLIEUR. *s. m.* lat. *Crustularius.* angl. *a wafer-boy.* Garçon pâtissier qui va crier des oublies.

OUBLIEUX, euse. *adj.* lat. *Obliviosus.* ang. *forgetful.* Celui qui n'a point de memoire ni de soin.

### O U C

OUCRE. *voy.* Hourque.

### O U D

OUDENARDE. *s. f.* Tapisserie qu'on fabrique dans la ville qui porte ce nom.

### O V E

OVE. *s. masc.* lat. *Echinus.* ang. *an oval or ovolo.* En *Architecture* est une moulure ronde, dont le profil dans les chapiteaux *Ioniques* ou *composés* est ordinairement un quart de cercle. Les *Anciens* l'enrichissoient souvent de sculptures en forme de coques de chataignes, mais aujourd'hui il est ordinairement orné de figures d'œufs & d'ancres ou de dards entre-mêlés.

OVERLANDE. *sub. fem.* Petit bâtiment de Hollande.

OUEST. *s. m.* lat. *Zephirus, favonius.* ang. *west.* Occident. C'est le point cardinal de l'horizon qui est au couchant.

OUETE, Oueté. *voy.* Ouate.

### O U F

OUF. *Interj.* Qui se dit quand on souffre quelque douleur.

### O V I

OVICULE. *s. m.* lat. *Astragalus lesbius.* ang. *a lesbian astragal.* Petit ove. C'est l'astragale *Lesbien.*

OUÏ-DIRE. *s. m.* lat. *Fama.* angl. *an hearsay.* Ce qu'on ne sçait que par le récit d'autrui.

OUILLE. *s. f.* Sorte de potage fait de diverses herbes & sans beurre, qu'on sert quelquefois.

OUÏE. *voy.* Ouye.

OVINIAN. *s. m.* Arbre de l'Amérique méridionale. Il porte une graine à peu prés semblable à celle du geniévre, pour la grosseur & pour le goût. On en fait de la chica qui est la plus forte & la plus estimée de toutes les boissons.

OVIPARE. *adj.* lat. *Oviparus.* ang. *oviparous.* Animal qui engendre par des œufs.

OUIR. *v. act.* lat. *Audire.* ang. *to hear.* Entendre. Recevoir quelque son dans les oreilles. Donner audience.

### O U L

OULE. *s. f.* Onde ou vague de mer. Petit charnier à tenir un demi-cochon dans le sel.

OULMIERE. *s. f.* Lieu planté d'ormes. lat. *Ager ulmis consitus.* ang. *a grove of elms.*

### O U M

OUMERY. *s. m.* Fruit d'un arbre des Indes Occidentales appellé *Copovicb-occassou.* Il ressemble à une grosse poire.

### O U P

OUPELOTE. *s. f.* Racine d'une plante des Indes Orientales. Elle est mise au nombre des drogues médicinales.

### O U R

OURAGAN. *s. m.* lat. *Venti furentes.* ang. *a hurricane, storm.* Tempête violente qui s'éleve par la contrariété de plusieurs vents. Elle s'éleve surtout dans les isles canibales & les vents y souflent avec tant de violence qu'ils tirent les vaisseaux de la rade & les jettent sur les côtes; ils abbattent les maisons, arrachent les arbres avec leurs racines. Avant cette tempête il pleut ordinairement pendant deux jours excessivement, ensuite la pluie discontinue pendant deux ou trois jours, alors le ciel paroit couvert de nuages affreux, comme s'il étoit peint de différentes couleurs effrayantes, qui annoncent l'*ouragan*. Dans les *Indes Occidentales* les vents les plus dangereux sont ceux du Nord & du Sud. Ceux du Nord sont des vents impétueux qui regnent ordinairement dans le Golphe du *Mexique* depuis *Octobre* jusques en *Mars*, ordinairement dans la pleine lune & vers les changemens de lune; mais c'est en *Décembre* & en *Janvier* qu'ils sont les plus violens. La mer présage ces tempêtes par un reflux extraordinairement long & les oiseaux de mer se retirent sur terre un ou deux jours auparavant. Les vents de Sud sont très-incommodes aux environs de la *Jamaïque* dans les mois de *Juin*, *Juillet* & *Août*. La principale différence entre ces vents & les *ouragans* est que ceux-ci communément sont de courte durée & qu'ils font tout le tour de la boussole; au lieu que les autres durent plus long-tems & ne soufflent que d'un côté pendant quelque tems.

OURANOGRAPHIE. *s. f.* La description du Ciel.

OURAQUE. *s. f.* (Anatomie.) C'est dans le fœtus humain une attache membraneuse, qui va du fond de la vessie jusqu'au nombril, avec les vaisseaux ombilicaux, & qui tient la vessie suspenduë jusqu'au nombril.

OURCE. *voy.* Hource.

OURDIR. *v. act.* lat. *Telam ordiri.* ang. *to warp.* Disposer & arranger en long, les fils ou la chaîne de la toile ou d'une étoffe sur un métier, pour ensuite y passer la trême. Forger, tramer, conduire.

OURDISSOIR. *s. m.* lat. *Telæ succula.* ang. *a loom.* Outil de Rubanier & de Tisserand, sur quoi ils mettent la soie ou le fil, lorsqu'ils ourdissent.

OURDISSURE. *s. f.* lat. *Textura*, *orsus.* ang. *warping.* Action par laquelle on ourdit un tissu.

OURDON. *s. m.* Petit séné. Quelquefois ce n'est que du plantain séché que l'on vend pour du véritable séné.

OURLÉE. *s. f.* Tulipe d'un beau rouge sur du blanc.

OURLET, Ourler. *voy.* Orle, Orler.

OURQUE. *voy.* Orque.

OURS. *s. m.* Ourse. *s. f.* lat. *Ursus*, *ursa.* ang. *a bear*, *a she-bear.* Bête feroce qui se retire dans des montagnes, qui est fort veluë & qui a des ongles crochus, qui monte au haut des arbres. Quelques-uns les gardent pour se divertir & les font battre avec des chiens. Il y a aussi deux constellations que les Astronomes appellent la *grande* & la *petite Ourse*. L'étoile polaire est à la queuë de la *petite Ourse* & elle n'est éloignée du pole nord que de deux degrés.

OURSIN. *s. m.* Hérisson de mer.

OURSON. *s. m.* Le petit d'un Ours.

## O U T

OUTARDE. *s. f.* lat. *Otis.* ang. *a bustard.* Gros oiseau qui vit dans les campagnes, bon à manger, qui est fait comme une oye.

OUTARDEAU. *s. m.* lat. *Otis junior.* ang. *a young bustard.* Le petit d'une outarde.

OUTIL. *s. m.* lat. *Instrumentum.* ang. *a tool.* Instrument dont les ouvriers & les Artisans se servent pour travailler.

OUTOMCHU. *s. masc.* Arbre de la Chine, semblable au Sicomore.

OUTRAGE. *s. m. Convicium*, *injuria.* ang. *outrage.* Injure atroce; offense; affront sensible & cruel.

OUTRAGEANT, ante. *adj. Lædens*, *injuriosus.* ang. *outragious.* Qui outrage.

OUTRAGER. *v. act.* lat. *Lædere*, *violare.* ang. *to abuse*, *to wrong.* Dire des injures à quelqu'un; le maltraiter, offenser.

OUTRAGEUSEMENT. *adv.* lat. *Contumeliosè.* ang. *outragiously.* D'une maniére outrageuse.

OUTRAGEUX, euse. *adj.* lat. *Injuriosus.* ang. *outragious.* Qui outrage.

OUTRANCE. (à) *adv.* lat. *Nimis.* ang. *to the utmost.* Avec violence, d'une manière excessive.

OUTRE. *s. mas.* lat. *Uter.* ang. *a bottle of leather.* Peau de bouc cousuë & préparée dans laquelle on met des liqueurs.

OUTRE. *Prép.* lat. *Ultra. Præter.* ang. *besides*, *above.* Au-delà. Par dessus. En *outre*, de plus, davantage. D'*outre* en *outre*, de part en part.

OUTRECUIDANCE. *s. feminin.* Témerité, insolence.

OUTRÉE. *s. fem.* (Coutume.) Délivrance, adjudication, enchère.

OUTREMER. *s. m.* lat. *Cæruleum defæcatissimum.* ang. *ultramarine.* Nom que les Peintres donnent au bleu d'azur fait de *Lapis Lazuli*: il se vend communément au poids de l'or.

OUTREMESURE. *adv.* lat. *Ultrà modum.* ang. *beyond measure.* Avec excès, déraisonnablement.

OUTREMOITIÉ. lat. *Extrà dimidiam partem.* ang. *above the half.* Au-delà de la moitié.

OUTREPASSE. *s. femin.* (Eaux & Forêts.) Abbatis qu'on fait des bois au-delà des bornes prescrites par les Officiers.

OUTREPASSER. *verb. act.* lat. *Transgredi.* angl. *to transgress.* Passer au-delà des bornes prescrites.

OUTRER. *v. act.* lat. *Præter modum extollere.* ang. *to over-stretch.* Porter les choses trop loin, au-delà de la mesure raisonnable, de la juste raison. Lasser, fatiguer démesurément. Piquer au vif, faire un cruel affront; irriter.

## O U V

OUVAVE. *s. m.* Espèce de roseau à plusieurs nœuds. Son bois, qui est de couleur violette, sert à teindre en rouge. Il vient dans l'isle de Madagascar.

OUVERT, erte. *adj.* lat. *Apertus, patens.* ang. *open.* Qui laisse une entrée, un passage libre. La tranchée est *ouverte*, lorsqu'on commence à faire ses approches. Une ville est *ouverte* quand elle n'est pas fortifiée. Un esprit *ouvert*, est celui qui a de la vivacité, de la facilité à comprendre.

OUVERTEMENT. *adv.* lat. *Clarè.* anglois. *openly.* D'une manière ouverte, publique, intelligible.

OUVERTURE. *s. f.* lat. *Apertura, rima.* anglois. *opening, a gap.* Fente, trou, espace vuide dans ce qui est continu, dans ce qui est plein d'ailleurs.

OUVI-LASSA. *s. f.* Plante de Madagascar. Sa racine semblable à celle du Jalap, rend une gomme ou résine comme la scamonée. Quand on en mange, elle purge avec tant de violence, qu'elle fait rendre jusqu'au sang.

OUVRABLE. *adj.* latin. *Operarius.* ang. *a worky day.* Jour *ouvrable* se dit des jours de la semaine où il est permis de travailler.

OUVRAGE. *s. masc.* lat. *Opus.* ang. *work.* Œuvre; effet qui est produit par quelque cause, qui est fait par quelque ouvrier, & qui reste après le travail; production. *Ouvrage à cornes* en *fortifications*, est un dehors qu'on avance pour couvrir un bastion, une courtine, ou pour gagner du terrain. *Ouvrage à couronne* est un autre dehors composé de deux *ouvrages* à corne joints ensemble, qui forment un bastion au milieu & deux bastions aux côtés.

OUVRAGER. *v. act.* lat. *Opere vario distinguere.* ang. *to figure.* Enrichir une chose de plusieurs ornemens.

OUVRANT, ante. *adj.* A jour ouvrant, à portes *ouvrantes*, signifie au point du jour, à l'ouverture des portes.

OUVREAUX. *s. m. pl.* Ouvertures des fourneaux à verre.

OUVRER. *v. act. & n.* lat. *Operari.* ang. *to work.* Travailler. Toile *ouvrée* est celle qui n'est pas unie, où l'on voit plusieurs figures.

OUVREUR. *s. masc.* lat. *Apertor, janitor.* ang. *door-keeper.* Celui qui ouvre.

OUVRIER. *s. m.* lat. *Opifex.* ang. *workman.* Artisan qui travaille à quelque ouvrage. Jours *ouvriers* sont ceux où il est permis de travailler. Cheville *ouvrière* d'un carrosse est une grosse cheville de fer qui joint le train de devant à la fléche.

OUVRIR. *v. act.* lat. *Aperire.* ang. *to open.* Donner libre entrée ou passage à quelque chose en quelque lieu. Percer un mur pour y faire des fenêtres. Entamer. Commencer à creuser la terre. Élargir, rendre les choses plus étendues, ou moins proches. Commencer une assemblée.

OUVROIR. *s. m.* Est dans certains monastères de filles une salle, ou à des heures réglées elles s'occupent à des exercices convenables à leur sexe.... Arcenal ou manufacture.

O U Y

OUYCOU. *s. mascul.* Breuvage dont on se sert dans les Isles. Il est composé d'eau, de cassaves, de patates, de bananes & de sirop de cannes de sucre.

OUYE. *s. f.* lat. *Auditus.* ang. *the hearing.* Sens agréable par lequel on entend & l'on comprend ce que les autres ont dans l'esprit par le son de leurs paroles. C'est aussi la partie de la tête des poissons par laquelle ils entendent & ils respirent.

O X Y

OXYACANTHA. *s. m.* Arbrisseau épineux: espèce de néflier.

OXYCÉDRE. *subst. mascul.* Cédre à feuilles pointues.

OXYCRAT. *s. m.* lat. *Oxycratum.* anglois. *oxycrat.* Mélange d'eau & de vinaigre.

OXYCROCEUM. *s. m.* (Pharmacie.) Emplâtre composée de safran, vinaigre & autres ingrédiens.

OXYGALA. *s. m.* Lait aigre.

OXYGLYCU. *s. m.* Boisson préparée avec des rayons de miel macérés & bouillis.

OXYGONE. *adj.* lat. *Oxygonum.* anglois. *oxygon.* Triangle dont les 3. angles sont aigus.

OXYMEL. *s. m.* ang. *oxymel.* Sorte de sirop ou de liqueur qui est un mélange de miel, de vinaigre & d'eau que l'on fait bouillir ensemble.

OXYPÉTRE. *s. f.* Pierre ou terre, un peu acide, qu'on trouve dans le territoire de Rome.

OXYREGMIE. *s. f.* lat. *Oxyregmia.* angl. *oxyregmy.* Aigreur de l'acide de l'estomac, qui cause des rapports.

OXYRRHODIN. *s. masc.* Mélange de deux parties d'huile rosat & d'une partie de vinaigre rosat.

OXYSACCHARUM. *s. m.* Sirop composé de vinaigre, du suc des grenades & du sucre.

O Y A

OYANT. *s. masc.* Celui à qui on rend un compte en justice.

O Y E

OYE. *s. f.* lat. *Anser.* ang. *goose.* Gros oiseau domestique qui marche en troupe & qui est bon à manger. *Patte d'oye* dans le *jardinage*, se dit de trois allées qui viennent aboutir en un même centre. Mouiller en *patte d'oye*, dans la *marine*, c'est jetter trois ancres, l'une au vent, l'autre à droite, l'autre à gauche, ce qui fait un triangle ressemblant à une pate d'*oye*. *Petite oye* se dit de ce qu'on retranche de l'*oye*, quand on l'habille pour la faire rôtir, comme les pieds, les bouts d'alles, le cou, le foie, le gesier. *Petite oye* se dit figurément des rubans & garnitures qui servent d'ornement à un habit, à un chapeau, épée, &c. Jeu de l'*oye* est celui qu'on joue avec deux dez sur un carton où il y a 63. cases diversement marquées & qui ont des figures d'*oyes* disposées de neuf en neuf.

O Y S

OYSEAU, Oyson. *voy.* Oiseau, Oison.

O Z E

OZÉGUE. *s. m.* Arbre d'Ethiopie. Espèce de Prunier, dont les fruits sont jaunes & ont l'odeur & le goût fort agréables.

OZEILLE. *voy.* Oseille.

O Z I

OZIER. *voy.* Osier.

# P

## P

EST la quinzième lettre de notre Alphabet & du nombre de celles qu'on nomme consonnes. Lorsqu'il est devant une H, on le prononce comme une F, comme dans le mot *Prophète*, &c. Parmi les *Sçavans* & les *Astronomes p. m.* signifie après midi. Parmi les *Anciens Romains* c'étoit une lettre numerale qui signifioit *cent*, quand on met un trait au dessus, il signifie quatre cent mille. Dans les récipés des Médecins *p.* signifie poignées; *p. e.* parties égales; ce que l'on exprime aussi par ana.... P. Caractère de la monnoie de Dijon.

## P A B

PABAS & Paugies. *s. m. pl.* Oiseaux que l'on voit sur les bords de l'orinoque. Ils sautent d'arbre en arbre & ne volent presque pas. Ils ont la chair délicate, & sur la tête des plumes éclatantes en forme de couronne.

## P A C

PACA *s. m.* Animal du Brésil. Il est semblable à un cochon de deux mois.

PACAGE. *s. m.* Pâturage.

PACAGER. *v. neut.* (Coutume.) Pâturer, paître.

PACAL. *s. m.* Arbre de l'Amérique. Les cendres de son bois mêlées avec du savon guérissent les dartres & les feux volages.

PACAY. *s. masc.* Arbre du Pérou, dont les feuilles ressemblent à celles du noyer, mais elles sont de grandeurs inégales. Les François l'ont appellé *pois sucrin*, à cause d'une substance fort agréable, renfermée dans ses gousses.

PACFI. *voy.* Paquefi.

PACHA. *voy.* Bacha.

PACIFICATEUR. *s. m.* lat. *Pacificator.* ang. *pacifier*, *peace-maker.* Celui qui pacifie, qui procure la paix.

PACIFICATION. *s. f.* lat. *Pacificatio.* ang. *pacification*, *peace-making.* Rétablissement de la tranquillité publique. Il se dit particulièrement des troubles qui furent excités en 1562. sur le sujet de la Religion & de divers Édits accordés aux Protestans. Le premier Édit de *pacification* fut donné par *Charles* IX. en *Janv.* 1562. pour leur permettre le libre exercice de leur religion hors des Villes & Cités du Royaume. Le second à *Amboise* en *Mars* 1563. leur permit l'exercice de leur religion dans les maisons des Seigneurs, des hauts justiciers, uniquement pour leurs familles; mais en 1568. tous ces Édits furent revoqués, le Roi défendit tout exercice de la religion Protestante & ordonna aux Ministres de sortir de son Royaume dans 15. jours de tems, déclarant qu'aucun Protestant ne seroit pourvû d'aucune charge dans l'administration de la justice. Dans le mois d'Août 1570. le Roi publia un autre Édit, qui permettoit aux Seigneurs hauts-justiciers d'avoir des prêches dans leurs maisons pour toutes sortes de personnes & il accorda aux Protestans deux exercices publics en chaque gouvernement & la continuation de l'exercice de leur Religion dans tous les lieux où ils l'avoient eu publiquement jusqu'au premier jour d'*Août*. Il leur accorda quatre places de sûreté, sçavoir, la *Rochelle*. *Montauban*, *Cognac* & *la Charité*, pour leur servir de retraite pendant deux ans. Mais en *Août* 1572. il autorisa le massacre de la S. *Barthelemi* & dans le même mois il se rendit au Parlement pour déclarer les raisons qu'il avoit eues d'en agir ainsi & en même tems il défendit aux Protestans tout exercice de leur Religion dans son Royaume. En *Avril* 1576. le Roi *Henri* III. publia un Édit de *pacification* qui permettoit aux Protestans de bâtir des Temples & de faire publiquement leurs prêches dans toutes les Villes, Bourgs & Villages, sans restriction de tems, de lieux, ni de personnes; ce même Édit leur accorda des chambres mi-parties & huit places de sureté : mais il fut revoqué dans le mois de *Décembre* suivant & renouvellé en *Octobre* 1577. pour six ans. Un peu après l'expiration de ce terme, tous les Édits précedens en faveur des Protestans furent revoqués, leur Religion fut prohibée dans tout le Royaume & même le Roi déclara qu'aucun Prince ne pourroit lui succéder qu'il ne fit profession de la Religion catholique. Mais *Henri* IV. étant parvenu à la couronne cassa ces derniers Édits en 1591. & confirma celui de 1577. ce qui n'eut lieu que dans les villes où les Protestans étoient les Maîtres. En *Avril* 1598. le Roi publia l'Édit qu'on appelle de *Nantes* & qui permet aux Protestans l'exercice public de leur Religion, dans tous les lieux où ils l'avoient eu en 1596 & 1597. & leur accorde un exercice pour chaque Bailliage, à deux lieues des principales villes. Cet Édit de *Nantes* fut confirmé par *Louis* XIII. en 1610. & par *Louis* XIV. en 1652. Mais en 1685. cet Édit & celui de *Nismes* ont été entièrement supprimés.

PACIFIER. *v. act.* lat. *Pacificare*, *pacare*. ang. *to pacify*. Rétablir la paix, la tranquillité en quelque lieu.

PACIFIQUE. *adj.* lat. *Pacificus.* ang. *pacifick*, *peaceable.* Paisible, qui a l'esprit de paix, qui n'aime point la dissension.

PACIFIQUEMENT. *adv.* lat. *Pacificè.* ang. *peaceably.* D'une manière paisible.

PACO. *s. m.* Pierre métallique qui se tire des mines d'argent du Chilly & du Pérou. Elle est d'un rouge jaunâtre, molle, & naturellement toute brisée en morceaux : elle produit peu d'argent.

PACOBA. *voy.* Bananier.

PACOS. *s. m.* Animal du Pérou, semblable à la vigogne. Il est fort délicat, a peu de chair, & beaucoup de laine extrêmement fine.

PACOSEROCA. *s. f.* Plante du Brésil & de la Martinique. Elle a le port & le feuillage de la canne d'Inde. Son fruit donne une belle teinture rouge, & mêlé avec le jus de citron il produit un beau violet. Sa racine bouillie dans de l'eau rend une teinture jaune fort belle.

PACOTILLE. *s. f.* Certaine quantité de marchandises qu'il est permis aux Officiers & aux gens de l'équipage d'embarquer, pour en faire commerce pour leur compte.

PACOURY. *s. m.* Grand arbre de l'isle de Maragnan. Ses feuilles ressemblent à celles du pommier. Son fruit est gros comme les deux poings & a une peau épaisse d'un demi-pouce. Il contient deux ou trois noyaux fort bons, & il est fort estimé quand il est cuit ou confit.

PACQUIRES. *s. m.* Espece des Porcs de l'isle de Tabago. Ils ont le nombril sur le dos.

PACTE. *s. m.* lat. *Pactum.* angl. *pact.* Traité, accord, promesse, convention.

PACTION. *s. f.* *Pactio.* ang. *paction.* Accord, convention.

PACTISER. *v. n.* lat. *Pasciscі.* ang. *to covenant.* Faire un pacte, ou convention.

PACU. *voy.* Areca.

### P A D

PADELIN. *s. m.* (Verrerie.) Pot ou grand creuset où l'on fait fondre la matière du verre.

PADOU. *voy.* Padouë.

PADOUAN. *s. m.* Médaille contrefaite pour imiter les anciennes & tromper le public. Pâturage, lande, terre vaine.

PADOUANTAGE. *s. m.* Droit d'envoyer ses troupeaux dans un padouan.

PADOUË. *s. m.* lat. *Vitta bombycina.* angl. *a sort of ferret half thread*, *half silk.* Ruban fait avec du fleuret tant en chaînes, qu'en trêmes.

PADOUENS, *ou* Padouentages. *voy.* Padouantage.

PADRI. *s. m.* Arbre du Malabar, qui porte des Siliques, & dont la fleur est pentapetaloïdale. La décoction de ses feuilles guérit la tension excessive des viscéres. Son suc mêlé avec celui de limon est un reméde contre la manie.

### P Æ

PÆAN. *s. m.* Hymne en l'honneur d'*Appollon* ou de quelque autre Dieu favori, que l'on chantoit après la victoire ou avant le combat.

PÆDOTRIBE. *voy.* Gymnaste.

PÆNOE. *s. masc.* Grand arbre du Malabar. On en tire une résine dont on se sert en guise de poix dure ou liquide.

### P A G

PAG. *s. m.* Animal du Brésil, de la grandeur d'un chien. Il a la peau marbrée de taches noires, blanches & grises.

PAGAI, Pagaie, *ou* Pagale. *s. fem.* Aviron dont les sauvages se servent pour nager leur pirogue.

PAGALE. *voy.* Pagai.

PAGALOS. *s. masc.* Oiseaux étrangers gros comme une poule. Leur plumage est diversifié par les couleurs les plus vives. Leur queuë est longue de deux pieds.

PAGANINE. *s. fem.* (Médecine.) Premiers excrémens des enfans.... Méconium réduit en poudre très-fine, excellent remède contre l'épilepsie.

PAGANISME. *s. m.* lat. *Paganismus.* ang. *paganism*, *heathenism.* Religion des payens; fausse religion, où l'on adoroit toutes sortes d'Idoles & de faux Dieux.

PAGARQUE. *s. m.* Magistrat qui avoit un petit district à la campagne. Juge de Village. lat. *Pagarchus.* ang. *pagarch.*

PAGAYE. *voy.* Pagai.

PAGAYER. *v. n.* Ramer.

PAGAYEUR. *s. m.* Rameur qui se sert de la pagai.

PAGE. *s. m.* & *f.* lat. *Puer honorarius.* ang. *a page.* Enfant d'honneur qu'on met auprès des Princes & des grands Seigneurs pour les servir avec leurs livrées, &c.... Mousse.... Une *Page* est la moitié d'un feuillet ou d'un rolle, ce qui se présente à droit & à gauche en ouvrant un livre. lat. *Pagina.* ang. *a page.*

PAGNE. *s. f.* Morceau de toile de coton, que les peuples de la côte de Guinée & les Caraïbes mettent autour de leur corps.

PAGNONES. *s. f.* Piéces de bois qui font la fusée, ou le rouet d'un moulin.

PAGNOTE. *s.* & *adj. m.* & *f.* lat. *Ignavus.* ang. *a coward.* Poltron, lâche, peu hardi. *Mont pagnote* à la *guerre* est un lieu élevé qu'on choisit hors de la portée du canon d'une ville assiegée, pour voir ce qui se passe.

PAGNOTERIE. *s. f.* lat. *Ignavia.* anglois. *cowardise.* Lâcheté, poltronnerie.

PAGODE. *s. m.* lat. *Pagodus.* ang. *pagod.* C'est quelquefois le Temple & quelquefois l'Idole des *Chinois* ou autres *Payens*...... Monnoie des Indes qui vaut à peu près un écu d'or de France.

PAGRUS. *voy.* Phagrus.

PAGURUS. *s. m.* Espèce d'Ecrevisse de mer: On en trouve qui pésent jusqu'à 10. livres.

### P A I

PAÏABLE. *adj.* lat. *Solvendus.* ang. *payable.* Qui se doit payer, qui se doit acquiter dans un certain tems, à certaines personnes.

PAIANELI. *s.m.* Arbre du Malabar, qui porte des Siliques, & dont on compte deux espèces.

PAÏANT, ante. *adj.* lat. *Solvens.* anglois. *paying.* Qui paye.

PAIE. *s. f.* lat. *Stipendium.* ang. *pay.* Chose duë pour avoir servi. Solde qu'on donne aux gens de guerre pour leur subsistance.

PAIEMENT. *s. m.* lat. *Solutio.* ang. *payment.* Somme qu'on compte pour s'aquitter d'une dette ou autre chose équivalente qu'on donne pour le même effet. Ce mot signifie aussi dans le commerce certains termes fixes & arrétés où les Négocians font acquitter leurs dettes & renouveller leurs billets. Il signifie encore, salaire, recompense.

PAÏER. *v. act.* lat. *Nomina solvere.* ang. *to pay.* Acquiter une dette, un devoir. Faire des liberalités à autrui.

PAÏEUR, euse. *sub. m.* & *f.* lat. *Qui*, *qua solvit debita.* anglois. *a pay master.* Qui paie. Officier commis pour faire des recettes & des paiemens.

PAIGNES. *voy.* Pagne.

PAILLARD, arde. *adj.* lat. *Scortator.* ang. *leacherous*, *wanton.* Lascif, luxurieux, impudique; qui est fort adonné à la volupté, aux plaisirs charnels.

PAILLARDER. *v. n.* lat. *Scortari.* ang. *to whore.* Commettre le péché charnel, sur-tout l'adultère.

PAILLARDISE. *s. f.* lat. *Impudicitia.* angl. *whoredom.* Impudicité, luxure, impureté, péché de la chair.

PAILLASSE. *s. f.* lat. *Culcita.* ang. *a straw-bed.* La plus basse garniture d'un lit, faite de paille enfermée dans la toile, qui n'est ouverte que par le milieu. Il se dit aussi de la seule toile qui contient la paille.

PAILLASSON. *s. m.* lat. *Tegmen stramineum.* ang. *a lay of straw.* Grosse couverture de paille soutenuë par des bâtons, dont se servent les jardiniers pour garentir leurs espaliers des injures de l'air. Il se dit aussi des nattes qu'on met au devant des fenêtres pendant l'Été.

PAILLE. *s. f.* lat. *Culmus.* ang. *straw*, *chaff.* Le tuyau & l'épi des gros & menus blés. On appelle *pailles* dans les métaux certains endroits plus foibles où ils sont sujets à se casser. Il se dit aussi d'un defaut dans les pierres précieuses.

PAILLÉ, ée. *adj.* (Blason.) Diapré.

PAILLET, ette. *adj.* lat. *Helvus.* ang. *pallet.* Qui est de couleur de paille.

PAILLETTE. *s. f.* lat. *Auri bracteola.* angl. *spangle.* Petit grain d'or ou d'argent qu'on trouve dans les rivières.... (Botanique.) Étamine.... *Paillette* de soudure. *voy.* Paillon.

PAILLEUR. *s. masc.* lat. *Palearius propola.* ang. *a seller of straw.* Homme qui vend & porte de la paille dans les maisons.

PAILLEUX, euse. *adj.* Fer *pailleux* est celui qui a des pailles ou filamens qui le rendent cassant.

PAILLIER. *s. m.* lat. *Stramentum.* anglois. *straw*, *litter.* Paille fourragée par les moutons, ou autres bestiaux, qui ont mangé l'épi & le grain qui étoit resté dedans, en sorte qu'elle ne vaut plus rien que pour faire de la littière, & pour être pourrie ou convertie en fumier. *Paillier* ou *repos* en *Architecture* est la partie d'un escalier qui est plaine & unie, & ordinairement quarrée, où il n'y a point de marche ou de degrés & où l'on peut se reposer, soit en montant, soit entrant dans les appartemens. lat. *Scalarum statio.* angl. *landing-place*.... Basse-cour d'une métairie. lat. *Palearium.* ang. *yard or barn-door.*

PAILLO. *s. masc.* C'est dans une galère la chambre où l'on met le biscuit & où loge l'écrivain.

PAILLON DE SOUDURE. *s. mas.* lat. *Ferrumen.* ang. *a link.* Terme d'Orfévre. C'est un petit morceau de soudure, un petit morceau de métal mince & allié pour souder.

PAIN. *s. m.* lat. *Panis.* ang. *bread.* Masse de pâte cuite qui sert de principale nourriture à l'homme. On le fait de différens grains, &c. *Pain à chanter* est du *pain* sans levain dont on fait des hosties. *Pains de proposition* sont les *pains* qu'on offroit en sacrifice dans l'ancienne loi. Le Prêtre qui étoit de service dans la semaine le plaçoit les jour du Sabbath sur une table d'or, qui étoit dans le sanctuaire, & les présentoit au Seigneur. Ils étoient quarrés, ayant 4. faces, & couverts de feuilles d'or, au nombre de 12, un pour chaque tribu. Chaque pain contenoit environ trois quarterons de fleur de farine. On les offroit tout chauds au Seigneur & on retiroit les anciens, qui ne pouvoient être mangés que par les Prêtres. On accompagnoit cette offrande d'encens & de sel, & selon quelques-uns d'une certaine quantité de vin. Les *Rabins* disent qu'entre les gâteaux étoient deux tuyaux d'or supportés par deux fourches aussi d'or dont les extrémités descendoient jusqu'à terre, pour donner de l'air aux pains & les empêcher de moisir.... *Pain d'épice:* est du pain pétri avec de l'écume qu'on tire du sucre, quand on l'affine dans les sucreries.... *Pain de coucou:* petite herbe qu'on mange en salade. *voy. Alleluya*.... *Pain de pourceau:* plante ainsi appellée, parce que sa racine est faite comme un pain, & que les cochons en mangent.

PAINBÊCHE. *s. f.* lat. *Mulier socors & iners.* ang. *an idle woman.* Terme injurieux qu'on dit à des femmes pour leur faineantise, comme s'il falloit les abêcher ainsi que des oiseaux.

PAINES, *ou* Pesnes. *s. f. pl.* Morceaux de drap ou d'étoffe dont les Corroyeurs font leur gipon.

PAÏPAROCA. *s. m.* Arbre du Malabar toujours verd & baccifére. On fait de ses feuilles, de sa racine & de son fruit un apozême, qu'on dit être excellent dans la goutte.

PAIR. *adj. m.* lat. *Par.* ang. *even.* Nombre qui se peut diviser en deux parties égales sans fraction. Il signifie aussi, ressemblant, égal, pareil, qu'on peut comparer avec un autre. Change au *pair* dans le négoce est celui où il n'y a ni à perdre ni à gagner. *Pairs en France* sont les grands Officiers de la couronne & qui ont séance au Parlement de *Paris.* Anciennement il n'y en avoit que 12. Ecclésiastiques & six Laïques, établis pour assister au Sacre des Rois & à son couronnement, pour juger des différends parmi les vassaux, pour donner conseil au Roi dans les affaires importantes, & pour le servir dans la guerre. Mais à présent leur nombre est beaucoup augmenté & il est d'environ 137. *Pair* est encore le nom de tous les Seigneurs qui composent la chambre haute du Parlement d'*Angleterre* . . . *Sans pair*: voy. *Azygos.*

PAIRE. *s. f.* lat. *Pares.* ang. *a pair.* Deux choses pareilles qui se joignent ordinairement ensemble; comme une paire de gands, de souliers, *&c.* On dit aussi une *paire* de ciseaux, d'habits, *&c.* quoique ces choses ne soient pas doubles, mais composées de parties semblables ou qui s'assortissent ensemble.

PAIRESSE. *s. f.* Femme d'un Pair.

PAIRIE. *s. fem.* lat. *Paris Franciæ dignitas.* ang. *peerdom.* Dignité de Pair attachée à quelque Duché ou Comté.

PAIRLE. *s. m.* (Blason.) Espèce de pal qui mouvant du pied de l'écu, se divise, quand il arrive au milieu, en deux parties égales qui vont aboutir aux deux angles du chef, en forme d'un Y.

PAIRONS. *voy.* Parons.

PAÏS. *s. m.* lat. *Regio, orbis tractus.* ang. *a country, land, region.* Région, province, contrée. *Païs* natal, patrie.

PAÏSAGE. *s. m.* lat. *Tractus.* ang. *a landship.* Aspect d'un païs, territoire qui s'étend jusqu'où la vûe peut porter. Il se dit aussi des tableaux où sont représentées quelques vûës de maisons ou de campagnes.

PAÏSAGISTE. *s. m.* lat. *Pictor topographicus.* ang. *a landship-painter.* Peintre qui s'attache particulièrement à peindre des païsages.

PAÏSAN, anne. *s. m. & f.* lat. *Rusticus.* ang. *a Peasant or country-man.* Roturier qui cultive la terre & sert à tous les ménages de campagne. . . . *Païsanne*: tulipe rouge sang de bœuf, colombin & blanc.

PAISIBLE. *adj.* lat. *Tranquillus, quietus.* ang. *peacefull, peaceable.* Tranquille; qui est en repos, sans guerre, sans procès, sans allarmes.

PAISIBLEMENT. *adv.* latin. *Placidè.* ang. *peacefully, peaceably.* D'une manière paisible.

PAISSANT, ante. *adj.* lat. *Depascens.* ang. *grazing.* (Blason.) Se dit des vaches & brebis qui ont la tête baissée pour paître.

PAISSEAU. *s. m.* Étoffe de laine croisée, ou espèce de serge.

PAIS-SOMME. *s. m.* Bas-fond, fond où il y a peu d'eau.

PAISSON. *s. m.* lat. *Glandaria pastio.* angl. *mast.* Ce que les bestiaux mangent dans les forêts, gland & autres fruits sauvages. C'est aussi un instrument de fer pour étendre les peaux. lat. *Radula.* angl. *a stretcher.*

PAISSONNER. *v. act.* lat. *Radulæ committere.* ang. *to stretch.* Étendre sur le paisson.

PAITRE. *v. n.* lat. *Pasci.* ang. *to feed, to graze.* Manger ou faire manger l'herbe sur la racine. Faire prendre aux bestiaux à la campagne la nourriture convenable.

PAÏTRIN, Paîtrir, Paîtrisseur. *voy.* Pêtrin, Pêtrir, Pêtrisseur.

PAIX. *s. f.* lat. *Pax.* ang. *peace.* Tranquillité, repos de ceux qui n'ont ni guerre ni différend avec personne. La *paix* étoit une divinité des *Anciens Romains* qu'ils représentoient tenant un petit *Plutus* dans une main, parce qu'elle produit les richesses, & des épics de bled dans l'autre, parce qu'elle fait naître l'abondance. Quelquefois on lui mettoit une branche d'olivier à la main & une couronne de laurier sur sa tête. Les malades ou leurs amis couroient à son Temple, pour y faire des prières & des vœux & le concours y étoit si grand qu'il y arrivoit souvent des querelles. On lui avoit érigé un Temple fameux à *Rome* qui fut enrichi des vases les plus précieux & des plus beaux ornemens du Temple de *Jerusalem.* La Déesse étoit représentée dans ce Temple comme une belle femme d'un air doux & serein, ayant sur la tête une couronne faite de branches entremêlées d'olivier & de laurier tenant de l'une de ses mains un caducée & portant dans l'autre des épics de bled & des roses.

## P A K

PAKLAKENS. *s. masc. pl.* Sorte de draps d'Angleterre.

## P A L

PAL, *ou* Pau. *s. m.* lat. *Statumen, vallus.* anglois. *pale.* Pièce de bois longue & taillée en pointe. On les fiche en terre pour servir de défense ou de barrière pour fermer, ou servir de clôture. *Pal* dans le *Blason*, est une pièce honorable de l'écu; il représente les palissades d'une fortification; il est posé debout & divise l'écu dans sa longueur en trois parties égales.

PALA. *s. m.* Grand arbre du Malabar, qui porte des Siliques pleines d'un suc laiteux.

PALADE. *s. f.* (Marine.) Mouvement des pales des rames, qui, entrant dans l'eau, font avancer un bâtiment. Chaque *palade* ne fait avancer la meilleure de nos galères que de 18. pieds.

PALADIN. *s. m.* lat. *Heros paladinus.* angl. *paladine.* Avanturier ou chevalier errant.

PALAIS. *s. m.* lat. *Palatium.* ang. *palace.* Demeure royale, nom qu'on donne généralement aux maisons des Rois & des Princes. On donne aussi ce nom au lieu principal où l'on rend la justice au nom du Roi. *Palais*, en termes d'*Anatomie*, signifie la chair qui compose la partie supérieure & intérieure de la bouche, ou de la gueule des animaux. latin. *Palatum.* angl. *the palate.* . . *Palais de lièvre*: laitron doux. . . . *Palais d'Eole*: lieux souterrains d'où par le moyen de certains aqueducs on fait passer la fraicheur dans les appartemens d'Été.

PALAMEDE. *s. m.* Tulipe colombin rouge & blanc.

PALAMENTES.

PALAMENTES. *s. f.* lat. *Remi triremis.* ang. *the oars of a galley.* Terme de *Marine*, qui signifie les rames des galères.

PALAN. *s. m.* lat. *Funes helciarii.* anglois. *ropes.* Terme de *Marine*, c'est la corde qu'on attache à l'étai, ou à une vergue pour tirer quelque fardeau, ou pour bander les étais.... *voy.* Palanquinet.

PALANDEAUX. *s. m. pl.* ( Marine. ) Bouts de planche que l'on couvre de bourre & de goudron, pour boucher les escubiers & les trous du bordage.

PALANÇONS. *s. masc. pl.* ( Archit. ) Morceaux de bois qui retiennent les torchis.

PALANGUIN. *voyez* Palanquin..... Petit palan.

PALANQUE. *s. fem.* ( Fortifications. ) Petit fort que l'on fait de pieux pour tenir la campagne, & que l'on revêt de terre. lat. *Munimentum.* ang. *palanka.*

PALANQUER. *v. actif.* ( Marine. ) Mettre dans le bord les grands fardeaux, ou les en descendre par le moyen des palans.

PALANQUIN. *s. m.* Est un petit palan, ou cordage qui sert à lever les fardeaux médiocres. C'est aussi une espèce de chaise que des hommes portent sur les épaules dans les *Indes Orientales.* latin. *Sella gestatoria.* anglois. *palanquin.*

PALANQUINET. *s. masc.* Corde qui sert à remuer le timon des galères.

PALARDEAUX. *s. m. pl. voy.* Palandeaux.

PALASTRE. *s. m.* Piéce de fer qui compose la partie extérieure de la serrure, sur laquelle s'assemblent toutes les piéces & ressorts qui la font agir.

PALATALES. ( Lettres. ) *adj. f. pl.* Se dit des consonnes qu'on ne sauroit prononcer, sans frapper de la langue le palais.

PALATIAL, ale. *adj.* Qui appartient à un palais.

PALATIN. *s. m.* lat. *Palatinus.* ang. *palatine.* Nom d'un office ou dignité, surtout parmi les *Allemands*, qui est donné par l'Empereur à ceux qui administrent la justice en son nom dans l'Empire. Il y en a deux principaux ; celui du *Rhin*, qui est chargé de la *Franconie* & des contrées voisines & celui de *Saxe* & des autres païs soumis aux loix *Saxonnes.* De-là vient que l'Electeur de *Saxe* & l'Electeur *Palatin* de *Bavière* sont Vicaires de l'Empire dans leurs jurisdictions respectives ou provinces, durant le tems de l'interregne après la mort de l'Empereur ou autrement. En *Hongrie* c'est un titre & office qui approche le plus de la jurisdiction royale. Le privilége du *Palatin* de *Hongrie* est que la branche royale venant à manquer, il a le principal intérêt dans la nouvelle élection, & sa voix est préponderante, si les suffrages sont égaux ; si le Roi laisse un enfant ou héritier mineur, le *Palatin* est le Protecteur & le Régent du Royaume. Il a aussi le privilége de convoquer les Diétes ; il est Général des forces de la *Hongrie*, quoique le Roi limite sa commission. C'est le principal Ministre de la justice & l'arbitre des différends qui peuvent s'élever entre le Roi & ses sujets. Si le Roi va en campagne, le *Palatin* est son Vice-Roi & le représente dans toutes les occasions importantes. Il a l'autorité royale dans sa jurisdiction avec toutes les prérogatives & il rend la justice en son propre nom & par ses Officiers. Anciennement les Princes *Palatins* étoient Rois en *Allemagne* ; & lorsque les *Romains* les eurent vaincus, ils furent forcés de renoncer à leurs titres, mais on les laissa en possession de leur ancienne jurisdiction. C'est ainsi que *Guillaume* le conquérant en usa envers son neveu *Hugues*, à qui il accorda le Comté de *Chester* en *Angleterre*, pour le tenir de la même manière, que le Roi lui-même tenoit la Couronne d'*Angleterre.* Dans la suite *Edouard* III. érigea le Comté *Palatin* de *Lancastre*, en y joignant le titre de Duché & la plûpart des priviléges de celui de *Chester.* Les Évêchés d'*Ely* & de *Durham* sont aussi des Comtés *Palatins*, mais leurs jurisdictions ont été beaucoup diminuées & réunies à la Couronne par *Henri* VIII.

PALATINAT. *s. m.* lat. *Palatinatus.* angl. *palatinate.* En *général* signifie l'office ou la jurisdiction de celui qu'on nomme Palatin ; mais il se dit en particulier d'une principauté d'*Allemagne* qui est maintenant divisée en haut & bas *Palatinat.* Le haut *Palatinat* appartient au Duc de *Bavière* & le bas *Palatinat* au Comte Palatin du *Rhin* qui autrefois jouissoit de l'un & de l'autre.

PALATINE. *s. f.* lat. *Pelliceus colli amictus.* ang. *a tippet.* Fourrure que les femmes mettent sur leur cou en Hiver pour couvrir leur gorge & la tenir chaudement.

PALATUA. *s. f.* Déesse que les Romains regardoient comme la Protectrice du mont Palatin, & du Palais des Empereurs.

PALATUAL, ale. *adj.* Se dit du Prêtre de *Palatua.*

PALATUAR. *s. m.* Fête & sacrifice qui se faisoit autrefois à Rome sur le mont *Palatin.*

PALAUT. *voy.* Palot.

PALE. *s. f.* lat. *Cataracta.* angl. *a damm.* Piéce de bois qui sert à boucher l'ouverture d'un biez de moulin ou la chaussée d'un étang. C'est aussi en termes d'*Église*, le carton qui sert à couvrir le calice.... Partie des rames qui est plate.

PALE. *adj.* lat. *Pallidus.* ang. *pale*, *wan.* Blême, décoloré, a qui il manque quelque vivacité de teint.

PALÉAGE. *s. masc.* ( Marine. ) Travail que font les Matelots en mettant hors du vaisseau, les grains, les sels & autres marchandises qui se remuent avec la pelle.

PALÉE. *s. f.* ( Architect. ) Rang de pieux emploiés de leur grosseur & qui plantés suivant le fil de l'eau servent de piles pour porter les travées d'un pont de bois.... *Palée* d'une rame : *voy.* Pale, *à la fin.*

PALEFRENIER. *s. m.* lat. *Agaso*, *hippocomus.* ang. *a groom of the stable.* Valet qui panse les chevaux chez les Écuyers & grands Seigneurs.

PALEFROI. *s. masc.* lat. *Equus phaleratus.* ang. *palfrey.* Cheval de parade sur lequel les Princes & Seigneurs faisoient leurs entrées, ou sur lequel les Dames étoient montées.

PALEMENTE. *voy.* Palamentes.

PALEMPUREZ. *s. masc. pl.* Tapis de toile peinte, qui viennent des Indes.

PALERON. *s. m.* lat. *Humerus, armus.* ang. *shoulder-blade.* En *Anatomie* est un os de figure presque triangulaire, qui couvre le derrière des côtes vers les épaules.

PALES. *voy.* Palée.

PALES-COULEURS. *s. fem. pl. voy.* Chlorosis.

PALESTRE. *s. f.* lat. *Palæstra.* ang. *palestra, a wrestling place.* C'étoit chez les *Grecs* un édifice public où les jeunes gens s'exerçoient à la lutte ou à la course, *&c.*

PALESTRIQUE. *adj.* lat. *Palæstricus.* ang. *palestrick.* Qui appartient à la palestre, aux jeux, aux combats des Athlétes.

PALESTROPHYLAX. *s. m.* Gouverneur de la Palestre.

PALET. *s. m.* lat. *Discus.* ang. *coit or quoit.* Jeu qui se fait avec un carreau ou morceau de pierre, de bois, ou de fer qu'on jette à la portée du bras : celui qui approche le plus près du but gagne le coup.

PALETER. *v. n.* Faire glisser le palet sur la terre.

PALETOT. *s. masc.* Just'au-corps sans manches.... Tulipe bigarrée de diverses couleurs.

PALETTE. *s. f.* lat. *Palmula lusoria.* ang. *a battle-door.* Petit battoir ou instrument de bois, qui est plat & en ovale, & qui a un manche. Il sert aux enfans à joüer au volant. C'est aussi un instrument qui sert aux Peintres, sur lequel ils ont diverses couleurs toutes prêtes pour peindre. C'est une petite planche ovale fort polie & sans manche, qui est trouée par un bout, afin d'y passer le pouce pour la tenir. *Palette* en termes de *Chirurgie*, est un petit vaisseau en forme d'une écuelle, qui leur sert à recevoir & à mesurer le sang qu'ils tirent dans les saignées.

PALEUR. *s. fem.* lat. *Pallor.* ang. *paleness.* Blancheur fade ; perte de la couleur ordinaire que doit avoir le teint dans sa vivacité.

PALIER. *voy.* Paillier.

PALINDROMIE. *s. f.* (Médec.) lat. *Palindromia.* ang. *palindromy.* Reflux des humeurs peccantes vers les parties intérieures & nobles du corps.

PALINGENÉSIE. *s. f.* Nouvelle naissance, passage de l'ame d'un defunt dans un autre corps. Métempsychose.... (Chymie.) Retour de la verdure des plantes séchées, par le moyen de quelque eau mercurielle.

PALINODIE. *s. f.* lat. *Palinodia.* ang. *palinody.* Discours contraire à un précédent.

PALINTOCIE. *s. fem.* Signifie deux choses. 1o. Enfantement renouvellé, comme la 2e. naissance de *Bacchus* sortant de la cuisse de *Jupiter.* 2o. Répétition d'usure ou d'intérêts payés, quand on oblige de les rendre.

PALIR. *v. n.* lat. *Pallescere.* ang. *to grow or turn pale.* Devenir blême.

PALIS. *s. m.* Petit pal pointu, dont on fait des clôtures.

PALISSADE. *s. fem.* lat. *Vallum, vallus.* ang. *palisade, palisado, pile.* Dans les *Fortifications* est une clôture faite avec des pieux fichés en terre, gros de huit à neuf pouces, longs de neuf pieds, enfoncés en terre de trois pieds. Elle sert à fortifier les avenuës des postes que l'on peut emporter d'assaut ou même par une attaque réguliere. Il y a des palissades enfoncées à plomb, & d'autres qui sont inclinées sur le terrain. On les place aussi au devant des bastions & aux gorges des demi-lunes & autres ouvrages. Le fond du fossé est encore palissadé, mais surtout le parapet du chemin couvert. Ces pieux doivent être tellement serrés que la bouche d'un fusil ou la pointe d'une pique ne puissent pas s'y insinuer.... *Palissade* d'arbres. Espalier.

PALISSADER. *v. act.* lat. *Vallo munire.* ang. *to palissado or fence with a palissado.* Se fortifier, se retrancher avec des palissades.

PALISSAIRE. *adj. f.* Se dit de la couronne que les anciens Romains donnoient à ceux qui les premiers avoient forcé la palissade des ennemis.

PALISSÉ, ée. *adj.* (Blason.) Se dit des piéces à paux ou fasces aiguisées, enclavées les unes dans les autres.

PALISSER. *v. act.* Clorre avec des palis.

PALIURE. *s. f.* Arbrisseau dont les rameaux sont épineux. Ses racines & ses feuilles sont astringentes : sa semence est spécifique contre la pierre & la gravéle.

PALIXANDRE. *s. m.* Espèce de bois violet propre au tour & à la marqueterie.

PALLA. *s. f.* (Antiquaires.) Manteau que les Dames Romaines portoient par dessus leur robe appellée *stola.*

PALLADIUM. *s. masc.* Statuë de bois de la Déesse *Pallas* représentée avec une pique à la main, qu'elle remuoit de tems en tems en tournant les yeux. Les *Troyens* croyoient que cette statuë étoit tombée du Ciel, avant que son Temple fut couvert. L'oracle d'*Apollon* déclara que la ville seroit imprénable, tant que ce présent du Ciel seroit conservé, & qu'elle seroit ruinée, si on le transportoit hors des murailles. Pendant le siége de Troye, *Diomedes* & *Ulisse* entrerent dans la Citadelle par des conduits souterrains, & ayant tué la garnison du château, ils enleverent la statue. On en gardoit une à *Rome* dans le Temple de *Vesta* & une autre à *Athènes* dans la Citadelle dediée à *Minerve*, les Payens étoient fort superstitieux dans les cérémonies de la consécration de ces statues.

PALLAGE, *ou* Pellage. *s. masc.* Droit dû à quelques Seigneurs pour chaque bateau qui aborde en leur Seigneurie.

PALLAS. *s. f.* Est un des noms de *Minerve* Déesse de la guerre & de la sagesse. Les Poëtes feignent qu'elle est sortie du cerveau de *Jupiter* & que *Vulcain* fut obligé de fendre le crâne à ce Dieu pour la faire sortir. C'est aussi le nom d'un affranchi de l'Empereur *Claude*, dont les richesses furent si grandes qu'elles surpasserent celles de *Crassus* de 2, 500, 000. sesterces. C'est encore le nom d'un Prince d'*Italie* fils du Roi *Evandre*, qui suivit le parti d'*Enée*, à son arrivée en *Italie*, il se comporta fort bien envers lui, mais enfin il fut tué par *Turnus* dans un duel. On dit que son tombeau fut découvert en 1401, que son corps fut trouvé entier avec une grande blessure à la poitrine; on ajoute qu'on trouva sur sa tête une lampe perpetuelle, qu'il ne fut pas possible d'éteindre pendant un long-tems, ni en soufflant, ni en y jettant de l'eau, *&c.* Qu'à la fin quelqu'un fit un trou au fond de la lampe & détruisit d'un seul coup la curiosité & la liqueur précieuse qui avoit nourri cette flamme pendant environ 2600 ans. Les *Peintres* représentent la Déesse *Pallas* avec un manteau bleu bordé d'or.

PALLÉ. *adj. m.* (Blason.) Se dit d'un écu chargé de pals.

PALLE. *s. f.* (Liturgie.) Tapis ou toilette de soie dont on couvroit l'Autel.... *Palle* ou *Pauche:* Oiseau. *voy.* *Cuiller*, à la fin.

PALLIATIF, ive. *adj.* lat. *Demulcens.* ang. *palliative.* Qui ne fait qu'adoucir, ou guérir le mal en apparence. On l'emploie aussi substantivement, au propre & au figuré.

PALLIATION. *s. f.* lat. *Fucus*, *dissimulatio.* ang. *palliation.* Excuse, adoucissement, déguisement d'une faute. Reméde qui ne guérit le mal qu'en apparence.

PALLIER. *v. act.* lat. *Dissimulare*, *excusare.* ang. *to palliate.* Adoucir, excuser, déguiser une faute. Guérir en apparence.

PALLITIUM. *s. m.* *voy.* Aldebaran.

PALLIO. *voy.* Paillo.

PALLIUM. *s. m.* lat. *Pallium pastorale.* ang. *pall.* Est un ornement pontifical propre aux souverains Pontifes, Patriarches, Primats & Métropolitains, qu'ils portent par dessus leurs habits pontificaux en signe de jurisdiction. Il est fait en forme de bande large de trois doigts, qui entoure les épaules comme de petites bretelles, avec des pendans longs d'un palme par devant & par derrière, de petites lames de plomb arrondies aux extrêmités, couvertes de soie noire avec quatre croix rouges. Il est fait d'une laine blanche tonduë sur deux agneaux, que des Religieuses de S. Agnés offrent tous les ans le jour de sa fête. Il n'appartient proprement qu'au Pape d'accorder le *Pallium.* Un Métropolitain avant que d'avoir le *Pallium* ne peut pas consacrer des Évêques, dedier des Eglises & être appellé Archevêque, & autrefois lorsqu'il étoit transféré, il falloit qu'il demandât le *Pallium* de nouveau, & jusques-là il ne pouvoit tenir de synode, ni faire d'autres fonctions Pontificales. On enterroit les Archevêques avec leur *Pallium.* Chez les *Grecs* tous les Évêques portent le *Pallium.* On prétend que les Empereurs chrétiens donnerent cet ornement aux Prélats dans le IV. siécle, voulant que ce fut un ornement pour eux & une marque de leur autorité pour le spirituel sur les ordres inférieurs de leurs Églises, comme les Empereurs l'avoient pour le temporel sur ceux de leur Empire. Au commencement le *Pallium* couvroit tout le corps du Prélat & descendoit depuis le col jusqu'aux talons; il étoit tissu de laine pour représenter la Brebis que J. C. porte sur ses épaules. Depuis ce ne fut que comme une espèce d'étole qui pendoit par devant & par derrière & qui étoit chargée de quatre croix d'écarlate, disposées sur les quatre côtés du *Pallium*, à peu près comme aujourd'hui.

PALMA CHRISTI. *s. m.* lat. *Ricinus.* ang. *palma Christi.* Plante ainsi appellée, parce que ses feuilles ont la figure d'une main ouverte. On l'appelle autrement *Ricin.*

PALMAIRE. *adj.* (Anat.) Se dit d'un muscle qui prend son origine de l'apophyse interne & inférieure de l'os du bras & qui va s'insérer à la peau de la paume de la main.

PALME. *s. fem. & m.* lat. *Rami palmarum.* ang. *a branch of a palm-tree.* Branche ou rameau du palmier. Victoire, avantage remporté en quelque combat. Le *palme* est une mesure *Romaine* qui se rapporte à la longueur de la main, quand elle est étenduë autant qu'elle le peut être. Le *palme* antique *Romain* étoit de 8. pouces six lignes & demie. Le *palme* moderne est d'environ 8. pouces & 3. lignes. Celui de *Genes* est de 9. pouces & 2. lignes. lat. *Palmus.* ang. *palm*.... *Palme de Christ*: voy. *Palma Christi*... *Palme-marine*: plante à demi pétrifiée, espèce de lithophyte, autrement dite *panache de mer.*

PALMER. *v. act.* Se dit des aiguilles qu'on applatit avec un marteau sur l'enclume, par le bout opposé à la pointe, pour commencer à en former le chas ou le cul.

PALMETTES. *s. f. pl.* lat. *Palmulæ.* angl. *little branchs of a palm-tree.* Petits ornemens d'Architecture en forme de feuilles de palmier.

PALMIER. *s. m.* lat. *Palma.* ang. *the palm-tree.* Arbre qui vient en *Égypte* & dans les païs chauds. Il porte un fruit qu'on appelle *Dattes.* Le *palmier* étoit anciennement l'emblême de la victoire. On en portoit des branches devant le Conquérant en procession & en témoignant la joie qu'on avoit de ce qu'il avoit battu l'ennemi. On en présentoit aussi aux Rois de *Syrie* comme une marque de soumission ou une espèce de présent ou de tribut. Cet arbre étoit fort commun aux environs de *Jericho*; une seule racine produit un grand nombre de souches qui en se répandant forment une petite forêt; c'est à cela que le prophéte fait allusion lorsqu'il dit, le *juste fleurira comme un palmier.* Il produit toutes ses feuilles au haut de son tronc comme une chevelure. Il y en a de deux sortes le mâle & le femelle. Le mâle donne la fécondité au *palmier* femelle, par le moyen d'une fleur qui est renfermée dans son fruit. Ses feuilles se tournent en rond comme une boucle de cheveux & leurs extrêmités panchent vers la terre.

PALMISTE *s. m.* Se dit de quatre espèces de *palmier*, qui croissent dans les Isles Antilles. Il y en a deux appellés *palmistes épineux*, & deux autres *palmistes francs*, parce qu'ils n'ont point d'épines.

PALMITE. *s. m.* Moëlle du palmier.

PALMULAIRES. *s. m. pl.* Gladiateurs qui combattoient armés d'un petit bouclier de la forme de ceux qu'on nommoit *parma*, *parmula*.

PALONNEAU, *ou* Palonier. *s. m.* lat. *Palanga tractoria.* anglois. *a spring-tree bar of a coach.* C'est la piéce de bois qui est de chaque côté du timon d'un coche ou d'un carrosse, où l'on attache les traits des chevaux, quand on les attèle.

PALOT. *s. m.* lat. *Rusticus.* ang. *a clown.* Homme grossier & rustique, de la lie du peuple, comme le païsan, le batelier, &c.

PALOURDES. Espèce de coquillages de mer.

PALPABLE. *adj.* lat. *Qui sub sensum cadit.* ang. *palpable.* Ce qui se peut appercevoir par les sens, & particulièrement par celui du toucher. Ce qui est clair & évident.

PALPABLEMENT. *adverb.* lat. *Evidenter.* anglois. *palpably*, *plainly.* Évidemment, sensiblement.

PALPITANT, ante. *adj.* lat. *Palpitans.* ang. *panting.* Qui palpite, qui a un mouvement fréquent & dereglé.

PALPITATION. *s. f.* lat. *Palpitatio cordis.* ang. *palpitation*, *panting.* Mouvement convulsif du cœur, qui consiste dans un mouvement dereglé, forcé & vehement.

PALPITER. *v. n.* lat. *Palpitare.* ang. *to pant.* Avoir le pouls agité par le mouvement du cœur, des artères & du diaphragme.

PALQUI. *s. masc.* Plante du Chili. Espèce d'hiéble fort puant, qui a la fleur jaune. Il sert à guérir la teigne.

PALTA. *s. m.* Fruit qui croît au Perou, & qui a la figure & la couleur d'une poire, étant 3. ou 4. fois plus gros.

PALTOQUET. *voy.* Palot.

*PALUDAMENTUM.* ( Antiquaires.) Habit de guerre des Romains.

PALUDIER. *s. m.* Homme qui travaille aux salines.

PALUS. *s. m.* Marécage, qui ne se dit que des *palus méotides* vers l'embouchure du *Tanaïs* au-delà du *Pont Euxin.*

## P A M

PAMAQUE. *voy.* Achiotte.

PAMBOU. *s. m.* Espèce de serpent des Indes.

PAMER. ( Se ) *v. rec.* lat. *Animo deficere.* angl. *to swoon away.* Tomber en défaillance, perdre l'usage des sens.

PAMOISON. *s. fem.* lat. *Deliquium.* ang. *a swoon.* État d'une personne pâmée, défaillance.

PAMPE. *s. f.* lat. *Pampinus tritici.* anglois. *corn-leaves.* Espèce d'herbe plate en forme de petit ruban, qui vient au tuyau du bled, lorsqu'il est pendant par les racines, & qu'il se forme en épi.

PAMPELIMOUSE, *ou* Pamplemouse. *s. f.* Fruit des Indes.

PAMPINIFORME. *adject.* ( Anatomie.) Entortillé comme les tendrons de la vigne.

PAMPLEMOUSE. *voy.* Pampelimouse.

PAMPRE. *s. f.* lat. *Pampinus vineæ.* angl. *vine-leaves.* Feuilles de vignes qui tiennent à la branche, au sarment.

PAMPRÉ, ée. ( Blason. ) lat. *Pampinatus.* ang. *deck'd with vine-leaves.* Se dit de la grappe de raisin attachée à sa branche.

## P A N

PAN. *s. masc.* lat. & ang. *Pan.* Parmi les *Payens* étoit le Dieu des Bergers & quelquefois on le regardoit comme la divinité universelle ou comme le Dieu de la nature. Son image étoit composée des principales choses qui se voyent dans le monde, & quoiqu'on ne trouve pas son nom dans les écritures, on croit cependant que les *Payens* avoient emprunté beaucoup de circonstances de la vie de *Moïse* & les avoient appliquées à leur Dieu *Pan* qu'ils représentoient avec des cornes comme *Moïse.* Il portoit à la main un bâton recourbé; il n'étoit pas seulement Dieu des bergers, mais des chasseurs, & des païsans, &c. *Pan* signifie aussi une partie d'une muraille, & la face d'un bastion dans la fortification Hollandoise. On le prend encore pour les diverses faces d'un corps, pour une mesure de Languedoc & de Provence, &c. ang. *pan or pane.*

PANACÉE. *s. f.* ang. *panacea.* En *Médecine* est un prétendu remède universel, qui guérit toutes sortes de maladies.

PANACES. *s. m.* Nom donné à des plantes fort différentes, à cause des grandes vertus qu'on leur attribuë.

PANACHE. *s. m.* lat. *Panicula plumaria.* ang. *a bunch of feathers.* Bouquet de plumes qui servent d'ornement. En *Architecture* c'est une portion triangulaire de voute, qui aide à porter la tour d'un dôme. *voy.* Pendentif. . . . En termes de *Fleuristes*, c'est un agréable mélange de couleurs dans une fleur. . . *Panache de mer*: espèce de lithophyte. . . . Sorte d'insecte ou de petit animal de mer.

PANACHE. *s. f.* lat. *Pavo fœmina.* ang. *a pea-hen.* La femelle du Pan.

PANACHER. *v. n.* lat. *Coloribus distingui.* anglois. *to be streaked with several colours.* Ne se dit que des fleurs quand le fonds de la couleur naturelle de leurs feuilles est rayé & se diversifie par des couleurs qui les tranchent net, & qui ne se brouillent pas.

PANACHRANTE. *adj.* Immaculé.

PANADE. *s. f.* lat. *Puls panaria.* ang. *panado.* Espèce de potage fait de pain cuit & imbibé dans le jus de viande.

PANADER. ( Se ) *v. rec.* lat. *Se efferre superbiùs.* ang. *to strut.* Se quarrer, montrer à sa démarche qu'on est superbe, orgueilleux.

PANAGE. *s. m.* Droit de paisson. C'est un droit qui appartient au propriétaire d'une forêt, pour soufrir que les porcs y viennent paître le gland, la faine, &c.

PANAIS, *ou* Panets *ou* Pastenade. *s. m.* lat. *Pastinaca.* ang. *a parsnep.* Racine fort nourrissante & agréable au goût. On la mêle souvent avec le poisson salé pour diminuer l'acrimonie du sel. On la regarde en médecine comme détersive & apéritive. Elle est émolliente & dissipe les tumeurs. On dit que sa semence est excellente contre les maux hystériques.

PANAMA. *s. masc.* Arbre de l'Amérique : bois des Moluques. Il est purgatif, & très-utile dans la médecine.

PANAPANA. *s. m.* Gros poisson du Brésil, du genre des cétacées.

PANARIS. *s. masc.* lat. *Panaricium.* ang. *a fellon or felon.* Tumeur qui vient à l'extrémité des doigts, qui fait une grande douleur & qui souvent fait tomber l'ongle.

PANCALIERS. *s. m. pl.* Espèce de choux.

PANCARPE. *s. m. Pancarpus.* Espèce de jeu chez les Romains, dans lequel des hommes robustes & hardis combattoient dans le cirque, contre des bêtes féroces, étant payés pour cela.

PANCARTE. *s. fem.* ang. *pankart.* Affiche qu'on met à la porte des bureaux des Doüanes, & autres lieux, où on leve des impositions sur diverses marchandises, qui contient la taxe qui en est faite & qu'on doit payer. Il se dit aussi par mépris de toutes autres sortes de papiers.

PANCEMENT. *s. mas.* lat. *Cura, curatio.* ang. *dressing.* Soin qu'on prend d'un malade ou d'un blessé pour le guérir.

PANCER. *v. act.* lat. *Curare.* ang. *to dress.* Avoir soin d'un malade, lui fournir les choses nécessaires. *Pancer* les chevaux, c'est les étriller & nettoyer.

PANCERNE. *s. m.* Soldat d'un des corps de la Gendarmerie Polonoise.

PANCHANT, *ou* Penchant. *s. m.* lat *Declivitas.* ang. *declivity.* Qui n'est pas droit ou posé à plomb, qui est incliné. Un *panchant* est une pente. Il signifie aussi, qui menace ruine, qui va en décadence. Branle, mouvement pour tomber. *Panchant* signifie encore, inclination.

PANCHÉ, ée. *adjectif.* On appelle des airs panchés, des mouvemens de la tête ou du corps affectés pour tâcher de plaire.

PANCHEMENT. *s. m.* lat. *Inclinatio.* angl. *bending or bowing.* Action par laquelle une chose est panchée.

PANCHER. *v. act. & n.* lat. *Inclinare* angl. *to bend or bend down.* Incliner, tirer quelque chose de sa situation perpendiculaire.

PANCHRESTE. *s. m.* Médicament propre pour toutes sortes de maladies.

PANCHYMAGOGUE. *s. m.* ( Pharmacie. ) Rémede ainsi appellé parce qu'il a la vertu de purger généralement toutes les mauvaises humeurs du corps.

PANCRACE. *s. mas.* Espèce d'exercice usité chez les anciens. Il étoit composé de la lutte & du pugilat, & l'on s'y battoit à coups de poings & à coups de pieds. Quelques-uns croient que le *Pancrace* n'étoit pas un seul exercice, mais l'assemblage de tous les autres. *Pancratium.*

PANCRATIASTE. *s. m. Pancratiastes.* Celui qui avoit remporté le prix dans les cinq sortes de jeux ; ou seulement dans le *Pancrace.*

PANCRATIUM. *substantif masculin.* Se dit d'une plante appellée *Scille rouge*, & du narcisse marin.... Espèce de lutte. *voy.* Pancrace.

PANCRÉAS. *s. masc.* lat. & ang. *pancreas.* C'est un corps composé d'une grande quantité de glandes enveloppées d'une même membrane. Il est placé sous la partie postérieure & inférieure de l'estomach, s'étendant depuis le duodenum jusqu'à la rate. Son usage est de séparer une espèce de suc acide, en le portant par son propre conduit dans le duodenum, où il sert à faire fermenter & volatiliser le chile & à tempérer la bile. C'est la plus grosse glande du corps humain.

PANDALÉON. *s. m. Pandaleum.* Tablette pectorale.

PANDECTAIRE. *s. mascul.* Auteur des Pandectes.

PANDECTES. *s. f. pl.* lat. *Juris volumina.* ang. *pandects.* C'est un nom qu'on donne aux livres qui traitent de toutes sortes de sujets ou de questions, & en particulier aux compilations ou collections des loix civiles.

PANDÉMIE. *voy.* Épidémie.

PANDÉMIQUE. *voy.* Épidémique.

PANDORE. *s. f.* lat. & ang. *pandora.* Femme admirable fabriquée par *Vulcain*, à laquelle chacun des Dieux avoit accordé quelque perfection ; comme, *Venus* la beauté ; *Pallas* la sagesse ; *Mercure* l'éloquence, &c. On dit que *Jupiter* irrité contre Promethée, qui avoit dérobé le feu du Ciel, envoya *Pandore* sur la terre avec une boëte fatale, qu'*Epimethée*, frère de *Promethée*, ouvrit : ensorte que tous les maux dont elle étoit pleine, se répandirent ici bas, ne restant que la seule espérance qui se trouva au fond... Instrument de musique, qui ressemble au luth.

PANDOUR. *s. m.* Soldat Hongrois.

PANE. *voy.* Panne. & Panache. *s. f.*

PANEAU. *s. m.* lat. *Tympanum.* angl. *pane, pannel.* C'est un quarré de bois mince, & quelquefois ouvragé, qu'on enchasse dans les rainures d'une plus grande piéce, entre deux montans & deux traversiers. *Paneau* est aussi un filet pour prendre des liévres, des lapins, &c. C'est une des faces d'une pierre taillée. Un coussinet qu'on met à chaque côté d'une selle, &c.

PANÉE. *adj. f.* lat. *Aqua cruda pane correcta.* ang *water with bread in it.* Se dit de l'eau dans laquelle on a fait tremper du pain.

PANÉGYRIARQUE. *s. mas.* Magistrat des villes Gréques, qui présidoit aux solemnités, jeux & combats panégyriques. lat. *Panegyriarcha.* angl. *panegyriarch.*

PANÉGYRIQUE. *s. m. & adj.* lat. *Panegyricus.* ang. *a panegyrick.* Discours d'un Orateur fait à la louange d'une personne, ou d'une chose extraordinaire. L'origine des *Panégyriques* vient d'une coutume des anciens *Grecs* qui s'assembloient dans certaines fêtes & s'instruisoient par de sages discours ou s'animoient à leurs entreprises par le récit des grands exploits, ou s'amusoient par des entretiens. C'est-là que les Poëtes, les Orateurs, les Historiens & les faiseurs de Romans lisoient leurs ouvrages. On appelloit *Panégyris* cette assemblée ; d'où est venuë la coutume de célébrer la mémoire des personnes qui avoient bien mérité de leur patrie par leur valeur extraordinaire & qui étoient mortes les armes à la main. Dans la suite les Magistrats *Romains* prirent la coutume de faire des harangues populaires & de rendre graces au peuple de leur élection, &c.

PANÉGYRISME. *s. m.* Le style, le tour, ou le ton d'un panégyrique.

PANÉGYRISTE. *s. m.* lat. *Orator.* ang. *panegyrist.* Celui qui fait, compose ou prononce des discours publics en l'honneur des Princes, des grands hommes, &c.

PANELLE. *s. f.* (Blason.) Feuille de peuplier .... Sucre brut.

PANER. *v. act.* Couvrir de pain émié de la viande qu'on fait griller.

PANERÉE. *s. f.* lat. *Calathus fructibus refertus.* ang. *a basket-ful.* Plein panier.

PANESSE. *voy.* Panache. *s. f.*

PANETERIE. *s. f.* lat. *Panarium.* ang. *the king's pantry.* Lieu où l'on distribuë le pain chez le Roi. C'est aussi un office claustral.

PANETIER. *s. m.* lat. *Rei panariæ custos.* ang. *the pantler.* Officier qui a soin du pain.

PANETIÈRE. *s. fem.* lat. *Pera.* angl. *a shepherd's scrip.* Sac de bergers où ils mettent leurs provisions.

PANETON. *s. masc.* lat. *Pars clavis in serâ versatilis.* ang. *the key-bit.* Partie de la clef, où sont les dents & les fentes.

PANETS. *voy.* Panais.

PANFILIE. *s. f.* Tulipe gris de lin bordé de pourpre, panaché de blanc de lait à grandes piéces comme appliquées.

PANGFILS. Sorte d'étoffe de soie de la Chine.

PANGLOSSIE. *s. f.* Recueil de piéces en plusieurs langues.

PANIC. *s. mas.* lat. *Panicum.* ang. *panick.* Espèce de millet.

PANICAUT. *s. masc.* *Eryngium.* Chardon-roland. Ses racines sont apéritives & diurétiques.

PANICULE. *s. m.* (Anat.) Membrane charnuë, tégument commun à tout le corps humain, qui est la 4e. envelopp̧e. *voy.* Pannicule.

PANICUM. *voy.* Panic.

PANIER. *s. m.* lat. *Fiscella.* ang. *a basket.* Vaisseau portatif fait ordinairement d'osier, pour porter du pain, du beurre, &c. En *Architecture* ance de *panier* est une voute surbaissée & qui n'est pas en plein cintre.... *Panier:* Jupon de toile où l'on attache des espèces de cerceaux, à plusieurs étages.

PANIQUE. *adj.* lat. *Panicus.* ang. *panick.* Terreur *panique* est celle qui est sans sujet, sans cause légitime.

PANIS, ou Paniz. *voy.* Panic.

PANISTON. *voy.* Pénisson.

PANNE. *s. fem.* Axunge. Peau chargée de graisse. Étoffe velue de soie ou de fil ... Piéce de bois, qui portée sur les tasseaux & chantignoles des forces d'un comble, sert à en soutenir les chevrons .... (Blason.) Vair ou hermine .... Le côté le plus mince du marteau, opposé à la tête .... Femelle d'un Paon .... (Marine.) Mettre en *panne:* faire pancher le navire d'un côté, pour fermer quelque voie d'eau, qui est à l'autre bord. Être en *panne*, c'est arrêter le vaisseau, pour attendre ou laisser passer d'autres navires.

PANNEAU. *voy.* Paneau.

PANNELLE, *voy.* Panelle.

PANNES. *voy.* Pennes.

PANNETON. *voy.* Paneton.

PANNICULE. *s. m.* lat. *Panniculus carnosus.* ang. *fleshy pannicle.* Terme d'*Anatomie.* Il se dit d'une membrane qui est sous la graisse & qui enveloppe les parties du corps des animaux.

PANNON. *voy.* Pennon.

PANNUS. *s. m.* (Médecine & Chirurgie.) Mot latin qui signifie *drap* & qu'on dit de la toile qui vient sur l'œil.

PANONCEAU. *s. m.* lat. *Pinnatum scutum.* ang. *escutcheon.* Ecusson d'armes, ou d'armoiries. Il signifie aussi une girouette, où les Seigneurs faisoient mettre leurs armes.

PANOSSAKES. *voy.* Pagne.

PANQUE. *s. fem.* Plante du Chili, avec la tige & la racine de laquelle on fait le noir.

PANSARD, arde. *adj.* & *s. mas.* & *f.* lat. *Ventrosus.* ang. *paunch-bellyed.* Qui a un gros ventre, une grosse panse.

PANSE. *sub. femin.* lat. *Venter, alvus.* ang. *paunch, belly.* Estomach, ventre gras & trop gros.

PANSEMENT, Panser. *voyez* Pancement, Pancer.

PANSES DE DAMAS. Gros raisins séchés au soleil.

PANSU, uë. *voy.* Pansard.

PANSY. *s. m.* Étoffe de soie de la Chine.

PANTALON. *s. m.* lat. *Mimus, ludio.* ang. *a pantaloon.* Bouffon, qui fait des postures extravagantes. Il se dit aussi de l'habit que portent d'ordinaire ces bouffons ou masques, qui est fait justement sur la forme de leur corps & tout d'une piéce depuis la tête jusqu'aux pieds.

PANTALONADE. *s. f.* lat. *Tripudium mimicum.* angl. *a pantaloon's dance.* Espèce de danse irrégulière & extravagante que dansent ordinairement les bouffons & les pantalons.

PANTAQUIERES. *voy.* Pantoquières.

PANTELER. *voy.* Palpiter.

PANTHÉE. *s. f.* ou *adj.* Figure qui par les différens attributs dont elle étoit accompagnée, représentoit tous les Dieux, ou au moins les plus considérables. Ainsi *Jupiter* étoit marqué par le foudre, *Junon* par sa couronne; *Mars* par son casque, &c. On mettoit ces caractères sur la statuë, ou entre ses mains, selon l'industrie de l'ouvrier qui faisoit paroitre en cela l'excellence de son art. On en voit qui représentent tous les Dieux, d'autres toutes les Déesses & quelques-uns qui représentent les uns & les autres ensemble. latin. *Multorum deorum symbola.* anglois. *panthea or pantheam statue.*

PANTHÉON. *s. masc.* Temple où tous les

Dieux étoient placés & adorés. Il fut bâti à Rome par *Agrippa* gendre d'*Auguste*. Ce Temple étoit de figure sphérique, avec des niches dans le mur ou étoient les images de chacun des Dieux. Les portes en étoient d'airain, les poutres étoient couvertes de cuivre doré & le pavé de plaques d'argent. Le Pape *Boniface* IV. le consacra à la Vierge *Marie* & à tous les Saints sous le nom de Sainte *Marie de la Rotonde*.

PANTHÈRE. *s. fem.* lat. *Panthera.* ang. *a panther.* Bête farouche, qui réunit dit-on, la ferocité de tous les autres animaux. Dans les *Hieroglyphes* elle représente la ruse & l'hypocrisie, parce qu'on dit que par la bonne odeur qui exhale de son corps, elle attire tous les autres animaux ; & pour ne pas les effrayer par son air féroce avant qu'ils tombent sous sa pâte, elle se couvre le museau avec ses deux pâtes de devant..... Espèce d'onix ou de jaspe, à qui on a donné ce nom, à cause de la diversité de ses couleurs, réünissant le verd, le rouge, le pâle, le noir, l'incarnat & le purpurin.... Constellation méridionale, qu'on appelle aussi *le Loup*.

PANTIÈRE. *s. f.* Espèce de filet à prendre des oiseaux.

PANTINE. *s. fem.* Certain nombre d'écheveaux de soie, de laine, ou de fil, liés ensemble.

PANTOCHÈRES. *voy.* Pantoquières.

PANTOIMENT. *sub. mas.* ( Fauconnerie.) Maladie d'un oiseau qui est *pantois* ou asthmé.

PANTOIS. *adj.* ( Faucon.) Asthmé.

PANTOGRAPHE. *s. m.* ou *Singe.* Instrument qui sert à copier des desseins & des tableaux, & à les réduire en grand & en petit.

PANTOMÈTRE. *s. mas.* lat. *Pantometrum.* ang. *a pantometer.* Instrument de géometrie qui sert à mesurer toutes sortes d'angles, de hauteurs, de distances, *&c.*

PANTOMIME. *s. m.* lat. *Pantomimus.* ang. *pantomime.* Acteur, comédien, bouffon qui paroissoit sur le théatre des anciens & par des gestes & par des postures représentoit toutes sortes d'actions sans dire une seule parole.

PANTOQUIÈRES. *s. f. pl.* ( Marine. ) Cordes qui servent à roidir les haubans qui tiennent le mât.

PANTOUFLE. *s. fem.* lat. *Crepida, solea.* anglois. *slipper.* Chaussûre qu'on porte dans la chambre, qui n'a point de quartiers.

PANTOUFLER. *v. n.* Converser, parler de nouvelles commodément & en pantoufles, sans sortir de chez soi.

PANTOUFLIER. *s. m.* Vieux Docteur, qui ne sort de chez lui que pour assister aux Theses & aux assemblées de l'Univerfité.

PANUS, *ou* Phygethlon. *s. m.* Tumeur inflammatoire, érésipelateuse & garnie de petites pustules, qui la font ressembler à du pain.

## P A O

PAON, *ou* Pan. *s. mas.* lat. *Pavo masculus.* ang. *pea-cock.* Oiseau domestique fort connu & remarquable par la beauté extraordinaire de son plumage. Il a une grande queuë diversifiée de plusieurs couleurs & remplie de plusieurs marques en forme d'yeux. Il a un petit bouquet comme un petit arbre chevelu sur la tête. Ses aîles sont mêlées d'azur & de couleur d'or. Il a un cri aigre & désagréable. Sa chair est une viande grossière à manger & l'on dit qu'elle n'est pas sujette à se corrompre ou à sentir mauvais. On en a fait plusieurs expériences & on l'a conservée un an entier sans putréfaction... Poisson de mer, ainsi appellé à cause des couleurs brillantes & variées dont il est orné. Constellation méridionale.

PAONE, *ou* Pane. *voy.* Panache. *s. f.*

PAONNEAU. *s. m.* lat. *Pavunculus.* ang. *a young pea-cock.* C'est le petit d'un paon.

## P A P

PAPA. *s. m.* Terme dont les enfans se servent pour appeller leur père. C'est aussi un nom que les Orientaux donnent à leurs Prêtres.

PAPABLE. *adject.* lat. *Eligibilis.* ang. *that may be made a pope.* Propre à être élu Pape.

PAPADIE. *s. f.* Femme d'un Papas ou Prêtre Armenien.

PAPAL, ale. *adj.* ang. *papal.* Qui concerne, qui regarde le Pape.

PAPAS. *s. m. voy.* Papa, *à la fin*... Racine qui croît sous terre au Pérou. Sa bulbe ressemble à une chataigne, & en a le gout, quand elle est cuite. On l'appelle autrement *pomme de terre*, ou *topinambours*.

PAPAT. *s. masc.* lat. *Papatus.* ang. *papacy.* Dignité du Pape & le tems de sa durée.

PAPAUTÉ. *s. f.* lat. *Suprema dignitas pontificalis.* ang. *popedom.* Dignité du Pape.

PAPAYA, *ou* Papayer. *s. masc.* Arbre des Isles Antilles. Le *femelle* porte un fruit rond, de la grosseur d'un coin. Le fruit du mâle est de la grosseur d'un melon & de la figure d'une mammelle. On le coupe par tranches, comme le melon, & il est d'un goût délicieux.

PAPAYE *s. f.* Fruit du Papaya.

PAPAYER, *voy.* Papaya.

PAPE. *s. masc.* lat. *Papa, summus pontifex.* ang. *the Pope.* Le chef de l'Eglise universelle, successeur de S. Pierre.

PAPÉFIF. *voy.* Paquefic.

PAPEGAY. *s. m.* ang. *a wooden bird to shoot at.* Signifioit autrefois perroquet. Il signifie aujourd'hui un oiseau de carte ou de bois qu'on met au bout d'une perche pour servir de but à ceux qui tirent de l'arc ou de l'arquebuse, qui donnent un prix à celui de leur compagnie qui l'abat. Gros perroquet l'un des plus remarquables de tous les oiseaux pour la diversité & la vivacité de ses couleurs & pour sa facilité à parler & à chanter.

PAPELARD, arde. *adj.* lat. *Palpator.* ang. *a false zealot.* Hypocrite, faux dévot. Homme rusé, adroit, caressant, qui cherche à tromper..

PAPELINE. *s. f.* lat. *Pannus textus ex serico & filo.* ang. *a kind of stuff made of silk and thread.* Etoffe dont la chaîne est de soie & la trême de fleuret, qui se fabrique à Avignon terre Papale, d'où elle a pris son nom.

PAPELONNÉ. *adj.* (Blason.) Se dit d'une représentation en forme d'écailles qu'on fait sur un écu, les bouts tirant vers le chef, & les demi-cercles vers la pointe.

PAPERASSER. *v. neut.* Passer son tems à feuilleter & à arranger des papiers.

PAPERASSES. *s. f. pl.* lat. *Chartæ rejectaneæ.* ang. *west-paper.* Vieux papiers qui ne servent plus à rien.

PAPESSE, *s. f.* La fable de la *Papesse Jeanne* a été refutée par les Protestans eux-mêmes.

PAPÉTERIE. *s. fem.* lat. *Chartaria.* angl. *a paper-mill.* Lieu où l'on fait le papier. Négoce qui se fait du papier.

PAPETIER. *s. masc.* lat. *Chartarius.* ang. *a paper-maker.* Qui fait ou qui vend le papier.

PAPIER. *s. mas.* lat. *Charta, papyrus.* ang. *paper.* Feuille mince & artistement faite sur laquelle on écrit. Les anciens se servoient de l'écorce d'une plante qui croît sur les bancs du *Nil* & qu'on nommoit *papyrus.* Les *Égyptiens* faisoient avec cette plante des voiles, des cordages, des habits, des couvertures, des paniers, des chaussures, de petits bateaux pour nager dans le *Nil* & du *papier* pour écrire. Le tronc de l'ancien *papyrus* est composé de plusieurs écorces les unes au dessus des autres, que l'on pouvoit séparer avec une aiguille & étendre sur une table pour leur donner la longueur & la largeur requise du papier. Celles qui étoient les plus proches du cœur de la plante étoient les plus fines & faisoient le plus beau papier. Le velin, le parchemin & le *papier* ordinaire sont de nouvelles inventions & les effets de la nécessité. Le *papier* commun est composé de vieux linges batus & mis en pate dans un moulin & reduits ensuite en feuilles minces de différentes grandeurs.

PAPILLAIRE. *adj.* (Anat.) Se dit d'une tunique ou membrane de la langue.

PAPILLE. *s. f.* (Anat.) Se dit de certaines parties de la langue. Mammellons qui servent au sens du goût & à discerner les saveurs.

PAPILLON. *s. m.* lat. *Papilio.* ang. *a butterfly.* Petit insecte volant qui vient des chenilles, ou des vers, qui a six pieds & deux aîles.

PAPILLONNACÉE. *adj. fem.* Se dit d'une espéce de mouche.

PAPILLONNER. *v. n.* lat. *Volitare, exagitari.* ang. *to flutter about.* Être toujours dans l'action, à la manière des papillons.

PAPILLOTAGE. *s. m.* lat. *Crinium glomeratio.* ang. *a keeping the hairs in the curl with crackers.* Ce sont les papillotes de quelque frisure ou de quelque perruque... *Figurément*, on le dit d'une peinture qui n'a pour tout partage que l'éclat des couleurs; & d'un discours qui n'a rien de solide.

PAPILLOTE. *s. f.* lat. *Glomeratio.* anglois. *a spangle.* Paillette d'or & d'argent dont on relève les habits en broderie. C'est aussi un petit morceau de papier ou de tafetas dans lequel on enferme les cheveux afin qu'ils se tiennent frisés. lat. *Glomeramen chartaceum.* ang. *a paper or cracker to keep in the curl.*

PAPILLOTER. *verb. actif.* lat. *Glomeratim colligere.* ang. *to keep in the curl with crackers.* Mettre les cheveux en papillote. Les Imprimeurs le disent d'une impression qui n'est pas assés nette, & où il y a de petites taches.

PAPILLOTS. *s. m. pl.* Taches qui paroissent sur la peau de ceux qui ont la fiévre pourprée.

PAPIO, ou Pavio. *s. mas.* Espèce de singe, qui naît en Ethiopie.

PAPISME. *s. m.* ang. *popery.* Terme dont les Protestans se servent quand ils parlent de la religion catholique.

PAPISTE. *s. m.* & *f.* ang. *a papist.* Terme odieux dont les Protestans se servent pour designer les Catholiques.

PAPISTIQUE. *adj.* Mot forgé par les Protestans, pour signifier ce qui appartient aux Papistes, ce qui vient d'eux. ang. *papistical.*

PAPOLATRE. *s. m.* & *f.* (Terme injurieux.) Qui adore le Pape.

PAPOUCHE, ou Pabouche. *voy.* Babouche.

PAPULES. *voy.* Pustules.

PAPYRACÉ *adjectif.* Se dit du seul nautile qu'on trouve dans nos mers. Il est ainsi appellé à cause de sa coquille, qui est fort mince.

PAPYRACÉE. *s. f.* *Papyracea.* Espèce de palmier Américain, dont les feuilles sont emploiées par les Indiens à faire du papier.

PAPYRUS. *s. masc.* Plante qui croît sur les bords du Nil. Les Egyptiens l'employoient à divers usages, à faire des corbeilles, des souliers, des étoffes, de petits bateaux pour voguer sur le Nil, mais surtout du *papier* à écrire. La tige du *papyrus* étoit composée de plusieurs envelopes qu'on séparoit avec une aiguille & qu'on étendoit sur une table mouillée, pour en faire des feuilles de la longueur & de la largeur qu'on souhaitoit. Les plus voisines du cœur de la plante étoient les plus fines & formoient le papier le plus estimé. Le velin, le parchemin & le papier moderne sont d'une invention postérieure.

## P A Q

PAQUAGE. *s. m.* Arrangement du poisson salé dans les barils.

PAQUE. *s. fem.* lat. *Pascha.* ang. *passover.* Fête parmi les Juifs, établie en mémoire de leur sortie d'*Égypte*, ainsi nommée, parce que la nuit avant leur départ, l'Ange exterminateur fit mourir tous les premiers nés des *Égyptiens* & passa les maisons de tous les Juifs qui étoient marquées du sang de l'agneau tué le soir d'auparavant & c'est pour cette raison qu'il fut nommé Agneau Paschal. Ce mois fut depuis ce tems-là regardé comme le premier de l'année ecclésiastique & le 14e. jour entre le déclin du soleil & son coucher, ils tuoient l'Agneau Paschal & s'abstenoient du pain levé. Le jour suivant ou le 15. étoit la grande fête qui continuoit pendant sept jours, dont le premier & le dernier étoient les plus solemnels. L'agneau que l'on tuoit en cette occasion devoit être sans aucune tache & être né dans l'année ou à son défaut on tuoit un jeune chevreau. Si la famille étoit trop petite on en joignoit deux ensemble. On aspergeoit du sang de cet agneau les jambages & les linteaux de toutes les portes. On devoit le rôtir & le manger avec du pain sans levain & une salade de laituës sauvages. Il falloit le manger tout entier, même la tête & les entrailles, & s'il en restoit quelque chose le jour suivant, on le jettoit au feu. En le mangeant on se mettoit dans la posture d'un homme qui voyage, le bâton à la main, la ceinture autour du corps, *&c.* Ceux qui négligeoient l'observation de cette loi, étoient punis de mort, à moins qu'ils n'eussent une excuse légitime, par exemple s'ils étoient en voyage dans un pays étranger, s'ils étoient malades, ou dans quelque impureté légale, volontaire ou involontaire, mais dans ces circonstances ils devoient faire la Pâque le 14e. du mois suivant ou du second mois. Les *Juifs* modernes la font pendant sept à huit jours, s'interdisant le travail ordinaire pendant tout ce tems-là, ou ne vaquant point aux affaires de leur profession. Non-seulement ils ne mangent alors que du pain sans levain, mais encore pour s'y préparer, ils examinent leur maison avec un soin scrupuleux, pour voir s'il ne s'y trouveroit point de pain levé, & ils en purifient avec soin tous les coins & recoins; ils se procurent même souvent de nouveaux utenciles. Sur les onze heures du premier jour de cette fête, ils brûlent du pain pour faire voir que la défense du pain levé est commencée; & ils déclarent expressément ce jour-là qu'ils n'ont plus chez eux du pain levé qui soit parvenu à leur connoissance. Ensuite ils font des gâteaux de différentes figures avec de la fleur de farine, des œufs & du sucre, & d'autres simplement avec de la farine. Le soir ils vont à la prière & ensuite ils prennent la nourriture que les circonstances peuvent leur permettre, en la préparant comme ci-devant. Après souper ils lisent ou chantent des Pseaumes d'actions de graces. Les prières du matin sont les mêmes que celles des autres fêtes, excepté qu'ils y ajoutent depuis le 112e. jusques au 118e. Pseaume inclusivement, lorsque le tems le permet. Après cela ils lisent jusques au 12e. chapitre de l'*Exode* & une partie du 18e. des *Nombres*, avec quelques endroits des Prophétes qui ont rapport au même sujet. Après dîner ils font memoire de la fête & donnent une bénédiction pour le Prince sous la domination duquel ils vivent. Ce qui se fait chaque jour pendant que la fête dure. A la fin au jour du Sabbath, le maître de la maison prononce certaines bénédictions & certaines prières pour le succès de la fête suivante. Depuis le second soir de la Pâque ils comptent 49. jours jusques à la fête de la *Pentecôte* & depuis le jour d'après la pâque, ils comptent 33. jours où il leur est défendu de se marier, de faire des habits neufs, de se couper les cheveux & de célébrer aucune réjouissance publique.

*Pâques* parmi les Chrétiens est la fête de la Résurrection de Notre-Sauveur. On la célébre le premier Dimanche après la pleine lune qui suit le 21e. de Mars, c'est-à-dire, le premier Dimanche après la pleine lune qui suit l'équinoxe du Printems. La primitive Eglise a été beaucoup divisée au sujet de la célébration de cette fête. Quelques-uns prétendoient que comme le fait étoit passé, il falloit fixer le tems de la fête; les autres disoient que comme la Pâque des *Juifs* étoit en memoire d'un fait passé, & que cependant Dieu avoit ordonné que cette fête fut mobile, il falloit aussi que celle des Chrétiens qui se célébroit sur le modele de celle des Juifs fut mobile & qu'il falloit même la célébrer en même tems que celle des Juifs. lat. *Sacra paschalis dies.* ang. *easter.*

PAQUEBOT. *s. masc.* lat. *Tabellaria navis.* ang. *a pack-boot.* Vaisseau de passage pour les passans & messagers.

PAQUEFIC. *s. mas.* (Marine.) lat. *Decumanum velum.* ang. *the main-course, the fore-mast sail.* Nom qu'on donne aux deux basses voiles.

PAQUER. *v. act.* Presser & arranger le poisson salé dans les barils.

PAQUERETTE. *s. f. Bellis.* Sorte de plante ainsi appellée, parce qu'elle fleurit vers le tems de Pâques. Elle est vulneraire.

PAQUET. *s. m.* lat. *Fascis.* ang. *bundle.* Assemblage de plusieurs hardes ou papiers qu'on joint, qu'on lie, qu'on cout, ou qu'on envelope ensemble.

PAQUETER. *v. act.* lat. *In fascem colligere.* anglois. *to pack.* Mettre quelque chose en paquets.

PAQUETTE. *voy.* Paquerette.

PAQUEUR. *s. m.* Celui qui paque le poisson salé.

PAQUOTILLE. *voy.* Pacotille.

## P A R

PARA. *voy.* Meidin.

PARABOLAINS, *ou* Parabolaires. *s. m. pl.* lat. *Parabolani, parabolarii.* ang. *parabolans.* C'étoient parmi les *Anciens* des espèces de désespérés & de gladiateurs, qui s'exposoient à tous les hazards & aux plus grands dangers. C'est ce qui fit donner ce nom à un certain nombre de Clercs ou de Prêtres d'*Alexandrie* qui dans les premiers tems de l'Eglise, s'exposoient courageusement dans les hôpitaux pour soulager les malades & même les pestiferés. Ils n'étoient soumis qu'à l'Évêque & l'on fut obligé de fixer leur nombre qui avoit été jusqu'à cinq ou six cens; parce que grand nombre d'indépendans ne plaisoit pas aux gouverneurs d'*Égypte.*

PARABOLE. *s. f.* lat. *Parabola.* ang. *a parable.* Instruction allégorique fondée sur quelque chose de vrai ou d'apparent de la nature ou de l'histoire, dont on tire quelque moralité par la comparaison de quelque autre chose qu'on veut faire entendre au peuple. C'étoit la coutume des beaux esprits de l'Orient de parler d'une manière parabolique, énigmatique & figurée. Les Prophétes & le Sauveur lui-même se sont servis des paraboles dans leurs instructions. Il est des paraboles dans l'écriture, qu'on croit être fondées sur des faits historiques, comme celle du mauvais Riche & du Lazare, le pieux Samaritain, *&c.* les autres ne sont que des fictions employées pour couvrir une morale instructive. En *Géométrie* c'est une figure ou aire terminée par deux lignes, l'une droite & l'autre courbe & qui se forme en coupant un cone parallélement à l'un de ses côtés. lat. & ang. *parabola*.

PARABOLIQUE. *adj.* lat. *Parabolicus*. ang. *parabolical*. Qui vient de la parabole, hieroglyphique, &c.

PARABOLIQUEMENT. *adv.* En parabole. En décrivant une parabole.

PARABOLOÏDE, *ou Conoïde paraboloïde*. Est un solide qui est formé quand l'axe restant immobile tourne comme une girouette sur cet axe & parcourt un espace qui étant rempli a la figure d'une parabole.

PARACENTÈSE. *s. f.* lat. *Paracentesis*. angl. *the tapping of one for the dropsie*. Petite ouverture qu'on fait au bas ventre, lorsqu'il y a des eaux dans sa capacité, ou entre les tégumens.

PARACHÉVEMENT. *s. mas.* lat. *Perfectio*, *absolutio*. ang. *finishing*. Fin, perfection d'un ouvrage.

PARACHEVER. *v. act.* lat. *Absolvere*, *perficere*. ang. *to finish*. Terminer; mettre fin à quelque ouvrage, le rendre fait & parfait.

PARACHRONISME. *s. m.* Erreur dans la chronologie, lorsqu'on place un événement plus tard qu'il ne faut.

PARACLET. *s. m.* Nom qu'on a donné dans l'Eglise au S. Esprit. Il signifie consolateur, avocat, &c.

PARACLÉTIQUE. *s. m.* Livre ecclésiastique des Grecs.

PARADE. *s. f.* lat. *Pompa*, *apparatus*. ang. *parade*, *shew*, *pomp*. Étalage de ce qui est de plus beau, montre de ses ornemens, de sa magnificence. On expose les Princes morts à la vuë du peuple en leur lit de *parade*. En termes de *Guerre*, *parade* se dit des Officiers qui se rendent au poste, où il leur est ordonné de se mettre sous les armes, soit pour s'assembler en montant ou levant la garde, soit pour former un bataillon, ou en d'autres occasions. En termes d'*Escrime*, c'est l'action par laquelle on pare quelque coup. lat. *Ictûs declinatio*. ang. *parying*.

PARADIGME. *s. m.* (Gramm.) lat. *Paradeigma*. angl. *paradigm*. Ce qui sert de modèle pour se régler.

PARADIS. *s. m.* lat. *Paradisus*. ang. *paradise*. Terme général pour exprimer un lieu de délices & de bonheur, terrestre ou céleste; & ainsi les Théologiens le distinguent par une épithete. Le *Paradis* terrestre est le jardin où *Adam* fut créé, où il resta jusques à sa chute, & d'où il fut chassé par un Ange. On a recherché avec beaucoup de soin quel étoit l'endroit de la terre où ce *Paradis* étoit situé; mais on n'a pû encore le sçavoir. C'est pour cela que quelques-uns ont imaginé que la description que la sainte Écriture en donne étoit une allegorie, dans le goût des Orientaux, qui usent beaucoup d'hyperboles. D'autres l'ont placé dans le troisième ciel, dans l'orbe de la lune, dans la lune même, dans la moyenne région de l'air, au dessus de la terre, dans un lieu éloigné hors de la connoissance des hommes, dans l'endroit où est à présent la mer *Caspienne*, sous le pole arctique & aux païs les plus méridionaux. En un mot à peine y a-t'il un coin dans le monde, où on ne l'ait cherché, mais toujours sans succès.... *Paradis*; Autel fort paré qu'on prépare pour y faire reposer le S. Sacrement, le Jeudi-Saint...; En termes de *Comedie*, on appelle *Paradis* le dernier rang des galéries qui sont autour de la salle.... *Oiseau de Paradis*, est un oiseau qui a un beau plumage, mêlé de différentes couleurs. On ne sçait ni d'où il vient ni où il va. *Graines de Paradis* en *Médecine* est le *Cardamum*.... Pomme de *Paradis*: espèce de pomme rouge qui se mange en Été.

PARADOXAL, ale. *adj.* Qui tient du paradoxe, qui sent le paradoxe. ang. *paradoxal* or *paradoxical*.

PARADOXE. *s. m.* & *adj.* ang. *a paradox*. Contradiction apparente, proposition qui paroit fausse quoi qu'elle soit très certaine. *voy.* Paradoxologue.

PARADOXOLOGUE. *s. m.* Espèce de farceur chez les anciens, de diseur de fadaises & de bagatelles.... Auteur qui avance des paradoxes.

PARAFE, *ou* Paraphe. *s. f.* lat. *Nota peculiaris subscripto nomini addita*. ang. *a paraph or paraphe*. Marque ou caractère particulier composé de plusieurs traits de plume mêlés ensemble, que chacun s'est habitué de faire toujours de la même manière, pour mettre au bout de son nom & empêcher qu'on ne contrefasse sa signature.

PARAFER. *v. act.* lat. *Scripturæ chirographum subjicere*. ang. *to mark with a paraph*. Mettre sa parafe ou les premières lettres de son nom à quelque apostille ou au bas de la page de quelque acte.

PARAGE. *s. m.* lat. *Maris plaga*. ang. *latitude*. En termes de *Mer*, se dit d'une certaine plage ou étenduë de mer.

PARAGOGE. *s. f.* (Grammaire.) Signifie *allongement*, & il se dit lorsqu'on ajoute, une syllabe au bout d'un mot. *Paragoge*.

PARAGOGIQUE. *adj.* Qui est ajouté qui s'ajoute. lat. *Paragogicus*. ang. *paragogical*. *voy.* Paragoge.

PARAGONNER. *voy.* Parangonner.... *Se paragoner*; en termes de Fleuriste, se dit des tulipes, & signifie revenir tous les ans avec un panache beau & net.

PARAGRAPHE. *s. masc.* lat. *Paragraphus*. angl. *a paragraph*. Petite section d'un livre, autant qu'il en faut pour achever le sens d'une proposition, en sorte que ce qui suit est sur un autre sujet ou un éclaircissement sur ce qui précéde.

PARAGUANTE. *s. f.* Présent qu'on fait par honnêteté à celui qui s'entremet pour quelque affaire qui nous procure de l'avantage.

PARAISONNIER. *s. m.* (Verrerie.) Celui qui souffle les glaces à miroirs.

PARAKENTESE. *voy.* Paracentese.

PARAKYNANCIE. *s. femin.* (Médecine.) Espèce d'esquinancie, dans laquelle les museles externes du larynx sont attaqués.

PARALIPOMENES. *s. m. pl.* Ce qui a été omis dans quelque ouvrage précédent. Il y a deux livres dans l'Écriture qui portent ce nom. Ils sont comme le supplément des livres des Rois.

PARALIPSE. *s. fem.* lat. *Prætermissio.* ang. *paralipsis.* Figure de *Rhétorique* du genre de l'ironie, dans laquelle on feint de vouloir omettre ce que l'on dit pourtant.

PARALLACTIQUE. *adj.* Qui appartient à la parallaxe. latin. *Parallacticus.* angl. *parallactik.*

PARALLAXE. *s. f.* lat. *Parallaxis.* ang. *a parallax.* Signifie changement ou variation; mais en *Astronomie* c'est la déviation ou l'erreur de la vuë occasionnée par la distance du terme du rayon visuel qui part de la surface de la terre vers un astre ou vers quelqu'autre phenomène céléste, au terme où aboutiroit la ligne tirée du centre de la terre au corps du même astre ou du même phenomène dans l'endroit où il est véritablement: car lorsque de la surface de la terre qui est éloignée de son centre de 3035. milles, nous observons un astre, il faut necessairement que le lieu de l'astre déterminé par la ligne qui part du centre de la terre soit différent de celui où nous le voyons. De sorte que cet astre doit nous paroitre dans une situation differente; & cette différence est plus ou moins grande selon que l'astre est plus près ou plus loin de la terre. De plus la *parallaxe* n'a lieu que dans les rayons obliques ou lorsque l'astre n'est pas vertical, parce qu'alors il jette pour ainsi dire deux rayons, l'un au centre & l'autre à la surface de la terre: mais lorsqu'il est vertical, comme il lance ses rayons directement à la surface de la terre, le même rayon qui passe par nos yeux doit se diriger au centre qui est précisement au dessous & par conséquent il n'y a point alors de *parallaxe.* Donc plus les astres seront éloignés du Zenith & proches de l'horizon, plus ils auront de *parallaxe.* Les plus grandes *parallaxes* sont celles des cométes & des pheunomènes de l'air, celles de la lune & des autres planétes qui ont un rapport sensible de distance avec le diamétre de la terre, sont aussi sensibles. Mais les étoiles fixes, en comparaison de qui la terre n'est qu'un point, n'ont aucune *parallaxe.* Elle n'est pas même sensible dans *Saturne & Jupiter*; mais celle de *Mars* dans son perigée est de quatre minutes & dans son apogée presque rien. Celles du *Soleil*, de *Venus* & de *Mercure* sont très peu de chose. Mais celle de la *Lune* auprès de l'horizon est presque d'un degré entier, & toujours elle paroit plus basse qu'elle n'est en effet. Par le moyen de la *parallaxe* on trouve la distance des planétes entr elles & au centre de la terre, le tems de leur vraie conjonction & la différence des momens de la vraie éclipse & de l'éclipse apparente. La *parallaxe* a differens noms selon les occasions, comme la *parallaxe* horizontale, la *parallaxe* de latitude, de longitude, d'ascension droite, de déclinaison, &c.

PARALLÉLE. *adj.* lat. *Æqui-distans.* ang. *parallel.* Ligne également éloignée d'une autre dans tous ses points, ce qui se dit aussi des cercles, des plans, des rayons, &c. De-là vient que ces lignes, cercles, &c. ne peuvent pas se rencontrer quand même on les prolongeroit à l'infini. C'est aussi un terme Géographique ou Astronomique qui désigne les cercles également éloignés de l'équateur; car les peuples ou habitans qui sont à la même distance de l'équateur vers le même pole, sont dans le même paralléle quoiqu'ils soient éloignés de plusieurs milles les uns des autres. Ces *paralléles* s'étendent de l'Est à l Ouest au tour du globe, comme l'équateur, excepté que l'équateur est un grand cercle & que ceux-ci sont tous de petits cercles qui diminuent par degrés jusques au pole. *Sphère paralléle* est la situation d'un païs qui a l'un des poles du monde au Zenith & l'autre au Nadir & la ligne équinoctiale à l'horizon. On l'appelle ainsi parce que le soleil, la lune & les étoiles dans leur révolution journalière, ne montent ni ne descendent, mais se meuvent toujours parallélement à l'horizon. La terre étant ainsi placée sous le pole, le jour & l'année paroissent n'être qu'une même chose; c'est-à-dire qu'on y a six mois de lumière & six mois de ténébres. *Régles paralléles* est un instrument inventé pour tracer plusieurs lignes paralléles avec célerité. Il est d'un grand usage aux Architectes.

PARALLÉLE. *s. m.* lat. *Collatio.* ang. *parallel*, *comparison.* Signifie comparaison.

PARALLÉLEPIPÉDE. *s. mas.* Est un solide terminé par six surfaces rectangles, dont les deux opposées sont égales & paralléles.

PARALLÉLISME. *s. m.* lat. *Parallelismus.* ang. *parallelism.* Action par laquelle des lignes, des cercles, plans, &c. deviennent paralléles.

PARALLÉLOGRAMME. *s. m.* lat. *Parallelogrammus.* ang. *a parallelogram.* En *Géométrie* est un quadrilatère ou figure de quatre côtés, dont les deux opposés sont paralléles. Il se dit principalement des figures dont les côtés sont plus longs les uns que les autres & qui sont en même tems perpendiculaires les uns aux autres. On les nomme ordinairement quarrés longs.

PARALLÉLOPEURON. *s. masc.* Nom que quelques Géométres donnent à un parallélogramme imparfait ou à une espèce de trapèze ayant ses côtés & ses angles inégaux.

PARALOGISME. *s. m.* lat. *Paralogismus.* ang. *paralogism.* Manière fausse ou sophistique de raisonner ou d'argumenter, par laquelle on tire une fausse conclusion d'une proposition qui est vraie, ou dans laquelle on passe par dessus quelque proposition qu'il falloit prouver en chemin; ou lorsqu'on a fait quelque faute dans une démonstration qui fait tirer une conséquence sur des principes faux ou qui ne sont pas prouvés.

PARALYSIE. *s. f.* lat. *Paralysis.* ang. *palsy:* Maladie qui arrête le mouvement d'un membre du corps ou de plusieurs membres & qui par conséquent les rend inutiles & embarassants pour le malade. Il y a des cas où cette maladie est très douloureuse & d'autres où elle ne l'est pas. Elle est ordinairement incurable, de là vient que la guérison que J. C. fit du paralytique a toujours été regardée comme un grand miracle.

PARALYTIQUE. *adject.* lat. *Paralyticus.* ang. *paralytick.* Qui est atteint de paralysie.

PARAMÉTRE. *s. m.* lat. & ang. *parameter.* En *Géométrie*, est une ligne droite constante dans la plûpart des sections coniques, qui se nomme aussi *côté droit.* Dans l'*ellipse* & l'*hyperbole*; c'est la troisième proportionnelle au petit & au grand axe.

PARAMONAIRE. *s. m.* S'est dit autrefois du Fermier, du métayer d'une Eglise.

PARANGON. *s. m.* Comparaison. Patron, modèle.

PARANGONNER. *v. act.* comparer.

PARANOMASIE. *sub. f.* Ressemblance que les noms ont entr'eux.

PARANYMPHE. *s. m.* lat. *Paranymphus.* ang. *paranymph.* C'étoit parmi les *Anciens* & surtout parmi les *Juifs* celui qui conduisoit par honneur la nouvelle épousée, qui assistoit à ses nôces, suivant le rit de leur religion. Il avoit aussi le soin, la conduite & la direction de la fête & des rejouissances que l'on faisoit dans ce tems-là; parce que l'on supposoit que les nouveaux mariés étoient assés embarassés d'ailleurs dans cette journée. Dans le nouveau testament, le *paranymphe* est quelquefois nommé conducteur de la fête. Cette coutume n'étoit pas particulière aux *Juifs*; d'autres peuples la pratiquoient. Quelques auteurs disent que ces présidens étoient choisis communément parmi les Prêtres, afin qu'il ne s'y passât rien de contraire aux loix ou aux regles des mœurs & de la décence. Il en est resté quelque trace dans les coutumes d'*Angleterre* qui concernent le mariage, où l'on a ordinairement ce qu'on appelle un Père ou un Parrain qui conduit l'épousée; parce qu'on suppose qu'une jeune femme ne doit pas faire une action aussi solemnelle sans le consentement de ses parens ou de ses amis. En *France* on appelle *paranymphes*, la cérémonie qui se fait à la fin de chaque licence dans l'Université. On y prononce un discours solemnel qui contient l'éloge de chaque licentié.

PARANYMPHER. *verb. act.* Louer dans un paranymphe.

PARAO. *s. m.* Petit bâtiment des Indes, que l'on arme quelquefois en guerre.

PARAPET. *s. masc.* lat. *Peribolus, lorica.* ang. *a parapet, or breast-work.* Dans les *Fortifications* est un ouvrage destiné à couvrir les hommes qui sont sur les remparts, sur les bastions, &c. & à les défendre du canon des ennemis & des coups de mousquet. On ne le fait que de terre, sans pierres ni briques, afin que les éclats ne nuisent à personne. Il a ordinairement 18 ou 20. pieds d'épaisseur, six pieds de hauteur vers la place & quatre ou cinq pieds vers la campagne. Cette différence forme le glacis ou talud pour aider aux mousquetaires à faire feu dans le fossé ou au moins sur la contrescarpe. Lorsqu'on n'a pas le tems de le construire selon les regles on le fait avec des barrils, des gabions, &c. que l'on mêle avec des sacs de terre.

PARAPHE, Parapher. *voy.* Parafe, Parafer.

PARAPHERNAUX. *adj. pl.* lat. & ang. *paraphernalia.* Dans les *Loix civiles* se dit des biens ou effets qu'une femme apporte à son mari au-delà de la dot, & qui restent après le mariage en sa disposition, de manière que le mari n'en a pas la jouissance.

PARAPHONE. *s. m.* (Musique.) Se dit des sons distans de l'intervalle d'une quarte ou d'une quinte, & de leurs répliques, & qui par conséquent sont consonans.

PARAPHONISTE. *s. m.* Chantre.

PARAPHRASE. *s. f.* lat. *Paraphrasis.* ang. *a paraphrase.* Commentaire, explication d'un texte en termes plus clairs & plus amples, pour suppléer à ce qui paroit douteux, incertain ou difficile. Il y en a un fameux sur l'ancien Testament qu'on nomme *Targum* ou *paraphrase chaldaïque.* L'ignorance de la langue *Hébraïque* où les *Juifs* étoient tombés après la captivité de *Babylone* rendit nécessaire la traduction de la Bible en *Chaldéen.* Ce qui ne fut pas fait par un seul Auteur, ni tout à la fois, ni même pour tout l'ancien Testament. La première *paraphrase* fut faite par *Onkelot* sur le *pentateuque*, qui selon les historiens *Hébreux* étoit proselyte vers le tems de Notre-Sauveur. Il y en a aussi plusieurs autres sur le même livre, comme celle de *Theodation*, le *Targum* de *Jerusalem* & d'autres encore sur les autres livres.... Interprétation maligne des choses qui sont d'elles mêmes indifférentes.

PARAPHRASER. *v. act.* lat. *Explicatione pleniori illustrare.* ang. *to paraphrase.* Écrire des paraphrases, expliquer, commenter, éclaircir.

PARAPHRASTE. *s. masc.* lat. *Paraphrastes.* ang. *a paraphrast.* Celui qui fait des commentaires, qui explique, éclaircit les difficultés.

PARAPHRASTIQUE. *adj.* lat. *Paraphrasticus.* ang. *paraphrastick.* Qui a rapport aux paraphrases.

PARAPHRÉNÉSIE. *s. f.* Espèce de phrénésie.

PARAPLÉGIE. *s. f.* (Médec.) Se dit 1°. de la paralysie qui succéde à l'apoplexie. 2°. De la paralysie particulière d'une ou de plusieurs parties. 3°. De la paralysie universelle qui attaque toutes les parties situées au dessous de la tête.

PARAPLUIE. *s. mas.* lat. *Umbella.* ang. *an umbrello.* Meuble portatif qui sert à défendre de la pluie.

PARASANGE. *s. fem.* lat. *Parasanga.* ang. *parasang.* Mesure *Geographique* usitée en *Perse*, d'environ 4. milles d'*Angleterre.*

PARASCENIUM, *ou* Postscenium. *s. m.* Le derrière du théatre, chez les anciens.

PARASCÈVE. *s. f.* Signifie jour de la préparation à une fête ou ce que nous appellons communément veille ou vigile. Les Juifs étant rigides observateurs de leur sabbat, préparoient toutes choses le Vendredi de manière qu'il n'y eut rien à faire le Samedi que ce qui étoit d'une nécessité absoluë.

PARASCHE. *s. f.* Portion du pentateuque que les Juifs lisoient chaque jour du sabbat. Ils l'avoient divisé en 54. paraſches.

PARASÉLÈNE. *s. f.* Météore qui entoure la Lune & fait voir autour l'apparence d'un cercle lumineux, dans lequel on voit une, deux ou trois images de la Lune. ang. *paraselene.*

PARASI. *voy.* Meidin.

PARASITE. *s.m.* ang. *a parasite.* Écornifleur, piqueur d'escabelle qui va dîner aux dépens d'autrui sans être invité, & qui pour se rendre agréable flatte le maître de la maison & loue tout ce qu'il dit ou qu'il fait De la vient que les *Botanistes* appellent plantes *parasites* cette espèce de petites plantes qui naissent sur les arbres & qui ne vivent & ne se nourrissent qu'aux dépens des autres.... *Parasite :* Oiseau. *voy.* Demoiselle de Numidie, *au mot* Demoiselle.

PARASITIQUE. *adjectif.* anglois. *parasitical.* Qui a rapport aux parasites. Qui sent le parasite.

PARASITIQUE. *s. f.* L'art de parasite, l'adresse de vivre, sans qu'il en coute rien.

PARASOL. *s. mas.* lat. *Umbella portatilis.* anglois. *an umbrello, a parasol.* Petit meuble qu'on porte à la main pour se garantir la tête de l'ardeur du soleil.

PARASQUINANCIE. *s. f.* Espèce d'esquinancie, dans laquelle les muscles extérieurs de la gorge sont enflammés.

PARASTATE. *voy.* Épididime.

PARASYNANCHIE. *voy.* Parasquinancie.

PARAT. *voy.* Meidin.

PARATHÉNAR. *s. mas.* (Anat.) Le grand *Parathenar* est un muscle passablement long, qui forme le bord extérieur du pied. Le petit *Parathenar* est un muscle charnu attaché le long de la moitié postérieure de la partie extérieure & inférieure du cinquième os du métatarse.

PARATHÈSE. *s. fem.* Oraison que l'Évêque récitoit sur les cathécuménes, en étendant les mains sur eux pour leur donner la bénédiction, qu'ils reçoivent en courbant la tête sous ses mains. *Parathesis.*

PARATITLAIRE. *s. m.* Celui qui enseigne ou qui apprend les paratitles.

PARATITLES. *s. f. pl.* (Jurisprud.) Explication sommaire des titres du digeste & du code.

PARATRE. *s. m.* lat. *Vitricus.* ang. *a step-father.* Beau père. Mauvais père.

PARAVENT. *s. m.* lat. *Fenestrales valvæ.* anglois. *a great shutter.* Grand volet de bois qu'on met en dehors des fenêtres aux maisons de campagne pour défendre les vitres des orages & des vents. Grands chassis de bois couverts d'étoffe qu'on met dans les chambres auprès des portes, auprès du feu, autour des lits pour se couvrir & défendre contre le vent. lat. *Valvæ mobiles contextæ.* ang. *screen.*

PARAZONIUM. *s. mas.* (Médail.) Sceptre arrondi par les deux bouts comme un bâton de commandement.

PARBAYOLE. *s. f.* Petite monnoie de Milan 2. sols & demi.

PARBIEU, Parbleu. Sortes de sermens burlesques, qui signifient par ma foi, en vérité.

PARBOUILLIR. *v. n.* (Médec.) lat. *Leviter ebullire.* ang. *to parboil.* Faire bouillir des herbes quelque peu de tems pour en tirer le premier suc, ou faire bouillir des liqueurs qu'on veut épaissir.

PARC. *s. m.* lat. *Septum.* ang. *a park.* Palissade mobile qu'on fait dans les champs pour enfermer les moutons qu'on méne paître en Été. En termes de *Marine*, il se dit des pêcheries construites sur les grèves de la mer. Il se dit aussi de ces amples pâturages fermés de fossés où l'on met les bœufs à l'engrais. Il se dit par extension des grandes enceintes de murailles qu'on fait pour enfermer les bêtes fauves. En termes de *Guerre* c'est un poste dans le camp, hors de la portée du canon, où est le magasin des munitions qui regardent le service du canon, des armes à feu & des feux d'artifice. On l'appelle *parc* d'artillerie. Il doit être bien fortifié. Chaque attaque a son *parc* d'artillerie dans un siége. On appelle aussi, le *parc* des vivres un lieu marqué dans le camp à la queuë de chaque Régiment, qui est occupé par les Vivandiers ou marchands qui suivent l'armée. *Parc* est encore un lieu dans un Arsenal de marine où l'on enferme les magasins généraux & particuliers & où l'on construit les vaisseaux du Roi.

PARCAGE. *s. m.* Droit dû au Seigneur par ceux de ses habitans qui ont un parc où ils mettent leurs troupeaux.

PARCELLE. *s. f.* lat. *Particula.* ang. *a small parcel.* Petite partie d'un tout.

PARCENERS. *s. f.* Sœurs cohéritières. lat. *Sorores cohæredes.* ang. *parceners.*

PARCE QUE. *conj.* & *adverb.* lat. *Quia, quod, quoniam.* ang. *because.* A cause, vû que, d'autant que.

PARCHASSER. *v. n.* (Chasse.) Finir la chasse par la prise de la bête chassée.

PARCHEMIN. *s. m.* lat. *Membrana.* angl. *parchment.* Peau préparée pour écrire, surtout pour les expéditions de justice, pour certains actes du Parlement, &c. Il est fait de mouton, d'agneau, de belier ou de chevre qu'on prépare avec l'alun. On s'en sert aussi pour rélier les livres de compte.

PARCHEMINERIE. *s. f.* Lieu où se vend le parchemin & l'art de le préparer.

PARCHEMINIER. *s. m.* lat. *Pergamenarius opifex aut propola.* ang. *a parchment-maker, or seller.* Marchand, ou ouvrier qui vend ou qui prépare le parchemin.

PARCIÈRE. *s. m.* & *f.* Qui partage quelque chose avec un autre.

PARCIQUINE. *s. f.* Anémone à peluche, qui est toute de couleur de fleur de pêcher.

PARCLOSES. *s. f. pl.* (Marine.) Planches mobiles qu'on met à fond de cale sur les vitonnières.

PARCOURIR. *v. act.* lat. *Percurrere, obire.* ang. *to travel or run over.* Voyager, aller en divers lieux, & y faire peu de séjour. Feuilleter un livre, voir une affaire légèrement, pour être instruit de ce qu'elle contient.

PARDÉLA. *s. f.* Oiseau semblable au pigeon, mêlé de blanc & de noir fort régulièrement.

PARDERRIÈRE. *adv.* lat. *Ponè.* ang. *behind*, *backwards*. Par la partie de derriere.

PARDESSOUS. *Prép.* lat. *sub*, *subter.* ang. *under* Se dit de ce qui est inférieur.

PARDESSUS. *Prép.* lat. *Suprà.* ang. *above*, *over*. Plus haut, au-dela. Ce qu'on donne au dessus de la mesure ordinaire.... *Pardessus de viole:* instrument encore plus petit & monté plus haut que le dessus de viole.

PARDEVANT. *Prép.* lat. *Ante*, *coram.* ang. *before*. Se dit de la comparution qu'on fait devant une personne publiquement.

PARDEVERS. *Prép.* lat. *Penes.* anglois. *by.* ( Pratique. ) Chés.

PARDON. *s. masc.* lat. *Gratia*, *venia.* ang. *pardon*, *forgiveness*. Grace & remission que Dieu accorde aux pécheurs pour les péchés qu'ils ont commis. Lettres du Prince par lesquelles il remet, il pardonne quelque crime. Il se dit aussi, des particuliers qui se remettent les uns aux autres les offenses ou injures qu'ils se sont faites. Les *Juifs* ont une fête qu'ils appellent jour de *pardon* ou de propitiation & qu'ils célèbrent le 10e. du *Tisri*, qui répond à notre mois de *Septembre*. Ils s'abstiennent ce jour-là de travailler comme le jour du sabbat & ils ne prennent leur nourriture que le soir. Ceux qui retiennent le bien d'autrui, quand ils ont quelque conscience, le restituent alors. Ils demandent *pardon* à ceux qu'ils ont offensé, & pardonnent à ceux qui les ont offensés. Ils font des aumônes & généralement tout ce qui doit accompagner une véritable pénitence. Après souper, plusieurs se vêtent de blanc, & en cet état, sans souliers ils vont à la Synagogue, qui est fort éclairée ce soir-là de lampes & de bougies. Là, chaque Nation, selon sa coutume, fait plusieurs prières & confessions pour marquer sa pénitence, ce qui dure au moins trois heures: après quoi on va se coucher. Il y en a quelques-uns qui passent toute la nuit dans la Synagogue, priant Dieu & recitant des Pseaumes. Le lendemain dès le point du jour, ils retournent tous à la Synagogue habillés comme le jour précédent, & y demeurent jusqu'à la nuit. Lorsque l'on commence à découvrir les étoiles, on sonne d'un cor pour marquer que le jeune est fini. Après quoi ils sortent de la Synagogue, & se saluant les uns les autres, ils se souhaitent une longue vie. Ils bénissent la nouvelle Lune, & étant de retour chez eux ils rompent le jeûne & mangent. *Pardon* dans l'Eglise *Romaine* signifie l'indulgence que le Pape accorde aux fidéles pénitens, la rémission des peines du purgatoire qu'ils ont méritées. *Pardon* signifie aussi quelquefois excuse.

PARDONNABLE. *adj.* lat. *Venialis*, *veniâ dignus.* ang. *pardonable*. Qui mérite grace & rémission. Excusable.

PARDONNER. *v. act.* lat. *Ignoscere*, *veniam dare.* ang. *to pardon*. Faire grace, oublier un crime ou une offense, la remettre, n'en conserver point de ressentiment, en faisant rentrer le coupable en faveur, comme s'il n'avoit fait aucune faute. *Pardonner* signifie aussi simplement supporter, tolérer, excuser. Excepter, épargner.

PARÉAGE. *voy.* Pariage.

PARÉAS. *s. mas.* Serpent qu'on trouve dans la Syrie. Sa morsure n'est pas mortelle.

PARÉATIS. *s. m.* ang. *a writ or warrant in chancery*. Lettre de Chancelerie qui s'obtient pour faire exécuter un contrat, ou un jugement hors du ressort de la justice où il a été rendu.

PAREAU. *s. m.* Grande barque des Indes qui a le devant fait comme le derrière.

PARÉGORIQUES. *s. m. pl.* Première classe des Anodyns.

PAREIL, eille. *adj.* lat. *Par*, *similis.* ang. *like*, *equal*. Égal; ce qui ressemble à un autre, soit en quantité, soit en qualité; qui est équivalent.

PAREILLEMENT. *adv.* lat. *Similiter.* angl. *likewise*. Semblablement.

PAREIRA BRAVA. *s. masc.* Nom que les Portugais donnent à une racine du Brésil & du Mexique que les naturels du païs appellent *Boton* ou *Botava*. C'est un spécifique pour les coliques néphrétiques. La plante pousse des tiges semblables à celles de la vigne, d'où lui est venu son nom Portugais, qui signifie *vigne sauvage*.

PARÉLIE. *s. m.* lat. *Parhelium.* ang. *parelium or mock sun*. Faux soleil ou réflexion des rayons du soleil dans des nuées concaves; qui les reçoivent comme un miroir & représentent cet astre si vivement qu'on le prendroit pour un autre soleil, de manière que les yeux vulgaires ont de la peine à distinguer le vrai du faux. Car quelquefois la réflexion est unique & d'un seul côté; d'autrefois elle est double ou de chaque côté du soleil qui est au milieu. Ces apparences pronostiquent ordinairement la pluie.

PARELLE. *s. f.* *Lapathum.* Plante autrement appellée *patience*.

PAREMENT. *s. m.* lat. *Vestiaria altaris ornamenta.* ang. *parament*. Ornement d'église qui sert a parer l'Autel ou ceux qui y officient. En matière d'*habits*, il se dit des extrêmités ou des parties qui sont plus en évidence que les autres & qu'on enrichit davantage. En termes de *Maçonnerie* c'est le devant d'une pierre taillée fort uniment, ou la face qu'on expose au dehors.

PARENCHYME. *s. m.* ( Anatomie. ) Se dit de la propre substance de plusieurs parties du corps, comme du cœur, des poûmons, du foie, de la rate, des reins.... ( Botanique. ) La partie du corps intérieur de la plante dans laquelle le suc est distribué.

PARÉNESE. *s. m.* Exhortations, sermons, homélies.

PARÉNÉTIQUES. *adj.* & *s. pl.* Ouvrages d'exhortations.

PARENSANE. *s. f.* *Faire la parensane*, est, chés les marins du Levant, appareiller, mettre les ancres, les voiles & les manœuvres en état de faire route. lat. *Apparare navem ad iter.* ang. *to predy.*

PARENT, ente. *f. m.* & *f.* lat. *Consanguineus.* ang. *relation*, *kinsman.* Qui est d'une même famille & forti d'une même source que celui dont on parle. La sainte Écriture commande rigoureusement aux enfans d'obéir à leurs *parens*, de les honorer & de les respecter. La loi des *Juifs* punissoit les enfans désobéissans, mutins, refractaires, en les mettant hors les portes de la ville & les faisant lapider. Parmi les *Payens* les enfans étoient tellement en la disposition de leurs *parens*, que si leurs Pères ne jugeoient pas à propos de les recevoir à leur naissance, ils avoient la liberté de les exposer, & en certains païs de les tuer. Les *Grecs* étoient en usage d'aprendre à leurs enfans les belles lettres & à nager. Ceux d'un état moyen leur apprenoient le ménage, le commerce ou les arts mécaniques. Ceux d'un rang plus élevé leur faisoient aprendre la musique, la philosophie, à monter à cheval, à faire des armes, & à chasser. Lorsqu'ils étoient en âge d'être mariés, le contrat se passoit sans le consentement des *parens.* Les *Athéniens* permettoient à un père d'abdiquer son fils, après qu'il avoit exposé ses raisons à la Cour. Si elles étoient approuvées le crieur public les annonçoit & le fils étoit alors légitimement chassé de la famille & incapable d'hériter des biens de son père. Avant que *Solon* eut restraint les loix, les pères avoient le pouvoir de vendre leurs enfans; ce qui étoit aussi en usage chez les *Romains.* Par les loix d'*Athènes* les *parens* avoient action d'ingratitude contre les enfans opiniâtres & rebelles, & elle s'étendoit jusques à les rendre incapables d'aucun emploi, car ceux même qui étoient actuellement élus pour un poste étoient effacés de la liste des Magistrats & si un enfant avoit battu ses *parens* ou leur avoit refusé l'usage de sa maison & autres nécessités de la vie, il étoit regardé comme infame. C'étoit-là une espèce d'excommunication & ceux qui étoient sous cette censure ne pouvoient être admis ni au commerce civil ni aux solemnités de la Religion. Cette cause étoit discutée par les juges avec la plus grande solemnité & si quelqu'un de ceux qui avoient été condamnés, venoit à paroitre dans une assemblée publique, dans un temple, ou dans une occasion solemnelle, on le saisissoit immédiatement après, on le conduisoit pardevant les juges, & après la conviction on le condamnoit à l'amende & il étoit aux fers jusques à l'entier payement de l'amende. Les enfans étoient en usage de porter au tombeau le corps de leurs pères, de quelque rang & qualité qu'ils fussent. Ce qui a produit quelquefois de mauvais effets, en portant si loin le respect filial, qu'ils ont fait de leurs pères les Dieux de leur famille.

PARENTAGE. *f. m.* lat. *Cognatio.* ang. *parentage.* Tous les parens ensemble.

PARENTALES. lat. *Parentalia.* ang. *parentales.* Obséques, funérailles, devoirs funébres, derniers devoirs.

PARENTÉ. *f. f.* lat. *Consanguinitas, affinitas.* ang. *kindred.* Liaison par le sang. Tous les parens ensemble.

PARENTHÈSE. *f. f.* lat. & ang. *parenthesis.* Petit nombre de paroles qu'on insère dans le discours, qui en coupent le sens & qu'on croit nécessaires pour l'intelligence. En les écrivant, on les enferme entre ces caractères ( ) qu'on nomme aussi *parenthèse*, le sens du discours étant complet sans cette addition.

PARER. *v. act.* lat. *Ornare.* ang. *to adorn*, *to trim*, *to set off.* Orner quelque chose, l'ajuster, l'embellir, la rendre plus belle, plus riche, plus agréable à voir. Faire parade, montrer avec ostentation. *Parer*, en termes d'*Escrime*, signifie se défendre de quelques coups qu'un autre porte.

PARERGA. *f. masc.* ang. *parerga.* Ce qu'on ajoute à quelque chose par ornement ou pour remplir le vuide, comme la Sculpture en *Architecture*, les fleurs, les feuillages, les compartimens, &c. dans la *Peinture.*

PARÉSIE, *ou* Paresis. *f. f.* Paralysie légère, qui prive le malade du mouvement & non du sentiment.

PARESSE. *f. f.* lat. *Desidia, ignavia, pigritia.* ang. *lazinesss, idlenesss.* Nonchalance, mollesse, lenteur, faineantise.

PARESSEUX, euse. *adj.* lat. *Piger, iners, deses.* ang. *lazy*, *idle.* Négligent, nonchalant, faineant; qui a le vice de la paresse.

PARÉTUVIER. *voy.* Mangle.

PARFAIRE. *v. act.* lat. *Perficere, absolvere.* anglois. *to perfect*, *to finish.* Rendre achevé, complet.

PARFAIT, aite. *adj.* lat. *Absolutus, perfectus.* anglois. *perfect*, *compleat.* Sans defaut, achevé, complet; accompli, où il n'y a rien à desirer ni à ajouter. On appelle *nombres* parfaits ceux dont les parties aliquotes ajoutées ensemble font le même nombre dont ils sont les parties. Ces nombres sont fort rares; car depuis l'unité jusques à 10, 000, 000, 000, il n'y en a que dix.

PARFAITEMENT. *adv.* lat. *Perfectè, absolutè.* ang. *perfectly.* D'une manière achevée & parfaite.

PARFOIS. *adv.* lat. *Quandòque, aliquandò.* ang. *sometimes.* Quelquefois.

PARFONDRE. *v. act.* lat. *Encaustum auro inducere.* ang. *to melt.* Mettre de la besogne d'émail au fourneau pour s'attacher & se prendre sur l'or. Faire fondre également.

PARFOURNIR. *v. act.* lat. *Supplere.* ang. *to compleat.* Achever de fournir ce qui est nécessaire pour rendre une chose complette. . . . ( Palais. ) Contribuer subsidiairement.

PARFUM. *f. m.* lat. *Suffimen, odoramenta.* ang. *a perfume.* Drogue, ou ingrédient qui a une odeur forte & agréable. C'est aussi l'odeur qui en sort & qui frappe l'odorat.

PARFUMER. *verb. act.* lat. *Suffire.* ang. *to perfume.* Exhaler une agréable odeur & en laisser l'impression sur quelque chose.

PARFUMEUR, euse. *sub. m.* & *f.* lat. *Unguentarius propola, suffitor.* angl. *a perfumer.*

Celui qui parfume, ou qui vend des parfums; ou des choses parfumées.

PARI. *s. m.* lat. *Pecuniaria sponsio.* ang. *lay, wager.* Somme qu'on met en dépôt pour une gageure, ou au jeu, lorsqu'on favorise un parti de gens qu'on voit joüer, & qu'on assure que l'un est plus fort que l'autre, qu'il gagnera la partie. Gageure qu'on fait sur une chose incertaine, ou sur quelque contestation, lorsqu'on soutient qu'un certain fait est veritable, qu'une telle chose arrivera.

PARIADE. *s. f.* (Chasse.) Saison où les Perdrix s'apparient. Perdrix appariées.

PARIAGE. *s. m.* (Cout.) Droit de compagnie & de société établi par un accord ou association entre un Seigneur, ou le Roi, & un Abbé, ou l'Eglise pour l'exercice de la Justice, ou pour la levée des droits & amendes sur les justiciables.

PAR-ICI. *adv.* lat. *Hac.* ang. *this way.* De ce côté.

PARIER. *v. act.* lat. *Sponsione certare.* ang. *to bet, to lay.* Gager qu'une telle proposition est vraie, qu'une telle chose arrivera, qu'un tel joueur gagnera.

PARIÉTAIRE. *s. f.* lat. *Parietaria.* ang. *the pellitory of the wall.* Plante que l'on trouve sur les murailles.

PARIÉTAL, ale. *adj.* Qui fait les parois ou les côtés de quelque chose. On le dit, en *Anatomie*, du 3^e^. & 4^e^. des os du crâne, qui forment les parois de la tête. lat. *Parietalis.* ang. *parietal.*

PARIEUR. *s. m.* lat. *Sponsor, sponsione certans.* ang. *a better.* Celui qui parie.

PARILI. *s. m.* Grand arbre du Malabar. Sa racine & ses feuilles sont utiles en Médecine.

PARILIES. *s. f. pl.* lat. & ang. *parilia.* Fêtes que les femmes enceintes faisoient célébrer dans leurs maisons, pour obtenir des Dieux un heureux accouchement, & pour les remercier après l'avoir l'obtenu.

PARISIENNE, *ou* Sedanoise. *s. f.* lat *Minutissimi characteres.* ang. *pearl.* C'est le plus petit caractère dont se servent les Imprimeurs.

PARISIS. *s. m.* Territoire auprès de *Paris.* Le sol *parisis* valoit un quart de plus que le sol tournois. Il valoit à *Paris* 15. deniers & à Tours 12. Le *parisis* chez les Financiers s'appelle le quart en sus.

PARITÉ. *s. f.* lat. *Æqualitas.* ang. *parity.* Qualité qui fait que deux choses se ressemblent ou sont égales.

PARJURE. *s. m.* lat. *Perjurium.* ang. *perjury.* Acte par lequel on jure à faux, avec connoissance de cause & méchamment surtout devant les Magistrats chargés par les loix d'informer & d'examiner les raisons & les causes des plaintes qu'on leur porte. *Parjure* est aussi celui qui jure à faux. Les *Romains* au commencement punissoient ce crime en précipitant le coupable du haut du mont *Tarpéien.* Mais cette peine fut dans la suite changée, parce qu'on supposa que les Dieux vangeroient leur honneur par quelque jugement remarquable. Les *Grecs* leur imprimoient une marque d'infamie. Après que l'Empire fut devenu chrétien, tous ceux qui juroient faux sur les Evangiles étoient condamnés à avoir la langue coupée. Les *Juifs* punissoient très-sévèrement cette faute & les Canons de la primitive Eglise leur imposoient onze ans de pénitence. Parmi les *Turcs* un homme convaincu de *parjure* est conduit par la ville en chemise, monté sur un âne, la face tournée vers la queuë qu'il tient par la main & portant sur ses épaules des boyaux ou autres tripages: on les brûle à la joüe & au front & on les déclare incapables d'être jamais témoins dans aucune cause.

PARJURER. (Se) *v. rec.* lat. *Pejerare.* ang. *to be forsworn.* Jurer à faux, avec connoissance & malice, surtout devant un Magistrat pour empêcher que justice ne soit faite.

PAR-LA. *adv.* lat. *Illac.* ang. *by that.* Par cet endroit, par ce lieu. Il signifie encore, ainsi, par ces choses.

PARLEMENT. *s. masc.* lat. *Suprema curia.* ang. *parliament.* Est en *France* le nom de différentes cours de justice qui jugent en dernier ressort. En *Angleterre*, c'est la plus haute, la plus respectable & la plus absoluë cour de justice. Elle étoit autrefois composée du Roi, des Lords & des Communes. Les Lords sont de deux sortes, spirituels & temporels. Les Communes sont divisées en trois parties, qui sont les Chevaliers des Provinces ou Comtés, les Citoyens pour les grandes Villes, & les Bourgeois pour les petites Villes ou Bourgs. Ils ont tous voix & suffrages dans le *Parlement.* Parmi les membres de cette Cour, quelques-uns en sont par leur naissance, comme l'ancienne noblesse; d'autres par création comme les nouvaux nobles; d'autres par succession, comme les Évêques & les autres par Élection, comme les Chevaliers, Citoyens & Bourgeois. Dans la Chambre des Pairs, on commence par les plus jeunes & ils donnent leurs voix en disant, *content* ou *non content.* Les Communes donnent leur voix sur la question proposée, par *oui* ou *non.* Et si le nombre est douteux, on nomme deux personnes pour les compter, l'une pour les *oui* & l'autre pour les *non;* les *oui* sortent & les *non* restent dans leurs siéges & l'on en fait le rapport à la Chambre. On croit que ce nom de *Parlement* vient du mot François *parler;* parce que chaque membre de la Cour doit parler sincérement & prudemment selon son opinion pour le bien général de l'État. Les *François* appellent cette Cour, *les États* ou l'*assemblée des États:* les Allemands l'appellent *Diete;* & les loix écrites angloises, la nomment grand Conseil du Royaume d'*Angleterre.* La jurisdiction de cette Cour s'étend à faire expliquer, étendre, diminuer, abroger, rappeller ou retablir les Loix, Statuts, Actes & Ordonnances, concernant les matières Ecclésiastiques, Capitales, Criminelles, Civiles, Maritimes, &c. L'assemblée des trois États se nomme *Parlement;* mais sans le concours des trois l'acte n'a point de force. Les Lords & les Communes préparent & digerent les loix que l'on se propose d'établir; après quoi le Roi donne

donne son consentement, ce qui se fait ordinairement le dernier jour du *Parlement* ou de la Séance & c'est depuis ce jour que l'acte à force de loi. Mais si le tems n'est pas spécifié, l'acte à son effet depuis le premier jour du *Parlement*. S'il y avoit eu différentes prorogations, & que l'acte eut été fait dans la seconde ou troisième Séance, on ne le rapporteroit pas au jour du *Parlement*, c'est-à-dire au premier jour de la première Séance, mais seulement au premier jour de celle où il auroit été fait. Le principal but que le Roi se propose en convoquant le *Parlement* est de remédier aux inconvéniens qui arrivent journellement par la variation des circonstances du tems, ou de les prévenir. Avant la conquête, le grand Conseil n'étoit composé que des grands de la Nation. Ce fut *Henri* III. qui y joignit la chambre des Communes dans la 49e. année de son régne en 1217. C'est le Roi qui convoque, qui proroge & qui dissout le *Parlement*. Cette assemblée n'est censée *Parlement* qu'autant que le Roi y assiste ou médiatement ou immédiatement. Au commencement on l'assembloit toutes les années au nouvel an ; dans la suite les Séances furent beaucoup plus longues & quelquefois elles ont été discontinuées pendant plusieurs années. On a trouvé bien des inconvéniens dans ces deux extrémités ; & le Roi *Guillaume* III. a fait un acte qui restraint le *Parlement* à trois Séances ou à trois ans ; mais *George* I. l'a porté jusqu'à sept ans & l'on s'en tient-là aujourd'hui. Anciennement tout le peuple avoit droit de donner son suffrage dans l'Élection des membres du Parlement ; mais *Henri* VI. passa un acte qui a exclu tous ceux qui n'auroient pas un franc fief dans le païs & qui n'auroient pas au moins 40. sol. de revenu. Par le même acte il est porté qu'on ne pourroit choisir aucun membre qui ne fut âgé au moins de 21. ans ; que tous leurs domestiques seroient privilegiés sans pouvoir être arrêtés, contraints, emprisonnés, &c. pour dettes, délits, &c. excepté pour cause de trahison, felonie, infraction de la paix. Le lieu de l'assemblée est entièrement à la disposition du Roi ; mais depuis plusieurs années elle se tient dans le Palais de *Westminster* ; les Lords & les Communes y ont chacun un appartement séparé. Dans la chambre ou appartement des Lords, les Princes du sang ont des places distinguées, les grands Officiers de l'État, les Ducs, les Marquis & les Évêques sont assis sur des formes, & les Vicomtes & Barons sur d'autres qui traversent la chambre, tous selon l'ordre de leur création, selon leur rang, &c. Les Communes n'ont de place marquée que pour l'Orateur qui a un siége au haut du banc & auprès de lui une table pour le Clerc qui l'assiste. Avant que d'entrer en matière, tous les membres de la chambres des Communes prêtent serment & souscrivent leur formulaire contre la transubstantion, &c. Les Lords souscrivent le même test; mais ils ne prêtent point de serment. La chambre des Pairs est la Cour souveraine de justice du Royaume, & elle juge en dernier ressort. La chambre des Communes est la grande Cour des enquêtes, mais elle n'est pas Cour de justice. Chaque membre peut proposer d'y faire passer un bill & après que la question a été agitée, si la pluralité est pour le bill, on ordonne à celui qui l'a proposé & à quelques autres de le rediger par écrit. Lorsqu'on a donné avis à la Chambre que le Bill est tout prêt, on fixe un tems pour le lire, ce qui étant exécuté par le Clerc, l'Orateur en lit un extrait, & il met en déliberation si l'on doit le lire une seconde fois ; après une seconde lecture on délibere si l'on doit le mettre en commission. S'il est de grande importance, la Chambre s'assemble en grand Commité ; mais s'il est moins important, on le donne à un Commité particulier, chaque membre nommant les personnes qui doivent le composer. Les Commissaires étant nommés, le Président qui a été élu lit le Bill article par article, met chaque clause en déliberation, remplit tous les vuides & fait toutes les corrections que la pluralité des voix exige. Ensuite il fait son rapport à la Barre de la chambre, il lit toutes les additions & corrections, &c. & propose de mettre son rapport sur la table ; ce qui lui étant accordé ; il le livre au Clerc, qui lit les corrections, &c. Ensuite l'Orateur met en déliberation, si l'on doit en faire une seconde lecture, ce qui étant approuvé, il la fait lui-même. Lorsque la chambre a approuvé chacune de ces corrections, on met en déliberation s'il faut mettre en grosse & sur du parchemin le Bill ainsi alteré & corrigé & le lire une troisième fois. Lorsqu'il est mis en grosse, l'Orateur le tenant à la main demande s'il doit passer ; si la pluralité est pour le Bill, le Clerc écrit au dos, *soit baillé aux Seigneurs* ou bien dans la chambre des Pairs, *soit baillé aux Communes*. Si le Bill est rejetté on ne peut plus le proposer dans cette séance. Lorsqu'un membre de la chambre des Communes veut parler, il se tient debout, & découvert, & il addresse son discours à l'Orateur seul. Si l'on répond à ce qu'il dit, il ne peut pas repliquer le même jour, à moins qu'on ne l'attaque personnellement. Personne ne peut parler qu'une fois sur le même Bill dans le même jour. Anciennement on appelloit *Parlemens* d'autres assemblées de grande importance & encore aujourd'hui on donne ce nom à celle des deux *Temples* à *Londres*, qui est convoquée pour déliberer sur les affaires communes de ce fameux Collège.

PARLEMENTAIRE. *s. m.* lat. *Curiæ supremæ sectarius.* angl. *a whigg.* Qui est du parti du Parlement. Membre d'un Parlement . . . . *adj.* Qui concerne le Parlement. ang. *parliamentary.*

PARLEMENTER. *v. n.* lat. *De conditionibus dedendæ arcis agere.* ang. *to parley.* Composer ; entrer en traité, capituler.

PARLER. *v. act.* lat. *Loqui, fari, fabulari.* ang. *to speak or talk.* S'expliquer, s'énoncer ; faire entendre sa pensée par des termes convenables.

PARLERIE. *s. f.* ( Style familier. ) Babil.

PARLEUR, euse. *s. m.* & *f.* lat. *Loquax*,

*garrulus.* angl. *a talker.* Qui parle beaucoup.

PARLOIR. *s. mas.* lat. *Exhedra colloquii.* ang. *the parlour.* Lieu où l'on parle. Lieu où les Religieuses viennent parler aux gens de dehors à travers une grille.

PARME. *s. f.* ( Antiquaire. ) Sorte de bouclier ancien. *Parma.*

PARMESAN. *s. mas.* lat. *Caseus parmensis.* ang. *parmesan.* Excellent fromage qui vient de *Parme.*

PARMESANE. *s. f.* Anémone qui porte de grandes feuilles blanches à fond rouge, sa peluche couleur de rose incarnat & feuille morte jaunâtre.

PARMI. *Prép.* lat. *Inter, cum.* ang. *among.* Au milieu, entre plusieurs choses.

PARNAGE. *voy.* Pânage.

PARNASSE. *s. m.* Mont de la Phocide consacré à Apollon & aux Muses. Il se prend figurément pour la Poësie & les Poëtes.

PARNASSIDES. *s. f. pl.* Les Muses.

PARNASSIM. *s. m.* Directeur d'une Sinagogue.

PARODIE. *s. fem.* ang. *parody.* Plaisanterie poëtique, qui consiste à appliquer, dans un sens railleur, à une personne, les vers d'un autre & à tourner un ouvrage sérieux en burlesque pour rendre l'auteur ridicule.

PARODIER. *v. act.* lat. *Versus industriè immutare.* ang. *to make a parody.* Faire des parodies.

PARODIQUES. ( Degrés. ) *adject.* Parmi les *Algébristes*, ce sont les termes d'une équation, dont les signes montent & descendent regulièrement selon la progression Arithmétique.

PARODISTE. *s. m.* Autour d'une parodie.

PARŒMIE. *s. f.* Espèce de figure, ou de proverbe sententieux.

PAROFERTE. *s. f.* ( Coutumes. ) Présentation, offre.

PAROI. *voy.* Paroy.

PAROIR. *s. m.* lat. *Equini cornu sectrix novacula.* ang. *a farrier's buttress.* Instrument avec lequel un Maréchal pare le pied d'un cheval.

PAROIRE. *s. f.* Instrument d'acier avec lequel les Chaudronniers grattent le cuivre.

PAROISSE, Paroissial, Paroissien. *voy.* Parroisse, &c. &c.

PAROITRE. *v. n.* lat. *Apparere.* anglois. *to appear.* Se montrer, se faire voir, se manifester, se rendre visible ; être en évidence. Avoir l'apparence, sembler. Se présenter en justice.

PAROLE. *s. f.* lat. *Vox, verbum, dictio.* ang. *speech.* C'est cet organe merveilleux que le souverain Créateur a donné à l'homme seul pour porter ses pensées dans l'esprit d'un autre homme & où il y a bien des particularités à observer pour se faire entendre clairement & distinctement. De-là vient que les *Grammairiens* donnent au même mot différentes significations selon les rélations qu'il a avec une chose, & selon qu'il l'explique simplement selon son existence, ou qu'il en désigne quelque qualité active ou passive. *Parole* signifie le mot articulé qui sert à expliquer la pensée. Il signifie encore promesse, assurance, espérance qu'on donne à quelqu'un.

PAROLI. *s. m.* lat. *Duplum depositæ primariæ pecuniæ.* ang. *paroli.* Le double de ce qu'on a joué la première fois.

PARONOMASE. *s. f.* Figure de *Rhétorique*, par laquelle on renverse le sens d'un mot par un autre dont le son est le même, mais dont la signification est différente. p. ex. *hoc est amantium, vel potius amentium.*

PARONS, *ou* Pairons. *s. mas. pl.* ( Fauconnerie. ) Les Pères & Mères de tous les oiseaux de proie.

PARONYCHIA. *s. f.* Plante luisante, de couleur argentine, dont les feuilles ressemblent à celles de la renouée, mais sont plus petites. Elle est astringente.

PARONYCHIE. *s. f.* Panaris.

PAROS. *s. f.* Marbre de *Paros* est un marbre blanc très-fin que l'on tire de l'isle de *Paros*, l'une des *Cyclades* dans l'*Archipel.* On croit que c'est de ce marbre que *David* avoit fait de grands amas pour la construction du Temple & que la sale magnifique où *Assuerus* donnoit ses superbes festins étoit toute pavée de marbre de *Paros* entremêlé d'émeraudes. La plûpart des plus beaux ouvrages des anciens sont de ce marbre.

PAROTIDE. *s. f.* ( Anat. ) Glande fort grosse située derrière les oreilles.... ( Médecine. ) Tumeur contre nature qui occupe les glandes parotides.

PAROXYSME. *s. m.* ang. *paroxysm.* Terme de *Médecine* qui se dit d'une maladie qui se rengrege & qui reprend. Il est reglé, lorsque la maladie revient dans certains tems fixes, comme la fiévre tierce ; il est dereglé, lorsque les accès n'ont point de tems fixe, mais qu'ils reviennent tantôt un jour & tantôt l'autre.

PAROY. *s. masc.* lat. *Paries.* ang. *a wall.* Muraille. Membrane qui ferme les parties creuses du corps.

PARPAILLOT. *s. m.* Parpaillote. *s. f.* Nom injurieux qu'on a donné en France aux Protestans.

PARPAIN, *ou* Parpaing, aigne. *adj.* ( Maçonnerie. ) Se dit d'une pierre de taille qui traverse toute l'épaisseur d'un mur, en sorte qu'elle ait deux paremens, l'un en dedans, l'autre en dehors.

PARQUE. *s. femin.* lat. *Parca.* ang. *destiny.* C'étoit selon les *anciens Poëtes* le nom de trois fatales sœurs, *Clotho*, *Lachesis* & *Atropos*, que quelques-uns disent être filles de *Jupiter* & de *Themis* ; d'autres de la *Nuit*, du *Chaos*, de la *Nécessité*, &c. C'étoient les Déesses de la *Destinée.* Elles filoient le fil de la vie des hommes. La plus jeune tenoit la quenouille & tiroit le fil ; la seconde le rouloit sur le fuseau & la troisième le coupoit ; d'où s'ensuivoit la mort. On représente *Clotho* avec une longue robe de différentes couleurs, une couronne sur la tête, ornée de sept étoiles & une quenouille à la main ; *Lachesis* avec une robe marquetée d'étoiles, & plusieurs fuseaux à la main ; & *Atro-*

*pes* avec un habit noir coupant un fil avec une paire de ciseaux.

PARQUER. *v. act.* lat. *Sepire.* ang. *to fold cattel.* Mettre dans une enceinte. Mettre les bœufs à l'engrais dans un herbage, des huitres dans un reservoir ou des moutons dans le parc.

PARQUET. *s. m.* lat. *Pavimentum ligneum.* ang. *an in-laid floor.* Compartiment de menuiserie sur le plancher d'embas. Espace qui est enfermé par les siéges des Juges & par le bureau où sont les Avocats. Lieu où les gens du Roi tiennent leur séance. Il se dit aussi parmi les Protestans d'une certaine clôture de menuiserie qui est dans leurs Temples & qui sépare les bancs des Ministres & des anciens d'avec ceux du peuple.

PARQUETAGE. *s. m.* lat. *Sectilibus variatum.* ang. *in-laid work.* Ouvrage de parquet.

PARQUETER. *verb. act.* lat. *Variis figuris insternere.* angl. *to inlay.* Mettre du parquet en quelque lieu.

PARRAIN. *voy.* Parrein.

PARRE. *voy.* Pareau.

PARREIN, *ou* Parrain. *s. m.* lat. *Lustricus parens.* angl. *god-father.* Celui qui tient & leve un enfant sur les fonts de baptême, qui lui impose le nom. Il doit être instruit des principes de la Religion & des devoirs de l'humanité pour rendre son Filleul agréable à Dieu & aux hommes. Cette coutume est fort ancienne dans l'Eglise & on l'applique à divers usages, comme à la bénédiction des cloches qui ont des *Parreins* & des Marreines. Les *Juifs* en avoient aussi à la circoncision de leurs Enfans &c.

PARRICIDE. *s. adj. m. & f.* lat. *Patricida. Parricidium.* ang. *a parricide.* Signifie quelquefois le meurtrier & quelquefois le meurtre d'un Père & d'une Mère. Il se dit aussi du meurtre des Rois & des conspirations contre l'Etat. Les *Romains* n'avoient point fait de loix contre les *Parricides*, parce qu'ils ne croyoient pas qu'il y eut d'homme assés méchant pour commettre un crime aussi énorme. Mais *L. Ostius*, environ 500. ans après la mort de *Numa*, ayant tué son Père, il fut ordonné qu'après s'être saisi d'un malfaiteur si exécrable, on lui mettroit des sabots & qu'on le conduiroit ainsi en prison, où il passeroit une année, que pendant ce tems ses pieds ne toucheroient pas la terre, qui est la mère commune des hommes: qu'ensuite il seroit déchiré à coups de fouets, & lié dans un sac de cuir avec un chien, un singe, un coq & une vipère, & jetté dans une eau assés profonde pour le noyer. On ordonna de plus que si un enfant étoit assez méchant pour frapper ses parens, il auroit les mains coupées. Les Anciens *Egyptiens* étoient en usage d'enfoncer des roseaux pointus dans toutes les parties du corps des parricides & leur ayant fait une infinité de blessures, ils les jettoient dans un buisson où ils mettoient le feu.

PARROISSE. *s. fem.* lat. *Parochia.* angl. *a parish.* Eglise desservie par un Curé & par ses Vicaires, où s'assemble un certain nombre d'habitans pour assister au service divin, recevoir les Sacremens & s'aquiter des devoirs de la religion. Il se dit aussi du territoire soit à la ville, soit à la campagne, sur lequel s'étend la jurisdiction spirituelle du Curé. Les bornes des *Parroisses* dépendent d'une coutume ancienne & immémoriale. Car dans les premiers tems elles ne furent fixées que par les circonstances des tems, des lieux & des personnes. Au commencement du christianisme, il n'y eut point en *Angleterre* de divisions de *Parroisses* & de Cures comme il y en a à présent: les Evêques & leurs Clergés vivoient en commun & le nombre des chrétiens n'étant pas fort grand, les Évêques envoyoient quelqu'un de leur Clergé pour prêcher au peuple selon qu'ils le trouvoient à propos; mais lorsque le commun des habitans eut embrassé le Christianisme, on trouva trop d'inconvéniens à aller par occasion d'un lieu à un autre & l'on jugea qu'il falloit fixer des bornes & établir des Cures Parroissiales. On fit donc quatre espèces d'Eglises. 1. L'Eglise principale ou siége de l'Évêque. 2. Les Eglises d'un rang inférieur, qui avoient le droit de sépulture, de baptême & de dîme. 3. Celles qui avoient le droit de sépulture, mais qui n'étoient pas fréquentées. 4. Les Eglises de campagne, ou Oratoires qui n'avoient pas le droit de sépulture. On voit que la seconde espèce a été la source des Eglises parroissiales, qui étant devenues trop peuplées, ont été diminuées, pour en faire plusieurs d'une seule. De sorte qu'on regarde la plus grande partie des divisions des *Paroisses* en *Angleterre* comme plus ancienne que la conquête des *Normands*.

PARROISSIAL, ale. *adj.* lat. *Parochialis.* ang. *parochial.* Qui appartient à la Parroisse.

PARROISSIEN, enne. *s. m. & f.* lat. *Parochianus, a.* ang. *parishioner.* Qui est habitant dans le territoire d'une Parroisse.

PARSEMER. *v. act.* lat. *Perspergere.* ang. *to strew. seed, spread.* Semer, épandre çà & là.

PARSI. *s. m.* Se dit des Persans idolâtres qui adorent le feu.

PARSIMONIE. *s. f.* Épargne.

PART. *s. fem.* lat. *Pars, portio.* ang. *part; share, portion.* Portion d'un tout séparé en plusieurs morceaux. Droit, intérêt qu'on peut avoir en quelque chose. Connoissance qu'on a d'une affaire, participation à quelque chose. *Part* signifie aussi un côté particulier, un certain lieu designé. Il se dit encore des sens ou interprétations qu'on donne aux mots ou aux affaires.

PART. (à) *adv.* lat. *Sejunctim.* ang. *aside, apart.* Séparément, en un autre lieu. Mettre *à part*, cacher, mettre à couvert.

PART. *s. m.* (Médec. & Jurisprud.) Accouchement. Enfant dont une femme est accouchée.

PARTAGE. *s. m.* lat. *Partitio, divisio.* ang. *partition, sharing.* Division; distribution, séparation d'une chose en plusieurs parties & portions. Il se dit aussi de la division des juges, quand ils sont de différente opinion & en nombre égal.

PARTAGER. *v. act.* lat. *Partiri*, *dividere*. ang. *to part*, *to share*. Diviser, couper en plusieurs parties. Donner le partage.

PARTANCE. *s. f. ou* Partement. *s. m.* lat. *Profectio*. ang. *the setting sail*. Départ des vaisseaux.

PARTANT. *adv.* lat. *Itaque*, *propterea*. ang. *therefore*. C'est pourquoi, par conséquent, donc.

PARTÉ. (à) *s. m.* Ce qu'un acteur dit sur le théatre, comme s'il n'étoit point entendu des autres.

PARTEMENT. *voy.* Partance.

PARTERRE. *s. m.* lat. *Plana area*. ang. *a plot of ground even*. La partie du jardin découverte où l'on entre en sortant de la maison: Lieu enrichi de fleurs agréable à la vûë, où l'on peut se promener dans un jardin. C'est aussi l'aire d'une sale de comédie, entre le théatre & l'amphithéatre où le peuple est debout.

PARTERRES. *s. m. pl.* Espèce de satins ou de damas.

PARTHÉNIENS. *s. masc. pl.* Peuple qui se forma de la manière suivante: les *Spartes* étant engagés dans une guerre cruelle avec les *Masseniens* qui dura 20. ans de suite, & leur païs s'étant dépeuplé par ce moyen, ils apprehenderent que cette guerre ne détruisît totalement leur Republique, & ils envoyerent de leur camp quelques-uns de leurs jeunes gens dans la ville avec permission de coucher avec toutes les filles qu'ils voudroient choisir; les enfans qui naquirent de ce mélange furent nommés *Parthéniens*, à cause de l'incertitude de leurs péres. Après la guerre on les regarda comme bâtards & on ne voulut pas leur permettre d'exercer aucune charge dans le gouvernement, &c. ce qui les rendit si furieux qu'ils entreprirent avec les Esclaves de détruire toute la noblesse. Mais leur complot ayant été découvert, ils furent chassés de la ville, & ayant *Phalante* à leur tête ils allerent dans la *grande Gréce* en *Italie* & bâtirent *Tarente*.

PARTHICAIRE. *s. m.* Marchand de peaux ou de fourrures parthiques chés les Anciens. *Parthicarius*.

PARTHIQUES. *adj.* Se disoit des fourrures de la Parthie fort estimées chés les Anciens. *Jeux parthiques* furent institués par Hadrien, en mémoire de la victoire de Trajan sur les Parthes.

PARTI. *s. m.* lat. *Partes*, *factio*. ang. *party*. Faction, intérêt, puissance opposée à une autre. Troupe de gens de guerre qu'on commande pour quelque expédition. Profession qu'on embrasse; établissement par mariage. Résolution que l'on prend. Traité avec le Roi pour les Fermes. En termes de *Blason*, c'est la division de l'écu en deux parties égales depuis le haut jusqu'au bas.

PARTIAIRE. (Fermier.) *adj.* Qui prend les terres à labourer, à la charge d'en rendre au maître la moitié ou autre partie des fruits.

PARTIAL, ale. *adj.* lat. *Factiosus*. ang. *partial*. Celui qui se déclare ouvertement pour un parti.

PARTIALEMENT. *adv.* Avec partialité.

PARTIALISER. *v. act.* Rendre partial, introduire des partialités, des factions ... *Se partialiser*. Agir avec partialité. ang. *to be partial*.

PARTIALITÉ. *s. f.* lat. *Factio*. ang. *partiality*. Faction, division.

PARTIBUS (In) Se dit d'un Évêque dont le titre est dans un païs occupé par les infidéles.

PARTICIPANT, ante. lat. *adj. Particeps*. ang. *partaker*. Qui a part à quelque chose.

PARTICIPATION. *s. fem.* lat. *Participatio*. ang. *participation*. Ce qui nous donne part en quelque chose, soit par droit, soit par grace. Communication d'une affaire dont on donne part, où l'on prend part.

PARTICIPE. *s. m.* lat. *Participium*. ang. *a participle*. Terme de *Grammaire*, c'est un adjectif qui est formé d'un verbe. C'est aussi un terme de *Finance*, qui se dit de celui qui a part dans un traité, dans une affaire de Finance.

PARTICIPER. *v. n.* lat. *Participare*. ang. *to participate*. Avoir part à quelque chose.

PARTICULAIRE. *s. m.* Officier des anciens Monastères. Celui qui distribuoit les portions aux Moines.

PARTICULARISER. *v. act.* lat. *Rem singulatim edisserere*. anglois. *to particularize*. Dire beaucoup de menues circonstances d'une affaire.

PARTICULARISME. *s. masc.* Opinion des particularistes.

PARTICULARISTE. *s. m.* Celui qui croît que J. C. est mort uniquement pour les Élûs.

PARTICULARITÉ. *s. f.* lat. *Quod est particulare*. anglois. *a particularity*. Menuë circonstance d'une affaire qu'on examine en détail.

PARTICULE. *s. f.* lat. *Particula*. ang. *particle*. Terme de *Grammaire*. Petit mot indéclinable. En *Philosophie*, c'est une petite partie d'un corps, dont la figure est différente selon les différentes natures & propriétés des corps. On croit par exemple que tous les fluides sont composés de *Particules* rondes ou globuleuses, &c.

PARTICULIER, ière. *adj.* lat. *Singularis*, *privatus*. ang. *particular*. Distinct, propre, singulier, qui n'est pas commun, qui est à part & séparé. Spécifique. Extraordinaire, excellent; fort, vehement. Familier, secret.

PARTICULIÈREMENT. *adv.* lat. *Præsertim*, *maximè*. ang. *particularly*. D'une manière toute particulière.

PARTIE. *s. f.* lat. *Pars*, *portio*. ang. *part*. Portion d'un tout, en tant qu'il est divisé ou divisible. En *Anatomie* chaque membre se nomme partie du corps; les unes sont sensibles, les autres insensibles; les unes spermatiques, les autres sanguines, &c. En *musique* on appelle *parties* les accords que font diverses personnes qui chantent ensemble. On appelle *partie aliquante*, celle qui étant multipliée par un nombre entier, ne peut jamais produire exactement le nombre dont elle est *partie*; ainsi 5. est *partie aliquante* de 12. *Partie aliquote* est un terme d'*Arithmétique* que signifie une partie exacte d'un nombre entier ou d'une chose, comme 3 est la quatrième *partie* de 12. *Partie essentielle* est celle sans quoi une chose ne peut pas être. *Partie* en termes de *Palais* se dit de tous les plaideurs & du client à l'égard de son Avocat ou Procureur dont il a accoutumé de se servir. En termes de *Finance*, *partie* signifie une somme d'argent. Les *parties casuelles* sont les deniers provenans des offices qui ont vaqué par mort ou les droits qui se payent à chaque résignation, &c. *Partie* se dit aussi d'un mémoire de plusieurs fournitures faites par des marchands ou ouvriers. En termes de *Joueurs*, c'est une convention faite entr'eux de certaines regles ou bornes, dans lesquelles celui qui a plutôt certains avantages ou nombre de points doit tirer l'argent. *Partie* se dit encore de tous les autres divertissemens où l'on engage certaines personnes & à certains jours. En termes d'*Astrologie* la *partie de fortune* est l'horoscope lunaire, c'est-à dire le point d'où sort la Lune, en même tems que le Soleil est au point ascendant de l'Orient. On prétend que le Soleil à l'ascendant donne la vie, & la Lune dispose l'humide radical & est une cause de la fortune. Lorsque la Lune est nouvelle ce point tombe dans l'ascendant; si elle est pleine, il tombe dans la 7ᵉ. maison, &c. son caractère est une roüe.

PARTIL, ile. *adj.* (Astrologie.) Se dit d'un aspect qui est dans le degré précisément qui forme l'aspect; comme *Mars* dans le 24ᵉ. degré du *Belier*, & *Venus* dans le 24ᵉ. de la balance forment une opposition *partile*. Le *Soleil* dans le premier degré du *Taureau*, & la Lune dans le premier du cancer, forment un sextil *partil*.

PARTIR. *v. n.* lat. *Proficisci*. ang. *to go, or go away*. Sortir, quitter un lieu pour se transporter en un autre. Mourir, sortir de la vie. *Partir* signifie aussi, partager, diviser une chose en plusieurs parties.

PARTISAN. *s. m.* lat. *Fautor alicujus*. ang. *a partisan*. Celui qui s'est rangé du parti de quelqu'un, qui a épousé ses intérêts, qui le défend de toute sa force. C'est aussi celui qui sçait bien conduire un parti de gens de guerre, pour surprendre l'ennemi, enlever ses quartiers, ses fourrageurs. C'est encore un financier, un homme qui fait des traités, des partis avec le Roi, qui prend ses revenus à ferme, &c.

PARTITEUR. *s. m.* lat. *Partitor*, *divisor*. ang. *the divisor*. Terme d'*Arithmétique*. Diviseur.

PARTITION. *s. f.* lat. *Partitio*. ang. *partition*. C'est la cinquième regle d'Arithmétique qui sert à diviser un grand nombre par un plus petit. En termes de *Blason*, la *partition* de l'écu est la même chose que sa division.

PARTOUT. *adv.* lat. *Ubique*. anglois. *every where*. En tout lieu.

PARTULE, *ou* Partunde. *s. fem.* latin. & angl. *Partula*, *partunda*. Déesse que les anciens Romains croyoient prendre soin des femmes prêtes d'accoucher. Leur superstition alloit si loin qu'ils avoient une autre Déesse appellée *Natio* qui veilloit sur les enfans nouveaux-nés, *Lucine* présidoit à l'accouchement; *Alcmene* avoit soin qu'ils fussent bien nourris & soignés. Une autre espèce de Déesse appellée *Nona* avoit une attention particulière pour le neuvième mois de la grossesse; & si elle alloit jusqu'au dixième, ils avoient une Déesse toute prête, qu'ils nommoient *Decima*.

PARVENIR. *v. n.* lat. *Pervenire*. ang. *to get, to attain*. Arriver au lieu où l'on desiroit aller. Faire fortune.

PARVIS. *s. masc.* lat. *Propylæum*, *atrium*. ang. *a court before a church-porch*. Place publique qui est ordinairement devant la principale face des grandes Eglises.

PARULIS. *s. m.* (Médec.) Sorte d'inflammation des gencives.

PARUNDE. *voy.* Partule.

PARURE. *s. f.* lat. *Ornatus*. ang. *ornament, attire, dress*. Ce qui pare; ajustement, ornement. Ressemblance ou convenance de choses dont on fait parade.

## P A S

PAS. *s. m.* lat. *Passus*, *gressus*. ang. *pace, step*. Mesure qui se prend de l'espace qui est entre les deux pieds d'un animal quand il marche. Le pas *Géométrique* est une mesure de cinq pieds. Le *pas* commun est d'environ 3. pieds. *Pas* signifie aussi chaque ajambée, ou mouvement des pieds d'un animal qui s'avance. Démarche, manière d'aller. Allure d'un cheval la moins vite, & sa moindre passée, quand il leve en même tems les jambes diamétralement opposées. On appelle aussi *pas*, toute sorte de détroit, qui est entre des terres, par où il faut passer pour aller en quelque lieu. En termes de *Fortification*, le *pas* de la souris, est un petit relais, ou espace qu'on laisse sur la muraille au dessus du cordon pour donner du pied au parapet. On appelle *pas* de vis, chaque tour de la ligne spirale, cannelure, ou éminence qui regne autour du cylindre tourné en vis. *Pas d'âne*: tussilage.

PASCAL, ale. *adj.* lat. *Pascalis*. ang. *paschal*. Qui appartient à Pâques.

PASLE, Pasleur, Paslir. *voy.* Pâle, &c. &c.

PASMER, Pasmoison. *voyez* Pâmer, Pâmoison.

PASQUE. *voy.* Pâque.

PASQUIN. *s. m.* Statuë fort tronquée & mutilée qui est à *Rome* à un coin du Palais des *Ursins*. On dit que *Pasquin* étoit un Cordonnier qui logeoit dans ce quartier de *Rome* au commencement du 15ᵉ. siécle. Il étoit grand railleur, & se plaisoit à donner des brocards à tous ceux qui passoient par la rue, ce qui lui attiroit une foule de gens qui avoient le même genie. Après sa mort, comme on fouilloit sous le pavé au devant de sa boutique, on trouva dans la terre une statue d'un ancien gladiateur, assés bien faite, mais mutilée & à demi gâtée. On la dressa à l'endroit où elle avoit été trouvée, à l'encoignure de la boutique de *Pasquin* & on la nomma de son nom. Depuis toutes les satires contre l'Etat, ou les grands, &c. ont été appliquées à cette statue & de-là vient qu'on a appellé *Pasquinades* ces sortes des poëmes ou d'écrits satiriques.

PASQUINADE. *s. f. voy.* Pasquin, *à la fin.*

PASSABLE. *adj.* lat. *Mediocris, tolerabilis.* ang. *passable.* Qui peut passer, dont on se peut servir ; qui n'est ni excellent ni mauvais.

PASSABLEMENT. *adverb.* lat. *Mediocriter.* ang. *tolerably.* Médiocrement, allés bien.

PASSACAILLE. *s. f.* Composition de musique, air qui se commence en frappant, qui a trois tems lents & quatre mesures redoublées.

PASSADE. *s. fem.* lat. *Decursus, transitus.* ang. *passage.* Action de celui, qui ne fait que traverser un païs, qui n'y veut point séjourner. Charités, assistances, qu'on demande en passant, en voyageant. . . . ( Manége. ) Course d'un cheval qui passe & repasse.

PASSAGE. *s. m.* lat. *Via, transitus.* anglois. *passage, way.* Chemin, lieu par où l'on passe pour aller dans un autre lieu. Ouverture que se font plusieurs corps, soit par leur violence, soit par leur subtilité. C'est aussi un droit de servitude qu'on a de passer sur l'héritage d'un autre. C'est encore un droit qu'on paye pour le transport de sa personne, ou de ses marchandises ; une imposition que les Princes mettent sur les marchandises au *passage* de leurs détroits, de leurs ports, de leurs frontieres. Le plus remarquable est celui du *Zund* qui est un détroit ou *passage* dans la *mer Baltique*, appartenant au Roi de *Dannemarc.* Pour y passer toutes les nations payent un droit à *Elsenore* ou à *Cronembourg. Passage* se dit aussi des textes qu'on allegue. *Oiseaux de passage* sont ceux qui ne viennent qu'en certaines saisons dans un païs. Les plus remarquables sont la Cigogne, l'Hirondelle, le Rossignol, le Martinet, la Becasse, la Caille, &c. Il y a aussi des poissons de *passage*, comme les harengs, les maquereaux, &c.

PASSAGER. *s. m.* lat. *Viator.* ang. *a passenger.* Qui est transporté d'un lieu à un autre, dans un navire, dans un bâteau, dans un coche.

PASSAGER, ère. *adj.* lat. *Caducus, fluxus.* ang. *transitory.* Qui passe aisément, qui ne dure guères. Il se dit aussi des oiseaux & poissons qui ne paroissent que dans une certaine saison.

PASSAGER. *v. act.* ( Manége. ) Promener, mener au pas, au trot.

PASSANT, ante. *adj.* lat. *Frequentatus.* ang. *a thorough-fare.* Lieu par où il passe bien du monde.

PASSANT. *s. m.* lat. *Viator.* ang. *a passenger.* Celui qui passe son chemin. Il se dit dans le *Blason* d'un animal posé dans un écu sur ses pieds & qui semble marcher.

PASSATION. *s. f.* L'action de passer un acte, un contrat.

PASSE. *s. f.* lat. *Differentiæ supplementum.* ang. *the odd money or overplus.* Différence & supplément de la valeur d'une monnoie pour l'égaler à une autre. *Passe* à différens jeux de cartes, signifie qu'on ne veut pas joüer ce coup là. Au jeu de *Billard* ou de *Mail* c'est une porte ou archet par où il faut que la bille ou la boule passe. . . . ( Marine. ) Passage entre deux bancs ou deux terres. lat. *Æstuarium.* ang. *channel.*

PASSE-AVANT. *s. m.* lat. *Syngraphus viatorius.* ang. *a pass for one to continue his journey.* Billet que donnent les commis aux receptes des bureaux des Douanes, ou des entrées, pour donner permission ou liberté aux marchands & voituriers de mener leurs marchandises plus loin.

PASSE-BALLE, *ou* Passe boulet. *sub. masc.* Planche, ou plaque de fer ou de cuivre percée en rond par le milieu, pour y faire passer les boulets & les calibrer.

PASSECAILLE. *voy.* Passacaille.

PASSE-CANAL. *s. masc.* Passage entre des bancs de mer, ou endroit étroit de mer entre des terres. lat. *Æstuarium.* ang. *channel.*

PASSE-DEBOUT. *s. m.* Acquit que les Commis des Douanes donnent aux Voituriers & aux Marchands pour les marchandises qui doivent seulement traverser le Royaume, ou quelques Provinces & quelques villes, sans y être déchargées.

PASSE-DIX. *s. m.* Jeu de dez. On y joue avec trois dez & on parie que les trois ensemble passeront 10. points.

PASSEDROIT. *s. m.* lat. *Prærogativa.* ang. *a favour.* Grace, faveur que fait un Juge en se relâchant un peu de la rigueur des loix pour faire plaisir à quelqu'un.... Injustice qu'on fait à quelqu'un en donnant à un autre moins ancien un emploi auquel celui-là avoit une espèce de droit acquis par l'usage.

PASSÉE. *s. f.* Passage. Action de passer. Trace du pied d'une bête.

PASSE-FLEUR. *s. f.* Espèce de lychnis.

PASSÉGER. *v. act.* ( Manége. ) Mener un cheval au pas ou au trot sur deux pistes, le faisant marcher de côté.

PASSEMENT. *s. masc.* lat. *Textilis limbus.* ang. *lace.* Dentelle, ouvrage qu'on fait avec les fuseaux pour servir d'ornement, en l'appliquant sur des habits.

PASSEMENTER. *v. act.* lat. *Vestem tæniis distinguere.* ang. *to lace.* Charger un habit de passemens.

PASSEMENTIER. *s. mas.* lat. *Limbolarius textor.* ang. *a lace-maker.* Marchand, qui vend, qui fait des passemens.

PASSEMESE. *s. f.* Chant à l'Italienne propre à danser.

PASSE-MÉTEIL. *s. m.* Bled dans lequel il y a deux tiers de froment contre un tiers de seigle.

PASSE-MUR. *s. mas.* Coulevrine extraordinaire qui a 40. calibres de long & tire 16. liv. de balle.

PASSEPAROLE. *s. f.* ang. *pass-parole.* Commandement qu'on donne à la tête de l'armée, pour le faire passer à la queuë de bouche en bouche.

PASSE-PARTOUT. *s. m.* lat. *Clavis tralatitia.* ang. *a double key, a pass-per tout.* Petite clef qui ouvre plusieurs serrures d'un même logis. Il y a aussi des scies qu'on appelle *passe-*

*par-tout*, qui servent à fendre le gros bois dans les forêts.

PASSE-PASSE. *s. m.* lat. *Prestigiæ.* ang. *jugler's tricks.* Tour d'adresse, subtilité de main avec laquelle les Charlatans surprennent le peuple, en faisant paroitre & disparoitre les choses.

PASSEPIED. *s. m.* ang. *the passe-pied.* Espèce de danse qui est en usage en Bretagne.

PASSE-PIERRE. *voy.* Perce-pierre.

PASSEPOIL. *s. m.* lat. *Pilorum decussatura.* ang. *a chain-lace.* Petite bande de satin ou taffetas de couleur qu'on met sur les coutures d'un habit, & qu'on laisse un peu avancer en dehors pour le rélever.

PASSEPOMME. *s. f.* Espèce de pomme précoce qui est sans pepins.

PASSEPORT. *s. m.* lat. *Liberi commeatûs tessera.* angl. *a pass-port.* Lettre ou brévet d'un Prince, ou d'un Commandant, pour donner liberté, sûreté & sauf-conduit à quelque personne pour voyager, entrer & sortir librement sur ses terres.

PASSER. *v. act.* & *n.* lat. *Transire*, *prætergredi.* ang. *to pass*, *to come or go through.* Traverser quelque terrain, quelque païs, pour aller d'un lieu à un autre. Ne s'arrêter pas. Durer. Surpasser. Faire entrer une chose dans une autre. Omettre. S'écouler. Changer de main. *Passer* pardessus, c'est n'avoir pas égard à une chose. *Passer* signifie aussi, cesser, finir; *passer* son envie, c'est la satisfaire. *Passer* le tems l'emploier, se divertir. *Passer* de la farine, la bluter. Se *passer*, perdre son éclat. *Passer* pour, être estimé ou reputé. *Passer* une peau, l'aprêter. *Passer* un Soldat par les armes, le faire mourir à coups de mousquets. *Passer* au fil de l'épée, égorger. *Passer* à l'examen, c'est le bien soutenir. *Passer* maître, être reçû à la maîtrise. *Passer* condamnation, avouer qu'on à tort, *&c.*

PASSERAGE. *s. femin.* *Lepidium.* Sorte de plante dont il y a plusieurs espèces. *voy.* *Chasserage.*

PASSEREAU. *s. m.* lat. *Passer.* ang. *a sparrow.* Petit oiseau qu'on nomme autrement *moineau*, qui est connu pour sa chaleur.... Le *passereau*, ou le *poisson volant*, constellation méridionale.

PASSE-ROSE. *s. f.* *voy.* Passe-fleur.

PASSE-ROSÉE. *s. f.* Tulipe rouge & blanche.

PASSEROUTE. *s. f.* lat. *Præstigiæ.* ang. *a master trick.* Finesse qui passe toutes les autres.

PASSETEMS. *s. m.* lat. *Oblectamentum.* ang. *pastime.* Divertissement, occupation agréable à quoi on emploie son tems.

PASSE-TUILLOISE. *s. f.* Tulipe colombin-clair, colombin-obscur & blanc sale.

PASSE-VELOURS. *voy.* Amarante.

PASSEVOGUE. *s. f.* (Marine.) Effort qu'on fait pour ramer, plus fort que l'ordinaire.

PASSE-VOLANT. *s. m.* lat. *Suppositilius.* ang. *a pass-volant.* Faux Soldat & non enrollé, qu'un Capitaine fait passer aux revûes pour montrer que sa compagnie est complette, ou pour en tirer la paye à son profit. Les *passe-volans* sont condamnés en *France* à être marqués d'une fleur de lis à la joüe. On le dit aussi des Matelots dans la *Marine*; & des canons de bois bronzé, qui ne servent qu'à faire peur.

PASSEUR, euse. *s. m.* & *f.* lat. *Qui transvehit.* ang. *a ferry-man.* Qui conduit un bâteau, un bac pour passer la rivière aux hommes & aux bestiaux.

PASSEZABLON. Tulipe beau pourpre violet & blanc.

PASSIBILITÉ. *s. f.* lat. *Passibilitas.* ang. *passibility.* Qualité des corps passibles, qui ont de la disposition à pâtir, souffrir, recevoir, *&c.*

PASSIBLE. *adj.* lat. *Passibilis.* ang. *passible.* Qui peut souffrir les joies & les douleurs, qui a du sentiment, & peut être ému de passions.

PASSIF, ive. *adj.* lat. *Passivus.* ang. *passive.* Qui est rélatif à un autre dont il souffre l'action. En *Grammaire*, c'est une seconde inflexion du verbe, qui d'actif devient *passif*, en prenant le verbe auxiliaire *je suis.*

PASSION. *s. fem.* lat. *Passio.* ang. *passion.* Terme de *Physique* opposé à action, qui se dit d'un corps qui reçoit l'action de quelque Agent. Il signifie aussi souffrance corporelle. Il se dit en *Morale* d'une forte agitation de l'ame, d'une inclination, d'un desir, ou d'une aversion contre quelque chose; ainsi la tristesse, l'amour, la joie, *&c.* Se nomment *passions* de l'ame. En *Théologie* il signifie les souffrances de Jesus-Christ dont on fait mémoire pendant la cinquième semaine de Carême, qu'on appelle semaine de la *Passion.*

PASSIONNÉMENT. *adv.* lat. *Ardenter.* ang. *passionately.* D'une manière passionnée, ardente.

PASSIONNER. *v. act.* lat. *Affici dicendo & auditores afficere.* ang. *to humour.* Animer ce qu'on dit ou ce qu'on chante, y donner un caractère affectueux, touchant, & qui marque de la passion. Desirer quelque chose avec ardeur. Se *passionner* signifie, se préoccuper de passion, s'intéresser avec chaleur pour quelque chose. S'animer, s'émouvoir, se laisser aller à la passion. *Passionné* signifie tendre, amoureux, touchant; affectionné, emporté, ardent. lat. *Amore incensus.* ang. *passionate.*

PASSIVEMENT. *adv.* lat. *Passivè.* ang. *passively.* D'une manière passive.

PASSIVETÉ. *s. f.* État de l'ame passive & contemplative.

PASSOIRE. *s. f.* lat. *Colum.* ang. *a cullander.* Utencile de cuisine ou de pharmacie, percé de plusieurs trous, qui sert à passer des fruits pour en tirer le jus.

PASSULAT. (Miel.) *adj.* Qui est préparé avec des raisins de damas cuits dans l'eau chaude.

PASSULES. *subst. fem. pl.* Raisins séchés au soleil.

PASTE, Pasté. *voy.* Pâte, Pâté.

PASTEL. *s. masc.* lat. *Isatis*, *glastum.* ang. *woad.* Herbe ou plante qui est d'un grand usage dans les teintures pour donner la couleur bleüe. On dit que les anciens Bretons se servoient du jus de cette herbe pour peindre sur leur peau des figures horribles.... Pâte faite de plusieurs couleurs gommées & broyées ensemble, ou séparément dont on fait toutes sortes de crayons pour peindre sur le papier, ou sur le parchemin. On appelle aussi *pastel* l'ouvrage même qui est en pastel.... *Orangé pastel:* couleur orangée qui tire un peu plus sur le brun, que l'orangé ordinaire.

PASTENADE. *voy.* Panais.

PASTENAQUE. *s. f.* Poisson de mer. Elle a un gout fort agréable.

PASTÉQUE. *s. m.* Melon d'eau.

PASTER. *voy.* Pâter.

PASTEUR. *s. masc.* lat. *Pastor.* ang. *a shepherd.* Berger. Ministre d'une Église.

PASTEUX. *voy.* Pâteux.

PASTICHE. *s. m.* Tableau d'imitation dans lequel l'auteur a contrefait la manière de quelque Peintre.

PASTILLE. *s. f.* lat. *Pastillus.* ang. *pastil.* Composition séche qui rend une bonne odeur, lorsqu'on la brûle. Il y a aussi des *pastilles* de bouche qu'on mange pour se rendre l'haleine douce.

PASTISSIER. *voy.* Pâtissier.

PASTORAL, ale. *adj.* lat. *Pastoralis.* ang. *pastoral.* Ce qui convient aux Bergers & personnes champêtres. Ce qui regarde les Pasteurs ecclésiastiques.... *s. m.* Livre qui contient les cérémonies épiscopales.

PASTORALE. *s. f.* lat. *Drama pastoritium.* ang. *a pastoral.* Poëme dramatique dont les personnages sont des bergers & des bergeres, qui traitent des affaires champêtres, des plaintes amoureuses, de la cruauté des bergers, des disputes sur celui qui chante mieux, des Embuches des Satyres, de l'enlevement des Nymphes, &c.

PASTORALEMENT. *adv.* latin. *Pastorali studio.* ang. *like a good pastor.* Avec une bonté pastorale.

PASTORICIDES. *s. m.* Nom donné à des Hérétiques du 16e. siécle parce qu'ils tuoient les Pasteurs.

PASTOUREAU. *s. masc.* lat. *Pecoris custos.* ang. *a little shepherd.* Petit berger.

PASTOURELLE. *s. f.* Espèce de poire.

PASTRE. *voy.* Pâtre.

PASTURAGE. *voy.* Pâturage.

PASTURE. *voy.* Pâture.

PASTURON. *voy.* Pâturon.

PASTURER. *voy.* Pâturer.

## P A T

PAT. *s. m.* ang. *Stale-mate.* Terme du jeu d'échecs, qui se dit lorsqu'on ne peut jouer le roi sans le metre en échec.... (Fauconnerie.) Mangeaille.

PATAC. *s. m.* Monnoie d'*Avignon* qui vaut un double.

PATACA. *s. f.* Piastre d'Espagne, ou piéce de huit.

PATACH. Cendre qui se fait d'une herbe du Levant qu'on brûle. Elle sert pour faire le savon, & pour dégraisser les draps.

PATACHE. *s. f.* lat. *Modicus gaulus.* ang. *patach.* Vaisseau rond & de haut bord, qui sert à la guerre à faire des courses. Il sert aussi de première garde dans le port.... *Patache d'avis:* petit vaisseau qui porte les paquets à l'armée. ang. *an advice-boat.*

PATAGON. *s. m.* ang. *a patacoon.* Monnoie de Flandre faite d'argent, qui a valu d'abord 48, & ensuite 58. sols.

PATALENA. *s. f.* Nom d'une Déesse parmi les Païens, qui prenoit, dit-on, soin du bled, lorsqu'il étoit en herbe.

PATAQUE. *voy.* Pataca.

PATARAFFE. *s. f.* ang. *a scrawl.* Plusieurs traits & paraffes brouillés, où l'on ne connoit rien.

PATARASSE. *voy.* Peterasse.

PATARD. *s. masc.* Petite monnoie valant un sol.

PATATE. *s. f.* Racine d'Amérique bonne à manger. ang. *potatoe.*

PATAUD. *s. m.* lat. *Canis culinarius.* ang. *a thick-footed young whelp.* Chien de cuisine bien gras & bien nourri. Jeune chien qui a de grosses pâtes.... Homme gros, gras & potelé. lat. *Obesus.* ang. *great, plump.*

PATE. *voy.* Patte.

PATE. *s. f.* lat. *Subacta massa farinacea.* ang. *paste, dough.* Matière préparée pour faire du pain, détrempée ou paîtrie avant que d'être cuite. Il se dit aussi de plusieurs sortes de confitures, de la matière préparée pour faire des pâtes, des tourtes, gâteaux, oublies, &c. de plusieurs choses broyées ou pulverisées qu'on peut mettre en masse en les humectant & paîtrissant & de la cole qui se fait avec de l'eau & de la farine pour coller le papier, le cuir, &c.... On le dit aussi familiérement de la complexion, & même de l'esprit & des mœurs des hommes. *C'est un homme de bonne pâte.*

PATÉ. *s. m.* lat. *Artocreas, farcimen.* ang. *a pie.* Piéce de four faite de viande cuite hachée, ou lardée, & enfermée avec plusieurs beatilles ou assaisonnemens dans de la pâte, afin de la rendre plus tendre & meilleure. *Pâté* se dit aussi d'une goutte d'encre répanduë par mégarde sur le papier.... (Fortifications.) Ouvrage rond en forme de fer à cheval, qu'on fait pour couvrir une porte... (Imprimerie.) Forme qui est rompue ou dérangée... Assemblage de cartes que font les filoux en faisant semblant de les mêler.... Menues pièces & curiosités que l'on assemble en tas, pour les vendre en un encan, sans les séparer.

PATÉE. *s. f.* lat. *Massa furfurea delibuta.* ang. *paste wherewith poultry is fattened.* Pâte qu'on fait avec des récoupes de son pour engraisser la volaille.... Mélange de pain émietté, & de petits morceaux de viande qu'on donne à manger aux animaux domestiques.

PATELET, ou *Valide.* *s. masculin.* Espèce de morue verte, de la 5e. qualité.

PATELIN. *s. m.* lat. *Fallax adulator, palpator.* anglois. *a wheedler.* Homme adroit & fourbe, qui trompe les gens en leur faisant accroire qu'il leur procure quelque avantage.

PATELINAGE. *s. m.* lat. *Fallaces blanditiæ.* ang.

ang. *fawning*. Artifice, tromperie d'un patelin qui flatte quelqu'un & en tire du profit.

PATELINER. *v. act.* lat. *Palpando fallere.* ang. *to wheedle.* Gagner une personne par adresse & par flatteries, la tromper.

PATELLE. *voy.* Lépas.

PATÈNE. *s. f.* ang. *the patten or cover of a chalice.* Couverture du calice faite de même matière, qui sert à recevoir les particules de l'hostie, & qu'on donne à baiser au peuple, quand il va à l'offrande.

PATENÔTRE. *s. f.* lat. *Oratio dominicalis.* ang. *a Pater-noster.* Le Pater, l'oraison Dominicale. Il se dit aussi de toutes sortes de prières, & du chapelet.... (Architect.) Ornement au dessous des oves, composé de grains ronds ou ovales, en forme de chapelet.... (Blason.) Dizain de chapelet, ou chapelet tout entier, dont on entoure les écus,... Morceaux de liége qui tiennent le filet suspendu sur l'eau.... Espèce de fontaine de bois. *voyez* Chante-pleure.

PATENÔTRERIE. *s. fem.* Marchandise de chapelets.

PATENOTRIER. *s. masc.* lat. *Corollarum precariarum opifex.* ang. *a bead-maker or seller.* Artisan qui fait des chapelets, qui tourne du bois pour des boutons.

PATENT, ente. *adj.* Manifeste. *Lettres patentes* sont des lettres du Roi scellées du grand sceau, qui servent de titre pour la concession de quelque octroi, grace, privilége, &c. lat. *Regis solemne diploma.* angl. *letters patent.*

PATENTES. *s. f. pl.* Se dit en général de toutes sortes de titres & certificats. lat. *Omnia litis instrumenta.* ang. *a patent.*

PATE-PELU. *s. m.* Hypocrite, trompeur.

PATÉQUE. *voy.* Pastéque.

PATER. *s. m.* Oraison dominicale que J. C. a donnée pour le modèle des prières. Ce sont aussi les gros grains du chapelet, sur lesquels on dit le *Pater.*

PATER. *v. n.* Se dit d'un liévre, qui emporte la terre avec ses pieds, dans les lieux humides... Chez les Cordonniers, *pâter.* (*v. act.*) C'est étendre de la pâte sur les morceaux de cuir dont on fait les talons de souliers.

PATÈRE. *s. f.* (Médail. & Antiq.) Vase dont les Romains se servoient dans les sacrifices.... *s. m.* Prêtre d'Apollon.

PATERNEL, elle. *adj.* lat. *Paternus.* ang. *paternal; fatherly.* Qui appartient au père; tendre, bien-faisant, attentif, &c.

PATERNELLEMENT. *adv.* l. *Affectu paterno.* angl. *paternally.* D'une manière paternelle.

PATERNITÉ. *s. f.* lat. *Paternitas.* ang. *paternity, father-hood.* Qualité de père.

PATEUX, euse. *adj.* ang. *Clammy.* lat. *glutinosus.* Gluant comme de la pâte.... Pinceau *pâteux*, c'est-à-dire, nourri, moëlleux.

PATHÉTIQUE. *adj.* & *s. m.* lat. *Patheticus.* angl. *pathetick or pathetical.* Passionné, touchant, & capable d'émouvoir & de remuer les passions.... En *Anatomie*, il se dit de la 4e. paire de nerfs des 10. qui sortent de la moëlle allongée.

PATHÉTIQUEMENT. *adv.* lat. *Patheticè.* ang. *pathetically.* D'une manière pathétique.

PATHÉTISME. *s. m.* L'Art d'émouvoir les passions.

PATHOGNOMIQUE. *adj.* lat. *Pathognomicus.* ang. *pathognomick.* (Médec.) Se dit des signes qui sont propres & particuliers à la santé, ou à chaque maladie, & qui en sont inséparables. On les appelle aussi *univoques* & *essentiels.*

PATHOLOGIE. *s. f.* lat. *Pathologia.* angl. *pathology.* Partie de la Médecine qui considére la nature, les causes & les symptomes des maladies.

PATHOLOGIQUE. *adj.* lat. *Pathologicus.* ang. *pathological.* Qui regarde la pathologie.

PATHOS. *s. m.* ang. *pathos.* Mouvemens que l'Orateur excite dans les Audiences.

PATIBULAIRE. *adject.* lat. *Patibularius.* ang. *patibulary.* Qui appartient au gibet.

PATIEMMENT. *adv.* lat. *Patienter.* angl. *patiently.* Avec fermeté, constance.

PATIENCE. *s. fem.* lat. *Patientia.* ang. *patience.* Vertu, fermeté, constance qui fait souffrir la douleur, l'adversité sans se plaindre, sans murmurer. Il signifie aussi, attente.... *Patience*, dans le Blason, se dit d'une Salamandre dans un feu ardent.... Plante autrement appellée *Parele* & *Lapathum.*

PATIENT, ente. *adj.* lat. *Patiens, patienter ferens.* ang. *patient.* Qui est constant, endurant, qui ne se plaint point dans la douleur. Criminel condamné à la mort. Malade entre les mains du Chirurgien. Sujet sur lequel un Agent exerce sa vertu.

PATIENTER. *v. n.* lat. *Patienter expectare.* ang. *to take patience.* Attendre patiemment.

PATIN. *s. masc.* lat. *Altior calceus.* ang. *a pattin or clog.* Soulier de femme qui a des semelles fort hautes & pleines de liége, afin de paroitre de plus belle taille. Fer qu'on s'applique aux pieds pour couler sur la glace.... (Architect.) Piéce de bois composée de niveau sur le parpain d'échiffre d'un escalier, dans lequel sont assemblés à plomb les noyaux & potelets.

PATINER. *verb. act.* lat. *Palpare.* ang. *to fumble, to pawn.* Manier mal proprement.

PATINEUR. *s. masc.* lat. *Palpator.* ang. *a fumbler.* Qui patine.... Qui glisse sur la glace, avec les secours des patins.

PATIR. *v. n.* lat. *Pati.* ang. *to suffer.* Avoir de la disette, de la misère, de la fatigue, souffrir, endurer.

PATIS. *s. m.* Lieu où l'on met paître les bestiaux. ang. *pasture.*

PATISSER. *verb. act.* lat. *Artocreas pinsere.* ang. *to make pastry.* Faire de la pâtisserie.

PATISSERIE. *s. fem.* lat. *Dulciarius panis.* ang. *pastry.* Ouvrage ou art de pâtissier.

PATISSIER, ière. *s. m.* & *f.* lat. *Dulciarius pistor.* ang. *pastry-cook.* Celui qui fait des pâtés ou autres piéces de four.

PATOIS. *s. masc.* lat. *Incultus plebis sermo.* angl. *gibbridge.* Langage corrompu & grossier, tel que celui du menu peuple.

PATON. *s. m.* lat. *Obstraguli subliditium*

*corium*. anglois. *the inside leather*. Morceau de cuir en dedans du bout du soulier.

PATORÉALE. Espèce de canard du Chili. Il a une crête rouge sur le bec.

PATRAQUE. *s. f.* Curiosité de peu de valeur. Vieux meuble, qui n'est plus à la mode.

PATRAT, *ou Père patrat. s. m.* Officier chez les anciens Romains qui étoit le chef du collège des *Fécialiens*. Il ne se mêloit que des guerres du peuple Romain, sans se mêler de celles des peuples étrangers.

PATRE. *s. m.* lat. *Pastor armentitius*. ang. *a herdsman*. Berger.

PATRIARCHAL, ale. *adj.* lat. *Patriarchalis*. anglois. *patriarchal*. Qui appartient au Patriarche.

PATRIARCHAT. *s. m.* lat. *Patriarchatus*. ang. *patriarchate*. Dignité de Patriarche. Tems que dure cette dignité.

PATRIARCHE. *s. m.* lat. *Patriarcha*. ang. *a patriarch*. Se dit particulièrement de ces premiers Pères ou chefs de familles dont il est parlé dans l'ancien Testament, qui vivoient avant *Moïse*, comme *Adam*, *Lamech*, *Noë*, *Abraham*, *Isaac*, *Jacob*, &c. De là on a donné ce nom aux Évêques des premières Églises d'Orient, tels que ceux d'*Antioche*, d'*Alexandrie*, de *Jerusalem* & de *Constantinople* & aux premiers fondateurs des Ordres Religieux, tels que S. *Basile*, S. *Benoît*, &c.

PATRICE. *s. m.* lat. *Patricius*. ang. *a patrician*. Celui qui possédoit le Patriciat dans l'Empire *Romain*.

PATRICIAT. *s. mas.* lat. *Patricii dignitas*. ang. *patriciate*. Dignité dans l'Empire *Romain* depuis *Constantin*.

PATRICIENS. *s. m. pl.* lat. *Patritii*. angl. *patricians*. Nom de ceux qui étoient descendus des premiers Senateurs de Rome.

PATRIE. *s. f.* lat. *Patria*. ang. *one's native country*. Le païs où l'on est né.

PATRIMOINE. *s. masc.* lat. *Patrimonium*. anglois. *patrimony*. Bien qu'on a herité de son Père & de sa Mère, ou de quelque autre personne. Ainsi les biens d'Eglise, les Dîmes, &c. sont les *Patrimoines* de l'Église.

PATRIMONIAL, ale. *adj.* lat. *Patrimonialis*. anglois. *patrimonial*. Qui vient de succession de Père, Mère, Ayeul, &c.

PATRIOTE. *s. m.* angl. *a patriot*. Homme zèlé pour le bien de la patrie.

PATRIOTISME. *s. m.* ang. *patriotism*. Zèle pour le bien public, pour le bien de la patrie.

PATRIPASSIENS. *s. masc. pl.* Nom donné aux *Sabelliens*, parce qu'ils croyoient que le Père, & non le Verbe avoit été crucifié.

PATRON, onne. *s. m.* & *f.* lat. *Patronus*. ang. *patron*. Saint ou sainte dont on porte le nom. Chez les *Romains* on appelloit *patron* le Maître qui avoit affranchi son Esclave. A la *Cour*, c'est celui sous la protection duquel on se met pour avancer sa fortune. A *Rome* le Cardinal *Patron* est celui qui gouverne. En termes de *Jurisprudence*, *patron* est celui qui a fondé ou doté un Église ou un bénéfice, & qui s'est reservé le droit de patronage. Chez les *Artisans*, *patron* signifie un modèle sur lequel ils taillent leur besogne. lat. *Exemplar*. angl. *a pattern*... Pilote, ou Capitaine d'une barque.

PATRONAGE. *s. masc.* lat. *Jus patronatûs*. ang. *advowson*. Droit qui appartient au fondateur d'une Église ou d'un bénéfice, & qui consiste à avoir la nomination ou présentation au bénéfice par lui fondé ou doté, à avoir les droits honorifiques dans l'Eglise, &c. Il y a des *patronages* Laïques, d'autres Ecclésiastiques. Le *patronage* Laïque est un droit attaché à la personne, soit comme fondateur, soit comme héritier des fondateurs, soit comme possédant un fief auquel le *patronage* est annexé. Ce *patronage* est ou réel ou personnel. Le *patronage* réel est celui qui est attaché à la glebe & à un certain héritage. Le *patronage* personnel est celui qui appartient directement au fondateur de l'Eglise & qui est transmissible à ses enfans & à sa famille.

PATRONAL, ale. *adj.* De patron.

PATRONER. *v. n.* Enduire de couleurs par le moyen d'un patron.

PATRONYMIQUE. *adj.* Se dit des surnoms, ou des noms que l'on tire de ses Ancêtres. ang. *patronymick*.

PATROPASSIENS. *voy.* Patripassiens.

PATROUILLAGE. *s. m.* Saleté faite en patrouillant. Patrouillis.

PATROUILLE. *s. f.* lat. *Excurrentes excubiæ*. ang. *patroll*, *rounds*. Ronde ou marche que font la nuit des gens de guerre, ou de guet, pour observer ce qui se passe dans les ruës, & veiller à la tranquillité & sûreté de la ville ou du camp.... Écouvillon.

PATROUILLER. *v. n.* & *act.* lat. *In aquâ cœnosâ versari*. ang. *to paddle or puddle*. Marcher dans de la boue, dans un lieu marécageux. Manier quelque chose mal proprement, & sur-tout en apprêtant ou en mangeant les viandes.

PATROUILLIS. *s. m.* lat. *Permixtio*. ang. *puddle*. Lieu où l'on a patrouillé. Il se dit d'un plat de potage qu'on aura mis en desordre. Ragoût bisarre de différens mets rassemblés.

PATTALORINCHYTES, *ou Silentiaires*. *s. masc. pl.* Hérétiques, qui faisoient consister tout le service divin dans le silence.

PATTE. *s. f.* lat. *Pes*, *palma pedis*. angl. *paw*. Pied des animaux qui ont des doigts, des ongles ou des griffes. On le dit burlesquement de la main de l'homme. Il se dit aussi d'un pied d'un verre, d'un calice. Il se dit aussi de l'oignon ou racine des anémones & renoncules; d'un bout de raie de rouë, qui entre dans le moyeu; de la partie d'embas des flutes, flageolets, hautbois; d'un instrument à plusieurs pointes, qui sert à faire plusieurs régles ensemble sur le papier; d'une petite bande d'étoffe où il y a 4 ou 5 boutonnières qu'on attache à la fente d'un haut de chausses pour fermer une brayette.... *Patte* du chanvre: écorce qui recouvroit les racines, & qu'il faut retrancher.... *Pattes* de bouline; cordages qui partent de la bouline & vont s'attacher à différens endroits de la ralingue, qui borde le côté vertical de la voile. *i. Patte d'oye :* division d'allées, dans un jardin, ou un bois, qui viennent aboutir à une place, & qu'on enfile tout d'un regard, quand on est au centre. Il se dit aussi, en *Charpenterie*, des enrayures qui se font en certaines sortes de combles. Dans la *Marine*, mouiller en *patte d'oye*, c'est mouiller avec trois ancres disposées en triangle. On nomme aussi *pied d'oye*, ou *patte d'oye*, une plante dont la feuille a la figure du pied d'une oie. Elle est un poison, prise intérieurement.... *Patte de lion :* plante dont la racine prise en breuvage avec du vin guérit les morsures des serpens. Ses fleurs ressemblent à celles de l'anémone, & ses feuilles à celles des choux, quoique déchiquetées, comme celles des pavots.... *Patte d'ours:* voy. Acanthe, ou branche ursine.

PATTÉ, ée. *adject.* (Blason.) lat. *Pedatus.* ang. *patee.* Croix *pattée* est celle qui a les extrémites plus larges & en forme de patte étenduë, comme celle des mathurins.

PATTU, *ou* Patu. *s. m.* lat. *Pennipes.* ang. *rough-footed.* Pigeon qui a de la plume jusques sur ses pieds.

PATURAGE. *s. mas.* lat. *Pascua.* ang. *pasture.* Lieu où les bestiaux vont à l'herbe pour se nourrir. Droit de pâturer qu'on a sur certaines terres.... *Herbe du paturage.* voyez *Genestrolle.*

PATURE. *s. fem.* lat. *Pascua.* ang. *pasture-ground.* Terre qu'on ne cultive point, qui n'est ni pré, ni terre de labour, mais qu'on reserve pour y laisser paitre les bestiaux. Nourriture propre à chaque animal, qui le fait vivre & subsister. Ce qui sert à nourrir l'esprit.... *Pâture de chameau :* plante médicinale, autrement *Juncus odoratus.*

PATURER. *v. n.* lat. *Pascere.* ang. *to feed.* Se dit des bestiaux qu'on met a l'herbe.

PATUREUR. *s. masc.* (Guerre.) Valet ou Cavalier qui méne les chevaux à l'herbe.

PATURON. *s. m.* lat. *Suffrago.* ang. *the pastern of a horse.* Partie du bas de la jambe du cheval, qui est entre le boulet & la couronne, & dont la différente longueur le rend court-jointé, ou long-jointé.

## P A U

PAU. *voy.* Pal.

PAVAGE. *s. m.* lat. *Pavimentatio.* ang. *paving.* Ouvrage du paveur.

PAVAME. *s. m.* voy. *Sassafras.*

PAVANE. *s. f.* Danse grave. lat. *Gravis saltatio.* ang. *pavane.*

PAVANER. (Se) *v. n.* lat. *Superbè & graviter incedere.* angl. *to strut.* Marcher gravement & superbement.

PAVATE. *s. m.* Arbrisseau des Indes, dont les feuilles sont semblables aux petites de l'oranger, sans queuë, d'une belle couleur verte. Sa fleur ressemble en figure au chevrefeuille & en a l'odeur. Les Indiens s'en servent beaucoup en médecine.

PAUCHE. *s. f.* Oiseau. *voy.* Cuiller, *à la fin.*

PAVÉ. *s. m.* lat. *Pavimentum.* ang. *a pavement.* Pierre dure, & ordinairement de grais, dont on couvre les chemins publics pour les rendre fermes, les cours de maisons, les cuisines & les écuries.

PAVEMENT. *s. m.* Action de paver. Espace pavé en compartiment de carreaux de terre cuite, de pierre ou de marbre. lat. *Stratura.* ang. *a pavement.*

PAVENCE. *s. f.* ang. *pavence.* Nom d'une Déesse du Paganisme, à qui les Méres & les Nourrices recommandoient leurs Enfans pour les garentir de la peur. D'autres disent que cette divinité étoit au contraire celle que les Méres & les Nourrices invoquoient, & dont elles menaçoient les petits enfans pour les faire craindre.

PAVER. *verb. act.* lat. *Pavimentare.* ang. *to pave.* Couvrir de pavé un grand chemin, une cour, une sale, &c.

PAVESADE. *s. f.* lat. *Lorica, sepes.* anglois. *netting-sails.* Grande bande de toile, de frise ou de drap, qu'on étend le long du plat-bord d'un vaisseau, quand on se prépare au combat, qui est soutenuë par des pontilles, afin de cacher aux ennemis ce qui se fait sur le pont... Palissade.

PAVEUR. *s. m.* lat. *Pavitor.* ang. *a paver.* Ouvrier qui emploie le pavé, qui en couvre les chemins, les cours, &c.

PAVIE. *s. masc.* lat. *Persica duracina.* ang. *a nectarin.* Sorte de pêche qui ne quitte point le noyau... Espèce de linge ouvré.

PAVIER, *ou* Pavoiser. *verb. act.* lat. *Septo tegere.* ang. *to cover with netting sails.* Mettre des pavois ou pavesades à un vaisseau.

PAVIERS. *voy.* Pavesade.

PAVILLON. *s. m.* lat. *Ædes quadratæ structuræ.* ang. *a pavillion.* Gros bâtiment quarré qu'on couvre ordinairement en croupe avec quatre arrêtiers ou en dôme. En termes de *Guerre*, c'est une tente de toile, ou de coutil, qu'on éleve sur des mâts pour se loger à la campagne. C'est aussi une garniture de lit taillée en rond, qui s'attache au plancher, & qui a la figure d'une tente. Il se dit en général des drapeaux, & étendars, enseignes, bannières, &c. La mode de porter les *pavillons* en pointe ou triangulaires, a été, dit-on, introduite par les *Sarrazins* lorsqu'ils s'emparérent de l'*Espagne*. Auparavant les drapeaux de guerre étoient étendus sur des traversiers de bois. Les Pirates d'*Alger* & toute la côte de *Barbarie* portent le *pavillon* hexagone. Il est de gueules chargé d'un marmot Turc coëffé de son turban, &c. Ce terme est encore plus usité sur mer. C'est la bannière qu'on arbore à la pointe des mâts, pour faire connoître la qualité des commandans des vaisseaux & de quelle Nation ils sont, si ce sont des vaisseaux de guerre ou de commerce. Ils servent aussi de signaux pour marquer la place qu'un vaisseau doit occuper dans une flôte, selon qu'on en est convenu avec le Commandant, pour donner chasse, pour discontinuer, pour venir au Conseil, &c. L'amiral seul porte le *pavillon* au grand mât; le

Vice-Amiral au mât d'Artimon & le Contre-Amiral au mât de Mizaine, lorsqu'il est dans le corps d'une flôte, & au grand mât lorsqu'il commande à part. Il doit être fendu des deux tiers de sa hauteur, & se terminer en pointe. Les *pavillons* de Mizaine ou d'Artimon sont nommés gaillardets ou galands. Le *pavillon* Marchand de *France* est un étendart bleu chargé d'une croix blanche & des armes du Roi. Les vaisseaux Marchands outre le *pavillon* de la Nation, portent de moindres *pavillons* au mât de Mizaine, avec les armes de la ville, &c. où réside le Capitaine & les Propriétaires. *Amener le pavillon* ou mettre *pavillon* bas, c'est le baisser par respect ou soumission. *Faire pavillon blanc*, c'est demander quartier, ou faire signal en arrivant sur une côte, qu'on y va sans dessein d'hostilité & seulement pour faire commerce. Le *pavillon rouge* est le signal d'une bataille ou d'un défi. La manière de mener en triomphe les vaisseaux qu'on a pris est de lier leurs *pavillons* aux haubans ou à la gallerie de l'arrière du vaisseau, de les faire plonger dans l'eau & de remorquer les vaisseaux par la poupe. Les *Officiers de pavillon* sont l'Amiral, le Vice-Amiral, le Contre-Amiral du blanc, du rouge & du bleu. Le *Vaisseau pavillon* est celui qui est commandé par quelqu'un des Officiers Généraux qui ont droit de porter *pavillon*; ce qui le distingue des autres vaisseaux qui lui sont subordonnés. Les *bâtons de pavillon* sont des bâtons plantés à la tête des mâts & qui portent les *pavillons*.

PAVILLONNÉ, ée. *adj.* (Blason.) Se dit d'une trompe ou d'un cor de chasse, lorsque le pavillon est d'un autre émail que le reste.

PAULE. *s. f.* Monnoie Romaine, qui vaut un peu plus de 10. s. de notre monnoie.

PAULETTE. *s. f.* lat. *Jus pauletanum.* ang. *paulet.* Droit que les Officiers de judicature & de finance payent aux parties casuelles du Roi au commencement de l'année, afin de conserver leur charge à leur veuve & à leurs héritiers, sans quoi elle seroit vacante au profit du Roi en cas de mort.

PAULETTER. *v. n.* Payer la paulette.

PAULICIENS. *s. m. pl.* Branche des Manichéens.

PAULINE. *voy.* Indult.

PAUME. *s. f.* lat. *Palma.* ang. *the palme of one's hand.* Partie intérieure de la main qui est comprise entre le poignet & les doigts. C'est aussi un jeu où l'on pousse & repousse plusieurs fois une balle avec certaines regles. C'étoit autrefois une mesure qui étoit de quatre doigts, quand on mesuroit avec la main fermée & de douze, quand elle étoit étenduë.

PAUMELLE. *s. f.* Espèce d'orge qui n'a que deux rangs... Espèce de penture de portes, qui tourne sur un gond... Dé que les Treviers ont à la paume de la main, quand ils cousent les voiles.

PAUMER. *verb. act.* (Stile bas.) Frapper, souffletter.

PAUMET. *voy.* Paumelle, *à la fin.*

PAUMIER, ière. *s. m. & f.* lat. *Sphæristerii dominus.* *a.* ang. *a tennis-court-keeper.* Maître qui a droit de tenir un jeu de paume, qui fait des balles & des raquettes.

PAUMILLON. *s. m.* (Agricult.) Partie de la charrue, qui tient l'épars, où sont ordinairement attachés les traits des chevaux ou des bœufs qui tirent la charrue.

PAUMURE. *s. f.* Sommet des têtes de cerf, où il se fait plusieurs divisions de son bois.

PAVOIS. *voy.* Pavesade.

PAVOISER. *voy.* Pavier.

PAVOT. *sub. mas.* lat. *Papaver.* ang. *poppy.* Plante ou fleur blanche ou rouge, les rouges viennent communement dans le bled. Le jus du *pavot* provoque le sommeil... *Pavot cornu:* voy. *Glaucium.*

PAUPIÈRE. *s. f.* lat. *Palpebra.* ang. *eye-lid.* Partie cartilagineuse du visage qui sert à couvrir les yeux & à les défendre d'une trop vive lumière.

PAUSE. *s. femin.* lat. *Cessatio*, *pausa.* ang. *pause*, *stop.* Arrêt, cessation d'agir, de parler, de marcher.

PAUSÉMENT. *voy.* Posément.

PAUSER. *v. neut.* lat. *Moram facere.* ang. *to pause.* Faire une pause.

PAUTKAS. *s. masc. pl.* Toile de coton des Indes.

PAUVRE. *adj.* & *sub.* lat. *Pauper*, *inops.* ang. *poor*, *needy.* Qui n'a pas de bien, qui est dans la misère; qui n'a pas le nécessaire.

PAUVREMENT. *adv.* lat. *Miserè*, *tenuiter.* ang. *poorly.* D'une manière pauvre.

PAUVRET, ette. *adjectif.* Diminutif de pauvre.

PAUVRETÉ. *sub. f.* lat. *Paupertas*, *egestas.* ang. *poverty*, *need.* Disette; nécessité; manque de bien, de fortune... C'étoit aussi une Déesse, parmi les Payens. Mais elle étoit plus capable d'inspirer du dégoût & de la terreur, que du respect & de l'amour. Car quoiqu'elle soit la mère de l'industrie & des arts les plus utiles, elle étoit représentée comme une furie, pâle, effarée, affamée & emportée par le désespoir. Quelques-uns la font fille de la paresse & du libertinage.

## P A Y

PAYABLE. *adject.* Qui doit être payé. ang. *payable*, *to be paid.*

PAYAS DE MONTASIN. *voy.* Montassins.

PAYCO. *s. m.* *Plantago indica.* Plante du Pérou, dont les feuilles ressemblent à celles du Plantain.

PAYE, Payement. *voy.* Païe, Païement.

PAYEN, enne. *adj.* & *s. m.* & *f.* lat. *Paganus*, *idololatra.* anglois. *a pagan*, *or heathen.* Gentil, idolâtre, qui adore les faux Dieux de l'antiquité.

PAYER, Payeur. *voy.* Païer, Païeur.

PAYS, Paysage, Paysan. *voy.* Païs, Païsage, Païsan.

## P A Z

PAZAN. *s. m.* Animal qui fournit le Bézoard Oriental.

P E A

PÉAGE. *s. m.* lat. *Vectigal*, *portorium.* ang. *toll*, *custom.* Droit qu'on prend sur les voitures des marchandises pour l'entretien des grands chemins.

PÉAGER. *s. m.* lat. *Portorii exactor.* ang. *a toll-gatherer.* Fermier du péage qui exige & fait payer ce droit.

PÉAN. *voy.* Péon.

PEAU. *s. fem.* lat. *Cutis*, *pellis.* ang. *skin.* Cuir qui couvre l'animal, qui envelope toutes ses autres parties. Il se dit aussi de ce qui envelope les fruits tant dehors que dedans; de ce qui se forme sur les liqueurs onctueuses, quand elles s'épaississent.

PEAUSSIER. *s. m.* lat. *Pellio.* ang. *a skinner.* Marchand qui vend ou qui prépare des peaux.

PEAUTRÉ. *adject.* (Blason.) Se dit de la queuë des poissons, lorsqu'elle est d'autre émail que le corps.

P E C

PEC. (Hareng.) *adj. m.* lat. *Harengus novus sale aspersus.* anglois. *pickled herring.* Hareng fraîchement salé.

PECCABLE. *adj.* Qui peut pécher. lat. *Qui peccare potest.* ang. *that may sin.*

PECCADILLE. *s. fem.* lat. *Peccatum leve.* ang. *peccadillo.* Petit péché, légère faute.

PECCANT, ante. *adject.* lat. *Peccans.* ang. *peccant.* Epithéte qu'on donne aux humeurs quand elles ont de la malignité.

PECCAVI. *s. mas.* ang. *a good contrition*, *a true repentance.* Confession du péché.

PECHA. *voy.* Pessa.

PÉCHÉ. *s. m.* lat. *Divinæ legis transgressio.* ang. *a sin.* Action mauvaise; contravention aux Commandemens de Dieu & de l'Eglise.

PÊCHE. *s. f.* lat. *Malum persicum.* anglois. *peach.* Gros fruit à noyau qui vient sur la fin de l'Été, des plus délicieux qui se mangent. C'est aussi l'action par laquelle on prend du poisson, l'art de prendre du poisson. lat. *Piscatio.* ang. *fishing.*

PÊCHER. *v. act.* latin. *Piscari.* ang. *to fish.* Prendre du poisson, retirer de l'eau.

PÊCHER. *s. m.* lat. *Malus persica.* anglois. *a peach-tree.* Arbre qui porte les pêches.

PÉCHER. *v. n.* lat. *Dei præcepta transgredi.* ang. *to sin or offend.* Désobéir à Dieu; transgresser la loi divine. Manquer; faillir contre les regles d'un art, d'une science, contre les devoirs de la vie civile. N'avoir pas les qualités requises.

PÊCHERIE. *s. f.* lat. *Piscaria.* ang. *a fishing place.* Lieu préparé pour pêcher.

PÉCHEUR. *s. m.* Péchéresse. *s. f.* lat. *Peccator.* ang. *a sinner.* Qui fait un péché.

PÊCHEUR. *s. m.* lat. *Piscator.* ang. *a fisher*, *or fisher-man.* Celui qui va à la pêche du poisson.

PÉCHYAGRE. *s. fem.* *Pechyagra.* Espèce de goutte, qui occupe le coude.

PECORE. *s. f.* lat. *Stipes.* ang. *a beast.* Animal, bête, personne sotte, stupide, qui a de la peine à concevoir quelque chose.

PECK. *s. m.* Mesure de continence en Angleterre, qui contient 16. pintes, ou 2. gallons, & est la 4e. partie d'un boisseau.

PECOULS, ou *Petits basins.* Bordures de bois unies, qui servent à encadrer des estampes.

PECQUE. *voy.* Pec.

PECTEN. *s. m.* Espèce d'huître, dont la coquille a la figure d'une main ou d'un pied, armée dans sa longueur de dents, comme un peigne.... *Pecten:* (Anat.) *voy.* Pénil.

PECTINAL. *adj.* Se dit des poissons dont l'arête imite les peignes.

PECTINEUS. *s. masc.* (Anat.) Le troisième des 15. muscles de la cuisse. Il prend son origine de la partie antérieure de l'os pubis & vient s'insérer par devant à l'os de la cuisse, au dessous du petit trocanter.

PECTORAL. *s. masc.* lat. *Pectorale.* ang. *the pectoral*, *a breast-plate.* Piéce de broderie d'environ dix pouces en quarré avec quatre rangs de pierres précieuses que le grand Prêtre des Juifs mettoit sur ses habits devant son estomach. Chaque pierre portoit le nom de l'une des tribus d'Israël.

PECTORAL, ale. *adj.* lat. *Pectoralis.* ang. *pectoral.* Qui a du rapport à la poitrine. Bon pour la poitrine.

PÉCULAT. *s. m.* lat. *Peculatus.* ang. *peculation.* Vol des deniers publics par celui qui en est l'ordonnateur, le dépositaire, ou le receveur, ou par ceux qui en ont le maniement: malversation dans l'administration des finances.

PÉCULE. *s. m.* lat. *Peculium.* ang. *an estate got by private industry.* C'est le fonds que celui qui est en puissance d'autrui, comme un fils de famille, ou un esclave, peut acquerir par sa propre industrie, sans avance ni secours de la part de son père ou de son maître, mais seulement avec sa permission. Il se dit aussi de ce que chaque Religieux épargne & posséde en particulier.

PÉCUNE. *s. fem.* lat. & ang. *pecunia.* Déesse adorée par les Romains, qui présidoit aux richesses. Ils adoroient aussi son fils, qu'ils nommoient *Argentinus.*

PÉCUNIAIRE. *adj.* ang. *pecuniary.* Qui a rapport à l'argent.

PÉCUNIEUX, euse. *adj.* lat. *Pecuniosus.* ang. *money'd.* Qui a de l'argent comptant, celui dont le bien consiste en argent.

P E D

PÉDAGNE. *s. m.* C'est une espèce de marche-pied sur lequel, en voguant, le forçat qui est enchaîné, a toujours le pied.

PÉDAGOGIE. *s. f.* Office, qualité de Pédagogue, de Précepteur.

PÉDAGOGIQUE. *adj.* Qui appartient à la Pédagogie.

PÉDAGOGUE. *s. mas.* lat. *Pedagogus.* ang. *pedagogue.* Régent; Maître à qui on donne le soin d'instruire & de gouverner un écolier; de lui apprendre la grammaire & de veiller sur sa conduite.

**PÉDALES.** *f. fem. pl.* lat. *Organi pneumatici pedaria palmula.* ang. *pedals.* Jeux de l'orgue qui se touchent avec les pieds.

**PÉDANÉE.** *adj.* lat. *Judex pedaneus.* ang. *a country-judge.* Juge de village qui n'a point de siége pour rendre la justice, qui juge debout & sans tribunal.

**PÉDANT.** *f. m.* lat. *Padagogus.* ang. *a pedant.* Régent, Maître d'école, homme de collége qui a soin d'instruire & de gouverner la jeunesse. Il se dit aussi d'un sçavant mal poli, grossier & opiniâtre; qui fait un mauvais usage des sciences, qui fait de méchantes critiques & observations, comme font la plûpart des gens de collége, ce qui est insuportable dans une compagnie.

**PÉDANTE.** *f. f.* Femme qui fait la savante, ou qui est sérieuse hors de propos. ang. *a pedantick woman.*

**PÉDANTER.** *v. n.* lat. *Rhemnianum doctorem agere.* ang. *to be a pedant.* Terme injurieux pour exprimer la profession de ceux qui enseignent dans les colléges.

**PÉDANTERIE.** *f. f.* lat. *Ineptæ eruditionis affectatio.* ang. *pedantism.* Qualité ou manière d'agir des pédans.

**PÉDANTESQUE.** *adj.* ang. *pedantick.* lat. *Quod redolet insulsum litteratorem.* Ce qui est propre au pédant.

**PÉDANTESQUEMENT.** *adv.* A la manière des pédans. lat. *Insulsi litteratoris more.* ang. *pedantickly.*

**PÉDANTISER.** *v. act.* lat. *Insulsum litteratorem agere.* anglois. *to play a pedant's part.* Tenir un procédé de pédant à l'égard de quelqu'un.

**PÉDANTISME.** *f. m.* lat. *Insulsa litteratura.* ang. *pedantism.* Pédanterie. Ce qui ressent le pédant, qui a un air pédant, des manières pédantes.

**PÉDÉRASTE.** *f. m.* Sodomite.

**PÉDÉRASTIE.** *f. f.* Sodomie.

**PÉDICATEUR.** *f. m.* Péderaste, sodomite.

**PÉDICULAIRE.** *f. fem.* Plante boune contre les hémorragies.

**PEDICULAIRE.** *adj.* lat. *Pedicularis.* ang. *pedicular, lousie.* Maladie qui fait naître de la peau une infinité de poux.

**PÉDICULE.** *f. m* lat. *Tenuissimus ramusculus.* ang. *pedicle.* Terme de *Botanique* qui se dit du petit brin qui soutient la fleur d'une plante.

**PÉDIEUX.** *f. m.* (Anat.) Le second muscle des extenseurs du pied, qui est placé sur le pied même.

**PÉDILUVE.** *f. m.* *Pediluvium.* Bain pour les pieds.

**PÉDOMÉTRE.** *f. m.* ang. *pedometer.* Instrument de mathématique composé de divers roües & pignons, avec un index en dehors & une chaîne attachée à une roüe, ou au pied d'un homme, &c. pour marquer combien on a fait de pas ou de tours de roüe depuis le commencement de la route jusques au tems où l'on s'arrête. Par ce moyen on peut mesurer sans peine la distance d'un lieu à un autre.

## P E G

**PÉGAFROL.** *f. masf.* Oiseau des Indes. *voy. Guainumbi.*

**PÉGASE.** *f. m.* lat. & ang. *pegasus.* Cheval aîlé, que les Poëtes disent être fils de *Neptune.* Il fit sourdre la fontaine d'*Hippocrene* en frappant du pied. *Bellerophon* le monta quand il combatit la *Chimere* & il fut dans la suite placé parmi les étoiles. D'autres disent que *Pegase* nâquit du sang de *Meduse*, lorsque *Persée* lui coupa la tête. En *Astronomie* c'est une constellation de l'hemisphére septentrional représentée sur le globe, sur les cartes, &c. comme un cheval aîlé, qui contient selon le catalogue de *Ptolomée* 20. étoiles, selon *Tychon* 19. & selon *Flamsteed* 98. de différentes grandeurs.

**PÉGÉES.** *f. f. pl.* Nayades.

**PÉGOMANCIE.** *f. f.* Espéce de divination, qui se faisoit par l'eau des fontaines, dans laquelle on jettoit des sorts.

## P E H

**PEHUAME.** *f. m.* Plante qui croît au Mexique, & dont les feuilles ont la figure d'un cœur. Ses fleurs sont purpurines.

## P E I

**PEIGNE.** *f. masc.* lat. *Pecten.* ang. *a comb.* Petit instrument qui sert à décrasser & à nettoyer la tête, à arranger les cheveux, & à les tenir proprement. C'est aussi l'instrument avec lequel on carde, on démêle la laine, la bourre, la soie.... *Peigne*: coquillage, *voy. Pétoncle* .... *Peigne de Venus*: plante ainsi nommée, parce que ses fruits sont rangés comme les dents d'un peigne. Il y en a 3. espèces. *Pecten veneris, scandix.*

**PEIGNER.** *v. act.* lat. *Pectere.* ang. *to comb.* Décrasser la tête, démêler, ou arranger ses cheveux avec un peigne. Rendre bien propre & bien ajusté.

**PEIGNEUR.** *f. m.* Qui peigne.

**PEIGNIER.** *f. m.* lat. *Pectinum opifex, pectinopola.* ang. *a comb-maker, or comb-seller.* Marchand ou Artisan qui vend, ou qui fait des peignes.

**PEIGNOIR.** *f. m.* lat. *Mundi muliebris involucrum.* ang. *a combing-cloth.* Linge qu'on met sur ses épaules lorsqu'on se peigne. Il se dit aussi de la trousse où l'on enferme les peignes à peigner les cheveux.

**PEIGNON.** *voy.* Pignon, *à la fin.*

**PEIGNURES.** *f. fem. pl.* lat. *Pectinationis exuviæ.* ang. *hair comb'd off.* Cheveux qui tombent quand on se peigne.

**PEILLES.** *f. f. pl.* Chiffons.

**PEILLIER.** *f. m.* Chiffonnier.

**PEINAL.** *voy.* Penal.

**PEINDRE.** *verb. actif.* lat. *Pingere.* ang. *to paint.* Mêler & emploier les couleurs avec un tel art, qu'elles représentent un objet quel qu'il soit. Faire un portrait. Barbouiller, couvrir, enduire avec de la couleur broyée. Écrire avec la plume.

PEINDRE. (à) *adv.* Se dit des choses, qui sont bien faites, qui vont bien.

PEINE. *s. f.* lat. *Castigatio, pœna.* anglois. *pains, trouble.* Châtiment qu'on fait souffrir à ceux qui ont fait quelque faute ; punition d'un crime. Fatigue, travail corporel. Soin, tourment, inquiétude d'esprit, ennui, chagrin, souci. Douleur, souffrances, obstacle, difficulté.

PEINE. (à) *adverbe.* Difficilement. Presqu'aussi-tôt.

PEINER. *v. act.* & *n.* lat. *Molestiam creare.* ang. *to trouble.* Faire de la peine, donner de la peine. Avoir de la peine. lat. *Defatigari.* ang. *to take great pains.*

PEINTRE. *s. m.* lat. *Pictor.* ang. *painter.* Celui qui employe les couleurs avec art pour représenter toutes sortes d objets. Il se dit aussi de ceux qui représentent vivement les choses dont ils parlent, soit en vers, soit en prose.... *Peintre en émail :* est celui qui avec des pinceaux & des couleurs d'émail imite sur des plaques d'or ou de cuivre émaillées de blanc tout ce qu'il y a de beau dans la nature.

PEINTURE. *s. f.* lat. *Color, pigmentum.* ang. *painting.* Couleur qui sert aux Peintres à enduire ou colorer. C'est aussi l'art d'appliquer les couleurs, la science du Peintre. L'art de peindre à l'huile a été inconnu jusques au 14e. siécle. On ne peignoit auparavant qu'en fraisque ou avec des couleurs détrempées dans l'eau. C'est *Jean van Eych* ou *Jean de Bruges* qui inventa & introduisit l'usage de l'huile. C'est-ce qui donne à l'Artiste le moyen de toucher & retoucher son ouvrage jusques à ce qu'il en soit content ; ce qu'il ne peut faire à fraisque ni à détrempe. Cet art a différens noms selon les usages qu'on en fait, comme *peinture* à huile, à détrempe, en mignature, &c. *Peinture* se dit aussi des tableaux, des ouvrages de l'art.... *Figurément*, c'est description, représentation.

PEINTURÉ, ée. *adj.* lat. *Pictus.* anglois. *dawb'd.* Ce qui est peint & couvert d'une seule couleur & sans art particulier.

PEINTURER. *v. act.* Barbouiller, peindre d'une seule couleur.

## PEL

PELACHE. *s. f.* Espèce de peluche grossière faite de fil & de coton.

PÉLADE. *s. f.* lat. *Alopecia.* ang. *the failling of the hair.* Maladie du cuir qui fait tomber le poil, causée par une humeur sereuse qui corrode la racine des cheveux.... Laine qu'on fait tomber par le moyen de la chaux de dessus les peaux de moutons & brebis.

PÉLAGE. *s. m.* Qualité du poil d'une bête. lat. *Crinis, pilus.* ang. *hair.*

PÉLAGIENS. *s. m. pl.* lat. *Pelagiani.* ang. *pelagians.* Secte qui s'éleva dans l'Eglise au 5e. siécle. On dit qu'ils soutenoient que non-seulement les hommes pouvoient devenir impeccables pendant cette vie ; mais que plusieurs étoient actuellement arrivés à ce degré de perfection ; Ils nioient la grace de J. C. & prétendoient que par la force naturelle du libre arbitre, nous pouvions faire notre salut & parvenir à la beatitude éternelle. Ils nioient le péché originel & disoient qu'il ne se communiquoit pas à la posterité d'*Adam* par propagation mais par imitation ; que la grace étoit l'effet de nos mérites ; qu'*Adam* étoit mortel par sa nature avant sa chute ; que le péché n'étoit pas la cause de la mort : que Dieu nous avoit donné l'être ; mais que nous devenions justes par nos propres forces ; qu'il y avoit trois voyes de salut, la loi de *Nature*, la loi de *Moïse* & la loi de J. C., &c.

PELAINS. *s. m. pl.* Satins de la Chine.

PELAMIDE. *s. f.* lat. *Pelamys.* ang. *a pilcher, or pilchard.* Poisson de mer ; jeune thon d'un an.

PELARD. *adj. m.* Se dit du bois dont on a ôté l'écorce pour faire du tan.

PELARDEAU. *voy.* Palandeaux.

PÉLASTRE. *voy.* Pelâtre.

PÉLATRE. *s. mas.* lat. *Batilli patella.* ang. *the pan or broad end of a shovel.* Partie de la pêle qui est la plus large, & qui a ordinairement des rebords.

PÉLAUDER. *v. act.* lat. *Malè mulctare.* ang. *to beat, to cuff.* Battre à coups de poings ou de main.

PÈLE. *s. f.* lat. *Batillum.* ang. *a shovel.* Outil de bois ou de fer, qui sert à remuer & à mesurer du blé, ou des grains, à enlever du fumier, des ordures, à enfourner du pain, à transporter du feu, ou des cendres, &c.

PÉLÉCOÏDE. *s. m.* (Géométrie.) Figure qui a la forme d'une hache. Elle est composée de 3. arcs, dont l'un est un demi-cercle & les 2. autres, égaux chacun à la moitié du demi-cercle, sont opposés l'un à l'autre par leur partie convexe & soutiennent le demi-cercle.

PÊLÉE. *s. f.* lat. *Patella plena.* ang. *a shovel full.* Ce qui peut tenir sur une pêle. Pêlerée.

PÊLE-MÊLE. *adv.* lat. *Promiscuè.* ang. *pellmell.* Confusément.

PELER. *v. act.* lat. *Glabrare.* ang. *to make bald.* Faire tomber le poil. Oter la pellicule ou l'écorce d'un fruit.

PÊLERÉE. *voy.* Pêlée.

PÉLERIN, ine. *s. m.* & *f.* lat. *Peregrinus.* angl. *pilgrim.* Qui voyage par la campagne. Qui fait des voyages par dévotion, ou pour s'aquitter de quelque vœu.

PÉLERINAGE. *s. m.* lat. *Peregrinatio religionis ergò.* ang. *pilgrimage.* Voyage de dévotion.

PÊLERON. *s. m.* lat. *Palmula.* ang. *a little peel.* Petite pêle de bois dont les Boulangers se servent pour enfourner le petit pain.

PÊLETÉE. *voy.* Pêlée.

PÊLETERIE. *s. f.* lat. *Pellis.* ang. *skins, or furrs.* Peau dont on fait les fourrures. Art d'accommoder les peaux.

PÊLETIER. *s. m.* lat. *Pellio.* ang. *a skinner, or furrier.* Marchand fourreur, qui vend & prépare des peaux fourrées.

PELEURE. *voy.* Pelure.

PELICAN. *s. masc.* Oiseau qu'on dit être de deux sortes, l'un aquatique qui ne se nourrit que de poiſſons ; l'autre qui habite les deſerts & ne ſe nourrit que de ſerpens & autres reptiles. On dit qu'il a une tendreſſe particulière pour ſes petits. Il place ordinairement ſon nid ſur des rochers eſcarpés, pour le défendre contre les ſerpens, qui ſont ſes plus grands ennemis & qui obſervent ſi le vent ſouffle vers le nid du *Pelican* pour y lancer leur venin & y tuer les petits. Le *Pelican* pour leur rendre la vie, monte au plus haut & ſe frappant les côtés de ſes aîles, il en fait ſortir du ſang, qui tombant dans le nid, rend la vie à ſes petits. Les interprêtes ne ſont pas d'accord ſur le *Pelican* dont il eſt parlé dans les Saintes Écritures. Les uns diſent que c'eſt le *Butor* qui eſt un oiſeau de la grandeur d'un Heron, d'autres le Heron, le Cigne, le Vaneau, le Coucou. Chez les *Chymiſtes pelican* eſt une eſpèce de vaiſſeau double fait ordinairement de verre, qui ſert à faire des diſtillations par circulation. C'eſt auſſi un ferrement dont ſe ſervent les Chirurgiens pour arracher des dents. C'eſt encore le nom qu'on donne à une ancienne piéce d'artillerie, qui porte ſix livres de boulet.

PELIE. *voy.* Pelade.

PELING. *ſ. m.* Etoffe de ſoie qui ſe fabrique à la Chine.

PELIS. *ſ. maſ.* Laines que les Megiſſiers font tomber de deſſus les moutons tués.

PELISSE. *ſ. f.* Robe fourrée de peau. lat. *Pellita veſtis.* ang. *a furred cloath.*

PELISSIER. *voy.* Peauſſier.

PELISSON. *ſ. m.* lat. *Pellita veſtis.* ang. *a furred petticoat.* Juppe de peaux fourrées, que portent les vieilles femmes.

PELLA. *ſ. f.* Pâte d'argent amalgamé avec du mercure.

PELLATRE. *voy.* Pelâtre.

PELLAUDER. *voy.* Pélauder.

PELLE, Pellée, Pellerée, Pelleron, Pelletée, Pelleterie, Pelletier. *v.* Pêle, Pêlée, &c.

PELLICULE. *ſ. f.* lat. *Pellicula*, *epiderma.* ang. *pellicle.* Peau très-fine & déliée. Epiderme. Chez les *Chymiſtes* c'eſt la peau qui ſe forme ſur les liqueurs que l'on fait évaporer.

PELLISSIER. *voy.* Peauſſier.

PELOIR. *ſ. m.* Rouleau de bois avec lequel les Megiſſiers font tomber le poil de deſſus les peaux de moutons.

PELOTE. *ſ. f.* lat. *Pilula.* ang. *ball.* Maſſe qu'on fait en forme de boule de diverſes choſes, comme de neige, de pâte, &c. En termes de *Manége*, c'eſt une marque blanche au front du cheval, qu'on appelle auſſi *étoile*. *Pelote* de toilette, eſt un petit coffret, dans lequel les Dames ſerrent leurs bagues & autres menues choſes dont elles ont beſoin à leur toilette, & qui eſt rembourré ſur le couvercle pour y fourrer leurs épingles.

PELOTER. *v. act.* lat. *Pilâ datatim ludere.* ang. *to toſſ.* Jouer à la paume pour s'exercer, ou paſſer le tems, ſans jouer partie reglée.... *v. neut.* Jetter des pelotes de neige... Il ſe dit auſſi des choſes qui s'aſſemblent aiſément en une pelote, en un monceau... *Peloter.* (*v. act.*) *voy.* Pelauder.

PELOTON. *ſ. maſ.* lat. *Glomus.* ang. *a bottom.* Boule que l'on fait en dévidant du fil, de la laine, &c. C'eſt auſſi ce qui ſert à mettre des épingles, un petit ſac empli de bourre ou de ſon. Il ſe dit encore d'une petite troupe de gens qui s'aſſemblent en rond pour s'entretenir. En termes de *Guerre*, il ſe dit de petits corps de 40 ou 50. Soldats qu'on poſe entre des Eſcadrons de Cavalerie pour les ſoutenir, ou dans des embuſcades, des deffilés, &c. Amas d'animaux ou d'inſectes.

PELOTONNER. *v. act.* Mettre en peloton, par pelotons.

PELOUSE. *ſ. f.* lat. *Incultus terræ tractus.* ang. *moſſy ground*, *a down.* Terrain couvert d'une herbe menuë & courte, ſur lequel on marche doucement & agréablement. Tapis de gazon.

PELTE. *ſ. f.* (Antiquaire.) Petit bouclier, léger, & maniable.

PELU, ue. *adject.* lat. *Piloſus.* ang. *hairy.* Chargé de poil. Une patte *peluë*, c'eſt-à-dire, un hypocrite, flateur & trompeur.

PELUCHE. *ſ. f.* lat. *Villoſum ſericum.* ang. *shang.* Etoffe de ſoie, dont les filets traverſans ſont coupés comme ceux de la panne & du velours, mais dont on a laiſſé le poil plus long. Velouté qui ſe voit dans l'anémone & dans quelques autres fleurs.... Touffe de feuilles menues & déliées qu'on voit dans les anémones doubles, & qui fait leur principale beauté.

PELUCHÉ, ée. *adj.* lat. *Villoſus.* ang. *tufted.* Terme de *Fleuriſte.* Qui eſt embelli d'une peluche.

PELURE. *ſ. f.* lat. *Cortex*, *cutis.* anglois. *paring.* Ce qu'on ôte des fruits en les pêlant.... Pelure. *voy.* Pelade.

## P E M

PEMPHIGODES, *ou Pemphingodes. adj. f. pl.* Fiévres diſtinguées par des flatuoſités & des enflures.

## P E N

PENAILLE. *ſ. f.* Mot injurieux pour ſignifier une aſſemblée de Moines.

PÉNAL, ale. *adj.* lat. *Pœnalis.* ang. *penal.* Qui aſſujettit à quelque peine.

PENARD. *ſ. m.* lat. *Vetulus.* ang. *an old dotard.* Vieillard caſſé.

PÉNATES. *ſ. maſc. pl.* lat. & ang. *Penates.* C'étoient les Dieux domeſtiques des Payens. Il y en avoit de deux ſortes, les uns publics & les autres privés. Les Dieux *Penates* publics étoient une eſpèce de divinité tutelaire pour la ville & l'Empire de *Rome*. *Enée* avoit apporté de *Troye* les images & repréſentations de ces prétendues divinités; quelques-unes étoient de fer, d'autres de bronze & d'autres de terre.

PENAUD, aude. *adj.* lat. *Stupefactus.* ang. *ſpeechleſſ*, *abashed.* Confus, honteux, étonné pour quelque accident qui lui eſt arrivé, qui lui porte du déſavantage.

PENCHANT,

PENCHANT, Penchement, Pencher. *voy.* Panchant, Panchement, Pancher.

PENDAISON. *s. f.* Exécution de pendu.

PENDABLE. *adj.* lat. *Furcifer.* ang. *hanging.* Qui merite la mort, la corde, la potence.

PENDANS. *s. m. pl.* Banderolles qu'on arbore aux vergues d'un navire.. :. *Pendans* d'oreilles, ou boucle d'oreille : ornement que les Dames portent à leurs oreilles, qu'elles font percer exprès. lat. *Inauris.* ang. *pendants or ear-bobs. Pendans d'un ceinturon :* morceaux de cuir ou d'étoffe redoublés où l'on passe l'épée...... On appelle aussi *pendans d'oreilles* : deux tableaux ou autres piéces curieuses appariées qui ne se peuvent séparer, ni vendre l'une sans l'autre. Le *pendant* d'un tableau c'est celui avec qui il est apparié.... *Pendans*, dans le *Blason*, se dit des parties qui pendent au lambel.

PENDANT, ante. *adj.* lat. *Suspensus, pendulus.* ang. *hanging.* Qui pend, qui est attaché par en haut, & qui tend en bas. Un procès est *pendant* & indécis, quand l'affaire est retenuë en certaine jurisdiction.

PENDANT. *Prép.* lat. *Dum.* ang. *during.* Durant un certain espace de tems. *Pendant* que, *tandis* que.

PENDAR. *s. m.* Espèce de poire de la fin de Septembre. Elle ressemble beaucoup à la cassolette par sa chair, son gout & son eau, mais elle est plus grosse & son bois est différent aussi-bien que le tems de sa maturité.

PENDARD, arde. *s. m.* & *f.* lat. *Furcifer, nequam.* ang. *a villain, a rascal.* Scélerat, fripon; qui a commis des actions qui méritent la corde, la potence.

PENDELOQUE. *s. fem.* lat. *Pendulæ bullæ.* ang. *a pendiloch.* Morceaux de cristal qui pendent à des lustres, des chandeliers, des tablettes, corbeilles, &c. pour leur servir d'ornement.

PENDEMENT. *voy.* Penderie.

PENDENTIF. *s. mas.* lat. *Arca fornicis.* En *Architecture* est tout le corps de la voute suspenduë, hors le perpendicule des murs, & qui pousse sur les arcs-boutans, soit en berceau, soit avec des arcs ou ogives. On le nomme aussi *Fourche* ou *Panache.*

PENDERIE. *s. f.* lat. *Suspensio, suspendium.* ang. *hanging.* Action de pendre au gibet.

PENDEUR. *s. m.* (Marine.) Bout de corde de moyenne longueur qui soutient une poulie où l'on passe la manœuvre.

PENDILLER. *v. n.* lat. *Oscillare.* ang. *to dangle to and fro.* Brandiller étant attaché, suspendu à quelque chose.

PENDOIR. *s. masc.* Morceau de corde pour pendre le lard. lat. *Funis suspensor.* ang. *a cord to hang a flitch of bacon on.*

PENDRE. *v. act.* lat. *Pendere, suspendere.* anglois. *to hang or hang up.* Attacher quelque chose par la partie d'en haut. Il se dit aussi du supplice de la potence, de ceux qu'on y attache, & qu'on y étrangle.

PENDRE. *s. m.* Plante de l'Isle de Madagascar. Ses feuilles sont semblables à celles de l'aloës, mais plus piquantes. Elle produit dix à douze fleurs blanches, d'une odeur très-agréable, qui infusées au soleil dans l'huile de Sesame, sont emploiées par les femmes du païs à s'oindre le visage & les cheveux. Son fruit ressemble à l'ananas.

PENDU. *s. m.* lat. *è patibulo pendulus.* ang: *one that is hanged.* Qui est attaché au gibet.

PENDULE. *s. m.* lat. *Vibratus horologii stylus pendulus.* ang. *a pendulum.* Poids attaché à une verge, à un fil de fer, &c. & suspendu par un cloud, &c. pour faire librement ses vibrations. Il les fait un certain nombre de fois dans un espace de tems déterminé selon sa longueur. C'est par-là qu'on regle & que l'on fait ces excellentes machines que l'on appelle communément, horloges à *pendules.* Car on a trouvé par expérience qu'un pendule dont la longueur depuis le point de suspension jusques au centre du poids ou de la bale est de 39. pouces & 2. dixièmes d'un pouce d'*Angleterre*, fait sa vibration dans une seconde; & c'est sur cette longueur que l'on détermine toutes les autres : car il est démontré que toutes les longueurs des *pendules* sont entr'elles comme les quarrés des tems de leurs oscillations.

PENDULE. *s. fem.* Horloge qu'on fait avec un pendule, qui en régle le mouvement. Petit portique orné où l'on renferme les cadrans & les mouvemens de la pendule.

PÊNE. *s. m.* Petite piéce de fer qui est mobile dans la serrure par le moyen de la clef, & qui entre dans la gache, quand on ferme une porte ou un coffre. ang. *the bolt of a lock*.... *Pênes :* (Marine.) Bouchons d'étoupe attachés à un manche, qui servent aux calfateurs à goudronner un vaisseau, à le suiver & braïer.

PÉNÉTRABILITÉ. *s. fem.* ang. *penetrablenesf, or penetrability.* Qualité qui rend pénétrable.

PÉNÉTRABLE. *adj.* lat. *Penetrabilis.* ang. *penetrable.* Qui peut être percé, pénétré.

PÉNÉTRANT, ante. *adj.* latin. *Penetrans.* ang. *penetrating.* Qui entre bien avant. Intelligent, profond.

PÉNÉTRATIF, ive. *adj.* ang. *penetrative.* Qui pénétre aisément.

PÉNÉTRATION. *s. f.* lat. *Penetratio.* ang. *penetration.* Action par laquelle une chose entre dans une autre, ou occupe la même place. Intelligence, vivacité de l'esprit.

PÉNÉTRER. *v. act.* lat. *Penetrare.* ang. *to penetrate.* Être en même lieu. Entrer l'un dans l'autre. Cheminer dans un païs, le découvrir, le conquerir. Approfondir une affaire, une science.

PENGUIN. *voy.* Pinguin.

PÉNIBLE. *adject.* lat. *Difficilis, laboriosus.* anglois. *painful, toilsom, hard.* Difficile; qui donne de la fatigue, de la peine.

PÉNIBLEMENT. *adv.* Avec peine.

PÉNIDES. *s. f. pl.* (Pharmacie.) Sucre cuit avec une décoction d'orge, qu'on met en bâtons.

PÉNIE. *s. f.* Déesse de la pauvreté.

PÉNIL. *s. m.* Partie antérieure de l'os barré qui est au-tour des parties naturelles.

PENIN, *ou* Penning. *s. m.* Denier de Hollande. Il vaut un 5^e. plus que ne valoit le denier tournois de France.

PÉNINSULE. *s. f.* lat. *Pene insula.* ang. *peninsule*, *penisle*, *demi-island.* Portion de terre environnée de la mer de tous côtés, excepté d'un seul.

PÉNISTON. *s. m.* Espèce de molleton, qui se fabrique en Angleterre.

PÉNITENCE. *sub. f.* lat. *Dolor de malo commisso.* ang. *penitence.* Amendement de mœurs; conversion, regret, douleur que l'on marque à Dieu pour les péchés qu'on a commis. Il se dit aussi de la peine que le Confesseur impose dans l'Eglise *Romaine*, pour la satisfaction des péchés dont il absoud. Dans la *Primitive Eglise*, ceux qui avoient commis quelque péché scandaleux, étoient mis publiquement en *pénitence*, & privés de certains priviléges, comme de la Communion, &c. Les *Pénitens* paroissoient dans l'Eglise revêtus de sacs & de cilices & la tête couverte de cendres; ils se prosternoient devant l'assemblée, embrassoient les genoux des fidéles & leur baisoient les pieds, pour exciter leur compassion & obtenir le secours de leurs prières, à quoi l'Evêque les exhortoit aussi par un discours particulier fait à cette occasion. Ils étoient obligés à des jeunes fréquents; à une grande abstineace; à de longues prières qu'ils faisoient ou à genoux, ou prosternés; à des veilles, à coucher sur la dure; à faire des aumônes, selon leurs facultés; à s'abstenir des conversations & des recréations ordinaires, durant le tems de leur pénitence, & à n'avoir aucun commerce avec les fidéles, excepté dans le cas d'une grande nécessité. Quoiqu'ils pussent aller à l'Eglise & y assister aux prières & aux instructions, ils n'avoient point de part au Sacrement de l'Eucharistie. Le tems de cette *pénitence* étoit à la disposition de l'Evêque qui en tempéroit la rigueur avec toute la douceur dont il étoit capable. Le relâchement des mœurs a obligé l'Eglise à se relâcher de sa sévérité; mais elle regrettera toujours ces heureux tems où les scandales étoient si sévérement punis, parce qu'ils étoient plus rares.

PÉNITENCERIE. *s. f.* lat. *Camera pœnitentiaria.* angl. *penitentiary.* Office, ou tribunal en Cour de *Rome*, dans lequel s'examinent & se délivrent les bulles ou graces & dispenses secrettes qui regardent la conscience. Bénéfice de Pénitencier.

PÉNITENCIAUX. *adj. masc. pl.* Ne se dit que des Pseaumes de la pénitence.

PÉNITENCIEL. *s. m.* lat. *Codex pœnitentialis.* ang. *a penitential.* Est un livre ecclésiastique où est contenu ce qui concerne l'imposition de la pénitence, & les réconciliations du pénitent.

PÉNITENCIEL, elle. *adj.* lat. *pœnitentialis.* ang. *penitential.* Qui appartient à la pénitence.

PÉNITENCIER. *s. m.* lat. *piacularis sacerdos.* ang. *penitentiary.* Celui qui a titre ou pouvoir de l'Evêque d'absoudre des cas qui lui sont reservés.

PÉNITENT, ente. *adject.* & *s.* lat. *Delicti pœnitens.* ang. *penitent.* Celui qui a une grande contrition, une vive douleur de ses péchés. Il se dit aussi dans l'Eglise *Romaine* de celui qui se confesse effectivement, ou qui a coutume d'aller à un même Confesseur. Il se dit encore de certaines confrairies de gens séculiers qui s'assemblent pour faire des prières & des processions nuds pieds, & le visage couvert d'un linge, & qui se donnent aussi la discipline. Elles ont occasionné la secte des Flagellans qui publioient que ces disciplines effaçoient tous les péchés, même ceux qu'ils pourroient commettre.

PÉNITENTIAUX, Pénitentiel. *voy.* Penitenciaux, Pénitenciel.

PENNACHE DE MER. *voy.* Panache.

PENNAGE. *s. masc.* lat. *Plumatilis amictus.* ang. *the plumage or feathers of a bird.* Terme de *Fauconnerie.* Tout ce qui couvre le corps de l'oiseau de proie.

PENNE. *s. f.* (Marine.) Le point ou le coin des voiles latines.

PENNES, *ou* Pannes. *s. fem. pl.* lat. *pennæ decussatæ.* ang. *a beam-feather.* Sont les longues plumes des aîles, en termes de *Fauconnerie.* Il se dit aussi des petites plumes qu'on met au bout d'une fléche & d'un matras, pour les faire aller droit.

PENNETON. *voy.* Paneton.

PENNING. *voy.* Penin.

PENNON. *s. masc.* ang. *pennon.* Etendart à longue queuë, qui appartenoit autrefois à un simple gentilhomme.... *Pennon généalogique*: écu rempli de diverses alliances des maisons desquelles un gentilhomme est descendu, qui sert à faire ses preuves de noblesse.

PENNY. *s. mas.* Denier sterling, monnoie d'Angleterre.... Monnoie d'argent qui vaut 6. *pennys.*

PÉNOABSOU. *s. m.* Arbre d'Amérique, dont les feuilles ressemblent à celles du pourpier. Son fruit qui est gros comme une grosse orange est un poison.

PÉNOMBRE. *s. f.* ang. *penumbra.* En *Astronomie*, est cette partie qui est entre la vraie ombre & la lumière éclatante dans une éclipse; & ce degré du lumière & d'ombre dans la *pénombre* est plus grand ou plus petit dans les différentes parties, selon que ces parties sont exposées aux rayons d'une plus grande partie ou d'une moindre partie du corps du soleil. On doit trouver de la pénombre dans toutes les éclipses, soit du soleil ou de la lune ou des autres planétes, principales ou secondaires; mais elle est plus considérable parmi nous dans les éclipses du soleil.

PENON. *voy.* Pennon.

PENQUIN. *voy.* Pinguin.

PENSÉE. *s. f.* lat. *Cogitatio.* ang. *thought.* Se dit en général des idées, des opérations de l'esprit & de l'imagination. Action de l'esprit qui pense. Traits d'esprit; saillies de l'imagination. Avis, opinion.

PENSEMENT. *voy.* Pansement.

PENSER. *v. n.* & *act.* lat. *Cogitare.* anglois. *to think.* Faire un acte de l'esprit, de l'imagination, de la memoire. Méditer, refléchir.

PENSER. *voy.* Pancer.

PENSIF, ive. *adj.* lat. *Cogitabundus.* ang. *pensive, thoughtful.* Songe-creux, celui qui pense, qui rêve profondement à quelque chose, qui a quelque chagrin.

PENSION. *s. fem.* lat. *Pensio.* ang. *pension.* Somme qu'on donne pour la nourriture & le logement de quelqu'un. Il se dit aussi du lieu où l'on donne à manger : d'une redevance qu'on paye ou qu'on reçoit tous les ans ; des appointemens que le Roi donne, &c.

PENSIONNAIRE. *s. m.* ang. *boarder.* Celui qu'on nourrit pour certain prix. Celui qui a une pension sur un bénéfice. lat. *pensionarius.* ang. *pensioner.* C'est aussi le premier Ministre des Etats de la province de *Hollande.* Son emploi continue pendant cinq ans ; après quoi communément on le renouvelle par ré-élection de la même personne & ainsi de suite jusques à sa mort. On l'appelle le *Grand pensionnaire* ; parce que chaque ville particulière dans chaque province a un Officier semblable qui préside à leur assemblée, &c. & c'est celui-là qui dans l'assemblée des Etats de la province parle en faveur de cette ville ; mais leur autorité n'est pas la même dans toutes les villes ; dans quelques-unes ils ne donnent leur avis & ils ne viennent à l'assemblée des Magistrats que lorsqu'ils y sont appellés ; dans d'autres ils s'y trouvent toujours ; & dans quelques-unes ils font les propositions de la part des Bourguemestres, ils prennent les avis & forment les conclusions. Ils reçoivent aussi des appointemens fixes de l'Etat. Il y a encore une compagnie de gentilshommes dans la Cour d'*Angleterre*, qu'on appelle *Gentilshommes pensionnaires.* Ils sont chargés de garder la personne du Roi dans son Palais ; & c'est pour cela qu'ils sont toujours de service. Leur nombre est de 40. Ils sont obligés d'avoir trois paires de chevaux & un domestique qui soit armé. Ils portent ordinairement une hache d'armes dorée & ont pour Officiers un Capitaine, un Lieutenant, un Enseigne, & un Clerc controleur d'office.

PENSIONNER. *v. act.* Donner une pension.

*PENSUM.* *s. m.* Ouvrage qu'on donne à faire à un écolier, outre son devoir ordinaire.

PENTACHORDE. *s. mas.* ang. *pentachord.* Instrument de musique qui a cinq cordes.

PENTACRINOS, *ou Encrinos. sub. mascul.* Pierre rousse & argilleuse, formant des angles, qui, en se séparant, représentent cinq feuilles de lis.

PENTACROSTICHE. *adj.* Vers disposés en sorte qu'on y trouve cinq acrostiches d'un nom en cinq divisions qu'on fait après en chaque vers.

PENTAGLOTTE. *adj.* Qui est en cinq langues.

PENTAGONE. *adj.* & *s. m.* lat. *pentagonus.* ang. *pentagon.* Figure géometrique qui a cinq angles & cinq côtés. Si tous les côtés sont égaux on l'appelle *pentagone* régulier, & en *Astrologie* il forme un aspect qu'on nomme quintile. Lorsque les côtés de la figure sont inégaux, le *pentagone* est irrégulier & l'on peut le varier en plusieurs manières.

PENTAGRAPHE. *s. masc.* ang. *pentagraph.* Est un instrument inventé pour copier les desseins, les figures, &c. dans toutes les proportions sans sçavoir le dessein.

PENTAMÉTRE. *s. m.* lat. & ang. *pentameter.* Terme poëtique pour exprimer un vers composé de cinq pieds.

PENTAPASTE. *s. m.* ( Méchanique. ) Machine à cinq poulies, dont il y en a trois dans la partie supérieure & deux dans l'inférieure. *Pentapastus.*

PENTAPÉTALOIDAL, ale. *adj.* Se dit des fleurs pentapétales.

PENTAPÉTALE. *s.* Qui a cinq feuilles.

PENTAPOLE. *s. f.* ( Géographie & Hist. ) Contrée où il y a cinq villes. *Pentapolis.*

PENTAPOLITAIN, aine. Qui est d'une pentapole.

PENTASTIQUE. Composition d'Architecture à cinq files ou rangs de colonnes.

PENTATEUQUE. *s. m.* lat. *pentateuchus.* ang. *pentateuch.* Signifie un livre composé de cinq parties, divisions ou livres, mais ordinairement on l'entend des cinq premiers livres de l'ancien Testament, qui sont la *Genèse*, l'*Exode*, le *Levitique*, les *Nombres* & le *Deuteronome*, qu'on attribuë communément à *Moïse.*

PENTATHLE. *s.m. Pentathlon.* Exercice des *Grecs*, qui comprenoit cinq sortes de jeux ou combats, à sçavoir, la course, le saut, le jeu du palet, l'exercice du javelot, ou le combat à coups de poings & la lutte. Il y avoit des prix pour ceux qui étoient vainqueurs dans chaque jeu : mais celui qui remportoit la victoire dans tous les jeux, recevoit premièrement une palme qu'on lui mettoit à la main : le Heraut publioit son nom à haute voix, avec son éloge & ensuite on lui donnoit une couronne de grand prix.

PENTATONON. *s. m.* ( Musique. ) C'est la sixième superflue.

PENTE. *s. f.* lat. *Declivitas.* ang. *declivity, steepness, bending.* Inclination ; panchant d'un terrain, situation d'une chose qui tend d'un lieu haut vers un lieu plus bas. Il se dit aussi de la garniture qu'on met au haut d'un lit, ou d'un dais. *Figurément*, il signifie penchant, inclination.

PENTECOMARQUE. *s. m.* lat. *pentecomarchus.* ang. *pentecomarch.* Gouverneur de cinq Bourgs.

PENTECONTORE. *s. masc.* *pentecontorus.* Vaisseau à 50. rames.

PENTECOSTAIRE. *s. mas.* lat. *pentecostarium.* ang. *pentecostarian.* Livre ecclésiastique de l'*Eglise gréque*, qui contient leur office depuis la fête de *Pâques* jusqu'au huitième jour après la Pentecôte, qu'ils appellent le *Dimanche de tous les Saints* & qui dans l'*Eglise Romaine* se nomme le *Dimanche de la Trinité.*

PENTECÔTE. *s. femin.* lat. *Dies sacratissima pentecostes.* angl. *pentecost, or whitsunday.* Signifie littéralement le nombre ordinal nommé cinquantième. Parmi les *Juifs* c'étoit la fête qu'ils nommoient autrement, fête des semaines. Elle se célébroit le cinquantième jour après le seize de *Nisan* ou après le second jour de la *Pâque*. Ce qui contenoit sept semaines entières. Ils offroient dans ce tems-là les premiers fruits de la moisson, qui s'achevoit alors. Cette offrande consistoit dans deux gâteaux de pain fait avec du levain, six pintes de miel, sept agneaux de l'année, un veau, & deux beliers en holocauste; deux agneaux pour le sacrifice de prospérité, & un bouc pour le sacrifice d'expiation. Cette fête fut instituée parmi les *Juifs*, premièrement pour obliger les *Israëlites* de paroitre au temple du Seigneur, d'y reconnoître son domaine absolu sur tout le païs & sur leurs travaux; & en second lieu pour les faire souvenir de la loi que Dieu leur avoit donnée sur le mont *Sinaï* le cinquantième jour après leur sortie d'*Egypte* & afin qu'ils en rendissent graces à Dieu. Les *Juifs* modernes célébrent cette fête pendant deux jours, en s'abstenant de leur travail & de toute affaire séculière. Ils ornent leurs Sinagogues & les lieux où on lit la loi & même leurs maisons avec des roses & des fleurs accommodées en couronnes & en festons & ils expriment leur joie & leur satisfaction de toutes les manières. L'Eglise chrétienne célébre aussi cette fête le cinquantième jour ou sept semaines après *Pâques* ou après la fête de la Resurrection de Notre Sauveur, & elle s'est toujours célébrée un Dimanche. C'est en memoire de ce que les Apôtres s'étant assemblés, après l'Ascension de J. C. dans la Maison de *Marie* Mère de *Jean* (comme quelques Auteurs nous l'apprennent) sur la *Montagne de Sion*, pour y attendre le S. Esprit que J. C. avoit promis de leur envoyer; il s'éleva tout d'un coup vers les neuf heures du matin un vent impétueux qui remplit toute la Maison & il parut en l'air des langues de feu qui se reposérent sur chacun d'eux. En même tems ils furent remplis du S. Esprit & commencerent à parler diverses langues. Ce prodige est fixé par les chronologistes à l'an 33.

PENTESYRINGUE. *s. fem.* (Antiquaire.) Machine à 5. trous où l'on entravoit les jambes, les bras & la tête des criminels. *Pentesyringis.*

PENTIFRE. *s. f.* Espèce de grand filet fait de mailles quarrées & à losenges, propre à prendre des becasses & autre gibier. lat. *Rete pensile.* ang. *a hanging net.*

PENTURE. *s. fem.* lat. *Episthabus.* ang. *the iron-work of a door.* Plaque de fer qu'on cloüe à une porte, ou à une fenêtre, qui a une ouverture pour y faire entrer un gond sur lequel elle se meut comme sur un pivot pour s'ouvrir & se fermer.

PENULTIEME. *adj.* lat. *penultimus.* ang. *the last but one.* Qui est avant le dernier.

PÉNURIE. *s. fem.* Besoin, faute de quelque chose, manque de fourniture ou de provision.

## P E O

PÉON. *s. m.* (Prosod. Lat.) Il y a quatre sortes de pieds qu'on appelle *péons*, 1er. Une longue & trois bréves, 2d. une bréve, une longue, deux bréves; le 3e. deux longues, une bréve, une longue; le 4e. trois bréves & une longue.

PÉOTE. Petit vaisseau de Dalmatie.

## P E P

PÉPASTIQUE. *adj.* & *sub. m.* Médicament maturatif, ou propre à faire venir à maturité les humeurs vitieuses, & à les disposer à une bonne suppuration.

PÉPERIN. *s. m.* Sorte de pierre, dont on se sert à Rome.

PÉPIE. *s. f.* ang. *pip.* Maladie d'oiseaux; petite pellicule blanche & séche qui leur vient à la langue pour avoir eu soif.

PÉPIER. *v. n.* lat. *pipire.* ang. *to peep, or chirp, as a sparrow.* Se dit des moineaux, lorsqu'ils poussent leur cri naturel.

PEPIN. *s. m.* lat. *Granum, nucleus.* ang. *a kernel.* Sorte de semence dont l'envelope n'est pas osseuse, mais plutôt cartilagineuse & semblable à un petit cuir.

PÉPINO. *s. masc.* Espèce de concombre du Pérou.

PÉPINIÈRE. *s. f.* lat. *Surcularium, seminarium.* ang. *nursery, seed-plot.* Lieu où l'on a semé des pepins, où l'on éleve des arbres à pepin, pour les transporter quand on en a besoin.

PÉPINIÉRISTE. *s. m.* Jardinier qui ne s'attache qu'à élever des pepinières.

PÉPLIS. *s. m.* Espèce de tithymale, qui naît sur le bord de la mer. Il rend du lait qui purge fortement de même que la semence.

PÉPLUS. *s. m.* Robe blanche sans manches, toute brochée d'or, sur laquelle étoient représentés les combats & les grandes actions de Minerve, de Jupiter & des Héros... Plante; espèce de tithymale.

PEPTIQUE. *voy.* Pépastique.

PÉPUZIENS. *voy.* Cataphrygiens.

## P E Q

PÉQUEA. *s. m.* Arbre du Brésil. Son fruit qui est plus gros qu'une orange contient une liqueur mielleuse qui ne céde point au sucre pour la douceur. Il y a une autre espèce de *pequea* qu'on appelle aussi *Setim* dont le bois est très-dur, très-pesant, & incorruptible.

## P E R

PÉRAGRATION. *s. f.* (Astronomie.) Mois de *péragration*, ou mois périodique: tems que la lune est à parcourir tout le Zodiaque, & & à revenir au même point d'où elle étoit partie. Il est de 27. jours 7. heures & 43′

PERAGU. *s. m.* Arbrisseau du Malabar.

PERCALLES-MAURIS. *s. f. pl.* Toiles de coton blanches, qui viennent des Indes Orientales.

PERÇANT, ante. *adject.* lat. *Terebra.* ang. *piercing, boring.* Qui fait un trou, qui entre, qui s'introduit dans un autre corps. Aigu, vif, violent, pénétrant.

PERCE. (En) *adv.* Un tonneau *en perce* est celui dont on boit.

PERCE-BOIS. Espèce d'Abeilles, qui font leurs nids dans les bois. On les appelle aussi, *Menuisières*.

PERCE-BOSSE. *s. f.* Plante. *voy. Corneille*, à la fin.

PERCE-CHAUSSÉE. *s. m.* Insecte qui est à peu près de la couleur & de la grosseur d'un hanneton. Il perce quelquefois une chaussée de part en part.

PERCE-FEUILLE. *s. f.* Plante autrement *Bupleurum*.

PERCE-FORÊT. *s. mascul.* (Style familier.) Chasseur déterminé.

PERCEINTE. *voy.* Précinte.

PERCE-LETTRE. *substantif masculin.* lat. *Scalpellus epistolaris.* angl. *a bodkin.* Petit fer pointu, qui sert à percer les lettres pour les cacheter.

PERCEMENT. *s. m.* (Architect.) Se dit de toute ouverture faite après coup pour la baye d'une porte ou d'une croisée, ou pour quelque autre sujet.

PERCE-NÉGE. *s. f.* Plante, dont il y a plusieurs espèces. *Narcissoleucoium.*

PERCE-OREILLE. *s. m.* lat. *Auricularia.* ang. *an ear-wing.* Insecte long & menu.

PERCE-PIERRE. *s. fem.* ou *Fenouil marin.* Plante qui croît près de la mer. Sa racine est fibreuse & s'étend au loin, & la plante sort des fentes des rochers, ce qui lui a donné son nom. On la confit dans du vinaigre. *Crithmum.*

PERCEPTIBLE. *adj.* ang. *perceptible.* Qui peut être apperçu.

PERCEPTION. *s. f.* lat. *Perceptio.* anglois. *receipt.* Recepte, recolte. Action par laquelle les objets des sens sont apperçus.

PERCER. *v. act.* latin. *Fodere, forare.* ang. *to pierce, to bore.* Faire un trou, une ouverture avec un instrument pointu. Faire un passage. Entrer dans quelque chose, s'y insinuer, y pénétrer.

PERCERÉTE. *s. f.* Foret, petit instrument propre à percer.

PERCEVOIR. *v. act.* lat. *Percipere.* ang. *to receive.* Recevoir, ou recueillir quelques fruits ou revenus.

PERCEUR, *s. m.* Celui qui perce. lat. *Forator.* ang. *a piercer.*

PERCHANT. *s. m.* Oiseau que l'oiselier attache par le pied, & qui voltige autour du lieu où il est attaché, pour y faire venir les autres oiseaux.

PERCHE. *s. fem.* lat. *pertica.* ang. *a pole, a pearch.* Gaule, piéce de bois longue & menuë. Bâton étendu pour y poser quelque chose. C'est aussi une mesure de 16. pieds & demi. C'est encore le nom d'un poisson d'eau douce, blanc & à petites écailles, qui mange les autres poissons. lat. *perca, pertica.* ang. *perch.*

PERCHER. *v. n.* ou *Se percher.* lat. *Insidere.* ang. *to pearch.* Se mettre, s'exposer sur une perche.

PERCHIS. *s. masc.* Clôture, qui se fait avec des perches.

PERCHOIR. *s. m.* lat. *Transversum caveæ verniculum.* ang. *a pearching-stick.* Lieu où se perchent les oiseaux de proie.

PERCLUS, use. *adj.* lat. *Membris captus.* ang. *impotent.* Paralytique, malade qui ne se peut remuer ou qui ne se peut aider de ses membres.

PERÇOIR. *s. m.* ou Perçoire. *s. f.* lat. *Terebra.* ang. *a piercer.* Instrument avec lequel on perce.

PERCUSSION. *s. f.* lat. *percussio.* ang. *percussion, knocking.* Impression d'un corps qui frappe, qui tombe sur un autre.

PERDANT, ante. *s. m.* & *f.* lat. *Jacturam patiens.* ang. *a loser.* Qui souffre quelque dommage, qui perd au jeu.

PERDITION. *s. f.* lat. *Amissio, perditio.* ang. *perdition.* Ce qui emporte, qui cause dommage, dégât, dissipation. Damnation.

PERDRE. *v. act.* lat. *perdere.* ang. *to lose.* Souffrir quelque dommage, quelque diminution en sa santé, en son honneur, en ses biens. Manquer à gagner. Prodiguer, dissiper, faire un mauvais usage d'une chose. Détruire, ruiner, décrier.

PERDREAU. *s. m.* lat. *Junior perdix.* ang. *a young partridge.* Jeune perdrix.

PERDRIGON. *s. m.* lat. *prunum Ibericum.* ang. *a sort of plum.* Espèce de prune noire, violette, ou blanche, dont le goût est estimé.

PERDRIX. *s. f.* lat. *perdix.* ang. *a partridge.* Oiseau excellent à manger, & qui vit à terre, dont le vol est bas & de peu d'étenduë. Les *grises* sont les communes; mais les *rouges* sont les plus grosses: il y a des *perdrix* blanches dans les *Alpes* qui sont veluës par les pieds. On en parle souvent dans les Saintes Ecritures, mais quelques Commentateurs croient qu'il y est question du coucou & non de la perdrix, &c.... *Perdrix:* espèce de coquillage.

PERDURABLE. *adject.* lat. *Firmus, perpetuus, æternus.* angl. *perdurable, permanent.* Qui doit toujours durer.

PÈRE. *s. m.* lat. *Pater, genitor.* ang. *Father.* Celui qui a engendré un Enfant: on donne aussi ce nom à celui qui a adopté un Enfant, qui fait envers lui tous les actes de générosité, d'humanité & de tendresse d'un *Père.* C'est aussi le nom que l'on donne aux hommes avancés en âge & dans l'Eglise *Romaine* aux Prêtres, Religieux, &c. Dans l'*Histoire Ecclésiastique* les premiers Evêques & les fameux Écrivains se nomment *Pères* de l'Eglise.

PÉRÉ. *s. m.* lat. *pyrasium.* ang. *perry.* Cidre fait de poires.

PÉRÉGRINOMANIE. *s. femin.* Maladie de voyager.

PÉRELLE. *voy.* Perrelle.

PÉREMTION. *s. fem.* lat. *Causæ eremodicium.* ang. *a non-suit.* Terme de *Palais.* Fin de non recevoir, ou espèce de prescription qui détruit & annulle les procédures d'une instance, quand on a été trois ans sans la poursuivre.

PÉREMTOIRE. *adj.* lat. *In summum deeretorium.* angl. *peremptory.* Qui est décisif & définitif.

PÉREMTOIREMENT. *adv.* lat. *peremtoriè, decisè.* ang. *peremptorily.* D'une manière décisive & péremtoire.

PÉREMTORISER. (Cout.) Donner les péremtoires, ou délais nécessaires, après les criées que l'on fait avant qu'un héritage saisi puisse être adjugé par décret.

PERFECTION. *s. f.* lat. *perfectio, absolutio.* anglois. *perfection, perfectness.* Consommation, achevement d'un ouvrage. Ce qui n'a point de défaut. Ce qui est au dernier degré de bonté & d'excellence. Il n'y a de *perfection* absolue que dans Dieu seul. La *perfection* morale est la pratique des vertus qui rendent un homme digne de louanges.

PERFECTIONNEMENT. *s. masc.* Le soin qu'on a de perfectionner.

PERFECTIONNER. *v. act.* lat. *Absolvere, perfectum reddere.* ang. *to perfect.* Rendre parfait & accompli. Fournir ce qui manque à une chose.

PERFIDE. *adj.* lat. *perfidus, infidus.* angl. *perfidious.* Qui manque de foi, qui trahit, qui manque à sa parole, ou à la confiance qu'on a prise en lui.

PERFIDEMENT. *adv.* lat. *perfidiosè.* anglois. *perfidiously.* En traitre.

PERFIDIE. *s. f.* lat. *perfidia, proditio.* ang. *perfidiousness, treachery.* Manque de foi, de parole; infidélité, trahison.

PERFOLIATA. *s. f.* Espèce de percefeuille ou de *Bupleurum.*

PERFORANT. *adj.* & *s. m.* L'un des muscles des doigts, communément appellé le *profond.* Il est couvert du *perforé*, ou *sublime.*

PERFORÉ. *s. m.* & *adj.* Muscle situé le long de la partie interne de l'avant-bras, autrement appellé le *sublime.*

PERGOLÉSE. *s. m.* Espèce de raisin.

PERGOUTE. *s. f.* Sorte de fleur blanche, qui a quelque chose de la marguérite.

PÉRI. *adj.* (Blason.) Se dit des piéces qui sont extrêmement raccourcies.

PÉRIANDRE. *s. m.* Tulipe qui est un très-beau paltot. Il est panaché rouge-brun avec du jaune doré.

PÉRIAPTES. *s. mas. pl.* Figures magiques, ou remédes, que l'on portoit au cou.

PÉRIBOLE. *s. f.* Transport des humeurs ou de la matière morbifique sur la surface du corps .... *s. m.* Espace de terre planté d'arbres & de vignes, qu'on laissoit autour des temples .... Parapet ou gardefou.

PÉRICARDE. *s. m.* lat. & ang. *pericardium.* Membrane épaisse qui envelope le cœur & qui contient une liqueur pour le rafraichir.

PÉRICARDIAIRE. *adject.* Se dit des vers engendrés dans le péricarde.

PÉRICARPE. *s. m.* lat. & ang. *pericarpium.* Pellicule ou membrane qui envelope le fruit ou la graine d'une plante.

PÉRICHORES. *s. masc. pl.* & *adj.* C'étoient chés les Grecs les jeux qui n'étoient ni sacrés, ni périodiques, & dans lesquels les vainqueurs recevoient pour prix non une fin, le couronne, mais de l'argent, ou quelque chose d'équivalent.

PÉRICLITER. *v. n.* lat. *periclitari, in periculo versari.* ang. *to be in danger.* Être en danger.

PÉRICLYMÉNE. *s. f.* Plante qui ressemble au chévre-feuille. Sa fleur est monopétale: l'ovaire est orné d'une couronne dentelée, & se change en une baie charnue remplie de semences plattes & arrondies.

PÉRICRANE. *s. masc.* lat. & ang. *pericranium.* Membrane épaisse & solide qui couvre immédiatement le crâne.

PÉRIDROME. *s. m.* L'aîle ou la galerie du périptère: l'espace qui est entre les colonnes & le mur.

PÉRIDOT. *s. m.* Pierre précieuse qui tire sur le verdâtre.

PÉRIÉCIENS, *ou* Perioéciens. *s. m. pl.* lat. & ang. *perioecii.* Sont les habitans de la terre qui sont sous un même paralléle & éloignés les uns des autres en longitude de 180. degrés; la seule différence qui est entr'eux, c'est que les matin pour les uns est le soir pour les autres & que par conséquent lorsqu'il est midi chés les uns, il est minuit chés les autres: mais les jours & les nuits sont de la même longueur & l'Eté, le Printems, &c. arrivent dans le même tems pour les uns & pour les autres.

PÉRIER. *s. m.* Oiseau de la couleur & de la grandeur d'une alouette commune.

PÉRIGÉE. *s. m.* lat. *perigeum.* ang. *perigee.* Le point de l'orbite d'une planéte qui est le plus près de la terre.

PÉRIGORD, *ou* Perigueux. *s. m.* Espèce de marcassite, ou pierre dure, pesante, compacte, noire comme du charbon, difficile à mettre en poudre. Les émailleurs & les potiers de terre l'emploient.

PÉRIHÉLIE. *s. m.* lat. & ang. *perihelium:* La plus grande proximité des planétes au soleil.

PÉRIL. *s. m.* lat. *periculum, discrimen.* ang. *peril, danger, hazard.* Danger. Ce qui menace ruine.

PÉRILLEUSEMENT. *adv.* lat. *periculosè:* ang. *perillously.* Dangereusement, avec péril.

PÉRILLEUX, euse. *adj.* lat. *periculosus.* ang. *perillous, dangerous.* Où il y a du danger, du hazard.

PÉRIMER. *verb. act.* (Palais.) Laisser périr une instance, faute de la poursuivre. ang. *to non-suit, to let fall a suit.*

PÉRIMÉTRE. *s. mas.* lat. *Circuitus, perimetrum.* angl. *perimeter.* En *Géométrie* est la même chose que le circuit ou circonférence qui renferme une figure. Ainsi dans un triangle, c'est une ligne composée de trois lignes, dans le cercle c'est la périphérie; dans le cube c'est une surface composée de dix surfaces; dans la sphére, c'est la surface sphérique, &c.

PÉRINÉE. *s. masc.* Espace qui est entre les parties naturelles & le siége, appellé autrement l'*entresesson.* lat. & ang. *perinæum.*

PERIN-KARA. *substantif masculin.* Grand

olivier sauvage qui croît dans le Malabar.

PE'RIODE. *s. fem.* ou *m.* lat. *periodus.* angl. *period.* En *Grammaire* est une petite étenduë de discours qui contient un sens parfait. En *Arithmétique* c'est une marque ou séparation qu'on fait de trois en trois ou de six en six figures pour lire & exprimer plus aisément la valeur des figures. En *Astronomie* c'est l'espace de tems qu'un astre emploie à faire sa course ou à revenir au même point du ciel d'où il étoit parti. En *Médecine* c'est le tems écoulé depuis le commencement d'une maladie jusques à son plus haut point. En *Chronologie* c'est l'époque ou intervalle de tems par où l'on compte l'année d'un événement.

PE'RIODIQUE. *adject.* lat. *periodicus.* ang. *periodical.* Qui termine & comprend une période. Il se dit en *Grammaire* d'un discours nombreux & composé de périodes justes. Il se dit encore de toutes les choses qui reviennent dans un certain tems.

PE'RIODIQUEMENT. *adv* D'une manière périodique. ang. *periodically.*

PERIOÉCIENS. *voy.* Périéciens.

PE'RIOSTE. *s. masc.* lat. & ang. *periosteum.* Membrane très-fine qui couvre immédiatement tous les os du corps excepté un petit nombre, comme les dents, ceux des oreilles, &c. & par où passent divers vaisseaux qui les nourrissent.

PE'RIPATE'TICIENS. *s. m. pl.* lat. *peripatetici.* ang. *peripateticks.* Sectateurs de la Philosophie d'*Aristote* que les observations curieuses des modernes ont obligé d'abandonner.

PE'RIPATE'TIQUE. *adj.* lat. *peripateticus.* anglois. *peripatetick.* Qui appartient à la Philosophie établie par *Aristote.*

PE'RIPATE'TISME. *s. m.* Doctrine des péripatéticiens.

PE'RIPE'TIE. *s. f.* lat. *peripetia.* ang. *a sudden turn of fortune.* C'est la dernière partie des piéces dramatiques, où se fait le changement de l'action, & où toute la piéce aboutit.

PE'RIPHE'RIE. *s. f.* lat. *Ambitus.* ang. *periphery.* Circonférence ou tour d'un cercle ou de toute autre figure Géométrique.

PE'RIPHRASE. *s. f.* lat. & ang. *periphrasis.* Circuit de paroles ; abondance de mots.

PE'RIPHRASER. *v. n.* lat. *Amplificare dicendo.* ang. *to periphrase.* User de périphrase ; dire avec un long circuit de paroles ce qu'on peut dire en peu de mots.

PE'RIPLE. *s. m.* Navigation autour d'une mer, ou de quelques côtes.

PE'RIPLOCA. *s. fem.* Plante qui a quelque rapport à l'Apocin. Elle croît dans les bois. C'est un poison pour les Chiens, Loups, Renards, &c.

PERIPNEUMONIE. *s. fem.* ang. *peripneumony.* Inflammation de poûmon avec fiévre aiguë & difficulté de respirer.

PE'RIPTÈRE. *s. m.* lat. & ang. *peripterium.* (Architect.) Lieu environné de colonnes, & qui a une aîle tout autour.

PE'RIQUE. *s. fem.* La plus petite espèce de Perroquet.

PE'RIR. *v. neut.* lat. *perire.* ang. *to perish.* Finir malheureusement. Se ruiner peu à peu, tomber en décadence... *v. act.* Causer la ruine de quelqu'un.

PE'RISCIENS. *s. m. pl.* lat. & ang. *periscii.* Peuples qui habitent les Zones froides vers le pole arctique ou le pole antarctique ; qui à cause que le Soleil continue dans une certaine saison de l'année d'être pendant plusieurs jours sur leur horizon, ont leurs ombres qui tournent tout autour d'eux à mesure que le Soleil se meut & parcourent tous les points de la boussole.

PE'RISCYPHISME. *s. m.* lat. *periscyphismus.* ang. *periscyphism.* Incision autour du crâne, pour guérir des fluxions copieuses sur les yeux.

PERISKYTISME. *s. m.* (Chirurg. Opération que les Anciens faisoient au dessous de la suture coronale, qui s'étendoit d'une tempe à l'autre, & pénétroit jusqu'au crâne duquel ils séparoient le péricrâne.

PÉRISSABLE. *adj.* lat. *Incertus, caducus, fragilis.* ang. *perishable.* Qui n'est point certain & assuré, qui est fragile, qui peut périr, qui doit périr.

PÉRISSOLOGIE. *s. f.* lat. *perissologia.* ang. *perissology.* (Gramm.) Abondance de choses superflues.

PÉRISTALTIQUE. *adject.* lat. *peristalticus.* ang. *peristaltick.* Terme de *Médecine* qui se dit d'un mouvement qui est propre aux intestins, par lequel leurs parties sont comprimées de haut en bas successivement les unes après les autres pour vuider les excrémens & faire monter ou descendre les humeurs pour former le chyle, le sang, &c.

PÉRISTAPHILIN. *s. m.* (Anat.) Se dit de quatre muscles de la luette. Il y en a deux externes, & deux internes.

PÉRISTILE. *s. m.* lat. *Locus columnis cinctus.* ang. *a peristyle.* En *Architecture* est un lieu environné de colonnes isolées en son pourtour intérieur.

PÉRISTOLE. *s. fem.* La faculté compressive des fibres animales, & le mouvement péristaltique des intestins.

PÉRISYSTOLE. *s. f.* (Médec.) Repos qui est entre les deux mouvemens du pouls, le mouvement de systole ou de contraction, & celui de diastole ou de dilatation. Ce repos n'est pas sensible.

PÉRITOINE. *s. m.* (Anatomie.) Membrane déliée, qui est la dernière des parties contenantes propres du bas ventre & qui renferme toutes les parties de la région inférieure.

PERLE. *s. f.* lat. *Unio.* ang. *a pearl.* Substance dure & claire, ordinairement ronde, qu'on trouve dans un poisson testacée, qui est une espèce d'huître. Les perles sont fort estimées par les Dames qui les mettent à leurs colliers. Les plus fines se pêchent dans le *Golphe Persique* & sur les côtes d'*Arabie.* Il en vient aussi de l'*Amérique.* On dit que ces petits poissons testacées qu'on appelle *perles* suivent les grosses, qu'on appelle *Mères perles*, comme les abeilles & que l'on connoit qu'elles sont grosses de perles, lorsque leurs conques ont des bosses de part & d'autres. Les *perles* Orientales ont une eau qui aproche fort de la carnation. Celles de l'*Amérique* sont vertes, & celles du *Nord* gridelines. Car on en trouve quelques-unes en *Boheme*, en *Silesie* & en *Lorraine*. On en trouve quelquefois dans les huîtres ordinaires. Celles que l'on a porté long-tems deviennent jaunes & se reduisent en poudre au bout de quatre-vingts ou cent ans. C'est une ancienne erreur de s'imaginer que les perles viennent de la rosée & qu'elles sont molles dans la mer. L'ancien Testament parle souvent des *perles* par comparaison, comme étant fort estimées & d'une valeur excessive. On les confond quelquefois avec les pierres précieuses, ce qui est une grande méprise; puisque les *perles* naissent dans la mer & dans les coques des poissons & les pierres précieuses dans les mines. Espèce de mouche.... *Herbe aux perles*. voy. *Gremil*.

PERLÉ, ée. *adj*. lat. *Margaritis distinctus*. ang. *pearl'd*. Qui ressemble à la perle, ou orné de perles. (Musique.) Brillant. (Blason.) Se dit des ornemens qui représentent des perles.

PERLURE. *s. f.* (Chasse.) Se dit des grumeaux qui sont le long du bois de la tête des Cerfs, Daims, Chevreuils, & qui font une croute raboteuse.

PERMANENCE. *s. f.* (Terme dogmatique.) Ne se dit que du corps de Jesus-Christ, qui demeure réellement dans l'Eucharistie après la consécration.

PERMANENT, ente. *adj*. lat. *permanens*, *stabilis*. anglois. *permanent*. Stable, assuré, durable.

PERME. *s. m.* Petit vaisseau Turc en forme de gondole, qui sert à faire de petits trajets sur mer. ang. *permagy*. lat. *navis turcica*.

PERMETTRE. *v. act.* lat. *permittere*. ang. *to permit*. Laisser la liberté, ne pas défendre; tolérer, consentir, accorder.

PERMEZ. *voy*. Perme.

PERMISSION. *s. f.* lat. *permissio*, *licentia*. ang. *permission*. Congé, licence, liberté, pouvoir que donne un supérieur de faire quelque chose.

PERMUTANT. *s. m.* lat. *Compermutans*. ang. *permuter*. Celui qui change un bénéfice contre un autre.

PERMUTATION. *s. fem.* lat. *permutatio*. anglois. *permutation*. Troc, changement d'une chose contre une autre.

PERMUTER. *v. act.* lat. *Permutare*. ang. *to permute*. Changer un bénéfice contre un autre.

PERNAN. *s. m.* Poire pleine de marc & de pierres.

PERNICIEUSEMENT. *adv*. lat. *perniciosè*. ang. *perniciously*. D'une manière pernicieuse.

PERNICIEUX, euse. *adj*. lat. *Damnosus*, *nocivus*. ang. *pernicious*. Dangereux, nuisible, dommageable.

PERO. *voy*. Pepino.

PERONÉ. *s. m.* Un de os de la jambe & le plus menu.

PÉRONELLE. *s. f.* lat. *Loquax & ridicula*. ang. *a silly woman*. Terme injurieux, qu'on dit a une femme ou fille de basse condition.

PÉRORAISON. *s. f.* lat. *Epilogus*. anglois. *peroration*. En *Rhétorique* est la dernière partie d'un discours.

PÉROQUET. *voy*. Perroquet.

PÉROT. *s. m.* (Eaux & Forêts.) Chêne ou autre arbre, qui a les deux âges de la coupe des bois.

PÉROU. *s. m.* Négoce, entreprise où il y a beaucoup à gagner.... *Ecorce du Pérou*: Ecorce d'un arbre qui se trouve dans le Pérou, dont la principale vertu est d'arrêter la fiévre. ang. *peruvian bark*.

PERPENDICULAIRE. *adj*. lat. *perpendicularis*. ang. *perpendicular*. Ligne ou superficie qui tombe à angles droits sur une autre ligne ou superficie, en sorte que si du point de rencontre on décrit un cercle, les deux lignes ou les deux surfaces comprendront un quart de cercle ou 90. degrés.

PERPENDICULAIREMENT. *adv*. lat. *Ad cathetum*. ang. *perpendicularly*. D'une manière perpendiculaire.

PERPENDICULARITÉ. *s. f.* Etat & qualité d'une chose perpendiculaire.

PERPENDICULE. *s. mas.* Ce qui tombe à plomb.

PERPE'TRER. *v. act.* (Palais.) lat. *perpetrare*. ang. *to perpetrate*. Commettre un grand crime.

PERPE'TUATION. *s. f.* Action par laquelle les êtres se perpétuent, ou par laquelle on continue une chose de manière qu'elle devient perpétuelle.

PERPE'TUEL, elle. *adjectif*. lat. *perpetuus*. ang. *perpetual*. Qui dure toujours, qui est continu, qui n'a point de fin, d'interruption. Pillules *perpétuelles* chez les *Médecins*, sont des pillules faites de régule d'antimoine qui étant vuidées & avalées un grand nombre de fois, retiennent toujours leur qualité purgative.

PERPE'TUELLEMENT. *adverb*. lat. *Semper*. anglois. *perpetually*. D'une manière perpétuelle.

PERPÉTUER. *v. act.* lat. *perpetuare*. ang. *to perpetuate*. Rendre durable, renouveller, faire qu'une chose subsiste toujours, &c.

PERPÉTUITE'. *s. f.* ang. *perpetuity*. Durée éternelle & continuë. Dans les *loix* il se dit d'un bénéfice irrévocable & *perpétuel*, en sorte que celui qui le posséde ne peut pas en être destitué.

PERPE'TUITE'. (à) *adverb*. lat. *perpetuò*. ang. *for ever*. Pour toujours. Pour toute la vie. Jusqu'à la fin des tems.

PERPLEXITE'. *s. fem.* lat. *Anxietas*, *perplexitas*. anglois. *perplexity*. Inquiétude, embarras, irrésolution accompagnée de la crainte d'un mauvais événement qu'on ne sçait comment prévenir.

PERQUIRATUR. Terme de Banquier. Expédition qu'on léve en la Chancelerie Romaine, portant certificat qu'il y a eu tels actes, ou telles lettres expédiées en cour de Rome.

PERQUISITION. *s. fem.* lat. *Diligens perquisitio*. ang. *perquisition*. Recherche qu'on fait de de quelque criminel ou de quelque chose défendue.

PERRELLE. *s. fem.* Terre séche en petites écailles grises, qui entre dans la composition de l'orseille.

PERRIER, *ou* Pierrier. *s. masc.* ang. *a pederero.* Canon qui jette des pierres.

PERRIÈRE. *s. f.* lat. *Saxifodina.* anglois. *a quarry.* Carrière.

PERRIQUE. *s. f.* lat. *Psittaculus.* ang. *parakite.* Petit perroquet.

PERRON. *s. m.* lat. *podium*, *pergula.* ang. *steps.* Escalier découvert & en dehors; construction faite au devant d'un bâtiment pour monter à un étage peu élevé au dessus du rés de chaussée.... *Perrons*: (Faucon.) Père & mère des oiseaux.

PERROQUET. *s. m.* lat. *Psittacus.* ang. *a parrot.* Nom d'un oiseau à qui on aprend aisément à parler, à chanter, *&c.* & dont la voix approche fort de celle de l'homme. C'est aussi le nom d'un petit mât élevé sur les grands mâts & sur les hunes. latin. *Magni mali appendix altera.* ang. *a top-mast.*.... Chaise pliante à dos. lat. *Sella plicatilis.* ang. *a folding-chair*.... On donne quelquefois ce nom à la plante d'aloës.

PERRUCHE. *subst. feminin.* Petit perroquet verd des Indes. Femelle d'un perroquet.

PERRUQUE. *s. f.* lat. *Coma*, *cæsaries.* ang. *hair.* Se disoit autrefois d'une longue chevelure & particulièrement de celle qu'on a soin d'ajuster. Il se dit aujourd'hui des cheveux postiches, qu'on appelloit autrefois fausse *perruque.* lat. *Coma subdititia.* ang. *perwig*, *wig*, *or perruque.*

PERRUQUIER. *s. m.* lat. *Comæ subdititiæ concinnator.* anglois. *a perwig-maker.* Celui qui fait des perruques, des coins de cheveux & autres choses qui servent à coiffer les hommes & les femmes.

PERS. *adj.* Fil *pers* est celui qu'on appelle vulgairement *fil à marquer*, qui est teint avec l'indigo. C'est un azur couvert & obscur.

PERSAN. *s. masc.* Nom que les Architectes donnent aux statuës d'hommes qui portent des entablemens.

PERSE. *s. f.* Se dit de ces belles toiles peintes, qui viennent de Perse.

PERSÉA. *s. f.* Arbre qui est semblable à un poirier, dont les feuilles & les fleurs ressemblent à celles du laurier à larges feuilles, & le fruit d'abord à une prune & ensuite à une poire, noir & de bon goût.

PERSE'CUTANT, ante. *adj.* lat. *Importunus*, *molestus.* angl. *persecuting*, *troublesom.* Importun, incommode, qui fait de la peine aux autres.

PERSE'CUTER. *v. act.* lat. *persequi*, *cruciare.* ang. *to persecute.* Tourmenter, affliger les gens. Importuner, incommoder quelqu'un.

PERSE'CUTEUR. *s. m.* lat. *persecutor.* ang. *a persecutor.* Celui qui tourmente, qui persécute, qui importune.

PERSE'CUTION. *s. f.* lat. *pœna*, *tormentum*, *molestia.* ang. *persecution.* Peine, tourment, incommodité qu'on fait souffrir injustement surtout pour cause de religion. L'Eglise a souffert des *persécutions* quelquefois de la part des *Payens*, *Juifs*, &c. & d'autrefois de la part des Hérétiques. Dans la première espèce les Historiens Ecclésiastiques comptent premièrement celle de *Jerusalem* suscitée par *Saul* qui fut ensuite nommé *Paul*, contre *S. Etienne* & contre tous ceux qui faisoient profession de la foi de J. C. ce fut la première *persécution.* La 2e. fut sous l'Empereur *Neron*; elle commença vers l'an 64, sous prétexte de venger l'incendie de *Rome*, cet Empereur ayant accusé les Chrétiens d'y avoir mis le feu. Elle dura jusqu'à sa mort, qui arriva l'an 68. La 3e. sous *Domitien* fut fort cruelle depuis 90 jusqu'à 96, où l'Empereur fut tué. La 4e. sous *Trajan*, qui ne fit point d'Edit contre les Chrétiens, mais défendit seulement en général les assemblées & sociétés de la nouvelle religion; ce qui occasionna un massacre très-sanglant & continuel jusques à l'an 116. La 5e. fut sous *Adrien*, qui ne fit non plus aucun Edit en particulier contre les Chrétiens, mais donna des ordres rigoureux pour faire observer les loix contre les nouvelles Religions; ce qui fit beaucoup souffrir les Chrétiens. La 6e. sous *Antonin* qui à cause de la famine & d'autres grandes calamités, fit suspendre les exécutions en 153. La 7e. sous *Marc-Aurele* qui commença en 161 & finit en 174, à l'occasion d'une victoire obtenuë par la valeur & les priéres d'une légion dont la plûpart des Soldats étoient Chrétiens; ce qui lui fit publier un Edit qui défendoit de punir ou de molester aucun Chrétien pour cause de Religion & qui condamnoit au feu ceux qui auroient la malice de les accuser. La 8e. commença sous *Severe* en 199. parce qu'on attribua aux Chrétiens les crimes & les désordres des *Juifs* & des *Gnostiques.* Elle dura jusqu'en 211. Depuis cette année jusqu'en 235, il y eut quelques particuliers qui souffrirent le martyre, mais le corps des Chrétiens fut en paix. En 235. l'Empereur *Maximin* publia un Edit, qui ordonnoit de punir sévèrement les Prélats comme auteurs de la nouvelle doctrine & les Gouverneurs des Provinces étendirent leur cruauté jusques aux Laïques; c'est ce qu'on appelle la 9e. *persécution.* La dixième fut ordonnée par l'Empereur *Déce* en 249. & elle cessa à sa mort en 251. Ce sont-là les plus grandes *persécutions.* Mais celles qui furent dans la suite suscitées par les *Ariens*, &c. contre les Catholiques, furent non-seulement plus cruelles, mais encore plus universelles que celles des Payens.

PERSE'E. *s. m.* Constellation septentrionale, composée de 26. étoiles; deux de la seconde, cinq de la troisième, seize de la quatrième, deux de la cinquième grandeur, & une nébuleuse.

PERSE'VE'RANCE. *s. f.* lat. *perseverantia.* ang. *perseverance.* Constance, fidelité. Ferme résolution de rester dans une profession, dans une opinion, dans une manière de vivre, dans la voie du salut, dans la foi, *&c.*

PERSÉVÉRANT, ante. *adject.* lat. *perseve-*

Pagination incorrecte — date incorrecte

**NF Z 43-120-12**

*rans.* ang. *persevering.* Constant à faire le bien ; à soutenir la vérité.

PERSÉVÉRER. *v. n.* lat. *perseverare.* angl. *to persevere.* Être constant & ferme dans un genre de vie, ou dans une opinion.

PERSICAIRE. *s. f.* Plante ainsi appellée, parce que ses feuilles sont semblables à celles du pêcher. Il y en a plusieurs espèces. latin. *Persicaria.* ang. *arsesmart, or cul-rage.*

PERSICITE. *s. f.* Pierre argilleuse, imitant la pêche.

PERSICOT. *s. m.* Liqueur spiritueuse, dont la base est de l'esprit de vin, avec un extrait de Persil, du sucre & autres ingrédiens.

• PERSIENNES. *s. f. pl.* Jalousies ou chassis de bois qui s'ouvrent en dehors, comme des contrevens, & sur lesquels sont assemblées des tringles de bois en abajours, qui laissent circuler l'air dans la chambre, & ferment l'entrée au soleil.

PERSIL. *s. masc.* lat. *Apium.* ang. *parsley.* Herbe qu'on met dans les sauces & potages & qui est fort bonne.... *Persil aquatique.* lat. *Hydroselinum.* ang. *wild parsley* .... *Persil de macédoine.* lat. *Apium macedonicum.* anglois. *cellery* .... *Persil de montagne :* plante dont les feuilles ressemblent à celles du persil. Sa racine & sa semence sont bonnes pour la pierre, pour la gravéle & pour exciter l'urine.

PERSILLADE. *s. f.* lat. *Acetaria petroselino respersa.* ang. *beef-stakes with parsley.* Assaisonnement avec du persil.

PERSILLÉ, ée. *adj.* Se dit de certains fromages, & il signifie ; qui a une sorte de moisissure, un verd de persil. lat. *Mucidus.* ang. *green cheese.*

PERSIQUE. *s. f.* Sorte de pêche qui est très-grosse, rouge, pointue, ayant ordinairement des bosses.... *Colonne persique :* voy. Persan.

PERSISTER. *v. n.* lat. *Stare, persistere.* ang. *to persist.* Demeurer ferme dans une opinion, dans une demande, dans une allégation.

PERSONATA. *s. f.* Nom donné à la grande Bardane, parce qu'on se servoit autrefois de ses feuilles, pour se masquer le visage.

PERSONNAGE. *s. m.* lat. *Vir.* ang. *personage.* Personne. Homme bon ou mauvais. Il se dit aussi du nom & du rolle d'un Acteur ; de celui que représente le Comédien. Représentation des figures humaines.

PERSONNALISER. *v. act.* lat. *Prosopopœiam agere.* anglois. *to give a person.* Feindre que les créatures inanimées agissent à la manière des hommes, ou qu'elles en ont les passions.

PERSONNALITÉS. *s. f. pl.* Récits & particularités qui caractérisent les personnes. Reproches & injures personnels.

PERSONNAT. *s. m.* lat. *Personatus.* ang. *a personate.* Bénéfice qui donne quelque prérogative, ou prééminence dans une Eglise, ou dans un Chapitre ; mais sans jurisdiction ; qui a seulement une place distinguée.

PERSONNE. *s. f.* lat. *Persona, homo.* angl. *person.* Substance individuelle d'une nature intelligente ; individu de chaque homme ou de chaque femme. Il signifie quelquefois le corps ou la figure extérieure d'un homme ou d'une femme. Les *Grammairiens* employent ce terme en trois différentes manières & en font trois *personnes* différentes, quoique dans le fonds ce soit la même qui parle. Par exemple lorsqu'une *personne* parle d'elle même, on appelle cela la première *personne*, lorsqu'elle parle à un autre, c'est la seconde *personne* & lorsqu'elle parle d'un autre c'est la troisième .... *En personne :* soi-même.

PERSONNEL, elle. *adj.* ang. *personal.* Qui concerne la personne. Dans les *Loix*, action *personnelle* est celle qui est dirigée uniquement contre la personne d'un homme, & non contre ses biens.

PERSONNELLEMENT. *adv.* lat. *Præsens & coram.* anglois. *personally.* D'une manière personnelle.

PERSONNIER. *s. m.* Signifie, en certaines *coutumes*, qui est associé avec un autre pour tenir un ménage commun ; & dans d'autres il signifie héritier.

PERSONNIFIER. *v. act.* lat. *Personam effingere.* ang. *to give a person.* Feindre une personne ; attribuer un personnage à une chose ; lui donner la figure, les sentimens, le langage d'une personne.

PERSPECTIF. *adj. masc.* En *Géométrie* plan *perspectif* est l'apparence d'un plan objectif décrit au-delà du tableau sur le plan géométral. lat. *Scenographia.* ang. *scenography.*

PERSPECTIVE. *s. f.* lat. *Optica.* ang. *perspective.* Science Mathématique qui apprend la manière de décrire Géométriquement sur un plan, les représentations des objets selon leurs dimensions, & leurs différentes situations, en sorte que ces représentations produisent le même effet sur nos yeux qu'y produiroient les objets dont elles sont la peinture. Elle démontre aussi les raisons de ces lignes grossières que certaines situations exigent, & tout ce qui concerne la peinture, l'optique, &c. *Perspective* se dit encore de l'aspect de divers objets que l'on voit de loin à la campagne & du tableau qu'on met dans les jardins ou au fonds des galeries pour tromper la vuë en représentant la continuation d'une allée ou quelque païsage en lointain. On le dit aussi figurément des choses que l'on prévoit dans l'avenir.

PERSPICACITÉ. *s. f.* lat. *Perspicacitas.* ang. *perspicacity.* Pénétration. Action par laquelle l'esprit pénétre & apperçoit la vérité.

PERSPICUITÉ. *s. f.* lat. *Perspicuitas.* ang. *perspicuity.* Clarté, netteté.

PERSPIRATION. *s. f.* *Perspiratio.* ang. *perspiration.* ( Médecine & Phys. ) Transpiration insensible.

PERSUADER. *v. act.* lat. *Suadere.* ang. *to persuade.* Convaincre ; obliger quelqu'un à croire quelque chose ; attirer à nos sentimens ceux qui en sont éloignés. Conseiller, porter quelqu'un à faire quelque chose.

PERSUASIF, ive. *adject.* lat. *Persuasorius.* ang. *persuasive.* Qui persuade.

PERSUASION. *s. f.* lat. *Persuasio.* ang. *persuasion.* Conviction ; consentement de l'esprit ;

action par laquelle on persuade, on est persuadé.

PERTE. *s. f.* lat. *Jactura*, *detrimentum.* ang. *loss.* Dommage qu'on souffre, diminution de bien, de profit. Sorte de toile de chanvre.

PERTÉGUES. *s. m. pl.* (Marine.) Bâtons qui soutiennent une piéce d'étoffe, qu'on appelle *tendelet*, & qui sert à couvrir la poupe d'une galére, contre le soleil, ou contre la pluie.

PERTINEMMENT. *adv.* lat. *Apposité*, *apté.* anglois. *pertinently.* Raisonnablement, sçavamment.

PERTINENT, ente. *adj.* lat. *Conveniens*, *idoneus.* ang. *pertinent.* Il se dit des raisons & réponses qui sont convenables & à propos.

PERTUIS. *s. masc.* lat. *Foramen.* ang. *hole.* Petit trou où l'eau s'écoule, par où le vent s'insinuë.... Trou qui est vers le paneton de la clef, quand elle est forée.... Détroit de mer entre une Isle & la terre ferme.... Petit passage ou filet d'eau qui est entre deux bancs de sable.... Passage pour les bateaux sur les rivières, où l'on serre & l'on retrécit l'eau par une espèce d'écluse, pour l'élever d'un pied ou deux, quand les rivières sont basses.

PERTUISANE. *s. f.* lat. *Sicilex.* ang. *a partizan.* Arme d'hast, qui est une espèce de Hallebarde, qui a un fer plus long, plus large & plus tranchant que les autres.

PERTUISANIER. *s. m.* lat. *Siciliarius.* ang: *a partizan-bearer.* Armé d'une pertuisane.

PERTURBATEUR, trice. *s. m. & f.* lat. & ang. *perturbator*, *rix.* Qui trouble le repos des Citoyens.

PERTURBATION. *s. f.* Trouble, émotion de l'ame, à l'occasion de quelque mouvement qui se passe dans le corps.

PERVENCHE. *s. fem.* Plante, vulnéraire, astringente, fébrifuge. Il y en a deux espèces qui ne différent que par la grandeur. Elle rampe à terre & se lie à tout ce qui est autour d'elle.

PERVERS, erse. *adj.* lat. *Perversus.* angl. *perverse.* Méchant, corrompu.

PERVERSION. *s. f.* lat. *Perversio.* ang. *perversion.* Action par laquelle on rend plus méchant, ou l'on devient plus méchant.

PERVERSITÉ. *s. f.* lat. *Perversitas.* ang. *perversity or perverseness.* Etat de corruption, de perversion; méchanceté.

PERVERTIR. *v. act.* lat. *Seducere*, *corrumpere.* ang. *to pervert.* Corrompre; donner de méchantes instructions, de méchans exemples. Réduire, faire abandonner la vraie religion pour embrasser la mauvaise.

## P E S

PESADE. *s. f.* (Manége.) Premier mouvement du cheval, lorsqu'il léve les pieds de devant sans remuer ceux de derrière.

PESAMMENT. *adv.* lat. *Gravatim*, *lenté.* ang. *heavily.* D'une manière pesante, lente & tardive.

PESANT, ante. *adj.* lat. *Gravis*, *onerosus.* ang. *heavy*, *weighty.* Ce qui tend à occuper le lieu le plus bas. Ce qui a un poids fixe. Ce qui est tardif, lent, paresseux, embarassant; grossier, sombre, sans vivacité; incommode.

PESANT. *s. m.* Morceau de fer ou de plomb enveloppé de toile que les Brodeurs & autres Artisans mettent sur leur besogne, pour la tenir en sujettion, lorsqu'ils travaillent.... Espèce de verroterie, servant à la traite des négres.

PESANTEUR. *s. f.* lat. *Pondus*, *gravitas.* ang. *weight*, *heaviness.* Qualité des corps qui les porte à tendre en bas. Il se dit aussi de la tête & des membres, quand il sont chargés d'humeurs, ou de fluxions.

PESCÈSE. *s. m.* Tribut de mille ducats payé au Grand Seigneur pour parvenir au Patriarchat de Constantinople.

PESCHE. *voy.* Pêche.

PESCHER. *voy.* Pêcher.

PESCHERIE, Pescheur. *voy.* Pêcherie, Pêcheur.

PESÉE. *s. f.* lat. *Pensura.* ang. *all that is weighed at once.* Ce qu'on pese à une fois. *Pesée.* voy. *Levier.*

PÉSE-LIQUEUR. *s. m.* lat. *Hygrometrum.* ang. *areometer.* Instrument par lequel on découvre de combien un corps liquide est plus pésant qu'un autre.

PÉSE-VENT. *voy.* Barosanéme.

PESER. *v. n. & act.* lat. *Ponderare.* ang. *to weigh.* Avoir de la densité, de la gravité, du poids. Examiner le poids de quelque chose, le conférer avec un poids certain. Charger, incommoder, presser par son poids. *Peser* sur une manœuvre, en termes de *Marine*, c'est tirer dessus pour la faire baisser. *Peser* signifie aussi, considérer, examiner, observer de près. Appuyer sur une note, &c.

PESEUR. *s. m.* lat. *Librator*, *pensator.* angl. *weigher.* Celui qui pese.

PESLE-MESLE. *voy.* Pêle-mêle.

PESNE. *voy.* Pêne.

PESO. *s. m.* Monnoie d'Espagne. 10, 000, *Pesos* valent 12, 000. ducats.

PESON. *s. masc.* lat. *Statera.* ang. *steel-yard.* Balance Romaine composée d'un fleau ou verge, d'un poids mobile sur le fleau, & d'un crochet pour la suspendre..... Morceau de plomb que les femmes mettent au bout du fuseau pour le tourner plus facilement. lat. *Verticillus.* ang. *a whirl*, *to put on a spindle.*

PESSA. *s. fem.* Petite monnoie de cuivre des Indes, valant 6. deniers de France.

PESSAIRE. *s. m.* angl. *pessary.* Remède solide de la longueur & de la grosseur du doigt, mais de figure cylindrique pour guérir les maux des femmes, en l'introduisant dans leurs parties naturelles.

PESSE. *s. f.* Arbre resineux; espèce de sapin, autrement *Garipot* ou *Pignet.* ang. *the pitch-tree.*

PESSON. *voy.* Paisson.

PESTE. *s. f.* lat. *Pestis*, *contagio.* ang. *pest*, *plague.* Maladie contagieuse qui désole certains païs par leurs situation naturelle, en remplissant l'air de vapeurs malignes & qui est communement accompagnée, de bubons, charbons, ou ulcères. C'est souvent un fleau de Dieu pour punir les peuples.

PESTER. *v. n.* lat. *Execrari, stomachari.* ang. *to be mad, to storm.* S'emporter contre quelque chose, invectiver contre quelqu'un.

PESTERIE. *s. f.* Emportement contre quelque chose.

PESTIFÉRÉ, ée. *adj.* lat. *Peste contactus.* ang. *infected with the plague.* Qui a la peste.

PESTIFÈRE. *adj.* Qui donne la peste. Pestilent. lat. *Pestifer.* ang. *pestiferous.*

PESTILENCIEL, elle. *adj.* lat. *Pestilens.* ang. *pestilential.* Qui a du rapport à la peste.

PESTILENT, ente. *adj.* lat. *Pestilens.* ang. *pestilent, pestiferous.* Qui tient de la peste.

PESTRIR. *voy.* Pêtrir.

P E T

PET. *s. m.* lat. *Crepitus.* ang. *a fart.* Ventosité qui se forme dans le ventre & qui en sort par derrière avec bruit. Les *Égyptiens* en avoient fait un Dieu, dont on montre des figures bisarres dans certains cabinets.

PÉTALE. *s. masc.* (Botan.) Feuilles d'une fleur. *Petalum.*

PÉTALISME. *s. m.* Etoit chez les Syracusains ce que l'Ostracisme étoit chez les Athéniens : mais celui-ci duroit six ans & l'autre seulement cinq.

PÉTARADE. *s. f.* ang. *a horse's farting and yerking.* Pets de cheval ou d'âne. Bruit qu'on fait de la bouche, par mépris pour quelqu'un.

PÉTARASSE. *s. f.* (Marine.) Espèce de hache à marteau, qui a le côté du taillant fait comme un calfat double, & dont on se sert à pousser l'étoupe dans les grandes coutures. lat. *Ascia bifida.* ang. *a kind of hatchet.*

PETARD. *s. m.* ang. *a cracker.* Papier plié & bien lié, garni dans chacun de ses plis de poudre à canon, dont on se sert dans les feux de joie, ou que la jeunesse prend plaisir à tirer, parce qu'il fait bien du bruit. En termes de *Guerre*, c'est une espèce de petit canon de fonte fort court, étroit par la culasse & large par l'ouverture. Il a environ 7. pouces de profondeur & 5. de largeur à son ouverture. On le charge avec de la poudre fine & bien battuë & on le couvre avec un gros madrier ou planche qu'on attache tout autour avec des cordes qui passent par les anses. Ces anses sont autour du bourlet auprès de l'embouchure. On se sert de cet instrument dans un *siége*, lorsqu'on veut rompre une porte ou autres barrières ; on s'en sert aussi dans les contre-mines pour percer les galeries de l'ennemi & éventer sa mine.

PETARDER. *v. act.* lat. *Pyloclastrum foribus applicare.* ang. *to blow up with a petard.* Attaquer une porte, un château avec un petard.

PETARDIER. *s. m.* lat. *Pyloclastri vibrator.* ang. *a petardeer.* Officier d'Artillerie commandé pour attacher le pétard, pour y mettre le feu.

PETASE. *s. m.* lat. & ang. *petasus.* Nom que les Antiquaires donnent au chapeau aîlé de Mercure.

PETASITE. *s. f. Petasites.* Plante ainsi appellée, parce que ses feuilles sont larges comme un chapeau.

PETAUD. *s. m.* On dit *la Cour du Roi Petaud*, pour signifier un lieu de desordre & de confusion, où tout le monde est maître, une vraie *petaudière.*

PETAUDIÈRE. *s. fem.* lat. *Locus confusionis.* ang. *dover-court.* Lieu de confusion & de desordre.

PÉTAVIUS. *s. m.* Nom que les Astronomes ont donné à la 38e. tache de la Lune, pour faire honneur au célèbre P. Petau.

PÉTAURE. *s. m.* Roue posée en l'air sur un aissieu, par le moyen de laquelle deux hommes se balançoient l'un l'autre. *Petaurum.*

PÉTAURISTES. *s. m. pl.* Se disoit de ceux qui s'amusoient à l'exercice du pétaure.

PETCI. *s. m.* Plante de la Chine. Espèce de nenufar, qui croît dans l'eau. Quand il est frais, le goût en est semblable à celui de la noisette.

PÉTÉCHIALE. *adj.* Se dit des fiévres accompagnées de pétéchies. lat. *Petechialis.* ang. *petechial.*

PÉTÉCHIE. *s. fem.* Tache qui s'éleve sur la peau dans certaines fiévres malignes. *Petechia.*

PET-EN-L'AIR. *s. masc.* Robe de chambre qui ne va que jusqu'aux genoux.

PÉTENUCHE. *s. f.* Bourre de soie d'une qualité inférieure à celle qu'on nomme *Fleuret.*

PÉTER. *v. n.* lat. *Pedere, crepare.* ang. *to fart.* Lâcher un vent par derrière qui fait quelque bruit. Faire du bruit par le feu.

PÉTERASSE. *voy.* Pétarasse.

PÉTEROLLE. *s. f.* Petit artifice fait avec un peu de poudre renfermée dans une feuille de papier repliée à plusieurs plis, pour tirer plusieurs petits coups de suite.

PÉTEUR, euse. *s. m. & f.* lat. *Crepitator.* ang. *a farter, a farting man or woman.* Qui péte.

PETILLANT, ante. *adj.* lat. *Crepitans.* ang. *crackling, sparkling.* Qui brille par sa vivacité, qui fait du bruit en brûlant.

PETILLEMENT. *s. m.* lat. *Crepitatus.* ang. *crackling, sparkling.* Action de petiller.

PETILLER. *v. n.* lat. *Scintillare, radiare.* ang. *to crackle, to sparkle.* Etinceller ; éclater, briller avec éclat & vivacité.

PETIT, ite. *adj.* lat. *Parvus, exiguus, pusillus.* ang. *little, small.* Corps dont la quantité a peu d'étenduë. Jeune, en bas âge. Leger, mince, peu considérable.

PETITEMENT. *adv.* lat. *Exiguè, modicè.* ang. *little.* D'une manière petite & pauvre.

PETITESSE. *s. f.* lat. *Parvitas, exiguitas.* ang. *littleness.* Peu d'étenduë, peu de volume. Modicité. Foiblesse, bassesse.

PÉTITION. *s. fem.* lat. *Petitio, postulatio.* angl. *petition, demand.* Demande, ou action en justice. Il se dit aussi en *Géométrie* & signifie une demande claire & intelligible, dont l'exécution & la pratique ne requiérent aucune démonstration. On appelle en *Logique pétition* de principe, lorsqu'on suppose pour principe ce qui a besoin de preuve.

PÉTITOIRE. *subst. masculin.* lat. *Petitoria disceptatio.* ang. *demand.* Action par laquelle on demande le fonds, ou la propriété d'une chose.

PÉTONCLE. *s. m.* lat. *Petunculus.* angl. *a cockle.* Petit poisson qui a une coquille grisâtre laquelle s'emploie pour les ornemens des grottes.

PÉTORITUM. *s. m.* (Antiquaire.) Sorte de chariot à quatre roues.

PÉTREAU. *s. m.* (Jardin.) Sauvageon qui repousse au pied d'un arbre.

PÉTREOL. *voy* Pétrole.

PÉTREUX, euse. *adj.* lat. *Petrosus.* anglois. *stony.* Pierreux, qui tient de la pierre. On le dit, en *Anatomie*, de deux os de la tête, qui sont le 5e. & le 6e. des os qui composent le crâne, dont la partie inférieure est nommée *pétreuse*, parce qu'elle est fort dure.

PÉTRICHERIE. *s. f.* (Marine.) Appareil de la pêche des morues.

PÉTRIFICATION. *s. fem.* lat. *In lapidem conversio.* ang. *petrifying or petrification.* Corps qui est converti en pierre, & l'action par laquelle il est pétrifié.

PÉTRIFIER. *v. act.* lat. *In lapidem transmutare.* ang. *to petrify.* Convertir en pierre. Endurcir, glacer, rendre immobile.

PÊTRIN. *s. m.* Vaisseau propre à pêtrir. lat. *Pistrinum*, *mactra.* ang. *trough.*

PÊTRIR. *v. act.* lat. *Subigere.* ang. *to knead.* Faire de la pâte pour en faire ensuite du pain. Remuer des terres grasses & onctueuses & les presser avec les pieds pour les rendre plus fermes, & faire qu'elles resistent à l'eau.

PÊTRISSEUR. *s. m.* Celui qui pêtrit.

PÉTROLE. *s. m.* lat. *Petroleum.* ang. *petroleum.* Liqueur bitumineuse qui sort des fentes des rochers en Italie & en Languedoc.

PETTEIA, *ou* Pettia. *s. f.* (Musique.) L'art de combiner les sons, de manière à exprimer les passions.

PÉTULAMMENT. *adv.* lat. *Asperè*, *durè.* ang. *petulantly.* D'une manière pétulante.

PÉTULANCE. *s. f.* lat. *Impotens iracundiæ motus.* angl. *petulancy.* Emportement avec insolence.

PÉTULANT, ante. *adject.* lat. *Vehemens*, *præceps.* ang. *petulant.* Qui est emporté, fougueux, insolent, remuant.

PÉTUN. *s. m.* Tabac.

PÉTUNER. *v. n.* Prendre du tabac en fumée avec une pipe.

### P E U

PEU. *adv.* lat. *Parùm.* anglois. *little*, *few.* Guéres. *Peu* à *peu*, petit à petit, *peu* & souvent.

PEUCEDANUM. *s. m.* Plante ainsi appellée, parce que ses feuilles ont quelque ressemblance avec celles du Pin nommé en grec *Peuce.* On l'appelle autrement *queuë de pourceau*, ou *fenouil de porc.*

PEUILLE. *s. fem.* Petit morceau de l'espèce monnoiée, sur lequel on fait l'essai du reste.

PEUMO. *s. m.* Arbre du Chili, qui porte un fruit rouge semblable à une olive. Son écorce en décoction soulage beaucoup l'hydropisie.

PEUPLADE. *s. f.* lat. *Colonia vel incolarum inductio.* ang. *a colony.* Colonie de gens qui viennent chercher des terres pour habiter. Lieu habité.

PEUPLE. *s. m.* lat. *Populus*, *gens*, *natio.* ang. *people*, *nation.* Assemblée de personnes qui habitent un païs, qui composent une Nation. Habitans d'une ville. Populace, multitude de gens.

PEUPLER. *v. act.* lat. *In regionem incolas inducere.* ang. *to people.* Remplir un païs d'habitans, soit par des peuplades, soit par la voie de la génération. Empoissonner un étang, un vivier . . . . *Peupler*, en *Charpenterie*, c'est garnir un vuide de piéces de bois espacées à égale distance.

PEUPLIER. *s. m.* lat. *Populus.* ang. *poplar*, *the poplar-tree.* Arbre fort haut, qui vient sur le bord des rivières ou fossés & dans les lieux aquatiques & marécageux.

PEUR. *s. fem.* lat. *Metus*, *formido*, *pavor.* ang. *fear*, *dread.* Frayeur; appréhension; passion de l'ame qui lui fait craindre les choses nuisibles. . . . Déesse payenne. *voy. Crainte.*

PEUREUX, euse. *adj.* lat. *Timidus*, *meticulosus.* ang. *fearful*, *timorous.* Qui est timide, sujet à avoir peur.

PEUT-ÊTRE. *adverb.* lat. *Fortasse*, *forsan.* ang. *may be*, *perhaps.* Par hazard, par fortune, par accident, par malheur.

### P E Y

PEYQ. *s. m.* Valet de pied du Grand-Seigneur.

PEYSE. *s. f.* Petite monnoie de cuivre, qui a cours dans les Indes Orientales; elle vaut environ 8. deniers de France.

### P H A

PHAËTON. *s. m.* Selon *Ovide* & les anciens Poëtes, étoit fils de *Phœbus* & se laissant entrainer à son ambition, il importuna son père pour lui permettre de conduire le Char du Soleil pendant un jour. Ce qui lui ayant été accordé, il n'eut pas assés de force pour gouverner les chevaux & ne sçachant pas la route qu'il falloit tenir, il s'égara & mit en feu le ciel & la terre. Ce qui irrita si fort *Jupiter* qu'il le tua d'un coup de foudre, & le précipita dans le Pô. Ses Sœurs les *Heliades* furent changées en peupliers & leurs larmes en ambre. La réalité de cette histoire, est que *Phaëton* Prince des *Liguriens* s'attacha beaucoup à l'étude de l'Astronomie & que de son tems l'*Italie* du côté du *Pô* fut embrasée de chaleurs fort extraordinaires & qu'elle en devint seiche & sterile, &c . . . . On appelle *Phaëton* une chaise roulante tirée par un seul cheval.

PHAGÉDÉNIQUE. *adj.* (Chimie.) Se dit d'un eau qu'on tire de la chaux.

PHAGÉSIES, *ou* Phagésiposies. *s. f. pl.* Fêtes de Bacchus, dans lesquelles on faisoit de grands festins.

PHAGRE, *ou* Phagrus. *s. m.* Poisson de mer,

bon à manger. Il est rouge comme une fraise, ressemblant beaucoup au Rouget, mais plus grand & plus gros.

PHAISAN. *voy.* Faisan.

PHALANGE. *s. f.* lat. & ang. *phalanx.* Ancien terme militaire qui signifie quelquefois un bataillon, un escadron, &c. & quelquefois un ordre de bataille. En *Anatomie* c'est l'ordre ou la disposition que la nature a mis dans les os des doigts de l'homme. . . . . Espèce d'araignée dangereuse.

PHALANGISTE, *ou* Phalangite. *s. m.* Soldat de la phalange.

PHALANGIUM. *s. m.* Plante ainsi appellée par les anciens, parce qu'ils l'estimoient utile pour guérir la morsure d'une espèce d'araignée dangereuse appellée *Phalange.*

PHALARIQUE. *s. f.* Lance couverte d'étoupes pleines de soufre, de bitume, de resine & d'huile incendiaire, qu'on jettoit sur les ouvrages des ennemis, pour les brûler.

PHALARIS. *s. m.* Plante dont les tiges & les feuilles ressemblent à celles de l'orga. Le jus du Phalaris & sa semence sont bonnes contre les douleurs de la vessie.

PHALÉNE. *s. m.* Papillon nocturne.

PHALEUQUE, *ou* Phalèque. *s. m.* Espèce de vers qui a cinq pieds, un spondée, un dactyle, & 3. trochées.

PHANAL. *voy.* Fanal.

PHANTAISIE, Phantasque, Phantôme. *v.* Fantaisie, &c.

PHARE. *s. m.* lat. *Pharus.* ang. *fare.* Lieu élevé vers un port de mer, où l'on allume du feu la nuit pour servir de guide aux vaisseaux qui y abordent.

PHARINX. *voy.* Pharynx.

PHARISAÏQUE. *adject.* Qui a rapport aux Pharisiens. ang. *Pharisaical.*

PHARISAISME. *s. m.* ang. *pharisaism.* Religion, manières, opinions des Pharisiens.

PHARISIENS. *s. m. pl.* lat. *Pharisæi.* angl. *pharisees.* Signifie, separés de la pratique commune de religion. C'est une des plus remarquables & des plus anciennes sectes parmi les Juifs, fort estimée à cause de leurs grandes mortifications & de leur manière de vivre rigide. Ils jeûnoient constamment le second & le cinquième jour de la semaine. Ils mettoient des épines au bas de leurs robes, afin qu'en marchant elle leur piquassent les jambes. Ils couchoient sur des ais couverts de cailloux & ils se ceignoient les reins avec de grosses cordes dans certains tems particuliers. Ils payoient les décimes comme la loi les ordonnoit & encore la trentième & cinquantième partie de leurs fruits, ajoutant des sacrifices volontaires à ceux qui étoient ordonnés & se montrant très-exacts à rendre leurs vœux. Par ce moyen ils s'étoient prodigieusement rendus maitres de l'esprit du peuple & ils s'étoient fait une grande réputation de sainteté. Ce qui leur donna tant d'orgueil, qu'ils regardoient tous les autres d'un œil de mépris, comme étant eux seuls en faveur auprès de Dieu. C'est pour cela qu'ils vouloient occuper les premières places dans les festins & dans les assemblées civiles & religieuses & qu'ils se donnoient pour interprétes infaillibles & docteurs sincéres dans la loi de Dieu, qu'ils avoient pourtant corrompuë par leurs traditions & commentaires, comme il paroit par les reproches que leur en fait Notre-Sauveur. Quant à leur doctrine, ils attribuoient l'événement des choses à la destinée. Ils croyoient la transmigration des ames, surtout celles des gens de bien. Ils étoient aussi fort attachés à l'Astrologie judiciaire, &c. Le Talmud les divise en sept casses. 1. Les *Sichemites* qui étoient des proselytes engagés par le seul intérêt. 2. Les *Estropiés* ou *immobiles* qu'on nommoit ainsi; parce qu'ils paroissoient tellement occupés de la méditation, qu'on les auroit pris pour des statues ou pour des hommes privés de l'usage de leurs membres. 3. Les *Broncheurs*, à cause qu'ils avoient en marchant les yeux fermés dans la crainte de voir quelque femme, ce qui les faisoit broncher souvent & heurter contre les murailles, piliers, &c. 4. Ceux qui *demandoient* ce qu'il falloit faire. 5. Les *mortiers* ainsi nommés parce qu'ils portoient un grand chapeau semblable à un mortier, pour empêcher leurs yeux de s'égarer & pour les fixer à terre & ne voir que devant eux. 6. Les *amoureux* qui prétendoient ne se conduire dans toutes leurs actions que par l'amour de la vertu. 7. Les *craintifs* dont les actions n'étoient dirigées que par la crainte servile & qui n'étoient attentifs principalement qu'aux commandemens négatifs.

PHARMACEUTIQUE. *s. f.* Partie de la médecine qui donne la description des remédes, & qui apprend la manière de les employer . . . *adj.* Qui concerne la pharmacie.

PHARMACIE. *s. f.* lat. *Ars medicamentaria:* ang. *pharmacy.* Art de préparer ou de composer les médicamens propres pour l'usage, qui est l'art & l'emploi des Apothicaires.

PHARMACIEN. *s. m.* Celui qui exerce la pharmacie. Apothicaire.

PHARMACOCHYMIE. *s. f.* Partie de la chymie qui enseigne la préparation des remédes chymiques.

PHARMACOLOGIE. *s. fem.* Science de la pharmacie.

PHARMACOPÉE. *s. m.* ang. *a dispensatory.* Traité qui enseigne la pharmacie & qui contient la préparation des remédes.

PHARMACOPOLE. *s. m.* Apothicaire qui prépare & vend les remédes.

PHARMATICE. *voy.* Ampelite.

PHARSANG. *s. m.* Mesure de *Perse* qui a des longueurs fort différentes. Elle est en certains endroits de 4, en d'autres de 5, 6, 7 ou 8 milles.

PHARYNGIEN. *adj.* Sel *Pharyngien* est un sel artificiel en usage dans l'Esquinancie.

PHARYNGOTOME. *s. mas.* Instrument de chirurgie dont on se sert pour scarifier les amygdales enflammées, ou pour ouvrir des abscès dans le fond de la gorge.

PHARYNX. *substant masculin. Pharynx.* En *Anatomie* est la partie supérieure du gosier, composée de trois paires de muscles.

PHASES. *s. f. pl.* Apparences, représentations ou manières de se montrer, ce qui se dit surtout parmi les *Astronomes* des différentes situations où les planétes & la lune en particulier se présentent à notre vûë; celle-ci étant tantôt obscure, tantôt en croissant, tantôt à moitié éclairée & ensuite pleine. On observe la même chose avec un telescope dans *Venus* & *Mars*.

PHASÉOLE. *s. f.* lat. *Phaseolus*. ang. *french bean*. Espèce de légume, qu'on appelle autrement *haricot*.

PHATZISIRANDA. *sub. fem.* Plante de la Floride dont les feuilles sont semblables à celles des poireaux, mais plus déliées & plus longues. La poudre de cette herbe est un remède contre la pierre; elle excite l'urine & débouche tous les conduits.

P H E

PHEBUS. *voy.* Phœbus.

PHELLANDRIUM. *s. m.* Ciguë aquatique. Il y en a deux espèces, mais loin d'être un poison, elles sont utiles dans la médecine.

PHELLODRYS. *s. m.* Signifie en grec, *liége-chêne*. Il porte du gland, a la feuille comme le liége, l'écorce & le bois comme le hêtre.

PHÉNIX. *s. mas.* lat. *Phœnix*. ang. *a phenix*. Le plus rare de tous les oiseaux & le seul de son espèce. On en raconte bien des choses merveilleuses; par exemple, qu'il vit plusieurs siécles & qu'ensuite il renaît de ses propres cendres. Les Rabins disent que tous les oiseaux s'étant rendus complices du péché de la première femme & ayant mangé avec elle du fruit défendu, excepté le *Phénix*, il a eu pour recompense une espèce d'immortalité. Quelques-uns prétendent qu'il est de la grandeur d'un Aigle, qu'il a la tête timbrée d'un pennage exquis, qu'il a les plumes du cou dorées, les autres pourprées, la queuë blanche mêlée de pennes incarnates, des yeux étincelans comme des étoiles; qu'il n'a point de sexe & qu'il est unique dans le monde. Quelques-uns disent qu'il vit 500. ans & d'autres mille, d'autres beaucoup plus ou beaucoup moins. On raconte differemment sa mort & sa résurrection selon la fantaisie des écrivains. Mais on dit communément que lorsqu'il se trouve dans l'âge, il se dresse à lui-même un bucher de bois aromatique, exposé aux plus grandes ardeurs du soleil; qu'il bat des aîles dessus pour l'allumer; qu'il s'y consume; qu'il naît un petit ver de sa cendre, d'où il se forme un oiseau, &c. Le *Phénix* est communément l'hieroglyphe de ce qui est surprenant, prodigieux, étrange.... *Phénix*: constellation méridionale.

PHÉNOMÈNE. *s. m.* lat. *phænomena*. ang. *phenomenon*. Effet apparent dans le ciel, ou sur la terre, dont la cause n'est pas évidente.... *Figurément & familièrement*, il se dit des choses qui surprenent par leur nouveauté & leur rareté.

PHÉRÉCRATE, *ou* Phérécratien. *sub. mas.* Vers composé de 3. pieds, un dactyle entre deux spondées.

P H I

PHILACTÈRE. *voy.* Phylactère.

PHILANTHROPE. *s. m.* Qui est plein d'humanité & d'amour pour ses semblables. ang. *philanthropist*.

PHILANTHROPIE. *s. f.* ang. *phylanthropy*. Humanité, bon naturel, compassion générale pour les hommes, &c.

PHILAUTIE. *s. f.* ang. *philauty*, *self-love*. Amour de soi-même, complaisance vicieuse pour soi-même.

PHILIPPINE. *s. f.* Ordonnance de Philippe le Bel touchant la regale, en 1334.

PHILIPPIQUES. *s. f. pl.* Oraison de *Demosthenes* contre *Philippe* Roi de *Macedoine* & de *Ciceron* contre *Marc Antoine*.

PHILIPPISTES. *s. m. pl.* Luthériens sectateurs de Philippe Mélancthon.

PHILIPPUS. *s. m.* Monnoie d'or de Flandre d'un titre assés bas. Il y en a aussi d'argent qui pésent près de 6. deniers plus que les écus de France de neuf au marc, mais qui ne pésent de fin que 9. deniers 20. grains.

PHILLYRÉA. *s. mas.* Arbrisseau, dont les feuilles sont semblables à celles de l'olivier sauvage, mais plus étroites & plus vertes. Ces feuilles & les baies sont astringentes, propres pour les ulcères de la bouche, & pour les inflammations de la gorge.

PHILODOXE. *s. m.* Qui est attaché à son sentiment, qui abonde en son sens.

PHILOLOGIE. *s. f.* lat. *philologia*. anglois. *philology*. Science universelle, surtout en ce qui regarde les lettres ou les langues & leurs diverses origines. Elle contient la critique ou l'interprétation & les diverses manières de lire les phrases particulières ou passages des anciens Auteurs, les coutumes & usages qui y ont rapport ayant vieilli. Cette science n'est que conjecturale & n'a rien de bien solide, quoique souvent elle trouve de grandes probabilités, lorsqu'on a perdu l'idée de certaines choses.

PHILOLOGIQUE. *adj.* lat. *philologicus*. ang. *philological*. Concernant les belles lettres, & surtout la critique.

PHILOLOGUE. *s. m.* lat. *philologus*. ang. *philologer*, *or philologist*. Homme de lettres, qui s'attache à diverses parties de la littérature, & surtout à la critique.

PHILONIUM. *s. mas.* (Pharmacie.) Espèce d'opiate dont il y a deux sortes le *Romain* & le *Persique*.

PHILOSOPHALE. *adj. f.* La pierre *Philosophale* ou la transmutation des métaux en or. latin. *Ars mutandi in aurum*. ang. *the philosopher's stone*.

PHILOSOPHE. *s. m.* lat. *philosophus*. ang. *a philosopher*. Qui aime la sagesse, & la science; qui s'applique à l'étude de la nature, &c. La pierre des *Philosophes* ou *philosophale* est une poudre que quelques cerveaux chymiques s'imaginent ou du moins qu'ils disent avoir la vertu ou la puissance de changer en or ou en argent tous les métaux imparfaits. Tous les métaux excepté l'argent qu'ils appellent la *Lune* & l'or qu'ils appellent le *Soleil*, se nomment imparfaits. Le plomb s'appelle *Saturne*, l'etain *Jupiter*, le fer, *Mars*; le cuivre, *Venus*, & l'argent vif, *Mercure*. Ils appellent leur poudre, *Médecine universelle*, & ils disent qu'elle agit sur tout l'empire de la nature, qu'ils divisent en trois parties, qui sont la partie animale, vegétale & minérale. Quant à la partie animale, ils prétendent que leur poudre conserve la santé de tous les animaux, qu'elle en empêche l'altération & qu'elle la rétablit lorsqu'elle est altérée. Il en est de même des plantes : elle détruit aussi ce qu'ils appellent la lépre des métaux & les convertit en métaux parfaits, en or ou en argent. Cette poudre se nomme pierre, parce qu'après qu'elle a été travaillée, le *Philosophe* la vitrifie ; c'est-à-dire, qu'au lieu qu'elle est d'abord en petites parties, qui ne tiennent point ensemble, il la met en masse par une douce fusion. On la garde ainsi pour l'usage. Mais par malheur pour ceux qui sont entêtés de cette pierre, il faut qu'elle contienne deux qualités, que nous ne trouvons point ensemble dans les corps que la nature nous présente. Il faut qu'elle soit fusible comme de la cire, & fixe & permanente au feu comme de l'or. La première qualité lui étant nécessaire pour pénétrer jusqu'au centre le métal imparfait sur lequel elle est projettée lorsqu'il est fondu & la seconde pour lui communiquer la fixité dont il a besoin pour devenir or ou argent. Ainsi il n'est pas surprenant qu'il soit si difficile de découvrir la manière de réussir dans l'ouvrage de cette pierre & que ceux qui prétendent chercher ces mystères cachés se trompent si souvent en lisant les Auteurs Enigmatiques qui ont traité d'une matière dont ils n'avoient aucune connoissance & qui ont été séduits par l'illusion des autres Auteurs ou par l'entousiasme de leur imagination.

PHILOSOPHER. *v. n.* lat. *philosophari.* ang. *to moralize.* Agir ou se comporter comme un philosophe, en donnant, ou cherchant la raison, la nature & les propriétés de différens objets exposés à la vuë, & recherchant leurs causes, leurs effets, & les loix conformes aux meilleurs sistêmes & observations connues, ou faisant des observations sur ces mêmes objets.

PHILOSOPHIE. *s. f.* lat. *philosophia.* angl. *philosophy.* C'est l'étude ou la connoissance tant des productions naturelles que des obligations morales, & c'est ce qu'on appelle communément *Philosophie* naturelle & morale. Il est hors de doute que l'étude de la nature est aussi ancienne que la nature même : mais les meilleurs Auteurs nous assurent que *Xenophanes Colophonius* fut le premier qui forma une secte ou qui l'enseigna publiquement. Il assura qu'il y avoit quatre élemens & un grand nombre de mondes, que l'ame étoit d'une nature aërienne, que la figure de la divinité étoit ronde, que Dieu voyoit & entendoit tout, mais qu'il ne faisoit pas usage de la faculté de respirer, que c'étoit un Etre intelligent, sage & éternel. Son successeur & disciple *Parmenides* n'admit que deux élemens, la terre & le feu ; & il soutint que la terre étoit sphérique & qu'elle étoit suspenduë au centre de l'univers. Ses disciples *Melissus* & *Zenon Eleates* eurent des sentimens bien différens. Le premier soutint que l'univers étoit infiniment étendu & sans aucun mouvement ; il admit la pluralité des mondes ; il nia le vuide ; il prétendit que toute génération se formoit des quatre premières qualités & que notre ame resultoit d'une composition particulière de ces ingrédiens, &c. Une idée en produisit une autre, & ils en vinrent jusqu'à se perdre dans le vaste abîme des conjectures, jusqu'à prétendre que le monde étoit éternel, & qu'il n'y avoit point d'autre divinité ou Etre suprême, que ce qu'ils appelloient la nature ou l'ame du monde. Les modernes ont fort bien secoué le joug de s'attacher servilement à *Aristote* & aux autres Anciens, qui dans toutes les occasions où ils ne pouvoient pas expliquer les phenoménes se contentoient de les attribuer à des qualités occultes pour couvrir leur ignorance ; mais les belles inventions & expériences des deux derniers siécles nous ont mis sur un meilleur pied qu'auparavant, en expliquant un grand nombre de phenoménes que les Anciens n'avoient pû découvrir ni expliquer.

PHILOSOPHIQUE. *adj.* lat. *philosophicus.* ang. *philosophical.* Qui a rapport aux regles de la philosophie. L'*œuf philosophique* est un vaisseau de verre en usage chez les *Chymistes* & ayant à peu près la figure d'un œuf. Ils s'en servent dans les digestions qui demandent beaucoup de tems pour être parfaites.

PHILOSOPHIQUEMENT. *adv.* lat. *philosophicè.* angl. *philosophically.* A la manière des philosophes.

PHILOTÉSIE. *s. f.* Etoit chez les Grecs la cérémonie de boire à la santé les uns des autres.

PHILTRE. *s. m. philtra.* ang. *philter*, *a love-potion.* Poudre d'amour ou charme que la stupidité des uns & la friponnerie des autres fait regarder comme une drogue qui a le pouvoir ou la propriété d'agir sur une personne jusqu'à changer ses inclinations & à lui faire admirer & aimer un objet qu'elle haïssoit & méprisoit auparavant, sans se servir d'aucun autre moyen & cela uniquement par l'effet naturel de la composition, lorsque les passions sont moderément excitées, ou par la superaddition d'un enchantement magique lorsque l'affection devient extravagante.

PHIMOSIS. *s. mas.* (Médec.) Maladie des yeux, quand les paupières sont tellement attachées, qu'elles ne se peuvent ouvrir.

PHIOLE. *s. f.* lat. *Lagena vitrea.* ang. *vial*, *glass-bottle.* Petite bouteille de verre.

## P H L

PHLASIS. *s. f.* Espèce de fracture.

PHLÉBOTOMIE. *s. f.* lat. *phlebotomia.* ang. *phlebotomy.* Saignée, art de saigner, de tirer le sang d'une personne au bras, au pied, &c. selon que la maladie l'exige.

PHLÉBOTOMISER.

PHLÉBOTOMISER. *v. act.* lat. *Mittere sanguinem.* ang. *to let blood.* Faire saigner.

PHLÉBOTOMISTE. *s. m.* lat. *phlebotomista.* ang. *phlebotomist.* Celui qui phlébotomise, qui ouvre la veine.

PHLEGMAGOGUES. *s. mas. pl.* ang. *phlegmagogues.* Remédes propres pour purger & évacuer la pituite.

PHLEGMATIQUE. *adj.* lat. *phlegmaticus.* ang. *phlegmatick.* Qui abonde en pituite, qui en est incommodé. Froid, morne.

PHLEGME. *s. m.* lat. *phlegma, pituita.* ang. *flegm, or phlegm.* Excrément visqueux du sang qui est souvent occasionné par une trop grande quantité de nitre dans l'air. C'est aussi cette humidité aqueuse qui sort des corps par la distillation & qui est opposée aux liqueurs spiritueuses. Ce sont encore ces nuages qui paroissent nager sur les liqueurs distillées. C'est encore la pituite. La tranquilité d'ame.

PHLEGMON. *s. mas.* ( Médecine. ) anglois. *phlegmon.* Nom général qu'on donne à toutes les tumeurs faites de sang. Tumeur enflammée.

PHLEGMONEUX, euse. *adj.* Qui participe de la maladie qu'on appelle *Phlegmon*, ou inflammation du sang.

PHLIBOT. *voy.* Flibot.

PHLOGOSE. *s. f.* *Phlogosis.* Inflammation interne ou externe. Ardeur, chaleur contre nature, sans tumeur.

PHLYACOGRAPHE. *s. m.* Auteur comique, qui traduit en style burlesque des piéces sérieuses. lat. *phlyacographus.* anglois. *a phlyacographer.*

PHLYACOGRAPHIE. *s. f.* lat. *phlyacographia.* ang. *phlyacography.* Imitation comique & burlesque d'une piéce grave & sérieuse. Tragédie travestie en comédie. Parodie.

PHLYSTÈNES. *s. f. pl.* Pustules ou petites vessies qui s'élevent sur la superficie de la peau.

## P H O

PHOCÆNA. *s. m.* Espéce de grand & gros poisson, de Marsouin.

PHŒBÉ. *s. masc.* Mystère, ce qu'il y a de mysterieux dans une affaire.

PHŒBUS. *s. m.* L'un des noms du Soleil ou d'*Apollon.*

PHŒNICOPTÈRE. *s. m.* Oiseau aquatique, gros comme un héron, de couleur cendrée. Il est bon pour l'épilepsie. Sa graisse est résolutive & nervale. *Phœnicopterus.*

PHŒNICURE. *s. mas.* Oiseau gros, comme un coucou. Il a la queuë rouge, change de couleur l'hiver, se nourrit de mouches, de fourmis & d'araignées, & est bon pour l'épilepsie.

PHŒNIGME. *s. m.* Remède qui excite de la rougeur & des vessies sur les endroits du corps où il a été appliqué.

PHŒNIX. *voy.* Phenix.

PHOLADE. *sub. fem.* Coquille multivalve, oblongue & ordinairement blanche, ayant quelquefois cinq piéces & d'autrefois seulement deux.

PHOLAS. *s. m.* Poisson à coquilles, qui est une espèce de moule, pour la figure & la grosseur, mais dont la coquille est moins lisse & de couleur roussé.

PHOMAHAN. *s. m.* Dernière étoile du Verseau.

PHONASCIE. *s. f.* L'art de former la voix de l'homme. *Phonascia.*

PHONASQUE. *s. m.* Maître qui formoit la voix. *Phonascus.*

PHOSPHORE. *s. masc.* *Phosphorus.* Signifie quelquefois l'étoile du matin, la planéte de *Venus* & d'autrefois une matière minérale ou artificielle qui donne une lumière extraordinaire dans l'obscurité. Quelques-uns brillent naturellement par eux-mêmes & d'autres pour avoir été exposés au soleil ou au feu, où ils s'imbibent tellement de la lumière, qu'ils brillent ensuite dans les ténébres. Il y a aussi des *Phosphores* liquides de différentes sortes. Quelques *Chymistes* prétendent que l'or dissous selon les regles de l'art, ne perd rien de sa couleur, & qu'il devient un *Phosphore* si admirable qu'avec la lumière qu'il produit, on peut aisément lire & écrire pendant la nuit.

PHOTINIENS. *s. m. pl.* Anciens hérétiques qui nioient la divinité de J. C. Leur chef étoit Photin Evêque de Sirmium.

## P H R

PHRASE. *s. fem.* lat. *Locutio, phrasis.* ang. *phrase.* Manière d'expression ; façon de parler ; construction d'un petit nombre de paroles.

PHRASIER. *s. masc.* Qui affecte des tours nouveaux dans ses phrases.

PHRÉNÉSIE, Phrénétique. *voy.* Frénésie, Frénétique.

PHRÉNIQUE. *adj.* ( Anat.) Se dit de l'artère qui sort de l'aorte descendante & se distribue au diaphragme & au péricarde ; & de deux veines que la veine cave descendante reçoit, aussitôt qu'elle a percé le diaphragme em montant.

PHRYGASTES. *s. m. pl.* Montanistes, ou Phrygiens.

PHRYGIEN, enne. *adject.* La pierre *Phrygienne* est de couleur blanche avec de petits cercles blancs. Les Teinturiers s'en servent.... Le mode *Phrygien*, en *Musique*, est celui qu'on emploie dans les airs de trompette, hauts-bois, cors de chasse, & autres instrumens guerriers.... *Phrygiens* ; ou Montanistes : Hérétiques.

## P H T

PHTHIRIASIS. *s. f.* Maladie pediculaire, à laquelle les enfans, & même les adultes sont sujets.

PHTHISIE. *s. f.* ang. *phthisick.* Consomption de tout le corps, qui vient d'un ulcère dans les poûmons, accompagné d'une fiévre lente continuë, d'une forte haleine, d'une mauvaise poitrine & de la toux...., C'est aussi une maladie de la prunelle, qui devient étroite, obscure, ridée, & qui par son retrécissement fait voir les objets plus gros qu'ils ne le sont.

PHTHISIQUE. *adj.* ang. *phthisick*. Qui est atteint de la phthisie.

### P H U

PHU. *s. masc.* Sorte de plante autrement appellée *valeriane*.

### P H Y

PHYCIS. *s. m.* Poisson de mer qui ressemble à la perche marine.

PHYGETLON. *s. m.* Phlegmon qui s'éleve aux parties glanduleuses. Il a les mêmes causes & les mêmes signes que le bubon.

PHYLACTÈRE. *s. masc.* lat. *phylacterium.* ang. *philactery*. Charme, préservatif, &c. contre les maladies, malheurs, dangers, &c. que les anciens Payens avoient coutume de porter sur eux. Ils étoient de pierre, ou de métal, gravés sous certains aspects des planétes. Tous les Orientaux sont encore aujourd'hui dans cette superstition & les hommes ne les portent pas seulement pour eux, mais encore pour leurs animaux. Mais on appelle surtout *Phylactères* ceux que les *Juifs* portoient & dont il est fait mention dans l'Evangile. C'étoient de petites bandes de parchemin où étoient écrits certains mots de la loi. Il les portoient sur leur front & sur le poignet du bras gauche. Ils y écrivoient ces quatre passages de la loi. Le premier *sanctifiés moi tous les premiers nés : tous ceux qui sortent les premiers du sein de leur mère parmi les enfans d'Israël, tant des hommes que des animaux, sont à moi :* & ce qui suit jusques au 10e. verset de l'*Exode* XIII. Le second étoit tiré du 11e. verset du même chapitre, & *lorsque le Seigneur vous aura introduit dans la terre de Canaan*, &c. jusques au 16e. verset. Le troisième étoit tiré du 4e. verset du 6e. chapitre du *Deuteronome. Écoute*, O Israël, *le Seigneur notre Dieu est le seul Seigneur* & ce qui suit jusques au 9e. verset du même chapitre. Enfin le quatrième étoit le 13e. verset du 11e. chapitre du même livre, jusques à la fin du 21e. verset du même chapitre. Les *Phylactères* qui étoient attachés aux bras, étoient des rouleaux de parchemin écrits en lettres quarrées avec une encre faite à ce dessein & avec beaucoup de soin. Ils étoient roulés en haut sur une pointe & enfermés dans une espèce d'étui de peau de veau; ensuite on les mettoit dans une piéce quarrée du même cuir, mais un peu plus roide : de-là pendoit une courroye de la même matière, de la largeur d'environ un doigt & d'une coudée & demi de longueur. Ces rouleaux étoient placés au pli du bras gauche & après que la courroye avoit formé un petit nœud de la figure de la lettre *Jod*, on la tournoit au tour du bras en ligne spirale, qui se terminoit au haut du doigt du milieu & se nommoit *Teffila shel-jad* ou *Teffila* de la main. Le *Phylactère* du front étoit composé de quatre piéces de parchemins qui portoient chacune l'une des quatre sentences précédentes. Ces quatre piéces étoient jointes ensemble dans un bois quarré & ils écrivoient au dessus la lettre *Schin*. Ils appliquoient pardessus ce bois une peau de veau préparée & de là pendoient deux courroyes comme dans le premier *Phylactère*. Ils plaçoient ce quarré au milieu du front & les courroyes entouroient la tête formant un nœud par derrière comme la lettre *Daleth*, d'où elles venoient entourer la poitrine. Ils appelloient ce *Phylactère Teffila shelrosch* ou *Teffila* de la tête. Les *Juifs* modernes se contentent de se mettre ces *Phylactères* à la prière du matin. Quelques-uns des plus dévots les prennent aussi à la prière de midi ; mais ils n'y sont pas obligés.

PHYLLITIS. *s. m.* Plante. Langue de cerf ou scolopendre.

PHYLLON. *s. m.* Espèce de mercuriale. Elle est émolliente & laxative.

PHYMOSIS. *voy.* Phimosis.

PHYSE'TÈRE. *s. m.* Espèce de baleine, ou poisson testacée qu'on nomme autrement *souffleur*.

PHYSICIEN. *s. m.* lat. *physicus.* anglois. *a physician*. Qui connoit & qui étudie la nature ; qui rend raison de ses effets.

PHYSIOGNOMIE. *voy.* Physionomie.

PHYSIOGNOMONIE. *s. f.* lat. *physiognomonia.* ang. *physiognomony.* Science, art qui enseigne à connoître le tempérament, l'esprit, les inclinations des hommes par la considération du visage & de l'extérieur.

PHYSIOGNOMONIQUE. ang. *physiognomonick*. Qui a rapport à la physiognomonie.

PHYSIOLOGIE. *s. f.* lat. *Physiologia.* ang. *physiology*. Partie de la médecine, qui aprend à connoître la nature par rapport à la guérison de l'homme. Elle considére aussi les choses qui composent le corps humain, & qui lui sont nécessaires pour les diverses fonctions, & pour les opérations de ses diverses membres.

PHYSIOLOGUE. *s. m.* ang. *physiologist*, *or physiologer*. Qui étudie ou qui pratique la philosophie naturelle, la physique.

PHYSIONOMIE. *s. f.* lat. *physiognomia.* ang. *physiognomy*. Art qui enseigne à connoître l'humeur, ou le tempérament de l'homme par l'observation des traits de son visage & la disposition de ses membres.

PHYSIONOMISER. *v. n.* Juger par la physionomie du caractère d'esprit de quelqu'un.

PHYSIONOMISTE. *s. m.* lat. *physiognomus.* ang. *physiognomer or physiognomist*. Qui se connoit en physionomie ; qui prétend connoître la disposition, l'inclination & la future condition des hommes par les traits de leurs visages.

PHYSIQUE. *s. f.* lat. *physica*, *physice.* ang. *physicks*. Philosophie naturelle, qui considére les phenomènes, les causes & les effets qui en resultent, ou les productions des différens mouvemens, des différentes opérations, affections, &c. des cieux, des méteores, ou autres corps naturels.

PHYSIQUE. *adj.* lat. *Physicus.* ang. *Physical*. Naturel, qui concerne la nature. Un *point Physique* est un très-petit corps réel directement opposé au point Mathématique qui n'est que le commencement ou le bout d'une ligne. De même un corps ou une substance physique est le contraire d'un esprit.

PHYSIQUEMENT. *adv.* lat. *Physicè.* angl. *physically.* D'une manière réelle & physique.

PHYSOCÉLE. *s. f.* Hernie venteuse du scrotum.

PHYTOLACQUE. *s. m.* Plante de l'Amérique. Espèce de Solanum.

PHYTOLOGIE. *s. f.* Botanique.

PHYTOLOGUE. *s. m.* Botaniste.

## P I A

PIACULAIRE. *adj.* Se dit des offrandes & des sacrifices que l'on fait pour expier les péchés.

PIAFFE. *s. f.* lat. *Fastus, tumida ostentatio.* ang. *strutting.* Démarche fiére qui marque de la vanité, ou de la magnificence.

PIAFFER. *v. neut.* lat. *Fastu efferri.* ang. *to strut it.* Marcher avec fierté, avec pompe & éclat.

PIAFFEUR. *s. m.* lat. *Equus exultor.* ang. *a proud or stately horse.* Cheval qui marche avec fierté.

PIAILLER. *v. n.* lat. *pipillare.* ang. *to peep.* Crier comme un poulet. Criailler, crier d'un ton aigre & aigu. lat. *Clamitare, vociferari.* ang. *to squawl.*

PIAILLERIE. *s. f.* lat. *Clamitatio.* anglois. *squawling.* Crierie importune.

PIAILLEUR, euse. *subst.* lat. *Clamosus.* ang. *a squawler.* Qui piaille.

PIANISTE. *s. m.* Se dit en *Amérique*, de ceux qui ont la vérole.

PIASTRE. *s. f.* lat. *Nummus argenteus hispanicus.* ang. *a cob or piaster.* Nom qu'on a donné à une monnoie d'argent qui vaut environ cinq Shellings.

## P I C

PIC. *s. m.* lat. *Unidens ligo.* ang. *a pick-ax.* Instrument pointu & aceré, attaché à un manche, qui sert aux Massons, Terrassiers & Pionniers à ouvrir & remuer la terre. Il se dit aussi au jeu du Piquet, quand le premier qui joue peut compter 30. points, sans que son adversaire en compte aucun, car alors il en compte 60. au lieu de 30. Le *repic*, c'est quand on compte 30. sur table sans jouer les cartes; alors on compte 90. En termes de *Marine*, être à *pic* sur un ancre, c'est être droit sur lui pour le dégager... Oiseau dont il y a plusieurs espèces qui ont toutes le bec propre à percer l'écorce des arbres.

PICA. *s. m.* ang. *pica.* Apétit dépravé qui fait désirer des choses absurdes & incapables de nourrir, comme des charbons, du platre, de la craye, *&c.*

PICARDANT. *s. m.* lat. *Racemus mordicans.* ang. *a sort of sharp muscadel wine.* On appelle ainsi une sorte de raisin muscat à *Montpellier*, parce qu'il est piquant & ardent.

PICARDE. *s. f.* Tulipe panachée de rouge & un peu de gris de lin sur du blanc... Anémone blanche mêlée de couleur de fleur de pêcher, tant en sa peluche, qu'en ses grandes feuilles. D'autres l'appellent *Junon.*

PICAVERET. *s. m.* Sorte de linote.

PICEA. *voy.* Pesse.

PICHET, Picher, *ou* Piché. *s. m.* lat. *Urceolus.* ang. *a pitcher.* Petite cruche de terre à bec, dont on se sert pour tirer du vin.

PICHOLINES. *s. f. pl.* Petites olives.

PICNOSTYLE. *voy.* Pycnostyle.

PICOLETS. *s. mas. pl.* (Serruriers.) Petits crampons qui tiennent le pêne dans la serrure.

PICORÉE. *s. f.* lat. *præda ex hostibus.* angl. *plundering.* Petite guerre, pillage que font des Soldats qui se détachent de leur corps.

PICORER. *v. n.* lat. *prædatum ire.* ang. *to plunder.* Aller à la guerre à la dérobée pour faire quelque petit butin.

PICOREUR. *s. m.* lat. *prædator.* ang. *freebooter.* Soldat qui va à la picorée.

PICOT. *s. masc.* Petite pointe qui reste sur le bois, lorsqu'on en arrache quelque branche.... Espèce de filets.... Petite engrelure au bas des dentelles. lat. *Denticulæ.* ang. *purl*.... Mauvais poisson espèce de limande qui a séjourné dans l'eau douce.

PICOTE. *s. f.* Petit camelot de Flandre.... Dans quelques provinces petite vérole.

PICOTÉ, ée. *adj.* lat *Notatus.* ang. *pitted with the small-pox.* Marqué de petite vérole.... (Blason.) Marqueté.

PICOTEMENT. *s. m.* lat. *Punctio.* anglois. *a pricking.* Impression fâcheuse qui se fait ou sur les membranes ou sur la peau, par l'acrimonie des humeurs, ou par quelque chose d'extérieur.

PICOTER. *v. act.* lat. *pungere.* ang *to prick.* Causer un élancement sur la peau. Bequeter, en parlant des oiseaux. *Picoter*, se dit aussi pour, attaquer souvent quelqu'un par des paroles dites avec malignité. lat. *Verborum aculeis perstringere.* ang. *to teaze, to provoke.*

PICOTERIE. *s. f.* lat. *Verborum aculei.* ang. *a bickering.* Petits reproches couverts, ou attaques qui offensent, sans qu'il semble qu'on veuille quereller ouvertement.

PICOTIN. *s. m.* lat. *Quadrans.* ang. *peck.* Petite mesure d'avoine qui tient le quart d'un boisseau, ou 16. pintes d'*Angleterre* ou deux gallons.

PICTES. *s. mascul. pl.* ang. *picts.* Colonie de *Scythie* ou de *Germanie* qui aborda en *Écosse* vers le tems où les Ecossois commencerent à s'emparer des *Ebudes* ou isles Occidentales, ne pouvant plus habiter en Irlande. Dès qu'ils furent arrivés, ils envoyerent des Ambassadeurs aux *Écossois* pour leur demander quelque terre où ils pussent habiter, alléguant qu'ils étoient originaires d'*Écosse*, ce qui paroissoit par leur langage & par leurs usages. Les *Écossois* répondirent qu'ils n'avoient pas assés de terrain pour les recevoir, mais qu'ils les aideroient à se rendre maîtres d'*Albion*, isle voisine, qui étoit fort grande & peu habitée, & dont les habitans n'étoient pas d'accord entr'eux. S'étant rendus à cette proposition, ils demanderent des femmes aux *Écossois*, n'en ayant point amené avec eux, ce qui leur ayant été accordé, ils ne formerent qu'un seul peuple. Les *Ecossois* vinrent en même tems s'établir avec eux, & les *Pictes* appréhendant qu'ils ne voulussent les subjuguer, commencerent à s'opposer à leur passage en trop grand nombre dans la *Bretagne*, ce qui causa une guerre entr'eux, qui fut fomentée par les *Bretons*; mais les femmes *Ecossoises* terminerent leurs différends, de manière qu'ils formerent dès-lors deux nations différentes; les *Ecossois* habiterent les isles & les montagnes, & les *Pictes* habiterent ce qu'on appelle aujourd'hui le *plat païs*. Ceux-ci voyant qu'ils avoient été chassés par les *Ecossois* s'unirent contre eux avec les *Bretons* & les *Romains* & les chasserent de la *Bretagne*. Ainsi les *Ecossois Irlandois* s'étant aussi soumis aux *Romains*, les *Ecossois Albions* furent confinés aux isles & la plûpart des nobles qui restoient allerent chercher fortune en *Scandinavie* qui est aujourd'hui la *Suede*, le *Dannemark* & la *Norvege*. Les *Pictes* gémissant sous le joug des *Romains* & se voyant privés du secours des *Ecossois*, les prierent de revenir pour se fortifier contre l'ennemi commun. Les *Ecossois* revinrent & reprirent peu à peu leurs anciennes possessions vers l'an de J. C. 404. Depuis lors les *Pictes* & les *Ecossois* vécurent en amitié pendant un tems considérable; mais dans la suite s'étant brouillés de nouveau, après bien des batailles & une longue guerre, les *Ecossois* furent presque chassés de nouveau par les *Albions*. Enfin vers l'an 854. les *Ecossois* sous *Keneth* II. subjuguérent totalement les *Pictes*, s'emparerent de tout leur Royaume & étendirent leurs limites jusques à *Newcastle* sur le *Tyn*. La *muraille des Pictes* est une muraille fameuse en *Northumberland* qui s'étend depuis *Newcastle* sur le *Tyn* jusqu'à *Carlisle* en *Cumberland* dans l'espace de 80. milles; de sorte qu'elle s'étend presque d'une mer à l'autre, c'est-à-dire, depuis la mer d'*Allemagne* à l'Est, jusques à la mer d'*Irlande* à l'Ouest. Elle avoit 8. pieds d'épaisseur & 12. de haut, montant & descendant par différentes collines escarpées, avec des creneaux tout le long & des tours à des distances convenables les unes des autres, où l'on entretenoit des Soldats pour la défendre. Cette muraille fut bâtie par les *Romains* lorsqu'ils se furent rendus maîtres de cette partie de la *Bretagne*; c'étoit pour se défendre des incursions des *Ecossois* & des *Pictes*, ce qui lui fit donner ce nom. On en voit encore plusieurs débris en différens endroits avec des inscriptions *Romaines*; & il y a une ville bâtie sur les ruïnes de cette muraille, nommée *wall-town*, c'est-à-dire ville de la muraille. Elle est vers *Cumberland*. C'est dans cette ville que fut baptisé par *Paulin* le Roi des *Saxons orientaux* nommé *Segbert*. Au commencement cette muraille n'étoit que de terre fortifiée par des pieux & des palissades. Elle fut souvent renversée en plusieurs endroits & en différens tems par les *Pictes*. Mais en 404, les *Bretons* avec le secours des *Romains* ayant remporté sur les *Pictes* une victoire complette, rebâtirent cette muraille entièrement de briques vers l'an 430. L'année suivante elle fut de nouveau démolie par les *Ecossois* & depuis lors on est convenu de la regarder uniquement comme une limite commune entre les deux Nations.

PICTORESQUE. *voy.* Pittoresque..

## P I E

PIE. *s. f.* lat. *Pica*. ang. *a mag-py or pie*. Oiseau blanc & noir, de la grosseur d'un pigeon, qu'on apprivoise & à qui on apprend à parler. Dans le *manége*, un cheval *pie* est celui qui a des marques de poil blanc sur un autre poil.... *Pie du Brésil*. Oiseau un peu plus grand qu'un merle, & qui a beaucoup de ressemblance avec la pie.... *Pie d'Inde à la longue queuë*. Oiseau de la grandeur de la pie commune: mais remarquable par la variété & la beauté des couleurs.... *Pie marine*: elle est presque entièrement verte.... *Pie de mer*: voy. *Bécasse de mer*, au mot *Bécasse*.... *Pie de Perse*: presque tout le champ de son pennage est brun; les plumes du second ordre des aîles, le croupion & les premières pennes de la queuë sont jaunes, ses pieds sont bleuâtres avec des tablettes noires.... *Pie* ou *Toucan*: nouvelle constellation découverte près du pole antarctique.

PIE. *adj. f.* Terme de Palais. Œuvres *pies* sont des legs, aumônes ou charités destinées au service de Dieu, ou au soulagement du prochain, comme fondations d'Eglises, d'Hôpitaux, &c. lat. *pia opera*. ang. *charitable use*.

PIE-MÈRE. *sub. fem.* lat. & ang. *pia mater*. Membrane ou peau délicate qui couvre immédiatement le cerveau; elle est extrémement chargée de vaisseaux sanguins, qui contiennent les esprits engendrés dans le cerveau & les empêchent de se dissiper.

PIÉCE. *s. f.* lat. *pars*, *portio*. ang. *a piece*. Individu de chaque chose. Partie d'un tout. Somme d'argent. Ouvrage de l'art.... *Piéce noire*. voy. *Mezzo-tinto*.

PIED, ou Pié. *s. m.* lat. *pes*. anglois. *foot*. Membre de l'animal qui lui sert à se soutenir & à marcher. Bas d'un mur, d'une montagne, d'un arbre, &c. Mesure fort connuë qui contient douze pouces. En *Poësie* un *pied* est quelquefois de deux, de trois ou de plusieurs syllabes, comme le spondée, dactyle, &c.... *Pied d'Alexandrie*: racine médicinale, est une espèce de pyréthre.... *Pied d'Alouette*: Plante autrement appellée *Delphinium* ou *consolida regalis*. Sa fleur est fort belle, & on la cultive dans les jardins.... *Pied de Canard*. voy. *Anapodophyllon*. *Pied de Chat*: Plante vulneraire & astringente, bonne pour la poitrine... *Pied de Cheval*: pas d'Ane, ou tussilage: plante.... *Pied de Geline*: fumeterre.... *Pied de Liévre*: espèce de trefle. Ce qui sert à lisser le papier. Oiseau ainsi appellé parce qu'il a les pieds velus comme un Liévre.... *Pied de Lion*. voy. *Alchimile*.... *Pied d'oiseau*: plante ainsi appellée à cause de la disposition de ses gousses qui naissent deux ou trois ensemble rangées comme les serres d'un oiseau.... *Pied d'Oie* : plante dont la feuille a la figure du pied d'une Oie ... *Pied de Pigeon* : plante dont les feuilles ressemblent à celles de la mauve. Le suc de cette plante cuit avec du sucre est bon dans la dissenterie.... *Pied de Veau* : plante qui pousse de sa racine des feuilles oblongues, triangulaires, luisantes. Il y en a plusieurs espéces.... *Pied droit* ( Archit. ) Jambage d'une porte ou d'une fenêtre .... *Pied de biche* : barre de fer qui sert à fermer les portes cochéres. En *Horlogerie*, bout d'une détente qui est brisée.... *Pied de chévre* : composé de deux petits fers mobiles en charnières dont l'un peut se mouvoir d'un côté & non pas de l'autre : pince dont on se sert pour remuer les fardeaux : instrument avec lequel les Imprimeurs démontent leurs balles : troisième piéce de bois qu'on ajoute à une chévre. *voy. Bicoq* .... *Pied de griffon* : instrument de Chirurgie qui est de fer avec deux crochets, & qui sert dans les accouchemens difficiles à tirer la tête de l'enfant demeurée dans le ventre de la mère.... *Pied de mur* : partie inférieure d'un mur.... *Pied de vent* : éclaircie qui paroit sous un nuage, d'où il semble que le vent vienne.... *Pied*, en fait de dentelle, se dit d'une dentelle très-basse qu'on cout à une plus haute, engrélure, contre engrélure.... *Pied court* : moquette de bas prix & du petit tirage.... *Pied courant*, est celui qui est mesuré selon la longueur, *pied superficiel*, ou *pied quarré*, en longueur & en largeur, *pied cube*, en longueur, largeur & profondeur.... *Pied-plat* : homme de rien.... *Pied-poudreux* : vagabond .... *Pied marin* : se dit de l'assiéte ferme d'un homme, qui peut se tenir debout pendant le roulis du vaisseau .... *Pied-a-pied* : peu à peu, petit à petit.

PIÉDESTAL. *s. masc.* ang. *pedestal.* C'est la partie basse de la colonne sur laquelle pose son fût. Il a ordinairement trois parties & quelques Architectes lui donnent dans tous les ordres le tiers de la hauteur de la colonne, y compris la base & le chapiteau, ce qui est contredit par les autres. On appelle aussi *piedestal* le support d'une statue ; sa hauteur, ses ornemens & ses proportions sont purement arbitraires & dépendent du gout de l'artiste.

PIÉDOUCHE. *s. m.* Petit piédestal.

PIÉGE. *s. m.* lat. *Muscipula, laqueus.* angl. *a gin*, *a snare.* Ce qui sert à attraper du gibier, ou des bêtes nuisibles. Embuches qu'on dresse à un ennemi, ruses avec lesquelles on le surprend.

PIERRAILLE. *s. f.* Petite pierre. Blocage.

PIERRE. *s. f.* lat. *Lapis*, *saxum.* ang. *stone.* Corps solide & dur qui ne se peut fondre & retourner à sa première dureté, ni s'étendre sous le marteau, qui se forme dans la terre par succession de tems, & qui est une espèce de minéral. *Pierre* de *Boulogne* est une *pierre* qu'on trouve en *Italie* au bas du mont *Paterno* près de la ville de *Boulogne* & qu'on réduit en phosphore par la calcination. *Pierre* d'écrevisse, est une *pierre* qui naît dans la tête des écrevisses, & qu'on nomme autrement *œil d'écrevisse.* *Pierre ponce* est une *pierre* spongieuse, poreuse, légére, friable, blanchâtre, qui a été calcinée par des feux souterrains & emportée par des ouragans dans la mer, où elle se trouve nageante. Elle sert à grater, à polir, & à plusieurs autres usages. *Pierre précieuse* est une nature de *pierre* très-dure, petite & brillante. *Pierre*, en termes de *Médecine* est une maladie qu'on appelle autrement le *calcul*, la *gravelle.* C'est une pierre ou gravier qui s'engendre dans la vessie ou dans les reins du corps de l'homme, qui empêche d'uriner & cause de grandes douleurs. *Pierre infernale* est une dissolution d'argent faite par l'eau forte, qu'on cuit en consistance de *pierre*..... *Pierre d'aigle.* voy. Aigle... *Pierre d'asso* : voy. *Asso*.... *Pierre de lynx.* voy. *Belemnite* .... *Pierre de cerf* : pierre que quelques uns disent qui s'engendre au coin des yeux de cerf, & qui a presque les mêmes propriétés que le Bézoar.... *Pierre de limaces* : pierre que quelques limaces ont dans la tête.... *Pierre de la croix* : pierre qui a la grosseur & la figure de la corne d'un bœuf. Si on la scie de travers, on y trouve peinte de chaque côté une croix noire ou brune.... *Pierre arabique* : voy. *Arabique* .... *Pierre-filtre* : se trouve dans le Mexique. Elle est si poreuse, qu'elle laisse passer les liqueurs.... *Pierre de sang* : voyez *Hématite* .... *Pierre des rompus* : voy. *Ostéocolle*.... *Pierre-plante* : lithophyte. Production qui tient de la pierre & de la plante.... *Pierre philosophale* : secret de faire de l'or par art, que depuis long-tems l'on cherche, & qu'apparemment on ne trouvera jamais.... *Pierre hématite.* voy. *Feret*.... *Pierre d'once* : espèce d'ambre à qui on attribue la vertu de briser le calcul.

PIERRÉE. *s. f.* lat. *Canaliculus lapideus.* ang. *a drain.* Petit conduit qu'on fait sous terre, avec du moilon sec par embas & couvert de mortier par en haut, pour faire écouler des eaux souterraines qui rendroient la terre d'un jardin trop humide & trop froide.

PIERRERIES. *s. f.* lat. *Gemmæ.* ang. *jewels*, *precious stones.* Amas de pierres précieuses & de toutes sortes de joyaux.

PIERRETTE. *s. f.* lat. *Lapillus.* ang. *a little stone.* Petite pierre.

PIERREUX, euse. *adj.* lat. *Lapidosus.* ang. *stony.* Rempli de pierres. Qui est attaqué de la maladie qu'on appelle la pierre... L'os des temples s'appelle aussi l'os *pierreux.*

PIERRIER. *s. m.* lat. *Tormentum minus lapidibus injiciendis idoneum.* ang. *a pedercro.* Petite piéce d'artillerie, qui sert particulièrement dans les vaisseaux pour tirer à l'abordage des pierres, cailloux, balles & ferremens empaquetés.

PIERRIÈRE. *voy.* Perrière.

PIERRURE. *s. f.* ( Chasse. ) Petites pierres qui sont sur la meule de la tête du cerf.

PIES. *s. m. pl.* lat. & ang. *pii.* C'est le nom de certains Chevaliers institués par le Pape Pie IV. en 1560. Il en fit jusqu'à 530. pendant qu'il tint le Siége, & voulut qu'ils eussent le pas à *Rome* & ailleurs sur les Chevaliers de l'*Empire* & sur ceux de *Malte.* Ils avoient la charge de porter le Pape, lorsqu'ils sortoit en public & étoient appellés Chevaliers dorés, parce qu'ils portoient l'épée & les éperons dorés. Le Pape conferoit cet honneur indifféremment aux gens d'épée ou de robe, leur donnoit le titre de Comtes Palatins, avec pension & privilége de faire des Docteurs en toutes les facultés, des Notaires publics, & de légitimer les batards.

PIÉTÉ. *f. fem.* lat. *pietas.* ang. *piety.* Dévotion, vertu morale qui nous fait avoir de l'amour & du respect pour Dieu, & pour les choses saintes. Respect qu'on a pour ses Père & Mère. Les anciens *Payens* avoient une Déesse qui portoit ce nom. Ils croyoient qu'elle présidoit au respect qui est dû aux autres divinités, aussi bien qu'à l'amour & tendresse respectueuse que les enfans doivent à leurs parens & à l'affection que les Pères ont naturellement pour leurs Enfans. La *Piété* avoit un Temple à *Rome* dans la place aux herbes, *In foro olitorio.* On y voyoit un tableau qui représentoit l'action de cette fille célébre pour sa *piété*, laquelle voyant sa Mère condamnée par la justice à mourir de faim dans son extrême vieillesse, demanda avec instance au Geolier la permission de la voir tous les jours dans la prison jusqu'à sa mort, ce que le Geolier lui ayant accordé, elle donnoit la mamelle à sa Mère pour l'empêcher de mourir de faim. Cette action étant rapportée aux Juges, ils firent donner la liberté à la Mère, avec une pension pour elle & pour sa Fille. D'autres disent que c'étoit le Père de cette Fille qui étoit condamné à la mort; mais *Ciceron*, *Tite live*, &c. disent que c'étoit la Mère. Les *Peintres* représentent cette Déesse comme une matrone tranquille tenant à la main droite une épée étenduë sur un Autel & une cicogne à la gauche, avec un enfant & un élephant à ses côtés.... Dans le *Blason*, *piété* se dit d'un pelican qui ouvre son sein pour nourrir ses petits de son sang.

PIÉTE. *f. femin. Phalaris.* Oiseau plus grand qu'une cercelle & moindre qu'un morillon. Il a ordinairement le dessous de la gorge & du ventre tout blanc, & le dessus du corps noir, les aîles, comme la pie, les pieds & la queuë, comme le morillon.

PIÉTER. *v. n.* C'est dans certains jeux tenir le pied au but, & ne pas l'avancer au-delà.... *v. actif.* Piéter le gouvernail, c'est y mettre des marques par mesure, de lieu en lieu, pour connoître combien il enfonce dans l'eau..... Figurément *se piéter*, c'est prendre bien ses mesures.

PIÉTINER. *v. n.* lat. *Terram percutere.* ang. *to kick about.* Frapper plusieurs fois la terre avec les pieds.

PIÉTISME. *f. m.* Secte, opinion des Piétistes.

PIÉTISTES. *f. m. pl.* Secte parmi les Protestans d'Allemagne, qui a beaucoup d'affinité avec les *Quakres* ou Trembleurs d'Angleterre.

PIÉTON. *f. m.* lat. *pedes.* ang. *a foot-man.* Fantassin, soldat qui est à pied. Voyageur à pied.

PIÉTOT. *f. m.* Petite monnoie de Malthe, qui vaut 3. deniers de France.

PIÉTRE. *adj.* lat. *Sordidus*, *fœdus.* anglois. *wretched*, *paultry.* Vilain, sale, mesquin.

PIÉTREMENT. *adverb.* lat. *Sordidè*, *fœdè.* anglois. *wretchedly.* D'une manière sale & vilaine.

PIÉTRERIE. *f. f.* lat. *Merces vilis.* ang. *a wretched stuff.* Marchandise piétre, sans éclat.

PIEU. *f. m.* lat. *palus*, *vallus.* ang. *a stake.* Grosse piéce de bois pointuë pour ficher en terre..... En termes de chasse, il se dit des bâtons avec lesquels on tue les bêtes noires qui sont dans le parc.

PIÉVES. *f. f.* Tribus de l'Isle de Corse.

PIEUSEMENT. *adv.* lat. *piè.* ang. *piously.* D'une manière pieuse.

PIEUX, euse. *adj.* lat. *pius.* ang. *pious.* Qui a de la piété, qui est dévot. Qui a des sentimens de tendresse pour ses parens.

## P I F

PIFRE. *f. masc.* lat. *Obesus.* ang. *a fat guts.* Gras & replet. Terme injurieux.... Espèce de serpent à deux têtes très-dangereux... Chez les *Batteurs d'or*, un gros pifre, est un gros marteau.

PIFRER. (Se) *v. rec.* Il faut dire *s'empifrer:* voy. Empifrer.

## P I G

PIGACHE. *f. femin.* (Chasse.) Connoissance qu'on remarque au pied du sanglier, quand il a une pince à la trace plus longue que l'autre.

PIGAYA. *f. f.* Herbe du Brésil, dont la racine est purgative, & bonne contre la dyssenterie & le flux de ventre.

PIGEON. *f. m.* Pigeonne. *f. f.* lat. *Columbus*, *columba.* ang. *pigeon*, *dove.* Oiseau domestique fort bon à manger. Il en est souvent fait mention dans la Sainte Ecriture, comme d'un animal simple, sans malice, sans défense, sans artifice. On observe que c'est le seul oiseau qui ne défend pas ses petits, & qui ne fait paroître aucune inquiétude lorsqu'on les lui enleve, revenant toujours au même trou pour y construire de nouveau son nid, malgré les fréquentes expériences qu'il a que les insectes, la vermine, les oiseaux ou les hommes lui ont enlevé ou fait mourir ses petits. Il y en a de différentes sortes qui ont différens noms. On dit qu'ils ont une si forte inclination pour leur nid ou pour leur demeure, qu'ils portent des lettres sous leurs aîles à plusieurs milles de distance.... *Cœur de pigeon*: espèce de prune..... Lever le platre par *pigeons*, c'est-à-dire par poignées: épigeonner.

PIGEONNEAU. *f. m.* lat. *Columbinus pullus.* ang. *a young pigeon:* Jeune pigeon.

PIGEONNER. *v. n.* Mettre du platre par *pigeons*, ou par poignées.

PIGEONNIER. *f. masc.* lat. *Columbarium.* ang. *a pigeon-house*, *or dove-house.* Lieu où l'on tient des pigeons.... On le dit aussi d'un lieu secret où un Chirurgien pense & retire des gens attaqués de maux vénériens.

PIGMÉE. *f. m.* & *f.* lat. *pigmæus.* anglois. *a*

*pygmy*. Homme ou femme de petite taille qui n'a qu'une coudée de haut. On l'appelle ainsi du nom d'un peuple fabuleux dont la hauteur n'étoit que d'une demi brasse.

PIGNATELLE, *ou* Pinatelle. *substan. fem.* Petite monnoie de Billon, qui a cours à Rome, à peu près sur le pied des sous marqués de France.

PIGNE. *s. f.* Masse d'or ou d'argent tirée du mineral, & séparée du mercure, auquel il s'étoit amalgamé.... En termes de *monnoie*, restes de l'argent, qui a été amalgamé, quand on a fait des lavûres.

PIGNET. *voy.* Pesse.

PIGNOCHER. *v. n.* (Discours familier.) Manger négligemment, & sans appétit. latin. *Rodere*. ang. *to piddle at one's victuals*.

PIGNOLAT. *voy.* Pignon.

PIGNON. *s. masc.* lat. *Nucis pineæ nucleus*: ang. *the kernel of a pine-apple*. Est le fruit qui se trouve dans la pomme de pin, qui est une espèce de noyau qu'on tire de ses diverses cellules ou concavités. On en met dans les ragouts.... En termes de *Méchaniques* c'est un arbre dans le gros duquel sont plusieurs cannelures où s'engrenent les dents d'une roüe pour la faire mouvoir. lat. *Denticulata rota*. ang. *pinion*.... La plus haute partie de la muraille, qui va en triangle, & qu'on fait aboutir en pointe, pour soutenir la couverture. lat. *Fastigium*, *culmen*. ang. *the top on the ridge*... Tout ce qui sort du cœur du chanvre, lorsqu'on l'habille.... Laine de médiocre qualité, qui tombe de la laine fine, lorsqu'on la peigne.

PIGNONNÉ, ée. *adj.* Se dit, dans le *Blason*, de la représentation d'un pignon de muraille.

PIGNORATIF, ive. *adj.* (Jurisprudence.) Qui engage.

PIGOU. *s. m.* (Marine.) Chandelier de fer propre à tenir la chandelle. Il a deux pointes: l'une pour piquer en bas, l'autre pour piquer debout.

PIGRIÉCHE. *adj.* Bisarre, de mauvaise humeur, emporté.

## P I L

PILASTRE. *s. m.* lat. *parastas*. ang. *a pilaster*. En *Architecture* est une colomne quarrée, qui le plus souvent entre dans le mur & n'en sort que de la quatrième ou cinquième partie de son épaisseur: ils ont quelquefois des ornemens, mais peu souvent. Leurs proportions sont différentes selon les ordres, ayant les mêmes chapiteaux, membres, *&c.* que les colomnes excepté que dans tous les ordres les colomnes prennent indifféremment la base attique & que les *pilastres* prennent la base particulière de leur ordre. Les Artistes les plus habiles ne diminuent ni n'augmentent jamais les *pilastres*, mais ils leur donnent une égale largeur depuis le haut jusqu'au bas.

PILAU. *s. m.* Riz cuit & préparé avec du beurre, ou du jus de viande: mets fort en usage chez les Turcs & à Marseille. Dans le pilau les grains de riz sont tous entiers, & non écrasés, comme dans notre manière de l'appreter.

PILE. *s. f.* lat. *Congeries*, *cumulus*. anglois, *pile*, *heap*. Masse de plusieurs choses entassées, élevées & rangées les unes sur les autres. En termes de *Blason*, c'est une pointe renversée, ou un pal aiguisé, qui s'étrécit depuis le chef, & va se terminer en pointe vers le bas de l'écu. *Pile* se dit aussi d'une forte masse de maçonnerie, & surtout en parlant des ponts.... Revers de la monnoie, opposé à la croix: poinçon qui sert aux monnoïeurs à marquer ce revers....; Dans plusieurs fabriques, *pile* signifie un vase de bois ou de pierre, de différente grandeur... (Antiquité.) Espèce de javelot dont se servoient les Romains.

PILÉE. *substantif feminin*. Quantité d'étoffe que l'on met à la fois dans la *pile*, pour la faire fouler.

PILER. *v. act.* lat. *pinsere*, *contundere*. ang. *to pround*, *bruise*. Reduire un corps en menues parties avec des instrumens pesans & pressans.

PILETTE. *s. f.* Instrument qui sert à piloner, ou fouler la laine.

PILIER. *s. m.* lat. *Columna structilis*. angl. *a pillar*. C'est une sorte de colomne ronde & sans proportion; sorte de massif, qui sert à étayer, à soutenir un plancher, une voute, un édifice.... Dans le *Manége*, on le dit du centre de la volte, autour de laquelle on fait tourner un cheval, soit qu'il y ait un *pilier*, ou non.

PILLAGE. *s. m.* lat. *Devastatio*, *depopulatio*. ang. *plunder*, *a pillage*. Dégat, ravage, vol qui se fait dans la confusion, dans la licence de la guerre.

PILLARD, arde. *adj.* lat. *prædator*, *fur*. ang. *thievish*. Qui aime à piller.... *s. m.* Soldat qui pille. Chien querelleur.

PILLER. *v. actif.* lat. *Diripere*, *expilare*. anglois. *to plunder*. Voler publiquement avec force & hostilité. Faire des exactions & concussions.

PILLERIE. *s. f.* lat. *Rapina*. ang. *plundering*, *robbery*. Exaction, profit injuste.

PILLERILLA. *voy.* Palma Christi.

PILLEUR. *sub. m.* lat. *Raptor*, *plagiarius*. ang. *a plagiary*. Qui pille.

PILON. *s. m.* lat. *pilum*. ang. *a pestle*. Ce qui sert à piler, écacher, reduire en poudre ou à exprimer le suc des herbes & autres corps... (Marine.) Côte escarpée qui a peu de hauteur... Le S. *Pilon* en Provence est le rocher de la Ste. Baume.... Condamner, ou envoyer des livres au *pilon*, c'est les déchirer par morceaux, ensorte qu'ils ne puissent plus servir qu'aux cartonniers.

PILONER. *la laine. v. act.* C'est la fouler.

PILORI. *s. m.* lat. *Numella versatilis*. ang. *the pillory*. Poteau qu'un Seigneur haut-justicier fait élever en un Carrefour pour marque de sa Seigneurie, où sont ses armes & quelquefois un carcan. A *Paris* c'est un petit bâtiment en forme de tour, avec une charpente à jour, dans laquelle est une machine tournante, où l'on attache les infames qu'on veut exposer à la risée publique, Place où est le pilori.

PILORIER. *v. act.* lat. *Numellis versatilibus publicè rotare*, ang. *to set in the pillory*. Attacher au carcan, au pilori.

PILORIS. *s. mas.* Rat musqué qui se trouve aux Antilles.

PILOSELLE. *s. fem.* Plante ainsi appellée, parce que ses feuilles sont revêtues de poils. lat. *pilosella*. ang. *mouse-ear*.

PILOTAGE. *s. m.* lat. *palatio*. ang. *a piling or pile-work*. Fondation ferme & stable, qu'on prépare par plusieurs fils ou rangs de pieux fichés par force en terre & à refus de mouton. *Pilotage* signifie aussi l'art de la navigation. Lamanage.

PILOTE. *s. m.* lat. *Navarchus*. ang. *a pilot*. Officier d'un équipage qui a l'œil sur la route du vaisseau & qui la commande.

PILOTE-HAUTURIER. *s. masc.* Celui qui sçait prendre hauteur.

PILOTER. *verb. act.* & *n.* lat. *Defixis palis stipare*. ang. *to strengthen with piles*. Ficher en terre plusieurs pieux pour en faire une fondation, & bâtir avec plus d'assurance.... Conduire les vaisseaux hors des embouchures des rivières, des ports, des bancs & des dangers.

PILOTIS. *s. m.* lat. *Fistucatio*. ang. *a wooden stake*. Pieu fiché en terre pour faire des fondations.

PILULE. *s. f.* lat. *pilula*. ang. *a pill*. Médicament qu'on prend à sec en forme de petite boule.

### PIM

PIMENT. *s. m.* Espèce de patte d'oie ou *chenopedium*, poivre de Guinée.

PIMPANT, ante. *adj.* lat. *Trossulus*. ang. *fine, spruce*. Qui est leste, brave, fanfaron en habits, en train.

PIMPRENELLE, *ou* Pimpinelle. *s. f.* Plante dont il y a plusieurs espèces. Dans la racine de la plus commune on trouve des grains rouges, qu'on appelle *Cochenille sylvestre*, dont les Teinturiers se servoient autrefois, pour teindre en écarlate. lat. *pimpinella*. ang. *pimpernel*.

### PIN

PIN. *s. masc.* *pinus*. ang. *a pine-tree*. Arbre d'où l'on tire la resine.

PINACLE. *s. m.* lat. *Pinnaculum*. ang. *pinnacle*. La partie la plus élevée d'un grand édifice.

PINASSE. *s. f.* lat. *Gaulus minor*. ang. *a pinnace*. Grand bâteau ou petit bâtiment, qui va à voiles & à rames & porte trois mats. Il sert à transporter des Soldats, à porter des provisions aux vaisseaux, &c. *Pinasses* : étoffes des Indes Orientales, faites d'écorce d'arbre.

PINASTRE. *s. m.* Pin sauvage.

PINCE. *s. f.* lat. *Margo*. ang. *the edge of a deer's hoof*. Partie du pied de devant des animaux, sur laquelle ils appuyent pour marcher ou pour tirer. Barre, ou gros levier de fer aiguisé d'un côté en biseau, qui sert aux Maçons & Charpentiers pour remuer les fardeaux, aux Canoniers pour remuer le canon, aux paveurs pour détacher les pavés, &c. Petite tenaille pour pincer.

PINCEAU. *s. m.* lat. *penicillus*. ang. *a pencil*. Plume garnie par un bout d'un poil delié, qui sert à peindre, ou coller. *Pinceau de mer* : sorte d'insecte en forme de tuyau, qui est attaché aux rochers.

PINCÉE. *s. fem.* lat. *pugillus*. ang. *a pinch*. Ce qu'on peut prendre avec le bout de deux ou trois doigts.

PINCELIER. *s. m.* lat. *Vasculum purgandis penicillis*. ang. *a smash-box*. Terme de Peintre. Petit vaisseau qui lui sert à laver ses pinceaux.

PINCEMENT. *s. m* (Jardinage.) Action de pincer.

PINCER. *v. act.* lat. *Summis digitis comprimere*. ang. *to pinch*. Presser avec le bout des doigts ou avec toute autre chose qui serre. *Pincer* signifie aussi, toucher délicatement la corde d'un instrument de musique & au figuré, offenser sourdement, faire des reproches en paroles couvertes.... Rompre avec l'ongle le bout des branches d'un arbre.

PINCETER. *v. act.* lat. *Barbam volsellâ vellicare*. ang. *to nip off the hair*. S'arracher de la barbe avec les pincettes.

PINCETTE. *s. f.* lat. *Volsella* ang. *nippers*. Petit instrument de fer, qui fait partie d'un étui, & qui sert à s'arracher le poil de la barbe. *Pincettes* sont une partie de la garniture de feu qui sert à l'attiser, à remuer les tisons ; un outil dont se servent presque tous les ouvriers, pour tenir leur besogne ou pour en prendre & assembler les piéces.

PINCHINA. *s. m.* Etoffe de laine non croisée.

PINÇON. *s. m.* Petite blessure qui laisse une marque noire sur la peau, quand elle a été pincée avec violence. Petit oiseau qui a le bec fort gros & dur. lat. *Frigilla*. ang. *a chaffinch*.

PINÇURE. *s. f.* Petit faux pli que les draps prennent quelquefois au foulon.

PINDAÏBA. *s. m.* Grand arbre du Brésil qui ressemble beaucoup au poivre de cette contrée.

PINDARIQUE. *adj.* Qui est dans le goût de Pindare. ang. *pindarick*.

PINDARISER. *v. n.* lat. *Tinnulè disserere*. ang. *to speak affectedly*. Etudier trop son langage; affecter des façons de parler extraordinaires, des paroles trop choisies, jusqu'à passer dans le ridicule.

PINDARISEUR. *s. m.* lat. *Tinnulus orator*. ang. *that speaks affectedly*. Qui pindarise, qui ne parle pas naturellement.

PINÉALE. *adj. f.* lat. & ang. *pinealis*. Nom que *Descartes* a donné à une glande qui est vers le 3e. ventricule du cerveau, parce qu'elle ressemble à une pomme de pin. Il y établit le siége de l'ame.

PINEAU. *voy.* Auvernat.

PINÉE. *s. f.* Moruë séche, de l'espèce la plus estimée.

PINGUE. *s. m.* Flibot d'Angleterre.

PINGUIN. *s. masc.* Espèce d'oiseau qui se trouve en Orient, dans une Isle du même nom.

Il ne vole point. Il tient de l'homme, de l'oiseau & du poisson, & c'est un animal à deux pieds, qui n'a point de plumes.

PINIPINICHI. *s. m.* Arbre des Indes, qui a la figure d'un pommier. On en fait sortir, en l'incisant, un suc visqueux, qui est un violent purgatif.

PINNACLE. *voy.* Pinacle.

PINNAS. *voy.* Anana.

PINNE MARINE. *s. femin.* Espèce de grand moule.

PINNULE. *voy.* Pinule.

PINOCHER. *voy.* Pignocher.

PINQUE, *ou* Pinquet. *s. m.* lat. *Oneraria rotunda.* ang. *pink.* Terme de *Marine.* Bâtiment de charge qui est mâté comme les autres & rond à l'arrière.

PINSON. *voy.* Pinçon.

PINTADE. *s. f.* Espèce de poule, remarquable par la beauté des couleurs de son plumage. Elle vient des Indes.

PINTE. *s. f.* lat. *Duo sextarii gallici.* ang. *a pint.* Vaisseau qui sert à mesurer les liqueurs & quelquefois des choses sèches. La *pinte* de *Paris* contient le poids de deux livres d'eau commune. Celle d'*Angleterre* est environ la moitié de celle de *Paris* & la huitième partie du *Gallon* ou la soixante quatrième partie du boisseau.

PINTER. *v. n.* lat. *potare, pergræcari.* ang. *to tipple, to guzzle.* Faire débauche, vuider des pintes.

PINTON. *s. m.* Petite pinte.

PINULE. *s. fem. Pinnula.* Petite plaque de cuivre élevée perpendiculairement sur les bords d'une alhidade, ou d'un instrument propre à observer, laquelle a un petit trou ou une petite fente par où entre la lumière des astres, & par où les rayons visuels se portent vers les objets.

### P I O

PIOCHAGE. *s. masc.* L'action de piocher.

PIOCHE. *s. f.* lat. *Ligo.* ang. *a kind of pickax.* Outil de fer en forme de pic, ou de marteau large & aigu, qui sert aux pionniers, carriers, maçons & terrassiers pour remuer la terre, tirer de la pierre, *&c.*

PIOCHER. *v. act.* lat. *Fodere.* ang. *to dig or break up the ground.* Creuser, remuer la terre avec la pioche.

PIOCHON. *s. m.* Espèce de petite besaiguë.

PIOLÉ, ée. *adj.* lat. *Diversis coloribus variatus.* ang. *speckled, spotted.* Qui est bigarré de diverses couleurs.

PIOLLER. *v. n.* Exprime la manière dont crient les poulets.

PION. *s. m.* lat. *pedes.* ang. *a pawn.* Pièce du jeu des échecs & des dames.

PIONNIER. *s. m.* ang. *a pioneer, or pionier.* Celui qui est emploié à l'armée, immédiatement sous les ordres de l'Ingenieur, pour applanir les chemins, faire passer l'artillerie, creuser des lignes & des tranchées & à tous les autres travaux.

PIOTE, *ou* Piotte. *s. f.* Espèce de petit bâtiment qui approche de la gondole, fort en usage à Venise.

### P I P

PIPAGE. *subst. masc.* Droit sur chaque pipe de vin.

PIPE. *s. f.* lat. *Sesquimodius.* ang. *pipe.* Mesure de choses liquides qui contient en *France* un muid & demi ou à peu près & en *Angleterre* 126. gallons. C'est aussi un tuyau delié fait de terre vernissée, ou d'autre matière, qui sert à prendre du tabac en fumée. A l'un des bouts qui est recourbé, il y a une espèce de bassin ou d'embouchure qui s'appelle le *fourneau* & où l'on met le tabac que l'on fume. lat. *Syrinx tabacarius.* ang. *a pipe.*

PIPEAU. *s. m.* lat. *Fistula.* ang. *a pipe.* Chalumeau, flute champêtre. En termes d'*Oiselier*, c'est un petit bâton fendu par un des bouts, pour y mettre une feuille de quelque plante, & qui sert à contrefaire le cri ou *pipis* de plusieurs oiseaux, à les attirer & à les prendre.

PIPÉE. *s. f.* lat. *Illicis calami aucupium.* ang. *a way of catching birds with a bird call.* Chasse aux oiseaux avec des pipeaux, & en contrefaisant leur cri.

PIPER. *v. act.* lat. *Pipientes aves exprimere.* ang. *to counterfeit the voice of birds.* Attraper des oiseaux à la pipée, les attirer en contrefaisant leur cri, ou par celui du hibou. Tromper, séduire. Rafiner, exceller.

PIPERIE. *s. f.* Fourberie, tromperie.

PIPET. *s. m.* Sorte d'oiseau.

PIPEUR. *s. m.* lat. *Fraudulentus aleator.* ang. *cheat or sharper.* Filou qui trompe au jeu, qui joüe de mauvaise foi.

PIPI. *s. m.* Oiseau d'Abyssinie, ainsi nommé à cause de son cri.

PIPRIS. *s. f.* Espèce de pyrogue, dont se servent les Négres du Cap-verd & de Guinée.

### P I Q

PIQUANT, ante. *adject.* lat. *Acerbus.* ang. *pricking.* Qui offense, qui blesse par sa pointe aiguë, par son acrimonie.

PIQUANT. *s. m.* Pointes qui viennent à certaines plantes, à certains arbrisseaux.

PIQUE. *s. f.* lat. *Altercatio, rixa.* ang. *pique or peeck.* Brouillerie, mésintelligence, petite division qui est entre parens & amis. Arme d'hast offensive, faite d'un long bois de 14. pieds, ferré par un bout d'un fer plat & pointu, dont on arme le tiers d'une compagnie d'Infanterie pour soutenir l'effort de la Cavalerie. C'est aussi une marque du jeu des cartes.

PIQUE-BŒUF. *s. m.* Chartier qui mene les bœufs.

PIQUENIQUE. *s. m.* Un repas à *piquenique* est celui où chacun paye son écot.

PIQUEPUCE. *s. m.* Religieux du tiers ordre de S. François.

PIQUER. *v. act.* lat. *Figere.* ang. *to prick.* Faire entrer une pointe, un aiguillon dans quelque chose. Demanger. Ronger le bois, les étoffes. Se glorifier d'une chose, en faire vanité.

Choquer, flatter ..... Rustiquer une pierre avec la pointe du marteau.

PIQUET. *s. m.* C'est le nom d'un jeu de cartes, qui se joüe entre deux personnes. C'est aussi un bâton pointu qu'on fiche sur le terrain pour marquer les angles & les mesures d'un plan qu'on veut tracer, d'un travail qu'on veut conduire. lat. *paxillus.* ang. *a stick, a stake....* Certain nombre de Soldats commandés par compagnie, pour une expédition.... Châtiment pour les Soldats... Cayer où l'on marque les absens dans un chapitre.

PIQUETTE. *s. f.* lat. *Posca.* ang. *small, tart wine.* Méchant vin qu'on donne aux valets. Liqueur qu'on exprime du marc de raisin, quand on en a tiré le vin.

PIQUEUR. *s. m.* lat. *Venaticus agitator.* ang. *a pricker.* Terme de *Chasse.* Valet à cheval qui fait courir les chiens, qui est à leur queuë. Dans les atteliers c'est celui qui tient le rolle des ouvriers, qui marque leurs absences & leurs chommages.... Celui qui larde les viandes... Chanoine qui marque les absens: ponctueur.

PIQUEURE. *voy.* Piquure.

PIQUIER. *s. m.* lat. *Hastatus miles.* ang. *a pike-man.* Soldat portant la pique à l'armée.

PIQUOT. *s. masc.* Le bas des dentelles, ou passèmens.

PIQUOTER. *voy.* Picoter.

PIQUURE. *s. f.* lat. *punctio.* ang. *a pricking.* Blessure qui se fait par une chose pointuë ou rongeante, ou la marque qui reste après. Corps de juppe tout nud piqué avec de la baleine.

## P I R

PIRAEMBU. *s. m.* Poisson du Brésil, qui en langue du païs, signifie le *Ronfleur*, nom qui lui a été donné à cause de son ronflement.

PIRAGUÉRA. *s. m.* Poisson fait à peu près comme une carpe, qui a de grandes écailles.

PIRAMIDAL, Piramide. *voy.* Pyramidal, Pyramide.

PIRASSOUPI. *s. m.* Animal d'Arabie, de la grandeur d'un mulet, de couleur fauve, & ayant les pieds fendus, comme le cerf.

PIRATE. *s. m.* lat. *pirata.* ang. *a pirate.* Corsaire, écumeur de mer; qui fait des courses sur mer sans aveu, ni autorité de Prince ou de Souverain & qui attaque tous les vaisseaux qu'il rencontre de quelque Nation qu'ils soient.

PIRATER. *v. neut.* lat. *Piraticam exercere.* ang. *to play the pirate.* Courir les mers pour voler.

PIRATERIE. *s. f.* lat. *Grassatio nautica.* ang. *piracy.* Vol qui se fait sur mer à main armée. Il se dit aussi des indues exactions qui se font en quelque lieu que ce soit.

PIRE. *adj.* lat. *Deterior, pejor.* ang. *worse.* Plus mauvais, plus méchant. Perte, foiblesse.

PIRIFORME, *ou* Pyriforme. *adj.* & *s. m* Se dit du premier des muscles abducteurs de la cuisse, parce qu'il ressemble à une poire, appellé aussi *Pyramidal*, parce qu'il a la figure d'une petite pyramide.

PIROGUE. *s. f.* Bâteau d'un seul arbre dont se servent les sauvages de l'*Amérique.*

PIROLE. *s. fem.* Plante ainsi appellée, parce que ses feuilles sont à peu près semblables à celles du poirier. On l'appelle aussi *verdure d'hyver.*

PIRON. *s. m.* Espèce de gond debout, qui porte sur une couette, & est cloué sur le bourdin ou montant de derrière d'une grande porte.

PIROUETTE. *s. f.* lat. *Verticillus lusorius.* ang. *a whirligig.* Piéce de bois, de métal ou d'yvoire, ronde & percée, au travers de laquelle on passe un pivot ou brin de bois, sur lequel on la fait tourner pour divertir les enfans. En termes de *Danse*, ce sont plusieurs tours entiers du corps, qu'on fait sur la pointe des pieds sans changer de place. lat. *Gyrus in orbem præceps.* ang. *a piroret.*

PIROUETTER. *v. n.* lat. *In gyros se versare.* ang. *to turn upon one leg.* Faire un tour de corps entier en dansant ou en sautant.

## P I S

PIS. *s. m.* lat. *Mammæ.* ang. *udder, dug.* C'est la mammelle des vaches, des chevres, des brebis, &c.

PIS. *adject.* lat. *Pejus.* ang. *worse.* Plus désavantageux, plus fâcheux, plus préjudiciable.

PIS. *adv.* lat. *Pejùs.* ang. *worse.* Plus mal. Qui *pis* est; c'est-à-dire, ce qu'il y a de pire.

PISSANTINE. *voy.* Piquette.

PISCHINAMAAS. *s. m.* Ministre de la religion en Perse, qui a soin de faire la prière dans les mosquées.

PISCINE. *s. f.* lat. *piscina.* ang. *a pool or pond.* Petit étang ou vivier où l'on pêche & où l'on garde du poisson.

PISSAPHALTUM. *s. m.* Mêlange de bitume & de poix.

PISSAT. *s. m.* lat. *Urina, lotium.* ang. *piss, urine.* Urine d'animaux.

PISSE-FROID. *s. mas.* Sérieux, mélancolique, indifférent, insensible.

PISSE-EN LIT. *s. m.* lat. *Hedypnois.* ang. *piss-a-bed, dandelion.* Plante qu'on appelle autrement, *Dent de lion.* Elle a une fleur jaune qui vient sur une tige très-forte, longue & large.

PISSER. *verb. neut.* lat. *Meiere.* ang. *to piss.* Uriner, jetter de l'urine par le conduit naturel; faire de l'eau.

PISSEUR, euse. *s. m.* & *f.* lat. *Mictor.* ang. *a pisser.* Qui pisse.... *Pisseur*: poisson d'Amérique, espèce de murex.... *Pisseuse*: prune qui jette beaucoup d'eau, quand on l'ouvre.

PISSITE. *s. mas.* Vin de poix, fait avec du goudron & du moût.

PISSOIR. *s. masc.* lat. *Mictorium.* ang. *a pissing-place.* Lieu destiné à pisser.

PISSOTE. *s. f.* Petite cannule de bois, que l'on met au bas d'un cuvier à lessive, pour donner passage à l'eau.

PISSOTER. *v. n.* Uriner fort fréquemment & en petite quantité.

PISSOTIÈRE. *s. f.* *voy.* Pissoir.

PISTACHE. *s. f.* lat. *pistacium.* ang. *pistache.* Fruit d'un arbre qui est une espèce de terebinthe.

Il se dit aussi des dragées faites avec des *pistaches*.... *Pistache*: autre fruit. *voy. Manobi.*

PISTACHIER. *s. masc.* lat. *pistacia.* ang. *the pistacho-tree.* Arbre qui porte les pistaches.

PISTE. *substant. femin.* lat. *Vestigium.* ang. *the track.* Marque du chemin où a passé quelque animal.

PISTIL. *subst. masc.* Partie de la fleur qui est au milieu de son calice, où est enfermée sa graine.

PISTOLE. *s. f.* lat. *Duplio.* ang. *pistole.* Monnoie d'or battuë en *Espagne* & en quelques endroits d'*Italie*. Elle est ordinairement de la valeur de 17. schellings.... Somme de dix livres.

PISTOLER. *v. act.* Tuer à coups de pistolets. lat. *Ictu sclopeti brevioris interficere.* ang. *to pistol.*

PISTOLET. *s. m.* lat. *Sclopetus brevior.* ang. *a pistol.* Petite arme à feu que les Cavaliers portent à l'arçon de la selle, quelquefois à la ceinture, d'autrefois dans la poche, &c.

PISTOLIER. *s. m.* Cavalier qui est adroit à tirer le coup de pistolet.

PISTON. *s. m.* lat. *Embolus.* ang. *the sucker of a pump.* Partie ou membre d'une *Pompe*, d'une *Seringue*, &c. qui se meut dans la cavité du tuyau ou corps de pompe, & qui s'y appliquant exactement, lorsqu'on le fait monter par le moyen du manche, ou du levier, éleve la colomne d'air qui est au-dessus & fait par conséquent monter l'eau dans la pompe jusques à l'ouverture convenable par où elle se décharge, ou bien il la retient dans la seringue, &c. Il fait aussi sortir l'eau avec force lorsqu'on le repousse de nouveau, &c.

## P I T

PITANCE. *s. f.* lat. *Obsonii pars.* ang. *pittance.* Viande, chair, ou poisson, &c. qu'on mange dans tous les repas, outre le pain.

PITANCERIE. *s. f.* Bénéfice ou office claustral dans quelques Abbaïes, qu'ordinairement on nomme *cellérerie.*

PITANCIER. *s. m.* Officier claustral, qui distribuoit autrefois la pitance aux Moines. Le titre subsiste encore dans quelques Abbaïes.

PITATUS. *s. m.* 20e. Tache de la Lune.

PITAUD, aude. *adj.* lat. *Rusticus.* angl. *a country-lob, or clown.* Rustre, grossier, incivil, païsan.

PITE. *s. f.* lat. *Unciæ dodrans.* ang. *a mite.* Petite monnoie hors d'usage qui vaut le quart d'un denier, demi-maille, ou demi-obole. C'est aussi une plante qui se trouve dans les isles de l'*Amérique* & dont on fait du fil fort beau.

PITEUSEMENT. *adv.* lat. *Miserè.* ang. *pitifully.* D'une manière piteuse.

PITEUX, euse. *adj.* lat. *Miserandus.* ang. *pitiful.* Malheureux, qui excite à compassion,

PITHO. *s. f.* Déesse de la persuasion.

PITIÉ. *s. fem.* lat. *Commiseratio.* ang. *pity.* Tendresse, compassion, en voyant la douleur ou la misère d'autrui. Il signifie quelquefois dédain & mépris.

PITON. *s. m.* lat. *Fibula.* ang. *a pin with a round eye.* Sorte de clou, dont la tête est platte & percée en anneau.

PITO-REAL. *s. m.* Oiseau du Pérou. Il est verd, fait à peu près comme un perroquet, excepté qu'il a le bec long, & une espèce de couronne. Il donne son nom à une herbe dont il se purge, & qui reduite en poudre dissout le fer & l'acier.

PITOYABLE. *adj.* lat. *Luctuosus, miserabilis.* ang. *pitiful.* Etat malheureux de celui qui excite à la pitié. Il se dit aussi de celui qui a des sentimens de compassion pour les misères d'autrui & de ce qui est defectueux, mauvais, misérable en son genre.

PITOYABLEMENT. *adv.* lat. *Miserabiliter.* ang. *pitifully.* D'une manière pitoyable.

PITRE. *s. m.* Liqueur forte qui se fait avec de l'esprit de vin, un peu de sucre & quelques odeurs.

PITRÉPITE. *s. m.* Liqueur forte.

PITTAG. *s. m.* Est le nom qu'on donne à l'assemblée générale des Ligues-Grises.

PITTORESQUE. *adj.* Qui est propre de la peinture.

PITTORESQUEMENT. *adv.* D'une manière pittoresque.

PITUITAIRE. *adj.* Se dit d'une glande, située dans la selle de l'os sphenoïde au dessous de l'entonnoir.

PITUITE. *s. fem.* lat. *pituita.* ang. *phlegm.* Phlegme, l'une des quatre humeurs qui forment le tempérament du corps des animaux.

PITUITEUX, euse. *adj.* lat. *pituitosus.* ang. *phlegmatick, pituitous.* Corps où la pituite domine.

## P I V

PIVER. *voy.* Pic.

PIVOINE. *s. f.* lat. *Pæonia.* ang. *peony or piony.* Plante dont les feuilles ressemblent à celles du noyer .... *s. m.* Oiseau de la grandeur d'un pinçon. C'est une espèce de beccafigue. lat. *pirrhula.* ang. *a gnat-snapper.*

PIVOT. *s. m.* lat. *Axis, cardo.* ang. *pivot.* Pointe de fer ou d'autre métal, qui supporte un corps solide, sur laquelle on le fait tourner facilement.

PIVOTER. *v. n.* Boire à la regalade : boire la liqueur qu'on verse d'en haut dans la bouche.

## P L A

PLACAGE. *s. m.* lat. *Mensa tessellata, vermiculata.* ang. *venecring.* Ouvrage fait de feuilles de bois précieux, ou piéces de rapport collées & rapportées sur du bois commun.

PLACARD. *s. m.* lat. *programma.* ang. *a bill or paper posted up.* Feuille de papier étenduë, propre à afficher & appliquer contre une muraille. Libelle injurieux. En *Architecture*, c'est une décoration de porte d'appartement, composée d'un chambranle couronné de sa frise, ou gorge, & de sa corniche portée quelquefois sur des consoles.

PLACARDER. *v. act.* lat. *Libellos figere.* ang. *to post up, to libel one.* Afficher un placard, contre quelqu'un.

PLACE. *s. f.* lat. *Locus.* ang. *place or room.* Signifie quelquefois l'espace qu'une personne ou une chose occupe & quelquefois un appartement particulier destiné pour y mettre ou arranger certaines choses, comme livres, armes, *&c.* quelquefois il signifie l'emploi ou la fonction d'une personne; il signifie encore une ville fortifiée; un grand espace de terrain; un lieu public où l'on tient les marchés & où le peuple s'assemble, *&c.*.... Lieu où se tient la banque, où se fait le négoce d'argent. Le corps des marchands, des banquiers d'une ville.

PLACEL. *s. m.* (Marine.) Fond également élevé sur lequel la mer change de couleur & où elle est aussi plus unie.

PLACENTA. *s. m.* (Anatomie.) Masse molasse dans laquelle plusieurs ont cru que le sang se purifioit pour la nourriture du fœtus. Son veritable usage est de servir de coussinet aux vaisseaux umbilicaux.

PLACER. *v. act.* lat. *Collocare.* ang. *to place.* Asseoir, poser quelque chose en une place. Ranger les choses en une disposition convenable. Mettre son argent à profit.

PLACET. *s. m.* lat. *Libellus supplex.* ang. *a petition.* Requête abbrégée, ou prière qu'on présente aux Rois, aux Ministres, ou aux Juges pour leur demander quelque grace, quelque audience, *&c.* Il signifie aussi tabouret, petit siége qui n'a ni bras, ni dossier.

PLACIER. *s. mas.* Fermier des places d'un marché.

PLACITÉ, ée. *adj.* (Barreau.) Approuvé, agréé.

PLACTIQUE. *adj.* (Astrologie.) Se dit d'un aspect qui n'est pas dans le degré juste, mais qui est dans l'orbe de lumière des planétes qui sont en aspect.

PLAFOND, *ou* Platfonds. *s. m.* lat. *Laqueatum tabulatum.* ang. *the cieling.* C'est le dessous d'un plancher qui est cintré, ou plat, garni de plâtre, ou de menuiserie, & souvent orné de peintures. On appelle aussi *plafonds* les tableaux qu'on met au haut des planchers, & dont les figures doivent être racourcies avec la proportion requise pour être vûes de bas en haut.

PLAFONNER. *v. act.* lat. *Laqueato tabulato instruere.* ang. *to ciel.* Garnir de plafonds, en couvrir le haut d'un plancher.

PLAGE. *s. f.* lat. *Ora importuosa, vadosa.* ang. *a shallow road.* Rivage de mer sans ports & sans rades, qui n'a aucuns promontoires pour se mettre à l'abri, qui n'a pas assés d'eau pour tenir les vaisseaux à flot.

PLAGIAIRE. *adj.* lat. *Plagiarius.* ang. *a plagiary.* Auteur qui prend les ouvrages d'autrui pour se les appliquer & s'en attribuer la gloire.

PLAGIAT. *s. m.* Crime que commet celui qui retient une personne qui est en la puissance d'autrui.... Larcin, entre Auteurs. angl. *a plagiarism.*

PLAID. *s. m.* lat. *Lis, controversia.* anglois. *debate, contention.* Debat, question... *Plaids* lieux & tems où l'on plaide.

PLAIDABLE. *adj.* (Palais.) Se dit d'un jour où l'on peut & d'une cause qui se peut plaider.

PLAIDANT. *adj. mas.* lat. *Causam dicens.* ang. *pleading.* Se dit des Avocats qui ont accoutumé de plaider.

PLAIDER. *v. act. & n.* lat. *Litem intentare.* ang. *to sue one at law.* Intenter un procès, être en procès. Défendre les droits d'un client au barreau. lat. *Causam agere.* ang. *to plead.*

PLAIDEUR, euse. *adj. & s. masc. & f.* lat. *Litigator.* ang. *one that has a law-suit.* Qui plaide, qui est en procès. Chicaneur, qui a l'humeur de plaider.

PLAIDOIRIE. *s. f.* lat. *Causæ vel litis agitatio.* ang. *pleading.* Action de plaider, ou plaidoyé. Tems où l'on plaide. Procès.

PLAIDOYABLE. *adj.* lat. *Fastus, vel legitimi fori (dies.)* ang. *a court-day.* Jour où l'on plaide, où l'on tient les plaids.

PLAIDOYÉ, *ou* Plaidoyer. *s. m.* lat. *Causa, actio.* ang. *plea.* Discours fait au barreau pour défendre la cause d'une partie. *Plaidoyers de la couronne* en *Angleterre* sont les procès qui se font au nom du Roi pour les crimes commis contre sa couronne & sa dignité. *Clerc des plaidoyers* est un Officier de l'*Echiquier* à qui tous les Officiers de cette Cour doivent s'adresser.

PLAIE. *voy.* Playe.

PLAIN. *adj.* lat. *planus, æquus.* ang. *plain, even.* Qui est uni & sans inégalités, sans haut, ni bas.

PLAINDRE. (Se) *v. rec.* lat. *Queri, flere.* ang. *to pity, bewail, bemoan.* Se lamenter; gémir, témoigner sa douleur, son affliction par quelque signe extérieur. Demander raison, ou réparation de quelque tort, ou d'une injustice, ou en faire des reproches. Intenter une action en justice contre une personne dont on prétend avoir reçu quelque outrage. *Plaindre* signifie aussi, avoir de la compassion, de la douleur sur la misère d'autrui.

PLAINDRIN. *s. m.* Serge d'Ecosse.

PLAINE. *s. fem.* lat. *Planities.* ang. *plain or champaign-ground.* Campagne unie & sans montagne ni forêts.

PLAINE-DE-MARS. (Chiromance) Partie de la main qui est au milieu, & qu'on appelle autrement *triangle.*

PLAIN-PIED. *substantif. masculin.* Se dit dans une maison, d'une suite de piéces qui sont de niveau.

PLAINTE. *s. f.* lat. *Dolor, luctus.* ang. *complaint, groan.* Témoignage de douleur, de regret, ou d'affliction; soupirs, lamentations, gémissemens, marque, expression des sujets de chagrin, ou de mécontentement qu'on prétend avoir. Action que l'on forme en justice pour avoir réparation d'un affront, d'un outrage, pour une poursuite criminelle; première procédure qu'on fait en matière criminelle. Remontrance.

PLAINTIF, ive. *adject.* lat. *Querulus.* ang.

*moneful*, *doleful*. Triste, qui se lamente; qui marque de la douleur.

PLAINTIVEMENT. *adv.* D'un ton plaintif, d'une manière plaintive.

PLAIRE. *v. n.* lat. *placere.* anglois. *to please.* Avoir des qualités agréables; avoir des charmes; toucher, réjouir les sens, le cœur ou l'esprit. Il signifie aussi, commander, ou vouloir quelque chose.

PLAISAMMENT. *adv.* lat. *Festivè*, *facetè.* ang. *pleasantly.* D'une manière agréable & réjouissante

PLAISANCE. *s. f.* lat. *Hortus amœnus.* ang. *a place of pleasure.* Maison, jardin de *plaisance* est une maison, ou jardin que des gens riches ornent, embellissent seulement dans la vûë de s'y aller divertir.

PLAISANT, ante. *adj.* lat. *Jucundus*, *festivus.* ang. *pleasant.* Divertissant, agréable; qui plait, qui fait rire. Bouffon, qui affecte de faire rire. Impertinent, ridicule.

PLAISANTER. *v. n.* lat. *Jocari*, *nugari.* ang. *to jest*, *droll or banter.* Faire le plaisant, l'agréable; badiner; tacher à divertir.... *v. act.* Attaquer quelqu'un par des plaisanteries.

PLAISANTERIE. *s. fem.* lat. *Facetiæ*, *comitas.* ang. *pleasantry*, *jest*, *joke.* Paroles qui divertissent; raillerie, badinage.

PLAISIR. *s. m.* lat. *Delectatio*, *oblectatio.* ang. *pleasure.* Emotion; joie que sent l'ame, ou le corps, étant excités par quelque objet agréable; contentement, mouvement, sentiment agréable excité dans l'ame par la présence, ou par l'image d'un bien. Volupté; déreglement des passions sensuelles. *Plaisirs* se dit en général des simples divertissemens, & des récréations de la vie. *Plaisir*, signifie aussi, volonté, discrétion; bienfait, grace, faveur, bon office. *A plaisir*: exprès.... *Par plaisir*: par divertissement, par amusement.

PLAIT. *voy.* Plaid.

PLAMÉE. *s. f.* Chaux dont les Tanneurs se sont servis, pour faire tomber le poil de leurs cuirs.

PLAMER. *v. act.* Faire tomber le poil ou bourre à un cuir.

PLAN, ane. *subst.* & *adj.* lat. *Area*, *solum.* anglois. *plan.* Superficie unie & sans inégalité. Simple superficie qu'on imagine couper & pénétrer les corps solides. C'est aussi la délinéation d'un bâtiment fait ou à faire, ou d'un autre corps tel qu'il paroit sur le rez de chaussée. Modéle, dessein, projet d'une chose. *Nombre plan* en *Arithmétique* est celui qui est produit par la multiplication de deux autres, comme 16. qui est le produit de 8 par 2 ou de 4 par 4.

PLANCHE. *s. f.* lat. *Asser*, *tabula.* anglois. *plank*, *board.* Ais ou piéce de bois de sciage large & peu épaisse d'environ deux pouces plus ou moins selon les différens usages, pour les planchers, pour les navires, pour la menuiserie, &c. *Planche de Graveur*, est une feuille de cuivre fort polie, sur laquelle on grave au burin, ou en eau forte. *Planche de Jardinier*; est une division d'un jardin en plusieurs morceaux de terre plus longs que larges, où ils élévent différentes fleurs ou légumes. lat. *pulvinus.* ang. *a bed in a garden.*

PLANCHEÏER. *v. act.* lat. *Coassare*, *tabulare.* ang. *to board.* Couvrir de planches.

PLANCHEÏEUR. *s. masc.* Petit officier de ville qui a soin de fournir des planches & des treteaux aux marchandises, sur les ports.

PLANCHER. *s. m.* lat. *Tabulatum*, *coassatio.* ang. *floor.* Construction de poutres ou de solives qui fait la séparation de deux étages. On le dit tant du sol sur lequel on marche quand il est carrelé, plancheié, ou autrement uni, que de ce qui est en haut où l'on met le plafond.

PLANCHETTE. *s. f.* lat. *Assula.* ang. *a little board.* Petite planche.... Espèce d'étrier, qui supporte les pieds des femmes, qui vont à cheval assises.

PLANÇON. *voy.* Plantard.

PLANE, *ou* Platane. *sub. m.* lat. *Platanus.* ang. *a plane-tree.* Grand arbre dont les rameaux s'étendent au large. Ses feuilles sont grandes & donnent beaucoup d'ombrage... *Plane* ou *platane* des Indes Orientales & Occidentales. *voy.* Bananier.

PLANE. *s. f.* Outil d'acier, qui sert à plusieurs artisans pour applanir leurs bois. Rabot.

PLANER. *v. act.* & *n.* lat. *Planare.* ang. *to plane.* Unir & polir du bois, de l'argent, du cuivre, du plomb, ou autre besogne. En *Fauconnerie*, il se dit des oiseaux qui se soutiennent en l'air, ou qui vont de plain, ou qui rasent l'air, sans remuer presque les aîles & sans daguer. On le dit aussi d'un nageur qui se soutient sur l'eau étendu avec peu d'agitation de corps.

PLANÉTAIRE. *adj.* lat. *Planetarius.* angl. *planetary.* Qui appartient à la planéte.

PLANÉTAIRE. *s. m.* Représentation, en plan ou en relief, du cours des planétes.

PLANÉTES. *s. f. pl.* lat. *planetæ.* ang. *planets.* Etoiles errantes qui ont leur mouvement propre de l'Ouest à l'Est & qui ne gardent pas toujours les mêmes distances entr'elles, comme font les étoiles fixes dans le firmament. Chaque *planéte* a son orbe ou cercle dans lequel elle fait sa révolution. Elles sont au nombre de sept: *Saturne*, *Jupiter*, *Mars*, le *Soleil*, *Venus*, *Mercure* & la *Lune.* Les Astronomes modernes ont découvert neuf autres corps célestes qu'ils mettent au nombre des *planétes* & qu'ils appellent *Satellites*, parce qu'ils accompagnent & suivent les autres *planétes.* Il y en a cinq autour de *Saturne* & quatre autour de *Jupiter.* Le Satellite le plus de près *Jupiter* est très-utile pour déterminer la longitude des païs en observant le moment où il est éclipsé par l'ombre de *Jupiter.* Le *Soleil* est le seul qui soit lumineux par lui-même; les autres *planétes* empruntent leur lumière du Soleil. Les Astronomes trouvent par leurs calculs que le soleil est 166. fois aussi gros que la terre; *Saturne* 91, *Jupiter* 95, *Mars* à peu près égal à la terre; *Venus* la trente-huitième partie de la terre; *Mercure* un deux-millième & la *Lune* un quarantième. Ils prétendent ques les *planétes* ont les distances suivantes par rapport à la terre. Le *Soleil* 1, 100, 000, lieues; *Mercure*

367,000; la *Lune* 35,000. *Venus* 64,000. *Mars* 1,200,000. *Jupiter*, 8,000,000. *Saturne* 24,000,000. Le *Soleil* achève sa course en 365 jours & presque 6 heures; la *Lune* en 29 & demi environ; *Mercure* dans 6 mois environ. *Venus* en 18 mois à peu près. *Mars* en 2 ans; *Jupiter* en 12 & *Saturne* en 30.

PLANÉTOLABE. *s. mas.* Instrument astronomique, pour mesurer les planétes.

PLANEUR. *s. m.* Artisan qui gagne sa vie à planer la vaisselle.

PLANIMÉTRIE. *s. f.* lat. *planimetria.* ang. *planimetry.* L'art de mesurer les surfaces planes.

PLANISPHÈRE. *s. m.* lat. *planisphærium.* ang. *planisphere.* Représentation en perspective d'une sphère ou d'un globe sur un plan ou surface plane, selon les différentes loix ou systêmes que l'on doit observer particulièrement pour décrire les différentes lignes, cercles, &c. qui sont tracés sur le globe céleste ou terrestre, pour servir à la Géographie ou à l'Astronomie. On les appelle aussi *Cartes* & *Mappemondes.*

PLANT. *s. m.* lat. *Arborum plantarium.* ang. *plantation.* Lieu où l'on a planté, où l'on éleve plusieurs pieds d'arbres. Chaque piéce d'arbre qu'on plante. Racine, tige.

PLANTADE. *s. f.* Plant d'arbres.

PLANTAGE. *s. m.* lat. *plantatio.* ang. *plantation.* Action par laquelle on plante.

PLANTAIN. *s. m.* lat. *plantago.* ang. *plantain.* Excellente plante vulneraire, qui sert aussi à guérir les maladies internes, comme le crachement de sang, la gonorrhée, l'incontinence d'urine, &c. & lorsqu'on l'applique extérieurement elle purifie & guérit les ulcères, détruit les inflammations, &c. Le suc de *plantain* par lui-même ou mêlé avec le suc de limons, est un excellent diurétique. *Plantain des montagnes.* voy. *Alisma*, & *Arnique.* Plantain des Alpes. *voy.* Arnique.

PLANTAIRE. *adj.* (Médec.) Se dit d'un muscle, qui sert au mouvement de la plante du pied.

PLANTARD, *ou* Plançon. *s. m.* lat. *Taleæ salignea, populea.* ang. *a set or twig.* C'est ainsi qu'on appelle les grosses branches de sauge, d'aulne, de peuplier, &c. qu'on choisit pour planter, lorsqu'on étête ces sortes d'arbres.

PLANTAT. *s. m.* (Agricult.) Vigne qui n'est plantée que depuis un an.

PLANTATION. *s. f.* Plantage.... Colonie ou habitation aux Indes.

PLANTE. *s. f.* lat. *planta.* ang. *a plant.* Nom commun à tous les végétaux, soit arbres, arbrisseaux, ou herbages. *Plantes* imparfaites, sont celles qui paroissent n'avoir ni fleurs ni semences, comme la mousse, les champignons. *Plante* du pied, est la partie la plus basse du pied de l'homme, sur laquelle il marche. lat. *pedis planta.* ang. *the sole of the foot.*

PLANTE-ANIMAL. *s. f.* Zoophyte. Poisson, qui laisse en doute si c'est une plante marine, ou un animal marin.

PLANTER. *v. act.* lat. *Conserere, plantare.* angl. *to plant or set.* Mettre en terre quelque graine, bouture ou plançon pour lui faire prendre racine. Il signifie aussi, enfoncer; Ficher en terre..... (Archit.) Planter un bâtiment; c'est en disposer les premières assises de pierre dure sur la maçonnerie des fondemens.

PLANTEUR. *s. m.* lat. *Consitor, plantator.* ang. *a planter or setter.* Jardinier qui plante des arbres.

PLANTIN. *voy.* Plantain.

PLANTOIR. *s. m.* lat. *Satorius paxillus.* ang. *a dibble, or dibber.* Instrument pour planter.

PLANTUREUSEMENT. *adv.* lat. *Copiosè, abundanter.* ang. *plentifully.* D'une manière plantureuse.

PLANTUREUX, euse. *adj.* lat. *Abundans, copiosus.* ang. *plentiful.* Ample, abondant, à quoi on n'a rien épargné.

PLANURE. *s. f.* lat. *Assula, scobs.* anglois. *chip.* C'est le bois qui tombe aux pieds de l'artisan à mesure qu'il plane.

PLAQUE. *s. f.* lat. *Lamina.* ang. *a plate of metal.* Lame de métal peu épaisse & applatie qui sert à fortifier des ouvrages de charpenterie & de maçonnerie. *Plaque* signifie aussi la partie d'une garde d'épée qui couvre la main, qui est d'ordinaire ouvragée & treillissée.... Piéce d'argenterie ouvragée, au bas de laquelle il y a un chandelier.... (Eaux & Forêts.) Marque du marteau, qu'on met sur les arbres.... *Plaque.* voy. *Contre-cœur.*

PLAQUER. *v. act.* lat. *Incrustare.* ang. *to clap on.* Appliquer des plaques de métal ou de bois sur quelque ouvrage.

PLAQUESAIN. *s. m.* Piéce de plomb, un peu creuse, où les Vitriers détrempent le blanc dont ils se servent pour signer leur verre.

PLAQUIS. *s. m.* Espèce d'incrustation d'un morceau mince de pierre, ou de marbre, mal faite, & sans liaison.

PLASME. *s. m.* Emeraude brute, propre à broyer, pour faire entrer dans quelques médicamens.

PLASTIQUE. (Vertu.) *adj. f.* Les anciens Philosophes & Médecins appelloient ainsi une faculté qu'ils attribuoient à l'ame, par laquelle elle étoit la formatrice de son propre corps.

PLASTRAS, Plastre, Plastrer, &c. *voyez* Plâtras, Plâtre, Plâtrer, &c.

PLASTRON. *s. m.* lat. *pectorale.* ang. *plastron.* Cuirasse qui ne couvre que le devant du corps. C'est aussi un ornement de sculpture en manière d'anse de panier, avec des enroulemens... *Plastron de Tortuë*; écaille du ventre, sur laquelle on laisse trois ou quatre doigts de chair... On dit d'un homme, qu'il est le *plastron* des autres, pour dire qu'ils est en butte à leurs railleries.

PLASTRONNER. (Se) *v. rec.* Se servir de quelque chose, comme d'un plastron.

PLAT, atte. *adj.* lat. *planus, æquus.* ang. *flat.* Qui est plain & uni & sans inégalité; qui n'a ni enfoncemens, ni éminences qui nous en cachent quelque partie. Ce qui est posé sur terre, couché sur son long. Simple, vulgaire, rampant, qui n'est ni élevé, ni vif, ni piquant. *Carte marine plate* est celle qui est construite dans la supposition que la terre est un plan & par conséquent que les degrés de latitude & de longitude sont partout égaux entr'eux; ce qui n'est vrai que sous l'équateur. Ainsi ceux qui se servent de cette carte dans les longues traversées vers l'un ou l'autre pole, sont assurés de commettre de grandes erreurs. Il y a pourtant des Pilotes assés stupides ou attachés aux anciens usages pour ne se servir que de cette carte. Les vers en rime *plate* sont ceux dont les rimes se suivent deux à deux, c'est-à-dire, deux masculins & deux feminins de suite, sans être entre-mêlés ni entre-coupés par d'autres rimes.

PLAT. *s. m.* lat. *Lanx*, *catinus.* ang. *a dish.* Utencile de ménage qui sert à mettre les viandes sur la table. Il signifie aussi un bassin de balance: & il se dit encore par opposition à ce qui est pointu ou tranchant, comme *plat* d'épée.

PLAT. (à) *adverb. Tout à plat.* lat. *planè*, *penitus.* ang. *flat and plain.* Absolument, nettement.

PLATANE. *voy.* Plane.

PLAT-BORD. *s. m.* (Marine.) Espèce de gardefou ou d'apui, qui regne alentour du pont... Il se dit aussi des piéces qui font le dessus des bordages d'un navire, ou d'un bâteau.

PLATEAU. *s. m.* lat. *Catinus ligneus.* ang. *a wooden platter.* Petit plat ou assiéte de bois un peu creusée, qui sert dans les cuisines des champs. Plat des grosses balances, quand il est de bois. Les *Jardiniers* disent, que leurs pois sont en *plateau*, lorsque les cosses sont encore jeunes & tendres, & que les pois n'y sont pas encore formés.... *Plateau*, en termes de *chasse*, se dit des fumées .... (Guerre.) Terrein élevé, mais plat & uni en haut, sur lequel on met du canon... *Plateau*, ou *cabaret.* voy. *Bandége.*

PLATE. *s. f.* (Blason.) Besant d'argent..... Espèce de grands bâteaux qui sont plats.

PLATE-BANDE. *s. f.* lat. *Tænia.* ang. *platband.* En *Architecture*, est une moulure quarrée dont la hauteur est plus grande que la saillie. Ce mot signifie quelquefois les filets qui sont entre les canelures des colomnes & la partie qui termine l'Architecture de l'ordre *dorique.* Chez les *Jardiniers*, il se dit des planches de fleurs qui sont menagées le long des murs, ou à côté des parterres.

PLATÉE. *s. f.* (Architect.) Massif de fondement, qui comprend toute l'étendue d'un bâtiment.

PLATE-FORME. *s. f.* lat. *Catostroma.* ang. *a plat-form.* Plancher uni & à découvert dans un bâtiment, sur lequel on se peut promener. Manière de terrasse pour découvrir une belle vûë dans un jardin. Plancher fait de plusieurs gros ais, ou madriers, qu'on fait sur plusieurs rangs de pilotis pour asseoir la maçonnerie. Piéces de bois posées sur l'entablement, qui soutiennent les chevrons & la charpente en toute l'étenduë d'un comble, d'une couverture. En termes de *Guerre*, c'est un lieu préparé sur les remparts pour dresser une batterie de canons.

PLATE-LONGE. *s. f.* (Manége.) Longe de fil, large de trois doigts, fort épaisse, & longue de trois ou quatre toises..,. (Chasse.) Longue bande de cuir.

PLATFOND, Platfonner. *voy.* Plafond, Plafonner.

PLATILLE. *s. f.* Espèce de toile de lin, très blanche.

PLATINE. *s. f.* lat. *Discus planus aneus.* ang. *a round copper-plate.* Utencile de ménage qui sert à étendre, à sécher & à dresser le menu linge. Plaque de fer ou de cuivre qu'on applique en divers endroits.

PLATITUDE. *s. f.* lat. *Stili infirmitas.* ang. *flatness.* Ce qui fait qu'un discours est plat.

PLATO. *s. m.* 17e. Tâche de la Lune, selon le catalogue de Riccioli.

PLATON. *s. m.* (Marine.) Banc de vase.... Célèbre *Philosophe.* v. *Platonique* & *Platonisme.*

PLATONICIEN. *s. m.* lat. *Platonis sectator.* ang. *platonist.* Sectateur de la doctrine & des opinions de *Platon.*

PLATONIQUE. *adj.* lat. *platonicus.* angl. *platonick.* Ce qui a rapport aux principes & opinions du philosophe *Platon.* Les *corps platoniques* sont les cinq corps ou solides réguliers Géométriques, terminés de tous les côtés par des plans égaux & dont tous les angles solides sont égaux. Ces corps sont le cube, la pyramide ou tetrahedre, l'octahedre, le dodecahédre & l'icosahédre. L'*amour platonique* est un amour purement intellectuel ou spirituel, entre deux personnes de même sexe ou de différens sexes exempt de tout desir naturel ou inclination charnelle, de tout intérêt & n'ayant pour motif que la beauté de l'ame. L'*année platonique* est la période de tems que les équinoxes doivent emploier à finir leur révolution, après laquelle toutes les étoiles & constellations reviendront à leur première situation à l'égard des équinoxes. *Tychon* dit que cette année ou période est de 25816. années communes; *Riccioli* la fait de 25920. & *Cassini* de 24800. Quelques-uns s'imaginent qu'à la fin de cette année il y aura une révolution totale & naturelle de toute la création.

PLATONISME. *s. masc.* ang. *platonism.* lat. *platonis doctrina.* Opinions philosophiques ou morales de *Platon.* On prétend qu'il en a tiré la plûpart immédiatement des Stes. Ecritures & surtout de la *Genese.*

PLATRAGE. *s. m.* Ouvrage fait de plâtre.

PLATRAS. *s. masc.* lat. *Rudus.* ang. *rubble.* Démolition de murs faits de plâtre.

PLATRE. *s. mas.* lat. *Gypsum.* ang. *parget.* Pierre fossile commode pour bâtir. Il se dit aussi de la ceruse & du fard.

PLATRER. *v. act.* lat. *Gypso incrustare.* ang. *to plaister or parget.* Emploier le plâtre, en faire des enduits sur des murs, sur des tonneaux, blanchir avec du plâtre. Excuser, couvrir les defauts de quelque chose.

PLATREUX, euse. *adj.* Ne se dit guéres que d'un terrain mêlé d'une craie rouge.

PLATRIER. *s. masc.* lat. *Gypsarius.* ang. *a plaisterer.* Ouvrier qui prépare & qui vend le plâtre, qui le tire, le cuit, le bat, &c.

PLATRIÈRE. *s. f.* lat. *Gypsi fodina.* angl.

*the place where plaister is made.* Carrière dont on tire le plâtre.

PLATROUER. *s. m.* Instrument de Maçon pour pousser la brique, ou la pierre, avec le plâtre, dans tous les trous, lorsqu'on scelle quelque ouvrage.

PLAUSIBILITÉ. *s. f.* lat. *plausibilitas.* ang. *plausibleness.* Apparence ou probabilité de succès; vraisemblance qu'une chose est bonne, juste & utile.

PLAUSIBLE. *adj.* lat. *plausibilis.* anglois. *plausible.* Spécieux, qui peut passer pour bon, pour juste, probable.

PLAYE. *s. f.* lat. *plaga, vulnus.* ang. *wound, sore.* Blessure faite par quelque cause extérieure. Cicatrice après la blessure guérie. Perte, peine, &c.

P L E

PLÉBÉÏEN, enne. *adj.* & *s.* lat. *plebeius.* ang. *plebeian.* Qui est du bas peuple.

PLÉBISCITE. *s. m.* *Plebiscitum.* Loi portée par le peuple.

PLÉIADES. *s. fem. pl.* lat. & ang. *pleiades.* Nom que les Poëtes ont donné à sept étoiles qui sont sur la poitrine de la constellation du Taureau. Ils ont supposé qu'elles étoient filles d'*Atlas* & de *Pleione* & que *Jupiter* les plaça dans le Ciel. Il arrive souvent que lorsqu'elles se levent, il se forme des tempêtes & des grandes pluies, vers l'équinoxe du printems. Les anciens & les modernes ont fait aussi des *pleiades* de Poëtes de leurs païs.

PLEIGE. *s. mas.* lat. *Fidejussor, sponsor.* ang. *pledge.* Caution judiciaire, qui s'oblige devant le Juge de représenter quelqu'un ou de payer ce qui sera jugé contre lui.

PLEIGER. *v. actif.* lat. *Fidejubere, spondere.* ang. *to become pledge, to bail.* Cautionner en justice, répondre pour quelqu'un.

PLEIN, eine. *adject.* lat. *plenus.* ang. *full.* Qui est rempli, occupé, qui ne peut rien contenir davantage. Qui est en abondance, en quantité; qui a toute son étendue; qui est entier, complet, qui est gros, massif & serré. *Pleine* se dit des femelles des animaux qui ont conçu. *Plein chant* est le chant ordinaire du chœur des Eglises. lat. *planus cantus.* anglois. *plain-song.*

PLEIN. *s. m.* Le *plein* de la Lune. lat. *plenilunium.* ang. *the full of the moon* .... En Physique le *plein* est opposé au vuide. Espace *plein*... Dans le *Tritrac*, faire son *plein*, c'est remplir le grand ou le petit Jean .... Dans l'écriture, *plein* est une certaine largeur ou grosseur du trait de la plume.

PLEIN. (à) *adv.* lat. *Absolutè.* ang. *fully.* Entièrement.

PLEINEMENT. *adv.* lat. *Integrè.* ang. *intirely, fully.* Tout à fait; exactement; suffisamment.

PLEIN-RELIEF. *voy.* Bas-relief, au mot *bas.*

PLEMPLE. *s. f.* Petit bâteau de pêcheur.

PLÉNIER, iere. *adj.* lat. *plenarius.* anglois. *plenary.* Qui est plein & complet.

PLÉNIPOTENTIAIRE. *s. m.* lat. *Legatus cum summâ potestate.* angl. *plenipotentiary.* Ambassadeur ou celui qui a une commission pour traiter ou conclure une affaire publique avec un Prince, un Etat, un Royaume.

PLÉNIPRÉBENDÉ. *s. masc.* Chanoine qui jouit à plein des revenus & des prérogatives de sa prébende.

PLÉNISTE. *s. masc.* Philosophe qui soutient que tout est plein, qu'il n'y a point de vuide dans la nature.

PLÉNITUDE. *s. f.* lat. *plenitudo.* ang. *fulness, plenitude.* Abondance, plus qu'il ne faut.

PLÉONASME. *s. m.* lat. *Redundantia.* ang. *pleonasm.* Figure de Rhétorique dans laquelle on emploie plus de mots qu'il n'est nécessaire pour exprimer une action, ou répétition pour mieux inculquer ce que l'on veut dire. C'est aussi un vice du discours lorsqu'on dit des superfluités.

PLET. *voy.* Plaid.

PLÉTHORE. *s. f.* *Plethora.* En *Médecine* est une réplétion d'humeurs & surtout lorsqu'on a plus de sang dans les veines qu'il n'est nécessaire, d'où il arrive qu'on devient enflé & quelquefois jusqu'à crever.

PLÉTHORIQUE. *adj.* (Médec.) Replet, abondant en humeurs. ang. *plethory.*

PLETS. *s. m. pl.* Sorte d'étoffe qui se fabrique en Ecosse.

PLEURANT, ante. *adj.* lat. *Lacrymans.* ang. *weeping.* Qui jette des larmes.

PLEURARD, arde. *adj.* lat. *Lacrymosus.* ang. *weeper.* Qui ne fait que pleurer & crier.

PLEURE. *s. f.* lat. *Succingens.* ang. *pleura.* Membrane qui contient toutes les parties qui forment la poitrine.

PLEURER. *v. actif.* & *n.* lat. *Flere, lacrymari.* ang. *to weep.* Verser, jetter des larmes, regretter. On dit que la vigne *pleure* lorsque la séve monte en abondance & qu'elle sort comme des larmes par l'endroit taillé.

PLEURES. *s. f. pl.* Laines qui se coupent sur la bête après qu'elle est morte; elles sont d'une très mauvaise qualité.

PLEURÉSIE. *s. f.* lat. *pleuritis.* ang. *pleurisy.* Maladie qui vient d'une inflammation de la pleure, accompagnée d'une fiévre continuë & de points aux côtés, d'une difficulté de respirer & quelquefois de crachement de sang.

PLEURÉTIQUE. *adj.* Qui est attaqué de la pleurésie. ang. *pleuritick.*

PLEUREUR, *ou* Pleureux, euse. *adj.* lat. *plorator.* ang. *mourner.* Qui mene le deuil, ou qui a soin des cérémonies funébres. Qui pleure facilement. lat. *præfica.* ang. *weeper.*

PLEUREUSE. *s. f.* Bande de toile blanche, que ceux qui portent le grand deuil attachent aux manches de leur habit.

PLEUROPNEUMONIE. *s. fem.* Espèce de pleurésie, dans laquelle la pleure & les poumons sont enflammés.

PLEURS. *s. mas. pl.* lat. *Lacrymæ, fletus.* ang. *tears.* Larmes, humidité qui tombe des yeux par quelque violente émotion de l'ame, & particulièrement de la tristesse.

PLEUVINE.

PLEUVINE. *f. f.* ( Barreau. ) Caution.

PLEUVOIR. *v. n.* lat. *Pluere.* ang. *to rain.* Faire tomber de l'eau du ciel.

PLEXUS. *f. m.* ( Anat. ) Lacis.

PLEYON. *f. m.* lat. *Vimen.* ang. *a wyth, an ofier.* Grosse paille ou menu osier avec quoi on attache les vignes ou les branches d'arbres, ou relie des muids.

## P L I

PLI. *f. m.* lat. *Flexus.* ang. *bending.* Ce qui fait qu'une chose n'est pas étenduë en long, n'est pas droite. Marque qui reste sur une étoffe ou sur du linge, quand on les a mis en deux, ou en plusieurs doubles. lat. *Sinus, ruga.* ang. *plait or fold.*

PLIABLE. *adj.* lat. *Flexibilis.* ang. *pliant, pliable.* Qui n'est pas roide, qui se peut plier.

PLIAGE. *f. m.* lat. *Complicatio.* ang. *a folding.* Manière de plier. Action de plier.

PLIANT, ante. *adj.* lat. *Flexibilis.* anglois. *pliant, pliable.* Qui est propre à plier.... *sub. maf.* Chaise qui se plie. ang. *a folding chair.*

PLICA. *voy.* Plique.

PLIE. *f. femin.* Petit poisson de mer plat & large.

PLIER. *v. act. & n.* lat. *Flectere, curvare.* ang. *to bend.* Mettre en ligne courbe, ou en angle une chose qui est en ligne droite. Mettre en un ou plusieurs doubles, faire quantité de plis. Céder, reculer, ne résister pas.

PLIEUR, euse. *f. m. & f.* lat. *Structor.* ang. *a folder.* Qui s'applique à plier.

PLINGER. *v. actif.* Se dit de la première trempe qu'on donne à la mêche, lorsqu'on fait de la chandelle.

PLINIUS. *f. m.* 29e. Tache de la Lune, selon Riccioli.

PLINTE, *ou* Plinthe. *f. maf.* lat. *Plinthis.* ang. *plinth.* En *Architecture* est une piéce platte & quarrée, que quelques uns appellent fondement d'une colomne. On la place sous les moulures des bases des colomnes. On appelle aussi *Plinthe* deux ou trois rangs de briques avancées, ou toute moulure platte & haute, qui dans les murs de face marque les planchers.

PLIOIR. *f. m.* lat. *Palmula complicatoria.* anglois. *a folding-stick.* Petite regle de bois ou d'yvoire platte & arrondie par les bouts, qui sert à plier des livres qu'on veut rélier.

PLION. *voy.* Pleyon.

PLIQUE. *f. f.* Maladie des cheveux.

PLIS. *f. maf. pl.* (Peinture.) Sinuosités des draperies.... Laines de la moindre qualité.

PLISSER. *v. act.* lat. *Striare.* ang. *to plait, to fold.* Former, faire plusieurs petits plis.

PLISSON. *f. m.* Pelisson, Péluche.

PLISSURE. *f. f.* lat. *Rugæ lintei.* ang. *plaiting or folding.* Manière de faire des plis.

## P L O

PLOC. *fub. maf.* ( Marine. ) Composition de verre pilé & de poil de vache, qu'on met entre le bordage & le doublage des vaisseaux, pour les préserver des vers.... Fil du poil de vache.

PLOMB. *f. masc.* lat. *Plumbum.* ang. *lead.* C'est le plus grossier, le plus mou, le plus impur & le plus aisé à fondre de tous les métaux. Il est noir & pesant. Lorsqu'il est purifié, les Chymistes l'appellent Saturne : lorsqu'on en fait l'analyse, il en sort un peu de mercure, un peu de soufre & une grande quantité de terre bitumineuse. On appelle aussi *plomb* la sonde dont on se sert pour trouver la profondeur de la mer ou d'une rivière ; elle est composée d'un poids attaché à une ligne. Ce poids étant enduit de suif amène une partie du sable ou du gravier qui est au fonds de l'eau & fait connoître en même tems la profondeur de l'eau & la nature du fonds. On appelle *cul de plomb*, un homme laborieux & sédentaire.

PLOMB (à) *adv.* latin. *Perpendiculariter.* ang. *directly, perpendicularly.* Tout droit, en descendant perpendiculairement. *A plomb.* (*fub. m.*) *voy.* Aplomb.

PLOMBAGINE. *f. f. Molybdæna, galena.* Glébe minérale, ou la pierre de mine de plomb & d'argent mêlés ensemble.

PLOMBATEUR. *f. m. Plumbator.* Officier de la Chancellerie Romaine qui plombe les Bulles.

PLOMBÉ. *f. m.* ( Relieur. ) Composition de mine de plomb, de colle & d'eau, dont on se sert pour plomber de certains livres... *adj.* Il se dit d'un teint livide, pâle, sans couleur.

PLOMBÉE. *f. f.* Composition faite avec du minium, ou de la mine de plomb, dont on se sert pour colorer en rouge.

PLOMBER. *v. actif.* lat. *Plumbare.* ang. *to lead.* Mettre, appliquer du plomb en quelque lieu. C'est aussi voir si quelque ouvrage de maçonnerie est droit ou a du fruit.... *Plomber* un vaisseau : voir s'il est droit, s'il est sur l'avant ou sur l'arrière.... *Plomber* un arbre : fouler la terre avec les pieds pour l'affermir.... *Plomber* les dents : y mettre du plomb dedans.

PLOMBERIE. *f. f.* Art de fondre & de travailler le plomb.

PLOMBEUR. *voy.* Plombateur.

PLOMBIER. *f. masc.* lat. *Plumbarius faber.* ang. *a plummer or plumber.* Marchand ou Artisan qui vendent le plomb ou qui le mettent en œuvre.

PLOMBIÈRE. ( Pierre. ) *adj. f.* Pierre semblable au plomb, & qui a les même proprietés que l'écume de plomb.

PLOMMER. *verb. actif.* Terme de *Potiers.* Plomber, appliquer du plomb à la poterie, pour la vernisser.

PLOMO-RONCO. *f. masc.* Le plus riche de tous les minérais d'argent, qui se tire des mines du Chilly & du Pérou. Il est noir & mêlé de plomb.

PLONGÉE. ( Fortifications. ) *Plongée* du parapet : partie qui va en talus... ( Artillerie. ) Tirer par *plongées*, ou de haut en bas.

PLONGEON. *f. masc.* lat. *Mergus.* ang. *a plungeon.* Oiseau qui approche du canard. Il se trouve sur la mer & sur les rivières. Il y en a de plusieurs espèces.... *Plongeon.* voyez

Plongeur .... Petit plongeon. voy. Cottée.

PLONGER. v. act. & n. lat. Immergere. anglois. to dip, to immerse. Tremper quelque chose dans quelque liqueur, l'y enfoncer, & l'y laisser quelque-tems..... En termes de Guerre, c'est tirer une arme à feu de haut en bas.

PLONGEUR. s. mas. lat. Urinator. ang. a diver. Qui se plonge & se cache sous l'eau.

PLOQUER. v. act. Mettre du ploc à un vaisseau.

PLOTTON. voy. Peloton.

PLOYABLE. adj. lat. Flexilis. ang. flexible. Qui se peut plier, qui obéit quand on lui fait quelque violence.

PLOYER. verb. act. lat. Incurvare. ang. to bend. Courber, fléchir.

PLOYON. voy. Pleyon.

P L U

PLUÏE. s. fem. lat. Pluvia. ang. rain. Eau qui tombe du Ciel. Espèce d'étoffe de soie ou de laine mêlée avec du fil d'or ou d'argent trait en lames.

PLUMAGE. s. m. lat. Avis plumæ. ang. the plumage of a bird. Qualité des plumes d'un oiseau.

PLUMAIL, ou Plumart. s. mas. lat. Scopa plumatilis. ang. a feather-broom. Petit balai de plumes qui sert à diverses choses.

PLUMASSEAU s. mas. lat. Extremum plumatile. ang. a little feather. Petit bout de plume qu'on prépare pour divers usages, pour mettre à des fléches, à des clavessins & autres instrumens. En Chirurgie ce sont de petits amas de charpie qu'on met sur les plaies, lorsqu'on les pance. latin. Lineum tomentum. anglois. a plaget.

PLUMASSIER. s. m. lat. Plumarius. ang. a feather-man. Marchand qui vend & qui prépare des plumes pour mettre sur les chapeaux, sur les lits & les dais.

PLUME. s. f. lat. Pluma, penna. ang. feather. Ce qui couvre l'oiseau, & qui lui sert à voler, à se soutenir en l'air. Ce qui sert à écrire, qui se tire des aîles des Oyes, des Cignes, des Corbeaux, &c.... En Botanique, plume est ce qui paroit le premier hors de la terre, ou cette partie de la graine, cachée dans les cavités qui se trouvent dans ses lobes.... Plume marine : plante qui croît sur les bords de la mer, & qui ressemble à l'aîle d'un oiseau ... Plume de paon : Agathe tendre, quoiqu'Orientale : elle est verdâtre & paroit pourpre à la lumière, raïée comme les barbes d'une plume.... Sucre à la plume, est celui qui a atteint le quatrième degré de cuisson.

PLUMÉE. s. f. Plein la plume d'encre.

PLUMELLE, ou Cornette. s. fem. Fleur qui différe de la giroflée, en ce qu'elle a les feuilles plus étroites & plus tranchées.

PLUMER. v. act. lat. Avi plumas detrahere. ang. to pick or plume. Ôter la plume d'un oiseau. Attraper de l'argent ou des nippes à quelqu'un.

PLUMEROLLE. s. f. Tulipe qui est rouge-mort & chamois.

PLUMET. s. m. lat. Plumis ornatus. ang. a spark. Cavalier qui porte des plumes & particulièrement il se dit de celui qui fait le fanfaron, à cause qu'il a une épée au côté, & des plumes sur le chapeau. Il se dit aussi d'une simple plume qu'on met autour du chapeau. lat. Pennæ ornantes galerum. ang. a plume.... Plumet de pilote : plusieurs plumes qu'on met sur un morceau de liége, & qui voltigeant au gré du vent, font connoître d'où il vient plus précisément que les girouettes.

PLUMETÉ, ée. adj. (Blason.) Decoupé, moucheté.

PLUMETIS. s. m. C'est le brouillon d'une écriture.

PLUMETTE. s. f. Petite étoffe, ordinairement toute de laine.

PLUMEUX, euse. adject. Qui tient de la plume, qui est fait de plume.

PLUMITIF. s. m. lat. Tumultuarius commentariolus. ang. minutes. Minute qu'un Greffier écrit à la hâte & en abbrégé, quand le Juge prononce à l'Audience.

PLURALITÉ. s. fem. lat. Pluralitas. ang. plurality. Quantité discrete qui consiste en deux ou en un plus grand nombre.

PLURIER, ou Pluriel. adj. & subst. latin. Pluralis numerus. anglois. plural. Terme de Grammaire, c'est une inflexion particulière des noms & des verbes quand on les applique à plusieurs choses.

PLUS. s. masc. & adv. lat. Plus. ang. more. Ce qui excéde. C'est le nom du caractère positif ou affirmatif de l'Algébre & il s'exprime ainsi +.

PLUSIEURS. adj. plur. lat. multi, plurimi. ang. many. En grand nombre, en quantité.

PLUTON. s. m. lat. & ang. pluto. Les Poëtes disent qu'il étoit fils de Saturne & frère de Jupiter & de Neptune, qu'il eut en partage le domaine des Enfers & que ses frères eurent le Ciel & la mer. On le représente sur un chariot trainé par quatre chevaux noirs, avec un trousseau de clefs à la main, pour marquer qu'il avoit la clef de la mort & que les chevaux couroient dans les quatre âges de l'homme. On dit qu'il avoit ravi & épousé Proserpine fille de Cerés & qu'il fut le premier qui institua les funérailles. On le confond quelquefois avec Plutus Dieu de richesses, qui avoit des mines en Épire d'où il tira de grandes richesses. On le représente boiteux lorsqu'il arrive chez quelqu'un & avec des aîles lorsqu'il s'en retourne, pour aller plus vite. On veut marquer par-là que l'on a beaucoup de peine à amasser des richesses & qu'on les perd souvent en peu de tems. On dit aussi qu'il étoit aveugle, parce que souvent il combloit de biens les plus indignes & laissoit dans le besoin ceux qui avoient le plus de mérite.

PLUTÔT. adv. lat. Potiùs, priùs. ang. sooner. Il vaut mieux. Devant, de meilleure heure.

PLUTUS. voy. Pluton.

PLUVIAL. s. m. lat. Pluvialis. ang. a plu-

*vial.* Grande chape que portent le Chantre & le Sous-Chantre à la Messe & à Vêpres, & l'Officiant quand il encense.

PLUVIALE. *adj. fem.* lat. *Pluvialis.* ang. *rain-water.* Les eaux *pluviales* sont les eaux de la pluie.

PLUVIER. *s. m.* lat. *Pardalus.* ang. *plover.* Oiseau brun, marqueté de jaune, fort bon à manger & un peu plus gros que le pigeon.

PLUVIEUX, euse. *adj.* lat. *Pluviosus.* ang. *rainy, pluvious.* Qui améne la pluie.

PLUYE. *voy.* Pluïe.

P N E

PNEUMATIQUE. *adject.* lat. *Pneumaticus.* ang. *pneumatick.* Machine qui se meut & agit par la compression de l'air. Pompe qui fait voir les différentes propriétés de l'air.

PNEUMATOCÉLE. *s. femin. Pneumatocele.* Fausse hernie du scrotum, causée par un amas d'air qui le gonfle.

PNEUMATOLOGIE. *s. f.* lat. *Pneumatologia.* ang. *pneumaticks, pneumatology.* Théorie & expériences sur la pésanteur & la pression des fluides élastiques & compressibles & surtout de l'air. C'est en *Théologie* la partie qui traite des Esprits, comme de Dieu, des Anges, de l'Ame des hommes.

PNEUMATOMAQUES. *s. m. pl.* lat. *Pneumatomachi.* ang. *pneumatomachs.* Anciens Hérétiques ainsi appellés parce qu'ils combattoient la divinité du S. Esprit.

PNEUMATOMPHALE. *s. f.* Fausse hernie du nombril causée par un amas d'air qui gonfle cette partie.

PNEUMATOSE. *s. fem.* Enflure de l'estomac causée par des vents ou flatuosités.

PNEUMONIQUE. *adj.* & *subst.* ang. *pneumonick.* Médicament propre pour prévenir, soulager, guérir les maladies du poumon, ou pour faciliter la respiration.

P N I

PNIGITE. *adject.* Terre argilleuse & glutineuse des Anciens, propre pour resserrer & arrêter le sang.

P O A

POALLIER. *s. m.* (Fondeur.) Grosse piéce de cuivre, dans laquelle porte le tourillon du sommier de la cloche, qui la tient en l'air suspendue.

P O C

POCATSJETTI. *s. m.* Arbrisseau du Malabar. Ses feuilles sont bonnes contre les ulcéres, & les fiévres intermittentes.

POCHE. *s. f.* lat. *Sacculus.* ang. *pocket.* Petit sac attaché à un habit pour y mettre ce qu'on veut porter sur soi. C'est aussi un petit violon que les maîtres à danser portent dans leur *poche.* Besace. Filet pour prendre des lapins. Jabot des oiseaux. Partie creuse, qui est au milieu de la navette. Trait de plume bien arrondi.

POCHER. *v. act.* lat. *Oculum illidere.* ang. *to beat one's eyes black and blew.* Créver les yeux. Œufs *pochés* sont des œufs cuits sans les brouiller. *Pocher* une écriture, c'est la charger d'encre, y faire des pâtés.

POCHETER. *v. act.* lat. *In perâ servare.* ang. *to pocket.* Porter, serrer pour quelque-tems dans sa poche.

POCHETIER. *s. m.* Celui qui taille & fait des poches.

POCHETTE. *s. f.* lat. *Marsupium.* ang. *a pocket.* Petite poche. Petit filet.

POCONE. *s. f.* Plante de la Virginie, qui séchée & pilée rend un suc rouge, qui amollit les humeurs.

P O D

PODAGRE. *s. masc.* ang. *a gouty man.* latin. *Qui podagrâ laborat.* Celui qui a la goutte aux pieds. Il se dit aussi de la goutte qui attaque les pieds. lat. & ang. *podagra.* . . . *Podagre de lin* : voy. Cuscute.

PODESTAT. *s. masc.* Magistrat. Officier de justice & de police, dans une ville libre d'Italie.

PODOMÉTRE. *s. m.* lat. *Podometrum.* ang. *podometer.* Compte pas. Instrument de méchanique fait en forme de montre, par le moyen duquel on peut compter tous les pas que l'on fait & tous les tours de roue que fait un carrosse. voy. *Odométre.*

P O E

POËLE. *voy.* Poile.

POËLIER, Poëlon. *voy.* Poilier, Poilon.

POËME. *s. m.* lat. *Poëma.* angl. *poem.* Ouvrage, composition en vers d'une juste longueur.

POËSIE. *s. f.* lat. *Poësis, poëma.* ang. *poesy, poetry.* L'art de versifier, de faire des poëmes selon la nature de la langue où l'on écrit & selon les regles & usages de ceux qui ont excellé dans cette manière d'écrire. Il se dit aussi des compositions en vers ; & d'une certaine manière d'écrire pleine de figures & de fictions.

POESLE, Poeslier, Poeslon. *voyez* Poile, Poilier, Poilon.

POËTE. *substant. masc.* lat. *Poeta, vates.* anglois. *a poet.* Celui qui fait des ouvrages en vers.

POËTEREAU. *s. m.* lat. *Imperitus versificator.* ang. *a poetaster, a paultry poet.* Petit poëte, méchant poëte.

POËTIQUE. *adj.* lat. *Poeticus.* ang. *poetick.* Qui appartient à la poësie. La *poëtique* est l'art qui enseigne à bien conduire, à bien disposer des ouvrages de poësie. lat. *Ars poetica.* ang. *poetry.*

POËTIQUEMENT. *adv.* lat. *Poeticè.* ang. *poetically.* D'une manière poëtique.

POËTISER. *verb. n.* lat. *Versificari.* ang. *to poetize.* Versifier. Faire des vers. Rimer.

POG

POGE. (Marine.) Sur la Méditerranée, c'est la main droite, ou ce qu'on appelle sur l'Océan *striboard*. lat. *Dextrum latus navis*. ang. *star-board*.

POI

POI. *s. mas.* Oiseau de proie, qui se trouve au païs des Noirs.

POIDS. *s. m.* lat. *Pondus*. ang. *weight*, *load*. Gravité ou qualité qui est en tous les corps, qui les oblige à tendre en bas. Il se dit aussi des corps que l'on met dans un plat de la balance pour peser les autres corps. *Poids de table* se distingue de *poids de marc*. La livre dans l'un & dans l'autre a 16. onces, mais les onces dans celui-là ne sont pas si fortes que dans celui-ci.

POIGNANT, ante. *adject.* lat. *Aculeatus*. ang. *poignant*, *sharp*. Qui est bien aigu, bien piquant.

POIGNARD. *s. m.* lat. *Pugio*, *sica*. anglois. *dagger*, *poniard*. Dague ou petite arme pointuë.

POIGNARDER. *v. act.* lat. *Pugionem infigere*. anglois. *to stab*. Tuer, frapper, blesser quelqu'un à coups de poignard ou avec d'autres armes.

POIGNÉE. *s. f.* lat. *Manipulus*. ang. *a handful or grasp*. Plein la main, ce que peut contenir la main. Endroit par où l'on prend une chose pour la tenir à la main.

POIGNET. *s. m.* lat. *Pugni brachiique commissura*. ang. *wrist*. L'endroit par où la main tient au bras, où se fait le mouvement de la main. Manchettes ou bord de la manche d'une chemise.

POIL. *s. m.* lat. *Pilus*. ang. *hair*. Filets deliés qui sortent par les pores de la peau des animaux & qui servent à la plûpart de couverture.

POILE. *s. m.* & *f.* lat. *Vaporarium*. anglois. *a stove*. Fourneau pour échauffer une chambre. Il se dit aussi d'un drap mortuaire qu'on met sur un cercueil pendant la cérémonie d'un enterrement; lat. *Funebre pallium*. angl. *a pall*. Et du dais portatif soutenu de colomnes, sous lequel on porte le S. Sacrement par les rues. lat. *Umbella*. ang. *a canopy*. Une *poile* à frire est un utencile de cuisine garni d'un long manche & d'un chaudron. lat. *Sartago*. angl. *a frying-pan*.

POILETTE. *s. f.* Vaisseau de gros fer dans lequel on met de la graisse.

POILIER. *subst. masc.* Artisan qui fait des poiles..... Grosse piéce de fer, qui porte la fusée & la meule dans un moulin & sur laquelle on pose la poilette.

POILON. *s. mascul.* lat. *Pultarium*. ang. *a skillet*. Petite poile.

POILONNÉE. *s. femin.* Plein un poilon. lat. *Pultarium plenum*. ang. *a skillet-full*.

POILU, uë. *adj.* Velu, garni de poils.

POINÇON. *s. m.* lat. *Veruculum*. ang. *a bodkin*. Fer rond, pointu & poli qui sert à percer, à faire des trous. Coin aceré, où il y a au bout quelque marque gravée dont on fait des empreintes avec un marteau. *Poinçon* est aussi une mesure des choses liquides. C'est la moitié d'un tonneau d'Orléans ou d'Anjou. Il se dit encore d'un joyau dont les femmes se servent pour parer leur tête, & pour arranger leurs cheveux en se coiffant.... C'est aussi, en *Charpenterie*, une piéce de bois debout qui sert à entretenir le sous-faîte avec le faîte dans l'assemblage d'un comble.

POINDRE. *v. act.* & *n.* lat. *Pungere*. ang. *to prick*. Piquer. Commencer à paroitre. Causer une douleur aiguë.

POING. *s. masc.* lat. *Pugnus*. ang. *a fist*. La main, ce qui est depuis l'os du poignet, jusqu'à l'extrémité des doigts..... Flambeau de *poing*: flambeau de cire qu'on porte à la main.... Oiseau de *poing*: oiseau de proie, qui étant reclamé, revient sur le *poing* du Fauconnier sans leurre.

POINT. *s. m.* lat. *Punctum*. ang. *point*. *Mathématiquement*, est le commencement ou le bout d'une ligne, par conséquent il est indivisible. Il se dit aussi du tems, du moment juste & précis où se fait quelque chose. On l'emploie dans toutes les *Mathématiques*, comme en *Astronomie*, *Geographie* & *Navigation*; les 4. *points* cardinaux de l'horizon sont le Nord, le Sud, l'Est & l'Ouest; les *points* solsticiaux sont ceux de l'*écliptique* qui sont les plus éloignés de l'équateur; les *points* équinoctiaux, ceux où l'écliptique coupe l'équateur; les *points* du Nord & du Sud, sont ceux où le méridien coupe l'horizon; les *points* d'Est & d'Ouest, ceux où le premier vertical coupe l'horizon. En *perspective* les points de vûë, de distance, & de contingence, *&c.* sont ceux qui réglent toute cette science. *Point* se dit aussi en matière d'affaire, de l'endroit où consiste la difficulté. C'est encore la piqûre que l'on fait dans l'étoffe en la cousant, *&c.* Espèce de dentelle, ou ouvrage de fil fait à l'aiguille. Valeur de chaque carte. Douleur piquante. Etat, situation, disposition. Degré, période, dans les choses morales. Instant, moment, tems précis. *Point*, ou coin, ou angle du bas, de la voile. Marque qui sert à compter en jouant.

POINT. (à) *adverb.* lat. *Opportunè*. ang. *in time.* A propos, au tems qu'il faut.

POINT. (de tout) *adv.* Totalement, entièrement. *De point en point*: exactement.

POINTAGE. *s. m.* Terme de *Marine*, c'est la désignation que fait le pilote sur la carte marine du lieu où est le vaisseau.

POINTAL. *s. m.* (Charpent.) Grosse piéce de bois debout, pour servir de support.

POINTE. *s. f.* lat. *Acumen*, *cuspis*. ang. *point*. Extrêmité d'un corps, ou d'une figure où aboutissent toutes ses lignes ou ses surfaces. C'est aussi l'endroit le plus haut de quelque chose. Il se dit encore des petits ferremens aigus; de ce qui commence à paroitre; d'une petite acidité piquante, & mordicante, qui chatouille & qui fait impression sur les organes du gout.... Bon mot, jeu de mots.

POINTEMENT. *f. f.* Action de pointer le canon.

POINTER. *verb. act.* lat. *Offendere.* ang. *to prick.* Offenser, blesser, porter des coups de la pointe. En termes de *Guerre*, *pointer* le canon c'est le mettre en mire, & en état de tirer contre un certain point designé. En termes de *Marine*, *pointer* la carte, c'est marquer sur la carte en quel point est le vaisseau. *Pointer* l'aiguille, en former la pointe avec la lune.

POINTEUR. *f. m.* Officier d'artillerie qui pointe le canon.

POINTILLADE. *f. fem.* Arbrisseau étranger qu'on cultive dans les jardins en Europe, & dont les fleurs sont d'une grande beauté.

POINTILLAGE. *f. m.* lat. *Variæ exornationes in opere miniato.* angl. *pricking.* Petits points qu'on fait dans les ouvrages de miniature.

POINTILLE. *f. f.* lat. *Jurgii materia futilissima.* ang. *punctillo*, *cavil.* Vaine subtilité, chose vaine & légère qui n'a point de solidité.

POINTILLER. *v. act.* lat. *Acûs punctionibus delineare.* anglois. *to prick.* Faire de petits points. Chicaner, faire de vaines objections; faire des difficultés sur des riens; quereller sur un sujet qui n'en vaut pas la peine.

POINTILLERIE. *f. f.* lat. *De tricis jurgium.* ang. *bickering.* Pointille, picoterie, contestation sur des bagatelles.

POINTILLEUX, euse. *adject.* lat. *Merus trico*, *argutulus.* anglois. *cavilling*, *carping.* Querelleux, chicaneur; homme difficile, qui fait des querelles, des difficultés sur des choses de néant, ou sur un sujet qui n'en vaut pas la peine; qui conteste sur de vaines formalités; qui demande des éclaircissemens sur la moindre parole équivoque.

POINTU, uë. *adject.* lat. *Acutus.* anglois. *pointed*, *sharp.* Qui est aigu, qui se termine en pointe.

POINTURE. *f. f.* (Marine. ( Raccourcissement de la voile, pour prendre peu de vent. lat. *Veli contractio.* ang. *shortening of the sail.*

POIRE. *f. f.* lat. *Pirum.* ang. *pear.* Fruit à pepins d'Été & d'Hyver, de figure oblongue, & plus menu vers la queuë que la tête. Il y en a une infinité d'espèces; les unes que l'on mange cruës, les autres que l'on cuit au four, &c. *Poires d'Angoisse.* voy. Angoisse... *Poire à feu :* voy. Éolipile.

POIRÉ. *sub. masc.* lat. *Piratium.* ang. *perry.* Boisson faite de jus de poires.

POIREAU. *f. m.* Verruë ou excrescence de chair.... Plante. *voy. Porreau.*

POIRÉE. *f. f.* lat. *Beta.* ang. *beet.* Plante, qu'on appelle autrement *Bette* elle a les feuilles fort larges, & une grande côte au milieu dont on fait des cardes.

POIRIER. *f. m.* lat. *Pirus.* ang. *a pear-tree.* Arbre qui porte des poires..... *Poirier d'Espagne :* il croît dans la Jamaïque. Son fruit est bon pour l'estomac.

POIS. *f. m.* lat. *Pisum.* ang. *pease.* Sorte de légume qui pousse des tiges longues que l'on soutient par des échalas.

POISON. *f. m.* lat. *Venenum*, *toxicum.* ang. *poyson*, *venom.* Qualité destructive qui se trouve ou dans les sucs de certains animaux, ou dans les plantes, les arbres, &c. ou dans la composition d'un minéral, &c. & qui est mortelle pour ceux qui en prennent, surtout en grande quantité. Il y a des *poisons* qui affectent l'homme d'une manière terrible & qui en même tems sont de parfaits anodins pour les autres animaux. Par exemple la Mandragore tue les hommes & nourrit les pourceaux; la Ciguë est une plante mortelle pour l'homme & elle sert d'aliment aux chevres, aux étourneaux, &c. & ainsi de plusieurs autres.

POISSARDE. *sub. fem.* Vendeuse de poisson. Femme vilaine & mal propre.

POISSE. *f. f.* Fascine ou petit fagot enduit de poix.

POISSER. *v. act.* lat. *Picare*, *vel pice illinere.* ang. *to pitch.* Enduire de poix, ou de choses grasses & visqueuses.

POISSON. *f. m.* lat. *Piscis.* ang. *fish.* Animal qui vit dans les eaux, qui est ordinairement couvert d'écailles & qui a des nageoires, excepté les poissons testacées qui n'ont point de nageoires. Le nombre des *poissons* de differentes espèces est presque innombrable. En *Astronomie* les *poissons* sont le douzième & dernier signe du Zodiaque dans sa partie Méridionale, & se terminent au Belier. Les Astrologues regardent ce signe comme froid & pluvieux. C'est une des maisons de *Jupiter* & l'exaltation de *Venus.* On le représente sur le globe par deux *poissons*... *Poisson* est aussi une petite mesure de liqueurs qui contient la moitié du demi-septier de Paris. *Poisson volant.* voy. *Aquador.*

POISSONNAILLE. *f. f.* Fretin, petits poissons.

POISSONNERIE. *f. f.* lat. *Piscarium.* ang. *a fish-market.* Lieu où l'on vend le poisson.

POISSONNEUX, euse. *adj.* lat. *Piscosus.* ang. *fishy.* Qui est plein de poisson.

POISSONNIER, ière. *f. m.* & *f.* lat. *Piscarius*, *a.* angl. *a fish-monger*, *a fish-woman.* Marchand ou marchande de poisson. *Poissonnière :* chaudière construite en long, où l'on fait cuire le poisson. ang. *a fish-pan.*

POITRAIL. *f. masc.* lat. *Antilena.* ang. *the breast of a horse.* Partie du cheval comprise entre les deux épaules au dessous de l'encolure. C'est aussi une partie du harnois du cheval, qui bat sur le *poitrail.*

POITRINAIRE. *f. m.* & *f.* Qui a une mauvaise poitrine, qui a mal à la poitrine.

POITRINAL. *adj.* Qui s'attache sur la poitrine.

POITRINE. *f. f.* lat. *Pectus*, *thorax.* ang. *the breast.* Partie antérieure des animaux où les côtes s'assemblent.

POITRON. *f. mas.* Espèce de prune jaune, & la moindre de toutes les prunes. lat. *Prunum flavum.* ang. *a sort of yellow plum.*

POIVRADE. *f. femin.* lat. *Piperatum.* ang. *a pepper and vinegar sauce.* Mets apprêté avec du poivre.

POIVRE. *f. m.* lat. *Piper.* ang. *pepper.* Sorte d'épice qui se forme dans les *Indes* en petits grains ronds, qui a une nature ou qualité chaude & séche & dont on se sert pour l'assaisonnement des viandes. On en met aussi sur les fruits qui sont froids & humides. Il vient sur une tige foible, basse & rampante & on le plante communément au pied des grands arbres. Les grains viennent en grappes. Ils sont verds au commencement & rougissent en mûrissant tant qu'ils sont sur l'arbre. On les séche au soleil & ils deviennent presque noirs. C'est ce qu'on appelle le *poivre* noir. Le *poivre* blanc vient de la même plante & se fait de *poivre* noir qu'on arrose, & qu'on humecte de l'eau de la mer. L'exposant après aux rayons du soleil & rejettant l'écorce, qui abandonne alors le grain; il se trouve blanc. Le *poivre* long est fort semblable au *poivre* noir, excepté qu'il vient dans des cosses comme le bled d'*Inde*, de la longueur, & de l'épaisseur du doigt d'un enfant, avec plusieurs petits grains arrangés & joints étroitement les uns aux autres. Il n'est pas tout à fait aussi acre que l'autre. Il y en a une autre espèce qu'on appelle *poivre* de *Guinée*, *poivre d'Inde*, ou *poivre* de *Brésil*, & que d'autres appellent *Piment*. Il est de la couleur du corail. Il a communément beaucoup d'acreté. Il y en a encore un autre qu'on appelle *poivre* de la *Jamaïque*. Il a un gout agréable & aromatique lorsqu'il est mis en poudre.... *Poivre d'eau*: espèce de persicaire.... *Poivre à queuë*, ou *Poivre musqué*. voy. Cubébe..... *Poivre des montagnes*, voy. *Caméade*, & *Mezereum*.

POIVRER. *verb. act.* lat. *Pipere conspergere.* ang. *to pepper.* Mettre du poivre en assaisonnant les viandes. *Poivré* se dit aussi des débauchés qui ont gagné une vilaine maladie avec les femmes.

POIVRIER. *s. m.* lat. *Arbor piperaria.* ang. *the pepper-plant.* Arbrisseau qui produit le poivre. Marchand qui vend le poivre. Vaisseau dans lequel on le sert.

POIVRIÈRE. *s. f.* Petite boëte où l'on met du poivre.

POIX. *s. f.* lat. *Pix.* ang. *pitch.* Espèce de suc épais, ou de gomme grossière qui se tire des bois gras ou bitumineux, surtout des pins & sapins, en coupant l'arbre en petits morceaux, que l'ont met dans une fournaise qui a deux ouvertures; on met le feu dans l'une & sa chaleur exprime les sucs des branches & fait sortir par l'autre ouverture la liqueur ou la poix. La fumée étant fort épaisse lui donne la couleur noire que nous y voyons communément. Quelques-uns assurent que le goudron est ce qui sort le premier & que la *poix* est ce qu'il y a de plus grossier & qui vient après. Elle est d'un grand usage en Médecine & dans les Méchaniques, sur tout dans la construction des vaisseaux, &c. La *poix* prend différens noms selon les différentes maniéres de la préparer, selon ses couleurs, & ses qualités. La *poix* qui sort du bois par cette espèce de distillation se nomme *Barras*, la plus fine se nomme *Galipot* & la plus grossière *Barras* ou *encens marbré.* On fait avec le Galipot la *poix* blanche ou *poix* de Bourgogne, en le fondant avec l'huile de Therebentine. On en fait aussi la *Resine*, en le faisant bouillir jusques à ce qu'il ait une certaine consistance & ensuite la mettant en pains. L[illegible] l est brulé & mélé avec le goudron, il forme ce qu'on appelle la *poix* noire ou *poix* commune.

## P O L

POLACRE, *ou* Polaque. *s. femin.* lat. *Navis velaria.* ang. *polaque.* Est un vaisseau Levantin dont on se sert sur la Mediterranée, dont la voile d'avant est latine & la maestre quarrée. Il porte couverte & va à voiles & à rames.... *Polacre*, ou habit à la *polacre*: dont les deux devans se croisent & s'attachent vers les épaules par deux rangs de boutons, qui vont depuis le haut jusqu'en bas.

POLACRON. *s. m.* La quatrième, ou la plus petite voile d'un vaisseau.

POLAIRE. *adj.* lat. *Polaris.* ang. *polar.* Qui appartient au pole du monde. Cercles *polaires* en *Astronomie* ou *Geographie*, &c. sont deux petits cercles de la sphère, paralléles à l'équateur, éloignés de 23. degrés & demi des poles du monde, l'un au Nord & l'autre au Sud de l'équateur. Etoile *polaire* est une étoile de la seconde grandeur; la dernière à la queuë de la constellation appellée la *petite Ourse*; sa proximité du pole Nord est cause qu'elle ne se couche jamais par rapport à ceux qui sont dans l'hémisphère Septentrional & c'est pour cela qu'on la nomme guide des pilotes.

POLAQUE. *voy.* Polacre.

POLASTRE. *sub. mas.* Terme de *Plombier.* Poële quarrée de cuivre fort mince, dans laquelle on met de la braise, & qu'on fait entrer dans de gros tuyaux pour les souder.

POLE. *s. m.* lat. *Polus*, *axis* ang. *pole.* Est l'extrémité de l'axe sur lequel la sphére se meut: & chez les *Astronomes*, *Geographes*, &c. les *poles* sont les points autour desquels le monde se meut; l'un se nomme le *pole* Nord, & l'autre le *pole* Sud. On conçoit aussi pour tout ce qui se meut dans une orbite, deux *poles* particulier. Ainsi les *poles* de l'horizon sont le Zénith & le Nadir, quelle que soit sa situation. Les *poles* du méridien sont les deux points où se leve & se couche l'Équateur dans l'horizon. Ainsi les *poles* du colure des Equinoxes sont les deux points solstitiaux du Cancer & du Capricorne, & les *poles* du colure des solstices, sont les deux points équinoctiaux du Belier & de la Balance, &c. En *Géométrie*, le *pole* se prend généralement pour tout point le plus éloigné de la circonférence d'un grand cercle décrit sur un globe. Ainsi le Zenith est le pole de l'horizon.... On appelle aussi poles de l'Aiman, les deux points par lesquels l'Aiman attire l'acier d'un côté & le repousse de l'autre.... En *Morale*, on le dit des deux principaux points sur lesquels roule une affaire.

POLÉMIENS. *s. m.* Sectateurs de l'hérésie de Polemius. Il vivoit dans le 4e. siécle & dogmatisa vers l'an 373. il disoit, entre autres erreurs, qu'il s'étoit fait une mixtion du verbe & de la chair.

POLÉMIQUE. *adj.* lat. *Polemicus.* ang. *pole-*

*mick or polemical.* Livres de dispute ou de controverse, que les Auteurs écrivent les uns contre les autres, surtout en matière de religion. On le dit aussi des Ecrivains eux-mêmes.

POLEMIT. *s. m.* Sorte de petit camelot.

POLEMOSCOPE. *s. m.* lat. *Speculum polemoscopum.* ang. *a polemoscope.* (Optique.) Lunette à longue vuë, faite de deux verres dont l'un est convexe & l'autre concave; & de deux miroirs plans.

POLI. *s. m.* lat. *Tersitas, elimatio.* ang. *gloss, lustre, brightness.* Le lustre & l'éclat des choses qui ont été polies.

POLI, ie. *adj.* Rendu uni, clair, luisant. Exact, chatié. Doux, civil, honnête complaisant.

POLIANTHÉ. *voy.* Polyanthé.

POLICAN. *s. m.* Instrument de Chirurgie, pour arracher les dents. Il est fait en forme de tenailles, crochu par un bout & arrondi par l'autre.

POLICE. *s. fem.* lat. *Politica.* ang. *polity.* Loix, ordre & conduite à observer pour la subsistance & l'entretien des États & des sociétés. Ordre qu'on donne pour la netteté & sûreté d'une ville; pour la taxe des denrées; pour l'observation des statuts des marchands & des artisans. C'est aussi un billet de change, qui se dit particulièrement sur la mer & sur les côtes. *Police* de chargement sur la *Méditerranée* est la même chose que connoissement sur l'*Océan. Police* d'assurance est un contrat que le Marchand fait avec les Assureurs pour la sûreté de sa marchandise, moyennant une récompense que l'on paye communément lorsque l'assurance est signé.

POLICER. *v. actif.* lat. *Legibus informare.* ang. *to govern or order.* Faire des loix, des réglemens de police pour entretenir la tranquillité publique.

POLICHINEL. *s. m.* lat. *Ludio.* ang. *punchinello.* Sorte de boufon qui joüe les roles comiques dans la farce Italienne. C'est aussi une sorte de marionnete boufonne.

POLIÇON. *voy.* Polisson.

POLICRESTE. *voy.* Polycreste.

POLIÉDRE. *voy.* Polyédre.

POLIGAMIE. *voy.* Polygamie,

POLIGONE. *voy.* Polygone.

POLIMENT. *s. m.* lat. *Politus.* ang. *brightness, lustre.* Poli, lustre, éclat qu'on donne au marbre & aux pierres précieuses en les polissant.

POLIMENT. *adv.* lat. *Politè.* ang. *politely.* D'une manière polie.

POLIMIR. *s. m.* Œillet qui est violet-brun, sur un beau blanc.

POLIR. *v. act.* lat. *Æquare, adæquare.* ang. *to polish or smooth.* Rendre un corps uni en sa surface, en ôter toutes les inégalités; civiliser; châtier, purger de fautes, rendre exact.

POLISSEUR. *s. m.* lat. *Politor.* ang. *a polisher.* Ouvrier qui travaille à polir les glaces de miroir.

POLISSOIR. *s. m.* lat. *Politorium.* anglois. *a polishing-iron.* Instrument qui sert à polir.

POLISSOIRE. *s. f.* Roue de bois qui sert aux Couteliers pour polir les couteaux, les rasoirs, &c. lat. *Rota levigatoria.* anglois. *a polishing wheel.*

POLISSON. *s. m.* lat. *Nebulo.* ang. *an idle slovenly boy.* Petit garçon mal propre & frippon, qui s'amuse à joüer dans les ruës, dans les places publiques.

POLISSONNER. *v. n.* Dire ou faire des polissonneries.

POLISSONNERIE. *s. fem.* Action, parole, tour de polisson.

POLISSURE. *s. f.* lat. *Expolitio.* ang. *polishing, politure.* Action de polir. Qualité de ce qui est poli.

POLITESSE. *s. f.* lat. *Urbanitas.* ang. *politeness.* Conduite honnête; air galant, civil; manière agréable & délicate de parler, d'agir & d'écrire; exactitude, finesse dans le choix des paroles.

POLITIQUE. *substant.* & *adj.* lat. *Civilis doctrina.* ang. *politicks.* Partie de la Philosophie morale, qui a rapport au bon gouvernement d'un Etat ou d'un Royaume. Les discours *politiques* sont ceux qui concernent les affaires publiques & le gouvernement. Un *politique* est un homme qui sçait l'art de gouverner; qui est habile dans les négociations, dans les intrigues d'état. C'est aussi un homme fin, rusé, adroit, qui se ménage & se conduit avec beaucoup de prudence & de circonspection. lat. *Rei politicæ peritus. Tempori serviens.* anglois. *a politician, a politick man.*

POLITIQUEMENT. *adverb.* lat. *Ex civilis scientiæ legibus.* ang. *politickly.* D'une manière politique, sage & prudente.

POLITIQUER. *v. n.* Raisonner sur les affaires publiques.

POLIUM. *s. m.* Plante dont les fleurs sont en gueule, de couleur jaune comme l'or, d'une odeur fort aromatique. On se sert en medécine des sommités fleuries du *Polium.*

POLIZEAUX. *s. m. pl.* Espèce de toile qui se fabrique en Normandie.

POLLE-DAVY. *s. m. pl.* Espèce de grosse toile de chanvre écruë.

POLLICITATION. *s. f.* (Droit civil) Obligation de faire ou donner quelque chose, qu'on contracte seul avec le public, sans qu'il soit besoin d'écrit, ni d'autres pactions que la manifestation de la volonté. L'objet de la pollicitation est une libéralité que l'on fait à un Corps, à une Ville, à un Hôpital, à une Eglise.

POLLUER. *v. act.* lat. *Polluere, contaminare.* ang. *to pollute.* Profaner un lieu saint; salir, contaminer son corps.

POLLUTION. *s. f.* lat. *Pollutio.* ang. *pollution.* Profanation d'un temple. Ordure qui se commet sur son propre corps par quelque attouchement impudique.

POLOGRAPHIE. *s. f.* lat. *Polographia.* ang. *polography.* Description du ciel. Traité d'Astronomie.

POLOSUM. *s. m.* Espèce de cuivre rouge, que l'on allie avec de l'étain, pour en faire ce métal composé, que l'on appelle la fonte verte.

POLTRON, onne. *adj.* & *subst.* lat. *Ignavus*, *iners*. ang. *cowardly*. Lâche, pusillanime; qui manque de courage. Qui est timide.

POLTRONNERIE. *s. f.* lat. *Ignavia*. ang. *cowardise*, *cowardliness*. Lâcheté, action foible & timide que fait le poltron.

POLVERINE. *s. f.* Plante. *voy.* Roquette.

POLYANTHÉ, ée. *adj.* ( Terme de Fleuriste. ) Qui a plusieurs fleurs.

POLYCHRESTE. *adj.* ( Pharmacie ) Servant à plusieurs usages. Le sel *Polychreste* est fait de parties égales de salpétre & de soufre qu'on jette dans un creuset rougi auparavant au feu.

POLYCNÉMON. *s. m.* Est selon *Dioscoride*, une plante qui a les feuilles semblables à celles de l'Origan & la tige à celle du Pouliot. Selon quelques autres c'est une espéce de calament.

POLYEDRE. *s. m.* ang. *polyedron or polyhedron*. En *Géométrie* est un solide terminé par plusieurs faces ou côtés plans. En *Optique* c'est un verre qui est à plusieurs facettes rangées sous une forme convexe, ce qui fait qu'il représente plusieurs fois le même objet.

POLYGALA. *s. fem.* Plante ainsi appellée, parce qu'elle fait venir beaucoup de lait aux animaux qui en mangent, au dire des Anciens qui lui ont donné ce nom. Il y en a plusieurs espéces.

POLYGAME. *s. m.* lat. *Polygamus*. anglois. *polygamist*. Celui qui a épousé plusieurs femmes, soit qu'il les ait eûes ensemble, soit qu'il les ait eûes l'une après l'autre. Dans le 16e. siécle il s'éleva une secte dont le chef étoit *Bernardin Ochin* qui après avoir été Général des *Capucins* devint Protestant, & qui soutenoit que l'on pouvoit épouser autant de femmes qu'on vouloit sans pécher contre les loix. Cette secte fut bientôt supprimée; & ces Hérétiques qui soutenoient plusieurs autres erreurs furent nommés *Polygamistes*.

POLYGAMIE. *s. f.* lat. *Polygamia*. anglois. *polygamy*. Mariage d'un homme avec plusieurs femmes ou d'une femme avec plusieurs hommes en même tems. Cette pratique étoit universelle anciennement parmi les *Juifs*, & elle l'est encore aujourd'hui parmi les *Turcs*, les *Persans*, &c. quoique quelques Rabins assurent que la loi ne permet pas d'avoir plus d'une femme en même-tems. Mais ces Rabins sont regardés comme hérétiques parmi les *Juifs*, parce que la pluralité de leurs Docteurs soutient qu'il est permis d'avoir autant de femmes qu'on le juge à propos ; cependant par des raisons de politique ils se bornerent à n'avoir que quatre femmes. La *Polygamie* continua parmi les *Juifs* jusques aux regnes de *Theodose*, d'*Arcadius* & d'*Honorius* qui publiérent un rescript portant défense aux *Juifs* d'avoir plus d'une femme en même-tems. C'a été une pratique universelle dans tout l'Occident de n'avoir qu'une femme tant avant qu'après l'établissement de la religion Chrétienne.

POLYGAMISTES. *s. m. pl. voy.* Polygame.

POLYGARCHIE. *s. f.* Gouvernement d'un Etat, qui est entre les mains de plusieurs personnes. lat. *Polygarchia*. ang. *polygarchy*.

POLYGLOTTE. *s. fem.* Oiseau des Indes, grand comme un Etourneau, blanc & rougeâtre, marqué principalement sur la tête & vers la queuë de figures représentant des couronnes argentées. Son chant est fort doux & fort mélodieux ; & il le diversifie d'ailleurs de tant de maniéres, qu'il en a reçû le nom de *Polyglotte*.

POLYGLOTTE. *adject.* & *subst. fem.* ang. *polyglott*. Bible en plusieurs langues. *François Ximenès de Sineros* Cardinal, & Archevêque de *Tolede* est le premier qui ait donné au public un ouvrage de cette nature. C'est celle qu'on appelle Bible de *Complute*. On y trouve le texte *Hébreu* de la maniére que les *Juifs* le lisent, la version *Gréque* des septante, la version Latine de S. *Jérôme*, que nous appellons la *Vulgate* & enfin la paraphrase *Chaldaïque* d'*Onkelos* sur les cinq livres de Moïse seulement. On a ajouté à la fin un Dictionnaire des mots *Hébreux* & *Chaldaïques* de la Bible. Cet ouvrage a été imprimé en 1515. & ce qui paroit de plus singulier c'est que le texte *Grec* du Nouveau Testament a été imprimé sans accens & sans esprits, parce qu'en effet les plus anciens manuscrits n'en ont point. Les *Juifs* ont aussi des *Polyglottes* ; ceux de *Constantinople* on fait imprimer deux exemplaires du *Pentateuque* en forme de *Tetraples*, qui sont en quatre langues ; l'un desquels contient le texte *Hébreu* de *Moïse*, la paraphrase *Chaldaïque* d'*Onkelos*, la version *Arabe* du Rabin *Saadias* & la version *Persienne* d'un autre Juif. L'autre *Pentateuque* comprend le texte *Hébreu*, & la paraphrase d'*Onkelos* aussi bien que le premier & renferme une version faite en *Grec* vulgaire & une autre faite en *Espagnol*, mais toutes en caractères *Hébreux*. La plûpart des Nations ont maintenant publié des Polyglottes où il a des additions & variations entr'elles.

POLYGONATUM. *s. m.* Sceau de Salomon. On l'appelle *Polygonatum*, comme qui diroit plante à plusieurs genoux, à cause de ses racines & de ses tiges noueuses.

POLYGONE. *s. m.* lat. *Polygonus*. ang. *polygon*. Ce sont toutes les figures de *Géométrie* qui ont plus de quatre côtés. Si ces côtés sont égaux entr'eux, on les appelle *Polygones* réguliers, comme les Hexagones, Octogones, &c. s'ils sont inégaux, on les appelle *Polygones* irréguliers. En *Fortification* c'est un terme qui est fort usité. Il signifie communement l'ouvrage même & quelquefois le plan ou la trace qu'on marque sur le terrain pour faire cet ouvrage ou lui donner cette forme, & on lui donne le nom qui convient à sa situation. Ainsi le *Polygone* intérieur est le corps de la place sans y comprendre les ouvrages extérieurs ; & le *Polygone* extérieur comprend les lignes extérieures de tous les ouvrages tirées de la pointe d'un bastion ou d'un angle avancé à un autre angle tout autour. Les nombres *Polygones* en *Arithmétique* sont les sommes des progressions Arithmétiques qui commencent par l'unité.

POLYGONOÏDE. *s. f.* Plante d'Armenie, qui a beaucoup de rapport avec l'Ephedra.

POLYGRAPHIE. *s. fem.* lat. *Polygraphia*. ang.

ang. *polygraphy.* L'art d'écrire en chiffres & de déchiffrer les lettres ainsi écrites.

POLYHYMNIE. *f. f.* lat. & ang. *polyhymnia.* L'une des neuf Muses. Les Poëtes feignent qu'elle avoit soin de l'histoire. D'autres disent qu'elle présidoit à la Rhétorique & c'est pour cela qu'ils la peignent avec une couronne de perles, une robe blanche & la main droite en mouvement, comme si elle haranguoit, tenant en sa gauche un rouleau de papier, où est écrit *Suadere.* D'autres disent qu'elle préside aux hymnes, aux chansons & à la musique.

POLYMATHE. *f. m.* & *f.* Homme qui sçait beaucoup de différentes choses.

POLYMATHIE. *f. f.* ang. *polymathy.* Science universelle ou qui renferme presque tous les arts & sciences.

POLYNOME. *f. m.* & *adj.* *polynomial.* Qui a plusieurs noms. De là vient que les *Algébristes* appellent ainsi les quantités qui ont plusieurs membres.

POLYPE. *f. masc.* lat. & ang. *polypus.* En *Chirurgie*, est une excrescence de chair qui vient dans les narines. Il y en a de deux sortes, l'une qui ressemble à une tente & se nomme *Sarcoma*; l'autre qui a plusieurs branches ou pieds & qui s'étend non-seulement en dehors du nés, mais encore en derrière jusques au palais. La couleur du *Polype* est quelquefois blanche, souvent rouge & quelquefois noire & livide. Ces sortes d'excrescences se forment quelquefois dans le cœur & dans les cavités de la membrane épaisse du cerveau, tout comme dans les narines.... Espèce de poisson.... On appelle aussi *Polype* un animal qui a plusieurs pieds, comme les pous de cochon, &c.

POLYPÉTALE. *adj.* Fleur qui a plusieurs feuilles. lat. *polypetalus.* ang. *polypetalous.*

POLYPEUX, euse. *adj.* Qui tient de la nature du polype.

POLYPHILE. *f. m.* Œillet incarnat. Il est de couleur de feu sur un grand blanc.

POLYPODE. *f. masc.* *Polypodium.* Plante ainsi appellée, parce que sa racine s'attache aux arbres & aux murailles, par plusieurs fibres, comme par autant de pieds. Il y en a plusieurs espèces...., Animal, insecte, qui a plusieurs pieds.

POLYSCOPE. *f. m.* Verre à facettes, qui multiplie les objets.

POLYSPASTE. *f. f.* *Polyspaston.* Machine à plusieurs poulies.

POLYSYLLABE. *adj.* lat. *Vox polysyllaba.* anglois. *polysyllable.* Mot composé de plusieurs syllabes.

POLYSYNODIE. *sub. femin.* Multiplicité de conseils.

POLYTHÉE. *f. m.* & *f.* Celui qui croit plusieurs Dieux.

POLYTHÉISME. *f. m.* Pluralité des Dieux. Religion qui admet plusieurs Dieux. lat. *Polytheismus.* ang. *polytheism.*

POLYTRIC. *f. m.* Est une des cinq capillaires ordinaires. Elle est apéritive, adoucissante, pectorale.

POLYVALVE. *voy.* Multivalve.



## POM

POMACIES. *f. f. pl.* Sorte d'escargots. Leur coquille est blanche & dure.

POMMADE. *f. fem.* lat. *Myromelinum*, *unguentum odoratum.* ang. *pomatum.* Composition faite avec des pommes & des graisses, qui sert à plusieurs usages. C'est aussi un exercice de voltigeur, quand il fait un saut en tournant sur le cheval de bois, & en appuyant seulement la main sur le pommeau de la selle.

POMMADER. (Se) *v. rec.* lat. *Unguento odorato se illinire.* ang. *to use pomatum.* Se servir de pommade.

POMME. *f. f.* lat. *Malum vel pomum.* ang. *an apple.* Fruit rond & à pepin, qui est bon à manger & à faire du sidre. *Pomme d'adam*: arbre dont les branches & les feuilles ressemblent à celles du Limonier, les fleurs à celles du Citronier, le fruit à une orange, d'un gout approchant, mais qui n'est point agréable. Son suc a la même vertu que celui des Limons. lat. *Malus Adami.* On appelle aussi *pomme*, ou *morceau d'Adam*, une partie du cartylage du Larynx, nommée Scutiforme, & qui avance en dehors dans le cou des hommes. lat. *Scutiformis.* ang. *adam's bit*.... *Pomme dorée*, ou *pomme d'amour.* voy. Amour... *Pomme épineuse*, ou *pomme du Pérou*: Stramonium.... *Pomme de terre*: topinambours, papas.... *Pomme de merveille*: fruit d'une plante dont les feuilles ressemblent à celles de la vigne, mais plus petites, d'un verd agréable. Ce fruit est à peu près formé comme un concombre, ordinairement rouge, quand il est mûr.... *Pomme d'anis.* voy. *Fenouillet.* *Pomme* se dit aussi de quelques autres fruits, qui ont de la rondeur, ou une figure approchante, & des ouvrages de l'art taillés en rond ou en boule..... *Pomme* ou *pommeau*: partie supérieure de la joüe, qui est entre le nés & l'oreille au dessous de l'œil.

POMMÉ. *f. m.* & *adj.* lat. *Sicera.* anglois. *cider.* Sidre fait de jus de pommes. Choux *pommés* sont ceux qui s'arrondissent en croissant & font une espèce de pommes, comme les laituës pommées. latin. *Brassica capitata.* ang. *headed cole-wort.* On dit aussi un fou *pommé*, une sottise *pommée* pour dire un fou achevé, une sottise complette.

POMMEAU. *f. m.* lat. *Globus aneus.* angl. *the pommel.* Est une piéce de cuivre qui est au haut & au milieu de l'arçon de la selle, où l'on attache les pistolets ou autres choses. C'est aussi un gros bouton de fer ou d'argent, qu'on met au bout de la poignée & de la garde d'une épée... En *Medécine*, il signifie le gras de la jambe & la partie supérieure de la joüe.

POMMÉE. *substant. fem.* Tulipe incarnat & blanc.

POMME-FIGUE. *f. fem.* Pomme qui sort de l'arbre comme les figues du figuier. On l'appelle autrement *sans fleur.*

POMMELÉ, ée. *adj.* lat. *Variis coloribus intertextum.* anglois. *curled.* Se dit du ciel quand il est couvert de plusieurs petites nuages clairs

& séparés. Il se dit aussi d'un cheval & il signifie marqué de gris & de blanc.

POMMELLE. *s. f.* lat. *Lamina plumbea perforata.* ang. *a call.* Plaque de plomb trouée qu'on met à l'embouchure d'un tuyau.

POMMER. *v. n.* lat. *Capitatus fieri.* ang. *to grow into a head*, *to pome.* Devenir en pomme, se tourner en rond. En parlant des *Œillets*, s'arrondir en s'élevant.

POMMERAIE. *s. f.* lat. *pomarium.* ang. *an orchard of apple-trees.* Lieu planté de pommiers.

POMMETÉ, ée. *adj.* lat. *Sphærulis distinctus.* angl. *pometty.* Terme de *Blason*, se dit de plusieurs boutons ronds, dont on orne les extrémités de plusieurs meubles de l'écu.

POMMETTE. *s. f.* lat. *Globuli.* ang. *ball.* Petit ouvrage en forme de pomme.

POMMIER. *s. m.* lat. *Malus*, *pomus.* angl. *an apple-tree.* Arbre qui porte les pommes. Utencile pour faire cuire des pommes. lat. *pomarium.* angl. *an apple-roaster.*

POMONE. *s. f.* lat. & ang. *Pomona.* Etoit regardée par les Anciens comme la Déesse des fruits & des jardins. Elle donna dans les yeux de *Vertumnus* qui avoit, disoit-on, le pouvoir de paroître sous différentes formes & qui après diverses transformations, eut le bonheur de plaire à la Déesse sous la forme d'une vieille femme. S'insinuant d'abord par des contes plaisans, il s'en fit aimer & elle consentit à l'épouser.

POMPE. *s. f.* lat. *Pompa*, *splendor.* anglois. *pomp*, *solemnity.* Somptuosité ; appareil superbe, dépense magnifique qu'on fait pour rendre quelque action plus recommandable, plus solemnelle & plus éclatante ; comme les entrées publiques, les fêtes des Ambassadeurs, &c. *Pompe* est aussi une machine en forme de seringue pour élever des eaux. lat. *Haustrum hydraulicum.* ang. *a pump*.... Grosse colomne d'eau qui paroit sur la surface de la mer, & qui retombe souvent tout d'un coup & coule à fond les vaisseaux, ou les fait tomber sous voiles.

POMPER. *v. act.* lat. *Sentinam exhaurire.* ang. *to pump.* Elever de l'eau avec une pompe... Faire tous ses efforts pour faire parler quelqu'un.

POMPEUSEMENT. *adv.* lat. *Splendidè.* ang. *pompously*, *with great pomp.* D'une manière pompeuse & éclatante.

POMPEUX, euse. *adj.* lat. *Magnificus*, *splendidus.* ang. *pompous.* Qui se fait avec pompe & magnificence. Fastueux, splendide.

POMPHOLYX. *s. mas.* (Pharmacie.) Fleur d'airain, qui se trouve attachée au couvercle du creuset, dans lequel on a mis fondre du cuivre avec la pierre calaminaire, pour en faire le cuivre jaune ou leton. Il s'en trouve aussi aux tenailles des fondeurs. Les *pompholyx* est détersif & déficcatif ; on ne s'en sert guères qu'extérieurement.

POMPONS. *s. m. pl.* Petits rubans comme la moitié du doigt, à l'usage des femmes.

PON

PONANT. *s. m.* lat. *Occidens.* ang. *the west.* La partie Occidentale du monde opposée au Levant. En termes de *Marine* c'est la mer Océane Atlantique par opposition à la mer Méditerranée.

PONANTIN, *ou* Ponantois. *adj.* Ce qui concerne l'Océan.

PONCE. (Pierre) *s. f.* lat. *Pumex.* ang. *a pumice-stone.* Pierre spongieuse calcinée par des feux souterrains.

PONCEAU. *s. masc.* lat. *Papaver erraticum majus.* angl. *red*, *or shadow-poppy.* Espèce de pavot qui croît dans les blez & dont la fleur est d'un rouge foncé. Le ruban *ponceau* est celui qui est teint en couleur de feu. lat. *puniceus.* ang. *scarlet-ribbon.*

PONCER. *v. act.* lat. *pulvere lineamenta imaginis in papyrum trajicere.* ang. *to prick a design*, *and rub it over with coal-dust.* Marquer sur du papier ou sur des étoffes des lignes ou des desseins avec de la poudre de charbon qu'on passe par dessus le dessein piqué pour le contre-tirer. C'est aussi chez les *Orfévres* frotter la vaisselle avec la pierre ponce. lat. *Affrictu pumice lævare.* ang. *to rub with a pumice-stone.*

PONCHE. *s. m.* lat. *Servicia anglicana.* ang. *punch.* Liqueur composée fort recherchée par les marins en *Angleterre*, il y entre de l'eau, du brandevin, de l'eau des barbades, &c. du jus de limons, oranges, &c. & du sucre.

PONCIRE. *s. m.* Gros citron qui a la côte fort épaisse & peu de jus.

PONCIS. *s. masc.* lat. *Delineatio punctuata.* ang. *a design prick'd and rub'd over with coal-dust.* Dessein tracé sur le papier, & marqué par plusieurs menus points, qui sert de patron pour en faire plusieurs autres en passant pardessus la poudre de charbon.

PONÇOIR. *voy.* Loquet.

PONCTION. *s. fem.* lat. *punctio.* ang. *puncture.* Ouverture qu'on fait au bas-ventre des hydropiques pour en vuider les eaux.

PONCTUALITÉ. *s. f.* lat. *Diligentia.* ang. *punctuality*, *exactness.* Soin qu'on prend de faire les choses exactement & régulièrement.

PONCTUATEUR. *voy.* Ponctueur.

PONCTUATION. *s. f.* lat. *Interpunctio.* ang. *pointing.* Observation grammaticale des lieux d'un discours où l'on doit faire de différentes pauses, & qu'on marque avec des points & de petits caractères. Action de ponctuer ceux des Chanoines qui manquent à l'Office.

PONCTUEL, elle. *adj.* lat. *Diligens*, *accuratus.* ang. *punctual.* Exact, qui fait les choses à point nommé, & de la manière qu'elles se doivent faire.

PONCTUELLEMENT. *adverb.* lat. *Exactè*, anglois. *punctually.* D'une manière ponctuelle & exacte.

PONCTUER. *v. act.* lat. *Interpunctis dividere.* ang. *to point.* Mettre des points & des virgules, pour marquer la division des membres d'une période, d'un discours. Dans la *langue Hébraïque ponctuer*, c'est marquer des points pour suppléer aux voyelles. Il y a eu de grandes contestations parmi les Sçavans sur l'antiquité de ces points. Marquer ceux des Chanoines qui n'assistent pas à l'Office.

PONCTUEUR. *s. m.* Celui qui marque les Chanoines absens.

PONDÉRATION. *sub. f.* ( Peinture. ) Juste équilibre des corps.

PONDRE. *v. act.* & *n.* lat. *Ova edere.* ang. *to lay eggs.* Pousser ses œufs dehors.

PONENT. *s. m.* En Cour de *Rome* signifie rapporteur .... *Ponent.* voy. Ponant.

PONGA. *s. m.* Arbre du Malabar, qui est toujours verd & ne porte aucune fleur.

PONGÉLION. *s. m.* Grand arbre qui croît dans plusieurs endroits du Malabar. L'huile qu'on prépare avec son écorce pilée & cuite ensuite attire les humeurs vicieuses du corps, lorsqu'on le frotte. Le suc qui découle de cet arbre, étant bû avec du lait de beurre, dissipe les vents.

PONNA. *s. m.* Arbre du Malabar. On tire des amandes de son fruit une huile bonne pour brûler, & qui appaise les douleurs du corps, quand on l'en frotte.

PONT. *s. m.* lat. *Pons.* ang. *a bridge.* Ouvrage d'Architecture, ou de charpente qu'on bâtit sur les rivières ou sur les fossés pour les traverser. *Pont-levis* est un pont qui s'éleve par le moyen d'une bascule ou contrepoids & qui se joint contre la porte. *Pont-dormant*, est celui qui est fixe & immobile. *Pont-flottant*, est fait de pontons, bâteaux, tonneaux, poutres creuses qu'on jette sur une rivière, & qu'on couvre de planches, *&c.* *Pont* en termes de *Marine*, est le tillac ou un plancher qui sépare les étages d'un navire. Le *Pont-Euxin* en *Géographie* est une mer en de-là de *Constantinople*, qu'on nomme autrement la *mer noire.*

PONTAGE. *voy.* Pontenage.

PONTAL. *s. masc.* ( Marine. ) Hauteur ou creux du vaisseau. lat. *profunditas.* ang. *hollowness, cavity.*

PONTANIER. *s. m.* Celui qui perçoit sur les marchandises un droit de pontenage.

PONTÉ. *adj.* ( Marine. ) lat. *Contabulata navis.* angl. *a deck-ship.* Se dit d'un vaisseau qui a un pont ou tillac.

PONTÉ. *s. m.* Partie de l'épée qui couvre le corps de la garde.

PONTE. *s. f.* lat. *Ovorum emissio.* anglois. *laying of eggs.* Action par laquelle les oiseaux ou les Tortuës poussent leurs œufs dehors. C'est aussi dans le Jeu d'Hombre la 4e. triomphe.

PONTENAGE, *ou* Pontonage. *s. masc.* ang. *pontage*, *bridge-toll.* Est un droit que le Seigneur Feodal prend sur les marchandises qui passent sur les rivières, sur les bacs & les ports.

PONTER. *v. n.* Terme de Pharaon. Jouer contre le Banquier.

PONTIÈRE. *s. f.* Ouverture par où la poule rend ses œufs.

PONTIFE. *s. m.* lat. *Pontifex.* ang. *bishop, pontiff.* Qui a la direction & l'intendance des choses sacrées, des sacrifices & du culte de la religion. Le Pape se nomme souverain *Pontife.*

PONTIFICAL, ale. *adj.* lat. *pontificialis.* ang. *pontifical.* Qui appartient au pontife.

PONTIFICAL. *s. m.* lat. *pontificale.* anglois. *pontifical.* Livre de l'Eglise Romaine qui contient les cérémonies que font le Pape, ou les Evêques dans leurs fonctions.

PONTIFICALEMENT. *adv.* lat. *pontificio apparatu.* angl. *pontifically.* D'une manière pontificale.

PONTIFICAT. *s. m.* lat. *Dignitas suprema, pontificialis.* ang. *priest-hood.* Dignité de Pontife. Dignité du Pape, tems du regne d'un Pape.

PONTIL. *s. masc.* ( Verrerie. ) Instrument dont on se sert pour la fabrique des glaces qui se soutient à la selle.

PONTILLER. *v. n.* Se servir du *pontil*, pour reprendre la glace à l'opposite de la selle.

PONTILLES, *ou* Espontilles. *sub. fem. pl.* ( Marine. ) Piéces de bois qui servent à soutenir les pavois.

PONTON. *s. m.* lat. *ponticulus.* ang. *ponton or floating bridge.* Petit pont flottant fait de bâteaux & de planches. C'est une machine faite de deux vaisseaux joints ensemble par des poutres sur lesquelles on met des planches pour faire passer une rivière, un bras d'eau à de la Cavalerie, à de l'Infanterie, a du Canon, *&c.* sans qu'il soit besoin d'un pont entier. C'est aussi en termes de *Mer*, un grand bâtiment plat qui n'a qu'un mât, & qui sert a carener les vaisseaux, à nettoyer les ports, à en tirer la vase, *&c.*

PONTONAGE. *voy* Pontenage.

PONTONNIER. *s. m.* lat. *Vector nauticus.* ang. *a ferry-man.* Batelier qui tient un bac, ou grand bâteau pour passer les rivières aux lieux où les ports sont établis.

## P O P

POPLITAIRE. *adj.* ( Anatomie. ) Se dit d'un muscle quarré, qui est entre les abducteurs de la jambe ; & d'une veine qui est auprès des jarrets. lat. *poplitæus.* ang. *poplitick.*

POPLITÉ. *voy.* Poplitaire.

POPLITIQUE. *adj. f.* Se dit d'une veine, qui est auprès des jarrêts. *voy.* Poplitaire.

POPULACE. *s. f.* lat. *plebs*, *plebecula.* ang. *the populace.* Menu peuple ; la lie du peuple ; foule de petites gens.

POPULAGO. *s. fem.* Plante ainsi appellée parce qu'elle naît ordinairement entre les peupliers. D'autres la nomment *souci des marais*, à cause de ses fleurs, qui sont à plusieurs feuilles disposées en rose, de couleur jaune dorée resplendissante. Ses feuilles ressemblent à celle de la petite chélidoine, mais beaucoup plus grandes & de plus longue durée.

POPULAIRE. *adject.* lat. *plebeïus.* ang. *popular.* Qui concerne le peuple, qui appartient au peuple ; qui vient du peuple. Affable ; qui a des manières honnêtes & caressantes pour gagner l'affection du peuple. Maladie *populaire* ou *epidémique* est celle qui attaque tout un peuple, qui se communique. Erreurs *populaires* sont celles qui se sont glissées parmi le peuple par une fausse tradition sans en avoir examiné les principes & la raison.

POPULAIREMENT. *adv.* lat. *Ad sensum*

*vulgi.* ang: *popularly.* A la manière du peuple. Avec popularité, avec affabilité.

POPULARITÉ. *f. f.* Ce qui rend une chose populaire. Affabilité. lat. *popularitas.* anglois. *courtesy and humanity towards the people.*

POPULEUM. *f. m.* ( Pharmacie. ) Onguent qui se fait avec les boutons de peuplier noir, les feuilles de mandragore, de jusquiame, de morelle, &c. on s'en sert pour tempérer les inflammations pour les hemorrhoïdes, pour les brûlures.

POPULO. *f. m.* Espèce de rossolis.... Multitude d'enfans, & même un seul petit enfant.

## P O Q

POQUER. *v. n.* Jouer à la boule, en l'élevant, pour la faire tomber justement où l'on veut qu'elle demeure, sans rouler.

## P O R

PORACÉ, ée. *adj.* ( Medécine. ) Se dit de la bile, quand elle approche de la couleur de porreau. latin. *Bilis porracea flava.* ang. *leek-green.*

PORC. *f. masc.* lat. *porcus, sus.* ang. *a hog, swine or boar.* Pourceau, cochon; animal domestique qui est bon à manger. On appelle soie de *porc* le grand poil qui vient aux *porcs* sur le haut du cou & sur le dos.

PORC-ÉPIC. *f. m.* lat. *Hystrix.* ang. *a porcupine.* Espèce de gros hérisson qui est revêtu de gros aiguillons.

PORCELAINE. *f. fem.* lat. *Sinicum fictile.* ang. *porcelane.* Espèce de poterie fine, belle & précieuse qui vient de la Chine. La terre fossile dont on la fait se trouve dans trois sortes de carrières à 20 ou 30. lieuës de *Kimtetchin*, ville de l'Empire de la *Chine* où se fait la plus belle porcelaine, de-là on la porte en grande quantité en forme de briques que l'on reduit en poudre très-fine. On jette cette poudre dans des jarres d'eau, & on l'agite fortement avec un instrument de fer. Après quoi l'ayant laissée reposer pendant quelque tems, on en enleve une écume blanche qui est de l'épaisseur de quatre ou cinq doigts environ, & on la met dans un autre vaisseau d'eau, continuant toujours de même jusques à ce qu'il ne reste plus que le gravier, que l'on pulvérise de nouveau, &c. de sorte que l'idée qu'on a eu que cette poudre se fait de coquilles d'huîtres qu'on enferme dans la terre pendant un grand nombre d'années, n'est qu'une erreur populaire. Il y a un petit poisson testacé blanc que l'on trouve avec les éponges, qui s'appelle porcelaine & dont les écailles pulverisées sont selon l'imagination de quelques Auteurs, la matière de la pâte dont on fait la *porcelaine* de la Chine. Nom d'une coquille univalve qu'on appelle aussi la coquille de Venus.... Petites pustules écailleuses. *voy.* Essera.

PORCELET. *f. m.* lat. *porcus junior.* angl. *a young boar.* Petit porc, qui a atteint l'âge de 6. mois.

PORCHAISON. *f. f.* ( Venerie. ) Tems où le Sanglier est gros & gras, qu'il est bon à chasser & à manger.

PORCHE. *f. m.* lat. *Vestibulum, propylæum.* ang. *a porch.* En *Architecture* est une espèce de vestibule ou de lieu couvert soutenu de colomnes, qui étoit autrefois à l'entrée des Eglises & des Temples.

PORCHER, ère. *f. m.* & *f.* lat. *Subulcus, suarius.* anglois. *a swine-herd.* Qui garde des cochons.

PORE. *f. m.* lat. *porus, cutis meatus.* ang. *pore.* Petit intervalle vuide, ou rempli d'air, qui est insensible, qui est néanmoins dans tous les corps, & qui sépare chacune de leurs parties. Plus ils sont serrés ou petits & plus les corps sont pesants.

PORÉVITH. *f. m.* Divinité des anciens Germains, à qui ils donnoient cinq têtes, & une 6^e^. sur la poitrine, comme celle que portoit Minerve dans son Égide; & autour du piédestal qui soutenoit sa statue étoit un grand amas d'épées, de lances & de toutes sortes d'armes; ce qui désignoit le Dieu de la guerre.

POREUX, euse. *adject.* lat. *poris præditus.* ang. *porous.* Qui a des pores.

PORIME. *f. m.* ( Mathématique. ) Probléme très-facile & presque connu de lui-même, qui sert à en resoudre de plus difficiles.

PORISME. *f. m.* Theoréme général qui détermine en combien de manières différentes on peut resoudre le même probléme, en *Mathématique.*

PORISTIQUE. *adj.* ( Mathémat. ) La méthode *poristique*, est celle qui détermine quand, par quelle raison, & en combien de manières un probléme peut se résoudre. ang. *the poristick method.*

POROSITÉ. *f. f.* ang. *porosity or porousness.* Abondance de pores.

PORPHYRE. *f. m.* lat. *porphyrites.* anglois. *porphyry.* Marbre excessivement dur, d'un rouge tirant sur le brun, fort estimé par les anciens & que l'on trouve principalement en *Egypte.* Il est si dur qu'on ne trouve point d'instrument pour le couper & en faire des statues, &c.

PORPHYRION. *subst. mascul.* Espèce d'oiseau.

PORPHYRISER. *v. act.* Broyer sur le porphyre.

PORQUES. ( Marine. ) Piéces de charpenterie, qui se mettent sur la carlingue, parallèles aux varangues, pour doubler les membres qui sont au dedans du vaisseau, & pour les fortifier depuis le bas du fond de cale, jusques dessous le premier pont, contre lesquelles sont appuyés les bouts des faux baux.

PORRACÉ. *voy.* Poracé.

PORREAU. *f. mas.* lat. *porrum.* ang. *a leek.* Plante potagère dont les feuilles sont longues, larges, plates, pliées en goutière, d'un verd pale & d'un gout semblable à celui de l'oignon. Verrue ou excrescence de chair.

PORRECTION. *f. f.* Manière dont se confèrent les ordres Mineurs.

PORRÉTE, *ou* Oignonette. *f. f.* Plante dont la tige, les feuilles, la fleur & la graine sont semblable à cellse des autres oignons, mais toutes plus petites & plus menues.

PORT. *subst. masc.* Signifie quelquefois la mine, l'air, la contenance, la manière de marcher, de porter son corps. D'autres fois une ance, une avance dans les terres où les vaisseaux prennent leur chargement s'y tiennent en sûreté & d'où ils partent. Il se dit aussi sur les rivières des lieux où abordent les vaisseaux pour se charger & se décharger. lat. *portus.* ang. *port*, *harbour*, *haven. Port* signifie encore la charge du vaisseau, le poids qu'il peut porter. Il se dit aussi de ce qu'on porte; des frais & salaires de ce qu'on voiture. *Port franc* est un *port* de mer où toutes les nations peuvent aborder sans payer aucun droit ou taxe, &c. *Port* dans les jeux de cartes c'est ce qu'on reserve, après en avoir écarté quelques-unes.

PORTAGE. *f. mas.* lat. *Gestatio*, *vectura.* anglois. *portage*, *carriage.* Action de porter. Quantité de poids ou d'arrimages que peuvent porter ou embarquer des passagers sur le prix de leur passage.

PORTAIL. *f. mas.* lat. *Frons*, *porta major.* ang. *gate*, *front.* La face, le frontispice d'une Eglise vûë par l'endroit où sont les grandes portes.

PORTANT, ante. *adj.* & *f.* Ce qui porte. A bout *portant*, de bien près.

PORTATIF, ive. *adj.* lat. *Gestatorius.* ang. *portable.* Qui peut marcher, ou se transporter, ou être transporté. Qui n'est pas pesant, embaraissant.

PORTE. *f. fem.* lat. *porta*, *ostium*, *janua.* ang. *a gate.* Passage ou vuide pratiqué exprès dans un mur pour donner entrée dans le bâtiment. Il se dit aussi de la cloture de menuiserie qui sert à fermer cette ouverture. *Porte* signifie quelquefois la Cour du Grand-Seigneur. La *veine porte* est celle qui porte le sang de diverses parties du bas ventre dans le foie.

PORTE-AIGUILLE. *f. m.* Instrument dont on se sert pour embrasser exactement les aiguilles & leur donner plus de longueur, lorsqu'on ne sçauroit les tenir avec les doigts, à cause de leur petitesse.

PORTE-ARQUEBUSE. *f. m.* Officier chez le Roi, dont la fonction est de porter le fusil, les pistolets & autres armes de chasse dont le Roi peut avoir besoin. lat. *Armifer regius.* ang. *the king's gun-bearer.*

PORTE-ASSIETTE. *f. m.* Utencile de table, sur lequel on met des assiettes.

PORTE-AUGE. *f. m.* Espèce de Maçon.

PORTE-AUNE. *f. masc.* Machine de bois, dont se servent quelques marchands, pour soutenir leur aune.

PORTE BAGUETTE. *f. masc.* Petits ferremens qui soutiennent la baguette des armes à feu.

PORTE-BALLE. *f. m.* Petit mercier, qui porte sur son dos une balle où sont ses marchandises.

PORTE-BANNIÈRE. *f. masc.* Les Ducs de Wirtemberg prenent la qualité de *Porte-bannières* de l'Empire.

PORTE-BARRETTE. *f. m.* Nom d'Officier chés les Cardinaux.

PORTE-BOSSOIR. *f. m.* (Marine.) Appui sous le bossoir, en forme d'arc-boutant.

PORTE-BOUGIE. *f. m.* Canule d'argent, qui sert à conduire des bougies dans l'uréthre, pour le dilater.

PORTE-BOUQUET. *f. m.* Assiette sur laquelle on présente des bouquets.

PORTE-CARREAU. *f. masc.* Petit carré de menuiserie soutenu de pommes, sur lequel on met des piles de carreaux, afin qu'ils ne touchent point à terre.

PORTE-CAYER. *f. m.* Porte feuille large par le dos, qui a des filets où l'on passe plusieurs feuilles volantes de papier, en attendant qu'elles soient reliées. lat. *Chartophorum majus.* ang. *a great porto-folio.*

PORTE-CHAISE. *f. m.* Officier chés le Roi.

PORTE-CHAPE. *voy.* Chapier.

PORTE-CIERGE. *voy.* Porte-flambeau.

PORTE-COFFRE. *f. m.* Officier de la grande Chancellerie

PORTE-COLLET. *f. m.* Piéce de carton ou de baleine couverte d'étoffe, qui sert à porter le collet ou le rabat.

PORTE-CRAYON. *f. m.* ang. *a pencil-case.* Instrument dans lequel on met du crayon.

PORTE-CROIX. *f. mas.* Celui qui porte la Croix devant un Prélat. lat. *Crucifer.* ang. *a cross-bearer.*

PORTE-CROSSE. *f. m.* Celui qui porte la crosse devant un Prélat. lat. *pedi pontificii gestator.* ang. *a crosier-bearer.*

PORTE-DIEU. *f. m.* lat. *Viaticifer.* ang. *the priest that carries the host to sick persons.* Prêtre dont la fonction est de porter le Viatique aux malades.

PORTE-DINER. *f. mas.* Pot pour porter à manger aux ouvriers.

PORTE-DRAPEAU. *voy.* Porte-enseigne.

PORTÉE. *f. f.* lat. *Longitudo gesturæ.* ang. *length.* Etenduë en largeur ou longueur. Appui qu'on donne aux choses suspendues. En termes de *Marine*, c'est la capacité d'un vaisseau. C'est aussi l'étendue de la ligne où peut arriver une chose qu'on jette. Sphére d'activité de tous les agents; espace dans lequel ils agissent. *Portée* se dit encore du tems que les femelles des animaux portent leur fruit.

PORTE-ENSEIGNE. *f. m.* lat. *Vexillifer.* ang. *a colours-bearer.* Soldat qui porte le drapeau de l'Enseigne.

PORTE-ÉPÉE. *f. m.* lat. *Baltei pars a fibulâ excurrens.* ang. *a belt.* Ceinturon de cuir en forme de sangle, qui a des pendans dans lesquels on passe l'épée.... Officier qui porte l'épée d'un Prince.

PORTE-ÉPERON. *f. m.* Morceau de cuir, placé trois ou quatre doigts au dessus du talon d'une botte, mis pour soutenir l'éperon du cavalier.

PORTE-ÉTENDART. *f. m.* lat. *Vexillifer*,

ang. *a standard-bearer.* Cavalier qui porte l'étendard du Cornéte.

PORTE-ÉTRIERS. *s. m.* Sanglet attaché sur le derrière des panneaux de la selle, qui sert à lever les étriers.

PORTE-FAIX. *s. m.* lat. *Bajulus.* ang. *porter, a street porter.* Crocheteur, homme de peine propre à transporter les meubles, les marchandises.

PORTE-FEU. *s. m.* Conduit où l'on met de l'amorce, pour faire jouer successivement des fusées dans un feu d'artifice.

PORTE-FEUILLE. *s. m.* lat. *Chartophorum.* ang. *porto-folio.* Carton double couvert de parchemin ou de peau, servant à porter des feuilles de papier.

PORTE-FLAMBEAU. *s. mas.* Ceroféraire, Acolythe qui porte un cierge, ou un flambeau. lat. *Ceroferarius.* ang. *a taper-bearer.*

PORTE GUIDON. *voy.* Porte-étendard.

PORTE-GUIGNON. *s. m.* Homme qui est cause de quelque malheur qui nous est arrivé.

PORTE-HAUBANS. *s. mas. pl.* Écotards, piéces de bois qui portent les haubans. lat. *Funium scansilium gestatores.* ang. *chainwales.*

PORTE IMMONDICE, ou Ordurier. *s. m.* Instrument propre à emporter les ordures & les balayures d'une maison. lat. *Gestatorium sordium.* ang. *a dust-basket.*

PORTE LETTRE. *s. masc.* lat. *Litterarum theca gestatoria.* anglois. *a lettercase, a pocket-book.* Sorte d'étui où l'on met des lettres, des papiers . . . . Valet d'un messager, qui distribue les lettres par la ville.

PORTE-MAIL. *s. m.* lat. *Tudiculi gestator.* ang. *the king's mall-bearer.* Celui qui porte le mail du Roi.

PORTE-MALHEUR. *voy.* Porte-guignon.

PORTE-MALLE. *s. m.* Officier chez le Roi, qui porte une malle, lorsque le Roi sort & monte à cheval. lat. *Sarcinarius.* ang. *the king's mail-bearer.*

PORTE-MANCHON. *s. masc.* Gros anneau d'argent attaché à un manchon, dans lequel on passe un ruban, qu'on se met autour des reins, pour soutenir le manchon.

PORTE-MANTEAU. *s. m.* lat. *Hippopera.* anglois. *a portmanteau or port-mantle.* Signifie quelquefois des piéces d'étoffe ou de cuir taillées en forme de valise, dans lesquelles on envelope les manteaux, & qu'on met sur la croupe du cheval, quand on va en campagne. D'autrefois il signifie une petite piéce de menuiserie attachée au mur ou dans une armoire, qui est propre à y attacher des manteaux, des chapeaux & des habits longs. Officier qui porte le manteau d'un Prince. lat. *pallii gestator.* angl. *cloak-bearer*, ou la queuë du manteau d'une Princesse. lat. *Caudatarius.* angl. *train-bearer.*

PORTE-MASSE. *s. m.* Bedeau.

PORTEMENT. *s. m.* lat. *Crucis gestatio.* anglois. *a bearing of the cross.* Le *portement* de croix, est une peinture de Jesus-Christ qui porte sa croix. . . . . *Portement* en *Musique*, allongement de syllabes.

PORTE-MISSEL. *s. m.* lat. *pluteus librifer.* ang. *a mass-book desk.* Petit pupitre pour soutenir le missel.

PORTE-MITRE. *s. m.* lat. *Mitrifer.* angl. *a miter bearer.* Celui qui porte la mitre d'un Prélat.

PORTE-MOUCHETTES. *s. m.* ang. *a snuffing.* Assiette où l'on place les mouchettes.

PORTE-MOUSQUET. *s. m.* Ce qui sert à porter le mousquet à cheval.

PORTE PEIGNE. *s. m.* Etui où l'on renferme un peigne, pour le porter dans sa poche.

PORTE-PIÉCE. *s. m.* Poinçon de Cordonnier.

PORTE-PIPE. *s. m.* Officier chés les Turcs & les Persans qui porte la pipe des grands Seigneurs.

PORTE-QUEUË. *s. m.* lat. *Caudatarius.* ang. *a train-bearer.* Caudataire, qui porte la queuë au Pape, aux Cardinaux, &c.

PORTER. *v. act.* lat. *Gestare.* ang. *to carry, to bear.* Avoir quelque poids, quelque fardeau sur soi. Être dessus, charger. Avoir sur soi. Etendre, faire aller. Prendre une chose en un lieu, pour la mettre en un autre. Allonger un camp. Frapper. En termes de *Blason*, il se dit des différentes qualités & divisions d'un écu. Il signifie encore produire; proteger, favoriser; pâtir, endurer; être disposé à faire quelque chose.

PORTEREAU. *s. m.* Construction de bois qu'on fait sur les petites rivières, pour retenir l'eau, & la rendre plus haute.

PORTE-RESPECT. *subst. masc.* Ce qui fait respecter.

PORTE-TRAIT. *s. masc.* Petit morceau de cuir plié en deux pour soutenir le trait des chevaux de carrosse.

PORTE-VALISE. *s. mas.* Est chés le Pape, ce qu'est le porte-manteau chés le Roi. Le Pape en a quatre & ils marchent dans les cavalcades.

PORTE-VENT. *s. m.* Tuyau de musette ou d'orgue. lat. *Fistula aërem trajiciens.* ang. *the pipe of a bag-pipe, of an organ.*

PORTE-VERGE. *s. m.* Bedeau. lat. *Bidellus.* ang. *a verger.*

PORTE-VERGUES. *s. m.* Piéces de bois qui portent les vergues.

PORTE-VOIX. *s. m.* Instrument de métal pour porter la voix plus loin. lat. *Buccina sermonem procul transmittens.* anglois. *a speaking trumpet.*

PORTEUR, euse. *s. m. & f.* lat. *Bajulus, vector.* anglois. *porter, bearer.* Celui qui porte pour autrui. Celui qui a en main quelque titre, quelque piéce.

PORTIER, ière. *s. m. & f.* lat. *Ostiarius, janitor.* ang. *porter or door-keeper.* Qui est commis pour garder la porte d'une grande maison, d'un collége, d'un couvent, ou d'un hôtel où l'on joüe la comédie. C'est aussi le nom du premier des ordres mineurs; les trois autres sont Acolythe, Exorciste & Lecteur.

PORTIÈRE. *s. f.* Garniture de porte, grand rideau qu'on met en dehors pour empêcher l'entrée du vent. Lieu par où l'on monte dans un coche, dans un carosse ou par où l'on en descend. lat. *Rhedaria foris.* ang. *the boot of a coach* .... *adj. f.* Se dit des brebis qui sont en âge de porter, & des chiennes qu'on fait couvrir pour avoir de leur race, & qui font tous les ans deux portées.

PORTION. *s. f.* lat. *pars*, *portio.* ang. *portion, share, part, piece.* Chaque lot ou partie d'une chose partagée, ou divisée. Il se dit aussi de ce qu'on donne à chacun pour son repas dans les couvens & petites pensions. *Portion congruë* est une pension que le Curé primitif ou le gros Décimateur doit à un Vicaire perpétuel ou à un Curé qui dessert une Cure.

PORTIQUE. *s. masc.* lat. *porticus*, *xistus.* ang. *a portico.* Espèce de galerie basse où l'on se promene entre des colomnes, ou arcades. Le *portique* signifie aussi l'école de *Zenon*, la doctrine des *Stoïciens.*

PORTOIRE. *s. m.* Vaisseau de bois, ovale, fait de douves & de cerceaux, pour porter la vendange sur des chevaux, de la vigne au pressoir.

PORTOR. *s. masc.* Marbre noir, avec de grandes veines jaunes imitant l'or.

PORTRAIRE. *verb. act.* lat. *Imaginem delineare.* ang. *to paint.* Faire la représentation d'une personne avec le pinceau, la plume, le crayon, &c.

PORTRAIT. *s. m.* lat. *Imago*, *icon*, *effigies.* ang. *picture*, *portraiture.* Représentation faite d'une personne telle qu'elle est au naturel.

PORTRAITURE. *s. fem.* lat. *Diagraphicus liber.* ang. *a drawing-book.* Un livre de *portraiture* est celui qui contient l'art de peindre.

PORTUGAISE, *ou* Portugaloise. *sub. fem.* Grosse piéce d'or, fabriquée en Portugal, du poids d'une once trois deniers, au titre de 23. carats trois quarts.

PORTULAN. *s. m.* Livre qui fait la description de chaque port de mer, de sa continence, du fond qui s'y trouve, des marées, de la manière d'y entrer, des dangers, des reconnoissances, &c.

PORTUMNALES. *s. f. pl.* Fête en l'honneur de Portumne. *Portumnalia.*

PORTUMNE. *s. m.* Dieu marin qui présidoit aux ports.

PORTUNE & Portunales. *voy.* Portumne & Portumnales.

## P O S.

POSADE, *ou* Pesade. *s. f.* (*Manége.*) Mouvement du cheval, lorsqu'il leve les pieds de devant, en se tenant ferme sur ceux de derrière. On le dit aussi de son arrêt, quand il termine son galop.

POSAGE. *s. m.* Action de poser une pierre. Le travail & la dépense qu'il faut faire, pour poser de certaines choses pesantes.

POSE. *s. f.* Le travail qu'il y a à poser une pierre .... Sentinelles d'augmentation.

POSÉMENT. *adverb.* lat. *Lentè*, *distinctè*, *graviter.* ang. *softly*, *gravely.* Doucement, sans précipitation.

POSER. *v. act.* lat. *ponere*, *collocare.* ang. *to lay*, *put*, *or set.* Mettre quelque chose en certaine situation. Mettre à terre. Porter sur quelque chose. Placer, se poster.

POSEUR. *s. m.* Maçon qui pose les pierres.

POSITIF, ive. *adj.* lat. *positivus*, *effectivus*, *certus.* ang. *positive.* Qui est certain & effectif, qu'on met en fait comme une chose constante & assurée. Qui est opposé à ce qui est arbitraire, à ce qui est negatif. Le droit *positif* n'est fondé que sur l'autorité de celui qui donne la loi & qui auroit pu ne la pas établir. La Théologie *positive* est celle qui consiste dans la simple exposition des dogmes de la foi & qui est dégagée des chicanes de la scholastique. En termes de *Grammaire*, *positif* est l'adjectif simple. ... *Positif. s. m.* Petit buffet des orgues d'Eglise.

POSITION. *sub. f.* lat. *positus*, *situs.* ang. *position.* Situation, disposition, place. Relation d'un lieu à un autre. Proposition ou assertion. En *Arithmétique*, il y a une regle qui porte ce nom, parce qu'on y suppose au hazard un nombre pour décider la question & ainsi on le pose à la place du vrai nombre requis, pour voir s'il pourra remplir toutes les conditions proposées; s'il les remplit, c'est le nombre cherché; s'il ne les remplit pas, on a un nombre proportionnel plus grand ou plus petit que celui que l'on cherche, & qui sert à le trouver. Cette regle est de deux sortes, l'une qu'on nomme *simple position* & l'autre *double position.* La *position simple* est celle où les nombres sont divisés en parties proportionnelles; auquel cas; pour trouver le vrai nombre, on fait une regle de trois, dont le premier terme est le nombre qui resulte de la supposition, le second est le nombre supposé, & le troisième est le nombre donné. Ensuite en opérant comme dans la regle de trois ordinaire, on aura pour quatrième terme le nombre requis; mais s'il n'y a pas assés de nombres pour former une proportion, il faudra se servir de la regle de double *position*; c'est-à-dire, qu'il faudra faire deux suppositions & si aucune des deux ne répond à la question, on verra si les erreurs sont toutes deux par excès ou par défaut; on multipliera chaque erreur par la *position* contraire & l'on soustraira le moindre produit du plus grand & la moindre erreur de la plus grande. On prendra pour dividende la différence des produits & pour diviseur la différence des erreurs. Mais si l'une des erreurs est trop petite & l'autre trop grande, on ajoutera les produits ensemble, & la somme des erreurs sera le diviseur. Dans ces deux cas le quotient donnera toujours le nombre cherché.

POSITIVE. *voy.* Positif.

POSITIVEMENT. *adv.* lat. *præcisè*, *positivè.* ang. *positively.* D'une manière positive.

POSPOLITE. *s. f.* C'est la noblesse de Pologne, & le corps des gentilshommes qui forment proprement la Republique de ce païs là. Cette noblesse est tres-nombreuse. Chacun parmi eux a le même droit de suffrage, & chacun de leurs suffrages à la même autorité, de sorte qu'un simple gentilhomme, fut-il le dernier de tous, peut arrêter les résolutions de la diéte entière, & l'élection même du Roi. Car en Pologne les affaires ne passent pas à la pluralité des suffrages. Il faut l'unanimité dans les délibérations & que l'article passe *nemine contradicente*. Ce grand corps ne s'assemble que rarement, à sçavoir, pour l'élection du Roi, & pour la convocation de la Pospolite à cheval, dans quelque besoin pressant. ang. *pospolite*.

POSSÉDER. *v. act.* lat. *possidere*. ang. *to possess*. Jouir d'une chose; en être maître; l'avoir en sa puissance.

POSSESSEUR. *s. m.* lat. *possessor*, *dominus*. ang. *possessor*. Celui qui jouit effectivement de quelques domaines ou meubles. Les Alchymistes donnent ce nom par excellence à ceux qui prétendent avoir trouvé la pierre philosophale.

POSSESSIF. *adj. masc.* lat. *possessivum*. ang. *possessive*. Terme de *Grammaire* qui se dit des pronoms dénotant la jouissance ou Seigneurie de quelque chose, comme *le mien*, *le tien*, &c.

POSSESSION. *s. f.* lat. *possessio*. ang. *possession*. Jouissance; action par laquelle on posséde de droit ou de fait. C'est aussi un acte fait avec quelques formalités, qui justifie qu'on s'est mis en jouissance de quelque bien. Il se prend quelquefois pour les biens & les héritages mêmes; pour la garde & le dépot; pour le titre ou la prescription qui donne droit de posséder une chose. Il se dit en *Théologie* de l'état d'un homme qui est possédé par le Démon.

POSSESSOIRE. *adj.* & *sub.* lat. *possessorium*. ang. *possession*. Qui regarde la jouissance, ou la possession.

POSSESSOIREMENT. *adv.* D'une manière possessoire.

POSSET. *s. masc.* lat. *possetum*. ang. *posset*. Espèce de liqueur en usage en Angleterre. Elle se fait avec du lait mêlé avec de la bière ou du vin & de l'eau. Une partie du lait s'étant caillée, on l'ôte & ce qui reste forme la liqueur qu'on appelle *posset*.

POSSIBILITÉ. *s. f.* lat. *possibilitas*. anglois. *possibility or possibleness*. Disposition des choses à pouvoir être faites.

POSSIBLE. *adj.* lat. *possibilis*. ang: *possible*. Qui peut arriver, qui est en pouvoir d'être fait.

POSSIDONIUS. *s. m.* 27e. Tache de la Lune, selon Riccioli.

POSSON. *s. mas.* Petite mesure contenant la moitié d'un demi-sextier. lat. *Quartarius sextarii gallici*. ang. *a measure containing about a quarter of an english pint*.

POST-COMMUNION. *s. f.* lat. *postcommunio*. ang. *postcommunion*. Oraison que le Prêtre dit à la Messe après la communion.

POSTCRIT. *s. masc.* lat. *postcriptum*. ang. *a postcript*. Ce qu'on ajoute à une lettre, à un mémoire, & qu'on a appris, ou dont on s'est souvenu après la clôture ou conclusion.

POSTDATE. *s. f.* Date falsifiée & postérieure à la vraie date d'un acte.

POSTDATER. *v. act.* Reculer une date.

POSTE. *s. m.* & *f.* lat. *Statio*. ang. *post*, *station*. Lieu qu'on choisit, ou l'on se pose, où l'on se campe. Il se dit aussi des charges, des emplois, des places qu'on occupe dans l'administration des affaires civiles. Un petit *poste*, est aussi un jeune garçon gai & éveillé. Une *poste* est un lieu choisi sur les grands chemins de distance en distance, où les Couriers trouvent des chevaux tout prêts pour courir & faire diligence. Il se dit aussi de l'espace qui est entre les deux maisons de *poste*; de la course & de la diligence que fait le Courier. lat. *Equorum veredorum statio*. ang. *post*.... *Poste*, vaisseau appellé aussi tortue.... Petite balle de plomb.... Petit ornement au haut des corniches, aboutissant en espèce de volute... En *sculpture*, on le dit de certains ornemens plats en maniere d'enroulemens répétés.

POSTER. *v. act.* lat. *Locum occupare*, *obtinere*. anglois. *to post*. Terme de *Guerre*, placer dans un lieu, dans un poste.... *v. n.* Courir, aller çà & là en diligence.

POSTÉRIEUR, eure. *adj.* lat. *posterior*. ang. *latter*. Ce qui est derrière, ou ensuite de quelque chose.

POSTÉRIEUREMENT. *adv.* lat. *postremò*, *posteriùs*. ang. *after*. Après d'autres.

POSTÉRIORITÉ. *s. f.* lat. *posterioritas*. ang. *posteriority*. Rang de celui qui est après un autre.

POSTÉRITÉ. *s. fem.* lat. *posteritas*, *posteri*. anglois. *posterity*. Enfans, descendans d'une famille, peuples qui viendront après nous.

POSTHUME. *adject.* & *subst.* lat. *posthumus*. ang. *posthumous*. Enfant né après la mort de son Père. Livre d'un Auteur qu'on ne met en lumière qu'après sa mort.

POSTICHE. *adj.* lat. *posticus*, *adscititius*. ang. *postick*, *added*. Qui s'applique sur quelque chose, sans qu'il y paroisse.

POSTIDATER. *voy.* Postdater.

POSTILLE. *voy.* Apostille.

POSTILLON. *s. m.* lat. *Antecursor veredarius*. ang. *postilion*. Valet de poste qui conduit les gens qui courent la poste. Valet du coche qui monte sur le premier cheval d'un attelage de 6 ou 8. chevaux. En termes de *Marine*, c'est un bâtiment ou petite patache entretenuë pour aller à la découverte & porter des nouvelles.... Ruban que l'on attache derrière le bonnet des filles.

POSTIQUERIE. *s. fem.* Petite malice d'un jeune garçon.

POSTLIMINIE. *s. femin.* Rétablissement au même état, d'où l'on avoit été tiré par violence. Rentrée dans des biens, qui avoient été enlevés par l'ennemi. *Postliminium*.

POSTPOSITION. *s. fem.* (Médecine.) Retardement.

POSTPOSER. *v. act.* lat. *postponere*. ang. *to post-pone*. Mettre une chose après une autre, ne lui donner pas la préférence.

*POST-SCRIPTUM*. voyez Postcrit.

POSTVERTE. *voy.* Antevorte.

POSTULANT, ante. *adj.* & *subst. m.* & *f.* lat. *Candidatus*. ang. *a suitor*, *a candidate*. Qui

Qui demande à entrer dans un couvent. Procureurs & Avocats qui plaident dans les justices inférieures. Dans quelques chapitres lorsqu'il s'agit de choisir un Evêque, on appelle *postulans* ceux qui nomment un sujet dont l'élection ne peut être canonique, à cause de quelque défaut d'âge ou de naissance, &c.

POSTULAT. *s. m.* lat. & ang. *postulatum.* Principe d'un art ou d'une science, connu & regardé comme une vérité évidente. Ainsi en *Géométrie* c'est la demande que fait un Géométre qu'on lui accorde une proposition qui ne répugne en rien.

POSTULATEUR. *s. m.* Celui qu'on charge de poursuivre le procès de canonisation d'un Saint.

POSTULATION. *s. f.* lat. *Postulatio.* angl. *postulation.* Nomination à une dignité de l'Eglise, d'une personne qui ne peut être éluë selon les canons : auquel cas le chapitre supplie le Pape d'approuver l'élection, ou l'Empereur à l'égard des Protestans. Plaidoirie.

POSTULER. *verb. act.* lat. *Postulare.* ang. *to demand admittance into a monastery.* Demander à être admis dans des couvens. Plaider en une petite justice. Nommer une personne qui ne peut être éluë canoniquement.

POSTVORTE. *voy.* Antevorte.

POSTURE. *s. f.* lat. *Status, habitus, situs.* ang. *posture.* Assiéte, disposition des membres du corps situés l'un à l'égard de l'autre différemment.

## P O T

POT. *s. m.* lat. *Poculum, vas.* ang. *a pot.* Petit vaisseau portatif fait de diverses matiéres, de figures différentes, & servant à divers usages. *Pot pourri* est un amas confus de plusieurs choses. *Pot*, en termes de *Guerre*, est une espéce de morion ou de salade que portent les gens de pied, qui ne couvre que le haut de la tête. *Pot à feu* est une petite grenade qu'on jette à la main. *Pot de vin* est un présent qu'on donne à un vendeur au delà du prix de la vente de quelque chose, ou à celui qui en est l'entremetteur. *Pot* est aussi une mesure qui tient deux pintes.

POTABLE. *adj.* lat. *Potabilis, sorbilis.* ang. *potable, drinkable.* Propre à boire. Reduit en liqueur, en boisson.

POTAGE. *s. m.* lat. *Jus, jusculum.* anglois. *pottage, or potage.* Jus de viande cuite, dans lequel on fait détremper ou mitonner du pain taillé en menues tranches. On y mêle du gruau d'avoine, des pois, des herbes grandes & petites, &c.

POTAGER, ère. *adj.* & *subst.* Qui appartient au potage. Herbes *potagéres* sont celles qu'on met au pot pour faire du potage. Le *potager* dans la cuisine est le lieu où l'on dresse & où l'on fait mitonner les potages. lat. *Culinaria fornax.* ang. *a stove.*

POTAMIDES. *s. f. pl.* (Mythologie.) Nymphes des fleuves.

POTAMOGETON. *s. masc.* Plante qui croît dans les marais & autres lieux aquatiques, selon la signification de son nom. Elle est rafraichissante & astringente.

POTASSE. *s. f.* Sorte de cendre gravelée. On l'appelle aussi *Vedasse.*

POTE. *adj. f.* En parlant de la main signifie *engourdie, estropiée, mal faite*, ensorte qu'elle ne puisse pas faire ses fonctions . . . *Pote. s. f.* Pot de terre, qu'on attache contre les murailles, & où les oiseaux viennent faire leur nid. Chaufferette de terre, pour les pauvres femmes.

POTEAU. *s. m.* lat. *Palus, stipes.* anglois. *a post or stake.* Gros pieu de bois fiché en terre par un bout.

POTÉE. *s. f.* lat. *Vas plenum.* ang. *a potfull.* Ce qui est contenu dans un pot. En termes de *Chymie*, c'est de la chaux d'étain ou de l'étain calciné & reduit en poudre. lat. *Stannum igne tostum.* ang. *putty, or pottee*. . . . Eau épaissie où il y a de l'ocre rouge, pour faire prendre le plomb au pot. . . . *Potée d'émeril :* poudre qu'on trouve dessus les pierres qui ont servi à tailler des pierreries . . . . (Fondeurs.) Terre préparée avec de la fiente de cheval, de l'argille & de la bourre, laquelle s'applique sur les moules des piéces, avant que de former la chape du moule.

POTELÉ, ée. *adj.* lat. *Plenus, obesus.* ang. *plump, full.* Qui a le cuir uni & doux pour avoir la chair ferme, grasse & rebondie.

POTELET. *s. m.* lat. *Paxillus.* ang. *a little post.* Petit poteau.

POTELOT. *s. m.* Mine de plomb, plombagine, plomb minéral, plomb de mine, crayon, plomb de mer.

POTENCE. *s. f.* lat. *Patibulum.* ang. *gallows, gibbet.* Gibet où l'on pend les malfaiteurs. Poteau qu'on met sous une poutre pour soutenir un plancher trop chargé. Il se dit aussi des piéces de fer ou de bois qui s'étendent en saillie pour y attacher quelque chose, des bâtons ou bequilles dont les estropiés se servent pour se soutenir.

POTENCÉ, ée. (Blason.) Se dit de ce qui se termine en *potence.* lat. *Patibulatus.* anglois. *potency.*

POTENCIEL, elle. *adj.* lat. *Potentialis.* ang. *potential.* En *Chirurgie* le *cautère potenciel* est composé de la pierre de chaux, du savon, &c. qu'on fait bouillir, &c. pour empêcher que ces drogues ne s'étendent trop & lorsqu'on applique le bouton de fer ardent, on l'appelle *cautère actuel.* *Froid potenciel* est le nom qu'on donne aux remédes ou ingrédiens qui ne sont pas sensiblement froids au toucher, mais seulement dans leurs effets & opérations internes. Ainsi on dit qu'une drogue ou plante, &c. est froide au premier, second, troisiéme, &c. degrés.

POTENCIELLEMENT. *adv.* latin. *Potentialiter.* ang. *potentially.* En puissance. Adverbe opposé à *actuellement.*

POTENTAT. *s. masc.* lat. *Summus dynasta.* anglois. *a potentate.* Qui a une puissance souveraine & fort étenduë.

POTENTILLE. *s. f.* Plante ainsi appellée à cause de ses grandes vertus. On la nomme autrement *Argentine.* lat. *Argentina.* ang. *the silver weed*, *wild tansie.*

POTERIE. *s. f.* lat. *Opus figulare.* ang. *potter's ware.* Marchandise de pots & de vaisselles de terre, ou de grais.

POTERIUM. *s. m.* Espèce de Barbe-renard ou tragacantha.

POTERNE. *s. f.* lat. *Pseudothyrum.* ang. *a postern.* Fausse porte dans la courtine, ou auprès de l'orillon, qui descend dans le fossé, & qui sert à faire des sorties. Porte secrette & cachée.

POTIER, ière. *s. m. & f.* lat. *Figulus.* ang. *a potter.* Qui vend des pots & de la vaisselle, ou celui qui les fabrique.

POTIN. *s. m.* lat. *Æris flavi recrementum.* ang. *brittle brass.* Métal factice & cassant, composé de l'excrément de cuivre jaune, & de quelque mélange de plomb, d'étain & de calamine.

POTION. *subst. f.* lat. *Potio.* ang. *a potion.* Breuvage. Ce mot se dit particulièrement en *Médecine.*

POTIRON. *s. m.* Gros fruit rond qui vient à une plante rampante & qui est une espèce de citrouille. C'est aussi un champignon. lat. *Fungus.* ang. *mushroom*, *toad-stool.*

POTNIADES. *s. f. pl.* lat. & ang. *potniades.* Déesses parmi les *Anciens* qui inspiroient, à ce qu'on croyoit la rage & la fureur, à qui on sacrifioit des Cochons de lait, croyant qu'elles venoient les manger sur l'Autel. C'est aussi le nom d'une fontaine qui rendoit furieux ceux qui en beuvoient.

## P O U

POU. *s. m.* lat. *Pediculus.* ang. *a louse.* Vermine qui s'engendre sur les animaux, qui les pique, les mord & leur succe le sang. Dans le Brésil on trouve un insecte nommé *pou de Pharaon*, qui entre dans les pieds entre la peau & la chair. Il devient en un jour aussi gros qu'une féve, & il fait une plaie qui pourrit le pied .... *Herbe aux pous.* Staphisaigre : espèce de pied d'Alouette ou Delphinium, dont la semence est bonne pour tuer les poux. *Staphisagria.*

POUACRE. *adject.* lat. *Spurcus.* ang. *nasty.* Salope, vilain.

POUACRERIE. *s. f.* lat. *Fœtor*, *spurcitia.* ang. *nastiness.* Vilenie, ordure, puanteur.

POUCE. *s. m.* lat. *Pollex.* ang. *thumb.* Le plus gros doigt de la main ou du pied. C'est aussi la douzième partie d'un pied de Roi, qui contient douze lignes. *Pouce d'eau* est la quantité d'eau, qui s'écoule par l'orifice d'une fontaine qui a un pouce de diamétre.

POUCE-PIED. *s. m.* Petit poisson à coquille qui a la figure d'un gland de chêne. Ses pieds sont faits comme des pouces.

POUCHOC. *s. m.* Drogue qui se trouve à Siam, également bonne pour la médecine & pour la teinture en jaune.

POUCIER. *s. m.* lat. *Pollicile.* ang. *a thumb.* Pouce de métal dont se servent quelques ouvriers. Figure de pouce de fer blanc, pour tenir lieu d'un pouce coupé, par le moyen duquel on peut encore tenir la plume & l'épée.

POUDE, ou Poute. *s. f.* Poids de Moscovie 32. liv. poids de marc de France.

POU-DE-SOIE. *s. masc.* lat. *Textum sericum densius.* ang. *a sort of ferandine.* Sorte de ferandine ; d'étoffe de soie.

POUDIN. *s. m.* Boudin Anglois.

POUDRE. *s. f.* lat. *pulvis.* ang. *dust.* Atome, ou petite partie d'un corps, quand il est resous ou dissous. On se sert de la *poudre* d'iris pour mettre sur les cheveux. La *poudre* à canon est une composition qui se fait avec du salpêtre, du soufre & du charbon.

POUDRER. *v. act.* lat. *Pulverem odorarium injicere*, *inspergere.* ang. *to powder.* Jetter de la poudre sur quelque chose.

POUDRETTE. *s. f.* ( Jardin.) Matière fécale fort séche & réduite en poudre.

POUDREUX, euse. *adj.* lat. *Pulverulentus.* anglois. *dusty.* Qui est couvert de poussière. *Pied poudreux :* vagabond.

POUDRIER. *s. mas.* lat. *Sulfurati pulveris opifex*, *propola.* ang. *a gun-powder-maker or seller.* Marchand qui fait ou qui vend de la poudre à canon ou de celle qui est parfumée. Boite à mettre la poudre, qui fait partie d'une écritoire de cabinet. lat. *pyxis pulveris.* anglois. *a powder or sand-box.* Horloge de sable. lat. *Horologium pulverarium.* ang. *an hour-glass.*

POUGER. *v. act.* Terme de *Marine* emploié sur la Méditerranée. Faire vent arrière, avoir vent en poupe.

POUJARI. *s. f.* Prêtresse parmi les Indiens.

POUILLÉ. *voy.* Pouillié.

POUILLER. ( Se ) *v. rec.* lat. *pediculos venari.* ang. *to louse one's self.* Chercher ses poux, sa vermine, les tuer.

POUILLERIE. *s. f.* Chambre d'hôpital, où l'on met les habits des pauvres malades qui y arrivent.

POUILLES. *s. f. pl.* lat. *Convicia.* ang. *railing*, *names.* Vilaines injures & reproches.

POUILLEUX, euse. *adject.* lat. *pediculosus.* anglois. *lousie.* Gueux & misérable qui se laisse manger aux poux.

POUILLIÉ. *s. m.* lat. *Codex beneficiorum.* ang. *a register of the livings.* Catalogue, inventaire, ou recueil des bénéfices, leurs dépendances, le nom des Collateurs, & leur revenu.

POUILLIER. *s. f.* Méchante hôtellerie.

POULAILLE. *s. f.* Oiseaux domestiques.

POULAILLIER. *s. masc.* lat. *Gallinarium.* ang. *a hen-house.* Lieu destiné pour y retirer & jucher des poules. Marchand qui méne des volailles au marché. lat. *Gallinarum propola.* ang. *a poulterer.*

POULAIN. *s. masc.* lat. *Equi pullus.* ang. *a colt or foal.* Le petit d'une jument. *Poulain mi parti*, ou le chevalet est une constellation dans l'hemisphére Nord, qui est selon les catalogues de *Ptolomée* & de *Tychon* de 4. étoiles & selon celui de *Flamstead* de 10. *Poulain* en termes de *Chirurgie*, est une tumeur maligne ;

ou apostume qui vient aux aines & procéde d'une cause vénérienne. On l'appelle aussi *bubon*. *Poulains* : étances qui tiennent l'étrave du vaisseau, dans le tems qu'il est sur le chantier..... *Poulain* : espèce de traineau sans rouës.

POULAINE. *s. fem.* lat. *Rostrum*. ang. *the beak-head of a ship*. Dans la *Marine* est une grosse fléche ou piéce de bois qui s'avance au-delà de la proue du navire & qui porte souvent une figure.

POULANGIS. *s. m.* Sorte de grosse tiretaine, laine & fil.

POULARDE. *s. f.* lat. *pullastra crassa*. ang. *pullet*. Jeune poule engraissée.

POULCE. *voy*. Pouce.

POULE. *s. f.* lat. *Gallina*. ang. *a hen*. Oiseau domestique fort connu, qui pond des œufs & les couve pour faire éclore des poulets. *Cul de poule* en termes de *Chirurgie* est une certaine excrescence de chair, qui vient quelquefois au tour des plaies.

POULET. *s. masc.* lat. *pullus*. ang. *chick or chicken*. Le petit de la poule. C'est aussi un petit billet amoureux qu'on envoye aux Dames galantes, ainsi nommé, parce qu'en le pliant on y faisoit deux pointes qui représentoient les ailes d'un *poulet*.... Papier coupé & doré sur tranche bon pour écrire des poulets.

POULETTE. *sub. fem.* lat. *pullastra*. ang. *a young hen*. Jeune poule qui ne pond point encore. Corde qui sert à bander une charge sur un cheval, & à y lier de gros ballots.

POULEVRIN. *voy*. Poulverin.

POULICHE. *sub. f.* lat. *pulla*. ang. *a young mare*. Cavale nouvellement née.

POULIE. *s. f.* lat. *Trochlea*. ang. *a pulley*. L'une des puissances méchaniques qui sert à élever de grands poids & qui est composée d'une roue & d'une piéce de bois ou de fer où elle est enchassée, pour y faire passer une corde qui fait tourner la roue. (Horlogerie.) Cercle dont la circonférence est faite en rainure, pour contenir une corde.

POULIER. *v. act.* lat. *Onus trochleis moliri*. ang. *to lift up with a pulley*. Elever un fardeau par le moyen d'une poulie.

POULIER. *s. m. voy*. Pouillié.

POULIEUR. *s. m.* Qui fait ou qui vend des poulies. lat. *Trochlearum artifex aut propola*. ang. *a pulley-maker or seller*.

POULINE. *s. f.* lat. *Equa pulla*. anglois. *a young mare*. Cavalle nouvellement née.

POULINER. *v. act.* lat. *parere*. ang. *to foal, to bring forth a colt*. Faire un poulain.

POULINIÈRE. *s. fem.* lat. *Equa proletaria*. ang. *a mare for breed*. Qui fait des poulains.

POULIOT. *s. mas.* Plante qui a une odeur aromatique, & un gout fort acre & fort amer. Elle est bonne pour les maladies de l'estomac. lat. *pulegium*. ang. *penny-royal*.

POULMON. *voy*. Poumon.

POULPE. *s. fem.* lat. *pulpa*. ang. *pulp*. Le plein, le plus gras & le plus solide de la chair & surtout du ventre. Il se dit aussi de la chair des fruits, des prunes, des pommes, *&c*.... *Poulpe* ou polype. Espèce de poisson.

POULPETON. *s. masc.* (l'L ne se prononce point.) Sorte de ragoût fait de viande hachée & puis recouverte de tranches de veau.

POULS. *voy*. Pous.

POULVERIN. *s. masc.* lat. *pulvis minutus*. ang. *priming powder*. Poudre fine pour amorcer le canon. Etui où est contenue cette poudre. lat. *pyxis pulveraria*. ang. *a priming-powder case*.

POUMON. *s. m.* lat. *pulmo*. ang. *the lungs*. Organe de la respiration, qui sert à méler avec le sang le nître que nous respirons avec l'air. C'est une substance composée d'un amas de petites vessies entassées les unes sur les autres. Ces vesicules sont tellement disposées qu'elles reçoivent l'air par la trachée artère, lequel se communique des unes aux autres jusques à la membrane qui les envelope.

POUPARD. *s. m.* lat. *pupillus*. ang. *a babe, a child*. Enfant au maillot. Damoiseau.

POUPART. *s. m.* Poisson testacé, le meilleur & le plus délicat de tous les coquillages. C'est une espèce de crabe.

POUPE. *s. fem.* lat. *puppis*. ang. *stern, poop*. L'arrière du vaisseau.

POUPÉE. *s. f.* lat. *pupa gypsea vel cerea*. ang. *a baby*. Figure de platre ou de cire, qui est habillée comme un enfant, & qui sert de joüet tandis qu'on est en bas âge. En termes de *Tourneurs* il se dit de deux piéces de bois qu'on met à plomb sur un tour, qui sont mobiles sur les jumelles & qui portent les pointes lesquelles soutiennent l'ouvrage qu'on tourne. Manière d'enter.

POUPELIN. *s. m.* lat. *Exile popanum*. ang. *a sort of soft cake*. Piéce de four, pâtisserie délicate faite avec du beurre, du lait, & des œufs frais, paîtrie avec de la fleur de farine.

POUPELINIER, *ou* Pouplinier. *s. m.* Sorte de bassin où l'on fait fondre du beurre pour beurrer les poupelins.

POUPETIER. *s. mas.* lat. *popearum faber, propola*. anglois. *a baby-maker, or baby-seller*. Marchand qui fait ou qui vend des poupées ou autres joüets d'enfans.

POUPIN, ine. *adject.* lat. *Scitus, lautus, venustus*. ang. *beauish*. Qui a le visage & la taille mignonne, & une grande propreté dans l'ajustement. Joli, délicat.

POUPON, onne. *adj.* lat. *puellulus, venustulus*. ang. *a babe, a child*. Petit enfant. Enfant qui a le visage plein & potelé.

POUPPE. *voy*. Poupe.

POURCEAU. *s. mas.* lat. *porcus, sus*. angl. *hog, swine*. Porc, gros cochon, animal domestique qu'on nourrit pour engraisser. *Pourceau de mer* : Marsouin. *Pourceau de S. Antoine* : Parasite. Homme intriguant.

POURCELET. *s. m.* lat. *Blatta, porcelio*. ang. *a palmer*. Petit animal qui a plusieurs pieds & qui se met en rond pour peu qu'on le touche. On le nomme autrement, *cloporte*.

POURCHASSER. *v. act.* lat. *persequi, consectari*. ang. *to pursue, to seek after*. Poursuivre son gibier avec ardeur & opiniâtreté jusqu'à ce qu'on l'ait pris. Poursuivre quelque avantage avec assiduité.

POURFILER. *v. act.* lat. *Bombycinum auro intexere.* ang. *to border or lace.* Entremêler de tissure différente.

POURLORS. *adv.* Alors.

POURPARLER. *s. m.* lat. *Colloquium.* ang. *parley.* Négociation qu'on fait pour accommoder un différend, pour conclurre quelque affaire.

POUR PEU QUE. *Conj.* lat. *Modò, dum modò.* ang. *provided that.* Si peu que.

POURPIER. *s. m.* lat. *portulaca.* ang. *pursslane.* Herbe qu'on mange en salade, qui a bon goût & qui rafraichit.... *Pourpier doré* : est le pourpier naissant qu'on mange en salade.

POURPOINT. *sub. masc.* lat. *Thorax.* ang. *doublet.* Habillement d'homme pour la partie supérieure du corps depuis le cou jusqu'à la ceinture.

POURPOINTIER. *s. masc.* lat. *Thoracarius propola.* ang. *doublet-maker or seller.* Faiseur de pourpoints.

POURPRE. *s. f. & m.* lat. *purpura, murex.* ang. *purple.* Couleur rouge fort belle & fort riche. On dit qu'on la découvrit à l'occasion d'un chien qui mangea par hazard un coquillage nommé *murex* ou *pourpre.* Ce chien revenant à son Maître *Hercules* de Tyr, celui-ci s'apperçut que ses levres étoient teintes d'un beau rouge. Il examina ce qui pouvoit leur avoir donné cette couleur & l'ayant trouvé, il fit usage de sa découverte. Il n'y avoit anciennement que les Princes & les personnes de la plus grande distinction qui emploiassent cette couleur dans leurs habits. Aujourd'hui la *pourpre* signifie encore la dignité d'un Roi, d'un Cardinal, d'un Senateur. Le *pourpre* dans la *Médecine* est une espèce de peste ou fiévre maligne qui paroit par des éruptions sur le cuir semblables à des morçures de puces ou à la petite verole. lat. *Vari purpurei.* ang. *purples.*

POURPRÉ, ée. *adj.* lat. *purpureus.* angl. *purple.* De couleur de pourpre. Fiévre *pourprée*, c'est le pourpre.

POURPRIN. *adj.* Se dit par les *Fleuristes* des couleurs vives approchantes de la pourpre.

POURQUOI. *adv.* Qui marque l'interrogation. lat. *Cur, quare.* ang. *why, for why....* *s. m.* Le *pourquoi*, c'est la cause, le motif, pour lequel on fait quelque chose.

POURRIR. *verb. actif.* latin. *Corrumpere, putrefacere.* anglois. *to rot.* Altérer petit à petit, corrompre. Pot *pourri* est un ragout mêlé de plusieurs viandes & assaisonnemens différens.

POURRITURE. *s. f.* lat. *putrefactio.* angl. *rottenness.* Qualité de ce qui est pourri, corrompu.

POURSUITE. *s. f.* lat. *Insectatio.* anglois. *pursuit.* Action par laquelle on court après quelque chose pour l'attraper. Il se dit aussi des procédures qu'on fait en justice, du soin qu'on prend de solliciter une affaire.

POURSUIVRE. *v. act.* lat. *Insequi, persequi.* ang. *to pursue.* Courir après quelqu'un pour l'attraper & lui nuire. Continuer son chemin, sa route, son entreprise. Briguer, solliciter, tâcher d'obtenir quelque chose. Faire des procédures en justice.

POURTANT. *Conj.* lat. *Tamen.* ang. *however.* Neanmoins.

POURTOUR. *s. m.* lat. *Ambitus, conspectum.* ang. *compass.* Etenduë, longueur, mesure d'un corps.

POURVEU QUE. *Conj.* lat. *Modò.* anglois. *provided that.* A condition que.

POURVOIR. *v. act. & n.* lat. *providere.* ang. *to provide.* Avoir soin des choses, que rien ne manque, que tout soit en bon ordre. En termes de *Palais*, c'est donner le titre d'une charge, d'un bénéfice, le droit de l'exercer, de le posséder.

POURVOYEUR. *s. m.* lat. *penûs procurator.* angl. *purveyor, provider.* Celui qui a soin de pourvoir une maison de vivres.

POURVU. *s. m.* lat. *Donatus.* ang. *an incumbent.* Celui qui est pourvû d'un bénéfice.

POUS. *s. m.* lat. *pulsus.* ang. *pulse.* Agitation du cœur, battement de l'artère. C'est la marque immédiate de l'action du cœur qui répand le sang dans tout le corps. Il est différemment affecté selon les différentes influences des esprits animaux, son mouvement doit s'attribuer principalement aux fibres circulaires & longitudinales qui composent le cœur & les artères. Le pous est quelquefois fort, foible, précipité, lent, égal, inégal, intermittent, &c. & en général il indique avec certitude la santé où la maladie, &c. On dit figurément, *tâter le pous* à quelqu'un, c'est-à-dire, tâcher de découvrir sa pensée, ses desseins. Eprouver s'il a du cœur.

POUSE. *s. fem.* Breuvage en usage dans les Indes. Il est fait avec des limons & du sucre.

POUSET. *s. m.* Pastel.

POUSSE. *s. f.* lat. *Ilium ductus, anhelitus.* ang. *short-wind, pursiness.* Maladie de cheval, battement, & altération du flanc, qui vient d'une oppression qui l'empêche de respirer. Il se dit aussi du jet des arbres, de ce qu'ils poussent de menu bois. Poussière des épiceries.

POUSSÉ. *adj. m.* lat. *Vapidum, vitiatum.* ang. *wine that is turned.* Vin *poussé* est un vin gâté pour avoir bouilli hors de la saison par quelque chaleur ou agitation.

POUSSE-BALLE. *s. m.* Instrument de fer, avec lequel les Carabiniers commencent à enfoncer la balle dans leur carabine.

POUSSE-CUL. *s. masc.* lat. *Satelles.* ang. *a bum-baily, a catch pole.* Records des sergens & autres qui poussent les gens en prison.

POUSSÉE. *s. f.* lat. *Fornicis impulsio.* ang. *the flying out of a vault.* Poids d'une voute qui fait effort contre les murs sur lesquels elle appuie.

POUSSER. *v. act. & n.* lat. *Conari, niti.* ang. *to push.* Faire effort; avancer avec peine, avec force, presser un corps & le faire sortir hors de sa place. Porter un coup, chasser loin. Aller en avant, prolonger son voyage. Poursuivre, obliger à fuir, à reculer. Il se dit aussi des fruits & des plantes qui commencent à paroitre, à jetter quelques boutons: du vin qui se tourne par la chaleur, par l'agitation, &c.

POUSSEUR, euse. *adj.* & *subst.* lat. *Compressor.* ang. *a pusher.* Qui pousse.

POUSSIER. *s. m.* lat. *pulvis carboneus.* ang. *coal dust.* Le menu charbon qui demeure au fond des bâteaux. *Poussier*: voy. Poulverin.

POUSSIÉRE. *s. f.* lat. *pulvisculus.* angl. *dust.* Menuë poudre qui s'éleve de la terre dans la grande sécheresse. Gommes, herbes séches, &c. pulverizées.

POUSSIF, ive. *adj.* & *subst.* lat. *Anhelator.* ang. *pursie*, *short-winded.* Qui a de la peine à respirer; qui a la courte haleine. Il se dit aussi des chevaux qui ont la pousse & quelque altération de flanc.

POUSSIN. *s. m.* lat. *pullus.* ang. *a young chick.* Petit de la poule.

POUSSINIÈRE. *s. fem.* lat. & ang. *pleïades.* Nom que le peuple donne à la constellation des pleïades.

POUSSOIR. *s. m.* Instrument de *Chirurgie* qui est un fer à trois pointes servant à pousser dehors la dent qu'on a déchaussée.... En *Horlogerie*, poussoir est le pendant ou bouton d'une montre à répétition.

POUSSOLANE. *voy.* Pouzzol.

POUT DE SOIE. *voy.* Pou-de-soie.

POUTE. *voy.* Poude.

POUTIE. *s. f.* Petite ordure qui se trouve sur les habits ou sur les meubles.

POUTIEUX, euse. *adjectif.* Qui a une trop grande affectation de propreté.

POUTRE. *s. f.* lat. *Trabs*, *tignum.* ang. *a beam.* Grosse piéce de bois qui sert principalement à mettre de travers sur de gros murs, pour faire des planchers, & soutenir des solives, ou un pan de bois, ou pour faire quelque solide machine & construction.

POUTRELLE. *s. f.* lat. *Trabecula.* ang. *a little beam.* Piéce de bois médiocre pour soutenir un plancher léger.

POUVOIR. *s. m.* lat. *potentia*, *potestas.* ang. *power.* Autorité, puissance, droit de commander & d'agir selon ses volontés. Il se dit aussi de ce qu'on a en sa permission; des facultés, des forces naturelles; d'une commission que donne un supérieur à un inférieur qui l'autorise pour faire quelque chose; d'une procuration, charge de traiter, de faire quelque affaire au nom d'autrui; de la permission qui est accordée par les loix ou les supérieurs de ce qui est licite; du crédit. Empire.

POUVOIR. *v. act.* lat. *posse*, *valere.* ang. *to be able.* Avoir la force, l'autorité, le crédit de faire quelque chose.

POUZZOL, ou Pozzolane. *s. f.* lat. *Arena puteolana.* ang. *pozzolana.* Sable qu'on trouve dans le territoire de *Pouzzol* ville d'*Italie*, qui fait un très bon ciment. Il s'endurcit & se pétrifie même dans l'eau. Il pénétre même dans les cailloux noirs & les blanchit. Il sert à faire des moles, &c.

P R A

PRACTIQUE. *adj.* lat. *practicus.* ang. *practick.* En Philosophie se dit de ce qui peut être reduit en acte.

PRADANI. *s. masc.* Premier ministre d'un Prince aux Indes.

PRAGMATIQUE. *adj.* & *subst. femin.* lat. *pragmatica sanctio.* ang. *the pragmatick sanction.* *Pragmatique* sanction est une ordonnance ou réglement qui regarde l'Eglise ou l'Etat & en particulier celle que les Rois de France ont faite pour regler la forme des Elections, &c. On appelle aussi *pragmatique* sanction une loi de l'Empereur de l'avis de son Conseil pour regler une affaire extraordinaire.

PRAIRIE. *s. f.* lat. *prata.* ang. *meadows*, *fields.* Grande étenduë de terre en pré, étenduë de terres basses, grasses & humides ou l'herbe croît & qui fait des prés.

PRALINES. *s. f. pl.* Amandes rissolées dans du sucre.

PRAME. *s. f.* Sorte de bâtiment de Moscovie, propre pour les canaux.

PRANGUI. *s. m.* Nom que les Indiens donnent aux Européens. C'est un nom de mépris.

*PRASIUS.* *s. m.* Pierre précieuse de couleur de poireau.

PRATICABLE. *adj.* lat. *practicus*, *ad praxim facilis.* ang. *practicable.* Ce qui peut se faire ou se pratiquer aisément. Qui peut se mettre en pratique.

PRATICIEN. *s. m.* lat. *pargmaticus forensis.* ang. *a practitioner in the law.* Se dit des Avocats & Procureurs qui hantent le barreau, & d'un vieux Clerc ou solliciteur de procès qui a appris la pratique.

PRATIQUABLE. *voy.* Praticable.

PRATIQUE. *adj. voy.* Practique.

PRATIQUE. *s. fem.* lat. *praxis*, *methodus.* ang. *practice.* Méthode, manière de faire les choses. Usage du monde, des coutumes, des modes, des choses à quoi on s'applique. Routine, habitude contractée par un exercice assidu. Il se dit aussi au *Palais* de la science d'instruire un procès selon les formes prescrites par l'ordonnance, les coutumes du païs, &c. Il se dit encore de la chalandise des Marchands & des Artisans. Les *pratiques* secretes sont des cabales & menées secretes qu'on fait pour nuire au public, ou au particulier.... *Pratique.* Conduite, manière d agir.

PRATIQUER. *v. act.* lat. *Ad praxim redigere*, *profiteri*, *exercere.* anglois. *to practice*, *exercise.* Mettre en pratique. Faire d'une certaine manière. Disposer des lieux avantageusement & avec menage en *Architecture.* Converser avec quelqu'un, avoir familiarité avec lui. Corrompre, suborner.

PRAYER. *s. mas.* Espèce d'oiseau, ainsi appellé, parce qu'il fréquente les prés.

P R E

PRÉ. *s. m.* lat. *pratum.* ang. *a meadow.* Terre humide & non labourée, où l'herbe croît naturellement.

PRÉACHAT. *s. m.* Payement d'une marchandise, fait par l'acheteur, avant qu'il l'ait reçuë. ang. *preemption.*

PRÉADAMITES. *sub. masc. pl.* On a ainsi

appellés ceux que certains esprits hardis ont supposés être, avant Adam, dans le monde. C'est une folie que ce systême, si l'on admet l'écriture, & une impiété, si on la rejette.

PRÉALABLE. *s. m.* lat. *Ante omnia.* ang. *a previous thing.* Qui doit se faire auparavant.

PRÉALABLE. (Au) *adv.* lat. *præ omnibus.* ang. *first of all.* Auparavant.

PRÉALABLEMENT. *adverb.* Auparavant, avant toutes choses. Au préalable.

PRÉALLÉGUÉ, ée. *adj.* lat. *Ante dictus, citatus.* ang. *before-alledged.* Qui a été dit, ou cité auparavant.

PRÉAMBULE. *s. m.* lat. *Exordium.* ang. *a preamble.* Discours, espèce de préface ou d'exorde qu'on fait avant une narration, avant que d'entrer en matière.

PRÉAU. *s. masc.* lat. *pratulum.* ang. *a little meadow.* Petit pré. Espace couvert de gazon, & environné de portiques dans un cloître.

PRÉBENDE. *s. f.* lat. *præbenda.* ang. *prebend.* Droit de percevoir certains revenus ecclésiastiques & de jouir de certains droits ou en argent, ou en espèces dans une Eglise cathédrale ou collégiale. Les Eglises collégiales étant par leur institution destinées au service divin aux heures marquées par les Canons, qui se nomment pour cette raison heures canoniales, on leur a fixé anciennement des rentes ou revenus pour les soutenir. Les membres de ces Eglises vivoient en communauté, comme les Réguliers, & chacun avoit sa portion marquée, qui fut pour cela nommée *prébende.*

PRÉBENDÉ, ée. *adj.* lat. *Annonæ sacræ jure fruens.* ang. *a prebendary.* Chanoine qui jouit des revenus d'une Prébende & d'une Chanoinie.

PRÉCAIRE. *adj.* lat. *precarius.* ang. *precarious.* Terme de *Jurisprudence* qui se dit adverbialement d'un fonds dont on n'a pas la pleine propriété, dont on ne peut disposer, & qui est presque par emprunt..... Commerce *précaire* est celui qui est fait par une nation avec une autre nation son ennemie, par l'entremise d'une troisiéme qui est neutre.

PRÉCAIREMENT. *adv.* lat. *Gratuitò.* ang. *precariously.* Par grace & par pure indulgence.

PRÉCAUTION. *s. f.* lat. *precautio.* anglois. *caution, precaution.* Sûreté qu'on prend pour se garentir de quelque mal qui doit arriver; mesures pour prévenir un inconvénient. Prudence, retenuë, ménagement.

PRÉCAUTIONNER. (Se) *v. rec.* lat. *præcavere.* ang. *to provide.* Prendre ses sûretés.

PRÉCÉDEMMENT. *adv.* lat. *Priùs, ante omnia.* ang. *before, formerly.* Antérieurement.

PRÉCÉDENT, ente. *adject.* lat. *præcedens.* ang. *foregoing, preceding.* Qui a été auparavant.

PRÉCÉDER. *v. act.* lat. *Antecedere.* ang. *to go before, to preced.* Être auparavant. Avoir la séance dans une assemblée, le pas devant dans une marche à l'égard de quelque autre. Surpasser.

PRÉCEINTE. *voy.* Précinte.

PRÉCENTEUR. *s. m.* lat. *præcantor.* angl. *precentor.* Chantre qui est le Maître du Chœur dans quelques Eglises cathédrales.

PRÉCEPTE. *s. m.* lat. *præceptum.* ang. *precept.* Regle, maxime, principe des arts & des sciences. Commandemens de Dieu & de l'Eglise; leçon, instruction.

PRÉCEPTEUR. *s. m.* lat. *Præceptor, pædagogus.* ang. *a preceptor.* Celui qu'on donne à un écolier pour conduire ses études, & pour observer ses déportemens.

PRÉCEPTORAT. *s. m.* Qualité de Précepteur. ang. *tutorship.*

PRÉCEPTORIAL, ale. *adj. masc.* & *femin.* & *subst. fem.* lat. *Præceptoria dignitas.* angl. *a preceptory.* Dignité ou Chanoinie qui est chargée du soin d'enseigner.

PRÉCESSION. *s. f.* lat. *Præcessio.* ang. *precession.* Se dit en *Astronomie* des Equinoxes qui par un mouvement insensible vont en arrière ou contre l'ordre des signes du Zodiaque à raison de 50. secondes par an; de sorte que les étoiles fixes restant immobiles & les Equinoxes reculant, il y a un mouvement apparent dans les étoiles de l'Ouest à l'Est, qui augmente continuellement leurs longitudes & c'est pour cela que depuis le tems des anciens Astronomes, toutes les étoiles ont changé de place.

PRÊCHE. *s. m.* lat. *Ministri hæretici oratio.* ang. *a sermon.* Sermon d'un Ministre dans les Eglises reformées.

PRÊCHER. *verb. act.* & *n.* lat. *Concionari.* angl. *to preach.* Annoncer en public la parole de Dieu, l'Evangile.

PRÊCHERESSE. *s. m.* Nom qu'on donne en quelques lieux aux Dominicaines.

PRÊCHEUR. *s. m.* lat. *Prædicator.* ang. *a preacher.* Qui prêche. Mauvais *prêcheur* est un mauvais Prédicateur. Il se dit aussi de la qualité que prennent les Dominicains, de fréres *Prêcheurs.*

PRÊCHEUSE. *s. femin.* S'est dit de certaines femmes qui se sont quelques fois mêlées de prêcher.

PRÉCIDANÉE. *adjectif femin.* Se disoit des victimes qu'on immoloit le jour de devant la solemnité.

PRÉCIEUSEMENT. *adv.* lat. *pretiosè.* ang. *choicely.* Avec grand soin & estime. Avec préciosité.

PRÉCIEUX, euse. *adj.* & *subst.* lat. *pretiosus.* ang. *precious.* Qui est d'un grand prix & valeur, qu'on respecte, qu'on estime. Il se prend aussi en mauvaise part & il signifie affecté, excessivement & ridiculement recherché & délicat. Dans la *Peinture*, on l'applique au coloris, mais il se prend en bonne part.

PRECINTE, *ou* Preceinte. *s. fem.* Dans la *Marine* sont de longues piéces de bois qui lient les vaisseaux par dehors, de l'avant à l'arrière.

PRÉCIOSITÉ. *s. f.* Façon d'agir d'un précieux, d'une précieuse.

PRÉCIPICE. *s. m.* lat. *præcipitium.* ang. *a precipice.* Lieu élevé, au pied duquel il y a un abîme, une grande profondeur, où il est dangereux de tomber & de se perdre.

PRÉCIPITAMMENT. *adv.* lat. *Præproperè.*

ang. *with precipitation.* D'une manière prompte & inconsiderée.

PRÉCIPITANT. *s. m.* lat. *Præcipitans.* ang. *precipitant.* Terme de *Chymie*, qui se dit d'une liqueur qui étant versée sur quelque dissolution, en sépare ce qui y avoit été dissout, & le fait tomber au fond du vaisseau.

PRÉCIPITATION. *s. f.* lat. *Inconsiderantia, præcipitatio.* anglois. *precipitation.* Trop grand empressement à faire, ou à dire quelque chose; jugement inconsideré; ou vivacité de l'esprit, *&c.* En termes de *Chymie* c'est une séparation dans laquelle les particules métalliques qui avoient été dissoutes par quelque liqueur & qui nageoient dans ce menstrue, tombent au fond du vaisseau.

PRÉCIPITÉ. *s. m.* & *adj.* lat. *Præcipitatus.* anglois. *precipitate.* Est une matière séparée du menstrue qui l'a dissoute & qu'on a contrainte d'abandonner son dissolvant, & de se précipiter au fond du vaisseau. Il y a des *précipités* de différentes sortes; comme le *précipité* verd qui est un mélange de la dissolution du Mercure & de l'esprit de Nitre; le *précipité* rouge, qui est la dissolution de Mercure faite dans l'esprit de Nitre, de laquelle on fait évaporer à petit feu toute l'humidité jusqu'à ce qu'il ne reste qu'une masse blanche: on pousse ensuite le feu jusqu'à ce que cette matière soit devenuë rouge.

PRÉCIPITÉMENT. *adv.* Le même que *précipitamment*, mais moins usité.

PRÉCIPITER. *v. act.* lat. *præcipitem dare.* ang. *to precipitate.* Jetter dans un précipice, ou d'un lieu fort haut dans un lieu fort bas. Se *précipiter* signifie aussi, se jetter dans les perils, y courir, ménager peu sa vie. *Précipiter* signifie encore hâter; faire une chose avec trop de promptitude ou d'empressement. En termes de *Chymie* c'est séparer un corps qui a été dissout dans quelque liqueur, *&c.*

PRÉCIPUT. *s. m.* En *Jurisprudence*, est un avantage qui appartient à quelqu'un dans une chose à partager, ou une portion qu'on préleve, & qu'on met à part en sa faveur, avant que de partager le reste. C'est aussi un avantage que l'on stipule dans les contrats de mariage en faveur du survivant qu'il doit prendre sur les biens du prédécédé avant le partage de la succession, ou de la communauté.

PRÉCIS, ise. *adj.* lat. *Certus*, *definitus.* ang. *precise.* Fixe, déterminé, exact. Concis.

PRÉCIS. *s. mas.* lat. *Summarium.* ang. *summary.* Sommaire; substance; abbrégé.

PRÉCISÉMENT. *adv.* lat. *Præcisè.* anglois. *precisely.* Exactement, justement.

PRÉCISION. *s. f.* lat. *Præcisio*, ang. *preciseness.* Justesse, exactitude.

PRÉCOCE. *adj.* lat. *Præcox.* ang. *forward.* Qui vient de bonne heure, avant la saison ordinaire.

PRÉCOCITÉ. *s. f.* Qualité d'une chose qui vient en maturité avant les autres.

PRÉCOMPTER. *verb. act.* latin. *Subducere priùs.* ang. *to discount*, *to deduct.* Prélever, deduire d'abord les sommes qu'on a reçues, avant que de venir à compte.

PRÊCONISATION. *s. f.* lat. *Præconisatio.* anglois. *preconisation.* Déclaration que l'on fait dans le Consistoire à *Rome* de celui que le Roi de *France* a nommé à quelque prélature. On remet au Pape la lettre du Roi pour le porter à agréer le choix de sa Majesté & à conférer la prélature à celui qu'elle a nommé, lequel a trois lettres que le Roi écrit, l'une au Pape, l'autre au Cardinal protecteur des affaires de *France* à Rome & la 3^e^. à l'Ambassadeur de sa Majesté auprès du Pape; Cela fait, on a un certificat de vie & de mœurs remis au Nonce du Pape, ou en son absence à l'Evêque du lieu où il est né, ou à l'Evêque du lieu où il demeure. Il fait aussi sa profession de foi entre les mains de son Evêque & il prend une information de l'état de l'Evêché auquel il a été nommé. Il envoye à *Rome* ces trois actes avec les trois lettres du Roi. Le Banquier expéditionnaire en Cour de *Rome*, à qui il les addresse, porte d'abord les lettres à l'Ambassadeur, lequel met l'*expédiatur* sur celle qui s'adresse au Pape, & le Banquier la porte au Dataire qui la remet à sa Sainteté. Le Banquier donne ensuite au Cardinal protecteur la lettre que le Roi lui écrit; en exécution de laquelle ce Cardinal déclare dans le premier Consistoire qui se tient ensuite, qu'il proposera dans le Consistoire suivant une telle Eglise pour un tel; & cette déclaration s'appelle *préconisation.* Quand le jour du second Consistoire est venu, le Cardinal protecteur propose l'état de l'Evêché à pourvoir, & les qualités de la personne que le Roi a nommée; & le Pape, après avoir pris l'avis des Cardinaux, ordonne qu'on expédie pour celui qui a été proposé, neuf Bulles. La première & la principale se nomme la Bulle de provision & s'adresse à l'Evêque même. Le Pape dit au sujet qui a été nommé par le Roi qu'il le pourvoit d'un tel Evêché. La seconde est une commission que le Pape donne à un ou plusieurs Evêques pour faire la cérémonie du Sacre. Cette Bulle contient la forme du serment que doit faire l'Evêque quand on le sacre. La 3^e^. s'adresse au Roi. La 4^e^. au Métropolitain & quand ce sont des Bulles pour un Archevêque, cette 4^e^. Bulle s'adresse aux Evêques suffragants. La 5^e^. au Chapitre. La 6e. au Clergé. La 7^e^. au Peuple. La 8^e^. aux Vassaux. La 9e. est la Bulle d'Absolution.

PRÉCONISER. *v. act.* lat. *Præconisare.* ang. *to preconise.* Faire une préconisation dans le Consistoire du Pape. Louer hautement, extraordinairement quelqu'un.

PRÉCURSEUR. *s. m.* lat. *Præcursor*, *prodromus.* anglois. *fore-runner.* Qui vient devant quelqu'un pour annoncer sa venue. On le dit dans le style familier, d'un homme qui en annonce un autre dont il est suivi.

PRÉDÉCEDER. *verb. n.* lat. *Priorem obire.* ang. *to decease before.* Mourir avant un autre avec qui on a quelque liaison.

PRÉDÉCÈS. *s. m.* lat. *Prior obitus*, *decessus.* anglois. *decease or death before that of another.* Mort de celui qui prédécede.

PRÉDÉCESSEUR. *s. m.* lat. *Antecessor.* ang. *predecessor.* Celui qui a précédé un autre dans le même emploi. Ceux qui ont été devant nous; ce qui s'entend souvent des Pères, grands Péres, &c.

PRÉDESTINATIANISME. *sub. m.* Hérésie touchant la prédestination, qui consiste à dire que Dieu prédestine nécessairement les hommes soit à la gloire, soit à la damnation éternelle, de manière que les Elus sont dans la nécessité d'être sauvés & les autres de périr, indépendamment de leur libre arbitre.

PRÉDESTINATIENS. *s. m. pl.* Partisans du prédestinatianisme.

PRÉDESTINATION. *s. f.* lat. *Ad æternam beatitudinem prædestinatio.* ang. *predestination.* Jugement de Dieu par lequel il prédestine; décret par lequel il a resolu de toute éternité de sauver certain nombre d'hommes. Enchainement des causes secondes.

PRÉDESTINER. *v. act.* lat. *Ad vitam æternam prædestinare.* ang. *to predestinate.* Terme de *Théologie* qui ne se dit que des décrets éternels de Dieu sur le salut des hommes, ou sur quelques actions importantes. *Prédestiné*, élu de Dieu.

PRÉDÉTERMINANT, ante. *adj.* & *subst.* Se dit du décret qui prédétermine, & de ceux qui soutiennent la prédétermination physique.

PRÉDÉTERMINATION. *s. f.* lat. *Prædeterminatio.* ang. *predetermination.* En *Théologie* est l'action de déterminer.

PRÉDIAL, ale. *adj.* Qui concerne les fonds & les héritages. ang. *predial.*

PRÉDICABLE. *adj.* lat. *Prædicabilis.* ang. *predicable.* En *Logique* est une qualité qu'on donne à un sujet.

PRÉDICAMENT. *s. m.* lat. *Prædicamentum.* ang. *predicament.* En *Logique* est une division qui se fait de la nature des substances.

PRÉDICANT. *s. m.* Mauvais Prédicateur. Ministre Protestant.

PRÉDICATEUR. *s. mas.* lat. *Concionator.* ang. *a preacher.* Ecclésiastique, qui prêche dans l'Eglise pour annoncer l'Evangile.

PRÉDICATION. *s. f.* lat. *Sacra concio.* ang. *a predication.* Sermon, discours pour expliquer les verités de l'Evangile.

PRÉDICTION. *s. f.* lat. *Prædictio.* anglois. *prediction.* Divination; oracle; prophétie, ou prévoyance des événemens futurs.

PRÉDILECTION. *s. f.* lat. *Prædilectio.* ang. *loving before.* Témoignage d'amitié qu'on donne à quelqu'un par dessus ses semblables.

PRÉDIRE. *v. act.* lat. *Prænunciare, prædicere.* ang. *to fore-tell.* Annoncer par avance, prophétiser; déclarer ce qui doit avenir.

PRÉDOMINANT, ante. *adj.* lat. *Prædominans.* ang. *predominant.* Qui a l'avantage, qui paroit le plus, qui l'emporte sur un autre.

PRÉDOMINER. *v. actif.* lat. *Prædominari.* ang. *to predominate.* Avoir quelque supériorité, quelque avantage sur quelque chose.

PRÉÉMINENCE *s. femin.* lat. *Excellentia, præstantia.* ang. *preeminence.* Qualité, rang, droit, privilége, ou supériorité sur les autres.

PRÉÉMINENT, ente. *adj.* lat. *Cæteris omnibus præstans.* anglois. *preeminent.* Qui est au dessus des autres.

PRÉEXISTENCE. *s. fem.* lat. *Præexistentia.* ang. *preexistence.* Etat de ce qui existe, de ce qui est actuellement avant quelque chose.

PRÉEXISTENT, ente. *adj.* lat. *Præexistens.* ang. *preexistent.* Qui existe avant quelqu'un ou quelque chose.

PRÉEXISTER. *v. n.* lat. *Præexistere.* ang. *to preexist.* Exister avant quelqu'un ou quelque chose.

PRÉFACE. *s. f.* lat. *Præludium, proœmium.* ang. *preface.* Avertissement qu'on met au-devant d'un livre pour instruire le lecteur de l'ordre & de la disposition qu'on y a observé; de ce qu'il a besoin de sçavoir pour en tirer de l'utilité & lui en faciliter l'intelligence. Préambule d'un discours, ce qu'on dit avant que d'entrer en matière. C'est aussi une partie de la Messe qui se chante par le Prêtre avant la consécration.

PRÉFECT. *voy.* Préfet.

PRÉFECTURE. *s. f.* lat. *Præfectura.* ang. *prefecture.* Charge, ou dignité de préfet fort considérable dans l'ancienne *Rome.* Dans les Colléges, c'est la charge du Préfet des Classes, & l'endroit où il réside ordinairement.

PRÉFÉRABLE. *adj.* lat. *Præponendus.* ang. *preferable.* Qui est meilleur, qui mérite d'être choisi le premier, ou qui est au dessus d'un autre.

PRÉFÉRABLEMENT. *adv.* lat. *Jure prærogativo.* ang. *preferably.* Par choix & préférence.

PRÉFÉRENCE. *s. f.* lat. *Electio, præstantia.* ang. *preference.* Choix; action par laquelle on juge du mérite des choses & l'on donne l'avantage à l'une sur l'autre.

PRÉFÉRER. *v. act.* lat. *Præponere.* ang. *to prefer.* Choisir; estimer plus; donner l'avantage à une chose sur une autre.

PRÉFET. *s. m.* lat. *Præfectus.* ang. *a prefect.* Parmi les *Romains* étoit un Magistrat qui avoit un poste de jurisdiction à *Rome*, fort semblable à celui des Lords chefs de justice ou juges mages de *Londres* & qui dans les Provinces étoit Gouverneur ou Lieutenant. Il y a à présent dans la Cour de *Rome* un *Préfet* de la signature de justice, qui est en même tems Cardinal & Jurisconsulte. Il voit & approuve les requêtes & met son nom au bas, à moins qu'elles ne soient douteuses, auquel cas il en confére avec les Officiers de la signature avant que d'y mettre son nom. Il y a aussi un *Préfet* de la signature de grace, qui est aussi un Cardinal jurisconsulte. Il fait la même fonction à l'égard des lettres de grace, que le précédent en celles de justice; mais il les expédie toujours en présence du Pape, ou lorsqu'il est absent, en présence de 12. Prélats. Il y a aussi plusieurs autres *Préfets* moins considérables. Dans les Colléges, le *Préfet* est celui qui a soin de la discipline du Collége.

PRÉFINIR. *v. act.* lat. *Præfinire.* ang. *to set, to appoint.* Marquer un certain terme & délai, dans lequel on est obligé de faire ou de payer quelque chose.

PRÉFIX,

PRÉFIX, ixe. *adj.* lat. *Præfinitus.* anglois. *prefixed.* Terme certain, marqué & déterminé. *Préfix*, se dit au *Palais* d'un douaire ou somme fixe que le mari donne à sa femme, pour vivre, pendant sa viduité, du revenu qui en provient. Il est opposé à douaire *coutumier*, qui est la moitié du bien qu'a le mari au jour de son mariage.

PRÉFIXION. *s. f.* lat. *Statæ diei designatio.* ang. *setting or appointing a time.* Action par laquelle on fixe un tems.

PRÉGADI. *s. m.* (Relations) Sénat de Venise. *voy. Pries.*

PRÉGATON. *s. masc.* Nom que les Tireurs d'or donnent aux dix ou douze plus petits pertuis de leurs filières, après que leur fil a passé sur le banc à dégrossir.

PREGNANT, *ou* Preignant, ante. *adj.* lat. *Acutus*, *acerbus.* ang. *acute*, *violent*, *sharp.* Violent, pressant.

PRÉJUDICE. *s. m.* lat. *Damnum*, *detrimentum.* ang. *prejudice.* Dommage, tort, ou injure qu'on fait à quelque personne ou à quelque chose.

PRÉJUDICIABLE. *adj.* lat. *Noxius*, *perniciosus.* anglois. *prejudicial.* Nuisible, qui porte préjudice.

PRÉJUDICIAUX. *adj. pl.* Se dit au Palais des frais des défauts qu'il faut rembourser, avant qu'on soit reçû à se pourvoir contre un jugement.

PRÉJUDICIÉ, ée. *adj.* Se dit d'une lettre de change, qui n'arrive dans le lieu où elle doit être payée, qu'après que les jours de grace en sont passés.

PRÉJUDICIEL, elle. *adj.* (Palais) Se dit d'une question qui dépend d'une autre & qui doit être jugée auparavant.

PRÉJUDICIER. *v. act.* lat. *Damnum inferre.* ang. *to prejudice.* Faire tort, ou dommage à quelqu'un.

PRÉJUGÉ. *s. masc.* lat. *Præjudicium.* angl. *a prejudice.* Préoccupation d'esprit qui se fait ou par l'erreur de nos sens, ou par l'opinion que nous concevons, ou par l'exemple, *&c.* Apparence, motif, considération externe. En termes de *Palais* il se dit d'un jugement préparatif, & précédent qui sert d'autorité pour décider une contestation pareille, ou pour décider les procès au fond.

PRÉJUGER. *v. act.* lat. *Præjudicare.* ang. *to prejudge.* Rendre un jugement dont on puisse tirer avantage pour faire décider une question semblable; juger par avance, ou par provision. Prévoir, conjecturer, deviner.

PRÉLART. *s. m.* (Marine) Toile gaudronnée, qu'on met sur les endroits ouverts d'un vaisseau.

PRÉLASSER. (Se) *v. rec.* (Discours familier) Se quarrer.

PRÉLAT. *s. m.* lat. *Antistes*, *præsul.* ang. *a prelate.* Supérieur ecclésiastique constitué dans une éminente dignité de l'Eglise. Comme le Patriarche, l'Archevêque, l'Evêque, *&c.*

PRÉLATION. *s. f.* (Jurisprudence) Droit de retenuë qu'ont les Seigneurs, dans certaines coutumes . . . . Droit par lequel les enfans sont maintenus dans les charges de leurs pères, préférablement aux étrangers.

PRÉLATURE. *s. f.* lat. *Antistitis dignitas*, *gradus*, *munus.* ang. *prelacy*, *prelature*, *prelateship.* Dignité de Prélat; bénéfice qui donne une jurisdiction spirituelle à celui qui en est revêtu. Le corps des Prélats.

PRÊLE. *s. femin.* Plante autrement appellée *queuë de cheval.* voy. Asprelle.

PRÉLEGS. *s. m.* *Prælegatum.* Legs dont on ordonne la délivrance avant le partage de la succession.

PRÉLÉGUER. *v. act.* *Antelegare.* Faire un legs payable avant le partage d'une hérédité.

PRÊLER. *voy.* Preller.

PRÉLEVER. *v. act.* lat. *Prædemere.* ang. *to deduct.* Lever une somme sur le total d'une succession, ou société, avant qu'on la partage.

PRÉLIMINAIRE. *adj.* Qui précéde la matière principale. ang. *preliminary.*

PRÉLIMINAIRES. *s. mas. pl.* *Præloquium.* angl. *preliminaries.* Ce qui se doit examiner, juger & terminer, avant que de décider, ou traiter quelque affaire à fond.

PRÉLIRE. *v. act.* Lire & corriger le manuscrit ou la copie d'un ouvrage, avant que de l'envoyer à l'Imprimeur.

PRELLE. *voy.* Asprelle.

PRELLER. *v. act.* Froter avec de la prelle. lat. *Equiseto polire.* ang. *to rub with shavegrass or horse-tail.*

PRÉLONGE. *s. f.* Cordage long & gros, qui sert à guinder & à trainer le canon sur les montagnes.

PRÉLUDE. *s. m.* lat. *Prælusio.* ang. *prelude.* Piéce de musique irrégulière, que le Musicien joüe d'abord pour voir si son instrument est d'accord, & pour se mettre en train. Il signifie aussi par extension, ce qui précéde quelque chose, & qui lui sert comme d'entrée.

PRÉLUDER. *v. n.* lat. *Præludere.* anglois. *to prelude.* Joüer un prélude, ou faire quelque chose en attendant.

PRÉMATURÉ, ée. *adj.* lat. *Præmaturus*, *præcox.* ang. *forward.* Qui vient avant l'âge, ou la saison ordinaire.

PRÉMATURÉMENT. *adv.* lat. *Præmaturè.* ang. *untimely.* Avant le tems ordinaire.

PRÉMATURITÉ. *s. f.* Maturité avant le tems ordinaire. Ce mot peut s'emploier tout au plus au figuré.

PRÊME D'ÉMERAUDE. *s. f.* lat. *Prasma.* ang. *a course kind of emerald.* Pierre précieuse demi transparente & demi opaque. Elle est tenue pour la mère des émeraudes.

PRÉMÉDITATION. *s. f.* lat. *Præmeditatio.* ang. *premeditation.* Action par laquelle on considére, on examine bien une chose, avant que de la faire paroitre au jour, avant que de l'exécuter.

PRÉMÉDITER. *v. actif.* lat. *Præmeditari.* ang. *to premeditate.* Examiner une chose avant qu'on l'exécute, la faire sciemment & à dessein.

PRÉMICES. *s. f. pl.* lat. *Primitiæ.* anglois. *first-fruits.* Les premiers fruits qu'on recueille sur la terre, dont les Anciens faisoient à Dieu des offrandes. Moïse ordonna aux Juifs d'offrir à Dieu les premiers fruits ou les prémices, non-seulement du bled, mais de plusieurs autres choses, afin que le reste des productions fut beni & sanctifié à l'avantage du possesseur. Il leur étoit aussi ordonné de racheter leurs premiers-nés & le premier-né de tout animal immonde. Les *Egyptiens* avoient coutume d'offrir les premières gerbes, & d'invoquer Iris à grands cris. Dans ces solemnités ils portoient des corbeilles pleines de froment & d'orge. Les *Athéniens* honoroient aussi leurs Dieux par l'offrande des premiers épics parvenus à maturité. Les *Hyperboréens* présentoient à *Apollon Delphien* ce qu'il y avoit de plus beau dans les premiers fruits, par les mains des Vierges les plus belles. Les *Romains* aussi offroient les *premiers-fruits a Janus*, &c.... Commencement des choses.

PREMIER, ière. *adj.* lat. *Primus.* anglois. *first.* Qui est au lieu par où l'on commence à compter. Nombre *premier* en *Arithmétique* est celui qui ne peut être mesuré que par l'unité.

PREMIÈRES-COULEURS. *s. f. pl.* Sorte d'émeraudes; qui se vendent au marc. On les appelle aussi *negres-cartes.*

PREMIÈREMENT. *adv.* lat. *Primò.* angl. *first.* En premier lieu, d'abord.

PREMIER-NÉ. *s. masc.* lat. *Primogenitus.* anglois. *first-born, firstling.* Le premier enfant mâle. Lorsque Dieu, par le ministère de l'Ange, fit mourir tous les *premiers-nés* des *Égyptiens*, il ordonna que tous les *premiers-nés* tant des hommes que des animaux domestiques lui fussent consacrés & réservés. Mais si le *premier-né* étoit une fille, on n'étoit obligé à rien offrir ni pour elle, ni même pour les garçons suivans. Quand un homme avoit plusieurs femmes le *premier-né* de chacune devoit être racheté, en le présentant dans le Temple & en donnant cinq sicles pour chacun d'eux.

PREMIER-PRIS. *s. mas.* C'est le coupeur, dont celui qui tient la main, amene la première carte.

PRÉMISSES. *s. f. pl.* lat. *Præmissæ.* angl. *the premisses.* En *Logique* sont les deux premières propositions d'un syllogisme.

PRÉMONTRÉ. *s. mas.* Ordre de Réligieux, qui suivent la régle de S. Augustin, fondé par S. Norbert à *Prémontré*, au Diocèse de Laon, dans le XIIe. siécle. ang. *Norbertins.* lat. *premonstratenses.*

PRÉMUNIR. *v. act.* Précautionner.

PRENABLE. *adj.* latin. *Expugnabilis.* angl. *that may be taken.* Qui peut être pris.

PRENANT, ante. *adj.* Qui prend. Carême *prenant*, c'est le Mardi-gras, la veille que le Carême prend. lat. *Genialium dies postremus.* ang. *shrove-tuesday.*

PRENDRE. *v. act.* lat. *Accipere, capere.* ang. *to take.* Enlever quelque chose, s'en saisir, s'en rendre maître de vive force. Empoigner, avoir à la main. Toucher, manier. Recevoir amiablement. Se coaguler, se figer. Tromper ou être trompé.

PRENEUR, euse. *s. m. & f.* lat. *Captator.* ang. *a taker.* Qui prend, qui est accoutumé de prendre.

PRÉNOM. *s. masc.* lat. *Prænomen.* ang. *the name.* Nom propre: nom que l'on met devant le nom général de famille.

PRÉNOTION. *s. f.* lat. *Prænotio.* anglois. *foreknowing.* Connoissance obscure qu'on a d'une chose devant qu'on l'ait approfondie, ou qu'elle se soit manifestée.

PRÉOCCUPATION. *s. f.* lat. *Præjudicium, anteoccupatio.* anglois. *prejudice, pre-possession.* Préjugé, prévention, impression qu'on s'est mise d'abord dans l'esprit.

PRÉOCCUPER. *v. act.* lat. *Præoccupare.* ang. *to prepossess.* Prévenir; mettre dans l'esprit d'une personne les premières impressions, les premières connoissances d'une chose.

PRÉOPINANT, ante. *adj.* lat. *Præjudicans.* ang. *he that votes before another.* Celui qui est le premier à opiner.

PRÉOPINER. *verb. neut.* lat. *Præjudicare.* angl. *to vote before another.* Opiner avant quelqu'un.

PRÉPARANT. *adj.* Se dit des deux veines & des deux artères qu'on appelle vaisseaux *spermatiques*, ou *hédéracés.*

PRÉPARATIF, ive. *adj.* lat. *Dispositivus.* ang. *preparative, preparatory.* Qui donne une disposition convenable aux choses.

PRE'PARATIF. *s. m.* lat. *Apparatus.* ang. *preparation.* Appareil; ce qu'on prépare pour quelque dessein, pour quelque cerémonie.

PRE'PARATION. *s. f.* lat. *Dispositio.* ang. *preparation.* Disposition qui convient à quelque chose importante qu'on veut faire. En *Pharmacie* il se dit des différentes manières d'apprêter les médicamens.

PRE'PARATOIRE. *adj.* lat. *Dispositivus, prævius.* ang. *preparatory.* Qui prépare, qui n'est qu'en attendant.

PRE'PARER. *v. act.* lat. *Parare, disponere.* ang. *to prepare.* Donner aux choses des dispositions convenables. Apprêter. *Préparer* l'esprit de quelqu'un, c'est lui donner certaines dispositions pour recevoir plus patiemment, ou plus agréablement quelque discours, quelque nouvelle.

PRE'PATOUT. *s. m.* Nom qu'on a donné à de certains plants de vignes choisis en divers endroits.

PRE'PONDERANT, ante. *adject.* Qui fait pencher la balance. On se sert de ce mot pour exprimer le privilége du suffrage du chef de quelques compagnies, dont l'opinion est suivie en cas d'égalité & de partage.

PRE'POSER. *v. act.* lat. *Præponere.* anglois. *to prepose.* Mettre devant. Donner à quelqu'un une intendance, une commission, une charge pour veiller à la conduite d'une entreprise, d'une récepte ou autre affaire.

PRE'POSITION. *s. f.* lat. *Præpositio.* angl. *preposition.* Terme de *Grammaire*, c'est une particule que l'on met devant un nom qu'elle régit.

PRE'PUCE. *s. m.* lat. *Præputium.* anglois.

*prepuce*, *fore-skin*. C'est la peau allongée qui couvre l'extrémité de la verge.

PRERIE. *voy.* Prairie.

PRE'ROGATIVE. *s. fem.* lat. *Prærogativa*. anglois. *prerogative*. Privilége, droit, prééminence, avantage qu'on a sur un autre.

PRE'SAGE. *s. m.* lat. *Præsagium*. ang. *presage*. Augure; signe de l'avenir.

PRE'SAGER. *v. act.* lat. *Augurari*. ang. *to presage*. Tirer quelque présage de quelque accident, de quelque observation. Conjecturer, prévoir les événemens de la prudence humaine.

PRE'SANCTIFIÉS. *s. masc. pl.* On appelle Messe des *présanctifiés* celle dans laquelle on communie avec des hosties consacrées quelques jours auparavant.

PRESBYTE. *s. m.* *Presbytes*. Terme d'*Optique* qui se dit de ceux qui ont la configuration du cristalin plate & qui voyent de loin, comme les vieillards.

PRESBYTERAL, ale. *adj.* lat. *Presbyteralis*. ang. *presbyteral*. Qui concerne la prêtrise.

PRESBYTERE. *s. m.* lat. *Presbyterium*. ang. *the priest's house*, *parsonage*. Maison proche une Eglise pour loger ceux qui la desservent. Liberalité du Pape.

PRESBYTÉRIANISME. *s. m.* lat. *Presbyterianismus*. angl. *presbyterianism*. Doctrine & principes des Presbytériens, surtout à l'égard du gouvernement de l'Eglise.

PRESBYTE'RIENS. *s. m. pl.* lat. *Presbyteriani*. ang. *presbyterians*. Secte parmi les *Anglois* ainsi nommée, parce qu'ils prétendent que le gouvernement de l'Eglise dans le nouveau Testament appartient aux Prêtres, c'est-à-dire, aux Ministres & aux Anciens, qui sont associés pour le gouvernement & la discipline. Ils disent qu'il n'y a point d'ordre dans l'Eglise supérieur aux Prêtres par institution divine; que tous les Ministres, étant Ambassadeurs de J. C. sont égaux par leur commission & que le plus Ancien & l'Evêque sont deux noms qui signifient la même chose & le même emploi, selon les Écritures. La moindre de leurs cours est celle du Ministre de la Paroisse ou Congrégation, avec ses Anciens, qui gouvernent cette Paroisse ou Assemblée particulière; ils ont droit d'en faire venir chaque membre pardevant eux, pour l'examiner, l'instruire, l'avertir, le reprendre & le suspendre de la céne, selon qu'ils le jugent à propos. Ils ont aussi un Diacre qui a soin des pauvres; la cour supérieure est celle des Prêtres, composée d'un nombre de Ministres & d'Anciens associés, pour gouverner les Eglises de leur district; leur cour suprême est le synode, qui peut, disent-ils, être Provincial, National ou Œcuménique & où l'on peut appeller du moindre au plus grand. L'ordination de leurs Ministres, se fait par la priére, le jeûne & l'imposition des mains des Prêtres, après que le sujet a été examiné, quant à ses mœurs, à sa religion & à sa capacité, par les Prêtres prédicateurs qui seuls ont droit de leur imposer les mains.

PRESCHE, Prescher, Prescheur. *voy.* Prêche, Prêcher, &c.

PRESCIENCE. *s. f.* lat. *Præscientia*. angl. *prescience*. Prévision; connoissance qui est en Dieu seul de toutes les choses futures.

PRESCRIPTIBLE. *adj.* Qui est sujet à prescription: contre quoi on peut prescrire.

PRESCRIPTION. *s. f.* lat. *Præscriptio*. ang. *prescription*. Fin de non recevoir que le droit a introduite pour assurer la propriété des biens après la possession d'un certain tems, en faveur des possesseurs de bonne foi & débouter ceux qui voudroient les inquieter, ou répéter la chose possédée après le tems fixé par les loix.

PRESCRIRE. *v. act.* lat. *Præscribere*. angl. *to prescribe*. Acquerir droit de prescription par une possession de bonne foi, légitime & sans trouble. *Prescrire* signifie aussi, ordonner précisément ce qu'on fera, limiter un pouvoir.

PRE'SE'ANCE. *s. f.* lat. *Antecessio*. anglois. *precedency*. Rang; place d'honneur qu'on a droit d'avoir dans les compagnies, soit pour la séance, soit pour la marche.

PRE'SENCE. *s. f.* lat. *Præsentia*. anglois. *presence*. Existence d'une personne dans un lieu; état d'une personne en tant qu'elle se trouve posée devant un autre. Assistance.

PRE'SENT, ente. *adj.* lat. *Præsens*. anglois. *present*. Qui comparoit, qui est en présence. Qui est dans le tems où nous sommes. En termes de *Grammaire*, c'est la première inflexion des verbes qui marque le tems présent, celui ou l'on est.

PRE'SENT. (à) *adv.* lat. *Nunc*. anglois. *at present*. Maintenant.

PRE'SENT. *s. m.* lat. *Donum*, *munus*. ang. *present*, *gift*. Don gratuit; grace, reconnoissance; marque d'estime, ou d'amitié.

PRE'SENTATEUR. *s. masc.* lat. *Patronus*, *præsentator*. ang. *patron*. Patron d'un bénéfice, qui nomme.

PRE'SENTATION. *s. f.* lat *Oblatio*, *præsentatio*. ang. *presentation*. Offrande. Et en *Jurisprudence Canonique* c'est l'acte de nomination que le Patron d'un bénéfice fait d'une personne capable à l'Evêque, ou au Collateur pour en obtenir la provision. Parmi les *Juifs*, il y avoit deux sortes de *présentations*, la première étoit ordonnée par la loi, qui ordonnoit que la femme qui auroit mis un enfant au monde, le présenteroit dans le Temple au bout de 40. jours, si c'étoit un garçon, &c. L'autre *présentation* se faisoit par ceux qui avoient fait un vœu. C'étoit un usage religieux parmi les Hébreux depuis le tems que *Moïse* avoit publié la loi, de se voüer eux-mêmes ou de voüer leurs enfans à Dieu, soit irrévocablement & pour toujours, ou en se réservant le pouvoir de les racheter avec des présens ou des sacrifices. Il y avoit pour cela au tour du Temple divers appartemens pour ceux qui y devoient accomplir leurs vœux ou ceux de leurs parens. Leur emploi étoit de servir aux Ministères sacrés & de travailler aux ornemens du Temple, chacun selon son âge, son état & sa capacité. *Présentation* se dit aussi d'une comparution en justice.

PRE'SENTEMENT. *adv.* lat. *Nunc*. ang.

*now.* Maintenant, tout à l'heure.

PRE'SENTER. *verb. act.* lat. *Offerre.* ang. *to offer, to present.* Offrir en présent. Mettre à la main. Faire connoître une personne à une autre. Nommer une personne capable à l'Evêque, ou au Collateur, pour être pourvûe d'un bénéfice. Opposer, se trouver en présence pour combattre. Comparoir en justice. Poser une chose où elle doit être, pour voir si elle y sera juste.

PRE'SENTINES. *s. f. pl.* Religieuses Ursulines fondées sous l'invocation de la Présentation de la Ste. Vierge.

PRE'SERVATIF. *s. m.* & *adj.* lat. *Præservativum.* ang. *preservative.* Remède qui sert à se précautionner, à se garentir d'un mal qui menace.

PRE'SERVER. *v. act.* lat. *Servare, custodire.* ang. *to preserve.* Garder; garentir de quelque mal.

PRE'SIDENCE. *s. f.* lat. *Præsidis dignitas.* ang. *a president's place: presidentship.* Qualité de président. Tems que dure l'exercice de la charge d'un Juge qui préside.

PRE'SIDENT. *s. m.* lat. *Præses.* ang. *a president.* Chef, ou modérateur d'une compagnie, d'une assemblée. Dans le *Conseil du Roi*, c'est celui qui propose une affaire au Conseil & qui fait au Roi le rapport de ce qui a été décidé.

PRE'SIDENTAL, ale. *adj.* Ce qui concerne le président.

PRE'SIDENTE. *s. f.* Tulipe couleur de rose, tirant sur l'incarnat & blanc d'entrée.

PRE'SIDER. *v. neut.* & *act.* lat. *Præsidere, præesse.* ang. *to preside.* Être à la tête d'une assemblée pour la régir & moderer, pour recueillir les voix. Dominer, gouverner, être maître; avoir la conduite & la direction de quelque chose.

PRE'SIDIAL *s. m.* & *adj.* lat. *Curia præsidialis.* ang. *presidial.* Tribunal, compagnie de juges établie dans les villes considérables de *France* pour y juger en dernier ressort les appellations des juges subalternes, dans des matières médiocrement importantes.... Lieu où se tient le Présidial.

PRE'SIDIALEMENT. *adv.* En dernier ressort pour jugement rendu au Présidial.

PRESLE. *voy.* Prêle *ou* Asprelle.

PRESME. *voy.* Prême.

PRE'SOMPTIF, ive. *adj.* lat. *Præsumptivus.* ang. *presumptive.* Héritier *présomptif* est le parent le plus proche & le plus habile à hériter ab-intestat, qu'on présume devoir hériter, s'il n'en est point empêché par la disposition contraire d'un Testateur.

PRE'SOMPTION. *s. f.* lat. *Præsumptio.* ang. *presumption.* Orgueïl; trop bonne opinion qu'on a de soi-même, & qui fait traiter les autres avec mépris. C'est aussi un soupçon; une conjecture appuyée sur la vraisemblance; une opinion qu'on se met dans l'esprit fondée sur le sens commun, ou sur de certains signes ou circonstances, surtout en matière criminelle.

PRE'SOMPTUEUSEMENT. *adv.* lat. *Arroganter.* ang. *presumptuously.* D'une manière présomptueuse.

PRE'SOMPTUEUX, euse. *adj.* lat. *Confidens.* ang. *presumptuous.* Vain, orgueilleux.

PRESQUE. *adv.* lat. *Quasi, ferè.* angl. *almost.* Quasi, peu s'en faut.

PRESQU'ISLE. *s. f.* lat. *Pene insula.* ang. *a peninsula or demi-island.* Etendue de païs qui ne tient au continent que par un isthme ou une langue de terre & qui est d'ailleurs entourée d'eau.

PRESQU'OMBRE. *s. f. voy.* Pénombre.

PRESSAMMENT. *adv.* lat. *Sine ullâ intermissione.* anglois. *pressingly.* Instamment, d'une manière pressante.

PRESSANT, ante. *adj.* lat. *Urgens, molestus, importunus.* ang. *pressing, urgent, earnest.* Qui oblige à se hâter; qui importune; qu'il faut faire en toute diligence, ou à quoi il faut remédier promptement.

PRESSE. *s. f.* lat. *Densa turba.* ang. *press, crowd.* Foule de peuple qui veut entrer dans un lieu qui ne le peut pas contenir commodement; multitude de personnes qui se pressent. Il se dit aussi d'une machine de bois qui sert à serrer fort étroitement quelque chose, comme pour imprimer soit des estampes, soit des feuilles d'un livre; pour marquer la monnoie sans le secours du marteau, &c. Sorte de pêche, qui ne quitte point le noyau.

PRESSE'ANCE. *voy.* Préséance.

PRESSEMENT. *s. m.* lat. *Pressus, compressus.* ang. *pressing.* Action de ce qui presse.

PRESSE'MENT. *adv.* lat. *Festinè, properatè.* ang. *hastily.* En diligence.

PRESSENTIMENT. *s. mas.* lat. *Præsensio, augurium.* angl. *fore-sight.* Prévoyance, qui nous fait connoître ce qui doit arriver, & qui vient ou d'un raisonnement prudent & juste, ou d'un mouvement naturel, secret & inconnu.

PRESSENTIR. *v. act.* lat. *Præsentire.* ang. *to fore-see.* Prévoir l'avenir ou par prudence, ou par instinct ou pressentiment naturel. Il signifie aussi, sonder quelqu'un, découvrir adroitement sa pensée, son dessein, sa resolution, si on l'aura favorable, ou contraire dans une entreprise qu'on veut faire, où il peut servir, ou nuire.

PRESSER. *v. act.* lat. *Prelo comprimere.* ang. *to press.* Serrer avec une presse, ou avec quelque chose de pesant. Se hâter, faire diligence. Poursuivre vivement, tant au combat, qu'à la dispute.

PRESSEUR. *s. m.* Ouvrier dont l'emploi est de mettre à la presse les étoffes, bas, toiles, &c.

PRESSIER. *s. m.* Ouvrier qui travaille à la presse de l'Imprimerie.

PRESSIS. *s. m.* lat. *Succus expressus.* ang. *gravy squeez'd out of meat.* Jus ou suc exprimé de quelque viande, de quelques herbes.

PRESSOIR. *s. m* lat. *Torcular, prelum.* ang. *a press.* Grande machine propre pour presser de la vendange, des pommes ou autres fruits dont on veut tirer, ou épreindre le jus, la liqueur, en sorte que le marc demeure tout sec. *Pressoir d'hérophile*: endroit où se rencontrent les finus de la dure-mère.

PRESSURAGE. *s. m.* lat. *Pressura.* ang. *an*

*liquour extracted with a press.* Liqueur qu'on tire du marc qu'on a mis sous le pressoir. C'est aussi ce qu'on donne au Seigneur pour le droit de son pressoir bannal.

PRESSURER. *v. act.* lat. *Vindemiam premere.* ang. *to press.* Mettre le marc du raisin, ou d'autres fruits sous le pressoir, pour en extraire la liqueur jusqu'à la dernière goute. Etreindre, presser fortement des fruits avec la main, pour en faire sortir le jus.

PRESSUREUR. *s. m.* lat. *Torcularius.* ang. *a press-man.* Garde ou fermier du pressoir, ou celui qui fait aller la machine.

PREST, Preste. *adj. voy.* Prêt, Prête.

PREST. *s. mas.* Essai, que le gentilhomme, qui est servant de jour, chés le Roi, fait faire au chef du gobelet, du pain, du sel, des serviettes, de la cuiller, de la fourchette, du couteau & des curedens qui doivent servir à Sa Majesté, ce qu'il fait en touchant toutes ces choses avec un petit morceau de pain, qu'il fait manger au chef du gobelet.

PRESTANCE. *s. f.* lat. *Augustus corporis habitus.* ang. *noble carriage.* Bonne mine d'une personne qui a une belle taille, de la majesté, de la gravité.

PRESTANT. *s. m.* Un des principaux jeux de l'orgue, qui sert à en régler les tons, parce qu'il est proportionné à la voix humaine.

PRESTATION. *s. f.* lat. *Juris jurandi instrumentum.* ang. *the taking of an oath. Prestation* de serment est l'action de prêter serment.

PRESTE. *adject.* lat. *Expeditus.* ang. *quick.* Qui se fait vîte & en peu de tems.

PRESTEMENT. *adv.* lat. *Celeriter*, *expedite.* ang. *hastily.* Vîte.

PRESTER. *s. m.* Météore qui se fait d'une exhalaison poussée des nuës en bas avec telle violence, que par la collision de l'air elle s'enflamme. Il est différent de la foudre par la différence de son inflammation, & parce qu'il brûle & brise tout ce qu'il touche avec plus de violence.

PRESTER. *v. act. voy.* Prêter.

PRESTESSE. *s. f.* ( Manége ) Diligence.

PRESTEUR. *voy.* Prêteur.

PRESTIGE. *s. m.* lat. *Præstigiæ.* ang. *prestige.* Illusion par sortileges. Ce qui peut ébloüir, surprendre, faire illusion.

PRESTIGIATEUR. *s. m.* lat. *Præstigiator.* ang. *prestigiator.* Imposteur par sortilége; celui qui fait des prestiges, des illusions.

PRESTIMONIE. *sub. f.* Espèce de bénéfice qu'un Prêtre dessert.

PRESTOLET. *s. m.* Prêtre indigne de son caractère.

PRESTRE, Prestresse, Prestrise. *voy.* Prêtre, Prêtresse, Prêtrise.

PRÉSUMER. *v. n.* & *act.* lat. *Nimium sibi arrogare.* ang. *to presume too much upon one's self.* Avoir bonne opinion de soi. Soupçonner, conjecturer, se persuader quelque chose par quelques signes, indices ou conjectures.

PRE'SUPPOSER. *v. act.* lat. *Præsupponere.* anglois. *to presuppose.* Poser pour vrai, pour constant; faire état qu'une chose est de telle & telle manière, pour fonder la dessus quelque raisonnement.

PRE'SUPPOSITION. *s. f.* lat. *Præsuppositio.* ang. *presupposition.* Croyance qu'on a qu'une chose est, ou peut être ainsi.

PRE'SURE. *s. fem.* lat. *Coagulum.* ang. *the rennet that turns milk.* C'est un certain acide qu'on trouve dans l'estomach des veaux, quand ils n'ont mangé que du lait, si on les tue avant que la digestion en soit faite. C'est de cet acide qu'on se sert ordinairement pour faire cailler le lait.

PRÊT. *s. masc.* lat. *Commodatum.* ang. *loan.* Action par laquelle on communique à un ami, quelque chose dont il a besoin, à la charge de le rendre en un certain tems.

PRÊT, Prête. *adj.* lat. *Dispositus*, *expeditus.* ang. *ready.* Préparé, disposé.

PRE'TANTAINE. *voy.* Prétentaine.

PRÊTE. *s. f.* Osier fendu en trois pour tenir les cerceaux à rélier les tonneaux.

PRE'TENDANT, ante. *adj.* lat. *Candidatus.* ang. *a candidate.* Qui aspire à quelque chose, qui a une espérance bien ou mal fondée de la posséder.

PRE'TENDRE. *v. act.* lat. *Ambire*, *aspirare.* ang. *to claim.* Aspirer à quelque chose; avoir espérance de l'obtenir. Vouloir, entendre. Soutenir une opinion, la vouloir faire passer pour vraie.

PRE'TENDUE. *s. f.* Tulipe qui est bien panachée d'un beau laque sur du blanc.

PRÊTE-NOM. *s. mas.* Celui qui prête son nom dans quelque acte, où le véritable contractant ne veut pas paroître.

PRE'TENTAINE. *s. f.* ( Courir la ) latin. *Huc illuc divagari.* ang. *to ramble about.* Aller deçà & delà.

PRE'TENTION. *s. f.* lat. *Jus in re vel ad rem benè vel malè fundatum.* ang. *pretension.* Droit bien ou mal fondé qu'on a sur quelque chose. Pensée, dessein qu'on a de faire, ou d'obtenir quelque chose, avec espérance d'y réussir.

PRÊTER. *verb. act.* lat. *Credere*, *mutuum dare.* ang. *to lend.* Donner en prêt pour un tems quelque chose à la charge de la rendre, ou de la payer. Fournir, donner quelque assistance, quelque aide, quelque secours, quelque soulagement. Se *prêter*, c'est se livrer, s'abandonner, s'appliquer, s'accommoder. *Prêter*, parmi les *Artisans*, se dit des cuirs qui s'allongent.

PRE'TE'RIT. *s. m.* lat. *Præteritum.* ang. *a preter.* Terme de *Grammaire.* Inflexion des verbes, qui marque le tems passé. Enfant *prétérit* en *Jurisprudence* est celui dont le Père a oublié de faire mention dans son testament.

PRE'TE'RITION. *s. f.* lat. *Præteritio.* ang. *preterition.* Omission du nom d'un fils dans un testament. C'est aussi une figure de *Rhétorique*, quand on fait semblant de ne vouloir pas parler d'une chose, dont on fait pourtant une mention sommaire.

PRE'TERMISSION. *voy.* Prétérition.

PRÊTEUR. *substantif masculin.* lat. *Com-*

*modator.* angl. *he that lends.* Celui qui prête.

PRÉTEUR. *s. m.* lat. *Prætor.* ang. *a pretor.* Magistrat *Romain* qui rendoit la justice & qui au commencement avoit seul toute cette jurisdiction. Mais parce que beaucoup d'étrangers vinrent s'établir à *Rome* on élût un second *préteur* pour être le juge des différends qui naîtroient entre les étrangers. L'an de *Rome* 605, il y eut six *préteurs*, dont les deux premiers connurent des procès entre les particuliers & les quatre autres des crimes publics, comme des concussions, des brigues contre les loix, des trahisons, &c. Dans la suite il y en eût quinze. l'Exercice de cette charge ne duroit qu'un an. Les *préteurs* provinciaux étoient des juges qui rendoient la justice dans les Provinces *Romaines* & qui y commandoient les troupes de la République pendant l'année de leur Magistrature, excepté lorsque la guerre étoit dangereuse ou que l'ennemi étoit formidable ; car alors ils y envoïoient un Consul en prendre le commandement.

PRE'TEXTE. *s. m.* lat. *Obtentus*, *prætextus.* ang. *pretence or pretext.* Motif ; cause vraie ou apparente, ou dont on couvre un dessein qui a souvent quelque chose de vicieux, ou de blamâble.

PRE'TEXTER. *v. act.* lat. *Fingere*, *prætendere.* ang. *to pretend.* Donner une excuse, se servir d'un prétexte.

PRE'TIEUX. *voy.* Précieux.

PRE'TINTAILLE. *s. f.* Falbalas, franges, découpures & autres ornemens ou agrémens qu'on met aux écharpes des femmes. On se sert aussi de ce terme pour exprimer toutes les choses qui sortent de l'uni, où l'on ajoute quelque autre circonstance ou formalité. Il se prend aussi dans le discours familier pour les suites & l'accompagnement d'une chose.

PRE'TINTAILLER. *v. act.* Mettre des prétintailles aux jupes, aux écharpes des femmes... *Figurément*, mettre des ornemens superflus dans un ouvrage d'esprit.

PRE'TOIRE. *s. m.* lat. *Prætorium.* ang. *pretorium.* Lieu où vivoit le Préteur ou Capitaine de la garde des Empereurs, qui étoit Gouverneur de la *Judée* & où il rendoit la justice. C'est aussi la tente, le pavillon du Général d'armée, où s'assembloit le conseil de guerre, qui portoit ce nom.

PRE'TORIEN, enne. *adj.* & *subst.* lat. *Prætorianus.* ang. *pretorian.* Qui appartient, qui a rapport à la charge de Préteur.

PRE'TORIENS. *s. m. pl.* lat. *Prætoriani.* ang. *pretorians.* Soldats de la garde des Empereurs *Romains*, qui furent choisis par *Scipion l'Africain* parmi les plus braves Soldats de l'armée ; qu'ensuite *Auguste* sépara & divisa en plusieurs corps, & à qui il donna deux Officiers pour les commander. Leur paye étoit double de celle des autres soldats ; leur nombre pouvoit monter à dix mille hommes, divisés en neuf ou dix cohortes & communément ils avoient beaucoup de part à toutes les révolutions.

PRÊTRE. *s. masc.* lat. *Sacerdos*, *presbyter.* ang. *priest.* Signifie proprement Ancien ou homme âgé ; mais à présent il ne se dit que de ceux qui sont emploiés aux sacrifices. Dans l'*Ancien Testament* l'âge pour entrer dans l'ordre de la prêtrise étoit fixé à 30. ans, & l'on croit que Notre-Sauveur avoit à peu près cet âge lorsqu'il commença à prêcher. Dans l'*Eglise Chrétienne* il n'y a point de terme fixe ; chaque Eglise ayant son usage particulier. Quant aux *Prêtres* payens il y en avoit de différente espèce ; quelques-uns étoient destinés à sacrifier à tous les Dieux en général, & d'autres à un Dieu particulier, &c. Parmi les *Juifs* la dignité de souverain *Prêtre* ou de grand *Prêtre* étoit attachée à la famille d'*Aaron.* Après la captivité de *Babylone*, on joignit aux fonctions du grand *Prêtre* le gouvernement civil. C'étoit un privilége particulier du grand *Prêtre* de ne pouvoir être poursuivi dans aucune Cour excepté dans celle du grand Sanhedrim, mais quelques-uns croyent que ce n'étoit qu'en matière criminelle & qu'en matière civile on pouvoit l'attaquer dans la jurisdiction ordinaire. Il avoit seulement le privilége de n'être pas obligé de paroître en personne & de pouvoir substituer en sa place un Procureur. Il étoit aussi dispensé d'être pris au serment soit en justice ou autrement, à moins que le Roi n'eut un procès & que le témoignage du grand *Prêtre* ne fut nécessaire au service du Roi. Lorsque la succession étoit douteuse, le Sanhedrim avoit seul le pouvoir de nommer un successeur. Le grand *Prêtre* avoit sous lui un Vicaire qu'on appelloit *Sagan* & qui avoit la direction de tous les autres *Prêtres.* Il avoit aussi deux autres deputés qui travailloient sous lui. Après qu'on eut bâti le second Temple, les sciences & l'application tomberent tellement en décadence parmi les *Prêtres* que toutes les années un peu avant la fête de l'expiation le Sanhedrim s'assembloit & lisoit au grand *Prêtre* tout ce qui regardoit cette fête, conformément au *Levitique* & lui ordonnoit de le répéter pour ne faire aucune bevuë dans les moindres circonstances. Ce jour-là il devoit offrir lui seul toutes les espéces de sacrifices. Le matin du jour de préparation on le plaçoit au milieu de la porte du Temple & on conduisoit devant lui des genisses, des beliers, & des agneaux pour lui rafraichir la memoire des différens sacrifices. Ensuite on le conduisoit chés le plus ancien des *Prêtres* qui lui apprenoit la manière d'offrir l'encens, & qui lui faisoit promettre avec serment de le faire selon la forme prescrite dans le Saint des Saints. Tous les années on le conduisoit de sa maison dans le Temple avec grande pompe ; le grand Sanhedrim, le Roi & le corps des *Prêtres* faisant partie du cortége. Les Payens avoient leur Archiflamin ou souverain *Prêtre* ; les Chrétiens l'ont aussi, excepté quelques sectes particulières.

PRÊTRESSE. *s. f.* lat. *Sacerdos.* ang. *priestess.* Femme destinée au culte des faux Dieux.

PRÊTRISE. *s. f.* lat. *Presbyteratus*, *sacerdotium.* ang. *priesthood.* Qualité & caractère de Prêtre.

PRE'TURE. *s. f.* lat. *Pratura.* ang. *pretorship.* Dignité de préteur.

PRE'VALOIR. *v. n.* lat. *Prævalere, præstare.* ang. *to prevail.* L'emporter, avoir plus de force, plus de poids. Se *prévaloir*, tirer vanité & avantage.

PRE'VARICATEUR. *s. m.* lat. *Prævaricator.* ang. *prevaricator.* Qui abuse de la confiance qu'on a en lui, qui trahit sa partie. Transgresseur de la loi.

PRE'VARICATION. *s. f.* lat. *Prævaricatio.* ang. *prevarication.* Abus commis dans l'exercice d'une charge publique, d'une commission donnée par un particulier.

PRE'VARIQUER. *v. n.* lat. *Fidem fallere.* ang. *to prevaricate.* Manquer à son devoir, à son serment dans l'exercice d'une charge, d'une commission.

PRE'VENANCE. *s. f.* Action de prévenir, d'aller au devant.

PRE'VENANT, ante. *adj.* lat. *Præveniens.* ang. *preventing.* Grace *prévenante* est celle qui nous porte à faire de bonnes actions.

PRE'VENIR. *v. actif.* & *n.* lat. *Prævenire.* ang. *to prevent.* Être le premier à faire la même chose; gagner les devants. Se saisir le premier d'une affaire. Préoccuper l'esprit, lui donner les premières impressions. Remédier aux maux qu'on a prévus, les empêcher, s'en garentir.

PRE'VENTION. *s. f.* lat. *Anteoccupatio.* anglois. *prevention.* Droit qui appartient au supérieur ou à celui qui prévient & qui fait la chose le premier. Il signifie aussi préoccupation d'esprit; entêtement, sans aucun principe certain.

PRE'VENU. *sub. m.* Accusé qui est entre les mains de la Justice.

PRE'VISION. *s. fem.* lat. *Prævisio.* ang. *foresight.* En *Théologie*, c'est la connoissance de ce qui arrivera.

PRE'VOÏANCE. *voy.* Prévoyance.

PRE'VOIR. *verb. act.* lat. *Prævidere.* ang. *to fore-see.* Conjecturer par avance ce qui peut arriver.

PRE'VÔT. *s. m.* lat. *Tribunus capitalis.* ang. *a provost.* Juge inférieur. *Grand-Prévôt* de la Connétablie est un juge d'épée qui instruit les procès des gens de guerre à l'armée. *Prévôt* général de la marine est celui qui instruit les procès des gens de mer qui ont commis quelque crime & qui en fait le rapport au conseil de guerre. *Prévôt* des Maréchaux sont des Officiers royaux établis pour la sûreté de la campagne contre les vagabonds. *Prévôt* des Marchands est un magistrat populaire qui préside au bureau de la ville & qui y juge avec les Echevins. *Prévôt* est aussi une première dignité dans quelques chapitres ecclésiastiques. *Prévôt de salle*; celui qui tient la salle sous un Maître en fait d'armes, qui enseigne les Ecoliers & fait assaut contre tous venans.

PRE'VÔTABLE, ou Prévôtal, ale. *adject.* Ce qui concerne la jurisdiction du prévôt.

PRE'VÔTALE d'Abbeville. Tulipe qui est colombin, incarnat chargé & sale.

PRE'VÔTALEMENT. *adv.* lat. *Latrunculariè.* ang. *by martial law.* Par le prévôt & en dernier ressort.

PRE'VÔTE'. *s. f.* lat. *Præpositura.* ang. *provostship.* Qualité de prévôt. Lieu où se tient sa jurisdiction. Etenduë de cette jurisdiction.

PRE'VOYANCE. *s. f.* lat. *Prævisio.* anglois. *foresight.* Raisonnement; action de l'esprit par laquelle on conjecture, on voit par avance ce qui peut arriver suivant le cours naturel des choses.

PRE'VOYANT, ante. *adject.* lat. *Præscius.* ang. *provident, wary.* Qui a de la prévoyance, qui conjecture, qui voit par avance ce qui doit arriver.

PREUVE. *s. f.* lat. *Probatio, argumentum, ratio.* ang. *proof.* Raison; moyen dont on se sert pour persuader, pour faire connoître qu'une chose est véritable. En termes d'*Arithmétique* c'est la vérification, l'examen d'une opération ou d'un calcul. Il se dit aussi des signes, des marques, des assurances d'une vérité.

PREUX. *adj.* Hardi & vaillant.

## P R I

PRIAPE. *s. m.* lat. & ang. *Priapus.* Dieu des *Anciens* qu'on disoit être fils de *Bacchus* & de *Venus* & qui présidoit aux jardins. Il étoit adoré particulièrement à *Lampsaque. Adonis* ou *Osiris* ayant consacré un *Phallus* d'or, en memoire de la blessure qu'il avoit reçûë dans l'aine, il arriva que l'on oublia dans la suite des tems la raison du *Phallus* & que les Prêtres de ce Dieu introduisirent mille impuretés à cette occasion. On croit qu'*Adonis* & *Priape* étoient la même divinité sous differens noms, étant l'un & l'autre le Dieu des jardins, *&c.*

PRIAPE'E. *s. f.* lat. *Priapeia obscena.* angl. *bawdy or smutty verses.* Epigrammes & pièces obscénes.

PRIAPISME. *s. m.* lat. *Priapismus.* anglois. *priapism.* Tension continuelle de la verge sans aucun aiguillon de volupté.

PRIE'-DIEU, ou Prie-Dieu. *s. m.* lat. *Precationis pluteus.* anglois. *a dew or a desk for prayer.* Accoudoir en forme de pupitre pour soutenir le livre de prières, tandis qu'on est à genoux.

PRIER. *v. act.* lat. *Rogare, orare, invocare.* angl. *to pray, beseech, beg.* Implorer la grace, l'assistance divine pour obtenir les choses nécessaires. Supplier les puissances temporelles. Inviter ou demander quelque petit service.

PRIÈRE. *s. fem.* lat. *Invocatio, deprecatio.* ang. *prayer, supplication.* Invocation qu'on fait à Dieu pour obtenir grace, ou pour demander quelque chose. Requête, sollicitation. Selon *Hésiode* les Prières étoient filles de *Jupiter.* Elles sont boiteuses, dit *Homere*, ridées, ayant toujours les yeux baissés, l'air rampant & humilié, marchant continuellement après l'injure, pour guérir les maux qu'elle a faits.

PRIE'S. *s. m. pl.* Le Conseil des *priés* est à Venise un Conseil où l'on décide toutes les affaires concernant la Paix, la Guerre, les Alliances, les Ligues. Les Vénitiens les appellent *Pregadi.*

PRIEUR, eure. *s. m. & f.* lat. *Cænobiarcha, prior.* ang. *a prior, prioress.* Directeur, supérieur d'un couvent de moines, ou d'un ordre militaire.

PRIEURAL, ale. *adj.* Qui appartient à un Prieur, qui a le titre de Prieuré.

PRIEURÉ. *s. m.* lat. *Cænobiarchicum beneficium, prioratus.* ang. *a priory.* Bénéfice dont est pourvû un prieur.

*PRIMA MENSIS. s. f.* Assemblée de Sorbonne le premier de chaque mois.

PRIMAGE. *voy. Prime,* terme de *Marine.*

PRIMAT. *s. mas.* lat. *Primas.* ang. *primate.* Archevêque qui a une supériorité de jurisdiction sur plusieurs Archevêchés ou Evêchés, comme le *Primat* de Pologne, &c.

PRIMATIAL, ale. *adj.* lat. *Primatialis.* ang. *primatial.* Qui concerne le primat.

PRIMATIE. *s. f.* lat. *Primatis dignitas.* ang. *primacy, primateship.* Jurisdiction du primat.

PRIMAUTÉ. *s. fem.* lat. *Principatus.* ang. *primacy, preeminence.* Qualité qui rend quelque chose la première & la plus puissante. En termes de *Jeux,* tirer la *primauté* c'est jouër à qui aura la main, à qui jouera le premier, avoir la *primauté* c'est être le premier en carte, jouer le premier.

PRIME. *s. f.* lat. *Prima.* ang. *prime.* Dans l'Eglise *Romaine,* c'est la première des heures canoniales qui se dit après Laudes. En termes de *Marine,* c'est la somme que le Marchand paye à l'assureur pour le prix de l'assurance. Chez les maîtres en fait d'*Armes,* c'est la première & la principale des gardes, comme celle où le corps se rencontre en achevant de tirer l'épée du côté, étant plus propre à épouvanter l'ennemi, à cause que la pointe de l'épée est plus proche de ses yeux que dans les autres gardes. En *Arithmétique, Prime* est la 10e. partie d'une unité; & en fait de poids la 24e. partie d'un grain.... Première sorte de laine d'Espagne, la plus fine & la plus estimée.

PRIMER. *v. actif.* lat. *Præoccupare, incipere.* ang. *to be the first, to prevent.* Commencer le premier, attaquer. Tenir la première place. Devancer, surpasser, se distinguer, avoir l'avantage sur les autres.

PRIMEROLLE. *s. f.* Primevère.

PRIMEVÈRE. *sub. f.* lat. *Flosculus vernus.* anglois. *cowslip.* Fleur du Printems agréable, petite & jaune qui paroît ordinairement dans les mois d'*Avril* & de *May.*

PRIMEUR. *sub. fem.* Qualité du vin un peu après les vendanges.

PRIMICÉRIAT. *s. masc.* Qualité, dignité, office de Primicier.

PRIMICIER. *s. m.* lat. *Primicerius.* ang. *the dean of some churches.* Celui qui est revêtu d'une certaine dignité dans l'Eglise. On appelle de ce nom le Recteur dans quelques universités & en particulier dans celle d'Avignon, où cette charge ennoblit.

PRIMIPILAIRE. *s. masc.* Soldat de la première cohorte d'une legion.

PRIMITIF, ive. lat. *Primitivus.* ang. *primitive.* Terme de *Grammaire.* Racine; mot de la langue, qui n'est ni composé, ni dérivé, mais qui sert à en dériver, ou à en composer d'autres. Il signifie aussi Ancien; naissant, qui est proche de la source. Il se dit en termes *Canoniques,* des Curés qui ont le droit & la nomination des Cures. En *Médecine,* il se dit des causes manifestes des maladies qui agissent les premières & mettent les autres en mouvement. Les Peintres appellent couleurs *primitives* le jaune, le rouge & le bleu.

PRIMITIVEMENT. *adv.* Originairement & de source. lat. *Primitùs.* ang. *primitively.*

PRIMOGÉNITURE. *s. fem.* lat. *Primogenitura.* anglois. *primogeniture, birt-right.* Droit d'ainesse.

PRIMORDIAL, ale. *adj.* lat. *Primordialis.* ang. *primordial.* Premier & original.

PRINCE. *s. m.* lat. *Monarcha, princeps.* ang. *a prince.* Monarque, souverain indépendant ou souverain sur ses terres, mais tributaire d'un autre. Il se dit aussi de ceux qui sont de famille royale ou issûs de *Princes;* des Seigneurs qui ont des terres erigées en principautés. *Princes:* Soldats romains. C'étoient les plus forts & les plus vigoureux de l'Infanterie. Ils étoient armés comme les Hastaires, excepté qu'au lieu de piques, ils n'avoient que des demi-piques.

PRINCESSE. *s. f.* lat. *Princeps fœmina.* ang. *princess.* Fille qui est née d'un Prince, ou qui a épousé un Prince, ou qui est Dame d'une terre qui lui donne ce nom.... *Princesse;* tulipe incarnadin, feuille-morte, couleur de citron, & blanc non d'entrée... *Princesse aimable:* œillet violet & blanc, bien tranché.

PRINCIPAL, ale. *adject.* lat. *Principalis, præcipuus.* ang. *principal, chief.* Ce qui est le plus solide, le plus considérable, le plus nécessaire. Le *principal* est le capital d'une somme dûë. C'est aussi le Maître & le Directeur d'un Collége.

PRINCIPALAT. *s. m.* Qualité de principal d'un Collége. Principalité.

PRINCIPALEMENT. *adv.* lat. *Præcipuè, præsertim.* ang. *principally.* Sur toutes choses.

PRINCIPALITÉ. *s. f.* lat. *Gymnasiarchatus.* ang. *the place of a principal.* Office, emploi de celui qui est le principal d'un Collége.

PRINCIPAUTÉ. *s. f.* lat. *Principatus.* ang. *a principality.* Souveraineté. Terre ou Seigneurie qui donne le titre de Prince. Troisième hierarchie des Anges qui commande aux Anges inférieurs.

PRINCIPE. *s. m.* lat. *Principium, origo, fons.* ang. *principle.* La cause, l'auteur, l'origine de quelque chose. Maxime ou verité évidente par elle-même. Dans la *Morale* un homme est dit agir par de bons ou de mauvais *principes* ou motifs. Parmi les *Chymistes,* le phlegme ou l'eau, le mercure ou l'esprit, le souffre ou l'huile, le sel & la terre, sont les *principes* des mixtes ou corps naturels; parmi lesquels l'esprit, l'huile & le sel, se nomment *principes* actifs, l'eau & la terre *principes* passifs.

PRINCIPION, *ou* Principiot. *s. mas.* latin. *Regulus.* ang. *a poor prince.* Prince peu considérable, qui n'a pas le moyen de soutenir sa dignité.

PRINTANIER,

PRINTANIER, ière. *adj.* lat. *Vernalis.* ang. *e for belonging to the spring.* Fleur *printanière* est celle qui fleurit au Printems.

PRINTEMS. *s. m.* lat. *Ver.* ang. *the spring.* La saison qui succéde à l'Hyver, qu'on appelle aussi le *renouveau* le tems où les plantes, & les arbres commencent à pousser & à sentir l'approche du soleil.

PRINTILLAGE. *voy.* Lest.

PRIORAT. *s. m.* Durée de l'administration d'un Prieur. Tems qu'il est en charge.

PRIORITÉ. *s. f.* Antériorité, primauté en ordre de tems.

PRISCILLIANISTES. *s. m. pl.* lat. *Priscillianistæ.* ang. *priscillianists.* Anciens hérétiques qui s'éleverent en Espagne vers la fin du IVe. siécle. C'étoit une branche de Manichéens & de Gnostiques, & ils tirent leur nom de leur chef appellé Priscillien homme laïque, qui ayant été condamné dans le Concile de Sarragosse & dans celui de Bordeaux, en appella à l'Empereur Maxime, mais le Prince le condamna à la mort avec plusieurs autres qui suivoient ses sentimens.

PRISE. *s. f.* lat. *Captura.* ang. *a taking.* Capture, enlevement, invasion, conquête. Endroit par où l'on peut prendre quelque chose. En *Médecine*, c'est une dose d'un reméde qu'on fait prendre à chaque fois. Prise se dit aussi des querelles, des combats. *Prise d'habit*: est une cérémonie qui se fait dans les maisons Religieuses, lorsqu'on prend l'habit de l'Ordre.... *Prise:* vaisseau qui a été pris sur l'ennemi.

PRISÉE. *s. f.* lat. *Æstimatio.* ang. *prizing, valuing.* Valeur d'une chose estimée par autorité de justice.

PRISER. *v. act.* lat. *Æstimare.* ang. *to prize, to value.* Estimer, faire cas. Mettre le prix aux choses. Vanter, louer.

PRISEUR. *s. m.* lat. *Æstimator.* ang *he that prizes or sets a price.* Officier qui met le prix aux choses.

PRISMATIQUE. *adj.* lat. *Prismaticus.* ang. *prismatick.* Corps qui a la figure d'un prisme. Qui appartient au prisme.

PRISME. *s. masc.* lat. *Prisma.* ang. *a prism.* En *Géométrie* est un solide compris sous cinq plans différens, dont les deux opposés sont des triangles égaux, semblables & paralléles, & les autres sont des parallélogrammes. Un verre à qui on a donné exactement cette figure sert à faire voir l'ordre de la nature dans l'arrangement des couleurs; car les rayons du soleil venant à tomber sur ce verre sous un angle convenable, on y voit la représentation la plus parfaite & la plus belle de l'arc-en-ciel. C'est de-là que le Chevalier *Newton* a tiré sa théorie des couleurs, *&c.*

PRISON. *s. f.* lat. *Carcer, ergastulum.* ang. *goal, prison.* Geole; lieu fort & gardé pour retenir des criminels, des débiteurs, & des captifs.

PRISONNIER, ière. *adj.* & *subst. masc.* & *fem.* lat. *Incarceratus, captivus.* ang. *a prisoner.* Qui est arrêté en prison, ou détenu malgré lui.

PRITANAT, Pritane, Pritanée. *voy.* Prytanat, Prytane, *&c.*

PRIVABLE. *adj.* lat. *Privandus.* ang. *that ought be deprived.* Qui mérite d'être privé d'une chose qu'on lui ôte.

PRIVATIF, ive. *adj.* lat. *Privativus.* angl. *privative.* Qui ôte quelque chose.

PRIVATION. *s. fem.* lat. *Privatio.* anglois. *privation.* Absence, défaut, manque d'un bien qu'on souhaite.

PRIVATIVEMENT. *adv.* latin. *Exclusivè.* ang. *exclusively.* D'une manière privative.

PRIVAUTÉ. *s. f.* lat. *Familiaritas.* anglois. *privity.* Grande familiarité.

PRIVÉ, ée. *adj.* & *substant.* lat. *Privatus, secretus.* ang. *private, privy.* Particulier, secret. Familier, apprivoisé. Qui souffre la privation ou la perte de quelque chose. Un *privé* est un lieu particulier où l'on va à ses nécessités secrettes. Le scel *privé* d'*Angleterre* est celui que le Roi met aux graces qu'il accorde avant qu'elles passent au grand sceau. Le Lord du scel *privé* est le cinquième des grands Officiers de la Couronne d'*Angleterre* par les mains de qui passent toutes les graces, pardons, *&c.* & qui est toujours membre du Conseil du Roi.

PRIVÉMENT. *adv.* lat. *Familiariter.* angl. *familiarly, intimately.* D'une manière fort privée & familière.

PRIVER. *verb. act.* lat. *Privare.* ang. *to deprive.* Retrancher, enlever, ôter quelque chose à quelqu'un, l'en dépouiller. Manquer d'obtenir, s'abstenir, se frustrer de quelque chose.

PRIVILE'GE. *s. m.* lat. *Privilegium.* angl. *priviledge or privilege.* Passe-droit, grace, prérogative; avantage particulier dont jouït une personne à l'exclusion de plusieurs autres, & qui lui vient par le bien fait de son Souverain. Il se dit aussi des dons naturels du corps & de l'esprit.

PRIVILE'GIE', ée. *adj.* lat. *Privilegiatus.* ang. *priviledged.* Qui jouït de quelque privilége. Qui a quelque distinction, à qui appartient quelque préference ou quelque exemption; qui n'est point dans le cas ordinaire; qui a quelque avantage sur les autres.

PRIX. *s. m.* lat. *Pretium.* ang. *price, rate.* Valeur & estimation des choses. *Prix fait* est le prix convenu. *Prix* signifie aussi une récompense à disputer.

## P R O

PROAO. *s. m.* Divinité des anciens Germains, qui présidoit à la justice & au marché public.

PROAROSIES. *s. f. pl.* Sacrifices qu'on faisoit à Cérès avant les semences.

PROBABILIORISTE. *s. m.* Celui qui croit qu'on est obligé sous peine de péché de prendre toujours le parti le plus probable.

PROBABILISME. *s. m.* Doctrine des opinions probables.

PROBABILISTE. *s. mas.* Qui tient pour la doctrine des opinions probables.

PROBABILITÉ. *s. f.* lat. *Probabilitas.* ang. *probability or probableness.* Vraisemblance ; apparence de vérité.

PROBABLE. *adj.* lat. *Probabilis.* ang. *probable.* Qui se peut prouver ; qui a de la vraisemblance, & quelque apparence de vérité.

PROBABLEMENT. *adv.* lat. *Probabiliter.* ang. *probably.* Apparemment, avec probabilité.

PROBATION. *s. f.* lat. *Probatio.* ang. *probation.* Epreuve, année de noviciat pour éprouver un Novice.

PROBATIQUE. *adj. f.* Se dit dans le langage de l'Evangile de cette piscine auprès de laquelle Jesus guérit le paralytique. C'étoit un reservoir d'eau auprès du parvis de Salomon où on lavoit les animaux destinés pour le sacrifice.

PROBATOIRE. *adject.* Se dit des actes qui servent à examiner la capacité d'un aspirant.

PROBITÉ. *s. f.* lat. *Probitas.* ang. *probity.* Bonté, droiture ; vertu naturelle par laquelle on s'abstient de nuire à autrui.

PROBLE'MATIQUE. *adj.* lat. *Problematicus.* ang. *problematical.* Incertain, douteux.

PROBLE'MATIQUEMENT. *adv.* lat. *Problematicè.* ang. *problematically.* D'une manière douteuse & problématique.

PROBLÊME. *s. m.* l. *Problema.* ang. *a problem.* Question douteuse, proposition probable des deux côtés. En *Mathématiques*, c'est une proposition par laquelle on donne la manière de faire quelque opération, ou construction Géométrique, dont on démontre la vérité. En *Algébre* c'est une question ou proposition qui demande qu'on découvre quelque vérité cachée & qu'on en fasse la démonstration.

PROBOSCIDE. *s. f.* Terme de *Blason* qui se dit de la trompe de l'Elephant.

PROCATARCTIQUE. *adj.* lat. *Procatarcticus.* ang. *procatartick.* ( Médecine ) Se dit des causes manifestes des maladies qui agissent les premières & mettent les autres en mouvement. On les appelle aussi évidentes & primitives.

PROCE'DÉ. *s. m.* lat. *Agendi ratio.* ang. *a proceeding.* Conduite reguliére ou irréguliére, manière d'agir d'une personne envers une autre.

PROCE'DER. *v. neut.* lat. *Ortum ducere, oriri.* ang. *to proceed.* Venir, dériver, tirer son origine. Agir, se comporter d'une certaine manière. Aller de suite, en bon ordre. Faire des actes, des poursuites, des instructions en un procès.

PROCE'DURE. *s. f.* Actes, expéditions & instructions d'un procès. lat. *Litis instrumenta.* ang. *a proceeding or course of pleading.*

PROCE'LEUSMATIQUE. *s. m.* Pied composé de deux pyrrhiques, ou de 4. brèves.

PROCÉS. *s. m.* lat. *Lis, controversia, causa.* ang. *Action, suit.* Instance, différend pendant pardevant des juges. *Procès* verbal est un acte dressé & attesté par des Officiers de justice, qui contient ce qui s'est passé en une capture, descente, ou autre commission particulière. En *Anatomie*, protuberance, apophyse, éminence d'un os. En *Chymie*, procédés ou suite d'opérations tendantes à la production de quelque chose nouvelle.... *Procès papillaires* : extrémités des nerfs olfactifs insérés dans la membrane musqueuse du nés.

PROCESSIF, ive. *adj.* lat. *Litigiosus.* ang. *litigious.* Qui aime les procès, qui en fait à tous ses voisins légérement.

PROCESSION. *s. f.* lat. *Processio, supplicatio.* ang. *a procession.* Marche solemnelle, religieuse ou civile, dans des occasions extraordinaires ; qui s'entend principalement d'une cérémonie Ecclésiastique où le peuple va publiquement à la suite du Clergé dans quelque Eglise chantant les Litanies ou quelqu'autre prière dans ce trajet. Les anciens *Romains* lorsque l'Empire étoit en souffrance ou après quelque victoire, ordonnoient qu'on fit des *processions* plusieurs jours de suite pour aller dans les Temples implorer le secours de leurs Dieux ou leur rendre graces. Les *Juifs* alloient de même en *procession* au Temple pour y faire leurs prières & les premiers Chrétiens alloient processionnellement aux tombeaux des Martyrs : mais on ne marque pas si les Chrétiens alloient à la suite des Prêtres dans ces occasions, ni si les Prêtres dirigeoient l'ordre de la *procession.* Les premières *processions* parmi les Chrétiens dont il soit fait mention par les écrivains ecclésiastiques, & qui étoient conduites par le Clergé, sont celles que S. *Chrysostome* fit à *Constantinople* pour les opposer à celles des *Ariens*, qui étant forcés de tenir leurs assemblées hors de la ville y alloient la nuit & le matin en chantant des Antiennes. S. *Chrysostome* pour les empêcher de pervertir les Catholiques, établit des contre-*processions* où l'on chantoit des Priéres pendant la nuit & où l'on portoit des croix avec des flambeaux. De-là cette coutume passa à l'Eglise latine. Dès le tems de S. *Gregoire le grand*, le Clergé & le peuple étoient en usage à *Rome* d'aller en *procession* d'une Eglise à l'autre en chantant des Prières & des Litanies ; & lorsqu'on arrivoit à l'Eglise designée, on y faisoit l'office du jour, & on y chantoit la Messe, c'est ce qu'on appelloit station. Cette coutume a eu de grands accroissemens, & elle s'est étenduë dans les villes & à la campagne, dans toutes les occasions solemnelles, en tems de guerre, de famine, peste, &c. On a aussi établi des *processions* annuelles, dont on voit encore quelques restes en certains endroits de l'*Angleterre*, vers le tems de la Pentecôte. Lorsque *Berenger* eut déclaré la guerre à la transubstantiation & au culte de l'Eucharistie, l'Eglise de *Rome* ordonna que les espèces consacrées seroient portées en triomphe & en *procession* pour donner une preuve publique de sa croyance & de sa religion. Cette coutume commença dans le 14e. siécle & après la prétendue réforme & l'opposition des *Luthériens* & des *Calvinistes* elle fut portée au plus haut degré de solemnité & d'adoration, &c. *Procession* dans le *langage de l'Eglise*, est la manière en laquelle on conçoit que le S. Esprit procéde du Père & du Fils. lat. *processio.* ang.

*proceeding*. *Procession des Equinoxes* mouvement de libration par lequel les Equinoxes semblent se mouvoir alternativement d'Orient en Occident, & d'Occident en Orient.

PROCESSIONAIRE. *adj.* & *subst.* Qui va à la procession, en procession.

PROCESSIONAL. *s. masc.* lat. *processionale*. ang. *processional*. Livre d'Eglise où sont notés les chants des Hymnes ou Antiennes que le Clergé chante, quand il marche en procession.

PROCESSIONELLEMENT. *adv.* lat. *Supplicantium ritu, ordine*. angl. *in a procession*. En ordre de procession.

PROCESSIONEUR. *s. m.* Qui va à la procession, en procession.

PROCHAIN, aine. *adj.* latin. *propinquus*. ang. *next*. Qui n'est pas loin. Le *prochain* se dit de chaque homme.

PROCHAINEMENT. *adverb.* lat. *proximè*. ang. *next*. Dans un tems peu éloigné.

PROCHE, *prép.* lat. *propè*, *propter*. anglois. *just by*. Près, auprès, tout contre.

PROCHE. *adj.* & *subst.* lat. *propinquus*. ang. *near*. Qui est près. Parent.

PROCHRONISME. *s. masc.* Erreur dans la chronologie, lorsqu'on antidate un événement. ang. *prochronism*.

PROCLAMATION. *s. f.* lat. *Denunciatio*, *edictio*. anglois. *proclamation*. Publication faite solemnellement & à cri public. En *Angleterre*, c'est la déclaration publique de ce que le Roi a resolu de l'avis de son conseil dans certains cas particuliers, comme pour convoquer ou dissoudre le Parlement, proclamer la paix ou la guerre, &c. Maintenant elles sont pour l'ordinaire imprimées & affichées aux places publiques, comme à la Bourse, au Marché, aux Maisons de Ville, &c.

PROCLAMER. *v. act.* lat. *Denunciare*, *publicare*. ang. *to proclaim*. Publier à haute voix, à cris public.

PROCLIENS, *ou* Proclianites. *s. m. plur.* Hérétiques qui suivoient les erreurs des Hermogéniens & soutenoient outre cela que J. C. n'étoit pas encore venu en chair. Ils tirent leur nom d'un certain Proclus ou Proculus, duquel on ne sait d'autres particularités que ses erreurs.

PROCLUS. *s. masc.* 35e. Tache de la Lune, suivant le catalogue du P. Riccioli, ainsi appellée à l'honneur de l'ancien Philosophe Proclus, fameux Mathématicien.

PRO-COMMISSAIRE. *s. masc.* Qui tient la place de Commissaire.

PROCONSUL. *s. m.* lat. & ang. *proconsul*. Nom que l'on donnoit dans les commencemens de la Republique *Romaine*, à celui qui étoit continué dans la charge de Consul, après l'année de son consulat, pour quelque raison importante. Ensuite on donna ce nom à celui qui étant sorti du consulat, avoit le gouvernement d'une province consulaire. Du tems des Empereurs, on nommoit *proconsul*, celui qui étoit élu pour gouverner une des provinces du peuple. Les *proconsuls* sortis du consulat, n'étoient pas élus par le peuple assemblé; mais ils tiroient au sort le nom de l'une des deux provinces consulaires, & prenoient le gouvernement de celle qui leur étoit échuë. Ils y rendoient la justice & commandoient l'armée qui étoit dans leur province.

PROCONSULAT. *s. m.* lat. *proconsulatus*. ang. *proconsulship*. Charge & dignité de proconsul.

PROCRÉATION. *s. f.* lat. *procreatio*. angl. *procreation*. Génération des enfans.

PROCRÉER. *v. act.* lat. *procreare*. ang. *to procreate*. Engendrer des enfans.

PROCRIS. *s. m.* Œillet rouge-brun pourpre sur un beau blanc.

PROCURATEUR. *s. m.* lat. *procurator*. ang. *procurator*. Sorte de magistrat en *Italie* qui a soin des intérêts publics. Le *procurateur* de S. *Marc* à *Venise* est immédiatement au dessous du Doge.

PROCURATIE. *s. f.* District ou chambre de chaque Procurateur de S. Marc.

PROCURATION. *s. f.* lat. *procuratio*. ang. *a letter of attorney*, *procuration*. Pouvoir; acte par lequel on donne charge à quelqu'un de faire quelque chose, qui soit aussi valable, que si on la faisoit en personne. *Procuration* dans les titres ecclésiastiques, se dit des repas qu'on donne aux Officiers qui viennent en visite dans les Eglises ou Monastères, soit Evêques, Archidiacres ou Visiteurs. Les Prêtres des Paroisses se trouvant quelquefois surchargés par ces *procurations* des Archidiacres en ont porté leurs plaintes aux Papes, qui ont taché de diminuer leur charge tant dans les conciles que par des bulles particulières & surtout Innocent III. sur des plaintes portées contre l'Archidiacre de *Richmond* qu'on disoit avoir visité les Eglises avec 100. chevaux à sa suite, de sorte qu'à son arrivée tout étoit détruit & mangé dans un moment. *Procuration* se dit quelquefois de la charge de Procureur.

PROCURATRICE. *voy.* Procureur.

PROCURE. *s. f.* Office de Procureur dans une maison Religieuse, ou autre semblable Communauté.

PROCURER. *verb. act.* lat. *Consulere*, *servire*. ang. *to procure*. Ménager quelque avantage à quelqu'un, le lui obtenir; moyenner, faire en-sorte par son crédit, par ses bons offices, &c. que quelqu'un obtienne quelque faveur, quelque grace. Il se dit aussi en mauvaise part, *procurer* un malheur ... *v. n.* Exercer la charge de Procureur.

PROCUREUR. *s. m.* Procuratrice. *s. f.* lat. *Actor*, *actrix*. ang. *attorney*. Qui est chargé de la procuration d'autrui, qui traite en son nom. Il se dit aussi d'un Officier créé pour se présenter en justice, & instruire les procès des parties qui le chargent de leur procuration. *Procureur général*: est un grand Officier du corps des Magistrats, qui est l'homme du Roi; la partie publique, qui seul peut conclure à peine afflictive & qui doit avoir la communication de tous les procès, où le Roi, le Public, les Mineurs, l'Eglise & les Communautés ont intérêt. *Procureur du Roi*: substitut du Procureur général dans les Bailliages, Sénéchaussées, Présidiaux, &c. Le *Procureur fiscal*, ou *Procureur d'office* fait la même charge dans une jurisdiction subalterne & non royale. Dans les maisons Religieuses le *Procureur* est celui qui est chargé des affaires du couvent.

PROCUREUSE. *s. f.* lat. *procuratoris uxor*. ang. *an attorney's wife*. Femme d'un Procureur soit Officier public, ou Procureur des parties. Ainsi l'on dit *Madame la Procureuse générale*.

PROCYON. *s. m.* Etoile qui est au ventre du petit chien.

PRODATAIRE. *voy.* Dataire.

PRODE. *s. f.* Manœuvre de galère, qui tient lieu & fait l'office des parans de Galan.

PRODICTATEUR. *s. m.* Magistrat Romain, qui avoit les fonctions & le pouvoir d'un Dictateur.

PRODIGALEMENT. *adv.* lat. *prodigè*. angl. *prodigally*. Avec abondance.

PRODIGALITÉ. *s. f.* lat. *proluvium*, *prodigalitas*. angl. *prodigality*. Profusion vaine; vice opposé à l'avarice, qui donne, qui dépense avec excès, sans connoissance & sans raison.

PRODIGE. *s. m.* lat. *prodigium*. ang. *prodigy*. Signe, ou accident surprenant dont on ignore la cause. Miracle; chose extraordinaire.

PRODIGIEUSEMENT. *adv.* lat. *prodigiosè*. angl. *prodigiously*. D'une manière prodigieuse.

PRODIGIEUX, euse. *adj.* lat. *prodigiosus*. ang. *prodigious*. Miraculeux, extraordinaire, monstrueux, admirable.

PRODIGUE. *adj.* lat. *prodigus*. ang. *prodigal*. Qui dépense son bien imprudemment & sans raison.

PRODIGUER. *v. act.* lat. *Effundere*, *profundere*. ang. *to spend prodigally*. Donner sans raison & sans choix.

PRODITOIREMENT. *adverb.* (Palais) En trahison. lat. *proditoriè*. ang. *treacherously*.

PRODROME. *s. masc.* Avant-coureur d'un ouvrage. Essai & idée qu'un Auteur donne d'avance de son entreprise.

PRODUCTION. *s. fem.* lat. *productio*. ang. *production*. Génération, action de la nature qui pousse au dehors, qui fait voir quelqu'un de ses ouvrages. Il se dit au *Palais* de quelques titres ou papiers qu'on fait paroitre en justice pour appuyer le bon droit qu'on a en un procès, la vérité des faits qu'on allégue.

PRODUIRE. *v. act.* lat. *producere*. ang. *to produce*, *or product*. Donner la naissance à quelque chose, la faire paroitre au jour. Avancer dans le monde, faire connoître. En termes d'*Arithmétique* il se dit du nombre qui resulte de la multiplication ou de l'addition. Et en *Pratique* des titres & papiers qu'on met entre les mains des juges.

PRODUIT. *s. m.* lat. *productus*, *summa*. ang. *produit*. Ce qui resulte de plusieurs nombres ajoutés ensemble, ou multipliés l'un par l'autre. En *Géométrie* c'est le rectangle fait par la multiplication de deux lignes. En termes de *Pratique*, il se dit de l'acte qu'on fait signifier, lorsqu'on met sa production au greffe, & dont on fait mention sur l'étiquette du sac, ce qu'on appelle autrement le *jour du mis*.

PROEMPTOSE. *s. f.* *Proemptosis*. (Astron.) Ce qui fait que les nouvelles lunes par l'équation lunaire arrivent un jour plus tard qu'elles ne seroient arrivées sans cette équation.

PROFANATEUR. *s. m.* lat. *Sacrilegus*. ang. ang. *a prophaner*. Impie qui profane les choses Saintes.

PROFANATION. *s. f.* lat. *profanatio*. ang. *prophanation*. Action par laquelle on manque de respect pour les choses saintes & sacrées. On le dit aussi du simple abus qu'on fait des choses rares & précieuses.

PROFANE. *adj.* & *subst.* lat. *profanus*. ang. *prophane*. Terme opposé à saint & sacré. Il se dit aussi de celui qui se raille des mystères de la Religion, qui les méprise, qui est indigne d'être admis dans les cérémonies sacrées. On le dit encore de toute personne qui n'a point de caractère sacré, de toutes les choses qui ne concernent point le culte de la vraie religion. Il signifie encore, qui n'est point initié aux mystères d'une religion, aux secrets d'une secte.

PROFANER. *v. act.* lat. *profanare*. ang. *to prophane*. Manquer de respect pour les choses saintes & sacrées.

PROFECTIF, *ou* Profectice. *adj.* (Palais) Les biens *profectifs* sont ceux qui viennent de la succession directe du Père, de la Mère & des autres ascendans.

PROFECTION. *s. fem.* Calcul par lequel les Astrologues font faire un signe tous les ans par fiction à chaque planéte & lieu du ciel.

PROFÉRER. *v. act.* lat. *proferre*, *edere*. ang. *to utter*. Prononcer quelques paroles.

PROFÈS, esse. *subst.* & *adj.* lat. *Voto religionis obstrictus*. ang. *a professed monk or nun*. Religieux, ou Religieuse qui ont fait leurs vœux de religion dans un couvent.

PROFESSER. *v. act.* lat. *profiteri*. ang. *to profess*. Faire un aveu public de quelque chose. Déclarer & faire connoître hautement qu'on est d'une telle religion, d'une telle croyance ou parti. S'appliquer à l'étude d'un art, d'une vacation, en faire un exercice public. Enseigner, faire la fonction de Professeur.

PROFESSEUR. *s. m.* lat. *professor*, *doctor*. ang. *a professor*. Docteur, Régent qui enseigne publiquement les Arts & les Sciences dans les Universités, dans les chaires pour cela établies.

PROFESSION. *s. f.* lat. *professio*. ang. *profession*. Déclaration publique & solemnelle de sa Religion, de sa croyance. Promesse qu'on fait solemnellement dans les monastères d'observer les trois vœux de Religion & les regles de l'Ordre. *Profession* signifie aussi la condition qu'on a choisie dans le monde; le métier à quoi on veut s'appliquer, dont on veut faire son exercice ordinaire.

PROFESSORAL, ale. *adj.* Qui appartient ou qui a rapport à la qualité de Professeur.

PROFESSORAT. *s. m.* Emploi, état, condition d'un homme qui professe quelque science.

PROFIL. *s. m.* lat. *Scenographia*. ang. *profil*.

Terme de *Peinture* quand on représente quelque chose de côté, comme les têtes des Rois & des Reines sur les monnoies. Mais en *Architecture* c'est la figure d'un bâtiment dont on marque les hauteurs, largeurs & épaisseurs, mais non pas les longueurs, c'est-à-dire, les lignes qui paroitroient si l'on avoit coupé le bâtiment à angles droits depuis le comble jusqu'aux fondemens.

PROFILER. *v. act.* lat. *Delineare, adumbrare.* ang. *to draw the contours.* Signifie en *Peinture*, faire le contour d'une figure.

PROFIT. *s. m.* lat. *Lucrum, quæstus.* ang. *profit, gain, benefit.* Avantage, utilité qu'on retire d'une chose. *Profit avantureux*: intérêt de l'argent qu'on prête sur un vaisseau marchand, en courant les risques de la mer & de la guerre.

PROFITABLE. *adj.* lat. *Utilis, lucrosus.* ang. *profitable.* Qui est utile, lucratif, avantageux.

PROFITER. *v. n.* lat. *Magnos quæstus facere.* ang. *to get by a thing.* Tirer de l'avantage, de l'utilité, du profit de quelque chose. Prendre de l'accroissement, de la nourriture.

PROFITEROLES. *s. m.* On fait des potages de profiteroles avec de petits pains dégarnis de mie, séchés, mitonnés & garnis de béatilles.

PROFOND, onde. *adj.* lat. *profundus, altus.* ang. *deep.* Qui est creux; qui a de l'étenduë en bas. Il se dit aussi de ce qui est étendu en long; de ce qui est grand & extraordinaire.

PROFONDÉMENT. *adv.* lat. *Altè.* anglois. *deep, deeply.* D'une manière creuse & profonde.

PROFONDEUR. *s. f.* lat. *Altitudo, profunditas.* ang. *deepneß, profundity.* La troisième dimension des corps. On le dit aussi *Figurément* en choses morales.

PROFONTIÉ. *adj.* (Marine.) Se dit d'un vaisseau qui tire beaucoup d'eau, ou à qui il faut beaucoup d'eau pour flotter.

*PRO-FORMA.* *adv.* Par forme. Par formalité.

PROFUSÉMENT. *adv.* lat. *Sumptuosè.* ang. *profusely.* D'une manière prodigue.

PROFUSION. *s. f.* lat. *Luxus.* ang. *profuseneß, profusion.* Liberalité excessive, prodigalité. Abondance.

PROGNOSTIC. *voy.* Pronostic.

PROGRAMME. *s. m.* lat. *programma.* ang. *a bill set up to give publick notice of any thing.* Billet ou placard pour inviter à un assemblée publique de collége.

PROGRÈS. *s. mas.* lat. *progressus.* ang. *progreß.* Avancement; mouvement en avant. Suite d'avantages remportés à la guerre.

PROGRESSIF. *adj. m.* lat. *progressivus.* ang. *progressive.* Mouvement *progressif* est celui qui transporte d'un lieu à un autre.

PROGRESSION. *s. f.* lat. *progressio.* ang. *progression.* Qui porte en avant. En *Arithmétique* c'est une proportion qui est de deux sortes, l'une qu'on nomme *progression* ou proportion continue *Arithmétique*, qui est une suite continuë de nombres qui croissent ou décroissent par les mêmes différences, comme 7, 10, 13, 16, &c. ou 16, 14, 12, 10, &c. L'autre se nomme *progression* ou proportion continuë *Géométrique* qui est une suite de nombres qui ont la même raison, c'est-à-dire, que les quotiens de chaque terme divisé par le précédent sont égaux, comme 2, 4, 8, 16, &c. ou 81, 27, 9, 3, &c.... Mois de *progression*: voy. Consécution.

PROHIBER. *v. act.* lat. *prohibere.* ang. *to prohibit or forbid.* Défendre.

PROHIBITION. *s. f.* lat. *prohibitio.* angl. *prohibition.* Défense. Dans les *Loix* c'est un arrêt qui défend à une Cour de prendre connoissance d'une affaire.

PROJECTION. *s. f.* lat. *projectio.* ang. *projection.* Jet de métal en sable, en cire, &c. Jet d'un corps pesant par un mouvement violent. C'est aussi la manière de tracer Mathématiquement toutes sortes de figures, surtout la représentation des lignes, cercles, &c. de la sphére. Il se dit encore d'une poudre chymérique que des Charlatans disent avoir la vertu de changer les métaux.

PROJECTURE. *s. f.* lat. *projecta.* ang. *projecture.* En *Architecture*, se dit des saillies & avances que font les corniches & autres membres des bâtimens.

PROJET. *s. m.* lat. *Consilium.* ang. *project.* Dessein; entreprise qu'on médite. Memoire en détail, de ce qu'il faut pour l'exécution de quelque affaire.

PROJETTÉ. *voy.* Projection.

PROJETTER. *v. act.* lat. *Meditari, cogitare.* ang. *to project.* Prémediter, former, faire quelque dessein, quelque entreprise. En termes de *Chymie* c'est jetter quelque matière à différentes reprises dans un creuset posé sur un feu violent.

PROLATION. *s. f.* lat. *Vocis, inter canendum, celeberrima vibratio.* ang. *prolation.* En termes de *Musique*, se dit de plusieurs inflexions de voix qui se font sur une syllabe. On dit aussi roulement.

PROLÉGOMÉNES. *s. m. pl.* lat. & ang. *prolegomena.* Discours ou traités préparatifs qui contiennent les choses dont il faut instruire un lecteur, afin qu'il puisse mieux entendre quelque livre ou quelque science pour en faire bien son profit.

PROLEPSE. *s. f.* lat. & ang. *prolepsis.* Figure de Rhéthorique par laquelle on prévient ce que les adversaires pourroient objecter.

PROLEPTIQUE. *adj.* Qui a rapport à la prolepse. En *Médecine*, on le dit des accès ou symptomes qui arrivent dans le jour plutôt qu'auparavant. ang. *proleptick.*

PROLIFIQUE. *adj.* lat. *prolificus.* ang. *prolifick.* Qui a les qualités propres pour engendrer.

PROLIXE. *adj.* lat. *prolixior.* ang. *prolix.* Trop long; ennuyeux. Qui emploie trop de paroles inutiles.

PROLIXEMENT. *adv.* lat. *prolixè.* ang. *tediously.* Diffusément, avec trop d'étenduë.

PROLIXITÉ. *s. f.* lat. *prolixitas.* ang. *prolixity.* Longueur, ennui; détail trop long de circonstances inutiles.

PROLOGIES. *s. f. pl.* Fêtes qu'on célébroit chez les Grecs avant de cueillir les fruits.

PROLOGUE. *s. m.* lat. *prologus.* ang. *a prologue.* Récit qu'on faisoit autrefois au-devant des comédies, tant de vive voix, que par écrit, pour avertir les spectateurs, ou les lecteurs, du sujet de la piéce, & leur en faciliter l'intelligence. Il signifie quelquefois dans le discours ordinaire, préface, préambule.

PROLONGATION. *s. f.* lat. *prolongatio, prorogatio.* ang. *prolongation.* Augmentation de la durée de quelque chose.

PROLONGE. *s. f.* Cordage qui sert à tirer le canon en retraite, & quand une piéce est embourbée.

PROLONGER. *v. act.* lat. *prorogare.* ang. *to prolong.* Allonger; rendre la durée d'une chose plus longue. En termes de *Marine*, c'est avancer son navire contre un autre, & le mettre côte à côte, flanc à flanc, ou vergue à vergue, en sorte que si leurs vergues étoient prolongées, elles ne feroient qu'une ligne.

PROLUSION. *s. f.* Se dit des ouvrages qu'on fait avant un autre, comme des préludes pour s'exercer.

PROMENADE. *s. f.* lat. *Ambulatio.* angl. *walk, walking.* Lieu où l'on se pomene. Action de se promener.

PROMENER. *v. act.* lat. *Ambulare.* ang. *to walk.* Marcher sans autre dessein que de faire exercice pour le plaisir, ou pour la santé. Conduire.

PROMENOIR. *s. m.* lat. *Ambulacrum.* ang. *a walk.* Lieu propre pour se promener, où l'on a accoutumé d'aller à la promenade.

PROMESSE. *s. f.* lat. *promissio* ang. *promise.* Assurance; espérance qu'on fait concevoir à quelqu'un de faire ou de donner quelque chose. Engagement, convention.

PROMÉTHÉE. *s. m.* lat. & ang. *Prometheus.* Les Poëtes ont feint que *Minerve* l'avoit aidé à faire les premiers hommes & qu'elle le conduisit au ciel pour y allumer un morceau de bois au char brûlant du soleil, avec quoi il donna la vie aux hommes qu'il avoit fait. Ils disent aussi qu'il fit une femme nommée *Pandore*, à qui *Jupiter*, pour se vanger, donna une boëte pleine de toutes sortes de maladies & de calamités qui pouvoient tomber sur le genre humain. *Pandore* la porte à *Promethée* qui méprisa le présent de *Jupiter* & ne voulut rien avoir affaire avec lui. Elle la donna donc à son frère *Epimethée* que ne l'eut pas plutôt ouverte, qu'il en sortit toutes sortes de maladies qui affligerent les mortels; sur quoi il se hâta de la vite fermer, mais il n'y fut pas à tems, le venin s'étant déja tout répandu & il ne resta au fond de la boite qu'un peu d'espérance. On croit que c'est-là une description Allégorique de la chûte du premier homme, &c. . . . C'est aussi le nom d'une des 21. Constellations septentrionales. Elle est composée de 28. étoiles, 6. de la 3e. 17. de la 4e. 2. de la 5e. & 3. de la 6e. grandeur. On l'appelle aussi Hercule ou Engonasis.

PROMETTEUR, euse. *subst. masc. & f.* lat. *pollicitor.* angl. *a promiser.* Qui promet beaucoup & légèrement: qui tient peu de chose.

PROMETTRE. *v. act.* lat. *polliceri, promittere.* ang. *to promise.* S'engager; assûrer; faire espérer quelque chose à quelqu'un; s'obliger à donner ou à faire quelque chose. Se *promettre*, croire, espérer.

PROMINENCE. *sub. f.* ( Anatomie ) Avancement.

PROMISE. *s. f.* Fille ou femme accordée en mariage.

PROMISSION. *s. f.* lat. *promissionis terra.* ang. *the promised land.* Terme de l'*Ecriture*, qui se dit de la terre que Dieu avoit promise à Abraham & à sa postérité.

PROMONTOIRE. *s. m.* lat. *promontorium.* ang. *a promontory.* Pointe de terre ou de rocher qui avance dans la mer. En termes de *Marins* on l'appelle *Cap.*

*PROMONTORIUM ACUTUM. s. mascul.* Trente deuxième tache de la lune. . . *Promontorium somnii* : 34e. tache de la lune selon Riccioli.

PROMOTEUR. *sub. m.* lat. *promotor.* ang. *a proctor.* Ecclésiastique qui est la partie publique dans une cour ecclésiastique, en une assemblée du Clergé, en un Concile, officialité, &c. Il se dit aussi de celui qui est Auteur, qui est cause de quelque action. lat. *Motor, promovens.* ang. *promoter.*

PROMOTION. *s. f.* lat. *promotio.* ang. *promotion.* Elevation à certains titres ou dignités tant civiles qu'ecclésiastiques.

PROMOUVOIR. *v. act.* lat. *promovere.* ang. *to promote.* Procurer l'avancemennt ou l'avantage de quelque chose.

PROMPT, Prompte. *adj.* lat. *promptus, diligens, celer.* ang. *quick, speedy.* Qui est prêt à faire quelque chose sans tarder, qui l'exécute sur le champ. Qui se passe vite & soudainement.

PROMPTEMENT. *adv.* lat. *promptè.* angl. *readily, quickly.* En diligence.

PROMPTITUDE. *s. f.* lat. *Celeritas, velocitas.* ang. *readiness.* Vitesse, diligence. Vivacité de l'esprit, agitation des humeurs. Action de brusquerie, mouvement de colère subit & passager.

PROMPTUAIRE. *s. m.* lat. *promptuarium.* angl. *text.* Un *promptuaire* du droit, est un texte, un abrégé du droit.

PROMULGATION. *s. fem.* Publication des loix faite avec les formalités requises. lat. *promulgatio.* ang. *promulgation.*

PROMULGUER. *v. act.* lat. *promulgare.* ang. *to promulgate or promulge.* Publier une loi avec les formalités requises. On se sert surtout de ce mot en parlant des loix Romaines, qui étoient affichées à la place du marché public, & restoient pendant trois jours exposées à la vuë des Citoyens avant que d'avoir force de loi.

PRONATEUR. *adj.* ( Anatomie. ) Se dit de deux muscles du raïon qui font que la paume de la main regarde en bas. L'un se nomme le *rond* & l'autre le *quarré.*

PRONATION. *s. f.* ( Anatomie. ) Mouvement de la main, quand elle regarde en bas.

PRONE. *s. m.* lat. *Familiaris concio.* ang. *a kind of homily.* Instruction chrétienne que fait le Curé tous les Dimanches à ses Paroissiens.

PRÔNER. *v. act.* & *n.* lat. *Familiarem habere concionem.* ang. *to make a prone.* Faire le prône. Faire de longs discours ennuyeux. Vanter, louer avec exaggération.

PRONEUR. *s. m.* lat. *praco*, *concionator.* ang. *a great talker.* Grand parleur. Qui vante, qui publie le mérite de quelqu'un.

PRONOM. *s. m.* lat. *pronomen.* ang. *a pronoun.* Parmi les *Grammairiens* est un mot que l'on met a la place d'un nom personnel ; comme *je*, *vous*, &c. ou de quelque chose qui appartient à une personne ou à une autre, comme *qui*, *lequel*, &c.

PRONOMINAL, ale. *adj.* De pronom.

PRONONCÉ, *s. m.* ( Palais ) Dispositif d'un Arrêt ou Sentence.

PRONONCER. *v. actif.* lat. *pronunciare.* ang. *to pronounce.* Articuler ; proférer distinctement quelques paroles ; en exprimer le son. C'est quelquefois décider avec autorité. Donner son avis.

PRONONCIATION. *s. f.* lat. *pronunciatio.* ang. *pronunciation.* Articulation distincte des mots & des lettres d'une langue. Parmi les *Orateurs*, c'est la manière de varier les tons de la voix en telle sorte que les Auditeurs en soient frappés & touchés. Action de prononcer les Sentences, les Arrêts.

PRONOSTIC. *s. m.* lat. *prognosticum.* ang. *prognostick.* Jugement conjectural de quelque événement par quelques signes précédens. Il se prend aussi pour les signes par où l'on conjecture ce qui doit arriver.

PRONOSTICATION. *s. f.* lat. *prognosticatio.* ang. *prognostication.* Pronostic.

PRONOSTIQUER. *v. act.* lat. *prædicere*, *prætendere.* ang. *to prognosticate.* Conjecturer, prédire, soit par habileté, soit par hazard, quelque événement futur.

PRONOSTIQUEUR. *s. mas.* lat. *præsignificator.* ang. *prognosticator.* Celui qui pronostique.

PRONUBA. *s. f.* Surnom donné à Junon, comme Déesse du mariage.

PROODIQUE. *s. m.* Grands vers par rapport à un petit.

PROPAGANDE. *s. f.* Congrégation *de propaganda fide*, établie à Rome pour les affaires qui regardent la propagation de la foi.

PROPAGATEUR. *s. mas.* Celui qui étend, qui répand la foi, la gloire, la réputation de quelqu'un.

PROPAGATION. *s. f.* lat. *propagatio.* ang. *propagation.* Génération, multiplication des animaux ; continuation des espèces par la voie de la génération. Il se dit aussi en *Physique* de la lumière & du bruit.

PROPENSION. *s. f.* lat. *propensio.* ang. *propension.* Inclination d'une chose.

PROPHÉTE. *s. m.* lat. *propheta.* ang. *a prophet.* Celui qui prédit les événemens futurs. Dans l'*Ecriture* on les nomme voyans, hommes de Dieu, Anges ou messagers du Seigneur. On donne quelquefois ce nom aux imposteurs qu'on appelle faux *prophétes.* Ces sortes de *prophétes* sont agités violemment lorsqu'ils ont à déclarer quelque chose d'extraordinaire au lieu que Dieu communique ordinairement ses lumières à l'esprit des vrais *prophétes*, en les excitant à publier ce qu'il leur a révelé ou par des songes ou par des visions nocturnes. L'ancien Testament contient les écrits de 16. *prophétes*, qui sont les quatre grands & les 12. petits *prophétes.* Les premiers sont *Isaïe*, *Jeremie*, *Ezechiel*, & *Daniel* ; les 12. petits sont, *Osée*, *Joel*, *Amos*, *Abdias*, *Jonas*, *Michée*, *Nahum*, *Abacuc*, *Sophonias*, *Aggée*, *Zacharie* & *Malachie.* Il y en a aussi plusieurs autres tant hommes que femmes, dont il est fait mention dans l'écriture. *Prophétes* est aussi une secte d'Hérétiques que l'on nomme en *Hollande Prophetantes.* Ils s'assemblent de toute la Province à *Warmont* près de *Leyde*, le premier Dimanche de chaque mois & vaquent tout ce jour à la lecture de la Ste. Ecriture, proposant chacun leurs difficultés, & usant de la liberté de prophétiser ou d'expliquer le texte selon leurs idées. A cela près ils ne différent des Remontrans, qu'en ce qu'ils condamnent la guerre sans aucune exception. La plûpart d'entr'eux s'appliquent à étudier le grec & l'hébreu pour mieux entendre les écritures.

PROPHÉTESSE. *s. f.* lat. *prophetissa.* angl. *a prophetess.* Femme qui prophétise, qui prédit.

PROPHÉTIE. *s. f.* lat. *prophetia.* ang. *prophecy.* Prédiction faite par inspiration divine.

PROPHÉTIQUE. *adject.* latin. *propheticus.* anglois. *prophetick.* Qui contient quelque prophétie.

PROPHÉTIQUEMENT. *adv.* latin. *prophetice.* ang. *prophetically.* En Prophéte.

PROPHÉTISER. *v. act.* lat. *prophetizare*, *vaticinari.* ang. *to prophetize.* Prédire l'avenir, surtout par inspiration divine. Prêcher, &c

PROPHYLACTIQUE. *adject.* ( Médecine ) Préservatif, qui tend à préserver.

PROPICE. *adject.* lat. *propitius.* ang. *propitious.* Favorable.

PROPICIATION. *s. f.* lat. *propitiatio.* ang. *propitiation.* Sacrifice pour se rendre Dieu propice, pour appaiser sa colère.

PROPICIATOIRE. *s. m.* lat. *propitiatorium.* ang. *propitiatory.* C'étoit chez les *Juifs* la couverture de l'Arche d'alliance revêtuë dedans & dehors de lames d'or. Il y avoit un Seraphim d'or de chaque côté, étendant chacun ses aîles sur le *propiciatoire* & se regardant l'un l'autre.... *adj.* Qui a la vertu de rendre propice. lat. *propitiatorius.* ang. *propitiatory.*

PROPINE. *s. f.* Terme de *Chancellerie Romaine.* Droit que paye un Cardinal Protecteur pour tous les bénéfices qui passent par le Consistoire & pour les Abbayes qui sont taxées au dessus de 66. ducats deux tiers.

PROPOLIS. *s. fem.* Cire vierge, dont les Abeilles bouchent les fentes de leurs ruches. On s'en sert pour faire percer les abscès & on en fait recevoir la vapeur, pour la toux invéterée.

PROPORTION. *s. f.* lat. *proportio.* anglois. *proportion.* En *Mathématiques* est la similitude ou égalité de deux ou plusieurs raisons ensemble. C'est sur cela que toute la Géométrie est fondée & c'est le but où visent tous ses préceptes : mais comme il y a deux sortes de quantités, l'une continuë & l'autre discrete ; il en resulte aussi deux sortes de *proportions*, sçavoir la Géométrique qui se rapporte à la quantité continue, & la *proportion* Arithmétique qui a rapport aux nombres ; tellement qu'en comparant l'un avec l'autre, on découvre ceux qui étoient auparavant inconnus. C'est aussi la relation du tout avec ses parties, *&c.* dans l'Architecture, la Peinture, aussi bien que celle des parties entr'elles selon leur usage, situation, *&c.*

PROPORTIONEL, elle. *adj.* lat. *proportionalis.* ang. *proportional.* Quantité, soit en lignes, soit en nombres dont les parties, *&c.* ont rapport & proportion entr'elles ; comme dans quatre nombres donnés tels que la grandeur ou petitesse du premier par rapport au second, est la même que celle du troisième par rapport au quatrième.

PROPORTIONELLEMENT. *adv.* lat. *pro ratæ proportionis regulâ.* angl. *proportionally.* D'une manière proportionelle.

PROPORTIONÉMENT. *adv.* lat. *Servatâ proportione.* angl. *proportionably.* Par proportion, avec proportion.

PROPORTIONER. *v. actif.* lat. *Adæquare.* ang. *to proportion.* Ajuster, égaler, mesurer. Donner à chacun sa juste quantité.

PROPOS. *s. m.* lat. *Oratio, sermo.* anglois. *discourse, works, talk.* Discours, paroles, entretien. Résolution, délibération ; proposition faite sur quelque matière. Convenance.

PROPOS. (A tout) *adv.* lat. *Perpetuò.* ang. *at every turn.* A tout moment ; en toute occasion.

PROPOSABLE. *adj.* Qu'on peut proposer.

PROPOSANT. *s. mas.* Qui a fait une offre, qui propose un dessein. Etudiant en Théologie, parmi les Protestans François.

PROPOSER. *v. act.* lat. *propònere.* ang. *to propose, propound.* Mettre en avant quelque discours qu'on offre de soutenir, ou quelque doute dont on demande la résolution. Offrir, présenter quelque chose. *Proposer*, signifie aussi, résoudre, tendre à quelque fin. Promettre des prix, des récompenses à celui qui aura bien réussi en quelque chose qu'on lui marque.

PROPOSITION. *s. femin.* lat. *Quæstio, propositio.* ang. *proposal, proposition.* Chose proposée à prouver, à démontrer, ou à résoudre Mathématiquement. Toute *proposition* est un theoréme ou un probléme. Il se dit aussi de toutes sortes d'offres qu'on fait dans les affaires & négociations, pour les entreprendre ou les terminer. Il signifie encore jugement, sentiment, opinion, décision ; & en *Logique* c'est une partie d'un argument dans laquelle on attribuë à un sujet quelque qualité positive ou négative . . . . *Pains de proposition.* voy. Pain.

PROPRE. *adj.* lat. *proprius, peculiaris.* ang. *proper.* Qui est naturel & essentiel à quelque chose. Ce qui se trouve ordinairement dans les choses. Les qualités naturelles & nécessaires pour réussir. Il se dit aussi de ce qui est destiné à un certain usage ; de ce qui est convenable ; de ce qui est bien net, ajusté, orné. A l'égard des mots il se dit de leur signification particulière & qui leur est directement affectée. Il se dit encore de ce qui appartient spécialement à quelqu'un ; de ce dont il peut disposer.

PROPRÉFET. *s. masc.* Lieutenant du Préfet. Officier que le Préfet de Rome commettoit pour faire quelque fonction de sa charge en sa place.

PROPREMENT. *adv.* lat. *propriè.* ang. *properly.* D'une manière propre.

PROPRET, ette. *adj.* lat. *Concinnus, elegans.* anglois. *spruce, fine, genteel.* Qui a une propreté affectée, étudiée.

PROPRETÉ. *s. f.* lat. *Elegantia, concinnitas.* anglois. *neatness.* Qualité de ce qu'on tient proprement & nettement.

PROPRÉTEUR. *s. mas.* lat. *proprætor.* ang. *propretor.* Magistrat Romain, qui, après avoir été Préteur, alloit ordinairement commander dans les Provinces & y rendre la justice. Il y en avoit pourtant qui étoient envoyés en qualité de gouverneurs dans les Provinces, sans avoir été Préteurs, & qu'on appelloit pourtant *Propréteurs.*

PROPRIÉTAIRE. *s. m. & f.* lat. *Dominus.* ang. *proprietor.* Qui a le fonds, le droit de la propriété d'une terre, d'un office, *&c.*

PROPRIÉTÉ. *s. f.* Vertu & qualité particulière que la nature a donnée à tous les corps. Il se dit en *Grammaire* de la signification particulière d'un mot convenable à la chose à laquelle on l'applique. En termes de *Droit*, c'est le fonds, le domaine, la seigneurie de quelque chose, dont on est maître absolu, qu'on peut vendre, engager, ou dont on peut disposer à son plaisir. lat. *Dominium.* ang. *property.*

PRORATA. *s. mas.* Intérêt qu'on doit payer d'un argent constitué, pour le courant d'une année qui n'est pas encore finie . . . . *Au prorata :* à proportion.

PROROGATION. *s. f.* lat. *prorogatio.* ang. *prorogation.* Action par laquelle on diffère quelque chose. Il se dit principalement en *Angleterre* de l'action d'ajourner le Parlement ; ce qui n'appartient qu'au Roi seul. Tous les actes qui n'ont pas eû alors le consentement du Roi doivent se renouveller dans la prochaine séance, comme s'il n'en avoit pas été question. Mais l'autorité de la Chambre même suffit pour s'ajourner elle même à un court espace de tems lorsqu'il s'agit d'un affaire extradinaire, & tout reste en état.

PROROGER. *v. act.* lat. *Prorogare.* ang. *to prorogue.* Donner un délai de payer, de faire une enquête, *&c.*

PRORSE. *voy.* Prose, *à la fin.*

PROSAÏQUE. *adj.* lat. *prosaïcus.* ang. *prosaick.* Qui sent la prose.

PROSATEUR. *s. m.* Qui écrit en prose. lat. *Qui solutâ oratione scribit.* angl. *a prose-writer.*

PROSCRIPTEUR.

PROSCRIPTEUR. *subst. mas.* Magistrat de Rome.

PROSCRIPTION. *s. f.* lat. *Proscriptio.* ang. *a proscription.* Publication faite de la part d'un chef de parti, par laquelle il promet grande récompense à celui qui lui apportera la tête d'un de ses ennemis.

PROSCRIRE. *v. act.* lat. *Proscribere.* ang. *to proscribe.* Mettre des têtes à prix ; donner récompense à celui qui les apportera. Les *Grecs* étoient en usage de mettre à prix la tête de leurs ennemis & des malfaiteurs qui n'étoient pas en leur pouvoir & pour encourager les meurtriers ils faisoient publier la proscription & la récompense par le crieur public & quelquefois ils la faisoient graver sur des colonnes publiques, *&c.* .... Eloigner, chasser.

PROSE. *s. f.* lat. *Prosa, soluta oratio.* angl. *prose.* Langage ordinaire des hommes qui n'est point gêné par les mesures de la poësie. *Prose* ou *Prorse* étoit une Déesse des *Anciens* que l'on s'imaginoit être favorable aux accouchemens des femmes. Son emploi étoit de faire venir l'enfant droit. Ses statuts la représentoient comme celles de toutes les divinités qui avoit la taille la plus droite.

PROSÉLYTE. *s. m. & f.* lat. *Proselytus.* ang. *a proselyte.* Signifie proprement étranger. Il y avoit parmi les *Juifs* deux sortes de *proselytes*, sçavoir les *proselytes* de justice & les *proselytes* de domicile. Les premiers se soumettoient à la loi de Moïse & les autres demeuroient parmi les Juifs, en s'obligeant seulement de garder les sept Commandemens des enfans de *Noé*. Ces commandemens sont regardés par les Juifs comme le droit naturel, & il n'y a personne selon eux, qui ne soit tenu de les observer. Le premier défend l'idolatrie. Le 2. ordonne de benir le nom de Dieu. Le 3. défend l'homicide. Le 4. condamne l'adultère & l'inceste. Le 5. défend le larcin. Le 6. commande de rendre la justice & d'y obéir. Et le 7. défend de manger la chair d'un animal étouffé & le sang des animaux. Tous ces commandemens, disent les Juifs, viennent immédiatement de Dieu, qui donna les six premiers à *Adam* & le 7e. à *Noé* & c'étoit-là toute la religion révelée avant le tems d'*Abraham.* Aujourd'hui on appelle *proselytes* tous ceux qui changent de religion.

PROSERPINE. *s. fem.* Déesse des Anciens, fille de Jupiter & de Cerés, qui fut enlevée par Pluton Dieu des Enfers, qui en fit sa femme. *Proserpina*.... Tulipe, rouge, chamois & jaune doré.

PROSEUQUE. *sub. f.* Lieu où les Juifs faisoient leurs prières.

PROSODIE. *s. f.* lat. *Prosodia.* ang. *prosody.* Partie de la Grammaire qui enseigne la prononciation & la quantité des syllabes longues ou brêves.

PROSOPOPÉE. *s. f.* lat. *Prosopopœia.* angl. *prosopopeia.* Figure de *Rhétorique* par laquelle on fait parler des personnes absentes ou mortes, ou des villes, & des assemblées & même des choses inanimées.

PROSPECTUS. *substant. masculin.* Projet ou programme d'un ouvrage qu'on propose à souscrire.

PROSPÈRE. *adj.* lat. *Prosper.* ang. *propitious, prosperous.* Heureux, propice, favorable au succès d'un dessein, d'une entreprise.

PROSPÉRER. *v. n.* lat. *Secundâ uti fortunâ.* angl. *to prosper.* Etre heureux, fortuné.

PROSPÉRITÉ. *sub. f.* lat. *Prosperitas.* angl. *prosperity or prosperousness.* Bonheur, bonne fortune ; état florissant de la personne & des affaires.

PROSTAPHÉRÈSE. *s. fem.* ( Astronomie ) Equation.

PROSTASE. *sub. f.* ( Médecine ) Supériorité d'une humeur sur les autres.

PROSTERNATION. *s. f.* lat. *prosternatio.* ang. *prostration.* Abbaissement d'une personne jusqu'aux genoux d'une autre qu'elle supplie.

PROSTERNEMENT. *sub. masc.* Prosternanation.

PROSTERNER. ( Se ) *v. rec.* lat. *Ad genua alicujus procumbere.* ang. *to prostrate one's self.* Se jetter à terre en signe d'adoration ou de grand respect.

PROSTHÈSE. *sub. f.* Action d'appliquer au corps humain quelques parties artificielles en place de celles qui manquent. *Prosthesis.*

PROSTIBULE. *subst. m.* Lieu de débauche. Bordel.

PROSTITUER. *v. act.* lat. *Prostituere.* ang. *to prostitute.* Abandonner lâchement son corps ou son honneur, pour quelque plaisir, pour quelque intérêt mercenaire : se livrer, s'abaisser honteusement.

PROSTITUTION. *subst. fem.* Dereglement de vie & de mœurs ; abandonnement à une vie infame. Bassesse, soumission vile & mercenaire.

PROSTRATION. *s. f.* Humble inclination de corps, salut très-respectueux en forme d'adoration.

PROSTYLE. *s. m.* lat. *Prostylus.* ang. *prostyle.* En *Architecture* est un bâtiment qui n'a des colonnes qu'à la face antérieure.

PROTASE. *s. f.* Première partie d'un poëme dramatique, qui explique au peuple le sujet de la piéce.

PROTATIQUE. *adj.* Se disoit d'un personage, qui ne paroissoit que dans la protase, ou au commencement de la piéce.

PROTE. *s. m.* Celui qui dans une Imprimerie est chargé du soin de revoir & de corriger le premier toutes les épreuves.

PROTECTEUR, trice. *s. m. & f.* lat. *Protector.* ang. *defender, protector.* Qui prend en main la défense des foibles, ou des affligés.

PROTECTION. *s. fem.* lat. *Tutela, præsidium.* ang. *protection, defence.* Défense, appui, autorité qu'on emploie pour défendre, & conserver les intérêts des foibles, des misérables, ou de ceux pour qui on a quelque affection particulière.

PROTÉE. *s. m.* lat. & ang. *proteus.* Fils de *Neptune* selon les Poëtes. Il changeoit tant qu'il vouloit de forme & de figure.

PROTÉGER. *v. act.* lat. *protegere.* ang. *to*

*protest.* Défendre, conserver les intérêts de quelqu'un.

PROTEST. *s. m.* lat. *Contestata denunciatio.* ang. *a protest.* C'est dans le *Commerce* un acte de sommation fait par un Notaire ou Sergent à un Banquier ou Marchand, d'acquitter une lettre de change tirée sur lui par un correspondant, avec déclaration qu'à faute de ce, on renvoyera la lettre, & qu'on lui fera payer les charges & recharges & tous les dommages & intérêts.

PROTESTANS. *s. mas. pl.* lat. *Protestantes.* ang. *protestans.* On appelle ainsi tous ceux qui se sont séparés de l'Eglise *Romaine* depuis *Luther.* Les *Lutheriens* furent ainsi nommés parce qu'ils protestérent en 1529. contre un décret de l'Empereur & de la Diéte de *Spire* & déclarerent qu'ils appelloient à un concile général.

PROTESTANTISME. *s. m.* Religion des Luthériens & des Calvinistes, leur confession de foi, leurs dogmes & leurs maximes. ang. *protestancy or protestantism.*

PROTESTATION. *s. f.* lat. *Contestata denunciatio.* ang. *protestation.* Dans le *Parlement d'Angleterre*, c'est un acte des membres de la chambre des Lords par lequel ils déclarent qu'ils sont opposés à quelques Bills particuliers ou quelques procédures de cette chambre sur les matières débatuës en leur présence. Cet acte est mis par écrit & enregistré avec le nom de ceux qui l'ont souscrit. En général *protestation* est une déclaration solemnelle qu'on fait par quelque acte ou procédure judiciaire contre l'oppression & la violence, contre la nullité d'une action, d'un jugement, d'une procédure, portant qu'on a dessein de se pourvoir contre en tems & lieu. Il se dit dans le discours ordinaire des promesses, des assurances, des offres réiterées de service, d'amitié, &c.

PROTESTER. *v. act.* & *n.* lat. *Contestando denunciare.* ang. *to protest.* Faire des protestations. Faire le protest d'une lettre de change. Promettre, affirmer, jurer, assurer fortement quelque chose.

PROTEVANGELION. *s. m.* C'est le nom d'un livre attribué à S. *Jaques* qui traite de la naissance de la Vierge *Marie* & de son fils J. C. Mais les fables dont il est rempli, prouvent que c'est un livre supposé.

PROTHÈSE. *s. f.* lat. & ang. *prothesis.* Dans l'*Eglise Grèque* étoit le nom d'une petite table sur laquelle on préparoit le pain & le vin que l'on portoit ensuite au grand Autel pour y être consacrées .... (Gramm.) Addition.

PROTOCANONIQUE. *adj.* Se dit des livres sacrés reconnus pour tels avant même qu'on eut fait des canons.

PROTOCOLE. *s. m.* lat. *Scriptum archetypum.* ang. *a protocol.* Formulaire de plusieurs actes de justice pour instruire les novices en la pratique. C'est aussi un regître relié de Notaires, où ils doivent écrire toutes les minutes de leurs actes à la suite les uns des autres, afin qu'elles ne soient perdues, changées, ni altérées. C'est encore chez les Secrétaires d'état un formulaire de lettres ; chez les Ambassadeurs un regître, &c.

PROTOMARTYR. *s. m.* lat. & ang. *protomartyr.* Premier martyr, comme S. *Etienne* dans la religion chrétienne.

PROTONOTAIRE. *substant. masculin.* lat. *Pontificius notarius.* ang. *protonotary.* Principal Notaire. Dans les *Cours de justice*, comme dans celle des *Plaidoyers communs* en *Angleterre* il met en rôle les procédures, les plaidoyers, les assises, les jugemens, actions, &c. Dans le *banc du Roi* il enregître toutes les actions civiles poursuivies dans cette cour. Dans l'*Eglise Grèque*, c'est un officier principal qui prend séance immédiatement après le Patriarche de *Constantinople.* C'est lui qui écrit les lettres, & qui envoye les ordres du Patriarche aux autres Prélats & Seigneurs. Il a encore droit de visiter tous ceux qui font profession des loix. Il a l'œil sur toutes sortes de contrats d'achat & de vente, sur les testamens, sur la liberté qu'on donne aux esclaves. L'on appelloit autrefois *protonotaire* dans l'Eglise *Romaine* le premier des Notaires qui étoit chargé d'écrire les actes des Martyrs & les circonstances de leur mort. Ce titre est aujourd'hui un titre d'honneur dans la Cour de *Rome*, auquel sont attribués plusieurs priviléges, comme de légitimer les batards, de faire des Notaires apostoliques, des Docteurs en Théologie, & des Docteurs en droit canon & en droit civil. Il y en a douze qui ont ce titre.

PROTOPAPAS. *s. m.* Le plus grand Prince de l'Eglise de Constantinople après le Patriarche.

PROTOSÉBASTE. *s. mas.* Premier Ministre dans l'Empire Grec.

PROTOSPATHAIRE. *s. m.* Premier Officier des gardes de l'Empereur de Constantinople.

PROTOSTATEUR. *s. m.* Premier Ecuyer.

PROTOTYPE. *s. m.* lat. *Prototypum.* angl. *prototype.* Original, modéle sur lequel on se doit former.

PROTOVESTIAIRE. *s. m.* Grand maître de la Garderobe.

PROTUBÉRANCE. *s. f.* (Anatomie) Eminence, tumeur, avance, ce qui avance, ce qui s'éleve. *Protuberantia.* ang. *protuberance.*

PROTUTEUR. *s. m.* (Palais) Celui qui a géré en la place du Tuteur.

PROU. *adv.* Beaucoup, suffisamment.

PROUË. *s. f.* lat. *Prora.* angl. *prow.* C'est l'avant du vaisseau soutenu par l'estrade, audevant duquel est l'éperon.

PROVÉDITEUR. *substant. mascul.* Magistrat de Venise. Espéce de Gouverneur, de Commandant.

PROUEIL. *s. m.* Morceau de bois fourchu, qui sert à attacher les bœufs à la charruë.

PROVENANT, ante. *adj.* lat. *Proveniens.* angl. *proceeding.* Qui vient, qui tire son origine de quelque chose.

PROVENÇALE. *subst. fem.* Anémone verte & fleur de pêcher.

PROVENDE. *s. f.* ang. *provender.* C'est un boisseau qui contient la mesure d'une graine qu'on donne à une bête de travail pour la nourriture ordinaire. On le dit aussi de la provision de vivres dans une Maison, dans une Communauté.

PROVENIR. *v. n.* lat. *Prevenire.* angl. *to proceed, to issue.* Venir d'un certain lieu, en tirer son origine. Être cause.

PROVENU. *s. masc.* Le profit qui provient d'une affaire. lat. *Lucrum.* ang. *profit.*

PROVERBE. *s. m.* lat. *proverbium.* anglois: *proverb.* Propos sententieux, fondés sur l'expérience, qui contiennent ordinairement quelque description Satyrique ou un avis de précaution contre les folies des hommes. C'est aussi le nom de l'un des livres de l'Ancien Testament, écrit par *Salomon* Roi d'*Israël*, d'une manière sentencieuse; qui contient un grand nombre d'instructions & de maximes morales utiles à la societé civile & à la conduite des hommes, à la politique, à l'économie, à la religion. Quelques-uns de ces *proverbes* sont écrits avec simplicité & les autres sont tournés en allégories & emblêmes: mais tous sont écrits d'une manière noble, sublime & poëtique.

PROVERBIAL, ale. *adj.* lat. *proverbialis.* ang. *proverbial.* Qui tient du proverbe.

PROVERBIALEMENT. *adv.* lat. *More proverbiali.* ang. *proverbially.* D'une manière proverbiale.

PROUESSE. *s. fem.* lat. *præclarum facinus.* eng. *prowess.* Bravoure, action de valeur & de hardiesse.

PROVICAIRE. *s. m.* Qui tient la place d'un Vicaire & en fait les fonctions.

PROVIDENCE. *s. f.* lat. *providentia.* ang: *providence.* Parmi les Anciens *Romains* c'étoit une divinité qu'ils représentoient sous la figure d'une Dame *Romaine* avec un sceptre à la main qu'elle dirigeoit vers un globe qui étoit à ses pieds, pour marquer qu'elle gouvernoit le monde comme un bon Père de famille. L'Empereur *Titus* la représentoit avec un gouvernail & un globe, *Maximien* la représentoit sous la figure de deux Dames, avec des épis de bleds en leurs mains, & avec cette legende, *providentia Deorum quies Augustorum. Severe* la représentoit avec une corne d'abondance & un grand vaisseau à ses pieds plein d'épis de bleds. Dans le *langage ordinaire* parmi *nous*, on appelle *providence* la conduite toute puissante & regulière de Dieu sur tout l'univers.

PROVIGNER. *v. act.* & *n.* lat. *propagare vitem.* ang. *to provine.* Faire des provins, les coucher dans terre pour renouveller les souches d'une vigne. Se multiplier.

PROVIN. *s. m.* lat. *propago.* ang. *a provine.* Branche de vigne qu'on couche, & qu'on couvre de terre, afin qu'elle prenne racine, & fasse de nouvelles souches.

PROVINCE. *s. f.* lat. *provincia.* ang. *province.* Dans le *gouvernement de l'Eglise* c'est quelquefois un Archevêché & quelquefois l'étenduë de sa jurisdiction. C'est aussi la partie d'un Empire, d'un Royaume, &c. dans laquelle sont comprises plusieurs Villes, Bourgs, &c. sous un même Gouverneur. Les *provinces unies* qu'on appelle communément les États généraux, sont ces contrées ou *provinces* qui dans le 16e. siécle ayant secoüé le joug de la domination *Espagnole*, s'unirent ensemble, & formérent une republique qui subsiste encore & qui est peut-être la plus grande qui soit au monde. Ces *provinces* sont au nombre de sept, la *Hollande*, la *Zelande*, la *Basse-Gueldre*, & le Comté de *Zutphen*, la *Frise*, l'*Over-Issel*, la Seigneurie d'*Utrecht* & celle de *Groningue.* Ces *provinces* sont situées vers les embouchures de la *Meuse* & du *Rhin*, dans la partie Nord du *Pays-bas* entre les Etats du Roi d'*Espagne* en *Flandres*, l'Angleterre & plusieurs Principautés de l'*Empire.* Chacune de ces *provinces* envoye ses députés à la *Haye*, où il s'en forme trois Colléges ou assemblées, les Etats Généraux, le Conseil d'Etat, & la Chambre des Comptes. Il faut que toutes les Provinces consentent aux résolutions qu'on prend aux assemblées des Etats Généraux, parce qu'on n'y suit pas la pluralité des voix, mais l'unanimité. Chaque *province* en particulier a droit de présider une semaine. La *province* de *Gueldres* est la première comme la plus ancienne, & comme celle qui proposa l'union. Le commerce & les manufactures ont rendu ces peuples si puissans, qu'ils ont des places dans toutes les parties du monde. La *Hollande* a deux Compagnies célébres de Marchands, l'une pour les *Indes Orientales*, l'autre pour les *Occidentales.* Au surplus cet Etat est devenu fort puissant surtout en mer; on y tolère toutes les sectes de religion; mais le *Calvinisme* est la religion de l'Etat

PROVINCIAL, ale. *adj.* lat. *provincialis.* ang. *provincial.* Qui concerne la province. Qui est de province, qui demeure dans la province. Synode *provincial* est une assemblée Ecclésiastique d'une province particulière, ou sous la direction d'un Primat, d'un Archevêque.

PROVINCIAL. *s. m.* lat. *provinciæ præpositus.* ang. *provincial.* Se dit parmi les Religieux, de celui qui a la direction & l'autorité sur plusieurs Couvens d'une province.

PROVINCIALAT. *s. masc.* lat. *provincialis dignitas.* ang. *provincialship.* Dignité de celui qui est Provincial d'un ordre Religieux.

PROVISEUR. *s. m.* lat. *provisor.* ang. *provisor.* Protecteur d'une maison, d'un collége, qui pourvoit à ses nécessités.

PROVISION. *s. f.* lat. *Cibaria annona.* ang. *provision.* Amas qu'on fait en tems & lieu des choses nécessaires à la vie, comme pain, viande, poisson, &c. & de ce qui est nécessaire pour se défendre contre les injures de l'air, contre les attaques des ennemis. En termes de *Palais*, c'est l'adjudication de quelque somme pour pourvoir aux nécessités pressantes d'une personne. C'est aussi la patente, ou le titre en vertu duquel on jouit d'un bénéfice. Dans le *Commerce*, *provision* est la même chose que commission ou le droit qui doit être payé à celui qui vend ou achette quelque marchandise pour un autre.

PROVISIONNEL, elle. *adj.* ang. *provisional.* Qui regarde la provision que l'on fait par précaution.

PROVISIONNELLEMENT. *adv.* ang. *provisionally*. Par provision.

PROVISOIRE. *adj.* Qui demande célerité, qui a besoin d'être jugé par provision.

PROVISOIREMENT. *adv.* Par provision.

PROVOCATION. *s. f.* lat. *provocatio*: ang. *provocation*. Action par laquelle on provoque, on défie, on excite à quelque chose. Affront, injure, &c.

PROVOQUER. *v. act.* lat. *provocare*. ang. *to provoke*. Obliger à se battre, défier. Exciter.

PROUVER. *v. act.* lat. *Comprobare*. ang. *to prove*. Etablir la vérité de quelque fait, de quelque proposition.

PROUYER. *subst. masc.* (Marine) Qui est à la prouë.

PROXÉNÈTE. *s. mas.* Courtier, entremetteur d'un marché. lat. *proxeneta*. ang. *a broker*.

PROXIMITÉ. *s. fem.* lat. *propinquitas*. ang. *proximity*. Voisinage; petite distance; degré de parenté fort proche.

PROYE. *sub. f.* lat. *præda*. ang. *prey, booty*. Pâture des animaux ravissans & carnaciers. Pillage, butin.

## P R U

PRUDE. *adj.* lat. *probus*, *prudens*, *gravis*. ang. *discreet*, *wise*. Qui est sage & modeste.

PRUDEMMENT. *adv.* lat. *prudenter*, *cautè*, *sapienter*. ang. *prudently*, *wisely*. Avec prudence & circonspection.

PRUDENCE. *s. f.* lat. *prudentia*. ang. *prudence*. C'est la plus utile de toutes les vertus de la société, ou celle qui enseigne à bien regler sa vie & ses mœurs; à diriger ses discours & ses actions suivant la droite raison, à prévenir les événemens; à juger par ce qui a été fait, ce qu'il faut faire ou éviter; à bien examiner les choses, à ne rien faire légèrement.

PRUDENT, ente. *adj.* lat. *prudens*. angl. *prudent*. Sage, avisé, qui agit avec prudence, avec déliberation, conseil.

PRUDERIE. *sub. f.* lat. *prudentia*, *cautio*. ang. *preciseness*, *reserve*. Vertu de prude.

PRUD'HOMME. *s. m.* lat. *Homo peritus*. ang. *a wiewer*. Homme sage, prudent & experimenté. Bon homme qui vit à l'ancienne mode. Expert qu'on nomme en justice pour visiter & estimer des choses sur lesquelles on est en contestation. A *Marseille* on appelle ainsi les juges des pêcheurs.

PRUD'HOMMIE. *s. f.* lat. *probitas*, *integritas*. ang. *prudent carriage*. Probité. Conduite sage.

PRUNE. *s. f.* lat. *prunum*. ang. *a plum*. Fruit d'Eté qui est à noyau avec une pulpe ou chair couverte d'une peau fleurie.

PRUNEAU. *s. mas.* lat. *prunum passum vel insolatum*, *siccatum*. ang. *prune*. Prune séchée au soleil, ou dans le four.

PRUNELAIE. *s. f.* lat. *prunetum*. ang. *a grove of plum trees*. Lieu planté de pruniers.

PRUNELLA. *s. f.* (Médecine) Sécheresse de la langue & de la gorge.

PRUNELLE. *s. f.* lat. *prunum sylvestre*. ang. *sloe*, *bullace*, *wild plum*. Prune sauvage qui vient parmi les ronces & les hayes & qui est aigrelette.... Plante autrement appellée *Brunelle* ou *herbe aux Charpentiers*, souveraine pour guerir les plaies... Ce mot signifie ordinairement une petite ouverture qui est dans les tuniques de l'œil, qui donne passage aux rayons de la lumière, pour se peindre dans la rétine. lat. *pupilla oculi*. ang. *the apple of the eye*.

PRUNELLIER. *s. m.* lat. *prunus sylvestris*. ang. *a bullace-tree*. Prunier sauvage, qui porte les prunelles.

PRUNIER. *s. m.* lat. *prunus*. ang. *a plum-tree*. Arbre qui porte les prunes.

PRURIGINEUX, euse. *adjectif.* Se dit des maladies qui causent de la démangeaison.

PRURIT. *s. m.* Démangeaison.

PRUSSE. *s. f.* Sapin qui croît dans la nouvelle France.

PRUTENIQUE. *adject.* Tables *Pruteniques* sont des tables Astronomiques calculées par *Rheinoldus* pour trouver le mouvement des corps célestes, & dédiées au Duc de Prusse. ang. *prutenick tables*.

## P R Y

PRYTANAT. *substant. masculin.* Dignité de Prytane.

PRYTANÉE. *sub. masc.* *Prytanæum*. Lieu à *Athènes* où étoit le siége des juges de la police, & où l'on nourrissoit aux dépens de la République ceux qui avoient rendu quelque service considérable à l'Etat. Il y avoit un Autel sur lequel on entretenoit un feu perpétuel & sacré, en l'honneur de la Déesse *Vesta*. Ce n'étoient pas des Vierges qui avoient soin de ce feu, mais des femmes veuves que l'on appelloit *Prytanitides*.

PRYTANES. *s. m. pl.* angl. *prytanes*. Nom que les *Athéniens* donnoient aux juges de police. On en tiroit 50. de chaque tribu de l'Attique, ce qui faisoit le conseil de 500.

PRYTANITIDES. *voy.* *Prytanée*, à la fin.

## P S A

PSALLETTE. *s. f.* Maison où le Maître de musique loge & enseigne les enfans de Chœur.

PSALME. *voy.* Pseaume.

PSALMISTE. *s. m.* lat. *psalmista*. ang. *psalmist*. C'est le titre qu'on donne au Roi *David*, auteur des Pseaumes.

PSALMODIE. *s. f.* lat. *psalmodia*. ang. *psalmody*. Chant d'Eglise dont on se sert pour chanter les Pseaumes.

PSALMODIER. *v. n.* & *actif.* lat. *Canere*, *psallere*. ang. *to sing psalms*. Chanter des Pseaumes. Les réciter d'une manière particulière qui est opposée au plein-chant.

PSALMOGRAPHE. *voy.* Psalmiste.

PSALMOGRAPHIE. *s. f.* Art de composer des Pseaumes. ang. *psalmography*.

PSALTÉRION. *s. m.* lat. *psalterium*. anglois. *psaltery*. Instrument de musique en usage chez les Anciens pour accompagner le chant des

Pſeaumes. Celui dont on uſe maintenant eſt un inſtrument plat qui a la figure d'un triangle tronqué. Il eſt monté de trois rangs de cordes de fil de fer, ou de leton, accordées à l'uniſſon, ou à l'octave, montées ſur deux chevalets, qui ſont ſur les deux côtés.

PSAUTIER. *ſ. m.* lat. *pſalmorum liber.* ang. *pſalter.* Le livre des Pſeaumes de *David* . . . . 3e. Ventricule des animaux ruminans.

P S E

PSEAUME. *ſ. m.* lat. *pſalmus.* angl. *pſalm.* Cantique, Hymne ſacré. Ce mot eſt maintenant borné aux 150. *Pſeaumes* attribués à *David.* On croit cependant qu'ils ne ſont pas tous de lui ; quelques-uns ayant à leur tête les noms d'*Aſaph*, *Eman*, *Ethan*, &c. que certains Auteurs croyent être des Muſiciens qui avoient compoſé des tons propres à les chanter, ou des joueurs d'inſtrumens, &c. Il y a eu de grandes diſputes parmi les Sçavants pour ſçavoir ſi les *Pſeaumes* étoient écrits en vers ou en quelle eſpèce de vers ; mais cette partie de la langue hébraïque n'eſt pas aſſés connuë : ainſi il eſt probable que c'étoit une ſorte de proſe poëtique dont les Auteurs des *Pſeaumes* ont fait uſage, pour les rendre plus conformes à la muſique de ces tems-là qui ne nous eſt pas plus connuë que leurs inſtrumens.

PSEAUTIER. *voy.* Pſautier.

PSEUDAMANTES. *ſ. f. pl.* Pierres fauſſes ou factices.

PSEUDOBUNIUM. *ſ. m.* Eſpèce de Syſimbrium. Quelques-uns croient que cette plante eſt la même que celle qu'on nomme *herbe de Ste. Barbe.*

PSEUDODICTAMNUS. *ſubſt. maſc.* Faux dictame.

PSEUDODIPTÈRE. *ſ. m.* Temple qui avoit des portiques tout autour, dont chacun étoit auſſi large que le double portique qui étoit au diptère.

PSEUDONYME. *adj.* Auteur qui fait paroître ſes ouvrages ſous des noms ſuppoſés.

P S I

PSILOTHRE. *ſ. maſc.* Dépilatoire, qui eſt propre à faire tomber le poil.

P S O

PSOAS. *ſ. m.* Nom du muſcle lombaire de la cuiſſe.

PSORA. *ſ. f.* Eſpèce de puſtules qui viennent ſur la peau.

PSOROPHTALMIE. *ſ. f.* Eſpèce d'ophtalmie, accompagnée de démangeaiſon.

PSORUS. *ſ. m.* Poiſſon de mer excellent à manger. voy. *Lepras.*

P S Y

PSYCHAGOGIQUES. *ſ. m. pl.* Remédes qui rappellent à la vie, dans la ſyncope ou l'apoplexie.

PSYCHOLOGIE. *ſ. f.* Diſcours ou traité de l'ame. ang. *Pſychology.*

PSYCHOMANTIE. *ſ. f.* Divination par le moyen des eſprits & des ames des morts. angl. *Pſychomancy.*

PSYCHROMÈTRE. *ſ. m.* Inſtrument pour meſurer le degré d'humidité qui eſt dans l'air. ang. *Pſychrometer.*

PSYLLIUM. *ſ. m.* Herbe aux puces.

P T A

PTARMIQUE. *ſ. f.* *Ptarmica.* Plante dont les feuilles miſes dans le nés font éternuer, d'où lui eſt venu ſon nom . . . . *ſ. m.* Sternutatoire, médicament propre pour faire éternuer.

P T E

PTÉROPHORE. *ſ. m.* (Antiq.) Qui porte des plumes ou des aîles.

PTÉRYGION. *ſ. m.* Ongle de l'œil, excreſcence membraneuſe, qui ſe forme ſur la conjonctive . . . . Excreſcence charnuë qui vient aux ongles des pieds & des mains, & qui les couvre en partie.

PTÉRYGOÏDE. *ſ. femin.* (Anat.) Se dit de deux apophyſes de l'os ſphenoïde parce qu'elles ſont faites comme des aîles de ſouris.

PTÉRYGOÏDIEN. (Anatomie.) Se dit de deux muſcles de la mâchoire, qui ſont le 2e. & le 4e. des fermeurs.

PTERYGOPHARYNGIEN. *ſubſt. maſcul.* (Anatomie) Se dit de deux muſcles du Pharynx qui le tirent en haut. Ils prennent leur origine des apophyſes *Ptérygoïdes.*

P T I

PTILOSE. *ſ. f.* *Ptiloſis.* Chûte des cils. Déplumation.

PTIRIGIUM. *ſ. m.* (Anatomie) Membrane qui prend à l'angle de l'œil, & vient s'attacher à la pupille.

PTISANE. *voyez* Tiſane.

P T O

PTOLEMAÏQUE. *adject.* lat. *ptolemaicum ſyſtema.* anglois. *ptolemaick ſyſtem.* Le ſyſtême *Ptolemaïque* en *Aſtronomie* eſt celui qu'on appelle communément l'ancien ſyſtême. Il diviſoit le monde en deux regions, l'Etherée & l'Elementaire. La première commence au premier Mobile qui ſe meut de l'Eſt à l'Oueſt dans l'eſpace de vingt-quatre heures & renferme dix cieux, ſçavoir les deux cryſtallins, le firmament, & les ſept planétes. Les deux cryſtallins entre le premier mobile & le premier firmament ſont imaginés pour expliquer quelques irrégularités du premier mobile. La region élementaire s'étend juſqu'à la concavité de la Lune & renferme les quatre élemens, le feu, l'air, l'eau & la terre. Le globe terreſtre eſt ſuppoſé compoſé d'eau & de terre & fixé immuablement au centre du monde ; l'élement de l'air environne la terre & celui du feu environne l'air & tous les cieux ſe meuvent autour de la terre de l'Est à l'Ouest. Mais l'absurdité & le peu d'exactitude de ce système est maintenant reconnuë presque universellement & celui de *Copernic* a pris sa place, étant beaucoup plus propre à expliquer les divers phénomenes des cieux, *&c.*

PTOLEMAÏTES. *s. m. pl.* lat. *Ptolemaïtæ.* ang. *ptolemaites.* Secte parmi les *Gnostiques* qui prétendoit que la loi de *Moïse* venoit en partie de Dieu, en partie de *Moïse* & une autre partie des traditions des Docteurs Juifs.

## P T Y

PTYADE. *voy.* Ptyas.

PTYALAGOGUE. *adj.* & *subst.* Médicament qui excite la salivation.

PTYALISME. *s. m.* lat. & ang. *ptyalismus.* Crachement, salivation excitée par un reméde fait à ce dessein, ou maladie qui occasionne un crachement extraordinaire.

PTYAS, *ou* Ptyade. *s. m.* Aspic qui jette son venin en crachant & non en mordant.

## P U A

PUAMMENT. *adverb.* lat. *Putidè*, *fœtidè.* anglois. *stinkingly.* D'une manière puante.... Mentir *puamment* : effrontément.

PUANT, ante. *adject.* lat. *Olidus*, *putidus.* ang. *stinking.* Qui a une odeur forte & desgréable, qui offense le nés & le cerveau. *Féve puante.* voy. *Conbage.*

PUANTEUR. *s. f.* lat. *Fœtor*, *putor.* angl. *stink.* Odeur mauvaise qui sort d'un corps corrompu.

## P U B

PUBÈRE. *adj.* *Puber.* Qui a atteint l'âge de 12. ans ou de 14. ans.

PUBERTÉ. *s. f.* lat. *pubertas.* angl. *puberty.* Etat des filles qui ont atteint l'âge de 12. ans ou des garçons qui ont atteint celui de 14. Parmi les *Romains* c'étoit de 14 à 16, en sorte qu'à l'entrée de la 17e. année, ils prennoient la *robe virile*, comme s'ils commençoient alors d'être hommes. Parmi les *Athéniens* c'étoit à l'âge de 18. ans. Mais parmi les Juifs c'étoit de 13 à 13 & demi, & alors ils étoient soumis à tous les préceptes de la loi, comme étant reputés hommes, & en particulier ils étoient obligés de se marier. Le tems de *puberté* de leurs filles commençoit à 12. ans & finissoit à 12 & demi, à moins que la nature ne fut assés tardive pour ne donner aucune marque visible. Aussi-tôt qu'elles avoient achevé le tems de leur *puberté*, elles étoient en liberté & leur Père ne pouvoit plus les empêcher de se marier.

PUBIS. *s. m.* (Anatomie.) Os de la hanche situé à la partie antérieure & moyenne du tronc, autrement appellé l'*os du pénil*, ou l'*os barré.*

PUBLIC, ique. *adj.* & *subst.* lat. *publicus.* ang. *publick.* Qui est opposé à particulier, qui est connu de tous.... *s. m.* Le commun des hommes ; la société civile, *&c.*

PUBLICAIN. *s. m.* lat. *publicanus*, *redemptor.* ang. *a publican.* C'étoit chez les *Romains* un fermier des impôts & des revenus publics. Ils étoient regardés communément comme les plus vils des hommes parce qu'ils abusoient trop souvent de leur pouvoir. Les *Juifs* en avoient tant d'horreur, qu'ils ne vouloient pas leur permettre d'entrer dans leur Temple ou leur Synagogue, ni les admettre à la participation de leurs prières publiques ni aux offices de judicature, ils ne recevoient pas même leur témoignage dans leurs cours de justice.

PUBLICATION. *s. f.* lat. *publicatio*, *promulgatio.* ang. *publication.* Notification qu'on fait dans les assemblées & lieux publics, d'une chose qu'on veut que tout le monde sache. Vente d'un livre.

PUBLICITÉ. *s. f.* La qualité d'une chose publique. Notorieté.

PUBLIER. *v. act.* lat. *publicare*, *promulgare.* ang. *to publish.* Rendre une chose publique. Mettre au jour, faire imprimer.

PUBLIQUEMENT. *adv.* lat. *Apertè*, *palam*, *publicè.* anglois. *publickly.* Hautement & en public.

## P U C

PUCE. *s. f.* lat. *Pulex.* ang. *a flea.* Petit insecte fort vif & fort actif, qui s'engendre dans les chiens & dans les chats & qui mord & tourmente en Été les hommes.

PUCEAU. *s. m.* lat. *Illibatus.* ang. *a maid.* Jeune garçon qui a encore sa virginité, qui n'a jamais eu de commerce particulier avec une femme.

PUCELAGE. *s. m.* lat. *Virginitas*, *integritas.* ang. *maidenhead.* Virginité ; état d'integrité. Nom d'une petite coquille.

PUCELLE. *sub. fem.* lat. *Virgo.* ang. *maid*, *virgin.* Fille qui a encore sa virginité, qui n'a eu aucun commerce avec aucun homme. Espèce de poisson, qui ressemble à l'alose, mais qui est moins grand.... *Pucelle.* voy. *Chat-brûlé*, au mot *Chat*.... Pucelle Nichon : Tulipe rouge d'écarlate, colombin & blanc non d'entrée.

PUCERON. *s. m.* lat. *Culex.* ang. *a vine-fretter.* Espèce de petit moucheron qui s'attache aux jets nouveaux des pêchers, des pruniers & du chévre-feuille, *&c.*... Insecte qui nage dans les eaux, & qui se multiplie beaucoup. Il est rougeâtre & sautille dans l'eau.

PUCHAMIAS. *s. m.* Arbre de la Virginie, qui produit un fruit semblable à la nefle, fort astringent lorsqu'il n'est pas mûr, mais d'un goût délicieux dans sa maturité.

PUCHOT, *ou Trombe.* ( Marine ) Nuage échauffé par le soleil, qui par une de ses extrêmités porte sur la surface de la mer. Il est suivi d'un tourbillon extraordinaire, qui le fait créver sur le vaisseau & le met en grand danger.

## P U D

PUDEUR. *s. femin.* lat. *pudor*, *verecundia.* ang. *modesty.* Honnêteté, retenuë, honte naturelle qu'on a de faire quelque chose de déshonnête ou de mauvais, & qui paroit par une rougeur qui monte au visage. Il se prend aussi pour modestie.

PUDIBOND, onde. *adj.* lat. *Verecundus, pudens.* ang. *shamefaced.* Qui est modeste, & qui rougit pour le moindre sujet.

PUDICITÉ. *s. f.* lat. *pudicitia.* ang. *pudicity.* Chasteté; pureté, vertu qui fait abstenir des plaisirs illicites. *Pudicité*, étoit aussi une Déesse adorée par les anciens Payens, sous la forme d'une femme voilée & d'une contenance extrêmement modeste. Elle étoit regardée comme la Déesse de la chasteté, de la modestie & des autres vertus du sexe. Elle avoit deux Temples à *Rome*, l'un qui appartenoit aux Dames *Romaines* & l'autre aux *Plebeïennes* & aux femmes des Négocians.

PUDIQUE. *adj.* lat. *pudicus.* ang. *chaste, modest.* Chaste & honnête.

PUDIQUEMENT. *adv.* lat. *pudicè, castè.* ang. *chastly, honestly.* D'une manière pudique.

P U E

PUER. *v. n.* lat. *Graveolere.* ang. *to stink.* Sentir mauvais, exhaler une odeur corrompuë qui offense le nés & le cerveau.

PUÉRIL, ile. *adj.* lat. *puerilis.* ang. *childish, puerile.* Qui sent l'enfant, qui concerne l'enfant.

PUÉRILEMENT. *adv.* lat. *pueriliter.* ang. *childishly.* D'une manière puérile.

PUÉRILITÉ. *s. f.* lat. *Puerilitas.* ang. *puerility.* Discours, ou action d'enfant; ce qui tient de l'enfant, soit dans le raisonnement, soit dans les actions; ce qui est bas & puéril.

P U G

PUGILAT. *s. m.* Combat où deux Athlétes se battoient à coups de poings. Ils avoient les bras armés de cestes ou brassarts de cuir.

PUGILLE. *s. m.* ang. *pugil.* Ce qu'on peut prendre avec trois doigts, le pouce & les deux suivans.

P U I

PUIS. *adv.* lat. *Deinde.* ang. *then, after that.* Après, ensuite.

PUISAGE. *s. m.* Action de puiser.

PUISARD. *s. m.* lat. *Stillicidium plumbeum.* ang. *a draining well.* Trou en forme de puits pour faire écouler les eaux.

PUISER. *v. act.* lat. *haurire.* ang. *to draw up.* Tirer de l'eau, & autre liqueur d'un puits, ou de quelque autre lieu creux.

PUISNÉ, *ou* Puiné. *s. m.* lat. *Natu minor.* anglois. *younger.* Enfant qui est venu après l'aîné.

PUISOIR. *s. m.* Vaisseau de cuivre dont se servent les Salpêtriers, pour tirer le salpêtre de la chaudière où on le cuit, après qu'il est formé.

PUISQUE. *conj.* lat. *Quoniam, quandoquidem.* ang. *since.* Parce que, à cause que.

PUISSAMMENT. *adverb.* latin. *Potenter, validè.* anglois. *mightily.* D'une manière puissante.

PUISSANCE. *sub. f.* lat. *Potestas, potentia.* ang. *power, might.* Commandement, autorité, souveraineté, pouvoir absolu. Pouvoir, force, vertu, faculté. En *Théologie*, c'est la sixième hierarchie des Anges. En *Algébre* c'est la multiplication d'un nombre plusieurs fois par lui-même. Le quarré est la 2e. puissance, le cube la 3e. &c.

PUISSANT, ante. *adj.* lat. *potens.* ang. *powerful, mighty.* Qui a du pouvoir, de l'autorité, du crédit.

PUITS. *s. m.* lat. *Fodina, puteus.* anglois. *well.* Ouverture qu'on fait en creusant la terre, surtout pour y trouver de l'eau. Lieu où s'amassent les eaux du navire, ou l'archipompe.

P U L

PULEGIUM. *voy.* Pouliot.

PULLULER. *verb. n.* lat. *pullulare.* ang. *to pullulate.* Multiplier beaucoup.

PULMONAIRE. *s. f.* lat. *pulmonaria.* ang. *lung-wort, our ladies wild-wort.* Plante dont les feuilles sont bonnes pour les ulcères du poumon & le crachement de sang.

PULMONIE. *s. f.* Maladie des poumons.

PULMONIQUE. *adj.* lat. *pulmonarius.* ang. *consumptive.* Qui est malade du poulmon.

PULPE. *s. f.* lat. *pulpa.* ang. *pulp.* C'est la partie des fruits qui est bonne à manger, qui leur tient lieu de chair, qui est entre la pélure & le noyau ou les pepins.

PULPITRE. *voy.* Pupitre.

PULPO. *s. m.* Poisson fort singulier de la mer du Sud.

PULSATIF, ive. *adj.* ( Médecine ) Se dit de tout ce qui cause une sensation de battement ou de pulsation, qui survient ordinairement aux inflammations. Ces battemens répondent aux pulsations des artères.

PULSATILLE. *s. f.* Plante ainsi appellée, parce que ses semences ont des queuës barbuës comme une plume, lesquelles sont poussées çà & là au moindre vent. On la nomme autrement *Coquelourde.*

PULSATION. *s. f.* lat. *pulsus, pulsatio.* ang. *pulsation.* Terme de *Médecine*, qui se dit de l'action du pouls ou battement d'artère. En termes d'*Horlogerie*, c'est l'avantage d'un levier pour en faire mouvoir un autre.

PULSILOGE. *s. m.* *Pulsilogium.* Instrument propre à mesurer la vitesse du pouls.

PULVERIN. *s. masc.* lat. *pixis pulveraria, pulverarium.* ang. *a priming-powder-case.* Etui de poudre à amorcer .... Petite poudre. Poudre à canon propre à amorcer les armes à feu... On le dit aussi de ces goutes d'eau fort menuës & presque imperceptibles qui s'écartent dans les chûtes des jets d'eau, & aux cascades & sauts des rivières.

PULVÉRISATION. *s. f.* ( Pharmacie ) lat. *pulverisatio.* ang. *pulverization or pulverizing.* Opération par laquelle on réduit une substance en poudre.

PULVÉRISER. *v. act.* lat. *pulverisare.* ang. *to pulverize.* Mettre en poussière ; réduire un corps en menuë poudre, le casser, le briser.... Au *Figuré*, réfuter & anéantir les raisonnemens de son adversaire.

P U M

PUMICIN. *s. m.* Huile de palme, autrement huile de sénégal.

P U N

PUNAIS, aise. *adj.* & *subst.* lat. *Fœtidæ naris homo.* ang. *that has a stinking nose.* Qui a le nés puant, ou l'haleine.

PUNAISE. *s. fem.* lat. *Cimex.* ang. *a bug.* Petit insecte fort plat, espèce de poux, qui tourmente fort dans le lit en Été tant par sa puanteur extraordinaire que par des morsures qui laissent une marque rouge sur la peau. Il y a aussi des punaises de terre volantes, & des punaises d'eau, qui volent aussi & ont un aiguillon qui pique très-fort. *Herbe aux punaises.* Plante que les Botanistes appellent *Coniza.*

PUNAISIE. *s. f.* lat *Narium fœtor.* ang. *a stinking nose.* Qualité qui rend un homme punais.

PUNIQUE. *adj.* Qui est ou qui vient de Carthage. lat. *Punicus.* ang. *punick.*

PUNIR. *v. act.* lat. *Mulctare, punire.* ang. *to punish.* Châtier, faire souffrir quelque peine ou supplice à ceux qui ont failli.

PUNISSABLE. *adj.* lat. *puniendus.* anglois. *punishable.* Qui mérite quelque peine, ou châtiment.

PUNITION. *s. f.* lat. *punitio, animadversio.* ang. *punishment.* Châtiment, peine qu'on impose pour un crime.

P U P

PUPILLAIRE. *adj.* lat. *pupillaris.* ang. *of or belonging to a pupil.* Qui concerne le pupille, ou le mineur de 12 ou de 14. ans.

PUPILLARITÉ. *s. f.* lat. *pupillaritas.* ang. *the condition of a pupil.* Le tems qu'un enfant est pupille & sous la conduite d'un Tuteur, c'est-à-dire, jusqu'à 14. ans pour les garçons & 12. ans pour les filles.

PUPILLE. *s. m.* & *f.* lat. *pupillus.* anglois. *pupil.* Fille au dessous de 12. ou garçon au dessous de 14. ans ; impubère qui est sous l'autorité d'un Tuteur.... ( Médecine ) Prunelle de l'œil.

PUPITRE. *s. m.* lat. *pluteus.* ang. *a desk.* Petit meuble de bois fait d'un ais incliné sur un rebord qui l'arrête par le bas.

PUPUE, *ou* Puput. *voy.* Huppe.

PUPULER. *v. n.* Terme dont on se sert pour exprimer la manière de crier de la huppe.

P U R

PUR, Pure. *adj.* lat. *purus, sincerus.* angl. *pure.* Qui est simple ; qui n'est ni composé, ni mêlangé. Qui est honnête, innocent, exempt de crime. Stile correct, châtié, poli. Les *Mathématiques pures* sont l'Arithmétique & la Géométrie sans application à aucun sujet particulier.

PURAQUE. *s. m.* Poisson du Brésil, tout à fait semblable à la *Torpille*, si ce n'est pas le même poisson. Car il engourdit tout de même le bras de celui qui le touche, ne le touchât-il qu'avec un bâton. Ce poisson est bon à manger & n'a nul venin.

PUREAU. *s. m.* Partie de la tuile, qui demeure découverte, après qu'elle est mise en œuvre.

PURÉE. *s. fem.* lat. *Jus vel cremor pisorum.* ang. *a pease porridge.* Jus ou suc qu'on tire des pois.

PUREMENT. *adv.* lat. *purè, sincerè.* angl. *purely.* Sans mélange. Sans clause, condition, ni reserve. Sans souillure.

PURETÉ. *s. f.* lat. *puritas, integritas.* angl. *pureness, purity.* Qualité de ce qui est pur, clair & net. Chasteté, innocence des mœurs. Exactitude, netteté, bon sens & raison.

PURETTE. *s. f.* Poudre magnétique, plus pesante que le sable, noire & brillante.

PURGATIF, ive. *adj.* & *subst.* lat. *purgativum.* ang. *purgative.* Remède, qui évacuë les impuretés du corps par le bas.

PURGATION. *s. fem.* lat. *purgatio.* ang. *purging.* Action de ce qui rend pur, de ce qui se décharge de ses impuretés. Médicament purgatif. Préparation des médicamens, & des métaux.... *Purgation canonique :* action par laquelle un accusé se justifie devant le Juge Ecclésiastique, selon les formes prescrites par les canons.... *Purgation vulgaire :* justification qui se faisoit autrefois par l'épreuve du feu, de l'eau, du duel.

PURGATOIRE. *s. m.* lat. *purgatorium.* ang. *purgatory.* Terme de l'Eglise *Romaine.* Lieu où les justes souffrent la peine duë à leurs péchés, avant que d'entrer dans le ciel.

PURGE. *s. f.* Action de purifier & de désinfecter les marchandises infectées de la peste.

PURGEOIR. *s. m.* Bassin chargé de sable, par où les eaux des sources passent, & où elles se purifient, avant que d'entrer dans les canaux.

PURGER. *v. act.* lat. *purgare.* ang. *to purge.* Ôter les mauvaises qualités, humeurs ou impuretés d'un corps. Se *purger* d'un crime, c'est repousser la calomnie.

PURGERIE. *s. f.* Lieu où l'on met les formes de sucre, pour les blanchir.

PURIFICATION. *s. f.* lat. *purificatio.* angl. *purification.* L'acte par lequel on se purifie, ce qui s'entend surtout de certain actes de religion. Il étoit ordonné aux *femmes Juives* de garder leur maison pendant 40. jours lorsqu'elles étoient accouchées d'un garçon & pendant 80. si c'étoit d'une fille & qu'après ce tems elles iroient au Temple & offriroient un agneau avec un petit pigeon ou une tourterelle & en cas de pauvreté seulement deux pigeons ou deux tourterelles. Parmi les *Chrétiens* la fête de la *Purification* a été instituée pour honorer le mystère du jour auquel la Vierge Marie alla au Temple

Temple & selon la coutume, présenta son Fils J. C. & offrit pour lui deux tourterelles. Le Pape *Sergius* I. ordonna la procession avec les cierges; ce qui fit donner à cette fête le nom de la *Chandeleur*. . . . C'est aussi l'action que le Prêtre fait à la Messe, lorsque après avoir pris le précieux Sang de Notre-Seigneur, immédiatement avant l'ablution, il prend du vin dans le calice.

PURIFICATOIRE. *s. m.* lat. *purificatorium linteum.* ang. *purificatory.* C'est un petit linge qu'on met sur le calice pour l'essuyer & le purifier après l'ablution.

PURIFIER. *v. act.* lat. *purgare.* ang. *to purify.* Nettoyer; ôter ce qu'il y a de sale & d'impur dans quelque corps. Rendre plus pur.

PURIM. *s. m.* Ce mot signifie *Sorts* & est le nom que les *Juifs* donnent à une de leurs fêtes, qu'ils célébrent en mémoire des *Sorts* qui furent jettés par *Aman* dans la Cour d'*Assuerus.* Cet homme superstitieux les jetta le premier mois & tomba sur le 12^e^. pour l'exécution de son dessein qui étoit de détruire tous les *Juifs* dans le Royaume de *Perse*; mais y ayant un si long intervalle entre le projet & l'exécution, *Mardochée* en eut la connoissance & par le moyen de sa niéce *Esther*, qui par sa beauté extraordinaire & par sa bonne conduite étoit parvenuë à être Reine, il détruisit tout ce projet & fit périr *Aman* & ses adhérans. Cette fête fut célébrée pour la première fois par les *Juifs* qui étoient à *Shusan* le 14. & par ceux qui étoient dans les autres parties du Royaume le 15^e^. du mois d'*Adar* qui répond à notre mois de *Février.* Depuis lors jusqu'à présent, ils ont observé réligieusement les cérémonies suivantes de cette fête. On jeûne rigoureusement la veille, si c'est un jour où l'on puisse jeûner, ou l'on pratique ce jeûne le jour d'auparavant ou le 11^e^. d'*Adar*; on fait des aumônes abondantes aux pauvres dans ce tems-là, & au jour de la fête on leur donne une partie des provisions qu'on a faites; le soir du 13^e^. la fête commence. On allume les lampes & lorsque les étoiles paroissent on commence à lire le livre d'*Esther* & on le lit d'un bout à l'autre. En cinq endroits de ce livre le Lecteur fait des hurlemens capables d'effrayer les femmes & les enfans. Ensuite chacun revient à sa maison, où l'on fait un repas où il entre plus de lait que de viande. Le matin suivant on va à la Synagogue & l'on y lit quelque partie convenable de l'écriture avec tout le livre d'*Esther* comme la veille. Ensuite on revient à la maison & l'on solemnise la fête avec toutes les expressions imaginables de joie jusques a l'excès & à l'impureté. Cette fête dure deux jours: mais il n'y a que le premier qui soit solemnel.

PURISME. *s. m.* lat. *Purus & emendatus loquendi modus.* ang. *purism.* Affectation de pureté dans le langage.

PURISTE. *s. masc.* lat. *Purista.* ang. *purist.* Qui se pique d'une grande pureté de langage, même avec affectation.

PURITAIN. *s. m.* lat. *Puritanus.* anglois. *a puritan.* Nom donné à ceux qui dans les regnes de la Reine *Elizabeth*, du Roi *Jaques* & du Roi *Charles* I. vouloient que l'on crut qu'ils étoient plus saints & plus rigides que les autres. Ils étoient au commencement membres de l'Eglise Anglicane, mais ensuite ils s'en séparerent à cause de diverses cérémonies qui leur ont déplu.

PURPURIN, ine. *adj.* Qui approche de la couleur de pourpre.

PURPURINE. *s. f.* Bronze moulu, qui s'applique à l'huile & au vernis.

PURULENT, ente. *adj.* lat. *Purulentus.* ang. *purulent.* Qui est mêlé de pus.

PURUTU. *s. masc.* Légume de Pérou, fait comme une féve, mais plus petit. lat. *Purutus.* ang. *purutu*, *peruvian bean.*

## P U S

PUS. *sub. m.* lat. *Tabum*, *pus*, *sanies.* ang. *matter*, *corruption.* Humeur putride, blanche & épaisse, boüe faite de sang corrompu qui sort d'une plaie qu'on ouvre, d'une apostume qui crève.

PUSILLANIME. *adj.* lat *Pusillanimus.* ang. *pusillanimous.* Homme sans courage, qui n'est capable d'aucune résolution vigoureuse; qui s'intimide aisément.

PUSILLANIMITÉ. *s. f.* lat. *Pusillanimitas.* ang. *pusillanimity.* Vice d'esprit; bassesse d'ame; foiblesse de courage, qui fait craindre tout, & empêche toutes les bonnes résolutions.

PUSSA. *s. f.* Déesse des Chinois. On la représente assise sur une fleur d'olivier, au haut de la tige de l'arbre. Elle est couverte d'ornemens fort riches & de pierreries. Elle a seize bras & à chacune de ses mains elle tient quelque chose, une épée, un couteau, un vase, un livre, *&c.* C'est la Cybèle Chinoise.

PUSTER. *substant. mascul.* Idole des anciens Germains.

PUSTULE. *s. f.* lat. *Pustula*, *pusula.* ang. *blister*, *wheal*, *pimple.* Petite gale, bouton, ou élevation qui vient sur la peau.

## P U T

PUTA. *s. f.* Déesse chez les *Romains*, invoquée par ceux qui émondoient les arbres.

PUTAIN. *s. f.* lat. *Scortum*, *meretrix.* ang. *whore*, *wench*, *harlot.* Femme publique & prostituée.

PUTANISME. *s. m.* lat. *Meretricium.* ang. *whoring*, *wenching.* Vie & condition de putain.

PUTASSIER. *s. m.* Homme qui aime, qui cherche des putains.

PUTATIF. *adj.* lat. *Habitus*, *creditus.* ang. *reputed.* Qui est reputé être ce qu'il n'est pas.

PUTCHAMIN. *voy.* Puchamias.

PUTOIS. *s. m.* Chat sauvage, ainsi nommé à cause de sa puanteur. C'est une espèce de belette.

PUTRÉDINAIRE. *s. m.* Philosophe qui soutient que bien des animaux se sont formés de pourriture & de corruption.

PUTRÉFACTION. *s. fem.* lat. *Putrefactio.* ang. *putrefaction, rotteness.* Puanteur qui vient de la corruption des corps. Pourriture.

PUTRÉFIER. *v. act.* lat. *Putrefacere.* angl. *to putrify.* Corrompre, gâter, rendre puant.

PUTRIDE. *adj.* lat. *Putridus.* ang. *putrid.* Terme de *Médecine*, qui se dit de la corruption des humeurs & des chairs.

P Y C

PYCNOCOMUM. *s. masc.* Plante qui a ses feuilles semblables à celles de la roquette, sa fleur à celle du basilic & sa semence à celle du marrube.

PYCNOSTILE. *s. m.* lat. *Pycnostylum.* ang. *pycnostile.* Édifice où les colomnes sont si pressées, que les entre-colonnemens n'ont qu'un diamétre & demi de la colomne.

PYCNOTIQUE. *adj.* ang. *Pycnotick.* Médicament d'une nature aqueuse, qui a la vertu de rafraichir & de condenser.

P Y G

PYGMÉE. *s. m.* lat. *Pygmæus.* ang. *a pygmy.* Petit homme, nain.

PYGNOSTILE, Pygnotique. *voy.* Pycnostile, Pycnotique.

P Y L

PYLAKENS. *substant mascul.* Draps d'Angleterre.

PYLORE. *s. masc.* lat. & ang. *Pylorus.* En *Anatomie*, c'est l'orifice inférieur du ventricule ou de l'estomach, par où les alimens passent dans les intestins.

P Y O

PYOSE. *s. f.* Suppuration, ou *Hypopyon*, maladie de l'œil.

P Y R

PYRACANTHE. *sub. f. Pyracantha.* Espèce d'épine toujours verte. On l'appelle autrement *buisson ardent*, à cause de l'éclat de ses graines qui sont d'un beau rouge. Ses fleurs sont blanches, ramassées en bouquets, & ses feuilles ressemblent à celles du *Phillyrea*.

PYRAMIDAL, ale. *adj.* ang. *Pyramidal, or pyramidical.* Qui a la figure ou les propriétés de la pyramide, qui lui ressemble ou lui appartient .... *Corps pyramidaux :* sont deux protuberances voisines des corps olivaires. Nom d'un muscle. *voy.* Piriforme.

PYRAMIDALE. *s. f.* Plante qui s'éleve très-haut, & qui porte des fleurs bleuës depuis la base jusqu'à la pointe.

PYRAMIDE. *s. f.* lat *Pyramis.* ang. *pyramid* En *Géométrie*, est un solide compris sous divers plans, qui aboutissent à un point commun & se terminent à un autre plan qui est la base. Une chose remarquable est que tous les corps opaques transmettent leur ombre en forme pyramidale & que les corps lumineux transmettent leur lumière en cette forme, de manière que le sommet de la pyramide qu'ils forment est dans le point d'où procéde la lumière & que la base est sur la surface du corps éclairé, tout au contraire des corps opaques. *Pyramides d'Égypte*, sont de superbes monumens élevés par les Rois d'*Égipte* à trois lieues du *Caire.* Les Anciens les ont regardées comme l'une des sept merveilles du monde. Il y en a trois principales qui différent en hauteur & en grosseur. Les deux premières sont fermées & la troisième qui est la plus grande est ouverte. Elle a 208. pierres de base, & chaque pierre a environ trois pieds d'épaisseur; elle est d'une hauteur & d'une largeur extraordinaire. On croit que ces *Pyramides* ont été bâties par les enfans d'*Israël*, pendant leur captivité, pour servir de sépulcres aux Rois d'*Egypte*, &c .... *Pyramide*, se dit aussi de plusieurs choses qu'on entasse les unes sur les autres & qui vont toujours en diminuant.

PYRAMISTE. *s. masc.* Espèce de papillon, fort sujet à se précipiter dans le feu, ou dans la flamme de la chandelle. *Pyramista.*

PYRÉNOÏDE. *s. f.* Apophyse de la seconde vertèbre du cou.

PYRÉTHRE. *s. m.* Plante ainsi appellée, parce que sa racine est d'un goût brûlant. Ses feuilles mâchées font beaucoup cracher & soulagent le mal des dents.

PYRÉTIQUES. *s. m. pl.* & *adj.* Remédes propres à guérir les fièvres.

PYRÉTOLOGIE. *s. fem.* Traité des fièvres. lat. *Pyretologia.* ang. *pyretology.*

PYRIFORME. *voy.* Piriforme.

PYRITE. *s. f.* (Chymie) Marcassite du cuivre, matrice où se forme le métail parmi la pierre. *Pyrites.* Il se dit aussi de la marcassite de tous les métaux .... (Lithologie) Espèce de pierre à feu.

PYROBOLISTE. *s. m.* Ingénieur à feu, qui enseigne la composition des feux d'artifice, tant pour la guerre, que pour le divertissement.

PYROLE. *s. m.* Plante ainsi appellée, parce que l'espèce dont on se sert en *Médecine*, a les feuilles semblables à celles du poirier. Elle a un goût amer & fort astringent, & elle est propre à consolider les plaies.

PYROLOGIE. *voy.* Pyrotechnie.

PYROMANCIE. *s. f.* lat. *Pyromantia.* ang. *pyromancy.* Divination par le feu du sacrifice. Si la flamme se prenoit d'abord à la victime; si elle étoit claire, sans fumée & sans bruit; si les bluettes montoient en forme de pyramide, & si le feu duroit jusqu'à ce que la victime fut reduite en cendres, ils se promettoient un heureux succès. Le contraire présageoit la colère des Dieux, & les malheurs qui devoient la suivre.

PYROMÈTRE. *sub. m.* Instrument inventé par M. *Mussembroëk*, qui sert à mesurer les divers degrés du feu & de ses effets.

PYRONOMIE. *substantif feminin.* lat. *Pyronomia.* anglois. *pyronomy.* Science qui enseigne à régler le feu dans les opérations de Chymie.

PYROTECHNIE. *s. f.* lat. *Pyrotechnia.* ang. *pyrotechny.* Art qui enseigne l'usage du feu, & son application & ménagement en plusieurs opérations. La *Pyrotechnie* militaire enseigne l'art de faire toutes sortes d'armes à feu, même les feux d'artifice par le moyen de la poudre à canon. La *Pyrotechnie* chymique enseigne l'art de ménager le feu pour les cuissons, calcinations, distillations & autres opérations Chymiques.

PYROTECHNIQUE. *adj.* lat. *Pyrotechnicus.* ang. *pyrotechnick.* Qui appartient à la Pyrotechnie.

PYROTIQUE. *adj.* lat. *Causticus.* ang. *pyrotick.* Médicament qui a la vertu d'échauffer, & qui étant appliqué au corps humain, y occasionne une grande chaleur ou même brûle la partie où il est appliqué. On l'appelle communément caustique. Tels sont ceux qui produisent de la rougeur dans la chair ou sur la peau, les vésicatoires, dépilatoires, *&c.*

PYRRHIQUE. *s. fem.* Danse usitée chés les Grecs. On la dansoit en frappant sur des boucliers avec les armes, au son des instrumens. lat. *Pyrrhica.* ang. *pyrrick.* . . . *s. m.* Pied de deux syllabes bréves. lat. *Pyrrhicus.* anglois. *pyrrick.*

PYRRHONIEN, enne. *adj.* Sectateur de Pyrrhon, Philosophe qui faisoit profession de douter de tout. Incrédule, qui met tout en question, qui doute de tout.

PYRRHONISME. *s. m.* Doctrine & sentiment du Philosophe Pyrrhon. Affectation de douter de tout. Le *Pyrrhonisme*, avec toutes les extravagances, qui en sont la suite, sera toujours le triste fruit de l'indépendance qui veut se soustraire à toute autorité. Quand on veut tout comprendre, on parvient bientôt à douter de tout.

P Y T

PYTAHAIA. *s. masc.* Arbre des Indes, qui croît parmi les rochers. Son fruit est rouge, gros comme une orange, ayant le même goût que la grenade.

PYTHAGORE. *s. m.* Le systême de *Pythagore* en *Astronomie* est celui qu'on appelle communément, systême de *Copernic*. La table de *Pythagore* en *Arithmétique* est celle qu'on appelle table de multiplication. Le Theoréme de *Phytagore* est la fameuse proposition 47e. du premier livre d'*Euclide* qui démontre qu'en chaque triangle rectangle le quarré de l'hypothénuse ou du côté, opposé à l'angle droit ; est égal à la somme des quarrés des deux autres côtés.

PYTHIENS, *ou* Pythiques. *adj.* Se dit des jeux institués en l'honneur d'Apollon, en mémoire du serpent Python qu'il tua à coups de fléche. lat. *Ludi pythici.* ang. *the pythian games.*

PYTHON. *s. masc.* Nom de certains devins que les Payens croyoient être inspirés d'*Apollon.* D'autres donnent ce nom à tous ceux qui prédisent l'avenir. Dans la *Fable poëtique*, *Python* étoit un serpent d'une grandeur prodigieuse, qui fut produit par la terre après le déluge de *Deucalion* & qu'*Apollon* tua à coups de fléches ; ce qui lui fit donner le nom de *Pythien.* En mémoire de quoi on institua certains jeux qui furent appellés, jeux *Pythiens* ou *Pythiques.*

PYTHONISSE, Pythie, *ou* Pythienne. *s. f.* lat. *Pythonica mulier.* ang. *pythonissa*, *pythoness.* Prêtresse d'*Apollon* qui prononçoit les oracles à *Delphes* dans un Temple consacré à ce Dieu. C'est aussi un nom commun à toutes les femmes qui prétendent prédire l'avenir & à toutes celles qui se vantoient d'être inspirées par ce Dieu.

P Y X

PYXACANTHA. *s. m.* Arbrisseau épineux, autrement appellé *Lycium.*

# Q

Q

EST une lettre muette, qui au sentiment de quelques personnes, est aussi inutile que le K ; parce que C peut avoir la même signification & servir à leur place. Aussi les *Latins*, changent-ils souvent Q en C, comme *sequor*, *secutus*, *loquor*, *locutus*, &c. Dans l'ancienne *numeration Romaine* Q signifioit 500 & avec un trait au dessus, comme $\bar{Q}$, elle signifioit 500, 000. Il y a plusieurs abbréviations dans les Arts & Sciences, où entre cette lettre, comme Q. D. chés les *Grammairiens* qui signifie, *comme si l'on disoit* ; Q. E. D. chés les *Géométres*, pour dire, *ce qu'il falloit prouver* ou *démontrer.* Q. S. chés les *Médecins*, pour *autant qu'il est nécessaire*, &c.... Q. Caractère qui distingue la monnoie fabriquée à Perpignan.

Q U A

QUADERNES. ( Jeu du Trictrac ) Carmes ou quarnes. Deux quatre en dez. lat. *Quaterni numeri*, ang. *two fours.*

QUADRAGENAIRE. *adj.* lat. *Quadragenarius.* ang. *quadragenarious.* Qui contient quarante. Agé de 40. ans.

QUADRAGÉSIMAL, ale. *adj.* lat. *Quadragesimalis.* angl. *quadragesimal.* Qui appartient au Carême.

QUADRAGÉSIME. *s. f.* lat. *Quadragesima.* ang. *quadragesima.* Espace de 40. jours. Il ne se dit que du Carême.

QUADRAIN. *voy.* Quatrain.

QUADRAN. *s. m.* lat. *Quadrans circuli mathematicus.* ang. *quadrant.* Instrument de Mathématique, qui est un quart de cercle divisé en 90. degrés, qui a un plomb au centre, un alhilade & des pinnules, qui sert à observer les hauteurs. On l'appelle ordinairement *quart de cercle*, ou *quart de nonante.* C'est l'instrument le plus utile, & on l'emploie dans presque toutes les opérations de Géométrie, d'Astronomie, &c. Ce mot signifie aussi un Cadran, une montre d'horloge. *Quadran au soleil* est une description sur un plan de certaines lignes qui marquent l'heure par le moyen de l'ombre d'un stile. Il y a aussi des *quadrans a la lune*, & *aux étoiles* qui montrent les heures aux rayons de la lune, ou par le moyen des étoiles qui ne se couchent point.... *Quadran* : outil de lapidaires, qui leur sert à tailler les pierres.

QUADRANGLE. *s. m.* lat. *Quadrangulum.* ang. *a quadrangle.* Figure de quatre côtés ou qui a quatre angles.

QUADRANGULAIRE. *adj.* lat. *Quadrangularis.* ang. *quadrangular.* Qui a quatre angles ou quatre côtés.

QUADRANTAL. *s. m.* Vase & mesure des choses liquides chés les Romains, qui contenoit 80. livres d'eau, ou 48. septiers.

QUADRAT. *s. m.* lat. *Quadratum.* angl. *a quadrat.* En *Astrologie*, est un aspect des astres quand ils sont éloignés l'un de l'autre de 90. degrés ou d'un quart de cercle. En *Imprimerie*, ce sont des piéces de plomb dont on sert pour remplir les espaces vuides.

QUADRATIQUE. *adj.* lat. *Quadraticus.* ang. *quadratick.* Equation *Quadratique* en *Algébre* est celle où la plus haute puissance de l'inconnue est un quarré, comme xx; aa, &c. Les unes sont *Quadratiques* simples, lorsque le quarré de la racine inconnuë est un nombre absolu ou connu ; les autres se nomment *Quadratiques* affectées lorsqu'elles contiennent une autre puissance inférieure de l'inconnue.

QUADRATRICE. *adj.* & *subst. fem.* lat. & ang. *Quadratrix.* Ligne *Quadratrice* en *Géométrie*, est une ligne méchanique propre à trouver des lignes droites égales à la circonférence d'un cercle, ou d'une autre courbe & à leurs différentes parties.

QUADRATURE. *subst. f.* lat. *Quadratura.* ang. *quadrature.* Réduction Géométrique d'une figure au quarré ; maniére de faire un quarré égal à une figure proposée. Ainsi la *Quadrature* du cercle consiste à trouver une figure rectiligne, dont l'aire soit égale à celle du cercle ; ou bien une ligne droite, qui soit égale à la circonférence du cercle. Ce qu'on n'a pû trouver jusqu'ici que par approximation. En *Astronomie* les *Quadratures* de la Lune sont les points moyens de son orbite qui sont entre les points de conjonction & d'opposition.... En termes d'*Horlogerie*, on appelle *Quadrature* la différente maniére de construction dont les ouvriers se servent pour les horloges, les pendules & les montres.... *Quadrature. voy. Quadrat.*

QUADRE. *s. masc.* lat. *Quadratus margo.* ang. *frame.* Bordure, chassis d'un tableau.

QUADRER. *v. neut.* lat. *Ad aliquid quadrare.* ang. *to quadrate*, *to agree.* Convenir, se rapporter justement à quelque chose,... *v. act.* Faire un quarré qui contienne précisément autant d'espace qu'un cercle, un triangle, ou toute autre figure. lat. *Quadrare.* angl. *to square.*

QUADRIENNAL. *s. masc.* & *adj.* lat. *Quadriennalis.* anglois. *quadriennial.* Office qui ne s'exerce que de quatre en quatre ans.

QUADRIFOLIUM. *s. m.* Plante qui a quelque rapport avec le tréfle des prés, mais qui en différe en ce qu'elle porte quatre feuilles sur une même tige. Elle est détersive, humectante & rafraichissante. On l'emploie intérieurement en décoction dans les fiévres malignes des enfans.

QUADRIGA. *s. masc.* Espèce de bandage. *voy. Cataphracte.*

QUADRIGE. *s. f.* lat. *Quadriga.* ang. *a cart drawn with four horses.* Char des Anciens, tiré par quatre chevaux.

QUADRILATÈRE. *s. m.* & *adj.* ang. *Quadrilateral.* En *Géométrie*, est une figure comprise entre quatre lignes droites.

QUADRILLE. *s. f.* lat. *Equitum turma.* ang. *a troop of horse for a carrousel.* Petite compagnie de Cavalerie pour des Carrousels. Jeu de cartes entre quatre personnes, imité du jeu de l'Hombre, qui ne se joüe qu'à trois.

QUADRIN. *s. m.* Denier Romain moderne, Il en faut 50. pour le Jule.

QUADRINOME. *adj.* & *s. m.* ang. *Quadrinomial.* (Algébre) Grandeur formée de l'addition de quatre grandeurs incommensurables entr'elles. Racine exprimée par quatre différentes lettres.

QUADRIPARTIT. *adj.* Divisé en quatre parties. ang. *quadripartite.*

QUADRISACRAMENTAUX. *s. m. pl.* Hérétiques du XVIe. siécle, qui n'admettoient que 4. Sacremens, le Baptême, l'Eucharistie, l'Absolution & l'Ordre de la Prêtrise.

QUADRISYLLABE. *adj.* lat. *Quadrisyllabus.* ang. *quadrisyllable.* Mot composé de 4. syllabes.

QUADRUPEDE. *s. m.* lat. *Quadrupes.* ang. *a quadrupede.* Bête à quatre pieds.

QUADRUPLE. *s. m.* lat. *Quadruplum.* ang. *quadruple.* Le même nombre pris quatre fois. Ce qui est quatre fois aussi grand qu'un autre.... Double pistole d'Espagne. lat. *Quadruplus.* ang. *a double spanish pistole.*

QUADRUPLE. (Au) *adv.* lat. *Quadrupliciter.* ang. *four-fold.* Quatre fois autant.

QUADRUPLER. *verb. act.* lat. *Quadruplicare.* anglois. *to quadruplicate.* Multiplier par quatre. . . . *v. neut.* Être augmenté quatre fois autant.

QUAI. *voy.* Quay.

QUAICHE. *s. m.* Bâtiment ponté, qui est mâté en fourche.

QUAISSE, Quaissier, Quaisson. *voy.* Caisse, Caissier, Caisson.

QUAKÉRISME. *s. m.* ang. *quakerism.* Religion, secte, doctrine des Quakers.

QUAKRE, *ou* Quaker. *s. masc.* Trembleur. C'est le nom d'une secte en *Angleterre* & dans les Colonies *Angloises*, qui s'établit vers l'an 1650. Au commencement ils paroissoient comme agités par quelque puissance supérieure & ils se comportoient comme s'ils étoient possédés, prétendant avoir une inspiration immédiate & extraordinaire du S. Esprit, disant que tous les commandemens extérieurs étoient abolis, que les Sacremens n'étoient pas nécessaires, mais que dans chaque action l'esprit de Dieu guidoit le fidéle, & lui inspiroit la vraie connoissance & intelligence des écritures, &c.

QUALIFICATEUR. *s. m.* lat. & ang. *qualificator.* Nom donné aux Théologiens de l'Inquisition qui qualifient les propositions déferées à ce tribunal, lorsque quelqu'un y est accusé d'hérésie & qu'il s'éleve une question sur la qualité d'une proposition que l'on prétend être hérétique ou suspecte d'hérésie. Ils doivent alors prononcer, *si c'est une hérésie manifeste ou si elle n'en a aucune apparence ? Si elle est erronée, ou mal sonante, ou offensant les oreilles pieuses ? Si elle est impie, scandaleuse ou schismatique ?* ou enfin, *si elle est séditieuse, blasphématoire ou dangereuse ?* Ils doivent aussi décider sur la défense des prisonniers, *si leurs réponses aux objections qu'on leur a faites sont suffisantes & raisonnables, ou si elles sont absurdes & éloignées du but ?* Les Inquisiteurs les consultent aussi, lorsqu'il est question de s'assurer d'une personne contre laquelle on a pris des informations, & dans ce cas ils sont obligés de donner leur sentiment par écrit & de leur propre main, pour être inscrit dans le procès & appuyer la procédure. Mais les Inquisiteurs ne sont pas obligés de suivre leur opinion, qui n'est pas décisive dans cette Cour ; ils ne font que donner leur avis.

QUALIFICATION. *s. f.* lat. *Qualificatio.* angl. *qualification.* Désignation d'une qualité qu'on attribuë à quelque chose . . . Déclaration des qualités d'une proposition erronée.

QUALIFIÉ, ée. *adj.* Crime *qualifié* ; grand crime, crime capital. Personne *qualifiée* : personne d'une qualité, d'une noblesse distinguée.

QUALIFIER. *v. act.* lat. *Nuncupare.* ang. *to qualify.* Donner une qualité, une epithéte à quelqu'un, à quelque chose ; marquer de quelle qualité elle est.

QUALITÉ. *s. f.* lat. *Qualitas, proprietas, natura.* ang. *quality, condition, nature.* Ce qui rend une chose sensible à nos sens ; ce qui fait qu'une chose est nommée telle ; propriété, nature. Dons, talens, dispositions du corps ou de l'esprit. Rang, naissance, condition.... Qualités, dans le *Palais*, signifie tantôt les titres que l'on prend pour plaider ; tantôt les demandes qu'on fait, & en quels noms elles sont faites.

QUAMOCLIT. *s. m.* Plante transportée d'Amérique en Europe, qui sert d'ornement dans nos jardins. Elle rend du lait.

QUAND. *adverb.* lat. *Quando.* angl. *when.* Lorsque, dans le tems que, en quel tems. Encore que.

QUANDROS. *s. mas.* Pierre précieuse, de couleur blanche, qui se trouve, à ce qu'on prétend, dans le cerveau du Vautour. Elle passe pour augmenter le lait : mais sa vertu paroit aussi fabuleuse que son existence.

*QUANQUAM.* *s. masc.* Terme de *Collége.* Discours latin, qui se fait à la rentrée des classes, ou en quelque autre occasion, comme à l'ouverture des Théses.

QUANQUAN. *s. mas.* Faire un grand *quanquan* de quelque chose, faire beaucoup de bruit d'une chose qui n'en vaut pas la peine.

QUANTAL. *voy.* Cantal.

QUANTIÈME. *adj.* lat. *Quotus.* ang. *what, which.* Se dit quand on interroge pour sçavoir en quel ordre est placée la chose dont on est en peine.

QUANTITÉ. *s. f.* lat. *Quantitas.* ang. *quantity.* Tout ce que l'on peut mesurer ou estimer & comparer. Les *quantités* que l'on exprime par une seule lettre avec les signes + ou − &c. en *Algébre* se nomment *quantités* simples, lorsqu'il n'y en a qu'une seule ; & composées lorsqu'il y en a plus d'une jointes ensemble par les signes + ou −. Celles qui ont le signe + se nomment positives & celles qui ont le signe − négatives. Dans le *Commerce*, quantité signifie abondance de marchandises. Dans la *Grammaire*, c'est la mesure des syllabes longues & bréves pour faire des vers.

QUAOQUE. *s. masc.* Arbre des Indes Occidentales, qui se trouve dans la nouvelle Grenade. Il porte un fruit bon à manger, de la grosseur d'un œuf d'oie.

QUAPATLI. *s. masc.* Arbre de la nouvelle Espagne. Il a cela de particulier qu'on y trouve une espèce de vers, dont la graisse sert à plusieurs usages.

QUAQUER, Quaquérisme. *voy.* Quakre, Quakérisme.

QUARANTAINE. *s. f.* lat. *Quadraginta.* ang. *forty.* Nombre de quarante. C'est aussi une coutume observée à *Venise* & à *Marseille* en vertu de laquelle tous les Marchands ou autres qui viennent du *Levant* sont obligés de rester 40. jours dans le *Lazaret* avant que d'entrer dans la Ville ; mais si les passagers ont des lettres de santé, on abrége souvent ce tems. Lorsqu'ils n'ont pas de pareilles lettres, ou si la peste s'est trouvée dans l'endroit d'où le vaisseau est parti, alors tout l'équipage & les passagers sont obligé de passer tous les 40. jours dans cette infirmerie, pour être parfumés, quoiqu'il n'y ait aucun malade parmi eux & toutes les marchandises sont aussi purifiées, parce qu'on craint qu'elles ne portent l'infection; & si quelqu'un de ceux qui sont en *quarantaine* vient à tomber malade dans cet espace de 40. jours, de quelque espèce que soit sa maladie, on double le tems de la quarantaine. Le Lazaret de *Venise* est bâti dans l'eau & environné d'une muraille, & il y a divers appartemens; quelques-uns de ceux qui font *quarantaine* sont fermés, & ne parlent presque à personne, & ceux dont le tems est sur la fin ne peuvent pas s'entretenir avec ceux qui ne font que commencer. Si une personne veut voir un ami, elle ne peut lui parler qu'à une certaine distance & si un étranger vient à toucher une personne qui fait sa *quarantaine* on l'enferme d'abord & on le laisse aussi long-tems qu'il plait aux Directeurs. On porte de la Ville dans ce Lazaret toutes sortes de provisions & chacun peut se faire servir à sa fantaisie. En tems de peste, en *Angleterre* & chés toutes les autres Nations, on oblige ceux qui viennent des Païs infectés de faire *quarantaine* avec leurs vaisseaux, ou plus longue ou plus courte, selon qu'on le juge plus convenable pour la sûreté du païs. On appelle aussi *quarantaine* le Carême composé de 40. jours.... *Quarantaine.* (Marine) *voyez* Quarantenier.

QUARANTAINS. *s. m. pl.* Draps de laine, dont la chaîne est composée de 40 fois 100 fils, ce qui fait 4000.

QUARANTE. *adj.* lat. *Quadraginta.* angl. *forty.* Quatre dixaines.

QUARANTENIER. *s. m.* Menu cordage de 6. 9. & jusqu'à 18. fils, qui sert à raccommoder les autres, & à quantité d'usages pour la garniture des vaisseaux.

QUARANTIE. *s. f.* C'est dans la Republique de Venise une Cour composée de 40 Juges.

QUARANTIÉME. *adj.* lat. *Quadragesimus.* ang. *fortieth.* La place où se trouveroit la dernière de quarante unités, si elles étoient arrangées par ordre.

QUADRONNER. *verb. act.* (Charpenterie.) Rabatre les arêtes d'une piéce, en y poussant un quart-de-rond entre deux filets.

QUARRE. *s. f.* *Quarre* d'un chapeau: le haut de la forme. *Quarre* d'un habit; le haut de la taille. La *quarre* d'un soulier: le bout.... *B Quarre*: (Musique) Marque qui fait chanter un demi-ton plus haut, ou qui remet la note dans son état naturel, lorsqu'elle a été haussée ou baissée par un *dièse*, ou *b mol* occurrent

QUARRÉ. *s. masc.* lat. *Quadratum.* ang. *a square.* En *Géométrie*, est une figure quadrangulaire, qui a les quatre angles droits & les quatre côtés égaux. *Quarré* long, est une figure quadrangulaire, qui a quatre angles droits, mais qui a plus de longueur que de largeur. *Quarré* Géométrique, est un instrument qui est de grand usage pour observer tant sur terre que sur mer. Il a deux côtés divisés en parties égales, deux pinnules & une alilade. *Quarré de quarré* en *Algébre*, est la quatrième puissance ou le produit d'un cube par sa racine. *Quarré* magique, est une disposition de certains nombres en *quarré*, en telle sorte que ceux d'une même file, & ceux d'un même rang & ceux qui composent les deux diagonales, fassent toujours une même somme. *Quarré de toilette*: petit coffre quarré où les Dames mettent leurs essences, fards & pommades, qui servent à leur toilette. lat. *Capsula mundi muliebris.* anglois. *a dressing-box*.... *Quarré de mouton*: partie d'un mouton, qui est sous l'épaule & qui contient toutes les côtes.... Les Orphèvres appellent aussi *quarré* le pied d'un flambeau, d'une aiguière, & de tous autres ouvrages, de quelque figure qu'ils soient.

QUARRÉ, ée. *ou* Carré. *adj.* lat. *Cubus.* angl. *square.* Qui est d'une figure à quatre angles droits, & quatre côtés égaux. Bonnet *quarré*, est un bonnet de Prêtre, d'Avocat, &c. Racine *quarrée*, est un nombre qui étant multiplié en lui-même fait un nombre *quarré*. Période *quarrée*, est une période nombreuse & facile à déclamer. Bataillon *quarré*, est celui qui a autant de files que de rangs. Homme *quarré*: qui est gros & trapu. Bois *quarré*: bois de charpente & de sciage, dont on fait des poutres & des solives. Prose *quarrée*: style qui tient le milieu entre la prose ordinaire & les vers, & qui n'est ni l'un ni l'autre. On s'en sert dans les inscriptions & épitaphes.

QUARREAU, Quarrefour. *voy.* Carreau, Carrefour.

QUARRÉMENT. *adv.* lat. *Quadratè.* angl. *squarely.* D'une manière quarrée.

QUARRELET, Quarrelure. *voy.* Carrelet, Carrelure.

QUARRER. *v. act.* *Quarrer* un nombre, c'est le multiplier par lui-même.... Se *quarrer*: marcher les mains sur les côtés, ou de quelque autre manière qui marque une certaine affectation d'orgueil & de vanité. lat. *Ansatus incedere.* ang. *to set one's arms a kembow.*

QUARRURE. *s. f.* lat. *Quadratum scapularum.* ang. *the breadth of the shoulders.* Largeur du dos vers les épaules, & un peu au dessous. Qualité d'une chose quarrée.

QUART, Quarte. *s.* & *adj.* lat. *Quadrans.* ang. *quarter.* La 4e. partie d'un tout. *Quart* en sus, c'est l'augmentation d'une somme de son *quart*. Faire son *quart*, en termes de *Marine*; c'est veiller pendant un certain nombre d'heures aux nécessités du vaisseau. *Quart* de vent, ou *quart* de rumb est une aire de vent de 11. degrés 15. minutes. *Quart* de rond, est une sorte de membre d'Architecture. *Quart* de nonante en *Géométrie*, est un *quart* de cercle qui sert à mesurer les angles. Fiévre *quarte*, est une fiévre qu'on a tous les quatre jours.

QUARTAINE. *adj.* lat. *Quartana.* anglois. *quartan.* Fiévre quarte.

QUARTAN. *s. m.* Sanglier en son *quartan*, c'est-à-dire, qui a 4. ans.

QUARTANIER. *substant. masc.* Sanglier de 4. ans.

QUARTAUT. *s. masc.* lat. *Quartarius dolii.* ang. *the fourth part of a hogshead.* Petite piéce de vin qui contient le quart d'un tonneau, ou presque demi-muid.

QUART-BOUILLON. *voy.* Carbouillon.

QUARTE. *s. f.* lat. *Quartarius.* anglois. *a quart.* Mesure de choses liquides qui contient deux pintes. En *Angleterre*, c'est le quart d'un gallon. En termes de *Musique*, *quarte* est un intervalle de quatre tons. *Quarte* major, se dit au Piquet d'une suite de quatre cartes de même peinture à compter par l'as. *Quarte* en termes d'*Escrime*, se dit d'une manière de se mettre en garde, d'allonger ou de porter des bottes... En termes de *Géographie* & d'*Astronomie*, *quarte* est la 4e. partie de l'hémisphère divisé par le méridien.

QUARTE-FEUILLE. *s. f.* ( Blason. ) Fleur qui a 4. feuilles. Double *quarte-feuille*, qui en a huit.

QUARTENIER. *s. m.* lat. *Vicanus præfectus.* ang. *the alderman of a ward.* Officier de Ville qui a un certain quartier & une porte de la ville assignée, où il fait exécuter les Ordonnances & Mandemens de la Ville, qui fait assembler chés lui les Bourgeois du quartier, & & qui a le soin aussi de fermer & garder les portes.

QUARTER. *v. n.* C'est en termes d'*Escrime*, ôter son corps hors de la ligne ; ce qui se fait en pirouettant.

QUARTERON. *sub. m.* lat. *Centenarii quadrans.* ang. *a quarter of a hundred.* Compte qui fait le quart d'un cent. Il signifie aussi le quart d'une livre.... Mesure qui tient le quart du boisseau.... Petit livre de papier qui contient 25. feuilles d'or ou d'argent battu.

QUARTIER. *s. m.* lat. *Quarta pars.* ang. *quarter.* Partie d'un tout divisé en quatre. *Quartier* chés le Roi & les Princes, est le service qu'on leur rend durant trois mois, chacun selon sa charge. *Quartier*, se dit aussi des parties du soulier qui couvrent le talon. En termes de *Guerre*, c'est le lieu assigné à certaines troupes pour vivre, loger & camper. Il s'entend quelquefois des troupes mêmes. *Quartier d'hiver*, est le lieu qu'on assigne aux troupes pour passer l'Hiver, ou le tems qu'elles demeurent dans ces Logemens, &c. *Quartier*, est aussi le bon traitement qu'on promet à des Troupes qui se rendent. *Quartier mestre*, c'est le Maréchal-de-Logis d'un Régiment de Cavalerie étrangère. *Quartier maître*, en termes de *Marine*, est un Officier de Navire qui aide au Maître & au Contre-Maître, qui a soin des cordages & de faire mouiller ou lever les ancres, &c. Vent de *quartier*, est le vent qui ne souffle pas en poupe, mais un peu à côté. *Quartier* en termes de *Blason* signifie un écu d'armoiries. Il se dit aussi des parties de la première division qui se fait d'un écu écartelé. En *Astronomie*, c'est le changement qui se fait en la Lune au bout de sept à huit jours. Il signifie aussi un certain Canton ou division d'une Ville, ou d'un païs. *Quartier de réduction* : instrument qui sur mer sert à réduire les degrés d'Est ou d'Ouest en degrés de longitudes, à résoudre promptement les triangles & à instruire du calcul des routes.

QUARTIER. ( à ) lat. *Seorsùm*, *separatim.* ang. *out of the way.* Qui se met à part, à côté.

QUARTO. ( In ) *substantif. masculin.* Il se dit des livres dont les feuilles sont pliées en quatre.

QUARTO-DECIMANS. *s. m. pl.* lat. *Quartodecimani.* ang. *quartodecimans or paschites* Nom qu'on avoit donné dans le deuxième siècle à ceux qui vouloient qu'on célébrât toujours la fête de Pâques le 14e. jour de la Lune avec les *Juifs* en quelque férie que ce jour tombât. Cette contestation ne fût au commencement qu'entre les Catholiques qui la soutinrent sans blesser la charité. Mais dans un Concile tenu à Rome en 196. le Pape *Victor* excommunia ceux qui célébroient la Pâques un autre jour que le Dimanche & en 325. cette dispute fut entièrement assoupie par le Concile de *Nicée*, qui ordonna 1°. Que la fête de Pâques ne se célébreroit qu'après l'Equinoxe du Printems ; 2o. Que cet Equinoxe seroit fixé au 21. de Mars : 3°. Qu'on choisiroit toujours le Dimanche qui suivroit immédiatement le 14. de la Lune. 4o. Que si le 14 de la Lune tomboit sur un Dimanche, on différeroit au Dimanche suivant, pour ne pas célébrer la Pâques le même jour que les *Juifs* Ainsi la pleine Lune qui regle la fête de Pâques, est celle qui tombe sur le 21. de Mars ou sur quelqu'un des jours suivans ; de sorte que la nouvelle Lune précedente est la nouvelle Lune paschale. Et pour connoître la nouvelle Lune dans chaque mois ; on inventa le nombre d'or que l'on marquoit dans les Calendriers, vis-à-vis du premier jour de chaque mois Lunaire ; mais au lieu du nombre d'or, on s'est servi depuis du nombre de l'Epacte.

QUASI, *adv.* lat. *Ferè*, *fermè.* ang. *almost.* Peu s'en faut, presque.

QUASIMODO. C'est le Dimanche après Pâques.

QUATERNAIRE. *adj.* lat. *Quaternarius.* ang. *quaternary.* Nombre de quatre.

QUATERNES. *voy.* Quadernes.

QUATORZAINE. *s. f.* lat. *Quatuordecim.* ang. *fourteen.* Espace ou durée de 14. jours.

QUATORZE. *s. m.* lat *Quatuordecim.* ang. *fourteen.* Quatre unités ajoutées à la dizaine. Au jeu de *Cartes*, c'est quatre cartes hautes de même figure, qui valent au Piquet 14. points.

QUATORZIÈME. *adj.* lat. *Decimus quartus.* ang. *fourteenth.* Place qu'occuperoit la dernière de 14. unités, si elles étoient rangées de suite.

QUATRAIN. *s. m.* lat. *Geminum distichum.* ang. *quatrain.* Couplet de quatre vers.

QUATRE. lat. *Quatuor.* ang. *four.* Nombre qui ajoute une unité à celui de trois.

QUATRE-TEMS. *s. m.* lat. *Jejunium quaternarium.* ang. *the four ember-weeks.* Ce sont des jeûnes commandés par l'Eglise aux quatre quartiers ou saisons de l'année.

QUATRICOLOR. *s. f.* Tulipe à 4. couleurs, couleur de feu, colombin chargé, chamois & blanc sale, ou jaunissant.

QUATRIÈME. *adj.* lat. *Quartus.* anglois. *fourth.* Qui vient en rang après trois autres.

QUATRIÈMEMENT. *adverb.* lat. *Quartò.* ang. *fourthly.* Au quatrième point ou article.

QUATRIENNAL, ale. *adj.* lat. *Quatriennalis.* ang. *quadriennial.* Qui revient à chaque 4e. année.

QUATRINOME. *adj.* (Algébre) Grandeur composée de 4. termes.

QUATROUILLE. *s. mas.* Poil mêlé qu'ont les chiens parmi leurs principales couleurs.

QUATUORVIRS. *s. m. pl.* Officiers monétaires chés les Romains.

QUAUHCONEX. *s. m.* Arbre de l'isle de *S. Jean* de *Portovico* d'une bonne odeur, dont les feuilles ressemblent à celles du grenadier, & le fruit aux grains de laurier. On tire de son écorce, trempée dans l'eau & ensuite exposée au soleil, une liqueur fort semblable au beaume.

QUAY. *s. m.* lat. *Crepido lapidea.* ang. *the key.* Construction de pierre qu'on fait le long des bords d'une rivière, pour la commodité du chemin. Dans la *Marine*, c'est un espace sur le rivage du port pour la charge & décharge des marchandises.

QUAYAGE. *s. m.* Droit que payent les Marchands pour avoir la liberté de se servir du quai.

## Q U E

QUÊCHE. *voy.* Quaiche.

QUÉCHERI. *ou* Kécheri. *s. masc.* Sorte de mets qu'on fait en Orient & qui est composé de ris & de mache.

QUELCONQUE. *Pronom.* lat. *Quicumque.* ang. *whatever.* Qui que ce soit, ou quoi que ce soit.

QUELLEMENT, *adv. Tellement quellement* : c'est-à-dire médiocrement, sans se donner beaucoup de peine. lat. *Perfunctoriè*, *quoquo modo.* ang. *so so*, *indifferent.*

QUÉMANDER, Quémandeur. *voyez* Caimander, Caimand.

QUÉNÉLISTE. *s. m.* Défenseur des sentimens du P. Quênel. Anticonstitutionaire.

QUENOUILLE. *s. f.* lat. *Colus.* ang. *a distaff.* Bâton auquel on attache de la filasse, du lin, de la laine pour filer. Il signifie aussi les colomnes d'une couche, ou les piliers qui soutiennent le ciel & les rideaux.... Il y a une plante nommée *quenouille sauvage*, & par d'autres *safran batard sauvage*, dont les tiges servoient autrefois aux femmes de *quenouille.*

QUENOUILLÉE. *s. f.* Ce qui suffit pour le travail d'une quenouille.

QUENOUILLETTE. *s. f.* lat. *Parva colus.* ang. *a little distaff.* Petite quenouille.

QUÉRA IBA. *s. m.* Arbre qui croît dans le Brésil, son écorce étant pilée & appliquée guérit les plaies & ulcères surtout des jambes.

QUÉRAT. *s. m.* (Marine) Partie du bordage comprise depuis la quille jusqu'à la plus proche des préceintes.

QUERCERELLE. *s. f.* Oiseau de rapine, qui a beaucoup de sympathie avec les pigeons & les défend contre les autres oiseaux de proie.

QUÉRÉIVA. *s. m.* Oiseau du Brésil, qui a toute la poitrine d'un fort beau rouge, des aîles noires & le reste du corps bleu.

QUERELLE. *s. f.* lat. *Rixa*, *contentio*, *dissidium.* ang. *quarrel.* Démêlé, contestation, dispute, gronderie. Il se dit aussi de l'intérêt d'autrui, quand on en prend la défense.

QUERELLER. *v. act.* lat. *Offendere*, *lacessere.* ang. *to quarrel with.* Attaquer, choquer, offenser quelqu'un.

QUERELLEUX, euse. *adject.* lat. *Rixosus*, *jurgiosus.* ang. *quarrelsom.* Qui fait souvent des querelles.

QUÉRIMONIE. *s. f.* Plainte qu'on fait aux Juges d'Eglise, pour avoir permission de publier des monitoires.

QUÉRIR. *v. act.* lat. *Accersere*, *afferre.* ang. *to fetch*, *to go for.* Chercher. Envoyer chercher, amener, apporter.

QUESCHE. *voy.* Quaiche.

QUESTE, Quester, Questeur. *voy.* Quête, Quêter, Quêteur.

QUESTEUR. *s. m.* lat. *Quæstor.* ang. *questor:* Parmi les *Romains* étoit un Officier qui avoit le soin du Trésor public. *Pub. Valerius Publicola*, Consul, ayant établi le lieu du trésor public dans le Temple de *Saturne*, y établit aussi pour le garder deux *Questeurs* pris du nombre des Senateurs & voulut ensuite qu'ils fussent créés par les suffrages du peuple. Mais le peuple voulant avoir part à cet office, en fit créer quatre; deux pour la ville, qui avoient l'œil sur le trésor public & deux autres qui étoient toujours avec les Consuls, lorsqu'ils alloient à la guerre. Il fut ordonné que l'on y recevroit aussi ceux qui seroient élus d'entre le peuple; mais les revenus de la Republique s'étant beaucoup accrus par ses grandes conquêtes, on augmenta aussi le nombre de ces Officiers jusques à vingt. Quelques-uns d'entr'eux accompagnoient les Consuls, & les Généraux d'armées, lorsqu'ils alloient à la guerre, & avoient la charge de recevoir & de tenir registre des dépouilles des Ennemis, de recevoir les tributs des Provinces & de distribuer la paye aux Soldats. Les *Questeurs* avoient avec eux des Scribes, ou Contrôleurs des finances, que l'on choisissoit entre les personnes d'une fidélité éprouvée: c'est pourquoi ceux même qui avoient été Consuls tenoient à honneur d'y être admis. Il y avoit encore une autre espèce de *Questeurs* qui étoient départis dans les Provinces par Arrêt du Sénat, & qui avoient la charge de juger des affaires criminelles. Leur autorité étoit très-grande: car ils avoient pouvoir d'avoir des Licteurs & autres marques des souverains Magistrats en leurs Provinces particulières. Ils ont eu aussi quelquefois la conduite des armées, ainsi que les Consuls & les Préteurs; mais les *Questeurs* de la ville étoient moins puissans, & n'avoient, ni Licteurs, ni chaise Curule, ni autres marques d'autorité, jusques-là même qu'ils pouvoient être appellés en jugement pardevant le Préteur. Leur charge étoit de recevoir les Ambassadeurs & les Rois, les Princes ou les Seigneurs étrangers, de leur faire des présens & tout ce qui étoit ordonné par le Sénat en ces occasions. Cette magistrature étoit annuelle, bien qu'on l'ait prolongée à quelques-uns jusques à trois ans.

QUESTION. *s. f.* lat. *Quæstio.* ang. *question.* Demande qu'on fait à quelqu'un pour apprendre quelque chose de lui. Examen d'un doute, d'une difficulté dont on dispute, pour en éclaircir la vérité. *Question* signifie aussi la torture qu'on donne aux criminels pour sçavoir la vérité de quelque crime qualifié.

QUESTIONNAIRE. *s. masc.* lat. *Tortor.* ang. *the tormentor.* Officier, demi-bourreau qui donne la question.

QUESTIONNER. *verb. act.* lat. *Interrogare, quærere.* ang. *to question.* Interroger, faire plusieurs demandes à quelqu'un.

QUESTURE. *s. f.* lat. *Quæstura.* ang. *questorship.* Charge, dignité de questeur, ou le tems qu'elle dure.

QUÊTE. *s. f.* lat. *Indagatio; collectio.* ang. *quest.* Action par laquelle on cherche. Demande qu'on fait des aumônes pour quelque œuvre pieuse. En termes de *Marine*, c'est l'élancement que fait l'étrave & l'étambord hors de la quille, & du corps du navire.

QUÊTER. *v. act.* lat. *Quærere, investigare.* ang. *to quest.* Chercher. Demander des charités pour les pauvres, ou pour autres causes pieuses.

QUÊTEUR, euse. *s. masc. & f.* lat. *Stipis coactor.* ang. *one that makes a gathering.* Qui quête.

QUEUË. *s. f.* lat. *Cauda.* ang. *tail or train.* La partie qui termine le corps de l'animal par le derrière. *Queuë* de cheval est chez les *Tartares* & *Chinois* l'enseigne ou drapeau sous lequel ils vont à la guerre. Chez les *Turcs*, c'est un signal de bataille, quand il est sur la tente d'un général. *Queuë* signifie aussi cette partie superfluë des habits longs qui trainent à terre, qui est une marque de qualité, & qu'on étend beaucoup dans les grandes cérémonies. Il signifie aussi l'extrémité de quelque chose; c'est encore un vaisseau qui contient un peu plus d'un muid. La têté & la *queuë* du Dragon en *Astronomie*, sont les nœuds de la Lune. On figure ainsi la *queuë* ☋. voy. *Catabibazon*.... *Queuë* d'Aronde, en *Charpenterie*, se dit du plus fort des assemblages, quand on fourre une piéce de bois qui va en s'élargissant par le bout, dans une autre piéce de bois, ensorte qu'elle n'en puisse plus sortir, parce que l'entrée est plus étroite que le fond, comme on voit dans une *queuë* d'Hirondelle. En *Fortification*, on appelle ouvrages à *queuë* d'Aronde, ceux qui ont cette figure & qui sont plus étroits par la gorge que par la face.... *Queuë* se dit encore, des manches de plusieurs instrumens; des caractères qui finissent par une pointe tirée en bas; de la partie de la tranchée, qui est la plus éloignée à l'égard des ennemis; du rang du serre-file dans un bataillon; des étendards qui aboutissent en pointe; de la dernière partie des Corps, des Compagnies, dans les marches, dans les processions; de la partie du livre qui regarde la fin des pages; d'un morceau de bois qui est au bout de la table de cerains instrumens où les cordes sont attachées; de la partie de l'animal coupée sur le train de derrière; du tendon qui est attaché à la partie mobile d'un muscle; du lien qui attache les feuilles, les fleurs & les fruits à leurs branches. Il signifie aussi suite... *Queuë de cheval*: Plante autrement appellée *Asprelle*... *Queuë de rat*: se dit d'un Cheval dont la queuë est dégarnie de poil; & des calus ou duretés qui viennent plus bas que le jarret à la jambe du train de derrière. C'est aussi une lime qui a une grande queuë & n'a pas besoin de manche, les Horlogers s'en servent. On appelle encore de la sorte des cordages plus gros par le bout où ils sont attachés, que par l'autre bout.... *Queuë de souris*: plante qui pousse un épi approchant de celui du plantain & ayant la figure de la *queuë* d'une Souris.... *Queuë de pourceau*: plante dont la racine & le suc sont bons contre l'asthme, la toux, la retention d'urine, &c.... *Queuë de paon*: se dit de tous les compartimens de diverses formes ou grandeurs, qui dans les figures circulaires vont s'élargissant depuis le centre jusqu'à la circonférence.... *Queuë de pierre*, en *Maçonnerie*, est le bout brut des grosses pierres, qui servent à faire des liaisons en dedans des murs... *Queuë de chanvre*: paquet de filasse brute, dont les brins sont arrangés de façon que toutes les pates ou l'écorce des racines sont du même côté... *Queuë* d'une coquille, c'est la partie inférieure... *Queuë d'aronde*, en *Horlogerie*, petite coulisse platte d'un côté & ronde de l'autre.... *Queuë* dans le jeu de *Billard*, est le bout de l'instrument qu'on tient à la main pour jouer.

QUEUX. *s. f.* lat. *Cos.* ang. *a hone.* Pierre à aiguiser.... *s. m.* Maître *queux.* Le premier cuisinier du Roi.

## QUI

QUIBEI. *s. m.* Herbe fort nuisible, qui est dans l'isle de S. Jean Portorico. Ses feuilles sont piquantes & la fleur ressemble à la violette, mais elle est un peu plus longue. Cette herbe fait mourir incontinent les bêtes sauvages qui en mangent.

QUIBUS. *s. m.* Espèce de Myrobolans qu'on appelle autrement *Chepule*.... *Quibus*: argent monnoïé, écus, biens, richesses.

QUIDAM. *s. m.* lat. *Quidam, aliquis.* ang. *a certain man or woman.* Certain homme qu'on designe par quelques marques, & dont on ne sçait pas le nom.

QUIET, ète. *adject.* lat. *Quietus.* anglois. *quiet.* Paisible, qui est en repos, qui n'est point agité.

QUIÉTISME. *s. m.* ang. *quietism.* Doctrine & secte de *Molinoz* Espagnol, dont la principale maxime étoit que la pureté de la Religion consiste dans la contemplation de Dieu sans aucune action, &c.

QUIÉTISTES. *s. m. pl.* ang. *quietists.* Nom des disciples de *Molinoz.*

QUIÉTUDE. *s. f.* lat. *Quies, tranquillitas:* ang. *quietness.* Tranquilité, repos d'esprit.

QUIGNETTE. *voy.* Quinette.

QUIGNON. *substant. mascul.* lat. *Segmen vel frustum panis.* ang. *a great lunch or piece of of bread.* Gros morceau, grosse bribe de pain.

QUILBOQUET. *sub. m.* Instrument de Menuisier.

QUILLAGE. *s. m.* Droit de *quillage* : droit que payent en France les vaisseaux marchands, qui entrent pour la première-fois dans quelque port du Royaume.

QUILLE. *s. f.* lat. *Metula lusoria.* ang. *a pin or keal.* Morceau de bois, qu'on éleve à plomb, qui sert à joüer. En termes de *Marine*, c'est la plus grosse piéce de bois du vaisseau, qui regne de proüe en poupe, qui sert de fondement & de base à tout le bâtiment; parce que sur elle sont assemblés l'étrave, l'étambord, les varangues & les fourcats, sur lesquels tout le bâtiment est construit. lat. *Carina.* ang. *the keel of a ship....* Grosse piéce de bois formant le derrière d'un bâteau foncet.... En termes de *Gantier*, morceau de bois en forme de *quille* à jouer, qui sert à redresser les doits des gans & à mettre les gans en couleur.

QUILLER. *v. n.* Jetter une quille vers la boule & tirer à qui sera le plus près.

QUILLIER. *s. m.* lat. *Metularum area.* ang. *a square or place for nine-pins.* La pierre ou le quarré où l'on arrange 9. quilles.

QUILLO. *s. m.* Monnie d'argent qui se fabrique & qui a cours à Florence & dans les Etats du Grand-Duc. Il vaut 13. sols 4. deniers monnoie du païs.

QUILLON. *s. m.* Branche qui tient au corps de la garde de l'épée. lat. *Ensi annexus ramulus.* ang. *the cross-bar of the hilt of a sword.*

QUILLOT. *s. m.* Mesure de grains dont on se sert à Smyrne, à Constantinople, & dans quelques autres échelles du Levant. 4. Quillots & demi font la charge de Marseille.

QUIMBA, *ou* Quinua. *s. m.* Plante qui croît aux Indes Occidentales, qui est de la hauteur d'un homme, & qui a ses feuilles comme la bette. On fait de sa semence un breuvage, ou on la mange en bouillie comme le ris.

QUINA. *voy.* Quinquina.

QUINAUD, aude. *adj.* Se dit de celui qui se confesse vaincu dans une dispute.

QUINCAILLE. *s. fem.* lat. *Frivolaria merx.* ang. *iron-ware.* Menuë marchandise de fer ou de cuivre, comme couteaux, haches, ciseaux & outils de toutes sortes d'ouvriers, chauderons, chandeliers, &c.

QUINCAILLERIE. *s. femin.* lat. *Minutula merx ferraria.* ang. *iron-ware.* Marchandise de quincaille.

QUINCAILLIER. *s. masc.* lat. *Frivolarius.* ang. *an iron-monger.* Marchand qui vend de la quincaille, ou qui la fabrique.

QUINCAJOU. *s. m.* Animal d'Amérique, qui approche du chat, grand ennemi des orignacs.

QUINCONCE. *s. m.* lat. & ang. *quincunx.* Qui est en échiquier, qui a cinq onces ou cinq parties..... En termes de *Médecine*, c'est la 5e. partie d'une once. C'est aussi les $\frac{5}{12}$ de quelque chose que ce soit. En *Astrologie* c'est le nom d'un aspect, lorsque les planétes sont éloignées l'une de l'autre de 5. signes, ou de 150. degrés.

QUINDÉCAGONE. *s. m.* lat. *Quindecagonus.* ang. *quindecagon.* En *Géométrie*, figure plane qui a quinze angles & quinze côtés.

QUINDECIMVIRS. *s. m.* lat. & ang. *quindecimviri.* Magistrats *Romains* qui étoient chargés des livres Sibyllins, de consulter les oracles lorsque le Sénat l'ordonnoit, & de lui en faire leur rapport, en y joignant leur sentiment particulier. Ils étoient aussi chargés d'exécuter tout ce qui étoit contenu dans ces livres & de faire célébrer les jeux seculaires.

QUINES. lat. *Bis quinque notæ.* ang. *two cinks or fives at dice.* Terme du jeu de Trique-trac ou de dez. Ce sont deux cinq qui viennent à un même coup de dez.

QUINETTE. *s. f.* Espèce de camelot, ordinairement tout de laine, & quelquefois mêlé de poil de chévre.

QUINOLA. *s. mas.* C'est au jeu de Reversi & à la petite Prime le valet de cœur.... Ecuyer, meneur de Dames.

QUINQUAGÉNAIRE. *adj.* lat. *Quinquagenarius.* ang. *fifty years old.* Qui a cinquante ans.

QUINQUAGÉSIME. *s. f.* C'est le jour que le peuple appelle *Dimanche* gras.

QUINQUAILLE, Quinquaillerie, Quinquaillier. *voy.* Quincaille, &c.

QUINQUANNION. *subst. mas.* (Coûtum.) Espace de 5. ans.

QUINQUATRIES. *s. f. pl.* lat. & ang. *quinquatria.* Fêtes que l'on célébroit à *Rome* en l'honneur de *Pallas*, semblables à celles que les *Athéniens* appelloient *Panathenées.* Elles duroient l'espace de cinq jours. Le premier jour on faisoit des sacrifices; le 2d., le 3e. & le 4e. on faisoit des combats de Gladiateurs & le 5e. on faisoit une Cavalcade par la Ville. Elles commençoient le 18. Mars.

QUINQUENNALES. *s. f. pl.* lat. & angl. *quinquennalia.* Jeux, ou fêtes qui se célébroient tous les cinq ans à l'honneur des Empereurs deifiés.

QUINQUENNIUM. *s. m.* Cours d'études de 5. ans dans une Université.

QUINQUENOVE. Espèce de jeu de dez. Ce mot est fait de 5. & de 9.

QUINQUEPORTE. *s. f.* Sorte de filets.

QUINQUEVIRS. *s. masc. pl.* lat. & ang. *quinqueviri.* Magistrats Romains au nombre de 5. qui gouvernèrent Rome après la mort de l'Empereur Commode.

QUINQUILLE. Jeu de l'Hombre à 5.

QUINQUINA. *s. m.* lat. *Quinquina cortex.* ang. *quinquina, the jesuits-bark or powder.* Ecorce qui vient des Indes Occidentales, qui est un très-bon remede pour les fiévres intermittentes. Les *Anglois* le nomment la poudre des *Jésuites.*

QUINQUINATISER. *v. act.* Donner à prendre une dose de quinquina.

QUINQUINELLE. *s. f.* Faire *quinquinelle*, c'est prendre un terme de cinq ans pour payer ses dettes; faire banquerroute.

QUINT, Quinte. *adj.* & *subst.* lat. *Quinta pars.* ang. *fifth.* La cinquième partie d'un tout. *Quinte* : se dit d'une fiévre qui ne revient que tous les cinq jours : elle est rare .... *Quint & requint*, en termes de *Jurisprudence*, est un droit que l'on paye au Seigneur dominant à chaque vente qu'on fait d'un fief servant, comme on paye les lods pour les rotures.

QUINTADINER. *v. n.* Se dit des tuyaux d'orgues, lorsqu'ils resonnent en manière de quinte, & qu'ils ne parlent pas d'une façon harmonieuse.

QUINTAINE. *s. f.* Pal fiché en terre contre lequel on court avec la lance. lat. *Quintanus palus.* ang. *a quintin.*

QUINTAL. *s. m.* lat. *Centum pondo.* ang. *a quintal.* Poids de cent livres. En *Angleterre* il est de 112. livres.... Charger au *quintal*, c'est rassembler des marchandises de divers marchands, pour faire toute la charge d'un navire..... *Quintal*, chés les Potiers, est une grosse cruche de grès.

QUINTAU. *s. masc.* Quantité de gerbes, fagots, &c. qu'on assemble dans un champ, dans un bois, pour la commodité du compte ou de la charge.

QUINTÉ, ée. *adj.* Se dit des lingots d'or, ou barres d'argent qui ont été essaïés, pesés & marqués par les essayeurs & commis royaux.

QUINTE *s. f.* lat. *Diapente.* ang. *a fifth, in musick.* En termes de *Musique*, est un intervalle compris en cinq tons. Au *Jeu*, c'est une suite de cinq cartes de même couleur. En termes d'*Escrime*, c'est une cinquième garde qui se fait, quand l'épée fait la révolution du cercle. *Quinte* signifie aussi, caprice, humeur fantasque, ombrage... Sorte de toile. Maladie qui excite à tousser avec grande violence. Fièvre *quinte.* voy. Quint.

QUINTEFEUILLE. *sub. f.* Plante dont les feuilles sont rangées en main ouverte, cinq sur la même queuë. Elle est vulnéraire & astringente. lat. *Quinquefolium.* ang. *cinquefoil, or five leaved grass*.... (Blason) Fleur de pervenche percée ou ouverte en cœur.

QUINTÉLAGE ou Quintillage. *voy.* Lest.

QUINTER. *v. act.* Marquer l'or ou l'argent, après l'avoir essayé & pesé, & en avoir fait payer le droit de quint au Roi.

QUINTESSENCE. *s. f.* lat. *Quinta essentia.* ang. *quintessence.* En *Chymie*, est ce qu'il y a de plus exquis, de plus subtil, & de plus pur dans les corps naturels, extrait par l'art de Chymie.

QUINTESSENTIER. *v. act.* lat. *Succum, spiritum extrahere.* anglois. *to rafine.* Tirer la quintessence de quelque chose.

QUINTEUX, euse. *adj.* lat. *Morosus.* ang. *humoursom.* Capricieux, fantasque, qui est sujet à des quintes.

QUINTIL. *s. m.* ang. *quintile.* En *Astrologie*, est l'aspect de deux planétes éloignées l'une de l'autre de la cinquième partie du Zodiaque ou de 72. degrés.

QUINTILIENS. *s. m. pl.* lat. *Quintiliani.* ang. *quintilians.* Secte d'hérétiques, qui étoient disciples de *Montan* & qui ont pris leur nom de *Quintilia* leur Prophétesse. Ils faisoient l'Eucharistie avec du pain & du fromage & les femmes faisoient parmi eux les fonctions Episcopales & celles de la Prêtrise &c.

QUINTILLAGE. *voy.* Lest.

QUINTILLE. *voy.* Quinquille.

QUINTIN. *s. m.* Toile fort fine & fort claire, dont on fait des collèts & des manchettes soit pour hommes, ou pour femmes. lat. *Tela quintiniana.* ang. *kentin, or kentin-cloth.*

QUINTINISTES. *s. m. pl.* Libertins, Hérétiques du 16e. siécle, ainsi appellés d'un *Jean quintin*, tailleur d'habits, qui étoit de Picardie. *voy. Libertins.*

QUINTUPLE. *s. masc.* Cinq fois aussi grand. La quantité d'un nombre multiplié par cinq.

QUINUA. *voy.* Quimba.

QUINZAIN. *s. m.* Terme dont on se sert à la paume, pour marquer que les joueurs sont quinze à quinze. ang. *fifteen*, &c.

QUINZAINE. *s. f.* lat. *Decimus quintus numerus.* ang. *fifteen.* Nombre qui contient quinze choses. Intervale de 15. jours.

QUINZE. lat. *Quindecim.* ang. *fifteen.* Nombre qui contient dix & cinq.

QUINZIÈME. *adj.* lat. *Decimus quintus.* anglois. *fifteenth.* Qui a la place après quatorze unités.

QUIOSSAGE. *s. m.* Action de passer les cuirs sous la quiosse.

QUIOSSE. *substant. fem.* Manière de pierre à aiguiser, avec laquelle on quiosse le cuir.

QUIOSSER. *v. act.* Terme de Taneur. Frotter le cuir à plein bras sur le chevalet, pour en faire sortir l'ordure.

QUI-PRO QUO. *s. m.* Méprise d'un Apothicaire, qui donne à une personne une médecine préparée pour une autre, ou qui y met une autre drogue que celle qui est ordonnée.

QUIRAPANGA. *s. masc.* Petit oiseau blanc qu'on voit au Brésil, sa voix ressemble au son d'une sonnette, & il la pousse si fort qu'on l'entend d'une demi-lieuë à la ronde.

QUIRAT. *s. m.* Petit poids dont on se sert au Caire & dans le reste de l'Egypte. Il vaut 4. grains.

QUIRINALES. *s. f. pl.* lat. & ang. *quirinalia.* Fêtes que les *Romains* célébroient le 17. de *Février* en l'honneur de *Romulus.* Le fête des foux se faisoit le même jour.

QUIS. *voy.* Pyrite.

QUITTANCE. *sub. f.* lat. *Cautio, apocha.* ang. *an acquittance or receipt.* Acte par lequel on décharge quelqu'un d'un payement, d'une dette.

QUITTANCER. *v. act.* lat. *Acceptum ferre nomen.* ang. *to write a receipt.* Donner quittance au dos ou en marge d'un contrat ou obligation.

QUITTE. *adj.* lat. *Solutus, immunis.* angl. *quit, clear.* Celui qui ne doit rien. Exempt, hors de péril, délivré de quelque incommodité.

QUITTEMENT. *adv.* (Palais) D'une manière quitte & franche. lat. *Liberè & sine onere.* ang. *clear.*

QUITTER. *v. act.* lat. *Apocham præstare.* anglois. *to quit.* Donner quittance, ou ne demander plus rien d'une dette. Exempter, céder, se désister, rejetter. Transporter, aliener. Relâcher, changer de dessein, abandonner, renoncer, laisser volontairement. Sortir de quelque lieu.

QUITUS. *subst. masc.* C'est l'état final d'un compte, par lequel le comptable se trouve quitte & déchargé.

## Q U O

QUOCOLOS. *s. m.* Pierre à verre, ou pierre qui mise au feu se convertit en verre.

QUODLIBÉTAIRE. *adj.* & *s. f.* Thèse publique de Médecine où le soutenant est prêt à répondre à tous venans & sur toutes les parties de la médecine.

QUOGELO. *s. m.* Animal du païs des Noirs qui ressemble au crocodile.

QUOLIBET. *s. m.* lat. *Dicterium mordax.* ang. *a jest, a querk.* Façon de parler commune, & triviale, qui renferme ordinairement une misérable pointe.

[QUOLIBÉTIQUE. *adj.* Fécond en quolibets.]

QUOTE-PART. *s. f.* Ce que chacun doit payer ou recevoir dans la répartition d'une somme totale. ang. *quota.*

QUOTIDIEN, enne. *adj.* lat. *Quotidianus.* ang. *daily, quotidian.* Qui se fait tous les jours; ce dont on a besoin tous les jours.

QUOTIENT. *s. m.* lat. *Quotiens.* ang. *quotient.* Terme d'*Arithmétique.* Nombre qui resulte de la division d'un plus grand par un plus petit, ou qui montre combien de fois le plus petit est enfermé dans le plus grand.

QUOTITÉ. *s. fem.* La *quotité* du cens est la somme qu'on paye actuellement pour le cens.

QUOTTE, Quottisation, Quottiser. *voy.* Cote, Cotisation, Cotiser.

## Q U S

QUSONFOO. *s. m.* Oiseau du Royaume de Quoja païs des Noirs. Il est gros & noir à peu près comme un corbeau. La femelle s'arrache toutes les plumes pour coucher plus mollement ses petits.

# R

## R

R. *s. f.* Quelques Auteurs ont appellé l'R une lettre canine, parce qu'elle a un son rude & que les Chiens semblent la prononcer en grondant. On la nomme aussi liquide ou demi voyelle. C'est la 17e. de notre Alphabet & l'on s'en sert souvent dans les abbréviations, comme en *Medécine* pour *Recipe*, prenés. Et quelquefois pour *Roi* ou *Reine*, &c. C'étoit autre fois une lettre numerale qui signifie 80. & avec un trait dessus R̄, 80, 000. . . . R, est le caractère dont on distinguoit la monnoie fabriquée à Villeneuve-lès-Avignon; & dont on distingue aujourd'hui la monnoie d'Orléans.

## R A A

RAAGDAER. *subst. mas.* Officier de Perse qui perçoit les droits de raagderie. Espèce de voyer.

RAAGDERIE. *s. f.* Droit que l'on fait payer en Perse sur toutes les marchandises, pour la sûreté des grands chemins.

## R A B

RABAIS. *s. m.* lat. *Deductio, diminutio.* ang. *abatement, lessening, fall.* Diminution de valeur, ou de quantité. Ce qui manque à quelque somme sur laquelle on avoit compté & fait fonds. C'est aussi un terme opposé à *Enchères.*

RABAISSEMENT. *s. masc.* lat. *Diminutio, depressio.* angl. *the fall.* Diminution du prix. Abbaissement.

RABAISSER. *v. act.* lat. *Remittere, minuere.* ang. *to bring down, to abate.* Oter, diminuer en quantité, ou en valeur. Abaisser, ravaler. Humilier. Abaisser encore plus. Elever moins, en parlant de la voix.

RABANER. *v. act.* (Marine) Attacher des rabans à quelque chose.

RABANS. *s. m. pl.* (Marine) Petites cordes, qui servent à attacher les voiles les unes aux autres, à les ferler, & à faire plusieurs manœuvres. On les appelle autrement *Commandes.*

RABAT. *s. masc.* lat. *Lineus colli amictus.* ang. *a band.* Piéce de toile que les hommes mettent autour du colet de leur pourpoint, tant pour l'ornement que pour la propreté. *Rabat* au jeu de *quilles* signifie le coup qu'on joüe en revenant, après qu'on a poussé sa boule au-delà du quillier.

RABAT-JOYE. *s. m.* lat. *Obnunciator.* ang. *a troublesom guest.* Qui vient troubler la joye de quelqu'un.

RABATTRE. *v. act.* lat. *Iterùm destruere.*

anglois. *to pull again.* Abattre plusieurs fois. Ôter, retrancher, déduire, diminuer. Parer, empêcher l'effet de quelque chose. Rabaisser, ravaller. Prendre son chemin en revenant, pour s'arrêter en un certain endroit. Dans le jeu de *quilles*, c'est jetter une seconde fois la boule dans le quillier, pour abattre des quilles.

RABBANIM. *s. m.* C'est le nom que les Juifs donnent à la Doctrine de leurs Pères ou Ancêtres.

RABBANISTE. *s. m.* Juif qui suit la Doctrine de ses Pères. Les Juifs de cette secte ont succédé aux anciens Pharisiens, dont ils suivent les traditions.

RABBI, *ou* Rabbin. *s. m.* lat. *Rabbinus seu doctor legis antiquæ.* ang. *a rabby, or rabbin.* Nom d'une dignité parmi les Juifs. C'est celui qui étudie leur loi, qui l'explique, qui l'enseigne. Ce sont les maîtres de leurs Synagogues. On appelle *Figurément* un vieux *Rabbin*, un homme qui sçait beaucoup de choses abstruses, un vieux sçavant.

RABBINAGE. *s. m.* Terme de mépris, pour signifier l'étude qu'on fait des livres des Rabbins.

RABBINIQUE. *adj.* lat. *Rabbinicus.* ang. *rabbinical.* Qui est des Rabbins.

RABBINISME. *s. m.* lat. *Rabbinismus.* ang. *rabbinism.* Doctrine des Rabbins.

RABBINISTE. *s. m.* & *f.* lat. *Rabbinista, vel doctrinæ rabbinorum sectator.* ang. *a rabbinist.* Qui suit la doctrine des Rabbins, ou qui étudie leurs livres.

RABBOT. *s. m.* Nom que les *Juifs* donnent à certains commentaires Allégoriques sur les cinq livres de *Moïse* & qui sont d'une grande autorité parmi eux, étant regardés comme fort anciens; les Juifs prétendent qu'ils ont été composés vers l'an 30. de Jesus-Christ. Ils contiennent une grande quantité de fables.

RABDOÏDE. *adj.* (Anatomie.) Signifie proprement *qui a la figure d'une verge.* On le dit de la seconde vraie suture du crâne, qu'on appelle aussi *sagittale.*

RABDOLOGIE. *s. f.* Partie de l'Arithmétique qui enseigne à faire la multiplication & la division par la soustraction & l'addition, par le moyen de petites languettes séparées, timbrées des nombres simples, qu'on change selon l'occasion. lat. *Rabdologia.* anglois. *Rabdology.*

RABDOMANCIE. *s. fem.* Divination par le moyen des baguettes. lat. *Rhabdomantia.* ang. *rhabdomancy.*

RABES, *ou* Raves *de morue. subst. fem. plur.* Œufs de morue, que l'on sale, & qu'on met en barique.

RABÈTE. *s. f.* Graine d'une espèce de choux, dont on fait de l'huile.

RABÊTIR. *v. act.* lat. *Vecordem & stupidum efficere.* anglois. *to besot.* Rendre bête & stupide.

RABIH. *s. m.* Sorte de fruit qui ressemble aux cerises pour la figure, & aux jujubes pour le goût. Il se trouve dans le Royaume de Fez.

RABLE. *s. masc.* lat. *Lumbus, dorsum.* ang. *the back of a hare or rabbet.* Partie de l'animal qui est vers les reins entre le train de devant & celui de derrière.

RABLU, uë. *adject.* Qui a le râble épais, qui est bien fourni du râble.

RABLURE. *voy.* Jarlot.

RABONIR. *v. act.* Rendre meilleur, améliorer. *voy. Abonnir.*

RABOT. *s. m.* lat. *Runcina.* ang. *a joyner's plane.* Outil de Menuisier qui sert à couroyer le bois, & à le rendre uni.

RABOTER. *v. act.* lat. *Polire, lævigare.* ang. *to plane.* Polir, unir avec le rabot.

RABOTEUX, euse. *adject.* lat. *Scabrosus, scaber.* ang. *rough, uneven.* Inégal qui n'est pas poli, ni uni. Rude, grossier; mal digeré.

RABOUGRIR. *v. act.* & *n.* lat. *Retorrere.* ang. *to stunt.* Terme de *Forêtiers*, qui se dit des bois qui ne sont pas de belle venuë, qui sont étêtés, ébranchés, & qui ne profitent pas bien, qui ont le tronc court, nerveux, ou raboteux. *Rabougri*, se dit d'un homme de petite taille, contrefait & mal bâti.

RABOUILLÈRE, *ou* Rabouillière. *s. fem.* Trou où la lapine fait ses petits.

RABOUTIR. *v. act.* Terme populaire. Il ne se dit qu'en parlant de deux morceaux d'étoffes & signifie les mettre bout à bout l'un de l'autre.

RABROUER. *v. act.* lat. *Asperiùs & duriùs repellere.* ang. *to snub.* Traiter les personnes incivilement & rudement, quand elles demandent ou proposent quelque chose; les rebuter avec rudesse & avec mépris.

RABROUEUR, euse. *s. m.* & *f.* lat. *Rudis, agrestis, repulsor.* angl. *snuber.* Qui rabroüe, qui répond aux gens avec rudesse & incivilité.

## RAC

RACA. *s. m.* Mot Syriaque emploié dans les Ecritures pour la plus forte expression de mépris. Il signifie, tête vuide, homme vain, de peu de sens, imbecille.

RACAGES. *s. m. pl.* lat. *Scandularii globuli.* Dans la *Marine* sont des boules de bois enfilées qu'on met sur les mâts pour faciliter le mouvement des vergues & les faire amener plus promptement. On les appelle aussi *Racques* & *Racquemens.*

RACAILLE. *s. f.* lat. *Quisquiliæ, fæx populi.* ang. *the rascality, the riff-raff of the people.* Terme de mépris, qui se dit de la lie du peuple, du rebut du peuple, de ce qui est de moindre valeur en chaque chose.

RACAMBEAUX. *s. m.* (Marine) Grand anneau de fer fort menu, qui sert à assujettir au mât la vergue d'une chaloupe à voile.

RACCOMMODAGE, Raccommodement, Raccommoder. *voy.* Racommodage, Racommodement, Racommoder.

RACCORDEMENT. *s. mas.* lat. *Rejunctio, adæquatio.* ang. *levelling, smoothing.* En *Architecture*, est la réunion de deux corps à un même niveau ou superficie, ou d'un vieux ouvrage avec un neuf.

RACCORDER. *verb. act.* lat. *Reconciliare.*

ang. *to reconcile*. Accorder de nouveau. Il se dit aussi des instrumens de *Musique*. Et en *Architecture*, c'est faire un raccordement.

RACCORNIR. *voy.* Racornir.

RACCOUPLER. *v. act.* lat. *Iteratò jugare*. ang. *to couple again*. Remettre ensemble les choses qui avoient été accouplées.

RACCOURCI. *s. m.* lat. *Epitome, compendium*. ang. *an abridgement*. Abrégé de ce qui est ailleurs en plus grand volume.

RACCOURCIR. *v. act.* lat. *Contrahere, minuere*. ang. *to shorten*. Accourcir, rendre plus court. Abréger, faire durer moins.

RACCOURCISSEMENT. *s. m.* lat. *Reseсtè depictus*. ang. *fore-shortning*. Ce qui est peint en raccourci.

RACCOUSTRER. *voy.* Racoûtrer.

RACCOUSTUMER. *voy.* Racoûtumer.

RACCROCHER. *voy.* Racrocher.

RACE. *s. fem.* lat. *Genus, stirps, progenies*. ang. *race, family, stock*. Lignée, lignage, extraction; tous ceux qui viennent d'une même famille; génération continuée de père en fils, &c. Il se dit aussi des espèces particulières de quelques animaux.

RACHALANDER. *v. act.* lat. *Emptores revocare*. ang. *to get customs again*. Faire revenir une chalandise perduë.

RACHAT. *s. masc.* lat. *Redhibitio*. ang. *redemption, recovery*. Action par laquelle on rachette, on retire une chose qu'on a venduë, & qui étoit en la possession d'un autre.

RACHE. *s. f.* *Rache* du goudron: lie du méchant goudron.

RACHETABLE. *adj.* lat. *Redimendus*. ang. *redeemable*. Qu'on a droit de racheter.

RACHETER. *v. act.* lat. *Redimere*. ang. *to buy again*. Acheter une seconde fois. Acheter une chose qui avoit été venduë. Tirer de la puissance & domination de quelqu'un. Eteindre une rente, une pension constituée, s'en libérer. S'exempter de faire ou de souffrir quelque chose qui donne de la peine.

RACHITIQUE. *adject.* Noué, qui a des nœuds.

RACHITIS. *sub. f.* ang. *the rickets*. Nœuds qui viennent aux bras & aux jambes des enfans & qui les empêchent de croire.

RACINAGE. *s. m.* Bouillon ou décoction de la racine, écorce & feuille de noyer & coque de noix.

RACINAL. *s. m.* (Architecture) Piéce de bois dans laquelle est encastrée la crapaudine du seuil d'une porte d'écluse.

RACINAUX. *s. masc. pl.* (Architecture) Piéces de bois qui s'appliquent sur des pilotis, sur lesquels on éleve des fondemens, des piles de ponts. *Racinaux* d'écurie: petits poteaux qui arrêtés debout dans une écurie servent à porter la mangeoire des chevaux. *Racinaux* de gruë: piéces de bois croisées qui font l'empatement d'une gruë, & dans lesquelles sont assemblés l'arbre & les arcs-boutans.

RACINE. *s. fem.* lat. *Radix*. ang. *the root*. Partie d'une plante qui s'étend dans la terre en bas & par où la plante reçoit la nourriture & parvient à maturité. En *Mathématiques*, c'est un nombre ou une quantité qui étant multipliée par elle-même, produit une autre quantité qu'on appelle seconde puissance ou quarré de cette racine. En *Grammaire*, c'est le mot primitif d'où les autres sont dérivés. On appelle absolument *Racines* celles qui se mangent.... *Racine d'Ida*; ou *Idéenne*, plante que quelques-uns croient être une espèce de laurier Alexandrin.... *Racine de peste*: racine de la grande pétasite qu'on croit être bonne contre la peste... *Racine du S. Esprit*: c'est la racine de l'Angelique.... *Racine sentant les roses*: espèce d'orpin dont la racine a le goût & l'odeur de la rose.... *Racine de S. Charles*, est la racine d'une plante d'Amérique, dont la tige & les feuilles ressemblent à celles du houblon. Cette racine a une odeur aromatique, & un gout amer, un peu âcre. Son écorce est estimée sudorifique... *Racine de rhode*, ou *Rhodas*, racine d'une plante qui est une espèce d'orpin. On l'appelle autrement *racine sentant les roses*... *Racine Vierge*, ou *sceau de Nôtre-Dame*. Elle est apéritive, un peu purgative, hydragogue.... *Racine* en *Chronologie*, se dit de certains points qu'on prend pour epoques.

RACINER. *verb. act.* Teindre avec des racines.... *v. n.* Pousser des racines.

RACLE. *s. m.* (Marine) Petit ferrement coupant, emmanché de bois, avec lequel on grate les vaisseaux pour les tenir propres. latin. *Radula*. ang. *a grater*.

RACLER. *v. act.* lat. *Radere*. ang. *to scrape or grate*. Ratisser quelque chose, en détacher quelques menuës parties. Nettoyer. Faire du bruit à une porte, en haussant & baissant l'anneau du racloir.

RACLEUR. *s. m.* Qui racle.

RACLOIR. *s. m.* lat. *Radula*. ang. *a scraper or grater*. Instrument avec quoi on râcle.

RACLOIRE. *subst. femin.* lat. *Radius, radula*. ang. *strickle*. Instrument avec quoi on racle la mesure de blé.

RACLURE. *s. f.* lat *Ramentum*. ang. *scraping*. Ce qui se détache d'un corps qu'on râcle.

RACOLEUR. *s. m.* Homme qui par adresse porte de jeunes gens à prendre parti.

RACOMMODAGE. *s. m.* lat. *Refectio*. ang. *mending, piecing*. Travail ou salaire de celui qui racommode.

RACOMMODEMENT. *s. m.* lat. *Reconciliatio*. anglois. *reconcilement*. Renouvellement d'amitié, reconciliation.

RACOMMODER. *v. act.* lat. *Reficere*. ang. *to mend, piece*. Refaire, r'habiller, remettre une chose en ordre, en bon état. Réunir des personnes, les reconcilier, rapatrier.

RACONTER. *verb. act.* lat. *Narrare*. ang. *to tell, relate*. Narrer une histoire, un fait, faire un conte.

RACONTEUR. *s. m.* lat. *Narrator*. ang. *a relater, a teller*. Celui qui raconte.

RACORNIR. *v. act.* lat. *Indurare*. ang. *to make hard*. Faire qu'une chose se retire & se roule en façon de corne.

RACOUR. *s. m.* Se dit des étoffes de laine,

qui au retour de la teinture & des apprêts se trouvent raccourcies & diminuées de leur longueur.

RACOUTREMENT. *s. m.* lat. *Refectio*, *interpolatio.* ang. *mending.* Action de racoûtrer, de r'habiller, de raccommoder quelque habit, ou autre chose semblable.

RACOUTRER. *v. act.* lat. *Reficere*, *interpolare.* ang. *to mend.* Racommoder, rapiécer.

RACOUTREUR. *s. masc.* lat. *Interpolator*, *refector.* ang. *a dresser of old things.* Ravaudeur, se dit proprement de celui qui racommode des bas de chausses.

RACOUTUMER. *v. act.* lat. *Denuò assuefacere.* angl. *to accustom again.* Reprendre une coutume, une habitude.

RACQUES ou Racquemens. *voy.* Racages.

RACQUIT. *s. mas.* Action de se raquitter, de regagner ce qu'on avoit perdu.

RACQUITER. *voy.* Raquitter.

RACROCHER. *v. act.* lat. *Iterùm inuncare.* ang. *to hook again.* Reprendre ce qu'on avoit détaché; le mettre à son croc, l'accrocher de rechef. Rattraper, recouvrer.

## RAD

RADIR. *s. m.* Se dit en *Perse* de certains Archers, qui ont soin d'assurer la route des grands chemins.

RADE. *s. f.* lat. *Vadosa ora.* angl. *a road for ships.* Lieu d'ancrage à quelque distance de la côte, à l'abri des vents, où les vaisseaux trouvent fond, & où ils mouillent ordinairement, en attendant le vent ou la marée propre pour faire voile.

RADEAU. *s. m.* lat. *Ratis.* ang. *a float of timber*, *a raft.* Assemblage de plusieurs piéces de bois plattes, qui sert à voiturer des marchandises sur des rivières où l'on ne peut naviger avec des bâteaux.

RADER. *v. neut.* ( Marine ) Se mettre à la rade..... *v. act.* Passer la radoire ou racloire par dessus les bords d'une mesure de grains, pour en ôter ce qu'il y a de trop & la rendre juste.

RADERIE. *voy.* Raagderie.

RADEUR. *s. m.* Officier qui mesure le sel, & qui le rase sur le minot.

RADIAL, ale. *adj.* Où il y a des raïons.

RADIATION. *s. fem.* lat. *Expunctio.* ang. *a cross*, *or crossing out.* Terme de *Palais*, qui se dit des râtures qui sont ordonnées par autorité de justice.

RADICAL, ale. *adj.* lat. *Radicalis.* ang. *radical.* Qui sert de base & de fondement, qui ressemble à la racine, qui est source, principe de quelque chose, ou qui est par sa nature attaché à son sujet. L'*humide radical*, est ce principe imaginaire de la vie, dont l'épuisement cause la mort, & qu'on prétend se trouver dans tous les autres corps. *Question radicale* en *Astrologie* est celle qui est proposée lorsque l'ascendant & l'heure sont de même nature & triplicité. *Signe radical* est un caractère d'Algébre pour marquer qu'il faut extraire la racine de la quantité qui lui est jointe.

RADICALEMENT. *adverb.* lat. *Originariè.* ang. *radically.* Originairement; dans son principe, & de sa nature.

RADICATION. *s. f.* lat. *Radicatio.* anglois. *radication.* Action par laquelle les plantes poussent leurs racines.

RADICULE. *s. f.* lat. *Radicula.* ang. *a little root.* Petite pointe dans toutes les graines, qui est l'embryon ou le commencement de la racine.

RADIÉ, ée. *adj.* ( Botanique ) Se dit de certaines fleurs dont le disque est entouré d'un simple rang de feuilles longuettes & pointuës, arrangées tour au tour à la manière des raïons... Il signifie aussi *radial*, où il y a des raïons.

RADIER. *s. mas.* Dans la *Marine*, sont les deux derniers madriers.... Espèce de seconde grille propre à porter les planchers sur lesquels on commence dans l'eau les fondations des écluses, les bâtardeaux, & autres ouvrages qu'on fonde dans l'eau.

RADIEUX, euse. *adj.* lat. *Radiosus*, *emicans.* anglois. *radiant*, *glittering.* Rayonnant, brillant; qui jette de la lumière, des raïons.

RADIOMÉTRE. *s. masc.* lat. *Radiometrum.* ang. *radiometer*, *the jacob's staff.* Instrument Géométrique & Astronomique propre à prendre hauteur.

RADOIRE. *voy.* Racloire.

RADOTAGE. *s. m.* Radoterie.

RADOTER. *v. n.* lat. *Delirare*, *desipere.* ang. *to dote*, *to rave.* Parler, ou raisonner mal par foiblesse d'esprit, lorsqu'il est débilité par l'âge ou par la maladie.

RADOTERIE. *s. f.* lat. *Deliratio.* ang. *dotage.* Extravagance qu'on dit en radotant.

RADOTEUR, euse. *s. m.* & *f.* lat. *Delirus.* ang. *a dotard.* Vieille personne qui n'a plus la force de bien raisonner.

RADOUB. *s. m.* lat. *Navium refectio.* ang. *the refitting of a ship.* Dans la *Marine* est l'ouvrage qui est fait par les Charpentiers & Calfateurs pour le rétablissement d'un vaisseau quand il a été endommagé.

RADOUBER. *verb. act.* lat. *Navem reficere.* ang. *to refit.* Calfeutrer, rétablir un vaisseau, le mettre en état d'être remis en mer, quand il a été endommagé en quelqu'une de ses parties.

RADOUBEUR. *s. m.* lat. *Refector.* anglois. *a calker.* Ouvrier qui radoube.

RADOUCIR. *verb. act.* lat. *Mansuefacere*, *lenire.* ang. *to sweeten or soften.* Rendre plus doux.

RADOUCISSEMENT. *s. m* lat. *Mitigatio*, *remissio.* ang. *a sweetning*, *a softning.* Diminution de violence d'un mal, ou d'une passion.

## RAF

RAFAISSER. ( Se ) *v. rec.* lat. *Deprimi.* ang. *to sink with too much weight.* S'abaisser, diminuer.

RAFALE. *s. m.* ( Marine ) Coup de vent fort dangereux pour les vaisseaux, qui rangent les côtes.

RAFFERMIR. *v. act.* lat. *Stabilire.* ang. *to strengthen*, *to fortify*. Rendre plus ferme. Rassurer.

RAFFERMISSEMENT. *s. m.* lat. *Confirmatio.* ang. *setlement*, *confirmation.* Nouvel affermissement.

RAFFES. *s. f. pl.* Rognures de peaux.

RAFFINAGE. *s. m.* lat. *Sacchari excoctio.* ang. *the refining of sugar.* Action de raffiner le sucre, & de l'épurer.

RAFFINEMENT. *s. m.* lat. *Expurgatio.* ang. *refining.* Qualité qui rend une chose plus fine. Délicatesse étudiée.

RAFFINER. *v. act.* lat. *Iterùm expurgare.* ang. *to fine*, *to refine.* Affiner une seconde fois. Rendre plus fin, plus adroit, plus entendu.

RAFFINERIE. *s. fem.* Manufacture où l'on raffine le sucre.

RAFFINEUR. *s. m.* Qui raffine. Il se dit dans le *propre* & dans le figuré.

RAFFOLIR. *v. n.* lat. *Stultescere.* ang. *to grow mad.* Devenir fou.

RAFFUTER. *v. act.* Raccommoder entièrement un chapeau, lui donner les grandes façons.

RAFLE. *sub. f.* lat. *Corrasio.* angl. *raffle.* Se dit au jeu de dez, d'un doublet ou ressemblance des points de deux dez qu'on jette.... *Rafle* se dit aussi du petit rameau de la vigne, qui forme la grappe avec les grains de raisin qui y sont attachés.... *Rafle* : herbe bonne contre la morsure des serpens. La feuille de cette plante est grande, comme le lapathos ou porelle. *Raffanum.*

RAFLER. *v. act.* lat. *Corradere*, *auferre.* ang. *to sweep away.* Faire rafle, emporter violemment tout ce qu'on trouve dans une maison.

RAFRAÎCHIR. *v. act.* lat. *Refrigerare.* ang. *to cool.* Rendre ou faire devenir frais. Se reposer, prendre de nouvelles forces. Donner les choses nécessaires pour subsister. Réparer, remettre en meilleur état, donner un nouveau lustre.

RAFRAÎCHISSANT, ante. *adj.* lat. *Refrigeratorius.* ang. *cooling.* Qui rafraîchit.

RAFRAÎCHISSEMENT. *s. m.* lat. *Refrigeratio.* ang. *a cooling.* Ce qui rend plus frais, qui rafraîchit. Repos, nourriture qui sert à prendre de nouvelles forces. Fruits, confitures, liqueurs qu'on envoye aux amis.

RAFRAÎCHISSOIR. *s. m.* Vaisseau de cuivre rouge, où les ouvriers en sucre mettent rafraîchir les syrops qu'on a travaillés en sucre blanc.

## R A G

RAGAILLARDIR. *v. act.* lat. *Hilariorem efficere.* ang. *to brisk up.* Donner de la joie; ou rendre à quelqu'un la joie, qu'il a perduë.

RAGE. *s. f.* lat. *Rabies.* ang. *madness.* Maladie qui ôte la raison; qui transporte de fureur. Colère excessive. Furieuse envie de faire ou de dire quelque chose. Desordre.

RAGGRAVE. *voy.* Réaggrave.

RAGOT. *adjectif.* lat. *Humili & corpulentâ staturâ.* anglois. *thick and short.* Se dit des chevaux qui ont les jambes courtes. Il se dit aussi du crochet qui est au limon d'une charrette, où l'on attache l'avaloire qui sert à faire reculer.

RAGOTER. *v. n.* lat. *mussitare.* anglois. *to grumble or mutter.* Gronder & murmurer auprès de quelqu'un, en telle sorte que cela le tourmente & l'incommode.

RAGOUT. *s. m.* lat. *condimentum.* anglois *Ragoo.* Sauce, assaisonnement pour donner de l'appetit à ceux qui l'ont perdu, ou pour le réveiller, ou pour le chatouiller. Rafinement de volupté, sentiment qui pique l'esprit, qui excite les passions affoiblies.

RAGOUTANT, ante. *adj.* lat. *gustum movens.* ang. *a tid-bit.* Qui donne de l'appetit. Ce qui reveille les sens, les passions.

RAGOUTER. *v. act.* l. *appetitum conciliare.* ang. *to revive one's stomack.* Renouveller l'appetit, remettre en goût.

RAGRANDIR. *v. act.* lat. *dilatare.* ang. *to enlarge.* Faire plus grand.

RAGRÉER. *v. act.* (Jardinage) Couper avec la serpette la superficie de la partie d'une branche d'arbre qui a été sciée. (Architect.) repasser le marteau & le fer sur le parement des murs pour les rendre plus unis.

RAGUE. *s. f.* (Marine) se dit d'un cordage gâté, écorché ou coupé.

RAGUET. *s. m.* sorte de petite moruë verte.

## R A J

RAJACE, *ou* RAPASSE. *s. f.* Pierre dure, fort blanche & fort nette, propre à faire des figures.

RAJAMBER. *v. act.* Ajamber, *ou* enjamber de nouveau.

RAIE. *s. f.* lat. *raja.* ang. *a ray*, *or thorn-back.* poisson de mer plat & cartilagineux. *Raie de Turbot* : espèce de *Raie* plus grosse que l'ordinaire.... *Raie* : ligne. *voy.* Raye.

RAIER. *voy.* RAYER.

RAJEUNIR. *v. act.* & *n.* lat. *juniorem facere:* ang. *to make young again.* Faire devenir jeune, ou devenir jeune. Redonner de la vigueur.

RAJEUNISSEMENT. *s. m.* Action par laquelle on rajeunit.

RAIFORT. *s. m.* lat. *Raphanus.* ang. *horseradish.* Rave bonne à manger & qui a le goût piquant.

RAILLER. *v. act.* & *n.* lat. *Jocari*, *cavillari.* ang. *to rally*, *jeer*, *banter.* Badiner, dire des choses plaisantes, enjoüées & désagréables à quelqu'un, sans avoir dessein de l'offenser. Se moquer, tourner en ridicule. Badiner.

RAILLERIE. *s. f.* lat. *Jocus*, *facetiæ.* ang. *rallery*, *bantering*, *jeering.* Trait plaisant, qui divertit, qui fait rire, qu'on ne dit point sérieusement.

RAILLEUR, euse. *adj.* & *subst.* lat. *Cavillator.* anglois. *a banterer*, *a jeerer.* Qui aime à railler, à badiner, à rire aux dépens d'autrui.

RAIMONDE. *substant. fem.* Tulipe blanche & rouge.

RAINCEAU. *voy.* Rinceau.

RAINEAU. *subst. masc.* Se dit des piéces de Charpente

Charpente qui tiennent en liaison les têtes des pilotis dans une digue, ou dans les fondations de quelque autre édifice.

RAINETTE. *voy.* Reinette.

RAINURE. *s. fem.* lat. *Stria rotunda.* ang *a groove.* Terme de *Menuiserie*, qui se dit des ouvertures rondes ou petits canaux qui se font en longueur dans l'épaisseur du bois pour y faire passer des coulisses, ou servir aux assemblages.

RAION. *voy.* Rayon.

RAIPONCE. *s. fem.* lat. *Rapunculus.* ang. *rampions.* Espèce de campanule. Elle se mange en salade dans le Printems.

RAIRE. *v. n.* Exprime le cri du cerf.

RAIS. *s. m. pl.* lat. *Radii.* ang. *a spoke of a wheel.* Bâtons d'une roüe qui sont enclavés dans le noyau, & qui portent les jantes, parce qu'ils se séparent & forment les rayons.... *Rais de cœur*: (Architect.) Ornement accompagné de feuilles d'eau, qui se taille sur les talons.... Dans le *Blason*, *Rais* se dit de l'Escarboucle qu'on peint sur les écus avec 8. raïons ou bâtons pommetés qui en sortent en croix & en sautoir; des raïons du soleil ou des étoiles; des pointes des molettes d'éperons, &c.

RAISEAU, *ou* Reseau. *subst. masc.* Rêts de chasse.

RAISIN. *s. m.* lat. *Racemus*, *uva.* anglois. *grape.* Fruit de la vigne, qui vient en grappes, qui est bon à manger & à faire du vin.... *Raisin de mer*, est un arbrisseau qui n'a point de feuilles, & qui porte des fruits semblables à des mûres de renard, accumulés en manière de raisins, rouges, quand ils sont mûrs, d'un goût acide & agréable. C'est aussi un insecte marin, tout couvert de glandes rouges & bleues qui représentent en quelque manière des raisins. Il approche fort du limaçon. Il y a une autre espèce de *raisin de mer* provenant des œufs de séche qui s'amassent en forme de grappe de raisin & qui sont teints en noir par la liqueur qui sort de la séche.... *Raisin d'ours*: plante qui ressemble à l'airelle ou mirtille. Elle est ainsi appellée de ce que ses baies ressemblent à des raisins & que les Ours en mangent. Ses feuilles, ses baies & sa racine sont fort altringentes.... *Raisin de renard*: plante qui porte des baies, grosses comme un raisin, relevées de 4. coins arrondis, de couleur obscure, de méchante odeur, mais estimées bonnes contre la peste & les maladies contagieuses, étant prises intérieurement. On applique ses feuilles sur les bubons pestilentiels.

RAISINÉ. *s. m.* lat. *Defrutum.* ang. *a thick confection of grapes.* Préparation de raisin faite avec du vin doux, qu'on fait cuire & réduire à la moitié, pour le conserver.

RAISINIER. *s. masc.* Arbre des Antilles qui porte des raisins de couleur de rose & de la grosseur d'une noisette qui ont le gout de la prune, & qui au lieu de pepins ont un noyau.

RAISON. *s. f.* lat. *Ratio*, *mens*, *intellectus.* ang. *reason.* Entendement, faculté, puissance de l'ame qui discerne le bien du mal, le vrai d'avec le faux. Jugement, bon sens, faculté de concevoir. *Raison* signifie aussi cause, sujet, motif, fondement de quelque chose. Argument, preuve. Bon droit, justice. En termes de *Mathématiques* c'est la rélation que deux grandeurs de même espèce ont l'une avec l'autre selon la quantité. Les livres de *raison* sont les livres de comptes.

RAISON. (à) *adv.* lat. *Habitâ ratione.* ang. *at the rate of.* A proportion.

RAISONNABLE. *adject.* lat. *Rationis particeps.* ang. *reasonable.* Qui est pourvû de raison. Equitable, juste, traitable; judicieux, qui entend raison. Il se dit aussi de ce qui est médiocre, convenable.

RAISONNABLEMENT. *adv.* lat. *Ex aquo.* ang. *rationally*, *reasonably.* Avec raison, conformément à l'équité, passablement, suffisamment, convenablement.

RAISONNEMENT. *s. m.* lat. *Ratiocinatio.* ang. *reason*, *a reasoning.* Acte de l'entendement par lequel on arrange les preuves dans l'ordre où elles doivent être pour trouver la vérité, pour porter un jugement droit & tirer une juste conclusion. Discours raisonné.

RAISONNÉ, ée. *adj.* lat. *Rationibus confirmatus.* ang. *rational.* Qui est bien fondé en raison.

RAISONNER. *v. n.* lat. *Ratiocinari.* ang. *to reason*, *to speak sense.* Discourir, juger exercer son entendement; faire un acte de la faculté raisonnable. Examiner, discuter une affaire, une question. Faire des difficultés, des objections, des repliques pour se dispenser d'obéir. En termes de *Marine*, c'est parlementer pour avoir permission d'entrer dans un port.

RAISONNEUR, euse. *s. m. & f.* lat. *Importunus narrator.* anglois. *a troublesom teller.* Qui raisonne; qui fatigue & importune par de longs raisonnemens. Qui fait des difficultés, des repliques, de mauvais raisonnemens.

RAJUSTEMENT. *s. masc.* lat. *Reconciliatio.* ang. *reconcilement.* Raccommodement de personnes brouillées ensemble.

RAJUSTER. *v. act.* lat. *Reficere*, *reconcinnare.* ang. *to set in order again.* Raccommoder; remettre en bon état. Réconcilier.

## R A L.

RALE. *s. m.* lat. *Attagen*, *fulica.* ang. *rayl.* Oiseau de la grosseur d'un petit pigeon, qui a le bec long & qui court fort vîte.... Râlement.

RALEMENT. *s. m.* lat. *Anhelitus.* angl. *a ratling in the throat.* Difficulté de respirer par des obstructions de pituite.

RALENTIR. *v. act.* lat. *Remittere*, *relaxare.* ang. *to make slow*, *to slack.* Alentir. Rendre un mouvement plus lent, plus doux. Refroidir, devenir moins ardent.

RALENTISSEMENT. *sub. m.* lat. *Remissio*, ang. *a slackening.* Action par laquelle une chose se ralentit.

RALER. *v. n.* lat. *Ægrè spiritum trahere.* ang. *to rattle*, *or have a rattling in the throat.* Respirer avec peine à cause de l'obstruction des conduits.

RALINGUER. *v. n.* (Marine) Faire couper

le vent par la ralingue, en sorte que le vent ne donne point dans les voiles.

RALINGUES. (Marine) Cordes cousues en orlet autour des voiles pour en refoncer les bords. Tenir en ralingue. *voy. Ralinguer.*

RALITER. (Se) *v. rec.* lat. *Ex morbo iterùm decumbere.* ang. *to keep one's bed.* Retomber malade, se remettre au lit par le retour d'une maladie.

RALLER. *v. n.* (Chasse) Se dit des cerfs surtout lorsqu'ils sont en rut.

RALLIEMENT. *s. masc.* lat. *Fusarum copiarum collectio.* angl. *a rallying.* Réunion de troupes qui ont pris la fuite.

RALLIER. *v. act.* lat. *Dispersos milites cogere.* ang. *to rally.* Rassembler des troupes qui ont été mises en déroute. Se *rallier:* se racommoder, se rejoindre.

RALLONGEMENT. *s. m.* (Charpenterie) *Rallongement* ou *reculement* d'arêtier: c'est la ligne diagonale depuis le poinçon d'une croupe jusqu'au pied de l'arêtier qui porte sur l'encoignure de l'entablement.

RALLONGER. *v. act.* lat. *Extendere.* ang. *to lengthen.* Rendre plus long.

RALLUMER. *v. act.* lat. *Accendere.* ang. *to kindle or light again.* Augmenter un feu qui étoit presqu'éteint, ou en allumer de nouveau.

## R A M

RAMADAN, *ou* Ramazan. *s. m.* Neuvième mois de l'année *Turque*, qui n'est composée que de 12. mois lunaires; en sorte que celui-ci repond successivement à tous les mois de notre année. Pendant ce mois il n'est pas permis aux *Turcs* de manger, de boire, ni d'habiter avec leurs femmes depuis la pointe du jour jusques au coucher du soleil; ils en sont avertis par les lampes qui sont éclairées sur les tours de leurs Mosquées. Ils passent une bonne partie de la nuit à faire des festins; ils vaquent à la plûpart de leurs affaires pendant la nuit & dorment le jour. Ils appellent ce mois saint & sacré & disent que les portes du Paradis sont ouvertes pendant tout ce mois & celles de l'Enfer fermées. C'est un crime impardonable de boire du vin pendant le *Ramadan.*

RAMADOUER. *v. act.* lat. *Blandiri.* angl. *to flatter, to coxe, to wheedle.* Radoucir quelqu'un en le caressant.

RAMADOUX. *s. m.* Rat d'Inde.

RAMAGE. *s. m.* lat. *Avium cantus.* anglois. *the singing or warbling.* Chant naturel d'un oiseau, tel qu'il dégoise de lui même sur les rameaux ou branches des arbres. Cris & tons des animaux. Il se dit aussi en termes de *Chasse* des braches des arbres. lat. *Ramalia.* ang. *branches.*

RAMAGER. *v. n.* lat. *Canere.* ang. *to sing, chirp or wardle.* Faire du ramage.

RAMAIGRIR. *v. act.* & *n.* lat. *Remacrescere.* ang. *to make or grow leaner.* Rendre maigre ou devenir maigre.

RAMANDER. *voy.* Ramender.

RAMAS. *s. m.* lat. *Collectio*, *congeries.* ang. *collection, heap.* Assemblage de plusieurs choses.

RAMASSE. *s. f.* lat. *Tractaria sella.* anglois. *a sledge, a dray.* Traineau sur lequel les voyageurs se font ramasser.

RAMASSER. *v. act.* lat. *Colligere.* ang. *to gather.* Relever de terre ce qui étoit tombé. Recueillir & prendre ce qui est naturellement à terre. Assembler, réunir. Faire un ramas, un assemblage de plusieurs choses. Il se dit encore de ceux qu'on fait descendre sur les neiges dans des espèces de traineaux le long des montagnes. Corps *ramassé*, est un corps trapu & robuste.

RAMASSEUR. *s. masc.* lat. *Sellæ tractariæ ductor.* ang. *a leader of a sledge.* Celui qui conduit une ramasse. On dit aussi *marron* & *marronnier.*

RAMASSIS. *voy.* Ramilles.

RAMAZAN. *voy.* Ramadan.

RAMBADE. *s. femin.* C'est la partie la plus avancée d'une galère, qui est entre le bout du coursier & l'éperon. lat. *Tabulatum proræ.* ang. *the bend or wale of a galley.*

RAMBERGE. *subst. femin.* Sorte de vaisseau Anglois.

RAMBOUR. *sub. f.* Belle & grosse pomme, verte d'un côté & foueté de rouge de l'autre. Il y en a une blanche & une rouge.

RAMBOURAGE. *s. m.* Apprêt qu'on donne aux laines de diverses couleurs qu'on a mêlées ensemble pour la fabrique des draps mêlangés.

RAMBOURG, *ou* Hambourg. *s. m.* Espèce de futaille qui sert à mettre du saumon salé & de la bière.

RAME. *s. f.* lat. *Remus.* anglois. *oar.* Long brin de bois ou branche d'arbre, qui sert à naviger sur les mers & sur les rivières. Petit branchage pour soutenir des pois, &c. *Rame* de papier est une quantité de 500. feuiles ou 20. mains. lat. *Viginti chartæ scapi.* ang. *a ream of paper....* Branche d'arbre.... *Rame-bouc*: plante autrement appellée *barbe-renard.*

RAMEAU. *s. m.* lat. *Ramulus.* ang. *bough, branch.* Petite branche. Dimanche des *rameaux* est le Dimanche qui precéde celui de Pâques & le dernier du Carême. *Rameau* se dit aussi des divers conduits des mines, qu'on appelle autrement *branches*, *canaux*, *retours*, *araignées*, *galeries.*

RAMÉE. *s. f.* lat. *Ramalium umbraculum.* ang. *a green arbour.* Assemblage de branches entrelacées naturellement ou par artifice.

RAMENDABLE. *adj.* lat. *Quod emendari potest.* ang. *that may be amended.* Qui peut se corriger.

RAMENDAGE. *s. m.* lat. *Emendatio.* ang. *amending.* Petit morceau de feuille d'or, qu'on prend avec le pinceau, pour mettre de l'or où il faut.

RAMENDER. *v. act.* lat. *Pretium minuere.* ang. *to sell cheaper.* Diminuer de prix. Corriger les fautes de quelque besogne.

RAMENER. *v. act.* lat. *Reducere*, *revocare.* ang. *to bring again.* Amener une seconde fois. Remettre une personne ou une chose au lieu d'où elle étoit partie. Apporter & amener chez soi en s'en revenant. Mettre en sauveté. Faire rentrer, faire revenir.

RAMENERET. *s. m.* Trait que fait un Charpentier avec le cordeau pour prendre la longueur des arêtiers.

RAMEQUINS. *s. mas. pl.* lat. *Panis tostus.* anglois. *a toast and cheese.* Ragout que font les goinfres pour se provoquer à boire & qui est fait de fromage étendu sur une rôtie assaisonnée avec du sucre, du poivre ou autre épicerie.

RAMER. *v. n.* lat. *Remigare.* ang. *to row.* Tirer à la rame. *v. act.* Soutenir avec des rames, des branches d'arbres.... *Figurément*: prendre bien de la peine.

RAMEREAU. *s. mas.* lat. *Palumbi pullus.* ang. *a young ring-dove.* Jeune ramier.

RAMETTE. *s. f.* ( Imprimerie ) Chassis de fer qui n'a point de barre dans le milieu.

RAMEUR. *s. mas.* lat. *Remex.* ang. *rower.* Qui rame.

RAMEUX, euse. *adj.* ( Botanique. ) Qui jette beaucoup de branches, qui se divise en plusieurs rameaux. Branchu. lat. *Ramosus.* ang. *full of branches.*

RAMIER. *s. m.* lat. *Palumbus.* ang. *a rind-dove.* Pigeon sauvage, qui se perche sur les arbres.

RAMIFICATION. *s. f.* ( Anatomie. ) latin. *Ramificatio.* ang. *ramification.* Se dit de la division des artères, des veines & des nerfs qui sortent d'une tige commune.

RAMIFIER. *v. act.* lat. *Ramificare.* ang. *to spread a small veins out of a large one.* Se diviser en plusieurs rameaux, comme font les veines, nerfs & artères.

RAMILLES & Ramassis. ( Eaux & Forêts ) Bois qui restent dans les Forêts, après qu'on en a tiré le bois de corde & les correts, & qui ne servent qu'à mettre en bourrées.

RAMINAGROBIS, *ou* Rominagrobis. *s. m.* lat. *Arrogans, superbus.* ang. *a grave piece of formality.* Homme qui est gros, fier, riche, ou qui tient sa gravité.

RAMINGUE. *adj. masc.* ( Manége ) Se dit d'un cheval retif, qui résiste aux éperons, qui ruë, qui saute plusieurs fois de suite pour jetter en bas le Cavalier. lat. *Restitans.* ang. *restive.*

RAMISTE. *adj.* Se dit de l'J & de l'V, lorsqu'ils sont consonnes. Pierre Ramus ou de la Ramée fut le premier qui fit usage de ces lettres dans sa Grammaire latine imprimée en 1557.

RAMOINDRIR. *v. act.* lat. *Minuere.* angl. *to lessen, to diminish.* Rendre moindre. Amoindrir.

RAMOITIR. *v. n.* lat. *Madefacere.* ang. *to moisten.* Rendre moite.

RAMOLADE. *s. f.* Sauce composée ordinairement d'anchois, de persil, de capres & de ciboules hachées ensemble, qu'on prépare pour y manger la viande ou le poisson.

RAMOLLIR. *v. act.* lat. *Emollire.* ang. *to soften.* Rendre une chose plus molle, plus facile à recevoir des empreintes.

RAMOLLISSANT. *s. m.* lat. *Emolliens remedium.* angl. *emollient.* Médicament qui ramollit, qui relâche, qui résout les duretés contre nature du corps & qui le remet dans un état naturel.

RAMON. *s. m.* lat. *Scopæ.* anglois. *a broom.* Vieux balai pour balayer les cours & les rues.

RAMONETTE. *voy.* Raquette.

RAMONNER. *v. act.* lat. *Camini spiraculum verrere.* ang. *to sweep a chimney.* Nettoyer les tuyaux d'une cheminée, en faire tomber toute la suye.

RAMONNEUR. *s. m.* lat. *Fuliginis scoparius.* anglois. *a chimney-sweeper.* Celui qui ramonne les cheminées. Petit mercier.

RAMONNEUSE. *s. f.* Tulipe colombin obscur, colombin clair & peu de blanc.

RAMPANT, ante. *adj.* lat. *Repens, reptans.* ang. *creeping, crawling.* Qui marche en se trainant sur la terre, qui n'a pas la force de s'en élever. Dans le *Blason* on dit qu'un animal & surtout un Lyon est *rampant* lorsqu'il se tient perpendiculairement sur les pieds de derrière en sorte que le haut de la tête est en ligne droite ou verticale avec les pieds.... En *Chirurgie* il se dit d'une sorte de bandage simple & inégal.

RAMPE. *s. f.* lat. *Graduum ordo, inter retractionem geminam.* ang. *a flight in a stair-case.* En *Architecture* est le trait ou la partie d'un escalier à plusieurs noyaux, qui va en montant le long d'un mur.... ( Fortifications ) Pente extrêmement douce qu'on fait le long des talus des remparts.

RAMPEMENT. *s. m.* lat. *Reptatus.* anglois. *creeping or crawling.* Action de ramper.

RAMPER. *v. n.* lat. *Repere, reptare.* ang. *to creep or crawl.* Se trainer sur le ventre pour se transporter d'un lieu à un autre.

RAMPIN. *adj. m.* ( Manége. ) Se dit d'un cheval qui ne pose pas également ses pieds de derrière sur tout le fer, mais qui leve le talon & marche sur la pince.

RAMURE. *s. f.* ( Chasse ) Bois du cerf.

## R A N

RANATITES. *s. masc. pl.*. Secte parmi les Juifs, qui adoroient les grenouilles, parce qu'elles avoient été l'instrument de la colère de Dieu contre *Pharaon*, s'imaginant que Dieu approuvoit cette superstition.

RANCE. *adj.* & *subst.* lat. *Rancidus.* anglois. *rusty.* Qui commence à se corrompre, & qui a contracté une mauvaise odeur pour avoir été renfermé.

RANCHE. *s. m.* ( Charpent. ) Chevilles ou échelons d'un rancher, ou échelier.

RANCHER. *s. masc.* ( Charpent. ) Chevilles rangées en manière d'échelle, pour monter au haut des grues, engins, &c. Pour les grues on l'appelle plutôt *échelier.*

RANCHIER, *ou* Rangier. *s. m.* ( Blason ) Fer d'une faulx à faucher de l'herbe.

RANCIDITÉ. *s. f.* lat. *Ranciditas.* anglois. *rustiness.* Ce qui rend une chose rance.

RANCIR. *v. n.* lat. *Rancorem contrahere.* anglois. *to grow rusty.* Devenir rance.

RANCISSURE. *s. f.* lat. *Rancor.* angl. *rustiness.* Qualité de ce qui est rance.

RANÇON. *s. f.* lat. *Pretium redemptionis.* ang. *ransom.* Somme qu'on paye pour se râcheter d'esclavage, ou pour la liberté d'un prisonnier de guerre.

RANÇONNEMENT. *s. m.* lat. *Exactio, vexatio.* ang. *exaction.* Action par laquelle on rançonne & on exige un plus haut prix des choses qu'elles ne valent.

RANÇONNER. *verb. act.* lat. *Pro libertate pecuniam extorquere.* ang. *to ransom.* Mettre à rançon. Payer rançon pour quelque chose, râcheter de l'ennemi.

RANÇONNEUR. *s. m.* Qui rançonne, qui exige plus qu'il ne faut.

RANCUNE. *s. f.* lat. *Odium, simultas.* ang. *grudge, animosity.* Haine cachée & invéterée, qu'on garde dans le cœur jusqu'à ce qu'on trouve occasion de se vanger.

RANCUNIER. *s. m.* Qui a de la rancune.

RANDIA. *s. m.* Arbrisseau de la Vera Cruz. Sa fleur n'a qu'une feuille, & le fruit qui la remplace qu'une cellule, remplie de semences plates & cartilagineuses, environnées de pulpe.

RANDONNÉES. *s. f. pl.* (Chasse) Lieux où les cerfs se font battre dans l'étenduë de leur course.

RANETTE. *s. f.* Grenouille.

RANG. *s. m.* lat. *Ordo, series, locus.* ang. *row, range.* Ordre convenable; place qu'on donne à la qualité, au mérite; qui convient à la juste disposition des choses. Préséance. Nombre de soldats placés à côté l'un de l'autre. Ordre de bataille, ou de marche ou de campement. Suite de plusieurs choses redoublées & placées en ligne droite. Tour, ordre, révolution. (Marine) Ordre entre les vaisseaux réglé selon leur longueur, leur port & leurs canons.

RANGÉE. *s. f.* lat. *Collocatio, series.* ang. *a row.* Disposition de plusieurs choses placées en ligne droite.

RANGER. *v. act.* lat. *Ordinare, disponere, collocare.* ang. *to range.* Mettre les choses dans un ordre & une disposition convenable. Mettre les Soldats en ordre de combattre, ou de marcher. Se mettre du parti de quelqu'un; se soumettre. Naviger près des côtes ou terre à terre. Se serrer pour faire place à quelqu'un. Se mettre en une place. Subjuguer, imposer des loix, obliger à obéir, réduire quelqu'un à son devoir.

RANGIER. *voy.* Ranchier, & Renne.

RANGUE. (Marine) Commandement pour faire ranger des hommes le long d'une manœuvre, ou sur quelque autre chose.

RANGUILLON. *s. m.* (Imprimerie) Petite pointe de fer. Il y en a deux, une de chaque côté du tympan.

RANIMER. *v. act.* lat. *Rursùs animare.* ang. *to reanimate.* Redonner la vie, faire revivre. Exciter, réveiller.

RANINES. *voy.* Ranulaire.

RANNE. *voy.* Renne.

RANONCULE. *voy.* Renoncule.

RANULAIRE. *adject.* (Médec.) Se dit de deux veines qui sont au dessous de la langue, & qui viennent de la jugulaire externe. Quelques-uns les appellent *ranines*.

RANULE. *voy.* Ranulaire.

## R A P

RAPACE. *adj.* lat. *Rapax.* ang. *rapacious.* Qui vit de rapine.

RAPACITÉ. *s. f.* lat. *Rapacitas.* ang. *rapacity.* Inclination à prendre, à ravir.

RAPAISER. *verb. act.* lat. *Mollire, pacare.* ang. *to appease again.* Adoucir quelqu'un, faire passer sa colère.

RAPATELLE. *s. f.* Toile faite du poil de la queuë d'un cheval, elle sert à faire des sacs.

RAPATOIR. *s. m.* Instrument de *Chirurgie*, qui sert à racler un os, quand il est fendu & fracturé, pour voir jusqu'où pénétre la fente, & aussi pour l'applanir, lorsqu'il est raboteux, noir & vermoulu. On l'appelle autrement *rugine*.

RAPATRIEMENT. *s. m.* lat. *Reconciliatio.* ang. *reconciliation.* Réconciliation.

RAPATRIER. *v. act.* lat. *Conciliare.* ang. *to reconcile.* Racommoder une personne avec une autre.

RAPÉ. *s. m.* lat. *Raspetum.* ang. *new wine.* Raisin trié dont on remplit à demi un tonneau pour repasser dessus du vin gâté, ou affoibli, pour lui donner de nouvelles forces. Il se prend aussi pour le vin même qui a passé par le rapé.

RAPE. *s. f.* lat. *Radula.* ang. *grater.* Outil d'artisans fait de fer trempé en forme de lime, qui a plusieurs petites pointes aigues & en saillie. C'est aussi une utencile de cuisine pour raper du sucre, de la muscade, de la croûte de pain, &c.

RAPEL, Rapeler. *voy.* Rappel, Rappeller.

RAPER. *v. act.* lat. *Radere.* angl. *to grate.* Râtisser, frotter avec une râpe.

RAPERIES. *s. mas. pl.* Espèce de brigands & bandits.

RAPETASSER. *v. act.* lat. *Resarcire, reconcinnare.* ang. *to patch.* Racommoder des hardes de peu de conséquence; y remettre des piéces en plusieurs endroits, ou les unes sur les autres.

RAPETISSER. *v. act.* lat. *Contrahere, minuere.* ang. *to lessen, to shorten.* Rendre une chose plus petite, en ôter, en diminuer.

RAPHAËL. *s. m.* C'est le nom de l'un des sept Archanges qui sont toujours devant le trône de Dieu & prêts à suivre ses ordres, comme on le voit fort au long dans l'histoire de *Tobie*. C'est aussi un nom propre d'homme.

RAPHAËLE. *s. f.* Tulipe rouge, orangée & jaune.

RAPHANISTRE, *ou* Rapistre. *s. m.* Plante ainsi appellée de ce qu'elle tient du raifort sauvage & de la rave. *Raphanistrum.*

RAPIDE. *adject.* lat. *Rapidus.* ang. *rapid.* Qui a un mouvement prompt, violent, & impétueux.

RAPIDEMENT. *adv.* lat. *Rapidè.* anglois. *rapidly.* Avec rapidité.

RAPIDITÉ. *s. f.* lat. *Rapiditas.* ang. *rapidity.*

Viteſſe, promptitude, cours, ou mouvement impétueux & violent.

RAPIÉCER, ou Rapiéceter. *v. act.* lat. *Reſarcire.* anglois. *to patch, to piece.* Remettre des piéces à un habit, à du linge.

RAPIÉCETAGE. *ſ. maſc.* lat. *Reconcinnatæ veſtes.* anglois. *patch'd work.* Hardes où il y a quantité de piéces.

RAPIÈRE. *ſ. ſem.* lat. *Enſis.* ang. *a rapier.* Epée longue, vieille & de peu de prix.

RAPINE. *ſ. ſemin.* lat. *Rapina.* angl. *rapine.* Proie, volerie.

RAPINER. *v. act.* lat. *Rapere, furari.* ang. *to uſe rapine.* Dérober, prendre petit à petit.

RAPINERIE. *ſ. ſ.* Rapine.

RAPINEUR. *ſ. m.* Fripon, qui exerce des rapines.

RAPISTRE. *voy.* Raphaniſtre.

RAPONTIC. *ſ. maſ.* Rhubarbe des moines. Elle a les mêmes propriétés que la rhubarbe de la Chine, mais dans un degré bien inférieur.

RAPORTON, ou Calot. *ſ. maſc.* Maſſe de pierre propre à fendre en ardoiſe.

RAPPARIER, ou Rappareiller. *v. act.* lat. *Copulare.* anglois. *to pair, to match.* Remettre avec ſon pareil.

RAPPEL. *ſ. m.* lat. *Secunda appellatio.* ang. *the ſecond calling of a cauſe.* Second appel. Pardon qu'on accorde aux diſgraciés, ou aux exilés.

RAPPELLER. *v. act.* lat. *Revocare.* anglois. *to call over and over.* Appeller une ſeconde fois, ou faire revenir celui qui s'en va. Faire revenir à la cour. Faire repaſſer. Battre le tambour, pour faire venir les Soldats au drapeau, ou pour faire honneur à quelqu'un.

RAPPLIQUER. *v. act.* lat. *Denuò applicare.* ang. *to apply again.* Appliquer de nouveau.

RAPPORT. *ſ. m.* lat. *Relatio, reportatio.* ang. *report, relation.* Action par laquelle on remet une choſe dans le lieu d'où on l'avoit emportée. Vapeurs qui reviennent à la bouche, à cauſe de quelque méchante qualité des viandes, ou des choſes qu'on a mangées. Diſcours de flateurs qui viennent redire à une perſonne ce qu'on aura dit d'elle en quelque lieu ou compagnie. Rélation de ce qu'on a vû, oui, ou connu. Récit, détail que fait un Juge ou un Commiſſaire, ſur un procès qu'on lui a donné à examiner. Conformité, reſſemblance, liaiſon, ou connexité que deux choſes ont entr'elles. Rélation qu'ont deux ou pluſieurs nombres ou quantités les uns avec les autres. Application qu'on fait d'une choſe à une autre. Revenu annuel qui provient d'une terre, d'une charge.

RAPPORTABLE. *adj.* Sujet à rapport dans les ſucceſſions.

RAPPORTER. *v. act.* lat. *Referre.* anglois. *to bring back.* Apporter de nouveau. Revenir à la bouche. Faire de mauvais rapports. Faire ſon rapport. Alléguer, citer, rendre témoignage, redire, raconter. Se *rapporter*, ſignifie auſſi, déferer au jugement de quelqu'un. *Rapporter* ſignifie encore, avoir quelque rélation, conformité, reſſemblance ou dépendance. Réferer, rendre, avoir pour but. Attribuer, faire venir. Remporter, avoir quelque avantage. Faire une choſe de pluſieurs piéces miſes enſemble.

RAPPORTEUR. *ſ. m.* lat. *Relator cauſæ judicandæ.* ang. *the judge that reports the caſe.* Juge ou Conſeiller qui eſt chargé du rapport d'un procès. Faiſeur de mauvais rapports. C'eſt auſſi le nom que les Géométres donnent à un petit demi-cercle qui leur ſert à tracer des angles & à les rapporter ſur le papier.

RAPPRENDRE. *verb. actif.* latin. *Iterùm ediſcere.* anglois. *to learn a new.* Apprendre de nouveau.

RAPPRIVOISER. *v. act.* lat. *Cicurare.* ang. *to tame again.* Radoucir, & rendre privé un animal qui a été effarouché.

RAPPROCHEMENT. *ſ. m.* lat. *Reacceſſio.* anglois. *drawing near again.* L'action de rapprocher.

RAPPROCHER. *v. act.* lat. *Denuò accedere.* ang. *to draw near again.* Approcher de nouveau. Mettre deux perſonnes en état de ſe reconcilier.

RAPPUROIR. *voy.* Rapuroir.

RAPSODIE. *ſ. ſ.* lat. *Rapſodia.* ang. *rhapſody.* Recueil de pluſieurs paſſages, penſées & autorités qu'on raſſemble pour en compoſer quelque ouvrage.

RAPSODISTE. *ſ. m.* Faiſeur de rapſodies.

RAPT. *ſ. m.* lat. *Raptus.* ang. *rape.* Enlevement violent, & forcé. Subornation, ſéduction d'une perſonne, même pour l'épouſer.

RAPUROIR. *ſ. maſ.* Vaiſſeau ou futaille de bois, ou de cuivre, dont ſe ſervent les ſalpêtriers, pour mettre le ſalpêtre de la première cuite.

## R A Q

RAQUE. *ſ. ſ.* ( Marine ) Se dit de certaines petites boules de bois qu'on met autour du mât. *voy.* Racage.... Eau-de-vie très-forte que les Siamois font avec du riz.

RAQUEMENT. *voy.* Racage.

RAQUETTE. *ſ. ſ.* lat. *Palmula luſoria.* ang. *a racket.* Eſpèce de palette pour jouer à la paume & au volant. Machine que les ſauvages de Canada attachent à leurs pieds pour marcher plus commédement ſur la neige.... Figuier d'Inde.

RAQUETTIER. *ſ. m.* lat. *Palmularum luſoriarum artifex, propola.* ang. *a racket-maker.* Artiſan qui fait des raquettes.

RAQUETTON. *ſ. maſc.* Raquette plus large qu'à l'ordinaire.

RAQUIT. *voy.* Racquit.

RAQUITER. ( Se ) *v. rec.* lat. *Damna reſarcire.* ang. *to get home again.* Regagner ce qu'on a perdu.

## R A R

RARE. *adj.* lat. *Rarus.* ang. *rare.* En *Phiſique* ſignifie ce qui eſt poreux ou fluide, qui a beaucoup d'étenduë & peu de matière ou de denſité. Il ſe dit auſſi des choſes qui ſe trouvent peu ſouvent & en petite quantité, ou qui ont quelque beauté ou excellence particulière. Ce qui est caché, difficile à trouver, ou à faire.

RARÉFACTIF, ive. *adj.* lat. *Rarefactivus.* ang. *rarefying.* Qui a pouvoir de raréfier.

RARÉFACTION. *s. f.* lat. *Rarefactio.* angl. *rarefaction.* Etenduë qu'un corps prend, en sorte qu'il occupe plus d'espace qu'il ne faisoit auparavant; comme l'eau se changeant en vapeurs par le feu, *&c.*

RARÉFIER. *v. act.* lat. *Rarefacere, dilatare.* ang. *to rarefy.* Dilater; rendre un corps plus étendu sans qu'il paroisse qu'il y soit entré aucune matière qui lui soit propre : c'est ainsi qu'on rend l'air d'une autre température par le moyen de la chaleur.

RAREMENT. *adv.* latin. *Raro.* ang. *rarely.* Peu souvent.

RARESCENCE. *s. f.* Qualité de ce qui est raréfié.

RARÈSE. *voy.* Cariser.

RARETÉ. *s. f.* lat. *Raritas.* ang. *rarety, rareness.* Chose qui se trouve peu souvent. Qualité des corps rares, de l'air, *&c.*

· RARISSIME. *adject. superl.* lat. *Rarissimus.* angl. *very rare.* Très-rare.

## RAS

RAS. *adj.* lat. *Planus.* ang. *smooth.* Qui est uni, de niveau, sans haut ni bas. Qui a le poil court, ou à qui on l'a ôté.

RASADE. *s. f.* lat. *Urceus plenus.* anglois. *a brimmer or bumper.* Plein un verre de vin.

RASANT, ante. *adj.* lat. *Eradens.* anglois. *grazing.* Qui rase. Flanc *rasant*, ligne *rasante* est l'endroit de la courtine ou du flanc d'où les coups qu'on tire râsent ou vont le long de la face du bastion opposé.

RASCETTE, *ou* Rasette. *s. fem.* Terme de *Chiromance :* se dit de la ligne, ou des lignes qui sont au poignet. On l'appelle autrement *restreinte.*

RASE, *ou* Raze de Maroc. Espèce de petites serges, qui sont partie de laines Françoises, & partie de laines communes d'Espagne..... (Marine) *Rase :* poix mêlée avec du brai pour calfater les vaisseaux.

RASEMENT. *s. mascul.* lat. *Eversio.* anglois. *razing.* Démolition d'une place.

RASER. *v. act.* lat. *Diruere.* ang. *to raze.* Démolir un bâtiment, enlever une éminence, les mettre rés terre. Abbattre la barbe, les cheveux avec un râsoir. Passer fort près & légèrement.

RASÉTTE. *sub. f.* Petite étoffe sans poil...: Fil de fer qui dans les orgues sert à accorder les jeux d'anches.... *Rasette* (Chiromance) *voy. Rascette.*

RASIBUS. *adv.* lat. *Propè, proximè.* angl. *close.* Tout près, tout contre.

RASIÈRE. *s. f.* Mesure de grains usitée en Flandre.

RASLE, Raslement, Rasler. *voy.* Râle, Râlement, Râler.

RASOIR. *s. m.* lat. *Novacula.* ang. *a rasor.* Instrument trenchant & fort affilé, qui est propre à raser le poil & la barbe.

RASPATOIR. *voy.* Rapatoir.

RASSADE. *s. f.* Espèce de verre ou d'émail dont on fait de petits grains percés avec lequel on fait des bracelets, colliers & autres ornemens.

RASSASIANT, ante. *adj.* lat. *Satians, explens.* ang. *filling.* Qui rassasie.

RASSASIEMENT. *s. m.* lat. *Satietas.* angl. *satiety.* Action de rassasier.

RASSASIER. *v. act.* lat. *Satiare.* ang. *to satisfie or fill.* Chasser la faim, l'appaiser. Remplir, contenter, dégouter.

RASSEMBLER. *v. act.* lat. *Colligere.* ang. *to clap together again.* Rejoindre, remettre ensemble en bon ordre; réunir.

RASSEOIR. *v. act.* Remettre à leur place des choses qui étoient détachées ou dérangées... Se *rasseoir :* se remettre sur son siége, après s'être levé. Se reposer, s'éclaircir, s'épurer. lat. *Conquiescere, residere.* ang. *to settle.*

RASSERENER. *v. act.* lat. *Serenare.* angl. *to make serene.* Rendre serein, devenir serein.

RASSEURER. *voy.* Rassûrer.

RASSIÉGER. *verb. act.* lat. *Iterùm obsidere.* ang. *to besiege again.* Assiéger de nouveau.

RASSIS, ise. *adj.* lat. *Residens, quietus.* ang. *settled.* Qui est reposé, épuré, tranquille. Posé, en parlant de l'esprit. Pain *rassis*, qui n'est plus tendre. De sens *rassis :* avec réflexion, sans être troublé.

RASSIS. *s. m.* (Maréchal) Nouvelle application d'un même fer sur le pied d'un cheval, après lui avoir paré le pied.

RASSOTER. *v. act.* lat. *Hebetare.* ang. *to besot.* Faire devenir sot, bête, stupide.

RASSURER. *v. act.* lat. *Confirmare.* angl. *to incourage, to hearten.* Donner de nouvelles assurances, ôter la crainte; rendre plus hardi; remettre quelqu'un du trouble où il est.

RASTEAU, Rastelée, Rastelier. *voy.* Râteau, Râtelée, *&c.*

RASURE. *s. fem.* lat. *Rasura.* ang. *shaving.* Coupe du poil, ou des cheveux.

## RAT

RAT. *s. m.* lat. *Mus.* ang. *a rat.* Petit animal ou vermine nuisible, lequel se fourre dans les trous des maisons, & ronge les grains & les hardes. Les Egyptiens représentoient la destruction par la figure d'un *rat. Queuë de rat :* se dit d'un cheval dont la queuë n'a point de poil. *voy. Queuë* ... *Mort aux rats :* arsenic : poison.... *Rat de cave :* Commis qui visite les caves des Cabaretiers... *Rat :* ponton qui sert à donner le radoub à un vaisseau. Courant d'eau ou contremarée. Il se dit aussi des trous médiocres des filières chés les ouvriers Tireurs d'or.... *Rat Egyptien.* voy. Ichneumon.... *Rat musqué :* rat de Martinique, qui sent fortement le musc.... *Rat-pennad.* voy. Rate pennade ou chauve souris.

RATAFIA. *s. m.* lat. *Aromatites.* ang. *a sort of strong liquor.* Sorte de boisson, composée avec de l'eau de vie, du sucre, cerises, groseilles, *&c.*

RATATINÉ, ée. *adjectif.* Se dit des plantes

qui viennent mal, & qui ont peine à sortir de terre.

RATATINER. (Se) *v. rec.* lat. *Constringi, complicari.* ang. *to be shrivelled.* Se serrer ou rétrécir en faisant plusieurs plis.

RATE. *s. f.* lat. *Splen, lien.* ang. *the spleen.* Partie du corps des animaux située dans l'hypocondre gauche à l'opposite du foie. Femelle du rat. Feuille séche du Dourou.

RATÉ, ée. *adject.* Se dit dans les Isles des cannes à sucre qui ont été entamées par les rats.

RATEAU. *s. masc.* lat. *Rastrum, rastellum.* ang. *a rake.* Outil de Jardinier qui sert à arracher les méchantes herbes, & à nettoyer les allées & le blé dans la grange. Garniture ou gardes d'une serrure.... (Horlogerie) Portion de roue dentée.

RATEL. *s. m.* Poids de Perse, qui revient environ à la livre de 16. onces de France.

RATELÉE. *s. f.* lat. *Rastellum plenum.* ang. *a raking.* Ce qu'on peut ramasser avec un rateau.

RATELER. *v. act.* lat. *Rastro detergere.* ang. *to rake.* Nettoyer une allée, une planche de jardin, en ôter les pierres, les feuilles, les herbes avec un rateau.

RATELEUR. *s. m.* Homme de journée qu'on a loué pour râteler des foins, des orges, des avoines. lat. *Qui rastro detergit.* ang. *a raker.*

RATELEUX, euse. lat. *Splenaticus.* angl. *splenetick.* Qui est sujet aux maux de rate, aux opilations de rate.

RATELIER. *s. m.* lat. *Clathrata ligni compages.* anglois. *a rack to put hay in.* Ce qui sert dans les écuries & dans les étables à mettre le foin, ou le fourrage, afin que les chevaux ou les bestiaux le tirent au travers des bâtons à claires voyes qui le composent. Il se dit aussi de ces piéces de menuiserie qui sont dans les greffes ou études des Procureurs, ou de ceux qui sont dans les corps de garde & dans les magasins d'armes où l'on pose des mousquets & des hallebardes; & enfin de ceux où les artisans posent & attachent leurs outils. Chés les *Cordiers*, c'est une espèce de rateau. Sorte de coquillage. (*Marine*) Il se dit de 5 ou 6. poulies mises l'une sur l'autre le long de la lieure de beaupré, pour y passer les manœuvres du mât de beaupré.

RATEPENNADE. *s. f.* lat. *Vespertilio.* ang. *a bat.* Oiseau nocturne, chauve-souri.

RATER. *v. n.* & *act.* Se dit au propre d'un chat qui va à la chasse aux rats. Il signifie aussi manquer à tirer, & *figurément* manquer une chose, l'entreprendre & n'y réüssir pas.

RATIER. *s. m.* lat. *Homo cerebrosus.* ang. *a humorist.* Fou, mais d'une folie gaye, homme leger, qui a des imaginations plaisantes, qui a des rats dans la tête.

RATIÈRE. *s. f.* lat. *Muscipula.* ang. *a mouse-trap.* Petite machine ou piége où l'on attrape les rats en vie par le moyen d'une trape qui se ferme, quand il veut manger un morceau de lard, de noix, ou de quelque autre chose qui la soutient. Petite chambre.

RATIFICATION. *s. fem.* lat. *Comprobatio.* ang. *ratification.* Acte qui approuve celui qui a été fait par un autre en notre nom. Confirmation par quelques actes approbatifs ou subséquens de celui que nous avons fait nous mêmes.

RATIFIER. *v. act.* lat. *Comprobare, ratum habere.* ang. *to ratify.* Approuver un traité, un acte passé par un Procureur en notre nom.

RATILLON. *s. m.* Petit rat.

RATINE. *s. f.* lat. *Pannus laneus.* anglois. *rateen.* Espèce d'étoffe de laine qui jette un poil frisé, qui sert à doubler des habits, & à tenir chaudement.

RATIOCINATION. *s. f.* lat. *Ratiocinatio.* anglois. *ratiocination.* Action par laquelle on exerce la faculté de raisonner.

RATIOCINER. *v. n.* lat. *Ratiocinari.* angl. *to ratiocinate.* En *Logique.* User de son raisonnement, de sa faculté de raisonner; faire des argumens, des jugemens.

RATION. *s. f.* lat. *Rata portio.* ang. *ration.* Pitance, part reglée de vivres ou de boisson, ou de fourrage, qu'on donne à des Soldats, ou à des matelots, pour vivre & subsister chaque jour.

RATIONAL. *s. masc.* lat. & ang. *rationale.* Vêtement sacerdotal du grand Prêtre des *Juifs.*

RATIONEL, elle. *adj.* lat. *Rationalis.* ang. *rational.* En *Géométrie*, se dit des quantités qui ont entr'elles quelque raison, rapport, ou proportion. En *Astronomie* horizon *rationel* est un grand cercle qui passe par le centre de la terre & divise le monde en deux parties égales, l'une supérieure & l'autre inférieure.

RATIS. *s. m.* Graisse que les Bouchers ôtent des boyaux des animaux, particuliérement des bœufs.

RATISSER. *verb. act.* lat. *Radulâ detergere.* ang. *to scrape or rake off.* Racler quelque chose & ôter l'ordure ou la première surface avec quelque fer plat qui a quelque forme de taillant.

RATISSOIRE. *s. f.* lat. *Radula.* ang. *a raker.* Instrument avec quoi on ramonne les cheminées, on ratisse des cours, des planches, des jardins.... *Ratissoire* instrument de Chirurgie. voy. Rugine.

RATISSURE. *s. f.* lat. *Strigmenta.* anglois. *scrapings.* Tout ce que l'on ôte des choses que l'on ratisse.

RATON. *s. m.* lat. *Musculus.* ang. *a small mouse.* Petit rat. C'est aussi une espèce de pâtisserie platte faite de pâte avec du fromage ou de la crême cuite, dont les enfans sont fort friands.

RATTACHER. *v. act.* lat. *Revincire, connectere.* ang. *to ty again.* Attacher une chose de nouveau.

RATTARS. *s. m. pl.* Ce sont chés les Persans les commis des Douanes, ou les gardes établis sur les grands chemins pour la sureté des voyageurs & des marchands.

RATTEINDRE. *v. act.* lat. *Iteratò assequi.* ang. *to overtake again.* Rattraper, atteindre quelqu'un qui avoit pris les devans.

R'ATTELER. *voy:* Réatteler.

RATTELOU. *voy.* Aristoloche.

RATTENDRIR. *v. act.* Attendrir.

RATTISER. *v. act.* Racommoder le feu. lat. *Iterùm ignem colligere.* ang. *to stir up the fire.*

RATTRAPER. *v. act.* lat. *Iteratò assequi.* anglois. *to catch again.* Courir après quelqu'un pour le rejoindre ou le saisir. Regagner, reprendre. Tromper celui qui nous a trompé.

RATURE. *s. f.* lat. *Litura.* ang. *rasure.* Trait de plume qui efface quelques mots, lignes, ou pages d'un écrit.

RATURER. *v. act.* lat. *Delere liturâ.* ang. *to blot, rase.* Faire des ratures, effacer.

RATZE. *s. f.* Petite monnoie de billon, c'est-à-dire, de cuivre allié d'un peu d'argent, qui se fabrique en quelques villes des cantons Suisses ou de leurs alliés.

## R A V

RAVAGE. *s. m.* lat. *Populatio.* ang. *havock. waste.* Dégat, grand desordre qui se fait par violence.

RAVAGER. *v. act.* lat. *Depopulari, vastare.* ang. *to ravage.* Faire un grand dégat; piller, ruiner, désoler.

RAVALEMENT. *s. m.* Se dit d'un mur auquel on a donné sa perfection en le *ravalant.* (Architect.) C'est dans des pilastres & corps de Maçonnerie ou de Menuiserie un petit renfoncement simple ou bordé d'une baguette ou d'un talon. Dans la *Marine*, on le dit d'un des retranchemens, qu'on fait sur le haut du derrière de quelques vaisseaux, pour y mettre des Mousquetaires... Clavessin à *ravalement* est un clavessin qui a plus de touches que les clavessins ordinaires.

RAVALER. *v. act.* lat. *Denuò sorbere.* angl. *to swallow down again.* Retirer en dedans de la gorge, en dedans du gosier; avaler une seconde fois. Mettre plus bas. Décroitre. Ramender, diminuer de prix. Avilir, déprimer, diminuer le mérite de quelqu'un. S'humilier, s'abbaisser. *Ravaler* (Maçonnerie) Donner la dernière façon à un mur, soit en le regrattant, soit en y donnant un dernier enduit. En termes de *doreur sur métal*, c'est étendre l'or ou l'argent avec le brunissoir de fer sur la piéce qu'on dore, avant de la mettre au feu.

RAVATIN. *s. m.* Sorte d'oiseau.

RAVAUDAGE. *s. m.* lat. *Interpolatio.* angl. *botching.* Racoutrement de quelque vieille besogne.

RAVAUDER. *v. act.* lat. *Resarcire.* ang. *to botch, to mend.* Racoutrer de vieux bas, ou de vieux habits ou linges. S'occuper à des affaires inutiles ou de néant. Maltraiter de parole.

RAVAUDERIES. *s. f. pl.* lat. *Res nullius momenti.* ang. *idle stuff, impertinence.* Choses de nulle considération.

RAVAUDEUR, euse. *s. m. & f.* lat. *Interpolator.* ang. *a botcher.* Qui racoutre, qui racommode des bas. *Figur.* Tracassier.

RAUCITÉ. *s. f.* lat. *Raucitas.* ang. *raucity, hoarseness.* Rudesse, âpreté de voix.

RAVE. *s. f.* lat. *Rapa.* ang. *a radish.* Racine longue, bonne à manger.

RAVELIN. *s. m.* lat. *Semilunale munimentum.* anglois. *a ravelin.* En *fortifications*, est comme la pointe d'un bastion qui a seulement deux faces & point de flancs; ce qui forme un angle saillant. On le met devant la courtine pour flanquer les faces des bastions ou pour couvrir un pont ou une porte, étant toujours en delà du fossé. On l'appelle ordinairement demi-lune. Mais il y a une différence réelle entre l'un & l'autre. Celle ci est réellement en forme de demi-lune du côté de sa gorge qui regarde toujours la place, au lieu que le ravelin forme de ce même côté un angle obtus, & il n'a point de flancs.

RAVENELLE. *s. f.* Fleur jaune qui vient au Printems. Autre fleur qui vient dans les champs parmi les blés & qui est blanche.

RAVENSARA. *s. m.* Arbre qui produit la canelle giroflée.

RAVES. *s. pl.* Œufs de certains poissons de mer dont on se sert pour la pêche des sardines.

RAVESTANS. *s. m. pl.* Espèces de paniers dont on se sert dans les verreries, pour mettre les plats de verre, au sortir du four à cuire.

RAVESTIR. *verb. act.* (Coutumes.) Faire une donation mutuelle.

RAVESTISSEMENT. *s. m.* Donation mutuelle.

RAVET. *s. m.* Petit insecte fort commun dans les isles d'Amérique & fort incommode. On lui a donné ce nom parce que comme les rats, il ronge tout ce qu'il peut attraper.

RAVIÈRE. *s. f.* Champ ou terre plantée de raves.

RAVIGOTE. *s. femin.* Sauce verte avec des échalotes & d'autres ingrédiens.

RAVIGOTER. *v. act.* lat. *Recreare.* angl. *to revive.* Redonner de la vigueur.

RAVILIR. *v. act.* lat. *Deprimere.* ang. *to debase or vilify.* Abbaisser, rendre vil & méprisable.

RAVIN. *s. masc.* lat. *Fossa concava.* ang. *a gutter.* Fossé, chemin creux cavé par la chûte des eaux.

RAVINE. *s. f.* lat. *Inundatio, eluvio.* ang. *flood.* Pluie orageuse & violente qui est ordinairement cause des torrens. Il se prend aussi pour un chemin creusé par les torrens & *ravines.*

RAVIR. *v. act.* lat. *Rapere.* ang. *to ravish.* Prendre, emporter quelque chose violemment. Ôter, arracher. Charmer.

RAVIRER. *v. act.* *Ravirer le feu*, le rendre plus vif; *le cuivre*, le raper, le limer.

RAVISER. (Se) *v. rec.* lat. *Sententiam mutare.* ang. *to change one's mind.* Changer de sentiment, d'opinion, d'avis.

RAVISSANT, ante. *adj.* lat. *Rapax.* angl. *rapacious.* Qui enleve par force. Dans le *Blason* un lion *ravissant* est un lion rampant & un loup *ravissant* est celui qui porte sa proie. On le dit aussi des choses qui causent de l'admiration, de la joie.

RAVISSEMENT. *s. m.* lat. *Raptus.* ang. *ravishing.* Enlevement. Extase, transport de joie, d'admiration.

RAVISSEUR.

**RAVISSEUR.** *s. m.* lat. *Raptor.* ang. *a ravisher.* Qui enleve, qui ravit.

**RAVITAILLEMENT.** *substant. masculin.* lat. *Commeatus, cibaria.* ang. *victualling.* Action par laquelle on remet des vivres & des munitions dans une Place assiégée, ou qui est en danger de l'être.

**RAVITAILLER.** *v. act.* lat. *Commeatus in urbem invehere.* ang. *to victual.* Remettre des vivres, des vituailles dans une Place, quand il y en manque.

**RAVIVER.** *v. act.* lat. *Revivificare.* ang. *to revive.* Rendre plus vif.

**RAVODER.** *voy.* Ravauder.

**RAVOIR.** *v. act.* lat. *Recuperare.* ang. *to recover.* Avoir une seconde fois. Retirer des mains d'autrui une chose qu'on a droit de retirer.

**RAVOIR.** *s. m.* ( Pêcheur ) Parc des rets ou filets étendu sur les gréves que la mer couvre & découvre par son flux & reflux.

**RAUQUE.** *adj.* lat. *Raucus.* ang. *hoarse.* Son de voix altéré & désagréable, causé par quelque fluxion tombée sur les organes.

## R A Y.

**RAYEUX.** *s. m. pl.* ( Monnoï. ) Moules ou canaux dans lesquels on jette l'or ou l'argent, pour en faire des lingots. lat. *Typus.* ang. *a mould.*

**RAYE.** *s. f.* lat. *Linea, ductus.* ang. *a line.* Ligne ou trait tracé avec la plume ou avec le pinceau. Rature. Il se dit aussi de tout autre trait qui sert à séparer, à diviser; & en particulier dans l'*Agriculture* de la séparation qui se fait entre deux sillons, quand on laboure; & de la marque ou borne qui est entre deux champs... *Raye*: Poisson de mer plat & cartilagineux.

**RAYÉ**, ée. *adj.* Se dit des étoffes tissues alternativement de bandes ou raies de diverses couleurs. Arquebuse *rayée* est celle dont le canon a de petites cannelures en dedans.

**RAYER.** *v. act.* lat. *Liturâ delere.* ang. *to bar, to cross, to cancel.* Raturer, passer un trait de plume sur une écriture... ( Chasse ) faire une raye derrière le talon d'une bête.... Faire une rayure dans le canon d'un arme à feu.

**RAYEURE.** *substant. femin.* lat. *Radiatio.* anglois. *stripes.* Changement de couleurs qu'on fait par rayes sur des étoffes. Raye que l'on fait dans le canon d'une arme à feu afin qu'elle porte plus loin... *Rayeure.* ( Charpent. ) *voy. Enrayure.*

**RAYMI.** *s. m.* Petit vaisseau de 7. tonneaux employé dans l'Arabie heureuse. Moyenne barque de 7. tonneaux.

**RAYMI**, *ou* Yntip-Raymi. *s. m.* Fête solemnelle que les anciens *Incas* du *Perou* célébroient dans la ville de *Cusco*, à l'honneur du Soleil. Cette solemnité se faisoit au mois de Juin après le Solstice. Alors tous les Généraux & Capitaines de l'armée, & tous les Curacas ou grands Seigneurs du Royaume s'assembloient dans la Ville. Le Roi commençoit les cérémonies, comme fils du Soleil & souverain Prêtre, quoiqu'il y eût toûjours un autre souverain Prêtre de la race royale. Ils se préparoient tous à cette Fête par un jeûne de trois jours & se séparoient de leurs femmes dans ce tems, pendant lequel il n'étoit permis d'allumer aucun feu dans toute la Ville. Le jeûne étant fini, l'*Inca* suivi de tous les Princes du Sang & des Seigneurs de sa Cour, alloit dans la grande Place de *Cusco*. Là étant tournés vers l'Orient & ayant les pieds nuds, ils attendoient que le Soleil se levât sur l'horizon, & l'adoroient sitôt qu'il paroissoit. Le Roi tenant un grand vase d'or, bûvoit au Soleil, & donnoit ensuite à boire à ceux de la famille Royale. Les Curacas bûvoient d'une autre liqueur préparée par les Vestales ou Prêtresses du Soleil. Lorsque cette cerémonie étoit achevée, ils marchoient tous vers le Temple, où le seul *Inca* & les Princes du Sang entroient, pour y offrir au Soleil plusieurs vases d'or, & des animaux d'or & d'argent. Enfin les Prêtres immoloient les victimes qui étoient des agneaux ou des brebis, & la fête se terminoit par des festins & des rejouissances extraordinaires.

**RAYNE.** *s. f.* Grenouille.

**RAYON.** *s. m.* lat. *Radius.* ang. *beam or ray.* Trait; ligne de lumiere qui vient du soleil ou d'un astre. Il se dit aussi de tout ce qui brille & qui éclate, d'une particule, d'une apparence. En *Optique*, c'est une ligne qu'on s'imagine partir de l'œil vers l'objet, ou de l'objet vers l'œil. En *Géometrie*, c'est le demi diametre d'un cercle. Ce sont aussi les batons d'une roüe, qui s'écartent du moyeu en forme de *rayons*. *Rayon* de miel est un morceau de cet ouvrage de cire que font les abeilles, qui est distingué par de petites cellules, dans lesquelles elles se retirent & font leur miel. Il se dit encore chez les *Marchands* des divisions de leurs armoires en petits quarrés qui representent des *rayons* de miel. En *Medecine*, *Rayon* est un des deux os qui s'étendent du coude au poignet.... *Rayons* ou *Rais*: ) Agricult. ) rayes que fait la charruë en labourant. Rigoles où l'on couche les provins de vignes... *Rayon* se dit aussi des creux & cannelures qui sont dans les lingotières & qui servent de moule aux lingots.... Il se dit aussi, en parlant de la coëffure des femmes, pour marquer la maniere dont leurs cornettes sont élevées sur leur têtes en forme de rayons. On dit une femme coëffée en *rayons*.

**RAYONNANT**, ante. lat. *Radians, irradians.* ang. *radiant, shining.* Qui est environnè de rayons.

**RAYONNANTE.** *s. f.* Pierre fine, qui jette beaucoup de feu.

**RAYONNEMENT.** *s. m.* l. *Irradiatio.* ang. *radiation.* Action de rayonner. On ne le dit guères que du mouvement des esprits qui se répandent du cerveau dans toutes les autres parties du corps.

**RAYONNER.** *v. n.* lat. *Radiare.* ang. *to radiate, to shine.* Jetter des rayons.

**RAYURE.** *voy.* Rayeure.

R A Z.

RAZE. *s. f.* Espece de grand boisseau.

R E

RÉ. *s. m.* Note de musique, qui marque le second ton de la gamme,

R E A

RÉACTION. *substant. fem.* lat. *Reactio.* ang. *re-action.* Action du corps qui pâtit contre celui qui agit.

RÉADJOURNEMENT. Réadjourner. *voy.* Réajournement, Réajourner.

RÉAGAL, *ou* Réalgal. *s. m.* lat. *Risagallum.* ang. *realgal.* Mineral, qui est une espéce d'arsenic rouge.

RÉAGGRAVE, *ou* Réaggravation. *s. f.* lat. *Iterata aggravatio.* ang. *the last commination.* Dernier monitoire qu'on publie après trois monitions.

RÉAGGRAVER. *v. act.* lat. *Reaggravare.* ang. *to reaggravate.* Aggraver de nouveau; augmenter les peines.

RÉAJOURNEMENT. *s. m.* lat. *Iterata citatio.* ang. *a resummons.* Seconde assignation qu'on donne à celui qui a fait défaut sur la premiere qu'on lui avoit donnée.

RÉAJOURNER *v. act.* lat. *Vadimonium denuò nuntiare.* ang. *to summonagain.* Assigner une seconde fois celui qui n'a point comparu sur le premier ajournement.

RÉAL, ale. *adj.* Royal. Concernant la *Réale*... L'étendard *réal* est l'étendard de la galere *Réale*, c'est-à-dire de la principale des galeres. Cet étendard est de damas rouge aux armes de France & semé de fleurs de lis d'or, orné d'une broderie d'or.

RÉALE. *s. f.* lat. *Triremis regia*, vel *prætoriana.* ang. *the commander's galley.* Nom de la principale des Galeres de France. C'est aussi le nom d'une monnoye d'Espagne qui est d'argent. lat. *Nummus Hispanicus*, vulgò *realis.* ang. *real.*

RÉALGAL. *voy.* Réagal.

RÉALISER. *v. act.* lat. *Reale declarare.* ang. *to realize.* Rendre réel & effectif.

RÉALITÉ. *s. f.* lat. *Realitas.* ang. *reality.* Qualité de ce qui est solide, subsistant, réel, effectif.

RÉAPPARITION. *voy.* Occultation.

RÉAPPOSER. *v. act.* lat. *Denuò apponere.* ang. *to set again.* Apposer de nouveau.

RÉAPPRÉCIATION. *s. f.* Seconde appréciation d'une chose, d'une marchandise.

RÉARPENTAGE. *s. m.* Nouvel arpentage, second arpentage.

RÉASSIGNATION. *s. f.* lat. *Iterata vadimonii nunciatio.* ang. *a resummons.* Second ajournement qu'on donne à celui qui a fait défaut sur le premier.

RÉASSIGNER. *v. act.* lat. *Iterùm citare.* ang. *to summon again.* donner une seconde assignation. Donner un autre fonds pour payer une dette, quand le premier s'est trouvé defectueux.

RÉATTELER. *v. act.* Atteler de nouveau.

R E B.

REBAISER. *v. act.* lat. *Denuò osculari.* ang. *to kiss again.* Baiser plusieurs fois.

REBANDER. *v. act.* lat. *Iterùm tendere.* ang. *to bend again.* Bander de nouveau.

REBAPTISATION. *s. fem.* Action de rebaptiser.

REBAPTISER. *v. act.* lat. *Rebaptizare.* ang. *to rebaptize.* Réiterer le baptême.

REBARBATIF, ive. *adj.* lat. *Procax*, *morosus.* ang. *snappish.* Qui a l'humeur bourruë, fantasque & rebutante.

REBARDER. *une planche. v. act.* (Jardin.) Retirer un peu de la terre de la planche tout au tour, pour retenir dans le milieu l'eau des arrosemens & de la pluye.

REBAT. *s. m.* Action de rebattre les tonneaux... En Fauconnerie on dit lâcher de *rebat*, quand on lâche l'Autour après sa premiére secousse.

REBATER. *v. act.* lat. *Clitellas asino reponere.* ang. *to saddle again.* Remettre le bât sur un âne, sur un mulet.

REBATIR. *v. act.* lat. *Readificare.* ang. *to rebuild.* Bâtir une seconde fois.

REBATISATION, Rebatiser. *voy.* Rebaptisation, Rebaptiser.

REBATTEMENT. *s. m.* lat. *Repercussio.* ang. *repercussion.* Repercussion.

REBATTRE. *v. act.* lat. *Repercutere.* ang. *to beat again.* Battre une seconde fois. Redire plusieurs fois la même chose.

REBAUDI, ie. *adj.* Joyeux.

REBAUDIR. *verb. actif.* (Chasse) Se dit lorsque les chiens ont la queuë droite, le balai haut & qu'ils sentent quelque chose d'extraordinaire.

REBELLE. *adj.* lat. *Protervus*, *rebellis.* ang. *rebellious.* Qui se révolte contre son Souverain; qui résiste à ses parens, maîtres, ou supérieurs; qui ne veut pas obéir aux loix. Maladie opiniâtre.

RÉBELLER. (Se) *v. rec.* lat. *Prævaricari.* ang. *to rebel.* Se révolter, mépriser l'autorité des loix & du Prince; désobéir à ses parens, maîtres ou supérieurs.

RÉBELLION. *s. f.* lat. *Rebellio.* ang. *rebellion.* Félonie, révolte d'un Vassal, d'un sujet, contre son Seigneur, son Souverain; d'un enfant contre ses parens, d'un esclave contre son maître, &c.

REBÉNIR. *v. act.* lat. *Iterùm benedicere.* ang. *to new-consecrate.* Bénir une seconde fois.

REBÉQUER. (Se) *v. n.* lat. *Resistere*, *refragari.* ang. *to make repartees*, *to be saucy.* Perdre le respect contre l'autorité d'un Supérieur domestique.

REBETTE. *voy.* Berichot.

REBLANCHIR. *v. act.* lat. *Denuò dealbare.* ang. *to new-wash.* Blanchir une seconde fois.

REBLANDIR. *v. act.* (Coutumes) C'est de

la part d'un Vassal demander avec soumission au Seigneur les causes des saisies qu'il a faites, ou des empêchemens qu'il a à lui opposer.

REBLANDISSEMENT. *s. m.* Action de reblandir.

REBLE. *s. m.* Plante autrement appellée *Grateron*.

REBOIRE. *v. act.* lat. *Bibere & rebibere.* ang. *to drink again.* Boire plusieurs fois.

REBONDIR. *v. n.* lat. *Resilire.* ang. *to rebound.* Faire un ou plusieurs bonds. *Reboudir* se dit au figuré des chairs qui sont grasses, fermes, potelées en quelques parties du corps.

REBONDISSANT. (Pouls) *voy.* Dicrote.

REBONDISSEMENT. *s. m.* lat. *Resultus.* ang. *rebounding.* Action par laquelle un corps rebondit & se réfléchit.

REBORD. *s. m.* lat. *Margo.* ang. *border, edge.* Partie qui avance, qui s'éleve, ou qui se replie sur le bord d'une autre.

REBORDER. *v. act.* lat. *Limbo denuò instruere.* ang. *to new-border.* Border une seconde fois une chose qui avoit été bordée ; remettre un bord neuf.

REBOTTER. *v. act.* se Rebotter. *v. rec.* lat. *Ocreas reponere, resumere.* ang. *to put again one's boots on.* Remettre ses bottes.

REBOUCHEMENT. *s. m.* lat. *Obturatio.* ang. *blunting.* Action par laquelle une chose se rebouche.

REBOUCHER. *v. act.* lat. *Reobturare.* ang. *to stop again.* Boucher une seconde fois ce qu'on avoit débouché.

REBOUILLIR. *v. n.* lat. *Iterùm ebullire.* ang. *to boil again.* Bouillir de nouveau.

REBOUISAGE. *s. m.* Action de rebouiser.

REBOUISER. *v. act.* Nettoyer un chapeau, le lustrer à l'eau simple.... Filouter, deniaiser, jouer d'un tour. Quereller, reprimander. Il est bas.

REBOURGEONNER. *v. n.* lat. *Repullulare.* ang. *to bud or shoot again.* Pousser de nouveaux jets ou bourgeons.

REBOURS. *s. m.* Le contrepoil. Le renversement de l'ordre ; le contrepied.

REBOURS. (A) *adv.* A contresens. *Au Rebours*, au contraire.

REBOURSER, Rebourssoir. *voy.* Rebrousser, Rebroussoir.

REBOUTONNER. *v. act.* lat. *Iterùm globulis adstringere.* ang. *to button again.* Boutonner une seconde fois.

REBRASSER. (Se) *v. rec.* lat. *Replicare manicas.* ang. *to turn up one's sleeves.* Retrousser ses manches. Réiterer le brassage.

REBRIDER. *v. act.* lat. *Frenos equo rursùs injicere.* ang. *to bridle again.* Remettre la bride à un cheval ou autre bête de somme.

REBRODER. *v. act.* lat. *Acu iterùm pingere.* ang. *to imbroider again.* Ajouter quelque nouvel ornement en broderie à une chose qui est dejà brodée.

REBROUILLER. *v. act.* lat. *Denuò permiscere.* ang. *to jumble again.* Brouiller de nouveau.

REBROUSSE. *s. f.* Instrument de fer qui sert à rebrousser. Il est fait en forme de petit peigne rond par le dos. Il y en a de deux sortes, l'un qui a les dents pointues, l'autre qui n'en a point.

REBROUSSER. *v. act.* lat. *Erigere.* ang. *to turn up the hair.* Relever les cheveux, la barbe dans un sens contraire. Retourner sur ses pas. Remonter contre son cours naturel. *A rebrousse poil*, c'est à contrepoil.... *Rebrousser*, en termes de *Tondeurs*, c'est se servir de la *rebrousse*, pour relever le poil du drap avant que de le tondre.

REBROUSSOIR. *s. m.* Peigne ou outil pour relever à rebours le poil du drap.

REBROYER. *v. act.* lat. *Rursùs terere.* ang. *to grind again.* Broyer de nouveau.

REBRUNIR. *v. act.* lat. *Repolire.* ang. *to burnish again.* Brunir une seconde fois.

REBUBE, *voy.* Trompe.

REBUFFADE. *s. f.* lat. *Fastidiosa rejectio.* ang. *rebuff.* Action par laquelle le supérieur traite avec mépris ou injure un inférieur, qui lui demande ou qui lui présente quelque chose.

REBUS. *s. m.* lat. *Dicterium joculare.* ang. *a rebus.* Jeu d'esprit. Représentation hieroglyphique ou énigmatique de quelque chose avec des équivoques sur des mots coupés, ou joints ensemble, ou sur quelques peintures qui les représentent.

REBUT. *s. m.* lat. *Rejectanea.* ang. *out-cast.* Ce qui est de moindre prix & valeur ; ce qu'on méprise, & qu'on rejette. Rebuffade ; action de mépris & de dédain.

REBUTANT, ante. *adj.* lat. *Fastidiosè repellens.* ang. *loathsome.* Orgueilleux, dégoutant, rebarbatif, difficultueux.

REBUTE. *s. f.* Petit instrument dont jouent les laquais & les polissons. On l'appelle autrement *Guimbarde.* On le place entre les dents pour en jouer.

REBUTER. *v. act.* lat. *Rejicere.* ang. *to repulse, reject, thrust.* Mépriser, rejetter quelque chose. Dégouter, empêcher de poursuivre quelque dessein.

## R E C.

RECACHER. *v. act.* lat. *Rursùs abscondere.* ang. *to hide again.* Cacher une seconde fois.

RECACHETER. *v. act.* lat. *Litteras denuò obsignare.* ang. *to seal up again.* Remettre le cachet à une lettre décachetée.

RÉCALCITRANT. *adj.* Répugnant, contraire, opposé. Qui resiste, qui régimbe.... *Recalcitrans* : secte de Luthériens en Angleterre.

RECALER. *v. act.* (Menuiserie.) Unir & polir le bois avec la varlope, après qu'il a été ébauché & dégrossi.

RECAMER. *v. act.* Enrichir un brocard d'or ou d'argent d'un nouvel ouvrage en forme de broderie.

RÉCAPITULATION. *s. f.* lat. *Recapitulatio, resumptio.* ang. *recapitulation.* Sommaire d'un discours faisant mention en abregé de ses principaux articles. Dans les comptes c'est le montant des articles.

RECAPITULER. *v. act.* lat. *Recolligere ; enumerare.* ang. *to recapitulate.* Reprendre sommairement ce qu'on a dit.

RECARRELER. *v. act.* lat. *Iterùm pavimento sternere.* anglois. *to pave again.* Carreler de nouveau.

RECASSER. *v. act.* (Agricult.) Donner le premier labour à une terre, après qu'elle a porté du bled.

RECASSIS. (Agricult.) Terre qu'on a cassée après que le bled en a été moissonné.

RECÉDER. *v. act.* Rendre à quelqu'un ce qu'il avoit cédé auparavant. Au *Palais* on dit *rétrocéder.*

RECELÉ. *s. m.* lat. *Substractus.* ang. *concealing.* Vol, soustraction.... *Recelé* & divertissement, signifient le crime qui est commis par un cohéritier qui détourne des effets d'une succession, ou bien par un des conjoints qui détourne des effets de la Communauté après la mort de l'autre conjoint.... En termes de *monnoie*, on dit faire des *recelés*, quand un maître de monnoie, de concert avec ses officiers, ne fait mention sur les registres des délivrances, que d'une quantité de marcs fabriqués, moins considérable qu'elle l'est en effet.

RECELEMENT. *s. m.* lat. *Receptio.* ang. *concealment.* Action par laquelle on recéle les choses volées ou les criminels.

RECELER. *v. act.* lat. *Furta recipere, occultare.* ang. *to conceal, or receive stolen things.* Cacher, détourner quelque chose d'une maison, d'une succession, d'un bien qu'on a eu en maniement. Etre complice d'un vol, garder & cacher les choses volées, les vendre ou achetter sciemment. Cacher, empêcher de voir. Donner retraite chés soi à des personnes qui ont interêt de se cacher.... *Receler* un corps mort, c'est cacher la mort d'un homme, afin de faire valoir la résignation d'un office, d'un bénéfice, &c.

RECELEUR, euse. *s. m. & f.* lat. *Receptor, trix.* ang. *a receiver of stoln things.* Complice de voleurs, qui garde leur vol.

RÉCEMMENT. *adv.* lat. *Recenter.* ang. *recently.* Fraîchement, depuis peu.

RECENSEMENT. *s. m.* lat. *Recensio.* ang. *a re-examination.* Répétition, audition des témoins qui ont révélé en conséquence de la publication d'un monitoire. Vérification, revuë, examen de compte.

RECENSER. *v. act.* lat. *Iteratò audire.* ang. *to re-examine.* Répéter, entendre les témoins qui sont venus à révélation. Vérifier.

RÉCENT, ente. *adj.* lat. *Recens, novus.* ang. *recent, new.* Ce qui est arrivé depuis peu.

RECÉPAGE. *s. m.* lat. *Collucatio.* ang. *toping.* Action de recéper.

RECÉPER. *v. act.* lat. *Collucare.* ang. *to top.* Couper les arbres par la tête, ou pour les enter, ou pour leur faire pousser de nouvelles branches.

RÉCÉPISSÉ. *s. m.* lat. *Recepisse.* ang. *a receipt.* Billet ou acte sous seing privé, par lequel on se charge de quelques papiers qu'on reçoit en dépot, ou dont on vient prendre la communication.

RÉCEPTACLE. *s. m.* lat. *Receptaculum.* ang. *receptacle.* Lieu où s'amassent plusieurs choses. Bassin où plusieurs canaux d'Aqueduc, ou tuyaux de conduite, se viennent rendre, pour être ensuite distribués en d'autres endroits.

RECEPTE. *voy.* Recette.

RÉCEPTICE. *adj.* (Palais.) Se disoit des biens que les femmes pouvoient retenir en toute proprieté, pour en jouir à part.

RÉCEPTION. *s. f.* lat. *Receptio.* ang. *reception.* Action par laquelle on reçoit quelque personne ou quelque chose. Solemnité qui se fait, quand on reçoit avec céremonie. *Réception* de caution, (Palais) est la procedure qui se fait par un procès verbal de la présentation d'une caution judiciaire, de sa soumission, de la communication de ses facultés, & des contestations de ceux qui la combattent.... *Réception* d'Enquête est l'admission qui s'en fait.

RECERCLÉ, ée. *adj.* (Blason) Se dit de la croix ancrée, tournée en cerceau ou en volute.

RECETTE. *s. f.* lat. *Pecuniarum coactio.* ang. *receipt.* Action par laquelle on reçoit ce qui est dû, ou les deniers d'un maniement. Charge du Receveur, & le Bureau où il en fait l'exercice. Secrets que les charlatans se vantent d'avoir pour guerir quelques maladies, pour faire le grand œuvre. Être ou n'être pas de *recette*, c'est être ou n'être pas recevable.

RECEU. *s. m.* lat. *Acceptilatio, apocha.* ang. *a receit, acquittance.* Aquit, Quittance, acte par lequel il paroit qu'une chose a été payée.

RECEVABLE. *adj.* lat. *Admittendus, accipiendus.* ang. *receivable.* Qui a les qualités qu'il doit avoir ; ce qu'on ne peut refuser, ni rejetter.

RECEVEUR. *s. m.* lat. *Coactor, exactor.* ang. *a receiver.* Qui reçoit pour autrui.

RECEVOIR. *v. act.* lat. *Accipere, recipere.* ang. *to receive.* Accepter ce qu'on nous donne, ce qu'on nous présente, ce qu'on nous paye, ou qu'on nous met en main pour quelque cause que ce soit. Souffrir, endurer. Recueillir, amasser, recouvrer des deniers publics, particuliers. Faire un bon ou mauvais accueil ; traiter doucement ou rudement. Agréer, accepter, ne pas refuser, trouver bon. Avoir, sentir, ressentir. Mettre en possession de quelque charge ou dignité. Approuver, demeurer d'accord, déférer à quelque chose. La fin de non *recevoir*, dans le *Palais*, est un remede de droit qu'on a trouvé pour obvier à plusieurs procès, en excluant les négligens, ou les incapables d'agir, d'intenter quelques actions.

RECEZ. *s. m.* Recez de l'Empire est le recueil, le cahier des déliberations d'une diette.

RÉCHABITE. *s. m.* Societé parmi les *Juifs* fondée par *Rechab* Pere de *Jonadab*, dont on ne connoit pas l'origine ou le tems de la naissance. Quelques-uns s'imaginent qu'il étoit de la tribu de *Juda* ; d'autres qu'il étoit Prêtre ou au moins *Lévite.* D'autres croyent que l'un & l'autre étoient simplement attachés au temple & à la suite des Prêtres & des *Lévites*, de la race des *Cinéens*, qui venoient de *Madian* fils de *Cush*, issu de *Hobab* ou de *Jethro*, pere de *Zipporah*, épouse de *Moïse*, qui entra dans la terre promise avec les *Hebreux*, & habita dans une portion de la tribu de *Juda*, aux environs de la mer morte. Les *Réchabites* n'étoient distingués des autres *Israëlites* que par leur genre de vie solitaire, & par le mépris qu'ils avoient pour les villes & les maisons. Quelques-uns ont crû que *Jethro* lui-même fut le premier qui fonda les *Réchabites* & que *Jonadab*, l'un de ses descendans en fit un nouvel ordre & prescrivit à sa postérité de ne boire jamais du vin, de ne se point bâtir de maisons, de ne point semer de bleds, de ne point planter de vignes, de ne posséder aucune terre & d'habiter sous des tentes toute leur vie; cet ordre n'obligeoit pas tous les *Cinéens*, mais seulement les descendans de *Jonadab*, qui ont continué de l'observer pendant 300. ans. Dans la derniere année du regne de *Joakim* Roi de *Juda*, *Nabucchodonozor* étant venu assiéger *Jerusalem*, les *Réchabites* furent forcés d'abandonner la campagne & de se retirer dans la ville; ils le firent pourtant sans perdre leur usage d'habiter sous des tentes. Pendant ce siége, Dieu ordonna à *Jeremie* de faire entrer les *Réchabites* dans le Temple, & de leur présenter du vin à boire. Il le fit, mais ils refuserent d'en boire, disant qu'ils étoient dans le dessein d'oserver inviolablement les ordonnances de leuts ancêtres. Le Prophéte prit de là occasion de reprocher aux *Israëlites* leur désobéissance & leur égarement, & de leur faire remarquer qu'ils ne se soucioient point de violer les loix de Dieu, pendant que les *Réchabites* étoient si attachés aux loix sevères que leur fondateur leur avoit imposées.

RECHAFAUDER. *v. act.* Faire de nouveaux échaffaux.

RECHAMPIR. *v. n.* ( Peinture ) Donner deux ou trois couches d'une couleur sur un endroit sur lequel avoit empieté la couleur voisine. *voy.* Échampir.

RECHANGE. *s. m.* lat. *Permutata pecuniæ iterata usura.* ang. *rechange.* Second droit de change qu'on paye pour les Lettres de change qui reviennent à protêt, lorsque le Porteur a été obligé, faute d'être acquitées, de prendre de l'argent sur les lieux, ou des Lettres de change sur d'autres marchands & en d'autres places. Il se dit en termes de *Marine* des agreils, ou autres nécessités pour la manœuvre, qu'on a en reserve pour en changer au besoin.

RECHANGER. *v. act.* lat. *Permutare sæpiùs.* ang. *to change again.* Changer une ou plusieurs fois. Faire changer de linge ou d'habits.

RECHANTER. *v. act.* lat. *Cantitare.* ang. *to sing again, over and over.* Redire souvent la même chanson. Répeter plusieurs fois à une personne la même chose par maniere d'avis, ou d'instruction.

RÉCHAPPÉ. *s. m.* Un *Réchappé* de la potence, qui a failli à être pendu.

RÉCHAPPER. *v. n.* lat. *Evadere, aufugere.* ang. *to escape.* Echapper de nouveau, ou se sauver d'un grand danger.

RECHARGE. *s. f.* lat. *Reiteratio.* ang. *reiteration.* Réiteration d'un ordre, d'une recommandation, d'une demande. Seconde charge des armes à feu. Imposition.

RECHARGER. *v. act.* lat. *Denuò onerare.* ang. *to load again.* Charger une seconde fois. Faire une nouvelle attaque.... En termes de *Charron*, *recharger* un aissieu de charrette, c'est regrossir les bras, quand ils sont foibles.

RECHASSER. *v. act.* lat. *Iterùm expellere.* ang. *to turn out again.* Chasser une seconde fois. Repousser une chose d'un lieu à un autre.

RÉCHAUD. *s. m.* lat. *Foculus.* angl. *a chafing dish.* Utencile de cuisine où l'on met du feu pour cuire, pour sécher du linge sur la platine; pour réchauffer les choses réfroidies... Donner le premier ou le second *réchaud* aux étoffes c'est leur donner le premier ou le second feu, les passer dans la chaudière où est la teinture chaude.

RÉCHAUFFEMENT. ( Jardin. ) Action de réchauffer les couches en y mettant du fumier neuf & tout chaud.

RÉCHAUFFER. *v. act.* lat. *Recalefacere.* ang. *to warm or heat again.* Redonner de la chaleur aux choses réfroidies. Ranimer.

RÉCHAUFFOIR. *s. m.* Petit potager près la salle à manger, où l'on fait réchauffer les viandes lorsque la cuisine en est trop éloignée.

RECHAUSSER. *v. act.* lat. *Iterùm se caligare.* anglois. *to put on again.* Se chausser après s'être déchaussé. Mettre de la terre nouvelle au pied des arbres, ou du fumier. lat. *Arbores aggerare.* ang. *to lay new earth about the root of a tree....* Rebattre une pièce de métal afin de la rendre plus épaisse & de moindre volume.

RECHAUSSOIR. *s. m.* Instrument avec lequel on rechausse une piéce de métal.

RÉCHAUT. *voy.* Réchaud.

RECHEOIR. *verb. neut.* lat. *Relabi.* angl. *to fall again.* Tomber une seconde fois, retomber.

RECHERCHE. *s. f.* lat. *Conquisitio, perquisitio.* angl. *research.* Perquisition : soin qu'on prend de chercher, de trouver, ou de rassembler quelque chose. Enquête, examen, perquisition qu'on fait des actions, ou de la qualité d'une ou de plusieurs personnes. Poursuite qu'on fait d'une fille pour l'épouser... On dit qu'une marchandise est de *recherche*, quand elle est fort à la móde, qu'on en demande beaucoup & qu'il s'en débite une grande quantité.

RECHERCHER. *v. act.* lat. *Inquirere, perquirere.* angl. *to seek again.* Chercher de nouveau. Chercher avec soin, avec exactitude; tacher de découvrir, trouver quelque chose de curieux dans la nature, dans l'antiquité, &c. Faire une enquête exacte des biens, mœurs & qualités des personnes. Briguer, vouloir obtenir quelque chose. Perfectionner une chose.

RECHERCHEUR. *s. m.* lat. *Indagator, perquisitor.* angl. *a diligent searcher.* Celui qui fait des recherches.

RECHEUTE. *voy.* Rechûte.

RECHIGNER. *v. n.* lat. *Ringere, repugnare.* ang. *to look grim.* Faire mauvaise mine, mauvais accueil à quelqu'un.

RECHIN, igne. *adj.* Chagrin, de mauvaise humeur.

RECHINSER *la laine.* La rincer, la laver dans l'eau claire pour la bien dégraisser.

RECHOIR. *voy.* Recheoir.

RECHUTE. *s. f.* lat. *Iteratus lapsus.* ang. *a second fall.* Nouvelle chûte, seconde chûte. Retour d'une maladie. Retour dans le péché. Elévation de rempart plus haute dans les endroits où il est commandé.

RÉCIDIVE. *s. f.* lat. *Iterata lapsio, relapsus.* ang. *recidivation.* Rechûte, seconde chûte, soit en maladie, soit en faute.

RÉCIDIVER. *v. n.* lat. *Relabi.* ang. *to relapse.* Tomber une seconde fois.

RECIF. *s. m.* On nomme ainsi à Amsterdam un récépissé que le Pilote d'un vaisseau marchand donne aux Cargadors des marchandises qu'il reçoit à bord & qui doivent faire la cargaison de son navire.

RECINDER. *voy.* Rescinder.

RÉCIPÉ. *s. mas.* lat. *Adhibendi medicamenti formula.* ang. *a recipe.* Ordonnance de Médecin qui contient le reméde que doit prendre un malade.

RÉCIPIANGLE. *s. m.* lat. *Recipiangulum.* ang. *recipiangle.* Instrument de Mathématique qui sert à mesurer la grandeur des angles.

RÉCIPIENDAIRE. *s. m.* lat. *Recipiendus.* ang. *one who stands to be admitted into some office.* Celui qui est pourvû d'une charge & qui sollicite sa réception.

RÉCIPIENT. *s. m.* lat. *Excipulum.* anglois. *recipient.* C'est une partie de l'alembic, le vaisseau qu'on attache à son bec pour recevoir les liqueurs distillées. C'est aussi un vaisseau dont on tire l'air dans la machine du vuide, par le moyen d'une pompe.

RÉCIPROCATION. *s. f.* lat. *Reciprocatio.* ang. *reciprocation.* Action par laquelle on reçoit la pareille.

RÉCIPROCITÉ. *s. f.* Qualité réciproque.

RÉCIPROQUE. *adj.* lat. *Mutuus, reciprocus.* ang. *reciprocal.* Mutuel; ce qui se fait mutuellement de part & d'autre.

RÉCIPROQUEMENT. *adverb.* lat. *Mutuò.* ang. *reciprocally.* D'une manière réciproque.

RÉCIPROQUER. *v. n.* lat. *Mutuum rependere.* ang. *to reciprocate.* Rendre la pareille, le réciproque.

RECIRER. *v. act.* lat. *Denuò cerâ illinire.* ang. *to wax again.* Repasser de la cire sur une chose cirée.

RÉCISE. *s. f.* Plante autrement appellée *Benoite.*

RÉCISION. *s. f.* lat. *Rescissio.* ang. *recision.* Action qu'on intente pour faire casser un contrat, un acte de justice.

RÉCISSOIRE. *s. m.* L'arrêt ou l'acte qu'il s'agit de rescinder.

RÉCIT. *s. m.* lat. *Narratio, expositio.* ang. *recital, relation.* Narration d'une avanture, d'une action qui s'est passée. Et en *Musique* il se dit de ce qui est chanté par une voix seule, & surtout par un dessus.

RÉCITATEUR. *s. m.* lat. *Recitator.* angl. *a reciter or rehearser.* Qui récite, qui déclame.

RÉCITATIF. *s. m.* lat. *Modus recitandi.* ang. *recitative.* La manière de réciter les choses. En *Musique*, c'est un chant plus uni & plus simple, usité surtout dans les dialogues des opéra. Le mouvement est fort lent. Les cantates sont entremêlées de *récitatifs* & d'ariettes.

RÉCITATION. *s. f.* Déclamation.

RÉCITER. *v. act.* lat. *Recitare.* ang. *to recite or rehearse.* Raconter, faire une rélation de quelque chose. Faire une lecture de quelque ouvrage. Déclamer.

RÉCITEUR. *s. m.* lat. *Recitator.* ang. *a reciter.* Faiseur de récits.

RÉCLAMATEUR. *s. m.* Celui qui réclame une chose perdue, & surtout les marchandises qui ont fait naufrage.

RÉCLAMATION. *s. f.* lat. *Reclamatio, revendicatio.* angl. *reclamation.* Revendication d'un meuble.

RÉCLAME. *s. f.* lat. *Index sequentis paginæ.* anglois. *a direction-word.* Terme d'*Imprimerie.* Mot ou demi mot qu'on met au dessous d'une page & qui est le premier de la page suivante. En termes de *Bréviaire*, c'est la dernière partie d'un répons, laquelle se répéte après le verset & après le *Gloria Patri...* (Chasse) Pipeau, sifflet ou autre instrument avec lequel on attire les oiseaux.

RÉCLAMER. *v. act.* lat. *reclamare, invocare.* ang. *to implore, to call upon.* Invoquer, appeller quelqu'un à son secours. Se deffendre, se targuer de la protection de quelqu'un. S'opposer à quelque chose, y refuser son approbation; empêcher qu'elle ne passe. Revendiquer, prétendre la propriété de quelque meuble. Revenir contre quelque acte. Rappeller un oiseau de proie pour le faire revenir.

RÉCLAMPER. *v. act.* (Marine) Raccommoder un mât ou une vergue rompuë. lat. *resarcire.* ang. *to refit.*

RÉCLINAISON. *s. f.* (Gnomonique) Situation d'un plan, qui s'incline & panche sur l'horison. ang. *reclination.*

RÉCLINANT, ante. *adj.* (Gnomonique) Se dit d'un cadran incliné sur l'horison. lat. *reclinatus.* ang. *inclining, inclined.*

RÉCLINER. *v. n.* lat. *retrò inclinare.* angl. *to incline backward.* pancher en arrière.

RECLOUER. *v. act.* lat. *Iterùm clavo figere.* ang. *to nail again.* Clouer une seconde fois.

RECLURRE. *v. act.* lat. *recludere.* ang. *to cloister up.* Enfermer dans une clôture très étroite, dans une cellule, dans un hermitage, hors de tout commerce du monde.

RECLUS, use. *adj.* & *subst. masc.* & *fem.* lat. *reclusus, a.* ang. *recluse.* Solitaire qui s'enfermoit dans une cellule & n'en sortoit jamais.

RECLUSION. *s. f.* Demeure d'un reclus, sa cellule & toutes ses appartenances.

RÉCOCHER. *v. act.* Battre la pâte une seconde fois du plat de la main.

RECOEFFER. *v. act.* lat. *Iterùm caput implicare.* ang. *to dress one's head again.* Coëffer une seconde fois.

RECOGNER. *verb. act.* lat. *Figere.* ang. *to knock or thrust in again.* Cogner de nouveau.

Combattre vigoureusement un ennemi qui s'avance, le rechasser bien loin.

RECOGNITION. *s. f.* Examen de quelque chose.

RECOIN. *s. m.* lat. *Angulus retrusus.* ang. *corner.* Lieu étroit, caché & obscur.

RECOLER. *verb. act.* lat. *Iterùm glutinare.* ang. *to glue again.* Coller une seconde fois.

RÉCOLLECTION. *s. f.* lat. *recollectio.* ang. *recollection.* Réflexion qu'on fait sur soi-même, examen de ses actions qu'on fait après avoir quitté toutes les pensées du monde. Recueillement.

RÉCOLLEMENT. *s. m.* lat. *Iterata testium interrogatio.* ang. *a re-examination.* Procédure que l'on fait en un procès criminel, lorsqu'on relit à un témoin la déposition qu'il avoit faite auparavant, pour voir s'il y veut persister, y ajouter, ou diminuer. Conférence qu'on fait des meubles ou papiers qui sont en nature, avec l'original de l'inventaire qui en avoit été fait quelque tems auparavant.

RÉCOLLER. *v. act.* lat. *Testes repetere.* ang. *to re-examine witnesses.* En termes de *Palais*, c'est répéter les témoins, leur lire la déposition qu'ils ont faite, pour voir s'ils y persistent. Conférer les meubles & papiers qui sont en nature avec l'inventaire qui en a été fait.

RECOLLER. *voy.* Recoler.

RÉCOLLET, ette. *s. m. & f.* lat. *Recollectus, a.* ang. *recollect.* Religieux reformé de l'Ordre de S. François.

RÉCOLLIGER. (Se) *v. rec.* lat. *In se reverti.* ang. *to recollect one's self.* Se recueillir, rentrer en soi-même, quitter les pensées mondaines.

RÉCOLTE. *s. f.* lat. *Frugum perceptio.* ang. *crop, harvest.* Moisson, dépouille des fruits de la terre.

RÉCOLTÉ, ée. *adj.* Recueilli.

RECOMMENCEMENT. *s. m.* Action de recommencer.

RECOMMENCER. *v. act.* lat. *resumere.* ang. *to begin anew, to renew.* Commencer une seconde fois, reprendre ce qui avoit été interrompu.

RECOMMANDABLE. *adj.* lat. *Prædicabilis, commendabilis.* ang. *recommendable.* Qui mérite d'être estimé & considéré.

RECOMMENDARESSE. *s. f.* lat. *Commendatrix.* ang. *an intelligence-woman.* Femme qui tient un bureau d'adresse, où l'on va chercher des servantes & des nourrices.

RECOMMENDATION. *s. f.* lat. *Commendatio.* ang. *recommendation.* Exhortation, ou prière qu'on fait à quelqu'un pour avoir soin de quelque affaire. Vénération qu'on a pour le mérite ; estime qu'on fait d'une chose louable. Prière que l'Eglise fait pour les agonisans.

RECOMMENDER. *v. act.* lat. *Commendare.* ang. *to recommend.* Donner ordre à quelqu'un de prendre soin de quelque personne, ou de quelque chose. Prier, solliciter quelqu'un en faveur d'un autre. Inspirer de l'estime pour quelque chose.

RÉCOMPENSE. *s. f.* lat. *Merces, remuneratio.* ang. *recompense.* Prix, salaire, don qu'on fait à quelqu'un ; avantage qu'on lui procure pour des services qu'il a rendus, ou pour quelque bonne action. Compensation, troc ou chose qu'on donne pour dédommager un autre.

RÉCOMPENSER. *v. act.* lat. *remunerare.* ang. *to recompense, reward.* Reconnoître les bons offices, faire un don à quelqu'un, ou lui procurer quelque avantage pour quelque bonne action qu'il a faite, ou quelque service qu'il a rendu. Dédommager, réparer les pertes passées.

RECOMPOSER. *v. act.* lat. *Denuò componere.* angl. *to compose again.* Composer une seconde fois.

RECOMPTER. *v. act.* lat. *Denuò supputare.* anglois. *to count again.* Compter une seconde fois ce qu'on a déja compté.

RÉCONCILIABLE. *adj.* lat. *reconciliandus.* ang. *reconcileable.* Qui peut être accommodé, réconcilié.

RÉCONCILIATEUR. *s. m.* lat. *Conciliator.* ang. *a reconciler.* Celui qui réconcilie & racommode les gens qui sont mal ensemble.

RÉCONCILIATION. *s. f.* lat. *reconciliatio.* angl. *reconcilement or reconciliation.* Renouement d'amitié, raccommodement. Absolution qu'on reçoit de ses péchés dans le sacrement de Pénitence. Action de réconcilier une Eglise ou des Hérétiques.

RÉCONCILIER. *verb. act.* lat. *reconciliare.* anglois. *to reconcile.* Raccommoder ; remettre d'accord des personnes ennemies, ou qui avoient rompu ensemble, qui avoient de la froideur l'un pour l'autre. Rebénir une Eglise. Faire rentrer des hérétiques dans le giron de l'Eglise.... Se *reconcilier* : se confesser une seconde fois, peu de tems après qu'on s'est confessé pour dire quelques légers péchés qu'on a commis depuis la confession ou pour en déclarer qu'on avoit oubliés.

RÉCONDUCTION. *s. f.* Tacite *reconduction*, en Jurisprudence, est le droit de retenir une ferme, une maison au même prix & conditions du précédent bail.

RECONDUIRE. *v. act.* lat. *reducere, deducere.* anglois. *to reconduct.* Faire la civilité & l'honneur à quelqu'un de l'accompagner jusqu'à la porte, quand il est venu rendre visite.

RECONFORT. *s. m.* lat. *Solatium, solamen.* angl. *comfort.* Ce qui console, qui soulage une affliction.

RECONFORTER. *v. act.* lat. *refocillare.* ang. *to comfort.* Consoler, soulager l'affliction de quelqu'un.

RÉCONFRONTATION. *s. f.* lat. *reconfrontatio.* anglois. *a new confronting.* L'action de reconfronter.

RECONFRONTER. *v. act.* lat. *Componere testes cum reis.* ang. *to confront again.* Confronter ou confronter plusieurs fois les accusés les uns aux autres.

RECONNOISSABLE. *adj.* lat. *Agnoscibilis.* ang. *easie to be know again.* Qui se peut aisément connoître.

RECONNOISSANCE. *s. f.* lat. *Agnitio.* ang.

*an acknowledgement.* Idée qui revient en la mémoire, d'une chose qu'on a autre fois connuë. Dénoument d'une piéce dramatique, lorsqu'on vient à reconnoître une personne dont on avoit jusques-là ignoré le nom, la fortune ou la qualité. Gratitude, souvenir ; ressentiment qu'on témoigne d'un bienfait. Aveu, action d'une personne qui reconnoit sa faute. Salaire, récompense d'un service ; prix d'un bon office qu'on nous a rendu, lorsqu'il dépend de notre discrétion. En termes de *Pratique*, c'est un acte par lequel on demeure d'accord qu'on doit quelque chose, ou qu'on en est chargé.... Les Négocians appellent *reconnoissance* une espéce d'inventaire qu'ils font tous les ans de leurs affaires, ou une revuë générale de tout ce qu'ils ont fait ou géré depuis quelque tems.

RECONNOISSANT, ante. *adj.* lat. *Accepti beneficii memor.* anglois. *grateful.* Qui a de la gratitude, qui est sensible.

RECONNOÎTRE. *v. act.* lat. *Agnoscere.* ang. *to know.* Trouver qu'une personne ou une chose est la même que celle que nous avons vûë autrefois ou qui nous a été designée. Avoir de la gratitude. Payer à discretion, récompenser un service rendu. Avouer, confesser, tomber d'accord. Découvrir, éclaircir la vérité de quelque chose. En termes de *Guerre*, c'est aller voir l'état des choses pour en faire le rapport. Se *reconnoître* en quelque endroit c'est se remettre en l'esprit l'idée d'un païs, d'un lieu qu'on n'a pas vû depuis long-tems.

RECONQUÉRIR. *v. act.* lat. *Denuò domare.* ang. *to new-conquer.* Conquérir une seconde fois ; regagner par la force des armes un païs qu'on avoit perdu.

RECONSTRUCTION. *sub. f.* Action de reconstruire, de rebâtir. lat. *reædificatio.* angl. *re-edification.*

RECONSTRUIRE. *verb. act.* lat. *reædificare.* angl. *to re-edify.* Construire de nouveau.

RECONSULTER. *v. act.* lat. *Iterùm consulere.* ang. *to consult again.* Consulter plusieurs fois.

RECONTER. *verb. act.* lat. *Denuò narrare.* ang. *to recount again.* Conter une seconde fois une histoire, un fait.

RECONTRACTER. *v. act.* lat. *Iterùm fædus inire.* ang. *to contract again.* Contracter de nouveau.

RECONVENIR. *v. act.* ( Palais ) Former une demande incidente contre quelqu'un soit pour une compensation, soit pour une garentie.

RECONVENTION. *s. f.* Action par laquelle on demande à celui qui demandoit... Nouveau traité ou marché. On dit aussi tacite *reconvention*, pour *recondnction.*

RECONVOQUER. *v. act.* lat. *Denuò convocare.* ang. *to assemble again.* Convoquer de nouveau.

RECOPIER. *v. act.* lat. *Denuò transcribere.* ang. *to copy again.* Copier une seconde fois. Transcrire de nouveau.

RECOQUILLEMEMT. *s. masc.* lat. *Convolutio.* ang. *curling.* Action de ce qui se recoquille.

RECOQUILLER. *verb. act.* lat. *Convolvere.* ang. *to curl up, to shrink up.* Retrousser par les bords & mettre en rond.

RECORD. *s. m.* ( Coutume ) Témoin qui se souvient d'une chose passée : racontement, récit d'une chose qui a été faite... ( Palais ) Attestation.

RECORDER. *v. act.* lat. *Funem resarcire.* ang. *to twist again.* Corder encore une fois, refaire une corde dont les cordons étoient séparés. Répéter & remettre en son esprit quelque chose, pour ne la pas oublier. Attester un exploit, le faire signer par des témoins pour le rendre plus solemnel.

RECORDEUR. *s. mas.* lat. *Testis oculatus.* ang. *an eye-witness.* Témoin qui a été présent à une chose & qui s'en souvient.

RECORRIGER. *verb. act.* lat. *Iterùm emendare.* ang. *to correct again.* Corriger plusieurs fois.

RECORS. *s. masc.* lat. *Stipator.* ang. *a sergeant's assistant.* Aide de Sergent, celui qui l'assiste, lorsqu'il va faire quelque exploit, ou exécution, qui lui sert de témoin, & qui lui prête main-forte.

RECOUCHER. *v. act.* lat. *In lecto reponere.* ang. *to put to bed again.* Remettre au lit.

RECOUDRE. *verb. act.* lat. *Iterùm consuere.* ang. *to sow again.* Rejoindre, rattacher avec du filet ce qui s'étoit décousu.

RECOUPPE. *s. f.* lat. *Furfurea resegmina.* ang. *a middle sort of bran.* Son que l'on remet au moulin pour en tirer une seconde fois de la farine. Ce sont aussi de menus morceaux qui tombent des pierres, quand on les coupe. Chapelures de pain, croutes & petits morceaux qui restent après les repas.

RECOUPPEMENT. *s. m.* ( Architect. ) Retraite fort large faite à chaque assise de pierre dure, pour donner plus d'empatement à de certains ouvrages construits sur une pente roide, ou fondés dans l'eau.

RECOUPPER. *verb. act.* lat. *Denuò resecare.* ang. *to cut again.* Coupper une seconde fois pour corriger le défaut d'une première coupe.

RECOUPPETTE. *s. f.* Troisième farine que l'on tire du son des recoupes mêmes. Gruau des recouppes.

RECOURBER. *v. act.* lat. *Recurvare.* angl. *to crooken.* Courber ou tourner une chose en arc, la mettre hors de la ligne droite.

RECOURIR. *v. n.* lat. *Recurrere.* ang. *to run again, to have recourse.* Courir plusieurs fois. Se réfugier en un lieu saint ou respecté, ou en lieu fort. Implorer l'aide, la faveur, la protection de quelqu'un.

RECOURRE. *v. act.* lat. *Recuperare.* ang. *to rescue.* Reprendre, retirer, sauver, rattraper ce qui a été pris ou enlevé.

RECOURS. *s. m.* lat. *Perfugium, refugium.* anglois. *recourse, refuge.* Réfuge, asile où l'on court. Faveur, protection qu'on implore. En termes de *Palais* c'est garentie, action par laquelle on peut se faire dédommager.

RECOUSSE. *s. f.* lat. *Recuperatio.* ang. *recovery.* Action par laquelle on ratrape ce qu'on avoit

avoit perdu, ou on sauve une partie de ce qu'on étoit en danger de perdre.

RECOUVÉ, ée. *adj.* Crües *recouvées*, toiles du nombre de celles qu'en France on nomme des *crés*; & qui sont propres pour le commerce des isles Antilles.

RECOUVRABLE. *adj.* lat. *Quod recuperari potest.* ang. *recoverable.* Qui se peut recouvrer.

RECOUVREMENT. *s. m.* lat. *Recuperatio.* ang. *a recovery.* Action qui rétablit en la possession d'une chose perduë. Reprise, répétition. Action ou recherche pour faire payer des droits, des taxes, des impôts dûs par divers particuliers.

RECOUVRER. *v. act.* lat. *Recuperare.* ang. *to recover.* Retrouver ce qu'on a perdu, être rétabli en son premier état. Recueillir, chercher & faire payer des droits & taxes. Répéter, reprendre sur autre chose.

RECOUVRIR. *v. act.* lat. *Iterùm tegere:* ang. *to cover again.* Couvrir une seconde fois... En termes de *Jardinage*, il se dit des plaies faites aux arbres soit dans le corps pour avoir été écorchés, soit à l'extrémité des branches taillées, quand la séve vient à étendre la peau par dessus, ensorte qu'il ne paroisse plus de bois de cet arbre, ou de cette branche.

RECRACHER. *v. act.* lat. *Sæpiùs spuere.* ang. *to spit often.* Cracher plusieurs fois, ou rejetter ce qu'on a pris dans la bouche.

RÉCRÉANCE. *s. f.* lat. *Sententia provisoria.* ang. *a provisional possession.* Jugement de provision en matière bénéficiale, qui maintient, ou envoye en la jouissance d'un bénéfice litigieux pendant le procès, celui des contendans qui a un droit, ou un titre coloré, & le plus apparent. Il se dit aussi de la jouissance effective du bénéfice. Lettres que les Etats Géneraux des Provinces-Unies donnent à un Ambassadeur, lorsqu'il s'en retourne.

RÉCRÉATIF, ive. *adj.* lat. *Amœnus, jucundus.* ang. *recreative.* Qui divertit, qui réjouit.

RÉCRÉATION. *s. f.* lat. *Animi relaxatio.* ang. *recreation.* Délassement de l'esprit, agréable divertissement.

RÉCRÉDENTIAIRE. *s. mas.* Celui qui jouit par récréance d'un bénéfice. lat. *Recredentiarius.* ang. *recredentiary.*

RÉCRÉER. *v. act.* lat. *Oblectare, recreare.* ang. *to recreate.* Divertir, se délasser. Avoir des qualités agréables, qui nous éveillent, qui nous plaisent. Créer une seconde fois.

RÉCRÉMENT. *s. masc.* Se dit des humeurs qui se séparent de la masse du sang. lat. *Recrementum.* angl. *recrement.*

RÉCRÉMENTIEL, elle. *adj.* latin. *Recrementitius.* ang. *recrementitious.* Se dit des humeurs qu'on appelle *récrémens.*

RÉCRÉPIR. *v. act.* Crépir de nouveau.

RECREUSER. *v. act.* lat. *Refodere.* ang. *to dig up again.* Creuser de nouveau ou plus avant.

RECRIBLER. *v. act.* lat. *Sæpiùs cribrare.* ang. *to sift again.* Cribler plusieurs fois.

RÉCRIER. (Se) *v. rec.* lat. *Reclamare.* ang. *to cry out upon.* S'écrier, faire une exclamation sur une chose qui nous choque.

RÉCRIMINATION. *s. f.* lat. *Recriminatio.* ang. *recrimination.* Accusation postérieure que fait un accusé contre son accusateur sur le même fait.

RÉCRIMINER. *v. n.* lat. *Recriminari.* ang. *to recriminate.* Accuser son accusateur.

RÉCRIRE. *verb. act.* lat. *Rescribere.* angl. *to write again.* Ecrire une seconde fois. Faire réponse.

RECROISETÉ, ée. *adj.* (Blason) Se dit d'une croix lorsqu'à l'extrémité de ses branches il y en a une petite qui la traverse.

RECROÎTRE. *v. n.* lat. *Denuò crescere.* ang. *to grow up again.* Croître de nouveau.

RECROQUEVILLER, *ou* Recroquebiller. (Se) *v. rec.* Se dit des feuilles, des plantes & des arbres, qui au lieu de s'étendre, se ramassent & se recoquillent. lat. *In orbes sinuari, convolvi.* ang. *to curl, turn, or roll up....* Il se dit aussi du parchemin qui se retire & se replie, lorsque l'on l'approche trop du feu.

RECROTTER. *v. act.* lat. *Iterùm luto inspergere.* ang. *to dirt again.* Crotter de nouveau.

RECRU, uë. *adj.* lat. *Fessus, defessus.* ang. *tired, weary.* Fatigué de travail corporel, d'une marche trop longue, d'un combat.

RECRU. *s. m.* Bois qui a recru.

RECRUË. *s. f.* lat. *Militum accessio.* angl. *recruit.* Levée de gens de guerre pour augmenter une compagnie, ou remplacer les Soldats qui ont deserté, ou qui sont morts. Il se dit *Figurément* des gens qui surviennent dans une compagnie sans qu'on les attendît.

RECRUTER. *v. act.* lat. *Supplere legiones.* ang. *to recruit.* Faire des recruës.

*RECTA.* *adv.* (Mot latin francisé) En droiture, directement.

RECTANGLE. *s. m.* lat. *Rectangulum.* ang. *a rectangle.* Figure qui a un ou plusieurs angles droits.

RECTANGULAIRE. *adj.* lat. *Rectangularis.* angl. *rectangular.* Qui a plusieurs angles droits.

RECTEUR. *s. masc.* lat. & ang. *Rector.* Le chef & le premier Officier électif de l'Université. C'est aussi en quelques provinces le Curé d'une paroisse. C'est aussi le Supérieur d'un collége de Jésuites.

RECTIFICATION. *s. f.* lat. *Distillatio, sublimatio.* ang. *rectification.* En *Chimie* est une distillation ou sublimation réiterée pour rendre une substance plus pure. En *Mathématiques*, c'est la manière de trouver une ligne droite égale à une ligne courbe.

RECTIFIER. *v. act.* lat. *Digerere, corrigere.* ang. *to rectify.* Corriger quelque manquement; remettre les choses dans la regle; redresser, rendre meilleur. En *Chimie* c'est distiller de nouveau les esprits pour les rendre plus subtils. En *Mathématiques* c'est trouver une ligne droite égale à une ligne courbe, ou une surface plane égale à une surface courbe.

RECTILIGNE. *adj.* lat. *Rectilineus.* angl. *rectilineal.* Angles ou figures formées par la rencontre des lignes droites.

RECTITUDE. *s. f.* lat. *Rectum.* ang. *recti-tude*, *uprightness.* Droiture, intégrité, raison. Il se dit aussi de la vuë droite.

RECTO. *s. m.* C'est la page d'un livre ouvert, qui se présent à la droite du lecteur. L'autre s'appelle *verso*.

RECTORAL, ale. *adj.* Qui concerne un Recteur.

RECTORAT. *s. m.* lat. *Rectoratus.* anglois. *rectorship.* Qualité de Recteur d'une Université, ou d'un Collége.

RECTORERIE. *s. f.* lat. *Parochia directio.* ang. *a living.* Cure, direction de paroisse.

RECTORIER. *v. n.* Payer au Recteur de l'Université de Paris un droit qui lui est dû sur le parchemin.

RECTUM. *s. m.* Le troisième & dernier des gros boyaux qui descend en ligne droite.

REÇU. *voy.* Receu.

RECUEIL. *s. m.* lat. *Collectio.* ang. *recollection.* Collection, ramas, assemblage de plusieurs choses, de plusieurs ouvrages compilés & réliés ensemble, de plusieurs remarques de litterature.

RECUEILLEMENT. *s. m.* lat. *Animi collectio.* ang. *recollection.* Action par laquelle on détache son esprit des choses mondaines, pour n'être occupé que de la contemplation des grandeurs de Dieu.

RECUEILLIR. *v. act.* lat. *Colligere*, *cogere*, *percipere.* ang. *to gather or reap.* Faire la récolte, la cueillette des fruits, des revenus d'une terre. Profiter, retenir quelque chose d'un discours, d'une lecture. Heberger, loger, accueillir, traiter favorablement ceux qui viennent demander un azyle. Ramasser plusieurs choses égarées ou dispersées. Compiler, ramasser en corps plusieurs ouvrages de même nature. Rappeller tous ses sens. *Recueillir* le papier, c'est l'ôter de dessus les cordes des étendoirs, après qu'il a été collé & bien séché, afin de le mettre en presse. On dit aussi *ramasser*, dans le même sens.

RECUEILLOIR. *s. m.* (Cordier) Morceau de bois dont on se sert pour recueillir & tortiller la ficelle.

RECUIRE. *verb. act.* lat. *recoquere.* ang. *to bake*, *boyl*, *or roast again.* Cuire encore une fois.

RECUIT. *s. m.* ou Recuite. *s. f.* lat. *Iterata coctio.* ang. *nealing.* Action par laquelle on recuit, on remet au feu les métaux, les émaux & le verre.... *Recuit* est aussi le degré de chaleur qu'on fait succéder à la trempe, pour modérer la dureté dont tous les outils tranchans sont redevables à la trempe.

RECUITEUR. *s. m.* Ouvrier des monnoies dans son apprentissage.

RECUL. *s. m.* lat. *Motus aversus.* ang. *a recoyl.* Mouvement en arrière. En termes d'*Holorgerie*, *recul* d'échapement est celui que les vibrations d'un balancier donnent à la roue de rencontre par ses palettes.

RECULADE. *s. f.* Reculée ou reculement de l'eau.

RECULÉ, ée. *adj.* Eloigné, lointain.

RECULÉE. *s. f.* lat. *recessus.* ang. *drawing back.* Action par laquelle on se retire en arrière.

RECULEMENT. *s. m.* lat. *Mora*, *retardatio.* angl. *delay*, *stay*, *stop.* Retardement, ce qui recule quelque chose.

RECULER. *s. m.* (Horlogerie) Espèce de lime qui n'est pas taillée d'un côté.

RECULER. *v. act.* & *n.* lat. *Summovere*, *secedere.* ang. *to draw back.* Eloigner quelque chose d'un lieu où l'on est, soit en la poussant en arrière, ou à côté. *Reculer* à la *Guerre*, signifie s'ébranler, fuir, tourner le dos. *Reculer* signifie encore, refuser, éviter la dispute; tergiverser; chercher des délais, des échapatoires.

RECULONS. (à) *adv.* lat. *Præposterè.* ang. *back-ward.* A rebours, d'un sens contraire. En retournant en arrière. De mal en pis.

RÉCUPÉRATION. *subst. f.* (Astronomie) Recouvrement de lumière dans un astre qui éclipsé. C'est la même chose qu'*émersion*.

RÉCUPÉRER. (Se) *v. rec.* lat. *recuperare.* ang. *to recover.* Se récompenser de ses pertes.

RECURER. *v. act.* (Agriculture) Rebiner. Donner un troisième labour à la vigne.

RÉCURRENT. *adj.* (Anatomie) Se dit d'un nerf qui jette plusieurs petits rameaux dans les muscles du larynx.... On appelle aussi *recurrens*, *retrogrades ou reciproques* les vers qui se lisent à rebours... *Recurrent*, se dit aussi du pouls quand il bat deux fois dans la même pulsation.

RÉCUSABLE. *adj.* lat. *Ejuratus.* ang. *exceptionable.* Juge contre lequel on a de justes causes de suspicion.

RÉCUSATION. *s. f.* lat. *Judicis recusatio.* ang. *exception in law.* Acte par lequel on prie un Juge de s'abstenir du jugement d'un procès.

RÉCUSER. *v. actif.* lat. *recusationis causas afferre.* ang. *to challenge or except against.* Proposer contre un Juge des causes suffisantes pour montrer qu'il ne doit pas connoître du différend des parties. Il se dit aussi de toutes les personnes dont on marque que le témoignage est suspect en quelque chose.

## R E D

RÉDACTEUR. *s. m.* lat. *Compilator*, *consarcinator.* ang. *a compiler.* Auteur qui a rédigé quelque chose par écrit.

RÉDACTION. *sub. f.* lat. *Redactio.* ang. *digesting.* Action de rédiger. Compilation de plusieurs livres, traités, &c.

REDAN. *s. m.* lat. *Munimentum angulis extantibus & recedentibus distinctum.* angl. *a redan.* Piéce de fortification à angle saillant

REDANSER. *v. n.* & *act.* lat. *Saltitare.* ang. *to dance again.* Danser de nouveau.

RÉDARGUER. *v. act.* Reprendre, gronder.

REDDITION. *s. f.* lat. *Deditio.* ang. *reddition*, *surrendering.* Action par laquelle on rend un compte, une place, un arrêt, &c.

REDÉBATTRE. *v. act.* lat. *Denuò contestari.* ang. *to debate again.* Débattre de nouveau.

REDÉCLARER. *v. act.* lat. *Iterùm declarare.*

anglois. *to declare again.* Déclarer de nouveau.

REDÉDIER. *verb. act.* lat. *Denuò dedicare.* ang. *to dedicate over again.* Dedier de nouveau.

REDÉFAIRE. *v. act.* lat. *Iterùm destruere.* ang. *to undo again.* Deffaire de nouveau.

REDÉJEUNER. *v. n.* lat. *Rursus jentare.* ang. *to break-fast again.* Déjeuner une seconde fois.

REDÉLIBÉRER. *v. act.* lat. *Iterùm deliberare.* ang. *to deliberate again.* Remettre une chose en délibération.

REDÉLIVRER. *v. act.* lat. *Denuò in libertatem vindicare.* ang. *to deliver again.* Remettre en liberté.

REDEMANDER. *v. act.* lat. *Iteratò repetere.* ang. *to demand again.* Demander à quelqu'un ce qu'on a eu autrefois. Demander plusieurs fois.

REDEMEURER. *v. n.* lat. *Iterùm manere.* ang. *to dwell again.* Demeurer de nouveau.

REDÉMOLIR. *v. act.* lat. *Denuò demoliri.* ang. *to demolish again.* Démolir de nouveau.

RÉDEMPTEUR. *f. m.* lat. *Redemptor.* angl. *redeemer.* C'est notre Sauveur J. C. qui nous a rachetés de l'Enfer. On appelle aussi *rédempteurs* dans l'ordre de la *Merci*, ceux qui vont chez les infidéles racheter des captifs. Dans la loi de *Moïse*, on donnoit ce nom à celui qui avoit droit de racheter un héritage, ou même la personne d'un de ses parens, & de le retirer des mains d'un étranger, ou d'un Juif, qui l'avoit acheté, sans attendre l'année sabbatique, lorsqu'il retournoit de lui-même dans la famille à laquelle il appartenoit originairement.

RÉDEMPTION. *f. f.* lat. *Redemptio.* angl. *redemption, redeeming.* Rachat, remise en liberté. La *rédemption* des captifs, qu'on nomme aussi *notre Dame de la Merci*, a été un ordre militaire & ensuite Réligieux, fondé par Saint *Pierre Nolasque*, par S. *Raimond* de *Pegnafort* & par *Pierre*, Roi d'*Aragon.* Les Religieux de cet Institut, outres les trois vœux ordinaires de chasteté, pauvreté & obéissance, en font un quatrième, de s'emploier pour la délivrance des Esclaves chrétiens, détenus par les Barbares, & même d'entrer en servitude pour la liberté des fidéles. Les Papes ont approuvé cet Ordre & lui ont accordé divers priviléges. La délivrance des captifs étoit parmi les *Juifs* la plus grande marque de charité & de générosité ; ils la préferoient à l'aumone, à la construction des Synagogues, à la réparation des fortifications d'une ville, &c. parce qu'ils regardoient leurs compatriotes dans cette situation non seulement comme privés des commodités de la vie, mais encore comme étant en danger de perdre leur réligion & de blesser leur conscience, sous les ordres absolus des infidéles. Lorsqu'ils ne pouvoient pas les racheter tous, ils donnoient la préférence au sexe, à la qualité, &c. & en général ils préferoient une *femme* à un *homme*, un *prêtre* à un *levite*, un *levite* à un *laïque* un *laïque* à un *proselyte*, un *proselyte* à un *affranchi*, & un *affranchi* à un *esclave.* S'il arrivoit qu'un homme fut en captivité avec son Père, ou avec un Rabin son Maître, il devoit se racheter lui & son Rabbin, avant que de racheter son Père ; mais s'il arrivoit que sa Mère fût dans cet état, elle devoit être délivrée avant l'un des deux autres. Parmi les anciens *Romains* ces secours & protections étoient dûs premiérement aux parens, ensuite à ceux qui étoient en tutéle, & aux proches, vassaux & hôtes.

REDENS. *voy.* Redan.

REDÉPECHER. *v. act.* Dépêcher une seconde fois.

REDESCENDRE. *v. n.* & *act.* lat. *Iterùm descendere.* ang. *to come down again.* Descendre une seconde fois.

REDEVABLE. *adj.* lat. *Debitor.* ang. *indebted.* Reliquataire, débiteur d'un reliqua de compte, ou pour autre cause.

REDÉVALER. *v. act.* lat. *Denuò exscendere.* ang. *to go down again.* Descendre de nouveau.

REDÉVANCE. *sub. f.* lat. *Clientelare munus prædiatorium.* angl. *duty, rent.* Charge qu'on doit payer annuellement, à l'occasion de quelques fonds qu'on posséde, soit en argent, soit en grains, soit en corvées, en offices personnels.

REDEVANCIER. *f. m.* lat. *Cliens beneficiarius addictior.* ang. *a tenant.* Vassal, tenancier d'héritages, sujet à payer des redevances.

REDEVENIR. *v. n.* lat. *Redire.* ang. *to become again.* Recommencer d'être ce qu'on étoit auparavant.

REDÉVIDER. *v. act.* lat. *Iterùm in volumen explicare.* ang. *to wind again.* Dévider de nouveau.

REDEVOIR. *v. act.* lat. *Debere.* ang. *to owe still.* Devoir beaucoup. Devoir un reliqua de compte.

RÉDHIBITION. *f. f.* ( Jurisprud. ) Action qu'on donne en justice pour faire casser & annuller la vente d'un effet mobiliaire, quand il y a eu de la lésion, du dol personel, ou de la mauvaise foi.

RÉDHIBITOIRE. *adj.* Cas où la rédhibition à lieu.

RÉDICULE. *f. m.* lat. & ang. *Rediculus.* Nom d'un Dieu en l'honneur duquel les *Romains* bâtirent un Temple près de *Rome*, sur le chemin de la porte appellée *Capéne*, après qu'*Annibal* approchant de cette porte, pour entrer dans *Rome*, dont il avoit juré la perte, eût été obligé de retourner promptement sur ses pas, par la terreur soudaine que lui causerent certains spectres horribles qu'il vit en l'air, voltigeans pour la défense de la ville. Au même endroit jusqu'où *Annibal* s'étoit approché, & d'où il étoit parti pour s'en retourner, abandonnant son entreprise, les *Romains* bâtirent le Temple qu'ils consacrérent au Dieu *Redicule.*

RÉDIFICATION, *ou* Réédification. *f. f.* lat. *Reædificatio.* ang. *re-edification.* Seconde construction d'un bâtiment.

RÉDIFIER, *ou* Réédifier. *v. act.* lat. *Denuò construere.* ang. *to reedify.* Rebâtir.

RÉDIGER. *v. act.* lat. *Redigere.* ang. *to di-*

*gest.* Compiler, mettre par écrit & en ordre. Mettre en peu de mots.

RÉDIMER. (Se) *v. rec.* lat. *Liberare se.* ang. *to free one's self.* Se racheter de quelque peine, travail, ou affliction.

REDINGOTE. *s. f.* Espèce de casaque. ang. *a riding-hood.*

REDIRE. *v. act.* lat. *Repetere.* ang. *to repeat, to tell over again.* Répéter; dire une seconde fois. Révéler, divulguer; rapporter aux autres ce qu'on a entendu. Trouver mauvais, reprendre... *Trouver à redire* quelqu'un en quelque endroit, c'est être fâché de ne l'y pas trouver, qu'il n'y soit pas venu.

REDISEUR. *s. m.* lat. *Relator.* ang. *repeater, rehearser.* Qui répéte ce qu'il a déja dit, ou ce qu'il a ouï dire à d'autres. Qui va redire, rapporter aux autres ce qu'on dit d'eux.

REDISTRIBUER. *v. act.* lat. *De novo distribuere.* ang. *to distribute again.* Distribuer de nouveau.

REDISTRIBUTION. *s. f.* lat. *Nova distributio.* ang. *a new distribution.* Nouvelle distribution.

REDITE. *s. f.* lat. *Repetitio.* ang. *repetition, tautology.* Répétition de ce qu'on a dit déja. Rapport qu'on fait de ce qu'on a dit.

REDOMPTER. *v. act.* lat. *Iterùm domare.* ang. *to subdue again.* Dompter de nouveau.

REDON, ou *Redou. s. m.* Sorte d'herbe, qui se substitue à la place du tan, pour l'apprêt des cuirs.

REDONDANCE. *s. fem.* lat. *Redundantia.* ang. *redundancy.* Vice du discours qui naît de la superfluité des paroles.

REDONDANT, ante. *adj.* lat. *Redundans.* ang. *redundant.* Ce qui ne signifie rien, & qu'on peut retrancher comme superflu.

REDONDER. *v. n.* lat. *Redundare.* angl. *to redound.* Être inutile & superflu.

REDONNÉ *aux chiens.* Terme de *Chasse.* Se dit d'un cerf qu'on a requêté lorsqu'on le relance & qu'on le redonne aux chiens.

REDONNER. *verb. act.* lat. *Iterùm donare.* ang. *to give again.* Donner une seconde fois. Donner à plusieurs reprises. Rétroceder. Revenir à la charge.

REDORER. *v. act.* lat. *Secundò inaurare.* anglois. *to gild over again.* Dorer une seconde fois.

REDORTE. *s. fem.* (Blason) Se dit d'une branche de frêne ou autre arbre entortillée en anneaux les uns sur les autres.

REDOU. *voy.* Redon.

REDOUBLEMENT. *s. m.* lat. *Augmentatio, duplicatio.* ang. *redoubling.* Augmentation.

REDOUBLER. *v. act. & n.* lat. *Duplicare.* angl. *to redouble.* Réiterer, faire une chose plusieurs fois. Augmenter. C'est aussi remettre une doublure à un habit.... *Redoubler* de soins, d'attention, de courage, c'est augmenter son courage, ses soins, son attention. *Redoubler* de jambe marcher plus vite.

REDOUTABLE. *adj.* lat. *Metuendus.* angl. *dreadful, formidable.* Qui est fort à craindre.

REDOUTE. *s. f.* lat. *Excurrens fossa munitio.* ang. *a redoubt.* En *Fortification* est un petit fort quarré, pour y loger le corps de garde & pour fortifier les lignes de circonvallation & de contravallation, & les lignes d'approches. On les fait aussi quelquefois sur les tranchées, pour les défendre contre les sorties des assiegés. On en fait souvent devant les villes fortes à de petites distances de la contrescarpe pour tenir l'ennemi loin & pour couvrir les sorties de la garnison. Elles sont tantôt plus grandes & tantôt plus petites, mais leur parapet n'étant pas propre à résister au canon, n'a que huit ou neuf pieds d'épaisseur & deux ou trois pied de hauteur; leur fossé est à peu près aussi large que profond... A Venise & en plusieurs Cours d'Allemagne on appelle *redoute* un bal public où tout le monde peut entrer.

REDOUTER. *v. act.* lat. *Metuere, formidare.* anglois. *to fear, to dread.* Craindre avec raison.

RÈDRE. *s. m.* Grand filet qui sert à prendre du hareng.

REDRESSEMENT. *s. m.* Travail qui met un plancher de niveau, ou autre ouvrage. Action de réparer les torts, de remettre quelqu'un dans le bon chemin.

REDRESSER. *v. act.* lat. *Corrigere, dirigere.* ang. *to make strait.* Remettre droit, relever, se tenir droit. Remettre debout. Faire l'orgueilleux; tenir sa morgue, sa gravité. Remettre dans le droit chemin. Tromper adroitement..... *Redresser* les peaux, c'est en termes de *Chamoiseur* les faire passer les unes après les autres sur le palisson ou poinçon qui est une espèce d'instrument de fer plat & poli, planté debout dans un pieu.

REDRESSEUR. *s. m.* Nom que l'on donne à ces Chevaliers d'industrie, qui vivent & font bonne figure aux dépens des autres.

REDRESSOIR. *s. m.* Instrument pour redresser la vaisselle d'étain, lorsqu'elle est bossuée.

RÉDUCTIBLE. *adj.* lat. *Reductibilis.* ang. *reductible.* Qui peut être réduit.

RÉDUCTIF, ive. *adj.* lat. *Reductivus.* ang. *reductive.* En *Chymie* sel *réductif* est celui qui aide à réduire.

RÉDUCTION. *s. f.* lat. *Reductio.* ang. *reduction.* Action de réduire. Prise d'une ville, conquête. Et en *Arithmétique* c'est le nom d'une regle par laquelle on change une grande espèce de monnoie, poids, mesure, *&c.* en une plus petite, en lui conservant la même valeur & on la nomme *réduction à la moindre espèce.* On emploie pour cela la multiplication, c'est-à-dire, qu'on multiplie la plus grande espèce par autant de fois la petite qu'elle est contenuë dans la grande; comme pour sçavoir combien de deniers sont contenus dans 20. sols, on multiplie ce nombre par 12, parce que chaque sou contient 12. deniers & le produit donne 240. Au contraire, une espèce inférieure étant donnée on trouve combien de fois elle contient la plus grande, en divisant le nombre donné par autant de fois le moindre, qu'il en faut pour en faire un de la plus grande espèce, &

le quotient donne la *réduction* requise. Cette *réduction* peut se nommer *Ascendante*. Par exemple si l'on a 240. deniers & que l'on veuille sçavoir combien ce nombre contient de sous, il faut le diviser par 12, & le quotient 20. donnera la solution. En *Algébre* la réduction des équations consiste à les délivrer des fractions & des autres quantités superflues & embarassantes, à réduire toutes les quantités à leurs moindres termes, à les transporter de manière que l'inconnuë reste seule d'un côté & toutes les quantités connuës de l'autre ; ce qui les fait toutes connoître. Dans la construction des cartes, figures, &c. la *réduction* consiste à les rendre plus petites que les originaux par le moyen d'une échelle, &c. Et en *Chirurgie*, c'est une opération par laquelle on remet & on réduit les os en leur place. On appelle dans les Indes Occidentales *réductions* les peuplades Indiennes gouvernées par les Jésuites, telles que sont celles du *Paraguay*. . . . *Réduction* se dit aussi de l'état facheux où on se trouve quand on est dans l'indigence, ou dans une mauvaise fortune. C'est encore une manière de copier une estampe ou un dessein, un peu différente de la manière de calquer.

RÉDUIRE. *v. act.* l. *Redigere.* ang. *to reduce.* Faire changer de nature, ou de figure à quelque corps. Amoindrir, diminuer. Dompter, vaincre, subjuguer. Réformer, régler à un certain nombre, ou quantité. Comprendre, renfermer, resserrer. Obliger, forcer, contraindre. Faire une copie plus ou moins grande que l'original. . . . En *Algébre*, *réduire* une équation, c'est lui donner une disposition propre & commode, pour en pouvoir réduire les racines plus facilement.

RÉDUIT. *s. masc.* lat. *Locus secretus.* ang. *a by-place.* Petit logement ; retranchement d'un plus grand espace. Lieu où s'assemblent plusieurs personnes pour se divertir. Petite citadelle, ou fortin, construit dans une ville, ou à côté pour contenir les habitans dans le devoir . . . Maison du Gouverneur dans une citadelle.

RÉDUPLICATIF, ive. *adj.* lat. *Reduplicativus.* ang. *reduplicative.* Terme de *Grammaire*, qui se dit des mots qui marquent la réitération des actions.

RÉDUPLICATION. *s. f.* ( Gramm. Grecq.) Répétition d'une syllabe. ( Rhétorique ) Espèce de figure. Répétition dans le corps de la phrase qui y fait ordinairement un contraste, une antithèse.

R É E

RÉÉDIFICATION, Réédifier. *voy.* Rédification, Rédifier.

RÉÉDITEUR. *s. masc.* Qui donne une nouvelle édition d'un ouvrage.

RÉÉDITION. *s. f.* Nouvelle édition.

RÉEL, elle. *adj.* lat. *Realis.* ang. *real.* Solide, existant, effectif. En termes de *Pratique* il se dit des choses qui regardent un fonds, un héritage.

RÉELLEMENT. *adv.* lat. *Realiter.* ang. *really.* Vraiment. D'une manière réelle & effective.

RÉENGENDRER. *v. act.* lat. *Iterùm parturire.* ang. *to regenerate.* Régénérer. Engendrer de nouveau.

RÉER, Raire, *ou* Rére. *v. n.* ( Chasse ) Exprime les cris des cerfs, daims & chevreuils, quand ils sont en rut. lat. *Bramare.* ang. *to bellow.*

R E F

REFAÇONNER. *v. act.* Façonner une seconde fois.

RÉFACTION. *s. f.* Terme de *Douane* & de *Commerce.* Remise que les commis des bureaux d'entrée & de sortie sont tenus de faire aux marchands de l'excédent de poids que certaines marchandises peuvent avoir, lorsqu'elles sont mouillées, au dessus de celui qu'elles auroient naturellement si elles étoient séches.

REFAIRE. *v. act.* lat. *Reficere.* ang. *to do again.* Faire une seconde, ou troisième fois. Perfectionner, ajouter quelque chose de nouveau à une chose faite. Racoutrer, réparer. Se rétablir en santé. En termes de *Joueurs* c'est regagner tout, ou partie de ce qu'on a perdu. *v. n.* *Refaire* au jeu, c'est recommencer.

REFAIT, aite. *adj.* Beurre *Refait* est un beurre vieux ou de mauvaise qualité qu'on a remis en état de vente en le lavant dans diverses eaux.

REFAUCHER. *v. act.* lat. *Sicilire iterùm.* ang. *to mow again.* Faucher une seconde fois.

RÉFECTION. *s. f.* lat. *readificatio*, *restauratio.* ang. *repair.* Rétablissement, réparation d'un bâtiment

RÉFECTOIRE. *s. m.* lat. *refectorium*, *triclinium.* anglois. *refectory.* Lieu public où l'on prend les repas dans les Couvens ou dans les Communautés.

REFEND. *s. mas.* lat. *Murus disterminatus.* ang. *a partition-wall.* Terme d'*Architecture*, qui se dit de gros murs qui font des séparations dans la longueur d'un bâtiment, ou des pierres de taille qui font les encognures des gros murs.

REFENDRE. *v. act.* lat. *rescindere.* ang. *to cleave.* Fendre dérechef. Fendre du bois en long avec la scie.

RÉFÉRENDAIRE. *s. m.* lat. *referendarius.* ang. *referendary.* C'étoit anciennement le Maître des Requêtes ou le Garde des Sceaux ou le Chancellier d'un Prince. Mais aujourd'hui en *France* c'est un Officier de la Chancélerie créé pour faire le rapport des lettres à sceller devant le Maître des Requêtes qui tient le sceau ; qui les fait sceller, ou qui les rebute. A *Rome* ce sont des Prélats qui rapportent au Pape les suppliques des parties pour les faire signer & qui prennent connoissance des causes qui leur sont portées & qu'ils peuvent décider lorsqu'il n'est pas question d'une somme au dessus de 500. écus d'or.

RÉFÉRER. *v. act.* lat. *referre.* ang. *to refer.* Faire le rapport ou rélation d'une chose à une autre ; avoüer qu'on tient tout de quelqu'un, le lui attribuer. . . . . Se *référer* : avoir rapport. S'en rapporter à ce qui a été dit ou écrit.

REFERMER. *v. act.* lat. *Recludere.* ang. *to shut again.* Fermer une seconde fois.

REFERRER. *v. act.* lat. *Iterùm ferro instruere.* ang. *to tag or tip again.* Remettre des fers.

REFEUILLER. *v. act.* ( Architecture ) Faire une refeuillure.

REFEUILLURE. *s. f.* Action de faire deux feuillures en recouvrement, pour loger un dormant, ou recevoir les vantaux d'une porte ou les volets d'une croisée.

REFICHER. *v. act.* lat. *Denuò figere.* ang. *to pitch again.* Ficher de nouveau.

REFIGER. *v. act.* lat. *Coagulare.* anglois. *to congeal.* Figer de nouveau.

REFIN. *s. m.* Sorte de laine très-fine.

REFIXER. *v. act.* lat. *Denuò stabilire.* ang. *to fix over again.* Fixer une seconde fois, rendurcir, redonner de la consistance.

REFLATTER. *v. act.* lat. *Iterùm blandiri.* ang. *to flatter again.* Flatter de nouveau.

RÉFLÉCHIR. *v. act.* lat. *Reflectere.* ang. *to reflect.* Faire qu'un corps qui en touche un autre soit renvoyé d'un autre côté. Méditer sur quelque chose & l'examiner mûrement.

RÉFLÉCHISSEMENT. *s. m.* lat. *Reflectio.* ang. *reflection.* Action de réfléchir.

RÉFLECTOIRES. *voy.* Anacamptiques.

REFLETS. *s. masc. pl.* ( Peinture ) Endroits d'un tableau éclairés de quelque lumière réfléchie par quelque corps poli peint dans le même tableau. lat. *Repercussus.* ang. *reflection.*

REFLEURET. *s. m.* Seconde laine d'Espagne.

REFLEURIR. *v. act.* lat. *Reflorere.* ang. *to blossom again.* Fleurir de nouveau.

RÉFLEXIBILITÉ. *subst. fem.* Faculté de se réfléchir.

RÉFLEXIBLE. *adj.* Qui peut être réfléchi.

RE'FLEXION. *s. f.* lat. *Radiorum repercussio.* ang. *reflection.* Action de réfléchir; réjaillissement, réverbération, retour, renvoi. Examen; attention, méditation qu'on fait sur quelque chose.

REFLUER. *v. n.* lat. *Refluere.* ang. *to reflow.* Se dit de la liqueur quand elle retourne en coulant d'un côté contraire à celui dont elle étoit venuë.

REFLUS, ou Reflux. *s. m.* lat. *Refluxus.* ang. *reflux.* Retour des eaux de la mer.... Au *Figuré*, changemens & retours qui se voient dans les affaires du monde.

REFONDRE. *v. act.* lat. *Refundere.* ang. *to melt, to cast again.* Fondre une seconde, une troisième fois, &c. Refaire, rajuster, recommencer.

REFONTE. *s. f.* Action de refondre les monnoies, pour en faire de nouvelles espèces.

REFORGER. *v. act.* lat. *Iterùm fabricare.* ang. *to forge again.* Forger une seconde fois.

RE'FORMATEUR. *s. masc.* lat. *Reformator.* ang. *a reformer.* Celui qui réforme. *Réformateurs :* titre que se sont donnés les Sectaires du XVIe. siécle.

RE'FORMATION. *s. f.* lat. *Emendatio, reformatio.* angl. *reformation.* Correction d'une erreur, d'un abus. Les Protestans appellent *réformation*, le changement qu'ils ont fait dans le culte & dans les dogmes de la rélígion au commencement du XVIe. siécle. La *réformation* des monnoies est le changement qu'on fait des empreintes, sans faire de refonte.

RE'FORME. *s. f.* lat. *Reformatio.* ang. *reform.* Rétablissement de la discipline, correction des abus. *Réforme* en termes de *Guerre*, se dit des Compagnies, ou Régimens mal complets qu'on casse, pour en mettre les Soldats en d'autres corps.

RE'FORME'. *adj.* & *subst.* lat. *Reformatus.* ang. *reformist. reformed.* Qui a pris la réforme. Officier *réformé* est celui dont la chargé a été supprimée dans la réforme des troupes, & qui est opposé à l'officier en pied qui subsiste.

RE'FORMER. *v. act.* lat. *Reformare.* angl. *to reform.* Rétablir la discipline relâchée dans quelque maison Réligieuse. Donner une meilleure forme au culte divin; renouveller l'ancienne doctrine dans la Réligion, en bannissant les erreurs. Retrancher, & abolir les abus de l'état ou de la justice. Remettre dans le devoir, corriger les mœurs. En termes de *Guerre*, c'est supprimer, casser des Compagnies, des Régimens & en incorporer les Soldats dans d'autres corps.

RE'FORT. *voy.* Raifort.

REFORTIFIER. *v. act.* Fortifier de nouveau.

REFOUETTER. *v. act.* lat. *Iterùm virgis excipere.* angl. *to scourge over again.* Fouetter plusieurs fois.

REFOUILLER. *v. act.* lat. *Excavare.* ang. *to rake up again.* Fouiller une seconde fois.

REFOUIR. *v. act.* lat. *Denuò fodere.* anglois. *to dig again.* Fouïr de nouveau.

REFOULER. *v. act.* lat. *Recalcare.* ang. *to full again.* Fouler de nouveau, *Refouler* la marée, c'est aller contre la marée. On le dit aussi d'une rivière qui en fait remonter une autre vers sa source.

REFOULOIR. *s. m.* lat. *Calcarium.* ang. *a rammer.* C'est un long bâton garni d'un gros bouton plat, qui sert à charger le canon, & à presser la bourre sur la poudre.

REFOURBIR. *v. act.* lat. *Iterùm polire.* ang. *to new-furbish.* Fourbir de nouveau.

REFOURNIR. *verb. act.* lat. *Subministrare.* ang. *to furnish again.* Fournir de nouveau.

RE'FRACTAIRE. *s. masc.* & *f.* lat. *rebellis, contumax.* ang. *refractory.* Qui est rebelle, qui refuse d'obéir aux loix, aux ordres des supérieurs.

RE'FRACTION. *s. f.* lat. *refractio.* ang. *refraction.* En *Astronomie* & *Perspective*, est la brisure du rayon de lumière lorsqu'il change de milieu & qu'il passe par un autre qui est ou plus rare ou plus dense. Ce qui fait paroître les astres plus élevés ou plus grands qu'ils ne sont lorsqu'on les voit avec des lunettes. La cause générale des *réfractions* c'est l'obliquité de la vuë & l'épaississement de l'air. Car plus grand est cet épaississement, plus grande est la *réfractions.* C'est pourquoi le soleil, la lune & les étoiles en sont plus susceptibles à mesure qu'ils sont plus près de l'horison, lequel est plus chargé de vapeurs que le midi où l'air est plus pur & plus serein.... Ce mot se dit, en termes de *Commerce*, lorsqu'un marchand s'étant trompé dans un compte à son préjudice, ou au désavantage d'un autre, demande les sommes omises ou fait restitution de celles qui ont été ajoutées par erreur.

RE'FRACTOIRES. *voy.* Anaclastiques.

REFRAIN, *ou* Refrein. *s. m.* lat. *Intercalaris versus.* ang. *refret.* Réprise de quelque vers qu'on répète au bout du couplet d'une chanson, d'une balade, d'un chant royal, triolet ou autre poësie.

RE'FRANGIBILITE'. *s. f.* lat. *Facultas ad refractionem.* ang. *refrangibility.* Capacité d'être rompu.

RE'FRANGIBLE. *adj.* lat. *refringi potens.* ang. *refrangible.* Qui peut être rompu.

REFRAPPER. *v. act.* lat. *Iterùm percutere.* ang. *to strike again.* Frapper de nouveau.

REFRAYER. *v. act.* lat. *Linire, polire.* ang. *to smooth.* Rendre la vaisselle de terre plus unie avec le doigt.

REFREIN. *voy.* Refrain.

RE'FRE'NER. *v. act.* lat. *refrænare.* ang. *to refrain.* Tenir en bride, réprimer ses passions.

RE'FRIGE'RANT, ante. *adj.* lat. *refrigerans.* ang. *cooling.* C'est en *Chymie* un vaisseau dans lequel on met la chappe, ou la partie supérieure de l'alembic pour le rafraichir, & pour faire que les vapeurs qui ont été élevées par le feu, retournent en liqueur, & s'écoulent par le bec.

RE'FRIGE'RATIF, ive. *adj.* lat. *refrigeratorius.* ang. *refrigerative.* Qui rafraichit les parties intérieures du corps.

RE'FRIGE'RATION. *s. f.* l. *refrigeratio.* ang. *a refrigeration.* Action qui rafraichit ou réfroidit.

RE'FRINGENT, ente. *adj.* lat. *refringens.* ang. *refringent.* Qui cause une réfraction.

REFRIRE. *v. act.* lat. *Iterùm frigere.* ang. *to fry again.* Frire de nouveau.

REFRISER. *verb. act.* lat. *recrispare.* ang. *to curl again.* Friser de nouveau.

REFROGNEMENT. *s. masc.* L'action de se refrogner.

REFROGNER. *v. n.* ou *Se refrogner*, ou *Se renfrogner. v. rec.* lat. *Vultum contrahere, corrugare.* ang. *to knit one's brows.* Se faire sur le visage des rides, des plis qui marquent du mécontentement, du chagrin.

REFROIDIR. *v. act.* lat. *refrigerare.* ang. *to cool.* Rendre froid, ou devenir froid. Rallentir, modérer, avoir moins d'ardeur.

REFROIDISSEMENT. *s. m.* lat. *refrigeratio.* ang. *cooling.* Action par laquelle on refroidit, ou une chose se refroidit. Diminution d'amitié, de zèle.

REFROTTER. *v. act.* lat. *Denuò tergere.* ang. *to rub again.* Frotter de nouveau. Battre, attaquer.

RE'FUGE. *s. m.* lat. *refugium.* angl. *refuge.* Lieu de retraite où un homme qu'on persécute va chercher sa sûreté. Parmi les *Juifs*, Moïse avoit établi par ordre de Dieu six villes de *réfuge* pour la sûreté de ceux qui par hazard & sans aucun mauvais dessein avoient eû le malheur de tuer un homme en quelque manière que ce fût, afin de leur donner le tems de se préparer pour défendre leur cause devant les Juges, & pour les protéger contre la fureur des parens ou des amis du défunt. Il y en avoit trois de chaque côté du *Jourdain* & elles n'étoient pas destinées seulement pour les *Hébreux*, mais encore pour tous les étrangers qui habitoient parmi eux. Ils avoient ordre aussi, à mesure que leur nation & leur peuple se multiplieroit, d'ajouter trois autres villes de *réfuge* aux six premières. *Maimonides* assure que non seulement ces villes, mais encore les 48. qui étoient habitées par les Prêtres & *Lévites* étoient des villes de *réfuge*, avec cette seule différence que celles qui étoient établies par la loi, étoient obligés de recevoir & de loger gratuitement tous ceux qui s'y retiroient, au lieu que les autres pouvoient les refuser lorsqu'elles le jugeoient à propos & ne les recevoir qu'à certaines conditions. Le Temple du Seigneur & surtout l'Autel des Holocaustes jouissoient du privilége d'être un azyle. Ceux qui avoient touché le sanctuaire, étoient d'abord conduits devans les Juges & si on les trouvoit coupables d'un assassinat, ils étoient arrachés même de l'Autel & mis à mort hors du Temple; mais s'ils n'en étoient pas coupables, on les conduisoit avec un garde dans une des villes de *réfuge*. Afin que l'accès de ces villes fut aisé, on avoit soin d'en entretenir les chemins, qui avoient au moins 42. pieds de large. Et s'il y avoit quelque chemin fourchu, on y plaçoit un poteau pour désigner le chemin qui conduisoit à la ville de *réfuge*. Lorsque le procès de l'accusé étoit jugé & qu'il étoit déclaré innocent, on le laissoit dans cette ville pendant quelque tems comme dans un état de bannissement, jusques à la mort du grand Prêtre. Et s'il s'avisoit d'en sortir, les parens du défunt, pouvoient sans rien craindre le tuer, pour venger son sang; mais ils ne le pouvoient pas, lorsqu'il avoit rempli son tems. Les *Grecs* & les *Romains* avoient aussi leurs asyles ou places de *réfuge* & l'Eglise *Chrétienne* à l'imitation du Temple des *Juifs* avoit obtenu des Empereurs *Gratien*, *Valentinien* & *Théodose le grand* que ceux qui de leur propre autorité viendroient dans une Eglise se saisir d'une personne qui s'y seroit refugié, fussent condamnés au bannissement, au fouet, à avoir les cheveux & la barbe coupée, &c. *Honorius* & *Théodose le jeune* ordonnerent qu'ils fussent punis comme coupables de trahison; mais ces priviléges eurent tant d'inconveniens, qu'on fut obligé d'en excepter certains crimes. *Justinien* permet de prendre dans l'Eglise les assassins, les adultéres, &c. Et dans la suite les Eglises ont cessé d'être des lieux de refuge, en plusieurs païs.

RE'FUGIE'. *s. m.* lat. *receptus, qui refugit.* ang. *a refugee.* Qui s'est sauvé en quelque réfuge ou asyle. C'est ainsi qu'on appelle les *Calvinistes* de *France* qui depuis la révocation de l'Edit de *Nantes* se sont retirés en *Allemagne*, en *Suisse*, en *Hollande*, en *Angleterre* pour ne point quitter leurs opinions.

RE'FUGIER. (Se) *verb. rec.* lat. *confugere.* anglois. *to fly to a place.* Se retirer en quelque lieu, ou auprès de quelque personne, pour y trouver un asyle, du secours, de la protection.

REFUIR. *v. n.* (Venerie) lat. *Ad decursam redire semitam & eodem pedum positu.* ang. *to double the stag.* On le dit du cerf quand il reprend les mêmes voies.

REFUITE. *s. f.* lat. *Agitatæ feræ perfugium.* ang. *the doubling of a stag.* Retraite ou ruse d'un cerf, qui est poursuivi.... Retardement affecté dans une affaire.... Trop de profondeur d'une mortoise.

REFUS. *s. m.* lat. *Denegatio, recusatio.* ang. *refusal, denial.* Dénégation de quelque chose qu'on demande; rebut d'une offre qu'on fait... En termes de *Venerie*, on dit qu'un cerf n'a plus de *refus*, lorsqu'il est en âge d'être chassé.

REFUSER. *v. act.* lat. *Denegare, abnuere.* ang. *to refuse, to deny.* Ne pas accorder ce que l'on exige de nous, ou ne vouloir point de ce qu'on nous présente; rejetter une demande ou une offre qu'on nous fait.

REFUSEUR. *s. masc.* Qui refuse, ne se dit guères que dans ce proverbe. A beau demandeur, beau *refuseur.*

REFUSION. *s. f.* (Palais) Remboursement des frais préjudiciaux, des dépens, défauts & contumaces.

RE'FUTATION. *s. f.* lat. *refutatio.* ang. *refutation.* Preuve, ou argument contraire qui détruit ce qu'un autre a allégué.

RE'FUTER. *v. act.* lat. *refutare.* ang. *to refute.* Répondre à des objections, à des faits ou propositions qu'a voulu établir un adversaire, les détruire par raison.

## R E G

REGAGNER. *v. act.* lat. *Amissum recuperare.* ang. *to regain, recover.* Gagner une seconde fois, ou gagner ce qu'on a perdu au jeu, à la guerre, dans le commerce. Arriver en quelque lieu avec peine. On dit *regagner* l'amitié, l'affection, les bonnes graces de quelqu'un, pour dire, se rétablir dans son amitié, dans ses bonnes graces.

REGAILLARDIR. *v. act.* lat. *Exhilarare.* ang. *to rejoice.* Réjouir, rendre gaillard, de bonne humeur.

REGAIN. *s. m.* lat. *Fenum autumnale.* ang. *after-grass.* Seconde herbe qui revient dans les prés, après qu'on les a fauchés.

RE'GAL, ou Régale. *s. m.* lat. *regales epulæ, opipara cœna.* anglois. *regalio, entertainment.* Festin, fête, réjouissance, appareil de plaisir pour divertir ou honorer quelqu'un. C'est aussi un présent de rafraichissement & autres choses qu'on donne à des étrangers ou passagers, pour leur faire honneur.

RE'GALADE. (Boire à la) *s. f.* Verser la boisson dans la bouche, la tête étant renversée.

RE'GALE. *s. f.* lat. *Jus regium, jus regaliorum.* anglois. *regale.* Droit qu'ont les Rois de *France* de jouir des revenus des Evêchés & Archevêchés durant que le siége est vacant & de pourvoir aux bénéfices qui viennent à vaquer pendant ce tems là, excepté les Cures, & jusqu'à ce que le successeur ait prêté serment de fidelité & que l'acte du serment soit enregistré à la Chambre des Comptes. C'est aussi un des plus considérables jeux de l'orgue, qu'on appelle autrement *voix humaine*, parce qu'il imite en quelque façon la voix de l'homme. lat. *regalis tuba.* ang. *rigols.* ... *Régale:* anémone rouge, mêlée de blanc, principalement en ses grandes feuilles.

RE'GALE. (Eau) *adj. f.* lat. & ang. *Aqua regalis.* Espèce d'eau forte qui dissout l'or. Elle se fait en ajoutant du sel commun, ou du sel armoniac à l'esprit de nitre, ou à l'eau forte ordinaire, qui est faite avec le nitre & le vitriol.

RE'GALEMENT. *adv.* lat. *Partitio, distributio.* ang. *partition.* Partition ou distribution proportionnelle d'une taxe.... (Architect.) Reduction d'une aire, ou de toute autre superficie à un même niveau, ou selon sa pente.

RE'GALER. *v. act.* lat. *Lautissimè accipere.* ang. *to regale, treat.* Faire des fêtes, donner des repas, des divertissemens à ceux qu'on veut honorer, ou réjouir. Faire de petits présens. Distribuer une somme avec égalité ou avec proportion sur plusieurs contribuables.... (Architect.) Applanir un terrein, le mettre au niveau, ou le réduire à une pente réglée.

REGALES. *s. f. pl.* Epinette organisée, ou petit jeu d'orgues ou de flutes. Positif.

RE'GALEUR. *s. masc.* Ouvrier qui étend la terre avec la pelle à mesure qu'on la décharge, ou qui la foule avec des battes.

RE'GALIEN. *adj.* Se dit des droits qui appartiennent aux Rois & aux Princes comme souverains. Tels que sont les droits de battre monnoie, de faire des loix, &c. lat. *Jura regia.* ang. *the royalties.*

RÉGALISTE. *s. m.* lat. *regalista.* ang. *the incumbent of a benefice by virtue of the king's gift and prerogative of regale.* Qui est pourvû d'un bénéfice en régale.

REGARD. *s. masc.* lat. *Aspectus.* ang. *look, view.* Coup d'œil; action par laquelle on voit. Aspect ou situation des astres.... (Peinture) Deux portraits de la même grandeur, qui se regardent l'un l'autre, dont l'un est tourné à droite, & l'autre à gauche... (Astrologie) Aspect ou situation de deux astres qui se regardent selon certain angle, ou qui sont en distance d'un certain nombre de degrés... (Architecture) Espèce de pavillon où sont renfermés les robinets de plusieurs conduites d'eau, avec un petit bassin pour en faire la distribution. Petit caveau servant au même usage, où l'on descend par un chassis de pierre.

REGARDANT, ante. *adj.* & *subst.* lat. *Aspiciens, intuens.* ang. *a looker on.* Spectateur; qui regarde, qui observe exactement. En termes de *Blason*, il se dit d'un animal qui ne montre que la tête & quelque partie du cou, mouvant de quelque division de l'écu.

REGARDER. *v. act.* lat. *Intueri, observare.* anglois. *to look upon, to see, to behold.* Voir, envisager,

envisager, contempler. Examiner, observer. Il signifie aussi, concerner, toucher, appartenir à quelque chose, y avoir de la rélation... En termes d'*Astrologie*, il se dit de la situation des astres les uns à l'égard des autres.

REGARNIR. *verb. act.* lat. *Iterùm instruere.* ang. *to furnish again.* Garnir une seconde fois. *Regarnir* un drap, c'est en tirer une seconde fois le poil avec un chardon.

REGATES. *s. f. pl.* Courses de barques qui se font sur le grand canal de Venise, pour gagner le prix qui est destiné au vainqueur.

REGAYER. *v. act.* Passer le chanvre par le regayoir. lat. *Pectinare.* ang. *to comb.*

REGAYOIR. *s. m.* Espéce de seran par les dents duquel on passe le chanvre pour le purger de ses ordures. lat. *Pecten ferreus.* ang. *an iron-comb.*

REGAYURE. *s. f.* Ce qui demeure dans le regayoir, lorsqu'on regaye le chanvre. lat. *Pectinamentum.* ang. *hemp comb'd of.*

REGELER. *verb. neut.* lat. *Regelare.* ang. *to freeze again.* Geler une seconde fois.

RÉGENCE. *s. fem.* lat. *Regni administratio.* ang. *regency.* Gouvernement d'un Etat pendant la minorité ou l'absence du Roi. Corps des Officiers ou des Magistrats qui ont l'administration de certaines villes ou républiques. Place d'un Régent de Collége.

RÉGÉNÉRATION. *s. f.* lat. *Regeneratio.* ang. *regeneration.* Action de régénérer.

RÉGÉNÉRER. *v. act.* lat. *Regenerare.* ang. *to regenerate.* Engendrer de nouveau.

RÉGENT, ente. *s. m. & f.* lat. *Regni procurator.* ang. *regent.* Qui régit, qui gouverne un Royaume au nom du Roi. Qui tient une classe dans un Collége. lat. *Præceptor.* ang. *a school-master.*

RÉGENTER. *v. act.* lat. *Regere.* ang. *to rule.* Tenir, exercer la Régence. Faire le Maître, dominer. Tenir une classe.

REGERMER. *v. n.* lat. *Regerminare.* ang. *to burgeon anew.* Germer de nouveau.

REGET. *s. m.* Houssine, ou verge de bois, laquelle, étant ploïée, se remet d'elle même toute droite.

REGETAIRE. *s. fem.* Se dit des courtisanes dont le Roi de Benin, païs des Noirs, tire une sorte de tribut.

RÉGICIDE. *s. m.* Attentat à la vie d'un Roi, meurtre commis en sa personne, ou l'assassin même. Il n'y a personne qui ne juge la peine du *Régicide* beaucoup moindre que son crime.

RÉGIE. *s. f.* lat. *Administratio.* ang. *administration, management.* Œconomat, garde, administration & direction d'un revenu.

RÉGIMBEMENT. *s. m.* lat. *Recalcitratio.* ang. *kicking or wincing.* Action d'une bête qui régimbe.

RÉGIMBER. *v. n.* lat. *Recalcitrare.* ang. *to kick or wince.* Ruer des pieds de derrière, n'obéir pas à l'éperon, au foüet, &c.

RÉGIME. *s. m.* lat. *Victûs ratio.* ang. *a course of diet.* L'art de conserver la santé par une manière de vivre convenable au corps, faisant diette, s'abstenant de plusieurs choses, &c. Dans la *Grammaire*, c'est la syntaxe ou concordance que des mots doivent avoir les uns avec les autres, suivant les règles de la Grammaire, ou l'usage de la langue. Gouvernement d'une maison religieuse. (Palais) Gouvernement, administration. . . . Dans l'*Amérique*, il se dit des grappes des bananiers, des planes, des cocos, datiers, &c.

RÉGIMENT. *s. m.* lat. *Legio, phalanx.* ang. *a regiment.* Corps de troupes faisant partie d'une armée. Un *Régiment* d'Infanterie est commandé par un Colonel & a quelquefois un grand nombre de compagnies. Ce nombre n'est pas fixe & varie selon les tems & les occasions.

REGION. *s. f.* lat. *Regio, plaga, tractus.* ang. *region.* Division particulière de la terre; étenduë de païs. Division de l'air & du ciel. Division du corps de l'homme.

RÉGIR. *verb. act.* lat. *Regere, administrare:* ang. *to govern or rule.* Conduire, gouverner. Avoir soin de recevoir un revenu, d'administrer les affaires qui le concernent. En termes de *Grammaire*, il se dit de la construction des noms, & des verbes qui ont un certain régime.

RÉGISSEUR. *s. m.* Celui qui est chargé d'une régie.

REGISTRAIRE. *subst. masc.* Gardien des Regîtres.

REGISTRATA. (Palais) Extrait de l'arrêt d'enregîtrement qu'on met sur le repli des Edits & autres lettres de Chancellerie, quand elles ont été vérifiées & enregîtrées.

REGISTRATEUR. *s. m.* Officier de la Chancellerie Apostolique.

REGÎTRE. *s. m.* lat. *Acta, actorum tabulæ.* ang. *a register.* Livre public qui sert à garder des mémoires, ou des actes ou minutes pour la justification de plusieurs faits dont on a besoin dans la suite. Tampons ou coulisses qui bouchent les ouvertures des fourneaux à vent des verriers, essayeurs, & qui servent à mesurer & à régler le feu. . . . bâtons qu'on tire pour faire jouer les différens jeux de l'orgue. . . . (Imprimerie) Disposition de la presse, telle qu'il la faut, pour que les pages reviennent justes les unes sur les autres. Lettres que l'on voit au bas de la première moitié des feuillets de chaque cayer, qu'on appelle autrement *signature.*

REGÎTRE-JOURNAL. *s. m.* Livre dont les comptables se servent pour enregîtrer la recette & la dépense journalière qu'ils font dans l'exercice de leurs charges ou commissions.

REGÎTRER. *v. act.* lat. *Inscribere.* anglois. *to register.* Ecrire quelque chose dans un regître.

RÈGLE. *s. fem.* lat. *Regula.* ang. *a rule or ruler.* Instrument qui sert à tracer une ligne droite. Principe constant qu'on a établi après beaucoup de raisonnemens & d'expériences, pour se bien conduire. Loix que Dieu a établies dans la nature. Manière de vivre. Constitutions, sur lesquelles sont établies les maisons religieuses. Maximes de conduite. *Règles* du quartier dans la *Marine*, c'est la manière de naviger par le quartier de réduction . . . *Règles:*

Purgations, ordinaires des femmes.

RÉGLEMENT. *f. m.* lat. *Præscriptio, formula.* ang. *regulation.* Ordre prescrit par des supérieurs pour être observé, afin que les choses soient uniformes, & selon la raison & la justice. *Réglement*, en morale, c'est la manière de régler ses mœurs... Arrêt de *Réglement*, est un Arrêt donné pour établir, fixer, constater la Jurisprudence.

RÉGLÉMENT. *adv.* lat. *Regulariter.* angl. *regularly.* D'une manière réglée, ponctuelle.

RÉGLER. *v. act.* lat. *Ad regulam describere.* ang. *to rule.* Tirer des lignes le long d'une règle. Ordonner, faire des réglemens pour maintenir les choses dans l'ordre. Prendre exemple, se former sur un certain modèle. Assigner une certaine somme ou ration pour vivre, pour subsister. Conduire, faire aller juste.

RÉGLET. *f. m.* lat. *Lineis interjecta laminula.* ang. *a riglet.* En *Imprimerie*, est une petite régle de bois qu'on met entre deux rangées de plomb, pour espacer davantage les lignes. Lignes qui séparent les chapitres dans un livre.... ( Architect. ) Petite moulure platte en saillie. Filet ou liteau... Les Menuisiers appellent aussi leurs régles des *réglets*.... *Reglet.* voy. *Signet.*

RÉGLEUR, euse. *f. m.* & *f.* lat. *Lineator, exarator.* ang. *a ruler of book.* Celui qui régle le papier.

RE'GLISSE. *f. fem.* lat. *Glycyrrhisa filiquosa.* anglois, *licorish.* Plante dont les racines ont un gout fort doux & agréable & qui est emploiée dans les prisanes & autres compositions de médecine.

RE'GLOIR. *f. m.* Petit instrument de buis, de bois ou d'os, en forme de petite règle. Outil de Papetier, pour régler le papier en blanc.

RE'GLURE. *f. f.* lat. *Exaratio.* ang. *a ruling.* Règles qu'on fait sur le papier & sur les livres.

REGNANT, ante. *adj.* lat. *Regnans.* ang. *reigning.* Qui est en possession d'un Royaume, de la Royauté.

REGNE. *f. m.* lat. *Regnum.* ang. *reign.* Tems pendant lequel un Roi gouverne; son gouvernement ou sa domination.... Dans l'*Histoire naturelle*, on appelle *règnes* les différentes classes dans lesquelles on range les mixtes.

RE'GNER. *v. neut.* lat. *Regere, gubernare.* ang. *to reign.* Régir, gouverner; commander souverainement. Environner, s'étendre, être continu. Avoir du pouvoir, de l'autorité, dominer. Être en credit, en vogue.

RE'GNICOLE. *f. masc.* & *f.* lat. *Regnicola.* ang. *a native or inhabitant of a kingdom.* Qui est établi & domicilié dans un Royaume. Sujet du Roi.

REGNIE, *ou* Regny. *f. f.* Espèce de toile, qui se fabrique en Beaujolois.

REGONFLEMENT. *subst. m.* Elévation des eaux, dont le cours est arrêté par quelque obstacle.

REGONFLER. *v. n.* Se dit des eaux qui remontent contre leur source, quand elles trouvent quelque obstacle qui les empêche de couler.

REGORGEMENT. *f. m.* lat. *Exundatio.* ang. *an over-flowing.* Action de ce qui regorge, & de ce qui est trop abondant, qui surmonte les bords d'un vaisseau où il est enfermé.

REGORGER. *v. n.* lat. *Exundare.* ang. *to over-flow.* Retourner vers la source. Au *Figuré*, *regorger* de biens, de dignités, de santé, c'est en avoir plus qu'on ne peut en souhaiter.

REGOULER. *voy.* Rabroüer.

REGOURMER. *v. act.* Gourmer dérechef.

REGOUTER. *v. act.* lat. *Regustare.* ang. *to taste again.* Goûter de nouveau.

REGRAT. *f. m.* ang. *regrating.* lat. *Interpolatio.* Exercice de celui qui regratte, qui revend en détail ce qu'il a acheté en gros.

REGRATER. *v. act.* lat. *Repumicare, repolire.* ang. *to scratch again.* Ratisser quelque chose de vieux, le racommoder pour le faire paroitre neuf, ou prolonger sa durée. Vendre en détail au peuple ce qu'on a achetté en gros. Trouver à faire quelque profit en une affaire, après qu'elle a passé par les mains des autres.

REGRATERIE. *f. f.* lat. *Interpolatio.* ang. *regrating.* Marchandise de regrat, commerce de petites denrées qu'on revend en détail, pour regagner.

REGRATIER. *f. m.* lat. *Mango.* ang. *a regrater or buckster.* Celui qui exerce le regrat. Celui qui en vendant ou en recevant un compte, prend garde à une bagatelle.

REGREFFER. *v. act.* Greffer, enter de nouveau.

REGRELOUER. *verb. act.* Grelouer la cire une seconde fois.

REGRÈS. *f. m.* lat. *Regressus.* ang. *a regress.* Révocation, action qu'on a pour rentrer en possession d'un bénéfice résigné, permuté, quand on a manqué à tenir les conditions du concordat, ou quand il y a une lésion, ou fraude visible.

REGRET. *f. m.* lat. *Dolor, ægritudo.* ang. *grief, regret.* Douleur, tristesse, déplaisir, affliction, chagrin qu'on a d'avoir fait, ou d'avoir perdu quelque chose.

REGRET. ( à ) *adv.* lat. *Ægrè, invitè.* ang. *with regret.* Avec répugnance, mal volontiers.

REGRETABLE. *adj.* lat. *Dolendus, plangendus.* ang. *to be lamented.* Qui mérite qu'on ait regret à sa perte.

REGRETER. *v. act.* lat. *Dolere, lugere.* ang. *to regret.* Être fâché, être touché d'avoir fait quelque perte, d'avoir marqué quelque occasion.

REGUINDER. *v. act.* lat. *Sursùm attollere.* anglois. *to lift up again.* Guinder une seconde fois.

RE'GULARITE'. *f. f.* lat. *Regularitas.* ang. *regularity.* Qualité de ce qui est fait dans l'ordre & dans les régles; soin, ponctualité, exactitude, assiduité. Observance exacte d'une régle monastique.

RE'GULE. *f. m.* lat. *Stanni species.* anglois, *regulus.* Parmi les *Chymistes*, est la partie pure du métal, qu'on fait précipiter au fond du creuset, lorsqu'on fond la mine métallique.

RE'GULIER, ière. *adj.* lat. *Regularis.* ang. *regular.* Ponctuel, exact, qui vit avec régularité, & selon les préceptes de la morale ; qui ne dit & ne fait que ce qu'il faut ; qui est exact à observer son devoir. Clergé *regulier* c'est le corps des Réligieux. Bénéfice *regulier* est celui qui ne peut être impétré que par un Réligieux. Corps *réguliers* en *Géométrie* sont ceux dont les surfaces sont composées de figures égales & régulières, & dont les angles solides sont tous égaux. Il n'y en a que cinq, le Tétraëdre, l'Octaëdre, l'Hexaëdre, le Dodecaëdre & l'Icosaëdre. Courbes *régulières* sont les sections coniques. Figures *régulières* en *Géométrie*, sont celles qui ont les côtés & les angles égaux. Pour les connoître, on met un pied du compas au centre de la figure & l'on fait passer l'autre pied par l'un de ses points angulaires ; si l'on décrit un cercle avec cette ouverture, il touchera exactement tous les autres angles, & s'il ne les touche pas, la figure est irrégulière.

RE'GULIÈREMENT. *adv.* lat. *Ex normâ.* ang. *regularly.* D'une manière régulière.

REGULO. *s. m.* Nom qu'on donne à la Chine aux fils de l'Empereur.

REGULUS. *s. mas.* En *Astronomie*, est une étoile de la première grandeur dans la constellation du *Lion*, qu'on nomme autrement *cœur du Lion.*

R E H

RE'HABILITATION. *s. f.* lat. *In integrum restitutio.* ang. *re-habilitation.* Action par laquelle le Pape ou le Roi, par des dispenses, ou lettres patentes, remettent des gens qui ont failli, en l'état où ils étoient auparavant.

RE'HABILITER. *verb. act.* lat. *In integrum restituere.* ang. *to re-habilitate.* Rétablir quelqu'un en son premier état, nonobstant qu'il ait failli, qu'il ait dérogé, qu'il soit devenu irrégulier.

RE'HABITUER. (Se) *v. rec.* lat. *Consuetudinem pristinam resumere.* ang. *to accustom one's self again.* Reprendre une habitude qu'on avoit perduë.

REHACHER. *v. act.* Hâcher de nouveau.

REHANTER. *v. act.* Hanter de nouveau.

REHAZARDER. *verb. actif.* Remettre au hazard.

REHAUSSEMENT. *s. m.* lat. *Elevatio.* ang. *raising.* Action par laquelle on rend plus haut.

REHAUSSER. *v. act.* lat. *Altiùs attollere.* ang. *to raise.* Rendre plus haut. Faire augmenter de prix. Donner un nouveau lustre.

REHAUTS. *s. m. pl.* Dans la *Peinture*, se dit des endroits les plus éclairés d'un tableau, & où sont les plus vives couleurs.

REHEURTER. *v. act.* Heurter de nouveau.

R E J

REJAILLIR. *verb. n.* lat. *Resilire.* ang. *to return back.* Jaillir. Se réfléchir. Retourner, retomber.

REJAILLISSEMENT. *s. masc.* lat. *Reflexio.* ang. *resilition.* Réflexion, mouvement des corps qui réjaillissent.

REJAUNIR. *v. n.* & *act.* lat. *Flavescere.* ang. *to grow yellow again.* Redevenir jaune, ou rendre jaune.

REJET. *s. m.* lat. *Rejectus.* ang. *rejecting.* Renvoi qu'on fait d'une partie d'un compte sur un autre. Réimposition qu'on fait d'une taxe, d'une somme déja imposée. Rebut. Il se dit aussi du nouveau bois que poussent les arbres, & des jeunes abeilles que les vieilles chassent de leurs ruches.

REJETON. *voy.* Rejetton.

REJETTABLE. *adj.* lat. *Rejiciendus.* ang *to be rejected.* Qui mérite d'être rebutté, rejetté.

REJETTEAU. *s. m.* Moulûre que l'on pratique, au bas des bois des fenêtres & qui avance sur le chassis, pour empêcher, lorsqu'il pleut, que l'eau n'entre dans les appartemens.

REJETTER. *v. act.* lat. *Rejicere.* ang. *to throw again.* Jetter une autre fois. Pousser un nouveau jet. Oter d'un lieu pour mettre en un autre. Réimposer une taxe. Pousser hors de soi. Rebuter une chose qu'on croit mauvaise. Refuser. Désapprouver. *Rejetter* un crime sur quelqu'un ; c'est l'accuser du crime dont on étoit accusé.

REJETTON. *s. masc.* lat. *Arboris surculus.* ang. *a young shoot.* Nouveau bois que jette un arbre.

REJETTONNER *le Tabac. v. act.* En arracher les fausses tiges ou feuilles.

RÉIMPOSER. *v. act.* Imposer de nouveau.

RE'IMPOSITION. *s. f.* Action de réimposer.

RE'IMPRESSION. *s. f.* lat. *Secunda editio.* ang. *reprinting, new edition.* Seconde édition ou impression d'un livre.

RE'IMPRIMER, *ou* R'imprimer. *v. act.* lat. *Typis de novo mandare.* ang. *to re-print.* Imprimer de nouveau.

REIN. *s. m.* lat. *Ren.* ang. *the rein or kidney.* Rognon, partie de l'animal où se fait la séparation de l'urine, pour s'écouler dans la vessie. Les *reins* signifient en général la force de l'homme.... (Architect.) Côtés d'une voûte, qui commencent à se courber & qui sont près de l'imposte.

REINE. *s. f.* lat. *Regina.* ang. *a queen.* Femme du Roi, ou celle qui possède un Royaume de son chef à defaut d'héritiers mâles, comme en *Angleterre*, en *Hongrie*, &c. *Reine douairière* est la Veuve du Roi décédé, qui n'a aucun droit au gouvernement ; mais seulement une pension pour vivre selon sa condition... Celle qui tient le premier rang en son genre... *Reine :* tulipe amarante, pourpre & blanc d'entrée, tirant sur la robinette.

REINETTE. *s. f.* Sorte de pomme, dont la chair est ferme & de très bon goût. lat. *Pomum rainaitium.* ang. *a pippin.*

RE'INFECTER. *v. act.* lat. *Denuò inficere.* ang. *to infect again.* Infecter de nouveau.

REINGRAVE. *voy.* Rheingrave.

REINOLDUS. *sub. masc.* 10$^{e}$. Tache de la Lune.

RE'INSTALLER. *verb. act.* Installer une seconde fois.

RE'INSTRUIRE. *voy.* R'instruire.

REINTE', ée. *adj.* Se dit d'un chien qui a les reins élevés en arc, & larges. C'est signe de force.

RE'INTE'GRANDE. *s. f.* lat. *In integrum restitutio.* ang. *a replevy.* Action possessoire pour être mis en la jouissance d'une chose dont on étoit en possession, & dont a été expulsé de force & de fait.

RE'INTE'GRATION. *s. fem.* Action de remettre en possession celui qui en a été dépouillé.

RE'INTE'GRER. *verb. act.* lat. *Reintegrare.* anglois. *to restore one to his own.* Rétablir quelqu'un en la possession dont il a été évincé.

RE'INTERROGER. *v. act.* lat. *Iterùm interrogare.* ang. *to interrogate again.* Interroger de nouveau.

RÉINVITER. *v. act.* lat. *Iterùm invitare.* ang. *to invite again.* Inviter de nouveau.

REJOINDRE. *v. act.* lat. *Rejungere.* ang. *to rejoin.* Joindre une seconde fois ce qui avoit été joint. Rattraper, atteindre. Se revoir, se rassembler, se réunir.

REJOINTOYER. *verb. act.* (Architecture) Remplir & ragréer les joints des pierres d'un bâtiment, lorsqu'ils se sont ouverts.

REJOUER. *v. act.* Jouer de nouveau.

RE'JOUIR. *v. act.* lat. *Exhilarare, oblectare.* ang. *to rejoice.* Donner & recevoir de la joie.

RE'JOUISSANCE. *s. f.* lat. *Lætitia, gaudium.* ang. *a rejoicing.* Action par laquelle on réjouit, où la chose même qui donne de la joie. C'est dans le *Jeu*, une carte que le coupeur qui a la main, tire immédiatement après la sienne & sur laquelle les joueurs mettent ce qu'ils veulent.

RE'JOUISSANT, ante. *adj.* lat. *Exhilarans.* ang. *rejoycing.* Qui réjouït.

REJOUTER. *v. n.* Joûter de nouveau.

REIS. *s. mas.* Monnoie de Portugal, qui ne vaut guères plus d'un denier de France. Il en faut 2000. pour faire la pistole d'Espagne.... Capitaine de galères, chez les Turcs.

RE'ITE'RATION. *s. f.* lat. *Reiteratio.* ang. *reiteration.* Action par laquelle on fait une chose une seconde fois.

RE'ITE'RER. *v. act.* lat. *Reiterare.* ang. *to reiterate.* Faire une seconde fois, ou plusieurs fois, quelque chose.

REITRE. *s. masc.* lat. *Eques germanus.* ang. *reister.* Cavalier Allemand. Homme fin, rusé.

## R E K

RE'KIET. *s. masc.* Inclination que font les Turcs dans leurs Mosquées.

## R E L

RELACHE. *s. m.* lat. *Remissio, relaxatio.* ang. *relaxation.* Repos, cessation de travail. Lieu de *relâche* dans la *Marine* est le lieu où est arrivé un vaisseau qui a relâché.

RELACHEMENT. *s. m.* lat. *Relaxatio.* ang. *relaxation, slackening.* Diminution de force, détension. Affoiblissement, déréglement, corruption, ou dans les mœurs, ou dans la discipline.

RELACHER. *v. act.* lat. *Remittere, relaxare.* ang. *to slacken.* Détendre, débander, rendre lâche. Céder au vent contraire, & chercher quelque port, ou quelque rade pour se mettre à l'abri. Se modérer, devenir moins violent. Céder, se laisser aller, rabattre de sa sévérité, de sa rigueur.

RELAIS. *s. masc.* lat. *Veredi recentes.* ang. *a fresh horse.* Equipage, qu'on envoye devant, ou qu'on a ordonné de tenir prêt, pour changer de chevaux, ou de voiture, quand on veut faire diligence. Lieu où l'on pose les chevaux & les chiens de *relais* à la chasse, pour soulager les chiens recrus. Loisir, fainéantise, manque d'emploi ou d'occupation. Retraite qu'on fait sur un mur qu'on éléve. Malice, tour de page. Laisses, terres que la mer a laissées au rivage... En termes de *Chasse* on dit *tenir les relais*, quand on met les chiens en certains endroits & dans la refuite de la bête que vous courés, pour les donner, quand elle passera.

RELAISSER. (Chasse) Se dit d'un lièvre qui a tellement couru qu'il s'arrête étant lassé & ne va point au gîte.

RELANCER. *v. act.* lat. *Feram latibulo iterùm exigere.* ang. *to imprime a deer.* Lancer de nouveau une bête à la chasse. Repousser, recogner avec force quelque ennemi. Rabrouer quelqu'un, le faire taire, le repousser fièrement & fortement.

RELANT. *voy.* Relent.

RELAPS, apse. *adj.* & *subst.* lat. *Relapsus.* ang. *a relapse.* Qui est retombé dans une hérésie, dans une faute, &c.

RE'LARGIR. *v. act.* Elargir de nouveau.

RELASCHE, Relascher. *voyez* Relâche, Relâcher.

RELATER. *v. act.* Later de nouveau.

RE'LATIF, ive. *adj.* lat. *Relativus.* angl. *relative.* Qui se rapporte à un autre.

RE'LATION. *s. f.* lat. *Relatio.* ang. *a relation.* Récit de quelque avanture, histoire, bataille. Intelligence, correspondance qui est entre deux ou plusieurs personnes. Rapport.

RE'LATIONNAIRE. *s. m.* Qui fait ou écrit des rélations.

RE'LATIVEMENT. *adv.* lat. *Relativè.* ang. *relatively.* D'une manière rélative.

RELAVER. *v. act.* Laver de nouveau.

RELAXATION. *s. f.* lat. *Relaxatio.* angl. *relaxation.* Consentement qu'on donne à la délivrance d'un prisonnier. Diminution ou rémission des peines canoniques. Relâchement des nerfs.

RELAXER. *v. act.* lat. *Relaxare.* ang. *to release.* Relâcher un prisonnier, consentir à sa sortie.

RELAYER. *v. n.* & *act.* lat. *Equos integros & recentes conscendere.* ang. *to take fresh horses.* Se servir de relais, changer de chevaux, en prendre de frais, & qui n'ont point travaillé. Travailler & se reposer alternativement.

RE'LE'GATION. *s. f.* lat. *Relegatio.* angl. *banishment.* Espèce d'exil qui se fait par l'autorité du Prince, qui envoie ordre à quelqu'un d'aller en un lieu qu'il lui marque & d'y demeurer jusqu'à ce qu'on le rappelle.

RE'LE'GUE'. *s. m.* Récompense d'un Gendarme-de-la-Garde, ou d'un Chevau-Leger, lorsqu'il a servi un certain nombre d'années & qu'il veut se retirer. Le rélégué est de 540. livres.

RE'LE'GUER. *v. act.* lat. *Relegare.* ang. *to banish or exile.* Exiler, envoyer un ordre à quelqu'un de demeurer dans une ville qu'on lui assigne. Il se dit aussi d'un exil volontaire qu'on s'impose à soi-même par l'amour de la retraite, de la vie privée.

RELENT. *s. m.* lat. *Situs.* ang. *a musty smell.* Mauvaise odeur provenant d'un air ou de quelques corps humides corrompus pour avoir été enfermés long-tems.

RELEVAILLES. *s. f. pl.* lat. *Cæremonia purificationis.* ang. *the churching of a woman after child-bed.* Cérémonie qu'on fait à l'Eglise quand une femme releve de couche.

RELEVE'. *s. m.* (Anatomie) Action de relever... Ouvrage que fait un maréchal, en levant le fer d'un cheval & en le rattachant.... *Relevé* de compte : extrait de tous les articles d'un compte qui regardent le même objet.

RELEVE'E. *s. f.* lat. *Pomeridianum tempus.* ang. *the after-noon.* L'après dînée, ou le tems d'après midi.

RELE'VEMENT. *s. m.* lat. *Elevatio.* ang. *raising up again.* Action par laquelle on relève.

RELEVER. *v. act.* lat. *Elevare denuò.* ang *to raise up again.* Lever une seconde fois. Redresser. Elever plus haut. Ramasser, sortir du lit pour quelque nécessité. Sortir de maladie. Retrousser. Soulager. En termes de *Guerre*, c'est prendre le poste d'un autre corps de troupes. En termes de *Marine*, relever une côte, c'est voir en quel rhumb de vent elle reste. En termes de *Jurisprudence*, Il se dit des fiefs qui *relèvent* ou dépendent les uns des autres. En termes de *Chancelerie*, il se dit des lettres scellées que le Prince accorde pour faire casser des contrats & autres actes pour lésion ou autre nullité de fait ou de droit. *Relever* un appel, c'est appeller à une cour supérieure. *Relever* signifie aussi, faire valoir. Reprendre, corriger.... En termes de *Marine*, *relever* la galère se dit des forçats qui se soulèvent contre les Officiers & se rendent maîtres de la galère.

RELEVEUR. *s. m.* (Anatomie) Se dit de différens muscles qui relèvent, qui tirent en haut.

RELIAGE. *s. m.* lat. *Vietura.* ang. *hooping again.* Application de nouveaux cercles sur des cuves, des tonneaux & autres vaisseaux semblables.

RELIEF. *s. m.* Droit qu'un fief doit au Seigneur dominant presque en toutes mutations. Il se dit en termes de *Chancellerie* des lettres qu'on y obtient pour relever un appel interjetté. *Reliefs* de cuisine, sont des restes de pain ou de viande. En termes de *Sculpture*, *relief* se dit des figures en saillies & en bosse ou élevées. Lorsqu'une figure représente tout le corps en dehors, on l'appelle de *haut relief*; mais lorsqu'elle ne sort qu'en partie du fond, on l'appelle *bas relief.* En platte *Peinture*, on dit qu'une figure a du *relief*, lorsqu'elle est si bien ombrée & relevée de couleurs, qu'il semble qu'elle sorte du tableau. C'est au figuré, tout ce qui sert à relever une chose, à la faire valoir. Ordre que l'Officier obtient du Ministre pour se faire payer ses appointemens échus pendant son absence.

RELIEN. *s. m.* C'est en termes d'Artificiers de la poudre grossièrement écrasée sans être tamisée.

RELIER. *v. act.* lat. *Iteratò vincire.* ang. *to tye again.* Lier une seconde fois ce qui étoit lié. Mettre de nouveaux cercles sur des cuves, tonneaux, *&c.* Assembler des livres & des cayers, les couvrir.

RELIEUR. *s. m.* lat. *Librarius concinnator.* ang. *a book-binder.* Artisan qui relie les livres.

RELIEURE. *s. f.* lat. *Librorum concinnatio.* ang. *a binding.* Art de relier les livres, ou leur couverture.

RELIGIEUSEMENT. *adverb.* lat. *Religiosè.* ang. *religiously.* D'une manière religieuse ou exacte.

RELIGIEUX, euse. *adj.* lat. *Pius, religiosus.* ang. *religious.* Pieux, dévot, qui craint Dieu, & qui a de profonds respects pour la religion. Qui regarde la religion ; qui appartient à la religion, ou à l'état monastique.

RELIGIEUX, euse. *s. m.* & *f.* lat. *Religiosus.* ang. *a monk.* Qui est engagé par un vœu solemnel ; qui a embrassé la vie monastique. Il se dit aussi de celui qui est régulier & ponctuel à faire son devoir ; exact à garder sa parole & à vivre dans les règles de l'honnêteté, jusqu'à s'en faire une espèce de religion.

RELIGION. *s. f.* lat. *Pietas, religio.* angl: *religion.* Culte qu'on rend à l'Auteur suprême de tous les Êtres, qui est Dieu. Il se dit aussi du culte superstitieux des Idoles & du culte que l'Eglise rend aux Saints, aux Anges, *&c.* Quant aux *religions* de l'Europe ; l'Inquisition a tant d'autorité en *Italie* qu'un Hérétique ne peut y résider. On y tolère seulement les *Juifs* dont le Pape tire quelque tribut. Ils ne sont pas tolerés chés les *Venitiens.* On tolère à *Naples* quelques chrétiens de l'Eglise *Gréque.* Il n'y a en *Sicile*, en *Sardaigne* & à *Malte* que des *Catholiques Romains.* La *Dalmatie* est possédée en partie par les *Vénitiens* & en partie par les *Turcs*; la Republique de *Raguse* paye tribut aux *Turcs*; mais elle est catholique & a son Archevêque. Les habitans de l'isle de *Corfou*, qui appartient à la Republique de *Venise*, suivent pourtant la Religion des *Grecs* schismatiques. L'isle de *Candie* est maintenant sous la domination du grand Seigneur : outre les *Mahométans*, il y a des *Catholiques*, des chrétiens *Grecs* & des *Juifs*, qui y payent tribut. En *Espagne* & en *Portugal*, il n'y a que des *Catholiques Romains.* La *France* est toute *Catholique* en général & dans tous les *Pays bas* qui dépendent du Roi de *France* ou du Roi d'*Espagne*, on ne voit point d'autre *religion* que la *religion Catholique*. Dans les Etats de *Hollande*, la *religion* dominante est celle de *Calvin*, mais on y souffre aussi les *Catholiques*, les *Luthériens*, les *Juifs*, &c. Les *Catholiques* néanmoins n'y ont aucun exercice public de leur *religion*, mais les autres y ont des Temples, des Synagogues, &c. La ville de *Genève* est la retraite des *Calvinistes*. Des treize cantons *Suisses*, il y en a cinq de *Catholiques*, sçavoir, *Uri*, *Suitz*, *Onderwald*, *Lucerne* & *Zugh*. Le canton de *Soleurre* est presque tout *Catholique*. Les autres sont ou *Calvinistes* ou *Zuingliens*, & la plûpart sont en partie *Catholiques* & en partie *Calvinistes*. Les *Vaudois* & les *Grisons* sont mêlés de *Catholiques* & de *Calvinistes*. La *Valteline* est toute Catholique. L'*Allemagne* est partagée en presque autant de Religions, qu'il y a de Princes, d'Etats, ou de Villes libres, mais l'Empereur est *Catholique Romain*. Le *Luthéranisme* y est de toutes les Sectes la plus autorisée & la plus étenduë. Le *Calvinisme* regne principalement dans l'un & l'autre *Palatinat*, au païs de *Hesse*, au Duché de *Wirtemberg* & dans les *Villes Anséatiques*. La *Hongrie* est partagée entre les *Catholiques*, les *Luthériens* & un grand nombre d'*Ariens*. La *Pologne* en général est *Catholique*; il y a pourtant beaucoup de *Calvinistes* & de *Luthériens* dans la basse *Pologne*, aux environs de *Lublin*, dans la *Prusse* & la *Livonie* vers la *mer Baltique*; les provinces qui confinent avec la *Hongrie*, la *Moravie* & la *Silesie* en ont aussi. Et celles qui avancent vers le midi & le levant, suivent pour la plûpart les erreurs des *Grecs*. La *Transylvanie* est remplie de toutes sortes de Religions & la *Catholique* y est la moins cultivée. La *Suéde* & le *Dannemark* suivent la Confession d'*Ausbourg*. Dans la *Grande Bretagne*, l'*Irlande* & les païs qui en dépendent, la Religion prétendue reformée est généralement suivie; & en *Angleterre* & *Irlande* la Religion dominante est celle des Episcopaux; mais en *Écosse* c'est celle des *Presbyteriens*, quoiqu'on souffre dans ces Royaumes toutes les autres Religions excepté la Religion Catholique. Les *Moscovites* suivent la Religion des Chrétiens *Grecs* & quoiqu'ils ayent un Patriarche à *Moscou*, ils ne laissent pas de reconnoître encore l'Eglise de *Constantinople*. Les *Morduois* qui sont sur les frontières de la *Moscovie*, usent de la Circoncision comme les *Juifs* & les *Turcs*, quoiqu'en tout le reste ils ne soient pas de leur religion. Ils ne sont ni chrétiens ni idolatres, mais ils vivent selon les loix de la nature, & n'adorent qu'un seul Dieu, créateur de l'Univers, auquel ils offrent les prémices de tout ce qu'ils recueillent en les jettant contre le ciel. Les *petits Tartares* font profession du *Mahométisme*. Il y a aussi parmi eux quelques *Juifs* & quelques *Catholiques*, à qui l'on permet l'exercice de leur religion, moyennant un tribut. La Religion de *Mahomet* regne dans la *Turquie*, mais le grand Seigneur y souffre les *Chretiens* & les *Juifs* en plusieurs endroits. Les *Grecs* Schismatiques y sont en grand nombre & ont un Patriarche à *Constantinople*, dont la Jurisdiction s'étend aussi dans l'*Asie Mineure* ou *Natolie*.

*Religions* de l'*Asie*. Dans la *Turquie* en *Asie*, la Religion *Mahométane* est la dominante, quoique les autres y soient tolerées. Les *Grecs* y ont deux Patriarches celui d'*Antioche* & celui de *Jerusalem*. C'est dans cet Empire principalement, que sont les Chrétiens *Armeniens*, *Georgiens*, *Nestoriens*, *Jacobites* & *Maronites*. Il y a aussi des *Catholiques*, des *Sabéens*, des *Cophtes* & quantités de *Juifs*. Les Marchands *François* & *Vénitiens* catholiques, sont assistés des Religieux de S. *François* dont la demeure ordinaire est à *Jerusalem* & à *Bethléem*. On suit en *Perse* la Religion de *Mahomet*, selon la secte d'*Ali*: mais les *Persans* laissent la liberté de conscience entière à tous les étrangers, de quelque Religion qu'ils soient. C'est pourquoi on y voit des chrétiens *Catholiques*, des *Armeniens*, des *Nestoriens*, & des *Sabéens*. Il y a aussi des *Juifs* & des *Benjans* ou Prêtres Indiens, & autres idolatres. L'*Arabie* obéit au grand Seigneur & à des Princes *Mahométans*, qui y souffrent des chrétiens, dont il y a un fameux Monastère sur le mont *Sinaï*, occupé par des *Caloyers* ou Religieux *Grecs* de l'Ordre de S. *Basile*. L'Empire du *Mogol* dans l'*Inde*, est soumis à un Prince *Mahométan*, de la secte d'*Ali*. Mais il se trouve dans ses Etats beaucoup d'idolatres. Il y a aussi des chrétiens *Catholiques*, des *Abyssins* & des *Juifs*; car chaque Nation y exerce librement sa religion. La presqu'isle de l'*Inde* en deçà du golfe de *Bengale*, comprend plusieurs Royaumes, dont les peuples sont presque tous idolatres: mais la petite isle de *Goa* appartient aux *Portugais*; c'est pourquoi il y a plusieurs Eglises & Monastères. L'Archevêque de cette isle a sous lui tous les Evêques des *Indes Orientales* & l'Inquisition s'y exerce avec rigueur contre les Apostats. On y souffre des *Arméniens*, des *Juifs*, des *Maures* & des *Benjans*, qui y vivent selon leur religion. Il s'y voit encore plusieurs *Arabes*, *Persans* & *Abyssins*, qui suivent en partie la Religion Chrétienne & en partie celle des *Maures* qui est la *Mahométane*. Les peuples du Royaume de *Calicut* croyent un Dieu, Créateur du ciel & de la terre; mais ils le font oisif & disent que c'est un mauvais esprit qui a le gouvernement du monde. Ils rendent des honneurs divins à ce mauvais Esprit, qu'ils appellent *Deumo* & à plusieurs fausses divinités. Les mêmes superstitions se pratiquent dans le Royaume de *Narsingue*, qui est rempli de Pagodes ou Temples en l'honneur des Démons. Le Roi de *Golconde* suit la religion des *Persans*, mais les peuples sont idolatres. La terre ferme de l'*Inde* au-delà du *Gange* est possédée par plusieurs Rois idolatres. La presqu'isle de la même *Inde* à l'Orient du Golfe, est encore un païs où l'on adore des Idoles & de fausses Divinités. Les principaux Royaumes de cette presqu'isle sont ceux de *Siam*, de *Tonquim*, de *Lao* & du *Pegu*. Le Roi de *Siam* permet l'exercice de toutes les Religions & témoigne une affection particulière pour celle des Chrétiens. La presqu'isle de *Malaca* est une dépendance du

Royaume de *Siam* ; mais la plus grande partie appartient aux *Hollandois*, qui y accordent la liberté de conscience, à cause des Marchands de différentes religions qui y abordent. Il y a plusieurs *Catholiques* dans les Royaumes de *Tonquin* & de *Lao*, où les *Jésuites* prêchent l'Evangile. Les peuples du *Pegu* sont si fort attachés à leur idolatrie, qu'on a tenté inutilement d'introduire la Religion chrétienne dans ce païs. Les *Chinois* sont idolatres ; mais l'exercice de la Religion chrétienne est permis dans cet Empire & les Jésuites y ont plusieurs Eglises. Il y a aussi un grand nombre de *Juifs* qui y ont leurs Synagogues, par la permission de l'Empereur de la *Chine*. La *Tartarie* est soumise à plusieurs Princes, dont le plus puissant se nomme le grand *Cham*. Quelques-uns des Souverains suivent la Religion de *Mahomet* ; d'autres sont payens & idolatres. On y trouve des chrétiens *Nestoriens* & des *Juifs*, mais qui observent fort peu la loi de *Moïse*. L'idolatrie domine dans le *Japon* & depuis la persécution de *Taïcosama*, qui y regnoit en 1630, les Chrétiens n'y ont plus eu d'Eglises, comme ils en avoient auparavant. Les isles *Philippines* appartiennent aux *Espagnols*, qui y laissent liberté de conscience à ceux du païs qui sont idolatres & à plusieurs Indiens *Chinois*. Les isles de *Sonde* nommées *Java* & *Sumatra* sont habitées par des peuples adonnés au culte des Idoles. Il y a aussi des *Mahométans* & des Chrétiens. Les *Hollandois* sont puissans dans l'isle de *Java*, où ils résident à *Batavia*. Les habitans originaires de l'isle de *Ceylan* sont idolâtres. On y voit aussi beaucoup de Mahométans, & un bon nombre de Chrétiens, parceque les *Hollandois* y possédent plusieurs villes. L'isle de *Chypre* est sous l'Empire du *Turc* ; mais il y laisse vivre en liberté de conscience, les chrétiens *Latins* & *Grecs*, les *Arméniens*, les *Cophtes* & toutes sortes de sectes, moyennant un tribut. L'isle de *Rhodes* est habitée par des *Turcs*, par des chrétiens *Grecs* & par des *Juifs*.

*Religions de l'Afrique.* La *Barbarie* est habitée par des *Maures*, des *Turcs* & des *Arabes*, qui suivent la Religion de *Mahomet*. Les *Portugais*, les *Espagnols* & les *Anglois* y possédent quelques places. Il y a aussi des endroits, où les infidéles souffrent les *Chrétiens* & les *Juifs* moyennant un tribut. La Religion dominante de l'*Egypte* est la *Mahométane*, qu'observent les *Maures*, les *Arabes* & les *Turcs*. Les chrétiens *Cophtes* y ont aussi leurs Eglises & les *Juifs* leurs Synagogues. Les peuples de *Zanguebar* & de la côte d'*Abex*, sont *Mahométans* ; mais les *Portugais* qui ont des places dans le *Zanguebar*, y ont introduit le Christianisme. Il y a aussi dans ce païs des *Juifs* & des idolatres. Les originaires de l'isle de *Madagascar* croyent qu'il y a un Dieu créateur du ciel & de la terre ; mais ils adorent le Diable. Les *François* qui y sont établis tâchent de les convertir au Christianisme. La *Cafrerie* est peuplée d'idolatres : les *Hollandois* y ont seulement deux forts vers le *Cap de bonne espérance* & les *Portugais* un château dans le Royaume de *Sofala*. Il y a beaucoup d'idolatres dans le Royaume de *Congo*, quelques *Mahométans* & plusieurs *Chrétiens* : particuliérement dans la Province d'*Angola*, dont les *Portugais* sont les Maîtres. Les peuples de la *Guinée* adorent des idoles ; mais les *Anglois*, les *Hollandois* & les *Danois* y tiennent quelques places sur la côte : & les *Portugais* ont des habitations dans le païs, où ils tâchent d'introduire le Christianisme. Les *Négres* mêlent à leur idolatrie quelques cérémonies du *Mahométisme* : ce que font aussi les habitans du *Zaara*. Le *Biledulgerid* observe la Religion *Mahométane*. La Religion des peuples de *Nubie* est un mélange des cérémonies des Chrétiens, des *Mahométans* & des *Juifs*. Les *Abyssins* suivent pour la plûpart la Religion catholique & le moindre nombre est de ceux qui conservent encore les erreurs d'*Eutyches* & de *Dioscore*. L'idolatrie est l'ancienne religion du *Monomotapa* ; mais les Jésuites y ont établi le Christianisme en plusieurs endroits.

*Religions de l'Amérique.* Le *Canada* ( ou la *nouvelle France*, ) est peuplé de *Catholiques* : car presque tout ce païs appartient au Roi de *France*. La *nouvelle Angleterre*, la *nouvelle Hollande*, & la *nouvelle Suede* sont des Colonies des Nations respectives dont elles portent le nom, & chacune y exerce sa religion. Les *Sauvages*, *Iroquois*, *Hurons*, *Algonquins* & autres, n'ont presque point de religion, à la réserve de ceux qui fréquentent les peuples de l'*Europe*. Les *Anglois* ont plusieurs habitations dans la *Virginie* : les Originaires croyent qu'il y a plusieurs Dieux de différents ordres, qui dépendent d'un premier nommé *Kenvas*, lequel est leur Souverain, & a été de tout tems. Ils tiennent le Soleil, la Lune, & les Etoiles pour demi-Dieux. Les *Sauvages* de la *Floride* sont idolatres & adorent le Soleil & la Lune ; mais les *Espagnols* & les *Anglois* y ont des Colonies & ont établi la Religion chrétienne en plusieurs endroits. Le *Mexique*, que l'on nomme aussi la *nouvelle Espagne*, est fort peuplé de *Catholiques* : il y a un Archevêque & plusieurs Evêques. Les *Espagnols* sont aussi Maîtres de la *Castille neuve*, où ils ont introduit la Religion catholique. Les Montaguards de ce païs sont encore idolatres, & adorent le Soleil & la Lune, comme les principales divinités, tenant l'un pour le mari & l'autre pour la femme. Les *Caraïbes* & les peuples de la *Guiane* adorent des idoles & quelques-uns croyent l'immortalité de l'ame. Les habitans du païs des *Amazones* sont aussi idolatres. Le *Brésil* appartient aux *Portugais*, qui y ont une belle ville nommée *San-salvador*, où est le Siége d'un Archevêque. Les *Sauvages* se convertissent à la Foi de jour en jour. Le païs de la *Plata* & celui des *Patagons*, sont peuplés d'habitans idolatres ; mais les *Espagnols* y ont plusieurs habitations & une ville nommée l'*Assomption*, qui est le Siége d'un Evêque & où les Jésuites ont un Collége. On a établi plusieurs Séminaires dans le *Chili*, pour travailler à la conversion des naturels du païs qui ont fort peu de religion. La Religion *Catholique* est établie dans le *Perou*, qui appartient au Roi d'*Espagne*. Il y a un Archevêque à *Lima* & plusieurs Évêques, dans les autres Provinces; & l'idolatrie ne subsiste que parmi un petit nombre des Sauvages.

RELIGIONAIRE. *s. m.* & *f.* lat. *Religionarius.* anglois. *a protestant.* Qui est de la religion Prétendue Réformée.

RELIMER. *v. act.* lat. *Iterùm limare.* ang. *to file again.* Limer de nouveau.

RELIQUA. *s. m.* ang. *Remainder.* Reste ou débet dont le rendant compte se trouve débiteur, toute sa dépense déduite par la clôture & l'arrêté de compte.

RELIQUAIRE. *s. m.* lat. *Capsula reliquiarum.* anglois. *a shrine for relicks.* Petit vaisseau précieux & portatif où l'on enferme les reliques.

RELIQUAT. *voy.* Reliqua.

RELIQUATAIRE. *s. m.* lat. *Debitor.* angl. *one that is behind hands in his accounts.* Débiteur d'un reliqua de compte.

RELIQUATS. *s. m. pl.* Reliefs, restes d'un festin.

RELIQUE. *s. f.* lat. *Reliquiæ.* ang. *relick or reliques.* Ce qui nous reste d'un Saint & qu'on garde avec respect pour honorer sa mémoire. Ce sont des parties de leurs corps ou de leurs effets.

RELIRE. *v. act.* lat. *Relegere.* ang. *to read over again.* Lire deux ou plusieurs fois un écrit.

RELIURE. *voy.* Relieure.

RELOCATION. *s. f.* Contrat par lequel un débiteur qui a vendu à son créancier un héritage pour l'argent qu'il lui doit, avec faculté de rachat perpétuel, s'en rend le fermier pour une somme à laquelle peuvent monter les intérêts de ce qu'il lui doit.

RELOGER. *v. n.* & *act.* Retourner loger en un lieu qu'on avoit quitté.

RELOUAGE. *s. m.* Tems auquel le hareng fraie, ce qui arrive vers Noël.

RELOUER. *v. act.* lat. *Iterùm conducere.* anglois. *to underlet, to let again.* Louer une seconde fois. Louer une partie de ce qu'on a pris à louage.

RELUIRE. *v. n.* lat. *Relucere.* ang. *to shine.* Réfléchir la lumière, jetter quelque lueur.

RELUISANT, ante. *adj.* lat. *Elucens.* ang. *glittering.* Qui reluit.

RELUQUER. *v. act.* Dans le style badin, il signifie *regarder*, & plus souvent encore *regarder* de travers, ou du coin de l'œil.

RELUSTRER. *v. act.* Redonner du lustre à un chapeau, &c. Le lustrer de nouveau.

## R E M

REMACHER. *v. act.* lat. *Iterùm mandere.* ang. *to chew again.* Mâcher de nouveau. Ruminer, repasser dans un esprit.

REMAÇONNER. *verb. act.* Réparer par le moyen d'un Maçon.

REMANDER. *v. act.* lat. *Iterùm mandare, scribere.* ang. *to send word again.* Mander de nouveau.

REMANGER. *v. act.* lat. *Comedere iterùm.* ang. *to eat again.* Manger de nouveau.

REMANIEMENT. *s. mas.* (Imprimerie) Se dit lorsqu'on réduit les pages de petit en grand ou de grand en petit. lat. *Retractatio.* anglois. *over-running....* *Remaniement à bout.* voy. *Remanier.*

REMANIER. *v. act.* lat. *Iterùm contrectare.* ang. *to handle again.* Manier une seconde fois. Refaire un ouvrage, le racommoder presque tout, comme quand les *Imprimeurs* ont réduit les pages déjà composées du petit au grand ou du grand au petit. En termes de *Couvreurs*, *remanier à bout*, c'est réparer une couverture d'un bout à l'autre.

REMARCHANDER. *v. act.* Marchander de nouveau. lat. *Pretium mercis denuò expetere.* ang. *to cheapen again.*

REMARCHER. *v. n.* Marcher une seconde fois.

REMARIER. *verb. act.* lat. *Altero conjugio conjugare.* anglois. *to marry again.* Refaire un mariage, ou passer à de secondes nôces.

REMARQUABLE. *adj.* lat. *Notabilis, insignis.* ang. *remarkable, notable.* Extraordinaire, singulier, qui mérite d'être observé.

REMARQUE. *s. f.* lat. *Observatio, notatio.* anglois. *remark, observation.* Observation qu'on fait d'une chose singulière ou notable. Critiques sur un ouvrage.

REMARQUER. *v. act.* lat. *Observare, notare.* ang. *to remark.* Observer & considérer ce qui a quelque chose de singulier. Appercevoir, reconnoître de petites choses. Prendre garde à quelques signes. Faire réflexion sur quelque chose qui pourra nous servir dans la suite.... Marquer une seconde fois.

REMARQUEUR. *s. m.* Se dit par mépris de celui qui fait des remarques.... C'est aussi celui qu'on mene à la chasse pour remarquer les perdrix.

REMASCHER. *voy.* Remâcher.

REMASQUER. *v. act.* Remettre le masque.

REMBALLER. *v. act.* lat. *Resarcinare.* ang. *to pack up again.* Remettre en balle ses marchandises.

REMBARQUEMENT. *s. m.* lat. *Conscensio.* anglois. *a re-imbarking.* Action par laquelle on rentre dans un vaisseau.

REMBARQUER. *v. act.* lat. *Iterùm navem conscendere.* ang. *to re-imbark.* Rentrer dans un vaisseau, s'embarquer une seconde fois.

REMBARRER. *v. act.* lat. *Repellere.* angl. *to beat back.* Repousser vigoureusement, se défendre dans un retranchement. Repousser vivement de paroles, répondre à quelqu'un avec vigueur.

REMBLAI. *s. masc.* (Maçonnerie) Travail pour faire une levée, ou applanir un terrain avec des terres rapportées.

REMBLAVER. *v. act.* Resemer de blé une terre.

REMBOËTEMENT, ou Remboîtement. *sub. m.* lat. *Luxatorum ossium restitutio.* ang. *a setting into joint again.* Action par laquelle on remboîte, on remet un os en sa place.

REMBOËTER,

REMBOËTER, ou Remboîter. *v. act.* lat. *Os in suum acetabulum collocare.* ang. *to set into joint again.* Remettre un os disloqué dans sa boëte & situation naturelle. Remettre des piéces de charpenterie dans leurs mortoises.

REMBOUGER. *v. act.* Remettre de la liqueur dans un vaisseau.

REMBOURREMENT. *s. m.* lat. *Refertio cum tomento.* ang. *stuffing up.* Action par laquelle on rembourre.

REMBOURRER. *v. act.* lat. *Clitellas tomento infarcire.* ang. *to stuff up.* Mettre de la bourre dans une selle, dans un bât.

REMBOURSEMENT. *s. m.* lat. *Summæ alicujus solutio.* ang. *re-imbursement.* Action par laquelle on paye, on rembourse ce qui étoit dû, ou ce qui avoit été reçû.

REMBOURSER. *v. act.* lat. *Rependere.* ang. *to re-imburse.* Rendre à quelqu'un l'argent qu'il a déboursé, ou avancé. Rendre le prix qu'une chose avoit couté à son acquereur pour y rentrer.

REMBRASER. *v. act.* Embraser de nouveau.

REMBRASSER. *v. act.* lat. *Rursus amplexari.* ang. *to re-imbrace.* Embrasser de nouveau.

REMBROCHER *verb. act.* lat. *Carnem veru refigere.* ang. *to spit.* Remettre à la broche.

REMBRUNIR. *v. act.* lat. *Expolire, fuscare.* ang. *to make darker.* Rendre plus brun.

REMBRUNISSEMENT. *s. m.* Ce qui rembrunit.

REMBUCHEMENT. *s. m.* (Chasse) Se dit lorsqu'une bête est entrée dans le fort, & que vous brisés sur les voyes haut & bas de plusieurs brisées.

REMBUCHER. *v. n.* lat. *Latibulum repetere.* ang. *to go back into the lair.* Rentrer dans son fort, dans le bois.

REMÉDE. *s. m.* lat. *Remedium.* ang. *remedy.* Qualité ou vertu salutaire, qui est enfermée en quelque corps, qui en détruit une contraire & nuisible. Médicament. Ressource, expédient. En termes de *Monnoie* c'est une indulgence qu'on a accordée aux fabricateurs des monnoies pour faire recevoir leurs espèces où il y a quelécharseté, quand il s'en manque fort peu qu'elles soient du poids ou du titre de l'ordonnance.

REMÉDIER. *v. n.* lat. *Mederi.* ang. *to remedy.* Apporter du reméde à un mal, à un inconvénient.

REMEIL. *s. m.* (Chasse) Courant d'eau qui ne glace pas en hyver, où les beccasses se retirent.

REMÊLER. *v. act.* lat. *Remiscere.* ang. *to shuffle again.* Mêler de nouveau.

REMEMBRANCE. *s. fem.* lat. *Rememoratio.* ang. *remembrance.* Représentation de quelque chose qui la met en mémoire. Il est vieux & hors d'usage.

REMÉMORATIF, ive. *adj.* Qui fait ressouvenir, qui rafraichit la mémoire.

REMÉMORER. *verb. act.* lat. *In memoriam revocare.* angl. *to remember.* Faire ressouvenir quelqu'un de quelque chose; s'en ressouvenir.

REMENÉE. *voy.* Arriére-voussure.

REMENER. *verb. act.* lat. *Reducere.* ang. *to carry back again.* Reconduire quelqu'un au lieu d'où il étoit venu. Voiturer des marchandises où elles étoient auparavant.

REMERCIER. *v. act.* lat. *Gratias agere.* ang. *to thank.* Rendre grace: témoigner à quelqu'un de bouche ou par écrit, sa reconnoissance d'un bon office, d'un bienfait qu'on a reçu de lui. Il se dit quelquefois de ceux qu'on congédie, qu'on dépossède d'une charge. C'est aussi, refuser honnêtement quelque chose.

REMERCIMENT. *s. m.* lat. *Gratiarum actio.* ang. *thanks.* Compliment qu'on fait à quelqu'un en témoignage de reconnoissance de quelque bienfait qu'on a reçu de lui, de quelque bon office qu'il a rendu.

REMERÉ. *s. m.* Terme de *Palais.* Faculté de rentrer dans un héritage qu'on vend, en remboursant le prix & les frais légitimes. lat. *redemptio.* ang. *power of redemption.*

REMÉRER. *v. act.* (Coutumes) Racheter.

REMESLER. *voy.* Remêler.

REMESURER. *v. act.* lat. *Remetiri.* ang. *to measure again.* Mesurer de nouveau.

REMETTEUR. *s. masc.* Il se dit quelquefois dans le commerce des lettres & billets de change, de celui qui en fait les remises dans les lieux où l'on en a besoin.

REMETTRE. *v. act.* lat. *Reponere.* ang. *to put or set again.* Mettre une seconde fois. Renvoyer à un autre jour. Pardonner, faire grace. Relâcher de ses droits, de ses prétentions. Rétablir en son premier état. Se *remettre:* Revenir en santé. S'en rapporter au jugement de quelqu'un.... *Remettre* un bénéfice, une charge, c'est s'en dessaisir entre les mains de celui à qui il appartient d'y pourvoir.... On dit, en termes de *Chasse*, qu'une perdrix s'est remise en tel endroit, pour dire qu'elle s'y est abbatue, après avoir fait un vol.

REMEUBLER. *v. act.* lat. *Iterùm supellectile domum instruere.* angl. *to new-furnish.* Acheter de nouveaux meubles, ou regarnir une chambre dont on avoit ôté les meubles.

REMINISCENCE. *s. f.* lat. *Recordatio.* ang. *remembrance.* Mémoire qui revient des choses passées & oubliées.

REMISE. *s. f.* lat. *Debitæ pecuniæ cessio.* ang. *discharge.* Relâchement d'une partie de son droit, de sa dette. Argent remis ou envoyé par lettres de change. Suite, délai, renvoi à un autre jour. Lieu où l'on met les carosses & les chariots à couvert dans les maisons. Lieu où s'arrête le gibier, après qu'il a été une fois levé.

REMISSIBLE. *adj.* lat. *Remissibilis.* ang. *remissible.* Pardonnable.

REMISSION. *s. f.* lat. *Criminis remissio.* ang. *remission.* Pardon d'une offense. Modération... *Remission*, ou relâchement d'une fièvre continuë.

REMISSIONAIRE. *s. masc.* lat. *Remissarius:* ang. *the party who has a pardon.* Celui qui est porteur de lettres de remission.

REMMAILLOTTER. *v. act.* lat. *Iterùm pannis & fasciis involvere.* anglois. *to wrap up in swadling-clouts again.* Remettre un enfant dans son maillot.

REMMANCHER. *v. act.* Mettre un nouveau manche à quelque outil ou utencile.

REMMENER. *v. act.* lat. *Reducere.* ang. *to carry back again.* Remettre quelqu'un ou quelque chose au lieu d'où il étoit venu.

REMMON. *s. m.* Dieu des Syriens, dans le Temple duquel Nahaman demanda à Elisée la permission d'entrer, pour accompagner le Roi son Maître, après que cet Officier eut été guéri de la lépre. *II. Rois, ch. V. v.* 18.

REMOLADE. *s. f.* Salmigondis, pot pourri, ragoût de viandes cuites réchauffées.... Espèce d'onguent qu'on applique aux chevaux qui ont des foulures, enflures ou autres maladies.

REMOLAR. *s. m.* ( Marine ) Officier qui a la charge des rames d'une galère, pour les tenir en état.

REMOLE. *sub. f.* ( Marine ) Contournement d'eau dangereux, qui engloutit quelquefois le vaisseau. lat. *Vorago.* ang. *a swallowing pit.*

REMOLLIENT, ente. *adj.* lat. *Remolliens.* ang. *emollient.* En *Médecine*, qui ramollit, qui adoucit & resout les duretés.

REMOLLITIF, ive. *adj.* Remollient.

REMONSTRANCE, Remonstrer. *voy.* Remontrance, Remontrer.

REMONTANT. *s. m.* Extrémité de la bande du baudrier, qui est fendue en deux & qui tombe sur les pendans.

REMONTE. *s. f.* Action de remonter la Cavalerie. latin. *Equi suppeditatio.* anglois. *new horses.*

REMONTÉ, ée. *adj.* Outre les significations de son verbe, on dit date *remontée*, c'est-à-dire une antidate.

REMONTER. *v. n. & act.* lat. *Ascendere.* angl. *to go or get up again.* Monter de nouveau. Aller contre le fil de l'eau. Se remettre en équipage. Elever en l'air avec des machines. Mettre des cordes neuves à un instrument... Donner des chevaux à des Cavaliers. Rejoindre ensemble des piéces d'assemblage qui ont été démontées. ( Fauconn. ) Voler de bas en haut.... *Remonter* un Laboureur, l'équiper de nouveau; une ferme; une métairie, y remettre ce qui est nécessaire pour la faire valoir.

REMONTRANCE. *s. f.* lat. *Supplicatio.* ang. *a remonstrance, an address to the king.* Humble supplication qu'on fait au Roi, ou à un supérieur, pour le prier, de faire réflexion sur les inconvéniens ou les conséquences de ses Edits, ou de ses Ordres. C'est aussi un avis, un conseil; une légère & honnête correction.

REMONTRANS. *s. m. pl.* ang. *remonstrants.* Secte en *Hollande* qu'on nomme aussi les *Arminiens* & qui est nombreuse & puissante. Elle prend ce nom d'un écrit ou remontrance qu'ils présenterent aux Etats Généraux en 1609. & où ils reduisirent leurs dogmes aux cinq articles suivans. 1. Que Dieu dans l'élection & la réprobation a égard d'un côté à la foi & à la persévérance & de l'autre à l'incrédulité & à l'impénitence. 2. Que J. C. est mort pour tous les hommes sans exception. 3. Que la grace est nécessaire pour faire de bonnes œuvres. 4. Qu'elle n'est pas irrésistible. 5. Qu'avant que d'assurer que ceux qui sont régénérés ne peuvent plus absolument tomber, on doit examiner cette question avec plus de soin. Les *Calvinistes* qui leur étoient opposés & qui étoient les Maîtres du gouvernement, userent envers eux d'une grande sévérité & firent condamner leurs opinions en 1618. dans un Synode tenu à *Dordrecht.*

REMONTRER. *v. act.* lat. *De novo palàm proferre.* ang. *to remonstrate.* Montrer de nouveau. Prier humblement un supérieur de faire réflexion sur ses ordres, d'avoir égard aux raisons qu'on lui propose. Avertir doucement un inférieur de son devoir. Représenter, faire considérer.

RÉMORA. *voy.* Remore.

REMORDRE. *v. act.* lat. *Iterùm mordere.* ang. *to bite again.* Mordre encore une fois.

REMORDS. *s. m.* lat. *Conscientiæ stimulus.* ang. *remorse.* Reproche que la conscience fait à un criminel. Regret, repentir.

REMORE. *s. fem.* lat. *Remora.* ang. *a suckstone, or sea-lamprey.* Petit poisson en forme de hareng, ayant une crête & des écailles, que les Anciens ont cru avoir la force d'arrêter un vaisseau.

REMORQUE. *s. f.* Mouvement d'un vaisseau à voiles, tiré par un vaisseau à rames.

REMORQUER. *v. act.* lat. *Remulco navem abstrahere.* ang. *to tow or hall a ship.* Tirer un vaisseau après soi à force de rames, ou par un bâtiment à rames.

*REMOTIS.* ( *à* ) *adv.* Éloigné, à l'écart.

REMOUCHER. *verb. act.* Moucher de nouveau.

RÉMOUDRE. *v. act.* Emoudre de nouveau.

REMOUILLER. *v. act.* lat. *Denuò madefacere.* ang *to dip again.* Mouiller de nouveau.

REMOULADE. *voy.* Remolade.

REMOUX. *s. m.* Terme de *Marine.* Tournoyemens d'eau qui se font quand un navire passe.

REMPAQUEMENT. *s. m.* Action de paquer le hareng.

REMPAQUETER. *v. act.* lat. *Resarcinare.* ang. *to pack up again.* Remettre en un paquet, en balot.

REMPARDIÈRE. *s. f.* Quelques-uns appellent ainsi une coureuse de rempart, une femme qui se prostitue à tout venant.

REMPARER. ( Se ) *v. rec.* lat. *Vallare se.* ang. *to intrench one's self.* Se terrasser, se fortifier par un rempart, ou autre défense.

REMPART. *s. m.* lat. *Agger, propugnaculum, vallum.* ang. *a rampire or rampart.* Levée de terre qu'on fait autour d'une place de guerre pour la défendre, & qui est à l'épreuve du canon. Il a d'ordinaire un parapet du côté de la campagne. Il n'a pas plus de trois toises de hauteur & dix ou douze d'épaisseur, à moins qu'on ne tire plus de terre du fossé qu'il n'est nécessaire pour le *rempart.* Celui des demi-lunes est meilleur lorsqu'il est bas, afin que les mousquets des assiegés puissent mieux arriver au bas du fossé; mais il doit être assés haut pour n'être pas commandé par le chemin couvert. Ce mot signifie quelquefois l'espace vuide en dedans des murailles d'une ville jusqu'aux plus proches maisons. . . . Retranchement, tout ce qui sert de défense. . . . *Figur.* Défense, azile, appui.

REMPHAN, *ou* Rephan. *s. m.* L'une des fausses divinités adorée par les Israëlites, sur laquelle les Savans sont fort divisés. Les uns croient que c'étoit la planéte de *Venus*, d'autres *Adonis* que l'Écriture appelle Thammuz, d'autres enfin sont du sentiment que c'étoit un Roi d'Egypte mis au rang des Dieux, & celui-là même qui regnoit du tems de Joseph & qui laissa à sa mort 4. millions de talens.

REMPLACEMENT. *sub. m.* lat. *Collocatio.* ang. *compensation.* Action de remplacer.

REMPLACER. *v. act.* lat. *In alterius locum constituere.* ang. *to compensate.* Remettre en la place d'un autre. Placer ailleurs.

REMPLAGE, *ou* Remplissage. *subst. m.* lat. *Completio.* angl. *a filling up of a wine-vessel.* Quantité qu'il faut pour remplir un tonneau de quelque liqueur où il y a eu du déchet, soit par la fermentation, soit par le transport ou autre accident. On le dit aussi du moilon ou blocage dont on remplit le vuide que laissent les paremens de pierre de taille dans les murs fort épais.

REMPLI. *s. m.* Pli que l'on fait à du linge, à de l'étoffe pour les retrécir ou les accourcir.

REMPLIER. *v. act.* lat. *Complicare.* ang. *to turn in.* Rendoubler.

REMPLIR. *v. act.* lat. *Implere.* ang. *to fill, or fill up.* Emplir de nouveau. Rendre plein, faire occuper toute la capacité d'un vaisseau. Ecrire à l'endroit qu'on avoit laissé en blanc. Rendre complet. Occuper dignement une place. Racommoder des points, des dentelles. . . . *Remplir* des bouts-rimés, c'est faire des vers sur des rimes données. En termes de faiseuse de points, *Remplir*, c'est travailler à faire du fond, remplir les fleurs & les feuilles qui ne sont que tracées.

REMPLISSAGE. *s. m.* lat. *Resarcinatio.* ang. *mending.* Travail de celle qui remplit des points, des dentelles. Il se dit en *Architecture* de la maçonnerie, qui est entre les carreaux, & les boutisses d'un gros mur..... *voy.* Remplage. . . . (Musique) Parties du milieu, entre la basse & le dessus.

REMPLISSEUSE. *s. f.* lat. *Tæniarum sarcinatrix.* ang. *a mender of point or lace.* Fille qui fait métier de remplir des dentelles.

REMPLOI. *s. m.* Nouvel emploi, remplacement.

REMPLOYER. *v. act.* Employer de nouveau.

REMPLUMER. *v. act.* lat. *Novis plumis induere.* ang. *to new-feather.* Emplumer de nouveau. Se *remplumer* Regagner ce qu'on avoit perdu, se dédommager de ses pertes.

REMPOCHER. *verb. act.* Remettre dans la poche.

REMPOISSONNEMENT. *s. masc.* Poisson qu'on met dans les étangs, après la pêche finie, pour les repeupler.

REMPOISSONNER. *verb. act.* lat. *Stagnum propagare.* anglois. *to new-stock with fish.* Repeupler de poisson un étang, un vivier.

REMPORTER. *v. act.* lat. *Reportare.* angl. *to carry back.* Emporter de nouveau. Gagner, obtenir, avoir quelque avantage sur autrui.

REMPRISONNER. *verb. act.* lat. *Iterùm incarcerare.* ang. *to imprison again.* Remettre en prison.

REMPRUNTER. *v. act.* lat. *Iterùm mutuum accipere.* ang. *to borrow again.* Emporter de nouveau.

REMUAGE. *s. m.* lat. *Motio.* ang. *stirring.* Action par laquelle on remue. . . . Billet de *remuage*: billet qu'on prend au bureau des Aides à Paris, quand on veut transporter son vin d'une cave à l'autre.

REMUANT, ante. *adj.* lat. *Movens.* angl. *stirring, active, lively.* Qui est sujet à se remuer.

REMUE MÉNAGE. *voy.* Remu-ménage.

REMUEMENT. *s. m.* lat. *Commotio.* angl. *motion, stirring.* Action qui fait changer un corps de place. Troubles, séditions.

REMUER. *v. act.* lat. *Movere.* ang. *to move, stir.* Changer un corps de place, le mouvoir. Déménager. Se soulever, exciter des séditions. Toucher, émouvoir, agiter. *Remuer* un compte, en fait de teneur de livres, c'est le porter ou renvoyer d'un folio à un autre dans le même livre, ou à un autre folio d'un livre nouveau.

REMUEUSE. *s. f.* Celle qui remue un enfant, qui le berce.

REMUGLE. *s. m.* lat. *Situs, mucor.* angl. *mustiness.* Odeur désagréable qu'exhale un corps qui a été long tems enfermé.

REMU-MÉNAGE. *s. masc.* lat. *Permixtio, confusio.* ang. *confusion, burly-burly.* Jeu d'enfant où l'on met tous les meubles d'une chambre en désordre. Déménagement. Grands changemens qui arrivent dans le monde. Désordre, confusion.

RÉMUNÉRATEUR. *s. m.* lat. & ang. *Remunerator.* Il se dit de Dieu qui récompense les bonnes actions & punit les mauvaises.

RÉMUNÉRATION. *s. f.* lat. *Remuneratio.* ang. *remuneration.* Action par laquelle Dieu récompense les bons, ou punit les méchans.

RÉMUNÉRATOIRE. *adj.* Qui tient lieu de récompense.

RÉMUNÉRER. *v. act.* lat. *Remunerari.* ang. *to remunerate.* Rendre justice à chacun selon ses œuvres, récompenser ou punir.

## R E N

RENAISSANCE. *s. fem.* lat. *Secundus ortus.* ang. *new-birth.* Nouvelle ou seconde naissance.

RENAISSANT, ante. *adj.* lat. *Renascens.* ang. *new-born.* Qui est reproduit de nouveau.

RENAÎTRE. *v. n.* lat. *Renasci.* ang. *to be born again.* Naître une seconde fois: reparoitre; revenir au monde. Rallumer, faire revenir, ressusciter, réveiller.

RÉNAL, ale. *adject.* Qui se forme dans les reins, qui a rapport aux reins.

RENAQUER. *v. n.* Témoigner sa colère, en nasillant. *voy.* Renasquer.

RENARD. *s. m.* lat. *Vulpes.* anglois. *a fox.* Petit animal à quatre pieds fort connu. Il a une grande queuë & une odeur forte & puante. Il court fort vîte & il est plein de ruses & d'artifices pour éviter ceux qui le poursuivent. La jeune noblesse d'*Angleterre* aime fort la chasse de cet animal qui est regardé comme le plus rusé de tous les animaux. *Renard* signifie aussi un homme fin & rusé qu'on ne peut surprendre & qui attrape les autres .... Le *Renard*, étoile qui est dans la flèche avec l'oie.

RENARDÉ, ée. *adject.* Se dit de l'ambre, lorsqu'il est éventé & qu'on y remarque de petites piquures blanches.

RENARDEAU. *s. m.* lat. *Vulpecula.* ang. *a fox's cub.* Petit renard.

RENARDER. *v. n.* Écorcher le renard, vomir après avoir bien bû.

RENARDERIE. *s. f. voy.* Renardis.

RENARDIER. *s. m.* Celui qui dans une terre a le soin de prendre les renards.

RENARDIERE. *s. fem.* lat. *Fovea vulpina.* ang. *a fox's hole.* Lieu que le renard creuse sous terre pour s'y loger.

RENARDIS. *s. m.* L'ordure qui a été vomie par celui qui a renardé.

RENASQUER. *verb. n.* lat. *Irâ excandescere.* ang. *to snuffle.* Témoigner sa colère ou son impatience en nasillant, ou jurant.

RENCAISSER. *v. act.* lat. *In capsam reponere.* ang. *to pack up again.* Remettre dans une caisse.

RENCHAINER. *verb. actif.* Remettre à la chaine.

RENCHÉRIR. *v. act. & n.* lat. *Pretium augere.* ang. *to raise the price.* Devenir plus cher, augmenter de prix. Faire une enchère sur un autre. Exaggerer, augmenter, perfectionner quelque chose. Rehausser le prix, la valeur.

RENCHÉRISSEMENT. *s. masc.* lat. *Pretii exaggeratio.* ang. *rising in price.* Action par laquelle on renchérit.

RENCHIER. *subst. mas.* (Blason) Espèce de renne.

RENCHUS. *s. m.* Poisson qu'on trouve dans la Bavière, & qu'on dit être un mets délicieux.

RENCLOUER. *v. act.* S'enclouer de nouveau.

RENCONTRE. *s. f. & masc.* lat. *Compages.* ang. *a joining or setting together.* Assemblage, jonction de deux choses qui se mêlent ensemble, ou qui se touchent simplement. Choc de deux petits corps de troupes. Combat entre deux personnes, non prémedité. Arrivée fortuite de deux personnes ou de deux choses en un même lieu. Conjoncture, occasion. Cas, espèce. Roue de *rencontre* est celle qui est située perpendiculairement dans une montre & qui rencontre le balancier.

RENCONTRER. *v. act.* lat. *Nancisci.* ang. *to meet with.* Trouver la chose dont on a besoin, soit qu'on la cherche, soit que le hazard nous la présente. Réussir en ses affaires, en ses conjectures. Dans la *Chasse*, il se dit des chiens qui commencent à trouver la piste du gibier.

RENCORSER. *v. act.* lat. *Novum tunicæ thoracem assuere.* angl. *to make a new bodice.* Racommoder une robbe de femme, y mettre un corps neuf, au lieu d'un autre déjà usé.

RENCOURAGER. *v. act.* lat. *Animum addere.* angl. *to encourage.* Redonner de la hardiesse, du courage à ceux qui avoient le cœur ou l'esprit abattu.

RENDAGE. *s. m.* (Monnoï.) Diminution de la valeur des monnoies, qui se fait par le moyen de l'alliage, pour pouvoir supporter les frais. Il se dit aussi de ce qu'il faut que les Officiers rendent au Roi pour le défaut des monnoies mal fabriquées.

RENDETTER. (Se) *v. rec.* lat. *Nova nomina sibi imponere.* ang. *to run into debt again.* S'endetter une seconde fois.

RENDEUR, euse. *s. m. & f.* Celui ou celle qui rend.

RENDEZ-VOUS. *s. m.* lat. *Condictus locus.* ang. *rendez-vous or meeting-place.* Lieu où l'on se doit trouver à certain jour & heure assignée.

RENDORMIR. *v. act.* *Se rendormir.* latin. *Iterùm obdormire.* ang. *to fall a sleep again.* Dormir un second somme, après avoir été éveillé.

RENDORMISSEMENT. *s. masc.* Action par laquelle on se rendort.

RENDOUBLER. *verb. act.* lat. *Reduplicare.* ang. *to turn in or down.* Mettre le bord d'une étoffe en double.

RENDRE. *v. act.* lat. *Reddere.* ang. *to restore, return, give back again.* S'acquitter envers quelqu'un de ce qu'on lui doit. Payer ce qu'on a emprunté. Donner à chacun ce qui lui appartient. Restituer ce qu'on a pris. Recompenser, donner, rapporter. Acquerir quelque qualité nouvelle, changer d'état. Se *rendre*, c'est se confesser vaincu, se livrer à son ennemi, avoüer sa foiblesse. Se trouver en un lieu, y arriver ... Se *rendre* religieux. Se retirer dans un couvent. *Rendre gorge* : vomir. Restituer par force ce qu'on a pris, ce qu'on a aquis par des voies illicites.... *Rendre*, signifie aussi quelquefois représenter. Dans le *Manége*, *rendre* la main, c'est le mouvement que l'on fait en baissant la main de la bride, pour faire aller un cheval en avant .... En termes de *Marine*, *rendre* le bord, c'est venir mouiller ou donner fonds dans un port ou dans une rade.

RENDRE-VOUS. *s. m.* (Marine) Lieu qu'on marque afin que les vaisseaux d'une flotte viennent s'y *rendre*, s'ils sont séparés ou détachés par quelque fortune de mer.

RENDUIRE. *verb. act.* lat. *Rursus illinire.* ang. *to new-plaister.* Enduire de nouveau. C'est quelquefois, appliquer le premier enduit.

RENDURCIR. *v. act.* lat. *Indurare.* ang. *to harden.* Endurcir de nouveau, rendre plus dur.

RÊNE. *voy.* Renne.

RENÉGAT. *s. m.* lat. *Apostata.* ang. *a renegado.* Qui a renoncé à la loi de J. C. pour embrasser une autre religion.

RENEIGER. *v. n.* Neiger de nouveau.

RÊNES, *substant. femin.* lat. *Habenæ*, *Lora.*

anglois. *the rein.* Courroye de la bride d'un cheval.

RENETTE. *subst. f.* Sorte de pomme. *voyez Reinette.* Instrument d'acier qui sert à trouver une encloueure dans le pied du cheval.

RENETTOYER. *v. act.* Nettoyer de nouveau.

RENFAÎTER. *v. act.* Raccommoder le faîte d'une maison.

RENFERMER. *v. act.* lat. *Recludere.* ang. *to shut up again.* Fermer une seconde fois, resserrer. Comprendre, contenir. Se restraindre, se borner, retenir.

RENFILER. *v. act.* lat. *Rursus contexere.* ang. *to thread again, to new-string.* Enfiler de nouveau ce qui s'est défilé.

RENFLAMMER. *v. act.* Enflammer, allumer de nouveau.

RENFLEMENT. *s. m.* lat. *Adjectio.* angl. *the belly or swelling of a pillar.* Augmentation de grosseur que l'on donne aux colonnes.

RENFLER. *v. act.* & *n.* lat. *Inflare.* ang. *to swell again.* Enfler de nouveau, ou rendre plus gros, en plus gros volume.

RENFONCEMENT. *s. m.* lat. *Profunditas, recessus.* ang. *a deep or hollow place.* Profondeur ; ce qui fait paroître une chose enfoncée & éloignée.

RENFONCER. *v. act.* lat. *Dolia circulis & tabulatis iterùm instruere.* ang. *to set a new bottom to a cask.* Remettre des fonds à des tonneaux. Pousser vers le fond.

RENFORCÉ, ée. *adj.* Se dit des étoffes plus fortes & plus épaisses qu'à l'ordinaire. Toiles *renforcées* toiles à voiles. . . . On appelle Bourgeois *renforcé* un homme de peu, qui est riche, & qui veut faire l'homme de qualité.

RENFORCEMENT. *s. m.* lat. *Confirmatio.* ang. *strengthening.* Augmentation de force.

RENFORCER. *v. act.* lat. *Obfirmare.* angl. *to strengthen.* Rendre plus fort, plus épais.

RENFORMER. *voy.* Renformir.

RENFORMIR. *v. act.* Rétablir une muraille endommagée, par un gros enduit, fort épais en quelques endroits. lat. *Reparare, illinire.* ang. *to plaister.*

RENFORMOIR, *Demoiselle*, ou *Servante.* Espèce d'instrument de forme pyramidale, fait de bois dur, poli & tourné sur lequel les gantiers *renforment* leurs gants, c'est-à-dire, les élargissent.

RENFORT. *s. m.* lat. *Subsidium.* ang. *supply, relief, succour.* Secours qui vient pour renforcer. . . . ( Artil. ) *Renforts* du canon, endroits où il est plus épais.

RENFROGNEMENT. *voy.* Refrognement.

RENFROGNER, *ou* Refrogner. *v. act.* lat. *Vultum corrugare.* ang. *to knit one's brows.* Se rider le front, & montrer un visage sévère, chagrin.

RENGAGEMENT. *s. m.* Action de se rengager.

RENGAGER. *v. act.* lat. *Oppignerare.* ang. *to re ingage.* Engager une seconde fois.

RENGAINER. *v. act.* & *n.l.* *Demittere in vaginam.* ang. *to sheath or put up.* Remettre dans sa gaîne, ou dans son fourreau. Resserrer, cacher.

RENGENDRER. *v. act.* lat. *Regenerare.* ang. *to regenerate.* Engendrer de nouveau.

RENGIER. *voy.* Renne.

RENGORGER. (Se) *verb. act.* lat. *Tumere.* ang. *to thrust the chin into the neck.* Approcher son menton auprès de sa gorge, pour la faire paroître plus belle & plus grasse ou pour marquer de l'orgueil.

RENGORGEURS. *s. masc. pl. Frænatores.* Nom de deux muscles qui servent à faire faire différens mouvemens à la tête sur la 1e. & 2e. vertèbre du cou.

RENGRAISSER. *v. act.* lat. *Saginare iterùm.* ang. *to fatten again.* Engraisser de nouveau.

RENGRÉGEMENT. *s. m.* lat. *Mali exauctio.* ang. *increase.* Augmentation de mal ou de douleur.

RENGRÉGER. *v. act.* lat. *Exaugere, exasperare.* ang. *to increase or exasperate.* Augmenter le mal.

RENGRÉNEMENT. *s. masc.* Action de rengrener.

RENGRÉNER. *v. act.* Remettre du grain dans la tremie d'un moulin. Il se dit aussi des machines à rouës, dont les dents *engrénent* ou entrent l'une dans l'autre. En termes de *Monnoie* c'est remettre une piéce sous la presse, quand elle n'a pas bien reçû l'empreinte.

RENHARDIR. *v. act.* Rendre plus hardi.

RENIABLE. *adj.* lat. *Denegandus.* ang. *that may be denied.* Qui peut se nier.

RENIÉ, ée. *adj.* On appelle Moine *renié*, Chrétien *renié*, un Apostat de son Ordre ou du Christianisme.

RENIEMENT. *s. m.* lat. *Religionis ac numinis ejuratio.* ang. *cursing, swearing.* Sorte de blasphéme par lequel on renonce à Dieu.

RENIER. *v. act.* lat. *Religionem omnem, Deumque ipsum ejurare.* ang. *to deny god, to abjure one's religion.* Renoncer à Dieu, à sa foi, à sa religion. Désavouer, ne vouloir pas reconnoître.

RENIEUR. *s. masc.* lat. *Blasphemator, fidei desertor.* ang. *a blasphemer.* Qui jure & qui renie Dieu.

RENIFLER. *v. n.* lat. *Reciproco narium spiritu pituitam ducere.* ang. *to snuff up one's snot.* Pousser & retirer son haleine à travers les obstructions des narines ; attirer en dedans & en respirant, la pituite, la mucosité qui étoit prête à s'écouler par le nés. On dit d'un cheval qu'il renifle sur l'avoine, pour dire, qu'il répugne à en manger ; & on dit aussi, familièrement & dans le même sens, *Renifler*, en parlant des hommes, qui marquent de la répugnance pour quelque chose.

RENIFLERIE. *substantif feminin.* Action de renifler.

RENIFLEUR, euse. *s. m.* & *f.* lat. *Sorbitor pituitæ narium.* ang. *one that snuffs up his snot.* Qui renifle, qui est accoutumé à renifler.

RENIVELER. *v. act.* Niveler de nouveau. Examiner si un niveau qu'on a pris est juste.

RENNE. *s. f.* lat. *Hippelaphus.* ang. *a rain-*

*deer*. Bête de somme semblable au Cerf, fort commune en *Lapônie*, *Moscovie*, & autres païs septentrionaux. Elle leur sert à tirer leurs traineaux sur la glace, &c. avec une vîtesse prodigieuse. Elle leur sert aussi de nourriture, &c. Le cuir dont on se sert communément pour couvrir les chaises qui a une odeur forte & agréable & qu'on nomme cuir de *Russie*, n'est que la peau de ces animaux préparée d'une manière particulière.

RENOIRCIR. *v. act.* lat. *Iterùm denigrare.* ang. *to blacken again.* Noircir de nouveau.

RENOM. *s. m.* lat. *Fama*, *existimatio*. ang. *renown*, *name*, *fame*. Réputation ; estime bonne, ou mauvaise qu'on a acquise dans l'opinion des hommes.

RENOMMÉE. *s. f.* lat. *Fama*. ang. *fame*, *reputation*. Renom. Les Peintres la représentent comme une Dame ou un Ange qui sonne de la trompette & qui porte un habit léger & tout couvert d'yeux & d'oreilles.

RENOMMER. *v. act.* lat. *Celebrare*. ang. *to celebrate*. Rendre célébre, mettre en réputation, bonne ou mauvaise.

RENONCE. *s. f.* Terme de *Jeu de cartes*. Manque qu'on n'a point de cartes de certaine couleur.

RENONCEMENT. *s. m.* lat. *Negatio*. ang. *a renouncing*. Action de renoncer.

RENONCER. *v. act.* lat. *Denegare*. ang. *to renounce*. Renier, désavouer quelqu'un ou quelque chose. Abandonner, quitter, laisser. En termes de *Jeu*, c'est jetter une carte d'une autre couleur que celle qu'on a joüée.

RENONCIATION. *s. f.* lat. *Abdicatio*. ang. *renunciation*. Acte par lequel on renonce à quelque droit acquis, ou prétendu.

RENONCULE. *s. f.* lat. *Ranunculus*. ang. *crow-foot*. Espèce de fleur de différentes couleurs.

RENONCULÉE. *s. f.* Anémone rose séche, tirant au violet.

RENOVATION. *s. f.* lat. *Renovatio*. angl. *renovation*. Rétablissement d'une chose en l'état où elle étoit autrefois.

RENOUÉE. *voy.* Corrigiole.

RENOUEMENT. *s. m.* lat. *Nodi repetitio*. ang. *tying again*. Action de renouer. Reconciliation.

RENOUER. *v. act.* lat. *Religare*. ang. *to tye again*. Rejoindre, nouer une seconde fois. Remettre en place des membres disloqués. Se reconcilier, recommencer une chose interrompuë ; conclure de nouveau.

RENOUEUR. *sub. m.* lat. *Luxatorum membrorum reductor*. ang. *a bone setter*. Chirurgien qui a l'adresse de renouer les membres disloqués.

RENOUVEAU. *s. m.* lat. *Ver*, *vernum tempus*. ang. *the spring*. Le Printems ; la saison où toute la nature se renouvelle.

RENOUVELLEMENT. *s. m.* lat. *Renovatio*. ang. *a renewing*. Renovation. Rétablissement d'une chose.

RENOUVELLER. *verb. act.* lat. *Renovare*. ang. *to renew*. Rétablir une chose en l'état où elle étoit autrefois, la faire revivre, la ressusciter. Remplacer, substituer une chose à la place d'une autre. Renaître, paroître de nouveau, recommencer. Confirmer, refaire. *Renouveller* d'apetit, recommencer à manger. *Renouveller* de jambes, recommencer a marcher, & dans le stile *figuré familier*, reprendre une nouvelle ardeur dans une affaire, dans une entreprise.

RENSEMENCER. *v. act.* Ensemencer de nouveau.

RENTAMER. *v. act.* Entamer de nouveau.

RENTASSER. *verb. act.* lat. *Struere denuò*. ang. *to heap up again*. Entasser de nouveau. Presser, enfermer en peu d'espace.

RENTE. *s. f.* lat. *Reditus annuus*. ang. *yearly revenue*, *income*. Revenu qui vient tous les ans : profit d'argent, fruits annuels d'une terre. Charge foncière dûë par un héritage aliené à cette condition.

RENTÉ, ée. *adj.* On dit qu'un homme est bien *renté*, pour dire qu'il posséde des biens ou des fonds immeubles soit réels ou fictifs, & qu'il est mal *renté*, pour dire qu'il ne posséde que des effets mobiliers. Il est du stile familier.

RENTER. *v. act.* lat. *Annua vectigalia attribuere*. ang. *to indow*. Fonder quelque chose en lui assignant une rente.

RENTERRER. *v. act.* lat. *Iterùm inhumare*. ang. *to bury again*. Remettre en terre.

RENTERS. *s. masc. pl.* Hérétiques qui ont beaucoup de rapport avec les Quakers. Ce sont des impies, & il n'y a rien qui approche de leurs blasphemes sur les différens articles de la foi chrétienne. Ils tiennent que Dieu, les Anges, le Ciel, les Diables & l'Enfer ne sont que des fables ; que Moïse & S. Jean-Baptiste sont des trompeurs ; que tout ce que J. C. & ses Apôtres ont enseigné comme points de religion à péri avec eux, sans qu'il nous en soit rien demeuré ; que la prédication & la prière sont sans fruit ; que le baptême est une pure administration de la loi, qui provient de S. Jean ; que le péché ne consiste qu'en l'imagination de l'homme, & qu'on ne doit point s'arrêter à l'Ecriture.

RENTIER, ère. *s. m. & f.* lat. *Redituum Dominus*. ang. *one that has an annuity*. Celui à qui il est dû une rente sur la ville. Celui qui doit une rente foncière. Payeur de rentes sur l'Hôtel de Ville.

RENTOILER. *verb. act.* lat. *Novâ telâ instruere*. ang. *to put other linnen to*. Regarnir d'une toile neuve une dentelle, du point.

RENTON. *voy.* Rentou.

RENTONNER. *verb. act.* Remettre dans le tonneau.

RENTORTILLER. *v. act.* Tordre de nouveau.

RENTOU. *s. m.* Jointure de deux piéces de bois de même espèce sur une même ligne.

RENTRAINER. *v. act.* Remporter, entrainer de nouveau.

RENTRAIRE. *v. act.* lat. *Planâ suturâ suere*. ang. *to renter or fine-draw*. Faire une couture de deux piéces de drap jointes bord à bord sans les redoubler & qui ne paroit presque point. Remettre de nouvelles chaînes dans une tapisserie mangée des râts & rétablir sur les chaînes l'ancien patron.

RENTRAITURE. *s. f.* lat. *Ad unguem exacta futura.* anglois. *a rentering or fine-drawing.* Couture de drap dont les piéces sont jointes bord à bord.

RENTRANT, ante. *adj.* Qui rentre, qui s'enfonce en dedans. Angle *rentrant*, celui dont l'ouverture est en dehors & la pointe en dedans. Nombres *rentrans*, en *Horlogerie*, se dit d'un pignon qui engrenant dans une roue, la divise sans reste.

RENTRAYEUR. *s. mas.* lat. *Qui latente suturâ suit.* ang. *a fine-drawer.* Artisan qui fait métier de rentraire les draps.

RENTRÉE. *s. f.* lat. *Ingressio.* ang. *the taking in.* Au *Jeu de l'hombre*, c'est ce que l'on prend dans le talon après avoir écarté. Action de rentrer. *Rentrée* du Parlement.... ( Chasse ) Tems que le gibier rentre dans le bois le matin.

RENTRER. *v. n.* lat. *Rursùm ingredi.* ang. *to come, go or get in again.* Entrer une seconde fois. Se considérer soi-même; réfléchir sur soi.

RENVAHIR. *v. act.* Envahir de nouveau.

RENVELOPER. *v. act.* lat. *Rursùs involvere.* ang. *to wrap up again.* Remettre dans un paquet sous une enveloppe.

RENVENIMER. *v. act.* Envenimer, gâter, corrompre d'avantage.

RENVERSE. ( à la ) *adv.* lat. *Supinè.* ang. *backward.* Sur le dos.

RENVERSEMENT. *s. masc.* lat. *Eversio.* ang. *overturning.* Ruine, destruction, déréglement; grand changement, désordre, bouleversement, chute, décadence. Dérangement.

RENVERSER. *v. act.* lat. *Subvertere.* ang. *to throw, pull, or lay down.* Jetter par terre avec violence, abbatre. Tourner d'un autre côté. Brouiller, mettre en désordre. C'est en termes de *Guerre*, rompre, mettre en fuite des Escadrons, des Bataillons qui vont tomber sur les corps qui sont derrière.

RENVERSEUR. *s. m.* lat. *Eversor.* ang. *that pulls or lays down.* Qui renverse.

RENVI. *s. masc.* lat. *Licitatio.* ang. *a revy.* Argent qu'on met pour enchérir au jeu.

RENVIER. *v. n.* lat. *Altiùs attollere.* ang. *to exceed.* Enchérir sur ce qu'un autre a fait auparavant. Coucher de l'argent sur une carte au dessus de celui qui a déjà envié.

RENVOI. *s. m.* lat. *Remissio.* ang. *a sending back.* Retour de ce qu'on a mené en quelque lieu & dont on n'a plus besoin. Refus. Réfléxion, rejaillissement. Marque dans un écrit qui est rélative à une pareille mise à la marge ou au bas de la page. Indication d'un autre endroit d'un livre où la chose est mieux expliquée. *Renvoi* se dit au *Palais* des changemens de jurisdiction.

RENVOYER. *v. act.* lat. *Dimittere.* ang. *to send back.* Envoyer plusieurs fois. Faire retourner les équipages dont on n'a plus besoin. Rendre. Refuser. Rechasser, réfléchir, repercuter, briser les rayons. Chasser d'une maison. Adresser à quelque autre lieu pour avoir éclaircissement. Tirer une affaire d'une jurisdiction pour la porter à une autre. On dit familièrement *renvoyer* bien loin, pour refuser séchement, rebuter.... *Renvoyer* un mot à sa racine, le tirer de l'ordre alphabétique pour le placer au mot d'où il est composé.

RENURE. *voy.* Rainure.

## R É O

RÉORDINATION. *s. fem.* lat. *Reordinatio.* ang. *a re-ordaining or re-ordination.* Action de conférer ou de recevoir de nouveau les ordres sacrés.

RÉORDINER. *v. act.* lat. *Reordinare.* ang. *to re-ordain.* Conférer une seconde fois les ordres, comme en *Angleterre* à l'égard des Ministres Presbitériens qui se réunissent à l'Eglise Anglicane.

RÉORDONNANT, ante. *adj.* Qui réordonne; qui ordonne une seconde fois.

RÉORDONNER. *v. act.* lat. *Reordinare.* ang. *to re-ordain.* Ordonner une seconde fois celui qui l'a déjà été.

## R E P

REPAIRE. *s. masc.* lat. *Latibulum.* ang. *the haunt.* Retraite de bêtes farouches & mal faisantes. Retraite des voleurs, des scélerats & autres gens mal vivans. Fiente de liévres, lapins, *&c.* Marque que les ouvriers font sur les piéces d'un ouvrage qui se démontent, afin de les remettre chacune à leur place.

REPAIRER. *v. n.* lat. *Jacere in cubili.* ang. *to haunt.* Être au repaire, au gîte.

RÉPAISSIR. *v. act.* Rendre plus épais. *voy.* Épaissir.

REPAÎTRE. *v. n.* & *act.* lat. *Cibum sumere.* ang. *to feed or eat.* Manger pour se nourrir, prendre son repas. Se contenter, s'entretenir, s'infatuer de quelque chose, en être rempli.

REPAÎTRIR *v. act.* Paitrir de nouveau.

REPALLEMENT. *s. m.* Confrontation. Comparaison qu'on fait d'un poids avec l'étalon.

REPALLER. *v. act.* Confronter, comparer un poids avec l'étalon.

RÉPANDRE. *v. act.* lat. *Fundere.* ang. *to spill or shed.* Epancher. Départir, distribuer. Publier. Disperser.

RÉPANDU, uë. *adj.* On dit qu'un homme est fort *répandu* dans le monde, pour dire qu'il voit beaucoup de monde.

RÉPARABLE. *adj.* lat. *Reparabilis.* angl. *reparable.* Qui se peut réparer.

RÉPARAGE. ( Tondre en ) *s. m.* Tondre le drap une seconde fois.

RÉPARATEUR. *s. m.* lat. *Reparator.* angl. *restorer.* Qui répare, qui rétablit les choses.

RÉPARATION. *s. f.* lat. *Reparatio.* anglois. *repair, or repairing.* Action par laquelle on répare. Choses qui sont à réparer, ouvrages qui sont à faire. Dédommagemens qu'on paye, satisfactions qu'on fait pour les torts qu'on a causés, pour les injures qu'on a faites, pour les crimes qu'on a commis.... *Réparation* civile: somme à laquelle un criminel est condamné envers quelqu'un, pour lui tenir lieu de dédommagement du tort qu'il lui a causé par son crime.

RÉPARER. *v. act.* lat. *Reficere, reparare.* ang. *to repair.* Rétablir un bâtiment, le remettre en bon état. Retoucher. Satisfaire. *Réparer* une étoffe, c'est y faire venir le poil sur la superficie par le moyen du chardon.

RÉPARITION. *s. f.* (Astronomie) Est opposé à *occultation.* Réparition des étoiles.

REPARLER. *v. act.* lat. *Rursùs loqui.* ang. *to speak again.* Parler une seconde fois.

REPAROITRE. *v. n.* lat. *Denuò apparere.* ang. *to appear again.* Se remontrer, paroitre de nouveau.

REPARON. *s. masc.* Seconde qualité du lin serancé.

RÉPARTIE. *s. f.* lat. *Responsio.* ang. *a repartee.* Replique.

RÉPARTIR. *v. act.* lat. *Subdividere.* angl. *to share or divide again.* Subdiviser une chose qui est déjà divisée.

RÉPARTITION. *s. f.* lat. *Repartitio.* ang. *repartition.* Division, régalement d'une imposition.

REPAS. *s. m.* lat. *Refectio.* ang. *meal, repast.* Nourriture que les hommes prennent à certaines heures du jour pour entretenir leur vie... On appelle un *repas* prié, celui qui se donne à un certain nombre de personnes invitées..... Dans les *anciens tems* on portoit le repas sur le tombeau du défunt & quelquefois ses amis & ses parens venoient à sa maison & exprimoient leur douleur par de grands cris & lamentations. Ils offroient aussi un *repas* ou rafraichissement pour les ames errantes, s'imaginant que la Déesse *Trivia* qui présidoit aux rues & grands chemins prenoit ce repas & y venoit la nuit; mais la vérité est que les mendians venoient & enlevoient toutes ces provisions des tombeaux, &c. Cette pratique étoit commune parmi les *Grecs*, les *Juifs*, les *Romains* & les *Chrétiens* quoique les intentions & la manière fussent bien différentes : mais à la fin elle dégénera si fort & produisit tant d'abus que l'Eglise fut obligée de la supprimer.

REPASSER. *v. act.* lat. *Eamdem viam relegere.* ang. *to repass.* Passer une seconde fois, ou plusieurs fois par un même lieu. Retoucher un ouvrage, le corriger, le finir, soit avec le pinceau, soit avec la plume, soit avec la lime, &c. Donner un nouveau lustre à plusieurs choses qui sont usées ou gâtées, les remettre en bon état. Réfléchir, se remettre en la mémoire.

REPAVER. *v. act.* Raccommoder le pavé rompu, ou paver de nouveau.

REPAYER. *v. act.* Payer une seconde fois. lat. *Iterùm solvere.* ang. *to repay.*

REPÊCHER. *v. act.* lat. *Extrahere.* ang. *to fish up again.* Tirer de l'eau une chose qui y est tombée.

REPEIGNER. *v. act.* lat. *Iterùm pectere capillos.* ang. *to comb again.* Peigner de nouveau.

REPEINDRE. *v. act.* Peindre de nouveau.

REPENDRE. *v. act.* lat. *Rursùs suspendere.* ang. *to hang up again.* Pendre derechef.

REPENSER. *v. act.* lat. *Recogitare.* ang. *to think of again.* Penser plusieurs fois à une chose.

REPENTANCE. *s. f.* lat. *Pœnitentia.* angl. *repentance.* Action par laquelle on se repent. Regret, douleur qu'on a de ses péchés.

REPENTANT, ante. *adj.* latin. *Pœnitens.* ang. *repentant.* Qui est marri ; qui a regret d'avoir fait quelque chose.

REPENTIR. (Se) *v. rec.* lat. *Pœnitere.* ang. *to repent.* Regretter quelque chose, être fâché, être mortifié.

REPENTIR. *s. m.* lat. *Pœnitentia.* ang. *repentance.* Regret, action par laquelle on se repent.

REPERCER. *v. act.* Percer encore une fois.

REPERCUSSIF, ive. *adj.* (Médecine) lat. *Repercutiens.* ang. *repercussive.* Médicament qui repercute en dedans les humeurs.

REPERCUSSION. *s. f.* lat. *Repercussus, repercussio.* ang. *repercussion.* Action qui réfléchit, qui renvoye les rayons. Dans la *Musique* c'est une répétition fréquente des mêmes sons.

REPERCUTER. *verb. act.* lat. *Repercutere.* ang. *to repercute.* Réfléchir, repousser l'action de quelque agent. Il se dit surtout des humeurs & des esprits, lorsqu'étant en mouvement pour sortir, quelque chose les fait rentrer au dedans.

REPERDRE. *v. act.* lat. *Parta amittere.* ang. *to lose again.* Perdre ce qu'on avoit gagné, ou perdre une seconde fois.

RÉPÈRE. *s. m.* Marques ou points que les ouvriers font sur les piéces d'assemblage, pour retrouver les joints de celles qui conviennent ensemble.... (Architect.) Marque qu'on fait sur un mur, pour donner un alignement & arrêter une mesure de certaine distance, ou pour marquer des traits de niveau.

RÉPERTOIRE. *s. m.* lat. *Repertorium, index.* ang. *a repertory.* Lieu où l'on trouve ce dont on a besoin.

REPESCHER. *voy.* Repêcher.

REPESER. *v. act.* Peser une seconde fois.

RÉPÉTER. *v. act.* lat. *Repetere, iterare.* ang. *to repeat.* Dire plusieurs fois une même chose. Concerter, s'exercer à faire plusieurs fois la même chose pour la retenir, ou pour la mieux pratiquer. Avoir une action en justice, par laquelle on prétend & on redemande quelque chose. Réiterer une action.... (Marine) *Répéter* les signaux, c'est faire les mêmes signaux que fait le Commandant, afin que les vaisseaux les plus éloignés puissent les voir ou les entendre.

RÉPÉTITEUR. *s. m.* lat. *Repetitor.* ang. *a private master.* Maître qui donne des leçons à des écoliers, & qui les fait répéter.

RÉPÉTITION. *s. f.* lat. *Repetitio.* ang. *repetition.* Redite. Figure de Rhétorique qui répéte un même mot dans une même phrase. Réitération d'une action. Montre à *répétition* est celle qui répéte l'heure autant de fois que l'on veut. *Répétition* est aussi l'action qu'on a en justice pour redemander ce qu'on a payé de trop, ou avancé.... *Répétition* de dot : droit accordé à la femme ou à ses héritiers, tant en païs coutumier, qu'en païs de droit écrit, de pouvoir *répéter* la dot, après la dissolution du mariage, ou après la dissolution de la communauté, s'il n'y a stipulation au contraire.

REPÊTRIR. *voy.* Repaîtrir.

REPEUË. *sub. f.* lat. *Mensa*, *cibus.* angl. *a spunger*, *a smell-feast.* Repas.

REPEUPLEMENT. *s. m.* Se dit du soin qu'on a de replanter les forêts & d'en conserver le plant.

REPEUPLER. *v. act.* lat. *Propagare.* ang. *to repeople.* Peupler de nouveau ce qui avoit été dépeuplé.

REPHAN. *voy.* Remphan.

REPIC. *s. m.* lat. *Sexageni & nonageni.* ang. *repeek.* Terme du jeu de Piquet, qui se dit quand un joueur compte 30. points dans le jeu qu'il a en main, sans jetter de cartes.

REPILER. *v. act.* Piler une seconde fois. lat. *Rursùs tundere.* ang. *to repound.*

REPIQUER. *v. act.* Piquer de nouveau.

RÉPIT. *s. m.* lat. *Prorogatio.* ang. *respite.* Terme, délai, tems qu'on accorde à quelqu'un pour payer.

REPLACER. *v. act.* lat. *Reponere.* ang. *to put in its place again.* Remettre une chose en la place dont on l'avoit déplacée.

REPLAIDER. *v. act.* lat. *Iterùm litigare.* ang. *to replead.* Plaider une seconde fois, rentrer en procès.

REPLANCHEÏER. *v. act.* Faire de nouveaux planchers ou enduits de plancher.

REPLANTER. *v. act.* lat. *Denuò serere.* ang. *to replant.* Planter une seconde fois.

REPLATRER. *v. act.* lat. *Iterùm gypso illinere.* ang. *to new-plaister.* Renduire de platre.... Au *Figuré*, couvrir, expliquer, justifier, pallier, modifier.

RÉPLET, ette. *adj.* latin. *Crassus*, *obesus.* ang. *burly*, *fat.* Qui est gras & bien nourri ; chargé d'humeurs & de cuisine.

RÉPLÉTION. *s. f.* lat. *Repletio.* ang. *repletion*, *surfeit.* Trop d'embonpoint ; ce qui remplit trop quelque partie. Charge de l'estomach, quand on a trop bû & trop mangé.

REPLEUVOIR. *v. n.* lat. *Iterùm pluere.* ang. *to rain again.* Pleuvoir de nouveau.

REPLI. *s. m.* lat. *Sinus*, *ruga.* ang. *the fold.* Ce qui est mis ou plié en un ou en plusieurs doubles. Ce qui va en tournoyant & en serpentant. Ce qu'il y a de plus secret, de plus caché.... On appelle *replis* de la tranchée, les retours, coudes ou zigzags.

REPLIER. *v. act.* lat. *Reduplicare.* ang. *to fold again.* Plier une seconde fois. Redoubler. Revenir. Se *replier*, se tourner. Se *replier* sur soi-même : s'examiner, rentrer en soi-même.

RÉPLIQUE. *s. f.* lat. *Refutatio*, *responsio.* ang. *reply*, *answer.* Réponse à une objection. En *Musique*, il se dit de la répétition des consonances ou dissonances.

RÉPLIQUER. *v. act.* lat. *Refellere*, *respondere.* ang. *to reply*, *to answer.* Détruire un argument, une objection, repousser un reproche, une injure. Faire difficulté d'obéir, ne pas demeurer d'accord.

REPLISSER. *v. act.* lat. *Iterùm complicare*, *corrugare.* ang. *to plait again.* Plisser de nouveau, remettre des plis en ordre.

REPLONGER. *v. act.* lat. *Immergere.* ang. *to dip or duck again.* Plonger de nouveau.

REPOLIR. *v. act.* lat. *Iteratò polire.* ang. *to polish again.* Polir une autrefois ce qui avoit été poli.

REPOLON. *s. masc.* (Manége) Demi-volte d'un cheval, la croupe en dedans, fermée en cinq tems. lat. *Equi medium in circulum circumactio.* ang. *a half-volta.*

RÉPONCE. *voy.* Raiponce.

RÉPONDANT, ante. *adj.* lat. *Praes*, *fidejussor.* ang. *bail*, *security.* Qui répond d'un valet, qui le cautionne. Qui soutient des theses.... Celui qui sert ou qui répond à la Messe.

RÉPONDRE. *v. act.* lat. *Respondere.* ang. *to answer.* Rendre raison, satisfaire à la demande de celui qui interroge, ou qui appelle ; refuter celui avec qui on est en quelque conférence, ou dispute. Chanter alternativement. Résoudre une difficulté, l'éclaircir, détruire une objection, un argument, se défendre, soit en justice, soit dehors. Avoir rélation, proportion ou symmetrie avec une autre chose. Être vis-à-vis. Être caution, être garant, avoir en sa garde.... On dit que la douleur qu'on sent en quelque partie du corps *répond* à une autre partie, pour dire que cette douleur se fait sentir par communication d'une partie à l'autre. On dit aussi que le bruit *répond* en tel endroit, pour dire, qu'il s'étend jusques-là, qu'il y retentit.

RÉPONS. *s. m.* lat. *Responsorium.* ang. *response.* Dans le *Bréviaire*, est une espèce de Motet que le Chœur chante après que le Lecteur a chanté une leçon de matines.

RÉPONSE. *s. fem.* lat. *Responsum.* ang. *an answer.* Réplique, répartie ; ce qu'on dit, ou ce qu'on mande à celui qui nous parle, ou qui nous écrit, ou qui nous interroge. Défense, solution d'une difficulté. Caution. *Réponses* de droit sont des décisions que font des Jurisconsultes sur des questions de droit.

REPORTER. *v. act.* lat. *Reportare.* ang. *to carry back.* Porter une seconde fois. Aller dire à un autre les discours qu'on a tenus de lui. Se *reporter* dans un endroit, y retourner, s'y transporter de nouveau. On dit aussi au figuré, se *reporter* à tel tems, à tel siécle

REPOS. *s. m.* lat. *Cessatio*, *quies.* ang. *rest*, *repose.* Etat de ce qui est sans mouvement. Cessation de peine, de travail, de fatigue. Quiétude & tranquillité d'esprit ou de corps : état paisible, sans trouble, sans crainte. Il se dit en poësie de la césure qui se fait dans les grands vers à la 6e. syllabe & dans les autres à la 4e. & de la pause qui se fait dans les stances de 6 ou de 10. vers... *Repos d'escalier.* voy. *Palier.*

REPOSÉE. *s. f.* (Chasse) Lieu où les bêtes fauves se reposent, se couchent après avoir couru.

REPOSER, *se reposer. v. n.* lat. *Quiescere:* ang. *to get rest.* Discontinuer une marche, un travail, une action fatigante. *Reposer* signifie aussi, dormir, prendre du repos. Mettre dans une situation tranquille. Rasseoir. *Se reposer :* Se confier à quelqu'un, lui commettre le soin d'une affaire.

REPOSOIR. *f. m.* lat. *Capiendæ quietis statio.* ang. *a resting-place.* Lieu où l'on se repose. Autel élevé dans les rues pour faire reposer le S. Sacrement. . . . Dans l'Amérique on donne ce nom à la troisième cuve qui sert à la préparation de l'Indigo, parce que c'est dans cette cuve que l'Indigo se sépare de l'eau, pour se reposer au fond.

REPOUS. *f. masc.* ( Maçonnerie ) Espèce de mortier fait avec de la brique ou vieille maçonnerie réduite en poudre.

RÉPOUSER. *v. act.* Épouser une seconde fois.

REPOUSSÉ, ée. *adj.* Se dit des jeunes laines maigres & élancées avant que la vieille soit tonduë. On les appelle aussi *Tapées.*

REPOUSSEMENT. *f. m.* lat. *Depulsio.* ang. *repelling or repulsing.* Action par laquelle on repousse.

REPOUSSER. *v. act.* lat. *Repellere* ang. *to repel, to repulse.* Rechasser, faire retirer. Pousser de nouveau.

REPOUSSOIR. *f. m.* Outil pour repousser les chevilles; ciseau pour pousser des moulures. Outil de Maréchal, espèce de gros clou pour chasser & faire sortir les cloux du pied, lorsqu'on veut déferrer un cheval. . . . Instrument de *Chirurgie*, dont on se sert pour arracher les chicots des dents.

RÉPRÉHENSIBLE. *adj.* lat. *Reprehensibilis.* ang. *reprehensible.* Qui mérite d'être repris pour quelque faute.

RÉPRÉHENSION. *sub. f.* lat. *Reprehensio.* ang. *reprehension.* Correction, réprimende d'un supérieur.

REPRENDRE. *v. act.* lat. *Iterùm capere.* ang. *to retake.* Prendre une autrefois. Ratraper, recouvrer. Rejoindre, rattacher une chose avec une autre. Blâmer, corriger, critiquer, censurer, châtier. . . . *Reprendre* un mur, c'est en reparer les fractions dans sa hauteur, ou le refaire par sous œuvre petit à petit avec peu d'étais & chevalemens. . . . *Reprendre* le dessus, c'est regagner l'avantage, qu'on avoit perdu, c'est aussi reprendre vigueur. . . . *Reprendre* un fief; le relever par la foi & hommage. . . . *v. n.* ( Agriculture ) On dit qu'un arbre nouvellement planté a repris, quand il a fait de nouvelles racines & poussé de nouveaux jets.

REPRENEUR. *f. m.* lat. *Reprehensor.* ang. *a fault-finder.* Qui reprend, qui trouve à redire à tout.

REPRÉSAILLES. *sub. f. pl.* lat. *Pigneratio, clarigatio.* anglois. *replisals.* Droit qu'ont les Princes de reprendre sur leurs ennemis les choses qu'ils leur retiennent injustement, ou des choses équivalentes. Lettres que les Rois accordent à leurs sujets, pour reprendre sur les premiers biens appartenans à quelqu'un du parti ennemi l'équivalent de ce qu'on leur aura enlevé violemment. Petites vengeances qu'on prend des torts légers qu'on a souffert.

REPRÉSENTANT, ante. *adj.* lat. *Vices alterius gerens.* ang. *a proxy.* Celui qui dans une fonction publique représente une personne absente qui y devoit être. Ceux qui sont appellés à une succession, comme étant à la place de la personne dont ils ont le droit.

REPRÉSENTATIF, ive. *adj.* lat. *Repræsentandi vim habens.* ang. *representative.* Qui figure, qui représente.

REPRÉSENTATION. *f. f.* lat. *Effigies, imago.* ang. *representation.* Image qui nous remet en l'idée & en la mémoire les objets absens, & qui nous les peint tels qu'ils sont. Peinture qui se fait par le discours d'une action, ou d'une histoire vraie, ou fausse. Il se dit au *Palais* de l'exhibition de quelque chose & du droit qui passe à une personne pour venir à une succession avec tous les priviléges d'une personne morte.

REPRÉSENTER. *v. act.* lat. *Effingere, efformare.* anglois. *to represent.* Faire une image ou peinture d'un objet, qui nous le fasse connoître tel qu'il est. Remontrer, tacher à persuader, faire voir. Tenir la place de quelqu'un, avoir en main son autorité. Comparoir en personne & exhiber les choses. Faire un rolle dans une piéce de théatre. Se *représenter*, c'est se figurer, se mettre devant les yeux, repasser dans son esprit.

REPRÊTER. *v. act.* Prêter de nouveau.

REPRIER. *v. act.* lat. *Rursus rogare.* ang. *to pray again.* Prier une seconde fois ou prier à son tour.

RÉPRIMANDE, *ou* Réprimende. *f. f.* lat. *Reprehensio, objurgatio.* angl. *reprimand.* Censure; blâme & correction faite par un supérieur.

RÉPRIMANDER, *ou* Réprimender. *v. act.* lat. *Increpare, reprehendere.* ang. *to reprimand.* Blâmer un inférieur; le châtier par paroles, & par menaces.

RÉPRIMER. *v. act.* lat. *Reprimere, coercere.* ang. *to repress.* Empêcher l'effet ou le progrès de quelque chose.

REPRISE. *f. f.* lat. *Expugnatio.* ang. *retaking.* Action par laquelle on reprend. Interruption d'action. En *Musique*, c'est un signe ou une marque qu'il faut reprendre ce qu'on a déjà joué ou chanté, & le répéter. *Reprise* d'instance, c'est le renouvellement d'un procès. Au jeu, il se dit quelquefois pour partie. . . . . ( Architect. ) *voy.* Reprendre.

REPRISER. *v. act.* Priser une seconde fois.

RÉPROBATION. *f. f.* lat. *Reprobatio.* angl. *reprobation.* Jugement; résolution, par laquelle on rejette, on réprouve.

REPROCHABLE. *adj.* latin. *Exprobrandus.* ang. *reproachful, reproachable.* Celui à qui on peut objecter quelque chose de honteux, ou qui empêche qu'on n'ajoute foi à ce qu'il dit.

REPROCHE. *f. m.* lat. *Exprobratio.* anglois. *reproach.* Blâme, injure qu'on fait à quelqu'un, en lui représentant en face ses défauts. Objections qu'on fait aux témoins pour détruire leur déposition.

REPROCHER. *v. act.* lat. *Objicere, exprobrare.* ang. *to reproach.* Blâmer quelqu'un; lui alléguer sa turpitude, ses défauts. Accuser d'ingratitude. Détruire la disposition des témoins... *Reprocher* un plaisir, un bienfait, c'est les remettre devant les yeux de celui qui les a reçus, comme l'accusant de les avoir oubliés.... *Reprocher* les morceaux à quelqu'un : lui faire sentir qu'il mange beaucoup & paroitre y avoir regret. Il est du stile familier.

REPRODUCTION. *s. femin.* lat. *Reproductio.* ang. *reproduction.* Action par laquelle une chose renaît, est produite de nouveau.

REPRODUIRE. *v. act.* lat. *Iterùm producere.* ang. *to bring forth anew.* Produire, faire naître de nouveau.

REPROMETTRE. *v. act.* lat. *Rursus promittere.* ang. *to promise again.* Promettre de nouveau.

REPROUVER. *v. act.* lat. *Iterùm probare.* ang. *to prove again.* Prouver une seconde fois. Rejetter une chose, la désapprouver. Rejetter les méchans par un décret de réprobation. lat. *Reprobare.* ang. *to reprove.*

REPTILE. *adj.* & *subst.* lat. *Reptile.* angl. *creeping.* Genre d'animaux & d'insectes qui se traînent sur le ventre. Plantes qui rampent sur terre.

RÉPUBLICAIN. *s. m.* lat. *Reipublicæ studiosus.* ang. *a republican.* Qui est passionné pour la République ; qui hait le gouvernement monarchique.

RÉPUBLIQUE. *s. f.* lat. *Respublica.* angl. *a republick.* État ou gouvernement populaire.

RÉPUDIATION. *s. f.* lat. *Repudiatio.* ang. *repudiation.* Action par laquelle on congédie une femme, on fait divorce avec elle.

RÉPUDIER. *v. act.* lat. *Repudiare.* ang. *to repudiate.* Abandonner une femme légitime, rompre l'engagement de mariage qu'on a avec elle. Ne vouloir pas se porter pour héritier, renoncer à une succession.

REPUË. *voy.* Repeuë.

RÉPUGNANCE. *sub. f.* lat. *Repugnantia*, *oppositio*, *fastidium.* ang. *repugnancy*, *averseness.* Dégoût, opposition, contrarieté, peine, difficulté, aversion que l'on a à faire quelque chose.

RÉPUGNANT, ante. *adj.* Contraire, opposé.

RÉPUGNER. *v. n.* lat. *Repugnare.* ang. *to repugn*, *to be against.* Être opposé, contraire, incompatible.

REPULLULER. *v. act.* lat. *Repullulare.* ang. *to pullulate anew.* Renaître en grande quantité.

RÉPULSION. *s. femin.* Action de repousser. (Palais) Action de repousser une insulte.

REPURGER. *verb. act.* lat. *Sæpiùs purgare.* ang. *to purge again.* Purger plusieurs fois.

RÉPUTATION. *s. f.* lat. *Fama*, *existimatio.* ang. *repute*, *reputation.* Bruit avantageux, opinion que les hommes ont des choses ou des personnes.

RÉPUTER. *v. act.* lat. *Putare*, *habere.* ang. *to repute.* Avoir une certaine estime ou pensée de quelque chose ; estimer tel, tenir pour tel. Croire, présumer ; regarder & reconnoître comme tel.

R E Q

REQUÉRABLE. *v. act.* Qui peut, qui doit être demandé.

REQUÉRANT, ante. *adj.* lat. *Postulans.* ang. *requiring.* Qui requiert, qui demande.

REQUÉRIR. *v. act.* lat. *Requirere.* ang. *to go and fetch again.* Envoyer quérir une seconde fois. Demander, exiger, vouloir. Former une demande, y conclure, supplier. lat. *Exigere*, *postulare.* ang. *to request.*

REQUÊTE. *s. f.* lat. *Libellus supplex.* angl. *a request.* Demande qu'on fait en justice. C'est aussi une simple prière, demande, réquisition, sollicitation. Cour des *Requêtes* est une ancienne cour d'*Angleterre*, instituée dans le tems d'*Henri* VII. fort semblable à celle de la Chancellerie pour les cas d'équité.

REQUÊTER. *v. act.* (Chasse) Quêter de nouveau la bête.

REQUIEM. *s. m.* Une Messe de *Requiem* est une Messe des Morts.

REQUIN. *s. m.* lat. *Galeus*, *squalus.* ang. *a sea-dog.* Gros poisson de mer qui dévore les hommes.

REQUINQUER. (Se) *v. rec.* lat. *Studiosiùs formam excolere.* ang. *to trick one's self up.* Se parer. On le dit surtout des vieilles gens.

REQUINT. *s. m.* lat. *Quinta pars quintæ.* ang. *the fifth part of the fifth penny.* La cinquième partie d'un cinquième.

REQUIPPER. *v. act.* lat. *Denuò instruere.* ang. *to equip anew.* Équiper de nouveau.

REQUIS. *s. m.* Ce qui est dans l'ordre prescrit par l'usage ou par les loix. Ce qui a été demandé.

REQUISITION. *s. f.* lat. *Postulatio.* ang. *request*, *petition.* Demande qui se fait à l'Audience sur quelque incident.

REQUISITOIRE. *s. m.* lat. *Requisitorium.* ang. *suit or request.* Demande qu'on fait par quelque exception, ou signification.

R E R

RÈRE. *voy.* Raire.

R E S

RÈS. *s. m.* Monnoie de compte. 400. font une cruzade.

RESACRER. *v. act.* Sacrer de nouveau.

RESAIGNER. *verb. act.* lat. *Venam rursùs aperire.* ang. *to bloud again.* Saigner plusieurs fois.

RESAISIR. *verb. act.* Reprendre, saisir de nouveau.

RESALER. *v. act.* Saler derechef.

RESALUER. *v. act.* Rendre le salut, ou saluer plusieurs fois.

RESARCELÉ, ée. *adj.* (Blason) Se dit d'une croix ou bande qui est garnie d'un orle approchant de ses bords.

RESASSER. *v. act.* lat. *Cribrare sæpiùs.* ang. *to sift again.* Sasser plusieurs fois.

RESCHAMPIR. *voy.* Réchampir.

RESCHAFAUDER. *voy.* Réchafauder.

RESCHAPPER, Reschaud, Reschauffement, &c. *voy.* Réchapper, Réchaut, &c.

RESCINDANT, ante, *adj.* lat. *Rescindens.*

ang. *rescinding.* Demande contenant les moyens de récision.

RESCINDER. *v. act.* lat. *Rescindere, irritum facere.* ang. *to rescind.* Casser, annuler un acte.

RESCISION. *voy.* Récision.

RESCISSOIRE. *voy.* Récissoire.

RESCOCHER. *voy.* Récocher.

RESCONTRER. *v. act.* Terme dont se servent quelques négocians pour signifier faire une compensation ou évaluation d'une chose contre une autre de même valeur.

RESCRIER. *voy.* Récrier.

RESCRIPTION. *s. f.* lat. *Rescriptio.* ang. *an order or assignment.* Mandement qu'on donne à un fermier, à un débiteur pour payer une certaine somme au porteur du billet.

RESCRIRE. *voy.* Récrire.

RESCRIT. *s. m.* lat. *Rescriptum.* ang. *a rescript.* Réponse du Pape, ou des Empereurs sur quelque question ou difficulté de droit, pour servir de décision & de loi.

RESEAU. *s. m.* lat. *Retiolum.* ang. *a bag-net.* Ouvrage de fil ou de soie tissu & entrelassé, où il y a des mailles & des ouvrages. Il se prend quelquefois pour une bourse.... *Reseaux* ou *bonnet.* Second ventricule des bêtes qui ruminent.... *Reseau merveilleux :* amas de vaisseaux sanguins dans le cerveau.

RESÉCHER. *v. act.* Sécher de nouveau.

RESEDA. *sub. fem.* Plante qui croît dans les champs & contre les murailles. Son nom vient de *Sedare*, appaiser, parce qu'on s'en servoit pour appaiser les douleurs.

RESELLER. *verb. act.* lat. *Equum ephippio iterùm insternere.* ang. *to saddle again.* Remettre la selle à un cheval.

RESEMELER. *v. act.* Appliquer de nouvelles semelles à une vieille chaussure.

RESEMER. *verb. actif.* Semer une seconde fois.

RESEPAGE. *s. m.* Action de reseper.

RESEPER. *v. act.* Couper de nouveau un bois qui a été mal taillé, ou ébourgeonné par les bestiaux, ou qui est de mauvaise venuë. latin. *Resecare.* ang. *to fell again.*

*RESERVATA.* *s. pl. n.* Terme latin usité pour marquer les prérogatives de l'Empereur dans l'Empire.

RÉSERVATION. *s. f.* lat. *Reservatio.* angl. *reservation.* Action ou clause dans laquelle on réserve, & on retient quelque chose.

RÉSERVE. *s. f.* lat. *Reservatio.* ang. *reservation* C'est la même chose que réservation. C'est aussi, garde pour le besoin, provision. Exception. Retenue, prudence, pudeur. Troupes de *réserve* à l'armée, sont les corps rangés sur la dernière ligne, pour soutenir les autres.

RÉSERVE. (à la) *adv.* Excepté.

RÉSERVER. *v. act.* lat. *Servare, recondere.* ang. *to reserve, to keep.* Garder & retenir par devers soi une partie des choses qu'on abandonne. Garder, ménager pour le besoin.

RÉSERVOIR. *s. m.* lat. *Receptaculum aquæ.* ang. *a waterhouse.* Lieu où l'on réserve, où l'on amasse des eaux. Endroit où l'on met le poisson qu'on a pêché, pour le prendre quand on en aura besoin.

RÉSEUIL. *s. m.* lat. *Tegmen linteum.* angl. *net-work.* Espèce de filet ou de rêts.

RÉSIDENCE. *s. f.* lat. *Assidua commoratio, residentia.* ang. *residence.* Domicile ; demeure fixe, & établie en un lieu. Demeure des bénéficiers dans leur bénéfice. Emploi d'un Résident. (Chymie) Liqueurs ou substances qui restent dans un vaisseau. Sédiment.

RÉSIDENT, ente. *adj.* & *subst.* lat. *Residens.* ang. *residing. a resident.* Qui réside, qui fait sa demeure actuelle en un lieu. C'est le nom qu'on donne à celui qui fait les affaires d'un Prince envers une République, ou un autre Prince.

RÉSIDER. *v. n.* lat. *Residere.* ang. *to reside.* Être domicilié en quelque lieu, y demeurer ordinairement.

RÉSIDU. *s. m.* lat. *Residuum, reliquum.* ang. *residue, remainder.* Ce qui reste à payer, le reliqua d'un compte, d'une obligation.

RÉSIGNANT. *s. m.* lat. *Resignator.* angl. *resigner.* Qui se démet d'une charge ou d'un bénéfice en faveur d'un autre.

RÉSIGNATAIRE. *s. m.* & *f.* lat. *Resignatarius.* ang. *resiguee.* Celui en faveur de qui est faite la démission d'une charge ou d'un bénéfice.

RÉSIGNATION. *s. f.* lat. *Resignatio.* ang. *resignation, resignment.* Démission d'une charge, ou d'un bénéfice. Déférence entière, soumission, abandonnement qu'on fait de soi-même à la volonté, à la discrétion d'autrui.

RÉSIGNER. *v. act.* lat. *Resignare.* ang. *to resign.* Se démettre d'une charge, d'un bénéfice. S'abandonner à la discrétion, à la volonté d'autrui.

RESILIATION. *s. f.* Cassation d'un acte, d'un bail, d'un contrat.

RESILIEMENT, *voy.* Resiliation.

RESILIER. *v. act.* Casser, annuller un acte. Se *resilier* : se dédire, se degager d'une convention, d'un traité. *voy.* Resilir.

RESILIR. *v. n.* lat. *A conventione resilire.* ang. *to recede from one's bargain.* Terme de *Pratique.* Ne vouloir pas exécuter un contrat, une promesse.

RÉSINE. *s. f.* lat. *Resina.* ang. *rosin, or resin.* Matière huileuse, qui coule de soi-même, ou par incision, du pin, du sapin, & de quelques autres arbres. On en tire pour la *Chymie* des autres plantes, drogues, *&c....* *Résine odorante de l'isle de Bourbon.* voy. *Benjoin.*

RÉSINEUX, euse. *adj.* lat. *Resinosus.* ang. *resinacious or resinous.* Ce qui produit de la résine.

RESINGLE. *subst. masc.* (Horlogerie) Outil avec lequel on redresse les boëtes bossélées.

RÉSIPISCENCE. *s. f.* lat. *Resipiscentia.* ang. *resipiscence.* Repentance, refléxion qu'on fait sur sa mauvaise conduite ; retour d'un pécheur, qui se corrige.

RÉSISTANCE. *s. f.* lat. *Renutus.* ang. *resistance.* Action par laquelle on se défend, on résiste à une puissance qui attaque.

RÉSISTER. *v. act.* lat. *Resistere, obniti.* ang.

*to resist.* S'opposer à l'action, à la violence de quelque chose; s'en défendre. Durer long-tems; avoir la force de supporter quelque attaque.

RESLARGIR, Resmoudre, Resnes. *voy.* Rélargir, Remoudre, Rênes.

RÉSOLUBLE. *adj.* Terme de *Géométrie* qui se dit des problêmes que l'on peut résoudre.

RÉSOLUMENT. *adv.* lat. *Fidenter*, *audacter.* ang. *resolutely.* Absolument, d'une maniére certaine & concluë.

RÉSOLUTIF, ive. *adj.* lat. *Qui claré explicat.* ang. *resolutive.* Qui est prompt à décider. En termes de *Pharmacie* les remédes *résolutifs*, sont ceux qui amolissent les duretés & font résoudre & évacuer les humeurs. Il se prend aussi substantivement.

RÉSOLUTION. *sub. f.* lat. *Explicatio*, *solutio.* angl. *resolution.* Décision, sentiment, action par laquelle on se résout, ou la chose résoluë. Fermeté, courage. Réduction, dissolution des corps.... En *Médecine*, il signifie plusieurs choses. 1o. Relâchement des nerfs & des muscles. 2o. Dissolution des mixtes & leur réduction en principes. 3o. atténuation & dissipation d'une humeur. On dit aussi la résolution d'une tumeur, d'un calus, en parlant d'un calus, d'une tumeur qui se résout, qui se dissipe... (Peinture & Dessein) Dessiner avec *résolution*, c'est-à-dire, avec fermeté.

RÉSOLUTOIRE. *adj.* lat. *Diremtorius.* ang. *peremtory.* Qui emporte la résolution.

RÉSOMPTE, Résompté, Résomption. *voy.* Résumpte, Résumpté, Résumption.

RÉSONNANT, ante. *adj.* lat. *Resonans*, *canorus.* ang. *resounding*, *ringing.* Qui rend un beau son, sonore.

RÉSONNEMENT. *s. m.* lat. *Sonorum repercussus.* ang. *a sound.* Terme de *Musique*, qui se dit d'un son que fait l'air enfermé dans les corps des instrumens de musique.

RÉSONNER. *v. neut.* lat. *Resonare.* ang. *to sound.* Produire, augmenter, refléchir le son.

RESORTIR. *v. n.* lat. *Sæpius egredi.* ang. *to go out again.* Sortir plusieurs fois.

RESOUDER. *v. act.* Souder de nouveau.

RÉSOUDRE. *v. act.* lat. *Difficultates explicare.* ang. *to resolve.* Expliquer une difficulté, décider une question, trouver un probléme. Conclure après avoir déliberé. Se déterminer à faire, à dire, à attendre quelque chose. En *Chymie*, c'est dissoudre. En *Logique*, changer, convertir. Au *Palais*, casser, annuler, ou détruire un acte par un acte contraire.

RÉSOUS. *Participe* du verbe *résoudre.* Il n'a d'usage qu'en parlant des choses, qui se convertissent en d'autres, comme un brouillard résous en pluïe. Il ne se dit point au féminin.

RESPAISSIR, Respandre. *voy.* Répaissir, Répandre.

RESPECT. *s. m.* lat. *Honor*, *reverentia.* ang. *respect.* Déférence, honneur, soumission, considération. Intérêts, ménagement.

RESPECTABLE. *adj.* lat. *Venerandus*, *colendus.* ang. *respectable.* Qui mérite du respect.

RESPECTER. *v. act.* lat. *Revereri*, *colere.* ang. *to respect.* Porter du respect : avoir des égards pour certaines choses. Se *respecter*, garder avec soin la bienséance convenable à son sexe, à son état, à son âge.

RESPECTIF, ive. *adj.* lat. *Reciprocus.* ang. *respective.* Réciproque, de part & d'autre.... Rélatif, qui a rapport.

RESPECTIVEMENT. *adv.* lat. *Mutuò*, *vicissim.* ang. *respectively.* Mutuellement.

RESPECTUEUSEMENT. *adv.* lat. *Reverenter.* ang. *respectfully.* Avec respect.

RESPECTUEUX, euse. *adj.* lat. *Officiosus*, *reverens.* ang. *respectful.* Soumis, plein de respect.

RESPIRABLE. *adj.* Qu'on peut respirer.

RESPIRATION. *s. f.* lat. *Respiratio*, *halitus.* angl. *breath*, *breathing*, *respiration.* Action de respirer.

RESPIRER. *v. act.* & *n.* lat. *Spirare*, *spiritum haurire*, *respirare.* ang. *to breath.* Attirer & repousser l'air par le mouvement des poûmons. Vivre encore, n'être pas mort. Souhaiter ardemment. Avoir quelque relâche après de grands travaux.

RESPIT. *voy.* Répit.

RESPLENDIR. *v. n.* lat. *Resplendere.* angl. *to shine*, *to glister.* Éclater, briller avec éclat.

RESPLENDISSANT, ante. *adj.* lat. *Resplendens*, *emicans.* ang. *shining.* Qui jette de l'éclat, qui brille.

RESPLENDISSEMENT. *s. m.* Grand éclat formé par le réjaillissement, par la réflexion de la lumière.

RESPONDANT, Respondre, Respons. *voy.* Répondant, Répondre, Répons.

RESPONSABLE. *adj.* lat. *Fidejussor.* angl. *responsible*, *answerable.* Qui est tenu, qui est garant, qui doit répondre de quelque chose.

RESPONSE. *voy.* Réponse.

RESPONSIF, ive. *adj.* Qui contient une réponse.

RESPONSION. *s. f.* Se dit des pensions ou charges que des Chevaliers ou leurs Commanderies payent à l'Ordre.

RESPONTI. *s. m.* Espèce de Rhubarbe.

RESPOUSER. *voy.* Répouser.

RESRE. *voy.* Raire.

RESSAC. *s. m. ou* Ressaque. *s. f.* (Marine) Choc des vagues de la mer contre les bords, qui les fait replier sur elles mêmes.

RESSASSER. *voy.* Resasser.

RESSAUT. *s. m.* (Architect.) Saillie d'une corniche ou autre membre d'Architecture hors de la ligne droite.

RESSÉANT, ante. *adj.* Résident.

RESSEMBLANCE. *s. f.* lat. *Similitudo.* ang. *resemblance.* Égalité, rapport ou conformité de deux choses.

RESSEMBLANT, ante. *adj.* lat. *Similis.* anglois. *resembling.* Qui est conforme & semblable.

RESSEMBLER. *v. n.* lat. *Speciem rei habere.* ang. *to resemble.* Avoir mêmes traits, même figure, même apparence à nos sens; les frapper de même maniére. Imiter, tacher à se rendre conforme. On dit d'un *Poëte* & d'un *Musicien* qu'ils se *ressemblent*, pour dire qu'ils se copient.

qu'ils font revenir, souvent les mêmes tours, les mêmes airs.

RESSENTI. Terme usité en *Architecture*, comme en *Peinture*, pour signifier le contour ou le renflement d'un corps plus bombé ou plus fort qu'il ne doit être.

RESSENTIMENT. *s. m.* lat. *Sensus.* anglois. *resentment*, *sense.* Douleur ou maladie dont on sent encore quelque reste, quelques retours. Sentimens de l'ame, quand elle est émuë de certaines passions.

RESSENTIR. *verb. act.* lat. *Sentire.* ang. *to feel*, *resent.* Être touché vivement de quelque chose; sentir fortement. Sentir les restes des maladies mal guéries ou des pertes qu'on a faites. Participer au bien ou au mal commun à plusieurs, être touché des bienfaits ou des injures.

RESSERREMENT. *s. m.* lat. *Contractio.* ang. *laying up.* Action par laquelle on resserre.

RESSERRER. *v. act.* lat. *Constringere.* ang. *to lay up.* Serrer de nouveau, ou plus fortement. Remettre en un lieu sûr. Constiper. Retrancher de la liberté, mettre plus à l'étroit.

RESSORT. *s. m.* lat. *Elaterium.* ang. *a spring.* Faculté naturelle qu'ont les corps de se remettre en leur premier état, quand on leur a fait violence pour les en faire sortir, soit en les pliant, soit en les comprimant. C'est aussi une piéce d'acier trempée, qu'on met dans plusieurs machines pour les faire mouvoir violemment, lorsqu'on les bande. *Ressort* signifie aussi, jurisdiction & son étenduë, ou district. Cause, moyen.

RESSORTIR. *v. n.* Sortir de nouveau. Être de la dépendance de quelque jurisdiction.

RESSOURCE. *s. f.* lat. *Damni sarciendi suborta ratio.* ang. *shift*, *remedy.* Espérance, ou moyen de se relever de sa chûte, de sa ruine; de se rétablir de ses pertes.... On dit qu'un cheval a de la *ressource*, pour dire, qu'après une longue fatigue, on lui trouve encore de la vigueur. On dit aussi dans le stile familier, faire *ressource*, c'est-à-dire raccommoder, rétablir ses affaires.

RESSOUVENANCE. *s. f.* lat. *Memoria*, *recordatio.* ang. *remembrance.* Action par laquelle on se ressouvient.

RESSOUVENIR. *s. m.* lat. *Reminiscentia.* ang. *remembrance.* Ce qui demeure en la mémoire. Morceau de papier qu'on attache sur sa manche, pour se *ressouvenir* de quelque chose. On l'appelle autrement *Memento.*

RESSOUVENIR. (Se) *v. n.* lat. *Recordari*, *meminisse.* ang. *to remember.* Se souvenir. Songer, considérer.

RESSUER. *v. n.* Suer de nouveau.

RESSUI. *s. m.* L'endroit où le cerf se sauve pour se délasser, ou pour se sécher.

RESSUSCITER. *v. act.* & *n.* lat. *Suscitare.* ang. *to raise.* Redonner la vie, ou retourner à la vie. Revenir d'une grande maladie. Faire revivre, ranimer.

RESSUYER. *verb. act.* lat. *Iterùm detergere.* ang. *to wipe again.* Essuyer une seconde fois.

RESTABLIR, Restablissement. *voy.* Rétablir, Rétablissement.

RESTANT. *s. m.* lat. *Residuum*, *reliquum.* anglois. *remainder.* Ce qui demeure d'un tout, quand on en a retranché une partie.

RESTAUPAGE. *s. m.* Action de restauper. Ouvrage restaupé.

RESTAUPER. *v. act.* Terme en usage dans les Païs-bas. Raccommoder à l'aiguille les trous d'une toile, en imitant l'ouvrage des tisserans sur le métier.

RESTAUR. *s. m.* (Marine) Recours que les assureurs ont les uns contre les autres, ou contre le maître du navire.

RESTAURANT. *s. m.* lat. *Jusculum salubre.* ang. *a restorative.* Aliment ou remède qui a la vertu de réparer les forces perdues d'un malade, ou d'un homme fatigué.

RESTAURATEUR. *s. m.* lat. *Restaurator.* ang. *restorer.* Qui a rétabli, restauré quelque chose.

RESTAURATION. *s. f.* lat. *Restitutio*, *instauratio.* angl. *restoration.* Rétablissement en bon état.

RESTAURER. *v. act.* lat. *Restaurare.* ang. *to restore.* Rétablir, remettre en bon état, en santé, en bon ordre.

RESTE. *s. m.* lat. *Reliquum*, *residuum.* ang. *rest*, *remainder.* Ce qui demeure de quelque chose; le surplus, les débris. Ce que quelqu'un a abandonné ou refusé. Être en *reste* avec quelqu'un, c'est lui devoir encore.

RESTE. (Au) *adv.* lat. *Cæterùm.* ang. *for*, *as for the rest.* Au surplus, au demeurant, au-delà.

RESTEINDRE, Restendre. *voy.* Réteindre, Rétendre.

RESTER. *v. n.* lat. *Restare.* ang. *to remain.* Être de surplus, être de reste, subsister encore. Demeurer en un lieu. Être en reste. Dans la *Marine*, une terre ou un vaisseau *restent* à un tel air de vent, lorsqu'ils se trouvent dans la ligne de cet air de vent.

RESTIF. *voy.* Rétif.

RESTIPULATION. *sub. f.* Stipulation réciproque.

RESTIPULER. *verb. neut.* Stipuler réciproquement.

RESTITUABLE. *adj.* Qui peut être restitué.

RESTITUER. *v. act.* lat. *Restituere.* ang. *to restore.* Rétablir quelqu'un en la possession de ce qui lui appartient, lui rendre ce qu'on lui a pris, ou détenu injustement. *Restituer en entier* se dit au *Palais* des jugemens par lesquels on remet les parties au même état où elles étoient auparavant. *Restituer* signifie aussi, rétablir un passage d'un Auteur, corriger les fautes qui s'y sont glissées par l'ignorance des Copistes. Médailles *restituées* sont celles que les Empereurs ont fait frapper pour renouveller la mémoire de leurs prédécesseurs.

RESTITUTEUR. *s. m.* Celui qui a restitué & rétabli les passages des auteurs.

RESTITUTION. *sub. f.* lat. *Restitutio.* ang. *restitution.* Action par laquelle on restitue, on rétablit. Correction.

RESTORNE. *s. f.* Contreposition.

RESTORNER. *v. act.* Contreposer.

RESTRAINTE, *sub. f.* (Chiromance) *voy.* Rascette.

RESTRÉCIR, Restrécissement. *voy.* Rétrécir, Rétrécissement.

RESTREINDRE. *verb. act.* lat. *Restringere.* ang. *to bind or astringe.* Étreindre une seconde fois, ou plus fortement. Resserrer, renfermer en un moindre espace. Retrancher. Resserrer le ventre.

RESTRICTIF, ive. *adj.* lat. *Restringens.* ang. *restrictive.* Qui restreint & resserre.

RESTRICTION. *s. f.* lat. *Adstrictio, modificatio.* angl. *restriction.* Modification, limitation; action par laquelle on restreint, on resserre une chose, on y donne des bornes plus étroites. *Restriction mentale* est une proposition qui seroit vraie si elle étoit jointe à ce qu'on restreint dans son esprit.

RESTRILLER. *voy.* Rétriller.

RESTRINGENT, ente. *adj.* lat. *Restringens.* ang. *restringent.* Qui a la vertu de restreindre, de resserrer le ventre.

RESTUDIER, Restuver. *voyez* Rétudier, Rétuver.

RESVASSER, Resve & *ses composés.* voyez *Rêvasser, Rêve.*

RÉSUER. *voy.* Ressuer.

RÉSULTAT. *s. m.* lat. *Summa.* ang. *result.* Ce qu'on peut recueillir d'une conférence, d'un examen, d'une méditation, d'un discours, d'une consultation; ce qui a été conclu, ou arrêté; ce qui s'est ensuivi.

RÉSULTANT, ante. *adj.* (Palais) Qui résulte.

RÉSULTER. *v. n.* lat. *Nasci, oriri.* ang. *to result.* Naître d'un discours, d'une action.

RÉSUMER. *v. act.* lat. *Repetere.* ang. *to resume.* Répéter un argument pour y apporter une solution. Reprendre sommairement un discours ou sa substance pour le contredire, ou le réfuter.

RÉSUMPTE. *s. f.* Acte qui doit se faire par un nouveau Docteur pour avoir suffrage aux assemblées de la Faculté.

RÉSUMPTÉ. *adj.* Se dit du Docteur qui a fait sa résumpte.

RÉSUMPTIF. *adj.* (Pharmacie) Se dit d'un onguent qui dispose le corps aride à recevoir de la nourriture.

RÉSUMPTION. *s. f.* lat. *Recapitulatio.* ang. *recapitulation.* Récapitulation des choses que l'on a dites.

RÉSURE. *s. f.* Appât fait avec des œufs de morue & de maquereau.

RÉSURRECTION. *s. femin.* lat. *Resurrectio.* ang. *resurrection.* Nouvelle vie où l'on retourne après avoir été mort. On appelle ainsi par extension une guérison surprenante, inopinée.

## R E T

RET, *ou* Rets. *s. m.* Filet. Il se dit aussi de deux longs morceaux de bois d'orme, qui composent en partie la charrue des laboureurs, & qui servent à la mener & à la diriger. .. *Rêt marin*: matière séche, semblable en quelque manière à du parchemin, formée ordinairemens en bourse & percée comme un *rêt.* Elle se trouve aux rivages de la mer; elle contient un peu de sel fixe & d'huile. On la calcine au feu dans un creuset, & on s'en sert pour le goitre & pour le scorbut.

RETABLE. *s. m.* Ornement d'Architecture dans lequel on enchasse un tableau.

RÉTABLIR. *v. act.* lat. *Restaurare.* ang. *to repair, to restore.* Remettre en bon état une chose qui a été altérée ou ruinée. Remettre en vogue quelque ancien usage, ou autre chose abolie, ou interrompuë. Remettre en possession de quelques biens, honneurs & dignités. Remettre en santé.

RÉTABLISSEMENT. *s. m.* lat. *Restauratio.* ang. *repairing, restoration.* Action par laquelle on rétablit.

RETAILLEMENT. *s. m.* Action de retailler. lat. *Resectio.* ang. *re-cutting.*

RETAILLER. *v. act.* lat. *Resecare.* ang. *to cut again.* Tailler de nouveau.

RETAILLES. *s. f. pl.* lat. *Præsegmina.* ang. *shreds.* Rognures qui se font, lorsqu'on rogne ou qu'on taille quelque chose.

RETAPER. *v. act.* Retrousser un chapeau de manière que les bords soient presque collés contre la forme.

RETARDATION. *s. f.* (Palais) Délai, retardement.

RETARDEMENT. *s. masc.* lat. *Retardatio, dilatio.* ang. *stay, stop, delay.* Délai, suspension, lenteur, négligence; action de différer, d'allonger.

RETARDER. *v. act.* lat. *Morari, differre.* ang. *to retard.* Arrêter en sa course, suspendre, différer; faire venir plus tard.

RETATER. *verb. act.* lat. *Iterùm contrectare.* anglois. *to feel again.* Tâter, manier plusieurs fois. Goûter de nouveau.

RETAXER. *v. act.* Taxer de nouveau.

RETEINDRE. *v. act.* lat. *Sæpius tingere.* ang. *to dye again.* Teindre une seconde fois.

RÉTEINDRE. *v. act.* Éteindre une seconde fois.

RETENDEUR. *s. m.* Ouvrier qui étend & dresse les étoffes au sortir du foulon ou de Teinturier.

RETENDRE. *v. act.* Tendre de nouveau.

RÉTENDRE. *v. act.* Étendre de nouveau.

RETENIR. *v. act.* lat. *Iterùm tenere.* angl. *to get hold again.* Tenir une seconde fois. Ne pas lâcher, arrêter; ne pas laisser échapper. Empêcher qu'une chose ne tombe, l'arrêter. Empêcher de dire ou de faire quelque chose. Donner ou prendre des assurances, avoir des engagemens, à faire quelque chose. Conserver quelque qualité qu'on a eue autrefois. Un homme *retenu* est celui qui est réservé en ses paroles & en ses jugemens, qui est discret, sage, posé, circonspect, &c.

RETENTER. *v. act.* Faire une seconde tentative.

RETENTIF, ive. *adj.* lat. *Qui retinet.* ang. *retentive.* Qui retient.

RETENTION. *s. f.* lat. *Retentio.* anglois.

*reservation.* Réserve. Ce qu'on retient, qu'on ne veut pas rendre.

RETENTIONNAIRE. *s. m.* Qui retient ce qui appartient à d'autres.

RETENTIR. *v. n.* lat. *Personare.* ang. *to resound.* Résonner, réfléchir & redoubler le son. Faire un bruit éclatant qui remplit un lieu.

RETENTISSANT, ante. *adj.* lat. *Personans.* ang. *resounding.* Qui retentit.

RETENTISSEMENT. *s. m.* lat. *Repercussus sonus.* anglois. *sound.* Redoublement ou réflexion de son; bruit, son rendu, renvoyé avec éclat.

RETENTUM. *s. m.* Reserve que fait une Cour souveraine, apposée au bas de la minute d'un arrêt.

RETENUË. *s. f.* lat. *Modestia.* ang. *reservedness, modesty.* Sagesse, modestie, circonspection, prudence, discretion en ses paroles, en ses jugemens, en ses actions. Maniere de vivre réglée; ordre, discipline. Brévet de *retenuë* est un brévet que le Roi accorde à un Officier, pour conserver sa charge après sa mort à ses héritiers, ou pour en retenir une partie du prix, lequel doit être payé par le successeur.

RÉTICENCE. *s. f.* lat. *Reticentia.* ang. *reticence.* Figure de *Rhétorique*, par laquelle on fait une mention légère d'une chose, & on la fait entendre, en disant qu'on veut l'omettre & qu'on n'en veut plus parler. Suppression ou omission volontaire d'une chose qu'on devroit dire.

RÉTICULAIRE. *adj.* Qui est fait comme un reseau.

RÉTIF, ive. *adj.* lat. *Inobsequens.* ang. *restive.* Qui s'arrête, ou recule, au lieu d'avancer. Qui refuse de faire quelque chose.

RÉTIFORME. *adj.* ( Anatomie ) Qui a la forme d'un rets.

RETINE. *s. f.* lat. *Retina.* ang. *the retina.* Tunique de l'œil, qu'on appelle aussi *rétiforme*, ou *reticulaire*, parce qu'elle est faite en forme de rets. C'est là que se fait la vision ou l'impression des images.

RÉTIPORE. *s. f.* Plante pierreuse qui imite les reseaux.

RETIRADE. *sub. f.* lat. *Munimentum interius.* anglois. *an intrenchment.* Retranchement qu'on fait sur un bastion ou autre endroit, où il y a assés de terrain pour le disputer pied à pied à l'ennemi.

RETIRATION. *s. f.* lat. *Chartæ typis impressæ pars aversa.* anglois. *retiration.* Chez les *Imprimeurs* se dit du côté opposé à celui qui vient d'être imprimé, quand on le tire.

RETIRÉ, ée. *adj.* Se dit d'un homme qui vit dans un grand éloignement du commerce du monde, & de la vie qu'il mène.

RETIREMENT. *s. m.* lat. *Contractio.* ang. *a contraction or shrinking.* Action de ce qui se retire, qui se raccourcit.

RETIRER. *v. act.* lat. *Iterùm sclopum displodere.* ang. *to shoot again.* Tirer une seconde fois, faire une seconde décharge. Donner retraite chez soi. Dégager une chose du lieu ou elle étoit engagée. Arracher avec peine. Tirer un revenu. Rentrer en possession d'une chose alienée. Se *retirer* signifie, reculer, se remettre à quartier. Se rétrécir. Un homme *retiré* est un homme qui demeure chez lui enfermé, qui ne fréquente personne.

RETOISER. *v. act.* Toiser de nouveau.

RETOMBÉE. *s. f.* ( Architecture ) Se dit des pentes ou chûtes qui se trouvent dans les membres d'un bâtiment, comme celle des reins d'une voûte.

RETOMBER. *verb. n.* lat. *Recidere, relabi.* anglois. *to fall again.* Tomber une autre fois: Cheoir. Tomber d'un autre côté.

RETONDRE. *v. act.* lat. *Retondere.* ang. *to sheer again.* Tondre de nouveau.

RETORDEMENT. *sub. mas.* Action de retordre.

RETORDRE. *v. act.* lat. *Intorquere.* ang. *to writhe or twist again.* Redoubler plusieurs fils.

RETORQUER. *v. act.* lat. *Retorquere.* ang. *to retort or return.* Se servir contre quelqu'un du même argument qu'il a fait.

RETORS, orse. *adj.* (Figur.) Fin, rusé & artificieux.

RÉTORSION. *s. f.* Action de retorquer.

RETORSOIR. *voy.* Rouet.

RETORTE. *s. f.* lat. *Cornuta orca.* anglois. *retort.* Vaisseau de *Chymie*, qui a un bec recourbé pour se joindre au récipient.

RETOUCHER. *v. act.* lat. *Retractare.* ang. *to touch again.* Toucher de nouveau. Polir, corriger, perfectionner.

RETOUPER. *v. act.* Terme de *Potier de terre.* Refaire un ouvrage qui a manqué.

RETOUR. *s. m.* lat. *Reditus.* ang. *a return.* Action, mouvement pour revenir au lieu dont on étoit parti. Arrivée de celui qui a achevé son voyage. Sinuosités d'une riviere. Il se dit aussi de ce qui commence à dépérir, à s'user, à diminuer de valeur. Repentir, recours. Répartie, action de retorquer contre quelqu'un ce qu'il a dit. Supplément de prix, quand on troque des choses d'inégale valeur..... ( Architecture ) Profil que fait un entablement ou toute autre partie d'Architecture dans un avant corps. Encognure d'un bâtiment.... *Retour de partage*, est ce qu'on ajoute au lot d'un des cohéritiers, pour suppléer à ce qui lui appartient de droit.

RETOURNE. *s. f.* lat. *Carta lusoria obversa.* ang. *trump.* Carte qu'on découvre sur le talon des cartes.

RETOURNER. *v. n.* & *act.* lat. *redire.* ang. *to return.* Faire le tour, revenir au lieu dont on est parti. Aller une seconde fois, ou plusieurs autres en quelque lieu. Tourner une chose de divers côtés. Retorquer contre quelqu'un.... S'en *retourner*: s'en aller.

RETRACER. *v. act.* lat. *Delineare iterùm.* ang. *to draw again.* Tracer une seconde fois. Rafraichir la mémoire, renouveller l'idée des choses passées.

RÉTRACTATON. *s. f.* lat. *retractatio.* ang. *retractation.* Action par laquelle on se dédit.

RÉTRACTER. *v. act.* lat. *retractare.* ang. *to retract.*

*retract.* Se dédire d'une proposition qu'on a avancée ; révoquer un acte qu'on a passé.

RETRACTION. *s. f.* ( Médecine ) Raccourcissement, contraction d'une partie.

RETRAIRE. *v. act.* ( Jurisprud. ) Retirer un héritage des mains d'un acquéreur. lat. *retrahere.* ang. *to redeem.*

RETRAIT. *s. m.* lat. *retractio.* ang. *redemption.* Action par laquelle on retire un héritage aliéné. Privé, lieu où l'on se décharge le ventre.

RETRAITE. *s. f.* lat. *recessus*, *recessio.* angl. *retiring.* Mouvement pour reculer ; action par laquelle on se retire. Signal qu'on donne dans les villes de guerre, pour ordonner aux Soldats & aux Bourgeois de se retirer chez eux. Maison, logis où l'on demeure. Asile, lieu retiré, demeure solitaire. Séparation du commerce du monde, soit par principe de piété en s'enfermant dans un Couvent, soit par amour de la solitude pour mener une vie privée & retirée. Lieu de refuge où l'on se met en sûreté. *Retraite*, en *Maçonnerie*, est un petit espace qu'on laisse sur l'épaisseur d'un mur ou d'un rempart à mesure qu'on l'éleve... *Retraite* se dit des emplois dans les Places pour les Officiers d'Infanterie, & des pensions pour ceux de Cavalerie . . . . Somme tirée sur quelqu'un & par lui retirée sur un autre.

RETRAITTER. *v. act.* Traiter une seconde fois.

RETRANCHEMENT. *s. m.* lat. *Imminutio.* ang. *a retrenching.* Diminution d'un tout, enlevement d'une partie. Division, séparation. Fortification d'un camp, d'un poste contre l'ennemi, soit par un fossé & un parapet, soit par des gabions, fascines, barriques & autres choses dont on se couvre. Refuge. Espace retranché dans un vaisseau, outre les chambres ordinaires.

RETRANCHER. *verb. act.* lat. *Imminuere.* ang. *to retrench.* Diminuer, ôter. Diviser, séparer. Faire des retranchemens. *Se retrancher* c'est se restreindre, se réduire.

RETRAVAILLER. *verb. act.* Travailler de nouveau à un ouvrage.

RETRAYANT, ante. *adj.* lat. *retrahens.* ang. *redeeming.* Qui exerce une action en retrait.

RÉTRÉCIR. *v. act.* lat. *Contrahere*, *coarctare.* anglois. *to straiten.* Étrécir plusieurs fois une chose.

RÉTRÉCISSEMENT. *s. mas.* lat. *Contractio.* angl. *straitening.* Action par laquelle on rétrécit.

RETREINDRE. *voy.* Emboutir.

RETREMPER. *v. act.* Tremper plusieurs fois.

RETRESSER. *v. act.* Tresser de nouveau.

RÉTRESSIR. *voy.* Rétrécir.

RÉTRIBUER. *v. act.* lat. *Retribuere.* ang. *to retribute.* Donner à quelqu'un le salaire, la récompense qu'il mérite.

RÉTRIBUTION. *s. f.* lat. *Retributio.* angl. *retribution.* Présent honnête qui tient lieu de salaire à ceux qu'on emploie à des choses qui ne tombent point en estimation, ni en commerce d'argent. Récompense des bonnes œuvres & punition des mauvaises.

RÉTRILLER. *v. act.* Etriller de nouveau.

RÉTROACTIF, ive. *adj.* lat. *Retroactivus.* ang. *retroactive.* Effet *rétroactif*, c'est ce qui a action pour le passé.

RÉTROCÉDER. *verb. act.* lat. *Retrocedere.* ang. *to make over again.* Rendre à un cédant ce qu'il a cédé, lui en faire une nouvelle cession.

RÉTROCESSION. *s. f.* lat. *Retrocessio.* ang. *a making over again.* Acte par lequel on remet un Cédant dans ses droits, en lui faisant un nouveau transport de la dette qu'il avoit cédée.

RÉTROGRADATION. *s. f.* lat. *Retrogradatio.* angl. *retrogradation.* Action par laquelle on marche, on se meut en arrière.

RÉTROGRADE. *adj.* lat. *Retrogradus.* ang. *retrograde.* Qui marche en arrière, à reculons, ce qu'on compte à rebours.

RÉTROGRADER. *verb. n.* lat. *Retrogredi.* ang. *to retrograde.* Retourner, marcher ou se mouvoir en arrière, faire une chose à rebours, & contre l'ordre naturel.

RETROUSSEMENT. *sub. m.* Action par laquelle on retrousse.

RETROUSSER. *v. act.* lat. *Recolligere.* ang. *to cock, turn, or tuck up.* Trousser une seconde fois ce qu'on avoit détroussé. Replier, relever.

RETROUSSIS. *s. m.* Partie du bord du chapeau qui est retroussée.

RETROUVER. *v. act.* lat. *Reperire*, *recuperare.* ang. *to find again.* Trouver de nouveau : recouvrer ce qu'on a perdu.

RETRUDER. *v. act.* ( Palais ) Remettre en prison.

RETS. *s. mas.* Filet. *Rets marin.* voyez *Ret marin.*

RÉTUDIER. *v. n.* & *act.* Etudier de nouveau.

RÉTUVER. *v. act.* Étuver plusieurs fois.

RETZE. *s. f.* Linon rayé.

## R E V

REVALOIR. *verb. act.* lat. *Par pari referre.* ang. *to be even with one.* Rendre la pareille, rendre le change.

REVANCHE, Revancher, Revancheur. *voy.* Revenche, &c.

RÊVASSER. *v. n.* lat. *Somnia volutare.* ang. *to have a great many dreams.* Faire quantité de songes interrompus & extravagans.

RÊVE. *s. m.* lat. *Delirium*, *somnium.* ang. *a dream.* Songe, surtout des malades qui ont le cerveau altéré.

REVÊCHE. *adj.* lat. *Acidus.* anglois. *harsh.* Qui a un suc acide, acre & piquant. Matière fière & cassante. Homme capricieux, intraitable.

REVÊCHE. *s. f.* Étoffe de laine non croisée. Espèce de frise ou de ratine frisée à poil long.

RÉVEIL. *s. m.* lat. *Somni solutio.* ang. *the time when one awakes.* Action par laquelle on interrompt son sommeil, ou l'on cesse de dormir.

RÉVEILLE-MATIN, ou Réveil. *s. m.* lat. *Suscitabulum rotatum.* ang. *an alarm-watch.* Horloge qui a une sonnerie qui bat à l'heure précise sur laquelle on a mis l'aiguille quand on l'a montée. Alarme, accident imprévû, qui fait réveiller plutôt qu'on ne voudroit. .... Herbe dont le suc & la graine, qui sont semblables aux Tithymales, servent à purger.

RÉVEILLER. *v. act.* lat. *Suscitare, evigilare.* ang. *to awake.* Interrompre le sommeil de quelqu'un. Reprendre le soin d'une affaire.

RÉVEILLEUR. *s. m.* lat. *Matutinus excitator.* ang. *awaker.* Religieux qui a le soin de réveiller les autres.

RÉVEILLON. *s. m.* lat. *Media nox.* ang. *a flesh-meal just after mid-night.* Repas qu'on fait au milieu de la nuit, après avoir veillé, dansé, joué.

RÉVÉLATION. *s. f.* lat. *Secreti evulgatio.* ang. *revelation.* Action par laquelle on déclare, on rend publique une chose cachée. On le dit par excellence, de celles que Dieu a faites à l'Église, à ses Prophétes, à ses Saints.

RÉVÉLER. *v. act.* lat. *Divulgare.* ang. *to reveal.* Découvrir quelque chose de secret, le rendre public.

REVENANT, ante. *adj.* lat. *Rediens.* ang. *coming back.* Qui revient.

REVENCHE. *s. f.* lat. *Paris pari redditio.* ang. *revenge.* Action par laquelle on se venge; on obtient réparation du tort qui a été fait, ou d'une injure qu'on a reçuë. Seconde partie qu'on joue contre celui qui a perdu la première. Reprise du jeu.

REVENCHER. *verb. act.* & *n.* lat. *Par pari referre.* anglois. *to revenge.* Se défendre contre quelqu'un, lui rendre des coups pour des coups. Rendre la pareille, s'acquitter.

REVENCHEUR. *s. m.* Qui revanche.

REVENDEUR, euse. *s. mas.* & *f.* lat. *Propola.* ang. *a huckster.* Qui fait métier de revendre.

REVENDICATION. *sub. f.* lat. *Redemptio.* ang. *claiming.* Action par laquelle on saisit, on attrape par autorité de justice un meuble qui nous a été volé ou clandestinement, ou par force.

REVENDIQUER. *v. act.* lat. *Redimere, recuperare.* ang. *to claim.* Saisir & redemander en justice un meuble volé.

REVENDRE. *v. act.* lat. *Emptum vendere.* ang. *to sell again.* Vendre ce qu'on a auparavant acheté.

REVENIR. *v. n.* lat. *Redire.* ang. *to come again.* Venir une seconde fois, ou plusieurs fois. Se rendre au lieu d'où l'on étoit parti, après avoir fait quelque voyage, quelque tour. Causer quelques rapports à la bouche. Recommencer à paroître. Repousser, croître de nouveau. Changer d'avis. Changer de mœurs. Se remettre bien avec quelqu'un. Reprendre vigueur. Aboutir au même point. Avoir du rapport.

REVENTE. *s. f.* lat. *Iterata venditio.* ang. *the selling again.* Vente réiterée.

REVENU. *substant. masculin.* lat. *Reditus.* anglois. *revenue.* Rente, récolte annuelle, profit annuel qu'on retire de quelque chose.

REVENUË. *s. f.* Jeune bois qui revient sur une coupe de taillis.

RÊVER. *v. n.* lat. *Per quietem somnia volutare.* ang. *to dream.* Faire des songes extravagans, & particuliérement quand on est en délire. Être distrait, inquiet; songer, entretenir ses pensées. Méditer; appliquer sérieusement son esprit à raisonner sur quelque chose, à trouver quelque moyen, quelque invention.

RÉVERBÉRATION. *s. f.* lat. *Reverberatio.* ang. *reverberation.* Réflexion, renvoi, action de réverbérer.

RÉVERBÈRE. *s. m.* Réverbération. Feu de *réverbère* est un feu qui n'a point d'issuë par en haut; mais qui est couvert d'un chapiteau, ou d'une voute qui repousse son action en bas, la concentre & la rend plus forte & plus vive. Machine qu'on ajoute à une lampe, à un flambeau, pour en augmenter la lumière.

RÉVERBÉRER. *v. act.* lat. *Reflectere.* ang. *to reverberate.* Réfléchir, repousser, renvoyer le feu, la chaleur, la lumière, pour agir avec plus de force.

REVERDIE. *s. f.* Grandes marées qui arrivent au déclin & au plein de la lune.

REVERDIR. *v. n.* lat. *Revirescere.* ang. *to become green again.* Redevenir verd, pousser de nouveaux boutons, de nouvelles feuilles. Renaître.

REVERDISSEMENT. *s. m.* lat. *Revirescentia.* ang. *a new greenness.* Action par laquelle on reverdit.

RÉVÉREMMENT. *adverb.* lat. *Reverenter.* ang. *reverently.* D'une manière respectueuse.

RÉVÉRENCE. *s. f.* lat. *Reverentia.* ang. *reverence.* Vénération, respect qu'on a pour le mérite, pour la vertu, pour les choses sacrées. Salut par lequel on témoigne son respect à ceux qu'on aborde & qu'on rencontre. Qualité, titre d'honneur qu'on donne aux Ecclésiastiques.

RÉVÉRENCIEUSEMENT. *adv.* Avec révérence.

RÉVÉRENCIEUX. *voy.* Révérentieux.

RÉVÉREND, ende. *adj.* lat. *Reverendus.* ang. *reverend.* Qui mérite d'être honoré & vénéré. Titre qu'on donne aux Ecclésiastiques.

RÉVÉRENDISSIME. *adj.* lat. *Reverendissimus.* anglois. *right reverend.* Titre d'honneur qu'on donne à ceux qui sont constitués dans les premières dignités de l'Eglise, aux Prélats, aux Généraux d'Ordre.

RE'VE'RENTIELLE. *adj. f.* (Palais) Se dit de la crainte qu'inspirent des personnes que l'on doit respecter.

RE'VE'RENTIEUX, euse. *adj.* Qui fait beaucoup de révérences.

RE'VE'RER. *v. act.* lat. *Revereri.* ang. *to revere, reverence.* Honorer, respecter, vénérer quelque personne, ou quelque chose.

RÊVERIE. *s. f.* lat. *Delirium.* ang. *raving.* Transport au cerveau; songe extravagant; délire, démence. Imagination ridicule; action, ou proposition déraisonnable; chimére, vision. Il se dit aussi des méditations & des applications, ou des inquiétudes & des soins qui occupent l'esprit.

REVERNIR. *v. act.* Appliquer un nouveau vernis sur quelque chose.

REVERS. *s. masc.* lat. *Aversa frons.* ang. *the reverse.* Ce qui est au dos, qu'on ne voit qu'en le retournant. Coup qu'on donne de l'arrière main. En termes de *Médaillistes*; c'est la seconde face d'une médaille. *Revers* signifie aussi disgrace, renversement de fortune, ou d'affaires. Il se dit encore du bout des manches qu'on retourne; d'une batterie qui bat à dos & par derrière.

REVERSAUX. *s. masc. pl.* Se dit, en *Allemagne*, de certains décrets par lesquels on déclare que ce qui s'est fait dans un cas particulier, la nécessité l'exigeant, ne pourra nuire au privilége de la ville.

REVERSEAU. *s. m.* Piéce de bois attachée au bas du chassis d'une porte croisée, qui, en recouvrement sur son seuil ou tablette, empêche que l'eau n'entre dans la feuillure. Quand elle est sur l'apui d'une fenêtre, on la nomme *piéce d'apui.*

REVERSER. *v. act.* lat. *Fundere iterùm.* ang. *to pour again.* Verser de nouveau.

REVERSIBLE. *adj.* lat. *Reversibilis.* angl. *revertible.* Qui est sujet à retourner.

REVERSION. *s. f.* ang. *reversion.* Retour.

REVERSIS. *s. m.* lat. *reversus.* ang. *reversis.* Jeu de cartes où le valet de cœur est la meilleure carte.

REVESCHE, Revestement. *voy.* Revêche, Revêtement.

REVESTIAIRE. *s. m.* lat. *Sacrarium.* angl. *revestiary*, *revestry.* Sacristie, lieu où les Ecclésiastiques vont prendre leurs habits sacerdotaux.

REVÊTEMENT. *s. m.* lat. *Munitio externa terrea.* anglois. *lining.* Ouvrage de pierre ou de brique dont on revêt une fortification de terre.

REVÊTIR. *v. act.* lat. *Vestem resumere.* ang. *to cloath.* Habiller, reprendre ses habits, les remettre sur son corps. Donner des habits & de quoi s'habiller. Se vêtir, surtout des habits de dignité & de cérémonie. Pourvoir, donner des charges, ou des bénéfices. Fortifier l'escarpe & la contrescarpe d'un fossé, avec un mur de pierre ou de moilon. Faire un mur à une terrasse, pour en soutenir les terres. Couvrir & environner.

REVÊTISSEMENT. *s. mas.* lat. *Investitura.* ang. *investiture.* Action par laquelle un vassal est revêtu de son fief.

REVEUË. *s. f.* lat. *Lustratio*, *recensio.* ang. *review.* Montre qu'on fait faire aux Soldats qu'on range en bataille, & qu'on fait ensuite défiler, pour voir si les Compagnies sont complettes, ou pour leur faire toucher leur solde. Perquisition, visite, recherche qu'on fait en quelque maison, pour voir si tout est dans l'ordre, ou pour chercher quelque chose. Examen, réflexion.

RÊVEUR, euse. *adj.* & *subst.* lat. *Delirans*, *delirus.* ang. *a dreaming man or woman.* Qui rêve, qui dit ou fait des choses extravagantes. Esprit distrait. Esprit appliqué à quelque méditation; qui tache à découvrir quelque chose de nouveau dans les arts & dans les sciences.

REVIQUE'E. *adj. femin.* Dégorgée. Il se dit d'une étoffe de laine, qui a été dégorgée de son trop de teinture.

REVIQUER. *v. act.* Faire passer les étoffes de laine par la foulerie, ou les laver simplement à la rivière pour les dégorger, de ce qu'elles ont pris trop de teinture.

REVIQUEUR. *s. m.* Foulon.

REVIRADE. *s. f.* Terme du *jeu de Trictrac.* Action de revirer.

REVIREMENT. *s. m.* lat. *Navis conversio.* ang. *tacking about.* Changement de route ou de bordée, quand après avoir couru quelque tems sur un air de vent, on tourne le gouvernail pour tendre d'un autre côté.

REVIRER. *verb. act.* lat. *Navem aliò flectere.* ang. *to tack about.* Tourner la pointe du navire vers un autre endroit. .... Tourner, hésiter, ne savoir quel parti prendre .... Au *jeu de Trictrac*, c'est rompre une case pour en faire une plus avancée. ... *Revirer* de bord, *figurément*, c'est changer de parti.

REVISER. *verb. act.* Revoir, examiner de nouveau.

REVISION. *s. f.* lat. *Correctio*, *reformatio.* ang. *a revising.* Correction, réformation, second examen d'un compte, d'un livre, &c.

REVISITER. *v. act.* lat. *revisere.* ang. *to revisit.* Visiter de nouveau.

REVIVIFICATION. *s. f.* (Chymie) Action de revivifier. On le dit aussi au figuré. En *Mathématiques*, on emploie ce terme pour signifier ce qu'on appelle la *force vive.*

REVIVIFIER. *v. act.* lat. *revivificare.* ang. *to revivify.* Contribuer de nouveau à l'entretien de la vie. Rétablir en son premier état quelque mixte qu'on avoit déguisé par des sels ou par des souffres.

REVIVRE. *v. n.* lat. *reviviscere.* ang. *to revive.* Ressusciter, revenir en vie. Reprendre la santé, la vigueur. Renouveller les couleurs avec du vernis.

REUN. *voy.* Rum.

RE'UNION. *s. f.* lat. *Secunda adjunctio.* ang. *re-union.* Action par laquelle on rejoint, on réunit une chose à celle dont elle a été démembrée. Paix, concorde qu'on met entre des personnes qui avoient rompu leur amitié, leur intelligence.

RE'UNIR. *v. act.* lat. *Cogere*, *congregare.* ang. *to re-unite.* Rejoindre, remettre ensemble ce qui avoit été disjoint, separé, désuni. Réconcilier. Rassembler.

RE'VOCABLE. *adj.* lat. *Qui revocari potest.* angl. *revocable.* Qui se peut révoquer, annuller, détruire.

RE'VOCATION. *s. f.* lat. *Rescissio*, *abrogatio.* ang. *a revoking*, *revocation.* Action par laquelle on révoque, on annulle, on détruit un acte qu'on avoit fait auparavant.

RE'VOCATOIRE. *adj.* Qui se peut révoquer, dont on peut se relever. Il se dit aussi de l'acte par lequel on révoque.

REVOIN. *s. m.* Regain, seconde coupe du foin, qui se fait au mois de Septembre.

REVOIR. *v. act.* lat. *Iterùm videre.* ang. *to see again.* Voir une seconde fois, ou plusieurs autres ensuite. Corriger.

REVOLER. *v. act.* & *n.* Voler de nouveau.

REVOLINS. *s. m.* Orages subits ou tourbillons qui tourmentent les vaisseaux. lat. *Subitus turbo.* ang. *a gust of wind.*

RE'VOLTE. *s. f.* lat. *rebellio*, *defectio.* ang. *revolt.* Soulévement, rebellion d'un peuple contre l'autorité légitime; contre son Souverain. Résistance, désobéissance à l'égard d'un Supérieur, comme d'un Père, d'un Maître.

RE'VOLTER. *v. act.* & *n.* lat. *rebellare.* ang. *to cause to rebel.* Soulever; émouvoir à sédition, porter à la révolte. Animer.

RE'VOLU, uë. *adj.* lat. *Expletus.* ang. *revolved.* Achevé, fini.

RE'VOLUTION. *s. f.* lat. *revolutio.* angl. *revolution.* Tour, cours, retour, mouvement des astres accompli, lorsqu'ils reviennent au même point d'où ils étoient partis. Dans les *affaires d'État*, il se dit des changemens extraordinaires qui arrivent; des disgraces, des malheurs, des décadences. . . . *Révolution* d'humeurs : mouvement extraordinaire dans les humeurs, qui altère la santé.

REVOMIR. *v. act.* lat. *revomere.* ang. *to vomit again.* Vomir de nouveau.

RE'VOQUER. *v. act.* lat. *revocare.* ang. *to revoke.* Rétracter ce qu'on a fait, ôter le pouvoir qu'on a donné. Rappeller près de soi. Se dédire, changer de sentiment. Casser, annuller.

REUPONTIQUE. *voy.* Centaurée.

RE'USSIR. *v. n.* lat. *Bene succedere.* ang. *to succeed.* Avoir un heureux succès.

RE'USSITE. *s. fem.* lat. *Successus.* ang. *good success.* Bon succès.

RE'VULSIF, ive. *adj.* Qui détourne les humeurs vers les parties opposées.

RE'VULSION. *s. f.* lat. *revulsio.* ang. *revulsion.* En *Médecine* se dit d'une grande chûte & révolution d'humeurs qui se fait dans le corps; lorsqu'elles tombent sur une partie.

REVUË. *voy.* Reveue.

## R E Y

REYNE. *voy.* Reine.

REYNETTE. *voy.* Reinette.

## R E Z

REZ. *s. m.* lat. *Solum.* ang. *the level ground.* Niveau du terrain de la campagne qui n'est ni creuse, ni élévée.

REZ-MUR. C'est le nu d'un mur dans œuvre.

REZ-TERRE. Superficie de terre sans ressauts ni degrés.

## R H A

RHAA. *s. m.* Arbre de Madagascar dont les feuilles ressemblent à celles du poirier, mais elles sont un peu plus longues. On en tire par incision un suc rouge appellé *sang de Dragon.* La décoction de son écorce est propre pour arrêter le flux de sang.

RHABDOLOGIE. *s. f.* ang. *rhabdology.* L'art de faire tous les calculs d'Arithmétique par le moyen de certains instrumens qu'on appelle les vergettes de *Neper.*

RHABDOMANCIE. *voy.* Rabdomancie.

RHABILLAGE. *s. m.* lat. *resarcinatio.* ang. *mending.* Travail de celui qui rhabille, qui raccommode quelque chose rompuë ou gâtée.

RHABILLER. *v. act.* lat. *Vestem resumere:* ang. *to dress again.* Remettre ses habits après qu'on s'est deshabillé. Se faire faire des habits neufs. Raccommoder quelque chose. En termes de *Chirurgie*, c'est *renouer* ou remettre une partie rompuë ou luxée en son lieu.

RHACHISAGRE. *s. f.* Espèce de goutte fixée sur l'épine du dos.

RHACHITIS. *s. f.* Moële de l'épine du dos. Maladie fort commune en *Angleterre* parmi les enfans, qui consiste en ce que les parties du corps ne reçoivent pas également de la nourriture. Elle est accompagnée d'un relâchement des parties, de foiblesse, de débilité. La tête grossit extraordinairement & toutes les autres parties au dessous de la tête amaigrissent. Il se fait des excrescences aux jointures, les os se courbent, la poitrine se rétrécit, l'abdomen s'enfle, les hypocondres s'étendent, & tout cela est accompagné de toux, &c.

RHACOSE. *s. f.* Relâchement de la peau du scrotum, sans qu'il y ait de corps contenus; indisposition qui le défigure.

RHAGADES. *s. m.* (Médecine) Fentes qui se font sur les lèvres. Ulcères, crevasses qui arrivent à la bouche & ailleurs.

RHAGADIOLE. *s. m.* *Rhagadiolus.* Plante qui a la vertu de guérir les Rhagades.

RHAGOÏDE. *adj.* Se dit de la seconde tunique de l'œil, qu'on appelle autrement l'*Uvée.*

RHAMNUS. *s. m.* Nerprun. Sorte de plante.

RHAPHANE'DON. (Fracture) *s. f.* Espèce de fracture, faite en manière de rave, lorsqu'un os long se casse net en travers selon son épaisseur.

RHAPONTIC. *s. m.* *Rhaponticum.* Racine d'une espèce de Lapathum. Elle ressemble beaucoup à la rhubarbe en dedans & en dehors.

RHASUT. *s. m.* Espèce d'Aristoloche étrangère. On se sert de sa racine, en *Médecine*, comme de celle des autres Aristoloches.

## R H E

RHEA. *s. f.* C'est selon les Anciens *Poëtes*, la Mère des Dieux.

RHEINGRAVE. *s. m.* Titre de Seigneurie Allemande.... *s. f.* Culotte fort ample, attachée aux bas avec plusieurs rubans, qui étoit autrefois à la mode.

RHE'TEUR. *sub. masc.* lat. *Rhetor.* ang. *a rhetorician.* Ne se dit que des anciens Maîtres d'éloquence qui ont fait profession de l'enseigner, & qui en ont laissé des préceptes. Homme dont toute l'éloquence ne consiste que dans la simple pratique des règles de l'art.

RHE'TORICIEN, enne. *subst. masc. & fem.* lat. *Rhetor.* ang. *a rhetorician.* Qui sçait l'art de bien parler, de haranguer, de persuader.

RHE'TORIQUE. *s. f.* lat. *rhetorica.* anglois. *rhetorick.* Eloquence, art qui enseigne à bien parler, à haranguer, à dire les choses propres pour persuader.

RHEUBARBE. *s. f.* lat. *rheubarbarum officinarum.* ang. *rheubarb.* Plante dont la racine est purgative, propre pour les cours de ventre, pour fortifier l'estomac, pour exciter l'appétit... *Rheubarbe blanche.* voy. *Méchoacan.*

RHEUMATISME. *s. m.* lat. *rheumatismus.* ang. *rheumatism.* Douleur qu'on sent en différentes parties du corps, accompagnée de pésanteur, de difficulté de se mouvoir, & souvent de fiévre. Elle est ordinairement occasionnée par le froid & souvent suivie d'inflammation.

RHEUME. *s. m.* lat. *rheuma.* ang. *a rheum.* Espèce de caterre ou de fluxion qui tombe sur la trachée artère, & sur les parties voisines, qui fait tousser, moucher & cracher, & qui altère la parole.

R H I

RHINGRAVE. *voy.* Rheingrave.

RHINOCEROS. *s. m.* Grosse bête farouche *Indienne* à quatre pieds, qui a une corne qui lui sort du nez. Sa peau est toute couverte d'écailles comme l'élephant, ce qui fait que l'épée ne peut guères la percer.

RHINOCEROT. *substant. mascul.* Toucan ou pie du Brésil.

RHISOPHAGE. *s. m. & f.* Qui vit de racines. *Rhisophagus.*

RHISOTOME. *s. m.* Etoit chez les Anciens un Apothicaire, qui ne vendoit que des racines, des simples.

RHIZAGRE. *subst. mascul.* Instrument de Chirurgie pour tirer les racines ou chicots des dents.

R H O

RHODIA. *s. fem.* Plante dont la racine est utile en Médecine. Elle est échauffante, dessicative & surtout céphalique.

RHODITE. *s. f.* Pierre qui par sa figure & sa couleur imite la rose.

RHODOMEL. *s. m.* Miel rosat.

RHOE. *voy.* Rhus.

RHOGME'. *subst. f.* Espèce de fracture du crâne, superficielle, droite, étroite, longue, mais où les os ne sont point déplacés.

RHOMBA. *s. f.* Espèce de baume qui croît à Madagascar. Cette plante pousse de grandes feuilles & sent le girofle & la canelle.

RHOMBE. *s. m.* lat. *rhombus.* ang. *rhomb.* Est un quadrilatère dont les quatre côtés sont égaux & parallèles, mais les angles inégaux, en ayant deux opposés qui sont aigus, & les deux autres obtus.

RHOMBITE. *s. f.* Pierre où est imprimée la figure d'un Turbot.

RHOMBOÏDE. *s. m.* lat. *rhomboides.* angl *a rhomboid.* Figure Géométrique quadrilatère, dont les côtés & les angles sont inégaux, mais dont les opposés sont égaux. C'est une figure moyenne entre le rhombe & le parallélogramme rectangle, qui tire de l'un la proportion des angles & de l'autre la correspondance des côtés.

RHOPHALIQUE. *adj.* Se disoit d'une espèce de vers qui commençoit par un monosyllabe & continuoit par des mots toujours plus grands les uns que les autres.

RHOPOGRAPHE. *s. m.* Peintre qui ne peignoit que des sujets petits & bas.

R H U

RHUBARBE. *voy.* Rheubarbe.

RHUMATISME, Rhume. *voy.* Rheumatisme, Rheume.

RHUS. *s. masc.* Arbrisseau dont le fruit a un goût acide, & est astringent. On s'en servoit autrefois dans les cuisines au lieu de sel. Les Tanneurs se servent de ses feuilles pour tanner leurs cuirs.

R H Y

RHYAS. *s. m.* (Médecine) Diminution ou consomption de la caroncule lachrymale située au grand coin de l'œil. Il est opposé à l'*Encanthis.*

RHYTHME. *sub. m.* Nombre qui donne de l'harmonie au discours.

R I A

RIABAULS SMALS. *s. m.* Toiles de coton de petite qualité & ordinairement blanches qui viennent des Indes Orientales.

RIANT, ante. *adj.* lat. *Hilaris, lætus.* ang. *smiling.* Réjouissant, plaisant, agréable ; qui rit, ou qui semble rire.

R I B

RIBADOQUIN. *s. m.* Ancienne piéce d'artillerie.

RIBAUD, *s. f.* lat. *Scortator.* ang. *a fornicator, whore-master.* Qui est adonné à la paillardise & à la lubricité.

RIBAUDEQUIN. *subst. masc.* Espèce d'arbalête de 15. pieds, qui servoit à lancer un javelot ferré & empenné long de 6. pieds.

RIBAUDURE. *s. f.* Faux pli ou bourlet qui se fait aux draps de laine lorsqu'on les fait fouler.

RIBES. *sub. f. pl.* (Pharmacie) Groseilles rouges. *Rob de ribes* ; suc de ces groseilles quand il est confit.

RIBLER. *v. act.* lat. *Grassari.* ang. *to ramble.* Courir la nuit, comme font les filous, les débauchés & les traineurs d'épée. *Il est vieux.*

RIBLETTE. *substant. feminin.* lat. *Lingula, ofella.* anglois. *a slice.* Ragoût qu'on prépare sur le gril d'une tranche deliée de viande soit de bœuf, veau, ou porc, qu'on sale & épice.

RIBLEUR. *s. m.* lat. *Grassator.* ang. *rambler.* Filou, fripon, débauché, coureur de nuit.

RIBODAGE. *s. masc.* ( Marine ) Se dit d'un navire qui a été endommagé par un autre, soit en flotte, soit en quai, en changeant de place.

RIBON Ribaine. *adv.* lat. *Quovis pretio.* ang. *will he, nill he.* A quelque prix que ce soit; nonobstant toute résistance.

RIBORD. *s. m.* ( Marine ) Le second rang de planches qu'on met au dessus de la quille pour faire le bordage du vaisseau.

RIBORDAGE. *voy.* Ribodage.

RIBOT. *s. m.* Pilon d'une baratte pour battre la crême & faire du beurre.

## RIC

RIC A RIC. *adv.* lat. *Rigidè.* ang. *exactly.* A la rigueur, exactement, sans par dessus.

RICANEMENT. *s. m.* lat. *Sanna.* ang. *giggling.* Ris moqueur.

RICANER. *v. n.* lat. *Cachinnari.* ang. *to giggle.* Rire avec éclat, à plusieurs reprises, & de mauvaise grace, le plus souvent sans sujet, rire à demi soit par sottise, soit par malice.

RICANEUR, euse. *s. m. & f.* lat. *Cachinno.* ang. *a giggler.* Qui ricane.

RICH. *s. m.* Espèce de loup cervier, dont la fourrure est très-belle & très-fine.

RICHAIS. *s. m.* Qui est en chartre.

RICHARD, arde. *adj. & subst.* lat. *Dives & avarus.* anglois. *a rich-man.* Qui a beaucoup de bien & le dépense à regret. *Richard* est le nom qu'on donne au geai, quand il est apprivoisé.

RICHE. *adj.* lat. *Dives, opulentus, locuples.* ang. *rich, wealthy.* Qui a beaucoup de bien, qui a abondance de toutes choses.

RICHEDALE. *s. f.* Monnoie d'argent, battue en *Allemagne*, qui vaut 3. livres.

RICHEMENT. *adv.* lat. *Copiosè, largè.* ang. *richly.* D'une manière riche.

RICHEMONT. *s. m.* Tulipe qui a de belles panaches de gris de lin & rouge sur du blanc.

RICHESSE. *s. f.* lat. *Divitiæ, opes.* anglois. *riches.* Ce qui rend une chose riche, précieuse. Grande abondance de biens.

RICHEVAL. *s. m.* Tulipe richement panachée de violet tané sur du blanc.

RICIN. *s. m.* voy. *Palma-Christi.*

RICINOÏDE. *s. femin.* Noix des Barbades. Plante qui a les mêmes vertus que le ricin.

RICIONOÏDES. *voy.* Maurelle.

RICOCHET. *s. masc.* Jeu d'enfans qui se fait avec une pierre platte qui revient plusieurs fois sur l'eau en la faisant glisser sur sa surface.

RICOCHON. *s. m.* Apprenti monnoyeur.

## RID

RIDE. *subst. f.* lat. *ruga.* ang. *wrinkle.* Pli, repli; espèce de sillon qui se forme sur la peau des animaux & particulièrement sur le front & le visage des hommes, quand ils vieillissent.

RIDEAU. *s. m.* lat. *Velum ductile.* anglois. *a curtain.* Voile ou piéce d'étoffe qu'on étend pour couvrir ou fermer quelque chose.... (Guerre) Petite éminence étendue, qui sert à couvrir un camp.

RIDÉES. *s. f.* ( Vénerie ) Fientes & fumées des bêtes fauves, qui sont ridées aux vieux cerfs & aux vieilles biches seulement.

RIDELLE. *s. f.* lat. *Clathratum carri latus.* ang. *the rack.* Piéce de bois qui regne le long des côtés d'un chariot ou d'une charrette, qui soutient un petit treillis de bois servant à arrêter les marchandises dont on la charge.

RIDER. *v. act.* lat. *Corrugare.* ang. *to wrinkle.* Replier la peau, causer des rides.

RIDICULE. *adj.* lat. *ridiculus.* ang. *ridiculous.* Risible, sot, impertinent; objet de risée, qui fait rire.

RIDICULE. *voy.* Rédicule.

RIDICULEMENT. *adv.* lat. *ridiculè.* ang. *ridiculously.* D'une manière ridicule.

RIDICULISER. *v. act.* lat. *ridiculo vertere.* angl. *to ridicule.* Rendre ridicule, tourner en ridicule.

RIDICULITÉ. *sub. f.* lat. *res ridicula.* angl. *ridiculity.* Action ou parole ridicule.

## RIE

RIÈBLE. *voy.* Glatteron.

RIEN. *s. masc.* lat. *Nihil.* ang. *nothing.* Le néant; le non être. Aucune chose. Chose peu considérable.

RIÈRE. *adv.* Arrière.

RIÈRE-BAN. *voy.* Arrière-ban.

RIÈRE-FIEF. *s. m.* Rente seiche, pension ou autre cens annuel, que le Sujet impose sur son héritage mouvant d'un Seigneur foncier, & qui est amortissable. C'est aussi arrière-fief.

RIÈRE-VASSAL. *voy.* Arrière-Vassal.

RIEUR, euse. *s. m. & f.* lat. *risor, irrisor.* ang. *laugher.* Qui rit beaucoup; qui aime à rire, moqueur, qui se divertit... (Anatom.) Nom d'un muscle autrement appellé le *Zigomatique.*

## RIF

RIFFY. *s. m.* Sorte de coton qui vient d'Alexandrie, par la voie de Marseille.

RIFLARD. *s. m.* Gros rabot qui sert à dégrossir le bois.

RIFLER. *v. act.* lat. *Vorare.* ang. *to rifle.* Manger goulument.

RIFLOIR. *s. m.* Espèce de lime un peu recourbée par le bout.

## RIG

RIGAUDON. *voy.* Rigodon.

RIGIDE. *adj.* lat. *rigidus.* ang. *rigid.* Austère, sévère, exact.

RIGIDEMENT. *adv.* lat. *rigidè.* ang. *rigidly.* D'une manière rigide & sévère.

RIGIDITÉ. *s. f.* lat. *Severitas.* ang. *rigidity.* Sévérité, austérité de mœurs.

RIGISCH. *s. m.* Monnoie de compte, qui est la quinzième partie d'une risdale.

RIGODON. *s. m.* lat. *Saltatio faceta.* angl. *rigadoon.* Sorte de danse qui vient de Provence,

& qui se danse en figure ; c'est-à-dire, par un homme & une femme.

RIGOLE. *sub. f.* lat. *Incile.* ang. *a trench, gutter.* Petit canal pour écouler ou pour conserver de l'eau.

RIGORISME. *s. m.* Morale trop sévère.

RIGORISTE. *s. m.* Sévère Partisan d'une morale trop sévère.

RIGOUREUSEMENT. *adv.* lat. *Severè, asperè.* ang. *rigorously.* D'une manière rude & sévère.

RIGOUREUX, euse. *adj.* lat. *Asper, severus.* ang. *rigorous.* Qui est dur, sévère, rude, douloureux, insupportable.

RIGUEUR. *s. f.* lat. *Asperitas, rigor.* ang. *rigor or rigour.* Dureté, sévérité. Exactitude, précision.

R I M

RIMAILLE. *s. f.* lat. *rhythmi insulsi.* angl. *paltry verses.* Méchans vers, méchante poësie.

RIMAILLER. *v. n.* lat. *Versus scriptitare.* ang. *to rime, to poetize.* Faire de méchans vers.

RIMAILLEUR. *sub. masc.* lat. *Inconcinnus poeta.* angl. *a sorry rimer.* Méchant poëte, qui ne sçait que rimer.

RIME. *s. f.* lat. *Similes exitus habentes.* ang. *rhime.* Ressemblance de sons à la fin des mots, dans le gout des unissons de plusieurs instrumens. On ne s'en sert que dans la poësie. Les Anglois ont des vers sans rimes, qu'ils appellent vers blancs & où ils n'observent que la mesure & la quantité des syllabes.

RIMER. *v. n.* lat. *Duos versus simili syllabarum sono terminare.* ang. *to rhime.* Avoir le même son, s'accorder dans la même terminaison. Faire des vers plutôt méchans que bons.

RIMEUR. *s. masc.* lat. *Vernaculorum carminum scriptor.* ang. *a rhimer.* Méchant poëte, dont les vers ne sont considérables que par les rimes.

R'IMPRIMER. *voy.* Réimprimer.

R I N

RINAIRE. *adj.* (Médecine) Se dit du ver qui s'engendre à la racine du nez.

RINCEAU. *sub. m.* (Architecture) Branche feuilluë dont on charge les frises & dont on fait d'autres ornemens.

RINCÉ, ée. *adj.* On dit familièrement d'un homme qui a été bien mouillé, qu'il a été bien *rincé.*

RINCER. *v. act.* lat. *Lavare, eluere.* ang. *to rinse or wash.* Laver, nettoyer quelque vaisseau.

RINCEURE, *ou* Rinsure. *s. f.* Eau qui a servi à rincer.

RINGARD. *s. m.* Barre de fer dont on se sert pour manier de grosses piéces à forger. Gros bâton ferré.

RINGRAVE. *voy.* Rheingrave.

RINJOT. *s. m.* (Marine) Extrémité de la quille, lieu où elle s'assemble avec l'étrave.

RINOCEROS. *voy.* Rhinoceros.

RINSER. *voy.* Rincer.

R'INSTRUIRE. *v. act.* Instruire de nouveau.

RINSURE. *voy.* Rinceure.

R I O

RIOLE. *s. f.* Honnête débauche.

RIOLÉ, ée. *adj.* lat. *Variis distinctus coloribus.* ang. *streak'd, diversify'd.* Rayé de diverses couleurs.

RIOTE. *s. f.* lat. *Altercatio.* ang. *a quarrel.* Petite querelle ou difficulté qui arrive souvent dans le ménage.

RIOTER. *v. n.* Quereller. Rire à demi, sourire.

RIOTEUX, euse. *adj.* lat. *Jurgiosus, altercator.* ang. *quarrelsome.* Difficultueux, pointilleux, sujet à se fâcher.

R I P

RIPAILLE. (Faire) *s. f.* lat. *Convivari.* ang. *to banquet.* Faire grand'chère ; débauche.

RIPE. *s. f.* Outil de Maçon & de Sculpteur, qui sert à grater une muraille, ou une figure. lat. *radula.* ang. *a grater.*

RIPER. *verb. act.* Ratisser ou gratter avec la ripe. lat. *radere.* ang. *to grate.*

RIPOPE. *s. m.* lat. *Vinum mixtum.* anglois. *sorry wine.* Méchant vin gâté, mêlé, frelaté, ou qui est resté dans les pots. On le dit aussi du mêlange de différentes liqueurs, de différentes sauces.

RIPOSTE, Riposter. *voy.* Risposte, Risposter.

R I R

RIRE. *v. n.* lat. *ridere.* ang. *to laugh.* Donner des témoignages de joie par la voix, par les mouvemens du visage, *&c.* Se moquer de quelqu'un ; le railler, ou le mépriser. Se réjouir, badiner, se divertir, passer le tems à dire, ou à faire des choses agréables. Ne parler pas sérieusement, mais par jeu, par raillerie.

RIRE. *s. m.* lat. *risus.* angl. *laughing.* Action de rire.

R I S

RIS DE VEAU. *s. m.* lat. *Corrugatio vitulina.* ang. *sweet-bread.* Glandule qui est sous la gorge du veau.

RIS. *s. m.* lat. *Oryza.* ang. *rice.* Espèce de graine qu'on mange bouillie avec de l'eau & du lait. *Ris* signifie aussi *rire*, action de rire.

RISAGAL. *voy.* Réagal.

RISBAN. *s. m.* (Fortific.) Terre-plein pour mettre les batteries à la défense d'un port.

RISDALE. *s. f.* ang. *rix-dollar.* Monnoie d'argent qui a cours en différentes places d'*Allemagne* & de *Hollande.* Elles ne sont pas toutes de la même finesse & du même poids. Celles d'*Hollande* sont les plus communes & valent environ 45. sols 6. deniers sterlings. voyez *Richedale.*

RISÉE. *s. f.* lat. *Effusus risus.* ang. *laughter.* Éclats de rire. Mépris, raillerie.

RISIBILITE' *s. f.* Faculté de rire.

RISIBLE. *adj.* lat. *risibilis.* ang. *risible.* Qui peut rire. Plaisant, ridicule ; ce qui apprête à rire.

RISIÈRE, *ou* Rizière. *s. f.* Campagne semée de riz.

RISPOSTE. *s. f.* lat. *responsio.* ang. *a quick repartee.* Prompte réponse ou réplique. C'est aussi un terme d'*Escrime*, qui se dit de l'action de celui qui en parant un coup allonge une botte.

RISPOSTER. *v. n.* Répondre, répliquer. Pousser après avoir paré.

RISQUABLE. *adj.* Périlleux, dangereux.

RISQUE. *s. m.* lat. *Periculum, discrimen, alea.* ang. *risk.* Hazard qui peut causer de la perte, danger, péril.

RISQUER. *v. act.* lat. *Versari in discrimine.* ang. *to venture.* Mettre au hazard, en danger.

RISSOLE. *s. f.* lat. *Minutal tostum.* ang. *a sort of minced pie.* Sorte de pâtisserie faite de viande hâchée & épicée, envelopée dans la pâte déliée.

RISSOLER. *v. act.* lat. *Torrere.* ang. *to fry or roast brown.* Cuire les viandes ou autres mets jusqu'à ce qu'on leur donne une couleur rousse.

RISSON. *substant. masc.* (Marine) Hérisson ou grapin. Ancre à quatre bras qui sert aux vaisseaux de bas bord.

R I T

RIT. *s. m.* lat. *ritus.* ang. *rite.* Manière de faire les cérémonies de l'Eglise.

RITES. *voy.* Rit.

RITOURNELLE. *s. f.* lat. *Intercalaris cantilena.* ang. *rittornel.* Réprise qu'on fait des premiers vers d'une chanson, qu'on répéte à la fin de chaque couplet.

RITUALISTE. *s. m.* Ecrivain qui a traité des rites de l'Eglise. ang. *ritualist.*

RITUEL. *s. mas.* lat. *ritualis.* ang. *a ritual.* Livre qui contient l'ordre & la manière des cérémonies qu'on doit observer dans la célébration du service divin en un Diocèse, en un Ordre religieux.

R I V

RIVAGE. *s. m.* lat. *Littus, ripa.* ang. *bank, shore.* Rive ; bord de la mer, ou d'un fleuve.

RIVAL, ale. *adj.* & *subst.* lat. *rivalis.* ang. *a rival.* Celui qui a la même prétention qu'un autre sur un bien ou un emploi. Il se dit proprement d'un concurrent en amour.

RIVALITÉ. *sub. fem.* Concurrence entre des amans, ou autres concurrens.

RIVE. *s. f.* lat. *ripa.* ang. *shore-side.* Bord ou rivage d'un lac, d'un fleuve, ou de la mer.

RIVER. *v. act.* lat. *Mucronem retundere.* ang. *to rivet.* Rabattre la pointe à un clou, à une vis, à un boulon, & y faire une sorte de nouvelle tête pour les retenir dans les lieux où ils ont passé.

RIVERAGE. *s. m.* Droit établi pour l'entretien des chemins qui sont réservés le long des rivages, pour le tirage des bateaux.

RIVERAIN. *s. m.* lat. *Oram fluminis inhabitans.* ang. *one that inhabits on the banks of a river.* Celui qui habite, qui a des terres auprès d'une forêt ou d'une rivière.

RIVESALTES. *s. m.* Sorte de vin muscat.

RIVET. *s. m.* lat. *Clavi pars extans.* ang. *a rivet.* Extrémité du clou qui est rivée.

RIVEURE. *voy.* Rivure.

RIVIÈRE. *s. f.* lat. *Amnis, fluvius.* ang. *a river.* Courant de plusieurs eaux amassées qui vont à la mer.

RIVIEREUX. *adj.* (Faucon.) Il se dit des faucons propres à voler sur les rivières.

RIVURE. *s. f.* (Serrurier) Broche de fer qui entre dans les charnières des fiches, pour en joindre les deux aîles.

R I Z

RIZ. *voy.* Ris, plante.

RIZDALE. *voy.* Richedale, & Risdale.

RIZÉ. *s. m.* Monnoie de compte, dont on se sert dans les Etats du grand Seigneur. 15000. ducats.

RIZIÈRE. *voy.* Risière.

RIZOPHAGE. *voy.* Rhisophage.

RIZOTOME. *voy.* Rhisotome.

R O A

ROANETTE. *voy.* Rouanette.

R O B

ROB. *s. m.* (Pharmacie) Suc de fruit dépuré & cuit jusqu'à la consomption des deux tiers de leur humidité.

ROBE. *s. f.* lat. *Vestis. Toga.* ang. *a gown.* Vêtement ample qui couvre tout le corps, & qui est différent selon les personnes qui le portent. *Robe* d'une coquille c'est la superficie ou couverture de la coquille après qu'on en a enlevé l'épiderme. En *Vénerie* on se sert de ce mot pour exprimer la couleur des chiens. *Robe* de laine, c'est ce qu'on léve avec les forces sur les 4. pieds de la bête & sur tout le corps, en montant jusqu'à la tête.

ROBÉE. *adj. f.* Se dit de la garance dont l'écorce n'a pas été levée.

ROBER. *v. act.* (Chapelier) Enlever le poil d'un chapeau avec la peau de chien marin.

ROBERT. (Muscat) *voy.* Muscat.

ROBERTINE. *sub. f.* Thèse que soutiennent ceux qui veulent être de la maison de Sorbonne.

ROBIN., ine. *s. m.* & *f.* Homme de robe ou de palais.

ROBINE. *s. f.* Sorte de poire autrement appellée muscat d'Août.... Tulipe amarante & qui a peu de blanc.

ROBINET. *s. mas.* lat. *rostellum, canaliculus.* ang. *a cock.* Clef d'une fontaine, d'une canelle, qui sert à en ouvrir ou fermer le tuyau.

ROBINETTE. *s. f.* Tulipe amarante, rouge pourpre, blanche & non d'entrée.

ROBLE.

ROBLE. *s. m.* Espèce de chêne du Chili. Son écorce est un liége. Son bois est dur & de durée dans l'eau, ce qui le rend propre à la construction des vaisseaux.

ROBORATIF, ive. *adj.* lat. *Roborans.* angl. *corroborative.* Médicament qui fortifie & conserve le corps.

ROBRE. *s. m.* Espèce de chêne qui croît aux lieux montagneux.

ROBUSTE. *adj.* lat. *Robustus.* ang. *robust.* Qui est vigoureux & fort de corps.

ROBUSTEMENT. *adv.* lat. *Robustè.* anglois. *robustely.* D'une manière robuste.

## R O C

ROC. *subst. m.* lat. *Rupes, petra.* ang. *rock.* Masse de pierre très-dure, qui a sa racine en terre. *Roc d'Issas.* voy. *Sep*, à la fin.

ROCAILLE. *s. f.* lat. *Saxula.* ang. *little stones.* Assemblage de plusieurs coquillages avec des pierres inégales & mal polies, qui se trouvent autour des rochers, qui les imitent.

ROCAILLEUR. *s. m.* lat. *Scruparius.* ang. *a grot-maker.* Ouvrier qui met les rocailles en œuvre & qui fait des grottes.

ROCAMBOLE. *sub. f.* lat. *Cæpula ascalonia.* ang. *a sort of shalot.* C'est le fruit des aulx qu'on cultive en *Espagne.*

ROCANTIN. *sub. m.* Chanson composée de plusieurs vieilles chansons, en prenant un morceau de chacune, en sorte que le tout fasse un sens parfait.... *Vieux rocantin :* est un vieillard qui se plait à raconter de vieilles histoires.

ROCHE. *s. f.* lat. *Rupes.* ang. *rock.* Roc, rocher. Il se dit de la pierre la plus rustique & la moins propre à être taillée, comme de celles qui tiennent de la nature du caillou.

ROCHEFORT. *s. fem.* Tulipe rouge, isabelle & gris.

ROCHER. *s. m.* lat. *Rupes.* ang. *a rock.* Roc, roche. Il se dit plus particuliérement de ces masses ou pointes de pierres dures qui sont dans la mer, & surtout vers les côtes & les isles, qui sont dangereuses aux vaisseaux & les causes des naufrages .... *Rocher*, poisson. *voyez* Murex.

ROCHET. *s. m.* lat. *Supparum.* ang. *rochet.* Ornement d'Evêque, ou d'Abbé, qui est un surpelis à manches étroites, comme celles d'une aûbe, lequel est d'ordinaire bien empesé & garni de riches dentelles. Les Marchands appellent aussi *rochets*, les bobines sur lesquelles on dévide la soie.... (Horlogerie) Rouë de rencontre.

ROCHOIR. *substantif masculin.* Petite boëte où l'on met la roche nécessaire à tous les Ouvriers en métal pour faire couler & appliquer leur soudure.

ROCOULER. *v. n.* lat. *raucire.* ang. *to coo.* Se dit du bruit ou son que font les pigeons dans le colombier ou sur les toits.

ROCOURT. *voy.* Roucou.

ROCROCÉDÉE. *s. f.* Tulipe panachée de colombin sur du blanc.

## R O D

RODE. *subst. f.* Terme de marine usité sur la méditerranée. *Rode* de prouë c'est l'*étrave ; rode* de poupe, l'*étambord.*

RODER. *v. n.* lat. *Concursare.* ang. *to roam, rove, ramble.* Aller, venir çà & là, & le plus souvent sans dessein, par fainéantise.

RODEUR. *s. m.* lat. *Cursitator.* ang. *a roamer or rambler.* Celui qui rode, qui va par la ville.

RODOMONT. *s. m.* lat. *Traso.* ang. *a bully, a huff.* Fanfaron, faux brave qui se vante à faux de plusieurs exploits, qui fait des menaces vaines, qui veut imiter le *Rodomont* des Romans.

RODOMONTADE. *s. f.* lat. *ridicula jactatio.* ang. *rodomontado.* Vanterie, ou menace vaine & sans fondement.

RODOUL. *s. m.* Petit arbrisseau des feuilles duquel les Teinturiers se servent pour teindre en noir.

## R O E

ROËMALS. *s. m.* Mouchoirs de toile de coton, qui viennent des Indes Orientales.

ROË-NEUG. *s. m.* Lieuë Siamoise d'environ 2000. toises de France.

## R O G

ROGATION. *s. f.* lat. *rogatio.* ang. *rogation.* Demande que les Consuls ou les Tribuns faisoient au peuple Romain, quand il s'agissoit de faire une loi. Décret du peuple fait sur cette demande.

ROGATIONS. *s. f. pl.* lat. *rogationes.* angl. *rogation-week.* Fête d'Eglise qui dure trois jours & qu'on célébre avant l'Ascension : auquel tems on fait des priéres & des processions pour les biens de la terre.

ROGATON *ou* Rogatum. *s. m.* Permission de quêter, ou placet pour demander l'aumône. Restes de viandes. Papier de nulle importance.

ROGNE. *sub. f.* lat. *Scabies.* ang. *the scab or scurf.* Espèce de galle qui cause une ulcération légère du cuir avec un grand prurit venant d'une partie nitreuse & salée.

ROGNE-PIED. *s. m.* Outil de Maréchal. C'est un morceau d'acier, tranchant d'un côté avec un dos de l'autre, qui sert à couper la corne qui déborde le fer, lorsqu'il est broché, & à couper, avant que de river les cloux, le peu de corne qu'ils ont fait éclater en la perçant.

ROGNER. *v. act.* lat. *Circumcidere.* ang. *to cut, pare, or clip.* Retrancher, diminuer le tour, ou la longueur ou la largeur de quelque chose.

ROGNEUR. *s. m.* lat. *resector.* ang. *a clipper.* Qui rogne.

ROGNEURE, *ou* Rognure. *s. f.* lat. *resegmen.* ang. *shreds, clippings.* Ce qui a été retranché ou rogné de quelque chose.

ROGNEUX, euse. *adj.* lat. *Scabiosus.* ang. *scabby.* Qui a de la rogne.

ROGNON. *f. m.* lat. *ren.* ang. *kidney.* Partie double de l'animal où se fait la séparation de l'urine.

ROGNONER. *v. n.* lat. *Grunnire.* angl. *to growl, to grumble.* Gronder entre ses dents.

ROGNURE. *voy.* Rogneure.

ROGOMME. *f. m.* Toute sorte de liqueur exquise, & quelquefois de l'eau de vie pure.

ROGUE. *adj.* lat. *Arrogans, superbus.* ang. *surly, haughty.* Superbe, fier, altier, méprisant, peu courtois.

ROGUE. *f. mas.* On donne ce nom en quelques endroits aux œufs des poissons de mer, dont on se sert pour la pêche des sardines.

## R O H

ROHANDRIANS. *f. m. pl.* Seigneurs, ou petits Roitelets de l'isle de Madagascar, dont la richesse consiste principalement en bétail & en esclaves. Les habitans de cette isle qui sont hardis & adonnés aux armes gardent une fidélité inviolable à leurs *Rohandrians* qui sont continuellement divisés entr'eux & se font les uns aux autres des guerres très-cruelles, pendant lesquelles les plus forts n'ont aucun égard ni pour l'âge, ni pour le sexe des vaincus.

## R O I

ROI. *sub. m.* lat. *Rex.* ang. *King.* Magistrat suprême, Monarque ou Potentat, dans tous les païs où une seule personne a toute l'autorité sur le peuple, comme en *Angleterre*, *France*, & *Espagne.* Parmi les anciens *Grecs* & *Romains*, ils étoient en même tems Prêtres & Gouverneurs. Le langage ordinaire des Rois est *nous voulons & ordonnons*, &c. Cette manière de parler s'introduisit en *Angleterre* pendant le regne du *Roi Jean.* Les loix d'*Angleterre* font un crime de haute trahison de la seule intention ou idée de faire mourir le *Roi.* Il a par le privilège de son caractère, le pouvoir de faire la guerre ou la paix, des ligues & des traités, de donner des commissions pour faire des Soldats, pour établir des magasins, bâtir des forts, construire des vaisseaux, battre la monnoie, &c. Il convoque, ajourne, proroge & dissout les Parlemens & peut refuser son consentement à tous les Bills qui ont passé dans les deux Chambres, sans être obligé d'en donner la raison. Il peut augmenter le nombre des membres de chacune des deux Chambres du Parlement autant qu'il le juge à propos, en créant de nouveaux Pairs & accordant à certaines villes le privilège qu'elles n'ont pas d'y envoyer des députés. Il peut affranchir un étranger & le rendre regnicole. Ce qui lui est dû doit toujours lui être payé par préférence en cas d'exécution, &c. & il peut protéger le débiteur contre les saisies des autres créanciers jusques à ce que la dette lui ait été payée. Il peut faire une saisie pour toute sa dette entre les mains d'un Fermier qui ne tient qu'une partie de la terre. Il n'est pas obligé comme les autres de demander la rente; il peut poursuivre dans la Cour où il le juge à propos & saisir où il lui plaît. Dans tous les cas douteux, le statut ne le gêne pas, à moins qu'il n'y soit nommé spécialement. Dans les cas où le Roi est demandeur, ses Officiers ayant obtenu un arrêt peuvent entrer dans la maison de la partie, & si on leur refuse l'entrée, ils peuvent enfoncer les portes & se saisir de la personne. Il a la garde des biens des idiots & des lunatiques, & tout lui revient lorsqu'on ne trouve point d'héritier. Tous les trésors que l'on découvre, comme monnoies, argent ou lingots dont les propriétaires ne sont pas connus, lui appartiennent; aussi bien que toutes les espaves, ou choses égarées, naufragées, terres abandonnées par la mer, &c. Il peut unir, séparer, étendre ou resserrer les limites des Evêchés ou bénéfices Ecclésiastiques & ériger par ses lettres de nouveaux Evêchés, Colléges, &c. Il peut dispenser de la rigueur des loix Ecclésiastiques qui ne sont pas confirmées par acte du Parlement, comme d'élever à la Prêtrise un bâtard, de donner à un Evêque un bénéfice en *Commande*, &c. Il peut dispenser des actes du Parlement où il est le seul intéressé, pour modérer la sévérité des loix par les régles de l'équité, pour pardonner à un homme condamné par la loi, excepté les cas de meurtres. Les loix lui attribuent diverses qualités que les autres hommes n'ont pas. On le suppose exempt de foiblesse, de défaut, d'injustice, d'erreur, d'infamie, de tache ou de corruption. Il est regardé comme renfermant en lui-même toute la communauté & comme n'étant pas sujet à la mort. Au moment qu'un *Roi* meurt, son héritier entre pleinement & absolument dans tous ses droits, indépendamment de toute cérémonie de couronnement, &c. Nonobstant tous ces grands priviléges, il ne peut pas faire de nouvelles taxes sans le consentement du peuple assemblé dans le Parlement par ses députés.... Il y a aussi certains Officiers à qui on donne ce nom & qui s'appellent *Rois d'armes.* Ce sont les principaux Hérauts qui annoncent les volontés du *Roi*, comme la paix, la guerre, &c. Anciennement c'étoit le *Roi* lui-même qui les créoit; mais maintenant c'est le Comte Maréchal qui en fait la cérémonie en *Angleterre* & qui en a commission par des lettres signées de la main du Roi. En créant le *Garter* Roi d'armes on fait les préparatifs suivans; on a un livre & une épée pour prêter serment, une couronne dorée, & un collier de l'ordre, une tasse de vin, qui est le nouveau droit de la Jarretière, & une côte d'armes de velours richement brodée. La cérémonie du couronnement se fait de la manière suivante: premièrement le *Garter* se met à genoux devant le Roi ou devant le Comte Maréchal qui le représente, l'épée de Sa Majesté étant sur un livre, le *Garter* porte sa main sur le livre & sur l'épée, pendant que le *Clarencieux* lit la formule du serment; après quoi le *Garter* baise le livre & l'épée. Ensuite le *Clarencieux* lit les lettres patentes de son emploi & après cette lecture le Comte-Maréchal prend la tasse de vin & la versant sur sa tête il le nomme *Garter*; ensuite il lui met la côte d'armes, le collier de l'ordre autour du cou & la couronne sur la tête. *Clarencieux* & *Norroy* sont deux mots synonimes. Les Hérauts ordinaires n'ont point de couronne, leur collier est d'argent uni, & leur côte d'arme, n'est que de satin brodé d'or. La différence entre un Héraut & un poursuivant est que la côte d'armes de celui-ci est de damas brodé & que leurs sermens sont un peu différens.... *Rois* est le nom de quatre livres canoniques de l'ancien Testament, qu'on nomme les livres des *Rois* parce qu'ils rapportent l'histoire des *Rois* d *Israël* & de *Juda*. On croit que *Samuel* a composé une partie du premier, que *Gad* & *Nathan* l'ont continué & ont écrit le second, qu'*Isaie* & *Esdras* ont écrit le 3e. & l'auteur du quatrième est tout a fait incertain. Les deux premiers sont appellés par les Hébreux le livre de *Samuel*.

ROIDE. *adj*. lat. *rigidus*. ang. *stiff*. Qu'on ne peut ploïer. Qui se plie avec effort & se remet dans son état naturel lorsqu'on le lâche. Qui a un mouvement violent & précipité. Apre, difficile. Opiniâtre, inflexible.

ROIDEMENT. *adv*. lat. *rigidè*. ang. *stifly*. D'une manière roide & violente.

ROIDEUR. *s. f.* lat. *rigiditas*. ang. *stiffness*. Violente tension de quelque chose. Vigueur, force, vitesse.

ROIDIR. *verb. act*. lat. *Contendere*. ang. *to stiffen*. Rendre roide. Devenir roide. Tenir ferme, résister.

ROINETTE. *voy*. Rouanette.

ROITELET. *s. m.* lat. *regulus*. ang. *a petty king*. Petit Roi. C'est aussi le nom d'un fort petit oiseau. lat. *Trochilus*, *regulus*. anglois. *a wren*.

ROITELETTE. *s. f.* Femelle du roitelet.

## R O L

ROLE. *s. m.* lat. *Index*, *album*. ang. *roll*. Etat ou liste des noms de plusieurs personnes qui sont de même condition ou dans le même engagement. Etat de plusieurs taxes ou droits dont le recouvrement est à faire, de ce que chacun en doit porter suivant le régalement qui en est fait par les Officiers. Etat des causes enregîtrées, qui doivent être appellées & plaidées en leur ordre. En termes d'*écriture* c'est un feuillet ou deux pages d'écriture. Dans les piéces de *Théâtre*, c'est le personnage qui est représenté, ou ce que l'on donne à réciter.

RÔLER. *v. n.* Ecrire des rôles.

RÔLET. *s. m.* Petit rôle.

ROLETTE. *s. m.* Toile de lin de Flandres.

## R O M

ROMAIN, aine. *adj*. lat. *Romanus*. angl. *roman*. Habitant de *Rome*. Ce qui s'entend principalement des premiers habitans de cette ville, qui formerent un grand peuple & soumirent une grande partie du monde connu. Au commencement ils paroissoient avoir plus de génie pour la guerre & pour le gouvernement que pour les sciences spéculatives & les belles lettres; mais en étendant leur domination, ils apprirent des *Grecs* la Philosophie, &c. La plus grande pureté de leur langue, &c. est presque bornée à deux siécles dont l'un est le dernier de la République & l'autre le premier de la Monarchie surtout sous l'Empire de *César* & d'*Auguste*. C'est dans cet intervalle que tous les Auteurs que l'on nomme dans les Ecoles, Auteurs classiques, ont écrit & vécu. Il ne nous en reste que quelques Poëtes & Historiens & parmi les Philosophes & Orateurs le seul *Ciceron*. Les *Romains* n'avoient presque point de gout pour les Mathématiques & nous avons peu de leurs Ecrivains qui y ayent réussi.

ROMAINE. *s. f.* lat. *Trutina*, *statera*. ang. *a steel-yard*. Espèce de balance.... Sorte de papier in folio. On appelle petite *romaine*, du petit papier, qui est après le pouler.

ROMALLE. *s. f.* Mouchoirs des Indes Occidentales, soie & coton.

ROMAN. *s. m.* lat. *Fabulosa narratio*. ang. *a romance*. Livre fabuleux, écrit en prose & quelquefois en vers, & communément sur des sujets d'Amour ou de Chevalerie, où l'on introduit un grand nombre de combats & d'avantures extraordinaires; ce qui rend la lecture de ces livres nuisible par la perte du tems, & parce qu'ils donnent de mauvaises teintures à l'imagination & chargent la mémoire de mensonges. Ils donnent de fausses idées de la vertu & remuent les passions de la jeunesse. Ils inspirent la molesse & l'amour & rendent inutiles les attentions des parens & de ceux qui veillent sur les jeunes gens. Il en résulte des malheurs qui ne finissent qu'avec la vie.

ROMANCE. *s. f.* lat. *Lingua romanica*. ang. *romance*. Ancienne langue *Romaine* un peu corrompue. Poësie Espagnole.

ROMANCIE. *subst. f.* Art de composer des Romans.

ROMANCIER. *s. m.* lat. *Autor fabularum*. ang. *a romancist*. Qui a fait, ou écrit de vieux Romans.

ROMANESQUE. *adj*. lat. *Romanicus*, *romanensis*. ang. *romantick*. Qui tient du Roman, qui est extraordinaire & peu vraisemblable.

ROMANESQUEMENT. *adv*. D'une manière romanesque.

ROMANISER. *verb. n.* Faire des Romans. Donner à une histoire un air de roman.

ROMANISTE. *s. m.* Faiseur de Romans.

ROMARIN. *s. m.* lat. *ros marinus*. ang. *rosemary*. Plante odoriférante qui est en usage dans les enterremens & que l'on brûle dans les endroits où il y a quelque mauvaise odeur.

ROMBALIÈRE. *s. f.* ( Marine ) Se dit des planches de bordage, qui font le revêtement des membres d'une galère.

ROMBE. *s. f.* Sorte de coquillage.

ROME. *s. f.* Eau-de-vie de canne, faite avec des melasses.

ROMES. *s. f. pl.* Ce sont les deux principales piéces du métier où se fabrique la basse lisse.

ROMINAGROBIS. *s. m.* lat. *Gravitatis af-*

*fectator.* ang. *a grave piece of formality.* Homme qui est gros, fier, ou riche, ou qui tient sa gravité. C'est aussi un maître matou, un gros chat.

ROMPEMENT. *s. m. Rompement* de tête, bruit importun, grande application d'esprit. lat. *Strepitus obtundens.* ang. *a troublesom noise.*

ROMPRE. *verb. act.* lat. *rumpere, frangere.* ang. *to break.* Séparer les parties d'un corps par violence en deux, ou en plusieurs piéces. Déchirer, user. Détruire, abbatre, ruiner, renverser. En termes de *Guerre*, c'est défaire, percer, enfoncer. C'est aussi rouer, faire endurer le supplice de la roue. Ôter une clôture, une séparation. En *Optique*, la lumière se *rompt* lorsqu'elle passe d'un milieu à un autre plus rare ou plus dense... *Rompre* une forme d'Imprimerie, c'est séparer les lettres & les caractères qui la composent... *Rompre* un bataillon en termes d'*Évolution*, c'est remettre un bataillon par compagnies, pour le faire défiler.... En termes de *Tristrac*, *rompre* son plein, ou absolument *rompre*, se dit lorsqu'on ne peut conserver son plein & qu'on ne peut jouer sans le détruire.... *Rompre* la laine, c'est faire le mélange des laines de différentes couleurs que l'on veut emploier à la fabrique des draps mélangés.

ROMPRE. (à tout) *adv.* lat. *Ad summum.* ang. *at the most.* Tout au plus, au pis aller.

ROMPT-PIERRE. *voy.* saxifrage.

ROMPURE. *s. f.* (Terme de Fondeur de caractères d'Imprimerie) Endroit où le jet a été séparé de la lettre.

## RON

RONAS. *s. m.* Racine qui rend une teinture rouge très-forte, & en teint l'eau très-promptement.

RONCE. *s. f.* lat. *Rubus.* ang. *bramble, briar.* Arbrisseau épineux qui vient dans les lieux deserts & incultes.

ROND, Ronde. *adj.* l. *Rotundus.* ang. *round.* Ce qui est de figure circulaire, ou qui en approche, soit en lignes, soit en solides. Compte *rond* en *Arithmétique* est un nombre sans fraction. Une période *ronde* en *Rhétorique* est une période nombreuse, qui a une cadence agréable. Voix *ronde*, voix pleine & agréable.

RONDACHE. *s. f.* lat. *Certa.* ang. *a shield or buckler.* Espèce de bouclier dont se servent encore les *Espagnols* quand ils courent la nuit.

RONDE. *s. f.* lat. *Lustratio custodiarum.* ang. *round.* Visite que les gens de guerre font la nuit, pour voir si on fait bonne garde dans un camp, dans une place. Tournée.

ROND-D'EAU. *s. m.* Bassin d'une fontaine, quand il est de figure ronde.

RONDEAU. *s. m.* lat. *Rhythmus orbicularis.* ang. *a rotundo.* Est une espèce de poësie ancienne. En *Musique*, c'est une espèce de refrain, quand à la fin d'un couplet on en répéte le commencement. C'est pour cela qu'on le désigne par les mots *Da capo* ou par les lettres D. C. qui signifient qu'il faut reprendre le commencement. C'est aussi le nom que les pâtissiers donnent à un ais coupé en rond, sur lequel ils mettent leur pâtisserie.... (Architect.) Astragale ou baguette.

RONDELET, ette. *adjectif.* Diminutif de rond.

RONDELET. *s. m.* lat. *Cantilena circularis.* ang. *roundelay.* Poësie *Espagnole*, sorte de couplet qui contient un certain nombre de vers.

RONDELETTES. *s. f. pl.* Sorte de toiles à voiles.

RONDELLE. *s. f.* lat. *Parmula.* ang. *a little shield.* Espèce de bouclier rond dont étoit autrefois armée l'Infanterie.... Ciseau arrondi dont on se sert en sculpture.... Outil dont les Maçons se servent pour grater & finir les membres & moulures d'Architecture.... *Rondelle.* voy. *Camion*, à la fin.

RONDELLIER. *s. m.* Soldat qui portoit à la guerre le bouclier qu'on nommoit *rondelle.*

RONDEMENT. *adv.* lat. *Rotundè.* anglois. *roundly.* En rond. Franchement, uniment.

RONDEUR. *s. f.* lat. *Rotunditas.* ang. *roundness.* Qualité de ce qui est rond.

RONDIN. *s. m.* lat. *Lignum rotundum.* ang. *a cudgel, a billet.* Bâton rond, ou buche ronde.

RONDINI. *subst. m.* Poisson volant, qu'on trouve au Brésil.

RONDON. *s. m.* Terme de *Fauconnerie.* Fondre en *rondon*, se dit de l'oiseau de proie, qui se jette avec impétuosité sur son gibier pour l'assommer.

ROND-POINT D'UNE ÉGLISE. *s. m.* Extrémité du vaisseau opposée au portail.

RONFLEMENT. *s. m.* lat. *Ronchorum emissio.* ang. *a snoring.* Bruit de ceux qui ronflent ; respiration qui se fait avec bruit en dormant.

RONFLER. *v. n.* lat. *Stertere.* ang. *to snore.* Respirer en dormant avec bruit.

RONFLEUR, euse. *s. m. & f.* lat. *Cornicen.* ang. *a snorer.* Celui qui ronfle.

RONGER. *v. act.* lat. *Rodere.* ang. *to gnaw.* Rogner avec les dents ; couper avec les dents à plusieurs reprises.

RONGEUR. *adj.* Ver *rongeur.* Se dit *figurément* du remords qui ronge le coupable.

RONVILLE. *s. f.* Poire autrement appellée Martin-sire.

## ROQ

ROQUEFORT. *s. m.* Nom d'un excellent fromage.

ROQUELAURE. *s. f.* Sorte de manteau, au devant duquel est un rang de boutons & de boutonnières depuis le haut jusqu'en bas. Elle a été ainsi nommée du nom de son inventeur le Duc de *Roquelaure.*

ROQUENTIN. *s. m.* Vieux, qui radotte, *voy.* Rocantin.

ROQUER. *v. n.* Terme du *Jeu des échecs.* Approcher le *Roc*, ou la tour, du Roi, & passer le Roi par derrière, pour le placer à l'autre case joignante. ang. *to castle.*

ROQUET. *s. m.* lat. *Palliolum.* ang. *a short cloak.* Espèce de manteau qu'on portoit autrefois, qui n'alloit que jusqu'au coude & qui n'avoit point de coller.... Animal fort joli qu'on trouve dans les isles de l'Amérique. Sa peau est couleur de roses séches, marquée de petites taches jaunes & bleues.

ROQUETTE. *s. f.* lat. *Eruca.* ang. *rocket.* Plante d'un gout acre, qu'on mêle dans les salades ... On appelle sur mer faire la *roquette*, jetter des fusées pendant la nuit pour donner quelque signal.

ROQUILLE. *sub. f.* lat. *Octava quadrantis.* ang. *a jill.* Moitié d'un demi septier, qui est la plus petite des mesures de vin.

## R O R

RORELLE. *sub. f.* Plante dans le creux des feuilles de laquelle on trouve toujours des gouttes d'eau, ce qui l'a fait appeller *ros solis.*

RORIFERE. *adj.* Se dit des vaisseaux lactés & lymphatiques.

## R O S

ROSACE. *sub. f.* (Architect.) Grande rose dont on remplit les caisses des compartimens des voutes & plat-fonds.

ROSAGE. *s. m.* ou Rosagine. *s. f.* Laurier-rose. C'est un poison violent.

ROSAIRE. *s. m.* lat. *B. V. Rosarium.* ang. *rosary.* Chapelet composé de cinq ou quinze dixaines de grains, pour réciter autant d'*Ave Maria* à l'honneur de la Vierge. Chaque dixaine commence par un *Pater noster.* Ce nombre d'*Ave Maria* est en commémoraison des cinq Mistères joyeux, douloureux & glorieux de la Sainte Vierge. Les cinq Mistères joyeux sont l'Annonciation, la Visitation d'*Elizabeth*, la Nativité de Notre-Sauveur, la Purification, & la dispute de J. C. dans le Temple avec les Docteurs de la loi. Les cinq Mystères douloureux sont l'Agonie de Notre-Sauveur dans le jardin des olives, sa Flagellation, le Couronnement d'épines, son Accablement sous le fardeau de la Croix & son Crucifiment. Les cinq glorieux sont la Resurrection du Sauveur, son Ascension, la descente du S. Esprit, l'Assomption de la Vierge & son Couronnement dans le Ciel.

ROSALINDE. *s. f.* Œillet qui a la même ressemblance que l'isabelle, sauf qu'elle ne fleurit pas si large, ni si bien.

ROSAT. *adj. m.* Qui est composé de roses. lat. *Rosaceus.* ang. *of roses.*

ROSCONNES. *subst. f. pl.* Toiles blanches de lin.

ROSE. *s. f.* lat. *Rosa.* ang. *a rose.* Sorte de fleur qui a une odeur fort agréable.... *Rose* ou *Rosière.* Petit poisson d'eau douce, dont la queuë est couleur de rose. *Phoxinus....* En termes de *Jouaillier*, *rose* est un diamant taillé par dessus en rose & plat par dessous. On appelle en badinant *rose d'Hyver*, un trou ou une brûlure causée sur les habits par quelque charbon ardent.... *Rose des vents* : cercle ou figure plane, qui représente 32. vents par des lignes menées du centre à la circonférence.... *Rose* ou *rosette*, en termes de *Teinturiers*, est une marque ronde qu'ils mettent à un des bouts des piéces d'étoffes qu'ils teignent, pour faire connoître les véritables pieds de teinture, qu'ils leur ont données.

ROSE-CRAN. *subst. mascul.* Sorte de linge ouvré.

ROSE-CROIX. *s. f.* Secte qui a paru en Allemagne au commencement du 17e. siécle & que l'on nommoit aussi les *Illuminés*, les *Immortels* & les *Invisibles*. Ceux qui étoient admis & que l'on nommoit les frères de la *Rose-Croix* juroient fidelité, promettoient le secret, s'écrivoient par Enigmes, & s'obligeoient à observer les loix de cette société, qui avoit pour but de rétablir toutes les disciplines & les sciences & surtout la médecine, selon eux ignorée & mal pratiquée. Ils se vantent d'avoir des secrets excellens & en particulier la pierre philosophale & ils tiennent que les anciens Philosophes d'*Egypte*, les *Chaldéens*, les *Mages* de *Perse* & les *Gymnosophistes* des *Indes* n'ont enseigné que ce qu'ils enseignent eux-mêmes.

ROSEAU. *sub. masc.* lat. *Arundo.* ang. *reed.* Plante marécageuse qui est autrement appellée *Canne.*

ROSÉE. *subst. f.* lat. *Ros.* ang. *dew.* Petite pluie & menuë qui tombe le matin avant le levé du Soleil sur la terre, sur les herbes, sur les fleurs & sur les feuilles des arbres & qui étant réunie ou ramassée devient visible..... Espèce de mousseline très-fine, qui vient des Indes Orientales.

ROSERAIE. *s. f.* Lieu planté de rosiers.

ROSEREAUX. *s. m. pl.* Fourrures de Moscovie.

ROSETTE. *s. f.* lat. *Purpurissum.* ang. *red ink.* Encre rouge dont on se sert dans les Imprimeries. Cuivre pur & net. Petits cloux dont se servent les Bahutiers. Ornement fait en rose. Diamant. *voy. Rose.* Toile ou linge ouvré. Rézeau que fait une lingère à de petits trous qui se font au linge par des étincelles de feu.

ROSETTIER. *s. m.* Outil dont se servent les Couteliers, pour faire ces petites rosettes de cuivre avec lesquelles ils montent plusieurs de leurs ouvrages.

ROSIER. *s. m.* lat. *rosa.* ang. *a rose bush.* Arbrisseau qui porte des roses.

ROSMARIN. *voy.* Rômarin.

ROSSANE. *s. m.* Se dit de toutes les pêches & pavies qui sont de couleur jaune.

ROSSE. *s. f.* lat. *Strigosum jumentum.* ang. *a jade or tit.* Méchant cheval usé, qui n'est point sensible à l'éperon, ni à la gaule. Sorte de poisson qui approche de la vandaise, mais qui n'a pas la chair si savoureuse. lat. *Rutilus.* ang. *a roach.*

ROSSER. *v. act.* lat. *Fustibus egregiè excipere.* anglois. *to bang or maul.* Batonner rudement quelqu'un, le traiter en rosse.

ROSSICLER. *s. m.* Mineral noir & très-riche que l'on tire des mines du Chili & du Perou. Son nom lui vient de ce qu'il rougit, lorsqu'on le mouille & qu'on le frotte contre du fer. Ce minéral est très-riche, & l'argent qu'on en tire est le meilleur de toutes les mines de Lipes, du Potosi, & des autres de l'Amérique.

ROSSIGNOL. *s.m.* lat. *Luscinia*, *philomela.* ang. *a nightingale.* Petit oiseau de passage, qui vient au Printems & qui chante agréablement. *Rossignol* est aussi un crochet ou instrument de Serrurier qui lui sert à ouvrir les portes. Coin de bois que l'on fait entrer à force dans des mortoises qui sont trop longues, quand on veut serrer quelque piéce de charpente.

ROSSIGNOLER. *v. n.* Imiter le chant du Rossignol.

ROSSIGNOLETTE. *subst. fem.* Femelle du Rossignol.

ROSSINANTE. *s. f.* Se dit populairement d'une jument grande, maigre & mal en état.

ROSSOLIS. *s. m.* lat. *Rossolium.* ang. *rosa-solis.* Liqueur agréable qu'on sert à la fin du repas, qui aide à la digestion.

ROS SOLIS. *voy.* Rorelle.

ROST, Rostie, Rostir. *voy.* Rôt, Rôtie, Rôtir.

ROSTER. *verb. act.* (Marine) Surlier. Lier quelque chose tout autour, bien uniment, avec une petite corde.

ROSTRALE. *adj. f.* Se dit d'une couronne ornée de la représentation de proues & de poupes de navire, dont on honoroit un Capitaine ou un Soldat, qui le premier avoit accroché un vaisseau ennemi, ou sauté dedans.

ROSTURE. *s. f.* Endroit qui est rosté.

R O T

ROT. *subst. m.* lat. *Assum.* ang. *roast meat.* Viande rôtie à la broche. *Rôt* est aussi une ventosité qui sort par la bouche avec un bruit desagréable. lat. *ructus.* ang. *a belch.* . . . *Rot de bif*, la partie de derrière d'un mouton, d'un agneau, d'un chevreuil, qu'on sert rôtie.

ROTATEUR. *adj.* Se dit des muscles obliques de l'œil autrement appellés *Circulaires* & *amoureux.*

ROTATION. *s. f.* (Astronomie) Action de tourner. lat. *Rotatio.* ang. *rotation.*

ROTE. *s. f.* lat. & ang. *rota.* Jurisdiction de *Rome*, composée de douze Prélats, qui jugent par appel de toutes les matières Ecclésiastiques & civiles dans les procès qui s'élevent parmi le Clergé. On les nomme *Auditeurs de Rote.* Cette Cour est composée de personnes de différentes Nations; il y en a huit *Italiens*, sçavoir, trois *Romains*, un *Toscan*, un *Milanés*, un *Bolonois* & un *Vénitien*; un *François*, deux *Espagnols* & un *Allemand.* Ils ont de grands priviléges & portent un habit violet, & un ruban autour de leurs chapeaux de la même couleur. Petite baguette pliante.

ROTER. *v. n.* lat. *Eructare.* ang. *to belch.* Faire un rot. . . . (Mar.) *voy.* Roster.

ROTEUR. *s. m.* Lieu où l'on fait rouïr le chanvre. Qui rote souvent.

RÔTI. *s. m.* lat. *Assa caro.* ang. *roast meat.* C'est la même chose que rôt.

ROTIE. *s. f.* lat. *Segmen tosti panis.* ang. *a tost.* Tranche de pain qu'on fait sécher en le rôtissant.

ROTIÈRE. *voy.* Roteur.

ROTIN. *s. m.* Roseaux des Indes Orientales dont on fait, en les fendant par morceaux, des meubles de cannes. . . . Roseaux ou cannes à sucre, qui ne s'élevent pas fort haut.

RÔTIR. *v. act.* lat. *Torrere.* anglois. *to roast.* Cuire de la viande en la tournant à la broche autour du feu, ou en la mettant sur le gril. Brûler.

ROTIS. *s. masc.* Nouveau labourage d'une terre, qui étoit en friche.

ROTISSERIE. *s. f.* lat. *Coquinarium forum.* ang. *a cook's shop.* Lieu où l'on vend les viandes rôties, prêtes à manger.

RÔTISSEUR, euse. *s. m.* & *f.* lat. *Assarius.* ang. *a cook.* Marchand qui apprête les viandes & qui les vend rôties.

RÔTISSOIR. *s. m.* Machine faite comme une garderobe, garnie de plaques de fer, pour faire rôtir une grande quantité de viande.

ROTONDE. *s. f.* Qui est édifié en rond.

ROTONDITÉ. *s. f.* lat. *rotunditas.* ang. *rotundity.* Rondeur.

ROTULE. *s. f.* lat. *Os orbiculare.* ang. *the whirl-bone of the knee.* Petit os rond situé à la rencontre de l'articulation de la cuisse & de la jambe.

ROTURE. *s. f.* lat. *Ignobilis fundus.* anglois. *soccage or villenage.* Héritage qui n'est pas noble, ou tenu noblement. Naissance obscure.

ROTURIER, ière. *adj.* lat. *Ignobilis.* ang. *Plebeian.* Qui n'est point noble. Biens que l'on tient en roture.

ROTURIÈREMENT. *adv.* lat. *Plebeïâ lege*, *ignobiliter.* ang. *ignobly.* D'une manière roturière.

R O U

ROUAGE. *s. m.* lat. *rotarum instructus.* ang. *wheel-work.* La partie d'une machine qui consiste en roues.

ROVALO. *s. m.* Poisson du Chili, délicat, fait comme un brochet, qui a une raie noire sur le dos.

ROUAN. *voy.* Rouhan.

ROUANE. *s. f.* Instrument de fer aceré, concave comme une tarière & coupant dessus & dessous.

ROUANER. *v. act.* lat. *Notare.* ang. *to mark.* Marquer les tonneaux avec la rouanette.

ROUANETTE. *s. f.* Instrument de Charpentiers, qui leur sert à marquer leurs bois.

ROUANT. *adj. masc.* (Blason) Se dit d'un Paon qui étend sa queuë.

ROUBLE. *sub. mas.* Monnoie de compte de Moscovie, qui vaut deux Richedales.

ROUCH. *voy.* Ruch.

ROUCHE. *s. f.* (Marine) La carcasse d'un vaisseau, lorsqu'il n'a ni mats, ni agrès. . . *s. m.* *voy.* Ruch.

ROUCOU. *s. masc.* Arbre des isles Antilles qui porte dans ses Siliques un beau vermillon qu'on appelle aussi *Roucou.*

ROUCOULER. *voy.* Rocouler.

ROUË. *s. f.* lat. *Rota.* ang. *a wheel.* Piéce de bois, ou de métal tournée en rond qui se meut sur un essieu. *Roüe* se dit aussi d'un supplice qu'on fait souffrir à de grands criminels, à qui on brise les os avec une barre de fer sur un échafaut, & puis on les expose & on les laisse expirer sur une *roue.*

ROUELLE. *sub. f.* lat. *Tessella.* ang. *a slice.* Petite roue. Trenche de quelque viande ou autres mets.

ROUER. *v. act.* lat. *In rotam agere.* ang. *to break upon the wheel.* Rompre un criminel, & l'exposer sur une roue. Battre, écraser.

ROUET. *s. m.* lat. *rhombus.* ang. *a spinning-wheel.* Petit instrument qui a une roue, qui sert à filer de la laine, de la soie & du fil. Roue dentée qui sert à une machine & dont les dents sont à plomb. *Rouet*, *tour* ou *retorsoir*, machine propre à tordre le chanvre pour le filer, ou les fils pour les commettre. Il consiste en une roue qui fait mouvoir plusieurs molettes.

ROUETTE. *sub. f.* Menuë branche de bois ployant qui sert à lier.

ROUGE. *adj.* lat. *ruber.* ang. *red.* Couleur éclatante qui est propre à représenter le feu.

ROUGEATRE. *adj.* lat. *Subruber.* anglois. *reddish.* Qui tire sur le rouge.

ROUGEAUD, aude. *adj.* & *sub.* lat. *Subrubicundus.* angl. *a red face.* Qui a les joues rouges.

ROUGE-BRUN. *voy.* Ochre.

ROUGE-GORGE. *s. f.* Petit oiseau qui a la gorge rouge. lat. *Erithacus.* anglois. *robin-red-breast.*

ROUGE-HERBE. *s. f.* Plante. Blé noir, ou blé de vache.

ROUGEOLE. *s. f.* lat. *rubentes pusulæ.* ang. *the meazels.* Maladie qui vient particulièrement aux enfans & qui consiste en de petites taches rouges, lesquelles ne supurent point. Cette maladie est accompagnée de fiévre, & d'une petite toux. Elle tend à la consomption.

ROUGE-QUEUË. *s. f.* Petit oiseau qui a la queuë rouge. ang. *red-tail.*

ROUGET. *s. m.* lat. *rubellio.* ang. *a roach*, *or rochet.* Poisson de mer fort estimé à cause de sa délicatesse.

ROUGEUR. *sub. f.* lat. *rubor.* ang. *redness.* Qualité de ce qui est rouge. Taches rouges qui viennent sur la peau.

ROUGIR. *v. act.* & *n.* lat. *Colore rubro inficere.* ang. *to redden.* Colorer de rouge. Avoir honte.

ROUGISSURE. *subst. f.* Couleur de cuivre rouge.

ROUHAN. *s. m.* Cheval qui a le poil mêlé de rouge & de blanc.

ROUI. *s. m.* On dit que la viande sent le *roui*, pour dire qu'elle a un mauvais goût, qui vient de la mal propreté du vase où elle a cuit.

ROUILLE. *s. f.* lat. *rubigo.* ang. *rust.* Corruption des métaux & particulièrement du fer & du cuivre, qui se fait par l'humidité, par l'acidité.

ROUILLER. (Se) *v. rec.* lat. *rubiginem contrahere.* ang. *to grow rusty.* Faire venir de la rouille, se tourner en rouille. S'altérer.

ROUILLURE. *s. f.* lat. *rubigo*, *ærugo.* ang. *rust.* Crasse qui s'amasse sur le fer par l'humidité.

ROUÏR. *verb. n.* lat. *Corrumpi*, *depravari.* ang. *to steep*, *to water.* S'altérer en demeurant dans l'eau.

ROULADE. *s. f.* lat. *Vocis crebra inflexio.* ang. *a trill or trilling.* Promptes inflexions de la voix & du chant.

ROULAGE. *s. m.* lat. *Vectura.* ang. *rolling.* Facilité de rouler. Métier, ou salaires des Rouliers.

ROULANT, ante. *adj.* lat. *rotans.* anglois. *rolling.* Qui roule.... Il se dit en *Chirurgie*, d'un vaisseau, d'une veine, qui vacillent, qui changent de place, quand on met le doigt dessus.

ROULÉ, ée. *adj.* Se dit d'une coquille que le flot ou le roulis de la mer ont jettée & amenée toute usée sur le rivage.

ROULEAU. *s. m.* lat. *Palangæ.* ang. *a roller.* Piéce de bois cylindrique, qu'on met sous les grosses machines pour faciliter leur mouvement. C'est aussi un instrument cylindrique pour polir, applatir. Il se dit encore des choses roulées & empaquetées.

ROULEMENT. *s. m.* lat. *Vocis celerrima inflexio.* ang. *a trill.* Se dit en *Musique*, de plusieurs inflexions de voix qui se font sur une syllabe. On dit aussi *roulement* d'yeux, quand on les tourne en mille manières pour faire le dévot & le passionné. On s'en sert encore en parlant des bas retroussés sur la cullotte, de manière qu'ils fassent une espèce de bourlet autour du genou.

ROULER. *v. act.* & *n.* lat. *Volvere*, *versare.* angl. *to roll.* Faire mouvoir une chose circulairement. Se mouvoir le long d'un penchant. Plier en rond. Subsister, vivre avec quelque peine. Commander tour à tour.

ROULETTE. *s. f.* lat. *rotula supposita.* ang. *a little wheel.* Petite roue qui supporte un fardeau, qui le fait rouler. En *Géométrie*, c'est une ligne courbe qu'on appelle autrement *Cycloïde.*

ROULIER. *sub. m.* lat. *Carrucarius vector:* ang. *a carrier*, *a wagoner.* Voiturier par terre qui transporte les marchandises de Ville en Ville, de Province en Province sur des charettes.

ROULIS. *sub. m.* lat. *Navis vacillatio.* ang. *the rolling or seeling of a ship.* Terme de *Marine.* C'est le balancement d'un vaisseau de droite à gauche & de gauche à droite.

ROULONS. *s. m. pl.* Bâtons des échelons, des balustres, des ridelles.

ROUMARE. *s. m.* Espèce de poisson.

ROUP. *s. m.* Monnoie d'argent de Pologne. Elle vaut un quart de réale d'Espagne.... Monnoie d'argent qui a cours dans quelques Provinces de l'Empire du Grand-Seigneur. Il vaut environ un quart de piastre d'Espagne.

ROUPEAU. *s. m.* Espèce de Héron.

ROUPIE. *s. f.* lat. *Stiria.* ang. *snivel.* Goute de pituite qui dégoute du cerveau par le nés, lorsqu'il fait froid, ou qu'on est enrhumé....

Monnoie de l'Indostan qui vaut à peu près 50. de nos sous.

ROUPIEUX, euse. *adj.* lat. *Stiriosus.* ang. *snivelly.* Qui a la roupie au bout du nés.

ROUPILLE. *s. f.* lat. *Adstrictius sagulum.* angl. *a short coat.* Espèce de petit manteau, vieille sorte d'habillement, de petite casaque.

ROUPILLER. *v. n.* Dormir d'un sommeil imparfait.

ROUPILLEUR, euse. *s. m. & f.* Qui roupille toujours.

ROUQUET. *s. m.* (Chasse) Mâle du Liévre.

ROURE. *s. masc.* lat. *Robur.* ang. *oak of the hardest kind.* Espèce de chêne.... *s. f.* Drogue qui teint en verd, autrement *Sumac.*

ROUSSABLE. *adj.* Se dit de certains lieux où l'on fait sorer & sécher le hareng.

ROUSSATRE. *adj.* lat. *Subrufus.* ang. *ruddy, reddish.* Qui tire sur le roux.

ROUSSEAU. *adj.* lat. *Rufus.* anglois. *a red-haired man.* Qui a le poil roux.

ROUSSELET. *s. m.* lat. *Musetum.* ang. *rousselet.* Poire fort petite, qui a le gout fort sucré & qui est des plus hâtives.

ROUSSELINE. *s. f.* Poire autrement nommée *Muscat fleuri.*

ROUSSETTE. *sub. f.* Petit oiseau. Le plus petit de tous les chiens de mer.

ROUSSEUR. *s. f.* lat. *Color rufus.* anglois. *rednesss.* Couleur rousse.

ROUSSI. *s. m.* lat. *Empireuma.* ang. *a thing burnt.* Odeur désagréable de ce qui brûle.

ROUSSIN. *s. m.* lat. *Equus strigosus.* ang. *a strong horse.* Cheval épais & entier, comme ceux qui viennent d'*Allemagne* & d'*Hollande.*

ROUSSIR. *v. act.* & *n.* lat. *Rufum facere.* ang. *to redden.* Faire devenir roux.

ROUSTET. *voy.* Rouzet.

ROUTAILLER. *v. act.* (Chasse) Suivre une bête avec le limier, pour la faire tirer aux Arquebusiers.

ROUTE. *s. f.* lat. *Via, iter publicum.* ang. *a riding.* Chemin public, connu & fréquenté, pour aller d'une ville, ou d'une province à l'autre. Ordre, cours de la nature. Ordre pour la marche d'un Régiment. En termes de *Marine*, c'est le rumb de vent sur lequel il faut naviger pour arriver à un certain lieu.

ROUTIER. *s. m.* lat. *Viarum peritus.* ang. *an old dog.* Qui sçait bien les routes & les chemins. C'est aussi un livre de cartes marines ou sont marquées les côtes, les ports & les rades, les bancs, rochers, &c.

ROUTINE. *s. f.* lat. *Longa consuetudo.* ang. *rote or practise.* Art ou science apprise par pratique & par un exercice particulier, qui n'est fondée sur aucunes régles, ni principes.

ROUTINER. *v. n.* lat. *Usu discere.* ang. *to learn by the use.* Apprendre par routine.

ROUTOIR. *voy.* Roteur.

ROUVERAIN. *adj.* Se dit du fer, quand il est difficile à forger.

ROUVEZEAU. *s. f.* Pomme blanchâtre & colorée.

ROUVIEUX. (Cheval) *adj.* Malade d'une espèce de gale qui vient au crin & le fait tomber.

ROUVRE. *voy.* Roure.

ROUVRIR. *v. act.* lat. *Rursus aperire.* ang. *to open again.* Ouvrir une seconde fois.

ROUX, Rousse. *adj.* lat. *Rufus.* ang. *red or ruddy.* Couleur jaune un peu ardente.

ROUX. *s. m.* Drogue. *voy.* Roure. *s. f.*

ROUX-VENTS. *s. m. pl.* C'est ainsi que les Jardiniers appellent les vents du mois d'Avril, qui sont froids & secs, & gâtent les jets tendres des arbres fruitiers.

ROUZET. *s. m.* Espèce de bure ou de serge.

## R O Y

ROY. *voy.* Roi.

ROYAL, ale. *adj.* lat. *Regius.* ang. *royal.* Ce qui regarde, ce qui concerne le Roi. Ce qui est grand, pompeux, magnifique, excellent en son genre.

ROYALE. *s. f.* Espèce de poire de la fin du mois d'Août qui se nomme autrement *Robine.*

ROYALEMENT. *adv.* lat. *Regiè.* anglois. *royally.* D'une manière royale, noble, généreuse & magnifique.

ROYALISTE. *s. m. & f.* lat. *Regius affecla.* ang. *a royalist.* Qui soutient bien les droits & les intérêts du Roi, qui combat sous ses enseignes.

ROYAUME. *s. m.* lat. *Regnum.* ang. *kingdom, realm.* Païs qui est sous l'obéissance d'un Roi, d'un Monarque.

ROYAUTÉ. *s. f.* lat. *Regia dignitas.* anglois. *royalty.* Dignité de Roi.

ROYE, *ou* Raye. *s. f.* Champ labouré, labour.

ROYNETTE. *voy.* Rouane.

ROYTELET, Roytelette. *voyez* Roitelet, Roitelette.

ROZAT. *voy.* Rosat.

## R U

RU. *s. m.* Canal d'un petit ruisseau.

## R U A

RUADE. *s. f.* lat. *Calcitratus.* ang. *a horse's kicking.* Défense de cheval, de mule, ou autre animal semblable, élancement des pieds de derrière.

RUAUX. *sub. m. pl.* (Marine) Rouets de poulies.

## R U B

RUBACELLE. *s. f.* Espèce de rubis, qui n'est pas estimée.

RUBAN. *s. m.* lat. *Vitta, tænia.* ang. *ribbon.* Tissu plat fort mince, dont la largeur ne passe pas trois ou quatre doigts, & qui sert à nouer, à lier, & serrer quelque chose; à orner les habits, &c.

RUBANERIE. *s. f.* Profession de Rubanier. Marchandise de rubans.

RUBANIER. *s. m.* lat. *Vittarius.* ang. *a ribbon-weaver.* Ouvrier qui fait des rubans.

RUBANTÉ, ée. *adj.* Garni de rubans.

**RUBARBE.** *voy.* Rheubarbe.

**RUBASSE.** *subst. f.* Crystal coloré artificiellement.

**RUBBE.** *f. mas.* Veau marin. . . . Poids de 25. livres. . . . *f. f.* Mesure des liquides dont on se sert à Rome, & qui contient environ 7. bocaux & demi.

**RUBE.** *f. m.* Monnoie de Moscovie, qui vaut environ 108. s. de la nôtre.

**RUBÉOLE.** *f. f.* Plante ainsi appellée parce qu'elle a du rapport au *Rubia*, ou garance. Elle est fort propre pour guérir l'esquinancie. Elle croît aux lieux montagneux & dans les champs exposés au soleil.

**RUBÈTE.** *f. f.* Poison tiré du suc d'une grenouille venimeuse appellée en latin *Rubeta*.

**RUBÉTITE.** *voy.* Batrachite.

**RUBICAN.** *adj.* Couleur du poil du cheval, lorsqu'ayant du poil bai, alezan, ou noir, il a du poil gris ou blanc semé fort clair sur les flancs, en telle sorte neanmoins que ce gris ou ce blanc ne domine pas.

**RUBICOND**, onde. *adj.* lat. *Rubicundus*, *rubens.* ang. *ruddy*, *red.* Qui a le visage en feu, rouge & enluminé.

**RUBIE.** *sub. f.* Monnoie d'argent, qui vaut 35. aspres.

**RUBIS.** *f. m.* lat. *Carbunculus*, *pyropus.* ang. *a ruby.* Pierre rouge, qui tient un des premiers rangs entre les pierres précieuses. Son prix excéde aujourd'hui celui du diamant.

**RUBLE.** *sub. f.* Monnoie de Moscovie. Elle est d'argent & vaut autour de 7. livres de nôtre Monnoie.

**RUBORD.** *f. m.* Premier rang des planches ou des bordages d'un bâteau foncet.

**RUBRICAIRE.** *f. m.* Ritualiste. Qui a écrit sur les rubriques.

**RUBRIQUE.** *f. f.* lat. *Terra rubra.* ang. *a red earth.* Terre fort rouge qu'on trouve dans les carrières en Cappadoce. Nom qu'on donne au titre d'un livre de droit; parce que les titres étoient autrefois écrits en lettres rouges. Il se dit aussi de ce qui contient l'ordre & les régles pour bien célébrer l'office divin. lat. *Rubrica.* ang. *rubrick.*

**RUBUS-CANIS.** *f. m.* Rosier sauvage, qui ne différe de l'églantier, qu'en ce que ses feuilles sont odorantes.

## R U C

**RUCH**, *ou* Rouch. *f. m.* Oiseau d'une force & d'une grandeur prodigieuse qu'on voit en Arabie.

**RUCHE.** *f. f.* lat. *Alveus.* ang. *a bee-hive.* Panier en forme de cloche, fait d'osier, de paille, de jonc, &c. & destiné à nourrir & serrer des mouches à miel. On en fait aussi de verre.

## R U D

**RUDE.** *adj.* lat. *Asper*, *scaber.* ang. *rough*, *harsh.* Qui a une surface inégale & raboteuse, qui a une qualité qui blesse, qui offense les sens & particuliérement celui du toucher. Qui est violent, pénible, difficile, fâcheux, dur, cruel.



**RUDEMENT.** *adv.* lat. *Acerbè*, *asperè.* ang. *roughly.* D'une maniére rude, sévére & rigoureuse.

**RUDENTÉ.** *adj.* ( Architecture ) Se dit des colonnes dont les cannelures sont remplies par le bas d'une figure de bâton ou d'un cable.

**RUDENTURE.** *f. f.* ( Architect. ) Corde ou bâton, dont on remplit jusqu'au tiers les cannelures d'une colomne.

**RUDÉRATION.** *f. f.* La plus grossiére maçonnerie d'un mur.

**RUDIAIRE.** *f. m.* Gladiateur vétéran, qui avoit eu son congé.

**RUDESSE.** *f. f.* lat. *Duritia*, *asperitas.* ang. *harshness*, *ruggedness.* Qualité de ce qui est rude & raboteux: dureté, âpreté, sévérité. Traitement rude, fâcheux, incivil, malhonnête, difficile à supporter. . . . Dans le langage des Artistes, il signifie représentation imparfaite des choses.

**RUDIMENT.** *f. m.* lat. *Rudimentum.* angl. *rudiment.* Le premier livre qu'on donne aux enfans pour apprendre les principes de la langue latine. Il se dit aussi des premiers principes des sciences.

**RUDOYER.** *v. act.* lat. *Duriùs accipere.* ang. *to use roughly.* Traiter rudement quelqu'un & principalement de paroles.

## R U E

**RUË.** *f. f.* lat. *Ruta.* ang. *rue.* Plante qui a une odeur fort désagréable & un gout acre & amer. *Ruë de chevre:* plante cordiale, sudorifique & alexipharmaque, bonne contre les maladies pestilentielles & propre à chasser le poison par les pores de la peau. On s'en sert utilement dans toutes sortes de fiévres, la petite verole & la rougeole. Elle tue les vers & guérit les morsures de toutes sortes d'animaux venimeux. C'est aussi l'espace qui est entre des maisons pour servir de passage au public. lat. *Vicus.* ang. *street.*

**RUÉE.** *f. f.* Amas de litiéres séches, chaumes, bruyeres, &c. que l'on fait dans les bassecours, dans les chemins, pour les froisser sous les pieds & les faire pourrir, afin de les mêler ensuite avec du fumier & engraisser les terres.

**RUELLE.** *f. f.* lat. *Viculus*, *angiportum.* ang. *a narrow street.* Petite ruë où les chariots ne peuvent passer; dégagement d'une grande ruë. Espace qu'on laisse entre un lit & la muraille. Alcove, lieux parés où les Dames reçoivent leurs visites.

**RUER.** *v. act.* & *n.* lat. *Jacere*, *emittere.* ang. *to fling.* Jetter des pierres, ou autres choses offensantes contre quelqu'un. Se *ruer*, c'est se jetter sur quelque chose avec impétuosité. *Ruer* se dit aussi des chevaux, mulets & ânes qui pour se défendre élancent les pieds de derrière.

## R U F

**RUFFIANISME.** *sub. m.* Qualité de ruffien. Paillardise, lubricité.

RUFFIEN. *s. m.* lat. *Scortator.* ang. *a lecher.* Débauché ; paillard qui entretient une femme débauchée.

R U G

RUGINE. *s. f.* lat. *Runcinula.* ang. *a steel-instrument wherewith teeth are cleansed.* Instrument dont les Chirurgiens se servent pour applanir un os qui est raboteux & carié, & pour le racler quand il y a fracture.

RUGINER. *verb. act.* lat. *Dentem detergere.* ang. *to cleanse the teeth.* Ôter avec une rugine la carie d'une dent.

RUGIR. *v. n.* lat. *Rugire.* ang. *to roar.* Qui exprime le cri d'un Lion.

RUGISSANT, ante. *adj.* lat. *Rugiens.* ang. *roaring.* Qui rugit.

RUGISSEMENT. *s. m.* lat. *Rugitus.* ang. *a roaring.* Cri d'un Lion en colère.

R U I

RUINAS. *voy.* Ruynas.

RUINE. *s. f.* lat. *Ruina, labes, destructio.* angl. *ruin, fall, decay.* Décadence, chûte, destruction d'un bâtiment, soit par la longueur du tems, soit par la négligence du possesseur, & faute d'être entretenu.... *Pierres de ruines* sont certaines pierres sur lesquelles il y a naturellement des représentations de vieilles *ruines*, comme si elles avoient été faites au pinceau.

RUINER. *v. act.* lat. *Vastare, evertere.* ang. *to ruin, or destroy.* Détruire, désoler, abattre. Causer du dommage.

RUINEUX, euse. *adj.* lat. *Ruinosus.* ang. *ruinous.* Qui menace ruine. Qui cause du dommage.

RUINURE. *s. f.* ( Architect. ) Entaille faite avec la coignée aux côtés des poteaux & des solives, pour retenir les panneaux de maçonnerie dans un pan de bois, ou une cloison, & les entrevoux dans un plancher.

RUISSEAU. *s. m.* lat. *Rivus, rivulus.* ang. *brook, stream, rivulet.* Creux, pente ; endroit ou deux revers de pavé se joignent, & par où s'écoulent les eaux pluviales, tant dans la ville que dans la campagne. Eaux qui coulent de source ou autrement, dans un lit ou canal.

RUISSELER. *v. n.* lat. *Fluere.* ang. *to gush or run out.* Couler en forme de ruisseau.

R U M

RUM, *ou* Rumb. *s. m.* Espace dans le fond de cale d'un vaisseau, pour les marchandises.

RUMATISME. *voy.* Rheumatisme.

RUMB. *s. m.* lat. *Index venti linea.* ang. *a rumb.* Aire de vent ; ligne ou rayon d'un grand cercle vertical, qui divise l'horizon. Les *Rumbs* de vent à proprement parler sont des lignes spirales décrites sur le globe, & dans les cartes réduites elles sont representées par des lignes droites. Elles font tout le tour du globe de la terre & s'approchent continuellement du pole sans pouvoir y arriver. Elles représentent les 32. vents ou divisions de la boussole & leur usage est de fixer la situation de deux places l'une par rapport à l'autre, c'est-à-dire, de marquer la route qui conduit de l'une à l'autre.

RUME. *voy.* Rheume.

RUMEUR. *s. f.* lat. *Rumor.* ang. *a rumour.* Bruit & murmure sourd qui tend à querelle, ou sédition ; sorte d'allarme.

RUMIE, *ou* Rumilie. *s. f.* lat. & ang. *rumia, rumilia.* Déesse que les Romains invoquoient pour élever les enfans à la mammelle. Elle étoit nommée anciennement *Ruma.* Dans les sacrifices de cette Déesse, on n'offroit que du lait & de l'eau mêlée avec du miel. Sa statue représentoit une femme qui tient un petit enfant, & a une mammelle découverte.

RUMINANT, ante. *adject.* lat. *Ruminans.* ang. *ruminant.* Animal qui remâche ce qu'il a mangé.

RUMINATION. *s. f.* ang. *rumination.* Action de remâcher, qui est propre à quelques animaux.

RUMINER. *v. act.* lat. *Ruminare.* angl. *to ruminate.* Mâcher une seconde fois ce qu'on a mangé. Réfléchir sur ses premières pensées ; rêver, méditer sur la recherche de quelque dessein, ou probléme.

RUMPHAL. *s. m.* Espèce d'*Arum* des Indes, appellé aussi *Ignome.* Son suc est un poison, mais sa racine est efficace contre la morsure des serpens, pourvû qu'elle soit récente.

RUNIQUE. *adj.* lat. *Runicus.* ang. *runick.* Se dit des lettres & de la langue des anciens *Gots*, *Danois* & autres peuples du Septentrion. C'est proprement l'*Esclavon.*

R U P

RUPIEDSIE. *s. f.* Espèce de drogue, pour teindre en noir, qui se trouve à la Chine.

RUPTOIRE. *s. masc.* ( Chirurgie ) Cautère potentiel, lequel par sa vertu caustique brûle & fait escarre.

RUPTURE. *s. f.* lat. *Ruptura, fractio.* ang. *a rupture, a breaking.* Qualité, ou état d'une chose rompuë ou brisée. Brouillerie, dissension ; interruption, infraction.

R U R

RURAL, ale. *adj.* lat. *Rusticus.* ang. *rural.* Qui concerne la campagne.

RURINA. *voy.* Rusina.

R U S

RUSE. *s. f.* lat. *Astus, astutia.* ang. *trick, cunning.* Adresse ; finesse, artifice, moyen subtil dont on se sert pour tromper quelqu'un. On appelle *ruses* innocentes ; certaines petites finesses, dont on se sert à bon dessein.

RUSER. *v. n.* lat. *Uti dolis & fraudibus.* ang. *to double or shift* Emploier la ruse & l'artifice.

RUSINA. *subst. f.* Déesse qui présidoit aux champs.

RUSMA. *substant. masc.* Minéral qui refressemble à du mâchefer. Les Turcs s'en servent comme de dépilatoire.

RUSOR. *s. m.* Dieu qui avoit la même fonction & la même origine que *Rusina.*

RUSTAUD, aude. *adj.* & *subst.* lat. *Agrestis.* ang. *clownish.* Qui est rude, incivil & mal poli, qui sent le païsan, l'homme de campagne.

RUSTICITÉ. *s. f.* lat. *Rusticitas.* ang. *rusticity, clownishness.* Grossiéreté, rudesse; qualité de ce qui est rustique, qui a l'air grossier, incivil & mal poli.

RUSTIQUE. *adj.* lat. *Agrestis.* ang. *rural.* Qui concerne la campagne; champêtre, qui appartient aux champs. Inculte, sauvage, sans art. En *Architecture*, c'est un ordre où l'on a plutôt imité la nature que l'art; où les pierres ne sont que piquées, au lieu d'être polies. Les *Dieux rustiques* chez les *Anciens* étoient ceux qui présidoient à l'agriculture.

RUSTIQUEMENT. *adv.* lat. *Rusticè.* angl. *rustically.* D'une manière rustique.

RUSTIQUER. *verb. actif.* ( Maçonnerie ) Piquer une pierre avec la pointe du marteau seulement.

RUSTRE. *adj.* lat. *Rusticanus, agrestis.* ang. *rustical.* Qui est fort rustique, fort grossier.

RUT

RUT. *subst. mascul.* Terme de *Chasse*, qui se dit des cerfs & autres bêtes rousses qui sont en amour.

RUTH. *s. m.* C'est l'un des livres de l'ancien Testament, placé entre le livre des Juges & les livres de Samuel.

RUTOIR. *sub. m.* lat. *Macerarium.* ang. *a pond to soak flax or hemp in.* Lieu où l'on fait rouir le chanvre.

RUY

RUYNAS. *s. m.* Racine propre pour la teinture.

RUYSCHIANE. *s. f.* Sorte de plante, dont la racine est vivace & la feuille moins épaisse que celle du romarin. Les fleurs sont fort belles, d'abord disposées de six en six par anneaux, & ensuite rassemblées en forme d'épi.

RYP

RYPTIQUE. *s. m.* Médicament propre à détacher & à entrainer les humeurs visqueuses. On l'appelle autrement *détersif.*

RYT

RYTHME. *voy.* Rhythme.

RYTHMIQUE. *adj.* Se dit des vers Léonins.... *s. f.* Ancienne danse des Grecs.

# S

S

EST la dix-huitième lettre de notre Alphabet. C'est une de celles qu'on appelle sémi-voyelles. Elle prend sa force de la voyelle qui la suit & quelquefois de celle qui la précéde. Dans la *Batisse* on appelle S ou *esse* les barres de fer qui ont cette figure & dont on se sert pour prévenir la chute des murailles. Il y a plusieurs mots où cette lettre ne se prononce point. Dans les livres de *Marine*, de *Geographie*, &c. S signifie le Sud & quelquefois le septentrion.... S. chez les Anciens étoit une lettre numérale qui signifioit sept.... S, *s*, ou *ss*, dans les Ordonnances des Médecins, après un caractère qui marque la quantité, signifie *semis*, moitié...: S, est aussi le caractère distinctif de la monnoie de Rheims.

SAA

SAAMOUNA. *s. mas.* Bel arbre des Indes, qui est d'une figure extraordinaire. Le haut & le bas de son tronc sont de la même grosseur, mais dans son milieu il est renflé de plus du double. Son bois est épineux, & on en coupe les épines, pendant qu'elles sont vertes, pour en tirer un suc excellent dans les maux des yeux.

SAB

SABAHA. *voy.* Ombiasses.

SABAÏSME. *s. m.* Culte des Astres. Espèce d'idolatrie fort ancienne.

SABAOTH. *sub. m.* L'un des noms de Dieu parmi les *Juifs*, qui signifie le Dieu des armées, ou selon quelques-uns, des Anges, des Etoiles, & selon d'autres, des fidéles qui sont sur la terre, & qui sont toujours prêts à lui obéir. Quelques-uns disent que ce mot signifie le devoir des femmes qui veilloient à la porte du Tabernacle & qui le gardoient pendant la nuit.

SABAZIE, *ou* Abazée. *s. f.* Fête instituée par Denys Roi d'Asie, à l'honneur de Bacchus.

SABBAT. *s. m.* lat. *Sabbathum.* ang. *sabbath.* Jour de repos où l'on cesse de vaquer aux affaires ordinaires de la vie, pour s'appliquer au service de Dieu, surtout dans les assemblées publiques. Les Juifs observoient le septième jour de la semaine en mémoire de la création & de leur délivrance de la captivité d'*Égypte*. Les Chrétiens observent le premier de la semaine en mémoire de la Resurrection de Jesus-Christ & de la Redemption des hommes. *La journée* d'un jour de *Sabbat* étoit parmi les *Juifs* l'espace de 2000. coudées, qui font environ les trois quarts d'un mille d'*Angleterre*. Ce qui doit s'entendre d'un *Juif* qui est dans une ville & qui ne peut pas s'en écarter au-delà de cet espace, mais cela n'empêche pas qu'il ne puisse se promener dans la Ville, aller & venir dans les Fauxbourgs, autant qu'il le juge à propos. *Sabbat* signifie aussi l'assemblée nocturne des Sorciers où l'on s'imagine qu'ils se rendent le Samedi. lat. *Magorum conventus*. ang. *a nocturnal meeting of witches*. Il se dit encore d'un grand bruit, d'une crierie. lat. *Tumultus*. ang. *a devilish noise*.

SABBATAIRE. *s. m.* ang. *sabbatarium*. Nom de certains Anabaptistes, qui prétendent que le sabbat des Juifs n'a jamais été abrogé & que le Dimanche ne lui a pas été substitué ; que par conséquent les *Chrétiens* doivent l'observer aussi religieusement que les *Juifs*.

SABBATINE. *sub. f.* lat. *Sabbathina thesis*. ang. *a thesis*. Petite thése que les Ecoliers soutiennent le Samedi sans solemnité, en forme de tentatives, pour s'exercer.

SABBATIQUE. *adj.* lat. *Sabbaticus*. angl. *sabbatical*. Qui appartient au sabbat ou à un tems de repos, de fête & de réjouissance. Les *Juifs* n'avoient pas seulement un jour *sabbatique*, mais encore une année entière de sept en sept ans, pendant laquelle ils laissoient reposer leurs terres & au bout de 49. ans toutes les dettes étoient éteintes, les esclaves étoient mis en liberté, & les biens, &c. qui avoient été auparavant vendus ou engagés revenoient à leurs anciens Maîtres.

SABDARIFFA. *s. f.* Plante des Indes, qui est une espèce de Kermia. Ses feuilles sont amples comme celles de la vigne, partagées en plusieurs parties, dentelées. Ses fleurs sont grandes & semblables à celles de la mauve, d'un blanc pâle & d'un purpurin noirâtre. Ses fruits sont oblongs & pointus, remplis de semences rondes, que l'on mange comme un légume.

SABELLIENS. *s. m.* lat. *Sabelliani*. anglois. *sabellians*. Secte qui s'est élevée dans le troisième siécle, ainsi nommée de *Sabellius* qui prétendoit que les trois personnes de la Trinité n'étoient pas distinctes, mais n'en étoient qu'une seule, comme le corps, l'ame & l'esprit ne font qu'un seul homme.

SABIN, ine. *s. m. & f.* lat. *Sabinus*. angl. *sabine*. Ancien peuple d'*Italie*, de qui *Romulus* enleva les jeunes filles par force pour les marier aux habitans de *Rome*, les ayant invitées à un divertissement public. Lorsque les *Sabins* se furent déterminés à vanger cet affront, les femmes se firent médiatrices auprès de leurs Pères en faveur des *Romains* leurs maris, & la paix fut conclue entr'eux, de manière que les *Sabins* formerent une partie du gouvernement *Romain*. C'est aujourd'hui une des provinces Ecclésiastiques qu'on appelle *Terre sabine* dont la ville Capitale est *Magliano*.

SABINE. *s. f.* ou Savinier. *s. m.* Arbrisseau bas dont les feuilles ressemblent assés aux feuilles du Tamarisc, & les fruits sont des baies, grosses comme celles du genièvre, & ont une couleur bleuë noirâtre, quand elles sont mûres. Cette plante est incisive & apéritive. Il y a une autre espèce de *Sabine* qui devient assés grande & assés haute. Elle a les feuilles à peu près comme les cyprès.... Tulipe panachée d'un beau gris sur du blanc.

SABINITE. *voy.* Brathite.

SABLE. *s. m.* lat. *Arena*. ang. *sand or gravel*. Aréne menuë, gravier qui se trouve particulièrement aux bords ou au fond de la mer ou des rivières. Il se dit aussi d'un gravier engendré dans les reins, & dans la vessie. C'est encore une espèce d'horloge qui mesure le tems par l'écoulement du *Sable* enfermé dans de petits vaisseaux de verre. Ce mot, en termes de *Blason*, signifie le noir & on l'exprime par de doubles hachures qui se croisent à angles droits... En termes de *Fonderie*, il se dit de ce qui a été jetté dans de petits moules fait de sable.

SABLÉ, ée. *adj.* On appelle pistole ou médaille *sablée*, celle qui a été moulée & jettée en sable, & qui n'a point été faite au moulin ou au marteau. Fontaine *sablée*, est un vaisseau de cuivre, ou de quelque autre métal, dans lequel on fait filtrer de l'eau à travers le sable, pour l'épurer.

SABLER. *v. act.* lat. *Arenâ conspergere*. ang. *to gravel*. Mettre du sable dans une allée pour empêcher que l'herbe n'y vienne. *Sabler* un verre de vin, c'est le boire d'une seule gorgée.

SABLEUX, euse. *adj.* Se dit de la farine où il y a du sable mêlé.

SABLIERE. *s. f.* lat. *Fodina arenaria*. angl. *sand-pit*. Lieu creusé dans la terre, duquel on tire du sable pour bâtir. Horloge de sable. (Charpent.) Piéce de bois qui se couche de champ & sur laquelle sont posés à plomb les poteaux qui composent les pans de charpente.

SABLON. *s. m.* lat. *Arenula*. ang. *small sand*. Menu sable qui est d'ordinaire blanc, & qui sert à écurer la vaisselle.

SABLONNER. *v. act.* lat. *Arenulâ detergere*. ang. *to scowr with sand*. Ecurer la vaisselle d'étain, les utenciles de cuisine avec du sablon.

SABLONNEUX, euse. *adj.* lat. *Sabulosus, arenosus*. ang. *sandy*. Lieu où il y a beaucoup de sablons.

SABLONNIER. *s. m.* lat. *Arenulæ propola, sabularius*. ang. *a seller of sand*. Homme qui crie & vend par la ville du sablon.

SABLONNIÈRE. *s. f.* lat. *Arenaria, sabuletum*. ang. *sand-pit*. Lieu abondant en sablons, d'où on tire du sablon.

SABORD. *s. m.* lat. *Emissarium navale ænei tormenti*. ang. *a port-hole*. Terme de *Marine*. Ce sont les embrasures, ou canonières, dans le bordage du vaisseau; par où l'on tire le canon.

SABOT. *s. m.* lat. *Calceus ligneus.* angl. *a wooden-shoe.* Chaussure faite d'un bois creusé, dans lequel on met le pied. En termes de *Manége*, c'est la corne du pied du cheval. C'est aussi un jouet d'enfans. Coquillage univalve d'eau douce. Plante autrement appellée *soulier de Notre-Dame* & en latin *Calceolus.* Elle est détersive & vulnéraire appliquée extérieurement.

SABOTER. *v. n.* lat. *Nimio pedum strepitu incedere.* ang. *to march heavily.* Marcher rudement & pesamment, faire du bruit avec des sabots. Joüer au sabot. lat. *Turbinem flagello agitare.* ang. *to whip a top.*

SABOTEUR. *subst. mas.* Enfant qui sabote souvent.

SABOTIER. *s. m.* lat. *Calopodiorum opifex.* ang. *a wooden shoe-maker.* Ouvrier qui fait des sabots. Homme qui fait du bruit avec ses sabots.

SABOULER. *v. act.* lat. *Volutare super arenam.* ang. *to toss.* Tourmenter, tirailler quelqu'un.

SABRE. *sub. m.* lat. *Acinaces.* ang. *a sabre.* Epée *Turque* dont le dos a beaucoup d'épaisseur, qui est un peu recourbée vers la pointe. On l'appelle aussi quelquefois cimeterre & coutelas.

SABRENAUDER. *v. act.* Fagoter, charpenter, faire quelque chose de travers, l'estropier.

SABRER. *v. act.* lat. *Acinacibus petere.* ang. *to cut with a hanger.* Donner des coups de sabre.

SABURRE. *sub. f.* ( Marine ) Grosse arène qu'on met au fond des navires pour les tenir fermes. Lest, balast, ou quintillage.

S A C

SAC. *s. m.* lat. *Saccus.* anglois. *sack or bag.* Sorte de poche faite d'une piéce de toile, de cuir ou d'autre étoffe; que l'on cout par le bas & par les côtés, laissant seulement le haut ouvert pour mettre dedans ce que l'on veut, & sur tout du bled, du charbon. C'est aussi un habit de toile grossière qu'on porte par pénitence. En termes de *Chirurgie*, c'est le fond d'une plaïe où il reste du pus. En termes de *guerre*, c'est le pillage d'une ville prise d'assaut, qu'on abandonne à la fureur des Soldats. Cul de *sac* est une ruë qui n'a qu'une ouverture... *Sac* : quantité de marc qui reste après un pressurage soit de vin, soit de cidre .... *Sac* ou *chausse* : petit filet qui sert à la pêche du poisson d'eau douce. .... On dit familièrement *mettre quelqu'un au sac*, pour dire le mettre hors d'état de pouvoir répondre.

SACARE. *s. m.* Petit poids de l'isle de Madagascar. Il équivaut au denier ou scrupule d'Europe.

SAC-BENI, *ou* Sac-benit. *s. m.* Sac ou vêtement de toile, qu'on donne aux condamnés à mort par l'Inquisition.

SACCADE. *s. f.* lat. *Subita ac violenta freni adductio.* ang. *a jerk with a bridle.* Terme de *Manége.* C'est une secousse violente que le Cavalier donne au cheval, en tirant tout à coup les rênes de la bride, quand le cheval pése à la main.

SACCAGEMENT. *s. m.* lat. *Urbis vel domûs expilatio.* ang. *a sacking.* Pillage d'une ville, désordre qu'on fait dans une maison.

SACCAGER. *verb. act.* lat. *Urbem diripere.* ang. *to sack.* Piller une ville, la mettre à sac; ravager, désoler un païs.

SACCOCHE. *voy.* Sacoche.

SACERDOCE. *s. m.* lat. *Sacerdotium.* ang. *priesthood.* Ordre & caractère de prêtrise.

SACERDOTAL, ale. *adj.* lat. *Sacerdotalis.* angl. *priestly*, *sacerdotal.* Qui appartient au sacerdoce.

SACHÉE. *s. f.* lat. *Sacculus plenus.* ang. *a sack-full.* Plein un sac.

SACHET. *s. m.* lat. *Sacculus.* ang. *a little sack.* Petit sac ou carreau bien parfumé qu'on met sur du linge, sur des lits.

SACLER. *voy.* Sarcler.

SACOCHE. *s. f.* Bougette.

SACOME. *s. m.* ( Architect. ) Moulure en saillie. *Toreuma.*

SACONDRE. *s. m.* Sorte de papillon, provenant des escargots. Ils font du miel. On les trouve à Madagascar.

SACQUATIER. *s. m.* Charroyeur de charbon dans les forges.

SACQUIER. *s. m.* Se dit de ceux qui dans quelques ports de mer, transportent le sel & les grains des vaisseaux dans des sacs.

SACRAMARON. *s. m.* Herbe potagère de l'Amérique, dont on mange la feuille en potage.

SACRAMENTAIRE. *s. m.* & *f.* Hérétique qui soutient une mauvaise doctrine touchant le S. Sacrement. On le dit surtout des Zuingliens & des Calvinistes. ang. *Sacramentary*, *or sacramentarian.*

SACRAMENTAL, ale, *ou* Sacramentel, elle. *adj.* lat. *Sacramentalis.* ang. *sacramental.* Qui appartient au Sacrement.

SACRAMENTALEMENT. *adv.* lat. *Sacramentaliter.* ang. *sacramentally.* D'une manière sacramentale.

SACRAMENTEL. *voy.* Sacramental.

SACRE. *subst. m.* lat. *Circus*, *falco*, *sacer.* anglois. *saker.* Oiseau de proye. C'est aussi une cérémonie solemnelle, en laquelle on donne une Sainte-Onction aux Rois de France. latin. *Regiæ inunctionis solemnitas.* ang. *coronation.* On dit aussi le *sacre* d'un Evêque.... *Sacre* est encore une espèce de demi canon, ou quart de coulevrine, qui tire cinq livres de fer avec cinq livres de poudre fine.

SACRÉ, ée. *adj.* lat. *Sacratus*, *sacer.* ang. *sacred*, *holy.* Qui est saint, qui a été offert & dédié à Dieu solemnellement.... *Sacré* se dit aussi des choses pour lesquelles on a du respect, de la vénération.

SACREMENT. *subst. m.* lat. *Sacramentum.* ang. *a sacrament.* Parmi les *Chrétiens* est un signe visible d'une grace invisible, institué par Jesus-Christ pour la sanctification de nos ames. L'Eglise Catholique en reconnoit sept, & les

Proteſtans n'en admettent que deux.

SACRER. *v. act.* lat. *Conſecrare, inaugurare.* anglois. *to conſecrate.* Dedier à Dieu une choſe, ou une perſonne, la dévouer à ſon ſervice avec certaines prières, onctions & ſolemnités. . . . *v. n.* Jurer, blaſphémer, faire des imprécations.

SACRET. *ſ. m.* ( Fauconnerie ) lat. *Tertiarius circus.* ang. *the taſſel-hawk.* Le tiercelet, ou le mâle du ſacre, qui eſt propre à voler les perdrix.

SACRIFICATEUR. *ſ. maſc.* lat. *Sacrificus, immolator.* ang. *a ſacrificing prieſt.* Prêtre qui offre à l'Autel des ſacrifices, des oblations pour le peuple.

SACRIFICATURE. *ſ. f.* lat. *Sacerdotium.* ang. *prieſthood.* Dignité de ſacrificateur.

SACRIFICE. *ſ. m.* lat. *Sacrificium, immolatio.* ang. *ſacrifice.* Offrande qu'on fait à Dieu ſur les Autels par le moyen de ſon légitime miniſtre, & qui doit produire quelque changement réel, comme de brûler, égorger, &c. des oiſeaux, des animaux, &c. Quelques Auteurs ont voulu inſinuer que les *Anciens* ne mettoient pas le feu à leurs *ſacrifices*, mais qu'ils l'obtenoient du Ciel par leurs prières. On a pouſſé la ſuperſtition juſques à immoler des hommes; de-là vient que lorſqu'une perſonne ſouffre par la malice ou la puiſſance d'une autre, on dit qu'elle eſt ſacrifiée à ſa rage, à ſon ambition, &c.

SACRIFIER. *v. act.* lat. *Sacrificare, immolare.* ang. *to ſacrifice.* Offrir en ſacrifice. Abandonner, dévouer.

SACRILÉGE. *ſ. m.* lat. *Sacrilegium.* anglois. *ſacrilege.* Crime par lequel on profane les choſes ſacrées ou dévouées à Dieu. C'eſt auſſi la perſonne qui commet le ſacrilége. lat. *Sacrilegus.* ang. *a ſacrilegious man.*

SACRILÉGEMENT. *adverb.* lat. *Sacrilegè.* ang. *ſacrilegiouſly.* Avec ſacrilége.

SACRISTAIN. *ſ. m.* lat. *Æditaus.* ang. *a ſacriſtan.* Officier Eccléſiaſtique qui a le ſoin & la garde des vaiſſeaux & des ornemens ſacrés.

SACRISTIE. *ſ. f.* lat. *Sacrarium.* ang. *the ſacriſty or veſtry.* Lieu où l'on ſerre les reliques, les vaiſſeaux ſacrés, & les ornemens d'une Egliſe. Office clauſtral, qui eſt un titre de bénéfice, auquel ſont attachés certains revenus.

SACRISTINE. *ſ. f.* lat. *Æditua.* ang. *the veſtry-nun.* Religieuſe qui a ſoin de la ſacriſtie.

SACROLOMBAIRE. *adject.* ( Anat. ) Se dit d'un muſcle, qui ſert à reſſerrer la poitrine. Il prend ſon origine de la partie poſtérieure de l'os ſacrum & des épines des vertebres des lombes, & va s'inſérer à la partie poſtérieure des côtes.

SACRUM. ( L'os ) C'eſt un gros os large & immobile qui ſert de baſe & de piedeſtal à l'épine. Il forme la cavité qui eſt au bas de l'hypogaſtre, & que l'on appelle le baſſin.

### S A D

SADUCÉENS. *ſ. m. pl.* lat. *Saducæi.* angl. *ſadducees.* Nom d'une ſecte parmi les *Juifs* qui commença environ 200. ans avant J. C. & qui fut, dit-on, fondée par un nommé *Sadoc*, diſciple d'*Antigone*, qui donnant une fauſſe interprétation à la doctrine de ſon maître, enſeigna qu'il n'y avoit ni Ciel, ni Enfer, ni Anges, ni Eſprits; que l'ame étoit mortelle & que les corps ne devoient pas reſſuſciter après la mort. Quant à leurs autres opinions, elles revenoient en général à celles des *Samaritains*, excepté qu'ils participoient à tous les ſacrifices *Judaïques*, que les *Samaritains* déteſtoient. Ils obſervoient la loi pour jouïr des bénédictions temporelles qu'elle promettoit & pour éviter les punitions dont le Seigneur menaçoit les tranſgreſſeurs de la loi: ils rejettoient toutes les eſpèces de traditions & niant abſolument la fatalité, ils diſoient que comme Dieu eſt incapable de faire du mal, auſſi il ne prend pas garde à celui que les hommes font. Quoique cette ſecte ne fut pas fort nombreuſe, elle étoit pourtant conſidérable en ce qu'elle étoit compoſée des perſonnes de la plus grande diſtinction. Il y avoit entr'eux & les *Phariſiens* une guerre irréconciliable.

SADUCEISME. *ſub. maſc.* ang. *ſadduciſm.* Opinions, principes, doctrine des ſaducéens.

### S A E

SAËTONE. *ſub. f.* Eſpèce de ſerpent, ainſi appellé à cauſe de la rapidité avec laquelle il s'élance, ce qui l'a fait nommer auſſi *Javelot*, ou *Acontias*.

### S A F

SAFRAN. *ſub. m.* lat. *Crocus.* angl. *ſaffron.* Plante dont la fleur eſt regardée comme un excellent préſervatif contre l'infection, &c.

SAFRANÉ, ée. *adj.* En parlant du viſage & du teint ſignifie *jaune.*

SAFRANER. *verb. act.* lat. *Croco illinire.* ang. *to ſaffron.* Peindre en jaune, ou avec du ſafran.

SAFRANIER. *ſ. m.* Banqueroutier, qui n'a plus de bien.

SAFRE. *ſ. m.* lat. *Cautes metallica.* ang. *a kind of mineral, ſafer.* Minéral de couleur bleuâtre, tirant ſur le gris noir, qui en petite quantité fait le verre très clair & en grande le fait très bleu. *Safre* ſignifie auſſi, gourmand, qui aime les bons morceaux.

### S A G

SAGACITÉ. *ſ. f.* lat. *Sagacitas.* ang *ſagacity.* Pénétration, diſcernement fin; ſubtilité d'eſprit.

SAGAIE, *ou* Zagaie. *ſ. f.* Eſpèce de dard, dont ſe ſervent les inſulaires de Madagaſcar. Le fer en eſt ordinairement empoiſonné.

SAGAMITÉ. *ſ. f.* Mets dont ſe nourriſſent les peuples du Canada, & dont le fonds eſt le bled d'Inde, auquel ils mêlent du poiſſon ou de la chair, quand ils en ont.

SAGAPENUM. *ſ. m.* Gomme qui ſort par inciſion d'une plante ferulacée qui croît en

Médie. Elle est apéritive & purgative. Elle s'appelle autrement *serapinum*.

SAGDA. *s. f.* Pierre précieuse de couleur verte.... Pierre noire légère & semblable à du bois.

SAGDU. *s. m.* Pain qu'on fait aux Moluques avec la moelle d'un certain arbre.

SAGE. *adj.* & *subst.* lat. *Sapiens.* ang. *sage*, *wise.* Prudent, circonspect, judicieux, avisé. Moderé, retenu. Modeste, chaste. Philosophe. Habile, sçavant. *Sage-femme* est celle qui est appellée pour assister des femmes grosses, & pour leur aider à se délivrer de leur fruit.

SAGEMENT. *adv.* lat. *Sapienter.* ang. *sagely.* D'une manière sage & prudente.

SAGESSE. *s. f.* lat. *Sapientia.* ang. *sageness*, *wisdom.* Pleine connoissance, parfaite science de toutes choses. Prudence, science, mœurs, jugement. Modestie, pudeur retenue.

SAGETTE. *s. f.* Herbe de marais aigue & pointuë, qui ressemble à une flêche.

SAGITTA. *voy.* Sagette.

SAGITTAIRE. *s. m.* lat. & ang. *sagittarius.* Archer. C'est l'un des douze signes du Zodiaque, marqué ♐, & représenté sur les globes par la figure d'un homme qui décoche une flêche de son arc.

SAGITTALE. *adj. f.* (Anatomie) Se dit de la seconde des vraies sutures du crane, autrement appellée *rabdoïde.*

SAGOUIN. *s. m.* lat. *Junior simia.* ang. *a little monkey.* Jeune singe qui a une longue queuë.

*SAGUM. s. m.* Habillement de guerre des Romains.

## S A I

SAICTEUR. *voy.* Saietteur.

SAIE. *s. f.* (Orfévre) Poignée de soies de porc liées ensemble qui sert à nettoyer & épousseter la besogne. lat. *Scopula.* ang. *a brush....* Sorte de serge ou d'étoffe croisée très-légère toute de laine.

SAIETTE. *s. f.* Petite serge de soie ou de laine.

SAIETTER. *v. act.* (Orfévre) Nettoyer ou épousseter la besogne avec la saie. lat. *Scopulâ detergere.* ang. *to brush.*

SAIETTERIE. *s. f.* Manufacture des étoffes de laine, ou de laine mêlée avec de la soie ou du poil.

SAIETTEUR, euse. *s. m.* & *f.* Faiseur de saie, ouvrier qui travaille à la saietterie.

SAIGNANT, ante. *adject.* lat. *Sanguinem mittens.* angl. *bleeding.* Qui saigne encore, qui est frais tué.

SAIGNÉE. *s. f.* lat. *Missio sanguinis.* angl. *a letting of bloud.* Opération de Chirurgie qu'on fait avec une lancette pour tirer le sang. C'est aussi une rigole, un petit fossé qu'on fait dans un pré pour y amener de l'eau & y entretenir la fraicheur. Une ouverture, un canal qu'on creuse pour vuider l'eau.

SAIGNEMENT. *s. m.* lat. *Sanguinis emissio.* ang. *a bleeding.* Fluxion ou perte de sang.

SAIGNER. *v. act.* & *n.* lat. *Sanguinem extrahere.* ang. *to let bloud.* Ouvrir la veine avec une lancette pour tirer le sang du corps. Faire des canaux pour vuider un fossé. Tirer de l'argent de la bourse de quelqu'un.

SAIGNEUR. *sub. m.* lat. *Magnus extractor sanguinis.* ang. *bleeder.* Qui fait saigner beaucoup.

SAIGNEUX, euse. *adj.* lat. *Sanguinolentus.* ang. *bloudy.* Taché ou souillé de sang.

SAILLANT, ante. *adj.* lat. *Excurrens & recurrens.* anglois. *jutting out.* Qui sort, qui avance en dehors.

SAILLIE. *s. f.* lat. *Eminentia.* ang. *a projecture.* Partie d'un bâtiment qui avance sur la ruë, qui n'est pas à plomb sur les fondemens. Sortie avec impétuosité. Mouvement vif & subit, emportement, fougue, transport.

SAILLIR. *v. n.* lat. *Extare*, *prostare.* ang. *to jut out.* S'avancer, se jetter, paroitre en dehors. Jaillir, sortir avec impétuosité.... *v. act.* Couvrir la femelle en parlant du cheval & du taureau. lat. *Salire.* ang. *to leap.*

SAIN. *s. m.* Monnoie qui a cours en Georgie. Elle vaut 5. sous 6. deniers monnoie de France. On l'appelle autrement *chaouri.*

SAIN, aine. *adj.* lat. *Sanus.* ang. *sound*, *healthy.* Qui a le corps bien constitué, faisant bien ses fonctions. Ce qui contribuë à la santé.

SAIN-DOUX. *substant. m.* lat. *Lard or hog's grease.* Espèce de graisse molle qui se tire particulièrement du porc, & sur-tout celle qui se fond dans la poële.

SAINE. *voy.* Seine.

SAINEMENT. *adv.* lat. *Sanè.* ang. *soundly.* Selon la droite raison.

SAINFOIN. *s. m.* Herbe qu'on cultive pour engraisser les bestiaux. lat. *Onobrychis foliis viciæ.* ang. *sain-foin*, *fene-greek.*

SAINT, ainte. *adj.* & *subst.* lat. *Sanctus.* ang. *holy.* Qui méne une vie chrétienne & exemplaire. Qui emploie son tems aux exercices de la religion avec un zèle extraordinaire. Celui qui ayant beaucoup souffert pendant sa vie pour la Religion, est recompensé dans le Ciel d'une manière particulière. Celui dont on conserve la mémoire à cause de son zèle singulier, de ses souffrances ou de ses vertus comme les Apôtres & les premiers disciples de J. C. qui ont prêché la Religion chrétienne. C'est pour les honorer que l'Eglise à établi par tout des jours de fêtes dans le cours de l'année. Mais les Protestans dans le 15e. siécle ont détruit toutes ces fêtes, & l'Eglise *Anglicane* n'a conservé que celles des Apôtres, de l'Incarnation, de la Naissance, de la Resurrection, &c. de Jesus-Christ. *Saint* signifie aussi sacré, consacré à Dieu. Le *Saint-Esprit* est la troisième personne de la Trinité, qui sanctifie les hommes & leur donne la force de remplir leurs devoirs. L'ordre militaire du *S. Esprit* en *France* fut institué par Henri III. en 1569. en mémoire de trois grands événemens qui étoient arrivés le même jour, sçavoir sa Naissance, son avénement à la Couronne de France, & son Election pour celle de Pologne. Il n'est composé que de 100. Chevaliers, qui pour être reçus doivent faire preuve de noblesse pour trois générations. Le Roi en est le grand Maître ou Souverain, & il prête serment en cette qualité le jour de son Couronnement, promettant de maintenir toujours l'ordre du *S. Esprit*. Les Chevaliers doivent porter une croix d'or suspendue au cou à un ruban ou cordon bleu de soie. Les Officiers & Commandeurs portent une croix en broderie au côté gauche de leurs habits, robes ou autres vêtemens. Avant que de recevoir cet Ordre, ils reçoivent celui de *S. Michel* qui doit nécessairement précéder celui du *S. Esprit*. C'est pour cela que leurs armes sont entourées d'un double collier. La croix du *S. Esprit* a un cercle au milieu où est une colombe; ses quatre branches viennent se terminer en pointe & portent une perle chacune.

SAINT-AUBINET. *s. m.* ( Marine ) Pont de cordes que supportent des bouts de mats posés en travers sur le plat bord, à l'avant des vaisseaux marchands. lat. *Crates funales.* ang. *a bridge of ropes.*

SAINTE-BARBE. *s. f.* ( Marine ) Magasin de la poudre sur un vaisseau.... Lieu où le maître Canonier tient une partie de ses utencilles pour le service de l'artillerie. lat. *Tormentariorum camera.* anglois. *the gunner's room in a ship.*

SAINTEMENT. *adv.* lat. *Sanctè.* ang. *holily.* D'une manière sainte.

SAINTETÉ. *s. f.* lat. *Sanctitas.* ang. *holiness.* Qualité ou état d'un homme saint, ou d'une chose sacrée. Titre d'honneur qu'on donne au Pape.

SAINT-THOMÉ. *s. m.* Monnoie d'or qui a cours aux Indes. Elle vaut ordinairement deux piastres, mais elle hausse & baisse quelquefois.

SAÏQUE. *s. f.* lat. *Saica.* ang. *a saick.* Navire *Turquesque*, propre à porter des marchandises.

SAIQUIDA. *s. f.* Oiseau de l'Amérique méridionale. Espèce de pêcheur.

SAISI. *s. m.* Le débiteur sur lequel on a saisi un héritage.

SAISIE. *s. f.* lat. *Bonorum obsignatio.* angl. *seizure.* Acte de justice, exploit de sergent, par lequel on dépossède un propriétaire de la possession de ses meubles, ou héritages, pour payer ce qu'il doit.

SAISINE. *s. f.* lat. *Possessionis aditus.* angl. *seizin.* Terme du *Palais*, qui se dit d'une possession actuelle, en laquelle un vendeur met l'acheteur d'un héritage.

SAISIR. *verb. act.* lat. *Occupare*, *vindicare.* angl. *to seize.* Livrer, mettre en possession, entrer en jouissance. Prendre tout d'un coup & avec effort. S'emparer, se rendre maître de quelque chose, l'occuper.

SAISISSANT, ante. *adject.* lat. *Occupans.* ang. *seizer.* Qui saisit, qui surprend tout d'un coup.

SAISISSEMENT. *sub. m.* lat. *Præoccupatio.* ang. *a sudden qualm or oppression of the heart.* Mouvement subit; trouble d'esprit qui surprend, qui cause quelque altération à la vûë de quelque accident fort touchant... ( Escrime ) Action d'empoigner l'épée de son ennemi....

Corde dont le bourreau lie les mains & les bras du patient.

SAISON. *s. f.* lat. *Tempestas*, *tempus.* ang. *season.* Partie de l'année distinguée par les diverses températures de l'air, & par les travaux différens qu'on y fait pour la culture de la terre. Il se dit aussi du tems convenable pour faire quelque chose, pour la faire à propos.

## S A L

SALACE. *adj.* lat. *Persalsus.* anglois. *salt.* Qui a en soi beaucoup de sel. Lascif, porté à la luxure.

SALADE. *s. f.* lat. *Acetaria.* ang. *a sallet.* Entremets composé d'ordinaire d'herbes crûës, assaisonnées avec du sel, de l'huile & du vinaigre... Casque du tems jadis.

SALADIER. *s. m.* lat. *Acetarius discus.* ang. *a sallet-dish.* Plat assés large & profond, qui sert à assaisonner & à manger des salades. Panier à jour pour secouer les salades. lat. *Craties vimineus.* ang. *a basket to drain sallet in.*

SALAGE. *s. m.* lat. *Salarium.* ang. *salting.* Action de saler, & la quantité de sel qui s'y consomme.

SALAIRE. *s. m.* lat. *Merces*, *pretium.* ang. *salary.* Prix, ou récompense du travail, des services qu'on a rendus. Châtiment. Punition que mérite une mauvaise action.

SALAISON. *s. f.* lat. *Insalatio.* ang. *salting.* Saison où l'on a coutume de saler. On le dit aussi des viandes & du poisson salés qu'on embarque dans les vaisseaux pour la nourriture des équipages.

SALAMALEC. *s. m.* Salut à la Turque.

SALAMANDRE. *s. f.* lat. *Salamandra.* ang. *a salamander.* Insecte du genre des lezards ou petits serpens. Les anciens ont cru que la *salamandre* vivoit dans le feu, mais cela est faux.

SALAMPOURIS. Toiles qui viennent de la côte de Coromandel.

SALANT. *adject.* lat. *Salaria.* ang. *a salt-marsh.* Se dit des marais où l'on fait le sel.

SALARIER. *verb. act.* Recompenser. *Il est vieux.*

SALE, *ou mieux* Salle. *sub. fem.* lat. *Aula*, *atrium.* ang. *hall.* Première partie d'un appartement dans un logis. Antichambre.

SALE. *adj.* lat. *Immundus*, *sordidus.* angl. *nasty*, *slovenly.* Gâté, mal propre, plein d'ordure & de villenie, qui n'a pas été nettoyé, ni blanchi.

SALÉ. *subst. m.* lat. *Sale conditus.* ang. *salt-meat.* Viande qui a trempé quelque tems dans la saumure, comme porc ou bœuf. *Franc-salé* est un droit qu'ont quelques Officiers ou Communautés, de prendre du sel au grenier franc d'impôt. C'est aussi le nom d'une ville du Royaume de *Fez*, qui en étoit la capitale. Elle est placée à l'embouchure de la rivière *Sala* vers l'Océan *Atlantique*; elle étoit la capitale de la province de *Fez* avant qu'on bâtit la ville de *Fez*. Elle est fort bien bâtie, fortifiée & défendue par une bonne Citadelle pourvûë d'artillerie, de munitions, &c. Ses maisons

sont

sont ornées de portiques, composés de colomnes & de tables de jaspe & d'albâtre, & toutes ses rues sont allignées avec beaucoup de justesse. Il y a un assés bon port, quoique petit, qui étoit ci-devant indépendant, mais qui est aujourd'hui soumis au Roi de *Fez*. Quoique ce fut autrefois une ville de commerce, ce n'est aujourd'hui qu'une retraite infame de Corsaires. En 1632. *Charles* I. Roi de la *Grande-Bretagne* sollicité par le Roi de *Maroc* y envoya une flotte pour l'assiéger par mer, pendant que l'Empereur l'assiégeroit par terre; de sorte que la ville ayant été réduite, ses fortifications furent démolies & les rebelles punis de mort. Le Roi *Charles* eut pour récompense la délivrance de 300. Esclaves chrétiens. La principale Mosquée est un grand bâtiment où l'on employa 30, 000. Esclaves chrétiens pris sur les *Espagnols* par *Mulley Jacob Almanzor* qui en employa 30, 000. autres à *Maroc* pour y faire ses Aqueducs.

SALÉ, ée. *adj.* lat. *Salitus*, *sale perfusus.* ang. *salt.* Qui est empreint de sel.

SALEMENT. *adv.* lat. *Sordidè.* ang. *nastily.* D'une manière sale & mal-propre.

SALEP. *subst. masc.* Espèce d'orchys ou de satyrion.

SALER. *v. act.* lat. *Sale condire.* ang. *to salt.* Assaisonner les choses qu'on mange avec du sel, les laisser tremper quelque tems dans de la saumure pour les conserver, ou les rendre de plus haut gout. Vendre bien cher.

SALERON. *sub. m.* Partie supérieure d'une salière, celle où l'on met le sel.

SALETÉ. *s. f.* lat. *Spurcitia.* ang. *nastiness.* Ordure, vilénie, mal-propreté.

SALETTE. *s. f.* Petite salle.

SALEURE. *voy.* Salure.

SALEUR. *s. m.* Celui qui sale le poisson.

SALICAIRE. *s. f.* Plante ainsi appellée parce qu'elle croît parmi les saules.

SALICITE. *s. f.* Pierre figurée, imitant les feuilles du saule.

SALICOQUE. *voy.* Salicot.

SALICOR. *voy.* Kali *ou* Soude.

SALICOT. *s. m.* Espèce d'écrevisse de mer, crevette.... Plante autrement appellée *Kali* ou *Soude.*

SALIÈRE. *sub. f.* lat. *Salinum.* ang. *a saltseller.* Utencile de ménage, qui sert à mettre du sel sur la nappe. On le dit *figurément* des creux qui se font dans les chairs quand on maigrit & de ceux qui viennent aux yeux des chevaux quand ils sont vieux. lat. *Cavitas.* ang. *a hollowness.*

SALIGARIA. *s. f.* Oiseau très petit & dont le pennage est diversifié de 4. couleurs, de brun, de jaune, de blanc & de roux.

SALIGNON. *s. masc.* Pain de sel blanc fait d'eau de fontaine salée.

SALIGOT. *s. m.* Tribule aquatique.

SALIN, ine. *adj.* lat. *Salinus.* ang. *salt.* Qui contient du sel.

SALINE. *s. f.* lat. *Salsamenta.* ang. *a saltfish.* Chair ou poisson qu'on a salé pour les conserver.

SALINES. *s. f. pl.* lat. *Salinariæ paludes.* ang. *a salt-house.* Lieux où l'on fait le sel. Rochers, mines, d'où on le tire.

SALINO-ACIDE. *adj.* (Médec.) Exprime l'acidité d'une chose trop salée.

SALIQUE. *adj.* lat. *Lex salica.* ang. *the salick law.* *Loi Salique* est un fameux code établi par les Francs lorsqu'ils entrerent dans les Gaules & qui étoit composé de 24. Chapitres, articles ou titres, où il est parlé de différentes matières ou crimes. Le 6e. article parlant des Francs Alleux porte qu'*en la terre Salique aucune portion d'héritage ne vient à femelle, ains que le sexe viril acquiert la possession.* De-là on a conclu que la coutume d'exclure les filles de la Couronne de *France* étoit fondée sur cet article.

SALIR. *v. act.* lat. *Inquinare, maculare.* ang. *to foul.* Gâter quelque chose, la souiller, la faire devenir sale.

SALISSON. *s. f.* lat. *Sordida abra.* ang. *a young slut.* Petite servante de cuisine malpropre.

SALISSURE. *s. f.* lat. *Sordes.* ang. *a spot of dirt.* Tâche, grasse, ordure, ou crotte qui rend une chose sale.

SALIVAIRE, *ou* Salival. *adj.* lat. *Salivarius.* ang. *salivary*, *salival.* (Anat.) Se dit des conduits par où la salive tombe dans la bouche.

SALIVATION. *s. f.* lat. *Salivatio.* anglois. *salivation.* Provocation du cours de la salive par le moyen du mercure. C'est le plus sûr reméde qu'on ait trouvé pour la maladie vénérienne.

SALIVE. *s. fem.* lat. *Saliva.* ang. *spittle.* Liqueur aqueuse & un peu salée qui se sépare dans les glandes maxillaires ou de la joüe & qui tombe dans la bouche pour mâcher & détremper les alimens & pour en faire la première digestion.

SALIVER. *v. n.* Rendre beaucoup de salive.

SALLE, Sallette. *voy.* Sale, Salette.

SALLICOQUE. *voy.* Salicot.

SALLON. *voy.* Salon.

SALME. *s. m.* Poids de 25. livres.

SALMERO. *s. m.* Espèce de petit saumon de rivière ou de lac.

SALMI. *sub. m.* Ragout de certaines piéces de gibier, déja cuites à la broche. *voy. Salmigondis.*

SALMIGONDIS. *s. m.* lat. *Salsamenta acetaria.* anglois. *a hotch-potch.* Espèce de ragoût qu'on fait des viandes déja cuites & d'ordinaire rôties, ausquelles on fait une sauce après les avoir dépecées.

SALOIR. *s. m.* lat. *Vas salinarium.* ang. *a salting tub.* Vaisseau de bois où l'on garde le sel dans les maisons, qu'il faut tenir en lieu sec. Vaisseau qui sert à saler les viandes.

SALON. *s. m.* lat. *Atrium majus.* anglois. *a great hall.* Grande sale fort élevée & couverte en cintre, qui a souvent deux étages ou rangs de croisées.

SALOPE. *adj.* lat. *Sordidus*, *spurcus.* angl. *nasty.* Mal-propre en son manger, en ses habits.

SALOPEMENT. *adv.* lat. *Sordidè.* anglois. *nastily.* D'une manière salope.

SALOPERIE. *s. f.* lat. *Spurcitia.* ang. *nastiness.* Saleté, mal-propreté ; chose sale & vilaine.

SALORGES. *s. m.* Amas de sel.

SALPA. *subst. f.* Stocfiche. Poisson de mer, gros & long, qui ressemble à la merluche. On le fait sécher jusqu'à le rendre aussi dur que du bois.

SALPÊTRE. *s. m.* lat. *Sal-nitrum.* ang. *salt-peter.* Sel artificiel & léxivial qu'on tire des pierres ou de certaines terres.

SALPÊTRIER. *s. m.* lat. *Salis nitri opifex aut propola.* ang. *a salt-peterman.* Ouvrier qui fait du salpêtre, qui le tire par la lessive.

SALPÊTRIÈRE. *sub. fem.* lat. *Officina salis nitri.* ang. *a salt-peter-house.* Lieu où l'on fait le salpêtre.

SALPINGO-PHARYNGIEN. *adj.* & *s. m.* C'est une des origines du muscle du pharynx, située à l'extrêmité de la partie osseuse de la trompe d'Eustachi. lat. *Salpingo-pharyngæus.* ang. *salpingo-pharyngian.*

SALPINGO-STAPHYLIN. *s. m.* & *adject.* lat. *Salpingo-staphylinus.* ang. *salpingo-staphyline.* Muscle de la luette, qui la tire en haut & en arrière.

SALSEPAREILLE. *sub. femin.* Plante qui croît au Perou. Sa racine est sudorifique & dessicative.

SALSIFIS. *s. m.* ou Salsifie. *s. f.* ang. *goats bread.* Racine bonne à manger étant cuite avec du sel & du vinaigre. *Salsifis d'Espagne :* racine d'une espèce de scorsonnere.

SALSUGINEUX, euse. *adj* Qui a rapport au sel.

SALTIMBANQUE. *s. m.* lat. *funambulus.* anglois. *a mounte-bank.* Danseur de corde, bouffon, charlatan, qui joue en place publique pour divertir le Peuple.

SALUADE. *s. f.* lat. *Salutatio.* ang. *a salutation or salute.* Révérence qu'on fait aux personnes qu'on veut honorer.

SALVAGE, ou Sauvelage. *s. m.* lat. *Jus recuperationis.* anglois. *salvage-money.* Droit qui appartient à ceux qui ont aidé à sauver les marchandises & autres choses périssantes par naufrage.

SALVATELLE. *s. f.* ( Anat. ) lat. *Salvatella.* ang. *salvatel-vein.* Rameau de la veine Cephalique, qui s'étend sur la partie extérieure du Metacarpe, entre le doigt annulaire & le petit doigt.

SALVATIONS. *s. f. pl.* ( Palais ) Dernières écritures qu'on fournit dans un procès pour répondre aux contredits. lat. *Adversæ infirmationis refutatio.* ang. *a bill, or reply.*

SALUBRE. *adj.* lat. *Saluber.* ang. *wholesom, healthfull.* Qui contribuë à la santé.

SALUBRITÉ. *s. f.* lat. *Salubritas.* ang. *salubrity.* Qualité, vertu de ce qui est salutaire ; ce qui rend une chose salutaire.

SALVE. *s. f.* lat. *Catapultaria vel tormentaria consalutatio.* ang. *volley.* Salut militaire qui se fait par la décharge tout à la fois de plusieurs coups d'artillerie ou de mousqueterie, pour faire honneur à quelqu'un.

SALUER. *v. act.* lat. *Salutare.* ang. *to salute.* Faire honneur & civilité à quelqu'un, ou lui donner quelques témoignages d'amitié, en le rencontrant ou en l'abordant.

SALURE. *sub. f.* lat. *Salsugo.* ang. *saltness.* Qualité que le sel communique à certaines choses.

SALUT. *s. m.* lat. *Salus, incolumitas.* ang. *salvation.* Conservation d'une chose dans un état heureux & convenable, félicité. Il se dit aussi des témoignages de respect, d'honneur ou d'amitié, qu'on se rend réciproquement dans les rencontres ou dans les visites, ou par écrit. lat. *Consalutatio.* ang. *salute or salutation.* En termes de *Marine* ce sont les civilités ou les soumissions qu'un vaisseau rend à un autre qu'il rencontre sur mer, ce qui se fait en amenant le pavillon, en tirant un certain nombre de coups de canons ; car dans les rivières les bâteaux ne se saluent pas, ce n'est que sur le Rhin en *Allemagne* qui arrose des païs appartenants à différens Princes : mais toute la cérémonie consiste en ce que les bâteaux qui remontent, se mettent à l'écart pour laisser passer ceux qui descendent & qui sont entrainés par le courant de la rivière. C'est une maxime reçuë à la mer, que celui qui rend le *salut* tire un moindre nombre de coups de canons, que n'a fait celui qui a salué le premier, ce qui se pratique même entre les vaisseaux des Princes de même rang ; mais les *Suedois* & les *Danois* rendent le *salut* sans avoir égard au nombre des coups qu'on a tirés en les *saluant* ; les *Suedois* en rendent toujours deux & les *Danois* trois. On ne doit jamais s'attendre que le *salut* surpasse sept coups ; une plus grande décharge est regardée comme un excès. Amener le pavillon n'est pas un simple *salut*, mais une pure soumission & l'on ne rend jamais la pareille. Les vaisseaux marchands amenent la grande vergue, & les vaisseaux de guerre n'amenent que la voile de perroquet. Les *Anglois* prétendent qu'ils doivent être salués les premiers par-tout, comme étant les Maîtres de la mer. Les *Venitiens* s'attribuent cet honneur dans leur Golphe, &c... Prières qu'on récite ou qu'on chante avant la Bénédiction du très-saint Sacrement, ou la cérémonie même de donner cette bénédiction.

SALUTAIRE. *adj.* lat. *Salutaris.* anglois. *sound, wholesome.* Qui contribue au salut, utile, nécessaire aux intérêts ou à la conservation tant de l'ame que du corps.

SALUTAIREMENT. *adv.* lat. *Salutariter.* ang. *usefully.* D'une manière salutaire.

SALUTATION. *s. f.* lat. *Salutatio.* ang. *salutation.* Révérences, civilités.

## S A M

SAMARA. *sub. m* Espèce de scapulaire ou dalmatique, que les Inquisiteurs de la Foi font porter à ceux qu'ils ont jugés dignes de mort.

SAMARITAINS. *sub. m. pl.* lat. *Samaritæ.*

*ſamaritans.* Peuples dont il eſt fait ſouvent mention dans l'Écriture, qui ſont auſſi nommés quelquefois *Chutéens.* Ils habitoient une Province dont *Samarie* étoit la capitale, & quoique les dix tribus d'*Iſraël* habitaſſent parmi eux, ils ne porterent jamais ce nom, mais plutôt celui des étrangers qui furent envoyés par le Roi d'*Aſſyrie* des païs d'en delà de l'*Euphrate* pour habiter le Royaume de *Samarie*, lorſqu'il en amena les *Iſraëlites* captifs, vers l'an du monde 3283. Quelque tems après le païs étant infeſté de Lions, le Roi *Salmanaſar* regarda ce ravage comme une punition de Dieu & leur envoya un Prêtre *Iſraëlite* pour leur enſeigner la Religion *Juive:* mais ils ne firent que joindre cette Religion avec la leur & ils continuerent le culte des Idoles comme auparavant avec le culte du Dieu d'*Iſraël.* Lorſque les *Iſraëlites* revinrent de leur captivité, les *Samaritains* avoient déja entièrement abandonné le culte des Idoles & ils s'offrirent de ſe joindre à eux pour rebâtir le Temple. Depuis long-tems ils n'avoient aucun lieu fixe pour adorer Dieu; mais les *Juifs* leur ayant refuſé la liberté d'aller à *Jeruſalem*, ils bâtirent un Temple ſur le *Mont Garizim.* Il y avoit une haine irréconciliable entre les *Juifs* & ce Peuple. Ils n'admettoient que le Pentateuque où l'on dit même qu'ils avoient fait quelques variations en faveur de leurs opinions.

SAMBARAME. *ſ. m.* Eſpèce de ſantal.

SAMBE. *ſ. m.* Oiſeau de Madagaſcar, dont les plumes ſont auſſi rouges que la flamme, c'eſt pourquoi on l'appelle autrement *brûlant.*

SAMBOUC. *ſ. m.* Bois de ſenteur.

SAMBUQUE. *ſub. f.* Ancien inſtrument de muſique. Eſpèce de flute.... Ancienne machine de guerre. Elle étoit ſi groſſe, qu'il falloit deux navires pour la porter.

SAMEDI. *ſ. m.* lat. *Sabbathum.* angl. *ſaturday.* Nom du ſeptième, ou dernier jour de la ſemaine. Jour du *Sabbath* parmi les *Juifs* & jour conſacré à *Saturne* par les *Payens.*

SAMEQUIN. *ſ. m.* Sorte de vaiſſeau Turc, dont on ne ſe ſert que pour aller terre à terre.

SAMESTRE. (Corail de) Sorte de corail qu'on envoye d'Europe à Smyrne.

SAMIENNE. *adj. f.* Se dit de deux eſpèces de terre qui vient de l'iſle de Samos. Elles ſont aſtringentes, propres pour deſſécher & agglutiner les playes. Il y en a une 3e. eſpèce qu'on tire des mines en cette même iſle de Samos. Les Orfévres s'en ſervent pour brunir l'or. Elle eſt aſtringente & rafraichiſſante.

SAMIS, *ou* Samilis. Étoffe lamée de lames d'or & d'argent.

SAMOLE. *ſ. f.* Plante qui approche de la véronique. Elle poſſéde une qualité qui eſt légérement nitreuſe & anti-ſcorbutique. *Samolus.*

SAMOLOÏDE. *ſ. f.* lat. *Samoloides.* anglois. *ſamoloid.* Plante dont on ſe ſervoit en Amérique, en guiſe de thé.

SAMOREUX. *ſ. m.* Bâtiment extrêment long & plat.

SAMOSATENIENS. *ſubſtant. maſc. pluriel.* Anciens Hérétiques Anti-Trinitaires, ainſi appellés de Paul de Samoſate Evêque d'Antioche.

SAMOUR. *ſ. m.* Marte Zibeline.

## SAN

SANAS. Toile de coton, que l'on tire des Indes Occidentales.

SANCIR. *v. n.* (Marine) Couler & deſcendre à fond.

SANCTIFIANT, ante. *adj.* lat. *Sanctificans.* ang. *ſanctifying.* Qui ſanctifie, qui rend ſaint.

SANCTIFICATEUR. *ſ. m.* Qui ſanctifie les hommes, qui travaille à leur ſanctification. lat. & ang. *ſanctificator.*

SANCTIFICATION. *ſ. f.* lat. *Sanctificatio.* ang. *ſanctification.* Action par laquelle on bénit, on rend ſaint.

SANCTIFIER. *v. act.* lat. *Sanctificare.* ang. *to ſanctify.* Rendre, ſaint. Louer, bénir, déclarer ſaint, célébrer.

SANCTION. *ſ. f.* lat. *Sanctio.* ang. *ſanction.* Conſtitution dreſſée à Bourges ſur les canons du Concile de *Bâle* pour la diſcipline de l'Egliſe en 1438.

SANCTUAIRE. *ſ. m.* lat. *Sanctuarium.* ang. *ſanctuary.* Le lieu le plus ſaint & le plus retiré du Temple de *Jeruſalem*, où l'on conſervoit l'Arche de l'alliance & où il n'étoit permis d'entrer qu'au grand Prêtre, & même ſeulement une fois chaque année, qui étoit le jour d'expiation. Quelquefois on entend par ce mot le Temple en général ou un lieu deſtiné au culte public. On appelle auſſi *ſanctuaire* un lieu de ſûreté ou une ville de refuge pour ceux qui ont commis des crimes capitaux & à qui les Princes permettent de s'y retirer pour quelque tems; ce qui a été accordé autrefois pour adoucir la ſévérité de la loi à leur égard. Il y en avoit pluſieurs en *Angleterre* & ſurtout les Monaſtères, &c. où les traitres, & les aſſaſſins, &c. étoient ſouſtraits à la juſtice publique pendant 40. jours. Dans cet intervalle le coupable pouvoit ſe ſoumettre aux pénitences que l'Egliſe lui impoſoit, ou ſe reſoudre à quitter le Royaume & ce banniſſement conſiſtoit ordinairement à embraſſer l'ordre Monaſtique ou à ne plus paroitre en public.

SANDAL. *ſ. m.* Bois des Indes dont on ſe ſert pour faire une teinture rougeâtre, qui porte le même nom.

SANDALE. *ſ. f.* lat. *Sandalium, ſolea.* ang. *ſandal.* Sorte de chauſſure qui eſt principalement en uſage dans le Levant. Ce n'étoit autrefois qu'une ſemelle de cuir attachée au pied pour le défendre des pierres. Dans la ſuite on y ajouta une étoffe pour couvrir le pied & la jambe, & on lui donna tous les ornemens que l'art pût inſpirer, ce qui en fit une chauſſure très riche, ſurtout celle qui étoit portée par les Souverains Prêtres dans les grandes ſolemnités, par les Rois, par les Princes & par les Seigneurs. C'étoient des marques de diſtinction, ſurtout parmi les Dames, comme on le voit par l'hiſtoire de *Judith* & d'*Holoferne*, où il eſt marqué qu'entre autres ornemens elle prit des *sandales* dont la vûë charma *Holoferne.* On avoit ordinairement des Esclaves destinés à porter ces *sandales* & à les chausser aux pieds de leurs Maîtres dans les occasions.

SANDALIER. *s. m.* lat. *Sandalarius opifex.* ang. *a sandal-maker.* Celui qui fait les sandales.

SANDALINE. *s. f.* Petite étoffe qui se fabrique à Venise.

SANDARAQUE. *s. f.* lat. *Sandaracha.* ang. *sandarack.* Minéral d'une couleur rouge & brillante que l'on trouve dans les mines d'or & d'argent. On en prépare aussi avec de l'orpiment que l'on fait calciner dans un vaisseau de terre en le laissant plusieurs heures sur un fourneau. C'est aussi le nom d'une gomme blanche qui découle du genévrier, & dont on se sert en médecine. Etant réduite à une poudre très-fine, on en frotte le papier qui boit & on le rétablit.

SANDASTROS. *voy.* Garamantite.

SANDERA. *s. m.* Racine rougeâtre du Perou, que les Indiens mettent dans le chocolat.

SANDIE. *s. f.* Melon d'eau du Perou.

SANDIX. *s. m.* Minium, ou mine de plomb. Ceruse calcinée au feu, jusqu'à ce qu'elle soit devenuë rouge.

SANEDRIN. *voy.* Sanhedrin.

SANEQUIN. *s. m.* Sorte de coton qui vient de Smyrne, par la voie de Marseille.

SANG. *sub. m.* lat. *Sanguis.* ang. *bloud*, *or blood.* Liqueur rouge & chaude qui circule dans les artères & les veines du corps d'un animal. Tant qu'il est dans les propres vaisseaux, il paroit uniforme & homogéne, mais lorsqu'on l'en a tiré il se divise en deux parties différentes, l'une rouge & fibreuse, qui se coagule & devient une masse solide, & on la nomme présentement *Cruor* ; l'autre claire, & transparante, qui conserve sa fluidité & se nomme *Serosité.* Elle est plus pesante que l'autre partie qui y surnage.... *Sang* se dit aussi de la parenté, de la communication du sang par la naissance..... *Sang de dragon :* patience rouge : plante dont les feuilles sont faites comme celles de la patience ordinaire. Quand on les romt il en sort un suc rouge comme du sang. Sa semence prise en poudre est bonne pour arrêter les pertes de sang.... *Sang-gris. s. m.* Sorte de boisson très-forte, faite avec du vin de Madère, du sucre, du jus de citron, un peu de canelle & de gerofle, beaucoup de muscade & une croute de pain rôtie & même un peu brûlée.

SANGIACK. *s. m.* Est chez les Turcs le Gouverneur d'une Ville, d'une Province, au dessous du *Beglerbeg.*

SANGLADE. *sub. f.* lat. *Vibex.* ang. *a lash.* Grand coup de fouet, de sangle.

SANGLANT, ante. *adj.* lat. *Sanguinolentus.* angl. *bloody.* Ensanglanté, qui est taché, souillé de sang. Sensible, offensant, cruel, ce qui pique & outrage au dernier point.

SANGLARCAN. *subst. masc.* Drogue médicinale propre à arrêter le sang. Elle vient de la Chine.

SANGLE. *s. f.* lat. *Cingulum.* angl. *a girth.* Tissu ; entrelassement de menuës cordes fort pressées. Bande de cuir forte & large de trois doigts, dont les porteurs d'eau & porteurs de chaise se servent pour porter. C'est aussi ce qu'on met pardessous le ventre d'un cheval, ou d'une autre bête de somme, pour attacher une selle, un bât. C'est encore une ceinture ou petit baudrier de cuir qu'on attache au tour de son corps sur les hanches pour porter une épée.

SANGLER. *v. act.* lat. *Cingulâ substringere.* ang. *to gird.* Mettre des sangles. Serrer, appliquer fortement une chose contre une autre. Donner des coups, un soufflet.

SANGLIER. *sub. m.* lat. *Aper.* ang. *a wild boar.* Porc sauvage, qui se retire dans les forêts, & qu'on ne peut jamais apprivoiser. Poisson de mer, qui est couvert d'ecailles dures, qui a le corps velu & presque rond avec un museau qui tient de celui du cochon.

SANGLONS. *s. m.* (Marine) Piéces de bois triangulaires, qui se posent par l'une de leurs extrémités sur la troisième partie de la quille d'un vaisseau vers l'arrière, au lieu de varangues. L'autre extrémité se joint avec des genoüx qu'on appelle *revers.*

SANGLOT. *s. m.* lat. *Singultus.* ang. *sob*, *sigh.* Respiration violente & entre couppée, poussée par une grande douleur, ou une grande affliction ; soupir redoublé. C'est aussi le nom d'une petite courroye qu'on attache à la selle d'un cheval.

SANGLOTTER. *v. n.* lat. *Singultire.* ang. *to sob or sigh.* Pousser des sanglots, de violens soupirs.

SANG-SUE. *s. f.* lat. *Sanguisuga*, *hirudo.* ang. *leech.* Petit insecte noirâtre, ou petit ver aquatique qui se trouve dans les païs marécageux, qui succe le sang des animaux. *Figurément*, on le dit de celui qui tire de l'argent du peuple par extortion. lat. *Acerbi tributi exactor.* ang. *a blood-sucker.*

SANGUIFICATION. *s. f.* lat. *Sanguificatio.* ang. *sanguification.* Action par laquelle se fait le sang.

SANGUIN, ine. *adj.* lat. *Sanguineus.* ang. *sanguine.* Qui est d'un tempérament où le sang & la chaleur prédominent. Ce qui appartient au sang. Ce qui est rouge & vermeil.

SANGUINAIRE. *adj.* lat. *Sanguinarius.* ang. *sanguinary*, *bloody.* Cruel qui se plait à répandre le sang.

SANGUINE. *sub. femin.* lat. *Lapis sanguinalis.* anglois. *the blood-stone.* Espèce de jaspe qu'on apporte de la nouvelle *Espagne*, d'une couleur obscure, & marquetée de taches de couleur de sang. Pierre fossile fort rouge, qui sert aux Peintres à faire des crayons. lat. *Hematites.* ang. *red lead.*

SANGUINELLO. *voy.* Sanguino.

SANGUINO. *subst. mascul.* Cornouiller femelle. On a donné ce nom à cette plante, parce que ses verges sont couvertes d'une écorce rouge comme du sang.

SANGUINOLE. *s. f.* Espèce de pêche.

SANGUINOLENT, ente. *adj.* lat. *Sanguinolentus*, ang. *bloody.* Sanguinaire, teint de sang.

SANHEDRIN. *s. m.* Grand conseil des *Juifs*, dans lequel se décidoient les affaires d'état & de religion. Il y avoit parmi eux d'autres *sanhedrins* qui étoient subordonnés au grand *Sanhedrin* de *Jerusalem*. Les membres de ce grand Conseil se nommoient Anciens ou Senateurs; on n'en choisissoit aucun qui n'eut l'âge & l'expérience requise pour cet emploi. Le grand Prêtre y présidoit ordinairement, mais non pas toujours. Le nombre de ceux qui composoient cette Cour étoit de 70. outre le Prince regnant. Au tems des juges ils étoient chargés des plus grandes affaires de la Nation; les juges n'étant proprement que les généraux de leurs armées. Sous les Rois leur autorité n'avoit pas été beaucoup affoiblie.

SANICLE. *s. f.* lat. *Sanicula.* ang. *sanicle.* Plante dont on se sert à la manière du thé. Elle est détersive & vulneraire, on l'emploie pour les pertes de sang, pour déboucher & pour fortifier les viscères.

SANIE. *sub. fem* lat. *Sanies.* ang. *matter coming out of a putrify'd sore.* Matière aqueuse qui sort des ulcères.

SANIEUX, euse. *adj.* (Médecine) Gâté, corrompu.

SANNES *ou* Sanne. Terme de Triquetrac. Deux six en dé. latin. *Bis seuarius.* anglois. *two sise.*

SANS. Préposition exclusive, qui se dit de ce qui n'accompagne point quelque chose ou quelque personne. lat. *Sine, absque.* anglois. *without.*

SANS FLEUR. *s. f.* Espèce de pomme, qui sort de l'arbre, comme les figues du figuier, d'où on l'a appellée autrement *pomme-figue.*

SANSONNET. *s. m.* lat. *Sturnus.* anglois. *siskin.* Oiseau qui sifle. Il est de la grosseur d'un merle & de couleur grise & noire.... Poisson de mer, petit maquereau.

SANS-PAIR. *adject.* (Anatomie) Se dit du troisième rameau du tronc ascendant de la veine cave, autrement appellé *azygos.*

SANS-PEAU. *s. f.* Sorte de poire.

SANT. *s. m.* Espèce de cassie d'Egypte, d'où sort la gomme arabique.

SANTAL. *voy.* Sandal.

SANTÉ. *s. f.* lat. *Valetudo, sanitas.* ang. *health.* Convenable disposition, bonne constitution des humeurs & des parties d'un corps animé, en sorte qu'il fait bien ses fonctions.... Divinité du Paganisme, dont la statüe étoit couronnée d'herbes médicinales.... C'est encore une marque d'amitié qu'on se donne en buvant.... Hôpitaux où l'on enferme les pestiférés. lat. *Nosocomium.* ang. *pest-house.*

SANTOLINE. *sub. fem.* Plante autrement appellée *garderobe.*

SANTONINE. *s. f.* Semencine, barbotine, *semen contra.*

SANTONS. *s. m. pl.* lat. *Santones.* ang. *santons.* Espèce de moines parmi les *Turcs* qui se distinguent par la différence de leurs habits & par la manière de vivre, ayant chacun des régles & institutions particulières. Quelques-uns font vœu de pauvreté, d'autres de chasteté, & d'autres d'un jeûne perpétuel. D'autres s'appliquent entièrement à la vie contemplative & chacun porte sur soi la marque de sa profession. Ceux qui ont des plumes sur la tête, prétendent par là faire voir qu'ils sont gens de méditation, & qu'ils ont des révélations. Ceux dont les habits sont remplis de diverses piéces de plusieurs couleurs ont fait vœu de pauvreté. Ceux qui portent quelque chose à l'oreille, marquent par là leur obéissance & leur soumission à l'esprit qui les transporte dans des ravissemens. Les chaînes que quelques-uns ont à leur cou ou à leurs bras, sont des témoignages de la vehémence de l'esprit qui les anime. Ils ont aussi chez eux des Religieux qui vivent en Communauté & des Hermites qui sont retirés dans le désert. Il y en a de Mandians qui ne vivent que d'aumônes; & enfin il s'en trouve qui s'appliquent entièrement à servir leur prochain.

SANVÉ. *sub. f.* Plante qui est une espèce de moûtarde.

SANZENELAHE. *sub. m.* Bois odorant qui vient à Madagascar. On s'y en sert contre la fièvre & pour guérir toutes sortes de playes.

SANZENEVAVE. *substant. mascul.* Bois qui est de même nature, & encore meilleur que le *sanzenelahe.*

## SAO

SAORRE. *s. f.* Lest, printillage.

SAOUL, oule. *adject.* lat. *Satur.* ang. *full.* Qui a mangé autant ou plus qu'il ne faut pour vivre. Yvrogne.

SAOULANT. *adj.* Qui saoule.

SAOULÉE. *s. f.* lat. *Saturatio.* ang. *inordinate eating and drinking.* Repas où l'on se saoule, où l'on mange par excès.

SAOULER. *v. act.* lat. *Satiare.* ang. *to fill one.* Rassasier. *Se rassasier:* se remplir; s'enyvrer.

## SAP

SAPA. *subst. mascul.* (Pharmacie) Raisiné. Suc de raisins mûrs évaporé sur le feu en consistance de miel.

SAPAJOU. *s. m.* Espèce de singe.

SAPAN. *s. m.* Bois de Brésil.

SAPATÉ. *s. m.* Nom d'une espèce de fête, en usage parmi les *Espagnols*, qui la font le 5e. *Décembre*, veille de la S. *Nicolas.* La cérémonie de cette fête consiste à faire à ses amis des présens sans qu'ils sachent d'où ils leur viennent, & de les surprendre agréablement en les leur faisant trouver dans leurs maisons sans qu'ils sçachent d'où ni comment ils sont venus. Le *Sapaté* a passé en *Savoye.*

SAPE. *sub. f.* lat. *Ligo, cuniculus.* ang. *an undermining of a wall.* Ouverture qu'on fait au pied d'un mur pour le faire tomber.

SAPER. *v. act.* lat. *Ima muri suffodere.* ang. *to sap, to undermine.* Abbattre par sous-œuvre & par le pied un mur, avec des marteaux, masses & pinces, ou par le moyen d'une mine.

SAPEUR. *s. m.* lat. *Suffossor.* ang. *an underminer or sapper.* Celui qui travaille à la sape.

SAPHÈNE. *sub. f.* ( Anatomie ) Veine qui monte par la malléole interne le long de la jambe, & par la partie intérieure de la cuisse, elle va se rendre environ les glandes de l'aine dans la crurale. *Saphena.* C'est cette veine que l'on a accoutumé d'ouvrir dans la saignée du pied.

SAPHIQUE. *adj.* lat. *Saphicus.* ang. *saphick.* Terme de *Poësie*, qui se dit d'une espèce de vers fort en usage chez les *Grecs* & les *Latins*, inventé par *Sapho.*

SAPHIR. *s. m.* lat. *Saphirus.* ang. *sapphire.* Pierre précieuse *Orientale* de couleur d'un bleu céleste & bel azur, si estimée par les anciens *Orientaux*, qu'ils lui attribuoient tout leur bonheur lorsqu'ils la portoient sur eux.

SAPIN. *sub. mas.* lat. *Abies.* ang. *a fir-tree.* Arbre fort haut, fort droit & toujours verd, d'où sort la résine.

SAPINES. *sub. fem. pl.* ( Architect. ) Solives de bois de sapin.

SAPINETTES. *sub. fem. plur.* Petits coquillages qui se forment sous un vaisseau qui a resté long-tems en mer.

SAPINIÈRE. *sub. femin.* Forêt de sapins, lieu planté de sapins. lat. *Sapinetum.* ang. *a grove of fir-trees.*

SAPONAIRE. *sub. f.* Espèce de lychnis, à qui on a donné ce nom parce qu'elle nettoie la peau & emporte les taches, comme fait le savon.

SAPORIFIQUE. *adject.* angl. *Saporifick or saporous.* Qui produit la saveur ou le goût.

SAPOTE. *s. f.* Est un des meilleurs fruits des Indes Occidentales.

SAPOTILLE. *sub. masc.* Fruit de l'Amérique méridionale de la couleur & de la grosseur de la bergamote.

SAPPE, Sapper, Sapeur. *voy.* Sape, Saper, Sapeur.

S A Q

SAQUEBUTE. *s. fem.* lat. *Tuba harmonica.* ang. *sackbut.* Instrument de musique qui est à vent & une espèce de trompette harmonique, différente de la militaire, en figure & en grandeur. Espèce d'arme ancienne, ou de lance crochue pour faire tomber par terre un Cavalier.

S A R

SAR. *voyez* Sart.

SARABANDE. *s. f.* lat. *Saltatio numerosa.* ang. *a saraband.* Composition, danse qui est de mesure ternaire. Ce n'est à le bien prendre qu'un menuet, dont le mouvement est grave, lent & sérieux.

SARAIS. On nomme ainsi les hôtelleries dans les Etats du Grand Mogol.

SARASINS. *s. m. pl.* lat. *Saraceni.* ang. *saracens.* Peuples d'*Arabie* que quelques Auteurs croyent être descendus d'*Agar* & d'*Ismaël.* Leur exercice ordinaire étoit de courir & piller les terres de leurs voisins. Ils se rendirent puissants dans la suite & eurent des Rois sous lesquels ils coururent l'*Afrique*, l'*Asie* & l'*Europe* même, où ils se rendirent maîtres d'une partie de la *Sicile*, & subjugérent l'*Égypte*, la *Syrie* & la *Perse.* Les Princes *Chrétiens* eurent de longues guerres avec eux dans le 11e. & 12e. siécles. Mais les *Turcs*, les *Califes* d'*Égypte* & les *Sophis* de *Perse* s'étant emparés des Etats des *Sarazins*, abolirent jusqu'à leur nom; de sorte que cette Nation est entièrement éteinte.

SARBACANE. *s. f.* lat. *Tubulus flatu jaculatorius.* angl. *a trunk to shoot with.* Tuyau fait ordinairement de verre, avec lequel les Ecoliers jettent des poids malicieusement à leurs camarades. Il se dit aussi de quelques autres tuyaux par où l'on conduit des paroles. Parler par *sarbacane*, c'est parler par personnes interposées.

SARCASME. *s. m.* lat. *Sarcasmus.* anglois. *sarcasm.* Ironie forte & piquante, par laquelle un Orateur insulte à son ennemi, le raille & le maltraite cruellement de paroles.

SARCELLE, *ou* Cercelle. *s. f.* lat. *Querquedula.* angl. *a teal.* Oiseau aquatique qui tient du canard, mais plus petit.

SARCHE. *s. m.* Cerche. Cercle haut & large, qui sert à différens usages.

SARCITE. *sub. f.* Pierre figurée. Silex qui imite la chair du bœuf & dont la couleur tire sur le noir.

SARCLER. *v. act.* lat. *Sarculare.* ang. *to weed.* Echardonner, ôter les chardons & les mauvaises herbes d'une terre; arracher les méchantes herbes d'un champ, d'un jardin, avec un instrument propre à cet usage.

SARCLEUR. *s. m.* lat. *Sarculator.* anglois. *weeder.* Laboureur ou jardinier qui ôte les mauvaises herbes des terres & des jardins.

SARCLOIR. *s. m.* lat. *Sarculum.* anglois. *a weeding-hook.* Outil avec quoi on sarcle les terres.

SARCLURE. *sub. f.* Ce qu'on arrache d'un champ, d'un jardin, en le sarclant. anglois. *weedings.*

SARCOCÉLE. *s. m.* ou *f.* ( Médecine ) Excrescence de chair qui s'engendre dans le scrotum. lat. & ang. *sarcocele.*

SARCOCOLLE. *sub. f. Sarcocolla.* Gomme qui sort d'un arbre épineux qui croît en Perse. Elle est propre pour consolider les playes.

SARCOÉPIPLOCÉLE. *s. m.* Hernie complete faite par la chute de l'épiploon dans le scrotum, accompagnée d'adhérence & d'excrescence charnuë.

SARCOÉPIPLOMPHALE. *sub. m.* C'est la même hernie au nombril, que le sarcoépiplocele au scrotum.

SARCOHYDROCÉLE. *s. m.* & *f.* Sarcocéle accompagné de l'hydrocéle.

SARCOLOGIE. *s. f.* lat. *Sarcologia.* anglois. *sarcology.* Discours de Médecine sur les chairs, traité des parties molles du corps humain.

SARCOMA. *s. m.* Excrescence de chair, qui vient de l'aliment propre de la partie où elle naît, sans fluxion ni décharge d'humeurs des autres parties.

SARCOMPHALE. *voy.* Sarcoépiplomphale.

SARCOPHAGE. *adj.* Qui consume les chairs.

*s. m.* Tombeau où l'on mettoit les morts que l'on ne vouloit pas brûler. *s. f. voy.* Assie.

SARCOPIPLOCÉLE. *voy.* Sarcoépiplocéle.

SARCOTIQUE. *adj.* lat. *Sarcoticus.* angl. *sarcotick.* C'est un remède propre à faire revenir la chair dans une playe ou dans un ulcère. Les *sarcotiques* sont détersifs sans mordacité, & modérément chauds.

SARDIENNE. *voy.* Cornaline.

SARDINE. *s. f.* lat. *Sardinia.* ang. *a sardin.* Petit poisson de mer fort estimé.

SARDOINE. *s. f.* lat. *Sardonix.* ang. *the sardonyx.* Pierre précieuse d'un rouge pâle.

SARDONIEN. *adj. m.* Se dit d'un ris funeste & mortel qui arrivoit à ceux qui avoient mangé d'une herbe abondante en Sardaigne appellée *Sardonia.* Elle rend les gens insensés & leur cause des convulsions qui les font rire en mourant.

SARFOUER. *v. act.* Bêcher légèrement la terre entre les plantes.

SARGAZO. *sub. m.* Plante qui croît sur les rochers de la mer, autour de la Jamaïque. Il est fort tendre quand on le retire de l'eau, mais il devient dur & cassant quand il est séché. Il est propre pour la difficulté d'urine, & pour faire sortir le sable des reins.

SARGUE. *sub. masc. Sargus.* Gros poisson charnu, qui se trouve dans la mer d'Égypte sur le rivage, dans le sable. Il est bon à manger, mais sa chair est un peu dure.

SARIETTE. *s. f.* lat. *Planta luteola.* ang. *savoury.* Plante potagère aromatique.

SARMENT. *s. m.* lat. *Sarmentum.* angl. *a vine-branch.* Bois qu'on coupe d'un sep de vigne, quand on la taille. Petit bout de bois qu'on laisse sur le sep où vient le nouveau bourgeon.

SAROT. *voy.* Sarrau. . . . Terme d'*Oiseleur.* voy. *Serrot.*

SARRASIN. *adj. m.* Se dit du blé noir.

SARRASINE. *s. f.* lat. *Cataracta.* anglois. *a portcullis.* ( Fortifications ) Herse qui se met au dessus des portes des villes, & qu'on fait tomber quand on veut, pour empêcher les surprises. . . . . Plante qu'on appelle autrement *Aristoloche.*

SARRAU. *s. m.* Habit de païsan & de roulier.

SARRETTE. *s. f.* Plante dont la feuille sert aux Teinturiers à peindre en jaune.

SARRIETTE. *voy.* Sariette.

SARSEPAREILLE. *s. f.* lat. *Salsaparilla.* ang. *sarsaperilla.* Plante *Américaine* fort utile en Médecine, dont la racine est fort sudorifique.

SART. *s. f.* ( Marine ) Herbes qui croissent au fonds de la mer.

SARTIE. *s. f.* ( Marine ) Agreils, apparaux, cordages. lat. *Interamenta navium.* anglois. *the rigging.*

S A S

SAS. *s. m.* lat. *Cribrum.* ang. *sieve.* Sorte de tamis, tissu de crin, attaché à un cercle de bois mince & large, & dont on se sert pour passer les poudres quand on veut les avoir fort déliées.

SASQUEHANOXES. *s. m. pl.* Sauvages de *Virginie* qu'on dit être d'une grandeur monstrueuse.

SASSAFRAS. *s. m.* lat. *Sassafras.* ang. *sassafras or saxafras.* Bois odorant qu'on fait bouillir dans l'eau & dont la décoction passe pour être très-propre à purifier le sang.

SASSE. *s. f.* ( Marine ) Pelle creuse, propre à tirer l'eau du navire.

SASSENAGE. ( Pierre de ) *sub. m.* On s'en sert en Médecine pour le mal des yeux.

SASSER. *v. act.* lat. *Excernere.* ang. *to sift.* Passer par le sas, par le tamis. Examiner, éplucher une affaire.

SASSET. *sub. m.* lat. *Sacculus.* ang. *a little sieve.* Petit sas.

SASSOIRE. *s. f.* Piéce du train de devant du carosse, qui est au bout des armons, qui soutient la flêche, & sert à faire braquer le carosse.

S A T

SATAN., *ou* Sathan. *sub. m.* Nom *Hébreu* qui signifie accusateur, ennemi, ou adversaire, & qui dans le *Nouveau Testament* signifie le Diable.

SATELLITE. *s. m.* lat. *Assecla.* ang. *a life-guard-man.* Celui qui accompagne un autre pour sa sûreté, ou pour exécuter ses commandemens. Garde-du-Corps chez un Prince, *&c.* En *Astronomie*, il se dit de certaines planétes qui tournent autour d'une autre plus grande. Ainsi *Venus* & *Mercure* sont les *Satellites* du Soleil. Mais communément on entend par *Satellites* ces petites étoiles errantes qui tournent autour de *Saturne* & de *Jupiter* ;& qui ont été découvertes par *Galilée* & *Cassini.* lat. & ang. *Satellites.*

SATIÉTÉ. *sub. f.* lat. *Satietas.* angl. *satiety.* Repletion d'alimens qui va jusqu'au dégout. Plénitude.

SATIN. *s. m.* lat. *Bombycinum textum densius.* ang. *sattin.* Étoffe de soie polie & luisante, dont la chaîne est fort fine & fort en dehors.

SATINADE. *s. f.* Étoffe de satin commune, ou qui imite le satin.

SATINÉ, ée. *adject.* Peau *satinée*, douce comme du satin. Tulipe *satinée*, qui tire sur le satin. Couleur de pierres précieuses *satinée*, claire & brillante. Ruban *satiné*, fait comme du satin. Image *satinée*, garnie de satin.

SATINER. *verb. act.* Faire quelque tissu à la manière du satin, ou garnir une image de satin. En termes de *Fleuristes* il est *neutre* & signifie tirer sur le satin.

SATIRE. *voy.* Satyre.

SATISFACTION. *s. f.* lat. *Satisfactio.* ang. *satisfaction.* Contentement qu'on donne à quelqu'un, ou plaisir qu'on ressent de quelque chose. Excuse, réparation, dédommagement.

SATISFACTOIRE. *adj.* lat. *Satisfactorius.* ang. *satisfactory.* Ce qui suffit pour donner satisfaction à quelqu'un.

SATISFAIRE. *v. act.* lat. *Satisfacere.* ang. *to satisfy.* Donner contentement à quelqu'un ; payer ce qu'on doit ; faire ce qu'on est obligé de faire. Exécuter.

SATISFAISANT, ante. *adj.* lat. *Satisfaciens, explens.* ang. *satisfactory.* Qui contente, qui satisfait.

SATRAPE. *s. m.* lat. *Satrapa vel satrapes.* ang. *a satrap.* Gouverneur de province chez les anciens *Perses.*

SATRAPIE. *s. f.* lat. *Satrapies.* ang. *satrapy.* Gouvernement de satrape.

SATTEAU. *s. m.* Espèce de barque ou de grosse chaloupe, dont on se sert pour la pêche du corail.

SATURATION. *s. f.* (Chymie) Impregnation parfaite d'un alcali avec un acide, ou d'un acide avec un alcali.

SATURNALES. *s. f. pl.* lat. & ang. *saturnalia.* Fêtes célébrées chez les anciens *Romains* en l'honneur de *Saturne.* Elles furent d'abord observées le 14e. jour avant les Calendes de *Janvier*; mais *Jules Cesar* ayant ajouté deux jours à ce mois, la fête fut transportée au seizième jour avant les Calendes. Ce changement fut cause que quelques-uns célébroient les *Saturnales* le 14. des Calendes de *Janvier* & d'autres le 16. Ce qui donna lieu à *Auguste* d'ordonner que cette fête se célébreroit le 14, le 15 & le 16. Pendant cette solemnité les maîtres traitoient leurs esclaves & se mettoient avec eux à une même table, étant vêtus d'une manière de just au-corps, au lieu de leurs robes qu'ils quittoient pendant cette cérémonie. Ce qu'ils faisoient en mémoire du siécle d'or de *Saturne*, sous le regne duquel tous les hommes vivoient en commun, sans distinction d'états & sans différence de conditions. Les *Romains* s'envoyoient aussi plusieurs présens & entr'autres des cierges & des bougies, ce qui a été l'origine des étrennes que l'on donne au nouvel an. Pendant ces fêtes, tout travail cessoit; il n'étoit pas permis de prendre les armes pour faire la guerre, ni de punir un criminel.

SATURNE. *s. m.* lat. *Saturnus.* ang. *Saturn.* Dans la *Théologie Payenne* étoit regardé comme le Père des Dieux. Parmi les *Astronomes* c'est la plus lente de toutes les planétes & la plus éloignée de la terre. De-là vient qu'elle nous paroit la plus petite; quoique réellement elle soit presque aussi grande que le soleil; sa sphère est immédiatement au dessous du firmament où sont les étoiles fixes. Saturne nous paroit de couleur plombée blanchâtre. Selon le calcul des *Astrologues* il est froid & sec & par conséquent ennemi de la nature de l'homme & de tous les autres animaux. Ils l'appellent la grande infortune. Il lui faut 29. ans, 157. jours & 22. heures pour achever une révolution dans le *Zodiaque.* Sa plus grande latitude Nord est d'un degré 48. minutes. Mais vers le Sud elle est de 2. degrés 49. minutes. Les *Chymistes* appellent le plomb, *Saturne.*

SATURNIEN. *adj.* lat. *Saturnius.* anglois. *saturnine.* Qui est mélancolique, d'humeur sombre; sur qui Saturne domine.

SATYRE. *s. m.* & *f.* lat. *Satyrus.* angl. *a satyr.* Espèce de monstre que les Poëtes feignoient être un demi Dieu qui vivoit dans les forêts & les montagnes. On les peignoit moitié hommes & moitié boucs, hommes par en haut avec des cornes sur la tête & en bas une queuë, des pieds de bouc, & tout velus par le corps. On disoit qu'avec les *Faunes* & les *Silvains* ils présidoient aux forêts, &c. sous la direction de *Pan. Satyre* est aussi une espèce de Poëme inventé pour corriger & reprendre les mœurs corrompuës des hommes; quoique sous ce prétexte l'auteur décharge trop souvent sa bile ou sa malice, au lieu de travailler à réformer les abus dont il parle. lat. *Satyra.* ang. *a satyr.*

SATYRIASE. *s. f.* lat. & ang. *Satyriasis.* La *Satyriase* ajoute au *Priapisme* l'aiguillon de volupté qui n'est pas dans le premier.

SATYRION. *s. m.* Espèce d'orchis dont la racine est propre pour donner de la vigueur.

SATYRIQUE. *adj.* lat. *Satyricus.* anglois. *satyrical.* Qui fait des Satyres, qui offense par des traits piquants.

SATYRIQUEMENT. *adverb.* lat. *Satyricè.* ang. *satyrically.* D'une manière satyrique.

SATYRISER. *v. act.* lat. *Satyras scribere.* ang. *to satyrize.* Faire des satyres, dire des médisances, offenser par des traits satyriques.

## S A V

SAVAMMENT. *adj.* lat. *Doctè.* ang. *learnedly.* D'une manière docte, savante, certaine.

SAVANT, ante. *adj.* lat. *Doctus.* ang. *learned.* Docte, qui a beaucoup lû & étudié, qui a beaucoup de science.

SAVANTAS. *s. m.* lat. *Litteris confusè imbutus.* ang. *a pedantick scholar.* Homme dont le sçavoir est confus & qui affecte de paroitre docte. Sçavant mal poli & plein d'un fatras d'érudition.

SAVATE. *s. f.* lat. *Solea detrita.* ang. *an old shoe.* Vieux soulier fort usé.... *Savate:* messager qui porte les lettres à pied d'une ville à l'autre dans les postes détournées.

SAVATERIE. *s. f.* lat. *Veteramentaria sutrina.* angl. *a street or place, wherein old shoes are sold.* Lieu où l'on trafique de vieille chaussure, où demeurent des Savetiers.

SAUCE, ou Sausse. *s. f.* lat. *Condimentum, conditura.* ang. *sauce.* Assaisonnement liquide; liqueur dans laquelle on fait cuire plusieurs sortes de mêts; ou qu'on prépare, quand ils sont cuits, pour les faire trouver de meilleur goût.

SAUCER, ou Sausser. *v. act.* lat. *Intingere.* ang. *to dip in the sauce.* Tremper dans la sauce; dans quelque liqueur. Reprimender.

SAUCIER. *s. m.* Celui qui compose ou qui vend des sauces.

SAUCIÈRE. *s. f.* lat. *Catinulus, acetabulum.* ang. *a saucer.* Petit plat dans lequel on sert de la sauce sur la table.

SAUCISSE. *s. f.* lat. *Botulus.* ang. *sausage.* Mêts fait de viande hâchée & enfermée dans un boyau, comme du boudin. En termes de *Guerre*, c'est un petit sac de toile goudronnée de deux pouces de diametre, rempli de bonne poudre,

poudre, auquel une fusée lente est attachée: C'est ce qui sert d'amorce pour faire jouer une mine ; car elle s'étend jusques dans la chambre de la mine. Il en faut deux à chaque fourneau, pour ne point manquer.

SAUCISSIER. *substant. mascul.* Faiseur de saucisses.

SAUCISSON. *sub. masc.* lat. *Botellus.* ang. *a thick and short sausage.* Saucisse fort grosse, faite de viande le plus souvent cruë, & hâchée avec des épices, qui la rendent de haut goût. C'est aussi une espèce de fusée dont on garnit les feux d'artifices. En termes de *Guerre*, c'est un fagot fait de grosses branches d'arbres, ou de troncs d'arbrisseaux, qui servent à se couvrir, & à faire des épaulemens.

SAVETER. *v. act.* lat. *Inconcinnè laborare.* ang. *to coble.* Travailler à un ouvrage mal proprement, & grossièrement; le salir, le gâter.

SAVETIER. *s. m.* lat. *Veteramentarius.* ang. *a cobler.* Artisan qui raccommode les vieilles chaussures, souliers, bottes, pantouffles. Ouvrier qui travaille mal proprement, grossièrement, qui salit, gâte la besogne.

SAVEUR. *s. f.* lat. *Gustus, sapor.* anglois. *savour.* Qualité des corps qui se discerne par le gout, & qui est différente selon le mélange de leurs sels.

SAUF, Sauve. *adj.* lat. *Salvus.* ang. *safe.* Ce qu'on met en sûreté, qu'on a soin de conserver, à quoi on ne touche point; qui n'est point endommagé, qui est hors de péril.

SAUF. *Prép.* lat. *Præter.* ang. *save.* Excepté, à la réserve, à la charge, pourvûque, sans préjudice, sans blesser, sans intéresser, sans donner atteinte.

SAUF-CONDUIT. *s. m.* lat. *Salvus conductus.* ang. *safe-conduct.* Assurance qu'on donne par écrit à quelqu'un pour la sûreté de sa personne, pour aller & venir en liberté.

SAUGE. *sub. f.* lat. *Salvia.* ang. *sage.* Nom d'une herbe de jardins, qui est d'une odeur forte & d'un gout aromatique. Elle purifie le sang.

SAUGRENÉE. *s. f.* lat. *Conditura ex aquâ & sale confecta.* ang. *a seasoning with salt and water.* Assaisonnement d'un mets avec de l'eau & du sel, du beurre & des herbes fines.

SAUGRENU, uë. *adj.* lat. *Ineptus, insulsus.* angl. *impertinent, foolish.* Se dit des paroles obscènes, choquantes ou extravagantes.

SAUGUE. *sub. femin.* Bâteau de pêcheur en Provence.

SAVINIER. *voy.* Sabine.

SAUK-BUND. *sub. m.* Cinquième sorte de soie, qui se recueille dans les états du grand Mogol.

SAULE. *s. m.* lat. *Salix.* ang. *a sallow-tree.* Nom d'un arbre qui croît ordinairement en des creux humides.

SAULSOIE. *voy.* Saussaie.

SAUMACHE. *adj. f.* lat. *Subsalsa.* angl. *brinish.* Qui est un peu salé, qui a un goût de sel.

SAUMAQUE. *s. f.* Sorte de vaisseau.

SAUMATE. Saumâtre. *voy.* Saumache.

SAUMÉE. *s. f.* Mesure de terre labourable d'environ un arpent.

SAUMON. *substant. masculin.* lat. *Salmo.* anglois. *salmon.* Gros poisson dont la chair est rouge, qui naît dans la mer, & qui au Printems remonte dans les rivières jusqu'à leur source. C'est aussi un gros lingot de plomb fait en figure de *Saumons*, tel qu'il vient de la fonte.

SAUMONNÉ, ée. *adj.* Qui a la chair rouge comme du saumon.

SAUMURE. *sub. f.* lat. *Garum.* ang. *brine.* Liqueur qui se fait du sel fondu, quand on en sale des viandes, du beûrre ou autres choses.

SAUNAGE. *s. m.* lat. *Salis venditio.* angl. *salt-trade.* Marchandise de sel. Le faux *saunage*, c'est le trafic du sel qui n'est point gabelé, qui se fait en fraude des droits du Roi.

SAUNER. *v. act.* lat. *Sal conficere.* ang. *to make salt.* Faire du sel.

SAUNERIE. *s. f.* lat. *Salina.* angl. *a salt-house.* Lieu où se fait le sel.

SAUNIER. *s. m.* lat. *Salinator.* ang. *a salter.* Ouvrier qui fait le sel, ou qui en trafique.

SAUNIÈRE. *s. f.* lat. *Vas salarium.* ang. *a salt-box.* Grosse salière de bois qu'on pend à un des côtés de la cheminée, où l'on met le sel pour l'usage ordinaire de la cuisine.

SAVOIR. *v. act.* lat. *Scire.* ang. *to know.* Connoître, être instruit, avoir connoissance de quelque chose. Avoir le pouvoir, l'adresse de faire quelque chose.

SAVOIR. *s. m.* lat. *Scientia.* ang. *learning.* Science, doctrine, érudition. *Savoir faire* se dit de l'adresse, de l'habileté, de l'intrigue, de la conduite pour réussir à quelque chose. *Savoir vivre*, signifie, manière de se conduire parmi les honnêtes gens.

SAVOIR-VIVRE. *s. m.* Politesse, manière aisée acquise par la fréquentation des honnêtes gens.

SAVON. *s. m.* lat. *Sapo.* ang. *soap.* Pâte ou composition dont on se sert principalement pour blanchir le linge.

SAVONNAGE. *s. m.* lat. *Aqua diluta sapone.* ang. *soap-sud.* Blanchissage par le moyen du savon.

SAVONNER. *verb. act.* lat. *Sapone eluere.* anglois. *to soap.* Emploïer le savon pour blanchir le linge, pour dégraisser une étoffe, pour faire la barbe. *Populairement* il signifie battre.

SAVONNERIE. *s. f.* lat. *Saponaria.* ang. *a soap-house.* Lieu où se fait le savon.

SAVONNETTE. *s. f.* lat. *Saponis globulus.* ang. *wash-bal, savonet.* Petite boule de savon préparé pour faire la barbe, & laver le visage & les mains.

SAVONNEUX, euse. *adj.* Qui tient de la qualité du savon.

SAVONNIER. *s. m.* Arbre des isles Antilles dont le fruit s'appelle *pomme de savon* & sert pour blanchir le linge.

SAVONNIÈRE. *s. m.* lat. *Saponaria.* ang. *soap-wort.* Plante dont la décoction guérit la gâle & les dartres & selon quelques-uns ôte les taches des habits.

SAVOUREMENT. *f. m.* lat. *Gustatio.* ang. *favouring.* Action qui fait goûter lentement & avec plaisir la saveur des mêts.

SAVOURER. *v. act.* lat. *Gustare.* ang. *to favour.* Juger par l'organe du goût de la différente saveur d'un corps.

SAVOURET. *f. m.* Os où il y a beaucoup de moëlle.

SAVOUREUSEMENT. *adverb.* lat. *Sapidè.* ang. *relishingly.* En savourant.

SAVOUREUX, euse. *adj.* lat. *Sapidus.* ang. *favoury.* Corps qui a de la saveur.

SAVOYARDE. *f. f.* Tulipe d'un isabelle couvert rouge-mort & jaune.

SAUPIQUET. *f. m.* lat. *Embamma.* ang. *a high relish'd sauce.* Mêts assaisonné avec du sel & des épices pour irriter l'appétit.

SAUPOUDRER. *v. act.* lat. *Sale pulverare.* ang. *to sprinkle with salt.* Jetter du sel égrugé ou battu sur quelque viande. Couvrir légérement une terre de fumier sec.

SAUR. *voy.* Sor.

SAURET. *voy.* Soret, *ou* Sor.

SAURAGE. *voy.* Sorage.

SAURE. *adj.* Se dit des chevaux & signifie de couleur jaune obscur & qui tire sur le brun. lat. *Fulvus.* ang. *sorrel.*

SAURER. *voy.* Sorer.

SAUSSAYE. *subst. f.* lat. *Salicetum.* ang. *a willow-plot.* Lieu planté de saules.

SAUSSISSON. *voy.* Saucisson.

SAUT. *f. m.* lat. *Saltus.* ang. *leap, jump.* Action de sauter; mouvement par lequel on saute. *Saut de loup:* fossé que l'on fait au bout d'une allée pour en défendre l'entrée sans ôter la vûë.

SAUTAGE. *f. m.* Action de ceux qui foulent le hareng, à mesure qu'on l'a pacqué dans les barils.

SAUTANT. *adj.* Se dit dans le Blason de la chevre & du bouc, lorsqu'on les représente en la même assiéte que les lions rampans.

SAUTELER, *ou* Sautiller. *v. n.* lat. *Saltitare.* ang. *to hop or skip.* Faire plusieurs petits sauts.

SAUTELLE. *f. f.* (Agricult.) Sarment qu'on transplante avec sa racine.

SAUTER. *v. neut.* lat. *Insilire.* ang. *to leap.* S'élever avec effort, ou s'élancer d'un lieu à un autre. Tomber.

SAUTEREAU. *f. m.* lat. *Fidicularis organi subsultans plectrum.* ang. *jack.* Petite languette de bois qui touche les cordes des clavessins ou épinettes avec un petit bout de plume de corbeau & qui porte par l'autre bout sur l'extrémité des touches du clavier. En termes de *Guerre* c'est une piéce d'artillerie qui n'est pas renforcée sur la culasse, & qui est moins propre que les autres à tirer juste.

SAUTERELLE. *f. f.* lat. *Locusta.* ang. *locust or grass-hopper.* Petit insecte volant & sautillant qui gâte les bleds & les jardins. En *Geométrie*, c'est un instrument à prendre des angles, qu'on nomme autrement fausse équerre.

SAUTEUR. *f. m.* Sauteuse. *f. f.* lat. *Saltator, saltatrix.* ang. *a tumbler.* Qui s'exerce à sauter, qui en fait profession.... (Manége) Cheval qui fait des sauts avec ordre & obéissance entre deux piliers.

SAUTILLAGE, *ou* Sautillement. *subst. m.* Action de sautiller.

SAUTILLER. *voy.* Sauteler.

SAUTOIR. *f. m.* lat. *Decussis.* ang. *salteer.* Dans le *Blason* est une piéce faite en forme de croix de S. André.... (Horlogerie) Espèce de cliquet, qui sert à retenir l'étoile d'une répétition. On l'appelle aussi *valet de l'étoile.*

SAUVAGAGI. *f. m.* Toile de coton blanche, qui vient des Indes Orientales.

SAUVAGE. *subst. & adj.* lat. *Ferus, sylvester.* anglois. *savage.* Farouche; qui ne se laisse pas approcher; qui n'est point apprivoisé. Il se dit aussi des hommes errans, qui sont sans habitation, sans religion, police, &c. & des plantes & arbres qui croissent naturellement dans les bois sans culture.

SAUVAGEON. *f. m.* lat. *Insitiva sylvestris arbor.* anglois. *a wild stock.* Petit arbre qui est venu sans culture, sur lequel on ente des fruits des autres arbres.

SAUVAGESSE. *f. f.* Femme sauvage.

SAUVAGIN. *adj.* & *subst.* lat. *Ferinam redolens.* ang. *wild taste.* Gout de bête sauvage prise à la chasse.

SAUVAGINE. *sub. femin.* lat. *Ferina caro.* ang. *wild fowls.* Tous les oiseaux & toutes les bêtes qui sentent le sauvagin.... Peaux de quelques bêtes sauvages, comme renards, fouines.

SAUVAGUZÉES. *f. f. pl.* Toiles blanches de coton, qui viennent des Indes Orientales.

SAUVE. *voy.* Sauf.

SAUVEGARDE. *f. f.* lat. *Clientela, tutela.* ang. *safe-guard.* Protection que le Roi ou la justice donnent à ceux qui implorent leur assistance contre l'oppression des plus puissans. Exemption de logemens & passage de gens de guerre. Protection contre les insultes des Soldats. Cavalier emploié à mettre un lieu à couvert. (Marine) Corde qui garantit de quelque chose, espèce de garde-fou.

SAUVELAGE. *voy.* Salvage.

SAUVEMENT. *sub. mas.* (Marine) On dit qu'un vaisseau est arrivé en sauvement, c'est-à-dire à bon port, sans aucun accident.

SAUVER. *verb. act.* lat. *Servare, salvum præstare.* ang. *to save.* Rendre sain & sauf; garentir, délivrer, préserver de quelque mal, de quelque danger de mort. S'échapper, se mettre en sûreté, en liberté. Dédommager. Epargner, exempter, mettre à couvert. Procurer la vie éternelle.

SAUVE-RABAN. *f. m.* (Marine) Anneau de corde qu'on met près des bouts des grandes vergues, afin d'empêcher que les rabans ne soient coupés par les écoutes des hunes.

SAUVETÉ. *f. f.* lat. *Incolumitas.* ang. *safety.* Lieu où l'on met en assurance; état d'une personne, d'une chose mise hors de péril.

SAUVETERRE. *f. m.* Espèce de marbre autrement *breche.* Le fond en est noir avec des tâches & des veines blanches, mêlé aussi de veines jaunes.

SAUVE-VIE. *sub. f.* Plante qui est une des

cinq sortes de capillaires. Elle est excellente pour les maux de poitrine. Sa feuille est faite comme celle de la rue, & elle croît dans les murailles. *Ruta muraria.*

SAUVEUR. *s. m.* lat. *Salvator.* ang. *saviour.* Qui sauve. Il se dit par excellence du Verbe incarné. C'est aussi une espèce de fous que les *Espagnols* appellent *Saludadores*, & qui sont des imposteurs ou prétendus magiciens, qui se vantent de guérir les maladies avec leur haleine ou leur salive & quelquefois par leurs prières. On dit qu'ils se servent de certains nombres & qu'ils emploient des cérémonies superstitieuses. Ils ont communément la marque d'une roue entière ou d'une partie de roue gravée sur leurs corps, qu'ils appellent *roue de Sainte Catherine* & se disent parens de cette Sainte. Ils assurent qu'ils sont nés avec cette figure. Ils se vantent que le feu ne leur peut nuire & qu'ils le peuvent manier sans se brûler. Il y a d'autres *Saludadores* en *Irlande*, qui se disent parens de S. *George*, & qui portent sur leur chair la figure d'un serpent, qu'ils veulent faire passer pour naturelle. Ceux-ci publient hautement qu'ils ne peuvent être blessés par les serpens, ni par les scorpions, & qu'ils les manient sans danger.... (Marine) *Sauveurs* sont ceux qui ont sauvé ou pêché les marchandises perdues en mer. Le tiers leur appartient.

S A X

SAXATILE. *adj. Saxatilis.* Qui est parmi les pierres & les cailloux.

SAXIFRAGE. *s. f.* & *adj.* On a donné ce nom à des plantes & à des médicamens qu'on croit propres à briser la pierre dans la vessie, & à d'autres plantes qui naissent dans les fentes des rochers.

SAXONS. *s. m. pl.* lat. *Saxones.* ang. *saxons.* Habitans de cette partie d'*Allemagne* qu'on nomme la *Saxe.* Ces peuples étoient autrefois de grands Pirates & ils sacrifioient à leurs Dieux les prisonniers qu'ils faisoient. Il y avoit parmi eux une si grande distinction entre les libres & les esclaves, les nobles & les roturiers, qu'ils punissoient de mort ceux qui se mésallioient. Ils étoient idolâtres & ils dédioient les bois de haute futaye & les forêts les plus épaisses à leurs Dieux, où ils les adoroient sans leur vouloir bâtir de Temples, ni faire aucune figure pour les représenter. Ils s'addonnoient extrêmement à la divination, observant le vol des oiseaux, le hennissement des chevaux, &c. d'où ils tiroient des conjectures sur l'événement de leurs affaires les plus importantes. Ils étoient & sont encore à présent fort robustes, étant accoutumés dès leur enfance à manger beaucoup de viande. Ils embrasserent le Christianisme du tems de l'Empereur *Charlemagne*, & dans le 16e. siécle ils embrasserent le *Luthéranisme.* Le Roi *Vortigern* dans le 5e. siécle, les appella à son secours contre les *Pictes* & les *Écossois*, &c. & ils s'établirent tellement en *Angleterre* qu'ils n'en sortirent qu'après plusieurs siécles.

S A Y

SAYA. *s. f.* Étoffe de soie de la Chine.

SAYE, Sayette, Sayetter, Sayetterie, Sayetteur. *voy.* Saie, Saiette, &c.

S B I

SBIRRE. *s. m.* Sergent ou Archer, en Italie.

S C A

SCABELLON. *substant. masculin.* Espèce de piedestal.

SCABIEUSE. *sub. f.* lat. *Scabiosa.* ang. *scabious.* Plante ainsi appellée parce qu'elle est bonne pour guérir la gâle.

SCABIEUX, euse. *adject.* (Médecine) Qui ressemble à la gâle.

SCABREUX, euse. *adj.* lat. *Asper*, *scaber.* ang. *scabrous*, *rough.* Rude, inégal, où il est facile de broncher, de tomber. Affaire périlleuse, délicate, difficile à manier, où il est aisé de faire des fautes, de s'égarer & de se tromper.

SCALENE. *adj.* lat. *Scalenus.* ang. *scalene or scalenum.* Espèce de triangle dont les trois côtés & les trois angles sont inégaux.

SCALIN. *s. m.* Petite monnoie de 3. f. 6. d. de 7. f. 6. d. de 13. f. & de 27. f.

SCALLA. *sub. mascul.* Anémone qui a les grandes feuilles d'un blanc sale, sa peluche couleur de feu.

SCALME. *s. f.* Bout de la piéce de bois qui forme la côte d'un navire ; sur laquelle s'appuyent les rames pour se mouvoir.

SCALPEL. *s. m.* lat. *Scalpellus.* ang. *scalper.* Instrument dont les *Chirurgiens* se servent pour séparer les os des chairs dans les dissections.

SCALVINE. *s. f.* Gourde, calebasse.

SCAMITE. *sub. femin.* Toile de coton, du Levant.

SCAMMONÉE. *s. f.* lat. *Scammonium.* ang. *scammony.* Drogue ou resine purgative que l'on fait rôtir, &c. pour la rendre plus efficace, & avant cette préparation on la nomme *Diagredium.*

SCAMMONITE. *subst. mascul.* Vin de scammonée.

SCANDALE. *sub. m.* lat. *Scandalum.* angl. *scandal.* Signifie en général tout ce qui nous peut porter au péché ou qui nous y sollicite. Il se dit aussi de l'indignation qu'on témoigne ou qu'on a des actions & des discours de mauvais exemple ; du bruit, d'un éclat facheux, d'un affront qu'on fait en public à quelqu'un.

SCANDALEUSEMENT. *adv.* lat. *Cum multorum offensione.* ang. *scandalously.* D'une manière qui porte scandale.

SCANDALEUX, euse. *adject.* lat. *Quod est magni scandali.* ang. *scandalous.* Qui cause, qui porte du scandale, qui a une doctrine ou des mœurs corrompuës, & qui choquent le génie d'une nation.

SCANDALISER. *verb. act.* lat. *Scandalum præbere.* angl. *to scandalize.* Donner du scandale, ou en recevoir. Pousser au péché ou donner occasion au péché. Offenser, choquer. Déchirer la réputation de quelqu'un, le blâmer, le diffamer.

SCANDER. *verb. act.* lat. *Scandere.* ang. *to scan.* Mesurer un vers, voir s'il a le nombre de syllabes qu'il doit avoir avec l'observation des longues & des bréves qui y est requise.

SCANDIX. *f. m.* Peigne de Venus.

SCANSION. *f. f.* Action de scander.

SCAPE. *f. f.* ( Marine ) Tige de l'ancre.

SCAPEL. *voy.* Scalpel.

SCAPHE. *f. f.* ( Anatomie ) Baignoire ou citerne. Il se dit de la circonférence extérieure de l'oreille. Espèce de bandage pour la tête.

SCAPHOIDE. *adject.* ( Anatomie ) Muscle autrement appellé *Naviculaire.* Os du pied. *voy. Naviculaire.*

SCAPULAIRE. *sub. m.* lat. *Scapulare.* ang. *scapulary.* Partie du vêtement de plusieurs religieux qui se met par dessus la robe, & qui marque une dévotion particulière à la Sainte Vierge.

SCARABÉE. *f. m.* Petit insecte, espèce d'escarbot, appellé autrement *Fouille-merde.* Autre insecte appellé *Cerf-volant.*

SCARAMOUCHE. *sub. m.* lat. *Scaramucus.* ang. *scaramoush.* Nom d'un Boufon fameux de la Comédie Italienne, qui en 1673. parut en *Angleterre*; ce qui a fait donner ce nom à ceux qui font des tours de souplesse & qui portent l'habit *Espagnol* que portoit *Scaramouche.*

SCARBOURG. *f. masc.* Œillet beau pourpre enfoncé, qui porte une fleur large tracée de gros panaches sur un fin blanc.

SCARE. *f. m.* Poisson saxatile qui dort entre les rochers & qu'on ne prend jamais que de jour. *Scarus.* Poisson de mer, le seul de tous les poissons qui rumine.

SCARIFICATEUR. *f. m.* lat. & ang. *scarificator.* Instrument de *Chirurgie* qui sert à faire évacuer le sang épandu sous le cuir.

SCARIFICATION. *sub. f.* lat. *Scarificatio.* angl. *scarification.* Opération par laquelle on incise la peau avec un instrument propre, la piquant en plusieurs endroits.

SCARIFIER. *v. act.* lat. *Scarificare.* ang. *to scarify.* Piquer ou inciser la peau avec une lancette en plusieurs endroits, pour en faire sortir les mauvaises humeurs.

SCARLATINE. ( Fièvre ) *adj. f.* Fièvre continuë accompagnée de tâches rouges comme de l'écarlate.

SÇAVAMMENT, Sçavant, Sçavantas. *voy.* Savamment, Savant, &c.

SÇAVOIR. *voy.* Savoir.

SCAZON. *f. m.* Espèce de vers latin différant de l'Iambique, en ce qu'il avoit un Iambe en son cinquième pied & un spondée au 6e.

## S C E

SCEAU, *ou* Scel. *f. m.* lat. *Sigillum.* anglois. *seal.* C'est un cachet, ou un morceau de métal peu épais & de figure ronde ou ovale, marqué des armes du Prince, de l'Etat, du Seigneur, du Magistrat, dont l'empreinte faite sur la cire sert à rendre un acte authentique. *Sceau* se dit aussi du plomb, ou de la cire & de l'empreinte qui est attachée à la chose scellée; des tems & des lieux où l'on scelle; des Officiers du *sceau*; d'une taxe du droit du sceau... *Sceau de Salomon*: espèce de plante. Sa racine pilée efface les taches de la peau. On en distille de l'eau, qui est fort propre pour le teint des Dames.

SCECACHUL. *f. m.* Plante dont les feuilles ressemblent à celles du térébinthe & les fleurs à la violette, mais elles sont plus grandes. Elle croît aux lieux ombrageux contre la racine des arbres.

SCÉDULE, *ou* Cédule. *f. f.* lat. *Syngraphus.* ang. *a bill.* Billet, promesse, ou autre reconnoissance sous seing privé.

SCEL. *voy.* Sceau.

SCÉLÉRAT, ate. *adject.* & *sub.* lat. *Sceleratus.* ang. *wicked.* Malin, perfide; qui est chargé de crimes, qui est porté naturellement à les commettre, qui ne fait point scrupule de rien; méchant, pervers, qui n'a ni foi, ni probité, ni honneur. Il se dit aussi des actions & signifie méchant, perfide, noir, atroce, détestable.

SCÉLÉRATESSE. *sub. fem.* lat. *Scelus.* ang. ang. *wickednesf.* Méchanceté noire, énorme; perfidie.

SCÉLITE. *f. f.* Pierre figurée, graveleuse, tirant sur le blanc, représentant la jambe humaine.

SCELLÉ. *sub. m.* lat. *Sigilli appositio.* ang. *the seal.* Application du sceau d'un juge particulier sur des portes, coffres & serrures, pour saisir la justice des meubles & effets qui y sont enfermés & les conserver à ceux qui y ont quelque droit ou intérêt.

SCELLEMENT. *f. m.* ( Maçonn. ) Action de sceller.

SCELLER. *verb. act.* lat. *Sigillum apponere.* ang. *to seal.* Mettre, apposer le sceau à une lettre de Chancelerie, ou bien de justice. Apposer le sceau sur des portes, coffres & effets, pour le saisir & les mettre en main de justice & les conserver aux héritiers, ou créanciers. Cacheter. ( Maçonn. ) Engager une piéce de bois ou de fer dans un mur avec du platre, du ciment, du plomb, &c. *Sceller* hermétiquement, en *Chymie*, c'est tourner le cou de la bouteille avec de pincettes brûlantes & le fondre en-sorte qu'il n'en puisse rien sortir.

SCELLEUR. *f. m.* lat. *Obsignator.* anglois. *a sealer.* Celui qui appose le sceau aux sentences & contrats.

SCÈNE. *sub. fem.* lat. *Scena.* ang. *the stage.* Théatre sur lequel on représente des piéces dramatiques. C'étoit anciennement parmi les *Grecs*, un couvert de feuillages fait par artifice, ou naturellement en forme de tente; & parce que les premières Comédies furent représentées sous une ramée, le nom de *scène* fut donné à tous les lieux où l'on jouoit la Comédie & où l'on représentoit les Tragédies. Les *Latins* donnerent ensuite ce nom à chaque partie d'un Acte, qui apporte quelque changement au Théatre par le changement des Acteurs. La Tragédie & la Comédie ont toujours cinq Actes ; mais le nombre des *scènes* n'est pas limité, & dépend de l'économie de la piéce. Il semble que l'Acte doit être au moins de trois *scènes* & qu'il ne doit pas en avoir plus de sept ou huit. *Scène* se dit aussi du lieu représenté, où l'on feint que s'est passée l'action qu'on expose sur le Théatre. Il se dit figurément des changemens qui arrivent dans les affaires du monde.

SCÉNIQUE. *adj.* lat. *Scenicus.* ang. *scenical.* Qui appartient à la scène.

SCÉNITE. *sub. m.* & *f. Scenita.* Qui habite sous des tentes.

SCÉNOGRAPHIE. *sub. f.* lat. *Scenographia.* ang. *scenography.* Description d'une côte, d'un païs, d'un édifice, tel qu'il se présente à nos yeux. On le dit aussi d'un bâtiment, d'une place telle qu'elle paroit, quand on en dessine l'enceinte, les clochers & tout ce qui est vû en perspective, & qui fait des ombres. Ce mot veut dire aussi une représentation de relief que l'on appelle modèle.

SCÉNOPÉGIE. *s. f.* Fête des tabernacles chés les Juifs, en mémoire de ce que les Juifs avoient habité sous des tentes dans le désert.

SCEPTICISME. *s. m.* lat. *Scepticismus.* ang. *scepticism.* Doctrine, ou opinion des sceptiques. Pyrrhonisme.

SCEPTIQUES. *sub. m. pl.* lat. *Sceptici.* ang. *scepticks.* Secte d'anciens Philosophes qui prétendoient que nous n'avions aucune certitude sur aucune matière & que notre esprit devoit toujours rester en suspend & n'affirmer rien.

SCEPTRE. *s. m.* lat. *Sceptrum.* ang. *scepter.* Bâton royal, qui est la marque du commandement & de l'autorité des Rois, & qu'ils tiennent à la main dans les cérémonies, comme dans leur couronnement, &c. Ce mot signifie aussi puissance royale, Royauté.

SCEVOPHILAX. *substant. mascul.* Officier de l'Eglise de Constantinople. Le grand garde des vaisseaux.

S C H

SCHACA. *s. f.* Déesse des *Babyloniens*, qui étoit l'*Ops* ou *Terre* des *Romains*. Sa fête se célébroit pendant cinq jours, durant lesquels les valets commandoient dans la maison, & les maîtres obéissoient.

SCHAGRI COTTAM. *s. m.* Espèce de cornouiller qui croît dans le Malabar.

SCHEAT. *s. m.* Etoile fixe de la 3e. grandeur, qui est dans la jambe australe du Verseau.

SCHEDER. *s. m.* Etoile fixe de la troisième grandeur, qui est dans l'épaule gauche d'Andromède.

SCHEDULE. *s. f.* Ecriture privée. Affiche, placard. Exploit & rapport d'un Sergent. Mémoires signés que les Procureurs donnent au Greffe pour l'expédition de leurs causes d'appel, &c.

SCHEIK. *s. m.* ang. *sheic.* Parmi les *Mahométans* signifie Anciens, & Prédicateur. Voici leur cérémonie. Ils commencent par lire quelque verset de l'*Alcoran*. En-suite ils rapportent sur ce texte différentes interprétations des Docteurs *Mahométans* & pour faire paroitre leur sçavoir, ils inventent des fables qui confirment la doctrine qu'ils veulent persuader à leurs auditeurs.

SCHELIN. *s. m.* Monnoie d'Angleterre, qui vaut 14 ou 15 sols. Monnoie de Hollande de 7 ou 8 sols monnoie de France.

SCHENANTE. *sub. f.* Espèce de chiendent aromatique, dont l'infusion prise en guise de thé est merveilleuse pour les rhumes.

SCHERIF. *s. m.* Parmi les *Arabes* & *Mahométans* signifie noble, élevé en naissance ou en dignité & c'est un titre particulier que portent ceux qui descendent de *Mahomet* par *Ali* son gendre & par *Fathime* sa fille. Ils prennent aussi le titre d'*Emir* & de *Scïd* qui signifient Prince & Seigneur : & ils portent par tout le turban verd, pour se distinguer des autres Musulmans qui le portent blanc. Il y a eu plusieurs de ces *Scherifs* qui ont regné & établi des Dynasties particulières en *Afrique*.

SCHETTI. *s. m.* Arbrisseau du Malabar dont la racine est bonne en Médecine.

SCHIAIS. *s. m.* Secte des *Mahométans* de *Perse*, ennemie de celle des *Sunnis*, c'est-à-dire, des *Mahométans Turcs*. Ils rejettent les trois premiers successeurs de *Mahomet* & tiennent que la succession étoit dûë à *Ali* son Neveu & son Gendre. Ils disent que la véritable succession de *Mahomet* comprend 12. Pontifes, dont *Ali* est le premier & dont le dernier est *Mouhemmetel Mohadi Sahebzaman*. Ils croient que celui-ci n'est pas mort & qu'il reviendra. C'est pour quoi les plus bigots lui laissent par testament des maisons garnies & des écuries pleines de bons chevaux pour son service, quand il paroitra pour soutenir sa religion. Cette secte est suivie principalement dans le Royaume de *Golconde* en l'*Inde*.

SCHIAMACHIE, ou Schiomachie. *sub. fem.* Exercice en usage chez les Anciens, qui consistoit dans des agitations de bras, pareilles à celles d'une personne qui se battroit avec son ombre.

SCHIDAKEDON. *s. f.* Fracture faite suivant la longueur de l'os.

SCHIITES. *voy.* Schiais.

SCHIKARDUS. *s. m.* La 6e. des tâches de la Lune, selon Riccioli.

SCHIRRE. *voy.* Squirre.

SCHISMATIQUE. *adj.* & *subst.* lat. *Schismaticus.* ang. *schismatick.* Qui fait schisme, qui est dans le schisme.

SCHISME. *s. m.* lat. *Schisma.* ang. *schism.* Séparation qui arrive à cause de la diversité d'opinions entre gens de même religion, d'une même créance. C'est ce qui est arrivé parmi les *Payens*, les *Juifs*, les *Chrétiens* & les *Infidéles* & qui a fait répandre plus de sang que toutes les autres prétentions, sur-tout parmi les *Chrétiens*.

SCHISTUS. *voy.* Anthracite.

SCHNAPAN. *s. m.* Se dit sur les frontières d'Allemagne des Païsans qui courent en parti & volent les passans. lat. *Prædo.* ang. *a robber.*

SCHŒNANTHE. *s. f.* Jonc odorant. Plante qui est fort odorante & d'un gout aromatique. Les Médecins préfèrent la fleur, quoique toute la plante soit bonne dans les obstructions, dans le vomissement, &c.

SCHOÈNE. *s. m.* Mesure itineraire, particulière aux Egyptiens & qui contenoit communément 40. stades qui font 5000. pas Géometriques.

SCHŒNOBATES. *sub. mas. pl.* Danseurs de corde, chez les Grecs. *Schœnobates.*

SCHŒNOBATIQUE. *s. f.* L'art des schœnobates.... *adject.* Qui appartient aux schœnobates.

SCHOLASTIQUE. *adj.* lat. *Scholasticus.* ang. *scholastick.* Qui appartient à l'école, qui suit la méthode ou les regles des écoles.... *s. m.* Qui fait profession de la Théologie *scholastique*.... *s. f.* La partie de la Théologie, qui discute les questions par le secours de la raison & des argumens.

SCHOLASTIQUEMENT. *adverb.* D'une manière scholastique.

SCHOLIASTE. *s. m.* lat. *Scholiastes.* ang. *a scholiast.* Commentateur. Celui qui fait des notes ou observations sur les Auteurs.

SCHOLIE. *sub. f.* lat. *Scholia.* ang. *scholy, scholium or scholion.* Commentaire, annotation, ou observation qu'on fait sur quelque passage d'un Auteur. En *Géometrie*, c'est une observation sur les propositions précédentes & les conséquences qu'on en peut tirer.

### S C I

SCIADE. *s. m.* Bonnet des Empereurs Grecs.

SCIAGE. *s. m.* lat. *Serraria sectio:* ang. *sawing.* Action de scier, & l'effet qui en provient.

SCIAGRAPHIE, *ou* Sciographie. *s. f.* lat. *Sciagraphia.* ang. *sciagraphy.* L'art des ombres, ou la manière de faire les cadrans, en-sorte qu'ils marquent l'heure du jour ou de la nuit par le Soleil, la Lune, ou les Etoiles, &c. C'est aussi le dessein d'un édifice coupé par un plan de manière qu'on en voïe l'intérieur & les différens appartemens, l'épaisseur des murailles, le nombre des portes, passages, &c.

SCIAITES. *voy.* Sonna.

SCIAMACHIE. *sub. fem.* Combat purement d'exercices.

SCIANA. *voy.* Ombre.

SCIATERE. *sub. m. Sciaterium.* Instrument par le moyen duquel on peut construire aisément des cadrans où l'ombre d'un stile marque l'heure.

SCIATÉRIQUE. *adj.* lat. *Sciatericus.* ang. *sciaterick.* Ce qui montre l'heure par le moyen de l'ombre d'un stile.

SCIATIQUE. *s. f.* lat. *Ischias.* ang. *sciatica, the hip-gout.* Espèce de goute qui se fait sentir aux hanches.... *adj.* Il se dit de deux veines qui se terminent à la crurale. La grande *sciatique* est formée de plusieurs rameaux qui viennent des doigts du pied; & la petite *sciatique* est faite de plusieurs ramifications qui viennent de la peau & des muscles qui environnent l'article de la cuisse.

SCIE. *sub. f.* lat. *Serra.* ang. *a saw.* Outil à fendre du bois, de la pierre & autres choses.

SCIEMMENT. *adverb.* lat. *Scienter, datâ operâ.* ang. *wittingly, knowingly.* Avec connoissance de cause.

SCIENCE. *s. fem.* lat. *Scientia, doctrina.* ang. *science, learning.* Connoissance des choses, acquise par la lecture, ou par la méditation. Ce qui s'entend particulièrement, de celle qui est appuyée sur la demonstration, plutôt que sur l'expérience; celle-ci n'étant qu'un art méchanique. Il y en a sept principales qu'on nomme les *Arts liberaux*, sçavoir la *Grammaire*, la *Logique*, la *Rhétorique*, l'*Arithmétique*, la *Géometrie*, l'*Astronomie* & la *Musique*.... *Science* se dit aussi de la connoissance de quelque fait particulier, & on le dit en *Morale* de la conduite de la vie, comme la *science* du monde.

SCIENTIFIQUE. *adj.* lat. *Scientificus.* ang. *scientifical.* Qui est plein d'érudition: qui concerne les sciences abstraites & sublimes.

SCIENTIFIQUEMENT. *adv.* lat. *Scientificè.* ang. *scientifically.* D'une manière scientifique.

SCIER. *verb. act.* lat. *Serrâ secare, scindere.* ang. *to saw.* Couper du bois ou autre matière avec une scie. Abattre des bleds avec des faucilles, qui ont de petites dents comme des scies. En termes de *Marine*, c'est virer un bâtiment à force de rames, le faire reculer; nager en arrière. *Scier sur fer*, nager à rebours.

SCIÉRIES. *s. f. pl.* Fêtes qu'on célébroit dans l'Arcadie en l'honneur de Bacchus, dont on portoit la statuë sous un parasol.

SCIESCOURE. Terme de commandement usité dans les bâtimens à rames, pour obliger tous les rameurs à voguer à rebours.

SCIE-VOGUE. Terme de commandement pour revirer la galère, car alors, pour seconder le jeu du timon, tous les rameurs d'une bande voguent en avant & ceux de l'autre côté voguent en arrière.

SCIEUR. *s. m.* lat. *Desecator.* ang. *a sawyer:* Celui qui scie.

SCIEURE. *sub. f.* lat. *Sectura.* ang. *sawing.* Action de ceux qui scient; poudre qui tombe de ce qu'on scie. latin. *Scobis.* anglois. *saw-dust.*

SCILLE. *s. f.* Plante dont il y a deux espèces, une rouge & une blanche. Leurs racines sont des oignons, ceux de la première espèce sont rougeâtres & gros comme la tête d'un enfant. Ceux de l'autre espèce sont moins gros & de couleur blanche. Ils sont propres pour inciser les phlegmes de la poitrine & pour emporter les obstructions du bas ventre. On en fait des trochisques qui entrent dans la thériaque.

SCILLITIQUE. *adj.* Se dit du vinaigre & de l'oximel où il entre des scilles.

SCINK, *ou* Scinque. *s. m.* Animal amphibie semblable à un petit crocodile. Il naît en Egypte & dans la Lybie. Il entre dans la composition du mithridat.

SCINTILLATION. *sub. fem.* (Astronomie) Mouvement de vibration & de secousse, qui distingue la lumière des étoiles de celle des planetes, qui est tranquille & immobile. ang. *scintillation.*

SCIŒNA. *s. m.* Grand poisson de mer, long d'environ 6 pieds. Il naît dans l'Océan & dans la Méditerranée. Celui de l'Océan est de couleur de fer & celui de la Méditerranée de couleur argentine & dorée. On trouve des pierres dans sa tête qu'on prétend bonnes pour guérir de la pierre. Il a beaucoup de ressemblance avec le *Durdo.*

SCIOGRAPHIE. *s. f.* lat. *Sciographia.* angl. *sciography.* L'art des ombres, ou manière de tracer des cadrans, de façon à connoître l'heure du jour ou de la nuit par le moyen du Soleil, de la Lune ou des étoiles.... Profil ou premiers traits d'une figure.... Coupe ou perspective d'un bâtiment qu'on suppose coupé par un plan de manière à laisser voir le dedans & à mettre à portée de découvrir ses différens appartemens, l'épaisseur des murs, le nombre des chambres & des corridors, les cheminées, les escaliers & autres parties que la façade ou les murs d'un édifice cachent d'ordinaire.

SCIOMANTIE. *s. f.* lat. *Sciomantia.* angl. *sciomancy.* Divination par le moyen des ombres. L'art prétendu d'évoquer les ombres, qu'on appelle aussi *Psycomantie.*

SCION. *s. m.* lat. *Surculus.* ang. *scion.* Dans le *Jardinage*, est un petit rejetton d'un arbre.

SCIPION. *s. m.* Tulipe rouge vif & jaune blanchissant.

SCIRON. *sub. m.* *Trascias.* Vent particulier de l'Attique soufflant du côté des rochers scironiens. Il est entre le Maestral & la Tramontane.

SCIRRHE. *voy.* Skirrhe, *ou* Squirre.

SCISSION. *sub. f.* lat. *Scissio.* ang. *division.* Séparation, division.

SCITIE. *s. f.* Petit vaisseau à un pont, que l'on navigue avec des voiles latines.

SCIURE. *voy.* Scieure.

## S C L

SCLÉROME. *s. m.* Tumeur rénitente qui se forme dans quelque partie de l'utérus.

SCLÉROPHTALMIE. *s. f.* Espèce d'ophtalmie, dans laquelle l'œil est sec, dur, rouge, douloureux, les paupières sont aussi séches, dures, ne s'ouvrant après le sommeil que difficilement, à cause de leur séchéresse.

SCLÉROSARCOME. *s. m.* Tumeur dure & charnue, qui affecte les gencives & qui ressemble quelquefois à une crête de coq & quelquefois à la chair d'un animal à coquille.

SCLÉROTIDE. *s. f.* (Anatomie & Optique) C'est une des membranes communes de l'œil, située entre la conjonctive & l'uvée. Elle est dure, opaque par derrière, & transparente par-devant, la partie transparente s'appelle la *Cornée.*

SCLÉROTIQUE. *adj.* lat. *Scleroticus.* angl. *sclerotick.* Remède propre à durcir les chairs du corps..... Membrane *Sclérotique.* voyez *Sclérotide.*

## S C O

SCOLASTIQUE, Scoliaste, Scolie. *voyez* Scholastique, Scholiaste, Scholie.

SCOLOPENDRE. *subst. f.* lat. *Scolopendra.* ang. *scolopendria.* Petit serpent d'eau, ou chenille fort venimeuse, qui est grêle & menue.... *Scolopendre*, Plante autrement *Ceterac. Scolopendre* vulgaire ou *Langue de cerf.*

SCOPE. *voy.* Demoiselle de numidie, *au mot* Demoiselle.

SCOPÉLISME. *s. m.* Espèce de charme en usage principalement en Arabie par lequel en jettant des pierres enchantées dans un champ, on prétendoit l'empêcher de rapporter.

SCOPÉTIN. *sub. m.* Cavalier armé d'une escopette.

SCOPETTE, Scopetterie. *voy.* Escopette, Escopetterie.

SCORBUT. *sub. m.* lat. *Scorbutus morbus.* ang. *the scurvy or scorbute.* Maladie épidémique en *Hollande* & qui attaque la plûpart des autres peuples qui habitent le long de la mer. Ses symptomes sont des taches livides aux pieds & aux mains, la foiblesse des jambes & des jointures, la syncope, la chute des dents, le saiguement des gencives, les convulsions, douleurs, coliques, &c. Il y en a de deux sortes, l'une lorsque le souffre domine sur le sel & l'autre lorsque le sel prédomine. Le *Scorbut* est quelquefois dans le sang, d'autrefois dans le suc nerveux & souvent dans l'un & dans l'autre.

SCORBUTIQUE. *adj.* anglois. *scorbutick.* Qui a rapport au scorbut. Qui est malade du scorbut. Il se dit aussi des remédes contre le scorbut ou antiscorbutiques.

SCORDIUM. *s. m.* lat. *Chamadris palustris.* ang. *scordion*, *water-germander.* Germandrée aquatique. Cette plante est apéritive & sudorifique. Elle a une odeur d'ail, d'où lui vient son nom, qui est grec.

SCORIE. *s. f.* lat. *Scoria.* ang. *the scowring of metal.* Crasse, écume de métal, qui en sort, quand on le met au feu.

SCORODOPRASUM. *s. m.* Plante qui tient de l'ail & du poireau dont elle a le goût & l'odeur. C'est ce que signifie son nom qui est grec. On l'appelle quelquefois *Ail-poireau.*

SCORODOTHLASPI. *sub. masc.* Espèce de *Thlaspi*, ou petite plante fort apéritive & propre pour resister à la pourriture.

SCORPENE. *s. f.* voy. *Scorpis.*

SCORPIOIDES. *s. m.* Plante à laquelle on donne ce nom, à cause que ses gousses ont quelque ressemblance avec la queue du scorpion. On l'appelle autrement *chenille.*

SCORPIOJELLE. *s. f.* Huile de scorpion, souveraine pour guérir les piquures de ces insectes.

SCORPION. *s. m.* lat. *Scorpio.* ang. *a scorpion.* Insecte venimeux du genre des serpens, qui quoique petit est fort dangereux, ayant une vessie pleine de venin. On peut le diviser en trois parties, la tête, la poitrine & le ventre. La tête paroit jointe & continue avec la poitrine. Il a deux yeux au milieu de la tête & deux à l'extrémité ; entre lesquels sortent comme deux bras, qui se divisent en deux, comme les pinces, ou les serres d'une écrevisse. Il a huit jambes qui sortent de sa poitrine, dont chacune se divise en six parties couvertes de poil, dont les extrémités ont de petites ongles ou serres. Le ventre se divise en sept anneaux, du dernier desquels sort la queuë, qui se divise en sept petits boutons, dont le dernier est armé d'un éguillon. Il y en a où l'on voit six yeux, & d'autres où l'on en découvre huit fort visibles. Il a la queuë longue, faite en manière de pate-notres attachées bout à bout l'une contre l'autre ; la dernière plus grosse que les autres & un peu plus longue, à l'extrémité de laquelle il y a quelquefois deux aiguillons, qui sont creux, remplis de venin froid, par lesquels il jette son venin dans la partie qu'il pique. Il est de couleur noirâtre, comme de couleur de suye. Il chemine de biais, & il s'attache si fort avec le bec & avec les pieds contre les personnes, que bien difficilement on le peut arracher. Il y en a qui ont des aîles & qui sont de différentes couleurs. On dit que la mère fait onze petits, qui sont de petits vers ronds, qui ne sont guéres plus gros que des poux, & quand les petits sont parfaits, ils tuent la mère qui les a couvés. Ils font plutôt du mal aux femmes qu'aux hommes & aux filles qu'aux femmes : & ceux qui ont sept nœuds en la queuë, sont bien plus dangereux que ceux qui n'en ont que six. On dit que dans les païs froids leur piqûre n'est pas venimeuse, non plus que celle de ceux qui sont blanchâtres. Le meilleur reméde pour guérir cette piqûre, est d'écraser le *scorpion* sur la plaie. Les Saintes *Ecritures* font de fréquentes allusions aux *scorpions* ; quelquefois elles représentent par-là les méchans & quelquefois une espèce de fouet épineux & fort piquant, &c. Dans l'ancienne *Milice* c'étoit une espèce de grande arbalete dont les Anciens se servoient pour attaquer & défendre les places. En *Astronomie*, c'est le huitième signe du Zodiaque ; & parmi les *Astrologues*, c'est la maison de *Mars*. Quelques-uns s'imaginent que si l'on commence à bâtir une maison lorsque ce signe est dans son ascendant, elle sera toujours infestée de serpens. On représente sur le globe par la figure d'un *scorpion* ou d'un serpent. Le *scorpion* marin ne ressemble à celui de terre, que parce qu'il jette son venin en piquant. Il pese quelquefois huit à neuf livres, & il est hérissé de piquans sur le dos & à la tête. Ses aîles sont pointues & épineuses & il a de petites dents aigues. *Scorpion* d'eau : petite araignée qui a son aiguillon dans la bouche..... *Scorpion* : espèce d'herbe avec laquelle on faisoit autrefois des fouets épineux & fort piquans.

SCORPIS, *s. m. ou* Scorpœna. *s. f.* Poisson de mer, fait à peu près comme le scorpion marin, mais d'une autre espèce. Sa piqûre n'est point venimeuse, il est bon à manger.

SCORSONÈRE. *s. f.* lat. *Scorzonera*, anglois. *Scorzonera*. Plante bonne contre les morsures des viperes & des autres serpens, & dont la racine cuite a un gout agréable.

SCOTIE. *sub. f.* lat. *Trochilus*. ang. *scotia*. En *Architecture*, est une cavité ou gouttière ronde en demi cercle placée en différens endroits des ornemens d'une colomne.

SCOTISTE. *s. m.* Philosophe, ou Théologien qui suit les opinions de *Jean Duns Scot* Docteur subtil & fort opposé aux *Thomistes*.

SCOTOMIE. *s. f.* (Médecine) Maladie qui cause des éblouissemens provenans de ce que les yeux sont obscurcis & couvers de nuages. On l'appelle autrement vertige ténébreux.

SCOTOPITES. *voy.* Circoncellions.

SCOUE. *s. f.* (Marine) Extrémité de la varangue, qui se courbe doucement pour être entée & mariée avec le genou.

SCOURGEON. *voy.* Escourgeon.

## S C R

SCRIBE. *sub. m.* lat. *Scriba*. ang. *a scribe*. Homme qui gagne sa vie à écrire, à copier. Greffier, Notaire, &c. Parmi les *Juifs*, il y en avoit de deux sortes ; les uns étoient emploiés aux matières civiles & séculières ; & les autres à l'interprétation de la loi, qu'ils lisoient & expliquoient au peuple. Les premiers enseignoient la Grammaire & surtout l'Orthographe. Il y en avoit un dans chaque tribut qui étoit chargé d'enregistrer les contrats de mariage & autres matières civiles.

SCRINIAIRE. *s. m.* Secrétaire.

SCRIPTEUR. *sub. m.* Terme de Banque & Chancellerie Romaine. Officier du premier banc, qui écrit les Bulles qui s'expédient en original gothique. Ce sont aussi eux qui taxent les graces. Ils sont au nombre de cent & font partie des Officiers du regître.

SCROFULAIRE. *sub. f.* lat. *Scrophularia*. anglois. *scrofularia*, *blind-nettle*. Plante ainsi appellée parce que l'espèce la plus commune est emploiée avec succès pour la guérison des écrouelles.

SCROFULEUX, *ou* Scrophuleux, euse. *adj.* Se dit des tumeurs qui produisent les écrouelles. ang. *scrofulous*.

SCROLLUS. *s. mas.* Poisson de rivière plus petit que la perche, rougeâtre sur le dos, verdâtre aux côtés, avec plusieurs points rouges & blancs sous le ventre. Il est fort bon à manger.

SCROPHULAIRE, Scrophuleux. *voy.* Scrofulaire, Scrofuleux.

SCROTON. *sub. masc.* ang. *scrotum*. Membrane commune des testicules appellée vulgairement la bourse.

SCRUPULE. *s. m.* lat. *Scrupulus*, *dubitatio*, *animi anxietas*. angl. *scruple*, *doubt*. Inquiétude d'esprit ; doute sur le jugement qu'on doit faire de quelque chose ; surtout en matière de conscience. Trop grande exactitude. Chez les *Apoticaires*, c'est un petit poids qui contient 20. grains, ou le tiers d'une once. latin. *Scrupulus*. ang. *scruple*.

SCRUPULEUSEMENT. *adv.* lat. *Scrupulosé*.

*loufly*. ang. *scrupulously*. D'une manière scrupuleuse & exacte.

SCRUPULEUX, euse. *adj*. lat. *Religiosus, scrupulosus*. ang. *scrupulous*. Qui a des scrupules; qui forme trop de difficultés, qui est trop exact.

SCRUTATEUR. *s. m.* lat. *Scrutator*. angl. *searcher*. C'est Dieu seul, qui est *Scrutateur* des cœurs, ou qui connoit nos plus secrettes pensées.... *Scrutateur*, se dit aussi dans l'Élection des Prélats ou des Magistrats de ceux qui sont commis pour tenir les vaisseaux, où se jettent les billets ou suffrages, quand les Élections se font par scrutin, & pour empêcher qu'il ne s'y fasse aucune fraude.

SCRUTIN. *s. m.* ang. *scrutiny*. lat. *scrutinium*. Manière de recueillir les suffrages secrettement, & sans qu'on sache le nom de celui qui donne la voix. Examen, probation. Le *Jour du scrutin* dans l'*ancienne Eglise* étoit le Mercredi de la Semaine de *Passion*, ainsi nommé parce qu'on avoit coutume d'instruire ce jour-là d'une manière particulière & d'examiner les Catéchuménes, pour voir s'ils comprenoient la doctrine chrétienne, & s'ils s'en souvenoient & s'ils étoient entièrement disposés à vivre selon les loix du Christianisme. Ce *scrutin* se faisoit sept fois dans le *Carême*; la première & la seconde fois étoient le Mercredi & le Samedi de la troisième Semaine; la 3e. & 4e. fois étoient aux mêmes jours de la Semaine suivante & c'étoit la un *scrutin* fort solemnel; la cinquième & 6e. fois étoient la Semaine d'après & la dernière étoit le Mercredi avant Pâques. Les Prêtres étoient en usage d'en avertir le peuple le Dimanche d'auparavant, afin qu'on pût s'y préparer.

## S C U

SCULPER, *ou* Sculpter. *v. act.* lat. *Sculpere*. angl. *to carve*. Graver, tailler quelque figure, quelque image sur la pierre, sur le marbre, sur le bois, sur le fer, sur des pierres précieuses, &c.

SCULPTEUR. *s. m.* lat. *Sculptor*. anglois. *a carver or sculpter*. Ouvrier qui fait des figures avec le ciseau, qui taille le bois, la pierre, & autres matières propres à faire quelques représentations.

SCULPTURE. *s. f.* lat. *Sculptura*. anglois. *sculpture, carving*. Art de tailler le bois, la pierre ou le métal pour faire diverses représentations. Il y en a de trois sortes, celle des Sculpteurs en creux, en relief, & en moules. Ouvrage fait par le Sculpteur. On appelle *sculpture* isolée celle qui est en ronde bosse, & *sculpture* en bas relief, celle qui n'a aucune partie détachée.

SCULTET. *s. m.* Bailli.

SCURRILE. *adject.* lat. *Scurrilis*. anglois. *scurrile or scurrilous*. Celui qui fait des plaisanteries basses & de valet.

SCURRILEMENT. *adverb.* latin. *Scurriliter*. ang. *scurrilously*. D'une manière scurrile.

SCURRILITÉ. *substant. femin.* lat. *Scurrilitas*. anglois. *scurrility*. Facétie, plaisanterie basse & de bouffon.

SCUTE. *sub. f.* lat. *Scapha*, *cymba*. ang. *a boat*. Petit esquif, ou canot destiné au service d'un vaisseau.

SCUTIFORME. *adject.* (Anatomie) Se dit d'un des Cartylages du Larynx qui est le premier, le plus large & le plus grand. Il est ainsi appellé parce qu'il a la forme d'un bouclier quarré, pour quoi aussi on le nomme *Thyroïde*. Il est gibbeux en dehors & cave en dedans. Il est situé seulement en la partie de devant, ce qui l'a fait nommer *Antérieur*. Le peuple l'appelle *Morceau* ou *pomme d'Adam*. lat. *scutiformis*. ang. *Adam's bit*.

## S C Y

SCYTALE LACONIQUE. *s. f.* Invention dont se servoient les Lacedemoniens pour écrire à leurs correspondans des lettres secrettes. Elle consistoit à avoir deux cylindres de bois fort égaux dont l'un se gardoit à Lacedemone & l'autre étoit entre les mains du correspondant. Celui qui écrivoit tortilloit au tour de ce rouleau une lanière de papier & y écrivoit ce qu'il vouloit mander. Puis la détachant il l'envoyoit à l'autre qui retrouvoit l'arrangement des lignes en appliquant la feuille sur son rouleau.

SCYTHES. *sub. m. pl.* lat. *Scythæ*. ang. *Scythians*. Peuple fameux & fort ancien, robuste & d'une taille avantageuse, endurci au travail & à la guerre, mais nullement propre aux sciences, & sans aucune humanité ni société. Ils ne cultivoient point leurs terres, & n'avoient aucune demeure assurée; mais ils erroient dans les deserts, menant avec eux leurs femmes, leurs enfans, leurs proches parens, & chassant devant eux leur betail. Ils n'avoient aucun usage de l'or ni de l'argent; ils se servoient de lait & de miel pour nourriture; & s'habilloient de peaux de bêtes sauvages pour se garder de la rigueur du froid. Ils punissoient le Larcin fort rigoureusement. Lorsqu'ils avoient pris un homme à la guerre, ils en buvoient le sang, l'écorchoient, s'habilloient de sa peau, & en mettoient la tête au faîte de leurs cabanes, ou bien ils en prenoient le crâne pour s'en faire des tasses à boire. Quand leur Roi condamnoit quelqu'un à la mort, tous ses enfans mâles subissoient la même peine. Lorsque ce Prince venoit à mourir, on mettoit dans l'espace vuide du cercueil la concubine qu'il avoit le plus aimée, laquelle étoit conduite par les Officiers ordinaires de la Maison du Roi, qui étoient tous étranglés auprès du tombeau, avec chacun un cheval, pour l'aller servir en l'autre monde. Ils avoient pour Divinités principales, *Vesta*, *Jupiter*, *Venus*, *Hercule*, & *Mars* & sacrifioient à ce dernier le centième de tous ceux qu'ils prenoient en guerre; & aux Dieux ils sacrifioient des bêtes & spécialement des chevaux,

## S E A

SEAH. *s. m.* Mesure des Hebreux qui contenoit le tiers d'un Epha.

SÉANCE. *s. fem.* lat. *Sessio.* ang. *a sitting or session.* Action que fait celui qui s'assied; état de celui qui est assis. Droit qu'on a d'avoir une place honorable dans une assemblée. Tems & lieu où des compagnies sont assemblées pour délibérer d'affaires importantes. Vacation des Juges occupés à voir & à juger un procès. Il se dit aussi des veilles des quatre grandes Fêtes de l'année, esquels jours le Parlement va à la Conciergerie & aux prisons pour vuider les demandes en liberté. Place où l'on fait asseoir. *Séance* à table pour manger ou pour jouer; marque la longueur du tems qu'on mange ou qu'on joue.

SÉANT, ante. *adj.* lat. *Sedens.* ang. *sitting.* Qui sied, qui tient ses séances. Qui sied, qui est convenable. En termes de *Blason*, on appelle *séantes* les armoiries qui sont composées de croix, de fasces ou de sautoirs autour desquels on met d'autres figures qui les accompagnent.

SÉANT. *s. m.* Posture d'une personne qui est assise dans son lit.

SÉAU. *sub. m.* lat. *Situlus.* ang. *a pail or bucket.* Vaisseau fait pour puiser de l'eau & la transporter. Contenu du *séau.* Il se prend aussi dans quelques coutumes pour une mesure qui tient ordinairement douze pintes. On dit hyperboliquement qu'il pleut à *séaux*, pour dire que la pluie est bien forte.... *Séau*, cachet. voy. *Sceau.*

## S E B

SEBATH. *s. m.* Onzième mois des *Hébreux*, qui n'avoit que 29. jours & répondoit à la fin de notre mois de *Janvier* & au commencement de *Février.*

SEBAUSCOU. *s. m.* Vin que les Ethiopiens préparent avec une espèce de fruit qui croît chez eux.

SEBESTE. *s. f.* (Pharmacie & Botanique) *Sebestum.* Fruit qui ressemble à une petite prune, qui étant mûr est verd tirant sur le noir, qui est fort doux & a une chair tenace & gluante, dont les Syriens font une glu, qu'on nomme *glu d'Alexandrie*, qui est bonne pour chasser aux oiseaux. Le noyau qui est au dedans est fait en triangle. L'arbre qui porte ce fruit n'est pas si grand que le prunier. L'écorce du tronc est blanche & celle des branches est verte, ses feuilles sont rondes & fermes.

SÉBILE. *s. f.* lat. *Ligneum vas.* ang. *a wooden bowl.* Vaisseau de bois fait en rond & en forme de jatte, qui sert en vendanges à tirer le vin de la cuve pour l'entonner. On appelle aussi de même un vaisseau de bois rond & creux, dans lequel les Boulangers mettent la pâte quand elle est pêtrie, & ces jattes dont se servent les Sculpteurs & autres Artisans en diverses occasions.

SEBUÉENS. *s. m. pl.* lat. *Sebuæi.* anglois. *Sebuæans.* Anciens Sectaires parmi les *Samaritains*; qui changeoient les tems marqués dans la Loi pour la célébration des trois grandes fêtes des Juifs. Ils célébroient la *Pâque* au commencement de l'*Automne*, la *Pentecôte* à la fin de la même saison & la fête des Tabernacles en *Mars.*

## S E C

SEC, SÉCHE. *adj.* lat. *Siccus, aridus.* ang. *dry.* Qui a peu ou point d'humidité. Aride, sterile, maigre, décharné. Dans la *Marine*, aller au *sec*, c'est aller sans aucunes voiles. Un vaisseau est à *sec*, quand il est échoué & qu'il n'a plus d'eau. Et on dit qu'on le met à *sec* quand on le met hors de l'eau pour le radouber. Un vin est *sec* quand il n'est ni gras, ni onctueux; un ruisseau & un fossé quand il y a peu d'eau dans le premier & point du tout dans le second. Toux *séche* est une toux qui fait tousser sans cracher. On dit d'une personne constipée qu'elle a le ventre *sec* & de celle qui manque d'humidité, qu'elle a le temperament *sec.* La Tympanite s'appelle hydropisie *séche* & l'inflammation aux yeux qui n'est accompagnée d'aucun écoulement d'humeurs ophtalmie *séche.* On dit qu'un homme a le pouls *sec*, pour dire qu'au battement de son pouls on connoit qu'il a une fiévre *séche* & ardente; & que le sang d'un malade est *sec*, pour dire qu'il n'a pas assés de sérosités. Argent *sec* est de l'argent comptant. Visite ou promenade *séche*, celle où l'on ne fait point de collation. Consultation *séche* celle qu'on fait à un Avocat ami, sans lui présenter de l'argent. Il se dit aussi des métaux & des étoffes qui sont cassantes & difficiles à mettre en œuvre. Muraille de pierres *séches* est celle qui est faite sans platre ni mortier. Remettre un cheval au *sec*, c'est après l'avoir mis à l'herbe & au verd, lui donner le foin & l'avoine. On dit *figurément* qu'un homme est *sec* quand il a l'humeur un peu dure, qu'il n'est point affable ni gracieux; qu'il a l'entretien *sec*, quand il est ennuyeux; que son stile est *sec*, quand il est sans ornemens, ou qu'il n'est point coulant. *Sec* en parlant des complimens, reparties ou reprimandes signifie, fort, brusque, piquant sévère. Regarder d'un œil *sec*, c'est n'être point ému... Mettre *à sec*: dessécher, tirer l'eau entièrement ou pour la plus grande partie. On dit aussi au *Figuré* qu'un homme est *à sec* pour dire qu'il n'a plus rien.

SÉCACUL. *sub. m.* Plante qui croît dans la Syrie. Sa racine a le gout & ces fleurs la figure approchans de celles de la carotte.

SÉCANCE. *subst. feminin.* Au jeu de *Hoc*, ce sont plusieurs cartes de suite & de même couleur.

SÉCANTE. *s. f.* lat. *Linea intersecans.* angl. *secant.* En *Trigonométrie*, est ce que l'on nomme aussi l'hypothenuse ou le plus grand côté d'un triangle rectangle; laquelle se forme en tirant une ligne droite du centre d'un cercle & la prolongeant jusques à la rencontre d'une autre ligne perpendiculaire sur l'extrémité du rayon du même cercle.

SÉCHE. *s. f.* lat. *Sepia.* ang. *the cuttle-fish.* Poisson de mer qu'on dit n'avoir point de sang, semblable au Poulpe, excepté que les Poulpes ont une infinité de pieds. La *séche* n'est pas trop bonne à manger, mais ses os servent aux Orfévres & aux Chymistes à faire de petits moules ou creusets. Elle amasse dans sa vessie une liqueur noire qui lui sert à se cacher, & dont une seule goute suffit pour noircir un séau d'eau. Les *séches* n'ont point de dents, mais un bec tout-à-fait semblable à celui du perroquet.

SÉCHE. *adj. f.* voy. *Sec.*

SÉCHEMENT. *adv.* lat. *Asperè, durè.* ang. *drily.* D'une manière séche, sterile ou rude. Avec dureté & sévérité. Sans agrément.

SÉCHER. *verb. act. & neut.* lat. *Exsiccare, arefacere.* ang. *to dry.* Rendre sec, ou devenir aride & sec, faire exhaler, tirer l'humidité. *Figurément :* languir, mourir de douleur ou de regret. Se consumer d'ennui. Palir à force d'étudier.

SÉCHERESSE. *s. f.* lat. *Siccitas, ariditas.* ang. *drought, drinesf.* Qualité de ce qui est sec. Température de l'air, lorsqu'il demeure long-tems sec & sans pluie, & qu'il est épuré de vapeurs. Aridité, stérilité. . . . *Figurément :* défaut de douceur & d'agrément dans le caractère, la conversation, le stile, le pinceau.... En termes de *Spiritualité*, privation de consolations intérieures.

SÉCHERON. *s. m,* ( Agriculture ) Pré situé dans un lieu sec & qui ne peut être abreuvé que par les pluies. lat. *Pratum aridum.* angl. *a dry meadow.*

SÉCHOIR. *s. m.* lat. *Desiccatorium.* ang. *a dryer.* Quarré de bois où l'on fait sécher quelque chose.

SECOND], onde. *adj. & subst.* lat. *Secundus.* anglois. *second.* Marque le rang qui suit immédiatement le premier. *Second* est aussi celui qui aide à un autre, qui le sert. Vaisseau qui est établi pour en secourir un autre.

SECONDAIRE. *adj.* Accessoire, qui ne vient qu'en second.

SECONDE. *s. f.* lat. *Secunda.* ang. *a second.* En *Astronomie* & en *Géometrie* est la soixantième partie d'une minute de tems ou de cercle. On la marque ainsi ( ″ ). Dans la *Musique* c'est la distance qu'il y a d'un son à un autre son le plus proche, soit en montant ou en descendant... Classe d'un Collége qui précéde immédiatement la Rhétorique.... *Seconde* ou *refleuret :* laine d'Espagne, qui est la meilleure après celle qu'on appelle *Prime.*

SECONDEMENT. *adv.* lat. *Secundò.* ang. *in the second place.* En second lieu, deuxièmement, en deuxième lieu.

SECONDER. *v. act.* lat. *Favere, servire.* ang. *to second.* Servir de second, & aider à celui qui fait quelque action ; le favoriser.

SECONDES. *voy.* Secondines.

SECONDICIER. *s. m.* La seconde personne dans le Clergé d'une Eglise.

SECONDINES, *ou* Secondes. *s. f. pl.* lat. *Secundinæ.* angl. *the after-burden.* Terme de *Médecine* qui se dit des membranes qui enveloppent le fœtus dans le ventre de la mère.

SECOUEMENT. *s. m.* lat. *Concussus.* angl. *a shaking.* Action de secouer.

SECOUER. *v. act.* lat. *Concutere.* ang. *to shake.* Imprimer à un corps un mouvement qui ébranle toutes ses parties. Mal-mener, mal-traiter.

SECOURABLE. *adj.* lat. *Officiosus, beneficus.* angl. *helpful.* Charitable, officieux, qui est prêt de donner assistance à ceux qui en ont besoin. Qui peut être secouru.

SECOURGEON. *voy.* Escourgeon.

SECOURIR. *v. act.* lat. *Succurrere, opem ferre.* ang. *to succour, help.* Aider, donner de l'assistance à quelqu'un, le soulager dans ses besoins.

SECOURS. *sub. m.* lat. *Auxilium.* ang. *succour, help.* Aide, charité qu'on fait à quelqu'un ; protection, assistance qu'on lui donne dans ses besoins.... *Secours :* Eglise bâtie pour recevoir une partie des Parroissiens d'une Parroisse, lorsqu'ils sont en grand nombre, & qu'ils ne peuvent pas tenir dans l'ancienne Eglise, ni être assistés par un seul Curé, ou qu'ils sont trop éloignés.

SECOUSSE. *sub. fem.* lat. *Concussus.* angl. *a shake.* Mouvement qui ébranle un corps en toutes ses parties. Choc, ébranlement, agitation. Prendre sa *secousse* pour sauter, c'est s'y préparer par un grand effort & ébranlement du corps.

SECQUES. *sub. fem. plur.* ( Marine ) Terres basses, plattes & de peu de cale, où il y a des bancs & des syrtes.

SECRET, ette. *adj. & subst. m.* lat. *Secretus, arcanus.* angl. *secret, close.* Caché, ignoré ; qui est connu de peu ou point de personnes. C'est aussi la chose même qu'on tient cachée, qu'on ne révéle point. lat. *Arcanum.* angl. *a secret.* ( Guerre & marine ) La lumière d'un canon.

SECRÉTAIRE. *s. m.* lat. *Librarius, amanuensis, scriba.* angl. *a secretary.* Officier qui expédie par le commandement de son maître des lettres, des provisions, des brévets & qui les rend authentiques par sa signature. Il se dit aussi des domestiques de quelques Seigneurs, qui leur servent à faire leurs dépêches & leurs affaires, qui font les extraits des procès, &c. Espèce de table ou de bureau élevé en forme de pupitre, dans lequel sont plusieurs tiroirs fermans à clef, où l'on renferme des papiers de conséquence.

SECRÉTAIRERIE. *sub. fem.* Lieu où sont déposés tous les actes expédiés, par les secrétaires d'Etat. Dignité de secrétaire d'Etat, de secrétaire du Roi. Emploi de secrétaire, secrétariat.

SECRÉTARIAT. *s. m.* lat. *Scribæ, libellionis officium.* ang. *secretaryship.* Charge de secrétaire ; lieu où les secrétaires gardent leurs minutes.

SÉCRÉTION. *s. f.* lat. *Secretio.* ang. *secretion.* Séparation d'un fluide d'avec un autre dans les animaux ou les végetaux. Il se prend aussi pour les humeurs mêmes séparées de la masse du sang.

SÉCRÉTOIRE. *adj.* Qui sert à la sécrétion.

SÉCRÉTON. *s. m.* Toile de coton blanche, d'une moyenne finesse, qui vient des Indes Orientales.

SECRETTE. *sub. f.* lat. *Secreta.* ang. *secret prayers.* Oraison que le Prêtre dit tout bas à la Messe après l'offerte.

SECRETTEMENT. *adverb.* latin. *Clam, occultè.* anglois. *secretly.* En particulier, en secret.

SECTAIRE. *subst. masculin.* lat. *Sectarius.* angl. *a sectary.* Qui suit l'opinion de quelque Docteur, de quelque maître. Ce qui s'entend principalement des hérétiques.

SECTATEUR. *s. m.* lat. *Sectator.* ang. *a follower or disciple.* Disciple d'un maître, ou qui suit sa doctrine, qui la soutient, qui la défend avec ardeur.

SECTE. *sub. f.* lat. *Secta, factio.* ang. *a sect.* Ceux qui suivent les mêmes maximes, les mêmes opinions de quelque Auteur, ou Philosophe fameux. On dit, *figurément*, faire *secte* pour dire se distinguer des autres par des opinions singulières.

SECTEUR. *subst. masc.* lat. & angl. *sector.* En *Géometrie*, est une figure comprise sous deux lignes droites inclinées l'une à l'autre; dont le point d'attouchement est le centre du cercle, dont elles sont les rayons, & sous la circonférence comprise entre ces deux droites. C'est aussi le nom d'un excellent instrument très-utile dans la pratique de la Géométrie.

SECTILE. *adj.* Qui peut se fendre ou scier, ou même qui a été scié ou fendu. On le dit aussi des oignons qu'on plante par quartiers.

SECTION. *sub. fem.* lat. *Sectio.* ang. *section.* Partie d'une chose divisée, ou la division même. On le dit particulièrement des divisions d'un livre. En *Mathématiques*, c'est ce qui coupe les lignes, les plans, les solides. La *section* d'un solide par un plan produit bien des choses curieuses; comme celle d'un cone, qui produit le cercle, l'Ellipse, la Parabole ou l'Hyperbole. En *Architecture*, c'est la représentation en perspective de l'intérieur d'un bâtiment. En *Astronomie*, on appelle *section vernale*, le point où le Zodiaque coupe l'équateur, & où commence le Printems, & *section automnale*, le point où le Zodiaque coupe l'équateur & où commence l'Automne... *Section* se dit encore de la division d'un bénéfice en deux titres séparés, d'un Prieuré-cure, par exemple, en un Prieuré simple & une Vicairie perpétuelle.

SÉCULAIRE. *adj.* lat. *Sæcularis.* anglois. *secular.* Qui se fait au bout d'un siécle. Les jeux *séculaires* étoient l'une des plus grandes solemnités de l'*ancienne Rome*. Ils furent institués à l'occasion de ce qui suit: *Rome* étant affligée d'une grande mortalité la même année que les *Tarquins* furent chassés; *Valerius Publicola*, qui étoit alors Consul, les institua, en se conformant au livre des sybilles, dans le dessein d'appaiser les Dieux, la 245e. année de *Rome*: on les appella *séculaires* parce qu'on ne devoit les répéter qu'une fois dans un siécle ou de cent en cent ans. On les ouvroit au commencement de la moisson. L'Empereur, en qualité de souverain Prêtre, faisoit une harangue au Peuple dans le capitole & l'exhortoit à se défendre contre toute sorte d'impureté, & à se préparer à la solemnité. Ensuite étant sous son dais il donnoit des parfums au Peuple, qui étoit une composition de souffre & de bitume avec laquelle le Peuple se purifioit & la procession commençoit. Elle étoit composée en partie des Prêtres de toutes les fraternités & en partie du Sénat & des Magistrats. Le Peuple y étoit habillé de blanc & couronné de fleurs, portant chacun à la main une branche de palmier & le long de la procession ils chantoient des vers selon l'occasion & adoroient les statues de leurs Dieux à mesure qu'ils passoient devant leurs Temples, où ces prétendues divinités étoient exposées à la vûë dans des lits de parade. Ils passoient trois nuits de suite dans les Temples à veiller, prier & faire des sacrifices; & pour prévenir tous les désordres, les Parens des jeunes gens de l'un & l'autre sexe y étoient présens, ou ils avoient des gardiens convenables. Comme cette fête étoit principalement instituée pour appaiser les Dieux inférieurs, c'est-à-dire, *Pluton*, *Proserpine*, *Cérès*, les *Parques*, &c. ils ne leur offroient que des victimes noires & pendant la nuit; & en particulier ils sacrifioient à *Pluton* un taureau noir & une vache à *Proserpine*. Le jour suivant ils offroient à *Jupiter* & à *Junon* des sacrifices de la même espèce, excepté que les victimes étoient blanches. Ces victimes étoient portées sur l'Autel qu'on avoit lavé & orné de guirlandes de fleurs; ce qui étant fait le Héraut ordonnoit aux Profanes & à ceux qui ne s'étoient pas préparés de se retirer & aux autres de garder le silence & d'être attentifs à ce qu'on alloit faire. Après quoi le Prêtre, qui étoit l'Empereur même, jettoit un peu de farine mêlée avec du sel sur la tête de l'animal qui devoit être immolé, versant ensuite un peu de vin qu'il faisoit gouter à ceux qui étoient présens, le boucher égorgeoit la victime & donnoit au grand Prêtre une partie de son sang, qu'il jettoit dans le feu qui brûloit sur l'Autel. Cela étant fait, les Augures examinoient avec beaucoup d'attention les entrailles de la victime pour en conclure les bons ou les mauvais succès. Ensuite on les brûloit en sacrifice au Dieu & à la Déesse à qui elles étoient destinées, invoquant en même tems tous les autres Dieux. On faisoit un repas du reste de la victime. Les sacrifices étant finis, les spectacles publics leur succédoient, pour honorer *Apollon* & *Diane*. Ils se donnoient au Théatre où l'on joüoit des Comédies, & au Cirque, où l'on faisoit des courses à pied, à cheval & sur des chariots. Les Athlétes se signaloient aussi à la lutte & aux autres exercices. On voyoit dans l'amphithéatre des combats de gladiateurs & de bêtes sauvages. La seconde nuit on répétoit les prières aux *Parques* & on leur offroit une brebis noire & une chévre. Le jour suivant les femmes qui n'étoient pas esclaves venoient au Capitole & aux autres Temples, où elles faisoient des prières à *Jupiter* & aux autres divinités. Le reste du jour se passoit en divertissemens publics, comme le premier. La 3e. nuit ils sacrifioient un porc à la *Terre*, qui étoit l'une de leurs principales Déesses & qu'ils adoroient sous différens noms. Ce sacrifice se faisoit sur le bord du *Tibre*, dans la partie du champ de *Mars* qu'on nommoit *Tarente*. Le 3e. & dernier jour, il y avoit deux chœurs de Musique, l'un de garçons & l'autre de filles, des meilleures familles, dont les Pères & les Mères étoient vivans & ils chantoient des Hymnes composés exprès pour cette fête. C'étoit aussi ce jour-là que les Prêtres de *Mars* faisoient leur danse mystérieuse. Lorsqu'on célébroit les jeux *séculaires* on envoyoit des Hérauts, pour inviter tout le monde à venir voir une fête que personne n'avoit jamais vue & que personne ne verroit jamais plus. Le dernier qui les célébra fut Septimius Severus. A l'imitation de ces jeux fut établi l'an 1300. par le Pape Boniface VIII. l'an séculaire chrétien qu'on appelle le *grand Jubilé*.

SÉCULARISATION. *f. f.* lat. *Ad sæcularem conditionem transcriptio.* angl. *secularization.* Action par laquelle un religieux, un bénéfice, ou un lieu régulier, devient séculier. Il faut pour la *sécularisation* des Eglises régulières l'autorité du S. Siége, celle du Roi, de l'Evêque du lieu & du Patron, & même le consentement du Peuple, avec l'homologation du Parlement.

SÉCULARISER. *verb. act.* lat. *Ad sæculares referre.* ang. *to secularize.* Rendre séculier ce qui étoit régulier. Presque toutes les Eglises cathedrales étoient autrefois régulières, mais elles ont été *sécularisées* tant dans le chef que dans les membres. Les Eglises qu'on sécularise conservent leurs anciens droits & leurs privileges. Un religieux est *sécularisé* par sa seule promotion à l'Episcopat.

SÉCULARITÉ. *sub. f.* lat. *Sæcularis clerici conditio.* anglois. *a secular life.* Etat d'une personne qui vit dans le monde sans avoir fait des vœux.

SÉCULIER. *adj.* & *subst.* lat. *Laicus*, *sæcularis.* angl. *secular.* Laïque, qui vit dans le monde. On le dit aussi d'un Ecclésiastique qui n'est engagé par aucuns vœux ni assujetti aux regles particulières d'une Communauté & en ce sens il est opposé à *Régulier.* D'autres fois il signifie tout ce qui est temporel & opposé à *Ecclésiastique*, Bénéfice *séculier* est celui qui peut être possédé par un Ecclésiastique *séculier.* Les Prêtres *séculiers* peuvent être pourvus des Abbayes & Prieurés tant simples que conventuels non en titre, mais en commende.

SÉCULIÈREMENT. *adv.* lat. *Sæculari ritu.* ang. *like worldly men.* En séculier.

SECUNDIENS. *f. m. pl.* Anciens hérétiques Gnostiques qui ont été ainsi appellés de leur chef *Secundus.* Celui-ci qui vivoit en même tems que Valentin convenoit entièrement avec lui de sentimens, y ayant seulement ajouté de nouvelles subtilités.

SECURIDACA. *f. f.* Plante dont les feuilles sont semblables à celles de la grande lentille. Ses fleurs sont légumineuses, jaunes, disposées en ombelles, ausquelles il succede des gousses assés longues & assés étroites. Sa semence est bonne pour fortifier l'estomac & pour emporter les obstructions.

SÉCURITÉ. *f. f.* lat. *Securitas.* ang. *security*, *assurance.* Confiance assurée, vraie ou fausse dans un tems, dans une occasion où il pourroit y avoir sujet de craindre. Les *Peintres* représentent la *sécurité* sous la figure d'une Dame appuyée contre une colomne devant un Autel avec un sceptre à la main.

*SECUS. adv.* ( Mot latin usité en François ) Au contraire, à contre sens.

## S E D

SÉDANOISE. *f. f.* ( Imprimerie ) Le plus petit caractère d'imprimerie autrement appellé *Parisienne.*

SÉDATIF, ive. *adj.* Anodin, qui calme les douleurs.

SÉDENTAIRE. *adj.* lat. *Assiduus*, *perpetuæ sessionis homo.* ang. *sedentary.* Qui est ordinairement assis & en repos, qui méne une vie retirée. On le dit en *France* des Parlemens, qui sont maintenant *sédentaires*, au lieu qu'ils étoient autrefois ambulatoires.

SÉDIMENT. *f. m.* lat. *Sedimentum.* anglois. *sediment.* Lie, ou partie crasse & épaisse des humeurs, qui tombe au fond du vaisseau.

SÉDITIEUSEMENT. *adverb.* lat. *Seditiosè.* ang. *seditiously.* D'une manière séditieuse.

SÉDITIEUX, euse. *adj.* & *subst.* lat. *Seditiosus*, *perturbator.* angl. *seditious.* Qui émeut le peuple contre l'autorité légitime; qui cause du trouble; perturbateur du repos public.

SÉDITION. *f. f.* lat. *Seditio.* angl. *sedition.* Émotion populaire; révolte contre l'autorité du Roi ou du Magistrat. Les anciens représentoient la *sédition* sous l'emblême de deux écrevisses qui se battoient ensemble.

SÉDRE. *f. m.* Souverain Pontife de la secte d'Ali, chés les Perses.

SÉDUCTEUR. *adj.* & *subst. masc.* lat. *Seductor.* ang. *a seducer.* Corrupteur; qui trompe; qui abuse les peuples, ou les particuliers.

SÉDUIRE. *verb. act.* lat. *Seducere.* ang. *to seduce.* Corrompre: abuser quelqu'un, lui persuader de faire le mal, ou lui mettre dans l'esprit quelque mauvaise doctrine. Débaucher.

SÉDUISANT, ante. *adj.* Qui séduit.

SÉDULE. *voy.* Cedule.

## S E G

SÉGEWEUSE. *f. f.* Laine qui vient d'Espagne. Il y en a de plusieurs espèces; les plus connues en *France* sont la segoviane & la moline.

SEGLE. *voy.* Seigle.

SEGMENT. *f. m.* lat. *Segmentum.* anglois. *segment.* Terme de *Géométrie*, c'est une figure comprise entre une ligne droite qu'on appelle corde & une partie de la circonférence d'un cercle, &c.

SEGMOÏDAL, ale. *adject.* (Anatomie) Se dit des valvules de l'artère pulmonaire, autrement *semilunaire*, parce qu'elle ressemble à une demi-lune, ou au *segment* d'un cercle.

SÉGOVIANE. *adj. f.* On appelle laine *Segoviane*, ou resleuret, ou seconde segovie, les meilleures laines de Segovie, après qu'on a fait le triage.

SÉGRAIER. *sub. masc.* Terme des *Eaux & Forêts*. Celui qui posséde par indivis la propriété d'un bois avec d'autres propriétaires & Seigneurs qui le tiennent en ségrairie.

SÉGRAIRIE. *substant. femin.* Bois qui est possédé en commun ou par indivis soit avec le Roi, soit avec des particuliers.

SEGRAIS. *s. m.* Se dit des bois qui sont séparés des grands bois, qu'on coupe & qu'on exploite à part.

SÉGRÉGATION. *s. f.* lat. *Segregatio.* angl. *segregation.* (Terme dogmatique) Action par laquelle on met à part.

SÉGRÉGER. *verb. act.* lat. *Segregare.* angl. *to segregate.* Séparer, mettre à part.

## S E I

SEJA. *sub. f.* Déesse que les *Romains* adoroient, prétendant qu'elle présidoit aux semailles, & aux semences. Sa statuë étoit dans le cirque & c'étoit une des divinités qu'ils appelloient *salutaires* & qu'ils invoquoient dans les dangers & malheurs publics.

SEICHES. *sub. f. pl.* Flux & reflux du Lac de Genève. On observe ce flux & reflux singulier à la partie supérieure & inférieure du Lac, c'est-à-dire à l'entrée du Rhône qui le traverse selon sa longueur, & à l'issue de ce fleuve où se trouve la ville de Genève.

SEIDA. *subst. m.* Sorte d'animal sauvage à quatre pieds, haut d'une demi coudée, qui a les moustaches d'un tigre, le museau d'un liévre, les oreilles d'un homme, & qui est tout couvert de piquans. Il naît en Afrique & on dit qu'il ne boit jamais.

SEIGLE. *sub. m.* lat. *Secale.* ang. *rie.* Sorte de bled plus maigre que le froment. On le dit & de la plante & du grain.

SEIGNER, Seigneur, Seigneux, *voyez* Saigner, Saigner, Saigneux.

SEIGNEUR. *sub. m.* lat. *Dominus, herus.* angl. *a lord or seignor.* Qui est maître, qui commande. De qui releve une terre, ou un fief. En termes de *Droit* c'est celui qui est maître & propriétaire d'une chose. On appelle Seigneur *Direct* celui d'où releve la terre, & Seigneur *Domanial* celui qui en a le domaine utile. En termes d'*Astrologie*, c'est la planéte qui domine dans une maison du ciel. Serge de *Seigneur* : serge fine dont les ecclésiastiques & gens de robe s'habilloient autrefois. En *Angleterre* la chambre haute s'appelle la chambre des *Seigneurs*. L'Empereur des *Turcs*, se nomme le *Grand-Seigneur*.

SEIGNEURIAGE. *substant. masc.* lat. *Jus, dominium.* ang. *seignorage.* Droit qui appartient au Seigneur. Il ne se dit guéres que du droit qu'un Souverain prend sur la fabrication des monnoies.

SEIGNEURIAL, ale. *adject.* lat. *Domini, quod domini est.* ang. *of or belonging to the lord of a mannour.* Qui appartient au Seigneur. Noble, grand, magnifique.

SEIGNEURIALEMENT. *adv.* D'une maniére seigneuriale, noble, magnifique. latin. *Nobiliter.* ang. *like a lord.*

SEIGNEURIE. *s. f.* lat. *Dominium; ditio.* ang. *lordship, seignory.* Propriété; jouissance. Terre d'un Seigneur, dont relevent d'autres fiefs. Il se dit quelquefois du domaine, du territoire d'un petit état, comme la *Seigneurie* de Venise, de Gênes.

SEILLE. *sub. f.* Espèce de seau. Vaisseau de bois sans fond par le haut. Il sert à transporter le vin du pressoir dans les caves.

SEILLON. *voy.* Seullon.

SEILLURE. *s. f.* (Marine) Trace ou chemin que fait un vaisseau sur la mer.

SEIME. *s. f.* Maladie du pied du cheval, qui est une fente dans la couronne jusqu'au fer, & qui fait boiter le cheval.

SEIN. *s. m.* lat. *Sinus, pectus, gremium.* ang. *breast.* Partie du corps humain où sont les mammelles. Entrailles, ventre. Creux, capacité, qui peut contenir quelque chose. Tâches naturelles que les hommes ont sur le corps, qu'on appelle autrement des *Mers. Figurément* c'est l'esprit & le cœur de l'homme.

SEINCOS. *s. m.* Espèce de crocodile, de la grosseur d'une salamandre, qu'on trouve en Egypte. Sa chair avec d'autres ingrédiens est un bon reméde contre plusieurs maladies. Il est ovipare & les petits sortent de la coquille où la mère a pondu les œufs.

SEINE. *s. f.* lat. *Sagena.* ang. *sean.* Espèce de filet qui se traine sur les greves.

SEINFOIN. *voy.* Sainfoin.

SEING. *s. m.* lat. *Chirographum.* anglois. *name, hand, or signature.* Marque qui est au bas d'un acte, d'un écrit, qui en confirme la teneur par l'apposition du nom écrit de la main de celui qui en consent l'exécution, ou de la personne publique préposée pour en rendre témoignage. *Blanc seing* ou *blanc signé* est une feuille de papier blanc, au bas de laquelle on met son nom pour être remplie à la discrétion de ceux à qui on le confie.

SÉJOUR. *s. m.* lat. *Habitatio, mansio, domicilium.* anglois. *abode, residence.* Demeure, lieu où l'on habite. Tems qu'on demeure dans un lieu. En termes de *Marine*, c'est le tems qu'un vaisseau reste dans un port ou dans une rade étrangère. Acte de *séjour*, c'est la déclaration faite au greffe, par laquelle on prend acte qu'on est venu pour la poursuite d'un procès, & en vertu de laquelle on prétend que la partie payera les frais du *séjour*.

SÉJOURNER. *v. n.* lat. *Commorari, diversari.* ang. *to sejourn.* Demeurer en un lieu.

SEIPOD. *s. m.* Poids de Moscovie, qui contient dix poudes, à raison de quarante livres le poude du païs, qui reviennent à trente deux livres poids de marc.

SEIZAINE. *s. f.* ou *Fil-agor.* Espèce de petite corde ou grosse ficelle dont les emballeurs se servent. Paquet qui contient seize cerceaux pour les Tonneliers.

SEIZAINS. *s. m. pl.* Draps de laine dont la chaine est composée de 1600. fils.

SEIZE. *subst.* & *adj.* lat. *Sexdecim.* anglois. *sixteen.* Nombre composé de dix & de six unités, marqué 16 ou XVI. c'étoit aussi le nom d'une faction qui se forma à *Paris* vers la fin du 16e. siécle au tems de la ligue. Leur nombre étoit de 40: mais parce qu'ils avoient distribué à 16. d'entr'eux, les 16. quartiers de *Paris* pour y veiller sur les actions & dispositions des habitans & en faire le rapport, on les nomma les 16. ce fut un Bourgeois de *Paris* nommé *la Rocheblond*, qui commença cette ligue particulière, pour s'opposer aux desseins du Roi *Henri* III, lequel favorisoit, disoit-on, les Huguenots, & pour empêcher qu'*Henri* IV. qui étoit alors Roi de *Navarre* ne succédât à la couronne de *France*. *La Rocheblond* eut d'abord une conférence secrete avec deux célébres Docteurs & Curés, l'un de S. *Severin* & l'autre de S. *Benoit* & avec un Chanoine de *Soissons*, qui prêchoit à *Paris*. Peu de jours après ces quatre en attirerent huit autres, & ce furent là comme les douze faux Apôtres, & les fondateurs de la ligue de *Paris*, qui fut bientôt composée de nouveaux associés, gens d'Eglise, de Palais ou de Boutique. Cette faction se joignit à la grande ligue, commencée à *Peronne*; mais elle eut aussi ses intérêts particuliers, & ne seconda pas toujours les intentions du Duc de *Guise*, ni celles du Duc de *Mayenne*.... On appelle *in seize* un livre dont chaque feuille est pliée en 16. feuillets.

SEIZIÈME. *adj.* & *subst.* lat. *Decimus sextus.* ang. *sixteenth.* Qui en voit quinze devant lui.

## SEL

SEL. *s. m.* lat. *Sal.* ang. *salt.* Substance acide qui entre en la composition de tous les corps & qui les préserve de la corruption; d'où resulte une grande varieté de gouts, & par où l'on distingue ce qui est bon à manger de ce qui ne l'est pas. Dans les *Ecritures*, il est beaucoup parlé du *sel*; il y est dit qu'il assaisonne toutes choses, & il est ordonné de l'emploier dans les sacrifices. Les *Juifs* étoient fort empressés de frotter avec du *sel* leurs enfans nouveaux nés, s'imaginant que le sel en levoit toute l'humidité qui étoit trop abondante & qu'il bouchoit leurs pores qui étoient alors trop ouverts & trop exposés au froid ou à l'infection, &c. Le *sel* est quelquefois le symbole de la sagesse, & d'autrefois de l'éternité & de l'incorruptible; quelquefois aussi de la sterilité, de l'hospitalité & de la fidélité, selon les différentes allusions & applications à ses diverses proprietés.... Le *sel* commun est de trois sortes. Le premier est le *sel gemme* ainsi nommé à cause de sa transpareace, Il est blanc & fossile & a les mêmes qualités que le marin. Il se lapidifie par le feu souterrain ou par le soleil & est presque dur comme du marbre. Il est clair comme du cristal & on en fait des vases. Il rougit & s'ignifie comme le fer, & ne petille point au feu. Le second *sel* est fait par l'évaporation de l'eau des fontaines salées. Le troisiéme *sel* est le *sel* marin, fait de l'eau de la mer, qu'on fait entrer par des rigoles dans des marais salans & que la chaleur du soleil fait évaporer. L'écume de *sel* se fait de l'eau de la mer qui se congele avec la rosée sur les bords & sur les rochers. Fleur de *sel* est un écume qui nage sur certains lacs & sur le Nil. Le *sel* lixiviel est un *sel* fixe qu'on tire des minéraux par plusieurs lotions ou lessives d'eau chaude, qu'on fait ensuite évaporer. Le *sel* fixe est celui que l'on fait en calcinant & réduisant une matière en cendres & la faisant ensuite bouillir dans une bonne quantité d'eau, que l'on fait évaporer, pour avoir le *sel* qui reste sec au fond du vaisseau. Le *sel volatile* est produit par des opérations chymiques sur les corps ou sur les parties des animaux, & des plantes fermentées ou putrefiées. Le *sel du verre* est une écume séparée d'une matière propre à être vitrifiée. Le *sel de saturne* est le plomb réduit en sel par le moyen du vinaigre distillé & ainsi de plusieurs autres, dont quelques-uns sont purgatifs, &c. & qui sont en usage dans la Médecine. On appelle aussi *sels*, différentes séparations chymiques ou naturelles, qui se font par des opérations propres à extraire ces *sels* & qui portent en conséquence différens noms, comme celui de *sels essentiels* que l'on tire du suc des plantes par la crystallization. Les mines de *sel*, sont certaines mines de la *haute Hongrie* à une petite distance d'*Epire* dont le Docteur Brown qui fut sur les lieux nous donne le détail suivant: Depuis l'entrée de la mine jusques au fond, il y a environ 180. toises de profondeur; les mineurs y descendent en partie avec des cordes & au plus bas avec des échelles. La mine est en grande partie de terre avec peu de rochers; les veines en sont grandes & l'on a trouvé dans quelques-unes des masses de *sel* qui pesoient 10, 000. livres. On les taille en morceaux quarrés de deux pieds de longueur environ & d'un pied d'épaisseur, que l'on fait broyer lorsqu'on veut s'en servir. L'eau que l'on tire de la mine & que l'on fait bouillir, produit un *sel* noirâtre que les gens du païs donnent à leur bétail. La pierre de *sel* lorsqu'on la tire est de couleur grisâtre; mais étant broyée & réduite en poudre, elle devient aussi blanche que le *sel* rafiné, & ce *sel* est composé de parties pointues. Il n'est pas tout de la même couleur; le plus pur ressemble au crystal & paroit teint de diverses couleurs, en-sorte qu'on fait diverses figures avec certaines masses transparentes bleues & jaunes, qui ressemblent à des figures de crystal. On a depuis peu découvert en *Angleterre* plusieurs mines semblables, mais le *sel* n'y est plus aussi piquant & aussi fin qu'il l'étoit au commencement. Grenier à *sel* est un dépôt public où l'on met le *sel* que le Roi vend à son peuple, & on appelle *sel* gabellé celui qui a passé par ce grenier & y a demeuré deux ans. Grenier à *sel* est aussi une jurisdiction établie aux lieux où il y a de pareils greniers pour conserver les droits du Roi & décider les différens qui surviennent à leur occasion.... *Figurément* on appelle *sel* ce qu'il y a de plus vif & de plus piquant dans les ouvrages de l'esprit, ou un trait de raillerie ingénieux. Le *sel* attique c'est la pureté & les graces du langage d'Athènes.

SÉLAM. *s. m.* Terme de *Relation*. Espèce de guérite placée le long des côtes où les Espagnols mettent des Indiens en sentinelle.

SÉLÈNES. *s. m. pl.* Sorte de gâteaux faits en forme de demi-lune, qu'on offroit dans les sacrifices offerts à la lune.

SÉLÉNIQUE. *adj.* Discours sur les apparences & sur les mouvemens de la lune.

SÉLÉNITE. *sub. f.* lat. *Selenites.* ang. *the moon stone or selenites.* Pierre de la Lune. C'est une pierre rare qu'on trouve encore à présent dans la *Chine*, qui a, dit-on, cette propriété de croître ou décroître selon que la Lune est vieille ou nouvelle. On dit qu'il y en a dans le Palais de *Pekin* qui sont d'un prix inestimable. Quelques-uns ont donné ce nom au talc de *Moscovie*, prétendant qu'il a les mêmes propriétés.

SÉLÉNOGRAPHE. *s. m.* lat. *Selenographus.* anglois. *a selenographist.* Auteur qui a fait la description de la Lune & de toutes les apparences de montagnes rivières & mers qui s'y trouvent.

SÉLÉNOGRAPHIE. *s. f.* lat. *Selenographia.* ang. *selenography.* Science qui fait la description de la Lune & de toutes ses parties & apparences, telle qu'on la voit avec un Telescope. Quelques Auteurs ont prétendu la diviser en régions, en lacs, en mers, en montagnes, &c. & leur donner des noms, comme si c'étoient des Royaumes, &c. semblables à ceux de notre terre.

SÉLÉNOGRAPHIQUE. *adject.* lat. *Selenographicus.* angl. *selenographick.* Qui concerne la *sélénographie.*

SELEUCIENS. *sub. m. pl.* lat. *Seleuciani.* ang. *seleucians.* Qu'on nomme aussi *Hermiens*, du nom de leurs maîtres *Seleucus* & *Hermias*, hérétiques qui s'étoient élevés dans les premiers siècles de l'Eglise & qui enseignoient que Dieu étoit corporel: que la matière élémentaire lui étoit co-éternelle: que l'ame avoit été formée de feu & d'air par les Anges; que Jesus-Christ n'étoit pas assis à la droite de son Père, mais qu'il avoit quitté cette droite & transporté son Trône dans le Soleil, &c.

SÉLINUSIE. (Terre de) *sub. f.* Espèce de terre médicinale qui a, dit-on, les mêmes proprietés que celle de Chio. La meilleure est luisante, blanche, friable, & se dissout facilement dans un fluide.

SELLE. *s. f.* lat. *Scamnum.* ang. *a stool.* Banc, siége, où l'on s'assied. Siége propre à mettre un bassin de chambre. Évacuation qu'on fait en une fois. *Selle* en termes de *Mer*, est une espèce de petit coffre qu'on fait de planches dans lequel un calfat met ses instrumens. En termes de *Manége*, c'est un siége qu'on met sur le dos d'un cheval pour la commodité du Cavalier. lat. *Ephippium.* ang. *a saddle.*

SELLER. *v. act.* lat. *Equum sternere.* angl. *to saddle.* Mettre la selle sur un cheval.

SELLERIE. *sub. f.* Lieu où l'on resserre les selles & les harnois des chevaux.

SELLETTE. *substant. femin.* lat. *Sedecula.* anglois. *the stool.* Petite selle. Partie de la charrue, sur laquelle pose le bout de la haie.

SELLIER. *sub. masc.* lat. *Ephippiarius sutor vel opifex.* ang. *a saddler.* Ouvrier ou marchand qui fait & qui vend des selles.

SELON. *Préposition.* lat. *Juxtà*, *secundùm.* ang. *according to.* Eu égard à; conformément à; suivant.

## S E M

SEMAILLES. *sub. fem. pl.* lat. *Seminatio; sationis tempus.* ang. *sowing.* Le tems où l'on séme les grands blés. Il signifie aussi les grains semés.

SEMAINE. *s. f.* lat. *Hebdomas*, *hebdomada.* ang. *a week.* Division du tems de sept jours en sept jours. On croit que les *Juifs* ont été les premiers à garder cette division, en observant le sabbath de sept en sept jours. Ils ont trois sortes de *Semaines*; la commune qui est de sept jours; celle des années qui est de sept ans & la troisième qui est de sept fois sept ans, à la fin de laquelle étoit le Jubilé. *Semaine* se dit quelquefois du travail que des ouvriers font pendant une *Semaine* & du payement qu'ils reçoivent pour ce travail.

SEMAINIER. *s. m.* lat. *Hebdomadarius.* ang. *a septimarian.* Religieux ou Chanoine qui a le soin de faire l'office pendant la semaine, & qui doit assister à toutes les heures.

SÉMALE. *s. m.* Bâtiment qui ressemble à la sémaque, mais qui est plus étroit.

SÉMAQUE. *s. f.* Vaisseau à un mât qui navigue dans les rivières de Hollande & sert à alléger les gros vaisseaux.

SEMBLABLE. *adj.* lat. *Similis.* ang. *like.* Pareil, qui ressemble à un autre, qui est de même nature, qualité, &c. En *Mathématiques* les arcs *semblables* sont les parties des petits cercles d'une sphère, qui contiennent autant de degrés que celles des grands cercles; les figures *semblables* sont celles qui ont les angles égaux & les côtés compris proportionnels. Les solides *semblables* sont ceux qui sont renfermés sous des plans *semblables* & en même nombre. En *Algébre* les puissances qui sont élevées au même degré, quoiqu'avec différens co-efficiens se nomment *semblables*; comme $2a$, & $3a$; $5bb$, & $7bb$. Les signes qui sont tous négatifs ou tous positifs, se nomment signes *semblables* quoique les quantités qu'ils affectent ne le soient pas.

SEMBLANT. *substant. masculin.* lat. *Fictio*, *simulatio.* angl. *shew*, *pretence.* Feinte; apparence, le plus souvent trompeuse.

SEMBLER.

SEMBLER. *v. n.* lat. *Videri*, *apparere.* ang. *to appear*, *seem.* Paroitre d'une certaine manière; frapper les sens, l'imagination ou l'esprit, pour lui faire connoître les choses d'une telle ou telle manière.

SÉMÉIOLOGIE. *voy.* Séméiotique.

SÉMÉIOTIQUE. *s. f.* lat. *Semeiotice.* ang. *semeiotick.* Partie de la Médecine qui traite des signes & des indications tant de la santé que des maladies.

SEMELLE. *s. f.* lat. *Calcei solea.* ang. *the sole of a shoe.* Partie de la chaussure qui est sous le pied.... *Semelle* est aussi une mesure de la grandeur du pied, comme *palme* l'est de la main.... Sorte de pain d'épice fort plat qui a la figure d'une semelle.... (Charpenterie) Piéce de bois soutenue d'une potence, qui aide à soutenir des poutres quand le mur n'est pas assés fort. Ce sont aussi des tirans moins épais qu'à l'ordinaire, lorsqu'ils n'ont pas besoin de supporter des solives ni des planchers... (Artillerie) Planche de bois assés épaisse qui se place entre les deux flasques d'un affût, & sur laquelle la piéce de canon repose.... En termes de *Marine*, il se dit des planches taillées en semelles de soulier, & des piéces de bois qui font le pourtour d'un fond d'un bâteau & qui servent à en coûturer le rebord.... Battre la *semelle*, c'est aller & venir.

SEMENCE. *s. f.* lat. *Semen.* ang. *seed.* Ce qui contient en puissance l'arbre, la plante, le fruit ou le corps de tous les vegétaux ou animaux, qui étant mis dans le lit ou réceptacle convenable produit le fruit qu'on avoit desiré & qu'on s'étoit promis. Dans les *plantes*, *arbres*, &c. c'est ordinairement une matière dure, de différentes figures; mais dans les animaux c'est une substance blanche, chaude, spiritueuse, épaisse & saline, composée de la partie la plus pure & la plus subtile du sang.... *Semence* se dit particulièrement du plus beau grain qu'on choisit pour mettre en terre. *Figurément* on le dit de la cause des guerres, des dissensions, & du principe des bonnes & des mauvaises actions. Il se dit encore de la parole de Dieu, de la prédication de l'Evangile.

SEMENCINE. *s. f.* lat. *Semen contra vermes.* ang. *worm-seed.* Semence propre pour faire mourir les vers & pour abbattre les vapeurs. Elle a un goût amer & assés aromatique. Elle vient de Perse.

*SEMEN CONTRA.* *voy.* Semencine.

SEMER. *v. act.* lat. *Seminare*, *serere.* angl. *to sow.* Mettre de la semence en terre pour la faire multiplier. Répandre, divulguer. Distribuer secrettement & sous main quelque chose.

SEMESTRE. *adj.* & *subst.* lat. *Semestris*, *semestrium.* angl. *six months.* Tems de six mois. Moitié de l'année pendant laquelle la moitié d'une compagnie s'assemble, pour tenir la séance alternativement. Il se dit aussi du tems que servent les Officiers & des Officiers mêmes.

SEMEUR. *subst. masc.* lat. *Sator*, *seminator.* ang. *a sower.* Laboureur qui séme.

SEMI-ARIEN. *s. m.* Demi-Arien.

SEMI-BREVE. *substant. feminin.* lat. *Semibrevis.* anglois. *semibrief.* Note de musique blanche figurée en quarré, sans queuë, qui est posée sur ses angles ou en losenge, qui vaut une mesure.

SEMI-DIAPENTE. *s. m.* (Musique) Quinte diminuée, fausse quinte.

SEMI-DIAPASON. *s. m.* Octave diminuée d'un semi-ton mineur.

SEMI-DIATESSARON. *sub. m.* Quarte diminuée, fausse quarte.

SEMI-DOUBLE. *adj.* lat. *Semiduplex.* ang. *semi double.* Terme de *Bréviaire*, qui se dit de l'Office & des Fêtes qui se célébrent avec moins de solemnité que les doubles, mais plus grande que les simples. Il se dit aussi des renoncules & autres fleurs.

SEMILLANT, ante. *adj.* lat. *Acer*, *alacer.* anglois. *fluttering*, *frisking.* Qui est remuant, éveillé, qui ne se peut tenir en place.

SEMI-LUNAIRE. *voy.* Segmoïdal.

SÉMINAIRE. *s. m.* lat. *Seminarium.* angl. *seminary.* Lieu où l'on instruit le jeunes Ecclésiastiques des devoirs, des cérémonies & des fonctions des ministères sacrés. Il se prend aussi pour les Ecclésiastiques qui demeurent dans le Séminaire: par extension on le dit des lieux où l'on apprend à bien vivre & à bien faire les fonctions de sa profession.

SÉMINAL, ale. *adject.* Spermatique, qui appartient à la semence.

SÉMINARISTE. *s. m.* lat. *Seminarista.* ang. *a seminarist.* Ecclésiastique qui vit dans un Séminaire, qui y est instruit; ou qui instruit les autres à bien vivre dans sa profession.

SEMINIAL, *ou* Simenial. *adject.* Se dit du pain fait de fleur de farine.

SÉMIOLOGIE, Sémiotique. *voy.* Séméiotique.

SEMI-PELAGIENS. *s. m. pl.* lat. *Semipelagiani.* ang. *semipelagians.* Hérétiques qui tenoient un milieu entre les Pélagiens & les Orthodoxes. Ils reconnoissoient le péché originel avec ceux-ci, mais ils croyoient que la liberté de l'homme n'avoit pas été tellement blessée par le péché, qu'elle ne pût produire d'elle-même quelque chose qui fut la cause que Dieu donnât plutôt sa grace à l'un qu'à l'autre. Avant que ce sentiment fut condamné, il avoit été défendu par de grands hommes & de grands Saints. On les appella *Prêtres de Marseille*, parceque ces erreurs étoient nées dans cette ville.

SEMI-PITE. *sub. f.* La moitié d'une pite, le quart d'un denier.

SEMI-PRÉBENDE. *s. f.* lat. *Semipræbenda.* ang. *a semiprebend.* Petite prébende dans une Eglise, qui est d'un moindre revenu & destinée le plus souvent pour des chantres.

SEMI-PRÉBENDÉ. *adject.* Celui qui jouït d'une semi-prébende, qui en a le titre.

SEMI-PREUVE. *s. f.* lat. *Semiprobatio.* ang. *an imperfect proof.* Preuve imparfaite.

SEMITE. *s. f.* Sorte de toile de coton qui vient du Levant.

SEMI-TON. *s. m.* En *Musique* est la moitié d'un ton ou d'une note.

SEMI-VULPA. *s. m.* Animal terrestre qu'on voit en Afrique, qui a cela de particulier, qu'il a un sac attaché au sternon, d'où ses petits sortent pour têter, & où ils rentrent après.

SEMNÉE. *subst. masc.* (Histoire Ecclésiast.) Monastère.

SEMOIR. *s. m.* lat. *Satorium.* angl. *a seed-bag.* Ce qui sert au laboureur à mettre son grain quand il sème.

SEMONCE. *s. f.* lat. *Invitatio.* ang. *summons.* Prière qu'on envoye faire à des parens & amis d'assister à une nôce, à un enterrement. Sollicitation. Avertissement d'un supérieur.

SEMONDRE. *v. act.* lat. *Invitare.* angl. *to invite.* Avertir, inviter.

SEMONNEUR. *s. m.* lat. *Invitator.* angl. *he that invites.* Crieur d'enterrement, qui envoye des billets par les maisons pour convier les parens & amis d'un défunt de se trouver à son convoi.

SEMOTE *de Choux.* (Jardinage) *subst. fem.* Brocolis.

SEMOULE. *s. f.* Pâte faite avec de la plus fine farine & de l'eau & réduite en petits grains gros comme des grains de moutarde.

SEMPECTE. *s. m.* Religieux qui ayant passé cinquante ans dans la vie Monastique étoit distingué par de grands privilèges.

*SEMPERVIVUM.* *s. m.* Mot latin francisé par l'usage. Il se dit des plantes qui conservent leur verdure pendant l'hyver.

SEMPITERNE, *ou Perpetuane. s. f.* Sorte d'étoffe.

SEMPITERNEL, elle. *adj.* lat. *Sempiternus.* ang. *sempiternal.* Qui est très-vieux, qui vit trop long-tems.

SEMPITERNILLE. *subst. femin.* Espèce de sempiterne moins fine.

SEMPSEN. *subst. masc.* Plante qu'on appelle autrement *Sesame.*

## SEN

SEN. *s. m.* Mesure des longueurs & distances dont on se sert dans le Royaume de Siam. Il en faut cent pour faire la lieuë Siamoise qui est de deux mille de nos toises un peu moins.

SÉNACLE. *sub. m.* Lieu où s'assembloit le Sénat Romain. lat. *Senaculum.* ang. *the senacle, the senate-house.*

SÉNAT. *subst. mascul.* lat. *Senatus, curia.* ang. *senate.* Assemblée ; conseil des plus notables habitans d'une République, qui ont part au gouvernement. Lieu où se tient le *Sénat.* On l'applique quelquefois aux Cours souveraines en *France.*

SÉNATEUR. *s. m.* lat. & ang. *senator.* Qui est membre du Sénat.

SÉNATORIAL, ale. *adj.* lat. *Senatorius.* ang. *senatorian.* Qui appartient au Sénat.

SÉNATORIEN, enne. *adj.* lat. *Senatorius.* ang. *senatorian.* Qui est de race de Sénateur.

SÉNATRICE. *subftant. femin.* Femme de Sénateur. Il ne se dit que des femmes des Sénateurs de Pologne.

SÉNATUSCONSULTE. *s. m.* lat. *Senatusconsultum.* Déliberation, arrêt du Sénat Romain.

SENAU. *s. m.* Barque longue dont les Flamans se servent pour la course.

SENAULT. *substant. mascul.* Espèce de navire à deux mâts.

SÉNÉ. *s. m.* lat. & ang. *senna.* Arbrisseau purgatif qui vient principalement en *Syrie*, en *Perse* & en *Arabie*, d'où il est porté à *Alexandrie* en *Egypte* & de-là en *Europe.* Il en vient pourtant en *Italie.* Il a été fort estimé des anciens & des nouveaux Médecins.

SENE. *voy.* Seine.

SÉNÉCHAL. *s. m.* lat. *Senescallus.* ang. *seneschal.* Officier de robe courte, lequel en quelques Provinces est le chef de la noblesse & qui la commande, quand on a convoqué l'arrière ban. C'est aussi le nom d'un ancien Officier de la couronne de *France* qui étoit chargé de la maison du Roi & qui regloit toutes les dépenses tant en guerre qu'en paix. Il portoit aussi l'étendart Royal. Sous *Philippe* I. il occupoit la première place du Royaume, & répondoit au grand Sénéchal d'*Angleterre* qu'on appelle *Highsteward.* C'est aujourd'hui en plusieurs Provinces un simple Magistrat titulaire & honoraire, au nom duquel se rend la justice.

SÉNÉCHALE. *substant. fem.* Femme du Sénéchal. lat. *Senescalli uxor.* anglois. *the seneschal's wife.*

SÉNÉCHAUSSÉE. *s. f.* lat. *Senescalli curia, jurisdictio.* ang. *a seneschal's jurisdiction.* Etenduë de la jurisdiction d'un Sénéchal. Lieu où se tient la justice du Sénéchal.

SENEÇON *ou* Senesson. *s. m.* lat. *Senecio.* ang. *groundsel.* Plante médicinale qu'on emploie dans la décoction ordinaire des lavemens & dans les cataplasmes qu'on ordonne pour avancer la suppuration. Son suc fait mourir les vers & appaise la colique.

SÉNÉE. (Rime) *adj. fem.* Espèce d'acrostiche, dans laquelle tous les vers ou tous les mots commencent par une même lettre.

SÉNÉGRÉ. *s. m.* voy. *Fenugrec.*

SENELLE. *s. f.* ou *Prunelle.* Petites prunes violettes qui viennent sur l'épine noire. Les pauvres gens font de la boisson de ce fruit.

SENEMBI. *sub. m.* Lezard de l'Amérique, long d'environ quatre pieds & large de demi-pied. Sa peau est couverte de petites écailles d'un beau verd, marqueté de tâches blanches & noirâtres. On trouve dans sa tête de petites pierres & souvent dans son estomac une pierre grosse comme un œuf. Les pierres de sa tête sont fort estimées dans le païs pour inciser la pierre des reins & de la vessie.

SENER. *v. act.* Châtrer.

SENESSON. *voy.* Seneçon.

SENESTRE. *adj.* & *subst.* lat. *Sinistra.* ang. *left.* En termes de *Blason* c'est la gauche.

SENESTRÉ, ée. *adject.* (Blason) Accompagné à gauche ou à senestre d'une autre pièce.

SENESTROCHÈRE. (Blason) Se dit de la figure d'un bras gauche qu'on représente sur l'écu.

SENEVÉ. *substant. mascul.* Moutarde. Il se

dit de la plante & de la semence. Celle-ci est stomacale & antiscorbutique.

SÉNILUSIENNE. *s. f.* voy. *Selinusie.*

SENNER. *v. n.* Pêcher avec un filet appellé *sene*, ou *seine.*

SENS. *s. m.* lat. *Sensus.* ang. *sense.* Organe corporel sur lequel les objets extérieurs faisant diverses impressions, causent divers mouvemens dans l'ame de l'animal. Jugement, raison. Avis, sentiment, pensée. Signification d'un discours, d'un passage. Biais, situation, côté dont on regarde une chose. Parties d'un discours qui le rendent complet.

SENSATION. *s. f.* lat. *Sensatio.* ang. *sensation.* Action des sens, ou mouvement de l'ame, qui est émuë par l'impression que font les objets sur les organes des sens.

SENSÉ, ée. *adj.* lat. *Sapiens.* ang. *rational, considerate.* Qui a du sens, du jugement. Qui est fait conformément à la raison, au bon sens.

SENSÉMENT. *adv.* lat. *Sapienter.* ang. *rationally.* Prudemment ; d'une manière sage & judicieuse.

SENSIBILITÉ. *s. f.* lat. *Sensus, mollitia, teneritas.* ang. *sensibleness.* Disposition des sens à recevoir les impressions des objets ; qualité de celui ou de celle qui est sensible, & facile à émouvoir, à toucher. Ressentiment d'un bienfait.

SENSIBLE. *adj.* lat. *Sensibilis.* ang. *sensible.* Qui fait impression sur les sens, qui en frappe les organes. Il se dit aussi de l'organe même qui reçoit cette impression. Reconnoissant. Touchant douloureux. Délicat, tendre, aisé à toucher. En *Musique* la note *sensible* est celle qui est immédiatement au dessous de la note du ton. Il n'y a jamais qu'un demi-ton de celle-ci à la note sensible.

SENSIBLEMENT. *adv.* lat. *Manifestè, evidenter.* anglois. *sensibly.* D'une manière sensible.

SENSILES. *s. f. pl.* Se dit des galères ordinaires à la différence des plus grosses.

SENSITIF, ive. *adject.* lat. *Sensitivus.* angl. *sensitive.* Qui a des organes propres à recevoir les impressions des objets.

SENSITIVE. *s. f.* lat. *Planta sensitiva.* angl. *the sensitive plant.* Plante dont les feuilles se retirent quand on les touche.

SENSUALITÉ. *s. f.* lat. *Ad vitæ & corporis commoda nimia propensio.* ang. *sensuality.* Penchant, attachement aux plaisirs sensuels & corporels.

SENSUEL, elle. *adj. & subst.* lat. *Voluptuarius.* ang. *sensual.* Qui est attaché aux plaisirs des sens, à la matière.

SENSUELLEMENT. *adv.* lat. *Libidinosè.* ang. *sensually.* D'une manière sensuelle.

SENTA. *voy.* Bonne Déesse.

SENTE. *s. f.* lat. lat. *Semita.* ang. *by-way.* Petit chemin détourné. Radresse pour les gens de pied. Sentier.

SENTENCE. *s. f.* lat. *Sententia.* ang. *sentence.* Dit notable ; parole qui porte un grand sens, une belle moralité. Jugement rendu au Palais par des Juges inférieurs & dont on peut appeller. *Sentence* Présidiale est celle qui est rendue en dernier ressort & sans appel au premier chef de l'édit des Présidiaux.

SENTENCIER. *v. act.* lat. *Notare, condemnare.* angl. *to sentence.* Condamner ; donner une sentence contre quelqu'un.

SENTENCIEUX, euse. *adj.* latin. *Sententiosus.* ang. *sententious.* Qui contient une sentence, un beau sens.

SENTENCIEUSEMENT. *adv.* lat. *Sententiosè.* anglois. *sententiously.* En termes sentencieux.

SENTÈNE. *s. f.* Endroit par où l'on commence à dévider un écheveau. Ce sont les deux bouts de fil liés ensemble & tortillés sur l'écheveau.

SENTEUR. *s. f.* lat. *Odor.* ang. *smell, odour.* Odeur, qualité qui frappe le nés, le sens de l'odorat.

SENTIA. *s. f.* Déesse Romaine. C'étoit dans l'opinion des anciens celle qui inspiroit aux hommes les pensées, les sentimens.

SENTIER. *s. m.* lat. *Semita.* ang. *path, by-way.* Petit chemin qui se fait dans les terres pour la commodité des gens de pied. Trace, route, chemin qui conduit à quelque chose.

SENTIMENT. *s. m.* lat. *Sensus.* ang. *sense or felling.* Sensation ; proprieté de l'animal dont les organes reçoivent les différentes impressions des objets. Avis, opinion, pensée, jugement. Affection, tendresse. Sensibilité, mouvement de l'ame qui la touche, qui l'émeut, persuasion intérieure, dont nous ne pouvons bien rendre raison, impression que les choses font sur nous.

SENTINE. *s. f.* lat. *Sentina.* ang. *the sink of a ship.* C'est le lieu le plus bas du navire, qui est ordinairement proche du grand mât. Sorte de grand bâteau.

SENTINELLE. *s. f.* lat. *Excubitor.* ang. *a sentinel, a centry.* C'est un Soldat tiré d'un corps de garde d'Infanterie, qu'on place en quelque poste pour découvrir les ennemis, pour empêcher les surprises & donner avis de leur approche. *Sentinelle perduë*, est une sentinelle qu'on met à un poste fort avancé & dangereux, qui en revient rarement. lat. *Conclamatæ salutis excubitor.* ang. *a perdue.*

SENTIR. *v. act. & neut.* lat. *Sentire, percipere.* ang. *to feel.* Exercer l'action des sens ; toucher, voir, gouter, flairer, entendre. Connoître, s'appercevoir. Être sensible, être touché, être émû. *Se sentir* ; participer à un bien ou à un mal commun à plusieurs. Savoir de quoi on est capable.

SENVÉ. *voy.* Sanvé.

SENUÏUS. *s. m.* Divinité qui présidoit à la vieillesse.

## S E O

SEOIR. *v. n.* lat. *Sedere, considere.* ang. *to sit or to sit down.* Être sur un siége, en une posture où le corps est plié en trois, & posé plus sur les cuisses que sur les jambes. Être assemblé pour déliberer, juger, *&c.*

## SEP

SEP ou Cep. *s. m.* lat. *Vitis stirps, truncus.* ang. *a vine.* Tronc ou pied de vigne qui porte & jette le pampre & qu'on taille.... *Sep de drisse* ( Marine ) Grosse piéce de bois mise debout à l'arrière du grand mât sur la carlingue, prenant au fond de cale d'où elle s'éleve jusqu'au dessus du premier pont, étant garnie par en haut de 3 ou 4 ruaux ou rouets de poulies de cuivre pour faire la manœuvre de l'issas, dont trois servent à passer la grande *drisse* pour isser la grande voile, & l'autre à la guinderesse pour isser le grand mât de hune par le moyen du cabestan. Il y en a un autre au mât de misaine qui n'a que trois ruaux, deux pour la drisse & un pour la guinderesse. On les appelle autrement *bloc* ou *roc d'issas.*

SÉPARABLE. *adj.* lat. *Separabilis, dissociabilis.* ang. *separable.* Qui se peut séparer, mettre à part.

SÉPARATION. *s. f.* lat. *Separatio, partitio.* anglois. *separation or parting.* Division, partage. Divorce entre mari & femme. La chose, le corps, qui *sépare.*

SÉPARATISTE. *s. m.* ang. *separatist.* Nom d'une secte en *Angleterre* qui n'a pas voulu suivre le parti de l'Eglise *Anglicane.*

SÉPARATOIRE. *s. m. Separatorium.* Vaisseau chymique inventé pour séparer les liqueurs. Il est de figure oblongue & à peu près uniforme. Il a un orifice de la grosseur du petit doigt, par où on y fait entrer la liqueur, & un petit trou au fond pour la vuider, qui est de la grosseur d'une aiguille. On le fait ventru au milieu, pour lui donner plus de capacité. Le *séparatoire* est aussi un instrument de Chirurgie, servant à séparer le péricrâne.

SÉPARÉMENT. *adv.* lat. *Disjunctim, separatim.* ang. *asunder, separately.* A part.

SÉPARER. *v. act.* lat. *Separare, disjungere.* ang. *to separate, sever, part.* Diviser, mettre en deux ou plusieurs parties. Détacher avec violence des choses jointes naturellement. Mettre à part, en lieu différent. *Séparer* se dit aussi du divorce, de l'éloignement & du mauvais ménage entre mari & femme, de la rupture de l'amitié, des Schismes & des divisions de l'Eglise. Il se dit encore des choses qui étoient mal rangées & qu'on ne fait qu'ôter les unes d'auprès des autres, pour les mettre dans un meilleur ordre.

SEPEAU. *s. m.* Tronc ou souche de bois, sur lequel les ouvriers qui fabriquent les monnoies posent leur tas ou leur pile pour les frapper.

SÉPÉE. *subst. fem.* Touffe de plusieurs arbres qui ont poussé du même tronc, ou de la même racine.... Buisson.

SEPHARITE. *s. m.* ang. *sepharite.* Secte de *Mahométans* qui donnent à Dieu une figure visible, & des sens comme à l'homme; ajoutant que cette figure est composée de parties corporelles & spirituelles & que les organes de ce corps de Dieu, sont incorruptibles & inaltérables.

SEPS. *s. m.* Espèce de serpent semblable à la vipère autrement appellé *Lezard Chalcidique* & mis mal à propos au rang des lezards.

SEPT. *adj.* & *subst.* lat. *Septem.* angl. *seven.* Nombre primitif qui suit immédiatement le six, marqué par le caractère 7 ou VII. Ce nombre est consacré dans les livres Saints & dans la religion des Juifs par un grand nombre d'événemens & de circonstances mystérieuses. Par exemple, Dieu a créé le monde en six jours & a consacré le septième à être un jour de Sabbath ou de repos. Chaque septième année étoit une année de repos pour la terre sous le nom d'année Sabbatique. L'année du *Jubilé* étoit l'année *sept* fois septième. Dans le *stile Prophétique* une semaine étoit souvent de *sept* ans, comme dans *Daniel* IX. 24. 25. *&c.* En plusieurs occasions le nombre 7 est remarquable dans le nouveau comme dans l'ancien Testament & même chez les auteurs profanes. Il se met quelquefois pour septième. Il est aussi quelquefois *substantif.* Ainsi l'on dit un *sept* de chifre, un *sept* de pique, de carreau.

SEPTAINE. *subst. fem.* ( Coûtumes ) Enclos de la ville. Sa banlieuë, sa jurisdiction, ses environs.

SEPTANTE. *sub. m.* lat. *Septuaginta.* angl. *seventy.* Soixante & dix. Nombre composé de sept dixaines. C'est le nom qu'on donne ordinairement aux 72. traducteurs de l'ancien Testament en *Grec.* Ils firent cette traduction par ordre de *Ptolomée Philadelphe*, fils de *Lagus*, Roi d'*Egypte*, environ trois cens ans avant la Naissance de Jesus-Christ. Ils furent adressés à ce Prince par le grand Prêtre *Eleazar* qui en choisit six de chaque tribu des plus sçavans dans les langues *Greque* & *Hébraique. S. Jerôme* prétend qu'ils n'ont traduit que le *Pentateuque*; mais *S. Justin* & d'autres disent qu'ils ont traduit toute la Bible. On dit que le Roi donna à chacun une cellule ou chambre séparée, afin qu'ils ne pussent pas communiquer ensemble & pour connoître en quoi ils seroient différens les uns des autres; mais qu'en voulant comparer toutes ces traductions, il les trouva aussi semblables que si elles avoient été faites par une seule personne. Mais d'autres Auteurs regardent tout cela comme une fable & ajoutent qu'ils conféroient souvent ensemble pour fixer le sens des passages difficiles. Cette version a toujours été fort estimée des *Juifs*, qui l'avoient faite, & des Chrétiens qui en respectoient l'antiquité & l'exactitude; d'autant plus que J. C. même s'en étoit servi & l'avoit citée & que les Péres des six premiers siécles en avoient toujours fait usage ( surtout ceux qui n'entendoient pas l'*Hébreu* ) pour refuter les Juifs & les Gentils. Plusieurs sçavans l'ont même préferée au texte *Hébreu*, comme ayant été faite dans un tems ou l'*Hébreu* étoit la langue vivante & où l'on connoissoit mieux les usages & les phrases qui y font allusion qu'on ne l'a fait dans la suite. Quelques-uns croient que cette version est l'ouvrage de cinq sçavans, & qu'on l'a appellée des *septante* parce qu'elle fut faite avec la permission & l'approbation du Sanhedrim, *&c.*

SEPTEMBRE. *s. m.* lat. & ang. *september.* Nom du septième mois de l'année à compter depuis le mois de *Mars.* L'équinoxe d'Automne se trouve vers le 10. de ce mois vieux stile & vers le 21. nouveau stile. Les *Peintres* représentent ce mois sous la figure d'un homme qui a un habit de pourpre, un visage riant, une couronne de raisins blancs & rouges, une corne d'abondance de grenades & autres fruits d'Été en sa main droite avec une balance & une poignée d'avoine en sa gauche.

SEPTEMVIRAT. *s. m.* lat. *Septemviratus.* angl. *septemvirate.* Charge, dignité, pouvoir des septemvirs. Tems de la durée de leurs charges.

SEPTEMVIRS. *sub. m. pl.* lat. & ang. *septemviri.* Magistrats Romains ainsi appellés parce qu'ils étoient au nombre de sept.

SEPTÉNAIRE. *adj.* lat. *Septenarius.* angl. *septenary.* Nombre de sept qui convient aux planétes, aux métaux, aux jours de la semaine, *&c.* Il se dit en matière bénéficiale d'un Professeur qui a régenté pendant sept ans continuels dans l'Université de Paris,... *subst.* Il signifie un des espaces de la vie de l'homme quand on en divise le cours de 7. en 7. ans.

SEPT-EN-GUEULE. *s. f.* C'est le nom de la première poire qui paroît au commencement de l'Été. On l'appelle autrement petit muscat. On lui a donné le nom de *sept-en-gueule* à cause de sa petitesse. Elle vient en bouquets.

SEPTENTRION. *s. m.* lat. *Septentrio.* ang. *the north.* Sur les globes & les cartes c'est la partie nord du monde. C'est aussi une constellation de sept étoiles, qu'on nomme la petite ourse. On le dit aussi de la grande ourse, qui a la même figure & qui en est un peu plus éloignée. On dit qu'un païs est au *septentrion* d'un autre, pour dire qu'il est plus proche du *septentrion*, & alors il signifie la partie du globe terrestre qui est depuis l'équateur, jusqu'à notre pole. *Septentrion* est aussi le vent cardinal qui souffle du côté de ce pole, qui est le plus fort de tous les vents & qui peut souffler en toutes les saisons. Il est fort & sec, on l'appelle communément la *bise*, sur la Méditerranée *Tramontane* & *Nord* sur l'Océan. lat. *Boreas.* angl. *north-wind.*

SEPTENTRIONAL, ale. *adj.* & *subst.* lat. *Borealis*, *septentrionalis.* ang. *septentrional*, *northern.* Qui appartient au septentrion. Les *septentrionaux* sont les peuples du Nord.

SEPTERÉE. *subst. fem.* lat. *Jugerum.* angl. *a measure of land.* Terre qui contient environ un arpent.

SEPTIÈME. *adj.* lat. *Septimus.* ang. *seventh.* Qui est en un rang où il en voit six avant lui... *s. m.* C'est la *septième* partie d'un tout, le *septième* mois de sa grossesse pour une femme..... *s. f.* Au jeu de Piquets c'est une suite de sept cartes de la même couleur.

SEPTIÉMEMENT. *adv.* lat. *Septimò.* angl. *seventhly.* En septième lieu.

SEPTIMONTIUM. *s. m.* Fête des sept montagnes de Rome, qui se célébra au mois de Décembre, après que la septième montagne fut enfermée dans la ville. On faisoit ce jour-là sept sacrifices en sept différens endroits. On s'envoyoit mutuellement des présens & les Empereurs faisoient au peuple des largesses.

SEPTIQUE. *adj.* (Médecine) Se dit des remédes topiques, qui corrodent les chairs en les fondant & les faisant pourrir sans causer beaucoup de douleur.... *Septiques* Philosophes. voy. *Sceptiques.*

SEPTRE. *voy.* Sceptre.

SEPTUAGÉNAIRE. *adj.* & *subst.* lat. *Septuagenarius.* ang. *septuagenary.* Qui est parvenu à l'âge de soixante & dix ans.

SEPTUAGÉSIME. *substant femin.* latin. & ang. *Septuagesima.* C'est le nom de l'un des Dimanches marqués dans le bréviaire qui est 70. jours avant le Samedi des octaves de Pâques, auquel jour on ôtoit les habits blancs des nouveaux baptisés & l'on commençoit à se préparer au jeûne du Carême.

SEPTUM. (Anatomie) Cloison, séparation, ce qui entoure. Il se dit de quelques parties du corps qui en séparent d'autres les unes d'avec les autres.

SEPTUPLE. *substan. mas.* & *adj.* Sept fois autant.

SÉPULCRAL, ale. *adject.* lat. *Sepulcralis.* ang. *sepulchral.* Qui appartient aux sépulcres, aux tombeaux. On dit une voix *sépulcrale* pour signifier une voix sombre & qui semble sortir d'un tombeau. Les lampes *sépulcrales* sont des lampes qu'on trouve dans les tombeaux des Martyrs, & dans les sépulcres des Payens. Colomne *sépulcrale* est une colomne élevée sur un tombeau avec une inscription sur son fût.

SÉPULCRE. *subst. mascul.* lat. *Sepulcrum*, *monumentum.* ang. *sepulchre*, *grave.* Tombeau, monument, lieu destiné à enterrer les corps des défunts. Les *Juifs* ou *Hébreux* en avoient grand soin & les creusoient pour la plûpart dans le roc ou les faisoient dans des caves sous terre. Lorsqu'ils devinrent un corps de nation, ils destinerent des champs ou des places à ce dessein & communement ils posoient des pierres ou d'autres marques particulières dans l'endroit où quelqu'un étoit enterré, afin que les Etrangers y fissent attention & qu'ils évitassent de contracter quelque impureté légale. Les Payens n'étoient pas moins pompeux en cette matière que les autres peuples & les fameuses pyramides d'*Égypte* sont des preuves subsistantes de leur magnificence. *Sépulcre* se dit aussi de la mort & du lieu où l'on reste après sa mort.

SÉPULTURE. *s. f.* lat. *Inhumatio.* anglois. *sepulture.* Action par laquelle on ensévelit un mort. Tombeau.

## S E Q

SEQUELLE. *s. f.* lat. *Sequela*, *comitatus.* anglois. *gang*, *club.* Suite de personnes ou de choses, qui vont ordinairement ensemble, ou qui sont attachées au parti, aux sentimens, aux intérêts de quelqu'un.

SEQUENCE. *sub. f.* Terme du jeu de *Hoc*; de l'*Imperiale* & autres jeux de cartes. C'est une suite de plusieurs cartes de même couleur. lat. *Series foliorum lusoriorum.* ang. *a sequence at cards.*

SEQUESTRATION. *s. f.* lat. *Sequestratio*, *separatio.* angl. *sequestration.* Action par laquelle on séquestre, on sépare.

SEQUESTRE. *s. m.* lat. *Depositum*, *sequestrarium.* ang. *sequestre.* Dépôt d'une chose litigieuse en main tierce, afin de la conserver à la partie à qui elle appartiendra. Il se dit aussi de la personne à laquelle on a confié le dépôt. lat. *Sequester.* ang. *he into whose hands a thing is sequestred.*

SEQUESTRER. *v. act.* lat. *Sequestro deponere.* ang. *to sequester or sequestrate.* Mettre en dépôt, en main tierce. Mettre à part.... Se *sequestrer*: se retirer; se mettre à l'écart, se séparer des autres.

SEQUIN. *s. m.* Espèce de monnoie d'or, valant sept francs monnoie de France. Elle a grand cours dans le Levant & à Venise où elle se fabrique. lat. *Sequinus nummus.* anglois. *zechin.*

## S E R

SERAÏ AGASI. *voy.* Seray Agasi.

SERANCER. *v. act.* lat. *Carminare*, *pectere.* ang. *to hatchel.* Passer par le serans des filasses ou autres matières, pour les rendre propres à être filées.

SERANCOLIN. *subst. m.* Sorte de marbre qu'on tire des Pyrenées. Il est isabelle & rouge. La carrière d'où on le tire est dans la vallée d'or proche de *serancolin.*

SERANS. *s. m.* Outil à préparer le chanvre ou le lin, à les rendre propres à être filés. C'est un petit ais chargé de plusieurs aiguilles de fer, qui forment des dents en guise de peigne à plusieurs étages. lat. *Pecten ferreus.* ang. *a hatchel.*

SÉRAPHIN. *s. m.* lat. *Seraphinus.* ang. *a seraphin.* Nom *Hébreu* qui signifie fondant, brûlant, ou purifiant. Il désigne quelquefois ces serpens aîlés & cruels qui détruisirent les *Israëlites* dans le désert & qui sont communs en *Arabie* & souvent il signifie le premier ordre de la première hierarchie des Anges au dessus des Chérubins, que le Prophéte *Isaïe* représente comme étant au dessus du trône de Dieu, avec six aîles dont deux leur couvrent la face, deux les pieds & les deux autres leur servent pour voler, criant & chantant sans cesse, *Saint*, *Saint*, *Saint est le Dieu des armées*, *toute la terre est pleine de sa gloire.*

SÉRAPHIQUE. *adj.* lat. *Seraphicus.* angl. *seraphick*, *seraphical.* Qui appartient aux Séraphins. Qui est zelé, ardent, plein d'admiration de la puissance & de la bonté de Dieu, &c. à la manière des Séraphins.

SÉRAPIES. *subst. plur.* Dieux domestiques des anciens *Égyptiens.* Ils plaçoient quelques-unes de ces idoles dans leurs fameuses pyramides, pour garder & conserver les corps de ceux qui y étoient enterrés, & pour conduire leurs ames dans le ciel. Les statues de ces Dieux étoient couvertes de figures hiéroglyphiques que les Egyptiens regardoient comme sacrées.

SÉRAPION. *s. m.* Temple fameux d'Alexandrie, ainsi nommé parce qu'on y avoit déposé la statue du Dieu sérapis. Il y avoit dans ce Temple une Bibliotheque où il y avoit jusqu'à 400, 000. volumes & elle ne servoit que de supplément à celle du Museon où l'on en comptoit jusqu'à 700, 000. Celle-ci ayant presque été entièrement brûlée, dans la guerre que César eut avec ceux d'Alexandrie, on s'attacha uniquement à la Bibliotheque du *Sérapion* qui devint plus nombreuse & plus considérable que la première ne l'avoit jamais été. Mais enfin au 7e. siécle elle fut brûlée par les Sarrasins, qui en employerent les livres à chauffer les bains publics, au lieu de bois, ce qui dura plus de six mois.

SÉRAPIS. *s. m.* L'un des Dieux *Egyptiens*, représenté avec un boisseau de bled sur la tête, d'où plusieurs Auteurs ont conclu que c'étoit *Joseph* qui étoit adoré sous ce nom, ayant été l'instrument dont Dieu se servit pour délivrer les *Egyptiens* de la famine. On dit aussi que c'étoit le même qu'*Apis.* A cela on répond qu'on n'avoit oui parler de *Serapis* que plusieurs siécles après *Joseph* & que c'est le Roi *Ptolomée* qui avoit tâché de l'introduire. Les *Romains* défendirent de célébrer dans leur ville les cérémonies de *Sérapis*, à cause de leur infamie. Il y avoit une statuë de ce Dieu, dont les Empereurs *Adrien* & *Julien* voulurent avoir une copie, qui étoit composée de différentes sortes de métaux, de pierres précieuses & de bois. Le Temple & la statue de ce *Serapis* furent démolis à *Alexandrie* pendant le regne de *Theodose le Grand* en 380, après une sédition qui y fut excitée par les Payens. Ils étoient irrités de ce que *Theophile d'Alexandrie* ayant demandé un vieux Temple à l'Empereur, on y avoit trouvé des grottes souterraines qui découvroient les mystères abominables de leur Religion.

SÉRASKIER. *s. m.* Parmi les *Turcs* est un général d'armée. Mais aujourd'hui ce titre ne se donne qu'à un général subordonné, qui commande une petite troupe ou une partie d'une grande armée.

SÉRASQUIER. *voy.* Séraskier.

SÉRASSE. *s. f.* Toile de coton, qui se fabrique en plusieurs endroits des Indes Orientales, particulièrement à Cambaye.

SERAY AGASI. *subst. masc.* Quatrième Aga du Sérail, qui ne sort jamais de Constantinople, & qui fait l'office des trois autres Agas, quand ils sont absens.

SERCHE, *ou* Cerche. *s. f.* Sorte de bois de refente, de chêne ou de hêtre, qu'on nomme plus communément *éclisse.*

SERDEAU. *sub. m.* lat. *Apotheca mensaria.* ang. *an office in the king's houshold, to which all the dishes that come off the king's table are carried.* Lieu ou office de la maison du Roi, où l'on porte ce qu'on releve de sa table, &

où mangent plusieurs des Officiers servans près de sa personne. C'est aussi un Officier chez le Roi, qui reçoit tous les plats de la desserte de la table du Roi.

SEREIN. *s. m.* lat. *Nocturni rores.* ang. *a sort of mil-dew.* Humidité froide & invisible qui tombe vers le coucher du soleil, qui engendre les rhumes & les caterres.

SEREIN, eine. *adj.* lat. *Serenus.* ang. *serene, clear, open.* Se dit de l'air, quand il n'est troublé par aucun nuage. Gai, tranquille.... Jours *séreins* ( Figurément ) Jours heureux.

SÉRÉNADE. *sub. f.* lat. *Nocturnus ad fores concentus.* ang. *serenade, night-musick.* Concert qu'on donne pendant la nuit à quelqu'un pour l'honorer ou le divertir. Quelquefois il n'y a que des instrumens, souvent on y mêle des voix.

SÉRÉNISSIME. *adj.* lat. *Serenissimus.* ang. *most serene.* Titre d'honneur qu'on donne aux Princes, aux Reines & aux enfans des Rois, & aussi à quelques Republiques.

SÉRÉNITÉ. *sub. f.* lat. *Serenitas, serenum.* ang. *serenity.* Disposition de l'air & du ciel, qui fait le beau-tems, où il ne paroit point de nuages, qui le rendent sombre ou obscur. Visage serein. C'est aussi un titre qu'on donne à quelques Princes de l'Empire & premiers Magistrats de Republiques.

SÉRÈQUE. *s. m.* Espèce de genêt, appellé *herbe à jaunir* parce que les Teinturiers s'en servent pour teindre en jaune. On lui donne aussi le nom de *petit genêt.*

SÉREUX, euse. *adj.* lat. *Sero plenus.* ang. *serous.* Se dit du sang & des humeurs qui sont mêlés d'eau & de pituite.

SERF, Serve. *adj.* & *subst.* lat. *Servus, captivus, mancipium.* ang. *that is in bondage.* Qui est esclave, qui est en la puissance absoluë d'un maître. *Serf de corps:* celui qui est de condition servile, à la différence de ceux qui ne sont serfs qu'à cause de leurs héritages. *Serf de peine:* est celui qui est condamné à une peine afflictive, comme aux galères.

SERFOUETTE. *s. f.* ( Jardinier ) Petit instrument de fer, dont on se sert pour remuer la terre autour de certaines plantes, & leur donner un peu de labour.

SERFOUETTER. *voy.* Serfouir.

SERFOUÏR. *v. act.* Remuer la terre avec la serfouette.

SERGE. *sub. f.* lat. *Laneum textum levius.* ang. *serge.* Etoffe commune & légère de laine croisée.

SERGENT. *s. m.* lat. *Apparitor.* ang. *a sergeant, a catch-pole.* Huissier, le plus bas Officier de justice, qui sert à exécuter ses ordres. *Sergent fieffé*, est celui qui a la charge de faire des exploits pour la recherche & conservation des droits féodaux du Seigneur, &c. *Sergens d'armes* sont des Massiers & Huissiers qui portent des masses devant le Roi, qui servoient autrefois dans les cérémonies & qui pouvoient faire office de sergenterie par tout le Royaume & surtout contre les Princes & grands Seigneurs. En termes de *Guerre* c'est un bas Officier d'Infanterie qui est dans chaque compagnie, armé d'une halebarde & préposé pour faire garder les distances, & dresser les files & les rangs. Chaque compagnie des gardes à six *sergens*; celles des autres corps en ont deux. Les compagnies des Dragons en ont aussi deux. *Sergent major*, ou *sergent de bataille* est un grand Officier dans un Régiment d'Infanterie, qui sert à cheval, qui a soin de faire faire exercice à son corps, de former le bataillon, de le rallier dans une déroute & d'en avoir soin en toute occasion. *Sergent* est aussi un instrument de menuiserie, composé de deux crampons de fer dont l'un est mobile dans une longue barre de fer. Il sert à joindre & à tenir serrés les ais d'une porte fraichement assemblés & collés.

SERGENTER. *v. act.* Envoyer des sergens pour faire payer quelqu'un. Faire l'office de sergent. Il signifie quelquefois se faire justice à soi-même, en enlevant quelque chose appartenante à son débiteur.

SERGENTERIE. *subst. fem.* lat. *Apparitura.* ang. *a sergeant's place.* Qualité ou charge de sergent.

SERGERIE. *s. f.* Manufacture des serges, commerce qui s'en fait.

SERGETTE. *s. f.* lat. *Pannus levis texturæ.* ang. *a slender kind of serge.* Serge fort légère & fort mince.

SERGIER. *s. m.* Ouvrier qui fait de la serge. lat. *Lanei texti levioris textor.* ang. *a maker of serges.*

SÉRIE. *s. f.* lat. & ang. *series.* Suite, nombre de choses disposées de suite dans un ordre régulier. On se sert en *Algébre* de ce mot pour exprimer les rangs ou progressions de nombres ou de quantités qui vont en croissant ou en décroissant d'une manière constante, & lorsque ces quantités sont supposées continuées à l'infini elles sont égales à la quantité dont il est question; si non elles s'en approchent continuellement de plus en plus.

SÉRIEUSEMENT. *adv.* lat. *Seriò*, *absque joco.* anglois. *seriously.* Tout de bon & sans raillerie.

SÉRIEUX, euse. *adj.* lat. *Serius, gravis.* ang. *serious.* Qui est grave, posé; qui imprime du respect, qui n'est ni enjoüé, ni gai. Solide, important, & il est opposé à frivole, léger, & de peu de conséquence. Sincére.

SÉRIEUX, *substant. mascul.* lat. *Gravitas.* ang. *seriousness.* Gravité; air sage, & sévére.

SERIN. *s. m.* lat. *Acanthis.* ang. *a thistle-finch.* Petit oiseau qui a le bec court, qui est jaûne sous la gorge, qui est estimé pour son chant, & à qui on apprend à siffler, à chanter des airs entiers. *Serin* espèce de sérans dont on se sert pour séparer la filasse de chanvre de la plus grosse chenêvote qui y reste après que le chanvre a été broyé. On l'appelle autrement *écoussoir* ou *échanvroir.*

SERINE. *s. f.* Femelle du serin.

SERINCER. *v. act.* Se servir du serin pour séparer la chenêvotte de la filasse.

SERINCHER. *voy.* Serincer.

**SERINGAT.** *s. m.* Fleur blanche qui vient au Printems, & dont l'odeur est très-forte.

**SERINGUE.** *s. f.* lat. *Syphon.* ang. *a siringe.* Instrument qui sert à compresser l'air, ou les liqueurs. Il est composé d'un cylindre concave & d'un piston qui l'emplit exactement. Son mouvement fait sortir avec violence par un petit trou qui est à l'extrémité l'air ou la liqueur, qui y est enfermée.

**SERINGUER.** *v. act.* lat. *Liquorem injicere.* ang. *to siringe, to squirt.* Pousser une liqueur avec une seringue.

**SÉRIOSITÉ.** *s. f.* Ne se dit point, on dit à la place *sérieux*, pour signifier air grave qui rend les choses sérieuses. *voy.* Sérieux, *s. m.*

**SERMENT.** *s. m.* lat. *Juramentum.* ang. *an oath.* Action par laquelle on prend Dieu à témoin de la vérité de quelque affirmation. *Serment* en plaids, est celui que le Juge exige d'une partie dans un procès. *Serment corporel* est celui qui se fait en soi simple. Le *serment* se fait quand on leve la main devant un Juge, qui fait promettre sur la part qu'on prétend en Paradis, de dire la vérité. *Serment* se dit aussi de la promesse solemnelle qu'on fait d'exécuter, d'observer quelque chose. Les vœux sont des *sermens* & des promesses qu'on fait à Dieu. Tous les faux *sermens* sont défendus rigoureusement dans l'ancien & dans le nouveau Testament, aussi bien que les *sermens* profanes & ceux que l'on peut faire par quelque fausse divinité, &c. mais lorsque la nécessité ou l'occasion l'exige, on peut jurer innocemment & par le vrai Dieu pour soutenir & découvrir la vérité. Dans les *sermens* on ajoute quelquefois *ainsi Dieu me soit en aide*, pour dire que celui qui prête *serment* renonce à la vie éternelle au cas que ce qu'il dit ne soit pas vrai. On appelle tout Officier public, un homme qui a *serment* en justice, parce que quand on reçoit les Officiers, ils prêtent *serment* de garder les Ordonnances. *Serment de fidélité* se dit non-seulement du *serment* que les Prélats prêtent entre les mains du Roi, mais encore de la première prébende vacante dans l'Eglise du Prélat qui a prêté *serment*, dont la collation appartient au Roi.

**SERMENTÉ.** *adj. m.* S'est dit autrefois de ceux qui avoient prêté serment de fidélité pour servir à la guerre.

**SERMOLOGE.** *substant. mascul.* lat. *Sermologus.* ang. *a collection of sermons.* Recueil de sermons.

**SERMON.** *sub. m.* lat. *Concio, de rebus divinis oratio.* ang. *a sermon.* Discours chrétien prononcé en chaire, & dans une Eglise, pour instruire le peuple des mystéres de la foi & le porter à la piété. *Sermon* se dit aussi ironiquement d'un discours importun, ennuyeux, & particuliérement de celui qui contient quelques remontrances.

**SERMONAIRE.** *s. m.* lat. *Concionum scriptor.* ang. *a writer of sermons.* Auteur qui a fait imprimer ses sermons, ou qui a fait une compilation de sermons.

**SERMONER.** *verb. neut.* lat. *Concionari fusiùs*, anglois. *to sermonize.* Faire de grands discours pleins de remontrances, ou de choses ennuyeuses.

**SERMONETTE.** *subst. f.* Anémone qui a de grandes feuilles & la peluche couleur de feu entremêlée de chamois.

**SERMONEUR.** *s. m.* lat. *Importunus concionator.* ang. *a tedious preacher.* Grand parleur qui fait d'ennuyeuses remontrances, de longs discours.

**SERMONTAIN.** *s. m.* Seseli de *Marseille*, voy. *Seseli.*

**SÉRONGE.** (Chites de) Toiles peintes qu'on tire des états du Mogol.

**SÉROSITÉ.** *s. f.* lat. *Serositas.* angl. *serosity.* Liqueur aqueuse mêlée avec le sang, ou avec les autres humeurs; bile âcre & ardente qui approche fort du sang, mais qui étant épanchée ne se lie pas comme le sang.

**SERPE.** *s. f.* lat. *Falx.* ang. *bill.* Instrument de fer qui sert à couper les menues branches des arbres, à tailler quelques ouvrages de bois..... Ouvrage fait à la *serpe*, ouvrage mal travaillé.... *Serpe*, en termes de *Marine*, se dit des tranchans pour couper les cordages de l'ennemi, dans l'abordage. *Serpe d'armes*: arme offensive, qui approche de la figure d'une *serpe* ordinaire.

**SERPÉGER.** *v. n.* En termes de *Manége*, c'est conduire un cheval en serpentant, & tracer une pile tournée en ondes comme les replis d'un serpent. On dit plus communément dans le même sens *serpenter.*

**SERPELIÈRE.** *voy.* Serpillière.

**SERPENT.** *s. m.* lat. *Serpens, anguis.* ang. *serpent, snake.* Signifie en général tout animal vénimeux & nuisible. Dans l'*Ecriture* il est fait mention de plusieurs espèces de *serpens* de différentes formes & qualités, quelques-uns avec des jambes, d'autres qui n'en ont point, & d'autres qu'on nomme *seraph* ou *sareph* qui ont des ailes comme les chauve-souris, sans plumes & seulement une espèce de membrane. Il y a des *serpens* d'eau, qu'on nomme autrement des *hydres*, & des *serpens* de haye appellés par les passans *Anguilles de haye.* Le *serpent coule sang* est ainsi appellé parce que le sang coule par toutes les parties du corps de celui qui en a été mordu; & le *serpent pourrisseur* tire son nom de ce que la partie qu'il a morduë se pourrit incontinent avec de grandes douleurs. Le *serpent marin* est presque semblable au congre en grosseur & en couleur, mais plus noir & plus dangereux. Il se cache dans le sable en un clin d'œil, en y faisant un trou avec son museau qui est fort pointu. Il y a dans l'*Amérique* un *serpent* fort dangereux, qu'on appelle *serpent à sonnette*, parce qu'avec le bout de sa queuë il fait un bruit approchant du son des sonnetes. On trouve dans le *Malabar* un *serpent* ordinairement gros comme le doigt & long de 5 ou 6 pieds. Il est de couleur verte ce qui l'empêche de le distinguer sur l'herbe. C'est aux yeux, au nés & aux oreilles qu'il s'attache presque toujours. Il n'empoisonne point par sa morsure, mais il a sous le cou une vessie de venin subtil qu'il répand là où il s'attache & contre lequel il n'y a point de remède. Le *serpent d'Esculape* est la seule espèce de *serpent* qui ne soit point venimeux & qui puisse être apprivoisé sans faire du mal. Il est une pierre qu'on appelle pierre de *serpent*, qu'on dit être souveraine contre la morsure des animaux venimeux. Quelques-uns ont cru qu'elle se forme dans la tête de certains serpens, mais la vérité est qu'elle se fait d'une certaine composition. L'*Ecriture* fait de fréquentes allusions à ces animaux & nous apprend que le Démon prit la forme du *serpent* pour tenter *Eve*. Les anciens *Payens* adoroient les *serpens*, & gardoient dans des paniers de jonc ou d'osier ceux qui étoient consacrés à *Cerés*, *Bacchus* & *Proserpine*. Les Hérétiques qu'on nommoient *Ophites* adoroient un *serpent* qu'ils gardoient dans leurs Temples & qu'ils nourrissoient avec du pain. Les *Egyptiens* avoient des *serpens* dans leurs Temples, & *Esculape* le Dieu prétendu de la Medécine étoit adoré sous la figure d'un grand *serpent*. En *Astronomie* c'est une des constellations septentrionales : elle contient selon *Ptolomée* 29, selon *Tycho Brahé* 25, & selon *Flamsteed* 69. étoiles de différente grandeur. Il y a aussi une constellation de l'hemisphère Sud qu'on appelle *serpent méridional*. En *Musique* c'est un instrument qui sert de basse au cornet à bouquin pour soutenir un chœur de chantres dans un grand vaisseau.

SERPENTAIRE. *s. f.* lat. *Dracunculus*. ang. *dragon-wort*. Plante dont la tige est marbrée de différentes couleurs, comme la peau d'un serpent.... *s. m.* Constellation septentrionale. voy. *Ophiucus*.

SERPENTE. *s. f.* Sorte de papier pour faire des chassis.

SERPENTEAU. *s. m.* lat. *Anguiculus*. ang. *a young serpent*. Petit serpent nouvellement éclos. Il se dit aussi des petites fusées qui sortent d'une plus grosse, lorsqu'elle a crevé en l'air ; ou d'autres petites fusées pliées de telle manière qu'étant allumées elles s'élancent de côté & d'autre en serpentant. En *Artillerie* c'est un cercle de fer muni de petites grenades chargées, & de pointes aiguës, qui se jette sur une muraille. Etre coiffé en *serpenteaux*, c'est avoir les cheveux abattus sur le front & sur les joues, bien bouclés & bien annelés.

SERPENTER. *verb. n.* lat. *Flexuoso fluxu ferri*. ang. *to go winding about*. Faire divers tours ou replis tortueux. *Serpenter* ( Manége ) voy. *Serpéger*.

SERPENTICOLE. *subst. masc.* & *f.* Adorateur de serpens.

SERPENTIN, ine. *adject.* lat. *Serpentinus*. anglois. *serpentine*. Qui a quelque rapport au serpent.... Marbre *serpentin* ou pierre *serpentine* : pierre verdâtre approchant de l'héliotrope, mais beaucoup plus tendre.... Langue *serpentine*, ou médisante. En termes de *Manége*, langue *serpentine* se dit de celle d'un cheval quand elle est trop fretillante jusqu'à passer quelquefois sur l'embouchure. Colomne *serpentine* est celle qui est faite de trois serpens entortillés dont les têtes servent de chapiteaux.

SERPENTIN. *s. m.* lat. *Catapultariæ restis admovendæ manicula*. ang. *the cock of a musquet*. Ferrement qui est mobile sur la platine du mousquet, qui sert à porter la mèche sur l'amorce & à lui faire prendre feu.... Pièce d'artillerie autrement appellée *couleuvrine*.... En *Chymie*, c'est un tuyau de cuivre, ou d'étain qui monte en serpentant depuis la vessie ou le bas de l'alembic, jusqu'à son chapiteau & réfrigérant, qui sert aux distillations des eaux de vie, & des autres liqueurs. *Serpentin* sorte de pierre. *voy.* Serpentin. *adj.*

SERPENTINE. *s. f.* C'est le nom de deux plantes dont l'une s'appelle plus ordinairement *langue de serpent* & l'autre *serpentaire*.... Sorte de pierre fine. *voy.* Marbre *serpentin*, au mot *serpentin. adj.*

SERPER. *v. n.* lat. *Anchoras tollere*. angl. *to weigh anchor*. Terme de *Marine*, qui signifie, lever l'ancre d'une galère ou d'un bâtiment de bas bord.

SERPES. ( Marine ) Harpons.

SERPETTE. *sub. f.* lat. *Falcula*, *serpicula*. ang. *a hooked knife*. Petite serpe, qui sert aux Jardiniers & aux Vignerons pour tailler & enter les arbres, & pour faire les vignes.

SERPILLIÈRE. *s. f.* lat. *Segestria*. ang. *sarplier*. Grosse toile ou canevas de vil prix, qui sert aux Marchands pour emballer leurs marchandises.

SERPOLET. *s. m.* l. *Serpyllum*. ang. *creeping thyme*. Petite plante rampante & aromatique.

SERRAGE, *ou* Serres. ( Marine ) Assemblage des planches qui font le revêtement ou le lambris intérieur du vaisseau. L'extérieur s'appelle *bordage*.

SERRAIL. *s. m.* lat. *Serrallium*. ang. *seraglio*. C'est le Palais d'un Prince ou d'un grand Seigneur *Turc*. Mais on donne plus particulièrement ce nom à la cour du Grand Seigneur à *Constantinople*, où les enfans de la Noblesse sont élevés & d'où on les tire pour occuper les plus grands postes de l'Empire, & où sont renfermées ses concubines. C'est pour cette dernière raison qu'on appelle *serrail* un lieu de débauche où se retirent les femmes de mauvaise vie. *Serrail* se prend aussi pour les femmes & les concubines qui l'habitent.... C'est encore cette partie des maisons Royales où l'on renferme les lions, les ours & autres bêtes farouches.

SERRATULE. *voy.* Serrette.

SERRE. *subst. fem.* lat. *Falcati ungues*. ang. *the talon or pounces of a hawk*. Terme de *Fauconnerie*, qui se dit des griffes, des ongles d'un oiseau de proye. C'est aussi un couvert dans lequel on serre pendant l'Hiver les orangers & les autres arbres qui craignent le froid. C'est encore l'endroit où l'on conserve le fruit quand il est cueilli.... Action de serrer, de presser le marc de raisin & autres fruits au pressoir.

SERRÉ. *adj.* On dit qu'un cheval est *serré* du devant, du derrière, pour dire qu'il est étroit.

SERRÉ. *adv.* Fortement.

SERRE-ARGENT. *subst. m.* Chambre ainsi nommée chés les grands Trésoriers, qui est bien grillée, bien fermée & bien étayée, où l'on serre l'argent quand il est en trop grande abondance, pour être contenu dans des coffres forts.

SERRE-BAUQUIÈRES. (Marine) Grosses & longues piéces de bois, qui regnent autour du vaisseau, sur lesquelles on pose le bout des baux.

SERRE-BOSSES. (Marine) Cordages qui servent à tenir & à arrêter les ancres sur les hanches du vaisseau.

SERRE-DEMI-FILE. *substant. masc.* Soldat qui est au milieu de la hauteur du bataillon.

SERRE-FILE. *subst. masc.* Soldat du dernier rang d'un bataillon qui en termine la hauteur. lat. *Vragus, qui caudam ducit.* ang. *the bringer up.*

SERRE-GOUTIÈRES. (Marine) Grosses piéces de bois qui font le tour du vaisseau en dedans, & qui servent de liaison au vaisseau.

SERREMENT. *s. m.* lat. *Compressio.* ang. *squeezing.* Action par laquelle on serre... *Serrement de cœur:* état où se trouve le cœur, quand il est saisi de douleur. lat. *Cordis constrictio.* ang. *oppression of the heart.*

SERRÉMENT. *adv.* lat. *Compressè, strictè.* ang. *close, near.* D'une manière serrée.

SERRE-PAPIERS. *s. m.* Arrière-cabinet où l'on serre des papiers... Sorte de tablette divisée en plusieurs compartimens, qui se met ordinairement au bout d'un bureau, & où l'on arrange des papiers.

SERRER. *v. act.* lat. *Constringere.* ang. *to squeeze, wring, strain.* Lier, étreindre. Presser, s'approcher; faire qu'une chose occupe moins de lieu, qu'elle fasse place à d'autres. Mettre à l'étroit; ne laisser pas la liberté de s'étendre; presser. Renforcer, augmenter. Retrancher le superflu. Enfermer, mettre à couvert...... (Marine) *Serrer* de voiles, c'est porter peu de voiles. *Serrer* le vent, s'approcher du vent, prendre l'avantage du vent, aller de côté, bouliner, aller au lof & au plus près du vent.

SERRES. (Marine) *voy.* Serrage.... *Serres* d'une écrevisse. *voy.* Mordant.

SERRE-TÊTE. *s. m.* Ruban qu'on met autour du bonnet de nuit, afin d'avoir la tête plus serrée.

SERRETTE. *s. f.* Plante autrement appellée *serratule* & à qui on a donné ces noms parce que ses feuilles sont dentelées comme de petites scies. Elle est utile en Médecine, & les Teinturiers s'en servent pour donner couleur aux draps de laine.

SERRON. *s. m.* Petite caisse dans laquelle on apporte les différentes productions du nouveau monde.

SERROT. *sub. m.* Terme d'*Oiseleur.* Bâton long d'un pied, qui tient ou serre une machine qui sert à prendre des oiseaux.

SERRURE. *s. f.* lat. *Sera.* ang. *a lock.* Petit instrument de fer fort artiste, qu'on attache à la porte d'une maison, au guichet d'une armoire, à un coffre, pour le fermer si bien, qu'on ne le puisse ouvrir sans avoir la clef.

SERRURERIE. *sub. fem.* lat. *Fabrilis ferraria.* angl. *the lock-smith's work, or trade.* Art de travailler le fer, & particulièrement de faire des serrures.

SERRURIER. *sub. m.* lat. *Ferrarius faber, ferrarius.* angl. *a lock-smith.* Artisan qui travaille en fer, qui en fait divers ouvrages, & particulièrement des serrures, & ce qui sert aux clôtures & aux bâtimens.

SERSE. *s. f.* Gabarit. Modèle qu'on fait pour la construction d'un vaisseau.

SERSUKER. *s. mas.* Etoffe des Indes soie & coton, rayée de soie, & travaillée à peu près comme la mousseline.

SERTIR. *v. act.* lat. *Gemmam caveâ includere.* ang. *to set a stone in a beazil.* Terme de *Jouailler.* Enchasser une pierre précieuse dans un chaton, en rabatant les petites parties du métal qui l'y tiennent arrêtée.

SERTISSURE. *subst. fem.* Manière dont une bague est serrée & enchassée dans un chaton.

SERVANT, ante. *adj.* lat. *Servus, serva.* ang. *serving.* Qui est inférieur, qui sert. Les *servans d'armes* dans l'ordre de Malte sont ceux du troisième rang. Ils portent l'épée. Mais ils ne sont pas nobles de quatre races comme les Chevaliers. C'est-à-dire que les Chevaliers doivent faire preuve de leur noblesse jusqu'à leur grand Père inclusivement, tant du côté du Père que du côté de la Mère, & cela pour plus de 100 ans; ceux-là sont du premier rang. Les Chapelains ou les Prêtres sont du second & les *servans d'armes* du troisième. *Fief servant*, qui releve d'un autre appellé *fief dominant.*

SERVANTE. *sub. f.* lat. *Ancilla, famula:* ang. *servant, a servant-maid.* Fille ou femme qui sert dans une maison. Terme de compliment. *Servante*, instrument de gantier. voyez *Renformoir.*

SERVE. *substantif feminin.* Lieu où l'on conserve le poisson pour le prendre à mesure qu'on en a besoin.

SERVETISTES. *substant. masculin pl.* Nom qu'on donne aux Antitrinitaires, & aux Anabaptistes comme s'ils étoient les disciples de *Michel Servet*, quoiqu'il n'en ait point eu, ayant été brûlé à Genêve avec ses livres 1553. Calvin qui s'est élevé avec tant de hauteur contre les voies de contrainte dont on use contre les Hérétiques, ne laissa pas de poursuivre celui-ci à toute outrance, & vint à bout de le faire condamner au plus cruel supplice. Comme les livres qu'il a écrit contre le mystère de la très Sainte Trinité sont très rares, ses sentimens sont peu connus.

SERVIABLE. *adj.* lat. *Officiosus, obsequiosus.* anglois. *serviceable.* Qui sert volontiers & promptement.

SERVICE. *s. m.* lat. *Famulatus, servitium.* ang. *service.* Office, état, ou condition d'un domestique ou d'un esclave. Secours que les hommes se donnent les uns aux autres. Plats qu'on sert sur la table tout à la fois pour la garnir. Prières & devotions qu'on fait publiquement dans les Eglises pour rendre gloire à Dieu. Messe haute qu'on chante pour un mort, à laquelle on invite les parens & amis. *Service* se dit aussi de ce qu'on fait d'utile, pour le Roi, pour l'Etat, pour le Public, tant en guerre qu'en paix ; & de même de l'emploi, de la fonction de ceux qui servent le Roi dans la Magistrature, dans les Finances, & particulièrement dans les Armées. On emploie encore ce mot en parlant du secours que rendent les animaux & même les choses inanimées. . . . . *Service* : assortiment de meubles qui sert à la table, soit vaisselle, soit linge. Au jeu de *Paume* c'est le côté où est celui qui sert, qui jette la balle. Dans la maison du Roi on appelle *service*, tous ceux qui sont nécessaires au *service* actuel du Roi.

SERVIETTE. *s. f.* lat. *Mantile.* ang. *napkin.* Linge de table qu'on met sur chaque couvert, pour manger proprement, pour étendre sur les habits, & s'en essuyer les mains & la bouche.

SERVILE. *adject.* lat. *Servilis.* ang. *servile.* Qui appartient à l'Etat, à la fonction d'un Valet, d'un Artisan ; qui est bas & méchanique. *Figurément* il se dit de l'esprit & du courage.

SERVILEMENT. *adv.* lat. *Serviliter*, *ignavè.* anglois. *servilely.* D'une manière lâche & servile.

SERVIOTE. *s. f.* ( Marine ) Piéce de sapin, qui sert à former l'éperon & à le tenir en état.

SERVIR. *v. act.* & *neut.* lat. *Colere.* ang. *to serve.* Porter honneur, respect & affection à quelqu'un. S'enroller, prendre parti dans les troupes. Obliger quelqu'un ; lui rendre de bons offices : lui être utile. Être domestique. Couvrir la table. Présenter un morceau à table. Être bon à quelque chose. Être d'usage. Protéger, assurer, couvrir. *Servir* une batterie, l'artillerie, le canon, avoir soin que le canon tire bien. *Servir* la voile, mettre à la voile, ou porter quelque voile particulière. *Servir* la balle, ou absolument *servir* c'est au jeu de paume jouer le premier une balle, la faire couler sur le toit. En matière féodale, dépendre d'un autre ; faire la foi & hommage au Seigneur & lui payer les droits qui lui sont dûs.

SERVIS. *subst. m.* ( Droit ) Rentes Seigneuriales.

SERVITES. *s. m. pl.* Ordre de Religieux qui ont pris leur nom de ce qu'ils s'attachent au service de la Sainte Vierge. Ils suivent la regle de S. Augustin.

SERVITEUR. *s. m.* lat. *Servus*, *minister.* angl. *a servant.* Qui révére quelqu'un, qui lui obéit, qui le sert. Terme de civilité.

SERVITUDE. *s. f.* lat. *Servitus*, *servitium.* ang. *servitude*, *bondage.* Esclavage, captivité, condition servile. Sujettion & dépendance d'un Maître. Oppression, soumission, sujettion à l'Empire, à l'autorité d'un Prince, ou d'un Tyran qui abuse de son pouvoir. Attachement, assujetissement, contrainte que forment les devoirs, ou les engagemens de la Société : esclavage des passions. Redevance, sujettion dont un héritage est chargé. Droit pour un passage, un évier, &c.

SERUM. *s. m.* En *Anatomie* est cette liqueur aqueuse, claire, transparente, jaunâtre, un peu salée, qui est composée principalement d'une eau empreinte d'un peu de sel & de soufre, & dont l'usage est de délayer le sang & d'en être le vehicule.

## S E S

SÉSAME. *subst. m.* Espèce de digitale, que quelques-uns appellent *Jugioline* ou *Gingeoline.* Elle croît en Syrie & à Alexandrie. Les Egyptiens s'en servoient en fomentation pour l'ophtalmie, pour la toux, pour l'asthme. On tire de sa semence par expression une huile qui est bonne à manger & résolutive.

SÉSAMOÏDE. *adj. m.* ( Anatomie ) Se dit de plusieurs os fort petits placés dans les jointures des doigts pour les fortifier, & empêcher qu'ils ne se disloquent. Ils sont ainsi nommés parce qu'ils ressemblent à la graine de sésame. *Sesamoïdes.*

SÉSAMOÏDE. *s. f.* Plante dont la tige est revêtuë de feuilles fort étroites, semblables à celles de la linaire, oblongues, vertes. Ses fruits sont formés en rosettes coupées en étoiles, & sont remplis de semences menues.

SESBAN. *subst. m.* Arbrisseau qui croît en Egypte, de la hauteur du mirte, & dont le tronc est garni d'épines. Ses rameaux sont d'un verd gai, un peu roussâtres, rudes au toucher. Ses feuilles ressemblent à celles de la securidaca, mais plus longues & plus étroites. Ses fleurs sont jaunes, semblables à celles de l'anagyris, disposées en grappes. Les siliques qu'il porte & les semences qu'elles renferment ressemblent à celles du fénugrec. La semence est propre pour fortifier l'estomac, & elle est astringente.

SÉSELI. *s. m.* Plante dont il y a plusieurs espèces, le *seseli de Marseille* ou *fenouil tortu*, dont la semence est discussive, céphalique & propre pour résister au venin ; le *seseli d'Ethiopie*, dont la semence est très bonne à ceux qui sont travaillés du haut mal, & le *seseli de Morée* dont la semence conforte & échauffe l'estomac, est diurétique & a cent autres bonnes qualités, étant bonne à toutes les parties intérieures.

SESME. *s. m.* Sorte de filet à pêcher.

SESQUIALTÈRE. *adj.* lat. *Sesquialter.* ang. *sesquialteral.* Qui a la moitié en sus ou qui est un & demi.

SESQUITIERCE. *adject.* ( Arithmétique & Géometrie ) Se dit de deux grandeurs, soit nombres, soit lignes, dont l'une contient l'autre une fois avec l'addition de sa tierce. Ainsi 4. contient 3. une fois plus un qui est le tiers de 3.

SÉSSE. *substant. mascul.* Utencile de bois, creux en partie, pour ôter l'eau des petits bâteaux.

SESSION. *sub. fem.* lat. *Sessio.* ang. *the session or sitting of a council.* Séance ou assemblée d'un Concile.

SESTERCE. *s. m.* lat. *Sestertius.* ang. *sesterce.*

Monnoie d'argent chez les Romains. On a fait beaucoup de recherches pour l'évaluer, mais tout ce qu'on sait de plus certain c'est que le grand sesterce valoit mille fois plus que le petit.

SESTUPLE. *subst. f.* (Musique) Espèce de triple mixte, ou mesure à 6. tems.

S E T

SETEUILLE. *s. f.* Espèce de poisson.

SETERÉE. *voy.* Setine.

SETHIENS. *s. m. pl.* Anciens Hérétiques qui étoient une branche des premiers Gnostiques. Ils ont été ainsi appellés parce qu'ils faisoient gloire de tirer leur origine de Seth fils d'Adam, & ils croyoient que Seth & Jesus étoient le même homme.

SÉTIE. *s. f.* Barque Turque.

SETIER. *voy.* Septier.

SETINE. *substantif feminin.* Etenduë ou quantité de prés que 6. hommes peuvent faucher en un jour.

SÉTIOLER. *v. n. voy.* Etioler.

SÉTON. *s. m.* lat. *Cauterium filis transfixum*, ang. *a setum or rowel.* En *Chirurgie* est un remède qui sert comme un cautère à détourner les fluxions qui sont sur les yeux, en faisant une playe à la peau du derrière du col, qu'on entretient en suppuration par le moyen d'un fil de coton ou de soie qu'on y passe.

S E V

SÈVE. *sub. f.* lat. *Vernans humor.* ang. *sap.* Liqueur enfermée dans les plantes & dans les arbres, qui leur sert de nourriture, & qui monte de la racine jusqu'à l'extrémité de leurs branches. Graisse de la terre qui monte entre les écorces des arbres en telle abondance ; que par fois elle en sort. *Sève* se dit aussi d'une qualité du vin, d'une certaine saveur conforme à la nature du cep de vigne.

SÉVÈRE. *adj.* lat. *Severus*, *austerus*, *asper.* ang. *severe*, *strict*, *rigid.* Exact, rigide ; inflexible ; religieux observateur des loix, de la discipline & des regles. En parlant de l'air c'est, chagrin, refrogné, & de la conduite c'est grave, & austère.

SÉVÈREMENT. *adverb.* latin. *Severè*, *austerè.* ang. *severely.* D'une manière sévère.

SÉVÉRIENS. *subst. masc. pl.* Il y a eu deux sortes d'Hérétiques de ce nom. Les uns étoient une branche de Gnostiques impurs & eurent pour chef un nommé *Severus*, qui dogmatisa au commencement du troisième siécle. Les autres étoient *Acephales Eutychiens.* Leur chef nommé *Severe*, qui étoit un très méchant homme s'empara du siége d'Antioche en 513. Il fit tous ses efforts pour abolir entièrement le Concile de Calcedoine.

SÉVÉRITÉ. *s. f.* lat. *Austeritas*, *rigor.* ang. *severity*, *strictness*, *rigour.* Inflexibilité, rigueur, exactitude à observer les loix, à punir, &c. Vertu farouche & accompagnée de rigidité.

SEVERONDE. *sub. fem.* Sortie d'un toit sur la ruë.

SEVICES. *s. f. pl.* lat. *Sævities.* ang. *roug hor ill usage.* Rude traitement.

SEUIL. *s. m.* lat. *Limen.* angl. *the threshold of a door.* La marche, la piéce de bois ou de pierre qu'on met au bas de la porte.... *Seuil*, se dit aussi des piéces de bois qui servent à fermer les bâteaux, tant à l'avant, qu'à l'arrière. *Seuil d'écluse* c'est la piéce de bois posée de travers entre deux poteaux au fond de l'eau & qui sert à appuyer par le bas la porte d'une écluse. *Seuil d'ancre* se dit sur les rivières de la piéce de bois qui est attachée au dessous de l'anneau..... *Seuil* grosse pierre avec feuillure pour recevoir le batement d'un pont-levis, ou endroit où tombe le bout d'un pont-levis, quand on le baisse.

SEUILLET. *s. m.* (Marine) Petit seuil, ou planche endentée, qui se met sur la partie inférieure du sabord, pour couvrir l'épaisseur du bordage, & empêcher que l'eau n'endommage les membres du vaisseau.

SÉVIR. *verb. act.* lat. *Sævire*, *punire*, *plectere.* anglois. *to misuse*, *to use roughly.* Punir, châtier. User de mauvais traitemens envers ceux de sa famille.

SÉVIR. *s. m.* Nom d'un Officier chez les Romains. Il y en avoit de deux sortes. Les premiers étoient des Décurions des six Décuries de Chevaliers Romains. Les seconds étoient les principaux Officiers des Colonies.

SEUL, SEULE. *adj.* lat. *Solus.* ang. *alone.* Qui est consideré en particulier, qui n'a point d'égal, qui est unique. Solitaire, qui n'est accompagné de personne. Qui est déparié, qui n'a point son pareil. Singulier. Qui n'a point de suite ; qui est excepté ; qui est detaché de toute autre chose.

SEULEMENT. *adv.* lat. *Solùm.* ang. *only.* Uniquement, sans autre chose.

SEULET, ette. *adj.* Sans compagnie.

SEULLON, *Seillon*, ou *Sillon. subst. masc.* Mesure de terre qui a 4. pieds de largeur & 120. de longueur.

SEUR, SEURE. *adject.* lat. *Certus*, *tutus.* ang. *sure*, *certain.* Certain, indubitable. Qui n'a pas coutume de tromper, de manquer. Ferme, assuré.

SEUREMENT. *adv.* lat. *Securè*, *tutò.* angl. *surely*, *certainly.* D'une manière certaine & assurée.

SEVRER. *v. act.* lat. *Lactenti puero mammam subducere.* angl. *to wean.* Séparer. Empêcher un enfant de têter, l'accoutumer à prendre d'autres alimens que le lait de la nourrice. Priver, frustrer. Il se dit *figurément* des plantes.

SEURETÉ. *s. f.* lat. *Securitas.* angl. *safety.* Assurance, précaution qu'on prend lorsqu'on négocie, & que l'on contracte. Repos, tranquillité. Asile, lieu où l'on ne craint rien.

SEUSNE. *substant. feminin.* Grand filet, ou espece de seine, dont se servent ceux qui vont à la pêche de la moruë, pour prendre le caplan ou petit poisson, duquel se fait l'attrait des hameçons dont sont armées les lignes à pêcher la moruë.

S E X

SEXAGÉNAIRE. *adject.* lat. *Sexagenarius.* anglois. *threescore years old.* Qui est parvenu à l'âge de soixante ans.

SEXAGÈNE. *s. f.* C'est le nombre de 60. degrés du Zodiaque, qui comprend deux signes. Ainsi le Zodiaque a 6. *sexagènes.*

SEXAGÉSIMAL, ale. *adj.* Fractions dont les dénominateurs vont en proportion sexagécuple, comme $\frac{1}{60}$, $\frac{1}{3600}$, $\frac{1}{216000}$, &c.

SEXAGÉSIME. *s. f.* lat. & ang. *sexagesima.* Dimanche après celui de la Septuagésime.

SEXE. *s. masc.* lat. *Sexus.* ang. *sex.* Partie du corps humain qui fait la différence du mâle & de la femelle. Le *sexe* absolument ou le *beau sexe*, s'entend toujours des femmes. On les appelle aussi quelquefois le *sexe dévot.*

SEXTANT. *s. m.* La 6e. partie d'un cercle. Par ce mot on entend communément un instrument qui a le même usage que le quart de cercle, mais qui ne contient que 60. degrés. *Sextans d'Uranie :* étoile qu'on voit entre les pieds du lion.

SEXTE. *s. f.* lat. *Sexta.* ang. *sexte.* L'une des heures canoniales. En *Musique*, c'est une consonance qui provient du mélange de deux sons qui sont en proportion de trois à cinq à l'égard de la *sexte* majeure & de cinq à huit à l'égard de la mineure. lat. *Hexachordon.* ang. *a sixth....* *s. m.* En termes de droit canonique on appelle ainsi la collection des décretales faite par Boniface VIII. On l'appelle *sexte*, parce qu'elle est intitulée *liber sextus*, comme si c'étoit un 6e. livre des décretales recueillies en cinq livres par S. Raimond de Pegnafort, publiées & approuvées par Gregoire IX. ; quoique la collection de Boniface VIII. contienne aussi cinq livres de décretales.

SEXTIL, *adj.* & *subst.* lat. *Sextilis.* anglois. *sextile.* En *Astrologie*, c'est l'aspect de deux planétes qui sont éloignées entr'elles de 60. degrés ou de deux signes & cet aspect est regardé comme bon.

SEXTULE. *s. m.* *Sextulum.* Espèce de poids. Il pese une dragme & un scrupule.

SEXTUPLE. *adj.* Six fois autant.

S E Y.

SEYDAVI. *s. m.* Soies qui viennent de Seyde, & qui sont du cru du païs.

SEYMAR-BASSI. *s. m.* Premier Lieutenant-général des Janissaires.

SEYMEN-BACHI. *s. m.* Grand veneur de l'Empire des Turcs.

S E Z.

SEZE'. *s. m.* Sorte de fruit de la Chine.

S G R.

SGRAFIT. *sub. m.* ( Peinture ) Manière de peindre de blanc & de noir, qui ne sert qu'à fraisque, & qui se conserve à l'air. Le *sgrafit* est dessein & peinture tout à la fois.

S H A

SHAUL ou *Baffetas.* *substant. mascul.* Etoffe des Indes soie & coton de diverses couleurs.

S H E

SHE'RIF. *s. m.* lat. *Consul.* angl. *a sheriff.* C'est le principal Officier d'une Comté d'*Angleterre.*

S I A

SIALOGOGUE. *adj.* & *subst.* Remède qui provoque l'évacuation de la salive.

SIAMOISE. *s. f.* Etoffe de soie & de coton, venuë de Siam..... Autre étoffe de fil & de coton, rayée, qui se fabrique aux environs de Rouen.

SIAMPAN. *s. m.* Petit bâtiment de la Chine, qui va à voile & à rames.

S I B

SIBILOT. *substant. mascul.* Bouffon qui tâche à fait rire, ou homme qui fait rire sans y tâcher.

SIBYLLES. *s. f. pl.* lat. *Sibyllæ.* ang. *sibyls.* C'étoient des femmes qu'on prétendoit avoir l'esprit de prophétie, à qui on a attribué certains vers *grecs* divisés en huit livres, qui contiennent des prédictions sur notre Sauveur, & enseignent la doctrine de la resurrection, du jugement dernier & des tourmens de l'Enfer. On croit qu'ils ont été composés par quelque chrétien qui y a mêlé les superstitions *Juives* & *Payennes* pour mieux cacher son dessein.

SIBYLLINS. *adject.* lat. *Sibyllini libri.* ang. *sibylline.* Livres des sibylles. Ces livres avoient une grande autorité parmi les Romains, on ne faisoit rien sans les consulter. Ils furent brûlés avec le capitole l'an 670. de Rome. Pour ceux qu'on a aujourd'hui au nombre de huit, c'est un ouvrage supposé de l'aveu de tous les savans.

S I C.

SICAIRES. *s. m. pl.* Assassins. Ainsi furent nommés les plus cruels d'entre les Juifs, qui durant la guerre de ceux-ci avec les Romains massacroient impunément qui bon leur sembloit & remplissoient tout de meurtres.

SICAMOR. *s. m.* ( Blason ) Cerceau ou cercle lié comme celui d'un tonneau.

SICCITE'. *s. f.* lat. *Siccitas, ariditas.* angl. *siccity, driness.* Qualité de ce qui est sec.

SICILIQUE. *s. m.* Poids des Anciens, qui pesoit deux dragmes, ou six scrupules. Chez les Apotiquaires il pese un sextule & deux scrupules.

SICLE. *s. m.* lat. *Siclus hebraus.* ang. *shekel.* Monnoie chez les *Juifs*, que quelques Auteurs croyent être de deux sortes : l'une qu'on appelloit *sicle* du sanctuaire, & l'autre *sicle* légal ou royal. Le premier pesoit quatre drachmes.

& le second n'en pesoit que deux. On prétend que le premier n'étoit en usage que dans les matières rélatives à la Religion & le second dans le commerce. Mais c'est là une méprise, n'y ayant qu'une espèce de *sicle* qui fut en usage dans toutes les occasions. La distinction de *sicle* du sanctuaire, *&c.* ne fut occasionnée que parce que l'on gardoit dans le sanctuaire le modéle du *sicle*, pour en faire la comparaison avec tous les autres. Sa valeur en argent étoit d'environ deux shellings & trois sols sterlings.

SICOMORE. *voy.* Sycomore.

SICUE'DON. *s. f.* Fracture entière & transversale d'un os long, faite avec égalité, comme quand on casse un concombre en deux. Elle ne différe point de celle qu'on appelle *Rhaphanédon*.

SIDA-POU. *subst. masc.* Arbrisseau de Malabar, qui n'a rien de remarquable, sinon qu'il ne porte point de fruit que quand il est extrêmement vieux.

SIDE'RAL, ale. *adj.* lat. *Sideralis.* anglois. *siderial.* Qui concerne les astres, les étoiles.

SIDE'RATION. *s. f.* En *Médecine*, est la mortification de quelque partie du corps, ou une engourdissement subit qui s'empare de tout le corps ou d'une partie.

SIDERITIS. *s. f.* Sorte de plante qu'on appelle autrement *Crapaudine.* Il y en a plusieurs espèces & on croit qu'elles ont toutes la vertu de guérir les blessures faites par le fer.... Pierre parsemée de petites tâches de fer.... L'aiman est aussi appellé *Sideritis*, à cause de la vertu qu'il a d'attirer le fer.

SIDE'ROMANCIE. *s. f.* lat. *Sideromantia.* ang. *sideromancy.* Divination prétenduë qui se faisoit avec un fer rouge, sur lequel on répandoit de la paille; les différentes figures que formoit cette paille brûlée étoient les indications de ce que l'on cherchoit.

SIDRE. *voy.* Cidre.

### S I E

SIE'CLE. *subst. masc.* lat. *Saeculum.* ang. *an age or century.* Mesure, espace de tems de cent années.... *Siécle* se dit aussi pour marquer les tems en général, présens, passés & à venir. Le *siécle* futur c'est la vie future. *Siécle* en morale se dit par opposition à *céleste* & à *spirituel.* Ainsi renoncer au *siécle*, c'est entrer en religion, ou du moins renoncer aux pompes & aux vanités du monde. Dans le stile *familier*, on le dit de quelque tems que ce soit, quand on le trouve trop long.

SIEF. *s. m.* Collyre.

SIE'GE. *s. m.* lat. *Sedes*, *sella*, *sedile.* ang. *seat.* Meuble qui sert à s'asseoir. Lieu où l'on s'assied. Jurisdiction Ecclésiastique ou Séculière, & lieu où elle s'exerce. En termes de *Guerre*, c'est le campement d'une armée tout autour d'une place qu'elle a envie de prendre, soit par famine, en faisant simplement les lignes pour empêcher que rien n'y entre; soit par vive force, en faisant des trenchées, & y donnant des assauts. lat. *Obsessio*, *obsidium.* ang. *siege.* Dignité Episcopale ou Pontificale. Le S. *Siége*, c'est le *siége* de Rome. L'Archevêque de Mayence prend pourtant ce titre, de l'aveu même du Pape.... Ville capitale d'un Empire, d'un Etat.... (Médecine) Partie du corps humain où l'on s'assied, l'anus, le fondement.... (Manége) Endroit du haut de la selle où le Cavalier est assis.

SIE'GER. *v. neut.* lat. *Sedere*, *sedem occupare.* ang. *to keep one's see.* Occuper un siége, une jurisdiction.

SIESTE. *s. f.* Faire la *sieste* ou la *méridienne*, dormir après le dîner.

SIEUR. *s. m.* Titre d'honneur moindre que celui de *Monsieur* & qui se donne par un supérieur à un inférieur. C'est aussi quelquefois un terme qui marque Seigneurie.

### S I F

SIFLANT, ante. *adj.* lat. *Sibilans.* anglois. *whistling*, *hissing.* Qui sifle. Les *Grammairiens* appellent consones *siflantes* ces trois lettres S. X. Z. parce qu'on ne les prononce qu'avec une espèce de siflement.

SIFLEMENT. *subst. m.* lat. *Sibilus.* anglois. *whistling*, *hissing.* Bruit que fait l'air pressé en sortant par un conduit étroit. Bruit aigu que font les serpens. Action de sifler par moquerie. Bruit aigu que fait le vent en souflant, une flêche, une balle en partant. Bruit que les animaux malades du poumon font en respirant.

SIFLER. *v. n.* lat. *Sibilare.* ang. *to whistle*, *to hiss.* Rendre un son aigu par le moyen de l'air comprimé qui sort par un conduit étroit. Il se dit aussi du bruit aigu que fait le vent, une flêche, une balle, *&c.* Donner un témoignage de mépris & de risée par des siflemens. Apprendre à un oiseau à régler son ramage, lui apprendre à chanter en *siflant.* Et *figurément* suggérer à quelqu'un ce qu'il a à dire dans quelque occasion importante, lui faire le bec, l'instruire. Ainsi *sifler* le droit; c'est le montrer en chambre, hors des écoles publiques.

SIFLET. *s. m.* lat. *Sibilus.* ang. *a whistle.* Petit instrument avec quoi on sifle. Conduit de la respiration.

SIFLEUR. *s. m.* lat. *Sibilator.* ang. *a whistler.* Celui qui sifle. Maître qui enseigne en chambre.

### S I G

SIGILLE'E. *adj. fem.* Se dit d'une terre ou craie, qu'on tiroit autrefois de l'isle de Lemnos, qui sert en Médecine & en Peinture. Elle est astringente, propre pour arrêter les hémorrhagies & les cours de ventre. On l'estime aussi un antidote contre la peste & les venins.

SIGMOÏDE. *adject.* (Anatomie) Se dit des trois valvules qui sont à l'orifice de l'artère aorte, parce qu'elles ressemblent à la lettre greque nommée *sigma.* Par la même raison on appelle *sigmoïdes* les trois valvules qui sont à l'orifice de l'artère pulmonaire, les cartilages de la trachée artère, & l'apophyse coracoïde de l'omoplate.

SIGNAGE. *s. m.* Terme de *Vitrier*. Dessein d'un compartiment de vitres tracé sur une planche, pour faire les chef d'œuvres de vitrerie.

SIGNAL. *s. m.* lat. *Signum*. ang. *a signal*. Certaine marque dont on convient pour se donner quelque avis, quand on est hors de la portée de la voix.

SIGNALÉ, ée. *adj.* lat. *Notabilis*, *illustris*. ang. *signal*, *notable*. Considérable, particulier, remarquable, fameux.

SIGNALEMENT. *subst. m.* Description que l'on fait de la figure d'un déserteur ou d'un criminel, & que l'on donne pour le faire connoître.

SIGNALER. *verb. act.* lat. *Describere*; *designare*. ang. *to signalize*. Ecrire sur le livre du signal les marques qui font reconnoitre un Soldat. Rendre une chose remarquable & célébre.

SIGNANDAIRE. (Palais) Qui sçait signer, qui a signé.

SIGNATURE. *sub. f.* lat. *Signatura*, *chirographum*. ang. *signature*. Souscription, apposition de son nom au bas d'un acte, mise de sa propre main. Action de signer. (Botanique) Conformité qu'on apperçoit entre les plantes & une partie du corps humain. En *Imprimerie*, c'est une lettre qu'on met au bas de chaque feuille pour marquer l'ordre qu'on doit observer en reliant un livre.

SIGNE. *s. m.* lat. *Signum*, *indicium*. angl. *sign*, *mark*, *token*. Marque ou caractère visible qui dénote, qui fait connoître quelque chose de caché, de secret. Type, figure. Prodige, chose extraordinaire. Les *signes* du Zodiaque sont les douze divisions de l'écliptique. Marque corporelle & particulière, qui sert à faire connoître quelque chose. Gestes, actions ou autres marques dont les hommes sont convenus pour faire entendre les uns aux autres quelques pensées particulières. Marque que chacun en particulier a choisi pour marquer les actes ausquels il a consenti. Dans tous les arts il se dit de certaines marques établies pour faire des abbréviations, qui ne sont connues que des gens du métier. On le dit surtout en Algébre. Prognostic, indication. Le *signe de la croix*, parmi les Chrétiens se dit de la figure de la croix désignée par un mouvement de la main qu'on porte successivement au front, à la poitrine & aux deux épaules.

SIGNER. *v. act.* lat. *Chirographo signare*, *firmare*. ang. *to sign*, *subscribe*. Ecrire son nom de sa main au bas d'un acte pour l'approuver, pour s'obliger à l'exécution de ce qu'il contient, ou pour l'attester & le rendre authentique. Marquer. . . . En termes d'*Orfévrerie*, c'est marquer l'argenterie & l'orfévrerie du poinçon.

SIGNET. *subst. masculin.* lat. *Foliotropium*. ang. *a tassel*. Ce qui sert à marquer les endroits d'un livre d'usage dont on a souvent besoin, & qu'on veut trouver promptement.

SIGNIFICATEUR. *s. m.* lat. *Significator*. ang. *significator or signifier*. En *Astrologie*, se dit de certains lieux dans le ciel destinés à recevoir les actions des autres astres, qui font leur effet après un certain nombre de révolutions & qui indiquent quelque chose de remarquable.

SIGNIFICATIF, ive. *adj.* lat. *Significativus*. ang. *significant*. Expressif, qui marque ce qu'une personne ou une chose veut dire.

SIGNIFICATION. *sub. f.* lat. *Significatio*. ang. *signification*. Le sens d'un mot, d'une phrase, d'un emblême; ce qu'on a voulu dénoter ou faire entendre par un mot, une figure, un signe. En termes de *Palais*, c'est la notification d'un acte, qu'on fait à une partie par la copie qui lui en est donnée.

SIGNIFIER. *v. act.* lat. *Significare*, *notum facere*. ang. *to signify*. Contenir quelque sens; être la marque de quelque pensée qu'on veut faire entendre. Être utile, considérable. Notifier, déclarer, faire connoître, faire sçavoir à quelqu'un un fait particulier, lui donner copie d'un acte, d'une poursuite.

SIGUENOC, ou *Signoc*. *subst. masc.* Espèce d'écrevisse, qui se trouve dans les mers des Indes Occidentales.

SIGUETTE. *s. f.* (Manége) Cavesson de fer, avec des dents comme celles d'une scie, qui est tourné en demi-cercle & quelquefois composé de plusieurs piéces qui se joignent par des charnières. Il est monté d'une têtière & de deux longes & sert à domter les chevaux.

## S I L

SIL. *sub. m.* Espèce de limon qui se trouvoit dans les mines d'or & d'argent & que les anciens préparoient pour en faire des couleurs jaune & rouge. C'étoit aussi une terre d'ombre venant d'Achaïe.

SILENCE. *substant. mascul.* lat. *Silentium*. ang. *silence*, *stilness*. Cessation de bruit, de tumulte. Discretion, retenuë à ne point parler, à se taire. Empêchement de parler ou d'agir. Manque de réclamer, de se plaindre, de s'opposer. En *Jurisprudence* le *silence* passe pour une approbation. Les Payens avoient fait un Dieu du *silence*, ils le représentoient le doigt sur la bouche.

SILENCIAIRE. *substant. masc.* Qui garde le silence, qui passe sa vie sans parler à personne, & gardant un silence perpétuel. *Silenciaires*: Hérétiques. *voy.* Pattalorynchites.

SILENCIEUX, euse. *adj.* lat. *Silentii observator*. ang. *silent*, *still*. Qui garde le silence, qui est taciturne.

SILENES. *subst. mascul. plur.* Demi-Dieux des Payens. Ils étoient les mêmes que les Satyres qu'on nommoit *silenes*, quand ils étoient avancés en âge. Il y a pourtant eu un premier *silene* qui a été plus ancien que tous les autres.

SILENTIAIRE, Silentieux. *voy.* Silenciaire, Silencieux.

SILEX. *s. m.* Pierre à fusil.

SILIGINOSITÉ. *substant. femin.* Qualité de ce qui est farineux.

SILIQUASTRE. *s. m.* Piment ou poivre d'Inde.

SILIQUE. *subst. femin.* Fruit des légumes & des plantes qui ont la fleur légumineuse. On l'appelle autrement *gousse*. Poids des Anciens qui pesoit quatre grains. Monnoie qui valoit environ huit sous de nôtre monnoie.

SILLAGE. *s. mascul.* lat. *Vestigium, sulcatio.* ang. *the rake or wake of a ship.* La trace du cours d'un vaisseau, sa route. Il signifie aussi sa vitesse.

SILLE. *s. m.* Poëme mordant, en usage chés les Grecs.

SILLER, *ou* Ciller. *v. act.* lat. *Cilia movere.* ang. *to wink or twinkle.* Remuer les paupières, fermer les yeux pour un peu de tems.... *v. n.* (Marine) Il se dit d'un vaisseau qui fend les flots en avançant sa route. (Manége) On dit qu'un cheval *sille*, quand il a les sourcils blancs.

SILLET. *substant. masculin.* Petit morceau d'ivoire appliqué au haut du manche d'un instrument à cordes sur lequel les cordes posent quand on les monte.

SILLON. *s. m.* lat. *Stria.* ang. *a balk.* Longue raye, ouverture qu'on fait sur la terre, quand on la laboure. Il se dit *figurément* des choses qui laissent des traces de leur passage.... (Fortifications) On appelle *sillon* ou *envelope* une élévation de terre au milieu d'un fossé pour le fortifier quand il est large. Cette élévation est plus basse que le rempart de la place, mais plus haute que le chemin couvert.... On appelle encore *sillons* les diverses élévations que forme le fil sur la bobine du rouet en passant par les différentes distances de l'épinglier. *Sillon :* mesure de terre. *voy.* Seullon.

SILLONNER. *v. act.* lat. *Lirare, imporcare.* ang. *to make ridges.* Faire des sillons.

SILPHES. *subst. m.* Génies qu'on a feint qui peuploient l'air. Espèce de génies familiers.

SILPHIDE. *s. f.* Silphe femelle.

SILPHYRIE. *s. f.* Païs des silphes.

SILVER-GROS, *ou Gros d'argent. substant. masculin.* Monnoie de compte. Deux sols tournois de France.

SILVESTRE. *subst. femin.* Graine rouge qui sert à teindre en écarlate. L'arbre qui la produit ne croît qu'aux Indes Occidentales.

SILURUS. *s. m.* Poisson qui se trouve dans le Danube. Frais il est nourrissant, salé il éclaircit la voix.

SILYBUM. *substant. mascul.* Plante qu'on croit être le *chardon argentin* ou *chardon de* Nôtre-Dame.

## S I M

SIMAGRÉE. *s. f.* lat. *Gestuosus vultus.* ang. *grimace.* Certaines façons affectées ; petite grimace ; minauderie vicieuse ; affectation de geste & de contenances qui rendent une personne ridicule.

SIMAISE. *voy.* Cymaise.

SIMAROUBA. *s. mas.* Arbre de l'Amérique qui par sa forme & ses effets est très-semblable au *macer* des anciens.

SIMARRE. *s. fem.* lat. *Peplum.* ang. *simar.* Habillement long & trainant dont les femmes se servoient autrefois. Espéce de robe de chambre que des Prélats & les Magistrats mettent quelquefois par dessus leur soutane.

SIMBLEAU. *s. m.* (Charpenterie) Cordeau qui sert aux Charpentiers à tracer des cercles qui ont plus d'étendue que la portée du compas.

SIMBLOT. *s. m.* Assemblage de quantité de petites ficelles, qui sont au côté droit du métier, que le fabricant a monté pour faire une étoffe figurée.

SIMBOLE. *voy.* Symbole.

SIMBOR. *s. m.* Plante des Indes qui représente par sa figure les cornes d'un éland. Il n'est point besoin de la mettre en terre pour la faire croître, il suffit de la placer sur une pierre, ou dans le creux d'un arbre. Elle est verte en Hyver comme en Été. Ses feuilles sont semblables à celles de nos lys blancs, de substance visqueuse & d'un goût amer. Elle est émolliente, résolutive, elle lâche le ventre & tue les vers. Elle résoud aussi les tumeurs froides, étant appliquée en cataplasme.

SIMELIUM. *s. m.* (Medailliste) Petite tablette de bois ou de cuir, où il y a de petits creux pour y ranger des médailles par ordre chronologique. *Simelium.*

SIMENIAL. *voy.* Seminial.

SIMILAIRE. *adj.* lat. *Homogeneus.* anglois, *similar.* Terme de *Médecine*, qui se dit des parties du corps des animaux qui paroissent à la première vuë composées de parties semblables ou de même nature. On en compte ordinairement dix, qui sont les os, les cartilages, les ligamens, les membranes, les fibres, les nerfs, les artères, les veines, les chairs & la peau. On le dit aussi des plantes, & en *Physique* des corps qui ont une nature, des qualités, des parties semblables.

SIMILITUDE. *s. f.* lat. *Similitudo, comparatio.* ang. *similitude or comparison.* Comparaison par laquelle on fait voir le rapport qu'il y a entre deux, ou plusieurs choses. Parabole de l'Ecriture Sainte.

SIMILOR. *s. m.* Zinck fondu avec le cuivre rouge, qui donne au cuivre une couleur jaune plus ou moins foncée.

SIMONIAQUE. *adj.* & *subst.* lat. *Simoniacus.* ang. *simoniacal, a simonist.* Qui achéte à prix d'argent un bénéfice, ou quelque chose sacrée.

SIMONIE. *s. fem.* lat. *Simonia.* ang. *simony.* Crime qu'on commet, quand on trafique des choses sacrées ou des bénéfices.

SIMONIENS. *subst. masc. pl.* Sectateurs de *Simon* le Magicien qui avoit fait comme un mélange de la Philosophie de Platon & des fables des Payens avec la Religion chrétienne.

SIMPLAIRE. *substant. mascul.* (Antiquités) Soldat Romain qui n'avoit que la simple paye.

SIMPLE. *adject.* lat. *Simplex.* ang. *simple.* Qui est sans composition & sans mélange. Qui n'est pas double, qui n'a rien qui le distingue. Naïf, naturel, sans finesse, sans artifice. En termes de Bréviaire il se dit de l'office d'une férie ou d'une *simple* fête d'un Saint ou de la Vierge le Samedi. L'office simple n'a que les premières Vêpres & il se termine à None. Bénéfice *simple :* qui n'a point charge d'ames.

SIMPLES. Nom général qu'on donne à toutes les herbes & plantes, parce qu'elles ont chacune leur vertu particulière pour servir d'un remède

remède *simple*. lat. *Medicinalia simplicia*. ang. *simples*.

SIMPLEMENT. *adv.* lat. *Simpliciter, ingenuè*. anglois. *plain, roundly*. D'une manière simple, naïve, sans ornement, sans déguisement.

SIMPLICISTE. *s. mas.* Qui connoit les simples. On dit plus communément *Botaniste*.

SIMPLICITÉ. *s. f.* lat. *Simplicitas, ingenuitas*. ang. *simplicity*. Qualité de ce qui est peu composé, peu embarassé. Candeur, innocence naturelle; naïveté, ingénuité. Action faite par imbécillité, ou foiblesse d'esprit, ou par défaut d'expérience. Crédulité; innocence qui approche de la bêtise.

SIMPLIFIER. *v. act.* En matière *Ecclésiastique*: ôter à un bénéfice la charge d'ames qui y est attachée.... Rendre une chose plus *simple*.

SIMULACRE. *s. m.* lat. *Simulacrum sculptile*. ang. *a simulacre*. Idole, image, représentation.... Vaine représentation de quelque chose.

SIMULATION. *subst. femin.* lat. *Simulatio*. ang. *a feigning*. Déguisement qui fait paroitre une chose autrement qu'elle n'est.

SIMULER. *verb. act.* lat. *Simulare*. ang. *to feign*. Déguiser un acte, une affaire.

SIMULTANÉE. *adject.* De même tems, fait en même tems.

## SIN

SINA *ou China*. Racine médicinale de la Chine. On n'a guéres en Europe que celle d'une plante sauvage de même espèce qui croît en divers lieux.... *Soie sina*: soies qu'on tire de la Chine.

SINAPISME. *s. m.* Médicament externe en forme de cataplasme, composé de semence de moutarde pulverisée & broyée avec de la pulpe des figues. Il excite de la rougeur & quelquefois des vessies sur la partie où on l'applique.

SINCÈRE. *adj.* lat. *Integer, sincerus*. angl. *sincere*. Qui est franc, qui ne déguise rien, qui parle à cœur ouvert, sans feinte.

SINCÈREMENT. *adv.* lat. *Ingenuè, sincerè*. ang. *sincerely*. D'une manière sincère.

SINCÉRITÉ. *s. f.* lat. *Sinceritas, candor*. ang. *sincerity*. Qualité de ce qui est sincère; franchise, ouverture de cœur.

SINCIPUT. *s. m.* Le devant de la tête.

SINCOPE. *voy.* Syncope.

SINDON. *s. m.* Linceul. On ne s'en sert que pour exprimer celui dans lequel étoit enfermé le précieux corps de J. C.

SINGE. *s. m.* lat. *Simia, simius*. ang. *an ape*. Animal qui approche de la figure de l'homme, & qui en contrefait les actions. Il y en a de différentes sortes; les uns avec une queuë & les autres sans queuë, les uns ont le museau long comme les chiens & les autres ont la tête ronde & plate. Les doigts de leurs pieds sont aussi longs que ceux de leurs pâtes. Ils ont communément le poil rouge tirant sur le verdâtre. Quelques-uns sont tout blancs & d'autres rouges sur le dos & blancs ou gris sur leur poitrine, leur ventre & le dedans de leurs cuisses & de leurs bras. Ces animaux ont mille stratagêmes pour se défendre & se sauver. Ils vivent communément au haut des arbres, grimpant d'une branche à l'autre avec une admirable dextérité. Ils ont aux deux côtés de leurs joues deux sacs où ils cachent ce qu'ils veulent garder. Les femelles n'ont qu'un petit, qu'elles portent sur leur dos. Lorsqu'elles veulent lui donner à têter, elles le prennent entre leurs bras & lui présentent la mammelle comme les femmes. Les *Égyptiens* les adoroient & les *Indiens* les adorent encore en plusieurs endroits. Les habitans de *Goa* n'osent pas tuer un *singe* ni un serpent, croyant que ce sont des esprits que Dieu a créés pour punir les hommes de leurs péchés. *Singe de mer*: poisson qui naît dans la mer rouge & qui a une grande ressemblance avec le singe terrestre. *Singe* est aussi un engin dont se servent les Architectes pour élever des pierres, & un instrument de perspective qui sert à copier des tableaux & à les réduire du grand au petit pied, ou du petit pied au grand.

SINGERIE. *s. f.* lat. *Distortio, saltitatio*. ang. *an apish trick, grimace*. Action du singe, lorsqu'il fait des sauts, des grimaces. Posture badine, grimaces des bouffons ou plaisans qui imitent les singes ou les hommes.

SINGLADE. *s. f.* Coup de fouet, de houssine, ou autre chose déliée qui single.

SINGLER *ou* Cingler. *v. n.* lat. *Plenis ventis navigare*. ang. *to sail with a fair wind*. Etre frappé ou poussé par un vent violent. *v. act.* Frapper avec quelque chose de délié.

SINGOFAU. *s. m.* Grande feuille de trois paumes de long & de quatre de large. Elle sort d'une plante qui s'attache au tronc d'un arbre & qui se trouve dans l'isle de Madagascar. Ceux du païs assurent que cette feuille pilée & mise sur l'œil éclaircit la vuë.

SINGULARISER. (Se) *verb. n.* lat. *Modo sibi peculiari agere*. ang. *to be singular, to affect singularity*. Etre singulier en ses sentimens, en ses actions, faire le contraire des autres.

SINGULARITÉ. *s. f.* lat. *Singularis agendi vel dicendi ratio*. ang. *singularity*. Chose singulière & particulière. Excellence, rareté. Manière affectée d'agir, différente de celle des autres.

SINGULIER, ière. *adject.* lat. *Singularis, unicus*. ang. *singular*. Qui est seul, unique, hors de comparaison, rare, excellent. Qui est extraordinaire & contre l'usage commun. En termes de *Grammaire*, il se dit de la première façon de décliner & conjuguer lorsqu'on ne parle que d'une personne.

SINGULIÈREMENT. *adv.* lat. *Præsertim, præcipuè*. ang. *singularly*. Particulièrement. Excellemment. D'une manière affectée.

SINISTRE. *adject.* lat. *Infaustus, funestus*. ang. *sinister, untoward*. Fâcheux, malheureux, qui est a craindre.

SINISTREMENT. *adv.* lat. *In malam partem*. ang. *untowardly*. D'une manière sinistre & mauvaise. En mauvaise part.

SINIUS. *s. m.* Géant surnommé *Pytiocamptès* ou le *ployeur de pins*, parce qu'il courboit des branches de pins jusqu'à terre & y attachoit par les bras & les jambes ceux qui tomboient entre ses mains, de sorte que ces branches venant à se relever, les misérables qui y étoient attachés avoient les membres tout disloqués. Thésée le fit périr lui même de la même manière.

SINODE, Sinodique. *voy.* Synode & Synodique.

SINON. *adv.* lat. *Alioquin.* ang. *else.* Autrement, à faute de quoi. Si ce n'est, excepté.

SINOPLE. *sub. m.* lat. *Color prasinus.* ang. *sinople.* Couleur verte dans le *Blason.* On le représente en gravure par des hachures qui prennent de l'angle dextre du chef à l'angle senestre de la pointe.

SINTAXE. *voy.* Syntaxe.

SINTILLER. *v. n.* lat. *Scintillare.* ang. *to sparkle.* Etinceller.

SINUEUX, euse. *adj.* lat. *Sinuosus.* anglois. *crooked.* Qui ne s'étend point en ligne droite, mais qui avance tantôt en dehors & tantôt se retire en dedans, & fait plusieurs plis tortueux.

SINUOSITÉ. *s. f.* lat. *Sinus.* ang. *crookedness*, *turnings*, *windings.* Plis & détours que forment des lignes courbées en arc, ou autres figures irrégulières, qui avancent tantôt en dehors, & tantôt se retirent en dedans.

SINUS. *subst. masc.* lat. *Sinus.* ang. *a sine.* Est une ligne droite tirée d'une extrémité d'un arc de cercle ou mesure d'un angle perpendiculairement au diamétre du même arc qui passe par son autre extrémité; ou c'est la moitié de la corde d'un arc double. *Sinus verse* est la partie du diamétre comprise entre l'arc & le *sinus droit. Sinus-complement* est le sinus de la différence d'un angle à 90. degrés. *Sinus* se dit aussi en *Chirurgie* d'un petit sac qui se fait à côté d'une playe, ou d'un ulcére, & où il s'amasse du pus. En *Anatomie*, c'est une espèce de cavité en l'os, dont l'orifice ou entrée est fort étroite, & le fonds large.

S I O

SION, *ou* Scion. *s. m.* lat. *Surculus.* angl. *scion.* Menu brin de bois que poussent les arbres. Marques & impressions qui restent sur la peau, quand on a fouetté quelqu'un avec des verges.

SIOUANNA. *s. m.* Arbrisseau des Indes qui porte des baies & des ombelles. Le fruit croît dans les branches inférieures & les supérieures sont ornées de boutons & de fleurs. Sa racine est efficace contre le venin des serpens & des scorpions.

S I P

*SIPHILIS. s. f.* Mot latin qui a passé dans notre langue. Il signifie la grosse vérole.

SIPHON. *s. m.* lat. *Syphon.* ang. *a syphon.* Instrument d'Hydraulique, composé d'un tuyau recourbé, dont une branche est plus longue que l'autre. Lorsque le tout est rempli de liqueur on plonge la petite branche dans une bouteille, vaisseau, *&c.* & le poids de la liqueur qui est dans la longue branche la faisant couler, l'atmosphére presse sur le fluide dans le vaisseau & le fait monter dans le tuyau qui y est plongé & ainsi la liqueur en sort.... (Marine) Orage qui éleve l'eau de la mer en forme d'une colomne haute de 100. brasses & la fait pirouetter & tourner spiralement. On l'appelle autrement *tourbillon*, *grain de vent*, *dragon de vent*, *typhon*, &c.

S I Q

SIQUE. *s. f.* Espèce de poignard. lat. *Sica.* ang. *a kind of dagger.*

SIQUENILLE *ou Souquenille. s. f.* lat. *Vestis ex rudi telâ vel lanâ confecta.* ang. *a frock.* Sorte de surtout ou de casaque de toile, que les cochers, laquais, palfreniers mettent sur leurs habits.

S I R

SIRA-MANGHITS. *s. m.* Arbre de l'isle de Madagascar. Son bois & ses feuilles ont l'odeur du santal blanc & du citrin. Son écorce sent le girofle & il jette une resine jaune odorante, ce qui lui a fait donner le nom de *manghits* qui en langage du païs signifie *odoriferant.*

SIRAUTÉ. *s. f. voy.* Sirerie.

SIRE. *sub. m.* lat. *Rex invictissime.* ang. *sir.* Nom & titre d'honneur qu'on donne maintenant au Roi seul. Ce mot signifioit autrefois Sieur & Seigneur. C'est aussi une qualité qu'on a donné au peuple en la joignant au nom propre.

SIRÈNES. *s. f. pl.* lat. *Sirenes.* ang. *sirens.* Certains monstres marins, fameux dans les écrits des Poëtes, qui disoient que les *sirènes* étoient filles du fleuve *Acheloüs* & de l'une des neuf muses. On disoit qu'il y en avoit trois; qu'elles habitoient sur les côtes de la *Sicile* & qu'elles chantoient avec tant d'harmonie que les marins étoient en grand danger de faire naufrage pour vouloir trop s'approcher & entendre leur voix mélodieuse. Elles avoient le visage de femmes & une queuë de poisson, des aîles & des pieds d'oiseaux & les autres parties du corps comme celles des femmes. On dit aussi qu'elles entreprirent de charmer les *Argonautes* dans leur expédition, mais *Orphée* les surpassa tellement que leur tentative étant devenue inutile, elles se jetterent de dépit dans la mer, & furent changées en rochers; d'autres disent qu'elles furent changées en monstres.

SIRERIE. *s. f.* Qualité d'une terre qui donne à ses Seigneurs le titre de *sire.*

SIRIASE. *s. f. Siriasis.* Maladie à laquelle les enfans sont sujets. Elle consiste dans l'inflammation du cerveau & de ses membranes, accompagnée de l'affaissement de la fontanelle. Le malade a les yeux cavés, une fiévre ardente, le corps pâle & desséché & n'a nul appétit.

SIRIUS. *s. m.* Etoile brillante dans la gueule de la constellation qu'on appelle le *grand chien* & qui est de la première grandeur.

SIROC. *s. m.* lat. *Euro-notus*, *phœnicias.* anglois. *south-east.* Nom qu'on donne dans la

*Méditerranée* au vent qu'on nomme *Sud-est* sur l'*Océan*.

SIROP. *voy*. Syrop.

SIRUPEUX. *adj*. Qui produit du syrop.

SIRTES. *subst. m. pl.* lat. *Syrtes*. ang. *sandy places*. Sables mouvans agités par la mer, qui sont fort dangereux pour les vaisseaux.

S I S

SISACHTINIES. *s. fem. pl.* Déposition des charges. Fête qui se faisoit à Athènes, en mémoire d'une loi que fit Solon, qui défendoit de contraindre par violence les pauvres à payer leurs dettes.

SISON. *s. mas*. Plante apéritive, & propre pour aider à la digestion.

SISTÈME. *voy*. Systême.

SISTER. *v. act.* & *n*. ( Palais ) Ajourner quelqu'un, l'assigner pour comparoitre en justice. Y comparoitre.

SISTRE. *s. m.* lat. *Sistrum*. ang. *cittern or citbern*. Instrument de *Musique Égyptien* dont se servoient les Prêtres d'*Isis*, qui en étoit, dit-on, l'inventrice. Sa forme étoit ovale, en manière de demi-cercle dilaté en manière de baudrier.

SISYGIE. *voy*. Sizygie.

SISYMBRIUM. *s. m.* Plante aquatique, à feuilles profondément laciniées, portant des siliques fort courtes. Elle est propre pour le scorbut, pour la nephretique, pour l'hydropisie. Le cresson d'eau est une espèce de *sisymbrium*.

SISYRINCHIUM. *s. m.* Plante qui ressemble à l'iris, surtout par ses fleurs. Sa racine est carminative, & appaise les tranchées étant mangée.

S I T

SITE. *s. m.* ( Peinture ) Situation, assiette d'un lieu.

SITHNIDES. *s. f. pl.* Nymphes originaires du païs de Mégare.

SITOPHYLAX. *s. masc*. Nom d'un Magistrat des *Athéniens* qui avoit soin de prendre garde que chacun n'achetât pas plus de bled qu'il lui en falloit pour sa provision. Car le païs *Attique* n'étant pas fort propre à produire du bled, les *Athéniens* étoient obligés d'avoir une attention particulière à cette denrée. C'est pour cela qu'ils firent une loi qui défendoit à tout Marchand *Athénien* ou maître du navire de porter du bled dans aucun autre port que celui d'*Athènes*; & afin que la ville fut bien fournie, ils envoyoient tous les ans neuf vaisseaux de guerre pour convoyer les vaisseaux marchands qui alloient dans l'*Hellespont* faire le commerce du bled, & ces vaisseaux à leur tour laissoient les deux tiers de leur cargaison à la ville & portoient l'autre tiers au *Pirée*: & pour empêcher les monopoles & amas de bled, il étoit défendu aux particuliers d'en acheter plus de 50. mesures. Si les *Sitophilax* qui étoient au nombre de 15. négligeoient leur devoir ou se laissoient corrompre, ils étoient punis de mort.

SITUATION. *s. f.* lat. *Situs*, *positio*. ang. *seat or situation*. Disposition; manière d'être placé par rapport au lieu & aux corps qui environnent. Espace de terrein pour élever un bâtiment. Arrangement. Conjoncture.... Au *figuré* il signifie l'assiette de l'esprit, la disposition, l'état des personnes, la conjoncture des affaires.

SITUER. *v. act.* lat. *Locare*. ang. *to seat or situate*. Placer, poser, mettre, asseoir.

S I V

SIVADIÈRE. *s. f.* lat. *Thalassomachus*, *proreta*. anglois. *the sprit-sail*. Terme de *Marine*. C'est la voile du beaupré, qui est la plus basse. Mesure de grains en usage en Provence, particulièrement à Marseille. Les 8. *sivadières* font une hémine du païs.

SIUM. *sub. m.* Panais aquatique. Il est fort apéritif.

S I X

SIX. *adj.* & *subst.* lat. *Sex*. ang. *six*. Nombre composé de quatre & de deux unités, marqué 6 ou VI.

SIXAIN. *s. m.* lat. *Exastichum*. ang. *a stanza of six verses*. Petite piéce de poësie composée de six vers. Paquet composé de 6 jeux de cartes.... ( Guerre ) Ordonnance de bataille, suivant laquelle ayant rangé six bataillons sur une ligne, on fait avancer le 2[d]. & le 5e. pour former l'avant garde, le 1er. & le 6e. pour l'arrière-garde, le 3e. & le 4e. qui sont au centre demeurant pour le corps de bataille.

SIXIÈME. *adj.* lat. *Sextus*. anglois. *sixth*. Nombre ordinal, qui marque un rang où il en voit cinq auparavant lui.... *s. f.* Au jeu de *Piquet*, il se dit quand on a une séquence ou 6. cartes de suite de même couleur. On l'appelle *majeure* ou *major*, quand elle commence par l'as; ou de roi, de dame, quand ces cartes sont les plus hautes. Quand elle est de valet on l'appelle *sixième basse*. En *Musique* on appelle *sixième majeure* ou *mineure* un intervalle de 6. tons.

SIXIÉMEMENT. *adverb.* lat. *Sextò*, *sexto loco*. ang. *sixthly*. En sixième lieu, le sixième point d'un discours.

SIXTE. *s. f.* ( Musique ) Sixième.... Jeu. *voy*. Sizette.

S I Z

SIZETTE. *s. f.* Jeu de cartes ainsi nommé parce qu'on le joue à six & qu'on donne à chacun six cartes.

S L A

SLABRE. *s. f.* ( Marine ) Petite huche qui va à la pêche du harang.

S L O

SLOOP. *substantif masculin*. Corvette Angloise.

S M A

SMALEKEN. *substantif. mascul.* Sorte de petite étoffe

SMARAGDIN. *adj.* De couleur verte ou d'émeraude.

SMARAGDOPRASE. *s. f.* Sorte de pierre précieuse qui tient le milieu entre l'émeraude & la prême d'émeraude. Elle est verte & on y remarque un peu plus de jaune que dans l'émeraude, & moins que dans la prême d'émeraude. Elle est aussi presque opaque & rarement transparente. *Smaragdoprasus.*

S M E

SMECTIN. *sub. m.* Espèce de terre glaise, fort gluante, luisante & pesante, tantôt jaunâtre & tantôt noirâtre. Elle fait le même effet que le savon.

S M I

SMILAX. *substantif masculin.* Plante qui pousse plusieurs tiges sarmenteuses & épineuses, & qui porte un fruit qui devient rouge en mûrissant. Elle est sudorifique & propre pour les douleurs des jointures.... On appelle quelques espèces de haricot *smilax des jardins*, le grand liseron *grand smilax lisse* & le petit liseron *petit smilax lisse.*

SMILLE. *substant. feminin.* ( Maçonnerie ) Marteau qui sert à piquer le moilon ou le grais.

SMILLER. *verb. act.* Piquer du grais avec la smille.

S O B

SOBRE. *adj.* lat. *Sobrius, temperans.* angl. *sober, temperate.* Tempérant : qui boit, & mange modérément, médiocrement ; qui ne fait point d'excès. Retenu, discret, modéré.

SOBREMENT. *adv.* lat. *Sobriè, moderatè, parcè.* ang. *soberly.* D'une manière sobre, avec tempérance, avec modération... *Figurément* : avec retenuë, avec discrétion.

SOBREVESTE, *ou Soubreveste. s. f.* Just'au corps sans manches, qui fait partie de l'habillement des Mousquetaires. Les *sobrevestes* sont bleues & galonnées comme les casaques. Elles ont devant & derrière une croix de velours blanc, brodée d'un galon d'argent. Les fleurs de lis aux angles de la croix sont de même. Le devant & le derrière des sobrevestes s'accrochent au côté par des agraffes.

SOBRIÉTÉ. *s. f.* lat. *Sobrietas, frugalitas.* ang. *sobriety.* Tempérance, modération ; vertu par laquelle on s'abstient de boire & de manger au-delà du nécessaire. Discrétion, sagesse, modération.

SOBRIQUET. *s. m.* lat. *Scomma.* ang. *a nickname.* Sorte de surnom, épithète burlesque qu'on donne à quelqu'un le plus souvent en dérision de quelque chose qu'il a dite ou faite mal à propos, ou de quelque défaut personnel.

S O C

SOC. *s. m.* lat. *Vomer.* ang. *share, a plowshare.* Instrument, grosse pièce de fer pointuë, qui fait la principale partie de la charruë, qui sert à ouvrir & à fendre la terre quand on laboure.... *Soc* : voy. Socque. & Sok.

SOCIABLE. *adj.* lat. *Sociabilis.* ang. *sociable.* Qui cherche naturellement la compagnie, qui est né pour vivre en compagnie. Il se dit aussi de celui avec qui il est aisé de vivre, qui est d'un naturel doux & disposé à vivre en compagnie.

SOCIABLEMENT. *adv.* lat. *Modo sociabili.* ang. *sociably.* D'une manière douce & sociable.

SOCIAL, ale. *adj.* De société. Qui concerne la société. Qui regarde les Alliés.

SOCIÉTÉ. *sub. f.* lat. *Societas.* ang. *society.* Assemblage de plusieurs hommes dans un lieu pour s'entre-secourir dans les besoins. Commerce civil du monde ; liaison. Union, amitié. Liaison particulière de quelques personnes formée ou par intérêt, ou pour vivre régulièrement. La *société Royale* est une compagnie de Sçavans établie à *Londres* pour travailler à l'avancement & à la culture des Arts & des Sciences. *Société* se dit particulièrement de celle qui se fait entre Marchands ; & du traité, de l'acte par lequel on s'est joint, associé ensemble.

SOCINIANISME. *sub. m.* Doctrine, sentimens de *Fauste Socin*, en matière de religion. voy. *Socinien.*

SOCINIEN. *s. m.* lat. *Socinianus.* anglois. *a socinian.* Celui qui soutient, & qui suit les erreurs Théologiques de *Fauste Socin*, qui prétend, dit-on, que J. C. étoit un homme, & qu'il n'existoit pas avant *Marie*, que le S. Esprit n'est pas une personne distincte ; que le Père seul est Dieu & que le nom de Dieu qui est donné à J. C. dans les Ecritures, signifie seulement que le Père lui a donné un pouvoir souverain sur toutes les créatures ; que c'est pour cela que les hommes & les anges doivent l'adorer. Il nioit la rédemption de J. C., disant qu'il n'étoit mort que pour donner aux hommes l'exemple d'une vertu héroïque & pour sceller sa doctrine de son sang. Il regardoit le péché originel, la grace & la prédestination comme de pures chiméres, &c.

SOCLE. *s. m.* lat. *Basis.* ang. *the base or foot of a pedestal.* Partie inférieure d'un piedestal.

SOCQUE. *s. fem.* lat. *Ligneum sandalium.* anglois. *a sandal, a wooden pattin.* Espèce de sandale, patin de bois qui a deux ou trois doigts de hauteur, dont se servent entr'autres les Recollets. Espèce de chaussure que portoient chez les anciens les Acteurs de la Comédie.

SOCRATIQUE. *adj.* L'amour *socratique*, sodomie, pederastie.

SOCRATISER. *v. n.* Moraliser, philosopher comme socrate.

S O D

SODA. *s. m.* Sentiment de chaleur & d'érosion qu'on a à la gorge.

SODOMIE. *subst. femin.* lat. *Pederastia.* ang. *sodomy, buggery.* Péché contre nature d'un homme avec un autre homme.

SODOMITE. *substant. masc.* ang. *sodomite*, *a buggerer.* Celui qui commet le péché de sodomie.

SOE

SŒUR. *s. fem.* lat. *Soror.* ang. *a sister.* Fille qui est née d'un même Père & d'une même Mère qu'une autre Fille ou un autre Fils. . . . En morale on le dit des choses qui ont quelque ressemblance ou affinité.

SOF

SOFA. *s. m.* lat. *Suggestum pulvino ornatum.* angl. *sofa.* Espèce d'estrade dont on use parmi les Turcs, *&c.* qui est élevée d'un demi pied au dessus du niveau de la chambre, ou de la sale, pour s'y asseoir ou s'y coucher; elle est couverte de tapis, *&c.* & de-là on voit ce qui se passe dehors. . . . . Espèce de lit de repos à deux dossiers.

SOFFÉES. *s. m. pl.* Secte parmi les Turcs, qui est composée des devots du Mahometisme. Ils marchent dans les rues & dans les places publiques un livre à la main, ou tenant une espèce de chapelet, pour donner une idée de leur prétendue dévotion. Quand ils parlent ils le font toujours en deux mots: *Dieu est grand, Dieu nous protége, Dieu nous sauve*, &c.

SOFFITE. *s. f.* lat. *Lacunar.* ang. *sofit.* En *Architecture*, se dit de tout plafond ou lambris de Menuiserie, formé par des poutres croisées, ou des corniches volantes, dont les compartimens par renfoncemens quarrés, sont enrichis de sculpture, de peinture & dorure, *&c.*

SOFI. *voy.* Sophi.

SOFTAS. *s. masc. pl.* Chanoines ou bénéficiers *Turcs* qui ont de bonnes rentes pour venir dire une manière d'office des morts auprès des sépulcres des *Sultans*, &c.

SOI

SOIE. *voy.* Soye. . . . ( Coutellerie ) Queue de fer d'une lame de couteau de table, qui sert à l'emmancher.

SOIF. *s. f.* lat. *Sitis.* ang. *thirst.* Sentiment fâcheux excité à l'occasion d'un picotement qui se fait dans le gosier, qui produit l'altération, le desir de boire. Desir vif & ardent.

SOIGNER. *v. act.* lat. *Curam adhibere.* ang. *to look after.* Servir avec soin.

SOIGNEUSEMENT. *adv.* lat. *Attentè, accuratè.* ang. *carefully.* Avec soin, d'une manière exacte.

SOIGNEUX, euse. *adj.* lat. *Studiosus.* ang. *careful.* Qui est vigilant & exact, qui a soin de ses affaires, ou de celles qu'on lui a commises.

SOIN *s. m.* lat. *Cura, diligentia, studium.* angl. *care.* Diligence, application, attention qu'on apporte à faire exactement une chose; à la conserver, à la perfectionner. Soucis, inquiétudes. Libéralités qu'on fait à quelqu'un pour le faire subsister. . . . *Soins*: se dit de l'attachement particulier qu'on a pour une maîtresse & de ce qu'on fait pour lui plaire.

SOIR. *s. m.* lat. *Vespera, vesperum.* anglois. *evening.* Tems composé de la fin du jour & du commencement de la nuit. Il signifie aussi quelquefois la nuit, & quelquefois la partie du jour qui est depuis midi.

SOIRÉE. *s. f.* lat. *Vespertinum tempus.* ang. *evening.* Le tems du soir depuis que le soleil est couché & l'après soupée.

SOIXANTAINE. *subst. f.* lat. *Sexagenarius numerus.* ang. *threescore.* Nombre de soixante.

SOIXANTE. *adj.* lat. *Sexaginta.* ang. *threescore.* Terme numeral composé de six dixaines.

SOIXANTER. *v. act.* Terme du jeu de Piquet. Compter soixante points, faire un soixante, un pic.

SOIXANTIÈME. *adj.* & *subst.* lat. *Sexagesimus.* ang. *sixtieth.* Celui qui est en un rang où il en voit 59. avant lui. Un *soixantième*, c'est la *soixantième* partie d'un tout.

SOK

SOK *ou Soc. sub. m.* Mesure des longueurs dont on se sert dans le Royaume de Siam. C'est la demi-coudée.

SOL

SOL. *s. m.* Note de Musique qui est la cinquième de la gamme. *Sol* ou *sou* est une piéce de menuë monnoie qui vaut 12. deniers. lat. *Assis.* ang. *a penny.* *Sol* signifie aussi l'aire, la superficie de la terre, de la place sur laquelle on bâtit. La qualité du terrain. lat. *Solum.* ang. *ground.* ( Marine ) Fond large & plat des bâtimens qui n'ont point de quille. On dit aussi le *sol* ou le fond de la mer. ( Blason ) *Sol* se dit quelquefois du champ de l'écu qui porte les piéces honorables & les meubles. ( Chymie ) L'or. ( Astrologie ) Soleil. . . . *Sol* ou *sor*: raisin sec égrainé qui vient d'Espagne. ( Agricult. ) voy. *Sole*, à la fin.

SOLAK. *subst. masc.* Corps de milice de la garde du Grand-Seigneur. Archer de la garde à pied.

SOLAIRE. *adj.* lat. *Solaris.* ang. *solar.* Qui concerne le Soleil, qui tient du Soleil. *Mois solaire* est l'espace de tems que le Soleil employe à parcourir un signe ou la 12<sup>e</sup>. partie du Zodiaque. Le *systême solaire* en *Astronomie* est l'ordre ou l'arrangement que l'on suppose dans les corps célestes qui se meuvent autour du Soleil comme centre de leur mouvement. L'*année solaire* est l'espace de tems que le Soleil employe à revenir au même point Equinoctial ou Solstitial & qui est d'environ 365. jours 5. heures & 50. minutes. On dit qu'une personne a le visage *solaire*, quand elle a le visage ouvert, plein & d'une heureuse physionomie. ( Médecine ) Muscle qui sert à mouvoir la sole ou la plante du pied. ( Chirurgie ) Bandage pour la saignée de l'artère temporale.

SOLAIRES. *s. m. pl.* ang. *solares*, Que l'on nomme aussi *Chamsi* sont des peuples de la

*Mesopotamie* & des environs, qui sont ainsi nommés, parce que, selon l'opinion commune, ils adorent le Soleil. Ils n'ont ni Eglises, ni Temples & ne s'assemblent que dans des lieux souterrains & écartés des villes, où ils traitent des matières de leur Religion, si secrettement, qu'on n'a jamais pû rien découvrir de ce qu'ils y faisoient, par ceux même qui se sont convertis à la foi; dans la crainte qu'ils avoient que cela venant à se découvrir, ils ne fussent assassinés par les autres, suivant la résolution que l'on en prend dans leurs assemblées. Les Bachas du Grand-Seigneur voyant que les *solaires* ne faisoient aucun acte public de Religion, leur ordonnérent de se déclarer, pour sçavoir si leur secte pouvoit être tolerée dans l'Empire *Turc*: ce qui les obligea de se joindre aux *Syriens* ou *Jacobites*, sans vouloir néanmoins observer les pratiques du Christianisme. Dans la suite ils continuérent toujours de s'assembler en cachette à leur ordinaire.

SOLANDRE. *s. f.* Maladie de cheval. Espèce d'ulcère ou de crevasse qui vient au pli du jarret: la peau se trouve souvent fendue & rongée par l'acreté des humeurs qui en découlent. ang. *solanders*.

SOLANUM. *voy.* Morelle.

SOLBATU, uë. *adj.* lat. *In soleâ contusus.* ang. *surbated.* Cheval dont la sole est foulée.

SOLBATURE. *s. f.* lat. *Soleæ equinæ contusio.* ang. *surbate or surbating.* Maladie de cheval. Meurtrissure de la chair qui est sous la sole, quand le cheval a été long-tems pied nû ou mal ferré.

SOLDAN. *voy.* Soudan.

SOLDANELLE. *substant. fem.* Plante maritime. Espèce de liseron. Elle purge puissamment les serosités par bas. On s'en sert pour l'hydropisie, pour le scorbut.

SOLDAT. *s. m.* lat. *Miles.* ang. *a soldier.* Fantassin; homme de guerre qui sert à pied moyennant certaine solde, ou paye journalière. Il se dit aussi de tout homme de guerre qui est brave & qui fait son métier.... C'est encore le nom d'un crabe qui se trouve dans les isles Antilles.

SOLDATESQUE. *sub. fem.* lat. *Milites.* ang. *the souldiery.* Simples soldats en général.... *adj.* Qui appartient au Soldat, qui sent le Soldat. lat. *Militaris.* ang. *souldier like.*

SOLDE. *subst. fem.* lat. *Stipendium.* anglois. *pay.* Paye journalière qu'on doit donner aux Soldats, aux gens de guerre. Dernier payement qu'on fait d'une dette. Clôture de compte.

SOLDER. *v. act.* Apurer, clorre un compte, en payer le reliquat.

SOLDOYER. *voy.* Soudoyer.

SOLE. *s. f.* lat. *Solea.* ang. *sole.* Poisson de mer fort plat, & d'un gout excellent. (Manége) Ongle de cheval, ou espèce de corne beaucoup plus tendre que l'autre qui l'environne. (Chasse) le milieu du dessous du pied des grandes bêtes. Fond plat & large des bâtimens de mer, qui n'ont point de quille. On dit aussi *sol*.... (Charpenterie) Piéces de bois qui se couchent à terre dans les constructions de certaines machines; & celles qui portent la cage d'un moulin à vent.... Certaine étendue de champ sur laquelle on sème successivement des bleds, & ensuite de menus grains & qu'on laisse en jachère la troisième année. Ainsi l'on divise un champ en trois *soles* ou *sols*.

SOLÉCISME. *s. masc.* lat. *Solecismus.* angl. *solecism.* Grosse faute contre la langue, & contre les regles de la Grammaire.

SOLEIL. *s. m.* lat. *Sol.* ang. *the sun.* Grand luminaire que Dieu créa au commencement pour présider au jour & qui a cause des effets visibles qui prouvent son utilité pour le genre humain, a toujours été, depuis que l'idolâtrie s'est introduite dans le monde, l'objet de l'adoration des Payens. Les *Phéniciens* & les *Israëlites* en abandonnant le culte du vrai Dieu, adorerent le *Soleil* sous le nom de *Baal*, les *Moabites* sous celui de *Chemosh* & les *Ammonites* sous le nom de *Moloch*. Ils l'ont joint quelquefois à *Astarté* ou à la Lune, leur offrant leurs adorations dans les lieux élevés, dans les bois & au haut de leurs maisons. Les Auteurs sacrés dans le même tems qu'ils nous préviennent contre l'idolâtrie & le culte qu'on rend au *Soleil*, tirent de lui la plûpart de leurs comparaisons les plus nobles. Plusieurs Anciens ne croyoient pas que le Soleil tournât au tour de la terre ni que la terre tournât sur son axe pour faire de cette manière la succession alternative du jour & de la nuit; mais ils s'imaginoient que lorsque le Soleil étoit arrivé à son coucher, il revenoit à son lever par quelque route inconnue. Cependant les observations exactes & les découvertes des dernières années, depuis l'invention des Telescopes, ont éclairci cette matière. Lorsqu'on représente le Soleil en hieroglyphes, on le peint comme un lion qui a sur sa tête des rayons de lumière & entre ses griffes une poignée d'épis de bleds mûrs; & quelquefois comme un jeûne homme bien mis & à demi nud sur un navire: chez les *Chymistes* le *Soleil* signifie l'or & se marque ☉.... *Soleil* se dit aussi des choses qui représentent le Soleil, & qui sont peintes avec des raïons; & en particulier d'un vaisseau d'argent dans lequel on expose le S. Sacrement ou l'hostie à l'adoration du peuple; & de la représentation de la lumière radieuse de cet astre par des artifices rangés autour d'un centre en raïons. *Soleil hidraulique*, ou *Soleil d'eau* se dit lorsque les jets d'eau se distribuent en raïons.... *Soleil*, Plante qui porte une fleur radiée de couleur jaune dont le disque est un amas de plusieurs fleurons & la couronne est formée par quelques demi-fleurons. Elle a été ainsi appellée parce qu'elle représente le Soleil & se tourne toujours de son côté.... *Soleil*: insecte de mer de la figure dont on peint le *Soleil*. On appelle coup de *Soleil* l'impression violente & quelquefois mortelle que le Soleil fait en certaines circonstances sur ceux qui s'y trouvent exposés.

SOLEMNEL, elle. *adj.* lat. *Solemnis.* angl. *solemn.* Qui se fait avec pompe, éclat, dépense & cérémonies. Autentique, revêtu de toutes ses formalités.

SOLEMNELLEMENT. *adverb.* lat. *Solemniter.* anglois. *solemnly.* D'une manie solemnelle.

SOLEMNISER. *v. act.* lat. *Celebrare, solemni ritu diem festum agere.* ang. *to solemnize.* Observer les cérémonies ou formalités nécessaires en quelque occasion, en quelque acte.

SOLEMNITÉ. *sub. f.* lat. *Solemnis ritus, solemnitas.* ang. *solemnity.* Pompe, magnificence; cérémonie, Formalités & procédures établies par les loix, pour rendre un acte valable, autentique, & qui fasse preuve en Justice.

SOLEN. *substant. masculin.* Coquillage appellé *Dactyle*.... Instrument de *Chirurgie* : espèce de boëte ronde, oblongue & creuse dans laquelle on place un membre fracturé, pour y être maintenu, après la réduction, dans sa situation naturelle.

SOLERETS. *subst. m. pl.* Armes de fer pour les pieds.

SOLETARD. *voy.* Smectin.

SOLFIER. *verb. neut.* (Musique) Nommer en chantant les notes d'un chant, pour l'apprendre.

SOLIDAIRE. *adj.* lat. *In solidum.* ang. *in solido.* Terme de *Palais* qui se dit des obligations que passent plusieurs personnes ensemble, en telle sorte pourtant que chacun s'engage & promet de payer seul la somme totale, de même que s'il étoit seul obligé. On le dit aussi des personnes, cet homme est solidaire, c'est-à-dire, il répond *solidairement.*

SOLIDAIREMENT. *adv.* lat. *In solidum.* ang. *in solido.* Sans division de dette.

SOLIDE. *adj. & subst.* lat. *Solidus.* anglois. *solid.* En *Géométrie*, est ce qui a les trois dimensions, longueur, largeur & profondeur, & qui est borné par des surfaces. En parlant des *corps ordinaires*, c'est ce qui est ferme, stable, dur & massif, qui n'a point de cavités, &c. En parlant du *discours* ou du *raisonnement*, c'est celui qui est fort, nerveux, convaincant, &c. *Angle solide* en *Géométrie*, est le point ou trois plans se terminent, se coupent, ou se rencontrent. *Nombre solide* en *Arithmétique* est celui qui résulte de deux multiplications, comme 20, qui est le produit de 2 par 2 & par 5, &c *Problême solide* chés les *Géométres*, est celui qui ne peut se résoudre que par l'intersection d'un cercle & d'une section conique ou par l'intersection de deux sections coniques. *Solides réguliers* sont ceux qui sont terminés par des plans réguliers, comme le *Tetrahedre*, l'*Hexaëdre*, l'*Octahedre*, le *Dodecahedre*, & l'*Icosaëdre.* Les *Anatomistes* appellent *solides* toute les parties du corps continues.... *s. m.* Corps ferme & qui a de la consistence.

SOLIDEMENT. *adv.* lat. *Solidè.* ang. *solidly.* D'une manière solide.

SOLIDITÉ. *s. f.* lat. *Soliditas.* ang. *solidity.* Qualité qui rend les choses solides, dureté, fermeté, épaisseur. Profondeur de la doctrine, justesse de l'esprit dans les affaires importantes. Fixité des corps qui est opposée à la fluidité. Quantité de l'espace que les corps occupent.

SOLIFIDIENS. *s. m. pl.* ang. *solifidians.* Hérétiques qui soutiennent que la Foi seule sans les bonnes œuvres suffit pour le salut.

SOLILOQUE. *s. m.* lat. *Soliloquium.* ang. *soliloquy.* Raisonnement ou réflexion qu'on fait avec soi-même ; discours d'un homme qui parle seul.

SOLIMAN DOSTYN. *s. m.* Racine excellente pour la teinture.

SOLIMÈNE. *s. f.* Tulipe qui est de petite stature, beau pourpre & blanc.

SOLINS. *s. m. pl.* ( Architecture ) Les bouts des intervalles qui sont entre les solives & surtout le plâtre qu'on met sur la poutre pour les séparer.... Enduits de maçonnerie qu'on fait le long d'un pignon, pour y joindre & retenir les premières tuiles.

SOLITAIRE. *subst. & adj.* lat. *Solitarius.* ang. *solitary.* Retiré ; qui fuit le monde ; qui vit en particulier & éloigné du commerce des hommes. Lieu peu fréquenté, sauvage, & éloigné du commerce du monde.... *Solitaire* ou *ver solitaire*, ver qui se forme dans les intestins & qui est toujours seul de son espèce. Il se place dans le pylore de l'estomac, d'où il s'étend dans toute la suite des intestins. Il est vorace & cause une faim canine à ceux qui l'ont.... *Solitaire* : jeu où un homme peut jouer tout seul. C'est une table percée de 37. trous garnis de chevilles à la reserve d'un seul qui reste vuide. L'habileté est de prendre toutes ces chevilles les unes après les autres, comme on prend les dames au jeu de Dames, ensorte qu'il n'en reste plus aucune.

SOLITAIREMENT. *adv.* lat. *Solitariè.* ang. *solitarily.* D'une manière solitaire.

SOLITAURILES, *ou* Solitaurilies. *s. m. pl.* lat. & ang. *solitaurilia.* Fête instituée à *Rome*, en l'honneur de *Mars*, à qui on immoloit un Taureau, un Belier & un Bouc, après avoir fait faire trois tours à ces victimes autour de l'armée rangée en bataille, pour être purifiée par ces sacrifices. On les employoit aussi dans les occasions particulières autour des terres, campagnes, &c. pour en détourner les orages, les tempêtes, &c.

SOLITUDE. *s. f.* lat. *Locus desertus, solitudo.* ang. *a solitude.* Lieu désert, & inhabité, ou séparé du monde. Séparation du commerce des hommes.... *Solitude* se dit aussi des lieux qui ont été fréquentés quand il ne s'y trouve plus personne, ou peu de gens.

SOLIVE. *s. f.* lat. *Tignum.* ang. *a joyst, a girder or twist.* Piéce de bois de brin, ou de sciage, dont on fait les planchers, & qu'on pose sur les poutres.

SOLIVEAU. *substant. mascul.* lat. *Tigillum.* anglois. *a little joyst, or rafter.* Solive plus courte ou plus foible.

SOLLICITATION. *sub. f.* lat. *Sollicitatio.* ang. *sollicitation.* Empressement pour obtenir quelque chose de quelqu'un, pour faire réussir une affaire. Tentation, induction au mal.

SOLLICITER. *v. act.* lat. *Incitare, inducere.* ang. *to sollicit.* Inciter, exciter, induire à faire quelque chose ; travailler avec empressement à faire réussir une affaire.... On dit *solliciter* quelqu'un de son déshonneur, pour dire, exiger de lui des choses qui sont contre son devoir, le porter à ce qu'il lui seroit honteux de faire.

SOLLICITEUR. *s. m.* lat. *Curator*, *procurator.* ang. *a sollicitor.* Qui poursuit une affaire, qui la recommande; qui fait tous les pas nécessaires pour la mettre en état.

SOLLICITUDE. *s. f.* lat. *Sollicitudo*, *cura.* ang. *sollicitude.* Ennui; chagrin; inquiétude; apprehension.

SOLMIFIER. *voy.* Solfier.

SOLSTICE. *s. m.* lat. *Solstitium.* ang. *solstice.* En *Astronomie*, est le tems de l'année où le Soleil entrant dans les points des tropiques est le plus éloigné de l équateur, c'est-à-dire, d'environ 23. degrés; & avant qu'il revienne à l'équateur, il paroit comme s'il s'arrêtoit pendant quelques jours, décrivant sensiblement le même paralléle & un cercle parfait, tant il avance peu. Il y a tous les ans deux *solstices*, l'un qui se nomme *solstice d'Été*, lorsque le Soleil entre dans l'*écrevisse* vers le 11. de *Juin* vieux stile; ce qui fait le jour le plus long & la nuit la plus courte; & le *solstice* d'Hiver vers le 11. de Décembre vieux stile, lorsque le Soleil entre dans le *Capricorne* & que les nuits sont les plus longues & les jours les plus courts: mais cela n'est que dans nos païs septentrionaux: car sous l'équateur il n'y a point de variation & l'équinoxe y est continuel & dans les païs méridionaux du monde, le *Capricorne* produit le plus grand jour & l'*Ecrevisse* la plus grande nuit. Au *solstice d'Hiver* le tems est calme, & c'est alors que les Alcyons font leurs nids.

SOLSTICIAL. *adj.* lat. *Solstitialis.* anglois. *solsticial.* Qui est du solstice, qui appartient au solstice.

SOLTAM. *s. m.* Espèce de sucre candi, qui se fait au Caire.

SOLVABILITÉ. *substant. feminin.* lat. *Ad solvendum aptitudo.* ang. *solvability.* Moyen de payer.

SOLVABLE. *adj.* lat. *Qui est solvendo.* ang. *solvable.* Riche, qui a du fonds, de quoi payer les dettes qu'il contracte.

SOLUBLE. *adj.* lat. *Solubilis.* ang. *soluble.* Qui se peut soudre, expliquer.

SOLUTION. *s. fem.* lat. *Solutio*, *enodatio.* ang. *solution.* Eclaircissement d'une difficulté, réponse à un argument. En *Médecine*, c'est l'action par laquelle on réduit les corps mixtes en leurs parties ou par laquelle on rend fluide un corps dur & solide. En *Chirurgie*, c'est l'ouverture des playes. En *Géométrie* & en *Algébre* la solution d'un problême c'est l'invention, le moyen de satisfaire à quelque demande qu'on a proposée. En termes de *Palais solution* signifie payement.

## S O M

SOMACHE. *adj.* lat. *Aqua salsa.* ang. *salt or brackish water.* Terme de *Marine* qui signifie eau salée.

SOMBRE. *adject.* lat. *Obscurus*, *umbrosus.* ang. *dark*, *gloomy.* Qui manque de lumière; qui est obscur, qui est peu éclairé, qui reçoit peu de clarté. Triste, taciturne, morne, mélancolique, rêveur, chagrin.

SOMBRER. *v. n.* ( Marine ) Se dit des vaisseaux qui étant sous voile sont renversés par quelque coup de vent ou tempête qui les fait périr & abimer. lat. *Expansis velis submergi.* ang. *to be overset.*

SOMMAGE. *s. m.* ( Coutumes ) Droit seigneurial qui se fait par service de cheval & à somme.

SOMMAIL. *s. m.* ( Marine ) Lieu où la terre est haute sous l'eau.

SOMMAIRE. *adj.* & *subst.* lat. *Epitome*, *summa.* ang. *summary.* Abrégé qui contient la substance d'une chose en peu de mots. En *Imprimerie* on dit imprimer en *sommaire*, lorsqu'un titre un peu long est disposé en sorte que la première ligne avance de deux ou trois lettres & les suivantes sont en retraite, & ont un ou deux quadratins au commencement.

SOMMAIREMENT. *adv.* lat. *Summatim.* ang. *summarily.* En abrégé, en peu de mots.

SOMMATION. *s. f.* lat. *Admonitio.* ang. *a summons.* Acte de Justice par lequel on interpelle un Juge, une partie, de faire ou de déclarer quelque chose. Commandement qu'on fait aux habitans d'une place de se rendre.

SOMME. *s. fem.* & *masc.* lat. *Summarium.* ang. *summary.* Abrége ou compilation sommaire de ce qui concerne une science, une affaire. *Somme* signifie aussi la charge d'un cheval, ou d'un autre animal propre à porter sur son dos. En *Arithmétique*, c'est le nombre des choses signifiées par plusieurs caractères de chifres. Dans le *Commerce*, c'est l'argent dont on fait des payemens. C'est aussi le sommeil, le dormir. Et alors il est masculin.... *Somme* petit vaisseau Chinois.... *Païs-somme*, en termes de *Marine*, païs où il y a peu d'eau, où il est dangereux de naviger sans l'aide des Pilotes côtiers.

SOMME. ( En ) *adv.* En abrégé, en un mot, après tout.

SOMMÉ, ée. *adject.* ( Blason ) Se dit d'une piéce qui en a une autre au dessus d'elle, comme d'une petite tour au sommet d'une grosse.

SOMMEIL. *s. m.* lat. *Somnus*, *sopor.* angl. *sleepiness*, *sleep*, *rest.* Envie de dormir; assoupissement; état où les sens ont peu ou point d'action. Les anciens Payens en faisoient un Dieu fils de la *Nuit* & de l'*Erébe* & frère de la *Mort.* On l'appelle quelquefois le bienheureux Roi des hommes & des Dieux & le grand enchanteur qui prédit l'avenir; parce que ce Dieu pendant le repos fait connoître aux hommes les choses à venir. Les Poëtes ont exercé leur esprit à en faire la description & celle de son Palais, & surtout *Ovide* & *Virgile.* Au *figuré*, indolence, insensibilité.

SOMMEILLER. *v. n.* lat. *Dormitare.* ang. *to slumber*, *sleep.* Dormir d'un sommeil léger, d'un sommeil imparfait; s'assoupir.

SOMMELERIE. *s. f.* lat. *Vini cella promptuaria.*

*vinaria.* ang. *a butler's place or office.* Partie de l'office d'une grande maison, où l'on apprête le dessert & la boisson pour le service de la table. C'est aussi la charge de celui qui prépare le dessert, qui fournit le pain, le vin & la cire, qui a soin de mettre le couvert, de garder la vaisselle, &c.

SOMMELIER. *substant. mascul.* lat. *Cellæ vinariæ curator.* ang. *a butler.* Officier de la table d'un grand Seigneur, qui met le couvert, qui fournit le vin & le dessert.

SOMMER. *v. act.* Ajouter plusieurs nombres, ou arrêtés d'un compte pour voir combien il valent tous ensemble. Demander à quelqu'un l'exécution d'une chose qu'il doit faire. Faire commandement au Gouverneur d'une place de se rendre. Interpeller, appeller à garant.

SOMMER. *s. m.* Mesure d'Espagne. Il fait quatre quartaux.

SOMMET. *s. mas.* lat. *Summitas, cacumen.* anglois. *the top.* Le plus haut point de chaque chose. La pointe d'un corps, d'un triangle, &c. En *Morale*, il se dit du plus haut point; de la plus haute élévation; du plus haut degré où une chose puisse être portée.

SOMMIER. *sub. m.* lat. *Equus sarcinarius.* ang. *a sumpter horse.* Bête de somme. C'est aussi l'Officier qui a soin de fournir les bêtes de somme, lorsque la Cour fait voyage. Et celui qui porte les draps de pied & les carreaux dans la chapelle du Roi. C'est en *Architecture*, une piéce de bois de moyenne grosseur entre la solive & la poutre. C'est aussi une grosse piéce de bois, qui sert de linteau à une porte. Gros matelas rempli de crin, qui sert de paillasse & fait partie de la garniture d'un lit. *Sommier d'orgues:* reservoir dans lequel le vent des soufflets est conduit par un porte-vent, d'où il se distribuë ensuite dans les tuyaux, qui sont posés sur les trous de sa partie supérieure. *Sommier*, gros regître tenu par les commis des bureaux des Aides. *Sommier* ou *coffre de charge:* grand coffre fait pour être porté à la guerre ou en voyage sur un mulet ou un cheval. *Sommier* piéce de bois qui sert à soutenir le poids ou l'effort d'une presse d'Imprimerie.

SOMMISTE. *s. m.* (Chancellerie Romaine) Le principal ministre de la chambre pour l'expédition des Bulles, qui en fait faire les minutes, qui les fait recevoir & plomber.

SOMMITÉ. *s. fem.* lat. *Summitas.* ang. *the sharp end.* Sommet, l'extrémité supérieure d'une chose, & surtout des plantes.

SOMNAMBULE. *s. m.* Qui se leve, & qui marche la nuit & en dormant.

SOMNIALES. *s. masc. pl.* Dieux qui présidoient au sommeil & qui rendoient leurs oracles par les songes.

SOMNIFÉRE. *adj.* lat. *Somnifer.* ang. *somniferous.* Potion ou remède qui fait dormir, qui assoupit.

SOMPTUAIRE. *adject.* lat. *Sumptuarius.* ang. *sumptuary.* Qui concerne la dépense.

SOMPTUEUSEMENT. *adv.* lat. *Sumptuosè.* ang. *sumptuously.* D'une manière somptueuse.

SOMPTUEUX, euse. *adj.* lat. *Sumptuosus, magnificus.* ang. *sumptuous.* Magnifique, qui fait grande dépense, ou ce qui coute beaucoup.

SOMPTUOSITÉ. *s. f.* lat. *Luxus, sumptuosa magnificentia.* ang. *sumptuousness.* Grande dépense & magnifique.

## SON

SON. *substant. masc.* lat. *Furfur.* ang. *bran.* C'est la peau, la partie la plus grossière du blé moulu, qu'on sépare de la farine par le moyen d'un blutoir. C'est aussi le bruit que font deux corps durs qui se rencontrent, ou se frappent; l'harmonie, la cadence des paroles ou des mots. lat. *Sonus.* angl. *sound.*

SONAILLE. *s. f.* lat. *Pecuarium tintinnabulum.* ang. *a small tinkling bell.* Clochette que portent les bêtes penduë au col en voyageant.

SONAT. *s. m.* Mouton en blancherie. Peaux de mouton passées en mégie.

SONATE. *voy.* Sonnate.

SONDE. *s. f.* lat. *Bolis.* ang. *a plummet or sounding lead.* Piéce de plomb attachée au bout d'une corde qui s'appelle ligne. Elle sert à découvrir la profondeur de l'eau de la mer & à connoître le fonds du terrein. C'est aussi une petite cannule d'argent creuse, quoique fort menuë, qu'on introduit dans la verge pour découvrir s'il y a une pierre dans la vessie. latin. *Specillum.* ang. *a probe.* C'est encore un fer emmanché de bois dont se servent les Commis pour discerner les marchandises qui entrent. Aiguille d'argent ou de leton dont se servent différens ouvriers.... Le détroit de la *Sonde* est un fameux détroit entre la mer Baltique & la mer d'Allemagne, qui s'étend 50. milles du Nord-Ouest au Sud-Est & a environ 15. milles dans sa plus grande largeur: mais entre *Elsenbourg* & *Cronenbourg* il n'a pas plus de 3. milles de largeur. C'est à cause de cela que tous les vaisseaux qui passent & repassent par-là sont obligés de payer un certain droit au Roi de *Dannemark*.

SONDER. *v. act.* lat. *Altitudinem aquæ bolide tentare.* angl. *to sound.* Jetter la sonde, pour connoître la profondeur de l'eau, la qualité du terrain. Insérer la sonde dans une plaie. lat. *Specillum in vulnus immittere.* ang. *to search or probe a wound.... Figurément:* tacher de découvrir la pensée, les sentimens de quelqu'un... *Sonder le gué*, dans une affaire, tâcher de connoître s'il n'y a pas de danger, & de quelle sorte il faudra s'y prendre.

SONDEUR. *s. m.* lat. *Explorator, indagator.* ang. *he that sounds.* Celui qui sonde.

SONGE. *s. m.* lat. *Somnium* ang. *a dream.* Pensées confuses qui viennent en dormant par l'action de l'imagination. Vision. Chose vaine, qui n'a ni certitude, ni durée.

SONGE-CREUX. *s. m.* lat. *Meditabundus.* ang. *a saturnine.* Réveur, mélancolique qui s'applique profondément à la méditation.

SONGE-MALICE. *s. m.* lat. *Vafer.* ang. *a plotter of mischief.* Malin; qui s'applique à faire quelque niche, quelque mauvais tour.

SONGER. *v. act.* & *neut.* lat. *Somniare.* ang. *to dream.* Rêver, se représenter quelque chose en dormant. Il se dit aussi des simples pensées qui viennent aux gens qui veillent. Faire une sérieuse application d'esprit à un ouvrage, à une affaire, à un dessein.

SONGEUR, euse. *subst.* lat. *Somniosus.* ang. *a dreamer.* Qui fait des songes. Rêveur, distrait & mélancolique.

SONICA. *adv.* Se dit dans les jeux du Piquet & de la Bassette quand une carte vient tout le plutôt qu'elle puisse venir pour faire gagner ou pour faire perdre. De-là ce mot a passé dans la conversation, & il signifie, à point nommé, justement, précisément.

SONNA. *s. m.* Parmi les *Mahométans*, est un livre qui contient les traditions ausquelles les vrais Musulmans sont obligés de croire. Il y a parmi les Mahométans une secte des *Sciaites* qui rejettent les traditions des *sonnites*, comme n'étant fondées que sur un livre apocryphe & qui ne vient point de leur Législateur. Les *sonnites* à leur tour traitent les *sciaites* d'hérétiques qui ont corrompu l'Alcoran & qui n'observent point les préceptes qui y sont contenus.

SONNANT, ante. *adj.* lat. *Sonans*, *resonans.* angl. *sounding.* Qui rend quelque son clair, qui fait du bruit, quand on le frappe. On appelle en stile dogmatique propositions *mal sonnantes*, des propositions qui peuvent être prises dans un sens hérétique.

SONNATE. *s. f.* ang. *sonata.* Parmi les *Musiciens* est une composition de musique qui a différentes parties & qui ne s'exécute que par les instrumens seuls.

SONNER. *v. act.* & *neut.* lat. *Sonum edere.* ang. *to sound.* Rendre un son..... *Sonner mal*, être mal reçû du public. *Faire sonner bien haut:* vanter, exaggérer, faire valoir. *Sonner* de l'or ou de l'argent; reconnoître par le son d'une monnoie qu'on croit douteuse, si elle est bonne ou non recevable.

SONNERIE. *s. f.* l. *Campanarum pulsus.* ang. *a ring of bells.* Le son & le bruit de plusieurs cloches ensemble. Rouages & mouvemens qui servent à faire sonner les heures dans une horloge. lat. *Horologii omnis apparatus.* ang. *clock-work.*

SONNET. *s. m.* lat. *Tetradicastichum.* ang. *a sonnet.* Poësie renfermée en 14. vers, dont les huit premiers doivent être sur deux rimes.

SONNETIER. *s. masc.* lat. *Campanularum opifex.* ang. *a maker of little bells.* Celui qui fait & qui vend des sonnettes.

SONNETTE. *s. f.* lat. *Cymbalum.* ang. *a little bell.* Clochette qui sert à appeller ou à avertir. Petits grélots qu'on attache aux tambours de basque, aux petits chiens, &c. Machine de charpente qui sert à enfoncer des pilotis par le moyen d'un mouton, ou gros billot de bois. lat. *Tudes ductilis.* ang. *an engine used to drive in piles withal.*

SONNEUR. *s. m.* lat. *Campanarum pulsator.* ang. *a ringer.* Qui sonne les cloches, pour avertir le peuple de ce qui se doit faire.

SONNEZ. *substantif masculin.* Terme du jeu de *Trictrac.* Deux six en dés.

SONNITES. *voy.* Sonna.

SONORE. *adj.* lat. *Sonorus.* ang. *sonorous.* Qui a un beau son, qui rend un son agréable.

SONTO. *s. m.* Thé *sonto:* thé extrêmement estimé.

## SOP

SOPHI. *s. m.* Nom que l'on donne à présent aux Rois de *Perse*: mais ce n'est pas un nom d'imposition, tel que le nom de *Pharaon* donné aux Rois d'*Egypte* ou celui de *César* aux Empereurs *Romains.* C'est un nom de race ou plutôt de religion. Car ceux qui descendirent d'*Hali* & de *Fatima* fille de *Mahomet* prirent ce nom de *Sophi.* Ils fondérent une secte nommée *Iménie*, pour l'explication de l'*Alcoran*, laquelle a été embrassée par les *Persans* & par d'autres Peuples de l'*Inde Orientale.* Pour se distinguer, ils ne portoient en leur turban aucune touffe de soie, ni aucun ornement d'or ou d'argent; mais seulement de laine de couleur qui est appellée en langue arabesque, *Sophi.* Les *Sophis* chés les *Turcs*, sont les dévots.

SOPHIE. *substant. femin.* Plante qui est une espèce de sisymbrium. Elle croît aux lieux pierreux & sabloneux. Elle fleurit en Été. Son gout approche de celui d'une herbe potagère. Elle est astringente & dessicative.

SOPHISME. *subst. masc.* lat. *Sophisma.* ang. *sophism.* Raisonnement captieux qui induit en erreur; qui n'a que de l'apparence, & point de solidité.

SOPHISTE. *s. m.* lat. *Sophista vel sophistes.* ang. *sophister.* Nom que l'on donnoit autrefois aux Philosophes & ensuite aux Rhétoriciens & dans la suite à ceux qui excelloient dans quelque art ou quelque science que ce fût, comme aux Orateurs, Jurisconsultes, Historiens ou Théologiens. On qualifioit même de ce titre ceux qui se distinguoient dans le monde par leur sagesse. Mais à présent on ne l'applique qu'à ceux qui perdent leur tems à des disputes frivoles, à de vaines subtilités, à des questions de mots, &c. & à nous surprendre par des sophismes.

SOPHISTIQUE. *adj.* lat. *Sophisticus*, *captiosus.* angl. *sophistical*, *captious.* Captieux, trompeur. On le dit surtout des argumens qui sont fondés sur des équivoques.

SOPHISTIQUER. *v. act.* lat. *Corrumpere*, *adulterare.* ang. *to sophisticate.* Tromper, altérer les choses. On le dit dans le même sens *figurément* soit dans les ouvrages d'esprit, soit en fait de morale

SOPHISTIQUERIE. *s. f.* lat. *Adulteratio*, *fucus.* ang. *sophistication.* Mélange de drogues, de marchandises méchantes qu'on fait passer avec les bonnes. Fausse subtilité dans le discours, dans le raisonnement. lat. *Captiosus sermo.* ang. *sophistry*, *cavil.*

SOPHISTIQUEUR. *s. m.* lat. *Adulterator.* ang. *he that sophisticates.* Qui vend des drogues fausses pour de bonnes.

SOPHRONISTES *s. m. pl.* lat. & ang. *sophronistæ.* Sorte de Magistrats parmi les *Athéniens*, qui étoient presque semblables aux Cenſeurs de *Rome*, mais qui n'avoient pas tant d'autorité & étoient en plus grand nombre. Leur principale occupation étoit d'avoir l'œil ſur les actions des jeunes gens pour les contenir dans leur devoir.

SOPORATIF, ive. *adj.* lat. *Soporifer*, *ſomnifer.* ang. *ſoporiferous*, *ſoporifick.* Qui endort, qui a la force, la vertu d'endormir.

SOPOREUX, euſe. *adj.* ( Médecine ) Qui aſſoupit, qui cauſe un ſommeil dangereux.

SOPORIFÈRE, ou Soporifique. *adject.* Soporatif.

SOPRA-PROVÉDITEUR. *ſ. m.* Magiſtrat de Veniſe. Surintendant.

S O R

SOR. *adj.* ( Fauconnerie ) ang. *a ſore-hawk.* Faucon qui n'a qu'un an.... Hareng ſéché à la fumée. On dit auſſi *ſoret*.... *ſ. m.* Eſpèce de raiſin. *voy.* Sol.

SORA. *ſ. m. voy.* Eſſera.

SORAGE. *ſ. m.* ( Fauconnerie ) Première année d'un oiſeau qui n'a pas encore mué. ang. *ſoreage.*

SORBE, ou Corme. *ſubſtant. femin.* Fruit du ſorbier. Il eſt de la figure d'une petite poire, dur, charnu, ayant la chair jaunâtre, d'un goût fort âcre lorſqu'il eſt verd, aſſés doux & bon à manger quand il eſt mûr. Il eſt aſtringeant ſurtout avant ſa maturité & propre pour arrêter les vomiſſemens & les cours de ventre. lat. *Sorbum.* ang. *ſervice.*

SORBET, ou Sorbec. *ſ. m.* lat. *Sorbetum.* ang. *sherbet.* Liqueur agréable dont ſe ſervent les *Turcs.* Parmi les *Anglois* c'eſt une compoſition faite de citron, de ſucre, d'ambre, *&c.* pour y mettre du brandevin & faire la liqueur qu'ils appellent *ponche.*

SORBIER. *ſub. m.* lat. *Sorbus ſativa.* ang. *the ſervice-tree.* Arbre grand & rameux dont le fruit eſt de la figure d'une petite poire, dur, charnu, ayant la chair jaunâtre, d'un goût fort acerbe, lorſqu'il eſt verd, & bon à manger étant mûr.

SORBONNE. *ſubſt. fem.* lat. *Sorbona domus.* ang. *ſorbon.* Le premier & le plus conſidérable Collége de l'Univerſité de Paris, fondé pendant le regne de S. *Louis* par *Robert de Sorbon* qui lui donna ſon nom. On donne quelquefois le même nom à toute l'Univerſité qui a été fondée par *Charlemagne* à la prière du ſçavant *Alcuin*, lequel fut un de ſes premiers Profeſſeurs. Depuis ce tems-là elle a été très fameuſe & s'eſt diſtinguée en ſoutenant les droits de la Couronne, & les priviléges de l'Egliſe *Gallicane.* Cette Univerſité eſt composée de quatre facultés, qui ſont la Théologie, le droit Canon, la Médecine & les arts liberaux. Elle renferme 63. Colléges dont le principal eſt la *Sorbonne* qui fut rebâtie avec une magnificence extraordinaire par les liberalités du Cardinal de *Richelieu.* Il y a du logement pour 36. Docteurs, qui ſe diſent de la ſociété de *Sorbonne.* Ceux qu'on y reçoit ſans être Docteurs, s'appellent de l'hoſpitalité de *Sorbonne*.... Faculté de Théologie de Paris.

SORBONIQUE. *ſ. f.* lat. *Solemnis actus ſorbonicus pro doctoratu.* ang. *an act of divinity kept in the hall of the ſorbonne.* Acte ſolemnel qu'on fait en Sorbonne pour y être reçu Docteur en Théologie.

SORBONISTE. *ſ. m.* Docteur en ſorbonne. ang. *ſorbonniſt.*

SORCELERIE. *ſ. f.* lat. *Veneficium*, *incantamentum.* ang. *ſorcery.* Art magique, qui emprunte, dit-on, le ſecours & le miniſtère du Diable.

SORCIER, ière. *ſubſt. maſc. & femin.* lat. *Veneficus*, *magus.* ang. *wizard.* Magicien, enchanteur, celui qui, ſelon l'opinion commune, a communication avec le Diable, & qui fait pluſieurs choſes merveilleuſes par ſon ſecours. On le dit quelquefois d'une perſonne qui gagne les cœurs par ſes charmes, ou d'un homme fort adroit & fort prudent.

SORDIDE. *adj.* lat. *Sordidus*, *avarus.* ang. *ſordid.* Vilain, avare, bas, honteux, mépriſable.

SORDIDEMENT. *adv.* lat. *Sordidè*, *præparcè.* anglois. *ſordidly.* D'une manière ſordide.

SORDIDITÉ. *ſ. f.* lat. *Sorditudo.* ang. *ſordidneſſ.* Meſquinerie. Avarice.

SORER, ou Sorir. *v. act.* lat. *Fumo exſiccare.* ang. *to dry herrings in the ſmoak.* Sécher les *Harengs* à la fumée en les ſuſpendant & faiſant deſſous un petit feu.

SORET. *adj.* Hareng ſéché à la fumée.... *ſubſtantif maſculin.* Il ſe dit d'une des ſortes d'acier.

SORIE. *ſubſtant. femin.* Laine d'Eſpagne. Il y en a de deux ſortes; la *ſorie* ſégoviane ou de *los rios* & la ſorie commune.

SORIN. *voy.* Soriſſeur.

SORIR. *voy.* Sorer.

SORISSAGE. *ſubſt. maſcul.* Façon que l'on donne au hareng en le fumant à un feu de bois ou de charbon.

SORISSEUR. *ſ. maſc.* Celui qui fait ſorir les harengs.

SORNE. *ſ. f.* Scorie, écume, craſſe qui ſort du fer, quand on le forge; c'eſt ce que les Maréchaux & Serruriers appellent *machefer.* Les *ſornes* ne peuvent jamais devenir fer.

SORNETTE. *ſ. f.* lat. *Fabulæ*, *nugæ*, *logi.* ang. *a tale or idle ſtory.* Diſcours vain, & vague qui ne perſuade point, ou qui choque & importune.

SORORAL, ale. *adj.* (Juriſprudence) Qui concerne la ſœur.

SORT. *ſ. m.* lat. *Sors.* ang. *chance*, *hazard.* Hazard, ce qui arrive fortuitement & par une cauſe inconnuë, ou qui n'eſt ni reglée, ni certaine. C'eſt auſſi la manière de décider les choſes par le hazard, comme les dez, billets, *&c.* Incertitude des événémens. *Poëtiquement*, il ſe dit de la vie, de la fortune, de la deſtinée, de la condition des hommes. En *Juriſprudence*, c'eſt le fonds, le capital d'une ſomme qui porte intérêt. *Sort* ou ſortilége eſt un vrai ou prétendu maléfice qu'on jette sur quelque chose par le ministère du Diable.

SORTABLE. *adj.* lat. *Proprius*, *aptus*. ang. *sortable*, *suitable*. Qui est propre, qui convient à la personne ou aux choses.

SORTE. *subst. fem.* lat. *Genus*, *species*. ang. *sort*, *kind*. Genre, espèce. Qualité, manière. *De la sorte*, *de cette sorte* : de cette manière là, en cette manière. *En sorte*, *de sorte que* : de manière que, si bien que.

SORTIE. *s. f.* lat. *Egressus*, *exitus*. ang. *a going out*. Transport ; passage d'un lieu dans un autre. En termes de *Guerre*, c'est un effort que font des assiégés, quand une partie de la garnison sort sur les assiégeans pour ruiner leurs travaux. *Sortie* signifie aussi, porte, le plus souvent secrette, par où l'on sort. Issuë, événement. Ouverture par où les choses humides peuvent s'écouler. Combat qu'on livre à un adversaire. *Faire une sortie* sur quelqu'un ou à quelqu'un, le reprimander durement, s'emporter contre lui, lui dire brusquement quelque chose de dur.

SORTILÉGE. *subst. m.* lat. *Veneficium*. ang. *witch-craft*, *sorcery*. Sort, maléfice, qui selon l'opinion commune, se fait par l'opération & le secours du Diable.

SORTIR. *v. n.* lat. *Exire*, *abire*, *discedere*. anglois. *to go*, *come*, *or step out*. Quitter un lieu ; s'en aller ; s'évader ; s'échapper ; se retirer d'un lieu ; changer de place ; aller ailleurs. Se délivrer, s'affranchir, se dégager de quelque endroit ; se débarasser, se tirer de quelque affaire difficile. Changer d'état, de profession, de condition. Naître, venir au monde, commencer à paroitre. Venir, descendre, naître d'une race, d'une maison. En termes de *Palais* c'est avoir son effet. *v. act.* Mettre dehors.

SORTIR. (Au) *adv.* A l'issue, en sortant, au tems où l'on sort.

SORY. *s. m.* Minéral grossier, poreux, noir, gras, d'une odeur puante, d'un goût stiptique. Il étoit astringent & dessicatif. Comme on n'en trouve plus, on lui substitue le chalcitis.

## S O S

SOSIE. *s. f.* Ecorce d'arbre, soie & coton que les Anglois apportent des Indes Orientales.

## S O T

SOT, Sotte. *adj.* & *subst.* lat. *Fatuus*, *ineptus*. anglois. *sottish*, *silly*. Ridicule, niais ; qui n'a point d'esprit, ou qui n'en a que pour dire & faire des impertinences & des actions ridicules. Un cocu, un cornard ; le mari d'une femme infidéle.

SOTER, Soteria. *adj.* Conservateur, conservatrice. Nom donné aux divinités à qui on croyoit être redevable de la santé.

SOTÉRIES. *s. f. pl.* *Soteria*. Fêtes qui se célébroient ou sacrifices qu'on faisoit aux Dieux en actions de graces de la conservation.

SOTHIACALE. (Période) *adject. f.* Année caniculaire.

SOTOFORIN. *s. m.* (Marine) Se dit des piéces de bois qui dans une galère croisent les courbatons & qui servent à les lier & à les affermir.

SOTTEMENT. *adverb.* lat. *Ineptè*, *insulsè*. ang. *foolishly*, *idly*. Imprudemment ; ridiculement ; impertinemment ; sans esprit, mal à propos.

SOTTISE. *s. f.* lat. *Insulsitas*. angl. *sottishness*. Qualité, actions, paroles de celui qui est sot. Imprudence, impertinence, folie, bêtise. Injure. Faute. Chose plaisante & un peu libre.

SOTTISIER. *s. m.* Recueil de bons mots, de vaudevilles, de chansons, de petites historiettes, de contes, de fables, de sottises en un mot que l'on ramasse. Homme qui dit beaucoup de sottises.

## S O U

SOU. *s. mascul.* lat. *As*. anglois. *a sous or french penny*. Piéce de menuë monnoie valant 12. deniers tournois.

SOUAGUZEZ. Toiles de coton qui viennent des Indes Orientales.

SOUBANDAGE, Soubande. *voyez* Sous-bande.

SOUBARDIERS. *s. m. pl.* Principaux étais qui soutiennent la machine avec laquelle on tire hors des perrières les masses de pierre a faire de l'ardoise.

SOUBREDENT, *ou* Surdent. *s. f.* Dent qui vient hors de rang sur une autre, ou entre deux autres.

SOUBRESAUT. *sub. masc.* lat. *Exultatio*. ang. *a gambol*. Saut imprévu & à contre tems que fait le cheval, quand il veut se dérober de dessous le Cavalier qui le monte.... *Figurément* il se dit des surprises qui se font dans les affaires & dans les procès, des obstacles & des chicanes qu'on y forme, à quoi on ne s'attendoit pas.

SOUBRETTE. *s. f.* lat. *Pedisequa*. ang. *a waiting woman*. Petite servante.

SOUCHA. *s. f.* Crêpon de soie de la Chine rayé de bleu.

SOUCHE. *s. f.* lat. *Stipes*, *truncus*. anglois. *lag or stump*. Sépée, tronc d'arbre qui est à fleur de terre & qui tient aux racines. Grosse buche ou piéce de bois. Stupide, insensible. En *Morale* & en Généalogie on le dit des auteurs d'une famille, de celui qui a des descendans.... (Maçonnerie) Corps de la cheminée qui sort du toit, soit qu'elle ait un ou plusieurs tuyaux ou languettes.

SOUCHET. *s. m.* Pierre dont on se sert dans les bâtimens, qui est au dessous du dernier banc des carrières.... Sorte de plante dont il y a plusieurs espèces ; le *souchet long* & le *souchet rond* ainsi appellés de la figure de leurs racines qui sont employées avec succès dans la crudité d'estomac, la colique, le vertige, & le *souchet d'Inde* autrement *Curcuma* ou *Safran d'Inde*.

SOUCHETAGE. *sub. m.* Visite que font les

Officiers des Eaux & Forêts après la coupe des bois, pour visiter & compter le nombre & la qualité des souches abbatues.... Compte & marque des bois de futaie qu'on a permission d'abbattre.

SOUCHETEUR. *s. mas.* Expert que chaque partie nomme de son côté pour assister au souchetage & à la visite des souches.

SOUCHEVER. Ôter dans une carrière la pierre nommée *souchet*, pour faire tomber le banc de volée.

SOUCHEVEUR. *substant. masc.* Ouvrier qui travaille a ôter le souchet, afin de séparer & de faire tomber les pierres.

SOUCI. *subst. mascul.* lat. *Caltha.* angl. *a marigold.* Plante qui porte une fleur de même nom. Il signifie aussi, chagrin, inquiétude d'esprit, soin fâcheux, sollicitude, ennui. lat. *Cura, angor.* ang. *cares, carking care.....* *Sans souci*: qui ne songe qu'à se divertir, qui ne s'inquiéte de rien, qui ne songe point à l'avenir.

SOUCIE. *s. f.* ou *Poul. s. m.* Espèce de moineau ou passereau.

SOUCIER. (Se) *v. rec.* lat. *Curam habere, sollicitum esse.* ang. *to care.* Se mettre en peine, avoir du souci, du chagrin, de l'inquiétude; être touché du soin de quelque chose; en craindre la perte. Estimer, faire cas.

SOUCIEUX, euse. *adject.* lat. *Sollicitus, anxius.* ang. *careful, carking.* Inquiet; qui a du chagrin, du souci.

SOUCIS, *ou* Soutis. *s. m. pl.* Mousselines de soie, raïées de diverses couleurs, qui viennent des Indes.

SOUCLAVIÈRE, Souclerc. *voyez* Sous clavière, Sous-clerc.

SOUCOUPE. *voy.* Sous coupe.

SOUDAIN, aine. *adj.* lat. *Promptus, subitus.* ang. *sudden.* Qui est prompt, subit, qui se fait en un moment.

SOUDAIN. *adv.* lat. *Subitò.* ang. *forthwith.* Subitement. Dans le même instant.

SOUDAINEMENT. *adv.* Subitement.

SOUDAN, *ou* Soldan. *s. m.* lat. *Soldamnus Rex.* ang. *sultan.* Nom ou titre que l'on donnoit autrefois aux Lieutenans Généraux des Caliphes & dans leurs Provinces & dans leurs armées. Ils se rendirent ensuite souverains. *Saladin* général des troupes de *Naradin*, Roi de *Damas*, fut le premier qui prit ce titre en *Egypte* l'an 1165. après avoir tué le Caliphe *Caym.*

SOUDE. *s. fem.* lat. *Kali.* ang. *salt-wort.* Plante dont les cendres servent à faire le verre, le savon, &c. *Soude en pierre*: pierre qu'on fait de la soude, elle sert à faire du verre & du savon, & on l'emploie dans les lessives.

SOUDER. *verb. act.* lat. *Rationes conficere.* ang. *to ballance or make up an account.* Calculer, clôre & appurer un compte de société. Attacher, joindre ensemble les extrémités de deux piéces de métal par la fusion de quelque composition convenable. lat. *Ferruminare.* ang. *to solder.*

SOUDIACRE. *voy.* Sousdiacre.

SOUDIS. *s. m.* Petite monnoie qui a couru à Ormus, dans le sein Persique. Il vaut 4. payes, la paye dix besorchs, qui sont à peu près comme les liards de France.

SOUDIVISER, Soudivision. *voy.* Subdiviser, Subdivision.

SOUDOIR. *s. m.* Instrument de fer, dont les Ciriers se servent pour souder ensemble les bras des flambeaux de poing.

SOUDOYER. *verb. act.* lat. *Stipendia numerare.* anglois. *to keep soldiers in pay.* Payer la solde aux gens de guerre, pour les entretenir & faire subsister en corps.

SOUDRE. *v. act.* lat. *Solvere.* ang. *to solve, to resolve.* Eclaircir une difficulté, répondre à un argument, à une objection.

SOUDRILLE. *s. m.* Méchant & misérable Soldat dont on ne fait point de cas.

SOUDURE. *s. f.* lat. *Ferruminatio.* anglois. *a soldering.* Composition ou mélange du métal qui sert à souder. Composition d'étain, de cuivre, pour souder. Endroit par où les deux piéces de métal sont soudées..... (Maçonnerie) Platre serré dont on raccorde deux enduits, qui n'ont pas été faits en même tems sur un mur ou un lambris.

SOUFFLAGE. *s. m.* lat. *Navis contabulatio externa.* ang. *the furring of a ship.* Terme de *Marine.* C'est la partie du vaisseau qui a été renflée, ou le bois qu'on ajoute au vaisseau par dehors, vers la flottaison, pour lui faire mieux porter la voile. Art de souffler le verre. Action du paraissonier qui le souffle.

SOUFFLE. *subst. m.* lat. *Agitatio vel compressio aëris.* ang. *breath.* Agitation de l'air pressé; vent. Haleine, respiration. (Artillerie) *Souffle* d'une piéce de canon: compression de l'air par la sortie du boulet hors de la piéce. Quelquefois le *souffle* abbat une partie des embrasures de la muraille.

SOUFFLER. *v. act.* lat. *Inflare.* anglois. *to blow.* Donner une forte agitation à l'air, en le pressant dans quelque vaisseau, pour l'en faire sortir par une petite ouverture avec plus d'impétuosité. Exhaler de l'air qu'on avoit attiré par la respiration. Faire les opérations de chymie. *Souffler* la chandelle, c'est l'éteindre; la poussière, c'est l'ôter du lieu où elle est en soufflant. Dans la *Marine*, c'est renforcer le bordage d'un vaisseau par de nouvelles planches. *Souffler* signifie aussi, insinuer dans l'esprit, inspirer, persuader de méchantes choses. Suggérer. Remettre quelque chose dans la mémoire: répéter à demi bas à quelqu'un qui parle en public les endroits de son discours où la mémoire lui manque. *Souffler* le droit, l'apprendre en chambre, ou en donner une légère teinture aux récipiendaires. (Palais) *Souffler* un exploit, une signification se dit des exploits faux, qui n'ont point été donnés véritablement aux parties. *Souffler* à quelqu'un une charge, un emploi, le lui enlever, lorsqu'il s'y attendoit. *Souffler* se dit au jeu des Dames, lorsqu'on prend une dame à son adversaire, quand il a négligé d'en prendre une qui étoit en prise.

SOUFFLERIE. *substant. femin.* latin. *Exer-*

*ctatio chymica.* ang. *the working in chimistry.* Exercice de Chymie, qui ne se dit que de ces fous qui cherchent la pierre philosophale. Action des soufflets d'une orgue & lieu où ils sont posés.

SOUFFLET. *substant. masculin.* lat. *Follis.* ang. *bellows.* Instrument qui sert à souffler en attirant le vent & puis en le comprimant pour le faire sortir par un trou étroit avec violence. Chaise roulante dont le dessus & le dedans sont de cuir, ou toile cirée, qui se levent & se plient comme un *soufflet* pendant le beau tems & qui s'étendent pour défendre de la pluye. C'est aussi un coup donné du plat, ou du revers de la main sur la joue. lat. *Alapa, colaphus.* ang. *a cuff or blow in the ear.*

SOUFFLETADE. *s. fem.* Soufflets déchargés coup sur coup.

SOUFFLETER. *v. act.* lat. *Alapas impingere.* angl. *to box or cuff.* Donner un ou plusieurs soufflets ou coups sur la joue.

SOUFFLETEUR. *s. masc.* lat. *Depalmator.* anglois. *a boxer or cuffer.* Qui soufflette, qui donne des soufflets.

SOUFFLEUR. *substant. mascul.* lat. *Flator.* ang. *a blower.* Celui qui souffle, soit avec la bouche, soit avec un soufflet. Celui qui est proche d'un autre qui récite en public, afin de suppléer à son défaut de mémoire, & de lui suggérer ce qu'il aura à dire. Celui qui enseigne le droit en chambre, qui n'a point de chaire, ni de titre de Professeur en quelque Université. Chercheur de pierre philosophale. C'est aussi un poisson cétacée du genre des baleines, qui jette beaucoup d'eau par ses naseaux.

SOUFFLURE. *s. f.* lat. *Cavernula.* anglois. *a hollowness in a gun.* En *Artillerie* ce sont des cavités qui se forment dans l'épaisseur du métal quand il a été fondu trop chaud.

SOUFFRABLE. *adject.* Il a la même signification, mais il est moins usité que *supportable.*

SOUFFRANCE. *s. f.* lat. *Pœna, calamitas.* angl. *suffering, affliction, grief.* Peine; tourment qu'on endure. Action de souffrir. Délai qu'on donne aux comptables pour rapporter les quittances des sommes mentionnées, & celui que donne le Seigneur à son Vassal pour lui rendre la foi & hommage & pour empêcher la saisie féodale.

SOUFFRANT, ante. *adject.* lat. *Patiens, perferens.* ang. *suffering.* Qui souffre, qui endure. Patient, endurant.

SOUFFRE, Souffrer. *voy.* Soufre, Soufrer.

SOUFFRE-DOULEURS. *substant. mascul.* latin. *Omnium mancipio expositus.* anglois. *a drudge.* Qui a toute la peine & la fatigue d'une maison.

SOUFFRETEUX, euse. *adject.* lat. *Ærumnosus.* anglois. *needy.* Misérable, qui souffre beaucoup.

SOUFFRIR. *v. act.* lat. *Ferre, perferre.* ang. *to suffer.* Endurer, sentir de la douleur, du mal, ou quelque incommodité. Ne se pas opposer à une chose, y consentir tacitement, la tolérer Compatir, s'accommoder ensemble, ne se pas detruire. . . . *verb. n. Souffrir* du pied, de la tête, y sentir de la douleur; de quelqu'un, endurer de lui des choses qui déplaisent. Une muraille *souffre* quand elle est trop chargée & on dit que des vignes, des bleds ont *souffert*, quand ils ont été endommagés par le mauvais tems.

SOUFRE. *s. m.* lat. *Sulfur.* ang. *brimstone.* Minéral gras, inflammable & vitriolique. Il y en a deux espèces, un qu'on appelle *soufre vif* & l'autre *soufre jaûne*, ou *soufre commun.* Le *soufre vif* ou naturel est une matière grise, grasse, argilleuse, inflammable qu'on trouve en plusieurs lieux. Le *soufre jaûne* ou *commun* est une matière dure, luisante, cassante, facile à fondre & à s'enflammer. On la tire du Mont Vesure, on la liquéfie sur le feu & on la verse dans des moules pour la former en canons, ou en bâtons. Quelques Auteurs croyent que le *soufre* n'est que le vitriol sublimé dans la terre. Parmi les *Chymistes* toute substance oléagineuse, résineuse & grasse, tant des végétaux que des animaux se nomme *soufre. Fleur de soufre* c'est le plus pur du *soufre* qui s'attache au chapiteau de la cucurbite, quand on en fait la sublimation. *Magistère* ou *lait de soufre : soufre* dissous dans une quantité d'eau avec du sel de tartre & préparé par le moyen de l'esprit de vinaigre ou de quelque autre acide. *Soufre d'antimoine*, celui qu'on tire de l'antimoine avec diverses préparations. *Soufre doré*: celui qu'on tire des feces du safran des métaux.

SOUFRER. *v. act.* lat. *Sulfurare.* anglois. *to do over with brimstone.* Enduire, frotter quelque chose de soufre, ou l'exposer à la fumée du soufre. *Soufrer* la laine, c'est la suspendre par quenouillée dans le *soufroir.*

SOUFRETER. *v. act.* Louer à un autre le navire qu'on a loué, ou freter à un autre le navire qu'on a freté.

SOUFROIR. *substant. mascul.* Petite étuve bien plafonée en ciment & bien close, pour y blanchir la laine par la vapeur du soufre allumé dans une terrine.

SOUGARDE. *voy.* Sousgarde.

SOUHAIT. *s. m.* lat. *Votum, optatum.* ang. *wish, desire, vow.* Désir, envie, mouvement de l'ame pour posséder quelque chose.

SOUHAIT. (à) *adv.* lat. *Ex sententiâ, ad optatum.* angl. *according to our mind.* Selon ses désirs.

SOUHAITABLE. *adj.* lat. *Optabilis, optandus.* ang. *desirable, to be wished.* Désirable, qui est digne d'exciter notre désir.

SOUHAITER. *v. actif.* lat. *Optare.* ang. *to wish, long, desire.* Désirer quelque chose.

SOUHAITEUR. *s. m.* Qui souhaite. *Souhaiteur* de bonne année.

SOUIL. *s. masc.* ou Souille. *s. f.* (Vénérie) Lieu bourbeux où se veautre le sanglier. Bourbe où la bête noire se met sur le ventre. lat. *Volutabrum.* ang. *the soil of a wild boar.*

SOUILLARD. *s. m.* (Charpenterie) Piéce de bois assemblée sur des pieux & que l'on pose au devant des glacis qui sont entre les piles des ponts de pierre. On en met aussi aux ponts de bois.

SOUILLE. *substant. femin.* ( Vénérie ) *voy.* Souil.... ( Marine ) Lieu où le vaisseau a touché, lorsque la mer étoit basse & qu'il a touché sur la vase.

SOUILLER. *v. act.* lat. *Fœdare*, *inquinare.* ang. *to foul*, *defile*, *spot.* Gâter, rendre sâle. Il se dit aussi & plus ordinairement au *Figuré* & dans les choses morales.

SOUILLON. *subst. masc.* & *fem.* lat. *Culinarius mediastinus.* angl. *a young sloven*, *a young slut.* Qui est mal propre, qui a des habits sales & pleins de graisse.

SOUILLURE. *sub. f.* lat. *Inquinatio.* ang. *filth*, *filthiness.* Tache, saleté qui est sur quelque chose.

SOUL. *voy.* Saoul.

SOULAGEMENT. *s. m.* lat. *Levamentum*, *solatium.* angl. *ease.* Allégement, diminution de peine, de douleur, d'affliction.

SOULAGER. *v. act.* lat. *Levare*, *allevare.* ang. *to ease.* Aider à quelqu'un ; le décharger d'une partie de la peine, de la fatigue qu'il souffre. Adoucir, diminuer les maux du corps. Consoler, affoiblir les chagrins.

SOULANDRES. *voy.* Solandre.

SOULÉE. *voy.* Saoulée.

SOULEGE. *voy.* Allége.

SOULER. *voy.* Saouler.

SOULÉVEMENT. *s. m.* lat. *Nausea.* ang. *a rising in the stomack. Soulévement* de cœur : mal de cœur causé par le dégoût. *Soulévement* des peuples : sédition. *Soulévement* des flots : leur émotion.

SOULEVER. *v. act.* lat. *Sublevare.* ang. *to lift or heave up.* Lever doucement quelque chose. Il se dit aussi de l'émotion du cœur à la vuë d'un objet qui lui cause quelque dégoût, de la révolte des peuples & de l'émotion des flots.

SOULEUR. *s. f.* Crainte violente & subite, qui surprend & qui fait soulever le cœur. lat. *Subitus & repentinus timor.* anglois. *sudden fright.*

SOULFRE, Soulfrer. *voy.* Soufre, Soufrer.

SOULIER. *substant. mascul.* lat. *Solea.* ang. *shoe.* Chaussure de cuir. *Soulier de Notre-Dame* plante autrement appellée sabot.

SOUMETTRE. *v. act.* lat. *Submittere.* ang. *to subdue*, *subject.* Dompter, vaincre, réduire en sa puissance, subjuguer, mettre sous son empire, sous son commandement. Se *soumettre* : plier, obéir, s'humilier, se ranger sous la dépendance de quelqu'un, céder, consentir.

SOUMISSION. *sub. f.* lat. *Submissio*, *obsequium.* angl. *submission.* Humiliation, obéissance. ( Palais ) Obligation, promesse de payer, de subir une peine comminatoire. ( Finances ) Offre de payer une certaine somme.

SOUMULTIPLE. *s. masc.* ( Arithmétique ) Le *soumultiple* d'un nombre c'est un nombre plus petit, qui se trouve exactement compris un certain nombre de fois dans le plus grand. Ainsi 5. est soumultiple de 20.

SOUN. *s. m.* Bâtiment de la Chine.

SOUPAPE. *s. f.* lat. *Valvula mobilis*, *versatilis.* ang. *the sucket of a pump.* Petite platine de cuivre qu'on dispose de maniére qu'elle s'ouvre pour donner passage à l'eau quand elle y doit entrer & qu'elle se ferme quand on veut faire monter l'eau par la compression.... ( Organistes ) Tampon qui est dans le sommier d'un tuyau d'orgue & qui bouche les rainures ou portevens jusqu'au pied de chaque tuyau & qui est soutenu par un petit ressort de léton. Quand on presse sur les touches elles font baisser les *soupapes.* Quelques Anatomistes le disent aussi des valvules.

SOUPÇON. *s. m.* lat. *Suspicio.* ang. *suspicion.* Défiance, incertitude ; doute qu'on a de la sincérité, ou de la probité d'une personne ; ou de la vérité de quelque chose.

SOUPÇONNER. *v. act.* lat. *Suspicari.* ang. *to suspect.* Avoir du soupçon. Avoir une connoissance imparfaite, deviner à demi.

SOUPÇONNEUX, euse. *adj.* lat. *Suspiciosus.* ang. *suspicious.* Défiant, qui est sujet aux soupçons.

SOUPE. *s. fem.* lat. *Panis jurulentus.* ang. *soop.* Potage fait avec beaucoup de pain & de bouillon ou jus de viande, ou d'autres matières, qu'on sert à l'entrée du repas. Il se dit aussi des tranches de pain fort déliées qu'on met au fond du plat, sur lesquelles on verse la soupe.

SOUPEAU. *s. m.* ( Agriculture ) Morceau de bois qui sert à tenir le soc de la charrue avec l'oreille & qui est tout au dessous.

SOUPÉE. *sub. f.* L'avant *soupée* : tems qui précéde immédiatement le souper. L'aprés-*soupée* : intervalle entre le souper & la retraite pour dormir.

SOUPER, ou Soupé. *s. m.* lat. *Cœna*, *refectio vespertina.* angl. *supper.* Repas du soir. Viande préparée pour ce repas.

SOUPER. *v. n.* lat. *Cœnare.* angl. *to sup.* Prendre le repas du soir.

SOUPESER. *voy.* Souspeser.

SOUPIER, ière. *s. masc.* Qui aime bien la soupe. On le dit plus ordinairement d'un plat, d'une assiette où l'on sert la *soupe.*

SOUPIR. *s. m.* lat. *Halitus*, *spiritus.* ang. *sigh.* Air qu'on attire & qu'on exhale pour entretenir la vie. Témoignage extérieur de tristesse. Respiration forte causée par quelque passion. ( Musique ) Pause qui est une 4e. partie de la mesure à 4. tems.

SOUPIRAIL. *subst. masc.* lat. *Spiramentum.* ang. *an air-hole.* Petite fenêtre en glacis qu'on fait pour donner de l'air à une cave, à un cachot.

SOUPIRANT, ante. *adject.* lat. *Suspirans.* ang. *sighing.* Qui soupire pour quelque chose, qui y prétend, qui y aspire.

SOUPIRER *verb. n.* lat. *Aspirare.* ang. *to sigh.* Gemir, se plaindre, pousser sa respiration avec violence quand on est ému de quelque passion violente. Aspirer, prétendre à quelque chose, la desirer avec passion.

SOUPIREUR. *s. m.* Celui qui soupire.

SOUPLE. *adject.* lat. *Flexilis.* ang. *supple.* Qui est doux, maniable, obéissant. Qui plie aisément. Adroit, insinuant, complaisant, docile, humble.

SOUPLEMENT. *adverb.* lat. *Docili animo.* ang. *docilly.* D'une manière souple & soumise.

SOUPLESSE. *subst. fem.* lat. *Corporis agilitas.* ang. *suppleness.* Flexibilité de corps; facilité à mouvoir son corps, à se plier comme on veut. Docilité, complaisance, soumission, flexibilité aux volontés d'autrui. *Tours de souplesse* sont des moyens subtils, adroits, cachés, artificieux dont on se sert pour arriver à ses fins.

SOUQUENILLE. *voy.* Siquenille.

SOURBASSIS, *ou* Sourbassis. Soies de Perse les plus fines & de la meilleure qualité de toutes celles qu'on tire du Levant.

SOURCE. *s. f.* lat. *Origo, causa.* ang. *source, head, spring.* Lieu d'où quelque chose procéde, ou la cause qui la produit. Endroit où les eaux sourdent & sortent de la terre. Origine, cause, principe. Il se dit aussi des lieux où les choses croissent ordinairement, où elles sont en abondance, où elles se fabriquent & d'où on les tire.

SOURCIL. *s. m.* lat. *Supercilium.* anglois. *brow, eye-brow.* Le poil qui est au dessus des yeux en manière de demi-cercle. Poil qui est au dessus des yeux du cheval. (Architecture) Le haut de la porte qui pose sur les piédroits.

SOURCILLER. *verb. neut.* lat. *Supercilia movere.* ang. *to move the eye-brow.* Remuer les sourcils.

SOURCILLEUX, euse. *adj.* Haut, élevé, en parlant des montagnes.

SOURD, Sourde. *adj.* lat. *Surdus.* anglois. *deaf.* Qui ne peut entendre les sons, par quelque défaut de l'organe sur lequel ils font impression. Qui fait semblant de ne pas entendre. Qui ne resonne pas assés, qui ne fait pas assés de bruit. Secret, caché. Lime *sourde* : lime faite exprès pour limer & couper le fer sans faire beaucoup de bruit : & *figurément* personne qui parle peu & qui cache quelque malignité dans son ame. Douleur *sourde*: interne, qui n'est pas aiguë. Pierrerie *sourde* : obscure, sombre. En *Arithmétique* un nombre *sourd* est celui dont on ne peut pas extraire exactement la racine.

SOURD. *subst. masc.* Aspic le plus dangereux de tous. Il a quatre jambes & est de la grosseur d'un lézard verd. Il fait périr les arbres au pied desquels il se trouve.

SOURDAUD, aude. *adject.* & *subst.* lat. *Surdaster.* ang. *deafish.* Qui est à demi sourd, qui a l'oreille dure.

SOURDELINE. *s. f.* Espèce de musette fort en usage en Italie autrement appellée *Sampogne.* lat. *Uter symphoniacus.* anglois. *a kind of bag-pipe.*

SOURDEMENT. *adv.* lat. *Clam, latenter, occultò.* angl. *secretly, silently.* Secrettement & sans bruit.

SOURDINE. *sub. f.* lat. *Organum musicum soni exilis & obtusi.* ang. *a trumpet that sounds low.* Trompette qui fait un bruit sourd, qui sert à donner le signal aux gens de guerre pour déloger secrettement & sans bruit, ce qui se fait en poussant un morceau de bois dans le pavillon ou ouverture de la trompette. Il se dit aussi de ce qu'on met aux autres instrumens de musique; quand on veut qu'ils ne fassent pas tant de bruit.... Dans une montre à répétition c'est un petit ressort qui retient le marteau & l'empêche de frapper sur le timbre, ensorte qu'on n'entend plus qu'un son sourd. On appelle aussi *sourdine* une montre à répétition où il a une *sourdine.*

SOURDINE. (à la) *adv.* lat. *Clam, clanculùm.* anglois. *silently, without any noise.* En cachette & sans bruit.

SOURDON. *s. m.* Coquillage qui a beaucoup de rapport au lavignon.

SOURDRE. *verb. n.* lat. *Scatere, scaturire.* ang. *to spring, rise, issue.* Sortir, jaillir, s'écouler par quelque fente de la terre. *Sourdre au vent*, en termes de *Marine* se dit d'un navire qui tient bien le vent & qui avance à sa route au plus près du vent. Il se dit aussi d'un nuage qui sort de l'horison & qui s'éleve vers le Zénith.

SOURI, *ou* Souris. *subst. f.* lat. *Musculus.* ang. *a mouse.* Petit rat ou animal qui est dommageable aux grains & aux meubles qu'il ronge; ce qui fait valoir les chats qui les détruisent. Elles multiplient excessivement. On dit qu'elles sont utiles en Médecine contre certaines maladies. Il étoit défendu aux *Juifs* d'en manger, comme étant des animaux immondes; quoiqu'au siége de *Jerusalem* ils furent forcés d'aller contre cette défense. Parmi les *Anciens* la *souri* étoit l'emblême d'un choix judicieux & sage; parce qu'on dit que par la finesse de leur odorat elles choisissent toujours le meilleur fromage. Les rats, les loirs & les marmotes sont du genre des souris. On appelle en *Fortifications* le pas de la souri, une petite retraite du parapet de la muraille au dessus du cordon, autrement l'*Orteuil*, la *Berme*.... (Manége) *souris* : cartilage qui est dans les naseaux d'un cheval, qui le fait ébrouer ou ronfler des naseaux. (Anatomie) Espace qui est dans la main entre le pouce & l'indice, autrement appellé Thenar. C'est là que les Chiromanciens placent le mont de Mercure.... Dans une éclanche, la *souris*, est un certain muscle charnu qui tient à l'os du manche près de la jointure... *Souris*: ajustement de femme qui fait partie de sa coiffure.... *Dents de souris* : entaillures qu'on fait sur des rouës, qui ressemblent aux dents de *souris*.... *Souris de Moscovie* : martre zibeline... *Gris de souris* : couleur qui approche de celle de la peau de la souris.

SOURICEAU. *s. m.* lat. *Musculus.* ang. *a little mouse.* Jeune souris.

SOURICIERE. *sub. f.* lat. *Muris decipula.* anglois. *a mouse-trap.* Petit piége, instrument propre pour prendre des rats & des souris.

SOURIRE. *v. n.* lat. *Subridere.* ang. *to smile or simper.* Donner quelque petit signe de joie par un léger mouvement des levres & des joues.

*Sourire à quelqu'un*, lui marquer en *souriant* de l'estime, de l'affection.

SOURIRE. *s. m.* Souris.

SOURIS. *subst. mascul.* lat. *Risus modestus*. ang. *a smile or simpering*. Ris modeste, légére apparence de joie, qui paroit sur le visage & qu'il semble qu'on veuille retenir ou cacher.... *s. f.* voy. *Souri.*

SOURNOIS, oise. *adj.* lat. *Tellus*, & *melancholicus*. angl. *melancholy*, *silent*. Qui est caché & dissimulé, qui fait les choses à la sourdine, sans en dire mot à personne.

SOURSOMMEAU. *s. m.* Panier monté sur des pieds, contenant une quantité réglée de fruits.... Ballot ou panier qu'on met dans l'entré-bas sur les deux ballots ou paniers qui composent la somme.

SOUS-AFFERMER. *voy.* Sous-fermer.

SOUS-AILES. *s. f. pl.* Bas-côtés ou collatéraux d'une Eglise.

SOUS-ARBRISSEAU. *subst. masc.* Arbuste. Plante moyenne entre l'arbrisseau & l'herbe.

SOUS-AVOUÉ. *substant. masculin.* Second Avoué d'une Eglise ou d'un Monastère.

SOUS-BACHA, *ou* Sous-Bachi. *s. m.* Officier Turc. Espèce de Commissaire.

SOUS-BAIL. *substant. masculin.* lat. *Sublocatio.* anglois. *an under lease.* Bail ou partie d'un bail qu'un Fermier-général souferme à un autre.

SOUS-BANDES. *substantif feminin pluriel.* (Chirurgie) Bandes qu'on met les premières aux fractures sous les autres. Elles servent à rapprocher & à réunir les parties écartées & à séparer celles qui s'approchent contre l'ordre naturel.

SOUS-BARBE. *s. f.* Coup que l'on donne sous le menton. *Figurément :* Affront, mauvais tour qu'on fait secrettement à quelqu'un.... (Manége) Partie du cheval qui porte la gourmette.... (Marine) Piéce de bois fort courte, qui est débout soutenant le bout de l'étrave du vaisseau lorsqu'il est sur le chantier.

SOUS-BARQUE. *subst. fem.* (Charpenterie) Dernier rang des planches ou bordages d'un bâteau foncet, qui est immédiatement au dessous du platbord.

SOUS-BASSEMENT. *s. masc.* Piéce de tapisserie qu'on met au devant de l'appui ou de l'acoudoir des fenêtres. On le dit aussi de la garniture d'étoffe qu'on met au bas d'un lit, quand les rideaux ne vont pas jusqu'à terre. En *Architecture*, c'est ce qu'on met au dessous du piedestal d'une colomne.

SOUS-BERME. *subst. femin.* (Marine) Descente d'eau causée par les neiges fondues ou par les pluyes, & qui grossit les rivières.

SOUS-BIBLIOTHÉCAIRE. *s. m.* lat. *Hypobibliothecarius.* anglois. *an under-library-keeper.* Garde d'une Bibliothéque sous un Officier qui a le titre de Bibliothécaire.

SOUS-BRIGADIER. *s. m.* lat. *Submanipularis ductor.* angl. *a sub-brigadier.* Officier de Cavalerie qui commande sous le Brigadier.

SOUS-CAMÉRIER. *subst. masc.* Qui fait les fonctions de Camérier à la place du Camérier.

SOUSCAPULAIRE. *subst. masculin.* 9ᵉ. & dernier muscle des bras, qui est situé tout entier sous l'omoplate.

SOUS-CHANTRE. *subst. masc.* lat. *Succentor.* angl. *sub-chanter.* Officier de chœur, qui donne le ton en l'absence du chantre.

SOUS-CHEVER *la pierre : v. act.* La prendre & la couper par dessous avec le couteau appellé *esse* pour la séparer du banc qui est sous celui que l'on coupe.

SOUS-CLAVIER, iére. *adj.* (Anatomie) Se dit de deux artères qui viennent de l'*aorte* & qui sont situées sous les clavicules ; de deux veines qui accompagnent les artères & qui vont se terminer au tronc de la veine cave descendante ; & d'un muscle qui est entre la clavicule & la première côte supérieure, qui tire cette côte en haut.

SOUS-CLERC. *s. m.* Qui sert au dessous ou en la place des Clercs.

SOUS-COMITE. *sub. m.* Officier de galère, inférieur au Comite & qui sert sous lui.

SOUS-COMMIS. *s. m.* Qui sert sous un Commis ou en sa place.

SOUS-COSTAUX. *subst. & adj.* Plans charnus de différentes largeurs & très minces, situés plus ou moins obliquement en dedans des côtes, près de leurs angles osseux, & regnans dans la même direction que les intercostaux internes.

SOUS-COUPE. *substant. femin.* lat *Hypocratera.* angl. *a salver.* Petit bassin ou vaisseau plat, sur lequel on sert à boire & où l'on met les verres & des caraffes de plusieurs sortes de vins ou de liqueurs.

SOUSCRIPTEUR. *substant. masculin.* Celui qui souscrit pour l'édition d'un livre, & qui avance son argent avant l'édition, pour l'avoir à meilleur marché.

SOUSCRIPTION. *sub. f.* lat. *Chirographus.* ang. *subscription.* Signature au bas d'une lettre, d'un acte. Cautionnement du contenu en une lettre, d'un billet, par celui qui y joint sa signature. Consignation d'une somme d'argent, que l'on avance pour l'édition d'un livre.

SOUSCRIRE. *v. act.* lat. *Subscribere.* ang. *to subscribe.* Ecrire au dessous. Signer au bas de quelque chose. Se rendre caution d'un autre. Demeurer d'accord de ce qu'un autre propose. Avancer l'argent d'un livre avant qu'il soit imprimé.

SOUSCRIVANT. *s. m.* Souscripteur.

SOUS-DIACONAT. *sub. m.* lat. *Hypodiaconatus*, *subdiaconatus.* ang. *subdeaconship.* C'est le premier des Ordres sacrés qu'on reçoit.

SOUS-DIACRE. *s. masc.* lat. *Subdiaconus.* ang. *subdeacon.* Ministre qui sert à l'Autel, & qui est promû au premier des Ordres sacrés.

SOUS DIVISER, Sousdivision. *voy.* Subdiviser, Subdivision.

SOUS-DOYEN. *subst. masc.* lat. *Subdecanus.* angl. *subdean.* Dignité en certains chapitres, au dessous de celle du Doyen. Celui qui est le second dans une compagnie, pour l'ancienneté de la réception.

SOUS-DOYENNÉ. *substant. mascul.* latin.

*Subdecanatus*. angl. *subdeanship*. Dignité de sous-Doyen.

SOUSENTENDRE. *v. act.* lat. *Subaudire*, *subintelligere*. angl. *to understand*. Concevoir un mot, une condition, qui sont omis, qui doivent être tenus pour exprimés.

SOUSENTENDU, uë. *adj.* Se dit d'un mot ou d'une clause non exprimés, mais qui se doivent *sousentendre*. latin. *Subauditus*. anglois. *understood*.

SOUSENTENTE. *s. fem.* lat. *Subintellectio*. ang. *mental reservation*. Se dit de ces gens artificieux qui ne disent pas tout ce qu'ils pensent.

SOUS-ÉPINEUX. *s. m.* ( Anatomie ) Septième muscle du bras, qui occupe la cavité, qui est au dessous de l'épine de l'omoplate.

SOUS-ÉTABLI. *s. m.* Procureur qu'un autre Procureur subroge à sa place.

SOUS FAITE. *sub. m.* ( Charpenterie ) Longue piéce de bois de 6 à 7. pouces en quarré qui se met sous le faîte & qui est comme lui parallèle à l'horison. Elle sert à rendre les assemblages plus solides. Les *sous-faîtes* vont de ferme en ferme comme les *faîtes*.

SOUS-FERME. *sub. f.* lat. *Sublocatio*. ang. *under-lease*. Sous-bail, ou partie d'un bail général qu'on afferme à un autre.

SOUS FERMER. *v. act.* lat. *Sublocare*. ang. *to under-lease, or under let*. Donner ou prendre à ferme une partie de ce qu'on a pris à ferme par un bail général.

SOUS-FERMIER. *sub. m.* lat. *Subvillicus*. ang. *an under-farmer*. Celui qui tient quelque ferme sous un autre.

SOUS-FRETER. *v. act.* Louer à un autre le navire qu'on a loué.

SOUS-GARDE. *s. f.* Piéce de fer qu'on met au dessus de la détente d'une arme à feu, pour empêcher que le ressort ne se lâche & qu'elle ne tire toute seule. lat. *Suppositus scbaterio arcullus*. ang. *gard*.

SOUS-GORGE. *subst. fem.* lat. *Subjugulare*. anglois. *the throat-band of a bridle*. Lanière de cuir qui passe sous la gorge du cheval & qui s'attache avec une boucle à la têtière pour la tenir en état

SOUS-GOUVERNANTE. *s. f.* lat. *Vice-gubernatrix*. angl. *an under-governess*. Femme qui sert en place d'une gouvernante.

SOUS-GOUVERNEUR. *s. m.* lat. *Vice-gubernator*. ang. *an under-tutor, or under-governour*. Celui qui sert sous un Gouverneur d'un Prince.

SOUSLÉVEMENT, Souslever. *voy.* Soulévement, Soulever.

SOUS LIEUTENANCE. *sub. fem.* lat. *Hypocenturiatus*. ang. *an under-lieutenant's place*. Charge de Soûlieutenant; il y en a au Régiment des gardes, &c.

SOUS LIEUTENANT. *s. m.* lat. *Ducis vel centurionis legatus*. ang. *an under lieutenant*, *a sublieutenant*. Officier de guerre qui commande sous le Lieutenant.

SOUSLIGNER. *v. act.* Tirer un trait sous un mot, pour le faire remarquer.

SOUS LOCATAIRE. *subst. m.* lat. *Subconductor*, *sublocator*. ang. *an under-tenant*. Qui loue une portion de maison d'un principal locataire.

SOUS-LOUER. *v. act.* lat. *Sublocare*. ang. *to under-let*. Louer une partie de ce qu'on tient à louage d'un principal locataire.

SOUS-MAÎTRE. *subst. m.* lat. *Propraceptor*. anglois. *an under-master in a school*. Qui commande sous un maître ou en sa place.

SOUSMETTRE, Sousmission. *voy.* Soumettre, soumission.

SOUS-MOUCHEUR. *s. m.* lat. Officier subalterne qui tient la place & fait les fonctions du grand moucheur de chandelles, charge considérable en *Espagne*. Il y a aussi un *sous-moucheur* sur les théatres.

SOUS-MULTIPLE. *voy.* Soumultiple.

SOUS-ORDRE. *adv.* ( Palais ) Subordonnément.... Un créancier en *sous-ordre* est celui qui ne l'est pas directement du débiteur dont les biens sont saisis & arrêtés, mais qui l'est de celui qui a fait arrêt ou de celui qui est opposant à la saisie, *ou bien*, c'est celui qui a une créance sur le créancier qui fait actuellement une poursuite.

SOUS-PÉNITENCERIE. *subst. femin.* lat. *Vicepænitentiaria*. anglois. *the subpenitentiary's dignity*. Titre ou qualité de soupénitencier.

SOUS-PÉNITENCIER. *s. m.* lat. *Subpænitentiarius*. anglois. *sub-penitentiary*. Aide du pénitencier.

SOUS-PENTE. *s. f.* lat. *Projectum*. ang. *a jutty*. Entre-sole, ou petite construction pratiquée entre deux planchers, pour la commodité d'un appartement, qui sert de dépense, de garde-robe. Grosses courroyes de cuir, qui tiennent suspendu le corps d'un carrosse. latin. *Lora suspensilia*. anglois. *the main-braces of a coach*.... ( Charpenterie ) Piéce de bois retenuë à plomb par le haut qui entre dans la construction d'une grue & qui sert à tenir suspendus le treuil & la roue. ( Maçonnerie ) Liens ou barres de fer qui servent à soutenir la hotte ou le faux manteau d'une cheminée.

SOUSPESER. *v. act.* lat. *Onus humo sublatum expendere*. ang. *to weigh or poise*. Élever quelque corps pesant, pour juger à peu près de sa pesanteur.

SOUSPIR, Souspirail, Souspirer. *voyez* Soupir, Soupirail, Soupirer.

SOUS-PRÉCEPTEUR. *s. m.* lat. *Propræceptor*. ang. *an underpreceptor*. Celui qui soulage le Précepteur en ses fonctions.

SOUS-PRIEUR. *subst. m.* lat. *Subprior*. ang. *a sub-priour*. Officier claustral qui soulage le Prieur d'un couvent.

SOUS-PROMOTEUR. *subst. masc.* Dans les procès de canonisation, il y a un Officier qu'on nomme *Sous promoteur* de la Foi.

SOUS RENTE. *s. femin.* Rente que l'on tire d'une chose que l'on tient soi-même à rente.

SOUS-RENTIER. *subst. m.* Celui qui tient quelque chose à rente d'une personne, qui la tient elle même à rente d'un autre; ou celui qui donne à rente à un autre, ce qu'il tient déja lui-même à rente.

SOUSRIRE, Sousris. *voy.* Sourire, Souris.

SOUS-SACRISTAIN *s. m.* lat. *Proædituus, subædituus.* ang. *an under-sexton.* Aide du sacristain qui le soulage dans l'emploi de la sacristie.

SOUS SECRÉTAIRE. *s. m.* lat. *Hypoamanuensis.* anglois. *an under-secretary.* Celui qui écrit sous un Secrétaire.

SOUSSIGNER. *v. act.* lat. *Subscribere, nomen apponere.* angl. *to subscribe.* Souscrire un acte, mettre au bas son nom, pour l'approuver.

SOUS-TANGENTE. *voy.* Subtangente.

SOUSTENABLE, Soustenant, Soustendante. *voy.* Soûtenable, Soûtenant, Soûtendante.

SOUSTENEMENT, Soustenir, Sousterrain, Soustien. *voyez* Soûtenement, Soûtenir, Soûterrain, Soûtien.

SOUSTILAIRE. *adj.* En *Gnomonique* est une ligne droite qui passe par le pied du stile & représente un cercle horaire perpendiculaire au plan du cadran.

SOUS-TIRAGE. *substant. masc.* L'action de sous-tirer.

SOUS-TIRER. *v. act.* Transvaser le vin ou autre liqueur d'une piéce dans une autre, le tirer à clair.

SOUSTRACTION. *sub. f.* lat. *Substractio, deductio.* ang. *substraction.* Regle d'*Arithmétique*, par où l'on trouve la différence qui est entre deux nombres. *Soustraction* se dit aussi d'une fraude par laquelle on dérobe, on récele quelques meubles, quelques papiers, *&c.* Action de soustraire, privation.

SOUSTRAIRE. *v. act.* lat. *Subtrahere, subducere.* ang. *to substract.* Faire une soustraction, une déduction d'une petite somme. Dérober, détourner, réceler, ôter, enlever.... Se *soustraire*, éviter, échaper, sortir du devoir.

SOUS-TRAITANT. *substant. masc.* lat. *Subredemptor.* anglois. *an under-farmer.* Celui qui traite des fermes & particuliérement de celles du Roi, ou du recouvrement de ses deniers dans une Province, qui les prend des mains des Traitans ou Fermiers-généraux.

SOUS-TRAITÉ. *s. masc.* lat. *Subredemptio.* ang. *under-lease.* Souferme qui fait partie d'un plus grand traité ou recouvrement.

SOUS-TRAITER. *v. n.* lat. *Subredimere.* ang. *to under-farm.* Prendre une souferme particulière d'un Fermier général.

SOUS VENTRIÈRE. *s. f.* Courroie de cuir qu'on met sous le ventre du cheval, pour tenir en état les harnois des chevaux de carrosse & de voiture.

SOUS-VICAIRE. *s. masc.* lat. *Vicevicarius.* ang. *sub-vicar.* Prêtre qui soulage le Vicaire ou le Curé en leurs fonctions.

SOUS VICOMTE. *substant. mascul.* Officier d'un Vicomte, député d'un Vicomte.

SOUTANE. *s. f.* lat. *Vestis talaris.* ang. *a cassock.* Habit long & descendant jusques sur les talons, que portent les Ecclésiastiques & les gens de justice sous leurs manteaux & sous leurs robes.

SOUTANELLE. *s. f.* lat. *Vestis brevior.* ang. *a short cassock.* Petite soutane de campagne qui ne descend que jusqu'aux genoux.

SOUTE. *sub. f.* lat. *Supplementum.* ang. *the ballance.* Supplément de payement qui sert à égaler une chose à une autre. Débet d'un compte arrêté en une société. En termes de *Marine*, la *soute* est le plus bas étage du château de poupe, où l'on met le magasin des poudres & du biscuit. lat. *Intima navis ad puppim contignatio.* anglois. *the bread-room in a ship....* *Soute:* espèce de sel qui sert à faire des lessives.

SOUTENABLE. *adj.* lat. *Tuendo idoneus.* ang. *warrantable.* Qui se peut soutenir, défendre, appuyer par raison. *Couleur soûtenable*, en termes de *Teinture*, est celle qui ne se décharge pas beaucoup à l'user, & qui ne noircit ou ne teint pas quand elle est achevée.

SOUTENANT, ante. *adject.* lat. *Sustinens, tuens.* angl. *bearing.* Qui supporte un fardeau, qui aide à faire subsister & tenir debout quelque chose.... *s. m.* Qui répond & défend des thèses.

SOUTENDANTE. *s. f.* En *Géométrie*, c'est une ligne qui joint les deux extrêmités d'une portion de cercle. Ligne qui sert de base à un angle, qui le soûtient, qui lui est opposée.

SOUTENEMENT. *s. m.* lat. *Tuitio, defensio.* anglois. *defense, answer.* Au *Palais*, se dit des écritures que fournit un rendant-compte pour en défendre les articles, & répondre aux débats qui ont été faits contre. En *Architecture*, il signifie soutien, & se dit de ce qui empêche que des terres ne s'éboulent.

SOUTENEUR. *s. m.* Celui qui soûtient.... Pilier des jeux de débauches qui a soin de faire payer ceux qui les fréquentent. Filou, coupe-jarret.

SOUTENIR. *v. act.* lat. *Sustinere, fulcire.* ang. *to sustain, to bear.* Supporter un fardeau. Tenir suspendu. Appuyer. Substanter, donner des forces, aider à se tenir debout. En termes de *Guerre*, résister, s'opposer à la violence d'un ennemi. En *Géométrie*, il se dit des lignes opposées à un angle, qui le soutiennent, qui le mesurent. En *Chymie*, c'est résister, souffrir une épreuve. Il se dit aussi de ce qui aide à faire subsister quelque chose. Favoriser, aider de ses forces & de son crédit. Fournir aux dépenses nécessaires pour entretenir & faire durer quelque chose. Affirmer & attester. Appuyer, animer, encourager.... (Manége) Tenir la bride ferme & haute à un cheval.

SOUTENU, uë. *adj.* (Blason) Se dit d'une piéce qui en a une autre au dessous d'elle : c'est le contraire de sommé.

SOUTERRAIN, aine. *adject.* lat. *Subterraneus.* ang. *subterraneous.* Qui est enfermé en terre, sous la terre. Dans les *Fortifications* un *souterrain* est une place de sûreté pratiquée sous terre, pour se garentir des bombes. lat. *Hypogæum.* angl. *a subterranean....* Figurément *souterrains* sont des voies, des pratiques secrettes pour parvenir à quelque fin.

SOUTERRAINES. *s. f. pl.* Espèce de guêpes qui aiment à vivre en nombreuses sociétés. On les appelle autrement *Domestiques*, parce qu'elles sont les plus communes & les plus importunes. Le nom de *soûterraines* leur a été donné, parce qu'elles se creusent de petites cavernes dans les champs ou profitent pour se loger d'un trou de taupe abandonné.

SOUTIEN. *s. m.* lat. *Fulcrum*, *fultura*. ang. *a stay or prop*. Appui ; ce qui supporte, qui soutient.

SOUTIS. *s. m.* Espèce de mousseline.

SOU-TRAITANT, Sou-traiter. *voy.* Sous-traitant, Sous-traiter.

SOUVENANCE. *s. f.* lat. *Memoria*, *recordatio*. anglois. *remembrance*. Action de la mémoire.

SOUVENIR. (Se) *v. neut.* lat. *Meminisse*, *recordari*. angl *to remember*. Avoir mémoire, garder l'idée d'une chose ; y penser. Avoir pour recommandé. Garder un ressentiment dans l'ame.

SOUVENIR. *s. m.* lat. *Recordatio*, *memoria*. ang. *remembrance*, *memory*. Action de la mémoire par laquelle on se ressouvient. Douleur qui reste de quelque blessure, ou maladie. Monument en mémoire de quelque grande action. Idée d'une chose, quoiqu'elle soit future.

SOUVENT. *adv.* lat. *Sæpè*, *frequenter*. ang. *often*, *oftentimes*. Fréquemment, plusieurs fois.

SOUVENTEFOIS. *adv.* Le même que *souvent*, mais moins usité.

SOUVERAIN, aine. *adj.* & *substant.* lat. *Summus*, *supremus*. ang. *sovereign*, *supreme*. Le Premier Être, le Tout-Puissant, qui ne voit rien au dessus de lui. A l'égard des hommes, il se dit des Rois, ou des Princes, ou de ceux qui n'ont personne au dessus d'eux ; qui sont absolus & indépendans, qui ne relévent que de Dieu. On les nomme Empereurs, Rois, Princes, &c. Il se dit aussi des Juges qui ont pouvoir du Roi ou du Prince de terminer les Procès sans appel ; & par extension de ce qui est suprême, excellent & élevé au dessus des autres. Il se dit enfin des choses ou des personnes à qui nous donnons un pouvoir absolu.

SOUVERAINE ROYALE. *substant. femin.* Œillet qui a une grosse fleur panachée de violet & de blanc.

SOUVERAINEMENT. *adv.* lat. *Cum summâ potestate*. angl. *sovereignly*. Absolument, indépendemment, en dernier ressort. Au dernier point, au dernier degré.

SOUVERAINETÉ. *s. f.* lat. *Suprema potestas*. anglois. *sovereignty*. Qualité & autorité du Prince souverain ; puissance souveraine. Etat indépendant qui ne reconnoît d'autres loix que celles de son Prince. Manière absolue dont les particuliers agissent ou décident.

## S O Y

SOYE. *s. f.* lat. *Filum sericum vel bombycinum*. angl. *silk*. Fil extrêmement doux & delié, qui sert à faire de belles étoffes de prix. Elle sort des entrailles du ver à *soye*. Ce mot se dit aussi par antiphrase, du poil rude des porcs & des sangliers & principalement de celui qu'ils ont sur le dos. En termes de *Fourbisseur*, *soye* est la pointe de fer qui est au bout de la lame de l'épée & qui entre dans la poignée & dans le pomeau sur lequel on la rive. Les *Couteliers* donnent aussi ce nom à la queuë de fer d'une lame de couteau de table qui sert à l'emmancher.... *Soye d'Orient* : plante qui a des feuilles armées d'un aiguillon comme celles de l'artichaut. Son fruit ressemble par la figure & par la couleur à un perroquet. Il contient une matière extrêmement blanche & déliée qu'on file & qui est de la *soye*.

SOYER. *v. act.* lat. *Dentatâ seculâ secare*. ang. *to cut down corn*. Couper les bleds avec la faucille, qui est une serpe ronde qui a des dents comme une scie.

SOYERIE. *s. f.* lat. *Bombycina merx*. angl. *silk-trade*. Toute sorte de marchandise de *soye*. Manière de préparer la *soye*. Manufacture de *soye*.

SOYETEURS. *s. m.* Ouvriers qui travaillent en étoffes de *soye*.

SOYEUX, euse. *adj.* lat. *Sericeus*, *bombycinus*. anglois. *silken*. Doux comme de la soye. Plein de soye, bien garni de soye. lat. *Sericosus*, *serico refertus*. ang. *thick*.

## S P A

SPACIEUSEMENT. *adv.* lat. *Spatiosè*. ang. *spaciously*. Fort au large.

SPACIEUX, ou Spatieux, euse. *adj.* latin. *Spatiosus*, *amplus*. angl. *spacious*. Qui est ample, de grande étenduë.

SPADAM. *s. m.* Poisson autrement appellé *Empereur*.

SPADASSIN. *s. m.* lat. *Sicarius*, *grassator*. ang. *a bully*, *a hector*. Traineur d'épée, coupe-jarrêt, qui fait mêtier de battre, d'assassiner, qui ne porte l'épée que pour mal faire.

SPADILLE, ou Espadille. *s. f.* Terme du jeu de l'Hombre. C'est l'as de picque.

SPAGE, ou Sepage. *s. m.* C'est un des noms donnés au raisin.

SPAGIRIE. *s. f.* Chymie.

SPAGIRIQUE. *adj.* lat. *Spagiricus*. anglois. *spagirick or spagirical*. Médecin chymique.

SPAGIRISTE. *s. m.* Chymiste.

SPAHI AGASI. *s. m.* Aga ou commandant des spahis.

SPAHIS. *s. m.* lat. *Eques turcicus*. anglois. *spahis*. Sorte de Cavaliers de l'armée *Ottomane*, dont la paye se tire du trésor du Grand Seigneur, & qui ne possèdent aucune terre, comme les *Zaims* & les *Timariots*. Il y en a environ 12 ou 15. mille en *Europe*, qui sont de deux sortes, les uns qu'on nomme *Silatabri*, ou *Silabdors*, c'est à dire, hommes armés & ont une cornette jaune. Les autres se nomment *Spahi-oglanis*, c'est-à-dire, valets de *Spahis* & ont une cornette rouge. Ces derniers marchent aujourd'hui devant leurs maîtres & sont plus considerés qu'eux ; parce que dans une bataille où leurs maîtres prenoient la fuite, ils soutinrent l'effort des ennemis. Leurs armes sont la lance & le cimeterre avec l'arc & les flèches. Quelques-uns portent des cottes de maille & des casques de la couleur de leurs cornettes. Ils ne sont séparés ni par Compagnies, ni par Régimens, & ils ne gardent aucun ordre, se contentant de suivre leur étendart. Ils sont obligés de faire la garde à cheval, comme les Janissaires la font à pied aux environs du pavillon du Grand Seigneur & de celui du premier Visir.

SPALMER. *verb. act.* (Marine) Enduire les navires de bray & de goudron. Goudronner.

SPALT. *substant. mascul.* Pierre écailleuse, assés semblable au gip, si ce n'est qu'elle est plus blanche.

SPARADRAP. *substant. mascul.* Toile enduite d'emplâtre de chaque côté. On l'appelle autrement *toile à gautier.*

SPARAGON. *s. m.* Etoffe de laine très méchante, qui se fabrique en Angleterre.

SPARGANIUM. *s. masc.* Plante ainsi appellée d'un nom grec qui signifie *lange*, parce qu'on s'en servoit autrefois pour emmaillotter les enfans.

SPARGELLE. *sub. fem. Genistella.* Plante faite comme un petit genêt. Elle porte des fleurs légumineuses & jaunes, qui sont remplacées par des gousses plates comme celles du genêt & fort veluës.

SPARIES, ou *choses spariées.* (Marine) Se dit de tout ce que la mer répand & disperse vers ses bords, comme l'ambre, le corail, &c.

SPARSILES. *adj.* Se dit des étoiles indéterminées, autrement appellées *informes.*

SPARTIUM. *voy.* Genestrale.

SPARTON. *substant. masculin.* (Marine) Cordage fait de genêt d'Espagne.

SPASMATIQUE. *adject.* Qui est attaqué de spasmes ou convulsions. Reméde contre les spasmes. ang. *spasmatick.*

SPASME. *s. m.* lat. *Convulsio.* ang. *spasmus.* Convulsion, en termes de Medécine. C'est un mouvement convulsif & une contraction des muscles & surtout de ceux des jambes & des pieds; il a différentes causes & il rend quelquefois les membres roides, on l'appelle en ce cas convulsion totale. Quelquefois il n'afflige le malade que pour un tems, & la contraction se relâchant, les membres reviennent à leur ancienne situation; & c'est ce qu'on appelle la crampe.

SPASMER. *v. n.* S'évanouir, se pâmer.

SPASMODIQUE. *adject. & substantif.* lat. *Spasmodicus.* ang. *spasmodick.* Remédes dont on use dans les spasmes & convulsions.

SPASMOLOGIE. *s. f.* lat. *Spasmologia.* ang. *spasmology.* Traité des spasmes ou convulsions.

SPATAGUS, *ou* Spatangus. *subst. m.* Espéce de coquillage du genre des oursins. Il ressemble à un petit tonneau garni de spatules. L'ouverture de son dos a la figure d'un cœur. On l'appelle autrement *passus equinus* c'est-à-dire *pas de poulain.*

SPATAIRE. *s. m.* Ecuyer, chés les Grecs.

SPATIEMENT. *subst. masc.* Ce mot signifie chés les Chartreux & dans quelques autres Communautés Religieuses la promenade qu'ils prennent dans l'enclos de leur couvent ou dans les champs voisins.

SPATIEUSEMENT, Spatieux. *voy.* Spacieusement, Spacieux.

SPATULE, *ou* Espatule. *sub. fem.* lat. *Spatha, spathula.* angl. *a spatula, a slice.* Instrument dont se servent les Chirurgiens pour étendre leurs onguens & leurs emplâtres.... *Spatule:* instrument de bois, plat par un bout & rond par l'autre dont les Peintres se servent pour prendre la couleur.

## S P E

SPEAUTRE. *voy.* Epeautre.

SPECACUANHA. *voy.* Ipecacuanha.

SPÉCIAL, ale. *adj.* lat. *Specialis.* anglois. *special.* Ce qui a une désignation particulière, qui est opposé à général.

SPÉCIALEMENT. *adv.* lat. *Speciatim, specialiter.* angl. *specially.* D'une manière propre & particulière.

SPÉCIEUSEMENT. *adv.* lat. *Speciosè.* ang. *speciously.* D'une manière apparente.

SPÉCIEUX, euse. *adj.* lat. *Speciosus.* ang. *specious.* Eblouissant; qui a belle apparence, surtout en matière de raisonnement. L'*Algébre spécieuse* est la même chose que l'Algébre littérale, faisant toutes ses opérations sur les lettres, caractères ou symboles.

SPÉCIFICATION. *s. fem.* lat. *Specificatio.* ang. *specification.* Dénombrement par le menu, désignation particulière de quelque chose pour prévenir toute méprise.

SPÉCIFIER. *verb. act.* lat. *Nominatim designare.* anglois. *specify.* Désigner en particulier. Marquer l'espèce, la distinguer d'un autre.

SPÉCIFIQUE. *adj.* lat. *Specificus.* anglois. *specifick.* Ce qui est propre à chaque particulier, qui le caractérise, qui le distingue des autres. En *Médecine*, ce sont des remédes simples ou composés, dont la vertu est particulière contre certaines maladies. La *Gravité spécifique* est une gravité qui convient à une espèce de corps naturel, & par laquelle cette espèce est distinguée des autres; on la connoit en ce qu'un corps, étant d'un même volume qu'un autre, pese davantage. Elle sert à distinguer les corps purs de ceux qui sont altérés.

SPÉCIFIQUEMENT. *adverb.* latin. *Speciatim.* anglois. *specially, particularly.* D'une manière spécifique & particulière.

SPECTACLE. *substant. masculin.* lat. *Spectaculum.* angl. *spectacle.* Objet extraordinaire, qui étonne, qui attire les regards; qui arrête la vûë, & que l'on considére avec quelque émotion. Cérémonie publique. *Etre en spectacle*, être exposé à l'attention publique. *Se donner en spectacle*, s'exposer à la censure publique, ou simplement se faire regarder, s'exposer aux yeux du public. *Servir de spectacle* être exposé, à la censure, à la risée du public.

SPECTATEUR, trice. *s. masc & feminin.* lat. *Spectator, trix.* angl. *spectator, spectatrix.* Qui est présent à un spectacle, à quelque action extraordinaire.

SPECTRE. *s. mascul.* lat. *Spectrum.* angl. *a spright phantom.* Fantôme, vision nocturne des Démons ou des mauvais génies, qui apparroissent, soit en songe, soit par art magique, soit par foiblesse d'imagination.

SPÉCULAIRE. *substant. feminin.* lat. *Scientia catoptrica.* anglois. *catoptricks.* Science qui traite de l'art de faire des miroirs. La pierre *spéculaire* est une pierre claire comme verre & qui est une espèce de talc. Dans l'Optique du Chevalier *Newton*, c'est un terme générique qui se dit des prismes, des lentilles & verres dans lesquels la lumière souffre des réfractions ou des réflexions.

SPÉCULATEUR. *subst. mascul.* lat. & ang. *speculator.* Qui s'attache à la contemplation, à l'admiration des grandeurs de Dieu & des mystères, des causes naturelles & célestes.

SPÉCULATIF, ive. *adj.* lat. *Speculativus.* anglois. *speculative.* Qui contemple, qui observe les choses naturelles ou surnaturelles. Politique, qui raisonne sur les événemens présens & futurs. lat. *Speculator.* anglois. *a speculative man.*

SPÉCULATION. *sub. f.* lat. *Speculatio.* ang. *speculation.* Contemplation. Partie abstraite d'une science sans égard à la pratique. Observation faite ou écrite par les spéculateurs.... Etoffe raïée dont le fond est de coton & quelques-unes des raïures de fleuret de soie.... Sorte d'étoffe non croisée dont la chaîne est de soie cuite ou teinte & la trême de fil blanc de Cologne, ou de fil de coton blanc.

SPÉCULATIVE. *subst. f.* lat. *Speculatrix.* anglois. *speculation, theory.* Qui s'arrête à la spéculation, au simple raisonnement.

SPÉCULATOIRE. *s. f.* Science qui a pour objet l'interprétation des éclairs, des tonnerres, des comètes, & d'autres météores & phénomènes semblables.

SPÉCULER. *v. n. & act.* lat. *Speculari.* ang. *to speculate.* Méditer avec attention ; examiner les causes naturelles, ou spirituelles, raisonner sur les principes des sciences. Observer les astres & examiner leurs mouvemens. lat. *Observare.* anglois. *to speculate.*

SPERGULE. *s. f. Spergula.* Espèce de morgeline. Elle augmente le lait des vaches & on en donne aux poules & aux pigeons pour leur nourriture.

*SPERMA CETI.* voy. *Sperme de baleine*, au mot *sperme.*

SPERMATIQUE. *adj.* lat. *Spermaticus.* ang. *spermatick.* Ce qui est de semence ou qui appartient à la semence.

SPERMATOCÉLE. *subst. fem.* ( Médecine ) Rupture causée par la contraction des vaisseaux spermatiques qui se jettent dans le scrotum.

SPERMATOLOGIE. *subst. femin.* lat. *Spermatologia.* angl. *spermatology.* Traité ou dissertation sur la semence.

SPERME. *substant. mascul.* lat. *Sperma.* ang. *sperm or seed.* Semence dont l'animal est formé. *Sperme de baleine :* cervelle du cachalot préparée, appellée autrement *blanc de baleine* ou *sperma ceti.*

SPERONELLE. *s. fem.* Éperon du Chevalier, consoude royale. Espèce de fleur.

## S P H

SPHACÈLE. *sub. m.* Mortification entière de quelque partie causée par l'interception du sang & des esprits. Il est appellé autrement *necrose* ou *sidération.*

SPHACÈLÉ. *adj.* Attaqué d'un sphacèle.

SPHÉNOÏDE. *adj.* ( Anatomie ) Se dit d'un os de la tête qui est commun au crâne & à la mâchoire supérieure. Il est situé à la partie inférieure du crâne dont il est comme la base. On l'appelle aussi *basilaire* & *multiforme.*

SPHÉNOÏDAL, ale. *adj.* Qui appartient à l'os sphénoïde.

SPHÈRE. *subst. f.* lat. *Sphæra.* ang. *sphere.* Corps solide rond compris sous une surface régulière & continuë, d'où toutes les lignes menées au centre de la surface sont égales. C'est aussi l'étenduë dans laquelle un corps peut agir tout autour de soi. Parmi les *Astronomes*, c'est un instrument de Mathématique, composé ordinairement de cercles de cuivre, tels qu'on les imagine sur le globe du monde ; ou bien c'est le globe matériel qui à raison de ses différentes positions ou de la relation des parties de la terre à ses poles, est droit ou oblique. La *sphère* droite a les deux poles du monde à l'horison d'un païs & l'Equateur passe par le Zenith, de sorte que tous les cercles parallèles à l'Equateur font un angle droit avec l'horison & le divisent en deux parties égales, le Soleil, la Lune & les Etoiles, étant toujours 12. heures au dessus & 12. heures au dessous de l'horison & par conséquent il n'y a point d'augmentation des jours & des nuits, comme à l'isle de S. *Laurent* & autres païs qui sont sous l'Equateur. La *sphère* oblique est la situation dans laquelle l'un des deux poles est au dessus & l'autre au dessous de l'horison, comme dans tous les païs éloignés de l'Equateur. La *sphère* parallèle est celle où l'Equateur & l'horison se confondent, ce qui fait que toute l'année n'y est composée que d'un seul jour naturel & d'une seule nuit, de six mois chacun.

SPHÉRICITÉ. *s. f.* lat. *Sphæricitas.* angl. *sphericity.* Qualité d'une chose qui est ronde & qui a la figure d'une sphère.

SPHÉRIQUE. *adj.* lat. *Sphæricus.* ang. *spherical.* Qui appartient à la sphère. *Narcisse sphérique :* sorte de narcisse qui fleurit rouge & dont les fleurs font une manière de sphère.

SPHÉRIQUEMENT. *adverb.* lat. *Sphæricè.* ang. *spherically.* D'une manière sphérique.

SPHÉRISTE, *ou* Sphéristique. *s. m.* Maître dans l'art de jouer à la paume ou au balon. *Sphærista*, *sphæristicus.*

SPHÉRISTÈRE. *s. m.* lat. *Sphæristerium.* ang. *tennis.* Jeu de paume ou du balon.

SPHÉRISTIQUE. *s. f. Sphæristica.* L'art de jouer à la paume ou au balon. *substant. mascul.* voy. *Sphériste.*

SPHÉROÏDE. *s. mas.* lat. *Sphæroides.* ang. *spheroid.* Corps qui approche de la figure de la sphère, mais qui n'est pas exactement rond, étant formé par la révolution du plan d'une demi ellipse autour de son axe. Il est toujours égal aux deux tiers du diametre qui lui est circonscrit. Il y en a deux sortes. L'un qui est produit par la révolution du plan d'une ellipse autour de son grand axe & qu'on nomme *sphéroïde* allongé, & l'autre par la révolution du même plan autour du petit axe & il se nomme *sphéroïde* applati.

SPHÉROMACIE. *s. fem. Spharomachia.* Jeu, exercice de la paume ou du balon.

SPHINCTER. *subst. masc.* Muscle fait en forme d'anneau, qui serre les orifices de la vessie & du fondement, & les empêche de se dilater.

SPHINX. *s. m. & f.* Nom d'un monstre auprès de *Thébes.* Les Poëtes disent que *Junon* irritée contre cette ville suscita contre elle ce monstre, qui avoit le visage & la parole d'une fille, le corps d'un chien, les pates d'un lion & la tête d'un dragon. Il proposoit des questions énigmatiques à ceux qu'il rencontroit & devoroit ceux qui ne pouvoient les résoudre. On consulta l'oracle, qui répondit qu'on ne seroit point délivré du *sphinx*, si l'on ne devinoit le sens de son énigme, qui consistoit à sçavoir *quel étoit l'animal, qui avoit quatre pieds le matin, deux sur le midi & trois le soir.* Œdipe en vint à bout & dit que l'homme étoit cet animal, qui se trainoit à quatre pieds avant qu'il sçut marcher; qui dans l'âge viril se soutenoit sur deux, & lequel enfin dans la vieillesse, avoit besoin d'un bâton qui lui servoit de troisiéme pied. Le monstre de rage s'écrasa la tête contre un rocher. On voit encore la figure de cet animal auprès des pyramides d'*Egypte*, environ à quatre milles du *Caire.* Sa grosseur extraordinaire a fait douter s'il a été taillé d'une roche que la nature ait formée en cet endroit, où si elle y a été transportée d'ailleurs. On raconte plusieurs fables de cette figure. On dit entr'autres qu'elle rendoit des oracles, &c. Les anciens mettoient la figure du *sphinx*, au devant des portails de leurs temples, pour faire connoître que la science des choses divinés est envelopée de mystères & d'énigmes difficiles à pénétrer.... Figure de *sphinx,* Figure grotesque.

SPHONDYLE. *substant. mascul. Sphondylis.* Espèce d'insecte qui se tient bien avant dans la terre & qui sent mauvais. Il est long & gros environ comme le petit doigt. Sa tête est rouge & son corps blanc. Il a huit pieds & des dents très fortes par le moyen desquelles il ronge les racines des plantes.

SPHONDYLIUM. *s. m.* Sorte de plante ainsi appellée parce que les semences de l'espèce commune sentent mauvais comme l'insecte appellé *sphondyle.* voy. *Berce.*

S P I

SPICA. Espèce de bandage.

SPICANARD. *s. masc.* lat. *Nardus Indica*, *spica nardi.* angl. *spikenard.* Plante qui vient dans les *Indes*, dont la racine est fort petite & déliée. Elle jette une longue tige & menuë qui porte plusieurs épis; d'où lui vient le nom de *spicanard.* Celui que l'on trouve sur les montagnes est plus odorant que celui qui vient auprès des eaux. La vraie espèce est de couleur jaune tirant sur le pourpre, avec de longs épis, qui sont fragiles & odoriférans. Il est chaud & sec & provoque l'urine. Il a le gout un peu rude & amer, & il laisse en même tems un parfum fort agréable. Quelques-uns disent que le romarin & la lavende sont des espèces de spicanard. On faisoit autrefois un parfum fort estimé, qui étoit composé de ses épis, & dont il est souvent parlé dans l'ancien & nouveau Testament. On le donne avec succès aux malades attaqués de la pierre, des vents, &c.

SPICILÉGE. *s. m.* Ce qui a été recueilli & glané. Recueil de piéces, d'actes, de monumens.

*SPINA VENTOSA.* Maladie qui consiste dans une carie interne des os, principalement vers les jointures.

SPINELLE. *adject.* Se dit, en termes de *Jouallier*, du rubis, lorsqu'il est de couleur de vinaigre ou de pelure d'oignon.

SPINEUSE. *s. f.* Divinité champêtre qu'on invoquoit pour arracher les épines des champs.

SPINOSISME. *s. m.* Doctrine, sentimens de Spinosa.

SPINOSISTES. *s. m. pl.* Sectateurs de *Spinosa*, qui de Juif, devint chrétien & finit par n'avoir aucune religion. Son sistême est le pur matérialisme qu'il a voulu rapprocher des sentimens des Déistes, pour éviter de passer pour Athée. Son Dieu, car il en admet un au moins en apparence, n'est que l'universalité des choses, ou le monde pris dans sa totalité. Il a donné à ses preuves un air de demonstration Géométrique qui a pû imposer à quelques esprits superficiels, mais s'il a des disciples, il en est peu qui l'entendent, & le dogme indestructible de l'immortalité de l'ame, attaqué par son sistême, lui a aquis plus de partisans, que l'appareil ridicule de Géométrie dont il a prétendu le parer.

SPINUS. *s. m* Petit oiseau gros comme un chardonneret, & qui lui ressemble fort. Il chante fort agréablement & on le dit bon contre l'épilepsie.

SPIRALE. *adj. f.* lat. *Spiralis.* ang. *spiral.* Qui environne en tournant comme une vis, &c. La *ligne spirale* est une courbe d'une espèce circulaire, qui s'éloigne continuellement de son centre, comme lorsqu'elle descend en rond autour du cone depuis son sommet vers sa base. En *Architecture*, c'est la même chose, excepté qu'elle commence à la base & monte au sommet. Ainsi elle s'approche continuellement de l'axe.

SPIRATION. *s. f.* lat. *Spiratio.* ang. *spiration.* Terme de *Théologie*, qui explique la maniére dont le S. Esprit est produit.

SPIRE. *s. f.* En *Architecture* est pris souvent pour Astragale, &c. qui s'entortille continuellement & se termine à un point.

SPIRÉE. *s. f.* Arbrisseau qu'on cultive dans les jardins aux lieux sombres & ombrageux. Il a les feuilles longues & étroites comme celles du saule, dentelées en leurs bords, vertes en dessus, & rougeâtres en dessous, d'un goût astringent tirant sur l'amer.

SPIRITUALISATION. *s. f.* lat. *Spiritualisatio.* anglois. *spiritualization.* Action par laquelle on tire les esprits des corps naturels, ou ce qu'il y a de plus pur.

SPIRITUALISER. *verb. act.* lat. *Ingenium informare.* anglois. *to open or polish one's mind.* Ouvrir l'esprit à quelqu'un, lui former le jugement. Donner un sens spirituel, dévot & pieux à quelque passage. Extraire les esprits, les parties les plus subtiles & les plus pures du corps. Dégager de la matière, rafiner. lat. *à materiâ segregare.* ang. *to spiritualize.*

SPIRITUALITÉ. *sub. f.* lat. *Spiritualitas.* ang. *spirituality.* Détachement des choses temporelles, application à la méditation des choses célestes.

SPIRITUEL, elle. *adj.* lat. *Spiritualis.* ang. *spiritual.* Être qui n'a point de corps, qui ne tombe point sous les sens. Esprit éclairé, vif, qui pense agréablement, ingénieusement. Qui s'applique à la méditation, à la contemplation des choses divines, aux exercices de piété. *Spirituel* est aussi opposé à *Temporel* en parlant de la discipline, du service de la religion. Alliance *Spirituelle*, dans l'Eglise catholique est celle que contractent aux Sacremens de Baptême & de Confirmation les Parreins & les Marreines avec les Filleules & les Père & Mère des Enfans, & cette alliance est telle qu'ils ne peuvent se marier ensemble sans dispense. On appelle aussi inceste *Spirituel* la possession de deux bénéfices dont l'un est à la collation de l'autre, de deux Eglises dont l'une est la Mère & l'autre la Fille. Communion *Spirituelle* est la part que ceux qui ne communient point prenent à l'action du Prêtre quand il communie, en s'unissant avec lui en esprit.

SPIRITUELLEMENT. *adv.* lat. *Spiritualiter.* angl. *spiritually.* D'une manière spirituelle, subtile, détachée de la matière.

SPIRITUEUX, euse. *adj.* lat. *Spirituosus.* ang. *spirituous.* Corps qui est plein de petits corps légers & volatils.

SPITHAME. *s. m.* Mesure que *Pline* prend pour un demi-pied. C'est l'espace contenu entre le pouce & l'index tous deux étendus.

## S P L

SPLANCHNOLOGIE. *s. f.* lat. *Splanchnologia.* ang. *splanchnology.* Discours sur les viscères.

SPLENDEUR. *s. f.* lat. *Splendor, fulgor.* angl. *splendour, brightness.* Eclat ; brillant. Lustre des choses du monde, des honneurs, des dignités.

SPLENDIDE. *adj.* lat. *Splendidus, magnificus.* anglois. *splendid.* Somptueux, qui fait grande dépense ; qui est plein d'éclat & de splendeur.

SPLENDIDEMENT. *adv.* lat. *Splendidè, magnificè.* anglois. *splendidly.* D'une manière splendide.

SPLÉNÉTIQUES. *adj.* & *s. mascul. pl.* lat. *Splenetica.* ang. *spleneticks.* Remédes pour les maux de rate.

SPLÉNIQUE. *adj.* lat. *Splenicus.* ang. *splenetick.* Qui est malade de la râte. Veine qui sort de la râte & qui va se terminer à la veine porte. Gros rameau de l'artère cœliaque gauche lequel porte le sang à la râte. Muscle de la tête ainsi appellé parce qu'il a la figure de la râte. Il s'insére à la partie postérieure & latérale de l'occiput, & il sert à relever la tête. Remédes *spléniques* ou mieux *splénétiques* sont ceux qui sont propres pour les maladies de la râte.

SPLÉNITE. *s. f.* Veine de la main gauche semblable à la salvatelle qui est celle de la main droite, & qu'on appelle autrement *Jecoraria.*

## S P O

SPODE. *s. m.* (Pharmacie) Espèce de cendre qu'on trouve sur le pavé des fournaises d'airain, qui est une espèce de pompholix. *Spode vulgaire*, yvoire brûlée. On le contrefait en brûlant des os de bœuf ou de chien, mais il n'est de nulle valeur.

SPOLIATEUR. *s. m.* lat. *Spoliator, depopulator.* anglois. *spoliator.* Qui vole, qui dépouille.

SPOLIATION. *s. f.* lat. *Spoliatio, depopulatio.* ang. *spoliation.* Expulsion violente & injurieuse ; action par laquelle on dépouille quelqu'un, on lui ôte ses biens.

SPOLIER. *v. act.* (Palais) lat. *Spoliare, exuere.* ang. *to spoliate.* Ôter le bien, les héritages à quelqu'un. *Spolier* un prisonnier, l'ôter des mains des Archers, crime digne du dernier supplice.

SPONDAÏQUE. *adj.* lat. *Spondaicus.* ang. *spondaick.* Vers hexametre qui est tout composé de spondées, ou du moins qui finit par deux spondées.

SPONDAULES. (Antiquités) Joueurs de flûtes qui jouoient pendant les sacrifices.

SPONDÉE. *s. m.* lat. *Spondeus.* ang. *spondee.* C'est un pied de vers *Latin* ou *Grec* qui est composé de deux syllabes longues.

SPONDILE. *s. m.* (Anatomie) Os qui fait partie de l'épine du dos, vertèbre. Plante. voyez *Sphondylium* & *Berce.* Insecte. voyez *Sphondyle.*

SPONDYOLITHE. *subst. f.* Sorte de pierre qui se trouve dans le Tyrol & qui ressemble à la vertèbre d'un petit animal. *Spondyolithes.*

SPONGIEUX, euse. *adj.* lat. *Spongiosus.* ang. *spongious or spungy.* Qui est de la nature de l'éponge, qui est disposé à recevoir l'humidité. Il se dit d'un os de la tête autrement appellé *cribriforme.*

SPONGITE. *s. f.* Pierre remplie de plusieurs trous, qui imite l'éponge & se trouve avec elle.

SPONTANÉE. *adj.* lat. *Spontaneus.* anglois. *spontaneous.* Mouvement qui se fait sans contrainte, de lui-même.

SPONTANÉITÉ. *subst. f.* lat. *Spontaneitas.* angl.

angl. *spontaneity*. Qualité de ce qui est spontanée ; ce qui fait qu'une chose est spontanée.

SPONTON. *s. m.* lat. *Dimidia sarissa*. angl. *a kind of half-pike*. Dans la *Marine*, est une espèce de demi pique dont on se sert avantageusement dans les abordages.

SPORADIQUE. *adject.* (Medécine) Se dit des maladies qui ont des causes particulières, par opposition aux *épidemiques* qui viennent d'une cause générale.

SPORTULE. *s. f. Sportula*. C'étoit parmi les *Romains* un petit présent de monnoie, que l'on distribuoit avec du pain & du vin en certaines fêtes ou en d'autres occasions solemnelles. Cette liberalité ou cette distribution se faisoit souvent en médailles d'argent ; mais les Empereurs & les autres grands Seigneurs en donnoient d'or. Les Consuls donnoient aussi de petits livres portatifs d'argent ou d'yvoire, le long desquels, étoient ces *sportules*, & où leurs noms étoient écrits, & c'est ce qu'on nommoit *Fasti*.... Panier dans lequel les pauvres alloient recevoir ce que leur donnoient les riches.

S P R

SPROTS. *subst. masc. pl.* C'est ainsi qu'on nomme en Hollande les harengs forets d'Angleterre.

S P U

SPUMOSITÉ. *s. fem.* Qualité de ce qui est rempli d'écume.

SPUTATION. *sub. femin.* (Medécine) Crachement.

SPUTER. *s. m.* Métal blanc & dur, que les Hollandois ont apporté en Europe. Il est aigre & cassant & ne peut être employé qu'en fonte.

S Q U

SQUADRONISTE. *s. masc.* Se dit dans les conclaves des Cardinaux qui sont de l'escadron volant, qui ne sont d'aucune faction, & qui se jettent dans le parti qu'ils trouvent le plus raisonnable.

SQUAMMEUX, euse. *adj.* lat. *Squammosus*. ang. *scaly*. Ecailleux, semblable à une écaille. En *Anatomie*, il se dit des fausses sutures du crâne, parce qu'elles sont jointes comme des écailles de poisson.

SQUELÈTE. *s. m.* lat. *Larva nudis ossibus cohærens*. angl. *skeleton*. Carcasse ; assemblage de tous les os d'un animal mort disposés dans leur situation naturelle. Navire qui n'a que les principales parties assemblées. Personne maigre & décharnée qui n'a que la peau & les os.

SQUILLE. *s. fem.* lat. *Squilla*, *scilla*. angl. angl. *squill*. Oignon qui vient dans les lieux marécageux, en *Espagne* & ailleurs. Elles servent à la Medécine dans les rhumes, toux & obstructions.

SQUILLITIQUE. *adj.* Médicament composé de squilles.

SQUINANCIE, Squinance, *ou* Esquinancie. *s. f.* lat. *Angina*. angl. *squincy*. Maladie douloureuse qui bouche les passages de la respiration. C'est une inflammation de la gorge, qui empêche souvent l'air d'entrer & de sortir par la trachée artère, & la viande d'être avalée & conduite en l'estomach.

SQUINANTI, ou *Lin d'Egypte*. *s. m.* Le meilleur & le plus cher des lins qui se vendent au Caire.

SQUINE, *ou* Esquine. *s. f.* Racine médicinale qui vient de la Chine & des grandes Indes. Elle est fort usitée en *France* pour les tisanes sudorifiques. Il nous en vient de l'Isle de *Bourbon*.

SQUIRRE, *ou* Skirrhe. *s. masc.* lat. *Squirrus*. ang. *schirrus*. Espèce de dureté sans douleur qui se forme sur les parties molles du corps humain.

SQUIRREUX, euse. *adject.* lat. *Squirrosus*. ang. *schirreous*. Qui est de la nature du squirre.

S T A

STABILITÉ. *s. fem.* lat. *Stabilitas*, *firmitas*, *constantia*. anglois. *stableness*, *stability*. Qualité de ce qui est ferme, constant, assuré, inébranlable.

STABLAT. *substant. mascul.* Habitation que les Paisans se font dans les étables pendant l'Hyver.

STABLE. *adject.* lat. *Stabilis*, *firmus*. ang. *stable*, *firm*, *solid*. Ferme & inébranlable, qui ne change point de situation.

STACHYS. *s. m.* Plante ainsi appellée d'un mot grec qui signifie *épi*, parce que ses fleurs sont rangées en épi.

STACTÉ. *s. m.* (Pharmacie) Graisse qui se retire de la Myrrhe fraiche pilée avec un peu d'eau ou pressurée. Les Apoticaires appellent de ce nom le storax liquide.

STADE. *sub. m.* lat. *Stadium*. ang. *a stade*. Mesure Romaine de longueur & qui revient au *Furlong Anglois* dont huit font le mille. C'étoit aussi la carrière ou l'espace dans lequel on s'exerçoit à la course, à la lutte, *&c.* & qui étoit divisé en différentes longueurs ou distances, où il y avoit des siéges, ou pierres au bout. Quelques-uns n'en couroient qu'une, d'autres deux, selon leur force & habileté.

STADHOUDER. *subst. masc.* Suprême ou principal Magistrat des Provinces-unies ou de la *Hollande*. Le *Stadhouder* de *Hollande* est le premier membre de la Republique, le chef de toutes les cours de justice, toutes les sentences s'y expédient en son nom. A la dignité de *Stadhouder* est inséparablement unie celle de Capitaine & d'Amiral général de la Province.

STADHOUDÉRAT. *s. m.* Dignité du Stadhouder.

STAGE. *sub. m.* Résidence actuelle & exacte que doit faire un Chanoine dans son Eglise pendant six mois, quand il a pris possession d'une Chanoinie, pour pouvoir jouïr des honneurs & des revenus de sa prébende. C'est ce qu'on appelle dans plusieurs Chapitres la *Rigoureuse*.

STAGIER. *subst. mascul.* Chanoine qui fait son stage.

STAGIRITE. *substantif masculin.* Nom du fameux Philosophe *Aristote*, né à *Stagire* en *Macédoine*.

STAGNATION. *substant. fem.* ( Médecine ) lat. *Stagnatio.* anglois. *stagnation.* Collection, congestion de sang & d'humeurs, qui n'ont pas entièrement perdu leur mouvement progressif dans les vaisseaux, mais qui y circulent lentement.

STAIMBOUC. *sub. m.* Espèce de chamois. Son âge se connoit à la quantité de nœuds qui entourent sa queuë.

STALACTITE. *s. fem.* ( Lithologie ) Pierre produite par les goutes d'eau qui tombent de la voute de certaines cavernes dans la basse Saxe, qui se gèlent & se pétrifient sur le champ & qui produisent quelquefois des figures fort agréables.

STALAGMITE. *s. f.* ( Lithologie ) Concrétions crystallines opaques & qui forment différentes figures rondes.

STALLE. *s. f.* Siége de bois qui se hausse & se baisse, ordinairement placé dans les chœurs des Eglises, où se placent les Chanoines & les Religieux, & qu'on appelle autrement *Forme.*

STAMENAS. ( Marine ) C'est la même chose que *genoux.*

STAMETTE. *substant. fem.* Etoffe de laine, qui se fabrique en divers lieux des Provinces-unies.

STAMPE. *voyez* Estampe.... Instrument dont on se sert pour marquer les Négres, pour les reconnoître.

STANCE. *subst. femin.* lat. *Carminis genus.* anglois. *a stanza.* Nombre réglé de vers graves & sérieux, qui contiennent un sens au bout duquel il se fait un repos.

STANGUE. *s. f.* ( Blason ) Tige droite d'une ancre, qui est traversée en sa partie supérieure vers l'anneau d'une piéce de bois qu'on appelle *trabs* ou la *trabe.* On le dit aussi en termes de *Marine* & on l'appelle autrement la *scape.*

STANTÉ. *adj. m.* ( Peinture ) Se dit d'un tableau qui est beaucoup fini, mais qui ne paroit pas sortir d'une main libre.

STAPHISAIGRE, *ou* Staphisagre. *subst. fem.* Plante ainsi appellée de deux mots grecs qui signifient *raisins sauvages*, parce que ses feuilles ont de la ressemblance avec celles de la vigne sauvage. Elle est aussi appellée *herbe aux poux*, parce que sa semence est fort propre pour faire mourir ces insectes incommodes. Elle est aussi emploiée dans les masticatoires, pour faire cracher.

STAPHYLODENDRON. *s. m.* Arbrisseau dont les feuilles sont semblables à celles du sureau ou du frêne. Le fruit qu'il porte ressemble à des noisettes & est appellé en quelques endroits *pistache sauvage.*

STAPHYLOME. *subst. m. Staphyloma.* Tumeur qui s'éleve sur la cornée en manière de raisin.

STAR. *substant. masculin.* Mesure des liquides dont on se sert à Florence. Il contient trois barils à vingt flasques le baril.

STAROSTE. *s. masc. Starosta.* Gouverneur d'un territoire ou petite étendue de païs en *Pologne.*

STAROSTIE. *s. f.* lat. *Starostia.* angl. *starosty.* Etendue du gouvernement d'un Staroste, ou petit état & jurisdiction que le Roi accorde selon son bon plaisir aux naturels du païs, en *Pologne.* Autrefois les *Starosties* faisoient partie du domaine de la couronne, mais à présent les Rois ne se reservent que le droit de nommer à ces Baronies, & de les donner à qui bon leur semble. Durant la vacance les revenus sont au profit du Thrésor public, & pendant le vivant des *Starostes*, les starosties sont chargées d'une imposition ou taxe, qui est la quatrième partie des revenus. Ces impositions & celles qui sont levées sur les biens d'Eglise servent à entretenir les arsenaux, l'artillerie, & à payer la Cavalerie ou Gendarmerie Polonoise. Il y a deux sortes de *Starosties*, l'une sans, & l'autre avec jurisdiction. Ces dernières ne peuvent être possédées ni par des femmes, ni par de jeunes gens.

STAROSTINE. *s. f.* Femme d'un staroste.

STASE. *s. f.* Stagnation. Séjour du sang & des humeurs dans quelque partie du corps.

STATANUS, *ou* Statilinus. *s. m.* Dieu qui donnoit aux enfans la consistence & les faisoit tenir debout.

STATÈRE. *sub. f.* Balance Romaine ou peson.... *s. m.* Monnoie ancienne qui pesoit 4. drachmes attiques ou une demie once Romaine, & valoit 25. ou 30. sous de notre monnoie.

STATEUR. *s. m.* Surnom donné à *Jupiter*, parce qu'à la prière de *Romulus*, il arrêta les Romains qui fuyoient devant les Samnites.

STATICE. *s. f.* Plante qui porte fort près de terre un grand nombre de feuilles semblables à celles du chien-dent, de couleur verd de mer. Elle est fort deficcative, & propre pour arrêter les cours de ventre & les hémorragies.

STATION. *s. fem.* lat. *Statio.* ang. *station.* Pause, lieu où l'on s'arrête pour se reposer. Dans l'*Arpentage* c'est l'endroit où l'arpenteur pose son instrument & fait ses observations. En *Astronomie* ce sont les deux points où les planétes sont à la plus grande distance du soleil. Dans l'Eglise *Romaine*, ce sont les Eglises où il y a des indulgences à certains jours; ou qui sont assignées pendant le Jubilé pour les aller visiter. En *Orient*, *station* est un chemin de 30. milles.

STATIONAIRE. *adj.* lat. *Stationarius.* ang. *stationary.* En *Astronomie*, se dit des planétes, quand elles paroissent en telle disposition, qu'elles semblent immobiles & s'arrêter sous le même endroit du firmament pendant quelque tems, sans aucun mouvement progressif dans leurs orbites.... En *Médecine*, il se dit de certaines fièvres continues qui dépendent d'une disposition particulière des saisons & des alimens, & qui regnent plus généralement & plus constamment que les autres pendant une ou plusieurs années. Elles sont opposées aux fièvres *intercurrentes.*

STATIONAL, ale. *adj.* Se dit des Eglises où l'on fait des stations.

STATIQUE. *s. f.* lat. *Statica.* ang. *staticks.* Partie des Mathématiques qui enseigne la connoissance des poids, des centres de gravité, & de l'équilibre des corps naturels.

STATMEISTER. *s. mas.* Gentilhomme d'ancienne famille qui gouverne la ville de *Strasbourg* avec les *Ammeistres* qui en sont les Échevins.

STATOCÈLE. *s. masc. Statocelus.* Tumeur dans le scrotum, d'une substance grasse & semblable à du suif.

STATOUDER, Statouderat. *voy.* Stadhouder, Stadhouderat.

STATUAIRE. *s. m. & f.* lat. *Statuarius.* ang. *a statuary.* Sculpteur qui fait des statues. Art de faire des statues. *adj.* Il se dit des matières propres à faire des statuës. Colomne *statuaire* est celle qui porte une statuë.

STATUË. *s. fem.* lat. *Statua, simulachrum.* ang. *a statue, a figure.* Figure de plein rélief, taillée, ou fondue, qui représente un homme. *Statue équestre* est celle qui représente un Roi, un Général, ou autre grand Seigneur à cheval. *Statue greque* est une statuë nue, comme les *Grecs* représentoient leurs divinités, les athlétes, &c. *Statuë hydraulique* est celle qui fait office de jet ou de robinet par quelqu'une de ses parties, &c. qui sert d'ornement à une fontaine, &c. *Statue* se dit *figurément*, des personnes qui paroissent insensibles, qui ne semblent être émues de rien, qui parlent & se remuent rarement.

STATUER. *v. act.* lat. *Statuere, decernere.* ang. *to ordain, decree.* Ordonner, prescrire, déterminer.

STATURE. *s. f.* lat. *Statura.* angl. *stature.* Taille d'un homme, sa hauteur, sa grosseur.

STATUT. *s. m.* lat. *Statutum.* ang. *a statute.* Réglement pour faire observer une certaine discipline, une façon de vivre, ou de travailler, dans quelques compagnies, corps ou communautés.

## S T E

STÉATOME. *s. m.* Espèce de tumeur, qui ne change pas la couleur naturelle de la peau, & qui renferme une matière semblable à du suif.

STÉATITE. *s. f.* Pierre de couleur brune & roussâtre, de substance molle, semblable au suif.

STEATOCELE. *voy.* Statocele.

STECAS. *s. mas. ou* Sticade. *s. f.* Arbrisseau qui porte des épis garnis de fleurs, qui sont en usage en Médecine, dans le vertige, la paralysie, l'apoplexie. *Stecas citrin :* immortelle ou elichrysum.

STÉGANOGRAPHIE. *sub. f.* lat. *Steganographia.* ang. *steganography.* Science qui aprend à faire des lettres en chiffres qu'on ne peut deviner, à moins qu'on n'en ait la clef. Quoique cet art ait été connu & pratiqué depuis longtems dans le monde, cependant il paroit que *Tritheme* est le premier qui en ait publié les regles dans son fameux traité de *Steganographie*, ou plusieurs ont puisé ce qu'ils en ont écrit & y ont fait des additions.

STÉGANOGRAPHIQUE. *adj.* lat. *Steganographicus.* ang. *steganographick.* Qui concerne, qui regarde la stéganographie.

STEGNOTIQUE. *adj.* & *subst. masc.* (Médecine) Remède propre pour resserrer & pour boucher les orifices des vaisseaux.

STEINKERQUE. *voy.* Stinkerke.

STÈLE. *s. masc.* Colomne quarrée, colomne ante, pilastre, colomne attique.

STÉLECHTITE. *s. f.* Pierre qui est de la même nature que la bélemnite. On s'en sert aussi pour nettoyer les dents.

STELLION. *s. m.* lat. *Stellio.* ang. *an evet.* Petite espèce de lesard marqueté sur le dos de petites tâches semblables à des étoiles.

STELLIONAT. *s. masc.* anglois. *stellionate.* Crime qui se commet par la tromperie dont usent les parties en contractant, quand elles vendent ou hypothéquent des immeubles d'une autre manière qu'ils ne sont en effet.

STELLIONATAIRE. *s. m.* lat. *Stellionatarius.* ang. *a cheat.* Faux vendeur, qui a commis un stellionat.

STENTÉ. *voy.* Stanté.

STENTORÉE. *adj. fem.* lat. *Vox stentorea.* ang. *stentorean voice.* Voix extraordinairement forte; qui blesse les oreilles.

STÉPHANOPHORES. *s. m. pl.* Magistrats qui avoient droit de sacrifices chés les grecs, ainsi appellés des couronnes qui y étoient en usage.

STÉRÉOGRAPHIE. *s. f.* lat. *Stereographia.* anglois. *stereography.* Art de tracer les figures des solides sur un plan.

STÉRÉOMETRIE. *s. fem.* lat. *Stereometria.* ang. *stereometry.* L'art de mesurer la capacité des solides. Le jaugeage.

STÉRÉOTOMIE. *s. f.* lat. *Stereotomia.* ang. *stereotomy.* Science qui enseigne la section des solides, comme dans les profils d'Architecture, &c.

STÉRILE. *adject.* lat. *Sterilis.* ang. *barren, fruitless.* Qui ne rapporte point de fruit; qui ne produit rien; infructueux.

STÉRILITÉ. *s. f.* lat. *Sterilitas.* ang. *sterility, barrenness.* Qualité de ce qui est stérile.

STERLET. *voy.* Strelet.

STERLING. *subst. m.* lat. *Sterlingus.* ang. *sterling.* C'est le nom de la monnoie courante d'*Angleterre.*

STERNO-COSTAUX. *s. m. pl.* & *adj.* Muscles qu'on appelle communément le *Triangulaire* du sternum. Ce sont cinq paires de plans charnus, disposés plus ou moins obliquement en manière de bandelettes à chaque côte du sternum, sur la surface interne des cartilages de la 2e. 3e. 4e. 5e. & 6e. des vraies côtes.

STERNOCLIMASTOÏDIEN. *subst. m.* Le premier des muscles de la tête ou l'abaisseur.

STERNO HYOÏDIEN. *s. m.* 5e. & dernier muscle de l'os l'hyoïde.

STERNO-TIROÏDIEN. *subst. mascul.* Se dit des deux premiers muscles communs du larynx, autrement bronchiques.

STERNON, *ou* Sternum. *s. m.* (Anatomie) Os qui est placé au milieu des côtes & qui fait le devant de la poitrine.

STERNUTATIF, ive. *adj.* lat. *Sternutatorius.* ang. *sneezing.* Qui provoque l'éternuement.

STERNUTATOIRE. *s. m.* & *adj.* lat. *Sternutatorium medicamentum.* angl. *sternutatory.* Médicament propre à faire éternuer.

STERQUILIN. *s. m.* lat. & ang. *sterquilinus.* Divinité imaginaire que les anciens invoquoient lorsqu'ils fumoient la terre & qui avoit la surintendance de ces sortes d'affaires.

STEWARD. *s. m.* C'est en *Angleterre* un officier qui n'est créé que pour le jour du couronnement du Roi & lorsqu'il s'agit de juger un Pair du Royaume accusé de haute trahison. On l'appelle *High Steward*, & lorsqu'il a prononcé la sentence, il rompt sa baguette, pour marquer que son pouvoir cesse.

### S T H

STHÆCAS, *ou* Sticade. *voy.* Stecas.

### S T I

STIBIÉ, ée. *adj.* (Médecine) Se dit du tartre émetique, ou antimoine préparé.

STIBIUM. *voy.* Antimoine.

STICHOMANTIE. *s. f.* lat. *Stichomantia.* ang. *stichomancy.* Prétendue divination par le moyen des vers. On écrivoit sur de petits billets des vers prophétiques & ordinairement ceux qui étoient attribués aux sybilles. On les jettoit dans une urne, & celui qui venoit le premier, étoit pris pour la réponse de ce qu'on vouloit savoir. Quelquefois on se contentoit d'ouvrir un livre de poësie & le premier vers qui se présentoit aux yeux tenoit lieu d'oracle. Les anciens chrétiens avoient aussi leur *Sichomantie* & ils prenoient pour un signe de la volonté de Dieu le premier passage qu'ils trouvoient en ouvrant le *Pseautier*, ou la *Bible.*

STIGMATE. *s. m.* (Botanique) C'est dans les pistiles une pointe mousse qui forme sur l'embryon une pellicule membraneuse, transparente.

STIGMATES. *s. m. pl.* lat. *Stigmata.* ang. *prints or marks.* Chez les *Anciens* étoient une marque qu'on mettoit sur l'épaule gauche des Soldats qu'on enrolloit. A présent ce sont les marques & impressions des playes de notre Seigneur sur le corps de S. *François*... Points qui se voient ordinairement aux côtés du ventre des insectes. Ce sont les extrêmités des vaisseaux qui sont attachés à leurs côtés & qui leur tiennent lieu de poumon.

STIGMATISÉ, ée. *adjectif.* Marqué de stigmates.

STIGMATISER. *v. act.* lat. *Cauterio notare.* anglois. *to stigmatize.* Marquer une personne au front.

STIL DE GRUN, *ou* de Grain. *s. mascul.* Couleur jaune faite d'une espèce de craie ou de marne blanche qu'on réduit en pâte & qu'on teint avec la décoction des graines d'Avignon faite dans de l'eau & un peu d'Alun. On s'en sert pour peindre en huile & en miniature.

STILE. *s. m.* lat. *Stilus.* ang. *a style.* Poinçon ou grosse aiguille avec la pointe de laquelle les Anciens écrivoient sur des tablettes de cire, de plomb, &c. & dont on se sert encore aujourd'hui pour écrire dans des tablettes d'yvoire ou de papier préparé. En *Gnomonique*, c'est une aiguille ou autre piéce de bois, ou de métal, qu'on éleve sur un plan, qui sert à un cadran pour faire de l'ombre, & pour marquer les heures. C'est aussi la façon particulière d'expliquer ses pensées, ou d'écrire, qui est différente, selon les Auteurs, & les matières.... (Jurisprudence) Différentes manières de faire des procédures, suivant les Réglemens établis en chaque Cour & Jurisdiction.... Manière différente dont chacun agit & parle.

STILER. *v. act.* lat. *Instruere*, *efformare.* angl. *to bring up.* Instruire quelqu'un pour le rendre capable d'agir suivant certains manières. Accoutumer, dresser, habituer.

STILET. *s. m.* lat. *Sica.* ang. *stilletto*, *a dagger.* Petit poignard fort dangereux qu'on cache dans la main & dont on se sert pour assassiner en trahison.

STILITE, *ou* Stilyte. *adj. m.* Se dit d'un Saint Anachorette appellé *Simeon* qui passa plusieurs années sur une colomne haute de 36. pieds.

STILOCERATOHYOÏDIEN. *voyez* Stilohyoïdien.

STILOGLOSSE. *substant. mascul.* & *adject.* Second muscle de la langue qui touche à l'apophise stiloïde.

STILO-HYOÏDIEN. *s. m.* Le troisième des cinq muscles de l'os hyoïde.

STILOÏDE. Apophyse des os pétreux qui a la figure d'un stile

STILO-PHARYNGIEN. *s. masc.* Se dit de deux muscles du larynx, qui tirent le larynx vers les côtés.

STIMULA. *s. fem.* Déesse du Paganisme qui donnoit de l'émulation. On la nommoit aussi *Horta.*

STIMULANT, ante. *adject.* (Médecine) Qui a la vertu d'exciter & de réveiller.... Poignant, qui cause une espèce de couleur piquante.

STINC, *ou* Stinque. *substant. masc.* Animal amphibie, semblable à un petit crocodile.

STINKERKE. *s. f.* Grand mouchoir de toile, de coton ou de soie, que les femmes nouent autour du cou, & dont les deux bouts pendent devant ou sont entrelacés dans les rubans ou lacets de leurs corsets.

STIPENDIAIRE. *s. m.* Qui est aux gages, à la solde d'un autre.

STIPENDIÉ, ée. *adj.* Payé, soudoyé, entretenu.

STIPTIQUE. *voy.* Styptique.

STIPULANT, ante. *adject.* lat. *Stipulans.* anglois. *stipulating.* Qui contracte.

STIPULATION. *s. f.* lat. *Stipulatio.* angl. *stipulation.* Action par laquelle on convient des clauses & conditions qu'on veut insérer dans un contrat.

STIPULER. *v. act.* lat. *Stipulari.* ang. *to stipulate.* Demander, exiger, faire promettre, faire convenir des clauses & conditions que chacune des parties veut qu'on insére dans un contrat. Il se dit aussi des obligations que les Procureurs & Agens font au nom de ceux dont ils ont charge.

STIPULES. *s. f. pl.* (Botanique) Deux petites feuilles pointues qui se trouvent à la naissance des feuilles de plusieurs espèces de plantes.

S T O

STOC-FICHE. *sub. mascul.* Poisson salé & desséché.

STOËBE. *substant. feminin.* Espèce de jacée dont les feuilles sont approchantes de celles de la chicorée. Les fleurs sont des bouquets à fleurons, de couleur purpurine, & les semences roussâtres chargées d'une aigrette.

STOÏCIEN, enne. *adj.* lat. *Stoicus.* anglois. *stoick.* Secte de Philosophes Payens qui tiroient leur nom du mot *grec Stoa*, qui signifie portique, parce qu'ils s'assembloient ordinairement dans l'école de *Zenon*, qui étoit regardé comme leur fondateur & que cette école étoit dans un portique d'*Athénes.* Ils enseignoient que le souverain bonheur de l'homme consistoit à vivre selon la nature & la raison & que Dieu étoit l'ame du monde. Les Pharisiens affectoient la même inflexibilité, patience, apathie & insensibilité, qui rendent cette secte fameuse.

STOÏCISME. *s. m.* Opinion, philosophie des stoïciens. Constance à souffrir les plus grandes douleurs & les plus grands malheurs sans se plaindre.

STOÏCITÉ. *substant. mascul.* Fermeté, constance dans les douleurs & dans les adversités.

STOÏQUE. *adj.* Austère, ferme, constant. lat. *Stoicus.* ang. *stoical.*

STOÏQUEMENT. *adv.* En stoïcien, avec le courage & la fermeté d'un stoïcien.

STOLIDITÉ. *s. f.* lat. *Stoliditas.* anglois. *dullness.* Stupidité extraordinaire d'esprit, qui le rend incapable de comprendre aucune chose.

STOMACAL, ale. *adj.* lat. *Stomacho utilis.* ang. *cordial.* Qui aide à la digestion, qui fortifie l'estomach.

STOMACHIQUE. *adj.* lat. *Stomachicus.* ang. *stomachick.* C'est la même chose que stomacal. Il se dit aussi des artères & des veines de l'estomac, qu'on appelle autrement *gastriques.* Les artères *stomachiques* viennent de la cœliaque. Les veines *stomachiques* vont se terminer au tronc de la veine porte & à la veine splenique. Il y a encore les nerfs *stomachiques*, qui viennent de la huitième paire.

STOMOMA. *sub. m.* Acier.

STOMPER. *voy.* Estomper.

STORAX. *substantif masculin.* Arbre qui ressemble au cognassier. ... Gomme resineuse & odorante dont il y a trois espèces. Le *storax rouge*, se tire par incision d'un arbre nommé *storax*, il est d'une odeur, aromatique, fort agréable. Le *storax calamite* est du *storax* rouge mêlé avec d'autres drogues odorantes. Ces deux espèces de *storax* sont propres pour fortifier le cœur & le cerveau, pris intérieurement. Le *storax liquide* est une matière huileuse, ayant la consistence d'un baume épais, de couleur grise, d'une odeur forte & aromatique. Il est composé d'un mélange de quelques matières resineuses avec du *storax rouge*, du vin & de l'huile. Il est émollient & resolutif, appliqué extérieurement.

STORE. *s. fem.* Piéce de natte couverte d'une grosse toile que l'on met devant les fenêtres pour se défendre de l'ardeur du Soleil. On l'appelle autrement *paillasson* ou *natte de fenêtre.*

S T R

STRABISME. *subst. masc.* lat. *Strabismus.* ang. *strabism.* Mauvaise disposition de l'œil, qui rend louche, qui fait regarder de travers.

STRACTION. *s. f.* (Imprimerie) Action d'ôter avec la pointe quelques mots ou quelques lignes des formes qu'on tire, & d'y mettre des quadrats en place, quand il faut les imprimer en autre couleur.

STRAMONIUM. *s. m.* Plante qui est un dormitif dangereux & mortel.

STRANGULATION. *s. fem.* Etranglement, supplice de ceux qu'on pend & qu'on étrangle.

STRANGURIE. *subst. f.* lat. *Stillicidium urinæ.* ang. *strangury.* Maladie qui cause une involontaire émission d'urine fort fréquente & en petite quantité, quelquefois sans douleur & quelquefois avec douleur.

STRAPASSER. *v. act.* lat. *Malè excipere.* ang. *to abuse.* Gourmander, maltraiter, gouspiller. En termes de *Peinture*, travailler à la hate.

STRAPASSONNER. *v. act.* Mal-ébaucher, peindre grossièrement.

STRAPONTIN. *sub. m.* lat. *Lectulus suspensilis.* angl. *an hanging bed.* Lit suspendu en l'air, attaché à deux arbres, pieux ou cordages. C'est aussi un petit siége qu'on met sur le devant d'un carosse coupé. lat. *Sedecula.* ang. *a stool or cricket.*

STRASSE. *s. f.* Bourre de soie.

STRATAGÊME. *s. m.* lat. *Stratagema.* ang. *stratagem.* Ruse militaire; finesse de guerre pour surprendre ou tromper l'ennemi.... Il se dit par extension de toute sorte de ruses & d'adresses dont on se sert pour réussir en quelque affaire.

STRATARITHMÉTRIE. *s. f.* ang. *Stratarithmetry.* Art de ranger en bataille un bataillon sur une figure Géométrique donnée, & de trouver le nombre d'hommes que contient cette figure.

STRATIFICATION. *s. f.* lat. *Stratificatio.* angl. *stratification.* (Chymie) Arrangement de differentes matières, dont on fait plusieurs lits ou plusieurs couches alternativement. Dans les livres Chymiques on le marque par S. S. S.

STRATIFIER. *verb. act.* (Chymie) Mettre

différentes matières alternativement les unes sur les autres. lat. *Stratificare.* ang. *to stratify.*

STRATIOTES. *s. mascul.* Plante aquatique dont les feuilles sont semblables à l'aloë ordinaire. Ses fleurs blanches sortent d'une espèce de gaine qui ressemble à la patte d'une écrevisse. On donne aussi ce nom à d'autres plantes comme à la mille-feuille ordinaire.

STRATOCRACIE. *s. fem.* lat. *Stratocratia.* ang. *stratocracy.* Gouvernement militaire. Etat gouverné par les gens de guerre.

STRELET. *subst. masc.* Poisson qui a quelque rapport à l'esturgeon. C'est le meilleur poisson qu'on mange en Russie.

STRELETSES. *s. masc. pl.* Sont parmi les troupes Moscovites, ce que les Janissaires sont chés les Turcs.

STRENIA. *s. f.* Déesse des anciens *Romains*, qui présidoit aux étrennes & aux présens du nouvel an. Sa fête étoit célébrée ce jour-là dans un petit Temple qui lui étoit dédié & qui étoit situé dans la voye sacrée.

STRENUA. *subst. f.* Déesse qui faisoit agir avec vigueur. Déesse de l'industrie & de la vaillance autrement appellée *Agenorie.* Les Romains lui avoient érigé un Temple.

STRIBORD. *s. masc.* lat. *Pars navis dextera.* angl. *starboard.* Le côté droit du vaisseau en regardant la proue.

STRIÉ, ée. *adj.* lat. *Striatus.* ang. *chamfered.* Cannelé, orné de cannelures.

STRIURE. *sub. f.* ( Architecture ) lat. *Strix, stria.* ang. *chamfering.* Cannelures des colomnes, ou autres ouvrages.... *Stries :* rayures ou gravures en creux, qui se voient sur la robe d'une coquille, différentes des cannelures qui sont plus régulières & plus grandes.

STRIGIL. *s. mas.* lat. *Strigile.* ang. *strigil.* Petite ratissoire dont les Anciens se servoient dans leurs bains.

STROEKS. *subst. masc. pl.* Petits vaisseaux plats dont on se sert sur le Volga, pour le négoce d'Astracan & de la mer Caspienne.

STROMATES. *s. fem. pl.* Mêlanges. Ce mot a servi de titre à plusieurs ouvrages.

STRONGLE. *s. m.* Ver des intestins.

STROPHE. *subst. fem.* lat. *Stropha.* anglois. *strophe.* Couplet, ou certain nombre de vers, au bout duquel on finit un sens.

STRUCTURE. *s. f.* lat. *Structura.* anglois. *structure.* Qualité d'un bâtiment, manière dont un édifice est bâti. Manière dont un animal est composé, dont les parties sont arrangées entr'elles. *Figurément*, il se dit de l'ordre & de l'arrangement des parties d'un discours.

STRYGES. *s. m. pl.* Nom que l'on donne à des corps morts qu'on trouve en *Russie*, qui, dit-on, ne pourrissent point, & que l'on voit dans leurs cercueils rubiconds & flexibles, quoiqu'il y ait long-tems qu'ils soient morts.

## S T U

STUC. *s. masc.* ang. *stuck.* Composition de chaux & de poudre de marbre blanc, dont on fait des figures & des ornemens de sculpture, des bustes, chevaux, &c.

STUCATEUR. *s. m.* Ouvrier qui travaille en stuc. *Stucator.*

STUDIEUX, euse. *adj.* lat. *Studiosus.* ang. *studious.* Qui aime l'étude, qui s'y applique fortement.

STUDIEUSEMENT. *adv.* lat. *Studiosè.* ang. *studiously.* Avec une application studieuse.

STUPÉFACTIF, ive. *adj.* lat. *Stupefactivus.* ang. *stupefying.* Remède narcotique qui endort les parties malades & en ôte le sentiment.

STUPÉFACTION. *s. f.* lat. *Stupefactio.* ang. *stupefaction.* Engourdissement d'une partie du corps qui rend incapable de mouvement & de sentiment. Etonnement extraordinaire qui rend immobile.

STUPÉFAIT, aite. *adj.* Surpris, étonné.

STUPÉFIER. *v. act.* lat. *Stupefacere.* angl: *to stupefy.* Rendre immobile, engourdir un membre.

STUPEUR. *s. f.* lat. *Stupor.* angl. *stupor, numness.* Engourdissement en quelque partie du corps.

STUPIDE. *adj.* lat. *Stupidus.* anglois. *stupid.* Hebêté, lourd, pesant, qui n'a point d'esprit, qui est sans sentiment. Que la surprise rend interdit.

STUPIDEMENT. *adv.* lat. *Stolidè, stupidè.* ang. *stupidly.* D'une manière stupide.

STUPIDITÉ. *s. f.* lat. *Stupiditas.* anglois: *stupidity.* Bêtise ; qualité de l'ame qui la rend insensible & incapable de raisonnement.

STUYVER. *s. m.* Sou commun de Hollande. Il vaut deux gros.

## S T Y

STYGER-SCHUITEN. *s. m.* Bâteau de médiocre grandeur dont on se sert à Amsterdam pour charger & décharger les marchandises.

STYGIEN, enne. *adject.* Qui appartient au styx. Les *Chymistes* appellent *stygiennes* toutes les eaux fortes.

STYLE. *voy.* Stile.

STYLOBATE. *s. m.* Piédestal ; fondement, appui, soutien des colomnes.

STYLO-HYOÏDIEN, Stylo-pharyngien. *voy.* Stilo-hyoïdien, Stilo-pharyngien.

STYPTIQUE. *adject.* ( Médecine ) Médicament qui a la vertu d'arrêter le sang, de resserrer. lat. *Stypticus.* ang. *styptick.*

STYRAX. *s. m.* Arbre de la resine duquel on fait usage en Médecine. Il y en a de deux sortes, la séche, ou *styrax calamite* qui sort d'elle-même du tronc de l'arbre, & la liquide qui découle de l'écorce.

STYX. *s. m.* Fontaine d'*Arcadie*, Province du *Peloponnese* en *Grèce*, qui a sa source près du lac *Pencé*, au pied du mont *Nonacris.* Elle est fameuse par le froid extrême de son eau, qui donnoit sûrement la mort à ceux qui en buvoient. Elle étoit si rongeante, qu'elle cassoit les vaisseaux de fer & de cuivre dans lesquels on la mettoit, en sorte qu'elles ne pouvoient être gardées que dans un vase de corne de pied de cheval. Quelques-uns disent qu'elle nourrissoit des poissons qui étoient mortels pour tous ceux qui en mangeoient. Ces qualités extraordinaires ont donné lieu aux Poëtes de représenter cette fontaine comme un des fleuves de l'Enfer, qui étoit selon leur Théologie, en si grande vénération parmi leurs Dieux, que quand quelqu'un avoit juré par le *styx*, il ne lui étoit pas permis de violer son serment. Si cela arrivoit, il étoit privé pendant cent ans de la divinité.

## S U A

SUAGE. *s. m.* (Marine) Coût des graisses & des suifs dont il faut de tems en tems enduire le vaisseau, pour le faire couler plus doucement sur les eaux.... Espèce de quart de rond, qui se fait sur plusieurs piéces d'orfévrerie... Outil qui sert aux Serruriers pour forger & enlever les barbes des pênes & pour former aussi les piéces en demi-rond.... Manière de petite enclume dont les Chaudroniers se servent pour faire les bordures.... Manière de petit ourlet sur le bord d'un plat ou d'une assiette d'étain.

SUAIRE. *s. m.* lat. *Mortuarium sudarium.* ang. *band-kerchief.* Drap mortuaire, dans lequel on ensevelit les morts avant que de les mettre dans le cercueil.

SUANT, ante. *adj.* lat. *Exsudans.* anglois. *sweating.* Qui sue.

SUANTOWITH. *s.m.* Principale divinité des Anciens habitans de la Lusace. Il avoit quatre têtes & étoit vêtu d'une cuirasse. On croit que c'est le Soleil, ou bien le Dieu de la guerre, chés ces peuples.

SUAVE. *adj.* lat. *Suavis.* ang. *sweet.* Qui est doux, & agréable aux sens; mais particulièrement à l'odorat.

SUAVITÉ. *s. f.* lat. *Suavitas.* ang. *suavity*, *sweetness.* Douceur agréable aux sens, ou à l'esprit. *Suavité* est surtout en usage dans les matières de dévotion. Il se dit aussi des peintures qui sont douces & agréables.

## S U B

SUBALTERNE. *adj.* & *subst.* lat. *Subalternus.* ang. *subaltern.* Inférieur; qualité de l'Officier qui exerce sa charge sous le commandement ou sous le ressort d'un autre. Lieutenant, sous-Lieutenant, &c. Subordonné.

SUBBUTCO. *s. m.* Oiseau de proie : espèce d'épervier, gros comme un corbeau, & fait comme un buzard, il vit de serpens, de crapauds, & de grenouilles. Il est commun en Égypte. On l'appelle autrement *Hippotriorchis.*

SUBDÉLÉGATION. *s. f.* lat. *Subdelegatio.* ang. *subdelegation.* Commission que donne un Juge délégué à un autre Juge qu'il délégue, auquel il communique une partie de son pouvoir.

SUBDÉLÉGUER. *v. act.* lat. *Subdelegare.* anglois. *to subdelegate.* Nommer un autre Juge auquel on communique une partie du pouvoir qu'on a obtenu par une première délégation.

SUBDIVISER. *v. act.* lat. *Subdividere.* ang. *to subdivide.* Diviser une partie d'un tout déja divisé.

SUBDIVISION. *s. f.* lat. *Subdivisio.* ang. *subdivision.* Seconde division d'une chose divisée.

SUBDUPLE. *adj.* Ce qui est la moitié d'un autre; comme le nombre 2. est la moitié de 4. &c.

SUBGRONDE. *substant. femin.*. Partie de la couverture d'un bâtiment, qui est en saillie en dehors.

SUBHASTATION. *s. f.* lat. *Auctio*, *venditio sub hastâ.* anglois. *port-sale*, *subhastation.* Vente solemnelle qui se fait à l'encan & à cri public, au plus offrant.

SUBHASTER. *v. act.* lat. *Subhastare.* ang. *to sell by port-sale.* Vendre des héritages à cri public.

SUBINTRANT, ante. *adj.* Se dit des fièvres intermittentes, dans lesquelles l'accès recommence avant que le précédent soit fini.

SUBJONCTIF. *s. m.* lat. *Modus subjunctivus.* anglois. *subjunctive.* Façon de conjuguer un verbe dont les tems se mettent ordinairement après un autre verbe, ou après quelque particule.

SUBIR. *v. act.* lat. *Subire.* angl. *to undergo.* Souffrir de gré, ou de force le commandement d'un supérieur, la peine, la nécessité qui est imposée.

SUBIT, ite. *adj.* lat. *Subitus.* ang. *subitaneous.* Prompt, soudain, imprévu.

SUBITEMENT. *adv.* lat. *Subitò.* ang. *suddenly.* D'une manière prompte, soudaine, précipitée.

SUBITO. *s. m.* Dépêche-compagnon, homme qui trompe au jeu.

SUBJUGUER. *v. act.* lat. *Subjugare.* angl. *to subjugate.* Vaincre; dompter un peuple, lui faire subir le joug de ses loix.

SUBLAPSAIRE. *s. m.* ang. *Sublapsarian.* Se dit de ceux qui enseignent que Dieu ayant prévû la chute d'Adam a résolu de donner à quelques-uns de ses descendans une grace suffisante pour les sauver, & de la refuser aux autres.

SUBLIMATION. *s. f.* lat. *Sublimatio.* ang. *sublimation.* Action par laquelle on fait élever dans un vaisseau par le moyen du feu, les plus subtiles parties d'un corps.

SUBLIME. *adj.* lat. *Sublimis.* ang. *sublime.* Haut, relevé.

SUBLIMÉ. *s. m.* ang. *sublimate.* Préparation du mercure qui étant mêlé ou pénétré d'acides & sublimé par le feu au haut d'un matras, se nomme *sublimé corrosif* à cause de sa qualité corrosive; mais étant corrigé ou dulcifié, on le reduit à une substance blanche comme de la chaux, & on le nomme *sublimé doux.*

SUBLIMEMENT. *adv.* lat. *Sublimiter.* ang. *sublimely.* D'une manière sublime.

SUBLIMER. *v. act.* (Chymie) lat. *Sublimare.* anglois. *to sublimate.* Elever en l'air les menues parties d'un corps par le moyen du feu, pour les recueillir après leur séparation.

SUBLIMITÉ. *s. f.* lat. *Sublimitas*, *altitudo*. ang. *sublimity*. Elevation, qualité dominante ou excellente.

SUBLINGUAL. *adj.* ( Anatomie ) Qui est sous la langue.

SUBLUNAIRE. *adj.* lat. *Sublunaris*. ang. *sublunary*. Ce qui est sous la Lune ; c'est-à-dire, la terre & les autres corps qui sont partie de son globe & qui en dépendent.

SUBMERGER. *v. act.* lat. *Submergere*. ang. *to drown*, *to overwhelm with*. Faire entrer dans l'eau, inonder, couvrir d'eau, noyer. Abimer.

SUBMERSION. *s. f.* lat. *Inundatio*, *submersio*. angl. *submersion*, *drowning*. Inondation, action qui submerge, qui noye, qui couvre d'eau.

SUBMISSION. *voy.* Soumission.

SUBMULTIPLE. *adj.* Nombre ou quantité qui est contenuë exactement un certain nombre de fois dans une autre.

SUBNORMALE. *s. f.* ( Géometrie. ) Ligne qui détermine dans l'axe d'une courbe l'intersection d'une ligne perpendiculaire, qu'elle rencontre au point de contact.

SUBORDINATION. *s. f.* lat. *Subordinatio*. angl. *subordination*. Degré d'infériorité d'une chose à l'égard d'une autre.

SUBORDINÉMENT. *adv.* lat. *Subordinatè*. ang. *subordinately*. Avec subordination.

SUBORDONNÉ, ée. *adj.* lat. *Subordinatus*. ang. *subordinated*, *subordinate*. Qui a rélation à un supérieur.

SUBORDONNER. *v. act.* Etablir un ordre de dépendance de l'inférieur au supérieur.

SUBORNATEUR. *s. m.* lat. *Subornator*. ang. *a suborner*. Qui corrompt, qui suborne.

SUBORNATION. *s. fem.* lat. *Subornatio*. ang. *a suborning*, *or subornation*.-Corruption, séduction, action par laquelle on induit quelque personne à commettre un crime.

SUBORNER. *v. act.* lat. *Subornare*. ang. *to suborne*. Corrompre, porter quelqu'un au mal ; le débaucher, le séduire.

SUBORNEUR, euse. *s. m. & f.* lat. *Subornator*. angl. *a suborner*. Qui suborne, qui corrompt, qui débauche.

SUBRÉCOT. *s. m.* Le surplus de l'écot, ce qui reste à payer au-delà de ce qu'on s'étoit proposé de dépenser. On le dit aussi familièrement au *figuré* d'une demande qui vient par dessus les autres & à laquelle on ne s'attendoit point.

SUBREPTICE. *adj.* lat. *Subreptitius*. angl. *subreptitious*. Lettre, grace ou autre acte qu'on obtient d'un supérieur par fraude & en surprenant sa religion, lorsqu'on tait quelque vérité qui auroit empêché la concession de la grace, si elle avoit été exprimée.

SUBREPTICEMENT. *adv.* lat. *Subreptitiè*. ang. *subreptitiously*. D'une manière subreptice.

SUBREPTION. *s. f.* lat. *Subreptio*. anglois. *subreption*. Surprise qu'on fait au supérieur, en obtenant des graces de lui, sous une fausse exposition.

SUBROGATION. *s. f.* lat. *Subrogatio*. ang. *subrogation*. Substitution ; action par laquelle on est mis en la place, ou substitué aux droits d'un autre.

*SUBROGATIS*. *s. m.* ( Palais ) Ordonnance du chef d'une compagnie par laquelle un rapporteur est subrogé à un autre.

*SUBROGATUR*. *s. masc.* Acte par lequel un rapporteur est subrogé à la place d'un autre.

SUBROGER. *v. act.* lat. *Subrogare*. anglois, *to subrogate*. Céder son droit, mettre quelqu'un en son lieu & place.

SUBSÉQUEMMENT. *adv.* Ensuite. En conséquence.

SUBSÉQUENT, ente. *adj.* lat. *Subsequens*. ang. *subsequent*. Qui vient après,

SUBSIDE. *s. m.* lat. *Subsidium*. ang. *subsidy*. Imposition qu'on fait sur les peuples ou sur les marchandises au nom du Roi, ou de l'Etat pour subvenir à ses nécessités, à ses charges. En *Angleterre*, c'est une taxe ou tribut accordé au Roi par le Parlement pour être levé sur les sujets à proportion de la valeur de leurs terres ou de leurs biens, c'est-à-dire, à raison de 4. sols par livre pour les terres & de 2. s. 8. d. pour les marchandises ; les Rois *Saxons* n'avoient point de *subsides*, mais ils levoient des impôts & exigeoient des services personnels selon les occasions. Les *Normands* les ont appellés *subsides* & ont tout reduit aux taxes pécuniaires.

SUBSIDIAIRE. *adj.* lat. *Subsidiarius*. angl. *subsidiary*. Moyens sur-abondans qu'on allégue pour fortifier une cause, ou conclusions incidentes qu'on prend, au cas que les premières souffrent quelque difficulté.... Hypothéque ou caution *subsidiaire* est celle qui sert à assurer d'avantage la première & qui ne l'est qu'au défaut de l'autre.

SUBSIDIAIREMENT. *adv.* lat. *Subsidiariò*. angl. *subsidiarily*. D'une manière subsidiaire.

SUBSISTANCE. *s. f.* lat. *Subsistendi ratio*. ang. *subsistence*. Ce qui sert à nourrir, à entretenir, à faire vivre quelqu'un. En termes d'*Artillerie* on appelle *subsistance* des piéces de canons, ce qui se paye pour faire subsister les Officiers, Canoniers & Soldats qui les servent.... Espèce d'impôt établi pour la *subsistance* des troupes.

SUBSISTER. *v. n.* lat. *Existere*, *subsistere*. ang. *to subsist*. Exister, être en nature. Avoir le moyen de s'entretenir & de se nourrir.

SUBSTANCE. *s. f.* lat. *Substantia*. anglois, *a substance*. Etre réel, effectif ; être naturel qui subsiste par lui-même. C'est aussi ce qu'il y a de plus précis, de plus solide, de plus important dans un discours, dans un acte, dans une affaire. Ce qu'il y a de plus pur dans un corps.

SUBSTANCIEL, elle. *adj.* lat. *Essentialis*. ang. *substantial*. Qui concerne la nature de la substance. Succulent, qui a beaucoup de suc, de jus ; & on le dit *figurément* en ce sens des ouvrages d'esprit.

SUBSTANCIELLEMENT. *adv.* lat. *Essentialiter*, *substantialiter*. anglois. *substantially*. D'une manière substancielle & essencielle.

SUBSTANCIEUX,

SUBSTANCIEUX, euse. *adj.* lat. *Succulentus.* anglois. *juicy.* Succulent, nourrissant.

SUBSTANTER. *v. act.* lat. *Sustentare.* ang. *to sustain, maintain.* Nourrir, fournir des alimens.

SUBSTANTIAIRES. *s. m. pl.* Nom que l'on donna à certains Luthériens qui soutenoient qu'Adam par son péché avoit été dépouillé de tous les avantages dont Dieu avoit orné sa nature & sa substance.

SUBSTANTIF. *adj.* & *substant.* lat. *Substantivum.* anglois. *a substantive.* Terme de *Grammaire.* C'est la qualité qu'on donne à un nom qui désigne une substance, & qui subsiste par lui-même dans le discours, sans avoir besoin d'être joint à un autre mot. On appelle verbe *substantif* le verbe *je suis*, qui est un verbe auxiliaire servant à conjuguer les verbes passifs soit en François, en Espagnol, en Italien, en Anglois, en Allemand, *&c.*

SUBSTANTIVEMENT. *adv.* lat. *Substantivè.* anglois. *substantively.* D'une manière substantive.

SUBSTITUÉ. *s. m.* Celui en faveur de qui la substitution est faite.

SUBSTITUER. *v. act.* lat. *Substituere, subrogare.* ang. *to substitute.* Mettre quelqu'un en sa place, pour faire sa fonction en cas d'absence. Subroger. Mettre une chose en la place d'une autre, faire succéder. Transmettre les biens à d'autres personnes après la mort de celui qu'on institue héritier.

SUBSTITUT. *subst. masc.* lat. *Optio, vicarius.* ang. *a substitute.* Celui qui exerce une charge pour un autre en son absence. Il se dit surtout d'un Officier en titre qui soulage les Procureurs généraux des Cours souveraines en l'administration de leurs charges... *Métaphoriquement*, on le dit de celui qui tient la place d'un autre en quoique ce soit.

SUBSTITUTION. *sub. fem.* lat. *Substitutio.* ang. *an intail.* Fideicommis; disposition d'un testateur par laquelle il substitue un héritier à un autre qui n'a que l'usufruit.... En termes de *Médecine* faire des *substitutions* de drogues est substituer à celles qu'il est difficile de recouvrer, d'autres qui ont à peu près les mêmes vertus.

SUBTANGENTE. *s. femin.* Ligne qui détermine l'intersection de la tangente dans l'axe.

SUBTENDANTE. *voy.* Soûtendante.

SUBTERFUGE. *substant. mascul.* lat. *Tergiversatio, effugium.* ang. *subterfuge.* Echapatoire, fuite affectée d'un chicaneur, qui trouve quelque artifice pour colorer une méchante cause, & en éloigner le jugement.

SUBTIL. *adj.* lat. *Acutus, argutus, subtilis.* ang. *subtile.* Corps extrémement délicat, mince, léger, qui se rompt ou se léve facilement. Ce qui est le plus épuré ou séparé des parties grossières. Ce qui agit promptement, qui pénétre dans les organes fort délicats. *Poudre subtile*, est une poudre à canon qui prend feu plus subtilement qu'une autre. Ce qui est fait avec une adresse cachée & inconnue aux autres. Celui qui comprend aisément les choses. Raffiné, captieux, superficiel, faussement éblouissant.

SUBTILEMENT. *adv.* lat. *Sensim, ac sine sensu.* anglois. *subtly.* D'une manière subtile & adroite.

SUBTILISER. *v. act.* & *n.* lat. *Exacuere, sublimare.* ang. *to subtilize.* Rendre ou devenir plus subtil, plus fin, plus rafiné.... Au *figuré*, rafiner, rendre ou devenir plus fin, plus intelligent, plus habile. Pointiller, chercher trop de finesse.

SUBTILITÉ. *s. f.* lat. *Subtilitas, tenuitas.* angl. *subtleness, subtlety.* Qualité de ce qui est subtil.... Dans le figuré il est opposé à *solidité* ou à *sincérité*.... *Subtilités:* tour d'adresse, finesse.

SUBTRIPLE. *adj.* Nombre qui est le tiers d'un autre.

SUBVENIR. *v. act.* lat. *Subvenire.* ang. *to relieve, help, assist.* Soulager la pauvreté, les misères d'autrui. Pourvoir, suffire. Entretenir, fournir à la dépense.

SUBVENTION. *s. fem.* lat. *Subventio, subsidium.* angl. *supply, subsidy.* Droit du vingtième denier, qu'on établit sur les marchandises pour subvenir aux besoins de l'Etat. Droit extraordinaire qu'on demande à quelques Provinces, pour subvenir à certaines nécessités.

SUBVERSION. *substant. feminin.* lat. *Subversio.* ang. *subversion, overthrow.* Désordre, ruine, perte, renversement des affaires d'un état, d'une famille.

SUBVERTIR. *v. act.* lat. *Subvertere, evertere.* ang. *to subvert.* Renverser, bouleverser, mettre en désordre.

SUBURBICAIRE. *adj. f.* Se disoit des Provinces d'Italie qui composoient le Diocèse de Rome. On les appelloit aussi *Urbicaires.* On en compte 10. L'Italie depuis le Pô jusqu'au Talon en faisoit sept. Les trois autres étoient les isles de Sicile, de Corse, & de Sardaigne.

SUBUTRAQUISTES. *s. m. pl.* Nom donné à une branche d'Hussites, parce qu'ils donnoient la Communion sous les deux espèces. Ils étoient autrement appellées *Calixtins.*

## S U C

SUC. *s. masc.* lat. *Succus.* ang. *juice.* Substance liquide qui fait une partie de la composition des plantes. *Suc nerveux* est la liqueur qui se trouve dans les nerfs. *Suc pancréatique:* liqueur qui se sépare dans les glandes du pancréas. *Suc gastrique:* humeur lymphatique un peu visqueuse, qui se filtre par les glandes ou tuyaux excrétoires de l'œsophage & du ventricule. *Suc nourricier:* humeur lymphatique un peu visqueuse, douce & balsamique fournie par les vaisseaux lymphatiques à toutes les parties du corps pour les nourrir & réparer leurs pertes. *Suc* se dit aussi des vapeurs & humidités renfermées dans la terre; & *figurément* de ce qu'il y a de plus substantiel & de plus solide dans un ouvrage d'esprit.

SUCADES. *s. f. pl.* Marchandises provenant du sucre.

SUCCÉDANÉE. *adjectif.* lat. *Succedaneus*, *suppositus*, *substitutus.* ang. *succedaneum.* Reméde qu'on substituë à la place de ceux qui ont été premiérement ordonnés, quand on n'a pas les drogues nécessaires pour leur composition.

SUCCÉDANT, ante. *adj.* (Astrologie) Se dit de la seconde, cinquième, huitième & onziéme maisons dans un théme genethliaque, & on leur donne ce nom parce qu'elles succédent aux maisons angulaires, ou plutôt parce qu'elles promettent de la prosperité.

SUCCÉDER. *v. n.* lat. *Succedere.* ang. *to succeed.* Venir de suite, se mettre en la place d'un autre. Hériter des biens d'un défunt. Réussir.

SUCCENTEUR. *s. masc.* Sous chantre.

SUCCÉS. *s. mascul.* lat. *Exitus*, *eventus*, *successus.* anglois. *success.* Evénement, reussite, issuë d'une affaire.

SUCCESSEUR. *substant. mascul.* lat. & ang. *successor.* Qui a droit d'occuper la place qu'occupe un autre.

SUCCESSIF, ive. *adj.* lat. *Continuatus.* angl. *successive.* Qui suit, qui succéde, qui vient immédiatement l'un après l'autre. *Successif*, se dit aussi des droits héréditaires.

SUCCESSION. *s. f.* lat. *Successio.* ang. *succession.* Suite, ou action de ce qui suit, qui succéde, qui entre en la place d'un autre. En *Astronomie* la *succession* des signes est l'ordre selon lequel ils se suivent les uns les autres; le premier est le *Belier*, le second le *Taureau*, ensuite les *Jumeaux*, &c. *Succession* se dit plus ordinairement de l'universalité des biens délaissés par un défunt.

SUCCESSIVEMENT. *adv.* lat. *Per vices.* ang. *successively.* De suite; tour à tour; l'un aprés l'autre.

SUCCET. *voy.* Sucet.

SUCCIN. *voy.* Ambre.

SUCCINT, inte. *adj.* lat. *Brevis.* ang. *succinct.* Discours, traité compris en peu de paroles.

SUCCINTEMENT. *adv.* lat. *Breviter*, *paucis verbis.* ang. *briefly.* D'une manière succinte & courte.

SUCCION. *s. f.* lat. *Suctus.* ang. *a sucking.* Action de succer.

SUCCISE. *substantif femin.* Espèce de scabieuse, autrement appellée *morsus Diaboli*, ou *morsure du Diable*, à cause de sa racine qui paroit mordue & rongée. Elle est sudorifique, cardiaque & vulnéraire. Elle est propre pour résister au venin, pour l'épilepsie, les ulcéres de la poitrine & des autres parties. On s'en sert intérieurement & extérieurement.

SUCCOMBER. *v. n.* lat. *Succumbere.* ang. *to fall or sink.* Ne pouvoir pas résister à un travail, ou à supporter un fardeau. Être surmonté, vaincu, accablé, terrassé. Être vaincu en quelque combat, en quelque dispute, en quelque affaire.

SUCCOTH. *substantif masculin.* Tente, ou cité, ou lieu des tentes, &c. dans l'*Ancien Testament.* Ce mot signfie quelquefois l'endroit où les *Israëlites* campérent au sortir d'*Égypte.* C'est quelquefois le nom d'une ville au-delà du *Jourdain*, & d'une fausse divinité adorée par les *Babyloniens* que *Salmanasar* ou *Esarhaddon* Roi d'*Assyrie* envoya occuper la *Samarie* & qui fut appellée *Succoth Benoth*, c'est-à-dire, *Tentes des filles*, ou lieux de prostitution, dans lesquels toutes les filles alloient une fois dans leur vie se prostituer aux étrangers en l'honneur de leur Déesse *Milytta* ou *Venus.* Celles qui étoient riches, se présentoient devant le Temple sur des chariots couverts, suivies d'un grand nombre de domestiques. Elles ne s'y prostituoient pas effectivement; mais elles se présentoient au Temple par cérémonie. Celles du commun se plaçoient devant le Temple, avec des couronnes sur la tête & n'étoient séparées les unes des autres que par de petites cordes; les étrangers choisissoient celles qui leur convenoient, & leur donnant de l'argent, ils disoient, j'invoque pour vous la Déesse *Mylitta.* Les filles ne pouvoient pas refuser cet argent, quelque petite que fut la somme, parce que c'étoit un argent sacré; elles ne pouvoient pas non plus refuser les personnes qui le leur offroient & qui les conduisoient dans un lieu particulier, d'où elles revenoient dans leur maison.

SUCCUBE. *s. m.* lat. & ang. *Succubus.* Démon qu'on dit emprunter la figure d'une femme pour exciter les hommes à la paillardise.

SUCCULENT, ente. *adject.* lat. *Succosus.* ang. *juicy.* Qui a beaucoup de suc.

SUCCURSALE. *adj. fem.* & *subst.* lat. *Succursalis.* ang. *a chapel of ease.* Eglise bâtie pour servir de secours à une paroisse.

SUCEMENT. *substant. masculin.* lat. *Suctus.* anglois. *a sucking.* Action par laquelle on suce.

SUCER. *v. act.* lat. *Sugere*; *exsugere.* ang. *to suck.* Tirer le suc de quelque chose avec la bouche. Tirer d'une personne tout ce qu'on en peut tirer, l'épuiser, la ruiner. En *Morale*, il se dit des fortes impressions que l'on reçoit par la naissance ou par l'éducation.

SUCET, *ou* Succet. *substant. mascul.* Petit poisson qui s'attache intimement au requin, & qui n'abandonne jamais cet animal vorace, qui vit & meurt avec lui.

SUCEUR. *s. m.* Celui qui suce une plaie.

SUCHUS. *s. masc.* Crocodile apprivoisé que l'on nourrissoit en Egypte & à qui l'on rendoit des honneurs religieux.

SUÇON. *sub. m.* Baiser, qui laisse quelque marque sur la peau, tel que les nourrices en font à leurs nourrissons.

SUÇOTER. *v. act.* lat. *Sæpiùs exsugere.* ang. *to suck often.* Sucer plusieurs fois.

SUCRE. *s. m.* lat. *Saccharum.* ang. *sugar.* Suc extrêmement doux & agréable exprimé d'une sorte de cannes qui croissent aux *Indes Occidentales*, &c. *Sucre* se dit aussi du goût des fruits qui sont doucereux. En *Chymie* on appelle le sel de saturne *sucre de saturne*, à cause de sa douceur. Les *Chymistes* donnent le nom de *sucre* à quelques autres de leurs préparations.

SUCRÉ, ée. *adj.* Qui a le goût du sucre, qui est doux. On dit aussi d'une femme qu'elle fait la *sucrée* quand elle affecte des manières douces & honnêtes.

SUCRER. *v. act.* lat. *Saccharo condire.* ang. *to sugar.* Assaisonner avec du sucre.

SUCRERIE. *s. f.* lat. *Saccharaia officina.* ang. *an ingenio*, *boiling-house or sugar-work.* Lieu où l'on recueille, où l'on prépare, où l'on affine le sucre. Confitures ou choses sucrées. lat. *Condimenta saccharo confecta.* ang. *sweet things*, *sweet meats.*

SUCRE-VERD. *s. m.* Sorte de poire. Il y en a de grandes & de petites. Celles-ci sont d'un goût plus fin & plus relevé.

SUCRIER. *s. m.* lat. *Saccharinum.* ang. *a sugar-box.* Vaisseau qu'on sert sur la table plein de sucre en poudre. Ouvrier qui travaille dans une sucrerie. Celui qui fait commerce de sucre & qui a une sucrerie.

SUCRIN, ine. *adj.* Se dit des fruits & surtout des melons, quand ils sont doux & qu'ils sentent bien le sucre.

SUCTION. *s. femin.* lat. *Suctus.* ang. *a sucking.* Action de sucer. En termes de *Méchanique* & de *Physique*, il se dit de l'action par laquelle on éleve une liqueur jusqu'à une certaine hauteur.

## S U D

SUD. *s. m.* lat. *Auster.* anglois. *south.* L'une des quatre parties du monde, celle qui est opposée au Nord & où le Soleil arrive à midi. *Vent du Sud*, est le vent du midi.

SUD-EST. *substant. m.* Vent qui est entre le midi & l'orient, appellé sur la Méditerranée *Sirocco.*

SUDORIFÈRE, ou Sudorifique. *adj.* lat. *Sudorem ciens.* ang. *sudorifick.* Qui cause, qui provoque la sueur.

SUD-OUEST. *s. m.* Vent qui est entre le midi & l'occident, appellé sur la Méditerranée *Labeschio*, ou *Labeche.*

## S U E

SUÉ, ée. *adj.* On dit qu'un ouvrage est *sué* c'est-à-dire qu'il a été long-tems travaillé, qu'il sent le travail.

SUÉE. *substant. femin.* lat. *Sudor*, *trepidatio.* angl. *fear*, *fright*, *dread.* Soudaine inquiétude, mêlée de crainte.

SVELTE. *adj.* (Peintre) Leger, dégagé, menu, il se dit en particulier des figures dont la proportion est légère & un peu allongée, & dans ce sens on le dit de la colomne corinthienne.

SUER. *v. n.* lat. *Sudare*, *exsudare.* angl. *to sweat.* Pousser quelque humeur au dehors du corps par les pores. Il se dit aussi des humeurs qui sont attachées à la superficie des corps & surtout des pierres, ou des fruits.... *Suer*: travailler beaucoup, se donner beaucoup de peine.

SUETTE. *sub. femin.* Maladie pestilentielle, qui a été commune en Angleterre, & en la basse Allemagne, autrement appellée *sueur angloise.* Elle consistoit dans une sueur universelle avec frisson, tremblement & palpitation de cœur. Elle fit mourir beaucoup de gens, parmi le peuple surtout. voy. *Sueur.*

SUEUR. *substant. feminin.* lat. *Sudor.* ang. *sweat or sweating.* Humidité qui sort par les pores des animaux par trop de chaleur ou d'exercice, ou de foiblesse. Peine, travail, fatigue. *Sueur Angloise*, est une espèce de peste qui se fit sentir pour la première fois en *Angleterre* vers l'an 1551. & qui fut fatale à un grand nombre de personnes. Elle commença à *Shrewsbury* vers le milieu d'*Avril* d'où elle se répandit dans tout le Royaume jusques au mois d'*Octobre* environ. Ceux qui en étoient attaqués mouroient dans neuf ou dix heures tout au plus ou étoient guéris dans ce même tems. Si le malade dormoit, comme il y étoit ordinairement porté, il mouroit dans l'espace d'environ six heures, & s'il prenoit froid, il mouroit dans trois heures. On a remarqué que cette maladie s'emparoit avec plus de force des jeunes gens & de ceux qui paroissoient avoir la plus forte santé; de manière qu'il y avoit peu d'enfans ou de gens avancés en âge qui en fussent attaqués. Et ce qui est plus particulier, les étrangers, même ceux qui habitoient constamment dans les lieux les plus infectés, n'en étoient pas saisis. Et les *Anglois* qui se trouverent dans les païs étrangers furent également attaqués de cette maladie, dans le même tems que leurs compatriotes en étoient infectés chez eux, & cela sans le moindre danger pour les habitans des païs où ils se trouvoient. Il paroit que c'étoit une fièvre pestilente, mais qui ne résidoit pas dans les veines ni dans les humeurs; puisqu'il n'y parut ni charbons, ni pourpre ou tâches livides ni rien de semblable.

## S U F

SUFFÈTES. *subst. masc. pl.* Juges ou principaux Magistrats de *Carthage* après la mort de *Didon*, lorsque le gouvernement monarchique fut changé en une espèce d'aristocratie. L'administration de la justice fut alors confiée aux *suffètes* qui eûrent sans appel droit de vie & de mort sur tout le peuple. Cet emploi étoit à vie. Leur autorité devint si grande & ils se laisserent tellement corrompre qu'ils avoient absolument en leur disposition la fortune, la vie, & la réputation des sujets de la Republique. Pour corriger les désordres qui en résultoient, *Hannibal* fit passer une loi qui rendit leur charge annuelle, en sorte qu'on en choisissoit de nouveaux tous les ans.

SUFFIRE. *v. n.* lat. *Sufficere.* angl. *to suffice.* Avoir assés pour le besoin. Avoir assés de force pour satisfaire pleinement à son emploi.

SUFFISAMMENT. *adv.* lat. *Satis*, *sufficienter.* ang. *sufficiently*, *enough.* Assés, d'une manière qui suffit. Orgueilleusement.

SUFFISANCE. *s. f.* lat. *Idonea copia.* ang.

*sufficiency*. Ce qui peut suffire, contenter le besoin. Capacité, science, mérite d'une personne. Grande présomption fondée sur un faux mérite, sur une trop bonne opinion qu'on a de soi-même. *Suffisance*, se dit aussi d'un débiteur dont les biens sont suffisans pour satisfaire tous les créanciers. . . . *A suffisance :* suffisamment.

SUFFISANT, ante. *adj.* lat. *Sufficiens*. ang. *sufficient*. Qui suffit, qui est assés. Présomptueux. Capable.

SUFFOCATION. *s. f.* lat. *Præfocatio*, *suffocatio*. anglois. *suffocation*. Perte de la respiration, étouffement.

SUFFOQUANT, ante. *adj.* lat. *Suffocans*. ang. *suffocating*. Qui étouffe, qui empêche de respirer.

SUFFOQUER. *v. n.* & *act.* lat. *Oppresso halitu necari*. ang. *to suffocate*. Perdre la respiration, ou la faire perdre.

SUFFRAGANT. *s. masc.* lat. *Suffraganeus*. angl. *a suffragant-bishop*. Terme *Ecclésiastique*, qui se dit de l'Evêque à l'égard de son Archevêque, de qui il dépend & devant lequel se relevent les appellations de l'official de l'Evêque. Evêque titulaire, vulgairement appellé *Evêque in partibus* qui fait les fonctions Episcopales dans l'Evêché d'un autre Evêque, ou qui est coadjuteur d'un Archevêque.

SUFFRAGE. *s. masc.* lat. *Suffragium*. ang. *vote*, *voice*, *suffrage*. Voix ou avis qu'on donne en une assemblée où l'on délibère de quelque chose, où l'on élit quelqu'un pour une charge. En termes de *Bréviaire* les *suffrages* sont les Antiennes, Versets & Oraisons pour la commemoration des Saints.... *Suffrages* : approbation, applaudissemens.

SUFFUMIGATION. *sub. f.* lat. *Suffumigatio*. ang. *suffumigation*. Remédes qu'on fait entrer dans le corps par le moyen de la fumée ou en parfum. Ils sont composés de différentes manières, suivant la nature des maladies. Cérémonie usitée dans les sacrifices des Payens.

SUFFUSION. *s. f.* lat. *Suffusio*. ang. *suffusion*. Epanchement des humeurs qui se remarque sur la peau. C'est aussi une taye qui se forme dans l'humeur aqueuse de l'œil, au devant de la prunelle. On l'appelle autrement *Cataracte*.

## S U G

SUGGÉRER. *v. act.* lat. *Suggerere*. angl. *to suggest*. Fournir à quelqu'un des pensées, des paroles, des desseins ; les lui faire entrer adroitement dans l'esprit. *Suggérer* un testament : le faire faire à son avantage ou à l'avantage d'un autre, en l'extorquant au testateur, soit par force, soit par adresse.

SUGGESTION. *subst. femin.* lat. *Suggestio*. ang. *suggestion*. Action de suggérer.

SUGGRONDE. *voy.* Subgronde.

SUGILLATION. *substant. fem.* Meurtrissure.

## S U I

SUICIDE. *subst. masc.* Acte par lequel un homme se tue lui-même volontairement.

SUIE. *voy.* Suye.

SUJET, ette. *subst. mascul.* & *femin.* lat. *Subditus*. ang. *a subject*. Qui est sous la domonation d'un Prince souverain ou d'une Republique. Objet d'un art ou d'une science. La substance, la matière à laquelle un accident est attaché. Cause, occasion, motif, fondement. Homme de mérite. . . . En termes de *Musique* le *sujet* est la piéce que l'Auteur compose la première & dont les autres parties ne sont que les accompagnemens.

SUJET, ette. *adj.* lat. *Obnoxius*. ang. *subject*. Qui est obligé, ou exposé par sa nature ou par sa condition ou par son devoir, à faire & à souffrir plusieurs choses.

SUJETTION. *s. f.* lat. *Subjectio*. ang. *subjection*. Servitude, dépendance. Application ; contrainte, attachement à quelque devoir. Grande assiduité surtout auprès d'un infirme.

SUIF. *s. mascul.* lat. *Sebum*. ang. *tallow*. Graisse de mouton, de bœuf, de porc, dont on fait de la chandelle. Ordure des oreilles.

SUIFVER. *voy.* Suiver.

SUINT. *s. masc.* Sueur, ou crasse qui s'engendre sur la peau des animaux & particulièrement des bêtes à laine.

SUINTEMENT. *subst. m.* Action de ce qui suinte.

SUINTER. *verb. n.* lat. *Humescere*. ang. *to run out*, *to sweat*. Il se dit d'une liqueur, d'une humeur qui sort, qui s'écoule goute à goute & presque insensiblement.

SUISSE. (à la) *adj.* A la manière de Suisse ou des Suisses.

SUISSERIE. *s. fem.* Petite chambre destinée pour le logement d'un Suisse.

SUISSESSE. *s. f.* Fille ou femme qui est de Suisse.

SUITE. *s. f.* lat. *Series*, *ordo*. ang. *series*, *order*. Enchainement, liaison, dépendance, résultat, qui fait qu'une chose vient après une autre naturellement. Conséquence. Train, équipage d'un homme, ce qu'il peut mener avec lui. Continuation qu'on fait d'un livre. En termes de *Médailliste*, *suite* est un arrangement de médailles selon l'ordre des tems, des empires, des métaux. Carrosses de *suite* sont les carrosses qui sont chés un Prince, chés un Ambassadeur, pour l'usage de ses domestiques. Vin de *suite*, vin destiné pour la table des domestiques d'une maison.

SUIVANT, ante. *adj.* lat. *Insequens*. angl. *following*. Qui suit, qui marche, qui vient après, qui accompagne.

SUIVANT. *Prép.* lat. *Secundùm*. angl. *according*, *pursued to*. Selon, à proportion.

SUIVER. *v. act.* lat. *Sebare*, *sebo illinire*. ang. *to tallow*. Enduire de suif un navire.

SUIVRE. *v. act.* lat. *Sequi*. angl. *to follow*. Aller après ; aller sur les pas, sur la route de quelqu'un. Epier, prendre garde où une chose va. Succéder. Examiner une chose par ordre.

## S U L

SULÈVES. *substant. masculin. pl.* Divinités champêtres.

SULFURÉ, *ou* Sulphuré, *ou* Sulphureux. *adj.* lat. *Sulfureus.* angl. *sulphureous.* Qui tient du soufre.

SULTAN. *subst. mascul.* lat. *Sultanus.* ang. *sultan.* Nom *Arabe*, qui signifie Roi, Seigneur, Empereur, & dont on se sert quelquefois pour désigner le grand *Turc* ou grand Seigneur. On l'appelle aussi quelquefois *Soudan* ou *Soldan.* Mais lorsqu'on parle d'un Seigneur ou Gouverneur inférieur, on y joint quelqu'autre épithéte pour le désigner, comme *Sultan* sheriff pour le Prince de la *Méque*, &c.

SULTANE. *subst. fem.* Femme d'un Sultan, du grand Seigneur. C'est aussi un grand navire *Turc.* Robe abbatuë & trainante. Tulipe rouge brûlé, gris lavante obscur & blanc.

SULTANIN. *s. masc.* Espèce de monnoie de Turquie.

S U M

SUMAC. *voy.* Roure.

SUMACH. *s. m.* Arbrisseau dont les feuilles & les fruits sont astringents & bons dans la dissenterie & les pertes de sang. Les Anciens se servoient des fruits au lieu de sel, & les Tanneurs en emploient les branches & les feuilles pour tanner leurs cuirs.

*SUMPTUM. substant. mascul.* Seconde expédition d'un acte, d'une signature de Cour de Rome, &c.

S U N

SUNNIS. *substant. mascul. pl.* Nom d'une secte *Mahométane,* ennemie de celle des *Schiais* ou des *Mahométans* de *Perse.* Les *Sunnis* soutiennent que *Mahomet* eut pour légitime successeur *Abubeker*, auquel succéda *Omar*, puis *Osman* & ensuite *Mortuz-Ali*, neveu & gendre de *Mahomet.* Ils disent qu'*Osman* étoit secrétaire de *Mahomet* & homme de grand esprit: que les trois autres étoient non seulement des gens fort éclairés, mais aussi de grands capitaines & qu'ils ont plus étendu leur loi par la force des armes que par la raison. C'est pourquoi dans cette secte des *Sunnis*, il n'est pas permis de disputer de la religion, mais seulement de la maintenir par les armes. Dans l'Empire du grand *Mogol* & dans le Royaume de *Visapour* on suit la secte des *Sunnis* ou *Turcs* & celle des *Schiais* ou *Persans* à Golconde & en Perse.

S U P

SUPER. *v. n.* (Marine) Se dit d'une voie d'eau, quand il y est entré de l'herbe, ou quelque autre chose qui en bouche l'ouverture.

SUPÉRATION. *s. f.* (Astronomie) *Supération* de deux planétes est la différence qui se trouve entre le mouvement de la plus vite & celui de la plus tardive.

SUPERBE. *adj.* lat. *Superbus.* ang. *proud.* Vain, fier, orgueilleux, qui a de la présomption & une trop bonne opinion de lui-même, Magnifique, somptueux.

SUPERBE. *s. f.* lat. *Superbia.* angl. *pride.* Orgueil, vaine gloire, présomption, arrogance.

SUPERBEMENT. *adverb.* lat. *Superbè.* ang. *proudly.* Arrogamment. Magnifiquement.

SUPERCESSIONS. *subst. fem. pl.* Arrêts du conseil d'Etat qui concernent la décharge des comptables.

SUPERCHERIE. *subst. f.* lat. *Fraus*, *dolus.* ang. *a cheat*, *a trick.* Mauvaise foi, tromperie, dol, fraude, &c.

SUPERFÉTATION. *s. f.* lat. *Superfetatio.* ang. *superfetation.* Sur-conception, ou nouvelle génération, qui arrive lorsque la mère conçoit en divers tems & porte divers fétus d'inégale grosseur, & qui naissent les uns aprés les autres.

SUPERFICIALITÉ. *s. f.* Qualité de ce qui est superficiel.

SUPERFICIE. *substant. femin.* lat. & ang. *superficies.* Surface, extérieur, dehors; étenduë en longueur & en largeur sans profondeur. Teinture légère, connoissance légère de quelque art, de quelque science.

SUPERFICIEL, elle. *adj.* l. *Superficialis.* ang. *superficial.* Qui appartient à la superficie. Qui n'est pas profond, qui ne s'arrête qu'à l'extérieur, & à l'apparence des choses.

SUPERFICIELLEMENT. *adv.* lat. *Leviter.* ang. *superficially.* D'une manière légère. Extérieurement, sans aprofondir les choses.

SUPERFIN, *adj. mascul.* lat. *Tenuissimus.* angl. *superfine.* Fil d'or ou d'argent, qui est plus fin que le cheveu le plus délié.

SUPERFLU, uë. *adj.* & *substant.* lat. *Superfluus.* angl. *superfluous.* Excessif, inutile; ce qui est de trop & au-delà du besoin.

SUPERFLUITÉ. *sub. fem.* lat. *Superfluum.* ang. *superfluity.* Ce qui est inutile & dont on se pourroit aisément passer.

SUPÉRIEUR, eure. *adj.* & *sub.* lat. & ang. *superior.* Qui est élevé au dessus des autres, qui a droit de leur commander. Les planétes *supérieures* en *Astronomie* sont *Saturne*, *Jupiter*, & *Mars.* Elevé, qui a un degré, une prérogative au dessus des autres. Celui qui a autorité dans une Communauté. En *Imprimerie* on appelle caractères *supérieurs* les petites lettres qui se mettent au dessus de la ligne courante.

SUPÉRIEUREMENT. *adverb.* lat. *Præstantiùs.* anglois. *better.* D'une manière supérieure, avec avantage.

SUPÉRIORITÉ. *s. f.* lat. *Potestas*, *authoritas.* ang. *superiority.* Dignité, place, ou autorité du supérieur, qui lui donne pouvoir de commander. Prééminence, élevation, avantage.

SUPERLATIF. *adj.* & *subst.* lat. *Superlativus.* angl. *superlative.* Inflexion des noms adjectifs qui marque la qualité d'une chose au plus haut degré.

SUPERLATIVEMENT. *adv.* lat. *In superlativo gradu.* ang. *superlatively.* Dans le plus haut point.

SUPERPARTIENT, ente. *adj.* (Géomet. & Arithmet.) Se dit pour expliquer la proportion de deux lignes, ou de deux nombres, dont le second contient une ou plusieurs fois le premier & en outre quelques-unes de ses parties aliquotes.

SUPERPOSITION. *s. f.* Se dit des jeûnes en usage dans l'ancienne Eglise où l'on passoit plusieurs jours de suite sans manger.

SUPERPURGATION. *subst. femin.* Purgation excessive.

SUPERSEDER. *v. n.* lat. *Supersedere.* ang. *to supersede.* Surseoir.

SUPERSTITIEUSEMENT. *adverb.* lat. *Superstitiosè.* ang. *superstitiously.* D'une manière superstitieuse, trop exacte.

SUPERSTITIEUX, euse. *adj. & subst.* lat. *Superstitiosus.* anglois. *superstitious.* Qui tient de la superstition; qui a de la superstition; dévot outré; excessivement scrupuleux. Qui péche par un excès d'exactitude, en quelque chose que ce soit.

SUPERSTITION. *s. f.* lat. *Superstitio.* ang. *superstition.* Devotion excessive, culte de religion vain, mal dirigé; mal ordonné; fausse opinion de Dieu, mêlée de crainte. Excès d'exactitude.

SUPIN. *s. m.* ( Grammaire Latine) Partie de la conjugaison du verbe qui sert à en former plusieurs tems.

SUPINATEUR. *adj.* ( Anatomie ) Se dit de deux muscles du raion, qui font que la paume de la main regarde en haut, l'un se nomme le *long* & l'autre le *court.*

SUPINATION. *s. fem.* Action d'un muscle supinateur. Etat ou situation de la main, lorsque sa paume est tournée vers le ciel.

SUPPLANTATEUR. *s. m.* lat. *Supplantator.* anglois. *supplanter.* Qui supplante.

SUPPLANTER. *verb. act.* lat. *Supplantare.* ang. *to supplant.* Donner le croc en jambe à quelqu'un. Agir contre quelqu'un pour se mettre à sa place; lui faire perdre son crédit, son autorité.

SUPPLÉER. *v. n.* lat. *Supplere.* ang. *to supply.* Rendre une chose complette; ajouter ce qui manque: remplir un vuide.

SUPPLÉMENT. *subst. mascul.* lat. *Supplementum.* ang. *supplement.* Soute de payement, également de partage. Taxe qu'on fait sur les offices ou domaines, lorsqu'on prétend qu'ils n'ont pas été vendus leur juste valeur.

SUPPLIANT, ante. *adj. & subst.* lat. *Supplex.* angl. *suppliant.* Qui supplie, qui présente une requête.

SUPPLICATION. *s. f.* lat. *Supplicatio.* ang. *supplication.* Prière instante & soumise. C'étoit aussi une solemnité religieuse parmi les *Romains*, qui étoit ordonnée par le Sénat, en l'honneur d'un Général qui avoit remporté une victoire considérable. Le Sénat faisoit ouvrir les Temples & ordonnoit qu'on y feroit de publiques actions de graces pour les heureux succès du Général ou de l'Empereur. On faisoit dans cette cérémonie une Procession magnifique où le Sénat alloit en robes aux Temples de leurs divinités & où ils sacrifioient & faisoient un repas. Toute la ville avoit part à la solemnité & rendoit ses actions de graces de la Victoire. Au commencement ces fêtes ne duroient qu'un jour ou deux tout au plus; mais dans la suite des tems elles furent prolongées dans certaines occasions extraordinaires & ont duré jusqu'à 50. jours de suite.

SUPPLICE. *s. m.* lat. *supplicium.* ang. *punishment.* Peine corporelle; douleur, souffrance. Cruauté, inhumanité. Fatigue & ennui que donnent les gens incommodes.

SUPPLICIER. *v. act.* lat. *supplicio afficere* ang. *to execute.* Faire souffrir le supplice de la mort à un criminel.

SUPPLIER. *v. act.* lat. *supplicare.* ang. *to beg, pray, supplicate.* Prier avec grande instance, soumission.

SUPPLIQUE. *s. f.* lat. *supplex petitio.* ang. *a petition.* Première partie d'une provision ou signature de cour de *Rome*: requête ou mémoire qu'on donne au Pape pour une grace qu'on lui demande.

SUPPORT. *s. mascul.* lat. *Columen, fulcrum.* anglois. *support, help.* Ce qui soutient quelque chose, sur quoi elle pose. Ce qui donne de l'appui, du secours, de la protection. Les *supports* dans le *Blason*, sont les figures peintes à côté de l'écu, qui semblent le supporter.

SUPPORTABLE. *adj.* lat. *Tolerabilis, tolerandus.* angl. *sufferable* Qui se peut souffrir.

SUPPORTABLEMENT. *adv.* lat. *Tolerabiliter.* ang. *tolerably well.* D'une manière supportable.

SUPPORTANT. *adj.* ( Blason ) Se dit de la fasce, quand elle semble supporter quelque animal qui est peint au chef de l'écu, quoiqu'il ne porte que sur le champ.

SUPPORTÉ. *adj.* (Blason ) Se dit des plus hauts quartiers d'un écu divisé en plusieurs quartiers, qui semblent être soutenus par ceux d'enbas. Il se dit aussi du chef, quand il est de deux émaux, & que l'émail de la partie supérieure en occupe les deux tiers.

SUPPORTER. *v. act.* lat. *Ferre.* ang. *to bear, to suffer.* Soutenir, porter un fardeau. Souffrir, endurer. Donner appui, secours, protection.

SUPPOSER. *v. act.* lat. *supponere.* ang. *to suppose.* Tenir, poser une chose pour vraie, ou la feindre telle, pour en tirer des conséquences. Mettre une chose à la place d'une autre par fraude, & tromperie. Faire une fausse allégation, controuver, imputer faussement.

SUPPOSITION. *s. fem.* lat. *suppositio.* ang. *supposition.* Principe qu'on tient pour vrai, qu'on suppose. Action par laquelle on met une chose en la place d'une autre par dol & fraude. Fausse allégation.

SUPPOSITOIRE. *subst. masc.* lat. *suppositorium.* ang. *a suppository.* Médicament solide qui tient lieu d'un lavement & qui produit le même effet.

SUPPÔT. *subst. m.* lat. *suppositum.* anglois. *base.* Ce qui sert de base & de fondement à quelque chose. Qui soutient, qui favorise. Il se dit aussi des membres des Universités, & autres qui leur sont soumis.

SUPPRESSION. *s. f.* lat. *suppressio.* anglois. *suppressing or suppression.* Extinction, anéantissement d'une charge, de droits, de rentes. Retranchement, reticence. Il se dit aussi de ce que l'on cache & dont on défend la publication. Retention des humeurs qui avoient coutume de couler. *Suppression de part* : crime d'une femme qui cache, ou qui tue l'enfant dont elle est accouchée. *Feu de suppression* se dit en *Chymie*, quand un vaisseau qui contient les ingrédiens sur lesquels il faut opérer est couvert de sable sur lequel on met des charbons allumés ensorte que la matière contenue dans le vaisseau reçoive de la chaleur par dessus & par dessous.

SUPPRIMER. *v. act.* lat. *supprimere* angl. *to suppress.* Retrancher, anéantir, abolir, éteindre quelque charge, ou quelque autre chose. Cacher, dérober, empêcher qu'une chose ne vienne à la connoissance des autres.

SUPPURATIF, ive. *adj.* lat. *suppurativus.* angl. *suppurative.* Qui fait suppurer.

SUPPURATION. *s. f.* lat. *suppuratio.* ang. *suppuration.* Changement qui se fait du sang en pus. Ecoulement du pus.

SUPPURER. *v. n.* lat. *suppurare.* anglois. *to suppurate.* Jetter du pus.

SUPPUTATION. *s. f.* lat. *supputatio.* ang. *supputation.* Calcul, examen d'un nombre.

SUPPUTER. *v. act.* lat. *Numerare, computare.* ang. *to compute.* Calculer, examiner par les régles de l'Arithmétique.

SUPRALAPSAIRE. *subst. m.* lat. *Supralapsarius.* anglois. *supralapsarian.* Celui qui soutient que Dieu, sans avoir égard aux bonnes & aux mauvaises œuvres des hommes, a résolu par un décret éternel & irrévocable, de sauver les uns & de damner les autres.

SUPRÉMATIE. *subst. f.* lat. *suprematia.* ang. *supremacy.* Supériorité du Roi d'*Angleterre* sur l'Eglise *Anglicane* dont il est le chef. Tous les membres du Parlement sont obligés de prêter le serment de la *suprématie* au Roi. C'est Henri VIII. qui établit la *suprématie* des Rois d'Angleterre en 1534. après s'être soustrait à l'obéissance du Pape, qui n'avoit pas voulu consentir au divorce injuste qu'il avoit fait avec sa femme, pour épouser Anne de Boulen.

SUPREME. *adject.* lat. *supremus, summus.* ang. *supreme.* Souverain, qui est porté au plus haut point, qui est au dessus de tout, en son genre, en son espèce ; le plus haut, le plus éminent.

SUPRÈME. *subst. fem.* Poire qui vient à la fin de Juillet, & qu'on nomme autrement *poire de figue.*

## S U R

SUR, Sûre. *adj.* lat. *Acidus, acerbus.* ang. *sowr, sowrish.* Aigret, qui a un goût acide.... Certain. *voy.* Seur.

SURABONDAMMENT. *adv.* lat. *Abundè, superabundanter.* ang. *superabundantly.* D'une manière surabondante.

SURABONDANCE. *s. f.* lat. *Nimia abundantia.* angl. *superabundance.* Excès, qui est par dessus le nécessaire.

SURABONDANT, ante. *adj.* lat. *superabundans.* anglois. *superabundant.* Qui est fait, ou donné par dessus, pour une plus grande précaution. Superflu.

SURABONDER. *v. n.* lat. *superabundare.* ang. *to superabound.* Excéder, être superflu, surabondant.

SURACHETER. *verb. act.* lat. *Cariùs æquò emere.* ang. *to buy too dear.* Acheter une chose plus qu'elle ne vaut.

SURALE. *adj.* & *subst.* ( Anatomie ) Veine considérable faite de plusieurs autres veines qui viennent du gras de la jambe & de l'extrémité du pied. Elle va se terminer à la crurale.

SURALLER. ( Chasse ) Se dit quand un chien passe sur les voies sans crier, & sans donner aucune marque que la bête y ait passé. *Se suraller* ou *se surmarcher* : revenir sur ses erres & sur ses pas, repasser par le même lieu.

SURANDOUILLER. *s. m.* ( Chasse ) Second cor qui est sur la tête du cerf, qui pousse au dessus de l'andouiller.

SURANNATION. *s. f.* lat. *superannatio.* ang. *surannation.* Terme de *Chancellerie*, qui se dit des lettres qu'on obtient pour faire valider d'autres lettres de vieille datte, à cause que la force du sceau ne dure qu'un an pour les choses qui ne sont pas jugées ou exécutées.

SURANNÉ, ée. *adj.* lat. *Pratergressus.* ang. *superannate.* Qui est d'une année précédente, qu'on garde après un an. Vieux. Qui est hors d'usage.

SURANNER. *v. n.* Garder plus d'un an, laisser vieillir.

SURARBITRE. *s. masc.* lat. *Tertius arbiter.* anglois. *an umpire.* Tierce personne dont on convient pour juger à l'amiable un différend quand les deux arbitres qu'on a nommés sont de contraire sentiment.

SURATE. *s. m.* Chapitre de l'Alcoran. Il y en a 114. *Surate* signifie leçon.

SURBAISSÉE. *adj. f.* Se dit d'une voûte qui n'est pas en plein cintre, mais qui s'abbaisse par le milieu & qui forme une figure elliptique.

SURBAISSEMENT. *subst. m.* lat. *Depressio, concameratio.* ang. *a vault or archroof steeled.* En *Architecture*, est le trait d'un arc bandé en portion circulaire ou elliptique, qui a moins de hauteur que la moitié de sa base.

SURBAISSER. *v. act.* lat. *Concamerare.* ang. *to vault.* Faire un voûte, une arcade peu élevée.

SURBANDE. *subst. fem.* ( Chirurgie ) latin. *Secunda ligatura.* ang. *a fillet.* Seconde bande ou ligature qu'on ajoute à une première bande, pour la tenir plus ferme sur la plaie.

SURCASE. *s. fem.* Terme de *Trictrac.* Case remplie de trois ou quatre dames, ou les dames surnumeraires de cette même case.

SURCENS. *subst. mascul.* ( Jurisprudence ) Rente noble, foncière, qui est due au Seigneur du fief, outre le cens qui y étoit déja imposé, qui portoit des profits de lods & de ventes.

SURCHARGE. *subst. fem.* lat. *Novum onus, gravior sarcina.* anglois. *an additional charge.* Charge trop pesante. Surcroit.

SURCHARGER. *v. act.* lat. *Graviore sarcinâ onerare.* anglois. *to over-charge.* Imposer une charge trop pesante, & au-delà de ce qu'on peut porter. Mettre une imposition trop forte. Imposer trop fortement dans les répartitions.

SURCHAUFFURES. *subst. fem. pl.* Terme de *Forge.* Pailles ou défauts qui se trouvent dans l'acier.

SURCILIER. *subst. m.* Le premier des 16. trous externes de la tête.

SURCOSTAUX. *subst. m. pl.* ( Anatomie ) Muscles autrement appellés *Releveurs* des côtes. Ils sont inégalement triangulaires, placés obliquement sur les parties postérieures des côtes attenant les vertèbres.

SURCROISSANCE. *s. f.* Ce qui croît aux corps par dessus la nature.

SURCROIT. *s. masc.* lat. *Auctuarium.* ang. *increase, addition.* Augmentation ; ce qui arrive de nouveau pardessus & au-delà de la quantité qu'on s'imagine.

SURCROITRE. *v. n.* lat. *supercrescere.* ang. *to grow out.* Croître au dessus.

SURDEMANDE. *s. f.* ( Coutume ) Demande excessive.

SURDENT. *s. f.* lat. *Dens oblongior.* angl. *gag-tooth.* Dent qui vient hors de rang & entre deux autres.

SURDIRE. *v. n.* lat. *Licitari.* ang. *to out-bid.* Encherir en quelque encan ou publication.

SURDITÉ. *s. f.* lat. *surditas.* angl. *surdity, deafness.* Maladie de l'oreille, qui est cause qu'on n'entend rien ou fort peu. En termes de *Joaillier*, c'est un défaut des pierreries, quand elles sont obscures ou mal nettes.

SURDORÉ. *adj.* & *sub.* Galon d'or qui a été doré une seconde fois, ou d'une manière tenace & solide.

SURDORER. *v. act.* Mettre de l'or sur quelque chose.

SURDOS. *s. m.* Terme de *Bourrelier.* Baude de cuir qui pose sur le dos du cheval de carrosse & qui sert à tenir les traits & le reulement.... Morceau de cuir qui tient les deux fourreaux qui passent au travers des traits du harnois.

SUREAU. *s. m.* Arbrisseau dont les branches remplies de moëlle servent aux enfans à faire des canonières. Ses feuilles, son écorce & ses baies sont utiles en Médecine.

SURÉCOT. *s. m.* lat. *Episymbolum.* angl. *a new-reckoning, an after-reckoning.* Ce qu'on dépense au cabaret au-delà de ce qui a été arrêté pour le repas.

SURÉMINENT, ente. *adj.* Eminent au suprème degré.

SURENCHÈRE. *s. f.* lat. *Licitatio.* ang. *an outbidding.* Enchère qu'on fait sur une autre enchère.

SURENCHÉRIR. *v. act.* lat. *Licitari.* angl. *to out-bid.* Mettre une nouvelle enchère sur une autre.

SURÉPINEUX. *adj.* ( Anatomie ) Muscle du bras, qui remplit la cavité qui est entre la côte supérieure de l'omoplate & son épine.

SURÉROGATION. *sub. f.* lat. *supererogatio gratuita.* ang. *supererogation.* Ce qu'on fait par devotion, par courtoisie, au-delà de son devoir, au-delà de ce qui est commandé.

SURÉROGATOIRE. *adj.* lat. *Gratuitus, ultrò collatus.* ang. *supererogatory.* Surabondant ; ce qu'on fait au-delà du devoir & de l'obligation.

SURET, ette. *adj.* lat. *Acidulus.* anglois. *sowrish.* Un peu sûr & acide.

SURETÉ. *voy.* Sureté.

SURFACE. *s. f.* lat. *superficies.* ang. *surface.* Etenduë en longueur & en largeur, considérée sans aucune profondeur. *Surface* plane est celle qui n'a aucune inégalité & où il n'y a que des lignes droites. *Surface* courbe est celle où il entre des lignes courbes, soit concaves, soit convexes. Il se dit aussi de ce qui est peu profond. En Morale, c'est l'extérieur, l'apparence, les dehors. En termes de *Fortifications* c'est la partie du côté extérieur, terminée par le flanc prolongé & par l'angle du bastion la plus proche.

SURFAIRE. *v. act.* lat. *Mercem æquò cariùs indicare.* ang. *to ask too much.* Mettre une marchandise à un prix excessif.

SURFAIS. *s. m.* Sangle grosse & légère qu'on met par dessus les autres sangles du cheval pour tenir la selle plus ferme. lat. *superior cingula.* ang. *a sur-cingle.*

SURFEUILLE. *s. fem.* Petite membrane qui couvre le bourgeon, & qui ne s'ouvrant que peu à peu, n'y laisse entrer la pluie, le vent & le soleil que par degrés à proportion que la plante en a besoin.

SURGARDE. *s. m.* Nouveau garde établi après d'autres.

SURGE. *adj.* Les laines *surges* sont les laines grasses ou en suint, qui se vendent sans avoir été lavées ni dégraissées.

SURGEON. *s. m.* lat. *Stolo.* ang. *a sucker, shoot, sprig.* Petit rejetton que pousse un arbre, principalement par le pied.

SURGETER. *v. act.* Passer du fil sur les bords d'une étoffe, pour empêcher qu'elle ne s'effile, ou la coudre en la repliant en dedans.

SURGIR. *v. n.* Arriver, aborder.

SURHAUSSEMENT. *s. m.* lat. *Pretii auctio.* ang. *an over-rating.* Prix que le peuple donne aux espèces d'or & d'argent au-delà de leur juste valeur, qui est taxée par le Prince.

SURHAUSSER. *v. act.* lat. *Exaltare, sublevare.* ang. *to raise up.* Elever une voûte au-delà de son plein cintre. Mettre à plus haut prix ce qui étoit déja assés cher.

SURHUMAIN, aine. *adj.* Surnaturel, qui est au dessus de l'homme, qui surpasse l'effort de la nature humaine.

SURJAULÉ. *adj. mas.* ( Marine ) Se dit du cable lorsqu'il a fait un tour autour du jas de l'ancre qui est mouillée.

SURJET. *s. m.* lat. *sutura superjecta.* angl. *a whip.* Terme de *Tailleur.* Couture ronde & relevée.

SURJETTANT. *s. m.* ( Jurisprudence ) Enchérisseur.

SURJETTER. *verb. act.* latin. *suprà suere.* anglois.

anglois. *to whip.* Faire un surjet. . . . *verb. n.* Enchérir.

SURJETTON. *s. masc.* Espèce de serpent fait comme une couleuvre.

SURINTENDANCE. *substant. feminin.* lat. *Summa præfectura.* ang. *superintendency.* Charge qui donne un pouvoir général d'ordonner des finances d'un Prince.

SURINTENDANT. *subst. mascul.* lat. *Summus præfectus.* ang. *a superintendant.* Ordonnateur général des finances du Roi. C'est aussi le titre de plusieurs autres grandes charges & emplois, comme le Surintendant des bâtimens, des postes, de la musique. C'est encore le nom qu'on donne à ceux qui gouvernent les Eglises Luthériennes.

SURINTENDANTE. *s. f.* La première Officière de la maison de la Reine.

SURLENDEMAIN. *s. m.* Jour qui suit immédiatement le lendemain.

SURLONGE. *s. fem.* Partie du bœuf qui reste après qu'on en a coupé l'épaule & la cuisse, & où se levent les aloyaux & le flanchet. lat. *Superlumbare.* ang. *surloin of beef.*

SURMARCHER. (Chasse) Se dit quand la bête revient sur ses erres & repasse par le même lieu.

SURMENER. *v. act.* lat. *Nimio labore fatigare.* anglois. *to founder.* Faire travailler un cheval ou une bête de somme au-delà de ses forces.

SURMESURE. *subst. fem.* lat. *Accessio.* angl. *over-measure.* Ce qui est au-delà de la mesure.

SURMONTÉ, ée. *adj.* (Blason) Se dit lorsque l'émail de la partie inférieure du chef excède la moitié du chef. Il se dit aussi d'une piéce de l'écu qui en a une au dessus d'elle. On le dit encore lorsqu'une fasce est accompagnée de quelques piéces qui sont mises au chef de l'écu.

SURMONTER. *v. act.* lat. *Superare, antecedere.* anglois. *to go over.* Surpasser, se mettre au dessus de quelque chose. Vaincre.

SURMOUT. *subst. m.* lat. *Mustum, defrutum.* anglois. *must or stum.* Vin tiré de la cuve sans être cuvé ni pressuré.

SURMULET. *s. masc.* Poisson dont les Anciens faisoient grand cas, l'achetant un marc d'argent, à cause de son foie & de sa tête dont ils étoient fort friands.

SURNAGER. *v. n.* lat. *Supernatare.* anglois. *to swim over.* Se maintenir au dessus de quelque liqueur. Il se dit aussi des liqueurs qui sont au dessus des autres corps.

SURNAÎTRE. *v. n.* lat. *Supernasci.* anglois. *to grow out.* Naître dessus ou après.

SURNATUREL, elle. *adj.* lat. *Supernaturalis.* ang. *supernatural.* Qui est au dessus des forces de la nature.

SURNATURELLEMENT. *adv.* lat. *Supra naturæ vires.* ang. *supernaturally.* D'une manière surnaturelle.

SURNEIGÉES. *adj. fem. pl.* (Chasse) Se dit des voies de la bête où la neige a tombé.

SURNOM. *substant. mascul.* lat. *Cognomen.* anglois. *a surname.* Nom qu'on ajoute au nom propre ou au nom de baptême, pour distinguer les personnes & les familles. Le choix & l'usage des *surnoms* ont beaucoup varié selon les différentes coutumes des Nations. En *Angleterre* on les a emploiés avant la conquête & long-tems avant qu'ils fussent connus en *Écosse*, où les *Anglois* introduisirent cet usage. Titre donné à des Capitaines, à des Savans, à des hommes illustres. Sobriquet.

SURNOMMER. *v. act.* latin. *Cognominare.* angl. *to surname.* Joindre un nouveau nom à celui de famille, ou de Seigneurie.

SURNUMERAIRE. *adj.* lat. *Numerum excedens.* ang. *supernumerary.* Qui est par dessus le nombre fixe & certain.

SURON, *ou* Ceron. *substant. masc.* Ballot couvert de peau de bœuf, fraiche & sans apprêt, le poil en dedans, cousu avec des filets & lanières de la même peau.

SUROS. *sub. masc.* lat. *Callus ad equi genu.* ang. *splent.* (Manége) Calus ou dureté qui vient au canon du cheval au dessous du genou en dedans ou en dehors, & l'on dit qu'il est *chevillé*, quand il est double, l'un en dedans, l'autre en dehors.

SURPASSER. *v. act.* lat. *Superare, antecedere.* ang. *to go over.* Avoir de l'avantage sur un autre, passer, exceller.

SURPAYER. *v. act.* lat. *Plus æquo solvere.* ang. *to over-pay.* Payer une chose plus qu'elle ne vaut.

SURPEAU. *sub. f.* Epiderme, petite peau, membrane très deliée qui est étendue sur toute la peau, & qui couvre tout le corps.

SURPELIS, *ou* Surplis. *substant. masc.* lat. *Superpellicium.* ang. *a surplice.* Ornement que les Prêtres séculiers portent par dessus leur soutane, lorsqu'ils chantent l'office, ou qu'ils prêchent. Il est fait de toile & va jusqu'à mi-jambe.

SURPENTE. *s. f.* (Marine) Cordage qu'on roule autour d'un canon, pour le soutenir, quand on le veut transporter.

SURPLOMB. *substant. mascul.* En *Architecture*, un mur est en *surplomb*, quand il panche ou qu'il n'est pas à plomb.

SURPLOMBER. *v. n.* N'être pas à plomb. Il se dit par les *Artistes* lorsque le haut avance plus que le pied.

SURPLUÉES. *adj. f. pl.* (Chasse) Voies de la bête où il a plu.

SURPLUS. *s. mas.* lat. *Auctarium, accessio.* anglois. *over-plus.* Ce qui est au-delà d'une certaine quantité qu'on a fixé.

SURPLUS. (Au) *adv.* lat. *Insuper, denique.* ang. *for the rest.* Au reste, au demeurant.

SURPOINT. *substant. mascul.* Râclure que tirent les Corroyeurs de leurs cuirs imbibés de suif, quand ils leur donnent la dernière préparation.

SURPRENANT, ante. *adj.* lat. *Mirus.* ang. *surprizing.* Ce qui ravit ou émeut l'esprit; parce qu'on ne s'y attendoit pas. Beau, extraordinaire, étonnant.

SURPRENDRE. *v. act.* latin. *Præoccupare.* anglois. *to surprize.* Faire quelque chose à l'improviste, & lorsqu'on ne s'y attend pas. Tromper quelqu'un, le jetter dans l'erreur, l'abuser. Etonner, épouvanter. Saisir, intercepter.

SURPRISE. *subst. femin.* lat. *Res inopinata.* ang. *surprise.* Action qui surprend & à quoi on ne s'attend pas. Tromperie, supercherie. Etonnement, admiration, trouble. Méprise, erreur. . . . (*Horlogerie*) Piéce mobile sous le limaçon des quarts d'une répétition.

SURQUOI. *adv.* Chose sur laquelle on répond, on prononce.

SURSAUT. *s. m.* lat. *Violenta & subita commotio.* ang. *a sudden surprise.* Réveil prompt & arrivé par quelque surprise, ou violente émotion.

SURSÉANCE. *s. fem.* lat. *Justitium, fori prolatio.* angl. *a demurrer.* Grace, terme, délai qu'on accorde à ceux qui sont obligés de payer quelque dette, ou de faire quelque chose.

SURSEMAINE. *s. f.* Ce qui est au deçà ou au-delà d'une semaine.

SURSEMÉ. *adj.* Se dit particulièrement des pourceaux ladres, qui ont des grains semés deçà & delà sur la langue.

SURSEMER. *verb. act.* lat. *Superseminare, superserere.* anglois. *to over-sow.* Semer une nouvelle graine sur un champ qui est déja semé.

SURSEOIR. *v. act.* lat. *Supersedere, differre.* angl. *to supersede.* Suspendre, retarder, différer le jugement d'une affaire, l'exécution d'une contrainte.

SURSIS. *subst. masc.* (Palais) Délai.

SURSOLIDE. *s. masc.* Cinquiéme puissance dans le calcul Algébrique.

SURTAUX. *s. m.* lat. *Superimpositio, gravior taxatio.* anglois. *over assessment.* Taux qui excéde les forces de celui qui le doit payer, ou la proportion dont il pourroit en être tenu.

SURTAXER. *v. act.* lat. *Tributum superimponere.* angl. *to over assess.* Taxer trop haut un contribuable à quelque imposition.

SURTONDRE *la laine. v. act.* Couper avec des forces les extrémités les moins fines des toisons avant que de les laver.

SURTOUT. *s. m.* lat. *Chlamis superior.* ang. *a surtoot, an upper-coat.* Grosse casaque ou justau-corps, qu'on met en Hiver par dessus les autres habits. Piéce de vaisselle, où l'on place le sucrier, le poivrier, le vinaigrier, les salières & le fruit. Il a plusieurs bobeches dans lesquelles on place des bougies. . . . Espèce de petite charrette à deux roues, fort légère, faite en forme de grande manne, & qui sert à porter du bagage.

SURTOUT. *adverb.* lat. *Præsertim.* anglois. *above all.* Principalement, plus que toute autre chose.

SURVEILLANT. *s. masc.* lat. *Invigilans.* anglois. *over-seer.* Celui qui surveille, qui prend garde, qui a l'œil à quelque chose afin qu'elle se fasse avec soin, avec exactitude.

SURVEILLE. *subst. f.* lat. *Antevigilia.* ang. *the day before the eve.* Le jour précédent de la veille de quelque fête ou cérémonie.

SURVEILLER. *v. n. & act.* lat. *Invigilare.* angl. *to over-see.* Veiller sur autrui, prendre garde qu'il fasse son devoir.

SURVENANCE. *s. f.* (Jurisprudence) Arrivée que l'on n'a point prévuë.

SURVENANT, ante. *adject.* lat. *Supervenìens.* ang. *that comes in by chance.* Qui arrive sans qu'on l'attende & particulièrement à diner.

SURVENDRE. *v. act.* lat. *Cariùs æquo vendere.* ang. *to over-rate.* Vendre une chose plus qu'elle ne vaut.

SURVENIR. *v. n.* lat. *Supervenire.* anglois. *to come upon.* Arriver à l'improviste.

SURVENTE. *s. f.* lat. *Venditio ultra pretium.* anglois. *an over-rate.* Excès du prix d'une chose, ce qui est au-delà de sa légitime valeur.

SURVÊTIR. *verb. act.* Vêtir un habillement par dessus un autre.

SURVIE. *s. f.* lat. *Vita superstes.* angl. *out living.* Vie plus longue que celle d'un autre, avec qui on a rélation.

SURVIVANCE. *subst. f.* lat. *Muneris alicujus designata successio.* anglois. *survivorship.* Privilége que le Roi accorde à quelqu'un pour succéder à une charge.

SURVIVANCIER. *s. m.* lat. *Successor designatus.* ang. *he that has got a survivorship.* Celui qui est pourvû d'une charge en survivance.

SURVIVANT, ante. *adj.* lat. *Superstes.* ang. *surviver.* Celui qui vit plus qu'un autre avec lequel il est en rélation.

SURVIVANTIAIRE, *ou* Surviventiaire. *voy.* Survivancier.

SURVIVRE. *v. n.* lat. *Superstitem esse.* ang. *to survive.* Vivre plus qu'un autre avec lequel on a rélation.

SURVUIDER. *v. act.* lat. *Transvasare.* ang. *to transvasate.* Ôter une partie de ce qui est dans un sac ou dans un vaisseau trop plein pour le mettre dans un autre.

## S U S

SUSAIN. *sub. m.* (Marine) Pont brisé, ou partie de tillac qui regne depuis la dunette jusqu'au grand mât.

SUSANNER. *voy.* Suranner.

SUSBANDE. *s. femin.* (Artillerie) Bande de fer qui couvre le tourillon d'une piéce, ou d'un mortier quand ils sont sur l'affût. Elle est ordinairement à charnière.

SUSBEC. *subst. m.* (Fauconnerie) Maladie qui fait mourir beaucoup d'oiseaux. Rheume chaud & subtil, qui leur découle du cerveau.

SUSCEPTIBILITÉ. *sub. f.* Qualité de ce qui est susceptible, ou capacité de recevoir.

SUSCEPTIBLE. *adj.* lat. *Susceptibilis.* ang. *susceptible.* Qui est capable de recevoir.

SUSCEPTION. *subst. femin.* lat. *Susceptio.* ang. *a receiving.* Action de recevoir. Il ne se dit guères que de l'action de recevoir les ordres sacrés.

-SUSCES. Espèce de taffetas qui se font à Bengale, & qui sont propres pour le commerce des Manilles.

SUSCITATION. *substant. feminin.* lat. *Suggestio, instigatio.* anglois. *sollicitation, insti-*

*gestion.* Suggestion, instigation, sollicitation qui porte à faire quelque chose.

SUSCITER. *v. act.* lat. *Suscitare*, *commovere.* ang. *to raise.* Produire, mettre en avant, faire paroitre, faire venir au monde. Exciter quelqu'un, l'exhorter à faire quelque chose.

SUSCRIPTION. *subst. f.* lat. *Superscriptio.* angl. *superscription.* Titre, adresse; ce qui est écrit au dessus d'un acte, d'une lettre.

SUSÉPINEUX. *subst. masc.* Le second des 9. muscles du bras, ainsi appellé parce qu'il remplit toute la cavité qui est au dessus de l'épine de l'omoplate.

SUSERAIN, ou Suzerain. *s. m.* lat. *Superior immediatus.* angl. *paramount.* Supérieur ou Juge du ressort, autre que le Roi.

SUSIN. *voy.* Susain.

SUSPECT, ecte. *adj.* lat. *Suspectus.* angl. *suspicious.* Douteux, dont la foi n'est pas sûre, dont on se doit défier.

SUSPENDRE. *v. act.* lat. *Suspendere.* anglois. *to hang up.* Attacher quelque chose en haut, la soutenir, la faire pendre en l'air. Arrêter, surseoir, différer, cesser, discontinuer pour quelque-tems. Empêcher pour quelque-tems les fonctions d'une charge ou de quelque ministère.

SUSPENS. *adj.* lat. *Suspensus*, *interdictus.* ang. *suspended.* Prêtre qu'on a suspendu des fonctions Ecclésiastiques.

SUSPENS. (En) *adv.* lat. *Incerto animo.* ang. *in suspence.* Dans le doute, dans l'incertitude.

SUSPENSE. *s. f.* lat. *Suspensio*, *interdictio.* anglois. *suspension.* Censure par laquelle un Ecclésiastique est privé de l'exercice de son Ordre; comme lorsqu'il a commis quelque grande faute; ce qui est une espèce d'excommunication.

SUSPENSION. *subst. fem.* lat. *Suspensio ad tempus.* ang. *suspension.* Action par laquelle on empêche pour quelque-tems l'effet ou le cours de quelque chose. Interdiction, ou privation pour un tems, des fonctions attachées à une dignité séculière ou ecclésiastique. En *Guerre suspension* d'armes est la cessation pour un tems de toute hostilité. En *Méchanique* le point où un levier est suspendu, se nomme point de *suspension.* En *Rhétorique*, c'est une figure qui consiste à suspendre agréablement l'esprit des Auditeurs, & à leur dire ensuite des choses qui les surprenent avec plaisir.... *Suspension* est aussi ce qui tient le S. Sacrement suspendu en certaines Eglises.... (Grammaire) Repos marqué, où le sens est interrompu.

SUSPENSOIRE. *substant. mascul.* lat. *Suspensoria fascia.* ang. *suspensory.* En *Chirurgie*, est une sorte de bandage, dont on se sert dans les descentes des boyaux & autres incommodités pareilles.

SUSPICION. *sub. femin.* lat. *Suspicio.* ang. *suspicion.* Soupçon, défiance.

SUSTENTATION. *sub. fem.* lat. *Sustentatio.* anglois. *sustentation.* Aliment, nourriture suffisante pour entretenir la vie de l'homme.

SUSTENTER. *v. act.* lat. *Sustentare.* angl. *to sustain.* Nourrir, entretenir la vie par le moyen des alimens.

## S U T

SUTURE. *subst. f.* lat. *Sutura.* angl. *suture.* C'est une jointure de quelques os du corps de l'animal, semblable à une couture, qui se fait en deux façons, l'une en forme de scie ou de dents de peigne, la seconde en forme d'ongle, dont l'un monte sur l'autre. Il se dit aussi de la couture que les Chirurgiens font pour rejoindre les levres d'une plaie. C'est encore la marque ou la cicatrice de la plaie.

## S U Y

SUYE. *s. fem.* lat. *Fuligo.* ang. *soot.* Partie terrestre & volatile, qui s'éleve du bois avec la fumée, par le mouvement que lui donne l'action du feu. *Suye d'encens:* le menu de l'encens appellé *Oliba*, ou encens mâle, que l'on a fait brûler, ainsi que l'arcançon, pour faire du noir de fumée.

## S U Z

SUZERAIN. *voy.* Suserain.

## S Y B

SYBILLE, Sybillins. *voy.* Sibylles, Sibyllins.

SYBILLISME. *subst. mascul.* Doctrine des Sybilles. Attachement, foi à leurs prédictions.

SYBILLISTE. *s. m.* lat. Qui a foi aux prédictions des Sybilles.

## S Y C

SYCOMORE. *s. m.* lat. *Sycomorus.* ang. *the sycamore-tree.* Arbre, que quelques Auteurs appellent figuier d'*Egypte*, & qui a des feuilles semblables au meurier & des fruits semblables à ceux du figuier tant par la figure que par le volume. On dit qu'il demeure verd étant coupé, à moins qu'on ne le frotte avec des peignes de fer, &c.

SYCOPHANTE. *subst. m.* lat. *Sycophanta.* anglois. *a sycophant.* Délateur, faiseur de rapports, menteur, imposteur, trompeur.

SYCOSE. *subst. fem. Sycosis.* Tumeur à l'anus, qui ne différe du thyme que par sa grosseur.

## S Y L

SYLLABE. *s. f.* lat. *Syllaba.* ang. *a syllable.* Partie d'un mot composée d'une ou de plusieurs lettres qu'on prononce ensemble.

SYLLABER. *v. act. & neut.* Assembler des lettres pour en former des syllabes.

SYLLABIQUE. *adj.* lat. *Syllabicus.* angl. *syllabical.* Se dit dans la Grammaire greque d'un augment, qui se fait par l'addition d'une syllabe.

SYLLABISATION. *s. f.* Arrangement des syllabes, ou des lettres qui les forment.

SYLLEPSE. *s. f.* ( Grammaire ) Construction figurée qui s'accorde plus avec les pensées que les mots & qui exprime mieux ce que l'on a dans l'esprit, que les termes même ne l'exprimeroient dans la construction ordinaire.

SYLLOGISER. *v. n.* lat. *Argumentari.* ang. *to argue, to reason.* Disputer, faire des argumens, des syllogismes.

SYLLOGISME. *s. m.* lat. *Syllogismus.* ang. *a syllogism.* Argument de Logique composé de trois propositions, qu'on nomme la majeure, la mineure & la conséquence ; tellement construit que si l'on avoue, accorde, ou suppose les deux premières, la conclusion est convaincante.

SYLLOGISTIQUE. *adj.* De syllogisme, qui a rapport au syllogisme. ang. *syllogistical.*

SYLPHES. *s. m. pl.* ang. *sylphs.* Êtres imaginaires que l'on feint habiter dans l'air.

SYLVAINS. *s. masc. pl.* Dieux fabuleux de l'antiquité, qui présidoient aux forêts, aux champs & au bétail.

SYLVE. *s. f.* lat. & ang. *sylva.* Jeu public des *Romains*, pour la représentation duquel on faisoit une forêt artificielle dans le cirque, où les Soldats apportoient de grands arbres, pour représenter un bois. On y lâchoit quantité de bêtes, que le peuple poursuivoit comme dans une chasse, & qu'il tâchoit d'attraper à la course, car il n'avoit point d'armes & il falloit prendre les bêtes vives. On dit que l'Empereur *Gordien* donna une *sylve*, où il y avoit 200. Cerfs, 30. Chevaux farouches, 100. Chevres, 10. Élans, 100. Taureaux, 300. Autruches, 30. Anes sauvages, 150. Sangliers, 200. Chevres sauvages & 200. Daims.... Poëme ou toute autre ouvrage fait à la hâte & par boutade.

SYLVESTRE. *adj. f.* Cochenille *sylvestre* se dit de certains grains rouges qu'on trouve dans la racine de la Pimprenelle commune. Les Teinturiers s'en servoient autrefois pour teindre en écarlate.

## S Y M

SYMBOLE. *s. m.* lat. *Symbolum.* anglois. *symbol.* Signe ; type, espèce d'emblême, ou représentation de quelque chose morale, par les images ou propriétés des choses naturelles. C'est aussi le mémoire des articles de la foi, que tout chrétien doit sçavoir & croire.

SYMBOLIQUE. *adj.* lat. *Symbolicus.* ang. *symbolical.* Se dit des choses qui ont quelque sympathie, convenance ou ressemblance.

SYMBOLISER. *v. n.* latin. *Quadrare, convenire.* anglois. *to symbolize.* Avoir ensemble quelque convenance.

SYMBOLOGIQUE. *s. fem.* La partie de la Pathologie qui traite des signes & des symptomes des maladies.

SYMMÉTRIE. *s. f.* lat. *Symmetria.* anglois. *symmetry.* Rapport de parité, soit de hauteur, de largeur, ou de longueur de parties, pour composer un beau tout. Disposition régulière des parties d'un bâtiment, ordre de plusieurs choses placées l'une à l'égard de l'autre en quelque convenance, ou proportion, pour faire un beau tout. Ordre, disposition, œconomie d'un discours.

SYMMÉTRIQUE. *adj.* Fait avec symmétrie, compassé.

SYMPATHIE. *s. f.* lat. *Sympathia.* anglois. *sympathy.* Convenance d'affections, d'inclinations ; conformité de qualités naturelles, d'humeurs ou de tempérament, qui font que deux personnes s'aiment, se cherchent, s'accordent, & demeurent agréablement ensemble. Vertu naturelle par laquelle deux corps agissent l'un sur l'autre.... ( Médecine ) Indisposition qui arrive à une partie du corps par le vice d'une autre.

SYMPATHIQUE. *adject.* lat. *Sympathicus.* ang. *sympathetick, sympathetical.* Qui a de la sympathie.

SYMPATISER. *v. n.* lat. *Convenire, consentire.* ang. *to sympathize.* Avoir des qualités conformes, des humeurs qui s'accordent bien ensemble.

SYMPHONIE. *s. fem.* lat. *Symphonia, concentus.* ang. *symphony.* Musique, sons ; accords agréables à l'oreille, soit de voix, soit d'instrumens. Il se prend quelquefois pour la seule musique des instrumens. C'est aussi un nom que les Anciens ont donné à celui des instrumens dont on a fait le moins de cas, qui est la vielle.

SYMPHONISTE. *s. masc.* lat. *Symphonista.* ang. *a player upon musical instruments.* Celui qui joüe des instrumens, ou qui compose les piéces qu'on jouë dessus.

SYMPHYSE. *s. f.* ( Médecine ) Union naturelle des os, par laquelle deux os séparés se font continus & deviennent un.

SYMPHYTUM. *subst. masc.* Consoude. Elle est fort vulneraire & elle fait comme renaître les chairs.

SYMPOSIAQUE. *s. m.* Entretien de Philosophes dans un banquet.

SYMPTOMATIQUE. *adj.* lat. *symptomaticus.* angl. *symptomatick, or symptomatical.* Qui appartient au symptome.

SYMPTOME. *s. m.* lat. *symptoma.* anglois. *a symptom.* Signe, accident, ou révolution qui arrive dans une maladie, par où l'on peut juger de sa nature, de sa qualité & de son événement.

SYMPTOSE. *s. f.* ( Médecine ) Affaissement ou contraction des vaisseaux, comme il en arrive après des évacuations. C'est aussi affaissement du corps, lorsqu'il est accablé de lassitude & de foiblesse.

SYMPULE. *s. m.* ( Antiquaire ) Vase dont les Pontifes Romains se servoient dans les sacrifices pour faire des libations.

## S Y N

SYNAGOGUE. *s. fem.* lat. *Synagoga.* ang. *a synagogue.* Assemblée des Juifs, pour vaquer aux actes de leur religion ; lieu où ils font leurs prières.

SYNALEPHE. *subst. femin.* Contraction de syllabes.

SYNALLAGMATIQUE. *adj.* lat. *Synallagmaticus.* anglois. *synallagmatick.* ( Jurisprud. ) Celui qui demande du retour, quelque chose en revanche.

SYNANCHIE. *s. fem.* Espèce d'esquinancie dans laquelle les muscles internes du pharynx sont attaqués.

SYNARTHROSE. *sub. femin.* ( Anatomie ) Jointure des os, qui est tellement compacte & serrée, qu'ils sont rendus immobiles, telles sont la *suture*, *l'harmonie* & la *gomphose*.

SYNAXARION. *substant. m.* Livre Ecclésiastique des Grecs : recueil abbrégé de la vie de leurs Saints.

SYNAXE. *substant. mascul.* Assemblée des Chrétiens, où l'on chantoit les Pseaumes, & où l'on faisoit les prières en commun.

SYNCHONDROSE. *s. femin.* ( Anatomie ) Union de deux os qui se fait par le moyen d'un cartilage, ensorte qu'ils paroissent collés ensemble, telle que l'union des os du pubis.

SYNCHRONISME. *s. mascul.* ang. *synchronism.* Action par laquelle deux choses arrivent en même tems, comme les vibrations de deux pendules de même longueur. Ordre & tableau de tous les Souverains qui ont regné en même tems.

SYNCHRONISTE. *s. m.* Contemporain, qui a vêcu en même tems qu'un autre.

SYNCOPE. *sub. fem.* lat. & ang. *syncope.* Forte & soudaine défaillance dans laquelle les malades demeurent sans pouls, sans respiration & sans aucun mouvement. En *Grammaire*, c'est une élision ou retranchement d'une ou de plusieurs lettres ou syllabes d'un mot. En *Musique*, c'est une note qui a un point à côté, qui la fait valoir la moitié plus que sa valeur ordinaire.

SYNCOPER. *v. act.* Mettre un point à côté d'une note de Musique. Retrancher quelque lettre ou quelque syllabe d'un mot.

SYNCRÉTISME. *substant. mascul.* Rapprochement des diverses communions chrétiennes, afin de les réünir.

SYNCRITIQUES. *subst. masc. pl.* Nom que donnoient les méthodiques aux remédes astringens.

SYNDÉRÈSE. *s. f.* lat. *Synderesis.* angl. *a synteresy*, *a remorse of conscience.* Reproche secret que fait la conscience de quelque crime qu'on a commis.

SYNDIC. *substant. mascul.* lat. *Syndicus.* anglois. *a syndick.* Officier qui est chargé des affaires d'une Ville, d'une Communauté. Celui qui se charge de solliciter une affaire commune, en laquelle il a intérêt, après avoir été élû & nommé pour cet effet par ses consorts. Premier Magistrat de la Ville de *Genève.*

SYNDICAL, ale. *adj.* lat. *Syndicalis.* ang. *syndical.* Qui appartient au Syndic, qui regarde les affaires du Syndic.

SYNDICAT. *s. m.* lat. *Syndicatus.* anglois. *syndicate*, *syndicship.* Charge, ou fonction de Syndic.

SYNDIQUER. *v. act.* lat. *Carpere*, *vellicare.* anglois. *to control.* Blâmer les actions d'autrui, y trouver à reprendre, & les vouloir corriger.

SYNECDOCHE. *substant. femin.* lat. & ang. *synecdoche.* Figure de Rhétorique, qui fait entendre un tout pour une de ses parties, ou une partie pour le tout, ou la matière pour la chose.

SYNECPHONÈSE. *s. femin.* ( Grammaire ) Réünion de syllabes dans un même mot. *Synecphonesis.*

SYNEDRIN. *voy.* Sanhedrin.

SYNÉRÈSE. *subst. f.* ( Grammaire ) Figure par laquelle on réunit deux syllabes ensemble *Synæresis.*

SYNEVROSE. *s. f.* ( Anatomie ) Union naturelle de os, qui se fait par le moyen des ligamens, telle est l'articulation de la rotule avec les os de la jambe. *Synevrosis.*

SYNGRAPHE. *subst. masculin.* Nom que les Romains donnoient aux billets, & obligations qu'ils faisoient quand ils empruntoient de l'argent. Le syngraphe étoit scellé de l'anneau du débiteur, où étoit gravé son cachet.

SYNODAL, ale. *adject.* lat. *Synodalis.* ang. *synodal.* Qui appartient au Synode, à une assemblée Ecclésiastique.

SYNODALEMENT. *adverb.* lat. *In concilio.* ang. *in a synode.* En plein Synode.

SYNODE. *s. masc.* lat. *Synodus.* anglois. *a synod.* Assemblée de l'Eglise universelle, Concile œcuménique. C'est aussi une convocation que fait un Evêque des Curés de son Diocèse, pour y faire quelques réglemens. En *Angleterre* les assemblées du Clergé de l'Eglise *Anglicane* se nomment *synodes*, de même que chés les *Calvinistes.*

SYNODIQUE. *adj.* lat. *Synodicus.* angl. *synodick.* En *Astronomie*, il se dit de la conjonction de deux astres dans le même degré de l'écliptique, ou dans le même cercle de position. Le mois *synodique* est la quantité du tems employé entre deux conjonctions du Soleil & de la Lune.

SYNODON. *subst. masc.* Poisson de mer, qui porte ce nom & celui de *Denter*, à cause de sa grande quantité de dents. Il est carnacier & glouton & fort bon à manger. On le trouve communément dans la mer *Adriatique.* Il a des pierres dans la tête qu'on appelle *synodontides.*

SYNODONTIDES. *s. fem. pl.* Pierres qu'on trouve dans la tête du *synodon.* On prétend qu'étant broyées & avalées elles sont bonnes pour la pierre.

SYNONYME. *adj.* & *subst.* lat. *Synonymus.* anglois. *synonymous*, *synonymal*, *a synonym.* Mot qui signifie la même chose qu'un autre.

SYNOPLE. *s. f.* Anemone toute carpée.... *voy.* Sinople.

SYNOPSIS. *s. f.* Abbrégé curieux & exact.

SYNOQUE. *adj.* ( Médecine ) Se dit d'une sorte de fièvre continuë qui dure depuis le commencement jusqu'à la fin sans aucun redoublement.

SYNOVIE. *subst. femin.* ( Médecine ) Suc

nourricier. Maladies qui viennent du vice de ce suc, comme la goutte, &c. Ecoulement du suc nourricier des parties blessées.

SYNTAXE. *substant. fem.* lat. *Syntaxis.* ang. *syntax.* Construction & liaison des mots, & des phrases selon les regles de la Grammaire. Juste composition & arrangement des parties d'oraison. *Faire la syntaxe* c'est faire l'analyse d'une phrase pour faire voir que la construction en est juste & selon les regles de la Grammaire. *Syntaxe*, livre qui comprend les regles & la construction des mots & des phrases.

SYNTHESE. *substantif feminin.* Composition de médicamens. Disposition, arrangement des parties d'un ouvrage. Construction d'un problême de Géometrie.... (Chirurgie) Opération par laquelle on réunit les parties divisées, comme sont les plaies.

SYNTOCRATOR. *subst. masc.* Qui a tout pouvoir, favori.

S Y P

SYPHILIS. *voy.* Siphylis.

S Y R

SYRENE. *voy.* Sirene.

SYRIAC. *subst. masc.* & *adject.* La langue Syriaque.

SYRIENNE. *subst. fem.* Anémone dont les grandes feuilles sont isabelle pâle nué de carné, la peluche verd clair, nuée aussi de couleur de chair.

SYRINGA. *sub. m.* Bel arbrisseau qu'on cultive dans les jardins, ainsi appellé parce que son bois vuidé de sa moëlle peut servir à faire des flûtes & de petites seringues.

SYRINGOTOME. *subst. mascul.* Espèce de scalpel. Coupe-fistule.

SYRINGOTOMIE. *substant. f.* Amputation d'un tuyau.

SYRINX. *subst. fem.* Flûte pastorale du Dieu *Pan* faite d'un roseau dans lequel la Nymphe *Syrinx* avoit été métamorphosée.

SYRMÉES. *s. masc. pl.* Jeux établis à Sparte, ainsi appellés du prix de ces jeux, qui étoit un ragoût composé de graisse & de miel.

SYROP. *s. masc.* lat. *Syrupus.* ang. *syrup.* Composition ou liqueur agréable, d'une consistence un peu épaisse, qui est extraite des eaux, des sucs ou des teintures des fruits ou des herbes, cuite & assaisonnée de sucre ou de miel. C'est aussi la liqueur qui reste après qu'on en a tiré les confitures qu'on veut faire sécher & dans laquelle on laisse celles qu'on veut conserver liquides.

SYRUPEUX, euse. *adject.* Qui produit du syrop.

SYROTER. *v. neut.* lat. *Pitissare.* angl. *to sip, to tipple.* Boire à petits coups, & en goutant le vin lentement & avec plaisir.

SYRTES. *s. masculin. pl.* lat. *Syrtes.* angl. *a quick-sand, syrtes.* Sont deux bancs de sable dans la mer Méditerranée, sur la côte d'Afrique, entre les Royaumes de *Tunis* & de *Barca* dans la *Barbarie.* Ils sont très dangereux, à cause des sablons que l'eau y traine : en sorte que quelquefois la mer y est très profonde & très-basse en un même lieu & en peu de tems. Il y a aussi de ces *syrtes* sur la terre vis-à-vis des autres. Le vent y est si véhément & enleve si violemment le gravier, qu'il fait des montagnes & des fondrières sablonneuses en un instant : accident qui fait perdre la route aux Voyageurs & les accable souvent.

SYRVANTES, *ou* Syrventes. *s. masc. pl.* Poëmes mêlés de louanges & de Satyres sur les expéditions d'outre-mer.

S Y S

SYSSARCOSE. *subst. feminin.* (Anatomie) Union naturelle des os, qui se fait par le moyen des chairs ou des muscles, telle qu'est celle de l'os hyoïde & de l'omoplate.

SYSTALTIQUE. *adj.* lat. *Systalticus.* angl. *systaltick.* Qui a la vertu de resserrer, de contracter. Il se dit du mouvement du cœur, des artères & des nerfs, par lequel ils se resserrent continuellement & alternativement.

SYSTÉMATIQUE. *adject.* Qui est arrangé avec méthode, & selon un systême méthodique.

SYSTÉMATIQUEMENT. *adverbe.* D'une Manière systematique, en manière de systême.

SYSTÊME. *subst. mascul.* lat. *Systema.* ang. *a system.* Lois ou principes généraux d'un art ou d'une science rangés avec ordre & expliqués nettement. Projet, arrangement. Etat des affaires. (Musique) Suite de plusieurs consonances.

SYSTOLE. *subst. feminin.* Contraction ou resserrement des ventricules du cœur & des autres parties des animaux. En *Grammaire* c'est le racourcissement d'une syllabe longue & que l'on fait bréve par une licence poëtique.

SYSTYLE. *sub. masc.* (Architecture) Bâtiment où les colonnes sont placées moins prés les unes des autres qu'elles ne le sont dans les *pycnostyles.*

S Y Z

SYZIGIE. *subst. fem.* lat. & anglois. *syzygia.* En *Astronomie*, c'est la conjonction & l'opposition des planétes.

# T

*Substant. masc.* C'est la dix-neuvième lettre de notre Alphabet & l'une de celles qu'on appelle consonnes. Il se prononce comme un *c* quand il est immédiatement suivi d'un *i* accompagné d'une voyelle & qu'il est précedé d'une syllabe, comme dans *nation*, &c. il faut excepter de cette regle les mots qui se terminent en *ié* comme *pitié*, &c. T étant seul peut avoir différentes significations. Etant devant un nom il peut désigner le nom de baptême, comme T. Dyche, Thomas Dyche. Chés les Anciens c'étoit une lettre numérale qui signifioit 160. & avec un trait au dessus ainsi T̄, elle signifioit 160, 000. Quand les Tribuns approuvoient les Ordonnances du Sénat, ils y apposoient un T pour marque de leur consentement. T est une espèce de croix tronquée que portent sur leurs habits les Religieux de S. Antoine. C'est aussi le caractère dont on distingue la monnoie fabriquée à Nantes. Le T en termes de *Chirurgie* est une espèce de bandage dont on se sert pour soutenir l'appareil de la taille, de la fistule à l'anus, des plaies, des abscês & des ulcères aux fesses & au perinée.

## T A B

TABAC. *subst. mascul.* lat. *Nicotia, tabaccum.* anglois. *tobacco.* Herbe fameuse dans les *Indes*, qui étant séchée & tortillée sert à différentes usages. On la prend en poudre par le nés & en fumée par la bouche.... Lieu où les petites gens vont fumer du tabac.

TABAGIE. *s. f.* Lieu où l'on va fumer à tant par tête.... Petite cassette dans laquelle on serre du tabac, des pipes & tout l'attirail nécessaire pour fumer.

TABARIN. *s. mascul.* lat. *Mimus, ludio.* ang. *a mounte-bank, a quack.* Celui qui fait le métier de farceur dans les places publiques.

TABARINAGE. *sub. masc.* Bouffonnerie, discours ou action de Tabarin.

TABARINIQUE. *adj.* Fait par Tabarin, ou écrit à sa manière.

TABATIÈRE. *s. fem.* lat. *Pixis tabacaria.* angl. *a snuff-box.* Petite boëte qu'on porte en poche, où l'on met du tabac en poudre.

TABAXIR. *substant. masculin.* Liqueur congelée & blanche qui se trouve dans une espèce de canne, que les Indiens nomment *mambu.* Elle est douce & grasse comme l'amidon ré-

duit en farine, & de même blancheur. Il s'en trouve quelquefois de couleur cendrée, ou tirant sur le noir. On s'en sert contre les dyssenteries & contre les fièvres.

TABELLION. *substant. masculin.* lat. *Tabellio.* anglois. *a tabellion.* Notaire dans une Seigneurie, ou justice subalterne.

TABELLIONAGE. *s. m.* La charge de Tabellion. Il se dit aussi du droit Seigneurial. Étude du Tabellion.

TABELLIONER. *v. act.* Mettre en forme un contract, quand on le livre en parchemin & grossoyé.

TABERNACLE. *sub. m.* lat. *Tabernaculum:* anglois. *a tabernacle.* Demeure, logement, tente, pavillon. Chez les *Chrétiens*, c'est le lieu où l'on enferme le S. Sacrement sur l'Autel; c'est un petit Temple de bois doré ou d'autre matière, qu'on met sur un Autel pour renfermer le S. Sacrement. Celui des Juifs, si fameux dans l'*Ancien Testament*, est le lieu où les *Israëlites* faisoient leurs principaux exercices de religion. Il avoit 30. coudées de long & 10. en largeur & en hauteur. Il étoit partagé en deux parties, l'une qu'on appelloit le lieu Saint, qui avoit 20. coudées de long & 10. de large. C'est là qu'on enfermoit la table des pains de proposition, le chandelier d'or à sept branches, & l'Autel d'or des parfums; l'autre partie étoit le Saint des Saints, qui étoit un quarré de 10. coudées en long & en large: là étoit placée l'Arche d'alliance. Ce *Tabernacle* n'avoit point de fenêtre, mais il étoit couvert de plusieurs voiles. En dehors il y avoit une grande cour oblongue de 100. coudées de longueur & 50. de large. C'étoit là qu'étoit placé l'Autel des Holocaustes avec une fontaine pour l'usage des Prêtres. Les Laïques pouvoient porter leurs victimes jusques à l'Autel où les Prêtres, *&c.* les égorgeoient, les écorchoient & les offroient au Seigneur, selon les différentes cérémonies de leur institution. Le *Tabernacle* étoit tellement placé, que son entrée regardoit le Levant, *&c.* Cette tente passoit pour être la demeure du très-Haut, qui résidoit au milieu de son peuple. Les Prêtres venoient tous les matins retirer les lampes & offrir de l'encens & un agneau en Holocausles & le soir ils allumoient les lampes & offroient encore un agneau, *&c.* *Tabernacle* se dit *figurément* des hommes en qui Dieu habite par sa grace.... *Tabernacle* d'une galère, est un petit exhaussement, vers la pouppe, pratiqué entre les espales, pour servir de poste au Capitaine, quand il donne ses ordres.

TABES. *s. masc.* Maladie de consomption, phthisie, atrophie, hétisie, marasme . . . *Tabes* ou *tabum*, pus sanieux qui sort des ulcères malins, cacoëthes & gangreneux.

† TABIDE. *adj.* Malade de phthisie ou qui y a quelque disposition.

TABIFIQUE. *adj.* Qui cause la phthisie, qui fait mourir en langueur & de consomption.

TABIS. *substant. masculin.* lat. *Textum sericum undulatum.* anglois. *taby.* Gros taffetas qui a passé sous la calendre, & qui est ondé.

TABISÉ, ée. *adj.* Passé sous la calendre & devenu ondé, comme le *tabis.* lat. *Prelo pressus.* ang. *taby-like.*

TABISER. *v. act.* lat. *Prelo premere.* ang. *to make taby-like.* Faire passer sous la calendre, pour y faire venir des ondes, comme sur le *tabis.*

TABLATURE. *s. fem.* lat. *Tabellares modi.* ang. *tablature.* Notes ou marques qu'on met sur du papier réglé pour apprendre à joüer des instrumens; amas des figures qui servent à écrire la musique. *Donner de la tablature* à quelqu'un : l'embarrasser, lui susciter quelque affaire fâcheuse.

TABLE. *subst. f.* lat. *Tabula.* ang. *table*, *board.* Meuble fait ordinairement de bois, ou de pierre, qui est sur des colomnes à hauteur d'appui, dont la surface supérieure est platte & unie, propre à recevoir & soutenir ce qu'on veut poser dessus. Meuble de ménage qui sert à orner une chambre, à jouer, à manger, à écrire & à plusieurs autres usages. *Table* signifie souvent le repas même, & les mets qu'on sert sur la table. Il se dit aussi de toute matière polie, sur laquelle on peut tracer des caractères, soit avec la plume, ou le pinceau, &c. *Table* est encore un indice ou répertoire qu'on met à la fin, ou au commencement d'un livre, pour le soulagement des lecteurs. *Table*, en *Mathématiques* se dit de plusieurs calculs dont on a besoin pour les opérations Géométriques ou Astronomiques, comme pour le mouvement des planétes, &c. Un diamant est en *table*, quand il est taillé en sorte que la surface de dessus soit platte, & qu'il n'ait seulement que des biseaux.

TABLEAU. *s. m.* lat. *Tabella*, *tabula.* ang. *a picture.* Image, ou représentation de quelque chose faite par un Peintre avec son pinceau & ses couleurs. Il se dit aussi d'un cadre qui contient les noms de plusieurs personnes d'un même corps. . . . En *Architecture*, c'est dans la baie d'une porte, fenêtre, & croisée, l'épaisseur de la muraille qui paroit au dehors depuis la feuillure & qui est le plus souvent d'équerre avec le parement. . . . (Figurément) Représentation soit de vive voix, soit par écrit, soit par des livres exprès, tant des choses naturelles que des morales. Vive idée.

TABLÉE. *substant. femin.* Assemblée de gens assis autour d'une table pour y boire & y manger.

TABLER. *verb. act.* lat. *Statuere ex ordine.* ang. *to set one's men at tables.* Jouer les dames, les disposer sur son triquetrac selon les regles du jeu... Tabler. *v. n.* Tenir table long-tems. *Tabler* sur quelque chose; y compter.

TABLETTE. *s. fem.* lat. *Tabellæ.* anglois. *a shelf.* Assemblage de plusieurs ais traversans, soutenus de montans, rangés avec ordre & simmétrie, & espacés les uns des autres à certaine distance pour porter des livres dans une Bibliothéque, ou pour mettre des curiosités & autres choses. Il se dit aussi d'un petit livre ou agenda qu'on met en poche, qui a quelque peu de feuilles d'ivoire, de papier ou de parchemin, sur lesquelles on écrit avec une touche ou un crayon les choses dont on veut se souvenir. En *Pharmacie*, c'est un électuaire solide ou composition de quelques drogues réduites à sec, qu'on taille en forme de petites tables ou quarrés. . . . (Maçonnerie.) Pierres de parement qui soûtiennent une petite terrasse ou un chemin un peu élevé : pierre débitée de peu d'épaisseur pour couvrir un mur de terrasse, ou un bord de bassin. *Tablette d'appui :* pierre qui couvre l'appui d'uue croisée ou d'un balcon. *Tablette de cheminée :* planche de bois ou tranche de marbre profilée d'une moulure ronde sur un chambranle au bas d'un attique de cheminée.

TABLETTERIE. *s. f.* lat. *Tabularia officina.* ang. *toys.* Art de faire des ouvrages de piéces de rapport, & principalement d'ivoire & d'ébéne, comme les tabliers des échecs, du triquetrac, &c.

TABLETTIER. *s. m.* lat. *Tabularius opifex.* angl. *a toy-man.* Celui qui fait des ouvrages de tabletterie, & des ouvrages délicats de menuiserie, comme des triquetracs, des boules d'ivoire, &c.

TABLIER. *s. m.* lat. *Perizonium.* angl. *an apron.* Piéce d'étoffe ou de toile, que les femmes mettent devant elles pour se parer, ou les hommes pour conserver leurs habits. C'est aussi une table ou carton divisés en 64. carreaux blancs & noirs pour jouer aux échecs, &c. *Tablier de tymbale :* Drapeau ou banderolle qui est autour des tymbales & qui les enveloppe.

TABLOUINS. *s. m.* (Artillerie) Planches ou madriers dont est faite la plate-forme où l'on place les canons que l'on met en batterie. Elles soutiennent les roues des affuts & empêchent que la pesanteur du canon ne les fasse enfoncer dans les terres.

TABORUCU. *s. m.* Sorte de resine de couleur jaune pâle, odorante, semblable à la gomme *élemi.* C'est une espèce de gomme animée qui vient en plusieurs endroits de l'*Amérique.* On s'en sert extérieurement pour les douleurs froides, pour la paralysie, pour les plaies.

TABOURET. *s. m.* lat. *Sedicula simplex.* ang. *stool*, *a low stool*, *a cricket.* Siége quarré, qui n'a ni bras, ni dossier. *Droit de tabouret :* est un des premiers honneurs du Louvre ou de la Cour, qui n'appartient qu'aux Princesses & aux Duchesses, qui ont droit de s'asseoir sur un *tabouret* chés la Reine pendant qu'elle tient son cercle. Cela s'appelle avoir le *tabouret.* Cet honneur appartient aussi à la Dame qui est Surintendante de la maison de la Reine.... *Tabouret :* plante qu'on appelle autrement *bourse de l'asteur* ou bourse à *Berger*, parce que son fruit à la figure d'une petite bourse.

TABOURIN, *ou* Tambourin. *f. masc.* lat. *Tympanulum.* anglois. *a little drum or timbrel.* Petit tambour qui sert à faire jouer les enfans, à faire danser les gens de village & le peuple. C'est aussi celui qui jouë du tabourin.. (Marine) Espace qui regne vers l'arbre du trinquet & vers les rambades, d'où l'on jette en mer les rissons & où l'on charge l'artillerie. On l'appelle autrement *converte d'iscoscele de proüe*.... *Tabourin :* perle ronde d'un côté & plate de l'autre.

TABOURINER, *ou* Tambouriner. *verb. act.* lat. *Tympano concrepare canere.* anglois. *to drum.* Faire du bruit avec un tambour.

TABOURINEUR, *ou* Tambourineur. *f. m.* lat. *Tympanista*, *tympanotriba.* anglois. *a drummer.* Qui joue du tabourin.

TABURIN, *ou* Taburinte. *voy.* Tiboron.

## T A C

TAC. *f. m.* Maladie contagieuse des moutons, qui en tue souvent un grand nombre. En l'an 1411. il y eut aussi une maladie appellée le *tac*, qui fut presque universelle, qui causoit des fiévres & tremblemens, dégoût, insomnie, grande lassitude avec une toux violente & crachement de sang.

TACAMACA, *ou* Tacamahaca. *f. m.* Espèce de resine qu'on tire d'un arbre de la nouvelle Espagne qui ressemble au peuplier, & qui porte le même nom de *tacamahaca.* Cette resine est propre pour résoudre les tumeurs & appaiser les douleurs.

TACET. *f. m.* (Musique) Se dit de certaines parties qui se taisent, tandisque les autres chantent. *Figurément*, tenir, ou garder le *tacet*, c'est se taire, ne dire mot.

TACHE. *f. f.* lat. *Macula*, *labes.* anglois. *stain*, *spot or blot.* Marque, impression qui gâte, qui souille quelque chose. Defaut. Les *taches* de la Lune sont les ombres des parties inégales de son corps. Les uns croyent que ce sont des mers qui absorbent une partie de la lumière : les autres s'imaginent que ce sont des forêts. Les Astronomes en comptent un grand nombre, auxquelles ils ont donné des noms. On a découvert aussi des *taches* dans le Soleil, qui furent d'abord observées par *Scheiner* en 1611. & ensuite par *Galilée*, *Flamsteed*, &c. On a encore observé par le secours du telescope des *taches* obscures dans les bandes claires & des taches claires dans les bandes obscures du disque de Jupiter. Outre les étoiles on observe dans le Ciel différentes *taches* blanches & en quelque sorte lumineuses qui sont invisibles à œil découvert. *Taches hépatiques :* chaleurs de foie.

TACHE. *subst. f.* lat. *Susceptum opus quotidianum.* angl. *a task.* Ce qu'un ouvrier peut faire en un jour ne chomant point. Ce qu'on peut faire au-delà du travail ordinaire de la journée en le diligentant. Prendre à *tâche*, entreprendre quelque chose.

TACHEOGRAPHIE, *ou* Tachygraphie. *f. f. feminin.* lat. *Tychygraphia.* angl. *tachygraphy.* L'art d'écrire vite, d'abréger les mots.

TACHER. *v. act.* lat. *Maculare.* anglois. *to stain or spot.* Souiller, gâter, marquer un habit.

TACHER. *v. n.* lat. *Niti*, *adniti.* anglois. *to indeavour.* Faire ses efforts pour venir à bout de quelque chose. Songer, viser à quelque chose.

TACHETER. *v. act.* lat. *Maculis distinguere*, *aspergere.* anglois. *to speckle.* Marquer la peau de plusieurs taches.

TACITE. *adj.* lat. *Tacitus.* anglois. *tacit.* Qui est sous-entendu, quoique non exprimé.

TACITE. *f. fem.* Dixième muse que *Numa Pompilius* ajouta aux neuf autres & dont il fit une Déesse qu'il fit adorer aux Romains.

TACITEMENT. *adv.* lat. *Tacitè.* ang. *tacitly.* Sans parler, & sans réclamer.

TACITURNE. *adj.* lat. *Taciturnus.* anglois. *silent.* Qui est morne, sombre & mélancolique, qui parle peu.

TACITURNITÉ. *f. fem.* lat. *Taciturnitas.* anglois. *taciturnity.* Humeur, tempérament de celui qui est taciturne.

TACON. *f. masc.* (Imprimerie) Morceau de la frisquette que l'Imprimeur y entaille pour donner jour aux endroits de la forme que l'on veut imprimer en rouge, & qu'il colle sur le grand tympan, pour voir si l'ouverture de la frisquette & les morceaux qu'on a enlevés se rencontrent parfaitement.

TACQUE, *ou* Taque. *sub. fem.* Instrument pour jouer au billard, un peu différent de celui qui se nomme aussi *billard*.

TACT. *subst. mascul.* lat. *Tactus.* angl. *the feeling.* Sentiment du toucher.

TACTILE. *adj.* lat. *Tactilis.* anglois. *tactile.* Qui peut tomber sous le sentiment du tact.

TACTION. *f. fem.* lat. *Tactio.* angl. *taction.* Sentiment qui se fait par le tact. En *Géométrie*, il se dit des lignes qui touchent un cercle ou une autre ligne courbe.

TACTIQUE. *subst. feminin.* lat. *Tactica ars.* anglois. *tacticks.* Science de construire les machines des anciens qui lançoient les flêches, les dards, les pierres, &c. Science de ranger les Soldats en bataille... *f. masc.* Livre Ecclésiastique à l'usage des Grecs, autrement appellé *Typique.* Il regle ce qu'il faut reciter dans l'office de chaque jour.

## T A D

TADORNE. *subst. femin.* *Tadornus.* Oiseau aquatique, fort rare en France : il ressemble à un canard.

## T Æ N

TÆNIA. *voy.* Accurbitaire.

## T A F

TAFFETAS. *f. m.* lat. *Pannus sericus tenuis-*

*simus.* ang. *taffety.* Etoffe de soie mince & unie. *Taffetas d'herbe*, ou *d'Aredas*, ou simplement *herbe :* espèce de taffetas d'une qualité assés commune, qui se fabrique aux Indes avec une sorte de soie ou de fil doux & lustré qu'on tire de certaines herbes.... *Taffetas à failles ;* sorte d'étoffe de soie à gros grain, en manière de gros de tours, qui sert à faire des écharpes de femmes, que l'on appelle en Flandres *failles.* Cette étoffe se fabrique ordinairement à *Bruges.*

TAFFIA. *s. f.* Eau-de-vie de cannes, qui se fait avec les écumes & les gros syrops du sucre, autrement appellée *Guildive.*

TAFFOUSSA, *ou* Tafoussi. *s. masc.* Drogue médicinale, qui se trouve dans les Royaumes de camboya & de Siam.

TAFTOLOGIE, *ou* Tautologie. *subst. fem.* Vice du discours, lorsqu'on répéte deux fois la même chose, ou qu'on dit deux mots qui ont tout à fait la même signification.

## T A G

TAGAROT. *subst. m.* Oiseau de Fauconnerie. *Pernes.*

TAGERA. *s. fem.* Plante des Indes Orientales. Ses feuilles, broyées & appliquées sur les piquûres des abeilles, en calment les douleurs. Ses semences, mêlées & broyées avec le safran, sont bonnes pour les pustules & les ulcères.

## T A H

TAHON. *voy.* Taon.

## T A I

TAIAUT. Cri des chasseurs lorsqu'on fait partir le lievre ou qu'on voit la bête fauve.

TAIE. *voy.* Taye.

TAILLABLE. *adj.* lat. *Vectigalis*, *stipendiarius.* ang. *liable to the land-tax.* Qui est sujet à la taille, qui est contribuable aux tailles.

TAILLADE. *s. f.* lat. *Cæsio*, *incisio.* angl. *slash*, *gash*, *cut.* Coupure qui se fait avec le taillant de quelque chose.

TAILLADER. *v. act.* lat. *Cædere*, *concidere.* ang. *to slash or cut.* Couper du taillant, faire des taillades.

TAILLAGE. *s. masc.* Impôt, taxe.

TAILLANDERIE. *subst. fem.* lat. *Aciaria ars*, *aut merces.* angl. *iron-ware.* Art de faire des taillans, la marchandise même.

TAILLANDIER. *substantif masculin.* latin. *Faber ferrarius.* anglois. *an iron-monger.* Artisan qui fait des instrumens & outils trenchans, qui aiguise de gros ferremens sur la meule. On appelle aussi *Taillandiers* les ouvriers en fer blanc.

TAILLANT. *subst. masc.* lat. *Acies.* anglois. *the edge.* Le côté le plus délié & aiguisé d'un instrument trenchant & coupant.

TAILLE. *s. f.* lat. *Cæsio*, *incisio.* ang. *cutting or cut.* Coupe, division d'un corps naturel. En *Chirurgie*, c'est une opération qui se fait pour tirer les pierres de la vessie. *voy.* Lithotomie. *Taille douce*, est une gravure faite avec le burin sur des planches de cuivre. *Taille*, se dit aussi pour marquer la hauteur ou la grosseur des corps. Chés les marchands en détail, il se dit d'un petit bois fendu en deux dont les parties se rapportent l'une à l'autre, sur lesquelles on marque en même tems la quantité des marchandises livrées, par plusieurs hoches ou entailles. Il se dit encore de la partie de la musique qui soutient le chant, & qui est la portée ordinaire de la voix, quand elle n'est pas élevée comme le dessus, ni creuse comme la basse. *Taille* étoit autrefois un droit Seigneurial. C'est aujourd'hui une imposition de deniers qu'on fait tous les ans de la part du Roi sur le peuple & les roturiers.... Au jeu de la *Bassette*, il se dit de chaque distribution de cartes que fait le banquier.... *Tailles de point*, ou *tailles de rond*, en termes de *Marine*, se dit des cordes attachées aux angles, ou au milieu du bas des voiles pour les carguer ou relever. On les appelle autrement *carguepoint* & *carguefond.*

TAILLEMER. *sub. mascul.* lat. *Proræ pars inferior.* ang. *the lower part of the prow.* Partie inférieure de l'éperon d'une galère, qui semble fendre & tailler la mer.

TAILLER. *v. act.* lat. *Scindere*, *secare.* ang. *to cut*, *to cut out.* Couper, diviser, séparer. Couper les habits afin qu'ils viennent bien à la taille. Avoir la disposition d'une chose, l'accommoder à sa fantaisie, l'augmenter ou la retrancher comme on veut. Tirer une pierre de la vessie. Au *jeu* de la Bassette, c'est tenir la banque, distribuer les cartes. Dans le *Blason* un écu *taillé* est celui qui est divisé en deux parties par une diagonale tirant de l'angle senestre du chef au dextre de la pointe. On dit *taillé*, *tranché*, quand au milieu de la taille il y a une tranche, & *tranché taillé* quand sur la tranche il y a une petite taille.

TAILLERESSE. *s. f.* (Monnoie) Femme ou fille qui ajuste les flans ou carreaux pour les rendre de leur juste poids.

TAILLETTE. *s. f.* Espèce d'ardoise que l'on taille sur les carrières d'Anjou.

TAILLEVENT. *s. masc.* Oiseau gros comme un pigeon, qu'on trouve sur mer en revenant de l'Amérique en Europe. Il a le vol de l'hirondelle & rase la mer de fort près. Il vole sans interruption & ne perche ni jour, ni nuit sur les vaisseaux.

TAILLEUR. *subst. mascul.* lat. *Sector.* ang. *a cutter.* Qui taille, qui façonne. Qui tient la banque au jeu de la Bassette..., (Monnoie). Graveur en fait de monnoies, qui fait les poinçons d'effigies & les matrices qui servent à frapper & à monnoyer les espèces. Il y a un *tailleur* général à *Paris*, qui a été créé en 1547. & il n'appartient qu'à lui de faire des poinçons d'effigies & des matrices. Les *tailleurs* particuliers s'appellent autrement *Graveurs*, & leur emploi est de frapper les quarrés qui servent dans les autres monnoies.

TAILLEURE. *voy.* Taillure.

TAILLIS. *subst. masc.* lat. *Sylva cædua.* ang. *coppice-wood.* Jeune & menu bois qui repousse.

Dans l'*Échiquier d'Angleterre*, *taillis* eſt un bâton fendu par la moitié & marqué de quelques entailles, dont une moitié ſe garde à l'*Échiquier* & l'autre ſe donne aux particuliers, pour leur tenir lieu d'obligation pour l'argent qu'ils ont prêté ſur les actes du Parlement. Ces taillis ſont numerotés & portent la ſomme empruntée & le nom de celui à qui ils appartiennent.

TAILLOIR. *ſubſt. m.* lat. *Abacus.* anglois. *abacus or plinth in architecture.* Aſſiéte ou piéce de bois quarrée ou ronde ſur quoi on taille, ou hâche la chair. lat. *Sciſſorium.* anglois. *a trencher.*

TAILLON. *ſ. maſc.* lat. *Tributum.* anglois. *a tax raiſed towards the maintenance of the gendarmes.* Seconde taille ou impoſition faite à la manière de la taille. Le taillon fut établi en 1549. par Henri II. pour l'entretien, vivre & munition des gens de guerre.

TAILLURE. *ſ. ſ.* Terme de *Brodeur.* Broderie de rapport, ou diverſes piéces couchées de ſatin, de velours, de drap d'or & d'argent, qui s'appliquent comme des piéces de rapport ſur l'ouvrage, & qui s'élèvent quelque fois en relief.

TAIN. *ſubſt. m.* lat. *Lamina ſtannea.* ang. *a tin plate.* Feuille ou lame d'étain fort mince, que l'on met derrière des glaces pour en faire des miroirs.

TAINS. *ſ. maſcul. pl.* (Marine) Piéces de bois groſſes & courtes, couchées à terre, ſur leſquelles on poſe la quille du vaiſſeau, lorſqu'on le met ſur le chantier & qu'on le conſtruit.

TAIRE. *v. n. & act.* lat. *Tacere, reticere, ſilere.* ang. *to conceal.* Garder le ſilence, s'abſtenir de parler. Être diſcret, cacher ou ne pas divulguer une choſe qui doit être ſecrete. *Faire taire:* rendre confus, reduire au ſilence. Empêcher de parler, impoſer ſilence. *Taire:* diſſimuler, omettre de dire une choſe exprès & avec deſſein. *Se taire:* garder le ſilence, ne dire mot; & en parlant des choſes inanimées, ne faire plus de bruit.

TAISSON. *ſ. maſc.* Blaireau, petit animal ſauvage amphibie, qui tient du porc, du chien & du renard.

## T A L

TALAGOGNES. *ſ. maſc. pl.* Bois de ſapin débités en petit.

TALAIRES. *ſ. maſc. pl.* Aîles que mercure porte au talon: talonnières.

TALANCHE, *ſ. m.* Droguet fait avec de la laine ſur fil, mais dont le fil eſt filé gros, & la laine eſt commune & groſſière.

TALAPOINS, *ſ. m. pl.* Nom des Docteurs ou Prêtres *Indiens* à *Siam*, qui menent, diton, une vie fort exemplaire & qui déclament avec beaucoup de zèle contre ceux qui adorent les Démons; mais on ne les écoute guères. Ils n'ont point d'averſion pour ceux qui embraſſent le chriſtianiſme, pourvû qu'ils vivent conformement à leur profeſſion; parce qu'ils croyent qu'on ſe ſauve par les bonnes œuvres dans quelque religion que ce ſoit. Ils vont pieds nuds & ne mangent qu'une fois le jour.

TALAPSIS. *ſ. m.* Sorte de fleur en forme de paraſol, qui eſt blanche ou gris de lin.

TALASSE. *ſ. m.* lat. *Talaſſus.* ang. *talaſſe.* Nom d'un Dieu des anciens *Romains* qui préſidoit au mariage & qu'ils invoquoient le jour qu'ils ſe marioient, afin que le mariage fut heureux.

TALC. *ſ. m.* lat. *Lapis pellucidus, talcus.* ang. *talk, talcum, iſinglaſſ.* Sorte de minéral bâtard, *&c.* luiſant, écailleux, tranſparent. Il y en a deux eſpèces: celui de *Veniſe* eſt mollaſſe & eſt emploié à faire du fard: celui de *Moſcovie* eſt dur & poli, & on s'en ſert pour faire des lanternes & pour couvrir des tableaux en paſtel & en miniature.

TALED. *ſ. m.* Voile dont les Juifs ſe couvrent, lorſqu'ils ſont dans la Synagogue.

TALEMOUSE. *voy.* Talmouſe.

TALENT. *ſ. m.* lat. *Talentum.* anglois. *a talent.* Quantité d'or ou d'argent, ſurtout parmi les *Juifs*, qui peſoit 114 livres 15 deniers du poids de 12 onces à la livre, ou ſelon d'autres 113 livres 6 onces, 1. dragme, 10. grains, 7. deniers. En *argent* il valoit 242 livres, 3 ſchellings & 9 ſols ſterling; & en *or*, 5475 liv. ſterlings. C'eſt auſſi un don de nature, génie, capacité, diſpoſition pour réuſſir en quelque choſe, comme pour la Langue, la Méchanique, la Peinture, la Poëſie, *&c.* lat. *Dos, facultas.* ang. *talent, endowment, parts.* Il ſe prend quelquefois en mauvaiſe part.

TALER. *ſ. m.* Groſſe monnoie d'argent valant un écu.

TALET. *ſ. m.* (Marine) Cheville de bois ou de fer, qui ſert à tenir la rame. On l'appelle autrement *échome* ou *ſcalme.*

TALIÏR-KARA. *ſ. m.* Grand arbre du Malabar, auquel les obſervateurs n'ont encore remarqué ni fleurs, ni fruits. On ſe ſert de ſa racine pour faire une boiſſon ſudorifique & qui évacue les humeurs acres & ſalines.

TALINGUER. *v. act.* lat. *Rudentem annulo anchoræ alligare.* anglois. *to bend the cable.* (Marine) Attacher le cable à l'arganeau de l'encre.

TALION. *ſ. maſc.* lat. *Pœna talionis, talio.* ang. *retaliation, like for like.* Peine égale & ſemblable au crime commis.

TALISMAN. *ſ. m.* lat. *Aſtralis imago.* ang. *a taliſman.* Nom de certaines figures ou caractères de ſignes céleſtes, conſtellations, ou planétes, ſur une pierre ſympathique ou ſur un métal correſpondant à l'aſtre ſous prétexte d'en recevoir les influences & l'on prétendoit qu'ils avoient la vertu de faire des prodiges, comme de guérir des maladies, de préſerver de tout malheur, *&c.*

TALISMANIQUE. *adject.* lat. *Taliſmanicus.* angl. *taliſmanical.* Qui appartient au taliſman.

TALISMANISTE. *ſ. maſ.* Qui fait des taliſmans, ou qui y ajoute foi.

TALITRON. *voy.* Thaliſtrum.

TALK. *voy.* Talc.

TALLAR. *s. masc.* (Marine) C'est dans une galère l'espace qui est depuis le coursier jusqu'à l'apostis, & où se mettent les escomes.

TALLER. *voy.* Taler.

TALLEVA. *s. m.* Sorte d'oiseau de rivière de l'isle de Madagascar. Il est gros comme une poule, a le bec & les pieds rouges & les plumes violettes.

TALLEVANNES. *substant. femin. pl.* Pots de grès propres à mettre du beurre. Ils sont du poids depuis 6. liv. jusqu'à 40.

TALLIPOT. *s. m.* Arbre qui vient dans l'isle de Ceylan. Les feuilles en sont si grandes & si larges qu'une seule est capable de mettre à couvert de la pluie 15 ou 20. hommes tous ensemble. Etant séches, elles deviennent fortes, & demeurent cependant si souples, qu'on les plie aussi facilement qu'un évantail. En cet état elles ne sont nullement pesantes & chacune de ces feuilles ne paroit pas plus grosse que le bras d'un homme.

TALMOUSE. *sub. fem.* Pâtisserie faite avec des œufs & du fromage, de figure triangulaire, dont l'usage est fort commun à *S. Denis en France.*

TALMUD, *ou* Thalmud. *s. m.* lat. *Talmudium.* ang. *thalmud, or talmud.* Livre qui est en grande vénération parmi les *Juifs* & qui contient leur doctrine & leur morale. Il y en a deux, qui sont l'ancien, ou le *Talmud* de *Jerusalem* & le nouveau qui est celui de *Babylone.* Le premier a été composé par *Rabbi Johanan*, président de l'école de *Palestine* vers la 300e. année de J. C. Il contient deux parties, la *Misna* ou la seconde Loi qui renferme les traditions des Docteurs *Juifs*, compilées vers l'an 190. par *Rabbi Judah* & la *Gemara* ou perfection du tout, qui a été faite par *Johanan*, lorsqu'il publia l'une & l'autre. Le *Talmud* de *Babylone* contient la *Misna* comme ci-devant & la *Gemara* de *Rabbi Asa* de *Babylone* d'environ l'an 400. Celle-ci est plus estimée que l'autre à cause de sa grande clarté & parce qu'elle est plus étenduë, quoiqu'elle soit remplie d'une grande quantité de fables & d'histoires ridicules. Les *Juifs* y sont si attachés qu'ils comparent la *Bible* à l'eau, la *Misna* au vin & la *Gemara* à l'hipocrat, prétendant que *Moïse* a donné ces traditions & explications à *Aaron*, celui-ci à ses enfans, & aux anciens & qu'il les a reçues de Dieu même.

TALMUDIQUE, *ou* Thalmudique. *adj.* lat. *Talmudicus.* angl. *talmudical.* Qui appartient au Talmud.

TALMUDISTE, *ou* Thalmudiste. *s. m.* lat. *Thalmudista.* anglois. *a talmudist.* Celui qui est attaché aux sentimens du Talmud, qui en suit les dogmes, qui les entend, qui les explique.

TALOCHE. *s. f.* lat. *Talitrum.* anglois. *a rap, a cuff.* Coup de main.

TALON. *s. masc.* lat. *Talus, postica pedis pars.* anglois. *the heel.* Le derrière du pied. Chaussure qui le couvre où le relève. Dans le jeu des *Cartes*, c'est le paquet qui reste sur le tapis, quand on en a donné ce qu'il faut aux joueurs.... (Manége) Partie du bas du pied du cheval, opposée à la pince. Éperons dont sont armés les talons d'un Cavalier. (Architecture) Espèce d'astragale, ou de moulure composée d'un filet quarré & d'une cimaise droite. (Serrurerie) *Talon* d'un pêne de serrure, est son extrêmité qui est dans la serrure vers son ressort. (Marine) Bout du gouvernail qui trempe dans l'eau; extrêmité de la quille, du côté qu'elle s'assemble à l'étambord. (Horlog.) Partie de la potence qui soutient la verge du balancier. (Conchiliologie) Partie la plus épaisse d'un moule, qui forme un bec, où est la charnière.... *Talon* d'une pique, c'est le bout d'en bas; d'un rasoir, c'est la dernière partie de son taillant; d'une branche d'arbre, la partie la plus basse, ou sa partie la plus grosse, quand elle est coupée; de l'artichaux, l'endroit où tiennent les racines & d'où sortent les feuilles de l'œilleton détaché du principal pied; d'un fusil ou d'un mousquet, l'extrêmité & le derrière de la crosse.... Le *talon* de la main c'est cette partie charnue de la paume de la main, qui est à l'opposite du pouce.

TALONNER. *v. act.* lat. *Insequi, calcibus insistere.* ang. *to be close at one's heels.* Poursuivre quelqu'un de près, soit pour l'outrager, soit pour le presser & importuner de faire quelque chose.

TALONNIER. *s. masc.* lat. *Talarius opifex.* ang. *a heel-maker.* Ouvrier qui ne fait que des talons de bois.

TALONNIÈRES. *subst. fem. pl.* lat. *Talaria mercurii.* ang. *talaries.* Aîles que les Poëtes attribuent à *Mercure* & qu'il met à ses talons.

TALPA. *s. f.* ou *Taupe.* (Chirurgie) Tumeur qui se forme à la tête, autrement appellée *tortue*: espèce d'atherome.

TALUDER. *voy.* Taluter.

TALUS. *substant. masc.* Plan oblique formé au bout d'un levier pour le mouvoir... *Talus.* voy. *Talut.*

TALUT, *ou* Talus. *substant. masculin.* lat. *Propes, declivitas.* ang. *talus, slopeness.* Inclinaison sensible, ou pente qu'on donne aux ouvrages, ou aux dehors des murailles, pour les faire tenir plus ferme.

TALUTER. *v. act.* lat. *In propedem construere.* ang. *to make sloping.* Élever en talut, donner du pied, de la pente à une muraille.

## T A M

TAMACOSIO. *substant. mascul.* Animal du Paraguay.

TAMALAPATRA. *s. m.* Feuille d'un arbre qui croît aux Indes Orientales, appellée autrement *Malabathrum.* Elle entre dans la composition de la thériaque.

TAMANDUA. *s. m.* Animal a quatre pieds de l'*Amérique*, qui ressemble à un renard pour la figure, mais qui n'en a pas la finesse, il s'en faut bien. Il y en a de petits & de grands. Ils sont fort friands de fourmis. Leur peau est épaisse, & leur chair, qui approche de celle du renard, est difficile à manger.

TAMARIN. *s. m.* lat. *Tamarindus*, *ta-*

*marin.* Fruit d'un arbre qui croît dans les *Indes Orientales*, agréable au goût, desalterant & rafraichissant. On l'emploie avec succès dans les fièvres, *&c.* en le conservant dans le sucre.

TAMARISC, *ou* Tamaris. *s. m.* lat. *Tamarix.* anglois. *tamarisk.* Arbre dont l'écorce, la racine, les feuilles, les fleurs sont bonnes pour les maladies de la rate, pour attenuer les humeurs, *&c.*

TAMBA, Tambac, *ou* Tambaque, *ou mieux* Tombac. *substant. mascul.* Métal composé de sept parts d'or sur trois parts d'une espèce de cuivre, qui se trouve dans les montagnes de *Siam* & qui est huit fois plus fin que le cuivre ordinaire, & qui donne à l'or un éclat qu'il n'a point tout seul. Aussi le tambac est plus estimé à *Siam* que l'or même.

TAMBERAN. *s. masc.* Pierre que les Banians portent au cou, & qui représente leur divinité.

TAMBOUR. *s. m.* lat. *Tympanum.* anglois. *a drum.* Instrument militaire qui sert particulièrement dans l'Infanterie, tant pour assembler les Soldats, que pour les faire marcher, combattre, *&c.* Le corps de cet instrument est une espèce de caisse ronde, aux deux bouts de laquelle sont appliquées deux peaux de parchemin, que l'on bande plus ou moins selon le ton qu'on veut qu'elles expriment & que l'on bat ou frappe avec deux baguettes ou bâtons pour en tirer le son. C'est aussi un Soldat destiné à battre la quaisse. *Tambour major* est le principal Soldat d'un Régiment, ou d'une armée, *&c.* qui bat le *tambour*. *Tambour* en *Architecture*, est une avance de maçonnerie ou de menuiserie dans un bâtiment où l'on veut faire une double porte, comme l'on voit aux Eglises. *Tambour de basque* est un petit tambour qui a des sonnétes ou petites plaques de cuivre enchassées dans des fentes faites dans son corps pour faire du bruit. *Tambour* en *Anatomie*, est une cavité dans l'oreille, qui ressemble à un tambour, & qui est fermée pardevant d'une membrane qu'on appelle membrane du tambour. On croit que sa fonction est de modifier les sons par les différens degrés de tension & de les porter au nerf de l'oreille.... ( Marine ) *Tambours d'éperon :* planches clouées sous les jautereaux de l'éperon, qui servent à rompre les coups de mer.... *Tambour*, ou *chauffe-chemise :* machine de bois en forme de tambour, divisée par le milieu par un reseau à claire voie, sur lequel on met une chemise ou autre linge, tandis qu'on place dessous un réchaut... *Tambour*, machine ronde comme un tambour qui sert à faire jouer des orgues, des carillons & des clavessins saus le secours de la main.... Bariller où est renfermé le ressort d'une montre... Espèce de gros cylindre de fer, qui sert à écraser les cannes & à en exprimer le suc dans les moulins à sucre.

TAMBOURECISSA. *s. m.* Arbre de l'isle de Madagascar, qui porte des pommes, dont la chair est pleine de pepins au dedans & couverte d'une peau tendre orangée, qui donne une teinture pareille à celle du roucou. Ces pommes s'ouvrent en quatre parties, lorsqu'elles mûrissent.

TAMBOURIN. *s. m.* Petit tambour. Celui qui joue du tambourin. Air qui se joue sur le tambourin. *voy.* Tabourin.

TAMBOURINER. *v. n.* lat. *Tympano concrepare.* angl. *to drum.* Jouer du tambour.

TAMBOURINEUR. *subst. m.* lat. *Tympanotriba.* anglois. *a drummer.* Celui qui tambourine.

TAMÈTES. *s. m. pl.* Mouchoirs de toile de coton.

TAMIS. *subst. masc.* lat. *Cribrum*, *incerniculum.* ang. *a sieve.* Sas; vaisseau rond au milieu duquel il y a un tissu de toile de crin, ou de soie, par lequel on passe les drogues pulverisées, ou qu'on veut monder & épurer pour en tirer le plus délié. *Passer par le tamis :* être sévérement examiné.... *Tamis :* piéce de bois percée à travers, par laquelle passent les tuyaux de l'orgue, & qui sert à les tenir en état.

TAMISAILLE. *s. fem.* ( Marine ) Se dit des petits étages d'une flûte, qui est entre la grande chambre & la chambre du Capitaine, & où passe la barre du gouvernail.

TAMISE. *s. femin.* Nom de la principale rivière d'Angleterre... Tulipe panachée de pourpre violet & blanc.

TAMISER. *v. act.* lat. *Incernere*, *succernere.* ang. *to sift.* Passer par le tamis.

TAMISEUR. *sub. mascul.* Terme de *Verrerie.* Celui qui prépare & tamise les charrées qui servent à la fonte des matières dont on fait le verre.

TAMMUZ, *ou* Thammuz. *substant. masc.* Divinité Payenne que quelques-uns croyent être la même qu'*Adonis* ou le *Soleil.* On dit que son idole étoit de bronze, & qu'on remplissoit ses yeux de plomb & qu'ensuite faisant du feu dans le creux de la statue, le plomb se fondoit & il sembloit qu'elle pleuroit.

TAMOATA. *sub. masc.* Poisson d'eau douce que l'on voit en *Amérique.* Il est revêtu d'une cuirasse composée de longues écailles, de façon qu'il paroit armé de pied en cap.

TAMPLON. *sub. m.* Sorte de petits rots dont les Tisserans se servent, lorsqu'ils veulent augmenter la laize ou largeur de leurs toiles.

TAMPON. *subst. masc.* lat. *Obturamentum.* angl. *bung*, *stopple.* Ce qui sert à boucher un vaisseau; à presser la poudre, quand on charge une arme à feu... Partie supérieure d'un tuyau d'orgues, qui le couvre & qui le bouche... *Tampons :* grosses chevilles de bois, qu'on fait entrer dans les rainures des poteaux des cloisons, ou dans les solives des planchers, pour soûtenir la maçonnerie des cloisons & le plâtre des entrevoux.... *Tampons.* ( Marine ) Morceaux de liége avec lesquels on bouche l'ame du canon, afin d'empêcher que l'eau n'y entre. Piéces de bois qui servent à fermer les écubiers, quand on est à la voile.... *Tampon :* ( Imprimerie en taille douce ) Morceau de linge entortillé dont on se sert pour encrer les planches.

TAMPONNER. *v. act.* lat. *Obstruere*, *obturare.* ang. *to bung or stop.* Mettre un tampon.

## TAN

TAN. *sub. mas.* lat. *Querneus pulvis coriarius.* ang. *the bark of a young oak, wherewith leather is tanned.* Poudre menuë d'écorce de chène, qui sert à la dernière préparation du mouis, pour les cuirs.

TANCER. *voy.* Tanser.

TANCHE. *substant. feminin.* lat. *Merula.* ang. *a tench.* Poisson d'eau douce qui est fort bon à manger.

TANDISQUE. *conject.* lat. *Dum, intereà.* anglois. *whilst.* Pendant que, durant que.

TANDROLE. *subst. f.* Terme de *Verrerie.* Sel qui surnage au dessus de la première fonte du verre.

TANE, Taner, Tanerie. *voy.* Tanne, Tanner, Tannerie.

TANÉSIE. *s. f.* *Tanacetum.* Plante qui croît le long des chemins & des haies, qui a une odeur désagréable & forte & un goût amer. Elle est incisive, carminative, vulnéraire, hystérique & apéritive.

TANG. *s. masc.* Espèce de mousselines unies & fines.... Mousseline brodée à fleur.

TANGAGE. *substant. mascul.* lat. *Navis libramentum.* angl. *the rolling of a ship.* Balancement du vaisseau de l'avant à l'arrière.

TANGARA. *subst. masc.* Oiseau du Brésil, gros comme un moineau, qui a la tête jaunâtre & tout le reste du corps de couleur noire. Il ne chante point.

TANGENTE. *s. f.* lat. *Linea tangens.* ang. *a tangent.* Ligne droite qui touche une courbe sans la couper.

TANGER. *v. act.* (Marine) *Tanger* la côte, c'est courir terre à terre, ou le long de la côte.

TANGUER. *v. n.* (Marine) Il se dit du *Navire* lorsqu'il se hausse tantôt de l'avant & tantôt de l'arrière.

TANI. *subst. masc.* Espèce de prunier des Indes Orientales, qui porte un fruit semblable à une poire & gros comme une prune. Il contient une amande assés semblable à celle de l'aveline, qui mise en poudre guérit la cachexie épidémique.... La meilleure des deux espèces de soie crue, qu'on tire de *Bengale.*

TANJEBS. *s. m. pl.* Mousselines ou toiles de coton doubles & cependant un peu claires, qui viennent des Indes Orientales.... Mouchoirs de mousseline brodée.

TANIÈRE. *s. fem.* lat. *Spelunca, fovea.* ang. *hole, a den.* Retraite des bêtes féroces & sauvages, caverne, concavité dans la terre, ou dans le roc, où se retirent certaines bêtes sauvages.... *Figurément* on le dit de la demeure d'un homme solitaire & sauvage, qui ne sort point de sa maison, qui fuit le monde.

TANNE. *sub. f.* lat. *Pustula.* ang. *a little black spot on the face.* Sorte de petite bube durcie qui vient sur la peau & principalement sur le nés, & qui y paroit comme une petite tache noire.... *Tannes* : petites marques qui restent sur les peaux des bêtes fauves, même apprêtées, & qui sont les marques des insectes qui les ont piquées.

TANNÉE. *s. femin.* Tan usé & qui sort des fosses.

TANNER. *v. act.* lat. *Corium pulvere quercino inspergere.* ang. *to tan.* Mettre les cuirs dans le tan, pour en faire tomber le poil ou la bourre. *Tanné*, est aussi la couleur qui ressemble au tan, ou à la chataigne, qui est une espèce de roux fort brun. lat. *Castanius, fulvus.* ang. *tawny.*

TANNERIE. *sub. femin.* lat. *Coriarii subactûs officina.* ang. *a tan-house.* Lieu propre pour tanner les cuirs.

TANNEUR. *substant. mascul.* lat. *Coriarius.* angl. *a tanner.* Artisan qui tanne & prépare les cuirs.

TANQUER. *v. n.* (Marine) Se dit lorsqu'un vaisseau tombe & enfonce dans l'eau par son avant & que son beaupré & sa sivadière sont couverts d'eau.

TANQUEUR. *s. mas.* lat. *Bajulus.* angl. *a lighter-man.* Portefaix qui sert à charger & décharger les navires ou gabarres. On les appelle autrement *Gabarriers.*

TANSER, *ou* Tancer. *v. act.* lat. *Increpare, objurgare.* angl. *to check or rebuke.* Blâmer, reprendre, gronder, menacer.

TANT. *adverb.* lat. *Tantum, tot.* ang. *so many.* Autant tellement, si fort, à un tel point. Soit, &c.

TANTE. *s. fem.* lat. *Amita.* angl. *aunt.* Sœur du Père ou de la Mère. Espèce de poisson qui ressemble fort à la séche, autrement appellé *Calemare.*

TANTET. *adv.* Tant soit peu.

TANTIÈME. C'est la même chose que *quantième*, avec cette différence que celui-ci suppose une interrogation, & l'autre non.

TANTIN, Tantinet. *s. mas.* lat. *Tantillum.* angl. *a little, very little.* Petite quantité de quelque chose.

TANTÔT. *adv.* lat. *Modò.* angl. *presently.* Ce soir, après.

## TAO

TAON, *ou* Tahon. *s. masculin.* lat. *Tabanus, æstrus, asilus.* anglois. *an ox-fly.* Grosse mouche qui en été persécute cruellement les chevaux, les bœufs, les vaches, les serpens. Petit animal marin, qui tourmente les poissons qu'on appelle tons, empereurs, dauphins. Il n'est pas plus grand qu'une araignée.

## TAP

TAP. *s. m.* (Marine) *Taps* de pierriers, sont six pièces de bois, qui ont deux pieds de longueur, & six pouces en quarré, & que l'on attache sur l'apostis, afin de soûtenir les pierriers.

TAPABOR. *s. m.* Bonnet à l'Angloise, Bourguignote.

TAPAGE. *s. m.* Tumulte, tintamarre, grand bruit, remu-ménage.

TAPAGEUR. *s. m.* Qui aime le tapage, qui fait du tapage.

TAPE. *s. fem.* lat. *Ictus.* angl. *a tap.* Coup qu'on donne avec la main. Bâton qui perce & bouche le fond véritable de la cuve à bière, & qui est plus haut que la cuve n'est profonde. (Marine) Bouchon dont l'on ferme la bouche du canon, pour que l'eau n'y puisse pas entrer dans les gros tems.

TAPÉ, ée. *adj.* Se dit des jeunes laines maigres & élancées, avant que la vieille soit tonduë.

TAPECUL. *s. masc.* C'est la partie chargée d'une bascule, qui sert a baisser & à lever un pont levis, & qui est presque en équilibre avec lui.... (Marine) Voile qui se met à une vergue suspenduë vers le couronnement d'un vaisseau marchand, qui couvre les dehors de la pouppe & qu'on porte quand on a vent arrière. Poche que les Capucins portent, dit-on, sous leurs habits par derrière.

TAPER. *v. act.* lat. *Verberare, percutere.* angl. *to tap.* Frapper de la main, donner un coup avec la main. *Taper du pied:* frapper la terre, le plancher avec le pied. *Taper* signifie aussi *friser* les cheveux en les battant un peu avec le peigne pour les faire tenir contre le visage. (Marine) *Taper* un canon, lui mettre une tape, le boucher, de peur que l'eau n'entre dedans.

TAPEURE. *subst. fem.* Frisure de cheveux qu'on a tapés avec le peigne.

TAPIA. *s. m.* Arbrisseau des Indes, dont les fruits ont la couleur, la grosseur, la figure & l'écorce des oranges. Ils sont d'un goût doux, mais d'une odeur dégoûtante.

TAPIERE. *s. fem.* (Marine) Longue piece de bois de quatre pouces en quarré, qui est reçuë par des condelattes dans la construction d'un vaisseau.

TAPIHIRE. *voy.* Tapiréte.

TAPINOIS. (En) *adv.* lat. *Secretò, clanculùm.* ang. *secretly, covertly.* Secrettement, sourdement, & sans faire bruit.

TAPION. *s. m.* (Marine) Marque, tache.

TAPIR. (Se) *v. n.* lat. *Abscondere se.* angl. *to squat.* Se cacher en quelque lieu étroit, en se tenant dans une posture raccourcie & resserrée.

TAPIRÉTE, *ou* Tapiroussou. *s. masc.* Élan: animal qui ressemble assés au mulet. Il est sans corne; sa chair approche de celle du bœuf; il nage & plonge fort bien.

TAPIS. *s. m.* lat. *Tapes.* ang. *a carpet.* Couverture d'étoffe, ou d'ouvrages, qu'on étend sur une table, sur une estrade, dans une alcôve, sur un prie Dieu. *Tapis verd* se dit dans un jardin d'une allée gazonnee, dont on a soin de tondre l'herbe, ou d'une prairie, où la verdure est unie en forme de tapis. lat. *Area herbacea.* anglois. *a green or a grass plot....* (Anatomie) Membrane choroïde de l'œil de plusieurs animaux, qui est de différente couleur. (Manége) *Raser le tapis:* galoper près de terre.... *Tenir quelqu'un sur le tapis:* en parler long tems & ordinairement en mal.... *Mettre une affaire sur le tapis*, en délibérer.... *Amuser le tapis:* proposer des choses peu importantes, ou alléguer des raisons peu solides.

TAPISSENDIS. *s. f. pl.* Sortes de toiles de coton peintes, dont la couleur passe des deux côtés. On en fait des tapis & des courte-pointes.

TAPISSER. *v. act.* lat. *Aulæis vel tapetibus vestire, ornare.* ang. *to hang or furnish with hangings.* Couvrir les murailles, en cacher la nudité par quelques ornemens.

TAPISSERIE. *s fem.* lat. *Aulæum.* anglois. *hangings.* Piéce d'etoffe, ou d'ouvrage, qui sert à parer une chambre, à en cacher les murailles. Ouvrages faits à l'aiguille, dont on garnit les meubles. lat. *Tapis acu pictus.* ang. *tapestry.*

TAPISSIER. *s. m.* lat. *Aulæarius propola, aulæorum opifex.* anglois. *a tapestry-maker.* Marchand qui vend, qui fait, ou qui tend des tapisseries, ou des meubles.

TAPISSIÈRE. *s. f.* Femme d'un Tapissier. Fille qui fait des tapisseries à l'aiguille. On appelle *tapissières* de certaines abeilles qui construisent leur nid le long des grands chemins, & le tapissent de feuilles de coquelicot.

TAPITI. *s. m.* Petit animal du Brésil, qui ressemble à un lapin. Il aboie à la manière des chiens. Il y en a de plusieurs espèces, dont les unes n'ont point de queuë & les autres en ont une de demi-pied de longueur.

TAPIYRE-ÉTE. *s. fem.* Sorte de vache sauvage des Indes Occidentales, Elle est sans cornes & a les oreilles longues. On prétend que la pierre de bézoart est cachée dans le ventre de ces animaux.

TAPON. *s. m.* Paquet pressé, ou ce qui est resserré en un petit lieu.... (Marine) Bouchon. *voy. Tampon & Tape.*

TAPOTER. *v. act.* lat. *Percutere.* ang. *to tap.* Taper.

TAPS. *s. m. pl.* (Marine) voy. *Tap.*

TAPSEL. *s. m.* Grosse toile de coton rayée, ordinairement de couleur bleuë.

TAPURE. *voy.* Tapeure.

## T A Q

TAQUET. *s. m.* lat. *Uncus ligneus biceps.* ang. *a wooden hook.* Dans la *Marine*, est un crochet de bois à deux branches, qu'on accroche tant au mât que sur le plat bord, pour y amarrer quelques manœuvres.... Petit morceau de cercle, aiguisé par les deux bouts, qu'on met en rebattant les tonneaux entre les torches, pour les maintenir.... (Fauconnerie) Nourrir un oiseau *au taquet:* se dit lorsque l'oiseau est en liberté & au Soleil & qu'on le fait revenir, en frappant sur le bout d'un ais.

TAQUIN, ine. *adj.* lat. *Tenax, avarus, præparcus.* ang. *niggardly, penurious, sordid.* Qui a une avarice outrée & sordide.

TAQUINEMENT. *adv.* lat. *Sordidè, avarè, præparcè.* anglois. *niggardly.* D'une manière taquine.

TAQUINERIE. *subst. femin.* lat. *Illiberalis parcimonia.* anglois. *niggardliness.* Avarice outrée & sordide, qui va jusqu'à la vilenie.

TAQUIS. *s. m.* Toiles en *taquis*, sorte de toiles de coton.

TAQUONS. *s. m. pl.* (Imprimerie) Se dit de ce qu'on met sur le grand tympan sous les caractères, pour que l'impression vienne bien.

T A R

TARA. *s. fem.* Espèce de tamarin qui porte un haricot dont la gousse & le grain font de la très bonne encre, en y jettant un peu de couperose.

TARABUSTER. *v. act.* lat. *Vexare, molestiam creare.* angl. *to pester, to teaze.* Importuner quelqu'un, être sans cesse à ses oreilles, ou l'incommoder en toute autre manière.

TARAGAS. *substant. masc.* Animal dans le ventricule duquel se trouve le bézoart Occidental.

TARANCHE. *s. fem.* Grosse cheville de fer, qui sert à tourner la vis d'un pressoir par le moyen des omblets & des leviers.

TARANDE, *ou* Tarante. *sub. fem.* Animal sauvage gros comme un bœuf; elle est couverte d'un poil long comme celui d'un ours, qui change souvent de couleurs.

TARANTE. *s. f.* Tulipe blanche, panachée de rouge.

TARAU. *voy.* Taraux.

TARAUD, *ou* Tarot. *s. m.* Basson : grosse flûte qui sert de basse dans les concerts de muzettes & de hautbois : elle a onze trous.

TARAUDS. *voy.* Tarots.

TARAUX, *ou* Tarau. *s. mascul.* Morceau d'acier bien trempé, avec des cannelures en forme de vis, qui sert de matrice, pour faire des écrous.

TARAUDER. *v. act.* Faire un trou dans une piéce de métal ou de bois, qui serve d'écrou pour arrêter une vis.

TARC, *ou* Bray liquide. *s. masc.* Gouldran ou goudron.

TARD. *s. m.* & *adv.* lat. *Serum*; *serò.* ang. *late.* Ce qui ne vient pas assés tôt, ou qui vient hors de l'heure, hors du tems prescrit.

TARDER. *v. n.* lat. *Immorari, moram trahere.* ang. *to tarry or stay.* Demeurer long-tems; marcher lentement; ne venir pas au tems requis. Reculer, différer, dilayer.

TARDIF, ive. *adject.* lat. *Tardus, lentus.* ang. *tardy, late.* Qui vient trop lentement; qui tarde trop. Qui est stupide, paresseux, pesant. Fruit qui vient après les autres, sur l'arrière saison.

TARDIVEMENT. *adverb.* lat. *Tardè, serò.* angl. *late.* D'une manière tardive.

TARDIVETÉ. *s. f.* lat. *Tarditas.* ang. *tardity.* Lenteur de mouvement.

TARDONE. *s. fem.* Oiseau qui ressemble à une cane.

TARE. *s. f.* lat. *Decessus, defectus.* anglois. *tare and tret, blemish, defect.* Defectuosité qui se trouve en quelque chose, soit au poids, au compte, ou à la substance. C'est quelquefois le poids du tonneau, &c. où l'on a mis quelque marchandise, & qu'il faut déduire du poids total en faveur de l'acheteur.... *Tare* est aussi le poids des barils, bouteilles, boëtes, &c. où l'on met les drogues, liqueurs, confitures, &c.... Petite monnoie d'argent qui a cours sur la côte du *Malabar*. Elle vaut à peu près deux liards.

TARENTISME. *s. m.* Maladie causée par la piqûre de la tarentule.

TARENTULE. *s. f.* lat. *Phalangium venenosum.* anglois. *tarentula.* Est une espèce d'araignée venimeuse, dont la morsure communique au patient une espèce de folie, qui ne peut se guérir que par la musique. Espèce de petit lezard tout gris.

TARERONDE. *s. f.* Poisson de mer, qui a un goût fort agréable, autrement appellé *pastenaque*.

TARER. *v. act.* Peser un pot ou une bouteille, avant que d'y mettre la drogue ou la liqueur, afin qu'en le repesant, quand il est rempli, on puisse savoir au juste combien il y en est entré.

TAREROQUI. *voy.* Tyrcqui.

TARGE. *s. f.* (Jardinier) Ornement en manière de croissant arrondi par les extrêmités, fait de traits de buis.

TARGETTE. *s. f* lat. *Fenestrarum sera.* ang. *a snacket for a casement.* Plaque de fer ou de cuivre portant un petit verrouil plat, servant à fermer les fenêtres, volets, armoires, &c.

TARGON. *voy.* Estragon.

TARGUER. (Se) *v. rec.* lat. *Fortiter inniti.* ang. *to stand upon.* S'assurer sur le crédit, sur la défense d'un maître, d'un ami, d'un protecteur. Se tenir fort, se prévaloir; tirer avantage avec ostentation; se glorifier, se vanter, faire le fier.

TARGUM. *s. m.* Commentaire ou explication d'une partie ou de tous les livres de l'ancien Testament, usitée parmi les *Juifs* & dont il y a plusieurs espèces.

TARGUMIQUE. *adject.* Qui appartient au targum.

TARGUMISTES. *substant. masc. pl.* Auteurs des targums. Juifs commentateurs des livres Saints.

TARIBOTS. *s. m. pl.* Nains habitans des montagnes de l'isle de Madagascar, dont le plus grand n'a pas plus de dix-huit pouces de hauteur. Ils ont le corps couvert d'un poil long & épais, excepté au visage & aux mains; & la plante de leurs pieds est armée d'une écaille fort épaisse. Ils vivent en société, ont leurs loix, une espèce de religion & leurs divertissemens. Leurs maisons sont des trous de sapin, leur monture des espèces de renard, leur meute des belettes avec lesquelles ils vont à la chasse des rats, leur nourriture du pain fait de la graine de pommes de pin, leur plus grande occupation la chasse. Ils se marient comme les sauvages & vivent beaucoup moins brutalement qu'eux.

TARIER. *substant. mascul.* Oiseau : espèce de traquet.

TARIERE. *voy.* Tarriere.

TARIF. *s. m.* lat. *Pretii index.* ang. *a custom-book, a book of rates, a tariff.* Table ou catalogue de plusieurs choses appréciées chacune selon sa valeur, ou de la taxe qu'on fait des droits qu'elles doivent payer à proportion de leur prix.

TARIN. *s. masc.* Sorte de petit oiseau verd, ressemblant assés à un serin, qui chante en cage.

TARIR. *v. act.* & *n.* lat. *Exhaurire*, *exsiccare.* angl. *to drain or dry up* Mettre à sec; épuiser la source d'un ruisseau, d'une fontaine. Faire cesser.

TARISSABLE. *adj.* Qui se peut tarir.

TARISSEMENT. *subst. masc.* lat. *Exsiccatio*, *exhaustio.* ang. *the draining or drying up.* Desséchement, épuisement d'une eau.

TARLATANE. *subst. femin.* Espèce de toile fine qui a beaucoup de rapport à la mousseline.

TARNANTANE-CHAVONIS. Mousseline ou toile de coton blanche très claire, qui vient des Indes Orientales.

TAROT. *s. m.* Dé d'ivoire à jouer... Tarot. *voy.* Taraud, & taraux.

TAROTÉ, ée. *adj.* Cartes *tarotées*, c'est-à-dire marquées de raies noires sur le revers.

TAROTER. *v. n.* Se plaindre.

TAROTIER. *substant. mascul.* Ouvrier qui fait des tarots.

TAROTS *substant. masculin pluriel.* Espèce de cartes à jouer dont se servent les *Espagnols*, les *Allemands* & autres étrangers, qui sont marquées d'autres figures que les nôtres.

TAROUPE. *s. masc.* Poil qui croît sur le haut du nés, entre les sourcils.

TARRE. *voy.* Tare.

TARRIERE, *ou* Tariere. *substant. feminin.* lat. *Terebra.* angl. *a terebra.* Outil d'ouvriers en bois, qui sert pour le percer & y faire de gros trous. Instrument de mineur, dont il se sert pour percer les terres.

TARSE. *substant. mascul.* (Anatomie) Cou du pied, ou première partie du petit pied, ou du pied proprement dit. Il est composé de sept os.

TARSO. *substant. masculin.* Espèce de marbre très dur & très blanc, qu'on trouve dans la Toscane. On l'emploie à la composition du verre.

TARTANE. *s. f.* Barque de pêcheur ou de voiture, qui n'a ni la poupe, ni la proue élevée, & qui se sert aussi de rames. Elle est en usage dans la *Méditerranée.* Elle n'a qu'un grand mât & une voile triangulaire.

TARTARE. *subst. mascul.* lat. *Tartara.* ang. *tartar.* Chez les Poëtes c'est l'Enfer ou le lieu de tourmens pour les méchans.... Valet d'un homme de la maison militaire du Roi. Sa principale fonction est de panser les chevaux. Il sert quelquefois plusieurs maîtres à la fois.

TARTAREUX. *adj.* lat. *Tartarosus.* angl. *tartareous.* Qui a la qualité du tartre.

TARTARISER. *v. act.* lat. *Trigonis purificare.* ang. *to tartarize.* Purifier par le sel de tartre.

TARTE. *substant. feminin.* lat. *Placenta*, *libum.* angl. *a tart.* Piéce de four qu'on sert au dessert, & surtout aux nôces & aux baptêmes.

TARTELETTE. *substantif femin.* lat. *Placentula.* angl. *a little tart.* Petite tarte qu'on donne souvent aux enfans à leur goûter.

TARTRE. *sub. masc.* lat. *Tartarus.* anglois. *tartar*, *argal*, *hard lees.* Sel qui s'éleve des vins fumeux, & qui forme une croute grisâtre, qui s'attache au dedans des tonneaux. Il est communément d'une consistence de pierre. Le meilleur nous vient d'*Allemagne.* La lie du vin est aussi un *tartre* liquefié.

TARTUFE. *substantif masculin.* lat. *Hypocrita.* anglois. *an hypocrite.* Faux dévot & hypocrite.

TARTUFERIE. *s. fem.* lat. *Hypocrisis.* angl. *hypocrisy.* Hypocrisie.

TARTUFIER. *v. n.* lat. *Hypocritam agere.* angl. *to play the hypocrite.* Faire le tartufe; avoir un air & des manières de faux dévot.

TARUGA. *substant. m.* Animal du Perou: espèce de cerf.

TARUNTIUS. *substant. masculin.* Quarantième tache de la Lune, selon *Riccioli.*

TARY. *subst. m.* Liqueur qui distille des cocotiers. Elle forme une espèce de vin, qui enyvre, qui est fait du soir au matin, & qui s'aigrit au bout de vingt-quatre heures.

## TAS

TAS. *subst. mascul.* lat. *Acervus*, *cumulus.* ang. *a heap.* Amas de plusieurs choses mises ensemble en un monceau. Petite enclume d'orfévre & de monnoyeur. En termes de *Tristrac* c'est la masse, ou la pile, ou l'amas des dames qu'on fait à un coin avant que de jouer.

TASCHE, Tascher. *voy.* Tâche, Tâcher.

TASOT. *subst. m.* Vingt-quatrième partie du *cobit*, ou aune de Surate, qui est de deux pieds seize lignes.

TASSART. *subst. mascul.* Espèce de brochet que l'on trouve en Amérique.

TASSE. *subst. fem.* lat. *Patera*, *crater.* ang. *a bowl or drinking cup.* Couppe, vaisseau qui sert à boire. *Tasse* (Géographie) Est à un lac ce que le lit est à une rivière, c'est le lieu où se font les amas d'eau appellés *lacs.*

TASSE. *s. f.* (Jardinage) Tas.

TASSEAU. *s. mascul.* lat. *Incus.* anglois. *a little anvil.* Espèce de petite enclume qui se pose sur l'établi, qui sert à polir & a dresser le cuivre, le fer & les autres métaux.... Moule ou forme sur laquelle on applique & on colle les éclisses qui font le corps d'un luth, d'un tuorbe, ou autre instrument semblable.... *Tasseau* ou *manicle*: instrument qui sert aux Tondeurs de draps pour faire aller les forces avec lesquelles ils tondent les étoffes.

TASSÉE. *subst. fem.* lat. *Patera plena.* angl. *a bowl-full.* Plein une tasse.

TASSER. *v. n.* (Jardin.) S'élargir.

TASSER. *voy.* Entasser.

TASSETTE. *s. fem.* Partie de l'armure d'un homme de guerre, qui est au dessous de la cuirasse, qui couvre les cuisses. On l'a dit aussi autrefois des basques d'un pourpoint.

T A T

TATAUBA. *subst. mascul.* Arbre du Brésil, dont le fruit se mange ou seul, ou avec du sucre & du vin. Le bois de cet arbre est extrêmement dur. Il ne perd jamais sa verdure & se conserve long-tems dans la terre & dans l'eau.

TATER. *v. act.* lat. *Tangere, palpare.* ang. *to feel.* Exercer la faculté du tact, le sentiment du toucher ; toucher avec la main. Essayer, gouter, avaler un peu de quelque chose, pour en connoître la saveur & la qualité. Sonder le terrain. Eprouver, tâcher de découvrir.

TATE-VIN. *s. m.* Instrument de fer blanc, long & rond, étroit par le haut, où il est percé dans toute sa largeur & n'ayant qu'un petit trou au bout d'en bas. On s'en sert pour tirer le vin par le bondon, en mettant le pouce sur le bout d'en haut, pour empêcher que l'air ne fasse couler le vin qui est entré par le petit trou.

TATEUR. *s. masc.* lat. *Prægustator.* angl. *a wine-cunner or taster.* Qui tâte.

TATI. *s. m.* Petit oiseau des Indes. Oiseau-mouche.

TATINER. *v. act.* lat. *Subtentare.* angl. *to feel, to grope.* Tâter plusieurs fois.

TATONNEMENT. *subst. masc.* L'action de tâtonner.

TATONNER. *v. act.* & *n.* lat. *Incertis manibus palpare, explorare.* ang. *to feel.* Toucher avec la main quelque chose pour l'examiner, la manier fréquemment. Marcher dans un lieu obscur en tâtant avec les mains & les pieds pour se conduire plus sûrement. Agir avec incertitude, avec timidité.

TATONS. (à) *adv.* lat. *Tentatim, prætentando.* angl. *groping.* Avec obscurité, incertitude.

TATIANITES. *s. m. pl.* Hérétiques disciples de *Tatien*, qui l'avoit été lui-même de S. *Justin* Martyr & qui après la mort de son Maître se jetta dans les erreurs des Gnostiques Valentiniens. Les *Tatianites* étoient autrement appellés *Encratites.*

TATOU. *s. m.* Animal du Brésil, qui ressemble aux petits cochons, mais qui est couvert d'écailles si dures qu'une flèche ne peut les percer.

T A U

TAU. *s. m.* (Blason) Figuré d'un T, ou croix dont on a retranché la partie d'en haut. Les religieux de S. *Antoine* portent cette figure sur leurs habits.

TAVAYOLE. *substant. femin.* Espèce de toilette dont on se sert en quelques cérémonies d'Eglise.

TAUDION. *s. m.* Diminutif de *taudis.* Lieu sale, mal-propre.

TAUDIS. *s. masc.* lat. *Tuguriolum.* ang. *a little paultry house or room.* Petit grenier, ou petit logement étroit, sale, & mal propre, ou logement de petites gens. Petit grenier dans le faux comble d'une mansarde. C'est aussi un petit lieu pratiqué sous la rampe d'un escalier, pour servir de bucher ou quelque autre commodité.

TAVELER. (Se) *v. rec.* Se moucheter, se tacheter, en parlant de la peau de certains animaux, qui l'ont naturellement tachetée. lat. *Maculis variari.* anglois. *to be speckled.*

TAVELLE. *s. f.* Passement fort étroit. lat. *Tæniola.* ang. *a small edging-lace.*

TAVELURE. *s. f.* Bigarrure d'une peau qui est tavelée. latin. *Maculosa varietas.* anglois. *speckles.*

TAVERNE. *s. f.* lat. *Taberna, caupona.* ang. *tavern.* Cabaret, lieu où l'on vend le vin en détail.

TAVERNIER, ière. *s. m.* & *f.* lat. *Caupo.* ang. *a tavern-man or woman.* Celui qui tient taverne.

TAVEVOULE. *s. m.* Arbre de l'isle de Madagascar, qui est assés beau à voir.

TAUGOURS. *s. m. pl.* Petits leviers, dont on se sert pour tenir un essieu de charrette bandé sur les brancards.

TAUMALIN. *s. m.* Espèce de matière grasse que l'on trouve dans le corps des crabes & autres coquillages. Elle est rougeâtre, jaunâtre ou verdâtre selon les testacées d'où on le tire.

TAUPE. *s. f.* lat. *Talpa.* angl. *a mole.* Petit animal de la taille d'une souris, qui vit sous la terre, qui ne voit goute à ce qu'on croit ; & fait grand dommage aux prés & aux jardins, en fouillant & remuant la terre. Petit peloton de velours ou de crêpe noire, qui sert à nettoyer les chapeaux & les habits..... Espèce d'athérome qui se forme sous les tégumens de la tête.

TAUPE-GRILLON. *s. masc.* Insecte qui vit sous terre comme la taupe, & qui imite le bruit du grillon.

TAUPER, ou Tôper. *verb. n.* Approuver, consentir.

TAUPIER. *s. masc.* lat. *Talparum venator.* anglois. *a mole-catcher.* Qui s'attache à prendre des taupes.

TAUPIÈRE. *s. fem.* lat. *Talparius laqueus.* ang. *a mole-trap.* Petite trappe ou machine à prendre des taupes.

TAUPIN, ine. *adj.* lat. *Nigellus.* anglois. *black.* Qui a le teint noir, les cheveux noirs.

TAUPINAMBOUR. *voy.* Topinambour.

TAUPINÉE. *voy.* Taupinière.

TAUPINIÈRE. *s. f.* lat. *Talparius cumulus.* anglois. *a mole-hill.* Petit monceau de terre, petite bute qu'une taupe a faite, a élevée en creusant, en fouillant.

TAUPKANE. *s. m.* Arsenal d'artillerie, chés les Turcs.

TAURE. *substant. femin.* lat. *Juvenca.* ang. *an heifer.* Jeune vache qui n'a point porté.

TAUREAU. *s. m.* lat. *Taurus.* angl. *a bull.* Animal qui mugit, & qui a des cornes ; dont la vache est la femelle. Parmi les *Astronomes*, c'est le second signe du Zodiaque où le Soleil entre environ le 21. d'*Avril.* Il est représenté sur le globe artificiel par la figure d'un *Taureau* & dans les livres par le caractère ♉. Les *Astrologues* disent qu'il est fixe & terrestre, que c'est la maison de *Venus* & l'exaltation de la Lune ; ils ajoutent que ceux qui sont nés sous ce signe sont laborieux, qu'ils ont la conception tardive, & le front élevé qui sort en dehors comme les cornes de *taureaux*. . . . . *Voix de taureau* : se dit d'un homme qui a une grosse voix.

TAUREAU CERF. *s. masc.* Animal qu'on trouve en *Ethiopie* où il est sauvage ; & dans les Indes où il est privé & sert de bête de somme.

TAURICIDER. *v. n.* Donner au peuple le spectacle du combat des taureaux. . . . . Au *figuré* : faire des réjouissances.

TAURIES. *s. f. pl.* Fêtes célébrées chés les Grecs en l'honneur de Neptune, dans lesquelles on ne lui immoloit que des taureaux noirs.

TAUROBOLE. *s. m.* Sacrifice où l'on immoloit des bœufs ou des taureaux.

TAURON. *s. m.* Confiture composée de miel & d'amandes.

TAUTE. *s. f.* Poisson de Marseille qui ressemble beaucoup à la seiche.

TAUTOGRAMME. *adj.* Se dit des vers ou d'un poëme dont tous les mots commencent par une même lettre.

TAUTOLOGIE. *s. f.* lat. *Tautologia.* angl. *tautology.* Répétition inutile des mêmes mots, des mêmes phrases, &c.

TAUTOLOGIQUE. *adj.* Qui appartient à la tautologie.

TAUTRE. *s. f.* Tulipe rose séche, couleur de rose & blanc.

TAUX. *s. m.* lat. *Pretium*, *taxatio.* anglois. *rate.* Prix établi par ordre de justice aux denrées. Prix que mettent les Marchands aux marchandises qu'ils vendent. Prix que le Roi met aux rentes constituées. Cottisation, ou quote part que chaque particulier doit porter d'une imposition, qui est faite sur une Communauté.

T A X

TAXATEUR. *s. m.* ( Palais ) Celui qui fait la taxe des frais & dépens.

TAXATION. *s. f.* Droit de tant pour livre, qu'on accorde aux Trésoriers qui ont de grands manimens outre leurs gages, pour les dédommager dès frais qu'ils sont obligés de faire dans l'exercice de leurs charges.

TAXE. *s. f.* lat.. *Pretium jure positum.* angl. *a set rate*, *assize.* Prix qu'on met aux denrées par quelque réglement de police. Cottisation de chaque particulier, de la part qu'il doit porter des impositions.

TAXER. *v. act.* lat. *Taxare.* anglois. *to rate.* Régler le prix des denrées, y mettre un taux certain. Regler, liquider les dépens d'un procès. Faire une imposition, & régler ce que chacun en doit porter. Accuser, nôter, blâmer, censurer, reprendre.

TAXIS. *s. m.* (Chirurgie) Réduction de quelque partie du corps dans sa place naturelle.

T A Y

TAYAUT. *voy.* Taiaut.

TAYE. *s. femin.* lat. *Albugo.* ang. *a pearl or web in the eye.* Maladie de l'œil, formée par une pellicule blanche qui couvre la prunelle. Petit sac de toile fine dont on couvre un oreillet qu'on met sur le chevet du lit.

TAYOLES. *s. f. pl.* Espéces de ceintures de fil ou de laine.

TAYON. *s. m.* (Eaux & Forêts) Chêne reservé depuis trois coupes, qui a trois fois l'âge de taillis.

T C H

TCHAOUCH. *s. m.* Cavalier Turc de la maison de l'Empereur.

TCHENEDGIR. *s. m.* Gentilhomme servant du grand Seigneur.

TCHÉOUZE. *s. f.* Taffetas de la Chine.

TCHIAOUSCH-BASCHI. *subst. masc.* Chef des chiaoux.

TCHINGUÉ. *s. fem.* Joueuse d'instrumens chés les Turcs.

TCHOHAGAR. *s. mascul.* Porte-manteau du grand Seigneur.

TCHORVADGI. *substant. m.* Capitaine des Janissaires.

T E

TÉ. *s. masc.* Terme de *Mineur.* Disposition d'un fourneau en forme de T sous une piéce de fortification qu'on veut faire sauter. Le *té* a quatre logemens. Le double *té* en a huit.

T E C

TECA. *s. m.* Sorte de blé qui naît aux Indes Occidentales, & dont les feuilles différent fort peu de celles de l'orge, le tuyau croît de la hauteur de l'avoine, & le grain est un peu plus menu que celui du seigle. Les sauvages en font une pâte qui leur sert de viande & de boisson. Un peu détrempée avec de l'eau c'est leur manger, fort détrempée c'est leur breuvage.

TECCALIS. *s. m.* Poids dont on se sert dans le Royaume de Pégu. Les cent font quarante onces de Venise.

T E D

*TE DEUM.* *s. m.* Hymne fameux qui est en usage depuis long tems dans l'Eglise & que l'on chante principalement dans les occasions extraordinaires, comme pour rendre graces à Dieu d'une victoire, &c.

T E F

TEFFILIN. *s. m.* Certains parchemins que les *Juifs* portent dans le tems de leurs priéres. Il y en a de deux sortes, dont l'un est pour la main & l'autre pour la tête. On y écrit dessus avec de l'encre faite exprès, & en lettres quarrées, ces quatre passages du *Pentatheuque* : *écoute*, Israël, &c. *Et il arrivera si tu obéis*, &c. *sanctifie moi tout premier né*, &c. & *quand le Seigneur te fera entrer*, &c. Ces parchemins sont roulés ensemble & renfermés dans de la peau de veau noire, &c. Ils en portent un au pliant du bras gauche & l'autre sur le milieu du front.

T E G

TÉGUMENT. *s. m.* lat. *Tegumentum.* ang. *tegument.* Ce qui couvre, envelope.

T E I

TEIGNASSE. *s. f.* Perruque ou cheveux mal coupés, mal peignés. lat. *Cæsaries inculta, impexa.* ang. *a rusty wigg.*

TEIGNE. *subst. fem.* lat. *Tinea.* ang. *a moth or tiny.* Ver qui ronge les étoffes. C'est aussi une graisse épaisse qui vient à la tête avec écailles & croutes. Une maladie des arbres qui vient sur leur écorce. Maladie des chevaux difficile à guérir : pourriture fort puante qui vient à la fourchette.... *Teigne* de la cire : chenille qui fait des ravages prodigieux parmi les gâteaux de cire.

TEIGNERIE. *subst. f.* Lieu de l'hôpital où l'on pance les teigneux.

TEIGNEUX, euse. *adj.* lat. *Porriginosus.* ang. *scurfy.* Qui a la teigne.

TEIGNON, *ou* Tignon. *s. masc.* Coëffure de femme qui a les cheveux gras & mal peignés; qui est coëffée mal-proprement.... En parlant des femmes, c'est aussi la partie des cheveux qui est sur le derrière de la tête.

TEIGNONÉE, *ou* Tignonée. *adj. fem.* Mal coëffée.

TEIGNONER, *ou* Tignoner. *v. act.* Mettre en boucles les cheveux du tignon.... *Se tignoner :* se battre, se prendre par le tignon.

TEILLE. *s. fem.* Écorce déliée d'un brin de chanvre ou de lin.

TEILLER. *v. act.* lat. *Cannabim filyris exuere.* ang. *to peel hemp or flax.* Détacher le chanvre, la filasse de l'écorce du bois où elle tient.

TEINDRE. *v. act.* lat. *Tingere.* anglois. *to dy or colour.* Préparer une étoffe, ou un autre corps avec des sels, liqueurs ou drogues colorantes, en sorte qu'ils paroissent d'une certaine couleur.

TEINT. *s. m.* lat. *Ars baphiaria, baphice.* ang. *die.* Art de teindre. Drogues qu'on y emploie. Lame d'étain fort mince appliquée par le moyen du vif argent derrière les glaces d'un miroir. Couleur & délicatesse de la peau du visage. lat. *Oris & vultûs color.* angl. *complexion, the colour of one's face.*

TEINTE. *s. fem.* lat. *Coloratio.* ang. *teint:* Manière d'appliquer les couleurs pour donner du relief aux figures, pour bien marquer les jours, les ombres, les éloignemens.

TEINTÉ. *adj. masc.* Se dit du papier sur lequel on a jetté une couleur légère, pour y dessigner quelque figure.

TEINTURE. *s. f.* lat. *Tinctura, suffectus.* ang. *a dying or tincture.* Action par laquelle on teint. En *Chymie* c'est tout ce qui pénétre & teint le corps, comme le safran fait l'eau. *Teintures* se dit des connoissances, principes des sciences; des bonnes ou mauvaises impressions dont l'ame de l'homme est susceptible.

TEINTURIER, ière. *subst. m. & fem.* lat. *Infector, baphiarius.* angl. *a dier.* Qui fait métier de teindre. Espèce de raisin, dont le suc est fort rouge & fort doux.

T E K

TEKIÉ. *s. m.* Monastère parmi les Turcs.

T E L

TEL, TELLE. *adj.* lat. *Talis.* angl. *such, like.* Qui est pareil, semblable, de même façon & manière. *Tel quel* signifie, aussi mauvais que bon, ou même plus mauvais que bon.

TELA. *s. m.* Espèce de monnoie ou plutôt de médaille d'or qui se frappe à l'avénement à la couronne de chaque Roi de Perse, que l'on distribue & dont on fait largesse au peuple. Les *Telas* sont du poids des ducats d'or d'Allemagne.

TELAMONES. *voy.* Atlantes.

TÉLÉPHIEN. *adj. masc.* Ulcère malin, très-difficile à guérir. On l'appelle autrement *Chironien.*

TELEPHIUM. *substant. masc.* Nom donné à plusieurs plantes & surtout à une espèce d'orpin, nommé autrement *Anacampseros.*

TELESCOPE. *s. m.* lat. *Telescopium.* anglois. *a telescope.* Lunette à longue vûë fort longue, inventée par *Galilée*, pour observer les corps céléstes & avec laquelle on a découvert beaucoup de nouveaux phénoménes & l'on a fait de grands progrès dans l'Astronomie; car en bien polissant les lentilles de verre & en les plaçant comme il faut dans des tubes de différentes longueurs, on approche de l'œil les objets placés à de grandes distances, & on les voit beaucoup plus distinctement qu'à la vûë simple. Il y a des telescopes de différentes sortes, qui ont chacun des noms particuliers.

TELLEMENT. *adv.* De telle manière. *Tellement quellement*, d'assés mauvaise grace, passablement, médiocrement.

TELLINE. *s. fem.* Sorte de coquillage fort commune en Italie.

TELLUS. *s. f.* Déesse de la terre, qui selon *Homère* étoit la mère des Dieux. Elle étoit représentée sous la figure d'une femme qui avoit un grand nombre de mammelles.

TÉLON. *sub. mascul.* Sorte d'étoffe dont la chaîne est de lin ou de chanvre & la treme de laine.

T E M

TÉMAN. *s. m.* Mesure pour les liquides, dont on se sert à Mocha. Elle contient quarante *memudas* à trois chopines de France, ou trois pintes d'Angleterre le *memudas.*

TEMDGID. *s. masc.* (Relations) Nom de l'oraison que les Mahometans font à minuit.

TÉMÉRAIRE. *adj.* lat. *Temerarius.* anglois. *rash, bold. Temerarious.* Vaillant outré, étourdi, hardi avec imprudence, &c.

TÉMÉRAIREMENT. *adv.* lat. *Temerè.* angl. *rashly*, *temerariously.* D'une manière hardie, imprudente & téméraire. Par hazard.

TÉMÉRITÉ. *s. fem.* lat. *Temeritas.* ang. *rashness*, *temerity.* Hardiesse démesurée ; vice opposé à la véritable vaillance par excès. Action hardie, insolente, imprudente, inconsidérée.

TÉMOIGNAGE. *s. m.* lat. *Testimonium.* ang. *testimony.* Attestation, rélation d'une vérité. Passage d'un Auteur, ou autre personne notable, qui dit ou affirme avoir vû ou cru quelque chose. Indices, preuves qu'on tire souvent des choses inanimées.

TÉMOIGNER. *v. act.* lat. *Testari*, *testificari.* anglois. *to testify.* Déposer, servir de témoin. S'ouvrir, faire connoître son sentiment.

TÉMOIN. *s. m.* lat. *Testis.* anglois. *a witness.* Qui atteste, ou peut attester ou certifier la vérité d'un fait. Spectateur. Dans l'*Arpentage*, il se dit des marques que les Arpenteurs mettent sous les pierres qui servent de bornes aux héritages.

TEMPE. *voy.* Temple, *s. f.*

TEMPÉRAMENT. *s. m.* lat. *Corporis temperatio*, *habitudo.* anglois. *temper*, *constitution.* Complexion ; habitude ordinaire du corps de l'homme ; sa constitution naturelle ; la disposition de ses humeurs. Adoucissement, milieu qu'on trouve dans les affaires. lat. *Temperamentum*, *ratio*, *modus.* angl. *a temperament*, *medium*, *mean.* . . . ( Musique ) Altération que l'on fait des intervalles tant à l'égard des consonances que des dissonances, pour les rendre plus justes sur certains instrumens. *Tempérament* ou *sistème tempéré* ; partie de la musique théorique & pratique qui traite de la proportion des intervalles des tons & des accords.

TEMPÉRANCE. *subst. feminin.* lat. *Temperantia.* ang. *temperance.* Vertu qui régle & qui bride nos appétits sensuels & particuliérement ceux qui nous portent au vin & aux femmes.

TEMPÉRANS. *s. & adj. m. pl.* ( Médecine) Remédes qui tempérent une chaleur excessive & contre nature.

TEMPÉRANT, ante. *adj.* & *subst.* lat. *Abstinens*, *temperans.* angl. *temperate*, *moderate.* Qui a la vertu de tempérance.

TEMPÉRER. *v. act.* lat. *Temperare.* ang. *to temper.* Reprimer, modérer l'action violente de quelque chose par une autre. Calmer, appaiser, modérer.

TEMPÉRATURE. *s. f.* Qualité de l'air.

TEMPESTATIF, ive. *adj* lat. *Tempestuosus*, *tumultuosus.* angl. *blustering.* Qui fait du bruit, qui crie, qui s'agite.

TEMPESTUEUX, euse. *adj.* lat. *Tempestuosus*, *procellosus.* ang. *tempestuous*, *stormy.* Qui forme, qui cause la tempête.

TEMPÊTE. *s. fem.* lat. *Tempestas*, *procella.* anglois. *a tempest or storm.* Orage qui s'excite par les vents, la pluie, le tonnerre.

TEMPÊTER. *v. n.* lat. *Debacchari.* ang. *to storm*, *to bluster.* Faire bien du bruit par criérie, & mauvaise humeur.

TEMPLE ou Tempe. *subst. fem.* lat. *Tempus.* ang. *temple.* Partie double de la tête qui est à l'extrêmité du front entre les yeux & les oreilles.

TEMPLE. *s. m.* lat. *Templum*, *fanum*, *delubrum.* ang. *a temple.* Grand bâtiment élevé à l'honneur de quelque divinité, où le peuple s'assemble pour l'adorer. La religion est beaucoup plus ancienne que les *Temples* ; car dans la vraie religion, aussi bien que dans le culte des fausses divinités, on n'avoit point de *Temples* au commencement, & les cérémonies se faisoient tantôt au haut des montagnes, & tantôt dans de grandes plaines, jusques à ce que par expérience on trouva qu'il falloit nécessairement avoir des lieux retirés & convenables pour les faire. Aloss plusieurs nations commencérent à célébres leurs mistères dans des bois & ensuite ils entourerent de murailles leurs *Temples* & les laissérent sans toits pour découvrir le Ciel de toutes parts, & enfin par degrès ils vinrent à les couvrir entiérement. A mesure que le nombre de leurs Dieux augmenta, ils multipliérent leurs *Temples*, dont plusieurs ont été fameux par leur architecture & leurs richesses. Mais aucun n'a égalé celui des *Juifs* bâti par *Salomon* à *Jerusalem.* On appelle aussi *Temples* à *Londres* le lieu où s'assemblent ceux qui étudient en loix. Dans le stile relevé *Temple* se dit de l'Eglise des catholiques, & dans le langage ordinaire des bâtimens où s'assemblent les Protestans pour l'exercice de leur religion.... Cremaillere composée de deux petites lames de bois dentelées, arrêtées l'une contre l'autre par une boucle coulante, & terminées par des pointes d'épingle.

TEMPLET. *s. m.* Terme de *Relieur.* Manière de petite tringle ou bâton quarré qu'on leve du cousoir, & dont on se sert pour tenir les chevillettes quand on coud quelque livre.

TEMPLIERS. *s. m. pl.* Ordre religieux & militaire établi à *Jerusalem* en 1118. par *Hugues de Payens* qui en fût le premier Grand Maître, & par *Gaufroi de S. Omer.* Ils furent supprimés au Concile de Vienne par *Clement* V.

TEMPORAL. *adj. masc.* ( Anatomie ) Muscle de la mâchoire inférieure, autrement appellé *Crotaphite*.... Il se dit aussi des fausses sutures du crâne, parce qu'elles bornent les os des temples.

TEMPORALITÉ. *s. fem.* lat. *Temporalitas.* ang. *the temporalities.* Revenu temporel d'un Ecclésiastique. Qualité de ce qui est temporel.

TEMPOREL, elle. *adj.* & *s.* lat. *Temporalis*, *temporarius.* ang. *temporal*, *temporary.* Passager, qui ne dure qu'un tems, qui est périssable, mondain, terrestre. Séculier. Le *Temporel* est le revenu qu'un Ecclésiastique tire de son bénéfice

TEMPORELLEMENT. *adv.* lat. *Ad tempus.* anglois. *for a time.* D'une manière passagère & temporelle.

TEMPORISEMENT. *s. m.* lat. *Cunctatio.* anglois *lingering.* Retardement, dans l'attente d'un tems plus favorable.

TEMPORISER. *v. n.* latin. *Cunctari.* angl. *to linger.* Différer, reculer.

TEMPORISEUR. *substant. masc.* lat. *Cunc-*

*tator*. anglois. *a lingerer*. Qui temporise.

TEMPS. *s. m.* lat. *Tempus*, *ætas*. angl. *time*. Mesure du mouvement ou durée d'une chose. Saison, occasion propre à faire quelque chose. On divise communément le tems en années, mois, jours, heures, &c. qui sont aussi déterminées par les luminaires, &c. & se nomment quelquefois *tems* Astronomique & quelquefois *tems* civil. En *Musique* c'est une certaine distinction de pauses & de mouvemens qu'on observe en battant la mesure, pour faire des cadences agréables. La mesure des courantes se fait en trois *tems*; la pleine mesure en quatre *tems*, &c. *Tems* signifie encore la constitution de l'air. En *Grammaire*, il se dit des diverses manières de conjuguer un verbe en chaque mode.

TEMURAH. *voy.* Cabale.

TEN

TENABLE. *adj.* lat. *Munitus*, *firmus*. ang. *tenable*, *holdable*. Qui se peut defendre, garder, tenir contre les assaillans. On dit qu'un lieu, une place n'est pas *tenable*, quand on y souffre de grandes incommodités.

TÉNACE. *adj.* lat. *Tenax*. anglois. *viscous*. Qui est visqueux, qui s'attache si fort à un corps, qu'on a de la peine à l'en détacher. Humeur avare d'un homme, qui ne relâche rien de ce qu'il tient une fois.

TÉNACITÉ. *s. f.* lat. *Tenacitas*. ang. *clamminess*, *viscosity*. Qualité de ce qui rend une chose ténace. Sordide avarice.

TENAILLE. *s. fem.* lat. *Forceps*, *forcipes*. anglois. *pincers or nippers*. Instrument de fer, qui sert à tenir, ou à arracher quelque chose, ce qu'il seroit difficile de faire avec la main. En *Fortifications*, c'est la face de la place, composée de la courtine & de deux pans de bastions.... *Tenailles* se dit aussi des deux grosses pattes de devant des écrevisses, des homards & de quelques autres poissons semblables. On les appelle autrement *serres* & *mordans*.

TENAILLER. *v. act.* lat. *Candenti forcipe membra evellere*, *discerpere*. angl. *to pinch or tear off the flesh with red-hot pincers*. Tourmenter un criminel avec des tenailles ardentes.

TENAILLON. *subst. mas.* ( Fortifications ) Petite tenaille.

TENANCIER. *subst. m.* lat. *Manceps*, *feudatarius*. ang. *tenant* Qui tient & possède le domaine utile des héritages, dont la directe appartient au Seigneur. Fermier d'une petite métairie dépendante d'une plus grosse ferme.

TENANT. *s. masc.* lat. *Propugnator*. angl. *the first challenger in a turnament*. Champion qui se présente dans un tournoi, ou un autre jeu ou exercice de Chevalerie, pour combattre, soutenir, ou courir sur tous ceux qui se viendront présenter. On le dit *Figurément* de celui qui dans une dispute soutient une opinion contre d'autres qui l'attaquent.

TENAR. *s. m.* Quatrième muscle du pouce qui forme le mont de Venus.

TÉNARE. *s. m.* ( Poësie ) L'Enfer.

TENDANCE. *subst. fem.* Action de tendre, d'about ir à quelque chose.

TENDELET. *s. masc.* lat. *Tentoriolum laneum*. angl. *an awning*. Dans la *Marine*, est une pièce d'étoffe portée par la flèche & par des bâtons, pour couvrir la pouppe de la galère contre le soleil, ou contre la pluie.

TENDERIE. *s. f.* Chasse où l'on tend des piéges aux oiseaux & autres animaux pour les attraper.

TENDEUR. *substant. masc.* Celui qui prend les oiseaux de proye au passage par le moyen d'un filet & d'un duc dressé à cet effet qui les appelle & les fait donner dedans.

TENDINEUX, euse. *adj.* lat. *Tendinosus*. angl *tendinose or tendinous*. Qui appartient, qui a du rapport aux tendons, qui leur ressemble.

TENDON. *substant. masculin.* lat. *Tendo*. anglois. *tendon*. En *Astronomie*, est la partie du muscle par laquelle il est attaché à l'os. C'est par où se fait principalement le mouvement volontaire des membres.

TENDRAC. *s. masc.* lat. Espèce de porc épi de l'isle de Madagascar. Il dort six mois de l'an. Sa chair est insipide & mollasse.

TENDRE. *v. act.* lat. *Tendere*, *intendere*. ang. *to bend*. Bander avec effort quelque chose, la mettre en un état violent. Elever ou attacher une chose en la deployant. Etendre, allonger, avancer, présenter. Aboutir à quelque chose, y viser, l'avoir pour but.

TENDRE. *adject.* lat. *Tener*, *mollis*. ang. *tender*, *soft*. Corps solide dont les parties ne sont pas compactes, ni serrées, qui obéit à la dent, au serrement. Ce qui est délicat, foible, qui a peu de résistance, qui est sensible. Son de voix *tendre*, c'est-à-dire touchant & gracieux.... *Tendre à caillou :* arbre d'Amérique, dont le bois est presque aussi dur qu'un caillou.

TENDREMENT. *adv.* lat. *Tenerè*, *molliter*. ang. *tenderly*. D'une manière tendre & passionée. Peindre *tendrement*: avoir le pinceau délicat & léger.

TENDRESSE. *subst. fem.* lat. *Tener animus*. ang. *tenderness*. Sensibilité du cœur & de l'ame. En *Sculpture* & en *Peinture*, c'est douceur, agrément.

TENDRETÉ. *s. fem.* Qualité d'un fruit ou d'un légume tendre.

TENDRON. *subst. mascul.* lat. *Cartilago*. angl. *a tendrel*. La partie fort tendre de quelque chose. Jeune plante.

TÉNEBRES. *s. f.* lat. *Tenebræ*, *caligo*. ang. *darkness*. Entière obscurité, privation de lumière. Il se dit aussi dans l'Eglise *Romaine* des Matines des trois derniers jours de la semaine Sainte.

TÉNÉBREUSE. *subst. femin.* Tulipe qui est une espèce de pavot panaché de rouge & de jaune.

TÉNÉBREUX, euse. *adj.* lat. *Tenebrosus*. angl. *tenebrous*. Qui est dans les ténébres.... ( Jouaillier ) Se dit d'une pierre *terreuse* ou qui n'est pas nette.

TENEMENT. *substant. mascul.* lat. *Villa, prædium.* ang. *tenement.* Métairie dépendante d'une Seigneurie.

TENESME. *subst. masculin.* lat. *Tenesmus.* ang. *tenesmus, a vain desire to going to stool.* Envie continuelle d'aller à la selle sans rien faire.

TENETTE. *sub. femin.* Instrument de *Chirurgie* fait en forme de petite pincette qui sert à tirer la pierre de la vessie de ceux qui ont été taillés.

TENEUR. *substant. feminin.* lat. *Verba.* ang. *tenor, content.* Ce qu'un écrit porte, ce qu'il contient. Suite.

TENEUR. *sub. m. Teneur de livres*: Commis qui chés les Marchands tient les mémoires & charge les livres des faits de commerce de crédit & de débet.... *Juré teneur de livres*: celui qui est pourvû par lettres patentes de sa Majesté & qui prête serment en justice, pour vaquer à la vérification des comptes & calculs, lorsqu'il y est appellé.

TENGA. *substant. mascul.* Arbre appellé autrement *Cochi* ou *Coco.* voy. *Coco.*

TENG-CHIOU. *s. masc.* Petite balance en façon de romaine dont on se sert à la *Chine* pour peser l'or & l'argent.

TÉNIE. *sub. fem.* lat. *Fascia.* angl. *a small square.* (Architecture) Moulure platte, bande ou listel qui appartient à l'épistyle dorique. Elle en couronne l'Architecture au dessous des triglyphes.

TENILLE. *voy.* Telline.

TENIR. *v. act. & n.* lat. *Tenere, possidere.* ang. *to hold.* Avoir, posséder une chose. Empoigner, serrer; avoir dans sa main. Posséder par les mains d'autrui, occuper des terres & des Seigneuries. S'étendre, occuper de la place. Avoir quelque liaison, quelque attache. Demeurer fixe & ferme en un lieu. S'arrêter à quelque chose, en demeurer-là, se borner. Se défendre contre quelque attaque, résister. Empêcher, retenir. Participer, avoir quelque chose de commun avec quelqu'un. Amuser, consommer du tems. Faire exécuter quelque chose. Retenir, garder, contenir, enfermer dans sa capacité, servir de mesure. Entretenir, avoir à ses gages. Maintenir, soutenir. Croire.

TENON. *substant. mascul.* lat. *Subscus, insititius cardo.* ang. *tenon.* C'est le bout d'une piéce de bois, ou de métal qui entre dans une mortaise pour l'attacher avec un autre. Il se dit aussi de ces petits morceaux de cuir qui avancent & qui sont percés à côté des écritoires & des étuis, par où l'on passe le ruban qui les tient attachés à leur couvercle. *Tenon d'horloge*: piéce d'acier sur une montre, qui sert à tenir ferme le grand ressort. *Tenons d'arquebuse*: petits anneaux qui tiennent au canon & servent à l'attacher sur l'affût. *Tenons de l'étambord*: (Marine) Petite partie de l'étambord qui s'encastre dans la quille du vaisseau. *Tenons de l'ancre*: deux petites parties qui sont jointes au bout de la verge, lesquelles s'entaillent dans le jas pour le tenir plus ferme. *Tenons* d'un mât, partie comprise entre les barres & le chouquet. *Tenons* en *Sculpture*: bossages qu'on laisse dans les ouvrages pour conserver les parties qui paroissent détachées.... *Tenons*: sions tendres de vigne ou autre plante foible de tige, avec lesquels elles s'accrochent au bois qu'elles rencontrent.... *Tenons*, en termes de *Vitriers*, sont les petites ligatures de plomb qui servent à lier le vitrage avec les vergétes.

TÉNONTAGRE. *substant. fem.* Espèce de goutte dont le siége est dans les tendons larges, par exemple dans les ligamens tendineux de la nuque du cou. lat. & ang. *tenontagra.*

TENSION. *s. f.* lat. *Tensio.* angl. *a tension or bending.* Etat d'une chose tenduë, ou l'effort qu'on fait pour la tendre.

TENTANT, ante. *adj.* Qui tente, qui invite, qui cause une envie, un desir.

TENTATEUR. *s. mas.* lat. *Tentator.* ang. *a tempter.* Celui qui tente, qui sollicite, qui engage à faire quelque chose contre le devoir.

TENTATIF, ive. *adj.* lat. *Tentativus.* angl. *tempting.* Qui tente, qui donne envie de faire quelque chose.

TENTATION. *s. fem.* lat. *Tentatio.* angl. *a temptation.* Desir, envie de faire quelque chose. Induction, sollicitation au mal.

TENTATIVE. *subst. femin.* lat. *Tentatio, probatio, experimentum.* ang. *attempt, tryal, effort.* Effort; action par laquelle on sonde ses forces, on essaye si une affaire, si une expérience réussira. C'est aussi une thése, un premier acte, ou essai, qu'on fait dans l'école de Théologie, pour éprouver la capacité d'un répondant, & qui sert de premier examen pour obtenir le degré de bachelier.

TENTE. *sub. fem.* lat. *Tentorium, tabernaculum.* anglois. *a tent.* Pavillon ou logement portatif, sous lequel on se met à couvert à la campagne des injures du tems. Petits morceaux de linge, ou de charpi, que les Chirurgiens mettent dans les plaies qui ont besoin de suppurer, pour empêcher qu'elles ne se referment trop tôt. (Chasse) Filets qu'on tend.

TENTEMENT. *subst. m.* Terme de *Maître d'armes.* Il consiste à battre deux fois l'épée de son ennemi avec la sienne.

TENTER. *v. act.* lat. *Tentare, explorare.* ang. *to tempt.* Entreprendre une chose hardie & dangereuse; voir si on y réussira; hazarder, risquer. Essayer diverses manières, pour choisir la meilleure, afin de venir à bout d'une affaire. Exciter, émouvoir. Donner envie, ou avoir envie de faire quelque chose. Eprouver la fidélité de quelqu'un. Induire quelqu'un à faire du mal.... Faire un *tentement* d'épées. *voy.* Tentement.

TENTURE. *substant. femin.* lat. *Aulæum.* ang. *a suit of hangings.* Ce qui sert à tendre, à tapisser une Chambre, une Sale, une Eglise.

TENUË. *subst. femin.* lat. *Status, firmitas, constantia.* ang. *firmity, certainty.* Etat d'une chose ferme, stable & constante; fermeté, résolution. Assiéte ferme d'un homme à cheval. En *Musique*, c'est une continuation d'un même ton sur une touche, tandis que les autres parties font d'autres accords. En *L'art d'écrire*, c'est la manière de tenir la plume.... Tems pendant lequel une assemblée se tient. En termes de *Trictrac* action ou situation d'un joueur qui a tenu. ( Marine ) Fond bon ou mauvais pour l'ancrage. *Tout* d'une *tenuë* : tout d'un tenant.

TÉNUË. *adj.* lat. *Tenuis*, *exilis*. ang. *thin*. Qui est mince & delié. Qui est composé de petites parties, & qui ont peu de condensation, ou de liaison ensemble.

TÉNUITÉ. *subst. femin.* lat. *Tenuitas*, *exilitas*. anglois. *tenuity*, *thinness*. Qualité de la partie ou substance ténuë & deliée.

TENURE. *s. f.* lat. *Clientela*. ang. *tenure*. Relevance, mouvance d'un fief, d'un tenement.

T E O

TEORBE. *voy.* Tuorbe.

T E P

TÉPIS. *substant. masculin.* Etoffe de soie & coton qui vient des Indes Orientales.

T E R

TÉRAPEUTE, Térapeutique. *voy.* Thérapeute, Thérapeutique.

TÉRAPHIM, *ou* Théraphim. *sub. mascul.* Talisman, figure ou idole superstitieux faits de métal. Mais les *Juifs* disent que c'étoit la tête actuelle d'un homme, séparée du tronc ou du corps après sa mort & embaumée; qu'on mettoit sous sa langue un morceau d'or, avec le nom de quelque divinité imaginaire; qu'on la plaçoit dans une niche, qu'on y allumoit des flambleaux, qu'on l'adoroit & qu'alors cette figure répondoit & prédisoit l'avenir.

TÉRATOSCOPIE. *sub. f.* Science qui s'attache à l'examen des prodiges, comme accouchemens monstrueux, pluies de pierre, de sang, &c. combats d'armées aëriennes, visions effrayantes dans le Ciel, &c.

TERCE. *s. f.* Régiment Espagnol.

TERCÈRE. *s. masc.* Entremetteur d'amour, appareilleur.

TERCET. *voy.* Terset.

TERCOT. *voy.* Turcot.

TÉRÉBENTHINE. *s. fem.* lat. *Terebinthina resina.* ang. *turpentine.* Espèce de résine claire & transparente, qu'on tire du térébinthe & de quelques autres arbres. Il y en a de deux sortes, la commune & celle de *Venise*. La derniere est la plus estimée, étant claire, brillante & blanche, couleur de cristal, donnant sur l'azur. On s'en sert comme de baume dans les coupures & autres plaies semblables. Prise intérieurement elle est diurétique, & donne à l'urine l'odeur des violettes. Bouillie dans de l'eau elle devient solide & on la donne en pillules dans les maux veneriens. L'huile qu'on en tire est bonne pour consolider les plaies, discuter les tumeurs & fortifier les nerfs.

TÉRÉBINTHE. *substant. masculin.* lat. *Terebinthus*, anglois. *the turpentine-tree.* Arbre résineux d'où coule la véritable térébenthine.

TÉRÉBRATION. *s. fem.* Action de percer avec une tarière.

TERENIABIN. *s. mascul.* Matière gluante, blanche, douce, qui ressemble a du miel blanc & qu'on trouve adhérente aux feuilles de plusieurs espèces d'arbres dans la Perse & autour d'Alep & du grand Caire. Il est purgatif. On l'appelle autrement *Manne liquide*.

TERFEZ. *s. m.* Espèce de trufle qu'on trouve dans les sables de Numidie. Il est nourrissant & son goût approche de celui de la chair.

TERGETTE. *voy.* Targette.

TERGIVERSATEUR. *s. m.* lat. *Tergiversator*. ang. *a shuffler*. Celui qui se désiste d'une accusation, ou la néglige à prix d'argent, ou faute d'en fournir.

TERGIVERSATION. *s. fem.* lat. *Tergiversatio*. ang. *tergiversation*. Action de tergiverser qui se dit des fuites, des chicanes, des obstacles, ou difficultés qu'une partie apporte pour empêcher la conclusion, ou le jugement d'une affaire.

TERGIVERSER. *v. n.* lat. *Tergiversari*. ang. *to shuffle*. Chicaner, fuir, biaiser, dilayer, n'aller pas droit en besogne.

TÉRIAQUE. *voy.* Thériaque.

TERINDANES. *s. f. pl. ou* Terindains. *s. m. pl.* Mousseline, toile de coton fine, qui vient des Indes Orientales.

TERME. *s. masc.* lat. *Terminus*. ang. *term*. Mot particulier d'une langue, parole, expression. Il signifie aussi, tems réglé & prescrit; le point où les choses aboutissent, leur fin, le bout de leur durée. Il y a quatre tems ou *termes* dans l'année pour juger les procès en *Angleterre*; le premier commence au vingt-trois ou vingt-quatre Janvier, V. S. & se nomme *terme de S. Hilaire*; le second ou le *terme de Pâques* commence le Mercredi de la quinzaine après *Pâques* & il est mobile comme cette fête. Le troisième ou le *terme de la Trinité* commence le Vendredi après le Dimanche de la Trinité & le *terme de la S. Michel* commence le vingt-trois ou le vingt-quatre d'*Octobre*, V. S. En *Géometrie terme* signifie bornes, ou limites d'une chose, des lignes, surfaces ou solides. En *Algébre* ce sont les divers membres dont une équation est composée. En *Architecture* c'est une espèce de statuë, ou de colomne ornée par en haut d'une figure, ou tête de femme, de satyre, ou autre sans bras, dont la partie inférieure se termine en gaîne, qui sert à soutenir des entâblemens dans les bâtimens, ou d'ornement dans les jardins. Il se dit encore de la disposition des choses, du point où elles sont.

TERMINAISON. *s. f.* lat. *Terminatio*. ang. *termination*. Les dernières lettres ou syllabes d'un mot, sa désinence.

TERMINER. *v. act.* lat. *Terminare*. angl. *to terminate*. Finir, borner; être à l'extrémité de quelque chose. Achever, finir.

TERMINTHE. *s. m.* lat. *Terminthus*. ang. *a kind of blister*. Espèce de pustule, ou de tubercule inflammatoire, rond, noirâtre ou verdâtre,

verdâtre, sur lequel se forme une pustule noire & ronde, qui en se séchant dégénère en bouton écailleux. Les jambes en sont ordinairement le siége.

TERNAIRE. *adj.* lat. *Ternarius.* ang. *ternary.* Ce qui est composé de trois nombres, ou de trois tons.

TERNE. *adj.* lat. *Obscuratus.* angl. *dull.* Qui n'a pas le lustre, l'éclat qu'il doit avoir naturellement, ou qui a perdu celui qu'il avoit.

TERNES. *s. m. pl.* Terme de *Trictrac.* Deux trois en dé.

TERNEUVIER. *sub. & adj. m.* Vaisseau ou bâtiment de mer équipé pour aller en *Terre-neuve* faire le commerce de la pêche des morues.

TERNIR. *verb. act.* lat. *Nitorem obscurare.* anglois. *to dull.* Faire perdre le premier & naturel éclat ; ôter le lustre. Obscurcir la gloire ou la réputation.

TERNISSURE. *s. f.* lat. *Nitoris obscuratio.* angl. *a dulling.* Action qui ternit.

TERPSICHORE. *s. fem.* Nom de l'une des neuf Muses, qu'on dit être l'inventrice des danses, bals, *&c.* On la représente dans une contenance gaye, couronnée d'une guirlande de plumes de différentes couleurs.

TERRAGE. *sub. masc.* (Coutumes) Droit Seigneurial, champart.

TERRAGER. *voy.* Champarter.

TERRAGERESSE. *voy.* Champarteresse.

TERRAGEUR. *voy.* Champarteur.

TERRAGNOL. *s. masc.* (Manége) Se dit d'un cheval qui a les mouvemens trop retenus & trop près de terre, qui est chargé d'épaules & qui a de la peine à lever le devant.

TERRAILLE. *s. f.* Espèce de poterie, jaunâtre ou grisâtre.

TERRAIN, *ou* Terrein. *subst. mascul.* lat. *Terra, solum.* ang. *ground.* Nature ou qualité d'une terre. Place, espace de terre. On dit *Figurément* ménager le terrain, pour dire, se servir avec prudence de ce qu'on a de moyens pour réussir dans une affaire.

TERRAL. *adj. & subst. mascul.* (Marine) Se dit d'un vent de terre.

TERRA-MERITA, *ou* Terre-mérite. *s. fem.* Racine des Indes, qui teint en jaune comme le safran.

TERRASSE. *substant. femin.* lat. *Agger terreus.* anglois. *a terrass.* Terre coupée & escarpée dans un jardin ou dans une cour, élevée au dessus du rés de chaussée. Il se dit aussi des toits d'une maison qui sont plats, où l'on se peut promener, & des balcons qui sont en saillies.... (Lapidaire) Il se dit des parties d'une pierre qui ne peuvent recevoir le poliment.

TERRASSÉ, ée. *adj.* (Blason) Se dit d'un arbre ou d'une plante qui est représentée sur un écu, comme ayant sa racine dans la terre, il se dit aussi de la pointe de l'écu faite en forme de champ plein d'herbe.

TERRASSER. *v. act.* lat. *Sternere.* anglois. *to throw on the ground.* Renverser par terre l'ennemi contre lequel on se bat. Abattre, soumettre, réduire, consterner, faire perdre courage.... *Se terrasser* : se fortifier en se couvrant d'ouvrages de terre.

TERRASSEUR. *substant. masc.* Ouvrier qui travaille à hourder des planchers & des cloisons.

TERRASSIER. *s. m.* lat. *Aggerarius opifex.* anglois. *a terrass-maker.* Ouvrier qui travaille à des terrasses.

TERRE. *s. fem.* lat. *Terra, tellus, humus.* ang. *earth, ground, land.* Partie du monde où nous vivons, & qui produit du grain, du fruit, des arbres, des fleurs, *&c.* Il se dit aussi de la substance, de la matière dont ce globe est composé tant à l'égard du dehors que du dedans. Grande étendue de païs, Etat, Royaume. Contrée, canton. Fief, domaine, héritage. Hommes qui habitent la *terre.* Lieu qui sert de tombeau. (Marine) Vent de *terre,* vent qui soufle des côtes ; mal de *terre,* scorbut.... Dans la *Philosophie ordinaire* c'est un des quatre élemens qui entrent dans la composition de tous les corps. Chez les *Chymistes* c'est le dernier de leurs cinq principes & ils l'appellent communément *caput mortuum* tête morte, ou ce qui n'a ni vertu, ni esprit, ni sel, *&c. Terre du Japon* : voy. *Cachou. Terre-Merite.* voy. *Terra Merita.... Terre de Moulard* : terre qui se trouve au fond des auges des Remouleurs. On en fait quelque usage dans la teinture, surtout pour les noirs.... *Terre de Patna* : terre du Mogol qui approche de la terre Sigillée. On en fait des vases si minces que le moindre soufle les fait voler en l'air. On mange ces vases avec plaisir, après avoir bu l'eau qu'ils contenoient.... *Terre de Pierre* : voy. *Castine.... Terre de Perse* : rouge d'Inde ou rouge d'Angleterre.... *Pomme de terre* : Papas *ou* Topinambours.

TERREAU. *s. m.* lat. *Stercus veterascens.* ang. *mould.* Vieux fumier bien consumé & bien pourri, mêlé avec de la terre.

TERREIN. *voy.* Terrain.

TERRE-NEUVIER. *voy.* Terneuvier.

TERRE-NOIX. *s. f. Bulbocastanum.* Plante dont la racine est bulbeuse, de la grosseur d'une noix ou d'une chataigne, participant du goût de l'une & de l'autre & bonne à manger. Ses feuilles ressemblent à celles du persil. Elle est astringente & propre à arrêter le sang.

TERRE-PLAIN. *s. m.* lat. *Terreni aggeris planities.* ang. *terraplain.* C'est la partie la plus haute du rempart, la défense solide d'une place, qui est faite de terre avec talus & parapet.... (Architecture) Terre rapportée entre deux murs de maçonnerie.

TERRER. (Se) *v. rec.* lat. *Abdere se.* angl. *to earth one's self.* Se cacher sous terre.

TERRER. *v. act.* Mettre de la terre. *Terrer* du sucre, le blanchir par le moyen d'une sorte de terre grasse dont on couvre le fond des formes où on le fait purger. *Terrer* une étoffe : la glaiser, ou l'enduire de terre à foulon. *Terrer* un artifice ; garnir sa gorge de poussière de terre.

TERRESTRE. *adj.* lat. *Terrestris, terrenus.* anglois. *terrestrial, earthly.* Qui appartient à la terre.

TERRESTRÉITÉS. *subst. f. pl.* En Chymie, sont les parties les plus grossières & terrestres des corps, qui entrent dans quelque composition.

TERRE-VERTE. *sub. fem.* Terre séche, de couleur verte, qu'on apporte de *Vérone*, autrement appellée *Chypre* & dont on se sert pour la Peinture.

TERREUR. *substant. femin.* lat. *Terror*, *formido*, *metus*. anglois. *terrour*. Grand effroi; frayeur, épouvante, passion de l'ame causée par la présence d'un objet affreux, épouvantable. *Terreur panique* est une crainte mal fondée.

TERREUX, euse. *adj.* lat. *Terrosus.* angl. *earthy*. Couvert de terre, de crasse, de poussière. ... ( Jouaillier ) *voy*. Ténébreux.

TERRIBLE. *adj.* lat. *Terribilis.* ang. *terrible*, *dreadful*. Qui doit épouvanter, donner de la terreur. Grand, extraordinaire, surprenant.

TERRIBLEMENT. *adv.* latin. *Terribiliter.* ang. *terribly*. D'une manière terrible.

TERRIEN, enne. *adj.* lat. *Ditissimus agri.* angl. *a landed man.* Qui posséde une grande étenduë de terre.

TERRIER. *subst.* & *adj.* lat. *Codex agrorum vectigalium.* ang. *terrar*, *land-book*. Recueil de reconnoissances des Vassaux ou ténanciers d'une terre Seigneuriale, qui contiennent les rentes, droits & devoirs dont ils sont tenus envers leur Seigneur. Il signifie aussi la demeure que les lapins, renards & autres animaux semblables se creusent dans la terre; & un petit chien qui est propre à la chasse de ces animaux.

TERRIÈRE. *s. fem.* Trou que les renards, & quelques autres animaux font dans la terre pour se cacher.

TERRINE. *substant. feminin.* lat. *Cymbium fictile.* ang. *an earthen pan.* Vaisseau de terre fait en forme de jatte, ou d'un bassin qui a de la profondeur.

TERRINÉE. *s. femin.* lat. *Cymbium fictile plenum.* angl. *an earthen pan-full.* Ce qui est contenu dans une terrine.

TERRIR. *v. n.* Se dit des tortues qui vont à terre pondre leurs œufs & après les avoir couverts de sable, les laissent éclorre par la chaleur du soleil. ... ( Marine ) Prendre terre, ou avoir la vuë de la terre, après des voyages de long cours.

TERRITOIRE. *substant. masculin.* lat. *Territorium.* ang. *territory.* Ressort, jurisdiction, étenduë de païs où un Roi, un Magistrat, &c. a autorité, où il a droit d'exercer la justice. Il se dit aussi de l'étenduë d'une Seigneurie, ou d'une paroisse. Il se dit encore de la permission que donne un Evêque à un autre pour faire quelque fonction épiscopale dans l'étenduë de son Diocèse.

TERROIR. *s. masc.* lat. *Solum.* ang. *ground*, *soil*. Terre considerée selon ses qualités.

TERROT. *voy.* Terreau.

TERRURE. *subst. fem.* Action de terrer.

TERSE. *voy.* Terce.

TERRER. *v. act.* Donner un troisième labour, une troisième façon aux vignes.

TERSET. *s. m.* Se dit de trois vers qui sont liés ou qui marchent ensemble.

TERTIANAIRE. *s. fem.* Espèce de casside ainsi appellée parce qu'elle est bonne pour la fiévre tierce.

TERTIO. *subst. masculin.* Œillet d'un incarnat vif, brun surpassant, c'est à-dire de couleur de feu, ponceau enfoncé. Son blanc n'est pas fin, mais un peu carné.

TERTRE. *substant. masculin.* lat. *Clivus*, *collis.* anglois. *a little hill.* Petite montagne qui s'éleve au milieu d'une plaine de toutes parts, & qui n'est point attachée à des côtes.

## T E S

TESMOIGNAGE, Tesmoigner, Tesmoin, *voy.* Témoignage, Témoigner, Témoin.

TESSEAUX. *s. masc. pl.* ( Marine ) Piéces de bois enclavées dans les mâts, qui soutiennent les hunes. On les appelle aussi *barres de hune.*

TESSON. *voy.* Taisson.

TEST. *sub. masc.* En *Angleterre* on appelle ainsi le formulaire de serment par lequel on abjure la religion Romaine. Ce mot signifie aussi, morceau de pot cassé. *Test*, os de la tête, autrement crâne. ... *Test* ou *têt* : la substance la plus dure qui forme le corps d'une coquille.

TESTACÉE. *adj.* lat. *Testaceus.* ang. *testaceous.* Qui est couvert d'une écaille dure & forte, comme les poissons à coquilles.

TESTAMENT. *substant. mascul.* lat. *Testamentum.* ang. *testament*, *will.* Acte par lequel un homme déclare sa dernière volonté pour la disposition de son bien, & de sa sépulture. Il signifie aussi les livres de la sainte Écriture, de la Loi ancienne & nouvelle, qu'on appelle l'*Ancien* & le *Nouveau Testament*, contenant tous les livres qui ont été écrits par l'inspiration du S. Esprit, l'alliance entre Dieu & son peuple, & le témoignage ou la déclaration de ses volontés.

TESTAMENTAIRE. *adject.* lat. *Testamentarius.* anglois. *by will*, *of a will.* Qui appartient au testament.

TESTATEUR. *subst. masc.* Testatrice. *sub. fem.* lat. & angl. *testator*, *testatrix.* Qui fait un testament.

TESTER. *v. n.* lat. *Testari.* anglois. *to make one's will.* Disposer de ses biens & les destiner après sa mort à certaines personnes qu'on institue héritiers ou légataires.

TESTICULE. *s. mascul.* lat. *Testiculus.* ang. *testicle.* Organes de la génération.

TESTIF. *s. m.* Poil de chameau.

TESTIMONIAL, ale. *adj.* lat. *Testimonalis.* ang. *testimonial.* Qui rend témoignage.

TESTON. *s. mascul.* Ancienne monnoie de France.

TESTONNER. *v. act.* Friser, accommoder les cheveux. Maltraiter quelqu'un à coups de main, sur-tout sur la tête.

TESTUDO. *sub. femin.* Tumeur enkistée, analogue au méliceris, plus molle que l'athérome ou le talpa, large & ronde comme une écaille à tortuë, d'où vient son nom.

T E T

TÊT. *voy.* Test.

TETANOS. *s. m.* (Médecine) Espèce de convulsion tonique, dans laquelle les muscles antérieurs & postérieurs de la tête sont également affectés, ensorte qu'elle ne panche ni d'un côté ni d'autre.

TÊTARD. *substant. masc.* lat. *Capito.* angl. *bull-head.* Sorte d'insecte noir qui nage & qui vit dans l'eau, qui a la tête fort grosse en comparaison du corps.

TÊTARS. *voy.* Bulteau.

TETASSE. *subst. f.* lat. *Mamma productior, mollior & squallida.* angl. *a swagging breast or dug.* Mammelles molles, flasques, pendantes & vilaines.

TÊTE. *s. femin.* lat. *Caput.* ang. *head.* Partie supérieure ou antérieure de l'animal. Il se dit aussi des arbres, des fruits, des os, *&c.* du chef d'une famille, d'une communauté; des corps animés & artificiels; de la représentation de la tête soit en sculpture, soit en peinture; des cheveux qui ornent la tête, du bois du cerf, *&c.* quelquefois il se prend pour l'homme entier, pour sa vie, pour son esprit. Dans les corps politiques c'est ce qui est le plus considérable & qui est au premier rang; ce qui est le premier en chaque chose. (Guerre) *Tête* du camp, de la tranchée, de la sape, du travail, d'une chaussée, d'un pont, d'un ouvrage de fortifications, c'est la partie de toutes ces choses ou autres semblables qui regarde la campagne ou les ennemis, ou qui est la plus avancée. *Tête de more:* cheval qui a la tête noire: espèce de grenade qu'on tire avec le canon: (Marine) Chouquet. (Chymie) Chapiteau d'un alembic, qui a un long col, pour porter les vapeurs dans un tonneau qui sert de refrigerant. (Blason) Tête représentée ordinairement de profil, bandée, liée, & tortillée. C'est aussi le nom qu'on donne à la guipure la plus étroite... (Architect.) *Tête* de voussoir: la partie de devant ou de derrière d'un voussoir d'arc. (Musique) *Tête* d'un luth, d'un tuorbe ou autre instrument semblable: partie attachée au manche, où se mettent les chevilles, qui servent à monter les cordes.... *Tête-morte:* voy. *Caput-mortuum.*... *Tête de moine:* voy. *Cantal.*... *Tête de chien:* serpent ainsi appellé parce qu'il mord comme un chien & qu'il a une tête fort grosse. Il n'a point de venin.... *Tête de coq:* (Anatomie) Caroncule ou éminence, qui est dans l'uréthre.

TÊTE-A-TÊTE. *adj.* & *substant. mascul.* lat. *Confertis capitibus.* ang. *face to face.* Vis-à-vis l'un de l'autre. Occasion où deux personnes sont seul à seul.

TETE. *voy.* Tette.

TETE-CHEVRE. *substant. mascul.* Oiseau nocturne, espèce de fresaie. Il est fort friand du lait des chevres, & il cherche leurs étables pour les teter.

TETER. *v. act.* & *n.* lat. *Lactere, mammam sugere.* ang. *to suck.* Tirer avec la bouche le lait de la mammelle, le succer.

TETHYON. *voy.* Belilli.

TETIERE. *sub. femin.* lat. *Puerilis calantica.* anglois. *a stay-band.* Beguin d'enfant en maillot. Partie de la bride qu'on met autour de la tête d'un cheval.

TETIN. *substant. m.* lat. *Papilla.* ang. *the nipple.* Le bout de la mammelle des femmes.

TETINE. *s. fem.* lat. *Sumen.* ang. *an udder or teat.* Le pis de la vache ou de la truye. Bosse que fait sur une cuirasse une arme à feu.

TETON. *sub. masc.* lat. *Uber, mamma.* ang. *breast.* Mammelle, la partie éminente du sein des femmes.

TETONNIÈRE *subst. femin.* lat. *Mamillare.* anglois. *a gorget or neck-cloth.* Morceau de dentelle qu'on met par dedans au haut du corps de juppe, pour cacher une partie des tetons.

TÉTRACHORDE. *subst. masc.* lat. *Tetrachordon.* anglois. *tetrachord.* Tierce, consonance ou intervalle de trois tons. Instrument de musique de quatre cordes.

TÉTRAËDRE. *substant. mascul.* latin. *Tetraëdrum.* anglois. *tetrahedron.* Solide Géometrique compris sous quatre triangles égaux & équilateraux.

TÉTRAGONE. *adj.* latin. *Tetragonus.* ang. *tetragonal.* Qui a quatre angles, comme un quarré, un rhombe, *&c.*

TETRAGONIAS. *substant. masc.* (Astron.) Comète dont la tête est de figure quadrangulaire & dont la queue est longue, épaisse, & uniforme, & qui ne différe pas du météore qu'on appelle *trabs*, poutre.

TÉTRAGONISME. *s. masc.* Quadrature du cercle.

TÉTRALOGIE. *s. fem.* Combat dans lequel les poëtes grecs disputoient le prix par quatre piéces dramatiques contre quatre autres.

TÉTRAPASTE. *subst. m.* Machine où il y a quatre poulies.

TÉTRAPÉTALE. *adj.* (Botanique) Qui a quatre feuilles.

TETRAPHARMACON. *s. masc.* Basilicon. Onguent ainsi appellé parce qu'il y entre quatre drogues, la poix, la résine, la cire & l'huile.

TÉTRAPLES. *s. masc. pl.* lat. & anglois. *tetrapla.* Bible rangée en quatre colomnes, qui contiennent chacune une version *Grèque* différente; celle d'*Aquila*, des *Septante*, de *Symmaque* & de *Theodotion.*

TÉTRAPTOTE. *adj.* (Grammaire) Se dit des noms qui n'ont que quatre cas.

TÉTRARCHIE. *s. fem.* lat. *Tetrarchia.* ang. *tetrarchate or tetrarchy.* Dignité, pouvoir ou autorité d'un Tétrarque ou païs de sa jurisdiction.

TÉTRARQUE. *substant. mascul.* lat. *Tetrarcha.* anglois. *a tetrarch.* Prince qui a & qui gouverne la quatrième partie d'un païs, d'un Royaume, ou d'une Province, sans porter le diadème ou le titre de Roi: quoiqu'on ait quelquefois donné ce nom à un Roi ou à celui qui gouvernoit la moitié ou la troisième partie d'un Royaume.

TÉTRASTIQUE. *s. masc.* Strophe de quatre vers.

TETRASTYLE. *s. m.* (Architecture) Bâtiment soutenu par quatre colomnes.

TÉTRIQUE. *adj.* Homme austère, mine renfrognée, humeur critique.

TETTE. *subst. femin.* lat. *Papilla.* anglois. *the teat or dug.* Trayon : endroit par où les petits des animaux tirent le lait de leurs mères.

TÊTU. *s. m.* (Maçonnerie) Gros marteau qui sert à démolir.

TÊTU, uë. *adject.* lat. *Pertinax.* anglois. *head-strong.* Opiniâtre, qui s'arrête fortement à exécuter ses résolutions, qui n'en démord point.

## T E U

TEUCRIUM. *subst. masc.* Arbrisseau dont les feuilles sont semblables à celles du chamædris, mais un peu plus grandes.

TEVERTIN. *s. m.* Pierre dure, roussâtre & grisâtre dont on se sert à *Rome.*

TEUTATES. *s. masc.* Nom sous lequel les anciens *Gaulois* adoroient *Mercure*, à qui ils immoloient des victimes humaines, par le ministère des *Druides*, qui les faisoient entièrement brûler, ou les perçoient & les faisoient mourir à coups de flèches, ou les faisoient étrangler au milieu de leurs Temples.

TEUTONIQUE. *adj.* lat. *Teutonicus.* angl. *teutonick.* Qui appartient aux *Teutons* ou aux *Allemands.* L'ordre *Teutonique* est une ordre de Notre-Dame du *Mont* de *Sion.*

TEUTONS. *subst. masc.* lat. *Teutones.* ang. *teutons.* Ancien peuple de *Germanie* qui habitoit les isles de *Funen* & de *Zelande* en *Dannemark.* Ils inquiétoient fort leurs voisins & ils se défendirent long-tems contre les *Romains.*

## T E X

TEXIER. *s. masc.* Ouvrier appellé plus communément *Tisserand.*

TEXTE. *subst. mascul.* lat. *Textus.* ang. *text.* Discours original, sans glose, note, interprétation. Ce qui s'entend principalement de la Bible. On le prend quelquefois pour l'*Hébreu* de l'ancien Testament & pour le *Grec* du nouveau ; quoique quelques sçavans croyent que S. *Mathieu* a écrit son Evangile en *Hébreu*, S. *Marc* en *Latin*; S. *Paul* son Epitre aux *Romains* en *Latin* & celle aux *Hébreux*, en *Hébreu.* Ce mot se dit aussi d'un passage singulier & choisi par un orateur pour être le sujet d'un sermon, & d'un endroit ou d'un passage d'un auteur qu'on cite. En *Imprimerie*, *Petit-texte* est un petit caractère entre le petit Romain & la Mignonne.

TEXTUAIRE. *s. mas.* lat. *Textuarius codex.* anglois. *textuary.* Livre qui ne contient que le texte, qui n'a aucune glose ni commentaire. Il se dit aussi de celui qui sçait parfaitement bien le texte d'un livre, & surtout des loix.... *adjectif.* Qui concerne un texte.

TEXTUEL, elle. *adj.* Qui est dans le texte.

TEXTURE. *sub. f.* Composition, tissu des parties des corps. latin. *Textura.* anglois. *texture*.... Trame d'une toile.

## T H A

THABITRIS. *s. masc.* Terme de *Philosophie Hermétique.* C'est le noir du noir très noir, ou bien le laiton qu'il faut blanchir.

THABORITES. *s. m. pl.* Nom d'une branche des Hussites, qui sous la conduite de Ziga s'établirent sur une montagne où ils bâtirent un fort qu'ils nommerent *Thabor.*

THAÏM. *substant. mascul.* Provision que la Porte fournit aux Princes à qui elle accorde un asyle.

THAÏN, *ou* Than. *s. m.* Nom de dignité, qui étoit autrefois en usage chés les Anglois.

THAÏS. *s. mas.* Cérat propre à donner une couleur vermeille au visage.

THALASSARQUIE. *substant. fem.* L'empire des mers.

THALICTRUM. *substant. mascul.* Plante dont la racine & les feuilles sont un peu purgatives.

THALIE. *s. f.* lat. & ang. *thalia.* L'une des neuf Muses. Celle qui préside à la Comédie. On la représente dans une posture lascive, couronnée de lierre, & tenant un masque à la main. On dit aussi qu'elle fut l'inventrice de la Géometrie & de l'agriculture.

THALISIES. *s. f.* ou *m.* & *pl. Thalisia.* Fête que l'on célébroit en l'honneur de Cerès & de Bacchus conjointement.

THALLOPHORE. *s. m.* (Antiquité) Vieillard qui dans la cérémonie des Panathenées à Athenes, marchoit avec des branches d'arbres à la main.

THAMALAPATRA. *voy.* Malabatrum.

THAME. *voy.* Thammuz.

THAMMUZ, *ou* Tammuz. *s. m.* Divinité payenne qu'on croit être la même qu'*Adonis.* On faisoit une fête publique en son honneur dans le mois *Tammuz* qui répond à nos mois de *Juin* & de *Juillet* On la représentoit par une statue creuse, de bronze, & l'on mettoit du plomb à ses yeux : ensuite on allumoit du feu en dedans qui faisoit fondre le plomb, de manière qu'il sembloit qu'elle pleurât.

THAN. *voy.* Thaïn.

THAPSIE. *s. fem.* Plante dont la tige & les feuilles sont férulacées & semblables à celles du fenouil, les fleurs jaunes disposées en parasol. Elle purge avec tant de violence par haut & par bas, qu'on n'ose pas s'en servir.

THAUMATURGE. *substant. masculin.* Faiseur de miracles.

## T H E

THÉ. *s. m.* lat. *Theus*, *arbor thea.* ang. *tea.* Arbisseau des Indes Orientales dont les premières feuilles mises dans l'eau bouillante lui donnent une teinture & un gout agréable.

THÉANDRIQUE. *adj.* lat. *Theandricus.* ang.

*theandrick*. Dei-viril, divin & humain tout ensemble.

THÉANTHROPE. *s. m.* Nom donné a J. C. pour signifier l'union des deux natures la divine & l'humaine dans la personne du Verbe. *Theanthrope* signifie *Homme-Dieu*, ou *Dieu-Homme*. *Theanthropos.*

THÉATINES. *s. fem. pl.* Religieuses. Il y a deux Congrégations de ce nom. Dans l'une on fait des vœux solemnels & dans l'autre des vœux simples seulement.

THÉATINS. *s. m. pl.* Ordre de Religieux fondé par Dom *Jean Pierre Caraffe* Archevêque de *Chiesi* au Royaume de Naples, qui s'appelloit autrefois *Theate*. Ce même Archevêque fut ensuite fait Pape sous le nom de Paul IV. il fonda l'ordre des *Théatins* conjointement avec le bienheureux *Caëtan Tienne* gentilhomme Venitien, à Rome en 1524.

THÉATRAL, ale. *adj.* lat. *Theatralis.* ang. *theatral or theatrical.* Qui concerne le théatre.

THÉATRE. *s. masc.* lat. *Theatrum.* anglois. *theater*, *play-house*. Lieu élevé où l'on fait des représentations, où l'on donne quelque spectacle. Chez les *Romains* il differoit de l'amphithéatre quant à la forme ; n'étant qu'un demi cercle & l'amphithéatre étant entierement rond. *Théatre* se dit surtout aujourd'hui du lieu où l'on représente des Comédies & des Tragédies. Il signifie quelquefois la science de composer des Tragédies & des Comédies, d'autrefois la Comédie & la Tragédie elle-même, quelquefois aussi le recueil des ouvrages dramatiques d'un Auteur.... *Théatre* de jardin : espèce de terrasse élevée sur laquelle est une décoration perspective d'allées d'arbres. *Théatre anatomique* : sale avec plusieurs rangs de siéges en amphithéatre & où il y a une table placée au milieu sur un pivot pour y faire la dissection des cadavres & les démonstrations anatomiques. *Théatre* ( Marine ) Château ou gaillard d'avant.

THÉ-BOU. *s. masc.* Sorte de Thé acheté à *Nanquin* seconde ville de la Chine, & qui est fort estimé en Europe.

THECA, *ou* Chêne des Indes. *s. m.* Grand arbre du Malabar. Le bois est très bon pour bâtir ; les feuilles pour teindre en pourpre avec le suc qu'on en exprime, & pour guérir les aphthes, lorsqu'on en fait un syrop avec du sucre ; les fleurs bouillies dans du miel pour évacuer les eaux des hydropiques.

THECHNOLOGIE. *s. fem.* lat. *Thechnologia.* ang. *thechnology.* Fausse science de mots qui cachent le sens des choses.

THÉIERE. *voy.* Thétiere.

THÊME. *s. masc.* lat. *Thema*, *argumentum.* anglois. *a theme.* Sujet, matière pour composer. En *Astrologie*, *thème* céléste est l'état du ciel à un certain tems requis pour en conclure quelque événement.... Texte, sujet d'un sermon, proposition que l'on entreprend de prouver ou d'éclaircir.

THÉNAR. *s. m.* ( Anatomie ) Espace qui est entre le pouce & l'index.

THÉOCRATIE. *s. fem.* lat. *Theocratia.* ang. *theocracy*, Etat gouverné par la volonté absolue de Dieu seul.

THÉOCRATIQUE. *adj.* lat. *Theocraticus.* anglois. *theocratical.* Qui appartient à la théocratie.

THÉODOLITE. *s. mas.* *Theodolite.* Instrument en usage dans l'arpentage pour prendre les hauteurs & les distances.

THÉODOTIENS. *s. m. pl.* Hérétiques sectateurs d'un certain *Theodote* Corroyeur, mais homme savant & qui étoient une branche des *Alogiens*. Ils nioient la divinité de Jesus-Christ & rejettoient l'Evangile de S. Jean & son Apocalypse.

THEŒNIES. *s. f. pl.* Fêtes de Bacchus chés les Athéniens.

THÉOGAMIES. *substant. feminin. pl.* Fêtes qui se célébroient en l'honneur de Proserpine & en mémoire de son mariage avec Pluton.

THÉOGONIE. *s. f.* lat. *Theogonia.* ang. *theogony.* Théologie payenne qui enseignoit la Généalogie des faux Dieux.

THÉOLOGAL, ale. *adject.* Se dit de trois vertus qui ont Dieu pour objet immédiat, la *Foi*, l'*Espérance*, la *Charité*. lat. *Theologalis.* ang. *divine.*

THÉOLOGAL. *s. m.* lat. *Theologus collegii canonicorum professor.* ang. *a doctor of divinity, prebend of a cathedral.* Chanoine, & Docteur qui prêche, qui enseigne la Théologie dans un Chapitre.

THÉOLOGALE. *s. f.* lat. *Præbenda theologalis.* anglois. *a prebend bestowed upon none but doctors of divinity.* Prébende affectée au Théologal.

THÉOLOGIE. *s. f.* lat. *Theologia.* anglois. *theology*, *or divinity.* Science qui donne la connoissance de Dieu, & des choses divines.

THÉOLOGIEN, enne. *s. & adj. m. & fem.* lat. *Theologus.* ang. *a divine or theologian.* Qui sçait la Théologie, qui l'enseigne, ou qui en a écrit. Ecolier qui étudie en *Théologie*. Femme ou fille qui prétend savoir la *Théologie*, qui parle hardiment des matières de *Théologie*.

THÉOLOGIQUE. *adject.* lat. *Theologicus.* anglois. *theological.* Qui appartient à la Théologie.

THÉOLOGIQUEMENT. *adv.* lat. *Theologicè.* anglois. *theologically.* D'une manière théologique.

THÉOLOGIUM. *s. masc.* Lieu du théatre, chés les Anciens, élevé au dessus de l'endroit où les acteurs paroissoient. C'étoit celui d'où les Dieux parloient.

THÉOLOGUE. *s. m.* Théologien payen.

THÉOPASCHITES. *s. m. pl.* lat. *Theopaschitæ.* angl. *theopaschites.* Secte qui soutenoit que toute la Trinité avoit souffert à la passion de Jesus-Christ.

THÉOPTIE. *s. fem.* ( Mythologie ) Apparition des Dieux.

THÉORBE. *voy.* Tuorbe.

THÉOPHILUS. *voy.* Catharina.

THÉORÈME. *s. m.* lat. *Theorema.* ang. *theorem.* Regarde proprement les Mathématiques. C'est une vérité démontrée & déterminée, ou proposition qui s'arrête à la spéculation, & dans laquelle on considére les proprietés des choses toutes faites.

THÉORÉTIQUES. *subst. masc. pl.* & *adj.* lat. *Theoretici.* angl. *theoreticks.* Secte de Médecins qui consideroient & qui étudioient soigneusement ce qui fait la santé ou la maladie, les principes du corps humain, &c.

THÉORÈTRE. *sub. m.* (Antiquité) Présent fait à une fille, qui devoit se marier bientôt. A cette occasion elle ôtoit son voile pour la première fois & elle parloit à son époux. On donnoit à cause de cela à ces présens le nom de *opteres*, *Anacalypteres*, & *prophtengteres.*

THÉORIE. *substant. feminin.* lat. *Theoria.* anglois. *theory.* Science qui s'arrête à la seule spéculation d'un art, sans la pratique.

THÉORIQUE. *adj.* lat. *Theoricus.* anglois. *theorical.* Qui regarde la théorie.

THÉORIQUEMENT. *adv.* lat. *Theoricè.* ang. *theorically.* D'une manière théorique.

THÉOURGIE. *s. f.* Puissance de faire des choses merveilleuses & surnaturelles par des moyens licites & en invoquant le secours de Dieu & des Saints.

THÉOXENIES. *s. fem. pl.* Jour solemnel où l'on sacrifioit aux Dieux étrangers.

THERAPEUTES. *substant. mascul. pl.* Juifs qui menoient une vie retirée & dont on raconte des prodiges de mortification comparables à ceux des Saints solitaires chrêtiens.

THÉRAPEUTIQUE. *subst. f.* lat. & ang. *therapeutice.* Partie de la Médecine qui s'occupe à chercher les remédes pour les maladies, & à les bien appliquer pour les guérir.

THÉRAPEUTIQUE. *adj.* Qui concerne les therapeutes.

THÉRAPEUTRIDE. *subst. femin.* Femme thérapeute.

THÉRARQUE. *subst. m.* Qui commandoit deux élephans, dans la guerre. lat. *Therarchus.* ang. *therarch.*

THÉRIACAL, ale. *adject.* lat. *Theriacalis.* ang. *theriacal.* Qui participe de la thériaque.

THÉRIAQUE. *s. fem.* lat. *Theriaca.* anglois. *treacle.* C'est un nom que les Anciens ont donné à diverses compositions qu'ils croyoient propres contre les poisons. On le donne d'ordinaire à une espèce d'opiate ou d'électuaire mou composé d'un grand nombre d'ingrédiens & dont la base ou le principal fondement est la chair de vipère.

THÉRISTRE. *sub. mas.* (Antiquité) Habit que les Anciens mettoient immédiatement sur la chair, comme la chemise aujourd'hui.

THERMAL, ale. *adj.* Se dit des eaux minérales qui sont chaudes.

THERMES. *s. masc. pl.* Bâtimens antiques destinés à se baigner. lat. & anglois. *Thermæ.*

THERMOMÈTRE. *s. masc.* lat. *Thermometrum.* ang. *thermometer.* Instrument philosophique qui sert à mesurer les degrés de la chaleur & du froid & surtout celle du corps humain.

THERMOPOLE. *s. masc.* Cabaret chés les Anciens où l'on vendoit des liqueurs douces & chaudes.

THERMOSCOPE. *voy.* Thermomètre.

THÉSAURISER. *v. n.* lat. *Divitias congerere.* ang. *to thesaurise*, *to treasure up.* Amasser beaucoup d'or & d'argent, ou de richesses.

THÈSE. *sub. f.* lat. & angl. *thesis.* Proposition générale qu'on allégue & qu'on offre de défendre & de soutenir. Placard affiché où l'on publie une suite de *Théses* ou propositions. Dispute des théses. On dit *figurément* soutenir *Thése* contre quelqu'un, pour dire prendre contre lui la défense d'un absent.

THESMOTHÈTES. *s. m. pl.* Nom de quelques Magistrats d'Athènes, qui avoient différentes fonctions.

THÉURGIE. *voy.* Théourgie.

THETIERE. *s. femin.* Vase à faire bouillir l'eau pour le thé.

THEUTATES. *voy.* Teutates.

## T H I

THIE. *subst. fem.* Petit instrument de fer ou d'autre matière, dans lequel les fileuses mettent leur fuseau. Peson.

THIMIN. *s. masc.* Monnoie qui a cours dans l'Archipel & qui vaut 5. sols de notre monnoie.

THISSELIN. *s. masc.* Plante qui ne différe du persil des montagnes, qu'en ce qu'elle rend du lait.

## T H L

THLASE, *ou* Thlasme. *subst. femin.* Espèce de fracture des os plats, qui consiste dans une contusion & un enfoncement des fibres osseuses.

THLASPI. *s. masc.* Plante dont la semence est un des ingrédiens de la thériaque.

THLASPIDIUM. *s. m.* Plante ainsi appellée de ce qu'elle a quelque ressemblance avec le thlaspi. Elle est déterslve, atténuante, apéritive & dessicative.

## T H N

THNETOPSYCHITES. *s. masc. pl.* Hérétiques, dont S. *Jean Damascene* fait mention. Ils croyoient l'ame de l'homme semblable à celle des bêtes & enseignoient qu'elle mouroit avec le corps.

## T H O

THOLUS. *s. mascul.* (Architecture) Clef, ou piéce de bois du milieu, dans laquelle s'assemblent toutes les courbes d'une voute de charpente.

THOMAÏTE. *subst. masc.* *Thomaites.* Salle à manger, chés les Anciens.

THOMISME. *sub. mascul.* lat. *Thomismus.* angl. *thomism.* Doctrine de S. *Thomas* d'*Aquin*, principalement sur la prédestination & la grace.

THOMISTE. *subst. masc.* lat. *Thomista.* angl. *thomist.* Théologien qui soutient les opinions particulières de S. *Thomas* d'*Aquin*, que l'Eglise *Romaine* appelle le *Docteur Angélique.*

THON. *subst. masc.* lat. *Thynnus*, *aut tunnus.* anglois. *tunny.* Grand poisson de mer dont la chair ressemble assés à celle du veau.

THONNAIRE. *s. m.* Filet dont on se sert sur la Méditerranée pour prendre des thons & autres grands pissons.

THONNINE. *s. fem.* lat. *Thynnina caro.* ang. *tunny.* Chair de thon coupée & salée.

THOR. *subst. masc.* Idole que les anciens *Saxons* adoroient; d'où est venu le nom *Anglois Thurs day* du cinquième jour de la semaine; parce qu'on l'adoroit ce jour-là. C'est aussi le nom d'un faux Dieu des *Lapons*, à qui ils attribuent une autorité souveraine sur tous les Démons mal faisans qui demeurent dans les montagnes, dans les lacs ou dans l'air. Ils donnent un arc à ce Dieu pour tuer, disent-ils, ces malins esprits à coups de flêches & ils s'imaginent que c'est l'arc en ciel dont il se sert. Ils l'adorent comme l'Auteur de la mort, & celui qui gouverne tous les hommes. La figure de ce Dieu est un tronc d'arbre dont le haut semble représenter la tête d'un homme. Ils lui fichent un clou d'acier dans la tête, avec un petit morceau de caillou, afin qu'il puisse faire du feu lorsqu'il lui plait. Ils lui mettent un marteau à l'endroit de la main, afin qu'il puisse s'en servir, outre son arc, pour assommer les génies mal-faisants. L'ayant ainsi fagotté, ils le mettent sur une table en forme d'Autel & ordinairement derrière leurs cabanes. Autour de cet Autel ils rangent des branches de bouleau & de pin, & l'allée qui y conduit est aussi bordée de branches des mêmes arbres. Ils lui immolent des rennes, qui sont une espèce de cerfs; & quelquefois des agneaux, des chiens, des rats ou des poules, qu'ils achetent à ce dessein; parce qu'il n'y en a point en leur païs. Aprés leur sacrifice, ils mettent devant la figure de ce Dieu une manière de boëte, faite d'écorce de bouleau, pleine de petits morceaux de chair, pris de toutes les parties du corps de la victime, avec de la graisse fonduë par dessus, pour lui donner de quoi subsister ou au moins pour le faire ressouvenir du dernier acte d'adoration, jusques à ce qu'ils lui fassent une nouvelle offrande.

THORA. *s. fem.* Plante vénéneuse, dont les feuilles sont semblables à celles du cyclamen.

THORACHIQUE. *adj.* (Anatomie) Se dit de deux rameaux de l'artère axillaire qui portent le sang à quelques parties du thorax; & de deux veines qui rapportent le sang à l'artère axillaire. Le *Canal thorachique* est un petit conduit qui vient du reservoir du chile, qui monte tout le long du thorax & qui va se terminer à la veine sousclaviere gauche où il porte le chile & la limphe. On l'appelle autrement *Canal de Pequet.* Médicamens *thorachiques:* propres pour remédier aux incommodités des poumons & de la poitrine.

THORALE. *adj. fem.* En termes de *Chiromance* se dit de la ligne qui traverse la paume de la main & qui est parallèle à la ligne hépatique. On l'appelle autrement *Mensale* ou *ligne de Venus.*

THORAX. *subst. mascul.* lat. & ang. *Thorax.* En *Anatomie* est toute la capacité qui est terminée en dessus par les clavicules, en dessous par le diaphragme, & en devant par l'os de la poitrine. Elle a par derrière le dôs & ses vertebres & tout autour les côtes. Sa figure est ovale & elle renferme le cœur & les poumons; elle est tapissée en dedans par une membrane qu'on nomme la pleure.

## T H R

THRACIENNE. *adj. fem.* Pierre fort semblable au jayet, si ce n'est pas le jayet lui-même.

THRESOR. *voy.* Trésor.

THROMBE. *substant. masculin.* *Thrombus.* (Chirurgie) Tumeur formée par un sang épanché & grumelé dans les tégumens en conséquence d'une saignée.

THRÔNE. *voy.* Trône.

## T H U

THUCION. *s. m.* (Marine) Gros timon de navire, qui ne peut se mouvoir que par le secours de deux ou trois personnes.

THUR. *voy.* Thor.

THURIFÉRAIRE. *s. masc.* lat. *Thuriferarius.* anglois. *a thuriferary.* Acolythe ou clerc qui dans les cérémonies de l'Eglise porte l'encensoir

## T H Y

THYADE. *s. fem.* Prêtresse de Bacchus. lat. *Thyas.* anglois. *a thyad.*

THYASE. *s. masc.* (Mithologie) Se disoit de ceux qui se déguisoient en beliers ou en boucs. *s. fem. pl.* Danses que faisoient les Bacchantes en l'honneur du Dieu qui les agitoit.

THYELLIES. *substant. femin. pl.* Fêtes en l'honneur de Venus, qu'on invoquoit dans les orages.

THYITES. *s. mas.* Sorte de pierre verdâtre, semblable au jaspe, rendant, lorsqu'on la broye un suc laiteux, âcre & mordicant. Elle est propre pour consumer les cicatrices, les cataractes & les nuages des yeux. Elle naît en Ethiopie.

THYM. *subst. masculin.* lat. *Thymus.* angl. *thyme.* Plante aromatique ou arbre qui porte de forts petites feuilles & dont on se sert dans les sauces pour assaisonner les mêts & les rendre plus agréables au goût.

THYMALLE. *s. m.* Espèce de truite ou de poisson de rivière, qui a une odeur de thym. On l'appelle autrement *Ombre.*

THYMBRE. *s. f.* Plante ainsi appellée parce qu'elle ressemble beaucoup au *thym*: elle est céphalique & carminative.

THYMELÆA. *sub. femin.* Arbrisseau autrement appellé *Garou.*

THYMIAME. *s. mascul.* Ecorce de l'arbre qui porte l'encens. lat. & ang. *thymiama.*

THYMIQUE. *adj.* (Anatomie) Se dit d'une veine, qui rapporte le sang d'une glande appellée *thymus* ou *fagoüe* dans la veine jugulaire.

THYMUS. *subst. masc.* (Anatomie) Glande

située à la partie supérieure de la poitrine, à l'endroit où l'artère aorte & la veine cave montante se divisent en rameaux souclaviers. On l'appelle autrement *fagouë* & dans les veaux *ris de veau*.

THYNNÉES. *s. f. pl.* Fêtes où les Pêcheurs sacrifioient des *thons* à *Neptune*.

THYRÉOSTAPHYLIN. *adj.* Muscle de la luette, qui part du bord de la partie supérieure du cartilage thyroïde. De-là il monte droit en haut & en se dilatant beaucoup, il approche de la luette, sur le côté supérieur de laquelle il s'étend fort large.

THYROARYTHENOÏDE. *s. m.* Se dit de deux muscles qui servent à fermer & à ouvrir l'arythenoïde.

THYROÏDE. *adj.* Se dit de deux glandes situées à la partie inférieure du larynx, à côté du cartilage scutiforme. Le cartilage *thyroïde* est ce qu'on appelle vulgairement le nœud de la gorge.

THYRSE. *s. masc.* lat. *Thyrsus.* ang. *thyrse.* Dard envelopé de feuilles de vigne, que les anciens Poëtes ont donné pour sceptre à Bacchus & dont s'armoient les Menades & les Bacchantes.

THYSIADE. *s. f.* Thyade, Bacchante.

## T I A

TIARE. *s. f.* lat. & ang. *tiara.* Ornement dont les Princes & les Souverains en *Perse*, se couvroient autrefois la tête. C'est une espèce de capuche droit, dont la pointe est tournée en haut. C'est aussi la triple couronne du Pape.

## T I B

TIBIA. *s. m.* (Anatomie) Partie osseuse de l'homme qui est entre le genouil & la cheville du pied. Le plus gros os de la jambe.

TIBIAL. *adj.* (Médecine) Se dit d'un des muscles étendeurs de la jambe.

TIBIR. *s. m.* Poudre d'or.

TIBORON. *s. m.* Poisson de l'Amérique fort vorace & fort dangereux. On l'appelle autrement *Tiburon*, *Taburin*, ou *Taburinte*.

TIBOSE. *subst. femin.* Monnoie des Indes Orientales. Elle vaut soixante sols, monnoie de France.

TIBOU. *voy.* Ombiasse.

TIBURON. *voy.* Tiboron.

## T I C

TIC. *s. masc.* lat. *Ticus morbus.* angl. *tick.* Maladie de chevaux, ou mauvaise habitude qu'ils ont d'appuyer les dents contre la mangeoire, ou contre la longe du licol, comme s'ils vouloient la mordre. C'est aussi une sorte de mouvement convulsif auquel quelques personnes sont sujettes. Mauvais geste habituel. Peur qui prend à quelques personnes quand elles jouent, ou qu'elles se battent. Insecte noirâtre qui s'attache aux oreilles des chiens, des bœufs, &c. Il crêve après s'être gorgé de sang. *voy.* Tique.

TICAL. *substantif masculin.* La plus grosse monnoie d'argent de *Siam* valant trente-sept sols & demi monnoie de France.

TICQUE. *voy.* Tique.

TICTÉ, ée. *adj.* (Fleuriste) Marqueté.

## T I E

TIÈBLE. *subst. masc.* Lieu où l'on met les ruches, rucher.

TIÉDE. *adject.* lat. *Tepidus.* anglois. *luke-warm.* Médiocrement chaud.

TIÉDEMENT. *adv.* lat. *Tepidè.* ang. *coldly.* D'une manière tiéde. Avec indifférence.

TIÉDEUR. *s. fem.* lat. *Tepor.* anglois. *luke-warmness.* Qualité de ce qui est tiéde. Indolence, froideur.

TIÉDIR. *v. neut.* lat. *tepescere.* anglois. *to grow luke-warm.* Devenir tiéde.

TIEN, TIENNE. *Pron. possessif* de la seconde personne au singulier. lat. *Tuus, tua, tuum.* ang. *thine.* Qui est à toi.

TIENBORD. *s. m.* (Marine) Le côté droit du vaisseau: *stribord* ou *dextribord*.

TIENSU. *s. m.* Idole des peuples du Tonquin, à qui ils offrent des sacrifices, afin qu'il donne à leurs enfans de l'esprit, du jugement & de la mémoire.

TIERAN, *ou* Tiersan. *s. masc.* (Chasse) En parlant du sanglier, signifie troisième année.

TIERÇAIRE. *subst. masc.* & *fem.* Qui est d'un tiers ordre.

TIERCE. *s. fem.* & *adj.* lat. *tertia.* anglois. *tierce.* La troisième heure, trois heures. Heure du Bréviaire. En *Musique*, c'est une consonance, ou mélange de deux sons, qui contient un intervalle de deux tons & demi. En *Astronomie*, c'est la soixantième partie d'une seconde. Au Piquet & autres jeux de cartes, c'est une suite de trois cartes de même couleur. Chés les *Imprimeurs* il se dit de la troisième épreuve qu'on tire pour la corriger avant que de tirer à fond. Jeu de l'orgue qui est un tuyau d'un pied sept pouces qui est ouvert & accordé à la tierce du jeu de deux pieds ouverts. . . . *Tierces* ou *tierches.* (Blason) Fasces en devises qui se mettent trois à trois, comme les jumelles deux à deux. . . . *Tierce*, *adject.* *voy.* Tiers.

TIERCÉ. *adj.* (Blason) Se dit d'un écu divisé en trois parties soit en pal, ou en bande, ou en fasce, &c. lat. *tripartitus.* anglois. *divided into three parts.*

TIERCEFEUILLE. *s. fem.* Figure dont on a chargé les écus des armoiries ne différant du trefle qu'en ce qu'elle a une queuë.

TIERCELET. *s. masc.* lat. *terciarius.* ang. *tassel*, *tiercel.* Terme de *Fauconnerie*, qui se dit des mâles des oiseaux de proye, comme de Faucon, d'Autour, de Gerfaut, d'Eprevier, &c.

TIERCELINES, *ou* Tierselines. *subst. fem. pl.* & *adj.* Religieuses du tiers ordre de saint François de l'étroite observance. Claire-Françoise de Besançon en a été la première fondatrice.

TIERCEMENT. *adv.* lat. *tertiò*, *tertiùm*. ang. *thirdly*. En troisième lieu, le troisième point, la troisième raison.

TIERCEMENT. *s. m.* lat. *Licitatio ad tertiam partem.* ang. *tertiating*. C'est une enchère qu'on fait sur une terre ou ferme adjugée en justice du tiers du prix au-delà de celui de l'adjudication.

TIERCER. *v. act.* lat. *tertiare.* ang. *to tertiate*, *to dig up the earth about a vine for the third time.* Donner aux terres le troisième labour, la troisième façon. Séparer les fruits d'une Abbaie en trois, pour en donner le tiers à l'Abbé, le tiers aux Religieux, & réserver le tiers pour les réparations. Faire un tiercement ou une enchère du tiers du prix sur une adjudication déja faite. lat. *Pretium adjudicationis augere.* ang. *to tertiate*.... *v. n.* Au jeu de *Paume*, c'est servir de tiers d'un côté & tenir une place vers la corde.

TIERCERON. *voy.* Lierne.

TIERCERONS. *s. masc. pl.* (Architecture) C'est dans les voutes gothiques des arcs qui naissent des angles & vont se joindre aux liernes.

TIERCET, *ou* Tierset. *voy.* Terset.

TIERCEUR. *s. m.* Enchérisseur qui fait une enchère d'un tiers ou un tiercement après une adjudication.

TIERCHE. (Blason) *voy.* Tierce, *a la fin.*

TIERCINE. *s. f.* (Couvreur) Morceau de tuile fendue en longueur.

TIERÇON. *s. m.* Sorte de caisse de bois de sapin, dans laquelle on envoie les savons blancs en petits pains & les savons jaspés en pains ou briques.... Mesure qui fait le tiers d'une mesure entière.

TIERS, Tierce. *adj.* lat. *tertius*, *ternus*. angl. *third*. Chaque partie d'un tout divisé en trois. Fiévre *tierce* est celle qui laisse l'intervalle d'un jour entre deux accès Un *tiers* est aussi un entremetteur, un expert, un surarbitre, une troisieme personne. *Tiers* ordre est un troisième ordre sous une même régle, à proportion de deux ordres institués auparavant. *Tiers point* en *Perspective* est un point qu'on prend à discrétion sur la ligne de vuë, où aboutissent toutes les diagonales qu'on tire pour raccourcir les figures. En *Architecture*, c'est le point de section qui se fait au sommet d'un triangle équilateral ou au dessus ou au dessous. En *Méchanique* c'est ce qui donne un branle à plusieurs machines. En *Horlogerie* c'est une lime qui est formée de trois angles. Dans la *Marine* les voiles *à tiers point* sont les triangulaires ou voiles latines.

TIERS. *s. masc.* lat. *tertia pars.* angl. *third part.* La troisième partie d'un tout. Troisième personne. Oiseau d'étangs qui tient le milieu entre un gros canard & une sarcelle.

TIERSAN. *voy.* Tieran.

TIERS-COUTUMIER. *s. m.* (Coutumes) La troisième partie du bien du Père ou de la Mère, laquelle est inaliénable & appartient à ses enfans.

TIERS-DÉTENTEUR. *s. m.* (Palais) Celui qui possède un immeuble sujet à l'hypotheque du créancier du vendeur.

TIERSELINES. *voy.* Tiercelines.

TIERSET. *voy.* Tercet.

TIERS-OPPOSANS. *s. m. pl.* (Palais) Se dit de ceux, qui n'ayant pas été parties dans un jugement, forment opposition à son exécution, à cause de l'intérêt qu'ils y ont.

TIERS-ORDRE. *substant. masc.* Troisième ordre sous une même regle & même forme de vie à proportion de deux autres institués auparavant.

TIERS POINT. *s. m.* (Architecture) Point de section, qui se fait au sommet d'un triangle équilatéral, ou au dessus, ou au dessous. (Perspective) Point qu'on prend à discretion sur la ligne de vuë, où aboutissent toutes les diagonales qu'on tire pour racourcir les figures. (Méchanique) Ce qui donne un branle a plusieurs machines. (Marine) Voiles a *tiers point*, autrement voiles *triangulaires*, ou voiles *latines*. (Horlogerie) Lime formée de trois angles.

TIERS-POTEAU. *s. masc.* (Architecture) Piéce de bois de sciage de cinq & trois pouces & demi de grosseur, faite d'un poteau de cinq & sept pouces refendu.

TIERS-SAISI. *s. m.* (Palais) Celui entre les mains duquel on saisit, auquel on donne assignation pour voir déclarer la saisie bonne & valable, & affirmer par lui ce qu'il doit au débiteur, sur lequel la saisie est faite, & en vuider ses mains en celles du saisissant.

## TIG

TIGE. *s. f.* lat. *Caudex*, *truncus*. anglois. *stalk*. Partie des plantes qui naît de la racine, & qui soutient les feuilles, les fleurs & les fruits. En *Architecture*, c'est le fût ou le vif d'une colomne. Partie de la botte qui est depuis la genouillere jusqu'au talon. On le dit aussi de beaucoup d'ouvrages de l'art qui imitent la *tige* d'un arbre.

TIGÉ, ée. *adj.* (Blason) Se dit des plantes des fleurs représentées sur leur tige.

TIGETTE. *s. f.* (Architecture) C'est dans le chapiteau corinthien une manière de tige d'où naissent les volutes & les helices. *voyez Caulicoles.*

TIGNE. *voy.* Teigne.

TIGNON, Tignonner. *voy.* Teignon, Teignonner.

TIGRE, Tigresse. *s. f.* lat. *tigris.* angl. *a tigre.* Animal feroce & cruel qui a des griffes & la figure d'un chat, mais qui est plus grand & qui a la peau tachetée. Il est très agile & très vîte, c'est ce qui a fait dire aux poëtes qu'il étoit conçû des vents. A la Cour du *Mogol* on fait des combats d'hommes & de *tigres* par divertissement. Cheval dont le poil est tacheté comme celui des tigres. Petit insecte gris & rond, fait comme une punaise, qui ronge les feuilles des arbres & surtout des poiriers.

TIGRÉ, ée. *adjectif.* Moucheté comme un tigre.

## TIL

TILLAC. *s. mascul.* lat. *Navigii tabulatum superius.* anglois. *deck.* La couverture du vaisseau, le plus haut point du navire, sur lequel on combat, où sont les Soldats & les matelots pour les manœuvres. Franc *tillac*, est le pont le plus bas du vaisseau.

TILLAU. *voy.* Tilleul.

TILLE. *s. mascul.* Ecorce de jeune tilleul, avec laquelle on fait des cordes pour des puits. lat. *Cortex tiliacea.* anglois. *the rind of a young linden-tree....* Endroit où se tient le timonier, dans les vaisseaux appellés flutes. C'est un accastillage, à l'arrière d'un vaisseau non ponté. *s. fem.* Assette.

TILLEAU. *voy.* Tilleul.

TILLER. *v. act.* Faire de la corde avec du tille. *voy. Teiller.*

TILLET. *substant. mascul.* Lieu planté de tilleuls.

TILLEUL, *ou* Tillau, *ou* Tillot. *s. masc.* lat. *Tilia.* anglois. *a linden-tree.* Arbre grand, gros, fort rameux & qui donne beaucoup d'ombrage.

TILLOTTE. *s. fem.* Maque ou machacoire, brisoir. Instrument à rompre & à broyer le chanvre.

TILLOTTER. *verb. act.* Ebriser le chanvre avec la tillotte.

## TIM

TIMAR. *s. masc.* Dans la *Police Turque* est une Seigneurie, ou étenduë de terre que le Grand Seigneur donne à cultiver & en usufruit à certaines personnes pour leur entretien, à la charge de servir dans ses armées. Leur revenu est reglé par les lettres patentes qu'ils obtiennent du Grand-Seigneur, & ce revenu est depuis six mille aspres jusques à vingt mille moins un aspre ; car si le nombre de vingt mille étoit complet, ce seroit le revenu d'un Zaim. Les *Timariots* sont obligés de mener un Cavalier avec eux, pour chaque somme de trois mille aspres du revenu qu'ils ont. Ces Cavaliers sont nommés *Gebelins.* Ils sont disposés par Régimens qui ont chacun leur Colonel, & lorsqu'ils marchent, ils ont des drapeaux & des timbales. Ils ne peuvent jamais s'exempter de servir en personne, avec la suite que le revenu de leurs terres les oblige de mener avec eux soit sur terre ou sur mer. S'il y en a de malades, il faut qu'ils se fassent porter en litières ou en brancards. S'ils sont enfans, on les porte dans de corbeilles ou paniers, & on les accoutume ainsi dès leur jeunesse, aux fatigues de la guerre : la plûpart des *Timariots* ont le revenu de leurs terres pour eux & pour leurs enfans ; quelques-uns n'en jouissent que pendant leur vie.

TIMARIOTS. *substant. masc. pl.* Parmi les *Turcs* sont des Soldats qui jouissent des revenus de certaines terres qui leur sont accordés par le Grand-Seigneur à la charge de servir dans ses armées.

TIMBALE. *s. fem.* lat. *Tympanum:* angl. *a kettle drum.* Tambour dont se servent quelques Régimens de Cavalerie, dont la quaisse est d'airain. Sorte de palette pour jouer au volant. lat. *Coriacea palmula.* ang. *a battle-dore.*

TIMBALIER. *substant. mascul.* lat. *Tympanotriba.* anglois. *a kettle-drummer.* Qui joue des timbales.

TIMBO. *subst. mascul.* Plante du Brésil, dont l'écorce est un venin employé par les sauvages à prendre du poisson.

TIMBRÉ, ée. *adject.* Papier ou parchemin marqué.... *Figurément* bien ou mal *timbré* c'est-à-dire sage ou insensé.

TIMBRE. *s. m.* lat. *Campana.* anglois. *bell.* Cloche sans battans & immobile, qu'on frappe à la main avec un marteau. Il se dit dans le *Blason*, de tout ce qui se met sur l'écu, qui distingue les degrés de noblesse ou de dignité, comme la Tiare Papale, le Chapeau des Cardinaux, *&c.* *Timbre* signifie aussi la marque que l'on met sur le papier ou parchemin timbré. Grande pierre creuse dans laquelle on jette de l'eau pour abbreuver les chevaux, les bestiaux.... *Timbres :* nerfs ou cordes de boyaux qui sont sous un tambour, qui servent à en bander la peau & à le faire raisonner.

TIMBRER. *v. act.* Jouer du timbre. Mettre un timbre sur les armoiries. Imprimer la marque du Roi sur le papier & parchemin..... (Palais) Mettre au haut de la première page d'un acte sa date & sa qualité.

TIMBREUR. *s. m.* lat. *Signo regio notator.* ang. *stamper.* Celui qui imprime, qui marque le timbre sur le papier & parchemin.

TIMIDE. *adj.* lat. *Timidus, meticulosus.* anglois. *fearful, timorous.* Foible, peu hardi, trop circonspect, qui craint tout.

TIMIDEMENT. *adv.* lat. *Timidè.* anglois. *timorously.* D'une manière timide.

TIMIDITÉ. *subst. femin.* lat. *Timor, metus.* anglois. *fear, timorousness.* Qualité qui rend timide ; appréhension, retenuë, crainte foible.

TIMOCHARIS. *s. m.* Seizième tache de la Lune.

TIMON. *s. m.* lat. *Temo.* angl. *the beam of a coach.* Partie d'un train d'un carrosse ou d'un chariot où l'on attéle les chevaux, qui sert à les séparer, & à reculer. On appelle *timon* sur les galères & autres bâtimens à voiles latines, ce qu'on appelle gouvernail sur les vaisseaux. *Figurément* on s'en sert pour signifier le gouvernement d'un état, d'une famille.

TIMONIER. *subst. masc.* lat. *Jugatorius ad temonem equus.* anglois. *a thill-horse.* Cheval qu'on met au timon du carrosse, qui est opposé à celui qu'on met à la volée. Matelot qui tient le timon ou la barre du gouvernail. lat. *Gubernaculi moderator.* angl. *steersman.*

TIMORÉ, ée. *adj.* lat. *Timoratus.* anglois. *timorous.* Qui est timide, scrupuleux.

TIMORPHYTE. *s. f. ou* Lithotyron. *sub. m.* Pierre figurée qui imite un morceau de fromage.

TIMOTHÉENS. *subst. masc. pluriel.* Hérétiques, les mêmes que les *Monothélites* & *Monophysites*.

TIMPAN, Timpaniſer, Timpanite. *voyez* Tympan, Tympaniſer, Tympanite.

## T I N

TIN. *ſubſtant. maſculin.* Chantier pour les vaiſſeaux.

TINAGÔGO. *ſub. maſcul.* Dieu des Indiens, dont le nom ſignifie Dieu de mille Dieux.

TINE. *ſubſt. feminin.* lat. *Cupula lignea.* anglois. *tub, an open tub.* Petit vaiſſeau en forme de cuve, dont on ſe ſert en pluſieurs lieux pour porter les vendanges de la vigne à la maiſon ou au preſſoir.

TINET. *ſubſt. maſc.* Gros bâton dont on ſe ſert pour porter les tines. Manière de joug dont on ſe ſert pour deſcendre du vin dans la cave, ſans le troubler.

TINETTE. *ſ. fem.* lat. *Parva cupa.* angl. *a tub with ears.* Petit vaiſſeau fait de douves, & plus étroit par en bas que par en haut, qui ſert d'ordinaire à garder du beurre ſalé.

TINFE. *ſ. femin.* Monnoie d'argent qui ſe frappe en Pologne. Elle vaut cinq gros d'Allemagne ou dix ſols de France.

TINGUER. *v. act.* Terme de *Joueur.* Faire bon au jeu, tenir jeu; & *figurément*, tôper, conſentir, ſouſcrire, être d'accord.

TINTAMARRE. *ſub. maſc.* Bruit que font les Vignerons en frappant ſur leur marre pour ſe donner quelque ſignal. Grand bruit, crierie, tumulte. lat. *Strepitus.* angl. *a noiſe.*

TINTEMENT. *ſubſtant. maſcul.* lat. *Tinnitus.* anglois. *the tingling of a bell.* Action de la cloche qui tinte. *Tintement* d'oreille eſt une maladie qui conſiſte dans la perception d'un bruit qui n'eſt pas. Il vient d'une obſtruction ou d'une irritation de l'oreille qui fait mouvoir continuellement l'air qui y eſt enfermé & lui fait frapper le timpan.

TINTENAQUE. *ſ. maſc.* Eſpèce de cuivre de la Chine, fort eſtimé.

TINTER. *v. act.* & *n.* lat. *Æs campanum quatere.* anglois. *to toll a bell.* Sonner une cloche ſans la mettre en branle, ne la laiſſer frapper que d'un côté & lentement. L'oreille *tinte* lorſqu'on croit entendre un bruit qui n'eſt pas.

TINTIN. *ſ. maſc.* Mot imaginé pour exprimer le bruit que font les verres, quand on les choque les uns contre les autres. lat. *Urceorum tinnitus.* anglois. *jingling.*

TINTOUIN. *ſ. maſc.* lat. *Aurium tinnitus.* ang. *a tingling in one's ears.* Battement d'oreille, bruit ſourd qu'on s'imagine entendre.

## T I P

TIPHON, *ou* Siphon. *ſubſtant. maſc.* Orage dans lequel l'eau de la mer s'éleve en manière de colomne à la hauteur de cent braſſes & tournoye ſpiralement par la largeur de quinze à vingt pieds.

TIPULE. *ſubſt.* & *adj. fem.* Eſpèce de mouche aquatique qui reſſemble à une araignée. Elle a auſſi beaucoup de rapport avec les couſins, mais elle n'eſt pas auſſi incommode, parce qu'elle n'a point de trompe. Les mouches *tipules* appliquées extérieurement ſont réſolutives.

## T I Q

TIQUE. *ſ. fem.* lat. *Ricinus.* anglois. *tick.* Inſecte noirâtre, qui s'attache aux oreilles des chiens, des bœufs, & autres animaux. On l'appelle autrement *tic* ou *tiquet.*

TIQUER. *v. n.* Se dit du cheval qui a le tic. lat. *Dentibus inniti præſepi.* angl. *to have got the tick.*

TIQUET. *voy.* Tique.

TIQUETÉ, ée. *adject.* Marqueté, tacheté, marqué de pluſieurs petites taches.

TIQUEUR. *ſ. fem.* lat. *Equus qui dentibus innititur præſepi.* ang. *a horſe that has got the tick.* Cheval qui a le tic.

## T I R

TIR. *ſubſtant. maſcul.* La ligne ſuivant laquelle on tire un canon, un mouſquet.

TIRADE. *ſ. f.* Terme de joueur d'inſtrument à cordes. C'eſt la liaiſon d'une lettre avec ou pluſieurs autres, qu'il ne faut que battre ou pincer une fois, & tirer les autres lettres de la main gauche. Il ſe dit auſſi d'une longue ſuite de paroles, & des beaux endroits de quelque compoſition. lat. *Verborum ductus.* ang. *a long train of words.*

TIRAGE. *ſubſtant. maſculin.* lat. *Helciatus.* ang. *pulling, drawing.* L'action de tirer. Action de faire paſſer de l'or ou de l'argent par la filière. Action de tirer au ſort pour la milice.

TIRAILLEMENT. *ſ. m.* Action de tirailler. Ebranlement, ſecouſſe, agitation.

TIRAILLER. *v. act.* lat. *Diſtrahere.* ang. *to pull or hale about.* Tirer deçà & delà. Tirer d'une arme à feu mal & ſouvent.

TIRAILLEUR. *ſ. m.* Qui tiraille, qui tire mal.

TIRAN, Tirannique, Tiranniſer. *voy.* Tyran, Tyrannique, Tyranniſer.

TIRANCE. *ſ. fem.* Pieux de *tirance* : pieux inventés pour trainer des cordages ſur le fond de la mer. Ces pieux ſont armés à leur extrémités de deux pointes entre leſquelles eſt un rouleau tournant ſur ſon eſſieu, & portent à leur tête une poulie de retour.

TIRANT, ante. *adj.* lat. *Trahens.* ang. *drawing, pulling.* Qui tire.

TIRANT. *ſ. maſc.* lat. *Lorum ductile.* ang. *a boot-ſtrap.* Cordon qui ſert à tirer. Bouton qui tient attachée la queuë d'un violon au corps de l'inſtrument. Pièce de bois qui eſt la principale d'une ferme de charpente, qui ſert à la fermer ou à la tenir en état; elle aboutit des deux côtés aux jambes de force, dans leſquelles elle eſt enclavée, & elle eſt quelquefois ſoutenuë au milieu par le poinçon. On l'appelle auſſi *entrait.* Il ſe dit auſſi d'une pièce de fer qui tient une barre de ſer qu'on appelle ancre, & qui eſt attachée ſur une poutre, ou ſcellée contre la muraille de quelque maison. Petit morceau de parchemin long qu'on mouille & qu'on tortille pour faire des manières de petits cordons, qui servent à attacher les papiers chés les Procureurs, Notaires, &c. Il se dit aussi des cordons qui sont des deux côtés de la quaisse d'un tambour, qui servent à en bander ou lâcher les peaux. C'est encore un certain tendon de couleur jaunâtre qui se trouve dans la viande de boucherie. (Marine) La quantité des pieds d'eau qui est nécessaire pour mettre un navire à flot.

TIRASSE. *s. f.* lat. *Rete venatorium ductile.* ang. *a net for quails.* Grand filet de chasseur qu'on traine par la campagne, qui sert à prendre du menu gibier, comme cailles, perdrix, &c.

TIRASSER. *v. act.* Chasser à la tirasse, prendre à la tirasse.

TIRE. *s. fem.* Traite de chemin faite sans se reposer. Dans le *Blason* il se dit des traits ou rangées de vair dont on se sert pour distinguer le beffroi, le vair & le menu vair.

TIRE-BALLE. *s. masc.* Instrument de *Chirurgie* fait en manière de ville-brequin avec une pointe en vis, dont on se sert pour percer une balle demeurée dans le corps d'un homme, quand elle est appuyée contre une partie solide, & pour la tirer ensuite. Il y a de ces *tire-balles* faits en forme de cueiller, pour prendre la balle dans sa cavité.

TIRE-BORD. *s. m.* (Marine) Sorte de grand tire-fond dont on se sert pour retirer le bordage d'un vaisseau, quand il est enfoncé.

TIRE-BOTTE. *s. m.* Petits bâtons ou osselets qui servent à chausser des bottes. C'est aussi une planche ayant une entaille proportionée au talon d'une botte, avec laquelle on se débotte tout seul. Les *Tapissiers* appellent aussi *tire-botte* de gros galons de fil dont ils se servent pour border les étoffes qu'ils emploient en meubles.

TIRE-BOUCHON. *s. masc.* Sorte de vis de fer ou d'acier qui tient à un anneau, avec laquelle on tire les bouchons des bouteilles.

TIRE-BOURRE. *s. masc.* lat. *Strombulcus.* ang. *a worm, to unload a gun.* Est un instrument qui sert à décharger une arme à feu sans la tirer.

TIRE-CLOU. *s. m.* Outil de Couvreur, qui sert à arracher des clous. lat. *Malleus bifidus.* anglois. *a nail-drawer.*

TIRE-D'AILE. *s. m.* lat. *Continens alarum tractus.* anglois. *a quick jerk of the wings.* Battement d'aîle prompt & vigoureux, que fait un oiseau, quand il vole vîte.

TIRE D'AILE. (à) *adv.* lat. *Uno alarum tractu.* anglois. *swift.* Vigoureusement. D'un vol rapide & & continu.

TIRE-FOIN. *s. masc.* (Marine) Tirebourre propre à décharger le canon.

TIRE-FONDS. *s. m.* lat. *Clavus in cuspide cochleatus.* anglois. *a cooper's turrel.* Outil de Tonnelier, qui est fait en façon de cercle de fer, qui a une pointe tournée en vis. Il sert à élever la dernière douve du fonds du tonneau pour la faire entrer dans le jâble & à plusieurs autres usages.... (Chirurgie) Instrument dont on se sert pour enlever la piéce d'os sciée par le trépan, lorsqu'elle ne tient plus guère.

TIRE-LAINE. *s. m.* Filou qui vole la nuit.

TIRE-LARIGOT. *s. m.* Boire à *tire-larigot,* boire avec excès. lat. *Bibere lautè, perpotare.* ang. *to drink hard or briskly.*

TIRE-LIGNE. *s. masc.* lat. *Graphis.* ang. *a drawing-pen.* Instrument de Géométre qui sert à tirer nettement des lignes, quand on trace un plan ou un dessein.

TIRE-LIRE. *subst. f.* Petit tronc portatif qui a une ouverture en haut, dans laquelle on fait passer la monnoie qu'on veut donner en aumône.

TIRELIRER. *verb. neut.* Crier comme fait l'alouette.

TIRE-LISSES. *subst. feminin. pl.* Contre-lames. Ce sont trois tringles ou regles de bois, qui servent dans le mêtier à gaze à baisser les lisses, après que les bricoteaux les ont levées.

TIRE-PIED. *s. m.* lat. *Pedis eductor.* anglois. *a shoe maker's stirrup.* Courroye qui prend depuis le pied jusqu'au genouil du Cordonnier, & qui lui sert à tenir ferme le soulier qu'il coud. On le dit aussi d'une peau ou autre outil qui sert à chausser un soulier. On l'appelle autrement *chausse-pied.*

TIRE-PLOMB. *s. m.* lat. *Plumbi in canaliculos ducendi rotula.* ang. *a glazier's vice.* Rouet qui sert aux Vitriers à tirer & à allonger le plomb.

TIRER. *v. act. & n.* lat. *Producere.* angl. *to draw, pull.* Faire sortir quelque chose d'un lieu pour la faire paroitre au jour, la produire. Donner du mouvement à quelque corps en l'amenant de son côté. Arracher, faire sortir, mettre dehors. Tendre vers quelque chose, en approcher. Recueillir du profit, de l'honneur, de l'instruction. Exiger. Mener une ligne. Extraire la racine quarrée d'un nombre, &c. *Tirer* l'horoscope, c'est dresser un théme céleste. *Tirer* une personne ; faire son portrait. *Tirer* se dit aussi des feuilles qu'on imprime, des armes à feu qu'on décharge ; de l'or qu'on fait passer par la filière, du linge qu'on étend & qu'on empèse. *Tirer* vanité d'une chose, en faire vanité ; en *tirer* avantage, la tourner à son avantage. *Figurément, tirer* sur quelqu'un c'est dire de lui des choses offensantes, & *tirer* à cartouches, c'est en dire les choses les plus offensantes, se déchainer contre lui. (Marine) *Tirer* se dit de la quantité d'eau qui est nécessaire à un vaisseau pour le faire voguer. *Tirer* à la mer, prendre le large, s'éloigner de la terre ou d'un autre vaisseau.

TIRET. *s. m.* lat. *Pergamena ligula.* anglois. *a slip of parchment.* Filet de parchemin tortillé qui sert aux Clercs de Procureurs pour attacher leurs écritures. Petit trait de plume qui sert à la liaison des mots coupés. lat. *Lineola interjecta inter duo verba.* ang. *a division....* Longue piéce de bois avec des liens, qui arboute la porte d'un moulin.

TIRETAINE. *subst. fem.* lat. *Pannus lanâ filoque textus.* ang. *linsy-woolsy.* Sorte de droguer, étoffe tissuë grossièrement, moitié de fil, moitié de laine.

TIRE-TÊTE. *s. masc.* Instrument destiné à tirer l'enfant par la tête, dans les accouchemens naturels, mais laborieux.

TIRE-VEILLE, *ou* Tire-vieille. *subst. fem.* (Marine) Se dit des cordes qui pendent le long du bordage d'un vaisseau à chaque côté de l'échelle, pour aider à monter & à descendre. On appelle aussi *tire-veille* la *sauve-garde*, qui est une corde dont on se sert pour marcher en sûreté sur le mât de beaupré.

TIREUR. *s. m.* Celui qui tire. *Tireurs* d'or sont ceux qui le font passer par la filière. En termes de *Chasse*, c'est celui qui sçait bien s'aider d'un fusil, qui tire en volant. Dans le *Commerce*, *tireur* d'une lettre de change est celui qui la signe. *Tireur* d'horoscope : diseur de bonne avanture.

TIROARITENOÏDIENS. *s. m. pl.* (Anatom.) Seconde paire des muscles fermeurs du larynx.

TIROÏDE. *s. m.* Le premier des cartilages du larynx autrement nommé *scutiforme*, parce qu'il a la figure d'un bouclier. *s. f.* Il se dit de deux glandes du larynx.

TIROIR. *s. m.* lat. *Cista ductilis.* anglois. *a drawer.* Petite layette qui se coule & s'enferme dans les séparations d'un buffet, d'un cabinet, d'un comptoir.

TIROT. *s. m.* Petit bâteau.

TIRTOIR. *subst. masc.* Outil du métier de *Tonnelier*, avec lequel on tire les derniers cerceaux d'une futaille, pour les faire entrer sur les peignes du jable.

## T I S

TISANE. *s. fem.* lat. *Ptisana.* angl. *barley-water.* Potion rafraichissante faite d'eau bouillie avec de l'orge & de la réglisse, du chien dent, oseille, &c.

TISART. *s. m.* Terme de manufactures de glaces. Ouverture des fours à couler par laquelle le tiseur entretient le feu, en y jettant continuellement des billettes.

TISER. *v. act.* C'est la même chose qu'*Attiser*, mais il n'est en usage que dans les verreries.

TISEUR. *s. m.* Celui, qui, dans les manufactures de glaces a soin d'entretenir le feu, dans les fours à couler. C'est aussi celui qui sert le gentilhomme verrier dans la fabrique du verre.

TISON. *s. masc.* lat. *Titio.* anglois. *brand, fire-brand.* Piéce de bois à moitié consumée par le feu, soit qu'elle soit éteinte, soit qu'elle soit encore enflammée.

TISONNÉ, *ée. adj.* Se dit de certains chevaux qui ont des marques toutes noires éparses çà & là sur le poil blanc, larges comme la main, ou environ.

TISONNER. *v. n.* lat. *Titiones movere.* ang. *to poke the fire.* Raccommoder le feu, remuer les tisons avec les pincettes, arranger les tisons au feu, les remuer.

TISONNEUR, *ou* Tisonnier. *s. m.* lat. *Titionum motator.* anglois. *a poker.* Celui qui aime à remuer les tisons, ou à garder le coin du feu.

TISONNIER. *s. m.* Outil d'artisans qui travaillent à la forge, & qui leur sert à remuer le feu.

TISRI. *voy.* Tizri.

TISSER. *v. act.* lat. *Texere.* ang. *to lay the ground-work of lace.* Coucher & ranger le tissu du point selon l'ordre du patron. *v. n.* Faire une étoffe, travailler sur le métier où se font les étoffes.

TISSERAND. *s. m.* lat. *Textor, bisson, gerdius.* ang. *a weaver.* Ouvrier qui fait de la toile. On dit aussi *tisserand* en drap, *tisserand* en soie, pour dire un ouvrier qui fait des draps de laine, ou des étoffes de soie.

TISSEUR. *s. m.* Ouvrier qui travaille sur le métier avec la navette, à la fabrique des étoffes de laine.

TISSIER. *s. m.* Tisserand ou tisseur.

TISSOTIER. *s. m.* Ouvrier qui fait des rubans, galons, passemens, &c. au métier.

TISSU. *adj.* & *subst.* Etoffe ou rubans faits de fils entrelassés, dont les uns sont de long & les autres de travers. *Tissu* signifie aussi, liaison, suite, composition, arrangement.

TISSURE. *s. f.* lat. *Textura.* angl. *a weaving or texture.* Art & manière de faire le tissu.

TISSUTIER-RUBANIER. *s. m.* lat. *Tæniarius.* ang. *a ribbon-weaver.* Ouvrier qui fait des rubans, des franges & autres tissus.

TISTRE. *v. act.* lat. *Texere, contexere.* ang. *to weave.* Faire de la toile, du drap ou des étoffes sur un métier.

## T I T

TITAN. *s. masc.* Fils du Ciel & de Vesta, frère aîné de Saturne : il céda ses droits à son frère, à condition qu'il n'éleveroit point d'enfant mâle.

TITANS. *s. m. pl.* Etoient fils de la Terre & du Ciel, ils se revoltérent contre leur Père & le déthrônerent, ils firent en suite la guerre à Jupiter.

TITANIDES. *s. f. pl.* Nom des sept filles de Cœlus & de Tellus, c'est-à-dire du Ciel & de la Terre.

TITHYMALE. *s. m.* Plante qui rend un suc blanc comme du lait & dont il y a plusieurs espèces, telles que l'*ésule* & l'*épurge*.

TITILLATION. *s. f.* lat. *Titillatio.* anglois. *titillation.* Chatouillement. Sentiment qu'éprouve celui qu'on chatouille.

TITIRY. *s. m.* Sorte de petit poisson qui se pêche dans les rivières des Antilles.

TITRE. *s. masc.* latin. *Titulus, inscriptio.* anglois. *the title.* Inscription, ce qu'on met au dessus d'une chose pour la faire connoître. Inscription qui est au commencement ou à la première page d'un livre, qui contient le nom de l'Auteur, ou la matière dont il traite. Petite ligne qu'on tire au dessus d'un mot abrégé, comme *phi* pour Philosophia. *Titre* est aussi un nom de dignité, de distinction, ou de Seigneurie, qu'on donne aux personnes. C'est encore la provision d'une charge & il est opposé à commission. Il se dit aussi du droit qu'on a de posséder quelque chose ; des qualités qu'on doit avoir pour obtenir certaines dignités ou degrés ; de l'instrument ou acte authentique par lequel on prouve son droit, sa noblesse. *Titre clérical* est une assignation de cinquante écus de revenu, que doivent fournir les parens à celui qui veut aspirer à la Prêtrise. *Titre*, en termes de monnoie, est un degré de bonté que doivent avoir l'or & l'argent, qu'on mesure à raison de vingt-quatre carats pour l'or & de douze deniers de fin pour l'argent, sur lesquels il y a certaine quantité d'alliage, ou de remède, différente selon les lieux & les tems. Le *titre* de l'or en *Angleterre* est de vingt-deux carats avec deux de cuivre : celui de l'argent est de trente-sept parties d'argent fin sur trois parties de cuivre fondues & mêlées ensemble & c'est avec cet or & argent que se font les guinées, demi guinées, écus, demi écus, shellings, &c. qui ont cours dans ce Royaume. . . . En termes de *Chasse*, *titre* est un relais où l'on pose les chiens, afin que quand la bête passera ils courent bien à propos.

TITRÉ, ée. *adj.* Qui a un titre. On ne le dit guères que des gentilshommes qui ont quelque titre considérable comme de *Marquis*, *Comte*, *Baron*, *Duc*, & des terres qui ont le titre de *Marquisat*, *Comté*, &c.

TITRE-PLANCHE. *s. masc.* Se dit du *titre* d'un livre lorsqu'il est gravé en taille douce avec des ornemens historiés qui ont rapport au sujet de l'ouvrage.

TITRIER. *subst. masc.* Nom odieux donne à ceux que l'on accuse de fabriquer de faux titres.

TITTHÉNIDIES. *subst. fem. pl.* Fêtes des Lacedemoniens, dans lesquelles les nourrices portoient les enfans mâles dans le Temple de *Diane Corythallienne*, & pendant qu'on immoloit à la Déesse de petits cochons pour la santé des enfans, les nourrices dansoient.

TITUBATION, *ou* Trépidation. *s. femin.* (Astronomie) Balancement que les Astronomes supposoient dans les cieux crystallins, selon le systême de *Ptolomée.*

TITULAIRE. *subst. & adj.* lat. *Titularis.* anglois. *an incumbent.* Qui a un titre en vertu duquel il possède une charge, ou un bénéfice, soit qu'il en fasse les fonctions ou non. . . . *adj.* Qui a le titre & les droits d'une dignité, sans en avoir la possession, ou sans en faire les fonctions. On le dit aussi du Saint ou de la Sainte sous l'invocation de laquelle une Eglise est dédiée.

### T I X

TIXIER. *s. m.* Tisserand ou Tisseur.

### T I Z

TIZRI. *subst. m.* Etoit le premier mois de l'année civile des Juifs & le septième de leur année Ecclésiastique.

### T L A

TLALAMATL. *s. masc.* Herbe qui croît aux Indes Occidentales dans la Province de *Mechoacan.* Elle est astringente, propre pour guérir les plaies, pour faire mûrir les tumeurs, & pour arrêter le vomissement.

TLAPALCYPATLY. *s. m.* Espèce de bois qui croît dans la nouvelle Espagne.

TLAQUATZIN. *subst. mascul.* Animal de la nouvelle Espagne. Il est de la grandeur d'un chien. Il a le museau long & délié, la tête petite. Sa queuë est longue de deux palmes, & il s'en sert quelquefois pour se suspendre aux arbres, où il grimpe avec une extrême vitesse.

### T L E

TLÉON. *s. masc.* Espèce de serpent du Brésil dont la morsure est mortelle & exige les mêmes remèdes que celle de la vipère. Il est sudorifique & resiste au venin.

### T M E

TMÈSE. *substant. feminin.* lat. & anglois. *Tmesis.* Figure de *Grammaire*, par laquelle on sépare en deux parties un nom composé. p. ex. *Quæ meo cum que animo*, au lieu de, *quæcumque meo animo.*

### T N E

TNEK. *subst. mascul.* Mousseline brodée propre à faire des cravattes.

### T O C

TOCANE. *subst. feminin.* Vin nouveau de Champagne fort violent, & qui porte un goût de verdeur qui le fait estimer.

TOCANHOHA. *s. mascul.* Fruit de l'isle de *Madagascar*, qui donne la mort aux chiens. Il croît sur un arbre semblable à un poirier, qui porte une fleur de la même forme & de la même couleur que celles du romarin.

TOC-KAIE. *subst. masc.* Animal des Indes. Espèce de lezard.

TOCKOWOUGE. *substant. masc.* Sorte de racine de la *Virginie*, qui ressemble aux patates en grosseur & en saveur.

TOCOUY. *substant. masc.* Sorte de toile qui vient de l'*Amérique* Espagnole.

TOCQUE. *voy.* Toque.

TOCSIN. *s. mascul.* lat. *Creber & subitus campanæ pulsus.* anglois. *alarm*, *an alarm-bell.* Son de cloche qu'on tinte & qu'on sonne à coup pressés, pour appeller le peuple en cas d'incendie, ou d'une subite alarme. *Figurément* on le dit d'un livre ou d'un libelle, qui n'est propre qu'à causer du trouble dans l'Eglise ou dans l'état.

TOGE. *subſtant. fem. Toga.* Robe que portoient les Romains.

T O I

TOIERE. *ſ. f.* Pointe d'une hache, hachereau, que l'on engage dans le manche.

TOILE. *ſubſt. femin.* lat. *Tela.* angl. *cloth, linnen-cloth.* Tiſſu de fils entrelaſſés dont les uns s'étendent de long & les autres de travers. *Toile* d'araignée eſt un tiſſu que font les araignées de certains filets qu'elles tirent de leur ſubſtance, qui leur ſert d'un rêts pour prendre des mouches. lat. *Aranea tela.* anglois. *a cob-web.* ... *Toile* ſe dit auſſi du fond d'un tableau ſur lequel on peint ordinairement ; du grand rideau qui couvre le théatre des repréſentations. *Toiles*, au plurier, ſe dit de pluſieurs lès de *toile* attachés enſemble pour faire des rideaux, des voiles & ſurtout des filets de chaſſeurs. ... *Draps en toile :* draps de laine qui n'ont pas encore été foulés & qui ſont tels qu'ils ſont ſortis de deſſus le mêtier.

TOILÉ. *ſ. m.* Le fond de la dentelle.

TOILERIE. *ſ. fem.* lat. *Mercatura lintearia.* angl. *linnen cloths.* Marchandiſe de toile.

TOILETTE. *ſub. fem.* Morceau de toile ordinairement colorée, qui ſert à envelopper des piéces d'étoffe chés les marchands ; des habits, des hardes chés les particuliers. Il ſe dit auſſi des linges, des tapis de ſoie, ou d'autre étoffe, qu'on étend ſur la table pour ſe deshabiller le ſoir, & s'habiller le matin. ... Deſſus de *toilette* : piéce de velours, de damas & bordée de dentelles ou de franges, avec laquelle on couvre tout ce qui eſt ſur la toilette.

TOILIER. *ſ. m.* Tiſſerand. Marchand qui vend de la toile.

TOILIÈRE. *ſ. femin.* Lingère qui vend de la toile.

TOISE. *ſ. f.* lat. *Sexpeda, pertica hexapeda.* anglois. *a fathom.* Longueur ou étenduë de ſix pieds. Bâton qui ſert à meſurer. Choſe meſurée.

TOISÉ. *ſubſt. maſc.* lat. *Ædificiorum menſio.* angl. *the meaſuring of buildings.* Meſurage des bâtimens, ou l'art de les toiſer.

TOISER. *verb. act.* lat. *Dimetiri.* anglois. *to meaſure.* Meſurer un bâtiment avec une toiſe.

TOISEUR. *ſubſt. maſcul.* lat. *Menſor, metator.* angl. *meaſurer.* Celui qui toiſe un bâtiment.

TOISON. *ſub. fem* lat. *Vellus.* anglois. *fleece.* La laine qu'on ôte des brebis & des moutons, quand on les tond. ... *Toiſon d'or :* voy. *Or.*

TOIT. *ſubſtant. maſcul.* lat. *Tectum, faſtigium.* ang. *the top of a houſe, the roof.* Le faîte, la plus haute partie d'un logement, ce qui lui ſert de couverture. Il ſignifie auſſi quelquefois l'habitation, le lieu où on loge. On dit que des Bénéfices ſont ſous un même toit, lorſqu'ils ſont de même nature & deſſervis dans la même Egliſe, ce qui les rend incompatibles de droit.

T O K

TOKAY. *ſ. maſc.* Vin de Hongrie, paillet, un peu verdâtre & qui a beaucoup de chaleur & de feu.

T O L

TOLE. *ſubſtant. femin.* lat. *Ferrum bracteatum.* angl. *iron-plates.* C'eſt du fer en lames déliées battuës.

TOLER. *ſubſt. maſc.* Richedale de cuivre, monnoie prodigieuſement groſſe, ayant un demi-pied de long, un pied de large & un pouce d'épaiſſeur. Elle vaut une richedale d'argent.

TOLÉRABLE. *adj.* lat. *Tolerabilis, tolerandus.* angl. *tolerable.* Qui peut ſe ſupporter.

TOLÉRABLEMENT. *adv.* lat. *Toleranter.* anglois. *tolerably.* D'une manière tolérable.

TOLÉRANCE. *ſ. f.* lat. *Tolerantia.* anglois. *toleration.* Patience par laquelle on ſouffre, on diſſimule quelque choſe. ... Tolérantiſme.

TOLÉRANT, ante. *adj.* & *ſubſt.* Se dit des Théologiens qui ſont pour la tolérance des hérétiques ; ou des Deiſtes qui veulent que l'on puiſſe embraſſer toutes les religions, ſuivant le païs où l'on ſe trouve.

TOLÉRANTISME. *ſ. maſc.* Secte, doctrine des Tolérans, qui en admettant toutes les religions, ſe réſervent le droit de n'en ſuivre aucune & de n'avoir pour loi que leurs caprices & leurs paſſions. Où ne va pas le *Tolérantiſme,* ſi l'on en veut pouſſer les principes ?

TOLÉRER. *v. act.* lat. *Tolerare, perferre.* angl. *to tolerate.* Souffrir quelque choſe, ne s'en pas plaindre, n'en pas faire la punition.

TOLET. *voy.* Échome.

T O M

TOMAN. *ſ. maſc.* Monnoie de Perſe, qui contient cinquante abaſſis à raiſon de dix-huit ſols ſix deniers par abaſſis. Vingt mille tomans valent neuf cens mille livres de notre monnoie.

TOMBAC. *voy.* Tamba.

TOMBANT, ante. *adject.* ( Aſtrologie ) Les maiſons *tombantes* ſont la troiſiéme, la ſixiéme, la neuviéme & la douziéme, parce qu'elles ſont les dernières, & qu'elles finiſſent les quadrans, auſſi ſont elles les plus foibles de toutes.

TOMBE. *ſ. fem.* lat. *Tumulus.* ang. *a tomb-ſtone.* Grande pierre qu'on met pour couvrir la ſépulture d'un mort, pour marquer l'endroit où il eſt enterré. En *Poëſie* on l'emploie pour ſignifier le ſépulchre, le tombeau. ... *Tombe :* planche de terrier élevée dans un jardin.

TOMBEAU. *ſ. maſc.* lat. *Tumulus, mauſolæum.* ang. *tomb, monument.* Lieu magnifique, ou enrichi, qui marque qu'on y a enterré quelque perſonne de conſidération. Il ſe dit auſſi des ſépultures ordinaires. *Figurément* il ſignifie la mort, & quelquefois l'oubli, & ce qui fait perdre la mémoire d'une choſe. ... *Tombeau :* eſpèce de lit dont le ciel tombe par degrés vers les pieds en ligne diagonale.

TOMBELIER. *ſubſtant. maſcul.* lat. *Plauſt-*

*trarius.* angl. *a cart man.* Chartier qui conduit un tombereau pour transporter des terres ou des matériaux.

TOMBER. *v. n.* lat. *Cadere*, *labi.* ang. *to fall or tumble.* Cheoir. Descendre de l'air en terre. Se démolir, se détruire. Echeoir. Pécher, succomber, faire des fautes. Se jetter, se précipiter. Décheoir, aller en ruine. Il se dit aussi des choses que l'on laisse descendre trop bas. Dans la *Poësie latine* on le dit des vers qui n'ont point de cesure au deuxième ou troisième pied. En termes d'*Horlogerie* une montre est tombée, quand elle a filé toute sa chaîne & qu'elle ne va plus. *Tomber* sur quelqu'un, ou sur sa friperie, en mal parler, ou le maltraiter de paroles. *Tomber* dans le sens, dans le sentiment de quelqu'un, être du même avis que lui. Une chose *tombe* dans l'esprit, quand elle survient tout à coup, & on dit qu'elle n'est pas tombée à terre, quand on l'a remarquée ou même relevée. Le jour *tombe*, la nuit approche.

TOMBEREAU. *s. masc.* lat. *Plaustrum.* ang. *tumbrel*, *a dung-cart.* Charrette faite en forme de caisse, qui sert à transporter les choses qui tiennent du liquide, comme les bouës, le sable, la chaux, les terres, *&c.* Charge du tombereau.

TOMBEREL. *voy.* Tonnelle.

TOME. *substant. m.* lat. *Tomus*, *volumen.* angl. *tome*, *volume.* Livre, ou écrit relié qui fait un juste volume.

TOMINCIO. *s. m.* Petit oiseau du *Brésil*, qui n'est guères plus gros qu'une cigale. Il a un fort beau plumage & chante fort agréablement. Il est bon pour l'épilepsie étant mangé ou pris en poudre.

TOMINE. *s. masc.* Huitième partie du castillan, ou la huit-centième partie de la livre d'Espagne.

TOMOTOCIE. *subst. fem.* Opération césarienne.

## T O N

TON. *s. m.* lat. *Tonus.* anglois. *tone*, *voice.* Inflexion de voix, ou certain degré d'élevation, ou d'abaissement dans la voix, qui marque diverses passions de l'ame. En *Musique*, c'est l'élevation de la voix par certains degrés ou intervalles égaux ou mesures, qui servent à former des accords, & qui sont reglés par les notes, *ut*, *re*, *mi*, *fa*, *sol*, *la*, *si.* Manière de chanter, ou d'accorder un instrument. (Peinture) Degré de couleur par rapport au clair obscur. (Morale) Manière, air, langage, stile. (Marine) Partie du mât entre la hune & le chouquet. . . . Insecte autrement appellé *chique* qui donne son nom à une gangréne qu'il cause & qui attaque ordinairement les doigts des pieds, quelquefois ceux des mains & les parties molles du corps.

TONALCHILE. *s. f.* L'une des quatre espèces de poivre que l'on tire de *Guinée.*

TONDAILLE. *s. fem.* lat. *Tonsura*, *tonsio.* anglois. *a shearing.* L'action de tondre les moutons.

TONDEUR. *s. m.* lat. *Tonsor.* angl. *a shearer.* Artisan qui fait le métier de tondre.

TONDIN. *s. masc.* Astragalle.... *Tondins.* Gros cylindres ou rouleaux de bois.

TONDRE. *v. act.* lat. *Tondere.* ang. *to shear.* Couper, retrancher le poil superflu, la laine, *&c.* les extrémités des branches des plantes, des arbustes; le poil des draps & des étoffes de laine.

TONGA. *s. m.* Petit insecte du Brésil, de la grandeur d'une puce.

TONIE. *substant. femin.* Canot des Indes.

TONIQUE. *adj.* (Medécine) Réglé, égal.

TONNAGE. *substant. mascul.* Droit qu'on paye au Roi d'Angleterre pour l'importation & l'exportation que les vaisseaux font des denrées.

TONNANT, ante. *adj.* lat. *Tonans.* angl. *thundering.* Qui tonne, qui fait tonner. Voix forte & éclatante. Les Poëtes le disent souvent de *Jupiter* qu'ils supposent être le maître du tonnerre.

TONNE. *s. fem.* lat. *Dolium majus.* ang *a tun.* Grand vaisseau de bois propre à garder du vin de feuilles. Autres vaisseaux ronds de la taille des muids ou des pipes, plus ou moins. Berceau de jardin. Il se dit aussi de toute sorte de vaisseaux en forme de *tonne* grands ou petits. *Tonne d'or:* suivant la manière de compter de *Hollande* & autres païs c'est une somme de cent mille frans, qui valent en *France* cent vingt mille livres. . . . *Tonne* (Marine) Tonneau qu'on met en mer sur un rocher, ou un banc de sable, pour servir de signal aux Pilotes pour les éviter. ... Coquille univalve, de forme sphérique.

TONNEAU. *s. m.* lat. *Dolium.* angl. *cask or vessel.* Vaisseau de bois où l'on met particulièrement des liqueurs. Mesure des liqueurs. Le *tonneau* de *Berry* & d'*Orléans* contient près de deux muids de *Paris.* Celui de *Bordeaux* en contient trois. Celui d'*Angleterre* contient deux cent cinquante deux gallons. Le *tonneau* de mer tient trois muids de *France* ou vingt-huit pieds cubiques de *Paris* & pese deux mille livres, ou vingt quintaux. Le quintal d'Angleterre est de cent douze livres & le *tonneau* de deux mille deux cent quarante livres. Mais à *Chester* & en quelques autres places, quoique la livre soit la même, le quintal est de cent vingt livres & par conséquent le tonneau de deux mille quatre cent.... *Tonneau* est aussi une mesure pour les pierres tendres, comme pour celles de S. Leu. C'est la quantité de quatorze pieds cubes.

TONNELER. *v. act.* Chasser, prendre à la tonnelle. On se sert pour cela d'une figure de bœuf ou de cheval, de bois ou de carton peint, que le chasseur pousse devant lui, pour s'approcher des perdrix sans les effrayer, & les faire avancer vers un filet tendu qu'on nomme *tonnelle.* (Figurément) Faire tomber dans quelque piége.

TONNELERIE. *s. f.* lat. *Doliaria officina.* angl. *the cooper's work-house.* Lieu où l'on travaille du métier de tonnelier. Chés les *Chartreux* & autres Religieux la *tonnelerie* est le lieu

lieu du couvent où sont les cuves & les futailles, où l'on cuve le vin, où l'on remplit les muids.

TONNELET. *s. m.* Partie d'un habit antique, qui se disoit des manches & des lambrequins. On s'en sert encore aujourd'hui dans les Opéras & certaines Tragédies.

TONNELEUR. *substant. mascul.* lat. *Fornicato reti auceps.* ang. *tunneler.* Chasseur qui prend du gibier avec la tonnelle.

TONNELIER. *s. masc.* lat. *Doliarius vietor.* angl. *a cooper.* Artisan qui fait, qui rélie des tonneaux & toutes sortes de futailles, *&c.*

TONNELLE. *subst. fem.* lat. *Compluvium.* anglois. *arbour or bower.* Berceau de treillage couvert de verdure, cabinet qu'on fait dans les jardins, qu'on entoure de fileria, de chevre feuille, de couleuvrée, *&c.* Espèce de filet pour prendre des perdrix & des cailles. Espèce d'habit à la Romaine.

TONNELLER, Tonnellet, Tonnelleur. *voy.* Tonneler, Tonnelet, Tonneleur.

TONNER. *verb. n.* lat. *Tonare.* anglois. *to thunder.* Faire un grand bruit, éclatant, comme celui qui accompagne la foudre. Il se dit par similitude du canon; & même d'un orateur véhément, qui épouvante son auditoire en déclamant contre les vices.

TONNERRE. *sub. masc.* lat. *Tonitru, tonitruum.* ang. *the thunder.* Bruit qui se fait par le choc de deux nuées quand elles crêvent, s'enflamment & se brisent. Bruit des canons. *Figurément* il se dit d'un orateur véhément & de son éloquence.... *Tonnerre*: endroit du fusil, mousquet ou pistolet, où l'on met la charge.

TONNINE. *voy.* Thonnine.

TONSILLE. *s. f.* ( Anatomie ) Se dit des glandes amygdales situées proche la racine de la langue, à chaque côté de la luette.

TONSURE. *s. f.* lat. *Tonsura.* anglois. *tonsure.* Action de couper les cheveux & de raser la tête. C'est dans l'*Eglise Romaine*, l'entrée dans les ordres Ecclésiastiques, la première cérémonie qui se fait pour dévouer quelqu'un à l'Eglise, en le présentant à l'Evêque. C'est aussi la couronne que portent les Clercs & les Ecclésiastiques pour marque des Ordres & des rangs qu'ils tiennent dans l'Eglise.

TONSURÉ. *adj.* & *subst. m.* Qui a reçu ou qui porte la tonsure.

TONSURER *v. act.* lat. *Tonsurâ clericum initiare.* anglois. *to shave one's crown.* Conférer la tonsure.

TONTE. *s. f.* lat. *Collucatio.* ang. *toping.* Branchage de bois qu'on tond, qu'on coupe de tems en tems. Il se dit aussi du tems où l'on tond les brebis, & de l'action de celui qui tond. lat. *Tonsio.* angl. *shearing-time...* Façon qu'on donne à une étoffe en la tondant à l'endroit & à l'envers avec des forces.

TONTINE. *s. femin.* Espèce de Lotterie en rentes viagères, dans laquelle les survivans héritent des morts. Jeu de cartes qu'on a inventé en conformité des *tontines.*

TONTINIER. *s. m.* Qui a une ou plusieurs actions à la tontine.

TONTURE. *s. femin.* lat. *Tonsum, tonsura.* ang. *shearing.* Ce qu'on tire, ce qu'on coupe du drap, ou d'une autre étoffe qu'on tond.... ( Marine ) Rang de planches dans le revêtement du bordage contre la ceinte du franc tillac. On dit aussi qu'un vaisseau est dans sa *tonture*, lorsqu'il garde son contrepoids tant sur l'avant que sur l'arrière.

## TOP

TOPARCHIE. *s. fem.* Gouvernement d'une place, d'un lieu, Seigneurie.

TOPARQUE. *subst. masculin.* lat. *Toparcha.* ang. *toparch.* Seigneur. Maître d'une Toparchie.

TOPASE. *subst. fem.* lat. *Topazius.* anglois. *topaze.* Pierre précieuse que quelques-uns croient être d'une fort belle couleur verte, comme l'émeraude; mais d'autres disent & c'est le sentiment commun, qu'elle est d'une belle couleur jaune ou couleur d'or, comme le soleil. Cette pierre étoit la seconde du premier rang dans le pectoral du grand Prêtre *Juif*, où étoit gravé le nom de *Simeon.* La *Topase* se blanchit dans de l'or fondu entre deux creusets, mais avec le tems elle reprend sa couleur.

TÔPE. *adverb.* Soit, je le veux bien, j'y consens.

TÔPER. *v. n.* lat. *Annuere, assentiri.* ang. *to tope.* Dire tôpe; consentir à quelque chose.

TOPHES. *s. pl.* Espèce de goutte, autrement appellée *nœuds arthritiques.*

TOPHET. *s. m.* Quelques-uns s'imaginent que c'étoit la boucherie de *Jerusalem* placée au Sud de la ville, dans la vallée des enfans d'*Hinnom.* On dit aussi qu'on y entretenoit un feu continuel pour y brûler les carcasses & autres ordures qu'on tiroit de la ville. C'étoit là aussi qu'on porta les cendres & qu'on fondit les restes des faux Dieux lorsqu'on démollit leurs autels & qu'on brisa leurs statuës. D'autres disent qu'on y sacrifioit au Dieu *Moloch* en battant du tambour. La statuë de *Moloch* étoit de bronze, creuse en dedans, elle avoit les bras étendus, & un peu avancés en dehors. On allumoit un grand feu dans la statue & un autre au devant. On mettoit entre ses bras l'enfant que l'on vouloit sacrifioit, qui tomboit bientôt dans le feu aux pieds de la statue; on étouffoit ses cris par le bruit des tambours & par le son des autres instrumens de musique.

TOPINAMBOUR. *s. m.* Plante, aux racines de laquelle sont attachés des tubercules qui ont à peu près la figure des truffes, & qui étant cuits ont un goût doux & agréable, approchant de celui des artichaux. Le nom de *topinambour* lui a été donné, parce qu'elle vient originairement du païs des *topinambours* dans les Indes.

TOPIQUE. *adj.* lat. *Topicus.* ang. *topical.* Argument probable qui se tire de plusieurs lieux & circonstances du fait. En *Médecine*, on appelle ainsi les remédes extérieurs qui s'appliquent sur la partie affligée.

TOPOGRAPHIE. *subst. femin.* lat. *Topographia.* angl. *topography.* Description d'une ville particulière, d'un village, d'une paroisse, d'une habitation, sans avoir égard aux parties adjacentes.

TOPOGRAPHIQUE. *adj.* lat. *Topographicus.* ang. *topographical.* Qui regarde la topographie.

TOPTCHI. *s. mascul.* (Relations) Canonier Turc.

TOPTCHI BACHI. *s. masc.* Grand-maître de l'artillerie en Perse.

## T O Q

TOQUART. *s. m.* Qui porte une toque.

TOQUE. *substant. feminin.* lat. *Rugatus pileolus.* angl. *a sort of cap.* Bonnet d'homme de figure cylindrique, ou d'une forme de chapeau, qui n'a qu'un petit bord. Plante qui a la figure d'un casque. Elle est détersive, vulnéraire, apéritive, dessicative & propre pour les cours de ventre.... Autre plante nommée *Tertianaire*... Il se dit aussi de certaines mousselines ou toiles de coton fines des Indes Orientales.

TOQUET. *s. masc.* lat. *Pileolus.* anglois. *a sort of cap.* Bonnet d'enfant & surtout de petite fille.

TOR. *voy.* Thor.

## T O R

TORCHE. *subst. fem.* lat. *Cerata tada, fax.* anglois. *a torch or taper.* Bâton de sapin, ou d'autres bois résineux, entouré de cire & de mêches, qui étant allumé, sert à éclairer, ou qui est porté par honneur en quelque cérémonie. Resine qui sort du pin, du garipot & de la mélèse, dont on fait la poix.... *Torches:* fientes des bêtes fauves, quand elles sont à demi formées. (Chirurgie) Bâtons de la grosseur d'un doigt, envelopés de paille, puis d'un demi linceul, qu'on approprie aux jambes & aux cuisses rompues. Rangs de quatre ou cinq cerceaux chacun sur un tonneau. Paquets de fil de fer ou de laiton pliés en rond, en forme de cerceau. Il se dit aussi en différentes occasions de paquets, & bouchons de paille ou des bâtons couverts de paille.

TORCHE-CUL. *subst. masc.* lat. *Anutergium.* angl. *bum-fodder.* Méchant papier ou linge dont on s'essuye le derrière.

TORCHE-NÉS. *s. mascul.* (Manége) Petit instrument de bois qui avec une courroye serre étroitement le nés du cheval, pour l'empêcher de se battre quand on lui fait le poil, ou qu'on le ferre.

TORCHE-PINCEAU. *s. mascul.* Petit linge dont le Peintre se sert pour nettoyer ses pinceaux & sa palette.

TORCHE-POT, *ou* Grimpereau. *subst. mas.* Oiseau un peu plus grand qu'un pinson, qui grimpe sur les arbres de branche en branche. anglois. *a wood-pecker.*

TORCHER. *v. act.* lat. *Tergere, detergere.* angl. *to wipe.* Nettoyer, ôter l'ordure qui est sur quelque chose. Enduire avec la terre grasse, ou faire un mur de bauge.

TORCHERE. *voy.* Torchiere.

TORCHETTE. *subst. fem.* Terme de *Vanier.* Osier tortillé au milieu de la hotte.

TORCHIERE. *subst. femin.* lat. *Candelabrum majus.* anglois. *a high stand.* Espèce de guéridon fort élevé sur lequel on met un flambeau, une girandole, des bougies, &c.

TORCHIS. *substant. masculin.* lat. *Lutum paleatum.* ang. *mud.* Terre grasse détrempée avec du foin & de la paille, dont on fait les murailles de bauge.

TORCHON. *substant. masculin* lat. *Peniculamentum.* angl. *a rubber.* Morceau de grosse toile dont on se sert pour torcher & essuyer la vaisselle, les souliers, les meubles. Linges, habits sales, mal-propres & frippés. Bouchons de paille qu'on met sur les pierres, quand on les transporte.

TORCOU, *ou* Turcot. *sub. mascul.* Oiseau qui vit de fourmis.

TORDAGE. *substant. mascul.* Façon qu'on donne à la soie, en en doublant les fils sur le moulin.

TORDE. *s. fem. ou* Sauve-Rabans. *subst. m.* (Marine) Herses ou anneaux de corde que l'on met près des bouts des grandes vergues, pour empêcher que les écoûtes des hunes ne coupent les rabans.

TORDEUR, euse. *subst. masc. & fem.* lat. *Intorquator.* angl. *a twister.* Celui qui tord la laine pour les laineries.

TORDION. *substant. masc.* Ancienne danse, de mesure ternaire. Espèce de gaillarde.

TORDRE. *v. act.* lat. *Torquere.* ang. *to twist.* Tourner en long & de biais en serrant; presser une chose circulairement. Faire une grimace, ou se mettre en une posture qui n'est pas naturelle. Etrangler.

TORD SANS FILER. Faux organsin.

TORDYLIUM. *substant. masculin.* Plante apéritive & anti-nephretique.

TORE. *substant. m.* lat. *Columnaris torus.* angl. *torus.* Terme d'*Architecture*, qui se dit des gros anneaux des bâses, ou des colomnes. *Tore* corrompu est celui dont le contour est semblable à un demi-cœur.

TOREUMATOGRAPHIE. *s. fem.* lat. *Toreumatographia.* angl. *toreumatography.* Connoissance des réliefs antiques.

TORI. *voy.* Tory.

TORILLON. *voy.* Tourillon.

TORISME. *subst. mascul.* Faction des Torys.

TORLAQUI. *subst. m.* Espèce de religieux Turcs.

TORMENTILLE. *substantif femin.* Plante dont les feuilles sont semblables à celles de la *quinte feuille*, mais au nombre de sept sur une queuë. On l'a appellée *tormentille* parce que sa racine pulverisée & mêlée avec un peu de pirethre & d'alun & mise dans la cavité des dents, soulage le tourment que leur douleur cause. Elle est astringente, propre pour le cours de ventre, pour le vomissement, pour les hémorragies. lat. *Septifolium.* anglois. *tormentil.*

TORMINAL. *sub. masc.* Arbrisseau dont les feuilles sont semblables à celles du sureau aquatique, un peu moindres, ayant la forme d'un pied d'oie. Le fruit de cet arbre est bon pour les tranchées, pour la diarrhée, pour la dysenterie.

TORNADGI BACHI. *substantif masculin.* Officier de chasse, chés le Grand-Seigneur.

TORNEBOUT. *subst. mascul.* Instrument de musique à vent en forme de crosse, en usage en Angleterre. Il a dix trous & s'embouche comme le haut-bois.

TOROBOLE. *voy.* Taurobole *ou* Bovicidies.

TORON. *s. masc.* Cordon de plusieurs fils, dont l'assemblage compose un gros cordage.... Toron. *voy.* Tauron.

TORPILLE, *ou* Torpede. *s. f.* lat. *Torpedo.* ang. *the cramp-fish.* Poisson qui par le ressort des cartilages de son dos engourdit la main de ceux qui le touchent.

TORQUE. *sub. femin.* (Blason) Bourlet de figure ronde. C'est le moins noble des enrichissemens qui se posent sur le heaume pour cimier.

TORQUER. Faire les cordes du tabac.

TORQUET. *s. m.* Donner du *torquet* à quelqu'un, c'est lui dire des choses contraires à ce que l'on pense pour le faire tomber dans le panneau.

TORQUETTE. *s. fem.* lat. *Piscium fasciculus.* ang. *a certain quantity of fish wrapped up in straw.* Certaine quantité de marée entortillée dans la paille.

TORQUEUR. *s. masc.* Celui qui fait les cordes du tabac.

TORRÉFACTION. *s. fem.* lat. *Torrefactio.* angl. *torrefaction.* En *Pharmacie*, est une espèce d'assation, qui se fait des drogues qu'on met sécher sur une platine de métal, sous laquelle on met des charbons jusqu'à ce que ces drogues deviennent friables aux doigts.

TORRÉFIER. *v. act.* lat. *Torrefacere*, *assare.* anglois. *to torrify.* Faire une torréfaction.

TORRENT. *s. masc.* lat. *Torrens.* anglois. *torrent*, *land-flood.* Chûte d'eau & courant impétueux qui tombe subitement des montagnes où il a fait de grosses pluies, & qui fait de grands ravages dans la campagne.

TORRIDE. *adj.* lat. *Torridus.* angl. *torrid.* La zone *Torride* est l'espace de la terre compris entre les deux tropiques.

TORSE. *sub. mascul.* lat. *Corporis truncus.* angl. *the trunk of a figure.* En *Sculpture*, se dit du tronc d'une figure, qui n'a qu'un corps sans tête, bras ou jambes.

TORSE. *adj.* lat. *Tortilis.* anglois. *a wreathed column.* En *Architecture*, se dit des colomnes dont le fût est contourné en vis, ou à moitié creux, & à moitié rebondi, suivant une ligne qui rampe le long de la colomne en forme d'hélice.

TORSER. *v. act.* (Architecture) Contourner le fût d'une colonne en spirale.

TORSIONAIRE. *voy.* Tortionaire.

TORT. *s. masc.* lat. *Injuria*, *damnum.* ang. *wrong*, *injury.* Perte & dommage accompagné de quelque injustice. Ce qui n'est pas juste, ni raisonnable, ni bien fondé.

TORT (à) lat. *Sine causâ*, *immeritò.* ang. *wrongfully.* Injustement. Sans raison, sans fondement.

TORTELLE. *substant. feminin.* Plante autrement appellée *Velar.* Elle jette des verges torses.

TORTICOLIS. *substant. masc.* lat. *Distortum collum.* anglois. *a wry-necked man.* Qui n'a pas la tête droite sur les épaules, qui la panche d'un côté. Maladie qui fait pancher la tête d'un côte. Elle arrive quand le muscle mastoïde & les muscles de la tête agissent plus fortement d'un côté que de l'autre.

TORTIL, *ou* Tortis. *subst. masc.* (Blason) Cordon qui se tortille autour des couronnes des Barons. latin. *Fascia intorta.* anglois. *torse.* On le dit aussi du diadême ou bandeau qui ceint les têtes de more sur les écus. (Musique) Tuyau de certains instrumens à vent qui est tortillé.

TORTILLANT, ante. *adj.* (Blason) Se dit du serpent ou de la givre, qui font plusieurs plis & replis.... Dans le commerce des bois à brûler, il se dit d'un bois tortu & qui se corde mal.

TORTILLÉ, ée. *adj.* Se dit *figurément* du stile & du langage & signifie embarrassé, obscur.... Dans le *Blason* il se dit de la tête qui porte le tortil.

TORTILLEMENT. *s. m.* lat. *Volutio.* angl. *twisting.* Action de tortiller. État, disposition d'une chose tortillée.... *Figurément*, il se dit des petits détours, des petites finesses qu'on cherche dans les affaires.

TORTILLER. *v. act.* lat. *Plicare*, *convolvere.* anglois. *to twist.* Tordre plusieurs fois. Ne marcher pas droit & ferme sur ses jambes.... (Charpenterie) Ouvrir une mortoise avec le laceret ou la tariere.

TORTILLIS. *s. masc.* (Architecture) Manière de vermoulure faite à l'outil sur un bossage rustique.

TORTILLON. *s. m.* Coëffure des filles de basse condition, qui se contentent de tortiller seulement leurs cheveux autour de leur tête. Petite servante de village coëffée en *tortillon.* Torchon tortillé que les femmes se mettent sur la tête pour porter quelque chose.

TORTIN. *substant. mascul.* Sorte de tapisserie de Bergame, dans laquelle il entre de la laine torse.

TORTIONAIRE. *adj.* lat. *Iniquus*, *tortionarius.* anglois. *wrongful*, *unjust.* (Palais) Inique, injuste, contre raison.

TORTIS. *substant. masculin.* Espèce de couronne de fleurs. Assemblage de plusieurs fils de chanvre, de laine, de soie, tordus ensemble... Petite bougie tortillée.... Terme de *Blason.* voy. *Tortil.*

TORTOIR, *ou* Garot. *s. masc.* Bâton gros & court pour assurer sur les charrettes les charges que l'on y met par le moyen d'une grosse corde.

TORTU, uë. *adj.* lat. *Tortuosus*, *contortus.* anglois. *crooked.* Qui n'est pas en ligne droite. Pervers, malin, méchant, corrompu.

TORTUË *s. fem.* lat. *Testudo.* ang. *tortoise.* Animal amphibie, couvert d'une grande écaille dont on fait plusieurs ouvrages curieux. La chair de la *tortuë* est saine & nourrissante. On fait de sa graisse une huile jaune qui est excellente dans sa fraicheur. On voit des *tortues* dont l'écaille a jusqu'à cinq pieds de long & quatre de large, & dont la chair suffit pour rassasier trente hommes. La *tortue* vit d'herbe. On distingue trois sortes de *tortues*, celles de terre, celles d'eau douce & celles de mer. De celles-ci il y en a trois espèces; celles qu'on appelle *Franches*, les *Kaouanes* & les *Carets*, &c. Faire la *tortuë* chés les *Anciens* étoit une manière d'escalade où les Soldats se serroient & mettoient leurs boucliers sur le dos les uns des autres, faisant comme une échelle à leurs compagnons pour monter sur des murailles. *Tortuë* étoit aussi une espèce de machine dont les Anciens se servoient pour miner & pour battre les places. Aujourd'hui on le dit en termes de *Guerre*, de deux écuelles de bronze creuses de cinq pouces, larges d'un pied & épaisses de deux pouces, qu'on applique l'une contre l'autre après les avoir remplies de poudre, pour abbatre quelque pont qui joint mal contre une muraille. ( Marine ) Vaisseau qui a le pont élevé, comme un toit de maison, pour tenir les Soldats & les passagers & leurs hardes à couvert. On l'appelle aussi *Poste*. ( Chirurgie ) Espèce de tumeur qui se forme à la tête. *voy.* Testudo, & Talpa. C'est une espèce d'Atherome.

TORTUER. *v. act.* Rendre tortu.

TORTUEUSEMENT. *adv.* D'une manière tortuë.

TORTUEUX, euse. lat. *Tortuosus.* angl. *winding.* Qui fait plusieurs tours & détours.

TORTURE. *s. fem.* lat. *Tortura*, *gebenna*, *cruciatus.* ang. *torture*, *rack.* Gêne, question, tourment qu'on fait endurer à un accusé, à un criminel, pour lui faire dire la vérité. Gênes qu'on donne à son esprit, &c.

TORTURER. *v. act.* Donner la torture, la question à un accusé.

TORY. *s. m.* Nom donné autrefois en Angleterre aux Catholiques Romains, & ensuite à tout Anglois qui suit le parti du *Prétendant* ou qui est opposé au gouvernement présent, de quelque religion qu'il soit. Il est opposé à celui de *Whig*.

## T O S

TOSCAN. *adj.* & *substant.* ( Architecture ) Le premier, le plus simple & le plus massif des ordres d'Architecture, mais aussi le plus aisé à exécuter, n'ayant ni triglyphes, ni modillons, ni mutules qui puissent contraindre ses entre-colonnemens. La colomne *toscane* doit avoir en hauteur sept fois son diametre, y compris la base & le chapiteau.

TOSCANE. *s. fem.* Espèce d'étoffe faite d'écorces d'arbres. . . . Anémone qui est d'un rouge blafart, mêlé quelquefois de feuille morte.

TOSTES. *s. f.* ( Marine ) Bancs posés à travers les chaloupes, où s'asséyent les Matelots qui doivent ramer.

## T O T

TOT. *adv.* lat. *Citò*, *maturè.* angl. *quick*, *quickly.* Promtement.

TOTAL, ale. *adj.* lat. *Totalis*, *integer.* ang. *total*, *whole.* Qui comprend en soi plusieurs parties, qui est entier, complet, universel.

TOTAL. *substant. masc.* lat. *Summa*, *congeries.* angl. *the total.* Le tout, l'assemblage de plusieurs choses considérées comme faisant un tout.

TOTALEMENT. *adv.* lat. *Totaliter.* anglois. *totally.* Entièrement, absolument, sans rien réserver.

TOTALITÉ. *substant. feminin.* lat. *Totalitas*, *totum.* angl. *totality.* Tout, total.

TOTANUS. *s. mascul.* Oiseau aquatique de grosseur médiocre. Il a la tête noire par devant, rougeâtre par derrière, les aîles noires & blanches, la queuë traversée de lignes blanches & noires, les pieds rougeâtres armés d'ongles noirs.

TOTOCKE, ou Totoque. *s. femin.* ou *masc.* Fruit qui croît aux environs de la rivière des Amazones. Il est quelquefois gros comme la tête d'un homme, presque rond, couvert d'une écorce dure & épaisse, & divisé par dedans en six parties dont chacune renferme jusqu'à douze noix fort pressées, qui renferment un noyau dont le goût approche plus de celui de la noisette que de l'amande. Ce fruit est si pesant & les arbres qui le portent sont si hauts, que dans le tems de sa maturité, les sauvages n'entrent point dans les forêts sans avoir la tête couverte de quelque rondache, pour se garentir de l'effet de sa chute.

TOTON, ou Totum. *s. masc.* Espèce de dé marqué de différentes lettres sur ses faces & traversé d'une petite cheville sur laquelle on le fait tourner. Quand il améne le T qui signifie *totum* il marque que l'on doit prendre tout ce qui est au jeu.

TOTOQUESTAL. *s. masc.* Oiseau des Indes Occidentales, un peu plus petit qu'un pigeon ramier, & couvert de plumes vertes.

TOTORA. *subst. mascul.* Sorte de glaïeul, qui vient au chili.

TOTUM. *voy.* Toton.

## T O U

TOUAGE. *s. mas.* lat. *Remulcatio.* anglois. *towage.* Dans la *Marine*, est le travail des Mariniers qui a force de rames tirent un vaisseau, attaché à une chaloupe pour le faire entrer dans un port, ou monter dans une rivière. On appelle aussi *touage* le changement de place qu'on fait faire à un vaisseau avec une hansière attachée à une ancre mouillée ou amarrée à terre.

TOUAILLE. *subst. f.* lat. *Mantile versatile.* ang. *a towel.* Linge qui sert à essuyer les mains, qu'on pend d'ordinaire à un rouleau auprès d'un lave-main.

TOUANSÉ. *subst. femin.* Étoffe de soie, de la Chine; espèce de satin plus fort, mais moins lustré que celui de France. Il y en a d'unis, d'autres à fleurs ou à figures d'oiseaux, d'arbres, &c.

TOUCAN. *s. m.* L'une de douze constellations australes, observées par les modernes; depuis les grandes navigations. Elle est près du pole antarctique. On l'appelle autrement *Pie.* Elle tire son nom d'un oiseau de l'Amérique méridionale, qui est une espèce de pie, dont les couleurs sont d'une varieté admirable.

TOUCHANT. *prép.* lat. *Circa.* ang. *touching*, *about.* Sur, à l'égard, pour ce qui concerne.

TOUCHANT, ante. *adj.* lat. *Movens*, *commovens.* anglois. *pathetick*, *moving.* Qui persuade, qqi émeut l'esprit, les passions, qui remuë le cœur.

TOUCHANTE. *s. fem.* En *Géométrie*, est une ligne droite qui touche la circonférence d'un cercle sans faire avec elle un angle & sans la couper.

TOUCHE. *subst. fem.* lat. *Index*, *stilus*, *virgula.* ang. *a fescue.* Ce qui sert à indiquer un endroit particulier de quelque chose. Action de frapper, de faire impression violente sur quelque chose. Pierre de *touche* est une pierre noire & resplendissante qui sert pour éprouver les métaux. *Touche*, en *Musique*, se dit des divisions d'un clavier, ou du manche d'un luth, ou autres instrumens, sur lesquelles appliquant les doigts, on en tire des sons differens pour en faire des accords. Dans la *Peinture*, c'est la manière de peindre, d'appliquer les couleurs. Chaque Peintre a la sienne.... On le dit aussi des ouvrages qu'on fait à diverses reprises, de ce qu'on ajoute à un tableau, ou à quelque autre ouvrage pour le perfectionner. Petite espèce de baguette d'os ou d'yvoire dont on se sert aux jonchets pour lever chaque piéce des jonchets, après qu'on les a fait tomber.

TOUCHER. *s. m.* lat. *Tactus*, *tactio*: angl. *the feeling.* L'un des cinq sens, qui sert à connoître & à sentir les corps palpables, & leurs qualités comme le mou & le dur, le froid & le chaud, le sec & l'humide. C'est aussi la manière de jouer des instrumens, & de manier le pinceau.

TOUCHER. *v. act.* & *n.* lat. *Tangere*, *palpare.* anglois. *to touch.* Exercer le sentiment du tact sur un corps palpable.... Frotter une piéce d'or ou d'argent sur la pierre de touche pour l'éprouver. Être joint, être proche l'un de l'autre. Faire une impression violente sur un corps. Recevoir de l'argent. Jouer des instrumens. S'approcher de quelque chose. Rendre sensible, émouvoir, exciter. On dit, en termes de *Chasse*, qu'un cerf a *touché* au bois, pour dire qu'en se frottant contre les arbres il a dépouillé la peau de sa tête.

TOUË *s. fem.* lat. *Remulcatio.* angl. *towage*, *towing.* Action de touer, de ramener les vaisseaux en touant. Bâtiment à passer les rivières.

TOUER. *verb. act.* lat. *Remulcare.* ang. *to tow*, *kedge*, *or hale.* Faire avancer un vaisseau par le moyen d'un cabestan ou par des chaloupes.

TOUEUX. *s. masc.* ( Marine ) Petite ancre, qu'on jette, lorsqu'on veut tirer un vaisseau, par le moyen de la corde qui est attachée à cette ancre.

TOUFAN. *s. m.* Typhon, tourbillon de vent.

TOUFFE. *s. fem.* lat. *Densæ arbores.* angl. *a thicket.* Petit bosquet ou assemblage de quelques arbres feuillus & serrés qui font de l'ombre. Amas d'herbes, de fleurs, de cheveux, &c. lat. *Congeries.* ang. *tuft.*

TOUFFU, uë. *adject.* lat. *Densus*, *opacus.* ang. *thick.* Feuillu, serré, épais.

TOUG. *s. masc.* Espèce d'étendard que l'on porte devant le grand Vizir, les Bachas & les Sangiacs. C'est une demie pique au bout de laquelle est attachée une queuë de cheval.

TOUJOURS. *adv.* lat. *Semper.* ang. *always:* Continuellement, sans interruption, sans fin. En tout tems, en toute occasion. Ordinairement. En attendant, cependant.

TOUJOURS-BELLE. Tulipe qui ne change point. Elle est blanc-naissant & rouge pâle.

TOULET. *voy.* Échome.

TOULETIÈRE. *subst. fem.* ( Marine ) Se dit des piéces de bois appliquées sur le vibord d'un bâteau de nef, sur lequel sont appuyées les rames.

TOUPET. *s. masc.* lat. *Cirrus.* ang. *a little tuft or hair.* Petit bouquet de cheveux, ou de barbe.

TOUPETI. *s. m.* Piéce de toile dont les Indiens se couvrent.

TOUPI. *voy.* Ntoupi.

TOUPIE. *subst. fem.* lat. *Turbo.* anglois. *a gigg.* Espèce de sabot qui a une pointe de fer sur laquelle il tourne, quand on l'a lâché par le moyen d'une corde qui étoit tortillée autour.

TOUPILLON. *s. masc.* lat. *Cirrulus.* angl. *a little tuft.* Petit toupet.

TOUPIN. *s. m.* Sabot qui n'a point de pointe de fer, & que l'on fait tourner en le fouettant avec des lanières de cuir.... Espèce de cone tronqué, le long duquel on fait des rainures, pour le mettre entre les fils ou torons qu'on veut commettre.

TOUQUET. *s. masc.* Petit oiseau autrement appellé *Roussette.*

TOUR. *s. m.* lat. *Circuitus*, *ambitus*, *orbis.* ang. *turn*, *or turning.* Circonférence, le côté extérieur d'une figure, son circuit. Mouvement circulaire. Petit voyage qu'on fait en quelque lieu. Mouvement successif qui donne à chaque chose un tems propre pour parler ou agir l'un après l'autre chacun à son ordre. Attelier d'un Tourneur, machine qui sert à arrondir les ouvrages. Gros cylindre ou essieu qui sert en la plûpart des machines pour élever des fardeaux, qui se remuë avec une roue, ou des leviers sur lesquels la corde se tourne. Dans les Couvents de filles, le tour est une machine en forme de boisseau ouverte en partie & posée verticalement à hauteur d'appui dans la baye d'un mur de refend, où elle tourne sur deux pivots pour faire passer diverses choses dans le Couvent & les en faire sortir.

TOUR. *s. f.* lat. *Turris.* angl. *a tower.* Est un bâtiment élevé & de plusieurs étages, qui est ordinairement de forme ronde. C'étoit aussi autrefois une machine ou petit château de bois qu'on posoit sur le dos des élephans, quand on les menoit à la guerre, dans laquelle on mettoit plusieurs Soldats pour combattre. Piéce du jeu d'échecs qui est posée aux extrêmités du tablier & qui ne se remuë qu'à angles droits.

TOUR-A-TOUR. *adverb.* lat. *Vicissim, per vices.* anglois. *by turns.* L'un aprés l'autre.

TOURBE. *substant. feminin.* lat. *Gleba exsiccata, igniaria.* anglois. *turf.* Matière propre à faire du feu, dont on se sert en Hollande, dans une partie de la Flandre, & aux lieux où il y a disette de bois. Tourteau fait de tan, dont on se chauffe en certains endroits.

TOURBILLON. *subst. m.* lat. *Turbo, vortex.* angl. *whirl-wind.* Vent subit, violent, rapide, impétueux, & tournoyant. Creux qu'on trouve dans quelques mers ou rivières dans lesquelles l'eau s'engouffre avec précipitation, & en tournoyant. C'est aussi selon *Descartes*, un amas de matière dont les parties détachées les unes des autres se meuvent toutes dans un même sens & autour d'un même axe. Ce Philosophe suppose que les planétes sont entraînées par ce *tourbillon* autour du Soleil plus vite & plus lentement selon qu'elles sont plus éloignées ou plus proches de son centre.... Artifice qu'on appelle autrement *Soleil montant*, dont l'effet est de s'élever en tournant par son mouvement intrinseque.

TOURC, *ou* Turq. *subst. masc.* Monnoie d'argent de Lorraine, qui vaut environ dix-huit sols de France.

TOURELLE. *subst. femin.* latin. *Turricula.* anglois. *turret.* Petite tour.

TOURELLÉ, ée. *adject.* Se dit, en termes d'*Antiquaire*, de ce qui est chargé ou garni de tours.

TOURET. *s. masc.* lat. *Verticulum, orbiculus.* ang. *a drill.* Petit tour ou roue qui se meut avec grande impétuosité par le moyen d'une grande roue qui se tourne avec une manivelle. On le dit en plusieurs occasions de ce qui est fait en anneau, en rond, en cheville.... Grosse bobine dont les Cordiers se servent pour dévider le fil.... Machine dont les Lapidaires se servent pour graver des cachets. C'est une petite rouë de fer, qu'on fait tourner avec le pied.

TOURIERE. *s. fem.* Servante de religieuses qui assiste au tour en dehors, qui rend au Couvent tous les services dont il a besoin dans la ville & au dehors.

TOURILLON. *substant. mascul.* Gros pivot de fer qu'on met au bas des portes cochères, des portes d'écluses, des roues de moulins, &c. pour les faire mouvoir facilement. *Tourillons* du canon sont les parties rondes & éminentes qui sont au milieu, qui servent à le faire mouvoir. lat. *Transtrum, cardo.* angl. *the trunnions of a piece of ordinance.*... *Tourillon* : partie du fût de la cloche qui entre dans le poailler & sur lequel elle se meut.

TOURLOUROU. *sub. masc.* Sorte de crabe, qui se voit aux isles Antilles. Il est d'un gout agréable ; mais il cause, dit-on, le flux de sang, quand on en mange avec excès.

TOURMENT. *s. masc.* lat. *Dolor acerbus.* ang. *torment.* Douleur violente que souffre le corps, soit par une cause intestine, soit étrangère. Inquiétudes, peines, chagrins, &c.

TOURMENTE. *s. fem.* lat. *Tempestas, procella.* angl. *storm, tempest.* Orage, bourasque, tempête qui se forme par l'émotion de l'air & des flots.

TOURMENTER. *verb. act.* lat. *Excruciare.* ang. *to torment, torture.* Faire souffrir des douleurs, des tourmens. Affliger l'esprit, lui donner de la peine. S'empresser, s'agiter, s'inquiéter. Le bois se *tourmente* lorsqu'il se déjette, qu'il se gerce.

TOURMENTEUX, euse. *adj.* (Géographie.) Se dit de certains promontoires où les mers sont fort orageuses.

TOURMENTIN. *subst. masc.* Mât qui est enté sur le beaupré, perroquet de beaupré.

TOURNAIRE. *s. masc.* Chanoine à qui appartient le droit de conférer les bénéfices vacans pendant sa semaine, dans les Chapitres où les Chanoines ont ce droit-là tour-à-tour.

TOURNANT. *adject. & subst.* Qui tourne. Lieu où l'on tourne. Lieu de la mer où l'eau tourne.

TOURNANTE. *s. femin.* Fusée volante qui s'éleve en tournant.

TOURNE. *subst. fem.* Terme de *Jeux.* Carte qui est retournée sur le talon.... (Pratique) Soute ou retour des deniers que l'on paye en matière d'échange & de partage, pour mettre de l'égalité entre les choses échangées ou partagées.

TOURNÉ. *adj.* (Blason) Se dit d'un croissant dont les cornes regardent le flanc dextre de l'écu.

TOURNE-A-GAUCHE. *subst. masc.* Outil dont se servent plusieurs Artisans pour tourner d'autres outils, comme vis, &c.

TOURNE-BOUT. *s. masc.* lat. *Fistula musica curva.* angl. *a crooked flute.* Instrument de musique, qui est une espèce de flûte, dont l'extrêmité inférieure est courbée en arc. *voy.* Tornebout.

TOURNE-BROCHE. *s. masc.* lat. *Motator veru focarii.* angl. *a turn-spit.* Petit marmiton qui sert dans les grandes maisons à tourner la broche. C'est aussi un nom qu'on a donné à un chien qui est dressé à tourner une roue, dont le mouvement fait tourner la broche. C'est encore une petite machine qui se meut par le moyen d'un poids, d'une roue & d'un balancier, & qui fait tourner la broche. lat. *Obelotropium.* angl. *a jack.*

TOURNÉE. *subst. feminin.* lat. *Circuitio, itus & reditus.* anglois. *circuit.* Voyage qu'on fait en plusieurs lieux de proche en proche & en tournant dans une ville, dans une province.

TOURNE-FEUILLET. *substant. mascul.* lat. *Chartotropium.* ang. *a tassel.* Petit ruban qui est attaché sur la tranche à la tête de certains livres, & qui débordant par la queuë, sert à en tourner les feuillets.

TOURNE-FIL. *s. masc.* Instrument d'acier quarré, qui sert aux Peigniers à donner le fil à leurs écouennes & autres outils.

TOURNELLE. *ſub. fem.* Chambre établie dans les Parlemens, composée des Conſeillers tirés de la grand'Chambre & des Enquêtes, & qui y vont ſervir tour-à-tour. On le dit ſurtout de la Tournelle criminelle, ou de celle où l'on juge le grand criminel, c'eſt-à-dire où il s'agit de banniſſement, galères, mort, ou peine corporelle. Car les Enquêtes connoiſſent du petit criminel, c'eſt-à-dire des crimes où il n'écheoit qu'une peine pécuniaire. La *Tournelle* criminelle connoit par appel en dernier reſſort de toutes les affaires criminelles, excepté de celles des Gentilshommes & des Officiers privilégiés, dont le procès peut être ſeulement inſtruit à la *Tournelle*, & qui ont le droit d'en évoquer le jugement à la grand'Chambre.... En parlant des anciens bâtimens il ſignifie une petite tour.

TOURNE-MAIN. (En un) *ſubſtant. m.* lat. *In inſtanti, in ictu oculi.* angl. *in the turning of a hand, in a moment.* Moment, petit eſpace de tems.

TOURNEMENT. *voy.* Tournoyement.

TOURNER. *v. n. & act.* lat. *Circumagi.* ang. *to turn.* Se mouvoir circulairement. Arrondir. Se mouvoir latéralement hors de la ligne droite. *Tourner* le dos, c'eſt reculer, fuir, perdre courage. *Tourner* ſignifie auſſi, mettre en certaine ſituation, & d'un certain côté. Mettre deſſus ce qui étoit deſſous; aller deçà & delà, faire le tour d'un lieu. Changer de nature. Gâter, corrompre la forme & la bonté ordinaire de quelque choſe. *Tourner* le ſas eſt une eſpèce de divination qui ſe fait avec un ſas qui tourne ſur la pointe des ciſeaux & dans laquelle il entre de la fourberie mais non pas de la diablerie. *Tourner caſaque:* Changer de religion, de parti.

TOURNES-GANTS, *ou* Retournois. Terme de *Gantier*, qui ſe dit de deux bâtons plus gros par le milieu que par les bouts dont l'un s'appelle le mâle & l'autre la femelle. On les fourre dans les doigts des gants, pour les pouvoir retourner avec facilité ſans les ſalir, ni les chifonner. Ils ſervent auſſi à renformer les gants.

TOURNESOL. *ſub. maſc.* lat. *Heliotropium.* anglois. *turnſol.* Plante qu'on dit ſe tourner toujours vers le Soleil, ou ſuivre ſon mouvement. Couleur jaune qui ſe fait avec la fleur de ce nom. Si on y mêle quelque acide elle devient rouge, & elle ſe change en verd ſi on y jette quelque alkali. Cette couleur n'eſt que pour la détrempe & elle eſt ſujette à changer.... *Tourneſol en drapeau:* toile ou crêpe qu'on teint à Conſtantinople avec de la cochenille & quelques acides.... Chiffons imbibés & empreints d'une teinture rouge, préparée avec le ſuc du *tourneſol* & un peu de liqueur acide. On s'en ſert pour donner au vin une couleur rouge.... *Tourneſol en coton:* coton aplati, de la grandeur & de la figure d'un écu blanc, qu'on teint en *Portugal* avec de la cochenille, & dont on ſe ſert pour teindre les gêlées de fruits.... *Tourneſol en pate* ou *en pain* ou *en pierre:* pâte ſéche, de couleur bleuë, compoſée du fruit de l'*Heliotropium tricoccum*, de perelle, de chaux & d'urine.

TOURNETTE. *ſubſtant. ſemin.* lat. *Evolutricis rota cornua.* anglois. *yarn windle.* Petit inſtrument de bois qui tourne ſur des pivots, qui ſert à dévider du fil, de la laine, &c.

TOURNEVIRE. *ſub. femin.* Cordage qui ſert avec le cabeſtan à retirer l'ancre du fond de l'eau.... Choquer la *tournevire* c'eſt la rehauſſer ſur le cabeſtan, pour empêcher qu'elle ne ſe croiſe ou qu'elle ne s'embarraſſe lorſqu'on la vire.

TOURNEVIS. *ſubſtant. maſcul.* Petit inſtrument de fer avec lequel on ſerre & on deſſerre des vis.

TOURNEUR. *ſubſt. maſcul.* lat. *Tornator.* anglois. *a turner.* Ouvrier qui façonne en rond, ou en autres figures ſur une petite machine qu'on appelle tour, le bois, l'ivoire & autres matières ſolides. Chés les *Potiers* d'étain c'eſt celui qui tient le crochet pour tourner la vaiſſelle. Chés les *Couteliers* c'eſt celui qui tourne la rouë qu'on émoud.

TOURNIQUET. *ſubſt. maſc.* lat. *Verticillum.* ang. *a turn-ſtile.* Moulinet, ou petite barrière qu'on met devant des portes, ou autres paſſages étroits, pour empêcher qu'on n'y puiſſe paſſer qu'un à un. Jeu qui conſiſte en une aiguille de fer mobile dans un cercle, aux bords duquel il y a pluſieurs chifres, & où l'on perd ou l'on gagne ſuivant les nombres ſur leſquels l'aiguille s'arrête. (Chirurgie) Inſtrument qui ſert à comprimer les vaiſſeaux ſanguins d'un membre & à y ſuſpendre quelque tems la circulation du ſang, pour faciliter les opérations que l'on doit faire. Bandage employé pour la ſuppreſſion des hemorragies abondantes, ſurtout après l'amputation des membres.... Artifice compoſé de deux fuſées directement oppoſées & attachées ſur les tenons d'un tourniquet de bois. Il produit l'effet d'une girandole.

TOURNOI. *voy.* Tournoy.

TOURNOIR. *ſ. maſc.* Bois de houx dont les Potiers ſe ſervent pour faire tourner leur rouë.

TOURNOIEMENT. *voy.* Tournoyement.

TOURNOIS. *ſubſtant. maſcul.* lat. *Denariolus.* anglois. *a farthing.* Petite monnoie valant un denier. Monnoie *tournois* eſt une monnoie oppoſée à pariſis. Celle-ci eſt plus forte d'un quart que la première en ſorte que cent livres pariſis valent cent vingt cinq livres *tournois.*

TOURNOY. *ſ. maſcul.* lat. *Ludicrum certamen.* anglois. *turnament.* Exercice & divertiſſement de guerre & de galanterie que faiſoient les anciens Chevaliers pour montrer leur adreſſe & leur bravoure. Les premiers *tournois* ont été des courſes de cheval en tournoyant avec des cannes en guiſe de lance. On y a combattu dans la ſuite avec des épées rebouchées & des lances ſans fer. Les malheurs qui en reſultoient obligèrent les Papes à excommunier ceux qui venoient aux *tournois* & à les priver de la ſépulture Eccléſiaſtique. Et ils ont été enfin abolis.

TOURNOYEMENT. *ſubſt. maſc.* lat. *Cir-*

*cuitus.* anglois. *a whirling or turning round.* Action de ce qui tournoye ; tour & retour, circuit. Vertige, maladie du cerveau qui fait croire que tout ce qu'on voit autour de soi tourne.

TOURNOYER. *v. n.* lat. *Circumire.* ang. *to turn or go about.* Rôder, tourner plusieurs fois autour de quelque lieu. Épier, guetter, être aux environs pour attraper quelqu'un. Hésiter à déclarer quelque chose, chercher plusieurs détours pour en différer l'exécution.

TOURNURE. *subst. fem.* lat. *Ars toreutica.* angl. *turning ; turner's work.* Art ou ouvrage des Tourneurs. Tour d'esprit qu'on donne aux choses.

TOURON. *substant. masculin.* Cordon composé de plusieurs fils de caret tournés ensemble.

TOURRIERE. *voy.* Touriere.

TOURTE. *s. fem.* lat. *Pistorium opus, torta.* ang. *a pie, a kind of pastry work bak'd in a pan.* Pâtisserie qui sert aux entrées, au dessert, à l'entremets, qui est faite de pigeonneaux, de béatilles, de moëlle, de confitures, &c.... (Verrerie) Platte-forme de figure ronde, sur laquelle posent les pots ou creusets, dans lesquels on met la matière du verre.

TOURTEAU. *substant. masculin.* C'étoit autrefois une espèce de pain ou de gâteau qu'on faisoit pour les sacrifices. Dans le *Blason*, c'est la représentation de ces gâteaux qui sont de couleur, & lorsqu'ils sont de métal, on les nomme *besants. Tourteau besant :* piéce ronde d'armoiries, qui est moitié couleur & moitié métal, soit qu'elle soit partie, tranchée ou coupée de l'un en l'autre. (Artillerie) Vieille mêche ou corde détortillée, que l'on trempe dans du goudron, pour éclairer dans les fossés & autres lieux quand une ville est assiégée.

TOURTEREAU. *s. masc.* lat. *Turturis pullus.* ang. *turtle-dove.* Jeune tourterelle.

TOURTERELLE. *substant. femin.* lat. *Turtur.* anglois. *a turtle-dove.* Oiseau cendré, ou blanc, qui est presque semblable au pigeon, & dont le mâle & la femelle volent ordinairement ensemble. C'est le symbole de la fidélité conjugale.

TOURTES. *s. masc.* Marc qui est resté des noix & des graines de navette, de rabette & de lin.

TOURTIÈRE. *sub. fem.* lat. *Tortarium vas æneum.* ang. *a pan, a baking pan.* Vaisseau de cuivre rond & plat, qui sert aux Pâtissiers à faire cuire leurs tourtes.

TOURTOIRE. *subst. fem.* (Vénérie) Houssine avec quoi on fait les batues dans les buissons. lat. *Virgula.* ang. *a switch.*

TOURTOUSES. *s. femin. pl.* Cordes qu'on met au cou du patient qu'on pend.

TOUSELLE. *substantif feminin.* Sorte de froment.

TOUSSAINTS. *s. masc. pl.* lat. *Festum omnium sanctorum.* ang. *all-saints day.* Fête solemnelle de l'Eglise qu'on célébre le premier jour de Novembre, en l'honneur de tous les Saints.

TOUSSER. *v. n.* lat. *Tussire.* ang. *to cough.* Avoir la toux, cracher souvent & avec difficulté. Faire un signal du gosier par une feinte toux.

TOUSSERIE. *sub. fem.* Action de tousser.

TOUSSEUR, euse. *substant. masc. & femin.* lat. *Tussitor.* anglois. *a cougher.* Qui tousse.

TOUT, TOUTE. *adj.* lat. *Totus, cunctus.* angl. *all, whole.* Qui est composé de plusieurs parties intégrantes considérées ensemble. Généralité de choses ou de personnes. Entièrement. En *tout*, signifie, sans rien omettre, tout étant compris. Par *tout*, en tous lieux. Sur *tout*, principalement.

TOUTE-BONNE. *substant. femin.* Plante dont la tige est haute d'une coudée & demie, & qui a ses feuilles quatre fois plus larges que l'horminum, ce qui l'a fait appeller *grand horminum.*

TOUTEFOIS. *voy.* Toutes-fois.

TOUTE-PRÉSENCE. *s. femin.* lat. *Immensitas, omnipræsentia.* angl. *omnipresence.* Qualité de ce qui est présent par tout, attribut de Dieu seul.

TOUTE-PUISSANCE. *s. fem.* lat. *Omnipotentia.* anglois. *omnipotence or omnipotentness.* Qualité de ce qui est tout puissant.

TOUTE-SAINE. *s. f.* Plante autrement appellée *Androsæmum.*

TOUTE-SCIENCE. *s. f.* lat. *Omnimoda Dei scientia.* angl. *omniscience.* Science universelle & infinie.

TOUTESFOIS. *adv.* lat. *Tamen, veruntamen.* anglois. *yet, neverthelesS.* Cependant, néanmoins.

TOUTOU. *subst. m.* Nom comique & populaire donné aux petits chiens.

TOUT-OU-RIEN. *s. masc.* Espèce de ressort de certaines montres à répétition, ainsi appellé, parce qu'en poussant le bouton qui doit faire jouer ce ressort elles sonnent précisement l'heure qu'il est avec les quarts, ou ne sonnent *rien du tout*, si l'on n'a pas poussé le bouton assés fort.

TOUT-PUISSANT, ante. *adj.* lat. *Omnipotens.* angl. *omnipotent, almighty.* Qualité de Dieu qui peut tout. On le dit aussi de ceux qui ont du pouvoir & du crédit.

TOUX. *sub. fem.* lat. *Tussis.* angl. *a cough.* Maladie du poumon, causée par une sérosité âcre, qui oblige à cracher avec effort. *Toux séche* est une toux qui arrive, lorsque l'humeur est si subtile, que le poumon ne peut la saisir pour la mettre dehors ; ou au contraire quand elle est si épaisse, qu'elle resiste à ses efforts.

TOUZELLE. *voy.* Touselle.

## T O X

TOXIQUE. *s. m.* Poison.

## T O Y

TOYERE. *voy.* Toiere.

## T R A

TRABAN. *s. masc.* Nom donné autrefois aux

aux Hallebardiers, & aujourd'hui aux Soldats de la garde imperiale.

TRABE. *subst. f.* Météòre enflammé qui paroit en forme de poutre ou de cylindre dans le ciel.... ( Blason ) Partie de l'ancre qui traverse la flangue par le haut, comme fait la partie supérieure d'une potence.... Bâton qui supporte une enseigne ou bannière.

TRABÉATION. *voy.* Entablement.

TRABÉE. *subst. femin. Trabea.* Sorte d'habillement que portoient les Consuls, les Préteurs & les Généraux Romains dans leurs triomphes.

TRACAS. *f. masc.* lat. *Molesta atque operosæ operationes.* angl. *hurry, bustle, noise.* Embarras, confusion, désordre des affaires du monde, peine & agitation de gens qui vont & qui viennent.

TRACASSER. *v. n. & act.* lat. *Variis ac molestis negotiis distendi.* angl. *to be busie.* Etre toujours dans le tracas, dans le mouvement, dans l'embaras. S'intriguer, se tourmenter. Inquiéter, tourmenter quelqu'un. Barguigner.

TRACASSERIE. *f. fem.* Méchant procédé, chicane, discours, rapport qui tend à brouiller les uns avec les autres. Tracas, intrigue. Mauvais tour, mauvaise piéce.

TRACASSIER, ière. *adj.* lat. *Turbator.* ang. *a busy-body.* Qui tracasse, barguigne, qui ne s'arrête point au solide. Intriguant, qui veut se mêler de tout. Brouillon.

TRACE. *f. fem.* lat. *Vestigium.* anglois. *footstep, track.* Empreinte qui reste au passage de quelque chose sur une autre, par l'effort qu'elle fait en la pressant ; indice, marque. Exemple des prédécesseurs. Lignes qui marquent le dessein d'un parterre, d'une tapisserie, &c. Gros papier gris, autrement appellé *main-brune*, qui sert à faire le corps des cartes à jouer.

TRACEMENT. *subst. mascul.* lat. *Descriptio, exaratio.* anglois. *a drawing.* Action par laquelle on trace, on dessigne.

TRACER. *v. act.* lat. *Ichnographiam lineis describere.* ang. *to make a draught of, to draw.* Dessiner sur le papier, sur la terre, le plan d'un bâtiment, d'une fortification, d'une figure de Géometrie. Donner un exemple à imiter, une ouverture pour parvenir à quelque chose. Imprimer, graver, former. ( Jardinage) Marquer avec un traçoir les traits d'un parterre, soit découpé, soit en broderie, pour y planter le buis.... *v. n.* Couler entre deux terres.

TRACERET. *sub. masc.* Outil de fer pointu dont on se sert en méchanique pour tracer, marquer & piquer le bois.

TRACHÉE. *adj. f.* lat. *Aspera arteria.* angl. *the trachian artery.* La *Trachée*-artère est le canal ou tuyau qui porte l'air de la bouche aux poumons, & qui est l'instrument de la respiration & de la voix. L'ouverture ou la tête de la *trachée artère* s'appelle le *larynx.* Elle est revêtuë de deux tuniques ; l'une intérieure qui lui est commune avec l'esophage, la langue, le palais & la bouche, l'autre extérieure plus molle & plus mince. Quand elle est humide, elle rend la voix enrouée, & rude, quand elle est trop séche. On a donné aussi ce nom depuis peu à de certains filamens qui se trouvent aux plantes, & qui ont quelque rapport dans leur conformation à la *trachée artère* : c'est par là qu'on prétend que les plantes respirent en quelque manière.

TRACHÉLO-MASTOÏDIEN. *f. masc.* Muscle qui naît de l'apophyse de la première & de la seconde vertebre du dos & de la troisième ou quatrième du cou, en descendant, par autant de tendons menus, lesquels en s'unissant forment un petit ventre charnu, épais, qui passe sous le splénius & s'insére au milieu, du côté de l'apophyse *Mastoïde*, par un tendon menu. Son usage est d'assister le complexus.

TRACHOME. *sub. masc. Trachoma.* Maladie des yeux. Aspérité de la partie intérieure des paupières avec rougeur.

TRACIAS, *ou* Tracius. *substant. masculin.* Pierre semblable au jayet & au souffre. Elle s'échauffe en y jettant de l'eau & se resserre avec de l'huile.

TRAÇOIR. *f. masc.* Poinçon d'acier dont se servent les Traceurs & Graveurs.... Grand bâton droit & ferré par le bout d'enbas, dont les Jardiniers se servent pour tracer.

TRACTRICE. *subst. femin.* ( Géometrie ) Ligne courbe que décrit une corde avec laquelle on tire un corps pesant.

TRADITEUR. *f. masc.* Nom donné dans la primitive Eglise aux Chrétiens qui, pour éviter la mort, livroient les saintes Écritures aux persécuteurs.

TRADITION. *f. fem.* lat. *Traditio.* anglois. *delivery.* Action par laquelle on livre une chose entre les mans de quelqu'un. Loix, doctrine, histoires que nous avons reçues de main en main de nos Pères, & qui ne sont point écrites. Ce qu'on a appris des autres. lat. *Traditio.* ang. *tradition.* Les Juifs ont leur tradition, qu'ils appellent la *Loi orale.* Dans l'Eglise Catholique la tradition est une régle fort respectée.

TRADITIONAIRES. *substant. masc. pluriel.* Talmudistes, Juifs qui suivent les traditions marquées dans le Talmud.

TRADITIVE. *substant. femin.* lat. *Majorum instituta.* angl. *tradition.* Chose apprise par tradition. On ne se sert pas de ce mot dans les matières de Religion, mais de celui de tradition.

TRADUCTEUR. *f. mas.* lat. *Interpres.* ang. *a translator.* Celui qui tourne un livre d'une langue en une autre, qui le traduit.

TRADUCTION. *f. fem.* lat. *Versio.* anglois. *translating, translation, version.* Version d'un livre, ou d'un écrit, d'une langue en une autre plus connuë.

TRADUIRE. *verb. act.* lat. *Vertere.* angl. *to translate.* Tourner quelque écrit, quelque livre en une langue plus connuë, plus facile à entendre que celle de l'original. *Traduire* en ridicule, c'est faire passer quelqu'un pour ridicule. *Traduire*, en termes de *Palais*, signifie, mener ou renvoyer en une autre jurisdiction que l'ordinaire. *Traduire* un prisonnier, c'est le faire passer d'une prison en une autre.

TRAFIC. *s. masc.* lat. *Commercium, mercatura, negotiatio.* anglois. *traffick, trade.* Commerce, négoce, vente, ou échange de marchandises, de billets, d'argent. Il n'est que le *trafic* en détail qui soit interdit en France aux Gentilshommes. Par l'Édit de 1669. confirmé par celui de 1702. on ne déroge point à négocier en gros. En Angleterre, à Venise & à Gênes la Noblesse fait le trafic en gros. Tous les bons patriotes ont souvent souhaité que le préjugé contraire s'abolit en France & que les Nobles profitassent des Édits faits en leur faveur.

TRAFIQUANT, ante. *adj.* & *substant.* lat. *Negotiator.* anglois. *a trader.* Qui trafique.

TRAFIQUÉ, ée. *adject.* Qui a passé par les mains des marchands.

TRAFIQUER. *v. n.* lat. *Negotiari, mercaturam facere.* anglois. *to trade, deal, traffick.* Faire commerce, négoce, trafic. Il se dit aussi au *figuré.* On *trafique* de la vertu & de l'amour, dit Mr. de la Bruyère, tout est à vendre parmi les hommes.

TRAFIQUEUR, euse. *subst. masc.* & *fem.* lat. *Negotiator.* angl. *a trader.* Marchand qui trafique. On ne se sert plus guères de ce mot.

TRAGACANTH. *s. masc.* ou Tragacanthe. *s. fem.* Espèce de gomme, qui sort par incision de la racine ou du tronc d'une plante qui porte le même nom. Elle sert à quantité d'usages & même en Médecine. On en distingue de plusieurs couleurs. La blanche s'emploie dans les remédes chauds & la jaune dans les froids.... Plante autrement appellée *barbe-renard,* ou *épine de bouc.*

TRAGANON. *substant. mascul.* Herbe maritime, qu'on nomme aussi *scorpion.* Elle produit diverses branches épineuses & sans feuilles, autour desquelles sont de petits grains roux d'une qualité fort astringente.

TRAGÉDIE. *subst. fem.* lat. *Tragædia.* ang. *a tragedy.* Poëme dramatique, qui représente sur le théatre quelque action signalée de personnages illustres, laquelle souvent a une issuë funeste. La *Tragédie* dans sa naissance n'étoit qu'un simple chœur qui célébroit les louanges de Bacchus. Thespis y ajouta un personnage pour délasser le chœur. Eschile y introduisit le dialogue & donna à ses Acteurs des habits plus décens. Sophocle y ajouta un troisiéme Acteur pour rendre le dialogue plus intéressant. Mais rarement les Grecs firent paroitre quatre interlocuteurs dans la même scéne. A cela près, où ils n'ont point été suivis des Modernes, ils sont devenus les modéles de tous les Poëtes Tragiques, & l'on n'a commencé à faire des piéces raisonnables que quand on s'est rapproché de leur méthode. Parmi nous la *Tragédie* a eu le même sort. Elle commença par des farces & des pieces monstrueuses & elle a produit dans la suite des prodiges & des chef d'œuvres de l'art.... Histoire, ou action funeste, sanglante, cruelle.

TRAGÉDIE BALLET. *s. fem.* Se dit d'une Tragédie qui doit être accompagné de chants & de danses.

TRAGÉDIEN. *s. masc.* Acteur de Tragédie. Ce mot est de peu d'usage.

TRAGICOMÉDIE. *s. fem.* lat. *Tragicomædia.* angl. *a tragicomedy.* Autre piéce de théatre, qui représente une action qui se passe entre des personnes signalées, dont l'événement n'est ni triste, ni sanglant, & où l'on admet quelquefois le mélange de personnages moins sérieux.

TRAGICOMIQUE. *adj.* lat. *Tragicomicus.* ang. *tragicomical.* Qui appartient à la Tragicomédie.

TRAGIQUE. *adj.* & *subst.* lat. *Tragicus, funestus, cruentus.* ang. *tragick, tragical.* Qui appartient à la Tragédie, qui est funeste, sanglant, malheureux. Poëte qui a composé des Tragédies.

TRAGIQUEMENT. *adv.* lat. *Tragicè.* angl. *tragically.* D'une manière tragique.

TRAGIUM. *s. masc.* Plante qui porte de petites tiges ligneuses, revêtues de feuilles, & d'entre lesquelles sortent d'autres petites tiges nuës, qui soutiennent des fleurs en épi de couleur purpurine. Elle est astringente & propre pour la dysenterie. Quelques-uns donnent ce nom au *dictame blanc,* d'autres à l'*arroche puante,* quelques-uns à la *corne de bouc.*

TRAGORICAN. *subst. mascul.* Espèce de serpolet sauvage, qui croît dans plusieurs isles de l'Archipel.

TRAGORIGANUM. *s. masc.* Espèce de crapaudine ou de sideritis. On donne aussi ce nom à deux espèces de marum.

TRAGOS. *s. masc.* Se dit de deux arbrisseaux autrement appellés *raisins de mer,* & qui sont des espèces d'*éphedra.*

TRAGUM. *s. masc.* Espèce de Kali qu'on estime propre pour la pierre & la gravelle.

TRAHIR. *v. act.* lat. *Prodere.* anglois. *to betray.* Tromper quelqu'un qui a de la confiance en nous; lui nuire couvertement & en secret, ou même à découvert. Tromper, manquer à quelqu'un.

TRAHISON. *s. fem.* lat. *Proditio, perfidia.* anglois. *treachery, treason.* Fourberie; perfidie; défaut de fidélité à son Prince, à son ami, à celui qui avoit de la confiance en une personne. En *Angleterre* on appelle crime de haute *trahison,* tout Attentat contre l'État.... Action de surprise dont on ne se défie point, & que l'on n'a pas le tems de parer.

TRAICTOIRE, ou Trétoire. *subst. femin.* Instrument de Tonnelier, qui lui sert à tirer & à allonger ses cerceaux en reliant des tonneaux. Il est composé d'un crochet de fer & d'un manche.

TRAJECTOIRE. *sub. masc.* angl. *trajectory.* En *Astronomie,* est la ligne qu'une comète ou une planéte décrit autour du Soleil.

TRAJET. *s. masc.* lat. *Trajectus, commeatus.* anglois. *a passage over the sea or a river.* Espace à traverser par mer ou sur une rivière, pour aller d'un rivage à l'autre. Voyage, chemin qu'on fait par terre. lat. *Transitus.* ang. *way.*

TRAILLE. *subst. femin.* Bâteau qui sert à passer d'un bord à l'autre d'une rivière. On l'appelle autrement *pont-volant.*

TRAIN. *s. masc.* lat. *Instructus*, *apparatus.* anglois. *a train.* Ce qui sert à trainer, porter & voiturer. Le *train* d'un carrosse consiste en quatre rouës, la flêche, ou les brancards, le timon & les moutons. Les *Imprimeurs* appellent le *train* de derrière de leurs presses, l'endroit où ils posent l'encrier. Allure ou démarche d'un cheval, d'un homme. Le *train* ou la partie de devant du cheval sont les épaules & les jambes de devant, le *train* de derrière sont les hanches & les jambes de derrière. On appelle en *Fauconnerie* le *train* de l'oiseau son derrière ou son vol, &c. Equipage ou suite d'un Seigneur. Parties qui servent à faire mouvoir quelque machine. Radeau, amas de bois lié ensemble qui flotte sur l'eau. Tour le charronnage qui porte le corps du carrosse ou du chariot. Attirail nécessaire pour servir l'artillerie. Plusieurs bâteaux qui se suivent.

TRAIN. (En) *adv.* En disposition de faire ou de continuer quelque chose.

TRAIN. (Tout d'un) *adv.* lat. *Unà*, *simul.* anglois. *at one clap*, *all at once.* Tout de suite, au même tems.

TRAÎNANT, ante. *adj.* lat. *Humi reptans.* ang. *trailing*, *dragging.* Qui pend jusqu'à terre, qui traîne à terre.

TRAINASSE. *s. fem.* Plante ainsi appellée parce qu'elle s'étend beaucoup. C'est la *Renouée* ou *centinode.* On l'appelle aussi *traineau* & *trainée.*

TRAÎNEAU. *substant. mascul.* lat. *Traba vehicularis.* anglois. *a sledge*, *a dray.* Assemblage de quelques piéces de bois sans roues, qui sert à traîner & à transporter des balots & des marchandises. Filet pour prendre des perdrix, cailles, vanneaux, beccasses, pluviers & autre semblable gibier. Il a deux aîles fort longues que deux hommes *traînent* par la campagne, qui est cependant battuë par les chasseurs. Il y a aussi de ces *traîneaux* dont on se sert à la pêche. lat. *Tragula*, *rete reptile.* ang. *a tramel*, *drag-net.* ... *Traineau* : plante. *voy. Trainasse.*

TRAÎNÉE. *substant. fem.* Espèce de chasse du loup, qu'on fait en l'attirant dans un piége ou trappe par le moyen de l'odeur d'une charogne qu'on traine dans une campagne, où le long du chemin. Il se dit aussi de tout ce qui s'épanche en long, d'une longue amorce de poudre disposée en sorte, qu'elle fasse jouer des boëtes ou autres feux d'artifices. lat. *Sulphurati pulveris ductus.* angl. *a train of gun-powder.* ... Choses qu'on seme, ou qui sont tombées sur un chemin, qui marquent la piste par où l'on a passé. ... Espèce de plante. *voyez* Trainasse.

TRAÎNE-MALHEUR. *s. masc.* Gueux, misérable.

TRAÎNE-POTENCE. *s. masc.* On le dit familièrement d'un homme qui porte malheur à ceux qui s'attachent à lui & qui suivent son parti.

TRAÎNER. *v. act. & n.* lat. *Trahere.* anglois. *to draw*, *trail*, *drag.* Tirer après soi quelque chose. Avoir à sa suite, faire venir. Agir avec lenteur, incommodité, languir. Être en voye, être négligé, n'être pas serré. Se glisser en rampant, se couler avec adresse & sans bruit. On le dit aussi de ce qui pend jusqu'à terre ; & des chiens de meute qui ne suivent pas le gros de la meute à la chasse. *Traîner en plâtre* ; c'est faire une corniche de plâtre clair, ou un cadre, avec le calibre, qu'on traine sur deux régles arrêtées.

TRAÎNE-RAPIÈRE. *substant. mascul.* Bréteur, ferrailleur, querelleur.

TRAÎNEUR. *s. mascul.* lat. *Machærophorus.* angl. *a sword man.* Filou qu'on appelle *traîneur* d'épée qui porte une épée pour voler. Soldat qui ne marche pas avec le corps de troupes dont il est. Chien de chasse qui ne suit pas le gros de la meute.... Conducteur d'un traineau.

TRAÏON. *voy.* Trayon.

TRAIRE. *v. act.* lat. *Mulgere*, *emulgere.* anglois. *to milk.* Presser le pis des animaux femelles qui ont du lait, pour le faire sortir.

TRAISNANT, Traisner, Traisneur. *voyez* Traînant, Traîner, Traîneur.

TRAIT. *adj.* lat. *Tractus in fila.* anglois. *gold or silver-wire.* Qui est tiré & passé par la filière.

TRAIT. *subst. masc.* lat. *Lorum ductarium.* ang. *trace.* Ce qui sert à tirer un carosse, une charrette, une charruë. Cheval de *trait* : celui qui sert au tirage, particulièrement aux voitures. Laisse qui sert à conduire des chiens à la chasse. Il se dit aussi de ce qu'on pousse, de ce qu'on chasse au loin par quelque arme ou machine. C'est encore une ligne qu'on tire tout d'un tems avec une plume, un pinceau, un burin. Il se dit en *Architecture* de toute ligne qui forme quelque figure, & particulièrement de la coupe des pierres. Il se dit encore des diverses parties & configurations du visage ; & à table de ce qu'on avale tout d'un coup en buvant.... Pensée, saillie, imagination. Acte, tour, action.... Dans la *Marine*, il se dit de la figure des voiles ; & dans la *Méchanique*, c'est le poids ou la force mouvante qui emporte l'équilibre. (Blason) Rang de quarrés d'échiquier.... (Peinture) Ligne que décrit la plume ou le pinceau.... Espace que les propriétaires des héritages situés sur les bords des rivières sont obligés de laisser pour le tirage des chevaux, qui servent à remonter ou à descendre les bâteaux.... *Avoir trait* à quelque chose, y avoir rapport.

TRAITABLE. *adj.* lat. *Tractabilis*, *facilis.* ang. *tractable*, *kind.* Docile, affable, accessible, accommodant ; qui a l'esprit doux & facile ; qui entend volontiers raison. Ductile, maniable, qui se peut aisément mettre en œuvre. Homme qui peut être traité ou pansé. Question que l'on peut traiter.

TRAITANT. *s. masc.* lat. *Redemptor vectigalium.* anglois. *an excise man.* Nom qu'on donne aux gens d'affaires qui prennent les fermes du Roi, & se chargent du recouvrement des deniers & impositions.

TRAITE. *s. fem.* lat. *Iter*, *via.* anglois. *a journey*, *way*, *progress.* Distance d'un lieu à un autre. Trafic, commerce avec les Sauvages.

Transport des marchandises. *Traite* foraine est un droit qui se leve sur toutes les marchandises qui entrent dans le Royaume, ou qui en sortent. *Traite* domaniale est une augmentation d'impôts sur le blé, le vin, la toile & le pastel, lorsqu'on les transporte hors du Royaume; ces deux *traites* ont été réunies sous le nom général de *traites*.... *Traite* en matières de *Monnoies* est la charge qui fait la diminution de leur valeur. Grande quantité de cuivre & de billon qu'on fait entrer dans le commerce au lieu de bonnes espèces.

TRAITÉ. *subst. masc.* lat. *Pactum*, *conventum*. ang. *treaty or agreement*. Contrat, marché, accord, convention. Conclusion de paix, de confédération, de mariage, de capitulation. Sujet sur lequel on écrit.

TRAITEMENT. *substant. mascul.* lat. *Receptio*, *tractatio*. ang. *treatment*. Bon ou mauvais accueil qu'on fait à quelqu'un, outrages ou caresses qu'on lui fait.

TRAITER. *v. act.* & *n.* lat. *Tractare*, *mercari*. ang. *to treat of*. Faire un commerce, négocier, convenir de certaines conditions. Qualifier quelqu'un; lui donner certains titres, ou lui rendre certains honneurs qui lui appartiennent, ou qu'il prétend lui être dûs. Agir, vivre, en user d'une certaine manière avec les autres. Nourrir, donner à manger, soit à l'ordinaire, soit en cérémonie. Pancer, médicamenter. Agiter, discourir, raisonner sur une matière.

TRAITEUR. *s. mas.* lat. *Obsonator*. anglois. *a cook*. Maître cuisinier public qui donne à manger proprement, moyennant certain prix par tête, ou dont on convient. On le dit aussi en Amérique des habitans François qui vont faire la *traite* avec les sauvages.

TRAITOIRE. *voy.* Traictoire.

TRAITRE, esse. *adj.* & *subst.* lat. *Proditor*, *perfidus*. anglois. *trayterous*, *treacherous*. Qui trahit; qui est méchant, perfide, scélerat, trompeur.... *Traitre* se dit aussi des animaux & même des choses inanimées.

TRAITREUSEMENT. *adv.* lat. *Proditoriè*, *perfidè*. ang. *treacherously*. En trahison.

TRAMAIL. *subst. mascul.* Filet qu'on met au travers des petites rivières, où le poisson se prend de lui même. Il est composé de trois rangs de mailles les unes devant les autres dont celles de devant sont fort larges & faites d'une petite ficelle. La toile du milieu qu'on appelle la *nape* est faite d'un fil délié. Elle s'engage dans les grandes mailles qui en bouchent l'issuë au poisson qui y est entré. lat. *Cassis triplicis texti*. angl. *a tramel or drag-net*.... On le dit *figurément* de toute sorte de piége.

TRAME, *ou* Trême. *substant. feminin.* lat. *Trama*, *subtegmen*. anglois. *the woof*. Fils de travers qui font la toile ou l'étoffe, quand on les passe à travers ceux qui composent la chaine. Cours de la vie. Complot secret, trahison, intrigue, conjuration.

TRAMEAU. *subst. masc.* Filet dont on se sert pour la pêche de la drége. On y attache du liége d'un côté & du plomb de l'autre.

TRAMER. *v. act.* lat. *Texere*, *intexere*. ang. *to weave*. Faire de l'étoffe, de la toile, en passant la trame ou la navette entre les chaines. Former un complot contre quelqu'un.

TRAMEUR. *subst. masc.* Ouvrier dont l'occupation est de disposer les fils des trames pour être employées à la fabrique des étoffes.

TRAMONTAIN. *voy.* Ultramontain.

TRAMONTANE. *sub. femin.* lat. *Aquilo*, *boreas*. angl. *tramontane*. C'est dans la Méditerranée, le Nord ou le Septentrion. C'est encore l'étoile du Nord qui sert à conduire les navires. lat. *Cynosura*. angl. *the north-star*.

TRANCHANT, Tranchée, Trancher, & *leurs composés*. voy. Trenchant, Trenchée, Trencher.

TRANGLES. *sub. fem.* (Blason) Fasces retrécies, qui n'ont que la moitié de leur largeur & qui sont en nombre impair.

TRANGLER, *ou* Tranler. *v. act.* (Chasse) Se dit quand il faut quêter un cerf au hazard, lorsque l'on ne l'a point détourné.

TRANQUILLE. *adject.* lat. *Tranquillus*, *quietus*, *placidus*. anglois. *quiet*, *still*, *calm*. Calme, paisible, qui n'est point agité.

TRANQUILLEMENT. *adv.* lat. *Tranquillè*, *pacatè*, *quietè*. angl. *quietly*, *peaceably*. D'une manière douce & paisible, sans émotion.

TRANQUILLISER. *v. act.* lat. *Tranquillare*, *sedare*. angl. *to tranquillize*. Calmer, rendre tranquille.

TRANQUILLITÉ. *sub. femin.* lat. *Tranquillitas*. ang. *tranquillity*. Repos, calme, état sans trouble, & sans agitation. Les *Romains* en avoient fait une Déesse, qu'ils représentoient par le symbole d'une barque avec une voile tenduë & un homme assis au gouvernail.

TRANSACTION. *sub. fem.* lat. *Transactio*, *decisio*. angl. *transaction*, *agreement*. Convention, contrat volontaire qui se fait entre des parties qui plaident pour terminer, ou accommoder leurs procès, ou differens. Les *transactions* philosophiques sont une espèce de journal qui se fait d'ordinaire chaque mois par l'ordre de la société royale de Londres. Elles contiennent les découvertes & les expériences de Physique, les observations d'Astronomie, &c. Elles ont été commencées en 1665. & continuées tantôt sous le titre de *collections philosophiques*, tantôt sous celui de *transactions* qui avoit été leur première dénomination & sous lequel ce journal est beaucoup plus connu.

TRANSALPIN. *adj.* & *subst.* Qui est audelà des Alpes. ang. *transalpine*.

TRANSCENDANCE. *s. fem.* Supériorité, élevation au dessus des autres.

TRANSCENDANT, ante. *adj.* lat. *Transcendens*, *eximius*. angl. *transcendent*. Qui est élevé au dessus des autres choses. Élevé, sublime. Géometrie *transcendante* est celle qui emploie l'infini dans ses calculs.

TRANSCENDENTEL, elle. *adj.* (Logique & Métaphysique) Se dit des termes qui sont si généraux & qui ont une signification si universelle qu'ils conviennent à toutes sortes de choses.

TRANSCOLATION. *s. fem.* ( Pharmacie ) Filtration.

TRANSCRIPT. *subst. masc.* lat. *Transcriptum*, *exemplum.* ang. *copy*, *transcript.* Copie d'un acte inseré dans un autre.

TRANSCRIPTION. *subst. fem.* lat. *Transcriptio.* anglois. *transcription or transcribing.* Action par laquelle on transcrit.

TRANSCRIRE. *verb. act.* lat. *Transcribere*, *exscribere.* angl. *to transcribe or copy.* Copier, décrire. Insérer un acte tout du long dans un autre.

TRANSE. *s. f.* lat. *Anxius timor*, *formido*, *pavor.* ang. *trance.* Peur, crainte continuelle, grande appréhension d'un mal qu'on croit prochain.

TRANSÉLÉMENTATION. *substant. femin.* Transmutation, transformation. Changement des principes, des élemens d'un corps en ceux d'un autre.

TRANSFÉRER. *v. act.* lat. *Transferre*, *traducere.* anglois. *to transfer.* Mener, conduire, emporter d'un lieu en un autre lieu. On dit aussi transférer une fête, pour dire la remettre d'un jour à un autre jour.

TRANSFIGURATION. *s. fem.* lat. *Transfiguratio.* anglois. *transfiguration.* Fête qu'on célébre en l'Eglise le sixième d'Août, en mémoire du miracle que J. C. fit, quand il se transfigura devant ses Apôtres.

TRANSFIGURER. (Se) *v. rec.* lat. *Transfigurari.* anglois. *to be transfigured.* Terme de *Théologie*, qui ne se dit que de ce changement miraculeux que fit Jesus-Christ en présence de S. Pierre, de S. Jaques & de S. Jean sur le Thabor.

TRANSFORMATION. *subst. fem.* lat. *Transformatio.* anglois. *a transforming or transformation.* Changement de forme.

TRANSFORMER. *v. act.* lat. *Transformare.* angl. *to transform.* Changer de forme.

TRANSFUGE. *s. masc.* lat. *Transfuga*, *perfuga.* angl. *a deserter*, *a turn-coat.* Celui qui quitte son païs pour se retirer chés les ennemis.

TRANSFUSER. *verb. act.* lat. *Transfundere.* angl. *to transfuse.* Faire passer le sang artériel d'un animal dans les veines d'un autre.

TRANSFUSION. *subst. fem.* lat. *Transfusio.* ang. *transfusion.* Action par laquelle on fait couler une liqueur d'un vaisseau dans un autre. On a tenté de faire la *transfusion* du sang d'un animal dans les veines d'un autre; mais cette tentative, qu'on dit avoir réussi en *Angleterre*, n'a point eu de succès en France.

TRANSGRESSER. *v. act.* lat. *Transgredi*, *violare.* ang. *to transgress*, *or trespass.* Outrepasser, contrevenir à quelque ordre, à quelque loi.

TRANSGRESSEUR. *s. masc.* lat. *Transgressor*, *legis violator.* anglois. *a transgressor.* Qui viole la loi divine.

TRANSGRESSION. *s. fem.* lat. *Transgressio*, *violatio.* angl. *a transgressing or transgression.* Désobéissance, mépris qu'on fait de la loi qu'on ne veut pas observer.

TRANSIGER. *v. n.* lat. *Transigere*, *pacisci.* ang. *to transact*, *to agree.* Assoupir un procès par un accommodement.

TRANSILLAS. *s. masc.* Sorte de dentelles que les Hollandois portent à Cadix, pour être envoyées à l'Amérique.

TRANSIR. *v. act.* & *n.* lat. *Frigore rigere.* ang. *to chill*, *or benum.* Géler, être saisi de froid, jusqu'à en devenir tremblant & immobile.

TRANSISSEMENT. *substant. mascul.* L'état où un homme est transi.

TRANSIT. *s. masc.* Acte qu'on donne aux Marchands & Voituriers, pour certaines marchandises, qui doivent passer par les bureaux sans être visitées & sans payer les droits.

TRANSITION. *subst. feminin.* lat. *Transitio*, *transitus.* angl. *transition.* Liaison; passage d'un discours à un autre. C'est aussi une figure de *Rhétorique* qui se fait lorsque l'Orateur parlant de quelqu'un, se met subitement à sa place, & en joüe le personnage.... ( Astronomie ) Passage des planétes, en faisant leur cours, sur de certains lieux de l'horoscope, lequel opère suivant la promesse de ces lieux, & la bonté ou malignité des planétes; en sorte que les planétes *bénéficiales* passant par dessus le milieu du ciel donnent des honneurs & au contraire la *transition* des *maléfiques* les détruit ou les diminuë. La *transition* des *bénéfiques* sur l'ascendant donne de la santé & celle des *maléfiques* des maladies.

TRANSITOIRE. *adj.* lat. *Transitorius.* angl. *transitory.* Ce qui se passe, ce qui est de peu de durée, qui a peu de solidité.

TRANSJURANE. *adj. fem.* Terme de *Géographie*, qui se dit de cette partie de la Bourgogne qui est au-delà du Mont Jou & qui comprend les païs qui sont depuis le Rhin entre le Mont-Jura ou de S. Claude, & les Alpes de Savoye, de Velai & des Grisons.

TRANSLATION. *subst. fem.* lat. *Translatio.* angl. *translation*, *removal.* Action par laquelle on transfére une chose d'un lieu en un autre. Fêtes que l'Eglise célébre en mémoire du transport des reliques de quelque Saint. Les *translations* des Evêques ont été défendues par le Concile de Nicée qui les déclara nulles; le Concile de Sardique ordonna que le Transféré seroit privé de la Communion. Cette discipline a été observée pendant neuf cent ans & le premier exemple d'une *translation* d'éclat a été celle du Pape Formose, qui étoit Evêque de Porto. Mais depuis cinq ou six cent ans les *translations* sont devenuës si fréquentes qu'elles ont passé en droit commun. Il faut seulement que le consentement du Pape intervienne.

TRANSMARIN, ine. *adj.* Qui est au delà de la mer. anglois. *transmarine.*

TRANSMETTRE. *v. act.* lat. *Transmittere.* ang. *to make over*, *to transmit.* Céder, faire passer à un autre; mettre ce qu'on posséde en la possession d'un autre.

TRANSMIGRATION. *s. fem.* lat. *Transmigratio.* angl. *transmigration.* Transport d'une nation entière en un autre païs par la violence d'un conquérant. Passage d'une ame d'un corps dans un autre.

TRANSMISSIBLE. *adj.* lat. *Transmissibilis.* anglois. *conveyable, transmissible.* Qui se peut transmettre.

TRANSMISSION. *f. f.* lat. *Transmissio.* ang. *transmission.* Action par laquelle on transmet, on transporte.

TRANSMUABLE. *adj.* lat. *Transmutabilis.* anglois. *transmutable.* Qui peut être changé & transmué.

TRANSMUER. *verb. act.* lat. *Transmutare.* angl. *to transmute.* Changer d'une nature en une autre.

TRANSMUTATION. *f. f.* lat. *Transmutatio, conversio.* anglois. *transmutation.* Changement qui se fait d'une nature en une autre. La *transmutation* des métaux est l'objet de la pierre philosophale.

TRANSPARENCE. *f. f.* lat. *Pelluciditas.* anglois. *transparency or transparentness.* Qualité d'un corps qui donne passage aux rayons de la lumière.

TRANSPARENT, ente. *adj.* lat. *Pellucidus.* anglois. *transparent, diaphanous, pellucid.* Corps à travers duquel passe la lumière.

TRANSPARENT. *f. masc.* Papier où sont tracées plusieurs lignes noires & dont on se sert pour s'accoutumer à écrire droit, en le mettant sous le papier, sur lequel on écrit.

TRANSPERCER. *v. act.* lat. *Transfodere, transfigere.* anglois. *to transpierce.* Percer au travers.

TRANSPIRABLE. *adj.* lat. *Transpirabilis, transmeabilis.* anglois. *transpirable.* Terme de *Médecine*, qui se dit des corps des animaux, qui ont des pores ou petites ouvertures, par où les humeurs s'exhalent continuellement d'une manière presque imperceptible aux yeux.... Qui peut transpirer.

TRANSPIRATION. *f. f.* lat. *Transpiratio:* angl. *transpiration.* Sortie insensible ou presque insensible des humeurs par les pores de la peau. La cause de la *transpiration* est le mouvement circulaire & la chaleur du sang. La *transpiration* insensible est plus grande que toutes les évacuations sensibles ensemble & l'expérience apprend que l'on perd plus dans un jour par la *transpiration* que l'on ne fait en quinze par les autres évacuations sensibles. Le froid empêche la *transpiration*, parce qu'il resserre les pores de la peau & qu'il épaissit les liqueurs qui circulent dans les glandes cutanées. La chaleur augmente la *transpiration* non seulement parce qu'elle ouvre les glandes & les tuyaux excrétoires, mais aussi à cause qu'elle donne plus de mouvement & plus de fluidité aux humeurs. La *transpiration* purifie la masse du sang, & quand elle est arrêtée elle cause ou des fièvres ou des éruptions sur la peau.... Entrée de l'air dans les corps par les pores de la peau.... C'est par là qu'on explique le prodige de certaines personnes dont les excremens excédoient de beaucoup la quantité de nourriture qu'elles prenoient.

TRANSPIRER. *v. n.* lat. *Transpirare.* ang. *to transpire.* Sortir par transpiration ; sortir par les pores d'un corps d'une manière presque insensible. Il se dit des corps même par où quelque matière transpire. Il se dit encore de l'air, qui selon quelques-uns entre dans le corps par les pores de la peau. On le dit aussi *figurément* des affaires publiques & particulières qui sont soupçonnées, ou divulgées, qui se répandent au dehors.

TRANSPLANTATION. *f. f.* lat. *Transplantatio.* ang. *transplantation.* Manière de guérir les maladies, par laquelle quelques-uns prétendent pouvoir les faire passer d'un sujet à un autre.

TRANSPLANTEMENT. *substant. masculin.* latin. *Radicatæ plantæ translatio.* anglois. *transplantation.* Action par laquelle on transplante.

TRANSPLANTER. *v. act.* lat. *Arborem, plantam transferre.* anglois. *to transplant.* Déplanter une plante pour la planter en un autre lieu.... *Se transplanter* : changer de païs.

TRANSPONTIN, ine. *adj.* Qui est au-delà des ponts.

TRANSPORT. *f. masc.* lat. *Exportatio, deportatio.* anglois. *a transporting or transportation.* Action par laquelle on fait changer de lieu à quelque chose. Descente des juges sur les lieux contentieux pour les visiter. Cession de droits mobiliaires. Accidens qui arrivent au cerveau dans une fiévre continuë, dans la petite vérole, dans la goute, & dans d'autres maladies semblables. Trouble, agitation de l'ame par la violence des passions.... Ravissemens & impressions extraordinaires que fait Dieu sur les Prophètes & les Ames saintes.

TRANSPORTER. *v. act.* lat. *Transportare, transferre.* ang. *to transport.* Porter une chose d'un lieu à un autre. Ceder un droit, une proprieté à quelqu'un. Tirer des articles d'un livre de comptes, pour les transcrire sur un autre. *Se transporter* c'est se laisser emporter par quelque passion.

TRANSPOSER. *v. actif.* lat. *Transponere.* ang. *to transpose.* Mettre une chose hors de sa place. A certains jeux, comme la Bassette, le Pharaon, c'est transporter son argent d'une carte sur une autre. En *Musique*, c'est ôter un chant de sa situation naturelle, pour le mettre plus bas ou plus haut, ou bien en conservant le même chant se représenter un ordre de notes différent de celui qui est marqué. On le fait dans la musique vocale, quand il y a au commencement de la clef des diezes ou des b mols.

TRANSPOSITION. *f. fem.* lat. *Transpositio.* ang. *transposition.* Action de transposer. C'est, en *Grammaire*, un dérangement des mots, dont on change l'ordre naturel. La langue Françoise n'admet guères de *transpositions.* Elle ne les souffre que dans le stile sublime & la Poësie. En *Musique*, elle consiste à ôter ou déplacer un chant de sa situation naturelle, ou du moins de celle où il est noté, pour le mettre plus haut ou plus bas, selon l'étendue, la portée ou la force des voix ou des instrumens ; ou a le mettre dans une autre espèce d'octave que celle où il a d'abord été composé, &c.

TRANSSUBSTANTIATEUR. *subſtant. m.* Qui tient la tranſſubſtantiation.

TRANSSUBSTANTIATION. *ſ. f.* lat. *Tranſſubſtantiatio.* anglois. *tranſſubſtantiation.* Converſion, changement qui ſe fait par la conſécration du pain & du vin en la ſubſtance du corps & du ſang de Jeſus-Chriſt.

TRANSSUBSTANTIER. *v. act.* lat. *Tranſſubſtantiare.* anglois. *to tranſſubſtantiate.* Se changer en la vraie ſubſtance du corps & du ſang de Jeſus-Chriſt.

TRANSSUDER. *v. n.* Se filtrer & paſſer au travers des pores.

TRANSVASER. *v. act.* lat. *Transfundere.* ang. *to tranſvaſate.* Faire paſſer une liqueur d'un vaiſſeau dans un autre.

TRANSVERSAL, ale. *adj.* lat. *Tranſverſalis, obliquus.* anglois. *tranſverſe.* Qui coupe de travers, de droit à gauche, ou d'angle en angle.

TRANSVERSALEMENT. *adv.* lat. *Obliquè.* anglois. *a-croſſ, croſſ-wiſe.* D'une maniére tranſverſale, de droit à gauche, ou de gauche à droite, ou coupant une autre ligne à plomb.

TRANSVERSE, *ou* Tranſverſal. *adj.* Se dit en *Anatomie* de pluſieurs muſcles.

TRANTRAN. *ſub. maſc.* lat. *Agendi ratio, modus.* anglois. *knack, knick-knack.* Secret d'un négoce, exercice d'une charge, cours des affaires.

TRAPAN. *ſ. maſc.* Le haut de l'eſcalier où finit la charpente.

TRAPE. *ſ. fem.* lat. *Decipula.* angl. *a trap.* Piéce de bois qui ferme, ou qui couvre un lieu creux, ou une ouverture qui eſt au rés de chauſſée. Piége qu'on dreſſe a des animaux nuiſibles, par le moyen de quelques ais mobiles ſur des pivots, qui couvrent des creux dans leſquels ils les font tomber, ou qui les aſſomment en tombant ſur eux. Eſpèce de porte ou de fenêtre qui ſe hauſſe & ſe baiſſe dans une couliſſe.

TRAPE. *adj.* Se dit des perſonnes courtes & groſſes ; des chevaux gros & courts ; & d'un pied de melon fort ramaſſé & qui n'eſt ni trop élevé ni trop allongé.

TRAPÈSE. *ſ. maſc.* lat. & ang. *trapezium.* En *Géometrie*, eſt une figure irrégulière & quadrilatere, dont les côtés oppoſés ne ſont pas paralléles.... En *Anatomie*, il ſe dit d'un muſcle qui ſert au mouvement de l'épaule, autrement appellé *capuchon*, parce qu'il reſſemble au froc d'un moine.

TRAPÉSOÏDE. *ſubſtant. maſculin.* lat. *Trapeſoides.* angl. *a trapeſoid.* C'eſt une figure quadrilatere, qui a deux côtés oppoſés paralléles entr'eux & les deux autres non paralléles.

TRAPICHE. *ſ. maſc.* Moulin pour caſſer le minerai. Ce terme eſt uſité par ceux qui travaillent aux mines, en Amérique.

TRAPU, *ou* Trape. *adj.* lat. *Corpulentus.* ang. *thick and short.* Homme d'une taille courte & groſſière. Cheveux courts.

TRAQUENARD. *ſubſt. maſc.* lat. *Tolutaris inceſſus.* angl. *a kind of ambling-pace.* Eſpèce d'amble du cheval. Cheval qui va le *traquenard.* Eſpèce de danſe. Piége que les chaſſeurs tendent aux bêtes nuiſibles.

TRAQUER. *v. act.* ( Chaſſe ) Entourer un bois, y envelopper les bêtes fauves, de telle manière qu'elles ne puiſſent ſe ſauver, ſans être apperçues de quelque chaſſeur.

TRAQUET. *ſubſtant. maſcul.* Petite ſoupape qui ouvre & ferme l'ouverture de la trémie, pour laiſſer tomber ce qu'il faut de grain ſous la meule du moulin. Piége qu'on tend aux bêtes. Donner dans le *traquet* : c'eſt dans le ſtile *figuré* ſe laiſſer tromper par quelque artifice.... Oiſeau qui remuë toujours les aîles.

TRASI. *ſub. maſc.* Eſpèce de ſouchet dont la racine eſt bonne pour les maux de poitrine & la dyſenterie.

TRASTRAVAT. *adj. m.* ( Manége ) Se dit d'un cheval qui a des balzanes à deux pieds, qui ſe regardent diagonalement & en croix de S. André, comme au pied montoir du devant & au pied hors montoir de derrière, ou bien au pied montoir du derrière & au pied hors montoir du devant.

TRATTES. *ſ. f. pl.* ( Charpenterie ) Groſſes piéces de bois de trois toiſes de long & de ſeize pouces de gros, poſées au deſſous de la chaiſe d'un moulin à vent & qui portent ſa cage.

TRAVADES. *ſ. f. pl.* ( Marine ) Vents ſi inconſtans qu'en une heure ils font les trente-deux pointes du compas, & ſont accompagnés d'éclairs, de tonnerres, & d'un déluge de pluye de telle nature qu'elle pourrit en un inſtant les habits de ceux ſur qui elle tombe, & de ſa corruption il ſe forme pluſieurs ſortes d'inſectes fort incommodes. lat. *Venti verſatiles.* ang. *travadoes.*

TRAVAIL. *ſ. maſcul.* lat. *Labor, opera.* ang. *work, labour, pains.* Occupation, application à quelque exercice pénible, fatigant, ou qui demande de la dexterité. Ouvrage que fait l'ouvrier. Douleur qu'on ſouffre, particuliérement celle d'une femme qui accouche. Machine ou priſon de charpente où on enferme un cheval, quand il ſe tourmente en le pançant. En termes de *Guerre*, travail ſe dit des terres qu'on remuë pour retrancher un camp, pour faire des lignes, des tranchées, des attaques pendant un ſiége & de toutes les autres défenſes qu'on fait pour ſe couvrir.

TRAVAILLER. *v. act. & n.* lat. *Operari, laborare.* ang. *to work, to labour, to be buſie.* Faire quelque choſe où il y a du travail, qui donne de la peine, de l'occupation. Avoir bien de l'occupation, de la pratique. Perfectionner une choſe. Faire ſouffrir de la douleur. Le bois *travaille*, quand il ſe déjette ; un cable, quand il eſt fort bandé ; le poumon quand il eſt oppreſſé & qu'il ſouffre ; l'eſtomac quand il a peine à digérer. On dit dans les Méchaniques qu'une piéce ne *travaille* pas, quand elle eſt en équilibre, quand on ne l'applique pas à lever ou à ſoutenir un poids plus fort.... *Travailler* un cheval, le manier, le monter, le dreſſer.

TRAVAILLEUR. *ſubſt. maſc.* lat. *Munitor.*

ang. *a labourer.* Pionnier ou Soldat qui travaille à des travaux, à des retranchemens, à des fortifications.

TRAVAISON. *s. fem.* (Architecture) Entablement.

TRAVAT. *adj. m.* (Manége) Se dit d'un cheval qui a des balzanes ou marques blanches aux deux pieds du même côté, a la jambe de devant & à celle de derrière.

TRAVAUX. *s. masc. pl.* lat. *Opera.* anglois. *works.* Ouvrages que l'on fait pour l'attaque ou pour la défense des places. Peines qu'on a prises à quelque entreprise difficile ou laborieuse.

TRAVÉ. *voy.* Transtravat.

TRAVÉE. *s. f.* lat. *Intertignium.* ang. *a bay of joists.* Espace compris entre deux poutres, ou un rang de solives posé entre deux poutres dans un plancher.... *Travée de comble:* distance sur deux ou plusieurs pannes d'une ferme à l'autre, peuplée de chevrons.... *Travée de pont:* partie du plancher d'un pont de bois contenuë entre deux files de pieux & faites de travons soulagés par des liens ou contre fiches, dont les entrevoux sont recouverts de grosses dosses ou madriers pour en porter le couchis. *Travée de balustre:* rang de balustres de fer, de bois ou de pierre entre deux piedestaux. *Travée de grille de fer:* rang de barreaux de fer entretenu par des traverses entre deux pilastres. En ce sens on appelle *travée* les toisés qui se font des gros ouvrages de peinture.

TRAVERS. *s. mascul.* lat. *Latitudo.* angl. *side or breadth.* L'étenduë du corps considéré selon sa largeur. Biais, irrégularité d'une place, d'un jardin, d'un bâtiment, d'une chambre, *&c.* Piéce de bois ou de fer, ou corde qu'on met au milieu d'un assemblage de piéces de menuiserie, *&c.* Cordage qui sert à lier des canons sur leurs chariots, ou à attacher des fardeaux. Bûche qu'on jette sur la voye de bois, lorsqu'elle est cordée. Filet d'or qui va le long du côté du dos d'un livre relié en veau. Droit domanial qui se leve au passage des ponts & des rivières tant sur les personnes que sur les denrées & marchandises qui passent d'une Province à l'autre.... *Travers de l'esprit:* folies, façon de parler irrégulière, peu juste, originale, extraordinaire. Erreurs.

TRAVERS (à) au Travers. *prép.* lat. *Per, per medium.* angl. *cross, through.* Au milieu, par le milieu, de part en part.

TRAVERS (de) *adv.* lat. *Obliquè.* anglois. *cross, a-cross.* de biais, de mauvais sens, obliquement.

TRAVERSAGE. *s. mascul.* Coupe d'envers, ou façon que l'on donne à un drap ou à une étoffe de laine, quand on les tond par l'endroit.

TRAVERSAIN. *voy.* Traversin.

TRAVERSALEMENT. *voyez* Transversalement.

TRAVERSE. *s. f.* lat. *Transversus.* angl. *a cross piece.* Ce qui est de travers, ce qui croise; ce qui coupe une longueur, comme un chemin qui coupe une grande route. Piéce de bois, ou de fer qui sert à en affermir une autre. Il se dit dans le *Blason* d'une espèce de filet qui se pose dans les armes des bâtards, traversant l'écu de l'angle senestre du chef, à l'angle dextre de la pointe. En *Morale*, il signifie obstacle, empêchement, opposition, malheur, accident, affliction. lat. *Obex, casus.* ang. *cross, cross accident, mischance....* (Fortification) Grand fossé couvert, pour fermer le passage à l'ennemi dans un lieu étroit. Galerie pour passer un fossé, un retranchement, ou une ligne fortifiée par des parapets, des fascines & des gabions. On le dit aussi de certains parapets qui ferment les places d'armes des chemins couverts, mettent les Soldats à couvert & servent à disputer le terrein.

TRAVERSÉ. *adj.* Se dit d'un cheval quand il est large tant du poitrail que de la croupe. On dit aussi qu'un homme est bien *traversé* d'épaules, quand il a les épaules larges.

TRAVERSÉE. *s. f.* lat. *Transfretatio.* ang. *traverse, a sea-voyage.* Trajet ou voyage d'un port à un autre.

TRAVERSEMENT. *subst. masc.* lat. *Transvectio.* anglois. *passage.* Action par laquelle on traverse. On doute de l'usage de ce mot.

TRAVERSER. *v. act.* lat. *Penetrare, peragrare.* ang. *to cross.* Passer au milieu ou au delà de quelque chose. Croiser, s'étendre en largeur sur une longueur. Faire obstacle, opposition, apporter de l'empêchement, troubler.... (Manége) *Traverser* se dit d'un cheval qui coupe la piste de travers, qui jette sa croupe d'un autre côté que sa tête. *Se traverser* en reculant se dit du cheval quand il ne recule pas aussi droit qu'il a avancé.... (Menuiserie) *Traverser* du bois: le raboter ou rifler sur la largeur, avant que de le dresser de fil. *Traverser* une piéce de bois; la scier de travers, la couper de longueur, à la différence de scier au long.

TRAVERSIER. *s. masc.* Vent qui vient d'un cap à l'autre, ou qui vient à droiture dans un port, qui en empêche la sortie. *Traversier de chaloupe:* Piéce de bois qui lie les deux côtés d'une chaloupe par l'avant. Il se dit aussi de deux piéces de bois qui la traversent de l'avant à l'arrière, où sont passées les herses qui servent à l'embarquer.... Petit bâtiment de mer qui sert pour de petites traversées ou pour la pêche. Il n'a qu'un mât, quoiqu'il ait souvent trois voiles, & il va quelquefois à rames. *voy.* Tartane.... (Eaux & Forêts) Il se disoit d'un Sergent ou Garde à cheval des Forêts.

TRAVERSIER, ière. *adj.* Qui traverse d'une part à l'autre. *Flute traversière:* flute Allemande, qu'on place en travers, pour la jouer.

TRAVERSIN. *s. masc.* lat. *Pulvinar.* angl. *a bolster.* Chevet d'un lit, espèce d'oreiller rond qui occupe toute la largeur du lit, qu'on fait ordinairement de coutil rempli de plume. Fleau de balance.... (Marine) Piéce de bois qui traverse toute la largeur de la sainte Barbe, sur laquelle joue le timon & qui le soutient. On donne aussi ce nom à d'autres traverses qui entretiennent deux piéces de bois l'une avec l'autre.

TRAVESTI. *sub. masc.* Tulipe gris lavandé pâle, rouge obscur & blanc.

TRAVESTIR. (Se) *v. rec.* lat. *Larvare se.* anglois. *to disguise one's self.* Se déguiser en prenant d'autres habits, se masquer. *Figurément*, déguiser ses mœurs, ses pensées, *&c.* *Travestir* un Auteur, le déguiser, le traduire en un autre stile, en sorte qu'on ait peine à le reconnoître.

TRAVESTISSEMENT. *substant. mascul.* lat. *Alienæ persona inductio.* anglois. *disguise.* Déguisement, action par laquelle on se travestit, état de celui qui est travesti.

TRAULER. *voy.* Troller.

TRAUMATIQUE. *adj.* (Médecine) Vulnéraire, propre pour les plaies.

TRAVON. *sub. masc.* (Charpenterie) Sommier, ou grosse piéce de bois qui traverse la largeur d'un pont de bois, autant pour porter les travées des poutrelles, que pour servir de chapeau au fil de pieux.

TRAVOUIL. *s. masc.* Dévidoir à mettre le fil en écheveaux.

TRAVOUILLER. *v. act.* Dévider.

TRAVOUILLETTE. *subst. femin.* Petit bois pour soutenir les fusées en travouillant ou dévidant.

TRAVOUL. *subst. mascul.* (Marine) Se dit de quatre piéces de bois endentées l'une dans l'autre à angles droits, sur quoi les pêcheurs plient leurs lignes.

TRAYON. *substant. masc.* lat. *Papilla.* ang. *a dug.* L'un des bouts du pis d'une vache, d'une chevre, ânesse, jument, qu'on presse pour en faire sortir le lait.

## T R E

TREBELLIANIQUE, *ou Quarte trebellienne.* (Jurisprudence Romaine) Droit qu'avoit l'héritier institué de prendre le quart des legs, s'ils excédoient les trois quarts de la succession, ou le quart de toute la succession, s'il n'étoit héritier qu'en fideicommis.

TRÉBUCHANT, ante. *adj.* lat. *Trutinans*, *præponderans.* anglois. *that weighs.* Qui emporte l'équilibre.

TRÉBUCHEMENT. *subst. mascul.* lat. *Lapsus.* anglois. *fall.* Chûte.

TRÉBUCHER. *v. n.* lat. *Corruere*, *prolabi.* anglois. *to stumble.* Broncher, faire un pas, ou une chûte, tomber en faisant un faux pas. Emporter l'équilibre.

TRÉBUCHET. *substant. mascul.* lat. *Monetalis statera.* anglois. *weights.* Petite balance fort juste & fort délicate, que le moindre poids fait trébucher. Les Affineurs ont des *trébuchets* si justes, que la quatre mille huitantième partie d'un grain les fait trebucher... Petite cage qui sert à attraper des oiseaux, dont la partie supérieure est ouverte, & arrêtée si délicatement que pour peu qu'on y touche, le ressort se lâche, & la ferme, en sorte que l'oiseau qui y est entré se trouve pris. Piége & embuche où les imprudens se trouvent pris.

TRECHEUR. *voy.* Trescheur.

TREFFEAU. *substant. mascul.* Tison ou souche que les Païsans mettent au feu la veille de Noël & sur laquelle ils ont beaucoup de superstition.

TRÉFLÉ, ée. *adj.* Médaille ou monnoie qui a été frappée au marteau à plusieurs reprises, & qui est défigurée. Dans le *Blason*, il se dit de la figure d'un *tréfle* sur l'écu ou aux extrêmités d'une croix. Mine *tréflée*: mine qui a trois chambres.

TRÉFLE. *s. masc.* lat. *Trifolium.* angl. *trefoil.* Espèce de plante qui porte trois feuilles sur chaque queuë. C'est au jeu de cartes l'une des quatre couleurs marquée en noir, de la figure de la feuille de *tréfle.* C'est en *Sculpture*, un ornement qui se taille sur les moulures, en forme de *tréfle.* Fourneau de mine en forme de *tréfle.*

TRÉFLER. *v. n.* (Terme de *Monnoie* & de *Médaille*) Faire un mauvais rengrénement des espèces & des médailles, en doubler les empreintes, faute d'avoir rengréné juste la piéce dans la matrice ou quarré.

TRÈFONCIER, Trèfond. *voy.* Trèsfoncier, Trèsfond.

TREILLAGE. *substant. mascul.* lat. *Cancellatio.* angl. *arbour-work.* Ouvrage d'échalas, perches liées & assemblées pour faire des berceaux, soutenir des espaliers, des palissades, faire des clôtures, *&c.*

TREILLE. *substant. femin.* lat. *Vinearium compluvium.* angl. *arbour.* Berceau en platfond, ou cintré, fait de perches, de charpente, ou de fer, qui soutient des seps de raisins, ou de verjus.

TREILLIS. *subst. masculin.* lat. *Cancelli*, *clathri.* angl. *cross-barrs.* Clôture d'une porte, ou d'une fenêtre, faite de barreaux de fer, de bois, ou d'osier, entrelacés, dont les uns montent, & les autres les traversent en forme de mailles. C'est aussi un instrument de peintre, ou un chassis divisé en plusieurs carreaux, qui leur sert à copier des tableaux, & à les réduire de petit en grand, ou de grand en petit. C'est encore une toile gommée & épaisse, dont on fait la garniture d'un corps de pourpoint pour l'affermir. C'est aussi une grosse toile, dont on fait des sacs, & dont les Païsans & les Manœuvres s'habillent.... (Blason) Espèce de frettes. Grilles qui sont en la visière des casques & heaumes.... *Treillis* de fil d'archal: ouvrage fait de fil de fer ou de leton séparé en plusieurs mailles.

TREILLISSÉ, ée. *adj.* (Blason) Fretté très serré, dans lequel les bandes & les barres sont appliquées les unes sur les autres & quelquefois même clouées.

TREILLISSER. *v. act.* lat. *Cancellare.* angl. *to grate or cross-bar.* Mettre un treillis à quelque ouverture.

TREIZAIN. *subst. mascul.* lat. *Terdenarius.* ang. *a thirteen pence piece.* Monnoie qui valoit autrefois treize deniers. On appelle aussi *treizain* treize gerbes sur lesquelles on dîme.

TREIZAINE. *subst. feminin.* Nombre de treize.

TREIZE. *subst. masc.* lat. *Tredecim.* anglois. *thirteen.* Nombre composé de trois & de dix. Il signifie quelquefois treizième.

TREIZIÈME. *adject.* & *subst.* lat. *Decimus tertius.* anglois. *thirteenth.* Qui en a douze avant lui.

TREIZIÈMEMENT. *adverb.* En treizième lieu.

TRELINGAGE. *substant. masc.* ( Marine ) Cordage qui finit par plusieurs branches, comme sont les pâtes de bouline.... Liûre de plusieurs cordes qui se fait aux grands haubans sous la hune, afin de les mieux unir & de leur donner plus de force.

TRELINGUER. *verb. neut.* Se dit en termes de *Marine*, quand on se sert d'un cordage à plusieurs branches.

TRELON. *voy.* Belin.

TREMA. *adject.* ( Imprimerie ) Se dit d'un ë, d'un ï ou d'un ü qui ont deux points dessus.

TREMAIL. *voy.* Tremois, *au second sens.*

TREMBLAIE. *voy.* Tremblaye.

TREMBLANT, ante. *adj.* lat. *Tremens, intremens.* anglois. *trembling, quaking.* Qui tremble, qui n'est pas ferme & assuré. Qui a peur, qui frissonne. Piéce de bœuf *tremblante* est celle qui est à la poitrine. C'est l'endroit du bœuf qu'on sert aux bonnes tables.

TREMBLANT. *s. masc.* Modification du son des jeux de l'orgue, qui fait qu'ils paroissent trembler. C'est une soupape qui est dans le portevent, qui étant agitée par le vent produit cet effet. On l'abaisse quand on veut que les tuyaux tremblent & on la leve quand ils ne doivent pas trembler.

TREMBLAYE. *subst. fem.* lat. *Populetum album.* ang. *a grove of asps.* Terre où l'on a planté plusieurs arbres de tremble.

TREMBLE. *subst. masc.* lat. *Populus tremula.* anglois. *the asp, or aspin-tree.* Arbre de haute futaye, dont les feuilles sont larges & presque rondes, qu'on appelle autrement *peuplier lybique*, ou *peuplier noir*.... Poisson autrement nommé *torpille*.

TREMBLEMENT. *s. mascul.* lat. *Concussio, quassatio.* anglois. *a trembling, quaking.* Emotion de ce qui n'est pas ferme & assuré. Fréquentes agitations des membres du corps, qui procédent de froid, de crainte, de foiblesse, ou de quelque maladie. Grande crainte. Il se dit en *Musique* du mouvement précipité des sons, qui se fait particulièrement dans les doubles cadences. *Tremblement de cœur :* mouvement petit, fréquent & tremblotant du cœur, causé par quelque chose qui l'irrite, ou par le défaut de forces. Il différe de la palpitation, qui est un mouvement violent & immodéré & qui arrive quand les forces sont vigoureuses. Le *tremblement* de terre, est un mouvement subit de quelque partie de la terre, causé probablement par l'inflammation de quelque exhalaison sulphureuse, dans des cavernes souterraines peu éloignées de la surface. Ce qui appuye cette conjecture, c'est que les lieux qui abondent en souffre & en bitume, sont les plus sujets aux *tremblemens* de terre.

TREMBLER. *v. n.* lat. *Tremere, moveri; concuti.* angl. *to tremble, to quake.* Branler, n'être pas ferme, assuré, solide. Il se dit aussi des mouvemens qui sont causés par le froid, la peur, la foiblesse & la maladie, *&c.* Avoir grand peur, craindre, appréhender ; faire des sons précipités, soit par l'inflexion prompte de la voix, soit par le toucher des cordes ou d'un clavier.

TREMBLEUR. *sub. mascul.* lat. *Trepidus, formidolosus.* angl. *quaker.* Qui tremble sans sujet. Il y a en *Angleterre* une secte qu'on appelle des *Trembleurs* ou autrement *Quakers.*

TREMBLOT. *substant. masc.* Petit oiseau de la guadaloupe. Il est de la grosseur d'une caille & plumage gris. Il fait sans cesse un mouvement des aîles qui l'a fait nommer *tremblot.*

TREMBLOTTER. *v. n.* lat. *Subtremiscere.* anglois. *to tremble, quake or shiver.* Trembler un peu.

TRÊME. *voy.* Trame.

TREMEAU. *subst. mascul.* ( Fortifications ) Partie du parapet que les deux parties du parapet terminent. On l'appelle autrement *merlon.* Sa largeur est d'ordinaire de neuf pieds en dedans & de six en dehors.

TRÉMIE. *s. fem.* lat. *Infundibulum.* ang. *a mill-hopper.* Sorte de grande cage quarrée, fort large par le haut & fort étroite par le bas ; qui sert au moulin pour faire écouler peu à peu par un auger le blé sur les meules pour en faire de la farine. Elle sert aussi de greniers à sel pour faire couler le sel dans les mesures. Machine composée d'un fond avec des rebords & d'un corps en dos d'âne, au haut duquel il y a un couvercle qu'on ouvre & qu'on ferme & par où l'on met du grain pour les pigeons, lequel tombe peu à peu dans le fond de la *trémie* à mesure qu'ils le mangent.... On appelle en *Maçonnerie* bandes de *trémie* des bandes de fer, qui servent pour tenir les atres & soutenir les languettes des cheminées.

TRÉMION. *substant. masc.* Bois qui soutient la trémie. Bande de bois qui sert à soutenir la hotte d'une cheminée.

TREMITI. *voy.* Artenna.

TREMOIS. *substant. masc.* Menus blés qu'on seme en *Mars*, comme avoine, orge, vesse, mêlés ensemble. On le dit aussi de trois sortes de grains mêlés ensemble.

TREMOUSSEMENT. *substant. mascul.* lat. *Creber ac mollis concussus.* anglois. *a fluttering.* Emotion, agitation du corps qui se remuë doucement, qui fretille.

TREMOUSSER. (Se) *v. rec.* lat. *Tremulo concussu agi.* ang. *to tremble.* Se remuer doucement & mollement, fretiller, ne pouvoir demeurer en place. S'empresser, s'intriguer, se mettre fort en peine de la réussite de quelque affaire. Tremblotter, être agité.... *Tremousser. ( v. n. )* Se dit de quelques mouvemens des oiseaux & signifie agiter ; se remuer d'un mouvement fort vite.

TREMOUSSOIR. *subst. masc.* voy. *Fauteuil de poste*, au mot *Fauteuil.*

TREMPE. *s. femin.* Pluye un peu forte qui

mouille bien. Manière de tremper; liqueur où l'on plonge le fer chaud pour le rendre plus dur ou plus trenchant. lat. *Temperatio.* anglois. *the tempering of iron.* Eau passée sur le marc du raisin après qu'il a été foulé & cuvé.... Figurément humeur, caractère, qualités bonnes ou mauvaises.

TREMPÉ, ée. *adject.* Se dit d'un homme qui a été long tems à la pluye, & d'une chemise toute pleine de sueur.

TREMPÉE. *s. fem.* Façon que l'on donne à quelque chose en la trempant dans l'eau, ou en y mettant de la colle. Les *Pêcheurs* appellent *trempées* deux cordes de crin qui sont attachées aux deux bouts de la seine, & qui leur servent à la tirer à terre.

TREMPER. *v. act.* lat. *Intingere, imbuere.* anglois. *to dip, soak or steep.* Imbiber quelque corps de quelque liqueur ou simplement l'y mouiller. Préparer le fer pour le rendre dur & tranchant, en le jettant tout rouge dans l'eau. Être complice d'un crime. *Tremper* la mêche, c'est lui donner le premier jet de cire pour l'affermir.

TREMPIS. *s. masc.* Ne se dit guères que de l'eau où on a laissé tremper la moruë ou de la saline pour la dessaler.

TREMPLIN. *s. masc.* Sorte d'ais fort large, qui a un pied à un bout & n'en a point à l'autre; il sert aux danseurs de corde à faire des sauts périlleux.

TREMPOIRE. *substant. femin.* Cuve dans laquelle on met tremper la plante dont on tire l'indigo, pour s'y macerer & fermenter.

TREMPURE. *substant. femin.* ( Meunier ) Poids qui sert à faire moudre d'une certaine manière.

TREMUË. *subst. femin.* ( Marine ) Passage de planches que l'on fait depuis les écubiers jusqu'au dernier pont de quelques vaisseaux pour faire passer les cables qui sont frappés aux ancres.

TRENCHANT, ante. *adj.* lat. *Acutus, peracutus.* anglois. *sharp, cutting.* Ce qui est mince & aceré, qui coupe bien. Ecuyer *trenchant* est un Officier qui découppe les viandes artistement & proprement. On appelle couleurs *trenchantes* celles qui sont tout-à-fait opposées & dont l'union est dure.

TRENCHANT. *s. masc.* lat. *Acies.* anglois. *the edge.* Partie la plus déliée d'un instrument propre à couper.

TRENCHE. *s. fem.* lat. *Offula.* anglois. *slice, cut.* Rouelle: morceau de chair qu'on coupe, qu'on détache avec le trenchant d'un couteau, d'un rasoir. Il se dit chés les *Libraires* de l'endroit du livre par où il a été rogné sur la presse. Coin ou ciseau dont se servent les ouvriers en fer pour le fendre quand il est chaud. Pioche. ( Monnoie ) Circonférence des espèces, autour de laquelle on imprime une legende ou un cordonnet, pour empêcher que les faux monnoyeurs ne les puissent rogner.

TRENCHÉE. *subst. fem.* lat. *Fossa.* anglois. *trench or trenches.* Fosse creusée dans la terre pour faire écouler les eaux d'un marais, d'un pré, pour détourner le cours d'une rivière. En termes de *Guerre*, c'est un fossé qu'on creuse dans la terre, pour s'approcher, à couvert du feu, de la place assiégée. Il est large de six à sept & profond de huit à dix pieds. On l'appelle autrement *ligne d'approche* ou *ligne d'attaque*, & il a un parapet du côté des assiégés. On fait des *trenchées* sans creuser, en se couvrant de fascines, de gabions, de sacs de laine ou de terre, quand le terrain est de rocher, difficile à creuser, ou sujet à faire des éclats. *Ouvrir la trenchée*, c'est commencer de faire des lignes d'approche. Monter ou relever la *trenchée*, c'est monter la garde à la *trenchée.* Un boyau de *trenchée* c'est l'étendue de la trenchée jusqu'à ce qu'elle fasse un coude, ou un retour, où l'on fait d'ordinaire des redoutes. La queuë de la *trenchée* est le lieu par où on a commencé le travail, & la tête est celui jusqu'où on l'a poussé. On dit qu'une trenchée est enfilée quand de quelque endroit de la place on peut voir dedans en droite ligne. Et l'on dit que les ennemis ont nettoyé la *trenchée*, quand ils ont chassé ou tué les Soldats qui la gardoient. *Trenchée* en *Médecine*, est une colique ou douleur de ventre causée par des matières âcres & piquantes ou par des vents enfermés dans les boyaux. On appelle *trenchées rouges*, en parlant des chevaux, des *trenchées* fort violentes & ordinairement accompagnées d'avives.

TRENCHEFILE. *subst. masc.* lat. *Exterior libri sutura.* ang. *the head-band of a book.* Petit ornement de fil ou de soie que les relieurs mettent au dos d'un livre sur la trenche pour le tenir en état. Chés les *Cordonniers*, c'est une bouture de fil qu'on fait en dedans des souliers de marroquin, pour empêcher que le cuir ne se déchire ou ne s'étende trop; ce qui est surtout nécessaire aux oreilles par où on les attache.... En termes de *Manége*, c'est une chainette qui passe le long de l'embouchure d'une des branches du mors jusqu'à l'autre.... Les *Bourreliers* appellent *trenchefile* un morceau de cuir tortillé pour soutenir le surnés & la soubarbe de la bride des chevaux de carrosse.

TRENCHEFILER. *v. act.* & *n.* lat. *Serico exteriorem libri suturam instruere.* anglois. *to make head-bands for books.* Mettre de la soie sur un trenche file de relieur.

TRENCHELARD. *sub. masc.* lat. *Scalprum suillarium.* ang. *a cook's great knife.* Couteau de cuisine fort mince qui sert à faire des lardons.

TRENCHE-MONTAGNE. *s. mas.* Fanfaron.

TRENCHEPLUME. *sub. m.* lat. *Scalpellum pennis acuendis.* anglois. *a pen-knife.* Canif qui sert à trencher, à tailler les plumes à écrire.

TRENCHER. *v. act.* & *n.* lat. *Dissecare, discendere.* anglois. *to cut or cut off.* Couper, séparer en deux avec un fer trenchant. Décider, parler franchement, ou avec autorité. Abbréger, terminer, finir.... ( Médecine ) Donner des trenchées, des coliques. En termes de *Peinture*, c'est passer d'une couleur vive à une autre couleur vive sans aucune nuance, ni adouciſſement. *Trencher* du grand Seigneur ; c'eſt faire le grand Seigneur. Dans le *Blaſon*, un écu eſt *tranché*, lorſqu'il eſt diviſé en deux diagonalement & que la diviſion vient de l'angle dextre du chef à l'angle ſeneſtre de la pointe.

TRENCHET. *ſ. m.* lat. *Scalprum ſutorium.* anglois. *a cutting knife.* Outil de Cordonnier, de Bourrelier, & autres ouvrier travaillans en cuir, qui leur ſert à le couper.

TRENCHIS. *ſubſt. maſc.* ( Couvreurs ) Rang d'ardoiſes ou de tuiles échancrées, qui ſont en recouvrement ſur d'autres entières dans l'angle rentrant d'une noue, ou d'une fourchette.

TRENCHOIR. *ſubſtant. maſc.* lat. *Quadra eſcaria.* angl. *a trencher.* Aſſiéte ou billot de bois ſur lequel on trenche, on hache les viandes. . . . ( Architecture ) Tailloir, abaque

TRENGLES, Trengler. *voyez* Trangles, Trangler.

TRENTAIN. *ſubſtant. maſcul.* Terme dont ſe ſert un marqueur de jeu de paume, pour marquer le ſecond coup que gagne un joueur contre celui qui avoit déja gagné trente.

TRENTAINE. *ſ. f.* lat. *Triginta.* ang. *thirty.* Trois dizaines de perſonnes, ou de choſes.

TRENTAINS. *ſ. m. pl.* Draps de laine dont la chaîne eſt compoſée de trente fois cent fils ou de trois mille fils.

TRENTANEL. *ſubſtant. maſcul.* Eſpèce de garou ou de thymelæa, qui eſt d'une odeur forte & qui ſert aux teintures, donnant une couleur entre jaune & fauve. Elle croît dans le Languedoc & dans la Provence.

TRENTE. *ſ. m.* lat. *Triginta.* angl. *thirty.* Nombre qui contient trois fois dix & s'exprime par trente. Aux cartes il y a des jeux qu'on appelle la *belle*, le *flux* ou le *trente & un*, où celui, qui a *trente* ou un points en ſes cartes, gagne. Le *Trente & quarante* eſt un autre jeu où celui là gagne qui amene le plus près de *trente*. A *trente* & un il gagne double, à quarante il perd double. On appelle *trente ſix-mois* un homme qui va chercher un établiſſement aux Indes & dont on paye le paſſage, parcequ'il s'engage à ſervir pendant trois ans. C'eſt le terme ordinaire des engagemens au ſervice des François. Les Hollandois les font de ſept années & les Anglois de cinq.

TRENTIÈME. *adj.* lat. *Trigeſimus*, *triceſimus.* angl. *thirtieth.* Qui eſt précédé de vingt neuf.

TRENTIÈME. *ſ. maſc.* La trentième partie.

TRÉOU. *ſ. m.* lat. *Velum quadratum.* ang. *a ſquare ſail.* Terme de *Marine.* Voile quarrée, qu'on appelle auſſi *voile de fortune.*

TRÉPAN. *ſ. maſcul.* lat. *Terebra.* anglois. *trepan or trepand-iron.* Terme de *Chirurgie.* C'eſt un inſtrument fait en forme de vilebréquin, dont la méche eſt dentelée & faite en forme de ſcie ronde. Il ſert pour guérir les playes du crâne. C'eſt auſſi l'opération qu'on fait avec le *trépan.* Les Maçons & Sculpteurs ſe ſervent d'un outil ſemblable qu'ils nomment auſſi *trépan.*

TRÉPANER. *verb. act.* lat. *Calvariam terebrare.* angl. *to trepan.* Faire une opération ſur les os avec le trépan.

TRÉPAS. *ſ. maſc.* lat. *Obitus.* angl. *death*, *deceaſe.* Mort, paſſage de cette vie à une autre... ( Marine ) *Trépas* : petit paſſage ou fil d'eau qui eſt entre deux bras ou entre deux terres, autrement appellé *pas* ou *pertuis.*

TRÉPASSÉ. *adj.* & *ſub.* lat. *Mortuus.* ang. *dead body.* Homme mort. La fête des *Trépaſſés* eſt celle que l'Egliſe célébre le lendemain de la Touſſains. Elle fut premièrement célébrée par *Odo* ſecond Abbé de Clugni en ſon Abbaye, à ſon retour du voyage de Sicile & depuis elle a été établie dans toute l'Egliſe.

TRÉPASSEMENT. *ſubſtant. maſcul.* latin. *Tranſitus*, *obitus.* anglois. *the point of death.* Moment de la mort.

TRÉPASSER. *v. n.* lat. *Obire*, *mori.* angl. *to die.* Mourir de mort naturelle.

TRÉPIDATION. *ſubſt. feminin.* lat. *Trepidatio.* anglois. *trepidation.* Tremblement de membres & de nerfs. En *Aſtronomie*, le mouvement de *trépidation* eſt le même que celui de *libration.*

TRÉPIED. *ſ. maſcul.* lat. *Tripes.* anglois. *a trevet.* Utencile de cuiſine fait d'un cercle de fer ſoutenu de trois pieds, ſur lequel on poſe les chauderons, fourneaux, ou poëles qu'on veut tenir ſur le feu. Chés les Anciens, c'étoit un ſiége fameux & ſacré ſur lequel les Prêtres & les Devins ſe mettoient pour rendre des oracles. C'eſt auſſi un vaſe précieux à trois pieds dont on faiſoit préſent aux gens de mérite pour les honorer.

TRÉPIGNEMENT. *ſub. maſc.* lat. *Tripudium.* ang. *a clattering motion with the feet.* Action de trépigner.

TRÉPIGNER. *verb. n.* lat. *Terram pedibus celeriter & frequenter quatere.* angl. *to ſtamp with one's feet.* Battre des pieds contre terre, en les remuant promptement & fréquemment. On le dit ſurtout des enfans qui frappent pluſieurs fois la terre avec les pieds par un mouvement de colère, de dépit, d'opiniâtreté. On le dit auſſi des chevaux qui battent la pouſſière avec les deux pieds de devant, qui ſur les voltes font leurs mouvemens trop courts ou trop près de terre.

TRÉPOINT. *ſ. maſc. ou* Trépointe. *ſ. fem.* lat. *Aſſuta ſoleæ coriariæ tenia.* ang. *a welt.* C'eſt la couture des ſemelles du ſoulier, qui paroit en dehors entre la ſemelle & l'empeigne & qui regne tout au tour en façon d'arrières points.

TRÉPOT, *ou* Trépôt. *ſubſt. maſc.* ou *Allonge de poupe.* ( Marine ) Longue & groſſe pièce de charpenterie qui eſt aſſemblée avec le bout ſupérieur de l'étambord, pour former l'arcaſſe ou hauteur de poupe.

TRÈS. *Particule*, qui étant ajoutée à un mot adjectif, denote le ſuperlatif.

TRÈS CHRÉTIEN. *ſubſt. maſc.* lat. *Chriſtianiſſimus.* anglois. *moſt chriſtian.* Titre qu'on donne aux Rois de France, & qu'ils ont porté depuis le Roi Childebert fils de Clovis, quoiqu'il n'ait pas été fait en usage dans la première race.

TRESCHEUR, ou Trescheur. *substant. masc.* ( Blason ) Espèce d'orle, qui n'a que la moitié de sa largeur ordinaire. Il est conduit dans le sens de l'écu. On l'appelle autrement *essonier*.

TRÉSEAU. *substant. mascul.* Assemblage de trois gerbes ensemble, qu'on laisse sur le champ après qu'elles sont liées, jusques à ce qu'elles ayent été dimées. C'est aussi un demi quart d'once, ou un gros. lat. *Unciæ octava.* ang. *the eighth part of an ounce.* Il se dit aussi de trois hommes qui battent du blé dans une aire.

TRESEILLE. *substant. feminin.* Terme de *Charron.* La partie du chariot, qui entre dans les deux ridelles pour les tenir en état.

TRÉSFONCIER. *s. masc.* Se dit d'un Seigneur & propriétaire du fonds des bois & forêts, qui sont en tiers & danger; & des particuliers qui ont des bois sur lesquels le Roi prend les droits du tiers & danger, grurie, grairie & autres. On le dit aussi du propriétaire d'un héritage par opposition à celui qui n'en est que l'usufruitier.

TRÉFONDS. *sub. mascul.* Posséder le fonds & *trèsfonds* d'une terre, c'est posséder ce qui est dessus & dessous la terre. Vendre le fonds & le *trèsfonds* d'un bois, c'est-à-dire non-seulement la coupe du bois, mais encore le fonds & le sol. On dit aussi *figurément* qu'un homme sçait le fonds & le très-fonds d'une affaire, pour dire qu'il la sçait parfaitement.

TRÉSILLON, ou Étrésillon. *s. masc.* Morceau de bois qu'on met entre des ais nouvellement sciés, pour les tenir en état & les faire sécher plus aisément & sans gauchir.

TRÉSILLONNER. *v. act.* Mettre des morceaux de bois entre des ais nouvellement sciés. *voy Trésillon.*

TRÉSOR. *subst. masc.* lat. *Thesaurus.* angl. *treasure.* Richesses amassées & accumulées ensemble. Lieu où se gardent les revenus, les deniers, les richesses d'un Roi, d'un Prince. Reliques d'une Eglise. Lieu où se gardent les papiers & titres d'une grande Maison, d'une Communauté.

TRÉSORERIE. *sub. femin.* lat. *Thesaurarii dignitas, præfectura.* anglois. *treasury.* Bénéfice de celui qui a la garde du trésor des reliques d'une Eglise.

TRÉSORIER. *subst. masculin.* lat. *Thesauri sacri custos.* anglois. *treasurer.* Celui qui possède un bénéfice Ecclésiastique, qui le rend gardien des reliques, ou du trésor des chartres. Office séculier de ceux qui manient les deniers des Rois & des Princes. *Trésorier* de France est un Officier d'un bureau où l'on examine les états des finances & les comptes par un bref état. Grand *trésorier* d'*Angleterre* est le Surintendant des finances. C'est le second Officier de la Couronne. Il a la direction du Trésor Royal qui est dans l'échiquier.

TRESQUE. *subst. feminin.* ( Blason ) C'est la même chose que la *torque* ou le *bourrelet*.

TRESQUILLES. *substant. feminin. pluriel.* Espèce de laine qui vient du Levant & qui est de même qualité que les laines surges & en suint.

TRESSAILLEMENT. *subst. masc.* lat. *Motus subsultans.* ang. *a start or starting.* Emotion subite, qui se fait par quelque violente surprise.

TRESSAILLIR. *verb. n.* lat. *Subsilire, subsultare.* ang. *to start, or start up.* Être surpris & agité par quelque mouvement violent qui vient tout à coup.... On dit qu'un nerf est tressailli, quand il est sorti de sa place par quelque violent effort.

TRESSAUT. *s. masc.* ( Monnoyage ) Différence qui se trouve quelquefois entre deux essais d'une même espèce. Faire un *tressaut*, c'est ne pas s'accorder dans les essais.

TRESSAUTER. *v. n.* Être subitement ému par une agitation vive & passagère causée par la peur.

TRESSE. *sub. femin.* lat. *Textum, textura.* ang. *a twist.* Cordon plat, fait de plusieurs brins de fil, de soie, ou d'autres filets entrelacés en forme de natte. C'est aussi un tissu de cheveux qu'on attache ensemble par un bout sur quelque ruban, dont l'assemblage fait une perruque.

TRESSER. *v. act.* lat. *Cirros decussatim implicare.* anglois. *to weave hair.* Cordonner en forme de tresse, ou attacher des cheveux ensemble pour faire une perruque.

TRESSEUR, euse. *s. masc.* & *f.* lat. *Cirrorum implicator.* angl. *a weaver.* Compagnon d'un Perruquier, qui lui sert à faire des tresses.

TRESSOIR. *s. masc.* lat. *Instrumentum plectendis & intertexendis crinibus.* angl. *a weaver's frame.* Instrument à tresser les cheveux.

TRESTOIRE. *substant. femin.* Instrument de *Vannier.* Espèce de tenaille de bois.

TRETEAU. *subst. mascul.* lat. *Fulcimentum, fulcrum.* anglois. *a treſelt.* Petit chevalet ayant quatre pieds, qui sert à soutenir des ais, des dessus de tables, & autres choses semblables.

TRETOIRE, *voy.* Traictoire.

TRETRATÈTRE. *sub. masculin.* lat. & ang. *Tetrateter.* Animal de l'isle de Madagascar. Il est de la grandeur d'une genisse, il a la tête ronde & presque un visage d'homme.

TRÊVE. *s. fem.* lat. *Induciæ.* angl. *truce, cessation of arms.* Suspension d'armes, cessation d'hostilités entre deux partis ennemis. On appelle *trêve* marchande, lorsque le commerce est permis entre deux Nations qui sont en guerre. *Trêve* se dit aussi à l'égard des disputes & des procès. On dit communément *trêve* de complimens, *trêve* d'affaires, *trêve* de raillerie, c'est-à-dire, laissons là les complimens, *&c.* *Trêve:* allégement, relâche, en parlant des douleurs.

TREVIERS. *substant mascul. pl.* ( Marine ) Ouvriers qui font les voiles. Maître des voiles.

TREUIL. *s. masc.* lat. *Sucula.* anglois. *the axle-tree of a hand-mill.* C'est un tour, ou gros cylindre qui entre dans la composition des machines destinées à élever des fardeaux, autour du quel la corde est tortillée, & qui se meut par le moyen d'une roue & avec une manivelle.

TREVIRER. *v. act.* (Marine) *Trevirer* une manœuvre, mettre dessus ce qui étoit dessous. lat. *Invertere.* anglois. *to turn upside down.*

TREZAIN, Trezaine, Treze. *voy.* Treizain, Treizaine, Treize.

TREZALÉ. *adj. m.* (Peinture) Se dit d'un tableau où il se trouve de petites fentes ou des raies imperceptibles par la superficie.

TREZEAU. *voy.* Treseau.

## T R I

TRIACLEUR. *substant. m.* lat. *Circulator.* anglois. *a mounte-bank.* Saltimbanque, Charlatan qui vend en place publique, ou sur un théatre, de la thériaque, ou autres drogues.

TRIAGE. *subst. masc.* lat. *Selectio, delectus.* anglois. *choice or chusing.* Choix qu'on fait entre plusieurs marchandises, de ce qu'il y a de meilleur.... En termes d'*Eaux & Forêts*, il se dit de certains buissons ou quartiers de forêts qui en font la division.

TRIAIRES. *s. masc. pl.* lat. *Triarii.* anglois. *triarians.* Fantassins de l'ancienne Rome, armés d'une pique & d'une rondache avec le casque & la cuirasse. On les appelloit ainsi parcequ'ils faisoient la troisième ligne. Il y en avoit dans chaque cohorte.

TRIANGLE. *subst. m.* lat. *Triangulum.* ang. *a triangle.* Figure qui a trois côtés & trois angles. Il y en a de différentes espèces qui prennent leur nom de leur construction particulière.... *Résoudre* un *triangle* c'est trouver l'espace qu'il contient & qui est toujours la moitié d'un parallélogramme de même base & de même hauteur.... Ouvrage de *Fortification*, dont les trois angles sont formés par des bastions ou des demi-bastions.... Instrument d'arracheur de dents, dentelé & fait en *triangle* autour duquel il met du linge pour porter quelque liqueur dans une dent.... (Marine) Echaffaut fait de trois planches & qui sert à travailler sur les côtés du vaisseau. *Triangle* se dit aussi de trois barres du cabestan, que l'on suspend autour des grands mâts, lorsqu'on le veut racler.... (Astronomie) Constellation septentrionale, composée de quatre étoiles dont trois de la troisième & une de la quatrième grandeur. Le *triangle* austral en a cinq, dont une de la cinquième grandeur, une de la quatrième & trois de la troisième... On appelle encore *triangle* les trois cierges qu'on allume le Samedi-Saint quand on fait le feu nouveau.

TRIANGULAIRE. *adject.* lat. *Triangularis.* anglois. *triangular.* Qui a trois angles, qui a la figure d'un triangle.

TRIANON. *subst. masc.* Pavillon dans un parc éloigné du chateau, ainsi appellé à cause de celui du Roi proche de Versailles qui porte ce nom.

TRIBADE. *subst. fem.* Femme impudique, amoureuse d'une autre de son sexe.

TRIBALLE. *substant. feminin.* Chair de porc frais cuite dans sa graisse qui se vend dans les foires.

TRIBAR. *s. mascul.* Machine composée de trois bâtons, qu'on met au cou des pourceaux ou des chiens, pour les empêcher de passer au travers des haïes & d'entrer dans les jardins. De ces trois bâtons est venu le nom de tribar.

TRIBARD. *voy* Tribar.

TRIBORD. *substant. mascul.* lat. *Dextrum navis latus.* anglois. *starboard.* Dans la *Marine* est le côté droit du vaisseau.... *Tribord tout*: commandement pour pousser toute la barre du gouvernail à droit.

TRIBORDAIS. (Marine) La partie de l'équipage qui doit faire le quart de tribord.

TRIBOUILLER. *v. act.* lat. *Agitare.* angl. *to trouble.* Remuer, agiter, troubler. C'est un terme populaire, & qui ne peut se dire qu'en badinant.

TRIBOULET. *substant. masc.* Terme d'*Orfèvre.* Grosse quille de bois dont on se sert pour arrondir la besogne. lat. *Metula lignea auri fabri.* anglois. *triblet.*

TRIBRAQUE. *s. masc.* (Prosod. Greq. & Lat.) Pied de vers composé de trois syllabes brèves.

TRIBU. *sub. fem.* lat. *Tribus.* anglois. *a tribe.* Certaine quantité de peuple dont on fait la distribution en plusieurs quartiers, ce qui s'entend particulièrement de la nation *Juive*, dont les héritages étoient divisés en *tribus* qui portoient les noms des douze enfans de *Jacob*: mais à la place de *Joseph*, on substitua ses deux enfans *Ephraim* & *Manassé* qui furent à la tête de deux tribus. Dans la distribution des terres faite par *Josue*, il n'y eut que douze portions pour douze *tribus*; parceque la *tribu* de *Levi* étant destinée au service de Dieu, n'eut point de part au partage des terres. On lui désigna seulement quelques villes, pour y habiter, avec certains priviléges & ils eurent pour leur subsistance les premiers fruits, les Dîmes & les offrandes du peuple. La ville d'Athènes étoit partagée en dix *tribus*, Rome d'abord en trois, d'où est venu le nom de *Tribu*, ensuite en quatre, puis en trente & enfin en trente-cinq. On n'étoit point citoyen de Rome, à moins qu'on ne fût enrolé dans quelqu'une de trente-cinq *tribus*. Encore les affranchis étoient-ils obligés d'acheter le droit de *tribu*, quoiqu'ils fussent citoyens de Rome. Ce droit emportoit le privilége de pouvoir être élevé aux honneurs de la Magistrature, & de donner son suffrage dans les assemblées du peuple. On appelloit *tribus urbaines* celles qui habitoient la ville & *tribus rustiques* celles qui vivoient à la campagne.... Dans l'université de Paris les Nations, à la reserve de celle de Normandie sont divisées en *Tribus*. Celle de France en a cinq qui portent chacune le nom d'un Archevêque: la *tribu* de Paris, de Sens, de Rheims, de Tours & de Bourges. La nation de Picardie en a cinq aussi qui portent le nom d'un Evêché, la *tribu* de Beauvais, d'Amiens, de Noyon, de Laon & de Teroüane. La nation d'Allemagne n'a que deux *tribus*, celle des continens & celle des Insulaires. Chaque *tribu* a son Doyen.

TRIBULATION. *sub. fem.* lat. *Tribulatio*,

*afflictio*, *mæror*. anglois. *tribulation*, *affliction*. Affliction, Angoisse, misère qu'on prend en gré, comme venant de Dieu.

TRIBULE. *subst. mascul.* Plante dont les feuilles sont semblables à celles du pois chiche ou de la lentille, velues, & rangées plusieurs ensemble le long d'une côte. A des fleurs jaunes succéde un fruit épineux, semblable en quelque sorte à une croix de malte. La semence du *tribule* est bonne contre la gravelle & contre les vents. *Tribule aquatique* : plante qui croît dans les rivières & dans les lacs & porte un fruit presque rond garni de pointes qu'on appelle *Chataigne d'eau*, contenant un noyau blanc, d'un goût agréable, qu'on réduit quelquefois en farine pour en faire du pain.

TRIBUN. *sub. mascul.* lat. *Tribunus.* angl. *a tribune.* Magistrat *Romain* pris du peuple pour conserver ses privilèges, pour le garentir de l'oppression des grands & pour défendre sa liberté contre les entreprises des Consuls & du Sénat. Au commencement il n'y en eut que deux. Ensuite ces deux en associérent trois autres. Ce nombre de cinq fut avec le tems augmenté jusqu'à dix. Leur autorité étoit si grande, qu'ils pouvoient convoquer l'assemblée du peuple quand il leur plaisoit. Ils proposoient au peuple ce qu'ils vouloient, ils empêchoient les déliberations du Sénat, ils approuvoient ou abrogeoient ses décrets ; ils faisoient convenir en jugement devant le peuple tous les autres Magistrats, même leurs collegues & associés au Tribunat ; jusques là qu'ils faisoient quelquefois emprisonner les Consuls & condamner les Dictateurs à l'amende. Leur pouvoir au commencement ne s'étendoit que dans la banlieue ou à mille pas de la ville de *Rome* ; mais depuis C. *Cotta* fit une loi, par laquelle il leur permit d'exercer leur autorité dans les Provinces. La porte de ces Magistrats étoit ouverte jour & nuit, pour recevoir le peuple qui venoit leur porter des plaintes. Cet emploi devint si considérable que les plus grands Seigneurs y voulurent participer, & en se brouillant avec les Consuls & le Sénat, ils occasionnérent de grands tumultes. Il y avoit aussi des *Tribuns militaires*, mais leur pouvoir n'étoit pas aussi étendu que celui des Tribuns du peuple. C'étoient des Officiers qui commandoient en chef à un corps de gens de guerre. Il y avoit des *Tribuns* de Cohortes & des *Tribuns* de Légions & au dessus d'eux étoient d'autres *Tribuns* qui commandoient en l'absence des Consuls & étoient revêtus d'une puissance Consulaire. C'étoient comme les Lieutenans généraux des armées. Le *Tribun* des Cohortes prétoriennes étoit le Capitaine des Gardes. *Tribun* étoit aussi chés les Romains le chef d'une Tribu On donnoit encore ce nom à des Trésoriers chargés de payer les milices, qu'on appeloit *Tribuni ærarii* & qui répondent assés bien à nos Trésoriers des guerres.

TRIBUNAL. *substant. masc.* lat. & anglois. *tribunal.* Siége du juge. Corps des juges qui rendent la justice. Leur jurisdiction. On le dit aussi de la justice de Dieu, de la puissance & de la jurisdiction spirituelle que Dieu a donnée à ses Ministres, du Sacrement de la Pénitence ; du jugement de la conscience ; du confessional, ou des siéges où les Confesseurs entendent les confessions des Pénitens ; & par extension des particuliers qui prononcent leur jugement.

TRIBUNAT. *sub. mascul.* lat. *Tribunatus*, ang. *tribuneship.* Charge, dignité de tribun.

TRIBUNE. *substant. feminin.* lat. *Suggestum*, *rostra.* anglois. *the pulpit.* Lieu d'où l'on haranguoit le peuple chés les *Romains.* C'est aussi un échaffaut, où un lieu élevé, où l'on place des Musiciens & la symphonie dans les Eglises, ou autres lieux où l'on veut faire un concert. Il y en a aussi qui appellent *Tribune* le lieu où l'on met les orgues & même le Jubé.

TRIBUNICIENNE. *adj. f.* Se dit, en termes de Médailliste de la charge, dignité & puissance du tribun du peuple.

TRIBUT. *s. masc.* lat. *Tributum*, *vectigal.* angl. *tribute.* Rédevance qu'un état est obligé de payer à un autre, en vertu de quelque traité qu'il a fait avec lui pour acheter la paix. Contribution personnelle que les Princes levent sur leurs sujets.... *Figurément* il signifie hommage, devoir, respect, contrainte, nécessité.... Enfans de *tribut* sont ceux que les Turcs levent en certains païs par forme de *tribut* sur les chrétiens qui sont leurs sujets, pour en faire des Janissaires.... *Tributs royaux* : subsides, impôts que les Princes mettent sur leurs sujets.

TRIBUTAIRE. *adj.* & *subst.* lat. *Tributarius*, *vectigalis.* anglois. *tributary.* Qui paye tribut à un Prince étranger pour conserver la paix avec lui, ou pour avoir sa protection.

TRICENAIRE. *subst. m.* lat. *Tricennarium.* anglois. *tricennary.* Office, prières continuées pendant trente jours.

TRICENNALES. *s. femin. pl.* lat. & angl. *tricennales*, *tricennalia.* L'espace de trente ans.

TRICEPS. *adj.* ( Anatomie ) Signifie qui a trois têtes & se dit des trois muscles abducteurs de la cuisse.

TRICHER. *verb. act.* lat. *Fallere*, *fraudare.* ang. *to cheat*, *to bubble.* Jouer de mauvaise foi, faire des tromperies cachées.

TRICHERIE. *substantif femin.* lat. *Fallacia*, *dolus*, *fraus.* anglois. *a cheat or cheating trick.* Tromperie au jeu, filouterie.

TRICHEUR, euse. *subst. masc.* & *fem.* lat. *Fraudator.* anglois. *a sharper*, *a cheat.* Qui ne joue pas franchement & dans les régles du jeu, qui triche.

TRICHIASE. *s. fem.* Maladie des paupières, causée par des poils inutiles & dérangés qui croissent aux cils, & qui les piquent d'une manière si importune, que les paupières en deviennent rouges & enflammées & que le sommeil en est interrompu.... Maladie des reins & de la vessie, dans laquelle on rend des urines épaisses & chargées de filamens semblables à des poils.... Maladie des mammelles plutôt causée par un lait grumelé, que par un poil qui après avoir été avalé se soit arrêté en ces parties. On l'appelle pourtant vulgairement le *poil*.

TRICHISME. *adject.* Se dit d'une espèce de fracture des os plats si fine qu'elle est presque imperceptible. On l'appelle autrement *fente capillaire*.

TRICLINE. *sub. masc.* lat. & angl. *triclinium*. Lieu où mangeoient les Romains, ainsi appellé des trois lits qui y étoient dressés.

TRICOISES. *s. f. pl.* Tenailles à l'usage des Maréchaux & cochers, servant à ferrer & à déferrer un cheval, à couper les clous qu'ils ont brochés, avant que de les river.

TRICOLOR. *adj.* De trois couleurs... *subst. mascul.* Peau de chat de trois couleurs, qui fait partie de la pelleterie.... Plante dont les feuilles se colorent de trois couleurs vers l'Automne, de verd, de jaune & de rouge. On le dit aussi de quelques œillets.

TRICON. *substant. masculin.* angl. *a gleek*. Trois cartes de même figure au jeu de Brelan, du Hoc, &c.

TRICOT. *s. masc.* lat. *Fustis.* anglois. *a cudgel*. Bâton gros & court.... On appelle ouvrages au *tricot*, bonneterie au *tricot*, toutes les espèces de marchandises qui se brochent avec des aiguilles.

TRICOTAGE. *substant. mascul.* lat. *Textura reticularis.* anglois. *knitting*. Ouvrage de celui qui tricote des bas, ou chose semblable.

TRICOTER. *verb. act.* lat. *Reticulatim fila texere.* angl. *to knit*. Travailler à certains tissus de fil, laine, coton ou soie, avec des aiguilles en forme de nœuds ou de mailles. Faire des dentelles sur un oreiller. lat. *Limbum denticulatum texere.* ang. *to weave lace*.

TRICOTERIE. *s. f.* lat. *Tricitæ.* angl. *trifle*. Petite affaire, petite intrigue, mouvemens qu'on se donne pour quelque chose.

TRICOTET. *sub. mascul.* lat. *In circuitum acta saltatio.* anglois. *a cheshire round*. Espèce de danse gaye.

TRICOTEUR, euse. *s. mascul. & fem.* lat. *Textor reticularius.* anglois. *a knitter*. Qui tricote, qui fait des bas, des camisoles, &c. avec des aiguilles.

TRICOUSE. *substant. feminin.* Espèce de guêtre faite de gros drap ou de grosse laine tricotée.

TRICTRAC. *substant. mascul.* lat. *Scrupulorum ludus ; fritillus.* anglois. *tick-tack*. Jeu où l'on joue avec deux dez & trente tables. Tablier où l'on joue ce jeu..... Espèce de chasse qui se fait par plusieurs personnes assemblées avec bruit qui effarouche le gibier & le fait passer devant des arquebusiers qui le tirent.

TRICUSPIDE. *adj.* ( Anatomie ) Se dit des trois valvules qui sont à l'entrée de la veine cave dans le cœur. On leur donne ce nom, parce qu'elles sont de figure triangulaire. Quelques-uns leur donnent la figure de trois langues & les appellent *triglochines*. Elles sont ouvertes de dehors en dedans, laissant entrer le sang de la veine cave dans le cœur, & en empêchant le retour.

TRIDE. *adject.* ( Manège ) Se dit d'un pas, d'un galop, d'un mouvement du cheval qui est court & vite.

TRIDENT. *subst. masc.* lat. *Tridens.* anglois. *trident*. Sceptre que les Poëtes mettent à la main de *Neptune*, qui est en forme de fourche à trois dents.

TRIE. *subst. fem.* Sorte de moruë verte, qui est la troisiéme espèce de celles dont on fait le triage en Normandie.

TRIENNAL, ale. *adj.* lat. *Triennalis.* ang. *triennial*. Se dit d'un exercice qui dure trois ans, & de celui qui fait cet exercice. On le dit aussi des charges qui ne s'exercent que de trois années l'une, & des titulaires qui en sont pourvus.

TRIENNALITÉ. *s. f.* lat. *Triennalitas.* ang. *triennality*. Durée d'un gouvernement, ou exercice triennal.

TRIENNAT. *s. masc.* L'espace de trois ans durant lequel on peut exercer une charge ou posséder une dignité.

TRIER. *v. act.* lat. *Seligere, eligere.* ang. *to pick, to pick out, to chuse*. Mettre à part, & faire choix de ce qu'il y a de meilleur. Eplucher.

TRIÉRARCHIE. *subst. fem.* Charge de Triérarque. lat. *Trierarchia.* ang. *trierarchy*.

TRIERARQUE. *subst. mascul.* lat. *Trierarchus.* ang. *a tierarch*. Capitaine de galère chés les Athéniens.

TRIÉTÉRIDE. *s. femin.* lat. *Trieteris.* angl. *trieteris*. Espace, revolution de trois années.

TRIÉTÉRIQUE. *adj.* lat. *Trietericus.* ang. *trieterick*. Qui comprend trois années ; ou qui se fait au bout de trois ans.

TRIÉTYES. *s. fem. pl.* Fêtes consacrées à Mars dans lesquelles on lui immoloit trois animaux.

TRIGAME. *s. mascul.* Qui a été marié trois fois.

TRIGAMIE. *s. fem.* lat. *Trigamia.* anglois. *trigamy*. Troisiémes nôces. Etat d'un homme ou d'une femme, qui ont été mariés trois fois.

TRIGAUD, aude. *adj. & subst.* lat. *Veterator.* ang. *a shuffler, a shammer*. Brouillon, qui n'agit point franchement & nettement dans les affaires.

TRIGAUDER. *v. act.* lat. *Intricare, turbare.* ang. *to shuffle*. Brouiller une affaire, être ennemi de la conclusion.

TRIGE. *subst. fem.* ( Antiquaire ) Char à trois chevaux.

TRIGAUDERIE. *subst. fem.* lat. *Intricatio.* ang. *shuffling*. Action de trigaud.

TRIGÉMEAUX. *s. masc. pl.* Trois enfans d'une seule couche.

TRIGLOTISME. *substant. masculin.* Mot composé de trois mots tirés de trois differentes langues.

TRIGLYPHE. *sub. mascul.* lat. *Triglyphus.* ang. *a triglyph*. Ornement d'*Architecture*, qui est en usage dans la frise dorique. Il est placé directement sur chaque colomne & par intervalles égaux en forme de bossage, qui a deux gravures gravûres entières en anglet, & séparées par trois cu ſſés ou côtes d'avec les deux demi-canaux des côtés.

TRIGÔNE. *ſubſtant. maſc.* lat. *Triangulus.* anglois. *trigon.* Terme d'*Aſtrologie* qui ſe dit de l'eſpace des planétes quand elles forment un triangle. C'eſt auſſi une lire triangulaire des Anciens.

TRIGONOMÉTRIE. *ſubſtant. fem.* lat. *Trigonometria.* angl. *trigonometry.* L'une des parties les plus utiles des Mathématiques pratiques, que l'on peut appliquer à un grand nombre de ſujets différens. Elle apprend à reſoudre toutes ſortes de triangles tant ſphériques que rectilignes (c'eſt-à-dire, composés de lignes circulaires ou de lignes droites) lorſque trois côtés ou angles étant donnés des ſix qui compoſent le triangle on cherche les trois autres inconnus. Pour y parvenir on a trouvé différens moyens & propoſé divers inſtrumens; mais nul n'a été plus efficace, plus exact & plus expéditif, que la table des logarithmes pour les nombres, ſinus, tangentes & ſécantes.

TRIGONOMÉTRIQUE. *adj.* lat. *Trigonometricus.* angl. *trigonometrical.* Qui concerne la Trigonométrie.

TRILATÉRAL, *ou* Trilatère. *adj.* lat. *Trilateralis.* anglois. *trilateral.* Qui a trois côtés.

TRILION. *ſ. maſc.* Terme d'*Arithmétique.* Après les milions, on compte par bilions, & par *trilions.*

TRIMESTRE. *ſubſtant. maſcul.* Eſpace de trois mois.

TRIMETRE. *adj. maſc.* lat. *Trimetrum carmen.* ang. *trimeter.* Vers ïambique de ſix pieds.

TRIN, *ou* Trine. *adj.* lat. *Trinus.* ang. *trine.* Se dit de Dieu pour exprimer la Trinité des perſonnes qui eſt dans ſa nature. *Trine* ſignifie auſſi trigone.

TRINGLE. *ſ. f.* (Menuiſerie) Regle de bois longue & étroite qui ſert à boucher quelques ouvertures.... (Charpenterie) Piéce de marrein de deux pieds de long & de cinq ou ſix pouces de large qui ſert à couvrir les joints des planches d'un bâteau tant du fond, que des bords.... (Architecture) Membres ou ornemens quarrés, comme liſtels, reglets, plattebandes.... Les *Bouchers* appellent *tringle* une barre de bois qui eſt au deſſus de leur étale, & où il y a des cloux à crochets pour pendre la viande.

TRINGLER. *v. act. & neut.* (Menuiſerie) Tracer ſur une piéce de bois une ligne droite avec le cordeau frotté de pierre blanche, noire ou rouge, pour la façonner.

TRINGLETTES. *ſubſt. fem. pl.* Piéce de verre dont on compoſe les panneaux de vitre.... Outil de Vitrier qui ſert à ouvrir le plomb.

TRINGUET. *voy.* Trinquet.

TRINITAIRE. *ſ. maſc.* Hérétique qui a des ſentimens ſur le Myſtère de la Trinité, contraires à la croyance de l'Egliſe. Les *Sociniens* appellent quelquefois *trinitaires* ceux qui croyent la Trinité. C'eſt auſſi un ordre religieux fondé ſous les auſpices de la *Trinité*, pour racheter chez les infidéles les captifs chrétiens.

TRINITÉ *ſubſt. fem.* lat. *Trinitas.* ang. *the trinity.* Doctrine reçue généralement par tous les chrétiens, laquelle enſeigne qu'il y a un Dieu en trois perſonnes, qui ſe nomment le Pére, le Fils & le S. Eſprit.

TRINITÉ. *ſubſt. fem.* Eſpèce de violette de trois couleurs, bleuë, purpurine ou blanche & jaune. On l'appelle autrement *penſée*.... Herbe dont les feuilles ſont triangulaires, & qui croît dans les lieux humides. Elle porte une fleur bleuë à la cime de ſes tiges. On la fait avaler en poudre pour les plaies & pour les deſcentes.

TRINÔME. *adj.* lat. *Trinomus.* angl. *trinomial.* En *Algébre*, eſt une équation qui a trois parties.

TRINQUART. *ſ. maſc.* Petit bâtiment qui ſert à la pêche du hareng, que les François font dans la manche. Ils ſont de douze à quinze tonneaux.

TRINQUENIN. *ſubſtant. maſcul.* (Marine) Bordage extérieur le plus élevé du corps de la galère.

TRINQUER. *verb. n.* lat. *Potare.* angl. *to drink, tipple.* Boire en débauche en ſe provoquant l'un l'autre.

TRINQUET. *ſ. maſcul.* lat. *Rectus anterior malus.* anglois. *the fore-maſt.* C'eſt le mât & la voile de la miſaine ou de l'avant d'une galère.

TRINQUETIN. *ſ. maſc.* Troiſiéme voile du mât d'une galère.

TRINQUETTE, *ou* Triquette. *ſubſt. fem.* (Marine) Voile latine ou à tiers point; c'eſt-à-dire de figure triangulaire, comme celle de l'artimon & de la plûpart des bâtimens du Levant.

TRIO. *ſubſtant. maſculin.* lat. *Ternis conflata partibus harmonia.* anglois. *a three parts ſong.* Partie d'un concert où il n'y a que trois perſonnes qui chantent. Compoſition de Muſique à trois parties différentes. Il ſe dit auſſi de trois perſonnes liées d'une étroite amitié, qui vont preſque toujours enſemble.

TRIOBOLE. *ſ. m. & fem.* Trois oboles.

TRIOCLE. *ſub. maſc.* Statue de Jupiter qui outre les deux yeux placés à l'ordinaire en avoit un troiſième au milieu du front.

TRIODION. *ſ. maſc.* Livre Eccléſiaſtique à l'uſage de l'Egliſe grèque, contenant l'office que l'on chante depuis le Dimanche de la ſeptuageſime juſqu'au Samedi-Saint. On lui a donné ce nom, parce que la plûpart des cantiques qui y ſont contenus ne ſont compoſés que de trois ſtrophes.

TRIOLET. *ſ. maſc.* Poëſie ancienne, plaiſante & ſatirique en forme de petit rondeau. Il comprend huit vers ſur deux rimes dont le premier reparoit trois fois & le ſecond deux fois en forme de refrain; le premier ſe répétant après le troiſième & les deux premiers après le cinquième. C'eſt auſſi le nom d'une plante dont les feuilles ſont ſemblables au tréfle des prés, dentelées légèrement tout autour. Sa graine & ſes fleurs ſont utiles en Médecine.

TRIOMPHAL, ale. *adj.* lat. *Triumphalis.* angl. *triumphal.* Qui appartient au triomphe. Les arcs *triomphaux* des Anciens étoient bâti à la manière de trois grands portails où étoient représentées les belles actions de celui en l'honneur duquel ils étoient dressés. On dresse encore aujourd'hui des arcs *triomphaux* dans les rues & aux portes, quand les Rois, les Princes, ou les Gouverneurs font leur entrée dans les villes. Les palmes *triomphales* étoient des palmes dont on honoroit les tombeaux des Martyrs. On appelloit colonne *triomphale* une colonne élevée en l'honneur d'un Héros, & dont les joints des tambours étoient cachés par autant de couronnes qu'il avoit fait d'expéditions militaires. Couronne *triomphale* étoit chés les Romains une couronne faite de branches de laurier qui se donnoit au général qui avoit gagné une bataille considérable ou conquis quelque Province. On la fit d'or dans la suite. Elle étoit en grand honneur.

TRIOMPHAMMENT. *adv.* lat. *Triumphali apparatu.* angl. *triumphally.* En triomphe, en victorieux.

TRIOMPHANT, ante. *adj.* lat. *Triumphans.* ang. *triumphant, triumphing.* Victorieux; qui triomphe. Magnifique, pompeux, superbe.

TRIOMPHANTE. *s. fem.* Espèce d'étoffe de soie fond gros-de-tours avec des fleurs en manière de damassé.

TRIOMPHATEUR. *s. masc.* lat. *Triumphator, victor.* anglois. *a triumpher.* Victorieux, qui triomphe, ou qui a triomphé.

TRIOMPHE. *substant. m.* lat. *Triumphus.* ang. *a triumph.* Honneur solemnel rendu aux Généraux d'armées après qu'ils ont remporté de grandes victoires, les recevant dans la ville avec grande magnificence & des acclamations publiques. Parmi les *Romains*, il y en avoit de deux sortes; le grand qui se nommoit simplement *triomphe* & le petit qu'on appelloit *Ovation.* On distinguoit aussi les *triomphes* de terre & les *triomphes* de mer, selon que les batailles avoient été livrées par terre ou par mer. Le Triomphateur précédé du Sénat paroissoit élevé sur un chair, couronné de laurier. Après lui marchoient les captifs : on menoit les Rois vaincus chargés de chaînes, leurs dépouilles y étoient étalées & suivoient le char de triomphe. Le Cortége qui accompagnoit cette cérémonie étoit quelquefois si grand, qu'on y employoit plusieurs journées pour parcourir la ville de *Rome*, où l'on a vû les *triomphes* les plus magnifiques. Un Officier qui étoit derrière le Triomphateur, pendant la pompe du triomphe, prononçoit à haute voix ces paroles : *sovenez-vous que vous êtes homme*, pour l'avertir de ne se point laisser éblouir par l'éclat du triomphe. Le Sénat décernoit les honneurs du *triomphe* à ceux qui avoient conquis une Province, ou gagné quelque grande bataille. *Triomphe* signifie quelquefois simplement *Victoire.*

TRIOMPHE. *subst. fem.* Terme de *Jeux* de *Cartes.* Cartes que l'on a en main & qui sont de la couleur dont on jouë. lat. *Folium lusorium triumphale.* angl. *a trump.* Il y a aussi un jeu qu'on appelle la *triomphe.*

TRIOMPHE *de Lille.* (Fleuriste) Œillet piqueté fin sur un beau blanc. Sa fleur est large, sa plante vigoureuse : il veut quatre boutons.

TRIOMPHER. *v. n.* lat. *Triumphare, triumphum agere.* angl. *to triumph.* Entrer en triomphe, solemnellement, ou en vainqueur dans quelque ville. Vaincre, subjuguer par la force des armes. L'emporter sur quelqu'un, réussir, faire merveille. Il exprime aussi cette sorte de joie qui naît de ce que l'amour propre est agréablement flatté.

TRIPAILLE. *subst. fem.* lat. *Intestina, ilia.* ang. *garbage.* Plusieurs tripes ensemble.

TRIPARTITE. *adj.* lat. *Tripartitus.* angl. *tripartite.* Qui est divisé en trois.

TRIPE, *ou* Trippe. *subst. fem.* lat. *Omasa:* anglois. *tripe, gut.* Partie des entrailles d'un animal. Ventre d'un homme.... *Tripes* au pluriel, se dit de ce qui est enfermé dans le corps de l'animal, soit au dessus, soit au dessous du diaphragme.... *Tripe*, ou *Tripe de velours*, étoffe de laine, qu'on manufacture & qu'on coupe comme le velours. lat. *Textum villosum.* angl. *mock-velvet.*

TRIPE-MADAME, *ou* Triquemadame. *s. f.* Espèce de joubarbe qu'on mange en salade & qui est astringente. Petite joubarbe. Ses fleurs sont à six feuilles, disposées en rose, de couleur jaune. Elles font place à un fruit composé de plusieurs graines remplies de semences. Il en croît sur les murailles une sorte qui fleurit jaune qui est âcre & caustique.

TRIPERIE. *s. fem.* lat. *Iliarium macellum.* ang. *a tripe-house.* Lieu où l'on distribue les tripes aux tripières.

TRIPÉTALE. *adj. femin.* Se dit des fleurs à trois feuilles.

TRIPHTONGUE. *s. fem.* lat. *Triphthongus.* anglois. *a triphthong.* Jonction & assemblage de trois voyelles.

TRIPIER. *substant. masculin.* lat. *Iliarius propola.* anglois. *a tripe-man.* Celui qui achette toutes les entrailles des bêtes que les bouchers tuent & qui les fait cuire pour les vendre à des femmes qu'on appelle *Tripières*.. En termes de *Fauconnerie* on le dit des oiseaux qu'on ne peut dresser, & qui donnent sur les poules & les poulets.

TRIPIÈRE. *substantif feminin.* lat. *Iliaria propola, omasaria.* ang. *a tripe woman.* Femme qui vend des tripes. Femme grossière de corps & trop grasse.

TRIPLE. *adj.* lat. *Triplex.* anglois. *triple, three-fold.* Ce qui est trois fois aussi grand qu'un autre.... *s. m.* Trois fois autant.

TRIPLEMENT. *adv.* lat. *Triplici ratione.* ang. *three manner of ways.* En trois façons.

TRIPLEMENT. *substant. mascul.* Terme de *Finances.* Augmentation jusqu'au triple.

TRIPLER. *v. act.* & *n.* lat. *Triplicare.* ang. *to treble.* Multiplier ou être multiplié par trois. Raison *triplée* en *Mathématiques* est la même que celle d'un cube à sa racine.

TRIPLICITÉ. *s. f.* lat. *Triplicitas.* ang. *triplicity.* Qualité d'un acte triple.

TRIPLIQUER. *v. n.* lat. *Triplicare, tertiò respondere.* anglois. *to make a surre-joinder.* (Palais) Répondre à des dupliques.

TRIPLIQUES. *subst. femin. plur.* lat. *Triplicita.* ang. *a surrejoinder.* Réponse à des dupliques.

TRIPOLI. *subst. mascul.* lat. *Samius lapis.* ang. *trepoly.* Espèce de craye ou de pierre tendre & blanche, dont on se sert à polir le cuivre, l'yvoire, la corne, *&c.* c'est aussi le nom d'une grande ville de *Barbarie* qui est la capitale du Royaume de ce nom, & la retraite des Pirates ou écumeurs de mer, qui prennent souvent les bâtimens d'*Europe* & font esclaves les hommes qu'ils y trouvent.

TRIPOLITAINE. *s. femin.* Anémone couleur de citron blanchissant.

TRIPOLIUM. *substant. mascul.* Plante qui est une espèce d'aster & qui a les feuilles assés semblables à celles du saule. Elle croît sur le bord de la mer. Sa racine est propre pour vuider les sérosités & pour résister au venin.

TRIPOT. *s. m.* lat. *Sphæristerium.* anglois. *a tennis-court.* Lieu propre pour jouer à la courte paume.

TRIPOTAGE. *s. m.* lat. *Immixtio, commixtio.* angl. *a mish mash.* Ménage qu'on fait en brouillant plusieurs choses ensemble. On le dit dans le propre & dans le figuré.

TRIPOTER. *v. act.* & *n.* lat. *Miscere, immiscere.* angl. *to make a mish-mash.* Mêler plusieurs choses ensemble.

TRIPOTIER, ière. *s. mas.* & *f.* lat. *Sphæristerii magister.* angl. *the master of a tennis-court.* Maître du Tripot.

TRIPPE. *voy.* Tripe.

TRIPTOTE. *s. m.* & *f.* (Grammaire) Se dit des noms qui n'ont que trois cas.

TRIPUDIER. *v. n.* Danser.

TRIQUE. *subst. femin.* Tricot. Gros bâton. lat. *Fustis* ang. *a cudgel.*

TRIQUEBALLE. *s. fem.* (Artillerie) Espèce de chariot composé d'une flèche de bois, appuyée sur un essieu, à deux roues par derrière & un avant train par devant. Il sert à transporter des piéces de canons en les attachant sous cette flèche avec une chaîne de fer.

TRIQUE HOUSE. *s. fem.* lat. *Pero.* anglois. *gambadoes.* Chaussure qu'on met par dessus les bas pour les garentir de la crotte, de la pluie. Espèce de guêtres. Chausses de drap sans semelles.

TRIQUEMADAME. *s. f.* Petite joubarbe. *voy.* Tripe-Madame.

TRIQUENIQUE. *subst. femin.* lat. *Res nihili.* ang. *a trifle.* Affaire de néant, querelle sur la pointe d'une aiguille.

TRIQUER. *v. act.* lat. *Separare, seligere.* ang. *to cull, and set aside.* Trier les triquets & les morceaux de bois pour les mettre à part.

TRIQUET. *subst. mascul.* Echaffaut de couvreur fait de plusieurs piéces de bois assemblées en triangle, qui s'applique contre les murs. On l'appelle aussi chevalet.... Petit batoir étroit avec lequel on jouë à la courte paume.

TRIREGNE. *subst. mas.* (Blason) Se dit par quelques uns de la triple couronne du Pape. Mais en Italie, on l'appelle absolument le *Regne.* *voy.* *Tiare.*

TRIRÈME. *s. masc.* Galère à trois rangs de rames.

TRISACRAMENTAUX. *s. masc. pl.* Hérétiques, qui ne reconnoissent que trois Sacremens.

TRISAGION. *s. m.* Hymne où le nom de *Saint* est répété trois fois.

TRISAYEUL, eule. *s. m.* & *f.* lat. *Tritavus.* anglois. *great great grand-father.* Père ou Mère d'un bisaïeul ou d'une bisaïeule. C'est le quatrième degré dans la ligne directe ascendante à l'égard des petits fils ou neveux.

TRISARCHIE. *s. f.* lat. *Trisarchia.* anglois. *trisarchy.* Gouvernement commun à trois personnes. Espèce de triumvirat.

TRISECTION. *s. f.* lat. *Trisectio.* ang. *trisection.* Division en trois. On le dit surtout en *Géométrie* de la *trisection* de l'angle ou de sa division en trois parties égales, problême, qui exerce les géométres depuis deux mille ans, aussi bien que la quadrature du cercle & la duplication du cube.

TRISMÉGISTE. *s. m.* (Imprimerie) Canon approché. Caractère entre le gros & le petit canon.... Nom donné à *Mercure* ou *Hermes*; ou selon quelques-uns surnom d'un fameux Philosophe Egyptien, qui vivoit sous le regne de Ninus, après Moïse.

TRISSE. *sub. fem.* (Marine) Palan à canon, qui sert à approcher ou à reculer la piéce de son sabord. On l'appelle autrement *Drosse.*

TRISPASTE. *substant. mascul.* Machine à trois poulies.

TRISSYLLABE. *adj.* & *subst.* lat. *Trissyllabus.* ang. *that has three syllables.* Mot composé de trois syllabes.

TRISTE. *adj.* lat. *Tristis, mœstus.* anglois: *sad, sorrowful.* Affligé, abattu de douleur, par quelque perte, ou accident qui est arrivé. Chose malheureuse, facheuse. Qui ressent ou qui cause de la tristesse.... *Arbre triste*: arbre qui ne fleurit qu'après le Soleil couché, & qui laisse tomber ses fleurs quand le Soleil se leve. Ces fleurs sont semblables à celles des orengers & encore plus belles & plus odoriférantes. On n'en a pu élever en *Europe.* Il y a deux sortes d'arbres *tristes*, dont l'un est appellé par les Portugais *triste de die* & l'autre *triste de notte.* L'un jette ses fleurs au lever & l'autre au coucher du Soleil.

TRISTEMENT. *adv.* lat. *Mœstè.* ang. *sadly.* D'une manière triste.

TRISTESSE. *s. fem.* lat. *Tristitia, mœstitia.* angl. *sadness.* Douleur; abattement; passion de l'ame qui resserre le cœur.

TRITHÉISME. *s. mas.* lat. *Tritheismus.* ang. *tritheism* Hérésie qui enseigne que les trois personnes divines sont trois dieux.

TRITHÉISTE. *subst. masc.* & *fem.* lat. *Tritheista.* ang. *tritheist.* Qui est dans l'hérésie du trithéisme.

TRITICITE. *s. f.* Pierre figurée qui imite les épis de bled.

TRITON. *s. m.* lat. & ang. *triton.* Parmi les Poëtes étoit un Dieu de la mer, fils de *Neptune* & d'*Amphitrite.* Quelques-uns disent que c'étoit le Trompette de *Neptune* & le dépeignent demi homme & demi poisson, se terminant par une queuë de dauphin. Ils lui font porter en main une conque qui lui sert de trompette. . . . ( Musique ) Dissonance majeure ou faux accord qui est composé de six tons ou de la tierce majeure & du ton majeur. Sa raison ou proportion en nombre est de quarante-cinq à trente-deux. On l'appelle autrement quarte superflue.

TRITOPATORIES. *s. f. pl.* Solemnité dans laquelle on prioit les Dieux pour la conservation des enfans.

TRITURABLE. *adj.* lat. *Triturabilis.* angl. *that may be pulverized.* Qui peut être trituré, qui peut être pilé.

TRITURATION. *s. f.* lat. *Trituratio.* ang. *trituration.* Action par laquelle on réduit en poudre subtile des corps solides. C'est aussi l'action de l'estomach sur les viandes.

TRITURER. *v. act.* lat. *Triturare.* ang. *to pulverize.* Réduire en poudre les matières séches dans un mortier, pour après les passer dans un tamis.

TRIVELIN. *s. m.* Farceur, baladin, bouffon, qui se donne en spectacle au public pour le divertir & le faire rire.

TRIVELINADE. *s. f.* Piéce dans le goût des Trivelins.

TRIVIAIRE. *adject.* lat. *Trivium.* anglois. *a cross-way.* Place ou trois chemins aboutissent.

TRIVIAL, ale. *adject.* lat. *Trivialis, communis.* anglois. *trivial, common.* Commun, populaire ; qui est dans la bouche de tout le monde.

TRIVIALEMENT. *adverb.* D'une manière triviale.

TRIVIALITÉ. *s. fem.* Qualité de ce qui est trivial.

TRIUMFETTE. *s. fem. Triumfetta.* Plante dont la fleur a plusieurs petales rangés circulairement & en rose. Il s'éleve de son calice un pistil qui dégénére en un fruit sphérique contenant quatre semences anguleuses.

TRIUMVIRAT. *s. masc.* lat. *Triumviratus.* anglois. *triumvirate.* Gouvernement absolu de trois personnes. Il y a eu deux fameux *Triumvirats* à Rome, le premier formé par Pompée, César & Crassus, & le second qui donna le dernier coup à la liberté de la Republique, par Auguste, Antoine & Lepide. Auguste vainquit Lepide & Marc Antoine, & demeura seul Maître de l'Empre.

TRIUMVIRS. *s. m. pl.* lat. & ang. *Triumviri.* Trois Magistrats qui gouvernerent la Republique *Romaine* avec une autorité égale, depuis 710 jusques à 720. de *Rome*. . . . *Triumvirs capitaux :* Officiers qui furent créés l'an 463. de Rome, pour avoir la garde des prisonniers & faire exécuter les criminels. *Triumvirs monetaires :* autres Officiers crées au même tems pour veiller sur la fabrications des monnoies. Ces Officiers étoient considérables & tirés du Corps des Chevaliers. Ils faisoient partie des centumvirs.

## TRO

TROC. *s. masc.* lat. *Permutatio.* ang. *truck, bartering.* Echange de meubles.

TROCAR. *s. masc.* Instrument de *Chirurgie* d'argent ou d'acier, fait en forme d'aiguille, long à peu près de la largeur de trois doigts, & dont le bout est triangulaire. On s'en sert dans l'hydropisie pour faire l'opération de la paracentèse. On appelle quelquefois cet instrument *trois-quarts.*

TROCHAIQUE. *adj.* & *subst.* Espèce de vers qui ont des trochées aux pieds pairs.

TROCHANTER. *s. m.* ( Anatomie ) Se dit de deux apophises situées à la partie supérieure de l'os de la cuisse. La plus grande, qui est au dessus, s'appelle le grand *trochanter ;* la petite qui est placée au dessous le petit *trochanter.* On leur a donné ce nom, parce qu'elles reçoivent les tendons de la plûpart des muscles de la cuisse, entre lesquels sont les obturateurs qui la font mouvoir en rond.

TROCHÉE. *s. masc.* Pied de deux syllabes, une longue & une bréve, autrement appellé *chorée.* lat. *Trocheus.* ang. *trochee.*

TROCHES. ( Venerie ) Se dit des fumées d'hyver, ou vuidanges & excrémens des bêtes fauves.

TROCHET. *s. m.* ( Agriculture ) Petit bouquet de fleurs ou de fruits joints ensemble sur les branches d'un arbre & sortis d'un même bouton. lat. *Sertum.* ang. *a cluster of flowers or fruits growing close together upon a bough.*

TROCHILLE. *s. femin.* Ornement d'Architecture qu'on appelle autrement *scotie, nacelle,* ou *rond creux. Trochilus.*

TROCHISQUE. *s. m.* lat. *Trochiscus, pastillus.* anglois. *trochisk or troche.* ( Pharmacie ) Composition séche, dont les principaux médicamens sont mis en poudre fort subtile, puis étant incorporés avec quelque liqueur, sont réduits en une masse, dont on fait de petits pains, qu'on fait sécher à l'ombre. On les appelle aussi *pastilles* & on les prend par la bouche ; on leur donne la figure que l'on veut. On fait des *trochisques* purgatifs, des apéritifs, des confortatifs & des altératifs. Il y en a qu'on brûle, pour en recevoir la fumée.

TROCHITE. *s. fem.* Pierre dont la figure est semblable à la toupie ou sabot des enfans. Elle est de couleur cendrée au dehors & blanche au dedans. *Trochites*.... Pyramide ou colonne de differens tronçons d'une pierre légère. Ces tronçons représentent des rouës formées par des lignes & par des points.

TROCHLÉATEUR, Trochlée. *voyez* Trocléateur, Troclée.

TROCHOÏDE. *s. fem.* C'est la même chose que cycloide. C'est une courbe décrite par un mouvement composé du mouvement circulaire & du mouvement en ligne droite. . . . ( Anatomie ) Il se dit de l'articulation d'un os emboeté dans la cavité d'un autre, comme l'aissieu dans une rouë. Telle est l'articulation de la première & de la seconde vertebre du cou.

TROCHOLIQUE. *s. fem.* Quelques Auteurs

donnent ce nom à la partie des Mathématiques qui traite des propriétés de tous les mouvemens circulaires.

TROCHURE. *s. femin.* ( Chasse ) Se dit du bois du cerf lorsqu'il se divise en trois ou quatre cors au sommet de la tête. angl. *trochings*.

TROCHUS. *s. masc.* Coquillage de mer qui a la figure de ces sabots avec lesquels les enfans jouent, d'où lui vient son nom.

TROCLÉATEUR. *sub. masc.* lat. & anglois. *Trocleator.* ( Anatomie ) Muscle de l'œil autrement appellé le grand oblique.

TROCLÉE. *s. fem.* ( Anatomie ) Poulie.

TROENE. *substant. mascul.* Arbrisseau dont les feuilles approchent de celles du saule, quoique plus courtes & plus grosses. Il porte des baies ramassées en grappe. Il est fort déterfif; son suc & son eau distillées sont propres pour les maux de gorge, pour dessécher les ulcères & pour arrêter les crachemens de sang & les hémorragies. lat. *Ligustrum germanicum.* ang. *privet or prime-print.*

TROGLODYTES. *s. masc. pl.* Peuples d'*Afrique*, qui demeuroient le long du golfe *Arabique*. Ce sont aussi des peuples qui vivent dans des cavernes & endroits taillés dans le roc, soit parce qu'ils n'ont point d'habitation qui leur soit plus agréable, soit parce qu'ils y sont à l'abri de la chaleur excessive du climat & du froid.

TROGNE. *s. femin.* lat. *Vultus vultuosus.* anglois. *phizz.* Visage gros & laid, ou qui est rouge ou boutonné, comme celui d'un yvrogne.

TROGNON. *substant. mascul.* lat. *Scapus.* anglois. *the core.* Le cœur, le milieu, la partie qui reste des fruits ou des plantes, quand on en a ôté le meilleur.

TROGUE. *subst. femin.* Chaîne préparée par les ourdisseurs pour la fabrique des draps mêlangés.

TROIS. *adj.* & *subst.* lat. *Tres, tria.* angl. *three.* Nombre impair, contenant deux & un. Il se dit quelquefois pour troisième.

TROISIEME. *adj.* lat. *Tertius, ternus.* ang. *third.* Qui est précédé de deux.

TROISIÉMEMENT. *adv.* lat. *Tertiò.* anglois. *thirdly.* En troisième lieu.

TROIS-QUARTS. *s. masc.* voy. *Trocar*.... Levraud qui ne pas tout-à-fait crud, mais qui l'est plus qu'à demi.

TROLLE. *substant. femin.* Espèce de clisse faite avec des branches d'arbres.

TROLLER. *v. n.* & *act.* lat. *Huc illuc currere, divagari.* ang. *to stroll, to ramble.* Aller en divers lieux; mener quelqu'un deçà & delà. Faire une espèce de clisse avec des branches d'arbres sur des pieux frappés en terre & lacés comme un panier.

TROMBE. *subst. f.* Nuée épaisse qui s'allonge en forme de colomne cylindrique, ou de cone renversé, & qui jette autour d'elle beaucoup de pluye ou de grêle.

TROMBON, Trombone. *voy.* Saquebute.

TROMPE. *subst. femin.* Trompette. Cor de chasse. La *trompe* des élephans est un membre qui leur sert de main. C'est comme un nés allongé qui leur sort du milieu du front, auquel est joint un petit appendice en forme de doigt. lat. *Proboscis.* anglois. *the trunk or snout of an elephant.* Partie des mouches, par où elles sucent les liqueurs. En termes de *mer*, trompe est un tourbillon de vent qui attire l'eau de la mer jusqu'au plus haut de l'air.... ( Architecture ) Voute en saillie dont la clef est en l'air, & qui semble n'être soutenue par rien, sur laquelle pourtant on éleve des murailles de pierre.... ( Conchyliologie ) Partie inferieure d'un coquillage, autrement appellée *buccin*.

TROMPER. *v. act.* lat. *Fallere, decipere.* ang. *to deceive or beguile.* Surprendre; séduire; décevoir; abuser de l'ignorance, ou de la facilité de quelqu'un; le jetter dans l'erreur. Tomber dans l'erreur, en prenant une chose pour une autre. Manquer à quelqu'un, le priver d'une chose à quoi il s'attendoit, ou qu'il souhaitoit. Amuser, distraire, suspendre.

TROMPERIE. *substant. femin.* lat. *Fraus, dolus.* anglois. *cheating; a cheat.* Dol, fraude, fourberie.

TROMPETEUR. *voy.* Buccinateur.

TROMPETTE. *s. fem.* lat. *Tuba, buccina.* anglois. *a trumpet.* Instrument de Musique, qui sert à la guerre pour exciter & animer le courage des Soldats. On le fait ordinairement de leton ou d'argent, en figure conique creuse, &c. *Trompette parlante* est un tuyau fort long qui augmente considérablement la voix naturelle d'un homme & la fait entendre à de grandes distances. Elle est beaucoup en usage sur mer. *Trompette marine* est un instrument de Musique, qui n'a qu'une seule corde de boyau fort grosse. On la touche d'une main avec un archet & elle imite le son de la trompette.... *Trompette harmonieuse.* voy. *Saquebute.* La fête des *Trompettes* se célébroit parmi es Juifs le premier jour du mois de *Tisri* qui répond à nôtre mois d'Octobre ou de Septembre.

TROMPETTE. *s. masc.* lat. *Buccinator.* anglois. *a trumpeter.* Cavalier qui sonne de la trompette.

TROMPETTER. *v. act.* lat. *Promulgare.* angl. *to proclaim.* Publier à son de trompe & à cri public dans les marchés, dans les carrefours, quelque Réglement de Police, &c. *Figurément*, divulguer une chose qu'on vouloit tenir cachée.... *v. n.* Il exprime le cri de l'aigle.

TROMPE-VALET. *subst. mascul.* Nom que porte en certains païs la poire d'ambrette.

TROMPEUR, euse. *substant. masculin* & *fem.* lat. *Deceptor.* ang. *a cheat.* Fourbe; qui trompe, qui impose, qui abuse.

TROMPILLON. *sub. masc.* ( Architecture ) Petite trompe de peu de plan & de portée. On appelle *trompillon* de voute, la pierre ronde qui sert de coussinet aux voussoirs du cul de four d'une niche, & pour porter les premières retombées d'une trompe.

TRONC. *s. masc.* lat. *Stirps, truncus.* angl. *the trunk or body of a tree.* Tige d'un arbre, ce qu'il pousse depuis la terre jusqu'à ce qu'il se divise en plusieurs branches. Buste du corps humain dont on a séparé la tête, les bras &

les cuisses. C'est aussi un coffre de bois ou de fer, où on laisse au haut une fente, pour recevoir les aumônes que les gens de bien donnent à l'Eglise ou aux pauvres.... (Architecture) Fût ou vif de la colomne. Partie du piedestal qui est entre la base & la corniche, autrement appellé le *dé*.... (Généalogie) Race ou famille.... Perche ou marrain de cerf: ramure où sont attachés les andouillers.

TRONCHE. *s. f.* Grosse & courte piéce de bois de charpente, qui n'est pas encore mise en œuvre. Grosse buche que les Villageois & le peuple mettent au feu la veille de Noël, pour conserver le feu toute la nuit.

TRONCHET. *s. masc.* Terme de *Tonnelier*. lat. *Lignea Incus.* anglois. *a block*. Billot de bois sur lequel il dole & il hâche.

TRONÇON *subst. masculin.* lat. *Fragmen.* anglois. *a stump.* Partie détachée d'un tout.... Colomne par *tronçons* est celle qui est faite de trois ou quatre morceaux de pierre & de marbre, différens des tambours, parce qu'ils sont plus hauts que la largeur du diametre de la colomne.

TRONÇONNER. *v. act.* lat. *In frusta diffringere.* ang. *to break or cut in pieces.* Couper en piéces, en morceaux, emporter un tronçon de quelque corps.

TRÔNE. *s. masc.* lat. *Solium.* ang. *a throne.* Siége élevé où se sied celui qui est dans les plus hautes dignités, & dans les cérémonies publiques. Dans l'*Écriture*, le Ciel est nommé le *Trône de Dieu & la terre son marchepied.* Dans la loi des *Juifs*, l'Arche d'alliance étoit regardée comme le Trône de Dieu. Les trônes en *Théologie* font le troisiéme ordre de la Hierarchie des esprits célestes.... *Trône* se prend *figurément* pour l'Empire & la Royauté même... *Trône*, Arbrisseau. *vey. Phillyrea.... Trône Royal :* nom que les Astronomes donnent à Cassiopée.

TRÔNIERE. *s. fem.* (Artillerie) Ouverture que l'on fait dans les batteries & attaques des places pour tirer le canon. lat. *Tormentorum bellicorum fenestræ.* anglois. *port-hole.*

TRONQUER. *v. act.* lat. *Succidere, resecare.* anglois. *to maim, to mutilate.* Couper, retrancher une partie de quelque chose.

TROP. *adv.* lat. *Nimis, nimium, plus æquo.* anglois. *too, too much, too many.* Plus qu'il ne faut. Beaucoup.

TROPE. *s. masc.* lat. *Tropus.* anglois. *trope.* Figure de *Rhetorique* par laquelle la vertu, le pouvoir ou la qualité d'une chose est signifiée par l'expression d'une autre.

TROPHÉE. *s. masc.* lat. *Trophæum.* anglois. *a trophy.* Armes des ennemis vaincus qu'on amoncelle sur un champ de bataille. C'étoit autrefois la représentation en pierre & en marbre de ces armes qui étoit le monument d'une victoire & qu'on appelloit *Trophée*. Trophée se dit *figurément* des victoires. En Architecture, Peinture & Gravûre la plûpart des ornemens sont des représentations de *Trophées*. Il y en a de plusieurs sortes. Le *Trophée* guerrier est composé d'enseignes, de piques, de canons & autres armes mêlées agréablement ensemble; le *Trophée* de marine de poupes & proues de vaisseaux, d'ancres, de rames, &c. le *Trophée* de science représente un amas de livres, de sphères, de globes, &c. Le *Trophée* de musique des livres & des instrumens propres à cet art, &c.... Faire *Trophée* de quelque chose; en tirer vanité, s'en vanter.

TROPILLO. *s. masc.* Espèce de corbeau du Mexique, presque aussi grand qu'un aigle.

TROPIQUE. *adj. f.* L'année *Tropique* est le tems que le Soleil ou plutôt la Terre emploie à parcourir l'Ecliptique.

TROPIQUES. *s. masc. pl.* lat. *Tropici.* ang. *tropicks.* Deux petits cercles de la sphère, éloignés chacun de part & d'autre de l'Equateur de vingt-trois degrés & demi. Ce sont les bornes ou limites de la déclinaison du Soleil ou de son éloignement de l'Equateur. Lorsqu'il est près de ces cercles il paroit pendant quelques jours rester à la même distance & ensuite il revient à l'Equateur. Le *tropique* qui est du côté du Nord se nomme *tropique* du *Cancer* & lorsque le Soleil y est arrivé, on a le plus grand jour de l'année qui est vers le 11. de Juin V. S. ou le vingt-deux nouveau stile. Celui du côté du Sud, se nomme *tropique* du *Capricorne* & le Soleil y étant arrivé occasionne la plus grande nuit vers le onze Décembre vieux stile.

TROPISTES. *s. mascul. pl.* Hérétiques qui veulent qu'on prenne figurément les paroles de l'Eucharistie.

TROPITES. *substant. masculin. pl.* Hérétiques qui disoient que le verbe s'étoit changé en chair ou en homme.

TROPOLOGIQUE. *adj.* lat. *Tropologicus.* anglois. *tropological.* Qui est figuré.

TROQUER. *v. act.* lat. *Mutare, permutare.* angl. *to truck.* Faire un troc, échanger une marchandise, un meuble contre un autre.

TROQUEUR, euse. *s. masc. & f.* lat. *Permutator.* anglois. *that trucks.* Qui a coutume de troquer.

TROSNE, Trosnière. *voy.* Trône, Trônière.

TROSSE. *voy.* Racage.

TROT. *subst. masc.* lat. *Citatus equi gradus.* ang. *trot.* Pas plus vîte qu'à l'ordinaire. Dans les chevaux c'est une allure entre le pas & le galop, qui fatigue beaucoup le cavalier.

TROTER. *v. n.* lat. *Cursitare.* anglois. *to trot.* Marcher plus vîte que le pas. Marcher beaucoup, courir deçà & delà. Il se dit aussi du marcher des oiseaux de marécages, qui est différent des autres, & qui ne vont qu'en sautant les deux pieds ensemble.

TROTEUR, euse. *sub. masc. & f.* lat. *Concursator.* ang. *a gadder.* Méchant cheval qui ne peut aller que le trot.

TROTIN. *s. masc.* lat. *Cursitator.* anglois. *a skip, a foot-boy.* Petit laquais qui ne sert qu'à faire des messages.

TROTINER. *v. n.* lat. *Cursitare.* ang. *to trot or run.* Faire plusieurs petits voyages.

TROTOIR. *substant. masc.* Chemin elevé à côté des quais & des ponts. On dit qu'une affaire est sur le *trotoir* pour dire qu'on en parle, qu'on va la mettre sur le bureau. On le dit aussi d'une fille qu'on va marier.

TROU. *s. mascul.* lat. *Foramen.* anglois. *a hole, a gap.* Petite ouverture qu'on fait à quelque chose en la perçant. Creux que font plusieurs animaux pour se loger. Lieu fort étroit où l'on n'est pas à son aise.

TROUBADOUR. *subst. masc.* Nom que l'on donne aux anciens Poëtes *Provençaux.* voyez Trouvères.

TROUBAHOUACHE. *s. mascul.* Autrement *Moncha* ou *monka.* Mesure pour le riz. Elle en contient six livres.

TROUBLE. *adj.* lat. *Obscurus, opacus.* ang. *thick, muddy, cloudy.* Obscur, brouillé; qui ne laisse point passer la lumière. . . . Pêcher en eau *trouble,* profiter des desordres publics ou particuliers.

TROUBLE. *s. m.* lat. *Confusio, perturbatio.* anglois. *trouble, confusion.* Confusion, brouillerie, querelle, dissension. Inquiétudes, embaras. *Troubles:* guerres civiles. . . . (*s. fem.*) voy. *Truble.*

TROUBLEAU. *s. m.* Filet dormant de pêche, ainsi nommé parce qu'après l'avoir tendu on bat & on trouble l'eau pour prendre le poisson.

TROUBLE-FÊTE. *s. m.* lat. *Molestus, importunus.* angl. *a trouble feast.* Importun, ou facheux, qui vient troubler la joie d'une compagnie assemblée pour se divertir.

TROUBLER. *v. act.* lat. *Miscere, conturbare.* anglois. *to trouble.* Brouiller, rendre trouble, obscur, opaque, gâter. Contester à quelqu'un la possession de quelque chose. Interrompre, empêcher la continuation d'une chose. Inquiéter, agiter, émouvoir. lat. *Agitare, commovere, inquietare.* anglois. *to trouble.*

TROUCHET. *voy.* Tronchet.

TROUÉE. *subst. fem.* Ouverture faite dans l'épaisseur d'une haie. Espace vuide qui perce tout au travers d'un bois.

TROUER. *v. act.* lat. *Perfodere, forare.* ang. *to make a hole.* Faire une ouverture.

TROUGNON. *voy.* Trognon.

TROU-MADAME. *subst. mascul.* Espèce de jeu où l'on joue avec de petites boules qu'on tâche de pousser dans des ouvertures en formes d'arcades, marquées de différens chiffres.

TROUPE. *s. f.* lat. *Turma, grex, agmen.* anglois. *troop, company, band.* Plusieurs hommes ou animaux qui sont assemblés, ou qui marchent de compagnie. Société de plusieurs personnes. Corps des Comédiens. Corps d'Infanterie, chés les Romains, composé de trente hommes. *Troupes,* se dit de gens de guerre en général, d'une armée.

TROUPEAU. *substant. masculin.* lat. *Grex.* angl. *a flock of sheep.* Troupe d'animaux d'une même espèce, qui sont dans un même lieu; bêtail qu'on assemble pour le nourrir & le mener paître.

TROUSQUIN. *voy.* Troussequin.

TROUSSE. *s. f.* lat. *Braccæ.* ang. *trunk-breeches.* Espèce de haut de chausses relevé qui ne pend point en bas, qui serre les fesses & les cuisses. Il se dit aussi de celui qui est à la suite continuelle d'une personne, comme s'il étoit attaché à ses chausses. C'est encore un faisceau ou paquet qu'on fait de quelque chose qu'on replie, qu'on trousse. Croupe du cheval sur laquelle on porte les *trousses,* le bagage d'un Cavalier. Carquois garni de flèches. Etui de Barbier, où il serre ses peignes, ses ciseaux, ses rasoirs. Cordages médiocres qui servent à élever de moindres fardeaux.

TROUSSEAU. *s. mascul.* lat. *Parapherna.* angl. *paraphernalia.* Linge ou hardes qu'une mère donne à sa fille, quand elle la marie, au-delà de sa dot, pour les nécessités de son ménage. *Trousseau* de clefs, est un paquet de clefs enfilées dans une corde ou dans un clavier. On dit aussi un *trousseau* de flèches. (Monnoie) Coin qui servoit à marquer la monnoie, quand on la fabriquoit au marteau. (Fonderie) Longue piéce de bois en forme conique, sur laquelle on forme les moules des piéces de canon.

TROUSSEGALAND. *s. masc.* lat. *Tormina.* ang. *stoop-gallant.* Est un nom qu'on donne à un grand dégorgement de bile fort dangereux, & qui emporte un jeune homme en peu de jours. C'est le *Colera morbus.*

TROUSSEQUEUË. *s. m.* (Manége) Gros cuir qu'on attache à la queuë des chevaux sauteurs pour la tenir en état & empêcher qu'ils n'en jouent.

TROUSSEQUIN. *s. m.* Piéce de bois ceintrée qui s'éleve sur l'arçon du derrière d'une selle, & qui sert à en affermir les barres.

TROUSSER. *v. act.* lat. *Recolligere.* angl. *to truss or tie up.* Relever, replier, mettre plus haut. Maltraiter. (Marine) Courber en dedans.

TROUSSIS. *s. masc.* Pli, couture qu'on fait à une étoffe repliée, pour la rendre plus courte. lat. *Vestium sinus.* ang. *a hem.*

TROUVAILLE. *s. fem.* lat. *Felix occursus.* angl. *a finding.* Rencontre fortuite de choses. Heureux choix.

TROUVÉ, ée. *adj.* Enfant *trouvé;* enfant exposé dont on ne connoit ni le père, ni la mère. lat. *Adolescentulus expositus.* angl. *a foundling.*

TROUVER. *v. act.* lat. *Invenire, reperire.* anglois. *to find, meet, meet with.* Rencontrer quelque chose. Inventer. Donner son jugement, dire sa pensée sur quelque chose. *Trouver* bon, c'est consentir.

TROUVÈRES. *s. m. pl.* Nom donné aux anciens Poëtes Provençaux, qui étoient inventeurs des fables que les anciens Menetriers alloient chanter chés les grands. On les appelloit autrement *Trouveours* ou *Troubadours.* Ils parurent d'abord sous le regne de Louis le Débonnaire, mais ce fut sous Hugues Capet qu'ils furent le plus en réputation.

TROUVEURS. *s. m. pl.* (Chasse) Espèce de chiens qui ont l'odorat si fin, qu'ils vont requerir un renard vingt quatre heures après qu'il est passé. . . . Troubadours ou Trouvères.

## T R U

TRUAND, ande. *adj.* & *s.* lat. *Mendicus,*

*nequam*, *nebulo*. ang. *a truant*. Mendiant qui demande l'aumône par fainéantise.

TRUANDER. *v. n.* lat. *Mendicare*, *stipem erogare*. anglois. *to play the truant*. Demander l'aumône par libertinage & par pure fainéantise.

TRUAU. *s. m.* Mesure qui tient un boisseau & demi.

TRUAUX. *s. m. pl.* Filets de pêcheur.

TRUBLE. *s. f.* Espèce de filet à prendre des poissons & surtout des écrevisses, que l'on appelle autrement *trouble*, parce qu'on trouble l'eau pour faire jetter le poisson dans le filet, sans qu'il s'en apperçoive.

TRUC. *s. m.* Espèce de billard plus long que ceux où l'on jouë en France.

TRUCHEMAN, *ou* Truchement. *s. m.* lat. *Interpres*. angl. *a truchman*, *an interpreter*. Interprête nécessaire aux personnes qui parlent diverses langues, pour se faire entendre les unes aux autres.

TRUCHER. *v. n.* lat. *Mendicare*. anglois. *to beg or mump*. Gueuser, truander, demander l'aumône par fainéantise & libertinage.

TRUCHET. *s. m.* Petit morceau d'argent ou de cuivre qu'on donne aux enfans pour indiquer les lettres, quand ils apprennent l'*Abécé*. On l'appelle encore mieux une *touche*.

TRUCHEUR, euse. *s. m.* & *f.* lat. *Mendicus*. angl. *a beggar or mumper*. Qui gueuse, qui truande, qui demande l'aumône par fainéantise.

TRUELLE. *s. f.* lat. *Trulla*. ang. *trowel*. Instrument de Maçon, de Couvreur, de Paveur, qui sert à gâcher le plâtre, ou le mortier, & le ciment, à les emploier, & à en faire des enduits.

TRUELLÉE. *s. fem.* lat. *Gypsi trulla plena*. ang. *a trowel-full*. Quantité de plâtre ou de mortier qui peut tenir sur une truelle.

TRUFFE. *s. f.* lat. *Tuber*. ang. *a truffle or swine-bread*. Mets fort friand qu'on tire de la terre, qui est comme une racine ronde, mais qui ne pousse rien au dehors. Les pourceaux sont fort friands des *truffes* & servent souvent à découvrir les lieux où il y en a. Les *truffes* sont blanches, noires ou grises. Il y a aussi des truffes d'eau qu'on nomme saligots.

TRUFFETTE. *substant. fem.* Toiles blanches faites de lin, assés approchantes des demi-Hollandes.

TRUFFIERE. *subst. femin.* Lieu où il vient des truffes.

TRUFLE. *voy.* Truffe.

TRUIE. *s. f.* lat. *Porca*, *sus fœmina*, *scrofa*. ang. *a sow*. Femelle du porc.... Femme extrémement grasse & gointre.

TRUITE. *s. fem.* lat. *Trutta*. ang. *a trout*. Poisson d'eau douce, marqueté de plusieurs taches jaunes & rouges. On appelle *truites saumonées* celles qui ont la chair rouge comme le saumon. Les truites ont des dents sur la langue, & mangent des poissons, des vers & du gravier. On prétend qu'elles sont sujettes à une espèce de vermine, ce qui leur fait chercher les eaux rapides pour s'en délivrer.

TRUITÉ, ée. *adj.* lat. *Equus albus varii distinctus notis*. angl. *red-spotted*. Se dit d'un cheval, qui sur un poil blanc a des marques de poil noir, bai ou alezan, particulièrement à la tête & à l'encolure.

TRUITELLE. *s. f.* Petite truite.

TRUITON. *s. f.* Truitelle.

TRUMEAU. *s. m.* lat. *Coxa bovis*. anglois. *a leg of beef*. C'est la cuisse du bœuf, ou la partie qui est au dessus de la jointure du genou en montant. En *Architecture*, c'est le mur solide & massif, qui est entre deux croisées, ou fenêtres. Il se dit aussi d'une glace qui se met ordinairement entre deux fenêtres.

TRUSION. *s. f.* On appelle mouvement de *trusion*, ou mouvement progressif & circulaire, le mouvement du sang du cœur au corps par les artères & son retour du corps au cœur par les veines.

TRUSQUIN. *s. m.* Outil d'artisan, qui sert particulièrement aux Menuisiers pour marquer leur bois, & les lieux ou doivent être leurs mortaises.

TRUSTÉE. *s. f.* Mesure de continence dont on se sert en Bretagne. Vingt-cinq *trustées* font le muid Nantois.

TRUT. *s. m.* Sorte de jeu.

TRUYE. *voy.* Truie.

## T R Y

TRYPHÈRE. *s. f.* (Pharmacie) Se dit de plusieurs sortes d'opiates.

## T S J

TSJAKELA. *s. m.* Espèce de figuier qui croît au Malabar, de l'écorce duquel on fait des cordes, & d'où l'on tire une couleur rouge, propre à la teinture des draps.

TSIMANDAN. *substant. mascul.* Arbre de Madagascar dont la feuille est souveraine contre les maux de cœur, & les maladies contagieuses.

TSITSIHI. *s. m.* Sorte d'écureuil de Madagascar qui se tient dans les trous des arbres & qu'on ne peut apprivoiser.

## T U

TU. *Pronom personel*, qui ne se dit qu'aux personnes inférieures ou fort familières.

## T U A

TUAGE. *substant. masc.* lat. *Mactatio*. angl. *the killing or dressing of a hog*. C'est la peine de tuer un cochon & de l'accommoder.

TUANT, ante. *adj.* lat. *Operosus*, *difficilis*. ang. *killing*, *toilsom*, *laborious*. Qui tue. Fatigant, pénible, incommode.

TU-AUTEM. *s. m.* lat. *Difficultatis nodus*. ang. *the short and the long of a busineß*. Le fin, le secret d'uue affaire.

## T U B

TUBE. *s. m.* lat. *Tubus*. ang. *a tube or pipe*. Tuyau,

Tuyau, sarbacane, conduit, canal de plomb, de fer, de cuivre, &c. par où l'air & les choses liquides passent & ont une issuë libre.

TUBÉRAIRE. *s. fem.* Espèce d'éliantheme : plante détersive & astringente.

TUBERCULE. *s. masc.* Certaine racine qui vient en forme de bosse, ou plutôt de navet.... ( Conchyliologie ) Éminence régulière & ronde, plus grande que les verrues, qu'on distingue sur la robe des coquilles.

TUBÉREUSE. *subst. feminin.* lat. *Hyacinthus indicus tuberosus.* anglois. *tuberosa.* Plante qui porte des fleurs blanches, d'une odeur fort agréable.

TUBÉREUX, euse. *adject.* lat. *Tuberosus.* ang. *tuberous.* Racines charnues & étendues en largeur & dont la chair est solide & continuë, n'ayant ni peaux ni écailles. On appelle aussi plantes *tubereuses*, celles qui ont la racine *tubereuse.*

TUBÉROSITÉ. *s. fem.* lat. *Condylus.* angl. *tuberosity.* Bosse ou tumeur qui vient naturellement à quelques parties.

## T U C

TUCXÉA. *s. masc.* Poids dont on se sert à Mocha. Six mille *Tuckeas* font quatre cent vingt de nos livres.

TUCUARA. *substant. masc.* Sorte de canne du Brésil qui est de la grosseur de la cuisse.

## T U D

TUDESQUE. *s. masc.* lat. *Lingua teutonica.* ang. *the old teutonick language.* Langue des anciens *Allemands.*

## T U E

TUE-CHIEN. *subst. masc.* Plante ainsi appellée parce qu'elle est pernicieuse aux chiens. On l'appelle autrement *Colchique.*

TUE-LOUP. *s. mascul.* Espèce d'Aconit.

TUER. *v. act.* lat. *Occidere*, *necare.* angl. *to kill*, *slay or murder.* Faire mourir de mort violente ; ravir la vie. Abatre du gibier, ou du bêtail. Faire périr les végétaux. Travailler avec excès. En *Peinture* il se dit d'une couleur forte, qui en obscurcit une autre plus foible & l'empêche de produire son effet.

TUERIE. *s. fem.* lat. *Cædes*, *strages*, *occisio.* angl. *slaughter*, *carnage.* Carnage, massacre de plusieurs personnes. Lieu où se fait l'abatis des bestiaux par les bouchers & charcutiers. lat. *Laniarium*, *macellum.* angl. *slaughter-house.*

TUE-TÊTE. ( à ) *adv.* Crier à *tue-tête*, de toute sa force.

TUË-VENTS. *s. masc. pl.* Petites cabanes faites en forme de guérites sous lesquelles les fendeurs & tailleurs d'ardoises se mettent à couvert.

TUEUR. *s. mascul.* lat. *Percussor*, *thraso.* ang. *a bully.* Brêteur, assassin. On le dit aussi des garçons bouchers qui tuent les bestiaux.

## T U F

TUF. *substant. masc.* lat. *Tofus.* ang. *hassock.* Terre séche, graveleuse, qui commence à se pétrifier, où les arbres ne peuvent profiter. Terrain qui fait masse solide, & sur lequel on peut fonder. On appelle *tuf mastiqué* celui qui est si dur, qu'à peine on peut l'arracher à coups de marteau.... Grosse étoffe de très petit prix.

TUFFIÈRE. *adj. f.* Se dit d'une terre qui approche du *tuf.* Elle est ordinairement maigre & ingrate.

## T U G

TUGUE, *ou* Tuque. *substant. feminin.* lat. *Tugurium in summâ puppis contignatione.* ang. *tarpaulin.* ( Marine ) Espèce de faux tillac qu'on éleve au devant de la dunette sur quatre ou six piliers & qui est fait de barreaux, pour se mettre à couvert de la pluie & du soleil. L'usage des tugues est abandonné. On y supplée par des tentes.

## T U I

TUIAU. *voy.* Tuyau.

TUILE. *subst. femin.* lat. *Tegula.* anglois. *a tile.* Terre grasse, paitrie, séchée & cuite au fourneau en forme de brique, qui sert à couvrir les maisons.

TUILEAU, *ou* Tuilot. *s. mas.* lat. *Laterculi testa vel testula.* ang. *a shard of a tile.* Morceau de tuile cassée.

TUILÉE. *adj. f.* Coquille dont les cavités sont en formes de tuiles creuses.

TUILER. *v. n.* C'est en chantant l'office ne pas attendre que le côté opposé du chœur ait achevé le verset, avant que de commencer le suivant.

TUILERIE. *sub. femin.* lat. *Lateraria officina.* anglois. *a tile-kiln.* Lieu où l'on fait des tuiles. Briqueterie. Le jardin du Louvre s'appelle les *Tuileries*, parce qu'au même lieu on faisoit autrefois de la tuile.

TUILIER. *substant. mascul.* lat. *Laterarius.* *laterum figulus.* anglois. *a tiler*, *or tile-maker.* Marchand qui vend des tuiles, ou l'ouvrier qui les fait.

TUITION. *substant. feminin.* ( Physique & Optique ) Vuë ou action de voir.

## T U L

TULIPE. *s. fem.* lat. *Tulipa.* anglois. *a tulip.* Plante qui porte une fleur à six feuilles, ornées de belles couleurs, jaune, ou purpurine, ou rouge, ou blanche, ou variée. Coquillage qui est une des espèces du rouleau.

## T U M

TUMÉFACTION. *sub. fem.* ( Médecine & Chirurgie ) Tumeur, enflûre causée extraordinairement en quelque partie du corps.

TUMÉFIER. *v. act.* lat. *Tumefacere.* angl. *to tumefy.* Causer une enflûre en quelque partie du corps, soit par accident ou autrement.

TUMEUR. *s. fem.* lat. *Tumor.* ang. *a tumour, a swelling.* Bosse, enflûre qui se fait sur quelque partie du corps. Il y a des *tumeurs sereuses* ou *aqueuses*, qui sont molles ; & des tumeurs dures qui viennent ou de la dislocation des parties ou de l'épaississement des fluides.

TUMULTE. *subst. masc.* lat. *Tumultus.* ang. *a tumult.* Confusion causée par une multititude de gens ; désordre, trouble. On le dit *figurément* de l'émotion des passions. Les Romains appelloient *tumulte* les guerres les plus dangereuses & qui mettoient la République en péril. . . . En *tumulte :* en confusion, en désordre.

TUMULTUAIRE. *adj.* lat. *Tumultuarius.* angl. *tumultuary.* Confus & en désordre.

TUMULTUAIREMENT. *adv.* lat. *Confusè, inordinatè.* angl. *tumultuarily.* En hâte & sans ordre.

TUMULTUEUSEMENT. *adv.* lat. *Tumultuosè.* ang. *tumultuously.* D'une manière confuse, tumultueuse.

TUMULTUEUX, euse. *adject.* lat. *Tumultuosus.* anglois. *tumultuous.* Qui est en désordre, sans régle, confus, ému, séditieux.

T U N

TUNA. *subst. mascul.* Espèce d'opuntia, ou figuier d'Inde, qui croît en Amérique & qui porte un fruit assés semblable à la figue. L'arbre qui sert de nourriture à la cochenille insecte est une autre espèce de figuier d'Inde, qu'on appelle aussi *tuna.*

TUNICELLE. *sub. fem.* Petite tunique. lat. *Tunicella.* anglois. *tunicle.*

TUNIQUE. *subst. fem.* lat. *Tunica.* anglois. *a tunick.* Espèce de veste, habit de dessous, que portoient autrefois les Anciens tant à Rome, qu'en Orient. C'est aussi un ornement d'Eglise que portent les Diacres, autrement appellée *Dalmatique.* C'est encore une sorte de veste dont nos Rois sont revêtus à leur Sacre sous le manteau Royal. Les *Romains* donnoient ce nom à une camisole sans manches qu'ils mettoient sous leur toge. Il se dit, en *Anatomie*, des peaux ou membranes qui enveloppent les vaisseaux & diverses autres parties du corps moins solides.

T U O

TUORBE. *subst. mascul.* lat. *Decumana cithara.* angl. *theorbo.* Instrument de musique en forme de luth, à la reserve qu'il a deux manches dont le second qui est plus long soutient les quatre derniers rangs de cordes pour faire les sons plus graves. Il servoit dans les concerts pour les accompagnemens, mais il n'est presque plus en usage.

T U Q

TUQUE. *voy.* Tugue.

TUQUET. *s. mas.* Sorte de hibou.

T U R

TURBAN. *s. masc.* lat. *Turcarum galerus.* anglois. *turbant*, *a turkish cap.* Coëffure de la plûpart des peuples Orientaux & Mahométans, composée du bonnet & du linge qui fait différens tours en divers sens. Les Turcs portent le *turban* blanc & les Persans le portent rouge.... *Turbans :* toiles de coton rayées, bleues & blanches dont on se sert pour couvrir & faire l'habillement de tête qu'on appelle *turban.*

TURBÉ. *sub. masc.* Sépulcre chés les Turcs.

TURBINE. *sub. fem.* Espèce de petit échafaut, ou de jubé qui est élevé dans les Eglises, où se mettent pour chanter quelques religieux, ou pénitens qui ne veulent pas être vûs.

TURBINÉ, ée. *adj.* ( Conchyliologie ) Se dit de certains coquillages ronds, qui tournent en volute ou spirale, & finissent en pointe.

TURBITH. *substant. mascul.* Racine qu'on apporte des Indes Orientales, & qui est un violent purgatif. *Turbith blanc.* voy. *Alypum. Turbith bâtard.* voy. *Thapsie.* . . . Les *Chymistes* appellent *Turbith minéral* un précipité jaune de mercure qui purge avec violence.

TURBOT. *subst. masc.* lat. *Rhombus.* angl. *turbot.* Poisson de mer plat & d'un goût excellent.

TURBOTIN. *s. masc.* lat. *Rhombulus.* angl. *a little turbot.* Petit turbot.

TURBULEMMENT. *adv.* lat. *Turbulenter.* ang. *turbulently.* D'une manière turbulente.

TURBULENCE. *s. femin.* lat. *Turbulentia.* ang. *turbulentness or turbulency.* Impétuosité ; inclination à exciter du trouble, du désordre.

TURBULENT, ente. *adj.* lat. *Turbulentus.* ang. *turbulent.* Qui est violent, remuant, impétueux, qui aime à brouiller, à apporter du désordre.

TURC, Turque. *subst.* & *adj. masc.* & *fem.* lat. *Turca.* anglois. *a turk.* Natif de la partie d'*Asie*, qu'on appelle *Turquie*.... *Turc.* Petit ver qui s'engendre entre l'écorce & le bois des arbres & qui en suce la seve.

TURCIE. *s. fem.* lat. *Agger.* ang. *a mole, a peer.* Levée de terre ou de pierre en forme de quai ou de digue, pour empêcher les inondations des rivières.

TURCOL. *s. masc.* Espèce d'hermitage que les Brachmanes des Indes se bâtissent & où ils vivent.

TURCOPOLIER. *s. masc.* Ancienne dignité dans l'ordre de Malthe. C'étoit le chef de la langue d'Angleterre. Il avoit en cette qualité le commandement de la Cavalerie & des gardes de la marine.

TURCOT. *subst. mascul.* Oiseau qui vit de fourmis.

TURDUS. *s. masc.* Poisson de mer, oblong, de moyenne grandeur, de couleur verte ou rouge. Il est bon à manger.

TURGESCENCE. *subst. fem.* ( Médecine ) Orgasme.

TURQUET. *voy.* Turquet.

TURIFÈRE, *ou* Turiféraire. *sub. masc.* lat. *Thurifer.* anglois. *a thuriferary.* Acolythe ou clerc qui porte l'encensoir ou la navette dans les cérémonies.

TURLUPINADE. *subst. fem.* lat. *Inficetiæ.*

anglois. *a banter, a joke.* Plaisanterie fade, & basse.

TURLUPINER. *v. n.* lat. *Jocari procaciter.* anglois. *to jeer, to banter.* Faire des turlupinades.... *verb. act.* Railler, tourner en ridicule.

TURLUPINS. *sub. masc. pl.* Secte d'hérétiques qui dans le quatrième siécle soutenoient, que lorsqu'un homme étoit arrivé à un certain degré de perfection, il n'étoit plus obligé à rien & qu'il étoit dispensé de tous le Commandemens de Dieu. Ils ajoutoient qu'on ne devoit s'adresser à Dieu que par des prières mentales. Ils faisoient profession publique d'impudence, marchoient nuds sans cacher leurs parties honteuses tant hommes que femmes & pour se faire valoir ils prétendoient avoir acquis un degré extraordinaire de dévotion & de spiritualité. Ils appelloient leur secte la fraternité des pauvres. Ils se répandirent principalement en *Savoye* & en *Dauphiné* où ils furent bientôt détruits par des punitions sévères. On a aussi donné ce nom à un Comédien fameux de *Paris*, dont le talent étoit de faire rire par de méchantes pointes & des équivoques insipides, qu'on a appellées *Turlupinades.* On a ensuite appellé *Turlupin* un mauvais plaisant, un bouffon froid & fade.

TURLUT. *subst. masc.* lat. *Alauda species.* anglois. *a kind of lark.* Sorte d'alouette, ainsi appellée à cause de son chant.

TURLUTTER. *verb. neutre.* Contrefaire le flageolet.

TURME. *subst. femin.* C'étoit chés les Romains une compagnie de Cavalerie composée de trente Cavaliers ou de trois décuries. *Turma.*

TURPITUDE. *subst. f.* lat. *Turpitudo, probrum.* ang. *turpitude, baseness, shame.* Qualité de ce qui est fait contre l'honneur, la pudeur, la justice, *&c.*

TURPOT. *s. masc.* (Marine) Soliveaux de six ou sept pieds de haut dont il y en a quatre au château d'avant du navire affutés & aclampés à la varangue de cet endroit là.

TURQUERIE. *substant. femin.* lat. *Crudelitas, immanitas.* anglois. *cruelty, barbarity.* Manière d'agir cruelle & barbare, comme celle dont usent les Turcs.

TURQUESSE. *s. fem.* Femme de Turc.

TURQUET. *s. m.* Espece de petit chien.... Espèce de froment dont l'épi est bleu, dont les graines sont purpurines tirant sur le noir, & donnant une farine de même couleur. Il n'est pas fort nourrissant.

TURQUIE. *s. fem.* Nom d'un grand Royaume, de l'Empire des Turcs.

TURQUIN. *adj. m.* Bleu foncé.

TURQUINE. *subst. fem.* Sorte de turquoise, plus sujette à verdir que la turquoise Persienne.

TURQUOISE. *subst. fem.* lat. *Turcica gemma.* ang. *turquoise.* Pierre précieuse opaque, & qui est de couleur d'un bleu turquin.... Anémone blanche à fond incarnat.

TURRITE. *substant. femin. Turritis.* Plante qu'on a ainsi appellée à cause de la ressemblance prétenduë que ses sommités ont avec une tour. Elle est incisive, apéritive, carminative & sudorifique.

## T U S

TUSSILAGE. *substant. masculin. Tussilago.* Plante propre pour la toux.

## T U T

TUTAYER. *voy.* Tutoyer.

TUTELAIRE. *adj.* lat. *Patronus, custos.* angl. *tutelar.* Qui a pris en sa protection quelque chose. Les Payens donnoient ce nom à leurs Dieux pénates; & les Chrétiens aux Anges & aux Saints protecteurs des Royaumes, des Villes & des personnes.

TUTÉLE. *voy.* Tutelle.

TUTÉLINE. *s. f. Tutelina.* Déesse chés les Romains qui gardoit & défendoit les moissons recueillies.

TUTELLE. *s. f.* lat. *Tutela.* anglois. *gardianship.* Charge qu'on impose à quelqu'un de veiller à la conservation de la personne & des biens d'un ou de plusieurs mineurs. Protection qui se donne à quelqu'un.... (Marine) On appelle la *tutéle* d'un navire les armes du Prince ou du patron qui sont en sculpture au derrière du navire.

TUTEUR. *s. m.* Tutrice. *s. f.* lat. *Tutor, tutrix.* ang. *a gardian.* Qui est élu pour avoir soin de la personne & des biens des enfans qu'un Père ou une Mère ont laissés en bas âge. Protecteur, défenseur.... *Tuteur* (Jardinage) Appui que l'on attache au tronc d'un arbre pour le soutenir, & pour le faire monter plus droit.

TUTHIE. *s. fem.* lat. *Cadmia fossilis.* anglois. *tutie.* Suye métallique, formée en écailles voutées ou en goutières, attachée au haut des fourneaux des fondeurs en bronze; *&c.* La *Tuthie* est déficative, propre pour les maladies des yeux.

TUTOIEMENT. *s. m.* Action de tutoyer.

TUTOYER. *v. act.* anglois. *to thou.* Traiter quelqu'un avec mépris, ou avec une grande familiarité, en lui parlant par *tu* ou par *toi.*

TUTRICE, *voy.* Tuteur.

## T U Y

TUYAU. *s. m.* lat. *Canalis.* anglois. *a pipe.* Canal, conduit dans lequel se peuvent enfermer, & écouler des choses liquides; corps long, rond & creux, qui sert pour conduire l'eau. Il se dit aussi du canal de la cheminée; de la partie creuse des plumes des oiseaux, qui sert à écrire; de la tige creuse du bled, du chanvre, *&c.* *Tuyau de mer:* coquillage univalve.

TUYÈRE. *s. f.* Terme de grosse forge. Conduit par où passe le vent des soufflets. lat. *Fistula.* anglois. *a bellows-nozzel or snout.*

## T Y C

TYCHO. *subst. mascul.* Vingt-unième tache de la Lune.

## TYG

TYGRE, Tygré. *voy.* Tigre, Tigré.

## TYM

TYMBALE, Tymbalier. *voyez* Timbale, Timbalier.

TYMÉE. *substant. feminin.* Petite monnoie de Pologne qui vaut environ six sols de France.

TYMPAN. *sub. masc.* lat. *Tympanum.* ang. *the tympane.* C'est une petite peau bandée au fond de l'oreille, qui reçoit les impressions de l'air agité, & qui cause le sentiment de l'ouie... (Imprimerie) Feuille de parchemin bandée sur un chassis de bois. Le grand *tympan* est l'endroit où l'on met la feuille ponr imprimer. Le petit *tympan* est ce qui s'enclave dans le grand. lat. *Tympanum typographicum.* anglois. *a printer's tympan*.... (Architecture) Partie creuse d'un fronton. lat. *Tympanum architectonicum.* ang. *pediment or tympan.* C'est aussi le dé d'un piedestal.... Machine en forme de rouë où entre un homme pour la faire tourner. Elle sert aux grues & autres machines.... Pignon garni de son arbre qui se meut par le moyen d'une roue dentelée qui entre dans les dents du pignon.... Oiseau de la Virginie, dans la tête duquel on trouve une matière gluante & épaisse, qui séchée & réduite en poudre est un reméde souverain pour les femmes grosses.

TYMPANISER. *v. act.* lat. *Publicare, divulgare.* angl. *to traduce or lampoon.* Publier, divulguer hautement, blâmer quelqu'un en public.

TYMPANITE. *s. f. ou* Tympanitès. *s. masc.* lat. *Tympanites.* angl. *tympany.* Enflure du bas ventre, fixe, égale, dure, dans laquelle la peau est si fort tenduë, qu'elle rend du son lorsqu'on frappe dessus, de même que celle d'un tambour. La tympanite est une espèce d'hydropisie, qui vient d'un amas d'eaux mêlées de beaucoup de vents.

TYMPANON. *s. m.* Instrument de musique, monté de cordes d'airain, qu'on touche avec une plume ou des baguettes. *voy. Psalterion.*

## TYP

TYPE. *s. masc.* lat. *Typus.* angl. *type.* Copie d'un modéle, caractère gravé, ou imprimé. C'est aussi en *Théologie*, symbole, signe, figure.

TYPHODE. *voy.* Helodes.

TYPHOMANIE. *substantif femin.* Maladie du cerveau dans laquelle on ne peut point dormir, quoiqu'on en ait une grande envie. On l'appelle autrement *Coma vigil.*

TYPHON. *s. masc.* Divinité Égyptienne à qui on attribuoit toutes sortes de malheurs.

TYPIQUE. *adj. & subst. masc.* lat. *Typicus.* angl. *typical.* Symbolique, allégorique... Livre Ecclésiastique des Grecs, qui contenoit l'ordre & la forme de réciter l'office pendant toute l'année. C'est ce que nous appellons en France *directoire.*

TYPOGRAPHIE. *subst. fem.* lat. *Typographia.* anglois. *typography.* L'art de l'imprimerie.

TYPOGRAPHIQUE. *adj.* lat. *Typographicus.* anglois. *typographical.* Qui concerne l'Imprimerie.

TYPOGRAPHISTE. *s. masc.* Auteur qui a traité de l'Imprimerie, qui en a fait l'histoire.

## TYR

TYRAN. *substant. mascul.* lat. *Tyrannus.* anglois. *a tyrant.* Au commencement ce mot signifioit seulement *Roi* ou *Souverain* : mais dans la suite certains Rois ayant abusé de leur autorité, on ne donna ce nom qu'aux Rois qui opprimoient la liberté publique, qui ne gouvernoient pas selon les loix, qui usoient de violence & de cruauté envers leurs sujets. On le dit par extension d'un particulier qui abuse de son pouvoir, de son ascendant; & *figurément* des passions.

TYRANNEAU. *s. m.* Petit tyran.

TYRANNIE. *s. f.* lat. *Tyrannis.* anglois. *tyranny.* Empire illégitime, ou usurpé; cruel & violent. Abus que les particuliers font de leur pouvoir, ou de leur charge. Empire des passions.

TYRANNIQUE. *adj.* lat. *Tyrannicus.* angl. *tyrannical.* Qui appartient à la tyrannie.

TYRANNIQUEMENT. *adv.* lat. *Tyrannicè.* angl. *tyrannically.* D'une manière tyrannique.

TYRANNISER. *v. act.* lat. *Tyrannicè regere.* angl. *to tyrannize.* Gouverner avec tyrannie. Traiter fort rudement; gourmander. Dominer, importuner, contraindre.

TYROQUI. *s. m.* Plante du Brésil qui a les feuilles comme la vesse, & qui est fort estimée contre la dysenterie. Les sauvages l'appellent *tareroqui.*

## TZA

TZAR. Voyés, écrivés & prononcés *Czar.*

## TZI

TZICATLINA. *s. m.* Serpent de l'Amérique septentrionale.

# V

*s. m.* Vingtième lettre de l'Alphabet, est quelquefois voyelle & quelquefois consonne. Il est aussi lettre numerale qui signifie cinq ou 5 & avec un trait par dessus V̄, il signifie 5000. La prononciation de l'*u* telle que nous l'avons maintenant vient de l'ancien Gaulois ; car tous les autres peuples de l'Occident ont prononcé *ou*. Les Imprimeurs appellent *u trema* celui sur lequel il y a deux points, *ü*. V. se met en abbrégé pour signifier *vôtre*. V. A. V. E. V. S. votre Altesse, votre Éminence, votre Sainteté. V. suivi d'un petit *o* signifie *verso*, Vo. Cette même lettre ou simple V. ou double W. barré par le haut signifie écus, ou soixante sols, ou trois livres tournois. : . . . V. est le caractère dont on distingue la monnoie qui se fabrique à Amiens.

## V A

VA. *s. m.* Terme de *Jeux*. Le sept & le *va* c'est-à-dire la vade ou ce qu'on a mis au jeu & sept fois autant.

## V A A

VAALI. *s. masc.* (Rélations) Gouverneur de Province en Perse, Vice-Roi, Roi tributaire.

## V A C

VACANCE. *s. f.* lat. *Vacatio*, *cessatio*. angl. *vacancy*. Défaut de titulaire légitime en une charge, en un bénéfice. Suspension d'affaires ou d'études.

VACANT, ante. *adj.* lat. *Vacuus*. angl. *vacant*, *void*. Qui n'est point rempli, ni occupé. On le dit aussi des biens qui sont abandonnés faute d'héritier, après la mort ou la fuite du possesseur. Un bénéfice ou une charge sont *vacants* quand ils ne sont point remplis par un titulaire. Un bénéfice est réputé *vacant* en Cour de *Rome*, lorsque le titulaire meurt dans Rome, ou à vingt lieuës ou deux dietes de *Rome*. C'est le Pape qui nomme aux bénéfices *vacans* en Cour de Rome : mais si ce sont des Évêchés limitrophes, le Pape ne peut y nommer sans le consentement du Roi.

VACANT. *sub. masc.* Le *vacant*, dans l'ordre de Malthe, c'est le revenu entier de chaque Commenderie, après la mort du Commendeur. Le *vacant* appartient au trésor de l'ordre.

VACARME. *s. masc.* lat. *Tumultus*, *rixa*. anglois. *burly-burly*, *tumult*, *uproar*. Bruit, querelle, émotion entre gens du peuple ; rumeur, criaillerie.

VACATION. *s. f.* lat. *Ars*, *professio*. angl. *trade*, *profession*. Profession d'un certain métier, auquel on vaque, on s'exerce. Salaires qu'on donne aux gens de pratique pour leur travail. Suspension d'affaires au Palais. On le dit aussi de la Chambre établie pour juger les affaires criminelles & les Provisoires pendant que le Parlement vaque ; & des heures qu'on emploie à juger des procès par Commissaires, pour lesquels il faut consigner certaines sommes, qui s'appellent *vacations*. . . . En termes de charges & de bénéfices, *vacation* se prend quelquefois pour *vacance*.

VACERRES. *s. m. pl.* Sorte de Druides.

VACHE. *s. fem.* lat. *Vacca*. anglois. *a cow*. Bête a cornes, femelle du taureau, qui donne beaucoup de lait. Les *vaches* de Barbarie, ressemblent par les jambes & l'encolure plutôt à une vache qu'à un cerf. Leurs oreilles sont semblables à celles de la gazelle. Elles ont deux bosses, l'une au commencement du dos, l'autre au bas du sternon. Elles n'ont que deux mammelons. C'est probablement le *bubale* des Anciens. . . . Il y a aussi au Pérou des animaux qui ressemblent à de petites *vaches* sans cornes, dont la peau est si dure qu'elle sert d'une cuirasse à l'épreuve. . . . *Vache* : poisson qu'on voit à la Chine, qui vient souvent à terre & se bat contre les *vaches* domestiques, les heurtant de sa corne, qui s'amollit, lorsqu'il reste quelque tems hors de l'eau, ce qui l'oblige à y rentrer. . . . *Vache* se dit figurément & bassement d'une personne lâche, fainéante, poltrone. Poil de *vache* : qui est de couleur fort rousse. Bouze de *vache*, fiente de *vache*. (Danse) Rut de *vache*, pas où l'on jette le pied à côté. . . . Dans les marais salans, *vache* se dit du sel qu'on garde en meulon pendant plusieurs années. Les *Imprimeurs* appellent *vaches* les cordes qui tiennent au berceau de la presse & au train de derrière.

VACHER, Vachere. *s. m.* & *f.* lat. *Bubulcus*. ang. *a cow-herd*, *or cow-keeper*. Qui garde les vaches.

VACHERIE. *s. f.* lat. *Bubile*. ang. *a cow-house*. Étable à vaches,

VACIET. *s. masc.* Nom qui a été donné à

diverses plantes, à une espèce d'hyacinthe, au myrtille, à une espèce de cerisier autrement appellé *Mahaleb.*

VACILLANT, ante. *adject.* lat. *Vacillans, titubans.* angl. *reeling, tottering.* Qui vacille, qui chancelle. Qui est irrésolu, qui ne sçait à quoi se déterminer.

VACILLATION. *s. f.* lat. *Jactatio, concussio.* angl. *vacillation.* Branlement irrégulier; mouvement qui porte tantôt d'un côté, tantôt de l'autre. Variation de réponses; incertitude; irrésolution.

VACILLATOIRE. *adj.* Incertain, qui n'est pas ferme & assûré.

VACILLER. *v. n.* lat. *Vacillare, titubare.* anglois. *to waggle, joggle, totter.* N'être pas ferme, assûré, arrêté.

VACUE. *adj.* (Palais) Vuide, libre.

VACUISTE. *s. m.* Qui croit qu'il y a du vuide dans la nature.

VACUITÉ. *s. f.* lat. *Inanitas.* ang. *vacuity, emptiness.* État d'une chose vuide.

VACUNE. *s. f.* *Vacuna.* Déesse des anciens Romains, invoquée par les Laboureurs, comme la protectrice de ceux qui cherchoient du repos & du délassement. Ils célébroient sa fête en hyver pour pouvoir se reposer des fatigues de la moisson.

## V A D

VADE. *s. f.* anglois. *the go or stake.* Ce qu'on met au jeu. Il se dit de l'intérêt que chacun a dans une affaire à proportion de l'argent qu'il y a mis.

VADEMANQUE. Terme de *Banque.* Diminution des fonds d'une quaisse.

*VADE-MECUM. s. m.* (Terme latin francisé) Chose qu'on porte toujours avec soi. Il se dit surtout d'un livre qu'on aime.

VADROUILLE. *s. f.* (Marine) Balai pour nettoyer un vaisseau, fait de vieux cordages défilés, attachés au bout d'un bâton & trempés dans la mer.

## V A G

VAGABOND, onde. *adj.* & *subst.* lat. *Vagus, erro.* angl. *wandring, a vagabond.* Qui erre çà & là, qui n'a point de route, de demeure certaine.

VAGANT. *s. m.* (Marine) Mendiant qui au tems de l'orage court sur les côtes pour voir s'il n'y a rien à butiner.

VAGISSEMENT. *substant. mascul.* Cri des enfans. lat. *Vagitus.* anglois. *a weeping or crying of childs.*

VAGITAN. *subst. mascul.* Dieu qui présidoit aux cris des enfans. On le représentoit sous l'image d'un enfant qui pleure.

VAGUE. *s. f.* lat. *Fluctus, unda.* anglois. *wave, surge.* Flot, élevation de la surface de l'eau, qui se fait par l'agitation du vent.

VAGUE. *adj.* lat. *Incultus.* anglois. *waste.* Etenduë de terre qui n'est point cultivée, indéterminée; qui n'est point fixe.

VAGUE-MAISTRE. *s. m.* lat. *Militaribus sarcinis præpositus.* anglois. *the master of the waggons. Cartaker.* (Guerre) Officier qui a soin de faire charger, atteler & défiler le bagage d'une armée, afin qu'il marche en bon ordre. Il y a un *Vague-maistre* général, un pour chaque ligne d'Infanterie & un pour chaque aîle de Cavalerie. Il y en a même un pour chaque brigade, pour chaque régiment.

VAGUEMENT. *adv.* D'une manière vague & indéterminée.

VAGUER. *v. n.* lat. *Vagari.* anglois. *to wander.* Aller çà & là.

## V A H

VAHATS. *s. m.* Arbrisseau de l'isle de Madagascar, qui a une racine dont l'écorce est propre pour la teinture, & donne un beau rouge couleur de feu, bouillie dans une lessive faite avec les cendres de la même écorce; & un fort beau jaune, si on y ajoute un peu de jus de citron.

## V A I

VAIGRER. *v. act.* Lambrisser un vaisseau, y mettre en place les vaigres.

VAIGRES, *ou* Végres. *s. f. pl.* (Marine) Planches qui font le revêtement intérieur, ou les lambris du vaisseau par dedans. On les appelle aussi *serres, contrecarlingues* ou *parcloses.* Celles qui sont posées tout joignant l'escarlingue de part & d'autre se levent, quand on veut, pour voir s'il y a quelques ordures dans la lumière des varangues, qui empêchent l'eau de courir à la pompe.

VAILLAMMENT. *adv.* lat. *Strenuè, fortiter.* ang. *valiantly, stoutly.* D'une manière courageuse & hardie.

VAILLANCE. *s. fem.* lat. *Fortitudo, animi magnitudo.* anglois. *valour, stoutness.* Force, fermeté de courage, valeur, hardiesse.

VAILLANT, ante. *adj.* & *subst.* lat. *Fortis, strenuus.* anglois. *valiant, stout.* Courageux, brave, hardi. Il se dit quelquefois du bien d'une personne, de tout ce qu'elle posséde ou même de l'argent comptant qu'on a devant soi.

VAILLANTISE. *s. fem.* lat. *Facinus audax.* anglois. *valiantness.* Action de bravoure. On ne le dit plus que par raillerie, en parlant des fanfarons & des faux braves.

VAIN, Vaine. *adject.* lat. *Vanus, dubius, futilis.* anglois. *vain, fruitless.* Qui n'a point de solidité, de principes certains & assurés. Qui n'a que de l'apparence, qui trompe les yeux; qui est chimérique. inutile & frivole; mondain, fastueux. Glorieux, superbe, qui a bonne opinion de lui-même.... *Vaine* pâture, *vain* pâturage. Terres *vaines* & vagues: terres incultes, en friche, ou dépouillées.... Tems *vain*, c'est-à-dire couvert & échauffé, où l'on a de la peine à respirer. Cheval *vain*: qui est foible, qui ne peut guères travailler.

VAIN. (En) *adv.* lat. *Frustra, in vanum.* anglois. *in vain.* Inutilement.

VAINCRE. *v. act.* lat. *Vincere*, *superare.* angl. *to vanquish.* Surmonter, abattre, défaire son ennemi, le soumettre à son pouvoir. Applanir les difficultés; détruire tous les obstacles qu'on trouve dans l'exécution d'un dessein.

VAINEMENT. *adverb.* lat. *Frustrà*, *nequicquam.* anglois. *vainly*, *in vain.* Inutilement. Envain.

VAINES. *s. f. pl.* ( Chasse ) Fumées légères & mal pressées des bêtes fauves.

VAINQUEUR. *s. m.* lat. *Victor*, *expugnator.* angl. *a conqueror or vanquisher.* Victorieux; qui surmonte, qui défait son ennemi; qui le met sous son pouvoir.

VAIR. *s. m.* lat. *Vellus varium.* angl. *vaire.* ( Blason ) Fourrure faite de plusieurs piéces d'argent & d'azur en forme de cloche de melon. *Beffroi de vair* se dit quand il n'y en a que deux ou trois piéces.

VAIRÉ, ée. *adj.* lat. *Vario vellere impressus.* anglois. *vairy.* ( Blason ) Se dit de l'écu ou des piéces chargées de vairs.

VAIRÉ. *s. m.* Herbe déliée, longue & assés large, qui vient autour des rochers de la mer, où sont attachées les huitres à l'écaille.

VAIRON. *adj.* & *s. masc.* ( Manége ) Se dit de l'œil du cheval dont la prunelle est entourée d'un cercle blanchâtre, ou qui a un œil d'une façon, un œil d'un autre.... Il se dit aussi de ce qui est de plusieurs couleurs, & des poils qui sont tellement mêlés qu'on ne peut guères leur assigner une couleur fixe.... *Vairon :* petit poisson ainsi appellé à cause de la variété des couleurs dont il est bigarré.

VAISSEAU. *s. m.* lat. *Vas.* anglois. *a vessel.* Ce qui peut contenir quelque chose, & particuliérement la liqueur. Il se dit aussi d'un grand bâtiment, comme une Eglise, un salon, & des bâtimens de mer. lat. *Navis*, *navigium.* anglois. *a ship.* *Vaisseau de conserve :* est un *vaisseau* de guerre qui accompagne les vaisseaux marchands pour les défendre. *Vaisseau matelot*, ou *second :* est celui qui suit un grand Officier pour le secourir. *Vaisseau garde côte :* est un *vaisseau* armé pour défendre les côtes d'un païs, & donner la chasse aux Corsaires.... ( Anatomie ) Veines & artères, conduits des humeurs.... Vases qui servent aux opérations de Chymie.

VAISSELLE. *s. f.* lat. *Vasa*, *supellex.* angl. *dishes and plates.* Vaisseaux destinés aux services de la table, pôts, plats, assietes, salières, *&c.*... On appelle *vaisselle montée* celle qui est composée de plusieurs piéces jointes ensemble avec de la soudure, & *vaisselle plate*, celle où il n'y a point de soudure.

VAISSELLÉE. *s. f.* voy. *Pilée.*

VAIVODE. *voy.* Vayvode.

## V A K

VAKIÉ. *s. m.* Poids de Perse qui revient à une once poids de marc.

## V A L

VAL. *s. m. ou* Vallée. *s. f.* lat. *Vallis.* angl. *valley.* Espace creux enfermé entre des montagnes. Pente, descente de la montagne.

VALABLE. *adject.* lat. *Justus*, *legitimus.* anglois. *good*, *lawful*, *allowable.* Qui est bon & recevable, tant en justice que dehors.

VALABLEMENT. *adv.* lat. *Justè*, *legitimè*, *reilè.* anglois. *legally*, *validly.* Sûrement, d'une manière valable.

VALANCINES. *voy.* Balancines.

VALANEDE. *voy.* Avelanéde.

VALÉE. *voy.* Val.

VALENTIA. *s. f.* Déesse de la santé.

VALENTINIENS. *s. masc. pl.* lat. *Valentiniani.* angl. *valentinians.* Secte d'Enthousiastes qui suivoient les erreurs d'un Prêtre nommé *Valentin*, lequel indigné de ce qu'un autre lui avoit été préferé pour l'Episcopat, abandonna la foi chrétienne & enseigna qu'il y avoit 30. Dieux ou Déesses, 15. de chaque sexe, qu'il appelloit *Œons*, c'est-à-dire, siécles. Il disoit que notre Sauveur, comme une autre *Pandore*, étoit venu de leur mélange; qu'il avoit passé par la Vierge *Marie* avec un corps apporté du Ciel, comme par un canal, & que tous les hommes ne devoient pas ressusciter. Il publia aussi un Evangile & des Pseaumes; ses Disciples ajouterent à tout cela d'autres erreurs; ils prétendirent qu'on n'étoit pas obligé de souffrir le martyre; quelques-uns se déclarerent contre le Baptême; d'autres en changerent la forme & tous se livrerent à toutes sortes d'ordures.

VALÉRIANE. *s. f.* lat. *Valeriana.* angl. *valerian.* Plante dont il y a plusieurs espèces. La racine de la grande *valériane* est cardiaque, diurétique, propre pour l'épilesie & pour l'asthme.

VALESIEN. *s. masc.* Qui est de la race des Valois.

VALESIENS. *s. m. pl.* Hérétiques ainsi appellés d'un certain *Valens* de la vie duquel on ne sait aucune particularité. Ils ne recevoient que des Eunuques dans leur société, ou s'il se présentoit quelqu'un qui ne le fût pas, ils l'obligeoient à s'abstenir de manger de la viande, jusqu'à ce qu'il le fût.

VALET. *s. m.* lat. *Famulus*, *minister.* ang. *man*, *servant.* Serviteur domestique qui sert dans les bas emplois. Il y a plusieurs sortes de *valets.* Les *valets de chambre* servent à habiller leurs Maîtres. Ils n'ont point de couleurs. Chés le Roi il y a deux classes de *valets de chambre.* Les premiers au nombre de quatre, servans par quartier, couchent aux pieds de son lit, sont toujours dans sa chambre & gardent sa cassette. Les autres au nombre de trente deux servans huit par quartier aident à habiller le Roi & servent aux offices de sa chambre. *Valets de garderobe :* sont des Officiers qui ont soin des habits & du linge de la personne du Roi & des Princes. Il y a quatre premiers *valets de garderobe*, & seize autres, outre le *valet de garderobe ordinaire*, charge créée en 1667. *Valets de pied :* servent à pied & portent les livrées. Il y en a chés le Roi quarante-deux grands & quinze petits. *Valet de chiens :* sert à mener les chiens & a soin de leur nourriture.

*Valet de cour* : a soin de tout le ménage rustique d'une ferme. *Valet d'écurie* : a soin de panser, nourrir & accommoder les chevaux, sur tout dans les hôtelleries. On appelle *maître valet* un ancien domestique qui commande aux autres & sur qui l'on se décharge du soin de les faire travailler.... En termes de *Manège*, c'est une espece de poinçon ou aiguillon, ou petit fer émoussé qui est au bout d'un bâton, & qui sert à pincer & aider un cheval à sauter. C'est aussi une petite machine qui fait qu'une porte se ferme toute seule. *Valet à débotter*, planche de bois avec une taille, dans laquelle on met le talon, & par le moyen de laquelle on se débotte tout seul.... *Valet* ou *varlet* : crochet de fer qui sert à tenir le bois sur l'établi d'un Menuisier.... *Valet* de miroir, petit ais mobile placé par derrière, qui lui sert d'appui quand on le dresse sur une toilette. *Valet* est aussi un morceau de fer qu'on met dans les bras d'une chaise & qu'on peut tirer pour y mettre une table dessus; un morceau de fer qui se baisse au bout du verrouil, quand il est poussé; une barre de fer qui sert à appuyer fortement le batant d'une porte; & en termes de *Marine*, un peloton fait de fil de carret sur le calibre des canons, pour bourrer la poudre quand on les charge.... *Valet à patin* (Chirurgie) Espèce de pincettes composée de deux branches unies par une charnière dans le milieu. Il sert à pincer les vaisseaux ouverts dont on veut faire la ligature, pour arrêter l'hémorragie.

VALETAGE. *s. m.* lat. *Famulatus.* anglois. *waiting.* Service de valet.

VALETAILLE. *s. f.* lat. *Grex famulorum.* anglois. *footmen.* Troupe de valets.

VALETER. *v. n.* lat. *Famulatum exercere.* anglois. *to wait.* Faire le valet, faire servilement la cour à quelqu'un, croyant en tirer quelque avantage.

VALÉTUDINAIRE. *adj.* lat. *Valetudinarius*, *infirmus.* anglois. *valetudinary.* Infirme, sujet à de grandes ou fréquentes maladies.

VALEUR. *s. f.* lat. *Valor*, *pretium.* anglois. *value*, *price.* Prix, estimation d'une chose. Hardiesse, bravoure, courage, ardeur belliqueuse; qualité guerrière.

VALEUREUSEMENT. *adv.* lat. *Strenuè*, *fortiter.* ang. *valiantly*, *stoutly.* D'une manière courageuse.

VALEUREUX, euse. *adject.* lat. *Strenuus*, *fortis.* angl. *valiant*, *stout.* Qui a du courage, de la valeur. Il se dit non seulement des personnes, mais encore des actions.

VALIDATION. *substant. fem.* (Terme de la Chambre des Comptes.) Il se dit des lettres de Chancellerie qu'on obtient pour faire valoir un compte.

VALIDE. *adj.* lat. *Validus*, *vegetus.* ang. *healthy*, *healthful.* Vigoureux, qui est en santé, qui peut travailler. Dans le *Palais*, il se dit des actes qui sont revêtus des formalités requises pour être mis à exécution. lat. *Validus.* ang. *valid.*

VALIDE, *ou* Patelet. *s. masc.* Moruë verte qui tient le cinquième rang dans le tirage que l'on fait en Normandie des différentes espèces de morues.

VALIDEMENT. *adv.* lat. *Validè*, *legitimè*, ang. *validly.* D'une manière valide.

VALIDER. *v. act.* lat. *Ratum facere.* ang. *to validate*, *ratify.* Rendre valable.

VALIDITÉ. *s. f.* lat. *Rata authoritas.* ang. *validity.* Perfection & valeur d'un acte revêtu de toutes ses formes.

VALISE. *s. f.* lat. *Hippopera*, *vidulus.* ang. *cloag-bag*, *port-mantle.* Vaisseau de cuir de figure ronde & oblongue, qui se ferme avec une chaîne & un cadenas, & qui sert à transporter les habits & hardes d'un Cavalier, sur la crouppe d'un cheval. Il y a aussi des valises qui ne peuvent guères être chargées que sur un chariot ou une charrette, comme une *valise* propre à y mettre des matelas.

VALLAIRE. *adject.* Se dit de la couronne qu'on donnoit à celui, qui dans l'attaque d'un camp ennemi pénétroit le premier dans les lignes.

VALLÉE. voy *Val*.... Petite poire qui s'appelle autrement *liquet*.

VALLI. *s. m.* Arbrisseau des Indes qui s'attache aux arbres du voisinage. Ses feuilles ressemblent à celles du frêne; & étant emploiées en forme de cataplasme guérissant l'érésipèle. On fait des cordes avec son écorce.

VALLON. *voy.* Valon.

VALLONIA. *s. f.* Déesse des vallées chés les Romains.

VALOBRE. *s. m.* (Fortifications) Espèce de chandeliers à l'épreuve ainsi nommés du nom de leur inventeur.

VALOIR. *v. n.* lat. *Valere.* ang. *to be worth.* Être d'une certaine estimation, d'un certain prix. Garentir, répondre qu'une chose est bonne. Priser, mettre en estime. Mettre à intérêt, à profit.

VALOISE. *s. fem.* Étoffe de soie qui est de pure & fine soie cuite, sans mélange de soie teinte sur le crû.

VALON. *s. masc.* lat. *Vallis.* ang. *a valley.* Lieu bas enfermé entre des montagnes.

VALUABLE. *adj.* Qui est de quelque prix, de quelque valeur.

VALUË. *s. f.* Dans le *Palais*, la plus *valuë*, c'est la somme que quelque chose vaut au-delà de ce qu'elle a été prisée ou achetée.

VALVE. *s. f.* (Conchyliologie) Une écaille ou une des pièces d'un coquillage.

VALVULE. *s. f.* lat. *Valvula.* ang. *a valve.* Espèce de petite porte, ou membrane qui se trouve dans plusieurs cavités du corps, qui donne passage à une humeur, & qui empêche qu'elle ne retourne d'où elle est venuë. On leur donne differens noms selon leurs configurations, les unes s'appellent sigmoïdes, les autres, semi-lunaires, &c. à cause de leur ressemblance avec la lettre *Sigma*, avec une demi-lune, &c. On en trouve dans les veines, dans les artères, dans les vaisseaux lymphatiques & lactées, & dans les fibres musculeuses; leur usage est d'empêcher le sang & les autres liqueurs

liqueurs de revenir d'où elles sont parties. On en trouve aussi dans les intestins.

V A M

VAMPIRES. *voy.* Stryges.

V A N

VAN. *s. m.* lat. *Ventilabrum.* ang. *fan.* Ce qui sert à nettoyer le grain battu, en le remuant & en le jettant en l'air. C'est un instrument d'osier à deux anses, courbé en rond par derrière & dont le creux diminuë insensiblement jusques sur le devant, ayant à peu près la forme d'une coquille. On s'en sert aussi à vuider les eaux d'un vivier, d'un bâtardeau.

VANANT, ante. *adj.* Papier qui n'est pas si blanc, ni si fin que le beau papier.

VANCOHO. *s. m.* Scorpion de Madagascar, qui a un gros ventre rond & noir. Quand on en est piqué, on tombe dans l'instant en défaillance.

VANDAISE, *ou plutôt* Vandoise. *s. femin.* Poisson d'eau douce autrement appellé *Dard.* Il est de la grosseur d'un hareng, blanc comme un gardon, mais plus menu, & a la chair molle, & d'assés bon goût. Son museau est pointu & sa couleur tire sur le brun verd & jaune.

VANDALES. *s. masc. pl.* lat. *Vandali.* ang. *vandals.* Anciens peuples cruels, féroces & barbares, qui habitoient le Nord de la *Suede* & qui sortirent de leur païs, pour faire des irruptions dans une grande partie de l'*Europe*, ravageant tous les païs par où ils passoient.

VANDANGER. *voy.* Vendanger.

VANDOISE. *voy.* Vandaise.

VANEAU. *s. m.* lat. *Vanellus.* ang. *a lapwing.* Oiseau qui est de la grosseur d'un pluvier, qui a les plumes vertes, noires, blanches, rouges & bleuës, le ventre blanc, une houpe ou crête noire sur la tête, recourbée en arrière en corne de chevre. Il est fort bon à manger. En quelques endroits on l'appelle le *dix & huit*, parce qu'il exprime ce mot en chantant. On le met dans les jardins, pour se repaitre de vers.... *Vaneaux*, en *Fauconnerie*, sont les plus grandes plumes des aîles des oiseaux de proie.

VANER & *ses composés.* voy. *Vanner.*

VANILLE. *s. f.* Espèce de gousse qui entre dans la composition du chocolat, & lui donne une odeur balsamique & agréable.

VANITÉ. *s. f.* lat. *Vanitas, futilitas.* ang. *vanity, emptiness.* Qualité de ce qui est vain, peu solide, peu certain. Sentiment d'orgueil, amour excessif de louanges, trop bonne opinion de soi-même.

VANNE. *s. f.* lat. *Aquarii canalis valvula.* ang. *a floud-gate.* Palle, ventail, ou fermeture de bois qui sert à arrêter & à conserver l'eau aux écluses, aux pertuis, & aux biés des moulins.

VANNER. *verb. act.* lat. *Ventilare.* ang. *to van or winnow.* Secouer, remuer le grain, le jetter en l'air avec un van pour le nettoyer. *Figurément*, examiner un homme, lui reprocher les défauts, le reprimander.

VANNERIE. *s. f.* lat. *Ars viminearia.* ang. *the basket-trade.* Métier de celui qui fait divers vaisseaux d'osier.

VANNETS. (Blason) Coquilles dont on voit le creux. ang. *escolop-shells.*

VANNETTE. *s. f.* Panier rond dans lequel on vanne l'avoine, avant que de la donner aux chevaux.

VANNEUR. *s. masc.* lat. *Ventilator.* ang. *a wanner or winnower.* Païsan loué pour vanner ou nettoyer les grains.

VANNIER. *s. m.* lat. *Vasorum vimineorum artifex.* ang. *a basket-maker.* Artisan qui fait des vans & tous autres ouvrages d'osier, comme paniers, hottes, clayes, &c. Il vend aussi des pelles, boisseaux, soufflets, &c.

VANPIRE. *voy.* Stryges.

VANTAIL. *s. masc.* lat. *Valva, valvula.* ang. *a leaf of a folding door.* Manteau ou battant d'une porte, qui s'ouvre des deux côtés.... *Vantail* se disoit aussi autrefois d'une partie de l'habillement de tête par où le Cavalier respiroit.

VANTER. *v. act.* lat. *Laudibus efferre.* ang. *to commend, praise, extol.* Louer quelqu'un, le prôner. Assurer qu'on fera une chose, se promettre, espérer de réussir en quelque entreprise.

VANTERIE. *s. fem.* lat. *Superbiloquentia, jactantia.* ang. *a boasting, vapouring.* Discours trop avantageux de soi-même.

VANTEUR. *s. m.* lat. *Jactator, ventosus.* ang. *a boaster.* Celui qui se vante.

VANTILLER. *v. n.* (Charpentier) Mettre des dosses ou de bonnes planches de deux pouces d'épais pour retenir l'eau.

V A P

VAPEUR. *s. f.* lat. *Vapor, exhalatio.* ang. *vapour, steam.* Parties subtiles d'un corps humide, qui forment une espèce de fumée, qu'une chaleur médiocre éleve, & ne peut dissiper. Humeur subtile qui s'éleve des parties basses des animaux, & qui occupe & blesse leur cerveau. Fumée épaisse qui sort des corps gras & résineux, quand on les brûle.

VAPORATION. *s. f.* lat. *Vaporatio, exhalatio.* ang. *vaporation.* Action de la vapeur.

VAPOREUX, euse. *adject.* lat. *Vaporosus.* ang. *vaporous.* Ce qui est plein de vapeurs. On appelle *bain vaporeux*, lorsqu'on fait recevoir à un malade les vapeurs qui s'élevent d'une matière liquide qui a été mise sur le feu. On le dit aussi de deux vaisseaux disposés de telle sorte que la vapeur qui s'éleve de l'eau contenuë dans celui de dessous échauffe la matière renfermée dans celui qui est placé au dessus.

V A Q

VAQUANCE, Vaquant. *voyez* Vacance, Vacant.

VAQUER. *v. n.* lat. *Vacare*, *cessare*, *otiari.* angl. *to be vacant*, *void*, *empty.* Être vuide, n'être point rempli & occupé. S'appliquer à des exercices paisibles, de piété, d'étude, d'affaires. S'abstenir de travailler aux affaires.

VAQUETTES. *s. f. pl.* Peaux de petites vaches dont il se fait un assés grand commerce à Smyrne.

V A R

VARAIGNE. *s. fem.* Dans les marais salans, c'est l'ouverture par où l'on introduit l'eau de la mer dans le premier réservoir de ces marais, qui s'appelle le *Jas.*

VARANDER. *v. act.* (Marine) Égouter & sécher le hareng : le mettre en état d'être mis en caque.

VARANGUAIS. *s. mascul.* (Marine) Nom donné aux marticles par les Levantins. Ce sont de petites cordes disposées en fourche qui viennent aboutir aux poulies que l'on nomme *araignées.*

VARANGUE. *substant. feminin.* lat. *Navales costæ.* angl. *the ribs or floor-timbers of a ship.* C'est la première des trois piéces qui font la côte d'un navire, & qui est entée dans la quille pour former le fond, ou le plat du vaisseau.

VARASSE. *s. femin.* Bête devorante qui se trouve dans l'isle de Madagascar. Elle a une grosse & longue queuë & le poil pareil à celui d'un loup. Elle est à peu près de la grosseur d'un renard.

VARAUCOCO. *substant. mascul.* Plante de l'isle de Madagascar qui s'entortille autour des grands arbres. Son fruit est gros comme une pêche, de couleur violette, doux, bon à manger. Il sort de son écorce une gomme rouge comme du sang, qui est un peu résineuse. Son écorce du milieu se fond à la chandelle comme la gomme laque & rend une odeur semblable.

VARE. *subst. femin.* Aune d'Espagne, qui contient une aune & demie de Paris.

VARECH. *sub. mascul.* lat. *Fucus ex aquâ ejectitius.* ang. *sea-wrack*, *sea-weed.* (Marine) Herbe qui croît sur les rochers de la mer & que la mer arrache en montant & jette sur ses bords. En termes de *Coûtumes*, débris, reste de naufrage qui va à terre.

VARENNE. *subst. femin.* lat. *Planities.* ang. *a warren.* Plaine, étenduë de païs uni qui ne se fauche, ni ne se laboure.

VARET. *subst. mascul.* (Marine) Vaisseau coulé à fond.

VARI. *substant. masculin.* Petit poids en usage parmi les Anciens habitans de Madagascar. Il pese environ un demi-gros poids de marc.

VARIABLE. *adj.* lat. *Instabilis*, *mutabilis.* anglois. *variable.* Inconstant, sujet au changement, à l'instabilité.

VARIANT, ante. *adj.* lat. *Varians.* angl. *variable.* Qui n'est point assûré, ni de durée, qui change à tout moment.

VARIANTES. *subst. fem. pl.* Diverses leçons d'un même texte.

VARIATION. *s. f.* lat. *Mutatio*, *variatio.* anglois. *variation.* Inconstance, changement; diversité d'état, de sentiment, de paroles. La *variation* de la boussole est l'arc de l'horizon entre le Nord de l'aiman & le Nord du monde. On appelle *variations*, en *Musique*, les différentes manières dont on peut jouer un air ou le chanter en y ajoutant des passages & autres traits d'agrément, de manière que le fond de l'air se fasse toujours sentir.

VARICE. *s. f.* lat. *Varia*, *venæ dilatatio.* angl. *a swoln vein.* Dilatation des veines. Maladie du cheval, au dedans du jarrêt.

VARICOCÉLE. *s. masc.* ou *f.* Tumeur du scrotum causée par des varices qui s'y forment: On l'appelle aussi quelquefois *hernie variqueuse*, mais c'est une fausse hernie.

VARIÉ, ée. *adj.* Colomne *variée*: celle qui est faite de diverses matières disposées par tambours de différentes hauteurs & couleurs. On le dit aussi d'une colomne qui a des ornemens postiches de bronze doré.

VARIER. *v. n.* & *act.* lat. *Variare.* anglois. *to vary.* Changer de discours, de sentimens, dire tantôt une chose, & tantôt l'autre. Diversifier, faire voir des choses nouvelles & différentes. On le dit aussi des fleurs qui prennent diverses couleurs; & de l'aiguille aimantée, lorsqu'elle s'écarte du Nord, soit du côté de l'Orient, ou de l'Occident.

VARIETÉ. *subst. fem.* lat. *Varietas*, *diversitas.* ang. *variety*, *diversity.* Incertitude, inconstance. Diversité.

VARILLES. *voy.* Vrilles.

VARIQUEUX, euse. *adject.* lat. *Varicosus.* anglois. *varicous.* Se dit des tumeurs causées par des varices, & des vaisseaux veneux trop dilatés.

VARLET. *voy.* Valet.

VARLOPE. *substant. femin.* lat. *Rucina.* ang. *a great joyner's plane.* Grand rabot qui sert à rendre le bois fort uni.

VARRE. *s. f.* Espèce d'aune..... Bâton qui fait partie d'un instrument dont on se sert en Amérique, pour prendre ou pêcher les tortuës.

VARRER. *v. n.* (Marine) Mettre en mer, faire voile.

VARREUR. *subst. mascul.* Pêcheur de tortues à la varre.

V A S

VASART. *adj.* (Marine) Se dit d'un fond qui est tout de vase dans quelque endroit de la mer.

VASCULAIRE. *adject.* (Anatomie) Qui a plusieurs vaisseaux.... *substant. mascul.* Orfèvre, chés les Romains, ouvrier qui faisoit de la vaisselle.

VASCULEUX, euse. *adj.* (Médecine) Qui est rempli de petits vaisseaux.

VASE. *substant. mascul.* lat. *Vas.* anglois. *a vessel.* Vaisseau précieux pour contenir des liqueurs, & qui est plus de parade que d'usage. En *Architecture*, ce sont des urnes & autres ornemens au dessus des corniches.... (Astronomie) Le *vase* ou la *coupe* est une constellation méridionale composée de sept étoiles, toutes de la quatrième grandeur.

VASE. *s. femin.* lat. *Limus.* anglois. *mud, slime.* La *vase* ou *vaze* est la bourbe ou sable mouvant où les hommes & les vaisseaux en foncent dans la mer, dans les rivières ou dans les marais.

VASIÈRE. *s. fem.* Grand bassin dans les salines où on fait venir & où on laisse chauffer l'eau pour la faire couler dans les villers par l'arene & les canaux.

VASSAL, ale. *subst. masc.* & *f.* lat. *Cliens beneficiarius astrictior.* ang. *a vassal.* Celui qui doit prêter la foi & hommage à un Seigneur pour raison d'un fief mouvant, & dépendant de lui.

VASSELAGE. *substant. masculin.* lat. *Clientela, jus clientelare.* ang. *vassalage.* Servitude ou dépendance d'un Seigneur supérieur. Foi que le vassal rend à son Seigneur. Ce que le Seigneur a droit d'exiger du vassal. Reprimande, correction.

VASSOLES. *subst. fem. plur.* Pièces de bois qui sont mises entre chaque panneau de caillebotis.

VASTE. *adj.* lat. *Vastus, spatiosus, amplus.* ang. *vast, spacious.* Qui a beaucoup d'étenduë, qui occupe bien du païs.... (Anatomie) Il se dit de deux muscles qui servent à étendre la jambe, appellés *vastes* à cause de leur grandeur.

## V A T

VATÉ. *s. masc.* Riz qui n'a pas été battu & qui est encore dans sa cosse. Liqueur extrêmement chaude.

VATES. *voy.* Bardes.

VATICAN. *substant. mascul.* Palais où demeure le souverain Pontife, bâti sur une colline du même nom où est située aussi l'Eglise de S. Pierre.

VATICINATEUR, Vaticination, Vaticiner. *voy.* Devin, Prédiction, Prédire.

VATOUT. *subst. mascul.* Faire *vatout*, en termes de jeux, c'est faire la vade ou le renvoi de tout ce qu'on a devant soi.

## V A V

VAVAIN. *substant. mascul.* Gros cable de marine & de rivière.

VAVASSEUR. *s. mascul.* (Coutumes) Arrière-vassal; vassal du vassal d'un Seigneur. En Angleterre *vavassor* étoit anciennement un nom de dignité, qui suivoit immédiatement celle de Baron.

VAVASSORIE, *ou* Vavossererie. *sub. fem.* Petit fief qui releve d'un autre & qui n'a que basse justice. Ferme *ou* tenement.

VAUCOUR. *sub. masc.* Terme de *Potier de terre.* Table ou planche sur laquelle on prépare & on arrange les morceaux de terre glaise.

VAUDEROUTE. *s. fem.* lat. *Strages.* angl. *defeat, overthrow.* Défaite d'une armée.... *A vauderoute* : précipitamment & en confusion.

VAUDEVILLE. *substant. masc.* lat. *Cantilena de trivio.* anglois. *a ballad.* Chanson que le peuple chante, & qui court dans les ruës.

VAUDOIS, *ou* Pauvres gens. *subst. mascul. pl.* lat. *Valdenses.* angl. *vaudois.* C'est le nom qui fut donné aux sectateurs de *Pierre Valdo* ou de *Vaud*, riche marchand de *Lyon* en *France*, vers l'an 1160, qui frappé de la mort subite d'un de ses amis, embrassa un nouveau genre de vie, qui lui fit des admirateurs. En faisant des aumônes, il voulut faire des Sermons, & comme il étoit fort ignorant, sa doctrine ne fut approuvée que de ceux qui le suivoient par intérêt. Il fut chassé de *Lyon* & se retira dans les montagnes de *Dauphiné* & de *Savoye.*

VAU L'EAU. (à) *adv.* Selon le courant de l'eau. *Figurément* on dit qu'une affaire, qu'une entreprise s'en est allée *à vau l'eau*, pour dire qu'elle n'a pas réussi, qu'elle est devenuë à rien.

VAURIEN. *substant. mascul.* lat. *Nebulo, furcifer.* anglois. *an idle rascal or rogue.* Qui est frippon, dangereux, fainéant, vicieux, libertin.

VAUTOUR. *s. masc.* lat. *Vultur, vulturius.* anglois. *a vultur.* Gros oiseau de proie qui se repait de charogne. Il est regardé comme impur dans la loi de *Moïse.* Les Anciens le prenoient pour un oiseau de mauvais augure, excepté les *Romains* qui en pensoient tout autrement. Ce qu'on appelle *peau de vautour* c'est une peau extrêmement chaude, qui couvre le ventre de ces oiseaux.... *Vautour volant*, ou *Aigle* : constellation septentrionale composée de neuf étoiles, une de la deuxième grandeur, quatre de la troisième, une de la quatrième & trois de la cinquième.

VAUTRAIT. *sub. masc.* (Chasse) Grand équipage entretenu pour courre les sangliers ou les bêtes noires. Il est composé de levriers d'attache & de meutes de chiens courans & il y a une charge particulière pour les commander.

VAUTRER. *verb. neut.* (Chasse) Chasser avec vautraits & mâtins, comme on fait après le sanglier.

VAUX. *voy.* Val.

## V A X

VAXEL. *substant. mascul.* Espèce de boisseau qui pese trente-quatre à trente-cinq livres de sel.

## V A Y

VAYLA. Terme de *Chasse*, dont un valet de limier doit user quand il arrête son limier, qui est sur les voies d'une bête, pour connoître s'il est dans la voye.

VAYVODE. *subst. mascul.* lat. *Vayvodus:* anglois. *a vayvod.* Prince tributaire du grand Seigneur. Gouverneur d'une ville principale en Moscovie. Magistrat Turc à Constantinople, qui veille à la sureté & à la tranquilité de la ville.

U B I

UBIQUISTE. *sub. masculin.* lat. *Ubiquista.* anglois. *ubiquist.* C'est dans l'Université de *Paris*, un Docteur de Théologie qui n'est attaché à aucune maison particulière, qui n'est ni de Sorbonne, ni de Navarre. On appelle *Ubiquistes* ou *Ubiquitaires* ceux qui croyent que le Corps de Jesus-Christ est en tout lieu. lat. *Ubiquitarii*, *ubiquista.* angl. *ubiquitarians.*

UBIQUITAIRES. *voy.* Ubiquiste, *à la fin.*

U C A

UCAUNA, *ou* Uckunk. *substant. feminin.* Espèce d'écrevisse, grosse environ comme un œuf, de couleur d'olive & jaunâtre, qu'on dit être pectorale & apéritive.

V E A

VEAU. *substant. mascul.* lat. *Vitulus.* angl. *a calf.* Animal à quatre pieds, le petit de la vache. *Ris de veau :* glandes qui soutiennent l'œsophage. *Fraise de veau :* le mésentere, ou membrane grasse qui soutient les boyaux & autour de laquelle ils sont entortillés. *Veau marin :* est un poisson de mer qui a le cuir velu, cendré & tacheté, qui a des espèces de mains & d'ongles. *Veau marin d'Amérique.* voyez *Lamentin*.... ( Charpenterie ) *Veau* : morceau de bois qu'on ôte avec la scie du dedans d'une courbe droite ou rampante.

VEAUTRER. ( Se ) *v. rec.* lat. *Volutare se.* ang. *to tumble.* S'étendre de son long, se rouler sur la terre, sur le plancher. Se livrer à l'impureté.

V E C

VECTEUR. *s. masc.* ( Physique ) Qui porte, qui entraine.

V E D

VEDASSE. *subst. feminin.* Espèce de cendre gravelée propre pour la teinture, autrement appellée *potasse.* Elle nous vient de Pologne & de Moscovie.

VEDETTE. *sub. femin.* lat. *Eques excubitor.* ang. *a centry on horseback.* Sentinelle à cheval, destinée pour découvrir les ennemis, garder un passage, &c. On donne aussi ce nom à de petits cabinets que l'on met sur les angles des Châteaux pour voir de loin.

V E E

VEELER. *voy.* Vêler.

V E G

VÉGÉTABLE. *adj.* lat. *Vivens.* ang. *vegetable.* Qui peut croître, qui peut végéter.

VÉGÉTAL, ale. *adj.* lat. *Vegetabilis.* ang. *vegetable.* Qui végéte, qui croît, qui produit. On appelle *végétaux* tous les arbres, plantes, fruits, &c. qui n'ont point de vie & de sentiment comme les animaux.

VÉGÉTANT, ante. *adj.* lat. *Vegetans.* ang. *vegetating.* Qui prend nourriture ou accroissement du suc de la terre.

VÉGÉTATIF, ive. *adject.* lat. *Vegetativus*, *vegetabilis.* angl. *vegetative.* Qui reçoit nourriture ou accroissement.

VÉGÉTATION. *subst. feminin.* lat. *Vegetatio.* angl. *vegetation.* Action par laquelle les arbres & les plantes se nourrissent ou croissent. Il se dit aussi de certaines productions que la Chymie tire des minéraux, & qui ont de la ressemblance avec les productions des plantes, s'élvent à peu près de même & forment des branches & même des espèces de feuilles & de fleurs.

VÉGÉTAUX. *s. mascul. pl.* lat. *Vegetativa.* angl. *the vegetables.* Nom collectif sous lequel sont compris les arbres & les plantes.

VÉGÉTER. *v. n.* lat. *Vegetare.* angl. *to vegetate.* Prendre nourriture, & accroissement par la racine. Il se dit *figurément* d'un homme qui n'a presque plus ni raisonnement, ni sentiment.

VÉGRES. *voy.* Vaigres.

V E H

VEHÉMENCE. *subst. fem.* lat. *Vehementia.* anglois. *vehemence.* Violence, impétuosité.

VÉHÉMENT, ente. *adject.* lat. *Vehemens:* angl. *vehement.* Violent, impétueux.

VÉHÉMENTEMENT. *adv.* ( Palais ) Fortement, grandement, très-fort.

VÉHICULE. *s. masc.* lat. *Vehiculum.* angl. *vehicle.* Ce qui sert à conduire, à pousser, à chasser, à faire passer plus facilement.

V E I

VEILLANT, ante. *adj.* lat. *Vigil*, *pervigil.* ang. *watching.* Qui est éveillé, qui ne dort point.

VEILLAQUE. *substant. mascul.* Homme de mauvaise foi, sans probité, sans honneur.

VEILLE. *s. femin.* lat. *Vigilia.* angl. *watching.* Privation du sommeil dans le tems qui est destiné à dormir. C'est aussi le jour qui précéde celui dont on parle. Suivant les Anciens c'étoit une partie de la nuit ou l'espace de trois heures. La nuit étoit divisée en quatre veilles. Chandelle de *veille*, longue chandelle qui peut durer toute la nuit. Mortier de *veille* : vase plein d'eau, dans lequel on met un gros morceau de cire avec une mèche allumée au milieu, pour éclairer dans une chambre pendant toute la nuit.

VEILLÉE. *s. f.* lat. *Vigilia nocturna.* ang. *a watch.* Tems de la nuit qu'on passe à veiller. Assemblées qu'on fait pour se divertir, ou pour travailler la nuit.

VEILLER. *v. n.* & *act.* lat. *Vigilare.* angl. *to watch.* S'abstenir, s'empêcher de dormir. Ne pouvoir dormir. Passer la soirée & bien avant dans la nuit, pour se réjouir ou pour travailler. Être attentif, prendre soin, prendre garde, s'appliquer, observer soigneusement, avoir l'œil sur quelque chose. Faire la garde. Avoir soin de la conduite d'autrui.

VEILLEUR. *substant. mascul.* Ecclésiastique qui veille auprès d'un corps mort.

VEILLOIR. *s. masc.* Petite table où les Bourreliers & Cordonniers mettent la chandelle & les outils dont ils ont besoin quand ils veillent.

VEILLOTE. *s. f.* lat. *Parvus fœni cumulus.* anglois *a little heap of hay.* (Agriculture) Petit tas de foin, qu'on ramasse avec la fourche, quand il est fané & qu'on laisse encore quelque tems sur le pré, attendant qu'on en fasse de gros meulons, ou qu'on l'enleve.

VEINE. *s. f.* lat. *Vena.* ang. *a vein.* C'est un nom qu'on donne aux vaisseaux qui reçoivent de toutes les parties du corps le sang que les artères y ont porté du cœur, & qui le rapportent au cœur. Il se dit aussi des ondes de diverses couleurs qui paroissent sur plusieurs bois, sur plusieurs pierres, comme si elles y étoient peintes; des endroits de la terre où se trouve la glebe des métaux; des filets d'eau, des sources, des fontaines, &c.... *Veine.* voy. *Moye*.... On appelle *figurément veine poëtique* une disposition naturelle à la poësie, & la facilité de faire de bons vers.

VEINÉ, ée. *adj.* lat. *Venosus.* anglois. *full of veins.* Se dit du bois & de la pierre qui sont plein de veines.

VEINEUX, euse. *adj.* lat. *Venosus.* anglois. *veinous.* Qui a des veines. On appelle artère *veineuse* une veine que les Anciens ont prise pour une artère, & qui est la veine du poumon.

VEJOVE. *substant. mascul.* Ou mauvais *Jupiter*, étoit un Dieu des anciens *Romains*, qui l'adoroient non pour en recevoir quelque secours ou faveur, mais de peur qu'il ne leur causât quelque dommage. Sa statue étoit comme d'un jeune homme qui tenoit des flèches toutes prêtes à tirer.

VEISSEL. *subst. mascul.* Mesure des grains dont on se sert à Chambéri en Savoye. Il pése cent quarante livres poids de Genêve.

## V E L

VELANI. *s. mascul.* Fruit du Velanida.

VELANIDA. *substant. masculin.* Très belle espèce de chêne, qui croît dans les isles de l'Archipel.

VÉLAR. *substant. mascul.* Plante dont les feuilles sont veluës, découpées profondément, semblables à celles de la roquette ou de la chicorée. Elle est très propre pour l'asthme & pour les vieilles toux. On en fait le syrop des Prédicateurs.

VELANT, *ou* Veloo. (Chasse) Cri dont on se sert pour exciter les chiens, lorsque l'on voit le liévre.

VÊLER. *v. n.* lat. *Vitulum edere.* angl. *to calf.* Faire un veau.

VELET. *subst. masc.* Doublure blanche que les Religieuses attachent au voile de dessous.

VELIN. *subst. mascul.* lat. *Membrana purior.* anglois. *vellam or vellum.* Peau de veau qui a été préparée & qui a passé par les mains d'un Mégissier & d'un Parcheminier, qui est plus délicate & plus unie que le parchemin ordinaire. Point Royal ou Point de France.

VELINEUSE. *s. f.* Fille ou femme qui travaille à faire du velin, communément appellé Point Royal, ou Point de France.

VELITES. *s. masc. pl.* Sorte de Soldats de l'ancienne Rome, qui étoient armés d'un javelot, d'un casque, d'une cuirasse & d'une rondache. Il y en avoit de Frondeurs & d'Archers. lat. & anglois. *Velites.*

VELLÉITÉ. *s. f.* lat. *Velleitas.* ang. *velleity.* Volonté foible & imparfaite, qui n'est suivie d'aucun effet.

VELLICATION. *s. f.* (Chirurgie) mouvement convulsif des fibres d'un muscle.

VELLON. *subst. masc.* (Monnoie) Billon. Il se dit particulièrement des espèces de cuivre.

VÉLOCE. *adj.* (Astronomie) Vite, rapide.

VÉLOCITÉ. *s. f.* lat. *Velocitas.* angl. *velocity.* Vitesse, promptitude.

VELOURS. *subst. masc.* lat. *Heteromallum.* ang. *velvet.* Etoffe toute de soie, dont les filets de traverse sont conduits autour d'une petite verge de cuivre, sur laquelle après on les coupe; ce qui fait paroitre un tissu de poils fort agréable à la vûe & doux au toucher. *Velours plein* est celui qui est tout uni. *Velours figuré; velours à ramages*, qui est diversifié par plusieurs figures ou couleurs. *Velours ras*, dont les filets de traverse ne sont point coupés. On fait aussi des *velours* à fonds d'or, à fonds d'argent, à fonds de satin.... *Velours* se dit aussi figurément d'une allée, d'une pelouse, quand elles sont herbues & fort unies.

VELOUTÉ, ée. *adj.* Qui est fait à la manière de velours.... Les *Jouailliers* le disent d'une couleur sombre & foncée. On le dit aussi d'une membrane qui revêt ordinairement le dedans des ventricules des animaux qui ruminent; des fleurs dont la peluche est douce & unie comme le velours; d'un vin vieux de couleur rouge & vermeille; d'une voix grasse, embarrassée & qui n'est pas nette; d'une sorte de crême cuite qu'on sert à l'entremets, &c.

VELOUTÉ. *sub. masc.* Surface intérieure de l'estomac, des intestins, de la vessie & de la vésicule du fiel, qui est comme hérissée d'un nombre infini de petits filets situés perpendiculairement & enduits d'une liqueur glaireuse ou mucilagineuse qui sert à défendre ces parties de l'impression trop vive des corps qui les touchent.... Galon fabriqué comme du velours ou plein, ou figuré.

VELOUTER. *v. act.* C'est donner à la soie que l'on travaille, un air de velours.

VELTE. *s. fem.* Mesure des choses liquides dont on se sert dans le trafic de Hollande. Elle contient trois pots, le pot deux pintes & la pinte d'eau-de-vie pése deux livres & demie.... Espèce de jauge qui sert à jauger & à mesurer les tonneaux, pour en connoître la continence.

VELTER. *v. act.* Mesurer avec la velte.

VELTEUR. *substant. mascul.* Officier qui mesure avec la velte : Jaugeur.

VELU, uë. *adj.* lat. *Pilosus.* angl. *hairy.* Qui a du poil, ou de la barbe. Moisi, gâté, corrompu.... Les *Maçons* appellent *veluë* une pierre qui est brute & que sort de la carrière.

VELU. *sub. mascul.* Le *velu* d'une plante, c'est la partie velue de sa surface.

VELUË. *subst. feminin.* (Chasse) Peau qui est sur la tête des cerfs, daims & chevreuils, lorsqu'ils la poussent.

VELVOTE. *substant. femin.* Espèce de linaire qui est veluë.

VELY. *subst. masculin.* On nomme ainsi à Smyrne les crêpons de Boulogne.

VEN

VENADO. *substant. mascul.* Espèce de petit cerf du Pérou.

VENAISON. *subst. femin.* lat. *Ferina caro.* angl. *venison.* Chair de gibier. Haute graisse d'un cerf, d'un sanglier & autres bêtes.

VÉNAL, ale. *adj.* lat. *Venalis.* angl. *venal.* Qui s'achette à prix d'argent. *Plume venale*, Auteur qui écrit pour de l'argent. *Ame-vénale*, bassement intéressée.

VÉNALEMENT. *adv.* lat. *Sordidè.* anglois. *mercenarily.* D'une manière vénale & intéressée.

VÉNALITÉ. *subst. femin.* lat. *Nundinatio*, *venalitas.* angl. *venality.* Qualité d'une chose vénale.

VENDAISE. *voy.* Vandaise.

VENDANGE. *sub. fem.* lat. *Vindemia.* ang. *vintage.* Récolte de vin. Tems où se fait cette récolte. Action de cueillir & de pressurer le raisin. Il signifie aussi le raisin même & le vin qui en est sorti.

VENDANGEOIR. *subst. mas.* Maison où l'on fait la vendange.

VENDANGER. *v. act.* & *n.* lat. *Vindemiare.* ang. *to gather the grapes.* Cueillir les raisins & en faire du vin. *Figurément* il signifie ruiner les vignes, ôter l'espérance de la récolte. On le dit aussi en parlant de la ruine des autres fruits & même du profit que l'on doit trouver en d'autres affaires.

VENDANGEUR, euse. *subst. mascul.* & *f.* lat. *Vindemiator.* anglois. *vintager*, *grape-gatherer.* Gens de journée qui aident à faire la récolte du vin. On les distingue en coupeurs, chargeurs, fouleurs & pressureurs. Les SS. Vendangeurs sont ceux dont les fêtes échéent à la fin du mois d'Avril ou au commencement de Mai, tems où les vignes sont en danger de gêler.

VENDERESSE. *subst. femin.* Celle qui vend ou qui a vendu.

VENDEUR. *substant. masculin.* lat. *Venditor.* ang. *a seller.* Qui vend de menuës denrées. Qui vend des héritages, une charge, &c

VENDEUSE. *s. fem.* lat. *Venditrix.* anglois. *a woman that sells.* Celle dont la profession est de vendre.

VENDICATION. *s. femin.* lat. *Vendicatio.* angl. *vendication.* Droit qu'on a de demander la restitution d'une chose qui a été volée ou alienée.

VENDIQUER. *v. act.* lat. *Vendicare.* ang. *to vendicate.* Redemander, réclamer, répéter, ce qui a été volé, &c.

VENDITION. *subst. femin.* (Palais) Vente d'héritages.

VENDOISE. *s. fem.* Poisson qui a de la ressemblance avec la carpe, mais dont la chair est de meilleur goût.... *voy.* Vandaise.

VENDRE. *v. act.* lat. *Vendere.* ang. *to sell.* Aliéner : transporter à un autre la propriété d'une chose qui nous appartient, moyennant un prix, ou une somme dont on convient. Trahir, tromper.... A *Amsterdam*, *vendre* au bassin, c'est vendre publiquement ; *vendre* hors la main, vendre en particulier.

VENDREDI. *substant. mascul.* lat. *Dies veneris*, *feria sexta.* anglois. *friday.* Cinquième jour de la semaine, qu'on appelle en l'Eglise seizième férie.

VENDU-MEESTER. *subst. masc.* Commissaire établi à *Amsterdam* pour présider aux ventes qui se font au bassin, c'est-à-dire aux ventes publiques.

VÉNÉFICE. *subst. masculin.* lat. *Veneficium.* anglois. *venefice.* Empoisonnement, sortilége.

VENELLE. *s. fem.* Allée ou corridor étroit dans une maison.

VENON. *subst. mascul.* Arbre de la Chine qui porte des fleurs blanches, d'une odeur agréable & un fruit gros comme la tête, qui a l'écorce semblable à celle d'un coing & une pulpe rougeâtre, dont le goût est semblable à celui du raisin avant qu'il soit tout-à-fait mûr. Ses fleurs donnent une eau odorante & le suc de son fruit une liqueur que boivent les habitans du païs.

VÉNÉNEUX, euse. *adject.* lat. *Venenosus.* anglois. *venenous.* Qui a des qualités nuisibles aux autres corps, qui les fait mourir.

VÉNER. *v. act.* lat. *Venari.* anglois. *to hunt.* Chasser ; faire courir une bête pour en attendrir la chair.

VÉNÉRABLE. *adject.* lat. *Venerandus*, *venerabilis.* anglois. *venerable.* Grave, majestueux, qui attire du respect.

VÉNÉRATION. *substantif feminin.* lat. *Veneratio*, *cultus*, *honor.* ang. *veneration.* Profond respect qu'on rend aux choses qui en méritent.

VÉNÉRER. *verb. act.* lat. *Venerari*, *colere.* angl. *to venerate.* Respecter, honorer quelque chose.

VÉNÉRIE. *s. femin.* lat. *Venatio*, *venatus.* anglois. *venery.* Art de chasser le gibier, qui se pratique sur la bête à poil. Equipage de chasse.

VÉNÉRIEN, enne. *adj.* lat. *Venereus.* ang. *venereal*, *venereous.* Qui appartient à Venus. Mal *vénérien*, est la grosse vérole.

VENEUR. *s. masc.* lat. *Venator.* ang. *a huntman.* Celui qui conduit la chasse & les chiens, qui quête, qui détourne, qui lance la bête, qui la laisse courre, qui la suit, &c. On le dit aussi de tous les chasseurs & de ceux qui suivent la chasse. Le grand *Veneur* de France est un Officier considérable qui commande à tous les Officiers de la Vénérie du Roi. On le nommoit autrefois *Grand Forestier*.

VENEZ-Y-VOIR. *substant. m.* On dit populairement voilà un grand *venés-y-voir :* c'est-à-dire, voilà une chose de grande conséquence, ce qui se dit ironiquement.

VENGEANCE. *s. f.* lat. *Vindicatio*, *ultio.* ang. *vengeance*, *revenge.* Ressentiment d'une offense reçuë ; peine, outrage qu'on fait à son ennemi.

VENGER. *v. act.* & *n.* lat. *Vindicare*, *ulcisci.* anglois. *to revenge or vindicate.* Punir l'ennemi qui nous à offensés, en tirer vengeance ; s'en faire raison.... Se *venger* signifie aussi quelquefois se dédommager, se rembourser.

VENGERESSE. *adj. f.* Se dit des furies infernales, par lesquelles les Payens figuroient les remords de la conscience. On le dit aussi de la justice de Dieu, qui punit les crimes.

VENGEUR. *sub. mascul.* & *adj.* lat. *Ultor*, *vindex.* anglois. *revenger*, *avenger.* Celui qui venge.

VENIAT. *s. mas.* Ordonnance d'un Juge supérieur qui mande un inférieur pour venir rendre raison de son jugement, ou de sa conduite, dans quelques affaires. On le dit aussi du Roi, quand il donne ordre à quelqu'un de venir rendre raison de sa conduite, & de même d'un Evêque, d'un Intendant, d'un Supérieur Général d'un Ordre ou d'une Communauté, qui donnent le même ordre à quelqu'un de leurs inférieurs.

VENIEL, elle. *adj.* lat. *Venialis.* ang. *venial.* Péché léger qui se pardonne aisément.

VENIELLEMENT. *adv.* lat. *Venialiter.* ang. *venially.* Pécher *veniellement*, commettre un péché veniel.

*VENI-MECUM.* voy. *Vade-mecum.*

VÉNIMEUX, euse. *adject.* lat. *Venenatus*, *veneno infectus.* anglois. *venomous.* Qui a du venin.

VENIN. *substant. masculin.* lat. *Venenum*, *toxicum.* ang. *venom.* Qualité maligne qui est en quelques animaux, qui est dangereuse aux autres, qui les tuë. Il se dit aussi des qualités qui se trouvent dans quelques maladies malignes ; & *figurément* des discours de médisance; des haines qu'on garde sur le cœur ; des doctrines & des maximes dangereuses qui sont cachées dans un livre, dans un discours.

VENIR. *v. act.* lat. *Venire.* angl. *to come.* Se mouvoir, se transporter d'un lieu à un autre. Atteindre. Naître & croître, prendre son origine. Etre convenable.

*VÉNITÉ.* *substant. masc.* voy. *Veniat.*

VÉNITIENNE. *s. fem.* Etoffe d'abord fabriquée à Venise & puis en France.

VENT. *subst. masc.* lat. *Ventus*, *flatus.* ang. *wind.* Mouvement violent, agitation de l'air. *Vent* coulis est un petit *vent*, qui entre par l'ouverture des portes, ou des fenêtres ou cloisons qui joignent mal. *Vent* en *Artillerie* est un vuide qu'on laisse pour donner au boulet la liberté d'entrer dans l'ame d'une piéce. Les instrumens à *vent* sont ceux que l'air ou le *vent* fait jouer.... (Vénérie) Odeur & sentiment qu'une bête laisse en son passage.... (Manége) Qualité d'un cheval poussif.... Haleine, air qu'on respire, air enfermé dans le corps des animaux.... *Figurément* chose peu solide. Vanité, orgueil.... *Vent du bureau* (Palais) Ce qu'on découvre ou qu'on apprend qui fait conjecturer le sentiment des Juges. On le dit par extension dans toute autre affaire.... *Prison des vents* (Architecture) Lieu souterrain où les vents frais étant renfermés se communiquent aux appartemens supérieurs par des conduits, pour les rendre frais en Eté.

VENTAIL. *subst. mascul.* lat. *Valva.* ang. *a folding.* En *Architecture*, est la partie mobile, composée d'une ou de deux feuilles d'assemblage, qui sert à fermer une porte, ou une croisée.

VENTAILLE. *subst. fem.* (Blason) Ouverture d'un heaume auprès de la bouche pour respirer.

VENTE. *s. femin.* lat. *Venditio.* angl. *sale*, *selling*, *vendition.* Transport de propriété, aliénation à prix d'argent, convention ou contrat par lequel l'un des contractans s'oblige de livrer une chose à l'autre & de l'en faire joüir. Lieu & heure propre pour vendre les marchandises. Droit qu'on doit au Seigneur féodal pour la vente d'un héritage. Coupe de bois d'un certain nombre d'arpens qu'on fait tous les ans en une forêt. On appelle aussi *ventes* le lieu où se fait la coupe de ces bois. *Vente* au bassin, hors la main. *voy.* Vendre.

VENTER. *verb. n.* lat. *Flare.* ang. *to blow.* Faire vent.... *v. act.* *Venter* du grain, c'est le jetter au vent avec la pelle pour le nettoyer, ou bien le prendre à pleins cribles épais & le faire tomber dans le tems que le vent souffle.

VENTEROLLES. *s. mascul. pl.* (Coutumes) Droit dû au Seigneur par l'acheteur en cas de vente d'héritages censuels. Il est ordinairement de vingt deniers pour livre. Quelquefois il tient lieu de lods & vente, & quelquefois c'est un droit à part. Les quints & les requints portent en quelques lieux le droit de *venterolles.*

VENTEUX, euse. *adj.* lat. *Ventosus.* angl. *windy.* Qui est exposé aux vents. Qui cause des vents dans les corps des animaux. Il se dit aussi des saisons où les vents regnent.

VENTIER. *substant. mascul.* Marchand de bois qui achete une forêt & qui la fait exploiter sur les lieux.

VENTILATEUR. *s. masc.* Espèce de souflet qui pompe tout l'air d'une chambre & donne facilité à celui du dehors de le remplacer.

VENTILATION. *subst. fem.* lat. *Ventilatio*, *bonorum æstimatio.* angl. *an estimate*, *estimation*, *valuation.* Estimation des biens pour parvenir à un partage. Discussion, examen d'une affaire.

VENTILER. *v. act.* & *neut.* lat. *Ventilare*, *perstringere.* angl. *to debate or examine.* Examiner quelque chose, quelque question légérement. Faire une estimation de biens qui sont en commun, pour en faire le partage, lat. *Æsti-*

*miare.* ang. *to eventilate.* . . . (Palais) Déclarer dans un contrat de vente d'une terre relevant de plusieurs Seigneurs la quantité qui releve de chacun. . . . (Médecine) Modifier le mouvement circulaire du sang & celui des autres humeurs par le moyen de la saignée.

VENTOLIER. *substant. mascul.* (Fauconnerie) Oiseau qui se plaît au vent. Oiseau qui resiste au vent le plus violent.

VENTOSITÉ. *s. f.* lat. *Ventositas.* angl. *ventosity.* Vents enfermés dans le corps, qui forment la colique, les points & autres maux.

VENTOUSE. *subst. femin.* latin. *Cucurbitula.* anglois. *a cupping-glass.* Vaisseau qu'on applique sur quelque partie du corps humain pour attirer avec violence les humeurs du dedans au dehors. Ouverture ou petit soupirail, qu'on laisse dans des tuyaux, dans des conduits de fontaine pour faciliter l'échapée des vents, ou pour leur donner de l'air, quand il est besoin. Petite ouverture qu'on fait aux muids de vin qui sont en perce. Trou qu'on fait au couvercle d'une marmite. Ouverture d'un fourneau à vent par où entre l'air & qui sert de sofflet. Tuyau de plomb ou de poterie qu'on fait à un cabinet d'aisance, pour donner lieu à l'air corrompu de s'exhaler. Barbacane ou Canonière.

VENTOUSER. *verb. act.* lat. *Cucurbitulas imponere.* ang. *to cup.* Appliquer des ventouses à un malade.

VENTRE. *s. masc.* lat. *Venter, alvus, abdomen.* anglois. *the belly.* Partie de l'animal, qui dans sa capacité enferme les entrailles, ou les autres organes nécessaires pour faire diverses fonctions. Partie extérieure du bas ventre. *Ventre* se dit quelquefois de l'estomac, de la poitrine, & même de la tête, & en parlant des femmes, de la matrice & de leur grossesse. On le dit aussi des animaux ; des creux & capacités qui sont dans la terre ; de la capacité des choses artificielles qui ont quelque enflure. . . . Le *ventre* d'une muraille c'est son bombement & elle fait *ventre* quand elle n'est plus à plomb. Le *Ventre* d'un muscle c'est sa partie charneuse la plus enflée. . . . *Ventre du cheval*, en *Chymie*, c'est le fumier dans lequel on enferme quelques vaisseaux. . . . *Ventre du dragon*, en *Astronomie*, c'est l'espace le plus éloigné des nœuds ou de la tête & de la queuë du dragon.

VENTRÉE. *subst. fem.* lat. *Fœtura.* anglois. *a litter.* Enfans dont une femme a accouché en une seule grossesse.

VENTRICULE. *s. masc.* lat. *Ventriculus.* angl. *the ventricle.* C'est l'estomach, qui est un organe creux, profond & membraneux dans l'abdomen, sous le diaphragme entre le foie & la rate. Il a deux orifices, l'un à main droite qu'on nomme Pylore ou Portier, par où les viandes entrent dans les buyaux ; l'autre à main gauche, par où elles entrent dans le *Ventricule.* Sa fonction est de cuire ou fermenter la nourriture que l'on prend. On appelle aussi *ventricules* quatre cavités qui sont dans le cerveau & deux dans le cœur.

VENTRIERE. *s. femin.* lat. *Cingulum constrictlorium.* anglois. *a belly-band.* C'est une partie du harnois du cheval de trait, fait d'une longe de cuir, qui empêche que le harnois ne tombe, & qui passe sous le ventre. Sangle dont on se sert pour élever des chevaux, quand on veut les embarquer, ou les tenir suspendus. Partie d'un cochon que l'on sale, comprise entre les cuisses & les épaules. Ce sont les côtés & les flancs. . . . Grosse piéce de bois équarrie, qu'on met devant une rangée de pal-planches, afin de mieux couvrir un ouvrage de Maçonnerie, soit contre l'effort du courant de l'eau, soit contre la poussée des terres.

VENTRILOQUE. *adj.* & *subst.* lat. *Ventriloquus.* ang. *ventriloquist.* Personne qui parle en retirant l'air dans le poûmon, en sorte qu'il paroit que la voix vienne de loin.

*VENTRIPOTENS.* *adj.* & *subst.* Mot latin qui a passé dans la langue françoise, & qui se dit en badinant d'un homme qui a un fort gros ventre.

VENTROUILLER. Se dit, en termes de *Chasse*, du sanglier quand il se souille & se veautre dans la bouë.

VENTRU, uë. *adj.* lat. *Ventrosus.* anglois. *big-belly'd.* Qui a un gros ventre.

VENUË. *s. femin.* lat. *Adventus, accessus.* ang. *coming, arrival.* Arrivée. Croissance. . . . Au jeu de quilles, *venuë* se dit par opposition à rabat, & signifie le coup qui se jouë en poussant la boule de l'endroit dont on est convenu.

VENUË. (Tout d'une) *adv.* lat. *Uno eodemque ductu.* ang. *at one clap.* Qui est uni, égal par tout, mais sans agrément.

VÉNULE. *s. fem.* lat. *Venula.* angl. *a small vein.* Petite veine.

VÉNUS. *s. f.* Déesse de l'amour ou plutôt de la lubricité, adorée par les Payens, & par les *Israëlites*, lorsqu'ils tomberent dans l'idolâtrie. On lui a donné différens noms ; les *Égyptiens* l'appelloient *Nephtis*, les *Assyriens Militta* ; les *Arabes*, *Alitta* ; les *Perses*, *Mitra* ; les *Babyloniens*, *Tanais* ; les *Siciliens*, *Ericyne* ; les *Grecs*, *Aphrodites* & les *Israëlites*, *Astarte*, *Astaroth* ou *Avarah* ; on lui sacrifioit une colombe. Les Poëtes font des contes étranges & innombrables sur cette divinité. Ils disent entr'autres que son chariot étoit trainé par des cygnes & des pigeons. Parmi les *Astronomes* c'est le plus beau & le plus brillant de tous les astres, après le soleil ; ce qui ne vient pas de ce qu'il est plus grand que les autres, mais de ce qu'il est plus près de la terre, excepté *Mercure*, comme on le voit par sa parallaxe qui est presque de trois minutes. Parmi les *Astrologues*, c'est une planéte feminine, qu'ils appellent petite fortune. Les *Chymistes* donnent ce nom au cuivre & le caractérisent ainsi ♀. de même qu'au sel Alkali. Les *Chiromanciens* appellent *Mont de Venus* une petite éminence qui est dans la paume de la main à la racine de l'un des doigts.

## V E P

VÊPRE. *s. masc.* lat. *Vesper, vespera.* angl. *evening.*

*evening*. Le soir ou crepuscule qui dure depuis le coucher du soleil, jusqu'à ce qu'il soit tout à fait nuit.

VÊPRES. *subst. femin.* lat. *Vesperæ.* anglois. *vespers, evening-prayers.* Dans l'Eglise de *Rome*, c'est la partie de l'office divin qui se dit l'après dînée.

## V E R

VER. *subst. mascul.* lat. *Vermis.* angl. *worm.* Petit animal ou insecte rampant qui n'a ni vertébres, ni os. Il s'engendre dans les fruits, dans les corps vivans, &c. il y en a de toute espèce : *ver solitaire*, *ver plat.* voyez *Accurbitaire.* On appelle, *figurément*, *ver* le remords de la conscience.... *Mort-aux-vers.* voy. *Mort.*

VÉRACITÉ. *s. f.* lat. *Veracitas.* anglois. *veracity.* Qualité d'une personne ou d'une chose véritable.

VÉRAS. *sub. masc.* Espèce d'aune dont on se sert en Portugal. Il en faut cent six pour en faire cent de Paris.

VERBAL, ale. *adj.* lat. *Verbalis.* anglois. *verbal.* Ce qui est formé ou dérivé d'un verbe. Promesse qui n'est faite que de bouche & non par écrit. Procès *verbal* est un acte redigé par un Juge, ou un Officier de ce qui s'est passé en l'exécution d'une commission, &c.

VERBALEMENT. *adv.* lat. *Verbo.* anglois. *verbally.* De bouche, de simple parole.

VERBALISER. *verb. act.* lat. *Rei gestæ acta scribere.* anglois. *to make a verbal process.* Former des contestations devant un Juge pour être inserées dans un procès verbal & en être fait rapport au siége.

VERBE. *subst. mascul.* lat. *Verbum.* anglois. *the word.* En *Théologie*, c'est la seconde personne de la Trinité. En *Grammaire*, c'est la partie de l'oraison qui se conjugue par tems & par modes. lat. *Verbum.* anglois. *a verb.*

VERBERATION. *subst. femin.* (Physique) On appelle verberation de l'air, l'action par laquelle l'air frappé en plusieurs manières produit ce qu'on appelle les sons.

VERBEUX, euse. *adject.* Diffus, rempli de verbiage.

VERBIAGE. *subst. mascul.* lat. *Loquacitas inanis.* anglois. *idle words, frothy discourse.* Longue suite de paroles, qui ne disent rien de solide.

VERBIAGER. *v. n.* (Stile familier) Employer beaucoup de paroles pour dire peu de chose.

VERBIAGEUR, euse. *substant. masc. & f.* On le dit familièrement de ceux qui font de grands verbiages & qui emploient beaucoup de paroles pour dire peu de chose.

VERBOSITÉ. *subst. femin.* lat. *Verbositas, fluxus verborum.* angl. *verbosity.* Superfluité de paroles.

VERCOQUIN. *substant. mascul.* lat. *Convolvulus.* anglois. *a magget.* Petit ver qui ronge le bourgeon de la vigne. Petite folie, ou fantaisie, bizarrerie qui saisit quelquefois l'esprit des hommes & les rend capricieux, opiniâtres & incapables de raison. lat. *Morositas, vitiosa libido.* anglois. *magget, idle fancy.*

VERD, Verte *adject.* & *subst.* lat. *Viridis, glaucus.* anglois. *green.* Couleur que la nature donne aux herbes, aux plantes & aux feuilles. *Verd naissant* : couleur vive qui paroit aux feuilles des arbres au Printems. *Verd de mer* : couleur dont paroit la mer quand elle est vuë de loin. Est est plus lavée que l'autre & tire sur le brun. *Verd brun* : verd encore plus foncé, tirant sur le noir. *Verd de porreau* : espèce particulière de verd qui ressemble au porreau. *Verd de gris* ou *verdet*, est une rouille de cuivre qu'on met dans un creuset en lames deliées, couvertes de poudre de sel, de soufre & de tartre, &c. ou avec du vinaigre & du marc de raisin & qu'on laisse refroidir à l'air pour le cristalliser. Le *verd* distillé est un magistère de *verd de gris* commun dissout dans du vinaigre distillé & ensuite filtré, évaporé & cristallisé à la cave. C'est la plus belle couleur verte que l'on emploie dans la peinture, lorsqu'il est bien pulverisé & purifié. *Verd de terre* est le verd commun des peintres. *Verd de montagne* ou *verd de Hongrie* : espèce de poudre verdâtre dont les Peintres se servent pour peindre en verd d'herbe. *Verd de vessie* : verd fait de la graine de noirprun, ou d'une autre graine rouge qu'on met dans une vessie, après en avoir exprimé le jus. *Verd d'iris* ou *de glayeul* : couleur tirée de cette herbe qui sert à la miniature. *Verd d'azur.* voy. *Armenienne*.... *Verd* a plusieurs autres significations. cuir *verd*, qui n'est pas encor courroyé. Pierres *vertes*, qui sont fraichement tirées de la carrière. Couperose *verte* : vitriol ordinaire. Ladre *verd* qui a la ladrerie fort enracinée. Poisson *verd* : qui vient d'être salé & qui est encore tout moite. Moruë *verte*, qui n'a pas été séchée. Fonte *verte*, qui se fait avec le cuivre tel qu'il vient de la mine & peu d'étain. Verre *verd*, ou coloré de *verd*, qu'on applique aux chandeliers pour conserver & réjouïr la vuë, verre commun qui se fait de la fougère. Bonnet *verd*, qu'on fait porter aux banqueroutiers. Mettre un cheval au *verd*, c'est-à dire à l'herbe.

VERDAGON. *substant. mascul.* Nom qu'on donna au vin de 1725. qui étoit de très-mauvaise qualité.

VERDATRE. *adj.* lat. *Subviridis.* anglois. *greenish.* Qui tire sur le verd.

VERDAUD, aude. *adject.* lat. *Subacidus.* anglois. *tart.* Ne se dit que d'un vin qui n'est pas mûr.

VERDÉE. *substant. femin.* lat. *Vinum verdeum florentinum.* anglois. *verde dea.* Sorte de vin qui vient de florence & qui tire sur le verd.

VERDELET. *adj.* lat. *Subacidulus.* anglois. *tart.* Qui est encore verd. Il se dit aussi d'un vieillard à qui il reste quelque vigueur.

VERDERIE. *substant. femin.* lat. *Saltuaria custodia.* angl. *a verderer's jurisdiction.* Etenduë de bois & de païs qui est commise à la garde & à la jurisdiction d'un verdier.

VERDET. *substant. masculin.* lat. *Scolecia,*

anglois. *verdigreafe.* Verd de gris.

VERDEUR. *fubftant. feminin.* lat. *Viriditas.* anglois. *greenneff.* Couleur verte qui vient aux arbres & aux plantes au Printems. Vigueur qui vient de la jeuneffe. Défaut de maturité, acidité. lat. *Aciditas.* angl. *tartneff.*

VERDIER. *fub. mafc.* lat. *Cuftos faltuarius.* angl. *verderer.* Officier des Eaux & Forets, dont la fonction a été différente felon les tems & les lieux. Il a une jurifdiction pour les moindres délits qui s'étend jufqu'à foixante fols d'amende. Il fait fon rapport des autres délits dans les fiéges des Eaux & Forêts...Oifeau jaune verdoyant qu'on met en cage pour chanter. Crapaud ou grenouille de terre, autrement *graiffelet. Verdier à la fonnette* : autre oifeau qui a la tête verte, les aîles rougeâtres, & les côtés des yeux jaunes.

VERDIR. *verb. neut.* & *act.* lat. *Virefcere, virere.* ang. *to grow green.* Devenir ou rendre verd.

VERD-MONTANT. *fubftant. mafcul.* lat. *Vireo.* ang. *a little kind of bird.* Petit oifeau qui a la tête & la gorge prefque toutes noires, l'eftomac verd, & le dos tirant fur le violet.

VERDOYANT, ante. *adject.* lat. *Virefcens.* anglois. *green, verdant.* Qui devient verd, qui eft verd.

VERDOYE. *f. f.* Couleur verte, mêlée d'un peu de jaune.

VERDOYER. *v. n.* lat. *Virefcere.* ang. *to grow green, to be verdant.* Devenir verd.

VERDURE. *f. f.* lat. *Herbæ, frondes virentes.* angl. *greenneff, verdure.* Plantes & feuilles vertes. Tapifferie où le verd domine. lat. *Aulæum viride, topiarium opus.* angl. *a foreftwork fuit of hangings....* Les *Jardiniers* appellent *verdures* les plantes dont la bonté & l'ufage confifte dans la feuille, comme le perfil, l'ofeille.... *Verdure d'Hyver.* voy. *Pirole....* *Verdure luifante.* Œillet nommé autrement beau piqueté.

VERDURIER. *fubftant. mafc.* lat. *Viridarius.* anglois. *the herb-man.* Officier du Roi qui a foin de fournir fa maifon de verdure, comme falades, afperges, artichaux.

VÉRÉCOND, onde. *adj.* lat. *Verecundus.* anglois. *verecund.* Honteux d'une honte fotte & niaife.

VÉREUX. *voy.* Verreux.

VERGADELLE. *f. f.* Merluche.

VERGE. *f. f.* lat. *Virga.* ang. *rod, fwitch.* Bâton menu qu'on tient à la main; ou baguette longue & flexible. C'eft auffi une mefure des longueurs. Celle d'*Angleterre* eft de trois pieds ou trente-fix pouces & l'on s'en fert communément pour mefurer les draps, la foie, les rubans, &c. En termes d'*Anatomie*, c'eft le membre viril, qui fert à l'évacuation de l'urine & de la femence.... Baguette que portent les Huiffiers, Sergens & Bedeaux. Fouet de cocher. Morceau de fer long & menu. *Verge de l'ancre*, partie qui eft continuë depuis l'organeau jufqu'à la croifée. *Verge de pefon* : barre du pefon où la valeur des poids eft marquée. *Verge de terre* : un quartier d'arpent. *Verge dorée* ou *verge d'or*, plante vulnéraire & diurétique, propre pour le calcul & la dyfenterie, qui porte des fleurs radiées, difpofées en épi le long des tiges, de couleur jaune dorée. *Verge*, efpèce de jauge. *Verge rhinlandique*, mefure qui répond à deux de nos toifes.... Verge. *voy.* Vergue. *Verges* : menues branches de bouleau, de genêt, &c. avec qui on donne le fouet. Paffer par les *verges*, fe dit d'un Soldat ou d'une femme de mauvaife vie qu'on fait paffer entre deux rangs de Soldats armés de baguettes vertes.

VERGEAGE. *fubftant. mafcul.* Mefurage des toiles & étoffes avec la verge. Jaugeage & mefurage des tonneaux faite avec l'efpèce de jauge qu'on nomme verge.

VERGÉE. *f. f.* Mefure de terre qui eft la même chofe que la *verge.*

VERGÉE. *adj. f.* Se dit d'une étoffe où il y a des fils ou d'une qualité plus groffière, ou d'une teinture plus forte ou plus foible. On le dit auffi d'une barique ou autre futaille qui a été mefurée avec la verge.

VERGER. *v. act.* Mefurer, jauger avec la verge.

VERGER. *fub. mafc.* Officier qui porte la verge, porte-verge, bedeau.

VERGER. *fubftant. mafcul.* lat. *Pomarium.* angl. *an orchard.* Enclos, jardin où on plante les arbres fruitiers.

VERGERONS. *fubftant. mafcul. pl.* ou Alebattes. *f. f. pl.* Fauvettes qu'on trouve dans les vergers.

VERGES. *voy.* Verge.

VERGETÉ, ée. *adj.* Se dit d'un teint, d'une peau où il paroit des raies de différentes couleurs & plus ordinairement rouges. (Blafon) Écu rempli de pals depuis dix & au delà.

VERGETER. *v. act.* lat. *Veftiaria fcopulâ detergere.* angl. *to brush.* Nettoyer avec des vergettes des habits, des meubles, des tableaux.

VERGETIER. *f. mafc.* lat. *Scopularum veftiariarum opifex aut propola.* ang. a *brushmaker or feller.* Artifan qui fait & qui vend des vergettes, des décrotoires, &c.

VERGETTE. *f. fem.* lat. *Scopula veftiaria.* ang. *brush.* Utencile de ménage qui fert à nettoyer les habits & les meubles. Il fe dit auffi des cercles de bois ou de métal, qui fervent à foutenir & à faire les peaux dont on couvre le tambour; & dans le *Blafon*, d'un pal retréci, qui n'a que la troifième partie de fa largeur.

VERGEURE. *f. femin.* (Prononcés *verjure*) Terme de Papetier, qui fe dit & des fils de leton liés fur la forme à quelque diftance les uns des autres, & des raies que forment ces fils fur la feuille de papier.

VERGIS. (Toiles de) *f. mafcul.* Toiles de chanvre qui fe fabriquent aux environs d'*Abbeville.*

VERGLACÉ, ée. *adj.* Couvert de verglas.

VERGLACER. *verb. imperf.* lat. *Conglaciare.* anglois. *to freeze, to chill.* Faire du verglas.

VERGLAS. *f. masc.* lat. *Gelicidium.* anglois. *a glazed frost.* Glace unie qui s'étend sur la terre & le pavé, ce qui se fait par la pluie qui s'y gèle en même tems qu'elle tombe.

VERGOGNEUSE. *adj. fem.* Plante *vergogneuse*, ou plante pudique, est une plante qui se retire dès qu'on la touche.

VERGUE. *f. f.* lat. *Antenna.* ang. *a yard.* Longue piéce de bois arrondie, plus grosse par le milieu que par les bouts, qui sert à porter les voiles & qui croise les mâts.

VERICLE. Terme d'orfévre, qui se dit des pierreries fausses.

VÉRIDICITÉ. *f. f.* Qualité de ce qui est véridique.

VÉRIDIQUE. *adj.* lat. *Veridicus*, *sincerus.* anglois. *veridical.* Qui dit la vérité, & qui aime à la dire, qui ne déguise rien.

VÉRIFICATEUR. *f. m.* lat. *Verificator.* ang. *an examiner*, *a wiewer.* Celui qui est nommé en justice pour vérifier si une écriture est vraie ou fausse.

VÉRIFICATION. *sub. femin.* lat. *Probatio*, *inquisitio.* anglois. *verification.* Examen d'une écriture dont on doute, & contre laquelle il y a inscription de faux, pour sçavoir si elle est vraie ou fausse. Eclaircissement de la vérité sur plusieurs faits. Lecture & examen qui se fait en Cour souveraine des Edits, déclarations & Lettres patentes du Roi, & de l'enregistrement qui s'en fait ensuite au greffe, avant que de les mettre à exécution. Les Ordonnances & Lettres patentes n'ont aucune autorité que dans les Cours où s'en est faite la vérification.

VÉRIFIER. *v. act.* lat. *Verificare*, *examinare.* anglois. *to verify.* Examiner si une écriture est vraie ou fausse. Prouver la vérité d'un fait, d'une allégation. Accomplir une prophetie. Comparer une chose à une autre, une copie à son original, &c. Il se dit aussi des Edits, Ordonnances, Lettres patentes qu'on présente en Cour souveraine pour être luës, examinées & enregîtrées & ensuite exécutées.

VÉRIN. *voy.* Verrin.

VÉRINE. *f. f.* Le tabac de *Vérine* passe pour le meilleur de tous ceux de l'*Amérique*.

VÉRITABLE. *adject.* lat. *Verus.* ang. *true.* Vrai & effectif. Qui dit la vérité, qui est sincére.

VÉRITABLEMENT. *adv.* lat. *Verè.* anglois. *truly.* Avec vérité. A la vérité.

VÉRITÉ. *f. f.* lat. *Veritas*, *verum.* anglois. *truth*, *verity.* Certitude d'une chose qui est toujours la même. Être permanent, & qui ne change point. Proposition vraie & certaine; dogme constant & incontestable; maxime claire & évidente. Sincérité, bonnefoi dans le rapport des faits. Les Anciens avoient fait une Déesse de la Vérité qu'ils disoient être fille de Jupiter & qu'ils représentoient comme une femme vêtuë fort simplement avec un port noble & majestueux. ( Peinture ) Expression propre du caractère de chaque chose.

VERITÉ. ( En ) *adv.* Certainement.

VERJUS. *f. mascul.* lat. *Omphax.* anglois. *sour grapes.* Raisin encore verd & aigre, qui a été cueilli avant sa maturité. Suc qu'on exprime des raisins avant leur maturité. lat. *Omphacium.* ang. *verjuice*. . . . Raisin confit avant sa maturité.

VERJUTÉ, ée. *adj.* lat. *Acidulus.* anglois. *sharp or tart.* Qui a une pointe d'acide, comme le verjus.

VERLE. *f. f.* Espèce de jauge.

VERLOOPT. *sub. masc.* Nom que les Hollandois donnent aux meilleures eaux-de-vie de France.

VERMEIL, eille. *adj.* lat. *Subrubicundus.* ang. *vermilion.* Rouge, un peu paillet. *Vermeil doré* ou simplement *vermeil*, c'est de la vaisselle d'argent doré avec de l'or de ducat dissout en poudre par l'eau forte, & amalgamé avec du mercure dont on fait un enduit sur l'ouvrage. lat. *Vas ex argento inauratum*, *vermiculatum.* ang. *silver-gilt.*

VERMEIL. *f. masc.* Endroit où il y a des vers.

VERMEILLE. *f. femin.* lat. *Granatus lapis*, *carchedonius.* anglois. *a sort of precious stone.* Pierre précieuse, d'un rouge cramoisi noirâtre.

VERMEILLER. *voy.* Vermiller.

VERMICELLI. *f. mascul.* lat. *Vermiculata massa.* angl. *vermicelli.* Espèce de mêts préparé avec de la farine, du fromage, jaunes d'œufs, sucre & safran, qu'on réduit en longs filets qui ressemblent aux vers.

VERMICULAIRE. *adj.* A la manière des vers. Il se dit, en *Anatomie*, du mouvement des intestins & de quelques muscles.

VERMICULATION. *f. f.* Génération des vers dans les plantes.

VERMICULÉ. *adj. m.* (Sculpture) Travail vermiculé, ouvrage rustique travaillé avec des entrelas gravés avec une pointe, ensorte que cela représente comme des chemins faits par les vers.

VERMIFORME. *adj.* ( Anatomie ) Se dit de plusieurs parties du corps humain qui ont quelque ressemble à des vers. Ainsi les deux extrémités du cervelet, qui vont en appetissant & qui sont situées proche du quatrième ventricule sont appellées apophyses ou productions vermiformes. Ainsi on appelle muscles *vermiformes* ou *lumbricaux* quatre muscles qui amenent les doigts vers le pouce tant aux pieds qu'aux mains.

VERMIFUGE. *adj.* & *subst.* ( Médecine ) Reméde contre les vers.

VERMILLER. *verb. n.* ( Chasse ) lat. *Rostro glebas revellere*, *ad pascendos lumbricos.* angl. *to grub up.* Se dit des sangliers, lorsqu'ils cherchent les vers de terre & qu'ils la remuent avec le grouin pour les trouver. On le dit aussi de la volaille.

VERMILLON. *f. masc.* lat. *Minium.* ang. *vermilion*, *red-lead.* Couleur rouge fort estimée, poudre fine dont les Peintres se servent. Celui des Anciens se trouvoit sur des rochers inaccessibles. L'artificiel se faisoit d'un sable rouge. Celui dont on se sert à présent, se fait avec le cinabre artificiel, qui a été broyé longtems sur le porphire & réduit en une poudre très fine. Les femmes s'en servent pour se peindre le visage & se farder; les statuaires s'en servoient aussi, &c. Les anciens *Romains* en faisoient tant de cas que Camille en étoit tout couvert, le jour de son triomphe. Les *Ethiopiens* peignoient de *vermillon* les statues de leurs Dieux & les grands Seigneurs s'en peignoient tout le corps. On appelle aussi *vermillon* la graine d'écarlate ou le kermes.... Couleur rouge qu'on voit au visage soit qu'elle soit naturelle, accidentelle ou artificielle.

VERMILLONNER. *v. n.* (Chasse) Se dit du blereau quand il cherche des vers pour pâturer. On en voit les apparences par la terre qu'il remuë.

VERMINE. *s. fem.* lat. *Vermiculi.* ang. *vermine.* Toutes sortes de petites bêtes ou insectes qui nuisent à l'homme, aux animaux & aux fruits, comme les pous, puces, punaises, rats, vers, &c.

VERMINEUX, euse. *adj.* Se dit d'une substance où il s'est engendré des vers.

VERMISSEAU. *subst. masc.* lat. *Vermiculus.* ang. *a little or small worm.* Petit ver qui sert de pâture aux oiseaux, & dont on se sert aussi pour faire de appâts aux poissons. *Vermisseaux de mer*: coquillage multivalve.

VERMOULER. (Se) *v. rec.* lat. *Cariem contrahere.* ang. *to grow worm-eaten.* Devenir vermoulu.

VERMOULU, uë. *adj.* lat. *Cariosus, carie vitiatus.* ang. *worm-eaten.* Bois qui est mangé des vers, qui est cassant & de nulle valeur.

VERMOULURE. *s. f.* lat. *Caries.* anglois. *worm-eatenness, worm-hole.* Dommage que souffre le bois par le ver qui le ronge.

VERNAL, ale. *adj.* lat. *Vernalis.* ang. *vernal.* (Astronomie) Qui appartient au Printems. Section *vernale*, section du Printems. Signes *vernaux* sont le *Belier*, le *Taureau* & les *Gemeaux*, parce que le Soleil les parcourt pendant le Printems.

VERNE. *s. f.* Bois qu'on nomme ordinairement *aune.*

VERNIMBOCK. *substant. masculin.* Sorte de bois semblable à celui du Brésil, qu'on emploie à teindre.

VERNIR. *voy.* Vernisser.

VERNIS. *subst. masculin.* lat. *Vernigo.* ang. *varnish.* Liqueur épaisse & luisante dont on se sert pour mettre sur les cartes de geographie & sur les tableaux pour les rendre plus éclatans, ou empêcher qu'ils ne se gâtent. Enduit qu'on met sur de la poterie. *Figurément*, couleur, fard.

VERNISSER, *ou* Vernir. *v. act.* lat. *Junipero diluto illinire.* ang. *to varnish.* Enduire avec du vernis.

VERNISSURE. *s. f.* lat. *Vernigo.* ang. *varnishing.* Application de vernis.

VÉROLE. *s. f.* lat. *Variolæ.* ang. *the small pox.* Maladie contagieuse qui couvre le corps de gales, ou de pustules, qui épaissit la peau, & qui y laisse des cicatrices ou des cavités. *Grosse vérole* est une autre maladie contagieuse qui se contracte ordinairement par le commerce avec une femme débauchée.

VÉROLÉ, ée. *adj.* lat. *Venereâ lue infectus.* ang. *a pocky man.* Qui a la grosse vérole.

VÉROLIQUE. *adj.* lat. *Venereus.* anglois. *pocky.* Qui tient de la vérole.

VÉRON. *s. masc.* Poisson de rivière, jaune & luisant par le dos, blanc par le ventre & tacheté de noir. lat. *Varius.* ang. *menow.*

VÉRONIQUE. *s. f.* Sorte de plante, autrement *herbe aux ladres*, dont il y a plusieurs espèces & dont on se sert en guise de thé. Elle est vulnéraire, diuretique, propre pour purifier le sang, pour débarrasser le poumon chargé de matières gluantes & pour les maladies de la peau. lat. *Veronice.* ang. *fluellin.*

VERRAT. *substant. mascul.* lat. *Verres.* ang. *boar or boar-pig.* Gros pourceau, mâle d'une truye.

VERRE. *s. m.* lat. *Vitrum.* ang. *glass.* Corps diaphane & transparent, fait par art. Il est cassant & composé de sel & de sable par l'action du feu. On tire ce sel de certaines plantes comme la soude, la fougère. On en fait avec différentes sortes de sable, mais le meilleur est une espèce de marbre, qu'on nomme *Tarso* & qui se trouve en quelques endroits d'*Italie.* Les *Chymistes* assurent que le verre est le dernier ouvrage que l'art peut faire par le moyen du feu & tous les corps de l'univers à force de feu se tournent en *verre.* L'invention du *verre* est très ancienne & elle est d'un grand usage. On y a fait beaucoup de découvertes dans le dernier siécle pour rendre le *verre* plus parfait. *Verre* signifie aussi un petit vase dont on se sert à table pour boire. lat. *Cyathus, scyphus.* angl. *a glass or drinking glass.*

VERRÉE. *s. f.* lat. *Poculum plenum, haustus.* ang. *a glass or glass-full.* Plein un verre.

VERRERIE. *s. f.* lat. *Vitriaria.* ang. *a glass-house.* Lieu où l'on fait le verre. Art de faire le verre. Ouvrages de verre.

VERREUX, euse. *adject.* lat. *Verminosus:* ang. *full of maggets.* Fruit plein de vers. Une affaire *verreuse* est une affaire qui ne vaut rien.

VERRIER. *s. m.* lat. *Vitriarius opifex.* ang. *a glass-maker.* Ouvrier qui travaille aux verres. Marchand qui vend des verres. Panier d'osier destiné à mettre des verres.

VERRIÈRE. *s. f.* lat. *Operculum vitreum.* anglois. *a glass.* Quarré de verre blanc & fort clair, qu'on met devant des tableaux. On le dit aussi de ce petit morceau de verre rond qu'on met au dessus des montres. Vitrage de maison ou d'Eglise.

VERRIN. *s. m.* Machine qui sert à élever de fort gros fardeaux. Elle est composée de deux piéces de bois dans lesquelles entrent deux vis très fortes que l'on tourne avec des leviers.

VERROTERIE. *s. f.* Menuë marchandise de verre, dont on trafique avec les Barbares & les Sauvages.

VERROUIL, *ou* Verrou. *s. m.* lat. *Pessulus.* ang. *a bolt.* Partie des ferremens & garnitures d'une porte, qui sert à la fermer en dedans.

VERROUILLER. *v. act.* lat. *Pessulo forem occludere.* ang. *to bolt.* Fermer une porte avec les verrouils.

VERRUCAIRE. *s. f.* lat. *Verrucaria.* angl. *wart-wort.* Plante qui fait en aller les verruës, d'où lui vient le nom qu'elle porte.

VERRUË. *s. f.* lat. *Verruca.* ang. *a wart.* Porreau, petit durillon rond & élevé sur la peau comme un petit pois.

VERS. *s. mascul.* lat. *Versus, carmen.* ang. *verse.* Assemblage d'un certain nombre de paroles, & de syllabes mesurées.

VERS. *Prép.* lat. *Versùs.* ang. *toward.* Du côté. Environ.

*VER-SACRUM. s. masc.* Sacrifice solemnel que les *Romains* offroient à leurs Dieux dans les occasions les plus importantes. Ils y offroient de tout ce qui étoit venu dans toute leur domination pendant le Printems, excepté les hommes.

VERSANT, ante. *adj.* Ne se dit que des voitures sujettes à verser.

VERSATILE. *adject.* Variable, inconstant, sujet au changement.

VERSE. (à) *adv.* lat. *Copiosè, undatim.* ang. *deadly hard.* Abondamment, en parlant de la pluie.

VERSE-EAU. *s. m.* lat. & ang. *aquarius.* Onzième signe du Zodiaque, qui suit le *Capricorne.* Il se leve avec le Soleil environ le vingt-un de *Janvier.* Les Mithologistes font briller *Ganymede* dans cette constellation; car *Jupiter* étant frappé de sa beauté le fit enlever par un aigle & le plaça au Ciel pour lui servir d'échanson. D'autres disent que ce signe est ainsi nommé, parceque lorsqu'il paroit sur l'horison, le tems est ordinairement humide & pluvieux. Les étoiles qui composent cette constellation sont au nombre de quarante-cinq selon le catalogue de *Ptolomée*, de quarante selon *Tychon* & de nonante selon *Flamstead.* Son caractère est ♒.

VERSER. *v. act.* & *n.* lat. *Fundere.* ang. *to pour.* Faire écouler une chose liquide d'un vaisseau en l'inclinant. Répandre, épancher. Faire tomber sur le côté une machine roulante, soit carrosse, charrette, ou bâteau. lat. *Subvertere.* ang. *to overturn....* Il se dit aussi des blés quand ils sont si hauts & si agités que leur tuyau ne peut plus les soutenir.

VERSET. *s. m.* lat. *Versus, versiculus.* ang. *a verse.* Partie d'un chapitre, d'une section, ou d'un paragraphe subdivisé en plusieurs petits articles. La distinction des Pseaumes ou des Chapitres de la Bible par Versets a été faite dans les derniers siécles, pour trouver plus aisément les passages qui sont contenus.

VERSIFICATEUR. *s. masc.* lat. *Versificator.* ang. *a versifier.* Rimeur; qui fait de mauvais vers.

VERSIFICATION. *s. fem.* lat. *Versificatio.* ang. *versification.* Tour de vers; cadence du vers; l'art de faire des vers.

VERSIFIER. *v. act.* lat. *Versificari, versus scribere.* ang. *to versify.* Faire des vers.

VERSINE. *s. fem.* Mesure pour les grains, dont on se sert en quelques lieux de Savoye. Elle pese quarante-deux livres poids de marc.

VERSION. *s. f.* lat. *Interpretatio, versio.* ang. *version, translation.* Interprétation, traduction de quelque livre ou écrit d'une langue en une autre, pour le rendre intelligible à ceux qui ne comprenent pas l'original.

VERSO. *s. m.* (Palais) Page qu'on trouve quand on a tourné le feuillet & qui est à la gauche du lecteur.

VERT, Verte. *voy.* Verd.

VERTE. *s. f.* Jauge ou velte.

VERTEAS. *s. m.* Espèce de Religieux Indiens qui vivent en commun, & ne mangent que les restes qu'on leur donne.

VERTÉBRAL, ale. *adj.* Qui appartient aux vertèbres. lat. *Vertebralis.* ang. *vertebral.*

VERTÈBRE. *s. f.* lat. *Vertebra.* ang. *vertebra, chine-bone.* En *Chirurgie* signifie une jointure, ou partie tournante du corps: mais on la prend particuliérement pour un petit os, dont plusieurs de suite font la composition de la troisième partie du squelete de l'homme. Ils s'étendent depuis le haut du cou jusqu'au croupion, & ils forment toute l'épine du dos. Le cou a sept vertèbres, le dos douze, les lombes cinq & l'*os sacrum* six.

VERTEL. *s. m.* Mesure de grains dont on se sert à Anvers. Les trente-deux & demi font dix-neuf setiers de Paris.

VERTELLE. *s. f.* Espèce de bonde comme celle d'un étang, qui sert à fermer des varaignes dans le marais salans.

VERTEMENT. *adverb.* lat. *Validè, acriter.* ang. *briskly, smartly.* D'une manière forte & puissante.

VERTENELLES. *s. f. pl.* (Marine) Pentures, gonds ou charnières, qui entrent l'une dans l'autre pour tenir le gouvernail suspendu à l'étambord & lui donner du mouvement.

VERTEVELLES. *s. femin. pl.* (Serrurerie) Piéces de fer en forme d'anneaux qu'on fiche dans une porte pour faire couler & tenir le verrouil des serrures à bosse.

VERTEX. *s. mas.* (Anatomie) Le sommet de la tête.

VERTICAL, ale. *adj.* lat. *Verticalis.* ang. *vertical.* En *Astronomie*, le point *vertical* est celui qui dans le Ciel répond directement au-dessus de notre tête, qu'on appelle autrement *Zenith.* Les cercles *verticaux* sont de grands cercles qui se coupent dans le *Zenith* & le *Nadir.* On les nomme *Azimuths.* On appelle *vertical* du Soleil un cercle *vertical* qui passe par le centre du Soleil à quelque heure que ce soit. Un cadran *vertical* est celui qui est tracé sur une surface élevée à plomb sur l'horison.

VERTICALEMENT. *adv.* lat. *Perpendiculariter.* anglois. *vertically.* D'une manière verticale.

VERTICALITÉ. *s. fem.* Qualité, situation, état d'une chose placée verticalement.

VERTICILLÉ, ée. *adj.* (Botanique) Se dit des feuilles & des fleurs des plantes qui viennent par étages & en rayons le long de la tige & des branches.

VERTICITÉ. *s. f.* (Physique) Position & situation d'une chose qui regarde d'un certain côté.

VERTIGE. *s. m.* lat. *Vertigo.* ang. *a dizziness, giddiness.* Indisposition du cerveau dans laquelle il semble à ceux qui en sont attaqués, que tous les objets qui les environnent, tournent, & qu'ils tournent eux-mêmes, quoiqu'ils soient en repos. Au *figuré* il signifie étourdissement, folie.

VERTIGINEUX, euse. *adj.* Qui a des vertiges, qui est sujet aux vapeurs.

VERTIGO. *s. m.* lat. *Equi vertigo.* anglois. *the staggers.* Maladie qui fait chanceler le cheval & donner de la tête contre les murs, semblable aux vertiges. Caprice, colère soudaine.

VERTIQUEUX, euse. *adject.* (Physique) Qui a un mouvement en tournant, qui se meut en spirale.

VERTU. *s. f.* lat. *Vis*, *vires.* ang. *virtue*, *force*, *power.* Efficacité, force, vigueur, faculté, propriété, puissance d'agir qui est dans tous les corps naturels suivant leurs qualités. Courage,hardiesse. Force mouvante. Valeur des nombres. Droiture, probité, habitude de l'ame à faire le bien, à suivre ce qu'ordonnent les loix & ce que dicte la raison. Pudeur, chasteté. Les *Romains* en ont fait une Déesse & ont bâti un Temple a la *Vertu* & un autre à l'*Honneur.* Ils ont représenté la *Vertu* sous différentes formes & en différentes manières; mais le plus souvent sous la figure d'une femme vêtuë de blanc & assise sur une pierre quarrée. En *Théologie*, il se dit au pluriel du cinquième chœur des Anges.

VERTU. (En) *adv.* lat. *In nomine.* anglois. *by virtue of.* Au nom, en conséquence.

VERTUEUSEMENT. *adv.* lat. *Castè*, *sanctè*, *integrè.* anglois. *virtuously.* D'une manière vertueuse.

VERTUEUX, euse. *adj.* lat. *Virtute præditus.* ang. *virtuous.* Qui a de bonnes qualités morales.

VERTUGADE. *s. f.* Gros & large bourrelet que les Dames portoient autrefois au dessous de leur corps de robe. lat. *Pulvinarius cirticellus.* ang. *a vardingale.*

VERTUGADIER. *s. m.* lat. *Cirticillorum artifex.* ang. *a vardingale-maker.* Ouvrier qui faisoit des vertugades.

VERTUGADIN. *s. masc.* Diminutif de vertugade.

VERTUGALE. *voy.* Vertugade.

VERTUMNALES. *s. f. pl.* lat. *Vertumnalia.* angl. *vertumnales.* Fêtes qu'on célébroit en l'honneur du Dieu Vertumne dans l'Automne & dans la saison de la récolte des fruits.

VERTUMNE. *s. m.* lat. & ang. *Vertumnus.* Le Dieu des *Jardins*, que quelques Poëtes font mari de *Pomone.* D'autres le nomment *Prothée*, parce qu'il change souvent de figure. D'autres le font Dieu du commerce; d'autres, Dieu des pensées des hommes, &c. Les *Romains* célébroient des fêtes en son honneur dans l'*Automne* & les appelloient *Vertumnales*; ils lui rendoient graces dans ces fêtes des fruits de la terre.

VERVE. *s. fem.* lat. *Animi impetus*, *æstus*, *furor.* ang. *a poetical rapture.* Certaine fureur, ou émotion d'esprit qui reveille le génie des Poëtes, des Peintres, des Musiciens & des gens qui travaillent d'imagination. Caprice, bizarrerie.

VERVEINE. *s. fem.* lat. *Verbena.* ang. *vervein.* Herbe dont on se servoit autrefois dans les cérémonies sacrées; qu'on appelloit herbe sacrée, larmes de Junon, &c.

VERVELLE. *s. f.* (Fauconnerie) lat. *Retinaculus annulus.* ang. *varvel.* Petit anneau ou plaque qu'on attache au pied de l'oiseau de proie où il y a une empreinte des armes du Seigneur à qui il appartient, ou quelque autre marque qui le fait reconnoître.

VERVEUX, ou Verveu. *s. m.* lat. *Everticulum.* ang. *a sweep-net.* Filet à prendre du poisson, fait en nasse, aboutissant en pointe & soutenu tant dans son ouverture que dans sa largeur par trois ou quatre cercles.... Panier d'osier terminé en pointe, où l'on met des fruits pour les transporter sur des bêtes de somme.

## V E S

VESCE, ou Vesse. *s. f.* lat. *Vicia.* ang. *fitch or vetch.* Plante dont la semence sert à nourrir les pigeons & qu'on donne même aux chevaux mêlée avec l'avoine.

VESCERON. *s. m.* Espèce de vesce sauvage qui vient sans semer dans la campagne & parmi les bleds. lat. *Aphaca*, *silvestris vicia.* ang. *the wild fitch.*

VESICAIRE. *s. fem.* Espèce d'Alkekengi ou Coqueret, ainsi appellé parce qu'il porte des vessies dans lesquelles son fruit est renfermé. lat. *Vesicaria.* anglois. *alkekengi*, *winter-cherries....* Solanum vesicaire. *voy.* Alkekengi.

VÉSICATION. *s. f.* Naissance des cloches ou vésicules qui se forment après une brûlure de feu ou d'eau chaude. Effet des remedes vésicatoires. lat. *Vesicatio.* ang. *vesication.*

VÉSICATOIRE. *s. masc.* lat. *Vesicatorium:* ang. *vesicatory.* Cautère ou remède topique qui fait venir des ampoules. C'est un onguent, cataplasme ou emplâtre fait de médicamens âcres qui ont faculté d'attirer les humeurs du dedans au dehors, d'ulcérer la peau, & faire des vessies.

VESICULE. *s. m.* lat. *Vesicula.* ang. *vesicle*, *little bladder.* Petite vessie. Le *vesicule* du fiel est un vaisseau membraneux, rond, un peu long, semblable à une petite poire, situé dans la partie cave du foie, ordinairement gros comme un petit œuf de poule.

VÉSICULEUX, euse. *adj.* Qui ressemble à de petites vessies.

VESLER, Veslin. *voy.* Vêler, Vêlin.

VESOUL. *s. m.* Terme de sucrerie. Nom du jus de canne de sucre, quand il est dans la seconde chaudière.

VESPÉRIE. *s. f.* Thèse qu'on soutient dans les Collèges l'après dîné par un simple exercice

& entre les Écoliers sans cérémonie. C'est aussi le dernier acte que fait dans les Universités un Bachelier la veille du jour qu'il doit prendre le bonnet de Docteur, où trois Docteurs disputent contre lui. Reprimande qu'on fait à quelqu'un.

VESPÉRISER. *v. act.* lat. *Objurgare*, *reprehendere*. ang. *to school*, *check*, *rebuke*. Réprimender quelqu'un.

VESPRE, Vespres. *voy.* Vêpre, Vêpres.

VESSE. *subst. fem.* lat. *Flatus ventris tennior.* angl. *foist*, *fizzle*. Vent que lâche le derrière sans éclat, & qui est d'ordinaire fort puant.... *Vesse de loup* : faux champion qui est plein de vent. lat. *Fungus pulverulentus.* ang. *a puff-ball*, *or puff-fist*. Il est astringent & propre pour arrêter le sang d'une plaie & le flux des hémorroïdes, étant appliqué sur la partie.... *Vesse*. Plante. *voy.* Vesce.

VESSER. *v. n.* voy. *Vessir.*

VESSERON. *voy.* Vesceron.

VESSEUR, euse. *subst. m.* & *f.* lat. *Flatus ventris edens.* angl. *fizzler*. Qui est sujet à faire des vesses.

VESSIE. *substant. femin.* lat. *Vesica*, *utriculus.* anglois. *the bladder*. C'est un vaisseau qui reçoit l'urine des animaux, qui la retient & la garde quelque-tems. *Vessie* du fiel est le réservoir de la bile, dans la partie cave du foie. *Vessie* se dit aussi des ampoules qui font élever la première peau. lat. *Vesicula.* angl. *a blister*.... (Chymie) Partie basse d'un alembic, où on met la liqueur & autres matières qu'on veut élever & sublimer. Vaisseau de cuivre d'une grande capacité & d'un gros ventre, couvert d'un chapiteau rond, qui aboutit à un long canal tortueux que l'on fait passer au travers d'une barique d'eau froide. On se sert de ce vaisseau pour faire les eaux de vie & autres liqueurs.... *Vessie orgueilleuse.* voy. *Orgueil*, à la fin.

VESSIGON. *subst. masc.* (Manége) Enflure molle qui vient à droit & à gauche du jarret du cheval.

VESSIR, *ou* Vesser. *v. n.* lat. *Ventris flatum edere.* anglois. *to foist or fizzle.* Lâcher une vesse ou vent qui sort du derrière sans bruit: Les *Essayeurs* le disent des vents que l'air & le feu font sortir, lorsqu'on tire l'essai du fourneau, en sorte pourtant qu'il ne soit pas surpris par l'air.

VEST. *substant. mascul.* (Coutumes.) lat. *Mancipii datio.* anglois. *vesting or vesture.* Ensaisinement. Action de mettre en possession.

VESTA. *s. fem.* Déesse de la terre, qu'on appelle quelquefois Mère & d'autrefois fille de *Saturne*. *Numa Pompilius* second Roi des *Romains* lui consacra un feu éternel ou continuel & pour le conserver il établit des Prêtresses qui furent nommées *Vestales* & qui avoient le privilége d'être mariées après avoir passé trente ans dans cette fonction ; mais si elles avoient laissé éteindre le feu, on les punissoit avec une grande sévérité & lorsqu'elles avoient péché contre la chasteté, on les enterroit toutes vives. Le cinquième jour de *Juin*, les *Romains* célébroient la fête de cette Déesse. Ils faisoient des festins dans les ruës chacun devant sa porte & choisissoient des mets qu'ils envoyoient au Temple de la Déesse. On conduisoit par la ville plusieurs ânes couronnés de fleurs & ornés de colliers composés de certains morceaux de pâte, en forme de petits pains ronds. Les moulins étoient aussi ornés de bouquets, & ne tournoient point ce jour-là. Les Dames Romaines alloient pieds nuds au Temple de *Vesta* & au Capitole.

VESTALES. *s. fem. pl.* lat. *Vestales virgines.* anglois. *vestales*. Filles qui chés les Romains étoient consacrées à la Déesse *Vesta*. voy. *Vesta*.

VESTE. *s. fem.* lat. *Palla*, *toga*. ang. *a vest*. Espèce de justau-corps qui va jusqu'aux genoux.

VESTEMENT. *voy.* vêtement.

VESTIAIRE. *substant. masculin.* lat. *Vestiarium.* ang. *vestiary*. Dépense qu'on fait pour habiller un Religieux, pour le vêtir. Lieu où l'on met les habits dans quelques Communautés, & celui qui en a soin.

VESTIBULE. *sub. mascul.* lat. *Vestibulum*, *atrium.* anglois. *entry*, *porch*, *vestible*. Entrée dans un bâtiment ; espace, lieu ouvert qui est au devant des sales & au bas de l'escalier.... En termes d'*Anatomie*, c'est la première partie de la seconde cavité de l'oreille qu'on nomme aussi le labyrinthe.

VESTIGES. *subst. mascul. pl.* lat. *Vestigia*, *nota impressa.* ang. *vestiges*, *steps*, *foot steps*. Piste, marque du passage de quelqu'un. Marques qui nous restent de quelques choses de l'antiquité qui ont été ruinées par le tems.... *Vestige* est aussi une espèce de fracture des os plats, qui ne consiste que dans une simple incision qui laisse la marque de l'instrument qui l'a faite.

VESTIR, Vesture. *voy.* Vêtir, Vêture.

## V E T

VÊTEMENT. *s. mas.* lat. *Vestis.* ang. *vestment*, *cloathing*. Habillement ; ce qu'on met sur son corps pour se défendre des injures de l'air.

VÉTÉRAN. *s. masc.* lat. *Veteranus*, *emeritus.* ang. *a veteran*. C'étoit dans la milice *Romaine*, un Soldat qui avoit vieilli dans le service, qui avoit fait un certain nombre de campagnes & qui pour cela jouissoit de plusieurs priviléges. Il se dit en *France* d'un Officier qui a exercé vingt ans une charge, & qui jouit des honneurs & priviléges qui lui sont attribués, quoiqu'il s'en soit défait. Dans les Colléges on le dit d'un Ecolier qui fait sa seconde année dans une même classe.

VÉTÉRANCE. *subst. fem.* Qualité, place de vétéran.

VÉTÉRINAIRE. *substant. mascul.* Maréchal ferrant.

VÉTILLARD. *voy.* Vetilleur.

VETHCUNQUOI. *subst. masc.* Animal de la Virginie, qui ressemble fort à un chat sauvage

VETILLE. *sub. femin.* lat. *Machinula* [illegible] *intricata.* ang. *a trifle*. Est un petit instrumens fait de deux branches de cuivre percées en plusieurs endroits, par où passent plusieurs petites branches ou anneaux, qu'on ne peut ouvrir ni fermer sans une grande patience ou adresse, ou sans sçvoir le secret de cet enlacement. Il se dit aussi des vaines occupations, des bagatelles, des choses légères, inutiles, &c.

VÉTILLE. *subst. fem.* Feuille de bétel.

VÉTILLER. *v. n.* lat. *Nugari, nihil agere.* anglois. *to trifle.* S'amuser à la bagatelle; s'occuper à des choses frivoles. Barguigner, contester sur des choses de légère conséquence.

VÉTILLERIE. *subst. fem.* Chicanerie, raisonnement captieux.

VÉTILLEUR, euse. *sub. masc. & femin.* lat. *Vitiligator.* angl. *a trifler, a punctilious man or woman.* Qui vétille, qui s'amuse à de vaines, ou légères occupations; ou qui fait des contestations frivoles.

VÊTIR. *v. act.* Mettre un habit sur le corps, habiller. Donner des habits. Mettre en possession un acquereur du fief ou d'un héritage.

VÊTURE. *subst. femin.* Cérémonie Ecclésiastique qu'on fait dans les Couvens, en donnant l'habit de Religion à un Religieux ou à une Religieuse.

VETTADAGOU. *substant. mascul.* Arbrisseau Indien qui est toujours verd & porte des fruits deux fois l'an.

VETTURIN. *subst. mascul.* Loueur de chevaux, en Italie, qui conduit les voyageurs.

VETUSTÉ. *subst. femin.* Ancienneté. Il ne se dit que des édifices que le laps de tems a fait dépérir.

## V E U

VEU, *ou* VÛ. *s. masc.* Enumerations de pièces & procédures qui ont été produites & vûes par les juges dans un procès par écrit, qui ont servi à sa décision.

VEU. *conj.* lat. *Propter.* anglois. *considering.* A cause de, pour raison. *Veu que*, parce que, d'autant que.

VEVA. *s. masc.* Arbrisseau de l'isle de Madagascar, qui a ses feuilles semblables à celles de l'amandier, d'un verd brun par dessus, blanches & cotonnées par dessous. Elles sont astringentes & propres pour arrêter les cours de ventre.

VEUË, *ou* Vuë. *subst. fem.* lat. *Visus.* ang. *the sight.* Action de la faculté par laquelle on apperçoit les objets éloignés. Manière de regarder les choses. Fenêtre. Simple regard. Présence, situation dans laquelle on peut être vû. Rencontre. Connoissances, reflexions, prétentions, demeure.... *Veuë*, en termes de *Blason*, se dit des grilles ou barreaux qui ferment l'ouverture d'un casque ou d'un heaume. On nomme aussi *vuës* des tableaux & des estampes de païsages, de jardins, de palais... ( Marine ) Avoir la *vuë* de terre: commencer à la découvrir. Naviguer *vuë* par *vuë* ou *cours* par *cours*: regler sa navigation par les apparences des terres; naviger terre à terre.... ( Chasse ) Aller à la *vuë*: découvrir s'il y a bêtes courables au païs. Chasser à *vuë*, c'est-à-dire en voyant le gibier. ( Architecture ) *Vuë derobée*: petite fenêtre pratiquée au dessus d'un plinthe ou d'une corniche, pour éclairer un abajour ou une entresole sans corrompre la décoration d'une façade. *Vuë supérieure*: celle qui domine sur l'héritage d'un voisin. *Vuë enfilée*: fenêtre directement opposée à celle d'un voisin, étant à même hauteur d'appui. *Vuë de prospect* ou *vuë libre*; est celle dont on jouit jusqu'à une certaine distance, & devant laquelle personne ne peut bâtir ni planter. *Vuë faitière*: petit jour pris dans un comble. Le *point* ou la *ligne* de *vuë* est à la hauteur de celui qui regarde. Perspective à *vuë* d'oiseau ou d'hyrondelle se dit quand le *point* de *vuë* est si élevé que les bâtimens ou autres corps qui sont devant n'empêchent point qu'on ne voie ce qui est derrière. *Vuë de servitude*: est celle qu'on est obligé de souffrir en vertu d'un titre; *vuë de souffrance*, celle que l'on n'a que par tolérance & sans titre; & *vuë à tems* celle dont on jouït pendant un certain tems.... En termes de lettres de change, on dit qu'une lettre est payable à *vuë* ou à huit jours de *vuë*, c'est-à-dire ou aussi-tôt qu'elle sera présentée par le porteur, ou huit jours après.... On appelle lunettes à longue *vuë*, celles qui grossissent les objets & servent à les voir dans l'éloignement.

VEUF. Veuve. *s. m. & femin.* lat. *Viduus, vidua.* anglois. *a widower, a widow.* Celui qui a perdu sa femme. *Veuve* celle qui a perdu son mari. Chés les *Juifs*, quand le mort n'avoit point d'enfans de sa femme, & qu'elle étoit encore en âge d'avoir des enfans, le frère ou le plus proche parent du mort étoit obligé d'épouser sa *veuve*; & s'il le refusoit, il se couvroit de honte & se faisoit tort; mais les veuves des Rois & des Prêtres n'étoient point sujets à cette loi. Parmi les *Romains*, il n'étoit permis aux *veuves* de se remarier qu'un an après la mort de leur premier mari, sans une permission expresse du Magistrat; & celles qui le faisoient avant ce terme, étoient condamnées à l'amende, après avoir été marquées par quelque note infamante.

VEULE. *adject.* ( Jardinage ) Se dit d'une terre trop légère & où les plantes ne peuvent prendre racine; & des branches d'arbres longues & trop menues pour porter du fruit, de sorte qu'il faut les couper. On le dit aussi des étoffes qui sont mal fabriquées, qui ne sont pas suffisamment frappées ou qui ne sont pas assés fournies de laine; & de cette espèce de castor qu'on appelle autrement *castor sec, castor maigre* & *castor d'été*.

VEUVAGE. *s. m.* ou Viduité. *s. f.* lat. *Viduitas.* ang. *widow-hood, viduity.* Etat des personnes qui ont perdu leur femme ou leur mari.

VEUVE. *voy.* Veuf.

## V E X

VEXATION. *s. fem.* lat. *Vexatio, damnum.* anglois. *vexation.* Dommage qu'un chicanneur fait souffrir à quelque personne par les deman-

des

des injustes qu'il lui fait, les méchantes affaires qu'il lui suscite, les fuites ou mauvaises procédures qu'il fait contre lui, qui lui causent de faux frais, des dépenses inutiles. Injustes exactions qui se font à la foule & à l'oppression du peuple.

VEXER. *v. act.* lat. *Vexare*, *divexare*. ang. *to vex*, *trouble*, *oppress*. Tourmenter quelqu'un par procès & exactions.

V E Z

VEZ-CABOULI. *subst. mascul.* Sorte de racine médicinale, qui a aussi quelque usage pour la teinture.

U H E

UHEBEHASON. *s. masc.* Arbre de l'Amérique, d'une grosseur surprenante, dont les branches s'entrelacent les unes dans les autres, & dont les feuilles sont semblables à celles de choux. Il porte un fruit d'un pied de long, & donne une gomme rouge.

V I A

VIAGER, ère. *adj.* lat. *Fructuarius.* ang. *for life*, *during life.* Qui dure pendant la vie.

VIAGIER. *s. m.* (Coutume) Usufruitier.

VIALES. *s. mascul.* Dieux qui avoient soin des chemins.

VIANDE. *s. fem.* lat. *Cibus*, *esca*, *cibaria.* ang. *meat*, *flesh.* Chair des animaux. Il se dit aussi du poisson, salines, &c.

VIANDER. *v. n.* lat. *Pasci*, *vesci.* anglois. *to feed.* Terme de *Vénérie* qui se dit des cerfs qui vont à la pâture.

VIANDIS. *s. masc.* lat. *Pastus*, *pabulum.* anglois. *the pasture of a deer.* Pâture du cerf.

VIATEUR. *subst. masc.* lat. & ang. *Viator.* Officier de justice chés les Romains. On donnoit ce nom à tous ceux qui accompagnoient les Magistrats; Licteurs, Scribes, Crieurs, &c.

VIATIQUE. *sub. masc.* lat. *Viaticum.* angl. *viaticum.* Ce qu'on donne à des Religieux pour faire les frais d'un voyage. C'est aussi la Communion qu'on l'on donne aux agonisans. lat. *Viaticum sacri corporis Christi.* angl. *the holy viaticum.*

V I B

VIBAILLI. *voy.* Vicebailli.

VIBILIE. *s. f.* *Vibilia.* Déesse des Romains, qui empêchoit les Voyageurs de se tromper de chemin.

VIBORD. *subst. mascul.* (Marine) Espèce de parapet, ou de grosse planche qui embrasse ou qui entoure le pont d'en haut; l'extrémité du bordage qui regne en haut autour du pont & qui sert de gardefou.

VIBRATION. *subst. fem.* lat. *Vibratio.* ang. *vibration.* Mouvement reglé & réciproque d'un pendule, qui s'agite à droit & à gauche au tour d'un point fixe. Un pendule de trois pieds huit lignes & demie de long fait une vibration dans l'espace d'une seconde, par conséquent soixante dans une minute & trois mille six cent dans une heure. On le dit par extension de plusieurs mouvemens égaux qui se font à droite & à gauche.

VIBRER. *verb. n.* (Horlogerie) Faire des vibrations.

V E C

VICAIRE. *subst. masc.* lat. *Vicarius.* ang. *vicar.* Celui qui est comme Lieutenant d'un autre; qui tient sa place; qui fait ses fonctions en son absence & sous son autorité. Il se dit particulièrement de ceux qui soulagent les Evêques & les Curés dans leurs fonctions. On appelle *Vicaires perpétuels*, des Curés qui desservent les Cures dépendantes d'un Chapitre, d'une Abbaye, ou d'un Prieuré, au lieu des Curés primitifs, qui sont les gros décimateurs, & qui ne laissent à ces *Vicaires* que des portions congruës. Il y aussi deux *Vicaires* de l'Empire d'*Allemagne*, l'Électeur *Palatin* & celui de *Bavière*, qui prétendent tous deux n'en faire qu'un; & l'Électeur de *Saxe*, qui ont chacun des Provinces distinctes pour y exercer leur jurisdiction & pour nommer aux bénéfices vacans dans l'Eglise ou pour présenter des sujets convenables aux Chapitres des Eglises Cathédrales & Collégiales & aux Abbayes. Ils administrent aussi les revenus des domaines de l'Empereur & ils en disposent pour les affaires publiques. Ils reçoivent foi & hommage des Vassaux de l'Empire, & donnent l'investiture des fiefs, à l'exception des principautés. Le Roi des *Romains* est Vicaire Général & perpétuel de l'Empire. Les cinq Électeurs séculiers ont aussi leurs *Vicaires* ou députés qui agissent en leur nom. Le Pape à également un grand *Vicaire.*

VICAIRIE, *ou* Vicairerie. *s. fem.* lat. *Vicariatus.* ang. *vicarship.* Cure desservie par un Vicaire perpétuel.

VICARIAL, ale. *adj.* lat. *Vicarialis.* ang. *vicarious.* Qui est de Vicaire, qui regarde le Vicaire.

VICARIAT. *s. mascul.* lat. *Vicarii munus.* angl. *vicarship.* Fonction de Vicaire. Territoire de grand Vicaire.

VICARIER. *v. n.* Faire les fonctions de Vicaire.

VICE. *s. m.* lat. *Vitium*, *defectus.* anglois. *vice.* Imperfection du corps ou de l'ame. *Vice naturel :* difformité de corps que l'on apporte en naissant ou qui vient par maladie, dont on n'est point responsable. *Vice* se dit aussi des maladies, des imperfections des animaux, des défauts des choses inanimées; & en *Morale* des défauts & mauvaises habitudes qu'on a contractées. C'est aussi un mot qu'on ajoute à une dignité ou personne pour marquer qu'elle agit en second, qu'elle est d'un rang inférieur, comme *Vice-Amiral*, *Vice-Bailli*, *Vice-Chamberlan*, *Vice Chancellier* d'une Université, &c.

VICE-AMIRAL. *s. masc.* Seconde dignité dans la marine. Officier Général qui commande les vaisseaux de guerre à la place de l'Amiral, lat. *Proadmirallus*. ang. *a vice-admiral*.... On le dit aussi du vaisseau qui porte le *Vice-Amiral*.

VICE AMIRAUTÉ. *s. f.* Charge du Vice-Amiral.

VICE-BALLI, *ou* Vibailli. *s. m.* Officier qui tient la place d'un Prévôt des Maréchaux, qui prend connoissance des causes criminelles, contre les voleurs, faux monnoyeurs, vagabonds, &c. lat. *viceballivus*. ang. *a vice-balliff*.

VICE-CHANCELIER. *subst. masc.* C'est à *Rome* un Cardinal qui est le premier Officier de la Cour, qui préside à toutes les expéditions des lettres en matière Ecclésiastique, envoyées par tout le monde.... En *France*, c'est celui qui tient la place d'un Chancelier. lat. *Procancellarius*. ang. *vice-chancellour*.

VICE-CHANCELIÈRE. *s. fem.* Femme d'un Vice-Chancelier.

VICE-CONSUL. *s. masc.* Celui qui tient la place du Consul établi dans les ports & échelles & autres lieux de commerce chés les Etrangers, pour juger les différends qui arrivent entre ceux de la nation, & pour les protéger contre les étrangers.

VICE-CONSULAT. *s. m.* Emploi de Vice-Consul.

VICE-DOGE, *ou* Vice-Duc. *s. masc.* Conseiller Venitien qui représente le Doge lorsqu'il est malade, ou qu'il est absent, mais qui n'en a pas tous les honorifiques, n'occupant point le siége Ducal, ne portant point la corne, & n'étant point traité de *Sérénissime*.

VICE-GÉRENT. *s. masc.* lat. *vicem gerens*. anglois. *a vice-gerent*. Juge Ecclésiastique qui tient la place de l'Official dans le ressort d'un Parlement où s'étend le Diocèse d'un Evêque dont le siége Episcopal est dans un autre Parlement.

VICE-LÉGAT. *s. masc.* Officier que le Pape envoie à Avignon ou en une autre ville, pour y faire la fonction de Gouverneur spirituel & temporel, quand il n'y a point de Légat ou Cardinal qui y commande. lat. *Prolegatus*, *vicelegatus*. angl. *vicelegate*.

VICELÉGATION. *s. fem.* lat. *Vicelegatio*, *prolegatio*. anglois. *vicelegateship*. Office & jurisdiction de Vice-Légat.

VICENNAL, ale. *adj.* lat. *vicennalis*. ang. *vicennial*. Qui se fait de vingt en vingt ans.

VICENNALES. *s. f. pl* lat. & ang. *vicennales*, *vicennalia*. Jeux, réjouissances, fêtes, qui se célébroient de 20 en 20. ans.... Fêtes funebres qui se faisoient le vingtième jour après la mort d'un homme.

VICE-PRÉSIDENT. *s. m.* Celui qui exerce la fonction du Président en son absence.

VICE PROCUREUR. *s. mascul.* C'est dans l'Ordre de Malthe celui qui fait les fonctions de Procureur de l'Ordre en l'absence du Procureur.

VICEREINE. *subst. fem.* Femme du Vice-Roi. On le dit aussi d'une Princesse qui gouverne avec l'autorité d'un ViceRoi.

VICEROI. *s. m.* lat. *Prorex*. anglois. *viceroy*, *a deputy-king*. Gouverneur d'un Royaume, qui y commande au nom du Roi avec pleine & souveraine autorité.

VICEROYAUTÉ. *substant. fem.* lat. *viceregnum*. anglois. *vice-royalty : the place and dignity of a viceroy*. Qualité de Vice-Roi, païs où s'étend sa domination.

VICE-SÉNÉCHAL *s. m.* lat. *Proseneschallus*. anglois. *a vice senechal*. Lieutenant du Senéchal soit celui d'épée, soit celui de robe. Il a la même fonction que le Vice-Bailli.

VICIÉ, ée. *adj.* lat. *vitiatus*, *corruptus*. anglois. *rotten*. On le dit du bois, qui est gâté & corrompu.

VICIER. *v. act.* lat. *vitiare*, *contaminare*. anglois. *to vitiate*. Rendre nul, défectueux. Bois *vicié* est celui qui est gâté & corrompu.

VICIEUSEMENT. *adv.* lat. *vitiosè*, *contaminatè*. anglois. *viciously*. D'une manière vicieuse.

VICIEUX, euse. *adj.* lat. *vitiosus*, *corruptus*, *depravatus*. anglois. *vicious*. Qui a quelque défaut ou imperfection ; qui est sujet à quelque vice. On appelle *vicieux* un cheval qui mord, qui rue, qui est ombrageux, qu'on ne peut domter. Un acte est *vicieux* dans le *Palais*, quand il n'a pas toutes les formalités requises. lat. *Informis*, *non legitimus*. anglois. *full of errours*.

VICISSITUDE. *s. femin.* lat. *vicissitudo*, *varietas*, *mutatio*. angl. *vicissitude*. Changement, révolution, retour successif.

VICLEFISME, Viclefiste. *voy.* Wiclefisme, Wiclefiste.

VICOGNE. *voy.* Vigogne.

VICOMTE. *substant. femin.* lat. *vicecomes*. ang. *a viscount*. Nom de dignité sans autorité & sans jurisdiction. C'étoit autrefois le Lieutenant d'un Comte ou Gouverneur de Ville ou de Province. Dans quelques Provinces c'est un homme de robe qui juge les procès entre roturiers en première instance & qui a les mêmes fonctions que les Prévôts, Viguiers ou Chatelains ont dans d'autres Provinces. lat. *Vicecomes judex*. angl. *a viscount or sheriff*.

VICOMTÉ. *s. f.* lat. *vicecomitatus*. anglois. *a visconnty*. Fief relevant du Roi immédiatement ou d'un Comté lequel est relevant de la Couronne. Il se dit aussi du ressort, de la jurisdiction du Vicomte Juge, & même du siége de sa justice.... *Vicomté* est encore un bailliage subordonné à un plus grand, où les matières bénéficiales & les cas royaux doivent être portés.

VICOMTESSE. *s. f.* lat. *vicecomitissa*. ang. *viscountess*. Femme d'un Vicomte.

VICOMTIER, ière. *adj.* Qui appartient à une Vicomte.

VICTIMAIRE. *s. m* ( Antiquité ) Ministre ou serviteur des Prêtres. Ministre inférieur des sacrifices.

VICTIME. *sub. fem.* lat. *victima*. anglois. *a victim*. Animaux que l'on immoloit dans les sacrifices. On en choisissoit de différentes sortes selon la différence des Dieux. Car on ne sacrifioit aux Dieux infernaux que des victimes stériles, & aux Dieux célestes que des victimes fecondes. On ne sacrifioit à *Jupiter* que des bœufs ou des coqs blancs ; à *Junon* une vache ou une brebis; à *Diane* une biche ; à *Cerés* & à *Cibéle* une truye ; au Dieu *Pan* une chévre ou un chien ; à *Mars* un Taureau furieux ; à *Neptune* un cheval, un bouc ou un taureau noir ; au Dieu *Terme* un agneau ; à *Apollon* un cheval ; à *Minerve* une cavale ; à *Venus*, une colombe ou une tourterelle ; à *Isis* une oye ; à *Bacchus* un chevreau ou un bouc. On n'offroit à certaines divinités que des fruits, des liqueurs, &c. *Victime* signifie aussi une nation ou un homme persécuté, sacrifié à la haine, à la tyrannie de celui qui le commande, ou à la haine, à l'ambition, ou à quelqu'autre passion de ceux qui ont du pouvoir. On dit aussi qu'un homme a été la victime de son zèle, de sa bonne foi, de sa générosité, quand ce zèle a été la cause de sa mort, & cette bonne foi ou cette générosité l'ont été de ses disgraces, de ses malheurs.

VICTOIRE. *s. f.* lat. *victoria.* anglois. *victory.* Gain d'une bataille, deffaite de son ennemi ; avantage qu'on remporte, soit en guerre, soit dans les combats particuliers. C'étoit aussi une Déesse adorée par les Anciens. Ils la représentoient comme une jeune fille avec des aîles, tenant d'une main une couronne de laurier, & de l'autre une branche de palme ornée de trophées. *Figurément:* assujettissement des sens & des passions à la raison.

VICTORIAL, ale. *adject.* Jeux *victoriaux* étoient ceux qu'on célébroit au sujet d'une victoire remportée sur les ennemis.

VICTORIAT. *s. mas.* (Antiquité) Monnoie Romaine, qui au revers avoit une figure de la victoire.

VICTORIEN. *voy.* Victorin.

VICTORIEUSE. *s. fem.* Anémone dont les grandes feuilles sont couleur de chair, mêlées d'incarnat, la peluche feuille morte & incarnat.

VICTORIEUSEMENT. *adv.* D'une manière victorieuse.

VICTORIEUX, euse. *adj.* lat. *victor.* ang. *victorious.* Qui a vaincu & défait ses ennemis.

VICTORIEN, ou Victorin. *s. m.* Chanoine regulier de S. Victor.

VICTORIOLE. *s. f. Victoriola.* Petite victoire. Il ne se dit que de l'image de la victoire qu'on trouve sur les médailles.

VICTUAILLES. *s. f. pl.* lat. *Cibaria.* angl. *victuals*, Vivres, munitions de bouche.

VICTUAILLEUR. *sub. masc.* lat. *Annonarius nauticus.* anglois. *victualler.* Celui qui s'est obligé à fournir dans un vaisseau les victuailles.

VICUNNAS. *s. masc.* Est un des animaux, qui donnent le bézoard Occidental.

## V I D

VIDAME. *s. m.* lat. *vice Dominus.* anglois. *vidame.* Titre de Seigneurie. Anciennement les *vidames* furent institués pour défendre les biens temporels des Evêques, & les représenter en tant que Seigneurs temporels. Il y avoit aussi des *vidames* pour les Abbayes tant d'hommes que des femmes.

VIDAMÉ. *substant. masculin* ou Vidamie. *substant. feminin.* Dignité de vidame.

VIDELLE. *s. f.* Petit instrument de métal, composé d'une roulette & d'un manche dont se servent les Pâtissiers pour couper la pâte lorsqu'ils dressent une piéce de pâtisserie. lat. *Massæ sectorium.* ang. *a jagging-iron.*

VIDIMER. *v. act.* (Pratique) Collationner une copie à un titre original ou certifier au bas qu'elle lui est entièrement conforme, afin qu'on y ajoute foi en justice.

VIDIMUS. *s. m.* Titre qui a été collationné à l'original authentiquement par quelque autorité ou attestation de Juge.

VIDOMNAT. *s. m.* Qualité & état de celui qui possède la dignité de vidomne.

VIDOMNE. *s. m.* Titre & dignité que possédoit un Seigneur dans la Ville & État de Genève, dont les fonctions répondent à celles de vidame.

VIDUITÉ. *s. f.* lat. *viduitas*, *orbitas.* angl. *viduity*, *widow-hood.* Tems, état de veuvage.

## V I E

VIE. *s. f.* lat. *vita*, *vitæ spatium.* anglois. *life.* Durée des choses animées ; cours, espace de tems qui s'écoule entre la naissance & la mort. Principe de chaleur & de mouvement qui anime les corps, qui les fait agir, sentir & croître. Union de l'ame & du corps. État de l'ame après qu'elle est séparée du corps ; celui-ci meurt, l'ame vit éternellement. Force, vigueur, énergie. Histoire des actions de quelqu'un, de ce qui lui est arrivé pendant le cours de sa vie. Manière dont on se nourrit. Manière de vivre, conduite, mœurs. Débauche, bonne chère.

VIEIL, Vieux, Vieille. *adject.* lat. *vetus*, *senex.* anglois. *old*, *ancient.* Qui est âgé, qui est né depuis long-tems. Ce qui est usé, qui ne vaut plus rien ; qui est gâté par le tems ; dont on ne se sert plus. Langage suranné, qui n'est plus en usage. Experimenté, qui a fait long-tems un métier.

VIEILLARD. *s. masc.* lat. *Senex*, *annosus.* anglois. *an old man.* Homme qui est sur son dernier âge.

VIEILLEMENT. *adv.* En vieillard, comme un homme qui est vieux.

VIEILLERIES. *s. fem. pl.* lat. *veteramenta.* ang. *old cloaths or goods.* Vieilles hardes, meubles. Opinions anciennes, surannées, auteurs anciens.

VIEILLESSE. *s. f.* lat. *Senectus*, *ætas provecta.* angl. *old age.* Le dernier âge de la vie. On l'emploie quelquefois en parlant des animaux & des bâtimens.... C'étoit aussi une Déesse fille de l'Erebe & de la nuit.

VIEILLIR. *v. n.* lat. *Senescere.* anglois. *to grow old.* Devenir vieux. S'user, perdre sa vigueur, devenir infirme & caduc.

VIEILLOT, otte. *adj.* lat. *vetulus.* anglois. *oldish.* Qui commence à vieillir.

VIELLE. *sub. femin.* lat. *rotata sambuca.* anglois. *a cymbal.* Instrument de musique à corde pour réjouir les gens du peuple.

VIELLER. *v. n.* lat. *Sambucâ canere.* angl. *to play upon the cymbal.* Jouer de la vielle. Aller lentement en une affaire. S'amuser en travaillant. lat. *Lento gradu incedere, agere.* angl. *to stand'trifling.*

VIELLEUR. *s. masc.* lat. *Sambucicen.* ang. *a player on the cymbals.* Qui joue de la vielle.

VIENNE. *s. fem.* Espèce de lame d'épée qu'on fait à Vienne en Dauphiné & dont elle a retenu le nom.

VIENTRAGE. *s. mascul.* ( Coutumes ) Droit Seigneurial qui se leve sur les vins & autres breuvages.

VIERGE. *adj.* & *substant. masc.* & *fem.* lat. *Virgo.* angl. *virgin or maid.* Fille qui n'a jamais eû commerce avec un homme ; qui n'est point mariée. On le dit aussi d'un homme qui a vêcu dans une continence parfaite. La *Vierge* est un signe du Zodiaque où le Soleil entre au mois d'Août. *Vierge* se dit adjectivement de plusieurs choses, de la cire qui n'a point été travaillée & qui sort des ruches ; de l'huile qui n'a point été pressurée ; de l'or tel qu'on le tire de la mine ; de l'argent qui est encore en lingot ; du cuivre qui n'a point été fondu ; d'un parchemin fait de la peau d'un jeune agneau ou d'un veau mort-né ; d'une vigne sans fruit, qui croît fort haut & jette une agréable verdure ; & en raillant d'une épée qui n'a jamais fait mal à personne.

VIERTEL. *subst. mascul. ou* Viertelle. *subst. fem.* Nom que les Hollandois donnent à une espèce de jauge qui sert à jauger les tonneaux ou futailles à liqueurs.

V I F

VIF, VIVE. *adject.* lat. *Vivus, animatus, vegetus.* angl. *quick, alive.* Qui est plein de vie. Ardent, vehément, bouillant, qui a beaucoup de feu. Piquant, touchant, sensible. Eclatant, brillant. Les œuvres *vives* d'un vaisseau sont les parties qui trempent dans l'eau. Le *vif argent* est le mercure. Chaux *vive*, qui sort du fourneau, qui n'a point été éteinte ni fusée. Feu *vif* ou fort ardent ; froid *vif* ou fort cuisant. Dartre *vive*, qui est enflammée & qui revient toujours. Forêt *vive*, qui est fort peuplée de grands arbres & fort touffus. Garenne *vive*, qui est fort peuplée de lapins & de gibier. Haye *vive*, qui est faite d'arbres vivans, qui ont pris racine. Eaux *vives* : courans des sources.

VIF. *s. mascul.* Le *vif* d'un arbre, c'est le cœur, le dedans ; de l'eau, c'est la plus grande hauteur de la marée ; d'une colomne c'est son tronc ou son fût ; d'un piedestal, c'est son dé. On dit *figurément* couper dans le *vif*, c'est-à-dire se priver d'une chose qui fait beaucoup de plaisir, & à laquelle on est très-sensible.

VIF-ARGENT. *s. m.* C'est la même chose que le mercure.

V I G

VIGANS. *subst. m. pl.* Espèces de pinchinas.

VIGEON. *s. mascul.* Sorte de canard qui se trouve dans les isles de l'Amérique. Il quitte de nuit les étangs & les rivières & vient fouir les patates dans les jardins.

VIGEONNER. Déterrer les patates, comme font les *vigeons.*

VIGIE. *sub. fem.* (Marine) Être en *vigie*, c'est-à-dire en sentinelle.

VIGILANCE. *substant. fem.* lat. *Vigilantia.* anglois. *vigilance or vigilancy.* Attention, diligence, application, soin exact que l'on prend à faire quelque chose.

VIGILANT, ante. *adj.* lat. *Vigil, vigilans.* anglois. *vigilant, watchful.* Diligent, exact ; qui veille à ses affaires.

VIGILE. *subst. femin.* lat. *vigilia.* anglois. *vigil.* Veille d'une grande fête, qui est quelquefois jeûnée.

VIGINTIVIRAT. *s. masc.* lat. *vigintiviri, vigintiviratus.* anglois. *vigintiviri, vigintivirate.* Dignité chés les anciens *Romains*, qui en comprenoit quatre autres. Des vingt Magistrats qui composoient cette compagnie, trois jugeoient les affaires Criminelles, trois avoient inspection sur la Monnoie, quatre avoient soin des ruës de Rome, & les autres jugeoient les affaires Civiles. Ce fut *César* qui établit le *vigintivirat.*

VIGNE. *subst. femin.* lat. *Vinea, vitis.* ang. *vine.* Plante qui croît en arbrisseau & qui produit des raisins, dont on fait du vin blanc & rouge. On plante la vigne, quoiqu'on pourroit la semer. *Vigne sauvage*, ou *lambrusque* est celle qui croît sans culture aux bords des chemins & proche des haies. Son fruit est un fort petit raisin qui devient noir, quand il meurit, ce qui n'arrive pas toujours. La *vigne Vierge*, ainsi appellée de ce qu'elle a été apportée de la *Virginie* ou de ce qu'elle ne porte point de fruit, sert à faire des palissades le long des murs. Elle monte fort haut. *Vigne blanche* : voy. *Coleuvrée....* *Vigne porrette* : espèce de poireau sauvage qui croît dans les vignes, autrement appellé *poireau de chien....* *Terre de vigne* ou *à vigne* : terre ampelite *ou* pierre noire.... *Vigne* est aussi le nom que les Italiens donnent à leurs maisons de plaisance.

VIGNERON. *sub. masc.* lat. *vinitor.* anglois. *a vine-dresser.* Qui a soin de faire les vignes, de travailler aux vignes.

VIGNETTE. *substant. fem.* lat. *Topium limbolarium.* anglois. *a printer's flower, flourish.* Petite planche de bois ou de cuivre, où sont gravés ordinairement des pampres & des raisins ou autres choses, & qu'on met par ornement au haut d'une page, au commencement d'un livre.

VIGNOBLE. *subst. masc.* lat. *Solum vitibus ferax.* ang. *a vine-yard-plot.* Païs, territoire abondant en vignes.

VIGNOT. *s. m.* Sorte de grosse coquille, qui a l'éclat de la nacre.

VIGOGNE. *s. f.* lat. *vigonius.* ang. *vigone.* Espèce de mouton qui vient du Pérou, & qui porte une laine fort estimée appellée aussi *vigogne* dont on fait de fort bons chapeaux.

qui portent le même nom. Elle est de couleur fauve.

VIGORTE. *s. f.* (Artillerie) Modèle où on entaille les calibres des piéces d'artillerie, pour leur chercher des boulets convenables. Ce sont plusieurs trous percés sur une planche de la même grandeur que le calibre.

VIGOUREUSEMENT. *adverb.* lat. *validè*, *acriter*, *fortiter*. ang. *vigorously*. D'une manière vigoureuse, ferme & ardente.

VIGOUREUX, euse. *adj.* lat. *validus*. ang. *vigorous*. Qui a de la jeunesse, de la force, de la fermeté, du courage.

VIGUERIE. *s. femin.* lat. *Tribunatus*. ang. *the place of a viguier*. Office du juge Viguier: Territoire où il exerce sa jurisdiction.

VIGUEUR. *subst. fem.* lat. *Robur*, *vigor*, *vis*. anglois. *vigour*. Force du corps, ou de l'ame, soit des hommes, soit des animaux. Autorité, fermeté, courage, ardeur. Energie du stile.

VIGUIER. *s. mascul.* lat. *Tribunus judex*. anglois. *a magistrate called* Viguier, *in some provinces of* France *and* Spain. Juge en certaines provinces de *France* & d'*Espagne*. Il connoit de toutes matières en première instance entre Roturiers, excepté certains cas réservés aux Sénéchaux & aux Baillis. L'appel de ses sentences se relève par devant le Bailli ou Sénéchal. C'est ce qu'on appelle ailleurs *Chatelain* ou *Vicomte*.

## V I K

VIKIL. *s. masc.* Nom que les Persans donnent aux Commis qu'ils tiennent dans les païs étrangers pour la facilité de leur négoce.

## V I L

VIL, VILE. *adj.* lat. *Vilis*, *abjectus*. ang. *vile*, *mean*, *despicable*. Bas, abject, contemptible, méprisable, qui fait des lâchetés. Marchandise à bon marché ou à *vil* prix.

VILAIN, aine. *adj.* & *subst.* lat. *Sordidus*, *Spurcus*. ang. *nasty*, *filthy*. Laid; mal-propre; incommode; qui n'est pas agréable; qui déplait.

VILAINEMENT. *adv.* lat. *Sordidè*, *turpiter*. angl. *nastily*, *filthily*. D'une manière sale, vilaine, sordide, avare, mal-propre.

VILEBREQUIN, *ou* Virebrequin. *s. masc.* lat. *Terebellum*. ang. *a wimble*. Outil d'artisan qui sert à trouer, percer du bois, de la pierre, du métal, par le moyen d'un petit fer qu'on fait entrer en tournant. Chés les *Horlogers*, c'est un outil propre à faire tourner les égalissoirs.

VILEMENT. *adv.* (Il est peu en usage.) lat. *Sordidè*, *turpiter*. anglois. *vilely*, *basely*. D'une manière vile.

VILENIE. *s. f.* lat. *Sordes*. ang. *filth*, *nastiness*. Ordure, saleté. Mauvaise nourriture, nourriture grossière ou mal saine.

VILETÉ. *s. f.* lat. *vilitas*. anglois. *vileness*. Qualité de ce qui est vil; à bas prix.

VILIPENDER. *v. act.* lat. *Contemnere*, *aspernari*. ang. *to under-value*. Mépriser.

VILLACE. *s. f.* lat. *Oppidum spatiosum vacuum*. anglois. *a great scambling town*. Grande ville mal peuplée & mal fortifiée.

VILLAGE. *subst. mascul.* lat. *Pagus*, *vicus*. anglois. *a village*. Hameau; habitation de païsans qui n'est point fermée de murs, & qui est d'ordinaire réduite en parroisse.

VILLAGEOIS, oise. *sub. masc.* & *femin.* lat. *Paganus*, *rusticus*. anglois. *a country-man or woman*. Qui habite au village; païsan; grossier, mal poli.

VILLAIN. *s. mascul.* lat. *Rusticus*. angl. *a country-man*. Roturier, païsan, villageois. C'est originairement un homme de main morte, ou de serve condition, qui rend des services vils & des peines du corps à son Seigneur.

VILLAN. *adj.* Se dit d'une espèce de coton qui vient du Levant.

VILLANELLE. *s. f.* lat. *Villanellus versus*. anglois. *a country-ballad*. Sorte de poësie Pastorale, qui se chante & dont tous les couplets finissent par un même refrain.

VILLASSE. *voy.* Villace.

VILLE. *s. f.* lat. *Oppidum*, *urbs*, *civitas*. ang. *a town or city*. Habitation d'un peuple assés nombreux, qui est ordinairement fermée de murailles; assemblage de plusieurs maisons disposées par rues & renfermées d'une clôture commune. En *Angleterre* & dans la principauté de Galles, il y a huit mille huit cent trois villes ou environ. *Ville* est le genre, bourg est l'espèce. Chaque bourg en *Angleterre* est une ville; mais chaque ville n'est pas un bourg. *Ville* se prend souvent pour tous les habitans, ou du moins pour la plus grande partie, & quelquefois pour le corps des Officiers qui régissent la Police de la ville.

VILLE-CASTIN. *sub. masc.* Sorte de laine d'Espagne.

VILLE MARÊT. *sub. masc.* Tulipe violet clair, peu de pourpre & blanc très vif.

VILLENAGE. *s. mascul.* Se dit, dans les *Coutumes*, des tenuës de rentes, héritages ou possessions non nobles.

VILLETTE. *s. f.* lat. *Oppidulum*. anglois. *a little town*. Petite ville.

## V I M

VIMAIRE. *s. f.* Terme d'Eaux & Forêts, qui se dit des dégats causés dans une forêt par des accidens naturels, comme le vent, la grêle, &c.

## V I N

VIN. *s. masc.* lat. *Vinum*, *merum*. anglois. *wine*. Liqueur propre à boire, composée du jus des raisins. On en compose aussi avec plusieurs autres fruits: quoique celui du raisin soit le meilleur & le plus naturel. L'*esprit de vin* est la partie huileuse du *vin* rarefiée par les acides distillés du brandevin & qui sert de menstrue à plusieurs préparations chymiques & autres usages de Médecine.

VINAGE. *substant. masculin.* (Coutumes) Droit Seigneurial, qui est dû en plusieurs lieux sur les vignes, au lieu de censives, & qui se doit payer à bord de cuve, c'est-à-dire avant qu'on puisse tirer le vin de la cuve.

VINAIGRE. *subst. masculin.* lat. *Acetum.* angl. *vinegar.* Vin qu'on a fait aigrir exprès, en y mettant quelques acides. On en fait avec de la bière, du cidre, *&c.* & l'on s'en sert en plusieurs occasions & à différens usages. C'est un dissolvant fort actif.

VINAIGRER. *v. act.* lat. *Aceto aspergere.* anglois. *to season with vinegar.* Mettre du vinaigre dans quelque mèts, dans quelque sauce.

VINAIGRERIE. *s. f.* Lieu où l'on fait le vinaigre. Dans les isles d'*Amérique*, c'est l'Attelier où l'on distille les écumes & gros sirops de sucre, pour en faire de l'eau-de-vie.

VINAIGRETTE. *s. f.* lat. *Acetaria.* angl. *a sauce with vinegar and pepper.* Préparation de quelque viande avec du vinaigre, de l'huile, du sel, du poivre, du persil & de la ciboule, dont on fait une sauce froide. Petite caleche à deux rouës trainée par un homme. lat. *Cathedra cursatilis.* ang. *a kind of calash.*

VINAIGRIER. *substant. mascul* lat. *Acetabulum.* anglois. *a cruet for vinegar.* Petit pot d'argent, de verre ou d'étain, ayant un goulet, qu'on sert sur la table plein de vinaigre. Marchand qui fait & qui vend le vinaigre, le moutarde, *&c.* lat. *Acetarius propola*, *opifex.* anglois. *a vinegar-man.*

VINAIRE. *subst. masc.* lat. *vinarius.* angl. *a wine-merchant.* Marchand de vin, chés les Anciens.

VINATIER. *sub. masc.* Épinevinette.

VINCETOXICUM. *s. masc.* Plante connue sous le nom d'*Asclepias* & de *Domte-venin.* Sa racine est propre contre les poisons.

VINDAS. *s. m.* lat. *Ergata versatilis.* angl. *windlass.* Est un cabestan qui sert à remonter les bâteaux.

VINDEMIATOR. *s. masc.* Etoile fixe de la troisième grandeur, qui est dans l'aile septentrionale du signe de la Vierge.

VINDICATIF, ive. *adj.* lat. *Ultionis cupidus.* angl. *vindictive.* Qui aime la vengeance, qui ne pardonne guères.

VINDICATION. *s. f.* lat. *vindicatio:* angl. *vindication*- Action réelle. Permission de saisir une chose comme sienne.

VINÉE. *s. f.* lat. *vinearum proventus.* ang. *vintage*, *wine-harvest.* Ce qu'on a recueilli, ou ce qu'on espere recueillir de vin.

VINEUX, euse. *adj.* lat. *vinosus.* anglois. *vinous.* Qui tient du vin, qui a le gout du vin. Il se dit aussi d'une couleur rouge approchant de celle du vin rosé.

VINGEON. *s. masc.* Oiseau qui se trouve à Madagascar. Il est gros comme une cercelle & a le col blanc.

VINGT, *ou* Vint. *adject.* lat. *viginti.* angl. *twenty*, *a score.* Nombre composé de deux dizaines. Il se dit quelquefois pour *vingtième....* Les *Quinze vingts:* Hôpital qu'on dit avoir été fondé par S. Louis pour trois cens Gentilhommes à qui les Sarrasins avoient crevé les yeux. On dit quelquefois un *quinze-vingt* pour dire un' aveugle.

VINGTAIN. *s. masc.* Drap de laine dont la chaine est composée de vingt fois cent fils, qui font en tout deux mille fils.

VINGTAINE. *s. f.* lat. *vicenarius numerus.* angl. *a score or twenty.* Vingt personnes, vingt choses. Gros cable avec lequel les *Meuniers* levent la meule de dessus leur moulin. Petit cable que les *Maçons* attachent à une pierre qu'on éleve en l'air & qui sert à l'éloigner des murs & des échaffauts.

VINGTIÈME. *adj.* lat. *vigesimus.* anglois. *twentieth.* Qui en voit dix-neuf devant lui.... *s. m.* La *vingtième* partie. Le *vingtième* jour.

VINTANG. *s. m.* Arbre de l'isle de Madagascar, qui produit une gomme ou résine dont on se sert particulièrement pour guérir les plaies. De son bois, qui ne se vermoule jamais, les habitans font leurs cannots.

VINTIN. *s. m.* Petite monnoie de Portugal qui vaut vingt reis. Monnoie de compte dont on se sert aux *Indes*, & qui revient à trente deniers de *France.*

## V I O

VIOL. *s. m.* lat. *vis*, *stuprum.* angl. *rape.* Violence, attentat à la pudeur d'une femme.

VIOLAT. *adj. masc.* lat. *violaceus.* anglois. *of violets.* Sirop ou miel préparé avec du suc ou de la fleur de violette.

VIOLATEUR. *s. m* lat. *stuprator*, *raptor.* anglois. *deflourer of a woman.* Qui viole. Qui enfreint les loix, qui contrevient aux Ordonnances. Qui manque de respect pour les choses saintes ou sacrées. lat. *violator*, *transgressor.* angl. *a breaker*, *infringer.*

VIOLATION. *s. f.* lat. *violatio*, *transgressio.* anglois. *violation.* Action de celui qui viole, qui est violateur.

VIOLE. *s. f.* lat. *Decumana barbitus* angl. *a viol.* Instrument de musique qui est de même figure que le violon, à la reserve qu'elle est beaucoup plus grande. Elle a six cordes. Elle étoit autrefois fort en usage pour les chansons, *&c.* mais à présent on ne s'en sert presque plus. Le manche a neuf touches ou divisions pour les différens tons ou demi tons. Un jeu de *violes* est ordinairement composé de quatre *violes* qui font les quatre parties, sur toutes les cordes excepté la troisième & la quatrième. On appelle *viole d'amour* un dessus de *viole* qui a six cordes d'acier ou de leton, que l'on fait sonner avec un archet, ce qui produit un son qui a quelque chose de piquant & d'agréable.

VIOLEMENT. *s. m.* lat. *stupratio.* anglois. *rape.* Force dont on use à l'égard d'une femme pour en abuser. Infraction; contravention aux loix, aux traités. lat. *Infractio*, *violatio.* angl. *a violating*, *violation.*

VIOLEMMENT. *adverb.* lat. *violenter*, *per vim.* ang. *violently.* Avec violence, avec force, à main armée.

VIOLENCE. *f. f.* lat. *vis*, *exactio*, *violentia.* anglois. *violence.* Force dont on use envers quelqu'un ; pouvoir usurpé. Insulte, contrainte, exaction, tyrannie. Impétuosité. Rigueurs, âpreté, sensibilité. Emportement. Gêne, nécessité, contrainte qu'on s'impose à soi-même. Faire *violence* à un passage, à un texte, aux paroles de quelqu'un, c'est en donner une explication forcée & un sens extraordinaire & peu naturel.

VIOLENT, ente. *adj.* lat. *violentus*, *vehemens.* ang. *violent*, *fierce*, *vehement.* Impétueux, vehément, rapide, qui est fait avec effort. Les *Teinturiers* appellent gris *violent* un gris extrêmement foncé.

VIOLENTER. *v. act.* lat. *vim adhibere.* ang. *to force.* Faire violence, user de force.

VIOLER. *v. act.* lat. *Stuprare.* anglois. *to ravish or force a woman.* Forcer une femme, lui ravir sa pudicité, en abuser par force. Enfreindre, contrevenir. Offenser, profaner.

VIOLET, ette. *adj.* lat. *violaceus.* anglois. *purple*, *of violet colour.* Couleur mêlée de bleu & de rouge, qui ressemble à la fleur qui porte ce nom.

VIOLETTE. *f. f.* lat. *viola.* ang. *a violet.* Fleur de couleur purpurine ou bleue tirant sur le noir, d'une odeur douce, composée de cinq feuilles. On fait avec ces fleurs un sirop fort estimé. Les feuilles de la plante s'emploient aussi dans les ardeurs d'estomac & autres inflammations. Bois de *violette* : Espèce d'ébene, qui est de la couleur de la *violette.* *Violette aquatique*, dont la fleur est en rose, composée d'une feuille, divisée en cinq segmens.

VIOLIER. *f. masc.* lat. *Leucoium.* ang. *the gilliflower-plant.* Plante qu'on appelle autrement *gerofier.*

VIOLLES. *f. fem. pl.* Petites fleurs de trois couleurs, autrement *pensées.*

VIOLON. *f. masc.* lat. *Secundana barbitus.* ang. *violin.* Petite viole, instrument de musique qui n'a que quatre cordes de boyaux, dont le manche est sans touches, & dont on joue avec un archet. On le dit aussi de celui qui en joue. C'est aussi un terme de mépris, qui signifie, sot, impertinent.

VIOLONCELLE. *f. m* Basse de violon.

VIORNE. *f. f.* Arbrisseau fort flexible, qui porte des feuilles assés semblables à celles de l'orme. De ses branches qui sont fort souples on lie des fagots & de sa racine on fait de la glu à prendre des oiseaux.

## V I P

VIPÈRE. *f. f.* lat *vipera.* ang. *viper.* Espèce de petit serpent ; la plus grosse n'ayant pas plus de demi aune de longueur & d'un pouce de grosseur. Elle a la tête plate, avec le bout du museau relevé comme celui du cochon. Le mâle n'a que deux dents, mais la femelle en a un grand nombre. Le mâle est plus noir que la femelle ; & quoique le poison de la vipère soit excessivement dangereux, sa chair est bonne contre plusieurs maladies. La *vipère* met bas ses petits vivans, à la différence des autres serpens qui vuident leurs œufs. Langue de *vipere*, langue médisante.

VIPÉREAU. *f. m.* lat. *viperula.* ang. *a young or little viper.* Le petit d'une vipère.

VIPÉRINE. *f. f.* Plante de la *Virginie*, qui tire son nom de ce que sa racine est bonne contre la morsure de la vipère. On l'appelle autrement *Pouliot sauvage* ou *dictame* de *Virginie.*

## V I R

VIRAGO. *f. f.* Fille ou femme de grande taille, qui a l'air d'un homme, qui en fait les fonctions ou les exercices, comme le combat, la lutte, &c.

VIRELAY. *f. m.* lat. *versus tursatiles.* ang. *virelay or roundelay.* Vieille poësie Françoise composée de petits vers, qui roule toute sur deux rimes.

VIREMENT. *f. m.* lat. *Circuitio*, *gyratio.* ang. *a transfer.* Changement de débiteur ou de créancier.

VIRER. *v. act.* lat. *versare*, *gyrare.* angl. *to turn.* Tourner une roue, une vis, &c. Dans la *Marine*, c'est changer de route.

VIRES. *f. f. pl.* ( Blason ) Plusieurs anneaux posés les uns dans les autres, ensorte qu'ils ont tous le même centre.

VIREVAU. *f. masc.* lat. *Ergata anchoralis.* ang. *capstane.* Machine qui sert à lever l'ancre, ou des fardeaux. Il se dit aussi d'un morceau de bois d'environ trois pieds de longueur, dont se servent les Cordiers de la marine pour leur aider à tourner de grosses cordes.

VIREVOLE, ou De vole. *f. f.* Se dit dans plusieurs jeux de cartes, de ceux qui ayant entrepris de faire la vole, c'est-à-dire de faire toutes les mains ou levées de cartes n'en font pas une ; & alors ils doivent une marque à chacun des joueurs.

VIREVOLTE. *f. fem.* lat. *Circumactus.* ang. *a quick turning.* Tours & retours faits de suite, & avec vitesse.

VIRGAIRE. *f. m.* C'étoit le nom du chantre de l'Eglise Romaine.

VIRGILIENS. (Sorts) *adj. m. pl.* Divination qui succéda aux sorts de Preneste & qui consistoit à ouvrir le livre de Virgile, prétendant que le vers sur lequel on tomboit, renfermoit la réponse à ce qu'on cherchoit.

VIRGINAL, ale. *adj.* lat. *virgineus*, *virginalis.* angl. *virginal*, *maidenly.* Qui appartient aux Vierges.

VIRGINIE. *f. f.* Tulipe panachée d'incarnadin sur du blanc, avec des piéces détachées qui semblent des gouttes de sang.

VIRGINITÉ. *f. f.* lat. *virginitas.* anglois. *virginity*, *maiden-head.* Etat des personnes qui n'ont jamais souillé la pureté de leur corps par aucune action impudique.

VIRGOULAISE, Virgoulée. *voyez.* Virgouleuse.

VIRGOULEUSE. *f. f.* lat. *Pirum vinarium.* ang. *virgoleuse.* Espece de poire qu'on mange en Automne.

VIRGULE. *subst. femin.* lat. *Virgula.* ang. *a comma.* C'est une marque faite en forme de petit *c* renversé, qui fait partie de la ponctuation.

VIRGULER. *v. act.* Mettre des virgules.

VIRIL, ile. *adj.* lat. *Virilis.* anglois. *male.* Qui convient, qui appartient à l'homme. Courageux, hardi. On appelloit robe *virile* chés les Romains, une sorte d'habillement qu'on faisoit prendre aux jeunes gens lorsqu'ils sortoient de l'enfance. C'étoit ordinairement à l'âge de seize ans.

VIRILEMENT. *adv.* lat. *viriliter.* anglois. *manly.* D'une manière virile.

VIRILITÉ. *substant. feminin.* lat. *Virilitas, virilis ætas.* anglois. *virility, manhood.* Tems de l'âge viril. Vigueur de l'âge. Puissance, capacité d'engendrer.

VIROLE. *s. fem.* lat. *Victoria armilla.* ang. *a verule, or ferril.* Anneau qu'on met au bout d'un manche pour le tenir en état, & empêcher qu'il ne s'éclate. En termes de *Blason*, on le dit du cercle ou de la boucle qui est aux extrémités du cornet, du huchet, ou de la trompe, qu'il faut spécifier en blasonnant quand elle est d'un différent émail.

VIROLÉ, ée. *adj.* ( Blason ) Se dit d'un cornet, ou d'une trompe dont la virole est de différent émail.

VIROLET. *substant. masc.* ( Marine ) Noix de bois en façon d'olive qui se met dans le hulot du gouvernail. La manivelle passe au travers. On l'appelle autrement *moulinet.*

VIRTE. *sub. femin.* Mesure dont on se sert pour jauger les barriques & autres futailles à mettre les vins & eaux de vie. C'est à peu près la velte.

VIRTER. *v. act.* Jauger avec la virte.

VIRTUALITÉ. *subst. femin.* Terme d'école dont se servent particulièrement les *Thomistes*, qui opposent leurs *virtualités* aux formalités des scotistes.

VIRTUEL, elle. *adj.* lat. *Virtualis.* angl. *virtual.* Qui a la force, la vertu d'agir.

VIRTUELLEMENT. *adv.* lat. *Virtualiter.* anglois. *virtually.* D'une manière virtuelle, secrette, insensible.

VIRTUOSE, ou Virtuoso. *substant. mascul.* Homme de mérite ; homme de lettres ; qui aime les sciences. Artiste habile.

VIRULENT, ente. *adject.* lat. *Virulentus, purulentus.* angl. *virulent.* Qui jette du pus corrosif, ou contagieux.

VIRURE. *sub. femin.* ( Marine ) Se dit du tour des bordages & des préceintes, qui environnent le vaisseau.

VIRUS. *s. m.* lat. *Pus, sanies, tabum.* ang. *virulency, venom.* Pus d'une plaie contagieux & corrosif.

## V I S

VIS. *s. femin.* lat. *Cochlea.* ang. *a scrue or screw.* Piéce ronde de fer ou de bois, en forme de cylindre, & cannellée en ligne spirale, qui entre dans un écrou cannelé de même. C'est une des puissances méchaniques qui est destinée à presser les corps avec beaucoup de violence les uns contre les autres, pour en tirer le suc, comme des pommes pour faire le cidre, &c. & à élever de grands poids, comme pour tirer un vaisseau, élever des poutres dans une maison qui s'est écroulée, &c. *Vis sans fin :* machine propre à élever de grands fardeaux. Elle est composée d'une roue perpendiculaire qui se tourne avec une manivelle & elle a des dents taillées de biais qui engrenent dans une vis taillée sur un tour ou cylindre posé horisontalement. Son mouvement va à l'infini ; le poids est attaché à un cable qui est roulé sur le tour, lequel se tient même suspendu, encore que l'on ne tienne plus la roue arrêtée. Dans une montre, la *vis sans fin* sert à en bander les ressorts. On l'emploie communément pour faire mouvoir des roues lentement. *Vis d'Archimede:* machine hydraulique composée d'un tuyau de plomb posé en forme de vis autour d'un cylindre incliné qu'on appelle noyau. On l'appelle autrement *limace.* On s'en sert pour élever de l'eau. ( Architecture ) Petit escalier qui tourne autour d'un noyau, lequel soutient toutes les marches qui sont gironnées. *Vis saint gilles*, est un escalier qui monte en rampe dont les marches semblent porter en l'air & sont soutenues par des voutes fort artistes, comme celles des trompes. ( Conchyliologie ) Partie contournée d'une coquille qui se termine en pointe. C'est la même chose que *spirale*...... Coquillage univalve dont la figure est extrêmement longue avec une pointe très-aiguë, les spires coulent imperceptiblement sans une grande cavité, la base est plate & petite de même que la bouche.

VISA. *s. mascul.* Acte qui donne l'autorité, ou la confirmation, ou la vérification d'une lettre sur laquelle intervient le supérieur qui la rend authentique & exécutoire. Acte qu'un Juge met au bas des lettres, qui lui sont addressées ou qu'on veut exécuter dans son ressort, nécessaire pour leur donner leur dernière solemnité. Lettres d'attache ou nouvelles provisions qu'un Evêque ou son grand Vicaire donne à un Curé ou autre Bénéficier en exécution de celles qu'il a obtenuës du Pape *in formâ dignum.*

VIS-A-VIS. *adv.* & *prép.* lat. *E regione, ex adverso.* ang. *over-against.* En face.

VIS A-VIS. *s. mascul.* Voiture en forme de berline, où il n'y a qu'une seule place dans le fonds.

VISAGE. *s. mascul.* lat. *Facies, vultus, os.* anglois. *face, visage.* La face de l'homme ; la partie antérieure de la tête, qui comprend le front, les yeux, le nés, les joues, la bouche & le menton. Air, contenance, posture. Bon ou mauvais accueil qu'on fait aux gens. Il se prend quelquefois pour la personne même.

VISAGÈRE. *subst. feminin.* Partie du devant d'un bonnet de femme, qui regarde le visage. lat. *Calyptræ muliebris pars anterior.* ang. *the fore-side of a woman's cap.*

VISCÉRAL. *adj.* & *s. masc.* Reméde propre à fortifier les viscères.

VISCÈRES,

VISCÈRES. *s. mascul.* lat. *Viscera.* anglois. *the entrails or bowels.* Entrailles. Il se dit du cœur, du foie, du poumon, des boyaux, & autres parties intérieures d'homme.

VISCOSITÉ. *s. fem.* lat. *Glutinosus humor, gluten.* angl. *viscosity, clamminess.* Qualité de ce qui est gluant, qui fait que les corps visqueux & gluants sont composés de parties tellement engagées les unes dans les autres, qu'elles résistent long-tems à la pleine séparation.

VISÉE. *s. fem.* lat. *Intentio in scopum.* angl. *aim.* Action par laquelle on dirige sa vuë à un certain lieu, à un certain but, soit pour le bien considérer, soit pour le frapper avec quelque arme. Dessein qu'on a pour une chose qu'on a en vuë, où l'on bute, où l'on tache de parvenir.

VISER. *v. n. & act.* lat. *Collineare, dirigere.* angl. *to aim.* Regarder vers quelque but où l'on veut atteindre. Avoir quelque chose en vuë, prétendre à quelque chose, *&c.* Mettre un visa au bas de quelque acte, revoir ou examiner une feuille d'un Greffier, une lettre de Chancelerie, pour l'approuver. lat. *Subsignare.* ang. *to revise.*

VISIBILITÉ. *s. femin.* Qualité qui rend les choses visibles, qui les fait appercevoir par le sens de la vuë.

VISIBLE. *adject.* lat. *Visibilis.* ang. *visible.* Qui est sensible aux yeux, qui peut en être apperçu. Ce qui est évident, clair, manifeste, certain, palpable.

VISIBLEMENT. *adv.* lat. *Visibiliter.* ang. *visibly.* D'une manière visible.

VISIÈRE. *subst. fem.* lat. *Cassidis conspicillum.* angl. *the viser of a head-piece.* Ouverture d'un casque, & la petite grille qui s'abat devant les yeux. *Figurément*, donner dans la *visière* se dit des choses qui éblouissent, qui plaisent, dont on devient amoureux. Rompre en *visière* à quelqu'un c'est lui dire des choses dures de gayeté de cœur... *Visière* se dit encore d'un petit bouton de métal qui se met au bout d'un canon de fusil, pour conduire l'œil.

VISIGOT. *subst. mascul.* Nom de certains peuples d'Occident, qui s'emploie satyriquement dans la langue pour dire, grossier, sauvage, peu poli.

VISION. *subst. femin.* lat. *Visus, visio.* ang. *vision, sight.* Action, impression qui se fait par les objets sur l'organe de la vuë. *Vision béatifique* ou *intuitive*: action par laquelle les Anges & les Bienheureux voient Dieu dans le Paradis & par laquelle ils sont parfaitement heureux. Apparition surnaturelle. Chimére, spectre, image que la vapeur ou la folie font naître dans une imagination.

VISIONNAIRE. *adj. & subst.* lat. *Fanaticus, delirus.* ang. *a visionary.* Qui a des visions; extravagant, qui se forge des chiméres.

VISIR. *s. masc.* Dans le gouvernement des *Turcs* est un homme du Conseil privé ou un Ministre d'État. Le premier ou grand *Visir* est celui qui gouverne tout l'Empire immédiatement sous le Grand Seigneur. On l'appelle quelquefois Lieutenant du Grand-Seigneur ou Vicaire de l'Empire. La cérémonie que l'on fait pour créer le grand *Visir* est de lui mettre entre les mains le sceau du Prince, qu'il porte toujours dans son sein, & où le nom de l'Empereur est gravé. Il assiste quatre fois la semaine au Divan; le Samedi, le Dimanche, le Lundi & le Mardi; les autres jours, excepté le Vendredi, il tient le Divan dans son Palais. Il est le souverain chef de la justice; l'interpréte de la Loi & casse les Sentences du Cadilesker quand il lui plait. En un mot il est le dépositaire de la puissance de son Maître, excepté seulement qu'il ne peut faire mourir un Bacha, sans avoir un Ordre exprès signé du Sultan; & qu'il ne peut punir un Janissaire, sans le consentement de son Commandant. Son revenu fixe n'est guéres que de vingt mille écus: mais il tire des richesses immenses, en présens, de toutes les parties de l'Empire.

VISIRAT. *substant. mascul.* Gouvernement d'un Visir.

VISIRIAL, ale. *adj.* Qui concerne la charge ou la dignité de Visir.

VISIRIAT. *voy.* Visirat.

VISITANDINE. *subst. femin.* Religieuse de l'Ordre de la Visitation de sainte Marie, institué par S. François de Sales.

VISITATION. *s. femin.* lat. *Litis vel causæ relatio.* angl. *visitation.* Rapport & jugement d'un procès. Transport des experts & leur rapport. C'est aussi une fête qu'on célébre dans l'Eglise le deux Juillet en mémoire de la visite que fit la Vierge à sainte Elizabeth.

VISITE. *substant. femin.* lat. *Officiosus aditus, salutatio.* angl. *visit, visiting.* Action de civilité par laquelle on se va voir réciproquement ou pour passer le tems, ou par respect, ou pour entretenir l'amitié. C'est aussi un acte de jurisdiction, quand un Officier de Police, ou un Supérieur, vont voir si les Réglemens sont bien observés dans les maisons publiques ou particulières. Transport que font des experts. Perquisition que l'on fait, soit des personnes criminelles, soit des choses défenduës. On le dit aussi des Médecins, quand ils sont appellés pour voir les malades.... (Palais) Examen, lecture.

VISITER. *v. act.* lat. *Invisere.* angl. *to visit.* Faire une visite. On le dit d'un Plaideur qui va solliciter ses Juges; d'un Voyageur qui parcourt plusieurs Provinces; d'un Médecin ou Chirurgien juré qui font leur rapport. Il se dit aussi des afflictions qui nous viennent de la part de Dieu pour nous punir de nos péchés, comme de la peste de *Londres* en 1665. qui fit périr près de cent mille personnes.

VISITEUR. *s. masc.* lat. *Inspector, visitator*, ang. *a visiter.* Celui qui visite, qui a droit d'examiner ce qui se passe dans un Monastère, une Eglise ou autre maison Religieuse. Il y a aussi des *Visiteurs* & langueyeurs des cochons dans les marchés, des *Visiteurs* des cuirs & autres marchandises dans les halles. Les *visiteurs* des vaisseaux sont des Officiers établis par l'Ordonnance de la marine pour observer les marchandises des passagers & leur nombre, l'arrivée & le départ des bâtimens, &c.

VISIVE. *adj. fem.* La faculté *visive*, c'est la puissance de voir.

VISNAGA. *subst. masc.* Plante ombellifère, qu'on appelle autrement *Gingidium*.

VISORIUM. *s. mascul.* (Imprimerie) Demie latte longue d'un pied & large de trois doigts, qui tient la copie devant les yeux du Compositeur, par le moyen d'un mordant qui l'y attache lat. & anglois. *Visorium*.

VISQUEUX, euse. *adj.* lat. *Viscosus*, *tenax*. anglois. *viscous*, *clammy*. Onctueux; gluant.

VISUEL, elle. *adj.* lat. *Visualis*, *opticus*. ang. *visual*. Qui concerne la vuë, qui sert à la vuë. Un raïon *visuel*, est la ligne qu'on s'imagine venir depuis l'objet jusqu'à l'œil. On appelle aussi *visuel* le nerf optique, parce qu'il sert à l'action de la vuë.

## V I T

VITAL, ale. *adj.* lat. *Vitalis*. angl. *vital*. Ce qui sert principalement à la vie dans le corps des animaux, comme le cœur, le cerveau, la poitrine, le foie.

VITE. *adj.* lat. *Celer*, *velox*. anglois. *quick*. Leger, promt, qui se meut avec promtitude.

VITE. *adverb.* lat. *Celeriter*. angl. *quickly*, *speedily*. D'une manière promte; tout à l'heure.

VITELOTS. *substant. masc. pl.* lat. *Massa dulciaria*. anglois. *a kind of italian kickshaws*. Espèce de pâtisserie ou de ragoût fait de pâte longue & menuë, qui s'apprête en plusieurs manières & qui se nomme diversement dans les différens lieux.

VITEMENT. *adv.* Vîte, promtement.

VITESSE. *subst. fem.* lat. *Celeritas*, *velocitas*. angl. *quickness*, *nimbleness*. Promtitude; célérité. Promtitude à agir.

VITONNIÈRES. *subst. fem. pl.* (Marine) lat. *Ductus aquæ ad navis antliam*. ang. *limberholes*. Canaux qui regnent à fond de cale pour faire un égoût qui conduise les eaux à la pompe.

VITRAGE. *sub. mascul.* lat. *Vitreamina*. ang. *glazing*. Toutes les vitres d'une Eglise, d'une maison.

VITRAUX. *subst. masc. pl.* lat. *Vitreamina*. anglois. *great glass-windows*. Les grandes vitres qui sont aux fenêtres d'une Eglise.

VITRE. *subst. feminin.* lat. *Vitrea*, *vitrum*. anglois. *a glass*. Verre qu'on met à des ouvertures pour empêcher l'entrée du vent, & laisser le passage a la lumière. En parlant des chevaux c'est la première partie de l'œil qui est un cristal transparent lequel enferme la substance de l'œil & lui donne la forme d'un globe diaphane.

VITRÉ, ée. *adj.* Garni de vitres ou de glaces. *Humeur vitrée*: une des trois humeurs de l'œil qui se trouve sur sa partie intérieure. lat. *Humor vitreus*. anglois. *the vitreal*, *vitrean*, *vitrine humour*.

VITRER. *v. act.* lat. *Vitreis claustris obsepire*. anglois. *to glaze*. Garnir de vitres ou de glaces.

VITRERIE. *s. f.* Art & commerce de Vitrier.

VITRIER. *substant. mascul.* lat. *Vitriarius*. anglois. *glazier*. Artisan qui accommode les vitres.

VITRIFICATION. *substant. femin.* lat. *Vitrificatio*. ang. *vitrifying*, *vitrification*. Action par laquelle une matière se tourne en verre.

VITRIFIER. *v. act.* lat. *Vitrificare*. ang. *to vitrify*. Convertir en verre à force de feu; ce que les Chymistes regardent comme la dernière opération du feu, ajoutant que les corps qui ont été changés en verre, ne peuvent plus avoir une autre forme.

VITRIOL. *substant. masculin.* lat. *Chalcanthum*. ang. *vitriol*. Minéral composé d'un sel acide & d'une terre sulphureuse. Il y en a de quatre sortes, le bleu, le blanc, le rouge & le verd. On s'en sert en Médecine pour ronger la chair qui s'éleve autour des plaies ou des ulcéres, pour faire l'eau forte, &c.

VITRIOLÉ, ée. *adj.* lat. *Chalcantho respersus*. ang. *vitriolous*. Qui est de la nature du vitriol, mêlé, empreint de vitriol.

VITRIOLIQUE. *adj.* lat. *Chalcanthinus*. anglois. *vitriolick*. (Chymie) Qui renferme une qualité de vitriol, qui tient de la nature du vitriol.

VITZIPUTZLI. *substant. mascul.* Idole des Mexicains, d'une figure monstrueuse, ayant une tête de Lion au ventre, des aîles de chauve souris aux épaules & des pieds de chèvre. On lui sacrifioit des hommes tout vivans.

## V I V

VIVACE. *adject.* Qui a en soi des principes d'une longue vie. On donne aussi ce nom à des plantes qui portent des fleurs plusieurs années de suite sur les mêmes tiges & sans être transplantées, à la différence de celles qui meurent après avoir donné de la semence. Les plantes vivaces sont de deux sortes, les unes, qui sont toujours vertes, comme la giroflée, & les autres qui perdent leurs feuilles pendant l'Hiver, comme la fougère.

VIVACITÉ. *subst. femin.* lat. *Ingenii vis*, *acies*. anglois. *vivacity*, *liveliness*. Ardeur, feu, brillant, activité, mouvement. Éclat des couleurs.

VIVANDIER, ière. *substant. masculin.* & *fem.* lat. *Prabitor annonarius*. angl. *a sutler*. Marchand qui suit l'Armée, ou la Cour, pour y vendre des vivres, &c.

VIVANT, ante. *adj.* lat. *Vivus*, *vivens*. ang. *living*, *alive*. Qui est en vie; qui subsiste, qui dure; qui a la vertu de vivifier. Qui produit de grands effets par son efficace... On dit d'un enfant qu'il est le portrait *vivant* de son Père; & d'un homme très savant, que c'est une Bibliothéque vivante.

VIVAT. *substant. masculin.* Mot latin, qui signifie *qu'il vive*, & dont on se sert dans notre langue, pour applaudir, pour approuver.

VIVE. Exclamation, cri de joie par lequel on témoigne que l'on souhaite à quelqu'un & surtout à un Prince, à un grand Seigneur une longue vie ou de la gloire. Cri qu'on donne pour le signal d'un parti. On dit *figurément* de deux personnes qu'elles sont sur le *qui-vive*, quand elles sont en froideur. *Vive* est aussi la marque de l'estime & du cas qu'on fait d'une chose.

VIVE. *adj.* voy. *Vif.*

VIVE. *subst. femin.* lat. *Viva*, *draco marinus*, *araneus*. angl. *the quaviver or sea-dragon.* Poisson de mer qui a la chair blanche & ferme & des arêtes fort piquantes. Elle est de la taille d'un maquereau. Ses aiguillons sont venimeux, même après la mort. Le nom qu'on lui a donné vient de ce qu'elle demeure long-tems en vie.

VIVELLE. *subst. femin.* Petit réseau qu'on fait à l'aiguille pour reprendre un trou dans une toile déliée, au lieu d'y mettre une piéce.

VIVEMENT. *adv.* lat. *Acriter*, *vehementer.* anglois. *briskly*, *sharply.* D'une manière vive, sensible.

VIVIER. *substantif masculin.* latin. *Vivarium*, *piscina.* anglois. *a pond*, *a fish-pond.* Reservoir d'eau dormante, ou courante, où l'on nourrit & l'on enferme du poisson.... *Vivier* ou *gardouer*, est aussi un bâteau dont le milieu est retranché, & plein d'eau. On y met le poisson qu'on vient de pêcher pour le transporter.

VIVIFIANT, ante. *adj.* lat. *Vivificans.* ang. *vivifying*, *vivifical.* Qui vivifie, qui ranime, qui est propre à redonner du mouvement.

VIVIFICATION. *s. femin.* lat. *Vivificatio.* angl. *vivifying.* Action par laquelle on vivifie.

VIVIFIER. *v. act.* lat. *Vitam indere.* anglois. *to vivify.* Contribuer à l'action qui nous donne la vie, qui nous maintient en vie. Les Chymistes se servent aussi de ce mot, en parlant de la nouvelle force ou du nouvel éclat qu'ils donnent par leur art aux corps naturels, surtout au mercure, lorsqu'après être fixe ou amalgamé ils le remettent en sa première forme, qui est mobile & coulante.

VIVIFIQUE. *adj.* lat. *Vivificus.* angl. *vivificating.* Qui donne la vie, soit au corps, soit à l'ame.

VIVIPARE. *adject.* lat. *Viviparus.* anglois. *viviparous.* Se dit des animaux qui font leurs petits tout vivans, à la différence des *ovipares* qui font des œufs d'où naissent ensuite leurs petits en les couvant.

VIVOTER. *v. n.* lat. *Parcè victitare.* anglois. *to make just shift to live.* Vivre petitement, & avec difficulté, par défaut de bien, ou de santé.

VIVRE. *v. n.* lat. *Vivere.* ang. *to live.* Être en vie, être animé. Subsister; se nourrir, prendre des alimens pour se substanter, pour entretenir sa vie. Jouir de la vie; la passer d'une certaine manière. Il se dit aussi de l'art de se conduire dans le monde; de la bonne ou mauvaise conduite; & de cette espèce d'existence que nous donne le souvenir des hommes.

VIVRE. *s. masc.* lat. *Victus*, *esca*, *cibaria.* ang. *food.* Nourriture ou pension suffisante pour se nourrir. Les *vivres* sont les alimens. lat. *Cibaria*, *annona.* ang. *provisions*, *victuals.*

VIVRE. *sub. fem.* lat. *Boa*, *pusivoma.* angl. *a wiver.* (Blason) Serpent tortueux qu'on appelle autrement *guivre* ou *givre.*

VIVRÉ, ée. *adj.* (Blason) Se dit de plusieurs piéces, comme fasces, & bandes qui sont sinueuses, & ondées avec des entailles faites d'angles entrans & sortans, comme des redens de fortification.

## V I Z

VIZCACHA. *substant. masculin.* Espèce de lapin qui se trouve dans le Pérou, & qui a une queuë aussi longue que celle d'un chat.

VIZIR, Vizirat, Vizirial. *voy.* Visir, Virat, Visirial.

VIZIR-KAN. *s. masc.* On nomme ainsi à *Constantinople* un grand bâtiment où l'on peint & où l'on vend les toiles de coton.

## U L A

ULACIDE. *s. masc.* Postillon, courier à cheval chés les Turcs.

## U L C

ULCÉRATION. *s. femin.* lat. *Ulceratio.* ang. *ulceration.* Petite ouverture du cuir causée par un ulcére.

ULCÉRE. *s. mascul.* lat. *Ulcus.* anglois. *an ulcer.* Solution de continuité dans la chair, & faite par érosion aux parties molles, qui est inveterée, & n'est pas sanglante, mais qui jette un pus & sanie qui en retardent la consolidation.

ULCÉRER. *v. act.* lat. *Ulcerare.* anglois *to ulcerate.* Causer un ulcére. Aigrir iririter. *Etre ulcéré*, garder dans le cœur, dans la mémoire un affront.

## U L M

ULMARIA. *s. femin.* Plante ainsi appellée, parce que ses feuilles ressemblent à celles de l'ormeau en quelque manière. Elle est sudorifique, cordiale, vulnéraire, propre pour les cours de ventre & pour le crachement de sang.

## U L O

ULOT-SCHUITEN. *s. masc.* Grand bâteau plat, dont on se sert à *Amsterdam* pour transporter par les canaux diverses sortes des marchandises.

## U L T

ULTÉRIEUR, eure. *adj.* lat. *Ulterior.* ang. *further*, *furthermost.* Partie d'un pais la plus éloignée, celle qui est au-delà d'une rivière, d'une montagne, *&c.* par rapport à l'endroit où l'on est. Demandes *ultérieures*, qui se font après les premières propositions.

ULTRAMÉDIAIRE. (Lésion) *adj.* Terme de *Palais.* Qui passe la moitié du juste prix.

ULTRAMONTAIN. *adj.* & *subst.* lat. *Ultramontanus.* ang. *beyond the mountains.* Qui est au-delà des monts.

UMA

UMARI. *voy.* Camarin-bas.

UMB

UMBILIC. *subst. masc.* lat. *Umbilicus.* ang. *the navel.* C'est le milieu de la partie moyenne du bas ventre, par où passent les vaisseaux umbilicaux dans le fœtus.

UMBILICAL, ale. *adject.* lat. *Umbilicalis.* ang. *umbilical.* Qui appartient à l'umbilic. La veine *umbilicale* est celle par où l'enfant reçoit sa nourriture dans le ventre de sa mère. Elle s'étend depuis la veine porte jusqu'au placenta, où elle se divise en une infinité de rameaux. Les artères *umbilicales* sont deux artères qui sortent des iliaques & qui vont se terminer au placenta par une infinité de rameaux. Ces artères & cette veine sont nommées *vaisseaux umbilicaux.*

*UMBILICUS VENERIS.* voy. *Cotyledon.*

UMBRA, Umbrina. *voy.* Ombre.

UMBRON. *s. mascul.* Grand Prêtre du païs des Marses.

UMBU. *substant. mascul.* Arbre du Brésil qui ressemble d'un peu loin à un petit citronnier. Son fruit soulage & rafraichit dans la fièvre accompagnée de chaleur violente. La douceur & la bonté de son eau ne sont point inférieures à celles du melon.

UN

UN, Une. *adj.* lat. *Unus, una, unum.* ang. *one.* Qui est singulier en nombre.

UNA

UNANIME. *adj.* lat. *Unanimus, unanimis.* ang. *unanimous.* Ce qui semble n'avoir qu'une ame, & qui agit de concert.

UNANIMEMENT. *adverb.* lat. *Unanimiter.* angl. *unanimously.* Tout d'une voix, d'un consentement général.

UNANIMITÉ. *sub. femin.* lat. *Unanimitas.* angl. *unanimity.* Accord mutuel qu'il y a entre deux personnes ou entre toutes les parties d'un corps.

UNAU. *substant. masculin.* Animal appellé *paresseux*, à cause de sa paresse & de sa lenteur.

UNC

UNCIAL. *voy.* Onciales.

UND

UNDECIMVIRS. *s. mascul. pl.* lat. & ang. *Undecimviri.* Magistrats d'Athènes, qui étoient au nombre de onze.

UNG

UNGUIS ODORATUS. *subst. mascul.* Sorte de coquillage dont on se sert en Médecine.

UNI

UNI, ie. *adj.* Égal, uniforme. Simple, sans ornemens.

UNICORNE-MINÉRAL. *s. mascul.* Pierre qui a la couleur & le poli, & quelquefois même la figure d'une corne. On s'en sert en *Médecine*, pour arrêter le cours de ventre & les hémorragies, étant astringente & alkaline. Elle résiste au venin & guérit l'épilepsie. Sa dose est depuis demi-scrupule jusqu'à demi-dragme. On s'en sert extérieurement pour les vieux ulcéres & pour fortifier les yeux.

UNIFOLIUM. *subst. mascul.* Espèce de smilax ainsi appellé parceque dans son commencement il ne porte qu'une seule feuille.

UNIFORME. *adj.* lat. *Uniformis.* anglois. *uniform.* Égal, pareil, semblable, de même nature.

UNIFORME. *subst. mascul.* ou *fem.* Habit fait suivant le modèle prescrit à une compagnie, à un Régiment.

UNIFORMÉMENT. *adv.* lat. *Uniformiter.* anglois. *after the same fashion.* D'une manière uniforme.

UNIFORMITÉ. *s. femin.* lat. *Uniformitas.* ang. *uniformity.* Conformité, ressemblance des parties d'un tout.

UNIMENT. *adv.* lat. *Æquabiliter.* anglois. *even.* D'une manière égale, toute unie.

UNION. *subst. feminin.* lat. *Unio.* anglois. *union.* La jonction, l'assemblage de deux choses. La concorde, la liaison, l'amitié, la paix qui est dans une société, entre des personnes. Jonction des charges & des bénéfices. Union se dit particulièrement des ligues ou contracts entre les Princes ou les Nations pour leurs défenses mutuelles. C'est aussi le nom d'une loi fameuse d'Aragon, qui fut faite lorsque le Roi *Pierre* tira son épée pour mettre en piéces l'acte authentique qui rendoit le Royaume Electif & par laquelle la Couronne fut attachée à sa famille, avec cette condition qu'*en cas que le Roi vint à donner atteinte aux Constitutions du païs, il seroit permis à ses sujets sans encourir la peine de haute trahison, de faire des ligues domestiques & au dehors, pour conserver la liberté publique & pour procéder à l'Election d'un nouveau Roi.*... (Peinture) Symetrie & convenance de toutes les parties d'un tableau, quand elles ont un grand rapport, une belle liaison entr'elles tant pour les figures que pour le Coloris. (Architecture) Harmonie des couleurs dans les matériaux laquelle avec le bon goût du dessein contribue à la décoration des édifices.... *Union.* Perle faite en poire.

UNIONITES. *subst. masc. pl.* Nom donné aux Sabelliens, parce qu'ils ne reconnoissoient qu'une substance & qu'une personne en Dieu.

UNIQUE. *adj.* lat. *Unicus.* angl. *only.* Qui est seul. Qui est excellent, singulier.

UNIQUEMENT. *adv.* lat. *Unicè.* anglois. *only.* D'une manière unique, singulière.

UNIR. *v. act.* lat. *Unire, conjungere.* angl. *to unite.* Assembler, joindre deux choses ensemble ; n'en faire qu'une. Réunir des charges, des terres, des bénéfices. Applanir ; rendre égal. Il se dit en *Morale* de la paix & de la concorde qui est ou qui naît entre des personnes.

UNISSANT. *adj. m.* Se dit d'un bandage qui procure la réunion des plaies longitudinales & de la rotule fracturée en long.

UNISSON. *subst. masc.* lat. *Unisonus.* angl. *unison.* Terme de *Musique*, pour marquer la consonnance qui se fait par deux personnes ou instrumens qui produisent la même note d'une manière si parfaite qu'il n'y a point de différence entre les deux tons.... *Figurément*, conformité de sentimens, d'inclinations, de mœurs. Concorde. Union.

UNISSONE. *adj.* Qui a le meme son.

UNITAIRES. *sub. masc. pl.* lat. *Unitarii.* anglois. *unitarians.* Secte de chrétiens, qu'on appelle aussi Sociniens, qui prétendent que les attributs de la divinité ne sont communicables qu'à un seul & que quoique Jesus-Christ soit Dieu, il ne l'est que d'une manière subordonnée.

UNITÉ. *subst. fem.* lat. *Unitas.* ang. *unity.* Singularité de nombre, qualité de ce qui est un ; union, harmonie.

UNITIF, ive. *adj.* Vie *unitive* est un état dans lequel l'ame demeure unie à Dieu par amour. En termes de *Jurisprudence Canonique* on donne le nom *d'unitif* à un rescript de l'Evêque, ou à une Bulle du Pape donnée pour unir un bénéfice à un autre.

UNIVALVE. *adj.* Se dit des poissons à coquilles qui n'ont qu'une écaille.

UNIVERS. *substant. mascul.* lat. *Mundus*, *universus.* angl. *the universe*, *the world.* Le monde entier ; toutes les créatures créées, l'assemblage de tous les êtres tant dans le ciel, que sur la terre, dans la mer, &c. Il se prend plus particulièrement pour le globe de la terre ou ses habitans, pour tous les hommes, pour toutes les nations.

UNIVERSALISTE. *substant. mascul.* Celui qui croit la grace universelle, & que Dieu veut le salut de tous les hommes, que Jesus-Christ est mort pour les hommes.

UNIVERSALITÉ. *subst. fem.* lat. *Universalitas*, *generalitas.* angl. *universality*, *generality.* Généralité ; qualité d'une chose qui s'étend à tout.

UNIVERSAUX. *sub. masc. pl.* (Logique) Termes communs & généraux sous lesquels sont comprises plusieurs espèces & plusieurs individus. On appelle aussi *universaux* les lettres circulaires que les Rois de Pologne envoient dans les Provinces & aux grands du Royaume pour la convocation des Diètes & autres affaires

UNIVERSEL, elle. *adj.* lat. *Universalis*, *generalis.* angl. *universal*, *general.* Général, œcuménique, qui s'étend par tout, dans toute la terre ; qui comprend tout. Dans un sens moral, il se dit de ce qui est assés général. Cadran *universel* est celui avec lequel on peut trouver quelle heure il est au soleil par toute la terre & sous quelque élévation de pole que ce soit. Esprit *universel* : matière la plus subtile & la plus agitée. Homme *universel*, qui a appris plusieurs sciences, qui parle de tout pertinemment. Grace *universelle* : dessein que Dieu a de fournir à tous les hommes des moyens suffisans pour se sauver.

UNIVERSELLEMENT. *adv.* lat. *Universaliter*, *generatim.* ang. *universally*, *generally.* D'une manière universelle, générale.

UNIVERSITÉ. *sub. femin.* lat. *Universitas.* anglois. *an University.* Compagnie composée de plusieurs Collèges établis dans une ville, où il y a des professeurs en diverses sciences pour les enseigner, & où l'on prend des degrés, ou certificats d'études. On y enseigne ordinairement la Théologie, le Droit, la Médecine & les Arts.

UNIVOCATION. *sub. femin.* lat. *Univocatio.* angl. *univocation.* On dispute en *Logique* sur l'*univocation* de l'être, c'est-à-dire, si l'idée générale de l'être convient de la même manière & dans le même sens à l'accident & à la substance, à Dieu & à la créature.

UNIVOQUE. *adj.* lat. *Univocus.* ang. *univocal.* Ce qui n'a qu'une signification. En *Philosophie* on appelle génération *univoque*, celle qui se fait par la seule union du mâle & de la femelle. Les Anciens ont cru que les animaux parfaits ne s'engendroient que de cette manière.

## U N N

UNNI. *s. masc.* Arbre des Indes qui porte un fruit en grappes à peu près de la grosseur d'un pois, douceâtre & cependant un peu âcre. Les naturels du païs en tirent une liqueur limpide, qui ressemble au vin, & dont ils font une espèce de vinaigre.

## U N O

UNOPERQUEEN. *substant. mascul.* Espèce de sené qui croît au Chili.

## U N Z

UNZAINE. *substant. feminin.* Sorte de bâteau qui sert à voiturer les sels en Bretagne sur la rivière de Loire.

## V O A

VOADOUROU. *subst. mascul.* Fruit d'une plante de l'Isle de Madagascar appellée *Dourou.* Il croît en forme de grappe. On se sert de ses baies ou grains à faire de la farine qu'on mange avec du lait.

VOAHELATS. *subst. m. pl.* Mûres blanches de Madagascar fort aigres & fort âpres.

VOALÉ. *subst. mascul.* Petit arbrisseau qui porte une fleur semblable au muguet sauvage. On le trouve à Madagascar.

VOAME. *subst. mascul.* Pois ou fêves rouges que porte une petite plante qui traine par terre & qui croît dans les isles de l'Amérique. *voy.* Conduri.

VOANANE. *subst. mascul.* Fruit long d'un demi pied & composé de quatre parties. Il a le goût des poires pierreuses & est estimé un remède souverain contre le flux de ventre. Il se trouve dans l'isle de Madagascar.

VOANATO. *substant. masc.* Fruit d'un gros arbre qui croît au bord de la mer dans l'isle de Madagascar. La chair en est nourrissante, quoiqu'elle soit tenace.

VOANDROU. *substant. mascul.* Plante de l'isle de Madagascar. Son fruit qui est une espèce de féve demeure caché sous terre & chaque cosse n'en enferme qu'une. Ses feuilles sont trois à trois comme celle du trefle, & elle n'a ni rameau, ni tige, si ce n'est celle de ses feuilles.

VOARVENSARA. *sub. mascul.* Fruit d'un grand arbre qui a ses feuilles comme celles du laurier, mais plus petites. Ce fruit qu'il ne porte que de trois ans en trois ans est comme une grosse noix verte. Il a le goût du clou de girofle. Cet arbre croît dans l'isle de Madagascar.

VOASARA. *subst. masculin.* Nom que les Madagascarois donnent aux citrons. Ils en ont de sept sortes.

VOATFONSI. *voy.* Voadourou.

VOAT-SOUTRE. *substant. mascul.* Petit fruit solide comme une muscade, qui a la goût de chataigne, quand il est bouilli ou rôti & qui croît dans l'isle de Madagascar.

VOAVERONE. *s. mascul.* Fruit de couleur violette, gros comme une groseille rouge, teint en noir & en violet, doux & agréable à la bouche. C'est encore une production de l'isle de Madagascar.

## V O C

VOCABULAIRE. *substant. mascul.* lat. *Vocabularium.* ang. *vocabulary, dictionary.* Dictionnaire d'une langue.

VOCABULISTE. *substant. mascul.* Auteur de vocabulaire ou de Dictionnaire.

VOCAL, ale. *adj.* lat. *Vocalis.* anglois. *vocal, oral.* Prière *vocale* est celle qui se dit de bouche.

VOCAL. *s. masc.* Dans certaines maisons religieuses, on le dit de ceux qui ont droit de donner leurs voix & leurs suffrages, en matière d'élection ou de délibération.

VOCATIF. *subst. mascul.* lat. *Vocativus.* ang. *vocative.* Cinquième cas de la déclinaison des noms, qui marque la personne à qui on parle.

VOCATION. *substant. feminin.* lat. *Vocatio.* angl. *vocation.* Destination à un état, à une profession. Grace que Dieu fait quand il appelle quelqu'un à la foi chrétienne & à la religion.

VOCAUX. *voy.* Vocal.

## V O E

VOËDE. *voy.* Vouede.

VOËRST. *s. mascul.* Mesure de chemin dont on se sert en *Moscovie.* Il est de sept cent cinquante pas Géométriques.

VŒU. *subst. masc.* lat. *Votum.* angl. *a vow.* Don; promesse solemnelle que l'on fait à Dieu: souhait, désir. Suffrage aux Élections. Présent qu'on fait aux Eglises où sont honorés les Saints dont on a reclamé le secours dans quelque maladie, affliction ou danger. Ce sont des tableaux ou des statues, ou des portions de statues de cire, d'argent, &c.

VOGLIE. *sub. femin.* (Marine) Signifie *volonté.* On appelle rameur de bonne *voglie* ou *bonne-voglie* absolument, celui qui se loue pour de l'argent, par opposition à *forçat.*

VOGUE. *s. femin.* lat. *Remigatio.* ang. *the rowing of a galley.* Cours d'une galére entraînée par la force des rames. Débit, crédit, estime des choses ou des personnes. lat. *Nomen, fama.* angl. *vogue.*

VOGUE-AVANT. *substant. masc.* lat. *Protoremex.* anglois. *the fore-rower.* Rameur qui tient la queuë de la rame & qui lui donne le branle.

VOGUER. *v. act.* & *n.* lat. *Remigare.* ang. *to row.* Ramer, entrainer une galére, un petit vaisseau à force de rames. Aller sur mer à force de rames.

VOGUEUR. *subst. mascul.* lat. *Remex.* ang. *a rower.* Rameur, forçat.

VOÏAGE. *voy.* Voyage.

## V O I

VOICI. *adv.* Qui sert à indiquer un objet présent ou voisin. lat. *En, ecce.* ang. *behold.*

VOIE. *voy.* Voye.

VOILA. *adv.* Qui sert à indiquer. lat. *Ecce.* ang. *there is.*

VOILE. *substant. mascul.* lat. *Velum, tegumen.* angl. *a vail.* Piéce d'étoffe qui sert à cacher, ou à empêcher qu'on ne voie quelque chose. Piéce d'étoffe qu'on met sur le calice pour le couvrir. Grande piéce de crepe ou d'étoffe claire que portent les Religieuses pour marque de leur profession & qui dans certaines Communautés sert à leur couvrir le visage. En matière de *Médailles*, le *voile* qui couvre la tête des Princes marque ou les fonctions sacerdotales qu'ils exercent, ou leur apothéose, &c. Couverture, envelope, prétexte.

VOILE. *s. fem.* lat. *Velum nauticum.* angl. *a sail.* En termes de *Marine* est une grande piéce de toile qu'on attache aux vergues ou aux antennes des vaisseaux, & aux étais, pour les faire mouvoir par le moyen du vent qui les frappe. Elle a divers noms suivant les mats où elle est attachée, la grande *voile*, la *voile* de misaine, la *voile* de hune, de perroquet. *Voile* signifie quelquefois un vaisseau. Étoffe très légère. Espèce de toile de coton.

VOILER. *v. act.* lat. *Velare.* angl. *to vail.* Donner un voile, couvrir d'un voile. Cacher, offusquer. Déguiser.

VOILERIE. *subst. feminin.* lat. *Velatura; velorum officina.* anglois. *a sail-making-house.* Lieu où l'on fait, & où l'on raccommode les voiles des vaisseaux.

VOILIER. *subst. mascul.* lat. *Navis velis*

*instructa, ad motum prompta.* angl. *a sailer.* Vaisseau considéré entant qu'il a des voiles, ou qu'il va vîte. Il se dit aussi de celui qui a soin des voiles. lat. *Velorum curator.* anglois. *a sailer.*

VOILURE. *subst. femin.* lat. *Velorum forma.* anglois. *a way of sailing.* Manière de porter ses voiles. Ce qui concerne les voiles des vaisseaux.

VOIR. *v. act.* lat. *Videre, intueri.* ang. *to see.* Appercevoir, regarder, découvrir par la vuë; recevoir dans les yeux une certaine impression de lumière qui fait discerner les objets. Envisager, pénétrer, appercevoir, contempler des yeux de l'esprit. Paroitre. Essayer, examiner. Envisager, considérer, observer, remarquer, éprouver, tant par les sens que par la raison. Connoître. Courir le païs, observer, remarquer ce qu'il y a de beau, de curieux tant dans la nature que dans les mœurs. Discerner, pénétrer, connoître le fond d'une affaire, d'une difficulté, en prévoir les conséquences. Faire des visites. Avoir commerce avec une femme. Avoir inspection, autorité sur quelque chose. Découvrir. *Se voir:* c'est se fréquenter, se visiter.

VOIRIE, *voy.* Voyrie.

VOISIN, ine. *adj. & subst.* lat. *Vicinus.* ang. *neighbouring.* Proche, limitrophe, qui est logé ou situé auprès d'un autre. Celui qui est placé auprès d'un autre dans une assemblée.

VOISINAGE. *substant. mascul.* lat. *Vicinitas, propinquitas.* ang. *neighbourhood, vicinity.* Ceux qui habitent en des lieux proches les uns des autres. Proximité.

VOISINER. *v. n.* lat. *Adire vicinos.* ang. *to be neighbourly.* Hanter ses voisins; les visiter familièrement.

VOITURE. *subst. femin.* lat. *Vectio, vectura.* angl. *carriage.* Transport de personnes ou de choses pesantes, qui se fait par le moyen de chevaux, charretes, bâteaux, &c. Manière de porter les choses. Charge des charrettes, des bêtes de somme, des vaisseaux.

VOITURER. *v. act.* lat. *Transvehere, subvectare* ang. *to convey, to carry.* Transporter par des voitures une chose d'un lieu à un autre.

VOITURIER. *substant. mascul.* lat. *Vector, vectarius.* ang. *a carrier.* Celui qui voiture, qui transporte des personnes, des hardes.

VOITURIN. *substant. masculin.* Celui qui loue des chevaux à des Voyageurs & qui les conduit. On ne le dit que des Voituriers dont on se sert dans les provinces de *France* méridionales. Ailleurs on dit *Messager.*

VOIX. *s. fem.* lat. *Vox, sonus.* anglois. *the voice.* Air frappé & modifié qui forme divers sons, selon qu'il passe par les différens conduits de la gorge des animaux, ou des hommes. Parole de l'homme, son qui sort de sa bouche. Cri, gémissement, prière, chant, modification de la parole. Opinion, suffrage, avis de chaque particulier d'une compagnie. Parmi les *Juifs* on appelloit *Fille de la voix* ou *Bath-col* la manière dont Dieu se faisoit connoître après la cessation des prophéties. Les Poëtes appellent la Renommée la Déesse aux cent *voix*. *Voix humaine* est un jeu de l'orgue, qui représente la voix de l'homme & qui est accordé à l'unisson de la trompette.

## V O L

VOL. *substant. masc.* lat. *Volatus.* anglois. *the flight or flying of a bird.* Action de l'oiseau qui s'élance, qui se meut, qui se soutient en l'air. Il se dit aussi de l'étendue, de la durée de ce mouvement; & en *Fauconnerie*, de l'équipage des chiens & des oiseaux de proie qui servent à prendre du gibier; & de la manière de voler sur le gibier. En termes de *Blason*, il se dit de deux aîles d'oiseau jointes, & posées dos à dos, comme s'il vouloit voler, & quand il n'y a qu'une aîle seule, on l'appelle *demi-vol*. *Vol* signifie aussi l'action d'enlever, de prendre ce qui est a autrui. lat. *Furtum.* anglois. *robbery, theft.*... Rançonnement, tromperie faite en contractant. Chose volée. C'est aussi dans l'Opéra, l'action de la machine par laquelle une ou plusieurs personnes montent ou descendent, en fendant l'air, comme s'ils voloient.

VOLABLE. *adj.* Qui peut être volé.

VOLAGE. *adject.* lat. *Levis, mutabilis, inconstans.* anglois. *fickle, inconstant.* Inconstant, léger, changeant.

VOLAILLE. *subst. fem.* lat. *Volatilia, volucres.* anglois. *poultry, fowl.* Oiseaux domestiques, qu'on nourrit dans une basse cour, comme dindons, poules, chapons.

VOLAILLIER. *substant. mascul.* lat. *Gallinarius.* ang. *a poulterer.* Marchand de volaille.

VOLANT, ante. *adj.* lat. *Volucris.* anglois. *flying.* Qui s'éleve, qui se soutient en l'air. *Cerf-volant*, sont de petits insectes qui volent & qui ont de grandes cornes. *Volant*, se dit aussi des choses légères ou détachée qui se meuvent aisément au gré du vent. Il se dit de ce qui n'est pas fixé, attaché; qu'on ôte & qu'on remet quand on veut. Ainsi un camp *volant* est une petite armée qui se meut facilement. Pont *volant* est un pont portatif qu'on porte à l'armée pour passer les rivières. Cachet *volant* qui n'est point attaché à une lettre, qui n'empêche pas de l'ouvrir. Assiete *volante*: Assiete d'entremets ou de ragoûts qu'on met ou qu'on ôte sans changer le service de la table. On appelle à *Rome* escadron *volant* un nombre de Cardinaux qui ne sont d'aucun parti dans l'élection du Pape, & qui souvent le fait, quand il se joint aux autres. Feux *volans*, méteores ou feux qui s'élevent & se dissipent peu après: feux d'artifice qu'on jette dans l'attaque des vaisseaux Aigle *volant*, en *Chymie*, c'est le sel armoniac. Feuille *volante*, qui n'est attachee à aucune autre. Vérole *volante*, qui n'a rien de dangereux.

VOLANT. *substant. masculin.* lat. *Scrupus pennatus.* anglois. *a shittle-cock.* C'est un jeu d'enfans, qui se fait avec des plumes attachées à un petit tuyau de bois ou d'ivoire, qu'ils se repoussent les uns aux autres comme une bale avec des palettes ou des raquettes, ou des timbales. En termes d'*Horloger*, c'est une piéce de leton qui retarde la sonnerie d'une horloge & qui fait le même effet que le balancier dans les montres simples. On le dit aussi des aîles d'un moulin à vent. lat. *Ala*, *vela*. ang. *the sail beams of a wind-mill*.... Espèce de surtout léger.

VOLATIL, ile. *adj*. lat. *Pars subtilior*. ang. *volatil*. Ce qu'il y a de plus subtil, de plus léger dans le corps ; ce qui s'évapore en l'air, qui se dissipe.

VOLATILE. *subst. masc*. lat. *Volucris*. ang. *volatile*. Animal qui vole.

VOLATILISATION. *substant. feminin*. lat. *Attenuatio*. angl. *volatilizing or volatilization*. Action de volatiliser.

VOLATILISER. *v. act*. lat. *Attenuare*. ang. *to volatilize*. Subtiliser un corps ; le rendre capable d'être élevé par le moyen de la chaleur.

VOLATILITÉ. *substant. femin*. lat. *Volatilitas*, *sublimatio*. angl. *volatility*. Qualité de ce qui est volatil.

VOLATILLE. *sub. fem*. Se dit de tous les oiseaux qui sont bons à manger. lat. *Volatilia*. ang. *fowls*.

VOLCAN. *s. masc*. lat. *Volcanus mons*. ang. *a vulcano or volcano*. Montagne qui vomit une grande quantité de feu. Il y en a plusieurs en différentes parties du monde.

VOLCELESY. *subst. masc*. (Chasse) Terme qu'on doit dire quand on revoit la bête fauve qui va en fuyant, ce qui se connoit quand elle ouvre les quatre pieds.

VOLE. *subst. fem*. Terme de jeu de cartes, qui se dit quand quelqu'un fait toutes les mains, ou levées de cartes, auquel cas chacun des joueurs lui doit une marque.

VOLÉE. *s. fem*. lat. *Volatus*, *volatura*. ang. *flight or flying*. Le mouvement que fait un oiseau sans s'arrêter. Oiseaux de passage qui viennent en troupes. Mouvement des choses qui sont poussées avec grande impétuosité. Décharge de plusieurs canons ensemble. Son des cloches en branle. Piéces de bois de traverse où l'on attelle les chevaux de carosse. Il se dit aussi des chevaux qu'on met au devant des autres pour tirer plus vite un chariot, un carrosse ; & quand il y a en a deux de front pour trainer une chaise, de celui qui ne porte pas le limon. Volants d'un moulin à vent. Au jeu de *Paume* c'est le mouvement de la balle, tandis qu'elle est poussée & se meut en l'air sans bonder, ni bricoler. (Méchaniques) Avance plus ou moins grande d'une piéce d'une machine, ou de toute la machine même.

VOLÉE. (à la) *adv*. lat. *Temerè*. anglois. *rashly*, *at random*. Inconsidérement, étourdiment ; sans reflexion.

VOLER. *v. n. & act*. lat. *Volare*. anglois. *to fly*. S'élever en l'air, s'y soutenir avec des aîles. Poursuivre ou prendre le gibier avec des oiseaux de proie. On le dit aussi de ce qui est jetté en l'air, qui y est mû, agité avec impétuosité. Courir avec empressement. *Voler*, signifie aussi, prendre le bien d'autrui. lat. *Aliena bona prædari*. anglois. *to rob*, *to take away*... Il se dit aussi des profits injustes que font ceux qui vendent plus cher qu'il ne faut.

VOLEREAU. *substantif masculin*. Petit voleur.

VOLERIE. *s. fem*. lat. *Aucupium*, *volatus*. angl. *a flight of a bird of prey*. Chasse avec les oiseaux de proie. Larcin, pillerie, exaction. lat. *Latrocinium*. angl. *robbery*, *theft*.

VOLET. *sub. mascul*. lat. *Columbariolum*. ang. *a dove-cote*. Petit colombier qui n'a qu'une ouverture qu'on ferme avec un ais. Cet ais se nomme aussi *volet*. On le dit par ressemblance des paneaux de menuiserie qui servent à fermer les croisées.... (Marine) Petite boussole en usage dans les barques & chaloupes. Elle n'est point suspenduë par le balancier. (Blason) Tourteau de sinople. Ornement du casque, ou ruban voltigeant.

VOLETER. *v. n*. lat. *Volitare*. anglois. *to flutter or flicker*. Voler à plusieurs reprises, comme font les papillons. Voltiger.

VOLETS. *substant. masc. pl*. Planches arrangées autour de l'aissieu d'une rouë de moulin à eau, sur lesquelles l'eau faisant effort, donne le mouvement à la rouë.

VOLETTES. *s. femin. pl*. Petites cordes qui sont attachées à une couverture de reseau que l'on met le long des flancs du cheval, afin de chasser les mouches qui l'incommodent.

VOLEUR, euse. *sub. masc. & fem*. lat. *Latro*, *grassator*. anglois. *a thief*. Brigand, larron qui vole, qui dérobe. Qui exige des droits excessifs, qui trompe en vendant. (Fauconnerie) Oiseau bon ou beau voleur, qui vole bien & sûrement.

VOLICE. *substant. & adj. fem*. Se dit de la latte à ardoise qui est deux fois plus large que la quarrée.

VOLIERE. *sub. fem*. lat. *Aviarium*. angl. *a volery*. Lieu où l'on enferme plusieurs oiseaux par curiosité. Petit colombier où l'on nourrit les pigeons domestiques avec du grain, sans les laisser aller à la campagne. lat. *Columbariolum*. angl. *a dove-cote*.

VOLIGE. *voy*. Volille.

VOLILLE. *substant.. feminin*. Petite planche de bois de sapin ou de peuplier, très légère & peu épaisse.

VOLITION. *substant. femin*. Terme dogmatique. Il se dit de l'acte par lequel la volonté se détermine à quelque chose. lat. *Volitio*. ang. *volition*.

VOLONTAIRE. *adj. & subst*. lat. *Voluntarius*, *spontaneus*. anglois. *voluntary*, *spontaneous*. Libre, qui se fait sans contrainte, par un principe de volonté. *Volontaire*, en termes de *Guerre*, est un Soldat ou Cavalier qui sert dans des Corps sans prendre aucune solde & sans être enrôlé & pour acquerir de l'honneur. lat. *Miles voluntarius*. ang. *a volunteer*.... *Volontaire* : qui ne veut faire que sa volonté, libertin, opiniâtre, fainéant.

VOLONTAIREMENT. *adverb*. lat. *Voluntariè*, *sponte*. anglois. *Voluntarily*. De franche volonté,

volonté, de bon gré, sans force ni contrainte.

VOLONTÉ. *s. fem.* lat. *Voluntas.* ang. *the will.* Faculté, puissance de l'ame à se déterminer, ou à se porter à la poursuite du bien, ou à la fuite du mal. Puissance, desir, résolution de faire quelque chose. Bon plaisir, ordre, commandement. Bienveillance ou haine qu'on a pour quelqu'un. On appelle dernières volontés le testament d'un homme.

VOLONTIERS. *adv.* lat. *Libenter, sponte.* anglois. *willingly.* De bon gré, de tout mon cœur.

VOLTE. *s. f.* lat. *Equi circumactus* angl. *a ring.* (Manége) Rond ou pile circulaire sur laquelle on manie un cheval. Mouvement que le Cavalier fait faire au cheval, en le menant en rond. Manége qu'on fait sur le cheval de bois pour apprendre à monter à cheval, & à en descendre légérement.... Tours & retours que des ennemis font autour d'une place, quand ils font mine de l'assiéger. (Marine) Prendre une telle *volte*, c'est prendre une telle route, tourner & virer un vaisseau pour le préparer au combat. (Fauconnerie) *Volte* est un cri qu'on fait en voyant le gibier. *Volte* au *jeu.* voy. *vole....* En *Musique*, c'est un air à trois tems propre à une danse, qui porte le même nom, parce qu'elle est composée de beaucoup de tours.

VOLTÉ, ée. *adj.* (Blason) Double.

VOLTEFACE. *s. femin.* lat. *Vultûs varia conversio.* anglois. *a wheeling about.* Commandement qu'on fait aux Soldats rangés en bataille, pour leur faire tourner le visage d'un autre côté.

VOLTER. *v. n.* En terme de *Maître d'armes*, c'est tourner le corps.

VOLTIGEMENT. *substant. masculin.* Action de ce qui voltige. Manière de voltiger.

VOLTIGER. *v. n.* lat. *In orbem se versare.* angl. *to ride about.* Faire divers tours & retours à cheval autour de quelque place. Faire flotter au gré du vent. Voler çà & là, voleter. Danser sur la corde. Être toujours en action, s'agiter, se remuer, changer de posture, d'assiéte, de condition, d'occupation.

VOLTIGEUR. *substant. mascul.* Celui qui voltige sur une corde attachée par les deux bouts, tenduë fort lâche.

VOLTIGLOLE. *s. fem.* (Marine) Cordon de la pouppe, qui sépare le corps de la galère de l'aissade de pouppe. On l'appelle autrement la *massane.*

VOLUBILIS. *s. m.* C'est un nom générique donné à toutes les plantes qui montent le long de tout ce qui est proche d'elles & qui s'entortillent. Le plus connu est le *volubilis* pourpré, qui porte une fleur pourprée & de couleur de violette.

VOLUBILITÉ. *s. f.* lat. *Volubilitas, agilitas.* angl. *volubility.* Facilité de se mouvoir. Abondance de paroles, facilité à parler.

VOLUË. *s. fem.* Terme dont les *Tisserans* se servent pour exprimer la petite fusée qui tourne dans la navette & qui porte la tissure.

VOLUME. *sub. mascul.* lat. *Volumen.* ang. *volume.* Livre, écrit d'une juste grandeur, qui est relié séparément. Espace qu'un corps occupe. Surface & étendue de ce corps. On le dit aussi de la forme, grandeur & épaisseur de la monnoie, & en termes de *Papetier* de la longueur du papier.

VOLUMINEUX. *adj.* Qui est en plusieurs volumes; ou qui contient beaucoup d'espace.

VOLUMNE. *s. m.* lat. & anglois. *Volumnus.* Divinité payenne, à laquelle on attribuoit la direction de la volonté des hommes, dont elle regloit les desirs & les tournoit vers le bien. Ce Dieu avoit pour compagne une Déesse de même nom que lui. Le Dieu & la Déesse étoient adorés ensemble chés les *Romains* comme des divinités favorables à l'union conjugale & qui prenoient le soin d'entretenir la concorde entre les gens mariés.

VOLUPTÉ. *s. femin.* lat. *Voluptas.* anglois. *pleasure.* Plaisir, émotion agréable; & qui chatouille l'ame ou le corps. C'étoit aussi la Déesse des plaisirs sensuels qui étoit représentée sous la figure d'une Reine élevée sur un siége magnifique & tenant la Vertu sous ses pieds.

VOLUPTUEUSEMENT. *adv.* lat. *Voluptuosè.* angl. *voluptuously.* D'une manière voluptueuse.

VOLUPTUEUX, euse. *adj.* lat. *Voluptuosus.* ang. *voluptuous.* Qui aime les plaisir sensuels ou charnels.

VOLUTE. *s. f.* lat. *Helix, voluta.* anglois *volute.* Ornement des chapiteaux de trois ordres d'*Architecture*, qui consiste dans un enroulement en ligne spirale à leurs angles ou coins. *Volute* ou *cornet.* Coquillage univalve.

VOLUTER. *v. act.* Dévider le fil sur des fusées, faire des volues.

VOLVULUS. *voy.* miséréré.

## V O M

VOMBARE. *substant. mascul.* Papillon bigarré de diverses couleurs qu'on voit dans l'isle de Madagascar.

VOMICA. *subst. masc.* (Médecine) Amas de pus dans quelque partie du corps.

VOMIQUE. *adj.* lat. *Vomica.* ang. *a vomiting nut.* Noix *vomique* est celle qui fait mourir les chiens & qui endort les corneilles, les pies. *s. f.* voy. *Vomica.*

VOMIR. *verb. act.* lat. *Vomere.* ang. *to spue, vomit.* Rejetter par la bouche ce qu'on a dans l'estomach; ce qui vient de la contraction & de l'irritation des fibres du ventricule, par laquelle l'estomach étant pressé, il arrive que ce qui est contenu dans sa cavité est forcé d'en sortir par l'orifice supérieur. Cette contraction a différentes causes, comme l'excès du vin, le poison, l'émetique, &c.

VOMISSEMENT. *subst. mascul.* lat. *Vomitus.* ang. *a vomiting, spuing.* Action par laquelle on vomit.

VOMITIF, *ou* Vomitoire. *s. m.* & *adj.* lat. *Vomitorium.* ang. *a vomit.* Qui provoque le vomissement.

VOMITOIRE. *voy.* Vomitif.... On appelloit

ainsi chés les Romains les ouvertures des amphithéâtres par où entroient & sortoient les spectateurs.

VON

VONTACA. *s. masc.* Fruit de l'isle de Madagascar, fort bon à manger, quand il est confit, étant mûr, au sucre ou au vinaigre, & bon contre le cours de ventre & la dyssenterie, quand il est confit de la même manière, avant sa maturité.

VOQ

VOQUER. *v. act.* Terme de *Potier de terre.* Tourner la terre avec les mains & l'apprêter, jusqu'à ce qu'on n'y voye plus de sable & qu'elle soit en état d'être mise en œuvre sur la rouë.

VOR

VORACE. *adj.* lat. *Vorax, belluo, gulosus.* ang. *voracious, greedy, ravenous.* Carnacier; qui dévore, qui mange sans mâcher, goulument, avec avidité.

VORACITÉ. *s. f.* lat. *Voracitas, ingluvies.* ang. *voracity, greedinesss, gluttony.* Gourmandise, action de manger goulument.

VOS

VOSSE. *s. mascul.* Animal de l'isle de Madagascar. Il ressemble au blaireau & donne la chasse aux poules.

VOT

VOTATION. *s. f.* (Terme usité dans quelques maisons Religieuses & surtout dans l'ordre de Malthe) Action de voter ou de donner sa voix, ou son suffrage pour quelque affaire qui regarde la Religion.

VOTER. *v. n.* Donner sa voix, ou son suffrage pour les affaires de la Communauté, de la Religion. *voy.* Votation.

VOTIF, ive. *adj.* Qui se promet & s'exécute par vœu. Messe *votive* est une Messe qu'on dit par dévotion & qui n'est point de l'office du jour.

VOU

VOUA. *s. f.* Mesure des longueurs dont on se sert dans le Royaume de Siam. Elle revient à une de nos toises moins un pouce.

VOUDSIRA. *s. masc.* Petite bête de Madagascar, qui ressemble à une belette.

VOUËDE. *s. m.* Espèce de pastel qui croît en Normandie, mais qui a beaucoup moins de force que celui de *Languedoc*; & qui est aussi foible que le marouchin, ou la dernière cueillette du bon pastel. Il faut mêler de l'indigo ou du bon pastel avec le *vouëde* pour faire de bonnes teintures.

VOUER. *v. act.* lat. *Vovere, devovere.* ang. *to devote or consecrate.* Dédier, consacrer; promettre de dédier & de consacrer; s'engager à faire telle ou telle chose. Se donner à quelqu'un, s'attacher à son service.

VOUGE. *s. f.* (Vénérie) Épieu de veneur à large fer. lat. *Venatorium pilum.* ang. *a boar-spear.* Serpe attachée à un long manche, qui sert à la campagne pour divers usages.

VOULA. *s. m.* Oiseau de Madagascar: il a le bec long & blanc.

VOULE. *s. f.* Petite mesure pour le riz mondé dont elle contient une demi-livre. On s'en sert à Madagascar.

VOULOIR. *v. act.* lat. *Velle.* ang. *to will or be willing.* Avoir la volonté, & la résolution de faire quelque chose; désirer, souhaiter, demander. Consentir, souffrir qu'une chose se fasse. S'opiniâtrer.

VOULOIR. *s. m.* lat. *Voluntas.* ang. *will.* L'action de la volonté.

VOULON. *s. masc.* Espèce de canne d'inde, dans laquelle on trouve une moëlle blanche appellée *tabaxir.*

VOURINE. *adj. f.* Soie *vourine*, soie légis de Perse, de la plus fine & de la meilleure qualité.

VOUSSOIRS, *ou* Vousseaux. *s. mascul. pl.* Pierres propres à former le cintre d'une voute, taillées en coins tronqués.

VOUSSURE. *s. f.* Courbure, hauteur de la voute; ce qui forme son cintre.

VOUTE. *s. f.* lat. *Fornix, camera.* anglois. *a vault, an arch-roof.* Toit rond bâti en arcade, de telle sorte que les pierres se soutiennent l'une l'autre par la disposition de leur coupe. Il y a des *voûtes* qui sont au dessous de la surface ordinaire de la terre comme les celliers & caves pour le vin, &c. Les autres au dessus comme celles des Eglises ou autres grands bâtimens. Il y en a de petites dans les maisons des particuliers.... (Marine) La *voûte* ou le *voûtis* d'un vaisseau c'est la partie extérieure de l'arcasse construite en *voûte* au dessus du gouvernail.

VOUTER. *v. act.* lat. *Concamerare, fornicare.* ang. *to vault.* Faire des arcades ou des toits en voûte. Il se dit aussi des vieillards que l'âge a obligé de marcher courbés, ou de ceux qui n'ont pas eû soin de se tenir bien droits. *Voûter un fer*, se dit en termes de manége, quand on forge un fer en sorte qu'il soit creux, pour les chevaux qui ont le pied comble, afin que le fer ne porte pas sur la sole, qui est alors plus haute que la corne. *Voûter en tas de charge*; c'est mettre les joints de lit partie en coupe du côté de la douelle, & partie de niveau du côté de l'extrados, pour faire une voûte sphérique.

VOUTIS. *s. m.* voy. *Voûte*, à la fin.

VOY

VOYAGE. *substant. mascul.* lat. *Iter, via.* ang. *voyage, travel, journey.* Transport qu'on fait de sa personne en des lieux éloignés.

VOYAGER. *v. n.* lat. *Iter facere, peregrinari.* anglois. *to travel.* Aller dans les païs étrangers.

VOYAGEUR. *s. m.* lat. *Viator.* ang. *a tra-*

*veller.* Qui fait des voyages par pure curiosité & qui en fait des rélations.

VOYANT. *s. m.* En termes de l'écriture signifie un Prophéte.

VOYANT, ante. *adj.* lat. *Radians, emicans.* ang. *gawdy, very gay.* Qui éclate, qui brille.

VOYE. *s. f.* lat. *Via, iter, semita.* anglois. *way, road.* Chemin, ruë, passage qui est au public, pour aller d'un lieu à un autre. Qualité des voitures. Ce qu'on transporte à chaque voyage qu'on fait. Endroit par où le gibier à passé. Espace de l'essieu qui est entre les deux rouës d'un carrosse. Piste, vestige, manière de se conduire, de se gouverner. Une *voye* d'eau sur *mer* est l'ouverture qui est dans le bordage du navire, la fente par où l'eau entre dans le vaisseau. *Voye* signifie aussi moyen dont on se sert pour arriver à quelque fin. En *Médecine*, les premières *voyes* sont les premiers vaisseaux qui reçoivent les sucs alimenteux, avant qu'ils soient changés en sang. On le dit aussi en *Philosophie* des différentes manières de découvrir les choses & d'en raisonner; & de la conduite secrette dont Dieu agit tant en matière spirituelle que corporelle. . . . *Voye de lait*, ou *Lactée.* voy. *Lactée*. . . . *Voye de pierre* : charretée d'un ou de plusieurs quartiers de pierre, qui doit être au moins de quinze pieds cubes. *Voye de platre* : quantité de douze sacs de platre, chacun de deux boisseaux & demi. *Voye de charbon* : douze boisseaux.

VOYELLE. *s. f.* lat. *Vocalis.* ang. *vowel.* Lettre de l'Alphabet qui forme un son parfait toute seule & d'elle-même, sans l'addition d'aucune autre. Nous en avons cinq, *a, e, i, o, u.* On doit remarquer que *i* & *u* sont quelquefois consonnes, lorsqu'elles se trouvent devant une autre voyelle dans la même syllable, comme *vœu, juge*, &c.

VOYER (La lessive) *v. act.* Faire passer & couleur l'eau chaude sur le linge dans les pannes.

VOYER. *s. m.* lat. *Viarius curator.* ang. *a surveyer of the high-ways.* Officier commis pour avoir soin que les ruës & voyes publiques soient sûres & commodes. Il y avoit autrefois un Grand-Voyer, qui a fini sous Louis XIII.

VOYETTE. *subst. femin.* Grande écuelle de bois emmanchée pour voyer la lessive.

VOYEZ & Revoyez. (Chasse) Il se dit quand on voit du pied de la bête, pour en revoir.

VOYRIE. *s. fem.* lat. *Viariæ rei præfectura.* anglois. *the place or office of the surveyer of the high-ways.* Charge du voyer. C'est aussi une place donnée au public pour y porter les boues, immondices & vuidanges.

## V R A

VRAC *ou* Vracq. *s. m.* On appelle hareng en *vrac*, celui que les pêcheurs apportent dans les ports au même état qu'il a été mis dans les barils au moment de la pêche.

VRAI, VRAIE. *adject.* lat. *Verus, purus, sincerus.* ang. *true, right.* Véritable, ou qui contient vérité. Pur, parfait. Qui parle & agit sans déguisement.

VRAI. *s. m.* Vérité.

VRAICQ. *voy.* Varech.

VRAIMENT. *adv.* lat. *Verè.* angl. *truly.* Véritablement, certainement.

VRAISEMBLABLE. *adj.* lat. *Verisimilis.* anglois. *likely, probable.* Qui a apparence de vérité; probable.

VRAISEMBLABLEMENT. *adv.* lat. *Probabiliter, verisimiliter.* ang. *likely, probably.* D'une manière apparente & vraisemble.

VRAISEMBLANCE. *s. fem.* lat. *Verisimilitudo.* angl. *likelyhood, probability.* Caractère ou apparence de vérité.

VRAISEMBLANT, ante. *adj.* lat. *Verisimilis.* ang. *likely.* Vrasemblable, probable.

URANIE. *s. fem.* lat. & ang. *Urania.* L'une des *Muses* qu'on dit avoir inventé l'Astronomie & que l'on représente comme une belle Dame, revêtuë d'une étoffe de couleur d'azur, couronnée d'étoiles & soutenant de sa main droite un globe céléste & de sa gauche un globe terrestre, environnée d'instrumens de Mathématique. C'est aussi le nom qu'on donne à la Venus céléste que l'on disoit être fille du Ciel & de la lumière, & qui animoit toute la nature & présidoit aux générations.

URANIES. *s. f. pl.* Nymphes célestes, qui, dit-on, gouvernoient les Sphères du Ciel.

URANOMÉTRIE. *subst. femin.* La science des Astronomes qui mesurent le Ciel.

URANOSCOPE. *s. m.* Astronome, qui observe les astres & autres corps célestes. . . . Poisson de mer ainsi appellé, parce qu'il a les yeux naturellement tournés vers le Ciel. Son goût & son odeur sont désagréables. Son fiel est propre pour déterger & pour consommer les cataractes des yeux. *Uranoscopus.*

URANOSCOPIE. *s. femin.* Astronomie, ou science qui apprend à observer les astres & à démontrer les mouvemens, les distances, les apparences, les changemens & les éclipses des corps célestes.

## U R B

URBANISTES. *subst. femin. pl.* Religieuses de Sainte Claire, ainsi appellées du Pape *Urbain*, qui leur a donné leurs regles. Elles peuvent posséder des fonds.

URBANITÉ. *s. fem.* lat. *Urbanitas, comitas.* anglois. *urbanity, civility.* Politesse, civilité; agrément qu'on trouve parmi les gens du monde.

## U R E

URE. *s. m.* Bœuf sauvage qui naît en Prusse. Espèce de buffle.

UREBEC. *s. m.* Petit animal qui ronge les bourgeons des arbres, appellé pour cette raison, *coupe-bourgeon.*

URETAU. *s. m.* (Marine) Manœuvre passée dans une poulie, qui est tenuë par une herse dans l'éperon au dessus de la liûre de beaupré, dont l'usage est de renforcer au besoin l'amure de misaine.

Bbbb 2

URETÈRE. *substant. mascul.* angl. *ureter.* Canal membraneux, long, qui sort du bassinet des reins de chaque côté, & se termine dans les membranes de la vessie; c'est par où l'urine passe des reins dans la vessie.

URÈTRE. *s. masc.* anglois. *Urethra or fistula.* Passage ou canal par où se décharge l'urine dans les deux sexes & par ou passe la semence dans les vaisseaux seminaux au moyen de deux petits trous qui sont à la tête de l'urètre.

URETIQUES. *voy.* Diuretiques.

U R G

URGENT, ente. *adj.* lat. *Urgens*, *instans.* ang. *urgent*, *pressing.* Qui est pressé, qui ne souffre point de délai ou de remise.

V R I

VRILLE. *subst. fem.* Outil de fer propre à percer dont se servent les Tonneliers. Il est emmanché comme le foret & la tarière & fait son effet en le tournant à deux mains..... *Vrille.* voy. *Helice.*

VRILLER. *v. n.* Se dit en termes d'*Artificier*, des artifices qui pirouettent en montant d'un mouvement helicoïde, comme une vis.

VRILLES. (Jardinage) Liens avec lesquels la vigne s'accroche à tout ce qui se trouve dans son voisinage.

VRILLIER. *substant. masculin.* Artisan qui fait des vrilles & autres légers outils de fer ou d'acier.

URIM, & Thummim. *Lumière & perfection.* Il y a eu parmi les sçavants beaucoup de contestations sur le sens particulier que les anciens *Hébreux* donnoient à ces deux mots; mais on n'a encore rien d'assuré. Tout ce qu'on peut dire, c'est que ces mots désignoient certaines cérémonies qu'on faisoit pour obtenir une réponse de Dieu dans les occasions extraordinaires; que le grand Prêtre seul avoit droit d'officier dans ces sortes de cérémonies, & que de quelque façon qu'on les fit, il étoit revêtu de tous ses habits pontificaux; qu'il ne les faisoit jamais pour un particulier ni pour une occasion légère, mais uniquement pour le Roi, pour le Président du Sanhedrim, pour le Général de l'Armée, &c. & toujours dans des occasions qui interessoient le bien commun de l'Eglise ou de l'État.

URINAL. *subst. masculin.* lat. *Urinatorium.* anglois. *an urinal.* Vaisseau propre à recevoir les urines, & dont on se sert ordinairement pour la commodité des malades. C'est une bouteille de verre dont le cou est recourbé, & par ou quelques Charlatans prétendent connoître les maladies & trouver les remédes propres à les guérir; ce qui est impossible dans la plûpart des cas, quoiqu'on puisse en tirer quelques conjectures eû égard à la constitution générale.

URINATEUR. *subst. mascul.* lat. *Urinator.* anglois. *a diver.* Plongeur, pêcheur de nacres ou de perles.

URINE. *s. femin.* lat. *Urina*, *lotium.* angl. *urine.* Excrément liquide des animaux, dont la vessie se décharge par l'urètre.

URINER. *v. n.* lat. *Meiere*, *urinam emittere.* anglois. *to urine.* Pisser, décharger sa vessie.

URINEUX, euse. *adj.* lat. *Urinalis.* anglois. *urinous.* Qui a la saveur de l'urine, comme certains sels parmi les *Chymistes.*

U R N

URNE. *s. fem.* lat. *Urna.* anglois. *an urn.* Vaisseau de médiocre grosseur, bas, rond & enflé par le milieu, dont les Anciens se servoient en différentes occasions. Ils y mettoient quelques fois les noms de ceux qui devoient combattre dans les exerces publics & les tiroient au sort. Ils y jettoient leurs suffrages dans les Élections publiques des Magistrats. Quelquefois les Juges y mettoient leurs opinions par écrit dans des occasions extraordinaires, & l'on s'en tenoit à la pluralité des voix. Mais l'usage le plus grand & le plus fréquent des urnes étoit d'y conserver les cendres des morts après qu'on avoit brûlé leurs corps. On plaçoit quelquefois ces urnes dans des tombeaux, & quelquefois on les gardoit dans les maisons. Elles étoient ordinairement de terre, mais quelques Empereurs, &c. en avoient d'or, d'argent, de marbre, &c. Leur figure étoit communément comme celle de nos pots à fleur ou des vaisseaux de la Chine.

U R O

UROCRITERE. *substant. mascul.* Jugement qu'un Médecin porte de l'état d'un malade, par l'inspection de son urine.

U R S

URSOLLE. *voy.* Orseille.

URSULINES. *subst. fem. pl.* lat. *Ursulina.* anglois. *ursulines.* Ordre de Religieuses qui suivent la regle de S. *Augustin.*

U S U

URUCU. *s. masc.* Arbre du Brésil autrement appellé *Roucou.*

URUS. *s. masc.* Sorte de bufle qui se trouve dans les forêts de Lithuanie. Les femmes portent des ceintures de la peau de cet animal, pour se garantir des avortemens, quand elles sont enceintes. Cette raison ou ce préjugé rend ces peaux d'un très grand prix.

U S

US. *substant. mascul.* lat. *Usus*, *mos.* ang. *ways*, *practice*, *custom.* Manière ordinaire d'agir qui a passé en force de loi.

U S A

USAGE. *substant. mascul.* lat. *Usus.* anglois. *use*, *custom*, *usage.* Manière d'agir; pratique reçuë ; coutume. Mode. Exercice, habitude, service, utilité qu'on tire de quelque chose. Maniment, jouissance, possession. Il se dit aussi du droit qu'on a de couper du bois, ou de mener paitre ses bestiaux dans des bois ou forêts du Roi ou des particuliers, seulement pour son usage. C'est quelquefois le simple droit de jouïr de la chose d'autrui sans en percevoir les fruits.

USAGER, ere. *subst. m.* & *fem.* lat. *Usufructuarius.* anglois. *a commoner.* Qui a droit d'usage dans des bois, dans des pâtures.

USALTON. *sub. masc.* Monnoie de Géorgie, qui vaut onze sols.

USANCE. *s. fem.* Coutume, usage reçu. C'est aussi le terme d'un mois à l'égard des lettres de change, par exemple une lettre datée du cinq *Février* si elle est à *usance*, elle n'est payable que le cinquième *Mars*, &c. L'*usance* d'*Hollande* sur *Londres* est de deux mois. En termes d'*Eaux & Forêts* c'est l'exploitation de la coupe d'une rente adjugée à un marchand.

U S E

USÉ, ée. *adj.* Gâté, foible, ancien. Il se dit des personnes & des choses, des animaux & des choses inanimées. En termes de *Jardinier*, on appelle terre *usée*, une terre devenuë sterile, pour avoir rapporté trop long-tems sans repos & sans amendement.

USER. *v. act.* lat. *Consumere*, *deterere.* ang. *to wear out*, *to wear off.* Emousser, perdre la force, la vigueur ; détruire, consumer soit insensiblement, soit tout à coup. Avaler, digérer. Mettre à profit, ménager, employer, se servir. En agir bien ou mal avec quelqu'un.

USER, *ou* Usé. *s. mascul.* lat. *Consumptio.* ang. *wearing out.* Altération qui se fait des choses par l'usage.

U S I

USITÉ, ée. *adj.* lat. *Usitatus.* anglois. *used, in use.* Qui est en usage, dont on se sert.

U S K

USKUP. *s. masc.* Bonnet de Janissaires, ou plutôt corne droite mise devant ce bonnet.

U S N

USNÉE. *sub. femin.* Plante qui croît sur le chêne & sur plusieurs autres arbres : mousse d'arbre.... L'*usnée humaine* est une mousse qui naît sur les cranes humains qui ont été fort long-tems exposés à l'air. Elle est astringente.

U S Q

USQUEBAC. Sorte de liqueur forte, dans la composition de laquelle il entre du safran.

U S S

USSUN. *subst. mascul.* Cerise du Pérou, qui est douce de saveur & de couleur rouge. Quand on en a mangé, l'urine se trouve le lendemain teinte de couleur de sang.

U S T

USTENSILE. *voy.* Utensile.... *Ustensiles* se dit de ce qui sert à la navigation & au service du canon.

USTION. *s. fem.* lat. *Ustio*, *ustulatio.* ang. *ustion.* Préparation de quelques substances, qui se fait en les brûlant.

USTRINE. *substant. feminin.* Lieu où l'on brûloit à Rome les corps des défunts.

U S U

USUCAPION. *subst. femin.* lat. *Usucapio*, *possessio.* ang. *possession.* Acquisition du domaine & de la propriété d'une chose par la possession & la jouissance pendant un certain tems prescrit par les loix.

USUEL, elle. *adj.* lat. *Usualis.* ang. *usual.* Chose dont on se sert à l'ordinaire.

USUFRUCTUAIRE. *adj.* lat. *Usufructuarius.* anglois. *usufructuary.* Qui ne donne que la faculté de jouir des fruits.

USUFRUIT. *substant. mascul.* lat. *Usufructus.* angl. *use and profits*, *without property.* Jouissance d'un bien, droit de percevoir les fruits ou les revenus d'un héritage, ou de quelque autre chose sans en aliéner ni déteriorer la propriété.

USUFRUITIER, ière. *s. m.* & *f.* lat. *Usufructuarius.* angl. *usufructuary.* Qui jouit de l'usufruit d'un bien, d'un revenu, dont il n'est pas propriétaire.

USURAIRE. *adj.* lat. *Usurarius.* anglois. *usurious.* Qui contient quelque profit défendu.

USURAIREMENT. *adv.* lat. *Fœneratò.* ang. *usuriously.* D'une manière usuraire.

USURE. *s. fem.* lat. *Usura*, *fœnus*, *questus ex mutuo.* ang. *usury.* Diminution d'une chose par le tems, par le frottement. Dans le *Commerce*, en général c'est un intérêt, un gain, ou profit qu'on tire de son argent. Elle est toujours illicite lorsque le profit est plus grand que la loi ne le permet ou le cours de la place.

USURIER, ière. *subst. mascul.* & *fem.* lat. *Fœnerator.* ang. *an usurer.* Celui qui prête à usure, qui exige des intérêts illégitimes.

USURPATEUR. *sub. masc.* lat. *Usurpator.* anglois. *an usurper.* Injuste possesseur du bien d'autrui ; qui s'en est emparé par violence.

USURPATION. *subst. femin.* lat. *Usurpatio.* angl. *usurpation.* Action de celui qui envahit le bien d'autrui ou qui prend un titre qui ne lui est pas dû.

USURPATRICE. *subst. femin.* lat. *Usurpatrix.* anglois. *an usurper*, *a she-usurper.* Celle qui s'empare injustement d'un bien, ou de quelque chose qui ne lui appartient pas.

USURPER. *v. act.* lat. *Usurpare.* anglois. *to usurp.* S'emparer injustement du bien d'autui.

U T

UT. *s. m.* La première des notes de la gamme.

U T E

UTENSILE, ou Utencile. *subſtant. maſcul.* lat. *Vaſa, inſtrumenta utenſilia.* angl. *utenſil.* Petit meuble de ménage ſervant particulierement à la cuiſine ; comme pots, plats, aſſiétes, chauderons. Vaiſſeaux pour les manufactures. En termes de *Guerre*, ce ſont les meubles que les hôtes ſont obligés de fournir aux Soldats qu'ils logent, qui ſont un lit avec des draps, un pot, un verre, une écuelle.

UTÉRIN, ine. *adj.* lat. *Uterinus.* anglois. *uterine.* Qui concerne le ventre des femmes ou la matrice. *Frères* ou Sœurs *uterins* ſont ceux qui ſont nés d'une même Mere, mais de lit & de Pères différens. *Fureur uterine* : maladie des femmes, cauſée par des vapeurs hyſteriques, qui les portent à des emportemens d'amour & à une eſpèce de fureur, qu'elles ne peuvent cacher.

U T I

UTILE. *adj.* lat. *Utilis.* angl. *uſeful.* Qui ſert ; qui eſt profitable, avantageux. ( Juriſprudence ) Domaine *utile* ſe dit des fruits, des revenus d'un domaine, par oppoſition à la Seigneurie directe, qui n'a que la ſupériorité & la mouvance. ( Pratique ) Jours *utiles*, ſont ceux dans leſquels les parties peuvent agir réciproquement en juſtice & qui ſeuls ſont comptés dans les délais accordés par les loix.

UTILE. *ſub. maſc.* Ce qui eſt utile. Domaine utile.

UTILEMENT. *adv.* lat. *Utiliter.* anglois. *uſefully.* D'une manière utile.

UTILITÉ. *ſubſtant. femin.* lat. *Utilitas.* ang. *utility, uſefulneſſ.* Profit, avantage.

UTRICULE. *ſubſt. maſcul.* Petit outre, ſac, tunique.

U V A

UVA-CAVA. *ſ. m.* Arbre des Indes Occidentales. Il eſt de la grandeur d'un pommier ; il a les feuilles ſemblables à celles de l'orenger & ſa fleur jaunâtre. Son fruit eſt long comme un œuf, jaune & de bon goût.

UVA-EEN. *ſubſtant. maſc.* Melon d'eau ou pateque.

UVAMEMBEC. *ſubſtant. maſcul.* Arbre qui croît dans l'iſle de Marignan, & qui diffère fort peu du pommier.

UVA-OVASSOURA. *ſ. m.* Grand arbre des Indes Occidentales, dont les feuilles ſont ſemblables à celles du poirier. Ses fleurs ſont blanches. Son fruit eſt de la groſſeur de deux poings, jaune, doux, avec un noyau un peu plus gros qu'une amande qui a le même goût.

UVA-PYRUP. *ſ. m.* Arbre des Indes Occidentales fort épineux. Il a ſes feuilles ſemblables à celles du noyer & ſes fleurs agréablement bigarrées de jaune, de bleu & de rouge. Son fruit eſt rond comme une pomme & bon à manger.

UVAURE. *ſ. m. Walrus.* Animal amphibie & monſtrueux : eſpèce de phoque. Il a la peau d'un chien marin, la gueule d'une vache, avec deux dents qui ſortent dehors, recourbées en bas, longues quelquefois d'une coudée. On les emploie aux mêmes uſages que l'yvoire, & elles ſont de même valeur.

V U E

VUË. *voy.* Veuë.

UVÉE. *ſubſt. femin.* ( Anatomie ) Troiſième tunique de l'œil, où eſt l'iris & la prunelle ; on lui a donné ce nom, parce qu'elle reſſemble à un grain de raiſin, dont on auroit ôté la queuë. On l'appelle autrement *Rhagoïde* & *Choroïde.*

V U I

VUIDANGE. *ſ. femin.* lat. *Apertio ad inanitatem.* ang. *a broaching or tapping of a veſſel.* Etat d'un tonneau qui eſt en perte. Terres qu'on tire des puits, des foſſés ; ordures & décombres qu'on enleve des maiſons. Évacuations que les femmes ont après leur accouchement. Excrémens. Enlevement des bois qui ſont ſur les ventes d'une forêt abbatuë.

VUIDANGEUR. *ſ. m.* lat. *Foricarum ſeu latrinarum evacuator.* ang. *a tom-turd or goldfinder.* Celui qui vuide les foſſes à privés.

VUIDE. *adj.* & *ſubſt.* lat. *Vacuus, inanis.* anglois. *empty or void.* Eſpace qui n'eſt rempli d'aucun corps. Eſpace qui n'eſt pas rempli de ce qui étoit deſtiné à mettre dedans. On le dit en *Maçonnerie* de ce qui n'eſt pas entièrement plein ou ſolide. Les *Médecins* appellent jours *vuides* ceux qui ne ſont pas critiques, pendant leſquels ils peuvent purger ſûrement, comme ſont le 6. le 8. le 10. le 12. le 16. & le 18. de la maladie.

VUIDE. ( à ) *adv.* lat. *Vacuè.* angl. *empty.* Qui n'eſt pas plein.

VUIDÉ, ée. *adj.* ( Blaſon ) Qui eſt échancré & dont la largeur eſt diminuée par une ligne courbe. On le dit auſſi des croix & autres piéces ouvertes, au travers deſquelles on voit le champ ou ſol de l'écu.

VUIDE BOUTEILLE. *ſ. m.* Petit appartement ou pavillon dans un jardin où l'on s'aſſemble pour ſe divertir & faire bonne chère.

VUIDER. *v. act.* lat. *Vacuare, evacuare, exhaurire.* angl. *to empty, to clear, to make void.* Déremplir ; ôter ce qui étoit dans quelque choſe. Déloger, ôter les meubles d'une chambre, d'une maiſon. Quitter le païs. Se purger. Habiller une volaille, lui ôter la poche & le géſier. En termes d'*Artiſans*, c'eſt ôter ce qui eſt au milieu d'une choſe, y faire des ouvertures. *Figurément*, terminer, finir une affaire, un différend.

VUIDES. *ſ. m. pl.* ( Architecture ) Ce ſont dans les maſſifs de maçonnerie trop épais des chambrettes ou cavités pratiquées autant pour épargner la dépenſe de la matière, que pour rendre la charge moins peſante.

VUIDURE. *ſubſt. femin.* Ce qu'on ôte de quelque choſe.

## V U L

VULCAIN. *f. masc.* lat. *Vulcanus.* anglois. *vulcan.* Parmi les *Poëtes* est le Dieu du feu souterrain & des métaux. Il étoit fils de *Jupiter* & de *Junon*; mais comme il étoit fort laid, *Jupiter* d'un coup de pied le jetta du ciel en terre & le rendit boiteux par cette chute. Il épousa *Venus*; mais comme elle n'avoit pas grande affection pour lui, elle s'attacha à *Mars*, &c. On a ajouté d'autres contes étranges à ces fables. Mais la vérité est que *Vulcain* étoit un Prince d'*Italie*, qui s'appliqua beaucoup à faire creuser les mines & à préparer & rafiner les métaux, *&c.* On le représente avec une robe d écarlate & un enclume à ses côtés.

VULCANALES. *subst. femin. pl.* Fêtes de Vulcain célébrées au mois d'Août & pendant lesquelles on jettoit des animaux dans le feu en l'honneur de ce Dieu.

VULCANISME. *f. m.* État de celui dont la femme est infidéle.

VULGAIRE. *adj.* lat. *Vulgaris, communis.* anglois. *vulgar, common.* Commun, trivial, ordinaire. Langues *vulgaires* sont les différentes langues que les peuples parlent aujourd'hui. *Venus vulgaire* ou *populaire* étoit celle qui présidoit aux amours charnels & grossiers. C'étoit l'opposé de *Venus Uranie.*

VULGAIREMENT. *adv.* lat. *Vulgò, passim.* anglois. *vulgarly, commonly.* Dans l'opinion vulgaire, commune.

VULGATE. *f. f.* lat. *Vulgata scripturæ versio.* anglois. *vulgate.* Traduction ancienne & commune de la Bible. On dit qu'elle fut faite sur l'*Hébreu* vers la fin du quatrième siécle & au commencement du cinquième. C'est celle que le Concile de *Trente* à autorisé comme l'unique vraie version & les Papes *Sixte* V. & *Clement* VIII. ont beaucoup travaillé pour la faire imprimer bien correcte. La première parut, en 1590, mais après un mûr examen elle fut trouvée imparfaite & il en parut une autre édition en 1592. Celle-ci est regardée comme le modèle de toutes celles qui ont été faites depuis & c'est celle que l'Eglise *Romaine* regarde comme autentique & comme conforme à la décision du Concile de *Trente*; quoique plusieurs sçavans Théologiens y ayent trouvé quelques fautes, peu importantes, qu'on n'a pas cru devoir corriger.

VULNÉRABLE. *adj.* lat. *Vulnerabilis.* ang. *vulnerable.* Qui peut être blessé.

VULNÉRAIRE. *adj.* & *subst.* lat. *Vulnerarium medicamentum.* ang. *vulnerary.* Médicament propre pour la guérison des playes & des ulcères. Eau *vulnéraire*, ou d'arquebusade est une distillation des différens *vulnéraires.*

VULNÉRAIRE. *subst. femin.* Plante ainsi appellée parce qu'elle est vulnéraire. Elle a ses feuilles semblables à celles du galega, mais un peu plus moëlleuses, & des fleurs légumineuses & jaunes.

VULPINALES. *f. f. pl.* Fête publique chés les Romains où on brûloit des renards.

VULVAIRE. *f. f.* Espèce de chenopodium, ainsi appellé parce qu'il est bon pour la matrice, qu'il appaise les vapeurs hysteriques & dissipe la colique venteuse, emploiée en lavemens ou en fomentations.

VULVE. *f. f.* Nom que les *Médecins* donnent à la matrice.

## U V U

UVULE. *f. f.* lat. & ang. *Uvula.* C'est une petite chair spongieuse qui pend du Palais en la bouche auprès des conduits des narines, qui sert à rompre la force de l'air trop froid, afin qu'il n'entre pas trop vîte dans les poûmons. On l'appelle autrement *Luette.* Elle est ronde en long, plus grosse par en haut & plus petite par en bas. Elle se termine en une pointe un peu obtuse. Quelquefois elle se relâche, par le moyen des humeurs qui tombent dessus & qui ne peuvent pas revenir par les vaisseaux lymphatiques; ce qui occasionne l'incommodité qu'on appelle luette tombée.

## U Z A

UZAS. *f. m.* Poisson testacée du genre des cancres, nourriture commune des habitans du Brésil.

## U Z I

UZIFUR. *f. m.* (Chymie) Cinabre composé de soufre & de mercure.

# W

## W

CETTE lettre double est le caractère de la monnoie fabriquée à Lille.

## W A G

WAGE, *ou* Chariot. *s. m.* Poids dont on se sert à *Amiens*, qui pése cent soixante-cinq livres de cette Ville, lesquelles reviennent à cent quarante-cinq livres trois onces de *Paris*, *Strasbourg*, *Besançon* & *Amsterdam*, les poids de ces quatre Villes étant égaux. A *Anvers* on dit *wague*.

WAGUE. *voy.* Wage.

WAGUE-MAISTRE. *voy.* Vaguemaistre.

## W A L

WALON, onne. *adj.* & *subst.* Les gardes *Walones* est un corps de troupes dans les armées d'Espagne, qui a beaucoup de réputation. Il fait partie de la maison militaire de Sa Majesté Catholique.

WALRUS. *voy.* Uvaure.

## W A M

WAMCABEC. *s. m.* Arbre de l'isle de Marignan, qui différe fort peu du pommier.

## W A Q

WAQUE. *s. f.* Sorte de mesure dont se sert en Hainaut pour mesurer le charbon de terre. La *waque* de charbon revient à quinze sols.

## W A T

WATERGANCK, *ou* Watregan. *voy.* Ouatergan.

## W E R

WERST. *s. m.* Mesure des distances dont on se sert en Moscovie, qui équivaut à peu près à un quart de lieuë de France.

## W H I

WHIG. *s. m.* Nom de parti en Angleterre, donné tantôt aux Non-conformistes & tantôt aux Adversaires des Jacobites. *voy.* Tory.

## W I C

WICH. *substant. mascul.* Terme de fabrique



de basse-lisse. Perche où sont attachés les fils de la basse-lisse.

WICLEFISME. *s. masc.* Doctrine de *Wiclef* qui fut condamné dans le Concile de Constance, & qui a été l'avant coureur de Luther & de Calvin. Il combattit la doctrine de l'Eglise sur le Purgatoire, sur les Indulgences, sur l'invocation des Saints, sur le culte des Images.

WICLEFISTE. *s. m.* Sectateur de Wiclef.

## W I L

WILOC. *s. m.* Espèce d'étoffe ou de feutre foulé à la manière des Chapeliers, mais qui est un peu plus lâche que le feutre dont on fait les chapeaux.

## W I N

WINTHÈRE. *s. masc.* Écorce odoriférante : canelle blanche.

## W I R

WIRSCHAF. Sorte de fête ou de mascarade en usage dans l'Allemagne.

## W L L

WLLANS. *s. masc. pl.* (Prononces *Oulans*) Troupe de Cavalerie légère, composée de Polonois & de Tartares, montés sur des chevaux de ces deux Nations. Ils font un service pareil à celui des Hussards.

## W O D

WODEN. *s. m.* Idole adorée par les Saxons, comme le premier & le grand Dieu, le Maître des Dieux. Ils lui offroient des victimes humaines, comme plus honorables.

## W O E

WOETIENS. *s. m. pl.* Hérétiques à qui un certain *Woëtius* a donné son nom. Ils soutiennent qu'on ne doit point laisser les biens Ecclésiastiques entre les mains de gens qui ne sont utiles ni à l'Eglise, ni a l'État ; qu'il ne faut point admettre à la céne les *Lombards* c'est-à-dire les usuriers ; qu'il ne faut célébrer aucun jour de fête, pas même de Pâques, de la Pentecôte & de Noël, mais qu'il faut se contenter d'observer religieusement le jour du repos, &c.

## W O U

WOUWLE. *s. f.* Sorte de teinture jaune.

# X

## X

*s. m.* Cette lettre a le son, ou la force d'une double consonne. C'est la vingt-unième lettre de notre Alphabet, & on la prononce tantôt comme une *s* & tantôt comme un *z*. X est aussi une lettre numerale qui signifie 10. & avec un trait X̄, 10, 000. Dans les premiers siécles de l'Eglise on l'employoit souvent pour signifier *Christ* en abbréviation.... X. caractère de la monnoie fabriquée à Aix.

## X A C

XACA. *s. masc.* Nom du premier fondateur de l'idolatrie dans les Indes & dans les païs Orientaux. L'histoire de sa vie porte que sa Mère en étant grosse, crut en songe qu'elle mettoit au monde un élephant blanc par le côté gauche. De-là vient la passion extraordinaire qu'ont les Rois de Siam, de Tonquin, & de la Chine, d'avoir des élephans blancs. Ce Xaca s'étant retiré dans un desert, y inventa la manière d'adorer les Diables & au sortir de cette solitude, il trouva grand nombre de disciples, dont il choisit dix mille, pour les instruire de ses maximes & pour leur apprendre de quelle manière ils devoient en instruire les autres. Il ordonna de mettre au commencement de tous ses livres ce seul titre, *il l'a dit.* Par ce moyen il empêchoit les disputes & toute sorte d'examen. Les Brachmanes disent qu'il a souffert 80, 000. fois la Métempsycose, & que son ame à passé en autant d'animaux de différentes espèces, dont le dernier a été un élephant blanc ; & qu'après tous ces changemens, il a été reçu en la compagnie des Dieux & est devenu Pagode.

## X A G

XAGUA. *s. m.* Arbre de l'isle de Cuba, de la grandeur du frêne, & qui a le bois dur, pesant, de couleur grise, tirant sur le fauve. Son fruit est semblable en grosseur & en forme à un rognon de veau.... *voy.* Genipa.

## X A L

XALAPA. *s. m.* Racine purgative qui vient aux Indes Occidentales. *voy.* Jalap.

XALXOCOTL. *s. masc.* Arbre d'Amérique, autrement appellé *Goyavier.*

## X A N

XANTOLINE. *s. fem.* Semencine, semence contre les vers.

XANXUS. *s. masc.* Gros coquillage semblable à ceux avec lesquels on peint les tritons. On scie les coquillages selon leur largeur & on en fait des brasselets qui ont autant de lustre que le plus brillant ivoire.

## X É

XÉ. *s. m.* Animal de la Chine, de la grandeur d'un chevreuil. D'une tumeur qui leur vient sous le ventre, quand la lune est pleine, on tire du musc, le plus parfait & le plus odoriférant de tous.

## X E N

XÉNODOQUE. *s. m.* Officier Ecclésiastique dans l'Eglise Greque. Hospitalier.

## X E R

XERASIE. *sub. f.* Nom d'une maladie des cheveux plus commune vers le Nord qu'en France. Elle empêche les cheveux de croître, & les rend comme un duvet sur lequel on auroit jetté de la poussière.

XEROPHAGIES. *s. femin. pl.* lat. & angl. *Xerophagia.* Jours de jeûne dans les premiers siécles de l'Eglise, ausquels on ne mangeoit que du pain avec du sel, & on ne bûvoit que de l'eau. Ce qui s'observoit les six jours de la Semaine-Sainte par dévotion, & non point par obligation.

XEROPHTHALMIE. *sub. f.* lat. *Xerophthalmia.* angl. *xerophthalmy.* Espèce d'ophthalmie dans laquelle les yeux démangent & sont rouges, sans être enflés & sans jetter de larmes.

## X I L

XILOBALSAMUM, Xilon, Xilosteon. *voy.* Xylobalsamum, Xylon, Xylosteon.

## X I P

XIPHIAS. *s. m.* Poisson. *voy.* Espadon...: *Xiphias* ou *la dorade*, constellation méridionale.... Comête qui a la forme d'une épée.

XIPHION. *s. m.* Plante ainsi appellée parce que ses feuilles ont en quelque façon la figure d'un glaive. Ses fleurs & ses fruits ressemblent à ceux de la flambe. Sa racine est émolliente & résolutive.

XIPHOÏDE. *adj.* lat. & anglois. *Xiphoides.* Cartilage qui est au bas du sternum & qui ressemble à une pointe d'épée, &c.... Plante connue sous le nom de *spatula fœtida*. Ses feuilles sont puantes & en forme de glaive. Sa racine est attractive & resolutive.

X I S

XISTE. *voy*. Xyste.... Pierre précieuse qui vient des Indes & qui est une espèce de jaspe. C'étoit aussi un portique où les Grecs s'exerçoient à la course ou à la lutte.

X O C

XOCHICOPALLI. *s. m.* Arbre moyen des Indes Occidentales, dont l'écorce & le tronc ont une bonne odeur. Il en sort une liqueur qui sent parfaitement le limon, & qui a les propriétés de la résine appellée *copal*.

XOCOATLE. *s. masc.* Sorte de boisson des Mexicains qu'ils font avec du maïs cuit & réduit en masse. Elle tempère l'ardeur d'urine & appaise toute sorte de chaleur.

XOCOXOCHITLE. *s. m.* Grand arbre qui croît en abondance dans la Province de *Tabasco* & à la Jamaïque. Ses feuilles sont semblables à celles de l'orenger & sont fort odorantes. Ses fleurs ont la couleur & la figure de celles du grenadier & l'odeur de celles de l'oranger. Son fruit est acre & de bonne odeur, on s'en sert au lieu du poivre, & on l'appelle *poivre de Mexique*, ou *de Tabasco*, ou *de la Jamaïque*, ou *de Chiapa*.

X U T

XUTAS. *substant. mascul.* Oiseau des Indes Occidentales, qui ressemble à une oie & qui s'apprivoise de même.

X Y L

XYLOBALSAMUM. *s. m.* Nom qu'on donne à de petits rameaux d'un arbrisseau appellé *baume de Judée*. Ils sont propres pour fortifier le cerveau & l'estomac & pour résister au venin.

XYLOLATRE. *s. m.* & *fem.* Qui adore des Dieux de bois.

XYLON. *s. m.* Plante qui porte le coton, & dont la semence est estimée pour les maladies de la poitrine & des reins.

XYLOSTEON. *s. m.* Arbrisseau qui ressemble au periclymenum, mais qui se soutient lui-même sans s'attacher aux plantes voisines. Son bois est dur & blanc comme un os, ce que signifie son nom qui est grec.

X Y R

XYRIS. *substant. femin.* Spatule ou glayeul puant.

X Y S

XYSTARQUE. *substant. mas.* Intendant des Xystes.

XYSTE. *s. m.* Chés les *Romains* étoit une allée d'arbres couverte qui servoit à la promenade. Chés les Grecs c'étoit un portique qui faisoit partie des gymnases, où les Athletes s'exerçoient à la course ou à la lutte.

XYSTIQUE. *s. m.* Gladiateur qui se battoit sous des portiques.

# Y

Y

*s. m.* Cette lettre est la vingt-deuxième de notre Alphabet & elle a le même son que l'*i* voyelle. On l'a conservée dans les mots *grecs*, pour marquer leur origine. Y étoit une lettre numerale qui signifioit cent cinquante & avec un trait Ȳ, cent cinquante mille. Y. se dit pour désigner une sorte de petit papier. C'est aussi le caractère qui distingue la monnoie fabriquée à Bourges.

Y A C

YAC, *ou* Yacht. *s. m.* lat. *Gaulus vectorius*. ang. *a yacht*. Petit vaisseau d'un seul pont dont on se sert pour des parties de plaisir en *Angleterre* & pour transporter les Rois, les Princes, les Ambassadeurs, &c. à de petites distances par mer. Son port est communément de huitante ou cent tonneaux, quelquefois plus, quelquefois moins & il a des canons & des hommes à proportion. Il est aussi en usage en Hollande, mais les *yacs* des Hollandois ne sont pas propres pour aller en pleine mer. Ils ne s'en servent guères que sur les rivières & sur les canaux.

YACARANDA. *s. m.* Arbre qui se trouve dans l'isle de Madagascar, & qui ressemble beaucoup au prunier. Son fruit est gros comme les deux poings & bon à manger quand il est cuit. Les Sauvages en font une espéce de bouillie qu'ils appellent manipoy & qui est surtout bonne à l'estomac.

YACHICA. *s. m.* Arbre qui se trouve dans la même Isle & qui approche aussi beaucoup du prunier. Il a ses fleurs jaunes, ainsi que ses fruits, qui sont en tout semblables aux prunes & ont un noyau blanc & doux.

YACHT. *voy.* Yac.

YACONDA. *f. m.* Poisson tout-à-fait couvert d'un test & long de trois pieds. Il se pêche dans les mers des Isles Occidentales & il est tout rayé de lignes jaunes, rouges & blanches.

Y A N

YANDON. *f. m.* Espèce d'autruche qui se trouve à Madagascar.

Y A P

YAPU. *f. m.* Oiseau du Brésil qui ressemble à une pie & a tout le corps noir, excepté la queuë qui est jaunâtre. Il a les yeux bleus & le bec jaune, avec trois pinnules sur la tête qu'il dresse comme si c'étoient des cornes.

Y A R

YARD. *f. m.* Mesure Angloise. C'est la verge d'Angleterre contenant trois pieds ou trente-six pouces.

Y A T

YATCH. *voy.* Yac.

YATISI. *f. masc.* L'heure du coucher chés les Turcs.

Y A V

YAVION. *f. mas.* Espèce d'autruches de Madagascar.

Y C H

YCHITZÉE. *f. f.* Drogue médicinale qui se trouve à la Chine, que les Japonois estiment beaucoup, & dont les Chinois font un grand commerce avec eux.

YCHO. *f. m* Herbe du Pérou, qui ressemble assés au petit jonc.

Y C O

YCOLT. *f. m.* Arbre de la nouvelle Espagne qui d'une seule racine produit deux ou trois troncs, qui portent des fleurs blanches & odoriférantes, penduës par grappes & distinguées en six feüiles d'où naissent des fruit semblables aux pommes de pin. Les Espagnols appellent cet arbre *Palmier de montagne.* Ses feuilles sont semblables à celles de l'iris, mais plus grandes. On en fait du filet plus fort quoique plus délié, que celui qu'on file du maguey. Les hatans en font de la toile.

Y E B

YEBLE. *f. m.* voy. *Hièble.*

Y E C

YECOLT. *voy.* Ycolt.

Y E O

YEOMAN. *f. m.* Nom d'unē espèce de gardes du Roi d'Angleterre. Ils sont d'une haute taille & doivent avoir au moins six pieds de haut. Ils sont au nombre de cent, la moitié porte des mousquets & l'autre des hallebardes.

Y E T

YETIN. *f. masc.* Sorte d'insecte qui naît au Brésil. C'est un moucheron dont l'aiguillon pique comme une aiguille.

Y E U

YEUSE. *f. m.* lat. *Ilex.* ang. *the french oak, or holm-oak.* Arbre qu'on appelle autrement chêne verd. Ses feuilles sont blanchâtres pardessus, vertes par dessous & fort dentelées à l'entour. Son bois est dur & massif. Son gland est plus petit que celui du chêne ordinaire. Il y en a une espèce qui est épineuse.

YEUX. *f. m. pl.* voy. *Œil.*

Y G A

YGA. *f. masc.* Se dit de certains arbres du Brésil, dont les Indiens séparent l'écorce toute entière pour en faire de petits bâteaux, capables de porter trente hommes armés & davantage.

Y N A

YNAIA. *f. m.* Espèce de palme de l'Isle de Maragnan, qui produit des fruits en grappes, de la grosseur des olives. Il y en a jusqu'à deux ou trois cens dans une seule grappe.

Y N C

YNCAS. *f. m. pl.* Nom qu'on donnoit autrefois aux Rois du Pérou & aux Princes de leur sang. Il signifie *Roi* ou *Empereur* dans leur langue.

YNCHIC. *f. m.* Fruit qui vient sous terre dans le Pérou & dans les isles Antilles. Les uns l'appellent autrement *manobi* & d'autres *pistache.* Il a le goût de l'amande, & on en tire une huile qui s'emploie dans la médecine.

Y O I

YOÏDE. *voy.* Hyoïde.

Y O L

YOLATOLE. *f. masc.* Sorte de boisson des Indes Occidentales composée d'épis de maïs brûlés & réduits en cendres après qu'on en a ôté les grains. On y ajoute trois parties du même grain & un peu de chicotzli ou poivre de l'Amérique. Cette boisson est bonne pour ceux qui ont trop de sang.

Y P E

YPECACUANA. *voy.* Ipecacuanha.

YPEREAU, ou Ypreau. *f. m.* lat. *Yprensis ulmus.* anglois. *the elm-tree.* Espèce d'orme à larges feuilles, ainsi appellé parce qu'il a été apporté en France par des Flamands de la ville d'*Ypres*.

Y P S

YPSILOÏDE. *adj.* ( Anatomie ) C'est la troisième vraie suture du crâne ainsi appellée parce qu'elle ressemble à un *ypsilon*, ou *y grec*. On l'appelle aussi *lambdoïde*. On appelle aussi de ce nom l'os hyoïde.

Y S A

YSARD. *s. m.* Espèce de chevre sauvage, qu'on appelle aussi *chamois*. On prétend qu'il se trouve dans sa vessie une sorte de *bezoard* au quel on attribue d'excellentes qualités.

Y P Q

YSQUIEPATLI. *s. masc.* Animal des Indes Occidentales qui ressemble entièrement au renard pour la finesse. Il est long de deux palmes, il a la gueule petite, les oreilles courtes, la peau noire & veluë, la queuë fort longue, mêlée de noir & de blanc.

Y V O

YVOIRE. *s. f.* lat. *Ebur.* angl. *ivory.* Dent ou plutôt défense de l'éléphant. Elle s'appelle ainsi lorsqu'elle est détachée de la mâchoire de l'éléphant pour être mise en œuvre.... *Noir d'yvoire*, ou *noir de velours*: trochisques d'*yvoire* brûlé, qui servent à la peinture.

YVOIRIER. *s. m.* Qui travaille en yvoire, qui vend des ouvrages d'yvoire.

Y V R

YVRAIE. *s. f.* lat. *Lolium.* ang. *tare, darnel.* Sorte de mauvaise herbe ou de chien-dent qui vient avec le froment & l'orge.

YVRE. *adj.* & *subst.* lat. *Ebrius.* anglois. *drunk.* Qui a trop bû de quelque liqueur forte dont les fumées font perdre la connoissance & le mouvement, ôtent la raison, offusquent le cerveau.

YVRESSE. *s. f.* lat. *Ebrietas.* angl. *drunkenness.* État d'une personne yvre. Effet que cause le vin, ou autre chose semblable dans une personne yvre.

YVROGNE, esse. *subst.* & *adj. masc.* & *fem.* lat. *Ebriosus.* ang. *drunken.* Qui a accoutumé de s'enyvrer, qui est sujet au vin, qui en prend souvent par excès.

YVROGNER. *v. n.* lat. *Pergræcari.* ang. *to fuddle, to guzzle.* Boire souvent & par excès.

YVROGNERIE. *s. f.* lat. *Ebriositas, vinolentia.* ang. *drunkenness.* Vice de celui qui est yvrogne, qui boit souvent & avec excès.

YVROGNESSE. *voy.* Yvrogne.

YVROIE. *voy.* Yvraie.

Y U T

YUTU. *s. m.* Perdrix du Pérou.

Y Z Q

YZQUI-ATOLE. *s. masc.* Sorte de boisson dont on use dans les Indes Occidentales. Elle se fait avec des phaseoles cuites avec le chillatole & une herbe appellée *épazotl*. Elle fortifie la poitrine & est bonne aux asthmatiques.

# Z

Z

*s. m.* C'est la vingt-troisième ou dernière lettre de notre Alphabet, qui est consonne & qui nous vient des Grecs. Les *Latins* n'en avoient pas besoin & ils lui substituoient *ss*. C'étoit une lettre numérale parmi les Anciens qui exprimoit deux mille & avec un trait $\bar{Z}$, quatre millions. Dans les *Ordonnances de médecine*, elle signifie une drachme.... Z. caractère de la monnoie fabriquée à Grenoble.

Z A B

ZABÉENS. *s. masc. pl.* Étoient les anciens *Chaldéens* qui s'attacherent à l'Astronomie & culte des Astres. Leur principale occupation étoit de faire des Talismans sous certains aspects des planétes.

ZABELE. *s. f.* voy. *Zibeline.*

ZACAH. *s. m.* C'est le nom que les *Turcs* donnent à la partie de leur bien, qu'ils doivent distribuer aux pauvres.

ZACCON. *s. m.* Espèce de prunier étranger qui croît en la plaine de Jericho. Cet arbre a la hauteur de l'orenger, les feuilles de l'olivier, & des fruits gros comme des prunes, ronds, verds au commencement, puis jaunes en mûrissant. Ils renferment un noyau comme les prunes. On tire de ces fruits une huile par expression, qui est bonne pour résoudre les humeurs froides & visqueuses.

ZACINTHE. *s. masc.* Plante dont les feuilles sont semblables à celles de la chicorée sauvage. Elle est excellente pour emporter les verruës, soit qu'on mange ses feuilles en salade, soit qu'on frotte les verrues de leur suc; d'où lui vient le nom de chicorée verrucaire.

Z A F

ZAFRE. *s. m.* Sorte de minéral. *voy.* Safre.

Z A G

ZAGAIE. *sub. f.* Arme dont se servent les Mores, qui est une espèce de javelot qu'ils lancent avec grande addresse à cheval. *voy.* Sagaie.

ZAGARDGI. *f. m.* Valet de chiens de chasse du Grand-Seigneur.

ZAGARDGI-BACHI. *f. mascul.* Chef des Zagardgis.

ZAGU. *f. m.* Grand arbre semblable au palmier. Il porte en son sommet une tête ronde comme le chou, au milieu de laquelle on trouve une espèce de farine dont on fait du pain. Il croît dans l'isle Ternate, proche l'Équateur.

Z A H

ZAHORIE. *f. m.* & *adj.* Nom qu'on a donné à ceux qu'on suppose avoir la vuë si perçante, qu'ils voient au travers les murailles & dans les entrailles de la terre.

Z A I

ZAIBLON. *f. masc.* Nom de deux tulipes. *Zaiblon commun* est violet commun, peu de rouge & de blanc. *Zaiblon rectifié* est violet, pourpre & blanc de lait.

ZAÏM. *f. m.* Cavalier qui jouït d'un Zaimet.

ZAÏMET. *f. masc.* Fonds destiné à la subsistance d'un Cavalier de la milice Turque. Il est de vingt mille aspres, ou de sept cens livres de revenu, monnoie de France.

ZAIN. *f. m.* voy. *Zinck.*

ZAIN. *adj.* ( Manége ) Se dit d'un cheval, qui n'est ni gris, ni blanc, & qui n'a aucune marque blanche sur le corps.

Z A M

ZAMBE. *f. m.* & *f.* Enfant né de mulatre & de noir.

ZAMET. *f. m.* Tulipe colombin, tirant sur la couleur de rose, chamois & rouge clair.

ZAMORIN. *f. m.* Titre que l'on donne dans les *Indes Orientales* à un Prince souverain dans le *Malabar.*

Z A N

ZANI. *f. m.* Espèce de Bouffon, qui est particulièrement en vogue en Italie.

Z A P

ZAPATÉ, *ou* Sapate. Fête qui se pratique dans les Cours de quelques Princes d'Italie, le jour de S. Nicolas, & où l'on fait des présens qu'on cache dans les souliers ou les pantoufles de ceux à qui on veut les faire, pour les surprendre agréablement, quand ils viendront à se chausser le matin.

ZAPHAR. *f. m.* Espèce de faucon.

ZAPOTE. *f. m.* Sorte de fruit qui vient dans la nouvelle Espagne à un grand arbre appellé *cochitzapotl*, dont les feuilles sont semblables à celles de l'oranger, & sont jointes trois à trois par intervalles. Ce fruit est de la grosseur & de la forme d'une pomme de coing. Il est bon à manger & d'un bon goût, mais il n'est pas sain; son noyau est même un venin mortel.

Z A R

ZARZAPARILLA. *voy.* Salsepareille.

Z A T

ZATOU. *f. m.* Mesure de Madagascar, dont on ne se sert que pour le riz entier & mondé. Elle contient cent voules.

Z E B

ZEBELLINE. *voy.* Zibelline.

Z E D

ZEDOAIRE. *sub. femin.* lat. *Zedoaria.* ang. *zedoary.* Racine qui naît aux Indes Orientales, d'une qualité chaude & séche. On s'en sert dans les maladies occasionnées par des vents. Il y en a de deux sortes l'une longue & l'autre ronde.

ZEDOUART. *voy.* Citouart.

Z E I

ZEILANE. *f. fem.* Tulipe qui a de grands panaches violet d'Évêque, bordées de couleur de feu sur un beau blanc.

ZÉLATEUR. *f. masc.* lat. *Zelator*, *zelotes.* ang. *zealot.* Partisan; celui qui agit avec beaucoup de chaleur & beaucoup d'ardeur ou pour Dieu ou pour le public.

ZÈLE. *f. m.* lat. *Ardens studium.* ang. *zeal.* Ardeur, affection, passion qu'on a pour une chose.

ZÉLÉ, ée. *adj.* & *subst. masc.* & *femin.* lat. *Fervens*, *ardens.* ang. *zealous.* Fervent; affectionné, qui a du zèle ou de la passion pour Dieu ou pour la patrie, ou pour quelque autre chose.

Z E M

ZEMBIS. *f. m.* Coquillage qui sert de petite monnoie dans le Congo.

ZEMBLE. *f. fem.* Terre du septentrion auprès du détroit des *Waigats.* Les peuples y sont de fort petite taille, ils ont la tête fort grosse, le visage large, de petits yeux, peu de barbe, les cheveux fort noirs & le teint bazané tirant sur le noir. Ils adorent le Soleil & la Lune & des troncs d'arbres qu'ils taillent grossièrement en figures d'hommes, devant lesquelles ils font leurs prières à genoux.

Z E N

ZÉNITH. *f. m.* lat. *Cœli vertex.* ang. *zenith.* Terme d'*Astronomie.* C'est le point du ciel qui est directement sur notre tête, en quelque endroit que nous soyons.

Z E P

ZÉPHIR, *ou* Zéphire. *f. m.* lat. *Zephyrus.* ang. *zephyre*, *zephyrus.* Vent d'Ouest, ou d'Occident dont le souffle est agréable. On le représente sous la figure d'un jeune homme couronné de fleurs. Vent doux & agréable.

Z E R

ZER. *f. m.* Nom que les Persans donnent à toute espèce de monnoies.

ZERETH. *s. m.* Mesure *Hébraique* des longueurs qui étoit d'une demi-coudée ou de dix pouces & un quart.

ZÉRO. *s. m.* lat. *Excurrens nota.* ang. *a cypher, nought.* Caractère d'arithmétique formé comme un o, qui ne vaut rien tout seul, mais qui augmente la valeur du nombre qui le précède d'autant de dixaines qu'il renfermoit auparavant d'unités. On dit populairement qu'un homme est un *zéro* ou un o en chifre, pour dire que c'est un homme dont on ne fait aucun cas & qui n'est compté pour rien dans la société.

ZERUMBET. *s. m.* voy. *Zedoaire.*

Z E S

ZEST. *s. m.* lat. *Pellicula nuclei intermedia.* ang. *the woody thick skin quartering the kernel of a walnut.* Pellicule dure qui est au milieu de la noix, qui est entre ses quatre cuisses. C'est aussi un petit morceau de pelure d'orenge, duquel on épreint le jus sur un verre de vin, afin qu'il en sente l'odeur. lat. *Mali aurei frustulum.* ang. *a zest....* Espèce de bourse de cuir qui s'enfle & se ressèrre & par le moyen de laquelle on souffle de la poudre sur des cheveux ou sur une perruque.

ZESTE. *s. m.* Entre le ziste & le *zeste*, expression familière, qui signifie, entre deux, passablement, là là, tant bien que mal.

Z E T

ZÉTÉTIQUE. *adj. f.* lat. *Zetetice.* ang. *the zetetick method.* Parmi les *Mathématiciens*, la méthode *zététique* est la méthode *Algébrique* ou Analytique dont on se sert pour résoudre un problême.

Z E Y

ZEYBA. *s. mascul.* Grand arbre des Indes Orientales dont le tronc devient quelquefois si gros que quinze hommes en se tenant par la main ne pourroient l'embrasser.

ZEYBO. *s. m.* Grand arbre de la nouvelle Galice, dont le bois est si spongieux qu'il ne peut servir à aucun ouvrage, & qui porte des écosses pleines d'une laine déliée.

Z I A

ZIAMET. *voy.* Zaïm, & Zaïmet.

ZIAN. *s. masc.* Monnoie d'or du Royaume d'Alger, qui vaut cent aspres.

ZIANPI. *s. m.* Monnoie qui a cours dans une partie des États du Mogol & qui revient à trente-six sols de France.

Z I B

ZIBELINE. *adj.* & *subst. femin.* Espèce de martres qui viennent de Moscovie, dont on fait des fourrures précieuses. lat. *Martis zibellinæ pellis.* ang. *a sable skin.*

Z I G

ZIGOMA. *sub. masc.* ( Anatomie ) Os jugal. Union de deux éminences d'os dont l'un vient de l'os temporal, l autre de la pommette.

ZIGOMATIQUE. *adject.* Qui a rapport au Zigòma.

ZIGZAG. *s. masc.* lat. *Machina productilis.* ang. *a zic-zac.* Petite machine composée de plusieurs rangs de tringles plattes disposées en sautoirs, ou losenge, clouées & mobiles tant dans le centre que par les extrémités, en sorte qu'elle s'allonge par un des bouts ou se retire, selon qu'on manie les deux branches par où on la tient.

Z I M

ZIM. *s. m.* Est chés les Persans l'argent considéré comme métal.

ZIMBI. *s. m.* Espèce de coquillage qui tient lieu de menuë monnoie sur queques côtes d'Afrique.

ZIMMER. *s. m.* Terme de commerce de fourrure. Dix paires de peaux.

Z I N

ZINCK. *s. m.* lat. *Zinckum metallum.* ang. *zink.* Espèce bâtarde de minéral, de couleur jaunâtre, qui ressemble au bismuth. Quelques-uns l'ont appellé antimoine femene.

ZINDIKITES. *s. m. pl.* Secte d'hérétiques *Mahométans* ou plutôt d'Athées qui ne croyent point la providence, ni la résurrection des morts. Ils ne reconnoissent point d'autre Dieu que les quatre élemens; ils disent que l'homme étant un mélange de ces quatre corps simples, retourne à Dieu quand il meurt.

ZINGI. *s. m.* Fruit des Indes Orientales qui a la forme d'une étoile. Ses amandes servent aux Orientaux à préparer leur thé & leur sorbet à l'imitation des Chinois. On les appelle *semence de Badian*, ou *anis des Indes.*

ZINIBIS. *s. mascul. pl.* Petits coquillages ou limaçons qui servent de monnoie courante dans l'Éthiopie Occidentale.

ZINZOLIN. *s. masc.* Espèce de couleur qui tire sur le rouge, dont la teinture est faite du suc d'une plante appellée *hysginum.*

Z I S

ZISTE. *voy.* Zeste.

Z I Z

ZIZANIE. *s. f.* lat. *Zizania*, *lolium.* ang. *tare*, *darnel.* Mauvaise graine qui croît parmi le bon grain. Discorde, division, mésintelligence.

ZIZIPHE. *s. m.* Jujubier. Il ressemble beaucoup au prunier pour la grandeur & la forme.

Z O C

ZOCLE. *s. m.* lat. *Quadra.* ang. *zocco*, *zocle or socle.* Espèce de petit piedestal, ou membre quarré qui sert à poser un buste, une statuë, ou autre chose semblable.

Z O D

ZODIACAL, ale. *adj.* Qui appartient au Zodiaque.

ZODIAQUE. *s. m.* lat. *Zodiacus.* anglois. *zodiack.* C'est un des six grands cercles de la sphère materielle, que les anciens Astronomes supposoient large de douze degrés & les Modernes de dix-huit. Il coupe l'Équinoctial en deux parties égales ; il est divisé également dans sa largeur par l'écliptique, où le Soleil se meut constamment, laissant de part & d'autre six degrés de latitude. Les douze signes sont dans ce cercle & ont la plûpart le nom de quelque créature vivante. On appelle aussi *zodiaque* des Cométes, un certain espace dans le Ciel, qui contient le mouvement de la plûpart des Cométes connuës par les observateurs exacts du dernier siécle.

Z O G

ZOGONES. *s. mascul. pl.* C'étoient chés les Grecs les Dieux qui présidoient à la vie des hommes.

Z O I

ZOÏLE. *s. m.* Mauvais critique, envieux.

Z O L

ZOLEDENIC. *s. masc.* C'est la quatre-vingt seizième partie de la livre Moscovite.

Z O N

ZONE. *s. femin.* lat. *Zona.* ang. *a zone.* En *Géographie*, est une certaine portion du globe terrestre, quand il est divisé en cinq parties ou *zones* ; dont la première est l'espace compris entre les deux tropiques à vingt-trois degrès & demi de chaque côté de l'Équinoctial ; on l'appelle *zone* torride ou brûlante ; à cause de la chaleur extraordinaire qui y regne & qui vient de ce que les rayons du Soleil y tombent perpendiculairement. Les Anciens croyoient que ce vaste païs étoit inhabitable. La seconde & la troisième sont les deux *zones* tempérées, l'une dans l'hemisphère Nord & l'autre dans l'hemisphére Sud. Elles commencent là ou finit la Zone torride de part & d'autre & s'étendent jusques aux cercles arctiques & antarctiques, ce qui fait environ quarante-deux degrés pour chacune. La quatrième & la cinquième se nomment *zones* froides & commencent dans chaque hemisphère à l'extrêmité de la *zone* temperée s'étendant jusqu'au pole voisin.

ZONES. *s. femin. pl.* En termes de *Lapidaire* sont les diverses couches dont quelques-unes des pierres précieuses sont formées, . . . Dans la *Conchyliologie* c'est la même chose que les bandes ou les fascies.

ZONNAR. *s. m.* Ceinture de cuir noir assés large que les Chrétiens & les Juifs portent dans le Levant.

Z O O

ZOOGRAPHE. *s. m.* Auteur qui a décrit la nature & la maniére de vivre des animaux. lat. *Zoographus.* ang. *a zoographer.*

ZOOGRAPHIE. *s. f.* lat. *Zoographia.* angl. *zoography.* L'art de décrire la nature, la figure, les propriétés, &c. des animaux.

ZOOLATRIE. *s. f.* Adoration des animaux.

ZOOLOGIE. *s. femin.* Discours sur les animaux. Partie de la Pharmacopée qui traite des remédes qu'on tire des animaux tant vifs que morts. lat. *Zoologia.* ang. *zoology.*

ZOOPHORE. *s. masc.* (Architecture) Frise d'un bâtiment.

ZOOPHORIQUE. *adj. femin.* Se dit d'une colomne statuaire qui porte un animal.

ZOOPHYTE. *subst. mascul.* Plante-animal. Substance dont la nature tient de la plante & de l'animal.

ZOOTOMIE. *s. f.* lat. *Zootomia.* ang. *zootomy.* Dissection des animaux.

Z O P

ZOPHORE, Zophorique. *voy.* Zoophore, Zoophorique.

ZOPISSA. *s. m.* Goudron qu'on détache des navires qui ont été long-tems en mer.

Z O R

ZOROCHE. *s. m.* Sorte de minerai d'argent très brillant, assés semblable au talc.

Z O U

ZOUCET. *s. m.* Oiseau : sorte de plongeur.

Z U L

ZULUFDGILER. *s. m.* Enfant de tribut chés les Turcs.

Z U N

ZUNDANASTAN. *s. masc.* Livre sacré des Gaures ou sont contenus tous les points de leur Religion.

Z Y B

ZYBELINE. *voy.* Zibelline.

Z Y G

ZYGOMATIQUE. *voy.* Jugal.

ZYGOME. *s. m.* Os jugal.

Z Y M

ZYMOSIMETRE. *s. m.* Instrument qui sert à mesurer le degré de fermentation que cause le mélange des matières, quelle est la chaleur que les matières acquiérent en fermentant, & le degré de chaleur, ou le temperament du sang des animaux.

Z Y T

ZYTHE. *s. masçul.* Breuvage d'orge qui fait uriner, mais qui nuit aux reins, aux nerfs & aux pellicules qui couvrent le cerveau. Il engendre des ventosités & de mauvaises humeurs. C'est ce qu'on appelle *Biére d'orge.*

Z Z

ZZ. Caractère que les anciens Médecins employoient pour signifier de la Myrrhe. Les Modernes s'en servent pour désigner le gingembre.

FIN.

## FAUTES A CORRIGER DANS LE SECOND VOLUME.

AU mot LIEUR, *sheafs*, lis. *sheaves*. LIMAILLE, *s. m.* lis. *s. f.* LION, &c. *s. m.* ajoutés, & *s. f.* LOURDEMENT, *s. masc.* lis. *adv.* MAIN & MANIVELLE, *s. m.* lis. *s. f.* MARMITON, *s. f.* lis. *m.* MASETTE, *s. m.* lis. *s. f.* au mot MASQUER, article second, *Legere*, lis. *Tegere*. au mot MASSUE, *a clob*, lis. *club*. MÉCONTENTEMENT, *adv.* lis. *s. m.* MIRAILLÉ, ée, ajoutés, *adj.* MOIGNON, *s. f.* lis. *m.* NERVÈZE, *s. f.* lis. *m.* OBRONNIERE, *s. m.* lis. *s. f.* OCCUPATION, *s. f. pl.* effacés *pl.* OEUIL, ang. *cye*, lis. *eye*. OLEAGINEUX, *s. f.* lis. *adj.* ONKOTOMIE. *s. m.* lis. *s. f.* OUTREMOITIÉ, ajoutés, *s. f.* au mot PEUPLER, art. 2e, Empoisonner, *lis.* Empoissonner. POUILLIER, *s. f.* lis. *m.* PROVENIR, lat. *prevenire*, lis. *provenire*. PRIMITIF, ive, ajoutés *adj.* RACHITIS, *dernier mot*, croire, *lis.* croître. RAYONNANT, ante, ajoutés *adj.* RÉGALEMENT. *adv.* lis. *s. m.* au mot REGRETER, d'avoir marqué, *lis.* manqué. RENONCE, &c. manque, *lis.* marque. REPROCHER, &c. disposition, *lis.* déposition. RIBAUD, *s. f.* lis. *m.* ROLETTE, *s. m.* lis. *s. f.* SAIN-DOUX, &c. lat. *lis.* ang. SAVONNIERE, *s. m.* lis. *s. f.* SOFFITE, *s. f.* lis. *m.* STOICITÉ, *substant. mascul.* lis. *femin.* TACHEOGRAPHIE, &c. lat. *Tychygraphia*, lis. *Tachygraphia*. TAFFETAS, &c. *Panus*, lis. *Pannus*. TOUPET, &c. *tuft or bair*, lis. *of bair*. TOURBE, &c. lis. *exsiccata*. TRUITÉ, ée, &c. *varii*, lis. *variis*.

## SUPPLEMENT A L'ERRATA DU PREMIER VOLUME.

AFFEURAGE, *s. f.* lis. *m.* AFFOLER, *adj.* lis. *v. all.* au mot AGE, ligne onze 1523. *lisés* 1513. au mot AHEURTER, lign. 2e. *mainting*, lis. *maintain*. AIL, *à la fin*, colique vénéneuse, *lis.* venteuse. AIRELLE. lat. *ideæ*, lis. *idæa*. AIS. *s. f.* lis. *m.* ALLÉGORIQUEMENT. lat. *per allegoricam*, lis. *allegoriam*. AMPHITHÉATRE. ang. *an amphitheatre*, lis. *amphitheater*. ANATOMISER, à la fin, *Busineſt*, lis. *Busineſs*. APPELLATION. lat. *appellation*, lis. *appellatio*. ASTROLOGE, *lis.* ASTROLOGUE. ATTILUR, *s. f.* lis. ATTILUS, *s. m.* AVELINIER. lat. *avellane*, lis. *avellana*. BESOIN. ang. *vork*, lis. *work*. BOURGEON, ang. *ey*. lis. *eye*. BRANDILLER, BRANLER. ang. *shaxe*. lis. *shake*. au mot CALENDRIER, *à la fin*, de 10. en 10. ans. *lis.* de 100 en 100. ans. DÉTROUSSEUR, *v. all.* lis. *s. m.* ECTHÈSE, par l'Empereur *Honorius*, lis. *Heraclius*. ÉTABLE. *s. m.* lis. *s. f.* FICTICE, *s. f.* lis. *adj.* GRÉGUES. *s. m.* lis. *s. f. pl.* JESUS, lign. 37. il y a environ 527. ans. *lis.* environ l'an 527. ILLEGITIME. *s. f.* lis. *adj.* INTERPRETAITON, *lis.* INTERPRETATION. INTERRUPTEUR, *s. f.* lis. *s. m.*

Il y a un petit nombre d'autres fautes que le Lecteur corrigera aisément.